METRO CONSTRUCTION HANDBOOK

地铁施工手册

【上册】

中国铁建股份有限公司 组织编写

雷升祥 主编

人民交通出版社股份有限公司
北京

内 容 提 要

本手册立足当前行业发展需要，紧密结合国家和相关行业规范的技术要求，由中国铁建股份有限公司依托多年来在城市轨道交通工程尤其是地下铁道工程施工中积累的工程技术资料和经验，组织300余位企业资深工程师和国内相关行业专家编撰而成。手册总计13篇89章，包括配套数字资源在内共700余万字，涵盖施工组织、明挖法施工、盾构法施工、矿山法施工、混凝土结构与防水工程、轨道工程、装饰装修工程、机电安装工程、施工测量、施工监测、施工安全管理、施工质量管理、BIM技术应用等内容。手册集中展示了我国在地铁工程领域中的创新成果，系统梳理总结了近年来地铁施工技术及建设管理方面的新理念、新方法、新技术、新工艺、新材料、新装备，反映了当前我国地铁工程的施工技术水平。手册作为地铁工程技术人员的案头工具书，致力于提供全面、丰富、细致、实用的施工技术知识和资料，以期帮助一线专业技术人员解决现场技术问题，全面提升地铁工程建设者的业务能力与建设管理水平。

为便于广大读者的阅读、查询，本手册配套富媒体电子书及相关扩展数字资源，**读者可刮开封面的"一书一码"涂层，通过微信扫码注册获取**。更多线上增值服务，持续更新。

本手册主要供从事地铁工程、城市轨道交通工程以及相关领域工程建设的技术人员使用，也可作为在校师生的参考用书。

图书在版编目(CIP)数据

地铁施工手册 / 雷升祥主编. — 北京：人民交通出版社股份有限公司，2020.11
ISBN 978-7-114-16957-1

Ⅰ.①地… Ⅱ.①雷… Ⅲ.①地下铁道—铁路施工—技术手册 Ⅳ.①U231-62

中国版本图书馆CIP数据核字(2020)第229496号

Ditie Shigong Shouce

书　　　名：	地铁施工手册（上册）
著　作　者：	雷升祥
责任编辑：	王　霞　刘彩云
责任校对：	孙国靖　赵媛媛
责任印制：	刘高彤
出版发行：	人民交通出版社股份有限公司
地　　　址：	(100011)北京市朝阳区安定门外外馆斜街3号
网　　　址：	http://www.ccpcl.com.cn
销售电话：	(010)59757973
总　经　销：	人民交通出版社股份有限公司发行部
经　　　销：	各地新华书店
印　　　刷：	北京印匠彩色印刷有限公司
开　　　本：	880×1230　1/16
总 印 张：	149
总 字 数：	7100千（含数字资源）
版　　　次：	2020年11月　第1版
印　　　次：	2020年11月　第1次印刷
书　　　号：	ISBN 978-7-114-16957-1
定　　　价：	998.00元（含上、下册）

(有印刷、装订质量问题的图书由本公司负责调换)

地铁施工手册
组织与编审委员会

组织委员会

主 任 委 员：雷升祥

常务副主任委员：许和平　金跃良

副 主 任 委 员：孙公新　贾志武　李庆民　徐明新　施振东　陈志敏　张丕界
　　　　　　　　李天胜　宋伟俊　薛　峰　马　栋　杜嘉俊　代敬辉　尚尔海
　　　　　　　　王爱国　肖红武　钱增志　万传军　陆勇翔　朱　丹　刘飞香

委　　　　　员：(按姓氏笔画排序)
　　　　　　　　王华兵　王武现　王宝友　王艳立　王殿伟　王　霞　邢世春
　　　　　　　　曲　乐　刘延龙　刘金山　闫　顺　李有能　李秀东　吴占瑞
　　　　　　　　何其平　张义理　张立青　张旭东　张　杰　张宝安　张斌梁
　　　　　　　　林海剑　胡建国　姚永勤　高付才　曹同来　寇宗乾　程永亮
　　　　　　　　程庆海

编写委员会

主　　　　编：雷升祥

常　务　副　主　编：施振东　许和平

副　　主　　编：李庆民　赵卫星　陈志敏　张旭东　唐达昆　李建军　付军恩
　　　　　　　　陈　健　马　栋　王选祥　代敬辉　于占双　宁士亮　田宝华
　　　　　　　　钱增志　王振文　贺光华　刘国宝　程永亮

编　　　　委：（按姓氏笔画排序）

马存有　马宏宸　王伟光　王全胜　王庆阳　王宇飞　王　军(中铁十一局)
王　军(中铁十四局)　王孝忠　王　坚　王承震　王春凯　王春堂
王俊诗　王梦琪　王维强　王琮清　王朝刚　亓　宁　韦安克
支卫东　尹建伟　尹紫红　毋海军　艾　国　龙华东　龙勇彪
卢　云　田　立　田志明　舟　飞　白照峰　邢亚迁　毕　路
曲永昊　朱　平　朱　陈　朱建富　乔军亭　任柏男　任　勇
任继红　刘延龙　刘　军　刘志坚　刘宏宇　刘　鸣　刘金桥
刘建波　刘春辉　刘珂汛　刘　勃　刘　莎　刘　铁　刘　铮
刘　智　闫利鹏　江中华　许彦旭　许　恺　孙百锋　孙　策
阳艳玲　严孝军　苏秀婷　苏春生　苏　猛　杜文强　杜继凯
杜硕志　杜殿奎　李大源　李文友　李方利　李双凤　李占先
李乐平　李　冬　李永刚　李伟尚　李　旭　李　庆　李庆斌
李克金　李秀东　李应姣　李宏达　李良伟　李　坤　李金龙
李宗晟　李荣杰　李　钟　李　艳　李　浩　李　康　李深远
李　强　杨占军　杨光辉　杨　刚　杨宇兴　杨连刚　杨欣达
杨　勇　杨晓龙　杨　梅　杨清超　杨絮成　吴占瑞　吴志心
吴　涛　邱炳胜　邱童春　何永健　何茂周　何　巍　余春景
汪本刚　汪园园　沈宏雁　张巨龙　张公羽　张向红　张　庆
张　利　张　波　张荣国　张秋花　张　勇　张　萌　张　猛
张婷婷　张　新　张　磊　陈传宇　陈　军　陈学龙　陈晓伟
陈继云　陈　鹏　邵洪海　苑　申　范晨鹏　范　维　林晓波
林海斌　林道中　欧小聪　罗朱柠　罗　阳　周　兵　周兵役
周洪波　周　理　周雁领　周　强　庞前凤　净少敏　郑　俊
郑逢辉　孟　元　经纬平　赵多苍　赵连峰　赵国栋　赵　明
赵洪洋　赵艳彬　赵铁怀　赵静波　胡立春　胡存坚　胡利平
胡　菲　柯　尉　柯　磊　侯建平　姚　羽　袁　林　袁彰坤
袁德民　聂春辉　栗尚明　贾大鹏　贾凤河　徐畅畅　高　琪
郭永军　郭建波　郭建强　郭　栋　郭　磊　唐丽丽　唐国强
唐崇茂　黄平华　黄江帆　黄　枢　黄　欣　黄建宏　黄振科

	梅　灿	曹传文	崔建波	麻成标	盖青山	梁四六	梁同军
	寇　宏	彭正阳	彭竟涛	董　宇	韩　沛	韩继爽	程佳琛
	程保蕊	程俊斌	舒进辉	谢建平	谢　俊	谢　强	蒲柏伍
	甄　鸣	雷海英	雷　陶	蔡建鹏	蔡洪涛	廖建炜	谭仕波
	翟　勇	熊晨君	黎　泉	颜世伟	潘小君	潘昌盛	潘微旺
	薛志猛	檀军锋	魏元博	魏向阳			
秘 书 处：	李凤伟	何茂周	曲　乐	王　霞	许　丹	余　浩	李永刚
	韩三平	黄江帆	宋立柱	黄明琦	翟　勇	李英杰	郭昌龙
	单　琳	阳艳玲	汤振亚	何十美	安芳慧	董晓芳	陈　洁
	张巨龙						

参 编 单 位：中铁十一局集团有限公司

中铁十二局集团有限公司

中国铁建大桥工程局集团有限公司

中铁十四局集团有限公司

中铁十六局集团有限公司

中铁十七局集团有限公司

中铁十八局集团有限公司

中铁十九局集团有限公司

中铁二十二局集团有限公司

中铁二十三局集团有限公司

中铁建设集团有限公司

中国铁建电气化局集团有限公司

中铁第一勘察设计院集团有限公司

中铁第四勘察设计院集团有限公司

中国铁建重工集团股份有限公司

中国铁建昆仑投资集团有限公司

审统稿委员会

主 任 委 员：陈湘生
总 统 稿 人：施振东　许和平　蒋雅君
委　　　员：（按姓氏笔画排序）
马龙祥　马战国　王树英　尹紫红　宁士亮　向　敏　刘　勇
刘艳辉　关宝树　江玉生　李亚东　李亚辉　李向国　李利平
李耐霞　吴应明　邱绍峰　何　山　冷　彪　宋玉香　张　弥
张　雄　周　志　赵菊梅　胡　鹰　姚晓东　徐义明　高　山
郭　春　彭中要　谢雄耀　雷明锋　蔡树宝　潘明亮　薛亚东
鞠世健

主编简介

雷升祥，1965年3月生，工学博士，正高级工程师，中国铁建股份有限公司总工程师。原铁道部中青年突出贡献专家，施工和建设管理专家，国家重点研发计划项目负责人（首席科学家），享受国务院政府特殊津贴。主要社会兼职：中国施工企业管理协会科学技术委员会副主任、中国铁道学会常务理事、中国土木工程学会隧道及地下工程分会副理事长、中国岩石力学与工程学会地下空间分会副理事长，西南交通大学、石家庄铁道大学兼职教授、博士生导师。

长期从事重大工程建设管理和隧道及地下工程施工技术研究工作，牵头组织国家重点研发计划"城市地下大空间安全施工关键技术研究"和主持国家科技支撑计划"煤矿长距离斜井盾构始发及连续下坡掘进技术"等多个国家级科研项目（课题），取得科研成果40余项，获省部级科技进步奖10余项，发表学术论文50余篇，授权专利14件，主编工法10余项，出版专著9部。

INTRODUCTION

序一

　　我国已进入全面建成小康社会的决胜阶段,正处于城镇化深入发展的关键时期。习近平总书记视察北京大兴国际机场线时发表重要讲话,高度肯定了城市轨道交通的重要作用,强调了城市轨道交通是现代大城市交通的发展方向。发展城市轨道交通是解决大城市病的有效途径,也是建设绿色城市、智慧城市的有效途径。

　　"百城同谋,千里跨越",未来一段时期,我国城市轨道交通仍将保持快速发展态势。地铁作为城市轨道交通的主要制式,伴随其建设规模不断增长,建设速度加快,施工难度加大,因此,对行业技术发展及专业人才培养提出了更高的要求。

　　中国铁建秉承铁道兵"逢山凿路,遇水架桥"的光荣传统,在70多年的发展历程中,沐雨栉风,载誉前行,参与了我国所有铁路项目和城市轨道交通项目的建设,独立设计、建设铁路里程5万多公里,占全国铁路总里程一半以上,修建城市轨道交通里程占全国总里程三分之一以上,在地铁施工领域取得了显著的成果,积累了丰富的经验。为了给广大地铁施工技术人员提供一套全面、系统的技术性工具书,中国铁建立足自身,面向全国,组织地铁设计施工领域260余人,历时三年,编写了《地铁施工手册》。手册共分13篇89章,共700余万字,系统全面总结了地铁施工的方方面面。手册的出版,是从事地铁行业广大科技工作者及工程人员集体智慧的结晶和多年的期盼。

　　"合抱之木,生于毫末;九层之台,起于垒土"。《地铁施工手册》作为一本工具书,出版后将为广大地铁从业人员提供借鉴和指导,为地铁工程的安全、高效、绿色、智能建造提供技术支撑,为中国铁建参与城市轨道交通建设,推动行业高质量发展发挥积极作用。

董事长：汪建平　　　总裁：

中国铁建股份有限公司
二〇二〇年十月

INTRODUCTION

序二

城市轨道交通是城市重要的基础设施,不仅能够有效缓解城市交通压力、提升公共交通服务水平,而且能够引导优化城市空间布局、提升城市品位,进而提高城市现代化竞争力,对于促进社会经济发展、节约能源和改善城市人居环境具有重要作用。

自1956年"北京地下铁道筹建处"成立至今,中国城市轨道交通走过了64年的发展历程。特别是近20年来,我国城市轨道交通建设规模与速度世界罕见,技术成果举世瞩目,建造技术已跻身世界前列,核心装备实现了自主制造,我国目前已是世界上当之无愧的城市轨道交通大国。据不完全统计,截至2019年底,我国除香港、澳门特别行政区及台湾省外共有40个城市开通城市轨道交通运营线路208条,运营线路总长度6736.2公里(其中地铁5180.6公里),在建线路总长6902.5公里(其中地铁5942.7公里,建设难度也是最大的)。

在地铁工程建设中,我国幅员辽阔,自然环境、地质水文条件复杂多样;地铁建设也多位于城市建成区,现场条件复杂,常受建筑、管线、场地制约;同时,地铁建设环境也日趋复杂和困难,线路经常要穿越江河湖海,上跨下穿既有线路、建(构)筑物,等等。因此,地铁建设具有长期性、复杂性、差异性和高风险性的特点,是城市建设中最困难也最危险的工程领域之一。由于我国地铁建设规模庞大,建设队伍水平参差不齐,地铁建设事故时有发生,有的甚至带来不可承受的人员伤亡和财产损失。因此,规范地铁施工操作,提升建设队伍技术和管理水平,对于保证工程质量和保障安全生产显得尤为重要。

地铁工程作为百年大计,科技发展和技术进步也有赖于工程实践的不断总结。中国铁建股份有限公司作为我国城市轨道交通建设的主力军和领头羊之一,参与了全国几乎所有城市的地铁建设,积累了极为丰富的工程经验。他们在建设任务非常繁重的情况下,组织了一批技术力量,编撰了国内首部《地铁施工手册》。手册将国内地铁工程建设中的重难点、常见问题、技术与工艺、经验教训,涉及地铁建设过程中的施工组织与管理、土建与轨道工程、装饰装修与机电安装技术、安全与质量管理措施等关键技术内容,以技术要点、数据、图表、案例、计算工具的形式,进行了系统梳理总结,可供国内地铁工程建设基层技术人员参考和借鉴。

作为一本指导地铁工程施工的工具书,这套手册体现了全面性、实用性、资料性、权威性、工具性的特点,充分反映了当前国内地铁建设的最新技术水平,对促进我国地铁修建技术传承与创新,推动城市轨道交通行业高质量和安全有序发展,具有重要意义,我乐于为之作序。

陈湘生教授(中国工程院院士)
住房和城乡建设部城市轨道交通建设专业委员会主任委员
深圳大学土木与交通工程学院院长
深圳大学未来地下城市研究院院长
深圳市地铁集团有限公司技术委员会主任
二〇二〇年十月

PREFACE

前言

目前我国已经成为世界上城市轨道交通以及地铁工程建设规模最大、发展速度最快的国家,同时也是世界上地铁工程建设地质条件、城市环境最复杂多样、技术发展最活跃的国家。尽管建设规模庞大、工程类型丰富、工程实践与技术能力不断进步,但技术总结相对滞后,建设队伍整体水平参差不齐,广大工程技术人员的整体技术水平和能力有待进一步提高。因此,持续加强地铁工程技术总结,推动构建形成系统完备且高水平的地铁工程技术应用体系,提升工程技术人员的整体水平和能力,应是一项十分重要的工作。从现有地铁工程方面的出版物来看,由于编写组织难度大,也缺乏能够反映当前最新技术水平、实用好用、满足全媒体推送需要的好的手册工具书。

中国铁建股份有限公司是中国乃至全球最具实力、最具规模的特大型综合建设集团之一,2020年《财富》"世界500强企业"排名第54位、"全球250家最大承包商"排名第3位,2019年"中国企业500强"排名第14位。中国铁建承建了国内三分之一以上的城市轨道交通工程项目,在城市轨道交通建设领域具备一流的技术实力,拥有一大批高水平的专家和资深工程师。

基于以上背景,中国铁建依托自身多年以来积累的工程技术经验和资料,以及一大批企业内部专家和国内相关行业专家,面向全国地铁工程建设一线工程师,总结、编写、出版一套地铁施工方面的手册,既有现实需求,也具备这个能力。中国铁建希望能为广大工程技术人员提供一套系统全面、实用好用的案头工具书,为推动地铁工程施工技术应用体系的形成、全行业整体技术水平和能力的提升贡献智慧。

2017年,中国铁建立项启动《地铁施工手册》(以下简称"手册")的编撰工作,并确立了"做一把尺子、请一位先生、树一个标杆、立一块模板"的总体工作目标,希望用标准化的尺子来丈量,为现场工程师请一位先生,用典型案例树立示范标杆,推荐成熟的技术工艺作为模板,真正让现场工程技术人员迅速掌握核心要义、关键技术,知其然,亦知其所以然,快速提升解决现场实际问题的能力,整体提升行业技术水平。

手册由中国铁建科技创新部和中铁建昆仑投资集团有限公司牵头承办,中国铁建及下属16家二级集团公司的262位资深工程师和专家参与编写,70余位各级领导、部门负责人和工作人员协助编审组织,相关高校、地铁公司、建设企业等单位近38位专家协助审稿、统稿,为此成立了组织委员会、编写委员会和审统稿委员会,邀请陈湘生院士担任审统稿委员会主任,各篇也成立了相应的编审委员会,所有参加组织、编写、审稿、统稿的人员及单位名单在文前列明,在此不再赘述。手册在编审组织过程中,前后共召开了4次全体人员参加的审稿会,并全力加强编审过程控制以确保编写质量,其间各级编写负责人开展了10次大纲讨论与对接会,召开了11次分篇审稿会,组织20余位外部专家参与中期审稿和编写支持,各单位总计开展各种规模集中办公50余次,组织14个由项目部经理、总工程师、工程部长等基层技术骨干组成的审稿小组,站在读者的角度对初稿提出了680余条修改意见。在统稿阶段,邀请西南交通大学蒋雅君教授等一批专家协助统稿,统稿期间召开了3次统稿工作会、2次推进会。手册完稿后,邀请陈湘生院士对手册进行终审,陈院士也欣然为本书作序。手册编审组织过程中,人民交通出版社股份有限公司陈志敏副总编辑、曲乐主任、王霞副主任全程给与了协助和指导,刘彩云等编辑为书稿生产和出版做了大量细致的工作。国家出版基金管理委员会对手册出版给予了出版基金支持。手册编审组织过程中,各单位都给予了大力支持,提供了很多技术资料和人员、经费支持,每位手册参与者都为此付出了辛勤努力,在此向所有人员致以崇高的敬意和诚挚的感谢。

手册即将付梓,统计下来这部手册总计13篇89章,包括数字资源共700余万字,涵盖施工组织、明挖法施工、盾构法施工、矿山法施工、混凝土结构与防水工程、轨道工程、装饰装修工程、机电安装工程、施工测量、施工监测、施工安全管理、施工质量管理、BIM技术应用等内容。总结这部书稿的主要特点,包括如下五个方面:

(1)建立项目建设标准,统筹整体线路策划。手册重点在第1篇施工组织中体现这方面内容:项目上场后,先对工程项目管理目标、施工组织安排、施工方案等进行总体策划,把开工前的各项前提条件、任务分工进行明确,有条不紊地组织快速开工;着重解决施工标准化问题,对地铁工程临时设施、安全设施、智慧工地建设等方面做了详细的标准化要求,列举了标准化管理实例;项目管理充分体现了需要做什么,什么时候做,由谁去做以及如何去做,可以指导项目经理快速有序地合理分工,提高项目管理水平;鉴于目前国内轨道交通建设模式从单一项目标段向整体线路全过程施工管理的转变,手册总结了经验,归纳了整体线路筹划问题,并且提供了整体线路总体策划思路,对地铁线路建设开通运营关键节点线路图与对应关键节点的前置条件进行了梳理,对整体线路开通策划做了详细说明。

(2)提升方案优化水平,确保施工安全优质。在对项目实施条件、设计文件进行深入了解的基础上,在不影响结构安全、使用功能的前提下,满足图纸、环境、风险、工期的要求进行方案调整和设计深化等工作。手册对土建、机电、装修工程方案优化的方向、内容进行了分析总结,以有利于保证施工安全,满足质量目标,兑现工期目标。书中通过案例介绍对车站站位、联络通道位置、装饰装修进行优化设计、深化设计,为读者提供优化思路。

(3)比选设计施工方案,保证安全可靠性。类似的工程地质、水文条件、环境条件下,有不同的设计、施工方案,关键在于方案是否安全可靠,是否技术可行,是否经济合理。手册对各种施工风险较大的方案与工法进行阐述、分析比较,帮助读者解决施工难题,确保安全可靠。

(4)总结各种施工技术的特点,指导工程师选用适合工法。地铁施工技术种类繁多,手册力求通过对各种工艺、工法进行归纳总结,以表格形式把不同工艺、工法的适用范围及优缺点进行对比,为读者提供指导,便于在不同情况下快速合理地选择适合的工艺、工法。

(5)分析施工要点,认真研究施工细节,增强手册实用性。对于从业五年以内的工程技术人员,对施工工艺已经有了一定了解,但是缺乏对机械设备的分析,缺乏对施工要点的把控,缺乏对常见问题的处理经验。因此,手册针对地铁施工中常见机械设备选型、故障排查、施工控制要点、施工常见问题及对策、常用计算方法等进行了描述。

为方便读者阅读、查找资料,本手册配有富媒体电子书。请刮开封面"一书一码"涂层,使用微信扫码进行绑定,即可在线阅读全书,同时也可以使用微信扫描书中二维码,查看相应的扩展数字资源,使用"检索功能"查找关键词,进行按需阅读。

不忘初心,方得始终!手册立项之初即确立了较高的工作目标和编写指导思想。希望手册的编写工作,能成为中国铁建促进一线工程技术人员专业技术能力提升的重要途径,也能作为中国铁建践行技术引领发展、提升企业核心技术能力等软实力的主要抓手;更希望这部手册能成为全面展示中国铁建乃至全行业地铁工程施工技术水平的优秀著作。手册的出版,可以作为中国铁建对铁道兵《施工手册》的传承,它既是技术图书,也有文化内涵。当然,距离这一目标肯定还有一定距离,还请广大同行指正,随后在定期修订过程中再加以完善。

雷升祥

二〇二〇年十月

CONTENTS

目 录

上 册

第1篇 施工组织

第1章　概述 / 4
　1.1　地铁施工组织概念 / 4
　1.2　地铁施工项目特点 / 5
　1.3　地铁施工组织重要性 / 5
　1.4　地铁施工组织发展趋势 / 6

第2章　总体策划 / 7
　2.1　管理模式 / 7
　2.2　策划内容 / 9
　2.3　项目施工策划书 / 13
　本章附件 / 14

第3章　前期准备 / 15
　3.1　施工调查 / 15
　3.2　技术准备 / 19
　3.3　现场准备 / 24
　3.4　专项工作 / 29
　本章附件 / 36

第4章　项目管理 / 37
　4.1　技术管理 / 37
　4.2　方案优化 / 47
　4.3　进度管理 / 53
　4.4　物资管理 / 71
　4.5　设备管理 / 76
　4.6　成本管理 / 79
　本章附件 / 84

第5章　标准化管理 / 85
　5.1　临时设施标准化 / 85
　5.2　智慧工地建设 / 103
　5.3　过程控制标准化 / 106
　5.4　标准化管理实例 / 107
　本章附件 / 107

本篇参考文献 / 108

2 第 2 篇 明挖法施工

第 1 章　概述 / 114
　1.1　明挖法简介 / 114
　1.2　明挖法施工特点 / 115
　1.3　明挖法施工技术体系 / 116
　1.4　明挖法发展趋势 / 117

第 2 章　围护结构 / 119
　2.1　地下连续墙 / 121
　2.2　灌注桩 / 154
　2.3　钻孔咬合桩 / 168
　2.4　SMW 工法桩 / 175
　2.5　钢板桩 / 183
　2.6　土钉墙 / 188
　2.7　锚索 / 197
　2.8　工程案例 / 205
　本章附件 / 205

第 3 章　内支撑系统 / 206
　3.1　钢支撑 / 211
　3.2　混凝土支撑 / 227
　3.3　竖向支承 / 230
　3.4　特殊情况下的几种支撑 / 238
　3.5　工程案例 / 243
　本章附件 / 243

第 4 章　基坑土体加固 / 244
　4.1　基坑土体加固方式及用途 / 244
　4.2　旋喷法 / 247
　4.3　搅拌桩法 / 265
　4.4　注浆法 / 278
　4.5　工程实例 / 282
　本章附件 / 282

第 5 章　地下水控制 / 283
　5.1　地下水特性及控制方法 / 283
　5.2　基坑降水设计 / 293
　5.3　基坑降水施工 / 314
　5.4　降水试验与运行 / 329
　5.5　降水环境影响及处理措施 / 337
　5.6　常见工程问题及对策 / 340
　5.7　工程实例 / 343
　本章附件 / 343

第 6 章　基坑土石方工程 / 344
　6.1　基坑开挖施工机械设备 / 344
　6.2　无内支撑基坑开挖 / 347
　6.3　有内支撑基坑开挖 / 353
　6.4　岩质基坑开挖 / 365
　6.5　土方回填 / 377
　6.6　工程案例 / 380
　本章附件 / 380

本篇参考文献 / 381

3 第 3 篇 盾构法施工

第 1 章　概述 / 388
　1.1　盾构机发展历程 / 388
　1.2　盾构法技术特点及内容 / 390
　1.3　盾构法发展趋势 / 391

第 2 章　盾构机选型与制造 / 393
　2.1　盾构机类型及其工作原理 / 393

2.2　盾构机选型 / 397
　　2.3　盾构机配置 / 403
　　2.4　盾构机监造与验收 / 420
　　2.5　常见故障处理及维护保养 / 424
　　本章附件 / 432
第3章　盾构法施工基本作业 / 433
　　3.1　施工准备 / 433
　　3.2　反力架及始发托架安装 / 450
　　3.3　盾构始发 / 473
　　3.4　盾构掘进施工 / 483
　　3.5　盾构接收 / 538
　　3.6　过站及调头施工 / 542
　　3.7　盾构机拆解 / 546
　　3.8　盾构施工典型问题及应对措施 / 548
　　本章附件 / 574

第4章　始发接收专项技术 / 575
　　4.1　始发接收端头加固设计 / 575
　　4.2　特殊条件始发接收技术 / 583
第5章　换刀专项技术 / 601
　　5.1　换刀原因分析 / 601
　　5.2　换刀风险分析 / 601
　　5.3　换刀技术及工法 / 601
　　5.4　盾构开仓动火作业技术 / 615
第6章　联络通道设计及施工 / 621
　　6.1　联络通道设计 / 621
　　6.2　联络通道施工方案 / 625
　　6.3　冷冻法联络通道施工 / 635
　　6.4　顶管法联络通道施工新技术 / 651
　　6.5　联络通道施工质量控制要点 / 656
第7章　管片生产 / 658
　　本章附件 / 658
本篇参考文献 / 659

4　第4篇　矿山法施工

第1章　概述 / 664
　　1.1　矿山法简介 / 664
　　1.2　矿山法施工特点 / 665
　　1.3　矿山法发展趋势 / 666
第2章　施工期地质勘察与超前地质预报 / 667
　　2.1　施工期地质勘察 / 667
　　2.2　超前地质预报 / 671
第3章　施工方法 / 687
　　3.1　全断面法 / 688
　　3.2　台阶法 / 690
　　3.3　分部开挖法 / 694
第4章　施工作业 / 717
　　4.1　开挖作业 / 717
　　4.2　出渣作业 / 733
　　4.3　支护作业 / 737
　　4.4　超前支护与加固 / 748

　　4.5　二次衬砌施工 / 769
　　4.6　地下水处理 / 785
　　4.7　特殊条件下施工作业 / 794
第5章　风水电及通风防尘作业 / 801
　　5.1　供风作业 / 801
　　5.2　供水作业 / 803
　　5.3　排水作业 / 805
　　5.4　供电与照明作业 / 806
　　5.5　通风作业 / 809
　　5.6　防尘作业 / 811
第6章　矿山法隧道施工控制重点 / 814
　　6.1　地面沉降与坍塌控制 / 814
　　6.2　突泥涌水控制 / 817
　　6.3　初期支护失稳控制 / 818
　　6.4　有害气体控制 / 820
　　6.5　爆破震动控制 / 821

6.6　施工噪声控制 / 824

第 7 章　工程案例 / 826

本章附件 / 826

本篇参考文献 / 827

第 5 篇　混凝土结构与防水工程

第 1 章　概述 / 834

第 2 章　混凝土结构工程 / 836
2.1　地铁车站混凝土结构工程 / 836
2.2　模板工程 / 838
2.3　钢筋工程 / 874
2.4　混凝土工程 / 915
本章附件 / 940

第 3 章　防水工程 / 941
3.1　防水要求及体系 / 941
3.2　明挖地铁结构防水 / 943
3.3　矿山法防水施工 / 955
3.4　细部构造防水 / 965
3.5　其他地铁结构防水 / 981

第 4 章　地铁工程渗漏水问题及治理 / 996
4.1　地铁工程常见渗漏水问题 / 996
4.2　地铁渗漏水治理方案 / 998
4.3　渗漏水堵漏主要设备简介 / 1012

第 5 章　工程案例 / 1016
本章附件 / 1016

本篇参考文献 / 1017

第 6 篇　轨道工程

第 1 章　概述 / 1024
1.1　轨道结构组成 / 1024
1.2　轨道施工内容 / 1026
1.3　轨道施工特点及方法 / 1026

第 2 章　施工准备 / 1028
2.1　内业准备 / 1028
2.2　外业准备 / 1028
2.3　工程案例 / 1032
本章附件 / 1032

第 3 章　无砟道床 / 1033
3.1　普通无砟道床 / 1033
3.2　钢弹簧浮置板整体道床 / 1050
3.3　减振垫浮置板道床 / 1055
3.4　梯形轨枕整体道床 / 1058
3.5　预制板整体道床 / 1060
3.6　质量通病与防治措施 / 1073

第 4 章　有砟道床 / 1074
4.1　车辆段碎石道床 / 1074
4.2　质量通病与防治措施 / 1079

第 5 章　道岔及钢轨伸缩调节器 / 1080
5.1　无砟道岔铺设 / 1080
5.2　有砟道岔铺设 / 1085

5.3 钢轨伸缩调节器 / 1089
5.4 质量通病与防治措施 / 1091

第6章 线路 / 1092
6.1 无缝线路 / 1092
6.2 有缝线路 / 1103
6.3 质量通病与防治措施 / 1104

第7章 轨道安全设备及附属设备 / 1105
7.1 疏散平台 / 1105
7.2 车挡 / 1107
7.3 线路标识 / 1108
7.4 钢轨涂油器 / 1109
7.5 防脱护轨 / 1109
7.6 施工质量验收标准 / 1111
7.7 质量通病与防治措施 / 1111

第8章 轨道工程接口 / 1112
8.1 轨道工程接口总体要求 / 1112
8.2 轨道工程与各专业的接口要求 / 1113
8.3 常见问题及对策 / 1115

第9章 轨行区临时管理 / 1116
9.1 轨行区临时管理组织机构 / 1116
9.2 轨行区施工计划管理 / 1117
9.3 轨行区出入管理 / 1119
9.4 轨行区行车管理 / 1120
9.5 轨行区安全文明施工 / 1121
9.6 常见问题及对策 / 1122
本章附件 / 1122

本篇参考文献 / 1123

下 册

第7篇 装饰装修工程

第1章 概述 / 1130
1.1 地铁车站装饰装修建筑功能 / 1130
1.2 地铁车站装饰装修工程特点 / 1132
1.3 地铁车站装饰装修主要材料及其性能要求 / 1133
1.4 地铁车站装饰装修工程发展趋势 / 1135
本章附件 / 1135

第2章 深化设计 / 1136
2.1 深化设计的必要性 / 1136
2.2 深化设计的目的 / 1137
2.3 深化设计的流程 / 1137
2.4 深化设计的原则 / 1138

第3章 砌体及抹灰工程 / 1155
3.1 墙体砌筑 / 1155
3.2 抹灰工程 / 1163

第4章 门窗工程 / 1169
4.1 钢制平板门 / 1169
4.2 防火卷帘、防盗卷帘门 / 1174
4.3 防火观察窗 / 1181
本章附件 / 1184

第5章 涂饰工程 / 1185
5.1 无机涂料 / 1185
5.2 乳胶漆 / 1188

第6章 吊顶工程 / 1194
6.1 铝合金吊顶 / 1194
6.2 硅钙板吊顶 / 1205
本章附件 / 1209

第7章 墙、柱饰面工程 / 1210
7.1 干挂饰面板 / 1210
7.2 干挂搪瓷钢板 / 1227
7.3 墙面砖 / 1233
本章附件 / 1239

第8章 地面工程 / 1240
8.1 细石混凝土地面垫层 / 1240

8.2 预制水磨石地面 / 1244
8.3 环氧树脂自流平地面 / 1250
8.4 防静电活动地板 / 1253
8.5 石材 / 1258
8.6 陶瓷砖 / 1266
8.7 地面绝缘层及警示带 / 1269
本章附件 / 1276

第9章 外装修工程 / 1277
本章附件 / 1278

第10章 其他工程 / 1279
10.1 离壁沟与离壁墙 / 1279
10.2 挡烟垂壁 / 1287
10.3 不锈钢 / 1292
10.4 导向标识 / 1308
10.5 广告灯箱 / 1315
10.6 卫生间 / 1320
10.7 铝合金防滑垫 / 1325
10.8 市政道路接驳 / 1328
10.9 冷却塔围护 / 1331
10.10 风亭、花池 / 1335
10.11 垂直电梯 / 1342
本章附件 / 1348

第11章 成品保护 / 1349
11.1 成品保护范围 / 1349
11.2 成品保护措施 / 1349

本篇参考文献 / 1357

第8篇 机电安装工程

第1章 概述 / 1364
1.1 机电安装工程分类 / 1364
1.2 机电安装工程特点 / 1365
1.3 机电安装工程发展趋势 / 1365

第2章 通信工程 / 1367
2.1 线路施工 / 1367
2.2 设备安装 / 1382
2.3 安全文明施工与成品保护 / 1386
2.4 接口管理 / 1388
2.5 单系统调试 / 1391

第3章 信号工程 / 1393
3.1 线路施工 / 1393
3.2 设备安装 / 1400
3.3 安全文明施工与成品保护 / 1419
3.4 接口管理 / 1420
3.5 单系统调试 / 1423

第4章 供电工程 / 1425
4.1 变电所 / 1425
4.2 中压供电网络 / 1440
4.3 杂散电流防护系统 / 1447
4.4 综合接地系统 / 1451
4.5 电力监控系统 / 1453
4.6 柔性接触网 / 1453
4.7 刚性接触网 / 1484
4.8 接触轨系统 / 1502
4.9 安全文明施工与成品保护 / 1518
4.10 接口管理 / 1519
4.11 单系统调试 / 1524

第5章 综合监控工程 / 1533
5.1 管线施工 / 1533
5.2 设备安装 / 1542
5.3 安全文明施工与成品保护 / 1557
5.4 接口管理 / 1558
5.5 单系统调试 / 1562

第6章 通风与空调工程 / 1567
6.1 管路施工 / 1567
6.2 设备安装 / 1587
6.3 安全文明施工与成品保护 / 1598

6.4 接口管理 / 1599
6.5 单系统调试 / 1601

第 7 章　给水与排水工程 / 1602
7.1 管路施工 / 1602
7.2 设备安装 / 1611
7.3 室外排水构筑物施工 / 1616
7.4 文明施工与成品保护 / 1622
7.5 接口管理 / 1622
7.6 单系统调试 / 1623

第 8 章　动力与照明工程 / 1626
8.1 线路施工 / 1626
8.2 设备安装 / 1635
8.3 安全文明施工与成品保护 / 1643
8.4 接口管理 / 1644
8.5 单系统调试 / 1646

第 9 章　自动售检票工程 / 1647
9.1 管线施工 / 1647
9.2 设备安装 / 1656
9.3 安全文明施工与成品保护 / 1663
9.4 接口管理 / 1665
9.5 单系统调试 / 1666

第 10 章　联调联试 / 1669
10.1 联调联试总时程图 / 1669
10.2 动车调试前置条件 / 1670
10.3 动车调试 / 1672
10.4 综合调试前置条件 / 1675
10.5 系统联调联试 / 1677
10.6 系统调试 / 1719
10.7 联调联试评估及报告 / 1723

本篇参考文献 / 1726

第 9 篇　施工测量

第 1 章　概述 / 1732
1.1 施工测量主要内容 / 1732
1.2 施工测量特点 / 1733
1.3 施工测量坐标系统 / 1734
1.4 施工测量技术发展趋势 / 1734

第 2 章　施工测量前期准备工作 / 1736
2.1 设计文件资料复核 / 1736
2.2 交接桩 / 1737
2.3 施工测量方案编制 / 1738
2.4 人员培训与考核 / 1739
2.5 设备选型和检校 / 1739

第 3 章　施工控制测量 / 1741
3.1 施工控制测量流程 / 1741
3.2 地面平面控制网复测与加密 / 1742
3.3 地面高程控制网复测与加密 / 1754
3.4 联系测量 / 1760
3.5 地下控制网测量 / 1770
3.6 桥梁施工控制网测量 / 1782
3.7 贯通测量 / 1782
3.8 施工控制网恢复 / 1782
本章附件 / 1783

第 4 章　施工过程测量 / 1784
4.1 常用放样方法 / 1784
4.2 明挖法施工测量 / 1792
4.3 盾构法隧道施工测量 / 1796
4.4 矿山法隧道施工测量 / 1816
4.5 高架结构施工测量 / 1823
4.6 地面线路施工测量 / 1830
4.7 车辆基地施工测量 / 1839
4.8 铺轨施工测量 / 1846
4.9 设备安装测量 / 1850
本章附件 / 1854

第 5 章　竣工测量 / 1855

    5.1　控制网检测与控制点恢复测量 / 1855

    5.2　轨道竣工测量 / 1855

    5.3　建筑结构竣工测量 / 1856

    5.4　设备竣工测量 / 1857

    5.5　地下管线竣工测量 / 1857

    5.6　竣工测量提交资料 / 1857

第 6 章　施工测量质量管理 / 1859

    6.1　施工测量质量管理目标 / 1859

    6.2　测量复核与风险控制 / 1862

    6.3　质量检查与考核 / 1865

    6.4　表格格式 / 1866

    本章附件 / 1867

本篇参考文献 / 1868

第 10 篇　施工监测

第 1 章　概述 / 1872

    1.1　施工监测地位和作用 / 1872

    1.2　施工监测任务和对象 / 1873

    1.3　施工监测特点 / 1873

    1.4　施工监测工作流程 / 1874

    1.5　自动化监测简介及其他技术应用 / 1874

    1.6　智慧监测 / 1880

    本章附件 / 1881

第 2 章　施工监测准备工作 / 1882

    2.1　周边环境调查踏勘 / 1882

    2.2　资料收集 / 1884

    2.3　设备准备 / 1884

    2.4　人员准备 / 1885

    2.5　监测方案的编制与审查 / 1886

    本章附件 / 1887

第 3 章　施工监测等级与监测项目 / 1888

    3.1　工程影响分区及监测等级划分 / 1888

    3.2　监测项目选取 / 1891

    3.3　监测频率确立与调整 / 1895

第 4 章　施工监测方法及要求 / 1900

    4.1　位移监测基准点和工作基点 / 1900

    4.2　监测点布设 / 1904

    4.3　监测方法及设备 / 1923

    本章附件 / 1939

第 5 章　施工监测成果及预警管理 / 1940

    5.1　监测变形分析及成果反馈 / 1940

    5.2　监测项目控制值和预警管理 / 1947

    本章附件 / 1956

第 6 章　施工监测管理 / 1957

    6.1　组织机构及人员职责 / 1957

    6.2　监测质量控制 / 1958

    6.3　监测安全管理 / 1962

    6.4　监测资料管理 / 1963

    6.5　监测成本管理 / 1965

    6.6　监测报表及报告模版 / 1966

    本章附件 / 1966

本篇参考文献 / 1967

第 11 篇 施工安全管理

第 1 章　概述 / 1972
　1.1　施工安全管理特点 / 1972
　1.2　施工安全管理主要内容 / 1972
第 2 章　安全管理体系与安全风险预警 / 1974
　2.1　安全管理体系 / 1974
　2.2　安全风险预警系统 / 1976
　本章附件 / 1981
第 3 章　施工重要风险控制 / 1982
　3.1　明(盖)挖法施工风险控制 / 1982
　3.2　盾构法施工风险控制 / 1990
　3.3　矿山法施工风险控制 / 2000
　3.4　轨道工程风险控制 / 2007
　3.5　装饰装修工程风险控制 / 2008
　3.6　机电安装工程风险控制 / 2009
第 4 章　施工一般风险控制 / 2010
　4.1　临时用电风险控制 / 2010
　4.2　消防安全风险控制 / 2023
　4.3　施工机械(设备)风险控制 / 2032
　4.4　脚手架施工风险控制 / 2040
　4.5　高处作业施工风险控制 / 2052
　4.6　管线施工风险控制 / 2061
　4.7　密闭空间施工风险控制 / 2064
　4.8　动火作业施工风险控制 / 2069
第 5 章　安全专项施工方案 / 2072
　5.1　安全专项施工方案编制、评审要点 / 2072
　5.2　安全专项方案范本 / 2074
　本章附件 / 2075
第 6 章　应急管理与常见事故案例分析 / 2076
　6.1　应急预案管理 / 2076
　6.2　应急救援管理 / 2077
　6.3　常见事故应急处置要点 / 2078
　6.4　常见安全事故案例分析 / 2084
　本章附件 / 2084
本篇参考文献 / 2085

第 12 篇 施工质量管理

第 1 章　概述 / 2090
　1.1　施工质量 / 2090
　1.2　施工质量管理特点 / 2091
　1.3　施工质量方针和质量目标 / 2092
　1.4　施工质量管理展望 / 2093
第 2 章　施工质量管理的基础理论 / 2095
　2.1　施工质量控制原理 / 2095
　2.2　施工质量管理常用方法 / 2098
　2.3　施工质量保证体系 / 2099
　2.4　施工质量管理组织和职责 / 2102
　2.5　施工质量管理制度 / 2103
　2.6　施工质量问题及质量事故的处理方案 / 2104
　2.7　施工质量标准化 / 2106
　本章附件 / 2107
第 3 章　试验与检测 / 2108
　3.1　试验与检测工作程序及主要内容 / 2108

3.2 材料试验与检测 / 2110
3.3 施工过程质量检测 / 2120
3.4 工程实体质量与使用功能检测 / 2122

第 4 章　资料管理 / 2125
4.1 基本要求 / 2125
4.2 施工资料管理 / 2126
4.3 工程资料的分类与编号 / 2128
4.4 施工资料主要内容 / 2130
4.5 工程档案编制 / 2136
本章附件 / 2144

第 5 章　质量检查验收 / 2145
5.1 基本要求 / 2145
5.2 工程施工质量验收的划分 / 2146
5.3 工程施工质量验收 / 2148
本章附件 / 2168

第 6 章　施工质量通病与防治措施 / 2169
6.1 典型施工质量通病与防治措施 / 2169
6.2 明挖法施工质量通病与防治措施 / 2178
6.3 混凝土结构与防水工程质量通病与防治措施 / 2179
6.4 盾构法施工质量通病与防治措施 / 2181
6.5 矿山法施工质量通病与防治措施 / 2189
6.6 轨道工程质量通病与防治措施 / 2191
6.7 装饰装修工程质量通病与防治措施 / 2193
6.8 机电安装工程质量通病与防治措施 / 2203

本篇参考文献 / 2214

第 13 篇　BIM技术应用

第 1 章　概述 / 2220
1.1 BIM 的概念 / 2220
1.2 BIM 的发展 / 2221
1.3 BIM 的应用特性及优势 / 2221
1.4 BIM 在地铁工程中的应用现状 / 2222
1.5 BIM 在地铁工程中的应用展望 / 2223

第 2 章　地铁 BIM 应用技术体系 / 2225
2.1 BIM 软硬件设置 / 2225
2.2 BIM 平台建设 / 2229
2.3 BIM 模型要求 / 2230
2.4 施工阶段的 BIM 应用内容 / 2231
2.5 交付成果格式 / 2235

第 3 章　地铁土建工程施工 BIM 应用 / 2236
3.1 场地设计 / 2236
3.2 基坑工程 / 2237
3.3 模板与脚手架工程 / 2238
3.4 钢筋工程 / 2239
3.5 砌体工程 / 2240
3.6 土建工序工艺模拟 / 2241
3.7 土建结构施工 / 2242
3.8 地铁土建工程施工 BIM 应用案例 / 2244

第 4 章　地铁机电工程施工 BIM 应用 / 2263
4.1 应用范围及价值 / 2263
4.2 应用流程 / 2264
4.3 模型创建、使用和管理要求 / 2265
4.4 模型质量控制规则 / 2272
4.5 地铁机电工程施工 BIM 应用案例 / 2276

第 5 章　地铁装饰装修工程施工 BIM 应用 / 2305
5.1 应用目标 / 2305
5.2 应用流程及要求 / 2305
5.3 软件应用方案 / 2308
5.4 施工深化设计 / 2310
5.5 地铁车站装饰装修工程施工 BIM 应用案例 / 2315

本篇参考文献 / 2325

后记 / 2327

第1篇 施工组织

本篇编审委员会

主编单位：中铁十二局集团有限公司

主　　编：李建军

副 主 编：毋海军

参　　编：杨光辉　贾大鹏　支卫东　刘春辉　李宗晟　程俊斌　高　琪
　　　　　李　钟　苑　申　范晨鹏　郭永军　周洪波　程佳琛　净少敏

审　　定：宋玉香　吴应明　尹紫红

秘　　书：余　浩

标准规范

本篇使用的主要标准规范如下:
1. 《岩土工程勘察规范》（GB 50021）
2. 《城镇燃气设计规范》（GB 50028）
3. 《建筑给水排水及采暖工程施工质量验收规范》（GB 50242）
4. 《通风与空调工程施工质量验收规范》（GB 50243）
5. 《城市工程管线综合规划规范》（GB 50289）
6. 《城市电力规划规范》（GB/T 50293）
7. 《建筑工程施工质量验收统一标准》（GB 50300）
8. 《建筑电气工程施工质量验收规范》（GB 50303）
9. 《城市轨道交通地下工程建设风险管理规范》（GB 50652）
10. 《城市轨道交通工程监测技术规范》（GB 50911）
11. 《城市道路交通标志和标线设置规范》（GB 51038）
12. 《工程网络计划技术规程》（JGJ/T 121）
13. 《施工现场临时建筑物技术规范》（JGJ/T 188）
14. 《占道作业交通安全设施设置技术要求》（DB 11/854）

METRO CONSTRUCTION HANDBOOK

篇首语

地铁建设具有长期性、复杂性、差异性和高风险性的特点。当前我国地铁建设规模较大，施工单位水平参差不齐，造成很多项目没能达到预期目的，出现经济亏损、工期延误，甚至发生安全质量事故。究其根源，往往都是因施工组织不科学导致的。优秀的施工组织能为地铁工程施工提供各阶段的工作内容，明确施工顺序、施工方法、资源配置和过程控制的方法，体现了准备做什么，什么时候做，由谁去做以及如何做。它既要对施工方案进行规划，又要构思前景，明确项目希望达到的目标和取得的成果，预估可能会遇到的问题，并制订解决问题的预案，估算需要投入的资源和花费的时间，考查制约以及决定项目成败的内外因素与形势等。

本篇主要从总体策划、前期准备、项目管理、标准化管理等方面阐述如何进行地铁工程的施工组织。其中，总体策划是地铁项目进行施工组织的纲要，主要对项目的组织机构和项目上场需要策划的内容等方面做了简要的说明；前期准备主要从施工调查、技术准备、现场准备和专项工作等方面对项目上场前需要做哪些准备工作做了介绍；项目管理主要从技术管理、方案优化、进度管理、物资管理、设备管理、成本管理等方面详细介绍了地铁工程施工中的具体管理工作内容；现场标准化管理主要对地铁工程临时设施、智慧工地建设和过程控制等方面做了详细的标准化要求，并列举了标准化管理实例。

随着各种新技术的发展，信息技术在工程项目中起到的作用越来越大，高新技术大量被移植、利用，资源的传播渠道进一步拓宽，地铁工程中必将更多地运用数学方法、网络技术和电子计算工具，采用各种有效手段，制订更科学的施工组织设计，达到缩短工期、降低成本、增质提效的目的。

第 1 章 概述

随着社会经济的发展和施工技术的进步,建筑工程施工已成为一项十分复杂的生产活动。对于一个地铁施工项目而言,不但需要高效地组织人、材、机等生产要素,进行合理配置,还需要综合协调各专业、各部门之间的施工配合,使工程施工能连续、均衡地进行,这对安全、优质、科学、高效地进行地铁项目建设具有重要意义。

1.1 地铁施工组织概念

在地铁工程施工过程中,其内部工作与外部联系错综复杂,没有一种固定不变的组织方法可运用于一切工程。因此,施工组织者必须依据施工对象的特点,充分利用施工组织的方法与规律,在所有环节中精心组织、严格管理,全面协调好施工过程中的各种关系;面对特殊、复杂的生产过程,进行科学的分析,弄清主次矛盾,找出关键所在,有的放矢地采取措施,合理地组织生产要素的投入顺序、数量、比例,进行科学的分配,提高对时间和空间的利用率。

地铁施工组织主要分为总体策划、前期准备、项目管理、标准化管理四个方面,具体编制内容见表 1-1-1。

地铁施工组织编制内容　　　　表 1-1-1

序号	编制内容	具 体 内 容
1	总体策划	总体策划是地铁项目进行施工组织的纲要,主要是对项目管理模式,项目机构及人员组织,施工总平面布置,施工技术方案,施工进度、质量、安全,机械设备配置,施工材料组织,规避风险等内容进行策划
2	前期准备	前期准备是项目顺利进行的重要保障,主要包括施工调查、技术准备、现场准备、专项工作四个方面
3	项目管理	项目管理有事先指导、事中检查、事后验收三个环节,主要通过技术、方案、进度、物资、设备、成本等方面的控制和管理,来实现预期的工期、质量、安全、成本等目标
4	标准化管理	标准化管理贯穿于地铁施工全过程,是实现项目管理目标的一项基础性、长期性工作,包括临时设施标准化、智慧工地建设、过程控制标准化等部分

1.2 地铁施工项目特点

地铁施工项目需要经历从开工到完工的若干施工过程,其间需要大量的人工、机械、材料,这就需要根据不同的施工工艺进行科学合理的施工组织,以顺利地完成工程项目。地铁工程与一般建筑工程相比,具有规模大、风险高、专业复杂、与工程周边环境相互影响大等特点。

1）工程地质条件复杂

不同区域和城市的地质条件复杂多变,有海积平原、冲积平原和台地等多种地貌单元,随着我国地铁建设规模的不断扩大,地铁线路常位于"软硬交错"地层(如上部为人工填土、黏性土、淤泥质土、砂类土及残积土,下部为花岗岩、微风化岩等坚硬岩石层或孤石),还常遇到断裂破碎带和溶洞等特殊地质构造,穿越或邻近江河湖海等。

2）工程周边环境复杂

由于地铁长距离穿行于城市交通要道和人员密集区域,建(构)筑物、交通设施、桥梁、隧道、道路、管线、地表水体等周边工程环境复杂,不可预见因素较多。

3）工程建设规模大

地铁工程的每公里造价一般在5亿~7亿元,有的高达8亿~9亿元,一条线路投资动辄在100亿元以上;一般一条线会设有十几座甚至二十几座车站,工程建设规模较大,建设期间可能会对城市交通体系造成一定影响;合理工期一般在5~6年,有些城市的合同工期紧,可压缩到3~4年。

4）工程技术复杂

地铁是由土建、装修、轨道以及机电安装等一系列复杂系统工程综合而成,其工程技术复杂程度本就不低,而随着地铁建设的发展,土建工程不断向"深、大、险"方向发展,其他系统工程也不断向"高、精、尖"方向发展,工程技术复杂程度不断提高。

5）工程协调量大

地铁参建单位包括建设、勘察、设计、施工、监理、监测、检测和材料设备供应等单位,专业多、项目多、环节多、接口多,同时与工程周边社区居民、权属管理单位的关系密切,沟通组织协调量极大。

6）安全风险高

以上工程特点决定了地铁工程施工安全风险高,特别是近些年来,由地铁施工引起的基坑垮塌、路面沉降,甚至房屋倒塌事故时有发生。因此,我们必须要充分重视地铁施工的安全风险。

1.3 地铁施工组织重要性

地铁施工组织是用来指导拟建地铁工程施工全过程中技术、经济和组织的重要手段,它的重要性主要表现在以下几个方面。

1）从地铁施工阶段在整个工程建设中的地位来看

地铁施工阶段是整个工程建设中耗资最多的一个阶段,一般可占总投资的60%以上,远高于计划

和设计阶段的投资总和。因此做好地铁施工的组织工作,对于保证地铁施工顺利进行、实现预期目标具有非常重要的意义。

2）从地铁施工阶段的组织特点来看

地铁施工阶段是涉及单位和人员最多的一个环节,并且不同的地铁项目有不同的施工方法。因此,这就要求施工单位必须依据不同的工程特点、地质条件和周边环境,进行不同的施工组织,将施工中的各单位、各部门及各施工阶段之间的关系更好地协调起来。

3）从地铁施工阶段的安全风险来看

随着城市地铁规模的扩大,面临的施工条件越来越复杂,地铁施工越来越向"急、难、险、重"方向发展,除了原本施工过程中客观存在的安全风险外,受周边环境影响的安全风险也急速扩大。因此,完善的施工组织对控制地铁施工安全风险的重要性也越来越大。

4）从地铁施工阶段的经济效益和社会效益来看

地铁工程作为一项投资超百亿级的工程项目,其施工过程中产生的经济效益和社会效益都是非常可观的,好的施工组织不仅可为施工企业在进度、成本等方面赢得经济效益,更可以为其在质量、安全、环保、品牌等方面赢得良好的社会效益。

1.4 地铁施工组织发展趋势

在地铁项目施工过程中,施工组织的重要性日益显著,同时也为施工组织提出一系列新的要求和新的课题。其发展趋势主要表现在以下几个方面：

(1) 从单一项目组织向总承包项目组织变化。市场改革将不断推进新的商业模式发展,如工程总承包(EPC)、采购—施工(PC)总承包、融资—设计—采购—施工一体化(F+EPC)、建设—经营—转让(BOT)等,使得地铁施工组织更加趋向于大型化、系统化。

(2) 更加追求标准化、模块化、装配化、集成化,提升地铁施工组织的效率,提升整体技术管理水平。

(3) 结合现代智能信息技术发展,地铁施工组织将更加数字化,建筑信息模型(BIM)、智能感知、智能传输、智能监控分析、物联网、大数据等技术正在得到广泛应用。

(4) 机械化、智能化的进一步结合,使得地铁施工组织走向标准化、工厂化,文明施工水平进一步提升。

(5) 更加重视绿色施工管理,提升资源利用率,改善环境,降低消耗,推动可持续发展等理念。

(6) 大力开发"新技术、新材料、新工艺、新设备"四新技术,通过科技创新使施工组织更加安全、高效。

第 2 章 总体策划

针对地铁项目,做好前期总体策划,进行合理的施工组织安排,加强项目前期方案预控,是地铁建设顺利开展的前提。精心的策划不仅是实现科学决策的前提,还是实现预期目标、提高工作效率的重要保证。本章主要从项目管理模式、上场后需要策划的内容以及项目施工策划书编制等方面对总体策划进行阐述。

施工单位主管领导要足够重视项目的总体策划工作,举全公司之力对项目进行总体策划,为项目确定总体目标。策划的重点内容主要有组织机构、分包管理、项目目标、工程筹划、风险预控、方案优化、资源配置、成本管理、财税管理等。针对项目特点,通过总体策划体现施工单位的标准化管理水平及企业文化。

2.1 管理模式

工程项目的管理模式是指一个工程项目建设的基本组织模式,以及在完成项目过程中各参与方所扮演的角色及合同关系。工程项目的管理模式确定了工程项目管理的总体框架,项目参与各方的职责、义务和风险分担,因而在很大程度上决定了项目的合同管理方式,以及建设速度、工程质量和造价。下面将从组织机构、分包管理两方面对其进行介绍。

2.1.1 组织机构

建立一个完善、高效、灵活的项目管理组织,可以有效地保证项目管理组织目标的实现。只有建立了组织机构,信息沟通体系才能形成,并有效地应对项目环境的变化,有效地满足项目组织成员的各种需求,使其具有凝聚力、组织力和向心力,为确保施工项目管理任务的完成提供组织保证。地铁项目应按工程规模大小确定项目经理部机构设置,合理划分施工区段和施工任务,确定各工区设置规模。

1)项目管理层次

根据合同结构和工程特点,为简化管理程序、提高管理效率、降低管理成本,一般采用决策层、管理层和作业层三级管理模式。

2)项目组织机构

项目组织机构纵向由决策层、管理层和作业层组成,横向可分为工程部、安质环保部、物资设备部、征拆协调部、计划合同部、财务部、办公室、试验室及测量队,并应充分体现"设置精简、职责明确、功能多样、办事高效"的原则。土建项目部管理组织机构可参照图 1-2-1 进行构建,站后项目部管理组织机构可参考图 1-2-2 构建。

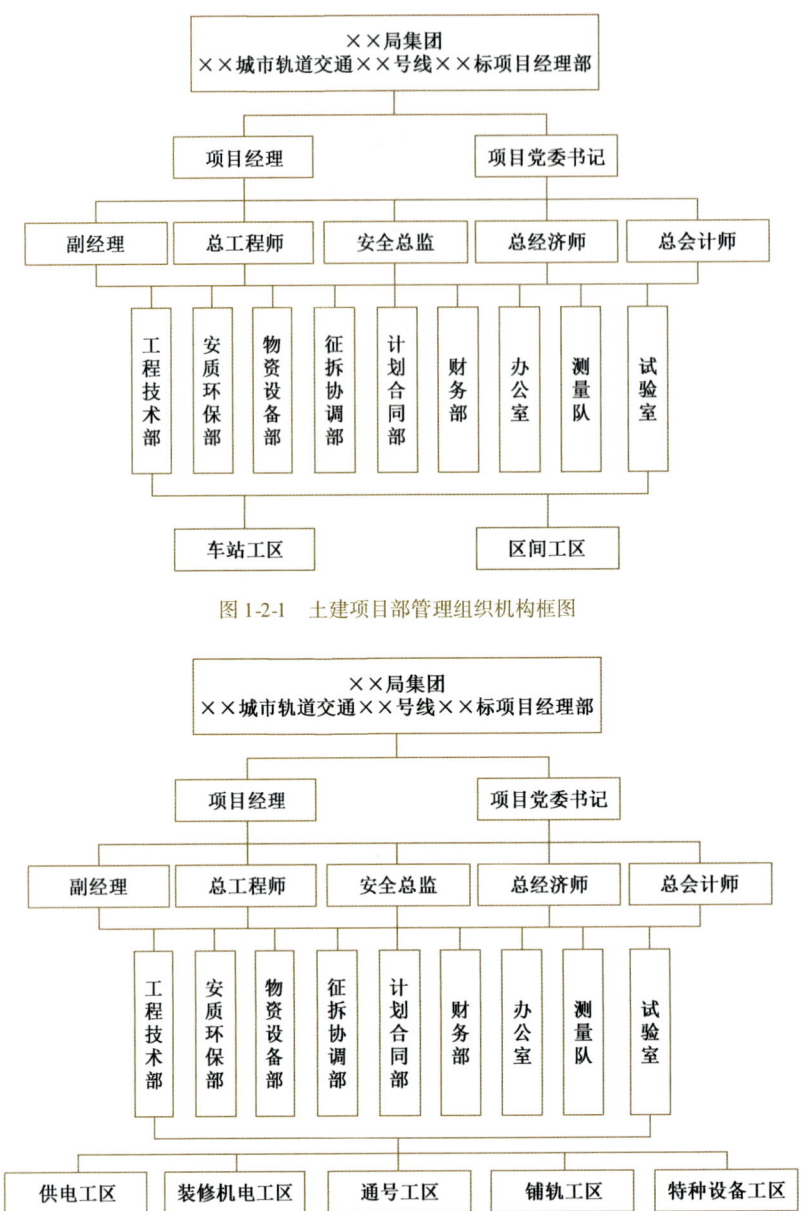

图 1-2-1　土建项目部管理组织机构框图

图 1-2-2　站后项目部管理组织机构框图

2.1.2　分包管理

建设工程分包模式主要有劳务分包和专业工程分包两种形式。劳务分包是指施工总承包企业或者专业承包企业将其承包工程中的劳务作业发包给具有相应资质的施工劳务企业完成的活动。专业工程分包是指施工总承包企业依据总承包合同和建设单位的允许将其所承包工程中的非主体工程、非关键工序的专业工程发包给具有相应资质的其他建筑企业完成的活动。

施工单位应在对合同进行初步分析的基础上,根据工程规模、工程特点、项目构成、工期长短及施工难易、合同价格水平、劳动力和机械设备等各种资源条件,并综合其他相关因素,确定项目的分包模式。

2.2 策划内容

项目总体策划是指项目上场后,在实施性施工组织设计编制前对工程项目的管理模式、组织机构、人员分工、施工总平面布置、施工技术方案、施工关键线路、质量、安全、机械设备选型和配置、施工材料组织、风险源辨识及应对措施等进行总体策划。项目策划的基本原则应以"事前策划、目标清晰,过程控制、执行有力,事后总结、不断规范"为总体思路,遵循"以合同条件为基础、以施工组织优化为重点"的原则。

工程公司为项目策划的主体,在项目上场前应抽调公司精干力量对项目进行总体策划。通过对施工组织设计和项目资源配置的多次优化,获得最优的策划结果,以指导项目各项生产经营活动,做好项目前期谋篇布局,以实现项目工期、质量、安全、环保、技术创新和效益目标。

根据项目管理内容,对项目全过程的各个环节进行策划。工程项目前期施工策划的主要内容如下。

2.2.1 项目目标

按照合同约定和工程特点,项目策划应首先确定项目总体目标,如工期、质量、安全、经济效益、环保、绿色文明施工、信誉评价、科技创新和工程创优等目标及具体措施。

2.2.2 工程筹划

按照迅速进场、确保重点、全面展开的原则组织施工,根据合同工期和本单位相关管理办法,编制总体施工顺序、总体工程进度计划、关键节点工期安排,识别关键线路和关键工序,分析影响进度的主要因素,制订应对措施。施工安排以控制重难点工程(即关键线路上的工程)为主线均衡有序推进,施工中合理配置资源及安排施工顺序,在保证安全质量的同时确保工期目标的实现。

车站两端都接盾构区间的地铁土建工程,应依据"先车站后区间、先主体后附属",以及"各段有序推进、紧抓关键工程、确保工期目标"的原则进行施工。车站前期的主要任务是提供端头盾构井(特别是盾构始发井),车站施工时应以此为重点,以最快的速度提供盾构施工所需场地(一般不小于100m),以实现盾构区间掘进和车站平行施工。工期紧张时,可考虑在盾构端120m处设置横向中间隔断墙,优先提供盾构工作井,以尽早满足盾构始发条件,达到缩短整体工期的目的。工期极其紧张的情况下,可将中间隔断墙设置在距盾构端50m处,盾构机采用分体始发。

2.2.3 风险预控

地铁项目周边环境条件及工程结构较为复杂,进场后施工单位应立即开展项目风险源的识别工作,对全管段不良地质和特殊岩土、上跨下穿重要建(构)筑物、地下管线及周边环境等进行全面调查,在风险识别的基础上,对自身风险工程和环境风险工程进行定性分级,提前做好安全风险评估,制订相应的技术措施(对重特大风险源必须制订相应的专项处置方案),并在此基础上采取分级管理。风险识别和管理不是一次性行为,而应有规律地贯穿于整个项目施工过程中。

除以上工程和环境风险外,动工前还应识别以下主要风险:法律风险(主要是合同风险)、财务风险(主要是成本风险、资金风险、分包工程风险等)和人文环境风险(主要是风俗民情、地方政策等风险)。

2.2.4 方案优化

施工方案作为施工组织的核心内容,是控制项目工期、质量、安全、效益目标实现的关键。通过方案优化,进行技术经济分析,充分利用现有人力、设备、施工环境资源和技术资源,结合施工项目的设计标准、施工质量、工期目标、安全目标要求,从而使施工方案达到技术可靠、资源均衡、进度较快、成本最低、效益最大的优化目的。

制订方案的过程中严禁照抄、照搬标书或其他工程施工方案,必须经过认真分析、优化、比选,制订出切合本工程实际的施工方案。施工方案未制订或未经论证的项目不得开工。

2.2.5 资源配置

资源配置主要是制订人、材、机的配置及进场方案。即结合施工经验和施工能力确定施工队伍,拟订作业总人数及进场计划;明确工程主要原材料总量及分批进场计划,遵从调配优先、合理利用的原则提高周转材料的利用率;本着技术先进、经济合理的原则配置盾构机、门式起重机等重要施工机械设备,尽可能利用现有设备,购置设备时应充分考虑适用性、配套性、经济性和技术先进性。

1)劳动力调配

为便于项目组织管理,应将工程项目划分为若干施工单元,并根据工程难易程度和工程数量的多少选择相应的施工队伍,并结合项目特点和工期要求,拟订作业总人数及进场计划。各队伍除配备足够的管理和安全技术人员外,各班组应根据作业内容配备满足作业要求的作业人员和相应工种,特种工须持证上岗。

2)机械设备配置

施工机械设备的配置是施工组织的一项重要工作内容,应根据工程实际情况对所需的施工机械设备(如盾构机、门式起重机等重要机械设备)进行优化和动态配置,明确所有机械设备的种类、型号、数量、进退场时间、中间停置时间、设备来源等,并由项目物资设备、财务和计划合同等部门测算出各种机械设备的月折旧费、租赁费、修理费、机械燃油费和进退场费等。经专题分析讨论会审定后确定机械设备配置方案。

机械设备的采购、运输、租赁应由项目物资设备部负责调查,调查的主要内容为当地机械设备资源和市场价格。有盾构施工的项目,要重点调查盾构设备的运输路线,沿途桥梁的承载能力,限宽、限高设置等。限宽、限高点调查统计表见附件1-2-1。

3)施工材料采购

项目开工前,要根据钢材、混凝土等主要材料的需求量,调查来源和供应能力,制订主要工程材料供应方案。结合建设单位要求,对主材是否采用甲控、甲供形式,选择合格供应商。项目物资设备部和计划合同部根据建设单位提供的合格供应商名录,对商品混凝土(管片)、水泥及钢材供应商进行探索性的调查,同时初步了解使用单位对供应商的评价(以供应能力、质量稳定性、报价水平为主要标准),并对市场价格进行后期评估。在对合同价格和材料数量进行分析的基础上,结合建设单位供应价格和市场实际价格,对材料费用进行策划。主要材料供应调查表见附件1-2-2。

4)周转材料调配

地铁项目使用的周转材料主要有钢支撑、钢围檩、脚手架、模板、方木、钢管、钢轨等。项目施工组织方案确定后,技术部门应提供周转材料使用计划,物资设备部据此编报周转材料配置计划,上报上级物资设备部门。周转材料的配置应遵循以本单位闲置周转材料为主的基本原则,优先调配内部闲置资源。

5)水、电、通信、燃料

根据总体策划安排,在工程正式开工前应做好供水、电力、通信、燃料的调查,为工程开工创造条件。

(1)根据施工用水需求,调查水源位置、容量、水质、供应方式及收费标准。要注意特殊要求,提前筹划,例如消防水管管径不小于100mm。水源调查表见附件1-2-3。

(2)调查沿线电网及变电站位置、等级、容量、收费标准、可提供的容量及要求、临时用电与永久用电结合的可能性及技术经济比较。如短期不能从电网接入,要考虑自发电的可行性。电源调查表见附件1-2-4。

(3)调查通信条件,比选不同通信方案,提出施工通信安排意见。

(4)调查燃料的品种、质量、供应能力和价格,选择合适的加油站加油。

6)试验室

地铁施工一般在工程当地委托符合条件的检测单位承担检测工作。项目部试验室须提前筹划,为工程开工创造条件,尤其是混凝土原材料检验、配合比等试验周期较长,必须提前安排。各地都有合格检测机构名录,需要提前调查,签订检测合同。试验室调查表见附件1-2-5。

2.2.6 成本管理

成本管理的主要目的就是寻求项目效益的最大化,而合理组织方案即是最大的效益,设计优化也是提高经济效益的重要途径。因此,成本管理不是一个部门的工作,而需要各个部门的相互协作,才能提高前期总体策划中成本控制的工作效率。

1)各阶段成本管控重点

(1)开工前阶段

在完成工程量预控、方案预控、单价预控、责任预算编制、效益策划5个环节后,应根据合同特点及其执行环境进行成本测算,对影响成本的主要环节和关键因素进行分析,确定项目盈亏点及安全、质量、工期管控重点,编制成本管控方案和变更索赔实施方案;找出影响工程成本的主要分项,确定二次经营分项子目,明确责任人并在施工过程中做好相应资料的收集工作。

(2)施工阶段

施工阶段的责任成本管理主要包括二次分解、临建成本控制、工程数量控制、劳务成本控制、材料消耗控制、机械成本控制、管理费用控制、变更索赔、成本核算与分析、考核兑现10个环节。

(3)竣工收尾阶段

竣工收尾阶段包括竣工决算、销户并账、余款清收和终期考评4个环节。

2)成本管理的主要措施

(1)临时工程费用

临时工程应严格执行公司策划方案。项目部领导班子成员应充分论证临时工程的布局和建设标准,编制详细的临时工程实施方案,做到有规划、有设计、有预算、有合同、有验收、有结算、有分析。

(2)工程数量管理

施工单位应编制施工图工程量、实测工程量与计价工程量的三级台账,建立工程数量监控制度,以满足工程量核算、限额发料的需求以及作为对上、对下计价的依据。

(3) 安全成本

安全生产费用要专款专用,符合"安全生产费用支出内容"的有关规定。安全生产费用的控制由安质环保部负责,本着先申报、再实施、后列销的原则。安质环保部应指定专人,建立安全生产费用台账。

(4) 工期成本

周转材料、设备租赁费、临时设施费、管理费都与工期紧密相关,项目应制订合理的施工进度计划和资源配置计划,结合项目实际完成投资情况以及关键工程的进度,定期分析进度偏差情况,以及因此造成的费用增减情况,并制订改进措施。

(5) 成本核算与分析

成本核算与分析属于"事后控制",其目的主要有三个方面:一是检查施工过程控制是否按照当初的预算执行,管理过程中有无大的偏差,查找存在问题的主要原因并制订相应的整改措施;二是做好变更索赔的基础工作;三是为各责任中心考核、奖罚兑现提供依据。

2.2.7　财税管理

财税管理主要包含资金管理、财务管理及内控建设、税务管理等方面内容。在不违反政策、法规的前提下,对项目筹资、经营等方面活动,乃至生产、利润分配等环节的业务进行事先策划,尽可能为企业减轻纳税负担,降低项目成本。同时,还可以建立增值税管理体系,将有关经济活动中涉税业务责任到人,加强项目人员增值税相关知识的普及,降低企业税务风险,为创利打下坚实基础。

1) 资金管理

(1) 资金管理总体目标

加强资金管理工作,合理调配、使用资金;加强资金周转,压缩"两金"占用,不断提高资金使用效率,提高经营性现金净流量。

(2) 资金监管相关要求

项目财务部要合理统筹管理资金,适度监管分包方资金,结合项目实际情况制订资金监管方案。

2) 财务内控管理

(1) 财务制度建设

建立内部牵制制度。内部牵制是指对具体业务进行分工时,不能由一个部门或一个人完成一项业务的全进程,而必须由其他部门或职员参与,并且与之衔接的部门能自动地对前面已完成工作进行正确性检查。比如财务中不相容岗位的分工与相关要求。

(2) 财务纪律

严格执行财务制度,必须分别设置会计和出纳岗位,严禁一人兼任或由一人办理业务。

项目财务内控管理和成本核算是财务工作的重中之重。项目日常管理中一定要及时完成对上、对下计量工作,确保已完工程量的及时确权、成本发票的及时入账,夯实财务成本,真实地反映债权债务关系。

3) 财务创效

(1) 财务费用的合理筹划

可以通过合理的资金使用筹划,并充分掌握相关金融机构的优惠政策,做好资金创效。

(2) 税务管理的提前筹划

一是提前布局,核实供应商的纳税人资格,通过进项税的抵扣降低项目资金占用;二是规范增值税发票的开具和发票管理,筹划做好进销项税的抵扣,降低项目实际的税负水平。

(3)掌握地方税收优惠政策

加强与地方税务部门的联系,及时掌握地方政府的税收优惠政策,同时加强增值税相关知识的普及与学习。

2.3 项目施工策划书

项目策划是一个系统工程,它涉及项目的各个方面。为保证项目前期策划工作的顺利开展,项目上场前,施工单位应成立项目策划工作领导小组,领导和组织项目策划工作的实施。项目施工策划应以实现施工合同目标、取得最佳经济效益和提高企业信誉为目的,根据工程施工特点、技术复杂程度、质量标准要求,达到统筹兼顾、突出重点、技术先进、方案优化、安全可靠、经济合理的目标。

项目前期策划流程如下:确定项目策划小组→研读项目相关资料和信息→现场核查前期调查报告→确定项目总体目标→编制项目施工策划书→项目施工策划书申报审查→优化修正项目施工策划书→项目施工策划书审批备案→项目施工策划书实施→定期考核项目施工策划书的落实情况。项目施工策划书案例见附件1-2-6。

项目施工策划书具体编写提纲如下:

第一章　工程概况
　　一、工程简介
　　二、工程气象水文地质
　　三、主要工程数量
　　四、合同工期及金额
　　五、项目特点及重难点

第二章　管理目标
　　一、工期目标
　　二、质量目标
　　三、安全管理目标
　　四、成本管理目标
　　五、文明施工目标
　　六、信用评价目标
　　七、创优目标
　　八、科技创新目标
　　九、节能环保目标

第三章　管理模式策划
　　一、组织机构及人员配置
　　二、分包模式及队伍安排

第四章　总体工筹策划
　　一、总体施工组织
　　二、施工总体顺序
　　三、施工进度计划
　　四、关键工序
　　五、关键线路
　　六、关键节点工期

第五章　主要施工方案
　　一、车站施工方案
　　二、区间施工方案
　　三、专项施工方案
　　四、重难点工程施工方案
　　五、高风险工程施工方案

第六章　方案优化策划
　　一、专项工作优化
　　二、临建设施优化

三、设计方案优化

四、施工方案优化

三、管线迁改及保护

四、建(构)筑物保护

第七章　临建设施规划

一、临建标准

二、项目驻地选择与建设

三、队伍驻地选择与建设

四、施工现场总平面图

五、车站施工现场生产设施布置图

六、区间施工现场生产设施布置图

七、施工用电专项方案

八、临建工程施工方案

九、主要临建工程数量

第九章　风险预控策划

一、重大风险源辨识

二、重大风险源处置

第十章　资源配置策划

一、人员配置

二、机械设备配置

三、重要设备来源

四、主要物资材料采购

五、周转材料调配

第八章　前期专项工作策划

一、征地拆迁

二、交通疏解及施工围挡

本章附件

附件 1-2-1　限宽、限高点调查统计表

附件 1-2-2　主要材料供应调查表

附件 1-2-3　水源调查表

附件 1-2-4　电源调查表

附件 1-2-5　试验室调查表

附件 1-2-6　项目施工策划书案例

第 3 章 前期准备

地铁工程是一项规模庞大、工艺复杂的综合性工程,为确保按期开工和项目顺利进行,达到预期的质量、安全、工期和成本目标,做好充分的前期准备工作是极为重要的。前期准备工作的基本任务是为拟建工程的施工建立必要的技术和物质条件,统筹安排施工力量和合理布置施工现场。其工作主要包含施工调查、技术准备、现场准备、专项工作四个方面。

3.1 施工调查

地铁工程的建设有可能会对周边环境产生影响。周边环境是指地铁工程建设影响范围内的建(构)筑物、管线、桥梁、隧道、道路、交通设施、地表水体等。

施工调查的目的主要是了解施工条件和环境条件,提出施工安排初步建议,核对并优化设计,为编制施工组织设计和施工部署提供基础资料。参加施工调查的人员应明确分工,要查阅、熟悉已掌握的设计文件和有关资料,对于重点部分应进行摘录;拟定详细的调查提纲,并根据实际情况安排具体调查计划。

3.1.1 调查内容

施工调查的内容为项目本身及项目实施过程中所涉及的各个方面的影响因素和环境条件。调查提纲应包括以下主要内容:调查目的,希望获取哪些资料;调查内容,对调查目的的细化;被调查者情况,一般包括被调查人所在部门、职位及职责等;调查的问题及备注,准备问哪些问题,并留下进一步调查的空间;调查的资料编号及其名称,需要哪些资料;调查人与调查日期等。施工调查内容及分工见表1-3-1。

施工调查内容及分工　　　表1-3-1

序号	调 查 内 容	责 任 部 门
1	属地管理	办公室
2	人文环境	办公室
3	自然环境	前期部、工程技术部
4	周边环境调查	前期部、工程技术部、安质环保部
5	风险源调查	前期部、工程技术部、安质环保部
6	物资材料	物资设备部

续上表

序号	调查内容	责任部门
7	机械设备	物资设备部
8	水、电力、通信、燃料	物资设备部
9	第三方检测机构	试验室
10	劳动力	计划合同部

1）属地管理

目前，国内大部分地铁项目都采用属地管理，比如山东省2011年12月6日印发《省政府办公厅关于进一步加强房屋建筑和市政工程质量安全管理的意见》，要求全面推行"网格化"监管，按照"属地管理"与"分级管理"相结合的原则，实行分片包干、责任到人，确保把所有建设工程纳入质量安全监管范围。

因此，调查时要把街道、派出所、建委、城管、环保、税收等各方面的属地管理者调查清楚，建立联络，以备不时之需。做好属地管理调查，建立与业务职能部门的沟通协调机制，加快工作进度，保证协调工作的落实。

2）人文环境

人文环境的调查是为安排施工生产、建立职工生活区域、确定临时设施等提供依据。

调查内容主要包括当地生活习惯、民俗风情、少数民族状况及宗教信仰、社会治安状态、物价水平、医疗卫生条件、施工对当地生活条件影响预测等。

3）自然环境

自然环境是环绕人们周围的各种自然因素的总和，如大气、水、植物、动物、地层、太阳辐射等。与地铁工程关系密切的自然环境，主要包括气候、地理、水文、地质四个方面。

(1) 自然环境对工程的影响

气候环境是影响工程项目建设进度的主要因素，天气因素主要包括项目所在地区温度、降水量和主导风向及频率等。在夏季，室外温度过高，尤其在南方地区，持续高温，给施工带来极大的不便，室外操作人员工作效率较低，容易中暑；在冬季，持续低温，霜冻比较严重，尤其在北方严寒地区，为了保证质量，有时会停止施工；梅雨季节雨天较多，空气湿度也较大，尤其在南方，每年夏季的降雨量很大，会给施工带来很多问题。比如：深基坑施工中，水泵未能及时将槽内积水排出，造成停工；由于措施采取不当，钻孔桩施工后未及时浇筑混凝土，雨后塌孔，造成停工；土方工程和基础工程受雨水影响比较大，若不采取相关防范措施，也会影响施工。出现上述天气因素，或多或少都会对施工造成影响。

(2) 自然环境的调查内容

自然环境的相关内容，一般在勘察阶段已经做了详细调查，在施工图中有明确标示，需要指定专人负责搜集整理，如设计图纸不够完善，再做进一步补充调查。

4）周边环境调查

(1) 调查范围

应当根据地铁工程的线路位置、敷设方式、埋置深度、施工方法、结构形式及所处水文地质条件等因素综合确定周边环境的调查范围。地下工程主要施工工法的环境调查范围可参考表1-3-2。

工法调查范围参考

表 1-3-2

工法类别	核查范围	备注
明(盖)挖法工程	不小于基坑结构外边线两侧各 30m(或 3H,取大值)	H-基坑设计开挖深度
矿山法工程	不小于隧道结构外边线两侧各 30m(或 $3H_1$、$3B$,取最大值)	H_1-隧道设计底板埋深; B-隧道设计开挖宽度
盾构法工程	不小于隧道结构外边线两侧各 30m(或 $3H_1$、$3D$,取最大值)	H_1-隧道设计底板埋深; D-盾构隧道设计外径
高架工程	不小于线路结构外边线两侧各 30m	

注:各地可根据本地区地质条件和工程经验等,适当调整调查范围。

(2)调查内容

调查内容一般包括核查对象的名称、类型(或用途),地理位置,与地铁工程的空间关系,修建年代或竣工日期,产权人或管理单位,原建(构)筑物建设、勘察、设计、施工等单位,使用(或在建)现状,竣工图纸情况,特殊保护要求等。周边环境调查一般由前期部、工程技术部或安质环保部负责,具体内容见表 1-3-3。工程周边环境基本情况调查统计表、地上建筑物调查表、桥梁调查表、地下管线调查表见附件 1-3-1~附件 1-3-4。

周边环境调查内容

表 1-3-3

序号	调查对象	调查内容	备注
1	基本情况	重点调查构造物的名称、类型、地理位置、与地铁工程的空间关系、修建年代、使用现状、产权人、联系方式等	附件 1-3-1
2	地上建(构)筑物	重点调查建筑层数、高度、结构形式、基础形式、基础埋深(标高)、地基变形允许值及沉降观测资料等内容。采用复合地基、桩基的建(构)筑物,还包括地基基础的主要设计参数、施工工艺等内容	附件 1-3-2
3	地下构筑物	重点调查结构形式、外轮廓尺寸、顶(底)板埋深(标高)、原施工开挖范围、围(支)护结构形式、抗浮措施、施工方法等内容	
4	桥梁	重点调查结构形式、桥宽、桥长、跨度、基础形式及桥梁承载力、桥梁限载及限速、桥面破损情况、桩基参数(桩长、桩径)、试桩资料、地基变形允许值及沉降观测资料等内容	附件 1-3-3
5	隧道	重点调查隧道的顶(底)板埋深(标高)、断面尺寸、衬砌厚度、施工方法、原施工开挖范围、附属结构(通道、洞门、竖井、小室)、变形缝设置及渗漏情况等内容	
6	道路	重点调查道路等级、路面材料、路面宽度、路基填料及填筑厚度、支挡结构及沉降观测资料等内容	
7	既有交通设施	重点调查敷设方式、线路形式、道床形式、行车间隔、运行速度、车辆荷载等内容	
8	地下管线	重点调查管线的类型、功能、材质、规格、坐标位置、走向、埋设方式、埋深(标高)、施工方法等内容。各类管道还包括管节长度、接口形式、拐折点坐标、管径变化位置、节(阀)门(或检查井)位置、载体特征(压力、流量流向)、使用情况(正常、废弃、渗漏)等。采用地下综合管道共同沟的,还包括共同沟的结构形式、断面尺寸、顶(底)板埋深(标高)、围(支)护结构形式、变形缝设置情况等内容	附件 1-3-4
9	边坡、高边坡	重点调查边坡的支挡结构形式、地基基础形式、设计参数、施工工艺、排水设施、边坡允许变形量及变形观测资料、破损及渗漏情况等内容	
10	地表水体	重点调查水体范围、水底淤泥厚度、防洪水位、河床冲刷标高、通航要求、防渗方式、渗漏情况、水工建筑的地基变形允许值和沉降观测资料等内容	
11	水井	重点调查井深、井径、井壁材质、出水量、服务范围等内容	
12	文物	调查除参照地上建(构)筑物或地下构筑物的调查内容外,还需调查文物等级、保护控制范围及要求等内容	

5）风险源调查

风险源是指建设过程中存在的、可能导致施工现场及工程周边环境发生工程受损、人员伤亡、财产损失、环境破坏或造成重大不良社会影响等的不安全因素。具体风险源分级标准请参阅"第 11 篇 施工安全管理"。

3.1.2 调查方法

地铁施工常用调查方法有观察法、访谈法、测量法、资料查询法、地质补勘法、人工探挖法、管线探测仪法。常用调查方法见表 1-3-4。

常 用 调 查 方 法　　表 1-3-4

序号	调查方法	内　容	案例
1	观察法	观察法是指研究者根据一定的研究目的，制定研究提纲或观察表，用自己的感官和辅助工具去直接观察被研究对象，从而获得资料的一种方法。观察者一般利用眼睛、耳朵等感觉器官去感知观察对象。由于人的感觉器官具有一定的局限性，观察者往往要借助各种现代化的仪器和手段，如照相机、显微摄像机、无人机等来辅助观察。观察法是最古老也是最常用的一种调查方法，简单直接有效。对地上物的调查普遍采用观察法。一般观察地上物的位置、高度、状态、完好程度等，初步判断与地铁工程的关系，如对工程有影响，再继续深入调查	附件 1-3-5
2	访谈法	访谈法是指通过有目的的与调查对象直接交谈来获取信息材料的方法。访谈对象一般包括建设方相关人员、专家、当地居民等。通过访谈可以了解项目相关信息以及对调查工作的意见和建议，也可以集中召开座谈会	附件 1-3-6
3	测量法	测量法是根据一定的法则，将某种物体或现象所具有的属性或特征用数字或符号表示出来的过程，能够对事物的属性作定量或定性的说明。比如对房屋尺寸的掌握，单靠眼睛观察能够知道大概，但不够准确，就需要用仪器或尺子准确量出具体的数字。测量法应用非常广泛，所有的结构物调查几乎都用到测量法。比如对结构物尺寸的了解，观察只能有感性认识，而要想真正知道准确数据，就需要认真测量；还有地铁线路的位置，也要依靠测量法定位才能掌握	附件 1-3-7
4	资料查询法	资料查询法是通过查阅各种现有的资料来寻找有用信息的方法。利用查阅资料的方法寻找有用信息，可以减少盲目性，节省寻找的时间和费用。比较典型的就是通过查阅竣工图纸，掌握既有结构物的详细信息；查阅管线图纸，掌握既有管线的位置、标高、材质等详细信息	附件 1-3-8
5	地质补勘法	地质补勘一般采用钻探法，是指一个项目，经过初步勘察、详细勘察或者是一次性勘察并提交合格的地质报告后，后面还需进行的勘察，它是针对前一次做的补充工作。 需要补充勘察的情况一般有以下三种： (1) 在场地施工开挖时(基坑或基槽开挖后)，遇到岩土条件与原地质报告查明的地质情况有差异或者发现必须查明的异常情况时，为保证工程施工的安全及进度要求，针对该情况进行地质补充勘察，也称为施工勘察； (2) 在前一次提交的地质报告中已交代，由于当时地质勘察期间遇到局部无法施工的情况(如原建筑物未拆除、部分地段因争议无法进行地质工作等)，当条件具备后，针对局部地段进行补充勘察，作为对原提交勘察报告的一个补充资料； (3) 场地条件复杂或有特殊要求的工程，按照现行《岩土工程勘察规范》(GB 50021)的要求也宜进行补充勘察(施工勘察)	附件 1-3-9
6	人工探挖法	人工探挖法是采用人工作业，完成地下空间的探测开挖的方法。一般有三种情况需要人工探挖： (1) 地下情况不明，担心破坏地下管线、结构物等，采用人工探挖； (2) 空间狭小，不具备机械作业条件，采用人工探挖； (3) 根据已有信息，确认地下存在管线等结构物，采用人工探挖进一步核实实际情况	附件 1-3-10

续上表

序号	调查方法	内容	案例
7	管线探测仪法	管线探测仪法是用管线探测仪探测地下物体的方法。管线探测仪能在不破坏地面覆土的情况下,快速准确地探测出地下自来水管道、金属管道、电缆等的位置、走向、深度及钢质管道防腐层破损点的位置和大小。其工作方式与地质雷达相似,是普查地下管线的必备仪器之一,也是使用最多的仪器。管线探测仪利用电磁感应原理探测金属管线、电缆、光缆,以及一些带有金属标志线的非金属管线。 (1)优点:探测速度快、简单直观、操作方便、精确度高。 (2)缺点:探测非金属管线时,必须借助非金属探头,需要侵入管线内部	附件1-3-11

3.1.3 调查报告

地铁工程工期较紧,一般应在两周之内完成施工调查。调查结束后,参与施工调查的各业务部门应按调查分工提出书面报告,汇总后由技术部门编制施工调查报告。调查报告内容要尽可能翔实准确,经技术负责人审批后,将作为进行施工准备和施工组织的重要依据。调查内容应按本章3.1.1小节据实填写。

施工调查记录表见附件1-3-12。调查报告范例见附件1-3-13。

3.2 技术准备

技术准备是施工准备的核心。由于任何技术的差错或隐患都可能引起安全和质量事故,造成生命、财产和经济的巨大损失,因此必须认真地做好技术准备工作。

3.2.1 技术准备工作

施工技术准备工作主要包括研读合同文件及设计图纸、交桩复测及结构外轮廓放样、现场调查、图纸会审、方案优化(设计优化)、工程筹划、前期专项工作方案编制、临建规划及总平面布置、技术资料报批等内容。地铁项目土建工程前期主要技术准备工作清单见附件1-3-14。

3.2.2 图纸会审

工程开工前必须完成图纸会审工作,未经图纸会审的工程不得进行施工。参加图纸预审和会审的人员,必须认真熟悉图纸,了解设计意图及施工质量标准,明确工艺流程,认真审核图纸。

1)图纸会审程序

(1)图纸会审工作包括图纸预审、图纸会审、会审纪要的整理与发放。

(2)图纸预审由施工单位组织进行,一般由项目技术负责人组织项目技术员、施工员、预算员、质检员、测量员、试验员等以及分包方相关人员进行;必要时,建设单位相关人员参加。

(3)图纸预审主要是内部各方将图纸上发现的问题集中统一,并讨论明确要求修改的预案,确定正式图纸会审时的发言人,为正式图纸会审做准备。预审后由项目技术负责人及时汇总整理记录,并与建设单位联系,确定图纸会审时间。图纸预审发现与合同内容有出入时,应及时通知合同主管部门。

(4)图纸会审由建设单位组织施工、设计、监理等有关单位参加,各单位参加人员一般为:

①建设单位:现场代表和技术人员。

②施工单位:项目技术负责人及其他所有参加图纸预审的人员。

③设计单位:项目设计负责人和项目其他所有设计人员。
④监理单位:现场总监和其他现场监理人员。

2）会审记录内容

图纸会审后要及时整理会审记录,各参加单位均应在会审记录上签字确认。若图纸会审中的问题需工程变更,则应及时完善相关手续。图纸会审记录主要应包括以下内容：

(1)工程项目名称(分阶段会审时要标明分部、分项工程阶段);
(2)参加会审的单位(全称)及其人员名字(全称);
(3)会审地点(地点要具体),会审时间(年、月、日);
(4)建设单位和施工单位对设计图纸提出的存在矛盾、问题、由设计单位予以答复修改的;
(5)施工单位为施工安全或建筑材料等问题要求设计单位修改部分设计的会商结果与解决方法;
(6)会审中尚未得到解决或需要进一步商讨的问题;
(7)会签、盖章。

地铁工程图纸会审主要内容可参考表 1-3-5,但不局限表中所列内容。

图纸会审主要内容　　　　　　　　　　表 1-3-5

序号	分部工程	主 要 内 容
1	车站 (明挖法)	各类材料指标是否有无法或难以检测的指标、材料等级是否一致,是否会导致材料成本增加
2		钢支撑位置是否影响基坑施工、是否与结构梁等构件冲突
3		建筑图、结构图的孔洞、预留预埋的位置及尺寸是否一致
4		综合接地引出装置是否与下翻梁、集水坑等变截面位置冲突
5		钢筋配筋大样与结构尺寸是否一致
6		对于细部结构的图纸是否描述清楚,是否需要增加剖面
7		防水材料检测指标是否与规范一致,是否有新增指标
8		梁、柱、板的钢筋互锚是否明确或仅参考通用图
9		涉及倒撑的基坑,预留预埋是否标示清楚
10		细部防水(施工缝、变形缝、穿墙管)的做法是否具体、明确
11	区间 (盾构法)	特殊管片(变形缝、重大风险源段)的设置要求是否明确
12		联络通道管片的要求、开口要求是否明确
13		止水条、缓冲垫的性能指标是否明确,能否检测
14		螺栓的性能等级是否符合要求
15		手孔封堵、嵌缝的材料、设置位置是否明确
16	车站 (矿山法)	超前导管、锁脚锚管的长度、直径、壁厚是否符合要求
17		开挖的台阶长度、各导洞施工顺序是否符合要求
18		格栅加工的钢筋起步位置、螺栓等级是否符合要求
19		车站边桩护壁混凝土的要求是否明确、现场条件是否具备
20		车站各结构缝的防水层保护要求是否明确
21		其他结构会审可参考明挖法结构
22	设备区装修	墙体砌筑范围是否明确界限,区间渡线区是否有墙体砌筑,墙体材质与做法是否明确
23		设备区所有房间墙面、顶面、地面做法是否齐全
24		有门禁的房间防火门锁是否为机电一体化锁
25		是否明确吸声墙材料要求与做法

续上表

序号	分部工程	主要内容
26	给水与排水	系统图与平面图是否一致,水管支架是否有具体做法或者指定图集
27		图纸地漏口与现场土建预留预埋是否一致
28		室外接驳图管道走向、接驳井道是否与现场一致,是否可行
29	动力与照明	系统图、平面图与电缆清册中的电缆型号是否一致
30		灯具选型与照度是否明确
31		动力照明与通信信号、供电专业的接口划分是否明确
32	通风与空调	综合支吊架是按照项计量还是后期实际深化图纸计量
33		空调水管道支架制作是否有图集与做法
34		大小系统图与平面图是否一致、风阀平面图与系统图是否一致
35	信号	信号与通信、站台门、综合监控、接触网、动力与照明、轨道等专业接口划分是否明确
36		钢轨至箱盒引接线是否明确固定方式
37		信号设备安装限界是否明确
38		信号电缆进入终端设备是否需要防护
39		光电缆预留是否明确长度
40		是否有机柜底座、箱盒支架详细图纸
41	接触网	接触网与通号、变电等专业接口划分是否明确
42		平面图上给出的悬挂安装图号是否正确,与实际是否冲突(如图纸上该位置给出悬挂安装图号为圆形隧道内使用,现场实际为矩形隧道)
43		接触网设备如隔离开关安装位置是否正确,限界是否满足,土建是否预留隔开位置
44		是否明确电气绝缘距离

3)图纸会审管理

(1)会审过程中对会审明确的问题,应由专人记录并填写"图纸会审记录"。会审记录应填写详细、准确,注明参加会审的人员、时间和地点。

(2)图纸会审涉及变更的还要办理工程变更洽商。对于涉及经济问题的,需将技术洽商转发给合同主管部门,办理经济洽商。

(3)图纸会审记录结合建设单位相关要求留足原件份数,签字齐全后,交由各相关单位进行存档。

(4)盖章生效的图纸会审记录由技术人员移交给项目资料员,由资料员发放。图纸会审记录应发到所有设计文件使用人及有关部门,保存和使用设计文件的人员应及时将有关修改内容用红笔标注在相关图纸上。资料员自存三份作竣工资料用。

(5)图纸会审记录是施工文件的组成部分,与施工图具有同等效力。图纸会审记录要按工程技术资料要求归档,竣工时移交有关单位。

3.2.3 开工条件核查清单

为落实地铁工程安全质量管理责任,使工程施工过程得到全面有效的控制,确保工程建设安全、质量、文明施工达到预期的目标,地铁土建工程开工前应进行开工条件核查。开工条件核查表可参考表1-3-6。

××号线××标段土建施工单位工程开工条件核查表　　　　表1-3-6

序号	检查项目及检查内容		检 查 要 点	核查意见	备注
1	组织机构	机构、体系设置,岗位责任制度	有经上级单位批准成立的组织机构和体系。质量、安全、消防、保卫等责任分工明确、责任到人		
		主要管理人员、专职安全、质量管理人员配备	人员到位、资格证齐全、数量符合要求		
2	制度	安全、质量、生产、教育、消防等相关制度	制度建立、责任明确、种类齐全		
3	体系建设	隐患排查体系、风险监控体系、应急管理体系	体系建立、制度建设,风险识别,人员配置,各级责任制、责任到人、奖惩制度		
4	施工前各类手续办理	施工场地移交	有移交资料、双方签认完整、盖章符合要求		
		地上、地下管线及建(构)筑物资料的移交	有移交资料、双方签认完整、盖章符合要求		
		岩土工程勘察资料的移交	有移交资料、双方签认完整、盖章符合要求		
		第一次工地会议	有会议纪要、签到表		
		施工设计文件的移交	有移交资料、双方签认完整、盖章符合要求		
		安全措施费的拨付	支付凭证,有安全措施费使用计划		
		设计交底	内容完整、有针对性、有交底记录、签字完整		
		安全监督交底	有安全监督交底记录		
		专项工作手续办理	占地手续、园林绿化伐移手续、交通导改手续		
5	周边环境	对管线、周边建(构)筑物的调查	周边建(构)筑物监控点布设情况,原始数据采集情况		
		空洞普查	有普查记录及处理意见		
6	图纸和施工组织设计	施工图纸审查记录	审查结果是否有问题,有处理意见		
		设计交底	有设计交底记录		
		施工组织设计	施工组织设计可行,审批程序符合要求		
		施工方案	方案合理,审批程序符合要求		
7	方案	专项施工方案	方案合理,有专家和监理单位审批意见		
8	交底	质量、安全技术交底	按工序、分工种全员进行针对性交底,签字齐全		
9	分包管理	分包合同	分包队伍及其人员资质符合要求,按照合同约定到位		
		与分包单位签署安全管理协议书	签订安全协议,签认手续齐全		
10	工程测量	测量人员资质、测量仪器的检定	检定证明在有效期范围内		
		测量方案	方案符合现场实际,审批程序完善		
11	监测	监测交底、测点布设、交底	第三方监测单位组织的监测交底,监测点已经按照监测方案和相关规定进行埋设,初始值已采集		
12	试验	试验室的资质和试验范围	资质和范围、仪器设备符合要求		
13	机械管理	大型机械设备	厂家的合格证,进场验收手续完整,验收合格		
		租赁机械	有租赁合同,签订安全协议		

续上表

序号	检查项目及检查内容		检 查 要 点	核查意见	备注
14	施工用电管理	临时用电	临电施工组织设计,审批手续符合要求		
		用电安全技术交底	有针对性交底记录		
		施工现场生活区临电系统	符合三相五线制,TN-S 系统		
		电气设备测试、调试记录	记录齐全,结果符合要求		
		电气设备验收	验收手续、验收记录齐全		
		防雷设施	检测合格		
15	主材、半成品	主要原材料	按规定进行复试(见证试验),检测结果合格		
		半成品	进场验收合格		
16	作业人员	建立作业队伍和人员台账	按队伍、工种建立台账		
		特种作业人员证件	证件齐全(原件),在有效期内		
17	教育培训	三级安全教育	有教育登记卡、教育记录、考核试卷、音像资料		
		特种作业人员	单独按专业培训、考试		
		工人夜校	教学设施齐全,编制培训计划		
		操作规程	编制完成,内容符合实际		
		实物样板	工程质量、安全操作实物样板		
18	预案	各种应急预案	针对性强,监理单位审批通过		
19	安全防护	安全防护设施	设置齐全有效		
		门禁系统	按要求设置,性能满足现场要求		
		外电防护	防护系统验收合格		
		安全防护用品、用具	厂家合格证及资料、检测报告齐全		
20	消防	制度及方案	建立消防安全管理制度,编制施工现场消防技术方案		
		消防器材、设备	有厂家合格证及资料,检测结果合格,在有效期范围内		
		重点部位	配备充足器材		
21	保卫	人员管理	进场人员录入,安全保卫制度完善,人员进出登记齐全		
		重点部位	大门口、库房等重点部位有监控		
		来访接待	设置接待室		
		安全防护用品使用	佩戴及使用满足规范要求		
22	文明施工	安全标识挂设	齐全、规范、整齐		
		"八牌一图"	在规定位置设置,内容符合要求		
		绿色文明施工管理制度	编制"绿色文明施工标准化管理实施方案"并组织评审		
		临时建筑	临时建筑物的设计、安装符合相应资质条件要求,验收手续齐全。临时建筑物的材料应符合相关消防规范要求的燃烧性能等级要求。临时建筑物防雷接地完善,有验收测试记录。临时建筑物内导向标识明确,应急通道畅通		

续上表

序号	检查项目及检查内容		检 查 要 点	核查意见	备注
22	文明施工	施工围挡	围挡应严格执行经审批的围挡方案,沿工地四周连续设置,材质及结构符合方案规定,满足安全、美观的要求,符合施工单位标准		
		扬尘、降噪	满足5个100%的要求,砂土覆盖、工地硬化、车轮冲洗、车辆"六统一"、洒水降尘、空地绿化,场容场貌整洁		
23	专项资金	安全生产措施费	安全资金投入专款专用,建立使用台账		
24	档案	档案人员资质、数量、硬件设备等	资质、数量和硬件设备等满足要求		
核查结论					
核查人			日期		

3.3 现场准备

现场准备工作主要围绕施工现场的"四通一平"(通路、通水、通电、通网及施工场地整平)开展,以保证工程按期开工。

3.3.1 现场准备工作

地铁项目土建工程前期现场准备工作主要包括征地拆迁、材料调查、机械设备调查、围挡施工、总体规划及总平面布置、外委试验室选定、施工用水接入、施工用电接入、项目部及劳务队驻地选择与建设、现场临建设施施工等。

3.3.2 施工场地规划设计

施工场地作为施工组织的重要部分,必须严格按照合同文件和设计图纸提供的施工条件和施工地点,因地制宜地规划大宗料场及加工场等其他临时设施,做到合理可行。一般先规划现场进出场道路和生产设施,再布置管理人员、生产人员生活、办公用地等。

1)规划要求

(1)生产区和生活区应分开布置,生产设施布置在施工现场,生活设施布置在距离施工现场较近的场所,以满足工程管理的需要。

(2)施工场地布置满足生产规模和施工工艺要求,做到紧凑、美观、安全、防火,并减少对周围环境和公共交通的影响。

(3)在确保正常施工的前提下,根据不同阶段的施工任务合理调整场地布置,减少对周围环境的影响。

(4)突出文明、环保、有序、安全的特点,结合现场实际地形情况,因地制宜设置临时设施,同时为降低工程成本,应充分考虑车站及区间盾构共用施工场地布置需要。

2)平面布置

施工总平面布置应根据工程特点,合理进行项目施工场地布置,尽量少占用土地和既有道路,分段、分期布置，力求对周边环境和交通影响降至最低。场地布置主要遵循以下原则：

(1)经济性原则：节约土地，尽量减少临时工程的投入。

(2)实用性原则：不重复建设，确保各项设施的高效使用。

(3)方便管理原则：便于施工管理，减少施工干扰，有利于文明工地建设。

(4)安全性原则：符合安全生产、劳动保护、消防等法律、法规要求，方便安全措施的有效实施，有利于安全救助。

(5)环保性原则：根据现场调查获得的当地有关施工环境资料，结合当地环保部门要求，有利于环保和水土保持，尽可能减少对环境的不利影响。

3）施工总平面布置图

结合建设单位提供的施工场地，依据工程规模和实际施工的需要，根据交通疏解方案分期对车站主体围护结构、车站主体结构、盾构区间和车站附属结构施工阶段分别绘制相应的施工总平面布置图。要重点对主要机械设备以及临时道路、临时供水供电、临时排水设施等临时生产性设施进行规划。

3.3.3 施工现场用电设计

施工现场的电力供应是保证实现快速施工的重要条件。临电设计中，必须根据施工现场用电的特性，从节约用电、降低工程成本、保证工程质量和安全施工着手，进行周密的考虑和安排。

在土建项目确定了各单位工程的施工方案、选择了施工机械设备、安排了施工进度后，即可进行施工用电计算，并开始着手车站用电的施工。

由于征地拆迁、管线迁改等原因，车站工筹会有很大的变化，导致盾构工筹也发生很大的变化。往往在车站施工一段时间后才能够确定准确的盾构工筹，因此项目上场后不急于盾构用电的施工，根据车站提供盾构始发条件的时间，提前 3~4 个月进行盾构用电施工即可。临时用电施工策划书见附件 1-3-15。

1）现场临时用电量计算

施工现场临时用电包括施工动力用电和照明用电两部分，其用电量可按下式计算：

$$P_{计} = (1.05 \sim 1.1) \times \left(K_1 \frac{\sum P_1}{\cos\varphi} + K_2 \sum P_2 + K_3 \sum P_3 + K_4 \sum P_4 \right) \tag{1-3-1}$$

式中：$P_{计}$——施工现场用电设备所需容量(kV·A)；

1.05~1.1——用电不均衡系数；

$\sum P_1$——施工现场用电动机额定功率之和；

$\sum P_2$——施工现场用电焊机额定功率之和；

$\sum P_3$——施工现场照明室内照明容量之和；

$\sum P_4$——施工现场照明室外照明容量之和(室外照明用电参考定额见表 1-3-7)；

K_1——电动机同时使用系数，3~10 台取 0.7，11~30 台取 0.6，30 台以上取 0.5；

K_2——电焊机同时使用系数，3~10 台取 0.6，10 台以上取 0.5；

K_3——施工现场照明室内照明使用系数，取 0.8；

K_4——施工现场照明室外照明使用系数，取 1.0；

$\cos\varphi$——电动机平均功率因数，施工现场最大取 0.75~0.78，一般取 0.65~0.75。

由式(1-3-1)求得的施工现场设备用电量，即为施工现场所需供电总容量(kV·A)。

室外照明用电参考定额 表 1-3-7

项　目	定额容量	项　目	定额容量
人工挖土工程	0.8W/m²	警卫照明	1000W/m²
机械挖土工程	1.0W/m²	卸车场	1.0W/m²
混凝土浇灌工程	1.0W/m²	设备材料堆放场	0.8W/m²
砖石工程	1.2W/m²	车辆行人主要干道	2000W/km
打桩工程	0.6W/m²	车辆行人非主要干道	1000W/km
安装及铆焊工程	2.0W/m²	夜间运料(夜间不运料)	0.8(0.5)W/m²

2）现场变压器选用计算

施工现场附近有 10kV 高压电源时，一般多采用在施工现场设小型临时变电所，装设变压器将二次电源降至 380/220V，有效供电半径一般在 500m 以内。

需要变压器的容量可按下式计算：

$$P_{变} = 1.05 P_{计} \tag{1-3-2}$$

式中：$P_{变}$——变压器的容量(kV·A)；

1.05——功率损失系数；

其他符号意义同前。

求得 $P_{变}$ 值之后，可查相关资料选用变压器的型号和额定容量，即可选用合适的变压器。

【例 1-3-1】 车站施工临时用电总容量计算实例

某车站施工用电负荷参见表 1-3-8，车站具体情况参考临时用电施工策划书。

某车站施工用电负荷表 表 1-3-8

序号	设备名称	型　号	功率(kW)	数　量	功率小计(kW)
1	泥浆泵	NL100-10	7.5	4台	30
2	泥浆泵	NL100-16	15	2台	30
3	泥浆净化装置分离器	ZX-100/30	55	2台	110
4	污水泵	80WQ30-30-5.5	5.5	4台	22
5	交流电焊机	BX1-500	16	10台	160
6	钢筋切断机	GQ-40	7.5	2台	15
7	钢筋弯曲机	WJ-40	4	2台	8
8	切割机	TQ3	3.5	2台	7
9	钢筋调直机	GT4-14	5	2台	10
10	滚丝机	GH640	11	2台	22
11	空气压缩机	W-0.9/7	7.5	2台	15
12	喷锚机	PZ-7	11	1台	11
13	搅拌机	JS500	26	1台	26
14	降水井深井水泵	100QJD2-36/6	0.37	24台	8.8
15	冲孔打桩机	Jk6	67	6台	536
16	车辆冲洗机	120t	11	1台	11
17	室外照明灯具	500W	0.5	44盏	22
18	室内照明灯具	40W	0.04	30盏	1.2
19	生活区用电器		100	1项	100
		合计			1145

根据式(1-3-1)计算得:

$\sum P_1 = 961.8 \text{kW}, \sum P_2 = 160 \text{kW}, \sum P_3 = 1.2 \text{kW}, \sum P_4 = 22 \text{kW}$

$K_1 = 0.6, K_2 = 0.6, K_3 = 0.8, K_4 = 1.0$

$\cos\varphi = 0.75$

$$P_{\text{计}} = 1.1 \times (0.6 \times 961.8/0.75 + 0.6 \times 160 + 0.8 \times 1.2 + 1.0 \times 22) = 977.24 \text{kV} \cdot \text{A}$$

因此,该车站临时总用电量为977.24kV·A。

根据式(1-3-2)计算变压器容量得:

$$P_{\text{变}} = 1.05 P_{\text{计}} = 1.05 \times 977.24 = 1026.102 \text{kV} \cdot \text{A}$$

因此,车站选用2台630kV·A变压器,供电量为1260kV·A > 1026.102kV·A,满足现场施工用电要求。

3)配电箱配置

施工现场采用三级配电,分别设置一级配电箱(总配电箱)、二级配电箱(分配电箱)、三级配电箱(末级配电箱)。

(1)一级配电箱:设置在靠近电源或变压器的区域,设置一个一级配电柜。

(2)二级配电箱:设置在施工现场用电和负荷集中的区域,每50m设置一个。

(3)三级配电箱:与其控制的固定式用电设备水平距离不宜超过3m,与二级配电箱的距离不宜超过30m。

4)电缆选型和导线截面选择

电缆选型应根据敷设方式、施工现场环境条件、用电设备负荷功率等因素进行选择。如果选择电缆截面过小,轻则会烧坏用电设备、开关,使得用电设备不能正常工作;重则会引起电缆冒烟、着火,发生火灾、触电伤人。如果选择电缆截面过大,则会加大项目施工的成本,造成浪费。

配电导线截面一般根据用电量计算允许电流进行选择,然后再以允许电压降及机械强度加以校核。一般地铁施工现场配电线路较短时,导线截面可用允许电流选定即可,三相四线制低压线路上的电流可按下1kW耗电量等于2A电流进行计算。

求出线路电流后,可根据导线允许电流,按表1-3-9数值初选导线截面,使导线中通过的电流控制在允许范围内。

橡皮或塑料绝缘电线明设在绝缘支柱上时的容许持续电流表

(空气温度为±25℃,单芯500V) 表1-3-9

导线标称截面面积 (mm²)	导线的容许持续电流(A)			
	BX型铜芯橡皮线	BLX型铝芯橡皮线	BV、BVR型铜芯塑料线	BLV型铝芯塑料线
0.75	18	—	16	—
1	21	—	19	—
1.5	27	19	24	18
2.5	35	27	32	25
4	45	35	42	32
6	58	45	55	42
10	85	65	75	59
16	110	85	105	80

续上表

导线标称截面面积 (mm²)	导线的容许持续电流(A)			
	BX 型铜芯橡皮线	BLX 型铝芯橡皮线	BV、BVR 型铜芯塑料线	BLV 型铝芯塑料线
25	145	110	138	105
35	180	138	170	130
50	285	175	215	165
70	330	220	265	205
95	345	265	325	250
120	400	310	375	285
150	470	360	430	325
185	540	420	490	380
240	660	510	—	—

【例 1-3-2】 盾构区间施工临时总用电量计算实例

某盾构区间施工用电负荷参见表 1-3-10,盾构区间具体情况参考附件 1-3-15 临时用电施工策划书。

某盾构区间施工用电负荷计算表　　　　表 1-3-10

序号	设备名称	型号	功率(kW)	数量	功率小计(kW)
1	门式起重机	MG45/16	215	1 台	215
2	门式起重机	MH16	50	1 台	50
3	混凝土搅拌机	JS750	38.6	1 套	38.6
4	交流电焊机	BX1-500	16	2 台	32
5	切割机	2200W	2.2	1 台	2.2
6	电瓶充电机	FRUG2A-100/300	6	6 台	36
7	K 型单向射流通风机	SDZF-111NO11/10	55	2 台	110
8	冷却水塔	YLT-CD-80	3	2 台	6
9	砂浆搅拌机	CFS8-00	22.5	2 台	45
10	多级泵	100DL16×9	45	2 台	90
11	污水泵	QW80	7.5	2 台	15
12	污水泵	QW40	3	1 台	3
13	车辆冲洗机	120t	11	1 套	11
14	室外照明灯具	500W	0.5	10 盏	5
15	室内照明灯具	40W	0.04	20 盏	0.8
16	办公区电器		50	1 套	50
	合计				669.6

根据式(1-3-1)计算得:

$\sum P_1 = 631.8\text{kW}, \sum P_2 = 32\text{kW}, \sum P_3 = 0.8\text{kW}, \sum P_4 = 5\text{kW}$

$K_1 = 0.6, K_2 = 0.6, K_3 = 0.8, K_4 = 1.0$

$\cos\varphi = 0.75$

$$P_{计} = 1.1 \times (0.6 \times 631.8/0.75 + 0.6 \times 32 + 0.8 \times 0.8 + 1.0 \times 5) = 583.08 \text{kV} \cdot \text{A}$$

因此,该盾构区间临时总用电量为 583.08kV·A。

根据式(1-3-2)计算变压器容量得:

$$P_{变} = 1.05 P_{计} = 1.05 \times 583.08 = 612.473 \text{kV} \cdot \text{A}$$

盾构区间施工现场临时用电配置 1 台 630kV·A 变压器,供电量为 630kV·A >612.473kV·A,满足施工现场临时用电要求。

区间隧道采用 2 台 ϕ6280mm 土压平衡式盾构机进行掘进施工,盾构机单台总功率为 1537kW,每台盾构机出厂时已经在后配套台车上配置安装了 1 台 2000kV·A 盾构机专用变压器。所以施工现场无须再单独配置变压器,只需将 10kV 高压电引入施工现场并安装 1 个 10kV 户外环网开闭所(开闭所内安装 2 套 10kV 高压开关柜)即可。盾构机主供电电缆采用 10kV $3\times70+1\times35$ 型高压电缆与 10kV 高压开关柜连接。

因此,盾构区间施工现场共需配置 1 台 630kV·A 变压器和 1 个 10kV 户外环网开闭所。

3.4 专项工作

前期专项工作主要包括征地拆迁、绿化及地面附着物迁移、交通疏解、管线迁改等工作,个别项目涉及铁路、河流,前期专项工作的内容会更复杂。前期专项工作处理得当,能大大节约工程投资,缩短工期。从中标开始,项目部就要成立专门的前期部门来进行前期专项工作的组织和实施。城区的各项前期工作分属于不同的部门管理,项目部也要明确分工,定岗定责。

3.4.1 征地拆迁

1)征地

(1)征地原则

①施工场地一般不应超出招标文件规定的用地范围,以满足施工生产和现场管理为主,少干扰既有道路交通;

②方便施工组织,具备场内运输条件;

③生活、生产区域分开;

④经济合理、简洁美观,安全防火;

⑤充分利用既有交通,减少临时施工便道;

⑥严格遵守建设单位及政府有关部门的要求、规定。

(2)办理程序

①建设单位办理"临时建设用地规划许可证";

②市、区政府协调,形成相关资料(红头文件或者会议纪要);

③建设单位洽谈补偿;

④占地围挡。

2)地上物拆迁

(1)拆迁原则

①拆迁范围应在征地红线内;

②红线交界处地上物,需协商解决;

③尽量避开文物古迹,必要时可以考虑采用整体迁移技术;

④尽量避开古树。

（2）办理程序

①建设单位办理"临时建设用地规划许可证",涉及伐移树木的办理"××市园林局伐移树木申请书";

②市、区政府协调,形成相关资料;

③建设单位(或施工单位)洽谈补偿;

④由实施单位拆迁。

3.4.2 绿化及地面附着物迁移

地铁建设不可避免地会涉及绿化及地面附着物迁移,一定要按程序办事。每个城市一般有自己的管理办法,具体内容可咨询相应管理部门或在权威网站上查找。

1）绿化伐移申报审批程序

申报审批伐移城市树木,各地城市管理程序不尽相同,但基本申报审批程序如下：

(1)领取填写"××市园林局伐移树木申请书",这是申报伐移树木必备的手续。

(2)审核、勘察、审批及上报。

(3)核发"××市城市树木砍伐移植许可证"。

2）绿化伐移办理流程

绿化伐移办理流程如图1-3-1所示。

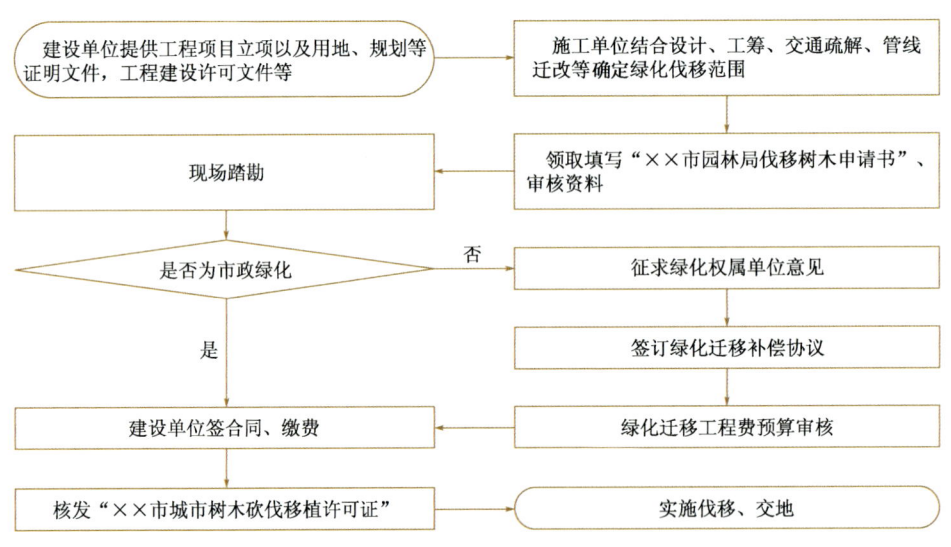

图1-3-1　绿化伐移办理流程图

3）注意事项

(1)园林局一般定期召开协调会审批,要尽快上报以免延长审批周期;

(2)因区域不同,伐移数量不同,审批权限不同,沟通申报要到位;

(3)一项工程一处一次审批,杜绝分批申报;

(4)"××市城市树木砍伐移植许可证"自签发之日起3个月内有效,过期需重新申报办理新证;

(5)注意核查规范性文件的有效性;

(6)一般要求完工后恢复原状具备重新栽种的条件,需保留好场地原状的标高图和照片。

3.4.3 交通疏解

1）交通疏解原则

地铁施工会对现状交通带来一定的影响，要通过有效的措施，把这种影响降到最低。交通管理的原则性很强，最重要的一条就是"占一还一"，即保证机动车道数量不能减少，但可以适当压缩宽度。其他的包括减少交叉（施工车辆与社会车辆）、缓解高峰压力（严格控制临时占路时间和范围）、分阶段疏解（根据不同的施工阶段设计针对性交通导行方案）、保证宽度（非机动车道不小于2.5m宽，人行道不小于1.5m宽）、设施到位（统一设置各种交通标志、隔离设施、夜间警示信号）、协助管理（组织现场人员协助交通管理部门疏导交通）等。

2）编制合格的交通疏解方案

编制交通疏解方案分为以下几个步骤。

(1) 现状交通调查：查明现状交通的方向、流量、分时段分布情况，预测施工期间高峰流量，这是制订科学合理的交通疏导方案的前提。

(2) 研究占路范围：根据施工设计图纸及施工部署，研究占路位置、期限及围挡警示布置。

(3) 研究车行、人行方向：对工地附近居民出行路线进行核查，减少绕行长度。

(4) 合理设置开口：结合规划围挡的设计和交通信号灯设置情况，划定临时用地范围出口的位置，并尽量减少进出场车辆与社会车辆的交叉。

3）交通疏解办理程序

工程建设方案及交通导改方案基本稳定后，应先与市交通运输委、市公安交通管理局等相关部门沟通，向其汇报相关方案，按照上述原则，取得初步同意意见，然后准备申报手续。书面手续主要包括建设单位审核意见（书面盖章）、交通运输委行政许可（拿到挖掘城市道路核准证书）、交通管理局行政许可（出具准予行政许可的书面决定）三个方面，手续齐全后可组织实施，具体内容见附件1-3-16。

3.4.4 管线迁改及保护

1）地下管线类型及处理方法

我国城市地下管线种类繁多，包括供水、排水、燃气、热力、电力、通信、广播电视、工业等8大类20余种管线，涉及30多个部门，管理体制和权属复杂。常见管线主要分为以下几种类型。

(1) 给水管线：主要是压力供水，在标高上可上下变化，管道多采用钢管、给水铸铁管、给水塑料管等管材，管道连接要求较高。

(2) 排水管线：包括雨水、污水管线，都是以重力流排水为主，只能从上游按一定坡度排至下游，受地面坡度、下游接管口标高的影响较大，管线迁改时在标高上的调整余地较小。

(3) 电力、通信管线：电力管线一般敷设在电缆沟内，110kV以上电力线一般高架敷设；通信管线一般敷设在管道内，埋地设置。两类管线都具有可弯曲的特点，但转弯半径要求较大。

(4) 燃气管线：压力输送，由于气体具有易燃易爆的危险性，虽然在平面、标高上可以调整，但在敷设时应尽量做到平直、少弯曲、减少弯头，禁止裸露。

(5) 热力管线：压力输送，一般采用钢管外包保温材料，在平面、标高上可以调整，但在敷设时应尽量做到平直、少弯曲、减少弯头。

针对不同类型管线,一般采取不同的处理方法。

(1)给水管线:尽量迁改,不悬吊,局部无条件时可明敷。

(2)排水管线:尽量迁改,部分仅考虑路面排水的雨水、污水管可考虑临时废除,完工后恢复。

(3)电力、通信管线:电力管线可悬吊,通信管线严禁悬吊,部分没有穿线的管道可临时废除,主体完工后恢复。

(4)燃气管线:严禁悬吊,并需埋地敷设。

(5)热力管线:尽量迁改,不悬吊,局部无条件时可明敷。

2)地下管线探测

正式开工前需进行四方面工作:

(1)积极主动走访有关职能部门,尽可能收集有关管线的资料。

(2)认真研究设计图纸提供的资料,派专人对施工现场地下管线进行勘测调查。

(3)聘请有相关专业资质的单位,仔细对施工区域内进行地下管线的物理探测;若经探测,发现有不明管线在施工场地内通过时,应及时向监理和建设单位报告情况,并同建设单位、设计单位及管线权属部门共同研究,确定处理办法。

(4)根据前三步工作的成果,比较精确地绘出有关管线图纸,编制管线台账,作为施工中管线迁改或保护的依据。若施工过程中管线发生变化,应及时在管线台账中变更,实行动态管理。

3)地下管线迁改

(1)管线迁改方法

地下管线迁改工程的基本方法包括永久迁改、临时迁改(临时截断/废除)、原位保护(支托/悬吊)等。

①永久迁改:将影响地铁施工的管线按照城市规划一次性迁改到位,或在原位无法回迁或恢复时进行一次永久迁改到位。

②临时迁改:为了确保地铁施工,临时将管线改移到施工区外或者有条件临时截断、临时废除,待地铁结构阶段或整体施工完成后,将临迁管线再按规划要求进行回迁或恢复。

(2)管线迁改原则

如果只有一条管线,迁改相对简单;如果多条管线并行,就要确定合理可行的管线迁改原则。

①遵循"小让大、有压让无压、低压让高压、弱让强、软让硬"的基本原则。

②保证覆土厚度,管线的最小覆土深度应符合表1-3-11的规定。当受条件限制不能满足要求时,可采取安全措施减少其最小覆土深度。

工程管线最小覆土深度(单位:m)　　　表1-3-11

管线		给水管线	排水管线	再生水管线	电力管线		通信管线		直埋热力管线	燃气管线	管沟
					直埋	保护管	直埋及塑料、混凝土保护管	钢保护管			
最小覆土深度	非机动车道、人行道	0.60	0.60	0.60	0.70	0.50	0.60	0.50	0.70	0.60	—
	机动车道	0.70	0.70	0.70	1.00	0.50	0.90	0.60	1.00	0.90	0.50

注:聚乙烯给水管线机动车道下的覆土深度不宜小于1m。

③工程管线交叉时的最小垂直净距,应符合表1-3-12的规定。当受现状工程管线等因素限制难以满足要求时,应根据实际情况采取安全措施以减少其最小垂直净距。

工程管线交叉时的最小垂直净距(单位:m)　　　　　表1-3-12

序号	管线名称		给水管线	污水、雨水管线	热力管线	燃气管线	通信管线		电力管线		再生水管线
							直埋	保护管、通道	直埋	保护管	
1	给水管线		0.15								
2	污水、雨水管线		0.40	0.15							
3	热力管线		0.15	0.15	0.15						
4	燃气管线		0.15	0.15	0.15	0.15					
5	通信管线	直埋	0.50	0.50	0.25	0.5	0.25	0.25			
		保护管、通道	0.15	0.15	0.25	0.15	0.25	0.25			
6	电力管线	直埋	0.50*	0.50*	0.50*	0.50*	0.50*	0.50*	0.50*	0.25	
		保护管	0.25	0.25	0.15	0.25	0.25	0.25	0.25	0.25	
7	再生水管线		0.50	0.40	0.15	0.15	0.15	0.15	0.50*	0.25	0.15
8	管沟		0.15	0.15	0.15	0.15	0.25	0.25	0.50*	0.25	0.15
9	涵洞(基底)		0.15	0.15	0.15	0.15	0.25	0.25	0.50*	0.25	0.15
10	电车(轨底)		1.00	1.00	1.00	1.00	1.00	1.00	1.00	1.00	1.00
11	铁路(轨底)		1.00	1.20	1.20	1.20	1.50	1.50	1.00	1.00	1.00

注:1. *用隔板分隔时不得小于0.25m。
2. 燃气管线采用聚乙烯管材时,燃气管线与热力管线的最小垂直净距应按现行《聚乙烯燃气管道工程技术规程》(CJJ 63)的规定执行。

④工程管线之间及其与建(构)筑物之间的最小水平净距应符合表1-3-13的规定。大于1.6MPa的燃气管线与其他管线的水平净距应按现行《城镇燃气设计规范》(GB 50028)的规定执行。

(3)管线迁改审批流程

管线迁改审批流程如图1-3-2所示。

①管线综合设计图是比较关键的图纸,务必跟踪保证出图质量和效果;

②权属单位安排停水(电、气、信号)的周期较长,需要预留足够时间;

③管线综合图是概念图,描述管线路由、规格,具体的埋设方式、管线参数、井位布置、标高、坡度等,由各权属单位委托专业设计单位深化设计。

(4)管线迁改注意事项

①雨污水管线

雨污水管线采用承插管口连接的较多。这种连接方式对沉降非常敏感,必须远离基坑及盾构正上方施工影响区。雨污水管封堵必须保证质量,尤其是断头管和废弃的雨污水井必须封好。全国各地因为汛期雨水冲开封堵点的事故较多。

管线迁改应尽量远离基坑。原则上,管线迁改路由严禁进入盾构始发、接收加固区域,以防在盾构进出洞时发生意外事故,导致管线发生次生灾害。特别是雨污水管迁改必须远离端头井9m以上。

②燃气管线

燃气管线禁止占压,尤其是临建房屋等要避开。

③强电、弱电

要调查清楚电缆沟内的电缆种类(是强电还是弱电),权属单位是否相同。

表1-3-13 管线之间及其与建（构）筑物之间的最小水平净距（单位：m）

序号	管线及建（构）筑物名称		1 建（构）筑物	2 给水管线 d≤200mm	2 给水管线 d>200mm	3 污水、雨水管线	4 再生水管线	5 燃气管线 低压	5 中压B	5 中压A	5 次高压B	5 次高压A	6 直埋热力管线	7 电力管线 直埋	7 保护管	8 通信管线 直埋	8 管道、通道	9 管沟	10 乔木	11 灌木	12 通信照明及<10kV	12 ≤35kV	12 >35kV	13 道路侧石边缘	14 有轨电车钢轨	15 铁路钢轨（或坡脚）
1	建（构）筑物		—	1.0	3.0	2.5	1.0	0.7	1.0	1.5	5.0	13.5	3.0	0.6		1.0	1.5	0.5								
2	给水管线	d≤200mm	1.0	0.5		1.0	0.5		0.5				1.5	0.5		1.0		1.5	1.5	1.0	0.5	3.0		1.5	2.0	5.0
		d>200mm	3.0			1.5																					
3	污水、雨水管线		2.5	1.0	1.5	—	0.5		1.2				1.5	0.5		1.0		1.5	1.5	1.0	0.5	1.5		1.5	2.0	5.0
4	再生水管线		1.0	0.5		0.5	—	1.0	0.5				1.5	0.5		1.0		1.0	1.0	—	0.5	1.5		1.5	2.0	5.0
5	燃气管线	低压 $p < 0.01$ MPa	0.7			1.0	0.5						1.0	0.5		0.5	1.0	1.0	0.75		1.0	2.0	3.0	1.5	2.0	5.0
		中压B $0.01 \leq p \leq 0.2$ MPa	1.0	0.5		1.2		DN≤300mm 0.4 DN>300mm 0.5																			
		中压A $0.2 \leq p \leq 0.4$ MPa	1.5			1.5	1.0						1.5	1.0		1.0	1.0	1.5	1.2							
		次高压B $0.4 \leq p \leq 0.8$ MPa	5.0	1.0		2.0	1.5																				
		次高压A $0.8 \leq p \leq 1.6$ MPa	13.5	1.5		2.0	1.5						2.0	1.5		1.0	1.5	4.0	1.5							
6	直埋热力管线		3.0	1.5		1.5	1.0					2.0	—	2.0		1.0	1.5	1.5	1.5	1.5	1.0	2.0	3.0	1.5	2.0	5.0
7	电力管线	直埋	0.6	0.5		0.5	0.5		0.5	1.0		1.0		0.25 0.1		<35kV, 0.5 ≥35kV, 2.0		0.5	0.7	0.5			0.5	2.5	1.5	2.0	5.0
		保护管												0.1 0.1														
8	通信管线	直埋	1.0	1.0		1.0	1.0		0.5			1.0	1.0	<35kV, 0.5 ≥35kV, 2.0		—		1.0	1.0	1.0	1.0	1.0	2.0		1.5	2.0	5.0
		管道、通道	1.5			1.5	1.5		1.5			2.0	1.5														
9	管沟		0.5	1.5		1.5	1.5	1.0	1.5			1.5	1.5	0.5		1.5		—	1.5	1.5	0.5	1.0	1.5		1.5	2.0	5.0
10	乔木		—	1.5		1.5	1.5	0.75				1.5	1.5	0.7		1.0		1.5	—						0.5	—	—
11	灌木		—	1.0		1.0	1.0					1.0	1.0	1.0		1.0		1.0		—					—	—	—
12	地上杆柱	通信照明及<10kV	0.5	0.5		0.5	0.5						1.0	0.5		0.5		1.0				—		—	0.5	—	—
		高压杆塔基础边 ≤35kV	—	3.0		1.5	1.5						(3.0 >330kV, 5.0)															
		>35kV	—									2.5	1.5	2.0		2.5		3.0									
13	道路侧石边缘		—	1.5		1.5	1.5		1.5			1.5	2.5	1.5		1.5		1.5		0.5		0.5			—	—	—
14	有轨电车钢轨		—	2.0		2.0	2.0		2.0				2.0	2.0		2.0		2.0		0.5					—	—	—
15	铁路钢轨（或坡脚）		—	5.0		5.0	5.0		5.0				5.0	10.0（非电气化 3.0）		5.0		3.0		—		—			—	—	—

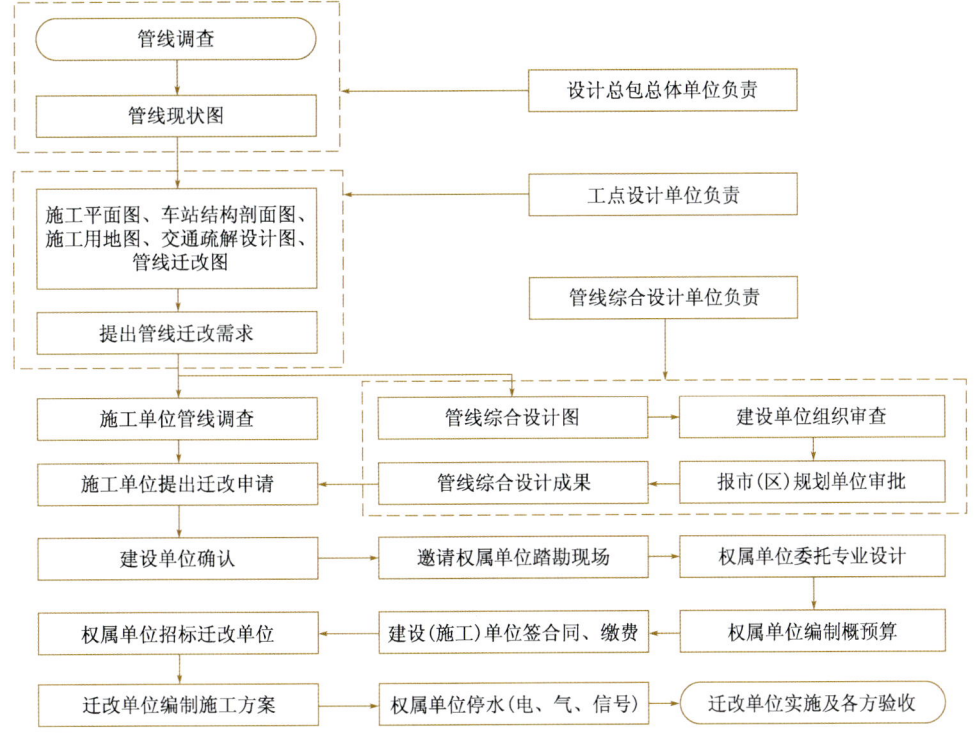

图 1-3-2 管线迁改审批流程图

强电管线一般为居民、企业、市政以及轨道交通用电;弱电管线一般为通信等企业的光缆,以及军缆等国防光缆。需确认上述各类管线的权属单位,以及是否能共用一条电缆沟。

④迁改施工

a. 在施工场地狭小,没有管线迁改路由时,需要采取合槽方案。将管线分类,各类管线在合槽内分别新建自己的管道,这样就要求各管线之间横、纵向保持安全距离。还必须合理安排施工顺序,有条理地将各类管线在保证安全的情况下迁改至合槽内。

b. 管线迁改遵循"先探后挖"的原则,施工前开挖3m深探沟,特殊情况下,开挖深度大于3m,直至探出管线。对已探出管线设置25cm×30cm长管线标识牌(类型、管径、埋深、走向),张贴安全宣传标语。配备领工员、安全员、班长巡查。

c. 对危险性较大的管线迁改或保护方案应组织专家评审,施工过程中严格按方案组织实施。

4) 地下管线原位保护

受现有或规划周边条件限制,不能进行管线迁改或迁改成本较高时,为保证地铁正常施工且不影响管线的正常运营和维护,一般将管线在原管位(或附近)采用支托或悬吊的方式保护起来。

应先将排水承插口管更换为其他接口牢固的管材或套用钢管等方式进行悬吊。悬吊水管时,管井应距基坑一定的安全距离,否则应对管道穿围护结构及管井处采取加固密封措施,避免管道渗漏或爆管造成事故。悬吊保护管线会增加主体施工难度、降低工效,因此尽可能将管线集中在一处合并悬吊,以降低对地铁基坑施作的影响。

5) 废弃管道处理

对明挖基坑地表以下3m内的废弃管道进行清除,防止对围护结构施工产生干扰。在此过程若发现不明管线,应立即停止施工并向主管部门汇报,由主管部门向上一级领导或相关权属单位汇报,待查明管线性质并做相应处理后再行施工。

废弃的污水、雨水管线必须两端封堵,防止汛期水量剧增冲开封堵,导致基坑涌水。

本章附件

附件 1-3-1　工程周边环境基本情况调查表
附件 1-3-2　地上建筑物调查表
附件 1-3-3　桥梁调查表
附件 1-3-4　地下管线调查表
附件 1-3-5　观察法案例
附件 1-3-6　访谈法案例
附件 1-3-7　测量法案例
附件 1-3-8　资料查询法案例
附件 1-3-9　地质补勘法案例
附件 1-3-10　人工探挖法案例
附件 1-3-11　管线探测仪法案例
附件 1-3-12　施工调查记录表
附件 1-3-13　调查报告范例
附件 1-3-14　地铁项目土建工程前期主要技术准备工作清单
附件 1-3-15　临时用电施工策划书
附件 1-3-16　交通疏解办理流程

第 4 章 项目管理

施工项目管理是施工单位履行施工合同的过程,也是实现项目最终目标的过程。施工单位应运用系统的观点和理论以及现代施工技术手段对项目进行全过程的管理。以动态控制为主、事前控制为辅的管理方法,重点抓事先指导、事中检查、事后验收三个环节,以及控制好项目的各个因素来保证地铁施工的目标。本章主要通过阐述技术、方案、进度、物资、设备、成本等方面的控制和管理,来实现预期的工期、质量、安全、成本等目标。其中,安全、质量管理作为项目管理最为重要的两个环节,本手册安排了单独的两个篇章进行阐述,详细内容见"第 11 篇 施工安全管理"和"第 12 篇 施工质量管理"。

4.1 技术管理

施工技术管理是整个工程项目管理的重要组成部分。其主要任务是科学地组织各项技术工作和技术活动,充分发挥技术人员的聪明才智和现有物质条件的作用,建立完善正常的施工生产秩序,合理有效地组织施工生产,不断提高工程质量和社会经济效益,促进施工任务按期、安全、优质、高效地完成。

4.1.1 技术管理的职责及流程

1)技术管理的职责

(1)组织项目开工前的施工调查,编制项目施工组织设计和管理计划;
(2)审核项目设计文件,计算工程数量,编制材料设备计划,办理变更设计;
(3)向各业务部门和施工负责人进行技术交底;
(4)负责项目范围内交接桩和施工复测、放线、放样、施工过程控制测量、竣工测量;
(5)办理工点开工报告,认真填写工程日志,隐蔽工程先自检,再由监理工程师检查、签证;
(6)编制特殊工程作业指导书,结合工程具体情况,完成临时设施方案的设计计算、上报鉴定工作;
(7)制订安全质量措施,参加安全质量检查;
(8)制订环境保护、职业健康安全具体措施;
(9)制订工程项目的防洪、防寒具体措施;
(10)组建工地试验室,推广新技术、新工艺、新材料、新设备,组织开展质量控制(QC)小组活动;

(11)做好技术资料的收集、整理和归档工作,编写工程总结和开发工法;
(12)组织员工技术培训。

2)技术管理的流程

(1)准备阶段

施工调查→交接桩及复核、图纸会审→工程特征分析→项目策划→学习合同文件、招标文件、设计文件→编制实施性施工组织设计→制定各项管理制度、标准化管理及特殊工序作业指导书。

(2)实施阶段

编制方案、施工计划→技术交底→过程控制→检测资料签认→对下计价→下道工序。

(3)竣工验收阶段

施工资料原件收集→绘制竣工图→资料组卷→卷内文字排列→案卷编目→案卷装订→移交建设及相关单位。

4.1.2 施工组织设计

1)施工组织设计的作用

(1)可根据施工活动的客观规律,确定施工方案,安排施工进度,制订施工质量及安全管理措施,控制施工费用,设计施工场地平面布局;

(2)在工程开始施工前,根据工程特点和要求,计算出所需的各种劳动力、施工机械设备、材料等内容的需要量及供应办法;

(3)合理布置工地上所有的机具设备、仓库、道路、水电管网及各种临时设施,确定开工前所必须完成的各项准备工作,建立系统的控制目标。

2)施工组织设计的编制依据

(1)全部施工图和标准图;
(2)工程概算(应有详细分部分项工程量);
(3)工期要求;
(4)地质勘察报告及地形图、测量控制网;
(5)现行有关规定、规范、定额;
(6)有关新技术和类似工程的经验。

3)施工组织设计的编制程序

熟悉和会审图纸→计算工程量→选择施工方案→编制进度计划→编制人、材、机计划→确定临时生活设施→确定临时水、电、热管线→编制运输计划→编制施工准备计划→设计施工平面图→计算主要经济技术指标→施工组织设计审批。

4)施工组织设计的编制内容

(1)编制依据;
(2)工程概况;
(3)主要工程量;
(4)项目组织机构;
(5)质量、工期、安全目标;

(6)总平面布置图;
(7)主要工程项目施工技术措施;
(8)特殊工序及重点工序的施工方案;
(9)施工进度计划;
(10)投入机械设备及劳动力计划;
(11)材料采购计划;
(12)质量、工期、安全、环境保证措施;
(13)应急预案。

5)施工组织设计的核心内容

(1)选择施工方案

选择施工方案应根据工程情况,结合人力、材料、机械设备、资金、施工方法等条件,从可采取的多个施工方案中选择最佳方案。其实质就是要确定总体施工流向和施工顺序,选择施工方法,确定施工机械的类型和数量,比较施工方案的技术经济性。

(2)编制施工进度计划

在明确施工任务和工程量以后,即可结合最佳施工方案和合同工期,开始配置对应的劳动力和机械设备等生产要素,确定各工序工期,编制施工进度计划、资源需求量计划和施工准备计划。

(3)构建质量、安全保障体系

施工组织设计应包括质量组织保障体系、质量过程控制体系、安全组织保障体系、安全过程控制体系。

(4)设计施工平面图

①设计内容:a. 已建和拟建的地上和地下的一切建(构)筑物;b. 钢筋加工场,材料、施工设备的仓库、堆场和放置场地;c. 临时道路和其他临时设施;d. 测量放线桩;e. 土方取弃场地;f. 安全防火设施等。

②设计步骤:a. 确定钢筋加工场、堆场和放置场地;b. 布置运输道路;c. 布置临时设施;d. 布置水、电网;e. 按比例绘制平面图。

6)施工组织设计的编制审批

施工组织设计一般由项目负责人主持编制,在征得建设单位同意的情况下可根据需要分阶段编制,但也要符合当地政府或相关部门的规定。施工组织总设计应由总承包单位的技术负责人审批,单位工程施工组织设计应由施工单位技术负责人或技术负责人授权的技术人员审批。

7)施工组织设计的修订管理

施工组织设计应随主客观条件的变化及时调整、修改不适用的内容,并经原审批部门同意后实施。项目施工过程中当发生以下情况之一时,施工组织设计应进行修改:

(1)工程设计有重大修改,如围护结构或主体结构的形式发生变化、装修材料或做法发生重大变化、机电设备系统发生大的调整等,需要对施工组织设计进行修改;对工程设计图纸的一般性修改,视变化情况对施工组织设计进行补充;对工程设计图纸的细微修改或更正,施工组织设计则不需调整。

(2)当有关法律、法规、规范和标准开始实施或发生变更,并涉及工程的实施、检查或验收时,施工组织设计需要进行修改或补充。

(3)项目管理体系有重大调整。

(4)当项目因故停工3个月以上,再行复工建设时。

(5) 由于主客观条件的变化,施工方法有重大变更,原来的施工组织设计已不能正确地指导施工,需要对施工组织设计进行修改或补充。

(6) 当施工资源的配置有重大变更,并且影响到施工方法的变化或对施工进度、质量、安全、环境、造价等造成潜在的重大影响,需对施工组织设计进行修改或补充。

(7) 当施工环境发生重大改变,如施工延期造成季节性施工方法变化,施工场地变化造成现场布置和施工方式改变等,致使原来的施工组织设计已不能正确地指导施工,需对施工组织设计进行修改或补充。

(8) 在工程项目实施前,应进行施工组织设计交底;在工程项目实施过程中,应对施工组织设计的执行情况进行检查、分析并适时调整;施工活动结束后,应对施工组织设计进行总结分析。施工组织设计及其总结分析应作为施工技术资料在工程竣工验收后归档。

4.1.3 施工方案

1)施工方案的编制内容

施工方案是根据一个施工项目制订的具有指导性的实施方案。其主要内容应包括编制依据、编制范围、工程概况、总体布置及工期计划、项目组织机构、施工技术方案、工期保证措施、质量目标、质量保证体系及保证措施、安全生产目标及保证措施、特殊季节施工措施、安全文明施工措施、应急预案。

2)地铁车站、区间常用施工方案

地铁车站、区间根据不同的施工工艺采用不同的施工方法。项目开工前,项目经理部应依据地铁所涉及分部分项工程划分适时编制各分部分项工程施工方案。施工方案应由项目技术负责人审批。地铁常用施工方案见表1-4-1。

地铁常用施工方案汇总　　　　表1-4-1

序号	工程分类	方案名称	审核	备注
1	通用施工	临建施工方案	监理单位	
2		绿色文明施工方案	施工单位、监理单位、专家、建设单位	根据地方文件要求执行
3		临时用电专项施工方案	监理单位	
4		临边防护施工方案	监理单位	
5		管线保护及改移施工方案	监理单位	
6		雨期施工方案	监理单位	
7		冬期施工方案	监理单位	
8		施工监测方案	监理单位	根据地方文件要求执行
9	土建工程	吊装施工方案	施工单位、监理单位、专家、建设单位	满足表1-4-2第3条
10		吊装设备安装、拆卸施工方案	施工单位、监理单位、专家、建设单位	满足表1-4-2第3条
11		主体围护结构施工方案	监理单位	
12		重要部位和环节施工前条件验收方案	监理单位	
13	明挖施工	土方开挖及支护安全专项施工方案	施工单位、监理单位、专家、建设单位	满足表1-4-2第1条
14		基坑降水安全专项施工方案	施工单位、监理单位、专家、建设单位	满足表1-4-2第1条
15		钢支撑安装及拆卸施工方案	监理单位	
16		综合接地施工方案	监理单位	
17		防水施工方案	监理单位	
18		主体结构施工方案	监理单位	
19		模板支撑架安全专项施工方案	施工单位、监理单位、专家、建设单位	满足表1-4-2第2条
20		钢结构施工方案	监理单位	
21		工具架脚手架施工方案	监理单位	

续上表

序号	工程分类	方案名称	审核	备注
22	明挖施工	混凝土施工方案	监理单位	
23		混凝土表观缺陷处理施工方案	监理单位	
24	盾构施工	盾构设备适应性自评估报告	监理单位	
25		端头加固施工方案	监理单位	
26		管片生产施工方案	监理单位	
27		盾构机吊装安全专项施工方案	施工单位、监理单位、专家、建设单位	满足表1-4-2第3条
28		盾构始发、掘进、到达及二级风险源安全专项施工方案	施工单位、监理单位、专家、建设单位	满足表1-4-2第6条
29		防水施工方案	监理单位	
30		联络通道开挖及支护专项施工方案	施工单位、监理单位、专家、建设单位	满足表1-4-2第6条
31		联络通道二次衬砌结构施工方案	监理单位	
32		联络通道模板及支撑架安全专项施工方案	施工单位、监理单位、专家、建设单位	满足表1-4-2第1条
33	土建工程 暗挖施工	横通道开挖及支护安全专项施工方案	施工单位、监理单位、专家、建设单位	满足表1-4-2第1条
34		降水施工方案	施工单位、监理单位、专家、建设单位	满足表1-4-2第1条
35		导洞开挖及支护安全专项施工方案	施工单位、监理单位、专家、建设单位	满足表1-4-2第1条
36		桩柱体系施工方案	监理单位	
37		防水施工方案	监理单位	
38		主体结构初期支护、二次衬砌扣拱及大断面开挖安全专项施工方案	施工单位、监理单位、专家、建设单位	满足表1-4-2第1条
39		综合接地施工方案	监理单位	
40		主体结构施工方案	监理单位	
41		模板支撑架安全专项施工方案	施工单位、监理单位、专家、建设单位	满足表1-4-2第2条
42		混凝土施工方案	监理单位	
43		工具式脚手架搭设及拆除施工方案	监理单位	
44		钢管柱安装施工方案	监理单位	
45		混凝土表观缺陷处理施工方案	监理单位	
46	高架施工	桩施工方案	监理单位	人工挖孔超过16m需论证
47		土方开挖及支护安全专项施工方案	施工单位、监理单位、专家、建设单位	满足表1-4-2第1条
48		承台施工方案	监理单位	
49		墩身施工方案	监理单位	
50		现浇梁施工方案	监理单位	
51		模板支撑架安全专项施工方案	施工单位、监理单位、专家、建设单位	满足表1-4-2第2条
52		起重吊装施工安全专项施工方案	施工单位、监理单位、专家、建设单位	满足表1-4-2第3条
53		起重吊装设备安装拆卸施工方案	施工单位、监理单位、专家、建设单位	满足表1-4-2第3条
54		钢结构施工方案	监理单位	
55		大体积混凝土施工方案	监理单位	
56		预应力锚索施工方案	监理单位	
57		预制混凝土梁安装施工方案	施工单位、监理单位、专家、建设单位	满足表1-4-2第7条
58	站后工程 轨道工程	碎石道床施工方案	监理单位	碎石道床施工方案、碎石道床道岔铺设施工方案

续上表

序号	工程分类	方案名称	审核	备注
59	轨道工程	整体道床施工方案	监理单位	普通长轨枕整体道床、隔振垫浮置板整体道床、减振器整体道床、浮置板整体道床、单开道岔整体道床、交叉渡线整体道床
60		无缝线路现场移动焊接施工方案	监理单位	
61		无缝线路应力放散施工方案	监理单位	
62		轨道整理施工方案	监理单位	
63	站后工程 / 装修工程	地面工程施工方案	监理单位	
64		抹灰施工方案	监理单位	
65		门窗施工方案	监理单位	
66		吊顶施工方案	监理单位	
67		轻质隔墙施工方案	监理单位	
68		饰面板（砖）施工方案	监理单位	饰面板安装、饰面砖粘贴
69		幕墙施工方案	监理单位	
70		涂饰施工方案	监理单位	
71		细部（窗帘盒、窗台板和散热器罩、门窗套、护栏和扶手、花饰等）施工方案	监理单位	
72		广告灯箱与导向标识施工方案	监理单位	
73	通风与空调系统工程	风管制作安装施工方案	监理单位	
74		冷水机组安装施工方案	监理单位	
75		空调机组、风机、风阀、风口安装施工方案	监理单位	
76		空调水管道、阀门设备安装施工方案	监理单位	
77		冷却塔及室外管道安装施工方案	监理单位	
78		系统调试施工方案	监理单位	
79	给水与排水系统工程	支架制作安装施工方案	监理单位	
80		消防管道及附件安装施工方案	监理单位	
81		消火栓安装施工方案	监理单位	
82		消防泵房内设备安装施工方案	监理单位	
83		管道试压施工方案	监理单位	
84	动力与照明系统工程	桥架敷设施工方案	监理单位	
85		配电箱、柜安装施工方案	监理单位	
86		照明灯具、开关、插座安装施工方案	监理单位	
87		配电箱、柜接线、校线、测试、挂牌施工方案	监理单位	
88		设备送电调试施工方案	监理单位	
89	通信、信号等系统工程	通信、信号等系统施工方案	监理单位	
90	供电系统工程	供电系统施工方案	监理单位	
91	接触轨铺设	接触轨铺设施工方案	监理单位	

3）危险性较大的分部分项工程

危险性较大的分部分项工程（以下简称"危大工程"）是指建筑工程在施工过程中存在的、可能导致作业人员群死群伤或造成重大不良社会影响的分部分项工程。危大工程范围对比见表1-4-2。

危大工程范围对比一览表　　　　　　　　　　表1-4-2

序号	分部分项工程	编制专项施工方案的工程范围	专家论证的工作范围
1	土方开挖、基坑支护、降水工程	开挖深度超过3m(含3m)的基坑(槽)的土方开挖、支护、降水工程	开挖深度超过5m(含5m)的基坑(槽)的土方开挖、支护、降水工程
		开挖深度虽未超过3m，但地质条件、周围环境和地下管线复杂，或影响毗邻建(构)筑物安全的基坑(槽)的土方开挖、支护、降水工程	
2	模板工程及支撑体系	各类工具式模板工程：包括滑模、爬模、飞模、隧道模等工程	各类工具式模板工程：包括滑模、爬模、飞模、隧道模等工程
		混凝土模板支撑工程：搭设高度5m及以上，或搭设跨度10m及以上，或施工总荷载(荷载效应基本组合的设计值，以下简称设计值)10kN/m²及以上，或集中线荷载(设计值)15kN/m及以上，或高度大于支撑水平投影宽度且相对独立无连系构件的混凝土模板支撑工程	混凝土模板支撑工程：搭设高度8m及以上，或搭设跨度18m及以上，或施工总荷载(设计值)15kN/m²及以上，或集中线荷载(设计值)20kN/m及以上
		承重支撑体系：用于钢结构安装等满堂支撑体系	承重支撑体系：用于钢结构安装等满堂支撑体系，承受单点集中荷载7kN及以上
3	起重吊装及安装拆卸工程	采用非常规起重设备、方法，且单件起吊重量在10kN及以上的起重吊装工程	采用非常规起重设备、方法，且单件起吊重量在100kN及以上的起重吊装工程
		采用起重机械进行安装的工程	起重量300kN及以上，或搭设总高度200m及以上，或搭设基础标高在200m及以上的起重机械安装和拆卸工程
		起重机械安装和拆卸工程	
4	脚手架工程	搭设高度24m及以上的落地式钢管脚手架工程(包括采光井、电梯井脚手架)	搭设高度50m及以上的落地式钢管脚手架工程
		附着式升降脚手架工程	提升高度在150m及以上的附着式升降脚手架工程或附着式升降操作平台工程
		悬挑式脚手架工程	分段架体搭设高度20m及以上的悬挑式脚手架工程
		高处作业吊篮	
		卸料平台、操作平台工程	
		异型脚手架工程	
5	拆除、爆破工程	可能影响行人、交通、电力设施、通信设施或其他建(构)筑物安全的拆除工程	码头、桥梁、高架、烟囱、水塔或拆除中容易引起有毒有害气(液)体或粉尘扩散、易燃易爆事故发生的特殊建(构)筑物的拆除工程
			文物保护建筑、优秀历史建筑或历史文化风貌区影响范围内的拆除工程

续上表

序号	分部分项工程	编制专项施工方案的工程范围	专家论证的工作范围
6	暗挖工程	采用矿山法、盾构法、顶管法施工的隧道、洞室工程	采用矿山法、盾构法、顶管法施工的隧道、洞室工程
7	其他危险性较大的工程	建筑幕墙安装工程	施工高度50m及以上的建筑幕墙安装工程
		钢结构、网架和索膜结构安装工程	跨度大于36m及以上的钢结构安装工程,跨度大于60m及以上的网架和索膜结构安装工程
		人工挖孔桩工程	开挖深度超过16m的人工挖孔桩工程
		水下作业工程	水下作业工程
		装配式建筑混凝土预制构件安装工程	重量1000kN及以上的大型结构整体顶升、平移、转体等施工工艺
		采用新技术、新工艺、新材料、新设备可能影响工程施工安全,尚无国家、行业及地方技术标准的分部分项工程	采用新技术、新工艺、新材料、新设备可能影响工程施工安全,尚无国家、行业及地方技术标准的分部分项工程

注:本表参照住房和城乡建设部《危险性较大的分部分项工程安全管理规定》编制。

(1) 专项施工方案编制内容

专项施工方案编制内容见表1-4-3。

专项施工方案编制内容　　　　表1-4-3

序号	名　称	说　明
1	工程概况	危大工程概况、施工平面布置、施工要求和技术保证条件
2	编制依据	相关法律、法规,规范性文件,标准、规范及图纸(国标图集),施工组织设计等
3	施工计划	包括施工进度计划、材料与设备计划
4	施工工艺技术	技术参数、工艺流程、施工方法、检查验收等
5	施工安全保证措施	组织保障措施、技术保障措施、应急预案、监测监控等
6	施工管理及作业人员配备和分工	施工管理人员、专职安全生产管理人员、特种作业人员、其他作业人员等
7	验收要求	验收标准、验收程序、验收内容、验收人员等
8	应急处置措施	
9	计算书及相关施工图纸	

(2) 专项施工方案的审批

①施工单位应当在危大工程施工前组织工程技术人员编制专项施工方案。危大工程实行分包的,专项施工方案可以由相关专业分包单位组织编制。

②专项施工方案应当由施工单位技术负责人审核签字、加盖单位公章,并由总监理工程师审查签字、加盖执业印章后方可实施。危大工程实行分包并由分包单位编制专项施工方案的,专项施工方案应当由总承包单位技术负责人及分包单位技术负责人共同审核签字并加盖单位公章。

③依据住房和城乡建设部《危险性较大的分部分项工程安全管理规定》的相关要求,危大工程施工方案需经施工单位技术负责人及总监理工程师审核签字后实施,超过一定规模的危大工程施工方案还应当组织召开专家论证会对专项施工方案进行论证。实行施工总承包的,由施工总承包单位组织召开专家论证会,专家论证前专项施工方案应当通过施工单位审核和总监理工程师审查。

(3) 专项施工方案的专家论证

①参加专家论证会的主要人员,应包括建设单位项目负责人,有关勘察、设计单位项目技术负责人

及相关人员,总承包单位和分包单位技术负责人或授权委派的专业技术人员、项目经理、项目技术负责人、专项施工方案编制人员、项目专职安全生产管理及相关人员,监理单位项目总监理工程师及专业监理工程师,符合专业要求且人数不得少于5名的专家。

②专家论证的主要内容,应论证专项施工方案的内容是否完整、可行;计算书和验算依据、施工图是否符合有关标准规范;专项施工方案是否满足现场实际情况,并能够确保施工安全。

③专家论证会后,应当形成论证报告,对专项施工方案提出通过、修改后通过或者不通过的一致意见。专家对论证报告负责并签字确认。

④专项施工方案经论证需修改后通过的,施工单位应当根据论证报告修改完善后,重新履行审批程序。专项施工方案经论证不通过的,施工单位修改后应当按照规定的要求重新组织专家论证。

(4)专项施工方案的实施

①施工单位应当在施工现场显著位置公告危大工程名称、施工时间和具体责任人员,并在危险区域设置安全警示标志。施工单位应当对危大工程施工作业人员进行登记,项目经理应当在施工现场履职。

②专项施工方案实施前,编制人员或者项目技术负责人应当向施工现场管理人员进行方案交底。施工现场管理人员应当向作业人员进行安全技术交底,并由双方和项目专职安全生产管理人员共同签字确认。

③施工单位应当严格按照专项施工方案组织施工,不得擅自修改专项施工方案。因规划调整、工程变更等原因确需调整的,修改后的专项施工方案应当按照规定重新审核和论证。涉及资金或者工期调整的,建设单位应当按照约定予以调整。

④项目专职安全生产管理人员应当对专项施工方案的实施情况进行现场监督,对未按照专项施工方案施工的,应当要求立即整改,并及时报告项目经理,项目经理应当及时组织限期整改。施工单位应当按照规定对危大工程进行施工监测和安全巡视,发现危及人身安全的紧急情况,应当立即组织作业人员撤离危险区域。

4.1.4 作业指导书

1)作业指导书的编制要求

(1)编制依据

作业指导书的编制依据主要有施工图纸、施工组织设计或技术方案、相关质量验收规范和技术标准、相关施工技术操作规程、安全法规及相关标准等。

(2)编制原则

①要满足施工工期和质量目标,符合安全施工、绿色施工、文明施工等要求。

②应按照标准化管理理念,将先进成熟的工艺方法、科学合理的生产组织与建设标准、质量目标、安全要求以及现场施工条件结合起来编制,做到简明易懂,可操作性强。

③作业指导书应体现对现场作业的全过程控制,体现对设备及人员行为的全过程管理,包括设备操作、工序管理、检验标准等内容。

④作业指导书应按照实际作业现场工艺编制。编制人员必须对设备参数、工艺程序、设备操作、工艺参数熟悉。作业指导书应对现场工艺起指导性作用,应实行刚性管理,审批后变更应严格履行手续。

⑤应在作业前编制,注重策划和设计,量化、细化、标准化作业内容。做到作业有程序、安全有措施、质量有标准、考核有依据。

⑥针对现场实际,进行危险性分析,制订相应的防范措施。

⑦应体现分工明确,责任到人,编写、审核、批准和执行应签字齐全。

⑧应有保证本项作业安全和质量的技术措施、组织措施、工序及检验内容。

2）地铁车站、区间常用作业指导书

地铁车站、区间常用作业指导书见附件1-4-1。

4.1.5 技术交底

1）技术交底的编制要求

(1) 编制依据

技术交底的编制依据主要有施工图纸、施工组织设计或技术方案、相关质量验收规范和技术标准、相关施工技术操作规程、安全法规及相关标准等。

(2) 编制原则

①必须符合上一层技术文件的原则及意图，即必须与相应施工技术方案保持一致。

②符合相关法规的要求。

③作为施工技术方案的进一步细化，必须具备可操作性。

a. 对施工结构的具体尺寸进行交底，建立施工图翻样制度，保证每道工序现场施工班组手中都有标注清楚、通俗易懂的施工大样图；

b. 技术交底要以"现场干的就是交底中写的、画的"为指导思想，不能发生班组施工自由发挥的情况；一旦发生漏项情况，班组应立即反馈，并得到解决。

④技术交底要具备实用性。

a. 技术交底中不允许使用"按照设计图纸和施工及验收规范施工"及"宜按…"等词语，要在大样图的基础上，把设计图纸的控制要点写清楚，把规范的重点条文体现在大样图和控制要点中；

b. 把要达到的具体质量标准写清楚，作为班组自检的依据，使施工人员在开始施工时就是按照验收标准来施工的，体现过程管理的思路，使施工人员变被动为主动。

2）技术交底程序

(1) 项目三级交底制度

①一级技术交底：工程开工前，由项目经理主持，交底人为项目技术负责人，就工程总体情况进行全面技术交底；参加人员为本项目各部门负责人、分项工程负责人及全体管理人员。

②二级技术交底：交底人为项目工程技术人员。在分部工程施工前，交底人应就各项工程、工序向施工作业队工序施工员、工班长或工序负责人进行交底；重点工程、重要分项工程的技术交底应由工程部长亲自交底。

③三级技术交底：交底人为专业施工作业队技术负责人、工序施工员、工班长，由技术人员主持。在分项工程施工前，交底人应就每分项工程并以其工序为单元向各岗位作业员进行技术交底。

(2) 技术交底的整理与发放

①施工技术交底应做好记录，并加以整理、会签，作为技术文件归档。

②施工组织设计、专项施工方案、施工作业指导书的技术交底记录，由交底方和接受交底方的代表签字，作为技术资料，连同施工组织设计一并归档，其记录格式符合施工组织设计编制和管理办法。

③分部工程和重要分项工程，应填写好交底记录，由交底方和接受交底方的代表签字，作为技术资料归档。

④分项工程的技术交底，应填写好相应份数的交底记录，经技术负责人签认后，由施工员和接受交底人共同签字、分别保管。施工员的一份作为技术资料归档。

⑤各级交底人员及有关的技术、质量检查、安全及其他的相关人员，要对交底在施工过程中的执行情况进行监督和检查，以确保工程施工的顺利进行。

3）地铁车站、区间常用技术交底

地铁车站、区间常用技术交底见附件 1-4-2。

4.2 方案优化

方案优化是在对项目实施条件（合同条件、现场条件、法规条件）及设计文件进行深入了解的基础上，在不影响结构安全、使用功能及设计方案所要达到的效果的前提下，随着施工图纸、环境、风险、相关方要求的变化适时调整方案、预案及设计深化等工作，是对施工组织设计规定的施工方案、设备配置、施工程序、劳动力组织等进行的必要调整，最终达到在满足工期的情况下，保证质量、安全、环保，降低施工成本的目的。

4.2.1 优化目的

1）有利于节约工期

通过对施工方案的优化，可调整或精简施工工序，增加生产要素，进行交叉施工或平行施工等，有效加快施工进度，达到节约工期的目的。

2）有利于节约成本

通过对施工方案的优化，可缩短工期，减少计划外用工，降低计划外人工费用支出，使施工工序衔接合理紧密，避免窝工，提高机械的利用效率，降低机械使用费，最终达到节约成本的目的。

3）有利于施工管理

通过对施工方案的优化，可合理调整施工方式，在施工中组织专业队伍连续交叉作业或平行作业，尽可能组织流水施工，充分调动作业人员的积极性和创造性，提高工作效率，有利于施工管理。

4）有利于保证质量

通过对施工方案的优化，可改变施工工艺，加强施工过程的质量控制，减少施工过程工程质量问题，有利于保证工程质量。

5）有利于保证安全

通过对施工方案的优化，可将高风险方案优化为低风险方案，有利于保证施工安全。

6）有利于环境保护

通过对施工方案的优化，可确保施工现场安全、文明，道路畅通，场容美观整洁，各种物料堆放整齐有序，各机械设备布置科学、合理，各工序施工有条不紊，有利于环境保护。

4.2.2 优化方法

1）优化原则

（1）符合实际，实用性强。方案必须从实际出发，根据企业现有资源，在深入细致做好调查研究的基础上对方案进行反复比较优化。

（2）技术领先，经济合理。在满足安全、质量、进度、环保等要求的同时，充分利用现有技术、工艺、设备和先进经验，提高机械化程度，改善劳动条件，提高生产效率，降低管理成本。

（3）安全可靠，满足工期。保障措施配套齐全，方案符合技术规范、安全规程，满足工期和质量要求。

(4) 充分论证,好中选优。在制订施工方案时,应拿出多种方案进行反复论证比选,必要时可聘请专家从多角度分析比选,选出最优方案。

2) 优化方法和思路

项目进场前,根据已取得的设计图纸,要对周边环境、建(构)筑物进行认真调查,如车站站位与管线的位置关系、平面上区间隧道与地面建(构)筑物的关系与状况、剖面上区间隧道的地质情况等,梳理风险源和影响施工的重要因素,形成针对性的方案优化和工程筹划。在项目策划阶段,方案优化尤其重要,在此提供以下几个思路和方法供参考。

(1) 车站站位优化

站位优化主要是通过改变站位的平面位置,避免在后续施工过程中,因外部因素影响,对施工工期、安全、进度、效益等造成重大影响。

【案例 1-4-1】 某车站原设计站位北侧围护桩与既有管线重叠,桩位处有一条直径 1.8m、埋深 6m 的大型污水管,需要进行管线迁改,如图 1-4-1 所示。

但基坑北侧邻近既有建筑物,无外迁条件,现状条件只能绕基坑南侧进行迁改,距离远,工期长,工程量大,对工期和成本控制均不利。

综合以上因素,经各方协商并认真研究区间线路情况,具备将车站整体南移的条件,车站基坑避开了污水管,避免了管线迁改,如图 1-4-2 所示。

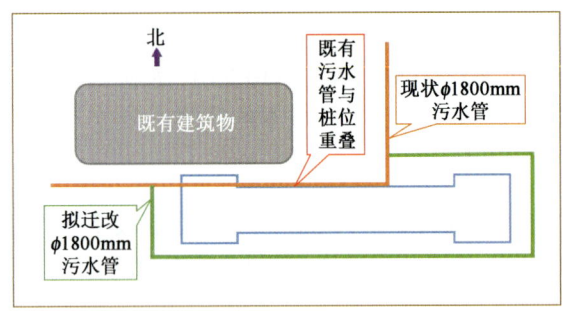
图 1-4-1 某车站污水管线改移设计示意图

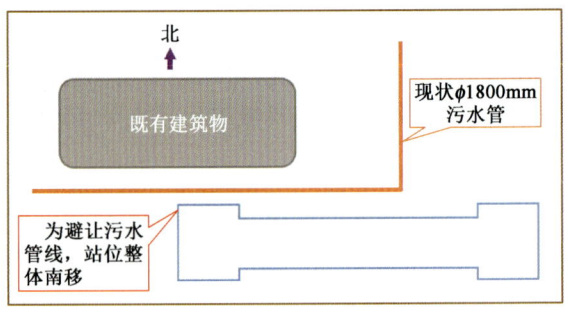
图 1-4-2 某车站平移示意图

(2) 区间调线

在项目上场前应对区间隧道线路进行详细调查,调查区间隧道上方重要建(构)筑物、危险源和区间线路上的障碍物情况。若存在上述情况,可以通过优化区间平面设计,达到避开危险源和障碍物的目的。

【案例 1-4-2】 某盾构区间原设计穿越桥梁桩基,需要对桥梁进行重新拆建,工程量大,成本高,工期长,对交通影响大。后经研究,结合地质情况调整了区间半径和线间距,成功避开桥梁桩基,如图 1-4-3 所示。

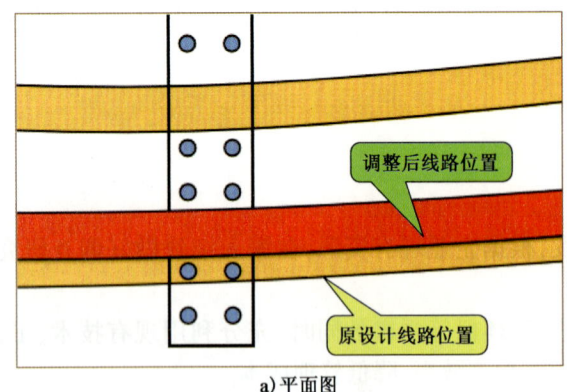
a) 平面图

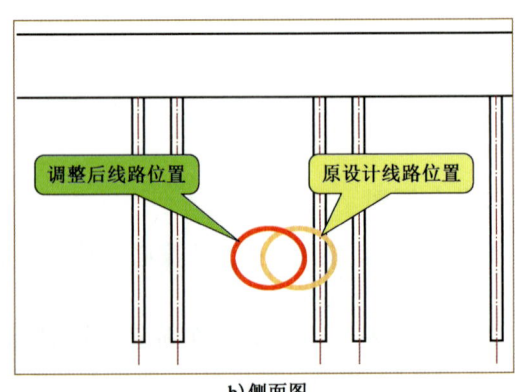
b) 侧面图

图 1-4-3 某区间线路与桥桩基位置示意图

（3）区间调坡

项目上场后应积极调查区间隧道上方建（构）筑物和风险源情况，同时认真分析区间隧道地质情况。

当地质条件差而该段区间上方又存在重要建（构）筑物时，可采取平面调线避开风险源，也可采取线路调坡，使区间隧道在高风险地段进入较好的地层，以达到降低施工风险的目的。

为创造较好的区间调坡条件，必要时可调整线路两端车站的埋深，因此项目上场后应立即进行区间调查和研究，一旦车站开始施工就失去了调整车站埋深的有利时机。

【案例1-4-3】 某线路原设计方案盾构始发后依次下穿高层办公楼、商业广场、危旧建筑群。在办公楼处隧道右线拱顶距基础仅有6.5m，且该基础极为薄弱；在危旧建筑群处，隧道位于稍密卵石层与中密卵石层交界面上，施工风险极高，如图1-4-4所示。

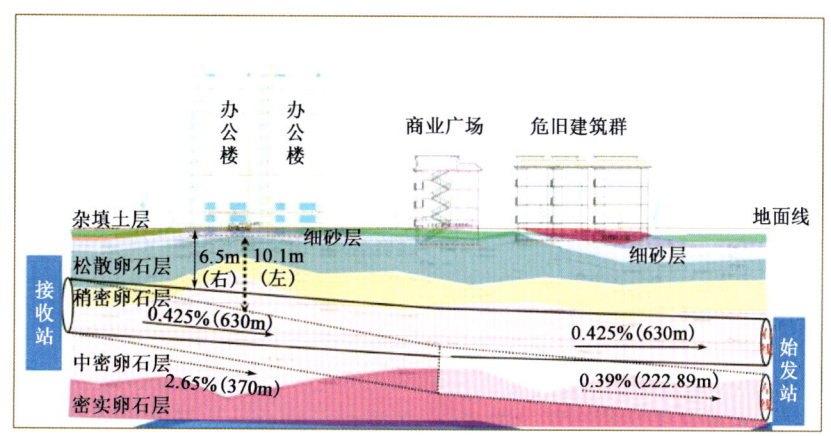

图1-4-4 原区间线路设计示意图

为保证施工安全，经详细论证后决定调整线路纵向坡度，右线隧道与办公楼基础之间的竖向净距增加至12.7m，同时在危旧建筑群处，区间隧道全部进入中密卵石层，极大改善了施工条件，如图1-4-5所示。

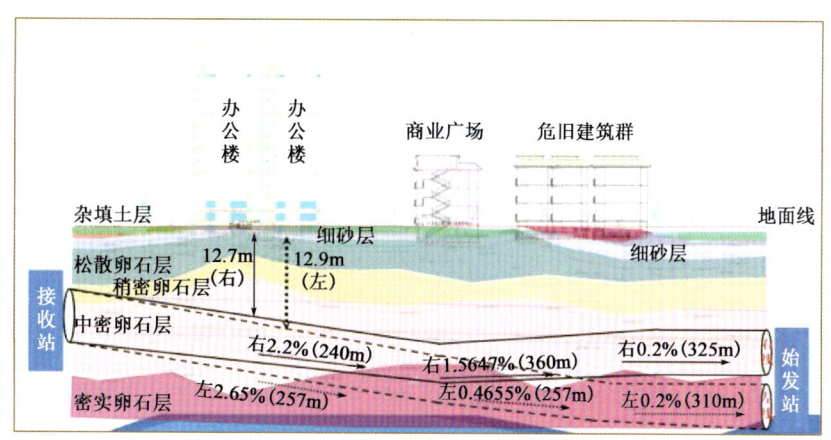

图1-4-5 车站区间线路下压设计示意图

在本案例中，调整后的区间隧道在车站接收处中心标高比原设计低4m，若接收站按原设计标高施工，区间下压将导致无法接收，故在车站施工前相应地调整了车站埋深，顺利实现了调坡的目的。

（4）交通疏解优化

基坑采用明挖法施工工效最快，工期最短。因此，地铁车站施工时宜尽量采用明挖法施工，当道路比较狭窄时，为保证社会交通，须采用盖挖法或半盖挖法施工。

采用盖挖法或半盖挖法施工时需要多次倒边施工，工期很难保证。若车站工期紧张，需要与当地交通部门紧密协商，在满足社会车辆通行的前提下，尽量扩大围挡范围，甚至封路施工。

为解决该站位交通问题，可通过周边路网导流、车站移位等多种方式优化交通疏解方案。通过采取明挖法加快施工进度，进而缩短交通影响时间。

①周边路网导流

在项目开工前应认真调研周边区域道路情况，仔细分析将交通流量经由周边路网导流的可行性。周边路网导流交通疏解方法示例如图1-4-6、图1-4-7所示。

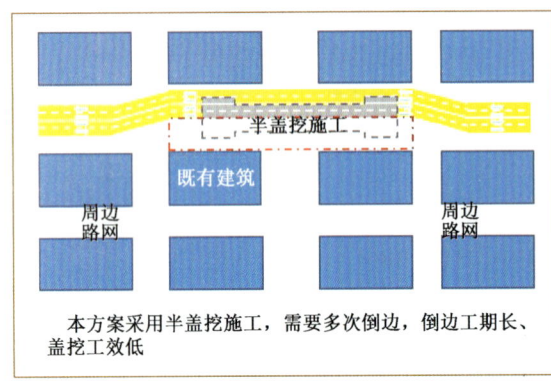

图1-4-6 原交通示意图

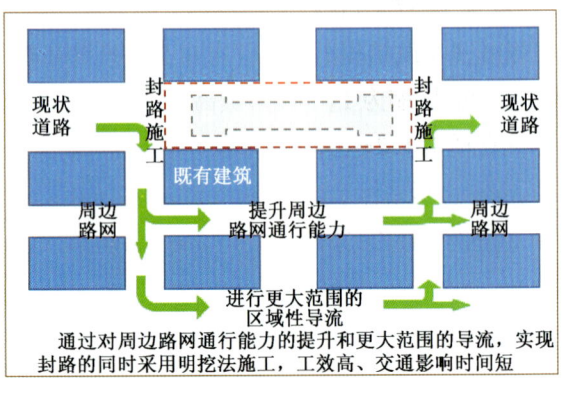

图1-4-7 周边路网导流交通疏解示意图

②车站站位优化

随着TOD(即以公共交通为导向的开发)理念的推广，开发商也较为重视地块与地铁车站的有效衔接，希望地铁设计能统筹考虑地块的开发。因此，在必要时可结合地块开发对车站站位进行优化，释放交通疏解空间。

【案例1-4-4】 某车站原位于现状道路中心位置，因施工场地狭小，需采取半盖挖法施工，交通疏解方案为先封闭北侧半幅道路，待施工完北侧盖板后，从车站北侧修建导改路进行导行，需要倒边施工，工期较长，且场内施工空间狭小，对施工影响较大，如图1-4-8所示。

项目结合征地拆迁、周边环境及工期等因素综合考虑后，提出车站整体南移18m，与车站南侧商业地块共同开发。采用该方案，可一次性形成整体围挡，于车站北侧导行，同时工作面增加。主体结构施工时，场内还可增加一条10m宽施工便道，工效提高，整体工期提前5个月。调整后的方案如图1-4-9所示。

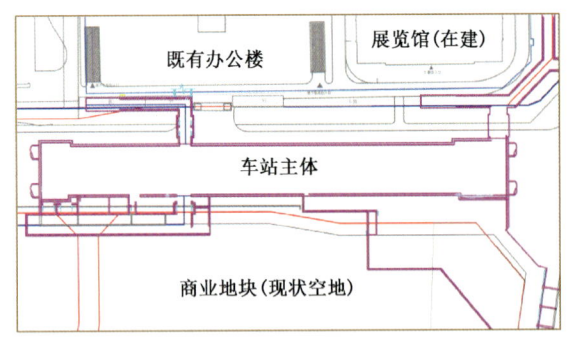

图1-4-8 某车站半盖挖交通疏解示意图

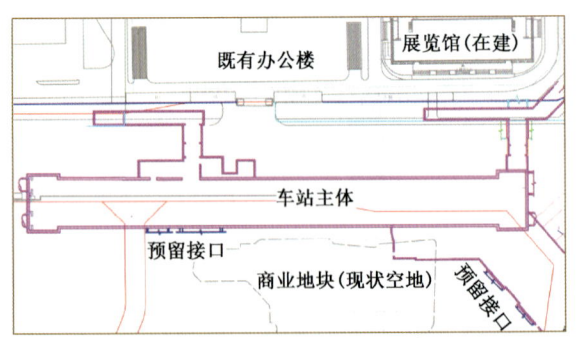

图1-4-9 某车站站位优化交通疏解示意图

(5)结构形式优化

受周边建(构)筑物影响,造成部分车站结构施工难度大,导致工期、安全、效益等风险增加。这时可以从设计的角度出发,对车站结构的功能需求进行研究,对站内客流组织、车站内部功能区划分等方面进行优化,为车站结构调整提供技术支持。

【案例 1-4-5】 车站结构设计尺寸调整案例。

某车站原设计标准段宽度为 21.1m,车站位于既有建筑与既有隧道之间,如图 1-4-10 所示。车站与既有隧道围护桩桩位相互重叠,需要先采用人工挖孔桩的方式对下穿隧道围护桩进行破除,施工效率低、进度慢,导致车站施工工期不可控。

通过对车站结构进行优化,在保证站台板有效宽度不变的情况下,站台板由双排柱变更为单排柱,宽度从 12m 压缩为 11.3m,压缩了 0.7m。在设计时充分考虑利用车站西侧既有隧道的围护桩,将西侧围护桩直径由 1.2m 优化为 1m,此外采用异型钢筋笼,在基坑开挖时可以凿除桩身 20cm 素混凝土,共压缩 40cm。车站标准段宽度由 21.1m 调整为 20m,压缩了 1.1m,如图 1-4-11 所示。

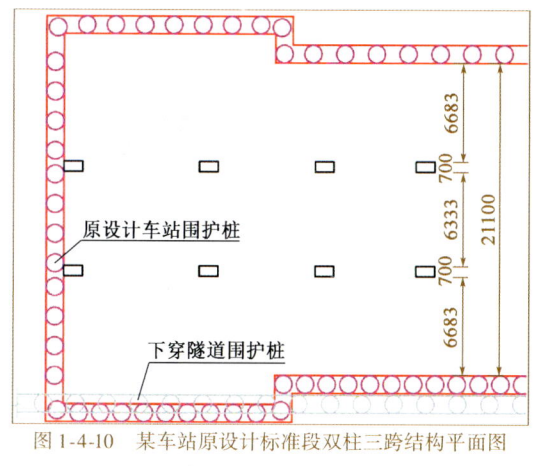

图 1-4-10　某车站原设计标准段双柱三跨结构平面图
(尺寸单位:mm)

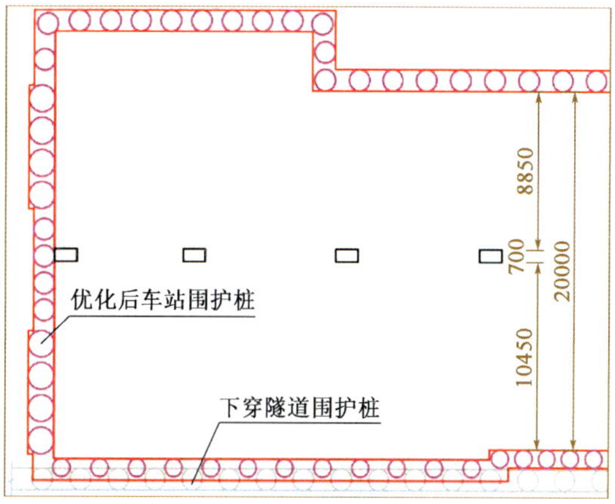

图 1-4-11　某车站结构优化后单柱双跨示意图
(尺寸单位:mm)

通过优化,西侧围护桩向东调整 1.1m,有效解决了车站与下穿隧道围护桩重叠问题,从而避免了人工破除既有隧道围护桩,提高了车站围护桩的施工效率。

(6)施工工法优化

不同施工工法有不同的适用条件,矿山法和(半)盖挖法主要解决地面空间不足的情况,如地面场地狭小、施工作业空间不足或无法解决交通疏解路由等情况,可由明挖法优化为矿山法和(半)盖挖法;若工期紧张,则可将矿山法和(半)盖挖法优化为明挖法。

此外,各种围护结构、地基加固、盾构始发接收均有不同的工法及适用范围,在后续的章节中均有详细的叙述。实际施工中可根据现场实际情况,合理变更施工工法,以确保经济、安全、质量、工期等目标的实现。

①地铁车站常用施工工法见表 1-4-4。

地铁车站常用施工工法　　　　　　　　　　表 1-4-4

序号	施工工法	环境场地要求	优　点	缺　点
1	明挖法	适合多种不同类别的地质条件,周围环境具备明挖施工条件	工艺简单,技术成熟,施工质量易保证,便于机械化施工	长时间中断地面交通,对周围环境影响大
2	矿山法	在城市中心地区,由于地面交通不允许中断,地面建筑物众多,或者管线错综复杂,不易改移,不宜采用明挖法和盖挖法施工的地铁车站	避免大量拆改移工作,该法工艺简单、灵活,无需大型设备,在变载面地段尤为适应,施工对道路交通基本无干扰	施工风险大,机械化程度低

续上表

序号	施工工法	环境场地要求	优 点	缺 点
3	(半)盖挖法	在路面交通不能长期中断的道路下修建地铁车站时,则可用盖挖法	占用场地面积小、对地面干扰小,施工受外界气候影响小	施工工序复杂烦琐、交叉作业,施工条件差
4	(半)逆作法	一般是在深基础、地质复杂、地下水位高等特殊情况下采用	能够提高地下工程的安全性,控制周围建(构)筑物变形	施工工序复杂烦琐、交叉作业,施工条件差
5	异型盾构	在松软含水地层,或地下结构埋深达10m或更深时,可以采用盾构法	安全开挖和衬砌,掘进速度快;不影响地面交通和设施,也不影响地下管线等设施,施工不受气候条件影响,施工中没有噪声和扰动	断面尺寸多变的区段适应能力差;新型盾构机购置费用昂贵,对施工区段短的工程不太经济

②区间隧道常用施工工法与地铁车站类似,见表1-4-5。

区间隧道常用施工工法　　　　表1-4-5

序号	施工工法	环境场地要求	优 点	缺 点
1	明挖法	适合多种不同类别的地质条件,周围环境具备明挖施工条件	进度快、工作面大、便于机械和大量劳动力投入	破坏环境生态,影响交通,产生尘土和噪声污染
2	矿山法	在城市中心地区,区间为异形断面,地面交通不允许中断,地面建筑物众多,或者管线错综复杂,不易改移,不宜采用明挖法和盾构法施工的地铁区间	避免大量拆改移工作,该法工艺简单、灵活,无需大型设备,在变截面地段尤为适应,施工对道路交通基本无干扰	施工风险大,机械化程度低
3	盾构法和TBM法	在松软含水地层,或地下线路等设施埋深达10m或更深时,可以采用盾构法;均质硬岩地层中采用TBM	安全开挖和衬砌,掘进速度快;不影响地面交通和设施,也不影响地下管线等设施,施工不受气候条件影响	断面尺寸多变的区段适应能力差,对施工区段短的工程不太经济
4	沉管法	适合水道河床稳定或水流平缓处施工。前者不仅便于顺利开挖沟槽,并能减少土方量;后者便于管段浮运、定位和沉放	容易保证隧道施工质量,工程造价较低,在隧道现场的施工期短,操作条件好、施工安全,适于水深范围较大,断面形状、大小可自由选择,断面空间可充分利用的工程环境	封锁江河水面,需要专门的驳运、下沉、对接设备;属于水下作业,风险大

【案例1-4-6】 某车站原设计围护结构为钻孔灌注桩(图1-4-12),由于车站紧邻江河,出入口围护结构就位于河岸线上,该河流平均流水量为57000m³/h,流量大、流速快、水头压力高,同时该处位于砂卵石地层,地下水与河流存在水力联系,无法达到基坑降水目的。此外,该设计未设置止水帷幕,在基坑开挖时,河水极有可能从桩间隙涌入基坑,造成安全事故。为切断地下水与河流间的水力联系,确保基坑开挖安全,将钻孔灌注桩变更为钻孔咬合桩,同时在临河侧增加一排黏土咬合桩(图1-4-13),形成全封闭基坑开挖。

此外,盾构在此处始发,原方案为管棚+袖阀管注浆加固和端头降水(图1-4-14),也由于存在与河流的水力联系,盾构施工时极易涌水、涌沙,造成安全事故。因此,变更盾构始发方案,在原措施的基础上,增加黏土咬合桩在端头施工封闭小基坑(图1-4-15),隔断水力联系,防止河水在盾构始发时涌入车站。紧邻河流的盾构始发、接收均可参照施工。

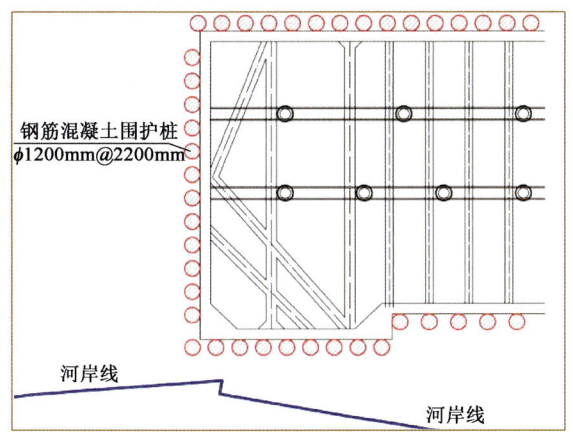

图 1-4-12　原设计围护结构示意图　　　　　图 1-4-13　优化后围护结构示意图

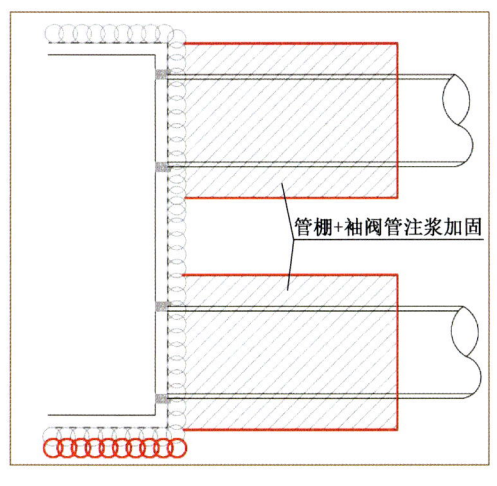
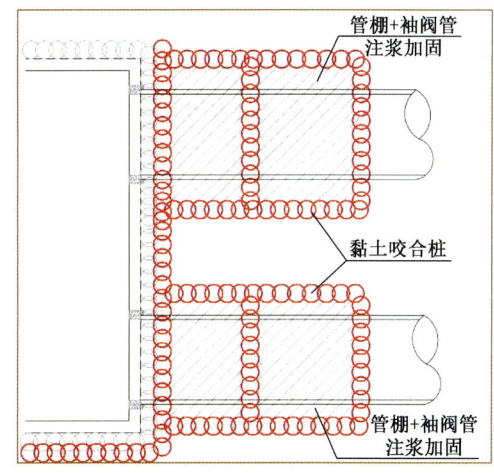

图 1-4-14　原设计盾构始发端加固示意图　　　图 1-4-15　优化后盾构始发端加固示意图

4.3　进度管理

进度计划是地铁工程施工组织的重要组成部分。其通过对工程项目进行规划、组织、控制和协调管理，以及对进度计划目标与实际进度完成目标值的比较，找出进度偏差并分析原因，及时调整、纠正，以实现对工程的安全、质量、进度和成本的有效控制。本节主要从进度计划编制、关键工作及关键线路、进度计划调整三个方面来阐述进度计划管理。

4.3.1　进度计划编制

进度计划是控制工程进度的重要依据。施工单位应按照建设工程施工合同约定，在正式开工前提交详细的进度计划。进度计划编制应当符合国家法律规定和一般工程实践惯例。

在进度计划编制方面，施工单位应视项目的特点和施工进度控制的需求，编制总体、年度、季度、月度和周进度计划。

1）编制依据及原则

进度计划编制依据及原则见表 1-4-6。

进度计划编制依据及原则　　　　　　表1-4-6

序号	名称	内容
1	编制依据	施工合同中对总工期、开工日期、竣工日期的要求
2		建设单位对关键节点工期的要求
3		工程项目施工图纸及施工方案
4		工程项目施工进度指标和工期定额
5		工程项目所在地区的自然条件和技术经济条件,包括气象、地形地貌、水文地质、道路交通、水电条件等
6		工程项目需要的资源,包括劳动力状况、机具设备能力、物资供应来源条件等
7		地方建设行政主管部门对施工的要求
8		国家现行的地铁施工技术、质量、安全规范、操作规程和技术经济指标
9	编制原则	进度计划应能保证总工期目标
10		进度计划要充分结合项目实际情况,依据工艺关系、组织关系、搭接关系等,运用科学的管理方法合理安排施工顺序,并分期、分批提出相应的阶段性进度计划,以保证各阶段节点工期与总工期相适应,同时应注意进度计划的合理性和科学性
11		进度计划要从实际出发,同时要留有余地
12		进度计划必须考虑项目施工要素的配备情况,尽量保证人、材、机等施工要素投入的均衡性和连续性
13		进度计划应与质量、安全、经济等目标相协调,不仅要实现工期目标,还要有利于质量、安全、经济目标的实现

2）编制方法

目前,编制进度计划的方法主要有横道图和网络图两种。主要适用范围如下:

(1)横道图

①用于某些小型的、简单的、由少数活动组成的项目计划;

②用于大中型项目或复杂项目计划的初期编制阶段;

③用于相关人员简单了解项目计划;

④用于宣传报道项目进度形象的场合。

(2)网络图

网络图又叫工程网络计划,常用的工程网络计划有双代号网络计划和单代号网络计划两种类型。网络图能清楚地描述项目中各种活动间错综复杂的相互制约的逻辑关系,能同时反映更多的由项目策划者或实施者关注的其他计划内容,如影响项目总工期的关键工序有哪些,在哪些工序的节点存在一定的调整空间等。因此,对于工程规模较大或较复杂的工程,宜采用网络图表示。

某地铁车站及区间土建工程进度计划横道图见附件1-4-3,某地铁车站及区间土建工程进度计划网络图见附件1-4-4。

3）主要工程施工进度指标

本节以《城市轨道交通工程项目建设标准》(建标104—2008)为依据,综合参考北京、深圳、广州、太原、郑州、西安、昆明、成都、合肥、武汉、沈阳、哈尔滨、青岛等多个城市的地铁建设实际施工进度,对地铁工程施工进度指标进行详细分析,得出以下合理的主要工程施工进度推荐指标。

(1)施工前期准备

施工前期准备包含征地拆迁、交通疏解、管线迁改和"四通一平"等工作内容。其中,除"四通一平"

由施工单位实施外,其他三项工作一般均由当地的市政管理部门或者管线权属单位完成。

①征地拆迁由于存在较大的不确定性,例如因征拆工作进展不顺利,可能面临站位重新选址等问题。因此,该项工作应提前介入,加强相关各利益方的协调与谈判,为后续工程实施奠定基础。

②交通疏解一般与管线迁改工作同步进行,需要在交警部门、路政部门、管线权属单位、建设单位、施工单位等多部门的协调下进行,具体工期应结合管线迁改工期而确定,一般情况下,从管线迁改实施到交付施工场地应按3个月的时间来考虑。此外,在附属结构施工中往往需要进行二次管线迁改。因此,管线迁改工作对总工期的影响应按3~6个月的时间来考虑。在不涉及管线迁改的情况下,城区内单次交通疏解推荐工期为10d左右;如需要多次交通疏解,推荐工期为20~30d。

③"四通一平"是地铁工程开工的前提条件,一般需要约3个月的时间。

综上分析,施工前期准备时间宜为4~6个月。

(2)土建工程

车站、区间的施工工期及进度应根据工程规模、周边环境、水文地质条件和施工方法等综合确定。

①地面高架结构(含车站、区间)。高架车站、区间面积相对较小,施工条件便利,《城市轨道交通工程项目建设标准》(建标104—2008)中给定的工期为10~12个月。通过对现有项目的调研,依据目前施工水平,高架车站一般可5~8个月完成,高架区间工期则需依据区间长度并结合征地拆迁进度进行具体分析。

②地下车站土建。地下车站施工的影响因素较多,如车站所处位置、结构形式、施工工法等都能对车站的施工工期产生较大影响。一般情况下,一个标准地下二层车站土建(含出入口、风道)工期为:明挖法施工12~18个月,盖挖法施工20~25个月,矿山法施工24~30个月。

③区间隧道。区间隧道施工进度要根据地质情况、施工工艺、施工水平、建设单位有关要求等合理制定。主要施工方法分盾构法、明挖法、矿山法。盾构法施工平均进度为140~200m/月,盾构井施工一般两层站为6个月/座,三、四层站为7~8个月/座;盾构安装调试为1~1.5个月,盾构调头为1个月,盾构转场为1.5个月,盾构拆卸为1个月。明挖法双线区间施工平均进度为50~80m/月。矿山法单线单洞施工平均进度为40~50m/月,双线单洞施工平均进度为15~20m/月。

当地层均质性好、环境制约条件少时,进度指标可适当提高。但地层条件较差或受环境制约条件较多时,应采用实际的进度指标或偏低的进度指标。

(3)轨道工程

轨道工程的施工特点是道床结构可以分段进行,但无缝线路铺轨工程必须连续施工,这就要求铺轨工作必须在车站主体工程或区间工程完工后才能够进行。

高架区间必须在桥梁梁部施工完成并达到沉降评估要求后才能进行整体道床铺设。

如果设置n个铺轨基地,铺轨工程通常可以开$2n$个工作面。铺轨时,左右线可一前一后错开进行。《城市轨道交通工程项目建设标准》(建标104—2008)中的轨道工程铺设参考进度为50~65m(单线)/(班·d)。随着铺轨工艺的不断发展,目前一般整体道床的日均铺设进度为75m(单线)/(班·d)。

全线轨道铺设工期应根据工程本身具体情况而定,一般在全线洞通约3个月即可实现全线轨通。

(4)车站装修

车站装饰装修工程是地铁工程系统链的最后部分,一般都有着复杂的施工工艺,所涉及的施工材料种类繁多,应分区域及时施工。车站装饰装修可以按公共区、设备区、出入口等区域分块进行。车站装饰装修工程工期一般为7~12个月。

（5）机电设备安装及单系统调试

为避免受土建及装修工程施工的较大影响，设备安装不宜过早进行。

地铁机电设备安装工程工期在理想状态下为6个月，单系统调试为1个月。但是由于土建车站主体结构、附属结构、区间洞通、供电通、机电设备到场时间不确定等因素制约，目前机电设备安装工期一般为12~14个月，单系统调试1~2个月完成。

给水与排水专业安装8~10个月，室外市政供水接驳、雨污水接驳等需视站外条件方能确定具体工期。

通风与空调专业施工单位要甲供风阀、空调机组、风机、冷水机组到场时间确定安装工期。

动力与照明专业完成设备安装与电缆敷设送电调试需要11~13个月时间。

通信、信号、综合监控、火灾自动报警、自动售检票等弱电专业需要6~8个月完成安装与调试。

供电、接触网强电专业需要12~14个月完成安装与调试。供电设备进场主要受到土建吊装口的影响。

地面主变电所土建（含外线通道）工期控制在12个月左右，地下主变电所土建（含外线通道）工期控制在20个月左右。牵引变电所、降压变电所、跟随变电所的土建工程本身是车站设备用房的一部分，与车站土建结构一起完成，一般在全线轨通约3个月即可实现全线电通。

（6）车辆基地工程

车辆基地包括停车场、综合维修中心、物资总库、培训中心和其他生产、生活、办公等配套设施，车辆基地工程的工期一般为24~36个月/座。

从合同签订到车辆基地接收首辆列车，一般需要18~26个月。接收首辆列车一般在车辆段内进行，接收列车后，需进行单列车调试，包括静调和动调，一般需要1个月左右的时间。在电通后列车需进行热滑检测，即在冷滑均符合要求的情况下，对列车进行供电，检测列车受电状况、列车牵引与供电系统是否匹配、制动加速与参数波动等相互影响关系、紧急状态下列车防护性能与供电系统性能等内容。热滑成功标志着列车运行条件基本具备，是试运行的必备条件。

（7）全线系统联调联试

系统联调联试是全线各系统间的综合联调和模拟城市交通行车及其运营演练，对整个设备系统进行安全评估，是设备调试工作的最后一个关键试验环节，应有6个月的联调时间。

（8）通车试运行

列车不载客试运行的时间应不少于3个月，一般以3~6个月为宜。

（9）全线施工总工期

全线施工总工期一般以4~5年为宜。

（10）地铁主要工程施工进度推荐指标

地铁主要工程施工进度推荐指标见表1-4-7。

地铁主要工程施工进度推荐指标表　　　　表1-4-7

工程项目			类　别	施工进度推荐指标	备　注
土建工程	高架结构	高架车站	—	底板（含承台）：12~18d/[施工段（20~25m）·工作面]。 中板、顶板（含侧墙）：13~16d/[施工段（20~25m）·工作面]。 全站工期一般为5~8个月	长120m、宽20m标准站

续上表

工程项目			类　　别		施工进度推荐指标	备　　注
土建工程	高架结构	高架区间下部结构	钻孔灌注桩(单台旋挖钻机)		50~70m/d	标准双线高架区间
			承台		6~10d/个	
			30m以下实体墩墩身		12~16d/墩	
		高架区间上部结构	移动模架现浇梁		15~18d/孔	
			支架现浇箱梁		25~35d/孔	
			预制梁		4~6片/(月·台座)	
			架梁		4~8片/d	
	地下车站土建工程	围护结构	地下连续墙		25~35幅/月	长210m、宽20m、深16~20m标准站
			钻孔灌注桩(单台旋挖钻机)		50~70m/d	
			型钢水泥土搅拌墙(SMW工法)		8组/d	
		开挖及支护	明挖法施工		15000~26000m³/(月·工作面);根据不同的地质情况,一般为3~6个月	
			盖挖法施工	盖挖顺作	10000~15000m³/(月·工作面);根据不同的地质情况,一般为5~8个月	
				盖挖逆作	与主体结构施工相结合;根据不同的地质情况,一般为14~16个月	
			矿山法施工	双侧壁导坑法	8~10m/(月·工作面);根据不同的地质情况,一般为18~24个月	
				交叉中隔壁法(CRD)	8~10m/(月·工作面);根据不同的地质情况,一般为18~24个月	
				洞桩法(PBA)	小导洞(高5m、宽4.6m):40~60m/(月·工作面);根据不同的地质情况,一般为18~24个月	
				柱洞法	根据不同的地质情况,一般为18~24个月	
				中洞法	根据不同的地质情况,一般为18~24个月	
				侧洞法	根据不同的地质情况,一般为18~24个月	
				初期支护拱盖法	1300~1600m³/(月·工作面);根据不同的地质情况,一般为13~14个月	
		主体结构	明挖法施工		底板:7~10d/[施工段(20~25m)·工作面]。中板/顶板(含侧墙):14~20d/[施工段(20~25m)·工作面]。全站工期一般为3~6个月	

续上表

工程项目			类　别	施工进度推荐指标	备　注
土建工程	地下车站土建工程	主体结构	半盖挖法施工	—	底板:6~8d/[施工段(20~25m)·工作面]。 中板/顶板(含侧墙):15~20d/[施工段(20~25m)·工作面]。 全站工期一般为4~7个月。	长210m、宽20m、深16~20m标准站
			盖挖法施工	盖挖顺作	底板:6~8d/[施工段(20~25m)·工作面]。 中板/顶板(含侧墙):15~18d/[施工段(20~25m)·工作面]。 全站工期一般为5~8个月	
				盖挖逆作	随开挖进度施工,一般为14~16个月	
			矿山法施工	双侧壁导坑法	仰拱(含拆除临时初期支护):4~6d/模。 二次衬砌(含拆除临时初期支护):6~8d/模。 全站工期一般为10~12个月	
				交叉中隔壁法(CRD)	仰拱(含拆除临时初期支护):4~6d/模。 二次衬砌(含拆除临时初期支护):6~8d/模。 全站工期一般为10~12个月	
				洞桩法(PBA)	随开挖进度施工,一般为12~18个月	
				柱洞法	随开挖进度施工,一般为12~18个月	
				中洞法	随开挖进度施工,一般为12~18个月	
				侧洞法	随开挖进度施工,一般为12~18个月	
				初期支护拱盖法	随开挖进度施工,一般为12~14个月	
		内部结构	轨顶风道、站台板、楼扶梯、设备基础、夹层板、离壁沟等		3~6个月	
		附属结构	—		出入口2~3个月/个,风亭3~4个月/个	
	区间隧道工程	正线	盾构法施工		砂土地层掘进速度:50~60mm/min,代表地区有北京、郑州、太原、华东片区等。 硬塑黏土地层掘进速度:约40mm/min,代表地区有合肥等。 砂质泥岩地层掘进速度:约30mm/min,代表地区有武汉等。 卵石地层掘进速度:约30mm/min,代表地区有北京、成都、昆明等。 硬岩复合地层掘进速度:10~20mm/min,代表地区有广州、深圳等	以土压平衡盾构机为例

续上表

工程项目			类　别	施工进度推荐指标	备　注
土建工程	区间隧道工程	正线	盾构法施工	平均进度：单线单洞推进7～10 m/d，或140～200 m/月	
				盾构井施工：两层站为4～6个月/座，三层、四层站分别为6～8个月/座	
			明挖法施工（双线）	土方开挖：3～5d。 底板：4～6d/[施工段(24m)·工作面]。 顶板（含中隔墙、侧墙）：7～10 d/[施工段(24m)·工作面]。 平均进度：50～80m/月	以长24m、宽11m、深13m施工段为例
			矿山法施工	单线单洞30～50m/月 双线单洞15～20m/月	
		联络通道及废水泵房	—	矿山法：1～2个月/座 冷冻法：3～5个月/座	
站后工程	轨道工程	整体道床	普通长轨枕整体道床	75m/(d·工作面)	
			隔振垫浮置板整体道床	50m/(d·工作面)	
			减振器整体道床	75m/(d·工作面)	
			浮置板整体道床	25m/(d·工作面)	
			单开道岔整体道床	7d/(组·工作面)	
			交叉渡线整体道床	25d/(组·工作面)	
		无缝线路现场移动焊接	—	10对/(d·工作面)	
		无缝线路应力放散	—	1500m/(d·工作面)	
		轨道整理施工	—	500m/(d·工作面)	
	装饰装修工程	地面工程	车辆段或停车场地面施工	5～6个月	
			车站地面施工	2～3个月	
		抹灰	车辆段或停车场抹灰施工	3～4个月	
			车站抹灰施工	1～2个月	
		门窗	车辆段或停车场门窗安装	2～3个月	
			车站门窗安装	1～2个月	
		吊顶	车辆段或停车场吊顶施工	3～4个月	
			车站吊顶施工	2～3个月	
		轻质隔墙	车辆段或停车场轻质隔墙施工	10～15d	
			车站轻质隔墙施工	1～2个月	
		饰面板（砖）	车辆段或停车场饰面板安装	1～2个月	
			车站饰面板安装	2～3个月	
			车辆段或停车场饰面砖粘贴	1～2个月	

续上表

工程项目			类别	施工进度推荐指标	备注
站后工程	装饰装修工程	饰面板(砖)	车站饰面砖粘贴	15~20d	
		幕墙	车辆段或停车场幕墙施工	5~6个月	
			地下车站幕墙施工(出入口)	1~1.5个月	
			高架车站幕墙施工	4~5个月	
		涂饰	车辆段或停车场涂饰施工	4~5个月	
			地下车站涂饰施工(含标段对应轨行区涂饰施工)	1~2个月	
			高架车站防腐涂装	100m/(d·工作面)	
		细部(窗帘盒、窗台板和散热器罩、门窗套、护栏和扶手、花饰等)	车辆段或停车场细部施工	1~2个月	
			车站细部施工	20~30d	
		广告灯箱与导向标识	车辆段或停车场导向标识施工	1~1.5个月	
			车站导向标识施工	20~30d	
	机电安装工程	通风与空调系统工程	风管制作安装	1~2个月	
			冷水机组安装	1个月	
			空调机组、风机、风阀、风口安装	5~6个月	
			空调水管道、阀门设备安装	2~3个月	
			冷却塔及室外管道安装	1~2个月	
			系统调试	1~2个月	
		给水与排水系统工程	支架制作安装	1~2个月	
			消防管道及附件安装	1~2个月	
			消火栓安装	1个月	
			消防泵房内设备安装	1~2个月	
			管道试压	半个月	
		动力与照明系统工程	桥架敷设	1~2个月	
			配电箱、柜安装	3个月	
			照明灯具、开关、插座安装	2个月	
			配电箱、柜接线、校线、测试、挂牌	1个月	
			设备送电调试	1~2个月	
		通信、信号等系统工程	—	8~10个月	
		供电系统工程	—	8~10个月	
		接触轨铺设	—	2000m/(月·工作面)	

注：本表的施工进度推荐指标主要依据对已竣工项目的调研和统计,并结合在建项目的施工经验而制定。

4.3.2 关键工作和关键线路

1)关键工作

关键工作是进度控制的重点,关键工作一旦拖延必然导致整个工期延误,甚至打乱所有工程筹划。

因此，在施工管理过程中必须要保证关键工作按计划进行，并使其有序衔接。

2）关键节点

关键节点工期需根据施工总工程量、每日能完成工程量及实际制约因素等确定。如表1-4-8中列举了地铁施工中常见的关键节点以及关键节点达成的前置条件和后续工作，依据本节表1-4-7"地铁主要工程施工进度推荐指标表"，结合施工现场实际情况，即可确定合理的关键节点工期。

地铁施工关键节点　　　　　　　　　表1-4-8

序号	关键节点名称		前置条件	后续工作	备注
1	明挖法车站土建工程	围挡施工	完成征地、绿化迁移、交通疏解	临时设施建设、管线迁改、围护结构施工准备	
2		围护结构施工	管线迁改完成，临建设施满足施工及环保要求	基坑开挖及支护	
3		基坑开挖及支护	围护结构施工完成，基坑范围内管线迁改完成，降水井施工完成，地下水位降至开挖面1m以下	出渣、降水施工、及时架设支护体系	
4		基坑见底	出渣正常、及时架设支护体系、地下水位保持低于开挖面1m以上	验槽、综合接地、主体结构底板施工	
5		主体结构封顶	主体结构施工完成	防水施工、管线回迁、路面恢复、内部结构施工	
6		附属结构封顶	附属结构施工完成	防水施工、管线回迁、路面恢复、内部结构施工	
7	盾构区间工程	盾构始发	车站底板完成100m结构，顶板完成渣土坑防水及垫层，洞内土体加固完成并检验合格	盾构始发掘进施工、盾构正常掘进施工	
8		盾构接收（洞通）	接收车站端头主体结构完成，洞门土体加固并检验合格	洞门封堵、后浇环梁、嵌缝施工	
9	轨道工程	轨道铺设	基地建设、人员、材料、设备进场等施工准备工作完成	轨道结构附属工程施工	
10		短轨通	正线道床施工完成，轨道铺设完成	钢轨焊接、应力放散施工	
11		长轨通	正线钢轨焊接、应力放散施工完成	线路精调	
12		线路精调完成	精调作业施工完成	竣工验收	
13	机电安装工程	机电设备安装	土建场地及测量基准点移交完成，甲供设备到场时间确认，土建外挂区风亭附属施工完成，站内A/B段至少有1个风亭口能进行设备材料吊装作业，轨行区管线设备安装需洞通和轨通	单机调试	
14		联调联试	车站各专业设备完成单机调试与单系统调试	试运行	
15		接触网冷滑	冷滑区段接触网施工及调整工作完成并通过运营检查验收，冷滑区段接触网限界检测全部完成，冷滑区段其他专业影响冷滑试验施工全部完成，达到接触网冷滑条件	接触网送电	
16		接触网电通	冷滑试验全部完成，满足送电条件	接触网热滑	
17		接触网热滑	冷滑试验全部完成，接触网带电，满足热滑条件	移交	
18	全线系统联调联试		车站级系统调试完成，接口试验成功	通车试运行	
19	通车试运行		地铁工程初验合格并完成全线系统联调	运营	

3）关键线路

在双代号网络计划和单代号网络计划中，总的工作持续时间最长的线路即为关键线路。关键线路可能存在多条，在采取一定的技术和组织措施后，关键线路可能发生变化，因此要不断优化施工组织及措施，缩短关键线路持续时间，也就是缩短了整体工期。

鉴于国内地铁施工管理模式已有从单一项目组织向总包项目组织变化的趋势，对于总承包单位而言，提升对整条线路的筹划能力已是以后发展的必然趋势。本手册将着重介绍地铁全线开通工作中的关键线路。

地铁开通一般按照洞通、轨通、电通、系统联调联试和通车试运行这一关键路线展开。为确保地铁全线顺利开通，施工前应列出全部节点、关键线路以及每一道工序所需的时间。地铁线路建设运营开通关键线路如图1-4-16所示。

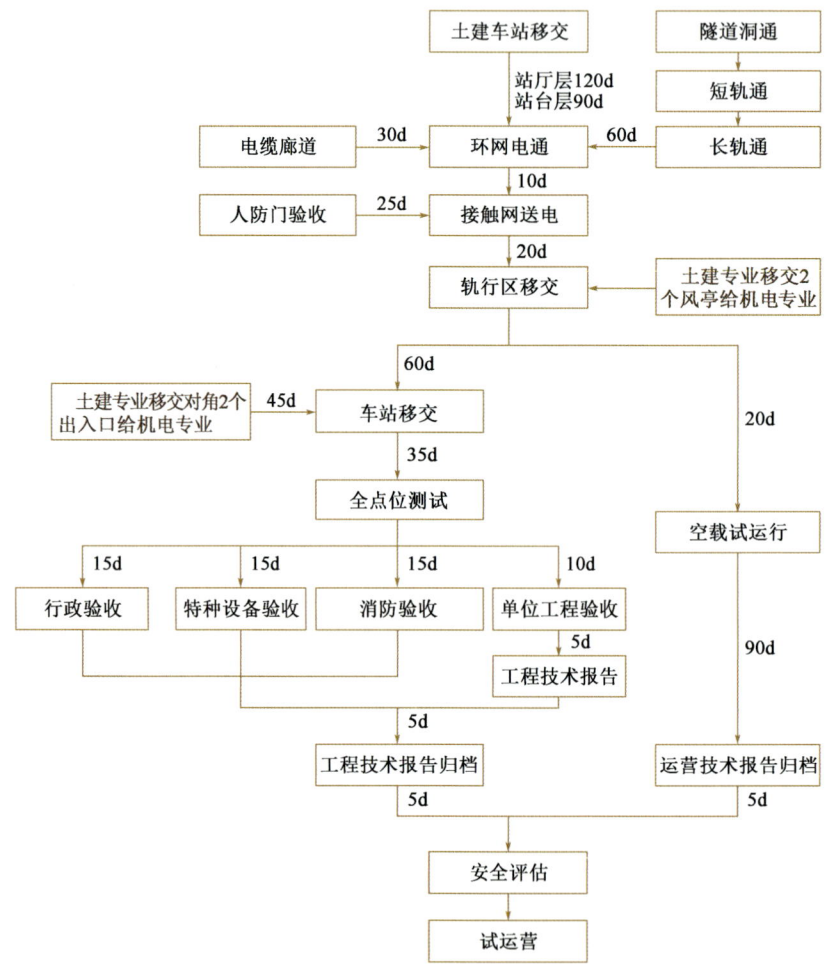

图1-4-16　地铁线路建设开通运营关键线路图

其中，车站机电进场站台层、站厅层分别需要60d、90d，才能具备移交关键设备房（高压设备房、弱电设备房、400V配电房、屏蔽门设备房、车控室）条件，之后供电设备安装调试、区间电缆引入成端需30d完成满足环网电通条件。

接触网送电前置条件需区间接触网施工完毕，开关柜、网开关带电调试需10d完成，同时出具轨道限界检测、轨道绝缘、接触网冷滑报告才具备接触网热滑条件；接触网热滑后对供电设备进行联动调试需20d,同时完成轨行区设备联动调试,完成站台门5000次调试,满足与信号接口调试条件,轨行区通信无线800M、照明、水房(自动状态)等正常投用并出具接触网热滑报告满足轨行区移交条件,轨行区移交后60d能达到车站移交条件。

车站移交后35d达到全点位测试条件;全点位测试后10～15d能达到专项验收条件;专项验收完成后可以进行安全评估;轨行区移交后20d信号调试能达到空载试运行条件,空载试运行后90d能达到安全评估条件,同时相关专业出具相关技术报告及资料;安全预评审通过整改后方可进行专家评审;专家评审通过后方可开通试运营。

为满足全线通车要求,必须对各个节点进行前置条件梳理,避免在施工中遗漏,导致节点无法实现。下面对环网电通、轨行区移交、车站移交、全点位测试的前置条件及工作内容进行分析、梳理(表1-4-9～表1-4-12),以有效指导施工、控制工期。

环网电通前置条件及主要工作内容梳理 表1-4-9

序号	前置条件	主要工作内容
1	供电设备安装	拟带电范围的设备和桥支架安装、线缆连接正常,铭牌、标志等清晰、完备,紧固件无异常,布线稳定、美观,达到完工要求,局部按要求采取了绝缘隔离措施
2	供电设备安装	拟运行设备和材料无隐患、故障点
3	供电设备安装	完成全部设施一、二次和联动等试验,无漏项,部分科目复检无异常
4	供电设备安装	接地系统完整、可靠
5	供电设备安装	开关位置、设备带电现状满足要求
6	供电设备安装	设计单位送电用定值已下达,上下级电气设备定值验证匹配
7	400V设备安装	配电设备单系统调试完成(包括低压柜、电气火灾、有源滤波、定值设置等)
8	400V设备安装	配电设备安装及进出线缆敷设连接完成
9	400V设备安装	车站接地系统完整、可靠
10	送电方案及防护措施	房间管理和运维管理人员已培训和交底、已演练
11	送电方案及防护措施	已组织与既有线运营有关的协调并落实完成,已完成送电请点的报审
12	送电方案及防护措施	设备送电方案(包括送电安排、人员组织、操作流程等)已演练核对,无异常
13	送电方案及防护措施	送电用安全防护措施就位
14	送电方案及防护措施	送电和检修用工器具齐备,应急物资到位
15	送电方案及防护措施	先后送电、永临电的分界点已采用物理隔离措施
16	送电房间	开关挂牌、绝缘胶垫、防火封堵、人孔盖板、爬梯、预留设备位置盖板、防鼠板等齐备,地面运维用划线满足要求
17	送电房间	房间(含夹层)内各专业(天地墙装修、通风、消防、照明等)已基本完成,无滴漏水,房间可封闭和锁门管理,已按规定移交,房内无影响送电、运行或将停电作业的尾工
18	送电房间	设备内、夹层清理完成
19	送电房间	系统图、设备运维管理制度和房间管理制度完备、上墙
20	送电房间	房间消防设施合规、到位
21	环网送电其他要求	运维台账齐全,值班设施完备,均现场就位
22	环网送电其他要求	临时通信畅通
23	环网送电其他要求	地铁沿线明显张贴送电公告、安全警示
24	环网送电其他要求	工程同步的内业资料完整、正确

轨行区移交前置条件及主要工作内容梳理　　　　表 1-4-10

序号	前置条件	主要工作内容
1	轨行区施工基本完成	轨行区大面积施工已完成
2		涉及疏散平台、广告灯箱、照明、疏散标志、联络通道门、通信、信号、给水与排水、综合监控等施工应基本完成
3		需运营人员入驻的车站车控室、站长室、通信、信号机房完成装修施工
4		轨行区各类行车标识完成安装
5		过轨线缆防护措施到位
6	轨行区垃圾清理完毕	轨行区垃圾、工器具等清理完毕
7		轨顶风道内垃圾清理完毕，隧道内异物清理完毕（如接触网附件铁丝等）
8		泵坑清掏及排水沟清理完毕
9	完成隧道冲洗	冲洗后的泥浆清理完毕，保证区间水泵正常使用
10		排水沟无局部积水或排水不畅等现象
11	完成轨行区封闭	车站站台及设备区通往轨行区的所有通道、区间风井等任何可通往轨行区的门或通道、孔洞等完成有效封闭。封闭方向要面向轨行区方向，进行有效封闭
12		推力风机房（如有）应核实是否施工完毕，有无孔洞在轨行区上方
13		轨行区内房间上方、下方有人员可以通过的孔洞，应进行封堵
14		路基段围墙实现封闭，满足安保要求
15		停车场轨行区与非生产区域隔离围栏实现封闭，高度满足相关要求
16		站台门安装完毕，形成封闭，端门开闭灵活，屏蔽门端头贴好上下行及方向指示，比如"→上行火车南站方向"
17	轨行区 800Mbit/s 无线投用	具备基本通信功能
18		要注意是否有送正式用电区域，如未送正式用电，要求通信不间断电源（UPS）必须投用
19	联锁站、有岔站站长室、车控室、设备区卫生间满足人员入驻条件	联锁站、有岔站站长室、车控室、信号设备房满足照明、通风、无线 800Mbit/s 通信条件，多联机或通风空调系统投用
20		站长室、车控室满足公务电话、行调电话、办公自动化（OA）网络投用
21		设备区卫生间满足上下水使用、装修完毕
22		至少提供 1 个房间能够存放物品
23		提供 1 个出入口
24	限界检测完成	结合限界检查进行此项工作确认
25		注意控制箱、光纤熔接盒等固定牢靠
26		广告灯箱可靠关闭，贴膜牢固等
27	完成冷热滑，提供报告	需完成合同要求的高速热滑
28		道岔区完成工电联调，不影响过岔速度及联调效率
29	轨行区供水、排污、供电、照明、通风等设备可投入使用	区间泵房水泵处于"自动控制"位，能够正常排水；泵坑内无垃圾、进水口、水箅子无堵塞
30		区间废水泵房、洞口雨水泵房、出入段线、道岔咽喉区的废水、雨水泵房设置移动式应急泵快速接口
31		区间正式照明及疏散指示全部投用
32		隧道风机、轴流风机完成调试具备投用条件
33		端门外范围内风管保温层完成加固
34	区间消防设备设施投用	区间消防水管无漏水。接管前，需保证消防水阀门处于关闭状态
35		消火栓（箱）内灭火器、水枪头、卷盘数量配置正确，卷盘无卡滞
36	站台门 5000 次调试完成	屏蔽门专业完成端门封闭、后盖板安装、门槛下部缝隙封堵、屏蔽门外绝缘区地砖铺贴及屏蔽门下部支座灌浆，满足与信号接口调试条件

续上表

序号	前置条件	主要工作内容
37	人防门、防淹门安装满足行车安全要求	安装调试完毕,门体可靠固定,不影响行车安全
38	车站公共区装修施工	站厅层车控室5m范围公共区墙面陶瓷板、地面石材铺装及天花吊顶安装完成
39		靠近车控室公共区站厅下站台梯步石材、墙面及顶面完成
40		站台层地面层石材铺装及屏蔽门绝缘层铺装完成
41		靠近车控室位置就近出入口天地墙装修施工完成
42		站台层墙面、顶面、地面装修全部完成,特别是屏蔽门四周装饰全部完成

车站移交前置条件及主要工作内容梳理　　　　表 1-4-11

序号	前置条件	主要工作内容
1	车站施工完成	公共区所有地面、墙面、柱面及天花全部完成。楼梯栏杆及玻璃安装完成,直梯玻璃安装完成,检修门及检修盖板安装完成,离壁沟冲洗完成,基本保洁完成
2		设备区机电安装及装修收边收口全部完成
3		通风空调系统(含多联机)可正常投入使用,满足人员入驻条件
4		给水与排水设施可正常投入使用,满足人员入驻条件(水管打压测试完成,排水管网与市政连通,能够正常排水,水泵调试完成、泵房及排水口清理完成并调至自动控制)
5		消防设施可正常投入使用,满足人员入驻条件[消防设备设施配置齐全,消防栓(箱)内灭火器、水枪头、卷盘数量配置正确,卷盘无卡滞,门体可正常开关,开度应满足现行《建设工程消防验收评定规则》(GA 836)的相关规定]
6		动力与照明设备可正常投入使用,满足人员入驻条件(疏散、照明、开关插座安装完毕,照度满足要求,不能有暗房间)
7		装饰装修全部完成,包括防火封堵完成、墙面刷漆完成、移交前检查剩余尾工整改完成、精保洁完成
8		房间钥匙、设备操作类钥匙等齐全,并提供移交清册,同步移交至接管单位。门锁能正常开启,门体无损伤;房间布置图与房间标识一致(移交接管时可先张贴临时标识)
9	车站室外附属施工完成	至少对角2个出入口机电安装及装修全部完成,防盗卷帘正常投入作用,防洪挡板移交运营,出入口防汛物资按要求准备齐全。暂未移交运营的出入口或区域的临时封闭措施到位,并预留进出门便于站务巡查,钥匙交给运营站务
10		出入口站前广场四周与市政接驳装修完成
11		风亭顶部双层钢格栅安装封闭完成,风亭周边干挂石材的基层龙骨焊接完成
12		冷却塔地面、钢结构及格栅装饰完成,冷却塔排水沟与市政接驳施工完成
13		无防洪防汛隐患。出入口、应急疏散口、出地面的无障碍电梯、风亭、区间风井等,防洪标高达到设计要求或满足实际要求,泵房能正常投用,泵坑无垃圾;外部进入车站的管道封堵完成(重点是出入口及风亭的预留套管封堵)。对于未开通的结合部区域,应注意检查接口部位是否存在防洪、防火隐患
14	问题库消缺完成	车站移交前检查所提出的A类问题,必须整改完成

全点位测试前置条件及主要工作内容梳理　　　　表 1-4-12

序号	前置条件	主要工作内容
1	设备区测试	地面、墙面及天花的面层装饰完成,并将垃圾和杂物打扫清理干净
2		机电安装及装修收口完成,基本达到移交条件
3		通风与空调、给水与排水、动力与照明、综合监控、通信管线和末端设备等基本完成及接口测试完成
4		防火封堵完成
5		设备、线缆正式编组及挂牌完成
6		单机单系统及接口调试报告完成
7		多联机调试完成

续上表

序号	前置条件	主要工作内容
8		所有地面、墙面、柱面及天花除个性区域局部(且不得影响末端设备安装),其他装饰面全部完成
9		广告灯箱、导向标识、地面疏散指示、消火栓(箱)、时钟、灯具基本安装完成
10	公共区测试	AFC售检票机安装及调试完成,票亭安装全部完成
11		站厅及站台的电扶梯、站厅出地面的电梯安装及调试完成
12		站台门调试完成(含5000次测试)
13	其他	卫生间清洁并投入使用
14		出入口等有设备安装的附属区域装修完成

4)关键线路控制方法

针对关键线路的控制主要是为了解决关键节点或关键线路上工期峰值的问题,一般可采取的方式有增加生产要素、采用新型施工工艺、改变施工工法、调换施工工序、优先施工重点部位等。

总体工期筹划必须与线路的通车目标相匹配。若由于征拆、管线迁改、交通导改等前期工作影响站点工期计划,可通过调整整条线路的盾构始发方向、增加设备投入、变更施工工法等方式对关键线路进行控制,确保线路通车目标的实现。

地铁土建施工以盾构工期为控制主线,应优先安排具有盾构始发的站点进行施工,在站点施工安排上优先施工盾构始发端,为盾构施工尽早提供始发条件。

(1)增加生产要素

增加生产要素主要是指当关键线路工期滞后时,选择在关键工作中对持续时间长、投入资源相对较低的工作增加人员、设备等,达到缩短工期的目的。

【案例1-4-7】 A~D盾构区间,原计划投入4台盾构施工。其中,A~B区间已于2018年5月27日洞通,C~D区间已于2017年11月3日洞通。由于C站主体结构工期滞后,预计区域洞通时间为2018年7月21日。D站为铺轨基地,1号、2号盾构洞通后45d开始铺轨,优化前即使向大小里程同时铺轨,预计轨通时间为2019年3月4日,也无法满足全线轨通节点2018年12月31日(图1-4-17)。

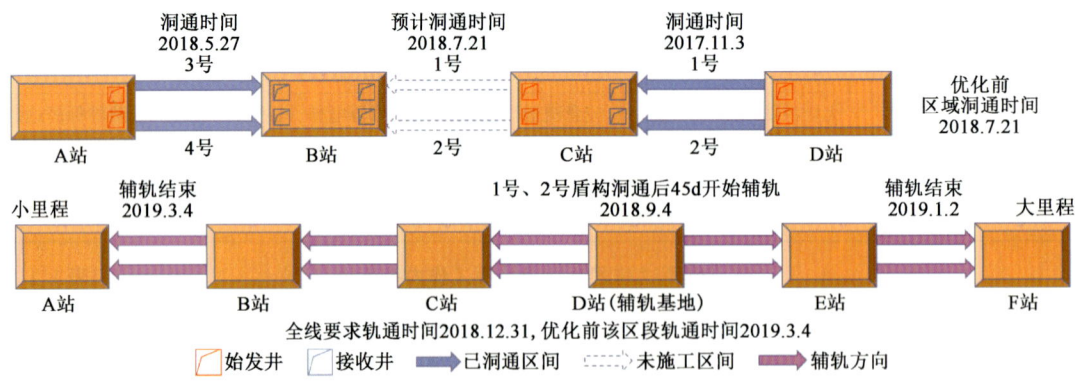

图1-4-17 4台盾构机掘进路线示意图

为避免由于C站工期滞后影响区域洞通及轨通,及时在B站增加了高压配电系统,另外投入2台盾构机由B站始发,向C站掘进。通过增加生产要素,B~C区间于2017年12月8日洞通,区域洞通时间为2018年5月27日。同时优化后,待1号、2号盾构洞通并提供场地后,先往大里程铺轨,再往小里程铺轨,该区段轨通时间提前至2018年10月16日,可满足全线轨通节点2018年12月31日(图1-4-18)。

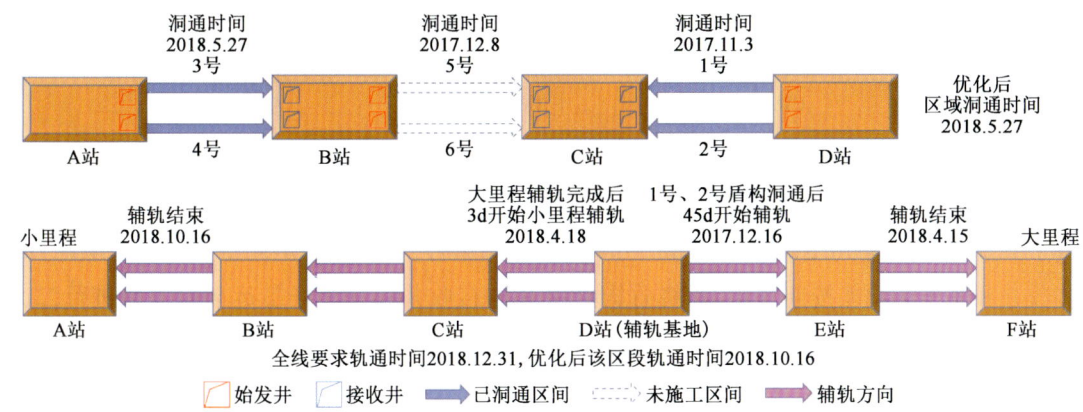

图 1-4-18　6 台盾构机掘进路线示意图

（2）增加平行作业面

增加平行作业面主要是指在原施工计划的基础上，通过调整施工方案，开辟新的工作面，组织多个工作面采取平行流水、见缝插针、立体交叉的施工方法，以求缩短工期。

【案例1-4-8】 A～E 盾构区间，受 C 站征地影响，场地受限，车站工期节点滞后，预计 B～C 区间的洞通时间为 2019 年 1 月 7 日（图 1-4-19）。

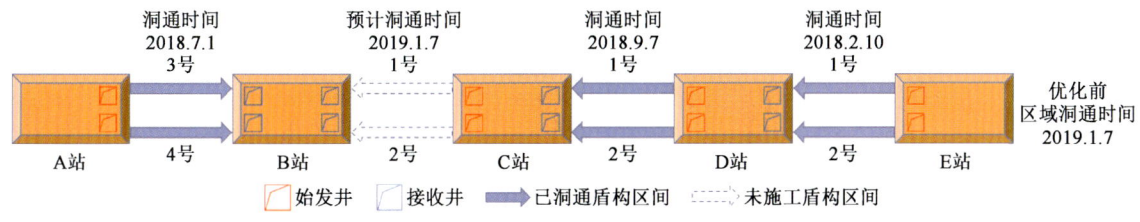

图 1-4-19　原设计盾构区间施工示意图

施工单位与设计单位经过调研和讨论分析，决定在 B～C 区间增加暗挖竖井，将 B～C 区间变更为矿山法施工，可与盾构施工同时作业，增加平行作业面，达到节约工期的目的。最终，B～C 区间于 2018 年 8 月 27 日完成所有衬砌施工，比节点工期提前约 4 个月（图 1-4-20）。

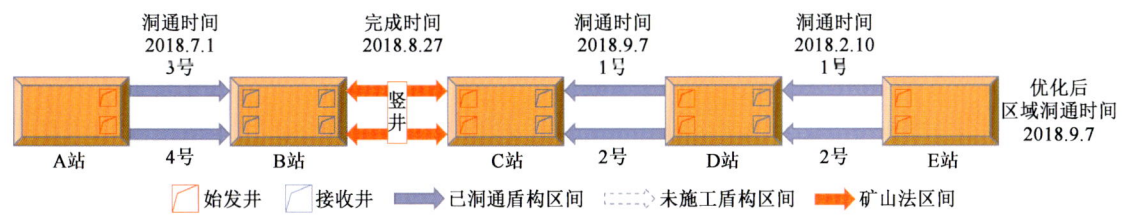

图 1-4-20　盾构区间变矿山法区间示意图

（3）调换施工工序

在原施工计划中，通过对工程实际进展情况进行研判，当其中某个节点出现工期滞后或阻碍后续工作进行时，通过调整其原有施工工序，跳过滞后工作，在保证其他工序能够正常施工的情况下，为滞后工序争取赶工时间。

【案例1-4-9】 某标段包含 A、B、C 三座车站和两个盾构区间。盾构区间施工采用两台盾构机，原盾构施工顺序为从 A 站始发井始发，经 B 站过站由 C 站接收井吊出（图 1-4-21）。

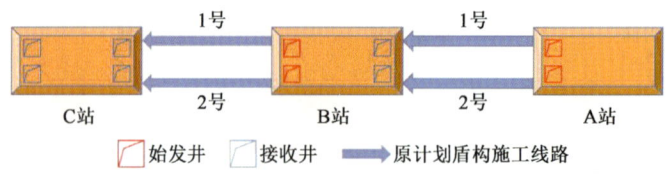

图 1-4-21 原盾构施工顺序示意图

由于 B 站开工较晚,按原盾构施工顺序,不具备过站条件。因此,决定调整盾构施工顺序:如 B 站盾构接收井和始发井均能按期提供,则将盾构机由 B 站接收井同站转场吊运至始发井进行二次始发(图1-4-22);如 B 站盾构始发井无法按期提供,则将盾构机由 B 站接收井转场至 C 站进行反向始发,最终在 B 站接收(图1-4-23)。

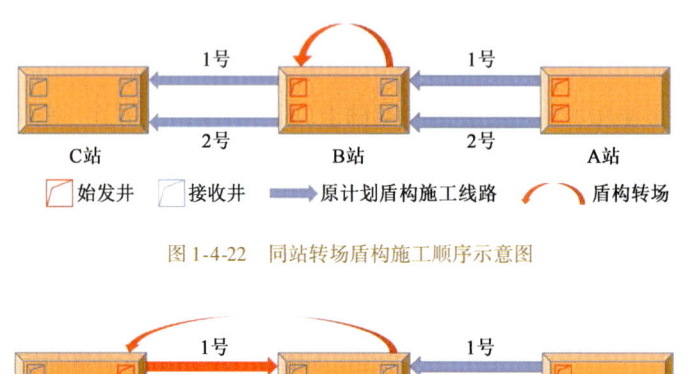

图 1-4-22 同站转场盾构施工顺序示意图

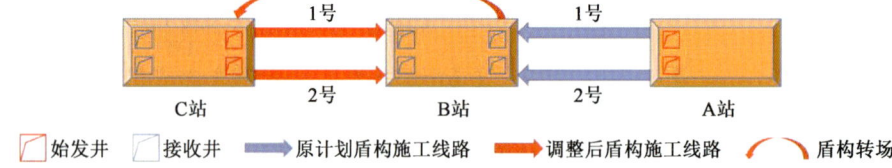

图 1-4-23 反向始发盾构施工顺序示意图

(4)轨排井节点控制

在选定轨排井的数量和位置时,应提前考虑轨排井对轨行区移交和环网电通的影响。由于轨排井封堵耗时较长,因此位置选择要尽量避开在关键线路上或工期较为紧张的站点。如果无法避免,则可以采用预制中板或预制顶板等构件,从而缩短工期。

轨排井位置、数量应满足工期要求,必要时在工期进度稍快的车站增设轨排井,以减轻铺轨工期压力。

【案例1-4-10】 某条地铁线按现有铺轨基地设计条件,该区段仅在 A 站、E 站、G 站设有铺轨基地,如图 1-4-24 所示。

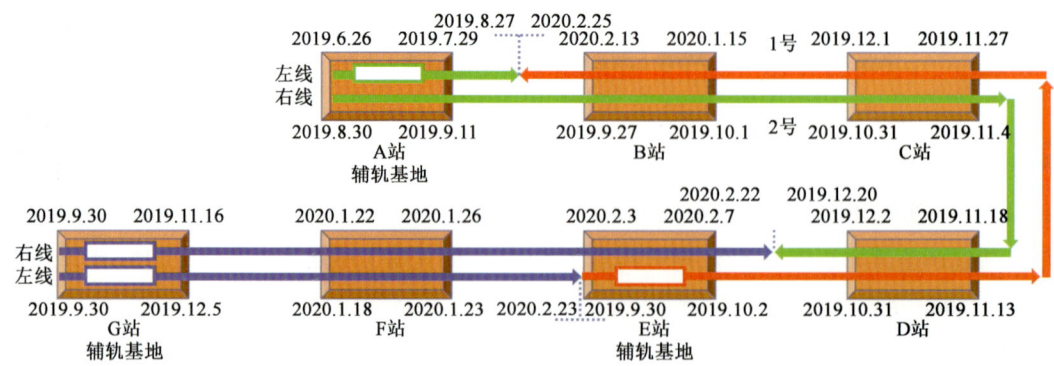

图 1-4-24 增设轨排井前铺轨工筹示意图

A站铺轨基地的铺轨任务为左线A站(含)至AB部分区间,右线A站(含)至DE部分区间。先行铺设左线,待2019年8月27日左线铺设任务完成后再开始铺设右线,直到2019年12月20日完成右线铺设任务。图中用绿线表示。

E站铺轨基地的铺轨任务为左线E站(含)至AB部分区间。于2020年2月25日完成左线铺轨任务。图中用红线表示。

G站铺轨基地的铺轨任务为左线G站(含)至E站(不含),右线G站(含)至DE部分区间。于2020年2月22日完成右线铺轨任务,于2020年2月23日完成左线铺轨任务。图中用蓝线表示。

该区段轨通时间为2020年2月23日,无法满足2019年12月31日轨通节点要求。

土建与轨道单位调查后,结合土建现有工筹,增设B站单轨排井和F站双轨排井,并优化铺轨工筹,如图1-4-25所示。

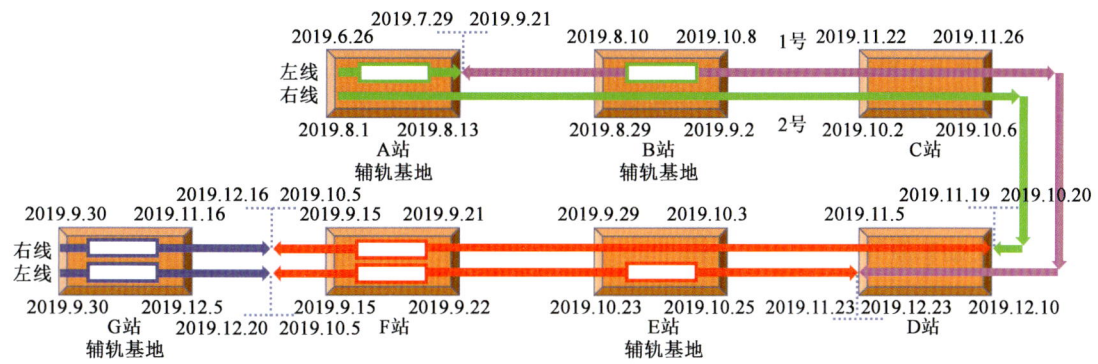

图1-4-25 增设轨排井后铺轨工筹示意图

A站铺轨基地的铺轨任务为左线A站(含),右线A站(含)至D站(不含)。先行铺设左线,待2019年7月29日左线铺设完成后再开始铺设右线,直到2019年10月20日完成右线铺轨。图中用绿线表示。

B站铺轨基地的铺轨任务为左线A站(不含)至D站(含)。先行铺设左线小里程方向,待2019年9月21日左线小里程铺设完成后再开始铺设左线大里程方向,直到2019年12月23日完成左线大里程铺轨。图中用粉线表示。

E、F站铺轨基地的铺轨任务为左线FG部分区间至D站(不含),右线FG部分区间至D站(含)。左右线同时铺设,于2019年11月19日完成右线铺轨,于2019年11月23日完成左线铺轨。图中用红线表示。

G站铺轨基地的铺轨任务为左线G站(含)至FG部分区间,右线G站(含)至FG部分区间。左右线同时铺设,于2019年12月16日完成右线铺轨,于2019年12月20日完成左线铺轨。图中用蓝线表示。

该区段轨通时间为2019年12月23日,满足2019年12月31日轨通节点要求。

轨排井封堵施工,工程量少,但工期较长,采用提前预制好的轨排井盖板进行封堵,可以有效缩短轨道井封堵工期,提前为环网电通提供施工条件。两层车站结构预制板构件封堵轨排井施工顺序为:

①按专项设计施作车站主体结构、临时环梁,预留好叠合构件及预制构件接口条件;

②在进行轨排井封堵时先封堵中板,中板预制件吊装到位后完成中板嵌缝处理;

③吊装顶板预制构件,完成顶板嵌缝处理;

④施作顶板现浇叠合层,现浇层可以根据情况考虑使用速凝剂;

⑤待叠合构件达到强度后,施作防水层,回填覆土,完成管线施工及路面施工。

4.3.3 进度计划调整

1）进度计划检查分析

在进度计划的执行过程中,必须建立相应的检查制度,定时定期地对计划的实际执行情况进行跟踪检查,收集反映实际进度的有关数据。

2）进度计划调整方法

当工程实际进度与进度计划出现偏差时,必须立即分析偏差成因并及时调整原进度计划。一般可采用以下方法对进度计划进行调整:

(1)改变某些工作间的逻辑关系

重新编排修正关键线路,把依次进行的有关工作改变为平行的或互相搭接的以及分成几个施工段进行流水施工的工作,都可以达到缩短工期的目的。

(2)缩短某些工作的持续时间

采用赶工措施,缩短关键工序的工期,如增加劳动力、材料、设备的投入量,采取加快施工进度的技术措施、经济奖励刺激等措施。

(3)改变工作的起止时间

改变起止时间应在相应的工作时差范围内进行,如延长或缩短工作的持续时间,或将工作在最早开始时间和最迟完成时间范围内移动。每次调整必须重新计算时间参数,观察该项调整对整个施工计划的影响。

3）进度计划影响因素

为了确保工程施工进度有序可控,在进度计划实施之前应对其影响因素进行认真分析,提前做好防范措施。一旦发现进度偏差,就应及时分析产生的原因,采取必要纠偏措施或调整原进度计划,最大限度地减少各种因素对进度计划的影响。进度计划的影响因素有很多,归纳起来,主要有以下几类:

(1)相关单位的影响因素

施工过程中如果出现相关单位的工作进度拖后、未能认真履行合同或违约等情况,必然对施工进度造成影响,在实际施工中受影响较大的是外部条件,如征地拆迁、管线迁改,以及设计图纸滞后。

(2)管理水平的影响因素

施工现场的情况千变万化,施工单位解决问题、处理问题的能力直接对施工进度造成影响,从而影响关键节点目标工期。如:施工组织不力,人力、材料、机械设备调配不当,解决问题不及时;施工方案制订不合理、施工技术措施不当或发生事故;因施工质量不合格或工序衔接组织慢,未按规定施工引起的返工;项目部管理能力薄弱、工作效率低下等。

(3)设计变更的影响因素

施工过程中,经常会出现需要设计变更和变更方案滞后,导致施工进程中断或施工进度拖后的情况。

(4)物资设备的影响因素

施工过程中,设备的选型订购、材料的下单采购,尤其是盾构施工设备选型不合理、参数不到位,导致施工困难。在机电安装阶段,尤其存在大量的异型材料,需要及时下单排产,否则会导致现场窝工待料,浪费工期。

(5)施工条件的影响因素

施工过程中,气候、水文、地质及周围环境等方面的不利因素,都会对施工进度造成影响。

4.4 物资管理

物资管理主要是指为了保证项目能够连续生产而对与物资供应相关的物资采购、物资存储等活动进行的管理,是决定整体工程项目质量和成本预算的重要因素。高效的物资管理能够降低项目生产成本,减少物资储备资金占用,降低成本,同时也使得物资供应链更加灵活。因此为了进一步加强和规范地铁物资管理,使物资管理工作能够更大限度地降低物资成本,获得最佳经济效益,必须根据实际情况总结经验,加强项目物资管理工作,从而使物资管理工作更进一步地踏上标准化、规范化、科学化、制度化的轨道,进一步提高企业效益。

4.4.1 物资采购计划管理

物资采购计划管理应本着实事求是的原则,强调计划的严肃性,统筹兼顾,合理安排。

(1)编制总量需求用量

工程技术部依据施工组织设计及施工图,编制"单项工程材料数量表"(见附件1-4-5),并在此基础上编制"主要材料总量需求用量表"(见附件1-4-6),施工过程中,依据变更情况及时调整,作为主要材料总量控制的依据。

(2)编制采购月度计划

每月25日,工程技术部根据下月生产计划编制"主要材料申请采购月度计划表"(见附件1-4-7),经技术负责人审核后提交物资设备部。工程技术部在编制主要材料计划时,应严格按照施工计划,强调材料计划的及时性、准确性,避免因计划滞后或漏报造成停工待料。

(3)编制辅助材料采购计划

辅助材料采购计划由各使用工点技术员编制"材料申请(采购)计划表"(见附件1-4-8),经工程技术部长、技术负责人审核,项目经理批准后提交物资设备部。采购与物流组织正常供应周期约需10d,提前15d报送计划。

(4)编制安全劳保防护用品计划

安全劳保防护用品的计划由安质环保部编制提报,经安全总监或技术负责人审核,项目经理批准后,提交物资设备部,每月25日提报一次申请计划。

(5)编制物资资金支付计划

物资设备部编制"资金支付计划表"(见附件1-4-9),送交财务部备案,以备财务部合理安排资金。

4.4.2 物资采购管理(含集采管理)

1)原则

实行"法人采购、公开招标、采管分离、多方监督"的采购供应原则和"集中供应、分层管理"的物资供应管理方式。

(1)招标采购原则

工程开工前期,根据物资供应方式,由物资采购小组组织主要材料的招标工作。招标采购工作要本着"公平、公正、公开"的原则进行。单品种(含不同规格)采购金额30万元以上的物资,通过公开招标、邀请招标、竞争性谈判在施工单位电子商务平台进行公告发布、结果公示等操作采购,采购金额30万元以下的物资在相关网络平台采购。

(2)物资采购原则

①在价格较稳定的时期内,要按施工工期有计划地分批采购物资。

②根据市场供需行情和季节变化,在价格较低时,不失时机地购进。

③采购人员应依据物资需求计划,控制物资入库数量。禁止在同一时间内全部入库,否则会增加库存负荷量,同时也面临着有些物资存放太久未使用而会变质的风险。

④从物资品质角度来分析价格,价格要适当,要尽量做到不高于同类物资,在相同品质条件下价格最低。

⑤在相同质量和价格的情况下,应就近采购,以缩短采购时间和节省运输费用,同时也有利于在紧急采购时及时到货。

2)物资采购分类与方式

地铁项目物资按采购权限分为甲供物资、集中采购物资(含甲控乙购)、自购物资三类。

物资采购计划应增加透明度,大宗材料、专用材料及数额较大的材料必须执行公开招标制度,必须控制好材料质量、价格、交货期、售后服务,做好材料进场检验、现场控制等工作。

没有采用招标时必须坚持询价制度。项目经理部成立询价小组,询价小组成员应由项目经理、物资设备部长、工程技术部长、计划合同部长、财务部长等组成,及时了解和掌握市场信息,了解各供货单位的供应价格、质量、货源、产地、运距、运输能力、负债能力、信誉等情况,做到货比三家,择优选购,并将询价、比价、定价活动形成相关书面记录。

3)物资采购小组组成及职责

组　　长:项目经理

副组长:生产副经理、技术负责人

成　　员:工程技术部长、物资设备部长、财务部长、计划合同部长、安质环保部长、试验室主任

物资采购小组对工程所需物资定期组织物资市场调查,结合各类网络价格,确定材料价格;对供应商报价由采购小组共同研究确定是否合理,形成会议记录,并将价格报告张贴公示,接受广大员工监督。

4)合同管理

(1)合同评审

合同签订前应当详细了解、掌握合同供应商资格是否真实、合法,纳税资格(一般纳税人或小规模纳税人)、提供票据税率、能否抵扣等信息,资信情况是否全面、可靠,是否有履约能力。

(2)合同审批

供货方确定后,由物资采购小组根据施工单位的合同范本确定合同内容,然后上传到施工单位的经济管理系统审批,审批完成后由物资采购小组组织签订物资采购合同。最后将采购合同扫描件上传到施工单位的经济管理系统。

(3)合同签订

①合同中如实填写增值税专用发票开票信息,明确合同价款为含税价包含运费等价外费用,即到站

价。合同注明价款金额、增值税金额、合同总金额。

②合同双方签字人必须为法定代表人或法定代表人授权委托人。

③发票提供、付款方式等条款的约定：增值税专用发票涉及抵扣环节，应将取得增值税专用发票作为一项合同义务列入合同相应条款，同时在合同中明确"取得合规的增值税专用发票后才能付款"的付款方式条款，避免提前支付款项后发票无法认证、虚假发票等情况发生。

④物资设备部在签订合同后，将合同报送相关部门进行备案存档，并对相关部门及人员进行针对性交底，交底内容包括定价模式及计算方法、物资验收方法、质量标准等。

(4) 合同执行

①合同签订后，物资设备部应及时登记物资合同台账，及时跟踪记录合同执行情况，并注意收集合同执行过程中的重要资料作为合同附件妥善保管。对已履行完毕的合同应与供应商确认合同已经履行完毕，避免合同纠纷。

②对于不能严格履行合同的供应商及时提出书面警示，限期改进；对多次不履行合同条款，给项目施工造成影响的供应商，可以按合同约定扣除违约金、提出索赔或终止合同。

(5) 合同备案

所用物资采购合同签订后，登记合同台账，及时将合同及评审资料扫描件备案。

4.4.3 物资验收管理

物资验收时，首先确定物资入库前的数量和质量状况，判断物资在入库前发生差异的责任方，以便及时处理，减少对企业的经济损失；其次对入库物资进行一次全面的了解，有利于堆码保管保养。

为确保采购物资符合相关技术文件的规定，应对所有生产过程中所需的原材料、消耗品、标准件等首次进场物资送外委单位检测。部分物资外委检测周期长，需根据计划使用时间提前联系供应商组织供应，留出足够的检测时间，避免未检先用，如扣配件、减振垫、钢轨检验等。其中，扣配件需要检验扣压力、抗疲劳强度等，检测周期约30d；减振垫需要检验抗拉强度、扯断伸长率、吸水率、恒定压缩永久变形、抗疲劳性能、动静刚度比等，检测周期约45d；钢轨需要进行静弯、落锤、疲劳、探伤、硬度、外观、抗拉、冲击、断口检验等，检测周期约60d。特殊材料检测周期长，检测机构少，若一次检验不合格再进行复检往往会导致更长的检查时间，故需要提前安排进行特殊材料的检验，以避免影响现场施工。施工过程中提前制订采购计划，及时报检，避免停工待料或未检先用。

验收的准备工作，包括明确保管方法（确定存放地点、堆码方式、保养手段等），安排搬运力量（安排适用的搬运机具和人员的数量等），核对检验工具（衡器、量具等），收集有关技术资料（图纸、技术规范、技术标准等），准备必要的防护用品（尤其对毒害品及腐蚀性物品的验收）。做好准备工作是顺利验收、提高验收工作效率的基础。

1）进场验收

按照合同规定的验收方式进行验收，由物资材料员、保管员、试验员、工点技术员、施工队伍材料员按岗位职责共同验收，检查核对物资名称、品种、数量、规格型号、等级、来源、生产厂家是否与合同和随货清单一致。根据不同性质或合同约定，进行检斤、检尺、点数、过磅或量方（大堆料还应扣除空隙、水分）、公差检查（应符合公差标准）等检验。

(1) 点验原则

①计重检斤。计重物资一律按实际重量过磅验收，同时记录毛重、皮重和净重。

②检尺换算。以理论换算计重交货的物资,按规定换算计重验收,并要记录换算依据、尺寸和件数。

③点件换算。定量包装的计重、计件物资可抽验5%~15%,具体操作按国家有关规定执行,同时记录毛重、皮重和净重。

④成套交货的机电设备、周转材料,必须查点主体、部件、零件、附件(技术证件、合格证、生产许可证)及工具备品等。

⑤大堆料验量时,应扣除空隙、水分。大堆料的验收应首先明确责任,验收工作应安排有责任心、敢于负责的人担任,在现场验收时不少于2人共同进行验收,并在验收凭证上签字确认,每次进料都要认真计量,做好验收记录。

(2)常用材料的验收方法

①钢材、钢轨、道岔:盘螺、线材一律以过磅数量为准,圆钢、螺纹钢、钢轨等按检尺进行验收,但工字钢、角钢、钢管等型材,必须用千分尺检尺。检验误差如果在国标范围内,则按国标换算;如果达不到国标规定,则需要测算出换算系数或过磅验收。道岔按设计图清单进行尺寸、数量验收。

②水泥、粉煤灰、外加剂:散装一律以过磅数量为准,袋装一般以检件数量验收,但需要经常抽查,确认是否在国标允许误差范围之内。

③地材:过磅验收要注意砂的含水率,测出含水比例,折算方量时按比例扣除。

(3)商品混凝土的验收方法

商品混凝土进入现场后,应有现场技术员、试验员、物资员联合验收。验收内容包括:确认商品混凝土类别、数量和配合比、混凝土送货时间,测定混凝土的坍落度等,不合格混凝土一律退回。对数量不合格混凝土在当月盘点时按最低值重新核定。

(4)常用机电材料的验收方法

①镀锌钢管

a.外观检查:镀锌钢管内外表面光洁,无毛刺、裂纹、变形、压扁等缺陷;镀锌钢管的内外表面应有完整、均匀的镀锌层,不得有未镀上锌的黑斑和气泡存在,但允许有不大的粗糙和局部的锌瘤存在。检测方法:对钢管镀锌层完整、均匀性检测,可使用镀锌测厚仪进行测试;其他外观检测,可用肉眼观测法。

b.管径、壁厚检测:现场抽样检测镀锌钢管的管径和壁厚。检测方法:可采用游标卡尺测量钢管的管径,采用测厚仪测量钢管的壁厚。

②桥架

a.外观检测:两对边应平行,两侧对底边应垂直,断面形状应端正,无弯曲、扭曲、裂纹、边沿毛刺等缺陷;汇线槽应光滑、平整,无损伤电缆绝缘,无凸起和尖角。检测方法:可采用肉眼观测法。

b.厚度,应与排产单相符。检测方法:可采用磁性测厚仪检测。

③线管

计量方式:过磅(抽检或全检,净重),按实际过磅签收重量计算。进场验收时记录相关几何尺寸、壁厚、数量等数据;每批到货要及时抽验每米重量。

④电线

电线绝缘标识应清楚,标识间距不大于1m,要标明生产厂名、规格型号、额定电压和3C认证标识,标识要字迹清晰。检测方法:用浸有汽油或酒精的棉布以1m/s的速度匀速连续擦拭5次,字迹仍应清晰可辨。保持线芯不松动,检测电线长度,将电线展开拉直用皮尺量,然后对比实际长度与标识长度。

⑤电缆

计量方式:查看米标,必要时现场实际测量百米标误差。检查喷码是否清晰,编号是否符合。电缆外护套要色泽鲜亮、均匀和柔顺,其外皮要吸紧。护套与绝缘体具有弹性,不易开裂,若护套与绝缘体容易撕裂和刮伤则视为不合格。要求电缆铜芯是原色、有光泽、手感软。紫黑色、偏黄或偏白,杂质较多,机械强度差,韧性不佳,稍用力即会折断,而且电线内常有断线现象的视为不合格。电缆外观应完整无损。电缆封端应严密,当外观检查有怀疑时,应进行受潮判断或试验。

⑥承接式母线

计量方式:点数或检尺(安装完毕后实测长度),偏差在国家标准允许范围之内。进场验收时记录相关几何尺寸、数量等数据,与材料计划核对验收;供货时还应提供以下货物质量证明文件:合格证、质量检验报告,订货项目所需要的其他相关文件(并加盖供应商公章)。

⑦柔性铸铁管及配件

计量方式:点数或检尺,偏差在国家标准允许范围之内。进场验收时记录相关几何尺寸、数量等数据,与材料计划核对验收;管材、管件的几何尺寸是否符合国家标准,厚度是否符合要求,表面有无明显的缺陷。

⑧风阀

计量方式:点数,根据采购计划数量与送货单数量进行清点。阀门应制作牢固,叶片启闭应灵活,并标明阀门启闭方向和调节角度;采用优质钢板制作,外框板厚不小于2mm,叶片板厚不小于1.5mm;多叶阀叶片应能贴合,间距均匀,搭接一致。轴与轴之间的距离偏差应小于2mm;截面面积大于$1.2m^2$的风阀应实施分组调节;对于风量调节阀、风管防火阀,应提供产品检验合格证,风管防火阀还应提供国家消防部门产品认证证书。

⑨水阀门

计量方式:点数,根据采购计划数量与送货单数量进行清点。进场验收:根据国家标准规定的检测、验收办法来检测。阀门必须具有出厂合格证和制造厂的铭牌,铭牌上应标明公称压力、公称直径、工作温度和工作介质。阀体、阀门铭牌、送单上的规格型号及压力等级应全部相符。外观检验油漆是否脱落,是否有裂纹,阀门手柄是否安装齐全。

(5)常用装修材料验收方法

①瓷砖:按规格以计件方式进行数量验收。查看外包装上标注的品牌、规格型号是否与订货单上所写的一样,同一个型号的砖注意批号是否一致;仔细检验瓷砖边缘处是否有磕角、表面处是否有划痕。

②吊顶材料:按吊顶材质及规格以计件方式进行数量验收。核对生产厂家和商标,检查吊顶材料的干净度与光泽度。

③涂料:按桶进行数量验收。检查包装上的厂名、厂址、商标等是否正确,有无正规检测报告;将产品的颜色和选色卡进行核对,以防出错。

④门窗:核对门窗规格,按樘进行数量验收。查看产品出厂合格证;外观是否光洁无损,焊角是否整齐,五金件是否配齐;检查门的机械性能,转动拉手查看锁体是否松动,钥匙开锁是否顺畅等。

(6)磅房管理要求

①有条件的项目部,磅房要安装联网运行摄像头,电子计量磅要安装防电子干扰报警装置;

②过磅前,过磅员要仔细检查地磅的传感器连接线装置、地磅托盘等部位;

③过磅称重尤其在毛重过磅和皮重过磅间隙,验收人员必须全过程监督,严防在此期间作弊;

④不间断地加强对收料人员的廉洁从业教育,加强过程监控、强化责任意识,避免给企业造成不必要的损失。

2）质量验收

对所有进场物资（包括甲供物资）均进行质量验收，包括外观质量和内在质量，检验试验的批次及数量按相关技术标准规定和双方约定的检验标准执行，外观质量验收时填写"材料外观质量检验单"（见附件1-4-10）。

（1）试验室、质检员对每一批次的进场物资，都要进行取样检验和试验，检验合格后方可使用。收料员对随车的材质书（如供方提供的材质书是复印件，则须加盖供方单位公章）、出厂证明、产品合格证、进货凭证等逐一审核。

（2）需进行理化检验的材料，外观验收合格后，必须选择具备一定资质和建设单位认可的质量检验机构，由试验室填制"建材检测委托协议书"（见附件1-4-11），并登记"材料委托台账表"（见附件1-4-12~附件1-4-17）。

（3）试验室按规定进行物资检验，完成物资检验、试验报告，并及时将检验结果反馈给物资设备部门，对相互传递单证做好签证和记录。物资设备部门做好各类质量资料的收集，并按要求进行归档保管。

（4）做好各项质量记录，杜绝质量事故。物资管理人员要认真执行物资供应管理的各项规定，在物资供应中准确及时地填写"来料去向逐日登记表"（见附件1-4-18），保证物资使用的可追溯性。一旦发生质量事故，要快速准确地确定原因，便于事故的及时公正处理。

4.5 设备管理

机械设备是施工生产中不可或缺的生产要素。要提高机械设备的使用效率和完好率，不仅要有先进的机械设备，更需要专业化的设备管理和使用团队，并建立完善的管理制度。做好日常管理工作，对机械设备施工安全、防护等进行规范管理，让施工机械设备更好、更安全地应用于地铁施工中；提高功效、质量，加快进度，降低成本，让机械设备在地铁施工中发挥更大的作用。

4.5.1 设备配置方案

1）设备配置原则

（1）设备配置要根据项目工程地质、水文环境、工程量、工程难易程度、进度计划等确定，同时符合经济适用、科学合理的原则。

（2）科学地进行机械设备选型，合理地进行机械设备配置，可获得较高的机械设备装备能力，尽可能地利用和发挥机械设备工作效率，更有利于施工作业的组织、安排和实施，产生较好的经济效益；

（3）适应工程所在地的施工条件和结构特点，符合设计要求，生产能力满足施工强度要求；

（4）设备通用性强，能在工程项目中持续使用；

（5）设备性能机动、灵活、高效、低耗、运行安全可靠，符合环境保护要求；

（6）应按各工作面、施工强度、施工方法进行设备配套选择，力求经济；

（7）设备购置及运行费用经济，易于获得零配件，便于维修、保养、管理和调度；

（8）新型施工设备应成套应用于工程，单一施工设备应用时，应与现有施工设备生产率相适应；

（9）主机与辅助机械设备在台数和生产能力方面要相互适应，作业线上的各种机械设备应互相配套。

2）设备选择的依据

(1) 施工工法：根据项目的合同文件、初步设计图纸、地质勘察等资料确定施工过程采用何种工法、工艺施工，从而确定设备的类型。

(2) 工程特点：根据工程的平面位置、占地面积、长度、宽度、高度、车站结构形式等来确定设备的规格型号。

(3) 工程量和作业面：根据项目工程量的大小和施工作业面的数量，确定配置设备的数量。

(4) 工期要求：根据项目工期的要求，确定所需设备的技术参数与数量。

(5) 施工现场条件：根据施工现场的道路条件、周边环境与建筑物条件、现场平面布置条件、地下管线埋设等情况，确定适宜本项目的设备类型。

3）设备配置流程

(1) 项目上场前，公司组织召开项目施工总体策划会议，根据中标合同、施工组织设计、工程量、工期要求、现场环境条件等要素，确定采用设备的类型和数量，物质设备部编制"设备及电力配置和预控方案"（见附件1-4-19）。

(2) 确定机械设备的配置来源属于项目部自购、公司内部调剂、分包单位自带、外部租赁等。

(3) 根据"设备及电力配置和预控方案"编制上报公司物质设备部的"机械设备上场计划表"（见附件1-4-20）及设备调配、租赁、采购等报告，并跟踪批复情况。

4）设备配置方法

(1) 机械设备的配置根据施工的工作内容、工法、工序，先确定主要的施工机械设备型号，再确定相关辅助配套施工的机械设备。

(2) 根据工序的流程把两种以上的机械组合起来，相互配合施工作业完成该项工序施工。配置的机械设备生产能力要匹配，互不影响各自能力的发挥，以主要机械设备为基准，其他配套设备均以确保主要机械充分发挥效率为选配标准，配套设备的生产能力应略大于主要设备的生产能力。

(3) 设备的配置数量根据工程量的大小、施工作业面的数量、工期要求综合考虑后，以最佳的数量来配置。单机作业选配的机械，其施工能力留有余量，配套组合的施工，组合机械设备的数量越少越好，而数量越多其总效率就越低。组合时采用并列组合，以避免其中一台设备发生故障时，影响其他的设备工作。

(4) 根据现场施工情况需要临时租赁设备进行补充的，依据作业内容、作业环境、作业时间及作业要求确定设备的型号、数量及租赁形式。

5）设备选型和参数核定

(1) 根据施工图纸、施工工法、地质条件确定施工的设备类型。

(2) 根据现场施工条件核定施工的有效作业空间，并根据工程量的大小来选择设备规格及生产作业能力，从而确定设备的规格型号。

(3) 通过对机械功率、技术参数的分析研究，在与项目条件相适应的前提下，尽量选用生产效率高的机械设备。

(4) 选用性能优越稳定、安全可靠、操作简单方便的机械设备。

(5) 大型设备和特种设备的选型需进行专题的选型研究。

4.5.2 设备管理工作内容

(1) 贯彻执行国家、地方、建设单位设备管理的法规和要求,做好设备管理工作。

(2) 制定设备管理各项规章制度及实施细则,并贯彻落实。

(3) 编制"设备及电力配置和预控方案"和"施工现场临时用电组织设计",做好上场机械设备的选型工作及施工用电的配置和安装工作。

(4) 负责现场设备的交接、调运、安装调试和验收等工作。

(5) 了解现场施工设备配置情况,掌握施工现场设备的数量、生产能力、技术状态、动态情况,按要求做好设备档案资料的建立及各项内业资料,按时上报各类设备管理报表。

(6) 制订现场设备的维修保养计划并负责落实,做好设备运转和维修保养记录,以及在场闲置设备的保管工作。

(7) 做好设备使用安全技术交底,监督设备操作人员按设备操作规程操作。设备操作人员必须经过相应的技术培训,考试合格,取得相应设备操作证方可上机操作。

(8) 负责设备租赁的上报、合同签订,并组织设备进场与退场,费用结算。

(9) 对进场的机械设备进行验收,做好验收记录,建立现场设备台账。对设备的操作人员资格证件进行审查。

(10) 对施工现场的机械设备和临时用电进行日巡查、周检查、月检、专项检查、评价、评比、奖罚考核、整改和复查验收等。

(11) 制订所需机械设备配件、机具的采购计划,并负责落实。

(12) 负责组织重要机械设备的安拆、吊装、改造、维修等作业,以及特种设备进场、安装调试和检验等工作。

4.5.3 设备进场验收管理

物资设备部应对进入施工现场的所有机械设备进行监督检查和验收。为保证机械设备进场后能正常运行,满足施工要求,在机械设备进场时,需对其技术状况、符合性、合格证件、操作人员的操作证进行检验,对设备的外观和技术性能进行验证,验证合格的机械设备才能允许投入使用。

1) 设备进场前的技术资料准备和查验

(1) 机械设备的产品出厂合格证、产品鉴定证书或报告,检查是否真实有效。

(2) 设备的使用说明书和设备规格性能表,检查是否和进场设备一致。

(3) 特种设备的安装验收证书和安全检验证书,检查是否在有效期范围内。

(4) 特种机械设备年检报告,检查是否在有效期范围内。

(5) 门式起重机还需以下资料:设备生产厂家的特种设备制造许可证、门式起重机备案证、桥(门)式起重机安装改造重大修理监督检验报告。

(6) 设备的履历(特种设备和盾构机),检查设备履历资料是否齐全。

(7) 机械设备近期的维修保养记录。

(8) 操作人员的操作证件,检查操作证件发证机关是否符合当地住房和城乡建设部门的要求、证件是否真实并在有效期内。

2）设备进场的验收

（1）设备验收组织

①设备进场验收工作，一般中小型机械设备由设备管理人员会同专业技术管理人员和操作人员共同验收，大型设备、成套设备需要在自检自查合格后上报监理和建设单位共同进行验收，特种设备还需要由第三方具有认证或相关验收资质的单位进行验收；

②特种设备进场后应严格按照国家和地方的相关规定，履行安装、验收、备案等程序后方可使用；

③机械设备验收合格后需要填写"机械设备验证交接表"（见附件1-4-21）。

（2）进场报审

①验收合格的设备需要收集齐全资料，包括产品出厂合格证、安装验收检验和安全检验证书、特种机械设备年检报告、维修保养记录和操作人员操作证件等资料，"机械设备进场报审表"经项目经理部物资设备部门审批后，报项目监理部进行审批，审批后才可投入使用。

②报审合格后的机械设备应进行统一编号管理，建立"主要机械设备台账""特种机械设备台账"和"机械设备操作人员一览表"，同时在机械设备明显位置粘贴机械设备标识牌和设备的操作规程。机械设备标识牌的主要内容有设备名称、编号、规格型号、操作人员、机修负责人、电气负责人、进场日期和状态等信息。

（3）机械设备验收的主要内容

①设备符合性验证：设备名称、规格型号、外观、附件、工装和技术参数等与进场设备一致并符合规定要求，设备外观必须整洁干净。

②技术性能验证：设备的起吊能力、起吊高度、开挖直径、钻孔直径、行走、回转、各系统运转正常。

③机械设备的产品出厂合格证、产品鉴定证书或报告、安装验收检验证书、安全检验证书、特种设备的年检报告、操作证件等真实有效并在有效期内。

④特种设备、大型设备等可以根据国家、地方、行业验收规范进行验证。

⑤机械设备安装位置符合施工平面布置图要求。

⑥安装地基坚固，机械稳固。

⑦机械设备传动、离合器、制动器、限位保险装置、插销和卡簧有效，机械的润滑部位情况良好。

⑧电气设备是否安全可靠，电阻摇测记录应符合要求，漏电保护器灵敏可靠，接零保护正确，电线无破损老化。

⑨机械工作结构、连接部位、工装无损坏、变形和锈蚀，紧固件牢固。

⑩安全防护装置完好，安全、防火距离符合要求，灭火器材齐全。

⑪钢丝绳润滑良好，磨损值在规范允许值内。

⑫操作人员操作证件有效，持证上岗。

4.5.4 盾构设备管理

详细内容见本手册"第3篇 盾构法施工"。

4.6 成本管理

施工成本是指在建设工程项目的施工过程中所发生的全部生产费用的总和，包括所消耗的原材料、辅助材料、构配件等费用,周转材料的摊销费或租赁费,施工机械的使用费或租赁费,支付给生产工人的工资、奖金、工资性质的津贴以及进行施工组织或管理所发生的全部费用支出等。

地铁项目的施工成本是指以地铁项目作为成本核算对象,在施工过程中所耗费的生产资料转移价值和劳动者的必要劳动所创造的价值的货币形式。具体而言,也就是项目在施工过程中所发生的人工费、材料费、机械费、其他直接费和间接费等支出。

4.6.1 成本影响因素

(1)从施工成本管理过程的主客观方面分析,影响地铁项目施工成本的主观因素有:

①项目成本控制意识

施工人员的项目成本控制意识薄弱,是地铁项目施工成本控制问题中较为突出的问题。很多都是事后控制,不重视事前控制,事中控制也非常不足。在地铁项目施工建设中,施工单位多重视地铁施工生产,没有意识到成本控制的重要性,而是将工作重点放在项目工程的施工工期以及施工质量问题上,施工过程中对于施工材料、机械设备的应用十分浪费;在项目施工成本管理中,将成本控制认为是财务部门的工作,然而财务部门对于项目施工材料的使用情况并不了解,因此对于原材料的报批一般是报多少批多少,对成本控制管理并没有有效实施。

②项目成本控制体系

由于项目成本控制体系不完善,导致各部门之间的责任划分不明确,尤其是对各部门之间的成本控制责任没有明确的规定,对各部门之间成本控制责任的衔接也没有明确的说明。不完善的项目成本控制体系会导致各部门之间的交流不畅,只注重完成本部门的工作职责,对于成本责任则是直接忽视,甚至出现推诿、责任混淆的情况。由于没有有效的奖惩机制和激励机制,致使成本工作人员的成本控制管理意识薄弱,成本控制职能不能有效展开,成本控制不到位。项目成本管理中十分注重成本计划以及成本核算环节,但是在地铁项目施工过程中并没有获得足够的重视,致使成本控制不足,经济效益低下,所配置的人员和机构不能适应责任成本管理的要求,造成安全事故隐患。

③项目成本分析制度

成本分析作为成本管理中的重要管理手段之一,通过对项目中收集到的数据信息进行分析,并与预算成本进行比对,找出项目施工过程中的不足,进而制订科学合理的改进方案,降低项目成本,以期能够获得更大的利润。成本分析制度不仅有助于成本管理制度的有效开展,还有助于成本管理职能的有效发挥,实现项目成本的有效控制。但地铁项目成本分析制度不健全,将导致施工过程中对成本控制乏力,极易造成成本失控,项目成本升高。

(2)在客观方面,影响地铁项目施工成本的因素较多,按照成本要素构成,总结起来可分为五大类,具体如下:

①材料损耗

因地铁项目施工成本构成中,物资材料所占比例最大,占施工总成本的60%~70%,因此物资材料的损耗直接影响项目的成本情况。目前地铁项目中,明挖车站围护结构混凝土一般损耗率在7%~10%、主体结构混凝土损耗率约2%、钢筋损耗率为2%等,如在施工过程中,现场对物资材料管理不规范、不到位、不精细等,将造成物资材料的超耗。物资材料每超耗1%,可造成项目整体成本增加0.6%~0.7%。所以,材料损耗对项目成本影响巨大,是项目成本分析、成本控制的重点。

现场由于材料管理模式粗放,导致材料使用浪费的情况十分严重,中标后没有做好充分的物资设备使用计划,盲目投入生产,无计划地采购施工结构件以及低值易耗品,导致材料采购成本过高。由于材料管理不规范,导致施工人员对于材料的储存出现漏洞,材料丢失、被盗的情况时常发生,甚至还出现监守自盗的现象。在材料的领用上,管理人员没有按照施工计划发放材料,致使材料消耗过快。再加上对市场材料价格的变化情况把控力度不强,材料价格上涨导致成本也在不断地增加,致使出现了许多额外的开支。事前事中成本控制工作不到位,在工期紧迫的形势下,造成许多不可挽回的成本损失。为控制好材料损耗,应根据各工序施工情况,编制材料控制损耗率表。

②设备租赁及材料周转

地铁项目中租赁设备及周转材料占成本的15%~20%。临时租赁设备应根据现场施工情况需要,以作业内容、作业环境、作业时间及作业要求确定设备的型号、数量及租赁形式,根据施工方案、工期安排选用并合理利用周转材料。设备租赁时要做好必要性、经济性分析,同时做好市场调查,确保租赁价格合理。另外,在租赁设备后,现场要有专职人员对租赁的设备进行调度,对于油料由承租方承担的,要定期对租赁设备的油料消耗进行考核,以防超耗。

③工期变化

地铁项目工期提前或滞后均对项目产生较大影响。工期提前,需加大生产要素投入,造成周转材料利用率降低,施工设备等数量增加,生产性工人大量投入,导致施工降效,加大项目成本。工期滞后,将会造成项目周转材料使用期延长,机械设备租赁期延长,项目管理费、间接费增加等,从而导致成本增加。

④方案优化

技术方案直接决定了相应施工成本情况,因此技术方案是否优化,直接影响施工成本的高低。如地铁明挖车站,因地质条件不同,可对围护结构机械成孔灌注桩采用的成桩方式进行优化,不同设备施工,相应的成本费用相差较大,从而影响施工成本;盾构区间隧道工程,可针对地层情况对盾构选型进行方案优化,盾构选型的成功与否,直接关系到隧道施工的顺利与否,所以方案是否优化也直接影响施工成本。

⑤其他情况

地铁项目施工的安全质量对施工成本也影响巨大,安全红线是绝不能触碰的底线,如发生安全问题,则对项目的施工成本带来不可估量的影响。施工质量也关乎项目的成本。如地铁车站、隧道等因施工质量不合格,造成渗漏水等质量缺陷严重,后期相应的整治费用会使成本急剧加大。

4.6.2 成本降低对策

为有效进行成本管理,达到降低成本的目的,需从建立成本管理体系、过程成本管理等入手,全面做好成本控制工作,从而有效降低施工成本。

1)提升成本管理意识,建立项目成本管理体系

项目成本管理体系的构建以成本责任制度为基础,通过对项目成本中的项目要素进行成本管理,来实现成本责任制度。"目标指导,责任兑现"管理方针的落实,需要通过建立专业的领导小组或成立内控部门来制定成本管理制度,同时还要加强对成本责任制度的宣传,不断提升施工人员的成本管理意识。

(1)组织体系

首先,项目部要成立以项目经理挂帅的责任成本管理领导小组,并要明确协调日常业务牵头人。有条件的项目,可以设立专职成本副经理;条件不具备的,也可以由项目技术负责人、项目总经或项目总会其中一人承担。责任成本管理领导小组是项目责任成本管理的管理层,主要职责是组织制定项目责任成本管理实施细则(内容包括各项管理制度、业务流程),分解、调整责任预算,协调业务处理,实施奖惩考核等。

其次,要合理设置责任中心。工程项目责任中心划分和责任预算二次分解是责任成本管理工作深入开展的"瓶颈"。责任中心分为收入中心与成本(费用)中心两部分。收入中心由项目经理负责,管理层各业务部门各司其职,作业层配合,要对变更索赔进行策划,并明确职责。成本(费用)中心一般按管理层与作业层进行划分。管理层将项目责任预算分解成可执行的指标并对执行过程进行监督、考核和兑现,人员一般包括项目经理、业务部门等;作业层对管理层分解的执行指标负责,组织作业队伍施工生产,人员一般包括作业区段负责人、技术人员、安全员、质检员、试验员、工点负责人和作业人员等。项目部所有内部人员均要有对应的责任中心。

(2)制度体系

主要包括岗位责任制、工程数量控制办法、劳务成本控制办法、材料成本控制办法、机械成本控制办法、间接费控制办法、合同交底制度、成本分析办法、责任成本考核办法、考核兑现办法等。

(3)流程体系

主要包括工程数量控制流程、外部劳务计价流程、物资收发消耗流程、混凝土加工流程、混凝土供应流程、钢筋厂加工流程、物资价格调整流程、材料节超考核流程、项目定期经济分析流程等。

2)注重过程中成本管理,有效降低施工成本

施工过程中,为有效降低施工成本,应从成本构成要素入手,有效进行成本计划、成本控制、成本核算、成本分析、成本考核等管理工作,严控成本支出的各个环节,确保成本有效降低。

成本计划是以货币形式编制施工项目在计划期内的生产费用、成本水平、成本降低率及降低成本采取的主要措施和规划的书面方案。

成本控制是在施工过程中,对影响成本的各种因素加强管理,并采取各种有效措施,将实际发生的各种消耗和支出严格控制在成本计划范围内。

成本核算是按照规定的成本开支范围对施工成本进行归集和分配,计算出施工成本的实际发生额;并根据成本核算对象,采用适当的方法,计算出该施工项目的总成本和单位成本。

成本分析是在成本核算的基础上,对成本形成过程和影响成本升降的因素进行分析,以寻求进一步降低成本的途径。成本分析贯穿于项目成本管理的全过程。

成本考核是在项目完成后,对项目成本形成中的各责任者,按照项目成本目标责任制的规定,将成本的实际指标与计划、定额、预算进行对比分析和考核,评定出责任成本执行情况、业绩情况,并给予相应的奖惩。

根据地铁项目的施工组织特点,降低成本的有效对策主要有推行方案成本预控、项目责任成本管理、技术方案优化、劳务分包招标录用、物资材料招标采购、机械设备方案比选等,通过成本管理措施,有效降低施工成本。

在加强材料及机械设备管控,降低成本方面,主要对策如下:

(1)控制材料的数量

①加强材料的使用管理,严格控制施工中的材料损耗,管理人员应严格监督施工人员的材料使用情况,并强化成本控制的重要性,严格控制材料的合理损耗。材料管理人员应尽职尽责,及时整理保管好材料物资,尤其对于可以周转使用的材料要加强管理,比如苫盖用的滤网,用量非常大,基本一次购买就是几十万元,及时整理避免施工车辆碾压等,增加周转使用的次数,减少购买的次数,控制材料成本和损耗。

②执行限额发料

材料管理的主要责任部门是物资设备部门,其应制定限额发料的管理制度,以控制项目施工过程中的材料用量,并保证限额发料制度的落实情况。在发料过程中,应制定限额内领用的额度,若需要领取定额外的材料,则需要提出申请,经过领导审批后方可领取。

(2)控制材料的价格

①成立物资招标小组

控制材料成本可以通过成立物资招标小组实现,通过物资竞价的方式进行物资采购。大宗物资如钢筋、混凝土等需要通过招标的方式选择供应商(参与投标的供应商不得少于5家),物资招标小组需要对投标供应商的各方面情况进行综合评价,进而选出最优的供应商,并在同等质量价位的情况下,多备选几家,以避免一家供应商中断供货,造成停工损失。

②建立良好的供货渠道

施工项目部门可以根据物资需求建立针对供应商的信用评价体系库,与项目部合作过的供应商都应在信用评价体系库中进行详细的评价,如企业建立合格供应商名册,以便项目部能够选择出服务质量好、产品性价比高以及信誉度好的供应商进行合作,以企业用量大的优势争取最大限度的低价物资。

③建立材料库存,科学备料

市场材料价格受供求关系的影响,呈动态变化,物资招标小组应充分掌握市场动态,施工前,根据合同施工周期的最好、中等、最差三种工期状况,以及国家政策走向和市场情况,科学预测材料价格,并考虑施工场地的容纳情况,合理建立材料库存,提前备料,节约成本。

④开展机械设备成本控制

开展事前成本控制工作,对机械设备进行购买和租赁的成本预测和比较,做出最优的决策,以使机械费用得到很好的控制。设备管理部门和相关人员还应加强对设备的规范化操作和维护,以减少安全事故的发生频率、降低修理费用,有力地控制机械费用。

3)拓展成本管理思路,注重成本管理细节

(1)中标后,根据中标价对工程成本进行分析。开始施工前,应根据项目施工进度、质量等要求编制科学合理的施工方案。

(2)应加强对施工方案的审核工作,找出施工方案中不可行的问题,降低实际施工过程中可能出现的不良情况。在施工过程中,还应提前对要采用的施工方法进行安排,只有在实际施工中对施工方法对比择优后,才能按照该方法严格施工。适当引用新的施工技术,并制定有关新技术的工作规范和技术标准,降低由于采用新施工技术出现问题的概率,提高工程效率和质量。

(3)拆迁工作对于地铁施工有着极大的影响,拆迁进度缓慢可能会导致地铁施工现场面积狭小,施工人员无法很好地开展工作。对于这种情况,项目的相关管理人员要积极与建设单位进行沟通,合理安排人员调休等,降低建设单位拆迁工作所带来的负面影响。

(4)增加事前控制意识。在制订施工计划时,应根据拆迁现场的进度和施工现场的实际情况制订施工生产计划。如在土方工程过程中,由于拆迁原因,不能进行施工,则应合理调配相应的人员和物资,制订多个备选的施工计划,如进行砌筑工程等,避免窝工,进而降低人力物力成本。

例如:某地铁盾构区间项目,为保证工期,建设单位在招标时要求提供两台全新泥水盾构机。项目部通过施工优化,合理组织施工,加快日常施工进度,优化了始发、到达、过风井段等盾构掘进施工方式,在完成一条区间后,将盾构机调入另一区间施工,快速高效掘进,各工序紧密衔接,而使盾构施工进度提

升,圆满完成了建设单位的工期要求,成功降低一台泥水盾构机的采购成本。

4.6.3 成本预控

地铁项目施工成本预控包括范围较广,内容较多。成本预控是在项目伊始,对项目整体进行筹划、预控,从项目组织管理架构、驻地选择与建设、技术准备及施工方案预控、临建工程预控、生产要素配置筹划预控、设备电力配置及预控方案、物资管理方案、成本预控方案、间接费预控及税务筹划等入手,全方位、多层次提前布局、筹划控制施工成本。

其中,技术准备及施工方案预控较为核心。技术准备主要包括研究合同及设计文件、结构物平面外轮廓现场放样、核对设计方案的可行性、前期构筑物及管线等调查、风险源调查及评估、专项施工方案论证筹划、试验检测、资料档案管理、工程数量预控等。施工方案预控主要有临建工程方案、主体工程施工方案、专项施工方案(交通疏解方案、地下管线迁改保护及恢复方案,绿化迁移及恢复方案)、车站或隧道区间施工方案、工期安排及节点工期目标、施工风险预控等。

成本预控主要有责任成本体系的建立、责任预算的编制、责任中心的划分及二次分解、劳务分包预控、成本风险点控制等。在项目施工过程中重点按照成本管理的各项措施,将施工成本逐步向施工一线、作业层深入,将前期预控与后期成本分析、成本控制相结合,以责任成本管理模式有效控制、降低施工成本。

本章附件

附件1-4-1　作业指导书案例
附件1-4-2　部分专业技术交底
附件1-4-3　某地铁车站及区间土建工程进度计划横道图
附件1-4-4　某地铁车站及区间土建工程进度计划网络图
附件1-4-5　单项工程材料数量表
附件1-4-6　主要材料总量需求用量表
附件1-4-7　主要材料申请采购月度计划表
附件1-4-8　材料申请(采购)计划表
附件1-4-9　资金支付计划表
附件1-4-10　材料外观质量检验单
附件1-4-11　建材检测委托协议书
附件1-4-12　材料委托台账表(钢筋原材)
附件1-4-13　材料委托台账表(钢筋机械连接)
附件1-4-14　材料委托台账表(水泥)
附件1-4-15　材料委托台账表(高强螺栓)
附件1-4-16　材料委托台账表(地材)
附件1-4-17　材料委托台账表(防水)
附件1-4-18　来料去向逐日登记表
附件1-4-19　设备及电力配置和预控方案
附件1-4-20　机械设备上场计划表
附件1-4-21　机械设备验证交接表

第 5 章 标准化管理

施工现场标准化管理也是加强项目管理,实现项目管理目标的一项基础性、长期性工作,贯穿于地铁施工全过程。本章以中国铁建企业标准化管理为例,介绍地铁施工相关标准化管理措施和要求。

5.1 临时设施标准化

临时设施一般包括办公生活区和施工生产区。施工生产区根据施工阶段及施工专业的不同,布置内容不尽相同。临时设施布置坚持"因地制宜上标准,突出特色上水平",同时满足规模适度、功能齐全、经济合理、科学规范、满足使用等基本要求,有利于安全生产、文明施工、节约用地和环境保护,充分展示企业形象,彰显企业实力。

5.1.1 施工现场总体规划

1)办公生活区总体规划

(1)规划原则

办公生活区应遵循"管理方便、规模适度、经济合理、简洁大方、满足需要"的原则规划,且与施工生产区隔离。尽量利用施工现场或附近已有建筑物,对必须搭设的临时建筑应因地制宜,利用当地材料和周转材料,尽量降低费用。另外,尽可能使用装拆方便、可以重复利用的新型建筑材料来建设临时设施,如活动房屋,彩钢板、铝合金板、集装箱等。

(2)规划内容

①办公生活区主要设施应包括临时建筑(会议室、办公室、宿舍、食堂、餐厅、浴室、盥洗室、阅览室、卫生间、活动室等)、临时设施(大门、围墙、门卫室、旗台、花坛、绿化、停车场、篮球场、隔油池、化粪池等)、给水与排水、供电(配电室、电路、电箱、照明等)、消防等内容。

②确定办公生活区各项设施的平面布置形式。

③确定办公生活区各类设施的大小、方位和相互关系。

(3)规划要求

①办公生活区的统筹布置应当结合项目现场施工需要。

②办公区、生活区与施工区应进行统筹规划,划分清晰,隔离设置。

③施工工区较多,必须进行多个办公生活区建设的,应当按照主次区别设置。主办公生活区在满足办公生活需要的同时还应考虑企业形象展示,其余施工现场办公生活区建设以满足施工生产服务为原则。

(4)选址要求

①尽量靠近施工现场,同时不受施工干扰;尽量靠近既有道路,便利交通;确保通信畅通,满足办公自动化要求。

②场坪标高应满足当地防洪水位要求,周边排水系统应连通,具备排水泄洪和逃生救援条件。

③避开滑坡、泥石流等不良地质地段。

④避让高压线路、成片树木、古树及人员密集场所。

2)施工生产区总体规划

(1)规划原则

施工生产区应遵循"服务生产、保障安全、统筹策划、方便工序转换、整体美观大方"的原则规划。

(2)主要内容

①确定各类临时设施、临时建筑、加工场、材料及设备存放场的具体位置和布置形式。

②确定施工现场运输道路引入及布置。

③确定现场门式起重机、塔式起重机等大型设备安装位置。

④确定水、电设施的接入口、安装位置。

⑤确定场地内排水系统的布置。

(3)规划要求

①施工生产区应实现封闭式管理。

②施工生产区永久性场地应做硬化或绿化处理。条件允许的,可实行人车道路分离。

③应当结合设计与现场实际情况,统筹考虑排水设施。

④施工现场临时用电应符合现行《施工现场临时用电安全技术规范(附条文说明)》(JGJ 46)的有关要求。

⑤施工现场危险部位应当设置明显的安全标识标牌,标识标牌的制作应当符合现行《安全标志及其使用导则》(GB 2894)和《安全色》(GB 2893)的有关要求。

⑥施工现场机械设备应当布置有序,设备操作安全规程统一制作,悬挂于操作人员便于看到的地方。

3)消防设施配置要求

应根据现行《建设工程施工现场消防安全技术规范》(GB 50720)和《建筑灭火器配置设计规范》(GB 50140)的相关要求进行配置。

详细内容见本手册"第11篇 施工安全管理"。

4)卫生防疫要求

根据《食品安全法》和《餐饮服务食品安全操作规范》的相关要求进行办理。

(1)食堂应向当地卫生防疫部门申请办理"卫生许可证",工作人员必须体检合格,持有效"健康证"上岗。

(2) 食堂选址宜选择地面干燥、有给水与排水条件和电力供应的区域,不得选择易受到污染的区域。应距离粪坑、污水池、暴露垃圾场(站)、旱厕等污染源 25m 以上,并位于粉尘、有害气体、放射性物质和其他扩散性污染源的影响范围外。

(3) 清洁操作区地面不得设置明沟,地漏应能防止废弃物流入及浊气逸出。

(4) 食品加工制作用水的管道系统应引自生活饮用水主管道,与非饮用水(如冷却水、污水或废水等)的管道系统完全分离,不得有逆流或相互交接现象。

(5) 排水沟内不得设置其他管路,侧面和底面接合处宜有一定弧度,并设有可拆卸的装置。

(6) 卫生间不得设置在食品处理区内。卫生间出入口不应正对食品处理区,不宜正对就餐区。卫生间与外界直接相通的门能自动关闭。

5)用电要求

详细内容见本手册"第 11 篇 施工安全管理"。

5.1.2 办公生活区规划与建设

1)常见布置形式及要求

根据项目部人员数量,结合现场场地情况进行布置。办公生活区布置一般有"U"形、"一"字形等形式,示例如图 1-5-1 ~ 图 1-5-3 所示。

图 1-5-1 "U"形办公生活区

注:本图总面积 5000m², 可供 60 ~ 80 人办公生活

办公生活区布置要求:

(1) 活动板房顶可采用红色或蓝色彩钢板,墙壁和门采用白色彩钢板,支撑柱采用红色或蓝色(与顶棚颜色匹配)型钢柱建设,建筑层数不应超过 3 层,每层建筑面积不应大于 300m²;

(2) 建筑层数为 3 层或每层建筑面积大于 200m² 时,应至少设置两部疏散楼梯,房间疏散门至疏散楼梯最大距离不应大于 25m;

(3) 建筑燃烧性能等级必须达到 A 级;

(4) 资料室宜设置在两层房屋的上层,不得设置在地势低洼处;

(5) 生活垃圾应分类存放且每日清除,送至环卫部门指定地点或与环卫部门签订清理协议;

(6) 每 100m² 临时建筑应至少配置两具灭火级别不低于 3A 的灭火器,厨房等用火场所应适当增加灭火器配置数量;

(7) 严禁采用未完工建筑、危房等有危险性的房屋作为临时办公生活区(含工人生活区)。

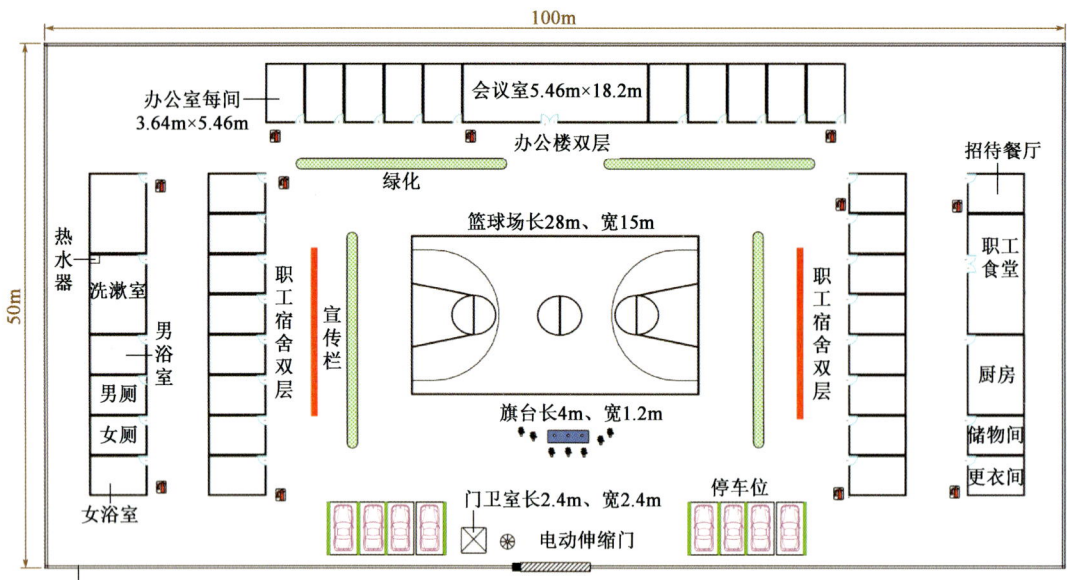

图1-5-2 "U"形办公生活区布置示意图

注：本图总面积5000m²，可供60~80人办公生活

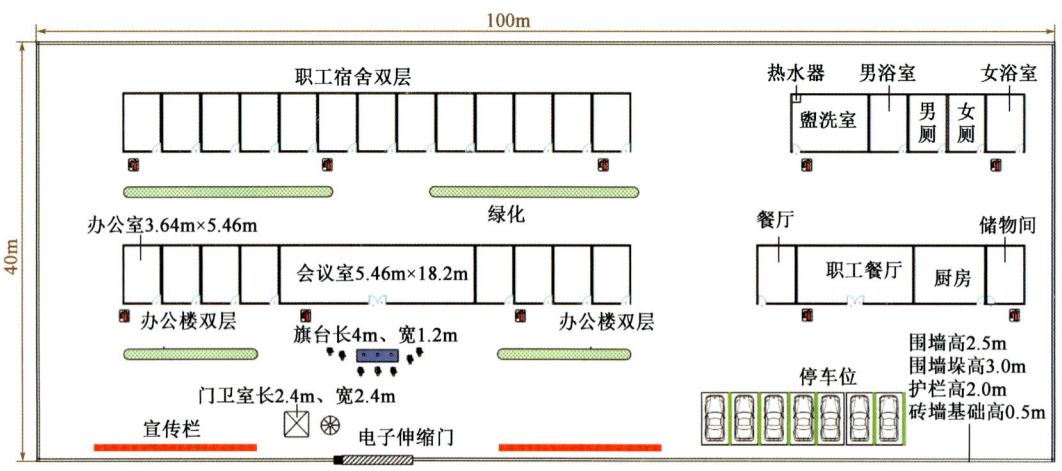

图1-5-3 "一"字形办公生活区布置示意图

注：本图总面积4000m²，可供40~60人办公生活

2）临时建筑设置要求

（1）会议室

①项目部应设置一间能容纳不少于50人的会议室，面积不小于100m²，吊顶后高度不低于2.5m。

②会议室一端设置形象墙，上部为企业名称，下部为项目名称。

会议室布置平面图如图1-5-4所示，会议室形象墙布置示例如图1-5-5所示。

（2）接待室

接待室面积不小于20m²，设置在办公区一层。

（3）办公室

①办公室数量和大小应根据部门数量及人员进行设计和安排，可设置为单间式和集中式。

②单间办公室净面积不宜小于10m²，集中式办公室人均使用面积不宜小于3m²。

③两层或三层各类办公室,底层地面应做硬化处理,铺设地板砖;上层宜铺设地板革或木地板。
④办公室墙壁上必须悬挂相应的部门职责牌和岗位职责牌。

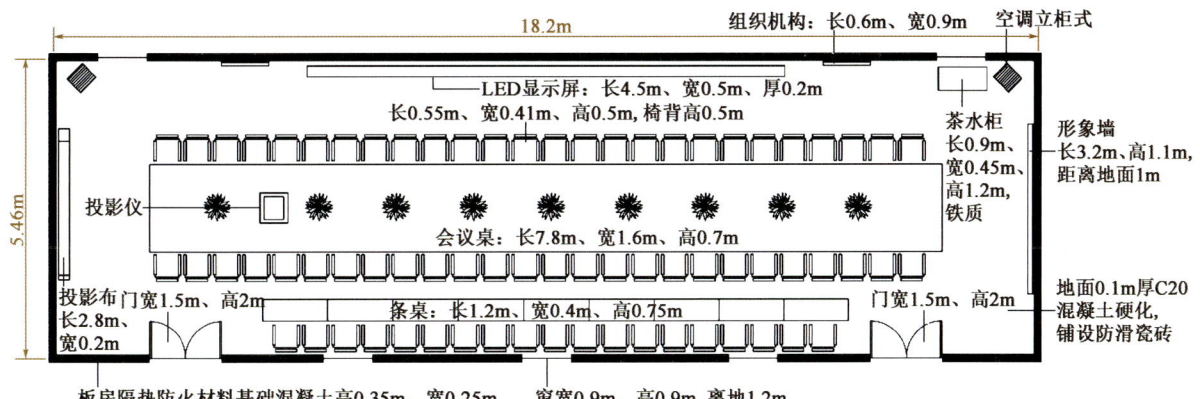

图 1-5-4 会议室布置平面图

图 1-5-5 会议室形象墙布置

(4)宿舍
①员工宿舍每间人数不宜超过 2 人。
②宿舍墙壁上应当张贴宿舍管理制度、住宿人员名单、卫生值日表。
③宿舍区域应当统一设置"消防责任牌""安全提示牌"和相应的标识。

(5)食堂
①食堂面积按人均面积不宜少于 $2m^2$ 计算,食堂座位设置数量不宜小于就餐总人数的 70%,餐厅与操作间面积比宜为 1:(1.2~1.3)。
②餐厅区域采光、通风应良好。天然采光时,侧面采光窗洞口面积不宜小于该厅地面面积的 1/6。直接自然通风时,通风开口面积不应小于该厅地面面积的 1/16。无自然通风的餐厅,应设机械通风排气设施。
③厨房有明火的加工区应采用耐火极限不低于 2h 的防火隔墙与其他部位分隔,隔墙上的门、窗应采用乙级防火门、窗。
④厨房区域应按原料进入、原料处理、主食加工、副食加工、备餐、成品供应、餐用具洗涤消毒及存放

的工艺流程合理布局,食品加工处理流程应为生进熟出单一流向。

⑤操作间内设置灶台、加工台、洗菜池、抽油烟机、消毒柜厨房设施和电气设备。应安装燃气报警器,煤气罐应当距离灶台3m以上,气罐之间应设置石棉隔板。

⑥食堂的操作间、餐厅门应朝外开启;储物间、操作间门下方设置不低于0.2m的挡鼠板,窗户设置窗纱,门上悬挂水晶板门帘。

⑦食堂的所有房间内不得放置与就餐无关的设备设施和杂物。

⑧食堂污水排放系统应当在地下设置隔油池。

项目部餐厅布置平面图如图1-5-6所示。

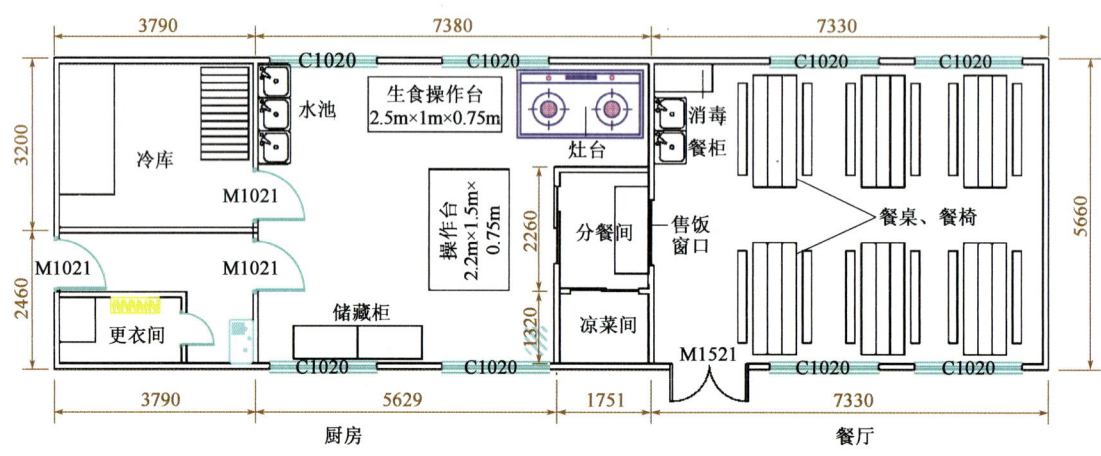

图1-5-6 项目部餐厅布置平面图(尺寸单位:mm)

(6)浴室

①办公生活区应分别设置男、女浴室,浴室配置的淋浴头不宜少于员工数量的10%,每个淋浴头的有效使用面积不小于3m²,每个淋浴头热水供应量不少于450L/h。

②浴室地面应做好排水处理,地面不得存在积水现象。采用防滑地板设计,并在淋浴头下方配置塑料防滑垫。更衣间应当配置耐浸泡凳子、挂衣架。

(7)盥洗室

①盥洗室水龙头数量,应按每5人1个水龙头配置,每个水龙头的有效使用面积不宜少于2m²。

②盥洗室应配置洗衣机、饮用热水器等设施。

③盥洗室内应做好排水处理,地面不得存在积水现象。地面应采用防滑地板设计。

(8)卫生间

①分别设置男女卫生间,男卫生间应当分别设置小便槽和便池;便池数量按照每8人1个配置,卫生间面积应按每个便池平均面积不少于3m²计算。

②卫生间必须设置可冲洗式便池,卫生间内应当定期悬挂或投放除臭球。

③卫生间门、窗、照明设施应当齐全,窗户应安装百叶窗,且应通风透气;卫生间应有符合抗渗要求的带盖化粪池,卫生间污水应经化粪池接入市政污水管网。

④卫生间小便槽、便池之间必须设置隔板,隔板高度不得低于1.5m。

⑤卫生间内应有防蝇虫措施,安排人员定期喷洒灭蝇虫药剂。

⑥卫生间墙壁上应当公布卫生责任人和张贴卫生温馨提示。

(9)阅览室(党建活动室)

①阅览室可与党建活动室合建,有条件时面积不宜小于40m²;

②阅览室内配置统一规格的资料柜、空调、桌椅等。

(10)活动室

①活动室有条件时面积不宜小于40m²;

②活动室内应配备乒乓球桌、台球桌,条件允许可配置跑步机、动感单车等健身器材;

③活动室墙面应张贴活动室使用制度、宣传画等。

3)临时设施设置要求

(1)大门及围墙护栏

①大门立柱和形象墙采用大理石贴面。形象墙总宽为6.2m,上贴企业LOGO和项目部全称,颜色为金色。

②大门采用电动伸缩门,总宽为6.1m。旁边开2.2m宽的小门,设门禁系统,供人员出入。

③在小门旁设门卫室,对出入车辆及人员进行登记。

驻地大门示例如图1-5-7所示,正面、侧面尺寸如图1-5-8所示。

图1-5-7 驻地大门

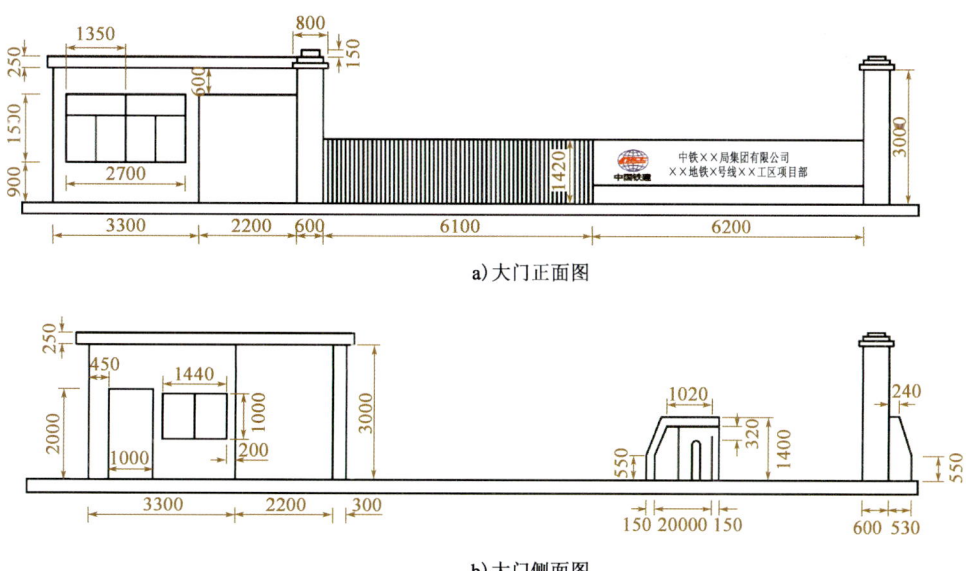

a)大门正面图

b)大门侧面图

图1-5-8 驻地大门正面、侧面尺寸图(尺寸单位:mm)

（2）围墙

项目驻地围墙建议采用砖墙砌筑而成。砖砌围墙分为砖砌墙体和砖墙与钢栅栏相结合两种形式。

①砖砌墙体：砖砌墙体采用24cm厚，围墙高度不得低于2.5m，并砌筑墙脚和墙柱，墙脚高度不得低于50cm，墙脚宽度为37cm，墙柱采用37cm×37cm砖砌柱；墙脚和墙柱外侧粘贴深灰色瓷砖，并设置琉璃瓦压顶，颜色为深灰色；墙柱之间距离不超过3m；每隔6m在顶安装圆形节能灯具，电压低于36V，并采取措施保证用电安全；外墙面批荡抹光，并粘贴企业业绩及公益宣传画，内墙面批荡抹光并刷白。

②砖墙与钢栅栏相结合：如围墙周围有部分绿化，项目部正面围墙也可采用砖砌墙脚、墙柱和钢栅栏相结合的形式。其砖砌墙脚和墙柱要求同上。

（3）铭牌

项目部铭牌材质为拉丝不锈钢，标准色、辅色采用腐蚀填色。铭牌尺寸如图1-5-9所示。

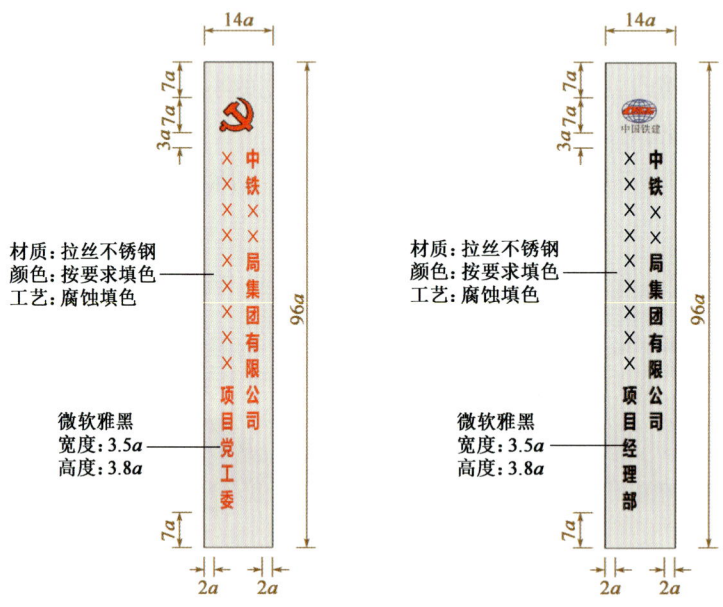

图1-5-9 驻地大门铭牌尺寸图（a根据现场场地情况确定）

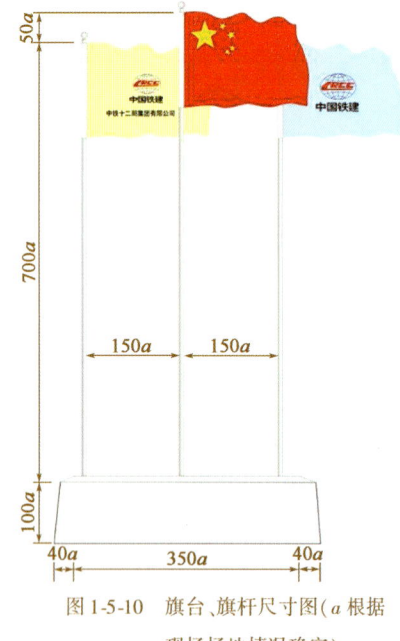

图1-5-10 旗台、旗杆尺寸图（a根据现场场地情况确定）

（4）旗台

①项目驻地办公楼前中央设旗杆、旗台。

②旗台基座：企业标识与全称字体为汉仪大黑简体，材质为钛金字，背板颜色为红褐色，大理石贴面。

③旗帜规格：2.4m×1.6m（2号旗），材质为尼龙绸或其他材质。

④旗杆采用三根不锈钢钢管制作，国旗旗杆高度为12m，施工企业、施工单位旗帜的旗杆高度为11.2m，旗帜的制作和悬挂应当符合国家标准和企业标准。

旗台、旗杆尺寸如图1-5-10所示。

（5）宣传橱窗

①于项目大门内主干道一侧或两侧布置，从大门方向开始依次为：企业简介+项目简介+项目现阶段照片、企业质量环境安全方针+项目质量环境安全目标+项目事务公告栏、安全学习+质

量学习+安全计时、质量安全奖罚+阅报栏+阅报栏。三栏一组。

②材质:框架材料采用不锈钢、阅报栏后方夹板采用透明材料,便于统一阅览报纸。顶部采用蓝色阳光板顶棚。

③规格:每架三栏,每栏尺寸均为800mm×1200mm。

宣传橱窗尺寸如图1-5-11所示。

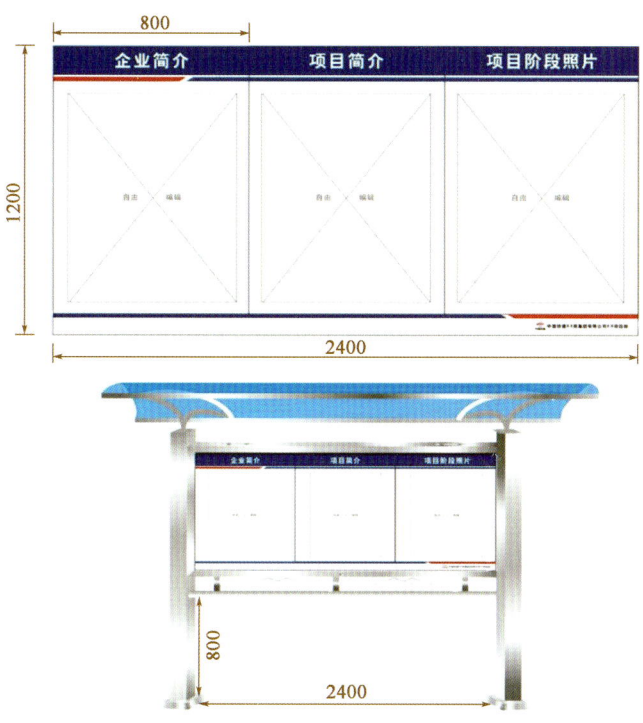

图1-5-11 宣传橱窗尺寸图(尺寸单位:mm)

(6)职责、制度牌

办公室及生活区需张贴职责牌、制度牌,规格为600mm×800mm,材质为聚氯乙烯(PVC)或亚克力板。职责、制度牌尺寸如图1-5-12所示。

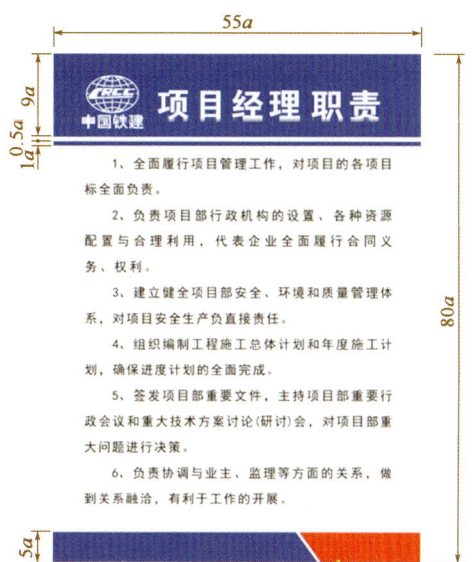

图1-5-12 职责、制度牌尺寸图(a根据现场场地情况确定)

5.1.3 施工生产区规划与建设

1）通用设施

(1) 大门与门禁系统

①大门门柱尺寸为800mm×800mm,高3m,柱顶设盖帽,盖帽顶各安装φ40mm的节能灯,门柱颜色为灰色,其上喷涂的企业标语为白底红字,字体为汉仪大黑简,大小为400mm×400mm。

②门扇为不通透的封闭门,可做成推拉式或开启式大门。大门应由专业工厂加工制作和安装调试,确保大门质量与使用安全。规格8000mm×2000mm,门扇底色为天蓝色,其上喷涂白色的企业LOGO和公司简称,字体为汉仪大黑简。

③推拉式大门采用两块4.5m宽钢挡板,大门背后设置钢桁架,钢桁架下布两排滑轮,并在地面上设置滑轮轨道。大门顶的上部设置滑轮及滑轮轨道。现场实际达不到推拉要求或者设置为左右开启式大门时,材质同上。门柱总高度3.3m,其中地面以下0.5m至地面以上0.3m采用C20素混凝土浇筑,地面以上0.3m至地面以上3.3m用砖砌筑,表面贴灰色瓷砖。柱平面尺寸800mm×800mm,柱顶安装φ500mm灯罩及照明灯。

④门扇上不得开设小门,在门柱外侧另设2200mm(宽)×2000mm(高)小门,并设门禁系统。

大门与门禁系统尺寸如图1-5-13所示。

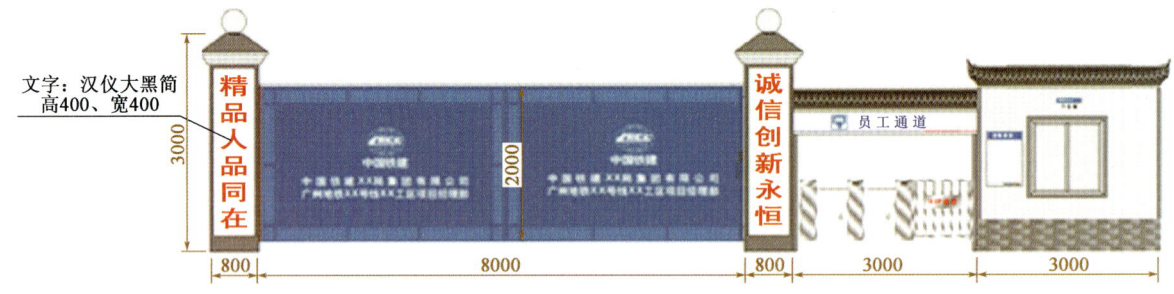

图1-5-13　大门与门禁系统尺寸图(尺寸单位:mm)

(2) 施工现场围挡

①施工现场围挡应按照项目所在地建设单位的有关要求进行施工,建设单位无具体要求的采用型钢立柱彩钢围挡进行施工,并连续设置。

②围挡主体应采用企口型彩钢构件。构件规格:100mm×100mm×1mm方形矩管立柱,颜色为紫灰色;0.40mm企口型彩钢板,颜色淡灰色;53mm×25mm×1mm镀锌钢板,上下U形横框,颜色紫灰色。

③围挡后设背条及斜支撑构件,采用40mm×40mm×2mm角形钢。

④底部设砖砌挡水墙,砖砌挡水墙采用砖砌120mm单砖(砌筑高度30cm),并抹15mm厚砂浆,并涂刷宽度为30cm、与地面呈60°的黄黑相间油漆。

⑤基础C20混凝土,截面尺寸250mm×700mm。

⑥顶部设球形灯、警示灯具,采用φ250mm球形灯、φ20mm PVC线管、3×2.5mm²铜芯线。

⑦围挡上的文字字体为黑体,型钢立柱彩钢围挡示例及围挡上地铁标识(LOGO)位置及汉字位置示意图分别如图1-5-14、图1-5-15所示。

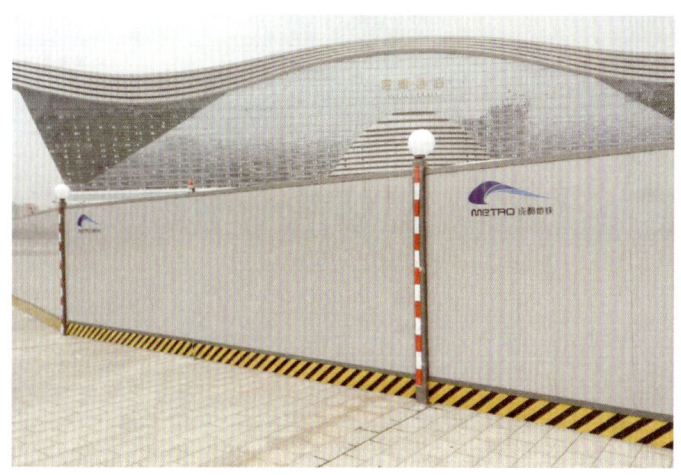

图 1-5-14　型钢立柱彩钢围挡

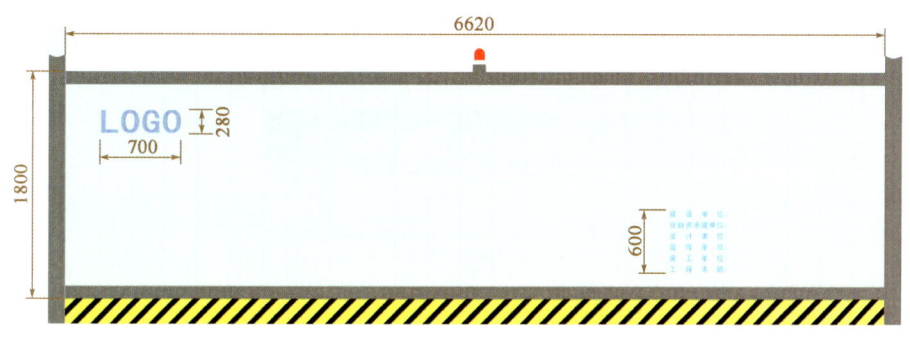

图 1-5-15　型钢立柱彩钢围挡上地铁 LOGO 位置及汉字位置示意图(尺寸单位：mm)

(3)"八牌一图"(具体按当地规定设置)

①施工现场场地内应设置一套"八牌一图"。"八牌一图"的尺寸为 1.2m×0.9m,采用双柱式立柱,埋设后公示牌下缘距地面高度为 1.0m,材料为不锈钢框架 KT 板。上面设半圆遮雨棚,标牌设立要牢固可靠、整齐美观、大方醒目。

②"八牌一图"包括廉洁从业举报公示牌、党务纪检公开栏、施工公告、工程概况、管理人员名单及监督电话、安全生产、消防保卫、文明施工、现场总平面图。

"八牌一图"示例如图 1-5-16 所示。

(4)门卫室

①门卫室可与员工通道合建,也可单独采用彩钢板、不锈钢、砌体结构等设置。

②门卫室外竖立醒目的安全防护用品佩戴示意图、安全着装自查镜。自查镜不锈钢管架高 2.0m、宽 1.6m。玻璃镜高 1.2m,宽 0.7m。

门卫室示例如图 1-5-17 所示,安全警示镜示例如图 1-5-18 所示。

(5)洗车池、全自动洗车台

①施工现场大门内应设置洗车池和全自动洗车台。外出车辆应先通过洗车池进行人工冲洗,再通过全自动洗车台自动冲洗。

②洗车池中间布置排水沟,并与沉淀池连接。排水沟面板采用定型盖板或型钢格栅,确保能够承受车辆重压。

图 1-5-16 "八牌一图"（a 根据现场场地情况确定）

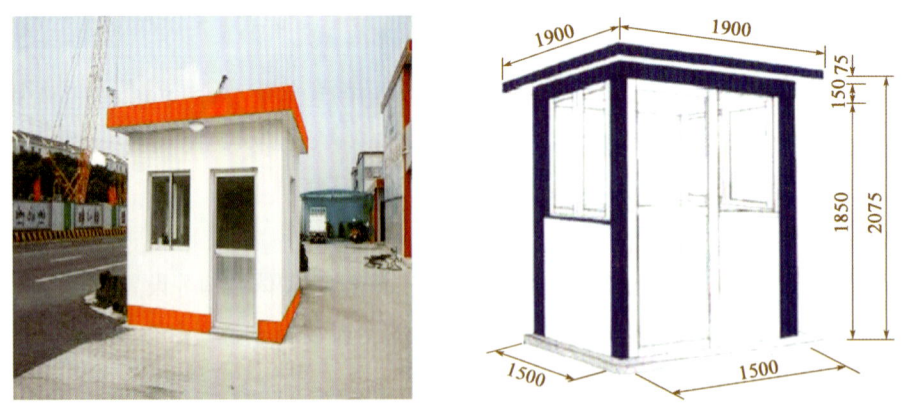

图 1-5-17 门卫室(尺寸单位：mm)

③洗车池应当配备沉淀池、高压水枪、高压洗车水泵等配套设施和设备。

洗车池与全自动洗车台尺寸如图 1-5-19 所示。

(6)沉淀池

①施工现场应根据场地坡度、污水排放及市政污水管网接驳点位置,合理选择沉淀池的布置位置。沉淀池大小根据施工现场综合排污量计算确定,宜按 5.6m×3m×1.5m 设置。

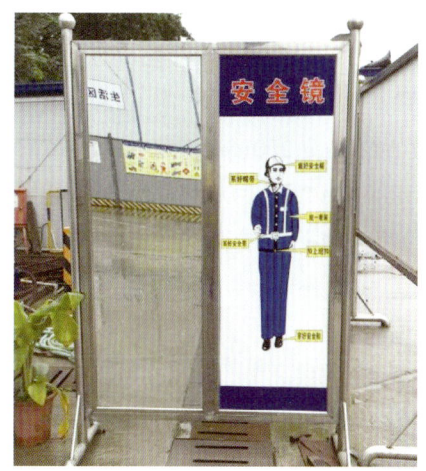 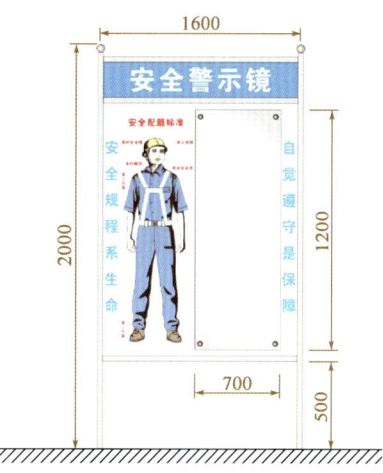

图 1-5-18 安全警示镜(尺寸单位:mm)

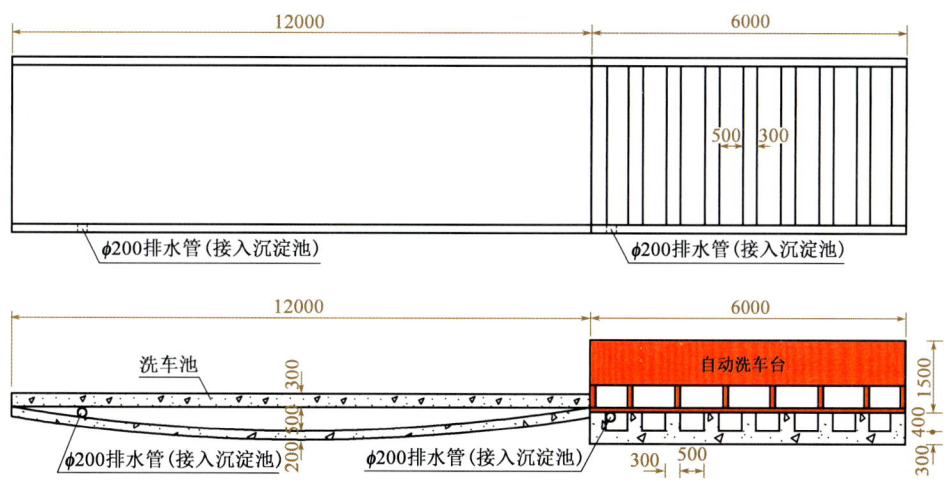

图 1-5-19 洗车池与全自动洗车台尺寸图(尺寸单位:mm)

②沉淀池必须设置悬浮物过滤网、三级沉淀池、池边防护装置、池顶覆盖装置。
③悬浮物过滤网宜采用专用定制网,也可采用钢筋焊接而成,钢筋净距不大于20mm。
④沉淀池顶宜采用定型盖板或钢筋网片覆盖,钢筋网间距为100mm×100mm。
⑤沉淀池四周应设置200mm高挡水墙,挡水墙上安装高度不小于1m的防护栏杆。
沉淀池示例如图1-5-20所示。

 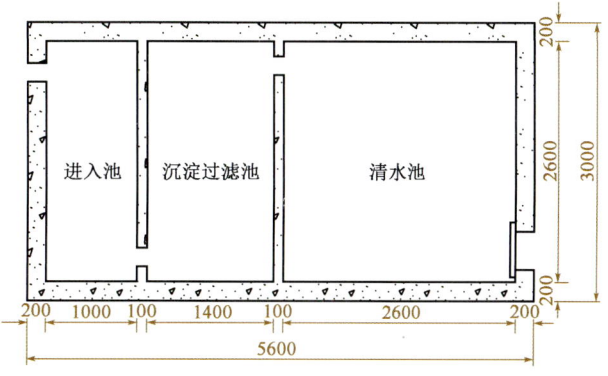

图 1-5-20 沉淀池(尺寸单位:mm)

（7）施工道路及场地

①施工现场内除基坑开挖及围护结构施工区域外，所有区域均应进行硬化或绿化。

②施工现场内重车行走道路施工前应根据载重对路基进行处理，再采用C25混凝土硬化，厚度不宜小于300mm，宽度不宜小于6m；重车行走道路内布设φ12mm@200mm×200mm单层钢筋网片。非重车行走道路可采用200mm厚C20素混凝土硬化。

③路面浇筑时设2%横坡。路面初凝后用带刻痕的滚筒将路面沿横向均匀地刻槽，以增加路面的摩擦力，刻槽深度3mm左右。混凝土达到一定强度后，沿横向每隔4～7m切割一条缩缝，缩缝深度为路面厚度的1/3，每隔100m设一条胀缝。

重车行走道路示例及其施工横断面如图1-5-21、图1-5-22所示。

图1-5-21　重车行走道路

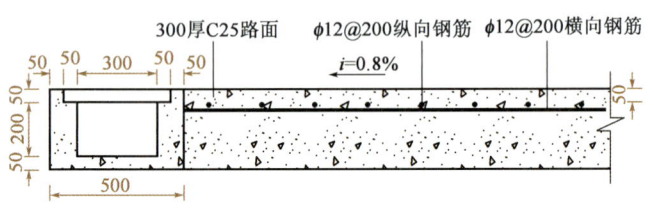

图1-5-22　重车行走道路施工横断面图（尺寸单位：mm）

（8）门式起重机基础

①门式起重机轨道应经精确放线后固定位置，轨道端头应设置止挡装置。

②车站端头兼顾盾构井的施工，门式起重机基础设计计算时应考虑盾构施工用门式起重机荷载，必要时施作轨道梁跨越盾构井。

③门式起重机走行轨道铺设平整度应控制在±3mm内。基础施工预埋地脚螺栓，应与轨道可靠连接。

门式起重机轨道基础施工示例如图1-5-23所示。图中数据仅供参考，现场必须经过实际验算后确定各项参数。

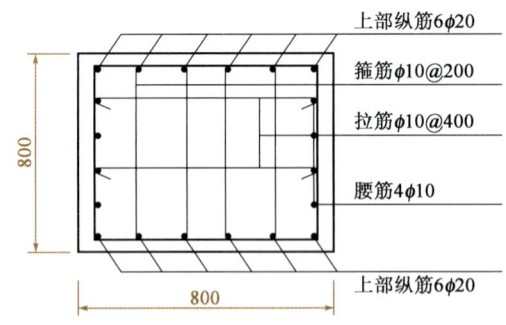

图1-5-23　门式起重机轨道基础施工图（尺寸单位：mm）

（9）安全教育讲评台

安全教育讲评台基础尺寸为0.2m×2m×3m，可以用混凝土浇筑或使用砖砌筑抹面，上面刷红油漆。背景尺寸为2m×3m，使用钢结构骨架，上面用铁皮封面，再张贴安全宣传知识。安全教育讲评台示例如图1-5-24所示。

 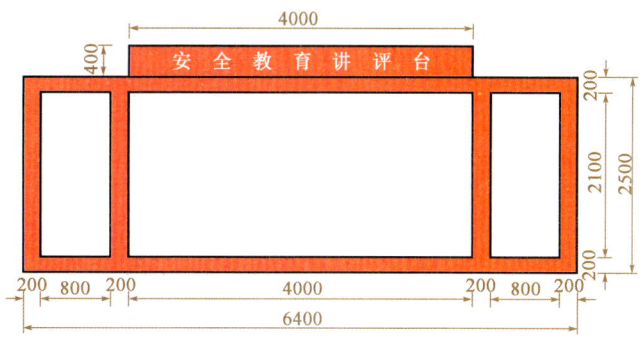

图1-5-24　安全教育讲评台(尺寸单位:mm)

(10)施工现场排水系统

①施工现场排水沟应沿基坑四周靠近围挡进行布设,汇入沉淀池。

②排水沟深度、宽度、坡度应满足场地排水需要,可按尺寸30cm×40cm施工,底部设0.2%纵坡。

③排水沟上应设置钢筋混凝土盖板或自制钢筋盖板。

排水沟示例如图1-5-25所示。

 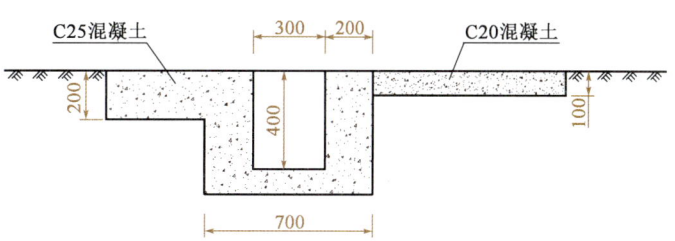

图1-5-25　排水沟(尺寸单位:mm)

(11)物资机具库房

库房根据仓储物的不同分为普通物资库房、小型机具库房和应急物资库房。

①库房宜采用标准集装箱,便于移动,也可采用活动板房搭设。

②库房内实行货架式管理,货架采用50mm×50mm×4mm角钢焊接制作,层间铺设木质中隔板,统一刷漆。每节货架尺寸为3m×0.6m×2m,设4层储物板。

③应急物资库房内应张贴应急物资清单、应急物资使用制度,并设专人管埋,定期检查、补充。

应急物资库房及货架示例如图1-5-26所示。

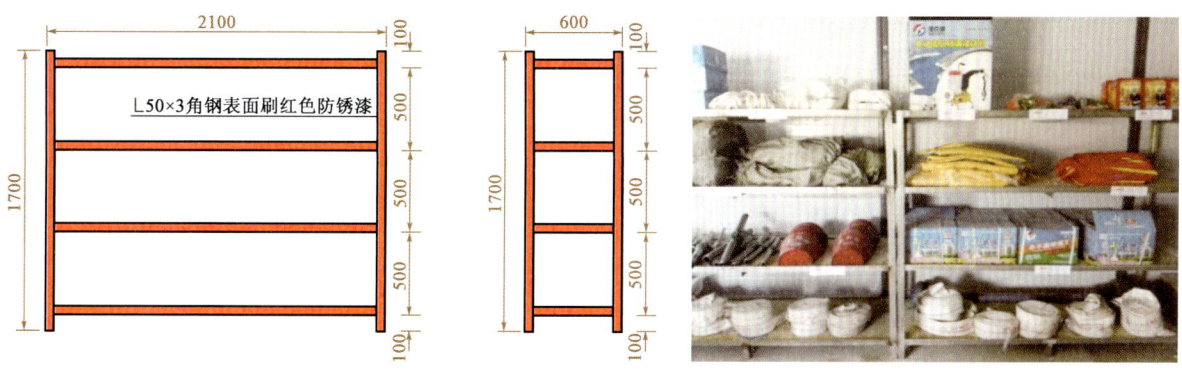

图1-5-26　应急物资库房及货架(尺寸单位:mm)

（12）试验室

①试验室建设包括标养室、仪器设备储存间及样品间,面积不小于50m^2;

②储存间与标养室相邻建设,具备通风、防雨、防晒功能,面积不小于10m^2;

③标养室内配备空调、养护室自动控制仪、干湿温度计、加湿器、加热器等设备,加湿器、加热器应与标养自控仪连接,实现自动控制。

标养室示例如图1-5-27所示。

（13）休息室

①采用敞开式钢结构、彩钢板结构或集装箱式结构,面积宜为20~40m^2。

②休息室内配置桌椅、茶水炉（热水器）、烟灰缸、灭火器等。地面铺设地板革,墙壁张贴安全宣传知识、休息室使用规定等。

集装箱式休息室示例如图1-5-28所示。

图1-5-27 标养室

图1-5-28 集装箱式休息室

2）明挖法施工生产区规划与建设

明挖法施工生产区一般分为两个阶段:第一个阶段为围护结构施工阶段,第二个阶段为主体结构施工阶段。明挖车站施工场地平面布置图见附件1-5-1,明挖区间施工场地平面布置图见附件1-5-2。

（1）材料堆场

①钢筋堆场宜与钢筋加工场统一规划建设,减少材料二次倒运。钢筋宜根据型号分类放置在专用的存放支架上。

②防水材料堆场应当具备防晒功能,存放于室内,通风良好,避免日晒雨淋。高出周边地面20cm,材料码放总高度不大于1.5m。

③水泥、膨润土存放宜采用砌体结构或活动板房库房。库房地面进行硬化处理,地面必须高于室外地面20cm以上,并铺设隔潮材料。硬化地面上设置15cm高木架,将袋装水泥、膨润土架空存储,进出库遵循"先进先出"的原则。散装水泥应采用水泥罐储存。

④砂石料存放料仓可采用240mm厚实心砖墙砌筑,顶部设防雨棚。砂石料棚一般安置在搅拌站附近,减少倒运。

⑤油料、氧气瓶、乙炔瓶等易燃易爆物料应当单独存储,远离火源,并在存储位置设置消防器材。

（2）加工场

①加工棚可采用固定式结构（图1-5-29）或移动式结构（图1-5-30）。固定式加工棚（图1-5-31）采用型钢立柱及桁架,顶部设置采光板,四周外包彩钢板并预留窗户,安装2台5t桥式起重机。移动式加

工棚轨道应通长铺设于钢筋存储加工区场地,贯穿钢筋存储区、加工区和半成品堆放区;加工棚可沿轨道行走,轨道可采用槽钢或角钢倒扣,也可采用钢轨;加工棚外侧两面适当设置挡雨板。

图1-5-29　固定式钢筋加工棚

图1-5-30　移动式钢筋加工棚

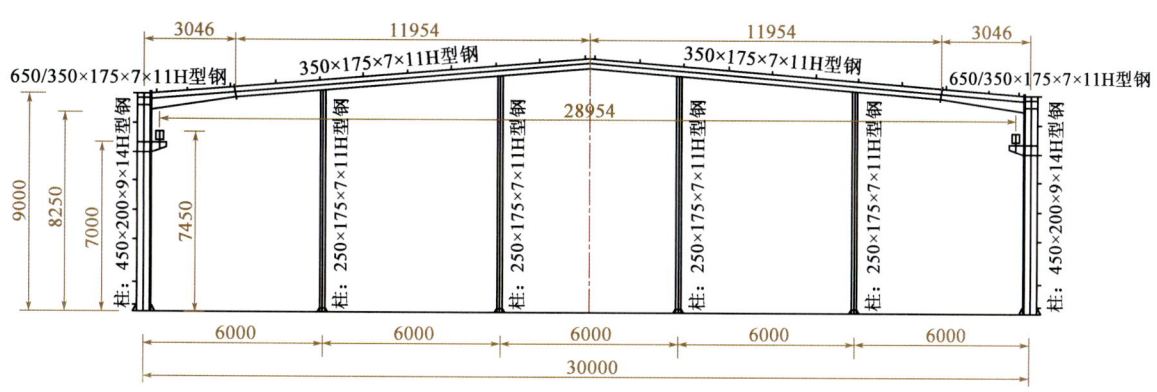

图1-5-31　固定式钢筋加工棚横断面图(尺寸单位:mm)

②地下连续墙钢筋笼加工场地应单独设置(图1-5-32),分别与存储区、半成品堆放区相邻。钢筋笼应在专用加工平台上进行加工,平台采用工字钢焊接,长度及宽度根据钢筋笼规格确定。

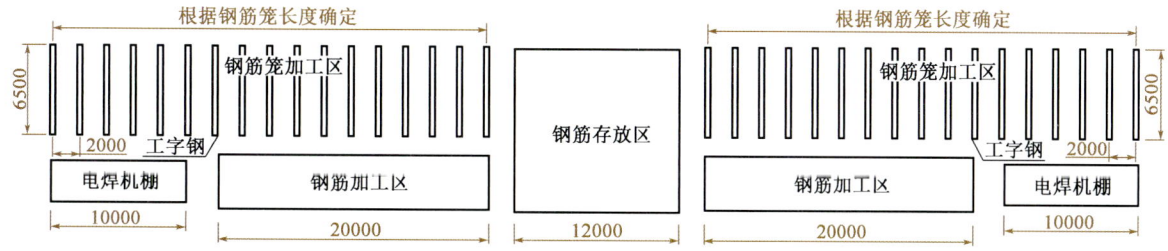

图1-5-32　地下连续墙钢筋笼加工场地布置图(尺寸单位:mm)

③加工棚应悬挂安全操作规程、设备标示牌、宣传标语等,场区配置足够的灭火器材。

④加工场内设置照明,以满足夜间施工。

⑤加工场的一端应设置两个废料池,废料池的大小根据场地条件及回收频次进行确定。

3)盾构法施工生产区规划与建设

土压平衡盾构施工场地平面布置图见附件1-5-3,泥水平衡盾构施工场地平面布置图见附件1-5-4。

详细内容见本手册"第3篇　盾构法施工"。

4) 矿山法施工生产区规划与建设

矿山法一般应设置封闭式竖井进行施工。

(1) 竖井提升系统必须实施封闭管理,封闭隔离材料采用能有效吸收或减弱噪声的材料,并设置通风换气装置。

(2) 现场应在竖井上方设置提升架 1 台,宜采用 2 台不小于 10t 的电动葫芦或抓斗进行竖井内垂直运输。

(3) 竖井提升系统的醒目位置应悬挂安全警示标识、机械设置标识及安全操作规程牌等。

提升架封闭设置示例如图 1-5-33 所示,竖井提升系统剖面图如图 1-5-34 所示。

图 1-5-33　提升架封闭设置

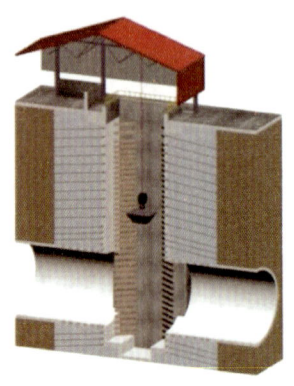
图 1-5-34　竖井提升系统剖面图

5) 高架施工生产区规划与建设

高架部分主要介绍预制梁场的临建标准化内容,预制梁场工程标准图见附件 1-5-5。

6) 轨道施工生产区规划与建设

铺轨基地是轨道施工生产的主要场地,分为吊装、加工、材料存放等几大功能区。某铺轨基地施工场地平面布置图见附件 1-5-6。

7) 装饰装修施工生产区规划与建设

通常情况下,地铁车站装饰装修工程分为前期施工阶段、中期施工阶段以及竣工验收阶段。车站装饰装修施工与机电安装施工存在很多交叉工序,施工复杂程度比较高,生产区应根据不同施工阶段予以调整。

施工生产区建设要求:

(1) 施工围挡、大门范围内必须实行封闭管理。

(2) 门卫室应设置视频监控系统,应能对站厅层、站台层各作业区进行全面监视;应能对进出站的作业人员进行监视。

(3) 施工现场必须符合卫生及环境保护要求。施工现场配备专业保洁人员,保洁指定场地;场地内防火、消防设施必须符合规范要求。

(4) 门卫室还应设置广播系统,确保能通知到站厅层、站台层等作业区,并对日常施工中的违章违规行为进行警示喊话。

(5) 装饰装修阶段现场水平洞口、临边施工较多,对大型孔洞、临边防护必须设置固定护栏,并设置不低于 20cm 的挡脚板,张挂安全网。

(6)施工期间,地下车站(所含区间)的所有区域实施每天24h的不间断照明。光照度必须满足施工与安全要求,所有房间必须配置满足使用需要的照明灯具,设备区走廊、公共区站台层、站厅层均需配备照明灯具,并加设灯罩保护。

(7)在非正常照明的紧急情况下,为保证施工人员的人身安全,快速将人员撤离现场,在加工区、楼梯口、出入口处设置自带电源的应急灯,并按照车站总长每隔20m设置疏散指示灯。

(8)为了防汛工作的有利开展和防汛工作期间雨量的实时监控,应在车站设置雨量计。

(9)由于装修阶段施工材料种类繁多,场地应设置废料池与垃圾池,将装修施工废料分类存放,集中处理。

8)机电安装施工生产区规划与建设

通常情况下,机电安装施工与装饰装修施工为同一单位同期实施,可参照装饰装修施工生产区规划与建设执行。

9)车辆基地施工生产区规划与建设

某车辆段施工场地平面布置图见附件1-5-7,某停车场现场临建施工方案见附件1-5-8。

5.2 智慧工地建设

智慧工地是指运用信息化手段,围绕施工过程管理,建立互联协同、智能生产、科学管理的施工项目信息化生态圈,并将此数据在虚拟现实环境下与物联网采集到的工程信息进行数据挖掘分析,提供过程趋势预测及施工预案,实现工程施工可视化智能管理,以提高工程管理信息化水平,从而逐步实现绿色建造和生态建造。

智慧工地将更多人工智能、传感技术、虚拟现实等高科技技术植入到建筑、机械、人员穿戴设施、场地进出关口等各类物体中,并且被普遍互联,形成"物联网",再与"互联网"整合在一起,实现工程管理相关人员与工程施工现场的整合。智慧工地的核心是以一种"更智慧"的方法来改进工程各相关组织和岗位人员相互交互的方式,以便提高交互的明确性、效率、灵活性和响应速度。

5.2.1 实名制人员管理系统

人员实名制管理"智能化应用",是指在建筑工程施工现场,利用与智慧工地管理平台人员实名制管理子系统对接的智能考勤设备,对人员到岗情况实施考勤,供项目部、企业、主管部门对人员进行管理的智能化管控措施,示例如图1-5-35、图1-5-36所示。

图1-5-35 高速人脸识别设备

图1-5-36 实名登记管理系统

5.2.2 智能安全帽系统

智能安全帽系统以人员实名制为基础,以物联网+智能硬件为手段,利用智能安全帽内置芯片对施工现场人员进行区域或作业面定位,通过站内基站向智慧工地管理平台实时上传定位数据并进行统计分析,给项目管理者提供科学的现场管理和决策依据,示例如图1-5-37、图1-5-38所示。

图 1-5-37 智能安全帽二维码

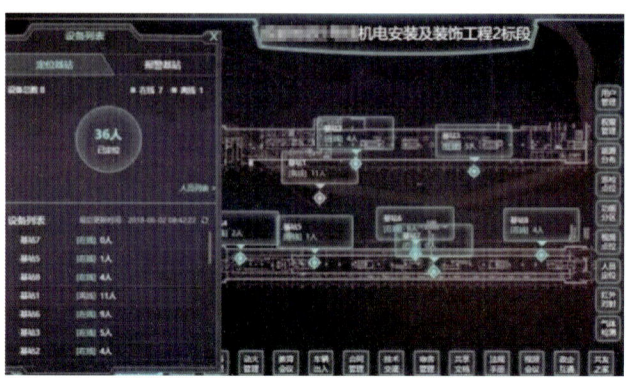

图 1-5-38 安全帽定位系统界面

5.2.3 智能教育培训系统

通过VR(Virtual Reality,虚拟现实)技术逼真模拟应用场景,让施工人员亲身感受,熟练掌握安全操作技能,还配备多媒体安全培训工具箱,用于人员安全教育及考试,做到培训合格后上岗,示例如图1-5-39、图1-5-40所示。

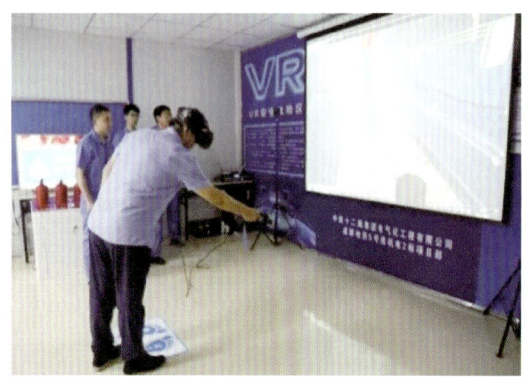

图 1-5-39 智能安全 VR 体验教育

图 1-5-40 网上安全教育系统

5.2.4 视频监控系统

运用视频监控系统辅助施工现场管理,在项目内安装无死角视频监控设备,对主要作业面工序质量和安全文明施工进行全方位监控,并通过网络将视频信号传输至项目部、建设单位,示例如图1-5-41所示。

5.2.5 烟感防灾报警系统

引进烟感防灾报警系统,在易发生火灾隐患区域安装烟感探测器,监测现场烟雾浓度。探测器内置芯片可实时上传监测数据至智慧工地管理平台,当现场发生火灾事故时,系统自动发出警报并短信提醒负责人,项目部人员能够迅速响应,及时组织人员疏散和采取后续应急措施。烟感防灾报警系统监控界面示例如图 1-5-42 所示。

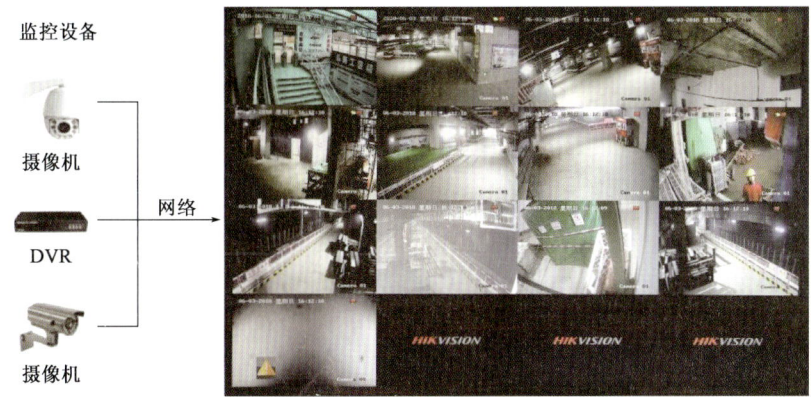

图 1-5-41　视频监控系统

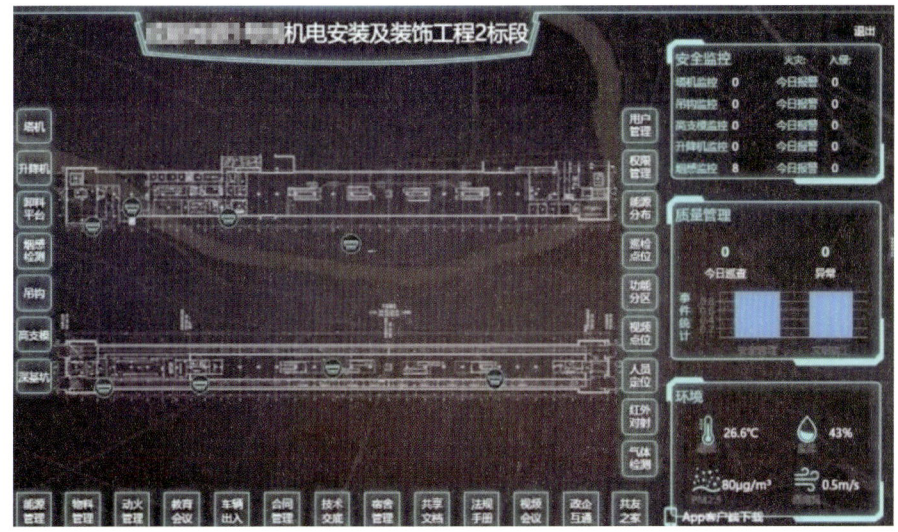

图 1-5-42　烟感防灾报警系统监控界面

5.2.6　防汛报警系统

为提高防汛应急处置能力,减少水灾损失,在地面安装雨量传感器,实时监测降水量、降水强度、降水起止时间,并上传监测信息至智慧工地管理平台。降水量一旦超过设定值,报警器自动报警。防汛监控系统运行原理如图 1-5-43 所示。

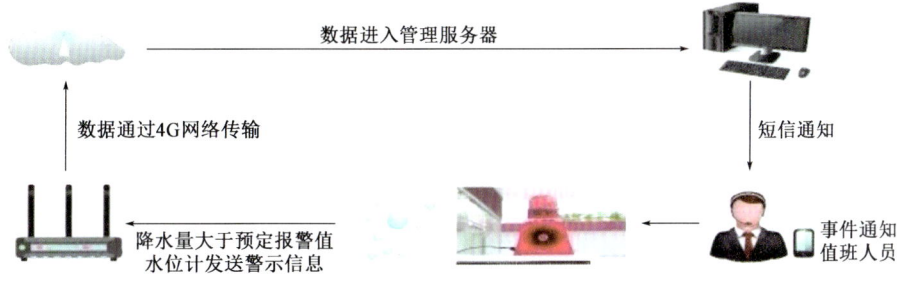

图 1-5-43　防汛监控系统运行原理

5.2.7 环境监测系统

工地环境监测系统对建筑工地固定监测点的扬尘、噪声、气象参数等环境监测数据进行采集、存储、加工和统计分析,并将监测数据和视频图像通过网络传输到后端平台。该系统能够帮助监督部门及时准确地掌握建筑工地的环境质量状况和工程施工过程对环境的影响程度。满足建筑施工行业环保统计的要求,为建筑施工行业的污染控制、污染治理、生态保护提供环境信息支持和管理决策依据。环境监测系统拓扑图如图 1-5-44 所示。

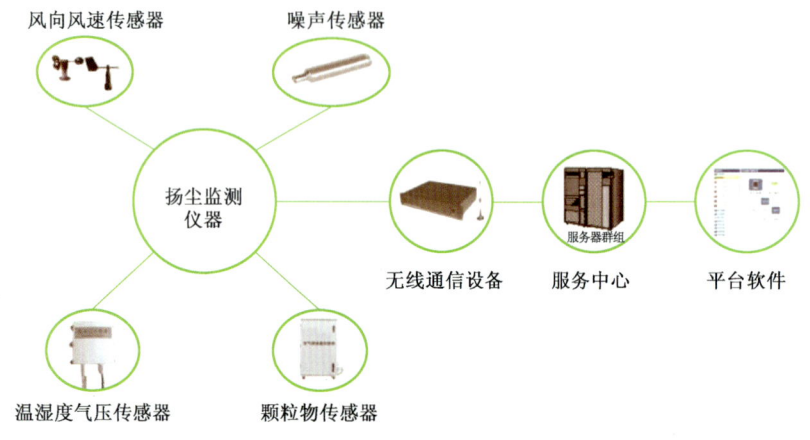

图 1-5-44　环境监测系统拓扑图

5.2.8 红外线感应照明系统

为节约能源,保护并延长临时照明灯具的使用寿命,减少检修维护费用,降低施工成本,在地下施工现场配置红外线感应照明系统。通过红外线开关感应照明区域内有无人员作业,自动开启、关闭照明电源,同时还结合视频监控系统进行远程操控,分时、分段控制地下照明区域,示例如图 1-5-45 所示。

图 1-5-45　红外线感应节能照明

5.3 过程控制标准化

地铁工程由车站及区间结构、轨道、装饰装修、机电安装等多道工序,多个流程组合而成,只有每个工序不出瑕疵，才能创建一个精品工程。因此，施工中需对各工序进行精细化控制和施工，从而确保施工安全质量，达到创建精品工程的目的。

本节主要从 8 个方面对过程控制标准化要求进行展示，见附件 1-5-9。

5.4　标准化管理实例

1）盾构施工标准化管理实例

以中铁××局集团有限公司盾构标准化施工管理为例，介绍了该公司在盾构施工中强化施工作业标准化、安全管理标准化、文明施工标准化、临时设施标准化，最终增强了该公司盾构施工能力，提升了其企业信誉，见附件 1-5-10。

2）某国际会展中心配套市政项目标准化管理实例

由中铁××局集团有限公司施工的某国际会展中心配套市政项目，施工期间狠抓安全、质量、文明施工标准化管理，收到了良好的效果，见附件 1-5-11。

3）标准化管理实例

由中铁××局集团有限公司施工的某地铁车站工程，通过提升标准化管理措施，在临时设施、安全、质量和文明施工管理中予以落实，标准化管理成效显著，见附件 1-5-12。

本章附件

附件 1-5-1　明挖车站施工场地平面布置图
附件 1-5-2　明挖区间施工场地平面布置图
附件 1-5-3　土压平衡盾构施工场地平面布置图
附件 1-5-4　泥水平衡盾构施工场地平面布置图
附件 1-5-5　预制梁场工程标准图
附件 1-5-6　某铺轨基地施工场地平面布置图
附件 1-5-7　某车辆段施工场地平面布置图
附件 1-5-8　某停车场现场临建施工方案
附件 1-5-9　过程控制标准化
附件 1-5-10　中铁××局集团有限公司盾构标准化施工管理纪实
附件 1-5-11　某国际会展中心配套市政项目标准化管理
附件 1-5-12　某地铁车站标准化管理

本篇参考文献

[1] 张长友.土木工程施工组织与管理[M].北京:中国电力出版社,2013.

[2] 张迪,申永康.建筑工程施工组织[M].北京:科学出版社,2018.

[3] 彭圣浩.建筑工程施工组织设计实例应用手册[M].北京:中国建筑工业出版社,2016.

[4] 安沁丽,刘如兵.建筑工程施工准备[M].南京:南京大学出版社,2016.

[5] 江正荣.建筑施工计算手册[M].4版.北京:中国建筑工业出版社,2018.

[6] 全国一级建造师执业资格考试用书编写委员会.建设工程项目管理[M].北京:中国建筑工业出版社,2019.

[7] 董年才,陆惠民.工程网络计划技术应用教程[M].北京:中国建筑工业出版社,2016.

[8] 赵丽.城市综合体项目工期管理指南[M].北京:中国建筑工业出版社,2012.

[9] 徐伟,李劭辉,王旭峰.施工组织设计计算[M].北京:中国建筑工业出版社,2011.

[10] 建筑施工手册(第五版)编写组.建筑施工手册[M].5版.北京:中国建筑工业出版社,2013.

[11] 陈克济.地铁工程施工技术[M].北京:中国铁道出版社,2014.

[12] 陈馈.盾构设计与施工[M].北京:人民交通出版社股份有限公司,2019.

[13] 王清训,陆文华,曹冬冬.机电工程管理与实务[M].北京:中国建筑工业出版社,2018.

[14] 陈新民.深化物流管理 推进企业低成本竞争战略[J].梅山科技,2007(S1):54-56.

[15] 陈敏.企业物资管理及物流成本控制因素及解决方案[J].商情,2015(14):312.

[16] 顾振东.浅谈物资采购中的成本管理[J].铁道物资科学管理,2003(2):42-43.

[17] 李晓亮.试论铁路工程项目物资采购管理的有效措施[J].现代商业,2011(32):104.

[18] 李劲山.建筑企业的材料成本管理措施[J].辽宁经济,2010(2):93.

[19] 牛萍萍.分析建筑工程项目信息化管理中存在的问题及对策[J].技术与市场,2017,24(4):223+225.

[20] 马之飞.谈地铁机电安装工程的施工与协调管理[J].绿色环保建材.2018(7):234,236.

[21] 全国安全生产标准化技术委员会.安全标志及其使用导则:GB 2894—2008[S].北京:中国标准出版社,2009.

[22] 公安部.建筑灭火器配置设计规范:GB 50140—2005[S].北京:中国计划出版社,2005.

[23] 中国电力企业联合会.建设工程施工现场供用电安全规范:GB 50194—2014[S].北京:中国计划出版社,2015.

[24] 住房和城乡建设部.城市工程管线综合规划规范:GB 50289—2016[S].北京:中国建筑工业出版社,2016.

[25] 住房和城乡建设部.城市电力规划规范:GB/T 50293—2014[S].北京:中国建筑工业出版社,2014.

[26] 住房和城乡建设部.建筑电气工程施工质量验收规范:GB 50303—2015[S].北京:中国建筑工业出版社,2015.

[27] 中国土木工程学会.城市轨道交通地下工程建设风险管理规范:GB 50652—2011[S].北京:中国建筑工业出版社,2011.

[28] 住房和城乡建设部.建设工程施工现场消防安全技术规范:GB 50720—2011[S].北京:中国计划出版社,2011.

[29] 住房和城乡建设部.城市轨道交通工程监测技术规范:GB 50911—2013[S].北京:中国建筑工业出版社,2014.

[30] 住房和城乡建设部.城市道路交通标志和标线设置规范:GB 51038—2015[S].北京:中国计划出版社,2015.

[31] 住房和城乡建设部.施工现场临时用电安全技术规范:JGJ 46—2005[S].北京:中国建筑工业出版社,2005.

[32] 住房和城乡建设部.工程网络计划技术规程:JGJ/T 121—2015[S].北京:中国建筑工业出版社,2015.

[33] 住房和城乡建设部.施工现场临时建筑物技术规范:JGJ/T 188—2009[S].北京:中国建筑工业出版社,2010.

第 2 篇
明挖法施工

○ **本篇编审委员会**

主编单位：中铁十六局集团有限公司
　　　　　中铁十七局集团有限公司
　　　　　中铁十九局集团有限公司
　　　　　中国铁建大桥工程局集团有限公司
　　　　　中铁第四勘察设计院集团有限公司

主　　编：马　栋

副 主 编：王选祥　于占双　付军恩　刘国宝

参　　编：李永刚　李宏达　魏元博　姚　羽　董　宇　张公羽　刘珂汛
　　　　　沈宏雁　尹建伟　张秋花　陈学龙　张　波　谢建平　王琮清
　　　　　赵艳彬　杨宇兴　杨欣达　孙百锋　唐国强　张　新　孙　策
　　　　　郭建强　张　庆　谢　俊　赵　明　蔡建鹏　黄振科　柯　尉
　　　　　江中华　刘　莎　郭　磊　周　兵　李　坤

审　　定：蒋雅君　谢雄耀　张　弥　赵菊梅

秘　　书：李永刚　韩三平　宋立柱　汤振亚　单　琳

标准规范

本篇使用的主要标准规范如下：
1. 《建筑边坡工程技术规范》（GB 50330）
2. 《建筑地基基础设计规范》（GB 50007）
3. 《混凝土结构设计规范》（GB 50010）
4. 《钢结构设计标准》（GB 50017）
5. 《城市轨道交通技术规范》（GB 50490）
6. 《地下铁道工程施工质量验收标准》（GB/T 50299）
7. 《混凝土结构工程施工质量验收规范》（GB 50204）
8. 《地下铁道工程施工标准》（GB/T 51310）
9. 《热轧H型钢和剖分T型钢》（GB/T 11263）
10. 《热轧型钢》（GB/T 706）
11. 《地铁设计规范》（GB 50157）
12. 《工程测量规范》（GB 50026）
13. 《建筑基坑工程监测技术标准》（GB 50497）
14. 《混凝土结构工程施工规范》（GB 50666）
15. 《钢结构工程施工规范》（GB 50755）
16. 《钢结构工程施工质量验收标准》（GB 50205）
17. 《建筑地基基础工程施工规范》（GB 51004）
18. 《建筑地基基础工程施工质量验收规范》（GB 50202）
19. 《爆破安全规程》（GB 6722）
20. 《建筑基坑支护技术规程》（JGJ 120）
21. 《建筑变形测量规范》（JGJ 8）
22. 《建筑桩基技术规范》（JGJ 94）
23. 《型钢水泥土搅拌墙技术规程》（JGJ/T 199）
24. 《建筑深基坑工程施工安全技术规范》（JGJ 311）
25. 《地下工程盖挖法施工规程》（JGJ/T 364）
26. 《建筑地基处理技术规范》（JGJ 79）
27. 《供水水文地质钻探与管井施工操作规程》（CJJ/T 13）
28. 《建筑与市政工程地下水控制技术规范》（JGJ 111）
29. 《基坑工程施工监测规程》（DG/T J08-2001）
30. 《建筑基桩检测技术规程（附条文说明）》（DG J08-218）
31. 《水利水电工程钻孔抽水试验规程》（SL 320）
32. 《抽水试验规程（附条文说明）》（YS 5215）
33. 《基坑管井降水工程技术规程》（DB42/T 830）
34. 《轨道交通车站工程施工质量验收标准》（QGD-006）
35. 《建筑基坑工程技术规程》（DBJ/T 15-20）

METRO CONSTRUCTION HANDBOOK

篇首语

明挖法具有施工作业面多、进度快、工期短、工程造价相对其他施工方法低的特点，一般适用于拆迁量不大和允许降水的环境以及比较开阔的场地和稳定性较好的地层。由于技术成熟且可以很好地保证工程质量，目前明挖法已经成为地铁工程施工中最常用的施工方法之一，尤其是地铁车站主要采用明挖法开挖和修建。明挖法施工技术中的关键内容就是基坑工程，在工程实践中应根据地铁工程基坑的深度、工程地质和水文地质条件、周边环境条件、地面交通状况、技术经济条件等因素合理确定地铁工程的基坑结构形式和开挖技术，以保证地铁工程基坑开挖的安全性、经济性达到预期目标。

本篇系统总结了我国地铁工程明挖法施工技术理论和实践，分别从结构形式及适用范围、施工机械、施工工艺、施工质量控制及验收标准、质量通病与防治措施等展开阐述，全面、细致地展现了地铁明挖法施工技术要点。本篇内容共分6章。第1章对明挖法施工及其特点、技术体系以及发展趋势进行总体概括。第2～6章分别从围护结构、内支撑系统、基坑土体加固、地下水控制、基坑土石方工程等方面进行介绍，并结合工程案例对各章重点技术内容的现场应用进一步说明。

地铁工程明挖法施工技术影响周边的环境和交通，同时又受相关政策、施工工期和现代化设备的制约。因此，不断提高机械化水平并加强对信息化手段的使用，将会对明挖法现场施工安全和管理起到积极的作用。同时，随着信息化、智能化时代的到来，明挖法施工也需要不断提高施工装备的信息化水平和拓展智能装备的使用范围，紧密结合具体工程特点，实现明挖法地铁工程现场的高效、精准、安全、智能化施工管理。

第 1 章 概述

明挖法是目前我国城市地铁尤其是地铁车站最常用的一种施工方法,主要包括围护结构、内支撑体系、地下水控制、基坑土石方工程等内容。既有资料表明,我国地铁车站采用明挖法施工的占比为85%以上,充分体现出该工艺施工的优越性及适应性。我国在明挖法地铁施工中积累了丰富的经验,已经形成了相对完善的施工技术体系,在地面交通和环境允许的情况下,一般首先考虑明挖法施工的可行性。本章主要对明挖法的定义、施工特点及发展趋势进行简单的介绍。

1.1 明挖法简介

明挖法在地面建筑少、拆迁少、地表干扰小的地区较为适用。明挖法由于施工技术简单、快速、经济,常被作为施工方案的首选。明挖法各施工阶段工艺较多,主要根据地质情况、水文情况、周边环境、道路交通及施工场地情况来对施工工艺进行选择划分。

目前,地铁建设中除了常见的一般明挖法外,在一些特殊地段,综合考虑地面交通和工程特点,部分工程采用了盖挖法施工。盖挖法是在明挖法的基础上,为了缩短对交通的阻隔时间,尽早恢复路面交通而采取的修建临时或永久盖板的施工方法,所以业界经常将其与明挖法相提并论。

1.1.1 明挖法

明挖法一般是指在地面开挖,由上而下开挖土石方、支护基坑,直至设计高程后,然后自基底由下向上砌筑完成地铁主体结构,最后回填基坑或恢复地面的施工方法。根据有无支护,可将明挖法基坑划分为敞口放坡基坑和有支护结构的基坑两种,如图 2-1-1 所示。

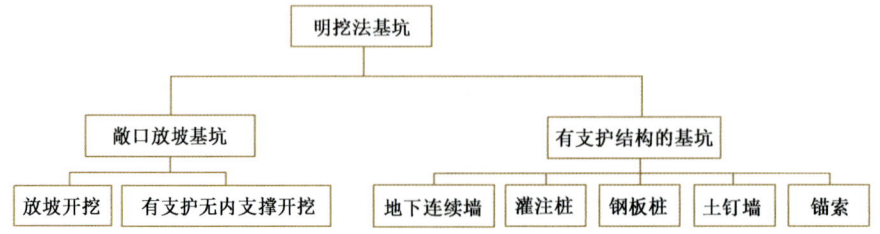

图 2-1-1　明挖法基坑类型

明挖法以其诸多优势成为我国地铁建设尤其是车站施工中常见的施工方法,随着我国地铁建设的快速发展,其施工技术日趋成熟。但是,明挖法也存在一定的缺陷,如在主干道施工则可能因占道时间较长而对城市交通造成影响。同时,明挖法施工具有噪声污染、环境破坏等缺点,而且在施工中需要加强监控,以避免出现地面沉陷、管线爆裂等问题。

1.1.2 盖挖法

盖挖法是基于明挖法施工技术的改进,事先修建盖板,并在其遮盖下进行后续作业的施工方法。盖挖法按主体结构的施工顺序,又细分为盖挖顺作法、盖挖逆作法(即全逆作法)、盖挖半逆作法。与明挖法相比,盖挖法不会长时间占用场地,并且对于地面的影响较小,在城市繁华地段地铁施工中盖挖法具有明显优势。但盖挖法也存在一定的不足:一是施工工艺繁杂,对于施工人员的技术水平具有较高的要求;二是施工条件较差。盖挖法在全国不同地区、不同土质条件下均取得了不少的成功经验。

盖挖法与一般明挖法和暗挖法的主要区别是,先采用地下连续墙、钻孔桩等形式作围护结构,然后修筑地下结构的顶板或临时路面盖板,最后在顶板或临时路面盖板的保护下进行土方开挖和结构施工。因其恢复路面较快,因此对交通的阻断时间很短,相对于暗挖法,该法施工相对简便,造价较低,因此成为部分工程适用的施工方法。

在基坑建设中,盖挖逆作法和盖挖半逆作法在保护周边环境上有比较好的作用和效果,而盖挖顺作法相对较差。比较发现,盖挖逆作法和盖挖半逆作法对环境的保护能力相差并不大,而盖挖半逆作法还是一个经济适用的施工方法,值得在城市中心区域地铁建设中推广应用。

1.2 明挖法施工特点

明挖法施工工艺相对简单,因此在施工设计、施工时间、施工安全质量及工程造价方面存在较大的优势。但地铁一般沿城市主干道前进,站址选择一般位于大客流集散点附近,施工期间对周边环境影响较大,且明挖法为露天施工,因此受环境的影响也较为突出。表2-1-1从施工难度、进度、造价等几个方面对明挖法与暗挖法、盖挖法进行了对比,进一步说明三种施工方法的特点。表2-1-2对明挖法与盖挖顺作法和盖挖逆作法进行了比较。

明挖法与暗挖法对比　　　　　表2-1-1

序号	项目	明挖法	暗挖法	盖挖法
1	施工难度	较小	施工困难	施工较困难
2	进度	较快	较慢	一般
3	对交通的影响	大	无影响	大
4	管线翻交	需要	不需要	需要
5	造价	中	低	高
6	挖土与出土	方便	不方便	较方便
7	支护结构变形	较小	较大	较小
8	材料运输	方便	不方便	较方便

明挖法与两种盖挖法的对比　　　　　表2-1-2

序号	项目	明挖法	盖挖顺作法	盖挖逆作法
1	对地面交通的影响	大	小	小
2	对环境的影响	较大	小	小
3	围护结构形式	多种形式	多用地下连续墙	多用地下连续墙

续上表

序 号	项 目	明 挖 法	盖挖顺作法	盖挖逆作法
4	施工进度	较快	快	慢
5	施工难度	小	小	大
6	工程质量	好	好	一般
7	造价	低	高	较高

1.3 明挖法施工技术体系

如图 2-1-2 所示,明挖法施工主要包括围护结构、内支撑系统、土石方工程、地下水控制、主体结构、防水工程的施工等,其中主体结构施工以及防水工程施工详见"第 5 篇 混凝土结构与防水工程"。

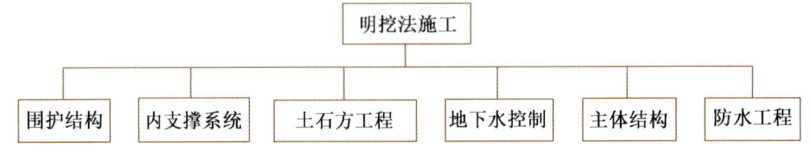

图 2-1-2 明挖法施工技术体系

在我国地铁工程明挖法施工实践中,积累了丰富的基坑围护结构施工经验,目前地铁工程中常见的基坑围护结构包括地下连续墙、钻孔灌注桩、钻孔咬合桩、新型水泥土搅拌桩墙(SMW 工法桩)等形式,本篇将围绕上述类型介绍各围护结构的施工技术要点。

在地铁基坑工程内支撑系统,通常采用围护墙结合的形式。内支撑系统可以有效提高基坑围护结构整体强度和刚度,通常有水平内支撑和竖向内支撑之分,也有选择不同材料和不同形式的内支撑系统,如常见的钢支撑(图 2-1-3)、混凝土支撑、型钢支撑及钢筋混凝土与型钢组合支撑等形式,均在地铁基坑工程中得到了广泛应用。

图 2-1-3 地铁基坑工程中的钢支撑

地铁基坑土石方工程主要包括场地平整、基坑开挖、土方装运、土方回填压实等。通常地铁基坑开挖工程规模较大,合理地使用机械化装备可以为高效、安全施工作业提供保障,并可以节约工期。基坑土石方开挖需要采取相应的支护技术,以保证车站或区间隧道基坑及其周边环境的安全。地铁基坑土方开挖的方案应结合基坑支护设计确定,两者相辅相成。本篇主要论述地铁基坑土石方施工的机械设备、无内支撑基坑开挖(以放坡开挖为例)、有内支撑基坑开挖(按明挖法、盖挖顺作法、盖挖逆作法三种工法进行论述)、岩质基坑开挖、土方回填等内容。

地下水控制主要采取基坑降水的方法,根据降水范围分为基坑内降水和基坑外降水。降水的主要目的是保证施工安全顺利地进行。对降水提出的要求,包括确定降水的目标含水层、要求降水达到的目标,降水对环境影响的要求,以及为降低对环境的影响所采取的措施等。对于具体的工程,首先基于基坑周边环境限制条件,结合工程地下水的特性及其控制措施,估算涌水量,进行适当、合理的降水设计,在降水试验的基础上开展降水运行工作。

图 2-1-4 为某工程采用钢支撑的明挖法施工工艺流程图。

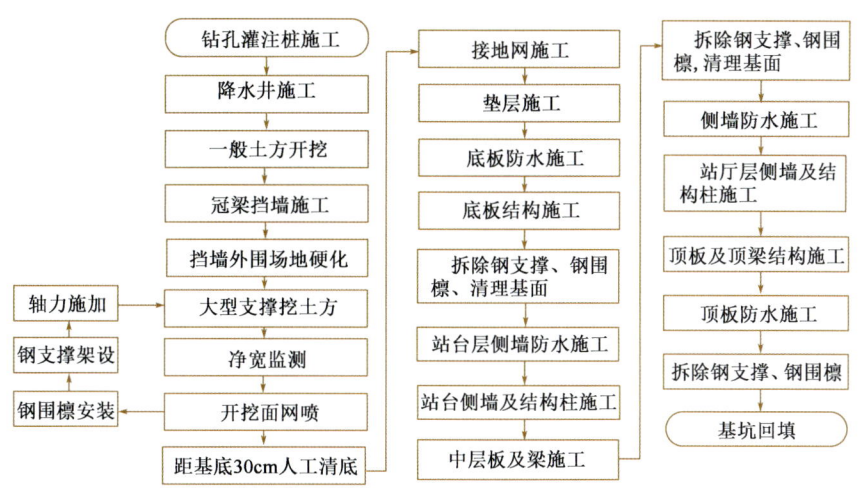

图 2-1-4　某工程明挖法施工工艺流程图

1.4　明挖法发展趋势

明挖法因其施工难度小、质量容易保证、工期短、造价低,在早期的地下工程施工中应用较多,但该工法存在占地多、拆迁量大、影响交通、噪声污染严重等不足,且随着浅埋暗挖法施工技术的成熟和盾构法的引进,其在地下工程施工中的应用逐渐减少。目前国内外地下工程施工中,明挖法主要应用于大型浅埋地下建筑物的修建和郊区地下建筑的修建,且逐渐演化成盖挖和明暗挖结合的施工方法。但总体来讲,明挖法在地下工程建设中仍是主要施工方法。

由于现阶段明挖法施工中,依然存在对人工劳动力的依赖性,且对城市环境及周边建筑物影响较大等问题,明挖法施工未来将朝着机械化、信息化、智能装备等方向发展,通过采用更加先进的施工设备实现精细化施工和管理,在确保施工质量的前提下,提高施工安全性和施工效率,为城市地下空间发展创造更多的价值。

根据对现有地铁工程施工情况的分析,总结出明挖法的发展特点见表 2-1-3。

地铁明挖法发展特点　　　　　　　　　　　　　表 2-1-3

序号	发展特点	简述
1	施工机械化程度不断提高	随着施工设备的不断发展与换代,机械化施工逐步取代人工作业,使得施工中的各项参数更加精准,施工质量与效率随之提高,施工安全风险也逐步降低
2	施工工艺不断发展	新工艺与新材料不断涌现,降低了城市地下空间开发的成本与难度,并适应多种形态的地下空间组合,满足多种设施功能的交叉与共容,高效、经济的施工工艺将会不断产生,尤其是机械挖掘技术与施工自动化技术会有很大进步
3	信息化技术不断拓展应用	建立基于建筑信息模型(BIM)技术应用的施工管理模式和协同工作机制,通过施工模型建立、质量安全监控和风险管控,实现施工过程的可视化模拟和施工方案的不断优化
4	监测体制不断完善	明挖法施工易出现基坑变形现象,随着监测体制的不断完善,基坑监测数据将更加精准、及时和完善,从而使施工中基坑的稳定情况得到更加准确的掌握

续上表

序号	发展特点	简述
5	环境保护施工大量应用与不断发展	明挖法施工对城市空气质量、噪声污染、水资源及交通均有较大程度的影响,随着人们对居住环境质量的要求不断提高,环境保护施工将在工程施工中大量运用,通过增加或完善施工过程中的部分措施,使得明挖法施工对环境的影响程度越来越低
6	托换技术不断发展	随着我国城市人口的密集与空间的紧张,在地下空间开发利用中,将遇到大量的设备冲突、空间交叉及文物保护的情况,由此促进了托换技术的发展。托换技术是解决对原有建筑物的地基需要处理和基础需要加固的问题,以及解决邻近需要建造地下工程而影响到原有建筑物安全问题的一项技术

第 2 章 围护结构

在地铁工程（通常为车站）的明挖法施工中，基坑的围护结构是土体和支护结构相互作用的有机体，主要承受基坑开挖卸荷所产生的水、土压力，并将压力传递给支撑体系，不仅可确保基坑邻近建筑物及设施的正常使用，也可保证基坑的稳定性及坑内作业的安全性。目前地铁工程中常见的基坑围护结构包括地下连续墙、灌注桩、钻孔咬合桩、SMW 工法桩、钢板桩、土钉墙及锚索等（表 2-2-1）。本章将介绍这些围护结构的施工技术要点。

围护结构主要形式及特点　　　　　　　　　　　　　　　表 2-2-1

序号	围护结构形式	适 用 范 围	优 缺 点	工 艺 简 述
1	地下连续墙	主要应用于软土地基或砂土地基中，基坑开挖深度大，或在密集的建筑群中施工的基坑，对周围地面沉降、建筑物的沉降要求需严格限制，且对抗渗有较严格要求的地基中。也可应用于各种卵石和岩层的地基中，但实际施工中存在入岩地下连续墙施工周期长，穿卵石地层时漏浆严重等问题。因此，在卵石和岩层的地基中应谨慎使用	优点：施工时振动小、噪声低、防渗性能好，刚度大、工效高、工期短、质量可靠、经济效益高。缺点：每段墙之间的接头质量较难控制，容易形成结构的薄弱点；在城市施工时，废泥浆不易处理	(1) 施工准备；(2) 导墙施工；(3) 泥浆制备；(4) 成槽施工；(5) 钢筋笼制作及吊装；(6) 水下混凝土浇筑
2	灌注桩	适用于黏性土、砂土、卵石土、碎石土及岩石等地层	优点：墙身强度高，刚度大，支护稳定性好，变形小。根据土层及工期要求，可选择人工挖孔、钻孔灌注桩、冲孔桩、旋挖灌注桩等多种设备。缺点：造价较高，工期较长；桩间缝隙易造成水土流失，特别是在高水位砂层地区，需根据工程条件采取注浆、普通水泥搅拌桩、旋喷桩、大直径搅拌桩、三轴搅拌桩等施工措施来解决止水问题；桩身质量不易控制，易出现断桩、缩颈、露筋和夹泥现象	(1) 施工准备；(2) 导墙施工或护筒安装；(3) 泥浆制作；(4) 成孔施工；(5) 钢筋笼制作及吊装；(6) 混凝土浇筑

续上表

序号	围护结构形式	适用范围	优 缺 点	工艺简述
3	钻孔咬合桩	适用于风化石灰石岩层、砂砾石层及软土地层深基坑围护结构的施工,在饱和富水软土层重要地段的施工中最能体现其优越性。当围护结构需要具备防水效果且不具备地下连续墙施工条件时,可采用钻孔咬合桩	优点:排桩整体受力,抗荷载能力强;防水效果较好,不易塌孔,振动小,适合紧邻地下管线等构筑物的施工;无泥浆、噪声低,文明施工、施工环保效果好,成桩垂直度好,整体性强,节约混凝土。 缺点:施工造价较高,需对接头桩进行堵漏处理,特别是在粉细砂层施工效果不理想	(1)施工准备; (2)钻机就位,埋设护筒; (3)泥浆制作; (4)成孔施工; (5)钢筋笼制作及吊装; (6)混凝土浇筑
4	SMW工法桩	从黏性土到砂性土,从软弱的淤泥和淤泥质土到较硬、较密实的砂性土,甚至在含有砂卵石的地层中经过适当的处理都能够进行施工。软土地区一般用于开挖深度不大于13.0m的基坑工程	优点:施工扰动小、无泥浆污染、振动噪声小、止水性能好、施工工期短、工程造价低。 缺点:在基坑深度较大时围护结构刚性不足,需增加内支撑密度,对施工影响较大	(1)施工准备; (2)导墙施工; (3)拌桩; (4)插入型钢; (5)拔除型钢
5	钢板桩	适用于基坑深度较小的黏性土、粉性土、砂性土、淤泥等土层,也可以在特定硬土层使用	优点:具有良好的耐久性,基坑施工完毕回填土后可将槽钢拔出回收再次使用;施工方便、工期短。 缺点:不能挡水和土中的细小颗粒。在地下水位高的地区需采取隔水或降水措施;抗弯能力较弱,多用于深度不大于4m的较浅基坑或沟槽顶部宜设置一道支撑或拉锚;支护刚度小,开挖后变形较大	(1)钢板制作; (2)安装导向架; (3)钢板桩打设; (4)钢板桩拔除
6	土钉墙	适用于地下水位以上或经人工降水后的人工填土、黏性土和弱胶结砂土的基坑支护或边坡加固,基坑深度小	优点:效率高、成本小、施工噪声小,震动小、环境影响小。 缺点:土钉、面层的刚度较小,支护体系变形较大;土钉易引起水土流失,在施工过程中对土层有扰动,易引起地基沉降;对用地红线有严格要求的场地;防腐性能较差,不适用于永久性工程	(1)土方开挖修坡; (2)初喷混凝土; (3)打设土钉; (4)土钉注浆; (5)绑扎钢筋网片; (6)喷射混凝土
7	锚索	预应力锚索一般用于深基坑支护中的桩锚结构,与刚性桩结合使用	优点:可充分发挥围岩的承载能力,增强围岩稳定性;墙身强度高,刚度大,支护稳定性好,变形小。 缺点:锚索支护施工过程复杂,施工效率较低,不能简便、快速且及时地对深基坑进行有效支护	(1)土方开挖; (2)钻孔; (3)下锚索; (4)注浆; (5)腰梁制作安装; (6)张拉

2.1 地下连续墙

2.1.1 简介

地下连续墙又简称地墙或地连墙,是分槽段用专用机械成槽、浇筑钢筋混凝土所形成的连续地下墙体。地下连续墙于1950年在意大利被开发出来,并最早应用于大坝的防渗墙。20世纪50年代以后传入法国、日本等国,20世纪60年代推广至英国、美国、苏联等国家。20世纪60年代以后,随着施工机具得到不断开发,地下连续墙在全世界范围逐渐得到了较广泛的应用。地下连续墙具有抗渗能力良好、整体性较好的特点,目前在我国地铁车站基坑支护结构中已得到广泛应用。

1)分类

地下连续墙的类型,一般按照成槽方式、墙的用途、墙身材料以及开挖情况进行划分,具体见图2-2-1。

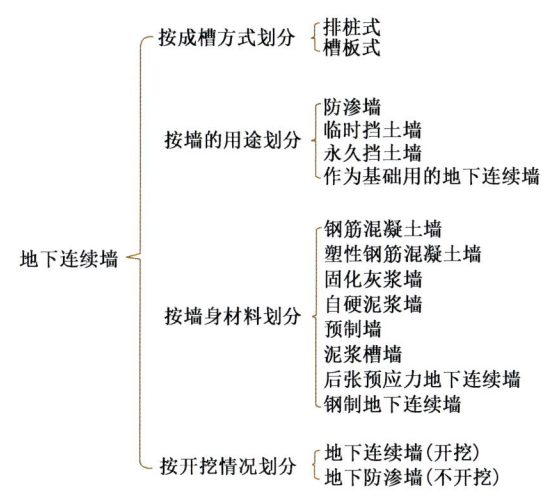

图 2-2-1　地下连续墙分类及形式

2)形状

地下连续墙根据基坑的形状,一般有 Z 形、一形、L 形、T 形、V 形,如图 2-2-2 所示。

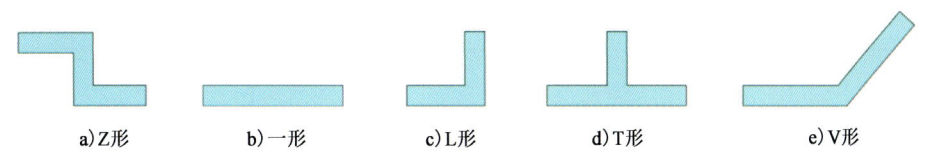

图 2-2-2　地下连续墙的形状

3)接头形式

施工接头是指地下连续墙单元槽段之间的连接接头。根据受力特性,地下连续墙施工接头可分为柔性接头和刚性接头。承受弯矩、剪力和水平拉力的施工接头称为刚性接头,例如钢板组合形式;反之,不能承受弯矩和水平拉力的接头称为柔性接头,例如锁扣管(接头箱)、GXJ(钢片橡胶防水)接头形式、预制式接头和铣槽机接头形式。具体接头形式见表2-2-2。

地下连续墙接头形式　　　　　表 2-2-2

接头形式		适用范围	优　点	缺　点	图　示
柔性接头	锁扣管（接头箱）	适用于深度较浅基坑,一般钢筋笼长度在40m以内	(1)构造简单； (2)施工方便,工艺成熟； (3)刷壁方便,后期槽段下放钢筋笼方便； (4)可重复使用,造价较低	(1)自重大,需分节制作,不能预埋水平接头构件； (2)刚度差,整体性差； (3)抗剪能力差,受力后易变形； (4)接头管接头为弧形,止水效果差； (5)起拔困难,起拔时间难以控制,易产生质量问题	I期槽／II期槽／钢筋未示／圆形接头管／接头箱
	GXJ接头形式	适用于深度较浅基坑,一般钢筋笼长度在40m以内	(1)增强了地下连续墙的整体防渗性能； (2)避免夹泥,有效减少渗漏水； (3)无需考虑混凝土绕流问题； (4)无需刷壁,简化了地下连续墙施工工序,提高了效率； (5)可循环使用,相比十字钢板、H型钢接头,大大降低了造价	(1)接头构造复杂； (2)自重较大,并且长度较长,需要占用较大场地,对起吊要求较高； (3)在起吊、浇筑混凝土、剥离过程中容易发生弯曲变形； (4)不能传递剪力和弯矩,地下连续墙整体受力性能较差	前期槽段混凝土／未开挖的后期槽段
	预制式接头	适用于超深、超厚地下连续墙,更适用于"双墙合一"工程,不适用于入岩地质	(1)接头本身费用比接头管、钢板接头高,但综合单价低,工程总价相对节约； (2)工厂制作,质量较高； (3)现场施工工序少,施工速度快； (4)刚度强,整体效果好； (5)有效防止混凝土扰流； (6)易控制接头平整度,刷壁清浆较为方便	(1)对槽壁垂直度要求高； (2)接头下放不到位,需将整个桩体拔出,安全风险大； (3)接头质量大,占用场地大； (4)需要使用较大起吊装置	I期槽／II期槽／钢筋未示／双凹槽预制钢筋混凝土构件
	铣槽机接头	超深、超厚、超大方量、超硬地下连续墙及其他铣槽机施工情况	(1)应力传递效果好； (2)接头夹泥较少； (3)接头施工不受深度影响； (4)施工方便,节省成本	(1)II期槽段增加,接头数量增多； (2)施工防水困难,易出现渗水现象； (3)设备造价高,使用较少	I期槽／II期槽／I期槽／铣接头

续上表

接头形式		适用范围	优 点	缺 点	图 示
刚性接头	工字钢接头	适用于各种地层,常用于较深、较厚地下连续墙,在土质较差以及对地下连续墙的整体刚度和防渗有特殊要求时采用	(1)防渗、止水效果好; (2)结构整体性好; (3)强度与刚度好; (4)常与接头箱配合使用; (5)工字钢接头夹泥更易清洗; (6)十字钢板接头不需要考虑混凝土灌入时产生的侧压	(1)用钢量大,造价高; (2)工字钢焊接施工复杂,难度较大; (3)加工质量要求高,防扰流铁皮施工中保护困难; (4)十字钢板抗弯性能不理想; (5)十字钢板刷壁和清除墙段侧壁泥浆有一定困难	
	十字钢板接头				

4) 优缺点及适用范围

地下连续墙的优缺点及适用范围见表 2-2-3。

地下连续墙的优缺点及适用范围 表 2-2-3

序 号	项 目	具 体 内 容
1	优点	该工法具有施工时振动小、噪音低、防渗性能好、刚度大、工效高、工期短、质量可靠、经济效益高
2	缺点	每段连续墙之间的接头质量较难控制,往往容易形成结构的薄弱点。制浆及处理系统占地较大,管理不善易造成现场泥泞和污染
3	适用范围	主要应用于软土地基或砂土地基中,基坑开挖深度大,或在密集的建筑群中施工基坑,对周围地面沉降、建筑物的沉降要求需严格限制,且对抗渗有较严格要求的地基中。也可应用于各种卵石和岩层的地基中,但实际施工中存在入岩地下连续墙施工周期长,穿卵石地层时漏浆严重等问题。因此,在卵石和岩层的地基中应妥善使用

2.1.2 施工工艺

地下连续墙的主要施工工序包括导墙施工、槽段划分、泥浆制备与处理、开挖成槽、清底、钢筋笼制作及吊装、水下混凝土浇筑等,其中导墙施工、泥浆制备与处理、开挖成槽、钢筋笼制作与吊装以及水下混凝土浇筑是地下连续墙施工的关键工序。

1) 施工流程

地下连续墙施工流程如图 2-2-3 所示。

2) 施工控制要点

在车站周边有近距离管线、建筑物,浅埋富水砂层、软弱地层、暗浜及有较大地面荷载等情况下,为防止槽壁发生塌方,需要进行槽壁加固。槽壁加固主要根据地下连续墙深度、失稳高度、土体强度和结构、地下水深度、地面分布荷载及施工扰动等因素来确定。通过对地下连续墙槽壁进行加固,可以有效提高槽壁的稳定性,保证成槽质量,且防止在基坑开挖过程中墙体出现渗漏现象。但若施工中垂直度控制不当,则可能会影响地下连续墙的施工。常用槽壁加固方式见表 2-2-4。

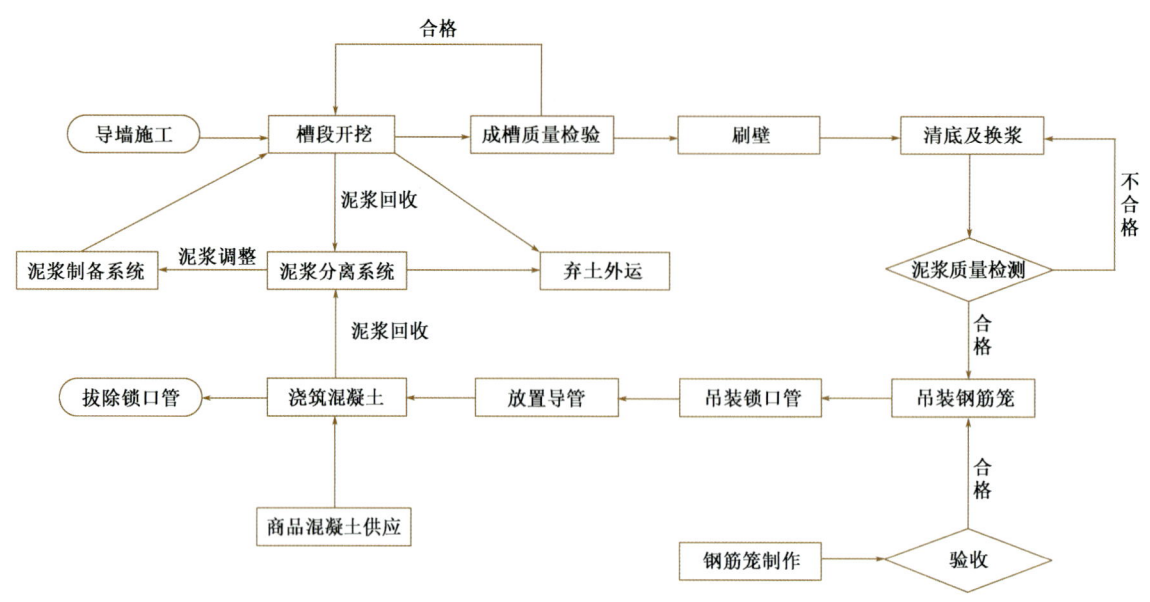

图 2-2-3　地下连续墙施工流程图

常用槽壁加固方式　　　　　　　　　　　　　　　　　　　　　表 2-2-4

加固方式	适用范围	主要作用	优 缺 点
轻型井点降水	适用于水位较高条件下槽壁加固	通过降低槽外水头高度,保证槽内水力梯度大于临界水力梯度,减少外界地下水渗流,提高槽壁稳定性	优点:适用于狭小场地施工;施工成本低、速度快、对周围环境影响小,且降水井可同时用于基坑开挖阶段降水。 缺点:适用地层情况较少,施工应用较少
压密注浆	适用于淤泥、粉土、黏性土等不良地质土层	利用压力将预先配制的水泥浆液通过注浆管定量地压入加固土体中,以充填、置换、压密的方式,对土体进行挤密固化,从而形成一种土与水泥结合的综合作用的复合体,以达到改善土体力学性质,提高槽壁稳定性	优点:不需要打导孔、下花管、止浆等环节,施工效率高;振动造孔为无水钻进,对土体的扰动小。 缺点:注浆加固效果差,土体加固深度较浅
高压旋喷桩	适用于砂类土、黏性土、黄土和淤泥,对于施工工期紧、场地狭小的推荐使用	先利用旋转下沉时喷嘴喷出的高压水流切割、扰动土体,再利用旋转喷出高压浆流冲切土体并与之拌和形成水泥土	优点:注浆量大,被加固土体吸浆量较饱和,承载力及抗渗性能好;设备小巧,适用于狭小场地施工。 缺点:形成的桩体形状不规则,可能会影响地下连续墙垂直度
搅拌桩	适用于淤泥、粉土、黏性土等不良地质土层	采用双轴搅拌桩或者三轴搅拌桩将槽壁两侧土体拌和形成水泥土,提高土体的抗渗性、稳定性与承载力	优点:成桩速度快、效率高、成本低、无振动、无噪声、无污染;形成的桩体形状较规则,不易影响地下连续墙垂直度。 缺点:施工时,会置换出一部分泥浆,对施工现场的文明施工造成一定的影响;施工机械设备较大,不适用于狭小场地

3）导墙施工

导墙的作用是加固和固定槽口、防止地表土体坍塌、作为机械设备的支撑平台、存储泥浆、稳定槽内泥浆液面、保证地下连续墙成槽施工位置的准确性和垂直度等，其施工质量直接关系到地下连续墙的质量。

(1) 导墙的形式

在国内，地下连续墙施工常采用现浇钢筋混凝土结构，这种结构具有刚度大、整体性能好、后期拆除方便等优点。常见的钢筋混凝土导墙断面形式见表2-2-5，需要根据现场实际情况、工程的地质状况等确定导墙形式。

导墙断面形式分类　　　　　　　　　　　表2-2-5

导墙断面形式	适用范围
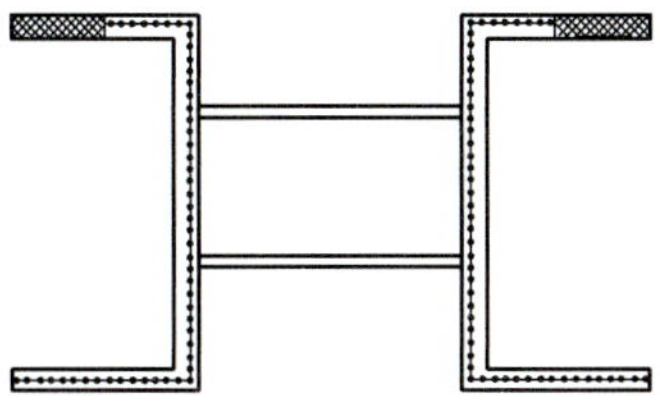	一般多用于施加在导墙荷载相对较大的状况，可依据荷载的大小增加或者减少其延伸部分的长短
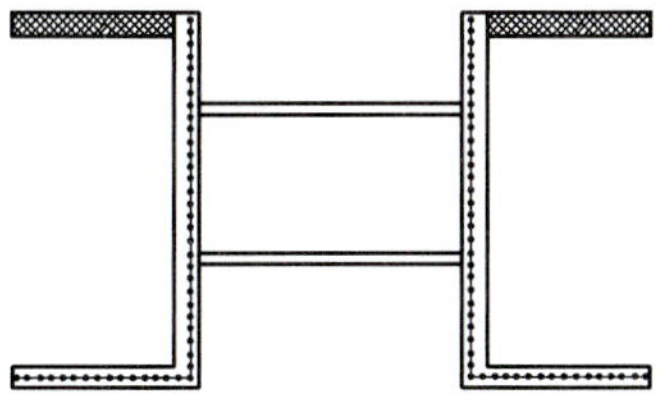	常用于地面表层土强度较小，稳定性不是很好，且容易发生塌陷的砂土或者回填不够密实的地基土
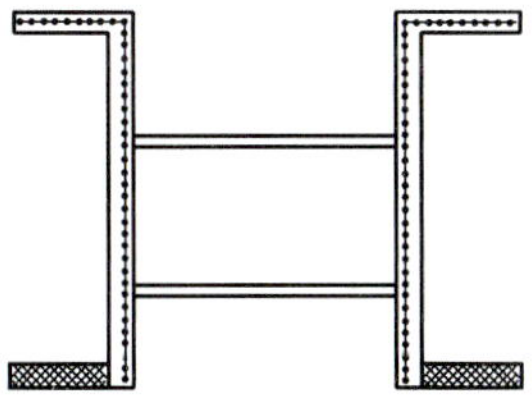	常用于地基土强度较小，且施工过程中，槽孔周边有大型设备的情况
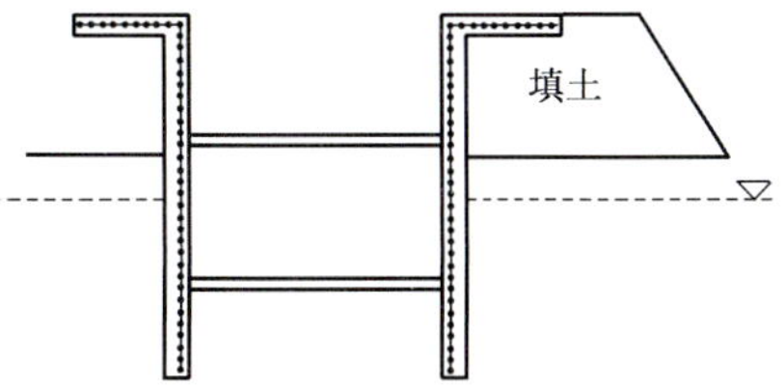	常用作地下水位较高，而且导墙内侧的泥浆面需要高于地面的情况

(2) 施工流程

导墙施工流程如图2-2-4所示。

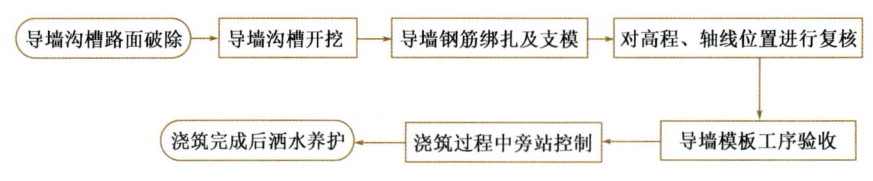

图 2-2-4 导墙施工流程图

(3) 导墙施工控制要点

①导墙沟槽开挖前,需根据地下管线图,用地下管线探测仪或人工探槽将地下连续墙施工范围内原有地下管线探明。对已探明的管线需在征求管线权局单位意见的情况下,对管线进行相应的加固和保护,并对管线位置进行明显标识,防止施工期间对管线造成损坏。管线调查及处理示例如图 2-2-5 所示。

a) 人工探槽　　　　　　　　b) 物探仪　　　　　　　　c) 管线处理

图 2-2-5 管线调查及处理

②导墙的位置。考虑测量、施工误差、垂直度偏差等因素,避免地下连续墙墙面平整度对主体结构造成影响,保证车站主体结构的净空尺寸要求,防止地下连续墙侵限,将地下连续墙轴线向结构外平移一定尺寸,导墙中心也随之向外平移。导墙平面位置误差为 ±10mm,顶面平整度为 5mm。

③导墙施工深度应结合工程地质情况确定,同时应保证导墙底端插入原状土下 30cm。导墙施工根据现场条件,确定分段长度,分节开挖,减少下雨等不利天气影响,快速施工。前一段和后一段导墙相连的施工缝应凿毛清洗,并按规范和设计要求连接好钢筋。

④根据土质情况选择垂直开挖或放坡开挖导墙沟。放坡开挖时,坡度根据现场地质情况选择,沟底宽不应小于地下连续墙厚度 +50mm + 导墙厚度 ×2,配合人工修整清底。施工时,如有松土则平整夯实;如有积水则必须开挖集水坑,用潜水泵抽干;如遇到地下管道,则首先应考虑对管线进行迁移外绕,当不具备迁移条件时,可采用错开管线成槽或对管线临时废除的方式,对施工范围内废除的管线进行断头管封堵,以防止槽内泥浆流失,并用灰土回填夯实,重新开挖导墙沟槽。

⑤导墙开挖好一段,对沟槽的宽度和深度验收合格后,开始绑扎钢筋,安装模板。当双侧立模时,两侧模板均应加撑头及对拉螺栓紧固,墙体外模加斜撑,防止模板变形和外倾,墙板内侧模采用相对撑方式予以固定,必须保证模板系统的稳定性;当单侧立模时,只需在立内模板时采用对撑方式对模板进行加固,以防模板体系在混凝土浇筑时整体位移,同时在附近坚实地面设地锚,对模板顶部进行拉锚加固。导墙单侧立模加固示意图如图 2-2-6 所示。

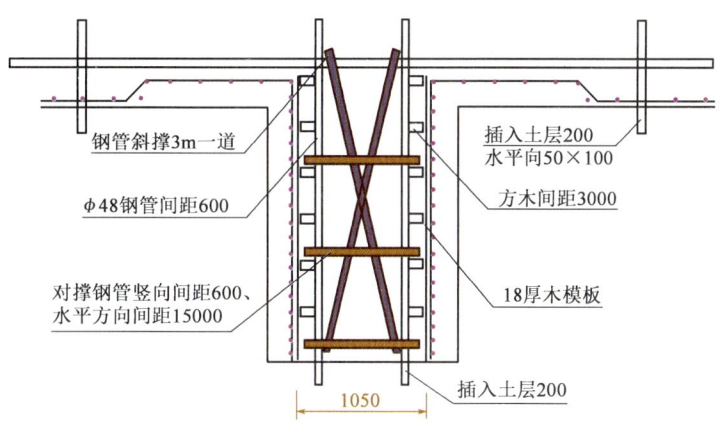

图 2-2-6　导墙单侧立模加固示意图（尺寸单位：mm）

⑥灌注导墙混凝土时，应保证导墙两侧混凝土对称均匀浇筑，禁止单边浇筑或两边高差过大。两侧压力不均衡会导致模板支架偏移或倾斜，从而导致导墙中心偏移或墙体倾斜。混凝土对称均匀浇筑示意图如图 2-2-7 所示。

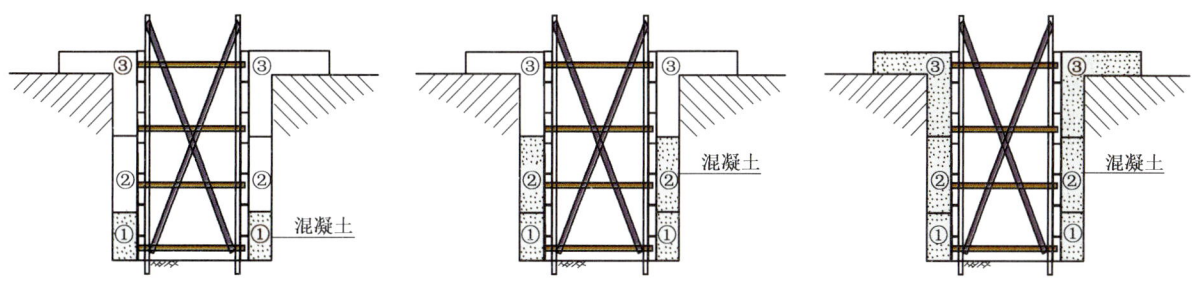

图 2-2-7　混凝土对称均匀浇筑示意图

⑦由于在地下连续墙施工时大型设备作用会产生极大地面荷载，从而导致导墙变形，严重变形时甚至影响导墙净空，故当导墙浇筑完成后，应立即架设支撑顶牢两侧导墙（深导墙相应增加支撑），同时回填优质黏土，确保导墙的稳定。回填优质黏土示意图如图 2-2-8 所示。

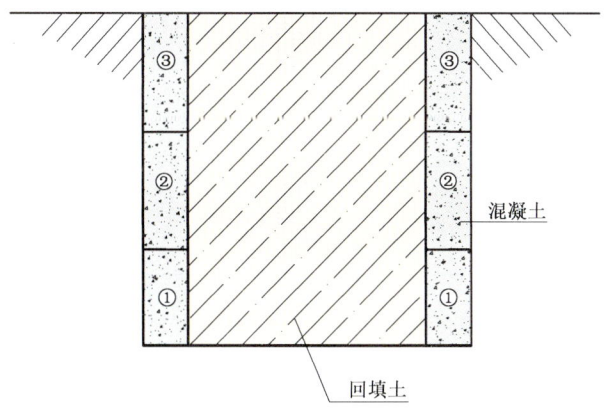

图 2-2-8　回填优质黏土示意图

⑧导墙转角处理。在导墙装转角处，因成槽机的抓斗呈圆弧形，为避免地下连续墙成槽时拐角部位欠挖，导致钢筋笼下放困难，造成坑壁坍塌，应根据周边环境和分幅情况确定拐角外凸部位和尺寸，如图 2-2-9 所示。

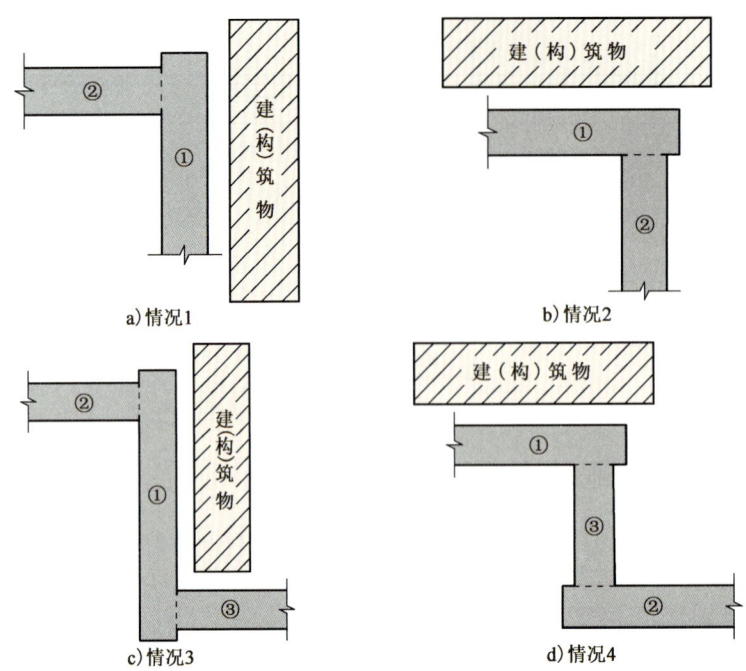

图 2-2-9 导墙转角形式
①、②、③-成槽顺序

4）泥浆制备与处理

(1) 泥浆功用

泥浆是地下连续墙施工中的关键,泥浆主要起到护壁、携渣、冷却和润滑的作用。泥浆功用见表 2-2-6。

泥 浆 功 用　　　　　　　　　　表 2-2-6

序号	泥浆作用	作用机理
1	护壁作用	(1) 泥浆液柱不仅可以平衡水、土压力,还会给槽壁一个向外的作用力,提供液体支撑; (2) 形成泥皮,有效防止槽壁坍塌剥落
2	携渣作用	泥浆具有一定的黏性,能使开挖产生的沉渣、碎屑悬浮起来并通过泥水循环排出槽外
3	冷却和润滑作用	泥浆可降低挖槽机钻具因连续施工发热产生的热量,也可减轻钻具的磨损

(2) 泥浆材料

泥浆材料见表 2-2-7。

泥 浆 材 料　　　　　　　　　　表 2-2-7

序号	泥浆材料	材料描述
1	水	一般采用地下水或河水,且不含或较少含可溶性钙、镁化合物的水。自来水也可用于配制泥浆,但成本相对较高
2	膨润土	实际工程中,可通过小样对比试验选择质量和研磨精细程度较好的膨润土
3	增黏剂	一般采用羧甲基纤维素(CMC),能够有效提高泥浆黏度,增强泥皮形成能力,防止泥浆中的水分流失

续上表

序号	泥浆材料		材料描述
4	分散剂		首要作用是使进入水中的膨润土分散开来,形成外包水化膜的胶体颗粒,减少内部阻力,同时也可置换或惰化泥浆中镁、钙、钠等金属离子,有效改善泥浆性能。常用的分散剂有碱类(如纯碱Na_2CO_3)和木质素磺酸盐类(如铁铬盐FCL)
5	其他外加剂	加重剂	在松软地层或是在有较大承压水存在的地层中成槽时,必须增加泥浆的相对密度以维持槽壁的稳定,加重剂可达到增大泥浆相对密度却不明显增大泥浆黏度的目的,最常采用重晶石粉
		堵漏剂	在渗透系数很大的砂层、砂砾层或有裂隙的地层中成槽时,普通泥浆会大量流失,导致槽壁坍塌,则可采用堵漏剂进行封堵,堵漏剂的粒径宜为漏浆层砂土粒径的10%~15%,稻草末、锯末、有机纤维素聚合物等都是很好的堵漏剂

(3)泥浆质量控制指标

在地下连续墙施工过程中,泥浆需具备物理稳定性、化学稳定性、适当的密度、一定的黏度、薄而韧的泥皮形成性和良好的触变性。对于新配制的泥浆和循环泥浆均应采用相应的仪器对其相对密度、黏度、含砂率、pH值、胶体率、失水量、泥皮厚度等指标进行测量并控制,具体控制指标见表2-2-8。泥浆质量控制指标检验示例如图2-2-10所示。

泥浆质量控制指标　　　　表2-2-8

序号	泥浆性能	新配制泥浆		循环泥浆		检验方法
		黏性土	砂性土	黏性土	砂性土	
1	相对密度	1.04~1.05	1.06~1.08	<1.15	<1.25	比重计
2	黏度(s)	20~24	25~30	<25	<35	漏斗黏度计
3	含砂率(%)	<3	<4	<4	<7	洗砂瓶
4	pH值	8~9	8~9	>8	>8	试纸
5	胶体率(%)	>98	>98	—	—	量杯法
6	失水量(mL/30min)	<10	<10	<20	<20	失水量仪
7	泥皮厚度(mm)	<1	<1	<2.5	<2.5	

a)含砂率检测

b)pH值检测

c)泥浆相对密度检测

d)黏度检测

图2-2-10　泥浆质量控制指标检验

(4)泥浆配合比

不同地区、不同地质水文条件、不同施工设备,对泥浆的性能指标都有不同的要求,为了达到最佳效果,应根据实际情况由试验确定泥浆最优配合比。根据经验,一般软土地层中可按下列质量配合比试配:水:膨润土:CMC:纯碱 = 100:(8~10):(0.1~0.3):(0.3~0.4)。

(5)泥浆拌制

①泥浆池

泥浆输送距离不宜超过200m,否则应在适当地点设置泥浆回收接力池。泥浆池分搅拌池、储浆池、重力沉淀池及废浆池等,其总容积应为单元槽段容积的3~3.5倍。

②泥浆搅拌

泥浆配制应搭设封闭的泥浆棚(图2-2-11),防止对环境的污染。制备泥浆用搅拌机搅拌或离心泵重复循环搅拌,并用压缩空气助拌,投料顺序一般为水、膨润土、增黏剂、分散剂、其他外加剂,拌制流程如图2-2-12所示。制备膨润土泥浆一定要充分搅拌并溶胀充分,否则会影响泥浆的失水量和黏度。

a)外观

b)内部布置

图2-2-11 泥浆棚

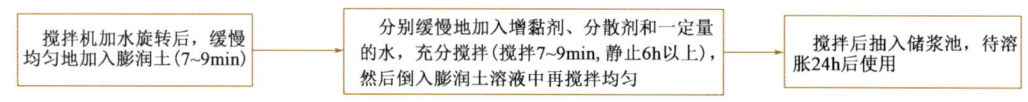

图2-2-12 泥浆拌制流程图

③泥浆储存

膨润土应存放在泥浆棚内并离地垫高10cm,泥浆储存采用集装式泥浆箱及泥浆筒仓,示例如图2-2-13所示。根据经验,泥浆储存量按单日成槽数量的1.2倍考虑,主要根据投入的设备、槽段尺寸及水下混凝土的浇筑安排确定,也可按考虑泥浆损失的经验公式进行估算。

$$Q = \frac{V}{n} + \frac{V}{n}\left(1 - \frac{K_1}{100}\right)(n-1) + \frac{K_2}{100}V$$

式中:Q——泥浆总需要量(m^3);

V——设计总挖土量(m^3);

n——单元槽段数量;

K_1——浇筑混凝土时的泥浆回收率(%),一般为60%~80%;

K_2——泥浆消耗率(%),一般为10%~20%,包括泥浆循环、排水、形成泥皮、漏浆等泥浆损失。

a) 集装式泥浆箱

b) 泥浆筒仓

图 2-2-13　泥浆储存设施

(6) 泥浆处理

泥浆的处理方法因成槽方式而异,对于有泥浆循环的挖槽方法(如钻吸法、回转式成槽工法),在挖槽过程中既要处理含有大量土渣的泥浆,又要处理混凝土浇筑所置换出来的泥浆;而对于直接出渣的挖槽方法(如抓斗式成槽工法),需处理混凝土浇筑所置换出来的泥浆。泥浆的处理方法分为物理再生处理(土渣的分离处理)和化学再生处理(污染泥浆的化学处理),其中物理再生处理又分为重力沉淀和机械处理。泥浆的再生处理,宜将重力沉淀、机械处理和化学处理联合进行。图示泥浆处理流程如图 2-2-14 所示。

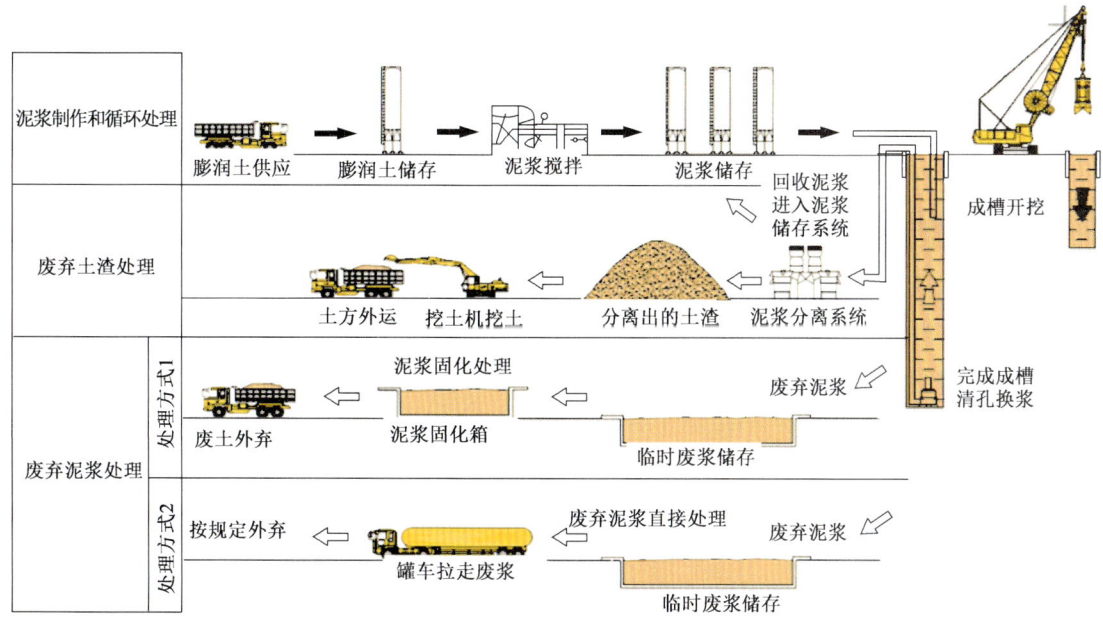

图 2-2-14　图示泥浆处理流程

从槽段中回收的泥浆处理流程如图 2-2-15 所示,泥浆净化系统示例如图 2-2-16 所示。化学处理的一般规则见表 2-2-9。

```
振动筛除较大的土渣 → 沉淀池重力沉淀 → 旋流器分离较小的土渣 → 添加外加剂化学处理
```

图 2-2-15　泥浆处理流程图

a)

b)

图 2-2-16　泥浆净化系统

化学处理的一般规则　　　　　　　　　　表 2-2-9

序号	调整项目	处理方法	对其他性能的影响
1	增加黏度	加膨润土	失水量减小、稳定性、静切力、相对密度增加
		加 CMC	失水量减小、稳定性、静切力增加、相对密度不变
		加纯碱	失水量减小、稳定性、静切力、pH 值增加，相对密度不变
2	减小黏度	加水	失水量增加，相对密度、静切力减小
3	增加相对密度	加膨润土	黏度、稳定性增加
4	减小相对密度	加水	黏度、稳定性减小，失水量增加
5	增加静切力	加膨润土和 CMC	黏度、稳定性增加，失水量减小
6	减小静切力	加水	黏度、相对密度减小，失水量增加
7	减小失水量	加膨润土和 CMC	黏度、稳定性增加
8	增加稳定性	加膨润土和 CMC	黏度增加，失水量减小

混凝土浇筑置换出来的泥浆含大量钙离子，会使泥浆凝胶化，一方面使得泥浆的泥皮形成性能减弱，槽壁稳定性较差；另一方面使得泥浆黏性增加，渣土分离困难，在泵和管道内的流动阻力增大。对于这种泥浆一般先进行化学处理，再进行土渣分离处理。处理后的泥浆经指标测试，可根据需要再补充掺入泥浆材料进行再生调制并重复使用。

劣化泥浆是指浇注地下连续墙混凝土时，同混凝土接触因受污染而变质劣化的泥浆，或经过多次重复使用，黏度和相对密度已经超标却又难以分离净化的泥浆。通常槽段最后 2～3m 浆液因污染严重而直接废弃。对于劣化泥浆的处理，通常先用泥浆箱暂时收存，再用罐车装运外弃；若不具备外弃的条件，则采用泥浆脱水或泥浆固化的方法处理劣化泥浆。

（7）泥浆控制要点及质量要求

①严格控制泥浆液位，确保泥浆液位在地下水位 0.5m 以上，并不低于导墙顶面以下 0.3m，液位下落及时补浆，以防槽壁坍塌。在容易产生泥浆渗漏的土层施工时，应适当提高泥浆黏度和增加储备量，并备堵漏材料。如发生泥浆渗漏，应及时补浆和堵漏，使槽内泥浆保持正常。

②在施工中定期对泥浆指标进行检查测试,随时调整,做好泥浆质量检测记录,一般做法见表2-2-10。

泥 浆 检 测 做 法　　　　　　表2-2-10

序 号	时 间 点	测 试 位 置	测 试 项 目
1	新浆拌制后静置24h	—	全项目
2	成槽过程中(每进尺1~5m或每4h)	—	相对密度、黏度
3	挖槽结束及刷壁完成后	上、中、下三段	相对密度、黏度、含砂率、pH值
4	清槽结束前	槽底以上200mm	相对密度、黏度
5	浇筑混凝土前	槽底以上200mm	相对密度

注:失水量和pH值,应在每槽孔的中部和底部各测一次;含砂率可根据实际情况测定。

③在遇有较厚粉砂、细砂地层(特别是埋深10m以上)时,可适当提高黏度指标,但不宜大于45s,泥浆黏度大,致密性强,泥皮薄,有韧性,张力大且稳定性好;在地下水位较高,又不宜提高导墙顶高程的情况下,可适当提高泥浆相对密度,但不宜超过1.25;并采用掺加重晶石的方案,泥浆相对密度大,水头压力大,平衡性好,但泥皮较厚易坍塌。

④减少泥浆损耗措施:在导墙施工中遇到的废弃管道要堵塞牢固,遇到土层空隙大、渗透性强的地段应加深导墙。

⑤防止泥浆污染的措施:灌注混凝土时导墙顶加盖板阻止混凝土掉入槽内;挖槽完毕应仔细用抓斗将槽底土渣清完,以减少浮在上面的劣质泥浆数量;禁止在导墙沟内冲洗抓斗;不得无故提拉浇筑混凝土的导管,并注意经常检查导管水密性。

5)槽段开挖

(1)槽段划分

地下连续墙单元槽段长度取决于以下因素:

①地下连续墙单元槽段的构造、形状(拐角和端头等)、墙的厚度和深度。

②施工所要求的成槽壁面的稳定性、对相邻结构物的影响、成槽机的最小成槽长度、混凝土拌合站的供应能力、泥浆储备池的容量、钢筋笼的质量和尺寸、作业场地占用面积和可以连续作业的时间限制。

③槽段与地下管线的位置情况,管线应该划分在对应槽段的中间位置或成槽机相邻抓斗施工接头处为宜。

④一般情况下单元槽段长度宜为4~6m。单元槽段上应标注清楚槽段编号、分幅线、声测管、测斜管、导墙高程、是否有其他预埋件等信息。槽段划分及编号示例如图2-2-17所示。

a)示例一

b)示例二

图2-2-17　槽段划分及编号示例

⑤首开幅和连接幅。成槽工序是地下连续墙施工的关键工序之一,既控制工期又影响质量。根据地下连续墙的施工工艺,分首开幅(新开槽段)、连接幅(一个邻边已施工的槽段)、闭合幅(两个邻边均已施工的槽段)。应重视首幅地下连续墙的施工,过程中要反复测量垂直度,找到合适的施工参数。

(2)成槽设备及方法

地下连续墙成槽方法主要可以分为抓取法、冲击法以及铣槽法,分别对应设备为抓斗成槽机、冲击钻机及液压双轮铣槽机。具体采用哪种方法,主要依据项目的工程地质情况和施工单位的装备情况进行选择。地下连续墙成槽施工机械见表2-2-11。

地下连续墙成槽施工机械　　　　　表2-2-11

成槽方法	施工机械	适用地层	优缺点	主要特点	图示
抓取法	抓斗成槽机	广泛适用于软土地层	主要优点:钢绳抓斗简单耐用、价格相对低廉,液压抓斗的闭斗能力大、挖槽能力强,多设有纠偏装置,其成槽效率和成槽质量高,国内运用广,是地下连续墙施工最常用的方法。 主要缺点:地层的适应性不及冲击钻,不适应漏浆严重和架空严重、稳定性差的地层及大块石、漂石、基岩;地层的标准贯入度大于40击时,其使用效率很低;对含有大漂石的地层,采用重锤冲击才能完成钻进	抓斗式成槽机目前是国内地下连续墙的主流设备,可分为钢丝绳抓斗、液压导板抓斗、导杆式抓斗和混合式抓斗。抓斗以其斗齿切削土体,切削下的土体收容在斗体内,提出槽段后开斗卸土,反复循环挖土成槽	
钻进法	冲击钻机	适用于一般软土地层,也可适用在砂砾石、卵石、漂石及非全断面岩层	主要优点:地层适应性强;随着钻进的改进,针对不同的地层采用相应的钻具可以提高其施工工效。 主要缺点:与其他机械设备相比,其施工工效较低。由于采用抽排掏渣的方法会产生大量的泥浆,对施工现场的污染严重,因此不利于大规模的施工作业	利用钢绳悬吊的钻头上下运动来冲击破碎地层,采用曲柄连杆机构回转运动并为往复运动或卷扬机来提升和下落钻具,利用钻具提升后自由下落的重力冲击破碎地层从而实现钻进目的	
铣槽法	液压双轮铣槽机	适用于积层、全断面岩层	主要优点:挖掘效率高,依据相关资料,在松散沉积层中的生产效率达20~40m³/h,在砂岩中可达到16.3m³/h,在中等硬岩可达1~2m³/h;利用电子测斜装置与导向调节系统、可调角度的鼓轮旋铣器来保证挖槽精度,精度高达0.1%~0.2%。 主要缺点:不适应漂石地层和夹有大块石、孤石的疏松地层;设备昂贵,在国内未能大量引进,可替换性不强	液压双轮铣槽机是一种带有3个潜入孔底的液压马达和泥浆反循环系统的开挖设备,其成套的设备由起重机、铣槽轮总成和泥浆站三大部分组成。工作时,用液压驱动安装在机架上的两个鼓轮向相反的方向转动,鼓轮上的碳化钨将地层旋铣、切割、挤碎,松动后的土、砂、卵石碎块用泵抽吸至地面	

①抓取法成槽施工方法

槽段施工顺序:根据现场施工场地及工期进度情况,先施工数个首开幅,然后再施工连接幅、闭合幅。但无论如何,已浇筑完毕的地下连续墙混凝土终凝前其邻边不得开槽。地下连续墙分期施工示意图如图 2-2-18 所示。

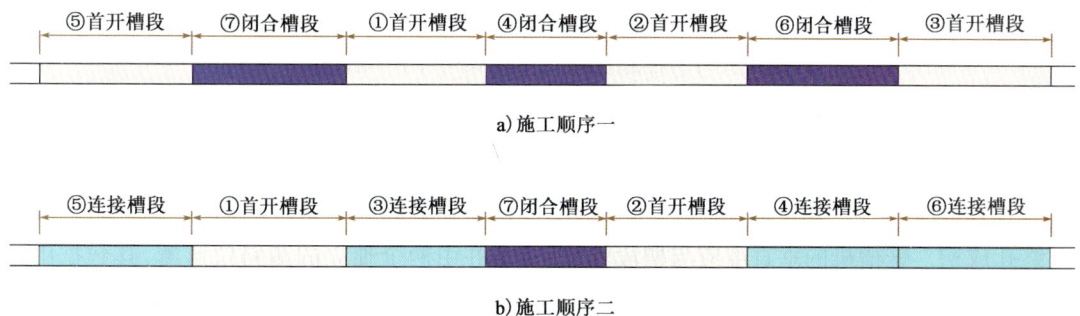

图 2-2-18　地下连续墙分期施工示意图

根据槽段的划分,一般采用三序成槽,先抓槽段两侧土体,后抓中间土体。抓取完成后,用带钢丝刷的钻头对槽壁两侧进行刷洗,洗刷完成后用抓斗进行清底工作,直至成槽完成。成槽施工顺序如图 2-2-19 所示。

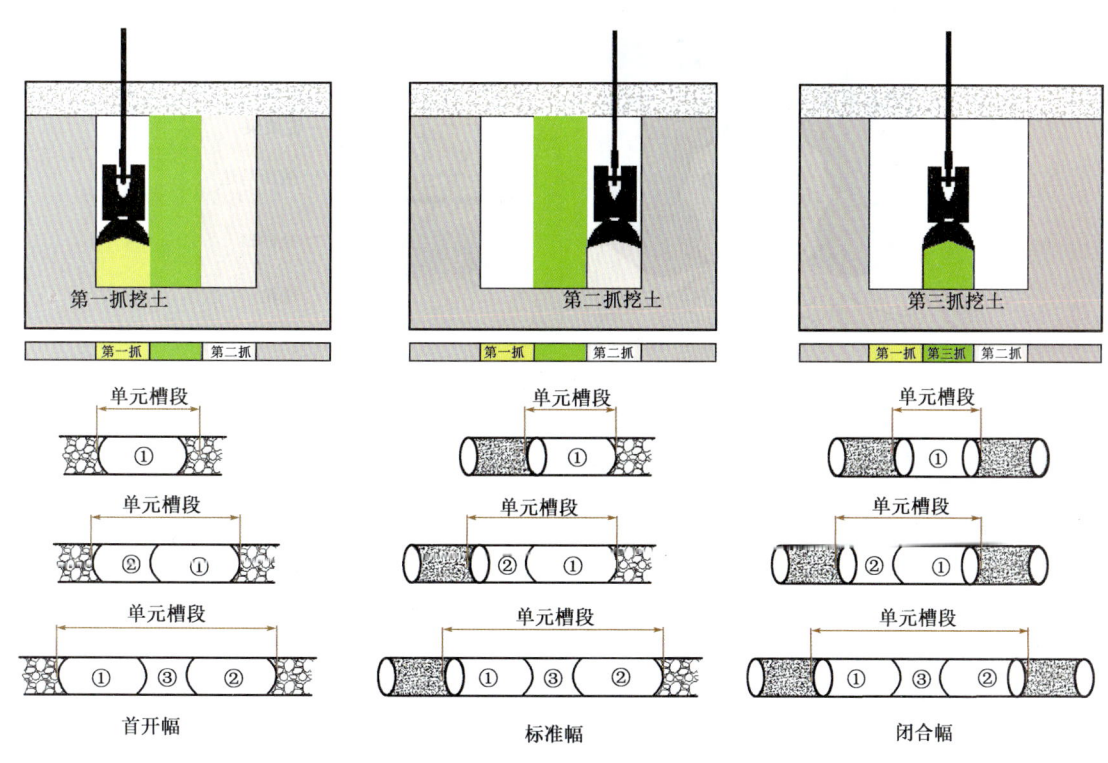

图 2-2-19　成槽施工顺序图
①②③-成槽顺序

②钻进法成槽施工方法

在施工完导墙后,在导墙上直接就位钻机,根据槽段情况进行布孔,通过上下提升钻头冲击土体的形式进行钻进成槽。当槽段钻孔完成并满足设计和规范相关要求时,再用方锤进行修孔,直至成孔完成。每幅地下连续墙钻孔布孔及施工顺序示意图如图 2-2-20 所示。

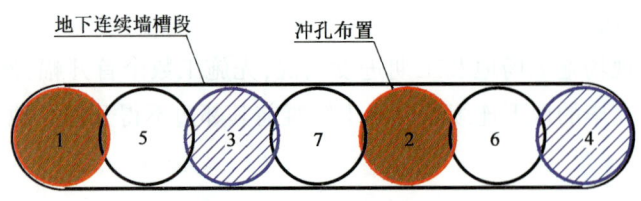

图 2-2-20　每幅地下连续墙钻孔布孔及施工顺序示意图
1、3、5、7-1 号冲击钻机施工；2、4、6-2 号冲击钻机施工

③铣槽法成槽施工方法

铣槽时，两个滚筒低速转动，方向相反，其铣齿将地层围岩铣削破碎，中间液压马达驱动泥浆泵，通过铣轮中间的吸砂口将钻掘出的岩渣与泥浆排到地面泥浆站进行集中处理后返回槽段内，如此往复循环，直至终孔成槽。铣槽机的垂直度应与槽段轴线一致，并由两个独立的测斜仪监测，其数据由驾驶室内的电脑处理并显示在液晶屏上，从而驾驶员可随时监控并通过改变铣槽机的转速来实现对铣槽机垂直度的调整。液压双轮铣槽机成槽示意图如图 2-2-21 所示。

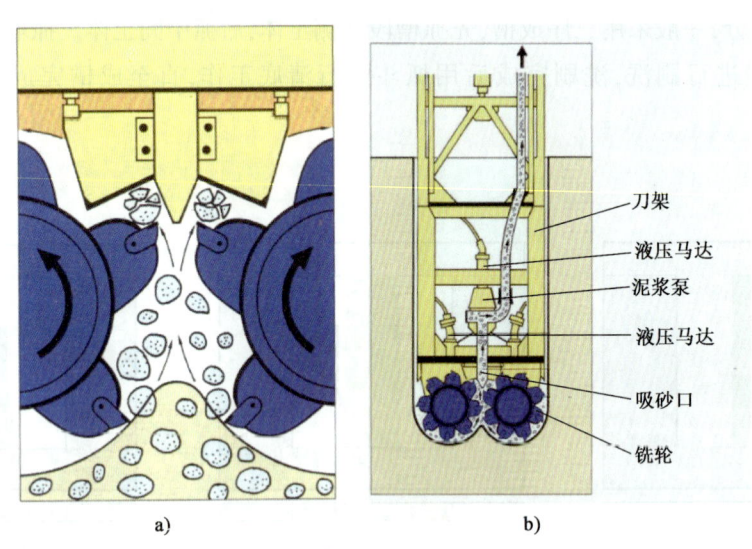

图 2-2-21　液压双轮铣槽机成槽示意图

铣槽机在进行 I 期槽段开挖时，超出槽段接缝中线 10～25cm，II 期槽段开挖时，在两个 I 期槽段中间下入铣槽机，铣掉 I 期槽段超出部分的混凝土以形成锯齿形搭接，形成新鲜的混凝土接触面，然后浇筑 II 期槽段混凝土。

（3）成槽施工要点

①成槽机拼装完成后，应由具有检测资质的单位进行检测合格后，上报监理单位备案后，方可施工。

②成槽机在第一次成槽前，须有测量人员用测量仪器对成槽机的纠偏系统进行校验，校验合格后方可成槽。在成槽过程中抓斗必须保证垂直均匀地上下，出入导墙口时要轻放慢提，同时在抓斗提升过程中，及时向槽内补充泥浆，尽量减少对侧壁的扰动。

③不论使用何种机具成槽，在成槽机具挖土时，悬吊机具的钢索不能松弛，一定要使钢索呈垂直张紧状态，这是保证成槽垂直精度必须做好的关键动作。

④同一槽段内槽底开挖的深度宜一致，同幅不同深的槽段，必须先挖较深的槽段，后挖较浅的槽段。

⑤槽段开挖完毕，应检查槽位、槽深、槽宽及槽壁垂直度，合格后方可进行下道工序，如图 2-2-22 所示。

a) 超声波检测仪　　　　　　b) 终端槽壁垂直度检测结果

图 2-2-22　单元槽壁垂直度、厚度、深度检测

⑥司机可根据计算机 4 个方向的动态偏斜情况，启动液压抓斗上的液压推板进行动态的纠偏，通过成槽过程中不断的动态纠偏，确保地下连续墙满足垂直精度要求。

⑦一旦发现有绕流混凝土，必须在接头箱拔除后马上用抓斗挖除；如果无法挖除，则采用冲击钻对槽段内有混凝土或其他障碍物的范围进行处理，直到将障碍物全部清除。

⑧在遇到砂层或含砂率较大、槽壁易塌的土层时，应加大泥浆相对密度，如适当加入加重剂。当接近槽底时，应放慢开挖速度，仔细测量槽深，防止超挖和欠挖。

(4) 槽壁的稳定

①槽壁稳定的影响因素可分为内外因两个方面，具体见表 2-2-12。内因主要包括地质条件、泥浆性能、地下水位以及槽段划分尺寸与形式等，外因主要包括成槽设备选择及操作人员、成槽施工扰动、成槽施工时间、槽段施工顺序以及槽段外场地施工荷载等。

槽壁稳定的影响因素　　　　　　表 2-2-12

	项　目	机　理
内因	地质条件	土体颗粒的级配和颗粒粒径会影响泥浆向槽壁周围地层的渗透、泥皮的形成及其厚度，从而影响槽壁的稳定性。颗粒空隙较大的地层，泥浆在地层中的渗透路径过长，容易流失，发生漏浆，不利于泥浆颗粒形成泥皮，从而降低稳定性
	泥浆性能	从泥浆护壁机理可以看出，其必须具备两个条件才能达到护壁效果，一是必须形成一定高差的泥浆液柱压力，二是泥浆在渗透作用下形成一定厚度的泥皮。因此施工中，一方面应适当调整泥浆重度，并尽量提高泥浆液面的高度及时补浆以保持槽壁的稳定；另一方面尽快形成薄而韧、抗渗性好、抗冲击能力强的泥皮
	地下水位	泥浆液面与地下水位面的高差小，泥浆渗透缓慢，渗透时间长，泥皮不易形成，不利于槽壁的稳定；反之，则有利于槽壁的稳定
	槽段划分尺寸与形式	槽壁分幅宽度是影响槽壁稳定性的主要因素，通常适宜幅宽为 4~6m。槽段宽度与深度之比影响土拱效应的发挥，其比值越大，土拱效应越小，槽壁越不稳定
外因	成槽设备选择及操作人员	不同的设备及设备的新旧程度对成槽的施工稳定性有一定影响，熟练的设备操作人员施工相对平稳，对槽壁的影响较小
	成槽施工扰动	采用抓斗成槽时，抓斗上下移动，对槽壁的撞击作用很大，容易使槽壁脱落或塌方

续上表

项	目	机 理
外因	成槽施工时间	槽段内土体变形将随成槽开挖时间的推移而加大
	槽段施工顺序	先后施工的两个槽段应尽量隔开一定的距离,以减少各槽段成槽的互相影响
	槽段外场地施工荷载	若成槽时超载,则负孔隙水压力将远大于无超载时的负孔隙水压力。且由于超载的存在加大了槽壁及其附近土体的剪应力,有可能导致超过破坏线,而使槽壁附近的土体遭到破坏

②稳定槽壁的措施见表 2-2-13。

稳定槽壁的措施　　表 2-2-13

序号	名 称	具 体 措 施
1	槽壁土加固	在成槽前对地下连续墙槽壁进行加固,加固方法可采用双轴、三轴水泥土搅拌桩工艺,注浆加固及轻型井点降水等工艺
2	加强降水	通过降低地下连续墙槽壁四周的地下水位,防止地下连续墙在前部砂性土成槽开挖过程中产生塌方、管涌、流砂等不良地质现象
3	泥浆护壁	为了确保槽壁稳定,应选用黏度大、失水量小、形成薄而韧护壁泥皮的泥浆;成槽过程中,应监测槽壁的变化情况,及时调整泥浆性能指标,添加外加剂,确保土壁稳定;做到信息化施工,及时补浆
4	周边限载	在正在施工的槽段边缘铺设路基钢板对其加以保护,并且严禁在槽段周边堆放钢筋等材料和施工机械
5	成槽速度及时间	成槽设备在提升抓斗和抓土的过程中,应保证以平稳的速度进行,在地层交界处,应适当降低速度。在成槽后,应及时进行后续工序施工,避免长时间放置导致泥浆沉淀从而发生槽壁失稳的情况

(5)槽段检验方法

槽段检验方法见表 2-2-14。

槽 段 检 验 方 法　　表 2-2-14

序号	检验分类	检 验 方 法
1	槽段平面位置偏差检测	用测锤实测槽段两端的位置,两端实测位置线与该槽段分幅线之间的偏差即为槽段平面位置偏差
2	槽段深度检测	用测锤实测槽段左、中、右三个位置的槽底深度,三个位置的平均深度即为该槽段的深度
3	槽段壁面垂直度检测	用超声波测壁仪在槽段内左右两个方向分别扫描成槽壁面,扫描记录的壁面最大凸出量或凹进量(以导墙面为扫描基准面)X 与槽段深度 L 之比即为壁面垂直度,要求 $X/L \leqslant 0.3\%$;两个方向的平均值即为槽段壁面平均垂直度
4	槽段端面垂直度检测	同槽段壁面垂直度检测

(6)遇管线开挖

地下连续墙施工时,常遇到地下管线横穿墙体且无法对管线进行迁改,需将槽段结合管线进行开挖的情况。根据管线属性,分为可拨移的柔性管线和不可拨移的刚性管线两种。在遇管线时,均需先人工对管线进行开挖暴露,确定管线位置、材料及埋深走向,对管线采取相应的加固及保护措施,同时将该区域地下连续墙调整为首开幅。

①可拨移柔性管线开挖

此种情况下,需根据管线的位置将其设置在相邻两幅地下连续墙的接头处,利用其可拨移性错开接头管的位置,达到槽段开挖和钢筋笼一次性整体吊装的条件。

如杭州某地铁车站,车站围护结构采用地下连续墙,在标准段处存在三条横跨墙体的通信光缆线,且经调查该管线存在2m左右的余量,拨移后具备成槽机施工和钢筋笼下放的条件,因此采用管线原位拨移的形式对该幅地下连续墙进行施工。

具体施工步骤如下:

a. 根据已划分好的槽段先对紧挨管线的其中一幅进行施工,施工前将管线拨移至另一侧;

b. 对施工的槽段进行开挖,直至开挖完成;

c. 在已成孔槽段靠管线一侧下放接头管,后整体下放钢筋笼及浇筑混凝土;

d. 将管线已施工完成地下连续墙一侧拨移,拔除接头管;

e. 对另一侧槽段进行开挖,直至开挖完成;

f. 整体下放钢筋笼,浇筑混凝土。

其施工步骤如图2-2-23所示。

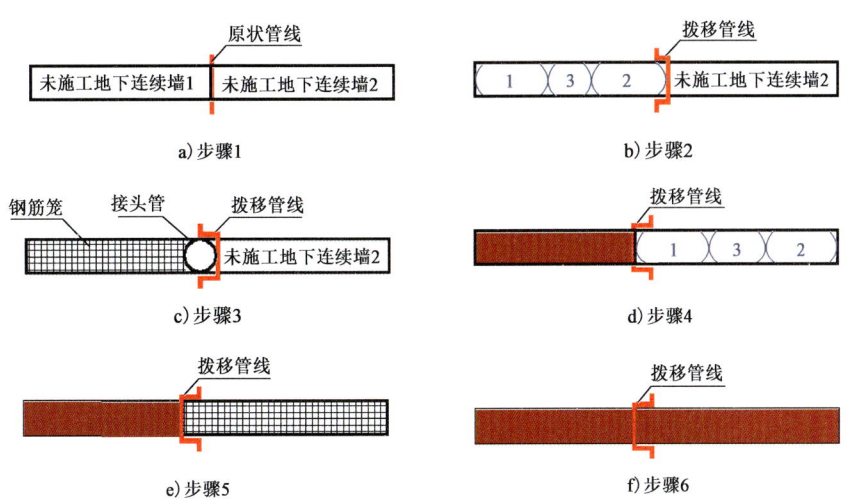

图2-2-23 柔性管线拨移成槽施工步骤示意图
注:图中1、2、3表示成槽施工顺序

②不可拨移刚性管线开挖

不可拨移刚性管线根据管线的大小,可分为小直径刚性管线和大直径刚性管线。此种情况下需根据管线的位置将其设置在相应槽段的中间位置,同时对槽宽进行调整,钢筋笼分幅进行吊装下放。小直径刚性管线下方由于土体较少,主要依靠其自动脱落;大直径刚性管线下方土体宽度大,需通过改装成槽机抓斗,对管线下方土体进行切削。两种情况下的管线都可以在外侧焊接钢箱,将钢箱与导墙进行连接加固,对管线在施工过程中进行保护。通过以下案例分别对两种情况下的施工方法进行介绍。

a. 小直径刚性管线开挖

如上海某地铁车站,围护结构采用地下连续墙形式,在标准段一幅槽宽6.8m的地下连续墙槽段中存在一条横跨墙体的DN300铸铁给水管。由于该管线尺寸较小,因此可采取抓取管线两侧土体后,管线下方土体自动脱落的方式进行施工。

具体施工步骤如下:

在考虑到管线钢箱尺寸与安全距离0.2m的情况下,将原6.8m宽的地下连续墙调整为6.35m,以使成槽机仅用两抓便能完成槽段开挖;

成槽机对管线一侧槽体进行开挖至设计高程;

成槽机对管线另一侧槽体进行开挖至设计高程,同时管线下方土体随开挖自动脱落;

分别对管线两侧槽段进行清底,直至开挖完成;

采用钢筋笼分幅的方式分别对管线两侧槽段下放钢筋笼,一次性浇筑混凝土。

施工步骤示意图如图2-2-24所示。

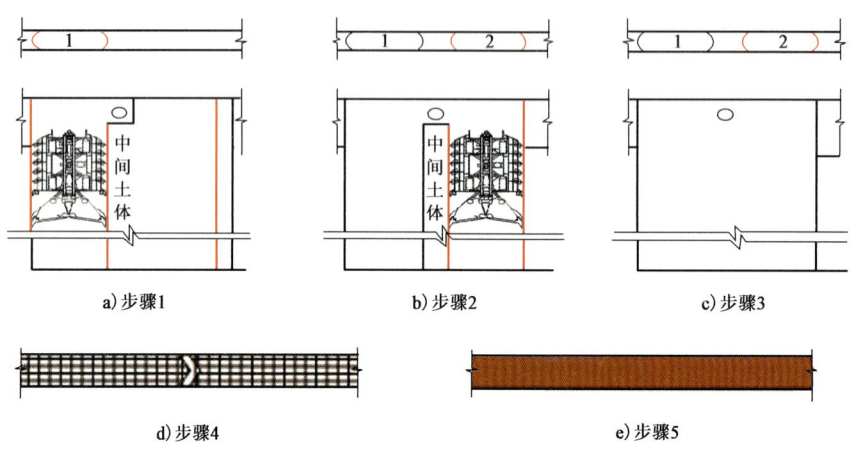

图2-2-24 小直径刚性管线槽段成槽施工步骤示意图

注:图中1、2表示成槽施工顺序

b. 大直径刚性管线开挖

当大直径刚性管线横跨地下连续墙且不具备迁改条件时,在保证管线安全的前提下,可采用此施工方案。根据成槽机外侧钢绳与抓斗外边缘的距离,此方案处理的管线宽度宜小于1500mm,上下各预留150mm、左右各预留50mm的缓冲空间,避免成槽机损坏管线的完整性。该方案常需对成槽机进行改装,且此幅地下连续墙需调整为首开幅。

如某地铁车站,围护结构采用地下连续墙形式,在标准段某幅墙宽6m的地下连续墙中存在一条横跨墙体的1200mm×1200mm通信管涵。由于管涵尺寸较大,下放土体宽度大,因此采用改装成槽机抓斗形式对管线下方土体进行切削。

具体施工步骤如下:

施工前对成槽机抓斗进行改装,通过增加抓斗宽度和抓斗两侧侧齿的方式,将原抓斗宽度2.8m改装为4.2m;

根据管线施工安全距离和抓斗宽度,将原6m宽的地下连续墙调整为8.3m;

成槽机先开挖管线两侧槽段土体至设计高程;

抓斗分别在管线两侧已开挖完成槽段内下放至管线下方,将抓斗向管线方向平移,钢丝绳贴近管线,利用抓斗侧齿切削中间土体至设计高程;

分别对管线两侧槽段进行清底,直至开挖完成;

采用钢筋笼分幅的方式分别对管线两侧槽段下放钢筋笼,一次性浇筑混凝土。

施工步骤示意图如图2-2-25所示。

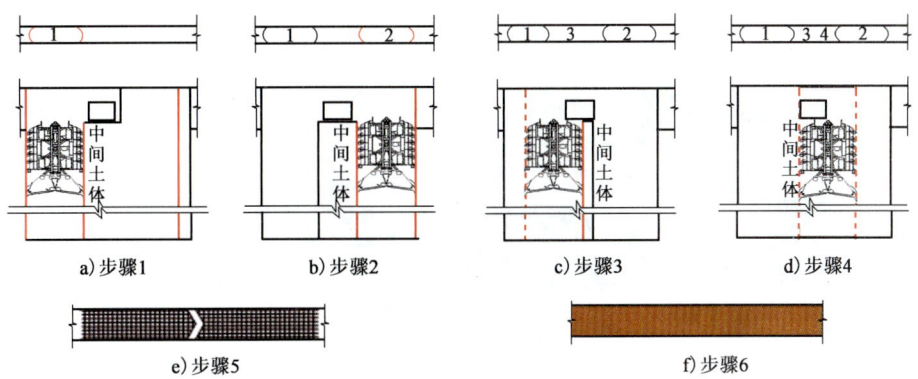

图 2-2-25 大直径刚性管线槽段成槽施工示意图

注：图中 1、2、3、4 表示成槽施工顺序

6）刷壁

地下连续墙在成槽完成后，槽壁两侧会粘上泥土，若这些泥土处理不干净，则会造成地下连续墙接缝处渗漏或涌砂，并影响地下连续墙的整体性，严重时将发生质量事故。所以地下连续墙的刷壁非常重要，一般要求在铁刷上没有泥土后方可停止。刷壁质量是影响地下连续墙接缝渗漏水（图 2-2-26）的重要原因，需要对刷壁施工引起重视。

地下连续墙常用的刷壁设备为钢刷刷壁器、抓斗刮刀、反力箱重力铲刀。刷壁应在清底前进行，完成开挖和槽段检验后开始处理地下连续墙接头，使用专用的刷壁器，并在接头处上下反复清刷，直到接头干净。刷壁工法类型与设备见表 2-2-15。

图 2-2-26 地下连续墙接缝渗漏水

刷壁工法类型与设备　　表 2-2-15

序号	设备名称	施工原理	优 缺 点	备注
1	钢刷刷壁器	带有重力导向的强制性地下连续墙接头刷壁器，利用安装在刷壁器上的高强钢刷将接头上的泥皮刷除	优点：施工工艺简单，易于操作，对泥皮清理效果好。 缺点：在硬质土体中刷壁效果不理想，易对槽壁造成扰动	图 2-2-27
2	抓斗铲刀	用液压抓斗上安装特制的钢铲刀，铲除工字钢接头处沉积的淤泥。安装的钢刮刀应可以靠在工字钢的槽口内，而抓斗的另一边靠紧已经放好的锁口管后靠，这样液压抓斗在铲除淤泥的过程中，可以防止抓斗向另一侧偏移而降低铲除接头淤泥的效果	优点：铲刀在水平方向固定，在一般土体中刷壁效果好。 缺点：施工工艺相对烦琐	图 2-2-28
3	反力箱重力铲刀	对于确实顽固无法用上述办法清除的淤积物，可在反力箱底部安装钢刮刀，用起重机吊住进行重力冲击的方法进行清除。在清除过程中，在反力箱冲击的背侧同样安放一根锁口管作为后靠，以避免在冲击过程中反力箱向接头的反方向偏斜，而降低清除淤泥的效果	优点：对坚硬土体的刷壁效果好。 缺点：反力箱重量大，对起吊设备和场地要求高；工字钢表面泥皮不易清理干净	图 2-2-29

图 2-2-27　钢刷刷壁器

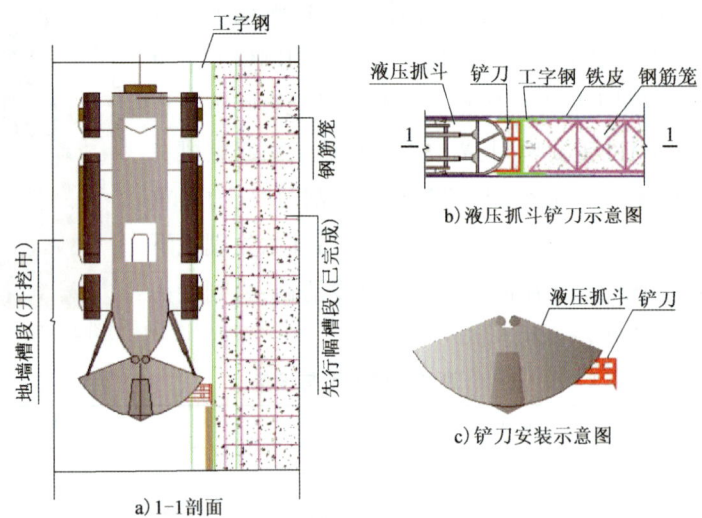

图 2-2-28　液压抓斗铲刀接头处理图

图 2-2-29　反力箱重力铲刀

7）清底及换浆

地下连续墙施工中,槽底沉渣厚度及泥浆性能控制是成槽施工质量的重要指标之一,其质量的优劣将直接影响到成墙质量。若沉渣厚度过大,则会降低槽底土体的承载力及墙体混凝土的质量。一般可采取清底和换浆的方式以保证施工质量。因此,地下连续墙的清底及换浆是控制成墙质量的重要措施。

（1）单元槽段清底可先利用成槽机撩抓法初步清淤,再利用压缩空气法(空吸法)吸泥清基,以保证墙体混凝土质量。清底结束后,要测定距槽底处泥浆相对密度和淤泥厚度,合格后方可下锁口管(接头箱)。

（2）如若采用上述方法,仍不能使槽底处泥浆相对密度和淤泥厚度合格(特别是在砂层地质条件下),则可采用换浆法置换槽底部不符合质量要求的泥浆(图2-2-30)：

①在清底换浆全过程中,控制好吸浆量和补浆量的平衡,不能使泥浆液面高度变化幅度过大、过快,应始终保持泥浆液面高度距导墙顶面以下20cm,以防对槽壁形成扰动。

②清底换浆主要控制指标包括泥浆相对密度、黏度、含砂率和pH值。当槽底处各取样点的泥浆抽样检测指标都符合规范及设计要求后,换浆才算合格。

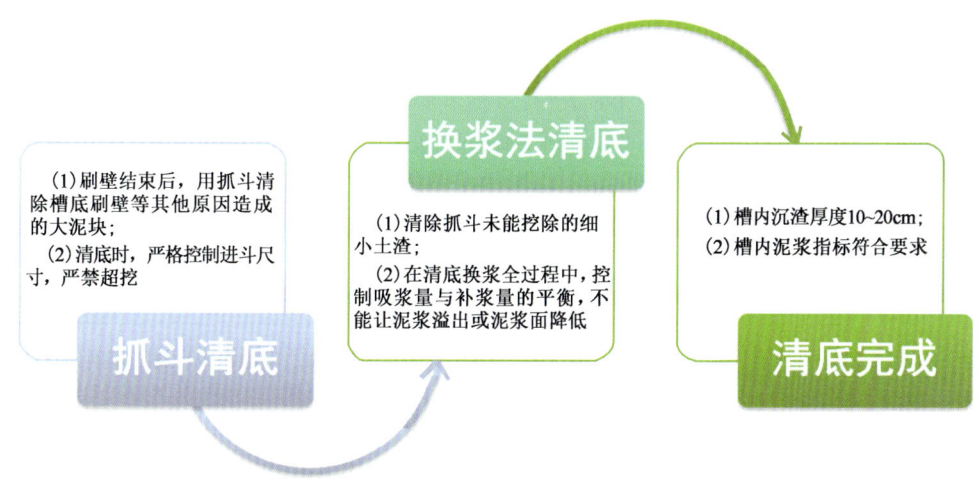

图2-2-30　清底及换浆

8）吊装钢筋笼

地下连续墙钢筋笼吊装方式主要为整体吊装和分节吊装,一般情况下均采用整体吊装;当场地上方存在管线或建筑物限高情况下,不满足整体吊装的施工要求时,可根据允许施工的高度和吊装设备情况,采取钢筋笼分节吊装的方式。

（1）钢筋笼制作

地下连续墙钢筋笼的制作步骤：钢筋平台场地平整硬化→钢筋平台制作→原材料及接头试件送检合格→铺设下层水平筋,焊接固定→焊制桁架及剪力筋→铺设纵向钢筋,并焊机固定→焊接底层保护垫块→桁架及架立筋立起,焊接固定→焊接上层纵向钢筋→焊接上层横向钢筋→焊接上层吊点筋→焊接附加筋及保护垫块。

当钢筋笼采用分节加工时,每一节钢筋笼均按照以上步骤加工,另需对钢筋笼每根主筋进行车丝并配以接驳器,使每节钢筋笼入槽时通过接驳器进行连接,或每节钢筋笼入槽时采用焊接连接。

地下连续墙钢筋笼的制作控制要点见表2-2-16。

地下连续墙钢筋笼制作控制要点　　　　　表 2-2-16

序号	工序		控制要点
1	钢筋平台制作		(1) 钢筋笼平台应用足够强度的槽钢等进行搭设,钢筋平台保证钢筋笼一次加工成形。 (2) 应在坚实的地面上安装钢筋平台,保证钢筋笼制作过程中,平台局部不下沉、不变形。钢筋平台安装完成后,应对它的平整度进行复核校验。为便于钢筋放样布置和绑扎,在平台上根据设计的钢筋间距、预埋件的位置画出控制标记,以保证钢筋笼的各种埋件的布设精度
2	钢筋制作前	送检	各种钢筋均应送检合格
		接头试验	焊接接头的工艺和性能试验合格后,方可焊接
3	钢筋笼焊接	主筋、加筋接头	使用焊接或机械连接,接头位置要相互错开,同一连接区段内焊接接头百分率不大于 50%,搭接错位及接头检验应满足规范要求
		起吊点圆钢	采用单面满焊,焊缝长度不小于 $10d$
		桁架钢筋	采用双面焊,焊缝长度不小于 $5d$
		横向钢筋焊接	采用单面焊,焊缝长度不小于 $10d$
		纵横向受力筋	(1) 钢筋笼四周(即槽段两端)的 5 根竖向主筋与横向水平的交点:100% 点焊。 (2) 水平筋和纵向桁架交点及竖向主筋和横向桁架交点:100% 点焊。 (3) 其他交点:50% 点焊
		纵向钢筋	纵向钢筋底端应向内弯折,以防止吊放钢筋笼时擦伤槽壁,但向内弯折的程度不要影响混凝土导管的插入
		垫块	钢筋笼在槽段内应定位准确且减少可能出现的露筋现象,钢筋笼迎土面、开挖面沿钢筋笼宽度上水平方向设三列定位垫块,每列垫块竖向间距不大于 4m
4	预留件	预留插筋及接驳器	按设计要求焊装预埋件,并保证定位精度符合规定要求
		预埋钢板	
5	制成品	必须先通过"三次验收"合格后	(1) 填写"隐蔽工程验收报告单"; (2) 提供材料质保书、原材料复试报告、试件报告等相应验收条件,并请监理单位验收签证,否则不可进行吊装作业
6	起吊前		应再次仔细检查钢筋笼,检查事项如图 2-2-31 所示

注:d 为钢筋直径。

(2) 钢筋笼起吊

① 设备选型

由于地下连续墙钢筋笼的体积大、重量大,因此钢筋笼需要采用大型机械设备吊装,设备的选型主要受场地限高及钢筋笼的重量影响。在场地不限高的情况下,设备的选用主要根据地下连续墙钢筋笼的起吊重量来选择。当场地上方有限高要求时,根据所限制的高度、钢筋笼的重量及长度,通过计算吊装设备的臂长、起吊最大角度及允许起重量来进行设备的选用。各型号履带式起重机起吊重量见表 2-2-17 ~ 表 2-2-20。

SC500-2-50T 履带式起重机起吊重量(单位:t)　　　　　　　　　　　　　　　　　表2-2-17

回转半径 (m)	主臂长度(m)													
	12.20	15.25	18.30	21.35	24.40	27.45	30.50	33.50	36.55	39.60	42.65	45.70	48.75	51.80
3.0	50.0													
4.0	50.0	48.7												
4.5	43.4	43.4	40.5											
5.0	36.5	36.4	36.2	34.2	29.4									
6.0	27.5	27.4	27.3	27.2	27.1	25.3	21.7							
7.0	22.1	21.9	21.8	21.7	21.5	21.5	21.4	20.3	17.9					
8.0	18.4	18.2	18.1	17.9	17.9	17.8	17.7	17.7	17.6	16.5	14.8			
9.0	15.7	15.5	15.4	15.3	15.2	15.1	15.1	15.0	14.9	14.8	14.7	12.7		
10.0	13.7	13.5	13.4	13.3	13.2	13.2	13.1	13.0	12.9	12.8	12.8	12.2	9.8	9.7
12.0	11.3	10.5	10.5	10.5	10.4	10.3	10.2	10.2	10.1	10.0	9.9	9.8	8.6	7.2
14.0		8.7	8.7	8.5	8.5	8.4	8.3	8.2	8.2	8.1	8.0	7.9	7.6	6.4
16.0		8.5	7.3	7.2	7.1	7.0	6.9	6.8	6.7	6.6	6.5	6.4	5.7	
18.0			6.8	6.2	6.1	6.0	5.9	5.8	5.7	5.6	5.5	5.4	5.3	4.9
20.0				5.5	5.3	5.2	5.1	5.0	4.9	4.8	4.7	4.6	4.5	4.4
22.0					4.6	4.5	4.4	4.3	4.2	4.1	4.0	3.9	3.8	3.7

KH300-80T 履带式起重机起吊重量(单位:t)　　　　　　　　　　　　　　　　　表2-2-18

回转半径 (m)	主臂长度(m)									
	13	16	19	22	25	31	37	43	46	52
3.7	80.0									
4.0	66.5									
4.5	55.5									
5.0	48.5	48.4								
5.5	42.0	41.9	41.8							
6.0	37.0	36.9	36.8	36.7						
6.5	33.3	33.2	33.1	33.0	32.9					
7.0	29.8	29.7	29.6	29.5	29.4					
8.0	26.4	24.5	24.4	24.3	24.2	24.0				
9.0	20.9	20.8	20.7	20.6	20.5	20.3	20.1			
10.0	18.1	18.0	17.9	17.8	17.7	17.5	17.3	17.1	17.0	
11.0	15.9	15.8	15.7	15.6	15.5	15.3	15.1	14.9	14.8	12.85
12.0	14.15	14.05	13.90	13.75	13.60	13.45	13.30	13.15	13.05	12.85
14.0		11.40	11.3	11.15	11.0	10.80	10.75	10.50	10.40	10.20
16.0			9.40	9.25	9.10	8.90	8.75	8.60	8.50	8.30
18.0			8.00	7.85	7.70	7.65	7.40	7.20	7.10	6.90
20.0				6.90	6.70	6.50	6.30	6.10	6.00	5.80

1495-3A-100T 履带式起重机起吊重量(单位:t)　　　　　　　　　　　表 2-2-19

回转半径	主臂长度(m)										
(m)	18.29	21.34	24.38	27.43	30.48	33.53	36.58	39.62	42.67	45.72	48.77	51.82
4.7	100.0										
5.0	93.0	80.0	69.0								
6.0	69.1	67.0	65.0	52.0							
7.0	54.2	54.0	53.0	53.0	50.5	45.0	40.0				
8.0	44.4	44.2	43.9	43.7	43.5	41.0	39.1	35.0	31.0		
9.0	37.5	37.2	37.0	36.8	36.6	36.0	35.0	33.0	30.5	27.0	
10.0	32.2	32.0	31.8	31.6	31.4	31.2	30.7	29.8	28.0	25.7	24.0	21.0
12.0	25.2	24.9	24.7	24.5	24.3	24.1	23.9	23.6	23.2	22.0	21.0	19.3
15.0	18.6	18.8	18.2	18.0	17.8	17.6	14.7	17.2	16.9	16.7	16.4	16.0
18.0	15.4	14.3	14.1	13.9	13.7	13.5	13.3	13.1	12.9	12.7	12.5	12.2
21.0		12.4	11.3	11.1	10.9	10.7	10.5	10.3	10.1	9.8	9.6	9.4
24.0			10.2	9.2	8.9	8.7	8.5	8.6	8.0	7.8	7.6	7.4

CKE2500-250T 履带式起重机起吊重量(单位:t)　　　　　　　　　　　表 2-2-20

回转半径	主臂长度(m)										
(m)	15.2	18.3	21.3	24.4	27.4	30.5	33.5	36.6	39.6	42.7	45.7	48.5	51.8
4.0	250.0	208.5										
5.0	199.7	199.7	188.4	176.4								
6.0	167.7	167.7	167.7	167.7	159.9	148.1						
7.0	144.2	144.2	144.2	144.2	143.2	139.4	130.3					
8.0	127.2	127.2	127.2	126.2	126.2	126.2	124.4	124.3	122.9	109.2		
9.0	112.2	112.2	112.2	112.2	112.1	111.2	111.0	110.8	109.0	105.9	103.0	95.1	88.0
10.0	101.3	101.3	101.2	101.2	101.2	100.2	100.0	99.8	97.3	94.7	92.3	90.0	87.6
12.0	83.7	83.7	83.7	83.7	83.7	83.7	83.4	81.7	79.7	77.8	76.0	74.4	72.5
14.0	69.7	69.7	69.7	69.7	69.7	69.7	69.7	68.8	67.3	65.8	64.3	63.0	61.6
16.0	65.7	60.7	59.7	59.2	59.2	59.2	59.0	59.0	58.0	56.7	55.5	54.5	53.2
18.0		54.1	50.7	50.7	50.7	50.7	50.3	50.3	50.0	49.7	48.6	47.8	46.7
20.0			45.0	44.7	44.3	44.0	43.6	43.6	43.6	43.0	42.8	42.4	41.4
22.0			44.7	39.5	39.1	38.8	38.4	38.4	38.1	37.8	37.5	37.3	37.0
24.0				37.9	34.9	34.6	34.1	34.1	34.1	33.5	33.2	33.1	32.7
26.0				32.5	31.1	30.7	30.7	33.8	30.0	29.7	29.6	29.2
28.0					28.2	27.8	27.7	27.4	27.1	26.8	26.2	26.2
30.0						25.3	25.3	24.9	24.6	24.3	24.1	23.8
32.0						24.6	23.1	22.8	22.4	22.1	22.0	21.6
34.0							22.0	20.9	20.6	20.3	20.1	19.7
36.0								19.4	19.0	18.7	18.5	18.1
38.0									17.6	17.2	17.1	16.7

②钢筋笼起吊方法

在钢筋笼起吊前及起吊过程中,需对钢筋笼按要求进行各项检查,确保各项内容均符合要求,避免出现质量缺陷及安全事故。钢筋笼起吊检查事项如图 2-2-31 所示。

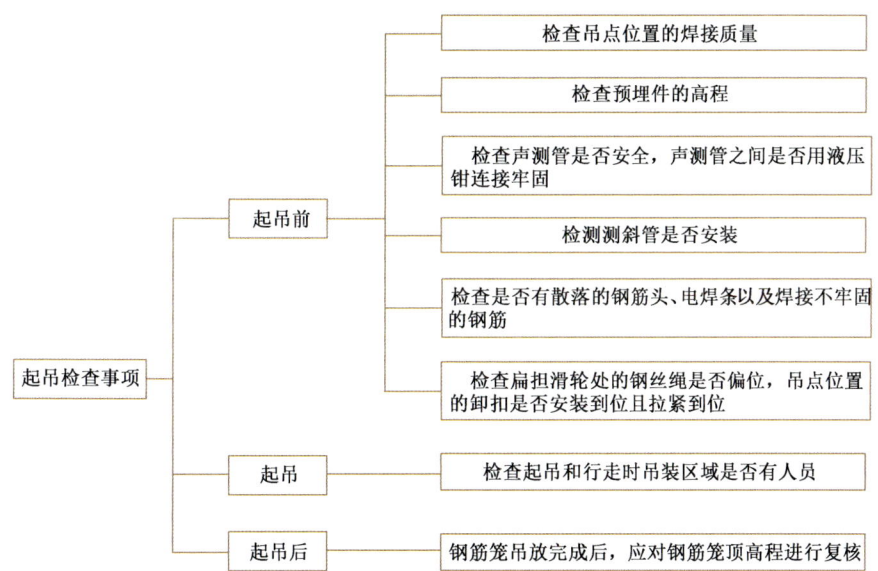

图 2-2-31　钢筋笼起吊检查事项

钢筋笼起吊采用"双机多点抬吊法",主要分为整体吊装和分节吊装。吊装施工步骤如下:

a. 整体吊装

第一步:先将钢筋笼水平吊离地面 0.3~0.5m,静停 10min 观察钢筋笼及加固点有无异常。

第二步:主吊吊钩提升,副吊保持钢筋笼提离地面 50cm 向主吊缓缓移动,副吊钢丝绳需垂直,不得产生水平的拉力。

第三步:钢筋笼到达垂直状态,静停 5min,待钢筋笼完全静止后,指挥起重机卸除副吊扁担,主吊缓慢吊运钢筋笼至地下连续墙槽孔,在钢筋笼下放过程中拆除副吊钢丝绳。

第四步:钢筋笼下放至距笼顶 1m 处,用担杠担住钢筋笼,将卸扣换至吊筋,继续下放,直至设计高程。

b. 分节吊装

第一步:采用上述整体吊装的方法将底笼放至槽段中,在笼顶距地面 1m 左右时将钢筋笼用扁担固定在槽段上。

第二步:采用整体吊装方法将中间笼吊运至底笼上方,将主筋对齐并利用接驳器或焊接形式将钢筋笼连接,继续下放至设计高程,然后用扁担将钢筋笼固定在槽段上。

第三步:起吊顶笼,重复第二步施工,直至将对接完成的钢筋笼下放到位。

钢筋笼抬吊方法如图 2-2-32 所示。

钢筋笼起吊的控制要点见表 2-2-21。

钢筋笼起吊的控制要点　　　　　　　表 2-2-21

序号	工　序	控 制 要 点
1	起吊步骤	(1)吊运钢筋笼必须单独使用主吊,使钢筋笼呈垂直悬吊状态; (2)校核钢筋笼入槽定位的平面位置与高程偏差,并通过调整位置与高程,使钢筋笼吊装位置符合设计要求
2	钢筋笼吊点设置	吊点的设置应确保钢筋笼起吊过程中不发生变形

续上表

序号	工序	控制要点
3	变形控制	由于整幅钢筋笼刚度极差,起吊时易变形散架,发生安全事故,因此应采取以下加强技术措施: (1)钢筋笼应按设计要求,并结合现场施工情况设置桁架和吊点,使钢筋笼起吊时有足够的刚度,防止产生不可复原的变形。 (2)对于L形、Z形、T形、V形钢筋笼,除设置纵、横向起吊桁架和吊点之外,另要增设斜拉筋进行加强,以防钢筋笼在空中翻转时变形。由于Z形地下连续墙钢筋笼起吊变形不易控制,故一般将Z形地下连续墙钢筋笼拆分为两个L形进行吊装(图2-2-33)。 (3)为保证起吊安全,钢筋笼顶部4个吊点使用$\phi40mm$圆钢,以下各道主吊和副吊吊点使用$\phi40mm$圆钢与起吊桁架单面满焊

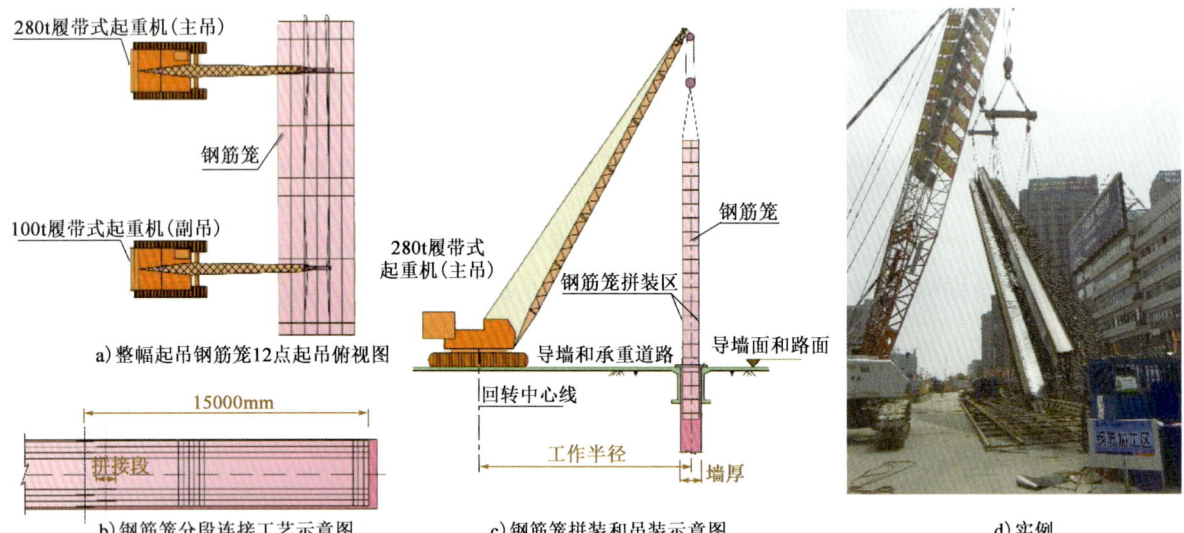

图2-2-32 钢筋笼抬吊方法示意图

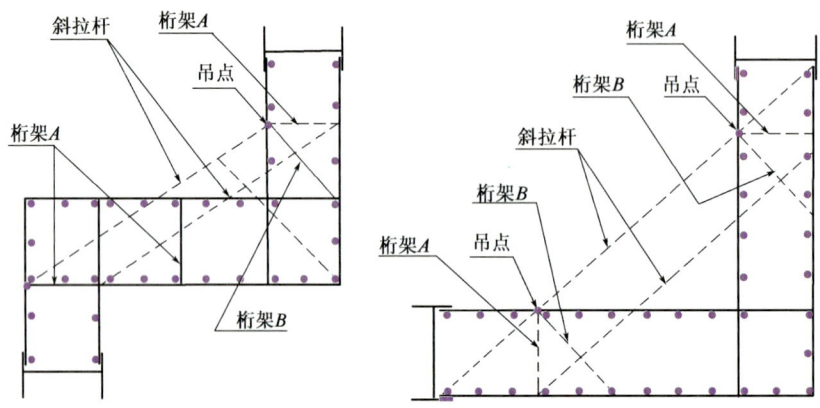

图2-2-33 异形幅加强示意图

9)吊装锁口管

(1)槽段清底换浆合格后,立刻吊放锁口管(接头箱);

(2)锁口管(接头箱)应紧贴槽段垂直缓慢垂放,不得碰撞槽壁和强行入槽;

(3)锁口管(接头箱)底部应插入槽底以下30~50cm,保证密贴,以防止混凝土倒灌;

(4)锁口管(接头箱)背后要回填密实,在浇筑混凝土过程中要防止绕流和倾斜。

10）放置导管及浇筑混凝土

（1）混凝土浇筑前的准备工作

①地下连续墙深度较大，这对混凝土导管刚度和导管接口的密水性提出了更高的要求。为此，应采用 Q235 钢材制作，经过耐压试验的 $\phi 250 \mathrm{mm}$ 导管及其配套料斗、导管固定架等设备如图 2-2-34 所示。

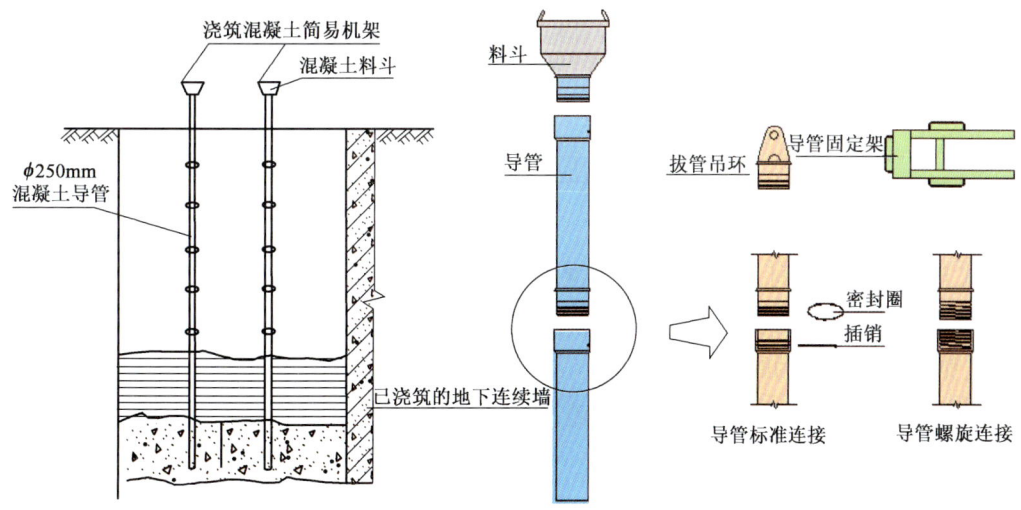

图 2-2-34　水下混凝土浇筑导管示意图

②导管必须要在现场做密水试验，经验收合格后方可使用。

③槽段内浇筑混凝土的导管位置应预先确定，避免与钢筋矛盾。

④导管间水平距离不大于 3m，距离槽段端部不应大于 1.5m，导管下端距槽底应为 300~500mm。导管连接应严密牢固，导管之间必须使用橡胶密封圈。导管安装时检查并记录导管的安装长度。

⑤浇筑混凝土的隔水球放置于导管内，保证混凝土与泥浆隔离，同时又便于下落，在浇筑时能使导管内的泥浆从导管底部全部排除。

（2）混凝土浇筑控制要点

地下连续墙混凝土浇筑控制要点见表 2-2-22。

混凝土浇筑控制要点　　表 2-2-22

序号	控制要点		内　容
1	坍落度	进场后检查	混凝土进场后，应对混凝土的坍落度进行检查，对不符合规范及设计要求的混凝土，应退场，不得使用
2	时间间隔	≤4h	钢筋笼安装到位后应及时灌注混凝土，时间间隔不能超过 4h
3	首灌量	$V = V_0 + V_1$ $V_0 = 2 \times \dfrac{1}{2} RhB$ $V_1 = H_w \times \dfrac{\gamma_w}{\gamma_c} \times \dfrac{\pi d^2}{4} + H_c A$	首批灌入混凝土量要足够充分，使其有一定的冲击量，能把泥浆从导管中挤出，并且装满后同时下放。 式中：V——首灌量(m^3)； 　　　V_0——管外混凝土堆高量(m^3)； 　　　V_1——管内混凝土储量(m^3)； 　　　R——导管作用半径(m)； 　　　h——混凝土堆高(m)； 　　　B——槽段宽度(m)； 　　　d——导管直径(m)； 　　　H_c——首批混凝土浇筑深度(m)； 　　　H_w——混凝土顶面距离导墙顶面的高差(m)； 　　　A——导管横截面面积(m^2)； 　　　γ_c——混凝土重度($\mathrm{kN/m}^3$)； 　　　γ_w——槽内泥浆重度($\mathrm{kN/m}^3$)

续上表

序号	控制要点	内容	
4	埋管深度	≥2.0m	浇筑混凝土的过程中,埋管深度不得小于2.0m,混凝土面高差应控制在0.5m以下
5	浇筑速度	≥2m/h	混凝土的浇筑速度不得低于2m/h,并严格控制混凝土从导管外倒入槽内,造成墙体夹渣现象;浇筑混凝土时要防止钢筋笼上浮;混凝土浇筑高程要满足规范及设计要求,且在凿除超高部分混凝土以后仍可保证墙顶混凝土的强度达到设计要求
6	养护	同养试块	按规范及设计要求在现场制作混凝土试块并养护,及时将达到养护龄期的试块送交具有检测资质的检测单位进行试验

11）拔除锁口管（接头箱）

(1) 正式开始顶拔的时间,应以开始浇筑混凝土时现场制作的混凝土试块达到终凝状态所经历的时间为依据。如没做试块,则顶拔锁口管(接头箱)应在开始浇筑混凝土4h以后;如商品混凝土掺有缓凝型减水剂,则顶拔锁口管的时间还需延迟。

(2) 在顶拔过程中,要根据现场混凝土浇灌记录表,计算锁口管(接头箱)允许顶拔的高度,严禁早拔、多拔。

(3) 锁口管(接头箱)由液压千斤顶顶拔,履带式起重机协同作业,分段拆卸。

2.1.3 施工质量控制及验收标准

地下连续墙的施工质量控制及验收标准应满足现行《地下铁道工程施工质量验收标准》(GB/T 50299)、《地下铁道工程施工标准》(GB/T 51310)及相关规范的要求。

1）导墙施工验收标准

导墙施工验收标准详见表2-2-23。

导墙施工验收标准　　　　表2-2-23

序号	项目	允许偏差	检查频率		检验方法
			范围	点数	
1	宽度	+40mm	每个槽段	5	钢尺量测
2	垂直度	<H/500	每幅	1	线锤
3	墙面平整度	≤5mm	每幅	1	尺量
4	导墙平面位置	<±10mm	每个槽段	1	钢尺量测
5	导墙顶面高程	±20mm	每幅	1	水准仪

注：H为导墙开挖的深度。

2）槽段开挖验收标准

槽段开挖验收标准见表2-2-24。

槽段开挖验收标准　　　　表2-2-24

序号	项目	允许偏差	频率	检验方法
1	槽深	0~+100mm	3点/幅	重锤测
2	槽厚	0~+50mm	1点/抓	超声波测斜仪
3	垂直度	≤3/1000	1点/抓	超声波测斜仪
4	沉渣厚度	≤100mm	2点/幅	重锤探测

3）泥浆性能指标

泥浆性能指标见表 2-2-8，废浆控制指标见表 2-2-25。

废浆控制指标　　　　　　　　　　　　　表 2-2-25

土　层	密度(g/cm³)	黏度(s)	含砂率(%)	pH 值
砂性土层	>1.35	>60	>11	>14
黏性土层	>1.25	>50	>8	>14

4）钢筋笼制作验收标准

钢筋笼制作验收标准见表 2-2-26。

钢筋笼制作验收标准　　　　　　　　　　　　表 2-2-26

序　号	项　目	允许偏差(mm)	检查频率(次)	检查方法
1	钢筋笼厚度	0~-10	3	尺量
2	钢筋笼长度	±50	3	尺量
3	钢筋笼宽度	±20	每幅 3	尺量
4	主筋间距	±10	4	在任何一个断面连续测量钢筋间距，取其平均值作为一点
5	分布筋间距	±20	4	

5）混凝土浇筑验收标准

混凝土浇筑验收标准见表 2-2-27。

混凝土浇筑验收标准　　　　　　　　　　　　表 2-2-27

序　号	项　目	允许偏差	检查频率(次)		检查方法
1	混凝土坍落度	180~220mm	每幅	3	坍落度筒
2	混凝土扩散度	340~380mm	每幅	3	坍落度筒
3	浇筑过程中导管埋入混凝土的深度	2~6m	每车混凝土	1	测绳
4			每拆一次导管		
5	混凝土上升速度	2~8m/h	每幅	5	测锤
6	相邻两导管间混凝土高差	≤0.5m		3	

6）成型的地下连续墙验收标准

成型的地下连续墙验收标准见表 2-2-28。

成型的地下连续墙验收标准　　　　　　　　　　　　表 2-2-28

序　号	项　目		允许偏差	检查频率		检查方法
1	混凝土强度等级		符合设计要求	每幅槽段		抗压、抗渗试验报告
2	混凝土抗渗等级		符合设计要求	每 5 幅槽段		
3	整修后墙面平整度		<150mm		3 次	线锤
4	预埋件	水平向	≤10mm	每幅	全数	尺量
5		垂直向	≤20mm		全数	
6	垂直度		<150H		20%	
7	墙面露筋面积	分离墙	≤1%，不得露石、夹泥		全数	
		单层墙	无			

注：H 为地下连续墙槽段开挖的深度。

2.1.4 质量通病与防治措施

地下连续墙施工质量通病与防治措施见表 2-2-29。

地下连续墙施工质量通病与防治措施   表 2-2-29

序号	质量通病	原因分析	防治措施
1	导墙破坏或变形	(1) 导墙的强度和刚度不足; (2) 地基发生坍塌或受到冲刷; (3) 导墙内侧没有设支撑; (4) 作用在导墙上的施工荷载过大	预防措施: (1) 按要求施工导墙,导墙内钢筋应连接; (2) 适当加大导墙深度,加固地质;墙周围设排水沟; (3) 导墙内侧加支撑; (4) 施加荷载分散设施,使受力均匀。 处理措施:已破坏或变形的导墙应拆除,并用优质土(或掺入适量水泥、石灰)回填夯实,重新施工导墙
2	槽壁坍塌	(1) 遇竖向层理发育的软弱土层或流土层; (2) 护壁泥浆不符合要求,不能形成坚实可靠的护壁; (3) 地下水位过高,泥浆液面高程不够,或孔内出现水压力,降低了静水压力; (4) 泥浆配制质量不符合要求; (5) 在松软砂层中挖槽,进尺过快,或钻机回旋速度过快,空转时间过长,将槽壁扰动; (6) 成槽后搁置时间过长,未及时吊放钢筋笼浇筑混凝土,泥浆沉淀失去护壁作用; (7) 由于漏浆或施工操作不慎,造成槽内泥浆液面降低,超过了安全范围,或下雨使地下水位急剧上升; (8) 单元槽段过长,或地面附加荷载过大等; (9) 下钢筋笼、浇筑混凝土间隔时间过长,地下水位过高,槽壁受冲刷	预防措施: (1) 在软弱土层或流砂层成槽,应采取慢速成槽,适当加大泥浆密度,控制槽段内液面高于地下水位 0.5m 以上。 (2) 成槽应根据土质情况选用合格泥浆,并通过试验确定泥浆密度;新拌制泥浆应储存 24h 以上或加分散剂使膨润土(或黏土)充分水化后才能使用。 (3) 槽段成槽后,紧接着放钢筋笼并浇筑混凝土,尽量不使其搁置时间过长;根据成槽情况,随时调整泥浆密度和液面设计高程。 (4) 缩短挖槽时间和浇筑混凝土间隔时间,降低地下水位,减少冲击和高压水流冲刷。 处理措施:严重坍槽时,要在槽内填入较好的黏土重新成槽;局部坍塌时,可加大泥浆密度;如发现大面积坍塌,则可用优质黏土(掺入 20% 水泥)回填至坍塌处以上 1~2m,待沉积密实后再进行成槽
3	槽段偏斜	(1) 成槽机柔性悬吊装置偏心,抓斗未安置水平; (2) 成槽中遇坚硬土层; (3) 在有倾斜度的软硬地层处成槽; (4) 入槽时抓斗摆动,偏离方向; (5) 未按仪表显示纠偏; (6) 成槽掘削顺序不当,压力过大	预防措施: (1) 成槽机使用前调整悬吊装置,防止偏心,机架底座应保持水平,并安设平稳; (2) 遇软硬土层交界处采取低速成槽,合理安排挖掘顺序,适当控制挖掘速度。 处理措施:查明成槽偏斜的位置和程度,一般可在受偏斜处吊住挖斗上下往复扫孔,使槽壁正直;偏差严重时,应回填黏土到偏斜处 1m 以上,待沉积密实后,再重新施钻
4	钢筋笼难以放入槽孔内或上浮	(1) 槽段塌方等原因导致深度不符合设计要求; (2) 槽段垂直度严重不符合设计要求; (3) 上一幅地下连续墙绕流未处理; (4) 槽壁凹凸不平或弯曲; (5) 钢筋笼尺寸不准,纵向接头处产生弯曲; (6) 钢筋笼重量太轻,槽底沉渣过多; (7) 钢筋笼刚度不够,吊放时产生变形,定位块过于凸出; (8) 导管埋入深度过大或混凝土浇筑速度过慢,钢筋笼被托起上浮	预防措施: (1) 成槽时要保持槽壁面平整; (2) 严格控制钢筋外形尺寸,其截面长宽比槽孔小 140mm。 处理措施: (1) 钢筋笼在下放入槽不能准确到位时,不得强行冲放,而应重新提起,待处理合格后再重新吊入; (2) 钢筋笼上浮,可在导墙上设置锚固点固定钢筋笼,清除槽底沉渣,加快浇筑速度,控制导管的最大埋深不超过 6m

续上表

序号	质量通病	原因分析	防治措施
5	混凝土浇筑时导管进泥	(1)初灌混凝土数量不足； (2)导管底距槽底间距过大； (3)导管插入混凝土内深度不足； (4)提导管过度，泥浆挤入管内	预防措施： (1)首批混凝土应经计算，保持足够数量，导管底端离槽底间距宜控制在0.3～0.5m之间，导管插入混凝土深度保持不小于1.5m； (2)测定混凝土上升面，确定高度后再据此提拔导管。 处理措施：如槽底混凝土深度小于0.5m，可重新放隔水塞浇混凝土，否则应将导管提出，将槽底混凝土用空气吸泥机吸出，重新浇筑混凝土，或改用带活底盖导管插入混凝土内，重新浇筑混凝土
6	导管内卡混凝土	(1)导管口离槽底距离过小或插入槽底泥砂中； (2)隔水塞卡在导管内； (3)混凝土坍落度过小，石粒粒径过大，砂率过小； (4)浇筑间歇时间过长	预防措施： (1)导管口离槽底距离保持不小于1.5D(D为导管直径)； (2)混凝土隔水塞与导管内径有5mm空隙； (3)按要求选定混凝土配合比，加强操作控制，保持连续浇筑； (4)浇筑间隙要上下小幅度提动导管。 处理措施：若已堵管，则可敲击、抖动、振动或提动导管，或用长杆捣导管内混凝土进行疏通；如无效，则可在顶层混凝土尚未初凝时，将导管提出，重新插入混凝土内，并用空气吸泥机将导管内的泥浆排出，再恢复浇捣混凝土
7	接头管无法拔出	(1)接头管本身弯曲，或安装不直，与顶升装置、土壁及混凝土之间产生较大摩擦力。 (2)抽拔接头管千斤顶能力不够，或不同步，不能克服管与土壁混凝土之间的摩阻力。 (3)拔管时间未掌握好，混凝土已经终凝，摩阻力增大；混凝土浇筑时未经常上下活动锁头管。 (4)接头管表面的耳槽盖漏盖	(1)接头管制作精度(垂直度)应在1/1000以内，安装时必须垂直插入，偏差不大于50mm； (2)拔管装置能力应大于1.5倍摩阻力； (3)锁头管抽拔要掌握时机，一般混凝土达到初凝强度，即应开始预拔，5～8h内将管子拔出，混凝土初凝后，即应上下活动，每10～15min活动一次； (4)吊放锁头管时要盖好上月牙槽盖
8	形成夹层	(1)浇筑管摊铺面积不够，部分角落浇筑不到，被泥渣填充； (2)浇筑管埋置深度不够，泥渣从底口进入混凝土内； (3)导管接头不严密，泥浆渗入导管内； (4)首批灌入混凝土量不足，未能将泥浆与混凝土隔开； (5)混凝土未连续浇筑，造成间断或浇筑时间长，首批混凝土初凝失去流动性，而继续浇筑的混凝土顶破顶层而上升，与泥渣混合，导致在混凝土中夹有泥渣，形成夹层； (6)导管提升过猛，或测探错误，导管底口超出原混凝土面底口，涌入泥浆； (7)混凝土浇筑时局部塌孔	(1)槽段浇筑时，应设2～3个浇筑管同时浇筑，并有多辆混凝土车轮流浇筑； (2)导管埋入混凝土深度应为2～4m，导管接头应采用粗牙螺纹，设橡胶圈密封； (3)首批灌入混凝土量要足够充分，使其有一定的冲击量，能把泥浆从导管中挤出，同时始终保持快速连续进行，中途停歇时间不超过15min，槽内混凝土上升速度不应低于2m/h，导管上升速度不要过快，采取快速浇筑，防止时间过长塌孔

续上表

序号	质量通病	原因分析	防治措施
9	钢筋笼无法下放到位	(1) 槽段塌方等原因导致深度不符合设计要求; (2) 槽段垂直度严重不符合设计要求; (3) 上一幅地下连续墙绕流未处理	(1) 钢筋笼在下放入槽不能准确到位时,不得强行冲放,应重新提起,待处理合格后再重新吊入; (2) 钢筋笼吊起后先测量槽深,分析原因,对于塌孔或缩孔引起的钢筋笼无法下放,应用成槽机进行修槽,待修槽完成后继续吊放钢筋笼入槽; (3) 若遇偏心浮力,可在另一侧增加配重加以平衡; (4) 大量塌方,无法继续施工时,应对该幅槽段用黏土进行回填密实后再成槽; (5) 对于上一幅地下连续墙混凝土绕管引起的钢筋笼无法下放,可用成槽抓斗放空冲抓或用起重机吊刷壁器空挡冲放,以清除绕管部分混凝土后,再吊放钢筋笼入槽
10	露筋、空洞、蜂窝、渗漏	(1) 混凝土配合比不符合要求; (2) 混凝土流动性差或出现离析现象; (3) 浇筑混凝土之前槽段接头上的泥皮、泥渣未清除干净	预防措施: (1) 混凝土浇筑前对混凝土进行严格检测,合格后方可使用; (2) 在吊放钢筋笼之前将槽段接头泥皮、泥渣清理干净。 处理措施:根据专项方案对混凝土的质量缺陷进行修补及堵漏处理,处理完成后需保证混凝土质量符合要求

2.2 灌注桩

2.2.1 简介

灌注桩是指在工程现场通过机械钻孔、钢管挤土或人力挖掘等手段在地基土中形成桩孔,并在其内放置钢筋笼、灌注混凝土而做成的桩。依据成孔的方法不同,灌注桩又可以分为沉管灌注桩、钻孔灌注桩和人工挖孔桩等形式。灌注桩根据施工特性,适用于黏性土、砂土、卵石土、碎石及岩石等地层,在我国成都、合肥等城市应用较为广泛。

1) 排桩形式

钻孔灌注桩属于排桩支护形式的一种,桩一字相间排列,桩顶设置冠梁连接。常见排桩形式如图 2-2-35 所示。

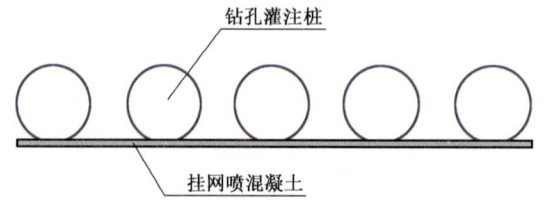

图 2-2-35 常见钻孔灌注桩排桩形式

2）优缺点及适用范围

灌注桩的优缺点及适用范围见表 2-2-30。

灌注桩的优缺点及适用范围　　　　　　表 2-2-30

序号	项目	钻孔灌注桩	人工挖孔桩	沉管灌注桩
1	优点	（1）对周边环境影响较小； （2）适用范围广； （3）能施工较大桩径且长度较灵活； （4）施工组织较为简单	（1）施工机械设备简单且进退场方便； （2）在安全可靠的施工状况下质量能够有所保证； （3）对周边环境影响小； （4）人工挖孔桩的桩直径选用范围大	桩身质量有保证，强度极高，单方混凝土承载力高，抗腐蚀能力强，大面积作业成桩速度极快
2	缺点	（1）因混凝土是在泥水中灌注的，因此混凝土质量较难控制，容易出现桩身缺陷； （2）施工时泥水泥渣会造成环境污染； （3）桩与桩之间主要通过桩顶冠梁和围檩连成整体，因而整体性相对较差，容易造成桩间缝隙渗漏水	（1）工人工作强度大，作业环境差； （2）安全事故发生较多； （3）桩孔内壁不规则，混凝土用量偏大； （4）挖孔抽水容易引起附近地面沉降、房屋开裂或倾斜； （5）地下水丰富的地区施工，人工挖孔桩容易发生桩身质量问题甚至施工安全问题	施工过程中，锤击会产生较大的噪声，振动会影响周围建筑物，不适合在市区运用
3	适用范围	钻孔灌注桩作为围护结构形式的一种，适用于基坑周围环境较复杂的地区，适用于黏土层及砂卵石地层	（1）人工挖孔桩适宜在机械设备无法施工、地下水位低于桩底高程的地区施工，主要宜用于地下水位以上的黏性土、粉土、填土、中等密实以上的砂土、风化岩层地质情况。 （2）注意在地下水位较高，有承压水的砂土层、滞水层、厚度较大的流塑状淤泥、淤泥质土层中，不得选用人工挖孔桩	适用地质条件为穿越一般黏性土、中密以下的砂类土、粉土，持力层进入密实的砂土、硬黏土。对稍密、密实的中间夹层或碎石土难以穿越，且不能穿越冻胀性质明显的土层

2.2.2 施工机械

钻孔施工应根据地质情况、设计桩长、桩径以及施工条件选择钻机类型，同时应兼顾施工工期、经济成本等影响因素。常用施工机械类型见表 2-2-31。

钻孔灌注桩常用施工机械类型　　　　　　表 2-2-31

序号	施工方法	施工机械	原理	优缺点	适用范围	图示
1	冲击钻冲孔	冲击钻机	冲击钻机是一种比较传统的钻进机具，依靠冲击锤进行冲砸，掏渣筒掏渣，上下往复冲击将土石劈裂、砸碎，部分被挤入孔壁之内，普通泥浆护壁	优点：冲击钻机具有地层适应范围广、施工速度快、场地环境要求小、造价较低等特点。 缺点：作业人员劳动强度大，泥浆循环要设立泥浆回流池，占地大，产生的泥浆不易外运，施工振动噪声大，环境评价差	适用于常见的所有填土层、黏土层、密实砂层、圆砾层及角砾复合夹层，但在大漂石、卵石层及微风化地层中进尺缓慢，且冲击锤容易损坏，而在松散且厚度较大的砂层中钻进时容易坍孔	CZ-9型冲击钻机

续上表

序号	施工方法	施工机械	原　理	优　缺　点	适用范围	图　示
2	反循环钻孔	泵吸反循环设备	与离心泵作用原理相同,砂石泵工作时以吸入方式形成负压,由于不断平衡钻杆外的压力差而产生液流,当流速达到额定数值时,孔底岩渣随液流到达地面;吸出的液体经净化后还可以循环使用	优点:钻进粉细砂、卵砾石、黏性土、粉土效率高、进尺快;可使用清水钻进,靠水柱压力保持孔壁稳定,排渣彻底、孔底干净、钻进效率高,钻头消耗少,对大口径较深的孔钻进有利。缺点:对含水层有抽吸作用,水量消耗大,特别是漏水情况下容易引起坍孔	反循环钻机使用不同钻头可以适用于多种地质情况: (1)翼状钻头用于松散砂土层、黏土层、砂砾层、软基岩和风化基岩; (2)牙轮滚刀钻头适用于稍软至中硬岩层,包括卵砾石层、中硬基岩等	 GPS系列钻机
3		喷射反循环设备	在钻机水龙头出水口处设置一个喷射器,由高压泵产生高压,水流通过喷射器,当喷嘴冲向承喷器时,产生负压,利用这个压差,将钻杆内循环液吸出			
4		气举反循环设备	通过管路,将空压机产生的压缩空气送至钻杆下部,从混合器排出;排出的气体与循环液混合形成含有大量气泡的气水混合液,混合液密度下降,使钻杆内外循环液形成压差,促使钻杆内混合液上升;当循环液上升速度达到一定流速时,将岩渣从孔底携带通过钻杆排出			
5	正循环回转钻进	回转钻机	在钻机驱动钻具回转的同时,利用泥浆泵通过水龙头、钻杆孔向孔底输送冲洗液(清水,多是泥浆),冲洗孔底。携带岩屑的泥浆岩杆与孔壁之间的外环空间上升,从孔口流向沉淀池,形成正循环排渣体系	优点:钻机小,质量轻,在狭窄工地也能使用;设备简单,容易改造,故障相对较少;噪声低,振动小。缺点:钻杆与孔壁之间的环状断面积大,泥浆上返速度低,携带泥沙颗粒直径小,排渣能力差,岩土重复破碎现象严重,工效低	适用于填土层、淤泥层、黏土层、砂土层,也可应用于卵砾石含量不大于15%、粒径小于10mm的部分砂卵石层和软质基岩等地层	GPS-10系列钻机

续上表

序号	施工方法	施工机械	原 理	优 缺 点	适 用 范 围	图 示
6	旋挖钻机成孔	旋挖钻机	旋挖钻机是近年来发展最快的一种新型桩成孔施工机具。它通过钻杆和钻斗的旋转,以钻斗自重并加液压作为钻进压力,使土屑装满钻斗后提升钻斗出土,通过钻斗的旋转、挖土、提升、卸土和泥浆护壁,反复循环而成孔	优点:旋挖成孔的施工方法具有施工质量可靠、成孔速度快、成孔效率高、场地适应性强等特点。缺点:对于厚度较大的松散砂层在钻进时易塌孔,在卵石含量较大的卵石层钻进时速度慢,不适用于坚硬岩石层入岩施工;机械较大,有高度限制	适用于各类黏土、粉土、密实砂土、淤泥质土、人工回填土及含有部分卵石、碎石的地层	 旋挖钻机
7	干作业长螺旋钻成孔	长螺旋钻机	长螺旋钻机成孔属干作业、非挤土灌注桩范畴,长螺旋钻进与机加工和木工所用麻花钻头钻孔的工作原理相同。螺旋形的钻杆与钻头连成一体,在动力头的扭矩和垂直压力的作用下,钻头不断向下破土钻进而成孔;切削下来的土渣由通长的螺旋钻杆直接输送到地面,不需采用泥浆循环排渣	优点:成孔不用泥浆或套管;施工无噪声、无振动、无泥浆污染;机具设备简单,装卸移动方便,施工准备工作少,技术容易掌握;施工速度快、成本低等。缺点:遇地下水时,不仅孔壁容易坍塌,而且钻渣不能完全排出	一般只适用于地下水位以上的土层、砂层及含有少量砾石的地层。最大钻孔深度根据钻机的钻架高度和动力大小而定,一般不超过20m,最大可达30m。钻孔直径一般为400mm,最大可达800mm	 长螺旋钻机

2.2.3 施工工艺

1)钻孔灌注桩

(1)施工流程

钻孔灌注桩广泛应用于各种基坑支护的支护桩,其施工工艺主要可以分为泥浆护壁钻孔灌注桩工艺和干作业钻孔灌注桩工艺。目前一般采用泥浆护壁钻孔灌注桩工艺,施工流程如图2-2-36所示。

(2)泥浆护壁钻孔灌注桩施工控制要点

泥浆护壁钻孔灌注桩施工控制要点见表2-2-32。

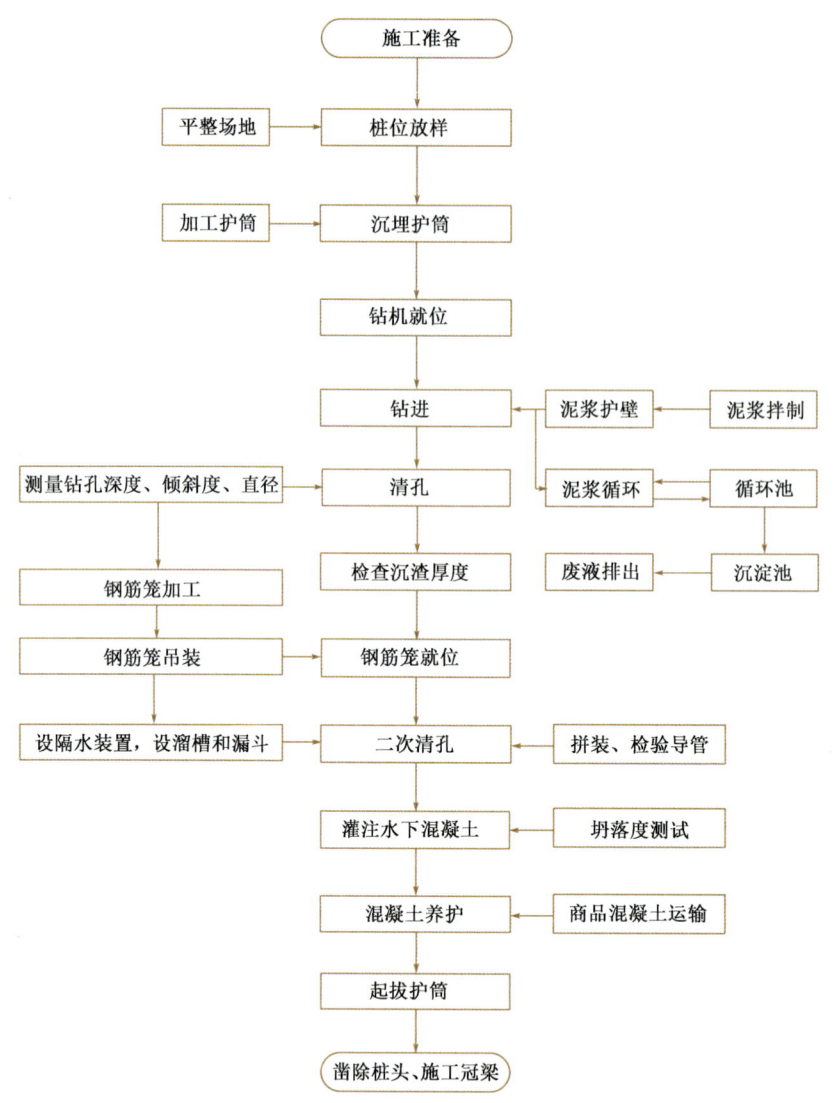

图 2-2-36　泥浆护壁钻孔灌注桩施工流程图

泥浆护壁钻孔灌注桩施工控制要点　　　　　　　　　　表 2-2-32

序号	工序	施工控制要点	图示
1	施工准备	（1）施工前必须对场地进行平整，对现场做好清理工作，根据土层地质情况对较软地面更换软土，夯填密实，并根据作业需要铺设钢板或场地硬化，对施工场地与便道之间的路面进行碾压修整，方便钻机及施工车辆的顺利进出。 （2）平整以后，要在非成孔的区域设置排水沟，以保持施工现场的清洁。完成钻孔场地布置，包括对设备及施工机械的摆放位置做出明确的规划与布置。 （3）同时进行测量放线工作，对水准点与轴线位置进行标定，放线定出桩位点，并在桩点钉入醒目的标志杆	

续上表

序号	工序	施工控制要点	图示
2	沉埋护筒设置	(1)表层按设计高程拉槽卸土后,现场放线定出桩位,做好桩位的轴线标记和桩位的测量放样;开挖探槽探明无管线埋在地下时,方可埋设护筒,若桩位与待悬吊保护的管线相冲突,则应适当调整桩间距避开。 (2)护筒一般采用4~8mm厚的钢板加工制作,护筒内径应比钻头直径大100mm;护筒要根据设计桩位中线埋设,埋设深度在黏性土中不宜小于1m,砂土中不宜小于1.5m,然后复核校正,其偏差应不大于50mm,护筒外用黏土封填密实。 (3)护筒的顶部应开设1~2个溢浆口,并高出地面0.3~0.4m,使溢流泥浆流入泥浆池,减少场地污染;护筒内泥浆的液面应保持高出地下水位1m以上	
3	钻机就位	(1)根据目标位置完成钻机就位,按照桩位布置图纸,使用测量仪器将桩位放样至场地内,并设置控制点,以便在施工过程中对桩位适时进行复测;施工过程中,需随时对桩位进行复核,防止桩位点在成桩施工时发生位移。 (2)钻机就位时,按放样的桩位进行对中,并保持平稳,不发生倾斜、位移,钻头中心对准桩心点;钻进时,要确保桩身垂直度偏差不大于5‰	
4	泥浆拌制	(1)在配制泥浆时,需充分考虑泥浆的各项指标。开孔使用的泥浆用膨润土制作,当钻孔至黏土层时可原土造浆。 (2)在灌注桩施工前,要根据地质情况,确定护壁液(泥浆)的配合比。 (3)泥浆制备技术要求: ①及时采集泥浆样品,测定性能指标,对新制备泥浆和使用前分别进行一次测试,钻孔过程中测试一次,钻孔结束时泥浆面下1m及孔底以上0.5m处各取泥浆样品一次。 ②储存泥浆每8h搅拌一次,每次搅拌泥浆或测试必须做原始记录。 ③新鲜泥浆制作好搁置24h后经各项指标测试合格后方可使用;回收泥浆必须经过振动筛处理,性能指标达到要求后才可循环利用。 ④泥浆质量控制。护壁液池大小一般为钻孔容积的1.5~2倍,要有较好的防渗能力。在沉淀池的旁边设置渣土区,沉渣采用反铲清理后放在渣土区,保证泥浆的巡回空间和存储空间	
5	钻孔施工	(1)钻进方法的选择。钻孔桩施工过程中必须根据不同工程地质状况和桩基直径、长度分别选用不同的钻进方法。 (2)桩身成孔垂直度控制。垂直度精度是钻孔桩施工的首要条件,为确保成孔垂直度精度符合设计要求,应加大桩机支承面积以增加桩基的稳固性。钻孔施工时,应经常校核钻杆或钻具钢丝绳的垂直度。 (3)桩位和钻孔深度控制。在成孔过程中,自然地面高程会受影响,为准确控制钻孔深度,在桩架就位后,用经复核过的临时测量点及时复核梁底高程,复测钻具的总长度并做好记录,以便在钻孔时可根据钻杆在钻机上留出的长度来校验成孔深度。在提出钻具后用测绳复测成孔深度,测绳使用前应对其检查校测。	

续上表

序号	工序	施工控制要点	图示
5	钻孔施工	(4)钻进速度控制。钻进速度根据不同土质情况进行调整,以防止发生缩颈现象。对于塑性土层遇水膨胀造成缩颈的问题,钻孔时应加大泵量,加快成孔速度,快速通过并调整泥浆配合比,快速成孔形成护壁。如出现缩孔,则可采取上下反复扫孔以扩大孔径。在砂性土层中,钻进速度不得快于泥浆形成有效护壁的速度。另外,应尽量缩短成孔时间,成孔后应尽快清孔灌注混凝土,避免孔壁暴露时间过长而发生坍孔事故。 (5)钻进达到要求孔深停钻时,仍要维持泥浆正常循环,直到钻渣含量小于4%为止。起钻时应注意操作轻稳,防止拖刮孔壁,并向孔内补充适量的泥浆,稳定孔内水头高度。 (6)钻进要随时监测泥浆相对密度及泥浆含砂情况,记录钻进中的有关参数及地质情况,以核对地质资料。 (7)钻进时如孔内出现塌孔、涌砂等异常情况,则应立即将钻具提离孔底,保持泥浆高度,吸除坍落物和涌砂;同时向孔内输送性能符合要求的泥浆,保持水头压力以抑制继续涌砂和塌孔	
6	成孔检查	当钻孔深度符合目标要求时,需核实孔位、深度和倾斜度、直径	
7	清孔	(1)清孔的目的是清除孔底沉渣,确保钻孔灌注桩的承载力符合设计要求。工程中主要通过改善泥浆性能、延长清孔时间等措施,清除沉渣。一般采用两次清孔,即终孔后第一次清孔,吊放钢筋笼后第二次清孔。 (2)清孔时泥浆应不断置换,在保证不塌孔的情况下尽量降低泥浆密度。在吊放钢筋笼和沉放导管后,由于孔内原土泥浆中处于悬浮状态的沉渣再次沉到桩底,影响成桩质量,故应在混凝土灌注前利用导管进行第二次清孔。 (3)孔壁土质不易坍塌时,可用空气吸泥机清孔;用原土造浆时,清孔后泥浆相对密度应控制在1.1左右;孔壁土质较差时,宜采用泥浆循环清孔,清孔后泥浆相对密度应控制在1.15~1.25。 (4)当泥浆相对密度及沉渣厚度均符合要求时,应立即进行水下混凝土灌注施工。 (5)沉渣厚度一般用吊锤法测量,即用测锤反复提放,敲击孔底岩面,判定孔底沉渣是否已清除干净,沉渣厚度检测宜在二次清孔停泵后5min左右测量	
8	钢筋笼制作	(1)制作钢筋笼所需的钢材、电焊条等应符合设计要求,其外观质量、规格型号、数量应与质保资料一致。钢筋笼的直径、长度和制作质量应符合设计和施工规范要求,并注意钢筋焊接质量,所用钢筋的规格、数量及钢筋间应满足设计和规范要求。 (2)具体要求: ①钢筋笼主筋在下料前应先校直,并清除钢筋表面污垢、锈蚀等,准确控制下料长度。 ②钢筋笼应采用环形模制作,有效控制钢筋笼直径和同一水平面上直径的极差。	

续上表

序号	工序	施工控制要点	图示
8	钢筋笼制作	③分段制作的钢筋笼,其接头宜采用焊接并应遵守现行《混凝土结构工程施工质量验收规范》(GB 50204)的有关规定。 ④主筋的净距必须大于混凝土粗骨料粒径的3倍以上。 ⑤钢筋笼按设计图纸加工制作,桩径小于800mm时,加劲箍一般设置在主筋外侧,主筋不设弯钩,以免妨碍导管抽拔。 ⑥钢筋笼主筋混凝土保护层厚度的允许偏差为±20mm。为保证保护层厚度,钢筋笼上应设保护层垫块。保护层垫块数量每节钢筋笼不应少于2组,长度大于12m的中间应增设1组,每组块数不得少于3块,且应均匀对称地分布在同一截面的主筋上,保护层垫块可采用圆环形混凝土,也可采用扁钢定位环。 ⑦焊接时,主筋的搭接互相错开35d(d为钢筋直径),且在不小于500mm区段范围内,同一根主筋上不得有两处驳接接头,同区段内接头数不得超过钢筋总数的50%。钢筋搭接焊缝宽度不应小于0.7d,厚度不小于0.3d。钢筋搭接焊缝长度Ⅱ级钢筋单面焊10d,双面焊5d。 ⑧环形箍筋与主筋的连接应采用定位焊连接;螺旋箍筋与主筋的连接可采用铁丝绑扎并间隔定位焊固定,或直接定位焊固定	
9	钢筋笼吊装	(1)在钢筋笼吊放过程中,还要特别注意钢筋笼吊环长度应能使钢筋笼准确地安放在设计高程上,并根据梁底高程的变化而逐根复核吊环长度,以确保钢筋埋入高程符合设计要求。 (2)钢筋笼安放至设计高程位置后,应立即将钢筋笼固定好,防止上浮。 (3)在钢筋笼吊放过程中,应逐节控制好钢筋笼连接焊缝的质量,对质量不符合规范要求的焊缝要进行补焊。 (4)注意钢筋笼吊放时不得碰撞孔壁。若吊放受阻,则应停止吊放并寻找原因,不得强行下放,否则将会造成坍孔、钢筋笼变形。如钢筋笼未垂直下放,则应提出后垂直吊放;如是成孔偏斜造成的,则应复钻纠偏,满足成孔质量后再吊放钢筋笼。 (5)钢筋笼接长时在确保连接质量的基础上要加快焊接速度,尽可能缩短沉放时间,以利于钢筋笼顺利吊放和减少孔底沉渣量。 (6)注意按要求在钢筋笼上固定好声测管并对端口加以保护,以便后期的桩身检测能顺利进行。声测管利用螺纹套管进行连接,并逐根进行注水检查,在连接接头两侧各1m处使用铁丝把声测管与钢筋笼固定在一起,并用定位环进行加固,使其保持顺直牢固。 (7)钢筋笼全部安装入桩孔后,应检查安装位置,确认符合设计要求后,将钢筋笼用吊筋进行固定,避免灌注混凝土时钢筋笼上浮	
10	导管安装	(1)泥浆护壁成孔,其水下灌注混凝土宜采用直径为200～250mm的多节钢管,管节连接应严密、牢固,使用前应试拼,并进行隔水栓通过试验。 (2)导管管径应与桩径匹配,桩径小而管径大容易造成顶管,钢筋笼上拱;桩径大而管径小,将延长混凝土的浇筑时间。对于小于φ800mm的桩,选择内径200mm的导管;φ800～1500mm的桩,选择内径250mm的导管;大于φ1500mm的桩,选择内径300mm的导管。导管内壁应光滑、圆顺,接口严密,厚度不薄于3mm,其分节长度应符合工艺需要。 (3)下导管时应保证位置居中,对其长度和实际孔深做好丈量工作,其底端和孔底的距离应保持在300～500mm。使用完毕后应及时进行清洗	

续上表

序号	工序	施工控制要点	图示
11	灌注水下混凝土	(1)灌注前首先要检查各项器械如漏斗、测试仪器、量具、隔水塞的完好情况。 (2)严格检查进场原材料,其应与质量保证资料相符,对不合格的材料严禁用于混凝土灌注桩。混凝土的强度符合设计要求,并具有较好的和易性,配合比应经试验确定。 (3)首浇混凝土应有足够的储备量,实现水下封底,并保证封底后导管外泥浆不会进入混凝土内。首浇混凝土必须保证埋管深度不小于1.5m,以保证桩底质量。浇筑过程中应有质检人员旁站指导。 (4)灌注混凝土的导管应经水密试验合格,安装经复检合格后使用,以避免灌注混凝土过程中导管接口进水,而造成混凝土离析或形成夹泥层,更为甚者产生断桩事故。 (5)水下浇筑作业时,导管所埋深度对成桩质量影响较大,埋入较深会因顶升阻力加大而出现局部夹泥现象,或因混凝土顶升阻力较大,上方混凝土流动性不好,导致灌注不顺畅;埋入过浅则有可能导致导管被拔出混凝土面,或新灌入的混凝土冲出顶面,导致夹泥断桩等现象发生。 (6)注意隔水栓的使用。工程中一般采用直径与导管内径相同的充满气的橡皮球放入导管,在首盘混凝土的压力下形成隔水栓效果。对直径小于1m的桩可采用砂包作隔水栓。首盘混凝土灌注的效果与隔水栓的有效使用有着很密切的关系。 (7)为防止混凝土灌注过程中发生断桩夹泥、堵管等现象,应加强对混凝土搅拌时间和混凝土坍落度的控制,并随时了解混凝土面的高程和埋管深度。 (8)混凝土灌注高程应比设计高程高至少0.5m,以保证桩头混凝土质量。护筒拔除也不宜过早,以免对桩头混凝土产生扰动	

2)人工挖孔桩

目前,人工挖孔桩施工工艺落后,本手册不再介绍,可参考人工挖孔桩相关资料。

2.2.4 施工质量控制及验收标准

灌注桩的施工质量控制及验收标准应满足现行《地下铁道工程施工质量验收标准》(GB/T 50299)、《地下铁道工程施工标准》(GB/T 51310)及相关规范的要求。

(1)桩位的放样允许偏差:群桩20mm,单排桩10mm。

(2)灌注桩的桩位偏差必须符合规范的规定,桩顶高程至少要比设计高程高出0.5m,桩底清孔质量按要求执行,见表2-2-33、表2-2-34。每浇筑50m³必须有一组试件,小于50m³的桩每根桩必须有一组试件。

灌注桩的平面位置和垂直度的允许偏差　　表 2-2-33

序号	成孔方法		桩径偏差（mm）	垂直度允许偏差（%）	桩位允许偏差（mm）	
					1~3根桩、条形桩基沿垂直轴线方向和群桩基础中的边桩	条形桩基沿轴线方向和群桩基础的中间桩
1	泥浆护壁钻孔桩	$D \leq 1000mm$	±50	<1	$D/6$，且不大于100	$D/4$，且不大于150
		$D > 1000mm$	±50		$100 + 0.01H$	$150 + 0.01H$
2	套管成孔灌注桩	$D \leq 500mm$	−20	<1	70	150
		$D > 500mm$			100	150
3	人工挖孔桩	现浇混凝土护壁	±50	0.5	50	150
		长钢套管护壁	±20	1	100	200

注：1. 桩径允许偏差的负值是指个别断面。
　　2. 采用复打、反插法施工的桩，其桩径允许偏差不受本表限制。
　　3. D 为设计桩径，H 为施工现场地面高程到桩顶设计高程的距离。

混凝土灌注桩质量检验标准　　表 2-2-34

项	序号	检查项目	允许偏差或允许值		检查方法
			单位	数值	
主控项目	1	桩位	见表2-2-33		基坑开挖前量护筒，开挖后量桩中心
	2	孔深	mm	300	只深不浅，用重锤测，或测钻杆、套管长度
	3	桩体质量检验			按现行《建筑基桩检测技术规范》（JGJ 106）
	4	混凝土强度			试件报告或钻芯取样送检
	5	承载力			按现行《建筑基桩检测技术规范》（JGJ 106）
一般项目	1	垂直度	见表2-2-33		测套管或钻杆，或用超声波探测，干施工时吊垂球
	2	桩径	见表2-2-33		井径仪或超声波检测，干施工时用钢尺量
	3	泥浆相对密度（黏土或砂性土中）	—	1.15~1.20	用比重计测，清孔后在距孔底50cm处取样
	4	泥浆面高程（高于地下水位）	m	0.5~1.0	目测
	5	沉渣厚度：摩擦桩	mm	≤150	用沉渣仪或重锤测量
	6	混凝土坍落度：水下灌注 干施工	mm	160~220 70~100	坍落度仪
	7	钢筋笼安装深度	mm	±100	用钢尺量
	8	混凝土充盈系数	>1		检查每根桩的实际灌注量
	9	桩顶高程	mm	+30 −50	水准仪，需扣除桩顶浮浆层及劣质桩体

（3）钢筋笼质量检验标准见表2-2-35。

钢筋笼质量检验标准　　　　　　　　　　　　　表2-2-35

序号	项目	检查项目	允许偏差或允许值（mm）	检查方法
1	主控项目	主筋间距	±10	用钢直尺量
		长度	±50	用钢直尺量
2	一般项目	钢筋材质检验	符合设计要求	抽样送检
		箍筋间距	±20	用钢直尺量
		直径	±10	用钢直尺量

2.2.5　质量通病与防治措施

钻孔灌注桩施工中，由于施工工艺种类较多，在成孔阶段和水下混凝土灌注阶段容易发生诸如坍孔、钻孔偏斜、漏浆、卡钻等质量事故。施工时应以预防为主，对可能出现的问题考虑周全。

（1）冲击钻成孔灌注桩施工质量通病与防治措施见表2-2-36。

冲击钻成孔灌注桩施工质量通病与防治措施　　　　　　表2-2-36

序号	质量通病	原因分析	防治措施
1	桩孔不圆呈梅花形	（1）钻头的转向装置失灵，冲击时钻头未转动； （2）泥浆黏度过高，冲击转动阻力太大，钻头转动困难； （3）冲程太小，钻头转动时间不充分或转动很小	（1）经常检查转向装置的灵活性； （2）调整泥浆的黏度和相对密度； （3）用低冲程时，每冲击一段时间换高一级的冲程冲击，交替冲击修整孔形
2	钻孔偏斜	（1）冲击中遇探头石、漂石，大小不均，钻头受力不均。 （2）基岩面产状较陡。 （3）钻机底座未安置水平或产生不均匀沉陷。 （4）土层软硬不均；孔径大，钻头小，冲击时钻头向一侧倾斜	（1）发现探头石后，应回填碎石或将钻机稍移向探头石一侧，用高冲程猛击探头石，破碎探头石后再钻进； （2）遇基岩时采用低冲程，并使钻头充分转动，加快冲击频率，进入基岩后采用高冲程钻进； （3）若发现孔斜，应回填重钻； （4）经常检查及时调整； （5）进入软硬不均地层，采用低锤密击，保持孔底平整，穿过此层后再正常钻进； （6）及时更换钻头
3	冲击钻头被卡	（1）钻孔不圆，钻头被孔的狭窄部位卡住（称为下卡）；冲击钻头被孔内遇到大的探头（称为上卡）；石块落在钻头与孔壁之间。 （2）未及时焊补钻头，钻孔直径逐渐变小，钻头入孔冲击被卡。 （3）上部孔壁坍落物卡住钻头。 （4）在黏土层中冲程太高，泥浆黏度过高，以致钻头被吸住。 （5）放绳太多，冲击钻头倾倒顶住孔壁。 （6）护筒底部出现卷口变形，钻头卡在护筒底，拉不出来	（1）若孔不圆，钻孔向下有活动余地，则可使钻头向下活动并转动至孔径较大方向提起钻头； （2）使钻头向下活动，脱离卡点； （3）使钻头上下活动，让石块落下及时修补冲击钻头； （4）若孔径变小，应严格控制钻头直径，并在孔径变小处反复冲刮孔壁，以增大孔径； （5）用打捞钩或打捞活套提；利用泥浆泵向孔内泵送性能良好的泥浆，清除坍落物，替换孔内黏度过高的泥浆； （6）使用专门加工的工具将顶住孔壁的钻头拨正； （7）将护筒吊起，割去卷口，再在筒底外围用圆钢焊一圈包箍，重下护筒于原位

续上表

序号	质量通病	原因分析	防治措施
4	孔壁坍塌	(1)冲击钻头或掏渣筒倾倒,撞击孔壁。 (2)泥浆相对密度偏小,起不到护壁作用;孔内泥浆面低于孔外。 (3)遇流砂、软淤泥、破碎地层或松砂层钻进时进尺太快。 (4)地层变化时未及时调整泥浆相对密度。 (5)清空或漏浆时补浆不及时,造成泥浆面过低,孔压不够而塌孔。 (6)成孔后未及时灌注混凝土或下钢筋笼时撞击孔壁造成塌孔	(1)探明坍塌位置,将砂和黏土混合物回填到塌孔位置以上1~2m,待回填物沉积密实后再重新冲孔; (2)按不同地层土质采用不同的泥浆相对密度; (3)提高泥浆面; (4)严重塌孔时,投入黏土泥膏,待孔壁稳定后,采用低速重新钻进; (5)地层变化时要随时调整泥浆密度,清孔或漏浆时应及时补充泥浆,保持浆面在护筒范围以内; (6)成孔后应及时灌注混凝土; (7)下钢筋笼应保持竖直,不撞击孔壁
5	桩身夹泥断桩	(1)孔壁坍塌; (2)导管提出混凝土面; (3)浇筑混凝土过程中卡管停浇; (4)采用商用混凝土时,供应不及时	(1)控制泥浆的相对密度,使孔内水位经常保持高于孔外水位0.5m以上; (2)控制导管提升速度,保证导管埋入混凝土内1~1.5m
6	流砂	(1)孔外水压力比孔内大,孔壁松散,使大量流砂涌塞孔底; (2)掏砂时,没有及时向孔内补充水,造成孔外水位高于孔内	流砂严重时,可抛入碎砖石、黏土,用锤冲入流砂层,做成泥浆结块,形成坚厚孔壁,阻击流砂涌入,保持孔内水头,并向孔内抛黏土块,冲击造浆护壁,然后用掏渣筒掏砂
7	吊脚桩	(1)清孔后泥浆相对密度过小,孔壁坍塌或孔底涌砂,或未立即浇筑混凝土; (2)清渣未净,残留沉渣过厚; (3)沉放钢筋笼、导管等物碰撞孔壁,使孔壁坍落孔底	做好清孔工作,达到要求后立即灌注混凝土,注意泥浆浓度,及时清渣,注意孔壁,不让受到重物碰撞

(2)泵吸反循环钻孔灌注桩施工质量通病与防治措施见表 2-2-37。

泵吸反循环钻孔灌注桩施工质量通病与防治措施 表 2-2-37

序号	质量通病	原因分析	防治措施
1	真空泵起动时,系统真空度达不到要求	(1)起动时间不够; (2)气水分离中未加足清水; (3)管路系统漏气,密封不好; (4)真空泵机械故障; (5)操作方法不当	(1)适当延长起动时间,但不宜超过10min; (2)向气水分离器中加足清水; (3)检修管路系统,尤其是砂石泵塞线和水龙头处
2	真空泵起动时,真空度达到要求,但不吸水,或吸水而起动砂泵时不上水	(1)真空管路或循环管路被堵; (2)钻头水口被堵住; (3)吸程过大	(1)检修管路,注意检查真空管路上的阀是否打开; (2)将钻头提离孔底,并冲堵; (3)降低吸程,吸程不宜超过6.5m
3	灌注起动时阻力大,孔口不返水	(1)管路系统被堵塞物堵死; (2)钻头水口被埋住	(1)清理管路系统的堵塞物; (2)把钻具提离孔底,用正循环冲堵

续上表

序号	质量通病	原因分析	防治措施
4	砂石泵起动正常循环后循环突然中断或逐渐中断	(1)管路系统漏气; (2)管路突然被堵; (3)钻头水口被堵; (4)吸水胶管内层脱胶损坏; (5)注水时间短,气未排尽	(1)检修管路,紧固砂石泵塞线或水龙头压盖; (2)冲堵管路; (3)清除钻头水口堵塞物; (4)更换吸水胶管; (5)增加注水时间,排尽气体
5	在黏土层中钻进缓慢,甚至不进尺	(1)钻头有缺陷; (2)钻头泥包或糊钻; (3)钻进参数不合理	(1)检修钻头或重新设计更换钻头; (2)清除泥包,调节泥浆液的相对密度和黏度,适当增大泵量或向孔内投入适量砂石解除泥包糊钻; (3)调整钻进参数
6	在砂层中钻进时,有时循环突然中断或排量突然减少;钻头在孔内跳动厉害	(1)进尺过快,管路被砂石堵死; (2)泥浆相对密度过大; (3)管路被石头堵死; (4)泥浆中钻渣含量过大; (5)孔底有较大的活动卵砾石	(1)控制钻进速度。 (2)立即稍提升钻具,调整泥浆相对密度至符合要求。 (3)起闭砂石泵出水阀,以造成管路内较大的瞬时压力波动,可清除堵塞物,或用正循环冲堵,清除堵塞物,如无效,则应起钻予以排除。 (4)降低钻速,加大排量,及时清渣。 (5)起钻,用专用工具清除大块卵砾石
7	塌孔	(1)地层松散,水头压力不够; (2)孔内漏失,水位下降; (3)操作不当产生压力波动; (4)松散地层泵量过大造成抽吸垮孔	(1)向孔内及时补充足够泥浆,必要时加大泥浆的相对密度,或抬高水头高度,或下长护筒; (2)向漏水层位投入泥浆或冻胶泥浆堵漏; (3)注意操作,升降钻具应平稳; (4)调整泵量减少抽吸

(3)泵吸正循环钻孔灌注桩施工质量通病与防治措施见表2-2-38。

泵吸正循环钻孔灌注桩施工质量通病与防治措施　　　　表2-2-38

序号	质量通病	原因分析	防治措施
1	在黏土层中钻进,进尺很慢,憋泵	(1)泥浆黏度过大; (2)给压过大,孔底钻渣未能及时排出; (3)糊钻或钻头有泥包	(1)调整泥浆性能; (2)调整钻进参数; (3)调整泥浆相对密度和黏度,适当增大泵量或向孔内投入适量砂石,解除泥包糊钻
2	在砂砾层中钻进,进尺缓慢	(1)泥浆上返流速小; (2)钻渣未能及时排除; (3)钻头磨损严重	(1)加大泵量,增大上返流速; (2)每钻进4~6m,清渣一次; (3)修复或更换钻头
3	钻具跳动大,回转阻力大,切削具崩落	(1)孔内多有大小不等的砾石、卵石; (2)孔内有杂填的砖块、石块	(1)用掏渣筒或冲抓锥捞除大石头; (2)可用冲击钻头破碎或挤压石块通过这类地层

(4)旋挖钻成孔灌注桩施工质量通病与防治措施见表2-2-39。

旋挖钻成孔灌注桩施工质量通病与防治措施　　　　表2-2-39

序号	质量通病	原 因 分 析	防 治 措 施
1	偏孔	(1)施工场地不平整,不坚实,在支架上钻孔时,支架的承载力不足,发生不均匀沉降,导致钻杆不垂直; (2)钻机部件磨损,接头松动,钻杆弯曲; (3)钻头晃动偏离轴线,扩孔较大; (4)遇有地下障碍物,把钻头挤向一侧	(1)钻机就位时,应使转盘、底座水平,使天轮的轮缘、钻杆的卡盘和护筒的中心在同一垂直线上,并在钻进过程中防止位移; (2)场地平整坚实,支架的承载力应满足要求,在发生不均匀沉降时,必须随时调整; (3)偏斜过大时,应回填强度高于障碍物的物体,待沉积密实后再钻
2	缩孔(孔径小于设计孔径)	(1)软土层受地下水位影响和周边车辆振动; (2)塑性土膨胀,造成缩孔; (3)钻锤磨损过甚,焊补不及时	(1)成孔时,应加大泵量,加快成孔速度,快速通过,在成孔一段时间,孔壁形成泥皮,孔壁不会渗水,亦不会引起膨胀; (2)及时焊补钻锤,并在软塑土地层采用失水率小的优质泥浆护壁; (3)采用上下反复扫孔的办法,以扩大孔径
3	钢筋笼上浮	(1)混凝土在进入钢筋笼底部时浇筑速度太快; (2)钢筋笼未采取固定措施	(1)浇筑混凝土前,应将钢筋笼固定在孔位护筒上。 (2)当混凝土上升到接近钢筋笼下端时,应放慢浇筑速度,减小混凝土面上升的动能作用,以免钢筋笼顶被托而上浮。当钢筋笼被埋入混凝土中达一定深度,再提升导管,减少导管埋入深度,使导管下端高出钢筋笼下端相当距离时再按正常速度浇筑。通常情况下,可以防止钢筋笼上浮。 (3)当发现钢筋笼开始上浮时,应立即停止浇筑,并准确计算导管埋深和已浇混凝土设计高程,提升导管后再进行浇筑,上浮现象即可消除
4	断桩	(1)混凝土坍落度太小,骨料太大,运输距离过长,混凝土和易性差,致使导管堵塞,疏通堵管再浇筑混凝土时,中间就会形成夹泥层; (2)计算导管埋深时出错,或盲目提升导管,使导管脱离混凝土面,再浇筑混凝土时,中间出现夹泥层; (3)钢筋笼将导管卡住,强力拔管时,使泥浆进入混凝土中; (4)灌注时间过长,而上部混凝土已接近初凝,形成硬壳,而且随时间增长,泥浆中残渣等不断沉淀,从而加厚了积聚在混凝土表面的沉淀物,造成混凝土灌注极为困难,堵管与导管拔不上来,引发断桩事故; (5)导管接头处渗漏,泥浆进入管内,混入混凝土中	(1)混凝土应严格按照有关水下混凝土的规范配制,并经常测试坍落度,防止导管堵塞。 (2)尽可能提高混凝土的浇筑速度: ①开始浇筑混凝土时,应尽量积累大量混凝土,以产生极大的冲击力克服泥浆阻力; ②快速连续浇筑,使混凝土和泥浆一直保持流动状态,以防导管堵塞。 (3)严禁不经测算盲目提拔导管,防止导管脱离混凝土面。 (4)钢筋笼主筋接头要焊平,以免提升导管时,法兰卡住钢筋笼。 (5)浇筑混凝土应使用经过检漏和耐压试验的导管
5	吊脚桩	(1)清孔后泥浆相对密度过小,孔壁坍塌或孔底涌进泥砂,或未立即浇筑混凝土; (2)清渣未净,残留沉渣过厚; (3)沉放钢筋笼、导管等物碰撞孔壁,使孔壁坍落孔底	做好清孔工作,达到要求立即灌注混凝土,注意泥浆浓度,及时清渣,注意孔壁,不让重物碰撞孔壁

2.3 钻孔咬合桩

2.3.1 简介

钻孔咬合桩是指平面布置的排桩间相邻桩互相咬合而形成的钢筋混凝土"桩墙",它与普通钻孔支护排桩相比,大幅度提高了支护结构的抗剪强度和安全性,具有良好的截水性能,与地下连续墙的功能基本相同,但在用料及施工便利性上优于地下连续墙。

1）结构形式

钻孔咬合桩的类型主要根据桩的结构形式、切割方式和成孔方式划分,具体见表2-2-40。咬合桩的截面形式主要有如图2-2-37所示两种。

钻孔咬合桩的分类　　　　　　　　　　　　　表2-2-40

序号	分类形式	分类内容
1	桩结构形式	钢筋混凝土桩和素混凝土桩咬合,钢筋混凝土桩和异形钢筋混凝土桩咬合
2	切割方式	软切割,硬切割
3	成孔方式	全套管施工法、旋挖钻施工法、回旋钻施工法、长螺旋后压灌施工法、全液压回旋钻施工法

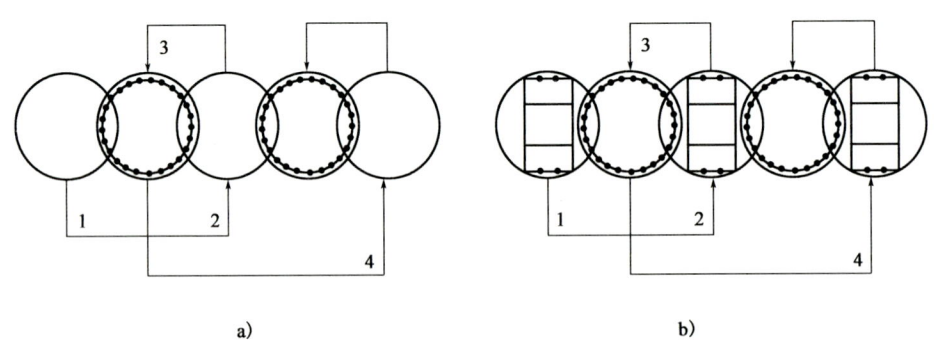

图2-2-37　钻孔咬合桩截面形式示意图

注:图中1、2、3、4表示钻孔咬合桩的施工顺序

2）优缺点及适用范围

钻孔咬合桩的优缺点及适用范围见表2-2-41。

钻孔咬合桩的优缺点及适用范围　　　　　　　　　　表2-2-41

序号	项目	具体内容
1	优点	(1)排桩整体受力,抗荷载能力强; (2)防水效果较好; (3)不易塌孔、振动小,适合紧邻地下管线等构筑物的施工; (4)无泥浆、噪声低、文明施工及施工环保效果好; (5)成桩垂直度好,整体性强,节约混凝土
2	缺点	(1)施工造价较高; (2)需对接头桩进行堵漏处理,特别是粉细砂层效果不理想
3	适用范围	(1)适用于风化石灰石岩层、砂砾石层及软土地层深基坑围护结构的施工; (2)在饱和富水软土层重要地段的施工中最能体现其优越性

2.3.2 施工机械

钻孔咬合桩施工机械根据其工作原理主要分为出土型和切割型两种。出土型主要包括旋挖钻机、回旋钻机、长螺旋钻机。切割型根据被切割体的软硬程度又分为软切割和硬切割。软切割型主要为全套管,硬切割型主要为全液压回旋钻机。应根据项目的工程地质情况及施工单位的装备情况选择施工机械,具体见表2-2-42。

钻孔咬合桩施工机械　　　　　表2-2-42

序号	成槽方法	施工机械	原理	适用范围	优缺点		图示
					主要优点	主要缺点	
1	旋挖钻施工法	旋挖钻机	其工作原理是用短螺旋钻头或旋挖斗,利用强大的扭矩直接将土或砂砾等钻渣旋转挖掘,在不需要泥浆护壁的情况下,可实现干法成孔,即使在特殊地层需要泥浆护壁的情况下,泥浆也只起支护作用	砂土、黏性土、粉质土等土层施工	(1)改善了施工环境,成孔效率高; (2)噪声低、振动小、污染小,非常适用于繁华地区施工	(1)护壁性相对较差,容易缩径、塌孔; (2)设备费用高	
2	回旋钻施工法	回旋钻机	将压缩空气转换成机械能量来破碎岩石的一种机械,压缩空气经过气水分离、油雾器、气动控制阀后,分为两路:一路进入推进气缸的前后腔室,其产生的轴向力通过气缸活塞带动钻具推进或提升;另一路通过减速器内的风水管道进入冲击器实现凿岩作业	正循环钻机适用于黏土、粉土、砂性土等各类土层;反循环钻机适用于黏性土、砂性土、卵石土和风化岩层,但卵石粒径小于钻杆直径的2/3,且含量不大于20%	(1)钻机功率大,输出扭矩大; (2)机动灵活,多功能	(1)资源利用率低; (2)材料消耗大; (3)钻进速度慢,成孔周期长	
3	长螺旋钻施工法	长螺旋钻机	主要由顶部滑轮组、立柱、斜撑杆、底盘、行走机构、回转机构、卷扬机、操纵室、液压系统及电气系统组成。顶部滑轮组用来完成对动力头、钢筋笼和注浆导管等的起降。行走机构为液压步履式,回转机构由中速液压马达通过减速器带动,可使桩机360°旋转	砂土、黏土、粉质土、卵石层及风化岩层等	(1)施工过程中无需水泥浆或泥浆护壁; (2)桩效率高; (3)成桩质量稳定; (4)应用面广	(1)桩身混凝土强度不足; (2)桩底不能入岩; (3)单桩承载力低	

续上表

序号	成槽方法	施工机械	原 理	适 用 范 围	优 缺 点 主要优点	优 缺 点 主要缺点	图 示
4	全套管施工法	捷程MZ系列和RT系列	利用超缓凝混凝土的特殊性能,按专门工艺成孔、成桩的一种特殊桩型,通过桩与桩之间的咬合搭接,可形成挡土截水的连续排桩围护结构或地下防渗墙	淤泥质软土地层,而且地下水位高,局部地层存在流砂	(1)扩孔系数小,施工速度快;(2)施工灵活,容易转折,配筋率小	(1)设备体积、重量太大;(2)灌注混凝土拔钢套管过程中,可能发生钢筋笼上浮事故,严重时导致灌注失效	
5	全液压回旋钻施工法	全液压回旋钻机	通过驱动钢套管进行360°回转,并将钢套管压入和拔除,利用管口的高强刀头对土体、岩层及钢筋混凝土等进行切削,然后用液压冲抓斗将钢套管内物体抓出	硬质岩层、钢筋混凝土	(1)对坚硬物体处理效果好;(2)施工质量高,噪声小;(3)施工风险小	(1)设备相对昂贵且使用率不高;(2)设备体积大,对施工场地要求高	

2.3.3 施工工艺

(1)工艺原理

钻孔咬合桩的排列方式一般设计为一个素混凝土桩或异形钢筋混凝土桩(A 桩)和一个钢筋混凝土桩(B 桩)间隔布置。施工时,先施工 A1 桩,再施工 A2 桩。紧跟着施工相邻的 B 桩。A 桩用超缓凝型混凝土,要求必须在 A 桩混凝土凝结之前完成 B 桩的施工,以便在 B 桩施工时,利用钻机切割掉相邻 A 桩相交部分的混凝土,实现 A 桩与 B 桩的咬合。平面布置示意图如图 2-2-38 所示,施工工艺原理如图 2-2-39 所示。

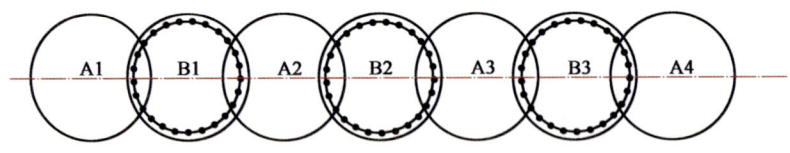

图 2-2-38 钻孔咬合桩平面布置示意图

(2)单桩成桩施工流程

钻孔咬合桩单桩成桩施工流程如图 2-2-40 所示。

(3)排桩施工原则

排桩施工总的原则是先施工被切割的 A 桩,再施工 B 桩,每台(套)机组分区独立作业,也可多台(套)机组跟进作业。其施工流程是:A1→A2→B1→A3→B2→A4→B3……,如图 2-2-41 所示。

(4)钻孔咬合桩施工控制要点

钻孔咬合桩施工控制要点见表 2-2-43。

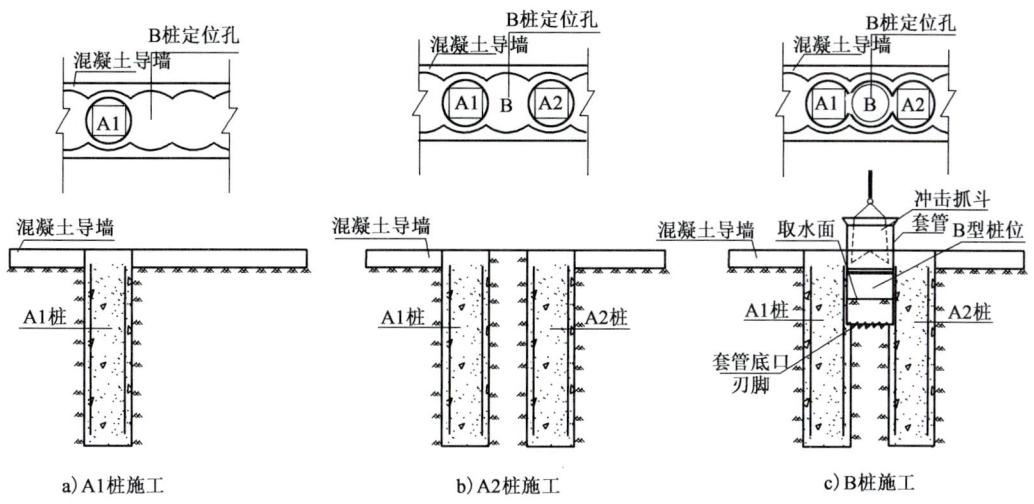

图 2-2-39 钻孔咬合桩施工工艺原理

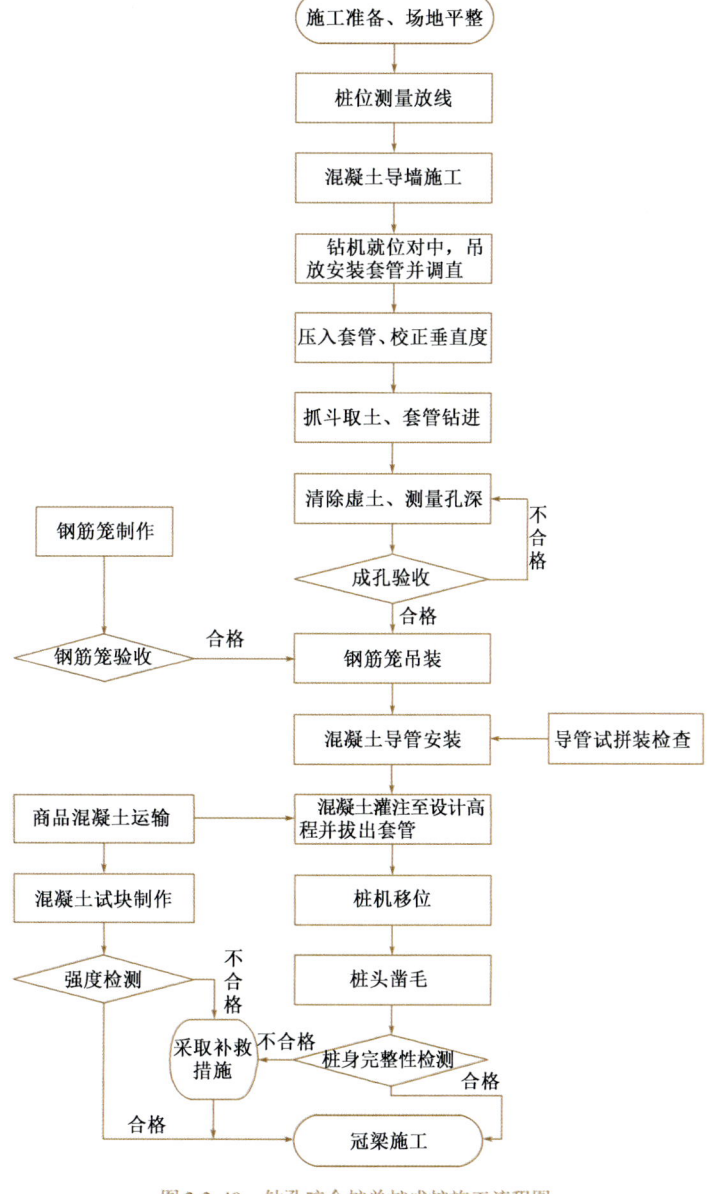

图 2-2-40 钻孔咬合桩单桩成桩施工流程图

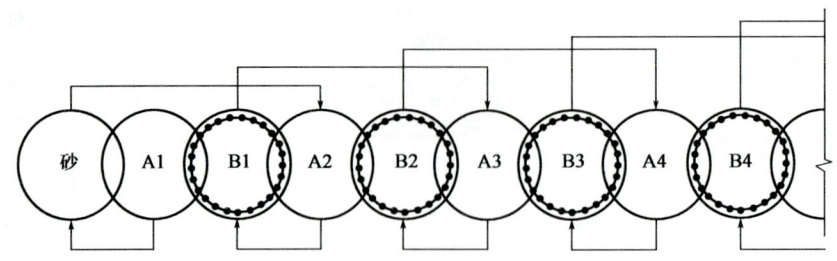

图 2-2-41　钻孔咬合桩排桩施工工艺流程图

钻孔咬合桩施工控制要点　　　　　　　　　　　　　　　　　　表 2-2-43

序号	工　序	施工控制要点
1	场地平整	清除地表杂物及多余土方，填平夯实。如地下管线较多，宜先挖探沟，等管线迁移后，探沟可用石粉渣等回填密实
2	桩位测量放线	根据图纸放出桩的中心位置，并放出导墙的范围线
3	混凝土导墙施工	为保证钻孔咬合桩孔口的精确度，并提高就位效率，依据设计要求及本工程所用钻机的特点，在咬合桩顶部设置混凝土导墙，导墙孔口高出地面不小于20cm，以防止地表水进入桩孔内，导墙的具体尺寸依据设计施工
4	钻机就位	待导墙有足够的强度后，拆除模板，重新定位放样排桩中心位置，将点位反到导墙顶面上，作为钻机定位控制点。移动套管钻机至正确位置，使套管钻机抱管器中心对应定位在导墙孔位中心
5	取土成孔	在桩机就位后，吊装第一节管在桩机钳口中，找正桩管垂直度后，摇动下压桩管，压入深度为2.5～3.5m，然后用抓斗从套管内取土，一边抓土、一边继续下压套管，始终保持套管底口超前于开挖面的深度不小于2.5m，压入深度视具体土质而定。若为较硬的砂性土，水头不高，则压管深度可适当减小；若为淤泥质土或者水头高的粉砂性土，则压管深度可适当加深。第一节套管全部压入土中后（地面以上要留1.2～1.5m，以便接管），检测垂直度，垂直度偏差控制在0.1%～0.2%。如不合格，则进行纠偏调整；如合格，则安装第二节套管继续下压取土，如此继续，直至达到孔底设计高程
6	成孔验收	当钻孔至设计深度时，需核实孔位、直径、深度和垂直度，桩身垂直度偏差一般不大于0.3%
7	钢筋笼吊装	(1)根据梁底高程的变化设置吊环长度，以确保钢筋笼入高程符合设计要求； (2)钢筋笼吊放时不得碰撞孔壁，若吊放受阻，则应停止吊放并查找原因，采取针对性处理措施，不得强行下放，以保证钢筋笼施工质量； (3)钢筋笼接长时在确保连接质量的基础上要加快焊接速度，尽可能缩短吊放时间，以利于钢筋笼顺利吊放； (4)钢筋笼安放至设计高程位置后，应立即将钢筋笼固定好，防止上浮
8	混凝土灌注	如孔内有水，则需采用水下混凝土灌注法施工；如孔内无水，则采用干孔灌注法施工，此时应加强振捣。同时混凝土灌注高程应比设计高程至少高出0.5m，以保证桩头混凝土质量。护筒拔除也不宜过早，以免对桩头混凝土产生扰动
9	拔管成桩	一边浇筑混凝土一边拔管，此时常用振动锤拔起护筒套管，应注意始终保持套管底低于混凝土面不小于2.5m。随孔内混凝土液面的不断升高，应根据测定的混凝土面高程及时提升和分段拆卸上端导管。最后拔出导管时，应进行多次上下提升导管，避免桩顶部分混凝土流动性变小造成桩身空洞
10	预置二次灌浆导管	在预置灌浆导管时，在桩的咬合相交部分，还应布置直径约为50mm的聚氯乙烯（PVC）导管（二次灌浆导管），为事后压密注浆提高排桩承载力和防渗效果做准备

2.3.4　施工质量控制及验收标准

钻孔咬合桩的施工质量控制及验收标准应满足现行《地下铁道工程施工质量验收标准》（GB/T 50299）、《地下铁道工程施工标准》（GB/T 51310）及相关规范的要求。

(1) 桩位的放样允许偏差：群桩20mm；单排桩10mm。

(2)钻孔咬合桩的桩位偏差必须符合规范的规定,桩顶高程应比设计高程至少高出0.5m,桩底清孔质量按要求执行,见表2-2-32。每浇筑50m³桩必须有1组试件,小于50m³的桩,每根桩必须有1组试件。

(3)钢筋笼加工质量检验标准见表2-2-33。

2.3.5 质量通病与防治措施

钻孔咬合桩施工质量通病与防治措施见表2-2-44。

钻孔咬合桩施工质量通病与防治措施　　　　　表2-2-44

序号	质量通病	防治措施
1	管涌(图2-2-42)	(1)素混凝土桩混凝土的坍落度应尽量小一些,不宜超过18cm,以降低混凝土的流动性; (2)套管底口应始终保持前于开挖面一定距离,以造成一段"瓶颈",阻止混凝土的流动,如果钻机能力许可,这个距离越大越好,至少不应小于2.5m; (3)如有必要(如遇地下障碍物套管底无法超前时)可向套管内注入一定量的水,使其保持一定的反压力来平衡素混凝土桩混凝土的压力,阻止管涌的发生; (4)钢筋混凝土桩成孔过程中应注意观察相邻两侧素混凝土桩混凝土顶面,如发现素混凝土桩混凝土下陷,则应立即停止钢筋混凝土桩开挖,并一边将套管尽量下压,一边向钢筋混凝土桩内填土或注水,直到完全制止住管涌为止
2	钢筋笼上浮	(1)在钢筋笼底部焊上一块比钢筋笼直径略小的薄钢板以增加其抗浮能力,个别浮笼比较严重的可以在薄钢板上放适量毛石压住; (2)成孔垂直度必须符合设计要求; (3)钢筋笼制作必须符合设计规范要求; (4)钢筋混凝土桩混凝土的骨料粒径应尽量小一些,不宜大于20mm,混凝土坍落度、和易性必须达到设计规范要求; (5)浇筑混凝土时,若孔底水位较高,则导管密封必须完好,且不能拔出混凝土面
3	钻进入岩	钻孔咬合桩仅适用于软土地质,但施工中遇到局部小范围区域少量桩入岩情况时,可采用两阶段成孔法进行处理:第一阶段,不论A桩或是B桩,先钻进取土至岩面,然后卸下抓斗更换冲击锤,从套管内用冲击锤冲钻至桩底设计高程,成孔后向套管内填土,一边填土一边拔出套管,即第一阶段所成的孔用土填满;第二阶段,按钻孔咬合桩正常施工方法施工
4	分段施工接头	采用砂桩是一个比较好的接头处理方法,在施工段的端头设置一根砂桩(成孔后用砂灌满),待施工到此接头时挖出砂灌上混凝土即可,如图2-2-43所示。因砂桩施工处不可避免产生施工缝,开挖后会出现渗水现象,因此在基坑开挖前所施工的砂桩接缝外侧另增加一根旋喷桩作为防水处理
5	地下障碍物	对一些比较小的障碍物,如卵石层、体积较小的孤石等,可以先抽干套管内积水,然后再吊放作业人员下去将其清除即可。对于局部孤石亦可直接处理,先用冲击钻打碎,然后再冲抓钻掏出。对于面积不大的石层,可采用两阶段成孔法进行处理,先在桩位采用冲孔灌注桩施工钻过石层,再在孔内回填石粉渣,然后第二次采用钻孔咬合桩施工
6	事故桩	(1)平移桩位单侧咬合:B桩成孔施工时,其一侧A1桩的混凝土已经凝固,使套管钻机不能按正常要求切割咬合A1、A2桩。在这种情况下,宜向A2桩方向平移B桩桩位,使套管钻机单侧切割A2桩施工B桩,并在A1桩和B桩外侧另增加一根旋喷桩作为防水处理,如图2-2-44所示。 (2)背桩补强:B1桩成孔施工时,其两侧A1、A2桩的混凝土均已凝固,在这种情况下,则放弃B1桩的施工,调整桩序继续后面咬合桩的施工,然后在B1桩外侧增加3根咬合桩及2根旋喷桩作为补强、防水处理,如图2-2-45所示。在基坑开挖过程中将A1和A2桩之间的夹土清除喷上混凝土即可。 (3)预留咬合企口:在B1桩成孔施工中发现A1桩混凝土已有早凝倾向但还未完全凝固时,为避免继续按正常顺序施工造成事故桩,可及时在A1桩右侧施工一根砂桩以预留出咬合企口,如图2-2-46所示,待调整完成后再继续后面桩的施工。此砂桩处需在外侧增加一根旋喷桩作为防水处理。 (4)冲孔桩衔接:A1、A2桩都已终凝,之间距离过小,又没有位置做背桩补强,可在A1、A2桩之间采用直径较小的泥浆护壁冲孔桩进行代替,配筋需适当加密,背后再施工旋喷桩用以止水,如图2-2-47所示

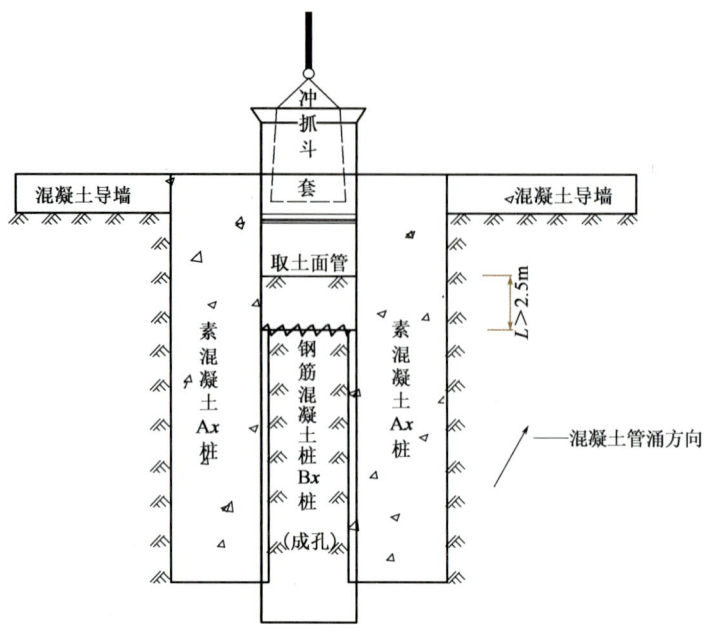

图 2-2-42　B 型桩管涌现象示意图
L-套管底口超前套管内取土面距离

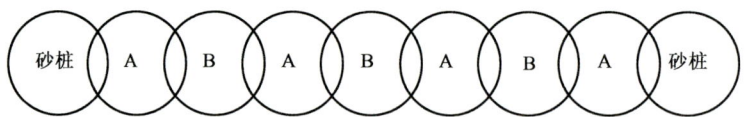

图 2-2-43　分段施工接头预设砂桩示意图

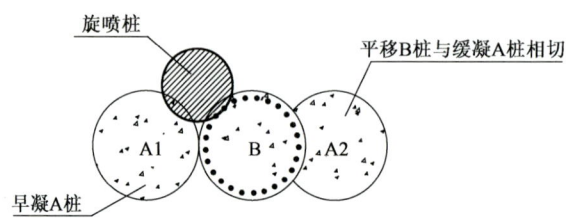

图 2-2-44　平移桩位单侧咬合示意图

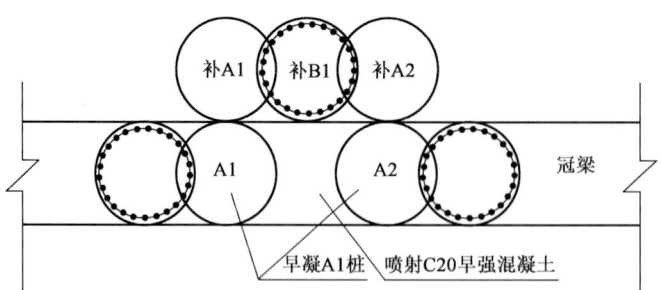

图 2-2-45　咬合桩背桩补强示意图

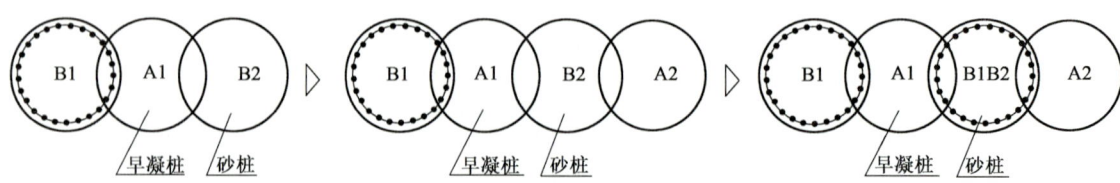

图 2-2-46　预留咬合企口示意图

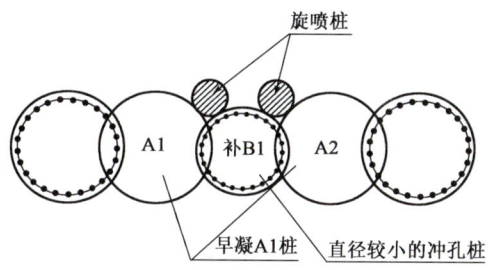

图 2-2-47 冲孔桩衔接示意图

2.4 SMW 工法桩

2.4.1 简介

SMW 是 Soil Mixing Wall 的缩写,SMW 工法桩也称新型水泥土搅拌桩墙或型钢水泥土搅拌墙,于 1976 年在日本问世。该工法现已在许多地方得到广泛应用,目前在我国上海、杭州、南京等地推广迅速。

SMW 工法是利用专门的多轴搅拌就地钻进切削土体,同时在钻头端部将水泥浆液注入土体,经充分搅拌混合后,在各桩体之间采取重叠搭接施工,在水泥土混合体未结硬前再将 H 型钢插入搅拌桩体内,形成具有一定强度和刚度的、连续完整的、无接缝的连续墙体,如图 2-2-48 所示。该墙体可作为地下开挖基坑的挡土和止水结构。

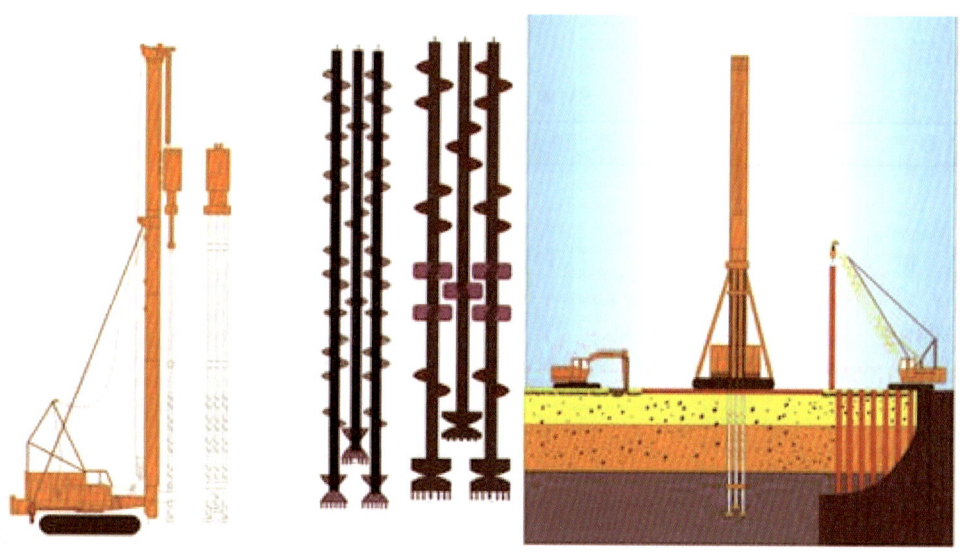

图 2-2-48 SMW 工法桩施工示意图

1)结构形式

根据插入型钢的方法,可将 SMW 工法桩分为如图 2-2-49 所示的几种形式。

2)优缺点及适用范围

SMW 工法桩的优缺点及适用范围见表 2-2-45。

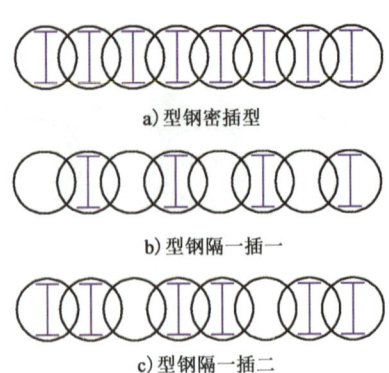

a) 型钢密插型

b) 型钢隔一插一

c) 型钢隔一插二

图 2-2-49　SMW 工法桩结构形式

SMW 工法桩施工工法优缺点及适用范围　　　　表 2-2-45

序号	项目	具体内容
1	优点	施工扰动小、无泥浆污染、振动噪声小、止水性能好、施工工期短、工程造价低
2	缺点	在基坑深度较大时,该围护结构刚性不足,需增加内支撑密度,对施工影响较大
3	适用范围	(1) 从黏性土到砂性土,从软弱的淤泥和淤泥质土到较硬、较密实的砂性土,甚至在含有砂卵石的地层中经过适当的处理都能够进行施工; (2) 软土地区一般用于开挖深度不大于 13.0m 的基坑工程; (3) 新型水泥土搅拌桩墙的刚度相对较小,变形较大,在对周边环境保护要求较高的工程中,如基坑紧邻运营中的地铁隧道、历史保护建筑、重要地下管线,应慎重选用

2.4.2　施工机械

SMW 工法桩施工机械主要由桩机和后配套设备组成,其中桩机见表 2-2-46,后配套设备示例如图 2-2-50 所示。

SMW 工法桩施工机械　　　　表 2-2-46

机械名称	优缺点	图示
步履式桩机(JB160)	优点:施工时,桩机稳定,不易发生倾斜,桩体垂直度更容易控制,因此施工中多用步履式桩机。 缺点:与履带式桩机相比,施工场地占用大	
履带式桩机(DH558)	优点:与步履式桩机相比,施工场地占用小。 缺点:在不均匀软弱地质条件下易发生倾斜,桩体垂直度不易控制;每次桩机移位,需用挖掘机铺设钢板,因此桩机移位麻烦	

a) 自动拌浆后台

b) 可调挡位送浆泵

c) 数显拌浆控制面板

d) 空压机

图 2-2-50　SMW 工法后配套设备

2.4.3　施工工艺

1）施工流程

SMW 工法桩施工流程如图 2-2-51 所示。

2）施工控制要点

(1) SMW 工法桩施工顺序

跳槽式双孔全套复搅式连接施工顺序如图 2-2-52 所示。一般情况下，SMW 工法桩均采用该种方式进行施工。

单侧挤压式连接施工顺序如图 2-2-53 所示。对于围墙转角或施工有间断情况下采用该种方式进行施工。

(2) 施工关键点控制措施

施工关键点控制措施见表 2-2-47，部分施工工序示例如图 2-2-54 所示。

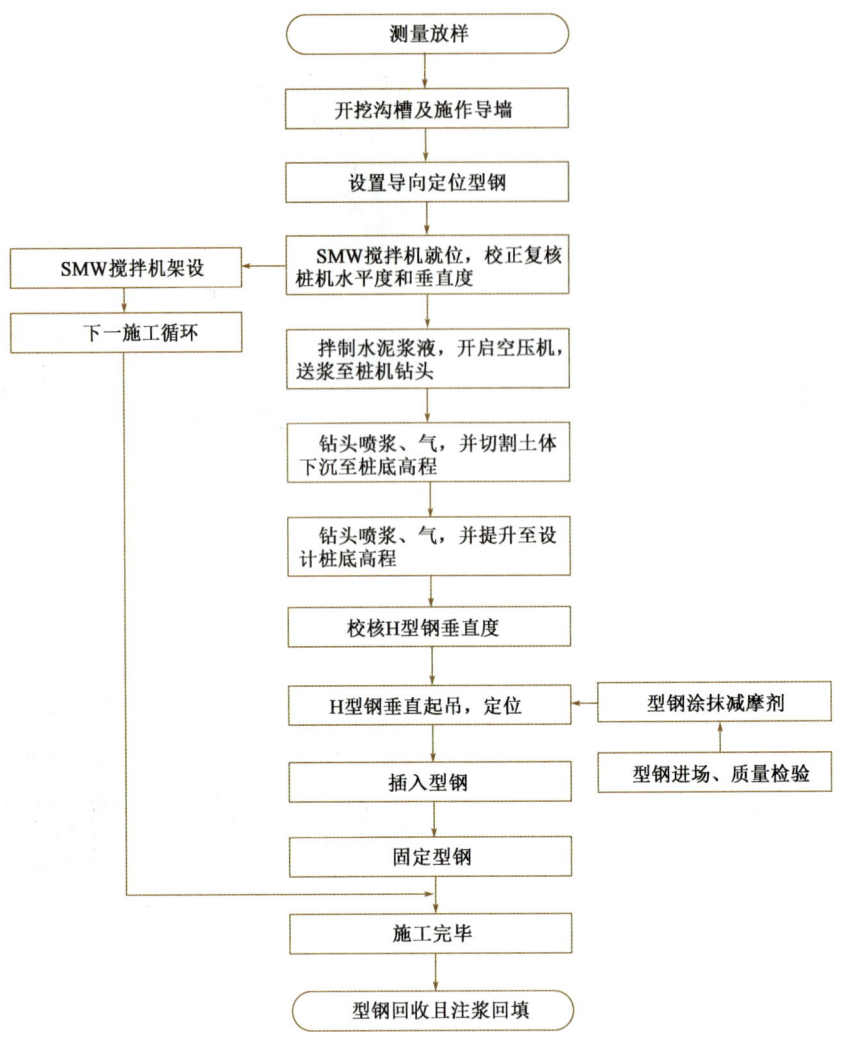

图 2-2-51　SMW 工法桩施工流程图

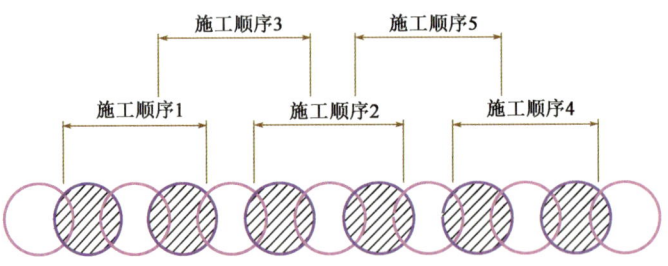

图 2-2-52　SMW 工法桩跳槽式双孔全套复搅式连接施工示意图

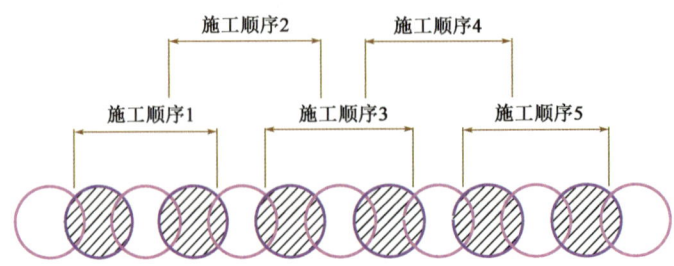

图 2-2-53　SMW 工法桩单侧挤压式连接施工示意图

SMW 工法桩施工关键点控制措施 表 2-2-47

序号	施工关键点	控制措施	图示
1	开挖沟槽	(1) 清除施工区域的表层硬物和地下障碍物，遇水塘或低洼地时应抽水和清淤，回填黏性土并分层夯实。路基承载能力应满足重型桩机和起重机平稳行走移动的要求。 (2) 沿 SMW 工法桩墙体使用挖掘机在搅拌桩桩位上预先开挖沟槽，沟槽宽度和深度符合设计要求和现场施工要求。 (3) 平行沟槽方向放置两根定位型钢(H 型钢)，并在型钢上面做好桩心位置标志	
2	成桩	(1) 施工时应保持桩机底盘水平和立柱导向架垂直，成桩前应使桩机正确就位，并校验桩机立柱导向架垂直度。 (2) 三轴搅拌机搅拌下沉速度与搅拌提升速度应控制在规范及设计要求范围内，并保持匀速下沉与匀速提升。搅拌提升时不应使孔内产生负压造成周边地基沉降，具体选用的速度值应根据成桩工艺、水泥浆液配合比、注浆泵的工作流量计算确定，搅拌次数或搅拌时间应确保水泥土搅拌桩成桩质量。 (3) 桩与桩的搭接时间不宜大于 24h。若因故超时，则搭接施工中必须放慢搅拌速度以保证搭接质量；若因时间过长无法搭接或搭接不良，则应作为冷缝记录在案，并经监理和设计单位认可后，采取在搭接处补做搅拌桩或旋喷桩等技术措施，确保搅拌桩的施工质量。 (4) 桩机钻杆下沉时，按试桩确定的速度下沉搅拌头，边注浆、边搅拌、边下沉，使水泥浆和原地基土充分拌和，通过观测钻杆上桩长标记，下沉至桩底设计高程。 (5) 严格按照确定的速度施工，保证桩身浆液均匀连续。当机械因故障或停电暂停施工时，应记录其送浆深度，待恢复施工时使钻头下沉至停浆深度位置以下 0.5m 处重新喷浆提升。 (6) 按设计要求严格控制水灰比，水泥浆搅拌时间不少于 2~3min，滤浆后倒入集料池中，随后不断地搅拌，防止离析。压浆应连续进行，不可中断。 (7) 当班质量员应填写每组桩成桩记录及相应的报表	 
3	插入型钢	(1) 型钢的插入宜在搅拌桩施工结束后 30min 内进行，插入前必须检查其直线度，接头焊缝需进场探伤检测并应符合设计要求。 (2) 型钢插入前，清除型钢表面的污垢和铁锈，按照要求，对型钢涂抹减摩剂。 (3) 型钢的插入必须采用牢固的定位导向架，并校核型钢插入时的垂直度，相邻桩的型钢接头位置应错开，错开长度不小于 1m。型钢插入到位后用悬挂构件控制型钢顶高程，并应将已插好的型钢连接起来，防止在施工下一组搅拌桩时，造成已插好的型钢移位。 (4) 型钢起吊前在型钢顶端 150mm 处开一中心圆孔，孔径约 100mm，装好吊具和固定钩，根据引设的高程控制点及现场定位型钢高程选择合理的吊筋长度及焊接点。 (5) 型钢宜依靠自重插入，也可借助带有液压钳的振动锤等辅助措施下沉到位，严禁采用多次重复起吊型钢并松钩下落的插入方法。若采用振动锤下沉工艺，则不得影响周围环境。 (6) 型钢留置长度为高出顶圈梁 500mm，以便型钢回收时拔出	

图 2-2-54 SWM 工法桩施工工序示例

2.4.4 施工质量控制及验收标准

根据现行《地下铁道工程施工质量验收规范》(GB/T 50299)、《型钢水泥土搅拌墙技术规程》(JGJ/T 199)等,对搅拌桩和H型钢、成桩质量进行验收。

1) 水泥土搅拌桩施工质量验收标准

水泥土搅拌桩施工质量验收标准见表2-2-48。

水泥土搅拌桩施工质量验收标准　　　　表2-2-48

序号	检查项目	允许偏差	检查数量 范围	检查数量 点数	检验方法
1	桩底高程	+50mm	每根	1	钻杆长度量测或自动深度记录仪检查
2	桩位偏差	50mm	每根	1	尺量
3	桩径	±10mm	每根	1	尺量钻头
4	桩体垂直度	1/200	全过程		测量仪器量测或自动测斜仪检查

2) H型钢插入质量验收标准

H型钢插入质量验收标准见表2-2-49。

H型钢插入质量验收标准　　　　表2-2-49

序号	检查项目	允许偏差	检查数量 范围	检查数量 点数	检验方法
1	型钢垂直度	1/200	每根	全过程	测量仪器量测
2	型钢顶高程	±50mm	每根	1	水准仪量测
3	型钢插入平面位置	50mm(平行于基坑边线)	每根	1	尺量
		10mm(垂直于基坑边线)		1	
4	形心转角	3°	每根	1	量角器量测

3) 桩体实体质量验收标准

桩体实体质量验收标准见表2-2-50。

桩体实体质量验收标准　　　　表2-2-50

序号	标准	备注
1	固结土体的整体性及均匀性	施工后检查
2	固结土体的有效直径	
3	固结土体的强度、平均直径、桩身中心位置	
4	固结土体的抗渗性	

2.4.5 质量通病与防治措施

SMW工法桩施工质量通病与防治措施见表2-2-51。

SMW 工法桩施工质量通病与防治措施　　　　表 2-2-51

序号	质量通病	原因分析	防治措施
1	搅拌不够均匀	搅拌机械钻进速度过快、复搅不到位以及水泥堆放不合理,局部有结块,均可导致搅拌的均匀性差	预防措施:根据试桩确定好的施工参数,做好技术交底。 处理措施:搅拌机械钻进速度均匀且满足施工要求,复搅应到位,水泥堆放合理,局部有结块时需要清除
2	三轴搅拌桩邻桩搭接长度不足	(1)审图不细或未按图施工。施工人员审图不细,混淆搅拌桩的组接方式,势必造成质量问题。 (2)桩机定位出现偏差。实际测量放线中,由于操作失误或者测量不精细而造成的搅拌桩搭接长度不足的现象时有发生	预防措施: (1)仔细审图,严格按图施工; (2)在搅拌机导向架上安装定位架仔细定位,将定位架的垂线对准控制线上的标识点位; (3)桩机操作手操作搅拌桩机时,将钻头放置于开挖好的导沟中,支撑导向架上的定位架对准标识好的胶带。 处理措施:在搭接长度不足的搅拌桩位置用旋喷桩对该部位进行处理
3	三轴搅拌桩冷缝	(1)挖掘机难以触及障碍物; (2)停电; (3)工作需要或人为安排造成暂停施工	预防措施: (1)施工前,对地下障碍物根据其埋深由普通挖掘机直接挖除、长臂挖掘机放坡挖除、冲击钻冲击清除等; (2)确保现场机械不发生故障,保证其正常运行; (3)在现场配置一台功率大于搅拌桩机组用电负荷的发电机,以应对停电造成的施工间断。 处理措施:施工过程中一旦出现冷缝则采取在冷缝处补做搅拌桩或旋喷桩等技术措施;在搅拌桩初始施工处和终止施工处做好标记,待适当时候补强处理
4	喷浆量不足	钻进速度过快、浆液配合比例失调、喷浆口堵塞、管路中有硬结块	(1)水泥浆不能离析,要严格按照设计的配合比配制,水泥要过筛。为防止水泥浆离析,可在灰浆机中不断搅动,待压浆前再将水泥浆倒入料斗中。 (2)对每根桩的水泥用量、水泥浆拌制的罐数、压浆过程是否有断浆现象都要进行监督。 (3)喷浆口采用逆止阀,不得倒灌泥土。 (4)对泵的输浆管路要定时清理,防止杂物、硬块进入堵塞
5	型钢无法插入及拔出	(1)型钢插入过程中倾斜,与孔壁发生触碰; (2)搅拌桩施工完成与型钢插入时间间隔较长	预防措施: (1)型钢吊装插入时,保证入槽垂直度满足要求; (2)施工前提前按照要求准备好型钢材料,搅拌桩施工完成后在 30min 内插入型钢。 处理措施: (1)若型钢插入过程中发生倾斜导致无法插入,则应将型钢提出调整至符合要求垂直度后再继续插入; (2)若型钢插放不到设计高程,可提升型钢,重复下插,并采用振动锤振动型钢至设计高程

2.5 钢板桩

2.5.1 简介

钢板桩是一种在工厂进行热轧(或冷弯)处理后加工成两端带锁口或钳口的型钢,且钢板桩之间可以自由组合以便形成一种连续紧密的挡土墙或者挡水墙的连续板桩墙结构体。钢板桩的应用示例如图 2-2-55 所示。

a) 基坑支护　　　　　　　　　　　　　　b) 围堰

图 2-2-55　钢板桩的应用

钢板桩根据制造工艺可分为热轧和冷弯两种,如图 2-2-56 所示。热轧钢板桩与冷弯薄壁钢板桩不仅制造工艺不同,其性能也有所差异。另外,也有很多从业人员将槽钢称为钢板桩,应注意三者间的区别,三者对比见表 2-2-52。

 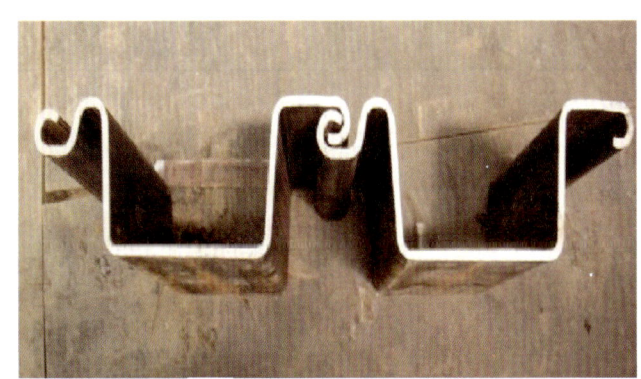

a) 热轧钢板桩　　　　　　　　　　　　　　b) 冷弯薄壁钢板桩

图 2-2-56　钢板桩的分类

热轧钢板桩、冷弯薄壁钢板桩和槽钢间的对比　　　　表 2-2-52

序号	项　目	热轧钢板桩	冷弯薄壁钢板桩	槽　钢
1	材料特点	由开坯机及轨梁轧机或万能轧机高温轧制成型,具有尺寸规范、性能优越、截面合理、质量高等优点	材料较薄的板材(常用 8~14mm),以冷弯成型机组加工而成,其生产成本较低、价格便宜、定尺控制也更灵活。因加工形式简陋,桩体各部位厚度相同,截面尺寸无法优化导致用钢量增加	是一种简易的钢板桩围护墙,由槽钢正反扣搭接或并排组成,一般长 6~9m

续上表

序号	项目	热轧钢板桩	冷弯薄壁钢板桩	槽钢
2	止水性能	止水效果好	止水效果差	无法止水
3	质量性能	性能稳定,周转次数高	性能差,周转性能不如热轧钢板桩	抗弯性能较差,施工中损耗较大
4	施工特点	壁厚不同,截面形式优化	壁厚相同,自重大,不经济	施工简单,仅用于挖深小、面积小、无须挡水的基坑

钢板桩按照产品断面形状可分为U形、Z形、直线形、H形和管形等基本类型及其组合形式,如图2-2-57所示。在亚洲地区,日韩等国主要生产U形钢板桩,工程应用也以此居多。U形钢板桩结构形式对称、生产工艺难度相对较小、施工方便,可在工厂预先装配成能够大大提高沉桩功效的"组合桩",方便拉杆及配件的安装,且U形钢板桩构成的墙体外侧部分最厚,整体耐腐蚀性能良好。

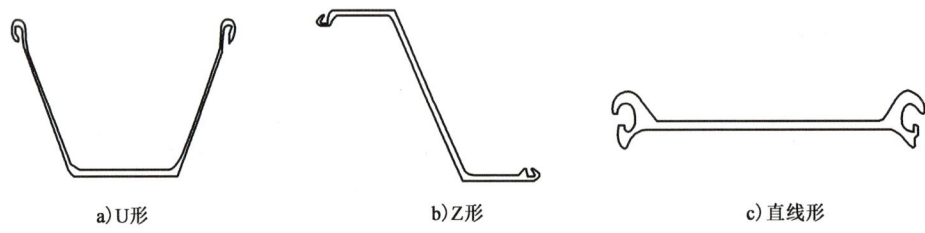

a) U形　　　　　　b) Z形　　　　　　c) 直线形

图2-2-57　钢板桩常见类型

2.5.2 施工机械

钢板桩常用施工机械见表2-2-53。

钢板桩常用施工机械　　　　表2-2-53

序号	施工方法	机械名称	原理	优缺点	适用范围	图示
1	冲击打桩	柴油机打桩锤、液压打桩锤、打桩落锤、气动打桩锤	依靠冲击锤进行冲砸,掏渣筒掏渣,上下往复冲击将土石劈裂、砸碎,部分被挤入孔壁之内,普通泥浆护壁	优点:冲击法击打力大、机动性好、打击速度快,但打桩锤力度必须适宜,以防桩头击压坏。缺点:冲击法会产生噪声和振动,在居住区、学校、医院等环境周边或其他特定区域使用受限	适用于常见的黏性土、粉性土、砂性土、淤泥等土层,也可以在特定硬土层中使用	多功能打桩机

续上表

序号	施工方法	机械名称	原理	优缺点	适用范围	图示
2	振动打桩	振动打拔桩锤	通过振动打桩锤产生的竖向振动,将振动传递给钢板桩从而打入土中。因没有击打力,钢板桩的桩头不会损伤,施工效率较高,打入、拔出均较便利。若采用电动式振动,瞬间电流很大,需配备大型电力设备供电;若使用液压振动,大多须配专用液压装置	优点:相对冲击打桩机施工的噪声小,不易损坏桩顶,操作简单,无柴油或蒸汽锤施工所产生的烟雾。 缺点:能耗较大	适用于常见的黏性土、粉性土、砂性土、淤泥等软土层	振动打桩锤
3	静力压桩	静力压桩机械	靠静力将板桩压入土中,利用已打入钢板桩的反力,以液压机构夹紧钢板桩桩体中部压入土中	优点:机械主体很小,适用于梁下施工,可实现超近距离施工,且可在钢板桩上部自行走,可实现低噪声、低振动施工。 缺点:钢板桩吊装需特殊的起重机	适用于较软土层	液压压桩机

2.5.3 施工工艺

1)施工流程

钢板桩主要施工流程如图 2-2-58 所示。

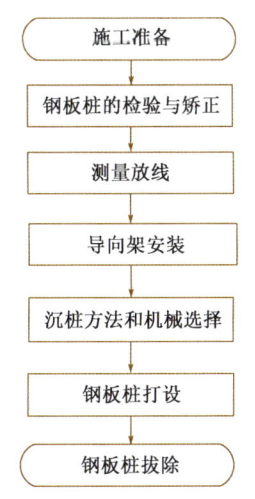

图 2-2-58 钢板桩主要施工流程图

2）施工控制要点

钢板桩施工控制要点见表2-2-54。

钢板桩施工控制要点 表2-2-54

序号	工 序	施工控制要点
1	施工准备	（1）施工前必须对场地进行平整，这是对所有基础施工的统一要求。现场做好清理工作，根据土层地质情况对较软地面夯填密实，并根据作业需要铺设钢板或场地硬化，对施工场地与便道之间的路面进行碾压修整，方便机械及施工车辆的顺利进出。 （2）平整以后，保持施工现场的清洁，完成施工场地平面布置。 （3）测量放线工作也可以同时进行，对水准点与轴线位置进行标定，放线定出桩位点，并在桩点钉入醒目的标志杆。等待监理人员对定位进行复核，同时进行施工的安排与组织工作
2	钢板桩的检验与矫正	打桩前，对钢板桩逐根检查，剔除连接锁口锈蚀、变形严重的钢板桩，不合格者待修整后才可使用。在钢板桩的锁口内涂油脂，以方便打入拔出
3	导向架安装	为保证钢板桩的轴线位置以及钢板桩的垂直度，要设置有足够刚度的导向架，来确保钢板桩设置精度、贯入能力、抗屈曲变形能力。 导向架安装时要注意以下几点： (1)首先用仪器调整和控制导向架的准确位置； (2)导向架施工时，位置要垂直，避免与钢板桩碰撞； (3)为了确保钢板桩的高度，提高施工效率，要保证导向架的高度； (4)钢板桩施工时要确保导向架不产生下沉、变形
4	钢板桩打设	（1）首先由施工人员确定出钢板桩围堰的轴线位置，每间隔一定距离设置导向桩，导向桩使用钢板桩，然后挂线作为导线，打桩时利用导线来控制钢板桩的轴线位置。 （2）用起重机将钢板桩吊至插桩点处进行插桩，插桩时锁口要对准，每插入一块即套上桩帽轻轻锤击。在打桩过程中，为保证垂直度，用两台测量仪器在两个方向加以控制。为防止锁口中心平面位移，在打桩进行方向的钢板桩锁口处设卡板，阻止板桩位移。同时在围檩上预先算出每块板块的位置，以便随时检查校正。 （3）钢板桩可分几次打入，第一次由20m高打至15m，第二次打至10m，第三次打至导梁高度，待导架拆除后第四次才打至设计高程。打桩时，开始打设第一、二块钢板的打入位置和方向要确保精度，每打入1m测量一次。施工时要注意控制桩顶高程。 （4）使用U形钢桩垂直就位或钢板桩锁口插入相邻桩锁口内，待桩稳定、位置正确且垂直后，再振动下沉。钢板桩每下沉1~2m，停振检测桩的垂直度，发现偏差，及时纠正。在插打过程中随时测量监控每块桩的斜度，不应超过2%，当偏斜过大不能用拉方方法调正时，拔起重打。 （5）为加强钢板桩墙的整体刚度，沿钢板桩墙全长设置围檩，围檩用槽钢或角钢组成，通过拉杆固定于原已打好的钢管锚杆上，拉杆由两根φ25mm钢筋组成，焊接于钢管锚杆上。为稳妥起见，在钢板桩墙五个转角上另用槽钢或角钢作支撑
5	钢板桩拔除	（1）基坑回填后，要拔除钢板桩，以便重复使用。拔除钢板桩前，应仔细研究拔桩方法、顺序和拔桩时间及土孔处理。否则，由于拔桩的振动影响，以及拔桩带土过多会引起地面沉降和位移，给已施工的地下结构带来危害，并影响邻近原有建（构）筑物或底下管线的安全。设法减少拔桩带土十分重要，目前主要采用灌水、灌砂措施。 （2）采用拔桩设备进行拔桩，首先夹住钢板桩头部并不断振动桩，使桩周围的土体松动、液化，减少土对桩的摩擦力，然后用拔桩机慢慢地将桩一边振动一边拔起。如果出现上拔困难，则应停止施工，改用拔桩机向下施工，再向上拔，反复多次，直至将钢板桩拔出来

2.5.4 施工质量控制及验收标准

1)热轧 U 形钢板桩尺寸、外形、质量及允许偏差

热轧 U 形钢板桩尺寸、外形的允许偏差应符合表 2-2-55 的规定。

热轧 U 形钢板桩尺寸、外形的允许偏差　　　　表 2-2-55

序　号	项　目		允许偏差
1	有效宽度 W	W≤500	+2.0%W -1.5%W
		W>500	+2.0%W -1.0%W
2	有效高度 H		±4%H
3	腹板厚度 t	t<10	±1.0mm
		10≤t<16	±1.2mm
		t≥16	±1.5mm
4	长度 L		+2000mm
5	侧弯	≤10m	≤.012%L
		>10m	≤0.10% +2mm
6	翘曲	≤10m	≤0.25%L
		>10m	≤0.20%L +5mm
7	端面斜度		≤4%W

注:1. 有效宽度 W 测自热轧 U 形钢板桩两端锁口中心点间的距离。
　　2. 有效高度 H 为热轧 U 形钢板桩锁口中心点至腹板上表面的高度差。

热轧 U 形钢板桩应按理论质量交货(理论质量按密度为 7.85g/cm³ 计算)。经供需双方协商并在合同中注明,亦可按实际质量交货。交货的实际质量与理论质量的允许偏差应不超过 ±6.0%。

2)钢板桩尺寸、外形检测方法

钢板桩尺寸、外形检测方法应符合表 2-2-56 规定,且应满足以下要求:

(1)钢板桩尺寸、外形等对照允许偏差用量具逐根检查。
(2)U 形钢板桩的锁口形状应保证打桩时易于相互咬合,拉拔时易于脱离。
(3)U 形钢板桩不得有明显的扭转。
(4)U 形钢板桩的表面不允许有影响使用的缺陷。若存在影响使用的缺陷,允许用砂轮等机械修磨或焊补。

钢板桩尺寸、外形检测方法　　　　表 2-2-56

序　号	检验项目	取样数量	检验方法
1	尺寸、外形	逐根	量具
2	表面质量	逐根	目视

2.5.5 质量通病与防治措施

钢板桩施工质量通病与防治措施见表 2-2-57。

钢板桩施工质量通病与防治措施

表 2-2-57

序号	质量通病	原 因 分 析	防 治 措 施
1	打桩受阻,即在打桩过程中阻力过大,不易贯入	(1)在砂层或砂砾层中停桩; (2)钢板桩连接锁口锈蚀、变形; (3)遇较大障碍物	(1)对地质情况作详细分析,确定钢板桩贯入深度范围内的地质情况。 (2)打桩前对钢板桩逐根检查,剔除连接锁口锈蚀和严重变形的钢板桩,并在锁口内涂油脂。 (3)如遇混凝土块等较大障碍物钢板桩不能施工的,则采用3m长、3m宽回字形施工方法;遇障碍打不下时则用长臂挖机掏挖,边打边挖,直至打入设计深度
2	桩身倾斜	在打钢板桩时,由于连接锁口处的阻力大于钢板桩周围的阻力,板桩行进方向对钢板桩的贯入阻力小,钢板桩头部便向阻力小的方向位移	(1)施工过程中用仪器随时检查、控制、纠正钢板桩的垂直度; (2)发生倾斜逐步纠正,用钢丝绳拉住桩身,边拉边打
3	桩身扭转	钢板桩锁口是铰接的,在下插和锤击作用下会产生位移和扭转,并牵动相邻已打入钢板桩的位置,使中心轴线成为折线形	(1)在打桩行进方向用卡板锁住钢板桩的前锁口; (2)利用好导架,保证垂直度; (3)桩身扭转严重时,可将扭转部分的钢板桩拔出,采用上述处理措施后,重新打桩
4	相邻桩连带下沉	因钢板桩倾斜弯曲,连接锁口的阻力增加,致使相邻钢板桩被连带下沉	(1)钢板桩发生倾斜时应及时纠正; (2)把连带下沉的钢板桩与其他一块或几块钢板桩用型钢焊接在一起; (3)在连接锁口处涂抹油脂,减少阻力; (4)邻近钢板桩被连带下沉后,应在其头部焊接同类型钢板桩补充其长度不足
5	拔桩困难	(1)连接锁口锈蚀、变形严重; (2)钢板桩打入密实砂土层; (3)挖土时支撑不及时,钢板桩变形大	(1)振动锤再复打一次,以克服与土的黏着力及咬口间的铁锈等产生的阻力; (2)采用与板桩打设顺序相反的次序拔桩; (3)承受土压一侧的土较密实,在其附近并列打入另一根板桩,可使原来的板桩顺利拔出; (4)侧开槽,放入膨润土浆液,拔桩时可减少阻力

2.6 土钉墙

2.6.1 结构形式及适用范围

土钉墙是用于土体开挖时保持基坑侧壁或边坡稳定的一种挡土结构,主要由密布于原位土体中的细长杆件——土钉、黏附于土体表面的钢筋混凝土面层及土钉之间的被加固土体组成,是具有自稳能力的原位挡土墙，可抵抗水土压力及地面附加荷载等作用力，从而保持开挖面稳定。土钉墙示例如图 2-2-59 所示。

复合土钉墙是近十年来在土钉墙基础上发展起来的一种新型支护结构，由土钉墙与各种止水帷幕、微型桩及预应力土钉等构件结合，根据工程具体条件选择与其中一种或多种组合，形成复合土钉墙。旋喷桩复合土钉墙示例如图 2-2-60 所示。

图 2-2-59 土钉墙

图 2-2-60 旋喷桩复合土钉墙

1）结构形式

（1）土钉墙基本构造

土钉墙基本构造剖面示意图如图 2-2-61 所示。此处需要注意土钉墙与土钉索的区别：土钉墙全长与土体黏结，不分自由段和锚固段；而土钉索由锚头、自由段及锚固段组成。两者存在很大的区别。

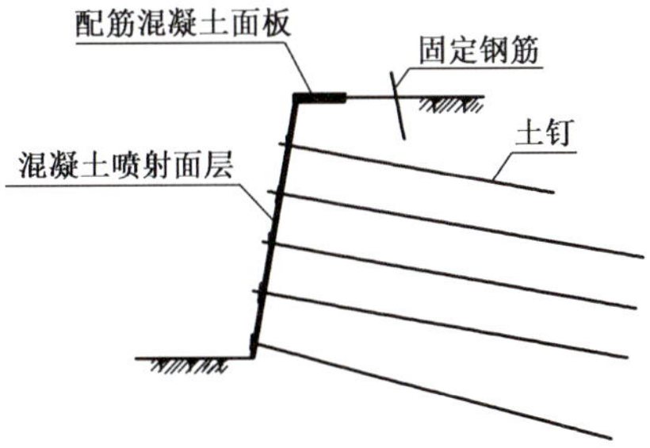

（2）土钉墙的分类

土钉墙可分为不注浆和钻孔全长范围注浆土钉墙。前者适用于土体面层维护或开挖较浅的边坡维护，后者适用于开挖较深的边坡维护。按施工方法不同，土钉墙分为钻孔注浆型、直接打入型和打入注浆型三类，见表 2-2-58。

图 2-2-61 土钉墙基本构造剖面示意图

土钉墙按施工方法分类　　　　　　　　　　　表 2-2-58

序号	分　类	简　介
1	钻孔注浆型	先用钻机等机械设备在土体中钻孔，成孔后置入杆体（一般采用 HRB335 带肋钢筋制作），然后沿全长注水泥浆。 几乎适用于各种土层，抗拔力较高，质量较可靠，造价较低，是最常用的土钉类型
2	直接打入型	在土体中直接打入钢管、角钢等型钢、钢筋、毛竹、圆木等，不再注浆。由于打入式土钉直径小，与土体间的黏结性小，承载力低，钉长又受限制，所以布置较密，可用人力或振动冲击钻、液压锤等机具打入。 直接打入土钉的优点是不需预先钻孔，对原位土的扰动较小，施工速度快，但在坚硬黏性土中很难打入，不适用于服务年限大于 2 年的永久支护工程；杆体采用金属材料时造价稍高，国内应用很少
3	打入注浆型	在钢管中部及尾部设置注浆孔成为钢花管，直接打入土中后压灌水泥浆形成土钉。钢花管注浆土钉具有直接打入的优点且抗拔力较高，特别适于成孔困难的淤泥、淤泥质土等软弱土层和各种填土及砂土，应用较为广泛；缺点是造价比钻孔注浆土钉略高，防腐性能较差，不适用于永久性工程

(3)复合土钉墙的类型

复合土钉墙的类型见表2-2-59。

复合土钉墙的类型　　　　　　　　　　表2-2-59

序号	类型	简介	图示
1	土钉墙 + 预应力土钉	土坡较高或对边坡的水平位移要求较严格时经常采用这种形式。土坡较高时预应力土钉可增加边坡的稳定性,此时土钉在竖向上分布较为均匀;如需限制坡顶的位移,可将土钉布置在边坡的上部。因土钉造价较高,为降低成本,土钉可不整排布置,而是与锚杆间隔布置,效果较好。这种复合形式在边坡支护工程中应用较为广泛	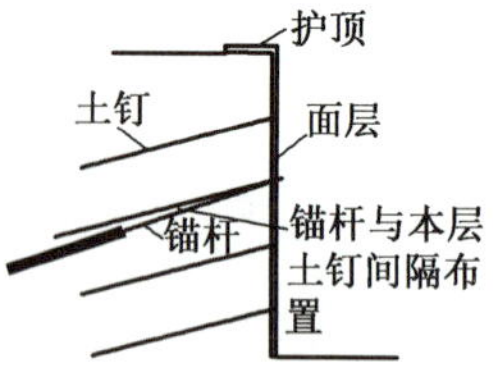 （护顶、土钉、面层、锚杆与本层土钉间隔布置）
2	土钉墙 + 止水帷幕	降水容易引起基坑周围建筑、道路的沉降,破坏环境,所以在地下水丰富的地层中开挖基坑时,目前普遍倾向于采用帷幕隔水,隔水后在坑内集中降水或明排降水。早期只是把止水帷幕作为施工措施,以解决软土、新近填土或含水率大的砂土开挖面临时自稳问题,认为止水帷幕具有隔水、预加固开挖面及开挖导向(沿着帷幕向下开挖容易形成规整的竖向平面)作用,后来逐渐发现,止水帷幕对提高基坑侧壁的稳定性、减少基坑变形、防止坑底隆起及渗流破坏等大有帮助。止水帷幕可采用深层搅拌法、高压喷射注浆法及压力注浆法等形成,其中搅拌桩止水帷幕效果好,造价便宜,通常情况下优先采用。在填石层、卵石层等搅拌桩难以施工的地层,常使用旋喷桩或摆喷桩替代。压力注浆可控性较差,效果难以保证,一般不作为止水帷幕单独采用。这种复合形式在南方地区较为常见,多用于土质较差、基坑开挖不深的情况	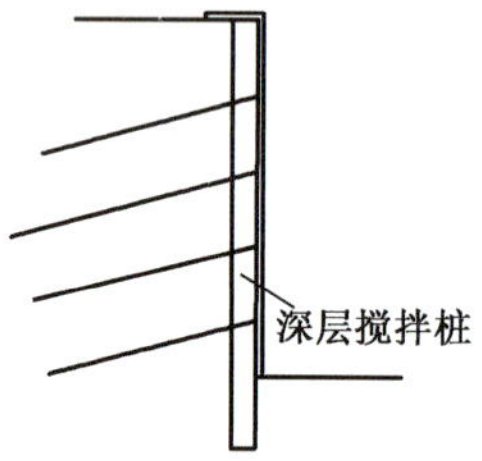 （深层搅拌桩）
3	土钉墙 + 微型桩	有时将土钉墙 + 止水帷幕这种复合支护形式中两两相互搭接连续成墙的止水帷幕替换为断续的、不起挡水作用的微型桩。这么做的原因主要有:地层中没有砂层等强透水层或地下水位较低,止水帷幕效用不大;土体较软弱,如填土、软塑状黏性土等,需要竖向构件增强整体性、复合体强度及开挖面临时自稳性能,但搅拌桩等水泥土桩施工困难、强度不足或对周边建筑物扰动较大等原因不宜采用;超前支护减少基坑变形。这种复合形式在地质条件较差时及北方地区较为常用	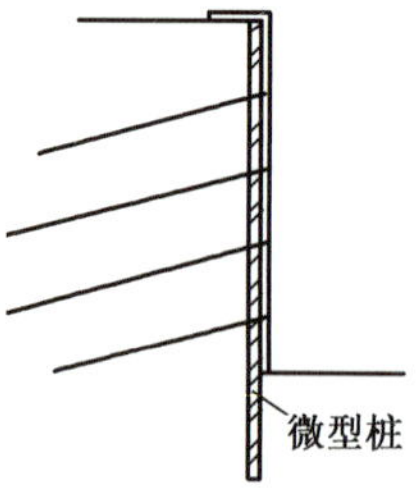 （微型桩）
4	土钉墙 + 止水帷幕 + 预应力土钉	土钉墙 + 止水帷幕复合支护形式中,有时需要采用预应力土钉以提高搅拌桩复合土钉墙的稳定性及限制其位移,从而形成了这种复合形式。这种复合形式在地下水丰富地区满足大多数工程的实际需求,应用最为广泛	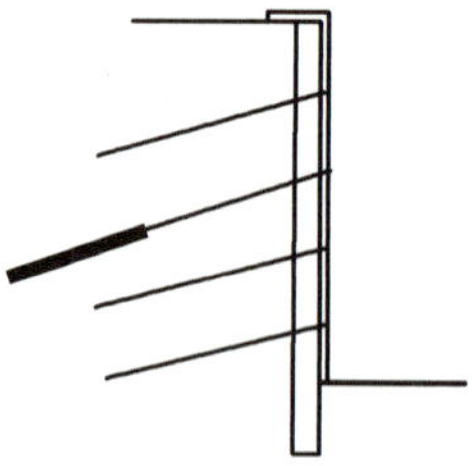
5	土钉墙 + 微型桩 + 预应力土钉	土钉墙 + 微型桩复合支护形式中,有时需要采用预应力土钉以提高支护体系的稳定性及限制其位移,从而形成了这种复合形式。这种支护形式变形小、稳定性好,在不需要止水帷幕的地区能够满足大多数工程的实际需求,应用较为广泛,在北方地区应用较多	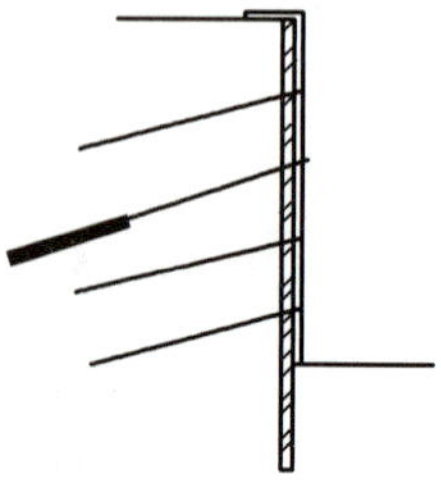

续上表

序号	类型	简介	图示
6	土钉墙+止水帷幕+微型桩	搅拌桩抗弯及抗剪强度较低,在淤泥类软土中强度更低,在软土较深厚时往往不能满足抗隆起要求,或者不能满足局部抗剪要求,于是在土钉墙+止水帷幕支护形式中加入微型桩构成了这种形式。这种形式在软土地区应用较多,在土质较好时一般不会采用	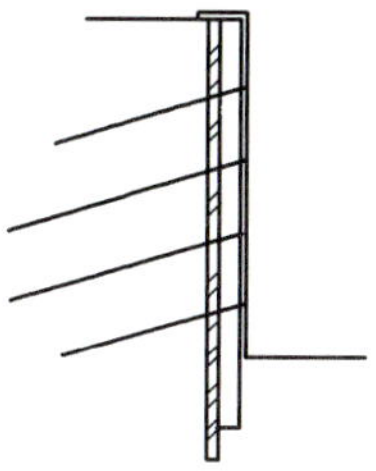
7	土钉墙+止水帷幕+微型桩+预应力土钉	这种支护形式构件较多,工序较复杂,工期较长,支护效果较好,多用于深大及条件复杂的基坑支护	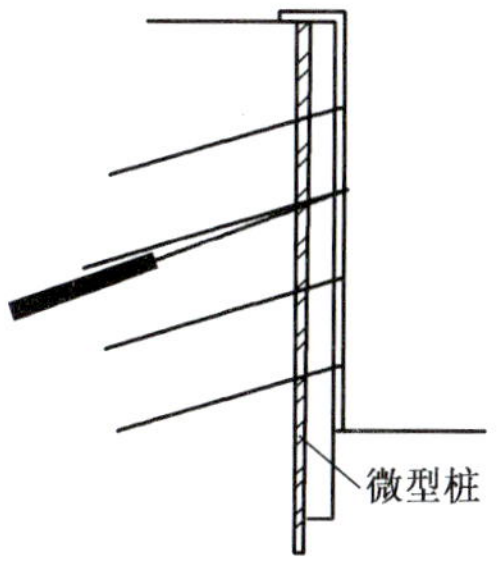

2）特点

土钉墙应用于基坑开挖支护和挖方边坡稳定的具体特点如下：

(1) 形成土钉复合体,可显著提高边坡的整体稳定性,并能承受边坡的超载；
(2) 施工设备简单,由于钉长一般比土钉的长度小得多,不加预应力,所以设备简单；
(3) 随基坑开挖逐层分段开挖作业,不占或少占单独作业时间,施工效率高,周期短；
(4) 施工不需单独占用场地,在现场狭小、放坡困难、有近距离建筑物时显示其优越性；
(5) 土钉墙成本较其他支护结构低；
(6) 施工噪声小、振动小,不影响环境。

3）适用条件

土钉墙适用于地下水位以上或经人工降水后的人工填土、黏性土和弱胶结砂土的基坑支护或边坡加固,具体适用条件见表 2-2-60。

土钉墙的适用条件　　　　表 2-2-60

序号			适用条件
1	土钉墙	地质条件	(1) 含水丰富的粉细砂、中细砂及含水丰富且较为松散的中粗砂、砾砂及卵石层等； (2) 缺少黏聚力的、过于干燥的砂层及相对密度较小的均匀度较好的砂层； (3) 淤泥质土、淤泥等软弱土层； (4) 膨胀土； (5) 强度过低的土,如新近填土等

续上表

序号		适用条件	
1	土钉墙	环境条件	(1)对变形要求较为严格的场所。土钉墙属于轻型支护结构,土钉、面层的刚度较小,支护体系变形较大。土钉墙不适合用于一级基坑支护。 (2)较深的基坑。通常认为,土钉墙适用于深度不大于12m的基坑支护。 (3)建筑物地基为灵敏度较高的土层。土钉易引起水土流失,在施工过程中对土层有扰动,易引起地基沉降。 (4)对用地红线有严格要求的场地。土钉沿基坑四周几近水平布设,需占用基坑外的地下空间,一般都会超出红线。如果不允许超红线使用或红线外有地下室等结构物,则土钉将无法施工或长度太短将很难满足安全要求。随着《中华人民共和国物权法》的实施,人们对地下空间的维权意识越来越强,这将影响土钉墙的使用。 (5)如果作为永久性结构,需进行专门的耐久性处理
2	复合土钉墙	地质条件	淤泥质土、淤泥等软弱土层太过深厚时
		环境条件	(1)超过20m深的基坑; (2)上述土钉墙环境条件第(3)、(4)条; (3)对变形要求非常严格的场地

2.6.2 施工机械

土钉墙施工的主要机械设备见表2-2-61。

土钉墙施工机械设备　　　　　　　　　表2-2-61

序号	成孔形式	机械设备	型号/规格
1	钻孔注浆型	轻型岩石钻机	JB12-C
		混凝土喷射泵	PZ-5B型
		空压机	WY-9/7-Y
		注浆机	UBJ1.8型
		搅拌机	HJ-200型
		洛阳铲	80mm
2	直接打入型	冲击钻机	JB12-C
		混凝土喷射泵	PZ-5B型
		空压机	WY-9/7-Y
3	打入注浆型	轻型岩石钻机	JB12-C
		混凝土喷射泵	PZ-5B型
		空压机	WY-9/7-Y
		注浆机	UBJ1.8型
		洛阳铲	80mm

2.6.3 施工工艺

1)施工流程

土钉墙施工流程如图2-2-62所示。

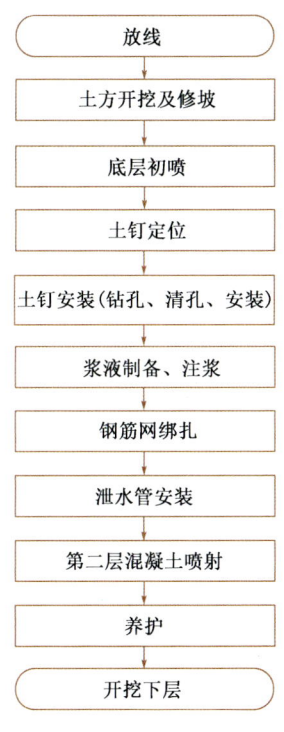

图 2-2-62 土钉墙施工流程图

打入钢管注浆型土钉时不需要钻孔清孔过程,可直接用机械或人工打入。

复合土钉墙的施工流程一般为:隔水帷幕或微型桩施工→开挖工作面→土钉施工→安装钢筋网及绑扎腰梁钢筋笼→喷射面层及腰梁→面层及腰梁养护→土钉张拉→开挖下层。

2)施工控制要点

土钉墙施工控制要点详见表 2-2-62。

土钉墙施工控制要点 表 2-2-62

序号	工序	控 制 要 点	图 示
1	放线	根据设计要求,于施工前在基坑四周划定地面排水沟的尺寸,确定每段每道土钉墙施工的基坑,并用木桩和石灰等做出开挖线标记,然后开挖边线	
2	土方开挖及修坡	土方开挖作业要采用分层开挖、分层支护,边开挖边支护的方式进行。一般可采用反铲挖土机,预留 20~30cm 人工修坡,开挖深度在土钉孔位置以下 50cm 左右,开挖宽度应保证在 10m 以上,每层开挖深度要不大于 2m,最大限度地减少对支护层的扰动,前一层土钉完成注浆 1d 以上可进行下一层边坡的开挖。要密切配合土方开挖和支护施工,使开挖进程和土钉墙施工作业形成循环。开挖后要及时进行人工修坡,尽量缩短边坡土体的裸露时间,并在边坡修整完后立即喷射底层混凝土	

续上表

序号	工序	控制要点	图示
3	底层初喷	为使土钉墙施工中挖好的坡面不发生垮塌,土方开挖后应立即预喷混凝土。混凝土一般采用强度等级为 C20 的细石混凝土,预喷的厚度为 30~50mm,混凝土材料的配合比为水泥:石子 = 1:1,水灰比为 0.5~0.6。喷射混凝土施工作业按照分段分片的方式依次进行,同一段内采用自下而上的喷射顺序。另外,喷射混凝土终凝后要及时喷水养护 3d 左右	
4	土钉安装	(1)钻孔 应根据地质条件、周边环境、设计参数、工期要求、工程造价等综合选用适合的成孔机械设备及方法。钻孔注浆土钉成孔方式可分为人工洛阳铲掏孔及机械成孔,机械成孔有回转钻进、螺旋钻进、冲击钻进等方式,如图 a)所示。成孔方式分为干法和湿法两类,需靠水力成孔或泥浆护壁成孔的方式为湿法,不需要时则为干法。 (2)清孔 为保证注浆质量,注浆前须用清水洗孔,直到孔口流出清水为止。注浆时先高速低压从孔底注浆,当水泥浆从孔口溢出后,再低速高压从孔口注浆。清孔一般采用水洗或气洗的方式。水洗时仍需使用原成孔机械冲清水洗孔,但洗孔时间不宜过长,否则容易塌孔;气洗时使用压缩空气,压力一般为 0.2~0.6MPa。水洗及气洗均需将水管或风管通至孔底后开始清孔,边清边拔。 (3)安装 ①安装土钉前必须进行隐蔽项目检查验收,对局部孔中出现的渗水塌孔或掉落松土,应立即清除,如图 b)、图 c)所示。 ②在安放土钉时,应避免杆体扭压、弯曲;注浆管要与土钉一起放入孔内,杆体放入角度与钻孔倾角保持一致;注浆管应插至距孔底 25~50cm,为保证注浆饱满,在孔口部位设置浆塞及排气管;土钉钢筋宜采用 HRB335、HRB400 级钢筋,钢筋直径宜为 16~32mm;插入深度不得小于设计要求的 90%,安装后不得敲击、碰撞	  
5	浆液制备、注浆	土钉注浆材料应符合下列规定: (1)注浆材料宜选用水泥浆或水泥砂浆。水泥浆的水灰比为 0.4~0.45;水泥砂浆配合比宜为 1:1~1:2(质量比),水灰比宜为 0.38~0.45。 (2)水泥浆、水泥砂浆应拌和均匀,随拌随用,一次拌和的水泥浆、水泥砂浆应在初凝前用完。 (3)为防止水泥浆或水泥砂浆在硬化过程中产生干缩裂缝,提高其防腐蚀性能,保证浆体与周围土壁的紧密黏合,可掺入一定量的膨胀剂,具体掺入量可由试验确定,以满足补偿收缩为准。另外,为提高水泥浆的早期强度,加速硬化,可掺入速凝剂或早强剂。 (4)水泥浆凝结硬化后会产生干缩,在孔口要进行二次甚至多次补浆	
6	绑扎钢筋网	将钢筋网片按照设计要求绑扎连接,其长度及相邻搭接接头错开长度应符合规范要求。钢筋网绑扎完成后,再在其上面焊接加强筋,从而使土钉、钢筋网、加强筋连成一体。钢筋网片用插入土中的钢筋固定,与坡面间隙保持 3~4cm,搭接时上下左右一根对一根搭接绑扎,搭接长度应大于 30cm,并且焊点不少于两点。 铺设钢筋网应符合下列规定:钢筋网应在喷射第一层混凝土后铺设,钢筋与第一层喷射混凝土的间隙不宜小于 20mm;铺设 ϕ6mm@ 200mm 的钢筋网格;施工采用 20mm 厚的垫块;土钉与钢筋网采用 ϕ14mm 钢筋通长连接,确保土钉与混凝土面层的可靠连接	

续上表

序号	工序	控制要点	图示
7	喷射第二层混凝土	复喷应在加强筋与土钉头焊接完成后进行。为防止在钢筋背部出现空隙,应先喷填钢筋的后方,然后再喷钢筋前方;为保证土体与墙面的有效连接,可采用加强钢筋与土钉和分布钢筋连接,也可采用承压垫板方法连接。喷射混凝土采用复合硅酸盐水泥,砂采用含水率在5%~7%、最大粒径不大于10mm的坚硬、耐久的中砂。喷射操作手应控制好水灰比,保持混凝土表面平整、湿润光泽,无干斑或流淌现象	
8	降排水	施工时应提前沿坡顶挖设排水沟排除地表水,并在第一段开挖喷射混凝土期间用混凝土做排水沟覆盖面。 浅部排水:施工时采用直径30mm,向上斜5°或10°,长度通常为300~500mm带孔的塑料排水管,竖向间距为1.5m,水平间距为5.0m,梅花状布置排列。 坡面排水:在喷射混凝土坡面前,贴着坡面按一定的水平间距布置竖向排水措施,一般为5m。这些排水管在每段开挖的底部有一个接口,贯穿整个开挖面,在最底部有泄水孔排入集水系统,排水道可用土工合成材料包扎,防止喷射混凝土时渗入混凝土。坡面排水也可代替前述浅部排水	
9	养护	为加强基坑支护效果,在喷射混凝土时可加入3%~5%的早强剂。养护面层喷射混凝土完毕后终凝后,应在12h内进行覆盖养护,12h以后第一次浇水养护,日淋水不少于3次,养护时间不少于14d	
10	监测	在基坑支护施工过程中,要建立全过程跟踪监控,对基坑及其周边环境随时进行监测,根据监测信息及时采取相应对策,以确保基坑施工工程、周围设施和建筑物的安全稳定	

2.6.4 施工质量检测及验收标准

1）质量检测

土钉墙和复合土钉墙的试验和检测内容包括土钉的基本试验、土钉的验收检验、面层的抗压强度试验、面层厚度检查、止水帷幕的渗透性和强度检验等,质量检测项目见表2-2-63。

质量检测项目 表2-2-63

序号	检测项目	检测内容
1	土钉的抗拔力	应对土钉抗拉承载力进行检测,同一条件下,检测数量不宜少于土钉总数的1%,且不宜少于3根。土钉抗拉试验宜分层、分区段进行,土钉试验应有代表性和针对性。土钉验收合格标准:对于基坑侧壁安全等级为二级、三级的土钉墙,抗拔承载力检测值分别不应小于土钉轴向拉力标准值的1.3倍、1.2倍

续上表

序号	检测项目	检测内容
2	喷射混凝土的厚度及强度	检验时,检查数量宜为每 500m^2 取一组,每组不少于 3 个点,合格条件为全部检查孔处厚度的平均值应大于设计厚度,最小厚度不小于设计厚度的 80%,并不应小于 50mm;一般采用试块检验喷射混凝土抗压强度,可采用现场喷射大板后切割出试块或原位抽芯方法制作试块,不宜直接喷射在试模内,因为受回弹料窝积影响,直接喷射在试模内制成的试块强度偏低
3	止水帷幕检验	一般在开挖时进行止水帷幕检验

2)控制标准

(1)土钉墙、预应力土钉的工程质量检验应符合表 2-2-64 的规定;施工前应检查原材料的品种、规格型号以及相应的检验报告。

土钉墙、预应力土钉的工程质量检验标准　　　表 2-2-64

序号	项 目	检查项目	允许偏差或允许值
1	主控项目	土钉或土钉杆体长度	土钉:±3mm,杆体长度的 0.5%
		土钉验收抗拔力或土钉抗拔承载力	符合设计要求
2	一般项目	土钉或土钉位置	±100mm
		土钉或土钉倾角	±2°
		成孔孔径	±10mm
		注浆体强度	符合设计要求
		注浆量	大于计算浆量
		混凝土面层钢筋网间距	±20mm
		混凝土面层厚度	平均厚度不小于设计值,最小厚度不小于设计值的 80%
		混凝土面层抗压强度	符合设计要求

(2)土钉墙、预应力土钉质量检查规定见表 2-2-65。

土钉墙、预应力土钉质量检查规定　　　表 2-2-65

序号	分项工程	质量检查规定
1	土钉墙	(1)施工过程中应对土钉位置,成孔直径、深度及角度,土钉长度,注浆配合比、压力及注浆量,墙面厚度及强度,土钉与面板的连接情况,钢筋网的保护层厚度等进行检查。 (2)土钉墙检测应符合下列规定: ①土钉应通过抗拔试验检测抗拔承载力。抗拔试验应分为基本试验及验收试验。验收试验数量不宜少于土钉总数的 1%,且不应少于 3 根。 ②墙面喷射混凝土厚度采用钻孔检测,钻孔数宜每 200m^2 墙面为一组,每组不少于 3 点
2	预应力土钉	(1)施工过程中应对预应力土钉位置,钻孔直径、长度及倾角,自由段与锚固段长度,浆液配合比、注浆压力及注浆量,锚座几何尺寸,土钉张拉值和锁定值等进行检查。 (2)土钉应采用抗拔验收试验检测抗拔承载力,试验数量不宜少于土钉总数的 5%,且不应少于 3 根。验收试验时,最大试验荷载应取轴向承载力设计值的 1.1 倍(单循环验收试验)或 1.2 倍(多循环验收试验)

(3)复合土钉墙基坑工程可划分为止水帷幕、微型桩、土钉墙、预应力土钉、降排水、土方开挖等若干分项工程。除土钉墙、预应力土钉外,其他各分项工程质量检验标准宜根据检查内容,按照现行《建筑地基基础工程施工质量验收标准》(GB 50202)执行,见表 2-2-66。

复合土钉墙质量检查规定　　　　　　　　　　　　　　　　　表 2-2-66

序号	分项工程	质量检查规定
1	止水帷幕（水泥土桩）	（1）施工前应对机械设备的工作性能及计量设备进行检查。 （2）施工过程中应检查施工状况，检查内容应包括桩机垂直度、提升和下沉速度、注浆压力和速度、注浆量、桩长、桩的搭接长度等。 （3）水泥土桩的施工质量检验应符合下列规定： ①桩直径、搭接长度：检查数量为总桩数的2%，且不少于5根。 ②采用钻孔取芯法检验桩体强度和墙身的完整性，检查数量不宜少于总桩数的1%，且不应少于3根
2	检验点的布置	（1）施工中出现异常情况的桩； （2）地层情况复杂，可能对止水帷幕质量产生影响的桩； （3）其他有代表性的桩
3	微型桩	（1）施工过程中应检查施工状况，检查内容包括桩机垂直度、桩截面尺寸、桩长桩距等。 （2）质量检验中应检查桩身的完整性，检查数量为总数的10%，且不少于3根

2.6.5 质量通病与防治措施

土钉墙施工质量通病与防治措施见表 2-2-67。

土钉墙施工质量通病与防治措施　　　　　　　　　　　　　　表 2-2-67

序号	质量通病	防治措施
1	局部塌方	土钉墙的施工是从上到下分层开挖的，开挖一层支护一层，由于施工时是先开挖后支护，所以在前层开挖结束而土钉尚未设置时，很容易出现局部塌方，甚至导致整个围护结构破坏。因此在每层土体开挖结束后，要尽快设置土钉，同时每层的开挖深度也不宜过大，以保证围护结构的安全
2	稳性定差	土钉一般采用压力注浆，注浆时一定要注满整个钉孔，以免减弱土钉的作用，影响土钉墙的稳定性
3	地下水影响施工	土钉墙施工过程中需有效排除地下水。地下水的存在对土钉墙的施工及土钉的作用均有影响，故在施工过程中应将地下水位降至开挖面以下
4	土钉角度不符合要求	试验研究表明，土体只要有微小的变形就可使土钉受力。为充分发挥土钉的作用，土钉的设置方向宜与土体可能发生的剪切滑移面成某一角度，使土钉受拉才能充分提高土体抗剪强度。因此在施工中应注意土钉的设置方向。根据以往的试验和有限元分析结果，一般认为以向下倾斜0°~15°为宜
5	钻孔时出现塌孔	严格控制钻孔时的钻进速度，保持合理的速度持续钻孔，才能使钻屑能充分地从孔口返出，从而使孔壁保持稳定性
6	抗拔力不足	必须进行土钉的现场抗拔力试验，满足要求方可进行施工

2.7 锚索

2.7.1 简介

预应力锚索是一种通过高强度钢绞线和锚固将荷载传递到深部稳定岩土层的构件。在基坑支护工程中，预应力锚索通常与排桩、地下连续墙、土钉墙等支护结构联合使用，在实际工程中得到广泛应用，具有较好的经济技术指标。预应力锚索在支护结构中不仅能够提供反力保持结构的稳定,而且可以根据变形限制的要求,通过施加预加力限制支护结构的变形。

1)结构形式

图2-2-63为锚索的基本构造示意图。预应力锚索一般由锚固段、自由段、拉杆(钢绞线)、锚头和锚头的传力装置等部分组成。其布置形式、结构设计及预应力大小需根据设计荷载、使用要求、地质条件、支护结构布置形式并结合地区锚索工程经验综合分析确定。设计中要做到各部件的强度和承载能力协调一致,受力后的变形量能满足结构变形控制要求。

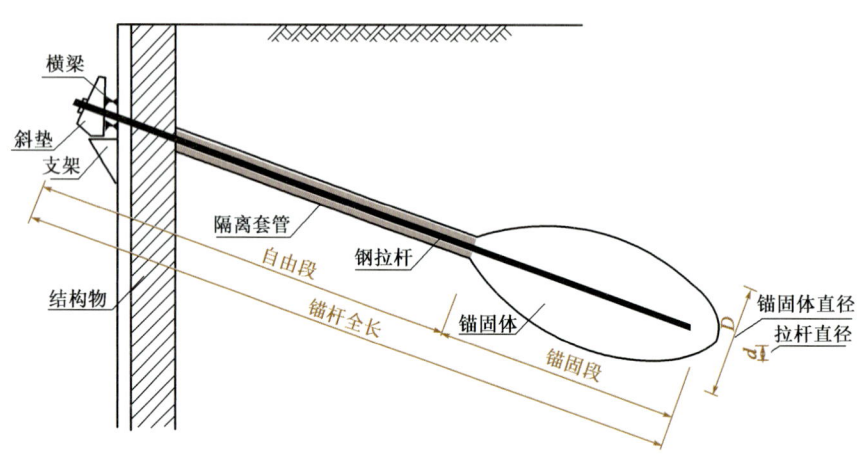

图2-2-63 锚索的基本构造示意图

2)分类

预应力锚索结构具有多样性和复杂性,要对其准确分类很困难,在基坑中应用的形式如图2-2-64所示。预应力锚索分类及形式见表2-2-68。

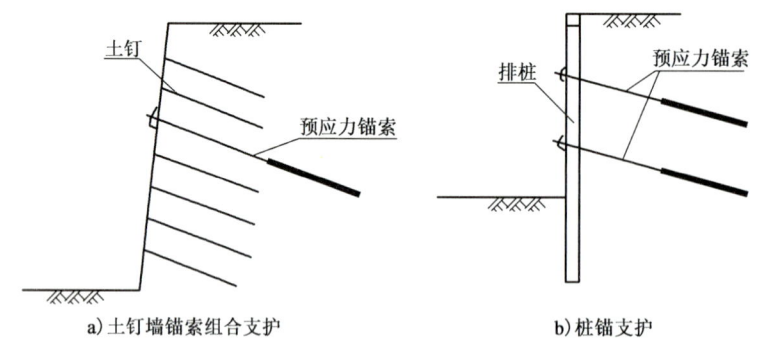

a)土钉墙锚索组合支护　　b)桩锚支护

图2-2-64 预应力锚索在基坑中应用的形式

预应力锚索分类及形式　　表2-2-68

序号	分类方法	分类及形式
1	锚固施工方法	注浆型、胀壳式、扩孔型及综合型
2	锚固段结构受力状态	荷载集中型和荷载分散型
3	锚索束体内锚段与周围介质的固结方法	黏结式和机械式
4	锚索束体在加固结束后可否被拆除	可拆除式和不可拆除式

2.7.2 施工机械

1）锚索钻孔机械

常见的锚索钻孔机械见表2-2-69。

锚索钻孔机械　　　　　　　　　表2-2-69

序号	施工机械	原理	优缺点	图示
1	MGL-155 普通型钻机	螺旋钻进，三翼钻头钻进，套管+钻杆复合钻进，气动锤钻进，孔底液动锤钻进，偏心跟管钻进	（1）最高转速可达170r/min；与MGL-135相比，转速增加了20%，对使用螺旋钻具作业效率更加明显。 （2）节能、高效：在原有功率不变的基础上，有效提高了施工作业效率。 （3）在转速提高的同时扭矩相比MGL-135增加了10%，最大扭矩增大到7500N·m。 （4）采用新型液压系统，结构更为简单，布局更为合理，操作更加人性化。 （5）与MDL-135相比，钻机施工效率提高了20%左右。 （6）增加了平台自动选择功能，大大降低了施工人员的劳动强度，提高了施工效率	
2	MGL-160H 高举型钻机	螺旋钻进，三翼钻头钻进，套管+钻杆复合钻进，气动锤钻进，孔底液动锤钻进，偏心跟管钻进	（1）采用新型动力头结构，转向更合理。 （2）节能、高效：在原有功率不变的基础上，有效提高了施工作业效率。 （3）在转速不变的同时扭矩相比MGL-150增加了20%，最大扭矩增大到9500N·m。 （4）采用新型液压系统，结构更为简单，布局更为合理，操作更加人性化。 （5）与MGL-150相比，钻机施工效率提高了20%左右。 （6）增加了平台自动选择功能，大大降低了施工人员的劳动强度，提高了施工效率。 （7）增加了各类防护，如电机罩壳、支腿液压缸保护套等。 （8）增加了主轴防护减振圈，有效保护动力头，避免动力头在冲击时造成损伤。 （9）大臂提升2m，真正实现了双层施工作业。 （10）举升：可调节孔口高度，不再依赖于工作面的高低	
3	MGL-160F 自转型钻机	螺旋钻进，三翼钻头钻进，套管+钻杆复合钻进，气动锤钻进，孔底液动锤钻进，偏心跟管钻进	（1）采用新型动力头结构，转向更合理。 （2）节能、高效：在原有功率不变的基础上，有效提高了施工作业效率。 （3）在转速不变的同时扭矩相比MGL-150增加了20%，最大转扭矩增大到9500N·m。 （4）采用新型液压系统，结构更为简单，布局更为合理，操作更加人性化。 （5）与MGL-150相比，钻机施工效率提高了20%左右。 （6）增加了平台自动选择功能，大大降低了施工人员的劳动强度，提高施工效率。 （7）增加了各类防护，如电机罩壳、支腿液压缸保护套等。 （8）增加了主轴防护减振圈，有效保护动力头，避免动力头在冲击时造成损伤	

2）锚索张拉机具

常用的锚索张拉机具详见表 2-2-70。

锚索张拉机具　　　　　　　表 2-2-70

序号	张拉机具	组　成	特　点	图　示
1	气动张拉机	锚索张拉机具又名锚索锚固力检测仪，锚索张拉机具由双速换向液压泵、高压油管总成、锚索拉拔器组成	具有体积小、重量轻、携带方便、操作简单、安全等特点，广泛应用于煤炭、国防、隧道及交通运输等各种施工现场	
2	电动张拉机	电动锚索张拉机具由张拉千斤顶、DBS0.7型电动液压泵以及高压胶管等组成，构成一组煤矿巷道锚索预应力张拉安装的必备工具。张拉千斤顶内置工具锚，不但实现自动锚固和自动退锚，而且保证了操作安全，提高了工作效率	结构合理，性能可靠，操作简单。较手动锚索张拉机具，可明显提高工作效率，适合煤矿井下没有气源的场合使用	
3	手动张拉机	手动锚索张拉机具主要用于锚索的拉紧、张拉，快速安装锚具由预应力张拉千斤顶、快速接头、高压油管、液压泵等组成。适用于 $\phi15.24mm$、$\phi18.9mm$、$\phi21.6mm$ 锚索	安全性好，适用于各煤矿井下作业	

2.7.3　施工工艺

预应力锚索施工是一项地质条件变化复杂、关键工程隐蔽和施工技术难度较大的特殊施工作业，要安排一支受过专业训练、具有丰富施工经验的专业施工队伍进行施工。预应力锚索施工流程如图 2-2-65 所示。

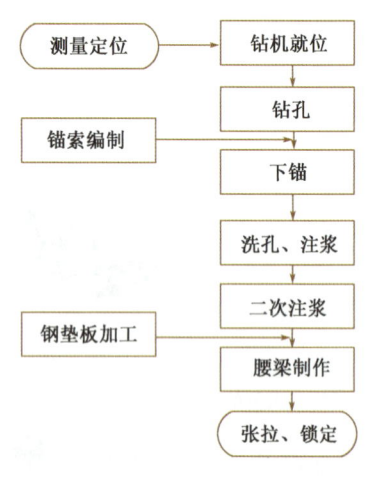

图 2-2-65　预应力锚索施工流程图

（1）测量定位

边坡施工中边挖边加固，即开挖一级，防护一级，不得一次开挖到底。根据各工点工程立面图，按设计要求，将锚孔位置准确测放在坡面上，孔位误差不得超过 ±50mm。如遇既有刷方坡面不平顺或特殊困难场地，则需经相关单位认可，在确保坡体稳定和结构安全的前提下，适当放宽定位精度或调整锚孔定位。

（2）钻机就位

锚孔钻进施工中，搭设满足相应承载能力和稳固条件的脚手架，根据坡面测放孔位，准确安装固定钻机，并严格认真进行机位调整，确保锚孔开钻就位纵横误差不超过 50mm、高程误差不超过 ±100mm，钻孔倾角和方向符合设计要求。

（3）钻进方式

钻孔是锚索施工中控制工期的关键工序。为确保钻孔效率和保证钻孔质量，采用潜孔冲击式钻机。

钻机钻进时,按锚索设计长度将钻孔所需钻杆摆放整齐,钻杆用完,孔深也恰好到位。钻孔深度要超出锚索设计长度0.5m左右。

钻孔结束,逐根拔出钻杆和钻具,将冲击器清洗好备用。用一根聚乙烯(PVC)管复核孔深,并以高压风吹孔,待孔内粉尘吹干净,且孔深不少于锚索设计长度时,拔出聚乙烯管,塞好孔口。

两种特殊情况的处理:

①渗水的处理。在钻孔过程中或钻孔结束后吹孔时,从孔中吹出的都是一些小石粒和灰色或黄色团粒而无粉尘,说明孔内有渗水,岩粉多贴附于孔壁。这时,若孔深已够,则注入清水,以高压风吹净,直至吹出清水;若孔深不够,虽冲击器工作,仍有进尺,也必须立即停钻,拔出钻具,洗孔后再继续钻进,如此循环,直至结束。有时孔内渗水量大,有积水,吹出的是泥浆和碎石,这种情况下岩粉不会糊住孔壁,只要冲击器工作,就可继续钻进。如果渗水量太大,以致淹没了冲击器,则冲击器会自动停止工作,应拔出钻具进行压力注浆。

②塌孔、卡钻的处理。当钻孔穿越强风化岩层或岩体破碎带时,往往发生塌孔。塌孔的主要标志是从孔中吹出黄色岩粉,夹杂一些原状的(非钻头碎的、非新鲜的、无光泽的)石块。这时,不管钻进深度如何,都要立即停止钻进,拔出钻具,进行固壁注浆。注浆压力采用0.4MPa,浆液为水泥砂浆和水玻璃的混合液,24h后重新钻孔。雨季,常常顺岩体破碎带向孔内渗流泥浆,固壁注浆前,必须用水和风把泥浆洗出(塌入钻孔的石块不必清除),否则,不仅固壁注浆效果差,还容易造成假象。

(4)钻进过程

钻进过程中对每个孔的地层变化、钻进状态(钻压、钻速)、地下水及一些特殊情况做好现场施工记录。如遇塌孔缩孔等不良钻进现象,则须立即停钻,及时进行固壁灌浆处理(灌浆压力0.1~0.2MPa),待水泥砂浆初凝后,再重新扫孔钻进。锚索钻进示意图如图2-2-66所示。

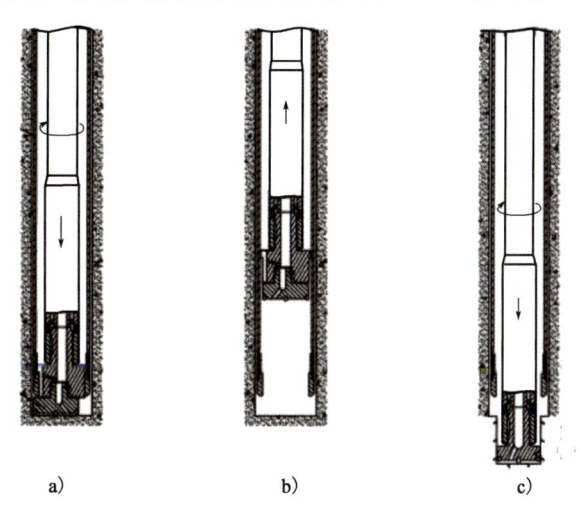

图2-2-66 锚索钻进示意图

(5)孔径、孔深

钻孔孔径、孔深要求不得小于设计值。为确保锚孔直径,要求实际使用钻头直径不得小于设计孔径。为确保锚孔深度,要求实际钻孔深度大于设计深度0.2m以上。

(6)锚孔清理

钻进至设计深度后,不能立即停钻,而要求稳钻1~2min,防止孔底尖灭,达不到设计孔径。钻孔孔壁不得有沉渣及水体黏滞,必须清理干净,在钻孔完成后,使用高压空气(风压0.2~0.4MPa)将孔内岩粉及水体全部清除出孔外,以免降低水泥砂浆与孔壁岩土体的黏结强度。除相对坚硬完整的岩体锚固

外,不得采用高压水冲洗。若遇锚孔中有承压水流出,则待水压、水量变小后方可安装锚筋与注浆,必要时在周围适当部位设置排水孔处理。如果设计要求处理锚孔内部积聚水体,则一般采用灌浆封堵二次钻进等方法处理。

(7)锚孔检验

锚孔钻造结束后,须经现场检验合格后,方可进行下道工序。孔径、孔深检查一般采用设计孔径、钻头和标准钻杆在现场旁站的条件下验孔,要求验孔过程中钻头平顺推进,不产生冲击或抖动,钻具验送长度满足设计锚孔深度,退钻要求顺畅,用高压风吹验不存在明显飞溅尘渣及水体现象。同时,要求复查锚孔孔位、倾角和方位,全部锚孔施工分项工作合格后,即可认为锚孔钻造检验合格。

(8)锚索编制

预应力锚索由锚梁、自由段、锚固段和安全段四部分组成。锚索在钻孔的同时于现场进行编制,内锚固段采用波纹形状,张拉段采用直线形状。钢绞线下料长度为锚索设计长度、锚头高度、千斤顶长度、工具锚和工作锚的厚度以及张拉操作余量的总和。正常情况下,钢绞线截断余量取50mm。将截好的钢绞线平顺地放在作业台架上,量出内锚固段和锚索设计长度,分别做出标记;在内锚固段的范围内穿对中隔离支架,间距60~100cm,两对中隔离支架之间扎紧固环一道;张拉段每米也扎一道紧固环,并用塑料管穿套,内涂黄油;最后,在锚索端头套上导向帽。安装锚索体前再次认真核对锚孔编号,确认无误后再用高压风吹孔,人工缓缓将锚索体放入孔内,用钢尺量出孔外露出的钢绞线长度,计算孔内锚索长度(误差控制在50mm范围内),确保锚固长度。

(9)锚固注浆

锚固注浆采用排气注浆法施工。下倾的孔,注浆管插至孔底,砂浆由孔底注入,空气由锚索孔排出;上倾和水平孔,砂浆由孔口注入,空气压向孔底,由孔底进入排气管排出孔外(水平锚索,空气经限浆环进入排气管)。

上倾和水平锚索孔注浆过程中,当排气管不再排气,且有稀水泥浆从排气管压出时,说明注浆已满;对于下倾锚索注浆,采用砂浆位置指示器控制注浆位置。锚索孔注浆采用注浆机,注浆压力保持在0.3~0.6MPa。

①第一次注浆:锚索孔钻至设计深度超过50cm后,停钻清孔,待孔口流出来的泥浆变稀而且没有砂带出来时,再开始注M30水泥浆。采用孔底返浆,其注浆压力为0.5~1.0MPa,水泥浆必须饱满密实;待孔口流出浓厚水泥浆时停止第一次注浆。

②第二次注浆:第二次注浆为高压劈裂注浆,待第一次注浆3~5h后,即采用M30纯水泥浆对锚固段进行劈裂注浆,注浆压力为1.5~2.0MPa。

钢腰梁:锚索注浆结束后,立即进行锁口腰梁制作。腰梁制作时把锚索用PVC管套装,以免钢筋混凝土与钢绞线黏结。

(10)张拉、锁定

张拉锚索前需对张拉设备进行标定。标定时,将千斤顶、油管、压力表和液压泵连接好,在压力机上用千斤顶主动出力的方法反复试验三次,取平均值,绘出千斤顶顶升力(kN)与压力表指示的压强(MPa)曲线,作为锚索张拉时的依据。

锚索的张拉及锁定分级进行,严格按照操作规程执行。在设计张拉完成6~10d后再进行一次补偿张拉,然后加以锁定。

补偿张拉后,从锚具量起,留出长5~10cm钢绞线,其余部分截去,须用机械切割,严禁电弧烧割。最后用水泥净浆注满锚垫板及锚头各部分空隙,对锚头采用强度等级不低于20MPa的混凝土进行封锚,防止锈蚀并兼顾美观。锚索张拉、锁定及压力固定端分布如图 2-2-67～图 2-2-69 所示。

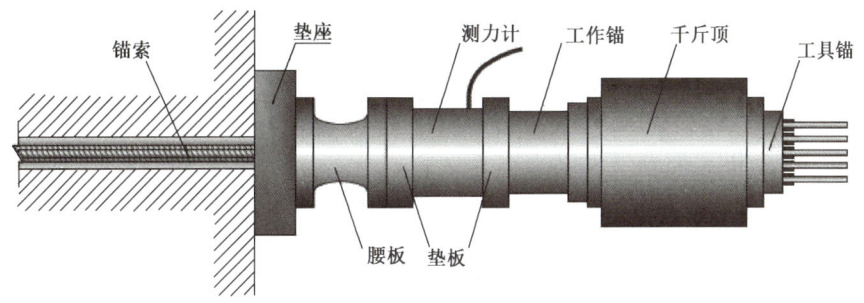

图 2-2-67　锚索张拉

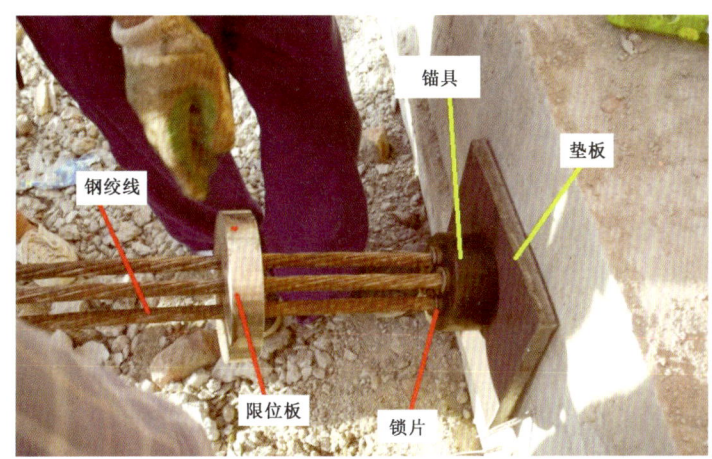

图 2-2-68　锚索锁定

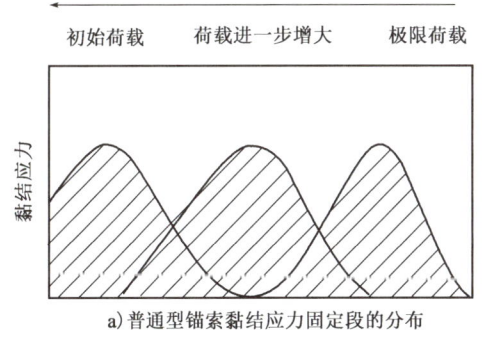
a) 普通型锚索黏结应力固定段的分布

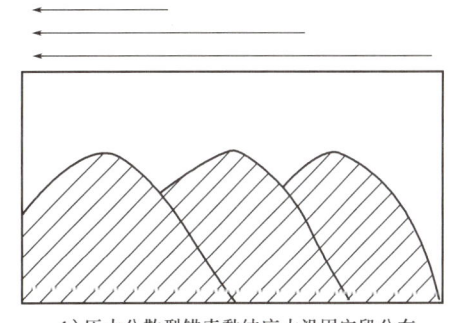
b) 压力分散型锚索黏结应力沿固定段分布

图 2-2-69　压力固定端分布图

2.7.4　施工质量控制

1）施工质量控制要点

（1）钢绞线、张拉设备及锚具等均应有出厂合格证,钢绞线进场后应进行力学性能试验；

（2）孔位、孔深、孔径和孔斜等均应符合设计及规范要求；

（3）锚固段的固结灌浆应严格按现行《水工建筑物水泥灌浆施工技术规范》（SL 62）要求进行；

（4）锚孔注浆应从通至孔底的聚乙烯（PVC）注浆管开始,确保注浆密实,灌浆记录应准确、完整、清晰；

（5）分级均匀施加张拉荷载,并控制加载速率,张拉设备必须配套标定并绘制相关曲线。

2）工序质量控制

(1) 造孔

用红油漆在现场施工部位标明锚索开孔位置，根据设计及规范要求，孔位偏差不得大于10cm；搭建钻机平台要求稳固牢靠，钻机倾角及方位角要进行严格校验。当孔位受地下管线或地形条件限制无法施工时，须征得设计单位同意后方可拟定新孔位。

在钻孔施工过程中要求加强钻机的导向作用，及时检测孔斜误差，合理采用纠偏措施，并做好施工班报记录。孔深不得小于设计值。监理人员按照设计及规范要求对造孔的孔位、孔深、孔径、孔斜进行检查验收。

应按分序加密的原则进行钻孔，成孔后及时进行锚固段固结灌浆，以保证成孔质量。

(2) 锚索制作

锚索索体在专用的施工场地进行制作，每批钢绞线进场后，按规范要求抽检试验。每根钢绞线下料长度应根据实测孔深、锚墩厚度、垫板、工作锚板、限位锚板、千斤顶等沿孔轴线方向的总和再预留一定长度确定。

剥除锚固段塑料套管后，钢绞线上的油脂、污渍必须用棉纱擦洗干净，要求表面乌亮，手感滑腻无涩滞感。沿锚索长度方向均安设隔离架，隔离架间距不大于2m，相邻两隔离架之间安设束线环（绑扎丝）对锚索进行绑扎固定。隔离架应能使锚索入孔后周围有足够的保护层，钢绞线彼此平行伸直不扭曲。

锚索制作完成后要编号，分类存放在专用场地并加以保护。

(3) 注浆

锚固段固结灌浆按现行《水工建筑物水泥灌浆施工技术规范》（SL 62）进行，用纯水泥浆液进行纯压式灌浆，进浆管伸至孔底，按设计锚固段长度要求在孔中设置止浆塞封闭。止浆塞应有良好的膨胀性和耐压性能，在灌浆过程中不得产生滑移和串浆现象。灌浆泵和灌浆孔口均安有压力表，灌浆应根据规范要求变换浆液配合比，并做好详细的灌浆记录。

锚索入孔前重新对钻孔进行检查，将孔内积渣清理干净。锚索安装完毕后，在监理工程师验收合格后方可注浆。

对浆液类型、成分、注浆日期、配合比、注浆量及注浆压力做详细的记录，施工过程中监理试验工程师对砂浆进行取样并做抗压强度试验。

3）施工质量检验标准

锚索工程施工质量检验标准详见表2-2-71。

锚索工程施工质量检验标准　　　　　　　　　　表2-2-71

序号	项目	检验项目		允许偏差或允许值	检查方法
1	主控项目	锚索长度（mm）		+100 -30	用钢尺量
		锚索拉力设计值		符合设计要求	现场拉拔试验
2	一般项目	锚索位置（mm）		±100	用钢尺量
		钻孔倾斜度（°）		±1	测斜仪等
		浆体强度		符合设计要求	试样送检
		注浆量		大于理论计算浆量	检查计量数据
		锚索插入长度	全长黏结型锚索	不小于设计长度的95%	用钢尺量
			预应力锚索	不小于设计长度的98%	

2.8 工程案例

工程案例见附件 2-2-1。

本章附件

附件 2-2-1　工程案例

第 3 章 内支撑系统

在地铁基坑工程中,通常采用围护墙结合内支撑系统(内支撑与竖向支承)的形式,平衡作用在围护墙上所受到的水土压力,抑制基坑围护墙体的变形,从而降低对周边环境造成的不利影响。内支撑系统在地铁基坑施工中得到了广泛应用,特别是在软土地区的地铁深基坑工程中已成为一种主要的支护方式。经过多年的工程实践,内支撑形式丰富多样。本章主要介绍内支撑系统的施工技术要点,包括钢支撑、混凝土支撑、竖向支承、特殊情况下几种支撑形式的施工以及各种工程案例。

1)分类

(1)按竖向布置方式分类

内支撑体系按竖向布置方式分为平面支撑体系和竖向斜撑体系。

①平面支撑体系。平面支撑体系可以直接平衡支撑两端围护墙上所受到的侧压力,其构造简单,受力明确,使用范围广。但当支撑长度较长时,应考虑支撑自身的弹性变形以及温度应力等因素对基坑围护结构位移的不利影响。所以建议采用计算分析的方法,考虑设置中间竖向支承。典型内支撑体系平面、剖面示意图如图 2-3-1、图 2-3-2 所示。

②竖向斜撑体系。其作用是将围护墙所受的水平力通过斜撑传到基坑中部先浇筑的斜撑基础上。斜向支撑体系在房屋建筑工程中应用较多,当基坑的面积大而开挖深度不深时,如采用常规的按整个基坑平面布置的水平支撑,支撑和立柱的工程量将十分巨大,而且施工工期长,中心岛结合竖向斜撑的围护设计方案可有效地解决此难题。在地铁基坑施工中竖向斜撑体系比较少见,所以本章暂不涉及相关施工内容。

(2)按使用的材料分类

按使用的材料种类不同,内支撑体系可分为钢支撑、混凝土支撑及钢与混凝土的混合支撑。各种形式的支撑体系根据其材料特点具有不同的优缺点和适用范围。由于基坑规模、环境条件、主体结构以及施工方法等的不同,难以对支撑结构选型确定出一套标准的方法,应以确保基坑安全可靠的前提下做到经济合理、施工方便为原则,根据实际工程具体情况综合考虑确定。各类支撑的优缺点及适用范围见表 2-3-1。

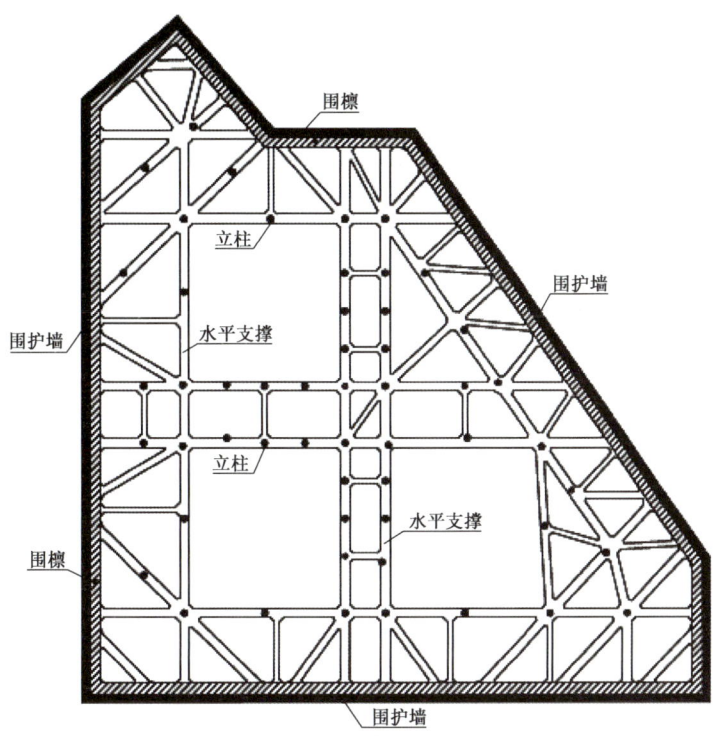

图 2-3-1　典型内支撑体系平面示意图

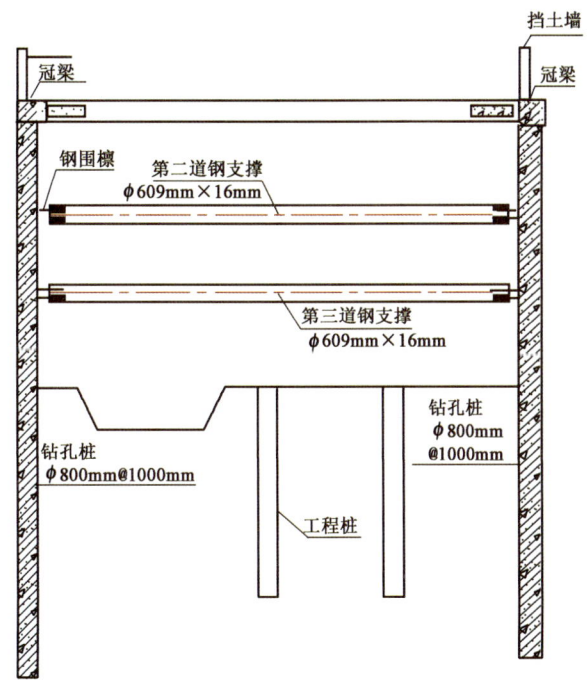

图 2-3-2　典型内支撑体系剖面示意图

各类支撑的优缺点及适用范围 表 2-3-1

序号	类型	优点	缺点	适用范围
1	钢支撑	(1)架设及拆除速度快,架设后可直接受力,随即可进行下层土方开挖; (2)材料可重复使用,在节省工程造价和加快工期方面具有显著优势	(1)整体稳定性差,刚度小,只能承受轴向压力; (2)基坑跨度较大时,支撑会因挠曲度过大而容易失稳	适用于开挖深度一般、平面形状规则、狭长形的基坑工程
2	混凝土支撑	(1)支撑刚度大,整体性好; (2)可以采取灵活的布置方式适用于不同形状的基坑; (3)能承受轴向压力和轴向拉力,控制变形能力强; (4)不因节点松动而引起基坑的位移,施工质量相对容易得到保证	(1)在现场制作和养护时间较长,浇筑后不能立即发挥作用,需要达到一定强度后,才能进行后续土方的施工作业,施工周期相对较长; (2)钢筋混凝土支撑需要拆除,材料不能重复利用	适用于敏感环境下的基坑工程,如邻近保护建(构)筑物的深基坑工程,或者平面形状较为不规则的基坑工程
3	钢与混凝土的混合支撑	混合支撑充分利用了钢支撑与混凝土支撑的特点,满足了基坑支撑体系的刚度要求和控制变形的要求。 一般有两种模式:第一为混凝土支撑,下面为钢支撑,可实现安全快捷支撑;在基坑较深、受力较大、周边环境敏感的情况下,第一道、第三道、第五道等间隔设置混凝土支撑,其余为钢支撑,可有效限制基坑变形,保证周边环境安全		在基坑工程中应用广泛,可实现控制基坑变形、保护周边环境安全的目的

各种支撑的布置形式、特点及适用条件见表 2-3-2。

各种支撑的布置形式、特点及适用条件 表 2-3-2

序号	形式	示意图	特点	适用条件
1	对撑结合角撑形式		(1)钢支撑 ①节点简单且形式少,可采用定型节点成品; ②可反复使用,经济性较好; ③支撑安装和拆除时间短; ④传力体系清晰,受力直接; ⑤挖土空间小,出土速度慢。 (2)钢筋混凝土支撑 ①支撑系统传力直接,受力明确; ②采用对撑结合角撑形式,各支撑受力相对独立,可实现支撑和挖土流水化施工,缩短基坑工期; ③对撑结合角撑形式,具有无支撑面积大,出土空间大,可加快土方的出土速度; ④十字正交支撑形式的支撑刚度大,变形小,控制变形的能力强; ⑤十字正交支撑形式挖土空间小,出土速度慢	(1)钢支撑 适用于形状规则、基坑面积较小、开挖深度一般的狭长形或方形基坑。 (2)钢筋混凝土支撑 ①对撑结合角撑形式适用于环境保护要求高、形状呈较规则方形的基坑; ②十字正交支撑适用于敏感环境下面积较小或适中的基坑工程
2	十字正交支撑形式			

续上表

序号	形 式	示 意 图	特 点	适用条件
3	对撑角撑结合边桁架形式	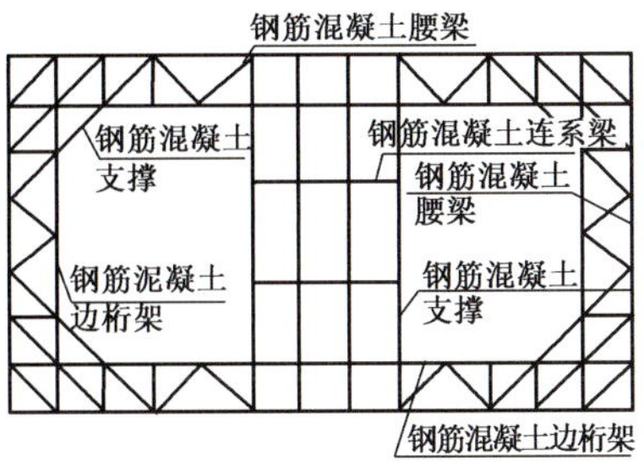 (钢筋混凝土腰梁、钢筋混凝土支撑、钢筋混凝土连系梁、钢筋混凝土腰梁、钢筋混凝土边桁架、钢筋混凝土支撑、钢筋混凝土边桁架)	(1)各块支撑受力相对独立,可实现支撑和挖土流水化施工,缩短基坑工期; (2)无支撑面积大,出土空间大,可加快土方的出土速度	适用于各种复杂形式的深基坑,是软土地区中应用最多的支撑平面布置形式
4	圆环、半圆环、双圆环形及其他组合形式	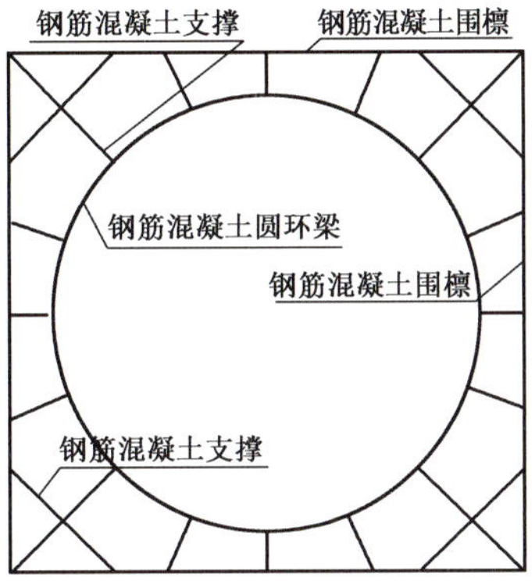 (钢筋混凝土支撑、钢筋混凝土围檩、钢筋混凝土圆环梁、钢筋混凝土围檩、钢筋混凝土支撑)	(1)充分发挥混凝土抗压性能,受力合理,经济性较好; (2)无支撑面积大,出土空间大,可加快土方的出土速度; (3)受力均匀性要求高,对基坑土方施工单位的管理和技术能力要求高; (4)下层土方的开挖必须在上层支撑全部形成并达到强度之后方可进行	适用于面积大及各种形状的异形深基坑
5	同层平面组合形式	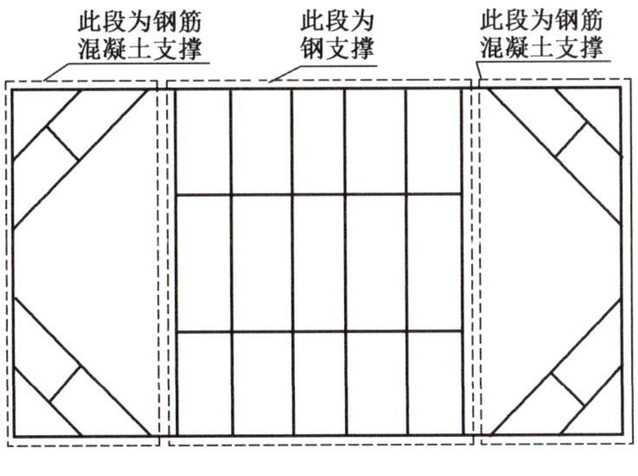 (此段为钢筋混凝土支撑、此段为钢支撑、此段为钢筋混凝土支撑)	(1)可充分发挥钢支撑与混凝土支撑的优点; (2)基坑端部采用混凝土支撑,可发挥混凝土支撑刚性大的优点,控制基坑角部变形,同时可避免出现复杂的钢支撑节点; (3)基坑中部设置钢支撑,施工速度快、工程造价低	适用于面积和开挖深度一般,形状呈方形的深基坑

注:本表内容参照《深基坑支护技术指南》,中国土木工程学会土力学及岩土工程分会主编,中国建筑工业出版社,2012年出版。

2)构成

内支撑体系的主要构件为围檩(或圈梁)、水平支撑、钢立柱(格构柱)和立柱桩。没有设置围檩的基坑,支撑直接作用在围护墙上。基坑支撑体系构成如图2-3-3所示。

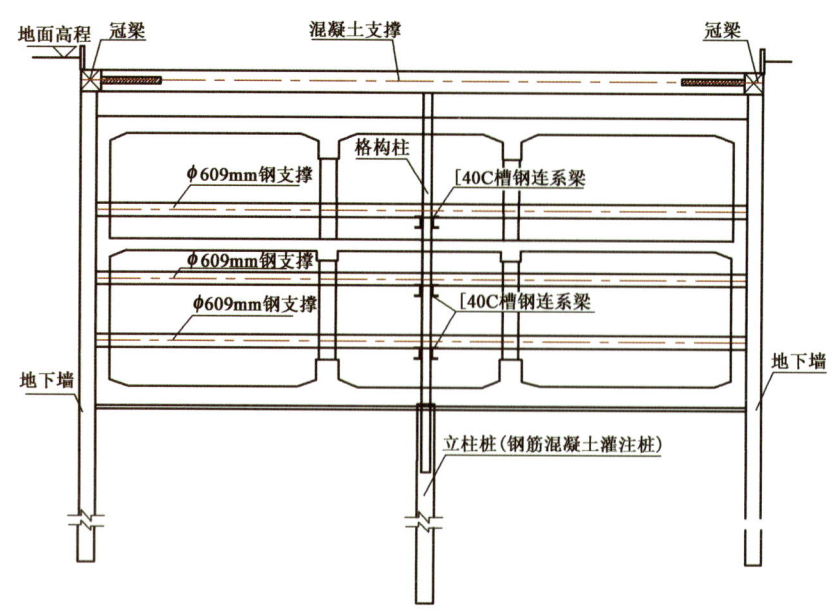

图 2-3-3 基坑支撑体系构成示意图

围檩(或圈梁)是协调支撑和围护墙间受力与变形的重要构件,能够加强围护墙的整体性,改善围护结构受力状况,将其所受水平力传递给支撑构件,并减少围护墙位移,因此要有较好的刚度和较小的挠曲变形。围檩有型钢和钢筋混凝土结构两种形式。圈梁为钢筋混凝土结构,设在围护结构顶部,圈梁可作为第一道支撑的围檩。水平支撑是平衡围护墙外侧水平作用力的主要构件,要求传力直接、刚度好且分布均匀。钢立柱(格构柱)和立柱桩的作用是保证水平支撑的纵向稳定,加强支撑体系的空间刚度和承受水平支撑的竖向荷载,要求具有较好的刚度和较小的竖向位移。

3) 布置原则

(1) 平面布置原则

水平支撑系统中内支撑与围檩(或圈梁)必须形成稳定的结构体系和可靠的连接,以满足承载力、变形和稳定性要求。支撑系统的平面布置形式众多,同一个基坑采用多种支撑布置形式是可行的,但应科学合理兼顾基坑工程特点、主体地下结构布置及周边环境保护要求和经济性等综合因素,做到和谐统一。施工前,应核实支撑及立柱桩位置,避开梁、柱和墙等,且满足施工操作空间需要。同时应满足下列要求:

① 钢支撑体系

地铁基坑以长条形为主,支撑宜采用对撑、混凝土撑并结合角撑等简洁布置;对于宽大基坑,可用十字正交、纵横方向垂直的平面布置形式。

② 混凝土支撑体系

a. 水平支撑可采用由对撑、角撑、圆环撑、边桁架等结构形式所组成的平面结构;地铁长条形基坑可设置短边方向的对撑体系,基坑端头可设置水平角撑体系支撑。

b. 当基坑周边紧邻保护要求较高的建(构)筑物、地铁车站或隧道,对基坑工程的变形控制要求较为严格时,或者基坑面积较大、两个方向的平面尺寸大致相等时,或者基坑形状不规则,其他形式的支撑布置有较大难度时,宜采用相互正交的对撑布置形式。

c. 当必须利用支撑构件兼作施工平台或栈桥时,除应满足内支撑体系计算的有关规定外,尚应满足作业平台(或栈桥)结构的承载力和变形要求。

（2）竖向布置原则

基坑竖向支承布置的道数，主要根据工程场地水文、地质情况，周围环境保护要求，基坑围护结构的承载力和变形控制计算确定，同时应满足土方工程施工需要。基坑竖向支承布置示意图如图2-3-4所示。

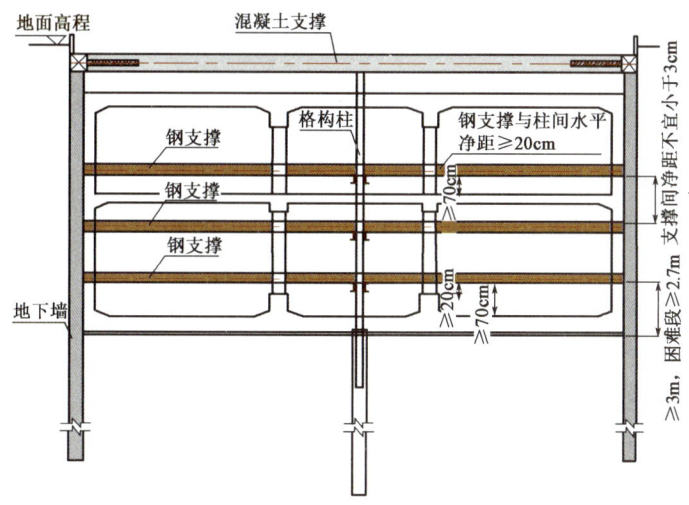

图2-3-4　基坑竖向支承布置示意图

基坑竖向支承的布置要求为：

①支撑与围护结构及围檩连接处不应出现拉力。

②支撑应避开主体结构地下结构底板和楼板的位置，并应满足主体地下结构施工对墙、柱钢筋连接长度要求；未拆除的支撑底面与下方主体结构楼板间的净距离不宜小于70cm，以满足楼板混凝土作业及侧墙止水板作业空间的需要。

③支撑至坑底的距离一般不小于3m，困难时不得小于2.7m，以满足挖土机械作业的需要。

④采用多层水平支撑，各层水平支撑宜布置在同一竖向平面内，层高净距不宜小于3m。

3.1　钢支撑

钢支撑是钢结构支撑的简称，是常用的基坑内支撑形式之一。钢支撑包括钢管支撑和型钢支撑两类，在地铁基坑工程中采用较多的是钢管支撑。钢支撑通常是将钢构件用焊接或螺栓拼接支撑在基坑围护结构上，控制其变形的结构体系，多为装配式，可循环使用。本节主要介绍钢管支撑。

3.1.1　类型

钢支撑的节点构造简单、节点形式统一，一般为对撑或斜撑布置形式，正交布置的十字撑在地铁工程使用极少。目前常用的钢支撑体系一般有钢管和型钢两种形式，地铁基坑一般使用钢管撑较多，常用规格型号有$\phi609$mm和$\phi800$mm两种，其中以$\phi609$mm钢管撑最为常见，$\phi800$mm钢管撑目前逐步得到推广应用，壁厚有12mm、14mm、16mm和20mm等规格；型钢则有H型钢和工字钢等形式。

3.1.2　组成及材料

1）组成

钢支撑由固定端、活络头、中间段组成，长度根据实际需要调节中间段的组合进行拼接，钢支撑配套构件有钢牛腿、钢围檩、钢连系梁等,如图 2-3-5 所示。

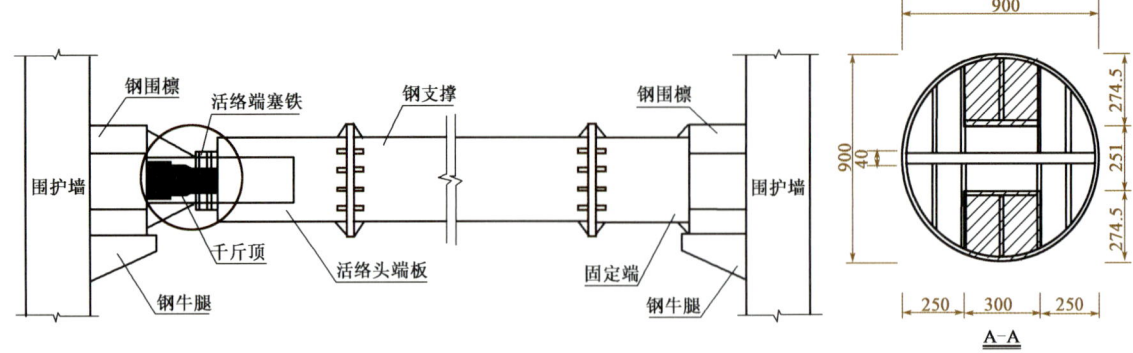

图 2-3-5　钢支撑组成结构图(尺寸单位:mm)

(1)固定端

固定端是支撑的一个端部,作为支撑与围护结构接触部位,直接承受围护结构传递的压力,应力较为集中。往往由于接触面不平整容易发生点接触现象,其结构特殊,与中间段不同,不得用中间段替代固定端,固定端长度一般为 3m。

(2)活络头

活络头是支撑的另一个端部,作为施加预应力的装置,可安放千斤顶,并自由伸缩。在施加预应力过程中,活络头的伸缩段可沿支撑轴向自由伸缩,待预应力施加完毕,用钢楔塞紧滑动的孔道后活络头就被固定,以维持预加轴力。φ609mm 钢支撑活络头长度为 2.2~3.0m,最大可伸长 80cm。φ800mm 钢支撑活络头长度一般为 1.45~1.55m,活络头伸出最大距离应小于 55cm。楔形钢块能够调节活络头的伸出长度并锁定。钢支撑预应力活络头构造如图 2-3-6 所示,钢支撑楔形活络头示例如图 2-3-7 所示。

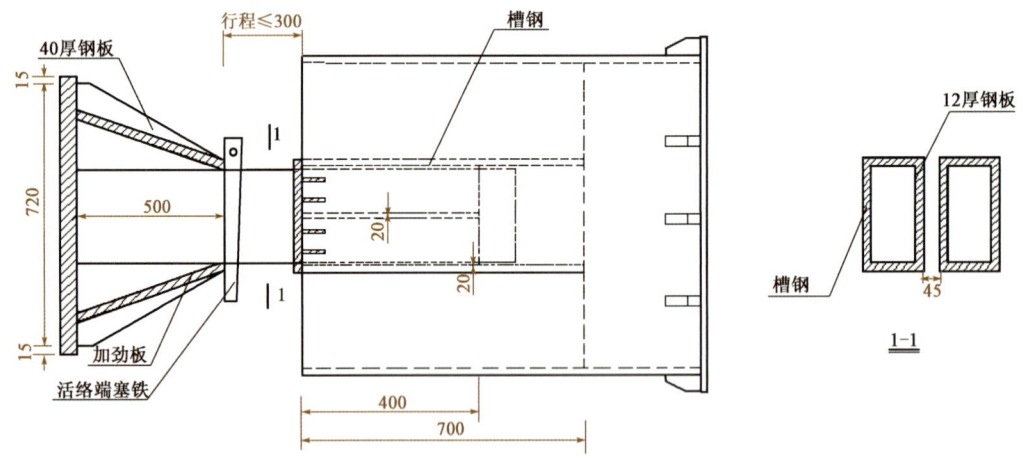

图 2-3-6　钢支撑预应力活络头构造图(尺寸单位:mm)

(3)中间段

钢支撑的中间部位,由数段管节组成,采用法兰盘连接,管节的长度有 2m、3m、5m、6m、9m 多种模数,同时备有 20~50cm 的短管节,可根据基坑宽度调整使用。

(4) 钢牛腿

钢牛腿是焊接在围护墙上的一种构件,主要是对钢支撑或钢围檩进行支承,承受钢支撑和钢围檩的自重,防止钢支撑或钢围檩脱落,有装配式牛腿和焊接式牛腿两种。排桩围护应凿出桩的主筋焊接牛腿;地下连续墙围护应在钢筋笼内设置斜撑及直撑预埋钢板,直撑不设预埋钢板时,可凿出地下连续墙主筋焊接。

①装配式牛腿。斜支撑应设置斜撑支座以承受剪力的构件,斜撑支座优先使用装配式牛腿,以缩短斜撑安装时间。装配式牛腿包括凹形预埋件和凸形斜牛腿,凹形预埋件先行浇筑于地下连续墙内,凸形斜牛腿与其斜交镶嵌后螺栓连接,组成一个水平方向受力构件。浇筑混凝土圈梁时,也可在圈梁上设钢筋混凝土支座。

图 2-3-7 钢支撑楔形活络头

②焊接式牛腿。焊接式牛腿是将钢牛腿焊接在围护结构钢筋或预埋钢板上,每一端应至少设置2个焊接式钢牛腿。钢板牛腿宜采用2cm厚三角形钢板,长度不小于20cm,高度不小于15cm。钢牛腿焊接焊缝应采用双面角焊缝,且焊缝高度不小于10mm。

(5) 钢围檩

钢围檩一般采用双拼H型钢,放置在围檩支架上。支架由角钢组成,也可用焊接在围护结构上的钢牛腿做支架,以承受钢围檩和钢支撑的重量。钢围檩牛腿示意图如图2-3-8所示。钢围檩支架或牛腿规格与布置,应根据围檩和支撑的自重经计算确定。

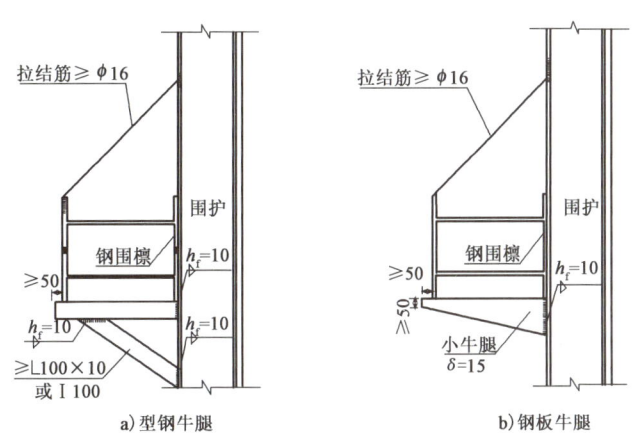

图 2-3-8 钢围檩牛腿示意图(尺寸单位:mm)

斜撑安装时,应考虑作用于钢围檩水平分力的平衡及钢围檩体系的整体稳定,可通过调整开挖流程使钢围檩尽快闭合。

(6) 钢连系梁

钢连系梁是由单榀或双榀型钢组成的钢构件,设置于两个钢立柱之间,主要承受钢支撑的自重,并通过焊接在钢连系梁上的U形抱箍对钢支撑进行约束,以减短支撑的压缩计算长度,而提高支撑的受压承载力。钢连系梁应符合设计要求,若设计无要求,则至少应为28号双榀槽钢或30号工字钢。

2) 主要材料

钢支撑材料采用钢管、型钢或其他组合构件,钢围檩采用型钢或型钢组合构件,钢围檩严禁采用单根型钢,且应优先使用热轧H型钢。常用H型钢、工字型钢和钢管支撑常用规格技术参数见表2-3-3~表2-3-5。

H 型钢支撑常用规格技术参数 表 2-3-3

序号	尺寸（mm） H(型钢高)×b(翼板宽)×t_1(腹板厚)×t_2(翼板厚)	单位质量（kg/m） W	截面面积（cm²） A	回转半径（cm）i_x	回转半径（cm）i_y	截面惯性矩（cm⁴）I_x	截面惯性矩（cm⁴）I_y	截面抵抗矩（cm³）W_x	截面抵抗矩（cm³）W_y
1	400×400×13×21	171.7	218.69	17.43	10.12	66455	22410	3323	1120
2	500×200×10×16	89.6	114.2	20.46	4.33	47800	2140	1910	214
3	500×300×11×18	124.9	159.17	20.66	7.14	67916	8106	2783	540.4
4	600×200×11×17	106.0	135.2	20.05	4.11	78200	2280	2610	228
5	600×300×12×20	147.0	187.21	24.55	6.94	112827	9009	3838	600.6
6	700×300×13×24	181.8	231.54	28.92	9.83	193622	10814	5532	720.9
7	800×300×14×26	206.8	263.50	32.65	6.67	280925	11719	7023	781.3

注：表中 H 型钢计算参数取自《热轧 H 型钢和剖分 T 型钢》（GB/T 11263—2017）。

工字型钢支撑常用规格技术参数 表 2-3-4

序号	型号	尺寸(mm) h	b	d	t	r	r_1	截面面积（cm²）	单位质量（kg/m）	参考数值 X-X I_x	W_x	i_x	Y-Y I_y	W_y	i_y
1	36b	360	138	12.0	15.8	12.0	6.0	83.680	65.689	16500	919	14.1	582	84.3	2.64
2	40a	400	142	10.5	16.5	12.5	6.3	86.112	67.598	21700	1090	15.9	660	93.2	2.77
3	45a	450	150	11.5	18.0	13.5	6.8	102.446	80.420	32200	1430	17.7	855	114	2.89
4	50a	500	158	12.0	20.0	14.0	7.0	119.304	93.654	46500	1860	19.7	1120	142	3.07
5	55a	550	168	12.5	21.0	14.5	7.3	134.185	105.335	62900	2290	21.6	1370	164	3.19
6	56a	560	166	12.5	21.0	14.5	7.3	134.435	106.316	65600	2340	22.0	1370	165	3.18
7	63a	630	176	13.0	22.0	15.0	7.5	154.658	121.407	93900	2980	24.6	1700	193	3.31

注：表中工字型钢计算参数取自《热轧型钢》（GB/T 706—2016）。

钢管支撑常用规格技术参数 表 2-3-5

序号	尺寸（mm） 直径 D×厚度 t	单位质量（kg/m） W	截面面积（cm²） A	回转半径（m） i_x	截面惯性矩（cm⁴） I_x	截面抵抗矩（cm³） W_x
1	φ580×12	168	214	20.09	86393	5958
2	φ580×14	195	249	20.01	99748	6879
3	φ580×16	223	283	19.95	112815	7780
4	φ609×12	177	225	21.11	100309	6588
5	φ609×14	205	262	21.03	115872	7611
6	φ609×16	234	298	20.97	131117	8612
7	φ800×12	233	297	27.87	230633	11532
8	φ800×14	272	346	27.78	267051	13353
9	φ800×16	309	394	27.72	302709	15145
10	φ800×20	385	490	27.59	372598	18630

注：表中数据系根据相关公式计算。其中，截面面积 $A = \pi \times t(D-t)$，截面惯性矩 $I_x = \pi(D^4 - d^4)/64$，回转半径 $= (I_x/A)^{0.5}$，截面抵抗矩 $W_x = 4I_x/D$；$d = D - 2t$。

3.1.3 节点构造

钢支撑节点为结构受力的薄弱环节,钢支撑的整体刚度依赖构件之间的合理连接构造,支撑结构的设计除了应合理选择支撑材料,支撑的节点设计也是确保支撑受力可靠的关键。

(1)钢支撑的长度拼接

钢支撑构件的拼接应满足截面等强度的要求。常见的连接方式有螺栓连接和焊接。螺栓连接施工方便,但整体性不如焊接好。焊接作业时间长,且工地焊接条件差,焊缝质量不宜保证。通常采用螺栓连接,为减少节点变形,宜采用高强螺栓,钢支撑的长度拼接如图2-3-9、图2-3-10所示。

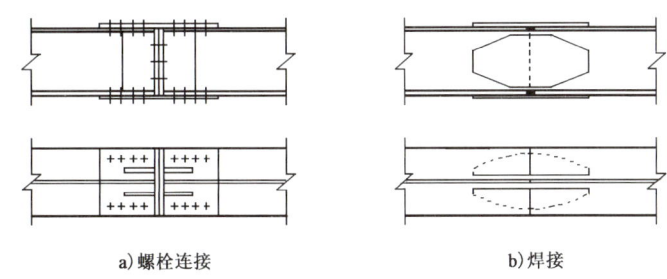

图 2-3-9 型钢支撑的长度拼接

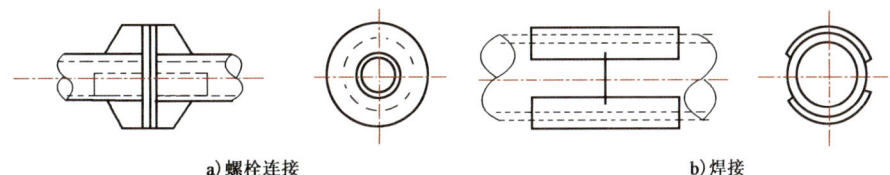

图 2-3-10 钢管支撑的长度拼接

(2)钢支撑十字连接节点

当纵横向支撑采用重叠连接时,支撑在同一高程上,可对纵横两个方向支撑形成有效的侧向约束,使整个支撑平面形成整体框架。这种连接方式刚度大、整体性好。节点可以采用特制的"十"及"井"字接头,纵横管部都与"十"字或"井"字接头连接。也有采用套筒式十字接头,该接头对从套筒中穿过的支撑的横向移动起到约束作用,而纵向支撑允许产生微小的伸缩,从而避免接头由于位移变形而使支撑产生次生应力,对钢支撑受力带来不利影响。钢支撑套筒式十字连接节点、井字连接节点示例如图2-3-11、图2-3-12所示。

图 2-3-11 钢管支撑套筒式十字连接节点

图 2-3-12 双拼钢管支撑套筒式井字连接节点

3.1.4 安装与拆除

钢支撑安装与拆除施工流程如图 2-3-13 所示。

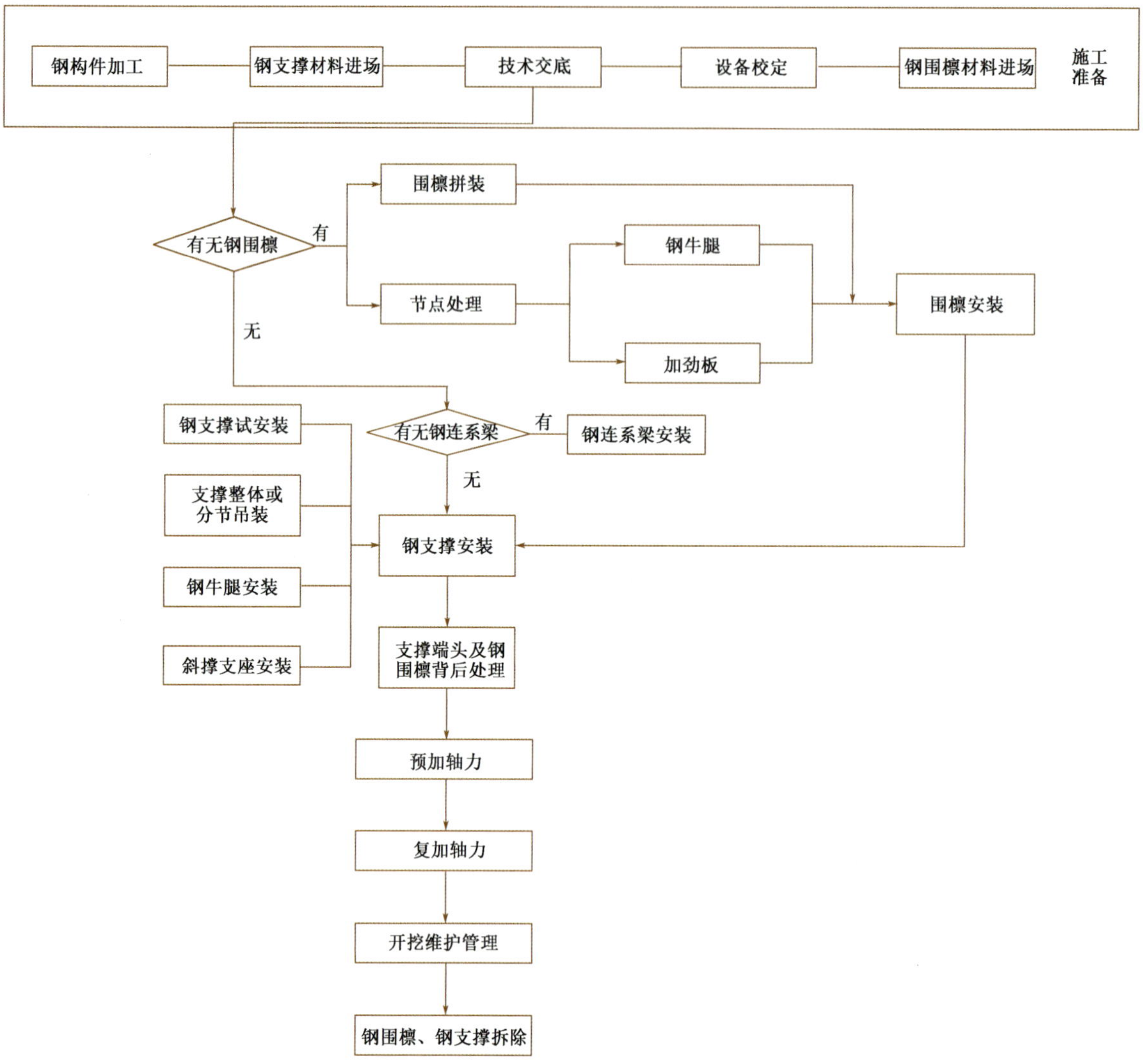

图 2-3-13 钢支撑安装与拆除施工流程图

1）施工准备

（1）技术准备

基坑围护施工前应根据施工规范、设计图纸及施工筹划等，优化设计支撑体系，必要时与设计单位协商，取得书面认可。

施工前应结合开挖情况筹划编制专项施工方案，并按程序报审。支撑结构的安装与拆除顺序，应与支护结构的设计工况相一致，必须遵循先撑后挖的原则。钢支撑体系安装应严格遵循"时空效应"原理，并合理安排挖土作业进度，调配作业人员及设备，及时支撑，减少无支撑暴露时间。

（2）设备准备

施工机械选择应根据拟吊装支撑的重量、起重作业半径、作业场地条件、施工环境要求等因素综合进行选择。支撑吊装主要有三种机械可供选择，即履带式起重机、汽车式起重机和门式起重机。

配备吊装机械的规格应根据吊装支撑的重量,并经过吊装验算,满足起重要求即可。使用履带起重机吊装,可在基坑一侧或两侧设置便道,便道宽度应满足履带起重机作业要求;使用门式起重机吊装,须在基坑两侧设置桁车运行的轨道,支撑应堆放在基坑端部一侧摆放好,使用起重机吊挂作业。

应根据钢支撑安装最不利工况配置起重机、桁车等起重设备,并按照起重安全要求执行。$\phi 609mm \times 16mm$ 钢支撑质量应按 330kg/m 计算,$\phi 800mm \times 12mm$ 钢支撑质量应按 410kg/m 计算,$\phi 800mm \times 20mm$ 钢支撑质量应按 560kg/m 计算。

施加预应力的千斤顶和液压泵必须经过检测后方可使用,且必须在检测有效期之内。千斤顶和液压泵应每6个月校定一次,同时,每个工地必须至少校定一次,维修之后再次使用之前需重新校定。

(3)材料进场及验收

钢支撑体系材料进场后,应按批次进行质量抽检,其规格型号、壁厚、表观质量应符合要求,不符合要求的严禁使用。

钢支撑进场验收的主要内容:支撑产品合格证和质量保证书,高强螺栓等重要配件的产品合格证和试验检测报告,钢支撑的顺直情况、螺栓孔的完整情况及防锈处理情况,活络头变形情况。钢支撑壁厚可采用超声测厚仪检测。

钢围檩进场验收的主要内容:型钢高度、翼板宽度和厚度、腹板厚度等应符合设计和规范要求,钢围檩表面应平整、顺直、无油污、无锈蚀和损伤,焊缝情况,型钢弯曲最大挠度不应超过 $L/300$(L 为型钢长度)。

钢支撑外观质量验收标准和钢支撑法兰验收标准分别见表2-3-6和表2-3-7。

钢支撑的外观质量验收标准　　　　表2-3-6

序号	检验项目	示意图	允许值
1	纵向弯曲		$f/L \leq 1/1500$ 且 $f \leq 5mm$
2	椭圆度		$f/d \leq 1/500$ 且 $f \leq 5mm$
3	端面平整度		$f/d \leq 1/500$ 且 $f \leq 3mm$
4	构件长度		$\pm 3mm$
5	钢管直径		$\pm d/500$ 且 $\pm 5mm$

注:质量验收标准依据《钢结构工程施工质量验收标准》(GB 50205—2020)。

钢支撑法兰验收标准　　　　表2-3-7

序号	检验项目	示意图	允许值
1	法兰垂直度		$f \leq 1mm$

续上表

序号	检验项目	示意图	允许值
2	法兰平行度		$L_1 - L_2 \leq 2mm$
3	法兰面贴合度		$f \leq 2mm$ 且 $h \leq 30mm$

注：质量检验标准依据《钢结构工程施工质量验收标准》(GB 50205—2020)。

钢支撑安装前，应根据施工安排备足钢垫箱、钢套筒、钢楔、螺栓等配套材料。斜撑若采用装配式牛腿，则应在支撑安装前根据斜支撑数量预先加工；若采用焊接式牛腿，则应根据实测斜撑角度确定每块钢板的尺寸并预先切割完成。基坑开挖阶段，施工现场应至少储备3根标准基坑宽度支撑作为应急使用。

钢支撑、钢围檩、预埋件等材料的堆放及施工场地要求如下：
①堆放场地需平整坚实，排水条件良好，无积水；
②堆放场地应能存放至少两天的钢支撑安装使用量；
③堆放场地应靠近开挖区域，并预留拼装场地；
④钢支撑堆放高度不应超过4层，底层钢支撑下面应安设好垫木。

(4) 人员准备

施工前应对施工作业人员及管理人员进行施工方案、施工作业图和安全技术交底。施工作业人员及管理人员应取得相应的资格证书或上岗证书及特种作业操作资格证书。

2) 预拼装

钢管支撑要先在地面上按实测基坑的宽度进行预拼装，每根支撑一端接活动端头，另一端接固定端，拼装好后放在坚实的地坪上，用麻线两端拉直，钢卷尺丈量或用水准仪测量检查支撑管的平直度，并检查支撑管接头连接是否紧密、支撑管有无破损或变形、支撑两个端头是否平整。经检查合格后用红油漆在支撑上编号，标明支撑的长度、安装的具体位置。钢支撑预拼装示例如图2-3-14所示。

图2-3-14　钢支撑预拼装

钢支撑长度宜比基坑宽度短10~30cm，并应优先使用长度较长的中间段，减少中间段数量。严禁用中间段支撑作为固定端。对于斜撑或预留于结构内的后拆支撑，还应扣除相关牛腿和垫箱的长度。

钢支撑连接螺栓螺杆应从两个方向间隔穿入,并拧紧,达到扭矩要求。

3)钢围檩施工

(1)钢围檩必须采用双榀或多榀形式,拼接应选用型号相同、长度相同的型钢,并应保证电焊质量,确保等强度对接,达到保证拼接质量的目的。

(2)钢围檩对接接头不得设置于支撑处或跨中,宜设置于 $L/4 \sim L/3$ 处(L 为钢支撑的跨度)。

(3)基坑开挖到支撑底部以下 50cm 的高程,首先将钢围檩背面与桩面之间的空隙用 C20 喷射细石混凝土填嵌密实,对于部分支护桩位置偏移较大形成凹陷的部位,要采用 C30 混凝土填平,确保钢围檩与桩面密贴,起到固定钢支撑和传递荷载的作用。

(4)准确定位钢围檩的轴线和高程,确定牛腿的安装位置并焊接钢牛腿或型钢支架,高程误差小于 2cm。

(5)用起重机分节将钢围檩吊装就位,与已安装好的钢围檩牢固连接。对接接头应控制在同一平面上,端头应切割平整,钢围檩接头顶面、底面、侧面处应采用钢缀板连接。

(6)对于排桩围护,应先保证安装的钢围檩与排桩接触点密贴,再安装支撑、施加预应力,对于钻孔桩、咬合桩等围护,还需用 C30 细石混凝土填实钢围檩与围护体的间隙,钻孔桩围护与钢围檩之间填充如图 2-3-15 所示。

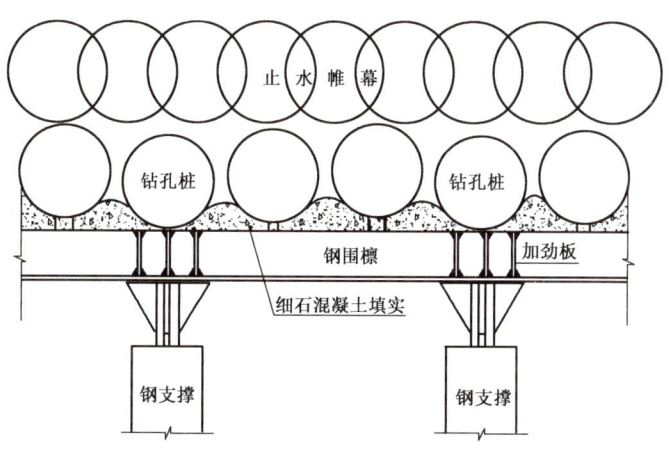

图 2-3-15　钻孔桩围护与钢围檩之间填充示意图

(7)因经常发生支撑位置钢围檩抗压强度不足引发屈服的现象,所以必须对支撑位置的钢围檩进行焊接加劲板处理。钢围檩加劲板安装剖面、平面示意图如图 2-3-16、图 2-3-17 所示。

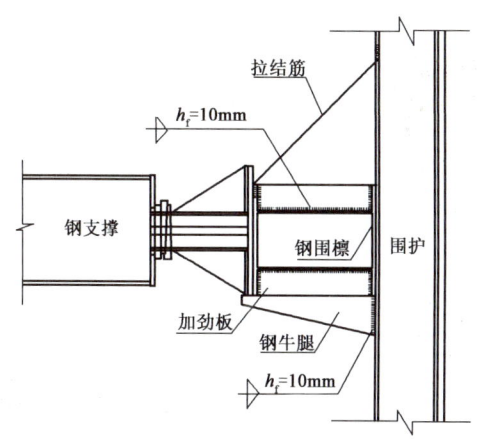 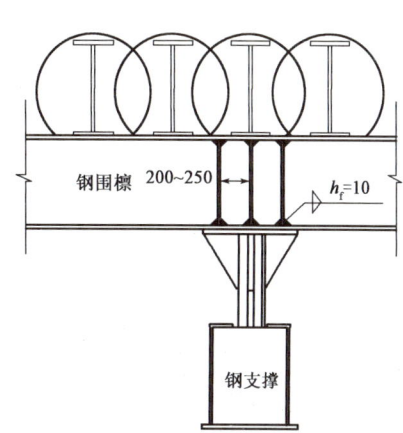

图 2-3-16　加劲板安装剖面示意图　　　图 2-3-17　加劲板安装平面示意图(尺寸单位:mm)

(8）钢围檩应连续设置，如不连续时，单根钢围檩至少应有两根钢支撑。

(9）基坑阳角处钢围檩端头必须紧贴转角围护，并采取有效措施保证两个方向围檩的连接。无水平分力的钢围檩压住有水平分力的钢围檩。如均有水平分力，则应有确保两侧水平分力均可平衡的措施。具体按设计要求参照图2-3-18、图2-3-19进行处理。

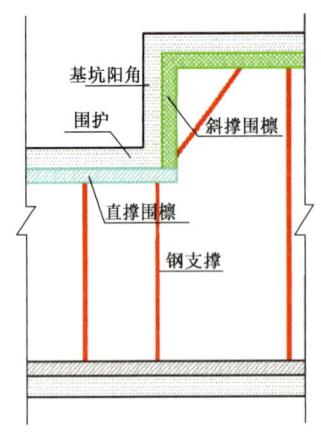
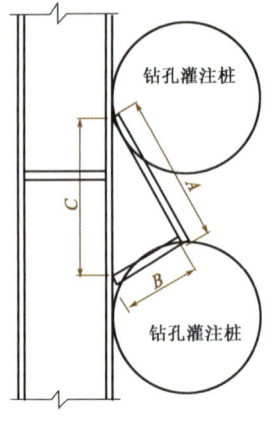

图2-3-18　阳角处钢围檩处理措施　　　　图2-3-19　钢围檩抗剪墩示意图

4）钢支撑安装

钢支撑安装一般采用整体吊装方式或分段吊装方式。当直撑长度超过20m、斜撑长度超过15m时，中间应设置钢立柱，支撑长度每增加15m，应多增设一道立柱桩，设置钢立柱时需采用分段吊装。支撑吊装必须进行吊装验算。

当钢牛腿、钢围檩、钢连系梁安装完成后，即可进行支撑安装。

(1）直支撑安装。钢支撑必须采用两点吊装，采用整体吊装时，用起重机将支撑缓慢平稳移动就位，将支撑安放在钢围檩或钢牛腿上；分段吊装时，先吊起一节钢支撑，一端安放在钢围檩或钢牛腿上，另一端搁置在中间钢连系梁上，固定牢固后，松开吊钩；再将第二节支撑一端与第一节对接，另一端放置在钢围檩或钢牛腿上，两节支撑连接成整体，用人工辅助将支撑调整到设计位置后再将支撑临时固定。最后用起重机将千斤顶骑放在活络头上，及时按设计要求施加预应力，将支撑顶紧。待钢支撑安装就位后，检查所有节点连接情况，调整无误后，在钢立柱或钢连系梁上安装钢支撑的限位构件。

在吊装过程中必须保持支撑平稳、无碰撞、无变形。对因围护墙施工误差造成支撑的端头不能与钢围檩面或围护墙面紧密接触处，必须在支撑端头与围檩面或围护墙面之间加设钢板垫块，用C30细石混凝土填塞空隙，以确保支撑轴向受力，防止支撑因局部受力过大而失稳。

钢支撑吊装作业示例如图2-3-20、图2-3-21所示。

图2-3-20　汽车起重机吊装钢支撑作业　　　　图2-3-21　门式起重机吊装钢支撑作业

(2)斜撑安装。斜撑安装前先将斜撑支座与围护墙的预埋钢板或安装好的钢围檩焊接牢固,再将斜撑安装在斜撑支座上,对焊接质量进行检查,合格后方可施加预应力。斜支撑和地下连续墙或围檩的连接构造必须满足抗剪要求。

(3)为防止支撑脱落,采取下托上挂(双保险)措施。即在围护墙上安装支撑的位置焊接钢牛腿,将支撑安放在钢牛腿上,此为"托"(如有围檩,则在支撑两头端板上均焊接两个挂钩,吊挂在钢围檩上);在钢支撑端头正上方约70cm的位置,在地下连续墙上用2根M20化学锚栓将长度为25cm的⌊160×16角钢固定,然后用6×19φ12.5mm钢绞线将角钢和钢支撑的吊环连接在一起,钢绞线起到防止钢支撑脱落的作用,此为"挂"。钢支撑下托上挂示意图如图2-3-22所示。

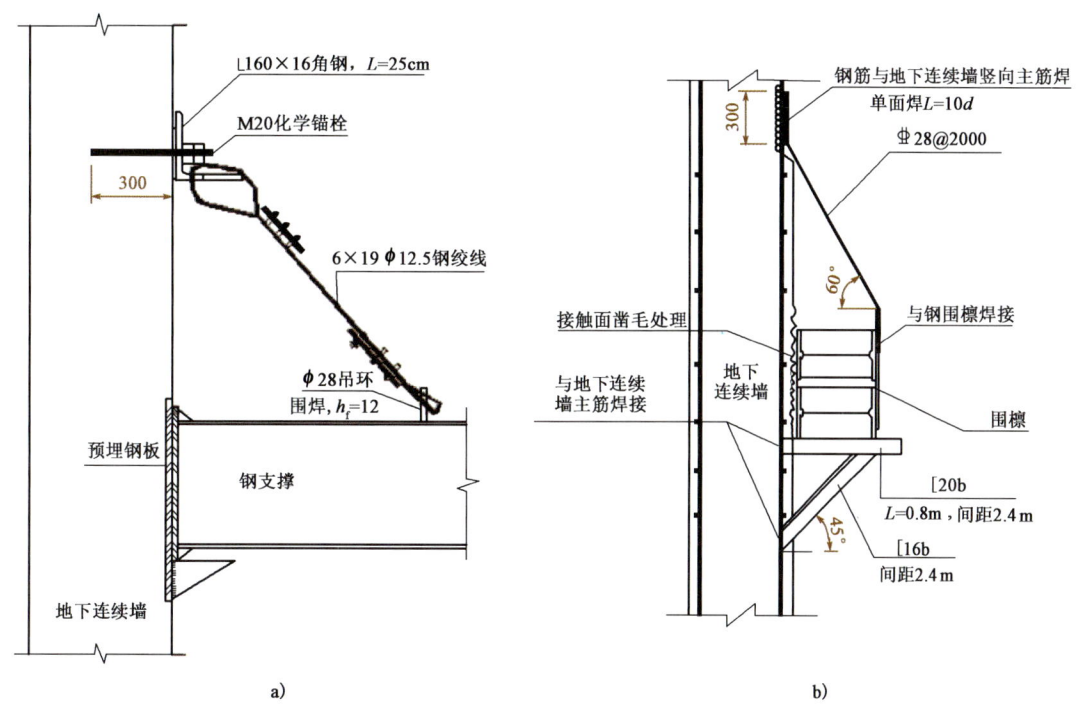

图2-3-22 钢围檩下托上挂示意图(尺寸单位:mm)

(4)当第一道支撑采用钢支撑时,应在基坑开挖期间及时对钢支撑进行复紧,防止由于围护结构向基坑外侧变形导致支撑脱落。

5)钢支撑拆除

应严格按照设计工况要求拆除钢支撑,拆除的顺序应与安装顺序相反,后安装的节段应先进行拆除。拆除钢支撑时应加强监测,监测基坑的变形及临近的钢支撑轴力变化,一旦有异常要及时采取措施。

钢支撑拆除步骤:起重机就位→吊挂钢支撑→卸掉钢支撑预应力→卸掉铁楔→解除两段钢支撑的连接螺栓并分段吊出(或整体吊出)→分段割除围檩并吊出。

6)施工安全注意事项

(1)应严格按设计要求进行钢支撑施工,严禁随意减少钢支撑数量、道数及对钢支撑布置做较大调整,严禁超挖;

(2)钢支撑上严禁堆放材料和安放施工设备,当需利用钢支撑兼作施工平台或栈桥时,应进行专门设计;

(3) 严禁施工人员在钢支撑上行走；

(4) 基坑开挖阶段，严禁钢支撑作业面与挖土作业面交叉，水平间距应大于 2m；

(5) 钢管支撑吊装应有人监护，严禁吊臂底下站人，现场做好防下坠措施；

(6) 基坑开挖过程中，应定期对钢支撑及钢围檩表面遗留的渣土进行清理，避免渣土掉落威胁支撑下方作业人员的安全；

(7) 钢支撑拆除应设置安全可靠的登高作业平台和防护措施，严禁钢支撑拆除后直接摔落至结构板上；

(8) 钢支撑构件应采取有效措施，防止设备撞击。

3.1.5 预应力管理

1) 钢支撑预加轴力确定

(1) 钢支撑预加轴力值应根据设计要求，并增加 10% 的预加力损失值。

(2) 如设计提供的是每延米轴力，则钢支撑预加轴力应根据相邻支撑中心距进行换算，钢支撑每延米预加轴力换算如图 2-3-23 所示。

(3) 如设计未明确，则斜撑预加轴力则应根据同一道直撑轴力进行换算。斜撑预加轴力换算：钢支撑设计预加轴力为 $a(kN)$，同道斜撑与围护的夹角为 $\beta(°)$，斜撑预加轴力为 $a/\sin\beta(kN)$。钢支撑斜撑预加轴力换算如图 2-3-24 所示。

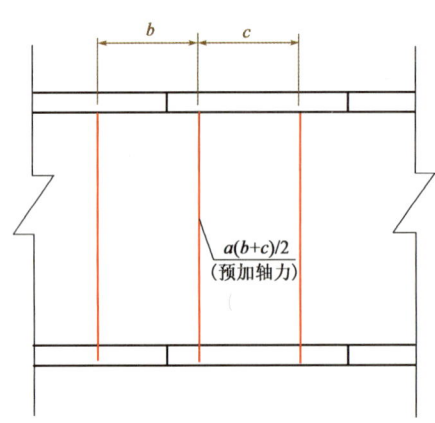
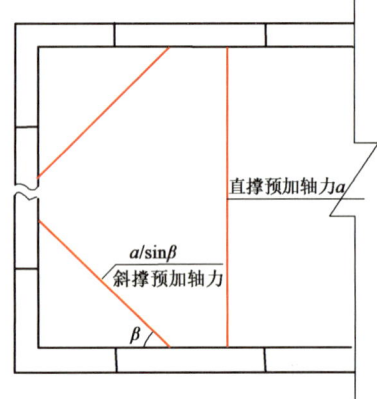

图 2-3-23　钢支撑每延米预加轴力换算示意图　　图 2-3-24　斜撑预加轴力换算示意图

(4) 根据所使用的千斤顶和液压泵，将设计钢支撑预加轴力换算为液压泵压力控制值。

2) 预应力施加

钢支撑吊装到位，不要松开吊钩，及时检查各节点的连接状况，经确认符合要求后方可施加预压轴力。先将活络头拉出放在牛腿上，再将 2 台 200t（附属工程一般为 100t）液压千斤顶放入活络头顶压位置，为方便施工并保证千斤顶顶伸力一致，千斤顶采用专用托架固定成整体，将其骑放在活络头子上，接通油管后即可开泵施加预应力。

施加预压轴力时应注意保持两个千斤顶对称同步进行，预加轴力应分级匀速缓慢施加，施加每级压力时，应保持压力稳定 10min 后方可施加下一级压力；当预加轴力超过设计轴力的 10% 时，待预加压力稳定后（即压力表读数稳定 10min），再检查各连接点的情况，必要时应对节点进行加固，在活络头中锲紧钢楔进行定位并焊接牢固，然后回油松开千斤顶，解开起重机钢丝绳完成该根支撑的预应力施加。

钢楔应采用上、下合拢的形式，不得只采用单向钢楔，钢楔伸入支撑活络头头颈内长度不应小于20cm，且应在施加轴力后敲紧。

钢支撑预应力施加过程中，应按要求进行旁站记录，预应力施加后应逐根检查钢支撑的安装情况。

严格控制支撑安装的作业时间，无支撑暴露时间控制在24h之内，土方开挖完成后，直撑要在8h内安装完成并施加预应力，斜撑要在16h内安装完成并施加预应力。

3）预应力复加

当出现以下情况时应进行钢支撑轴力复加：

(1) 围护变形较大或水平位移速率较大时；

(2) 施工碰撞等原因导致支撑松动时；

(3) 监测的支撑轴力出现损失时。

4）钢支撑预加轴力施工要求

(1) 钢支撑施加压力过程中，当出现活络头或支撑弯曲、焊点开裂等异常情况时应卸除压力，查明原因并采取适当措施后方可继续施加压力；

(2) 预应力施加完成后，支撑活络头颈伸出长度不应大于30cm，否则应在加完预应力后活络头两端焊接槽钢将其固定；

(3) 对于有轴力监测要求的钢支撑，施加预应力时应同步监测其轴力值，以掌握预应力的损失量；

(4) 预应力施加完成后，应再次复拧每组法兰的每个螺栓，并目测支撑挠度（偏心）等是否符合要求。

5）钢支撑与施工监测的协调配合

(1) 施工监测中支撑轴力数据是对钢支撑是否达到设计要求的核对，应确保达到设计要求。

(2) 对施加预应力的液压泵装置要由有资质的专业单位进行检测标定，同时要与监测单位的轴力计核对"归零"，确保两个数据相互对应。当两方测量数据不一致时，要找到原因，确认无误后方可用于施工。

(3) 安装轴力计的支撑，轴力计断面小容易导致轴力计与围护墙接触面的混凝土压碎，导致支撑失效。

(4) 要加强对支撑的巡查，特别是观察钢支撑是否有弯曲、挠曲，支撑端部是否密贴、端部混凝土是否有压碎等，这些现象的出现极易导致支撑失稳事故的发生。

(5) 由于轴力计安装比例有限，对于没有安装轴力计的支撑，要根据轴力监测数据进行总结，指导施工。

(6) 轴力监测数据小于设计值时，及时复加轴力；轴力数据偏大、有可能造成支撑失稳时，可采取在该支撑附近增加钢支撑的措施。

(7) 要关注立柱隆沉数据，隆起或沉降较大时，可调整连系梁与钢支撑间抱箍中木楔的高度，以防止钢支撑挠曲变形，导致钢支撑失稳。

3.1.6　施工控制要点

钢支撑施工控制要点详见表2-3-8。

钢支撑施工控制要点　　　　　表 2-3-8

序号	项　目	施工控制要点
1	钢支撑材料	(1)钢支撑进场时,应对支撑材质、壁厚、顺直度、法兰盘、活络头端板等进行验收,确保符合设计要求; (2)钢支撑活络头、中间段、固定端及法兰盘等不得有锈蚀,端板及法兰盘要平整,连接时要清除法兰盘上的杂物; (3)由于螺旋缝钢管的焊缝长、焊接工艺复杂等,质量难以保证,所以禁止使用螺旋管钢管材料; (4)对 H 型钢高度、翼缘板宽度和厚度、腹板厚度进行验收,表面应平整、顺直、无锈蚀、无损伤,最大挠曲度不超过 $L/300$
2	支撑顺直度	(1)支撑必须进行预拼装,采用拉线的方法对钢支撑轴线进行检查,检查钢支撑的顺直度及活络头与管节的连接,使保持在一条直线上;防止钢支撑不顺直及活络头连接不好造成的传力点接触,引发应力集中和偏心受力,诱发支撑脱落、节点开焊、失稳等。 (2)连接螺栓要从两个方向穿入,间隔布置。 (3)螺栓要拧紧,拧紧扭矩不得小于规定的扭矩,在预应力施加后对螺栓进行复拧,不得有螺栓松动。 (4)支撑安装时,设一定的预拱度。 (5)坑底隆起易导致支撑向上拱起,可采取调节抱箍中支撑与钢连系梁间的木楔高度的措施,消除坑底隆起对支撑施加的向上的作用力
3	支撑安装的"时空效应"原则	(1)钢支撑体系安装应严格遵循"时空效应"原理,并合理安排挖土作业进度,调配作业人员及设备,及时支撑,减少无支撑暴露时间,方可达到控制基坑变形的目的。 (2)支撑安装遵循"先撑后挖"施工原则,开挖与支撑协调同步推进。 (3)对于第二层土方的开挖,可一次开挖两根钢支撑的长度;第三层及以下土方的开挖,每次开挖一根钢支撑的长度,待支撑安装完成后方可进行下根支撑的开挖。 (4)无支撑暴露时间控制在 24h 之内,土方开挖完成后,直撑要在 8h 内、斜撑要在 16h 内安装完成并施加预应力
4	支撑与围檩、支撑与围护墙间的连接	(1)要保证支撑端头与围檩及围护墙面接触良好,否则应安装斜撑支座,保证受力稳定。 (2)支撑与围檩、支撑与围护墙、围檩与围护墙间,必须填塞密实;一般先用铁楔、钢板等堵塞空隙,保证排桩与钢围檩接触点密贴,再安装钢支撑,施加预应力;支撑安装并施加预应力后,钢围檩与围护体之间的其余间隙必须立即采用 C30 细石混凝土填实。 (3)斜撑支座与预理钢板必须焊接牢固,焊缝长度须经过计算,必须保证焊接质量,做到焊缝饱满,特别是要重视仰焊的质量。 (4)围檩的支架或钢牛腿设置要经过计算,并保证施工质量。 (5)支撑及围檩均要下托上挂,防止支撑脱落。 (6)安装轴力计的支撑,轴力计断面小,容易导致轴力计与围护墙接触面的混凝土压碎导致支撑失效,可安装轴力计垫箱
5	预应力控制	(1)对施加预应力的液压泵装置要由有资质的专业单位进行检测标定,每 6 个月校定一次,同时,每个工地必须至少校定一次,维修之后再次使用之前需重新校定;同时要与监测单位的轴力计核对"归零",确保两个数据相互对应,准确无误。 (2)在支撑安装完毕后,经检查确认各节点连接状况符合要求后方可施加预应力,预应力的施加宜在支撑活络头两侧同步对称进行。 (3)预应力施加过程中,必须严格按照设计要求分级施加预应力,第一次施加 50%～80%;通过检查螺栓、螺母,无异常情况后,施加第二次预应力,达到设计值的 110%;检查各连接点,待额定压力稳定后予以锁定。 (4)支撑施加预应力过程中,当出现活络头或支撑弯曲、焊点开裂等异常情况时应卸除压力,查明原因并采取适当措施后方可继续施加预应力。 (5)及时复加支撑轴力,当第三道支撑以下每道支撑架设后均应对以上各道支撑按设计复加预应力;当支撑的轴力损失较大时,需复加预应力;当墙体水平位移超过警戒值时,可适当增加预应力以控制变形,但必须在设计允许的安全度内。 (6)预应力施加完成后应再次复拧每组法兰的每个螺栓,并目测支撑挠度(偏心)等是否符合要求

续上表

序号	项目	施工控制要点
6	支撑防脱落	(1)支撑与围檩、支撑与围护墙及围檩与围护墙等连接节点,应经过计算,并按规范要求焊接牢固。 (2)支撑及围檩均要下托上挂,防止支撑脱落;围檩与围护墙连接,下面安装支架或钢牛腿,上面用钢丝绳或钢筋吊挂在围护墙的钢筋上;支撑与围檩连接,支撑用挂钩吊挂在围檩上,用钢丝绳或钢筋将支撑吊挂在围护墙的钢筋上,实现双保险。 (3)施工过程中,挖土及吊装设备作业要有专人指挥,防止撞击钢支撑。 (4)加强监测,及时施作支撑、浇筑垫层及底板混凝土,防止出现基坑变形过大、基底隆起等异常情况导致的支撑失稳现象
7	支撑拆除	(1)严格按照设计工况进行支撑拆除,主体结构的楼板混凝土达到设计强度要求后方可拆除上面的支撑。 (2)支撑拆除以支撑钢连杆和牛腿作为分段点,拆除时用起重机将支撑吊紧;分级释放轴力,使钢楔块松动,取出钢楔块,回收千斤顶,松开螺栓,把支撑落下,解体后吊到地面;拆除支撑后再拆除钢围檩、钢连系梁,最后割除牛腿;支撑拆除前,每节支撑必须用起重机或手动葫芦等吊挂,防止支撑脱落。 (3)分区分段安装的支撑宜分区分段拆除,分节安装的钢支撑拆除时须分节拆除,拆除的顺序应与安装顺序相反,后安装的节段应先进行拆除。 (4)钢支撑留在结构浇筑后拆除时,应在结构楼板施工阶段,在相应位置预留吊钩,并适当设置吊装孔。 (5)钢支撑拆除时,应监测围护变形,如异常则应采取重新安装支撑等措施

3.1.7 施工质量验收标准

钢支撑质量验收标准详见表 2-3-9。

钢支撑质量验收标准　　　　　　　　　　　表 2-3-9

项目	序号	检查项目		允许偏差或允许值		检查范围及数量		检查方法
				单位	允许偏差	范围	点数	
主控项目	1	支撑位置	高程	mm	30			水准仪
			平面		100			用钢尺量
	2	预加轴力		kN	±50			液压泵读数或传感器
一般项目	1	围檩高程		mm	±30	每段施工	5	
	2	立柱位置	高程	mm	±30	每立柱	2	水准仪
			平面		±50			用钢尺量
	3	开挖超深(开槽放支撑除外)		mm	<200	每支护面	1	水准仪
	4	支撑安装时间		符合设计要求		每道支撑	1	用钟表估测
	5	支撑两端	高程差	不大于20mm和$L/600$				水准仪
			水平面偏差					用钢尺量 (L 为支撑长度)
	6	支撑挠曲度		不大于$L/1500$且 不大于15mm				

注:质量验收标准依据《建筑地基基础工程施工质量验收标准》(GB 50202—2018)。

3.1.8 质量通病与防治措施

1)排桩围护错位

(1)原因分析

测量或施工原因,导致围护桩位置偏差大,围护桩施工中垂直度超过规范标准。

(2) 防治措施

当排桩围护前后错位时,应在钢支撑安装前先采用垫钢板、焊钢板等垫平,以满足钢围檩受力要求。对于SMW工法桩等围护,当钢围檩与型钢间距小于10cm时,则在缝隙间加垫相应厚度的钢板;若钢围檩与型钢间距大于10cm时,则在钢围檩与型钢处加焊不少于3块加劲板,钢板高度与钢围檩相同,宽度与H型钢相同。围护桩错位处理如图2-3-25~图2-3-27所示。在钢支撑施加预应力前采用钢板垫实空隙,施加预应力完成后,再采用C30细石混凝土填实钢围檩与桩体之间的间隙。

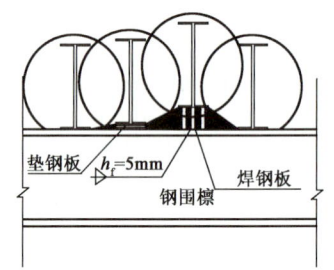

图2-3-25　排桩围护错位处理平面图

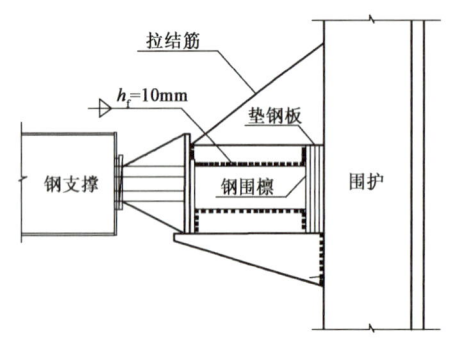

图2-3-26　垫钢板处理剖面图(间距≤10cm)

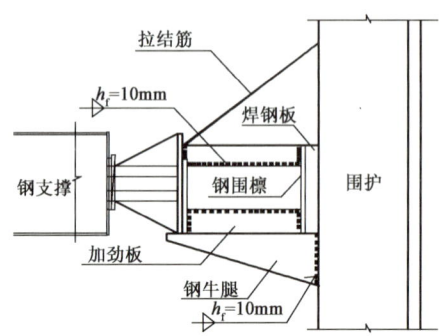

图2-3-27　焊接钢板处理剖面图(间距>10cm)

2）钢围檩错位

(1) 原因分析

围护桩桩位偏差大导致钢围檩前后错位,围护桩垂直度偏差导致钢围檩前后错位,钢牛腿施工高程控制差导致钢围檩上下错位。

(2) 防治措施

当钢围檩上下、前后错位,安装接头无法连接时,宜采用在钢围檩端头增加钢支撑的方法来满足受力要求,控制悬臂长度。当钢围檩前后错位较小时(小于半个钢围檩宽度),相邻钢围檩的腹板、翼板可采用缀板连接来增强接头强度,须计算并满足受力要求,并在钢围檩侧面加焊钢板作为连接板补强,钢围檩接头错位加缀板处理如图2-3-28所示;当错位较大时(大于半个钢围檩宽度),在前后错开的接头两侧各增加一道钢支撑。钢围檩接头错位加支撑处理如图2-3-29所示。

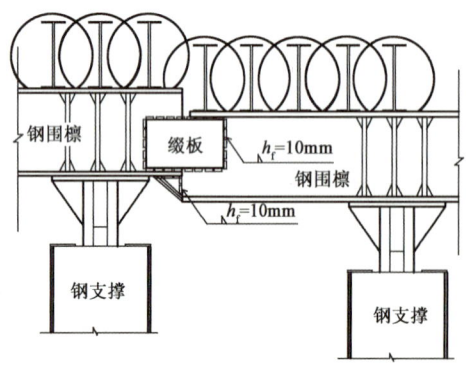

图2-3-28　钢围檩接头错位加缀板处理图

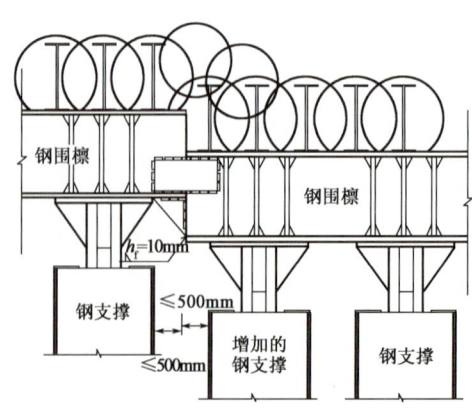

图2-3-29　钢围檩接头错位加支撑处理图

3）预埋钢板偏位

(1) 原因分析

预埋钢板焊接偏位，钢筋笼安装偏差，混凝土浇筑过程中钢筋笼上浮。

(2) 防治措施

①在允许范围内，可通过调整钢支撑位置，使钢牛腿处在预埋钢板范围内；

②若预埋钢板偏差不大，钢牛腿可能有部分安装到预埋钢板之外，可采取增加加劲板等方法，保证牛腿与预埋钢板焊缝连接长度，保证连接牢固；

③若预埋钢板偏差大，对钢牛腿的安装影响较大，可在缺失预埋钢板的位置，采取植筋的方法，将钢板与植筋焊接牢固，并在预埋钢板后面压注高强砂浆，可消除预埋钢板偏差大产生的不利影响。

4）支撑预应力损失或预应力过大

支撑预应力损失或预应力过大，是指支撑施加的预应力小于或高于设计数值要求。

(1) 原因分析

支撑轴力损失快；支撑不顺直或基坑底隆起，导致支撑向上或向下挠曲，预应力施加后容易导致支撑失稳，无法施加；支撑安装的轴力计压碎围护墙混凝土，导致支撑失效；基坑变形导致支撑受力过大，远超过设计轴力值。

(2) 防治措施

①支撑预应力损失快，分析原因，制订措施，及时复加预应力轴力；

②支撑失效、支撑轴力无法施加或轴力过大，可采取在原支撑附近增加支撑的措施；

③坑底隆起导致支撑向上挠曲，可采取调节抱箍中木楔高度的措施，消除坑底隆起对支撑施加的向上作用力。

5）钢支撑受力过大，无法拆除

(1) 原因分析

基坑变形较大，导致支撑受力大；周围支撑施加轴力小或损失较大，没有达到设计要求；基坑边堆载超过设计要求。

(2) 防治措施

①对周边支撑复加预应力轴力，可减小钢支撑受力；

②对基坑周边堆载予以消除；

③拆除支撑时，适当加大千斤顶顶力，使钢支撑脱离围护结构，卸除铁楔，拆除支撑；

④采用上述第③条措施仍无法拆除支撑时，可在该支撑一侧（或两侧）先增设一道（或两道）钢支撑，分担并减小该支撑的受力，待该支撑拆除后，再拆除增设的临时钢支撑。

3.2 混凝土支撑

3.2.1 组成

混凝土支撑体系由钢筋混凝土腰梁、钢筋混凝土支撑、钢筋混凝土角撑及其他附属构件组成。第一道混凝土支撑的腰梁常与钢筋混凝土圈梁，也称冠梁相结合。

图 2-3-30　钢筋混凝土支撑布置

钢筋混凝土支撑布置示例如图 2-3-30 所示。

3.2.2　构造形式

钢筋混凝土支撑材料主要以现浇混凝土为主,主要构造形式有对撑、角撑、边桁架、八字撑(琵琶撑)等。

对撑间距较大时,辅以八字撑(琵琶撑)限制位移效果好,可以充分发挥材料特性。角撑针对较短边,可取代对撑,以获得较大的无覆盖面积,从而便于挖土作业。边桁架沿腰梁布置,有利于增加腰梁刚度,分担腰梁荷载,但容易产生较大受拉荷载。

当必须利用第一道混凝土支撑兼作施工平台或栈桥时,除应满足内支撑体系计算的有关规定外,尚应满足作业平台(或栈桥)结构的承载力和变形要求。

3.2.3　施工工艺

在基坑围护结构封闭,具备开挖条件后,先将基坑内混凝土支撑底高程以上土体全部挖除,再开始钢筋混凝土支撑施工。混凝土支撑施工流程如图 2-3-31 所示。

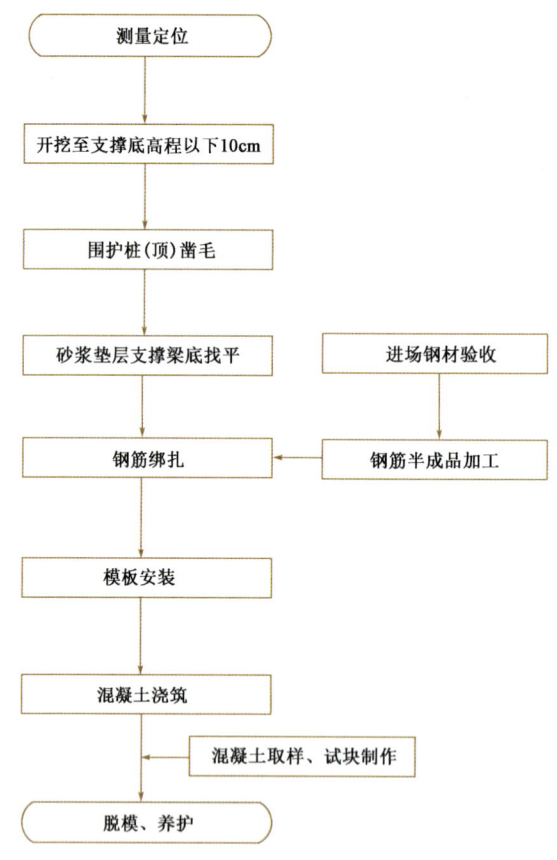

图 2-3-31　混凝土支撑施工流程图

3.2.4　施工控制要点

钢筋混凝土支撑施工控制要点见表 2-3-10。

钢筋混凝土支撑施工控制要点 表 2-3-10

序号	项 目	施工控制要点
1	预拱度设置	对于跨度大于8m的混凝土支撑,一般需要在其中部设置预拱度。预拱度大小根据设计文件的要求设置;设计无要求时,起拱高度宜为跨度的0.1%~0.3%
2	时空效应	(1)基坑开挖及支撑应遵循"时空效应"理论,并按照"竖向分层、纵向分段、横向分块、先撑后挖、随挖随撑、严禁超挖"的施工原则进行,严格按照设计工况组织实施,以控制基坑变形。 (2)第二道及以下混凝土支撑施工时,开挖一根立即浇筑一根,待支撑混凝土达到设计强度要求,才进行下一根支撑开挖;每根混凝土支撑尽可能一次成型,并与混凝土腰梁同时浇筑;为尽早发挥支撑的作用,可适当提高混凝土强度等级。 (3)混凝土支撑施工时,无支撑暴露时间严格控制在72h内
3	腰梁与围护结构的连接	(1)混凝土腰梁与围护墙或桩间要可靠连接,一般采取植筋、预埋钢筋或预埋钢筋连接器等方法; (2)腰梁植筋检测合格后,进行腰梁及混凝土支撑钢筋绑扎、模板安装加固,检验合格后进行混凝土浇筑; (3)腰梁上预埋PVC管,高度大于腰梁10cm;靠围护桩侧间隔2.5m预埋φ20mm PVC管,腰梁中间间隔2.5m预埋φ110mm PVC管,方便后期腰梁拆除; (4)分段浇筑腰梁及混凝土支撑,要做好钢筋接头连接及混凝土接头处理,保证支撑质量
4	混凝土支撑与钢立柱连接	(1)钢筋混凝土支撑、连系梁及钢格构柱连接节点处,钢筋要做好连通处理; (2)格构柱位置偏位时,可通过调节支撑位置进行处理,偏位较多时,需要对连接节点进行调整
5	混凝土支撑拆除	(1)对混凝土支撑及腰梁分段切割时,要使用起重机或手动葫芦对支撑吊挂,或者在支撑下方搭设支架,防止支撑掉落; (2)采用起重机吊运时,要进行详细吊装计算,合理确定分节长度; (3)采用人工凿除或吊放时,应采取可靠措施,防止对结构混凝土造成破坏
6	安全事项	(1)要选择合适的底部模板与混凝土隔离措施,开挖时应及时拆除混凝土支撑底部模板,彻底清理干净,防止拆除掉落伤人; (2)拆除混凝土支撑,要先使用起重机、手动葫芦等对支撑吊挂固定或者在支撑下方搭设支架后,方可进行支撑凿除或截断等作业

3.2.5 施工质量验收标准

钢筋混凝土支撑质量验收标准见表2-3-11。

钢筋混凝土支撑质量验收标准 表 2-3-11

序号	项 目			允许偏差(mm)
1	钢筋	加工	受力钢筋成型长度	+5,-10
2			弯起钢筋 弯起点位置	±20
3			弯起钢筋 弯起高度	0,-10
4			钢筋总长	+5,-10
5			箍筋尺寸	0,-5
6		安装	受力钢筋间距	+5,-10
7			箍筋及构造钢筋间距	±20
8	模板		轴线尺寸	5
9			截面内部尺寸	+4,-5
10			表面平整度	5

注:质量验收标准依据《混凝土结构工程施工质量验收规范》(GB 50204—2015)。

3.2.6 质量通病与防治措施

混凝土支撑施工期间的质量通病是由于基坑中下部的混凝土支撑施工周期长、支撑不及时,可能导致基坑变形大,危及周边环境及基坑安全。

防治措施:

(1)遵循"时空效应"理论,严格控制好开挖分段长度,加快开挖速度,开挖完成一根支撑立即进行混凝土支撑施工,等混凝土支撑达到一定强度后方可再进行下一根支撑开挖。

(2)及时施工混凝土支撑,减少作业时间。支撑施工人员及设备要充足,开挖完成后及时施工混凝土支撑,最大限度地减少支撑作业时间。

(3)变形较大时,可采取增设临时钢支撑的措施,待混凝土支撑施工结束后再拆除钢支撑。

3.3 竖向支承

在跨度较大的基坑中设置水平支撑系统时,需设置竖向支承,以保证水平支撑的纵向稳定。加强支撑体系的空间刚度和承受水平支撑的竖向荷载,要求具有足够的强度和刚度以及较小的垂直位移。竖向支承由钢立柱和立柱桩组成。当设置支撑立柱时,混凝土支撑跨度不宜大于15m,钢支撑跨度不宜大于20m,符合现行《建筑基坑支护技术规程》(JGJ 120)要求。竖向支承布置如图2-3-32所示。

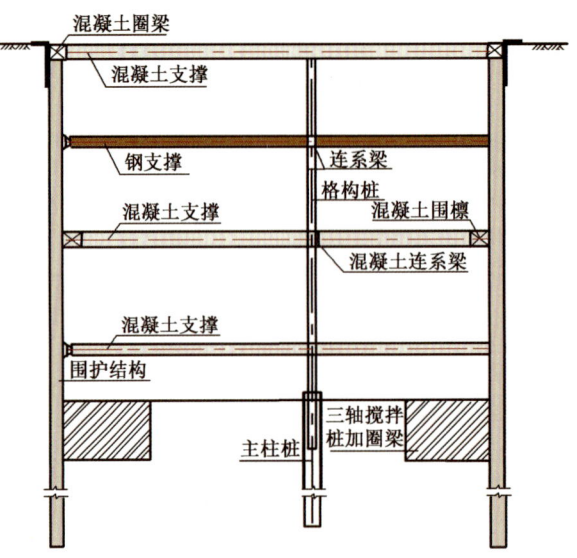

图2-3-32 竖向支承布置图

3.3.1 结构形式及构造

内支撑体系的竖向支承,钢立柱一般插入到立柱桩基中,其锚入桩内的长度不宜小于立柱长边或直径的4倍。立柱桩的构造要求符合现行《建筑基坑支护技术规程》(JGJ 120)的规定,多采用钻孔灌注桩,也可以采用钢管桩,有混凝土柱、角钢立柱、钢管柱、H型钢柱以及钢管混凝土柱等多种形式。

由于混凝土柱及钢管混凝土柱在结构混凝土施工时节点处理难度大,运用受到一定限制。目前,钢立柱在地铁基坑施工中运用较多,而在逆作法施工中作为临时支撑与永久结构柱的结合常采用钢管混凝土柱。

角钢立柱每根柱由4根等边角钢组成柱的4个主肢,4个主肢间用缀板进行连接,共同构成钢立柱。

立柱桩结构示意图如图2-3-33所示。

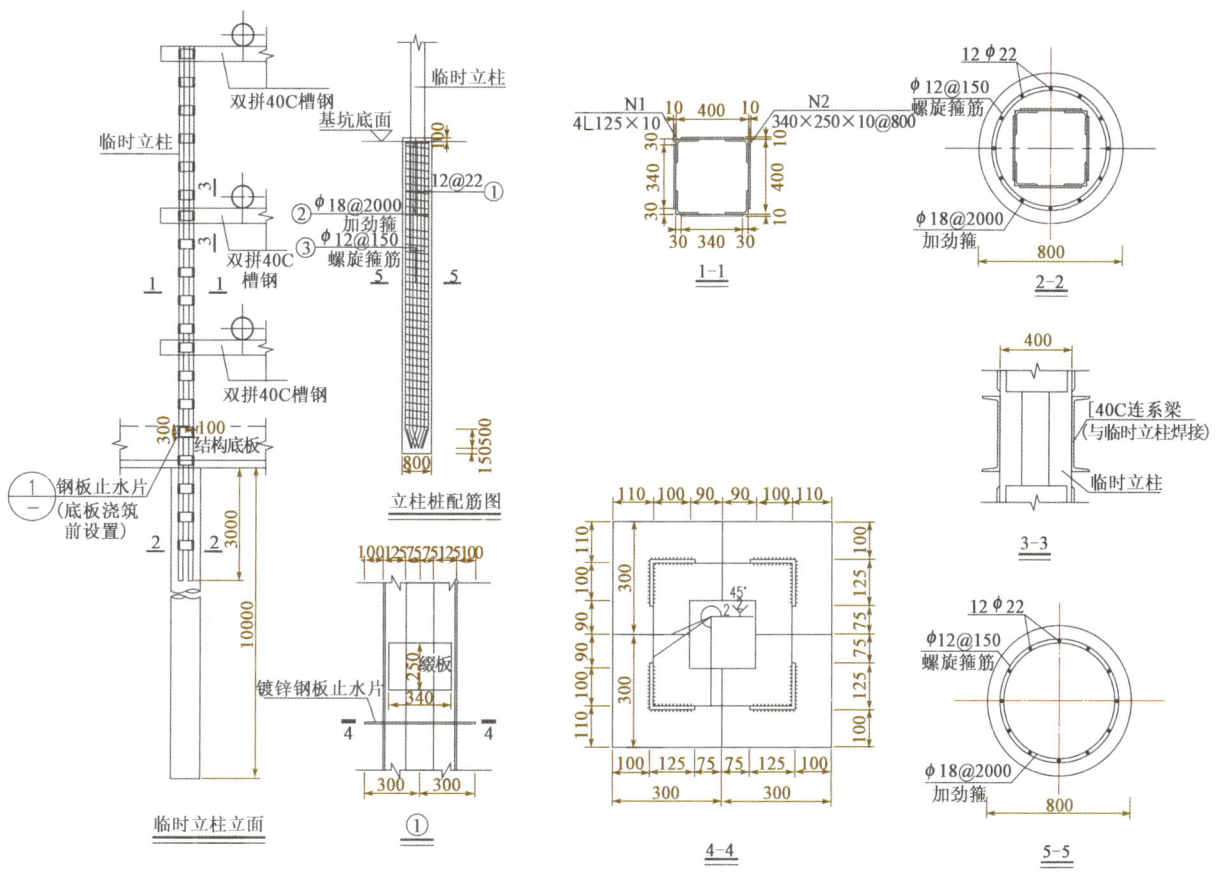

图2-3-33 立柱桩结构示意图(尺寸单位:mm)

(1)角钢立柱的拼接构造

常用的钢立柱采用4根角钢拼接,并由缀板或缀条连接。根据钢立柱所需承受的荷载大小,可选择采用∟125、∟140、∟160、∟180、∟200等规格的角钢拼接而成,详见表2-3-12。

钢立柱常用角钢规格参数   表2-3-12

序号	尺寸∟$A×t$ (mm)	单位质量 m (kg/m)	断面面积 A (cm²)	回转半径 i_x (cm)	惯性矩 I_x (cm⁴)	截面抵抗矩 W (cm³)	
						最大	最小
1	∟200×20	60.1	76.5	6.12	2867	504	200
2	∟200×18	54.4	69.3	6.15	2621	467	182
3	∟180×18	48.6	62	5.5	1875	365	146
4	∟180×16	43.5	55.5	5.54	1701	337	131
5	∟160×16	38.5	49.1	4.89	1175	258	103
6	∟160×14	34.0	43.3	4.92	1048	234	91.0
7	∟140×14	29.5	37.6	4.28	689	173	68.7
8	∟140×12	25.5	32.5	4.31	604	155	59.8
9	∟125×12	22.7	28.9	3.83	423	120	41.2
10	∟125×10	19.1	24.4	3.85	362	105	40.0

立柱宜设置在支撑的交点处,且避开主体结构框架梁、柱及剪力墙的位置。相邻立柱间距应根据支撑体系的布置及竖向荷载确定,间距一般不大于15m。

立柱长细比不宜大于25,角钢立柱单肢之间宜采用外贴缀板或缀条焊接连接,缀板一般采用宽度300mm、厚度8~20mm的钢板,间距在70mm左右。

立柱桩应尽量利用主体工程桩以节约工程造价,无法利用主体工程桩时可增加立柱桩,但应与主体工程桩保持安全施工距离。

(2)角钢立柱与支撑的连接构造

角钢立柱与钢筋混凝土临时支撑的连接节点在基坑施工期间主要承受荷载引起的剪力,需在钢立柱上设置足够抗剪钢筋或抗剪栓钉,具体数量需根据剪力的大小经过计算确定。

(3)角钢立柱与底板的连接构造

角钢立柱穿过底板及顶板混凝土时,需设止水装置。通常止水构造是在钢立柱上焊接止水钢板,延长渗水路径从而达到止水目的,如图2-3-34所示。也可通过预留防水卷材加处理措施止水,如图2-3-35所示。对于钢管混凝土立柱,同样需要在钢管位于底板范围的适当位置设置封闭的环形钢板作为止水构件。

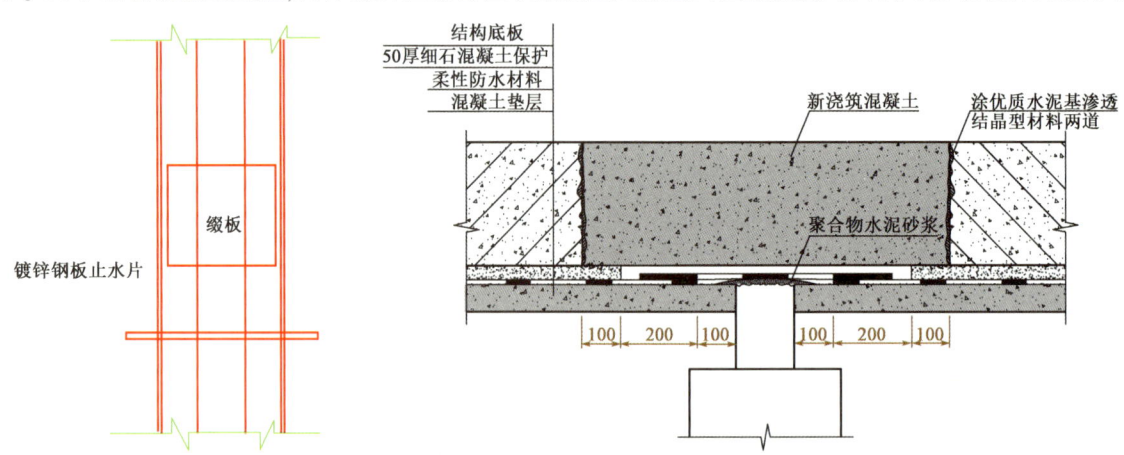

图2-3-34 设止水钢板防水示意图　　图2-3-35 预留防水卷材防水示意图(尺寸单位:mm)

(4)角钢立柱与立柱桩的连接构造

在钢立柱插入立柱桩的范围内,立柱桩的钢筋笼内径应大于钢立柱的外径或对角线长度。若钢筋笼内径小于钢立柱外径或对角线长度,可对灌注桩顶部一定范围进行扩径处理,使钢立柱能够插入到立柱桩钢筋笼内。钢立柱与立柱桩钢筋笼之间一般采用焊接方式进行直接连接。

(5)钢连系梁的连接构造

钢连系梁一般采用两根槽钢与钢立柱焊接连接。钢连系梁应符合设计要求,若设计无要求,至少应为双榀28号槽钢或30号工字钢。钢连系梁与钢立柱连接的三角钢板应根据连系梁规格确定,但不得小于30cm×10cm,且应比连系梁宽5cm。

(6)剪刀撑的设置

为了保证钢立柱的稳定,应沿纵向在两钢立柱间设剪刀撑,并间隔布置。当设两排及以上钢立柱时,沿横向也需设剪刀撑。剪刀撑材料可与钢连系梁相同。

3.3.2 施工控制要点

1)钢立柱垂直度、平面位置

(1)需在平整后的场地上进行钢立柱的现场对接。

(2) 钻孔桩定位控制在 10mm 以内,护筒高度大于 1.2m,且形状规则。钻进过程中要经常检查钻机钻盘的平整度,发现有倾斜的及时调整并扫孔,确保孔径及垂直度。

(3) 矫正器一般采用槽钢加工,确保钢架刚度。矫正器安放时地面必须平整压实,并利用四个角的千斤顶进行校正架的平整度调整。

(4) 钢筋笼和钢立柱起吊时要轻提慢放,钢立柱下端离钢筋笼顶端 2m 处设扶正块,长度一般为 500mm,防止提导管时,钢立柱发生大幅摆动。

(5) 钢立柱入孔时,要徐徐下放,不得左右旋转和摇摆,严禁高提猛落,充分利用自身重量及铅垂度进行初步调整。

(6) 安装钢立柱时,孔口处的钢立柱中心与桩中心偏差,利用定位架下的控制螺栓调整至允许偏差范围内。通过校正架,配合两个方向上的经纬仪继续进行精确调整。

(7) 混凝土浇筑过程中,应避免料斗导管与钢立柱发生激烈碰撞,同时两台经纬仪实施测量,发生垂直度偏差及时调整。

(8) 立柱桩混凝土顶面高于设计桩顶 500mm,混凝土浇筑完成,待混凝土终凝后,拆除校正架,做好标识,避免现场车辆行走碰撞。同时对立柱周围的空隙采用碎石或砂回填密实,必要时辅以注浆措施。

2) 钢立柱与钢连系梁、支撑连接

钢连系梁安装时,首先按设计高程在钢立柱上精准放样,在钢立柱两侧(放置钢连系梁方向)角钢上各焊接三角形钢板,每块角钢上一般焊接不少于两块钢板,槽钢放置在三角形钢板上,与钢立柱焊接连接。

钢支撑放置在固定好的钢连系梁上,在支撑与连系梁连接的节点处设 U 形抱箍,抱箍采用 20 以上槽钢制作,以约束支撑,支撑不得和抱箍焊死。在连系梁抱箍和支撑之间要塞硬木楔。在钢支撑与钢连系梁接触部位两侧塞木楔或钢楔,并采用 U 形螺栓固定。

在立柱支托和支撑之间、抱箍和支撑之间塞硬木楔,主要目的是在桩身发生沉降或隆起时可释放过大的次应力,同时还能保证抱箍和支托的约束作用。钢支撑抱箍示意图如图 2-3-36 所示。

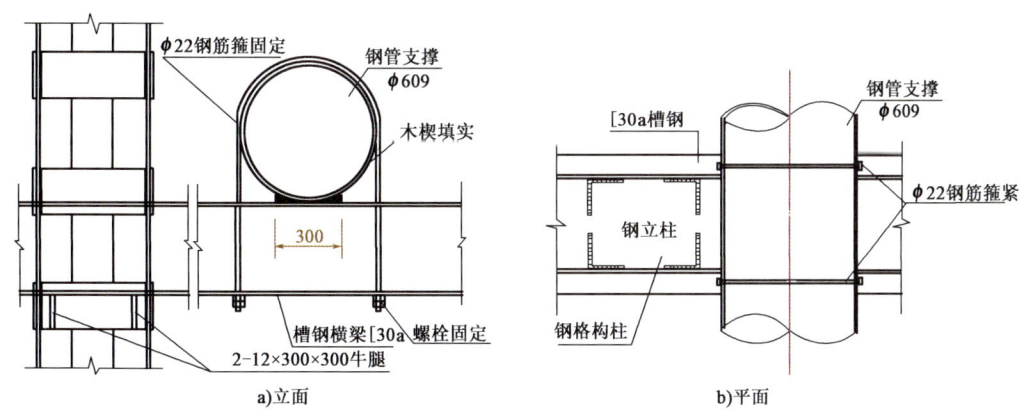

图 2-3-36 钢支撑抱箍示意图(尺寸单位:mm)

3.3.3 施工质量验收标准

立柱桩、钢筋笼及钢立柱质量验收标准见表 2-3-13 ~ 表 2-3-15。

立柱桩质量检验标准 表 2-3-13

序 号	成 孔 方 法		桩径允许偏差(mm)	垂直度允许偏差	桩位允许偏差(mm)
1	泥浆护壁钻孔桩	$D \leqslant 1000mm$	$\geqslant 0$	$\leqslant 1/100$	$\leqslant 70 + 0.01H$
2		$D > 1000mm$			$\leqslant 100 + 0.01H$
3	套管成孔灌注桩	$D \leqslant 500mm$	$\geqslant 0$	$\leqslant 1/100$	$\leqslant 70 + 0.01H$
4		$D > 500mm$			$\leqslant 100 + 0.01H$
5	干成孔灌注桩		$\geqslant 0$	$\leqslant 1/100$	$\leqslant 70 + 0.01H$

注：1. H 为施工现场地面高程与桩顶设计高程的距离(mm)，D 为设计桩径(mm)。
    2. 质量验收标准依据《建筑地基基础工程施工质量验收标准》(GB 50202—2018)。

钢筋笼质量验收标准 表 2-3-14

序 号	检 查 项 目	允许偏差(mm)
1	钢筋材质检验	符合设计要求
2	主筋间距	±10
3	主钢长度	±100
4	箍筋间距	±20
5	直径	±10

注：质量验收标准依据《建筑地基基础工程施工质量验收标准》(GB 50202—2018)。

钢立柱质量验收标准 表 2-3-15

序 号	检 查 项 目		允许偏差
1	加工	构件长度	±20(mm)
		截面尺寸	±20(mm)
		构件弯曲矢高	20mm
		柱身扭曲	符合设计要求
2	安装	定位偏差	±10(mm)
		垂直度	0.3%
		柱顶高程	±20(mm)

注：质量验收标准依据《地下铁道工程施工质量验收标准》(GB/T 50299—2018)。

3.3.4 质量通病与防治措施

1）钢立柱隆起

基坑施工过程中，可能受地质、降水等因素影响，出现基底隆起的现象，导致钢立柱隆起。基坑宽度较大、基底松软、承压水降水未达要求时，基底隆起发生的概率较高。钢立柱隆起，容易导致支撑上拱，影响基坑支撑体系的稳定，危害较大，要重点加以防范。

对于位于松软土层的深基坑，要采取基坑加固的措施，提高土体的强度。如没有采取加固措施，则要加强降水，通过强有力的疏干降水措施改善土体。同时在基坑开挖过程中，严格遵循"时空效应"理论，减少无支撑暴露时间，缩短土体开挖和支撑安装时间，严禁超挖，及时施作垫层及底板。对于受承压水影响的基坑，要对降水方案进行优化论证，确保降水效果。如基底隆起，则可通过增设降压井，进一步降低承压水水头高度等措施，提高基底稳定性和抗浮性。

2）钢立柱偏位

（1）钢立柱与支撑距离过大

钢立柱施工时定位发生偏差，或者立柱平面布置时为避让主体竖向结构，导致钢立柱平面上部分或者完全偏离出支撑截面范围之外时，可优先采用调整支撑位置的措施；如偏差较大时，可通过将支撑截面局部位置适当扩大来包住钢立柱，典型做法如图 2-3-37 所示。扩大部分的支撑截面配筋应相应结合立柱偏离支撑的尺寸、该位置支撑的自重及施工超载等情况通过计算确定。

（2）钢立柱垂直度施工偏差过大

钢立柱在实际施工过程中由于柱中心的定位误差、柱身倾斜、基坑开挖或浇筑桩身混凝土时产生位移等原因，会产生钢立柱中心偏离设计位置或竖向垂直度偏差过大的情况，过大偏心将造成立柱桩承载能力下降，因此需重视并及时采取措施应对这一特殊情况。

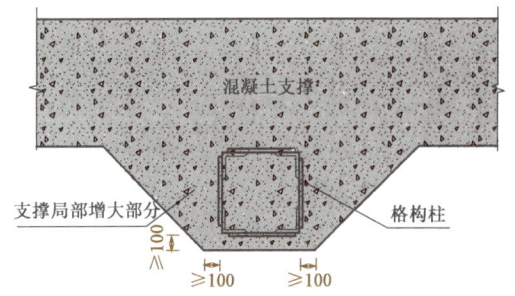

图 2-3-37　偏位钢立柱与支撑连接示意图

（尺寸单位：mm）

基坑开挖期间，钢立柱暴露出来后，应及时复核钢立柱的水平偏差和竖向垂直度，应根据实际测量偏差数据对钢立柱的承载力进一步校核。若施工偏差过大以致钢立柱不能满足承载力要求，应采取限制荷载、设置立柱间钢连系梁、剪刀撑等措施，确保钢立柱承载力和稳定性满足要求。工程中常用工字钢、槽钢或角钢作为柱间支撑，如图 2-3-38 所示。如该钢立柱确实无法满足承载力要求，可采取增设钢立柱的措施，在原钢立柱附近，重新施作钢立柱。

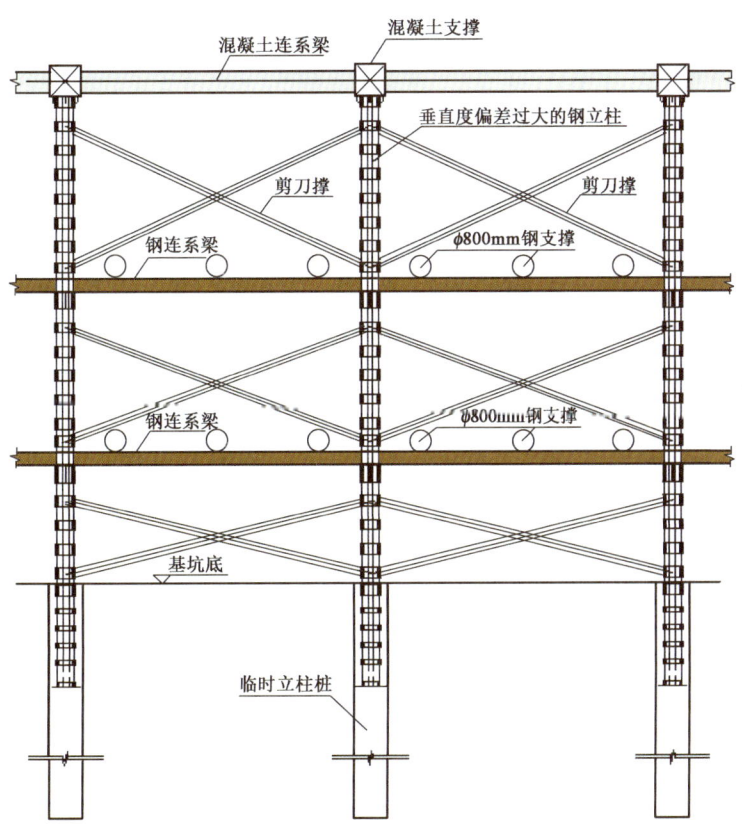

图 2-3-38　垂直度偏差钢立柱柱间支撑示意图

3）钢立柱与结构钢筋穿越

基坑施工过程中,钢立柱等竖向支承作为基坑内支撑体系的重要一部分,往往需要等到结构回筑完成并达到设计强度后方可拆除,这就造成钢立柱需穿透结构板、支撑梁等钢筋混凝土受力构件,对梁、板结构内的钢筋穿越造成困难。根据钢筋直径和数量,梁板主筋穿越钢立柱节点的方法一般有钻孔钢筋连接法、传力钢板法以及两侧加腋法。

(1) 钻孔钢筋连接法

钻孔钢筋连接法是为便于主筋在钢立柱节点位置的穿越,在角钢钢立柱的缀板或角钢上钻孔穿钢筋的方法。该方法在主筋直径较小以及数量较少的情况下适用,但由于在角钢立柱上钻孔对基坑施工阶段竖向支承钢立柱有截面损伤的不利影响,因此该方法应通过严格计算,确保截面损失后的角钢钢立柱截面承载力满足要求时方可使用。

(2) 传力钢板法

传力钢板法是在钢立柱上焊接连接钢板,将受钢立柱阻碍无法穿越的主筋与传力钢板焊接连接的方法。该方法的特点是无须在钢立柱上钻孔,可保证钢立柱截面的完整性,但需要在已经处于受力状态的角钢上进行大量的焊接作业,因此施工时应对高温下钢结构的承载力降低因素给予充分考虑。

(3) 两侧加腋法

两侧加腋法因结构截面形式差别,分为支撑梁两侧加腋和结构板两侧加腋两种形式。

支撑梁两侧加腋是通过在支撑侧面加腋的方式扩大支撑与立柱节点位置支撑的宽度,使得支撑的主筋得以从钢立柱侧面绕行贯通的方法。该方法避免了以上两种方法的不足,但由于需要在支撑侧面加腋,加腋位置的箍筋尺寸需根据加腋尺寸进行调整,且节点位置绕行的钢筋需在施工现场根据实际情况进行定型加工,一定程度上增加现场施工难度。梁柱典型的加腋节点构造如图 2-3-39、图 2-3-40 所示。

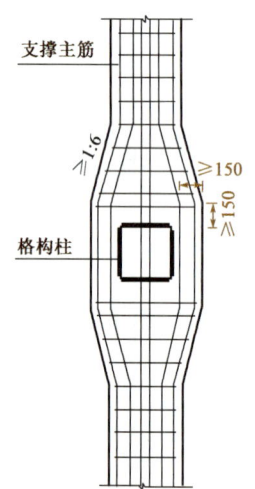

图 2-3-39 一般支撑梁加腋节点构造图(尺寸单位:mm)　　图 2-3-40 十字交叉支撑梁加腋节点构造图(尺寸单位:mm)

结构板两侧加腋法是通过在钢立柱节点位置两侧增加主筋以补强被隔断主筋受力损失的方法。钢立柱每侧补强钢筋总面积不得小于同方向被切断纵向钢筋总面积的 50%,其强度等级与被切断钢筋相同并布置在同一平面,且每边根数不少于两根,直径不小于 12mm,两根之间的净距为 30mm,各侧补强钢筋距离钢立柱的起步尺寸为 50mm,钢立柱两侧加筋补强示意图如图 2-3-41 所示。

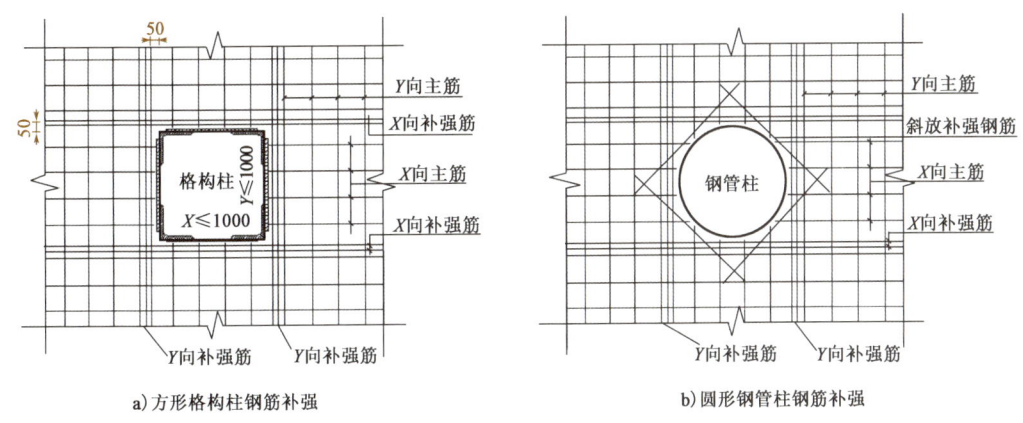

图 2-3-41　钢立柱两侧加筋补强示意图（尺寸单位：mm）

4）钢立柱与结构板防水

基坑施工中，钢立柱往往需要穿透混凝土板，钢立柱穿透顶板及底板时会对地下车站防水造成不利影响。为解决钢立柱细部防水问题，首先将顶板、底板区域内钢立柱内的混凝土全部凿除，并对钢立柱进行除锈处理，之后在钢立柱外面一圈焊接止水钢板，止水钢板厚度不小于3mm，超出钢立柱面板宽度不小于10cm，钢立柱柱芯内同样焊接连续的止水钢板，止水钢板与钢立柱面板之间必须满焊，严禁点焊，止水钢板焊接高度为底板或顶板厚度中部。底板防水卷材需沿钢立柱向上铺设并紧贴钢立柱根部，配合遇水膨胀止水胶等联合防水，如图 2-3-42 所示。顶板涂料防水层，待钢立柱割除并水泥砂浆找平后，配合加强防水层涂刷，如图 2-3-43 所示。

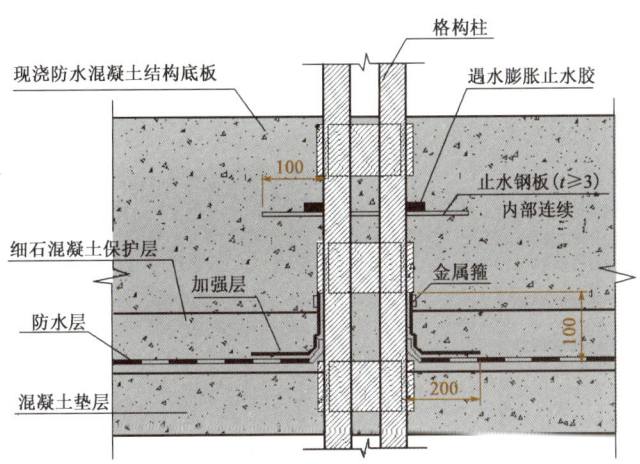

图 2-3-42　钢立柱与底板防水细部构造示意图（尺寸单位：mm）

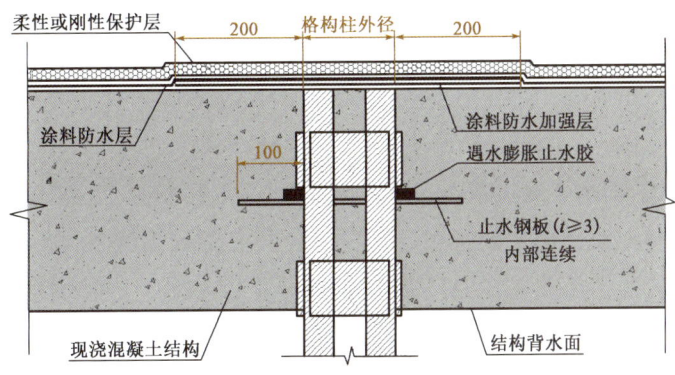

图 2-3-43　钢立柱与顶板防水细部构造示意图（尺寸单位：mm）

3.4 特殊情况下的几种支撑

在明挖地铁工程的支撑施工中,有以下几种特殊情况的支撑施工,如换撑、双拼支撑、留撑、自补偿轴力钢支撑、支撑拆除。

3.4.1 换撑

基坑工程采用明挖顺作法时,结构混凝土回筑阶段需要按设计工况要求拆除支撑,有的基坑设计需要换撑施工。即用新的支撑替换原支撑。常见的换撑形式有钢换撑和钢筋混凝土板换撑两种。其中钢换撑又分为钢管换撑和型钢换撑。

1）钢管换撑

如图2-3-44所示,钢管换撑一般安装在原支撑下1.2~1.5m位置。

设置新的支撑,即图2-3-44中的"钢换撑",施工时使其直接撑在施工完成的侧墙混凝土结构上,再拆除影响结构施工的原支撑(即图2-3-44中的"第三道钢支撑"),以便继续进行结构混凝土施工。

通过利用基坑合理地设置换撑,调整基坑围护体系的支撑点,实现围护体系应力安全有序的调整、转移和再分配,达到各个阶段基坑变形的控制要求。

2）型钢换撑

型钢换撑示例如图2-3-45所示,可采用H型钢斜撑,所用材料、型钢长度及支撑的位置应经过计算确定。而钢筋混凝土板换撑一般采用三角形钢筋混凝土板,连接到底板及侧墙上,板厚30cm,具体三角形混凝土板的边长及板的间距也应经过计算确定。

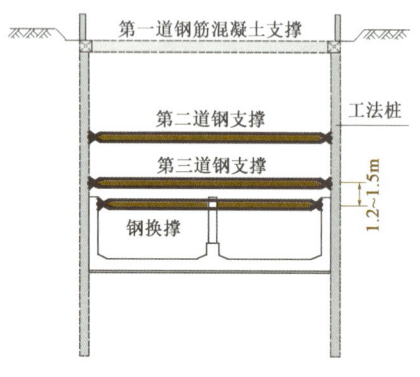

图2-3-44 钢管换撑示意图

图2-3-45 型钢换撑

3.4.2 双拼支撑

双拼支撑有两种形式,即水平双拼和竖向双拼,采用水平双拼布置,支撑比较密集,容易导致机械挖土作业困难。一般采用竖向双拼形式的较多。钢支撑竖向双拼布置如图2-3-46所示。竖向双拼安装时,先安装下道支撑,再安装上道支撑,以便于施工作业。安装方法与上面所述相同。

双拼支撑施工时,考虑到两根支撑施加预应力会造成相互影响,即后一根预应力施加会导致前一根支撑的预应力松弛,故应对两根钢支撑多次反复施加预应力,直至达到设计要求。

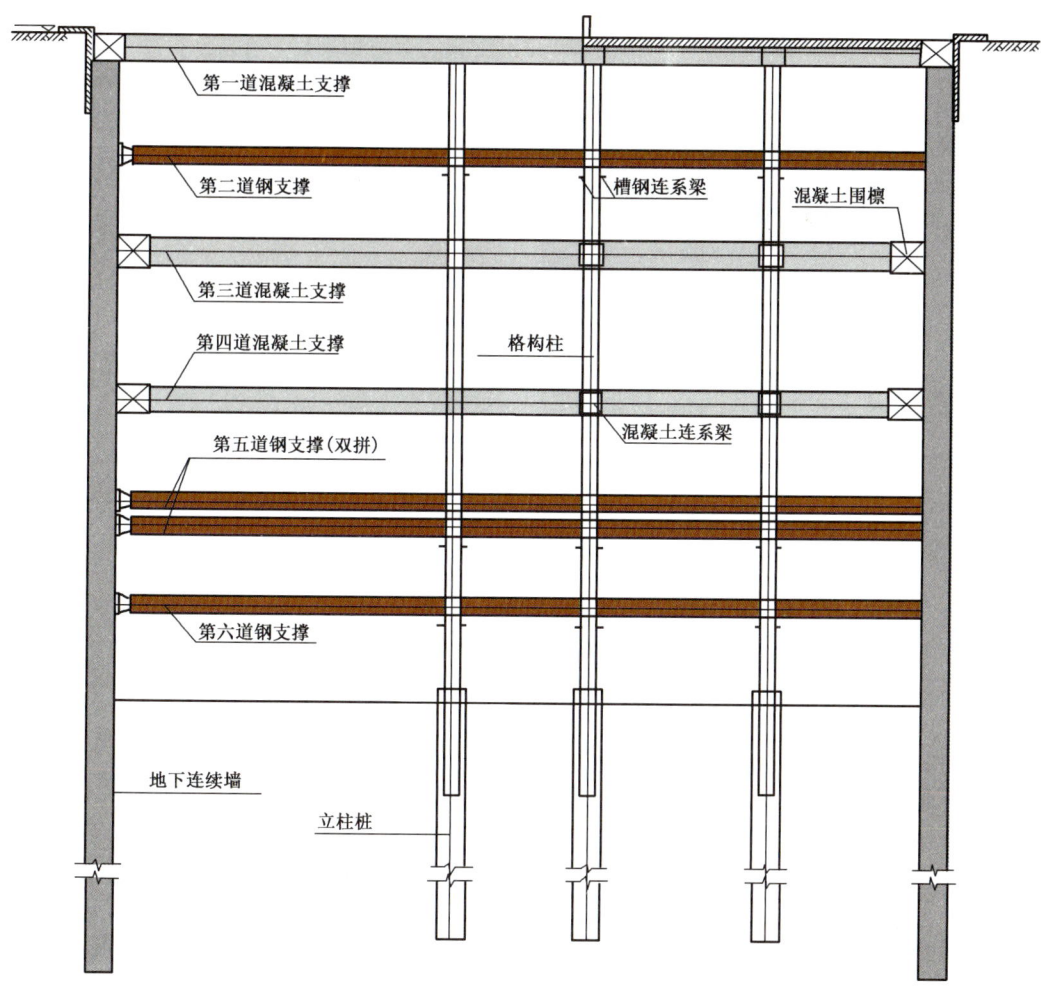

图 2-3-46 钢支撑竖向双拼布置示意图

3.4.3 留撑

当钢支撑预埋于结构侧墙时,可在钢支撑外设置钢套筒,目前这种方法运用较少。钢套筒由圆形面板、薄壁环状钢板、止水钢板组成。圆形面板与薄壁环状钢板固定连接,止水钢板环绕薄壁环状钢板按结构角度固定连接。钢套筒宜采用 6mm 钢板,端板宜采用 10mm 钢板。垫箱或套筒外侧应设置止水钢板,止水钢板厚度应不小于 4mm,宽度应不小于 10cm。

钢支撑拆除后,套筒内的孔洞需要用混凝土进行修补,所用混凝土宜为比结构混凝土强度高一级的微膨胀混凝土,并在混凝土浇筑完成后及时修补堵漏,减少结构渗漏水。

3.4.4 自补偿轴力钢支撑

自补偿轴力钢支撑能够随时维持设计预加轴力,因此与普通支撑相比,其对基坑围护变形控制具有明显的优势。自补偿轴力钢支撑适用于周围环境变形敏感、基坑围护变形控制要求较高的深基坑工程。自补偿轴力钢支撑每一套液压动力站可同时控制多个液压缸(每个液压缸对应一个钢支撑),以实现对钢支撑轴向力的补偿,液压泵站示例如图 2-3-47 所示。当系统检测出轴力值超出设定范围时,系统能够自动进行升压或降压,以维持压力的稳定。系统设置位移传感器,用于监控基坑支撑钢管轴向位移变化,当位移量超出预设的监控量时,便于采取应急措施。

a) 现场液压泵站布置

b) 液压泵站操作控制

图 2-3-47　液压泵站

液压泵站必须垂直安装，并尽可能接近钢支撑施工位置，以缩短泵站与液压缸之间连接管道的长度，减小管路压力损失。泵站应安装在便于维修的地方，以利于设备的维护工作，诸如外观检查、外部损坏检查、油液液面的观察、液压油的补充和更换。

支撑安装时托架和液压缸应分开安装，利用托架对液压缸进行支撑和固定，圆形托架端面法兰与钢支撑端面法兰应使用螺栓紧固件进行连接。安装之前先将液压缸端高压油管和行程传感器与泵站断开，支撑托架与固定钢支撑通过螺栓连接在一起，再将液压缸吊入基坑中与托架配合安装，液压缸底端有止转凹槽，安装时需进行调整以便将液压缸正确安装到位。自补偿轴力钢支撑安装示例如图 2-3-48 所示。

a) 安装完成的自补偿轴力钢支撑

b) 自补偿轴力装置局部放大

图 2-3-48　自补偿轴力钢支撑安装

施工时应注意：

(1) 施加轴力所用的液压泵必须经过检测后方可使用，且必须在检测有效期之内。每 6 个月校定一次，同时，每个工地必须至少校定一次，维修之后再次使用之前需重新校定；并与监测单位的轴力计读数进行对比，当两方测量数据不一致时，要找到原因，保证数据准确无误。

(2) 当液压缸活塞伸出后，根据伸出长度在活塞杆上加装 U 形卡块以防止液压缸活塞杆回缩造成支撑失效。

(3) 现场应配备应急诊断工具箱，当现场控制系统出现短期无法排除的严重故障时，应急工具箱应及时启动,以保证正常工作。

3.4.5 支撑拆除

1)车站支撑拆除顺序

依据设计图纸要求,严格按照施工方案顺序拆除支撑。

2)钢支撑及活动端的拆除

(1)钢支撑及活动端的安装拆除顺序

搭设脚手架支托钢支撑→辅吊配合主吊固定钢支撑→把千斤顶放到原支撑点→用千斤顶支顶钢支撑→焊断钢支撑与活动端的预应力固定焊板→千斤顶逐步回油卸力→移走千斤顶→钢支撑和活动端连接牢固→钢支撑平移→主吊卷筒制动、起吊钢支撑→辅吊调整钢支撑方向,避让上部钢支撑→吊至地面→循环使用。

(2)钢围檩的安装拆除顺序

钢丝绳分别系于钢围檩的两个吊环→焊断钢围檩分段之间的钢缀板的单边焊缝→提升钢围檩→辅吊吊钩下移使围檩竖直上升→吊至地面→拆除角钢托架→循环使用。

(3)分级卸力

拆除时避免瞬间预加应力释放过大而导致结构局部变形、开裂。采用千斤顶支顶并适当加力顶紧,然后切开活络头钢管、补焊板的焊缝,千斤顶逐步卸力,停置一段时间后继续卸力,直至结束。

(4)钢支撑吊运

卸力后将活络头等活动配件卸下,单独调运。主吊钢丝绳对称挂在支撑吊环上,辅吊钢丝绳挂在支撑的一端以便调节方向。卸力后工人、辅吊配合主吊把钢支撑移向一边,避开上部支撑,然后起吊。支撑吊起后主吊和辅吊配合调整支撑的位置和方向,使钢支撑倾斜一定角度,辅吊牵引上端,避让上部支撑吊出基坑。吊出基坑并转移到基坑边后,卸去辅吊吊钩,由主吊放落在指定存放点。

在支撑较密、不方便整体起吊的部位,应在脚手架上拧开法兰螺栓,分段起吊。

3)钢筋混凝土支撑拆除

拆除钢筋混凝土支撑有很多方法,如爆破拆除、人工拆除、机械拆除、绳锯切割拆除等,目前绳锯切割技术安全、可靠、高效、经济,在地铁建设中得到了广泛应用。

绳锯切割技术在混凝土支撑拆除过程主要包括固定绳锯机及导向轮、安装绳索、切割、吊出混凝土块、清理拆除后的杂物。

(1)固定绳锯机及导向轮

用M16化学锚栓固定绳锯主脚架及辅助脚架,导向轮安装一定要稳定,且轮的边缘一定要与穿绳孔的中线对准,以确保切割面的有效切割速度,严格执行安装精度要求。

(2)安装绳索

根据已确定的切割形式将金刚石绳索按一定的顺序缠绕在主动轮及辅助轮上,注意绳子的方向应和主动轮驱动方向一致。绳索安装示例如图2-3-49所示。

(3)切割

启动电动机,通过控制盘调整主动轮提升张力,保证金刚石绳适当绷紧,供应循环冷却水,再启动另一个电动机,驱动主动轮带动金刚石绳回转切割。切割过程中必须密切观察机座的稳定性,随时调整导向轮的偏移,以确保切割金钢绳过程在同一个平面内。

切割过程中通过操作控制盘调整切割参数,确保金刚石绳运转线速度在20m/s左右;应保证足够的冲洗液量,以保证对金刚石绳的冷却,并把磨削下来的粉屑带走。切割操作应做到速度稳定、参数稳定、设备稳定。

金刚石绳切割示例如图2-3-50所示。

图2-3-49 绳索安装　　　　　　图2-3-50 金刚石绳切割

(4)吊出混凝土块

当绳锯切割完钢筋混凝土构件后,物体在80t汽车吊起吊范围内时,将钢丝绳穿过预埋吊点起吊,如构件不在起吊范围内,将叉车插入梁底,向上拖紧混凝土块叉运至吊装位置,再吊运装车外运。吊出混凝土块时,为减小钢丝绳磨损,钢丝绳穿过起吊点采用柔性橡胶垫防护。起吊时速度要均匀,构件要平稳,混凝土块下放时须慢速轻放。

(5)清理拆除后的杂物

混凝土构件切割中由于采用水冷却,因此施工过程中需要排放大量废水。为了保证施工环境的整洁并防止废水对地下结构施工产生影响,支撑切割过程中的废水应通过结构预留孔洞排到底板集水井内,经沉淀后将清水抽至指定地方排放,沉淀物将装袋外运。

其他混凝土碎块垃圾的清理,一是碎块垃圾袋装清运,二是采用铲车运至吊运位置集中堆放,再采用挖机或密目钢丝兜装车外运。

4)拆除施工安全技术措施

(1)支撑体系上不应堆放材料或运行施工机械。

(2)钢支撑吊装就位时,起重机及钢支撑下方严禁人员入内,现场应做好防下坠措施。钢支撑吊装过程中应缓慢移动,避免刮碰坑壁、冠梁、上部钢支撑等。起吊钢支撑应先进行试吊,检查起重机的稳定性、制动的可靠性、钢支撑的平衡性、绑扎的牢固性,确认无误后,方可起吊。当起重机出现倾覆迹象时,应快速使钢支撑落回基座。

(3)拆撑作业施工范围内严禁操作人员入内,拆除的零部件严禁随意抛落。当钢筋混凝土支撑采用爆破拆除施工时,现场应规划危险区域,并应设置警戒线和相关的安全标志,警戒范围内不得有人员逗留,并应派专人监管。

(4)支撑拆除施工过程中应加强对支撑轴力和支护结构位移的监测,变化较大时,应加密监测,并应及时统计、分析上报,必要时应停止施工加强支撑。

(5)当采用人工拆除作业时,作业人员应站在稳定的结构或脚手架上操作,对支撑构件应采取有效的防下坠控制措施,对切断两端的支撑拆除的构件应有安全的放置场所。

（6）机械拆除施工应按施工组织设计选定的机械设备及吊装方案进行施工，作业中机械不得同时回转、行走，对尺寸或自重较大的构件或材料，必须采用起重机具及时下放。

（7）支撑结构的拆除还应满足现行《建筑深基坑工程施工安全技术规程》（JGJ 311）的规定。

3.5　工程案例

工程案例见附件 2-3-1。

── 本章附件 ──

附件 2-3-1　工程案例

第 4 章 基坑土体加固

基坑土体加固是指通过对软弱地基掺入一定量的固化剂或使土体固结，以提高地基土的力学性能。在地铁基坑工程的施工中，尤其是在软弱土体中进行地铁车站基坑的开挖，经常需要进行土体加固，以提高土的强度、降低土的压缩性能、增加地基的止水特性等，确保施工期间基坑本身的安全和周边环境的安全。

4.1 基坑土体加固方式及用途

4.1.1 基坑土体加固方法分类

在基坑开挖施工中，土体加固有利于控制基坑变形、渗漏水、基坑回弹、沉降及其他环境效应等，主要方法有高压旋喷法、水泥土搅拌法、压力注浆法、化学加固法等，因水泥土搅拌法较经济且加固质量易于控制，所以较为常用。表2-4-1列出了在地铁基坑工程中常用的一些土体加固方法分类及特点，在一些特殊的基坑工程中，综合应用多种土体加固技术，有利于基坑的开挖与周边的环境安全。

地基加固方法分类　　　　　　　　　　表 2-4-1

序　号	加固方法分类	施工方法
1	高压旋喷法	单重管高压旋喷桩法
		双重管高压旋喷桩法
		三重管高压旋喷桩法
		大直径高压旋喷桩法（RJP 工法）
		全方位高压喷射法（MJS 工法）
2	水泥土搅拌法	水泥土搅拌桩
		横向连续切削式地下连续墙工法（TRD 工法）
		铣削深层搅拌工法（CSM 工法）
3	压力注浆法	袖阀管法
4	水泥粉煤灰碎石（CFG 桩法）	长螺旋钻孔灌注桩法

4.1.2 基坑土体加固布置形式

地铁基坑工程常见的土体加固桩位布置包括满堂(腔)式加固、抽条式加固、裙边式加固(图2-4-1),另外还有格栅式加固、墩式加固等方式。满堂式加固、抽条式加固一般用于基坑较窄且环境保护要求较高的基坑土体加固中,裙边式加固一般用于基坑较宽且环境保护要求较高的基坑土体加固中。

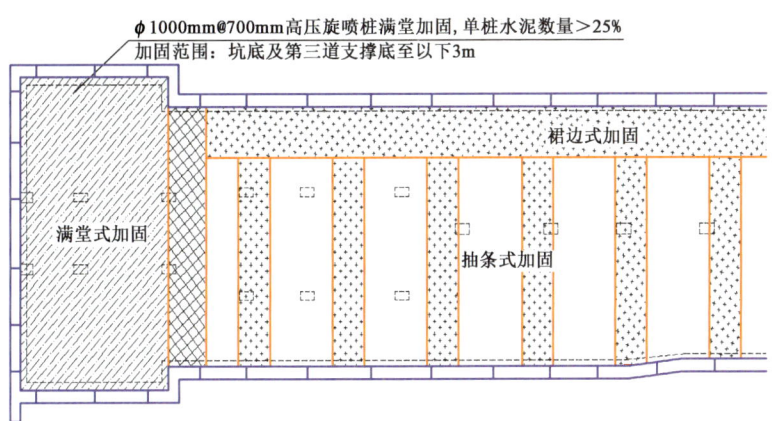

图 2-4-1　基坑土体加固布置形式

4.1.3 基坑土体加固典型用途

在地铁基坑工程中,土体加固通常被用在表 2-4-2 示用途中,相应的工程案例分别如图 2-4-2 ~ 图 2-4-6 所示。

基坑地基加固的用途　　表 2-4-2

序号	方　式	说　明
1	槽壁加固	(1)浅层护壁加固:地面下10m以内往往存在杂填土、暗浜、管线、障碍物等,且越接近地表护壁泥浆的侧压力越小,所以浅层槽壁最易坍塌,大部分基坑需进行浅层槽壁加固处理。 (2)深层护壁加固:以减少不良地层及承压水层对超深地下连续墙的影响为目的进行的加固处理
2	坑外建筑物保护加固	对离基坑较近的建筑,因受45°滑面影响,且基础较差,需采用一定的保护措施。通常的做法是在建筑和基坑之间打设隔离桩,并在隔离桩两侧预设袖阀管。在基坑开挖过程中,通过检测变形分析,进行袖阀管跟踪注浆,保护建筑
3	止水加固	对围护结构的薄弱环节、地下连续墙接缝、桩墙接缝等进行水泥填允加固,起到隔水、防渗、防漏的目的
4	基底加固	地铁基坑工程常见的土体加固桩位布置包括满堂(腔)式加固、抽条式加固、裙边式加固,还有格栅式加固、墩式加固等,通过对坑底加固提高基坑土体的稳定性,减少支护结构承受的压力和位移

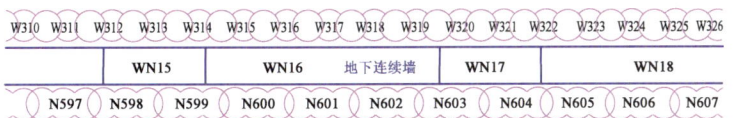

图 2-4-2　槽壁加固两种模式示意图

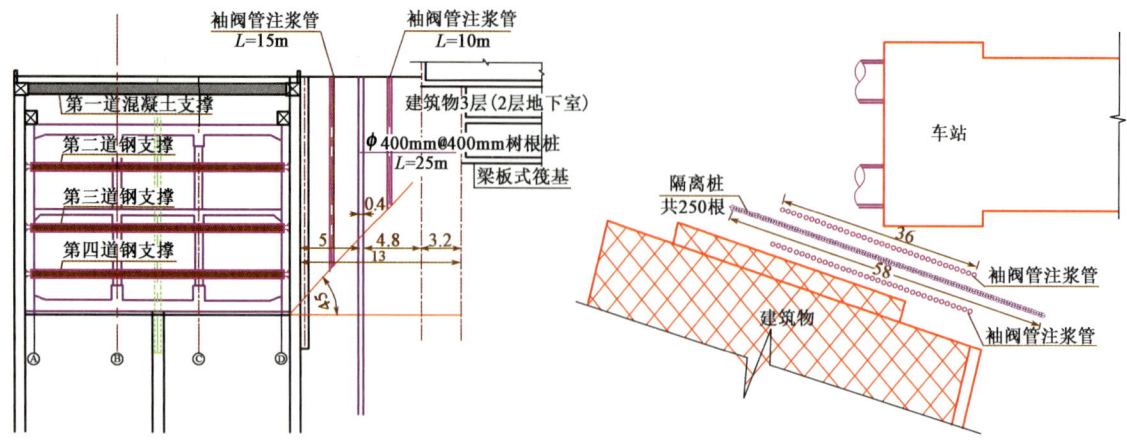

图 2-4-3　坑外建筑保护示意图(尺寸单位:m)

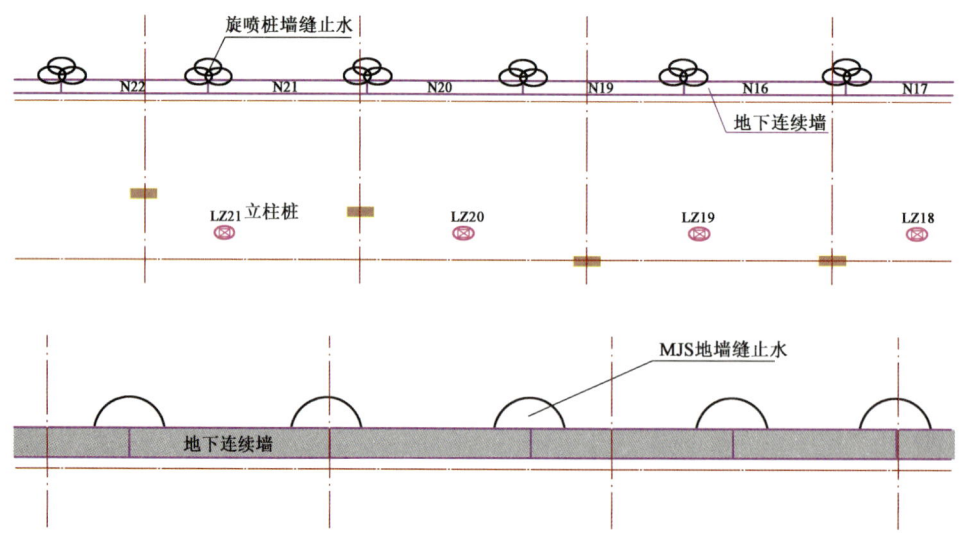

图 2-4-4　接缝止水加固示意图

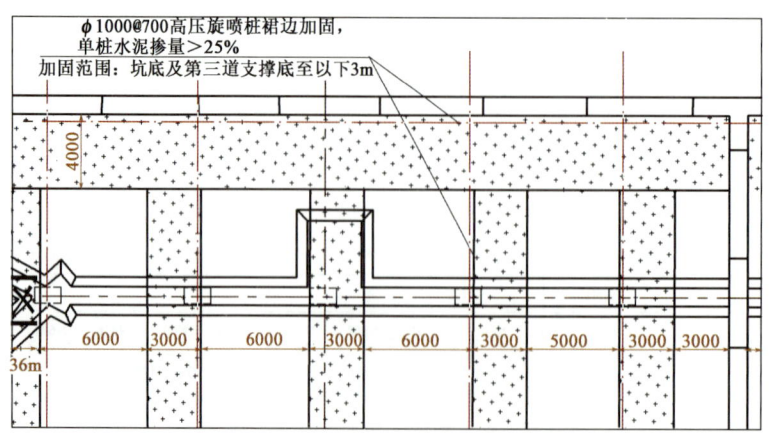

图 2-4-5　基底裙边式加固示意图(尺寸单位:mm)

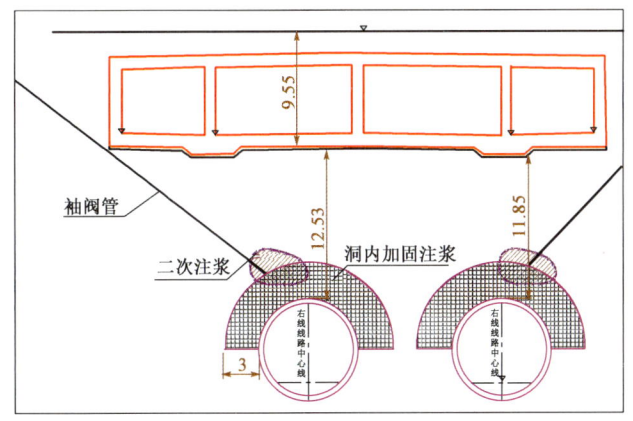

图 2-4-6 建(构)筑物保护加固示意图(尺寸单位:m)

4.2 旋喷法

高压旋喷技术是以高压水泥浆液作为喷射动力,通过一定形状的喷嘴,产生一束能量大、高度集中的连续脉冲运动的高压射流,切削、冲击、破坏土体结构,使水泥浆与土颗粒置换、搅拌、混合,因水泥的水化作用而凝结,在土层中形成固结桩体。在注浆管外围加圆筒状的空气射流,形成空气水泥浆液同轴喷射,同时灌注水泥浆固化材料与土颗料搅拌、混合、凝固成圆柱桩。根据喷射方法的不同,喷射注浆可分为单重管高压旋喷桩法、双重管高压旋喷桩法、三重管高压旋喷桩法、RJP 工法和 MJS 工法。表 2-4-3 列出了不同施工方法的常用工艺参数。

旋喷法施工工艺常用参数　　表 2-4-3

施工方法	浆液压力 (MPa)	空气压力 (MPa)	水压力 (MPa)	提升速度 (cm/min)	旋转速度 (r/min)	喷射方式
单重管高压旋喷桩法	15~20	—	—	15~25	16~20	喷射高压水泥浆液
双重管高压旋喷桩法	15~20	0.5~0.8	—	7~20	5~16	喷射高压水泥浆液并在外包裹空气
三重管高压旋喷桩法	高压20~40 低压0.5~3.0	0.5~0.8	30~50	5~20	5~16	先喷射高压水和空气切削土体,再喷射低压水泥浆液充填
RJP 工法	40	0.8~1.2	20	3	20~40	两次切削,上段喷射高压水和空气切削土体,下段喷射高压浆液和空气扩大切削土体,并混合搅拌
MJS 工法	40	0.8~1.2	10~30	2.5~3 (全圆)	3~4	在传统旋喷工法的基础上可实现从水平到垂直的全方位喷射

4.2.1 单重管高压旋喷桩法

单重管高压旋喷桩法利用单根喷射管,直接喷射高压水泥浆冲切土体,与土体混合搅拌达到加固目的,如图 2-4-7 所示。

1)优缺点及适用范围

单重管高压旋喷桩法的优点是经济实惠,施工速度快;缺点是成桩半径小,加固质量差,在淤泥中土体容易被挤压,引起地表隆起,影响周边构筑物安全或者破坏支护结构。

单重管高压旋喷桩法该工法一般适用于浅土层地基加固,不适用于止水帷幕、浅淤泥土层地基加固。

2）施工机械

施工机具见表2-4-4，单重管高压旋喷桩机示例如图2-4-8所示。

施工机具　　　　　　　　　　　表2-4-4

序 号	设 备 名 称	型 号	数量(台)	作 用
1	工程钻机	XP-30B	1	高喷作业
2	引孔泥浆泵		2	泥浆循环
3	排浆泵	DYN50-32	1	排浆
4	搅拌机	WJQ80-1	1	制浆液
5	高压泵	3DZ-S/75	1	高压送水
6	空压机	VFY-6/7	1	高压送气
7	回灌泵	HB80	2	保持孔内满浆

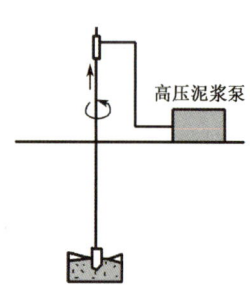

图2-4-7　单重管高压旋喷桩法施工原理

图2-4-8　单重管高压旋喷桩机

3）施工流程

单重管高压旋喷桩施工流程如图2-4-9所示。

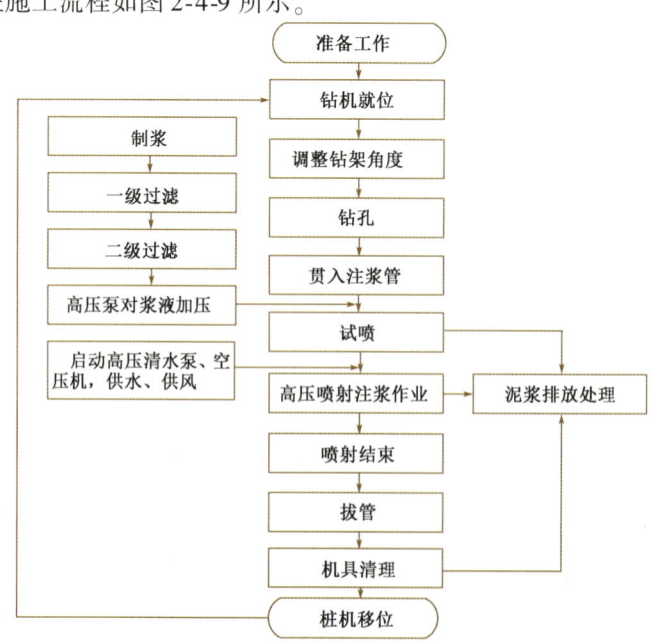

图2-4-9　单重管高压旋喷桩施工流程图

具体施工工艺要点如下:

(1)场地平整。施工之前先平整场地,挖好排浆沟,按施工详图测放出各桩的中心位置,并用套板和石灰标出桩位。

(2)定点埋管。根据孔位定点埋设孔口管,以防止钻进和旋喷时孔口塌陷。孔口管可重复使用。

(3)钻机就位。钻机安放时下垫木板,使钻机安放平稳,保持水平,钻杆保持垂直,其倾斜度不大于1.5%。

(4)钻孔。采用76型旋转振捣钻机进行钻孔,孔位偏差不大于50mm。

(5)贯入注浆管。钻孔达到设计孔深后,先检查各部位密封圈是否封闭,各管安装是否正常,喷嘴是否畅通;然后贯入注浆管,插入后先进行高压水进行射水试验。

(6)旋喷。施工技术参数根据设计要求经现场试验确定,经试喷后进行注浆作业。

4.2.2 双重管高压旋喷桩法

双重管高压旋喷桩法以浆液作为喷射流,但在其外周裹着一圈空气流形成复合喷射流冲击破坏土体,与土体混合搅拌达到加固目的,如图 2-4-10 所示。

1)优缺点及适用范围

双重管高压旋喷桩法的优点是成桩质量相对单重管较好,成桩直径较单管法大,施工速度较快;缺点是容易引起地表隆起,影响周边构筑物安全或者破坏支护结构。

该工法多用于进行地基加固,施作止水帷幕桩,搭配灌注桩,适用于地下水位较高且地下水流速较快的地质条件。

2)施工机械

双重管高压旋喷桩机示例如图 2-4-11 所示。

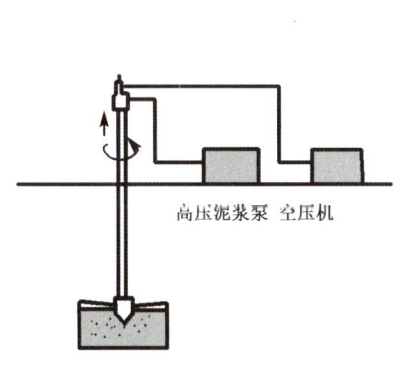 

图 2-4-10 双重管高压旋喷桩法施工原理　　图 2-4-11 双重管高压旋喷桩机

3)施工流程

双重管高压旋喷桩施工流程如图 2-4-12 所示。

具体施工工艺要点如下:

(1)钻孔。在钻孔前要检查管路是否畅通,密封圈完好无损,丝口连接严紧。插管到达地层预定的深度,先作高压试喷,调整参数符合要求后,方可进行喷浆作业。为防止泥浆堵塞喷嘴,边射水边插管,水压不超过1MPa。

(2)喷射作业。喷浆作业时,必须时刻检查注浆流量、压力、旋转提升速度等。由下而上进行喷射注浆时,注浆管分段提升的搭接长度不得小于100mm。

(3)冲洗。当喷射提升到设计高程后,旋喷即告结束。施工完毕应把注浆管等机具设备冲洗干净,管内不得残存水泥浆。

(4)移动机具。把钻机等机具设备移到新孔位上,进行下一根旋喷桩施工。

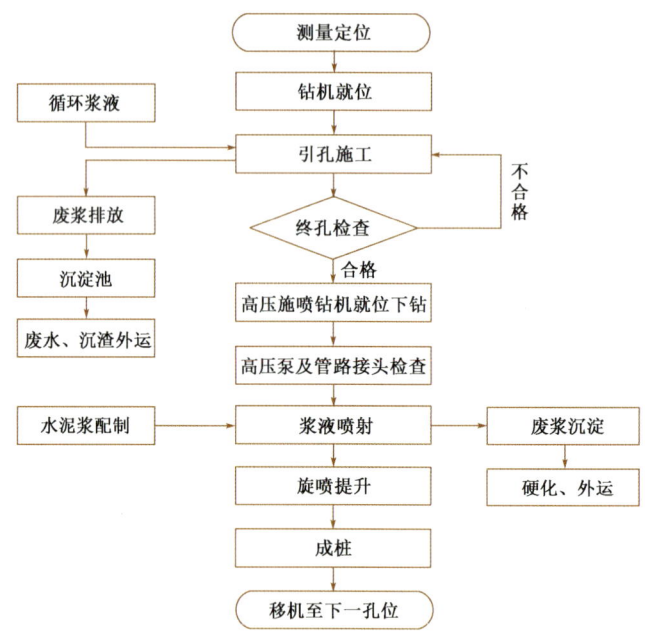

图2-4-12 双重管高压旋喷桩施工流程图

4.2.3 三重管高压旋喷桩法

三重管高压旋喷桩法是一种浆液、水、气喷射法,先用高压水和气的复合喷射流去切割土体;再喷射低压水泥浆充填切割后的土体,与土体混合搅拌达到加固目的,如图2-4-13所示。

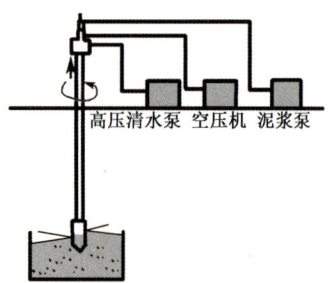

图2-4-13 三重管高压旋喷桩法施工原理

1)优缺点及适用范围

三重管高压旋喷桩法的优点是成桩质量相对较好,桩体直径较大;缺点是水泥用量较大,施工速度慢,返浆量大,污染环境。

该工法多用于进行止水帷幕作业,也可用于盾构进出洞过程中的土体加固。

2)施工机械

三重管高压旋喷桩机示例如图2-4-14所示。

3)施工工艺

(1)施工流程

三重管高压旋喷桩施工流程如图2-4-15所示。

图 2-4-14　三重管高压旋喷桩机

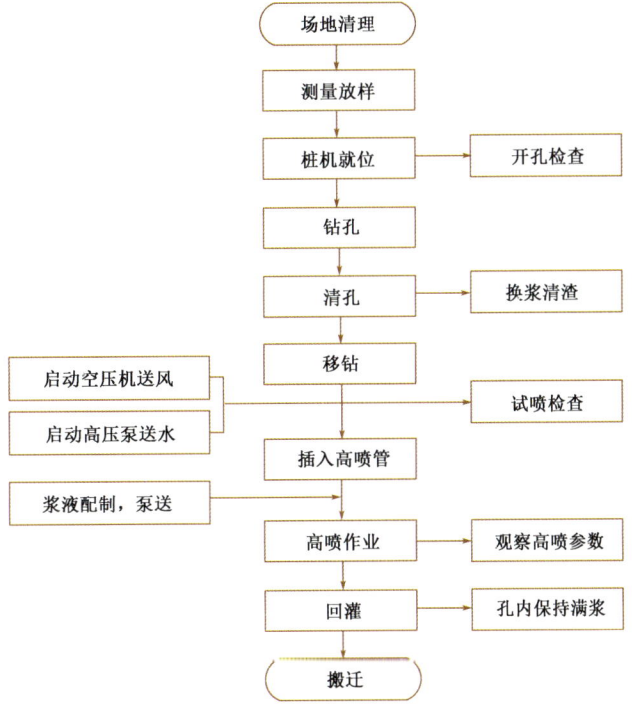

图 2-4-15　三重管高压旋喷桩施工流程图

（2）工艺要点

三重管高压旋喷桩施工工艺要点见表 2-4-5。

三重管高压旋喷桩施工工艺要点　　　　　　　表 2-4-5

序号	施工内容	工艺要点
1	场地清理	（1）首先对施工场地进行平整,清除桩位附近杂草、树木、石块等障碍物; （2）遇地基表层有淤泥、软弱层等情况时,需要先清淤然后用较好的填料进行分层回填并压实; （3）为防止雨水灌入施工场地,施工区周围做好排水沟、截水沟等排排水设施; （4）为防止施工过程中产生的废浆液污染环境,场地外应设置沉浆池

续上表

序号	施工内容	工 艺 要 点
2	测量放样	首先根据高压旋喷桩施工图纸桩号、坐标点,确定试验桩、控制桩的位置,然后沿控制桩的桩位撒白灰线,通过钢尺等测量工具沿灰线逐个确定桩位,每个桩位处用喷有红漆的竹签做好标记
3	桩机就位	桩机就位的过程中必须由专人通过手势、对讲机对操作手进行指挥,待导向架、钻杆与地面基本垂直后,用水平尺和定位测锤进行校准,倾斜率控制在1%以内
4	钻孔	(1)钻孔施工开始前应根据图纸要求,确定工作面内不同位置桩体的钻孔设计深度; (2)为保证喷射过程中能正常返浆、冒浆,钻孔口径应大于喷射管外径20~50mm; (3)在开始喷射注浆前要再次检查机械设备的各项工作参数,待达到施工图设计要求后,按旋喷工艺要求开始钻孔,先匀速钻到桩底设计高程,然后匀速旋转、提升喷射管,自下而上旋转喷射注浆; (4)注浆管运转至土层的设计深度后,通过在管底部侧面的一个同轴双重喷嘴,同时喷出高压浆液和空气及两种介质的喷射流来冲击切割土体; (5)在高压浆液流和其外围环绕气流的共同作用下,切割土体的效果非常明显,喷嘴伴着钻杆一面喷射一面旋转提升,最后在土体中形成圆柱状固体结构,喷射管分段提升的搭接长度不得小于100mm
5	浆液配制	(1)配制浆液的水泥应采用强度等级不小于42.5级的普通硅酸盐水泥,水泥浆水灰比一般控制在1:1~1:0.5,具体配合比应满足施工图要求。在制作水泥浆时,可适当掺入防止浆液出现速凝、早强、沉淀的外加剂。 (2)在环境水、地基土具有侵蚀性的地段,水泥中可掺入不小于5%的粉煤灰或采用矿渣硅酸盐水泥、粉煤灰硅酸盐水泥。 (3)搅拌水泥浆时的原料投放顺序应为"先清水,后水泥",为保证水泥浆液均匀,每一批次水泥浆液搅拌时间应控制在不小于2min,在水泥浆液倒入储料罐前,浆液在灰浆拌和机中要保持匀速不停搅拌。 (4)水泥浆从灰浆拌和机倒入储料罐时,必须通过过滤筛,筛除水泥浆液中存在的杂质或块状物。 (5)水泥浆经过加压通过管道送到旋转振动钻机的喷管内,最后通过喷嘴注入周围土体
6	喷射注浆	(1)高压旋喷桩作业所需的各种管路及加压设备到场后,应先对设备承压、排量进行检测,各项指标必须满足施工图要求; (2)通道和喷嘴内不得有杂物,各部位密封圈必须良好,组装完毕之后,应进行高压水喷水试验,合格后方可喷射浆液; (3)喷射过程中的各种参数应根据施工图要求预先进行设定,现场技术员要注意观察设备压力、转速、流量、初凝等参数,宜每半小时进行一次记录,出现异常情况应及时采取矫正措施; (4)喷射开始时,先控制好喷射压力,待达到预设压力后喷浆旋转30s,使水泥浆和桩端土得到充分搅拌,然后匀速提升注浆管,同时反方向旋转,高压水压力不小于20MPa,流量不小于30L/min,气流压力不小于0.7MPa,提升速度、旋转速度应根据施工图要求确定,喷射管管口提升至距桩顶1m时,根据施工图纸要求放慢旋转速度、提升速度,旋喷一定时间再向上慢速提升0.5m,至喷嘴到达停喷面,为保证桩顶、桩底密实均匀,桩顶和桩底宜复喷; (5)中间发生故障时应停止提升和旋喷,以防桩体中断,同时立即检查排除故障,重新开始喷射注浆的孔段与前段搭接长度不小于0.5m,防止固结体脱节
7	机具冲洗	旋喷作业完成后,将储浆罐内的浆液换成清水在地面上喷射,彻底清除注浆管、软管内泥浆泵中的浆液,防止浆液在机具内部凝固

续上表

序号	施工内容	工艺要点
8	其他事项	（1）在正式施工前应施作不少于3根的试验桩，以验证施工工艺，确定各项工艺参数并报监理单位确认后，方可进行施工； （2）为验证设计参数，在高压旋喷桩大面积施工前，应进行单桩或复合地基承载力试验； （3）除要对场地进行清表外，为能及时储存、清理喷浆过程中冒出的浆液，还要在场地外设置废液储存池； （4）高压旋喷桩施工开始前，技术人员应核查场地地质资料，施工过程中还应时刻注意观察施工设备贯入地层的反应； （5）用截桩机等专用设备破除桩头，以保证桩的完整性； （6）旋喷桩施工过程中，外围桩要采用间隔跳打的方式进行打桩施工，内部的其他桩则采用顺序施工； （7）因水泥浆液析水收缩，可能会引起加固区域出现凹穴，所以应及时使用符合要求的水泥浆进行补灌

4) 施工质量控制标准

三重管高压旋喷桩施工质量控制标准见表2-4-6。

三重管高压旋喷桩施工质量控制标准　　　　表2-4-6

序号	项目名称	技术标准	检查方法
1	钻孔垂直度允许偏差	≤1%	实测或经纬仪测钻杆
2	钻孔位置允许偏差	50mm	尺量
3	钻孔深度允许偏差	±200mm	尺量
4	桩体直径允许偏差	≤50mm	开挖后尺量
5	桩身中心允许偏差	≤0.2D	开挖桩顶下500mm处用尺量，D为设计桩径
6	水泥浆液初凝时间	不超过20h	
7	水泥土强度	$q_{u(28)} \geq 1.2$MPa	试验检验
8	水灰比	1:1	试验检验

5) 施工控制要点

三重管高压旋喷桩施工控制要点见表2-4-7。

三重管高压旋喷桩施工控制要点　　　　表2-4-7

序号	施工控制要点	采取措施
1	确保定位轴线质量	桩的起始点及轴线位置应严格按照施工图及施工现场实际位置来确定；旋喷桩作业施工前应再次对旋喷桩起始点及轴线位置进行核实
2	确保桩位质量	桩机移位时应在内外边线间移动，移动前先进行间距尺寸测量并做好标记，移至设计位置后再对桩间距进行复核，以确保各项数据符合施工图要求
3	桩顶、桩底高程符合要求	现场测量员在桩机作业过程中应有规律地对钻孔机具、施工场地进行测量，记录高程数据，通过测量数据及时修正相应桩深和其他高程控制位置
4	桩体垂直度符合要求	钻孔机具轨道下应铺设枕木，在枕木铺设前要对场地进行平整、夯实，然后测量场地高程，使道轨枕木在同一水平线上，在开孔前用水平尺和定位测锤进行校准，倾斜率控制在1%以内，达到设计要求

续上表

序号	施工控制要点	采 取 措 施
5	保证加固体强度的均匀性	(1) 配制浆液的水泥应采用强度等级不小于42.5级的普通硅酸盐水泥，对水泥原材进行检测时，供应方必须提供出厂合格证、质保书； (2) 作业过程中应严格按施工图设计要求控制好压力、转速、注浆量等指标； (3) 压浆过程中技术员应时刻观察储浆罐及压浆管道的工作状态，杜绝储浆罐断浆和压浆管道堵塞现象出现； (4) 施工期间注意严格控制好临桩间隔搭接时间，一般不超过24h； (5) 水泥浆液的水灰比应严格按施工图设计要求执行； (6) 搅拌好的水泥浆液必须通过筛网来筛除浆液中的杂质或块状物，将经过筛除处理的浆液倒入储浆罐； (7) 为保证水泥浆液不出现离析现象，在压浆作业开始前才能将浆液倒入储浆罐
6	安全注意事项	(1) 各种设备开机时不要同时启动，应按顺序开启； (2) 设备启动后要时刻关注运转过程中是否有异响，如有异响应立即停机检查； (3) 设备停机检查时，要保证设备中已无原材料，以免因长时间停机造成管道堵塞； (4) 现场操作人员上岗前必须经过岗前培训，其他人员不得擅自操作设备

4.2.4 RJP 工法

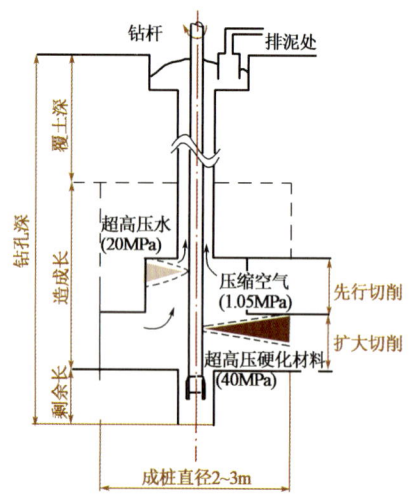

图 2-4-16 RJP 工法喷浆原理

RJP 工法施工时，有两道喷射流，其中上段喷射压缩空气和超高压水形成的喷射流先行切削土体；下段喷射压缩空气和超高压水泥浆形成的射流扩大切削土体，两道喷射流对土体进行两次切割，同时水泥浆与切割下的土体混合形成大直径的水泥加固体，如图 2-4-16 所示。

RJP 工法又分为 RJP 工法、S(Speed)-RJP 工法、D(Diameter)-RJP 工法，具体分类标准见表 2-4-8。

1) 特点及适用范围

RJP 工法可实现大深度地基的改良，最大深度达60m，桩径大致良好；通过两次切削土体，扩大桩径，可以确保土粒和浆液搅拌均匀。相对传统旋喷工法更高效，RJP 工法的加固质量更好，喷射搅拌效率高，工期短，施工速度快，排泥量和位移更小。

RJP 工法各种分类施工参数 表 2-4-8

序号	工 艺 类 别		RJP	S-RJP	D-RJP
1	喷射压力(MPa)	引导切削水	20	20	20
		水泥浆液	40	40	40
2	流量(L/min)	引导切削水	50	50	50
		水泥浆液	100	160~190	300
3	压缩空气	压力(MPa)	0.7	1.05	1.05
		空气量(m³/min)	3~7	3~7	3~7
4	成桩直径(m)		2~3	2~3	3.1~3.5
5	设计提升速度(min/m)		30	15	15

RJP工法的适用范围：

(1) 深基坑地下连续墙接缝止水；

(2) 加深已有隔水帷幕或新增隔水帷幕；

(3) 深基坑裙边、坑底加固或落深坑支护、加固；

(4) 对环境保护要求高(保护建筑、地铁)或场地受限区域(高架、高压线等)基坑支护；

(5) 对隧道间旁通道、盾构机进出洞口加固；

(6) 地下结构物、围堰坝体防渗墙。

2）施工机械

单套RJP设备及配套设施具体配置见表2-4-9，部分设备及部件示例如图2-4-17、图2-4-18所示。

单套RJP设备配置　　　　　　　　　　　表2-4-9

序号	设备名称	规格型号	数量	功率(kW)
1	S-RJP主机	RJP-65CV	1台	45
2	高压泵(水泥浆液)	GF-200SV	1台	150
3	高压泵(切削水)	GF-75SV	1台	55
4	空压机	GRF-100/A12.5	1台	75
5	发电机	DCA-400ESV(400kV·A)	1台	柴油动力
6	泥浆搅拌系统	BZ-20L	1套	56.5
7	泥浆泵	3PNL	2台	2×7.5
8	流量计	0~300L/min	1套	—
9	水箱	—	1~2个	—
10	挖机	JCB220	1台	—
11	起重机	根据工程需要选配	1台	—
合计		用电最高峰		396.5

a) GF-200SV高压泵　　　　　　　　b) GF-75SV高压泵

图2-4-17　高压泵(水泥浆液)和高压泵(切削水)

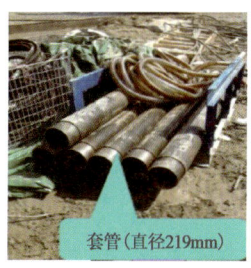  

a) 套管　　　　　　b) 射孔　　　　　　c) 钻杆

图2-4-18　RJP工法桩钻杆施工

3）施工工艺

（1）施工流程

RJP 工法施工流程如图 2-4-19 所示。

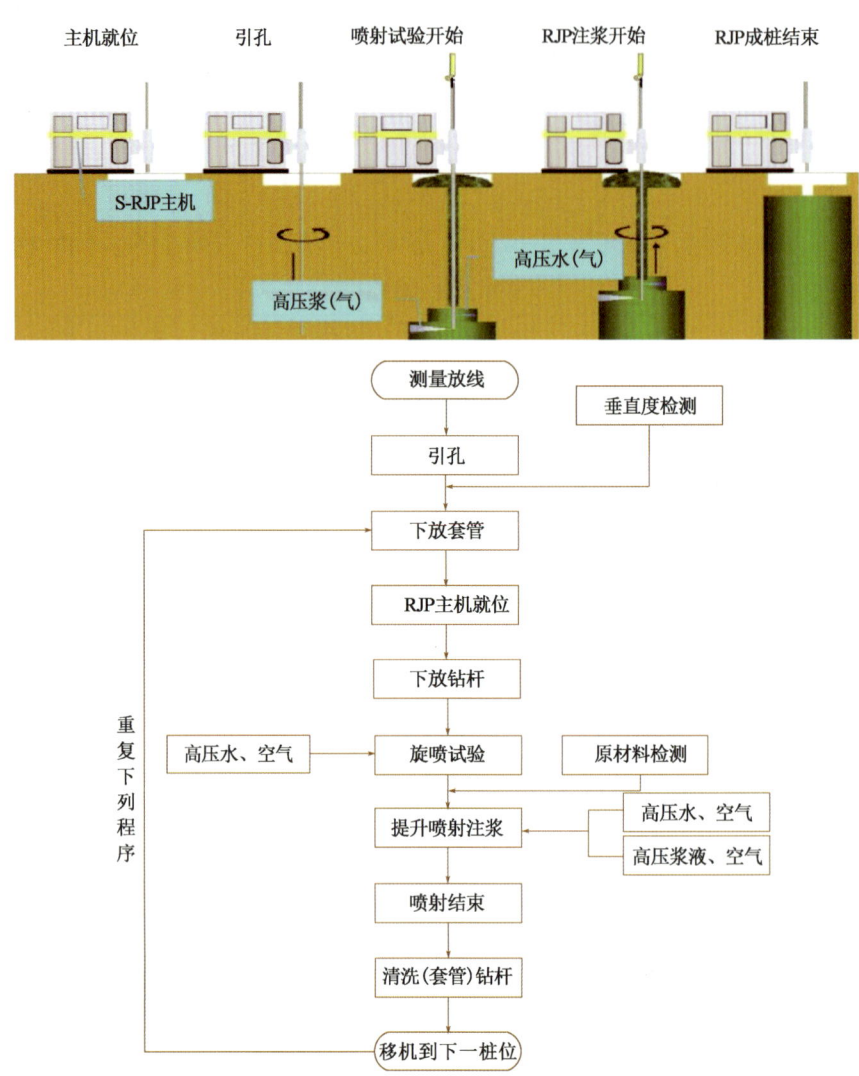

图 2-4-19　RJP 工法施工流程图

（2）工艺要点

RJP 工法桩施工工艺要点见表 2-4-10。

RJP 工法桩施工工艺要点　　　　表 2-4-10

序号	施工内容	工艺要点
1	引孔	（1）采用钻机按桩位钻进引孔，钻孔直径在 180mm 以上，孔位偏差不超过 20mm； （2）钻机就位前，对钻孔各项工作再次进行检查，确保各项工作正常； （3）钻机吊装就位时要充分考虑净空要求，钻机就位后，将钻杆中心准确对准孔位中心，保证底座和顶端平稳，钻进中不产生位移或沉陷
2	护壁	引孔结束后，为防止坍孔，利用引孔钻杆将配制好的膨润土浆液置换孔内泥浆，再拆除钻杆并移除引孔钻机

续上表

序号	施工内容	工艺要点
3	下管	移除引孔钻机后,旋喷主机就位,对准孔并调整平稳,待机具检查完毕并正常运转后,下放旋喷管至设计深度,同时开始制浆
4	旋喷提管	(1)先将旋喷机下部的旋喷管及其底端的喷射器置入已钻通的旋喷先导孔至设计底高程的深度,然后开启高压水泵、高压泥浆泵和空压机,使高压水、压缩空气和高压水泥浆通入旋喷管到达喷射器; (2)调整超高压喷泵的水压力及流量、空气压力及流量、水泥浆液压力及流量在设计范围内,待高压水压力、高压水泥浆压力、压缩空气压力符合要求后开启旋喷机,边旋转边喷注边提升旋喷管,旋喷管以设定的速度步距提升; (3)在提升过程中卸管后继续喷浆时,至少要搭接复喷10cm,以确保桩身搭接质量; (4)在设计桩底1m范围内增加旋喷时间1min
5	废浆处理	由于大直径高压旋喷外排泥浆量大,现场应设置足够大的废浆池,待废浆液固结晾干后集中外运处理

4）施工质量控制标准

RJP工法施工质量控制标准见表2-4-11。

RJP工法施工质量控制标准　　　　　表2-4-11

序号	检查项目	允许偏差或允许值	检查数量	检验方法
1	钻孔位置(mm)	≤50	每桩	钢尺量测
2	钻孔垂直度(%)	≤1	每桩	经纬仪或角度仪测钻杆
3	孔深(mm)	±200	每桩	量测钻杆长度
4	注浆压力	按设计参数	每桩抽查	查看压力表
5	桩体搭接(mm)	>200	抽查	开挖后用钢尺量测或根据取芯情况判断
6	桩体直径(mm)	+50.0	抽查	开挖后用钢尺量测或根据取芯情况判断

5）施工控制要点

RJP工法桩施工控制要点见表2-4-12。

RJP工法桩施工控制要点　　　　　表2-4-12

序号	施工控制要点	采取措施
1	平整场地	施工前应进行场地平整,并对地表不良土层进行处理,使施工作业位置保持稳定;确保引孔机械就位后机械水平,在引孔过程中用校正设备控制机械引孔的垂直度
2	控制坍孔	引孔结束后,为防止坍孔,利用引孔机钻杆将配制好的膨润土浆液置换孔内泥浆,再拆除钻杆,移除引孔钻机
3	废浆处理	由于大直径高压旋喷外排泥浆量大,故现场应设置足够大的废浆池,待废浆液固结晾干后集中外运处理
4	钻机距离布置	采用多台钻机同时施工时,相邻钻机不宜过近,避免相互干扰;在刚施工完毕的邻桩旁成孔时,要有一定的安全距离
5	钻杆保护	施工超深桩体时,特别是在砂层,必须下放套管,确保钻杆安全,防止发生事故
6	环境保护	邻近建(构)筑物及管线施工时,应加强施工监测,根据监测数据及时调整施工参数,确保环境安全

4.2.5 MJS工法

MJS工法在传统高压喷射注浆工艺的基础上,采用了独特的多孔管和前端造成装置,实现了孔内强制排浆和地内压力监测,并通过调整排浆量来控制地内压力,大幅度减少对环境的影响,而地内压力的降低也进一步保证了成桩直径,如图2-4-20所示。

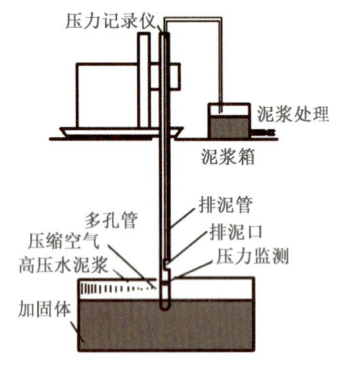

图2-4-20 MJS工法施工原理

1）特点及适用范围

MJS工法的优点:

(1)可以"全方位"进行高压喷射施工。MJS工法可以进行水平、倾斜、垂直各方向、任意角度的施工,特别是其特有的排浆方式,使得在富水土层、需进行孔口密封的情况下进行水平施工变得安全可行。

(2)桩径大,桩身质量好。喷射流初始压力达40MPa,流量90~130L/min,使用单喷嘴喷射,每米喷射时间30~40min(平均提升速度2.5~3.3cm/min),喷射流能量大,作用时间长,再加上稳定的同轴高压空气的保护和对地内压力的调整,使得MJS工法成桩直径较大,可达2~2.8m(砂土标贯锤击数$N<70$击,黏土黏聚力$c<50$kPa)。由于直接采用水泥浆液进行喷射,其桩身质量较好,强度指标大于1.5MPa。

(3)对周边环境影响小,超深施工有保证。传统高压喷射注浆工艺产生的多余泥浆是通过土体与钻杆的间隙,在地面孔口处自然排出。这样的排浆方式往往造成地层内压力偏大,导致周围地层产生较大变形、地表隆起。同时在加固深处的排泥比较困难,造成钻杆和高压喷射枪四周的压力增大,往往导致喷射效率降低,影响加固效果及可靠性。MJS工法通过地内压力监测和强制排浆的手段,对地内压力进行调控,可以大幅度较少施工对周边环境的扰动,并保证超深施工的效果。

(4)泥浆污染少。MJS工法采用专用排泥管进行排浆,有利于泥浆集中管理,施工场地干净。同时对地内压力的调控,也减少了泥浆"窜"入土壤、水体或地下管道的现象。

(5)自动化程度高。转速、提升、角度等影响质量的关键参数均提前设置,并实时记录施工数据,尽可能减少了人为因素造成的质量问题。

MJS工法的缺点是施工工艺复杂,施工效率低,施工成本高。

MJS工法的适用范围:

(1)地基加固;
(2)构筑物与现有轨道线路保护;
(3)隧道顶部先期加固;
(4)既有轨道线路的地基加固(避开既有管线);
(5)地下构筑物(地铁、共同沟)保护;
(6)盾构进出洞加固;
(7)河流、湖沼下的地基加固;
(8)地下隔离墙加固(保护现有构筑物);
(9)止水加固。

2）施工机械

单台MJS设备及后台系统见表2-4-13,MJS垂直施工、水平施工示例如图2-4-21、图2-4-22所示。

单台 MJS 设备及后台系统　　　　　表2-4-13

序号	设备名称	规　格	数　量	功率(kW)
1	MJS工法主机	MJS-40VH	1台	37
2	高压泵	GF-120SV	1台	90
3	高压泵	GF-75SV	1台	55
4	空压机	SA18A	1台	55
5	泥浆搅拌系统	BZ-20L	1套	56.5
6	泥浆泵	3PNL	1台	7.5
7	交流电焊机	BX1-500F-3	1台	22(不常用)
8	引孔机	XY-2型	1台	22
9	挖掘机	Ex-200	1台	
合计		用电最高峰		345

a) 垂直式全回转MJS

b) 垂直式钻孔机

图 2-4-21　MJS 垂直施工

a) 水平式全回转MJS

b) 水平式钻孔机

图 2-4-22　MJS 水平施工

3) 施工工艺

(1) 施工流程

图 2-4-23 为 MJS 工法施工流程图。

(2) 工艺要点

MJS 工法桩施工工艺要点见表 2-4-14。

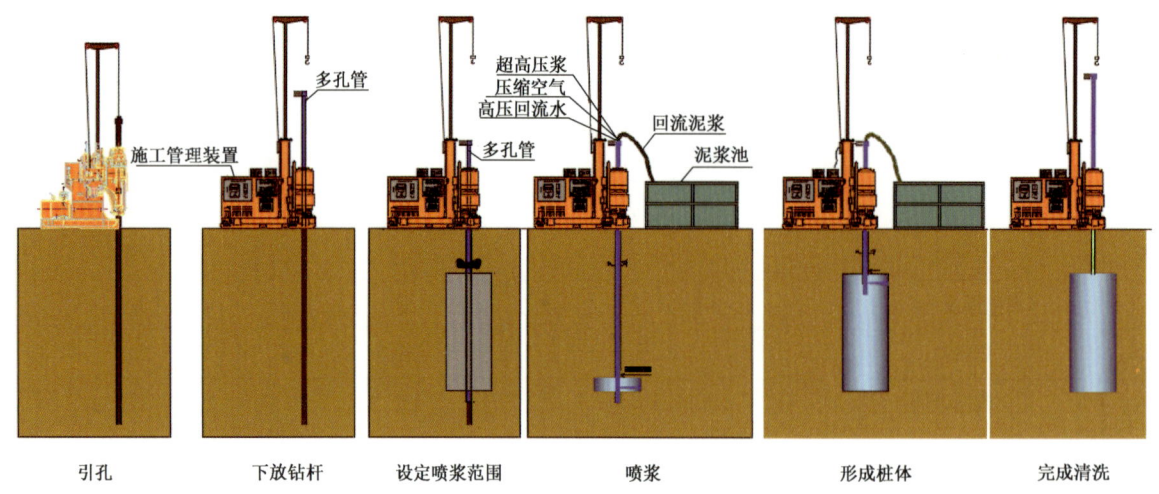

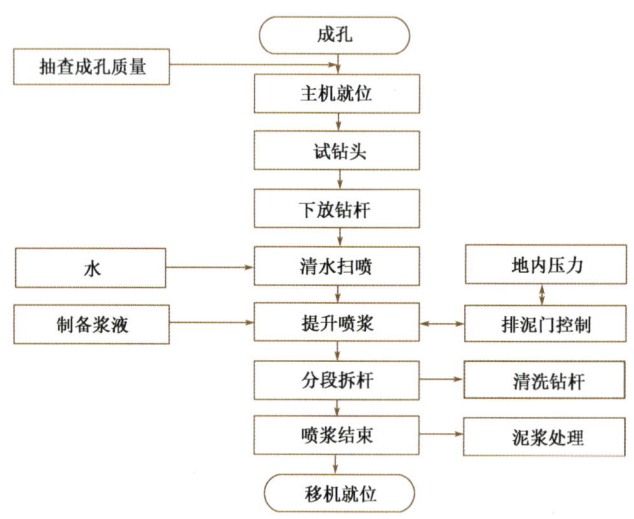

图 2-4-23 MJS 工法施工流程图

MJS 工法桩施工工艺要点 表 2-4-14

序号	施工内容	工艺要点
1	测量放线	(1) 根据测量基准点利用全站仪测放桩位。测放前,应复核测量基准点、水准点及建(构)筑物的基准线,并采取相应的保护措施。 (2) 桩位测放完成后,先由测量员自检。 (3) 自检确认无误后,报请监理工程师进行验收。 (4) 验收合格后方可允许施工,不经验收的桩位严禁使用。 (5) 桩位测放的平面误差不得大于 5mm
2	开挖沟槽	根据测放的桩位沿轴线开挖沟槽。沟槽开挖完成后,应重新复测桩位,并根据场地条件,利用钢板等铺设场地,确保后续作业安全。沟槽底宽度 1~2m,深度 1~3m
3	引孔	(1) 采用钻机配备导向切削钻头进行预钻孔施工,引孔直径根据 MJS 桩径确定。引孔深度应大于设计孔深 1m。 (2) 为保证成孔垂直度,在引孔完成后采用套筒钻头进行扫孔,然后清孔,并灌入相对密度不小于 1.1 的泥浆,以防止塌孔

续上表

序号	施工内容	工艺要点
4	主机就位	(1)MJS主机基础应坚实平整。为防止施工过程中因基础软弱发生不均匀沉降，故在钻机底部架设槽钢或铺设钢板，以确保MJS施工过程中设备的稳固。 (2)利用起重机将MJS主机吊放就位，接通主机电源，调整主机位置和方向，使MJS钻头底部中心对准套管中心，并伸缩支腿对主机进行调平，并用方木支垫结实
5	钻头试喷	(1)将钻头吊放入主机动力头内，并安装倒吸空气适配器、安装水龙头，确认各路管线在通畅的前提下进行试喷。 (2)旋转钻头使喷嘴至合适位置(应避开人群)，主机操作人员通过对讲机通知后台操作人员，依次开启主空气、200泵进行试喷，确认钻头喷射是否正常
6	下放钻杆	(1)利用主机动力头下放MJS钻头和钻杆。其间起重机配合拼接钻杆，连接钻头和地内压力监测显示器，确认在钻头无荷载的情况下清零。 (2)对接钻杆和钻头，对接时认真检查密封圈情况，看是否缺失或损坏，地内压力是否显示正常。 (3)将钻具下放至桩底高程。 (4)在每节钻杆接长过程中，相应连接地内压力数据线
7	喷射注浆	(1)钻头到达预定深度后，开始校零，使动力头"0"刻度、喷嘴、钻杆上白线处于同一条直线，然后设定各工艺参数，包括摇摆角度、引拔速度、回转数等。 (2)先开倒吸水流和倒吸空气。 (3)在确认排浆正常时，打开排泥阀门，开启高压水泥泵和主空气空压机。 (4)首先用水向上喷射50cm，压力为10MPa，然后把水切换成水泥浆，钻杆重新下放到位后，开始向上喷射注浆。 (5)在喷浆过程中，密切关注地内压力、泥浆排放情况，主动控制排泥阀门的大小，保证地内压力在规定数值之内
8	拆卸钻杆	(1)当需要拆卸钻杆时，在该根钻杆完成喷射结束之前大约30s时，将水泥浆切换成水。 (2)当200泵的压力有大幅下降时，关闭200泵，停止步进和摇晃，关闭排泥阀门。 (3)再依次通知后台操作人员关闭注浆泵、切削水泵和空压机，卸下水龙头和喷射完成的钻杆。 (4)注意在拆卸钻杆的过程中，认真检查密封圈和数据线的情况，看是否损坏，地内压力显示是否正常；如有问题，应及时排除。 (5)拆卸钻杆后，需及时对钻杆进行冲洗及保养
9	移机就位	待喷浆至设计桩顶高程，全部钻杆拆除后，直接移机下一孔位，进行其他工法桩施工
10	泥浆处理	对喷浆过程中形成的置换废浆，可集中存放在指定位置，待凝固后外运处理

4）施工质量控制标准

MJS工法施工质量控制标准见表2-4-15。

MJS工法施工质量控制标准　　　　表2-4-15

	项　目	管理标准	检查方法	频　度
1	桩位	±50mm以内	卷尺	每根
2	角度误差	气泡居中	气泡(测斜仪抽查)	每根
3	桩长	设计桩长+200mm	钻杆数量，尺寸确认	每根

续上表

项　　目		管 理 标 准	检 查 方 法	频　　度
水泥浆				
1	喷射压力	40MPa	压力计	时常
2	喷射量	90L/min	流量计	时常
3	相对密度	1.5 ± 0.02	比重计	每班 1 次
主空气				
1	压力	0.7 ~ 1.05MPa	压力计	时常
2	风量	1.0 ~ 2.0m³/min	风量计	时常
钻杆				
1	回转数	3 ~ 4r/min	秒表角度计	时常
2	提拔速度	40min/m、20min/m		
3	摇动角度	± 180°、± 90°		
倒吸水				
1	喷射压力	0 ~ 20MPa	压力计	时常
2	喷射流量	0 ~ 60L/min	流量计	时常
3	地内压力	设定值(上限、下限)	压力计	时常
4	排泥	排泥状况	目视	时常

5) 施工控制要点

MJS 工法施工控制要点见表 2-4-16。

MJS 工法施工控制要点　　　　　表 2-4-16

序号	施工控制要点	采 取 措 施
1	保证测量放线质量	(1) 为了保证工程质量,施工现场配备专业测量人员,负责测量放线工作; (2) 测量定位所用的全站仪、经纬仪、水准仪等测量仪器及工艺控制质量检测设备必须经过检定合格,在使用周期内的计量器具按国家计量标准进行计量检测控制; (3) 测量基准点要严格保护,避免撞击、毁坏,在施工期间,要定期复核基准点是否发生位移; (4) 总高程控制点的引测,必须采用闭合测量方法,确保引测结果精度; (5) 所有测量观察点的埋设必须可靠牢固,严格按照标准执行,以免影响测量精度; (6) 轴线控制点与高程控制点,必须经监理单位书面认可后方可使用
2	保证桩位偏差符合要求	(1) 施工过程中控制钻孔位置与设计位置的偏差不得大于 50mm; (2) 为确保地下连续墙接缝处的止水效果,MJS 施工前应开挖沟槽,现场核对工程桩桩位及混凝土桩头位置,并据此对桩中心进行定位,桩中心确定之后做好标识,上报总承包质量员及监理单位进行现场复核; (3) 成孔桩机安放稳固后,利用水平尺进行桩机调平; (4) 对正桩中心时,成孔桩机的主钻杆及钻头保持在自由垂直状态,使主钻杆上端吊点、动力头中心点、钻头下端尖部点对准已标记复核的桩位中心(三点一心成一个垂线)
3	保证桩体垂直度符合要求	(1) 钻机运转成孔时,桩机操作人应随时关注钻具下钻状态,使其保持竖直;如有偏差,应及时调整下钻速率; (2) 钻进时,如遇到地下障碍物、洞穴、涌水、漏水或与勘察报告不相符等情况,均应详细记录,并及时上报处理,恢复正常引孔;根据钻头的构造,实际引孔深度应大于桩设计深度 1.0m; (3) 成孔后,利用套筒钻头进行扫孔,使成孔垂直度误差严格控制在 1/150 以内; (4) 安放 MJS 主机时,进行调平稳固,并用水平尺对动力头部位进行测平复核; (5) 下放 MJS 钻具时,若遇钻头受阻时,应提钻重新扫孔; (6) 如发现钻孔倾斜时,在喷浆提升过程中可调整喷浆参数,适当增大桩径,确保止水帷幕有效厚度达到要求

续上表

序号	施工控制要点	采取措施
4	保证水泥掺量符合要求	(1) 严格按照要求检测水泥浆的相对密度，由每台班不得少于 2 次；当检测值低于 1.50 时，应增加水泥用量，确保水泥浆的相对密度达到要求； (2) 严格按照确定的参数进行施工；水泥浆喷射压力和水泥浆液流量应满足设计要求，喷浆提升速度控制在 2.5cm/min； (3) 在施工过程中，当出现其他值不变，只有水泥浆液流量不足的情况时，应停止喷浆，立即分析原因，及时采取疏通管路、更换高压管和喷嘴、检修高压注浆泵和流量计等措施，排除故障恢复正常施工。 (4) 单桩完成后，进行水泥实际消耗量与设计理论用量对比复核，确保满足水泥掺量不小于 40%；当单桩水泥掺量达不到设计要求时，应分析原因，考虑在合理位置、合理时间进行补桩或注浆补强
5	保证桩身强度和渗透性	(1) 在引孔施工过程中，应注意控制孔内泥浆液面高度，泥浆液面不得低于孔口 1m，否则应及时往孔内补充泥浆； (2) 下放钻杆前，应进行试喷，确认钻头喷射是否正常； (3) 主机的施工参数设定必须严格按照设计的施工参数执行； (4) 下放钻杆时，应检查钻杆孔内是否通畅和密封圈、信号数据线是否完好，钻杆应连接紧密，保证钻具中各管道连接的密闭性，并根据孔深计算钻杆下放数量，直至钻头喷嘴下放至桩底高程，以保证成桩深度； (5) 在喷浆前，应设置好喷射角度、回转速度、提拔速度，设定好后再喷浆； (6) 成桩过程中钻杆的旋转和提升时，喷浆必须连续不中断，如果因断电或其他特殊原因导致喷浆中断的，在恢复喷浆时，应将钻杆在断喷的位置下放 50cm，使上下新旧加固体有 50cm 的搭接，以避免出现断桩； (7) 浆液配合比必须严格控制，安排专人负责抽查浆液质量，对不合格的浆液作为废浆处理； (8) 如果因断电或其他特殊原因导致拌浆中断 2h 以上的情况，应及时排出搅拌桶中的浆液废弃，并用清水清洗拌浆桶后，重新制浆； (9) 正式喷浆开始，在喷浆过程中应密切关注地内压力、泥浆排放情况，主动控制排泥阀门的大小，保证地内压力在规范数值之内，不得超越限值，出现异常情况，应立即采取相应措施处理； (10) 采取跳桩施工工艺，但相邻 2 根桩的施工时间间隔应不大于 3d，以保证邻桩的咬合搭接

4.2.6 质量通病与防治措施

旋喷桩施工质量通病与防治措施见表 2-4-17。

旋喷桩施工质量通病与防治措施　　　　　　表 2-4-17

序号	质量通病	原 因 分 析	防 治 措 施
1	钻孔沉管困难、偏斜	(1) 遭遇地下障碍物或埋设物，如树苑、地下电缆沟、地下排污沟、建筑垃圾中大块石等，常导致钻孔沉管困难。 (2) 施工现场场地不平整或不实，钻机就位安装时就难以保证水平、周正、稳固，在钻孔沉管和旋喷注浆过程中，钻机容易发生倾斜或者移位，常导致钻孔倾斜现象。 (3) 钻杆垂直度不够，即钻杆倾斜度超过 1%，也会导致钻孔倾斜	(1) 遭遇地下障碍物或埋设物时，应及时清除地下障碍物或埋设物，或者移动桩位。在完成旋喷桩桩位测量放样后，应当在一定范围内进行钎探，主要目的是探明桩位是否存在地下障碍物或埋设物；如遭遇地下障碍物或埋设物时，若具备开挖条件，应及时开挖清除地下障碍物或埋设物。若不具备开挖条件，应及时移动桩位，调整桩间距。 (2) 高压旋喷桩施工前，应当先平整场地，确保钻机就位安装时水平、周正、稳固，并保证钻机设备在旋喷注浆施工过程中不发生倾斜或移位，同时施工过程中应当经常检查钻机是否水平、周正、稳固，如发现钻机倾斜，应当重新将钻机垫平，再进行旋喷桩施工。 (3) 高压旋喷桩施工前，应当检查钻杆的垂直度，钻杆倾斜度控制在 1% 以内

续上表

序号	质量通病	原 因 分 析	防 治 措 施
2	旋喷注浆冒浆、完全不冒浆	（1）旋喷注浆冒浆的主要原因：有效喷射范围与注浆量不相适应，造成注浆量大幅度超过喷浆固结所需要的浆量。 （2）旋喷注浆完全不冒浆的主要原因：旋喷注浆遭遇地层存在较大空隙或空洞，是旋喷注浆完全不冒浆的主要原因	（1）旋喷注浆冒浆：适当缩小喷嘴直径，提高喷射压力；采用高压泵提高喷射压力，用高压喷射浆液冲击破坏土体以获得较理想的喷射直径；适当加快注浆管提升速度和回转速度，避免因注浆管提升速度和回转速度缓慢，造成喷浆量的损失。对于冒出地面的浆液，若能够迅速收集、过滤、沉淀除去杂质和调整浆液浓度时，应及时予以回收利用。 （2）旋喷注浆完全不冒浆：在浆液中掺入适量的速凝剂如水玻璃，缩短浆液的凝结时间，使浆液在一定土层范围内凝结硬化；也可以先在空隙地段增加注浆量，待填满空隙后再进行正常喷射注浆施工
3	旋喷固结体强度不均、缩径	（1）正式旋喷注浆前，没有针对施工现场地质条件进行试喷，喷射方法和喷射参数没有根据施工现场地质条件进行选择和调整。在喷射注浆过程中，喷射注浆设备出现故障，如高压泥浆工作不正常、管路堵塞、串浆、漏浆、卡钻等，造成喷射注浆施工中断。 （2）在喷射注浆过程中，注浆管提升速度和回转速度与喷射注浆量没有形成配合，造成旋喷桩直径大小不均匀，浆液或多或少，形成高压旋喷桩固结体不均匀或缩径现象。在喷射注浆过程中，喷射浆液与喷射切割下来的土粒搅拌不充分、不均匀，直接影响高压旋喷桩加固处理效果。 （3）在喷射注浆过程中，高压旋喷桩遭遇坚硬状黏性土，容易产生缩径现象	（1）在正式旋喷注浆前，应当依据设计要求和现场地质条件进行试喷试验，选择更合理的喷射方法和机具，并调整其喷射参数；在喷射注浆施工前，应当先进行压水、压浆、压气试验，喷射注浆机械设备正常后才能配制浆液，保证施工机械设备在喷射注浆过程中正常运行，避免因机械故障造成喷射注浆中断。在水泥浆搅拌过程中，应当用筛网过滤，及时清除水泥团块、水泥包装塑料袋等杂质，避免因水泥团块等杂质造成高压泥浆泵工作不正常或管路堵塞。 （2）在喷射注浆过程中，应当密切注意检查浆液初凝时间、注浆量、风量、压力、回转速度与提升速度等喷射参数是否符合设计要求，如发现异常，应及时调整回转速度、提升速度、喷射压力和注浆量等技术参数，使注浆管回转速度和提升速度均匀，喷浆量均匀，使固结体更均匀。 （3）对容易出现缩径部位，如遇到坚硬状黏性土，应采取不提升定位旋转喷射或复喷方法扩大旋喷桩直径。严格控制水泥浆液的水灰比和稠度，尤其是冒浆的重复利用，必须加水泥重新搅拌均匀，并调整其稠度。喷射注浆过程中，喷嘴孔经常会被水泥浆磨损而孔径扩大，造成喷射压力降低的现象，因此发现喷嘴孔磨损严重时，应及时更换
4	高压旋喷桩桩顶凹穴	采用水泥浆液进行旋喷注浆时，水泥浆液与土体充分搅拌混合后的凝结硬化过程中，由于水泥浆液析水作用，均有不同程度的收缩现象，造成旋喷桩固结体顶部出现一个凹穴，凹穴的深度与水泥浆的水灰比大小、浆液析出性、固结直径大小和桩长等因素有密切联系，通常情况下凹穴深度为0.30~1.00m	（1）当喷射注浆完成后，直接从喷射孔中再次注入浆液填满凹穴为止。 （2）当喷射注浆完成后，开挖旋喷桩固结体顶部，采用混凝土浇灌方法对凹穴进行灌注，直到灌满凹穴为止，然后再进行褥垫层施工。 （3）对于既有建（构）筑物地基，必须确保既有建（构）筑物安全，多采取二次注浆方法对桩顶凹穴进行处理，即喷射注浆完成后，固结体顶部与建（构）筑物基础的底板之间存在间隙时，在原喷射孔位上采用水灰比为0.5:1的水泥浆或掺有微膨胀性材料（如锌粉）的浆液进行二次注浆，直到桩顶凹穴注满为止

4.3 搅拌桩法

4.3.1 水泥土搅拌桩法

水泥土搅拌桩(简称搅拌桩)是通过特制的深层搅拌机,沿深度方向将软土与固化剂就地进行强制搅拌,使土体与固化剂发生物理化学反应,形成具有一定整体性和一定强度的水泥土加固体,水泥土搅拌桩法是加固软黏土地基的一种成熟方法。本节以三轴搅拌桩为例,介绍相关的技术内容。

三轴搅拌机由多轴装置和钻具组成,两侧轴同向旋转喷浆,中轴逆向高压喷气。在反复进行的钻掘和搅拌过程中,将一定深度内的地基土和水泥浆、压缩空气进行充分搅拌,以水泥材料为固化剂,通过搅拌机械强行拌和,使软土硬结成具有足够强度的水泥土。三轴搅拌桩施工步序如图 2-4-24 所示。

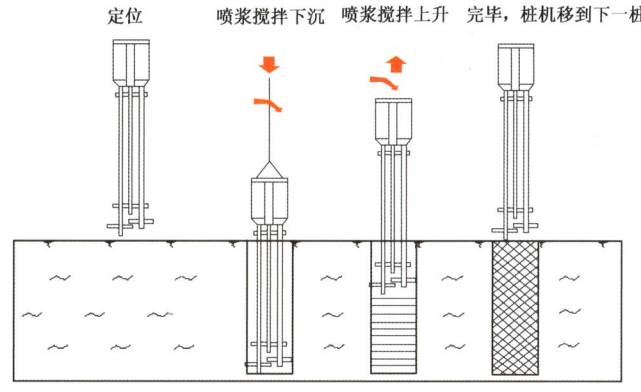

图 2-4-24　三轴搅拌桩施工步序图

1)优缺点及适用范围

三轴搅拌桩的优点:

(1)三轴搅拌桩施工时噪声低,对周边居民区的扰动大大减少,水泥浆液不会因压力太大而从土层间隙溢出污染环境;

(2)该工艺不会扰动邻近土体结构而造成建筑物下沉、管道破坏、道路破损及其他设施的移动;

(3)在施工准备期间仅需要在开挖导槽时土方外运,施工过程由钻杆上的翼片将水泥浆和土体重复搅拌,其置换的土体很少,面上仅有少量水泥浮浆,施工过程中无须土方外运。

三轴搅拌桩的缺点是工程实际应用中土体置换率较高,对场地有要求。

主要用于形成复合地基、支护结构、防渗帷幕等。既可用于地基加固,也可用于工法桩的施工。

2)施工机械

三轴搅拌桩施工所需机具见表 2-4-18,其中常见的三轴搅拌桩机示例如图 2-4-25、图 2-4-26 所示。

三轴搅拌桩施工所需机具　　　　表 2-4-18

序号	名　称	型　号	单位	数　量	额定功率	备注
1	φ850 三轴搅拌机	ZKD85-3	台	1	150kW	
2	注浆机	SYB50/50-Ⅱ	台	2	15×2kW	
3	空气压缩机	ESC50-8	台	1	37kW	6m³
4	挖掘机	1m³	台	1		

续上表

序号	名称	型号	单位	数量	额定功率	备注
5	电焊机	22kV·A 交流	台	1	22×4kW	
6	制浆桶	1m³	支	2		
7	存浆桶(池)	2m³	座	1		
8	分电箱		支	4		
9	冷却水泵	SYB50/50 型	台	2	4kW	

图 2-4-25 履带式三轴搅拌桩机

图 2-4-26 步履式三轴搅拌桩机

3）施工工艺

（1）施工流程

水泥土搅拌桩施工流程如图 2-4-27 所示。

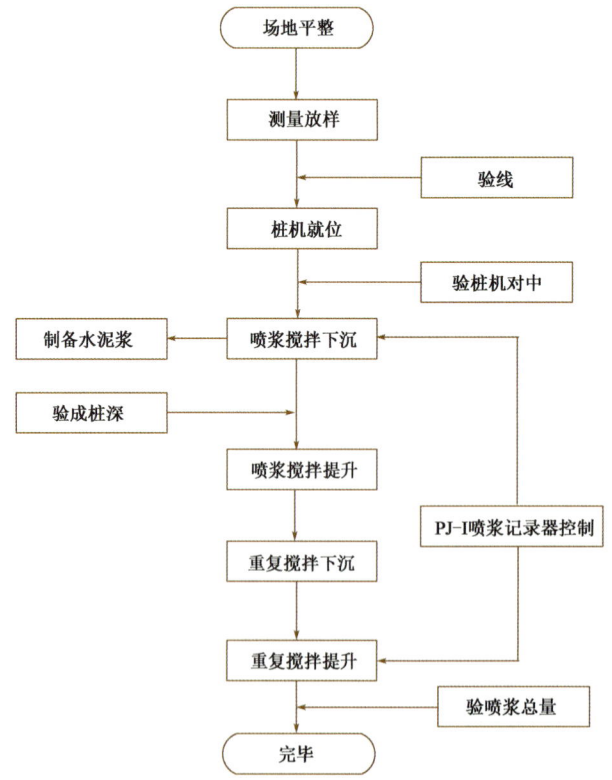

图 2-4-27 水泥土搅拌桩施工流程图

(2)施工工艺要点

水泥土搅拌桩施工工艺要点见表2-4-19。

水泥土搅拌桩施工工艺要点　　　　　　　　表2-4-19

序号	施工内容	工艺要点
1	场地平整及障碍物清理	因为该施工工艺要求连续施工,故在施工前应提前平整场地并对围护施工区域地下障碍物进行清理,以保证施工顺利进行
2	测量放样	按施工图确定三轴搅拌桩的中线及定位线,并做好临时标志,定位后做好测量技术复核,确认无误后进行搅拌施工,施工过程中,桩位平面偏差不大于50mm
3	开挖沟槽	(1)根据基坑围护内边控制线用挖土机开挖沟槽,并清除地下障碍物,沟槽尺寸宽度约1m,深度0.6~1m; (2)开挖沟槽土体应及时处理,以保证搅拌桩正常施工
4	定位与钻孔	(1)桩机移动前必须仔细观察现场情况,发现有障碍物应及时清除,移位要做到平稳、安全。桩机定位后,应对桩位进行复核,以确保无误。 (2)预搅拌下沉时不宜冲水,钻头钻进速度不大于1m/min,提升速度不大于2m/min,垂直偏差不得超过1%。 (3)在开孔之前用水平尺对机架进行校对,以确保桩体垂直度达到要求;用两台经纬仪对搅拌轴纵横向同时校正,确保搅拌轴垂直,从而控制桩体垂直度。 (4)钻孔时三轴搅拌桩采用"套接一孔""两喷两搅"施工。 (5)施工时应保证水泥能够充分搅拌混合均匀,相邻两桩施工间隔不得超过24h,并确保桩与桩之间的搭接长度
5	搅拌、注浆	(1)钻机在钻孔和提升全过程中,保持螺杆匀速转动、匀速下钻、匀速提升; (2)根据钻进和提升两种不同的速度,注入不同掺量的水泥浆液,并采取高压喷气在孔内使水泥土翻搅拌和,在桩底部分必须重复搅拌注浆,保证整桩搅拌充分、均匀,确保搅拌桩的质量
6	换土处理	由于水泥浆液的定量注入搅拌,将有一部分水泥土被置换出沟槽内,采用挖掘机将沟槽内的水泥土清出沟槽,保持沟槽沿边的整洁,确保桩体的硬化成形和下道工序的接续;被清理的水泥土将在18h之后开始硬化,将硬化的水泥土及时运出场地

机械设备沿基坑轴线移动,采用如图2-4-28、图2-4-29所示两种方法套钻,方法均安全可靠。方法一为常用的施工方法,优点是施工速度较快,适用于进行地层加固施工;方法二作为特殊情况下的施工方法,适用于进行止水帷幕或维护结构工法桩施工,可避免桩架侧向力偏移。

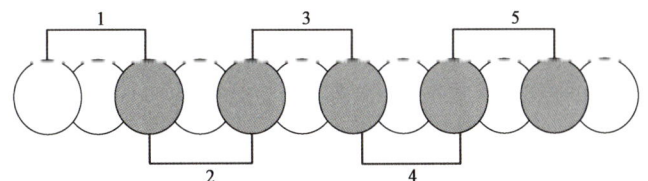

图2-4-28　单侧挤压式连接方式图

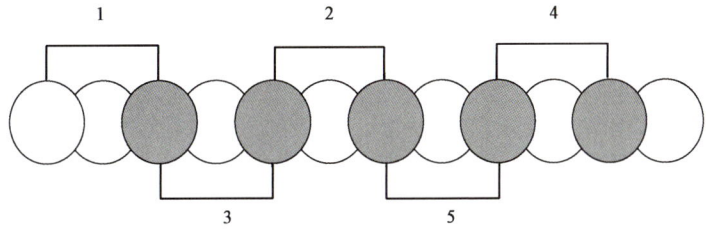

图2-4-29　跳槽式双孔全套复搅式连接图

4）施工质量控制标准

水泥土搅拌桩桩体施工质量控制标准见表 2-4-20。

水泥土搅拌桩桩体施工质量控制标准　　　表 2-4-20

实测项目		允许偏差
桩位偏差	平行基坑方向	±30mm
	垂直基坑方向	±30mm
垂直度		5‰
成桩深度		−0mm，+100mm

5）施工控制要点

水泥土搅拌桩施工控制要点见表 2-4-21。

水泥土搅拌桩施工控制要点　　　表 2-4-21

序号	施工控制要点	采取措施
1	确定持力层必须准确	桩体一般最多以进入持力层 50cm 为宜，不宜过深，否则将会发生掉桩头或桩内水泥浆外溢的情况
2	保证桩体搅拌均匀	桩机钻头应焊接至少 6 个横向搅拌刀片，且在每个横向刀片上焊接 1~2 个竖向搅拌刀片；同时保证桩体的竖向搅拌效果，竖向搅拌刀片长度大于 5cm，宽度不小于 2cm
3	保证桩身垂直度符合要求	在桩机井架的正面和侧面一定要吊挂垂球，垂球质量不小于 2kg，以防止施工时桩机倾斜，最终导致检测时桩体无法检测到底
4	保证水泥浆的配合比符合要求	每根桩所使用的的水泥浆量确保均匀充足。若所施工的桩长皆为统一长度，可将单根桩所需的水泥浆一次拌制或分两次拌制完成；当桩较短时也可一次拌制 2~3 根桩所需的水泥浆，使用时可在水泥浆罐的罐壁上焊接出每根桩需用水泥浆的深度刻度线，或水泥浆罐的罐壁上用稍大的铁块或螺母焊接出用水面和水泥浆面的准确位置，方便工人操作
5	施工过程中出现硬层	当此段硬层小于 50cm 时，若下钻相对比较容易，可稍稍放大回浆量，短时间内穿透此硬层；若下钻比较困难，不得任其缓慢钻进，一方面要及时增大回浆量，另一方面要在动力头上加大配重，并在最下面的两个横向搅拌刀片上焊接锋利的破土刀片，使其能够迅速穿透此段硬土层。当此段硬层大于 50cm 时，可将此土层作为持力层，无须继续深入
6	确保桩体喷浆和搅拌的均匀性	桩机施工时必须限定每延米的施工时间，在正常施工情况下，一般每延米的施工时间控制在 ≥4min，当地质较复杂时应适当增加施工时间
7	保证上部桩体的施工质量	根据复合地基承载力及受力分析，桩体 6m 以上的部位基本承受了上部荷载的 70% 以上，越往下部桩体受力越来越小，因此施工过程中应特别注意加强上部桩体施工控制工作

4.3.2　TRD 工法

TRD 工法施工时，首先将链锯型切削刀具插入地基，掘削至墙体设计深度；然后注入固化剂，与原位土体混合，并持续横向掘削、搅拌，水平推进，构筑成高品质的水泥土搅拌连续墙，如图 2-4-30 所示。

1）优缺点及适用范围

TRD 工法的优点：

（1）施工深度大；

（2）适应地层广泛，对硬质地层（硬土、砂卵砾石、软岩石等）具有良好的挖掘性能；

（3）成墙品质好，在墙体深度方向上，可保证均匀的水泥土质量，强度提高，离散性小，截水性能好；

(4)高安全性,重心低,稳定性好,适用于高度有限制的场所;

(5)连续成墙,接缝较少,墙体等厚,H型钢可以最佳间距设置;

(6)噪声、振动较小。

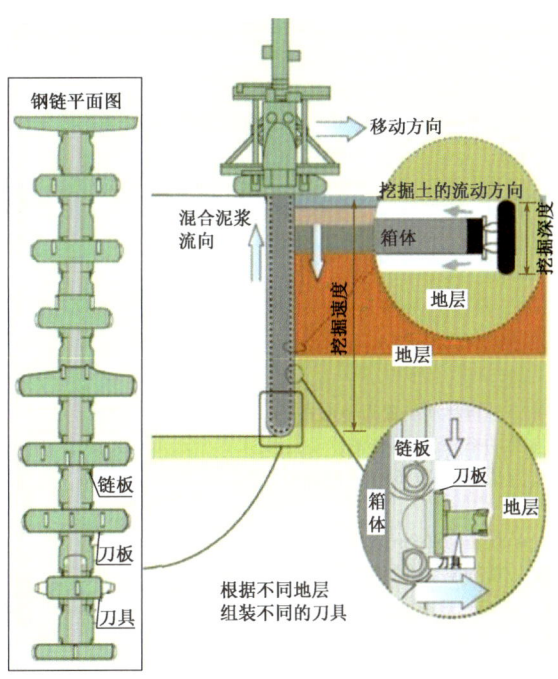

图2-4-30　TRD工法施工原理

TRD工法适用多种工况作业,主机采用全液压步履式底盘,接地比压小,横移直线度好,适应各种复杂施工场地;具有横切式施工方式和组合式短矮立柱结构特点,整机地面部分最大高度10m,能适应多种施工场地复杂工况作业。

TRD工法的缺点是在处理复杂地形及土层时施工速度较慢,设备依赖进口,维修周期长。

该工法适用于软、硬质土层,直径小于100mm的卵砾石和单轴抗压强度不大于5MPa的泥岩、强风化基岩等地质条件的槽壁加固、止水加固等。

2)施工机械

TRD工法单机设备及配套设施见表2-4-22。TRD工法设备种类较多,实际施工时可根据设计参数、场地条件等因素综合考虑选择设备类型,各种设备名称、规格见表2-4-23。

TRD工法单机设备及配套设施　　　　表2-4-22

序　号	设备名称	规　格	数　量	动力类型/功率
1	TRD工法机	CMD850	1台	柴油动力
2	履带式起重机	50t	1台	柴油动力
3	挖掘机	JS220	1台	柴油动力
4	全自动拌浆后台系统	25m³/h	1套	200kW
5	压浆泵	BW320	3台(含备用)	
6	水泥桶浆	30t	2个	

TRD 工法设备类型　　　　　　　表 2-4-23

序号	设备名称	规　格	图　片
1	TRD-Ⅲ型工法机	(1)桩机移动装置为履带式； (2)功率 513kW(柴油驱动)； (3)成墙厚度 550～850mm，最大施工深度 60m； (4)设备高度 10m	
2	TRD-CMD850 型工法机	(1)桩机移动装置为履带式； (2)功率 380kW(柴油驱动)； (3)成墙厚度 550～850mm，施工最大深度 55m； (4)设备高度 9m； (5)增加横行液压缸行程(1.4～1.8m)	
3	TRD-E 型工法机	(1)桩机移动装置为步履式(减小设备接地压力)； (2)功率为 493kW(电机驱动)； (3)成墙厚度 550～850mm，最大施工深度 60m； (4)设备高度 13m； (5)增加卷扬机提升装置	
4	TRD-D 型工法机	(1)桩机移动装置为步履式(减小设备接地压力)； (2)主动力发动机功率为 380kW，副动力电动机功率为 90kW； (3)成墙厚度 550～850mm(最大 900mm)； (4)标准挖掘深度 36m(最大 60m)； (5)外形尺寸为 11418mm × 6600mm × 10710mm	

3）施工工艺

(1)施工流程

TRD 工法施工流程如图 2-4-31 所示。

TRD 工法钻机就位施工工艺要点见表 2-4-24。

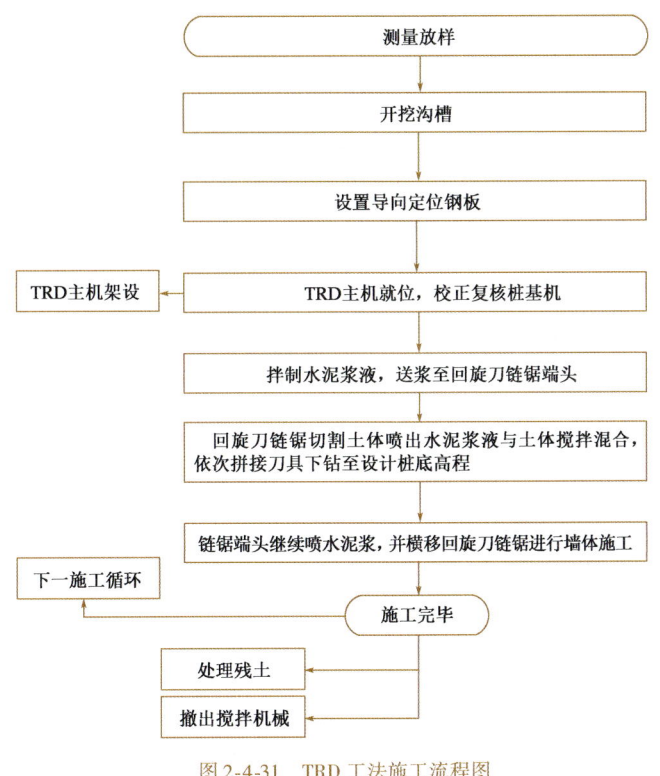

图 2-4-31 TRD 工法施工流程图

TRD 工法钻机就位施工工艺要点

表 2-4-24

序号	施工内容	工 艺 要 点
1	平整场地	施工前,必须先进行场地平整,清除施工场地围护中线内侧 15m 范围内地表及地下障碍物,尤其是表层杂填土中大部分布含有较多块石、砖块及混凝土块等建筑垃圾,施工前必须沿 TRD 工法桩机施工轴线清理干净,并保证无大块石块和混凝土块,场地全部平整至自然地面。施工场地路基承重荷载以能行走 100t 履带式起重机为基本要求
2	测量放线	施工前,先根据设计图纸和建设单位提供的坐标基准点,精确计算出 TRD 工法止水帷幕中线角点坐标,利用测量仪器进行放样,并进行坐标数据复核,同时做好护桩,并通知相关单位进行放线复核
3	开挖沟槽	根据 TRD 工法设备重量,TRD 工法止水帷幕中线放样后,对施工场地采取铺设钢板等加固处理措施,确保施工场地满足机械设备对地基承载力的要求,确保桩机的稳定性。用挖掘机沿成墙中线平行方向开挖工作沟槽,槽宽约 1.4m,沟槽深度约 1.0m
4	开挖切割箱预埋槽	用挖掘机开挖深度约 4.9m,长度约 2m,宽度约 1m 的预埋穴
5	吊放预埋箱	利用起重机将预埋箱吊放入预埋穴内
6	安全文明施工	沟槽开挖出土石方按现行《建筑深基坑工程施工安全技术规范》(JGJ 311)规定要求位置堆放,并及时清理现场,沟槽临边严禁放置任何施工器具、材料,沟槽开挖后及时对现场做好防护标识,严禁车辆及非作业人员靠近沟槽周边

(2)施工参数

①挖掘液拌制采用钠基膨润土,被搅拌土体掺入 100kg/m³ 膨润土,水灰比 W/B 为 3.3~20,施工过程按 1000kg 水、50~300kg 膨润土拌制浆液;

②挖掘液混合泥浆流动度宜控制在 160~240mm;

③固化液拌制采用 P.O 42.5 级普通硅酸盐水泥,每立方米搅拌土体掺入 25% 的水泥,即每立方米

土掺入 450kg 水泥;水灰比 1.2~1.5,施工过程每 1000kg 水泥,掺 1200~1500kg 水拌制浆液;

④固化液混合泥浆流动度宜控制在 150~280mm;

⑤围护墙体施工参数应根据成墙情况进行调整、优化,确保水泥土的抗压强度不小于设计值。

4）施工质量控制标准

TRD 水泥搅拌成墙墙体施工质量控制标准见表 2-4-25。

TRD 水泥搅拌成墙墙体施工质量控制标准 表 2-4-25

序号	检查项目	允许偏差	检查方法
1	墙深偏差(mm)	+100/-50	自行打入后用卷尺检查
2	墙位偏差(mm)	50	挖掘时用激光经纬仪、卷尺检查
3	墙厚	设计值以上	用卷尺检查
4	墙体垂直度	≤1/250	自行打入后用多段式倾斜仪监控

5）施工控制要点

TRD 水泥搅拌成墙墙体施工控制要点见表 2-4-26。

TRD 水泥搅拌成墙墙体施工控制要点 表 2-4-26

序号	施工控制要点	采取措施
1	保证桩身垂直度	(1)地基处理:平整场地,采用钢筋混凝土对 TRD 行进道路进行硬化处理;施工时,再铺设一层钢板,确保施工场地的平整度及地基承载力满足大型机械设备行走的要求。 (2)校正主机导杆垂直度:TRD 工法机拼装完成后及移位后,使用经纬仪分别从正面、侧面校正桩机立柱导向的架垂直度。 (3)安装测斜仪:切割箱打入至设计深度后,在切割箱体内安装测斜仪,实时监控切割箱面内与面外的偏差情况,并及时通过驾驶员操控调整,确保 TRD 工法搅拌墙墙体垂直度满足设计要求
2	保证浆液试块质量	(1)TRD 工法搅拌墙浆液试块的制作采用湿法采样的方法,在切割箱后面接近切割链的任意位置上进行,采样深度为 1~2m,基本可以反映搅拌墙墙体任意处的强度。 (2)浆液采集应采用专用取浆桶获取,取自固化成墙过程中浆面以下 1.0~2.0m 深度范围,尚未初凝的固化液混合泥浆浆液,再制成 7.07cm×7.07cm×7.07cm 试块脱模,经标准养护,达到龄期后,进行单轴抗压强度试验

4.3.3 CSM 工法

CSM 工法的施工工艺过程与深层搅拌技术非常相似,主要分为下钻成槽和上提成墙两个主要部分。同时分Ⅰ期、Ⅱ期槽施工成墙。在下钻成槽的过程中,两个铣轮相对旋转,铣削地层。同时通过凯式方形导杆施加向下的推进力,向下深入切削。在这个过程中,通过注浆管路系统同时向槽内注入膨润土泥浆或水泥(或水泥—膨润土)浆液,直至要求的深度,成槽的过程到此完成。在成墙过程中,两个铣轮依然旋转,通过凯式方形导杆向上慢慢提起铣轮。在上提过程中,通过注浆管路系统向槽内注入水泥(或水泥-膨润土)浆液,并与槽内的渣土相混合。CSM 工法施工原理如图 2-4-32 所示。

1）优缺点及适用范围

CSM 工法的优点：

(1)适用范围广泛。整机高度仅 10.1m,特别适宜架空高压线下方等高度受限部位施工。

(2)设备稳定性好。通过低重心设计,与其他方法相比,机械设备的高度大大降低,施工安全性提高。

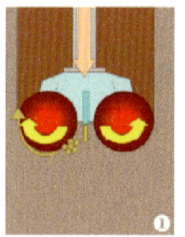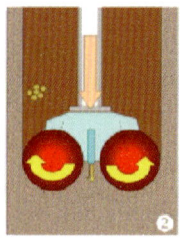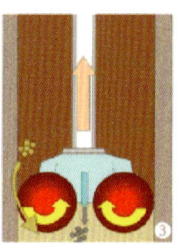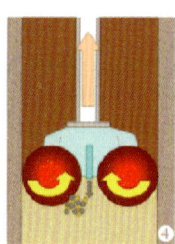

下钻成槽　　　　　　　上提加固

图 2-4-32　CSM 工法施工原理

(3) 高精度施工。在水平方向和垂直方向可以进行高精度施工。

(4) 连续墙深度方向的品质均一,离散性小。

(5) 适应地层比较广泛,对硬质地层(硬土、砂卵砾石、软岩等)具有良好的挖掘能力。

(6) 止水性能优异,墙体等厚,无缝连接。

(7) 通过角度调节,可施工斜墙。

(8) 具有优良的环保性能,节省材料。

CSM 工法的缺点主要表现在地质条件比较复杂则难以施工,钻杆损耗大。

该工法的适用范围广泛,主要用于地基加固、防渗墙施工、临时基坑支护等,但多适用于松软地基,如果地质条件比较复杂,则难以施工。

2) 施工机械

CSM 工法单机及配套设施见表 2-4-27 及图 2-4-33。

CSM 工法单机及配套设施　　　　表 2-4-27

序号	机械设备名称	规格型号	数量	施工部位	用电功率
1	挖掘机	PC200	1	场地平整	—
2	起重机	DH500	1	材料转运	—
3	双轮铣桩机	LZ80-SC45	1	隔离桩施工	375kW
4	空压机	—	1	隔离桩施工	75kW
5	搅拌机	UJ6	1	—	7.5kW
6	泥浆泵	HB6-350	1	—	15kW
7	储浆桶	10m³	1	—	—

图 2-4-33　CSM 工法机

3）施工工艺

（1）施工流程

CSM 工法施工流程如图 2-4-34 所示。

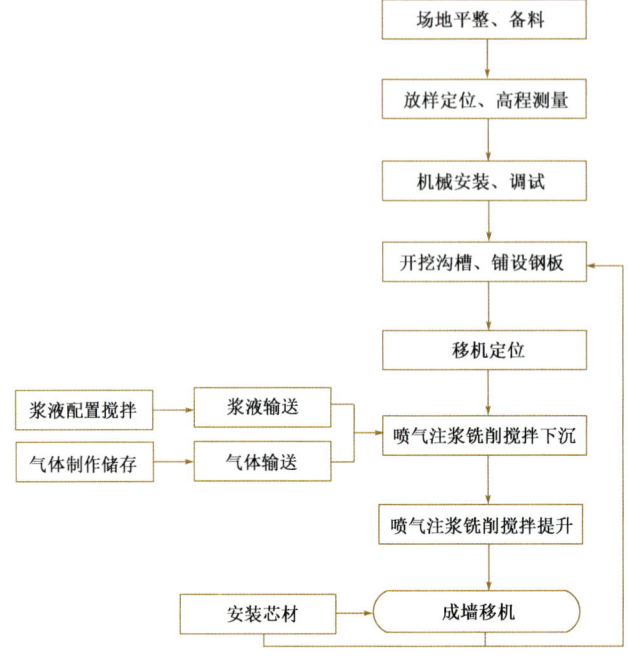

图 2-4-34　CSM 工法施工流程图

（2）工艺要点

CSM 工法施工工艺要点见表 2-4-28。

CSM 工法施工工艺要点　　　　　　　　　　　　表 2-4-28

序号	施工内容	工艺要点
1	检查 CSM 工法设备并测量放样	（1）施工开始前，首先应检查 CSM 工法设备（双轮铣）的各个零部件、各连接管线是否正常，并提前运行调试，确保运行正常； （2）根据提供的坐标基准点进行放样定位及高程引测，并做好标志，复核准确后做好外偏 1m 控制定位辅助线
2	场地平整开挖导槽并设备就位	（1）根据施工要求及测量放样定位情况，将施工范围内 10m 左右的场地进行平整，有泥浆坑处应进行换填碎石砖并碾压夯实，确保平整后铺设供双轮铣行走的钢板； （2）挖掘机开始开挖导槽，导槽宽 1m，深 1.5～2.0m，长度可超前主机 10m 左右； （3）双轮铣对点就位，接通各种管线，把铣头和导槽槽段对齐，并调整垂直度，若无设计要求，一般垂直度允许偏差不大于 1.5% 桩长
3	制配水泥浆	根据设计图纸要求的水灰比，在后台水泥浆搅拌站输入水灰比参数，通过计算机配浆系统自动制备好下钻、提钻等不同阶段的水泥浆
4	铣削下钻搅拌	（1）由于各项目地层条件不同，根据设计图纸要求可选择清水或注浆铣削下钻搅拌，其主要在于是否需要注浆护壁进行铣削下钻，以防塌孔； （2）注浆下钻搅拌时速度不宜过快，不宜超过 1m/min，应确保水泥土搅拌均匀，下钻水灰比应符合设计要求，随时检查桅杆垂直度，结合地质勘察报告根据实际进尺速度、设备压力表值及设备抖动情况确定各地层深度，并调整注浆量，确保各地层注浆量满足理论土层水泥掺量要求； （3）如遇地质复杂的砂卵层，可复搅一遍

续上表

序号	施工内容	工艺要点
5	提钻喷浆搅拌成墙	当双轮铣钻进至设计深度时提钻,提钻喷浆时提钻水灰比应符合设计要求,机头提升速度应不大于0.5m/min,确保水泥土搅拌均匀,成墙有效
6	残土处理后移机走位施工下墙	(1)双轮铣提钻阶段时铣头两组铣轮向内侧旋转,只喷射水泥浆形成水泥土墙体。 (2)钻进过程会置换出来一部分水泥残土,应及时用挖掘机将导槽内的残土挖出,集中堆放,待固结后外运处理。 (3)双轮铣移机走位即可施工下一幅墙,前后墙咬合搭接长度应大于200mm

(3)施工参数

CSM 工法施工主要参数见表 2-4-29。

CSM 工法施工主要参数　　　　　　表 2-4-29

序号	内容	参数	序号	内容	参数
1	桩径	2800mm×850mm	6	水泥掺量	35%
2	水灰比	1.2	7	成桩垂直度控制	不大于0.5%
3	无侧限抗压强度	≥1.0MPa	8	浆压力	2.0~2.5MPa
4	双轮下沉速度	1.2~1.4m/min	9	双轮提升速度	0.28~0.5m/min
5	气压力	0.5~0.8MPa	10	浆流量	500~640L/min

4)施工质量控制标准

CSM 工法施工质量控制标准见表 2-4-30。

CSM 工法施工质量控制标准　　　　　　表 2-4-30

序号	检查项目		允许偏差或允许值	检查数量		检验方法
				范围	点数	
1	导墙	导墙轴线平面偏差(mm)	±10	每施工段	2	拉直线尺测量
2	泥浆	新鲜"泥浆"相对密度	1.03~1.10	每30m³	1	比重计测量
		清孔后槽内"泥浆"相对密度	≤1.15	槽内上部、中部和离槽底20cm处	3	
3	成槽	垂直度	3/1000	每幅槽段	3	超声波测斜仪测量

5)施工控制要点

CSM 工法施工控制要点见表 2-4-31。

CSM 工法施工控制要点　　　　　　表 2-4-31

序号	施工控制要点	采取措施
1	保证施工墙体垂直度	场地满足 CSM 大型设备的行走及施工,要求施工现场平整并做好路面硬化工作;若无硬化路面,设备行走及施工时均应铺设钢板(路基箱),保证设备稳定性,以便更好控制施工墙体的垂直度
2	严格控制定位放线	CSM 每幅槽段施工前需采用5m卷尺对相邻槽段间距进行复核,确保槽段之间的准确搭接;每天注浆结束位置应做好标记,保证搭接质量
3	水泥浆液配合比符合要求	严格按设计要求配合比配制水泥浆液

4.3.4　质量通病与防治措施

搅拌桩施工质量通病与防治措施见表 2-4-32。

搅拌桩施工质量通病与防治措施   表2-4-32

序号	质量通病	原 因 分 析	防 治 措 施
1	桩位偏差大	(1) 对准措施不到位,钻机在前进、倒退过程中,因溢浆漫流、视线阻隔,操作人员无法看到设计桩位点的位置; (2) 因地质情况复杂,钻机下沉中途遇到较大粒径的卵石、孤石难以下钻,不得提钻杆后移位重钻,这种情况下,桩位偏差一般在20~30cm	(1) 在钻机操作平台上焊接一根钢筋,根据机型,一般来说钻杆距钢筋控制点的位置为2倍的桩距。以1.5m的桩距为例,钢筋焊接点距钻杆中心的距离为3m,控制线的侧面为两排桩的距离。等边正三角形的高为1.3m,两排桩的距离为2.6m,用重线锤的方法对准。 (2) 如果因地质原因遇到孤石重钻,这属于补桩的特殊情况,在记录中表述清楚即可
2	垂直度偏差过大	(1) 目前的钻机大多采用支腿式机型,如果地形不平,四条腿支的不平或个别腿支撑不牢固,容易导致机架倾斜,机架倾斜则钻杆不垂直; (2) 部分支腿不牢固,机架晃动大,也可导致钻杆不垂直,垂直度偏差过大	(1) 在机架上挂垂线,在机架横梁上画出中线,只有机架垂直才能钻杆垂直,只有钻杆垂直才能桩体垂直; (2) 保证每条支腿都与地基充分接触受力,只有支撑牢固才能保证机架稳定,只有机架稳定才能预防钻杆倾斜
3	喷浆不正常	(1) 注浆泵损坏; (2) 注浆口被堵塞; (3) 水泥浆中有硬结块及杂物等,也可将管路堵塞,影响喷浆; (4) 水泥浆的水灰比不对,稠度不适合,水灰比过大,成桩效果差,水灰比小,泵浆困难; (5) 水泥浆泵的调速器运转不正常,泵浆压力不对; (6) 水泥浆管道太长,中间弯曲度太大	(1) 施工前必须对注浆泵、搅拌机等机械进行试运转; (2) 班组工作结束时对注浆泵、注浆口等部位进行清洗; (3) 喷浆口应安装止回阀; (4) 在钻头喷浆口上方,最好设置越浆板,防止喷浆口被堵塞; (5) 在集浆池的上部应设置细筛过滤,以防杂物及硬块进入管道中; (6) 选择合适的水灰比,具体水灰应通过试桩进行对比试验来确定
4	抱钻	(1) 施工工艺选择不当; (2) 黏性土的颗粒之间的黏结力比较强,水泥浆与土不易均匀拌和,在搅拌过程中很容易出现抱钻现象; (3) 在地层中出现砂砾层,因搅拌振动,卵石挤在钻杆的周围; (4) 发生机械故障,如钻杆上的轴承损坏; (5) 长时间停电达3h以上,导致水泥凝固,将钻杆抱紧抱死	(1) 对于不同的土层,选择合适的施工工艺。在正式开工前应对地层结构进行充分的了解,必要时做地质钻探。 (2) 搅拌机沉入前,桩位处要注水,使搅拌头的表面湿润。当地表为软黏土时,可适当加入一定量的砂,从而改变土的黏度,防止抱钻头
5	冒浆	(1) 有些土虽然不是黏土,但上覆压力大,持浆能力差,很容易冒浆; (2) 钻杆钻进过程中遇到坚硬的持力层或孤石,进入缓慢,但浆液正常泵送,搅虚的土体中水泥浆达不到饱和状态而溢浆; (3) 钻杆提升过程中,上升速度过快,搅拌不彻底,但水泥浆泵的压力不减,造成冒浆	(1) 对在输浆过程因土体的持浆能力影响而出现的冒浆现象,导致实际输浆量小于设计用量,可以采用以下办法:输水搅拌—输浆拌和—搅拌的工艺。同时搅拌机的转速提高到500r/min,钻进速度降到1m/min,使土与水泥浆充分拌和,减少冒浆。 (2) 遇到坚硬的持力层或孤石时,减少泵浆压力,保持钻进与喷浆协调,可以减少冒浆(溢浆)。 (3) 提升过程中速度不宜过快,泵浆压力不宜过大

续上表

序号	质量通病	原因分析	防治措施
6	桩顶强度低	(1)表层加固的效果比较差； (2)因地基表面覆盖压力比较小，在拌和过程中，土体上提，很难拌和均匀； (3)在桩顶处钻杆的提升速度过快，注浆量不足(特别是存在虚桩的工程部位，其桩头的位置不易掌握)； (4)水灰比过大； (5)水泥的质量不高或者水泥的品种不同(对于矿渣水泥早期的强度比较低)； (6)清洗管道后，水未排除干净，便注入桩体； (7)部分施工队为提高生产效率，边加水边加水泥，边搅拌边使用，水灰比不均匀； (8)桩顶部位未用钻头压磨	(1)从桩顶开始向下1m范围内做好加强段，进行一次复拌加注浆，同时提高水泥掺量15%左右； (2)在设计桩长及桩顶高程时，应考虑挖除30cm，以加强桩顶强度； (3)严格控制水灰比，在水泥用量可控、压力允许的前提下，尽量选用水灰比小的水泥浆； (4)一次拌好一根桩用的水泥浆，拌好后再用，不能边加水边加水泥，边搅拌边使用； (5)从机架标志线上看到将到桩头时，降低提升速度，保证足够大的水泥量； (6)钻头在桩顶部位压磨停留30s左右
7	桩体不均匀	(1)施工工艺不合理； (2)搅拌机械、注浆机械中途发生故障，导致注浆不连续，供水不均匀，使软黏土被扰动，无水泥浆拌和； (3)搅拌机械提升速度不均匀； (4)搅拌机的提升速度与喷浆压力不匹配； (5)第一次下钻时带水下钻； (6)清洗管道后，水未排除干净便注入桩体； (7)制浆不规范，边加水边加水泥，边搅拌边使用； (8)喷浆过程中出现断浆现象(如制浆不足、机械故障等)； (9)浆液离析； (10)每盘浆液的水灰比不同	(1)选择合理的施工工艺； (2)施工前对制浆设备、注浆设备、输浆管道、搅拌机械、各种仪表等进行检查和维修，保证其处于良好状态； (3)水泥浆的搅拌时间一般不小于2min，如果条件允许，最好达到3min，增加拌和次数，使浆液均匀，预防浆液沉淀； (4)提高搅拌转速，降低钻机速度，边搅拌，边提升，提高拌和的均匀性； (5)注浆设备保证完好，注浆速度尽量均匀，切不可忽多忽少，甚至断浆； (6)如果在配合比设计中有固化剂添加，不得随意加水，以防改变水泥浆的水灰比； (7)如果因机械故障中途停钻，修复后定位向下延伸50cm，最佳延伸1m
8	桩径偏小	(1)钻头叶长磨损严重，超过了1cm； (2)水泥浆相对密度太小； (3)复搅不到位，甚至不复搅； (4)喷浆压力太小，压力小于0.4MPa，水泥浆泵的调速器转速小于500r/min； (5)输浆管道过长； (6)提升速度过快	(1)如果钻头叶片损坏严重，及时更换叶片； (2)水泥浆的密度宜大不宜小，对于0.5的水灰比，其对应的水泥浆密度为1.823g/cm³，水灰比越大，水泥浆的密度越小，成桩效果越差，桩径越小； (3)为提高成桩效果，保证桩径，必须复搅，甚至三搅、四搅； (4)喷浆压力一般宜控制在0.4~0.7MPa之间，水泥浆的调速器转速控制在500~800r/min之间； (5)输浆管道长度一般控制在100m以下，最好50m左右； (6)提升速度应适中，尽量控制在0.5m/min，保证足够的浆液与土体混合
9	复合地基承载力不足	(1)水泥浆用量不足； (2)桩长不够； (3)桩径太小； (4)水泥存在严重质量问题，水泥的早期强度偏低，水的pH值不对，利用河水、海水、湖水、污水等杂质多，酸碱度不适宜，甚至与水泥发生不良反应； (5)桩底部位未压磨； (6)桩顶部位未压磨； (7)设计的桩径、桩距、桩长、水泥用量不足以满足要求	(1)保证单桩的质量，从而保证复合地基承载力达到要求； (2)桩底、桩顶压磨时间不得小于30s； (3)选用合适的原材料

4.4 注浆法

1) 特点及适用范围

基坑地层注浆加固是把具有充填和凝胶性能的浆液材料,通过配套的注浆机具压入所需加固的地层中,经过凝胶硬化后充填和堵塞地层中的空隙,减小注浆区地层渗水系数及坑道开挖时的渗漏水量,并能固结软弱和松散岩体,使地层强度和自稳能力得到提高。按注浆方法可以分为钻杆注浆法、单过滤管注浆法、双层管双栓塞注浆法(以袖阀管法最为先进)、双层管钻杆注浆法等,本节主要介绍袖阀管法的相关施工技术内容。

施工中采用袖阀管注浆加固既有建筑物,通过地面预注浆的方法在既有建筑物基础和结构之间形成一道竖向止水帷幕,切断基础地基与结构上方失水区域两者之间的水流联系,同时挤密加固土体,而不至于影响既有建筑物基础和地基,实现既有建筑物沉降不超标的效果。

注浆法的特点:

(1) 灌浆过程具有可控性。具有上下两个止浆塞形成止浆系统,能将浆液限定在注浆区域的任一段范围内进行注浆,达到分段注浆的目的。

(2) 止浆系统在光滑的袖阀管内可以自由移动,可根据需要在注浆区域内某一段反复注浆。

(3) 根据地层特点,可在一根注浆管内采用不同的注浆材料,选用不同的注浆压力进行注浆施工。

(4) 适用范围较广泛,即适于渗透性较好的土层,又适于渗透性较差的土体。

(5) 由于骨架效应的存在,浆脉在土体中形成了复合结构,更由于袖阀管在土体中的存在,使这种复合结构犹如加筋土一般,效果更加明显。

(6) 在场地狭窄净空高度小的情况下仍可进行作业。

袖阀管能进行定深、定量、分度、分段、间歇、重复注浆,集中了劈裂注浆法、压(挤)密注浆法和渗入注浆法的优点,适用于地质条件复杂、断层破碎地带、富水地层地段、场地狭窄情况下的地基加固。

2) 施工机械

单套袖阀管注浆机械设备见表2-4-33。

单套袖阀管注浆机械设备 表2-4-33

序号	设备类型	机械名称	数量	性能参数	备注
1	钻孔设备	BJ925S 型钻机	1台	电动功率30kW,潜孔锤钻头直径90mm,合金三叶钻头直径90mm	开山牌
		CG-16/13GY 螺杆空压机	1台		开山牌
2	注浆设备	ZB1-150 型注浆泵	2台	驱动功率11kW,流量50L/min,压力控制在0.1~7MPa	防震压力表监测注浆压力
3	制浆设备	L-300 制浆机	1台		慢速

(1) 钻孔设备

钻孔施工采用动力头式全液压钻机,该钻机具有转速范围宽、力矩大、给进行程长等特点,即适用于复合片钻进、硬质合金钻进及冲击回转钻进。该钻机为分体式,由主体、液压缸、操作台三部分组成,具有轻便、容易操作等特点,如图 2-4-35 所示。

(2)注浆设备

注浆设备采用单缸双液往复式注浆泵。该注浆泵压力、流量是靠调节液压油流量来实现,可以在泵的运转过程中任意调节。该泵体积小、重量轻、操作简单,如图 2-4-36 所示。

图 2-4-35　动力头式全液压钻机

图 2-4-36　单缸双液压往复式注浆泵

3)施工工艺

(1)施工流程

袖阀管注浆法施工流程如图 2-4-37 所示。

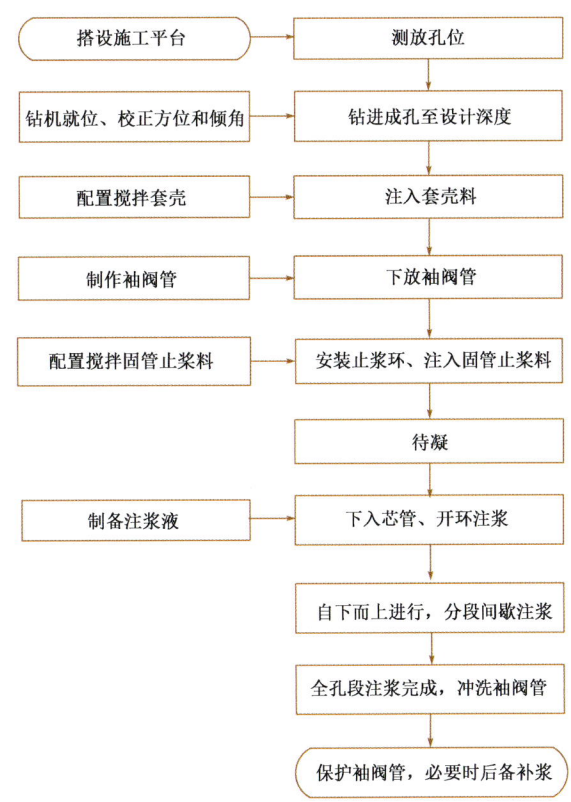

图 2-4-37　袖阀管注浆法施工流程图

(2)工艺要点

袖阀管注浆法施工工艺要点见表 2-4-34。

袖阀管注浆法施工工艺要点　　　　　　　　　表 2-4-34

序号	施工内容	工 艺 要 点
1	钻机安装、就位	(1) 钻机进场安装后,桩位现场采用全站仪进行精确测量每个孔位,检查无误后,方可就位; (2) 钻机就位时,底座必须水平,机身稳固可靠; (3) 调整钻机高度,立杆对正孔位中心,将钻头放入孔口管内,使孔口管、立轴和钻杆在同一垂线上,钻杆倾斜度不大于1%
2	成孔	(1) 钻机就位检查合格后,开始进行钻孔; (2) 结合现场实际情况,在成孔过程中,施工人员随时注意内孔返浆的变化,及时调整成孔施工工艺,确保成孔顺利,成孔深度一般要求比设计深度深 30~50cm; (3) 做好每根孔的钻进记录,特别是地质情况,为注浆加固提供依据
3	清孔	钻孔深度符合设计孔深后,拔出钻杆,连接注浆管放入孔内,用注浆泵向孔内泵送大量清水,将孔内泥浆和剩渣冲出孔外,直至孔口返出清水
4	袖阀管安装	(1) 安装袖阀管时,按要求注浆段下花管,非注浆管下实管(花管为注浆管,实管为隔离输浆管),安装袖阀管时高出地面 20~30cm; (2) 安装下沉过程中及时在管内充满清水,克服空管安装时的浮力,同时检查管节连接的密封性; (3) 下管时尽量使袖阀管置于孔中心,花管连接牢固,袖阀管下底端要套好锥形堵头,上顶露出地面端要戴好保护帽
5	固管止浆段注浆	(1) 袖阀管安装完到位后,进行止浆段注浆施工; (2) 在非注浆段袖阀管外壁与孔壁之间的环状间隙处下入注浆管,在孔口上部 2m 段压入注浆固管料,直至孔口返出浓浆为止,孔口浆面下沉后应多次注浆,保证固管止浆效果
6	注浆施工	袖阀管注浆要待孔口段止浆料凝固后才能进行注浆加固,待凝时间控制在 2~5d
7	拔管及后续注浆措施	(1) 拔管:注浆结束后及时进行注浆管的拔出工作,注浆管上提一般是在压力值和注浆量达到设计值时进行,由于注浆管下插较深,所以上提注浆管要用力均匀,及时快速,并按一定的步距进行,直到完全拔出。 (2) 后备注浆:每根注浆完成,注浆管拔除后,用 φ20mm 水管插入袖管内孔底,泵入清水,把袖阀管内残留水泥浆冲洗干净,以备二次注浆。同时袖阀管管口用胶布封上,以备在以后开挖过程中地面出现沉降时进行后续注浆
8	封孔标识	(1) 注浆结束拔出注浆管后,将露在外面的袖管采用上封帽进行封盖,并用铁线绑扎固牢,防止管帽盖脱落、管内落入杂物,影响后期注浆。 (2) 为方便记录,在露出地面部分的管体上用油漆进行桩号标识,并做好施工记录

4) 施工质量控制标准

袖阀管注浆法施工质量控制标准见表 2-4-35。

袖阀管注浆法施工质量控制标准 表 2-4-35

序号	检查项目	允许偏差或允许值	检查方法
1	注浆体强度	设计要求	查产品合格证书或送检
2	地基承载力(kPa)	250	按规定方法
3	注浆材料称量误差(%)	≤3	抽查
4	注浆孔位(mm)	±20	尺量
5	孔深(mm)	±100	尺量注浆管长度
6	注浆压力(与设计参数比,%)	±10	检查压力表读数

5）施工控制要点

(1) 施工过程中如遇到障碍物或钻头不下等情况，应暂时停止施工，并及时向现场负责人及有关技术人员、设计人员报告，研究处理。

(2) 为保证施工方法正确，应派专职技术管理人员在场负责，并做好现场的施工记录，交建设单位施工负责人员签证。

(3) 必须严格按图纸、施工方案及有关施工规定施工，不得随便更改施工方案及施工工艺，如有某种情况需要更改时，经技术负责人和施工负责人及设计人员研究批准后书面通知才允许施工。

(4) 做好各种施工机械设备的保养、检修工作，保证施工过程中机械设备的正常运转。

(5) 按建设单位提供的控制轴线和控制点，根据设计图纸测放出注浆孔位，开工前专人复核检查注浆孔位。

(6) 严格掌握好水泥用量，注浆施工时，应尽量保证各孔注浆量均衡。

(7) 钻孔机对准孔位，调整好成孔角度，并保证成孔角度。

(8) 在施工过程发现异常情况应及时汇报，以便采取适当措施解决问题，严禁盲目施工。

(9) 采用强度等级42.5级的合格水泥，不得使用受潮结块水泥。水泥进场必须附有出厂检验单，自检及抽检检测的各项指标必须合格。

(10) 浆液必须严格按照试验确定的配合比进行拌制，拌制时应先清水搅拌，然后再投入水泥搅拌均匀，搅拌时间不少于5min，并在整个注浆过程中不停地慢速搅拌，搅拌筒内底部不能有水泥凝结。

(11) 浆液配制严格按照配合比要求进行，配浆时最大误差不得大于±5%。

(12) 浆液搅拌必须均匀，水泥搅拌时间为3~5min，但不得超过30min；未搅拌均匀或已沉淀的浆液严禁使用。

(13) 注浆速度控制为20~30L/min。注浆由孔底向上分段连续进行，分段间距1.0m。

(14) 注浆过程中，时刻注意泵压和流量的变化，若注浆量很大或压力突然下降、注浆压力长时间不上升，应查明原因；若工作面有漏浆，可采取封堵措施。

4.5 工程实例

工程实例见附件 2-4-1。

本章附件

附件 2-4-1　工程案例

第 5 章 地下水控制

基坑工程中,地下水控制是重中之重,常采用降水、隔水(堵水)和回灌三种处理方法,但这些方法往往不是单一的,多综合使用。原理上,基坑影响范围内地下水位的降低靠排水(集水明排)或抽水(井点降水),对富水地区的地铁基坑工程,设置降水井抽水是主要措施。隔渗帷幕的作用是改变抽排水过程中"水漏斗"的形状,降低对基坑周边的影响。为了使基坑开挖过程中基坑周围地下水位下降较小,避免影响邻近建筑物及地下管线的正常使用,有时需设置回灌井点。本章针对地铁基坑工程中的地下水控制,重点介绍降水及部分隔水措施。

5.1 地下水特性及控制方法

地下水泛指一切存在于地表以下的水,受大气降水影响,随季节变化,其径流、补给与邻近江河湖海联系密切。在影响基坑稳定性的诸多因素中,地下水占突出地位,基坑工程事故多数与地下水的作用及处理不当有关。地下水对基坑工程的危害,除了水压力对支护结构的作用引起土的物理力学性能指标降低外,更重要的是基坑涌水、渗流破坏(流砂、管涌、坑底突涌)引起地面沉陷和抽(排)水引起地层固结沉降等。基坑工程须高度重视地下水控制,其目的是根据场地工程地质、水文地质及岩土工程特点,通过采取可靠措施防止因地下水不良作用引起基坑失稳及降低对周边环境的影响。

5.1.1 地下水类型及特性

1) 地下水类型

地下水按埋藏条件不同,可分为上层滞水、潜水、承压水,如图2-5-1所示。

上层滞水:埋藏在离地表不深、包气带中局部隔水层之上的重力水。一般分布不广泛,呈季节性变化,雨季出现,干旱季节消失,其动态变化与气候、水文因素的变化密切相关。

潜水:埋藏在地表以下、第一个稳定隔水层以上、具

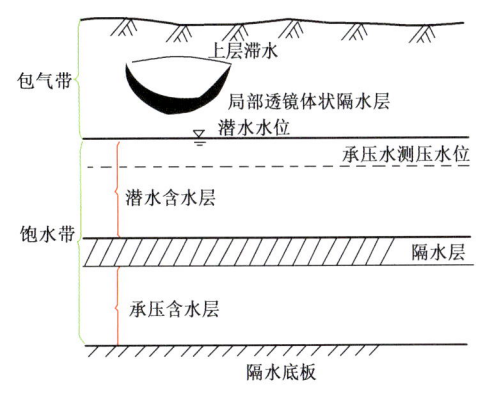

图 2-5-1 地下水埋藏示意图

有自由水面的重力水。潜水在自然界中分布很广,一般埋藏在第四纪松散沉积物的孔隙及坚硬基岩风化壳的裂隙、溶洞内。

承压水:埋藏并充满两个稳定隔水层之间的含水层中的重力水。承压水受静水压作用,补给区与分布区不一致,动态变化不显著,承压水不具有潜水那样的自由水面,所以它的运动方式不是在重力作用下的自由流动,而是在静水压力的作用下,以水交替的形式运动。

2)地下水特征

地下水类型及相应基坑工程地下水控制原则见表2-5-1。

地下水类型及控制原则　　　　　表2-5-1

序号	类型		含水层性质	水力特点	分布区与补给区的关系	动态特征	含水层状态	含水层分布及水量特点	控制原则
1	上层滞水	孔隙水	人工填土、淤泥透镜体中水,多年冻土融冰层水	无压	一致	随季节变化	层状或透镜状	空间分布的连续性差,有时水量较大	多采用竖向帷幕和坑内集水明排
2	潜水	孔隙水	第四系粉土、砂、卵砾石、黄土,第三系半胶结砂砾岩,冻土层中水,岩浆岩全、强风化带中水	自由水面处无压	一致或临近地表水体补给	随季节变化	层状	含水层分布及含水特性受所属的地貌单元、地层时代、地层组合控制,宏观规律性强	宜采用竖向帷幕,井底能落入隔水底板时采用封闭式降水,否则采用开放式降水
3	潜水	裂隙水	各类岩体的卸荷、风化裂隙带中水,构造裂缝、破碎带内水	表面无压、局部低压	一致或相邻富水区补给	随季节变化	层状、带状	分布及含水性受岩性和构造影响明显,总体上水量不大	多采用集水明排
4	潜水	岩溶水	可溶岩体的溶蚀裂隙和溶洞中水		一致或临近地表水体补给	随季节变化	层状、脉状	受岩溶发育规律控制,包气带岩溶季节性含水,其水量不大。饱水带一般水量不大,有时较大	可采用集水明排或管井降水
5	承压水	孔隙水	第四系层间粉土、砂、卵砾石、黄土,第三系半胶结砂砾岩层间含水层中水,多年冻土层下部含水层中水	承压	不一致	随季节变化	层状	冲积平原、河流阶地、河间地块、古河道等均具有二元结构特征,承压水头较高,水量丰富。三角洲和滨海平原具有互层特性	宜采用管井降水或竖向及封底帷幕加封闭式降水
6	承压水	裂隙水	基岩构造盆地、向斜、单斜、断层带中水	承压	不一致	随季节变化不明显	层状、带状	分布受岩性地质构造控制,一般水量不大	很少涉及,如有涉及可集水明排
7	承压水	岩溶水	临近江、河、湖、海岩溶带中水,构造盆地、向斜、单斜构造中可溶岩层中岩溶水		有季节性变化或随季节变化不明显		层状、脉状	临近地表水体可溶岩体岩溶发育带呈层状分布。总体上含水丰富、水量大	较少涉及

3)含水层划分

地下水赋存于岩土中,岩土根据渗透性大小分为含水层、透水层、隔水层。含水层能透过和给出相当水量,隔水层透水和给水量微不足道,透水层的渗透性介于两者之间。地层透水性强弱,主要衡量标准是渗透系数 k 值。按 k 值划分岩土渗透等级可参见表2-5-2。

岩土渗透等级　　　　　　　　　　　　　　　　　　　表 2-5-2

序号	类　别		强透水	透　水	弱透水	微透水	不透水
1	渗透系数 k 值	m/d	>10	10~1	1~0.01	0.01~0.001	<0.001
2		cm/s	$>1\times10^{-2}$	$1\times10^{-2}\sim1\times10^{-3}$	$1\times10^{-3}\sim1\times10^{-5}$	$1\times10^{-5}\sim1\times10^{-6}$	$<1\times10^{-6}$

注：1. 对微透水及不透水层，基坑工程可不采取地下水控制措施。
　　2. 弱透水、微透水及不透水层为隔水层。

4）水文地质参数

基坑地下水控制时所涉及的水文参数有两类：一类是表示含水层自身水力特性的参数，如渗透系数 k、导水系数 T 和储水系数 S 等；另一类表示地下水控制后含水层间相互作用或地下水位变化程度的参数，如越流因数 B 和影响半径 R 等。地下水控制所涉及岩土体主要水文地质参数见表 2-5-3。

岩土体主要水文地质参数　　　　　　　　　　　　　　　　　　　表 2-5-3

序号	水文参数	物理意义	影响因素和说明	量纲
1	渗透系数 k	表示流体通过孔隙骨架的难易程度，在各向岩土体的孔隙性质、介质结构中为单位水力梯度下流体的流速	岩土体的孔隙介质、介质结构，地下水的黏滞性和密度	LT^{-1}
2	影响半径 R	在一个圆形的四周边界为常水头的岛状含水层中，抽水井位于该圆柱状含水层的中心，井抽水后，水位降在圆形常水头边界（R）处为零	按稳定流计算的裘布衣公式中影响半径是一个常量，它不随井的出水量、水位下降的大小而变化	L
3	导水系数 T	单位水力坡度下通过单位宽度含水层整个饱和厚度的地下水量，表示岩土层通过地下水的能力	只适用于平面二维、一维流，在三维流及剖面二维流中无意义	$L^{2}T^{-1}$
4	越流因数 B	越流条件下地下水由弱透水层渗流到含水层的能力	弱透水层的厚度、渗透性等	L
5	储水系数 S	单位水压力变化时，含水层从水平面积为单位面积、高度等于含水层厚度的土体单元中释放或储存的水量	土体和地下水的压缩性、含水层的厚度等	无量纲
6	含水层各向异性 k_D	含水层在任意点上水平渗透系数 k_h 与垂直渗透系数 k_v 不相等，称为各向异性含水层	以垂直渗透系数与水平渗透系数的比值表示	无量纲
7	地下水水力坡度 I	地下水水力坡度 I 是表示含水层中任意两点的水位（水头）差与该两点间直线距离的比值	—	无量纲
8	孔隙率 n	孔隙体积与包括孔隙在内的岩土体总体积之比	土颗粒的形状、级配、排列及胶结充填特性，土的结构性等	无量纲

5.1.2　地下水对基坑工程的危害

基坑在开挖过程中受周围土体、地表荷载和坑底承压水浮托力等各种荷载作用，往往产生一定的变形和位移，当变形和位移超过基坑支护承受能力时，基坑就会破坏。地下水对基坑的不良作用及基坑进行地下水控制的目的列于表 2-5-4。

地下水对基坑的不良作用及基坑进行地下水控制的目的　　　　　表 2-5-4

序号	分类	地下水对基坑的不良作用	基坑控制地下水的目的
1	静水压力对基坑的影响	静水压力作用增加了土体及支护结构的荷载,对其水位以下的岩石、土体、建(构)筑物的基础等产生浮托力,不利于基坑支护的稳定	(1)保持基坑内部干燥,方便施工; (2)降低坑内土体含水量,提高土体强度; (3)减小板桩和支撑上的压力; (4)增加基坑结构的抗浮稳定性
2	动水压力下潜蚀、流砂和管涌	(1)潜蚀会降低土体的强度,产生大幅地表沉降; (2)流砂多是突发性的,影响工程安全; (3)管涌使得细小颗粒被冲走,形成穿越地基的细管状渗流通道,会掏空地基	(1)截住基坑坡面及基底的渗水; (2)降低渗透的水力坡度,减小动水压力; (3)提高边坡稳定性,防止滑坡,加固地基
3	承压水使基坑产生突涌	承压水突涌,会产生顶裂甚至冲毁基坑底板,破坏性极大	及时减小承压水水头,防止发生突涌、基底隆起与破坏,确保坑底稳定性

1)基坑渗透破坏

土工建(构)筑物及地基由于渗流作用而出现的变形或破坏称为渗透变形或渗透破坏,单一土层渗透破坏主要是流砂、管涌和突涌三种基本形式(图 2-5-2 ~ 图 2-5-4),具体见表 2-5-5。

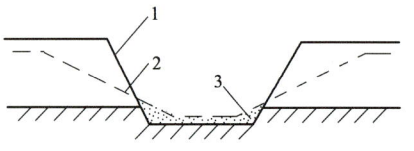

图 2-5-2　流砂示意图

1-原基坑坡面;2-地下水位;3-流砂堆积物

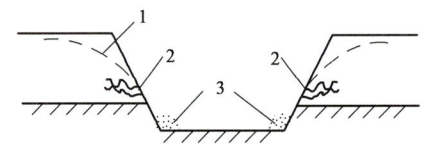

图 2-5-3　管涌示意图

1-地下水位;2-管涌通道;3-管涌堆积物

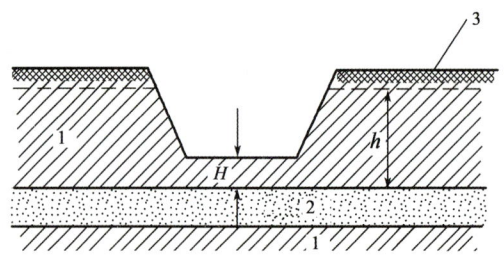

图 2-5-4　突涌示意图

1-弱透水层;2-承压含水层;3-承压水位

基坑渗透破坏的基本形式　　　　　表 2-5-5

序号	基本形式	定义	表现形式	形成条件	判别式	控制方法
1	流砂	在向上渗透水流作用下,表层土局部范围内土体或颗粒同时发生悬浮、移动的现象	主要发生在颗粒级配均匀且细的粉、细砂等砂性土中。通常发生流砂时,地表普遍出现小泉眼,冒气泡,继而土颗粒群向上鼓起,发生浮动跳跃。所有颗粒同时从一近似管状通道中被动水流冲出,发展结果是使周围建(构)筑物的基础发生滑移、不均匀下沉、基坑边坡坍塌、基础悬浮等	(1)土中粒径在 0.01mm 以下的颗粒含量在 30% ~ 35% 以上,含有较多片状、针状矿物和附有亲水胶体的矿物颗粒; (2)水力梯度较大,流速增大,动水压力超过土颗粒的重量,使土颗粒悬浮流动形成流砂; (3)土渗透系数较小时,排水条件不通畅,易形成流砂; (4)砂土中孔隙比越大,越易形成流砂	—	(1)人工降水,使地下水位降至可能产生流砂的地层以下; (2)设置隔渗帷幕或冻结法阻止、延长地下水渗径等

续上表

序号	基本形式	定 义	表 现 形 式	形 成 条 件	判 别 式	控 制 方 法
2	管涌	在渗透水流作用下,土中细颗粒在粗颗粒形成的孔隙中移动,以致流失,随着孔隙不断扩大,渗透流速不断增加,较粗颗粒相继被水流逐渐带走,最终导致土体内形成贯通渗流通道,造成土体塌陷的现象	多发生在非黏性土中,颗粒大小差别较大,往往缺少某种粒径,孔隙直径大且互相连通。颗粒多由相对密度较小的矿物组成,易随水流动,有较大和良好的渗流出路	(1) 土中粗细颗粒粒径比 $\frac{D}{d} > 20$; (2) 土中不均匀系数 $\frac{d_{60}}{d_{10}} > 10$; (3) 两种相互接触土层渗透系数比 $\frac{k_1}{k_2} > 2:3$; (4) 渗透梯度大于土临界梯度	—	(1) 增加基坑围护结构入土深度以延长地下水流线,降低水力梯度; (2) 加固土层; (3) 人工降低地下水,改变地下水渗流方向; (4) 在水流溢出处设置反滤层等
3	突涌	基坑底部存在承压水,开挖基坑时将减小含水层上覆不透水层的厚度,当减小到临界值时,承压水水头压力能顶裂或冲毁基坑底板的现象	(1) 基底顶裂,出现网状或树状裂缝,地下水从裂缝涌出,并带出下部土体颗粒; (2) 基坑坑底发生涌水、涌砂现象,从而造成边坡失稳; (3) 基底发生类似于"沸腾"的喷水现象,使基坑积水、积砂,地基土扰动。基坑突涌后大量水和砂涌入基坑,边坡失稳,支护结构变形破坏,周围地面塌陷,道路管线损坏,房屋歪斜、倒塌。这种危害方式在基坑工程中颇为常见,多见于潜水地层,但如发生在承压水地层中,则其危害更为严重。 结构底板完成后下方的减压疏干井或泄水孔封闭不良,也可能发生突涌	—	《建筑基坑支护技术规程》(JGJ 120—2012)对突涌的判别式如下: $$\frac{D\gamma}{h_w \gamma_w} \geq K_h$$ 式中:K_h——突涌稳定安全系数,不应小于1.1; D——承压含水层顶面至坑底的土层厚度(m); γ——承压含水层顶面至坑底土层的天然重度(kN/m³),对于多层土,按土层厚度加权的平均天然重度取值; h_w——承压含水层顶面的压力水头高度(m); γ_w——水的重度(kN/m³)	(1) 设置隔渗帷幕,隔断承压水层; (2) 用深井井点降低承压水头; (3) 受限于环境条件等不允许降水时,可进行坑底地基加固

2)地层固结沉降

基坑施工中,一般有两种形式固结沉降,一种是地基土在建筑荷载作用下产生附加应力,即"被动"排水固结,产生土层沉降;另一种是降水时,土中重力(自由)水自动渗出,有效应力增加,产生土层沉降。

基坑降水时,抽降水引起地面沉降影响范围就是抽水水位下降漏斗的范围,并且具有离基坑越近水位下降值越大、地面沉降越大的特点。因地质差异产生的不均匀沉降是造成基坑周边建筑物破坏的主要因素。

理论上,诱发沉降的影响因素包括降深、压缩层厚度、降压时间等。其中,降深是指含水层和其他地层(存在越流补给时)孔隙水压降低的数量,压缩层厚度是指降水影响厚度(包括含水层与越流造成其他受影响地层的厚度)。

3)土体物理力学性能指标降低

当坑底紧邻下卧承压含水层且不采取降压措施时,随基坑开挖深度加深,覆土质量逐渐减少,导致含水层中总应力下降,由于没有排水通道,其孔隙水压力得不到释放,从而导致土体物理力学性能指标降低。对于基底以下存在承压含水层时,开挖基坑减小了含水层上覆不透水层的厚度,在厚度减小到一定程度时,承压水头压力顶裂或冲毁基坑底板即造成突涌现象,给施工带来很大困难。

5.1.3 地下水控制方法

基坑工程中,为防止坑壁土体坍塌,避免产生流砂、管涌、坑底突涌和坑外地面下沉,降低基坑开挖对周围环境的影响,保证施工安全,须选择合适的地下水控制方法。

1)地下水控制类型及适用性分析

基坑工程中地下水控制方法主要分为四类:降水、隔水(堵水)、回灌、水下开挖。

(1)降水

当需要深层降水时,可采用打井抽水的方式降水,即井点降水。采用井点降水会在降水井周边形成水位漏斗,对周边地表沉降有一定影响。

(2)隔水(堵水)

当地下水降深较大或周边不允许过大沉降时,可采用隔渗帷幕隔水(堵水)。基坑开挖前,为阻止地下水渗入坑内,沿基坑周边或在基坑坑底构筑连续、封闭的隔渗体,称为隔渗帷幕。

(3)回灌

施工中常发生因降水过度造成周围建(构)筑物沉降、开裂或倾斜现象。为减小地下水抽排对环境的影响,需采取回灌措施。

(4)水下开挖

该方法对于北方地区能严格控制地下水抽排的项目,有一定实用价值,并正在研究推广;南方地区环境保护要求高,如高铁相邻的地铁基坑不允许降承压水时,水下开挖成为唯一方案。

对于某一个具体基坑,地下水控制方式往往不采取单一方式,而是多种方式联合使用,以达到最佳的效果。

2)不同含水层中的地下水控制方法

(1)不同含水层中的地下水控制方法

不同含水层中的地下水控制方法见表2-5-6。

不同含水层中的地下水控制方法　　　　表2-5-6

序号	含水层	适用情况	适用地层	降水深度(m)	地下水控制方法
1	上层滞水含水层	场地开阔,水文地质条件简单,放坡开挖且开挖较浅,坑壁较稳定的基坑		2~3,<5	明排措施
		周边环境条件苛刻、坑壁稳定性较差的基坑			帷幕隔渗措施,隔渗帷幕深度须进入下伏不透水层或基坑底一定深度,以切断上层滞水的水平补给或加长其绕流路径,满足抗渗稳定性要求

续上表

序号	含水层	适 用 情 况	适 用 地 层	降水深度(m)	地下水控制方法
2	潜水含水层	场地开阔、坑壁较稳定的基坑	填土、粉质黏土	<5	明排措施
		周边环境条件苛刻或施工环境风险高的基坑	潜水含水层厚度较小		帷幕隔渗措施，隔渗帷幕深度须进入坑底不透水层或在坑底设置足够厚度的水平隔渗铺盖，形成落底或五面帷幕，切断基坑内外潜水水力联系。在此条件下，基坑开挖过程中可仅抽排基坑内潜水含水层中储存的有限水量
		周边环境条件简单，施工环境风险低的基坑	潜水含水层厚度较大		井点疏干降水，根据含水层的渗透性采用相应的降水井点类型
		基坑周边环境条件较苛刻，存在对地面沉降较敏感的建(构)筑物，经技术经济对比分析，不宜采用帷幕隔渗形成落底或五面帷幕	潜水含水层厚度较大		综合法，悬挂式帷幕隔渗与井点降水并用。采用综合法控制基坑工程中的地下水时，隔渗帷幕宜适当加深以增加地下水渗透路径，减少基坑总涌水量。井点降水宜布置在坑内，在悬挂式帷幕的情况下，降水井点过滤器深度一般不超过隔渗帷幕深度。当隔渗帷幕伸入含水层深度较小(小于含水层厚度一半或10m)时，隔渗效果不显著，降水井点过滤器深度可视井点抽水量等情况超过隔渗帷幕一定深度
3	承压水含水层		含水层渗透性好、水量丰富、水文地质模型简单的二元结构冲积层(如长江一级阶地)		大流量管井减压或疏干降水，当基坑开挖后坑底仍保留有一定厚度隔水层时，对承压水控制重点在于减小承压水的压力，即采取减压降水。当基坑开挖后坑底已进入承压含水层一定深度时，场地承压水已转变为潜水，即承压水，对承压水控制采用疏干降水
			渗透性较差、互层频繁或含水层结构复杂的承压含水层(如上海、天津的滨海相承压含水层)		帷幕隔渗与井点降水结合的综合法或落底、五面帷幕隔渗。当地下水控制采用悬挂式帷幕隔渗与井点降水结合的综合法时，可将隔渗帷幕作为模型的边界条件之一，采用绘制流网或三维数值计算方法求解
		基坑开挖深度接近或超过地下水含水层底板埋深	潜水含水层或承压含水层		帷幕隔渗

（2）不同地貌地质单元的地下水控制方法

地貌地质单元决定宏观水文地质特征的地域性，地层年代决定含水层的透水性和地层的固结程度，地层组合决定地下水的类型、分布及相互关系。按照这种认识并结合大量工程经验，针对基坑工程地下水控制需要，不同流域部分典型城市地貌地质单元的水文地质条件和地下水控制的推荐方案汇总参见表2-5-7。

从以上典型地貌地质单元的水文地质条件及相应地下水控制推荐方案可看出：进行基坑工程地下水控制时，首先应从地貌地质单元入手，在区分地层(含水层与隔水层)时代和地层组合及其水文地质特点的基础上，按照地下水类型分别或统一采取地下水控制措施。

（3）岩溶地下水的控制方法

岩溶地下水埋藏和运动特点非常复杂，但基坑工程一般只涉及岩溶发育带上部的垂直循环带，岩溶水危害一般可控。其垂直分带和控制方法见表2-5-8，垂直分带示意图如图2-5-5所示。

表 2-5-7 不同流域部分典型城市地貌地质单元的水文地质条件和地下水控制的推荐方案对比

序号	流域	代表城市	地形地貌	地层组合	水文地质条件	基坑工程地下水控制推荐方案
1	长江上游	成都	冲积平原	上覆第四系人工填土和第四系上更新统冲洪积层粉质黏土(黏土)、黏质粉土、粉细砂、中砂、卵石，下伏基岩为白垩系泥岩和砂岩	主要有三种类型：一是赋存于黏性土层之上填土层中的上层滞水；二是第四系砂、卵石层的孔隙潜水；三是基岩裂隙水	上层滞水、第四系砂、卵石层的孔隙潜水和基岩裂隙水，主要采用坑外降水+坑内集水明排方案；浅丘地段采用坑内集水明排方案；临近河流的主要采用竖向帷幕+坑内集水明排方案
2	长江中游	武汉	长江一级阶地	二元结构：上部以黏性土为主，间有软土、粉土；下部为粉细中粗砂、卵砾石层(Q₄)	上部上层滞水或潜水	竖向帷幕+集水明排方案或轻型井点疏干降水方案
					下部承压水(强透水，高承压，与长江有直接水力联系)	竖向悬挂式帷幕+深井降水(减压或疏干)方案，超深基坑可采用落底式竖向帷幕方案
			长江二级阶地	二元结构：表层几米至十余米 Q₄超覆软土或黏性土，粉砂；上部为 Q₃黏性土；下部为含黏粒密实粉细中粗砂、卵砾石层	上部含 Q₃上层滞水	竖向帷幕+集水明排方案
					下部 Q₃承压水(中等~弱透水，与长江无直接水力联系)	竖向悬挂式帷幕+深井降水(减压或疏干)方案
			长江古河道	二元结构：上部为 Q₂网纹红土，下部为深厚粉、细、中、粗砂、卵砾石，均含黏粒	上部含承压水(弱透水，与长江无直接水力联系)	竖向悬挂式帷幕+深井降水(减压或疏干)方案，有时用真空抽水
3	长江下游	上海	三角洲滨海平原	长江三角洲互层结构(以上海东部为例)：80m以上分为9层。⑧层以上由粉质黏土、淤泥质黏土、砂质粉土或黏质粉土组成，60~70m 以下为⑨层粉细砂或中粗砂	上部含上层滞水、潜水；中部⑤、⑦层含微承压水；深部⑦、⑨层含承压水	由于深基坑涉及深度内约 50m 以上普遍为黏性土与粉性土互层，含水层以弱透水粉质粉土为主，故适于采用竖向封闭式疏干降水方案；对于超深基坑，宜采用深井深部承压水减压降水方案
		杭州	三角洲滨海平原	互层结构(以钱塘江南岸为例)：上部 16m 为砂质粉土；中部为淤泥质、粉质黏土(厚度 20 多米)；下部为砂粉砂、圆砾(>15m)	上部弱透水潜水；粉砂夹层中含微承压水；下部强透水承压水	竖向悬挂式帷幕或落底式帷幕+坑内管井降水方案(浅井疏干上部潜水和中部层承压水，深井对深部承压水减压)

续上表

序号	流域	代表城市	地形地貌	地层组合	水文地质条件	基坑工程地下水控制推荐方案
3	长江流域下游	苏州	堆积平原	从上到下依次为第四系上更新统～下更新统冲湖积相、海陆交互相沉积的黏土、粉质黏土、粉砂、粉土等土层	分潜水、微承压水及承压水三类：潜水主要赋存于浅部黏性土层，受区域地质、地形及地貌等条件的控制；微承压水含水层主要为④₂粉土夹粉砂层，主要补给来源为大气降水，地表及上部潜水及其主要的排泄方式，以民间水井取水及地下径流为其主要的排泄方式；承压水含水层主要为⑦₂、⑦₄粉砂夹粉土层，均为第Ⅰ承压水含水层，存在一定的水力联系，表现为第Ⅰ承压水之间的越流，地下径流及渗透补给	竖向止水帷幕隔断承压含水层，坑内采用疏干井降水方案；对于微承压含水层与承压水层连通，无法隔断承压水方案，采用承压水井降水方案时，采用坑内降水方案；坑底下保留一定厚度的隔水层时，设置减压降水井
4	黄河流域中游	洛阳	冲积平原	洛河一级阶地	主要为第四系全新统（Q₄）杂填土、黄土状粉质黏土、黄土状黏质粉土、淤泥质黏土、卵石，厚10～30m；第四系上更新统（Q₃）粉质黏土、卵石、圆砾、细砂，厚40～50m	为孔隙潜水，主要赋存于上更新统及全新统卵石地层中，属于潜水，该含水层厚度、岩性有所差异，富水性差异也有所不同，主要为极强富水地层及极富水地层。孔隙潜水主要由大气降水入渗、河流侧渗、河流渗漏等补给方式。排泄方式主要以人工开采，其次为蒸发排泄，埋深2～15m	地下水埋藏较浅，一般降深大于10m的，采用悬挂式止水帷幕+坑内深井降水方案；降深小于10m的，采用坑内坑外深井降水方案
				洛河二级阶地	主要为第四系全新统（Q₄）杂填土、黄土状粉质黏土、黄土状黏质粉土，厚5～10m；第四系上更新统（Q₃）粉质黏土、黏质粉土、卵石、细砂，厚20～50m；上第三系洛阳组（N₁l）泥质砂岩，厚度大于30m	为孔隙潜水，主要赋存于上更新统及全新统黏质粉土、细砂及卵石地层中，含水层厚度、岩性有所差异，富水性和富水程度有所不同，主要为极强富水地层及极富水地层。孔隙潜水主要由大气降水入渗、河流侧渗等补给方式。排泄方式主要以人工开采，其次为蒸发排泄，埋深10～20m	地下水埋深相对较大，不设竖向止水帷幕，两层站一般地下止水帷幕，采用悬挂式止水帷幕+坑内深井降水方案，设车站地下水位于底板以上，采用坑内坑外深井降水方案
		郑州	冲积平原	黄河冲积平原～微地貌风积沙丘	30m深度范围内主要为第四系全新统（Q₄），0～20m主要为粉土、黏质粉土、夹有薄层粉砂、细砂，20～30m主要为中密～密实粉砂，30～40m为密实黏质粉土	主要第四系松散岩类孔隙潜水，含水层主要以细砂为主，现状水位埋深8～15m，埋深30～40m范围内存在黏土质隔水层	一般采用坑内明排方案
				黄河冲积一、二级阶地	30m深度范围内主要为第四系全新统（Q₄），0～20m主要为细砂、粉土、夹有薄层粉质黏土粉土层，20m以下主要为中密～密实细砂层	主要为上层滞水，孔隙承压水，具微承压性，含水层主要赋存于33m以上粉细砂层中，地下水主要赋存于强含水层	悬挂式竖向止水帷幕+坑内降水方案
				黄河冲积一、二级阶地	场地30m深度范围内主要为第四系全新统（Q₄）地层，30m范围内主要为粉质黏土、夹有细砂，局部钙质胶结层，呈透镜体状	主要为上层滞水，孔隙水为主，水位较低，受地势和河边水影响较明显	一般采用坑内明排方案：当水位高于基底4m时，根据坑内深范围内土体渗透性，考虑采用竖向止水帷幕+坑内降水方案

续上表

序号	流域	代表城市	地形地貌	地层组合	水文地质条件	基坑工程地下水控制推荐方案
5	黄河流域下游	济南	华北陆块-鲁西隆起区,鲁中隆起、泰山-沂山断隆-泰山凸起	(1)第四系(Q)地层主要分布在山前冲、洪积平原,北部黄河冲积-洪积平原及山间河谷地带。主要岩性为砂质黏土、黏质砂土,沿河岩性以粉质黏土、粉土、粉质砂为主,黄河以北岩性以粉质堆积有砂卵砾石层。黄河夹中粗砂,最大厚度大于300m。(2)新近系(N)地层主要为胶结砾岩,砂砾层夹黏土层,厚度变化较大,9~133m。(3)燕山期地层主要岩性为闪长岩	属赋存于第四系松散层孔隙及下伏基岩裂隙中的潜水类型,局部存在承压水	上部地下水控制采用竖向帷幕+集水明排方案,下部地下水控制采用竖向悬挂式帷幕+深井降水(减压或疏干)方案;超深基坑可采用落底式竖向帷幕方案
6	珠江流域	佛山	海陆交互相冲洪积三角洲平原	表层由人工填土(Q_4^{ml}),海陆交互相沉积层,冲积-洪积砂层,土层(Q^{al})和残积土层(Q^{el})组成。下部基岩主要为古近系的莘庄村组(E_{1x}),布心组(E_{1-2b}),华涌组(E_{1x}),宝月组($E_{2}by$)、粗面岩($E_{2}h$)泥岩、粉砂质泥岩、泥质粉砂岩、粗砂岩、砂砾岩	上层潜水赋存于第四系松散土层。第四系含水层主要为冲积-洪积砂层③₁、③₂、②₄。冲积-洪积土层、残积土层主要岩石层全风化带含水贫乏,透水性较差。基岩裂隙水主要赋存于基岩强风化带和中风化带及岩体中的节理裂隙带中,地下水赋存条件不均一,主要与岩性、岩石风化程度、裂隙发育程度等有关	第四系含水层层底埋深差异较大,一般采用以竖向帷幕+深井降水(减压或疏干)为主、集水明排为辅的方案
7	海河流域	北京	冲积平原	表层为黏性土、粉性土,其下为厚层砂层、卵石、圆砾层等,间有黏性土夹层。黏性土层一般具有中等压缩性,粉土层一般具有中~中低压缩性,砂土、卵石、圆砾层较密实,具有低压缩性。由于地下水埋藏很深,地基土层处于干燥状态,致使局部的黏性土具有大孔湿陷性	砂卵石层为平原区地下水的主要补给区,分布在潜水层。在冲洪积扇各层水层过渡到多层各水层,砂石层、卵石层和黏性土层多旋回沉积,含水层以多层为主。目前北京区大部分地区地下水位埋深一般大于16m,普遍为潜水;局部地下水承压水为微承压性	(1)上层潜水及潜水:施工范围内疏干处理,潜水水位降水至基底开挖底部下0.5~1m;若开挖基底位于潜水含水层中,且底板底水水头涌算不稳定,需将开挖基底水头降至基底下0.5~1m;需降承压水头,需将开挖基底位于承压水底板隔水层中,需将开挖范围内的承压水含水层基本疏干。(2)承压水:若开挖基底位于承压水中,顶板隔水层,需降低承压水头至开挖基底下0.5~1m稳定,需将开挖基底水头降至基底水中,需将开挖基底位于承压水底板隔水层中,需将开挖范围内的承压水含水层基本疏干。当基坑具备开挖隆起或隧道施工降水井点条件,且降水对周边建(构)筑物影响可控时,优先选用管井围闭降水的降水方法

岩溶地下水垂直分带和控制方法　　　　　　　　　　表 2-5-8

垂直分带	垂直循环带（充气带）	全饱和带（上部的水平循环亚带和下部的虹吸管式循环亚带）
深度	最浅	较深
地下水控制方法	可采用管井降水和坑内集水明排	宜采用隔渗帷幕和管井降水联合方案

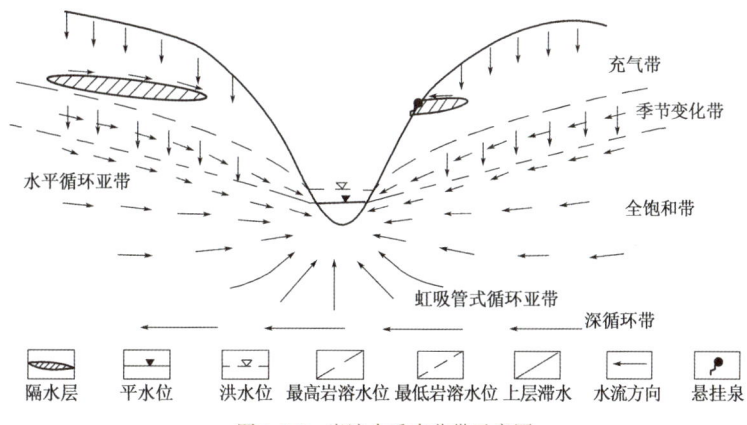

图 2-5-5　岩溶水垂直分带示意图

5.2　基坑降水设计

地下水控制应从基坑周边环境限制条件出发，研究场地水文地质条件、工程地质与基坑周边的环境状况，充分利用基坑支护结构，为地下水控制创造有利条件，在此基础上经技术经济对比，选择合理、有效、可靠的地下水控制方案。首先根据基坑边界条件及基坑概况确定地下水控制方式，然后结合场区地勘等资料确定场区工程地质及水文地质条件，确定水文地质参数，选择对应的计算模型和公式进行计算。基坑降水设计流程如图 2-5-6 所示。

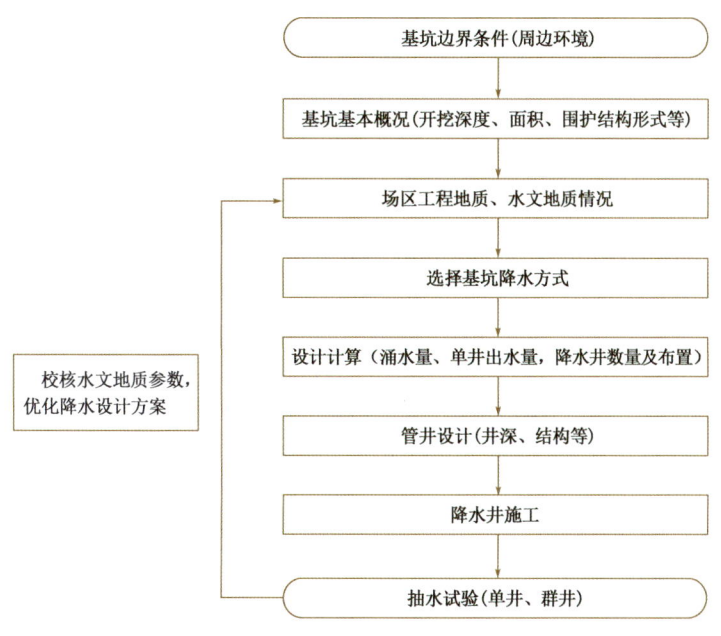

图 2-5-6　基坑降水设计流程图

对于复杂基坑，根据上述步骤确定地下水控制方案之后，还需采用行业常用的地下水软件或地方性软件进行数值模拟计算。

目前,常用的地下水控制方法及适用条件见表2-5-9。

地下水控制方法及适用条件 　　　　　　表2-5-9

序号	地下水控制方法	适用地层(细化)	降水深度(m)	渗透系数(cm/s)	适用情况
1	集水明排	含薄层粉砂的粉质黏土、黏质粉土、砂质粉土、粉细砂	<5	$1\times10^{-7}\sim2\times10^{-4}$	土体中存在上层滞水和水量有限的潜水,含水层主要以粉细砂、粉土等为主,降水深度不大
2	轻型井点		<6	$1\times10^{-7}\sim2\times10^{-4}$	
3	真空井点		<20	$1\times10^{-7}\sim2\times10^{-4}$	
4	多级轻型井点		6~10	$1\times10^{-7}\sim2\times10^{-4}$	
5	喷射井点		8~20	$1\times10^{-7}\sim2\times10^{-4}$	降水深度要求大于6m,场地狭窄不允许布置轻型井点,含水层以粉土和砂土为主
6	砂(砾)渗井		根据下卧导水层性质确定	$>5\times10^{-7}$	
7	电渗井点	黏土、淤泥质黏土、粉质黏土	根据选定的井点确定	$<1\times10^{-7}$	黏土、淤泥质土等渗透性很小的含水层及水量有限的上层滞水、潜水
8	大口井	砂土、碎石土	<20	$1\times10^{-3}\sim2\times10^{-1}$	
9	管(深)井	含薄层粉砂的粉质黏土、砂质粉土、各类砂土、砾砂、卵石	>6	$>1\times10^{-6}$	粉土、砂土、碎石土等高渗透性含水层,地下水以丰富的潜水和承压水形式存在,降水深度较大
10	隔水	黏性土、粉土、砂土、碎石土、岩溶岩	不限	不限	
11	回灌	填土、粉土、砂土、碎石土	不限	$1\times10^{-3}\sim1\times10^{-1}$	

5.2.1 水文地质参数及经验值

1)水文地质参数介绍

k——含水层渗透系数(m/d);

Q——涌水量(m³/d);

S_w——抽水井中水位降深(m);

M——承压含水层厚度(m);

R——影响半径(m);

H——潜水含水层厚度(m);

h——潜水含水层抽水后的厚度(m)。

2)水文地质参数经验值

(1)影响半径经验值

根据单位出水量和单位水位降深可分别确定影响半径经验值,见表2-5-10和表2-5-11。根据含水层颗粒直径确定影响半径经验值,见表2-5-12。

根据单位出水量确定影响半径经验值 表2-5-10

序号	单位出水量 $q = Q/S_w$ [$(m^3/h)/m$]	影响半径 $R(m)$	序号	单位出水量 $q = Q/S_w$ [$(m^3/h)/m$]	影响半径 $R(m)$
1	<0.7	<10	4	1.8~3.6	50~100
2	0.7~1.2	10~25	5	3.6~7.2	100~300
3	1.2~1.8	25~50	6	>7.2	300~500

根据单位水位降深确定影响半径经验值 表2-5-11

序号	单位水位降深 S_w/Q [$m/(L/s)$]	影响半径 $R(m)$	序号	单位水位降深 S_w/Q [$m/(L/s)$]	影响半径 $R(m)$
1	≤0.5	300~500	4	2.0~3.0	25~50
2	0.5~1.0	100~300	5	3.0~5.0	10~25
3	1.0~2.0	50~100	6	≥5.0	<10

根据含水层颗粒直径确定影响半径经验值 表2-5-12

序号	地层	地层颗粒直径(mm)	所占比例(%)	影响半径 $R(m)$
1	粉砂	0.05~0.10	<70	25~50
2	细砂	0.10~0.25	>70	50~100
3	中砂	0.25~0.5	>50	100~300
4	粗砂	0.5~1.0	>50	300~400
5	砾砂	1~2	>50	400~500
6	圆砾	2~3		500~600
7	砾石	3~5		600~1500
8	卵石	5~10		1500~3000

(2)给水度经验值

给水度与包气带岩性、排水时间、潜水水位埋深、水位变幅和水质等因素有关。各种岩土体给水度经验值见表2-5-13。

岩土体给水度经验值 表2-5-13

序号	岩土体	给水度经验值	序号	岩土体	给水度经验值
1	黏土	0.02~0.035	8	细砂	0.08~0.11
2	粉质黏土	0.03~0.045	9	中细砂	0.085~0.12
3	粉土	0.035~0.06	10	中砂	0.09~0.13
4	黄土状粉质黏土	0.02~0.05	11	中粗砂	0.10~0.15
5	黄土状粉土	0.03~0.06	12	粗砂	0.11~0.15
6	粉砂	0.06~0.08	13	黏土胶结的砂岩	0.02~0.03
7	粉细砂	0.07~0.10	14	裂隙灰岩	0.008~0.10

（3）渗透系数经验值

渗透系数是表示岩土体透水性的重要指标之一。无实测资料时,可根据有关规范和工程经验取值,渗透系数 k 经验值见表2-5-14。

渗透系数经验值 表2-5-14

序号	土的类别	渗透系数 k(cm/s)	序号	土的类别	渗透系数 k(cm/s)
1	黏土	$<1.0\times10^{-7}$	6	中砂	$1.0\times10^{-2}\sim1.5\times10^{-2}$
2	粉质黏土	$1.0\times10^{-6}\sim1.0\times10^{-5}$	7	中粗砂	$1.5\times10^{-2}\sim3.0\times10^{-2}$
3	粉土	$1.0\times10^{-5}\sim1.0\times10^{-4}$	8	粗砂	$2.0\times10^{-2}\sim5.0\times10^{-2}$
4	粉砂	$1.0\times10^{-4}\sim1.0\times10^{-3}$	9	砾砂	1.0×10^{-1}
5	细砂	$2.0\times10^{-3}\sim5.0\times10^{-3}$	10	砾石	$>1.0\times10^{-1}$

5.2.2 基坑降水设计目标

基坑工程中降水可分为疏干降水与减压降水两种类型。

1）疏干降水设计目标

基坑坑底位于含水层中时,基坑降水后地下水位须位于基坑底面以下1.5~2.0m,基坑降水前初始水位与降水后的目标水位之差即为疏干降水设计目标(S)。

2）减压降水设计目标

减压降水设计目标较疏干降水设计目标稍复杂,基坑降水运行是一个动态过程。水位降低按下式控制:

$$S \geqslant H_0 - \frac{(h_0 - d)\gamma_s}{f_w \gamma_w} \tag{2-5-1}$$

式中:S——需减压降水的最小幅度(图2-5-7中的DE);

H_0——承压水位自顶板起算的高度;

h_0——承压含水层顶板埋深最小值;

d——减压降水开始的基坑开挖深度(图2-5-7中的A');

$h_0 - d$——坑底残余隔水层厚度(图2-5-7中的FG);

γ_s——图2-5-7中AB线段斜率(隔水层天然重度);

f_w——承压水分项安全系数,取1.05~1.20;

γ_w——图2-5-7中OC线段斜率(地下水重度)。

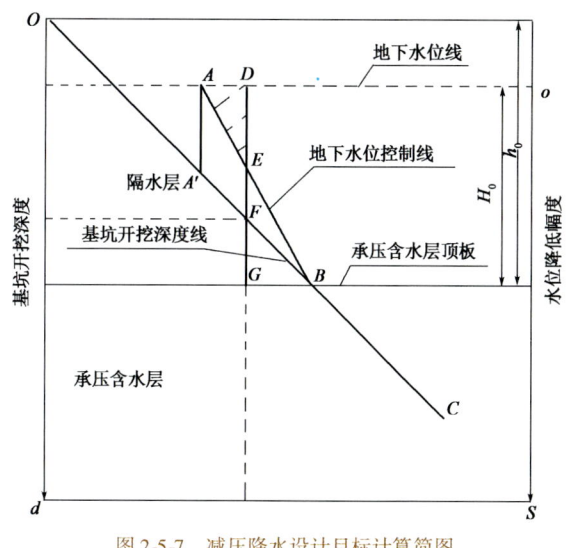

图 2-5-7 减压降水设计目标计算简图

DE-需减压降水的最小幅度；EF-承压水位允许超过顶板的最大值；FG-坑底残余隔水层厚度；B-减压降水转为疏干降水

5.2.3 基坑涌水量估算

对于矩形基坑，如布置于基坑周边的降水井点同时抽水，在影响半径范围内将相互干扰，形成大致以基坑中心为降落漏斗中心的大降落漏斗，等代为一口井壁由各个降水井共同组成，井半径为 r_0、井内水位降深为 S 的大直径井抽水。

大井法估算基坑涌水量形式上与单井涌水量计算公式相同，常用涌水量估算公式见表 2-5-15 和表 2-5-16。

潜水含水层稳定流基坑涌水量计算公式　　　　表 2-5-15

序号	示　意　图	计　算　公　式	适　用　条　件
1		$Q = \dfrac{\pi k(2H-S)S}{\ln(R+r_0)-\ln r_0}$	(1) 潜水完整井； (2) 均质含水层； (3) 基坑远离边界
2		$Q = \dfrac{\pi k(H^2-h^2)}{\ln\left(1+\dfrac{R}{r_0}\right)+\dfrac{h_m-l}{l}\ln\left(1+0.2\dfrac{h_m}{r_0}\right)}$ $\left(h_m = \dfrac{H+h}{2}\right)$	(1) 潜水非完整井； (2) 均质含水层； (3) 基坑远离边界
3		$Q = \dfrac{\pi k(2H-S)S}{\ln\dfrac{2b}{r_0}}$	(1) 潜水完整井； (2) 均质含水层； (3) 基坑靠近河流

承压含水层稳定流基坑涌水量计算公式表　　　　　　　　表 2-5-16

序号	示意图	计算公式	适用条件
1	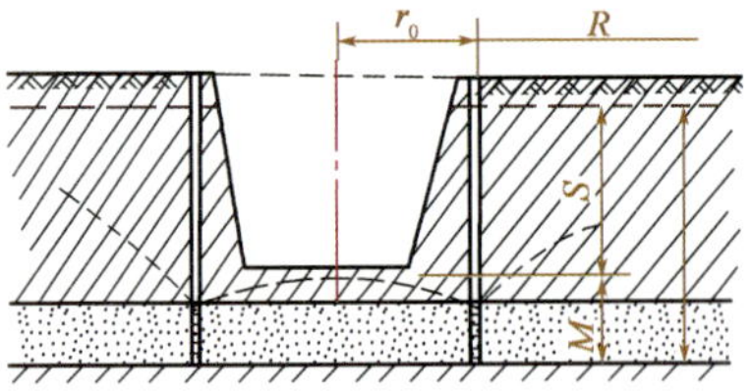	$Q = \dfrac{2\pi kMS}{\ln(R+r_0) - \ln r_0}$	(1)承压水完整井； (2)均质含水层； (3)基坑远离边界
2	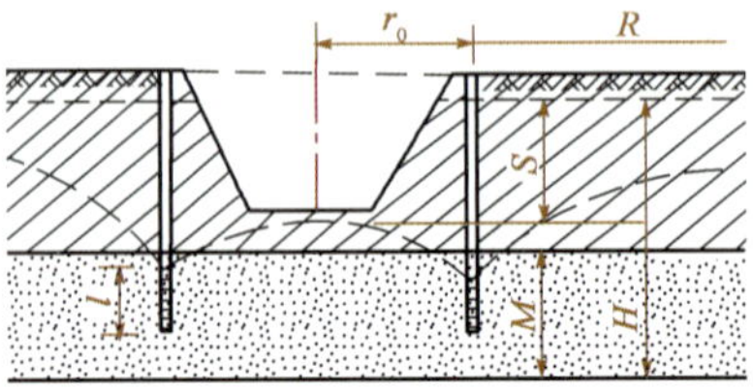	$Q = \dfrac{2\pi kMS}{\ln\left(1+\dfrac{R}{r_0}\right) + \dfrac{M-l}{l}\ln\left(1+0.2\dfrac{M}{r_0}\right)}$	(1)承压水非完整井； (2)均质含水层
3	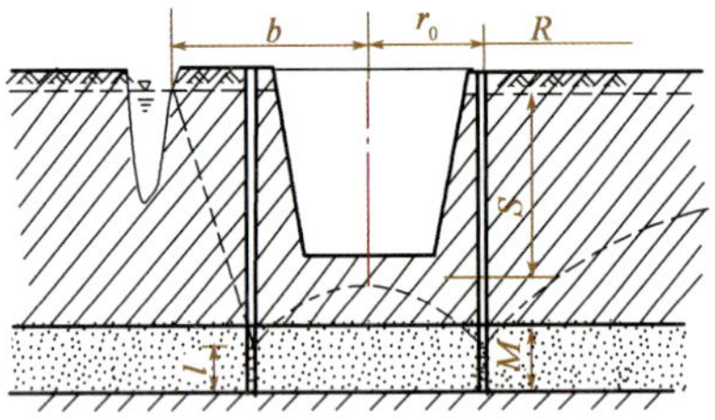	$Q = \dfrac{2\pi kMS}{\ln\left(\dfrac{2b}{r_0}\right)}$	基坑靠近河流，$b < 0.5r_0$，完整井
4	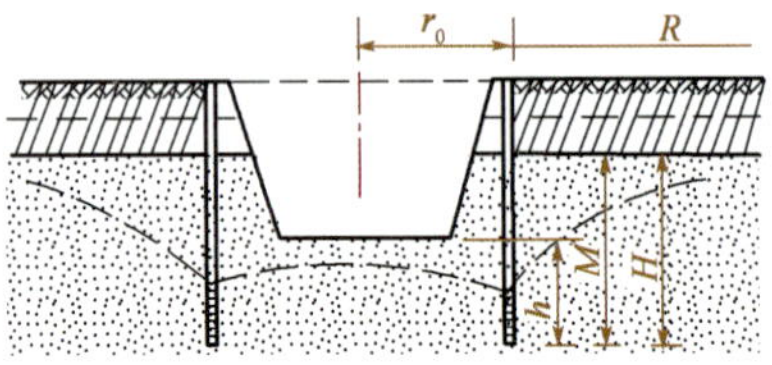	$Q = \pi k\dfrac{(2H-M)M - h^2}{\ln\left(1+\dfrac{R}{r_0}\right)}$	承压—潜水

完整井是指井贯穿整个含水层，在全部含水层厚度上都安装过滤器并能全断面进水的井。

非完整井是井没有穿透最下含水层的整个厚度，井底坐落在含水层上。井底坐落在潜水层上的叫作潜水非完整井，坐落在承压水层上的叫作承压非完整井。

对于窄条(线形)形(长宽比 >10)基坑，将其强行概化为大径井显然失真，此时基坑涌水量可按照式(2-5-2)和式(2-5-3)计算。

对于潜水：

$$Q = \frac{kL(H^2 - h^2)}{R} + \frac{1.366k(H^2 - h^2)}{\lg R - \lg\left(\dfrac{B}{2}\right)} \tag{2-5-2}$$

对于承压水：

$$Q = \frac{2kLMS}{R} + \frac{2.73kMS}{\lg R - \lg\left(\dfrac{B}{2}\right)} \tag{2-5-3}$$

式中：Q——基坑地下水控制总涌水量(m^3/d)；

　　　k——渗透系数(m/d)；

　　　L——基坑长度(m)；

　　　B——基坑宽度(m)；

　　　h——动水位至含水层底板的深度(m)；

　　　S——基坑地下水位降深(m)；

　　　H——潜水含水层厚度(m)；

　　　R——降水影响半径(m)；

　　　M——承压水含水层厚度(m)。

基坑涌水量估算之前，应分析基坑边界条件，按照表2-5-15和表2-5-16对应选取计算公式估算基坑涌水量。

5.2.4 疏干降水设计

基坑疏干降水可以有效降低坑内地下水位高程，提高坑内土体的有效强度，降低开挖土体的含水量，从而保证土体开挖干作业施工，方便机械挖土，防止发生工程事故（流砂、管涌、坑底失稳），提高基坑边坡的稳定性，改善支护结构受力。疏干降水的对象一般是基坑内的上层滞水、潜水及被隔断的微承压水和承压水。

1）降水方式选择

（1）降水方法及其特点

综合考虑工程水文地质条件、降水任务及目的，选择合适的降水方法。虽然不同的降水方法有互通性，但仍需要设计合理经济的降水方法。常用的降水方法有井点法、管井法、超声波法。井点法由于地层渗透性较小，井点布置需加密，不利于基坑施工。管井法具有井距大，易于布置，排水量大，水位降深大（>15m），降水设备和操作工艺简单等特点。超声波法通常指超声波复合变频降水法，是在真空降水的基础上辅以超声波脉冲信号，加快孔隙水向井管内流动，从而达到降水的目的。

（2）降水井布置方式

降水井布置方式一般有环形封闭布置和直线形式布置。当基坑平面形状为方形时，宜采用封闭式井点布置；当基坑平面形状为条状或狭长形时，如轨道交通地下车站、管沟等，宜采用单排或双排线形布置。综合考虑基坑围护形式、工程地质条件、水文地质条件及周边环境，降水井可布置在坑内或坑外，分为坑内疏干降水、坑外疏干降水和坑内与坑外相结合疏干降水。具体降水方式及其适用范围见表2-5-17。

降水方式及其适用范围　　　　　　　表2-5-17

序号	降水方式	适 用 范 围
1	坑内疏干降水	当基坑采用有隔水作用的围护结构形式时，围护结构可以隔断坑内外的侧向水力联系而主要通过围护结构底进行水力联系，当坑底为黏性土等不透水层时，坑外对坑内的补给量一般很小，可忽略不计，所以坑内降水对坑外水位的影响不大，既能保证降水效果，又能减少对周边环境的影响。城市轨道交通车站一般位于市区，基坑多采用坑内疏干降水方式，疏干井在基坑内均匀布置或交错布置
2	坑外疏干降水	当基坑采用分离式排桩围护结构时，坑内外存在直接的水力联系，且周边环境容许降水或降水对地面建（构）筑物沉降变形的影响不大，可采用坑外降水，既可以改善主动区土体参数，减小主动土压力，控制基坑围护结构内力变形，又可以提高基坑边坡稳定性，避免地下水对基坑的渗流破坏

续上表

序号	降水方式	适 用 范 围
3	坑内与坑外相结合疏干降水	当基坑采用放坡开挖时,长条形基坑降水井主要布置在边坡坡顶或台阶平台一侧或两侧,当基坑宽度过大,两侧疏干井对基坑中心水位达不到设计降深时,可在坑内和坡脚处增加部分降水井;方形或圆形基坑,可沿基坑周边布置降水井,当基坑中心水位降深无法满足设计要求时,可在坑内增加疏干井

2)降水方案设计

降水方案设计应符合以下原则:
①降水工程技术要求明确;
②降水工程勘察资料准确无误;
③多方案对比分析后选择最优方案;
④重视工程环境问题,防止产生不良环境影响。

(1)基坑涌水量计算

对应基坑涌水量估算公式表格,根据基坑边界条件选择合适的公式估算基坑涌水量。

(2)单井出水能力计算

根据现行《建筑基坑支护技术规程》(JGJ 120),单井出水能力取决于含水层渗透系数、过滤器进水部分的长度及半径。

$$q_0 = 120\pi r_s l \sqrt[3]{k} \qquad (2\text{-}5\text{-}4)$$

式中:q_0——单井出水能力(m^3/d);
　　　k——含水层渗透系数(m/d);
　　　r_s——过滤器半径(m);
　　　l——过滤器进水部分的长度(m)。

(3)井点数量计算

①根据基坑总涌水量和单井允许最大出水量初步布设井数,即:

$$n = 1.1 \frac{Q}{q_0} \qquad (2\text{-}5\text{-}5)$$

式中:Q——基坑总涌水量,同管井降水设计计算。

②验算井群总出水量是否满足要求,若nq(q为按干扰井群计算的降水井单井流量)小于Q,则需增加井点数量。

③根据反复验算,计算基坑地下水控制所需的井点数。

④验算基坑内任一点地下水位降深是否满足基坑地下水位的设计降深要求。

$$S_i \geqslant S_d \qquad (2\text{-}5\text{-}6)$$

式中:S_i——基坑内任一点的地下水位降深(m);
　　　S_d——基坑地下水位的设计降深(m),$S_d = D - d_w + S_w$,其中,D为基坑开挖深度,d_w为地下静水位埋深,S_w为基坑中心处水位至基底的距离。

对于管井疏干井,一般可根据经验布置,疏干井可按照井间距15~30m、辐射面积200~400m^2/口井的原则布置。

(4)稳定流渗流场,基坑内任一点地下水位降深计算

①当含水层为粉土、砂土或碎石土时,潜水完整井的地下水位降深按下式计算(图 2-5-8、图 2-5-9)。

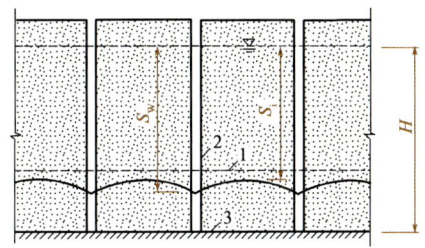

图 2-5-8 潜水完整井地下水位降深计算
1-基坑面;2-降水井;3-潜水含水层底板

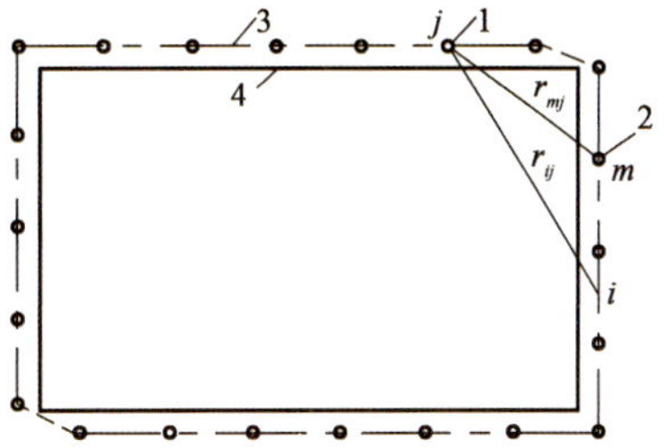

图 2-5-9 计算点与降水井的关系
1-第 j 口井;2-第 m 口井;3-降水井所围面积的边线;4-基坑边线

$$S_i = H - \sqrt{H^2 - \sum_{j=1}^{n} \frac{q_j}{\pi k} \ln \frac{R}{r_{ij}}} \tag{2-5-7}$$

式中:S_i——基坑内任一点的地下水位降深(m),基坑内各点中最小的地下水位降深可取各个相邻降水井连线上地下水位降深的最小值,当各降水井的间距和降深相同时,可取任一相邻降水井连线中点的地下水位降深;

H——潜水含水层厚度(m);

q_j——按干扰井群计算的第 j 口降水井单井流量(m^3/d);

k——含水层的渗透系数(m/d);

R——影响半径(m);

r_{ij}——第 j 口井中心至地下水位降深计算点的距离(m),当 $r_{ij} > R$ 时,应取 $r_{ij} = R$;

n——降水井数量。

按干扰井群计算的第 j 个降水井单井流量可通过求解下列 n 维线性方程组计算:

$$S_{w,m} = H - \sqrt{H^2 - \sum_{j=1}^{n} \frac{q_j}{\pi k} \ln \frac{R}{r_{jm}}} \quad (m = 1, \cdots, n) \tag{2-5-8}$$

式中:$S_{w,m}$——第 m 口井的井水位设计降深(m);

r_{jm}——第 j 口井中心至第 m 口井中心的距离(m),当 $j = m$ 时,应取降水井半径 r_w,当 $r_{jm} > R$ 时,应取 $r_{jm} = R$。

其余符号意义同前。

②当含水层为粉土、砂土或碎石土时,各降水井所围平面形状近似圆形或正方形,且各降水井的间距、降深相同时,潜水完整井的地下水位降深也可按下列公式计算:

$$S_i = H - \sqrt{H^2 - \frac{q}{\pi k} \sum_{j=1}^{n} \ln \frac{R}{2r_0 \sin \frac{(2j-1)\pi}{2n}}}$$

$$q = \frac{\pi k (2H - S_w) S_w}{\ln \frac{R}{r_w} + \sum_{j=1}^{n-1} \ln \frac{R}{2r_0 \sin \frac{j\pi}{n}}} \tag{2-5-9}$$

式中:q——按干扰井群计算的降水井单井流量(m^3/d);

r_0——井群的等效半径,应按各降水井所围多边形与等效圆的周长相等确定;

j——第 j 口降水井;

S_w——井水位的设计降深(m);

r_w——降水井半径(m);

其余符号意义同前。

(5)非稳定流渗流场,潜水完整井水位降深计算

计算公式为:

$$S_{r,t} = H - \sqrt{H^2 - \frac{q\ln\frac{2.25at}{\sqrt[n]{r_1^2 r_2^2 r_3^2 \cdots r_n^2}}}{2\pi k}} \tag{2-5-10}$$

式中:$S_{r,t}$——任意距离、任意时间的水位降深(m);

a——含水层导压系数(m^2/d);

t——抽水时间(d);

r_1、r_2、$r_3 \cdots r_n$——降水井至任意点的距离(m);

其余符号意义同前。

(6)降水管井设计

降水管井设计主要包括降水管井系统布置和管井结构设计。

①降水管井平面布置原则及要求

降水管井平面布置应符合下列原则及要求:

a. 管井平面应根据基坑开挖深度、基坑平面形状及地下水条件合理布置,坑内任一点水位降深应达到设计要求。

b. 应避开基坑临时立柱、支撑、底板承台、桩基、底板梁等位置。

c. 满足周边环境保护(如地面沉降、建筑物倾斜等)要求。

②降水管井平面布置形式

降水管井平面布置具体形式如下:

a. 降水管可在坑内布置,也可在坑外布置,应结合场地实际情况和周边环境布置,距基坑边缘线不小于1m。当基坑面积很小或狭长形内支撑密布时,可采用坑内外相结合的方式布置。

b. 对于长宽比不大的基坑,宜采取环形封闭式布置。

c. 对长宽比很大的条形基坑,应在基坑的一侧布置单排降水管井或两侧布置双排降水管井,基坑端部降水井宜适量外延。

d. 基坑临近地下水补给边界时,可在地下水补给方向适当加密降水管井;在排泄方向,可适当减少。

e. 降水管井布置间距不宜过小,井距过小不能充分发挥单井的降水效果,布置时井间距宜满足下式要求:

$$b \geqslant 5\pi D \tag{2-5-11}$$

式中:b——降水管井之间的距离(m);

D——降水管井的井径(m)。

f. 应在基坑典型部位布置水位观测井,以便随时了解基坑地下水位情况,必要时观测井可用作降水井。

③降水管井结构设计

降水管井结构(图2-5-10)设计包括井身结构设计、井管配置、过滤器设计。

a. 井身结构设计

井身结构设计包括井深和井径。

井深：降水管井井深由降水目标含水层埋藏分布、设计降深、侧向帷幕、基坑深度、地下水位的年变化幅度及降水井的结构、出水能力等综合确定。降水井深度可式(2-5-12)确定：

$$H = H_1 + H_2 + H_3 + H_4 + H_5 + H_6 \quad (2\text{-}5\text{-}12)$$

式中：H——降水井深度(m)；

H_1——基坑深度(m)；

H_2——降水水位距离基坑底要求的深度(m)；

H_3——其值为 $i\gamma_0$(m)，其中 i 为水力坡度，在降水井分布范围内为 $1/15 \sim 1/10$，γ_0 为降水井分布范围内的等效半径或降水井排距的 $1/2$；

H_4——降水期间的地下水位变幅(m)；

H_5——降水井过滤器工作长度(m)；

H_6——沉砂管长度(m)。

井径：降水管井较少变径，一般一径到底，井径确定应综合考虑管井的设计要求，根据管井的设计出水量、允许井壁进水流速、过滤段长度、过滤器类型及钻进工艺确定。当采用非填砾过滤器管井时，井径应比过滤器外径大 50mm。

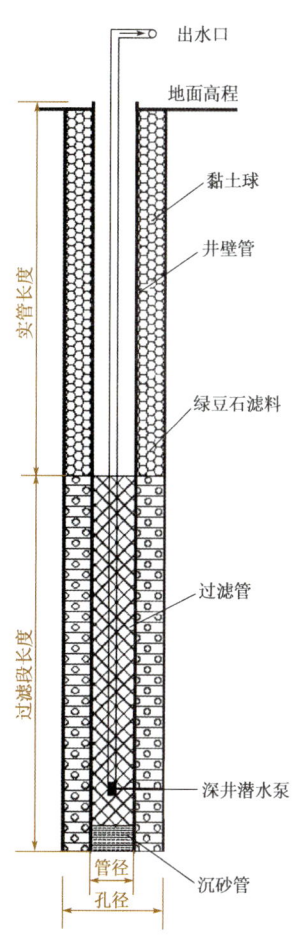

图 2-5-10　降水管井结构图

b. 井管配置

降水井管系统由井壁管、过滤管及沉砂管三部分组成。对于降水管井，并不一定强求设置沉砂管，从降水管井设计要求的角度出发，不设置沉砂管而将其长度全部设置为过滤管，有利于增大管井出水量。井管应符合下列基本要求：井管有足够抗压、抗拉、抗弯强度，以保证井管能承受井壁地层和滤料的侧向压力及井管自身的重量；井管材质无毒，对地下水不构成污染；井管无缺损、裂缝、弯曲等缺陷，管端口面与管轴线垂直且无毛刺，保证井管连接后呈直线；井管内壁光滑、圆直，保证抽水设备顺利安装，井管直径满足抽水设备的要求；过滤管应有较大的孔隙率，以满足井的出水量。

钢质井管、塑料井管和混凝土井管的规格型号分别见表 2-5-18～表 2-5-20。

钢 质 井 管　　表 2-5-18

序号	规格(in)	井 壁 管			
		外径(mm)	壁厚(mm)	管长(m)	质量(kg/m)
1	6	168	3	4	13
2	8	219	4	4	22
3	10	273	4	4	27
4	12	325	5	4	40

注：1in = 2.54cm。

塑 料 井 管　　表 2-5-19

序号	内径(mm)	外径(mm)	壁厚(mm)	连接螺纹长度(mm)	单根长度(mm)	管材相对密度	过滤器孔隙率
1	200	225	10	70	4000	1.4	8.5
2	300	330	14.5	85	4000	1.4	8

混凝土井管　　　　　　　　　　表 2-5-20

序号	公称直径(mm)	内径(mm)	外径(mm)	壁厚(mm)	单根长度(mm)
1	300	300	360	30	2500
2	350	350	410	30	2500
3	400	400	470	35	2500

井管优缺点对比见表 2-5-21。

井管优缺点对比　　　　　　　　　　表 2-5-21

材质	钢质井管	塑料井管	混凝土井管
优缺点	造价高,井管强度高,不容易被破坏。下管须机械辅助,基坑降水多使用钢井管	价格适中,重量轻,耐腐蚀,井管安装工艺及连接方式复杂。井管强度低,易被破坏,多用于基坑外降水井	价格低廉,施工方便,供水水质稳定,耐腐蚀,使用寿命长,多用于农田水利建设打井

c. 过滤器设计

过滤器设计包括过滤器类型选择、过滤管长度及直径确定。

过滤器类型:过滤器划分原则不同,过滤器类型也不同,具体见表 2-5-22,部分示例如图 2-5-11、图 2-5-12 所示。过滤器类型选择主要根据含水层性质而定,可按表 2-5-23 选用。

过滤器类型划分　　　　　　　　　　表 2-5-22

按制作材料	按进水缝隙形状	按结构形式	按填砾与否	按进水面的数量
钢、铸铁、混凝土、钢筋混凝土、石棉水泥、塑料、玻璃钢过滤器等	圆孔、条孔、桥式过滤器等	钢筋骨架、笼状、缠丝、包网过滤器等	填砾过滤器、非填砾过滤器	单层进水面过滤器、双层进水面过滤器

图 2-5-11　桥式过滤器

图 2-5-12　圆孔式过滤器

过滤器类型选择　　　　　　　　　　表 2-5-23

序号	含水层性质		过滤器类型
1	碎石土类	$d_{20}<2mm$	填砾过滤器、非填砾过滤器
		$d_{20} \geqslant 2mm$	非填砾过滤器
2	砂土类	粗砂、中砂	缠丝过滤器、填砾过滤器
		细砂、粉砂	填砾过滤器、包网过滤器
3	具有裂隙、溶洞(有大量充填物)的基岩		骨架过滤器、缠丝过滤器或填砾过滤器

注:在基岩含水层中,当裂隙、溶洞稳定时,可不设过滤器。

与圆孔式过滤器相比,桥式过滤器孔口的特殊结构使得砾石不易阻塞孔眼,有较高的过水能力。据德国诺尔德公司试验,传统的圆孔式过滤器填砾石孔隙率要降低40%,而桥式过滤器仅下降10%;桥式过滤器的特殊孔形结构起到了增强过滤器机械强度的效果,具有较高的机械强度;由于取消了传统的圆孔式过滤器制造过程中的垫筋和缠丝工序,成本费用降低近20%,而且节约了钻孔和缠丝时间。

过滤器管长度及直径确定:宜首先根据含水层厚确定降水井过滤器管长度,然后确定过滤器管直径。

过滤器管长度可按以下方式确定:
- 含水层厚度小于10m,对于含水层,过滤器管长度宜等于设计动水位以下含水层厚度;对于基坑底部的承压含水层,可等于含水层厚度。
- 含水层厚度大于10m,宜根据含水层透水性和设计降深确定过滤器管长度。
- 根据含水层的允许井进水流速确定过滤器管长度,并采用允许过滤器管进水流速进行复核。

用允许井壁进水流速计算过滤器管长度 L:

$$L = \frac{q}{A_j \cdot v_j} \quad (2\text{-}5\text{-}13)$$

用允许过滤器管进水流速复核后的过滤器管长度 L':

$$L' = \frac{q}{A_g \cdot v_g} \quad (2\text{-}5\text{-}14)$$

式中:q——管井的出水能力(m^3/s);

A_j——井壁单位长度的表面积(m^2);

A_g——过滤器面层单位长度的有效过水面积(m^2),等于过滤器面层单位长度的孔球面积×过滤器有效孔隙率;

v_j——允许井壁进水流速(m/s);

v_g——相应含水层的进入管流速(m/s)。

过滤器管直径应根据设计出水量、过滤器管长度、选用的管材和过滤器的有效孔隙率确定:
- 设置在松散含水层的过滤器管内径不宜小于250mm,在基岩含水层中不应小于100mm。
- 过滤器管外径按下式进行计算:

$$D_g = \frac{q}{\pi L n v_g} \quad (2\text{-}5\text{-}15)$$

式中:q——管井的出水能力(m^3/s);

D_g——过滤器管面层直径(m);

L——过滤器进水部分长度(m);

n——过滤器面层有效孔隙率;

v_g——允许过滤器进水流速(m/s)。

降水管井设计时,应根据管井结构设计,计算管井的出水能力,并复核降水管井的设计出水量,保证设计管井出水量与管井出水能力相匹配。

3)轻型井点降水设计

(1)每根井点管出水能力计算

每根井点管出水能力按单井出水能力计算,见式(2-5-4)。

(2）井点管数量

井点管数量同井点数量计算方法，见式(2-5-5)。

(3）井点管长度

井点管长度的计算可按下式确定：

$$L = D + h_w + S + l_w + \frac{4}{\alpha}r_q \qquad (2\text{-}5\text{-}16)$$

式中：D——地面以上的井点管长度（m）；

h_w——初始地下水位埋深（m）；

S——目标水位降深（m）；

l_w——滤水管长度（m）；

r_q——井点管排距；

α——单排取4，双排或环形取10。

4）喷射井点降水设计

喷射井点降水设计与轻型井点降水设计相同。喷射井点管间距一般为3~5m，采用环形布置时，进出口处的喷射井点管间距可扩大为5~7m。

5）真空井点降水设计

对于低渗透性为主的弱含水层中的疏干降水，一般利用真空管井降水，可以提高土层中的水力梯度及重力水的释放。在降水过程中，为保证疏干效果，一般要求真空管井内真空度不小于65kPa，其降水设计方法同普通管井。

6）电渗井点降水设计

在饱和黏土及粉质黏土，特别是淤泥和淤泥质土中疏干降水时，为提高降水效果，除了利用井点系统的真空产生抽排作用外，还可配合采用电渗法，在施加电势的条件下，利用黏土的电渗现象和电泳作用，促使毛细水分子流动，从而提高降水效果，一般与轻型井点或喷射井点结合使用。

(1）基坑涌水量计算及井点布置

电渗井点降水设计计算方法同管井。

(2）电极间距

电极间距即井点管（阴极）与电极（阳极）之间的距离，可按下式确定：

$$L = \frac{1000V}{I\rho\varphi} \qquad (2\text{-}5\text{-}17)$$

式中：L——井点管与电极间的距离（m）；

V——工作电压，一般为40~110V；

I——电极深度内被疏干土体单位面积上的电流，一般为1~2A/m²；

ρ——土的比电阻（Ω·cm）；

φ——电极系数，一般为2~3。

(3）电渗功率

电渗功率的计算可以按照下式确定：

$$N = \frac{VIF}{1000} \qquad (2\text{-}5\text{-}18)$$

$$F = L_0 \cdot h$$

式中：N——电渗功率；

F——电渗幕面积(m^2)；

L_0——井点系统周长(m)；

h——阳极深度(m)。

对于疏干井的布置，当基坑（槽）宽度小于6m、降水深度不大于5m时，可采用单排布置；当基坑（槽）宽度大于6m时，应采用环形或U形布置；当基坑面积较大时，应采用环形布置（考虑施工机械进出基坑时，宜采用U形布置）。采用双排、环形或U形布置时，位于地下水上游一排的井点间距应小些，下游井点的间距可大些。如采用U形布置，则井点不封闭的一段应布置在地下水的下游方向。

5.2.5 减压降水设计

一般情况下，基坑开挖前，地面以下承压含水层的水压力与上覆土的自重应力相互平衡，而基坑开挖将减小承压含水层上覆不透水层土的厚度，覆土压力逐渐减小。当基坑开挖到一定深度，上覆土层重力无法与作用在承压含水层顶板的水压力平衡时，承压水的水头压力能顶裂或冲毁基坑底板，从而发生突涌现象。为减少承压水对基坑工程产生破坏性影响，基坑设计过程中应尤其重视并了解承压含水层土层特性、含水层分布、水头压力、补给来源等水文地质特点，对承压水处理进行详细判断和设计。减压降水的对象是基底以下对基坑开挖有影响的承压水。

1) 减压降水方法及适用条件

结合需降压的含水层厚度、位置、隔渗帷幕插入深度、周边环境、围护结构形式、基坑规模大小、基坑深度和施工方法等一系列因素，减压降水方法一般分坑内减压降水、坑外减压降水、坑内与坑外联合减压降水。

(1) 坑内减压降水。当隔渗帷幕或围护结构部分插入降水目标承压含水层，隔渗帷幕没有完全隔断基坑内外承压含水层之间的水力联系，且周边环境复杂，为了降低减压降水对周边环境的影响，需最大限度减小坑外水位的降深，这种情况适宜采用坑内减压降水方式（图2-5-13）。

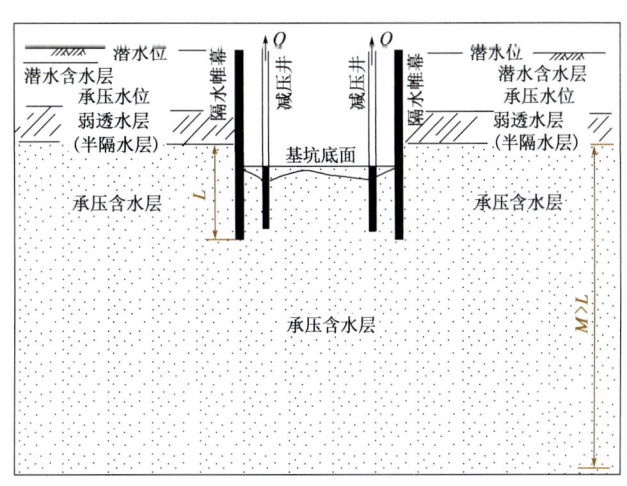

图2-5-13 坑内减压降水示意图

(2)坑外减压降水。当隔渗帷幕或围护结构未进入降水目标承压含水层或隔渗帷幕进入降水目标承压含水层顶板以下的深度远小于承压含水层厚度,且降水对周边环境影响较小,可以采用坑外减压降水方式(图2-5-14)。

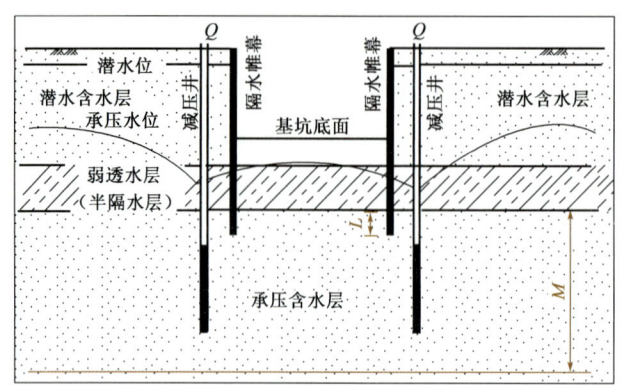

图2-5-14 坑外减压降水示意图

(3)坑内与坑外联合减压降水。当围护结构接头或隔渗帷幕施工质量无法保证,容易引起基坑侧壁流砂管涌现象时,为减少坑内外水头压力,在风险较大的位置设置坑外降压井。

2)减压降水方案设计

(1)涌水量计算

对应基坑涌水量估算公式,根据基坑边界条件选择合适的公式估算基坑涌水量。

(2)单井出水能力计算

单井出水能力可按式(2-5-4)计算。

(3)井点数量计算

①根据基坑总涌水量和单井允许最大出水量初步布设井数,计算方法见式(2-5-5)。

②验算井群总出水量是否满足要求,若nq(q为按干扰井群计算的降水井单井流量)小于Q,则需增加井点数量。

一般降压井布置可按照辐射面积$400 \sim 600 m^2$/口井原则布置,井深度按照经验一般进入目标承压含水层深度不小于10m。

(4)稳定流渗流场下,基坑内任一点地下水位降深计算

①当含水层为粉土、砂土或碎石土时,承压水完整井的地下水位降深(图2-5-15)也可按下式计算:

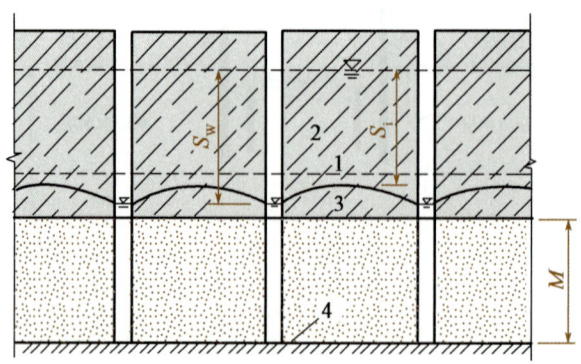

图2-5-15 承压水完整井地下水位降深计算

1-基坑面;2-降水井;3-承压水含水层顶板;4-承压水含水层顶板

$$S_i = \sum_{j=1}^{n} \frac{q_j}{2\pi Mk} \ln \frac{R}{r_{ij}} \quad (2\text{-}5\text{-}19)$$

式中符号含义同前。

对承压完整井,按干扰井群计算的第 j 个降水井的单井流量可通过求解下列 n 维线性方程组计算:

$$S_{w,m} = \sum_{j=1}^{n} \frac{q_j}{2\pi Mk} \ln \frac{R}{r_{jm}} \quad (m = 1, \cdots, n) \quad (2\text{-}5\text{-}20)$$

式中符号含义同前。

②当含水层为粉土、砂土或碎石土时,各降水井所围平面形状近似圆形或正方形且各降水井的间距、降深相同时,承压完整井的地下水位降深也可按下式计算:

$$S_i = \frac{q}{2\pi Mk} \sum_{j=1}^{n} \ln \frac{R}{2r_0 \sin \frac{(2j-1)\pi}{2n}} \quad (2\text{-}5\text{-}21)$$

$$q = \frac{2\pi Mk S_w}{\ln \frac{R}{r_w} + \sum_{j=1}^{n-1} \ln \frac{R}{2r_0 \sin \frac{j\pi}{n}}}$$

式中符号含义同前。

(5)非稳定流渗流场下,承压含水层完整井地下水位降深计算

$$S_{r,t} = \frac{q \ln \frac{2.25at}{\sqrt[n]{r_1^2 r_2^2 r_3^2 \cdots r_n^2}}}{4\pi kM} \quad (2\text{-}5\text{-}22)$$

式中符号含义同前。

(6)降水管井设计

减压降水井管井设计与疏干降水井管井设计大致相同,两者的主要区别在于井管结构的不同,因为降水针对的含水层深度与基底的埋深不同。对于疏干降水,含水层位于基底以上,因此在基底上下均设置降水井过滤管,回填滤料亦是如此;而对于减压降水,含水层位于基底以下,因此降水井过滤管设置以及滤料回填均在基底以下。减压降水与疏干降水井管结构对比如图 2-5-16 所示。

5.2.6 地下水回灌设计

(1)地下水回灌设计应收集下列资料:回灌区域的含水层分布、深度、厚度、岩性、渗透性和富水性、地下水流向、补给来源、天然补给量、水位变化、水化学成分等水文地质条件;基坑降水设计文件及降水施工组织设计;基坑围护设计文件及施工现场平面布置图;已有开采井的分布情况,开采深度(层次)、用途和开采动态,并按不同开采层次,统计地下水年、季、月开采量;地下水位动态和区域地下水位降落漏斗发展情况,包括漏斗范围、深度、年、季、月变化幅度等资料;人工补给的水源情况,回灌水来源及水质情况;周边工程环境情况。

(2)回灌设计应包括下列内容:回灌目的及技术要求;回灌方式及方法;回灌井平面布置及设计数量,回灌井结构及剖面图;回灌系统布设、运行及维护;回灌井封井及处理;回灌监测要求。

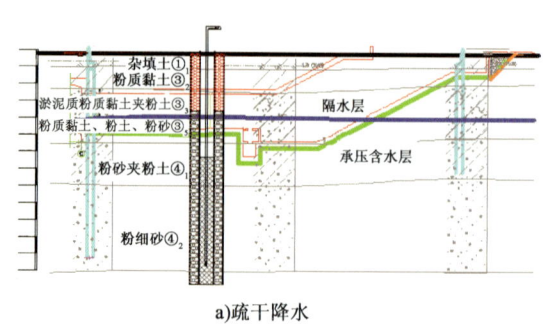

a) 疏干降水

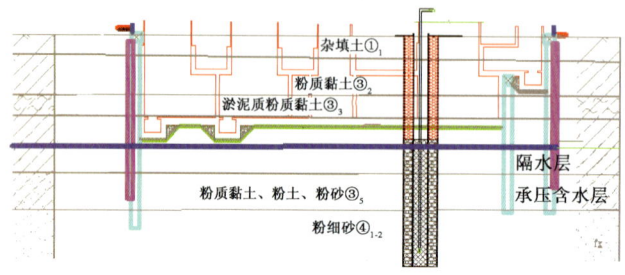

b) 减压降水

图 2-5-16 减压降水与疏干降水井管结构对比图

(3) 回灌井布设应符合下列规定：

①回灌井应优先布设在地面沉降敏感区，一般布置在降水井密集的范围内或邻近范围附近。当含水层厚度有限时，降水引起的环境影响比较迅速，而回灌恢复水位具有一定滞后性，需采取必要预防措施。

②隔水帷幕未将含水层隔断时，回灌井宜布设在隔水帷幕外侧与保护对象之间。

③对控制地面沉降的工程，回灌与降水应同步进行，降水井与回灌井宜保持一定间距或过滤器布设在不同深度。

④布设回灌井时，应同时布设回灌水位观测井，对回灌效果进行动态监测。

(4) 当采用管井或大口井进行回灌时，应符合下列规定。

①对潜水含水层回灌井，单井回灌量可按下式进行计算：

$$q = 1.366k \frac{h_0^2 - H_0^2}{\lg R/r_w} \qquad (2\text{-}5\text{-}23)$$

②对承压水含水层回灌井，单井回灌量可按下式进行计算：

$$q = 2.732kM \frac{h_0 - H_0}{\lg R/r_w} \qquad (2\text{-}5\text{-}24)$$

上述两式中：q——单井回灌量（m^3/d）；

r_w——回灌井半径（m）；

h_0——井内回灌动水位（m）；

H_0——自然状态下含水层地板至井内水位高度（m）；

其余符号意义同前。

5.2.7 降水设计实例

1）工程概况

（1）站址环境

车站主体布置在某交叉路口，周边有医院、住宅区、大学校区、购物广场、国棉宿舍、大型超市等，为地下两层单柱岛式站台车站。

（2）基坑工程概况

车站结构形式均为整体式钢筋混凝土矩形结构，顶板以上覆土约3m。车站采用明挖法施工，车站主体围护结构采用地下连续墙+内支撑的支护形式，基坑开挖深度约17.5m（盾构端头开挖深度19.6m），宽度22.7m。

（3）工程地质、水文地质

场区地层主要特征见表2-5-24，车站典型地质剖面如图2-5-17所示。

场区地层主要特征　　　　　表2-5-24

序号	地层编号及岩土名称	年代成因	包含物及特征
1	①$_1$ 杂填土	Q_m^l	杂色～褐灰～褐黄色，湿～饱和，高压缩性，由黏性土与砖块、碎石、块石、片石、炉渣等建筑及生活垃圾混合而成（局部地表有15～30cm厚的混凝土地坪）。该层土结构不均，土质松散，层厚0.7～4.0m，层顶高程21.45～22.37m，场地表层普遍分布，堆积年限一般大于10年
2	①$_2$ 杂填土	Q_m^l	褐灰～黄褐色，湿～饱和，高压缩性，主要由黏性土组成，局部夹少量碎石、植物根茎。土质呈稍密～中密状，层厚约1.0～2.0m，层顶高程20.75～21.93m，场地内局部地段分布
3	③$_2$ 粉质黏土	Q_4^{al}	褐黄～褐灰色、灰色，饱和，软塑状态，中偏高压缩性，含氧化铁、铁锰质结核及少量高岭土，无摇振反应，光滑，干强度高，韧性高。其厚度0.6～4.2m，层顶高程18.75～21.37m，场地内普遍分布
4	③$_3$ 淤泥质粉质黏土夹粉土、粉砂	Q_4^{al}	灰～褐灰色，饱和，软～流塑、稍密状态，高压缩性，含有机质、腐殖物及少量云母片，局部不均匀夹薄层粉土、粉砂，无摇振反应，稍有光滑，干强度中等，韧性高。其一般厚度1.2～6.0m，层顶高程16.48～21.48m，场地内普遍分布
5	③$_5$ 粉砂、粉土、粉质黏土互层	Q_4^{al}	灰～灰褐色，饱和，粉土、粉砂层呈松散-稍密状态，粉质黏土层呈软～可塑状态，高压缩性。局部粉砂含量较高，粉土、粉质黏土含量较低，沿线大部分地段均有分布，厚度2.4～8.0m，层顶高程11.65～17.88m，场地内普遍分布
6	④$_1$ 粉砂夹粉土	Q_4^{al}	灰色～青灰色，饱和，呈稍密～中密状态，中压缩性，含云母片、长石、石英等矿物，层间不均匀夹有薄层稍密状态粉土。其厚度3.5～8.6m，层顶高程5.15～12.88m，场地内普遍分布

续上表

序号	地层编号及岩土名称	年代成因	包含物及特征
7	④$_2$粉细砂	Q_4^{al}	灰~青灰色,饱和,中密状态,中~低压缩性,含云母、长石、石英等矿物。厚度3.2~9.0m,层顶高程1.45~7.82m,场地内普遍分布
8	④$_3$细砂	Q_4^{al}	灰~青灰色,饱和,中密~密实状态,低压缩性,含云母、长石、石英等矿物,夹粉土、粉质黏土(局部呈透镜体分布)。厚度12.0~27.5m,层顶高程-4.68~2.10m,场地内普遍分布
9	④$_4$中粗砂夹砾卵石	Q_4^{al}	灰色~青灰色,饱和,密实状态,低压缩性,含石英、长石等矿物,砾卵石粒径10~50mm,成分主要有石英岩、石英砂岩、燧石等,磨圆度呈次棱角状、亚圆形。砾卵石含量5%~30%。其厚度2.3~10.0m,层顶高程-26.2~-18.3m,场地内普遍分布
10	⑮$_{a1}$弱胶结砂质泥岩	K-Edn	蓝灰~褐红色,基质主要为粉砂质和泥质,胶结性较差,岩芯采取率70%~90%,岩芯呈柱状,手可捏碎,锤击声哑,无回弹。属于极软岩,较完整岩体,基本质量等级为V级。揭露厚度0.5~7.4m,层顶高程-33.2~-26.4m,场地内普遍分布
11	⑮$_{a2}$中等胶结砂质泥岩	K-Edn	蓝灰~褐红色,基质主要为粉砂质和泥质,胶结性较差,岩芯采取率70%~90%,砂岩岩芯呈短、长柱状。属软岩,岩体较完整,基本质量等级为Ⅳ级。其揭露厚度2.0~9.7m,层顶高程-35.2~-28.9m,场地内普遍分布

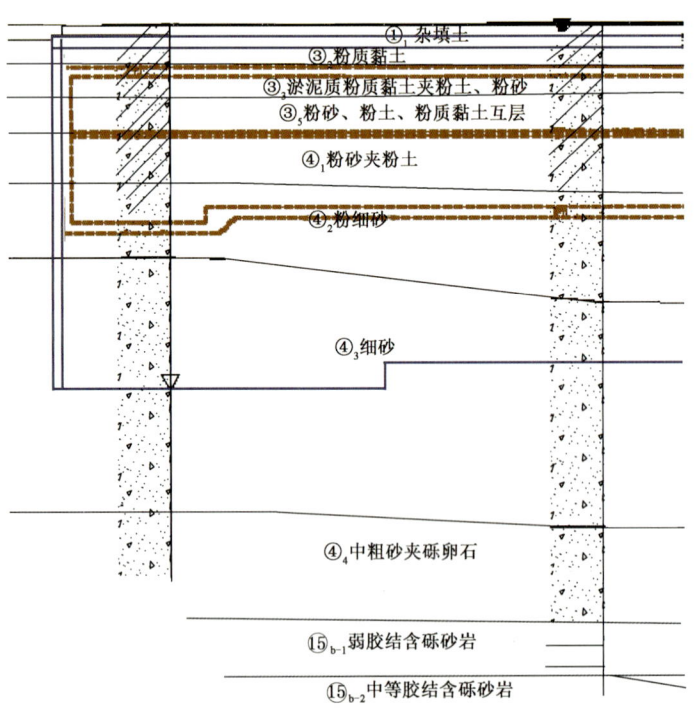

图2-5-17 车站典型地质剖面图

场区地下水主要为上层滞水、孔隙承压水和基岩裂隙水。

(1)上层滞水主要赋存于场地上部人工填土中,主要接受大气降水,生活用水及给排水管涵的渗透入渗补给，水位、水量与地形及季节关系密切，并受人类活动影响明显。勘察期间实测场地上层滞水静止地下水位埋深为 0.60～2.30m，相当于 1985 国家高程 19.45～21.44m。上层滞水对拟建工程基坑开挖施工影响较小。

（2）承压水主要赋存于③₅混合层及④层砂土中，③₅层为弱承压、弱透水含水层，④层为强透水层，主要接受侧向地下水的补给及侧向排泄；本场地距离长江约 1km，孔隙承压水与长江水力联系密切，呈互补关系，地下水位季节性变化规律明显，水量较为丰富。根据水位观测孔数据显示，勘察期间本段承压水位埋深 5.00～6.00m（高程 15.80～16.80m）。根据区域水文地质资料，一级阶地承压水测压水位年变幅为 3～5m，最高承压水位约 20.0m。③₅层局部夹粉土、粉砂，基坑开挖时在地下水动力作用下会产生流砂现象，直接影响基坑稳定性；车站基坑底位于砂层中，基坑开挖过程中会产生基坑突涌现象。建议施工前实测承压水位，并在施工期间观测承压水位变化。

（3）基岩裂隙水主要赋存于下部基岩中，主要接受其上部含水层中地下水的下渗及侧向渗流补给。基岩裂隙水与承压水呈连通关系，对基坑工程施工影响较小。

根据勘察报告试验资料，拟建场地砂层平均渗透系数 k 取值 20.20m/d，在此渗透系数下，影响半径 $R=260$m。

2）降水设计

（1）设计思路

车站开挖深度 17.5～19.6m（属于超深基坑，工程安全等级为一级），基坑底部主要位于③₅粉砂、粉土、粉质黏土互层、②₅₋₁粉砂夹粉土、粉质黏土及②₅₋₂粉细砂，基坑开挖后，若不对场地承压水采取措施，坑底高承压水将会产生涌水冒砂。本设计方案在基坑内、外设置降水管井进行疏干降水。

根据其他工程经验，降水井虽有效将场地砂层中承压水水头降低至开挖面以下，但对位于基坑中下部③₅粉砂、粉土、粉质黏土互层、②₅₋₁粉砂夹粉土、粉质黏土的地下水难以完全疏干，需设置排水沟及集水井进行明排，集水井每隔 15～20m 设置一个，排水沟及集水井深度比开挖面低 0.4～1m。

（2）设计计算

① 基坑涌水量计算

采用疏干降水思路进行降水设计，承压水初始水头取 17.0m，设计目标动水位高程取 5.5m（基底以下 1.0m），水位降深取 13.0～15.1m，基坑出水量计算采用坑内降水布井的方式和"大井"法承压非完整井公式进行计算，即

$$Q = 2\pi k \frac{MS}{\ln\left(1+\frac{R}{r_0}\right)+\frac{M-l}{l}\times \ln\left(1+0.2\frac{M}{r_0}\right)}$$

计算结果见表 2-5-25。

基坑涌水量估算结果　　　　表 2-5-25

工程范围	k(m/d)	l(m)	B(m)	M(m)	S(m)	R(m)	r_0(m)	Q(m³/d)
车站	20.2	300	22.7	48	13～15.1	260	80.7	52044

② 单井出水量及井数量计算

根据水文地质勘察结果，干扰井群单井出水量根据公式（2-5-5）计算得 $q_0=1924.1$m³/d，设计时取单井出水量 1680m³/d，则需降水井数量为：

$$n = 1.1 \times \frac{Q}{q}$$

计算得 $n=34.1$ 口。经优化布置,需要 $n=36$ 口降水井就能将场地承压水降低至基底以下 1.0m。为了保证信息化施工,部分降水井兼做观测井,备用降水井设计 6 口(后期可作为端头降水井使用),设置回灌井 4 口,故降水井、观测井总数为 46 口。该车站降水井平面布置如图 2-5-18 所示。

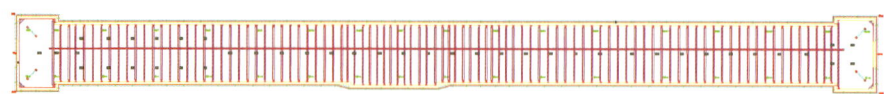

图 2-5-18 车站降水井平面布置图

(3)管井设计

降水井(观测井)井身结构依据降水地段地质岩性构成、水文地质条件、钻孔工艺、施工要求及有关规范规定设计。管井深度与过滤管安装深度根据开采含水层(段)的埋深、厚度、渗透性、富水性及其出水能力等因素综合确定,井深可根据以下公式计算确定:

$$H_w = H_{w1} + H_{w2} + H_{w3} + H_{w4} + H_{w5} + H_{w6}$$

其中,$H_{w1} = 17.5 \sim 19.6\text{m}$;$H_{w2} = 1.5\text{m}$;$H_{w3}$ 可忽略不计;$H_{w4} = 2\text{m}$;$H_{w5} = 15.0\text{m}$;H_{w6} 未取。

经计算降水井深度为 35.5~38.6m,综合考虑地下连续墙长度、地质条件等其他因素,降水井实际深度为 37.5m,水泵下潜深度为 35m,漏斗形成处在 35m 以上。

降水井钻探井径 600mm。降水井管全部采用钢质焊管,其中标准段及观测井井壁管长度为 22.5m,壁厚 4mm,过滤管长度为 15.0m,壁厚 4mm,管径 250mm。

自井底至井深 17.0m 的承压含水层深度段环填硅质圆砾,以形成良好的人工反滤层,在井口 17.0m 段环填黏土球以进行管外封填。

该车站的降水井结构如图 2-5-19 所示。

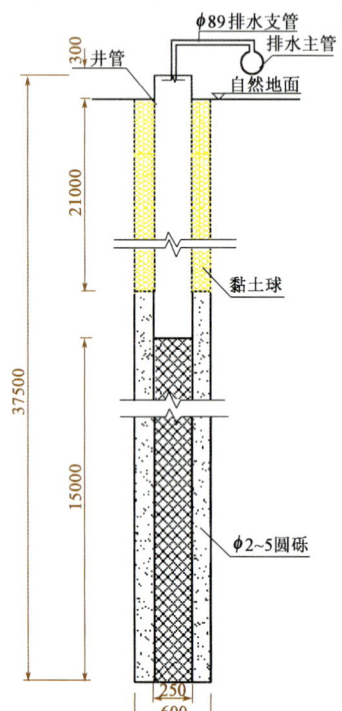

图 2-5-19 车站降水井结构图(尺寸单位:mm)

3)降水试验与运行

降水井施工完成后,进行单井试验性抽水,以初步确定出水量及动水位深度,进一步复核水文地质参数,为施工降水的运行提供监控依据。

5.3 基坑降水施工

5.3.1 集水明排施工工艺

1)集水井和导渗井

集水明排井的类型分为集水井和导渗井,施工工艺见表 2-5-26。集水明排平剖面示意图及示例如图 2-5-20 ~ 图 2-5-22 所示,导渗井示意图如图 2-5-23 所示。

集水明排施工　　　　　　　　　　　　　　　表2-5-26

序号	井类型	适用地层	适用条件	施工工艺
1	集水井	(1)工程地质条件。场地为较密实的、分选好的土层，特别是带有一定胶结度或黏稠度的土层，当地层土质为硬质黏土夹无水源补给的砂土透镜体或薄层时，适宜明排；在岩石中施工时一般均可以进行明排。 (2)水文地质条件。场地地下水为上层滞水或潜水，其补给水源较远，渗透性较弱，漏水量不大时，一般可以考虑采用明排	坑壁较稳定，基坑较浅，降水深度不大，坑底不会产生流砂和管涌等的地下水控制工程。 (1)挖土方法。当采用拉铲挖斗机、反向铲和抓斗挖土机等机械挖土，为避免由于挖土过程中出现的临时浸泡而影响施工，对含水层的砂、卵石、涌水量较大，具有一定降水深度的降水工程，也可以采用明排。 (2)其他条件。当基坑边坡为缓坡或采用堵截隔水后的基坑时；建筑场地宽敞，邻近无建筑物时；基坑开挖面积大，有足够场地和施工时间时，采用明排的适用条件可以扩大	集水明排一般在基坑四角或每隔20~30m设一集水井，排水沟始终比开挖面低0.4~1.0m，集水井比排水沟低0.5~1.0m，在集水井内设水泵将水抽排出基坑。随着基坑开挖，当基坑深度接近地下水位时，沿基坑四周主体结构边线设置排水沟或渗渠（当基坑宽度较大时，可在基坑中部设置排水沟），沟底宽大于0.3m，沟底低于挖土面以下不少于0.3m，坡度为0.5%~1.0%，每隔30~40m设一集水井，集水井底低于排水沟底以下不少于0.5m。随基坑开挖逐步加深，排水沟底和集水井底均应保持这一深度差，直至达到基坑设计高程。基坑开挖至设计高程后，应对排水沟和集水井进行修整完善。 明排的抽水设备常用离心泵、潜水泵和污水泵等，以污水泵为好
2	导渗井	(1)上层含水层的水量不大，难以排出，下部含水层水位可通过自排或抽降，使其低于基坑施工要求的控制水位； (2)土层为弱渗透性的粉质黏土、黏质粉土、砂质粉土、粉土、粉细砂等	(1)当兼有疏干要求时，导渗井还需按排水固结要求加密导渗净距； (2)导渗水质应符合下部含水层中的水质标准，并应预防有害水质污染下部含水层； (3)适用于排水时间不长的基坑工程降水（导渗井较易淤塞）； (4)在上层滞水分布较普遍地区应用较多	导渗法通过竖向排水通道引渗井或导渗井，将基坑内的地面水、上层滞水、潜水等自行下渗至下部透水层中或抽排出基坑。 导渗设施一般包括钻孔、砂(砾)渗井、管井等，统称为导渗井。导渗井应穿越整个导渗层进入下部含水层中，其水平间距一般为3.0~6.0m。当导渗层为需要疏干的低渗透性软黏土或淤泥质黏性土时，导渗井距宜加密到1.5~3.0m

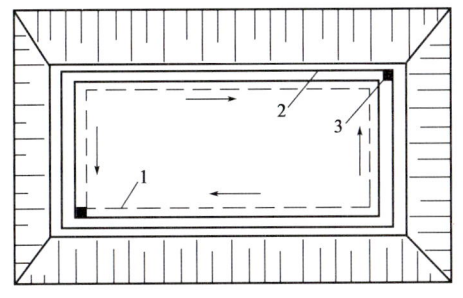

图2-5-20　明排平面示意图

1-基础边线；2-排水明沟；3-集水井

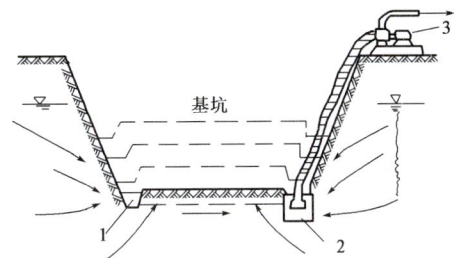

图2-5-21　明排剖面示意图

1-排水沟；2-集水井；3-水泵

图2-5-22　集水明排

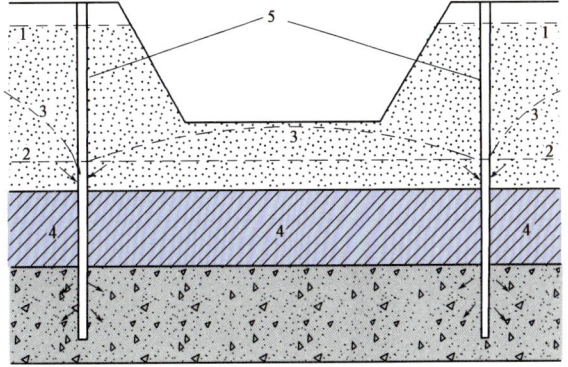

图2-5-23　导渗井示意图

1-上部含水层初始水位；2-下部含水层初始水位；3-导渗后的混合动水位；4-隔水层；5-导渗井

集水明排施工成本低,简便易行,但由于存在排水沟及导渗井,不利于基坑开挖面施工,且集水明排排水量有限,持续时间较长,需随着基坑开挖同步施作。

2)基坑壁排水

对于放坡开挖、土钉墙支护和排桩支护的情况,坑壁处外渗的地下水可能是上层滞水、地下管线的局部漏水、降雨等产生的地表水的下渗等。需要设置坑壁泄水管,泄水管一般采用PVC管,直径不小于40mm,长度400~600mm,埋置在土中的部分钻有透水孔,透水孔直径10~15mm,开孔率5%~20%,尾端略向上倾斜5°~10°,外包土工布,管尾端封堵,防止水土从管内直接流失。纵横间距1.5~2m,砂层等水量较大的区域局部加密。坑壁泄水管布置示意如图2-5-24所示。

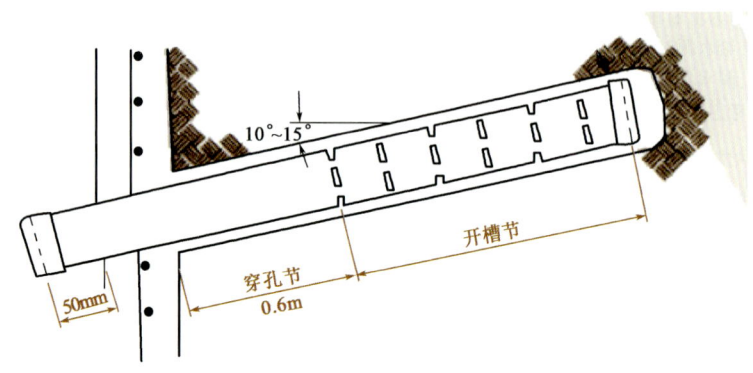

图 2-5-24 坑壁泄水管布置示意图

5.3.2 降水管井施工工艺

1)施工流程

(1)井点测量定位:施工现场场地平整后,测量人员根据"基坑井点降水平面布置图",将基坑周边和基坑内布置的井点做好井点定位、标识。

(2)钻机就位:根据井点位置,使钻机就位。

(3)钻探成孔:根据现场地层条件选用钻机;钻进过程中,为防止井壁坍塌、掉块、漏失及钻进高压含水、气层时可能产生的喷涌等井壁失稳事故,需进行护壁或介质冲洗,从而保证成井顺利进行。

具体施工流程如图2-5-25所示。

2)降水管井钻进

降水管井钻进方法及质量要求见表2-5-27。

降水管井钻进方法及质量要求　　　　表2-5-27

特 点	质 量 要 求	钻 进 方 法
(1)降水管井钻进大多是在第四系松散地层钻进,较少在基岩钻进; (2)降水管井深度相对较浅,一般一径到底,井身结构较为简单	井身应圆正、垂直。 (1)井身直径不小于设计井径; (2)井身顶角偏斜不超过1°	根据钻进地层岩性和钻进设备条件等因素进行选择,一般以卵石和漂石为主的地层,宜采用冲击钻进或潜孔锤钻进,其他第四系地层宜采用回转钻进

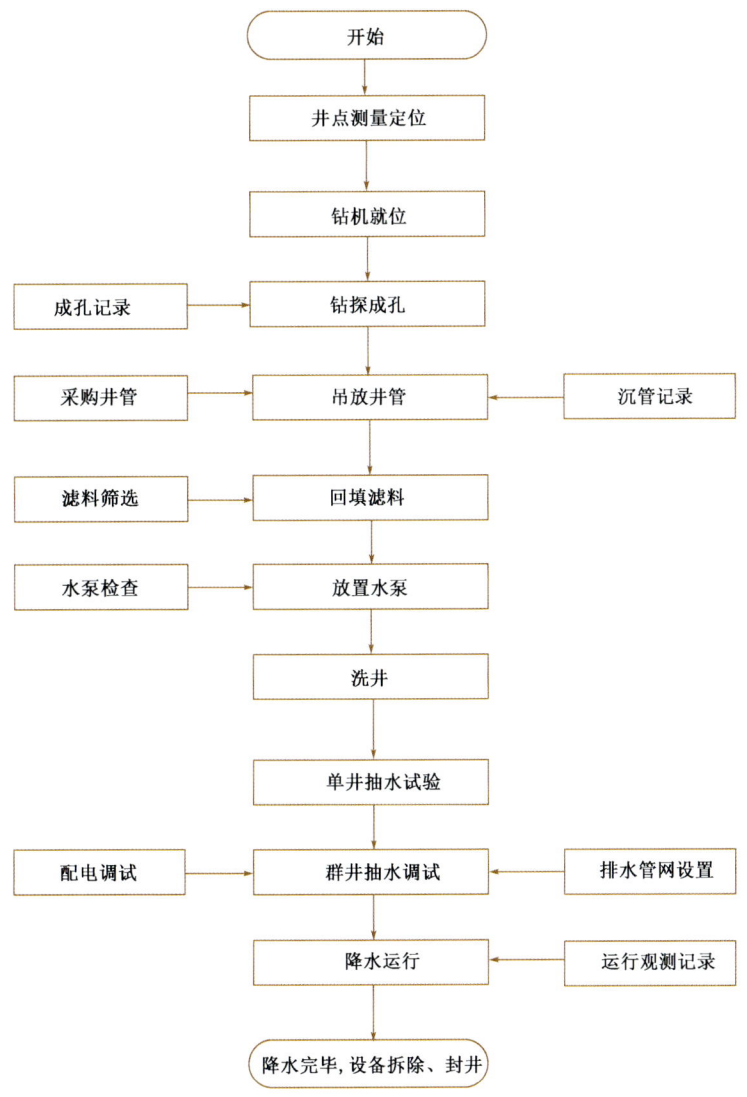

图 2-5-25 降水井施工流程图

通常钻机分为冲击式钻机和回转钻机两大类(图 2-5-26、图 2-5-27),常用钻机的基本性能和适用条件可见表 2-5-28,管井钻进施工示例如图 2-5-28 所示。

图 2-5-26 回转钻机

图 2-5-27 冲击式钻机

图 2-5-28 管井钻进

常用钻机的基本性能和适用条件　　　　　　　　表2-5-28

序号	钻机类型 类别	钻机类型 型号	最大开口井径(mm)	钻进深度(m)	适用地层
1	冲击式钻机	CZ-20型	600	120	各种黏性土、砂土、碎石土、基岩风化带及破碎带
1	冲击式钻机	CZ-22型	750	200	各种黏性土、砂土、碎石土、基岩风化带及破碎带
1	冲击式钻机	CZ-30型	1000	250	各种黏性土、砂土、碎石土、基岩风化带及破碎带
1	冲击式钻机	丰收120型	500	120	各种黏性土、砂土、碎石土、基岩风化带及破碎带
1	冲击式钻机	丰收150型	500	150	各种黏性土、砂土、碎石土、基岩风化带及破碎带
1	冲击式钻机	丰收250型	600	250	各种黏性土、砂土、碎石土、基岩风化带及破碎带
2	回转钻机	SPC-300H型	300~500	300	黏性土、砂土、砾石及基岩
2	回转钻机	SPJ-300型	500	300	黏性土、砂土、砾石及基岩
2	回转钻机	红星-300型	560	300	黏性土、砂土、砾石及基岩
2	回转钻机	红星-400型	650	400	黏性土、砂土、砾石及基岩
2	回转钻机	250型	560	250	黏性土、砂土、砾石及基岩
2	回转钻机	ZT-500型	500	500	砂土层、粒径小于100mm的卵石层
2	回转钻机	ZW-500型	300~800	120	砂土层、粒径小于100mm的卵石层
2	回转钻机	ZWy-550型	300~800	120	砂土层、粒径小于100mm的卵石层

(1) 护壁措施

①保持井内液柱压力与地层侧压力(包括水土压力)平衡,是维系井壁稳定的基本方法。对于易坍塌地层,应注意经常维持和调整压力平衡关系。冲击钻进时,如果能保持井内水位比静止水位高3~5m,可采用水压护壁。

②遇水不稳定地层,应选用适当类型和性能的冲洗介质,以避免水对地层的影响。

③当其他护壁措施无效时,可采用套管护壁。

(2) 冲洗介质

冲洗介质是钻进时用于携带岩屑、清洗井底、冷却和润滑钻具及保护井壁的物质。

①冲洗介质的基本要求：

a. 冲洗介质的性能应能在较大范围内调节,以适应不同地层钻进;

b. 冲洗介质应有良好的散热能力和润滑性能,以延长钻具的使用寿命,提高钻进效率;

c. 冲洗介质应无毒,不污染环境;

d. 配制简单,取材方便,经济合理。

②冲洗介质的类型和适用条件:在实际工作中,可参考表2-5-29选用冲洗介质。

常用冲洗介质及适用条件　　　　　　　　表2-5-29

序号	冲洗介质	特性	适用条件
1	清水	取材容易、经济,黏度和密度低,洗井效果好;但较易渗入地层	不适宜于水敏性地层,一般用于地层压力不大的稳定地层
2	泥浆	能在井壁上形成泥皮而护壁,停钻时悬浮且泥浆性能可在较大范围内调节,以适应不同地层钻进的要求;但黏度和密度较大,钻进效率相对较低,对环境有一定污染	降水管井钻进主要使用泥浆,一般使用水基泥浆
3	空气	取材容易,黏度和密度小,钻进效率较高;但需专门的空气压缩机,遇含水层时使用困难	适用于干旱缺水地区和气动潜孔锤钻进
4	乳状液	乳状液是液体以液珠形式均匀而稳定地分散于另一与其不相混溶的液体中形成的分散体系	适用于小口径钻进

续上表

序号	冲洗介质	特性	适用条件
5	无黏土冲洗液	是不含黏土的冲洗液,也称之为"无固相冲洗液"。与泥浆相比,其不含固相,密度低,钻进效率较高,且具有一定的携带和悬浮岩屑能力及护壁能力	多用于小口径钻进

③泥浆的主要性能:在降水管井的钻进中,应尽量采用黏度、密度和含砂率小的泥浆,有条件利用自然造浆的一般不使用人工泥浆,以降低洗井难度,尽可能降低井损失。针对不同地层,在实际工作中,可参考表2-5-30确定泥浆性能指标。

钻进不同地层适用的泥浆性能指标　　　　表2-5-30

序号	地层性质	泥浆性能指标			
		黏度(s)	密度(g/cm³)	含砂率(%)	失水量(cm³/30min)
1	粉、细、中砂地层	16～17	1.08～1.10	4～8	<8
2	粗砂、砾石地层	17～18	1.10～1.20	4～8	<20
3	卵石、漂石层	18～28	1.15～1.20	<4	<15
4	自流的承压含水层	>25	>1.3	4～8	<15
5	遇水膨胀地层	20～22	1.10～1.15	<4	<10
6	坍塌、掉块地层	22～28	1.15～1.30	<4	<15
7	一般基岩地层	18～20	1.10～1.15	<4	<23
8	喷气地层	<25	>1.30	<4	<8

3）井管安装

井管安装是指管井钻进结束后,安装井内装置的施工工艺,包括探井、换浆、安装井管等工序。这些工序完成的质量直接影响成井后井出水量及井水的含砂率,是降水井设计中的各项指标能否实现的关键,严重的可引起井出砂或出水量大幅度降低,甚至不出水。因此,严格做好成井工艺中的各道工序是保证成井质量的关键。

井管安装各环节目的及要求见表2-5-31。

井管安装各环节目的及要求　　　　表2-5-31

序号	井管安装过程	目的	要求
1	探井	检查井身是否圆整、垂直,以保证井管顺利安装和滤料厚度均匀	探井工作采用探井器进行,探井器直径应大于井管直径,小于井径25mm左右;其长度宜为20～30倍井径,在井内任一深度上均能灵活转动,探井如发现井身质量不符合要求,应立即进行修整
2	换浆	保证过滤管进水缝隙通畅,避免过滤管与含水层错位	以稀泥浆置换井内的稠泥浆,不应加入清水。换浆的浓度应根据井壁稳定情况和计划填入的滤料粒径大小确定,稀泥浆一般黏度16～18s,密度为1.05～1.10g/cm³
3	安装管节	管井成型,确保最终成井质量	井管应坐落在原状土层上,不能悬空,避免井管下沉;井管连接应圆直、牢固,井管偏斜度小于1°;过滤管位置准确,安装位置偏差小于±300mm;滤网安装时一般40～60目滤网外包2～3层,滤网需搭接10～15cm;井管底部应封底;安装前检查井管质量,重点检查过滤管孔隙率是否满足要求。下管方法主要有:提吊下管法、托盘(或浮板)下管法、多级下管法

4）回填滤料

回填滤料是将一定规格的滤料投入到过滤管与井壁之间环状间隙中的工序。填砾是成井工艺的关键工序,直接影响管井的出水量及含砂率。

(1)填砾前的准备工作

①井内泥浆稀释至密度小于 1.10g/cm^3（高压含水层除外）；

②检查滤料的规格和数量；

③备齐测量填砾深度的测锤和测绳等工具；

④清理井口现场,加井口盖,挖好排水沟。

(2)滤料的质量要求

①滤料应按设计的规格进行筛分,不符合规格的滤料不得超过设计数量的15%；

②滤料的磨圆度应较好,棱角状砾石不得含量过多,严禁以碎石作为滤料；

③不含泥土和杂物；

④宜用硅质砾石。

(3)滤料的数量

滤料数量按下式计算：

$$V = 0.785(D^2 - d^2)L\alpha \tag{2-5-25}$$

式中：V——滤料数量(m^3)；

D——填砾段井径(m)；

d——过滤管外径(m)；

L——填砾段的长度(m)；

α——超径系数,一般为 1.2~1.5。

(4)填砾方法

填砾方法应根据井壁的稳定性、冲洗介质的类型和管井结构等因素确定。

①静水填砾法。静水填砾法是浅井普遍采用的填砾方法,也称为压差循环填砾法或先冲后填法。填砾前提出钻杆,井内泥浆密度一般宜在 1.05g/cm^3 左右;填砾时,从管口返出的泥浆应导流回井内,防止井内泥浆面下降过大造成井壁坍塌。滤料应沿井管四周均匀连续填入,随填随测,当填入数量及深度与计算有较大出入时,多是出现了滤料"棚堵"现象,应及时排除"棚堵"后,方可继续填砾。

②动水填砾法。动水填砾法也称为冲水填砾法或边冲边填法,动水填砾法是在井管内下入钻杆并在离井底50cm处把管口封闭,用泵往井管内注入泥浆,使泥浆通过井管外环状间隙溢出地面并逐步稀释泥浆,相对密度达1.05左右时,减小泵量以不冲出滤料为准,同时填入滤料。动水填砾法优点在于可防止井内稠泥浆沉淀而使滤料达不到预定位置,亦可冲出滤料中的杂物。

③抽水填砾法。抽水填砾法也称之为"边抽边填法",是利用泵或空压机抽水,将抽水管下至过滤管底部,边抽水边填砾。抽水量不能过大,抽出的泥浆应及时返入孔内形成反循环。此法填砾较为密实,但操作较为复杂,一般适用于中深井。

(5)填砾质量要求

井内泥浆相对密度接近1.05后,投入滤料,滤料数量不少于计算的95%;严禁井管强行插入坍塌孔底;滤料回填至含水层顶板时,改用黏土回填封孔不少于2m。

5）洗井

洗井是一项非常重要的工序。为防止泥皮硬化,下管填砾之后,应立即进行洗井。

(1)洗井的目的

①清除井内岩屑、泥浆和附着于井壁上的泥皮;

②抽出渗入含水层中的泥浆和细小颗粒,使过滤管周围形成渗透性良好的圆环带;

③增大管井出水量;

④降低井水含砂率。

(2)洗井方法的选择

管井洗井方法较多,一般分为水泵洗井、活塞洗井、空压机洗井、化学洗井(洗井前先注入焦磷酸钠溶液)和二氧化碳洗井,以及两种或两种以上洗井方法组合的联合洗井法,不同的洗井方法适用条件不同。降水管井由于多是松散层浅井,因此,深井和基岩井的洗井方法并不常用,洗井方法应根据含水层特性、管井结构及管井强度等因素进行选择。

(3)降水管井的洗井原则和要求

①应尽量采用活塞和空压机联合洗井。活塞和空压机联合洗井是以活塞洗井为主,空压机洗井为辅的洗井方法,该方法是诸多洗井方法中,洗井效果最好的一种,因此,只要管井强度允许,应尽量采用此法。

②管井的强度较低(如水泥管、塑料管等)时,可采用空压机洗井或水泵洗井。水泵洗井利用水泵时抽时停的方法进行洗井。水泵洗井对井水中的杂质含量要求较高且洗井效果也不理想,因此,只在不能采用空压机洗井时采用。

③洗井强度。砂土类含水层管井洗井时应由弱逐渐加强,砾石、卵石含水层管井洗井应始终以最大强度进行。洗井的最大水位降深应接近和超过抽水试验时的最大水位降深。

④洗井结束后,应立即清除井底沉淀物。

(4)洗井的质量标准

作为检查洗井工序的质量要求,管井洗井的质量标准如下:

①井水中不含有泥浆等管井施工物质,井水物理性质应无色透明;

②连续洗井过程中,单位出水量不再增大,井水含砂率不再降低。

5.3.3 其他类型井点施工工艺

1）轻型井点施工

轻型井点(又叫作真空井点)主要由井点管(包括滤水管)、集水总管、抽水泵、真空泵等组成。井点系统工作时,井点管、总管及储水箱内空气被吸走,形成一定真空度(即负压)。由于管路系统外部地下水承受大气压作用,为保持平衡状态,水由高压区向低压区流动,地下水被压入井点管内,经总管至储水箱,然后经水泵抽走。轻型井点系统降低地下水位的过程如图 2-5-29 和图 2-5-30 所示。

(1)真空降水管井施工应满足以下要求:

①宜采用真空泵抽气集水,深井泵或潜水泵排水;

②井管应严密封闭,并与真空泵吸气管相连;

③单井出水口与排水总管的连接管路中应设置单向阀;

④对于分段设置滤管的真空降水管井,应对开挖后暴露的井管、滤管、填砾层等采取有效封闭措施;

⑤井管内真空度不宜小于 0.06MPa,宜在井管与真空泵吸气管的连接位置处安装高灵敏度的真空

压力表监测。

（2）真空井点布设应符合下列规定：

①当真空井点孔口至设计降水水位的深度不超过6m时，宜采用单级真空井点；当大于6m且场地条件允许时，可采用多级真空井点降水，多级井点上下级高差宜取4~5m。

②井点系统的平面布置应根据降水区域平面形状、降水深度、地下水的流向及土的性质确定，可布置成环形、U形和线形（单排、双排）。

③井点间距宜为0.8~2.0m，距开挖上口线的距离不应小于1m；集水总管宜沿抽水水流方向布设，坡度宜为0.25%~0.50%。

④降水区域四角位置井点宜加密。

⑤降水区域场地狭小或在涵洞、地下暗挖工程、水下降水工程，可布设水平、倾斜井点。

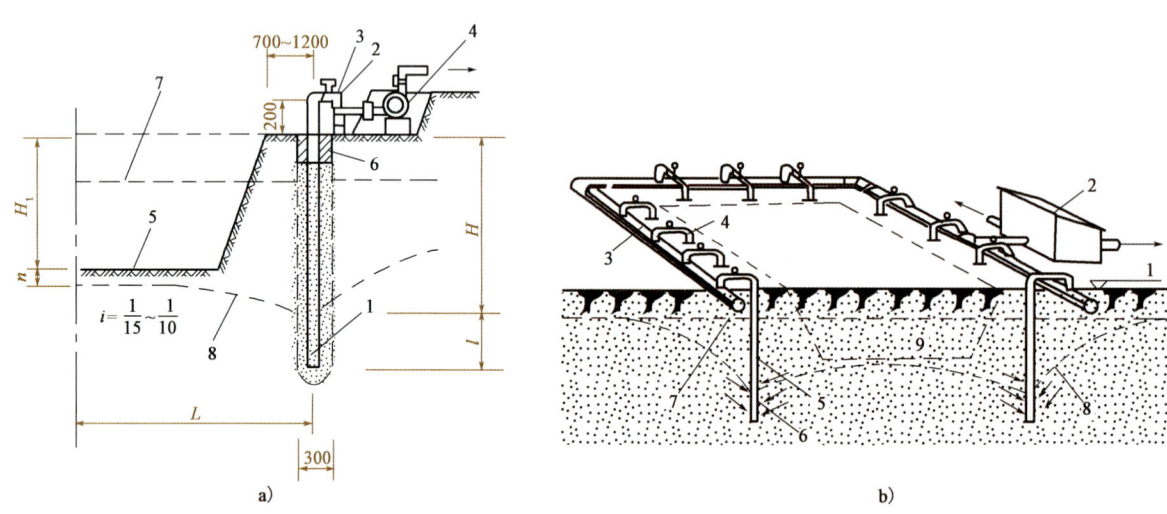

1-井点管；2-集水总管；3-弯联管；4-抽水设备；
5-基坑；6-填黏土；7-初始地下水位；8-水位降落曲线

1-地面；2-水泵房；3-总管；4-弯联管；5-井点管；6-滤管；
7-初始地下水位；8-水位降落曲线；9-基坑

图2-5-29 轻型井点示意图（尺寸单位：mm）

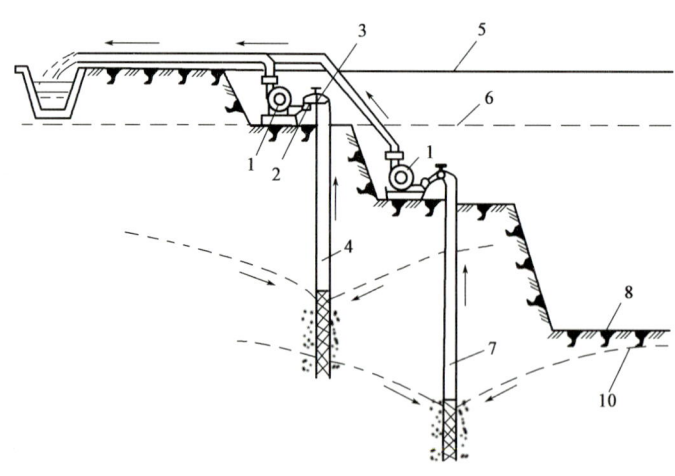

1-水泵；2-集水管；3-连接管；4-一级井点；5-地面线；6-初始地下水位；7-二级井点；8-基坑；9-降低后地下水位

图2-5-30 多级轻型井点示意图

（3）真空井点的构造应符合下列规定：

①井点管宜采用金属管或U-PVC管，直径宜为38~110mm。

②过滤器管径应与井点管直径一致，滤水段管长度应大于1m；管壁上应梅花形布置渗水孔，直径宜

为 12~18mm，孔隙率应大于 15%。

③过滤器管壁外应根据地层土粒径设置滤水网；滤水网宜设置两层，内层滤网宜采用 60~80 目尼龙网或金属网，外层滤网宜采用 3~10 目尼龙网或金属网，管壁与滤网间应采用金属丝绕成螺旋形隔开，滤网外应再绕一层粗金属丝。

④孔壁与井管之间的滤料宜采用中粗砂，滤料上方应用黏土封堵，封堵至地面的厚度应大于 1m。

⑤集水总管宜采用 $\phi 89~127mm$ 的钢管，每节长度宜为 4m，其上应安装与井点管相连接的接头。

⑥井点泵应用密封胶管或金属管连接各井，每个泵可带动 30~50 个真空井点。

(4) 井点埋设方法

①水冲法：利用高压水冲开泥土，井管靠自重下沉。在砂土中压力为 0.4~0.5MPa，在黏性土中压力为 0.6~0.7MPa。冲孔直径一般为 30cm，冲孔深度宜比滤水管底深 0.5m 左右。

②钻孔法：适用于坚硬土层或者井点紧靠建(构)筑物的情况，当土层较软时，可用长螺旋钻成孔。井点管下沉达设计高程后，在管与孔壁之间用粗砂填实，作为过滤层。距地表 1m 左右的深度内，改用黏土封口捣实，然后用软管分别连在集水总管上。

2）喷射井点施工

(1) 井点管埋设与使用

①喷射井点管埋设方法与轻型井点相同，为保证埋设质量，宜用套管法冲孔加水及压缩空气排泥。对于深度大于 10m 的喷射井点管，宜用起重机下管。下井管时，水泵应先开始运转，做到每下好一根井点管后立即与总管接通(暂不与回水总管连接)，然后及时进行单根井点试抽排泥，待井管出水变清后地面测定真空度不宜小于 93.3kPa。

②全部井点管沉设完毕后，将井点管与回水总管连接并全面试抽，然后使工作水循环，进行工作。各套进水总管均应用阀门隔开，各套回水管应分开。

③为防止喷射器损坏，安装前应对喷射井管逐根冲洗。如发现井点管周围有翻砂、冒水现象，应立即关闭井管后进行检修。

④工作水应保持清洁，试抽 2d 后，应更换清水，此后视水质污浊程度定期更换清水，以减轻对喷嘴及水泵叶轮的磨损。

(2) 施工注意事项

①利用喷射井点降低地下水位，扬水装置的质量十分重要。如果喷嘴的直径加工不精确，尺寸加大，则工作水流量需要增加，真空度将降低，影响抽水效果。如果喷嘴、混合室和扩散室的轴线不重合，不但降低真空度，而且由于水力冲刷导致磨损较快须经常更换，影响降水正常、顺利运行。

②工作水要干净，不得含泥沙及其他杂物。尤其在工作初期更应注意工作水的干净，因为此时抽出的地下水可能较为混浊，如不经过很好地沉淀即用作工作水，会导致喷嘴、混合室等部位很快磨损。如果扬水装置已磨损应及时更换。

③为防止产生工作水反灌现象，在滤管下端最好增设逆止球阀。当喷射井点正常工作时，芯管内产生真空，出现负压，钢球托起，地下水吸入真空室；当喷射井点发生故障时，真空消失，钢球被工作水推压，堵塞芯管端部小孔，使工作水在井管内部循环，不致涌出滤管产生倒涌现象。

(3) 喷射井点的运转和保养

喷射井点比较复杂，在其运转期间常需进行监测以了解装置性能，进而确定因某些缺陷或措施不当时需采取的必要措施，在喷射井点运转期间，需注意以下方面：

①及时观测地下水位变化；
②测定井点抽水量，兼顾地下水量的变化，分析降水效果及降水过程中出现的问题；
③测定井点管真空度，检查井点工作是否正常。

常见故障的现象包括：
①真空管内无真空，主要原因是井点芯管被泥沙填住，其次是异物堵住喷嘴；
②真空管内无真空，但井点抽水通畅，是由于真空管本身堵塞和地下水位高于喷射器；
③真空出现正压（即工作水流出）或井管周边翻砂，这表明工作水倒灌，应立即关闭阀门，进行维修。

排除故障的方法包括：
①反冲法：遇有喷嘴堵塞，芯管、过滤器淤积，可通过内管反冲水疏通，但水冲时间不宜过长。
②提起内管，上下左右转动、观测真空度变化，真空度恢复了，则正常。
③反浆法：关住回水阀门，工作水通过滤管冲土，破坏原有滤层，停冲后，悬浮的滤砂层重新沉淀；若反复多次无效，应停止井点工作。
④更换喷嘴：将内管拔出，重新组装。

3）电渗井点施工

电渗井点埋设程序一般是先埋设轻型井点或喷射井点管，预留出布置电渗井点阳极的位置，待轻型井点降水不能满足降水要求时，再埋设电渗阴极，以改善降水性能。电渗井点阴极埋设与轻型井点、喷射井点埋设方法相同。阳极埋设可用75mm旋叶式电钻钻孔埋设。阳极埋设须垂直，严禁与相邻阴极相碰，以免造成短路损坏设备。电渗井降水系统如图2-5-31所示。

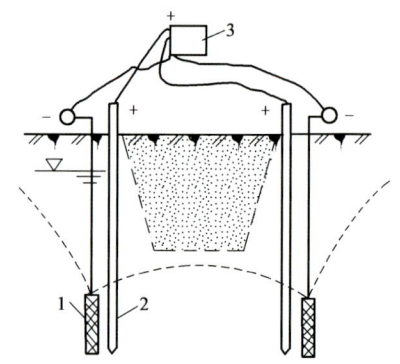

图2-5-31 电渗井降水系统图
1-井管；2-电极；
3-直流电源（24～48V）

电渗井点施工方法简述如下：

（1）阳极用 $\phi 50\sim 70$mm 钢管或 $\phi 20\sim 25$mm 钢筋或铝棒，埋设在井点管内侧，并成平行交错排列。阴阳极数量宜相等，必要时阳极数量可多于阴极。

（2）井点管与金属棒（阴阳极）之间的距离，当采用轻型井点时，为0.8～1.0m；当采用喷射井点时，为1.2～1.5m。阳极外露于地面的高度为20～400mm，入土深度比井点管深500mm，以保证水位能降到要求深度。

（3）阴阳极分别用BX型铜芯橡皮线、扁钢、$\phi 10$mm钢筋或电线连成通路，接到直流发电机或直流电焊机的相应电极上。

（4）通电时，工作电压不宜大于60V。通电前应清除井点管与金属棒间地面上的导电物质，使地面保持干燥，如涂一层沥青绝缘则效果更好。

（5）通电时，宜采用间隔通电法，每通电24h，停电2～3h。

（6）降水过程中，应对电压、电流密度、耗电量及预设观测孔水位等进行量测、记录。

4）回灌井施工

为减小因降水工程而影响周边原有建（构）筑物地基的不均匀沉降和位移，在基坑进行降水的同时，在降水井点与要保护的区域之间设置回灌井，在利用降水井点降水的同时利用回灌井向土层内灌入一定数量的水，形成一道水幕，从而减少降水以外区域的地下水流失，使其地下水位基本不变。回灌井成井结构示意如图2-5-32所示。

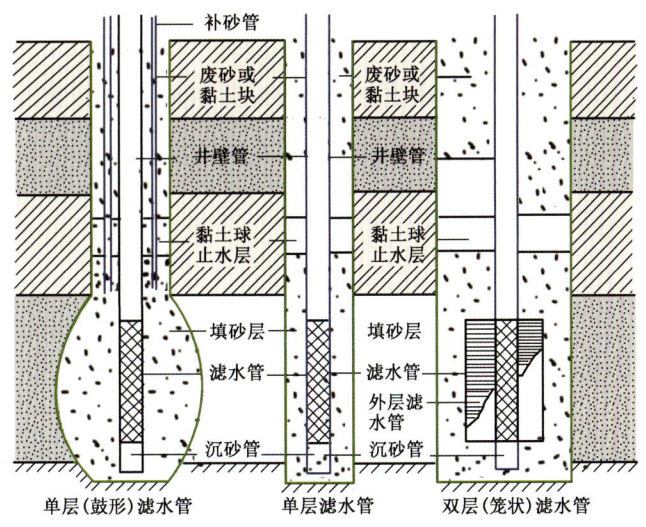

图 2-5-32　回灌井成井结构示意图

(1) 回灌砂井、砂沟

在降水井点与被保护区域之间设置砂井、砂沟作为回灌通道。将井点抽出来的水适时适量地灌入砂沟,再经砂井回到地下,从而保证被保护区域地下水位的基本稳定,达到保护环境的目的。实践证明,其效果良好。回灌砂沟或砂井与降水井点的距离一般不宜小于 6m,以防降水井点仅抽吸回灌井点的水,而使基坑内水位无法下降,失去降水的作用。砂井的深度应按降水水位曲线和土层渗透性来确定,一般应控制在降水曲线以下 1m。回灌砂沟应设在透水性较好的土层内。

(2) 回灌管井

① 回灌管井结构

回灌管井结构应符合下列规定:

a. 回灌管井包括井壁管(实管)、滤水管、沉砂管。

b. 管井的成孔口径宜为 600~800mm,井管直径宜为 250~300mm;大口径井成孔口径宜为 1~2m。

c. 井管上部滤水管应从常年地下水位以上 0.5m 处开始,滤水管可采用铸铁或无缝钢管,管外应用 $\phi 6mm$ 钢筋焊作垫筋,并采用金属缠丝均匀缠在垫筋上,缠丝间隙宜为 0.75~1.00mm。

d. 回灌管井过滤器长度应根据场地水文地质条件及回灌量要求综合确定,管径应与井点管直径一致,滤水段管长度应大于 1m;管壁上应布置渗水孔,直径宜为 12~18mm;渗水孔宜梅花形布置,孔隙率应大于 15%。

e. 沉砂管应与井管同质同径,且接在滤水管下部,长度不宜小于 1m。

f. 井管外侧应填筑石英砂作为滤层,填砂粒径宜为含水层颗粒级配 d_{50} 的 8~12 倍。

g. 单层(鼓形)滤水管应设置补砂管。补砂管可采用薄壁钢管或高强度 PVC 管,直径宜为 50~70mm;补砂管应布置在井管两侧,与井管同步下入,埋设深度至含水层上部,插入填砂层内 1~2m,上部露出孔口。

h. 通常回灌管井中的砂是纯净中粗砂,不均匀系数和含水量均应保证砂井有良好透水性,使注入的水尽快向四周渗透;回灌管井的灌砂量过多或含泥量过大,均将影响水向四周渗透的效果。

② 回灌管井施工

回灌管井施工应符合下列规定:

a. 回灌管井成井深度不应小于设计深度,成井后在使用前应及时冲洗;

b. 降水、回灌期间应对抽水设备和运行状况进行检查,每天检查不应少于 3 次,同时应有备用设备;

c. 应经常检查灌入水的污浊度及水质情况,防止机油、有毒有害物质、化学药剂、垃圾等进入回灌水中;

d. 回灌井点必须与降水井点同时工作,结束后一同封井。

③回灌方法

回灌管井的回灌方法主要有真空回灌和压力回灌两大类,后者又可分为常压回灌和高压回灌两种,不同的回灌方法其作用原理、适用条件、地表设施及操作方法均有所区别。

a. 真空回灌法

真空回灌适用条件:
- 适用于地下水位较深(静水位埋深>10m)且渗透性好的含水层;
- 真空回灌对滤网的冲击力较小,适用于滤网结构耐压、耐冲击强度较差以及使用年限较长的老井;
- 对回灌量要求不大的井。

b. 压力回灌法

常压回灌利用水头差进行回灌,高压回灌在常压回灌装置的基础上,使用机械动力设备(如离心泵)加压。常压回灌压力较小,适用于透水性好的地层。压力回灌适用范围很大,特别是对地下水位较高和透水性较差的含水层来说,采用压力回灌的效果较好;由于压力回灌对滤水管网眼和含水层的冲击力较大,宜适用于滤网强度较大的深井。

④回灌水质要求

地下水回灌工作必须与环境保护工作密切结合,在选择回灌水源时必须慎重考虑水源水质。回灌水源对水质的基本要求如下:

a. 回灌宜首选同层地下水回灌,当非同层回灌时,回灌水源水质不应低于回灌目标含水层地下水水质;

b. 当回灌目标含水层与饮用地下水联系较紧密时,回灌水源水质应达到饮用水的标准;

c. 回灌水源回灌后不会引起区域性地下水水质变坏和受污染;

d. 回灌水源中不含使井管和滤水管腐蚀的特殊离子和气体;

e. 采用江河及工业排放水回灌,必须先进行净化和预处理,达到回灌水源水质标准后方可回灌。

5.3.4 施工安全技术措施和施工验收标准

1)基坑降排水施工安全技术措施

(1)排水沟深度、宽度、坡度应根据基坑涌水量计算确定,排水沟底宽不宜小于300mm。

(2)集水井大小和数量应根据基坑涌水量和渗漏量、积水量确定,且直径(或宽度)不宜小于0.6m,底面应比排水沟沟底深0.5m,间距不宜大于30m。

(3)当基坑开挖深度超过地下水位后,排水沟与集水井深度应随开挖深度加深,并应及时将集水井中的水排除基坑。

(4)降水供电系统必须配备双路电源,降水运行阶段应有专人值班,应对降排水系统进行定期或不定期巡察,防止停电或其他因素影响降排水系统正常运行。

(5)降水成井前应进行含泥含砂检测控制,超标时采取相应处置措施,严防地层砂土流失。

(6)放坡开挖应对坡顶、坡面、坡脚采取排水措施。

(7)轻型井点降水系统运行时,总管与真空泵接好后应开动真空泵开始试抽水,检查泵的工作状态;应采取措施防止漏气,整个系统抽水运行时真空度应控制在0.03~0.06MPa。抽水机组安装前必须全面保养,空运转时真空度应大于0.06MPa。正式抽水宜在预抽水15d后进行。

(8)真空降水管井抽水,井点使用时抽水应连续,不得停泵,并应配置能自动切换的电源。

(9)管井降水正式抽水宜在预抽水3d后进行;坑内降水井宜在基坑开挖20d前开始运行;应加盖

保护深井井口；车辆行驶道路上的降水井，应加盖市政承重井盖，排水通道宜采用暗沟或暗管。

（10）降水井随基坑开挖深度需切除时，对继续运行的降水井应去除井管四周地面下 1m 的滤料层，并应采用黏土封井后再运行。

（11）应根据场地地质条件和降水深度控制要求选择回灌方法，根据降水布置、出水量、现场条件建立回灌系统，并应通过现场试验确定回灌量和回灌工艺。

2）基坑降排水施工验收标准

降水管井竣工验收是指管井施工完毕，在施工现场对管井质量进行逐井检查和管井验收。对验收不合格的管井应进行处理或补井。验收时应提供施工记录、管井平面布置图、管井柱状图、试验抽水资料和施工说明、设计变更和审批文件等。管井降水工程验收结束后，应提交"基坑管井降水工程竣工验收报告"。根据降水管井的特点和我国各地降水管井施工的实际情况，参照现行《建筑与市政工程地下水控制技术规范》（JGJ 111）关于管井竣工验收的质量标准规定，降水管井竣工验收质量标准主要应有下述四个方面：

（1）管井出水量：实测管井在设计降深时的出水量应不小于管井设计出水量，当管井设计出水量超过抽水设备的能力时，按单位储水量检查。当具有位于同一水文地质单元并且管井结构基本相同的已建管井资料时，新建管井的单位出水量应与已建管井的单位出水量接近。

（2）井水含砂率：管井正常运行时含砂率应小于 1/100000（体积比）。

（3）井斜：实测井管斜度应不大于 1°。

（4）井管内沉淀物：井管内沉淀物高度应小于井深的 0.5%。

5.3.5 施工控制要点

井点降水施工控制要点见表 2-5-32。

井点降水施工控制要点　　　　　　　表 2-5-32

序号	施工控制要点	原 理 分 析
1	需在场地典型地区进行相应的群井抽水试验	进行降水及沉降预测，做到按需降水，严格控制水位降深
2	防范抽水带走土层中细颗粒。在降水时要随时注意抽出的地下水是否有浑浊现象	抽出的水中带走细颗粒不但会增加周围地面沉降，而且还会使井管堵塞、井点失效。应根据周围土质情况选用合适的滤网，同时应重视埋设井管时成孔和回填砂滤料的质量
3	适当放缓降水漏斗线坡度。把滤管布置在水平向连续分布的砂性土中，可获得较平缓的降水漏斗曲线，减少对周围环境的影响	同样降水深度前提下，降水漏斗线坡度越平缓，影响范围越大，而所产生的不均匀沉降就越小，降水影响区内的地下管线和建（构）筑物受损伤的程度也越小
4	井点应连续运转，尽量避免间歇和反复抽水。轻型井点和喷射井点原则上应埋在砂性土层内	对砂性土层，除松砂外，降水所引起的沉降量很小，但若降水反复间歇进行，现场和室内试验均表明每次降水都会产生沉降，每次降水沉降量随着反复次数增加而减少，但总沉降量仍会较大
5	基坑开挖时应避免产生坑底流砂引起坑周地面沉陷。降水井管应穿入基坑底部黏土层下方的含水砂层中，释放下卧粉砂层中承压水头，保证坑底稳定	如基坑底面下有一薄黏性土不透水层，其下又有相当厚度粉砂层，若降水时井点仅设在基底以下未穿入含水砂层，那么这层薄黏土层会承受上下两面的水压力差 ΔP，作用于黏土层下侧，产生向上的压力，若此压力大于该土层重量，便会造成坑底涌砂
6	如果降水现场周围有湖、河、浜等贮水体时，应考虑在井点与贮水体间设置隔渗帷幕	防范因井点与贮水体串通，抽出大量地下水而水位不下降，反而带出土颗粒，甚至产生流砂
7	在对地面沉降控制有严格要求的地区开挖深基坑，宜尽量采用坑内井点疏干降水+隔渗帷幕的形式止水	要求隔渗帷幕具有足够入土深度，一般需较井点滤管下端深 1m 以上，既不妨碍开挖施工，又可减轻对周边环境的影响

5.3.6 质量通病与防治措施

钻进成井过程中质量通病与防治措施见表 2-5-33。

钻进成井过程中质量通病与防治措施   表 2-5-33

序号	质量通病	原因分析	处治措施
1	钻具蹩跳	孔下有障碍物	探明障碍物并清除
2	钻孔中转盘突感失重	钻具掉落或扭断	检查、打捞
3	钻进中突感阻力增大,进尺缓慢	附近曾施工钻孔灌注桩或压力注浆,钻头磨钝	检查、修理钻头
4	停泵后孔内沉淀物多,淤埋钻具	泥浆的相对密度偏低,冲孔时间不足	提高泥浆相对密度,增加冲孔时间
5	超过砾砂围填数量和围填高度较多	超径、围填过快发生蓬堵	合理调整钻进参数,砾料均匀围填
6	动态填砾,砾料被循环水带出孔外	泵量过大	调整泥浆泵排量
7	活塞洗井时有卡碰现象	深井管接头处不规整	调整泥浆泵排量
8	井口开封后活塞提不动或只能降不能升	活塞被砂抱卡	接通水泵冲水循环,串动钻杆清除淤砂,切忌强力拔除
9	井水含砂率过大,水混不易抽清	砾料级配不合理;填砾厚度小,有蓬堵或"亏砂";管与孔不同心	调整砾料级配,孔径要标准,砾料围填要均匀,井管要设扶正器

5.3.7 施工期风险管理

降排水施工阶段风险辨识产生的风险事件主要有地面沉降、建筑物沉降、倾斜、降水效果差。风险事件对应的主要风险因素及风险控制措施见表 2-5-34。

风险事件对应的主要风险因素及风险控制措施   表 2-5-34

序号	风险事件对应的主要风险因素及风险控制措施	
1	风险事件	地面沉降、建筑物沉降、倾斜
	主要风险因素	坑外降水过量、过快,止水帷幕失效,地质条件恶劣
	风险控制措施	(1)挖土前,要进行降水以保证坑内的良好施工条件,降水对坑内土体的压密,有利于基坑稳定性; (2)详细调查开挖范围的地质条件; (3)对地层采用合理、有效的降水方法; (4)选择合理、有效的施工工艺
2	风险事件	降水效果差
	主要风险因素	(1)成井施工不当 (2)降水井位置、数量、深度不能满足施工需要 (3)井管内沉淀物过多,井孔被淤塞 (4)成井施工与地基加固交叉作业导致滤管被堵塞 (5)滤管未能设置在透水性好的含水层 (6)滤料和滤管材料不合格,泵选型不当,出水能力差 (7)降水井保护不当,导致破坏
	风险控制措施	(1)根据现场实际情况合理设计降水井数量、位置、深度;坑内井的井位根据深基坑的支撑图正确定位,不能与设计的支撑相碰,并最终固定在支撑附近。 (2)滤管、滤料进场验收质量要满足方案要求;保证清孔效果和洗井效果,配备合适的抽水泵,且抽水泵的安装位置应满足设计要求。 (3)在成井后8h内,将污水泵放入井底反复抽洗,以保证渗水效果,洗井过程中观测水位及出水量变化情况。 (4)成井施工结束后,下入水泵进行试抽水,以检查成井质量。 (5)基坑开挖时注意保护降水井管,以防被碰坏或压坏,坑内井必须保证在挖土时不被破坏。 (6)降水运行过程中,除个别水泵因机械原因停抽更换水泵外,降水系统电源不能停电。因此,施工现场必须有两路电源,确保降水运行过程中系统电源正常供电。 (7)严格按照降水方案实施降水,无论疏干井还是降压井降水时都必须严格遵循"按需降水,分层降水"原则,严禁一次降到底。 (8)必须配备足够的降水值班人,随时观测坑内水位变化和降水井运行情况,确保坑内水位保持在开挖面以下

5.4 降水试验与运行

5.4.1 单井和群井运行试验

1）单井运行试验

(1) 试验抽水的目的

降水管井施工是在具备必要的水文地质和工程地质资料的基础上进行的,因此,管井施工阶段试验抽水的主要目的不在于获取水文地质参数,而是检验管井出水量的大小,确定管井设计出水量和设计动水位。

(2) 试验抽水的准备工作

①测量静止水位;

②检查抽水设备和测量水量及水位的测试仪具;

③做好排水系统,以使抽出的地下水排至抽水井影响范围之外。

(3) 试验抽水的类型和要求

①管井施工阶段试验抽水的目的在于检验管井的出水性能,因此,试验抽水的类型应为稳定流抽水试验。

②试验抽水的降深次数为1次,抽水量不小于管井设计出水量。

③稳定抽水时间为6~8h。

④试验抽水稳定标准:在抽水稳定的延续时间内,井的出水量、动水位仅在一定范围内波动,没有持续上升或下降的趋势,即可认为抽水已稳定。

⑤抽水过程中,应考虑自然水位的变化和其他干扰因素的影响。

⑥试验抽水结束前,应进行井水含砂率测定。

2）群井运行试验

(1) 群井抽水试验的目的

群井布置方案施工结束后,减压降水进入运行阶段。群井抽水试验是制订降水运行方案所不可缺少的步骤。降水运行方案既要保证地下水位满足基坑开挖要求,又要尽量减小降水对周边环境的影响。

(2) 群井抽水试验前的准备工作

①对布置的每个降水井,应严格按设计对成井和过滤器安装工艺进行施工和验收,进行洗井和试验抽水,根据井的出水量选择和安装水泵和水表,核定单井出水量和动水位;

②测定各降压井和观测井的坐标与高程,计算出各井(包括观测井)之间的直线距离;

③检查排水系统,确认群井抽水时最大出水量能通过排水系统安全排入下水通道或附近的天然地表水体;

④确定群井抽水的井数,可选定若干口井,一般选择3~5口(不必将全部水井都投入群井抽水中)进行群井抽水,其他降水井和观测井都作为观测井使用,在所有观测井内安装经过率定的水位传感器并和数据采集系统连接,最后与现场计算机连通;

⑤测定每个井静止水位;

⑥检查各井电力线路系统,确定群井抽水的起始时间。

(3)群井抽水试验

群井抽水试验时,确定的若干个抽水井同时开泵启动,以同时抽水的一瞬间作为群井抽水的起始时间计算抽水累计时间,同时测定各观测井水位,并定时测定各抽水井流量和井内动水位。也可以逐个启动抽水井,启动第一个井抽水,这个时间即作为群井抽水的起始时间 t_1,并据此计算累计时间;抽水进行一段时间,观测井水位趋于稳定后,继续第一个井抽水,再启动第二个井抽水,t_2 作为第二个井的抽水起始时间,并据此计算第二个井的累计时间,以此类推,计算第 n 个井的累计时间。

以上两种方法都可以达到群井抽水的目的,前者试验时间短,可以很快得到各观测井的时间-下降曲线,从而制订降压降水的运行方案;后一种群井抽水时间长,但可以很直观地得到不同的开泵井数,对观测井水位下降的影响,在计算能力受到限制的情况下,可以据此制订降压降水的运行方案,但这个运行方案缺乏灵活性和应变能力。当然后一种方法在计算上复杂些,如计算能力较好,也可以达到前一种方法同样的效果。

需要注意的是,单、群井运行试验须遵循一个原则,即水泵额定流量选型由小到大,避免因水泵额定流量过大导致试验过程中出现"掉泵"情形,从而影响试验结果。

5.4.2 降水运行中水位和水量的控制

抽水试验合格后,整个降水系统即具备降水能力,可根据需要投入运行。因基坑开挖本身是一个由浅向深的开挖过程,为保护环境和控制基坑周边建(构)筑物沉降,需要在保证基坑安全开挖的同时,尽可能减少地下水抽水量,无需将地下水位一开始就降到基坑设计开挖深度以下。即应根据不同阶段的开挖深度,逐渐调整降水深度,将地下水控制在安全降深范围。

(1)对于进行疏干降水的基坑,要求将基坑下部承压含水层的水位降到基坑开挖设计深度以下0.5~1.0m才能保证基坑安全。设计中单井出水能力和降水井(群)的布置,都必须保证在基坑降水时坑内每一点的水位都能降到基坑开挖面以下。一旦发现突水立即启动未工作的降水井展开降水作业,即可防止事故的扩大。而对于减压降水的基坑,在大部分工况下,降水运行过程中可以将承压水水头控制在高出开挖面以上的某一深度,但又不会引起承压水头将基坑底板顶裂形成突水的这一安全高度,这个高度可以参照式(2-5-1)确定。

(2)根据群孔抽水的资料,以下泵后每口降压井的实际出水量为依据,计算各工况下(即各开挖深度)开启哪些降水井可保证施工的安全,同时抽出的地下水量达到最小。

(3)对于长条状基坑(如一般的标准地铁站,宽度约20m,长度150~200m),由于开挖一般是由一端向另一端或两端向中部进行,当一端或两端开挖到设计深度,浇筑底板和内部结构时,基坑中部还未开挖,显然所设计的降压井不需要全部运行。随着开挖向基坑中部逐步推进,开启井群的组合也在不断调整。

(4)井群的布置和抽水设备的能力必须满足可以随时启动,能够将地下水位降到基坑最深开挖面以下(疏干降水)或将下部承压水的水头降到安全水位以下(减压降水,确保基底不会发生突涌)。

5.4.3 降水运行的信息化管理

1)组织及制度

(1)建立降水管理班子,现场需设有电工、焊工、机修工和记录人员,各司其职,巡回检查;

(2) 要有严格作息制度,工作人员必须坚守工作岗位,按规定的内容做好交接工作;

(3) 按规定做好水位测量工作,准确记录观测井水位数据,按时汇总及上报。

2) 降水井保护及检修

(1) 对降水井竖立醒目标志,做好标识工作,设置夜间施工反光带,加强人工值班保护。抽水运行期间,派专门人员进行看护。

(2) 在基坑开挖及支撑吊装过程中,严禁磕碰降水井;临近降水井后边的土体应进行人工开挖,以避免机械开挖对降水井造成的磕碰。

(3) 对于软弱土地层中的集水井周边土体应采取对称开挖的方式进行土方施工。

(4) 安装保护架及检修台,以防止降水井倾覆,便于观测水位和检修降水井。

(5) 为确保降水工程安全可靠,现场需备用总数20%的备用泵,要做到井用泵一般性故障能在现场及时修复以便设备周转。

3) 降水运行信息化管理

降水运行信息化管理就是对降水基坑的周边环境[周边管线及附近建(构)筑物]、降水目的含水层水位、抽水量进行监测,将监测资料现场整理、分析,及时捕捉基坑开挖、降水过程中可能出现的问题并采取必要的措施。对于自动监测仪,可将数据实时传输至接收终端,直接输出监测数据变化趋势及规律,直观方便。监测项目见表 2-5-35,具体监测内容可见现行《建筑基坑工程监测技术标准》(GB 50497)。

监 测 项 目   表 2-5-35

序号	监测项目	监测方法
1	周边地面沉降	在基坑围护结构周边地面每隔一定间距布置放射形地表沉降断面。每组沉降断面从基坑围护外侧按一定间距设置沉降监测点
2	重要建(构)筑物、管线沉降及倾斜	在周边重要的建(构)筑物、管线等设施上布置沉降和倾斜监测点,在基坑开挖和正式降水运行前做好初始数据采集,基坑开挖及降水运行后定期对其进行沉降及平面位移监测
3	坑外浅层地下水位	在围护基坑周边布置数个坑外水位监测孔,进行浅层地下水位监测
4	基坑坑底土体回弹	在基坑内埋设土体回弹观测孔,测得回弹量和速率
5	坑外孔隙水压力及分层沉降	在坑外通过埋设孔隙水压力及分层沉降观测孔,量测基坑开挖及降水过程中各层土的孔隙水压力和沉降量
6	降水目标含水层地下水位测量	地下水位测量主要是管井降水水位测量,尤其是承压水位测量。降水工程中需打设数个水位观测孔进行水位测量,也可以通过设备用的降水井和未抽水的降水井进行水位观测。其中,地下水静止水位的观测十分重要,尤其是承压含水层的静止水位,在完成成井施工后,应立即测量地下水静止水位。地下水水位测量通常采用水位计进行,另外地下水水位可以通过水位压力计传感器和数据采集仪进行,即在降水井和观测孔内放入孔隙水压力传感器,通过数据采集仪读取数据,并经过数据转换成地下水水位值,这种方式一般用于地下水实时监控
7	抽水量的监测	降压井应安装流量表,每天应定时测定井的出水量,根据运转井的数量和时间确定每天抽取地下水的总量。水量测定应用秒表读取抽出某一体积的水所需要的时间,换算为井的抽水流量。另外,电磁流量计也可用于基坑降水工程中,可实时读取流量数据,更加直观掌握第一手信息

5.4.4 地下水自动化监测系统

1) 系统概述

地下水自动化监测系统依托中国移动公司 GPRS(通用分组无线服务技术)网络,工作人员可以在监测中心查看地下水的水位、温度、电导率的数据。该系统应用领域非常广泛,可适用于与水位监测有关的工程领域,如道路桥梁工程建设、地铁工程建设、市政工程建设、水利工程、环境监测、气象监测及地质灾害防护监测等。

GPRS 地下水位远程监测管理系统,用无线传输方式将现场采集到的数据传到监控中心,该系统可实现以下功能(图2-5-33):

(1)通过计算机(PC)端和手机客户端对各监测点的水位实时监控,掌握水位动态。

(2)根据实际工程情况设置水位报警值,当水位达到预设报警值后系统自动报警。

(3)实现对箱开门、断电、设备运行异常等现场监测,及时发送现场设备异常等信息到监测中心,实现现场工程的自动化管理。

(4)系统信息反馈具有及时性、精确性(精确到0.01m)和高效性,可极大提高现场工作人员的工作效率,节省现场监测、检修和设备维护人力成本。

(5)系统可对已测数据进行存储整理和分析,以数据、表格、图形等形式显示监测点的数据,辅助调度工作人员制作流量等日常工作报表以及历史分析报表,为工程建设提供可靠的数据支持。

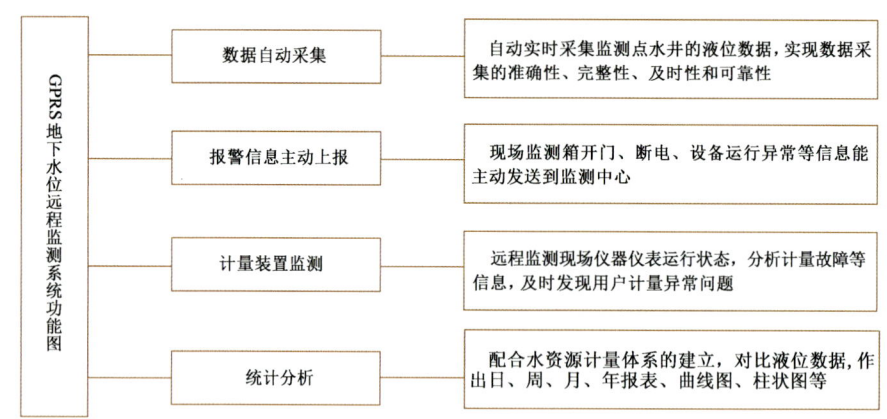

图2-5-33 地下水自动化监测系统功能图

2)系统概述

地下水自动化监测系统主要由监控中心、通信网络、监测终端、现场计量设备四部分组成,系统拓扑图如图2-5-34所示。

(1)监控中心

现场设备运行数据经现场监控终端及其通信端口,通过GPRS网络平台传输到互联网,进入服务器,把现场监测水位的各类数据采集到中心服务器,工作人员通过客户计算机或手机访问服务器数据,实时了解各监测站点的设备运行情况、相关运行参数。监控中心发送的命令也由此路径执行到受控设备。

(2)通信网络

GPRS网络是中国移动公司提供的数据无线传输网络,只要有GPRS信号的地方就能够支持数据无线传输,具有广域覆盖、永远在线、按量计费、高速传输等优势。

广域覆盖:GPRS在全国31个省240多个城市均有良好覆盖,基本上在手机可以打电话的地方都可以通过GPRS无线上网。

永远在线:只要激活GPRS应用后,将一直保持在线,类似于无线专线网络服务。

按量计费:GPRS服务保持一直在线,但产生通信流量时计费。

高速传输:目前GPRS可支持53.6kbit/s的峰值传输速率,理论峰值传输可达一百余kbit/s。

(3)监测终端

监测终端为MGTX系列水位监测终端箱,内部主要设备为MGTR－W4020遥测终端一体机。MGTR－W4020与现场计量设备相连,负责采集现场数据,并将数据通过相应的通信端口上传,同时执行各级中心下达的命令。

(4)现场计量设备

现场计量设备为投入式液位计(水位计)。将水位计投入要监测水位的水井中,水位计将采集到的数据转换为电流4~20mA的输出信号传给MGTR-W4020。

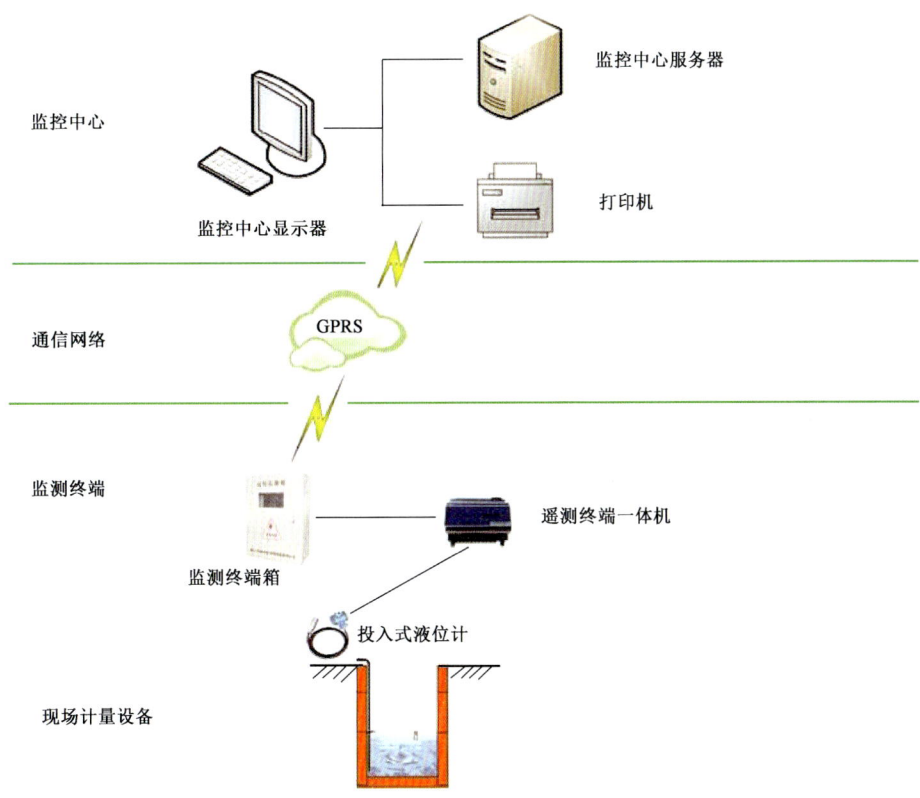

图2-5-34 地下水自动化监测系统拓扑图

3)系统数据管理

(1)实时数据监控:系统接收远程数据采集点的液位数据,将监测数据发送到监控中心,从而实现对所需信息的实时监测。

(2)实时数据显示:中心服务器接收远程数据采集点发送的实时数据,以数据、表格、图形等形式显示监测点的数据,能够根据用户自定义的数据报警限值设定进行报警。

(3)监测数据分析:实施监测数据分析、历史监测数据分析,辅助调度工作人员制作流量等日常工作报表以及历史分析报表。

(4)报表打印:支持用户自定义的模板,进行打印输出。

(5)调度Web:采用B/S(浏览器/服务器)模式,在通用Web浏览器页面上显示实时监测数据、历史统计数据,同时可在相关部门内网上发布监测的最新数据、历史数据。

(6)系统管理:各类系统参数设定、用户权限管理,外部数据接口管理。

4）移动客户端

地下水自动化监测移动客户端使用界面如图 2-5-35 所示。

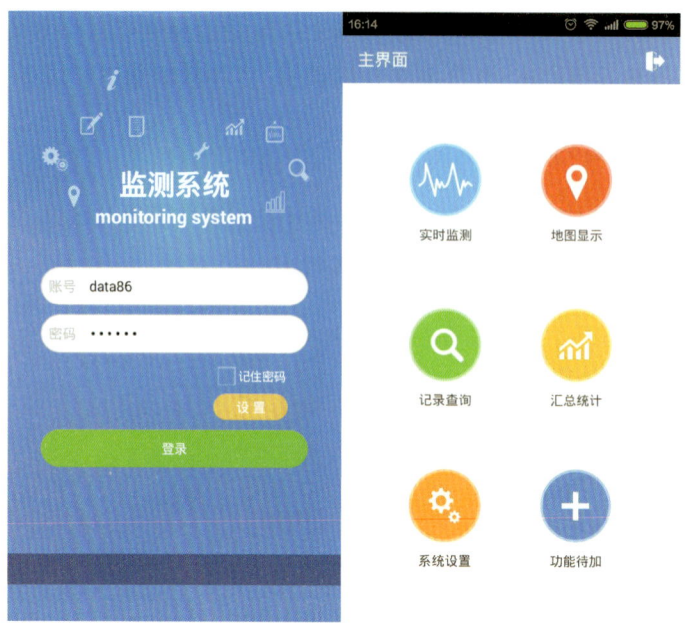

图 2-5-35　地下水自动化监测移动客户端使用界面

通过这套系统，能够实时掌握地下水情况，根据基坑土方开挖时序指导基坑降水运行，在保证基坑降水满足基坑施工要求的同时尽量少降水，以减小降水对周边环境的影响。

5.4.5　降水运行的安全保障

为了基坑降水的顺利进行，须在降水运行前对以下六个方面做好保障工作：人员组织、降水设备、排水系统、电路系统、井管保护、降水试运行。同时做好降水完成后的降水井拆除、封井工作。

1）人员组织

（1）项目负责人：全权负责工程降水的运行、降水资料收集整理及数据分析、地下水水位实时监控，并向相关部门提供数据资料。

（2）电工：负责施工现场降水电路布置及降水设备、电路系统的检查工作。承压降水期间 24h 值班，确保供电系统正常；需要电源切换时，接到发电机工的指令，迅速切换电源。

（3）发电机工：承压降水期间 24h 值班，确保停电时能够立即以最快速度启动发电机组及时供电；平时检查发电机工作状态，对发电机进行保养维修。

（4）降水人员：负责水位观测，原始数据采集，承压降水期间 24h 值班，保护抽水设备，负责现场巡视，密切注意用电情况，一旦用电不正常立即通知电工和发电机工；挖土期间保护水井，防止降水井被破坏。

2）降水设备

降水所使用的泵主要是 QJ 系列深井潜水泵，泵的选择主要考虑泵的流量、扬程等。深井潜水泵型号示例说明如图 2-5-36 所示。

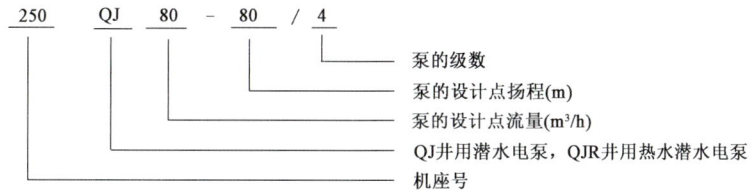

图 2-5-36 深井潜水泵型号

3）排水系统

对于排水量较小的疏干井和轻型井点可降低排水要求,对于抽水量大的,如降承压含水层就需要有专门排水通道,通道要求见表 2-5-36。

降承压含水层专门排水通道　　表 2-5-36

序号	排水沟断面	排水沟断面一般为水泵通径总和的 3~4 倍
1	排水沟坡度	水力坡度一般不小于 0.2%
2	排水口	排水需要进入市政管道入口,市政管道断面不小于总排水沟断面,市政管道入口不少于 2 个
3	排水系统的保护	尽量避免排水沟淤堵,定期检修

4）电路系统

(1) 供电量保证

保证使所有降水设备正常运行的足够用电量。例如,上海环球金融中心降水工程,估计最高峰运行 12 台泵,每台水泵为 18.5kW,共需 222kW,施工现场为降水电路配备了 250kW 以上的用电量,同时施工现场为降水专门准备一台 250kW 的发电机(考虑发电机效率),保证了基坑工程最关键阶段的降水运行。

(2) 双电源的保证

为了保障突发停电后降水井正常运行,必须提供双电源保证措施,同时在电路设计时采用双向闸刀,确保工业电与柴油发电机供电自由切换。为保证柴油发电机处于完好工作状态,定期(1~2 周)对柴油发电机试运行一次,保证应急时柴油发电机能即时发动供电,保证停电 10min 内降水井的电源能得到更换,确保基坑开挖过程中降水不长时间中断,否则造成的后果无法估量。另外,发电机工要保证施工现场有足够柴油,电工及发电机工施工现场 24h 值班,随时待命,以防万一。由于电源切换时间只有 10min 左右,降水运行时一旦停电,各方有可能手忙脚乱,不知道如何操作。平时应对电源进行切换操作练习,流程如下:

①发电机操作工:在发电机所在位置迅速启动发电机,待正常后立即通知电工切换电源。

②电工:位于双向闸刀位置,接到发电机工指令迅速切换电源。

③降水人员:位于各降压启动箱和分电箱位置,根据启动箱指示灯状态或电表状态随时合上开关并启动指定按钮。切换电源会造成所有水泵均停止工作,所以切换电源时,降水人员必须在降压启动箱位置随时启动水泵。

先发电后切换电源,必须在发电机工作稳定后方可进行;一旦恢复供电,先切换电源,再关闭发电机,必须在供电工作稳定后方可进行。

(3) 双电源线路布设

电路布置主要考虑线路负载及降水电箱负载两个方面,每级电路所用电线和电箱须达到负载要求,同时电箱须作为降水专用电箱,保证其他用电设备能方便接入。

（4）减压启动箱的确定

当抽水泵电动机发生缺相、过载、欠压、堵转时,减压启动箱能及时切断电源,有效避免电动机烧毁。一般采用功率在15kW以上的大泵量抽水泵降承压水时必须考虑减压启动箱。

（5）供电线路防护

供电线路及电箱应布置在不易被碰到的位置,责任人定期对线路及电箱进行检查,发现问题及时维修。

5）井管保护

在降水管井四周应采用人工挖土,避免机械设备的碰撞和冲击,同时注意井周边土体坡度,防止土方滑坡剪切破坏井管。对于坑外降水井及管道等应布置在路面以下300mm左右,在井口上方设置盖板以防压坏。对于重型抽水设备不能直接坐落在井口上,可设立支架,让抽水设备直接放在支架上。降水井上设置醒目标志,如小红旗、反光材料等,避免破坏。

6）降水试运行

成井完成以及电路和排水系统建立后,正式抽水前均要进行降水试运行,以此检验电路和排水系统能否达到理想要求。

7）降水井拆除、封井

基坑项目施工基本完成后,正常地下水位(不降水时的地下水位)不影响基坑上部工程项目施工时,则表明该基坑地下水控制完成。应立即拆除降水系统,并对所有降水井、观测井进行封填,封井要尽可能恢复到地层原始状态。封井必须严格按规范执行,避免地下水位上升时地表出现管涌险情,特别是在大江、大河、湖泊附近尤其注意。封井的原则及具体措施如下：

（1）在结构施工完毕并达到一定强度后,为减小降水井井管对施工造成影响,应根据施工季节的地下水位,在充分考虑底板强度的基础上,合理调整开启井的数量,对不再开启使用的降水井及时封堵。

（2）封堵时采用"以砂还砂,以土还土"的方式,封堵至井口3m距离段采用混凝土封堵,并焊接钢盖板。

（3）降水井的封堵宜采用"先内后外,先深后浅"的原则,即先封堵坑内降水井,后封堵坑外降水井,封堵前先加大该井周边的降水力度,使待封井管内水位降至最低再进行封堵；对最后封堵的降水井,应慎重处理。

（4）对前期底板施工后封堵的井孔,应充分考虑后期洪水季节水位的上涨是否对地下结构施工造成影响。

5.4.6 质量通病与防治措施

降水运行过程中质量通病与防治措施见表2-5-37。

降水运行过程中质量通病与防治措施　　表2-5-37

序号	质量通病	原因分析	防治措施
1	地下水位降不下去,深井泵的排水能力有余,但井的实际出水量很小	井深、井径和垂直度不符合要求,井内沉淀物过多,井孔淤塞	钻孔应大于井管直径300～500mm,井深应比所需降水深度深8～12m；井管垂直放在井孔当中,四周均匀填滤料,用铁锹下料
		洗井质量不良,砂滤层含泥量过高,使地下水向井内渗透的通道不畅,严重影响单井出水能力	重新洗井,然后进行单井试抽,使附近土层内未吸净的泥浆依靠地下水不断向井内流动而清洗出来,直至地下水渗流畅通。抽出的地下水应排放到深井抽水影响范围以外
		滤管的位置、高程以及滤网和砂滤料规格未按照土层实际情况选用	在钻孔过程中核对原有水文地质资料。在下井管前,应复测井孔实际深度。结合设计要求和实际水文地质情况配井管和滤管,避免错放或漏放滤管

续上表

序号	质量通病	原因分析	防治措施
2	深基坑地下水位降深不足或降水速度慢,达不到降水设计要求;深基坑内涌水、涌砂,施工困难	深基坑局部地段的深井数量不足	深井的井距一般 15~20m,渗透系数小,间距宜小些;渗透系数大,间距可大些。在深基坑转角处、地下水流的上游、临近江河等的地下水源补给一侧的涌水量较大,应加密深井间距
		深井泵(或深井潜水泵)型号选用不当,深井排水能力低	选择深井泵(或深井潜水泵)时,应考虑到满足不同降水阶段的涌水量和降深要求。一般在降水初期因地下水位高,泵的出水量大;但在降水后期因地下水降深增大,泵的出水量就会相应变小
		因土质等原因,深井排水能力未充分发挥	改善和提高单井出水能力,可根据含水层条件设置必要长度的滤水管,增大滤层厚度。对渗透系数小的土层,单靠深井泵抽水难以达到预期的降水目标,可采用另加真空泵组成真空深井进行降水;真空泵不断抽气,使井孔周围的土体形成一定的真空度,地下水则能较快进入井管内,从而提高了降水速度
		水文地质资料不确切,深基坑实际涌水量超过计算涌水量	按照实际水文地质资料,计算降水范围总涌水量、深井单位进水能力、抽水时所需过滤部总长度、井点个数、间距及单井出水量。复核深井过滤部分长度、深井进出水量及特定点降深要求,以达到要求为准

5.5 降水环境影响及处理措施

5.5.1 降水引起的地面沉降及控制措施

基坑开挖过程中,因降水不当造成周边环境破坏的案例屡见不鲜,小则延误工期,增加造价,严重时可能引起重大伤亡事故。例如地铁某车站基坑工程,地下三层车站,基坑深度较大,且位于长江一级阶地,距离长江不足 500m,地下水与长江存在水力联系。因受降水等施工作业影响,临近基坑的某两层楼房墙体严重开裂,地基变形,最终不得不拆除重建。因此,有必要控制降水引起的地面沉降。

根据有效应力原理和渗流固结理论,基坑降水时土中的重力(自由)水自动渗出,造成负孔压进而增加有效应力,两者共同作用导致含水层产生固结沉降,从而导致基坑周边土体发生固结沉降变形。可以说没有渗流就没有固结,在研究渗流固结问题时,透水性等级很重要。强透水至弱透水土层中可以产生渗流运动,微透水至不透水土层中不能产生渗流运动。一般情况下,含水层及其上下层为超固结土时,降水后只会产生微量沉降,各类岩层降水后不会产生沉降。

实际施工过程中,高水位地区开挖深基坑又离不开降水措施,因此一方面要保证开挖施工顺利进行,另一方面又须采取相应措施,减少降水对周围建(构)筑物及地下管线造成的影响。

(1) 做好调研

在降水前认真做好对周围环境的调研工作(表 2-5-38)。

降水前对周围环境的调研工作表 表 2-5-38

序号	调研因素	调研内容	需注意点
1	工程地质及水文地质条件	拟建场地地质勘探资料,包括地层分布、含水层、隔水层和透镜体情况,各层土体的渗透系数、土体的孔隙比和压缩系数等	关注场地与周边水体的联系和水体水位变化情况
2	地下储水体	基坑周围的地下古河道、古水池等的分布情况	防止出现井点和地下储水体穿通的现象

续上表

序号	调研因素	调研内容	需注意点
3	市政管线	雨污水管线、煤气管道、通信电缆、输电线等各种管线的分布、类型和埋设年代	关注管线对差异沉降的承受能力，考虑是否需要预先采取加固措施
4	周边建（构）筑物	建（构）筑物基础形式、上部结构形式、在降水区中的位置、历年沉降情况和目前损伤程度	关注建（构）筑物对差异沉降的承受能力，考虑是否需要预先采取加固措施

（2）合理使用井点降水

降水必然形成降水漏斗，从而造成周围地面沉降，但只要合理使用井点，可以把这类影响控制在周围环境可以承受的范围之内。

（3）降水场地外侧设置隔渗帷幕

在降水场地外侧有条件的情况下设置一圈隔渗帷幕，切断降水漏斗曲线外侧延伸部分，缩小降水影响范围，将降水对周围的影响减到最低。

（4）降水场地外缘设置回灌系统

回灌是在基坑井点降水的同时，将抽出的地下水通过回灌井点再灌入地基土层内，水从井点周围土层渗透，在土层中形成一个和降水井点相反的倒转降落漏斗，使降水井点的影响半径不超过回灌井点的范围。这样，回灌井点就以一道隔水帷幕，阻止回灌井点外侧的建筑物下的地下水流失，使地下水位基本保持不变，土层压力仍处于原始平衡状态，从而有效防止降水井点对周围建筑物的影响。

（5）预固结沉降技术

采用管井降水进行地下水控制时，为防止土方开挖后地面沉降速率过大危及周边环境安全，基坑开挖前，提前进行预降水，以使土体完成部分固结沉降、提高土体强度，达到进一步减小降水引起的地面不均匀沉降的目的。

（6）水下开挖

水下开挖是一种跨江河桥梁深水墩基础施工工艺。因近年来全国地铁发展速度较快，多线换乘车站的出现，地铁车站基坑深度越来越深，对于规模较大的地铁超深基坑，采用常规明挖施工方式不仅浪费水资源，造价以及工期也会相应增加。北京地铁8号线永定门外站基坑水下开挖方法的成功实施，为今后地铁基坑水下开挖提供了经验，不仅节省了大量的地下水资源，还缩短了工期、节省了造价。

地铁基坑水下开挖方法主要包括以下步骤：

①水位线以上开挖。水位线以上采用常规明挖出土方式，开挖至水位线深度，开挖过程中及时施作腰梁及支撑。

②水位线以下的疏干开挖。基坑内设置临时集水井，集水明排地下水，将疏干后的土体挖除运出。

③搭建水下开挖移动平台，进行水下开挖。疏干开挖完成后，在基坑上搭建水下开挖平台，进行水下开挖取土，并对基坑进行清理，包括基底、地下连续墙侧壁、预留槽口清理等。

④搭建水下浇筑平台，进行混凝土封底。基坑清理完成后，进行水下分仓封底，封底达设计强度后，抽排基坑内的水，为车站结构施工创造条件。

5.5.2 渗流破坏引起的地面沉陷及防范措施

渗流破坏引起地面沉陷的类型主要有流砂、管涌及突涌。

渗流破坏（流砂、管涌、突涌）产生含水层水土流失引起的地面沉陷与降水引起的固结沉降是两种性质截然不同的地面变形表现形式。前者可能导致地表数十米范围内产生大量下沉并伴随地表开裂，造成周边建(构)筑物及管线和支护结构破坏;后者则是在降水漏斗范围内产生有限、可控的不均匀沉降。渗流破坏的产生主要有以下三种情况:

(1)在没有管井降水和可靠隔渗帷幕的情况下,在地下水位以下强行开挖,产生较大范围流砂或突涌;

(2)帷幕隔渗不严,局部有漏洞存在,渗漏水流携砂,造成砂土层损失;

(3)降水未达到预计深度,地下水位仍高于开挖深度或减压降水后承压水头高度仍可突破坑底隔水层,产生突涌。

对于基坑开挖,要正确认识渗透破坏,分析产生渗透破坏的原因,从而制订相应对策,防止渗透破坏发生或将渗透破坏的影响降低。常用工程措施有:

(1)根据含水层渗透性大小,选用适当类型的管井降水,使地下水位降至开挖深度以下一定深度,即疏干开挖深度内的含水层,是防止渗流破坏的根本措施。

(2)采用可靠的竖向隔渗帷幕或竖向帷幕加水平封底也是可行的控制措施,但水平封底对承压水突涌不易奏效,以辅助降水减压为宜。

(3)基坑开挖过程中应加强观察,如出现围护结构渗漏水时应高度重视并采取相应的堵漏措施,如情况进一步发展则可采取基坑反压回填,在坑外采取注浆等堵漏措施,处理完毕后方可继续进行基坑开挖。

(4)适当加大止水帷幕插入深度,增加渗流路径。

5.5.3 石灰岩中降水引起的地面塌陷及防范措施

工程降水引起的岩溶区地面塌陷,是指在石灰岩中存在未填充或半填充的溶洞或溶隙、通道,基岩以上的覆盖层物质在降水时随地下水垂直运动,其松散物质漏失到其下岩溶空洞中,引起地面塌陷。

岩溶地面塌陷有三种机理和类型:

(1)石灰岩体之上为松散饱和的砂类土层,在降水引起地下水垂直运动过程中,使砂土层发生潜蚀乃至渗流液化后大量漏失到石灰岩空洞中,进而造成地面大范围塌陷。

(2)石灰岩体之上为黏性土覆盖层,但长期受地下水潜蚀已形成土洞。在工程降水作用下,土洞顶板破坏,发生地面塌陷,产生与土洞对应的陷坑。

(3)石灰岩体之上的覆盖土层(砂土、软土或各种黏性土)厚度不大时,工程降水使岩溶水位在短时间内急剧下降后,产生负压乃至真空,这种负压加上土层自重超过土体强度时,覆盖土层破坏,漏失到其下岩溶空洞中,地表产生与溶洞对应的陷坑(穴)或陷井。

以上类型在基坑工程中并不多见,但在石灰岩分布广、埋藏深度浅的地区的超深基坑中可遇到,此时应高度重视,慎重对待,尽量避免因基坑地下水控制引起周围地面塌陷。

对于不同地质条件下石灰岩中降水引起的地面塌陷的防治,常采取不同的防范措施。

(1)在石灰岩体之上有饱和砂土、粉土覆盖层存在时,原则上禁止在石灰岩中抽排岩溶水。若因基坑深度要求在石灰岩中开挖并抽排(降)岩溶水时,需在基坑四周石灰岩中进行注浆,填堵岩溶空洞,在基坑周边形成竖向帷幕(深度超过浅层岩溶发育带底板)。

(2)在石灰岩体之上有老黏性土覆盖层存在且土体中不存在土洞时,可在石灰岩中排降岩溶水(一般不会使周围产生地面塌陷)。当黏性土中已有土洞存在时,应预先探明土洞位置、规模,并对土洞进行注浆充填或在石灰岩体中形成竖向帷幕后,方可抽排(降)石灰岩中的岩溶水。

(3)无论石灰岩体之上存在何种覆盖层,当覆盖层厚度较薄但对石灰岩体封闭较严密时,在石灰岩中进行大降深抽水都可能产生真空吸蚀型地面塌陷。对于这种情况,应做详细勘察和分析、预测,采取可靠措施才能降水。一般情况下,应在基坑四周形成竖向帷幕,并在外围预钻一定数量排气孔,以消除真空负压。

由于覆盖层有一定厚度,基坑挖深一般进入石灰岩的深度不大,浅部石灰岩体大多处于包气带中,岩溶水往往在深部,不需在石灰岩中进行深井降水。个别情况下,岩溶水位很浅时,亦应避免采用深井降水,尽量采用集水明排,以免造成岩溶水产生较大波动。可见岩溶地下水位深度的准确判断是非常重要的,这就要求在勘察过程中对岩溶地下水是否存在、其准确深度是多少,进行专门勘探、测试。在石灰岩地区的水文地质勘探孔一般不要太深,只需钻至浅部岩溶发育带底板即可,以免将深部岩溶承压水打穿。岩溶地下水位观测,须对覆盖层中的空隙用套管止水,切实测到岩溶水位,在确知岩溶地下水影响基坑开挖时,再采取防治措施。

5.5.4 隔渗帷幕深度对基坑降水的影响

对于悬挂式隔渗帷幕,能够有效隔断浅层潜水并通过挠流作用补给坑内的承压水。研究表明,当隔渗帷幕插入含水层中的深度超过一定长度后,对基坑内涌水量及周边环境变形影响十分显著,主要表现在以下几个方面:

(1)合理的隔渗帷幕深度有助于基坑内地下水位的降低,在基坑内相同的水位降幅目标下,可以降低基坑内总涌水量,且降低幅度随隔渗帷幕插入含水层中深度的加长而加大。

(2)可以减小基坑外地下水位因基坑内降水产生降低幅度及水利坡度,其减小程度随隔渗帷幕插入含水层中深度的加长而加大。

(3)可以降低基坑内降水引起的基坑外周边地面沉降的沉降量、沉降差及沉降范围,其降低幅度理论上随着隔渗帷幕插入含水层中深度的加长而加大。

(4)在相同的基坑降水量条件下,基坑外水位降幅随隔渗帷幕深度增加而减小,基坑内水位降幅则随帷幕增加而增加,悬挂式帷幕基坑内外的水位降幅均随基坑降水量的增加而增大。

5.6 常见工程问题及对策

5.6.1 基坑支护间发生渗漏及对策

为防止围护结构间土体发生塌落或流砂破坏,通常在围护结构间施工搅拌桩、旋喷桩等,与围护结构一起作为隔渗帷幕。当两者之间存在空洞、蜂窝、开叉时,在基坑开挖过程中,地下水有可能携带粉土、粉细砂等从隔渗帷幕外渗入基坑内,使得开挖无法进行,有时甚至造成基坑相邻路面下陷和周围建(构)筑物沉降倾斜、地下管线断裂等事故。造成这一情况的主要原因有:

(1)土层不均匀或地下有障碍物等,影响隔渗帷幕施工质量。

(2)受施工设备限制,超过某一深度之后(如30m)深层搅拌桩质量无法保障。

(3)施工中,搅拌桩、旋喷桩均匀性差,围护结构存在缺陷或垂直度控制不好,影响围护结构间搭接质量,形成渗漏通道。

(4)为抢工期,在搅拌桩、旋喷桩没有达到设计强度就开始挖土,基坑变形后低强度搅拌桩、旋喷桩桩身易发生裂缝,形成渗漏通道。

(5)围护结构设计刚度不够,基坑变形过大,使围护结构与搅拌桩、旋喷桩产生分离。

对于基坑支护发生渗漏的问题，常用的处理措施有：

(1) 渗漏水较小的处理

当出现渗漏点(面)较小、渗水量不大、经现场判断压力不大时，主要采取内侧封堵为主的处理原则。

首先人工清除渗漏周边表面的松散杂物，将渗漏点周边的围护结构凿毛，用快干水泥从渗漏点边缘向漏水点进行封堵，直至无明显水流渗出。封堵完毕后应加强对渗漏点及周边的观测，防止出现新的漏点。

(2) 渗漏水较大的处理

当渗漏位置漏水量较大且水压较高，并伴有泥沙渗出而无法完全封堵时，可采取内侧封堵压注水玻璃止沙与设置导流管降压的处理方法。

由于渗漏量较大，内侧单纯采用快干水泥无法完全封堵时，可采取与前述一样的方法，将渗漏水处至周边用快硬水泥进行封堵，待周边水泥达到一定强度后，在漏水处埋设导流管迅速封堵漏水位置，利用导流管排水泄压，同时为了防止外侧泥沙随水流渗出而引起坑外地面沉降，可在渗漏处塞入棉花进行止沙。

(3) 渗水涌砂量大的处理

当围护结构出现大量渗水并伴有大量泥沙涌出时，为确保基坑安全首先应迅速采取反压回填处理，防止出现周边因流砂而沉陷破坏，然后再采取外侧压浆设置隔水围幕及打设降水井降低地下水位的方式进行处理。

当围护结构在开挖过程中出现大量渗水并伴有泥沙涌出时，首先应立即启动抢险救援应急预案，撤出基坑作业人员，利用土袋、水泥或早强混凝土对渗漏处进行回填反压，确保基坑稳定，同时组织相关测试人员每隔1h对围护结构变形、周边地面沉降及钢支撑的轴力进行监测，准确掌握整个围护结构及周边环境的状态。基坑反压回填稳定后对渗漏水采取坑外注浆加固与打设降水井的方式进行处理，具体如下：

①接缝渗漏位置用混凝土反压后，在地下连续墙外侧进行注浆处理，注浆孔沿地下连续墙外侧布置，孔中心距地下连续墙边0.3m左右，孔间距为0.5m，共布置5个注浆孔，钻孔深度以低于渗漏位置5m左右为宜。

②压浆孔打设完毕后，先从正对渗漏处的压浆孔进行压浆，将压浆管放入渗漏位置以下2m左右，然后利用压浆机向孔内压注纯水泥浆，水泥浆水灰比为1:0.6，初始注浆压力为0.3MPa。在压浆过程中同时注意观察基坑内侧渗流情况，如果水泥浆液从基坑内侧渗出，说明水泥浆液已从渗漏通道渗出，此时浆液更换为1:1的双液浆，以封堵渗漏通道；待压注的浆液从孔顶冒出或是注浆压力上升至0.8MPa左右时更换至别的压浆孔继续压注，直至完全封堵，在渗漏点外侧形成一道水泥土隔水围幕。

③为了降低坑内外水头差，减小水头压力对隔水帷幕的压力，消除坑内渗流，在坑外设置降水井，降水井沿渗漏位置周边布置，井中心距渗漏位置不小于5m，以防止在打井过程中的冲击压力对堵漏位置进行破坏；降水井的深度根据需降水的深度经过计算确定。

5.6.2 基坑发生突涌及对策

当相对隔水层较薄，不足以抵抗承压水产生的水压力时，基坑坑底会发生突涌破坏。突涌破坏发生具有突然性，后果极其严重。若处理不及时，会引发基坑滑塌破坏。引发突涌的主要原因有：

(1) 承压水头过大；

(2)隔渗帷幕嵌入不透水层深度不够；

(3)水平封底厚度不足；

(4)大量雨水或生活废水渗入土层，使得坑外地下水位升高，导致水压力增大。

对于坑底突涌破坏，常用的处理措施有：

(1)对发生渗漏部位，可用袋装土对其进行反压，增加上覆荷载，阻止土颗粒随涌水流出；

(2)增设降水井或增大抽水量，降低承压水头；

(3)沿周边重要建筑物施工隔渗帷幕，延长地下水渗透路径，阻止砂土流失，避免环境破坏；

(4)雨天及时排水，预防雨水渗入土体。

5.6.3 基坑发生流砂、管涌破坏及对策

当基坑粉砂含量较大、坑底附近水力坡度较大时，常会发生坑底局部流砂、管涌破坏。常用的处理措施包括：

(1)基坑外侧设置井点降水，减少水力坡降。

(2)在管涌口附近用编织袋或麻袋装土抢筑围井，井内同步铺填反滤料及灌水，防止涌水带砂。

(3)当流砂管涌严重、涌水涌沙量大，来不及采取其他措施时，可采用滤水性材料作为压重直接分层压在其出口范围，由下到上压重颗粒由小到大，厚度根据渗流程度确定，分层厚度不宜小于30cm。

(4)采用旋喷桩或搅拌桩对发生渗漏的围护结构进行止水，常用做法是在桩间外侧施作一根，并在外侧施作一排相互咬合的旋喷桩墙或搅拌桩墙。

5.6.4 隔渗帷幕遭破坏及对策

若隔渗帷幕失效，则漏水量大，基坑外侧水位急速下降。先将坑底积水排出，保证基坑不被浸泡；随后寻找水源和其通道，进行封堵。在基坑内砌筑围堰，灌水抬高水头，减少基坑内外水头差和水流流速。当水流流速减小到一定程度，用高压注浆在帷幕外侧封堵帷幕缝隙和固结周围土体，可用双液注浆加快水泥浆的凝固速度，注浆注入量要远大于流失量。在封堵水源入口的同时，应封堵围护结构间隙。当围护结构内侧不渗漏或只有轻微渗漏时，可撤掉围堰，围护结构间缝隙处设置模板，灌注混凝土封堵。

对于全隔渗帷幕(五面帷幕或落底式帷幕)基坑，基坑降水过程中坑内外会形成较大水头差。一旦渗漏必将产生侧壁管涌或基坑突涌，其后果是破坏性甚至灾难性的，此时应该设置备用降水井及时进行减压降水，保证基坑安全。

5.6.5 基坑降水疏不干问题及对策

基坑地下水控制"疏不干"问题的存在，是由于基坑内外地下水始终存在水力联系，基坑外水源不断补给基坑内，所以消除或削减的对策应是切断或减弱基坑内外的水力联系。具体工程对策包括：

(1)增加井数，缩小井间距；

(2)外围设隔渗帷幕，基坑内疏干降水；

(3)增加滤水管的过水能力；

(4)采用落底式隔渗帷幕，避开基坑降水"疏不干"问题。

5.7 工程实例

工程实例见附件 2-5-1。

— 本章附件 —

 附件 2-5-1　工程实例

第 6 章 基坑土石方工程

基坑土石方工程是地铁车站建设基础性工程和重要施工内容,主要工作内容包括基坑土石方开挖和土方回填两部分。由于地铁基坑多处于城市建筑密集区域,周边环境复杂,且地铁基坑多为有内支撑的狭长形基坑,因此在地铁基坑施工中多采用分段分层开挖方法,并在开挖中严格遵循"分层、分段、分块、对称、平衡、限时"和"先撑后挖、限时支撑、严禁超挖"的原则。本章主要论述地铁基坑土石方施工的机械设备、无内支撑基坑开挖(以放坡开挖为例)、有内支撑基坑开挖(按明挖法、盖挖顺作法、盖挖逆作法三种工法进行论述)、岩质基坑开挖、土方回填等内容。

6.1 基坑开挖施工机械设备

地铁车站基坑开挖按岩土类别可分为土方开挖和石方开挖两类,机械设备根据作业特点又大致分为挖装设备、运输设备、破岩设备三类。其中,常用的土方挖装设备有反铲式挖掘机、抓铲式挖掘机、长臂挖掘机、装载机,水平运输设备有自卸汽车,垂直吊运设备有汽车式起重机、履带式起重机、门式起重机。常用的石方破岩设备有岩石臂挖掘机、破碎锤式挖掘机、凿岩机等。

地铁车站基坑土石方开挖机械设备应根据工程的建设规模、建设工期、水文地质条件、周边环境情况以及建设场地条件等来选型。常用机械设备性能及适用范围见表 2-6-1。

常用机械设备性能及适用范围　　　　表 2-6-1

序号	设备类别	机械名称	设备性能	适用范围	图示
1	挖装设备	反铲式挖掘机	应用广泛,操作灵活,装车速度快,回转速度快,适应能力强,开挖功效高,易控制开挖土方尺寸,可开挖较硬土层(常用型号主要有20t、30t级的,斗容量 1.0~1.5m^3)	开挖停机面以下土方,挖土深度一般为 4~6m。适用于地质条件较好的较深、较大基坑土方开挖,可采用多机分层挖土或分层拉槽开挖。出土功效 120~200m^3/h	

续上表

序号	设备类别	机械名称	设备性能	适用范围	图示
1	挖装设备	抓铲式挖掘机	抓铲分为液压抓铲和钢丝绳抓铲,灵活性较差,开挖功效低,挖掘力较小,开挖土层较软(常用的斗容0.6~1.5m³)	直上直下开挖停机面以下土方,主要用于单机定点开挖深度较大(可达26m)的基坑,配合反铲挖掘机将坑内土方挖至地面。可用于深度较大基坑土石方工程的垂直运输设备。出土功效30~90m³/h	
		长臂挖掘机	操作灵活,回转速度快,开挖功效较低,易控制开挖土方尺寸,可开挖较硬土层(常用斗容量0.4~0.7m³)	开挖停机面以下土方,挖土深度一般为6~18m,多用于单机定点开挖或多机不分层开挖。主要适用于软土地层基坑土方开挖,出土功效24~42m³/h	
2	运输设备	装载机	操作灵活,能独立完成铲土、运土、装车、填土等工序,作业面小,适应能力强,短距离运输土方功效高(常用斗容量1.5~2.5m³)	主要用于平整场地及基坑内短距离水平运输土石方	
		自卸汽车	应用广泛,作业方案简单,运输土方量大(常用斗容量12~20m³),运输距离远	主要用于深基坑土石方长距离运输	
		吊斗	吊斗要辅助汽车式起重机、履带式起重机、门式起重机等起重吊装设备垂直提升土方,运输土方量较小,垂直运输功效较高	主要用于深基坑土石方垂直运输。占地面场大,宜配套设置堆土仓,出土功效50~70m³/h	

续上表

序号	设备类别	机械名称	设 备 性 能	适 用 范 围	图 示
3	破岩设备	岩石臂挖掘机	操作灵活,功效较高,适用于硬土、次坚石、风化石的粉碎、分裂	主要用于较深、较大基坑较软岩层的粉碎和分裂作业,以便于用反铲挖掘机进行挖装作业	
		破碎锤式挖掘机	应用广泛,操作灵活,适应能力强,功效较高,但振动大、噪声大,适应各种岩石和混凝土结构破除	主要用于基坑内少量岩体或既有混凝土结构的破碎	
		凿岩机	凿岩机应用广泛,机重轻、工作面小,适应性强,启动灵活,易操作、易维修,振动较小,功效较低	适宜在中硬或坚硬岩石凿孔	
4	回填设备	压路机	压路机一般分为静压式压路机和振动压路机,地铁基坑回填一般选用钢筒静压式压路机(常用设备工作质量为 18~25t)	地铁基坑回填土方分层压实	
		推土机	推土机装有推土铲刀,主要对土石方或散状物料进行切削或短距离搬运,根据发动机功率确定其生产能力(常用设备额定牵引力为 160~250kN)	推土机一般适用于季节性较强、工程量集中、施工条件较差的施工环境。主要用于 50~100m 短距离作业	
		夯机	狭小位置夯实效果好,具有操作平稳,省力,移动更加方便,操作平稳、不留死角、效率高等特点	夯机能压实狭小现场内的粒状土,压实路缘石、混凝土结构周边、人行道排水沟、污水处理等工程的回填土等,尤其适用于压实整平砂、砂石、土及沥青表面	

6.2 无内支撑基坑开挖

无内支撑基坑开挖包括放坡开挖和有支护无内支撑的基坑开挖,其中有支护无内支撑的基坑主要有悬臂式、拉锚式、重力式等支护方式。放坡开挖和有支护无内支撑的基坑开挖通常采用分段、分层直接开挖的方法。本节以放坡开挖及锚索拉锚式支护无内支撑基坑为例进行论述。

6.2.1 放坡开挖

放坡开挖(图 2-6-1)适用于坑壁土层自稳性较好、地下水位较深、基坑四周有足够的放坡条件,周边建(构)筑物或地下管线均有足够的安全距离的明挖法基坑。

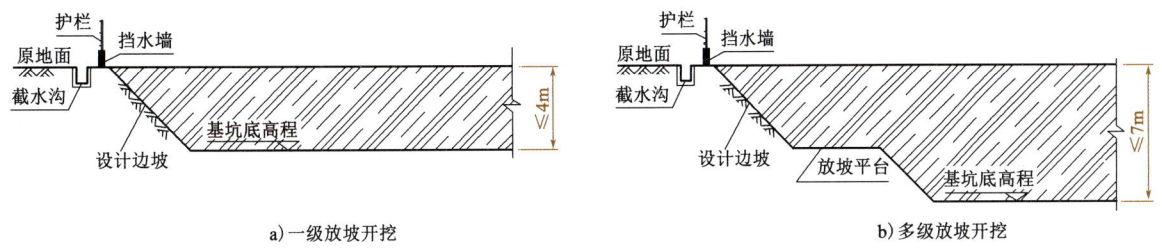

图 2-6-1 放坡开挖

一级放坡开挖的基坑,开挖深度一般不超过 4m;多级放坡开挖的基坑,开挖深度一般不宜超过 7m。一级或多级放坡开挖时,放坡坡度一般不大于 1:1.5,采用多级放坡时,分级处设分级平台,正常情况下平台宽度一般不宜小于 3.0m,且不得小于 1.5m。放坡开挖要验算边坡稳定性,多级放坡时应同时验算各级边坡的稳定性和多级边坡的整体稳定性,可采用圆弧滑动简单条分法进行验算。坡脚附近有局部坑内深坑,且坡脚与局部深坑的距离小于 2 倍深坑的深度时,应按深坑深度验算边坡稳定性。

1)施工流程

放坡开挖法施工流程如图 2-6-2 所示。

2)施工方法

放坡开挖应先绘制土方开挖图,确定开挖路线、顺序、范围、基底高程、边坡坡度、排水沟、集水井位置以及挖出土方的堆放地点等。

车站放坡明挖基坑作业面较宽畅,一般采取分区、分段、分层开挖施工,出土方向可选择对向开挖中间出土或同向开挖、分设运输坡道的方式,基坑运输坡道及土方收口位置尽量选择在车站出入口或风亭处。基底大面可先挖至平均设计高程,然后再挖个别较深部位。当一次开挖深度超过挖掘机最

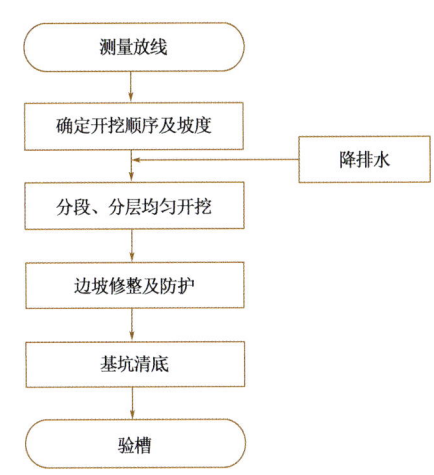

图 2-6-2 放坡开挖法施工流程图

大挖掘高度(5m 以上)时,宜分 2~3 层开挖,并按 1:8 坡度修筑坡道,以便挖掘机及运输车辆进出。

机械开挖不到的基坑边角部位,采用人工配合清坡,将松土清至机械作业半径范围内,再用机械掏取运走。人工清土所占比例一般为 1.5%~4%,修坡以厘米作限制误差。

由于开挖台阶的逐步取消,机械开挖高度升高,普通挖掘设备无法挖土时,使用长臂挖掘机和垂直

吊运辅助手段进行末端土石方开挖收口工作。

多级放坡基坑中,一级、二级边坡放坡开挖施工平纵断面示意图分别如图 2-6-3、图 2-6-4 所示。

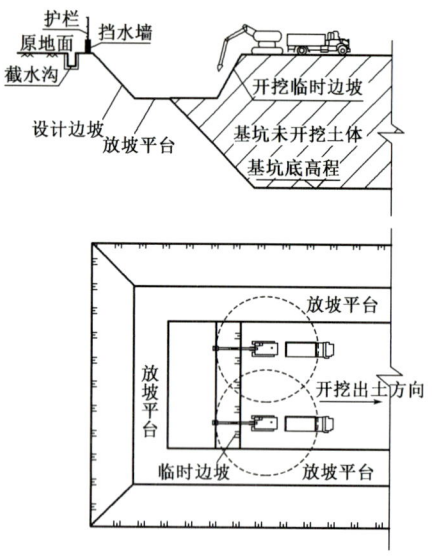

图 2-6-3 一级边坡放坡开挖施工平纵示意图

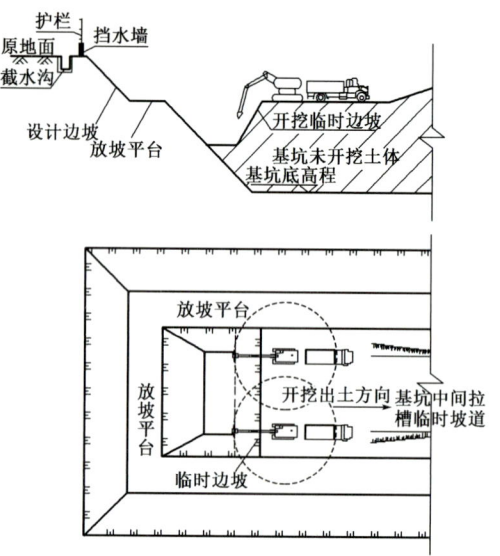

图 2-6-4 二级边坡放坡开挖施工平纵示意图

3）施工控制要点

放坡开挖主要工序施工控制要点见表 2-6-2。

放坡开挖主要工序施工控制要点　　　　表 2-6-2

序号	工序	施工控制要点
1	开挖准备	(1)土方施工前,收集管线图等物探成果,采用管线探测仪结合探沟(槽)方式查明地下管线或建(构)筑物,必要时委托具有专业资质的第三方单位对周边建(构)筑物进行安全鉴定。 (2)开挖前进行场地规划与机械人员准备,提前进行基坑降排水或在基坑外设置隔水帷幕;边坡位于淤泥、暗塘等极软弱土层时,提前进行土体加固。 (3)土方开挖应按要求由施工单位编制重大危险源专项方案并完成内部审批手续,且超过一定规模的重大危险源专项方案须组织专家论证,方案修改完善后报监理单位、建设单位履行审批手续,在施工前进行全员安全技术交底。 (4)复核原地面高程确定开挖开口线,根据相关要求,提前进行土壤氡浓度等检测。 (5)编制基坑工程应急预案,按要求配足应急救援物资,做好应急演练。 (6)进行监控量测点位初始数据采集
2	放坡开挖	(1)应根据土层性质、开挖深度、荷载等通过计算确定坡体坡度、放坡平台宽度,多级放坡开挖的基坑,坡间放坡平台宽度宜取 2～3m。 (2)根据护坡施工设备操作需要,确定合理的分层开挖深度(一般取 2.5～3.0m),坡面应根据基坑开挖深度、基坑暴露时间、土质条件等情况采取护坡措施,护坡宜采用现浇钢筋混凝土面层,也可采用钢丝网水泥砂浆或钢丝(筋)网喷射混凝土等方式。 (3)护坡面层宜扩展至坡顶和坡脚一定距离,坡顶可与施工道路相连,坡脚可与垫层相连。 (4)基坑边坡应采用机械粗修,预留约 100mm 厚采用人工精修方法挖除,避免超挖。 (5)进行分级放坡开挖时,遇孤石应凿除或锚拉固定,遇穴洞应视穴洞大小采取可靠的嵌补封堵措施;在上一级基坑处理完成之前,严禁下一级基坑面土方开挖。 (6)施工期间,严格控制基坑周边超载及基坑外临时弃土堆放距离,以防止基坑边坡失稳或基底隆起。 (7)土方运输应根据工程量大小、工作面划分、挖掘机效率、作业环境、运距等合理组织,形成高效循环作业,并根据运输车爬坡能力合理设置出土坡道
3	基坑清底	(1)基坑底预留 200～300mm 土方采用人工开挖,防止超挖。 (2)基坑开挖至设计高程后组织各方进行基坑验槽,合格后及时进行结构施工,减少基坑暴露时间

4）施工质量控制及验收标准

基坑开挖过程中临时性挖方边坡质量控制及验收标准参考现行《建筑地基基础工程施工质量验收标准》(GB 50202)，具体内容见表2-6-3。

临时性挖方边坡值　　　　　　　　　　　　　　　　　　　　　表2-6-3

序号	土 的 类 别		边坡值(高:宽)
1	砂土(不包括细砂、粉砂)		1:1.25 ~ 1:1.50
2	一般黏性土	硬	1:0.75 ~ 1:1.00
		硬、塑	1:1.00 ~ 1:1.25
		软	1:1.50 或更缓
3	碎石类土	充填坚硬、硬塑黏性土	1:0.50 ~ 1:1.00
		充填砂土	1:1.00 ~ 1:1.50

注：1. 设计有要求时，应符合设计标准。
　　2. 如采用降水或其他加固措施，可不受本表限制，但应计算复核。
　　3. 开挖深度，对软土不应超过4m，对硬土不应超过8m。

基坑开挖的轴线、长宽、边坡坡率及基底高程的检验参考现行《地下铁道工程施工质量验收标准》(GB/T 50299)，具体内容见表2-6-4。

基坑开挖检验标准　　　　　　　　　　　　　　　　　　　　　表2-6-4

序号	项目	允许偏差	检验频率		检验方法
			范围	点数	
1	轴线位置	±5mm	纵横轴线	4	经纬仪测量
2	长、宽	以轴线控制，不小于设计值，且应考虑围护结构的施工误差以及找平层、防水层、保护层等的厚度而适当外放	整个基坑	8	经纬仪、钢尺测量
3	基底高程	+10mm，-20mm	每一基底分段	5	水准仪测量，每5m长为一分段
4	平整度	20mm，在1m范围内不得多于1处	每一基底分段	5	水准仪测量，每5m长为一分段
5	边坡坡率	不小于设计值	每一边坡断面	1	观察或坡度尺量

5）质量通病与防治

地铁基坑开挖中，质量通病有渗水、涌水，边坡失稳，基底隆起、管线及周边建(构)筑物变形、雨水倒灌基坑等，相应的防治措施见表2-6-5。

基坑开挖质量通病与防治措施(放坡开挖)　　　　　　　　　　表2-6-5

序号	质量通病	产生原因	防治措施
1	漏水、渗水	边坡防护出现裂缝、破损或抗渗强度不足，地表水、地下水或地下管线渗漏水通过土体裂隙渗入基坑；降水井停止工作；降水井降水能力不满足要求	(1)对于渗水量较小、网喷面有湿渍、对周边环境无影响、对施工影响比较小的情况，可在边坡设置排水孔，坑底设置排水沟导排水。 (2)对于渗水量较大，虽然有少量泥砂带出，但对周边环境无影响，对施工影响较大的情况，可采用先插管引流，后封堵的方法。首先，在渗水面先人工打入一根φ48mm钢管，钢管伸入基坑内不宜小于30cm，水流由钢管引出；其次，将管周围边坡土体采用网喷防水混凝土进行封闭；最后，待管道周边网喷混凝土达到一定强度后，采用堵漏剂对钢管进行封堵。若钢管封堵后，又出现第二处渗水点，可按上述方法进行封堵，如果钢管内水流没有泥沙带出，且对周边环境无影响的情况下，钢管可不做封堵。 (3)对于渗、漏水量很大的情况，首先停止土方开挖作业，调查渗漏原因，如果市政管线破坏出现渗漏，应联系相关权属单位，配合其对管线进行修补。非市政管线破坏出现渗漏情况，如果渗漏位置埋深较浅(<5m)，在渗漏处基坑外侧可采用人工挖孔的形式开挖至渗漏面以下50~100cm后，采用防水混凝土进行封堵；如果渗漏位置埋深较深(>5m)，可采用注双液浆或高压旋喷桩的方式进行止水。 (4)对于基坑基底渗漏水，可增加降水井数量或更换大功率水泵来解决

续上表

序号	质量通病	产生原因	防治措施
2	涌水	基坑周边市政管线破坏;降水井停止工作;基坑周边存在地下暗河、溶洞等	管涌、突涌处理措施: (1)首先立即停止基坑开挖,查找渗漏原因; (2)其次在基坑内侧堆砌砂袋反压削弱涌水量和防止涌水带出砂过多,确保基坑安全,同时在基坑内涌水点附近用砂袋或土堆砌拦水坝,防止涌水在基坑内乱流,采用水泵抽排基坑内积水; (3)如果市政管线破坏出现渗漏,应联系相关权属单位,配合其对管线进行修补; (4)非市政管线破坏出现涌水情况,可采用注双液浆或高压旋喷桩的方式进行止水
3	边坡失稳	未按设计坡度进行边坡开挖;基坑降排水措施不到位;基坑开挖后边坡暴露时间过长,未及时进行防护;坡顶堆载过多	(1)基坑开挖过程中,严格按规定坡度放坡,随挖随刷边坡,不得挖反坡。 (2)必须做好基坑降排水和防洪工作,保持基底和边坡的干燥。 (3)暴露时间较长的基坑,应采取护坡措施,如采用坡面土钉、挂金属网喷混凝土或抹水泥砂浆护面等措施;接近边坡处的土方开挖速度要放慢,严禁坡脚掏土和超挖。 (4)严格控制地面荷载,严禁在坡顶堆土、堆材料设备等
4	基底隆起	基坑底不透水土层自重不能够承受下方承压水水头压力而产生突然隆起	(1)条件允许时,可在坑内、坑外周围进行深层降水减压,以减小底板的上浮力; (2)在基坑外卸载; (3)在坑底加压重,堆砂石袋或其他压重材料,或用快凝压力注浆或高压旋喷对基底土体进行加固等
5	周围建(构)筑物沉降、变形	基坑降水、围护结构的水平变形及坑底土体隆起均会造成地面沉降	(1)合理设计围护结构,地下水位高的地区根据土质情况设置止水帷幕墙,对围护结构周围进行止水处理,坑外设置若干回灌井、观察井,或在周围建筑物与围护结构间设隔水墙,防止因降水而影响原有建筑物稳定。 (2)建立监测系统,在施工全过程中对周围地面、建筑物等进行变形监测。若超过预警值,并且危害程度较大,可能危及建(构)筑物和住户或行人的安全,则迅速疏散建筑物内和周围的人员,确保人员安全,同时采取紧急措施对建(构)筑物采用袖阀管注浆进行加固处理
6	市政管线破坏	管线保护措施不到位,机械损害,基坑降水、基坑变形引起地层损失,导致管线变形或破裂	(1)基坑开挖前根据管线综合图,采用人工探槽或走访权属单位,调查施工场地范围内管线的种类、用途、管道材质、管径、与基坑相对位置关系; (2)针对跨越基坑的市政管线,根据管线类型及基坑内的影响范围等因素制订管线保护方案,征得权属单位同意后才可实施; (3)邻近基坑埋深较浅的管线上方地面用油漆标识出管线区域,并设置隔离区,保护区地表铺设2cm厚钢板; (4)管线出现变形或破坏后,立即停止开挖,及时与权属单位联系进行抢修,施工区域及周边视危险程度设置警戒,在确保安全的前提下立即组织抢险,防止险情扩大; (5)与管线单位、建设单位、设计单位、监理单位等进行综合评判,为基坑及管线安全制订保护措施
7	汛期雨水灌入基坑	汛期时周边市政排水管道排水不畅,基坑四周设置挡水墙高度不足,基坑四周截水沟排水不畅,雨污水迁改后的断头管封堵不到位	(1)首先立即停止基坑开挖,疏散施工人员,从基坑内疏散通道撤离。 (2)启动备用电源及应急水泵抽排基坑内积水。平时在基坑内最低点设置应急水泵,排水管引入就近的市政雨水管网中。 (3)基坑四周应设置砖砌或混凝土挡水墙,高度不小于工程所在地洪水位高程。 (4)雨污水管断头管的封堵采用双端封堵,既要封堵废除管道检查井位置,又要封堵废除管道末端,采用砌砖并浇筑长度不少于100cm的混凝土。在基坑内管道临空面上设置型钢封板,防止管道内封堵混凝土冲脱

6.2.2 有支护无内支撑基坑开挖

有支护无内支撑基坑的主要特点是,受周边环境限制无法进行放坡;基坑宽度较宽无法采用内支撑;因施工需要(如轨排吊装)无法进行内支撑,此类特点的基坑需先施工支挡围护,然后再开挖基坑。较为典型的是采用拉锚式支护,图 2-6-5 为拉锚式支护无内支撑基坑开挖断面示意图。本节主要介绍拉锚式支护无内支撑基坑开挖方法,其余支护形式的开挖方法与此类似,不再重复叙述。

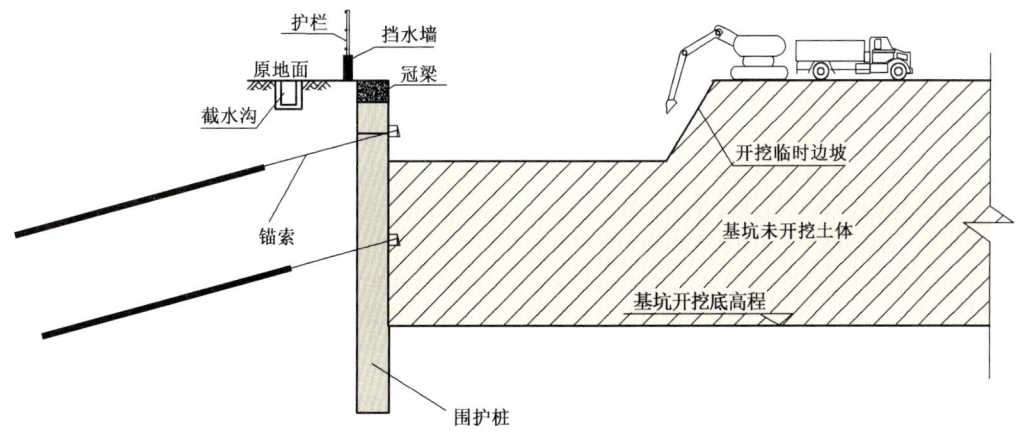

图 2-6-5　拉锚式支护无内支撑基坑开挖断面示意图

1)施工流程

拉锚式支护无内支撑基坑开挖施工流程如图 2-6-6 所示。

图 2-6-6　拉锚式支护无内支撑基坑开挖施工流程图

2）施工方法

拉锚式支护无内支撑基坑开挖与放坡法开挖方法类似，仅基坑边坡防护形式不同，施工中主要控制锚索施工与土方开挖之间的工序配合：分层挖土至锚索高程位置时，进行锚索施工；锚索锚固体强度达到设计允许强度后张拉锁定，然后继续进行下部土方开挖。

3）施工控制要点

拉锚式支护无内支撑基坑开挖施工控制要点参考6.2.1小节相关内容，本节针对拉锚式支护无内支撑基坑开挖特点增加部分施工控制要点，内容见表2-6-6。

拉锚式支护无内支撑基坑开挖施工控制要点　　　　表2-6-6

序号	注意事项	施工控制要点
1	分层开挖及土体保护	根据护坡施工设备操作需要及锚索高度确定合理的分层开挖深度（一般取2.5~3.0m），围护桩间外露土体应根据设计要求进行防护，防护宜采用现浇钢筋混凝土面层，也可采用钢丝网水泥砂浆或钢丝（筋）网喷射混凝土等方式
2	围护结构的垂直度	拉锚式围护结构宜设置一定的外放值，并严格控制围护结构的垂直度，开挖土方过程中随时检查围护结构的垂直度偏差，避免在基坑下部出现锚索锚头侵限现象
3	锚索施作时机	锚索须随开挖进度及时施作，先桩间支护再施工锚索，上层锚索施工完成前不得进行下层土方开挖
4	遇孤石或穴洞处理	开挖时，遇孤石应凿除或锚拉固定，遇穴洞应视穴洞大小采取可靠的嵌补封堵措施；在上一层基坑处理完成之前，严禁下一层基坑土方开挖
5	基坑周边堆载	施工期间，严格控制基坑周边超载及基坑外临时弃土堆放距离，以防止基坑支护失稳或基底隆起
6	土方运输	土方运输应根据工程量大小、工作面划分、挖掘机效率、作业环境、运距等合理组织，形成高效循环作业，并根据运输车爬坡能力合理设置出土坡道

4）施工质量控制及验收标准

有支护无支撑基坑土方开挖质量控制及验收标准参照6.2.1小节相关内容。

5）质量通病与防治措施

拉锚式支护无内支撑基坑开挖质量通病与防治措施见表2-6-7。

拉锚式支护无内支撑基坑开挖质量通病与防治措施　　　　表2-6-7

序号	质量通病	产生原因	防治措施
1	基坑滑移、隆起	基坑开挖顺序未按设计工况组织施工	(1)首先立即停止基坑开挖，疏散施工人员，从基坑内疏散通道撤离；(2)当因支护结构桩嵌固深度不足，使支护桩内倾或踢脚失稳，应立即停止土方开挖，在支护结构前堆砂包反压或在被动区打入短桩加固；(3)当坑边土体严重变形，且变形速率持续增加随时有滑动趋势时，应视为基坑整体滑移失稳的前兆，应立即采用砂包或土回填基坑，反压坑脚，待基坑稳定后再做妥善处理
2	基底、边坡渗漏水	基坑降排水措施不到位	必须做好基坑降排水和防洪工作，保持基底和边坡的干燥
3	基坑顶变形超限、开裂	基坑周边堆载过多	检查基坑周边堆载情况，消除基坑周边的附加荷载

续上表

序号	质量通病	产生原因	防治措施
4	支护结构变形或内力超限	基坑挖装设备碰撞锚索或腰梁	针对支护出现失稳部位,检查支护状态,查找是否有锚索松弛现象,如发现有锚索松弛,立即进行补偿张拉
5	边坡开裂、倾斜	基坑开挖后边坡暴露时间过长,未及时进行防护	(1)当支护结构变形过大,有失稳前兆并明显倾斜时,可立即在坑底与坑壁之间加设斜撑来稳固。 (2)当支护结构变形超过预警值,但无明显大的变形,且变形处支护无松弛现象时,应及时对变形部分采取增加拉锚措施,并增加监测频率。 (3)暴露时间较长的基坑,应及时进行防护,加快工序作业循环,并对之前的支护设计方案进行重新计算,必要时加强支护设计

6.3 有内支撑基坑开挖

地铁车站基坑一般处于城市中心区域,且开挖深度大,对基坑变形控制和周边环境保护要求高,因此,基坑一般采用有内支撑的开挖方式,即桩墙式结合内支撑形式。内支撑一般为钢管支撑、混凝土支撑或逆作法施工时的主体结构板撑等。有内支撑基坑开挖方法一般分为明挖法、盖挖顺作法、盖挖逆作法三种,本节重点介绍上述三种常用的基坑开挖方法。

6.3.1 明挖法

明挖法是指从地面向下开挖至基坑底面后,再自下而上浇筑车站结构,然后回填土方,恢复路面。一般适用于地面有条件敞口开挖,且有足够施工场地的情况。当车站设置在既有道路范围外,或站位设在既有道路下,但施工过程中允许暂时中断交通或结合地面拆迁及道路拓宽,使地面交通客流得以疏散时,也可采用明挖法施工。

1）施工流程

以地下两层标准车站为例,明挖法施工流程如图2-6-7所示。

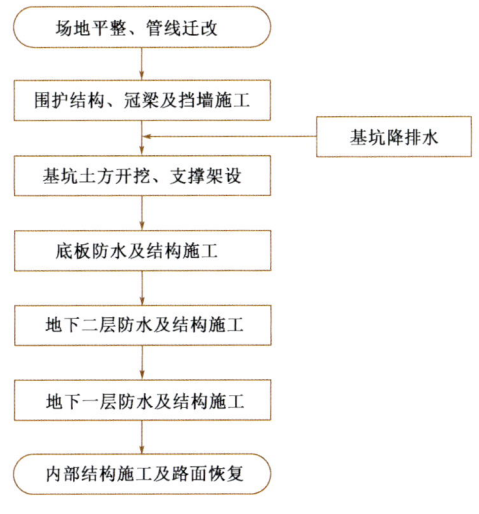

图2-6-7 明挖法施工流程图

2)施工步序及开挖方法

(1)施工步序

以地下两层标准车站为例,明挖法施工步序如图2-6-8所示。

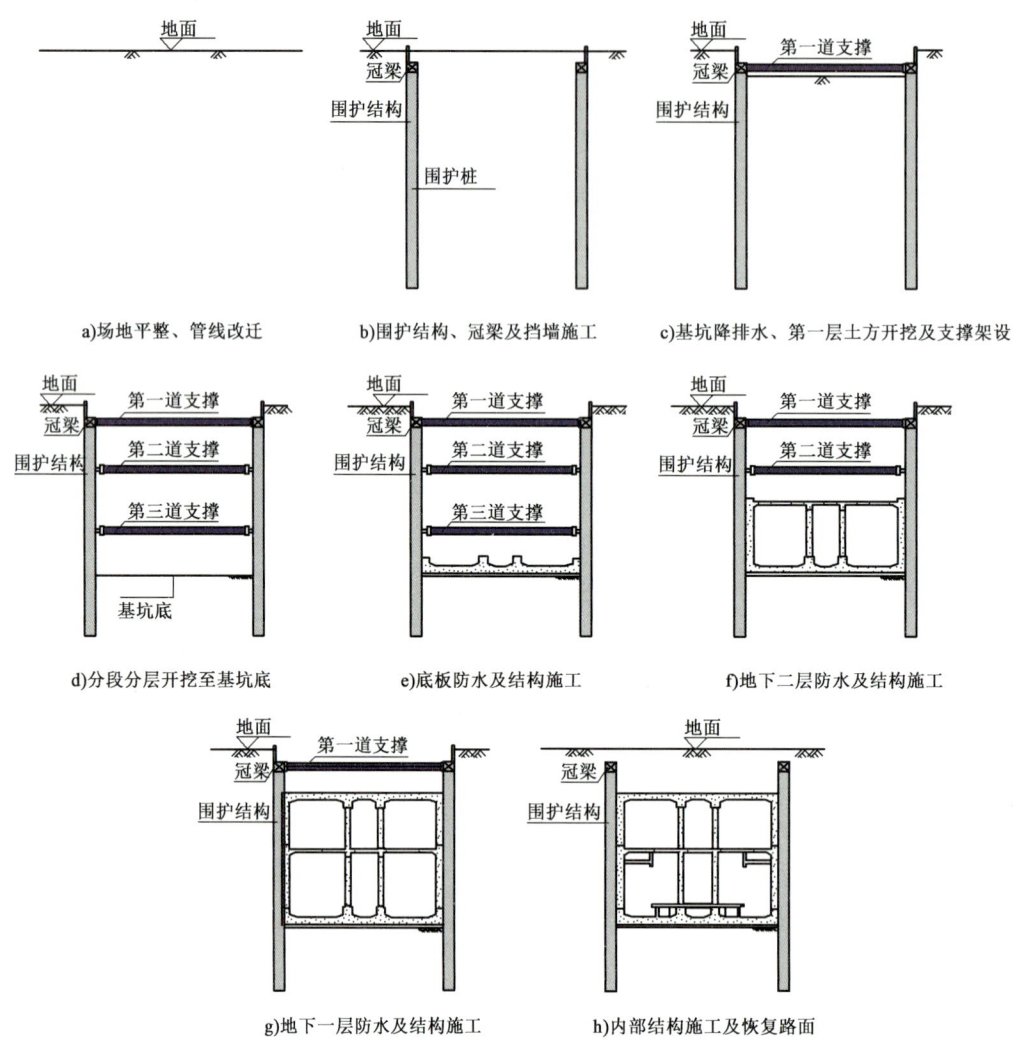

图2-6-8 明挖法施工步序示意图

(2)施工方法

地铁车站狭长形基坑一般采用分段分层开挖方式。当地质条件允许(如砂卵层、粉质黏土层等)且符合地方规定时,可采用坑内拉槽、分段分层开挖方式,自卸车直接在坑内坡道水平运输。基坑开挖顺序根据基坑平面尺寸及场地情况综合考虑,可从基坑一端向另一端开挖,也可从基坑中间向两端开挖。分段分层开挖方法及要求如下:

①内支撑均为钢支撑的狭长形基坑可采用纵向斜面分段分层开挖的方法,斜面应设置多级放坡;分段长度宜为3~8m,分层厚度宜为3~4m,基坑开挖示意如图2-6-9所示。

②纵向斜面边坡总坡度不应大于1:3,各级边坡坡度不应大于1:1.5,各级边坡平台宽度不应小于3.0m,多级边坡超过两级应设置加宽平台,加宽平台宽度不应小于9.0m,加宽平台之间的土方边坡不应超过两级;纵向斜面边坡长时间暴露时宜采取护坡措施;各级边坡、各阶段形成的多级放坡和纵向总边坡的稳定性验算应符合现行《建筑边坡工程技术规范》(GB 50330)的相关要求。

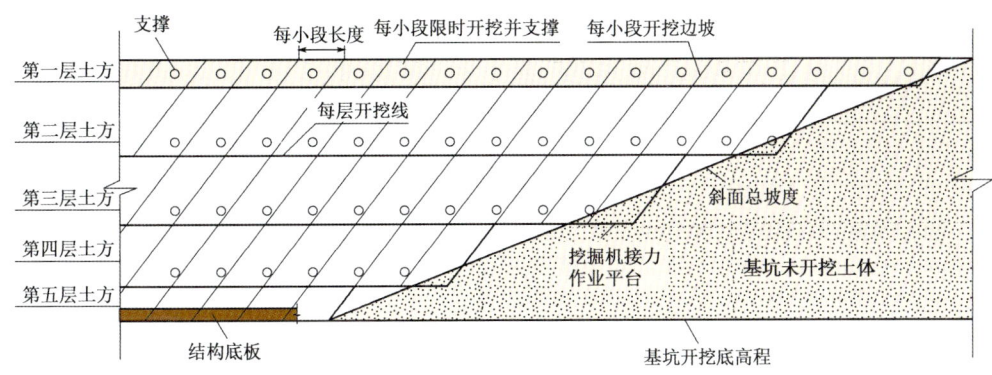

图 2-6-9　内支撑均为钢支撑的地铁基坑分段、分层开挖示意图

③纵向斜面分段分层开挖至坑底时,应按照设计要求和底板施工缝设置要求,及时验槽进行垫层和底板的浇筑,底板分段浇筑长度不宜大于 25m,底板施工完毕后方可进行相邻纵向边坡的开挖。

④第一道为钢筋混凝土支撑、其余为钢管支撑时,钢筋混凝土支撑底以上的土方可采用不分段连续开挖的方法,其余土方采用斜面分段分层开挖的方法,基坑开挖示意图如图 2-6-10 所示。

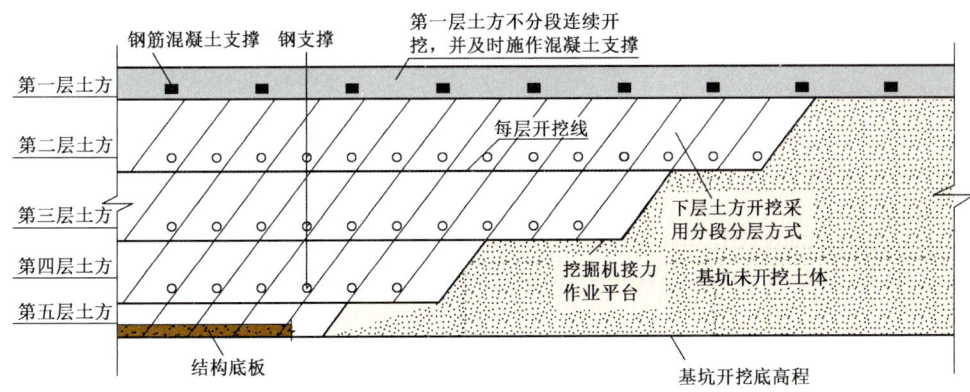

图 2-6-10　第一道为钢筋混凝土支撑、其余为钢支撑的地铁基坑分段分层开挖示意图

当基坑地质条件较差(如淤泥质软土等),或地方规定不允许在基坑内拉槽放坡自卸车直接水平运输时,土方开挖采用多作业面垂直吊运,如采用伸缩臂抓斗、抓铲式挖掘机、起重机等,垂直吊运(起重机+土斗)如图 2-6-11 所示。

软土地区基坑开挖过程中临时边坡应满足相应的构造要求,以保证挖土过程中临时边坡的稳定。临时边坡的高度应结合土层条件、降水情况、施工荷载等因素综合确定,软土地区分层高度一般不大于 5m,当临时边坡高度大于 4m 时,可采取二级放坡的形式;当采用二级放坡时,为满足挖掘机停放,以及土体临时堆放等要求,放坡平台宽度一般不小于 4m。每级边坡坡度一般不大于 1:1.5,采用二级放坡时总边坡坡度一般不大于 1:2。为满足稳定性要求,应根据实际工况和荷载条件,对各级边坡和总边坡进行验算。

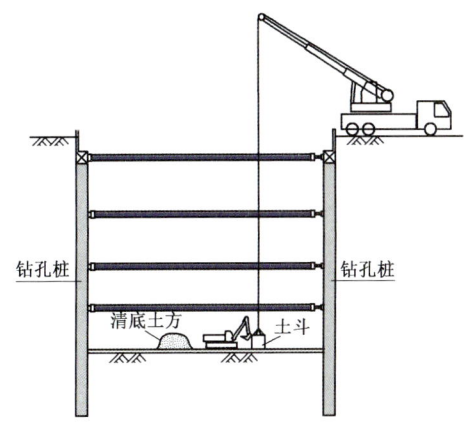

图 2-6-11　基坑土方采用垂直吊运(起重机+土斗)示意图

3）施工控制要点

明挖法施工控制要点见表2-6-8。

明挖法施工控制要点　　　　表2-6-8

序号	工序	施工控制要点
1	开挖准备	（1）土方施工前，收集管线图等物探成果，采用管线探测仪结合探沟（槽）方式查明地下管线或建（构）筑物，必要时委托具有专业资质的第三方单位对周边建（构）筑物进行安全鉴定； （2）开挖前进行场地规划与机械人员准备，提前进行基坑降排水或在基坑外设置隔水帷幕； （3）土方开挖施工方案应履行审批手续（具体审批流程见《危险性较大的分部分项工程安全管理规定》），施工前做好安全技术交底； （4）编制基坑工程应急预案，按要求配足应急救援物资，做好应急演练
2	基坑开挖	（1）基坑开挖过程中勤量测，防止超挖，基坑纵向放坡不得大于安全坡度，严防纵向滑坡； （2）加强基坑稳定的观察和监控量测工作，以便及时发现施工安全隐患，并通过监测反馈及时调整开挖程序； （3）基坑开挖过程中机械不得碰撞支撑、格构柱、井点管、围护墙等构件，其周边200~300mm范围内的土方应采用人工挖除； （4）严格控制每层开挖深度，协调好挖土与支撑安装的进度，随挖随撑，且基坑开挖至支撑设计高程以下0.5m时暂停开挖，在8h之内安装好开挖段的支撑，开挖不得多层一起开挖或一挖到底； （5）分层支撑和开挖的基坑上部可采用大型施工机械开挖，下部宜采用小型施工机械和人工挖土，在内支撑以下挖土时，根据支撑安装位置及作业空间要求合理确定每层开挖深度，施工机械不得损坏和挤压工程桩及降水井
3	运输	（1）土方运输车应满足工程所在地政府交管及环保部门要求。 （2）采用运输车进入基坑内运输时需合理设置临时坡道，坡道坡度、坡道强度、平整度和防滑要求应满足自卸车满载爬坡要求。 （3）深基坑土石方垂直运输时，严禁施工机械碰撞支撑。 （4）采用起重设备垂直吊装土方时，起重设备的行驶道路必须平坦坚实；起重设备不得停置在斜坡上工作，严禁超载吊装。 （5）土方采用挖掘机阶梯接力倒运时，作业平台宽度须满足挖掘机站位及临时堆土的要求，临时边坡坡度满足规范要求，确保平台稳定
4	基底清理	（1）基坑底预留200~300mm厚土方采用人工开挖，防止超挖； （2）基坑开挖至设计高程后组织各方进行基坑验槽，合格后及时进行结构施工，减少基坑暴露时间

4）施工质量控制及验收标准

明挖法基坑土方开挖质量控制及验收标准详见本章6.2.1小节相关内容。

5）质量通病与防治措施

明挖法地铁基坑开挖中质量通病有渗漏水、涌水，钢支撑失稳，基坑支护结构变形，基底隆起，支撑柱变形，周边建（构）筑物沉降、变形，市政管线破坏，汛期雨水灌入基坑等，相应的防治措施见表2-6-9。

基坑开挖质量通病与防治措施（明挖法）　　　　表2-6-9

序号	质量通病	产生原因	防治措施
1	漏水、渗水	见表2-6-5	见表2-6-5
2	涌水	见表2-6-5	见表2-6-5

续上表

序号	质量通病	产生原因	防治措施
3	钢支撑失稳	(1)基坑开挖顺序未按设计工况组织施工; (2)基坑降排水措施不到位; (3)基坑周边堆载过多; (4)基坑挖装设备碰撞钢支撑;	(1)首先立即停止基坑开挖,疏散施工人员,从基坑内疏散通道撤离; (2)检查基坑周边堆载情况,消除基坑周边的附加荷载; (3)针对支撑出现失稳部位,检查支撑状态,查找是否有支撑松弛现象,如果发现有支撑松弛,立即复加轴力; (4)针对支撑掉落的部位,应立刻在支护结构前堆砂或堆土反压,并重新安装钢支撑复加轴力; (5)在变形失稳、其他钢支撑轴力超限部位快速增加钢支撑,同时应保证周边支撑轴力均衡,阻止变形继续扩大
4	基坑支护结构变形	(1)基坑开挖顺序未按设计工况组织施工; (2)基坑降排水措施不到位; (3)基坑周边堆载过多; (4)基坑挖装设备碰撞钢支撑; (5)基坑支护结构嵌固深度不足; (6)基坑支护结构外侧土体孔洞注浆加固时注浆压力过大	(1)首先立即停止基坑开挖,疏散施工人员,从基坑内疏散通道撤离。 (2)检查基坑周边堆载情况,消除基坑周边的附加荷载。 (3)当支护结构变形超过预警值,但比较小,无明显大的变形时,检查支撑状态,查找是否有支撑松弛现象,如果发现有支撑松弛,则应立即复加轴力;若变形处钢支撑无松弛现象,则应及时对变形部分加密内支撑,并增加监测频率。 (4)当支护结构变形过大,有失稳前兆,并明显倾斜时,可立即在坑底与坑壁之间加设支撑来稳固。 (5)当因支护结构桩嵌固深度不足,使支护桩内倾或踢脚失稳,应立即停止土方开挖,在支护结构前堆砂包反压或在被动区打入短桩加固。 (6)当坑边土体严重变形,且变形速率持续增加并有滑动趋势时,应视为基坑整体滑移失稳的前兆,应立即采用砂包或土回填基坑,反压坑脚,待基坑稳定后再做妥善处理。 (7)排查基坑降排水效果,加强降排水措施,降低坑外水土压力
5	基底隆起	(1)基坑底不透水土层自重不能承受下方承压水水头压力而产生突然性的隆起; (2)基坑由于围护结构插入坑底土层深度不足而产生坑内土体隆起破坏	(1)条件允许时,可在坑内、坑外周围进行深层降水减压,以减小底板的上浮力; (2)检查基坑周边堆载情况,消除基坑周边的附加荷载,条件允许时可在坑顶挖土卸载; (3)在坑底堆砂石袋或其他压重材料,用快凝压力注浆或高压旋喷桩对基底土体进行加固等
6	支撑柱变形	(1)基坑施工设备碰撞支撑柱; (2)支撑柱地基承载力不足	(1)首先立即停止基坑开挖,报送设计和建设单位,共同研究处理方案; (2)采用快凝压力注浆或高压旋喷桩对支撑柱周边土体进行加固,并增加监测频率
7	周围建(构)筑物沉降、变形	见表 2-6-5	见表 2-6-5
8	市政管线破坏	见表 2-6-5	见表 2-6-5
9	汛期雨水灌入基坑	见表 2-6-5	见表 2-6-5

6.3.2 盖挖顺作法

地铁车站深基坑施工时间长,多数所在主干道地段交通流量大,为避免或减少对公共交通的影响,多采用盖挖法施工。但因全盖施工时间长、需多次交通倒边施工、铺盖系统造价高等不利因素,目前地铁车站深基坑多采用半盖挖法开挖,即车站一半采用临时盖板或永久盖板维持地面交通畅通,另一半不设置盖板。

盖挖顺作法是先盖后挖,以临时覆盖结构(临时盖板)维持地面交通畅通,其余下部结构均在封闭的盖板下进行施工。首先,在地表采用明挖法向下开挖,将盖板施工完成,恢复地面交通;然后在盖板的保护下,自上而下开挖和架设支撑,到达基底后,再由下至上浇筑混凝土结构和施工防水层,结构封顶后再进行顶板回填并恢复管线;最后,拆除挡土结构外露部分并恢复道路。

1)施工流程

以地下两层地铁车站为例,介绍盖挖顺作法施工流程,如图 2-6-12 所示。

2)施工步序及开挖方法

(1)盖挖顺作法施工步序

盖挖顺作法一般分两阶段施工。第一阶段为地面施工阶段,主要工作内容包括围护结构、支撑柱、临时或永久盖板施工;第二阶段为盖板下施工阶段,主要工作内容包括盖板下深基坑开挖和架设支撑、主要结构施工。盖挖顺作法具体施工步序如图 2-6-13 所示。

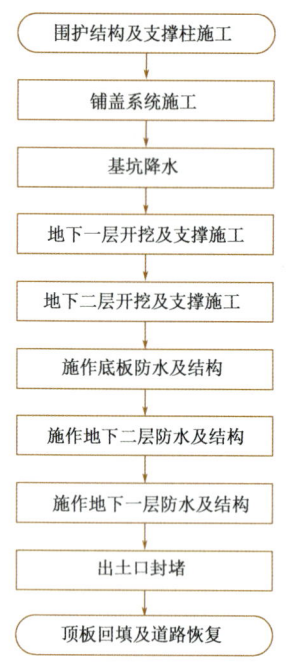

图 2-6-12 盖挖顺作法施工流程图

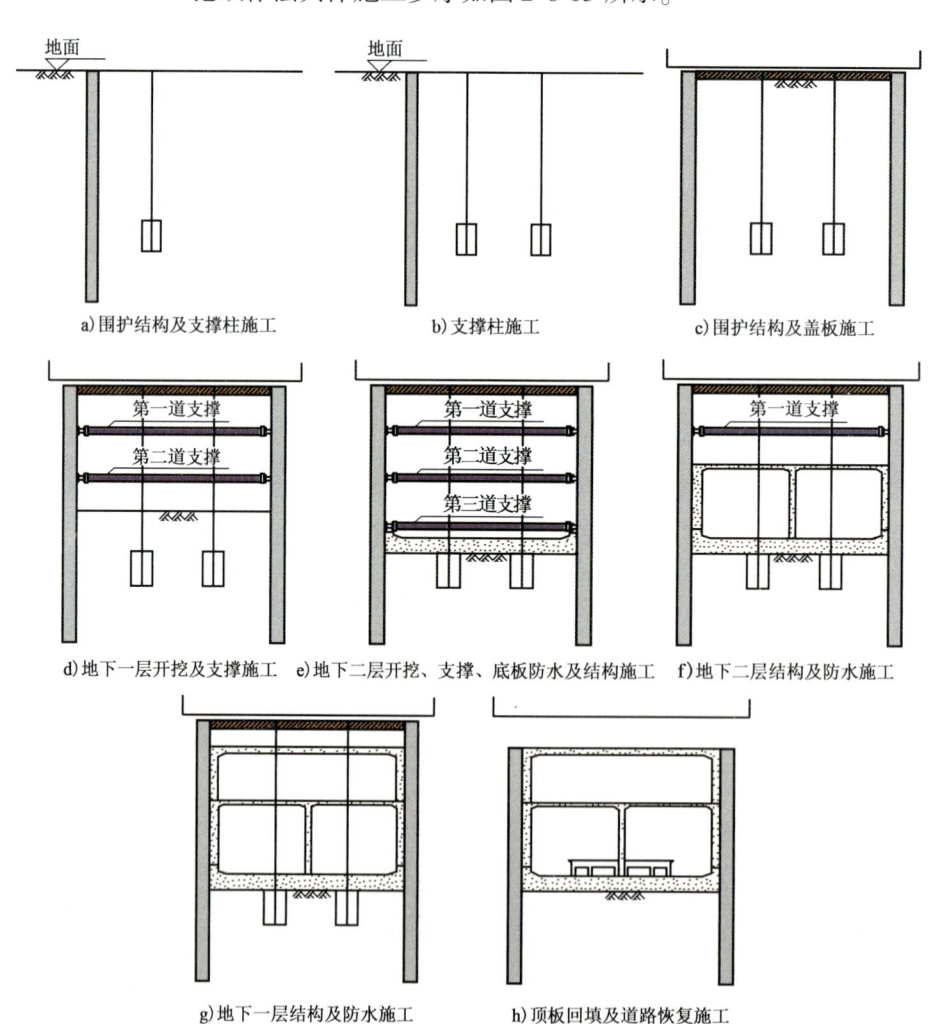

图 2-6-13 盖挖顺作法施工步序示意图

(2)施工方法

盖挖顺作法基坑开挖方法与明挖顺作法基坑开挖方法大体上一致,区别在于盖板下第一层土方的开挖顺序:明挖顺作法基坑开挖顺序是由一端向另一端、中间向两端或两端向中间依次逐层分段开挖;而盖挖顺作法基坑临时盖板下与第一道支撑之间的第一层土方的开挖顺序是由出土孔向端头开挖,第一道支撑以下土方再由端头向出土孔依次逐层分段开挖,出土孔根据建设工程的周边建(构)筑、市政管线、周边交通情况合理布置,一般利用出入口设置出土孔,也可以设置在主体基坑内。

盖挖顺作法基坑开挖具体方法如下:

①第一阶段地面盖板土方开挖:由地表开挖至盖板底高程位置,跟随土方开挖进度及时施作盖板,如图2-6-14所示。

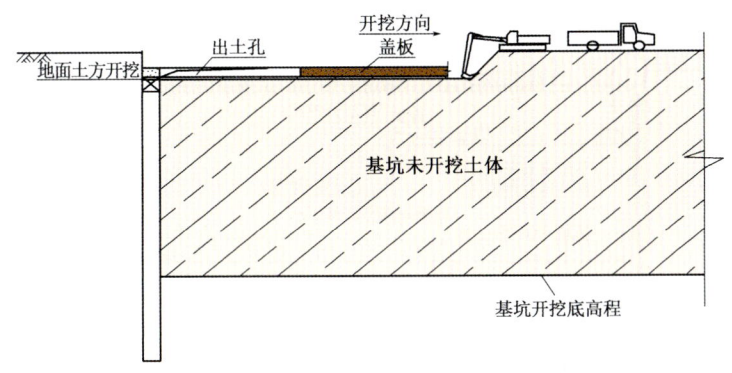

图2-6-14　盖挖顺作法盖板土方开挖示意图

②第二阶段盖板下基坑土方开挖,大体上分为两步施工,具体如下:

第一步:盖板施工完成后进行交通恢复,盖板以下与第一道支撑之间土方由出土孔向车站一端推进,采取竖向分层、横向分块、拉槽开挖、留侧压土的方式开挖,竖向分层厚度考虑地质条件、网喷、支撑间距等因素一般不大于2m,基坑两侧保留的侧压土宽度一般在2~3m,侧压土边坡坡率根据不同地质条件来选择,详见6.2.1小节质量控制部分。侧压土台可作为网喷作业平台或永久盖板拆除混凝土地膜作业平台。在开挖过程中遇不良地质时,要减少开挖厚度,快速网喷封闭,减少基坑坡面暴露时间。支撑柱1.5m范围内的土方使用工人配合小型挖掘机开挖,严禁挖掘机碰撞支撑柱。盖板下第一层土方开挖示意如图2-6-15所示,竖向分层及侧压土示意如图2-6-16所示。

第二步:盖板下第一道支撑以下土方由车站一端向出土孔方向进行开挖,与盖板下第一层土方的开挖方向相反,一般采用斜面分段分层、横向分块、留侧压土的方式开挖,一般以支撑竖向间距作为分层厚度斜面可采用分段多级边坡的方法,多级边坡间应设置加宽平台(挖掘机作业平台),加宽平台之间的土方边坡一般不应超过两级,各级土方边坡坡度根据不同地质条件来选择,详见6.2.1小节质量控制部分,斜面总坡度一般不大于1:3。若采用放坡拉槽开挖时运输车进入基坑内运输,斜面纵向坡度不小于1:7。盖挖顺作法第一道支撑以下土方开挖示意如图2-6-17所示。

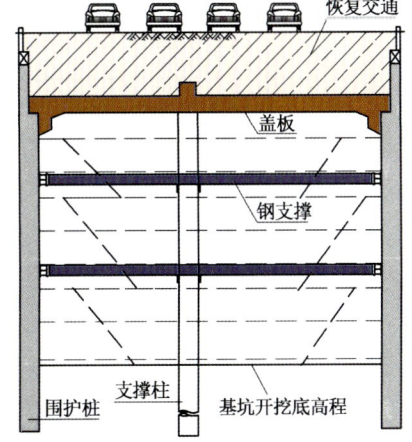

图2-6-15　盖挖顺作法盖板下第一层土方开挖示意图

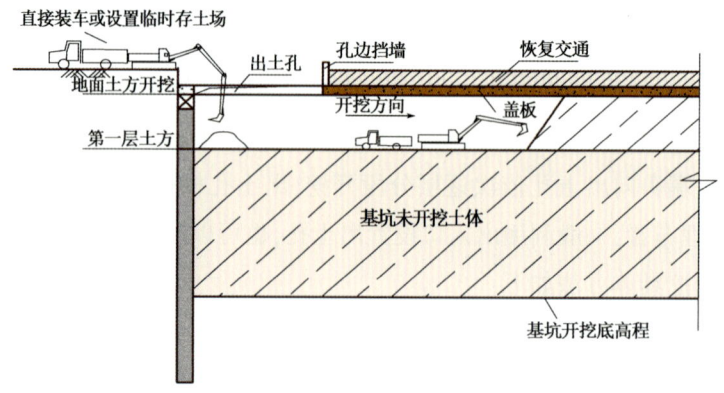

图 2-6-16　盖挖顺作法盖板下土方开挖竖向分层示意图

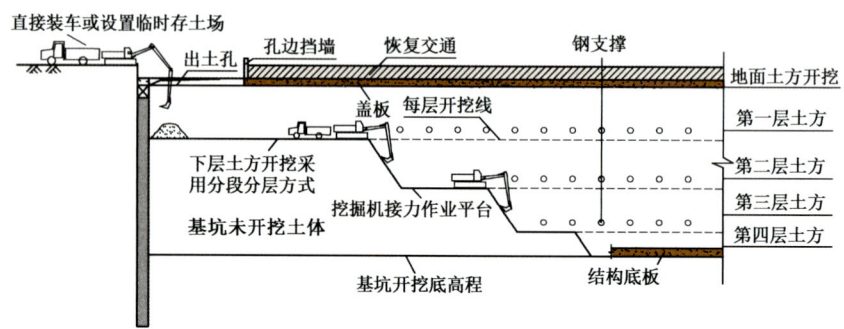

图 2-6-17　盖挖顺作法第一道支撑以下土方开挖示意图

每层土方开挖至支撑底以下 0.5~1m 要及时架设支撑,避免单位时间内无支护的基坑平面面积过大或开挖深度过深;确定合理的土方开挖顺序,使基坑在土方挖取后的区域尽快具备支护及支撑作业的条件。

3）施工控制要点

盖挖顺作法施工控制要点见表 2-6-10。

盖挖顺作法施工控制要点　　　表 2-6-10

序号	工序	施工控制要点
1	铺盖系统	(1) 严格控制铺盖系统结构高程; (2) 根据铺盖系统受力计算情况设置车辆限速、限重、限高等措施
2	基坑开挖	(1) 深基坑开挖及降水时,应监控量测周边建(构)物、道路、桥梁、铁路、既有地铁线、市政管线等,若出现沉降或变形情况,应及时与设计单位和建设单位研究处理方案。 (2) 建立信息反馈系统,在开挖过程中对支撑体系受力及稳定性、地表沉降、钻孔灌注桩位移、水位变化等进行监测,并做好观测记录,出现异常立即采取措施。 (3) 基坑开挖工法和时序必须要和设计工况一致,并遵循竖向分层、横向分块开挖、随挖随撑随喷锚、支撑与开挖结合的原则,基坑开挖至支撑设计高程以下 0.5m 时暂停开挖,在 8h 之内安装好开挖段的支撑,尽量减少开挖时的土压力差,保障基坑的稳定。 (4) 基坑开挖前,应特别加强基坑周边施工用水和雨水的疏排工作,沿基坑四周设置排水沟。排水沟应排水通畅,防止施工用水和雨水渗入基坑,以免软化周边基坑土体或冲刷边坡,降低基坑周边土体的承载能力和稳定性。

续上表

序号	工序	施工控制要点
2	基坑开挖	（5）施工期间，基坑周边超载不应大于设计要求，以防止基坑边坡失稳或基底隆起。 （6）施工时严禁施工机械碰撞支撑和支撑柱，严禁施工机械在支撑上行走，不得在钢支撑上作用任何荷载。第一道混凝土支撑不得作为施工便桥使用。 （7）根据气象条件及时将土工塑料膜、水泵等应急物资送至现场备用，遇到下雨时，采用土工塑料膜覆盖纵坡面，将雨水由坡面汇集至坡脚处集水井内，然后利用水泵及时抽排至地面沉淀池内，防止雨水浸泡引起土体纵向坍塌。 （8）基底以上200～300mm范围内的土方应采用人工修整，防止超挖。 （9）盖板下土方开挖效率低，运输难度大，需合理选择施工设备，并在现场合理设置临时堆存土场
3	运输	（1）应根据基坑设计工况、平面形状、结构特点、支护结构、土体加固、周边环境等情况设置取土口，一般有条件时常利用车站两端风道作为出土口。 （2）出土口宜靠近地面运输道路设置，布置在基坑端头或侧边，便于安装提升设备。 （3）出土口处结构构件应预留结构钢筋，后期进行封闭时保证结构质量。 （4）临时存土点不得选在建筑物、地下管线及架空线附近，基坑两侧10m范围内不得存土。在已回填的结构顶部存土时，应核算结构沉降量、顶板承载力等确定堆土高度。 （5）土方运输车运应满足工程所在地政府交管及环保部门要求。 （6）采用运输车进入基坑内运输时需合理设置临时坡道，坡道坡度、强度、平整度和防滑满足自卸车满载爬坡要求。 （7）深基坑土石方垂直运输时，严禁施工机械碰撞支撑。 （8）采用起重设备垂直吊装土方时，起重设备的行驶道路必须平坦坚实。起重设备不得停置在斜坡上工作，严禁超载吊装

4）施工质量控制及验收标准

盖挖顺作法基坑土方开挖质量控制及验收标准详见6.2.1小节相关内容。

5）质量通病与防治措施

盖挖顺作法地铁基坑开挖中质量通病与防治措施参见表2-6-5和表2-6-9相关内容。

6.3.3 盖挖逆作法

盖挖逆作法是先在地表面向下施作基坑的围护结构和中间桩柱，随后开挖表层土体至主体结构顶板地面高程，利用未开挖的土体作为土模浇筑顶板，待回填土后将道路复原，恢复交通，自上而下逐层开挖并建造主体结构直至底板。该方法适用于工程周边环境复杂，施工受地面、地下建筑物影响大，地表沉降控制要求高或开挖跨度大，需恢复路面交通，缺乏覆盖结构等情况。

1）施工流程

以地下两层标准车站为例，盖挖逆作法施工流程如图2-6-18所示。

2）施工步序及开挖方法

（1）施工步序

盖挖逆作法施工步序如图2-6-19所示。

图2-6-18 盖挖逆作法施工流程图

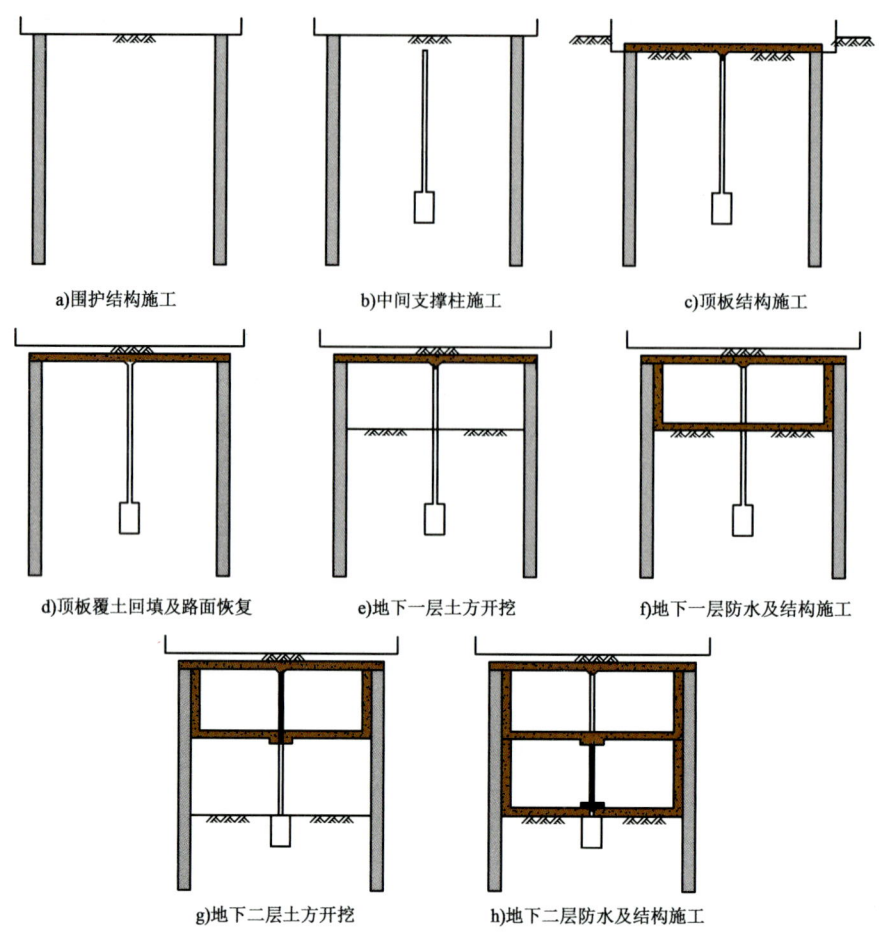

图 2-6-19 盖挖逆作法施工步序图

(2) 开挖方法

地表至结构顶板下的明挖土方直接由挖掘机在地面开挖并装车运输,同明挖法基坑;顶板下的洞内土方开挖采用纵向分段、竖向分层开挖方式,土方运输一般由车站两端的风亭、出入口或顶板预留出土孔外运。下面以两层盖挖逆作法车站为例(顶板预留出土孔),对盖挖逆作法土方开挖方法进行介绍,具体见表 2-6-11。

盖挖逆作法土方开挖方法　　　　表 2-6-11

序号	土方	各层开挖	各层洞内土方开挖	示意图
1	第一层土方	由地表开挖至结构顶板底高程位置,人工清理,施作顶板土模(或搭设模板支架),跟随土方开挖进度及时施作结构顶板		

续上表

序号	土方	各层开挖	各层洞内土方开挖	示意图
2	第二层土方	结构顶板施工完成后进行土方回填、恢复道路，第二层土方由出土孔向车站一端推进，竖向分层按结构层高一半考虑，且竖向空间应满足机械设备作业要求		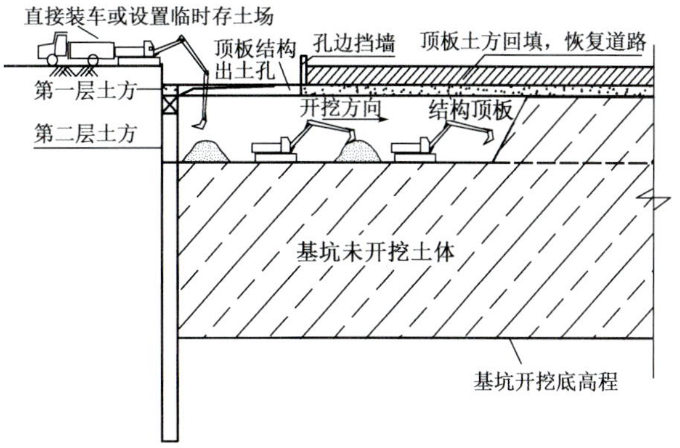 洞内开挖应加强照明和通风，土方开挖时机械设备不得碰撞已完结构，靠近结构处土方可采用人工配合机械清理
3	第三层土方	由车站一端向出土孔处后退式开挖，竖向分层开挖至结构中板底高程，人工清理，施作土模（或搭设模板支架），跟随土方开挖进度及时施作结构中板，减少土方开挖后无支撑暴露时间	洞内土方采用挖掘机分段、分块、对称开挖，即先开挖基坑中间土方，再对称开挖基坑两侧土方。洞内土方一般采用多台挖掘机水平接力倒运至出土孔	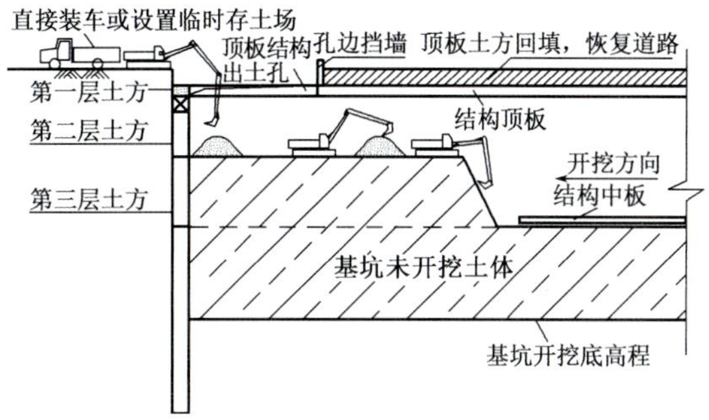 再由长臂挖机倒运至地面装车外运
4	第四层土方	由出土孔向车站一端推进，竖向分层按结构层高一半考虑，且竖向空间应满足机械设备作业要求		
5	第五层土方	由车站一端向出土孔处后退式开挖，竖向开挖至基底设计底高程以上20cm，剩余土方人工开挖清底，跟随土方开挖进度及时施作结构底板，减少土方开挖后无支撑暴露时间		再由抓铲式起重机（或其他垂直吊运设备）垂直运输至地面，自卸车外运

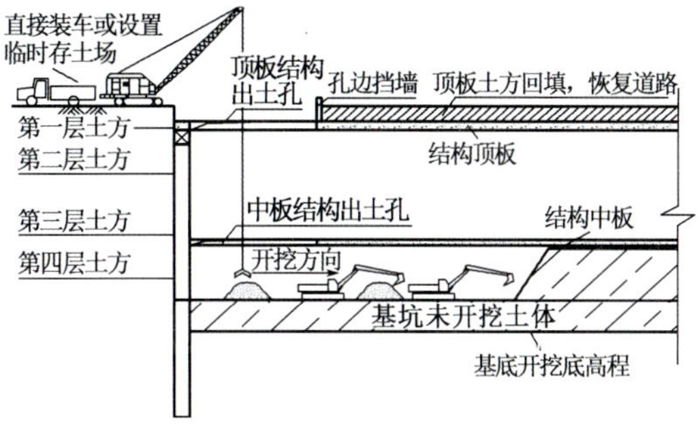

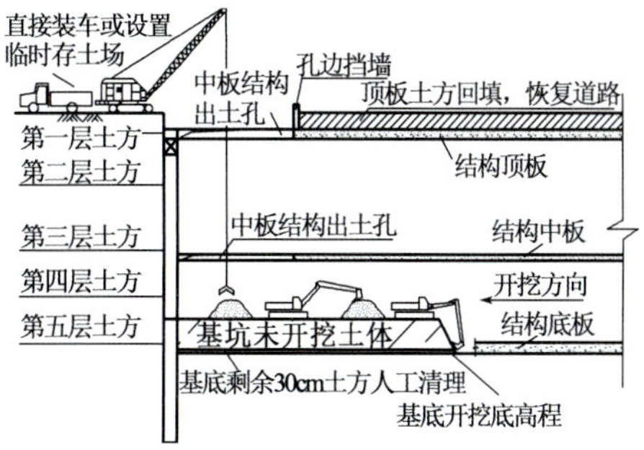

3）施工控制要点

盖挖逆作法施工控制要点见表2-6-12。

盖挖逆作法施工控制要点　　　　表2-6-12

序号	工　序	施工控制要点
1	开挖准备	（1）土方施工前,收集管线图等物探成果,采用管线探测仪结合探沟(槽)方式查明地下管线或建(构)筑物,必要时委托具有专业资质的第三方单位对周边建(构)筑物进行安全鉴定; （2）开挖前进行场地规划与机械人员准备,提前进行基坑降排水或在基坑外设置隔水帷幕; （3）土方开挖施工方案应履行审批手续[具体审批流程见《危险性较大的分部分项工程安全管理规定》(住建部37号文)],施工前做好安全技术交底; （4）编制基坑工程应急预案,按要求配足应急救援物资,做好应急演练
2	基坑开挖	（1）基坑土方开挖和结构工程施工的方法和顺序应满足设计工况要求。 （2）地铁基坑盖挖施工时,宜采用分段分层开挖方法,分段长度不宜大于25m。 （3）加强基坑监控量测工作,确保基坑安全;机械挖土时,坑底以上200～300mm范围内的土方应采用人工修整,防止超挖。 （4）主体结构兼作取土平台或施工栈桥时,应根据施工荷载要求对主体结构进行复核计算和加固设计,施工设备荷载不应超过设计规定限值。 （5）土方开挖应遵循"分层、分块、平衡对称"的原则逐层开挖。 （6）施工机械及车辆尺寸应满足取土平台、作业及行驶区域的结构平面尺寸和净空高度要求。 （7）基坑开挖过程中禁止碰撞结构、围护墙等构件,并做好预留钢筋、防水材料的保护工作。 （8）立柱桩周边300mm土层及钢格构柱周边300mm土层须采用人工挖除,格构柱内土方由人工清除。 （9）盖挖法土方掘挖效率低、外运难度大,需配备切实可行的开挖外运措施和施工力量,并在现场合理设置临时堆存土场
3	出土及运输	（1）应根据基坑设计工况、平面形状、结构特点、支护结构、土体加固、周边环境等情况设置取土口,一般有条件时常利用车站两端风道或出入口作为出土口。 （2）出土口宜靠近地面运输道路设置,布置在基坑端头或侧边,便于安装提升设备。 （3）出土口处结构构件应预留结构钢筋,后期进行封闭时保证结构质量。 （4）顶板下洞内土方水平倒运时应合理选择自卸车型号,须满足作业空间要求。 （5）垂直吊运土方时出土口下方严禁人员作业,洞内自卸车倒运土方时出土口附近应有专人指挥

4）施工质量控制及验收标准

盖挖逆作法基坑土方开挖质量控制及验收标准详见6.2.1小节相关内容。逆作结构采用土模施工时对每层土方开挖高程及平整度有严格要求,现行《地下铁道工程施工质量验收标准》(GB/T 50299)对开挖高程及平整度要求如下:钢筋混凝土顶、楼、底板和梁的土方开挖时,必须严格控制高程,并应夯填密实、平整,其允许偏差为高程0～+10mm、平整度10mm,并在1m范围内不多于一处。

5）质量通病与防治措施

盖挖逆作法地铁基坑开挖中,质量通病与防治措施见表2-6-13。

基坑开挖质量通病与防治措施（盖挖逆作法）　　　　表2-6-13

序号	质量通病	产生原因	防治措施
1	漏水、渗水	内容见表2-6-5	内容见表2-6-5
2	涌水	内容见表2-6-5	内容见表2-6-5

续上表

序号	质量通病	产生原因	防治措施
3	钢支撑失稳	内容见表2-6-9	内容见表2-6-9
4	基坑支护结构变形	内容见表2-6-9	内容见表2-6-9
5	基底隆起	内容见表2-6-9	内容见表2-6-9
6	支撑柱变形	内容见表2-6-9	内容见表2-6-9
7	周围建(构)筑物沉降、变形	内容见表2-6-5	内容见表2-6-5
8	市政管线破坏	内容见表2-6-5	内容见表2-6-5
9	汛期雨水灌入基坑	内容见表2-6-5	内容见表2-6-5
10	结构预留钢筋、防水板等破坏	开挖设备碰撞预留钢筋、防水板等半成品造成破坏	(1)靠近结构部分土方采用人工开挖,防止机械破坏; (2)钢筋套丝部分增加塑料保护帽,施工缝处外包防水层施作加强层; (3)对破坏的钢筋和防水层按规定要求进行修补,验收合格后方可进行后续施工,如钢筋套丝破坏后可进行焊接处理,防水板破损后及时补焊修补

6.4 岩质基坑开挖

随着城市地铁基坑工程设计开挖深度不断增加,加之我国地质条件的多样性,岩石基坑开挖变得不可避免,传统的基坑开挖方法和开挖设备此时难以满足要求,需要根据岩石强度、岩石类别、岩石风化程度、岩石方量、基坑周边环境要求等因素来综合考虑。一般来说,岩石强度低、岩石方量少的基坑,优先采用现代化岩石破碎机械常规施工方法;对于岩石强度高,岩石方量大的基坑,开挖方法一般采用爆破开挖;对于岩石强度高且限制爆破区域的基坑,可采用静态破碎法或切割法开挖。每种方法优缺点见表2-6-14。

岩质基坑开挖方法对比　　　　　表2-6-14

序号	方法	适用特点	优点	缺点
1	机械法	岩石强度低、岩石方量少	周边影响小、安全性高、灵活性高、精度高	噪声大、造价较高
2	爆破法	岩石强度高、岩石方量大	地质条件适应性强、成本低、效率高	振动、冲击、噪声、粉尘
3	静态破碎法	岩石强度高、限制爆破区域	安全环保、精度高、效率较高	施工环境温度受限
4	切割法		地质条件适应性强、机具设备简单、安全环保、精度高	效率低、造价高

6.4.1 爆破开挖

在城市基坑爆破时,产生的振动及挤压对城市环境影响大,爆破飞石可能会影响设备及建(构)筑物,因此,地铁车站爆破要采用控制性的爆破,通过控制爆破钻孔深度、装药量、爆破方式等,减小爆破施工对城市的影响。目前,城市地铁岩质基坑常用浅孔微差控制爆破方式施工。下面主要介绍其施工流程、施工控制要点、施工质量控制及验收标准。

1)施工流程

爆破开挖施工流程如图 2-6-20 所示。

2)施工控制要点

(1)爆破前的准备工作

①根据施工图纸和现场勘测,制订完善的石方爆破方案,经专家评审并在当地公安部门备案;

②所使用的爆破器材应得到当地公安部门的批准,办理相关爆破手续;

③在爆破作业区附近做好宣传告知工作;

④对参与爆破作业的全体人员做安全技术交底。

(2)爆破设计

①炮孔钻取控制参数

爆破钻孔机具采用钻头为"一"字形硬质合金钢,钻杆规格为中控六棱形,钻头直径为 d;爆破方式为台阶式钻孔爆破开挖,台阶高度为 h;钻孔为垂直孔,采用梅花形布置;每次爆破 2 排孔,最多不超过 5 排。炮孔布置设计如图 2-6-21 所示。

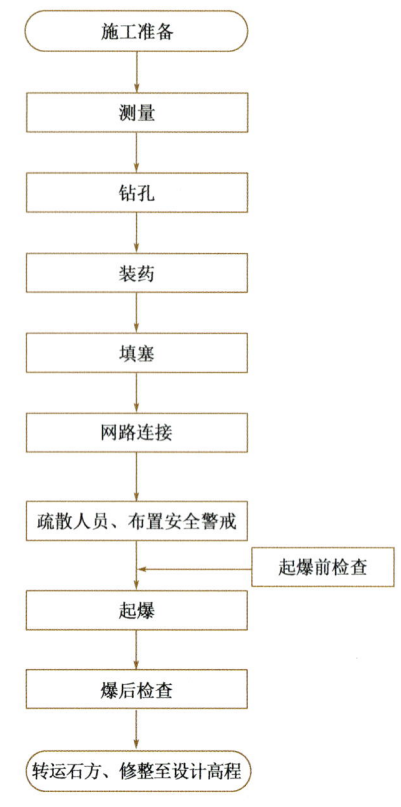

图 2-6-20 爆破开挖施工流程图

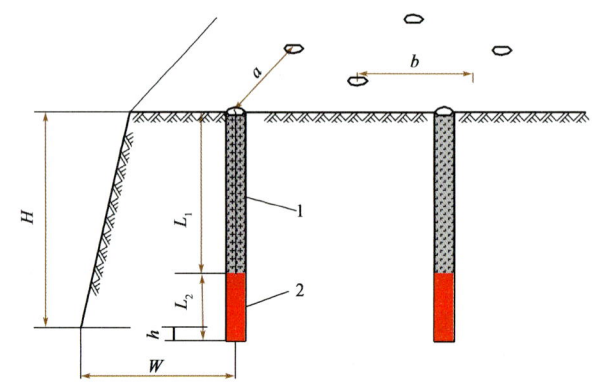

图 2-6-21 炮孔布置设计图

1-填塞;2-炸药;H-台阶高度;h-超深;W-底盘抵抗线;L_1-填塞长度;L_2-装药长度;a-孔距;b-排距

最小抵抗线: $W = 25d$;

钻孔超深: $h = 0.4W$;

炮孔深度: $L = H + h$;

堵塞长度: $L_1 = (1.0 + 1.3)W$;

装药长度: $L_2 = L - L_1$;

孔间距: $a = 1.2W$;

排间距: $b = W$。

②炸药单耗 q

一般选取 $q = 0.35 \sim 0.5 \text{kg/m}^3$,爆破前进行试爆,根据爆破效果进行调整,取其最佳值。

③单孔装药量

单孔装药量 Q 的计算公式为:

$$Q = q \times a \times b \times H \tag{2-6-1}$$

④爆破震动安全控制

根据工程所处的地理位置,需要对不同距离内的建筑物及保护物等进行验算,以确定同段起爆最大装药量,指导施工。根据现行《爆破安全规程》(GB 6722),可按下式计算:

$$Q = R^3 \left(\frac{v}{K}\right)^{\frac{3}{\alpha}} \tag{2-6-2}$$

式中:Q——最大一段的装药量(kg);

R——保护物距爆源中心的距离(m);

K——与介质特性、爆破方式及其他因素有关的值;

v——非抗震建筑物允许振速;

α——地震衰减指数。

(3)放样与布孔

由技术人员根据设计的孔网参数进行布孔。布孔时如遇到裂隙或断层等地质状况时,应做适当调整,但孔排距调整一般不大于 0.5m(具体根据爆破方案进行确定),炮孔孔口调整时,尽可能略微调整炮孔方向,使每个炮孔爆破所负担的爆破方量大致平衡。浅孔爆破平面布置如图 2-6-22 所示,深孔爆破平面布置如图 2-6-23 所示。

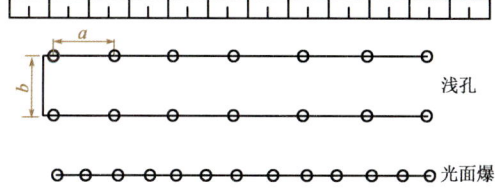

图 2-6-22 浅孔爆破平面布置图　　　　　图 2-6-23 深孔爆破平面布置图

具体的炮孔布置原则如下:

①炮孔位置要尽量避免布置在岩石松动、节理裂隙发育或岩性变化大的地方;

②特别注意底盘抵抗线过大的地方,应视情况不同,采取加密炮孔方式来避免产生根坎;

③要特别注意前排炮孔抵抗线变化,防止因抵抗线过小会出现爆破飞石事故、过大会留下根坎;

④要注意地形高程的变化,适当调整钻孔深度,保证下部作业平台的高程基本一致。

(4)钻孔

按设计方案中布孔位置、钻孔方向和钻孔深度进行钻孔,钻孔完成后要防止碎渣等物落入孔内而堵住炮孔。

(5)炮孔检查

由技术人员用炮杆或卷尺逐孔检查孔排距、孔向及孔深,若不合要求应及时修正;复核前排各炮孔的抵抗线和查看孔中含水情况;检查后应做好验孔记录,作为爆破装药的计算依据。

(6)装药

按爆破方案中单孔装药量进行装药,深孔爆破的主爆孔和浅孔爆破的炮孔,采用耦合装药结构、装药过程中,应随时用炮棍测量孔深,防止装药卡孔而造成填塞长度不足,余孔使用岩屑或炮泥填塞至炮口。

(7)填塞

可利用钻孔所排出的岩屑混合部分黄泥进行填塞,填塞长度和质量必须严格按设计要求进行。

①填塞前准备工作。利用炮棍上刻度校核填塞长度是否满足设计要求。填塞长度偏大时,补装炸药达到设计要求;填塞长度不足时,应采取方法将多余炸药取出炮孔或降低装药高度。填塞材料一般采用钻屑、黏土、粗沙,并将其堆放在炮孔周围。水平孔填塞时,应用报纸等将钻屑、黏土、粗砂等按炮孔直径要求制作成炮泥卷,放在炮孔周围。

②填塞。将填塞材料慢慢放入孔内,并用炮棍轻轻压实、堵严;炮孔填塞段有水时,采用粗砂等填塞,每填入10~20cm后用炮棍检查是否沉到底部,并压实。重复上述作业完成填塞,防止炮泥卷悬空、炮孔填塞不密实。

③填塞作业注意事项。填塞材料中不得含有碎石块和易燃材料;炮孔填塞段有水时,应用粗砂或岩屑填塞,防止在填塞过程中形成泥浆或悬空,使炮孔无法填塞密实;填塞过程要防止导爆管被砸断、砸破。

装药填塞如图2-6-24所示。

(8)网路连接

由爆破人员根据爆破方案所确定的网路连接方式进行连接,严格控制爆破的单段起爆药量,并由专人负责复核和记录各炮孔的单孔装药量和单段起爆药量,对各孔雷管延时段位和网路连接质量进行复查。爆破网路连接示意图如图2-6-25所示。

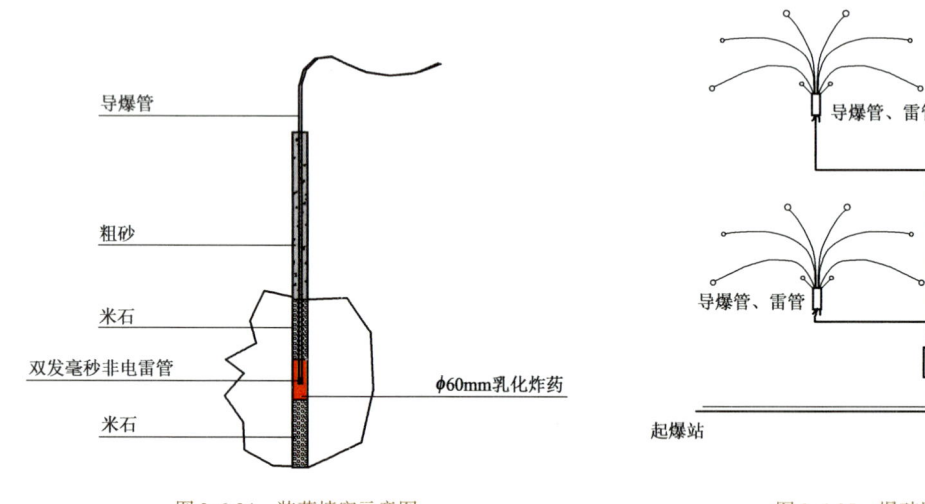

图2-6-24 装药填塞示意图　　　　图2-6-25 爆破网路连接示意图

(9)防护

地铁车站一般周边建筑物较多、距离较近,需对爆破区采用整体覆盖的方式进行防护,以防止飞石飞散造成伤害。覆盖材料要求强度高、韧性好、不易破损,能相互搭接成整体,对爆破区形成完整的防护,可用炮被、铁丝网、用环索连接的圆木、工业毡垫、帆布、草垫子等。为防止冲孔对周围环境造成的次生危害,在每个孔口采用炮孔压砂包+炮被+砂包等多层防护措施,并在基坑上部井口位置横向搭设型钢防护棚,其上放置2cm×2cm密眼防护铁丝网,网片采用防护网包裹并加盖彩钢瓦防护棚等以对飞石进行控制。爆破警戒范围为井口周边不小于50m。爆破防护措施如图2-6-26和图2-6-27所示。

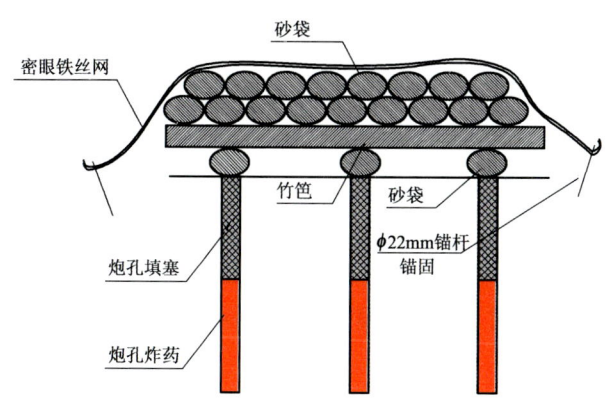

图 2-6-26　覆盖防护示意图

图 2-6-27　炮被

(10) 警戒

根据现行《爆破安全规程》(GB 6722),爆破时的警戒作业及注意事项见表 2-6-15。

爆破时的警戒作业及注意事项　　　　表 2-6-15

序号	项目	警戒范围/安全距离(m)	具 体 内 容	备 注
1	警戒范围	50	爆破器材存放点和装药作业区域警戒范围内,严禁吸烟和动火	
2	装填作业	50	装填作业开始,应在爆区四周 50m 设置警戒线和岗哨,非作业人员不得越过警戒线	
3	深孔爆破	200	深孔爆破时将人员、设备的安全距离定为 200m	
4	浅孔爆破	300	浅孔爆破时将人员、设备的安全距离定为 300m	
5	清场	安全地点以外	由爆区内开始,由里向外进行清场,凡危险区内的室内、室外人员必须全部撤至安全地点	
6	爆破信号	安全地点	以警报器或哨子作爆破信号	警报器或哨子
7	预警信号	安全地点	哨音一长两短(危险区内人员、设备均撤至安全地点,警戒岗哨到位)	第一次警报
8	起爆信号	危险区内无人和设备	哨音连续短声(指挥员确认危险区内无人员、设备时,方可发出)	第二次警报
9	解除信号	检查现场	哨音一长(待爆破员检查现场确认安全后发出)	第三次警报

(11) 起爆

起爆是爆破工作的关键。由于起爆仪器易受人为操作因素的影响,对起爆人员的要求较高,起爆人员应由有经验的爆破员担任,对于重大爆破应由爆破技术人员担任。起爆器操作要由两人负责实施,1 人操作,1 人监督,必要时进行替换。

(12) 爆后检查

由起爆的爆破员或安全员进入爆区,检查是否有安全隐患,并及时制订处理措施。爆后检查内容包括:

①无盲炮。通过堆积情况初步判定是否有盲炮。

②堆积状况。岩土爆破的岩石堆积状况是否稳定,拆除爆破中建(构)筑物是否完全塌落,是否存在安全隐患。

③边坡(或围岩)危石情况。露天爆破后的边坡是否稳定,边坡上是否存在危石;地下爆破中有无冒顶,顶板是否仍有危石悬吊,支撑是否破坏等。

④附近建筑物及不能撤离的设备(包括天然气管道)有无损坏。

⑤现场是否有残存的爆破器材。

由于可能存在迟爆、炮烟危害人身安全的因素,要求有一定的爆后等待时间。进入爆破区的检查人员应遵守下列等待时间的规定:露天浅孔爆破,爆破后应超过5min,规模较大露天深孔爆破,爆破后应超过15min,方准许检查人员进入爆破地点。

(13)解除警戒

起爆后,经检查确认无盲炮或其他险情,检查人员向爆破工作负责人报告后方能解除爆破安全警戒,解除警戒的程序为:

①进入爆破区检查的人员检查完毕后,由事先指定的负责人汇总向爆破指挥部报告检查情况,报告内容包括爆堆状况、有无盲炮及判定的理由、边坡危石情况、附近建筑物及不能撤离的设备有无损坏、是否发现残余的爆破器材等。

②如果有盲炮,应派人员立即处理。

③爆破负责人综合各方面情况后确认无盲炮(或有盲炮已经处理)和其他险情后,下达警戒解除命令。

④收到警戒解除命令后,由信号员发出解除信号。

⑤收到解除信号后警戒人员方可结束警戒任务,撤离警戒哨位。

(14)有害气体防治控制

①在整个基坑爆破开挖过程中,必须加强检测和治理措施,随时检测有害气体量情况,按时填写"有害气体检测记录表"。

②检测基坑内有害气体是否超标,如超标应及时调整通风方案,加强通风,直至达到规定要求方可人员进入施工。每次爆破后通风不小于30min,并用大功率通风设备压入式通风。

3)施工质量控制及验收标准

为保证施工质量,必须对施工过程进行控制,同时对爆破区域的振动速度进行实时监测,具体措施见表2-6-16及表2-6-17。爆破施工完成后,基坑验收标准见表2-6-18。

施工质量控制　　　　　　　表2-6-16

序号	项目	质量控制措施
1	钻孔	钻孔设备、孔位布置、钻孔角度、孔径和孔深应符合爆破设计规定或技术要求,必须时还应报请监理工程师现场检查
2	清孔	已完成的钻孔,应及时清除孔内石渣和岩粉并盖好孔口,经检查合格后才可装药
3	装药、填塞、连网	炮孔的装药、堵塞、爆破网路的连接和起爆必须严格按爆破设计或技术要求,由爆破员按规定执行
4	爆破参数	爆破后应及时调查爆破效果,并根据爆破效果和监测成果,及时调整和优化爆破参数
5	资料整理	爆破作业过程中,要注意做好作业记录与成果整理

被测物理量的频率范围(单位:Hz)　　　　　　　　　　　　　　　　　　　表 2-6-17

序号	监测项目	爆破类型		地下开挖爆破
		浅孔、深孔爆破		
1	质点振动速度(mm/s)	近区	30~500	20~500
		中区	10~200	
		远区	2~100	
2	质点振动加速度(mm/s^2)	0~1200		0~3000

基 坑 验 收 标 准　　　　　　　　　　　　　　　　　　　　　　　表 2-6-18

检验项目	质量标准	
基坑断面尺寸及开挖面平整度	长或宽不大于10m	允许偏差为 0~10cm
	长或宽大于10m	允许偏差为 0~20cm
	坑(槽)底部高程	允许偏差为 0~20cm
	垂直或斜面平整度	允许偏差为 15cm

4）质量通病与防治措施

爆破开挖施工中质量通病与防治措施见表 2-6-19。

爆破开挖施工中质量通病与防治措施　　　　　　　　　　　　　　　　　表 2-6-19

序号	质量通病	产生原因	防治措施
1	边坡失稳	(1)爆破震动造成围护结构内部损伤或永久性破坏； (2)爆破震动对基坑周边土体扰动	(1)通过对现场爆破震动安全监测试验，测量地表质点振动速度和爆破震动频率，并以此为依据，研究这个过程中的地表振动特性及变化规律，分析地表质点振动峰值速度与装药量等之间的关系，回归计算出爆破参数。根据回归计算出的爆破参数计算安全的爆破用药总量和单段用量，进而明确施工爆破炮孔布置及单次爆破用量的设计，以更好控制爆破。 (2)边坡修坡。将边坡修缓或修成台阶形。 (3)设置边坡护面，护面可以做成10cm厚混凝土层面层，为增加边坡护面的抗裂强度，内部可配置一定的构造钢筋。 (4)边坡坡脚抗滑加固。可以通过对边坡抗滑范围的土层进行加固，加固区穿过滑动面
2	轮廓面不平整	(1)周边炮眼布置不合理； (2)装药参数不合理； (3)炮眼施工精度不达标	(1)合理布置周边眼。周边布置参数包括眼距 E 和最小抵抗线 W，两者既相互独立又相互联系。E 值与岩石的性质有关，一般为 40~70cm，层节理发育、不稳定的松软岩层中应较小值。W 值与 E 值相关，两者的比值 $m(m=E/W)$，称之为周边炮眼密集系数，隧道中称之为相对距离)一般为 0.8~1.0，软岩时取小值，硬岩和断面大时取大值。 (2)合理选择装药参数。根据经验，周边眼的装药量为普通装药量的 1/3~2/3，并采用小直径药卷、低密度、低爆速炸药。装药结构采用不耦合装药或空气柱装药。小直径药卷在孔内可连续装填，也可用导爆索连接、分段装药。 (3)精心实施钻爆作业。炮眼应相互平行且垂直于工作面，眼底要落在同一平面，开孔位置准确，都落在设计掘进断面轮廓线上。炮眼偏斜角度不要超过5°，内圈眼与周边眼采用相同的斜率钻眼。 (4)采取一些特殊的措施和新技术，如切槽法、聚能药包法、缝管法等

续上表

序号	质量通病	产生原因	防治措施
3	岩体损伤	(1)装药密度过大、填塞长度过小、岩体完整性差,造成孔口破坏严重,壁面破损; (2)装药结构越集中,产生的地震效应越大,对保留岩体的损伤也越大	根据每次爆破的效果,调整装药的结构,特别是装药的密度、填塞长度
4	光面爆破效果不佳	(1)未按设计方案进行施工; (2)钻孔质量、装药质量以及装药结构未达到设计要求; (3)施工人员技术不到位,在打炮孔的过程中,未做到准、平、直、齐,使两个炮孔连通	(1)详细调查爆破区域地质情况,探明施工地点岩石的强度、节理发育情况、水文地质条件及风化程度,同时还需要了解周围环境; (2)优化爆破参数; (3)合理设计装药结构
5	超、欠挖问题	爆破参数、装药结构设计不合理	(1)及时调整爆破参数。爆破后发现较大超挖,无孔痕并在炮孔周围可见爆破裂隙,说明药量偏高,需要调整药量。爆破后光爆破出现凹面,说明抵抗线太小,应适当加大光爆层厚度;反之,出现凸面则适当减小。 (2)提高钻孔精度。钻周边孔时,依据测量放线人员测设的凸出掌子面的轮廓线,将钻孔孔位定位在轮廓线内侧1~3cm,从而减少外插角带来的不利影响。 (3)提高测量放线的精度。控制超欠挖主要是控制好开挖轮廓线的精度,在进行测量放样前应首先熟悉设计文件,掌握设计开挖断面各部位的尺寸,同时考虑预留沉落量和变形量。 (4)加强现场施工管理和组织
6	人员、建筑物伤害	(1)爆破震动; (2)爆破飞石; (3)爆破冲击波	(1)搬运爆破材料禁止明火照明,禁止抽烟,不准抽烟或持明火的人接近。 (2)炸药应放在袋子或箱子内搬运,并做三防:防振动、防撞击、防潮湿。 (3)雷管和炸药分装分运。 (4)运送爆破材料的人员,领取爆破材料后,应立即送到爆破地点,不准在路上停留。 (5)爆破材料送到工作地点后,炸药和雷管要分开放置在安全地点,禁止放在有水、潮湿或电线周围的地方。 (6)严格控制单段最大装药量或分段起爆。 (7)临空面上方设置防飞石、抗冲击的隔离防护棚
7	盲炮处理	(1)电雷管的桥丝与脚线焊接不好; (2)雷管受潮; (3)网路短路、漏接或连接错误	(1)经检查确认炮孔的起爆线路完好时,可重新起爆; (2)用木质、竹质或其他不发生火星的材料制成工具,轻轻地将炮眼内大部分填塞物取出,用聚能药包诱爆; (3)在安全距离外用远距离操纵的风水管吹出盲炮填塞物及炸药,但必须采取措施回收雷管

6.4.2 静态破碎法

城市地铁建设对爆破灾害控制要求非常严格,甚至部分区域限制爆破作业,但是单独采用机械破碎噪声大、效率低、工期长,而静态破碎技术恰好能发挥其优势。静态破碎法的原理为破碎剂与水发生化学反应,在此过程中放出大量热,产生巨大膨胀压力(可达 30~50MPa),对周围孔壁产生压力,当压力在孔壁上引起的拉应力大于岩石抗拉强度时,岩石即被破碎解体。静态破碎剂是一种含有铝、镁、钙、铁、氧、硅、磷、钛等元素的无机盐粉末状破碎剂,破碎过程无噪声、无飞石、不产生振动,所以静态破碎技术基本不产生爆破灾害,能有效保护周围结构。

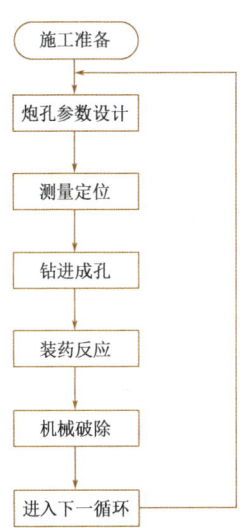

1)施工工艺流程

静态破碎法施工工艺流程如图 2-6-28 所示。

图 2-6-28 静态破碎法施工工艺流程图

2)施工步序

静态破碎法施工步序如图 2-6-29 所示。

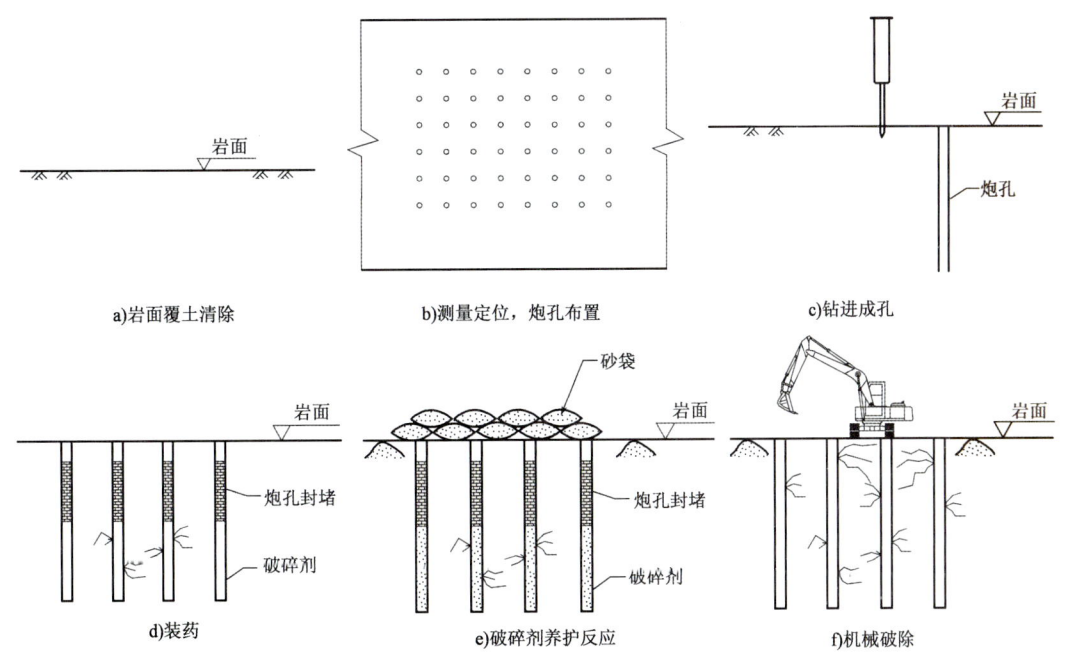

图 2-6-29 静态破碎法施工步序图

3)施工控制要点

(1)施工准备

施工前必须对周围环境、岩石的地质情况、施工要求等条件调查清楚。根据当地环境、破碎对象的实际情况进行静态破碎剂的选型,设计好炮孔的孔网参数并配置好相应的机械设备等。

(2)设计布孔

在钻孔排距与孔距确定前,需要了解岩石硬度、主要节理、节理走向、节理密度、宽度等。岩石硬度越大、节理越不发育,则所布置的孔距和排距越小。进行现场试验,在试验效果的基础上,结合施工条件

确定孔距和排距,一般以 300~500mm 为宜。从静态破碎的原理可以看出,破碎剂的膨胀压力是重要的技术参数,其大小与破碎效果直接相关,在很多工程施工中,岩石没有破碎或者破碎效果不好,其原因大部分与膨胀压力值达不到要求相关。一般来说,膨胀压力的大小与药剂反应时间、环境温度、水灰比(质量比 0.22~0.32)、孔径等因素有关。

(3) 钻孔

根据基坑内岩体情况,合理确定炮孔孔径(38~50mm),成孔时严格控制孔距及孔径。成孔深度控制在 1~2m,以达到最好的破碎效果。

(4) 装药

装药是静态爆破的一个关键环节,其质量的好坏直接决定了破碎效果的好坏。在装药之前须先清孔,即先等孔内温度下降到一定程度后,清除孔内残渣等杂物,这个过程一般可以用风管吹。装药过程务必迅速,这是因为搅拌好的破碎剂浆液已经发生化学反应,经过一定的时间就会硬化。出现裂纹后要向孔内加水,使药剂能够持续反应,裂缝能够贯穿连通。此外,灌注浆液必须要装填密实,可以边装填边捣实,直至把整个炮孔填满。装药量可根据岩体硬度按 10~25kg/m³(拟破碎岩体体积)现场试验选择。

(5) 药剂反应控制

装药完成以后,经过一定的时间(反应时间可控制在 30~60min,如反应时间太快,可在水中加入用水量 0.5%~6% 的抑制剂),破碎剂即进入膨胀状态。这个过程中必须进行养护,在夏季温度较高时,可以用砂袋,草席等对孔口进行一定的覆盖,防止药剂在膨胀过程中从孔口喷出;在冬季,气温一般比较低,需要对孔口进行覆盖。如果气温太低,一般所采用的措施是加入保温剂和提高拌和时的水温,以使孔内保持一定温度,从而提高破碎剂反应速度,确保破碎效果。

4) 施工质量控制及验收标准

(1) 静态破碎法施工质量控制见表 2-6-20。

静态破碎法施工质量控制　　　　表 2-6-20

序号	项目	质量控制措施
1	静态破碎剂质量控制	(1) 对材料进行抽样检查,确保材料符合标准,不符合要求的禁止使用。 (2) 静态破碎剂存放必须符合存放要求,存放地点干燥
2	资料核查	施工前要认真查看工程地质勘察资料,查明地层岩性、地质构造、基岩风化层厚度、破碎程度、软弱夹层情况
3	钻孔质量控制	(1) 编制专项施工方案,根据现场试验确定孔距和排距,成孔时严格控制孔距以及孔径。 (2) 孔壁需光滑垂直,控制孔深,保证孔内干燥
4	装药质量控制	(1) 严禁一边打孔一边装药,装药要一次完成。不得成孔后立即装药,清理残渣,待温度降低后方可装药。 (2) 采用耦合装药,破碎剂必须密实,孔口进行加固封堵。 (3) 做好破碎剂反应期间养护措施,岩面可采用砂袋或绿网铺盖,防止碎石飞出
5	基坑开挖过程质量控制	基坑开挖过程中应检查平面位置、平面尺寸、水平高程、边坡坡度、分层开挖厚度、排水系统、地下水控制系统、支护结构的变形等,并应随时对周围环境进行观测和监测
6	施工结束后的检查	施工结束后应检查平面几何尺寸、水平高程、边坡坡率、表面平整度、基底岩(土)质情况和承载力以及基底处理情况

(2) 岩质基坑开挖工程的质量标准应符合现行《建筑地基工程施工质量验收标准》(GB 50202)的规定,具体质量控制标准见表 2-6-21。

岩质基坑开挖工程的质量控制标准   表 2-6-21

序号	项目		允许偏差或允许值		检验方法
			单位	数值	
1	主控项目	高程	mm	0 −200	水准测量
		长度、宽度（由设计中线向两边量）	mm	+200 0	全站仪或用钢尺量
		坡率		设计值	目测法或用坡度尺检查
2	一般项目	表面平整度	mm	±100	用 2m 靠尺
		基底岩（土）质		设计要求	目测法或岩（土）样分析

5）质量通病与防治措施

地铁基坑开挖中，静态破碎技术质量通病与防治措施见表 2-6-22。

静态破碎技术质量通病与防治措施   表 2-6-22

序号	质量通病	产生原因	防治措施
1	岩石破碎质量低	（1）未按设计炮孔间距、排距进行炮孔布置； （2）破碎剂质量不高； （3）炮孔封堵不严实； （4）岩体内部存在裂隙	（1）炮孔布设必须严格按照设计炮孔的间距、排距进行钻孔； （2）装药前必须进行破碎剂抽样检测，保证破碎剂质量； （3）装药前必须清理炮孔，保证炮孔干燥、装药密实； （4）采用破碎剂破碎前，必须了解岩质基坑地质情况，合理采用破碎剂
2	冲孔	（1）药剂装填不密实，有空气隔层； （2）温度控制不当，气温过高时配制药剂，炮孔孔壁温度过高	（1）严格遵守各项操作规程，装填药剂要边装边捣实； （2）装药之前先清孔，等孔内温度下降到一定程度后，清除孔内残渣等杂物； （3）炮孔直径过大时，要采用专门的堵孔器封堵
3	钻孔设备故障	（1）岩质较硬； （2）使用不当	（1）硬岩基坑开挖时，可适当降低凿岩机的掘进速度； （2）严格按照正确打孔施工工艺进行岩体开孔，避免推进过快和弯曲凿孔施工； （3）开启外喷雾降温并及时清理孔内岩屑，按期检修凿岩设备

6.4.3 岩层切割法

岩层切割法是在地表作业完成挡土结构，清除岩层表面覆土后，用金刚石切割机对准放样完毕的岩层基础切割位置，将岩层按 0.5m 厚度进行分层，沿轨道方向移动切割机，利用金刚石锯片超高的强度及高速回转、研磨将岩层切透的施工工艺。切割法处理岩石地基施工工法具有成形规则、高程、尺寸控制精确、不超挖、对周壁不产生扰动的优点。本工法机具设备简单，尤其适用于重要管线、建筑附近或施工环境要求较高的城市地区。对于较硬的岩质基坑开挖，切割机能够多台同时施工，并且不破坏基础岩石的完整性。

1）施工流程

岩层切割法施工流程如图 2-6-30 所示。

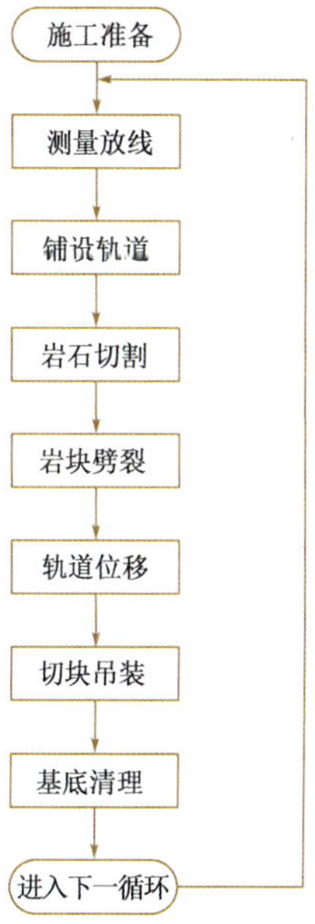

2）施工步序

岩层切割法施工步序如图 2-6-31 所示。

基坑表面覆土清理完毕后即可铺设切割机行走轨道，利用高速旋转的锯片将岩石分割为条状，按设计切割完成后利用钻机对条状岩块底部和纵

图 2-6-30 岩层切割法施工流程图

向分段进行打眼,沿打眼位置将切割完的整条岩石劈裂为块状,将岩块外运出基坑;岩质基坑基面可采用人工进行基底清理,凿平岩石至设计高程。

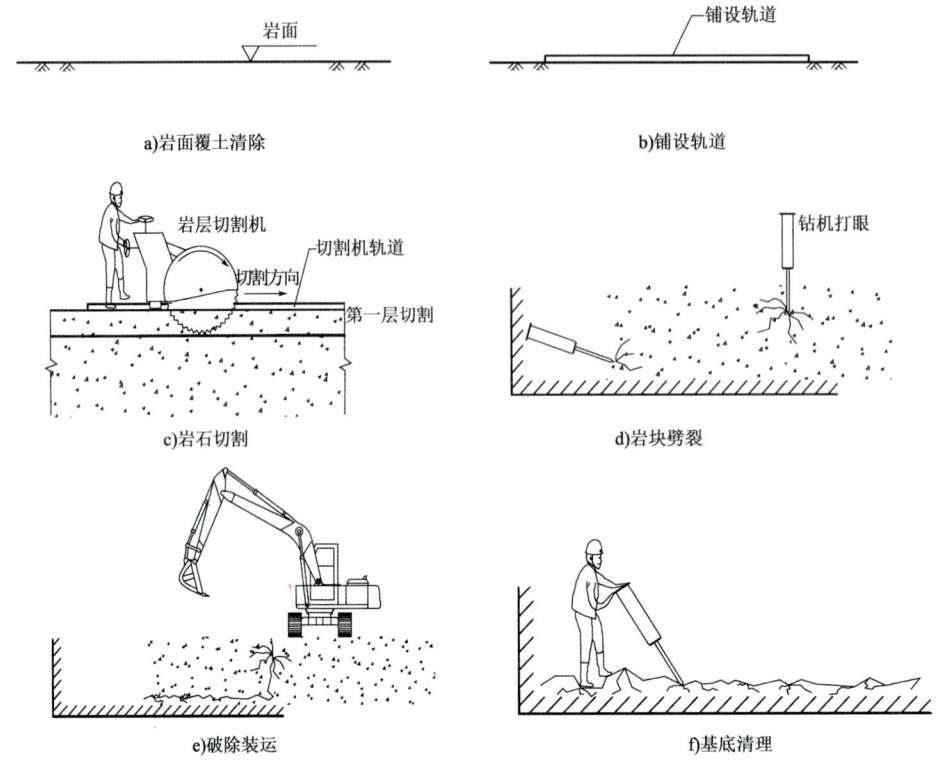

图 2-6-31　岩层切割法施工步序示意图

3）施工控制要点

岩层切割法施工控制要点见表 2-6-23。

岩层切割法施工控制要点　　　　　　　表 2-6-23

序号	工　序	施工控制要点
1	施工准备	(1) 开挖前做好场地规划与机械人员准备,做好岩层勘探工作; (2) 测量放线,将开挖岩层进行分块,做好轨道铺设; (3) 施工人员必须了解地质情况、基坑的尺寸、基底高程等相关参数,并对操作人员进行技术交底和安全交底,达到开工条件
2	岩石切割	(1) 采用岩石切割机沿基坑周长进行切割,先从基坑周边控制线一端缓慢切入岩体 50cm 深度,然后根据岩体硬度按 0.5~1m/min 切割速度进行水平前进切割,切割过程注意对锯片浇水降温; (2) 加强基坑稳定的观察和监控量测工作,以便发现施工安全隐患,并通过监测反馈及时调整开挖程序; (3) 岩层切割过程中禁止碰撞支撑、格构柱、井点管、围护墙等构件; (4) 严格控制每层开挖深度,协调好开挖与支撑安装的进度,严禁多层一起开挖或一挖到底,开挖过程及时调整基坑垂直度,修整基坑周边岩石
3	岩块劈裂	(1) 劈裂钻孔孔底在同一深度,孔深宜控制在 1.2~1.5m,孔距不宜超过 1.5m; (2) 劈裂加压要保持同步,加压方向一致,且垂直于临空面; (3) 岩块打孔时严禁打浅孔,不应在受力不好的位置打孔,劈裂棒必须完整放入孔中,劈裂方向必须一致; (4) 尽量预先创造单侧的临空面,以便达到更好的劈裂效果
4	基底清理	(1) 在基坑底注意调整切割深度,防止超挖; (2) 基坑开挖至设计高程后组织各单位进行基坑验槽,合格后及时进行结构施工,减少基坑暴露时间

续上表

序号	工序	施工控制要点
5	安全文明施工	(1)作业区域设置明显警戒线，并设置专人指挥，吊装半径内严禁人员进入； (2)基坑临边设置符合要求的临边防护及安全警示标识，临边堆载必须符合现行《建筑深基坑工程施工安全技术规范》(JGJ 311)规定要求； (3)切割过程中锯片附近严禁站人； (4)施工人员严禁疲劳作业、带病作业、酒后作业； (5)施工作业区域应采光良好，设置足够照度的光源； (6)岩层切割期间做好防尘隔音工作

4）施工质量控制及验收标准

岩层切割法施工质量控制见表 2-6-24。

岩层切割法施工质量控制　　　　表 2-6-24

序号	项目	质量控制措施
1	资料核查	施工前要认真查看工程地质勘察资料，查明地层岩性、地质构造、基岩风化层厚度、破碎程度、软弱夹层情况
2	基坑开挖过程质量控制	基坑开挖过程中应检查平面位置、平面尺寸、水平高程、边坡坡度、分层开挖厚度、排水系统、地下水控制系统、支护结构的变形等，并应随时对周围环境进行观测和监测
3	施工结束后的检查	施工结束后应检查平面几何尺寸、水平高程、边坡坡率、表面平整度、基底岩(土)质情况、承载力以及基底处理情况。岩质基坑基底处理无设计规定时，应符合下列规定： (1)岩层基底应清除岩面松碎石块、淤泥、苔藓，凿出新鲜岩面，表面应冲洗干净。倾斜岩层应将岩面凿平或凿成台阶，满足施工组织设计要求。 (2)泉眼可用堵塞或排引的方法处理

5）质量通病与防治措施

岩石切割过程中，质量通病与防治措施见表 2-6-25。

质量通病与防治措施　　　　表 2-6-25

序号	质量通病	产生原因	防治措施
1	锯齿磨损过快	岩层较硬，推进速度过快，锯齿夹杂岩屑	(1)硬岩基坑开挖时，可适当降低转速，低速切割岩层。 (2)严格按照正确切割施工工艺进行岩层切割，避免推进过快和弯曲切割施工。 (3)开启外喷雾并及时清理锯齿岩屑，按期检修切割设备
2	切割机轨道偏移	操作不当，轨道固定不稳，软岩层	(1)施工前详细调查施工岩层基础，针对不同岩质进行不同轨道固定方式及锚固深度。 (2)严格按照正确设备操作方式进行施工，做好锯片降温措施，减少施工中设备的振动。 (3)软岩基坑开挖时，调整刀具转速及推进速度

6.5 土方回填

地铁车站基坑土方回填施工主要涉及明挖或盖挖结构顶板回填施工，需保证顶板施工完毕且达到设计强度(包含顶板混凝土、防水保护层)、设计有抗浮压梁的待抗浮压顶梁达到设计强度后才允许回填土方，通常采用人工回填或机械回填等方式。人工回填适用于工作量小或机械无法实施的区域，机械回填适用于工作量较大且场地条件允许的区域。

1）施工流程

土方回填施工流程如图 2-6-32 所示。

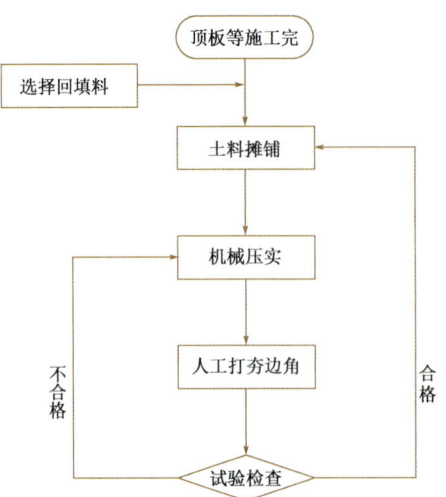

图 2-6-32　土方回填施工工艺流程图

土方回填施工示意图如图 2-6-33 所示。

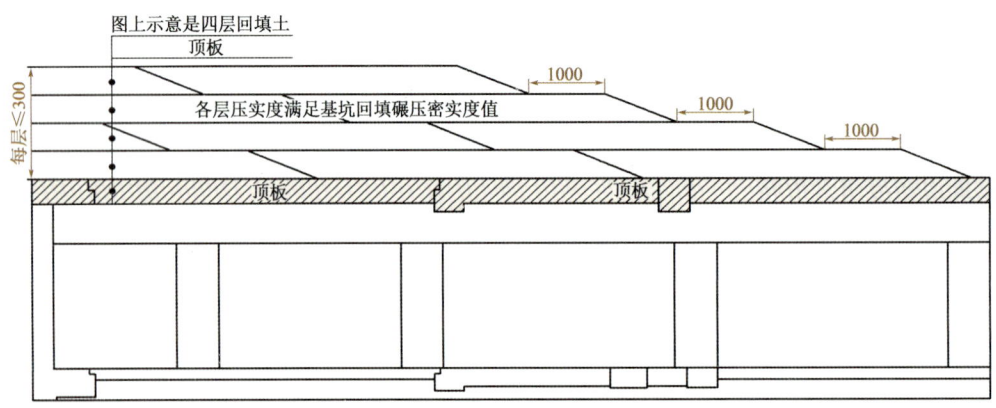

图 2-6-33　土方回填施工示意图（尺寸单位：mm）

2）施工控制要点

（1）填料的选择

基坑回填料除淤泥、粉砂、杂土、有机质含量大于 8% 的腐殖土、过湿土和粒径大于 10cm 石块外，其他均可回填。结构的侧、顶板采用黏土回填，其宽度不小于 0.5m。

（2）施工机械配备

土方回填所用的各种机械设备（如挖掘机、自卸汽车、推土机、压路机、夯机等），均进场备用并报验合格，土方运输车符合当地要求。

（3）选取试验参数

在填筑前进行试验，确定合理的松铺厚度、压实遍数、施工含水率及填筑工艺。

（4）具体填筑要求

①土方运输。地铁施工地段需要严格遵守渣土运输管理制度，车辆类型、每车装载数量、进出场冲

洗情况等符合安全文明施工以及交通管制的要求。

②回填条件。顶板施工完毕且达到设计强度(包含顶板混凝土、防水保护层)、设计有抗浮压梁的待抗浮压顶梁达到设计强度后才允许回填土方。基坑回填前,应将基坑内排水、杂物清理干净,符合回填的虚土应压实,并经验检合格后方可回填。

③水平分层填筑。基坑回填应分层、水平夯实;主体结构两侧应水平、对称同时回填;主体结构顶板以上部位进行分层回填,回填的同时每层要水平、对称。土料回填进行分层回填,每次回填的土料厚度不大于30cm;采用打夯机等小型机具夯实时,一般填土厚度不宜大于25cm,每层压实遍数3~4遍。

④压实、夯实。结构两侧和顶板50cm范围内以及地下管线周围应用人工使用小机具夯填;主体结构顶板外侧以上0.5m内和主体结构两侧采用人工夯实,其他部位进行机械压实。

3)施工质量控制及验收标准

土方回填施工质量控制及验收标准符合现行《地下铁道工程施工质量验收标准》(GB/T 50299)的要求,具体见表2-6-26。

土方回填施工质量控制及验收标准　　　　　　　　　　　　　　　表2-6-26

序号	工　序	质量控制及验收标准
1	基坑回填质量控制	(1)基坑回填的土质、含水率、分层厚度、压密度等符合设计要求。 (2)基坑分段回填接茬处,已填土坡应挖台阶,其宽度不得小于1m,高度应不大于0.5m
2	回填碾压质量控制	(1)压实度检测频率:每层填土按基坑长度50m或基坑面积为1000m²时取一组,人工夯实时,每层填土按基坑长度25m或基坑面积为500m²时取一组;每组取样点不得少于6个,其中部和两边各取2个。 (2)机械压实时,先静压后振动或先轻后重,行驶速度不宜超过2km/h
3	质量检验	(1)基坑顶面高程应符合设计要求,其允许误差为-50mm,表面应平整,平整度允许偏差为20mm。 (2)采用灌砂法检测每层回填土压实质量,压实度应满足地面工程设计要求

4)质量通病与防治措施

土方回填施工质量通病与防治措施见表2-6-27。

土方回填施工质量通病与防治措施　　　　　　　　　　　　　　　表2-6-27

序号	质量通病	现　象	防　治　措　施
1	场地积水	场地平整以后出现局部或大面积积水	(1)明沟排水法。沿场地周围开挖排水沟,再在沟底设集水井与其相连,用水泵直接抽走。 (2)利用基坑开挖时在基坑四周设置的挡水墙,防止地面水流入基坑
2	土方出现弹簧土(橡皮土)	压实以后,基土发生颤动,受压区四周鼓起形成隆起状态	(1)如果土方量很小,挖掉换土,用2:8或3:7的灰土或砂土进行换填。 (2)如果工期不紧张,把橡皮土挖出来,晾晒后回填
3	压实度达不到设计要求	在荷载作用下,地基引起比较大的变形,地基稳定性降低	(1)土料不符合要求时,应进行换填;含水率过大时,可采取翻松、晾晒再压实。 (2)增加压实遍数,使用大功率压实机械碾压
4	土方滑坡	土体受到雨水、浸水、风化、气候、振动等因素的影响	(1)在边坡上抹水泥砂浆20~25mm厚作保护层,用于工期较短的基坑边坡。 (2)挂网喷40~60mm厚的细石混凝土,用于邻近有建筑物的基坑边坡

6.6 工程案例

工程案例见附件 2-6-1。

本章附件

附件 2-6-1　工程案例

本篇参考文献

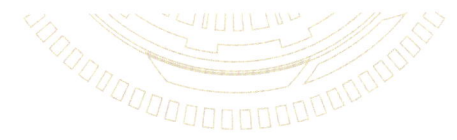

[1] 刘国彬,王卫东.基坑施工手册[M].2版.北京:中国建筑工业出版社,2009.

[2] 王银献,刘军.地下连续墙设计施工与案例[M].北京:中国建筑工业出版社,2014.

[3] 徐锁庚.国内外锚杆钻机的现状及发展趋势[J].煤矿机械,2007,28(11):1-3.

[4] 王吉安.浅析锚杆钻机的研制现状[J].煤矿机械,2004,4(9):56-57.

[5] 邹敢.浅谈锚杆钻机的发展现状[J].矿山机械,2006(3):52-55.

[6] 陈祖煜.深基坑支护技术指南[M].北京:中国建筑工业出版社,2012.

[7] 王珊.地铁工程设计与施工新技术实用全书[M].吉林:银声音像出版社,2004.

[8] 住房和城乡建设部.地铁设计规范:GB 50157—2013[S].北京:中国建筑工业出版社,2014.

[9] 住房和城乡建设部.建筑地基基础设计规范:GB 50007—2011[S].北京:中国建筑工业出版社,2011.

[10] 国家质量监督检验检疫总局.热轧H型钢和剖分T型钢:GB/T 11263—2017[S].北京:中国质检出版社,2017.

[11] 国家质量监督检验检疫总局.热轧型钢:GB/T 706—2016[S].北京:中国计划出版社,2016..

[12] 住房和城乡建设部.工程测量规范(附条文说明):GB 50026—2007[S].北京:中国计划出版社,2008

[13] 住房和城乡建设部.建筑变形测量规范:JGJ 8—2016[S].北京:中国建筑工业出版社,2016.

[14] 住房和城乡建设部.建筑基坑工程监测技术标准:GB 50497—2019[S].北京:中国计划出版社,2020.

[15] 住房和城乡建设部.混凝土结构工程施工规范:GB 50666—2011[S].北京:中国建筑工业出版社,2011.

[16] 住房城乡建设部.混凝土结构工程施工质量验收规范:GB 50204—2015[S].北京:中国建筑工业出版社,2014.

[17] 住房和城乡建设部.钢结构工程施工规范:GB 50755—2012[S].北京:中国建筑工业出版社,2012.

[18] 住房和城乡建设部.钢结构工程施工质量验收标准:GB 50205—2020[S].北京:中国计划出版社,2020.

[19] 住房和城乡建设部.建筑地基基础工程施工规范:GB 51004—2015[S].北京:中国计划出版社,2015.

[20] 住房和城乡建设部.建筑地基基础工程施工质量验收规范:GB 50202—2018[S].北京:中国计划出版社出版,2018.

[21] 住房和城乡建设部.建筑深基坑工程施工安全技术规范:JGJ 311—2013[S].北京:中国建筑工业出版社,2015.

[22] 住房和城乡建设部.建筑基坑支护技术规程:JGJ 120—2012[S].北京:中国建筑工业出版社,2012.

[23] 住房和城乡建设部.建筑边坡工程技术规范:GB 50330—2013[S].北京:中国建筑工业出版社,2014.

[24] 住房和城乡建设部.城市轨道交通技术规范:GB 50490—2009[S].北京:中国建筑工业出版社,2009.

[25] 住房和城乡建设部.混凝土结构设计规范:GB 50010—2010[S].北京:中国建筑工业出版社,2011.

[26] 住房和城乡建设部.钢结构设计标准:GB 50017—2017[S].北京:中国建筑工业出版社,2018.

[27] 住房和城乡建设部.地下铁道工程施工质量验收标准:GB/T 50299—2018[S].北京:中国建筑工业出版社,2018.

[28] 住房和城乡建设部.地下工程盖挖法施工规程:JGJ/T 364—2016[S].北京:中国建筑工业出版社,2016.

[29] 应惠清.建筑工程设计施工详细图集:基坑支护工程[M].北京:中国建筑工业出版社,2003.

[30] 中国建筑标准设计研究院.国家建筑标准设计图集:11SG814 建筑基坑支护结构构造[M].北京:中国计划出版社,2017.

[31] 阎明礼,等.地基处理技术[M].北京:中国环境科学出版社,1996.

[32] 孙更生,郑大同.软土地基与地下工程[M].北京:中国建筑工业出版社,1987.

[33] 刘建航,侯学渊.基坑工程手册[M].北京:中国建筑工业出版社,1997.

[34] 罗江波.地铁车站深大基坑工程开挖施工研究[J].山西建筑,2012(11):70-72.

[35] 徐至钧.高压喷射注浆法处理地基[M].北京:机械工业出版社,2004.

[36] 龚晓南.地基处理新技术[M].西安:陕西科学技术出版社,1997.

[37] 徐宝康.MJS工法在邻近地铁车站的深基坑中的工程实践[J].建筑施工,2015(7):781-783.

[38] 李兴国,高亮,王凯,等.MJS工法在紧邻地铁工程中的应用[J].建筑施工,2016(2):131-133.

[39] 张志勇,李淑海,孙浩.MJS工法及其在上海某地铁工程超深地基加固中的应用[J].探矿工程,2012(7):41-45.

[40] 王会锋.在轨道交通换乘通道施工中应用MJS工法桩加固[J].建筑施工,2013(3):191-192.

[41] 蒋清国.RJP工法在超深基坑止水帷幕中的应用与总结[J].科技创新与应用,2015(12):185-186.

[42] 郭海军.RJP工法在超大深基坑施工中的应用[J].建筑施工,2015(9):1030-1032.

[43] 于海申,陈学光,高辉.RJP工法在地下连续墙渗漏加固施工中的应用[J].天津建筑科技,2015,25(2):26-27.

[44] 朱磊.RJP高压旋喷法在深基坑工程中的应用[J].施工技术,2015(19):66-67,126.

[45] 周连朋.RJP大直径旋喷桩在地铁换乘节点处的应用[J].门窗,2014(8):409-410.

[46] 陈武志,郭冯杰.三轴水泥搅拌桩在软土地基中的应用[J].中国建设信息,2010(17):82-83.

[47] 周龙伟,孙虎.三轴搅拌桩施工及质量控制[J].黑龙江科技信息,2011(25):287.

[48] 文新伦.紧邻地铁隧道的三轴搅拌桩施工参数选择与应用[J].建筑施工,2010(4):316-318.

[49] 何开胜.当前水泥土搅拌桩的施工质量问题和解决办法[J].岩土力学,2002,23(6):778-781.

[50] 刘松玉,等.双向水泥土搅拌桩加固软土地基试验研究[J].岩土力学,2007(3):560-564.

[51] 徐超,董天林,叶观宝.水泥土搅拌桩变掺量施工工艺研究[J].建筑结构,2005(10):71-73.

[52] 中国建筑科学研究院.建筑地基处理技术规范:JGJ 79—2012[S].北京:中国建筑工业出版社,2012.

[53] 黄绍铭,高大钊.软土地基与地下工程[M].北京:中国建筑工业出版社,2005.

[54] 李星,谢兆良,李进军,等.TRD工法及其在深基坑工程中的应用[J].地下空间与工程学报,2011,7(5):945-950,995.

[55] 陈东瑞.TRD工法在深基坑止水帷幕中的应用:钱江新城实证[J].浙江树人大学学报(自然科学版),2012(2):34-39.

[56] 吴海艳,林森斌.CSM工法在深基坑支护工程中的应用[J].路基工程,2013(2):168-173.

[57] 高凤栋,等.CSM工法在天津软土地区超深基坑中的应用[J].探矿工程,2014(5):77-80.

[58] 杨文华,李江.确保CSM工法施工质量的措施[J].探矿工程,2014(6):63-65,71.

[59] 曾保红.双轮铣深层搅拌水泥土墙(CSM工法)在某工程中的应用[J].建材世界,2014(S2):537-540.

[60] 张家柱.袖阀管注浆法在杂填土地基防渗加固中的应用[J].人民黄河,2013(11):3-5.

[61] 吴顺川,金爱兵,高永涛.袖阀管注浆技术改性土体研究及效果评价[J].岩土力学,2007,28(7):1353-1358.

[62] 周予启,史春芳,任耀辉.袖阀管注浆技术在深圳平安金融中心深基坑工程中的应用[J].施工技术,2013,42(7):9-11.

[63] 伊志奎.注浆布袋桩在地基加固中的应用[J].筑路机械与施工机械化,2003,20(3):33-34.

[64] 陈志良.袖阀管注浆工艺在深圳地铁基础加固中的应用[J].铁道标准设计,2005(12):83-85.

[65] 闫明礼,张东刚.CFG桩复合地基技术及工程实践[M].2版.北京:中国水利水电出版社,2006.

[66] 张钎喜,王晓杰,陶韬.CFG桩复合地基承载力计算新公式研究[J].岩土工程技术,2015,29(3):122-126,162.

[67] 徐建,倪海涛,李龙.CFG桩复合地基在济宁某工程的应用[J].建筑结构,2018,48(1):93-96.

[68] 郅彬,等.CFG桩复合地基承载性状试验研究[J].建筑结构,2017,47(23):100-102,71.

[69] 姚天强,石振华.基坑降水手册[M].北京:中国建筑工业出版社,2006.

[70] 中国土木工程学会土力学及岩土工程分会.深基坑支护技术指南[M].北京:中国建筑工业出版社,2012.

[71] 范士凯.土体工程地质宏观控制论的理论与实践[M].武汉:中国地质大学出版社,2017.

[72] 吴林高,等.深基坑工程承压水危害综合治理技术[M].北京:人民交通出版社,2016.

[73] 住房和城乡建设部.建筑与市政工程地下水控制技术规范:JGJ 111—2016[S].北京:中国建筑工业出版社,2016.

[74] 湖北省住房和城乡建设厅.基坑管井降水工程技术规范:DB42/T 830—2012[S].武汉:中国建筑工业出版社,2012.

[75] 水利部.水利水电工程钻孔抽水试验规程:SL 320—2005[S].北京:中国水利水电出版社,2005.

[76] 化建新,等.工程地质手册[M].5版.北京:中国建筑工业出版社,2018.

[77] 住房和城乡建设部.供水管井技术规范:GB 50296—2014[S].北京:中国计划出版社,2014.

[78] 住房和城乡建设部.供水水文地质钻探与管井施工操作规程：CJJ/T 13—2013[S].北京:中国建筑工业出版社,2013.

[79] 吴林高,等.工程降水设计施工与基坑渗流理论[M].北京:人民交通出版社,2003.

[80] 中国有色金属工业协会.抽水试验规程(附条文说明):YS 5215—2000[S].北京:中国计划出版社,2001.

[81] 林寿,杨嗣信.地基基础工程基坑支护工程[M].北京:中国建筑工业出版社,2009.

[82] 姜晨光.基坑工程理论与实践[M].北京:化学工业出版社,2009.

[83] 郑刚,刘瑞光.软土地区基坑工程支护设计实例[M].北京:中国建筑工业出版社,2011.

[84] 陈克济.地铁工程施工技术[M].北京:中国铁道出版社,2014.

[85] 吴绍升,毛俊卿.软土区地铁深基坑研究与实践[M].北京:中国铁道出版社,2017.

[86] 潘洪科.地基处理技术与基坑工程[M].北京:机械工业出版社,2015.

[87] 王自力,周同和.建筑深基坑施工安全技术规范理解与应用[M].北京:中国建筑工业出版社,2015.

[88] 上海建工集团股份有限公司.深基坑工程施工技术[M].上海:上海科学技术出版社,2012.

[89] 刘军,丁振明,张良兵.北京地铁基坑工程设计与施工[M].北京:中国建筑工业出版社,2016.

[90] 年廷凯,孙旻.深基坑支护设计与施工新技术[M].北京:中国建筑工业出版社,2016.

METRO
CONSTRUCTION
HANDBOOK

第3篇
盾构法施工

本篇编审委员会

主编单位:中铁十一局集团有限公司
中铁十四局集团有限公司
中铁二十三局集团有限公司
中国铁建重工集团股份有限公司

主　　编:张旭东

副 主 编:陈　健　田宝华　程永亮

参　　编:吴占瑞　唐达昆　刘　铮　杜殿奎　龙华东　郑　俊　梅　灿
李应姣　李　旭　杨　梅　陈　鹏　王　军　王承震　赵国栋
李占先　杜继凯　张婷婷　刘延龙　林晓波　乔军亭　潘微旺
杨　勇　李大源　翟　勇　王春堂　雷　陶　胡存坚　马存有
梁同军　张　磊　朱　平　刘　智　彭正阳　麻成标　王宇飞
阳艳玲　唐崇茂　黄平华　李深远　熊晨君

审　　定:王树英　江玉生　鞠世健　马龙祥

秘　　书:许　丹　安芳慧　翟　勇　阳艳玲

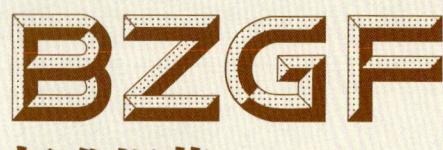

标准规范

本篇使用的主要标准规范如下:
1. 《地铁设计规范》（GB 50157）
2. 《地下铁道工程施工质量验收规范》（GB/T 50299）
3. 《盾构法隧道施工与验收规范》（GB 50446）
4. 《预制混凝土衬砌管片》（GB/T 22082）
5. 《城市轨道交通技术规范》（GB 50490）
6. 《城市轨道交通地下工程建设风险管理规范》（GB 50652）
7. 《全断面隧道掘进机 土压平衡盾构机》（GB/T 34651）
8. 《全断面隧道掘进机 泥水平衡盾构机》（GB/T 35019）
9. 《盾构隧道管片质量检测技术标准》（CJJ/T 164）
10. 《预制混凝土衬砌管片生产工艺技术规程》（JC/T 2030）
11. 《城市轨道交通工程项目建设标准》（建标 104）

METRO CONSTRUCTION HANDBOOK

篇首语

盾构法是隧道暗挖施工技术中的一种机械化施工方法,具有对周边环境影响小、自动化程度高、施工快速、优质高效以及安全环保等特点,目前已成为我国地铁隧道修建最为常用的方法之一。而盾构法施工技术作为地铁隧道施工的核心技术,其重要地位不言而喻。

本篇通过对以往盾构法施工经验教训的提炼总结,按照盾构施工工序,从盾构施工机选型与制造、盾构施工、盾构始发接收专项技术、换刀专项技术、联络通道设计及施工以及管片生产六个方面对盾构法施工技术相关内容进行介绍,以期为技术人员掌握盾构施工技术提供帮助,确保盾构施工技术的规范化与标准化。

随着科技的进步和盾构研发水平的提升,盾构法施工已经逐步从地铁区间施工扩展到电力管道、公铁隧道、供水管道以及煤矿巷道等诸多行业;隧道断面也由单一的圆形逐渐衍生出了矩形、椭圆形、双圆形等。可以预见,未来的盾构机将演变成为智能化、自动化、多样化的精密工程机械设备,服务于各类隧道空间作业。

第 1 章 概述

盾构法即盾构施工法,即用盾构机修建隧道的方法,是地下暗挖隧道的一种施工方法,它使用盾构机在地下掘进,在防止软基开挖面土砂崩塌和保持开挖面稳定的同时,在机内安全地进行隧道开挖作业和衬砌作业,从而构筑成隧道。盾构法具有地面作业少、自动化程度高、施工快速、优质高效、对周围环境影响小、安全环保等优点,已逐步成为地铁隧道施工的主要方法。

1.1 盾构机发展历程

根据盾构机在开挖、沉降控制、渣土输运、整机集成等方面的典型技术特征,将其发展历程分为四个阶段,如图3-1-1所示。

图3-1-1 盾构机发展历程

(1)1825—1876年,手掘式盾构机。1806年,法国人马克·布鲁内尔在蛀虫钻孔的启示下发明了盾构机,并在1825年首次使用盾构机修建伦敦泰晤士河底隧道。该盾构机先采用分层网格划分开挖面,然后人工开挖,后来进一步改进,采用气压辅助稳定开挖面的方法,最终完成第一条盾构法隧道施工(图3-1-2、图3-1-3),为现代盾构法的形式奠定了基础。

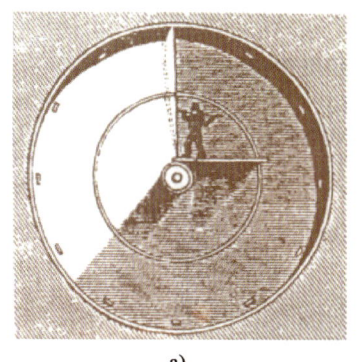
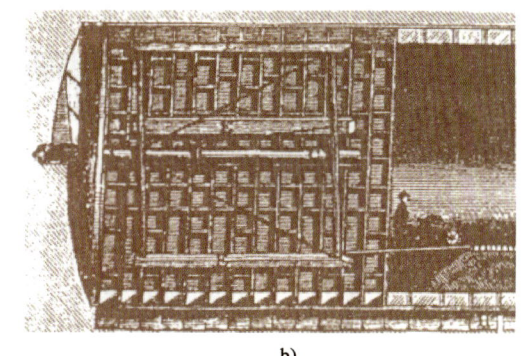

图 3-1-2　泰晤士河底隧道施工用盾构机

图 3-1-3　贯通后的泰晤士河底隧道

(2) 1876—1960 年，机械 + 气压式盾构机。第一条盾构法隧道的成功让人们看到了采用盾构机开挖隧道的巨大优势，盾构法开始在世界范围普及。在这期间，人们将开挖面岩土的挖掘方式由人工改进为机械式，实现了开挖作业的机械化，同时为提高开挖面水土的稳定性，在土仓内充入气压以辅助掘进，并发展了化学注浆和冻结工法。

(3) 1960—1980 年，闭胸式 + 土压/泥水盾构机。从 20 世纪 60 年代起，日本改进盾构机及其配套施工技术，研制了新型衬砌和防水技术，解决了管片和接缝防水等技术问题，同时开发了多种新型盾构机（图 3-1-4），促使现代盾构机逐步发展成熟和普及。

图 3-1-4　土压平衡盾构机原理图

(4) 1980 年至今，智能多样化盾构机。为适应不同工程的需要，达到降低开挖成本和施工断面最优化的目的，马蹄形盾构机、双圆盾构机、三圆盾构机、矩形盾构机、子母盾构机等一大批新型结构盾构机应运而生(图3-1-5),盾构法进入了智能化、多样化时代。

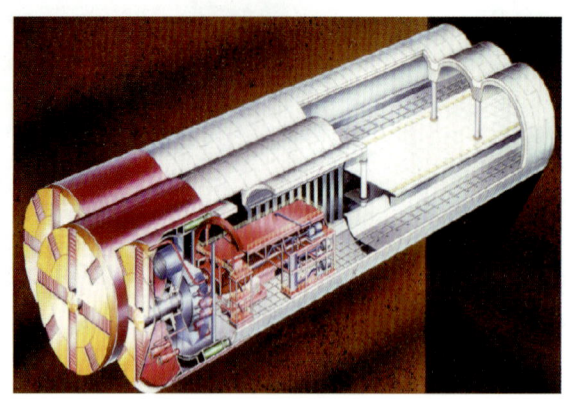

图3-1-5 多圆盾构机结构

1.2 盾构法技术特点及内容

相较于传统的暗挖法,盾构法具有以下技术特点:①对城市的正常功能及周围环境的影响很小;②盾构机是适用于某一区间隧道的专用设备,是根据隧道施工对象"量身定做"的,必须根据施工隧道的断面尺寸、埋深、围岩的基本条件进行设计、制造及改造;③区别于一般的土木工程,盾构施工对精度的要求非常高;④盾构施工是不可后退的,即施工一旦开始,盾构机就无法后退,否则容易出现施工安全事故及机械损坏事故。

一般而言,盾构法施工技术的主要内容包括盾构机选型及制造、施工准备、盾构始发与接收、盾构掘进等。

(1)在地铁隧道确定使用盾构法施工后,盾构机选型及制造就成为工程实施的第一要务。盾构机不同于常规的土木工程设备,其核心技术不仅仅是设备本身的机电工业设计,还在于设备如何适用于各类工程地质。可以说,盾构施工成功与否,主要取决于盾构机的选型设计,即取决于盾构机的形式是否适应于现场的施工环境。因此,本篇将首先在第2章介绍主要盾构机类型的系统组成及盾构选型的关键技术,在明确了盾构机形式后,工程技术人员应该依据实际工程情况及需要进行盾构机的相应配置。

(2)盾构的施工准备是盾构施工顺利进行的重要保障。在盾构施工前,技术人员应结合工程总体施工筹划,对施工现场周边环境、地质水文、主要风险源等进行全面考虑,做好盾构的施工准备。这些准备工作对盾构施工的顺利进行都发挥着至关重要的作用。在盾构掘进过程中,选择合适的盾构掘进参数,严格做好壁后注浆控制、渣土改良及开仓换刀等施工过程控制,对提高盾构施工效率与工程质量、缩短施工期、降低施工费用、保障人员设备安全、稳定开挖面、控制地层变形等具有重要意义。以上内容将在本篇第3章进行全面的介绍。

(3)盾构始发与接收端头加固事关盾构施工的成败,是事故高发的施工阶段。常见事故以洞门涌水、涌砂,端头井地表沉降垮塌以及端头重要建(构)筑物稳定被破坏等情况居多。这类事故的发生除了盾构参数控制不当以外,与端头加固设计的合理性同样关系密切。鉴于此,在本篇第4章始发与接收专项技术中,按照端头加固的不同工法结合案例针对常见端头加固设计、特殊条件的盾构始发与接收施工等关键工序进行重点说明。

(4)盾构掘进是盾构法施工中的主要技术内容,如何保障盾构安全、高效掘进也是地铁盾构隧道施工的关键。除了盾构始发接收施工事故高发以外,在成都富水砂卵石地层、广州复合地层、郑州富水砂层等复杂地层的盾构施工中,盾构换刀作业的安全风险同样不容忽视。本篇第5章就针对常见的换刀工艺流程及管控要点进行说明,全面讲解盾构换刀不同工法的工艺流程,并分享国内盾构换刀新技术。

1.3 盾构法发展趋势

近十年来,随着盾构机应用领域的扩大和社会对装备绿色节能、可重复利用和安全性能的要求更高,出现了大量盾构整机类型、盾构工法和辅助施工新技术,不仅解决了一些常规技术难以解决的施工问题,而且使得盾构机的工作效率、精度和安全性都大幅度提高。这些新技术主要体现在以下方面:①应用领域进一步扩展,从单一的地铁水平方向隧道向反井盾构机、联络通道盾构机等新的施工领域延伸;②功能多样化,设备集成度进一步提高;③辅助施工新技术,包括换刀、破障、地质加固、超前地质预报等技术。具体主要包括以下新型盾构机及相关新技术。

1)反井盾构机

反井盾构机工法作为一种大深度竖井施工技术,施工时对周边环境的影响较小,可以在列车轨道间、闹市高层区、大型车辆无法进入的山顶等困难施工场所进行竖井施工,在城市综合管廊、上下水道竖井、地下结构物的物流通道、通风管道等各类竖直井筒施工中较传统的开挖方法有显著优势,如图3-1-6、图3-1-7所示。

图3-1-6　隧道反井施工竖井布置

图3-1-7　反井盾构机

2)可变密度盾构机

可变密度盾构机是兼具土压平衡和泥水平衡两种掌子面支撑模式的多模式隧道掘进机。这种机型集两种作业模式的优点于一身,无须进行机械改装即可直接在隧道现场进行作业模式之间的转换。因此,该设备可以极其灵活地应对整条隧道掘进路线中遇到的各种工程地质和水文地质变化。可变密度盾构机结构如图3-1-8所示。

图3-1-8　可变密度盾构机结构

该机型"可变密度"是指通过调节石灰岩粉与膨润土浆液混合物的稀薄程度(黏度),增强盾构机在穿越多变地层时掌子面压力的控制稳定性。盾构机工作时,泵入开挖仓的膨润土的密度根据地层情况的不同,可以随时改变,灵活应对隧道掘进中工程地质条件和水文地质条件的变化。

3) 联络通道盾构机

采用盾构施工联络通道是盾构机的新型应用方式,具有不妨碍地面交通、工期短、风险小等优点。该型盾构机(图3-1-9)主要在设备集约化设计、配套系统模块化、管片结构切削、盾构机隧道T形接头、进出洞辅助结构、高精度施工控制以及结构安全管控等方面需进行适应性改造或专门设计。

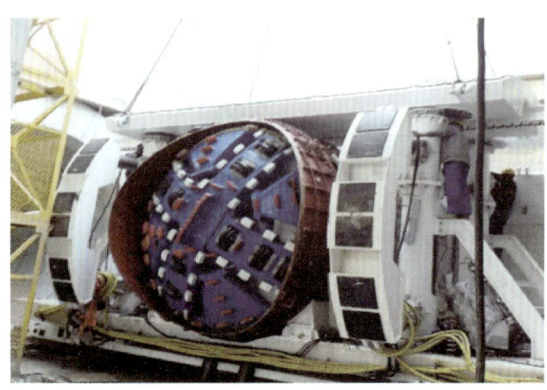

图3-1-9 联络通道盾构机

联络通道机械法施工工法与传统矿山法施工相比,施工效率提高一倍以上,不仅具有施工工期短、成型结构稳定质量好、作业施工环境安全可控、机械化程度高等优点,还能有效避免传统矿山法施工联络通道工期长、沉降得不到有效控制、冻融沉降周期长沉降大、影响后续铺轨质量、作业环境差等缺点。机械法施工无须冷冻,不存在后期冻融沉降问题,沉降控制好;同时,隧道一次开挖成型,不用喷浆防护,改善施工人员作业环境。联络通道盾构机配套的预应力支撑体系,可实现无级升压、降压功能,能够适应不同地层、不同工况;可实时监测受载情况,安全可控。

第 2 章 盾构机选型与制造

盾构机是根据工程地质条件、水文地质条件、地貌、地面建筑物及地下管线和构筑物等具体特征来"量身定做"的。盾构机不同于常规设备,其核心技术不仅仅是设备本身的机电工业设计,还在于设备如何适用于各类工程地质。盾构施工的成败主要取决于盾构机选型,其选型正确与否也决定了盾构机是否适应现场的施工环境。

2.1 盾构机类型及其工作原理

目前,我国地铁施工中应用最广泛的盾构机型主要有土压平衡盾构机(Earth Pressure Balance Shield,简称 EPB 盾构)和泥水平衡盾构机(Slurry Pressure Balance Shield,简称 SPB 盾构)两大类。近年来,在一些复合地层中也会使用具有两种及以上工作模式的复合盾构机,如土压平衡+泥水平衡双模式盾构机。此外,在我国青岛、深圳、重庆等地硬岩地层,岩石隧道掘进机(TBM)也普遍应用于地铁隧道施工中。

2.1.1 土压平衡盾构机

土压平衡盾构机(图3-2-1)被广泛应用于地铁隧道施工中,一般通过控制其排土量等于开挖量即可使开挖面的地层始终保持稳定,以确保工作面的稳定,减少地层变形扰动。其具有地面沉降易于控制、对周围环境影响较小、机械自动化程度高、施工速度快等显著优点。

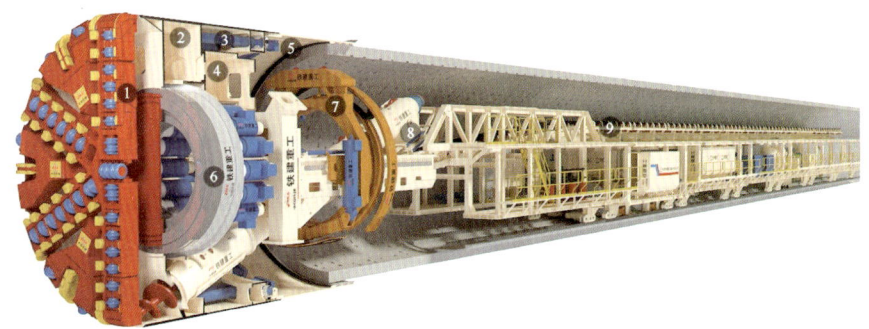

图 3-2-1　土压平衡盾构机剖面示意图
1-刀盘;2-前中盾;3-推进系统;4-人舱;5-尾盾;6-主驱动;7-管片拼装机;8-螺旋输送机;9-皮带机

土压平衡盾构机是在盾构机的前部设置土仓隔板,使土仓和螺旋输送机充满切削下来的改良渣土,依靠推进液压缸的推力给土仓内的开挖渣土加压,使土压作用于开挖面,平衡水、土压力。土仓内的土压力通过土压传感器进行测量,传递至控制室。控制室根据土压变化通过控制推力、推进速度、螺旋输送机的转速来调节土仓内土压力的大小,进而实现土仓内压力的动态平衡。其结构包括刀盘、主驱动、盾体、螺旋输送机、管片拼装机、连接桥以及后配套台车,如图 3-2-1 所示。

土压平衡盾构机相关视频介绍见附件 3-2-1。

2.1.2 泥水平衡盾构机

穿江过河及高水位地铁区间施工往往采用泥水平衡盾构机,它具有在易发生流沙的地层中可以很好地稳定开挖面的优势,施工中具有泥浆压力传递速度快而均匀,开挖面平衡土压力的控制精度高,对开挖面周边土体的干扰少等特点。泥水平衡盾构机采用泥浆管道输送,速度快且连续,同时刀盘、刀具在泥浆施工中磨损消耗低,刀盘受到扭矩小,可适用于长距离、大直径隧道的施工。

泥水平衡盾构机是在支撑环前面装置隔板的密封仓中,注入适当压力的泥浆使其在开挖面形成泥膜,支撑正面土体,平衡地层压力保持稳定,并由安装在刀盘上的刀具切削土体表层泥膜,与泥水混合后,形成高密度泥浆,由排浆泵及管道输送至地面处理。其结构除包括常规的刀盘、主驱动、盾体、管片拼装机、连接桥以及后配套台车外,还配备泥浆循环装置、泥水处理装置,如图 3-2-2 所示。

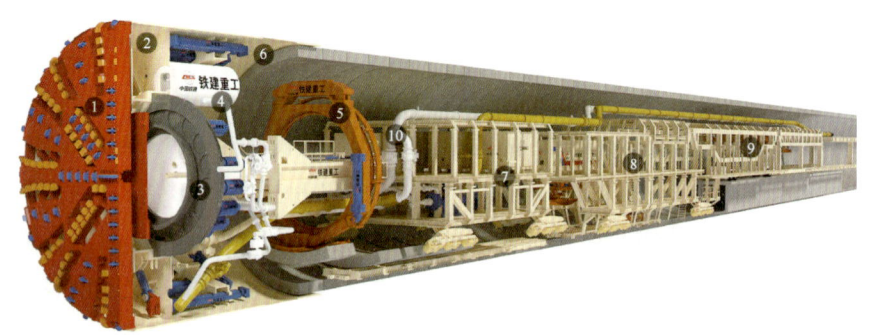

图 3-2-2　泥水平衡盾构机剖面示意图

1-刀盘;2-前中盾;3-主驱动;4-人舱;5-管片拼装机;6-盾尾;7-1 号台车;8-2 号台车;9-连接桥;10-泥水管路系统

泥水平衡盾构机相关视频介绍见附件 3-2-2。

根据对泥水系统压力控制方式的不同,泥水平衡盾构机可分为直接控制型和间接控制型两种机型。

1)直接控制型泥水平衡盾构机

直接控制型泥水平衡盾构机是进浆泥浆泵从地面泥水调整池将有压力的泥水输入盾构机泥水室,在泥水室与开挖的泥沙混合后形成密度较大的泥浆,再由出浆泥浆泵输送至配套的泥水处理场地;排出的泥水通常要经过振动筛、旋流器和压滤机或离心机等三级分离处理,将渣土排出,清泥水再回到泥水调整池循环使用;泥水室的泥水压力通过土压传感器传递至控制室,控制室通过调节泥浆泵的转速或进浆节流阀的开口比值来实现压力控制。

直接控制型泥水平衡盾构机结构简图如图 3-2-3 所示。

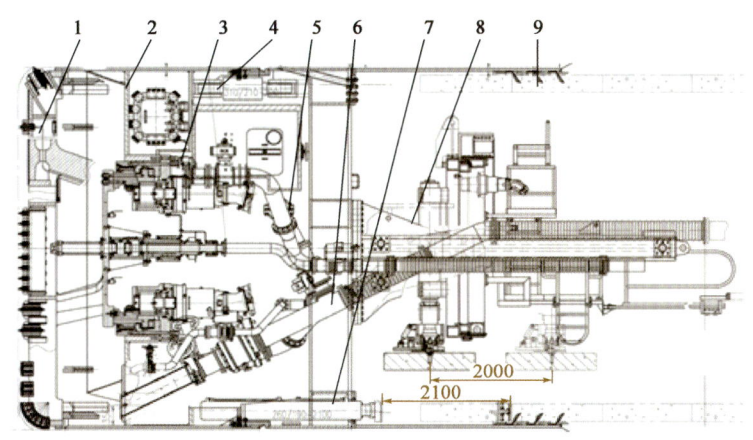

图 3-2-3　直接控制型泥水平衡盾构机结构简图
1-刀盘;2-隔板;3-主驱动;4-铰接液压缸;5-进浆管;6-出浆管;7-推进液压缸;8-管片拼装机液压缸;9-管片

2）间接控制型泥水平衡盾构机

间接控制型泥水平衡盾构机是由空气和泥水双重系统组成,在盾构机泥水仓中,设置一道前隔板,将泥水仓分隔为开挖仓和气垫仓前后两部分,在开挖仓内充满压力泥浆,在气垫仓的上部加入压缩空气,形成气压缓冲层,在气垫仓的下部充满压力泥浆,气压作用在压力泥浆接触面上。由于在接触面上的气、液具有相同的压力,因此只要调节空气压力,就可以确定开挖面上相应的支护压力。当盾构掘进时,由于泥浆的流失或盾构推进速度的变化,进出泥浆量将会失去平衡,空气和泥浆接触面位置就会出现上下波动现象。通过液位传感器,可以根据液位的变化控制进、出浆泥浆泵的转速,使液位恢复到设定位置,以保持开挖面支护的稳定。气垫仓的压力是根据开挖面需要的支护泥浆压力而确定的,空气压力可以通过专门的气体保压系统来设定,通过气体保压系统的自动进、排气来达到压力的恒定。由于空气缓冲层的弹性作用,使液位波动时对支护的稳定性无明显影响。

间接控制型泥水平衡盾构机结构简图如图 3-2-4 所示。

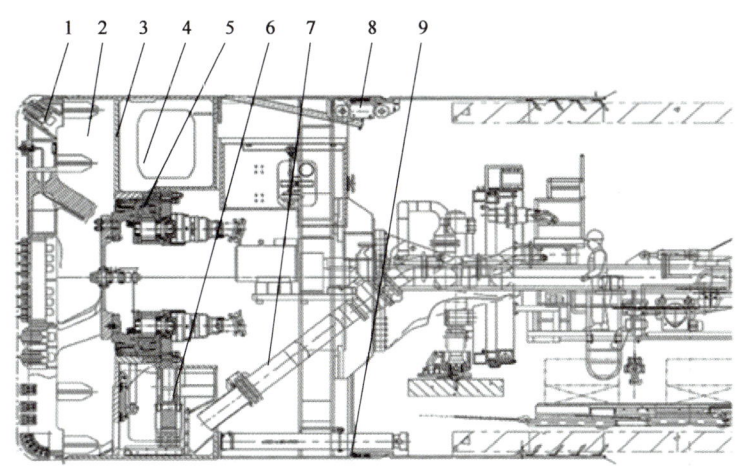

图 3-2-4　间接控制型泥水平衡盾构机结构简图
1-刀盘;2-泥水仓;3-前隔板;4-气垫仓;5-主驱动;6-碎石机;7-出浆管;8-铰接液压缸;9-推进液压缸

2.1.3 土压平衡+泥水平衡双模式盾构机

土压平衡+泥水平衡双模式盾构机结构简图如图3-2-5所示，集成了土压平衡盾构机、泥水平衡盾构机的设计理念与功能，集成了土压、泥水两套掘进模式及出渣系统，可广泛地适应复杂多变的复合地层和市区环境，可最大限度地控制工程风险并实现高效掘进。比如使用土压模式处理黏土层时，可通过注入泡沫等添加剂改良渣土，通过螺旋输送机出渣，保证施工效率；使用泥水模式处理粉细砂、中粗砂时，可利用泥水平衡盾构机较好的压力控制能力，更好地保障开挖面的稳定。两种模式可快速切换，以保证工程安全高效。

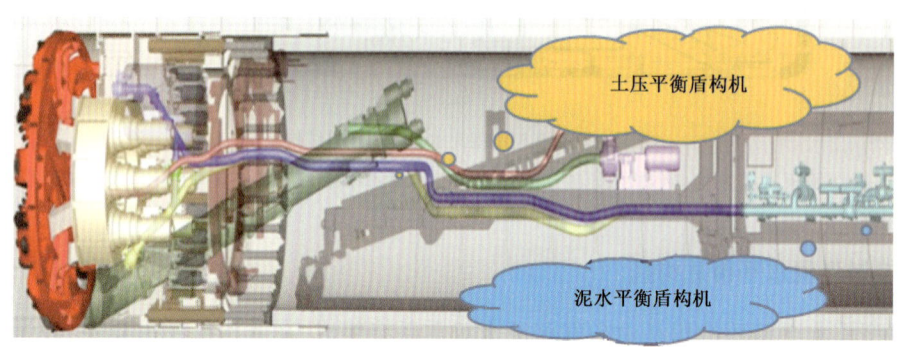

图3-2-5　土压平衡+泥水平衡双模式盾构机结构简图

2.1.4 岩石隧道掘进机

随着我国城市化进程的加快，地铁施工已经不局限于软土地层、粉砂土地层、砾石地层和复合地层，在岩石地层也开始了地铁项目建设。重庆轨道交通6号线二期工程铜锣山隧道工程是全国首次采用护盾岩石隧道掘进机进行施工的地铁隧道工程，如图3-2-6所示。

图3-2-6　护盾岩石隧道掘进机在地铁隧道施工中的应用

1）单护盾岩石隧道掘进机

单护盾岩石隧道掘进机如图3-2-7所示，结合盾构机的特点进行设计，采用管片支护，主要为适应在复杂较硬的岩层中开挖隧道，与盾构机的不同之处在于刀盘开挖原理、出渣方式、管片壁后回填方式等。单护盾岩石隧道掘进机主机较短，方向调整更为容易，更容易避免隧道覆盖较厚或围岩收缩挤压作用较大时卡护盾。

图 3-2-7　单护盾岩石隧道掘进机

2）双护盾岩石隧道掘进机

双护盾岩石隧道掘进机如图 3-2-8 所示，主要用于围岩较完整的硬岩隧道开挖，这些隧道的围岩一般具有较好的自稳性，采用管片支护。因具有推进液压缸和支撑靴液压缸，掘进和管片拼装可以同步进行，互不干扰，理论上其掘进速度是单护盾岩石隧道掘进机的 2 倍，是敞开式岩石隧道掘进机的 1.5 倍。它结合了敞开式岩石隧道掘进机推进反力的作用形式，同时在掘进时也可使用单护盾模式进行隧道的开挖和掘进，具有较强的适用性。双护盾岩石隧道掘进机又称伸缩护盾式岩石隧道掘进机，装备有两节盾构机壳体，既可防止开挖面坍塌，又能曲线开挖，且能套筒式伸缩而并进作业。

图 3-2-8　双护盾岩石隧道掘进机

双护盾岩石隧道掘进机按照硬岩掘进机配上一个软岩盾构机功能进行设计，既可用于硬岩，又可用于软岩，其地质适应性非常广泛，尤其能安全地穿过断层破碎地带。在围岩稳定性较好的硬岩地层中掘进时，撑靴紧撑洞壁为主推进液压缸提供反力，使岩石隧道掘进机向前推进，刀盘的反扭矩由两个位于支撑盾的反扭矩液压缸提供，掘进与管片安装同步进行。此时，岩石隧道掘进机的作业循环为：掘进与安装管片→撑靴收回换步→再支撑→再掘进与安装管片。

2.2　盾构机选型

2.2.1　选型原则

盾构机选型是盾构法隧道施工安全、环保、优质、经济、快速建成的关键工作之一。盾构机选型应从安全适应性、技术先进性、经济合理性等方面综合考虑,选择的盾构机形式要能尽量减少辅助施工法,并确保开挖面稳定和适应围岩条件。

不同形式的盾构机所适应的地质范围不同,盾构机选型总的原则是地质适应性第一位,以确保盾构法施工的安全可靠,在安全可靠的情况下再考虑技术的先进性和经济合理性。

盾构机选型主要遵循下列原则:

(1)应对工程地质、水文地质条件有较强的适应性,首先要满足施工安全的要求;

(2)安全适应性、技术先进性与经济合理性相统一,在安全可靠的情况下,考虑技术先进性与经济合理性;

(3)满足隧道外径、长度、埋深、施工场地、周围环境等条件;

(4)满足安全、质量、工期、造价及环保要求;

(5)后配套设备的能力与主机配套,满足生产能力与主机掘进速度相匹配的要求,同时具有施工安全、结构简单、布置合理和易于维护保养的特点。

2.2.2 选型依据

我国幅员辽阔,复杂多样的工程地质、水文地质条件决定了盾构机的选择要有较高的适应性。盾构机选型应以工程地质、水文地质条件为主要依据,综合考虑周围环境条件、隧道断面尺寸、施工长度、埋深、沿线地形、地面及地下构筑物等环境条件,以及周围环境对地面变形的控制要求、工期、环保等因素。

1)工程地质、水文地质条件

(1)围岩完整性

一般情况下,以Ⅰ、Ⅱ级围岩为主的隧道较适合采用敞开式盾构机施工,以Ⅲ、Ⅳ级围岩为主的隧道较适合采用双护盾盾构机施工,对于以Ⅴ级围岩为主和地下水位较高的城市浅埋隧道或越江隧道则较适合采用盾构法施工。

吉林中部城市供水工程1标,Ⅱ级围岩所占比例为32.8%,Ⅲ级围岩所占比例为56%,Ⅳ级、Ⅴ级围岩所占比例为11.2%,沿线主要岩石为凝灰岩、花岗岩,前期勘测抗压强度为74~169MPa,掘进过程中实测最大岩石抗压强度超过200MPa。结合工程实际情况,该项目采用了国产敞开式盾构机施工。

(2)主要穿越地层

粉土、粉质黏土、淤泥质粉土、粉砂层、软岩及软硬不均地层宜选用土压平衡盾构施工,开挖面渣土可直接进入土仓及螺旋输送机内,从而维持开挖面的稳定。冲积形成的砂砾、砂、粉砂、黏土层、弱固结的互层,以及含水率高、开挖面不稳定的地层,洪积形成的砂砾、砂、粉砂、黏土层,宜选用泥水平衡盾构机施工。

广州地铁22号线祈福站—中间风井区间主要穿越泥质粉砂岩及强风化花岗岩地层,结合工程实际情况,该项目采用了土压平衡盾构机施工。

(3)水文地质条件

隧道穿越江、湖、海时,隧道最大外部水压较大,如采用土压平衡盾构机施工,则易导致喷涌情况的发生,故宜选用泥水平衡盾构机施工。长沙轨道交通3号线灵官渡站—阜埠河路区间,主要穿越地层为强风化砾岩、中风化砾岩、强风化泥质粉砂岩、中风化泥质粉砂岩、强~中风化砂岩、中~微风化灰岩,其中还包括复杂地质地段,如岩溶发育区、断裂破碎带地层等。隧道下穿湘江,最大流量为 20800m^3/s,最小流量为 134 m^3/s;最大流速为 1.26 m/s,最小流速为 0.12 m/s。区间地段地表水丰富,湘江水位高程为 28.32 m。结合工程实际情况,该项目采用了泥水平衡盾构机施工。

根据工程地质、水文地质条件对盾构机选型的影响,表 3-2-1 整理了典型地层盾构机选型案例。

典型地层盾构机 TBM 选型案例 表 3-2-1

序号	工 程 名 称	主要穿越地层	隧道埋深(m)	地下水位(m)	盾构机或 TBM 类型
1	北京地铁 4 号线马家堡—北京南站区间	粉土、黏土、粉细砂、圆砾、卵石等	16~23.5	16.8~21.8	土压平衡盾构机
2	上海地铁 17 号线青浦站—汇金路站区间	砂质粉土、黏土、粉质黏土	5.39~18.68	2.15~4.67	土压平衡盾构机
3	上海人民路越江隧道工程	灰色淤泥质黏土、灰色黏土、暗绿~草黄色黏土、草黄色砂质粉土、灰色粉细砂		最高水头约 10	泥水平衡盾构机
4	珠海市区至珠海机场城际轨道交通工程	淤泥、粉质黏土,中砂、粗砂分布较广,局部有全风化花岗岩、弱风化花岗岩	11~21	5.05~7.03	土压平衡盾构机
5	广州地铁 8 号线亭岗站—白云湖站区间	粉细砂、中粗砂、砾砂、粉质黏土、淤泥质土、灰岩微风化地层及土洞、溶洞	7.5~13.8	1.33~5.88	泥水平衡盾构机
6	重庆轨道交通 6 号线五里店—竹林公园站区间	第四系全新统松散土层和侏罗系中统沙溪庙组泥岩、砂岩,砂岩主要为Ⅲ级,砂质泥岩主要为Ⅳ级	10~56	地下水不发育	敞开式硬岩掘进机

2) 隧道断面

国际隧道协会(ITA)按照隧道横断面积的大小将隧道分为极小断面隧道(2~3m^2)、小断面隧道(3~10m^2)、中等断面隧道(10~50m^2)、大断面隧道(50~100m^2)和特大断面隧道(大于 100m^2)。管片环内外径源于盾构隧道的内净空要求,是管片构造设计的基本参数。国内部分隧道管片规格见表 3-2-2。

国内部分隧道管片规格表 表 3-2-2

序号	管片外径/内径、宽度(mm)	分块形式	纵向螺栓数量(颗)	主要应用城市或工程
1	3500/3000、1000	4+1	15	武汉电力隧道
2	6000/5400、1200(1500)	3+2+1	10	广州、深圳、重庆、哈尔滨、成都、西安、东莞、南昌、青岛、南宁、贵阳
3	6000/5400、1200(1500)	3+2+1	16	北京、大连、长春、沈阳、长沙、郑州、合肥、石家庄、济南、芜湖、青岛、武汉
4	6200/5500、1200(1500)	3+2+1	16	上海、天津、南京、武汉、杭州、苏州、宁波、无锡、长沙、郑州、福州、昆明、常州、厦门、兰州、太原、乌鲁木齐、徐州、南通、呼和浩特、包头、泉州、洛阳、哈尔滨、常州、呼和浩特
5	8500/7700、1600	4+2+1	19	穗莞深城际、广佛城际、佛莞城际、广州地铁 18 号线、22 号线,台州市域铁路 S1 线
6	12400/11300、2000	6+2+1	25	郑州机场线
7	14500/13300、2000	7+2+1	28	上海上中路隧道、南京长江隧道

大直径土压平衡盾构机施工的难点在于,难以有效地控制螺旋输送机内的土压力,难以达到理想的渣土混合效果。由于直径太大,泡沫堆积在土仓的上部,较重的土体集中在土仓的下部。大直径盾构机比小直径盾构机的刀盘转速慢,更加剧了这种趋势。此外,在泡沫积累的过程中还可能造成气体泄漏,大直径土压平衡盾构机土仓压力的控制精度相对较低,地表沉降会较高。相反,泥水平衡盾构机的压力控制精度不受盾构机直径大小的限制,不论直径多大,泥水压力的控制精度较高。

上海上中路隧道、南京长江隧道等工程,管片外径达 14.5m,且穿江过河,地面沉降控制要求高,均采用泥水平衡盾构机施工。

3）周围环境条件

相较而言,泥水平衡盾构施工需配置泥水分离系统,占地面积大,影响交通和市容;而土压平衡盾构机占地面积小,对交通影响小。

北京地铁 8 号线天桥—永定门外站区间隧道所处地层以砂卵石为主,水位高程为 16.62~17.36m,区间前 313m 隧道全断面处于无水状态,中间 574m 部分有水,最后 751m 为全断面有水状态。但考虑到线路位于北京南中轴线附近,地面交通繁忙,场地条件及周边环境条件受到限制,故该区间选用了土压平衡盾构机施工。

2.2.3 选型流程

综合盾构机的工作原理与选型依据,盾构机选型流程如图 3-2-9 所示。盾构机选型时,应先确认该盾构机是否有利于开挖面的稳定,其次才考虑环境、工期、造价等限制因素,同时还须考虑合适的辅助工法。

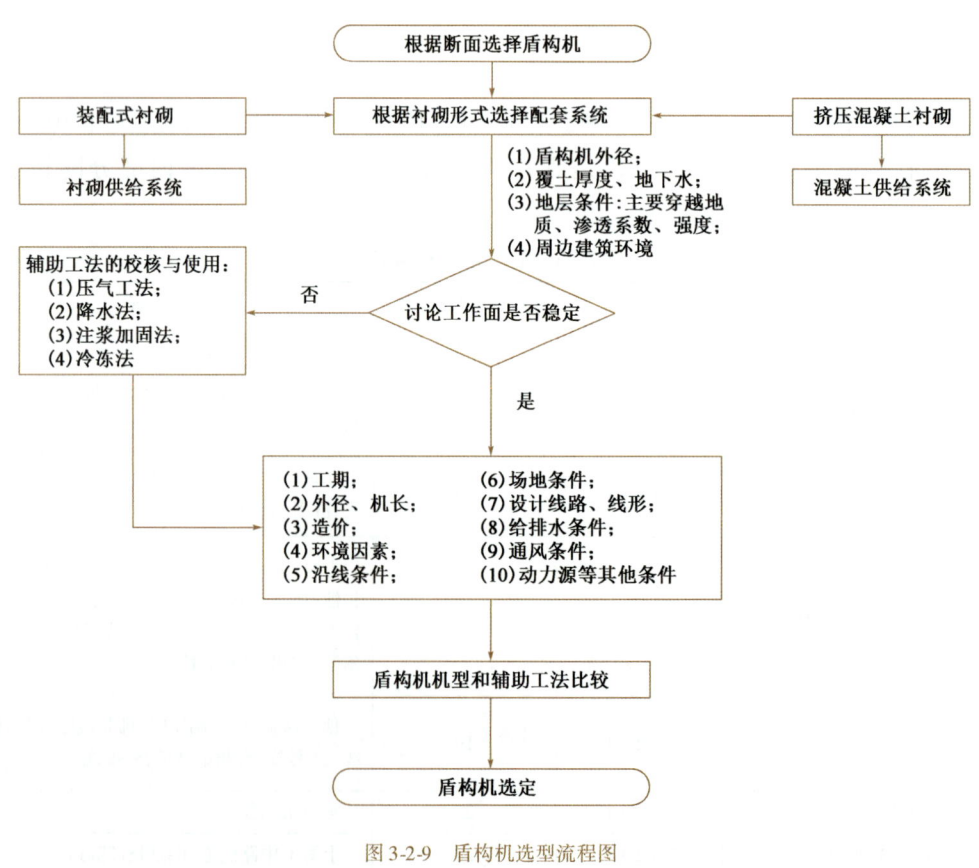

图 3-2-9 盾构机选型流程图

2.2.4 选型方法

选型的主要方法是根据项目实际情况,结合周边地理环境以及盾构机现状进行综合分析,确定盾构机适应性调整的方案,具体条件见表3-2-3。

盾构机适应性评审依据　　　　　　　　　　　　表3-2-3

序号	主　要　依　据	备　　注
1	项目总体概况	—
2	区间工程水文地质条件	关注隧道掘进影响范围内工程地质、水文地质情况,尤其是不良地质
3	盾构穿越特殊地层、下穿重要管线、铁路、建(构)筑物等调查报告	关注与建(构)筑物、管线、铁路等位置距离关系
4	区间重难点分析及对策	—
5	盾构机选型及系统配置	重点关注盾构机刀具配置,关注盾构掘进里程、现有系统配置
6	盾构机施工业绩、重大维修保养记录	关注设备维护保养情况
7	盾构设备维修、制造过程的管理情况	—

1) 根据地层渗透系数选型

地层渗透系数对于盾构机选型是一个很重要的因素。通常,当地层渗透系数小于 10^{-7} m/s 时,可以选用土压平衡盾构机;当地层渗透系数在 $10^{-7} \sim 10^{-4}$ m/s 之间时,既可以选用土压平衡盾构机,也可以选用泥水平衡盾构机;当地层渗透系数大于 10^{-4} m/s 时,宜选用泥水平衡盾构机。根据地层渗透系数与盾构机型的关系,当地层以各种级配富水的砂层、砂砾层为主时,宜选用泥水平衡盾构机;其他地层宜选用土压平衡盾构机。盾构机选型与渗透系数的关系如图3-2-10所示。

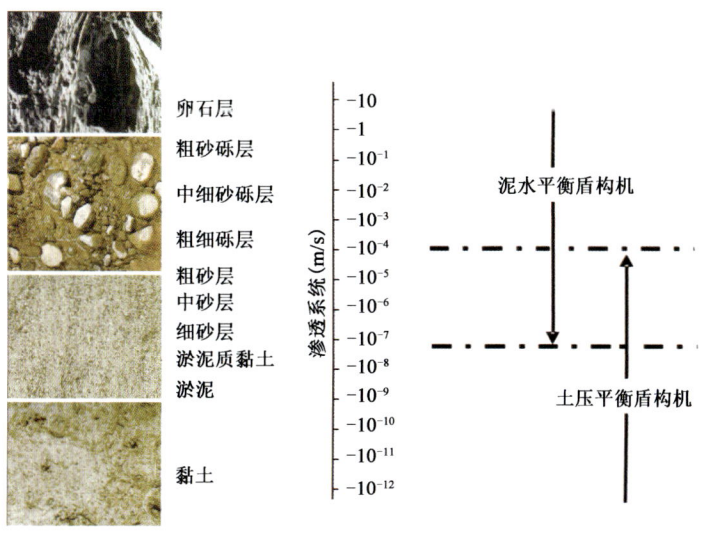

图3-2-10　盾构机选型与渗透系数的关系

2）根据地层颗粒级配选型

土压平衡盾构机主要适用于粉土、粉质黏土、淤泥质粉土、粉砂层等黏性土层的施工，在黏性土层中掘进时，由刀盘切削下来的土体进入土仓后由螺旋输送机输出，在螺旋输送机内形成压力梯降，保持土仓压力稳定，使开挖面土层处于稳定。一般来说，细颗粒含量多，渣土易形成不透水的塑流体，容易充满土仓的每个部位，在土仓中可以建立压力来平衡开挖面的土体。盾构机选型与颗粒级配的关系如图3-2-11所示。图中黏土、淤泥质土区，为土压平衡盾构机适用的颗粒级配范围；砾石粗砂区，为泥水平衡盾构机适用的颗粒级配范围；粗砂、细砂区，可使用泥水平衡盾构机，也可经土质改良后，使用土压平衡盾构机。

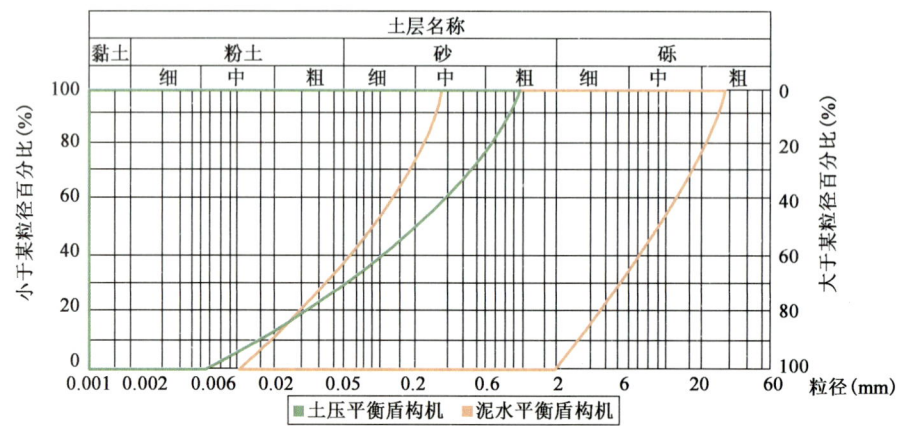

图 3-2-11　盾构机选型与地层颗粒级配的关系

一般来说，当岩土中的粉粒和黏粒的总量达到40%及以上时，宜选用土压平衡盾构机；相反，则选用泥水平衡盾构机比较合适。

3）根据地下水压选型

当地下水压大于0.3MPa时，宜选用泥水平衡盾构机；如果采用土压平衡盾构机，则螺旋输送机难以形成有效的土塞效应，在螺旋输送机排土闸门处易发生渣土喷涌现象，引起土仓中土压力下降，导致开挖面坍塌。当水压大于0.3MPa时，如因地质原因需采用土压平衡盾构机，则需采用以下某一措施或若干措施的组合：①增大螺旋输送机的长度；②采用二级螺旋输送机；③采用保压泵；④通过渣土改良来有效提高渣土的抗渗性。

2.2.5　注意事项

进行盾构机选型时，还需解决理论的合理性与实际的可能性之间的矛盾，必须考虑环保、地质和安全因素。

（1）环保因素。对于盾构施工，尤其是泥水平衡盾构施工，虽然经过多重筛分程序，可以将弃土浆液中的一些粗颗粒分离出来并运输弃渣，但泥浆中的悬浮或半悬浮状态的细土颗粒仍不能完全分离出来。故选择合理的渣土处理运输方案，做好环保及节能减排方面的考量，是盾构机选型时应重点注意的事项之一。

（2）地质因素。盾构施工段工程地质条件的复杂性主要反映在基础地质和工程地质特性的多变方面，在一个盾构施工段中，某些部分的施工环境适合选用土压平衡盾构机，但某些部分又很适合选用泥水平衡盾构机。盾构机选型时应综合考虑，选取最优的盾构机设备以降低施工风险。

(3)安全因素。从保持工作面的稳定、控制地面沉降的角度来看,当隧道断面较大时,使用泥水平衡盾构机比使用土压平衡盾构机的效果好一些,特别是在河湖等水体下、在密集的建(构)筑物下及上软下硬的地层中施工时,施工过程的安全性应是盾构选型的一项重要评价指标。

2.3 盾构机配置

2.3.1 刀盘

1)工作原理

刀盘切削下来的渣土通过刀盘上的开口进入土仓,渣土在土仓内经过搅拌和渣土改良成为流塑状,盾构推进液压缸的推力通过承压隔板传递给土仓内的渣土,继而传递给开挖面,以平衡开挖面处的地下水压和土压,从而保持开挖面的稳定,螺旋输送机从承压隔板的开孔伸入土仓进行排土。

2)主要功能

一般情况下,刀盘应具备以下6个方面的功能:

(1)根据地层情况,具有足够的结构强度,适合地层的刀具配置、开口度等;
(2)可实现正反两个旋转方向的切割;
(3)易磨损部位应有耐磨保护层;
(4)刀盘背部一般设计多个主动搅拌棒;
(5)刀盘面板上一般设计有多个渣土改良剂注入口;
(6)刀盘开口能限制大的石块进入,防止过大的石块进入螺旋输送机,造成螺旋输送机卡滞。

3)结构形式

刀盘的结构形式有面板式(图3-2-12)、辐条式(图3-2-13)和复合式(面板式+辐条式,图3-2-14)三种。软土地层主要采用辐条式、复合式刀盘,开口率相对较大;复合地层主要采用面板式、复合式刀盘,开口率相对较小。具体应根据施工条件和土质条件等因素确定。泥水平衡盾构机一般采用面板式和复合式刀盘,土压平衡盾构机则根据土质条件可采用面板式、辐条式和复合式。

图3-2-12 面板式刀盘

图3-2-13 辐条式刀盘

三种形式的刀盘主要有以下优缺点：

（1）面板式刀盘的优点是：刀盘安装滚刀方便，故适用于开挖包含岩石的复合地层，通过刀盘的开口限制进入土仓的卵石粒径。其缺点是：由于受刀盘面板的影响，开挖面土压力不等于测量土压，因而土压管理困难；由于受面板开口率的影响，渣土进入土仓不顺畅、易黏结和堵塞，且刀盘负荷大，使用寿命短。在黏土层施工时，则由于刀盘支撑，将土仓分隔成两个区域，当刀盘旋转切削土体时，中心区域以外部分的土体流动顺畅，易于搅拌；中心区域内的土体流动较差，当切削土体黏性较大并长期积聚于中心区域时，中心区域土体逐渐增多，并最终形成泥饼，完全丧失流动性，造成出土不畅、阻力增大、开挖面压力控制不稳定，对控制地面沉降不利。

图 3-2-14 复合式刀盘

长沙市轨道交通 3 号线某项目区间隧道下穿湘江，区间范围内存在断裂带，且岩溶发育不完整，穿越地层为强风化砾岩、中风化砾岩、强风化泥质粉砂岩、中风化泥质粉砂岩、强风化砂岩、中风化砂岩、中风化灰岩、微风化灰岩。掘进过程中，掌子面极易出现坍塌，且江水可能因基岩裂隙发育、断裂带的存在进入隧道范围内，因此盾构机应具备良好的稳定掌子面及应对岩溶地层的能力。为保证施工安全，采用泥水平衡盾构机，采用面板式刀盘（图 3-2-15、图 3-2-16），加大刀盘的开口率，尤其是刀盘中心的开口率，防止结泥饼，具体刀盘配置见表 3-2-4。

图 3-2-15 长沙市轨道交通 3 号线 5 标盾构机刀盘

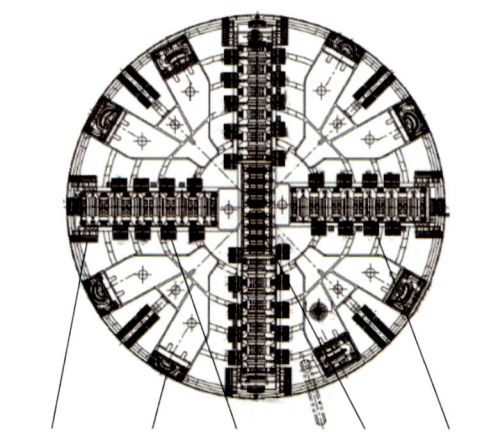

周边刮刀16对 边缘滚刀8把 切刀64把 中心滚刀8把 正面滚刀23把

图 3-2-16 长沙市轨道交通 3 号线某项目盾构机刀盘结构图

长沙市轨道交通 3 号线某项目盾构机刀盘配置参数　　　　表 3-2-4

项　　目	参　　数
盾构机类型	泥水平衡盾构机
开挖直径	6480mm
刀盘类型	面板式
刀盘开口率	35%
刀具配置	正面滚刀 23 把、边缘滚刀 8 把、切刀 64 把、中心滚刀 8 把、周边刮刀 16 对

（2）辐条式刀盘仅有几根辐条，土、砂流动顺畅，有利于防止黏土附着，不易黏结和堵塞；由于没有面板的阻挡，渣土从开挖面进入土仓时没有土压力的衰减，开挖面土压等于测量土压，同时在辐条后设有搅拌叶片，土、砂流动顺畅，土压平衡容易控制，因而能对土压进行有效的管理，能有效控制地面沉降，此外由于刀具负荷小从而有效延迟刀具寿命。因此，辐条式刀盘对砂、土等单一软土地层的适应性比面板式刀盘强；辐条式刀盘也能安装滚刀，在风化岩及软硬不均地层或硬岩地层掘进时，也可采用辅条式刀盘。

以北京地铁大兴国际机场线为例，盾构机隧道穿越地层主要为粉土④$_2$、粉细砂层④$_3$、圆砾、卵石⑤、卵石圆砾⑦，卵石圆砾层分布长 3531m，占本区段总长的 100%。北京地铁新机场线 2 号区间风井—3 号区间风井地层分布图如图 3-2-17 所示。

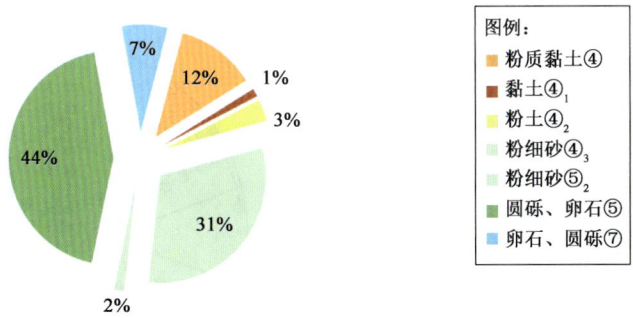

图 3-2-17　北京地铁新机场线 2 号区间风井—3 号区间风井地层分布图

采用土压平衡盾构机施工，刀盘形式为辐条式（图 3-2-18、图 3-2-19），具体刀盘配置见表 3-2-5。

图 3-2-18　北京地铁大兴国际机场线盾构机刀盘

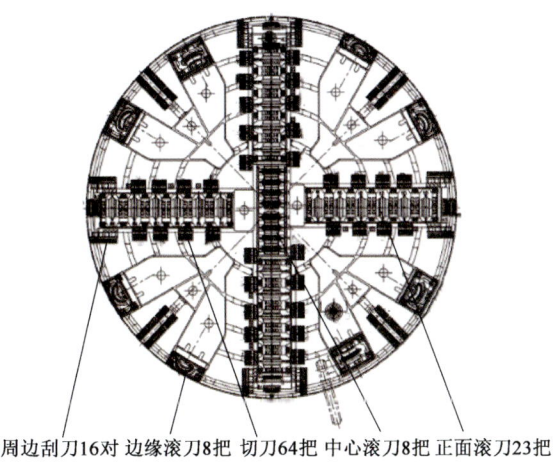

图 3-2-19　北京地铁大兴国际机场线盾构机刀盘结构图

北京地铁大兴国际机场盾构机刀盘配置参数　　　　　表 3-2-5

项　目	参　数
盾构机类型	土压平衡盾构机
开挖直径	9150mm
刀盘类型	辐条式
刀盘开口率	66%
刀具	切刀 120 把、鱼尾中心刀 1 把、贝壳刀 126 把、超挖刀 2 把

(3)复合式刀盘的主要特征是刀盘表面装有若干块支辐板,常见于泥水平衡盾构机和土压平衡式盾构机,主要用于地质支护性稍差的黏土、粉土和淤泥软土地层,刀盘开口率在20%~50%之间,其辐板结构可以保证在掘进时对前方土体有较好的支护能力,同时又能保证足够的开口使渣土流入,其可兼顾安全性和效率的特点使其在城市地铁隧道建设中应用较为广泛。

以上海地铁17号线为例,盾构区间隧道穿越地层均为第四纪松散沉积物,属第四系河口、滨海、浅海、湖沼相沉积层,主要由饱和黏性土、粉性土以及砂土组成,一般具有成层分布特点。由于盾构机穿越饱和黏性土、粉性土以及砂土层,选用土压平衡盾构机施工,刀盘采用复合式(图3-2-20、图3-2-21),在黏性土、粉性土以及砂土地层中,能有效地避免刀盘结泥饼问题。由于隧道没有穿越岩石地层,所以刀盘上安装贝壳刀、切刀、鱼尾中心刀和超挖刀,具体配置见表3-2-6。

图3-2-20 区间盾构机刀盘

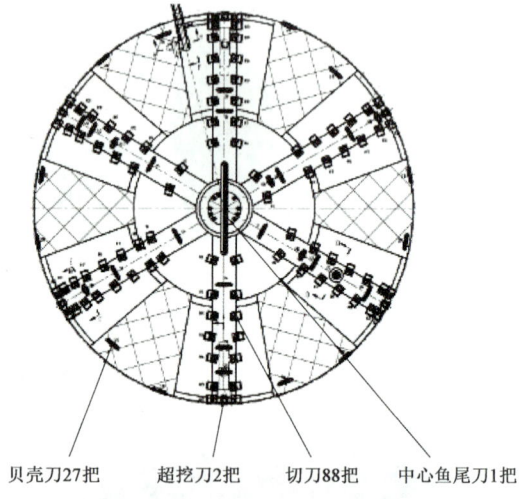

图3-2-21 区间盾构机刀盘结构图

上海地铁17号线盾构刀盘配置参数 表3-2-6

项 目	参 数
盾构机类型	土压平衡盾构机
开挖直径	6760mm
刀盘类型	复合式
刀盘开口率	40%
刀具	贝壳刀27把、切刀88把、鱼尾中心刀1把、超挖刀2把

4)刀盘结构形式与地层的关系

地层的特点决定了盾构机刀盘的结构形式。根据以往盾构施工经验,在选择刀盘时,可根据地层情况的不同,按以下方式进行刀盘选型。

(1)在黏土层施工时,软土层具有泥饼形成堵仓的先天条件,宜采用复合式刀盘,有利于减少中心泥饼的产生。

(2)在砂层、砂砾层、小粒径砂卵石地层施工时,地层对刀盘刀具磨损较大,渣土改良较困难,不利于保持土压平衡,因此宜采用辐条式刀盘,开口率一般为70%~75%,易于进渣和控制土压平衡,有利于减小刀具磨损。

(3)在岩石地层施工时,刀盘需具有较强的破岩能力,宜采面板式刀盘;在大粒径卵石层施工时,卵石地层对刀盘的磨损大,特别是大直径卵石不易破碎,宜采用复合式刀盘,刀盘结构应以辐条式为主,有利于减小刀盘扭矩,大开口有利于卵石排出。

5)刀盘开口与地层的关系

刀盘开口包括开口率、开口形状及开口大小。不恰当的刀盘开口率、开口形状及开口大小可能导致刀盘结泥饼、卡螺旋输送机、堵塞排浆管、掌子面沉降坍塌、掘进效率低下等风险,所以在刀盘开口的选择上,需要综合考虑,明确地质特性对刀盘的影响。

(1)开口率选择

开口率指刀盘开口面积占刀盘总面积的百分比,其主要根据盾构掘进效率和地层特性进行选择。例如在自稳性差的地层,开口率宜控制在30%~40%,可控制渣土流动,有助于掌子面自稳;对于自稳性良好的地层,可将开口率控制在60%~70%,保证高效的渣土流通性,提高掘进效率。

(2)开口形状和大小选择

开口形状和开口大小指开口的截面形状及大小,其主要依据渣土排出方式进行选择。例如泥水平衡盾构机在含有特大卵石的地层中施工,刀盘开口大小则必须小于盾构机碎石机的最大碎石能力,保证进入土仓的特大卵石能够顺利破碎排出。

2.3.2 刀具

1)刀具分类

按切削原理分类,盾构机刀具可分为滚切刀具和切削刀具。

(1)滚切刀具

滚切刀具是指不仅随刀盘转动,还同时作自转运动的破岩刀。刀盘在纵向液压缸施加的推力作用下,其上的盘形滚刀压入岩石;刀盘在旋转装置的驱动下带动滚刀绕刀盘中心轴公转,同时各滚刀还绕各自的刀轴自转,使滚刀在岩面上连续滚切。刀盘施加给刀圈推力和滚动力(转矩),推力使刀圈压入岩体,滚动力使刀圈滚切岩体。通过滚刀对岩体的挤压和剪切使岩体发生破碎,在岩面上切出一系列的同心圆,如图3-2-22所示。根据刀刃的形状,滚刀可分为齿形滚刀(钢齿和球齿)、盘形滚刀等;根据安装位置,滚刀可分为正滚刀、中心滚刀、边滚刀;根据滚刀刃数,滚刀又分为单刃滚刀、双刃滚刀和多刃滚刀。

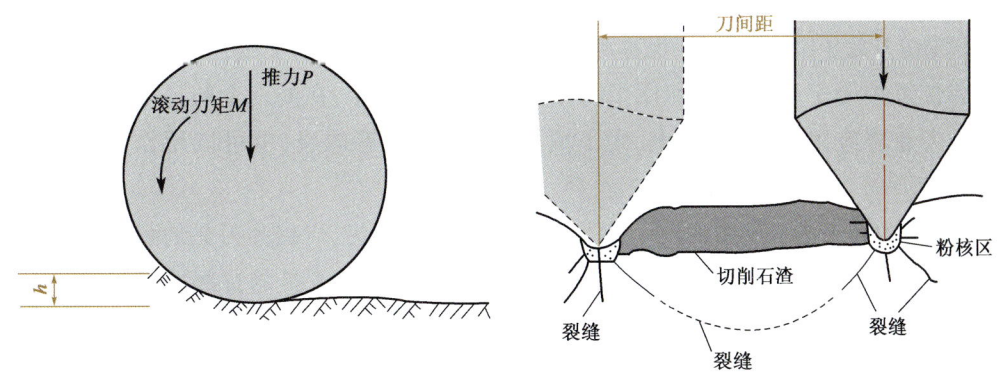

图3-2-22 滚刀破岩示意图

①滚刀

盾构机上应用较广的是盘形滚刀。盘形滚刀按刀圈的数量分为单刃、双刃、多刃等三种形式。在风化的砂岩及泥岩等较软岩地层中,一般采用双刃滚刀,较硬岩采用单刃滚刀。盘形滚刀按刀圈材质的不同,分为耐磨层表面刀圈、标准钢刀圈、重型钢刀圈、镶齿硬质合金刀圈滚刀等,并分别适用于不同的地层。

a. 耐磨层表面刀圈:适用于掘进单轴抗压强度40MPa的紧密地层,单轴抗压强度80~100MPa的断裂砾岩、砂岩、砂黏土等地层。

b. 标准钢刀圈:适用于掘进单轴抗压强度50~150MPa的砾岩、大理石、砂岩、灰岩地层。

c. 重型钢刀圈:适用于掘进单轴抗压强度120~250MPa的硬岩,单轴抗压强度80~150MPa的高磨损岩层,如花岗岩、闪长岩、斑岩、蛇纹石及玄武岩等地层。

d. 镶齿硬质合金刀圈:适用于掘进单轴抗压强度高达150~250MPa的花岗岩、玄武岩、斑岩及石英岩等地层。

②超挖刀

超挖刀为对掌子面进行扩径的刀具,主要在隧道小半径转弯、设备纠偏等情况下使用,在硬岩情况下可以选择安装超挖刀。

(2) 切削刀具

刮削刀具是指只随刀盘转动而没有自转的破岩刀具。其切削原理是盾构机向前推进的同时,切削刀随刀盘旋转对开挖面土体产生轴向(沿隧道前进方向)剪切力和径向(刀盘旋转切线方向)切削力,刀刃和刀头部分插入到地层内部切削地层。其特点是效率高,刀盘转动阻力大,如图3-2-23所示。目前盾构机上常用的切削刀具有边刮刀、切刀、齿刀、先行刀、超挖刀等。

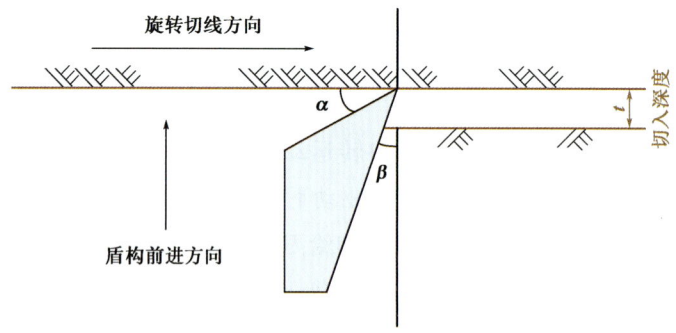

图 3-2-23 切削刀切削土体示意图

①切刀

切刀安装在刀盘开口槽的两侧,也称刮刀。它用来切削未固结的土壤,并把切削土刮入土仓中,刀具的形状和位置按便于切削地层和便于将土刮入土仓来设计,在同一个轨迹上一般有多把切刀同时开挖。切刀主要应用于粉土、黏土、人工填土、特殊性土等地层,也可以用作其他地层的辅助刮削刀具。

目前最有效的切刀为双层耐磨设计,配有双层碳钨合金刀齿,以提高刀具的耐磨性,在第一排刀齿磨损后,第二排刀齿可以代替第一排刀齿继续发挥作用。同时在刀具的背部设有双排碳钨合金柱齿。切刀在刀盘上的安装采用背装式,可以从开挖仓内拆卸和更换。

②先行刀

先行刀超前切刀布置,使先行刀超前切削地层,从而保护切刀,避免其先切削到砾石或块石地层。先行刀在切刀接触地层之前,特别是较硬的地层之前先松动地层,一般切削宽度较窄,从而使先行刀在较硬的地层中有更高的切削效率。先行刀一般安装在辐条中间的刀箱中,采用背装式,可从土仓进行更换。先行刀主要有贝壳刀、齿刀和鱼尾中心刀三种形式,主要应用于砂卵石、砾石、碎石土、砂土、粉土等地层。

③周边刮刀

周边刮刀也称铲刀,安装在刀盘的外圈,用于清除边缘部分的开挖渣土,防止渣土沉积,确保刀盘的开挖直径,以及防止刀盘外缘的间接磨损。周边刮刀采用背装式,可从土仓内进行更换。周边刮刀主要应用于粉土、黏土、人工填土、特殊性土等地层,也可以用作其他地层的辅助刮削刀具。

2)刀具配置

根据地质勘察资料,我国的地层按磨损性共分为4个区,即极易磨损区、易磨损区、中等磨损区和低磨损区。下面对不同磨损区域的总体刀具配置思路进行说明。本节内容仅针对通用情况,实际施工中应结合现场地质情况总体考量,合理配置刀具。

(1)极易磨损区

将砂卵石含量很高、上软下硬、极硬岩和花岗岩球状风化体岩层等复杂地层划分为极易磨损区。极易磨损区土体特征为:卵石含量高于50%,内摩擦角大于或等于35°,石英含量很高;地层中孤石粒径大、强度高、分布广;基岩岩石饱和单轴抗压极限强度大于150MPa。极易磨损区常发生的刀具失效类型有滚刀裂缝、刀圈断裂、切刀和周边刮刀磨损、脱落和崩断、贝壳刀磨损等。盾构选型方面,应配置滚刀、切刀、周边刮刀和超前刀,并增大刀盘开口率,允许破碎后的卵石通过刀盘面,以降低刀具磨损。极易磨损区的城市分布、地层情况及建议刀具配置见表3-2-7。

极易磨损区城市分布、地层情况及建议刀具配置 表3-2-7

城　市	地层描述	建议刀具配置
北京	砂卵石地层	滚刀+切刀+周边刮刀+超前刀
成都	砂卵石地层	
广州	砂卵石地层、极硬岩地层、上软下硬地层	
深圳	上软下硬地层、极硬岩地层、花岗岩球状风化体岩层	

(2)易磨损区

易磨损区的特点包括:砾石、圆砾石广泛分布,卵石含量低于50%,内摩擦角30°~50°,石英含量高,地层中含孤石,基岩岩石饱和单轴抗压极限强度较大(大于或等于100MPa)。易磨损区常发生的刀具失效类型有滚刀、切刀、周边刮刀、齿刀和中心刀磨损等。盾构选型方面,可适当配置滚刀或切刀,增大刀盘开口率,允许破碎后的卵石通过刀盘面,以降低刀具磨损。易磨损区的城市分布、地层情况及建议刀具配置见表3-2-8。

易磨损区城市分布、地层情况及建议刀具配置 表3-2-8

城　市	地层描述	建议刀具配置
沈阳	粉质黏土、中粗砂、砾砂和圆砾地层	切刀+周边刮刀+贝壳刀
厦门	粉质黏土、砂质、砾质黏性土,下伏微风化基岩岩石饱和单轴抗压强度最大值接近150MPa	滚刀+切刀+先行刀+中心刀+周边刮刀
武汉	黏性土,细砂,中细砂混砾、卵石。含砂黏土内摩擦角最大值约为30°,砾石主要成分为石英、长石,且砾石含量最高	滚刀+切刀+中心刀+周边刮刀
福州	黏性土、含碎石黏性土地层,含孤石,中风化基岩岩石饱和单轴抗压极限强度最大值接近100MPa	滚刀+切刀+周边刮刀
哈尔滨	粉砂、中砂、砾石内摩擦角接近35°,颗粒成分为石英、长石	滚刀+切刀+中心刀+周边刮刀

续上表

城 市	地 层 描 述	建议刀具配置
大连	卵石(透镜体状) + 含碎石粉质黏土(厚层状) + 碎石,下伏基岩为板岩、石英岩和凝灰岩。卵石含量高,粒径大,成分为石英岩	滚刀 + 切刀 + 先行刀 + 中心刀 + 周边刮刀
长沙	粗砂 + 圆砾 + 卵石(含砂、碎石),石英质,砾石粒径大	
南宁	圆砾(厚层状) + 砾砂,圆砾层中砾石颗粒较大、含量高,以石英岩、硅质岩为主	
昆明	圆砾,碎石含量高(50%以上),粒径较大,卵石、砾石成分主要为砂岩、石英等;下伏基岩灰岩为次坚石	
南京	砂土 + 含砾粉质黏土(内摩擦角接近30°),砾石含量较高,磨圆度差,主要成分为石英	滚刀 + 切刀 + 周边刮刀
东莞	黏性土 + 风化岩,上软下硬,地面以下5~25m范围内微风化,岩石饱和单轴抗压极限强度101MPa,局部含球状风化体	滚刀 + 切刀 + 先行刀 + 周边刮刀
乌鲁木齐	粉土 + 砾石土	切刀 + 先行刀 + 中心刀 + 周边刮刀

(3) 中等磨损区

中等磨损区的地层为局部含卵石的中粗砂且卵石含量较高(20%~30%),粉质黏土层中黏粒含量高,极易在刀盘中心结泥饼,进而造成刀具偏磨。中等磨损区常发生的刀具失效类型有滚刀偏磨、刀圈断裂、刮刀脱落等。盾构选型方面,以切刀和刮刀为主,部分配置滚刀,调整刀盘开口率,允许存在的大粒径卵石通过刀盘面,以降低刀具磨损。中等磨损区城市分布、地层情况及建议刀具配置类型见表3-2-9。

中等磨损区城市分布、地层情况及建议刀具配置　　表3-2-9

城 市	地 层 描 述	建议刀具配置
西安	黄土为主,局部为含卵石的中、粗砂	滚刀 + 切刀 + 周边刮刀
太原	粉土(局部夹中砂透镜体) + 中粗砂(矿物质成分主要为石英、长石、云母等,级配不良)	切刀 + 周边刮刀
宁波	砂质黏土 + 淤泥质(粉质)黏土 + 粉质黏土	切刀 + 周边刮刀
南昌	砾砂 + 粗砂(内摩擦角最大值36.5°) + 砾砂夹圆砾,母岩成分以石英岩、砂岩为主,圆砾含量较高,粒径较大,中粗砂填充,砂成分以石英、长石为主	切刀 + 周边刮刀 + 周边保径刀 + 撕裂刀 + 鱼尾刀 + 滚刀
合肥	粉质黏土 + 黏土 + 全~中风化泥质砂岩(极软岩)	辐条式刀盘:切刀 + 撕裂刀 + 鱼尾刀 + 周边刮刀 + 保径刀 + 圆环保护刀 + 超挖刀 + 贝壳刀
兰州	卵石层厚度大,为砂土充填,充填程度高,母岩以石英岩长石砂岩为主	滚刀 + 切刀 + 周边刮刀

(4) 低磨损区

低磨损区的软土地层以黏性土为主,地层均匀、单一,很少或不含粗粒土,或者砾石埋深较大,几乎不在盾构掘进范围内。盾构在此类地层中施工时受力均匀,能顺利运转和前进。低磨损区常发生的刀盘刀具失效类型有刀盘中心结泥饼、刀具偏磨等。盾构选型方面,以刮刀为主,盾构施工中添加土体改良材料,避免发生结泥饼或开挖面失稳,以降低刀具的损坏率。低磨损区的城市分布、地层情况及建议刀具配置见表3-2-10。

低磨损区分布、地层情况及建议刀具配置　　　　表 3-2-10

分布城市	地层描述	建议刀具配置
上海	黏性土(软土层)	中心鱼尾刀+切刀+周边刮刀
天津	黏性土	
郑州	厚层砂质黄土、黏性土	
长春	地层以粉质黏土、黏土、粗砂为主	
苏州	粉质黏土+粉土+粉砂+碎石土(埋深较深)	
杭州	黏性土+淤泥质(粉质黏土)、粉细砂、砾砂和圆砾埋深较深	
石家庄	黏性土+含卵砾石中砂、卵石层内摩擦角局部达40°,但埋深较深(地面以下40m)	
无锡	黏性土	
贵阳	黏土+强~中风化泥岩(软岩)	
常州	黏性土+粉砂	
温州	粉细砂+黏土+淤泥质黏土	
徐州	粉砂+粉土+黏土	
济南	黏性土+粉砂	
西宁	黏性土	

2.3.3　主驱动单元

主驱动系统向刀盘提供旋转扭矩,驱使刀盘旋转掘进,同时还具有脱困功能、自锁保护功能,在紧急情况时能自动停机。主驱动是通过高强度螺柱连接在前盾上,为刀盘提供切削扭矩,并通过设置的电气控制系统在一定转速范围内实现对刀盘的无级调速。主驱动主要由驱动系统、密封系统、润滑系统等组成。

主驱动系统由带减速机的液压马达或电机经过齿轮副传动,驱动安装刀盘的主轴承齿圈来实现刀盘旋转。通常以变速箱为基础,将主轴承、小齿轮、减速机、液压马达或电机、密封等作为一个整体部件组装调试后,再安装在前盾壳体上,以保证主驱动密封与传动的可靠性和安全性。

目前盾构机常用的驱动动力源有变频电机和液压马达两种(图 3-2-24),液压驱动扭矩较大对启动和掘削砾石层等情形较为有利。变频电机的优点是噪声小,维护管理容易,后方台车的规模也可得到相应的缩减。有时为了得到大的驱动扭矩,也可采用液压缸驱动刀盘旋转的方式。两种类型的比较见表 3-2-11。

a)液压马达驱动

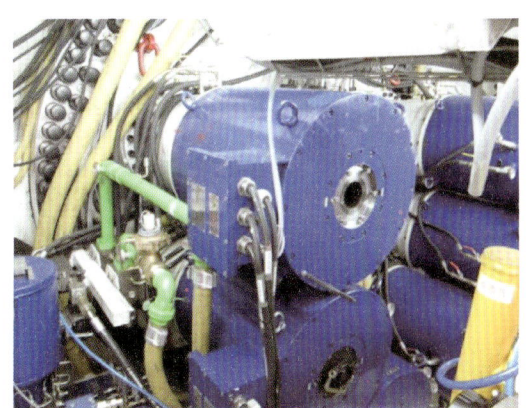
b)变频电机驱动

图 3-2-24　液压马达驱动和变频电机驱动的主驱动

两种驱动的性能比较 　　　　　表 3-2-11

驱动形式	变频电机	液压马达
驱动部外形尺寸	大	小
后配套设备	少	多
效率(%)	95	65
启动力矩	较大	大
噪声	小	大
温度	低	较高
维护保养	易	复杂

2.3.4 刀盘驱动扭矩

盾构刀盘扭矩主要包含了刀盘切削扭矩、刀盘正面摩擦力矩、刀盘背面摩擦力矩、刀盘圆周摩擦力矩、刀盘搅拌棒旋转力矩、主轴承旋转阻力矩及驱动密封装置摩擦力矩七部分。盾构机扭矩选择需要根据七部分的影响因素(地质特性、岩土压力、刀盘直径、搅拌棒形式、不同介质摩擦系数、主驱动形式)进行计算,得出理论需求扭矩,并根据行业安全系数要求,对盾构机装备扭矩进行选择,可以依据以下公式计算:

$$T = k \times (T_1 + T_2 + T_3 + T_4 + T_5 + T_6 + T_7) \tag{3-2-1}$$

式中:T——刀盘驱动扭矩(N·m);

k——扭矩安全系数;

T_1——刀具切削扭矩(N·m);

T_2——刀盘正面摩擦力矩(N·m);

T_3——刀盘背面摩擦力矩(N·m);

T_4——刀盘圆周摩擦力矩(N·m);

T_5——刀盘搅拌棒旋转力矩(N·m);

T_6——主轴承旋转阻力矩(N·m);

T_7——密封装置摩擦力矩(N·m)。

也可依据经验法初步计算刀盘驱动扭矩:

$$T = \alpha \times D_k^3 \times 10^3 \tag{3-2-2}$$

式中:T——刀盘驱动扭矩(N·m);

α——扭矩系数;

D_k——刀盘开挖直径(m)。

刀盘驱动扭矩配置参数的计算可参考现行《全断面隧道掘进机 土压平衡盾构机》(GB/T 34651)附录 B。

2.3.5 盾构机推力

盾构机推力主要由刀具贯入推力、开挖面的支撑压力、盾体外周的摩擦阻力、盾尾刷与管片间的摩擦阻力、后配套台车的拖拉力等五部分组成。盾构机推力选择需要根据五部分不同的影响因素(地质特性、岩土压力、刀具破岩能力、设备重量、不同介质摩擦系数)进行计算,得出理论需求推力,并根据行业安全系数要求,对盾构机装备推力进行选择,可参考以下计算公式:

$$F = \alpha \times (F_1 + F_2 + F_3 + F_4 + F_5) \tag{3-2-3}$$

式中：F——盾构机推力(kN)；

α——富余量系数；

F_1——盾体外周的摩擦阻力(kN)；

F_2——盾尾刷与管片间的摩擦阻力(kN)；

F_3——开挖面的支撑压力(kN)；

F_4——后配套台车的拖拉力(kN)；

F_5——刀具贯入推力(kN)。

也可依据经验法初步计算盾构机推力：

$$F = \frac{1}{4}D_k^2 \times P \times \pi \tag{3-2-4}$$

式中：F——盾构机推力(kN)；

P——单位掘削面上的经验推力(kN/m^2)，土压平衡盾构机一般为 $1000 \sim 1300 kN/m^2$，泥水平衡盾构机一般为 $1000 \sim 1400 kN/m^2$；

D_k——刀盘开挖直径(m)。

盾构机推力配置参数的计算可参考现行《全断面隧道掘进机 土压平衡盾构机》(GB/T 34651)附录A。

2.3.6 螺旋输送机

螺旋输送机主要使用于土压平衡盾构机中，将土仓中的渣土输送到后方，同时通过调节出土速度，控制土仓中的压力保持在合理范围。工作时，泥土充满筒体，并随着螺旋轴旋转上升，开挖的渣土从后料门排到皮带机上。

1) 螺旋输送机分类

(1) 根据螺旋结构分为有轴式和带式。有轴式的螺旋轴采用高强度热轧钢管，重量较轻；带式的螺旋叶片采用钢板压制成型，焊接后整体机加工。有轴式的优点是止水性能好，缺点是可排出的砾石粒径小。带式螺旋输送机的优点是通过粒径较大，为同规格螺旋轴式直径的1.5倍；缺点是叶片厚重，同时止水性能较差。

(2) 根据螺旋轴数量分为单螺旋和双螺旋。在含水的地层中开挖时，可通过控制螺旋输送机前闸门及出土后闸门的开闭来控制螺旋输送机内水压的大小，从而防止产生喷涌现象。而在地下水含量丰富的地层中施工时，为了实现螺旋输送机的上述功能而设计了具有双螺旋结构的二级螺旋输送机，其中一级螺旋输送机构与正常采用的螺旋输送机结构基本相同，而二级螺旋输送机则是额外增加的一段螺旋输送机。一级螺旋输送机的出土口与二级螺旋输送机的进料口相连接，且二级螺旋输送机渣土输出量要大于一级螺旋输送机。两种类型对比见表3-2-12。

两种类型的性能比较 表3-2-12

螺旋轴数量	优 势	劣 势
单螺旋	(1) 在软土、硬岩、砂层等地层具有较快的渣土输送能力； (2) 具备螺旋轴伸缩功能，便于螺旋轴的维修； (3) 螺旋输送机占用空间较小	富水地层掘进时防喷涌能力较弱
双螺旋	具有较强的渣土降压能力，具有较强的防喷涌能力	(1) 仅适用于富水等易喷涌地层； (2) 不具备螺旋轴伸缩能力，不便于螺旋轴维修； (3) 螺旋输送机占用空间较大

(3)根据驱动形式分为后部中心驱动、后部周边驱动和中间周边驱动,三种驱动方式的对比见表3-2-13。

三种驱动方式的性能比较　　　　表3-2-13

驱动形式	优势	劣势
中间周边驱动	螺旋输送机出渣位置相对靠后,皮带机布置角度较小	(1)驱动密封易失效,易导致驱动装置故障; (2)驱动位置易形成土塞效应,降低渣土输送能力; (3)螺旋输送机中部空间占用较大
后部中心驱动	(1)螺旋轴为柔性连接,不易断裂; (2)螺旋输送机占用空间较小	(1)螺旋输送机扭矩相对较小; (2)驱动装置成本较大
后部周边驱动	螺旋轴布置在后部,不易断裂	螺旋输送机后部空间占用大

2)螺旋输送机能力

螺旋输送机在选型和设计中,必须满足单位时间内螺旋输送机出渣量大于盾构开挖渣土量,保证刀盘切削的渣土能够顺利从螺旋输送机中排出。螺旋输送机的参数主要根据盾构开挖直径、盾构最大推进速度、铰接形式等进行选取,可按以下公式对螺旋输送机参数进行计算。

(1)根据盾构及基本掘进参数计算盾构开挖最大渣土量:

$$Q_\mathrm{d} = \frac{\pi}{4} \times D_\mathrm{d}^2 \times \frac{v}{1000} \times \lambda \times 60 \tag{3-2-5}$$

式中:Q_d——最大出渣量($\mathrm{m^3/h}$);

D_d——盾构开挖直径(m);

v——盾构最大推进速度(mm/min);

λ——渣土松散系数,为1.2~1.5。

(2)确定螺旋输送机出渣量

①被输送物料层横断面积:

$$F = \frac{\pi}{4} \times (D^2 - d^2) \tag{3-2-6}$$

式中:D——螺旋输送机内径(m);

d——螺旋杆直径(m)。

②物料轴向最大运动速度:

$$v = \frac{S \times n}{60} \tag{3-2-7}$$

式中:S——螺旋叶片节距(m);

n——螺旋输送机最大转速(r/min)。

③螺旋输送机理论出渣量Q_L:

$$Q_\mathrm{L} = 3600 \times F \times V \tag{3-2-8}$$

(3)通过计算验证螺旋输送机输送能力是否满足盾构施工要求,校核螺旋输送机的输送能力:

$$Q_\mathrm{L} \geq Q_\mathrm{d} \tag{3-2-9}$$

2.3.7 泥浆循环系统

泥浆循环系统是指标合格的泥浆通过泵与管道输送至盾构开挖面,刀盘切削下来的干土和水合成的泥浆,通过泵与管道将泥水输送到地面的处理系统进行调整。泥浆循环系统的主要作用是稳定开挖面,防止地面坍塌,以及盾构出渣。泥浆的制备指标主要考虑泥浆相对密度、泥浆黏度、含砂率、析水度和pH值,推荐指标值为:

①相对密度:1.05~1.20;

②黏度:25~40s/500cm^3;

③含砂率:15%~25%;

④析水度:5%;

⑤pH值:7~10。

(1)泥浆相对密度

泥浆密度是一个主要控制指标。掘进中进泥密度不宜过高或过低,过高将影响泥水的输送能力,过低将破坏开挖面的稳定。进浆相对密度宜为1.05~1.20,排浆泥水相对密度宜为1.15~1.30,下限为1.15,上限根据施工的特殊要求而定,在砂性土中施工、保护地面建筑物、盾构穿越浅覆层等,可达1.30,甚至可达1.35。

(2)泥浆黏度

泥浆黏度是另一个主要控制指标。从土颗粒的悬浮要求来讲,要求泥水的黏度越高越好。考虑到泥水处理系统的自造浆能力,随着推进环数增加,泥浆越来越浓,密度会呈直线上升。但密度增加并非说明泥浆的质量越来越大,若在砂性土中施工,黏度甚至会下降。因此,进浆泥水黏度的范围应保持在25~40s/500cm^3。

(3)析水度和pH值

析水度是泥水管理中的一项综合指标,它在更大程度上与泥水的黏度有关,悬浮性好的泥浆就意味着析水度小,反之就大。泥水的析水度须小于5%,pH值须呈碱性,降低含砂量,提高泥浆的黏度,在调整槽中添加石碱,是保证析水量合格的主要手段。在砂性土、粉砂性土中掘进时,由于工作泥浆不断地被劣化,就需要不断地调整泥水的各项参数,添加黏土、膨润土、羧甲基纤维素(CMC);在黏土、淤泥质黏土中掘进时,由于黏性颗粒不断增加,使排放的泥浆浓度越来越高,添加清水进行稀释则成为主要手段。

关于浆循环系统的进浆流量、进浆管通径、进浆流速、进浆密度、排浆流量、排浆管通径、排浆流速、排浆密度等基本参数的选取计算可参考现行《全断面隧道掘进机 泥水平衡盾构机》(GB/T 35019)附录C。

2.3.8 泡沫系统

泡沫剂又称发泡剂,是指能够降低液体表面张力,产生大量均匀稳定的泡沫。泡沫剂能使其水溶液在机械作用力引入空气的情况下,产生大量泡沫,就是表面活性剂或者表面活性物质,实质就是它的表面活性作用。没有表面活性作用,就不能发泡,也就不能成为泡沫剂,表面活性是发泡的核心。

泡沫剂具有较高的表面活性,能有效降低液体的表面张力,并在液膜表面双电子层排列而包围空气,形成气泡,再由单个气泡组成泡沫。

泡沫剂与膨润土相比较,使用泡沫剂的优势是体积小,能分离黏结在一起的黏土矿物颗粒。泡沫剂产生的泡沫中90%是空气,另外10%中的90%~99%是水分,剩下的才是泡沫剂。在数小时内,渣土中泡沫里的大部分空气就会逃逸而恢复原来的黏结状态,更便于运输。

泡沫适合用于细颗粒土层中。一般来说,在渗透系数大于10^{-5}m/s的较粗颗粒土层中不适用。

盾构掘进过程中使用泡沫剂的目的是改善土体的和易性,保持密封土仓内土压的稳定和出土的顺

畅,当发泡剂与渣土混合时可产生以下作用:

(1)减少刀头相对土体的摩擦,可以降低刀盘扭矩,提高进给量,减少刀具的磨损和堵塞,并使盾构掘进驱动功率减小。

(2)减少水的渗漏。加到工作面上去的泡沫,会形成一个不透水层,降低土体的渗漏,增强工作面的密封性,使工作面压力波动减小,有利于稳定土仓压力。

(3)降低土体间的黏着力,减少密封土仓中土体压实形成泥饼。

(4)改善土体的流动性,保持开挖面稳定,使开挖出的土体均匀,从而使其容易充满土仓和螺旋输送机的全部空间,便于螺旋输送机出土。

(5)可以增加土体的可压缩性,更易于土压平衡的控制。

1)泡沫系统原理

泡沫系统用于对渣土进行改良,主要由泡沫泵、高压水泵、电磁流量阀、泡沫发生器、压力传感器、流量计和管路等组成,如图3-2-25所示。

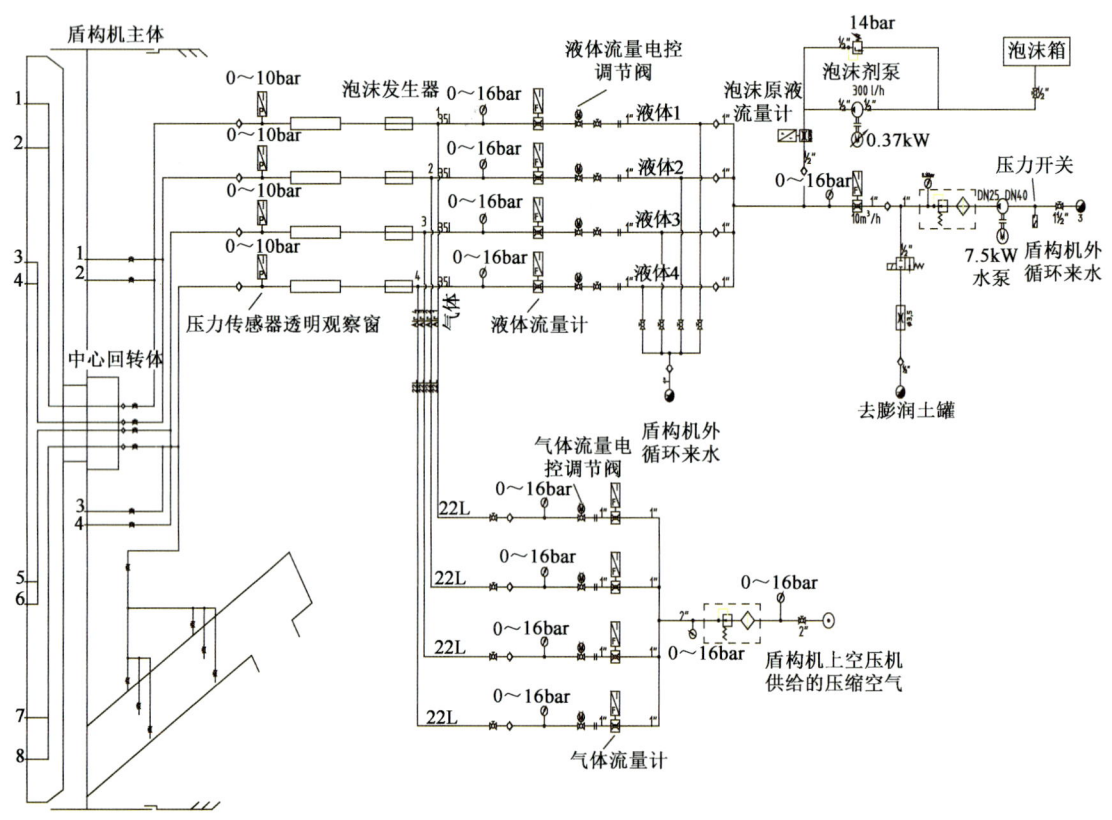

图3-2-25 泡沫系统示意图

注:1bar=0.1MPa

2)适用地层

(1)颗粒级配相对良好的土体

对于颗粒级配良好的土体,其粒径分布范围较广,泡沫会与土体颗粒结合得更完整和致密,能更充分的置换土体中的孔隙水进而填充原来的孔隙,所以容易形成更多封闭的泡沫,使得土体的渗透系数降低,止水性增强。

(2)平均粒径较大的土体

土体的颗粒越细,越接近于黏性,矿物的亲水性越强。颗粒细小的粉黏性土会对泡沫表面液膜内所含的自由水分产生吸附,导致液膜脱水后泡沫就会破灭,降低混合土体的止水性能。

3）泡沫系统控制

泡沫系统在控制室内控制,分为手动、半自动、自动三种模式。

(1)手动模式:完全由盾构机司机手动调节水、气、泡沫的流量等。

(2)半自动模式:可预先设置好每个泵及气体调节器的参数,由系统自动配比,司机只需根据现场情况控制每路泡沫的开关。

(3)自动模式:根据土仓压力、掘进速度等,由系统自动控制,无须人为干涉。

4）主要元件

(1)软管泵

泡沫泵的作用是使泡沫原液与水按照一定配比进行混合,调整发泡效果。泡沫泵采用软管泵,由变频电机控制,示例如图 3-2-26 所示。

软管泵结构如图 3-2-27 所示,其工作原理是当转子 3 转动时,闸瓦 4 通过转子的旋转运动压缩软管 A,闸瓦前腔形成真空吸入液体,后腔压缩迫使液体通过软管排出。当第一个闸瓦松开软管时,第二个闸瓦已经将泵的软管关闭,防止液体回流。

图 3-2-26　软管泵

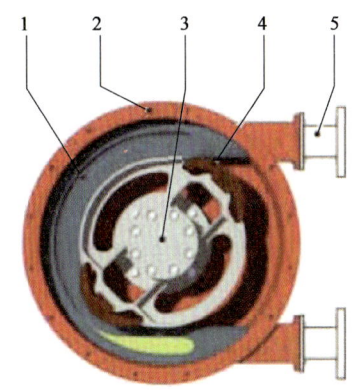

图 3-2-27　软管泵结构图
1-压缩软管;2-泵体;3-转子;4-闸瓦;5-接头

(2)高压水泵

泡沫系统采用的高压柱塞水泵如图 3-2-28 所示,为三缸柱塞泵,作用是使泡沫混合液与压缩空气按照一定的比例产生泡沫。

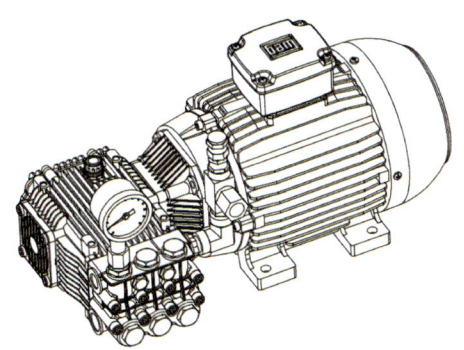

图 3-2-28　高压柱塞水泵

三缸柱塞泵结构如图 3-2-29 所示,其工作原理是三缸柱塞泵的偏心轴与动力直接相连,动力通过偏心轴驱使柱塞往复运动。柱塞后退时,出水阀关闭,进水阀打开,形成真空,水被吸入缸内;柱塞前时,出水阀打开,进水阀关闭,水经泵加压后流出。

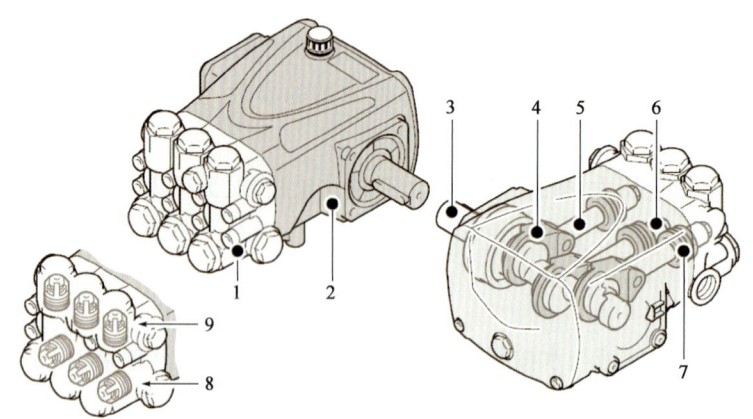

图 3-2-29　三缸柱塞泵结构图

1-泵头;2-泵体;3-曲轴;4-连杆;5-柱塞连杆;6-柱塞;7-柱塞环和柱塞密封;8-进水单向阀;9-出水单向阀

2.3.9　膨润土系统

膨润土是一种层状含水硅酸盐,膨润土的矿物学名称为蒙脱石,俗称观音土、胶泥。由于其钾、钙、钠元素含量的不同,其性质也略有不同。天然膨润土主要以钙基为主,可经人工改性为钠基膨润土、有机膨润土和活性白土。膨润土具有遇水膨胀的特性,钙基膨润土膨胀时,为自身体积的 3 倍左右,钠基膨润土膨胀时约为自身体积的 15 倍左右。它可以在工作面上形成低渗透性的泥膜,这样有利于给土仓传递工作面的压力,以便其达到平衡压力,也可以改变土仓里渣土的流塑性,以便于出土,减少喷涌。盾壳周边充满膨润土,可以减少盾构推进力,提高有效推力;降低刀盘扭矩,降低能耗。

1)膨润土系统原理

膨润土注入系统用于对渣土进行改良。膨润土系统主要包括膨润土罐、膨润土泵、相关的管路控制阀及连接管路。当需要注入膨润土时,操作人员根据需要在控制室的操作台上,通过开启膨润土泵和相关的控制阀,将膨润土注入刀盘、土仓和螺旋输送机内。根据实际需要,可以往膨润土箱装入泥浆或水,然后注入土仓内。

成本低是膨润土添加剂的最大优点,目前是我国盾构添加剂使用最广泛的材料。黏土、膨润土注入需要大型设备生产相当数量的膨润土泥浆,来保证盾构施工的生产能力。另外,高含水率的膨润土泥浆和开挖土体的混合物在对环境保护要求严格的国家被认定为污染物,我国尚未作出明确规定。

2)适用地层

(1)细粒含量少的土体

膨润土泥浆适用于细料含量少的中粗砂土、砂砾土、卵石漂石地层等,主要原因就在于膨润土泥浆能够补充砂砾土中相对缺乏的微细粒含量,提高和易性、级配性,从而可以提高其止水性。

(2)透水性高的土体

在透水性较低的地层中,膨润土泥浆相对难以渗入土体并填充孔隙,导致土颗粒周围的低渗透性的膨润土泥膜非常难以形成。

2.3.10 同步注浆系统

盾构施工中,随着盾构的推进,因盾构盾尾外径与管片外径之间的差值,将会在管片背后产生空隙,一般称为盾尾间隙,这一空隙若不及时填充,则管片周围的土体将会松动甚至发生坍塌,导致地表沉降、坍塌等不良后果。为此,在盾构推进的同时,需采用注浆手段及时填充盾尾建筑空隙。另外,同步注浆还可提高隧道的止水性能,使管片所受外力均匀分布,防止管片发生上浮、漂移,出现蛇形变形的情况,确保管片衬砌的早期稳定。

早期由于对同步注浆作用认识不到位,只配置单个点注入,导致注浆不均匀,甚至不饱满,经常发生地表沉降的现象。之后,改进为多点注入,但是为了节约空间和成本,只配置一台注浆泵两个出口,对应多个注入点,虽有改善,但是,由于各点阻力不同,导致注浆仍然不均匀,管片外周受到的压力不平衡,经常发生管片上浮、蛇形变形的现象。当前的盾构机一般会配置两台注浆泵4个出口,对应多个注入点(6m级盾构机一般为4个注入点),且每个点都连接独立注浆泵出口,每个注入口都设置压力传感器,以保证各点注入注浆饱满,压力平衡,防止发生地表沉降,管片上浮等现象。

同步注浆系统需保证在盾构推进过程中注浆连续性,保证各点压力与设定值偏差在规定范围内。注入完毕后,需及时清理注浆管路和设备,防止凝结堵塞。

1)同步注浆系统原理

盾构同步注浆是指在盾构推进过程中,管片拼装后、盾尾脱出的同时,在一定注浆压力下将适量的有一定的早期强度及最终强度的注浆材料填入盾尾后空隙内,待其固结硬化后起到充填壁后建筑空隙,提供一定承载能力,稳定管片衬砌等作用的方法。注浆系统主要包括两台液压驱动的注浆泵、砂浆罐、压力传感器、相关的管路控制阀和连接管路。当注入砂浆时,操作人员在控制面板上,通过控制注浆泵和阀的开关,将砂浆注入盾尾后空隙内。

注浆系统中的注浆压力可以调节,注浆泵泵送频率在可调范围内实现连续调整,并通过注浆压力传感器监测其压力变化。控制室可以看到单个注浆点的注入量和注浆压力信息,随时可以储存和检索砂浆注入的操作数据。

2)控制模式

同步注浆系统有手动控制和自动控制两种模式。

(1)手动控制:可对注浆点中的任意一个进行控制,调节注浆速度等。

(2)自动控制:设置好起始和停止压力,此时PLC会根据盾尾注浆管路的压力传感器反馈的压力进行工作。当反馈的压力低于起始压力时,注浆泵开始工作;达到或高于停止压力时,注浆泵停止动作。

注浆系统示意图如图3-2-30所示。

3)注浆泵

注浆泵结构示意图如图3-2-31所示,其工作原理是由液压系统控制主液压缸带动砂浆泵内的活塞缩回时,出料口小液压缸将出口关闭,进料口小液压缸将进口打开,完成吸料过程;主液压缸伸出时,进料口关闭,出料口打开,主液压缸带动混凝土缸活塞将混凝土缸内的砂浆推出,完成出料过程。

2.3.11 应用案例

本书依据盾构选型时遇到的一般地层、特殊地层盾构(包括富水砂卵石地层、复合地层)情况,结合本节介绍的选型原则、选型依据及选型方法,给出了在具体地铁隧道工程项目中的盾构选型案例(见附件 3-2-3),并结合工程实际情况,介绍了选型确定后的盾构机的应用效果,供读者参考。

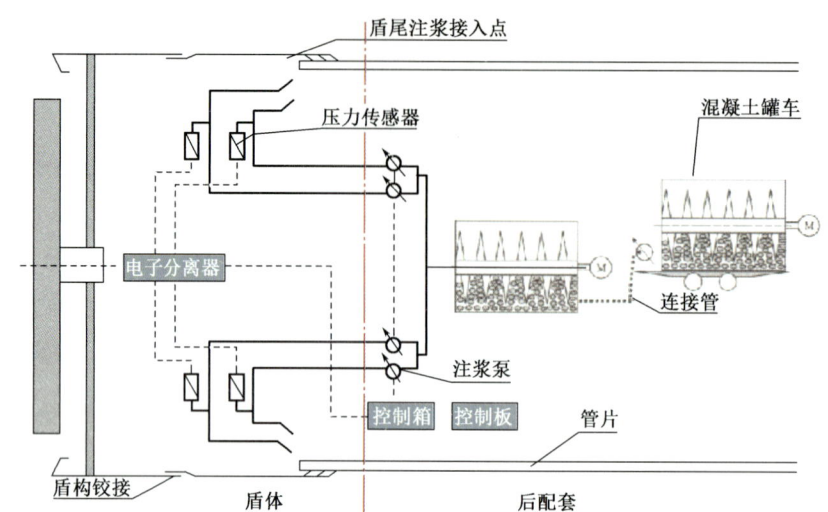

图 3-2-30　注浆系统示意图

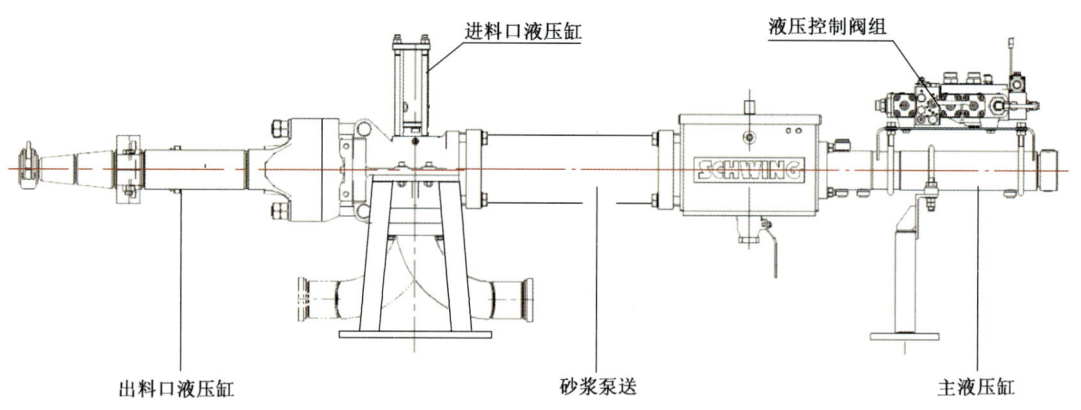

图 3-2-31　注浆泵结构示意图

2.4　盾构机监造与验收

盾构机监造与验收是对生产厂家提供的设备按合同规定和行业标准进行必要的监督、检验和试验,以证实材料和性能满足相关规范和标准的要求。当设备完成生产组装后,生产厂家与建设单位共同完成一次对设备各项系统功能的性能试验,以此来证明该设备符合采购合同规范和标准的要求。

2.4.1　工厂监造

工厂监造是指盾构机合同供货范围内的设备制造、装配、调试、验收阶段的质量监造和进度跟踪,具体流程如图 3-2-32 所示。其中,生产厂家投入生产后应发出监造邀请函邀请客户参加监造,若客户不能参加,则需书面回复。监造人员须接受监造培训,并参加监造考试,若考试不合格,应继续参加培训至合格为止。

盾构机在制造、装配、调试、验收阶段的质量监造,主要分为文件见证(即 R 点)、现场见证(即 W 点)和停工待检(即 H 点)三种监造方式,三种监造方式的区别见表 3-2-14。

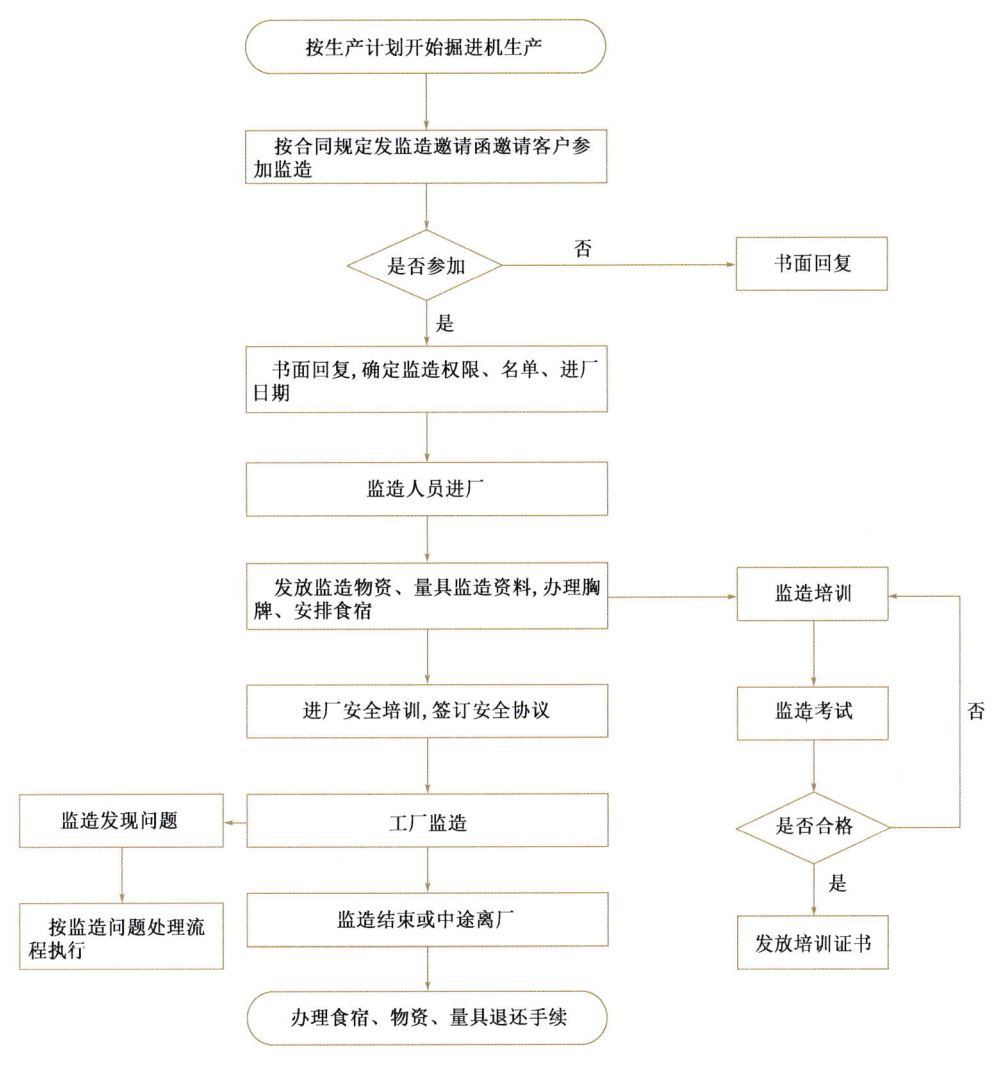

图 3-2-32　工厂监造流程图

三 种 监 造 方 式　　　　表 3-2-14

项　　目	监造方是否在现场	监造方不参加时的处理方法
停工待检（H 点）	必须有监造人员在场，并且参加现场检验和签证	若转为 R 点，需要得到监造人员同意的书面通知，否则不能自行转入下道工序
现场见证（W 点）	有监造人员在场	自动转为 R 点
文件见证（R 点）	监造人员以资料为主进行监造	

生产厂家监造负责人在监造工作开始时与监造负责人依据采购合同协商确定监造内容及质量监造的 H 点、W 点、R 点。质量监造具体监造程序如下：

（1）生产厂家提供 R 点检验、试验记录供监造人员查阅、确认。

（2）生产厂家在 H 点、W 点的预定见证日期以前通知监造人员现场见证。

（3）监造人员接到见证通知后，应及时派代表现场见证。若不能如期参加，则 W 点自动转为 R 点；但 H 点没有建设单位书面通知同意转为 R 点时，不得自行转入下道工序，生产厂家质检人员应提前通知监造人员见证日期，如监造人员未按时参加，应与建设单位联系商定更改日期；如更改时间后，建设单位仍未按时到达，即为认同检验结果，可以转序。

（4）如生产厂家未按规定提前通知监造人员，致使监造人员不能如期参加现场见证，建设单位有权要求重新见证。

(5)质量见证完成后,监造代表和生产厂家检验员应在质量见证书上签字,一式两份,双方各执一份。

质量监造流程如图3-2-33所示。

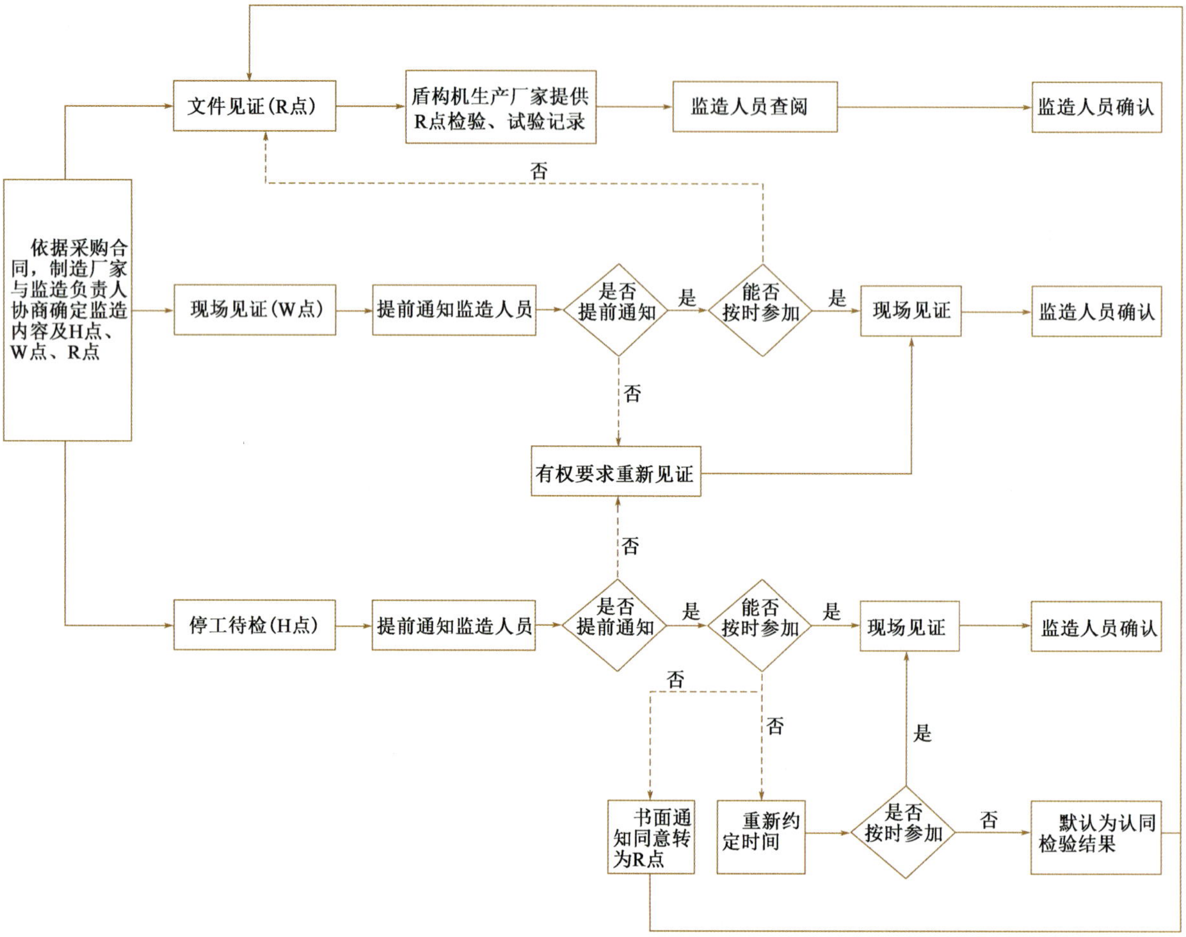

图3-2-33 质量监造流程图

监造人员在生产过程中有权监督检查盾构机是否符合合同技术要求及国家或行业技术标准的要求,若发现监造问题,生产厂家要按监造问题处理流程积极配合进行逐项整改签认。

2.4.2 监造项目及内容

盾构机监造中的主控项目包括:

(1)原材料、主要部件质量控制。监造人员应重点审查设备制造的原材料及主要部件的质量证明文件和检验报告,审查制造单位提交的报验资料,符合规定后方可进行加工制造工作。

(2)生产进度控制。驻厂监造人员应严格根据进度控制要求,制定生产进度检查周期,可以以周为单位监督、检查、记录进度计划的实施情况,核对每周的完成情况,对未按时交验的项目应制订工期补救措施,确保盾构机按期交付,保证现场盾构施工需要。当质量与进度发生矛盾时,应严格遵守质量优先原则,确保产品质量。

(3)盾构机试装配调试验收。盾构机运输出厂前,应在厂内完成试装配调试以及整机性能检测。在盾构机组装阶段应当注意台车上各设备、线路布置是否合理,各子系统的功能是否达到合同要求。在实际验收中,可以厂家提供的验收报告为基础,结合施工项目具体要求进行整体检查,确保设备的可靠性。

(4)盾构机运输前防护、包装检查。在设备运往现场前,盾构监造小组应检查设备制造单位对待运设备所采取的防护和包装措施,并检查是否符合运输、装卸、储存、安装的要求,同时检查相关的随机技术文件、装箱单和附件是否齐全,包件的包装需符合"三防"要求。对不符合要求的防护和包装应现场要求生产厂家进行改进,并对整改情况进行复检确认后,方可进行运输。

2.4.3 工厂验收

当具备工厂验收条件后,生产厂家与建设单位约定时间,互派代表、邀请专家,成立验收组进行工厂验收。工厂验收流程如图 3-2-34 所示。

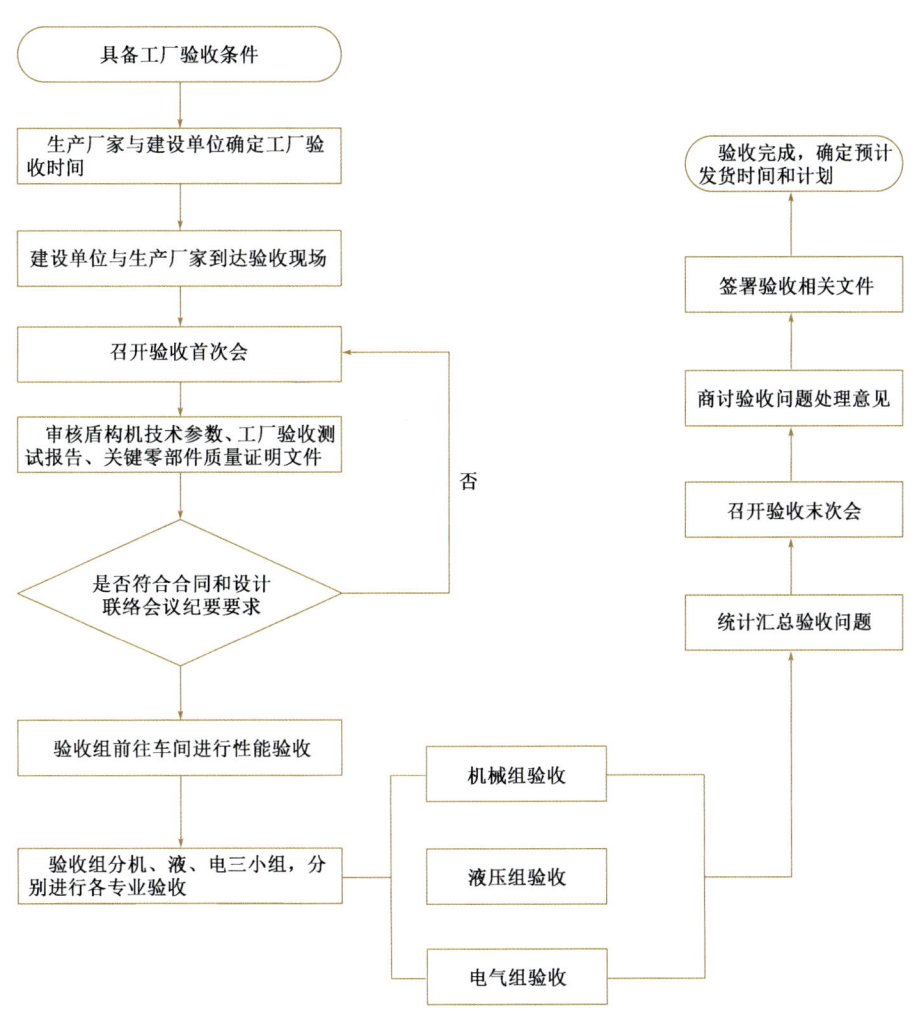

图 3-2-34 工厂验收流程图

工厂验收时先召开验收首次会,验收组审核掘进机技术参数表、工厂验收测试报告、关键零部件质量证明文件是否符合采购合同及设计联络会议纪要的要求。资料审核通过后验收组前往制造车间进行现场性能验收,验收组可分机、电、液专业小组,由生产厂家各组专业人员陪同依照工厂验收测试报告进行分项验收,验收中发现的问题拍照统计汇总。最后召开验收末次会,双方就验收中发现的问题进行商讨形成处理意见,并且双方完成工厂验收证书相关文件的签认。工厂验收完成后,双方确认整机预计发货日期及计划。工厂验收议程安排见表 3-2-15。

工厂验收议程安排　　　　　　　　表 3-2-15

安　排	议　程
验收首次会	(1) 核对整机参数是否符合合同要求(技术参数表)； (2) 提交关键零部件合格证及检验记录(质量证明文件)； (3) 提供验收标准(工厂验收测试报告)
现场检验	(1) 分组：分为机、电、液三组分别和建设单位检验负责人、电气工程师和液压工程师进行验收； (2) 依据工厂测试报告要求进行验收(性能验收)； (3) 检验整机部件是否符合合同要求(配置参数验收)； (4) 验收中发现的问题汇总和拍照
验收末次会	(1) 验收问题商讨，形成处理意见； (2) 双方签认工厂验收会议纪要、工厂验收证书等相关文件； (3) 双方确认发货时间

掘进机工厂验收问题需要在制造车间完成全部整改后，方可进行整机发货，避免问题遗留到施工现场。当所有工厂验收问题整改并完成签认后，生产厂家才能出具整机产品合格证。

2.5　常见故障处理及维护保养

为贯彻执行"安全第一、预防为主、综合治理"的方针及相关的法律、法规、制度，保证盾构施工的顺利进行，需加强盾构施工的应急管理。下面就盾构施工故障源的辨识及常遇问题的应急操作进行阐述。

2.5.1　故障处理原则

应制订完善的盾构机故障应急预案，作业人员应熟知故障应急处理方法。盾构机操作人员应熟知设备常见的故障类型及其危害范围，在出现故障后能够对故障危害范围做出正确判断，采取措施控制故障危害扩大。

盾构施工操作中需要清楚、准确地辨识故障源，并根据盾构机操作的特点，结合以往操作经验，盾构机安全操作，实现风险预控，为安全施工保驾护航。

2.5.2　常见故障处理

1）常见故障源

盾构机常见故障主要来源于以下方面：机械系统故障、液压系统故障、电气系统故障。

2）故障查找

使用排除法，确定最有可能引起故障的部件，在拆卸之前确定实施方案。

(1) 查阅技术文件和相关图表，确定哪些部件可能引起故障。

(2) 基于对问题的清晰说明，确认最有可能导致故障发生的部件。

(3) 将最有可能导致故障发生的部件隔离，再检查机器运行有无问题。如果判断正确，故障部位就此确定；如果问题仍然存在，再依次确定下一个可疑部件。

3）常见故障

(1) 盾构机机械系统常见故障与处治措施见表 3-2-16。

盾构机机械系统常见故障与处治措施 表 3-2-16

序号	故障现象	原因分析	处治措施
1	结泥饼糊刀盘	地质为黏土矿物	根据不同地质改良"渣土改良剂"
		泡沫系统故障	及时对刀盘进行检查、维修、保养和清理
		土仓压力等参数设置不合理	根据地质条件调整参数设置
		渣土改良剂效果差	调整"渣土改良剂"配置及注入量
	回转接头故障	回转接头密封失效,出现泥浆泄漏现象	更换回转接头密封
		回转接头螺栓由于失效脱落,出现泥浆泄漏现象	及时对回转接头螺栓进行维护和保养,用规定力矩扳手复紧螺栓
		回转接头内部生锈,导致回转接头故障	及时维护和保养回转接头,同时定期注油保养
		灰尘、滤渣堆积,没有及时清理,导致回转接头故障	及时清除灰尘和滤渣
2	剪切销剪断报警	连接螺纹损坏	返厂检修
		打压不足或剪切销松动	复核打压图纸要求,按打压操作规范重新进行打压
		超过一年未进行再次打压	更换剪切销重新打压
		电机过载	调整掘进参数,控制扭矩
	减速机异响	润滑不良	更换齿轮油并加注到要求液位
		内部磨损	(1)齿轮油取样进行成分分析; (2)齿轮油颜色正常,更换齿轮油; (3)齿轮油颜色异常返厂维修; (4)检查减速机磁性堵头处铁屑情况,发现铁屑返厂维修
		连接螺栓松动	重新预紧连接螺栓
		减速机过载	(1)调整掘进参数,控制扭矩; (2)检查减速机磁性堵头处铁屑情况,发现铁屑返厂维修
	齿轮油循环滤芯堵塞报警	主驱动内部磨损	(1)齿轮油取样进行成分分析; (2)更换齿轮油
		内密封油脂溢出进入变速箱	按维护保养手册要求进行注脂
		外密封磨损杂质进入变速箱	(1)检查外密封泄漏腔; (2)泄漏腔内无杂质,油脂为内密封进入; (3)泄漏腔内有杂质,更换外密封
3	发生喷涌现象	土仓内压力大	(1)观察土仓压力,降低推进速度; (2)反转螺旋输送机,减小后闸门开度,通过多次开闭后闸门,降低排渣速度
		螺旋输送机转速高	降低螺旋输送机转速
		渣土改良效果不良	通过泡沫管路向螺旋输送机筒体内注入膨润土,降低渣土的流动性
		前方土体存在塌方	反转螺旋输送机,关闭后闸门,尽量保证土仓内土压
	后闸门无法正常关闭	液压缸不同步导致	(1)多次来回伸缩液压缸; (2)检测液压缸是否存在泄漏
		闸门内部卡住石子	(1)从后部冲洗闸门内部滑道; (2)定期通过手动润滑点注入 EP2

续上表

序号	故障现象	原因分析	处治措施
4	管片拼装机平移卡停	拖梁轨道面掉入异物	检查轨道面是否清理干净尤其是滚轮之间的区域,刮板磨损后更换,轨道面清理后才允许运行
	管片拼装机滚轮有异响并伴有震动	滚轮长时间未润滑、滚轮刮板磨损、轨道面有异物均会导致滚轮损坏,有异响	(1)若滚轮转动有异响但滚轮轮面和大部分滚子完好,取出轨道内剥落部分,更换刮渣板后,出洞更换滚轮; (2)若滚轮轮面和滚子损坏严重,滚轮已不能支撑拼装机,需要联系技术人员,洞内更换滚轮; (3)及时更换刮板和润滑滚轮
5	5+5t管片吊机主动小车卡链	管片吊机链条中心与轨道中心偏差过大	分别调整减少管片吊机链条中心与轨道中心偏差值
		从动小车链轮链条安装中心距小于理论中心距	调整主动小车4个可调车轮组高度,将链轮链条中心距调整到合适位置
		管片吊机轨道存在较大弯曲变形	检查各段轨道与接口处尺寸,并对变形位置进行校正
	环链葫芦无法正常起升	起升电机线圈烧坏	更换起升电机线圈
		葫芦减速器传动失效	检查葫芦减速器传动系统,并对失效零件进行更换
		链轮链条磨损失效或损坏	更换链轮链条
		电机离合器松开不能正常工作	请葫芦厂家专业人员对电机离合器进行维修
		导链盒内存在污染物	用齿轮油对环链盒、链条进行清洗,润滑
		集链盒入链口链条打结卡死	整理集链盒入链口链条顺序
	真空吸盘无法吸取管片	真空吸盘真空度未达到预定值	检查真空元器件有无故障
		真空系统连接管路或接头出现松动漏气	逐一排查真空系统连接管路或接头,是否泄漏
		密封条磨损严重,无法贴紧管片	更换密封条
		真空吸盘定位销磨损或撞坏	更换真空吸盘定位销
		真空过滤器堵塞	清洗真空过滤器
		管片压紧检测装置接近开关不能正常工作	整体更换管片压紧检测装置接近开关
6	盾尾与管片之间的间隙发生涌水或者漏浆的现象	盾尾密封油脂注入量不够,盾尾相邻两道密封刷之间的环腔没有完全充满油脂	加大盾尾密封油脂注入量,保证盾尾密封刷之间的环腔充满油脂
		盾尾油脂黏稠度不满足要求,油脂太稀,密封能力不足	密封油脂规格要满足设计要求,有较强的密封能力
		盾尾密封刷磨损严重,难以形成密封的油脂腔	及时更换盾尾密封刷
	铰接密封发生泄漏	铰接密封压缩量不足	(1)拧紧铰接密封调节螺栓,增加密封压缩量; (2)调整盾体机姿态,减小转弯角度; (3)紧急气囊充气,临时止水
		铰接密封磨损	在铰接密封外侧增加一道密封,加强密封能力
	卡盾尾	开挖直径减小	及时更换刀盘刀具,确保开挖直径
		转弯角度过大	减小转弯角度

续上表

序号	故障现象	原因分析	处治措施
6	卡盾尾	围岩收敛	增加铰接液压缸拉力,同时用液压缸推顶铰接液压缸座底部,辅助前进
		长时间停机后,砂浆涌入盾尾外壁,凝固包裹盾尾	控制注浆量,停机前向盾尾外壁注入膨润土等润滑
7	带式输送机跑偏	隧道转弯	调整托辊安装卡槽位置
		硫化接头是否不正	调整机架位置及倾斜角度
		头尾滚筒不平行	调整滚筒平行
		滚筒、托辊粘料	清理滚筒托辊黏附料
	带式输送机皮带清扫不干净	清扫器磨损,中间磨损快	清扫器修复或更换
		清扫器压紧不够	调整清扫器压紧结构
	带式输送机启动困难	张紧度不够滚筒打滑	调整张紧度
		托辊损坏阻力加大	更换算坏托辊
		托辊、滚筒粘料,阻力加大	清除托辊、滚筒黏附料
		异物卡住皮带或滚筒	清除卡住异物
8	砂浆罐体漏浆	密封损坏或失效	及时更换密封元件
	砂浆罐无法启动	罐体内砂浆结块太多,卡住搅拌叶片	清除结块
		异物掉入砂浆罐	清除掉入罐体内的杂物

(2)盾构机液压系统常见故障与处治措施见表3-2-17。

盾构机液压系统常见故障与处治措施 表3-2-17

序号	故障现象	原因分析	处治措施
1	泵不供油	泵吸油管上的阀关闭了	打开阀
		油箱油量不足,会导致泵吸空并产生噪声	立刻关闭泵,补充适量液压油
		泵到马达联轴器松动或折断	检查、修理或更换
		电机转向不对	立即停泵,将电机接线调相
		液压油黏度过高	这种情况通常是由于环境温度太低导致的,可改变油的黏度等级或在启动泵前预热液压油
		吸油管或滤网堵塞	拆下吸油管检查是否通畅,如果通畅,排油,彻底清洗油箱和滤网,注入新油
		变量泵行程或行程设置不当	调整泵的设置
		泵内部损坏	解体检查,更换损坏件
2	液压系统漏油	管接头没有安装好	更换接头或密封,重新安装
		密封老化,致使密封失效	
		油温过高,致使液压油黏度过小,造成漏油	检查冷却器是否正常工作
		系统压力持续增高致使密封圈损坏失效	更换接头或密封,重新安装
		系统的回油背压太高使不受压力的回油管产生泄漏	检查液压系统回油管路
		处于压力油路中的溢流阀、换向阀内泄漏严重	检查液压系统压力是否正常
		输出管路未接好或破损	检查软管,更换破损件
		系统中有一个或多个换向阀接通油箱	确定各换向阀位置,置中位,直至正常工作
		溢流阀压力设置太低或失效	确定影响系统的溢流阀,正确设置,如有必要,则进行修理或更换

续上表

序号	故障现象	原因分析	处治措施
3	泵运行噪声	油量不够,造成泵吸空	立即停泵、补油
		吸油管渗漏导致泵吸空	立即停泵,检查吸油管连接、夹紧、修理或更换
		进口堵塞	确认进口截止阀是否打开,确保进口油路畅通
		电机转向不对	停泵、电机调相
		泵内部损坏	解体分解,更换损坏件
4	执行元件速度太慢	系统有空气	排气
		控制阀阀芯未完全打开使部分旁路油回油箱	检查影响系统的操作阀工作情况,必要时修理或更换
		由于控制油路压力过低,先导控制阀没有完全移动到位	检查控制油路压力
		执行元件内部由于磨损、密封损坏或内壁拉毛,造成旁通	拆卸检查,更换密封,如果内壁拉毛,更换执行元件
5	油温过高	系统泵流量设置太高,流经调压阀的流量过大引起节流高温	调整泵流量,直至流量指示很小直至间歇性指示。冷却水直通水冷却器,直到温度降低
		高压泵额外漏损	用测试仪检查泵输出流量
		泵上压力补偿器调整不当或发生故障(如高压支撑系统)	高压支撑系统压力应略低于溢流阀的设置压力
6	液压系统压力失常	检查阀芯是否卡死	更换阀芯
		泵转向不对	检查泵的转向
		泵的功率不足或者内泄漏严重	检查电机输出是否正常、检查泵是否老化
		阀体内泄漏	更换阀体
		密封圈老化造成泄漏	更换密封圈
		压力转换开关失灵	更换压力开关
7	刀盘驱动电机不启动	断路器关闭	打开
		润滑油流量或压力低	校准流量、压力
		润滑油流量开关设置不当或故障	检查开关和连接
		支撑压力低于压力开关设置	利用高压支撑系统伸出支撑
		支撑压力开关设置不当或故障	检查压力设置,否则检查电路
8	液压系统和润滑系统驱动电机不启动	断路器关闭	打开断路器
		油量不足	补油到合适油位
		油位开关设置不正确或功能障碍	调试开关
		电机启动过载、跳闸	重启电路。若不是跳闸,则检查电路
9	密封润滑指示灯不指示	密封润滑泵回路不循环	检查电路
		油路分配阀故障	解决油路分配阀功能故障
		油路分配阀开关不工作	在此情况不要连续运转,否则缺油润滑损坏设备,立即检查开关和电路

续上表

序号	故障现象	原因分析	处治措施
10	刀盘不启动或掘进中刀盘停止	掘进准备"OK"不显示	需按"掘进准备"顺序进行,但是在切削刀盘启动时,必须有必要的信号
		刀盘马达状态监控灯不亮	未接通电源,需接通电源
		变频器跳闸灯是否闪动着	变频器跳闸,需再启动
		切削刀盘驱动用动力单元灯是否亮(油压驱动时)	未启动切削刀盘驱动用动力单元,需启动
		切削刀盘扭矩过载灯闪动	扭矩过载,切削刀盘可能是在顶着开挖面的状态下启动的
			扭矩过载,有可能是刀盘闭塞或受阻
		齿轮油堵塞灯是否点亮	更换过滤器滤芯
		齿轮油下限灯是否点亮	齿轮油不足,需补给
		注油脂电源灯是否点亮	未接通电源,需接通电源
		循环泵、注脂泵是否过载	启动时如过载,则切削刀盘不转动。需排除原因
		注脂异常是否显示	不能注脂,可考虑以下原因: (1)注脂泵未启动; (2)管路漏油; (3)润滑脂用尽; (4)空打(吸入了空气); (5)堵塞

(3)盾构机电气系统常见故障与处治措施见表3-2-18～表3-2-21。

盾构机变压器供变电常见故障与处治措施 表3-2-18

序号	故障现象	原因分析	处治措施
1	变压器不能合闸	变压器进线开关参数设置不正确	正确设置开关参数
		变压器温度超限值设置不正确	正确设置变压器温度控制器参数
		变压器温度超限接线错误	检查接线
		合闸机构未储能	储能
2	变压器低压侧输出缺相	进线开关熔断器没装或熔断	检查熔断器
		变压器接线不正确	检查变压器的进线
3	变压器超温告警	变压器风机未运转	(1)重新设置风机运转的温度值; (2)检查温度传感器的检测位置; (3)风机接线不正确; (4)风机供电回路熔断器熔断; (5)温度控制器供电回路; (6)熔断器熔断
		温度控制器坏	更换温度控制器
		温度传感器坏	更换温度传感器

盾构机低压配电回路常见故障及处理措施　　　　　表 3-2-19

序号	故障现象	故障原因分析	故障处理措施
1	低压框架断路器不能合闸	配电回路有短路	检查接线
		配电回路接地故障	检查接线
		急停按钮按下	检查急停按钮
		断路器参数设置不正确	正确设置断路器参数
		相序不正确	调整相序
		保护回路接线不正确或松动	检查接线
2	电容柜内电容不投入	电容柜内断路器没合闸	合上断路器
		电容柜内断路器参数设置不正确	正确设置断路器参数
		电容补偿控制器参数设置不正确或未供电	正确设置补偿控制器参数,检查供电回路
		电容回路熔断器未装或熔断	检查熔断器
		电流互感器损坏	更换电流互感器
3	起动电机无动作	电机启动条件不满足	检查电机的启动条件
		电机回路断路器未合闸	检查电机回路断路器
		接触器控制回路未合闸或接线错误	检查接触器控制回路
		急停按钮被按下	检查急停按钮
4	起动电机抖动	供电回路缺相	测量电机回路三相电压
		电机接线错误或松动	检查电机回路接线
		电机堵转	检查电机拖动的机械设备
		电机烧毁	检查电机绝缘
5	电机启动时跳闸	电机回路断路器参数设置不正确	正确设置断路器参数
		电机回路接地	检查电机绝缘
		电机堵转	检查电机拖动的机械设备
		电机烧毁	检查电机绝缘
6	软起动器报故障	电机烧毁	检查电机绝缘
		电机接线不正确	检查电机接线
		电机堵转	检查电机拖动的机械设备
		电机回路接地	检查电机回路绝缘
		软起动器故障	联系盾构机生产厂家处理
7	变频器报故障	电机烧毁	检查电机绝缘
		电机接线不正确	检查电机回路接线
		电机回路接地	检查电机回路绝缘
		变频器参数设置不正确	重新设置变频器参数
		变频器故障	联系设备生产厂家处理
8	断路器合闸时打火	回路有短路	检查接线
		断路器故障	更换断路器
9	盾构机运行中突然停电	急停按钮被按下	检查急停按钮
		急停回路接线松动	检查急停回路接线
		安全继电器故障	更换安全继电器
		安全继电器未供电或供电不稳	检查安全继电器供电回路
		供电回路接地	测量回路绝缘电阻

盾构机控制回路常见故障与处治措施 表 3-2-20

序号	故障现象	原因分析	处治措施
1	主中央处理器(CPU)指示灯为绿灯,其他站总线指示灯为红灯	程序丢失	重新下载程序
		存储卡松动或损坏	重新插好存储卡或更换
2	上位机显示 PLC 未连接成功	工控机连不上 PLC	检查工控机 IP 设置,检查工控机 PG/PC 接口设置
3	子站及该子站后串联的其他子站报总线错误	网络终端电阻设置不正确	检查网络终端电阻设置
		DP 头接线松动或损坏	检查 DP 头及接线
4	PLC BAT 灯亮	PLC 电池电量不足	更换电池,用 FMR 键复位
5	主驱动电机超温	刀盘负载过大,连续脱困	减小脱困频次
		刀盘冷却水开关未打开	打开冷却水开关
		冷却水温度太高	加强内循环水的降温
		冷却水流量不足	检查冷却水水路
6	主驱动电机扭矩差超限	变频器参数设置不正确	联系设备生产厂家,检查变频器参数
		扭矩轴断扭矩限制器剪断	更换扭矩轴重新打压
7	主驱动电机速度差超限	变频器参数设置不正确	联系设备生产厂家,检查变频器参数
		电机扭矩轴断或扭矩限制器剪断	更换扭矩轴
8	气体检测传感器报警	气体检测传感器没有定期标定	定期标定
		气体检测传感器过期	更换传感器
		传感器损坏	更换传感器
9	工控机界面报"传感器检测回路故障"	传感器检测保险熔断、接线松动	检查传感器接线或熔断器
		传感器损坏	更换传感器
10	地面与地下通信中断	光纤终端盒与光端机之间的跳线连接不牢,对光不准	重新拔插光纤接头
		光缆破皮	将光缆破损处重新熔接,并用黑盒保护
		光纤断开	更换到光缆里的其他光纤
		光纤熔接质量差	重新熔接光纤

盾构机管片拼装机控制常见故障与处治措施 表 3-2-21

序号	故障现象	原因分析	处治措施
1	发射器红灯闪烁,1 次/s;蜂鸣器响;发射器抖动	遥控器电量不足	更换电池
2	发射器红绿灯交替闪烁	智能钥匙参数错误	确认智能钥匙的编号与发射器编号一致
		驱动智能钥匙的感应线圈插头掉落	将感应线圈的两根线插头插到主板
3	发射器绿灯闪三下灭一下,按键无反应;发射器按启动键后红灯一直亮	遥控器二级保护	(1)检查所有的按键应弹起; (2)检查所有的摇杆都在 0 位
4	发射器绿灯闪两下灭一下	发射器内部故障	联系设备生产厂家更换
5	发射器绿灯持续快闪	发射器内部故障	联系设备生产厂家更换
6	接收器所有灯不亮	接收器未供电或供电回路故障	(1)检查接收器供电电源及电缆; (2)检查接收器内的保险管是否完好

续上表

序号	故障现象	原因分析	处治措施
7	接收器 SI1 指示灯不亮	接收器与发射器不匹配	检查接收器与发射器的编号
		接收器智能钥匙参数错误	检查智能钥匙与接收器的编号
		接收器天线未装或未连接	检查天线是否连接
		接收器故障	联系设备生产厂家更换
8	接收器输出信号中断	接收器天线松动或未接	检查天线
		现场有两套遥控器,频率相同	联系设备生产厂家
9	发射器上的按键按下后,对应的继电器指示灯不亮,接收器无输出	发射器上按键、摇杆接触不良	联系设备生产厂家更换
10	发射器上的按键按下后,对应的继电器指示灯亮,但接收器无输出	接收器上的输出继电器故障	联系设备生产厂家更换
11	按动作机构的按键无动作,但是电铃可以响	转换开关没回零位	将转换开关置于零位
		有按键被按下没弹起,二级保护	检查所有机构动作的按键
		摇杆未回零位,二级保护	将摇杆回零

2.5.3 盾构机维护保养

为了保持盾构机的良好技术状态,应及时对盾构机进行维护保养。同时,有计划地维护保养对减少设备故障起着重要的预防作用。因此,盾构机的维护保养工作必须有计划地强制执行,包括检查、清洁、紧固、润滑等工作。

检查工作包括使用盾构机系统监测和现场检查。盾构机的系统监测功能能有效监测盾构机各部分的运行状态,实时采集数据并集中显示,而且对监测到的故障具有报警功能。现场检查是到工作现场对设备各部件和系统进行检查,检查盾构机的运行状态并进行评估。根据检查结果进行故障处理或其他维护保养工作。维护保养工程师应对盾构机的运行状态数据进行分析,对系统监测到的故障进行及时处理,对故障隐患予以排除,观察、检查和分析系统监测数据能大幅提高维护保养工作效率,节省检查时间。

所有维护保养工作一定要遵守使用说明书的要求,在保证安全的条件下进行。维护保养工作要认真做好书面记录,方便采取措施处理故障和有计划地实施维护保养工作。盾构机维护保养工作实施参见附件 3-2-4。

本章附件

附件 3-2-1　土压平衡盾构机
附件 3-2-2　泥水平衡盾构机
附件 3-2-3　盾构机选型案例
附件 3-2-4　盾构机维护保养工作实施

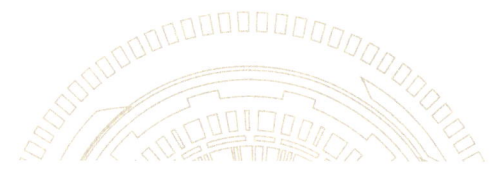

第 3 章
盾构法施工基本作业

按照不同的施工阶段,可将盾构施工分为施工准备、反力架及托架安装、盾构始发、盾构掘进以及盾构接收。作为盾构施工从业人员,必须对盾构施工全过程的重点把控事项有清醒的认识。本章通过技术资料与案例相结合的形式,对中国铁建的盾构施工经验做简明扼要的说明,旨在借助本章内容使项目盾构技术管理人员对于盾构施工形成体系化的认识。同时,通过本章盾构施工的技术案例分享,提升盾构技术管理人员理论与实际相结合的能力,强化技术与盾构施工相结合的意识。

3.1 施工准备

3.1.1 施工策划

盾构施工策划是从盾构施工的整体场地条件、周边环境出发,结合相关国家规范、地方规范以及企业盾构管控标准,对盾构施工工作进行全面调查、梳理和提升。盾构施工从设计阶段就应该介入相关工作,诸如对特殊地段设计方案、端头加固及中间可能存在的换刀点设计等,均应通盘考虑,提前纳入清单管理中。下面重点从盾构场区的环境调查、盾构风险源辨识等方面简述各项工作的重点安排及必须达到的效果。

(1)盾构场区的环境调查

盾构场区的环境调查总体来说可分为两个方面:一是区间上覆情况调查,即调查周边建(构)筑物情况、管线情况、周边影响范围内的施工情况等;二是对区间穿越范围的地质情况进行调查,重点是明确区间穿越范围的地质情况,尤其是不良地质情况。各项调查重点详见表3-3-1。

盾构场区环境调查统计　　　　表3-3-1

序号	调查方向	调查内容	重点信息
1	区间上覆情况	建(构)筑物	基础形式、基础深度、建(构)筑物结构情况
		管线	管径、埋深、基底情况、线路走向
		周边施工情况	调查周边影响范围内施工进展情况、基本设计信息等
2	区间穿越范围地质情况	不良地质	查明岩溶、红黏土、孤石、软硬互层等主要不良地质区段情况
		地下障碍物	调查是否有废弃的障碍物、管线等信息

（2）盾构风险源辨识

形成盾构场区全面调查成果后，方可进行盾构风险源辨识。辨识工作主要是对盾构施工影响较大的风险源进行分级辨识，针对影响级别高的，重点建立风险源应对措施及应急保障措施。盾构主要风险源辨识清单见表3-3-2。

盾构主要风险源辨识清单　　　　　　　　表3-3-2

序号	施工阶段	风险事件	主控项目
1	盾构始发	盾构吊装组装过程中起重伤害、机械伤害、触电、设备损坏	盾构机运输、吊装、下井组装、临电线路设计
		洞门破除过程中起重伤害、物体打击、高处坠落	脚手架搭设、安全防护、机械设备配置
		始发洞门涌水、涌泥、涌砂、土体坍塌	端头加固质量、洞门密封质量、注浆控制质量
		盾构反力架及支撑失稳	反力架设计方案、反力架加固质量、反力架变形监测
		盾构扭转	始发托架防扭转措施、刀盘转速、盾构机推力
		盾构始发轴线偏离设计中线过大	始发基座平面位置校核、区间轴线控制
2	盾构掘进	地面隆沉	同步注浆、二次注浆、土仓压力、渣土改良
		螺旋输送机喷涌	渣土改良、同步注浆、二次注浆
		掌子面失稳	土仓压力、同步注浆、二次注浆、渣土改良
		刀盘、刀具磨损	渣土改良
		遇不良地质	掘进参数控制
		盾尾漏浆	盾尾密封、同步注浆
3	盾构接收	盾构偏离接收井	导线复测、洞门环安装、盾构机姿态控制

3.1.2　勘察报告分析

重点关注与盾构施工、过程控制管理结合紧密的地质勘察参数，具体见表3-3-3。

勘察报告各地层重点参数　　　　　　　　表3-3-3

序号	地质类别	重点关注参数
1	淤泥等软土地层	土体重度、压缩系数、静止侧压力系数、渗透系数
2	砂层、砂卵石地层	标准贯入度、压缩系数、静止侧压力系数、渗透系数
3	泥岩地层	抗压强度、标准贯入度、渗透系数
4	风化岩及软硬不均复合地层	岩层抗压强度、岩石质量指标RQD、岩石软化性等
5	孤石、全断面岩层	压缩系数、静止侧压力系数、渗透系数、岩层抗压强度、岩石完整性等

（1）土体重度

在计算盾构机理论土压力及端头加固理论土体置换量时，应结合地质勘察报告中的土体重度数据对盾构始发的理论土仓压力进行计算。

（2）压缩系数

土体压缩系数是反映地层沉降速度的一个重要指标，在勘察报告中"土的主要物理力学性质统计表"里各对应土层的具体数值均有标明。按照系数数值范围，以压缩系数α_{1-2}表示分为以下三类：

①$\alpha_{1-2}<0.1$MPa属低压缩性土，即发生土体扰动后，不易产生沉降；

②$0.1$MPa$\leqslant\alpha_{1-2}<0.5$MPa属中压缩性土，即发生土体扰动后，不易产生较大沉降；

③$a_{1-2} \geqslant 0.5$MPa 属高压缩性土,即发生土体扰动后,易产生大的沉降。

土体压缩性越高,受到扰动后更容易出现较大的沉降,反之则不易出现较大沉降。

(3)静止侧压力系数

在盾构施工中,尤其是盾构始发前,需要对各类理论始发和掘进参数进行计算,其中理论土压力的计算需要参考静止侧压力系数。

(4)岩层抗压强度

当区间地质存在不良地层诸如块石、孤石等时,则需要关注岩层抗压强度指标。项目人员在熟悉该参数时,一定要结合孔位图及地质纵断面图详细了解该地层所处线路区域,提前处理,避免影响盾构施工。

根据勘察报告中的岩层抗压强度参数,可以对盾构刀盘、刀具配置进行有效的分析改造,岩层抗压强度与刀具配置的关系详见表3-3-4。

岩层抗压强度与刀具配置的关系 表3-3-4

序号	岩层抗压强度(MPa)	刀具配置
1	$f_c < 20$	切刀、先行刀、中心刀、超挖刀和周边刮刀
2	$20 < f_c < 50$	以滚刀为主、适当配置切刀、先行刀(重型撕裂刀)、中心刀、仿形刀和周边刮刀
3	$50 < f_c < 80$	以滚刀为主、适当配置切刀
4	$f_c > 80$	全断面滚刀

(5)岩石质量指标

岩石质量指标 RQD 是指用直径为75mm 的金刚石钻头和双层岩芯管在岩石中钻进、连续取芯,回次钻进所取岩芯中,长度大于10cm 的岩芯段长度之和与该回次进尺的比值,以百分比表示。RQD 值越高,说明岩石整体性越好,在盾构施工前,同样应对完整性较好的块石进行预处理。

显然 RQD 值主要反映岩石完整程度,即裂隙在该地段地层中的发育程度。按 RQD 值的高低,将岩石质量划分为五类,见表3-3-5。

RQD 指标分类表 表3-3-5

类 别	RQD(%)	岩石质量	类 别	RQD(%)	岩石质量
1	≥90	好	4	[25~50)	差
2	[75~90)	较好	5	<25	极差
3	[50~75)	较差			

RQD 是考量岩层质量的参考指标,对盾构施工具有很强的指导作用,在阅读勘察报告时,对于报告中反馈的关键内容,一定要详细了解,具体分析。

(6)岩土软化性

岩土浸水后强度和稳定性降低的性质称为岩土软化性,用软化系数 k_d(表征岩土耐水性的参数,指饱和状态下材料的无侧限抗压强度与干燥状态下材料的无侧限抗压强度的比值)表示。若 $k_d > 75\%$,则岩土软化性弱,抗水、抗风化能力强;若 $k_d < 75\%$,则岩土软化性强,抗水、抗风化能力弱。

(7)标准贯入度

标准贯入度是考量地层承载力的一个重要指标,其不同数值与密实度的关系见表3-3-6。

标准贯入度与密实度的关系　　　　表 3-3-6

标准贯入试验锤击数 N	密 实 度	标准贯入试验锤击数 N	密 实 度
$N \leqslant 10$	松散	$15 < N \leqslant 30$	中密
$10 < N \leqslant 15$	稍密	$N > 30$	密实

（8）土体渗透性

土体渗透性是指流体在土体孔隙中的流动特性，是土的主要力学性质之一。渗透系数与渗透程度的关系参见表 3-3-7。

土的渗透性分类　　　　表 3-3-7

渗透程度	高渗透性	中渗透性	低渗透性	极低渗透性	实际不透水
渗透系数 $k(m/s)$	$>10^{-1}$	$10^{-1} \sim 10^{-3}$	$10^{-3} \sim 10^{-5}$	$10^{-5} \sim 10^{-7}$	$<10^{-7}$

土体渗透性越高，土层中水的流动性越大，浆液扩散范围越大，掘进过程中引起地表沉降的可能性越大。此外，土压平衡盾构机在富水高渗透性地层中掘进时，若渣土改良效果差，极易导致水夹杂着细小的泥沙从螺旋输送机中喷涌而出，造成事故。

3.1.3　区间地质情况补勘

盾构施工开始前，应及时与勘察单位联系，在原来的地质详勘基础上，尽快开展地质补勘工作。补勘工作重点放在对区间线路范围内的地质补勘上，针对详勘报告里涉及的可能对盾构施工产生影响的区域进行重点勘察。补勘钻孔设置应在区间隧道范围之外，如遇复杂地质位于隧道范围以内的特殊情况，需要对隧道范围内的地层进行补勘，但在补勘结束后应对勘察钻孔进行有效封堵，防止盾构掘进过程中出现土仓漏压问题。

1）补勘内容及方式

补勘内容及方式详见表 3-3-8。

盾构区间施工补勘内容及方式　　　　表 3-3-8

序号	补勘内容	补勘方式	主要关注内容
1	岩溶专项补勘	地质钻孔循环发散探边	洞径、高度、充填方式、溶洞覆盖情况、发育类型
2	孤石专项补勘	地质钻孔+超声波检测、微动探测法	孤石粒径、强度、分布情况
3	软弱地层补勘	地质钻孔取芯	压缩系数、分布范围、与隧道的关系

2）补勘工作要点

（1）补勘钻孔设计

勘探点数量及间距、勘探孔的布置应符合专业设计提供的资料和设计要求，并考虑工程地质和水文地质条件、隧道埋深和施工方法等因素综合确定。补勘点位选择应注意避开区间隧道范围，避免钻孔过程中出现钻杆掉入隧道范围影响盾构掘进施工的情况。若地铁线路纵坡不稳定，勘探孔可适当加深，以免浪费勘探工作量。

（2）不良地质调查

不良地质及特殊土勘察过程中要查清地铁线路通过处的不良地质及特殊岩土分布。详细了解不良地质区域，会对项目后期盾构施工起到很好的辅助作用。

(3) 补勘成果分析

补勘工作结束后,要求补勘单位尽快出具补勘报告。报告出具后,组织技术人员分析补勘报告,对存在不良地质如岩溶、孤石、软弱性黏土等需要提前处理的区域,尽快与建设单位、设计单位、勘察单位沟通,提前处理,确保各项施工顺利。

3.1.4 施工方案编制

盾构施工的方案编制应充分考虑场地条件和地质情况,尤其是涉及危险性较大的方案编制时,应重点对盾构施工的各项场地条件、掘进条件、施工参数等进行全面综合的考量、计算,以形成盾构施工全套方案。盾构施工主要方案编制清单详见表3-3-9。

盾构施工主要方案编制清单 表3-3-9

序号	方案名称	评审级别	备注
1	盾构施工场地布置方案	—	—
2	门式起重机安拆工程安全专项施工方案	专家评审	30t以上的门吊安拆工程
3	盾构机吊装安全专项施工方案	专家评审	
4	洞门破除施工方案	—	
5	端头加固施工方案	—	
6	盾构始发、掘进、到达安全专项施工方案	专家评审	
7	盾构机适应性评估	专家咨询	
8	盾构穿越风险源安全专项施工方案	专家评审	必要时
9	盾构区间测量及监测专项方案	—	
10	盾构开仓换刀安全专项施工方案	专家评审	必要时
11	盾构区间试验及检测专项方案	—	—
12	负环拆除方案	专家评审	必要时
13	区间降水方案	专家评审	必要时
14	临水、临电方案	专家评审	必要时

注:本表按照住房和城乡建设部《危险性较大的分部分项工程安全管理规定》的要求总结编制。

3.1.5 试验材料送检检测

盾构始发前,应完成洞门水平芯样、管片原材料、防水材料、盾构注浆材料等全部试验材料的送检并确认合格后,方可进行盾构施工。盾构原材料送检项目通常包括以下几项内容,部分地区管片材料和当地要求不一,送检内容可能在此基础上会有所增加,详见表3-3-10。

盾构施工取样送检材料 表3-3-10

序号	名称	序号	名称
1	普通硅酸盐水泥P.O 42.5级	7	丁腈软木橡胶
2	粉煤灰	8	黏结剂
3	细砂	9	管片螺栓
4	硝石灰	10	三元乙丙橡胶密封垫
5	自黏性橡胶薄板	11	盾构注浆砂浆配合比
6	遇水膨胀密封圈	12	特殊地质厚浆材料

3.1.6 理论掘进参数计算

1）土压平衡盾构施工参数计算

盾构始发前，应明确盾构施工各项理论参数，并对盾构施工班组进行技术交底。实际盾构施工中所需参数及确定原则见表3-3-11。

盾构施工所需参数及确定原则   表3-3-11

序号	参　　数	确　定　原　则
1	理论土仓压力	土仓压力能确保刀盘前方掌子面稳定
2	理论盾构机推力	推力满足盾构掘进速度要求
3	理论出土量	按照开挖断面及盾构进尺确定
4	同步注浆量	浆液完全填充盾体与开挖断面之间的间隙
5	同步注浆、二次注浆压力	不得高于0.5MPa

（1）理论土仓压力确定

土仓压力的确定应结合项目区间地质情况进行综合分析，对于地层自稳性好的盾构掘进始发施工，可采取欠压模式进行始发；而对于地层自稳性差且富水的地层，应按照计算的理论土仓压力进行带压掘进。

通常来说，盾构的土仓压力计算应结合隧道埋深进行计算。深、浅埋隧道的判定一般以隧道顶部覆盖层能否形成"自然拱"为原则。深埋隧道围岩松动压力值是根据施工坍方平均高度（等效荷载高度）确定的。土仓压力的确定步骤通常有如下几步：

①根据隧道所处的地层以及隧道周边地表环境状况的复杂程度，计算水平侧向力。

对于深埋隧道，按照现行《铁路隧道设计规范》（TB 10003），一般根据隧道围岩分类和地层情况进行水平侧向力计算，即：

$$\sigma_{\text{水平侧向力}} = E_a \times 0.45 \times 2^{6-s} \gamma \omega \tag{3-3-1}$$

式中：γ——土体重度；

s——隧道围岩等级；

E_a——根据围岩级别确定的水平侧压力系数，见表3-3-12。

$$\omega = 1 + i(B-5)$$

其中，B为隧道净宽度；i以$B=5\text{m}$为基准，当$B<5\text{m}$时，取$i=0.2$，当$B>5\text{m}$时，取$i=0.1$。

水平侧压力系数   表3-3-12

围岩等级	Ⅰ～Ⅱ	Ⅲ	Ⅳ	Ⅴ	Ⅵ
水平侧压力系数 E_a	0	1/6	1/6～1/3	1/3～1/2	1/2～1

对于浅埋隧道，水平侧向力需要分别按朗肯主动土压力理论[式(3-3-2)]和静止土压力进行计算，确定上限值和下限值。

$$\sigma_a = \sigma_z \tan^2\left(45° - \frac{\varphi}{2}\right) - 2c\tan\left(45° - \frac{\varphi}{2}\right) \tag{3-3-2}$$

式中：σ_z——盾体深度处的地层自重应力；

c——土的黏聚力。

②根据地下水压力，计算刀盘水压力。

$$\sigma_{刀盘} = q \times \gamma h \tag{3-3-3}$$

式中：q——土体渗透系数确定的经验数值，在砂土地层中 $q = 0.5 \sim 1.0$，在黏性土中 $q = 0.1 \sim 0.5$，在风化岩层中 $q = 0 \sim 0.5$，其中经验值可依据详勘报告中的地层透水性来进行选取，透水性越强，则 q 的取值越大；

γ——水的重度；

h——地下水位距刀盘顶部的高度。

③根据不同的施工环境、条件及施工经验，确定修正盾构土仓压力的调整值。通常情况下，将 $0.01 \sim 0.02$MPa 的压力值作为调整值。

④根据确定的水平侧向力、地层水压力以及施工土压力调整值得出理论土仓压力。

$$\sigma_{初步设定} = \sigma_{水平侧向土压力} + \sigma_{水压力} + \sigma_{调整值} \tag{3-3-4}$$

下面以成都某项目盾构掘进理论土压力计算为案例进行计算说明。

成都某项目盾构区间隧道开挖直径为 6.25m，采用装配式钢筋混凝土管片衬砌，隧道上覆土厚度最大约 18.5m，最小约 5.8m。根据地质勘察报告，区间隧道围岩等级为 V 级，出场线始发段隧道埋深约 5.8m，地下水位为地下 2m。

在浅埋隧道施工时，为了使工作面前方的土体保持稳定的状态，不致因盾构掘进发生变形或产生移位的趋势，应以静止土压力为主要依据。根据施工所处的地段、地层、施工环境给出一个土压上限值以及一个土压下限值。

$$\begin{aligned}
\sigma_a &= \sigma_z \tan^2\left(45° - \frac{\varphi}{2}\right) - 2c\tan\left(45° - \frac{\varphi}{2}\right) \\
&= 2.20 \times 6 \times \tan^2\left(45° - \frac{30°}{2}\right) - 2c\tan\left(45° - \frac{30°}{2}\right) \\
&= 0.42\text{MPa}
\end{aligned}$$

$$\sigma_{静止} = k_0 \times \gamma z = 0.35 \times 2.2 \times 6 = 0.0462\text{MPa}$$

在中密实卵石土中，计算地层水压力时 q 取 0.1，则：

$$\sigma_{刀盘} = q \times \gamma h = 0.1 \times 1 \times (6-2) = 0.005\text{MPa}$$

将 $0.010 \sim 0.020$MPa 作为调整值来修正施工土压力，即：

$$\sigma_{刀盘} = 0.015 \sim 0.025\text{MPa}$$

上限值 $P_{max} = $ 地下水压 + 静止土压 + 调整值 $= 0.010 + 0.0462 + (0.015 \sim 0.025)$
$= 0.0712 \sim 0.0812$MPa

下限值 $P_{min} = $ 地下水压 + 主动土压 $= 0.010 + 0.042 = 0.052$MPa

（2）理论掘进推力确定

盾构始发阶段需要的推力应满足以下要求：

盾构机总推力 > 盾壳与土层的摩擦力(F_1) + 刀盘推进力(F_2) + 切土所需要的推力(F_3) + 盾尾与管片之间的摩阻力(F_4) + 后方台车的阻力(F_5)

即

$$F = \alpha(F_1 + F_2 + F_3 + F_4 + F_5) \tag{3-3-5}$$

下面以某项目的实际计算案例说明盾构总推力的确定方法，本节理论总推力计算数据仅作为盾构机推进系统性能复核的数据，实际始发时，应结合始发井周边环境采取低于理论计算值的数据进行始发作业。

某盾构区间隧道顶部埋深约 10.8m,对盾构计算取此断面埋深为最大埋深值,区间地质参数见表 3-3-13。

区间地质参数　　　　　　　　　　　表 3-3-13

序号	参　　数	数　　值
1	重度 γ	19.4kN/m³
2	地面超载 P_0	20kN/m²
3	水平侧压力系数 λ	0.47
4	盾构机外径 D	6.25m
5	盾体长度 L	8.32m
6	盾体质量 m	340t
7	土的黏聚力 c	45kN/m²

① 计算盾构机所受土压力

盾构机所受土压力示意图如图 3-3-1 所示。

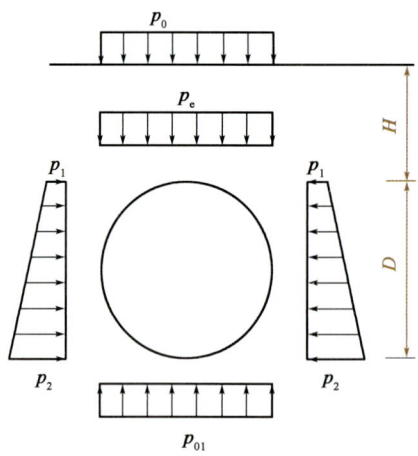

图 3-3-1　盾构机所受土压力示意图

a. 计算盾构机上部的均布围岩竖向压力 p_e:

$$p_e = \gamma h + P_0 = 19.4 \times 10.8 + 20 = 229.52 \text{kN/m}^2$$

b. 计算盾构机底部的均布压力 p_{01}:

$$p_{01} = p_e + \frac{G}{DL} = 229.52 + \frac{3400}{6.25 \times 8.32} = 294.9 \text{kN/m}^2$$

c. 计算盾构机拱顶处的侧向水土压力 p_1:

$$p_1 = p_e \times \lambda = 229.52 \times 0.47 = 107.87 \text{kN/m}^2$$

d. 计算盾构机底部的侧向水土压力 p_2:

$$p_2 = (p_e + \gamma D) \times \lambda = (229.52 + 19.4 \times 6.25) \times 0.47 = 164.86 \text{kN/m}^2$$

② 计算盾构机推力

a. 计算盾壳与土层的摩擦力 F_1:

$$F_1 = \frac{1}{4}(p_e + p_{01} + p_1 + p_2)DL\mu\pi = \frac{1}{4}(229.52 + 294.9 + 107.87 + 164.86) \times 6.25 \times 8.32 \times 0.3\pi$$
$$= 9761.90 \text{kN}$$

式中：μ——土体与盾体的摩擦系数，本项目可取 $\mu=0.3$。

b. 计算刀盘推进力 F_2：

$$F_2 = \frac{\pi(D^2 p_d)}{4} = \frac{\pi(6.25^2 \times 126.97)}{4} = 3893.42 \text{kN}$$

式中：p_d——水平土压力，且 $p_d = \lambda\gamma\left(h+\frac{D}{2}\right) = 0.47 \times 19.4 \times \left(10.8 + \frac{6.25}{2}\right) = 126.97 \text{kN/m}^2$。

c. 计算切土所需要的推力 F_3：

$$F_3 = \frac{\pi(D^2 c)}{4} = \frac{\pi(6.25^2 \times 45)}{4} = 1379.9 \text{kN}$$

式中：c——土的黏聚力，c 取 45kN/m^2。

d. 计算盾尾与管片之间的摩阻力 F_4：

$$F_4 = m_c \mu_c = 48.24 \times 10 \times 0.3 = 144.7 \text{kN}$$

式中：m_c——两环管片的质量（假定有两环管片作用在盾尾），本项目单环管片质量约为 24.12 kg；

μ_c——盾尾与管片之间的摩阻力系数，按照 0.3 进行考虑。

e. 计算后方台车的阻力 F_5：

$$F_5 = m_h \times \sin\theta + \mu_g m_h \cos\theta = (160 \times 0.025 + 0.05 \times 160 \times 1) \times 10 = 120 \text{kN}$$

式中：m_h——盾尾台车的质量，取 $m_h = 1600 \text{kg}$；

θ——施工压段最大坡度，$\tan\theta = 0.025$；

μ_g——滚动摩阻系数，取 0.05。

f. 计算盾构总推力：

在盾构上坡和转弯时盾构的推力按直线水平段的 1.2 倍考虑，盾构的理论计算推力应为：

$$F = \alpha(F_1 + F_2 + F_3 + F_4 + F_5) = 1.2 \times (9761.9 + 3893.42 + 1379.9 + 144.7 + 120)$$
$$= 18359.9 \text{kN}$$

（3）推进速度及出土量

在初始阶段时，推进速度要慢，一般转速小于 1r/min，速度应控制在 10mm/min 之内，待刀盘通过土层加固区后掘进速度逐渐调整为 10~40mm/min。

盾构隧道每环理论出土量 $V = k \times \frac{\pi D^2 L}{4}$（式中，$D$ 为刀盘外径，L 为管片长度，k 为土体松散系数）；

盾构掘进时出土量控制在 97%~103% 之间。当出土量小于 97% 时，在下一环适当减少土仓压力，一般调整量为 0.2bar，并密切注意地表隆起情况；当出土量大于 103% 时，应立即关闭螺旋输送机，停止出土，并观察地表沉降情况，如果沉降过大，则继续加大土仓压力，直到地表沉降控制在允许范围内。

（4）同步注浆量确定

V_1 理论上应为管片与土体之间的空隙体积，因此，每环的理论注浆量可按下式计算：

$$V_1 = \lambda \times \pi \times (R^2 - r^2) \times L \tag{3-3-6}$$

式中：R——开挖面半径（m）；

r——管片外径（m）；

L——管片长度（m）；

λ——经验充盈系数，经验充盈系数需根据该地区同类工程经验进行综合考量。

2）泥水平衡盾构施工参数计算

泥水平衡盾构施工所需参数见表3-3-14。

泥水平衡盾构施工所需参数 　　　　　　表3-3-14

序号	名　称	备　注
1	理论切口压力	保证掌子面稳定的关键要素
2	气压仓压力	可利用切口压力值计算
3	掘进速度	主要考虑最低点高差、沿程损失、弯头损失
4	掘削量	(1) 一般地质泥浆相对密度为 1.1~1.2，黏度为 17~20s； (2) 特殊地质泥浆相对密度控制在 1.2~1.25，黏度控制在 18~22s
5	盾尾油脂注入量	油脂压力的设定要考虑覆土厚度和注浆压力
6	排泥管携渣能力	主要取决于泥浆相对密度、泥浆流速
7	卵石起动流速	泥浆出口处也是卵石不易排出的最危险断面

(1) 理论切口压力

切口压力是指盾构掘进时为保持压力平衡在刀盘最上部产生的压力，它的控制是泥水平衡盾构机开挖掌子面稳定的关键控制要素之一。切口压力过高或过低会产生冒顶或坍塌，在泥浆循环时应控制好进出浆流量和进浆管压力。

①切口压力理论计算

a. 切口水压上限值：

$$p_{上} = p_1 + p_2 + p_3 = \gamma_w \times h + K_0 [(\gamma - \gamma_w) \times h + \gamma \times (H - h)] + 20 \quad (3\text{-}3\text{-}7)$$

式中：$p_{上}$——切口水压上限值(kPa)；

p_1——地下水压力(kPa)；

p_2——静止土压力(kPa)；

p_3——变动土压力(kPa)，一般取 20kPa；

γ_w——水的重度(kN/m³)；

h——地下水位以下的隧道埋深(算至隧道中心)(m)；

K_0——静止土压力系数；

γ——土的重度(kN/m³)；

H——隧道埋深(算至隧道中心)(m)。

b. 切口水压下限值：

$$p_{下} = p_1 + p_2' + p_3 = \gamma_w \times h + K_a [(\gamma - \gamma_w) \times h + \gamma \times (H - h)] - 2 \times c_u \times \sqrt{K_a} + 20$$

式中：$p_{下}$——切口水压下限值(kPa)；

p_2'——主动土压力(kPa)；

K_a——主动土压力系数；

c_u——土的黏聚力(kPa)。

②切口压力控制原则

a. 根据工程地质、水文地质条件等勘察资料，选择水土分算或水土合算，计算隧道中心及顶部压力设定值，施工中以隧道顶部压力为控制值并兼顾中心压力，同步根据掘进参数与监测信息及时调整；

b. 根据切口压力计算值及时调整气压仓压力;

c. 实时调节进出浆相对密度与气压仓液位;

d. 切口压力的计算和取值应根据地表监测数据进行修正;

e. 盾构穿越上软下硬地层时,顶部软弱地层对开挖敏感性大,在掘进过程中严格控制掌子面的切口压力波动,实际操作切口压力比理论计算压力略大 0～0.2bar,不宜差距过大,以保持掌子面的稳定性,不至于引起掌子面顶部击穿和坍塌现象;

f. 切口压力传感器应定期冲刷,避免传感器浆液的污染而带来切口压力的不确定,掘进时气压仓内液位稳定,避免因液位过高或过低产生切口压力的波动。

(2)气压仓压力

气压仓压力 = 切口压力 + 泥浆密度 × 重力加速度 × 液面差,也可以利用切口压力公式计算气压仓压力,隧道中心处所承受压力即为气压仓压力。

(3)掘进速度

掘进参数控制应注意以下几点:

①盾构启动时,盾构司机检查千斤顶是否顶实,开始推进和结束推进之前速度不宜过快,每环掘进开始时,逐步提高掘进速度,防止启动速度过大冲击扰动地层;

②掘进速度宜与同步注浆量、盾尾油脂压注量、泥水系统进排浆流量匹配;

③掘进速度宜与刀盘扭矩相匹配,刀盘扭矩控制在警示值以内,刀盘扭矩波动过大时查找原因及时处理;

④发现掘进速度与切削量不匹配时,宜检查泥水密度、黏度和切口压力,查明原因,及时调整掘进参数。

(4)掘削量

盾构掘进实际掘削量 V_R 可由下式计算得到:

$$V_R = (Q_1 - Q_0) \times t \tag{3-3-8}$$

式中:V_R——实际掘削量(m^3);

Q_1——排泥流量(m^3/min);

Q_0——送泥流量(m^3/min);

t——掘削时间(min)。

当发现掘削量过大时,应立即检查泥水密度、黏度和切口水压。此外,也可以利用探查装置,调查土体坍塌情况,查明原因后应及时调整有关参数,确保开挖面稳定。

推进过程中根据进出泥浆流量计和密度计测定的流量和密度,对进出泥浆中包含的掘削干砂量的体积进行计算,绘制土砂量、干砂量计算曲线,跟踪观察盾构每环掘削量。将中央控制室监视盘所显示的掘削干砂量与管理值(即理论掘削干砂量)相比较,根据两者之间的差距,判断开挖面的崩溃剩余挖掘量、超挖量及地质变化等情况。

(5)盾尾油脂注入量

在掘进过程中,注入盾尾油脂的目的是阻止泥沙、水土从已拼装成环的管片和盾壳间的间隙处流入盾构机内,同时减少钢丝刷、钢板束与管片外弧面的摩擦,延长钢丝刷的使用寿命。盾构拼装负环前,在盾尾密封刷与钢板束之间的密封腔内均匀地涂刷满油脂。在掘进过程中根据盾尾油脂的损失情况,采用盾构自动供脂系统及时补充盾尾油脂,以提高密封性能。

(6) 排泥管携渣能力

携渣能力主要取决于泥浆密度、泥浆流速。采用泥浆输送土颗粒时,确保管内颗粒无沉淀的极限流速一般由 Durand 公式计算:

$$v_\mathrm{L} = K\sqrt{2gD\frac{d_\mathrm{s}-d_\mathrm{m}}{d_\mathrm{m}}} \quad (\text{适用于粒径为 2mm 以下的地层土颗粒}) \tag{3-3-9}$$

式中:v_L——临界沉淀流速(m/s);

D——管内径(m);

d_s——土粒的相对密度,取 2.6~2.7;

d_m——泥浆的相对密度;

K——与泥浆浓度 C_v 相关的系数。

当粒径超过 2mm 时,k 为恒定值,一般取 1.34。盾构实际掘进中,排出的泥浆相对密度一般在 1.3~1.5 之间。

$$C_\mathrm{v} = \frac{d_\mathrm{m}-d_\mathrm{w}}{d_\mathrm{s}-d_\mathrm{w}} \times 100\% = \frac{\gamma-1}{d_\mathrm{s}-1} \times 100\% \tag{3-3-10}$$

式中:d_w——水的相对密度。

(7) 卵石起动流速

目前,关于卵石起动流速常用的计算方法为沙莫夫计算公式:

$$v = 1.14\sqrt{\frac{d_\mathrm{p}-d_\mathrm{m}}{d_\mathrm{m}}gD}\left(\frac{h}{D}\right)^{1/6} \tag{3-3-11}$$

式中:v——管内泥浆流速(m/s);

D——管内径(m);

d_p——卵石的相对密度,取 2.6~2.7;

d_m——泥浆的相对密度;

h——水深(m)。

沙莫夫公式是针对无压明渠试验和理论分析得到的公式,其与盾构泥水输送边界条件有很大的区别。但是,盾构泥浆出口处的压力可以近似为大气压,因此在这一点上可以套用适用明渠的计算公式。由于泥浆与管道壁阻力的存在,沿途产生损失使得泥浆出口处的泥浆压力最小,即泥浆出口处也是卵石不易排出的最危险断面。

3.1.7 人员、物资材料准备

盾构始发前应全面考虑现场实际情况,配齐所需的特种作业人员、设备及物资材料,本书以单台直径 6.25m 的土压平衡盾构机和直径 6m 的泥水平衡盾构机的人员、物资材料为例进行说明,详细内容参见附件 3-3-1、附件 3-3-2。

3.1.8 场地准备

1) 总体思路

盾构施工的场地布置安排是盾构成功的关键环节,现场管理人员进行盾构场地布置安排的首要原则是确保各项设备能有效配合,避免施工时交叉作业出现互相影响的问题。盾构施工区域场地布置主要包括垂直及水平运输系统、渣土池、管片堆场及其后配套材料堆放区、砂浆站、临时水电系统以及冷却系统等。结合过往施工经验,现场技术管理人员在进行盾构施工场地布置时,可参考如图3-3-2所示总体思路进行场地布置。

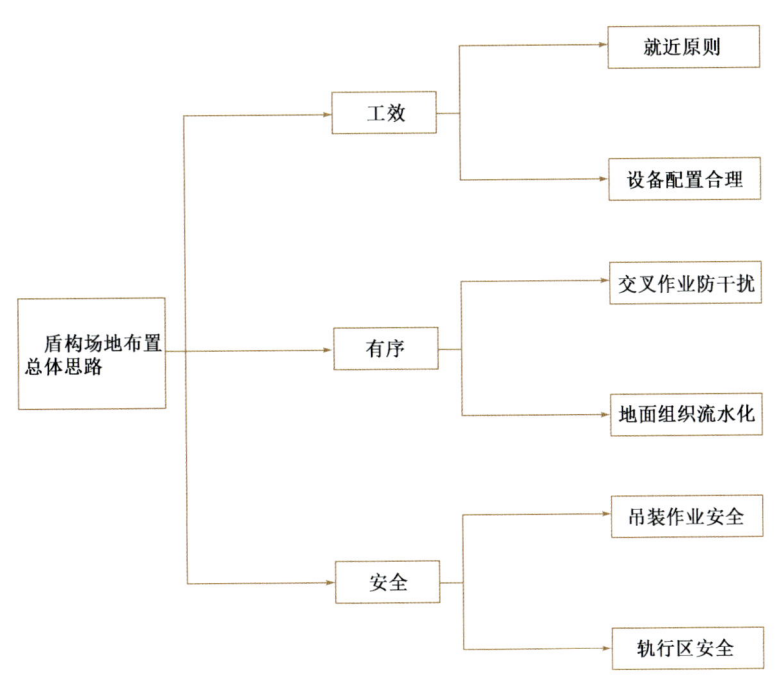

图 3-3-2　盾构场地布置总体思路图

（1）工效

盾构掘进工期是决定项目整体工期的关键。故在进行场地布置时,应重点考虑施工工效的问题,图3-3-2给出了两个重点原则:一是就近原则,即各项主要机械设备及各种临时设备必须就近安排,减少地面运输系统的处理时间,如出土口与渣土池就近安排、管片堆场与管片吊装口就近设计等;二是设备配置合理,即确保各项设备满足实际的盾构施工需求,如各项运输系统的选型、拌合站的选型等均应按照现场实际要求来进行设计,运输系统的编组应满足一个工序循环的要求(见本章3.4.10小节)。

（2）有序

在盾构施工中,存在多个工序交叉作业的情况,所以在进行场布设计前,应全面考虑现场交叉作业的客观要求,尤其是对于复杂盾构作业,有条件进行可视化演示的(可利用Revit、Lumion等动画制作软件),一定要进行推演,避免因考虑不周现场出现交叉作业的硬性干扰问题,影响整体的施工工效。另外,在进行场地布置时,应重点考虑地面运输系统的设计,尤其是盾构管片运输系统、现场道路运输系统、门吊运输系统等的地面配合组织问题,最理想的情况应是上述三者互不干扰,形成流水化作业,实现管片运输与现场其他材料运输不冲突、门吊运输与其他材料运输不冲突。

（3）安全

安全方面需着重注意两点。第一点是确保吊装作业安全,即做好门吊的水平运输及垂直吊装过程的安全控制,目的是尽量减少吊装区域作业面,减少水平及垂直吊装的常用设备,空出场地作为物资堆场。第二点是确保轨行区的安全,即保证门吊基础轨道梁、轨道覆盖范围内的安全设计。施工现场可通过增加各类监控预警设备,及时提示轨行区风险,保证作业安全。

2）土压平衡盾构场地布置原则

以如图 3-3-3 所示的标准车站施工场地的基础设计模型为例来说明标准场地布置原则。通常情况下，土压平衡盾构施工场地的主要大型临时设备布置可参考如下方法进行设计。

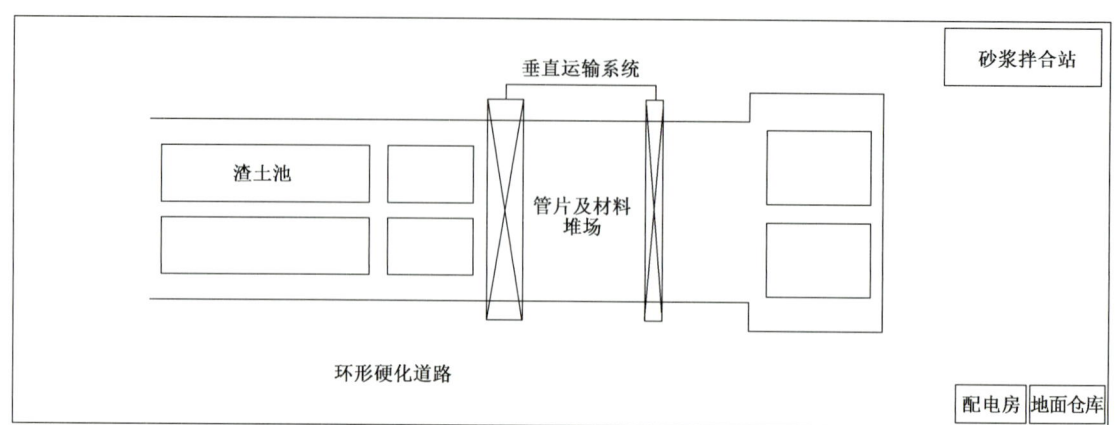

图 3-3-3　标准车站盾构施工场地的基础设计模型

（1）砂浆拌合站

砂浆拌合站应同时满足在建盾构区间施工的浆液供给需求，砂浆站需配置相应的存砂场及膨润土场，砂浆站及制浆材料堆场应尽量靠近端头，避免放浆距离过长造成堵管，同时避免材料二次倒运提高施工成本。此外，为了应对日趋严格的环保要求，现场砂浆拌合站宜尽量采用封闭设计。砂浆拌合站设计示例如图 3-3-4 所示。

（2）配电房

施工场地安装箱式综合变电站，具体应与现场设备功率相适应。中压柜直接接到盾构机变压器提供盾构施工用电，低压柜用于盾构配套设备、车站施工配套设备以及办公生活区供电。

中压电缆输送进隧道内供盾构机使用时，用绝缘电缆支架架设在隧道掘进方向的右侧。在盾构机变压器输出端用两面带有机械连锁的低压配电断路器为自发电、网电两路配电，保证供电的安全可靠。

（3）地面仓库

地面应设置盾构施工材料仓库，将盾构施工所需的防水材料、小五金配件等材料分类放置，存放应规范整洁且便于取用，尤其应注意润滑油和水玻璃等材料应按照作用类型分开放置，避免混用；同时，应在地面仓库旁单独设计应急物资仓库，应急物资仓库应独立运作。常见地面仓库为板房结构的临时仓库，设计示例如图 3-3-5 所示。

图 3-3-4　密封式砂浆拌合站

图 3-3-5　盾构地面仓库设计

(4)管片及材料堆场

管片应放置于门式起重机轨道范围内,并靠近盾构吊装孔放置,以尽量缩短管片运距,提升施工效率。管片堆放量应至少满足当天(白班+晚班)盾构施工需要的管片数量。管片堆场与材料堆场可以设置在轨行区的同一区域内,方便垂直运输系统进行材料吊装作业,规划场地的大小可根据实际情况确定,若场地偏小,则可考虑将部分材料转移至中板存放。管片堆场设计与管片托架设置示例如图3-3-6、图3-3-7所示。

图3-3-6 管片堆场设计

图3-3-7 管片托架设置

(5)垂直运输系统

门式起重机系统的选型对盾构施工工效的提升作用显著,门式起重机的选型主要依据现场管片吊装、渣土倒运以及各类材料的最大吊重确定,同时应注意吊装提升速度的选型,目的是提高吊装作业效率。

对于场地较小、渣土池无法设置在顶板或者顶板无法堆放管片作为现场材料堆放区的情况,可考虑将门式起重机与始发端头井垂直设置,将管片及相关的渣土池、材料堆场均设置于门式起重机行走范围的场地内,门式起重机的主要布置形式可参考图3-3-8。

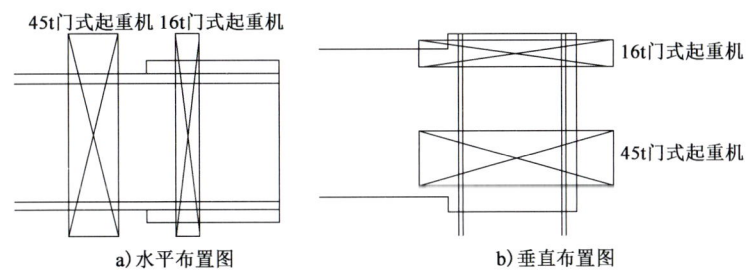

图3-3-8 常见门式起重机布置形式

(6)环形硬化道路

现场道路尽量利用永久性道路,道路要保证车辆行驶通畅,最好能环绕车站基坑布置成环形道路,路宽应不小于6m,必要时需预设错车平台。

(7)渣土池

渣土池等尽量靠近出土口放置,以缩短管片、土方的运距,提高施工效率。随着现在各地环保施工要求越来越高,各地地铁施工均面临着不同程度的土方外运难题,在条件允许的情况下,渣土池的设置应尽可能最大化,规避土方外运困难引起盾构停工的局面。

为了避免门式起重机倒运渣土的过程中产生的渣土飞溅,影响场地整体的安全文明情况,通常在渣土池挡土墙上增设"方钢+彩钢瓦"组合成的挡泥板来防止渣土飞溅造成不良影响,挡泥板设计示例如图 3-3-9 所示。

图 3-3-9　渣土池挡泥板设计示例

土压平衡盾构场地布置的相关案例可参见附件 3-3-3。

3）泥水平衡盾构场地布置原则

（1）场地准备原则

泥水处理设备包含泥水分离设备、制浆设备、调浆设备、压滤设备、集中控制设备等子项。泥水处理系统场地布置应符合下列原则：

①泥水处理系统场地应设置沉淀池和污水处理设备,周边应设置挡墙及合理的排水系统,泥浆和施工废水经处理后统一排放,泥浆不应污染道路、绿化,不应直接进入市政排水管路。一般采用线形布置原则,排泥流量与开挖直径有关。

②应围绕在工作井周边设置,减少泥浆泵扬程损耗,提高设备工作效率。

③泥水处理系统应选择在地下无建（构）筑物、管线等障碍物和危险源的场地布置,且应满足泥浆池地下开挖和储存泥浆的安全需求。

④应合理规划泥浆处理场地的布置,泥浆处理形成流水作业,最大限度地利用场地。

在实际施工中,由于设备的占地面积及泥水处理能力不同,应根据场地实际情况进行合理布置。如因市政道路通行造成泥水处理场地与主场地分隔,可采用暗埋泥浆管路连接泥水处理设备与主场地。

（2）场地划分

盾构场地布置主要包括盾构各部件存放场地、刀盘焊接场地、门式起重机布置、管片箱涵存放场地、盾构物料存放区、加工场、仓库、拌合站、泥水场。其中刀盘焊接区要单独布置,设立临时厂房,距离工作井不宜太远,门式起重机跨度尽量与围护结构一致,管片箱涵存放于门式起重机吊装区域,方便吊装,但要注意荷载,泥水场场地要满足存渣需要。

泥水处理场平面布置按区域功能可分为主要设施区域、辅助设施区域及场内道路（图 3-3-10）。主要设施区域布置有沉淀池、调浆池、储浆池、膨化池、清水池、弃渣场、分离设备平台、泵坑、泥水操控室、配电室（含变压器、电柜）等,辅助设施区域布置有材料仓库、化学制浆池、废浆池、泥浆固化区等。沉淀池、调浆池、储浆池、膨化池、清水池尽量集中布置,弃渣场按方便机械运输的原则布置,各区域面积大小应根据设施容量要求计算。泥水处理系统应与生活区、办公区及外界住房保持尽量远的距离以避免产生噪声污染,与渣土场位置邻近,避免渣土内倒影响效率。泥水处理场地布置的要点如下：

图 3-3-10 某项目泥水平衡盾构场地布置

①根据隧道开挖断面大小计算正常掘进需要的泥浆量,各类泥浆池根据场地条件选择钢结构、混凝土结构或其他构造类型,且泥浆池容量应满足泥浆环流需求。在场地条件受限时可选择钢结构,并采用分块安装拼接,方便安装和多次利用,分块间用螺栓和焊接连接。桶槽底部设置渣浆泵,桶槽内部设置搅拌器。混凝土结构采用现浇或预制拼装方式进行设置。

②泥水分离设备安装应满足出渣、堆渣需要,其基础承载力应考虑设备、泥浆自重及振动荷载。考虑场地空间充分利用,可在分离设备下方设置清水池。

③渣土场容积应满足单日掘进出渣的存放要求。渣土场底板需做硬化处理,并考虑放坡集水,渣土场四周应设混凝土挡墙,挡墙比分离设备出渣口略低。

泥水平衡盾构场地布置的相关案例可参见附件3-3-4。

3.1.9 始发接收验收条件

盾构始发、接收掘进前均要进行条件验收工作。始发条件验收主要是确保始发准备工作已经按照要求做到位;百米验收工作主要是对试掘进段的管片拼装情况、掘进参数控制情况、监测数据情况等各项数据进行分析,确保盾构试掘进段已经形成可靠的掘进参数方案;接收验收主要是对接收前的准备工作进行评价,保障盾构接收平稳。

具体验收前需要完成的工作详见表3-3-15。

盾构始发、接收节点验收条件 表3-3-15

序号	满 足 条 件
1	施工现场已完成设计、勘察交底
2	工作井已通过结构验收,其标高、轴线、结构强度等各项技术参数符合设计和规范要求,并能满足盾构施工各阶段受力要求(端头井结构尺寸和洞门中心已复核且符合设计要求)
3	盾构推进、测量、监测施组(专项施工方案)已审批并组织了各单位讨论,监控测量专项监理细则已编制审批
4	施工现场分部、分项安全、技术交底已按要求完成
5	设计要求的进、出洞区地基加固完成,各项加固指标经检测达到设计要求
6	洞门经探孔未发现异常情况并满足进、出洞要求
7	洞门经探测掘进层内有害气体含量在规范的允许范围之内
8	后座反力架经验算,强度和刚度满足施工工况

续上表

序号	满 足 条 件
9	已调查盾构推进沿线的保护构筑物、管线等现有状况,以及能承受变形的能力,并已制订切实可行的保护措施(应急预案)
10	周围环境监测控制点已按检测方案布置完成,且已测取初始值。对盾构隧道沿线的建(构)筑物、管线等设施现有状况及其承受变形的能力已完成调查,并且已制订好切实可行的防御措施
11	井下控制点已布设且固定
12	人员(按合同)、机械(按方案)、材料(满足进度的数量和符合设计要求的质量)都已到位;管片预生产数量满足盾构推进施工进度要求
13	盾构机以及大型起重设备应安装就位,并通过有关专业部门的验收;工程设计的原材料按要求做好相关的复试工作
14	对工程潜在的风险(盾构施工的全过程,包括始发、到达及联络通道施工等)进行辨识和分析,编制完成了有针对性、可操作的应急预案,并落实抢险设备、材料、人员、方案
15	远程监控管理系统已建立并正常运行,前期工程信息已按要求上传
16	满足设计及规范规定的其他要求
17	始发前地下水位的检测,降水必须满足洞门下0.5m的条件;盾构到达后应尽快完成洞门环梁施作,完成洞门封闭后停止降水,避免给周边环境造成影响[建(构)筑物、管线、地面道路等]

注:盾构始发、百米、到达节点验收应首先参考当地质量监测单位要求汇总相关材料,若当地没有明确要求的,可参考上述表格内容完善各项材料,并编制形成节点验收手册,供会议使用。

3.2 反力架及始发托架安装

3.2.1 负环数量、0环位置确定及土建预埋件设计

1)负环数量计算

负环的数量直接取决于管片环宽、0环及反力架基准环的位置。设反力架基准环距离洞门L_1,0环伸出洞门长度L_2,管片环宽W(1.2m或1.5m),则负环数量为$N=(L_1-L_2)/W$。

2)0环位置确定

始发0环位置的确定主要考虑始发洞门环圈的设计尺寸范围及反力架基准环的位置。0环位置定位通常根据设计图纸来反推,0环管片应进入洞门的深度根据设计要求确定,一般深度为400~600mm,且不能完全进入洞门。

0环位置按照国内不同地区的要求,可分为以下两种情况:

(1)0环不进入洞门,贯通后拆除0环施作外包洞门环,如图3-3-11所示。该方法可有效降低盾构贯通后,0环拆除造成涌水、涌砂的风险,但是需要施作外包洞门环,降低洞门环密封的整体性。该方法适用于地层稳定性差的城市盾构始发作业。

(2)0环进入洞门400~600mm,贯通后拆除0环施作内包洞门,如图3-3-12所示。该方法可有效保证洞门环梁施作的整体性,有利于提高洞门环梁的结构安全性,同时方便洞门环梁施工;但是由于0环侵入洞门预埋钢环部分需要拆除,拆除过程中如洞门封堵质量不佳,易造成涌水、涌砂风险。该方法适用于地层自稳性好的城市盾构始发作业。

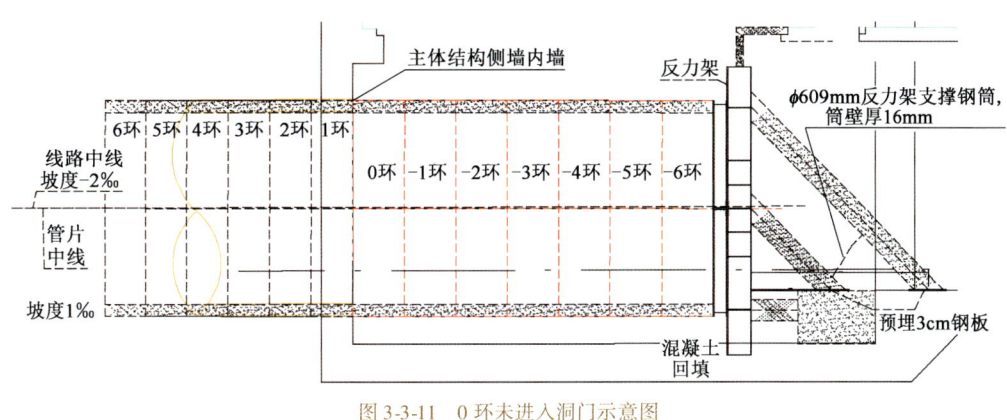

图 3-3-11　0 环未进入洞门示意图

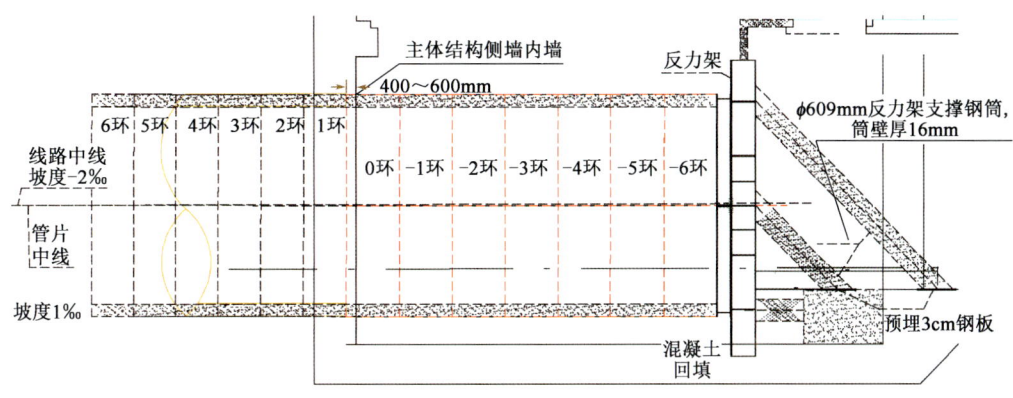

图 3-3-12　0 环进入洞门 400～600mm 示意图

实际施工中,盾构 0 环位置应结合设计单位洞门环梁的设计宽度来进行确定,通过 0 环位置与负环的数量来确定反力架位置和中心高度,确保盾构始发轴线复合要求,尤其注意 0 环位置只能进入洞门环一定距离,切不可进入围护结构甚至是端头加固范围,原因一是不符合设计的正线起点要求;二是这类情况下,0 环无法拆除,盲目拆除引起洞门失稳的风险极大。

3）土建预埋件设计

(1) 底板预埋钢板

根据负环数量及 0 环位置反算出反力架的位置,然后根据反力架的宽度和斜撑的角度在车站此段施工时按照测量放样的基线在盾构始发位置设置预埋钢板,钢板与下部拉筋采用锚焊接。

(2) 洞门预埋环

洞门预埋环是为满足盾构机始发临时封堵洞门要求的环状钢板。环向每隔一定角度预埋一个螺栓。为了环板能够牢固的嵌入竖井衬砌结构内,环板背面与盾构始发井衬砌结构钢筋应连接牢固,并且每根预埋螺栓必须与竖井衬砌钢筋连接牢固。

盾构始发井衬砌绑扎钢筋至洞门位置时,将已分块制作好的环状钢板精确定位后焊接在端墙钢筋上,再立设端墙和洞门模板,浇筑混凝土。

在施作过程中应保证:钢板位置的纵向偏差不宜大于 5mm,环板必须牢固地嵌入混凝土且单面紧靠模板,灌注混凝土时不得松动而影响使用。洞门钢环的总体结构是一个圆环形,靠近洞门处向外翻呈 L 形。

为保证洞门预埋钢环的圆度,应做到:

①环状钢板加工完成后,内部必须采用型钢定形,定形型钢在钢板环预埋完成后再去掉;

②在预埋浇筑混凝土时,预埋钢环内部必须支撑牢固,以免钢环变形;

③为防止混凝土浇筑时模板变形,上部模板需焊接支撑,顶部模板应支承在端墙结构上。

3.2.2 反力架设计及安装

反力架的作用是为盾构机始发提供始发反推力,确保盾构机与掌子面受力平衡的一组钢结构支撑架。反力架的设计及安装必须严格复核架体抗压强度,如果设计受力不满足盾构始发要求或者安装不到位,轻则导致反力架变形、管片姿态难以控制、始发管片破损等问题,重则引起反力架失稳,造成安全事故。

1)设计原则

反力架的最佳受力状态是尽量使截面在各个方向上的惯性矩相等,因此采用圆环形截面作支撑结构是理想选择。材料确定之后,要对支撑的结构进行合理的设计,总的设计原则便是让反力架整体变形达到最小。设计步骤依次为:①分析各杆件的类型,计算出各杆件的临界荷载;②对于反力架进行受力分析,确定出支撑点的最佳位置,使反力架整体变形最小;③布置好支撑位置后,验算反力架工字钢的强度与刚度,保证两个数值在规范允许范围内;④对支撑本身进行加固,形成一个桁架结构,使整个支撑可看成一个刚体,确保其整体稳定性。

(1)主梁部分

由于结构不同部分设计的不同,若要让一套满足多次使用要求的反力框架满足不同截面主梁的受力要求,可通过将反力架的主梁划分成竖向、横向以及八字形,通过现场适应性拼装,完成改造。

(2)支撑部分

反力架支撑部分一头焊接在主梁上,另一头焊接在预埋件上。反力架具体的支撑方式还需要结合实际情况而定。依据断面的结构形式可以使用斜撑方式,支撑布置为两道,钢管的斜度为30°,如果主梁后面就是墙体的话,也可以将钢管直接固定在墙体之上,或者两种方式同时使用,一侧采用钢管支撑一侧采用墙体支撑形式。

(3)预埋件部分

预埋件用来固定反力架支承钢管,它可根据先前计算出的支承钢管根部受力的大小来进行预埋筋和预埋钢板的设置。

(4)中心钢环

钢环使用封闭结构,上下部位用盖板,而后焊接成箱形圆环。为满足其安装方便及运输的要求,需用钢板进行加固;由于钢环是一个箱形结构,因此需在每个预留孔的位置用管片螺栓进行加强。钢环为反力支撑的工作面,其工作面需保证平整度小于5mm,并在加工过程中严格控制。

2)受力特点

始发推力通过负环传递到反力架,平均传递到基准环各截面,因此基准环各截面的受力可以视为直线型的均布荷载;横竖梁各部位间采用螺栓连接,后支撑与底板预埋钢板焊接,它们组合成整体受力。

3)反力架形式

后支撑主要有斜撑和直撑两种形式,按照安装位置可分为立柱后支撑、上横梁后支撑、下横梁后支撑。特殊情况下,受限于场地条件,也可通过在主体结构侧墙上设置预埋钢板与支撑反力架通过钢结构支撑焊接,以达到支撑反力架的目的。

4)常规斜撑反力架受力复核

(1)始发场地条件

某工程盾构机由车站盾构始发井组装后始发,推力为8000kN,利用吊装盾构机的260t履带式起重机安装反力架。

（2）反力架结构形式

施工所用反力架结构形式如图 3-3-13 和图 3-3-14 所示。

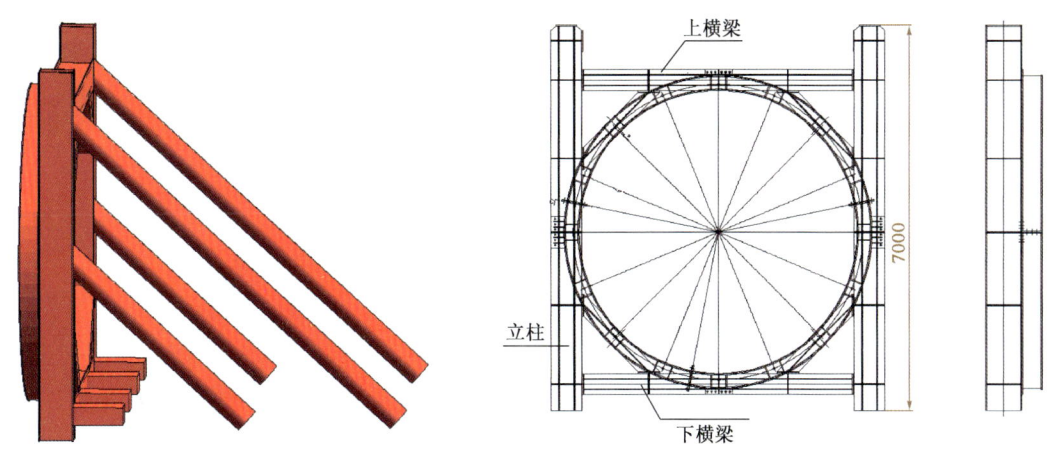

图 3-3-13　某盾构区间反力架设计形式三维模拟图　　图 3-3-14　某盾构区间反力架设计图（尺寸单位：mm）

①立柱

立柱为箱体结构，主受力板为 30mm 厚钢板，筋板为 20mm 厚钢板，材质均为 Q235-A 钢材。箱体结构截面尺寸为 700mm×500mm，具体形式及尺寸如图 3-3-15 所示。

②上横梁

上横梁为箱体材料，主受力板为 30mm 厚钢板，肋板为 20mm 厚钢板，材质均为 Q235-A 钢材，箱体结构截面尺寸为 700mm×500mm，其结构与立柱相同。

③下横梁

下横梁同样为箱体结构，主受力板为 30mm 厚钢板，肋板为 20mm 厚钢板，材质均为 Q235-A 钢材，箱体结构截面尺寸为 250mm×700mm，其结构如图 3-3-16 所示。

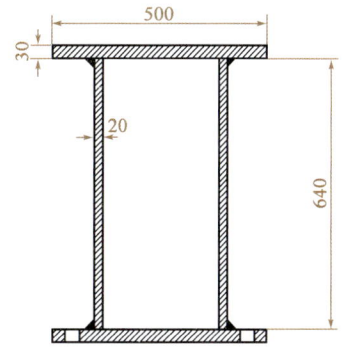

图 3-3-15　某盾构区间反力架立柱结构图（尺寸单位：mm）

④八字撑

八字撑共有 4 根，上部八字撑 2 根，其中线长度为 1979mm；下部八字撑 2 根，其中线长度为 2184mm。其截面形状如图 3-3-17 所示。

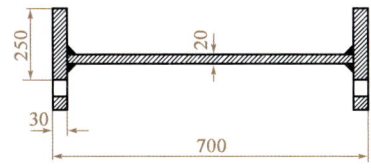

图 3-3-16　某盾构区间反力架下横梁结构图（尺寸单位：mm）

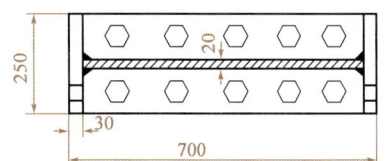

图 3-3-17　某盾构区间反力架八字撑截面尺寸图（尺寸单位：mm）

（3）反力架后支撑结构形式

后支撑主要有斜撑和直撑两种形式，按照安装位置分为立柱后支撑、上横梁后支撑及下横梁后支撑。

①立柱支撑

线路中心左侧可以直接将反力架的支撑固定在标准段与扩大端相接的内衬墙上；线路中线右侧材料均采用直径200mm、壁厚9mm的钢管。直撑为3根（中线长度为1700mm），斜撑为2根（中线长度分别为5247mm和3308mm，与水平夹角均为45°），还有1根底部直撑。结构形式如图3-3-18、图3-3-19所示。

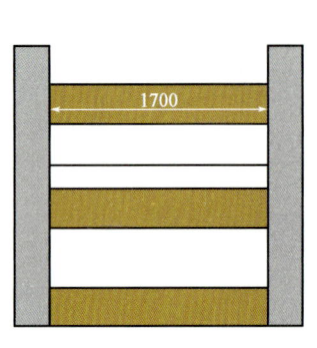

图3-3-18　某盾构区间反力架立柱直撑结构图
（尺寸单位：mm）

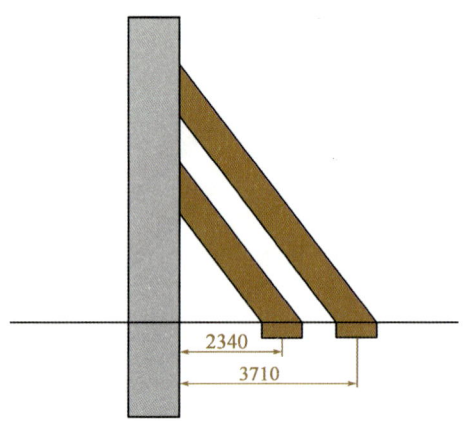

图3-3-19　某盾构区间反力架立柱斜撑结构图
（尺寸单位：mm）

②上横梁支撑

材料均采用尺寸为250mm×250mm的H型钢，中线长度为2267mm，其轴线与反力架轴线夹角为41°25′25″。

③下横梁支撑

材料均采用尺寸为250mm×250mm的H型钢，每个支撑由2根H型钢组成，共8个直撑。

(4) 支撑受力计算

支撑受力计算按照局部到整体的形式进行逐一核算，其中，根据反力架各材料特性的布设作用形式，又将其分为直撑、斜撑、上横梁、下横梁等独立杆件进行受力核算。

①支撑截面特性

250mm×250mm的H型钢截面特性为：弹性模量 $E = 196 \times 10^5 \text{kN/cm}^2$，最小惯性矩 $I = 10800 \text{cm}^4$，截面面积 $A = 92.18 \text{cm}^2$。

直径500mm、壁厚9mm钢管截面特性：弹性模量 $E = 205 \times 10^5 \text{kN/cm}^2$，最小惯性矩 $I = 41860 \text{cm}^4$，截面面积 $A = 138.76 \text{cm}^2$。

②稳定性计算（最大承压力）

立柱后支撑稳定性计算（最大承压力）：

$$F = \frac{\pi^2 E I_{\min}}{(\mu l)^2} = \frac{3.14 \times 3.14 \times 205 \times 10^5 \times 41860}{(2 \times 170)^2} = 7319 \text{kN}$$

则3根直撑能承受的最大荷载为 $7319 \times 3 = 21957 \text{kN}$。

立柱后支撑稳定性计算（最大水平荷载）：

5247mm 斜撑（水平夹角45°）水平荷载计算：

$$F_2 = \frac{\pi^2 E I_{\min}}{(\mu l)^2} = \frac{3.14 \times 3.14 \times 205 \times 10^5 \times 41860}{(2 \times 524.7)^2} = 768.3 \text{kN}$$

由于水平夹角为45°,则其水平承载力为 768.3/cos45° = 1087kN。

4020mm 斜撑(水平夹角17°)的水平荷载为:

$$F_2 = \frac{\pi^2 E I_{min}}{(\mu l)^2} = \frac{3.14 \times 3.14 \times 205 \times 10^5 \times 41860}{(2 \times 330.8)^2} = 1932.9\text{kN}$$

由于水平夹角为45°,则其水平承载力为 1932.9/cos45° = 2733.6kN。

上横梁后支撑稳定性计算:

上横梁后支撑采用尺寸为 250mm × 250mm 的 H 型钢,中线长度为 2267mm,其轴线与反力架轴线夹角为 41°25′25″。

$$P_E = \frac{\pi^2 E I_{min}}{(\mu l)^2} = \frac{3.14 \times 3.14 \times 205 \times 10^5 \times 10800}{(2 \times 226.7)^2} = 1061.9\text{kN}$$

由于水平夹角为 41°25′25″,则其水平承载力为 1061.9/cos41°25′25″ = 1416.2kN。

经计算得出,3 根后支撑能承受的水平荷载为 3 × 1416.2 = 4248.6kN。

下横梁后支撑稳定性计算:

下横梁后支撑是由 8 根 H 型钢组成,其长度均为 1700mm,其最大承载力为:

$$P_E = \frac{\pi^2 E I_{min}}{(\mu l)^2} = \frac{3.14 \times 3.14 \times 205 \times 10^5 \times 10800}{(2 \times 170)^2} = 1888\text{kN}$$

总荷载为 8 × 1888 = 15104kN。

(5)斜撑抗剪强度计算

从受力分析可知,长度为5247mm、直径为500mm 的钢管斜撑抗剪受力最危险,因此从该斜撑的剪应力出发计算水平承载能力。应力公式为 $\sigma = \frac{pL^2}{2EI}$,而钢材最大许用应力为 210MPa。由此计算斜撑最大承载力为:

$$F_1 = \frac{2EI \times [\sigma]}{L^2} = \frac{2 \times 205 \times 10^5 \times 41860 \times 210}{524.7^2} = 623.3\text{kN}$$

由此验算水平最大承受推力 F = 623.3/sin29° = 881.6kN,从验算结构可以得出应按轴向抗压强度验算支撑能承受的最大推力。

因此,所有支撑的最大承载力为 21957 + 2733.6 + 4248.6 + 15104 = 44043.2kN。

始发最大推力设置为 8000kN < 44043.2kN,后支撑满足最大推力要求。

5)中板侧墙支撑反力架受力复核

(1)反力架设计案例

反力架支撑设置 4 根尺寸为 200mm × 450mm 的单拼工字钢,8 根尺寸为 400 × 450mm 的双拼工字钢。顶部用 4 根长度为 0.6m、截面尺寸为 200mm × 450mm 的单拼工字钢与中板端头支撑;中部采用 5 根双拼工字钢(其中 2 根为与车站底板预埋钢板呈 45°且焊接牢固的斜撑);底部采用 3 根 1.5m 长、截面尺寸为 400mm × 450mm 的双拼工字钢与结构底板变断面位置水平支撑牢固。工字钢端部与结构板相连处设有封口钢板,以增大受力面积和增强钢材受力,反力架平面布置图如图 3-3-20、图 3-3-21 所示。

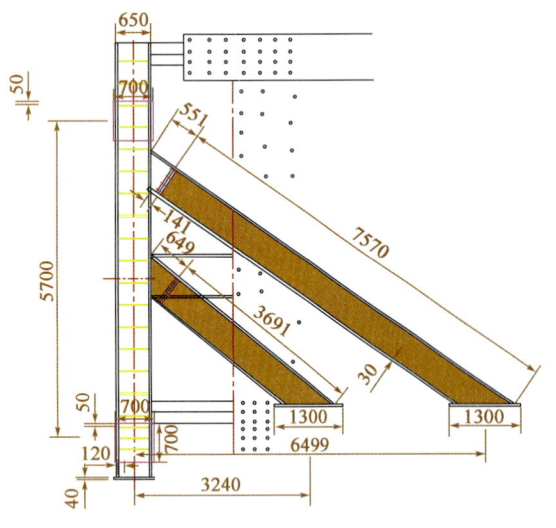

图 3-3-20　反力架立面图(尺寸单位:mm)

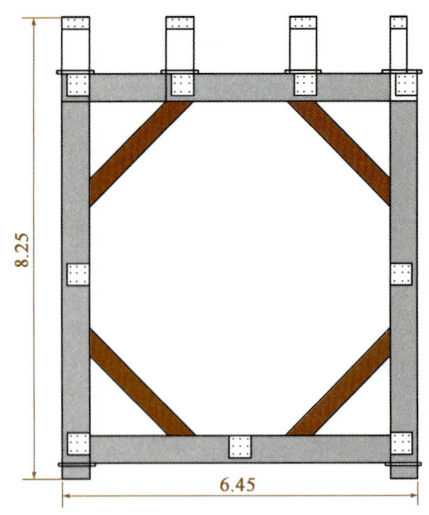

图 3-3-21　反力架正立面图(尺寸单位:m)

（2）反力架受力验算

本项目作用在反力架上的总推力在 10000kN 以内，为了安全起见，本次验算按 $F_{max}=20000\mathrm{kN}$ 计算，而盾构始发时，反力架受力以中部及下部为主，上方受力较小，故主要针对中下部受力情况进行复核。

45c 工字钢的屈服强度 $\sigma=235\mathrm{MPa}$，设计强度 $f_y=200\mathrm{MPa}$，每根单拼工字钢的面积为 $A=9450\mathrm{mm}^2$，验算如下：

①整体强度验算

在该推力下需要的钢管总面积为：$A_{总}=F_{max}/f_y=2.0\times10^7/200=1.0\times10^5\mathrm{mm}^2$，则需要 $\phi609\mathrm{mm}$ 钢管数量 $n=A_{总}/A=1.0\times10^5/9450=10.58$，即最少需要 11 根单拼工字钢，而本次盾构始发，反力架设置单拼工字钢 20 根，包括轴向支撑 18 根（4 根长 600mm，14 根长 1500mm），45°斜撑 2 根（一根长 4340mm，一根长 8121mm），因此完全满足整体强度要求。

②分部强度验算

本项目按照均布荷载建立计算模型，并且由于中下部受力较大，故按照不利工况进行计算的原则，本次复核主要计算底部支撑受力情况，底部支撑受力按照 $F_{max}\times1/2=10000\mathrm{kN}$ 进行考虑。

a. 底部三根支撑均为水平支撑，其正应力 $\sigma_1=\dfrac{10000\times10^3}{6\times9540}=174.7<200\mathrm{MPa}$。

b. 底部支撑变形量 $\Delta l_1=\dfrac{F_{底}\times l_{底}}{E\times A}=\dfrac{\sigma_1\times l_{底}}{E}=\dfrac{174.7\times1500}{210000}=1.25\mathrm{mm}$。

由上述计算可知，当最大推力为 20000kN 时，底部钢材受力为 174.7MPa，低于钢材设计强度，故可认为该条件下底部支撑满足盾构始发推力要求。

综上可知，由于承受最大推力的底部支撑能够满足始发要求，故可判断当最大推力为 20000kN 时，反力架的整体强度均满足要求，且钢管支撑的变形量均很小，因此盾构始发用的反力架支撑验算满足始发要求。

6）特殊条件下反力架设计、安装及验算

区间盾构施工时，由于施工环境限制，可能出现无法使用标准反力架进行盾构始发的情况，在该环境下，可对结构断面进行合理分析，通过寻求合理受力点位，确定特殊反力架的设计安装方案。下面以某工程在暗挖隧道中进行盾构始发时的反力架设计方案来对特殊条件下的反力架设计、安装及验算进行说明。

（1）始发场地条件

某工程区间盾构始发由于其下穿既有线的特殊性,根据设计方案,先采用暗挖隧道的方式进行既有线下穿,然后在隧道内进行盾构始发施工。受制于现场始发条件,不能采用常规的反力架进行盾构始发,需要根据暗挖隧道断面空间形式,确定反力架设计方案。

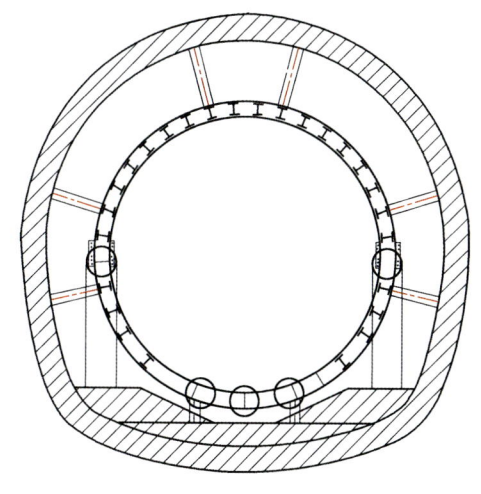

图 3-3-22　弧形导台剖面图

（2）反力架设计

①弧形导台设计

暗挖隧道弧形导台施工前,根据隧道设计中线、轨面标高及洞门复测,确定弧形导台施工尺寸。弧形导台施工完成后,根据标高尺寸图进行钢轨架设。钢轨架设完成后,进行标高复测,同时弧形导台上的钢轨标高与始发基座的钢轨标高保持一致,如图 3-3-22 所示。弧形导台采用 C30 混凝土进行浇筑,浇筑过程中振捣充分,确保导台的质量。

②反力架设计

暗挖隧道内盾构始发采用基准圆环作为反力架,其材料选取为 Q235 钢环,钢环结构内径 5400mm,外径 6000mm,断面尺寸为 300mm×400mm,$t=30$mm,设计方案如图 3-3-23、图 3-3-24 所示。

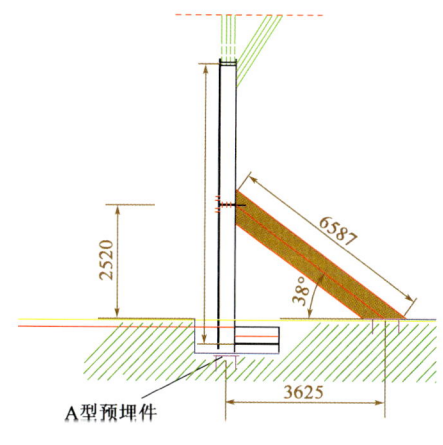

图 3-3-23　暗挖隧道反力架支撑示意图
（尺寸单位:mm）

图 3-3-24　暗挖隧道反力架支撑

反力架预埋件设计:H 型钢预埋件为 A 型预埋件,钢管撑预埋件为 B 型预埋件,预埋件的分布、设计图如图 3-3-25～图 3-3-27 所示。

③反力架受力验算

a. 反力架形式建模及计算结果

根据现场实际,始发反力架验算采用数值模拟法。

材料选取:材料均为 Q235 钢材,钢环结构内径 5400mm、外径 6000mm,断面尺寸为 300mm×400mm,$t=30$mm;H 型钢直撑和斜撑尺寸为 250mm×250mm×9mm×14mm;钢管撑直径为 609mm,$t=10$mm。

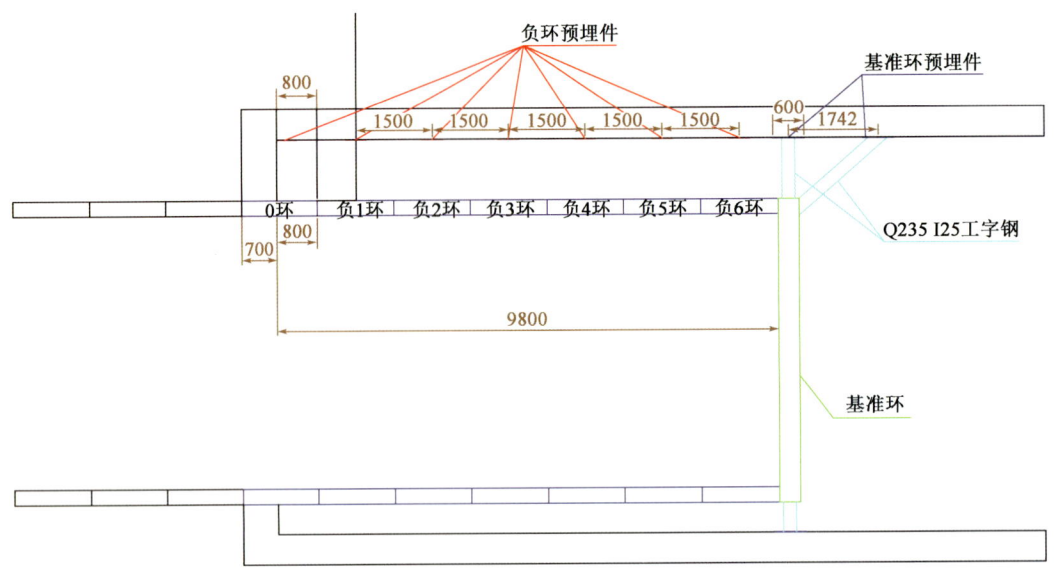

图 3-3-25　反力架预埋件设计图(尺寸单位:mm)

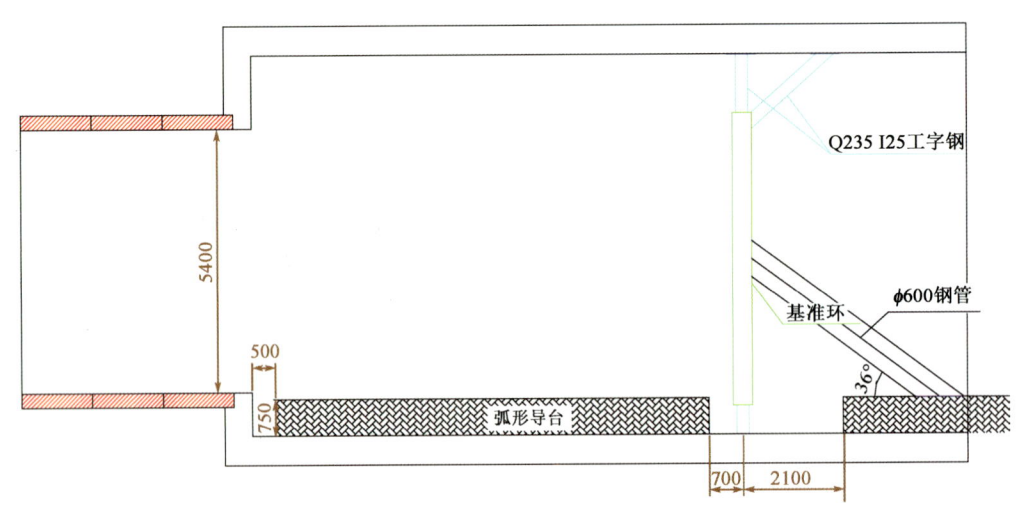

图 3-3-26　反力架设计形式图(尺寸单位:mm)

b. 计算结果分析

钢环背后 48 号 H 型钢斜撑稳定验算：

杆件材料为 H 型钢，型号为 250mm×250mm×9mm×14mm，钢管撑直径为 609mm，$t=10$mm。

48 号 H 型钢轴力为 715kN，型钢截面面积为 $250×2×14+222×9=8998$mm²。受压构件稳定性按式 $\frac{N}{\varphi A} \leqslant f$ 计算，根据规范查表得 $\varphi=0.9$。因此，$\frac{715×1000}{0.9×8998}=88.3$MPa，$f=215$MPa，说明 H 型钢斜撑受力满足要求。

钢环背后 40 号钢管撑稳定验算：

40 号钢管斜撑轴力为 1330kN，型钢截面面积为 $3.14×599×10=18808$mm²。受压构件稳定性按式 $\frac{N}{\varphi A} \leqslant f$ 计算，根据规范查表得 $\varphi=0.9$。因此，$\frac{1330×1000}{0.9×18808}=78.6$MPa，$f=215$MPa，说明两侧钢管斜支撑受力满足要求。

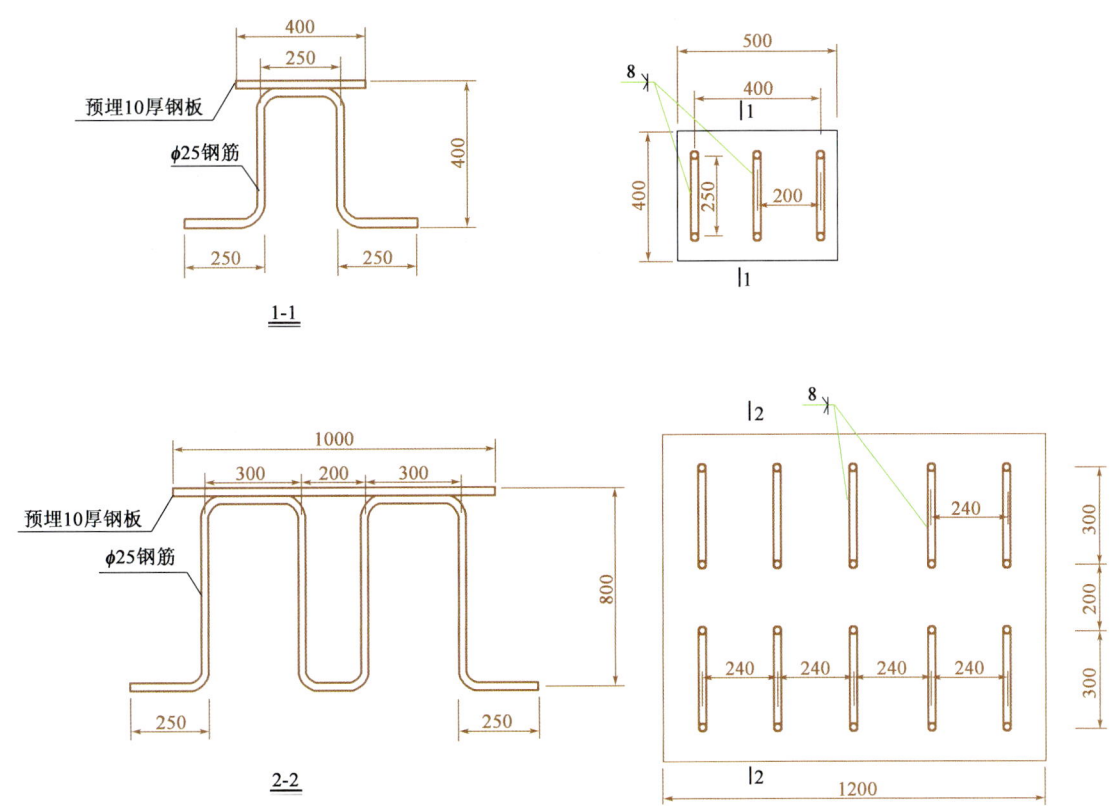

图 3-3-27　反力架预埋件大样图(尺寸单位:mm)

钢环背后 48 号 H 型钢斜撑焊缝验算：

48 号 H 型钢斜撑最大轴力为 715kN，分解得出焊缝所受最大分力(拉力)为 554kN。

根据施工情况，H 型钢翼板和腹板实施单面焊，焊缝高度为 12mm，斜撑型钢与二次衬砌结构内预埋钢板夹角为 35°，则焊缝面积为 $(2×250+222/\sin35°)×12 = 10644 \text{mm}^2$。

查表得 J422 焊条焊缝金属的抗拉强度为 $42\text{kg}/\text{mm}^2$，经计算受力最大的 H 型钢焊缝所能承受的剪力(按照 65% 折算)为 $42×10644×65\% = 2906\text{kN}$，大于焊缝所受最大拉力 554kN。

钢环背后 40 号钢管斜撑焊缝验算：

根据焊缝空间形式，40 号钢管撑与二次衬砌结构回填混凝土内预埋钢板实施外部单面焊，焊缝高度为 12mm，夹角为 37°，则焊缝面积为 $3.14×609×\dfrac{12}{\sin37°} = 38130\text{mm}^2$。

焊缝所能承受剪力(按照 65% 折算)为 $42×38130×65\% = 10410\text{kN}$，远大于焊缝所受最大拉力 982kN。

通过以上计算及分析可知，反力架受力 20000kN 以下时结构稳定，安全系数较大(均大于 3)，安全可靠。

另根据验算，与基准钢环同平面型钢直撑受力较小，仅起到钢环固定作用，主要受力构件为后部斜撑，因此，直撑可根据现场安装时固定钢环情况进行增减。

7）反力架安装

（1）反力架定位

反力架定位应依据管片宽度、0环位置等进行定位反推，计算知反力架基准环里程，确定反力架位置。反力架定位计算示意图如图3-3-28所示。

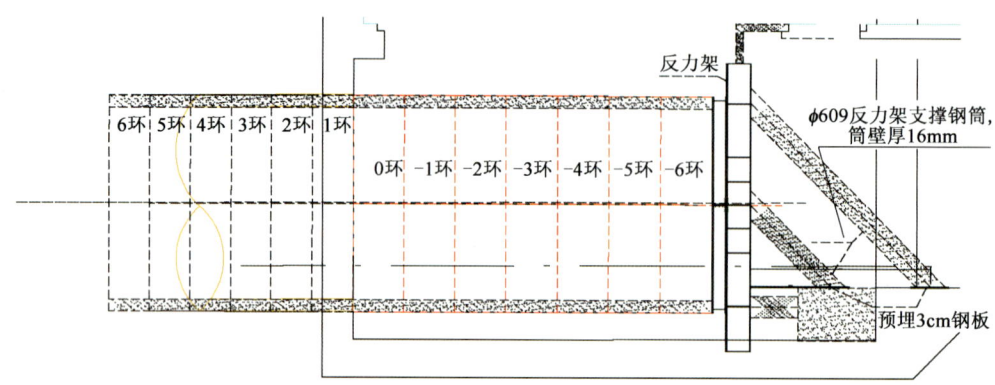

图3-3-28　反力架定位计算示意图（尺寸单位：mm）

（2）安装准备工作

①反力架是按设计加工成的既有设施，进场后检查其完损程度，验核螺栓及焊缝是否保持完好。

②在盾构机主体吊装下井前，测量出反力架的位置并在其安装位置做出标识。

③反力架从始发井口吊入，用履带式起重机安装就位。

（3）反力架安装步骤及方法

①总体安装顺序为：安装立柱→安装下八字撑→安装斜撑和水平直撑→焊接加固。

②根据盾构中线、管环的厚度、反力架立柱的尺寸，在盾构始发井的底板锚固2块钢板，钢板四面需确保在同一平面内，并在钢板上找准反力架立柱安装的中心位置并做好标记。

③安装立柱，根据现有的场地空间情况，用履带式起重机将立柱吊至已锚固好的钢板位置处。

④利用履带式起重机提升立柱至安装位置，做好立柱中下部的支撑保护，待扶正立柱后，在立柱上焊接角撑，使立柱稳固。而后再将立柱与钢板进行焊接，同时做好后支撑。

⑤利用履带式起重机把反力架下横梁移至安装处，然后拧紧螺栓，使横梁与立柱连接成整体。

⑥其余立柱和横梁均参考上述方法安装到位。

⑦安装完成后，整体检查反力架螺栓是否紧固，反力架后支撑是否稳固，然后调整反力架板面，使其整体平整。

（4）反力架安装管控要点

①反力架支撑体系中要求紧固的节点，应紧贴接触面不应少于70%，且边缘最大间隙不应大于0.8mm。

②反力架支撑体系基础顶面直接作为支撑面和基础顶面预埋钢板时，其支承面位置允许偏差应符合与高程相差±3mm以内、水平度小于1/1000的要求。

③应重点检查施焊前、施焊中和施焊后的焊接质量和外形尺寸，对进场的结构焊接件应检查其焊缝的外观监测记录。

④反力架安装时，为了避免滑移，应在环管内侧周边增设径向挡块或沿垂直方向在受力面增设小于摩擦角的圆环盘，从而消除环片的滑移趋势。

8）反力架安装常见问题及处理

实际盾构施工时，若反力架安装不到位就进行盾构始发，极易引起管片破损、无法提供推力、隧道轴线偏差以及洞门失稳等一系列的问题。

(1) 无法提供推力。反力架安装过程中，对钢结构加固不到位，或者加固方案设计不到位，在盾构始发中，一旦盾构机推力过大，将引起钢结构变形导致反力架失效。

(2) 隧道轴线偏差。反力架由基准环和钢支架组合而成，实际施工中，若不能有效进行反力架定位和基准环轴线复合，会影响盾构始发线形，导致始发后需要通过一段距离才能完成隧道纠偏工作。

(3) 洞门失稳。洞门失稳主要是由于反力架失效而引起的次生事故，尤其是采用冻结法进行端头加固的区间隧道施工中，若反力架安装失误引发盾构始发反力架失效，严重时可造成盾构机停机事故，此时需重新调整反力架后方可再进行盾构始发作业，而一旦停机时间过长，端头土体解冻，则会引起地下水迅速流失，造成洞门涌水、涌砂的洞门失稳事故。

根据国内盾构施工经验，反力架安装时，应重点注意以下几个方面的问题：

(1) 钢结构变形或者涂层脱落。钢结构进场后应及时对结构材料进行验收，若发现存在结构变形和涂层脱落的情况应及时修补，必要时应返厂修理。

(2) 结构位置偏移。需对偏移部位重新起吊安装，首先现场复核安装位置，确定无误后，再对偏移部位进行吊装定位，以保证反力架整体结构的稳定。

(3) 反力架基准环位置的确定除需满足盾体长度要求外，还要满足以下几个条件：

①基准环中轴线与盾构机主体相同；

②基准环环面必须保持垂直，不得后仰；

③盾构始发前洞门需以人工方式进行凿除，因此，刀盘与洞门间要有足够的空间搭设脚手架（一般1m左右）；

④盾尾刷与基准钢环间要有足够的空间供涂抹手涂型盾尾油脂。

3.2.3 始发托架设计及安装

1）始发托架的用途及受力

(1) 始发托架的用途

始发托架用于组装盾构机主体和支撑组装好的盾构机主体，并且可使盾构机处于理想的预定位置（高度、方向）上，确保盾构机始发时掘进稳定。另一方面，始发托架还可以作为盾构机到达吊出井时的接收托架和过站时的横移、纵移托架。

(2) 始发托架的受力

始发托架受到盾构机的重力、掘进扭矩和管片重力，因此，要求始发托架具有较高的刚度、强度及稳定性。

2）始发托架的设计

(1) 始发托架高度的确定

始发托架高度可依据盾构始发端头井底板到始发隧道中线的高度和盾构机盾体外径进行

确定。

(2) 始发托架长度的确定

始发托架的长度 = 反力架支撑环端面距零环管片进入隧道洞门端面的距离 −
　　　　　　　　洞门前排水沟的宽度 − 始发托架距反力架支撑环端面的距离

一般设计长度应与盾体长度相匹配。

(3) 始发托架导轨的确定

盾体支撑通常采用 43kg/m 重轨,重轨截面中线过盾体中心,并且垂直于轨面,轨面与盾体中心的距离即为盾体半径。

(4) 始发托架结构的确定

①主要材料:截面尺寸 200mm×200mm×8mm×12mm H 型钢,截面尺寸 200mm×125mm 角钢,20mm 厚钢板。

②组成部件:1 套底座(H200 型钢 + 20mm 厚钢板焊接,对开型两侧分别由 10 条横梁与 18 条立连杆焊接),2 条主纵梁(20mm 厚钢板焊接,各长 9.2m),20 个附支撑(I18 工字钢和 20mm 厚钢板焊接),2 条液压缸托板(L200×125 角钢,各长 9.2m),2 条小纵梁(I18 工字钢钻孔制成,各长 9.2m)。

③主要参数(以外径为 6340mm 的盾构机为例):始发托架底部到盾构机中线的垂直高度 $H = 4050$mm,始发托架底部到盾构机底部垂直高度 $h = 850$mm,底座宽度 $w = 3680$mm,始发托架拼接总长度 $L = 9200$mm,盾构机外径 $D = 6340$mm(不同盾构机和端头始发井会导致这些参数有所改变)。

④各组成部件之间分别用 M24 螺栓连接。

始发托架样式及与盾体的关系如图 3-3-29 和图 3-3-30 所示。

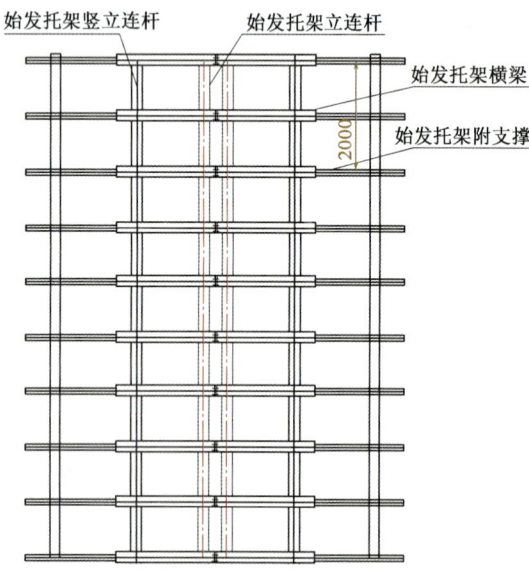

图 3-3-29　始发托架平面图(尺寸单位:mm)

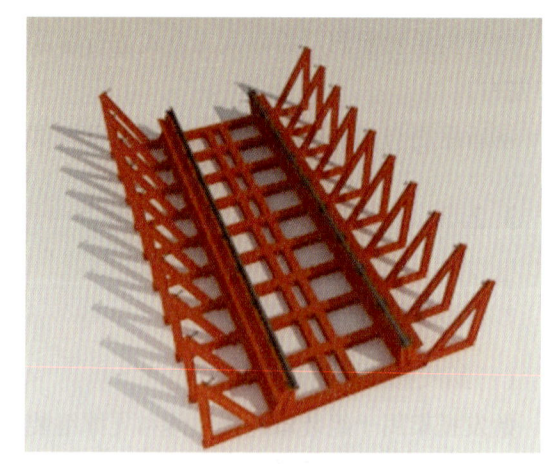

图 3-3-30　始发托架三维图

(5) 始发托架的安装

首先依据隧道的设计轴线确定始发托架中线。盾构机均采取直线始发,托架中线与线路中线重合。通过测量放线,将托架中线刻画于始发井底或端墙及侧墙上,以指示托架的安装位置。为防止盾构始发时会出现"栽头"现象,防止盾构机驶上导轨困难,将始发托架抬高 20mm 安装,托架安装采用钢板垫高找平。托架安装就位后,将托架和车站底板预埋的钢板焊接,焊接定位之后,开始在托架上组装盾体。始发托架与盾体及反力架之间的关系如图 3-3-31 和图 3-3-32 所示。

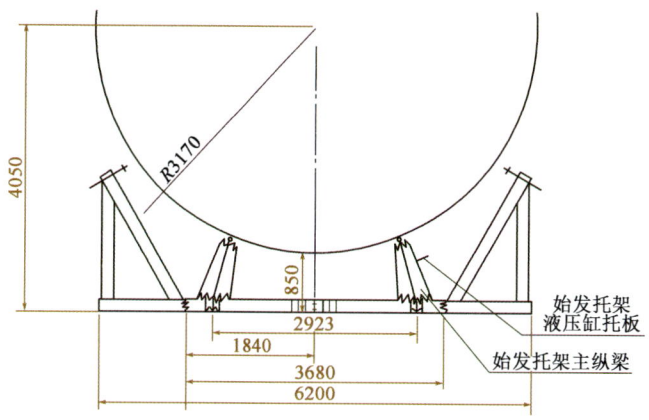

图 3-3-31 始发托架与盾体关系图(尺寸单位:mm)

图 3-3-32 始发托架与盾体、反力架关系

3.2.4 下井与组装

盾构机下井组装及调试与盾构机拆除吊出为互逆过程,常见的盾构机下井吊装方式有单台履带式起重机吊装下井、两台汽车式起重机配合吊装下井以及汽车式起重机配合履带式起重机吊装下井、门式起重机吊装下井等方式,下面以常见的履带式起重机吊装下井作业过程为例进行详细说明。

1)盾构机下井组装

盾构机下井组装施工流程如图 3-3-33 所示。

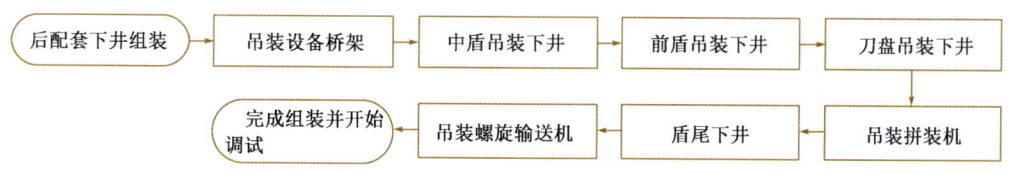

图 3-3-33 盾构机下井组装施工流程图

2)盾构机吊装设备选型

(1)场地条件分析

盾构机吊装作业前,要对盾构场地进行勘察分析,主要分析内容包括进场道路是否满足大型车辆设备进出、道路区域和起重机作业区有无电线电缆等障碍物、场地平整度和地基承载力是否满足起重机安全作业需要以及吊装作业时对车站主体结构的影响。

进行场地条件分析的同时,可结合盾构设备情况制定初步的吊装作业站位平面图、立面图,一是方便现场场地调整、清理,二是可以通过提前进行施工模拟,降低施工风险。

(2)确定吊装机械设备

确定初步的盾构机吊装作业站位平面图、立面图之后,即可以确定现场吊装作业的最大半径及吊装作业角度,然后结合吊装对象(即盾构机)中重量最大的部件进行吊装机械设备选型及验算分析,通常按照实际吊装半径(角度)与实际最大吊装重量两个数据结合机械性能表,确定最合适的吊装机械设备。

常见的吊装方式有履带式起重机主、副吊配合吊装和两台汽车式起重机配合吊装两种,对于大型盾构机吊装作业来说,还可以考虑采用门式起重机进行吊装作业。

(3) 吊装机械设备选型案例

① 工程概况

某项目下井吊装的盾构机为铁建重工 ZTE6250 型土压平衡式盾构机,出厂编号为 DZ040,刀盘外径为 6280mm,盾体长度为 8500mm(由刀盘至盾尾),总装机质量约为 500t(含后续台车与配套设备),解体后最重件是中盾,质量为 95t,其次是前盾,质量约为 90t,其余部件质量见表 3-3-16。

铁建重工 ZTE6250 盾构机部件尺寸和质量　　　　　表 3-3-16

序 号	名 称	质量(t)	外形尺寸(长×宽×高,mm)	备 注
1	刀盘	57	6280×6280×3300	
2	前盾	90	6250×6250×2100	
3	中盾	95	6240×6240×2580	
4	尾盾	28	6230×6230×3680	
5	管拼机	26	4500×4900×3900	
6	管拼机拖梁		5900×2500×2150	
7	设备桥	18	12900×4900×3580	
8	喂片机	3	5300×1660×450	
9	台车一	20	10450×4630×3600	
10	台车二	39	10950×4480×3300,包括外侧走台宽 500	重心偏右
11	台车三	21	9450×3850×3310,包括外侧走台宽 500	
12	台车四	18	9450×4510×3310,包括外侧走台宽 500	重心偏右
13	台车五	14	12000×4670×3280,包括尾架	

② 吊装场地概况

盾构机吊装位于凤岭站西端头及东盟商务区站西端头,拆卸吊出位于东盟商务区站东端头及会展中心站东端头。凤岭站能提供 16m 的回转半径空间,东盟商务区站能提供 12m 的回转半径空间,会展中心站能提供 15m 的回转半径空间,都能够为履带式起重机提供足够的吊装、吊拆空间。盾构机吊装井平面位置示意图如图 3-3-34 所示。

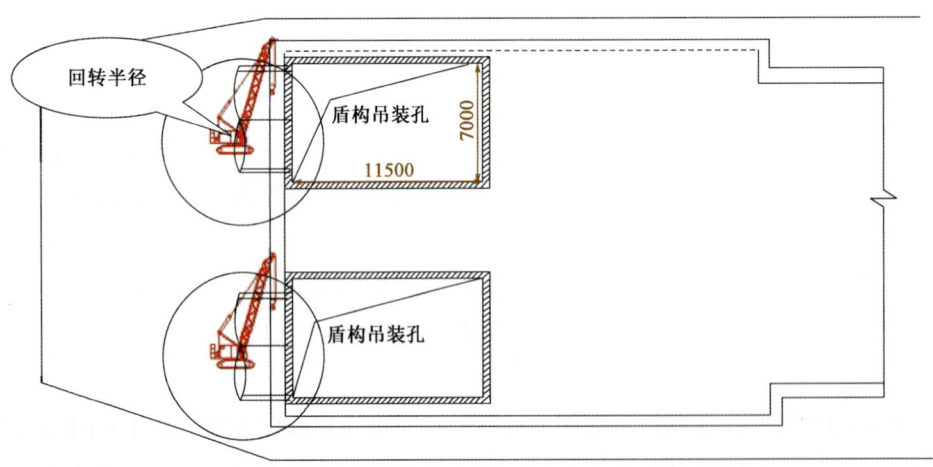

图 3-3-34　盾构机吊装井平面位置示意图(尺寸单位:mm)

③ 起重机选型及验算

根据拟进场的铁建重工设备情况,结合现场实际,拟采用 1 台 250t 履带式起重机进行盾构吊装作业,250t 履带式起重机自重 210t,单条履带宽 1.2m、长 10m,两条履带外缘相距 7.6m。以下以中盾(支撑环)为计算对象,进行该台起重机能力的验算。

a. 盾构机翻身验算

QUY250T 起重机工况:主臂 $L=23\text{m}$,作业半径 $R=7\text{m}$,额定起重量 181.8t;最大总负载(中盾)$Q=95\text{t} \div 2 \div 0.8 = 60\text{t}$ < 额定起重量 181.8t(符合安全规范)。翻身机构鹅头臂吊重 75t > 60t,满足翻身要求。

盾构机翻身作业示意图如图 3-3-35 所示。

b. 盾构机下井验算

QUY250T 起重机工况:主臂 $L=23\text{m}$,作业半径 $R=10\text{m}$,额定起重量 115.3t;最大总负载 $Q=95\text{t} \times 1.1 = 104.5\text{t}$ < 额定起重量 115.3t(符合安全规范)。

盾构机下井作业示意图如图 3-2-36 所示。

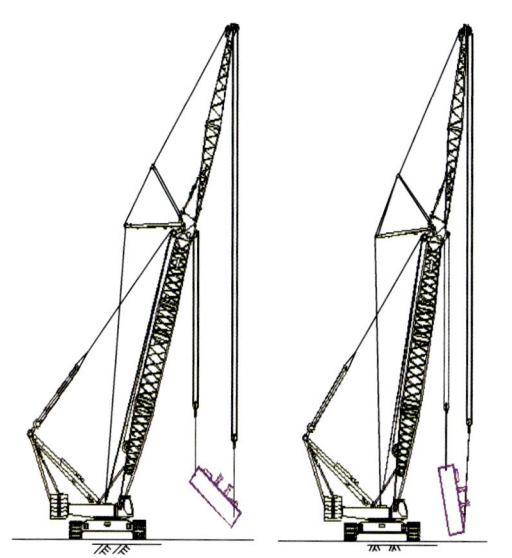

图 3-3-35　盾构机翻身作业示意图

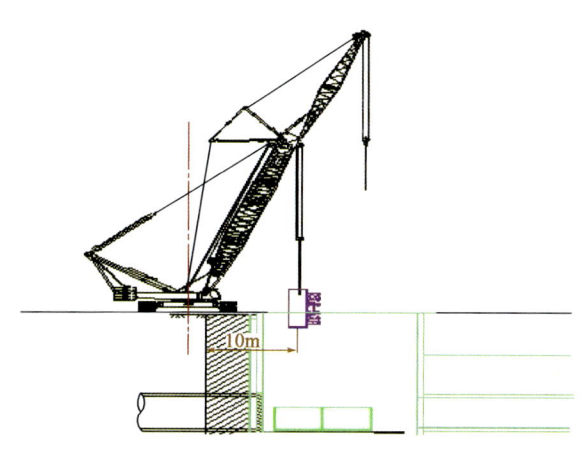

图 3-3-36　盾构机下井作业示意图

④地基承载力验算

a. 总荷载确定

起重机质量为 210t,被吊物最大件(中盾)质量为 95t,合计为 315t。

b. 起重机作用面积确定

履带式起重机作用于地面面积为:$10\text{m} \times 1.2\text{m} \times 2 = 24\text{m}^2$。

c. 承载力计算

根据总荷载以及履带作用面积计算单位面积的承载力,即 $315\text{t}/24\text{m}^2 \times 10 = 13.13\text{t/m}^2 \times 10 = 131.3\text{kPa}$,即每平方米承重 13.13t。$131.3\text{kPa} \times 1.2$(不均匀系数)$= 157.56\text{kPa}$。

d. 承载力复核

端头采用三重管旋喷桩加三轴搅拌桩的方法进行加固,加固完成后地基强度不小于 $1\text{MPa} = 1000\text{kPa}$,表面采用密度为 2400kg/m^3 的 C30 混凝土回填,铺设 $\phi 22\text{mm}$ 钢筋,间距为 $20\text{cm} \times 20\text{cm}$,混凝土厚度不小于 30cm。故取最小强度为 1MPa 进行验算,其承载力远大于 157.56kPa。

总体来看,采用 250t 履带式起重机可以满足现场盾构机吊装作业要求。

3)盾构机下井组装施工流程

盾构机下井组装施工是需要紧密协作配合的一项工作,各吊装、组装、调试人员均应有序作业,同时保持集中注意力,才能安全又迅速地完成盾构机组装调试工作。具体组装施工流程详见表3-3-17。

盾构机下井组装施工流程　　　　　表3-3-17

工序	步　骤	施　工　图　解	说　　明
1	后配套下井组装	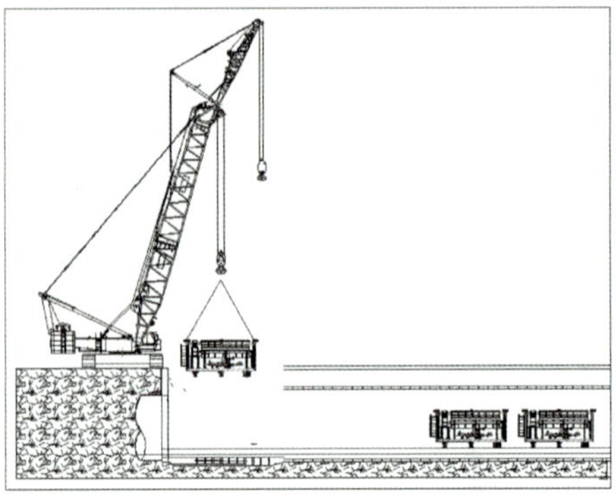	(1) 清理始发井,始发托架下井、定位、加固; (2) 始发托架上放置管片,从始发托架至出渣口铺设轨道; (3) 将台车按照从后到前的顺序依次下井、后移,留出其他台车停放的位置
2	吊装设备桥架	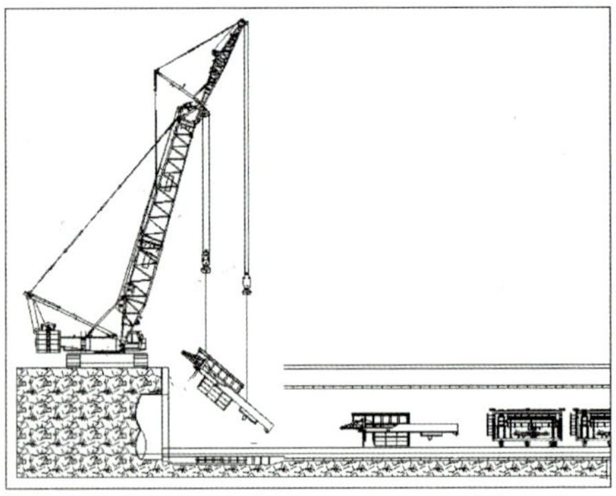	(1) 第一节台车吊入井内的同时对桥架进行组装; (2) 将一节平板车下井,再将桥架下井,桥架前端放在平板车上,整体后移; (3) 将一节平板车下井,再将螺旋输送机下井放在平板车上并临时固定
3	吊装螺旋输送机下井存放	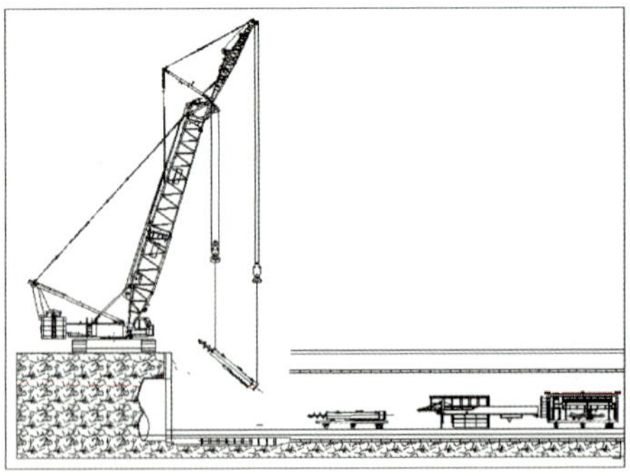	螺旋输送机下井存放,利用履带式起重机大、小钩配合下井,下井后存放在小车上
4	中盾吊装下井	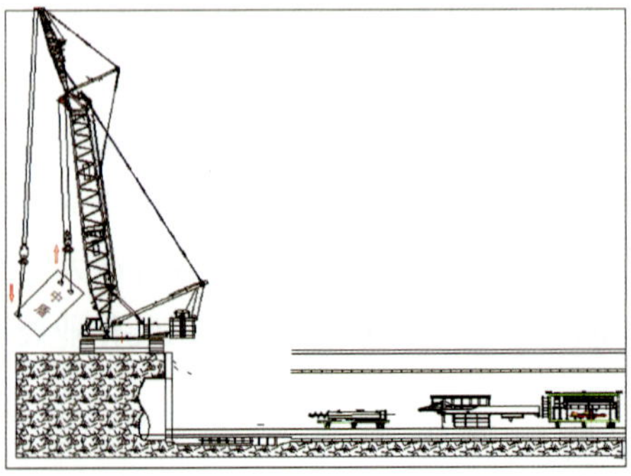	采用两台汽车式起重机或者一台履带式起重机将盾构机吊入始发井内

续上表

工序	步骤	施工图解	说　明
5	前盾吊装下井	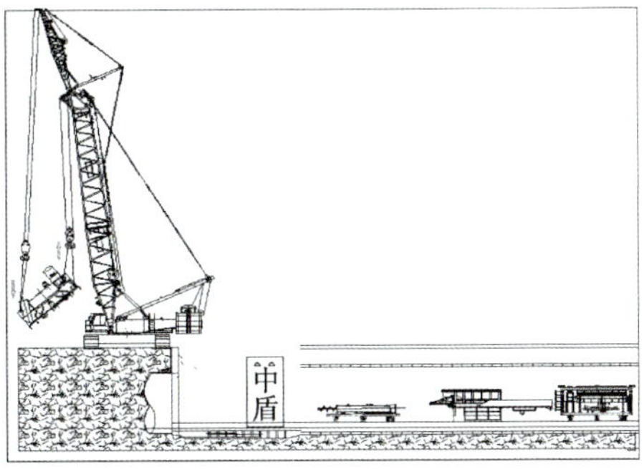	中盾放到位置后,将前盾吊入始发井内
6	刀盘吊装下井	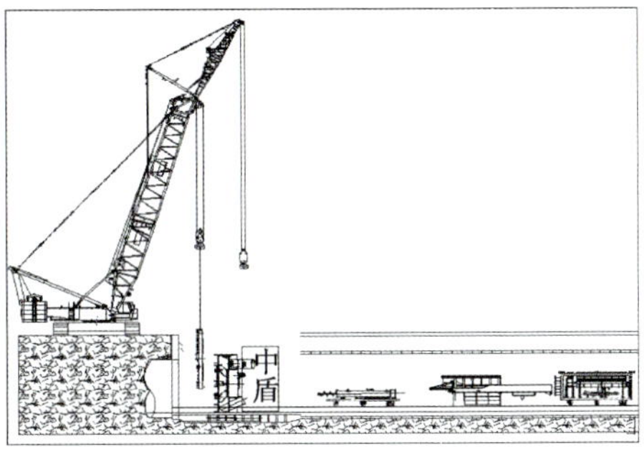	(1)前盾与中盾的连接及后移; (2)刀盘吊入井内
7	吊装管片拼装机	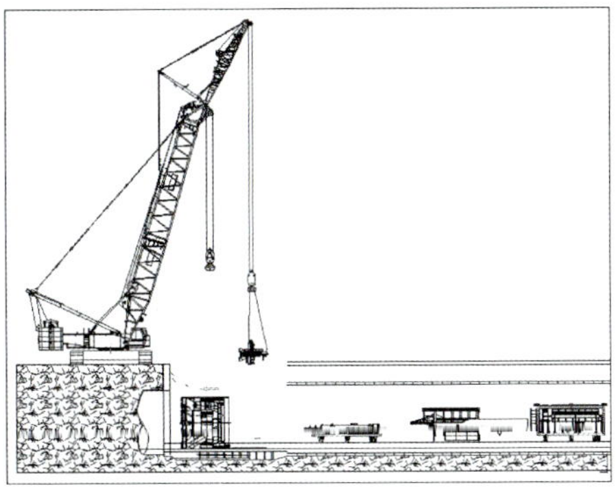	(1)主机连接及前移; (2)管片拼装机吊入井内及组装
8	尾盾下井	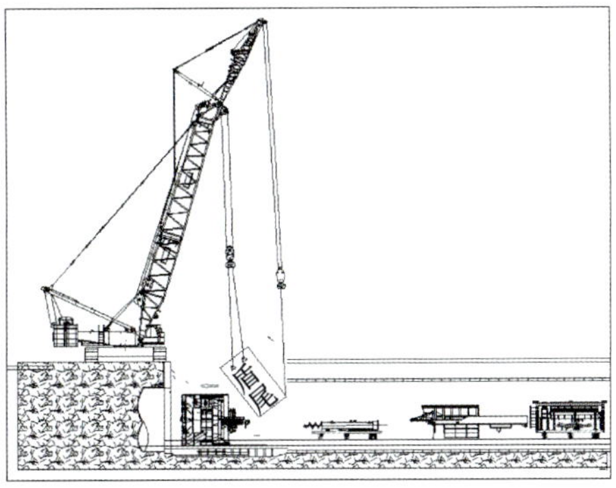	(1)主机连接及前移; (2)管片拼装机及盾尾的吊入井内并拼装; (3)少数盾尾分成上下两半的机型,在管片拼装机下井安装前需将下半圆下井,螺旋输送机安装完成后再将上半圆下井,完成盾尾组装

续上表

工序	步骤	施工图解	说明
9	组装螺旋输送机		（1）后配套台车及连接桥后移，螺旋输送机前移； （2）螺旋输送机吊起及组装
10	完成组装并开始调试		（1）后配套台车迁移，完成组装，刀盘与前盾焊接加固、前盾与中盾焊接加固，部分机型中盾与盾尾也需要焊接加固； （2）切割、割除作业； （3）盾构机调试准备始发

4）盾构机组装的总体要求

（1）盾构机组装前必须制订详细的组装方案与计划，同时组织有经验的作业人员组成组装班组，并在组装施工前对组装人员进行技术和安全交底。

（2）盾构机吊装必须由具有资历的专业队伍负责起吊。

（3）应根据履带式起重机对地基承载力的要求，对其工作区域进行处理，如浇筑钢筋混凝土路面、铺设钢板等防止地层不均匀沉降。

（4）大件组装时应对盾构始发井端头墙进行严密的观测，掌握其变形与受力状态，保证始发井结构安全。

（5）组装前必须检查泵、阀等液压件的封堵是否可靠，如有情况，必须进行现场清理；管件在组装前如果没有充满油液，也必须严格清洗。

（6）高低压设备和电气元件的安装，严格执行生产厂家提供的有关标准和我国电力电气安装的有关规定和标准。

3.2.5 盾构机调试

盾构机调试分为工厂调试和工地调试。工厂调试是盾构机出厂前在盾构机生产厂家工厂内的组装调试，由盾构机生产厂家的专业调试人员完成调试。工地调试是盾构机在工地始发现场组装完成后，对整机进行联合调试。工地调试可以委托盾构机生产厂家的专业人员完成，也可以由用户的专业人员自行完成，工地调试完成并验收合格后，盾构机开始试掘进。本节介绍盾构机工地调试的技术要点。

1）调试安全

（1）调试人员必须是经过培训和授权的、具有作业资格的专业人员，作业时须着工作装，穿劳保鞋，戴好安全帽。

(2)调试人员在调试前,应熟悉整机机械结构和各部分功能,熟悉调试流程。

(3)整机设备、部件已全部安装完毕。

(4)所有动力电缆、控制电缆、通信电缆、液压流体管路均已接线完毕,并检验合格。

(5)盾构机等电位连接完好。

(6)确认液压油箱的油位和各减速箱的油位正常。

(7)调试时应采取隔离等安全防护措施,并在醒目的地方悬挂安全警示牌。

(8)各机构动作前,调试人员必须确认该机构安全,该机构的动作不会造成人身伤害和设备损坏。

(9)使用对讲机协调调试时,双方必须实行呼唤应答制,操作者重复发令者的指令,操作者启动机构时始终只听一个人的指令,任何人发出停止机构指令时必须立即执行。

(10)调试人员上下盾构机和在盾构机上行走时,始终注意脚下和头上,确保人身安全;超过1.5m高且没有护栏的地方,必须系好安全带;上下爬梯没准备好、没锁定,不得上下台车;不得使用没有安全扶手的其他设施当作爬梯。

(11)控制系统调试完成前,不允许功率回路通电。

(12)局部调试完成前,不允许整体通电。

(13)变压器通电前,检查高低压一次与二次接线是否完整,仔细阅读箱式变压器高低压柜门和低压柜门上的安全操作规程,严格按照安全操作规程的注意事项及步骤执行相关操作。

(14)检查变压器、配电柜、变频柜的进出线连接。

(15)SSI(同步串门接口)子站通电前必须由调试人员检查行程传感器电缆连接。

(16)调试管片拼装机时,调试人员必须在管片拼装机区域,抓举头离开底部后,人员不得站立在拼装机下部。

(17)每次转动刀盘前,调试人员必须确认土仓内、刀盘下无人,必须通知盾体内的其他工作人员。首次转动刀盘前,还必须确认刀盘安装牢固、与盾体无干涉,刀盘制动是否正常,并确认刀盘上的吊具已经松开。

(18)每次转动螺旋输送机前,必须先确认好前门打开关闭及螺旋输送机伸缩功能,确认打开/关闭伸出/缩回到位信号正确。调试人员必须确认螺旋输送机上下无人作业。

(19)每次转动带式输送机前,必须确认皮带上无人。

(20)注浆泵调试前,泵的冷却箱内必须有水。

2)调试内容及流程

依据表3-3-18确定的阶段对盾构机进行各系统调试。

盾构机系统调试表 表3-3-18

序号	项目	调试内容及要求
一、主系统调试		
1	通电前	电气设备安装到位,防护设施到位
		电磁阀、传感器插头紧固、锁头锁紧
		传感器延长电缆连接件紧固、密封好
		各机构电缆连接完好
		配电柜、控制室、控制箱、端子盒锁头锁紧,备用电缆锁头密封、锁紧

续上表

序号	项　目	调试内容及要求
一、主系统调试		
1	通电前	检查配电柜、变频柜、变频电机的水冷装置水管是否连接好
		检查整机水管、气管、油管是否连接好
		检查所有断路器是否全部处于断开位置
		检查回转接头上的导电滑环插头是否紧固、锁头是否锁紧
		检查管片吊机控制箱插头是否紧固
		检查各台车、泵站电机、连接桥、拼装机、回转架、移动架、盾体处的PE线连接是否紧固
		检查PLC通信网络插头连接是否紧固
		测量所有电机的对地绝缘电阻是否正常
		测量变压器的原边副边的对地绝缘电阻是否正常
2	变压器通电	检查变压器可否通电并保压24h
		检查箱式变压器散热风机功能是否正常
		检查变压器相序继电器工作是否正常、相序是否正确
		检查箱式变压器内照明功能是否完好
		检查箱式变压器低压侧断路器合闸分闸功能是否正常
		检查低压侧急停及复位功能是否正常
3	电容补偿柜调试	检查电容补偿柜的接线是否完整，箱变低压侧电流互感器的信号线接线是否正确
		手动投切电容器，检查功率因数显示是否正常，电容投切及指示灯是否正常
		检查功率因数自动补偿功能是否正常
4	照明回路通电	检查盾体、拼装机、连接桥、后配套各台车照明及漏电保护功能、应急照明功能、应急照明时间是否正常
		检查控制室照明、空调、显示器、不间断电源、插座漏电保护功能是否正常
		检查人舱加热、人舱照明、土仓插座功能是否正常
5	监控系统调试	检查摄像头监视画面及录像功能是否正常
		检查台车各电话通信是否正常
		检查地面监控室与主控室电话通信是否正常
6	水系统调试	检查增压水泵电机启停控制、电机转向功能是否正常
		检查外循环进水压力显示及报警连锁功能是否正常
		检查冷却水泵电机启停控制、电机转向功能是否正常
		检查主驱动冷却回水温度和流量、密封水温度和流量功能是否正常
		检查主驱动减速机温度开关、螺旋输送机减速机温度开关显示功能是否正常
7	压缩空气系统调试	检查空压机本地、远程启动功能是否正常
		检查空压机急停功能是否正常
		检查空压机排污阀功能是否正常
8	油脂系统调试	检查气动油脂桶液位报警功能是否正常
		检查气动油脂桶本地操作功能是否正常
		检查气动油脂桶维护模式及报警功能是否正常
		检查气路驱动阀、油脂分配阀、油脂脉冲计数、流量显示、报警及状态显示功能是否正常
		检查电动油脂泵电机转向功能是否正常
		检查盾尾油脂手动/自动模式工作是否正常

续上表

序号	项目	调试内容及要求
8	油脂系统调试	检查盾尾密封各注入点位与上位机显示是否一致
9	泵站调试	检查各泵站电机启停及指示灯是否正常
		检查各泵站电机转向是否正确
		检查泵站电机与液压油箱液位连锁保护功能是否正常
		检查各过滤器堵塞报警功能是否正常
		检查各泵站电机泵出口压力显示功能是否正常
二、分系统调试		
10	推进系统调试	检查拼装模式下推进系统急停功能是否正常
		检查推进液压缸动作是否正常
		检查推进状态、推力、推进速度、贯入度、倾角、各组压力、各组行程显示功能是否正常
		检查各分区压力流量调节阀动作是否正常
		检查各组推进液压缸过滤器堵塞报警功能是否正常
11	辅助系统调试	检查管片小车操作箱辅助系统急停功能是否正常（急停按钮及隔离开关）
		检查螺旋输送机操作箱远程/本地切换功能是否正常
		检查螺旋输送机伸缩动作、前门动作、后闸门动作及限位指示是否正常（主控室和操作箱）
		检查后闸门紧急关闭功能是否正常
		检查连接桥拖拉动作及限位和压力指示是否正常（主控室和操作箱）
		检查管片小车前后、升降动作是否正常（操作箱和遥控器）
12	铰接系统调试	检查铰接液压缸伸缩功能是否正常
		检查各组铰接液压缸行程、压力显示功能是否正常
		检查铰接泵过滤器堵塞报警功能是否正常
		检查分组铰接液压缸伸出、缩回、浮动及锁定动作是否正常（主动铰接）
13	管片拼装机调试	检查管片拼装机遥控器急停功能是否正常
		检查管片拼装机角度及方向传感器限位功能工作是否正常
		检查管片拼装机旋转、平移、伸缩、抓取、翻转、倾斜各功能动作是否正常
		检查管片拼装机旋转减速及停止功能是否正常
		校核管片拼装机旋转速度、平移速度、红蓝缸伸缩速度是否准确
		测试管片拼装机有线控制功能是否正常
		测试管片拼装机声光报警功能是否正常
14	注浆泵调试	检查注浆操作箱急停功能是否正常（急停按钮及隔离开关）
		检查搅拌电机正反转、停止动作及指示灯是否正常
		检查各通道正反泵操作及指示灯是否正常
		检查各通道速度调节功能是否正常
		检查注浆屏次数、方量显示及切换功能是否正常
15	螺旋输送机调试	检查螺旋输送机操作箱急停功能是否正常（急停按钮及隔离开关）
		检查螺旋输送机系统本地/远程切换及指示灯是否正常
		检查螺旋输送机与带式输送机连锁及旁通功能是否正常
		检查螺旋输送机状态、转速、扭矩、土压显示功能是否正常
		检查螺旋输送机正反转调速功能、高低速挡位切换功能是否正常
		检查正反转动作及指示灯是否正常（操作箱和主控室）

续上表

序号	项目	调试内容及要求
16	主驱动单位调试	检查齿轮液压泵电机启停及指示功能是否正常,电机转向功能是否正常
		检查齿轮油温度、流量显示是否正常
		检查齿轮油箱低限报警、高限报警、过滤器堵塞报警功能是否正常
		检查刀盘状态、制动器动作、制动器压力开关及接近开关功能及显示是否正常
		测试单台电机驱动刀盘的转向是否正常(电驱)
		检查刀盘正反转动作及指示灯是否正常(操作箱和主控室)
		检查刀盘调速功能,高低速挡位切换功能是否正常
		检查刀盘状态、扭矩、侧滚显示功能是否正常
		检查主驱动电机与变频柜柜体加热器功能是否正常(电驱)
		检查刀盘电机温度的显示功能是否正常
17	泡沫注浆泵调试	检查原液泵启停功能、泵电机及风扇电机转向是否正常
		检查混合液泵启停功能、泵电机及风扇电机转向是否正常
		检查混合液液位报警功能是否正常
		检查手动模式、半自动模式功能是否正常
		检查各泡沫通道数据显示是否正常
18	膨润土系统调试	检查膨润土泵启动,检查电机转向是否正常
		检查膨润土旁通功能是否正常
		检查膨润土流量显示、速度调节功能是否正常
19	带式输送机调试	检查带式输送机启停,检查电机转向是否正常
		检查带式输送机操作箱急停功能是否正常(急停按钮及隔离开关)
		检查带式输送机拉绳急停功能是否正常
		检查带式输送机跑偏警告及急停功能是否正常
		检查带式输送机启动前喇叭警报功能是否正常
		检查带式输送机清洗气动阀动作及反馈信号显示是否正常
		检查带式输送机速度检测警告及显示是否正常
		检查渣车状态显示及连锁功能是否正常
20	二次风机调试	检查通风机启停及指示灯是否正常
		检查电机转向功能是否正常
		检查风筒起重机上升、下降功能及限位功能是否正常
	三、整机联调(试掘进)	
21	参数确定	司机应根据上级部门制定的盾构机掘进参数来进行掘进参数设定
		设定泡沫系统参数
		设定盾尾油脂密封参数
		设定注浆系统的低限警告压力、启动压力和停止压力、注浆速度工作参数
22	试掘进前准备	检查延伸水管、电缆、风管等连接是否正常
		外循环水准备好
		确认皮带连接好
		确认油箱油位
		出渣系统已准备就绪
		导向系统正常工作

续上表

序号	项目	调试内容及要求
23	试掘进	根据工程要求选择盾尾油脂密封的控制模式
		检查是否存在当前错误报警;若有,则先处理错误报警
		启动润滑脂泵、齿轮液压泵
		启动先导液压泵、补液压泵
		启动电机(液驱为主驱动泵)及螺旋输送机驱动泵
		打开螺旋输送机前门到开启位,伸出螺旋输送机的驱动轴
		启动推进泵
		选择手动或半自动或自动方式启动泡沫系统
		启动盾尾油脂密封泵
		启动皮带机
		启动刀盘
		启动螺旋输送机
		启动推进,根据导向系统屏幕上指示的盾构机姿态调整4组液压缸的压力至适当的值,并逐渐增大推进系统的推进速度
		盾构机开始掘进
		根据实际工况调整推进分区压力值以调整掘进方向
		掘进一环完成,完成管片输送和拼装
		(1)掘进过程中,应有一名巡检员随时注意巡检盾构机的各种设备状态,如泵站噪声情况,液压系统管路连接有否松动及是否有渗漏油,油脂及泡沫系统原料是否充足,轨道是否畅通,注浆是否正常等。 (2)操作室内主司机应时刻监视螺旋输送机出口的出渣情况,根据导向系统调整盾构机的姿态。发现问题立即采取相应的措施。 (3)掘进过程中主司机必须严格按照要求记录相关部门规定的各种数据表格,以及详细的故障及故障处理办法
		记录有关盾构机掘进所需要的相关参数
		记录有关盾构机掘进的设备参数
24	试掘进结束	逐步降低螺旋输送机的转速至零,停止螺旋输送机
		关闭螺旋输送机后闸门
		停止推进系统
		停止皮带机
		若刀盘扭矩较大,则可持续转动刀盘,适当地搅拌土仓内的渣土,当驱动压力降低至一定程度时减小刀盘转速至零,并停止刀盘转动。这样下次刀盘启动时扭矩不至于太大

3.3 盾构始发

盾构始发是盾构法隧道施工的一个关键环节,也是盾构法隧道施工的难点之一,始发的成败将对隧道施工质量、进度、安全、工期及经济效益产生决定性的影响。盾构始发试掘进的过程控制是盾构施工中最重要的环节,本节将对始发施工过程及特殊始发作业工艺进行阐述。盾构始发施工流程如图3-3-37所示。

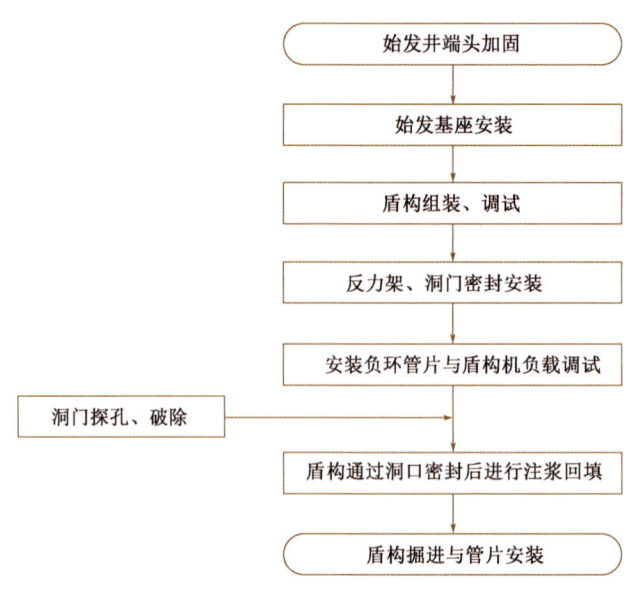

图 3-3-37 盾构始发施工流程图

3.3.1 始发准备

盾构始发前,应完成端头加固并进行取芯,确定加固效果满足盾构始发要求后,方可进行下一步工作。始发的准备工作包括端头降水、洞门探孔、洞门破除等工序,各项工序应逐一检查,确定满足要求后方可进行紧后工作。

1）始发端头降水

盾构始发前应提前 10d 左右进行端头降水,确保始发端头外部土体地下水位已经降至隧道底部 0.5m 以下。

2）洞门探孔

洞门围护结构凿除前应打水平探孔,安装单向阀,进行破除洞门的水量以及流砂检测,探孔主要分布在盾构范围边缘处,上半圆布置孔数宜少,下半圆孔数宜多,孔深不宜过深,穿透围护结构即可,以便确认围护结构与端头加固桩间的隔水情况,若发生透水现象,需采取封堵加固等措施,确保始发安全。

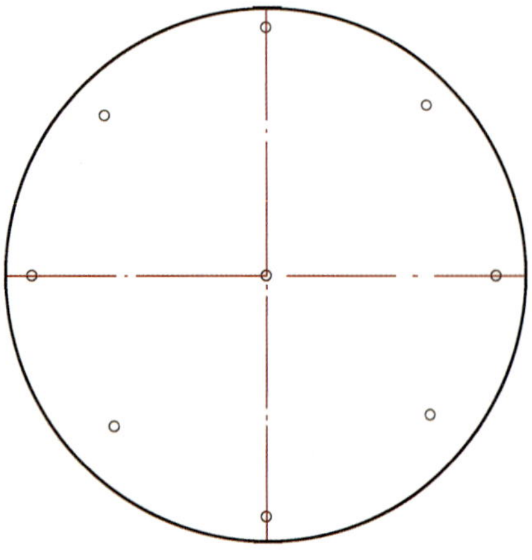

水平抽芯检测方法:在凿除洞门前应先用水钻打孔机由水平方向凿 9 个观察洞(图 3-3-38),孔径为 50mm,深度为进入端头加固体,检查洞门加固情况,观察洞位置分布、孔径及钻入深度。

如果加固区存在渗漏现象,则需采取注浆加固措施。注浆可采用双液浆进行补注浆。

3）洞门破除

(1)洞门破除前提

①盾构机已经下井并安装调试验收合格;

②端头井加固已经完成,加固效果满足设计要求;

图 3-3-38 洞门探孔布孔图

③洞门探孔情况良好,无水、砂流出;
④始发验收通过。

(2) 破除施工

洞门破除前,在洞门处搭设双排脚手架,自上而下进行分层破除,即:

①破除地下连续墙背土面钢筋保护层,割除内侧钢筋;
②凿除围护桩中间的素混凝土,直至露出围护结构外侧钢筋;
③待始发盾构调试完毕后,割除外侧钢筋,按照由下至上的顺序,破除剩余混凝土。

洞门破除顺序如图 3-3-39 所示。

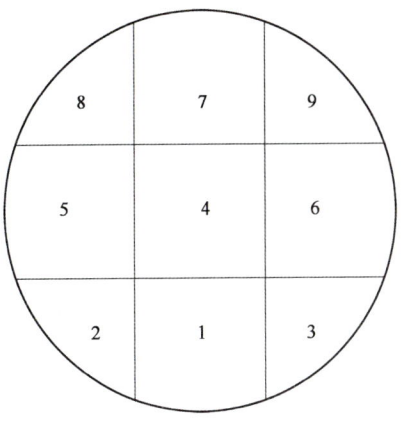

图 3-3-39　洞门破除施工顺序图

首先将开挖面墙钢筋凿出并用氧焊切割掉,然后继续凿至迎土面钢筋外露为止。当盾构机刀盘到达围护桩前 0.5~1.0m 时停止掘进,然后再将剩余的钢筋切割掉,确定洞门范围无钢筋。

(3) 洞门破除注意事项

①搭设洞门破除脚手架时,架体搭设要求应确保整体的安全性和稳定性,通常采用扣件式钢管脚手架体系,一是保证破除结束后可以快速拆除,二是保证脚手架施工的速度。

②洞门凿除过程中,注意观察帘布橡胶板,避免落下来的混凝土渣压坏帘布橡胶板,导致洞门密封出现问题。

③洞门凿除过程中须有专人旁站,并密切注意凿除作业面的土体情况,如有异常须立刻撤离作业区所有人员,并立即报告项目部。同时,应尽快组织人员迅速用木板和钢管撑住掌子面,防止围护结构外土体坍塌,尽快组织注浆设备及人员进行注浆加固,固结掌子面,确保结构稳定。

④洞门破除时,及时检查掌子面的土质情况与设计是否一样;如不一样,应及时反映并采取相应对策。

(4) 安全应急措施

①涌水、涌砂情况

针对洞门破除过程中可能出现的涌水、涌砂情况,应在洞门凿除过程中,预备木板、棉花胎、支撑型钢、快速水泥、回丝、水泥、水玻璃、聚氨酯、阜包和蛇皮袋(已装上)等材料。同时,在洞门周边 2 点、5 点、7 点以及 10 点钟位置钻孔 4 处,钻孔深度为伸入洞门内部,洞门围护结构与掌子面结合处,预埋注浆引流管,并安装球阀。

②洞门坍塌情况

在破除施工过程中,若发生洞门坍塌情况,立即通知附近的人员疏散,并启动应急预案。危险区域设置隔离带,并用围挡封闭。同时向上级单位汇报,并立即组织专家,制订相应的处理方案。

③脚手架倒塌情况

在破除施工过程中,一旦发生脚手架坍塌事故,应立即对受伤人员进行急救,并设立危险警戒区域,严禁与应急抢险无关的人员进入。对未坍塌部位进行抢修加固或者拆除,封锁周围危险区域,防止进一步坍塌。在没有人员受伤的情况下,应根据实际情况对脚手架进行加固或拆除,在确保人员生命安全的前提下,组织恢复正常施工秩序。

4）洞门密封

(1) 土压平衡洞门密封

为了防止盾构始发掘进时泥土、地下水等从盾壳与洞门的间隙处流失，在盾构始发时需安装洞门临时密封装置，密封由帘布橡胶板、扇形压板、折叶压板、垫片和螺栓等组成，如图3-3-40所示。施工分两步进行，第一步在始发端墙施工过程中，埋设好始发洞门预埋钢环；第二步在盾构始发前，安装洞口密封铰接压板及橡胶帘布板。

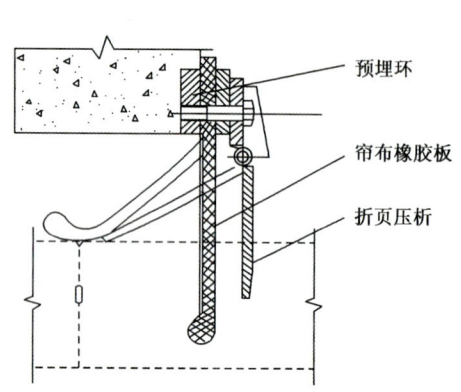

图3-3-40 土压平衡洞门密封装置

(2) 泥水盾构洞门密封

①施工目的

泥水平衡盾构在始发过程中，为防止泥水从洞门圈与盾构壳体形成的环向间隙大量窜入盾构工作井内，影响盾构机开挖面泥水建仓、开挖面土体的稳定及盾构内施工，须在盾构始发前在洞门处设置性能良好的洞门防水装置，如图3-3-41所示。

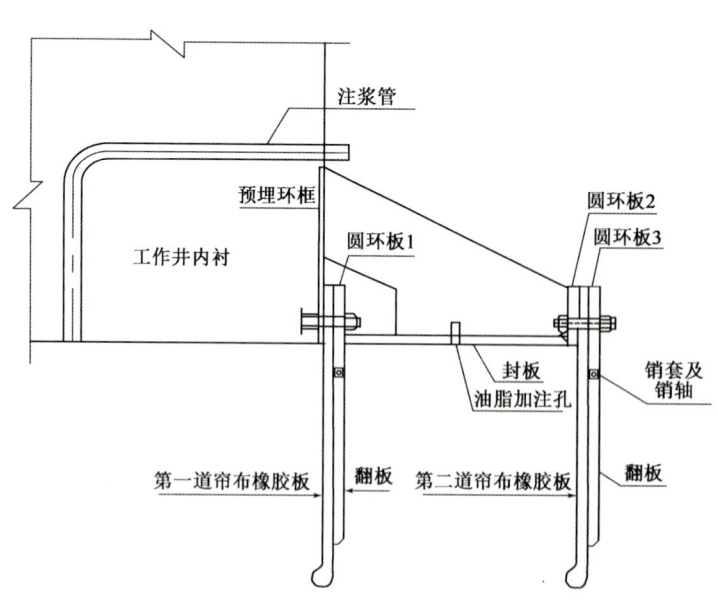

图3-3-41 泥水平衡洞门密封装置图

②施工流程

a. 预埋钢环

将预埋钢环竖直埋设于主体结构内,设置锚筋埋入主体结构中,环内预埋注浆管,注浆管穿过预埋钢环,与钢环内侧连通,沿圆环均匀布置。

b. 洞门密封环

洞门密封环一般由封板、加劲板、圆环板、折页式压板和帘布橡胶板组成,焊接固定于洞门预埋的钢环上,密封板及加劲板与预埋钢环前端断面全周长焊接,密封环外端面与盾构轴线垂直。

c. 橡胶帘布安装

对橡胶帘布及密封钢环预留螺栓孔进行标号,并对橡胶帘布进行质量检查;

与密封钢环预留螺栓孔相对应,采用螺栓连接固定;

用 50t 吊车将第 1 道橡胶帘布吊起,利用洞门前已搭设脚手架及已安装的手拉葫芦进行安装。

(3)始发漏浆弥补措施

为防止在始发过程中有少量浆液从密封处遗漏,可在帘布安装中预留 6 个注浆孔,如有浆液遗漏,可采取从漏点最近预留孔注入封堵材料,也可在管片 +1 环(多孔管片)对应位置注入封堵材料。

(4)盾构始发洞门钢环密封失效风险

盾构机始发时可能产生洞门密封失效、隧道端头产生泥浆泄漏现象。

防治措施:

①严格控制盾构始发参数,如推进速度、进浆压力等,采取欠压始发;

②在推进过程中,泥水处理人员要加大对泥水的测试频率,及时调整泥水质量;

③在盾构始发井底部,进浆管路增设一个手动闸阀,用以控制进浆量,并在洞门密封失效时关闭进浆管道;

④当洞门密封局部失效导致泥浆泄漏时采取正面封堵措施,准备好棉絮、麻袋、钢板等物资。

5)二次密封

(1)二次密封概述

预先在密封环处安装管片(称为 0 环管片)的外弧面预埋钢板,使钢板沿管片外弧面连续布置。钢板宽度取为 1.2m,厚度一般可取为 12mm。盾构机向前掘进,拼装负环,待盾构机盾尾最后一道弹簧钢板刷完全进入密封环内拼装 0 环管片后,用钢质扇形环板又称二次密封板,将洞门预埋钢环端面与 0 环管片预埋钢板焊接固定,形成二次密封,以隔绝盾构井与盾构作业区,确保盾构泥水压力平衡的建立及盾构同步注浆的顺利实施。

二次密封焊缝高度宜不小于 1cm,要求焊缝连续,焊接完成后不渗漏泥浆或地下水,密封钢板厚度为 20mm,径向宽度为 42.5cm,安装定位时可根据预埋钢环与 0 环管片之间的间隙进行调整,如图 3-3-42 所示。

在焊接底部二次密封板前,割除由始发基座延伸到密封环端面的延长导轨,为焊接二次密封板预留足够的操作空间。

(2)注意事项

①密封环打磨彻底,保证表面平整度;

图 3-3-42　二次密封板焊接

②密封钢板与圆环板及管片外侧焊接,焊缝 10mm,焊缝饱满连续,无砂眼;

③加劲板焊接、混凝土基座破除提前进行,且密封钢板焊接 24h 作业,物资设备须准备充分。

6)始发建仓

(1)土压盾构始发建仓

盾构机在端头加固体里推进时,由于加固体整体比较稳定,为减少推力,故不需保持太大的土压,盾构机刀盘出加固体前 20cm,再将土压缓慢提高至设定土压,设定土压应根据隧道埋深,通过计算得出。

(2)泥水盾构始发建仓

本小节针对断面泥水平衡盾构机的始发建仓进行简单说明。

①压力建仓目的

a. 完成泥水压力条件下对盾构机设备监测元件的测试,包括压力显示控制、流量显示控制的检查,气压控制系统(各项传感器、液压控制元件)的检测,盾构机仓内密封(气压仓密封、主轴承密封)的检验等。

b. 建立泥水压力条件下泥水对开挖面的平衡支撑,保持泥水的润滑、支撑、携渣作用,以便盾构机对隧道开挖面实施正常掘进。检验项目包括密封装置承受的压力是否达到支撑掌子面土体压力。

②建仓流程

压力建仓作业流程如图 3-3-43 所示。为了更好地体现泥水平衡盾构始发建仓,本书给出了一个详细案例供读者参考,具体见附件 3-3-5。

a. 检查洞门密封、调浆池泥浆液位情况,保证循环系统调试到位,保持设备运转正常,启动 P1、P2 泵,开启盾构机旁通循环,调整进出浆流量,并达到循环平衡状态。

b. 打开开挖仓和气压仓的平衡阀,确保隔板两侧气压平衡。启动仓内泥水循环系统,慢慢将泥浆充填至盾构机中轴线以上 3m。检查泥浆充填过程中洞门密封的渗漏情况。

c. 激活盾构机气压控制体系,开始调节气压仓压力,以不大于 10kPa 的增幅逐步将气压增加至 75kPa。

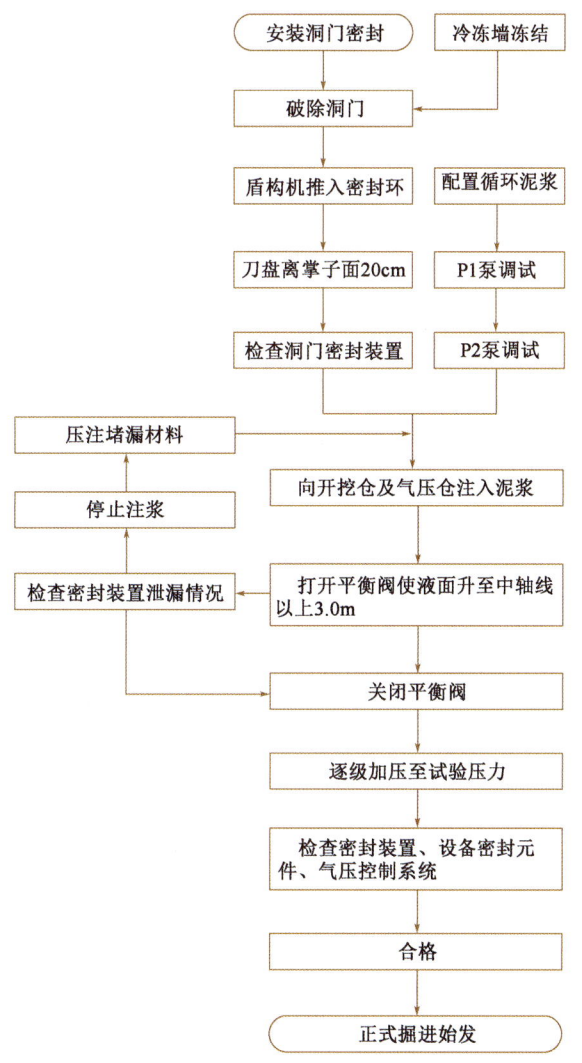

图 3-3-43 压力建仓作业流程图

d. 开始加压时,提前打开洞门密封顶部的排气阀,随着气压仓内压力的升高,工作仓液面也逐渐抬升,使工作仓及密封环内的空气及时排除。当工作仓内气体完全排空后,及时关闭排气阀。继续调升气压仓压力至 75kPa 并持续 15min,检查洞门密封渗漏情况及设备运转状况,如一切正常,再保压 45min 后,开始正式掘进。

e. 如发生泄漏或设备出现异常,及时调低气压,让液面缓慢下降,并将泥水用 P2 泵排出。仓底内无法用 P2 泵排出的剩余泥、水使用泥浆泵抽排,待检查修复完成后再重复试验,直到正式掘进。

3.3.2 负环掘进控制

负环段掘进是盾构始发时在盾构井内进行的管片拼装,主要目的是填充反力架与推进液压缸的行程,以给盾构机掘进时向前推进的作用力。负环段掘进过程中应对盾构机各项设备运转情况进行进一步检查,同时注意洞门密封情况,如若出现渗漏水情况,应及时进行注浆密封。

3.3.3 试掘进控制

在盾构机掘进的施工管理方面,紧密结合"保证开挖面稳定、做好掘进姿态控制、加强管片拼装精度、严格壁后同步注浆"的管理目的,进行全过程的动态管理,各种技术措施需要在施工掘进中进行经验总结,并逐步优化,通常试掘进段长度约为 100m,掘进过程管理的主要内容详见表 3-3-19。

试掘进管理的主要内容　　　　　　　表 3-3-19

项　目	内　容
开挖面稳定管理	(1) 设置并保持开挖面稳定的土仓压力; (2) 土体改良措施; (3) 保证进排土量的动态平衡; (4) 合理设定总推力、刀盘转速、刀盘扭矩、推进速度等掘进参数
盾构机姿态控制	盾构机刀盘及盾尾的位移、回转角、俯仰角、水平趋势、垂直趋势、蛇形量的控制等
衬砌管片安装	(1) 正确选用管片和管片拼装位置; (2) 管片防水胶条的检查和破损情况检查; (3) 拼装质量控制
管片同步注浆管理	(1) 正确选用同步注浆浆液配合比及浆液特性; (2) 注浆压力管理; (3) 注浆量的控制; (4) 注浆管路畅通

(1) 始发掘进时稳定开挖面的管理要点

①始发时盾构机是在加固体中掘进,该地层具有一定的自稳能力,而且盾构机的掘进参数如推力、扭矩等受托架和反力架限制,根据埋深和土质按照水土合算方法计算理论土仓压力,同时在施工中进行地表变形监测,对土仓压力进行微调,设定土仓内的平衡土压值。

②在刀盘面板上喷注泡沫以减小掘进时与前方岩体的摩擦力及土仓内渣土与刀盘、土仓壁的摩擦力,还可减小刀盘的驱动扭矩。

③试掘进阶段渣土改良应根据地质情况合理选择改良剂配合比,具体改良剂选用方式及配合比确定方法详见本章 3.4.8 小节。

④始发时刀盘接触开挖面初期,先关闭螺旋输送机出土闸门,通过观察土仓,在装有 2/3 渣土时,逐步启动螺旋输送机,打开出土闸门排土,并在掘进过程中不断将实际出土量与理论出土量进行比较,这是土压管理的重要措施。

(2) 始发掘进时盾构机姿态控制

始发掘进前人工复测一次盾构机在始发托架上的正确位置,并与盾构机自动导向系统测量的位置相互比较,调整盾构机姿态后方可始发掘进。

检查盾构机托架的稳固情况,检查防止盾构机"栽头"的导轨是否施作牢固和高程符合要求,查验盾体壳上的防扭转装置是否焊接牢固。

保持盾构机推进液压缸推力均衡,确保刀盘中心和盾尾中心的位移在允许的偏差范围内(自动导向系统上显示为垂直方向 0～40mm,水平方向 ±30mm),在始发掘进阶段尽量少采用纠偏措施。若盾构机进入土体后立即进入缓和曲线段,则应待盾体完全进入土体后才开始适量的纠偏。

①盾构机竖直方向控制原则

a. 一般情况下,盾构垂直前后点偏差控制在 ±20mm 以内,倾角可控制在 ±3mm/m 以内。特殊情况下,倾角亦不宜超过 ±10mm/m,否则会因盾构机转弯过急引起盾尾间隙过小和管片的错台和破裂等问题。

b. 开挖面土体比较均匀或软硬上下差别不大时,盾构机应与设计轴线保持平行。

c. 当盾构机下部土体较软或上硬下软时,为防止盾构机机头下垂,应适当保持上仰姿势(即倾角为正)。

d. 当开挖面上软下硬时,为防止盾构机"抬头",盾构机适当保持下俯姿态(即倾角为负)。

e. 操作盾构机时,还应注意上部千斤顶和下部千斤顶的行程差,两者不能相差过大,一般宜保持在 ±50mm 内,特殊情况下不宜超过 60mm,避免盾构机姿态变化过急。

②盾构机水平方向的控制原则

a. 在直线段,盾构机的水平轴线偏差应控制在 ±50mm 以内,水平偏角可控制在 ±3mm/m 以内,否则会因盾构机转弯过急引起盾尾间隙过小、管片的错台和破裂等问题。

b. 在缓和曲线段及圆曲线段,盾构机的前后点偏差可控制在 ±30mm 以内,水平偏角可控制在 ±5mm/m 内,曲线半径越小,控制难度越大。

c. 由直线段进入曲线段时,应根据地层情况(其决定盾构机的转向难易程度)在直线段末端 10～20m 范围内提前转弯。内转幅度可根据曲线半径和盾构机的转向性能综合确定,一般控制在 20～30mm 范围内。

d. 盾构机由曲线段转入直线段掘进时,应在曲线末端 10～20m 范围内提前外偏,外偏幅度可根据曲线半径和盾构机的转向性能综合确定,一般控制在 20～30mm 范围内。

e. 当开挖面内的地层左右软硬相差很大而且又是处在曲线段时,盾构机的方向控制将比较困难,此时应降低掘进速度,合理调节各分区的千斤顶压力,必要时可将水平偏角放宽到 ±10mm/m,这将有助于加大盾构机调向的力度。

f. 由于水平曲线的半径比竖曲线要小,故影响盾构机水平方向控制的主要因素是线路特性和地层特点。

(3)试掘进结束后反力架拆除

①拆除原理

反力架拆除的最佳时机为盾构掘进所需的反力传递至反力架衰减为零的时刻。下面以某项目反力架拆除计算为例进行简单说明。

案例背景:区间共设置 7 环负环管片,负环管片均为直环,采用错缝拼装方式进行拼装。

该反力架及负环管片的任务是为盾构始发推进时提供可靠的支撑。但盾构全部进入土体后,盾构前进推力的反力由反力架、负环管片及正环管片与其周围土体的摩擦力提供,随着盾构向前推进,正环管片与其周围土体的摩擦力的总力越来越大,需要反力架及负环管片所提供的反力越来越小。在该地层条件下,盾构的正常推力一般情况下不大于 12000kN,最大不大于 16000kN。设反力架及负环管片所提供的反力为零,则盾构的推力全部由正环管片与其周围土体的摩擦力来提供,则:

$$P = f \times 3.1416 \times D \times L \times 10 = 16000 \text{kN}$$

式中：P——盾构最大推力，为16000kN；
　　　f——管片与其周围土体的摩擦系数，为2t/m²；
　　　D——管片外径，为6.0m；
　　　L——推进长度(m)。

故：
$$L = \frac{1600}{2 \times 3.1416 \times 6.0} = 42.4\text{m}$$

可见，当盾构推进42.4m后，盾构的推力即可全部由正环管片与其周围土体的摩擦力来提供反力，此时，反力架及负环管片可以拆除。

②反力架拆除的必要性

反力架的拆除是极为必要的，因为只有始发反力架及负环管片拆除后，盾构工作井才具备快速垂直运输的空间，才能实现隧道的快速施工。

③拆除顺序

拆卸反力架横撑及斜角撑螺栓→起吊顶部横梁→分别拆卸斜撑及立柱下部连接螺栓→起吊反力架立柱及斜撑并切割下部立柱与预埋件的焊接部位→起吊下部横梁。

(4)试掘进控制注意事项

①洞门圈需要安装内导轨，同时加垫棉絮和沙袋，加速下部砂浆初凝的效果。

②盾构机在未完全进入洞门前，应在壳体上焊接防扭侧翼挡块，并随盾构机的推进逐次切除。

③负环管片脱出盾构机后，周围无约束，在推力作用下易变形，为此在管片两侧底部用三角木楔支撑加固，并在每环管片外弧面用钢丝绳和手拉葫芦将管片箍紧。

④要严格限制盾构机的推力和掘进速度。严格监控盾构机的掘进方向，密切注视盾构机的姿态，若有异常马上停机分析原因并采取对策。

⑤盾构始发时，要注意密封装置的压入情况，若橡胶环板有可能弹出，则要停止推进，对其采取加固措施，确保密封效果。

⑥要确保盾尾密封油脂的注入达到压力要求，以保证盾尾的密封效果。

⑦负环管片可不贴密封条，但需贴缓冲垫，螺栓不用止水垫圈。

⑧为确保已经拼装的管片不发生变形，按设计要求在隧道前10环纵向均匀分布安装4根槽钢拉紧。

⑨初始掘进完成后总结参数成果：初始100m掘进是摸索规律、优化掘进参数的试掘进阶段，需在出洞门100m范围内加密沉降观测点，根据不同的掘进参数所对应的地面沉降值，可以总结和优化出相应的盾构掘进参数(土仓压力、推进速度、总推力、排土量、刀盘扭矩、注浆压力和注浆量等)，为加快正常掘进打下基础。

在完成初始掘进后，将对始发设施进行必要的调整，具体如下：

①拆除负环管片、始发托架、基准环和反力架。理论上，当盾构机掘进时的反力传递到反力架上的反力为零时，即可拆除负环管片、始发托架、基准环以及反力架。

②在始发井内铺设马凳和双线轨道。

③重新安装给排水、供电系统，安装送风设备，连接或延长其他各种管线。

3.4 盾构掘进施工

3.4.1 盾构机操作要求

盾构机操作必须一切以保证工程质量为出发点,充分保证隧道的衬砌质量,保证线路方向的正确,并且尽量减小因盾构施工引起的地面沉降。对于盾构机操作手,应按照以下要求操作:

(1)必须保证同步注浆;若注浆不能保证,则不能掘进。

(2)没有进行盾尾间隙、方向量测时,不能掘进。

(3)严格控制出土量,掘进中的出土量突现异常时,应立即报告。

(4)严格控制掘进参数,需要对掘进参数进行调整前,应上报技术工程师,盾构掘进过程中,及时报告掘进参数变化情况。

(5)充分合理地应用盾构机的各项功能,定期对盾构机进行维护保养。

3.4.2 盾构沉降控制

1)盾构隧道沉降分类

(1)初始沉降:是指在盾构面到达距其还有几十米处的地面观测点之前产生的沉降量,产生初始沉降的主要原因是由于地下水位的降低引起的地层挤密沉降。

(2)开挖面前方变形:是指在距开挖面约几米处观测点产生的沉降或隆起,这种变形主要是由盾构机推力过大或过小,开挖面土压力失衡造成的。

(3)盾构通过时的沉降:是指从开挖面到观测点至盾尾到达该点为止所产生的沉降,是盾构施工扰动周边土体导致的。

(4)盾尾空隙沉降:是指盾尾通过观测点时引起的沉降,主要是由于盾尾空隙土体失去盾构支撑或管片壁后注浆不及时引起的土体应力释放所致。在实际盾构施工时,需要严格控制盾尾空隙沉降。

(5)盾构通过后的沉降:是指盾尾脱出约一周后的地表沉降,主要由底土蠕变而产生的塑性变形,包括超孔隙水压消散引起的主固结沉降和土体骨架蠕变引起的次固结沉降。

2)地表沉降控制措施

盾构掘进施工时,应结合地表监测情况及时调整各项掘进参数和跟踪注浆方法。主要可从以下方面进行沉降控制:

(1)监测点布设。主要对地铁隧道中心轴线两侧30m范围内及盾构推进施工段前20m、后30m范围内的地表土体进行竖向位移测量,与施工同步进行。在中心轴线上以5m的间距布置土体沉降监测点,并且每隔50m布置一条沉降剖面线,每条沉降剖面线布置7个沉降监测点(除中心轴线上监测点外,轴线两侧各设3个,布设距离依次为2m、4m、7m)。对重点管线要加密监测点。

(2)进行合理的渣土改良。采用土压平衡模式时,渣土应有良好的流塑状态、良好的黏稠度。当满足不了需求时,需向开挖面、混合仓和螺旋输送机内注入改良剂对渣土进行改良,使开挖土具有流动性和止水性。另外,压缩的土体止水性差,当地下水压较高时,易出现喷发现象,这时要注入改良剂,使开挖土具有流动性和止水性,平衡开挖面的土压和水压。施工中采用的改良剂是泡沫和膨润土,泡沫通过盾构机上的泡沫系统注入,膨润土以悬乳液的形式通过膨润土系统注入开挖仓和输送机进口,必要时从盾壳上注入,尽早充填盾壳背空隙,控制地表沉陷。

(3)掘进压力选择。当盾构掘进时,若开挖面受到的水平支护应力小于地层的原始侧向应力,则开挖面土体向盾构内移动,引起地层损失而导致盾构上方地面沉陷。反之,当作用在正面土体的推应力大于原始侧向应力时,则开挖面土体向上向前移动,引起负地层损失而导致盾构前上方土体隆起。

(4)壁后注浆。壁后注浆主要是为了防止由盾尾空隙引起的隧道周围围岩变位,控制地表沉陷,同时可以提高隧道的止水性,使隧道管片与周围土体形成整体,确保管片的早期稳定。因此,保证管片壁后注浆的均匀和充分也是很重要的。

(5)控制循环出土量。严格控制掘进速度,控制每循环的出渣量,保持开挖土量和出土量的平衡,密切关注出渣渣土的物理性能。不同的地层考虑相应的松散系数来控制渣土量。

(6)控制地层失水。地下水的流动使土粒产生位移,土粒间空隙压缩,水位下降使土体内有效应力增加而发生固结现象,造成地表沉降。就止水性而言,黏性土的渗透系数较小,砂性土渗透系数较大。

(7)曲线段超挖控制。盾构在曲线推进、纠偏、抬头或低头推进过程中,实际开挖断面不是圆形而是椭圆形,从而会引起附加变形,此时应调整掘进速度与正面土压,达到减少对地层的扰动和减少超挖的效果,从而减少地层的变形。

总之,引起盾构隧道地表沉降的因素很多,主要与掘进模式、掘进土压力、注浆方式和时机、注浆量和压力、地层失水等有关,施工时要根据地质特性综合考虑,遵守"模式正确、土压合理、防范失水、快速掘进、及时注浆、注浆充分、严密监测、迅速反馈"的原则,通过对影响地表沉降的要素进行严格控制、严密监测和严格管理,可很好地控制地面沉降。

3.4.3 掘进参数控制

影响盾构掘进沉降控制的主要掘进参数可按照盾构机不同模式分为两类,对于土压平衡盾构机来说,影响沉降控制的主要参数包括掘进模式、刀盘扭矩和转速、推力、土仓压力等;对于泥水平衡盾构机来说,影响沉降控制的参数还包括贯入度、掘进速度、切口压力、气压仓压力、泥浆指标等。

(1)掘进模式

土压平衡盾构机的掘进模式有敞开模式、半敞开模式、土压平衡模式三种,采取何种掘进模式的关键在于地层的自稳性和地下水含量的高低,三种模式的主要适应地层如下:

①敞开模式适用于具有自稳能力、地下水少的地层;

②半敞开模式又称为局部气压模式,该掘进模式适用于具有一定自稳能力和地下水压力不太高的地层;

③土压平衡模式适用于不具有自稳能力的软土和富水地层。

(2)扭矩和转速

刀盘的转速与驱动扭矩具有一定的关系,转速大,则扭矩小;转速小,则扭矩大。值得注意的是,在盾构掘进中,一定要控制好刀盘扭矩,如果控制不好刀盘扭矩,一旦刀盘扭矩大于限定值,盾构主驱动就会跳闸停机,若停机时间过长,则可能引发次生风险。

(3)推力

推力的大小决定刀具的贯入度,推力越大,刀具的贯入度越大,贯入度大,则刃间破裂的岩块就大;反之,推力越小,刀具的贯入度就越小,贯入度小,则刃间破裂的岩块就小。推力的计算方法详见本章

3.1.6小节。

(4) 土仓压力、切口压力及气压仓压力

对于土压平衡盾构机来说,设定合适的土仓压力可有效确保开挖面的稳定,关系到盾构施工效率和工程环境安全;对于泥水平衡盾构机来说,切口压力的控制是泥水平衡盾构机安全生产的生命线。开挖面地层稳定性较好时,压力过大会引起刀盘扭矩和推力增大,推进速度下降,导致盾构掘进效率低下;压力不足则会导致掌子面失稳,造成地层损失,导致地面沉降。因此,在实际盾构施工过程中,应结合掌子面地层情况,动态设置土仓压力值,确保地层稳定。

(5) 掘进速度和贯入度

掘进速度和贯入度都是盾构掘进施工中比较重要的参数,对它们控制得好坏,将直接影响开挖面水压的稳定性和掘削量。掌子面在盾构掘进过程中的破坏程度主要与刀头切入的深浅(即贯入度)有关。在刀盘转速相差不大的情况下,掘进速度和贯入度的控制具有一致性。

3.4.4 管片拼装

1) 管片选型

管片选型的原则有两个,一是管片选型要适合隧道设计线路,二是管片选型要适应盾构机的姿态,两者相辅相成。

(1) 管片选型要适合隧道设计线路

根据管片形式的不同,将管片分为通用楔形管片和普通管片。其中,通用楔形管片的管片形式只有一种,它既可用在直线段,也可用在曲线段,而不像普通的管片将这两者加以区分,但是对于存在曲线段的普通管片选型,应结合项目情况进行实际管片选型计算,确保管片拼装满足曲线要求。

(2) 管片选型要适应盾构机的姿态

管片拼装不可避免地受到盾构机姿态的制约,管片的平面应尽量垂直于盾构机轴线,也就是盾构机的推进液压缸能垂直地推在管片上,这样可以使管片受力均匀,掘进时不会产生管片破损。同时也兼顾盾尾间隙,避免盾构机与管片发生碰撞而损坏管片。在实际掘进过程中,盾构机因为地质不均、推力不均等原因,经常会偏离隧道设计线路,所以当盾构机偏离设计线路或进行纠偏时,需特别注意管片选型,避免发生重大事故。

(3) 案例分析

以某标段盾构区间为例,管片技术参数见表3-3-20。

管片技术参数 表3-3-20

参　　数	参　数　值	参　　数	参　数　值
管片长度	1500mm	管片内径	5400mm
管片外径	6000mm	转弯环截面	等腰梯形
转弯环楔形量	38mm	盾尾间隙	盾尾内径减管片外径

区间分布两组圆曲线,半径分别为450m、800m。依照曲线的圆心角与转弯环产生的偏转角的关系,可以计算出区间线路曲线段的转弯环与标准环的布置方式。

转弯环偏转角的计算公式:

$$\theta = 2\gamma = 2\arctan\frac{\delta}{D}$$

式中：θ——转弯环的偏转角；

δ——转弯环的最大楔形量的一半；

D——管片直径。

将数据代入得出 $\theta = 0.3629$，圆心角的计算公式为：

$$\alpha = \frac{180L}{\pi R}$$

式中：L——一段线路中线的长度；

R——曲线半径，取 800m。

而 $\theta = \alpha$，将之代入上式，得出 $L = 5.067$m。

上式表明，在 $R = 800$m 的圆曲线上，每隔 5.067m 要用一环转弯环，由于管片环宽 1.5m，标准环与转弯环的拼装关系为 2 环标准环 + 1 环转弯环。以此类推，可以算出 $R = 450$m 的拼装关系。参照上述计算方法并结合线路具体情况，就可以明确曲线段管片选型需求。

完成曲线段管片选型推演后，即可进行盾构掘进及管片拼装。在曲线段进行盾构掘进时，除了管片选型需要满足曲线设计要求外，还需要进行管片姿态控制。曲线段管片姿态控制需严格遵循如下原则：

①加大盾构机姿态及盾尾间隙量测力度，结合测量数据指导掘进参数调整及管片姿态控制；

②加密成型隧道的测量频率，加大导线点的复核频率，消除测量误差累计，避免管片姿态偏差过大；

③设置合理的预偏值，即在掘进过程中，将管片向姿态偏移的相反方向预先设置一个合理的预偏值，确保管片稳定后隧道轴线尽量精确拟合设计线路。

总之，管片选型时，既要考虑盾尾间隙，又要考虑液压缸行程差。而液压缸行程差更能反映盾构机与管片平面的空间关系，通常情况下应把液压缸行程差作为管片选型的主要依据。

2）管片拼装控制

一环管片由"一块封顶块（K 块）+ 两块邻接块（B 块）+ 三块标准块（A 块）"构成，常见为错缝拼装的方式，在上海、苏州等地的建设单位要求采用通缝拼装。管片拼装控制主要是在满足隧道线形要求的情况下，做好 K 块点位选择以及拼装精度控制。

（1）拼装成环方式。盾构推进结束后，迅速拼装管片成环。除特殊场合外，大都采取错缝拼装。在纠偏或急曲线施工的情况下，有时采用通缝拼装。

（2）拼装顺序。一般从下部的标准（A 块）管片开始，左右两侧依次交替安装标准管片，然后拼装邻接（B 块）管片，最后安装封顶（K 块）管片。

（3）盾构千斤顶操作。拼装时，若盾构千斤顶同时全部缩回，则在开挖面土压的作用下盾构会后退，开挖面将不稳定，管片拼装空间也将难以保证。因此，根据管片拼装顺序分别缩回盾构千斤顶非常重要。

（4）紧固连接螺栓。先紧固环向（管片之间）连接螺栓，后紧固轴向（环与环之间）连接螺栓。采用扭矩扳手紧固，紧固力取决于螺栓的直径与强度。

（5）封顶管片安装方法。封顶管片安装在邻接管片之间，为了不发生管片损伤、密封条剥离，必须充分注意正确地插入封顶管片。为方便插入楔形管片，可装备能将邻接管片沿径向向外顶出的千斤顶，以增大插入空间。拼装径向插入型封顶管片时，封顶管片有向内的趋势，在盾构千斤顶推力作用下，其向内的趋势加剧。拼装轴向插入型封顶管片时，管片后端有向内的趋势，而前端有向外的趋势。

（6）连接螺栓再紧固。一环管片拼装后，利用全部盾构千斤顶均匀施加压力，充分紧固轴向连接螺栓。盾构继续掘进后,在盾构千斤顶推力、脱出盾尾后土(水)压力的作用下衬砌产生变形,拼装时紧固的连接螺栓会松弛。为此,待推进到千斤顶推力影响不到的位置后,用扭矩扳手等,再一次紧固连接螺栓。再紧固的位置随隧道外径、隧道线形、管片种类、地质条件等而不同。

3)管片拼装精度要求

为了确保成型管片质量,管片拼装精度应按照现行《盾构法隧道施工及验收规范》(GB 50446)进行严格控制,具体控制数据可见表 3-3-21。

管片拼装精度要求控制　　　　　　　　　　表 3-3-21

序 号	项 目	允 许 偏 差
1	管片成环后直径变化量	≤12mm
2	相邻环管片间隙	≤1mm
3	相邻环管片允许高差	≤4mm
4	管片成环后椭圆度	<20mm
5	环缝张开	<1mm
6	纵缝张开	<2mm

3.4.5 姿态控制

在盾构掘进过程中,以各区域千斤顶的行程、油压以及流量控制盾构前进方向,发现偏差时及时调整千斤顶的编组和各区域千斤顶的行程、流量及油压,加强各施工参数的设定管理,防止因参数设定不当造成隧道轴线产生大的偏离,要做到随偏随纠、勤纠小纠,减少因轴线纠偏而造成的土体超挖、扰动。

隧道线形控制采用隧道自动导向系统和人工测量辅助进行盾构机姿态监测。该系统能够直观地全天候在盾构机主控室动态显示盾构当前垂直和水平位置与隧道设计轴线的偏差以及趋势,据此调整控制盾构掘进方向。

1)掘进方向的控制原则

(1)使盾构机趋向隧道中线方向,蛇行纠偏,防止纠偏过急;

(2)盾构机姿态的调整应适应管片的状态,管片的选型拼装应适应盾构机姿态及趋势;

(3)底部推进液压缸的压力稍高于顶部的压力,防止盾构机栽头。

2)纠偏曲线

掘进方向的控制是通过调节推进系统几组液压缸的不同压力来进行调节的。当盾构液压缸左侧压力大于右侧时,盾构机姿态自左向右摆;当上侧压力大于下侧压力时,盾构机姿态自上向下摆;依次类推即可调整盾构机姿态,当盾构机的方向偏离隧道中线时,应按偏离的多少缓慢纠偏,防止纠偏过急。

盾构机纠偏示意图如图 3-3-44 所示。

(1)根据滚动角情况选择相对应的刀盘旋转方向,回调盾构机滚动;

(2)拼装过程中,千斤顶禁止一次收回过多,千斤顶每次只缩回需要拼装位置的千斤顶,防止盾体无反作用力,造成管片旋转;

(3)拼装时适当改变管片拼装顺序,利用千斤顶收液压缸使盾构机局部卸力;

(4)加强浆液质量控制,为了防止扭矩过大,管片跟着盾构机转动,必要时选择二次注浆,及时稳定管片;

(5)加强渣土改良管理,尽可能地减小扭矩,降低贯入度,扭矩过大时容易造成盾构机滚动偏转;

(6)除非必要,盾构机盾壳上不要注入过量的膨润土。

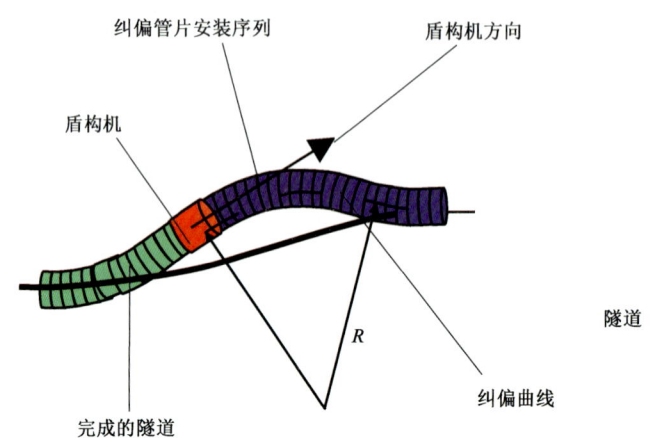

图 3-3-44　盾构机纠偏示意图

3）纠偏过急对管片的影响

在隧道转弯和盾构掘进方向调整时,管片所能承受的推力和管片环不在同一直线上,管片所受的斜向推力可能导致管片破损,此时要注意控制推力的大小。

为了保证盾构的铰接密封、盾尾密封工作良好,同时也为了保证隧道管片不受破坏,在调整盾构机姿态的过程中,要优先考虑盾尾间隙的大小,在调向的过程中不能有太大的趋势,一般在导向系统上显示的任一趋势值(trend)不应大于 10,避免调向过猛,纠偏过急而造成管片开裂或管片错台现象。

为保护管片必须确保合适的盾尾间隙。在调节盾构机姿态时要先考虑盾尾间隙的大小,在掘进方向不超限的前提下,以缓慢的纠偏速度来保证盾尾间隙不小于 50mm。

3.4.6　出土量控制

1）控制目标

出土量的大小是判断盾构是否出现超挖或欠挖最直观的依据。施工中,应严格控制每环出土量偏差不超过理论值的 ±3%。

2）控制方法

(1)观察法

观察法适用于地层情况较好的对出土量控制要求不高的地层。实际施工中,可根据土斗装土量判断出土情况,通过土斗的最大装土量,推算单环掘进的出土总量,对比理论值进行分析,确定出土量是否在理论值的 97%~103% 控制范围内。

(2)称重法

特殊条件下,采用称重等方法进行严格控制,各类条件下均不允许出现欠挖。该方法常见于对沉降控制要求较高的软弱地层或者各类特殊条件下的下穿上跨工程。该方法主要是对每斗出土量进行称重,然后与单环掘进理论重量进行比对分析,判断是否超挖或者欠挖,对超挖或者欠挖的情况及时采取相应的补救措施,确保地层稳定。

总之,对于沉降控制要求较高的盾构施工来说,可将上述两种方法组合使用,例如成都地区采用"双控"的办法进行出土量控制,即将称重法与观察法进行结合使用,目的都是为了保证掌子面稳定、地层沉降控制满足要求。

3.4.7 壁后注浆控制

常见盾构壁后注浆控制可分为同步注浆、二次注浆和后续跟踪注浆三种方式,特殊地段施工时,常采用"五步注浆法"进行地层补强控制。具体的沉降(变形)阶段划分和地层反应机理示意图如图3-3-45所示。

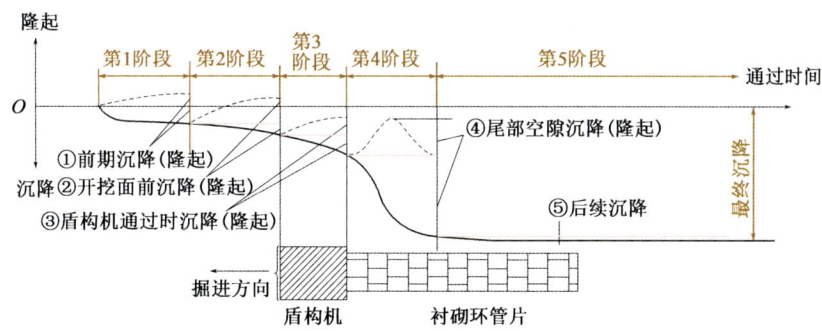

图3-3-45 沉降(变形)阶段划分和地层反应机理示意图

所谓"五步注浆法",即通过土压平衡模式掘进控制掘进参数及出土量,主要步骤为:

(1)前期沉降(隆起):增大(降低)土压、增大(减小)推力、地面预加固处理等。

(2)开挖面前沉降(隆起):增大(降低)土压、增大(减小)推力、控制出土量和超挖(欠挖)量、稳定各项参数减小波动、采用膨润土或惰性浆液填仓辅助掘进等。

(3)盾构机通过时沉降(隆起):控制土压(主要是气压)、盾体径向孔或超前注浆孔注入膨润土或者惰性浆液进行及时填充等。

(4)尾部空隙沉降(隆起):同步注浆、管片脱出盾尾后3~5环及时二次注浆、管片脱出盾尾后6~10环及时进行三次注浆、地面注浆处理等。

(5)后续沉降:根据地面沉降监测参数进行深孔补注浆。

总体来说,"五步注浆法"即通过多次注浆,确保盾构施工推进过程中的施工间隙得到有效的填充,降低上覆地层的沉降风险。

1)同步注浆

同步注浆通过同步注浆系统与掘进同步进行,主要目的是填充管片与开挖断面之间的空隙,如图3-3-46所示。

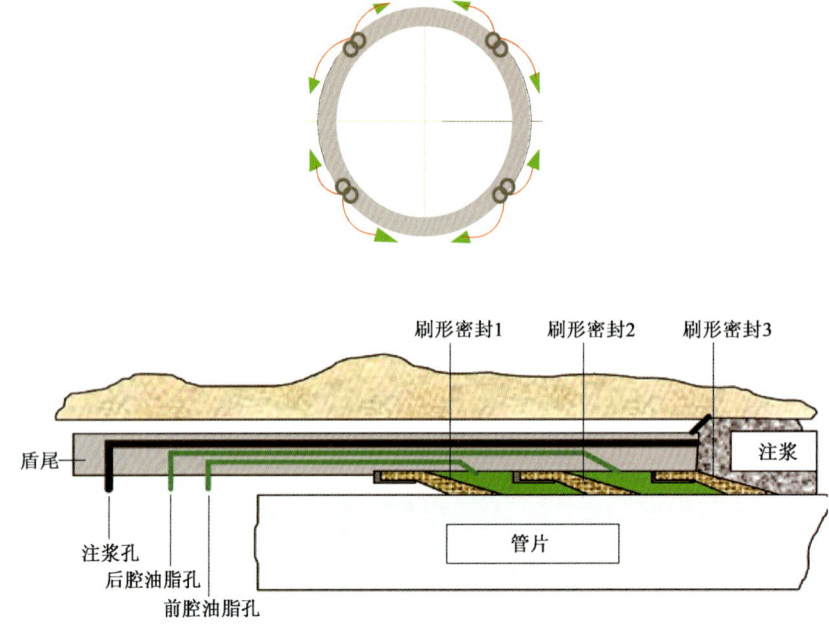

图 3-3-46　同步注浆示意图

(1) 同步注浆的基本作用

① 控制隧道周边地层松动,防止出现较大的地层沉降;

② 稳定已拼装成形的管片,使作用在管片上的液压缸推力顺利传递至地层中;

③ 作为隧道防水的组成部分,防止地下水渗漏;

④ 作为隧道衬砌结构的加强层,使成形隧道具有一定的强度和耐久性。

(2) 注浆压力控制

同步注浆时要求地层中的浆液压力大于该点的静止水压及土压力之和,做到尽量填补而不宜劈裂,同步注浆压力一定不能大于盾尾刷的设计压力,避免击穿盾尾刷。注浆压力过大,管壁外面土层将会被浆液扰动而造成地表隆起,浅埋地段易造成跑浆;而注浆压力过小,浆液填充速度过慢,填充不充足,会使地表沉降增大。因此,应通过理论掘进参数计算,对地层进行全面分析,确定一个合理的理论值和扩散系数,注浆时由压力、注浆量两个参数共同控制。

(3) 注浆量

同步注浆量理论上是充填切削土体与管壁之间的空隙,但同时要考虑盾构推进过程中的纠偏、跑浆(包括向地层中扩散)和注浆材料收缩等因素。

(4) 注浆时间及速度

根据盾构推进速度,以每循环达到总注浆量而均匀注入,从盾构推进进行注浆开始,推进完毕注浆结束,具体注浆速度根据现场实际掘进速度计算确定。

(5) 同步注浆材料及配合比管理

同步注浆材料性能分析见表 3-3-22,同步注浆材料及配合比管理见表 3-3-23。

同步注浆材料性能分析 表3-3-22

序号	材料名称	主要性能	掺量选择
1	粉煤灰	(1)提高强度和抗化学侵蚀; (2)易于泵送和灌注,并能降低泌水率和提高沉降稳定性; (3)减少收缩值	活性低、胶凝特性不好时,掺量控制为小于30%
2	膨润土	(1)使浆液保持柔性; (2)具有良好的胶凝强度和黏着性; (3)具有遇水膨胀特性	水灰比相同时,增加膨润土掺量后,抗折强度、抗压强度降低幅度变小
3	水玻璃	(1)胶凝时间短; (2)早期抗压强度高; (3)黏度低、可注性好	水玻璃掺量通常应结合项目所在地同类工程的掺量进行适当调配
4	石灰	(1)增加浆液黏度; (2)提升浆液保水性	石灰掺量应结合现场试验确定
5	水泥	(1)提高地层强度; (2)增加浆液抗渗性	水泥掺量应结合现场试验确定
6	砂	增加浆液强度和硬度	砂率应结合现场试验确定

同步注浆材料及配合比管理 表3-3-23

序号	浆液名称	浆液组成	适用性	使用效果评价	备注
1	传统惰性浆液	粉煤灰、膨润土、中细砂、水、外加剂	围岩稳定性好的一般地层	保水性差、易离析、凝结时间长	
2	可硬性浆液	水泥、粉煤灰、膨润土、中细砂、水、外加剂	适用于围岩稳定性好或要求浆液凝固快,早期强度较高的富水性地层	凝结时间快,可在短时间内充填并增加围岩稳定性	下穿风险源中不可采用,易堵管影响下穿进度
3	水泥—水玻璃双液浆	水泥、水玻璃	适用于无水、富水砂卵石地层及其他松散地层	保水性能好,不易离析,凝结时间较短并可调节,能达到较短时间堵水的目的	常用于下穿风险源及其他需要迅速充填地层的盾构施工中
4	新型惰性浆液	石灰粉、粉煤灰、膨润土、中细砂、水、减水性	适用于软黏土地层及富水砂层	抗水分散性好,保水性较好,不易离析,凝结时间适中	常用于苏州、上海、南京等城市

注:浆液配合比受地质条件、地下水状况、施工阶段等多方面因素的影响,现场应结合上述因素进行针对性试验分析,通常根据现场需要,针对性地配制几组配合比,并根据现场实际情况进行调整,以备盾构施工中需要。

(6) 同步注浆常见问题及处理

①浆液质量不符合质量标准

问题分析：

a. 注浆浆液配合比不当，与注浆工艺、盾构形式、周围土质不相适应；

b. 拌浆计量不准，导致配合比误差，使浆液质量不符合要求。

处理方法：

a. 如浆液经使用确认配合比设计不合理，应及时做配合比设计和试验，确定最适用的配合比；

b. 重新校准拌浆计量设备，确保拌浆配合比的控制合理。

②单液注浆浆管堵塞

问题分析：

a. 停止注浆时间太长，留在浆管中的浆液凝结，引起堵塞；

b. 浆液中的含砂量太高，沉淀在浆管中，使浆管管径减小，逐步引起堵塞；

c. 浆管的三通部位在压浆过程中有浆液积存，时间久了就会凝固堵塞。

处理方法：将堵塞的管子拆下，仔细清理堵塞物，确定满足使用要求后，重新接好管路。

③双液浆堵管

问题分析：

a. 长时间未注浆，浆管没有清洗，导致浆液在管路中结硬而堵塞管子；

b. 两种浆液的注浆泵压力不匹配，B 液浆的压力太高而进入 A 液的管路中，引起 A 液管内浆液结硬，堵塞管子；

c. 管路中有支管时，清洗球无法清洗到该部位，导致浆液结硬堵塞管子。

处理方法：将堵塞部位的注浆管路拆卸下来进行清洗，然后重新安装，恢复压浆。

2）二次注浆

同步注浆系统有一定的合理使用范围，在某些敏感区域有一定的局限性，如在渗透系数较大的地层中，由于在此地层中盾构的推进速度相对较快，而自动注浆出口均分布在上部，浆液注入后很难形成单独固化体，尤其是在中下部，形成局部注入盲点。因此，对于注浆系统可以另外配置一套人工管片壁后注浆设备，在注浆管理上采用自动注浆与人工注浆相结合，用人工管片壁后注浆系统来填充自动注浆设备的某些地质敏感区域。二次注浆压力设置为 0.2~0.5MPa，二次注浆主要选取顶部的两个管片吊装孔位置，注浆部位如图 3-3-47 所示。

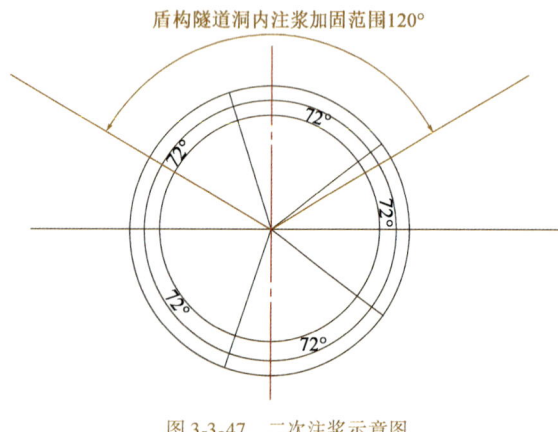

图 3-3-47 二次注浆示意图

(1) 二次注浆基本作用

①补充同步注浆未能填充密实的地层空隙；

②补充注浆材料收缩或者渗透流失后减少的部分；

③补强现有衬砌的防水效果；

④补充由于盾构推力对周围地层产生的空隙，填充密实空隙。

(2) 二次注浆主要材料

二次注浆材料主要为水泥浆，必要时可注双液浆，需要根据现场实际需求进行试配确定配合比。

(3) 注浆设备要求

注浆设备基本上由材料储存设备、计量设备、拌浆机、储浆槽(料斗、搅拌器)、注浆泵、注入管、注入控制装置、记录装置等构成。选用的设备应保证浆液流动畅通,接点连接牢固,防止漏浆。浆液拌制机宜用强制式搅拌机,其容量要与施工用浆量相适应。拌浆站必须配有测定浆液质量的稠度仪,随时测定浆液流动性能。常见盾构机注浆设备配置见表3-3-24。

注浆机具及设备配置 表3-3-24

序　号	名　　称	规　格(m^3)	数　量	备　注
1	搅拌站		1套	
2	搅拌式储浆罐	8	1个	存放于地面
3	搅拌式运输罐	8	1个	电瓶车牵引
4	浆箱(搅拌式)	5.8	1个	盾构后配套1号台车上
5	同步注浆设备		1套	盾构配套设备

(4) 避免堵管工艺

①每次注浆前应检查管路的畅通情况,注浆后应及时将管道清理干净,防止残留的浆液不断累积堵塞管道。停止推进时,应定时用浆液打通循环回路,使管路中的浆液不产生沉淀。长期停止推进时,应将管路清洗干净。

②注浆前要注意整理疏导注浆管,防止管道缠绕或扭转,从而增大注浆压力。对于管路中存在分叉的部分,清洗球清洗不到,应经常对此部位进行人工清洗。

③定期检查注浆管的使用情况,如发现泄漏或磨损严重,应及时修理或更换。

④经常对砂浆罐及其砂浆出口进行清理,防止堵塞。

⑤定期对注浆系统的各阀门和管接头进行检查,对注浆系统的各运动部分进行润滑,修理或更换有故障的设备,确保各项设备启闭灵活。

3.4.8　渣土改良

国内外广泛应用于渣土改良的改良剂主要有水、膨润土、泡沫和高分子聚合物等,根据地层的工程特性,可以选择单一使用,也可将改良剂混合使用从而取得更好的改良效果。

1) 常见渣土改良问题分析

(1) 掘进速度降低、刀盘扭矩上升、渣土温度持续升高

原因分析:刀盘结饼现象主要由于渣土流塑性低、渣土黏稠度高、掌子面岩层切削后有较高的黏性、岩屑固结能力强、岩层遇水膨胀等原因造成。

应对措施:提高渣土的流塑性,降低渣土的黏稠度,减弱渣土固结能力。常采用注入大量的水、分散剂稀释后的溶液或采用分散型的泡沫剂等方法进行应对。

(2) 螺旋输送机堵塞、扭矩持续增大

原因分析:螺旋输送机堵塞的主要原因在于渣土流塑性太差,且渣土粒径小、黏滞性高(细粒成分高,容易固结成块),岩石在螺旋输送机内部遇水体积膨胀。

应对措施:尽量提高螺旋输送机内渣土的流塑性,降低渣土的黏稠度,使渣土具有较高的流动能力,进而保障螺旋输送机的正常出渣。

(3) 刀盘及刀具磨损

原因分析:主要由于刀盘及刀具外表面与掌子面接触摩擦而产生。

应对措施：对刀盘及刀具表面添加润滑剂（泡沫、膨润土等），减小摩擦力及摩擦热，进而降低刀盘及刀具磨损。

2）改良剂材料及作用机理

常用渣土改良剂的种类包括膨润土、泡沫剂、高分子聚合物等，它们的作用机理见表 3-3-25。

常用改良剂材料及其作用机理　　　　　　　　表 3-3-25

序号	改良材料名称	作 用 机 理
1	膨润土	(1)提供土体塑性； (2)吸湿膨胀性； (3)低渗性、高吸附性； (4)良好的自封闭性能
2	泡沫剂	(1)提供土体塑性； (2)增强润滑性； (3)改善土体黏性； (4)降低设备扭矩
3	高分子聚合物	(1)改进土壤湿性； (2)防止盾构机喷涌； (3)改善土体黏度； (4)降低设备扭矩
4	分散剂	(1)降低土体黏度； (2)增加土体中固颗粒占比； (3)调整土体的流变性质

3）改良剂选型

(1) 在盾构机掘进时，向开挖面、土仓等处加注改良剂，其具体功能如下：

①对于富含水砂层，一方面止水，另一方面可以改善砂的和易性。

②在砂性土和砂砾土地层中，可以使掌子面更加稳定且可以改善土的流动性。

③在黏性土层，可以防止渣土附着刀盘和土仓室内壁；同时，由于改良剂中的微细气泡可以置换土颗粒中的孔隙水，因而可以达到止水效果。

(2) 渣土改良剂的选择要求

①流动性好，不发生材料分离和沉积；渗入、填充、封堵开挖土颗粒间隙效果好。

②稳定性好，历时变化小，无自硬性。

③使用方便，安全性好，排出开挖土对环境无污染，处理简便。

实际施工中，应根据地质情况，合理选择改良剂组合，常见的改良剂组合方式及效果评价见表 3-3-26。

主要地层的渣土改良剂组合及效果评价　　　　　　　　表 3-3-26

序号	地层名称	组合方式	改良效果
1	通用地层（黏土、粉质黏土等）	泡沫剂为主，根据土体干稀程度适当辅以加水改良	渣土呈牙膏状，塑流性较好，渣土出来后干湿程度适中，运输皮带不打滑，可塑性好，流动性适中；运输皮带可以轻松带走渣土。同时，刀盘扭矩和螺旋输送机扭矩合适，掘进参数可控
2	富水粉细砂层	泡沫剂为主，遇承压水大的地层，可适量添加高分子聚合物辅助	泡沫剂加高分子聚合物能有效控制刀盘扭矩以及出土效果，添加适量的高分子聚合物后能使其中的水分储存于渣土中，不至于产生螺旋输送机喷涌，有利于控制出土量
3	泥岩地层	分散剂或分散型泡沫剂为主	在改良前，泥岩基本没有坍落度，无流塑性，且很容易造成刀盘结饼、喷泥喷水。出现喷泥喷水现象后，渣土就会在运输皮带上打滑，严重影响盾构施工进度，长时间将造成运输皮带松弛，动力不足，甚至使运输皮带瘫痪。用稀释后的发泡剂对其改良后，渣土坍落度为130～160mm，拌合料的流塑性最佳，黏性最强，此时泥岩的坍落度已达到或靠近盾构施工渣土的最优坍落度值
4	富水砂卵石地层	高质量进口泡沫剂为主，膨润土辅助	改良后的渣土可通过观察确定改良效果，渣土应"含水而不带水"，含砂成糯糊状，且膨胀效果明显。应控制膨润土的加入量，尤其当土仓内卵石堆积或超方导致土仓汇水偏稀发生喷涌时，膨润土的掺量调整可有效应对该情况
5	铁板砂地层	泡沫剂+膨润土根据配合比适量添加	改良后渣土要达到"含水而不带水"、含砂成糯糊状的效果，且膨胀效果应明显可见，并应严防渣土过稀
6	淤泥地层	无改良或者注水改良	淤泥或者淤泥质黏土改良以水为主（泡沫剂改良作用不大，土质吸收不了，相反添加泡沫剂后容易导致运输皮带打滑，不利于渣土输送），主要是干稀改良。加水改良需要注意，改良渣土要偏干，不能过稀，否则皮带输送不畅，螺旋输送机出土口宜改为小口，像挤牙膏一样出土，不然运输皮带出土口容易打滑，渣土又长又黏不断裂
7	无水砂卵石地层	泡沫剂+膨润土根据配合比适量添加	以膨润土加泡沫改良，充分保证拌和后的渣土具有足够的流动性，渣土的渣样和易性好，渣土中卵石和砂子不离析，能够托起卵石。出土顺畅，推进速度稳定在5cm/min以上，刀盘扭矩稳定在3700～4200kN·m
8	复合地层	泡沫剂为主，根据配合比适量添加膨润土，遇高承压水地层，可适量添加高分子聚合物辅助	泡沫剂的使用可有效润滑掌子面，高分子聚合物在发生喷涌后的处理效果明显，通过加入适量的改良剂，可有效提升渣土的和易性

注：实际盾构施工时，应结合地层情况现场确定改良剂种类。

4）改良剂用量计算

改良剂的用量应根据现场地层情况结合理论计算及试验分析进行确定，若现场有条件可提前对地层中的土取样进行室内试验，结合试验分析确定改良参数，室内改良试验应包括坍落度试验、级配试验等。

下面对某项目渣土改良剂用量计算案例进行说明。

某项目地层为砾质黏土，其中上部为砂层，下部为砾质黏土，且黏土成分高达60%，刀具非常容易结泥饼。盾构机在这种地层推进，必须控制好掘进参数和注入合适的添加剂，改良剂用量计算方法如下。

改良剂注入率的估算公式为：

$$Y(\%) = \frac{a}{2} \times [(60 - 4 \times D^{0.8}) + (80 - 3.3 E^{0.8}) + (90 - 2.7 \times F^{0.8})]$$

式中：Y——泡沫注入率(%)；

D——粒径0.075mm的筛余量百分率，当$4 \times D^{0.8} > 60$时，取$4 \times D^{0.8} = 60$；

E——粒径0.42mm的筛余量百分率，当$3.3 \times E^{0.8} > 80$时，取$3.3 \times E^{0.8} = 80$；

F——粒径2mm的筛余量百分率，当$2.7 \times F^{0.8} > 90$时，取$2.7 \times F^{0.8} = 90$；

a——由均粒系数V_C决定的系数，当$V_C < 4$时，$a = 1.6$，当$4 \leqslant V_C \leqslant 15$时，$a = 1.2$，当$15 \leqslant V_C$时，$a = 1.0$。

当$Y < 20\%$时，取$Y = 20\%$。

经查，盾构机穿越砾质黏土地层时，$D = 3.9$，$E = 20.1$，$F = 28$，$V_C = 14$，故：

$$Y(\%) = 1.2/2 \times [(60 - 60) + (80 - 50.14) + (90 - 19.71)] = 71.45$$

因此泡沫注入率为71.45%。

5）改良效果评价

改良效果的好坏，主要从以下几个方面进行分析：

(1)使渣土具有良好的土压平衡效果，利于稳定开挖面，控制地表沉降；

(2)使渣土具有较好的止水性，以控制地下水流失；

(3)使切削下来的渣土顺利快速进入土仓，并利于螺旋输送机顺利排土；

(4)可有效防止土渣黏结刀盘而产生泥饼；

(5)可防止或减轻螺旋输送机排土时的喷涌现象；

(6)可有效降低刀盘扭矩及螺旋输送机扭矩，降低对刀具和螺旋输送机的磨损，提高盾构机掘进效率。

3.4.9 通风系统

施工通风方式如图3-3-48所示，应根据隧道长度、隧道断面大小、施工方法和施工设备条件等诸多因素来确定。在施工中，隧道通风方式主要有自然通风、强制机械通风以及混合式通风三类。其中，自然通风是利用洞外与洞内温差或风压来实现通风的一种方式，一般适用于短且直的隧道，且与施工地区气候及季节关系密切，由于此类通风方式完全依赖于自然通风，具有较大局限性，因此绝大多数隧道施工采用机械强制通风。

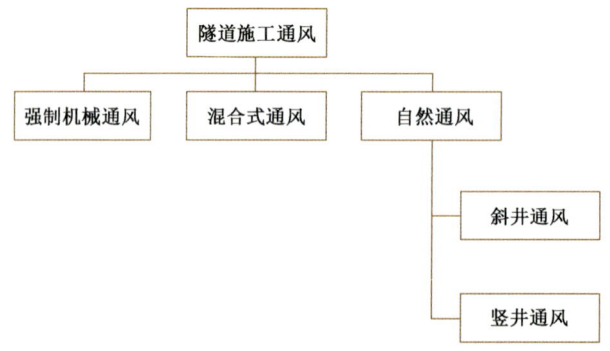

图3-3-48　隧道通风方式

1）隧道通风目的及要求

(1)目的

①为隧道内作业人员提供足够的新鲜空气；

②为隧道内作业人员提供适宜的温度、湿度；
③稀释并排出隧道内因施工及物料运输而产生的粉尘颗粒、烟雾、二氧化碳等物质；
④具备稀释并排出有害气体的能力；
⑤创造良好的作业环境，为安全、质量、进度奠定良好的基础。

2）隧道发热因素分析

盾构机掘进及其配套施工作业整个过程中产生大量的热，这其中主要热量来自盾构机本身的机械设备发热。总体来看，造成盾构隧道内部温度升高及气体污染的主要因素有以下几个方面：

（1）盾构机设备发热

盾构隧道施工采用盾构机进行隧道挖掘并同步拼装管片一次成型的隧道施工工艺。盾构机是隧道施工中最为重要的组成部分，盾构机的动力系统主要为电力系统，在掘进施工中由电能转化为机械能，或由电能转化为液压能再转化为机械能，在频繁且复杂的能量转化过程中，根据能量守恒定律，会有较多能量转化为热能。

（2）运输车辆发热及排气

盾构隧道正常掘进施工时物料运输主要采用电瓶车或内燃机车进行物料运输，在运输过程中会产生较高的一氧化碳及烟雾颗粒。

综上所述，在盾构隧道掘进施工时应采用推入式轴流风机进行隧道通风。由轴流风机通过风筒将新鲜空气送至盾构机尾部台车并与盾构机二次通风形成通风环流。

3）通风量计算要求

经过良好的通风后，隧道及地下工程空气中有害物质的最高容许浓度、空气的温度、相对湿度和流速都应达到国家卫生标准。缺乏卫生标准时则按照有关设计规范执行。按国家卫生标准规定，隧道施工期间，洞内空气质量应符合以下要求：

①氧气单位体积不得少于20%；
②气温不得高于30℃；
③有害气体浓度：一氧化碳（CO）一般情况不大于$30mg/m^3$，二氧化碳（CO_2）、甲烷（CH_4）单位体积不得大于0.5%，氮氧化物（NO_2）浓度为$5\sim 8\ mg/m^3$，洞内人均每分钟必须供给不得少于$3m^3$、内燃机每千瓦不得少于$3m^3$的新鲜空气，洞内风速不得小于0.15m/s等。

4）风量计算方法

隧道通风量计算主要是对需风量、风压进行计算，然后根据计算值选择合理的隧道风机和风筒即可，主要计算方法如下。

（1）需风量计算

$$Q_{需} \geq v_{min} \times S \tag{3-3-12}$$

式中：v_{min}——断面最小风速，取$v_{min} \geq 0.15m/s$；

S——断面面积（m^2）。

而对于长距离的通风来说，由于风筒的漏风、漏压等问题，难免会出现风量损失，故在计算需风量时，应考虑一定的漏风率（风管平均百米漏风率$\beta \leq 1.5\%$）和风量备用系数（取1.15），即考虑增大需风量，预留漏风量，故：

$$Q_{机} = (Q_{需} + Q_{漏}) \times 1.15 \tag{3-3-13}$$

（2）风压计算

$$h_{机} \geq h_{总阻} = \sum h_{摩} + \sum h_{局} + \sum h_{正} \tag{3-3-14}$$

式中：$h_{总阻}$——沿途总的通风阻力。

由于对于地铁隧道施工来说，$\sum h_{局}$、$\sum h_{正}$根据实际施工情况可忽略不计，则：

$$h_{总阻} = 9.8 \times \lambda \times L \times P \times Q^2/A^3 \tag{3-3-15}$$

式中：λ——风筒摩擦阻力系数，取0.00025；

L——风道长度(m)；

P——风道周边长度(m)；

A——过流面积(m^2)；

Q——计算风量(m^3/s)。

5）计算案例

下面以管片内径6.0m、总长1000m的隧道为例进行需风量、风压计算。

（1）需风量计算

开挖断面面积 $S = \pi \times R^2 = 3.14 \times (6/2)^2 = 28.26 m^2$，则：

$$Q_{需} = 0.15 \times 28.26 = 4.239 m^3/s = 254.34 m^3/min$$

压入式通风采用聚氯乙烯(PVC)正压风管(20m一节，拉链连接)，直径为1700mm，其百米漏风率 $\beta \leq 1.5\%$，取 $\beta = 1.5\%$。

$$Q_{机} = (Q_{需} + Q_{漏}) \times 1.15$$

对于长度1000m的隧道：

$$Q_{机} = (254.34 + 254.34 \times 1.5\% \times 1000/100) \times 1.15 \approx 336.36 m^3/min$$

（2）风压计算

隧道总长 $L = 1000m$，风管直径为1700mm，则：

$$h_{总阻} = 9.8 \times \lambda \times L \times P \times \frac{Q^2}{A^3}$$

$$= 9.8 \times 0.00025 \times 1000 \times 3.14 \times 1.7 \times \frac{(424/60)^2}{[3.14 \times (1.7/2)^2]^3} \approx 55.9 Pa$$

6）风机及风筒选型

（1）选型方法

风机和风筒的选取应结合上文计算出的需风量和风压进行风机设备的选型，所选设备应以能满足隧道通风需求为目标。

轴流风机如图3-3-49所示，隧道风筒如图3-3-50所示。

（2）选型案例

以直径为6m、长1000m的隧道为例，计算得需风量为336.36m^3/min，风压为55.9Pa，在进行轴流风机选取时应综合考虑满足施工生产所需的供风量及风压风机，根据上述情况可选择SDF(c)型风机进行通风作业，设备性能参数见表3-3-27。

图 3-3-49 轴流风机

图 3-3-50 隧道风筒

SDF(C)型风机性能参数表　　　表 3-3-27

速　度	风量(m³/min)	风压(Pa)	转速(r/min)	最大配用电机功率(kW)
高速	1015~1985	624~4150	1480	55
中速	690~1345	295~1900	980	17
低速	540~1006	160~1095	750	8

(3)选型注意事项

风机及风筒选择应综合考虑风机口径及功率,所配备风机必须同时满足供风量及风速(风压)要求,在超大直径、超长距离盾构隧道施工时,应采用双路或多路风管同步送风,多路通风风机供电电源应完全独立。

3.4.10　运输系统

地铁区间盾构施工所需物料一般存储于地面或车站结构顶板上部,盾构掘进所需物料一般通过车站预留孔洞或中间风井吊运至底板后运至工作面,运输方式一般为垂直运输+水平运输相结合。

1)垂直运输

(1)垂直运输系统作用

地铁盾构区间施工一般依附于地铁车站或者中间风井,通常采用不同型号的门式起重机组成垂直运输系统,主要作用是为盾构正常掘进相关的物资材料下井和渣土、废浆出渣提供设备保障。

(2)门式起重机选型方法

门式起重机的选型主要从吊重、运距、卷扬机速度等方面进行考虑,详见表3-3-28。

门式起重机选型的主要考虑因素　　　表 3-3-28

序号	选型因素	主　要　内　容	目　　的
1	吊重	管片重量、满载渣土斗重量	确保门式起重机性能满足吊装作业要求
2	运距	渣土池与出土口距离、管片与吊装井距离等	确定门式起重机水平运输速度,提升工效
3	卷扬机速度	结构顶板到始发井底板的距离	确定材料下井速度,提升工效

总体来看,门式起重机选型应结合现场实际情况进行分析。对于常规盾构施工项目,可选择"一小(16t)一大(45t)"的盾构机组合来进行盾构施工。其中,16t 小门式起重机主要用于吊装管片、管片螺杆等小型材料,45t 大门式起重机则主要用于吊装满载渣土斗进行倒渣作业,两台门式起重机施工期间

需要相互配合,才能有效确保施工效率。

对于工期紧、任务重的盾构区间施工,为了避免上述"大小"组合中45t门式起重机故障导致现场无法出渣引起盾构停工问题,可选用两个45t的门式起重机的"大大"组合方案,确保一台起重机出现故障时,另一台仍可以支持现场施工。

(3)门式起重机常见故障及隐患处理

门式起重机运行安全应引起足够的重视,除了门式起重机安装验收之外,还应定期对门式起重机的吊装机构、行走机构、限位机构等进行检查,及时消除门式起重机运输过程中的潜在安全隐患,确保盾构施工安全、平稳。门式起重机常见的故障及隐患处理可参考表3-3-29。

门式起重机常见的故障及隐患处理　　　　　　　　表3-3-29

序号	故障或事故现象	处 理 方 式
1	钢丝绳出现断丝、断股、打结、磨损、机械折弯等情况	(1)断股、打结时停止使用; (2)断丝、磨损时按标准更换
2	滑轮出现下列情况: (1)滑轮绳槽磨损不均匀; (2)滑轮心轴磨损量达公称直径的3%~5%; (3)滑轮转不动; (4)滑轮倾斜、松动; (5)滑轮裂纹或轮缘断裂	(1)轮槽壁磨损量达原厚的1/10,径向磨损量达绳径的1/4时应更换; (2)加强润滑,检修; (3)轴上定位件松动或钢丝绳跳槽时进行检修更换
3	卷筒出现下列情况: (1)卷筒疲劳裂纹; (2)卷筒轴、键磨损; (3)卷筒绳槽磨损和跳槽,磨损量达原壁厚的15%~20%	(1)更换卷筒; (2)停止使用,立即对轴键等进行检修
4	齿轮出现下列情况: (1)齿轮折断; (2)轮齿磨损达原齿厚的15%~25%; (3)齿轮裂纹; (4)因"键滚"使齿轮键槽损坏; (5)齿面剥落面占全部工作面30%,以及剥落深度达齿轮厚10%;渗碳齿轮渗碳层磨损80%深度	(1)更换新齿轮; (2)更换起升机构,修补运行机构; (3)更换起升机构,对运行机构可新加工键槽修复; (4)圆周速度大于8m/s的减速器的高速级齿轮磨损时应成对更换
5	车轮出现下列情况: (1)踏面和轮幅轮盘有疲劳裂纹; (2)主动车轮踏面磨损不均匀; (3)踏面磨损达轮圈厚度的15%; (4)轮缘磨损达原厚度的50%	(1)更换; (2)成对更换
6	制动器零件出现下列情况: (1)拉杆上有疲劳裂纹; (2)弹簧上有疲劳裂纹; (3)小轴、心轴磨损量达公称直径的3%~5%; (4)制动轮磨损量达1~2mm,或原轮缘厚度的40%~50%; (5)制动瓦摩擦片磨损达2mm或者原厚度的50%	(1)更换; (2)重新车削,热处理,车削后保证大于原厚的50%以上; (3)起升机构中制动轮磨损量达40%时应报废,更换摩擦片
7	联轴器出现下列情况: (1)联轴器半体内有裂纹; (2)连接螺栓及销轴孔磨损; (3)齿形联轴器轮齿磨损或折断; (4)键槽压溃与变形; (5)销轴、柱销、橡皮圈等磨损	(1)更换; (2)对起升机构应更换新件,对运行机构等补焊后扩孔; (3)对起升机构,轮齿磨损达原厚的15%时即应更换;对运行机构,轮齿磨损量达原齿厚的30%时应更换; (4)对起升机构应更换,对其他机构可修复使用; (5)更换已磨损件

续上表

序号	故障或事故现象	处理方式
8	制动器不能闸住制动轮(重物下滑)： (1)杠杆的铰链不卡住； (2)制动轮和摩擦片上有油污； (3)电磁铁铁芯没有足够的行程； (4)制动轮或摩擦片有严重磨损； (5)主弹簧松动和损坏； (6)锁紧螺母松动、拉杆松动； (7)液压推杆制动器叶轮旋转不灵	(1)排除卡住故障，润滑； (2)清洗油污； (3)调整制动器； (4)更换摩擦片； (5)更换主弹簧或锁紧螺母； (6)紧固锁紧螺母； (7)检修推动机构和电气部分
9	制动器不松闸： (1)电磁铁线圈烧毁； (2)通往电磁铁的导线断开； (3)摩擦片粘连在制动轮上； (4)活动铰被卡住； (5)主弹簧力过大或配重太大； (6)制动器顶杆弯曲，推不动电磁铁(在液压推杆制动器上)； (7)油液使用不当； (8)叶轮卡住； (9)电压低于额定电压的85%，电磁铁吸合力不足	(1)更换； (2)接好线； (3)用煤油清洗； (4)排除卡住故障，润滑； (5)调速主弹簧力； (6)顶杆调直或更换顶杆； (7)按工作环境温度更换油液； (8)调整推杆机构和检查电器部分； (9)查明电压降低的原因，排除故障
10	制动器发热,摩擦片发出焦味并且磨损很快： (1)闸瓦在松闸后，没有均匀地与制动轮完全脱开，因而产生摩擦；两闸瓦与制动轮间隙不均匀，或者间隙过小； (2)短行程制动器辅助弹簧损坏或者弯曲； (3)制动轮工作表面粗糙	(1)调整间隙； (2)更换或修理辅助弹簧； (3)按要求车削制动轮表面
11	制动器容易离开调整位置，制动力矩不够稳定： (1)调节螺母和背螺母没有拧紧； (2)螺纹损坏	(1)拧紧螺母； (2)更换
12	电磁铁发热或有响声： (1)主弹簧力过大； (2)杠杆系统被卡住； (3)衔铁与铁芯贴合位置不正确	(1)调整至合适大小； (2)消除卡住原因、润滑； (3)刮平贴合面
13	减速器有周期性齿轮颤振现象，从动轮特别明显，节距误差过大，齿侧间隙超差	修理、重新安装
14	减速器产生剧烈的金属摩擦声，减速器振动，机壳叮咚作响： (1)传动齿轮侧隙过小、两个齿轮轴不平行、齿顶有尖锐的刃边； (2)轮齿工作面不平坦	修整、重新安装
15	减速器齿轮啮合时，有不均匀的敲击声，机壳振动；齿面有缺陷、轮齿不是沿全齿面接触，而是在一角上接触	更换齿轮
16	减速器壳体，特别是安装轴承处发热： (1)轴承破碎、轴颈卡住； (2)轮齿磨损； (3)缺少润滑油	(1)更换轴承； (2)修整齿轮； (3)更换润滑油

续上表

序号	故障或事故现象	处理方式
17	减速器部分面漏油： (1) 密封失效； (2) 箱体变形； (3) 剖分面不平； (4) 连接螺栓松动	(1) 更换密封件； (2) 检修箱体剖分面，变形严重则更换； (3) 剖分面铲平； (4) 清理回油槽，紧固螺栓
18	起重机大车运行机构桥架歪斜运行、啃轨： (1) 两主动车轮直误差过大； (2) 主动车轮没和轨道全部接触； (3) 主动轮轴线不正； (4) 金属结构变形； (5) 轨道安装质量差； (6) 轨顶有油污或冰霜	(1) 测量、加工、更换车轮； (2) 把满负荷小车开到大车落后的一端，如果大车走正，说明这端主动轮没和轨道全部接触，轮压小，可加大此端主动车轮的直径； (3) 检查和消除轴线偏斜现象； (4) 矫正； (5) 调整轨道，使轨道符合安装技术条件； (6) 消除油污和冰霜
19	小车运行机构打滑： (1) 轨顶有油污等； (2) 轮压不均； (3) 同一截面内两轨道标高差过大； (4) 启动过于猛烈	(1) 进行清除； (2) 调整轮压； (3) 调整轨道至符合技术条件； (4) 改善电动机启动方法，选用绕线式电动机
20	小车三条腿运行： (1) 车轮直径偏差过大； (2) 安装不合理； (3) 小车架变形	(1) 按图纸要求进行加工； (2) 按技术条件重新调整安装； (3) 车架矫正
21	小车运行机构起动时车身扭摆： (1) 小车轮压不均匀或主动车轮有一只悬空； (2) 啃轨	(1) 调整小车三条腿现象； (2) 解决啃轨问题
22	钢丝绳滑轮系统的钢丝绳迅速磨损或经常破坏： (1) 滑轮和卷筒直径太小； (2) 卷筒上绳槽尺寸和绳径不相匹配，太小； (3) 有脏物，缺少润滑； (4) 起升限位挡板安装不正确，经常磨绳； (5) 滑轮槽底或轮缘不光滑，有缺陷	(1) 更换挠性更好的钢丝绳，或加大滑轮或卷筒直径； (2) 更换起吊能力相等但直径较细的钢丝绳，或更换滑轮及卷筒； (3) 清除、润滑； (4) 调整起升限位挡板； (5) 更换滑轮
23	钢丝绳滑轮系统个别滑轮不转动，轴承中缺油、有污垢和锈蚀	润滑、清洗
24	夹轨器制动力矩小，夹不住轨道： (1) 活动铰卡住、润滑不良； (2) 制动带磨损(钳口磨损)制动力矩显著减小	(1) 清洗、润滑； (2) 更换磨损件

2）有轨水平运输

对于小型盾构施工来说，不管是土压平衡盾构机还是泥水平衡盾构机，均需要通过电瓶车来进行管片、渣土、连接螺杆、走道板等材料的隧道内水平运输工作。电瓶车等水平运输车辆的编组首先要考虑到渣土的重量与体积，在能够满足一环出渣要求的前提下，综合考虑运输效率和起吊效率。

(1) 选型原则

常规的有轨水平运输编组由牵引机车、管片运输车、渣土运输车和砂浆车组成,水平运输选型原则见表 3-3-30。

水平运输设备选型原则　　　　　　　　　　　　表 3-3-30

序号	原则	说明
1	尺寸包容(尺寸链)原则	所选择的水平运输设备的尺寸,主要是宽度满足进入盾构机后配套的要求,另外所选择的运输设备的轨距应符合现场施工轨道的宽度要求
2	满足掘进工效原则	根据现场单环掘进工效,选择满足工效配套运输要求的电瓶车、管片运输车、渣土车和砂浆车进行综合编组
3	保证施工安全原则	主要是保证水平运输安全,比如运输车限位装置、锁紧装置等均应满足使用要求
4	利用现有设备原则	为了降低新购设备的成本,在运输设备选型时,应尽量考虑调配自由设备来进行配套作业
5	设备性能数量宜大不宜小原则	设备选型应通过现场情况计算确定合理的编组数量,各项设备性能应尽量比要求性能高,即充分预留设备余量,避免现场出现故障后影响盾构掘进施工

图 3-3-51 为有轨水平运输系统示意图。

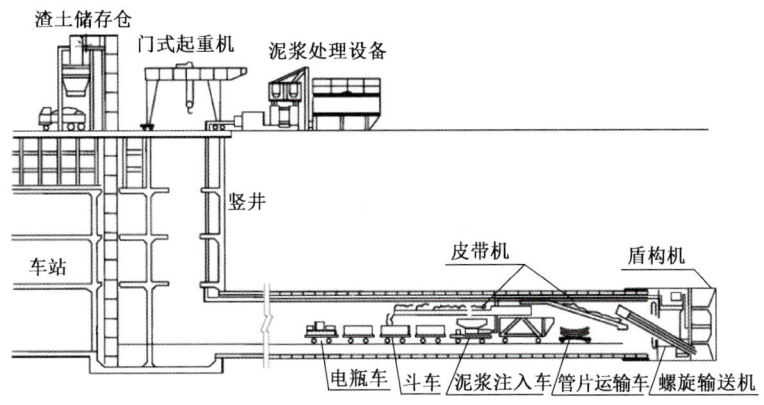

图 3-3-51　有轨水平运输系统示意图

(2) 选型依据

盾构机配套运输设备的选型主要依据以下文件资料:设备采购合同、工程岩土勘察报告、投标文件、工程施工承包合同、工程设计图纸、工程施工组织设计等。其中,最重要的选型依据是结合现场实际施工进度和组织情况,进行合理优化选型。

(3) 选型方法

①渣土运输车选型

渣土运输车是运输渣土的直接载体,如图 3-3-52 所示。设计时务必要遵循以下几点:

a. 渣土运输车必须具有一定的刚度和强度,保证在门式起重机吊运时不发生变形或断裂,同时也不能设计过重,避免渣土满载情况下超过门式起重机吊重。

b. 渣土车的宽度不得超过盾构机内部的最大限宽,高度不得超过双轨梁电机及葫芦,渣车的尺寸在选型时要留有一定的富余量。

c. 渣土车的渣斗和底盘必须是相对独立的两部分,以使门式起重机在吊运时只吊起渣斗,而底盘不同时吊起。

d. 转弯半径不得小于25m。

e. 渣土车的长度和浆车及管片车需同时考虑,整节列车的长度不能超过盾构机内水平皮带机的限定长度;否则,最后端的一节渣车将无法装运渣土。

图 3-3-52 渣土运输车

渣土车选型主要是对渣土仓的容量进行选型,具体步骤为先进行单环管片出土量计算,即:

$$V = \pi \times \left(\frac{D}{2}\right)^2 \times L \times n \tag{3-3-16}$$

式中:V——每环计算出渣量(m^3);
L——每环管片宽度(m);
n——渣土松散系数。

然后根据出土量,结合施工单位自有设备的容量参数进行组合,确定渣土车数量。

②管片运输车选型

管片运输车是将管片从洞外运到盾构机管片拼装机前的唯一载体,如图 3-3-53 所示。对于小断面盾构施工来说,管片运输车通常按照 2 节进行编组,每节装 3 片管片,选型时应注意以下问题:

a. 管片叠放在管片车上时,必须和管片车软性接触,即设置专门的橡胶垫,橡胶垫位置应适应于管片受力,防止运输过程中管片的损坏;

b. 按照管片的弧形应将管片车设计成凹形结构,以保证最底层管片和管片车的充分接触;

图 3-3-53 管片运输车

c. 3 片管片叠放在管片车上,单轨梁起吊最上一片管片时,必须保证从第二片最上部顺利通过;

d. 转弯半径不得小于25m;

e. 行走系统应设置缓冲装置,制动性能应可靠。

③砂浆车选型

砂浆车主要是将浆液从洞外运到盾构机后方台车上的储浆池内,满足每环同步注浆的最大注浆量,如图3-3-54所示。砂浆车选型时,应考虑以下几个方面:

a. 满足台车内限界尺寸限制;

b. 转弯半径不得小于25m;

c. 浆液需从浆车中顺利抽出,设置防止沉淀的专用搅拌机构,且搅拌驱动机构噪声要小;

d. 设置适于对含有固体颗粒的砂浆流体进行密封的结构,砂浆输送泵质量可靠,使用耐久。

图3-3-54 砂浆运输车

砂浆车选型主要是对砂浆车容量进行选型,主要选型步骤是先计算确定单环掘进注浆量(考虑渗透系数),然后根据注浆量结合自有设备情况选择砂浆运输车,单环掘进注浆量可按照下式进行计算:

$$V_{浆} = \frac{\pi}{4} \times (D^2 - d^2) \times L \times K_s \tag{3-3-17}$$

式中:$V_{浆}$——每环砂浆容量(m^3);

D——盾构机开挖直径(m);

d——每环管片外径(m);

L——每环管片宽度(m);

K_s——浆液扩散系数。

计算出单环掘进需要的砂浆量之后,优先选择现有的砂浆运输车来进行水平运输工作,并且砂浆运输车的容量应比计算容量要大且留有余量。

④电瓶车选型

电瓶车是将渣土从出土口运输至吊出井的动力工具,选用是否得当直接关系到洞内运输能否正常进行,故应考虑以下几个方面:

a. 每辆电瓶车必须具备满足拖动编组内所有满载运输车的能力;

b. 保证在区间隧道最大坡度情况下的安全启动并牵引整列车正常行驶;

c. 具备变频装置,以适应不同的工况;

d. 配备的蓄电池单次充电需保证10km 的运输。

e. 根据相关安全规范,地铁隧道施工中电瓶车允许的行驶速度应在15～20km/h 以下,并根据速度要求来综合确定电瓶车选型。

电瓶车的选型主要应考虑其牵引能力,电瓶车主要有两种工况,一种工况为满载渣土驶出,另一种工况为装载一环管片及满载浆液驶进。

当工况为满载渣土驶出时,电瓶车牵引力负荷最大,故此时牵引重量为:

$$G_{电} = G_{渣} + 2 \times G_{管} + G_{砂} \tag{3-3-18}$$

式中:$G_{渣}$——满载渣土车重量;

$G_{管}$——空载管片车重量;

$G_{砂}$——空载砂浆车重量。

确定最大牵引重量后,按照拟建区间的最大坡度情况来进行电瓶车性能计算,即考虑最不利情况下电瓶车运载能力是否满足运输需要:

$$P_{电} = \frac{G_{电}(w_q + i_q)}{\mu - w'_q - i_q} \tag{3-3-19}$$

式中:μ——机车黏着系数,取0.26;

i_q——隧道最大坡度($\times 0.1\%$);

w_q——机车单位启动阻力;

w'_q——货运车辆的单位启动阻力,按 $w'_q = 3 + 0.4 i_q$ 计算,当计算结果小于 0.5% 时,按 0.5% 取值。

下面以某小型盾构项目电瓶车选型计算为案例对相关复核要求进行说明。

(1)案例工况

某盾构区间拟采用电瓶车配套用于地铁盾构施工运输,盾构机采用土压平衡盾构机,盾构机直径为6.25m,管片宽1.5m,线路最大坡度为3.5%,线路使用38kg/m 及以上的钢轨,运输轨道为单线,轨距为900mm。

(2)渣土车选型计算

单线隧道采用一台土压平衡盾构机,盾体直径为6.25m,管片宽1.5m,故单环出土量约为(考虑松散系数 $n = 1.3$):

$$V = \pi \times \left(\frac{D}{2}\right)^2 \times L \times n = 3.14 \times \left(\frac{6.25}{2}\right)^2 \times 1.5 \times 1.3 = 60 \text{m}^3$$

根据出土量,同时考虑一定的富余量,将每节渣车设计为17m³,采用4节渣车编组,即每列列车运输 $17 \times 4 = 68\text{m}^3$ 即可满足出渣要求。

(3)管片运输车选型

管片运输车按照本项目情况,2 台管片运输车即可满足现场施工需要。

(4)砂浆车选型

考虑本项目的情况,选择扩散系数 $K_s = 2$,故注浆量为:

$$V_{浆} = \frac{\pi}{4} \times (D^2 - d^2) \times L \times K_s = \frac{\pi}{4} \times (6.25^2 - 6^2) \times 1.5 \times 2 = 7.2 \text{m}^3$$

故选择 1 台设计容量为 7.5m³ 的砂浆车即可满足砂浆运输要求。

(5)电瓶车选型

由于本项目线路最大坡度为 3.5‰,故进行电瓶车选型时,应按照最不利情况进行选型计算。当工况为满载渣土驶出时,电瓶车牵引力负荷最大,故此时牵引重量为:

$$G_{电} = G_{渣} + 2 \times G_{管} + G_{砂} = 4 \times 4 + 2 \times 60 + 2 \times 2.5 + 5 = 146\text{t}$$

此时,电瓶车需要的最小牵引力应为:

$$P_{电} = \frac{G_{电}(w_q + i_q)}{\mu - w'_q - i_q} = \frac{146 \times (0.5\% + 3.5\%)}{0.26 - 0.5\% - 3.5\%} = \frac{5.84}{0.22} = 26.5\text{t}$$

故本项目应选择牵引力大于 26.5t,且考虑牵引余量,应选择牵引力为 35t 以上的牵引电瓶车作为编组牵引机车。

3)无轨水平运输

与有轨运输不同,无轨水平运输主要应用于大直径盾构施工,采用轮式内燃机车作为水平运输车辆。隧道掘进期间同步拼装中间箱涵,用作物料运输主通道,稍滞后于盾构掘进进行边箱涵拼装或现浇行车道板施工(配合调车平台供运输车辆错车、调头使用)。与有轨水平运输相比,无轨水平运输效率更高,具有更高的灵活性。

下面以某采用无轨方式运输物料项目为例进行运输车辆配置。已知该项目隧道内径为 13.3m,隧道总长度为 1600m,最大纵坡为 4%,采用泥水平衡盾构机进行掘进施工。

(1)盾构机正常施工流程

①盾构机理想的施工流程

依据本项目盾构施工组织的要求,盾构机在正常工作状态下,应具备平均 270m/月的施工能力,按每月平均正常掘进 25d 计算,即盾构机在正常情况下应具备 10.8m/d 的施工能力,最大施工能力应达到 20m/d。

该盾构机设计最大掘进速度为 45mm/min,平均掘进速度在 25～30cm/min 之间,即平均每环掘进时间为 66～80min,在计算时取 75min/环。在施工人员熟练的情况下,管片拼装时间可控制在 50min 以内,但考虑到设备故障、工序环节的衔接等问题,将管片拼装平均时间预设为 70min/环。因此,盾构机完成"推进—拼环"的施工循环需要 145min。据此计算,可达到 20m/d(即 10 环/d)的施工速度,满足最大速度要求。

盾构施工流程如图 3-3-55 所示。

②该流程对物料运输的要求

根据以上计算,物料运输必须满足一个完整施工循环的要求(145min),即在盾构推进过程中必须将下一环拼装所需的管片运输到位,在进行管片拼装作业的过程中必须将本环箱涵安装完毕,辅助物料如水气管等运输到位。

(2)运输流程

①运输内容及流程

为保证盾构机正常施工,必须周期性向盾构机输送管片、箱涵、水管、气管、泥浆管、管道支架、砂浆等物料。盾构施工所需所有物料下井必须在收到盾构操作手指令后开始进行,下井前首先应对所需物资进行质量检查,如管片外观质量、止水条粘贴质量、砂浆稠度等,检查合格后方可下井运输。

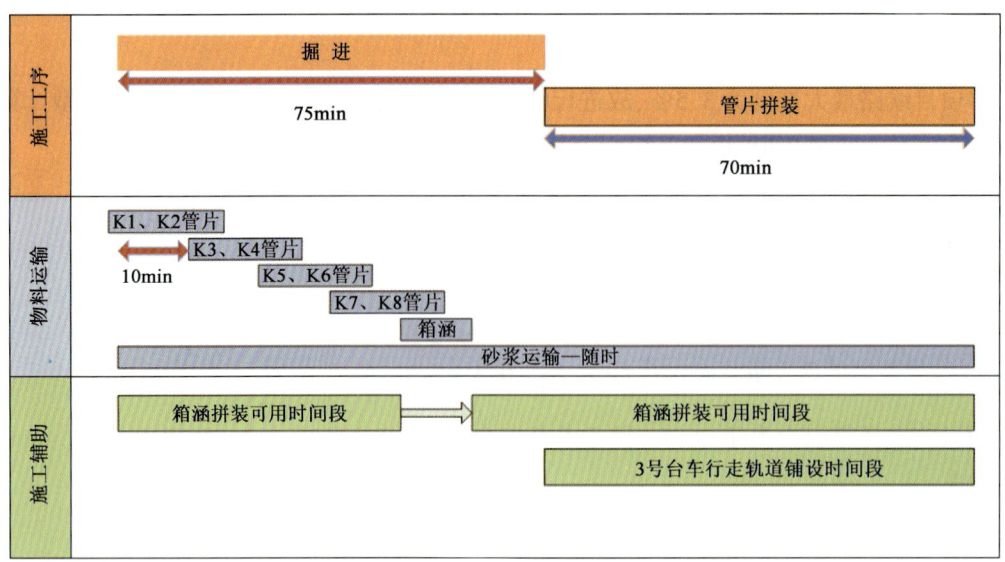

图 3-3-55 盾构施工流程图

②运输的基本原则

物资运输流程的根本原则是：物资必须提前到达卸货等待区，利用盾构机流程转换的合适时间进行卸货，而不能让盾构机等待物资到达。

③运输车辆选择

隧道设计内径为 13.3m，并设计有预制的中箱涵，两侧边箱涵跟随盾构机后续浇筑；车辆可行驶在中箱涵和已经浇筑完成的边箱涵上，如图 3-3-56、图 3-3-57 所示。

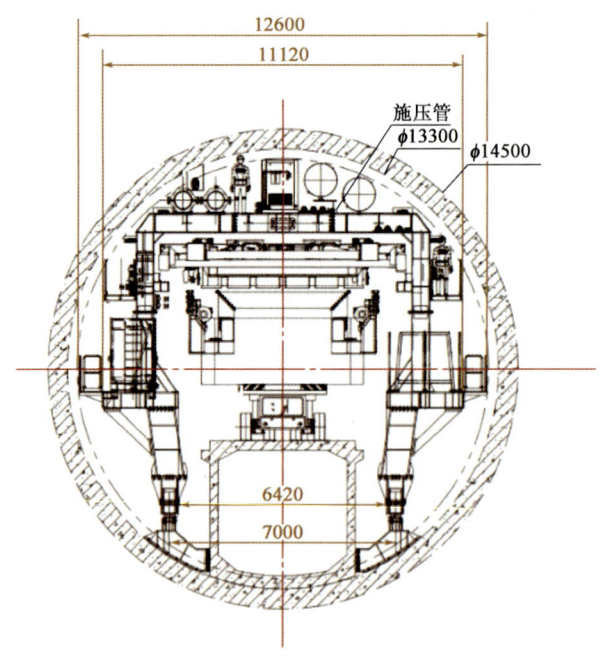

图 3-3-56 车辆在中箱涵上的行驶位置示意图(尺寸单位：mm)

在运输车辆的选择上，要综合考虑隧道转弯半径、隧道最大坡度及满足正常掘进施工时车辆的最大运载重量。

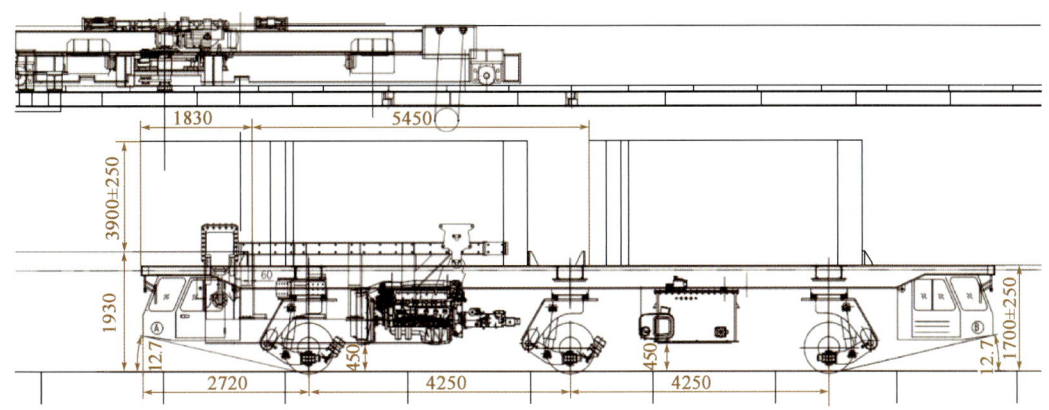

图 3-3-57　车辆在盾构机内的行驶位置示意图（尺寸单位：mm）

a. 运输车辆牵引力匹配计算

本项目中物品运输最大重量限制为管片运输，考虑同时运输 4 块管片，重约 60t。坡度按照 5% 考虑，在此只考虑在运输最重物资时的爬坡工况。

已知工况及设备参数为：额定载重量 $G_0=60\mathrm{t}$，设备自重 $G_1=22\mathrm{t}$，重载爬坡速度 $v_1=10\mathrm{km/h}$，滚动阻力系数 $f=0.025$，减速机数量 $N_\mathrm{g}=4$，速比 $i=45.4$，额定输出扭矩 $T_\mathrm{g}=17000\mathrm{N\cdot m}$，额定径向荷载 $N_\mathrm{r}=80\mathrm{t}$，发动机排量 $q=55\mathrm{mL/r}$，发动机允许最高转速 $n=200\mathrm{r/min}$，发动机变量系数 $i_1=0.8$。

坡道阻力：

$$F_\mathrm{p}=(G_0+G_1)\times10^4\times\sin\theta=4.095\times10^4\mathrm{N}$$

平地重载滚动阻力：

$$F_\mathrm{g}=(G_0+G_1)\times10^4\times f=2.05\times10^4\mathrm{N}$$

所需最大驱动力：

$$F_\mathrm{p}+F_\mathrm{g}=6.145\times10^4\mathrm{N}$$

重载爬坡牵引力：

$$P_\mathrm{pp}=\frac{F_\mathrm{p}+F_\mathrm{g}\times\cos\theta\times\dfrac{v_1}{3600}}{0.7}=243.743\mathrm{kW}$$

重载爬坡时，单个减速机输出功率：

$$N_\mathrm{pp}=\frac{\dfrac{v_1\times10^3}{60}}{2\times\pi\times\dfrac{R_\mathrm{k}}{1000}}=54.267\mathrm{kW}$$

重载爬坡时，马达输出功率：

$$N_\mathrm{mpp}=N_\mathrm{pp}\times i=2.464\times10^3\mathrm{kW}$$

重载爬坡时马达工作压力：

$$p_\mathrm{pp}=\frac{M_\mathrm{pp}\times20\pi}{i\times q\times i_1\times0.9}=262.43\mathrm{bar}$$

重载爬坡时驱动泵流量计算：

$$Q_{\mathrm{pp}} = N_{\mathrm{g}} \times q \times i_1 \times N_{\mathrm{pp}} \times i \times 10^{-3} = 433.617 \mathrm{L/min}$$

重载爬坡工况下发动机转速：

$$n_{\mathrm{pp}} = 2100 \mathrm{r/min}$$

重载爬坡时,驱动泵排量：

$$V_{\mathrm{bpp}} = \frac{Q_{\mathrm{pp}} \times 10^3 \times 1.2}{n_{\mathrm{pp}}}$$

驱动本吸收功率计算：

$$P_{\mathrm{ipp}} = \frac{Q_{\mathrm{pp}} \times p_{\mathrm{pp}}}{600 \times 0.85} = 223.126 \mathrm{kW}$$

驱动泵吸收扭矩计算：

$$T_{\mathrm{ipp}} = \frac{V_{\mathrm{bpp}} \times p_{\mathrm{pp}}}{20 \times \pi \times 0.8} = 1.294 \times 10^3 \mathrm{N \cdot m}$$

在无轨运输车辆选取时应参考上述技术参数,选择满足本项目工况的物料运输车。

b. 运输车辆主要技术参数

本工程采用的双节双头运输车辆主要技术参数见表3-3-31。

双节双头运输车辆主要技术参数　　　　表3-3-31

项目		单位	参数	备注
外形尺寸(长×宽×高)		m	22×2.6×1.5	非动力端及支座
高度范围(车工作台面)		m	1.5±0.1	
解体后最大单件尺寸		m	12.14	
装备质量		t	27	
载重量		t	60	
总重		t	87	
轴距		mm	1600	
转向模式			直行、八字转向、30°斜行	
转向角			±30°	
最小离地间隙		mm	200	
爬坡能力(重载)		%	5	
最大轴荷载		t	10.875	
轮对转向架形式			直行、八字、斜行	
驻车制动方式			液压+机械式	
正常行驶时离地间隙		mm	300	
行驶速度	平坦道路空载	km/h	≤15	
	满载爬坡	km/h	≤7.5	

④车辆配置及流程安排

根据表3-3-31,该型车辆满载爬坡最大速度为7.5km/h,结合参数进行分析比较,按满载上坡(4%)

速度5km/h,下坡速度(4%)10km/h计算,选取隧道最长点作为计算点,即每车物料都将经过1.6km运送到盾构机上。因此,车辆运送一次的时间为12min,考虑错车、等待等时间,按17min考虑;空载速度考虑下坡15km/h、上坡10km/h,车辆出洞时间为10min,并考虑错车等待等时间,按15min考虑。每辆车可以运送3或4片管片,或2节箱涵。

根据物资必须提前到达卸货等待区,利用盾构机流程转换的合适时间进行卸货,而不能让盾构机等待物资到达的原则,计算的初始状况为:1辆运有3片管片的车辆正在卸车,1辆运有3片管片的车辆和1辆运有4片管片的车辆在等待区等待卸货,1辆运有2节箱涵的车辆在等待区等待卸货。

卸货时间为12min,空车驶出盾构机区域、载重车辆驶入盾构机区域的时间为3min。

如图3-3-58所示,1辆车从卸车完毕到重新回到等待卸车的位置,至少需要69min。据此估算,若要确保物料在最远处可以及时供应,至少需要3辆管片运输车+1辆箱涵运输车。当采用3辆管片运输车+1辆箱涵运输车的配置时,在隧道掘进至1600m时,车辆完成一个运输循环需要69min,运输车辆超前盾构机需求6min。

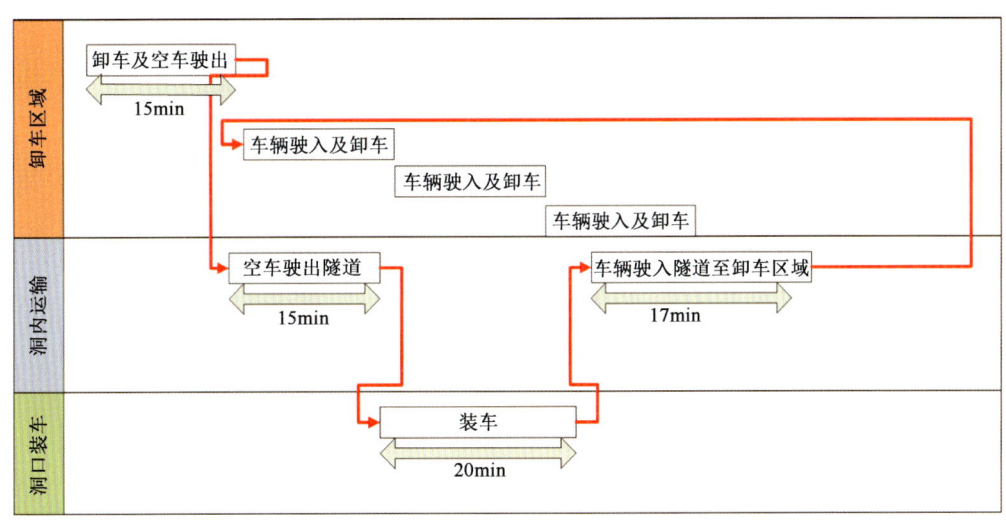

图3-3-58 单辆车辆洞内运输流程图

图3-3-59~图3-3-61分别为盾构施工用管片运输车、箱涵运输车、砂浆运输车。

图3-3-59 管片运输车

图 3-3-60　箱涵运输车

图 3-3-61　砂浆运输车

(3) 与隧道后续段施工的相互影响

由于运输车辆不需要轨道,因此仅在车辆通过时暂用后续同步施工的空间,同步施工的物料运输将不受影响,甚至运输车辆还可以在路过时力所能及地携带一些同步施工所需的物料。

盾构施工具有"串联性流程"的特点,某一环节的耽搁将造成整个掘进的暂停,而盾构机在高水压施工环境中无预先措施的暂停有可能造成灾难性的后果。因此,后续施工应当优先保证盾构机施工。隧道若能提前贯通,既节约了大量成本,又加快了施工进度。

3.4.11　泥水系统

1) 泥浆性能与配制

泥浆被称为泥水平衡盾构机的"血液",在掘进中发挥着重要作用,但这种作用会因所穿越的地质和水位条件的不同而出现差异。一般而言,黏性土地层中各种泥浆的适应性比较好,地层也有自造浆的能力,泥膜的形成或开挖面支护方面对泥浆的选择较小,但在遇到透水性较大的地层时,特别是强透水的中粗砂、砾砂和砂卵石地层中,地层会对泥浆产生较强的选择性。在不同地层中,泥浆的配制、成膜及处理等问题直接关系到泥水平衡盾构机的施工效率、施工安全及工程成本。本节主要从泥浆作用、泥膜形成原理、泥浆性能、泥浆配置等方面进行介绍。

(1) 泥浆作用

泥浆在泥水平衡盾构隧道施工中主要有平衡、输送、分离三大功能，如图3-3-62所示。

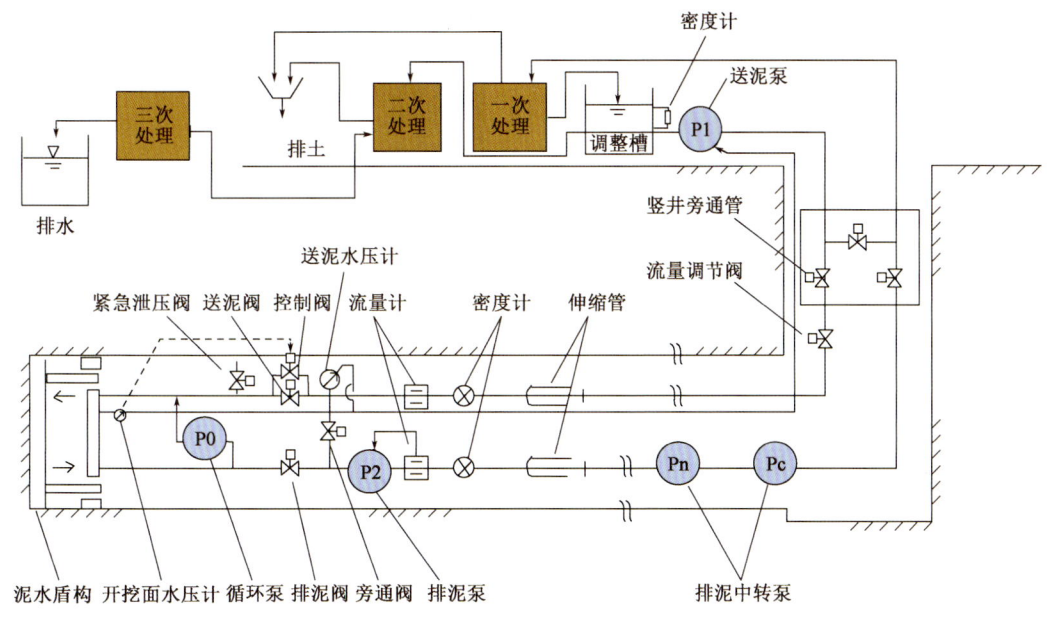

图3-3-62　泥水平衡盾构施工系统图

①泥浆平衡功能

泥浆作为一种流体，其压力首先以孔压的形式存在，平衡地层中的水压力较为容易，而地层中作为土体骨架的应力属于有效应力，泥浆压力不能直接作用于土体骨架。因此，需要在开挖面上部将部分泥浆压力转化为有效应力，平衡地层中的有效应力，以保持开挖面稳定。

②泥浆输送功能

泥水平衡盾构开挖的渣土以泥浆方式输送到地面，泥浆还具有携渣、排渣的作用，尤其携带大块卵石时要求泥浆具有较好的流动性，以便于利用排泥泵经管路将其排至地面。另外，还要求泥浆具有较好的黏滞性，以保证地层土或岩屑可悬浮在泥浆中，防止出现沉积、阻塞排浆管等问题。

③泥浆分离功能

施工中需把输送到地面的稠泥浆分离成渣土和稀泥浆，稀泥浆经过调浆后，再次进入压力仓，再次执行平衡和输送任务。

(2) 泥膜形成原理

①泥膜形成机理

泥膜是由于泥浆的渗滤在开挖面上形成不透水或微透水的由泥浆内固体颗粒聚集而形成的一层致密物质。泥浆在压力仓作用下向地层中渗透，泥浆中的水分被压入地层孔隙，但由于泥浆颗粒尺寸较大无法进入地层孔隙而聚集在地层表面，就形成了泥皮。随着时间的推移，泥膜的厚度不断增加，渗透抵抗力逐渐增强，泥膜形成过程原理如图3-3-63所示。当泥膜抵抗力远大于正面土压力时，产生泥水平衡效果。

②泥膜形成的基本要素

a. 泥水最大粒径

泥水最大颗粒粒径对泥膜形成的效果有很大影响。根据土层渗透系数k的不同要求，泥水最大颗粒粒径亦不同,它们之间应相互匹配,其关系见表3-3-32。

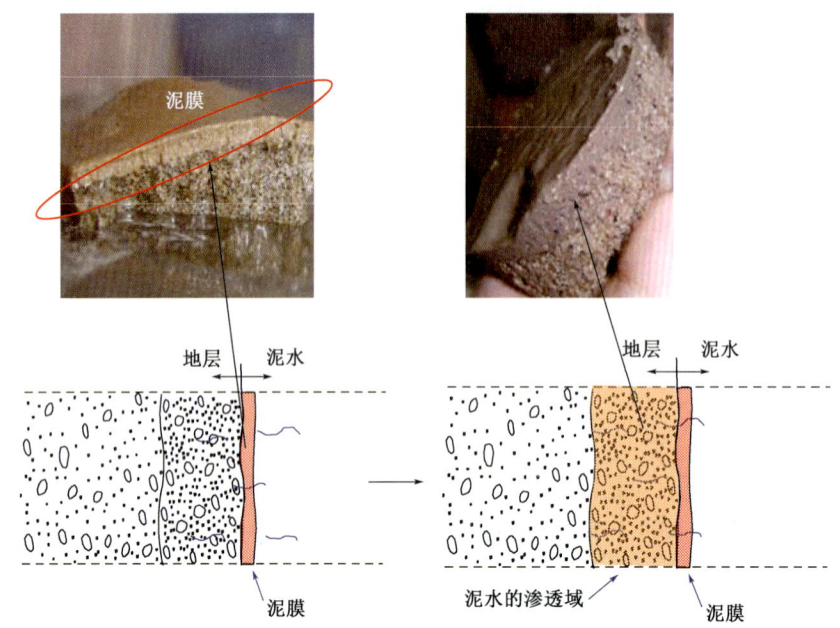

图 3-3-63 泥膜形成过程原理图

泥水最大粒径与 k 值关系参考表　　　表3-3-32

地 层 名 称	地层渗透系数 k(cm/s)	泥水最大粒径(mm)
粗砂	1～90	0.84～2
中砂	1～9	0.42～0.84
细砂	$1～9×10^{-2}$	0.074～0.42
粉砂	$9×10^{-3}～1$	<0.074

b. 颗粒级配

颗粒级配对泥膜形成具有很大的影响,最佳的泥水颗粒粒径分布形式应通过大量试验来确定。

c. 泥水浓度

泥水浓度提高能使泥水屈服值升高,同时能使泥膜的稳定性增强。

d. 泥水压力

虽然渗透体积随泥水压力上升而上升,但它的增加量远小于压力的增加量,因此,开挖面处在高质量泥水条件下,增加泥水压力会提高开挖面的稳定性。

(3)泥浆性能

为保持开挖面稳定,应可靠迅速地形成泥膜,以使压力有效地作用于开挖面。因此,需通过对一些主要特性指标的测量来确定输送泥浆是否符合要求。通常来讲,泥浆应具备以下特性:

①泥浆的密度

a. 物理意义

泥浆的密度表征着泥浆中固相颗粒的含量,对泥浆在地层中的渗透有重要的影响,是泥浆重要的参数之一。大密度的泥水会引起泥浆泵超负荷运转以及泥水处理困难,而小密度的泥水虽可减轻泥浆泵的负荷,但因泥粒渗透量增加,泥膜形成慢,对开挖面稳定不利。因此,在选定泥水密度时,应充分考虑土体的地层结构,在保证开挖面稳定的同时也要考虑设备的负荷能力。

b. 影响因素

泥浆密度除与泥浆的组成成分直接相关外,还受到其他因素的影响,如掘进地层、掘进速度、筛分效果及沉淀池的设计等。其中,掘进地层对泥浆密度的影响见表 3-3-33。

掘进地层对泥浆密度的影响 表 3-3-33

掘进地层	密度变化	原因
粉砂土、黏土	密度增大	地层中含有大量细颗粒,泥浆中的细粒成分会不断增加
砂层、砾石层	密度减小	地层中细颗粒含量少,泥水分离会消耗泥浆中的细颗粒,泥浆中的细粒成分不断流失
中风化或强风化的岩层	密度增大	细颗粒流失量少,刀具还可以将岩层磨碎成为岩粉后,作为细颗粒补充到泥浆中,致使泥浆中的细颗粒成分增多

由于泥水平衡盾构在穿越不同地层时,所需要的制浆材料量不同,应采取的泥水分离方式也不一样,而在一个工程中泥水分离设备的处理方式和处理能力是一定的。当掘进速度较快,产生的泥渣超过泥水分离设备的筛分能力时,泥浆中细颗粒不能得到有效的处理,泥浆的密度将变大。沉淀池的构造尺寸、排渣机构、设计流量等因素也可以通过影响泥浆的沉淀效果进而影响到泥浆的密度。

c. 密度测定

常采用泥浆密度秤进行测定,如图 3-3-64 所示。先在泥浆杯中灌满清水,盖好杯盖并擦干,把游码放在杠杆的刻度标志 1.00 处,调节调重管,使水平泡处于水平位置;再将泥浆杯灌满泥浆,盖好杯盖并擦干,然后把密度秤杠杆的刀刃放在支架上,移动游码使水平泡处于水平位置,即可由游码位置刻度读出泥浆的相对密度。泥浆的相对密度也有其他的测定方法,比如容积法、γ 射线衰减法等。容积法是从标明容积的容器中取出泥水,测定泥水质量,求出密度。γ 射线衰减法是根据 γ 射线透过物体时的衰减能力与物体密度密切相关的原理,通过泥浆管进口和出口的 γ 射线测定仪,测定 γ 射线的强度变化,进而以非接触的形式测定泥浆的相对密度。

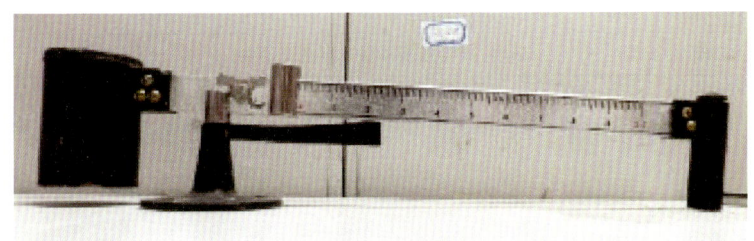

图 3-3-64　泥浆密度秤

② 泥浆黏度

a. 物理意义

泥浆黏度表征着泥浆流动时黏滞性的大小,反映泥浆的流体特性。泥浆黏度越大,泥浆的物理稳定性越好,泥浆不易发生离析。泥浆黏度小,泥浆的物理稳定性差,泥浆容易产生离析;泥浆中颗粒与水的结合力弱,泥浆的携渣能力差,成膜时虽然泥浆中颗粒淤堵了地层孔隙,但泥浆中水容易在泥浆压力的作用下被压出,留下泥浆中颗粒淤堵在地层表面,这使得形成的泥膜厚且疏松,不利于开挖面的稳定。

b. 影响因素

影响泥浆黏度的因素较多,包括膨润土的性质、膨润土膨化时间与搅拌效果、添加剂(速溶羧甲基纤维素 CMC、纯碱、正电胶、制浆剂等)的种类与添加量、水质、其他添加材料(黏粉颗粒)等。此外,温度、光照和降雨等外界条件也会影响泥浆的黏度。

在泥浆体系中,膨润土表面带负电,易与带正电的地层结合形成优质泥膜。CMC 溶于水时呈现极高的黏性,故用来作增黏剂,主要用于砂砾层中,有降低滤水量和防止逸泥的作用,也可抵抗阳离子污染。而如果泥浆中混入水泥的钙离子、地下水或土中的钠离子或镁离子等,就会丧失和降低泥浆的作用,导致泥浆黏度提高、泥膜形成能力降低、泥浆密度增加、膨润土出现凝集等现象,这时就需要加入纯碱等分散剂对泥浆性质进行改良。

泥浆的黏度应该根据地层特性来确定,原则是要保证地层的稳定性和确保携渣能力,具体见表 3-3-34。

保持地层稳定所需要的泥浆漏斗黏度 表 3-3-34

地层条件		泥浆性质	漏斗黏度经验值(s)	泥浆配合比
黏土、粉土层	全部地层的 N 都较低,黏土质粉土较多	膨润土浓度较低,增多 CMC,防止地层被冲刷	34~40	膨润土浓度为 7%~9%,掺加 CMC
	$N>0~2$ 击软弱的黏土、粉土层	泥浆效果不能充分发挥,需增加水不能侵入的性能	64 以上	用高浓度、高黏性的泥浆
	$N>2~5$ 击的黏土层	一般不需要特别的泥浆,也用清水	18~27	膨润土浓度为 4%~5%,掺少量 CMC
	N 较高,全部是黏土或粉土	保持低黏度和软小的脱水量,而黏土或粉土不会被冲洗	23~29	膨润土浓度为 5%~6%,掺少量 CMC
	黏土层含有较多砾石,含砂量较多,但坍塌可能性小	黏度可以低些,但要有较小的脱水量和较大的屈服值	25~31	膨润土浓度为 6%~8%,掺稍多 CMC
	全部是 N 较高的砂层和粉土的互层	黏度不用过高,但使用 CMC 调节脱水量,使屈服值稍大一些	25~31	膨润土浓度为 7%~8%,掺加 CMC
	一般的粉土层,含砂粉土层	黏度、胶凝强度和脱水量都不用过高	27~33	
砂层	有地下水流出(承压地下水,漏失泥浆)预计地层有坍塌	增大泥浆的密度和掺加防漏剂,以提高其黏度	54 以上	膨润土浓度为 10%~12%,掺稍多 CMC、堵漏剂
	N 略低的砂层	黏度稍高,使地层不被冲刷。使用高黏度的泥浆,降低脱水量	34~45	膨润土浓度为 8%~10%,掺稍多 CMC
	砂砾层	膨润土浓度较高,用 CMC 降低脱水量	37~54	
	一般砂层	黏度、胶凝强度和脱水量都用标准值,泥膜既薄又结实	31~40	膨润土浓度为 8%~10%,掺加 CMC
	全部是 N 较高的细砂、粗砂层	胶凝强度和脱水量都不用过高,黏度不要过低	29~33	膨润土浓度为 7%~9%,掺加 CMC

注:漏斗黏度为马氏漏斗黏度,N 为标准贯入锤击数。

c. 黏度测定

泥浆的黏度分为两种:一种是较为直观、简单的漏斗黏度,表征泥浆宏观的黏度,用漏斗黏度计测定,常用的漏斗黏度计有苏氏漏斗黏度计(图 3-3-65)、马氏漏斗黏度计(图 3-3-66);另一种是反映泥浆流体性质的塑性黏度,表征泥浆流动时阻碍流动能力的大小,为流体力学性质的基本参数之一,用旋转黏度计测定,常用的旋转黏度计有六转速旋转黏度计(图 3-3-67)、十五转速旋转黏度计(图 3-3-68),但现场施工时为了简化测定,通常只测定与屈服相关的漏斗黏度(在一定范围内,可以用泥浆漏斗黏度来表征泥浆的表观黏度,最终反映泥浆的黏性与流动性指标)。

图 3-3-65 苏氏漏斗黏度计

图 3-3-66 马氏漏斗黏度计

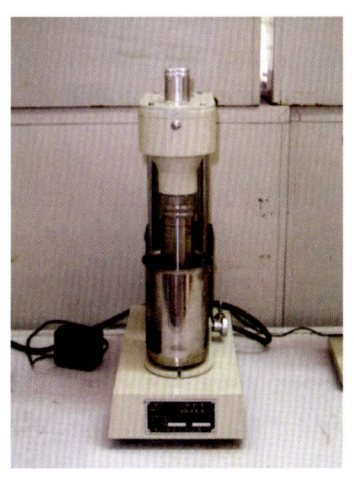
图 3-3-67 六转速旋转黏度计

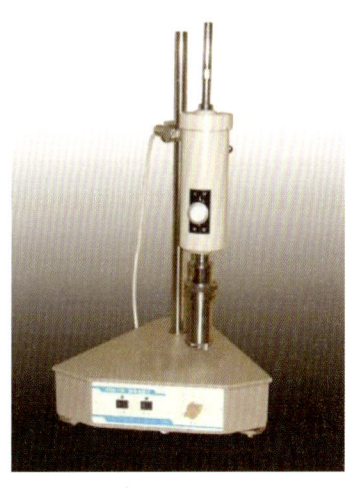
图 3-3-68 十五转速旋转黏度计

工程中常用的泥浆黏度基本均为漏斗黏度,因为漏斗黏度仪便宜、小巧、便于携带,而且操作方便,便于在野外操作,其量测的是泥浆在低流速状态下的黏度。

苏氏漏斗黏度测定方法:将漏斗呈垂直状,用手握紧并用食指堵住管口,然后用量筒两端分别装200mL 和 500mL 泥浆倒入漏斗。将量筒 500mL 一端朝上放在漏斗下面,放开食指,同时启动秒表计时,记录流满 500mL 泥浆所需的时间,即为所测泥浆的黏度。使用仪器前,应先用清水进行校正。该仪器测量清水的黏度为 15s ± 0.5s。若误差在 ± 1s 以内,可用下式计算泥浆的实际黏度:

$$实际黏度 = \frac{15 \times 实测泥浆黏度}{实测清水黏度} \qquad (3\text{-}3\text{-}20)$$

目前工程中常用的漏斗黏度计规格及对比见表 3-3-35。

常用的漏斗黏度计规格及对比　　　　表 3-3-35

名 称	漏斗总容积(mL)	测定时流出液体的容积(mL)	标定水的漏斗黏度值(s)	备 注
马氏漏斗黏度计	1500	946	26 ± 0.5	采用美国 API 标准
日本漏斗黏度计	500	500	3 ± 0.5	日本资料提供
苏式漏斗黏度计	700	500	15 ± 0.5	我国常用漏斗黏度计

塑性黏度反映了在层流情况下,泥浆中网架结构的破坏与恢复处于动平衡时,悬浮的固相颗粒之间、固相颗粒与液相之间以及连续液相内部的内摩擦作用的强弱。

塑性黏度由旋转黏度计测量,其由动力部分、变速部分、测量部分以及支架部分组成。其测量方法为:首先,将刚搅拌好的泥浆倒入样品杯刻度线处(350mL),立即放置于托盘上,上升托盘使液面至外筒刻度线处。然后,拧紧手轮,固定托盘(如用其他样品杯,筒底部与杯底之间不应低于1.3mm),迅速从高速到低速进行测量,待刻度盘读数稳定后,分别记录下600r/min与300r/min转速下的读数,泥浆的塑性黏度可按下式进行计算:

$$\eta_p = \varphi_{600} - \varphi_{300} \quad (mPa \cdot s) \tag{3-3-21}$$

工程中常用的泥浆黏度为20~30s,当停机换刀或者带压开仓时需要配制高黏度的泥浆备用。

③颗粒级配

a. 物理意义

一般对于渗透系数大于10^{-2}cm/s的地层,如粗砂、砾石、卵石或者含裂隙的强风化岩层,往往容易发生泥浆逸泥,泥浆压力无法保持,从而容易导致开挖面坍塌失去稳定。南京长江隧道、南京纬三路过江通道等隧道工程的实践和理论研究均表明,前述地层中泥水平衡盾构施工对泥浆性能的要求还需要考虑泥浆中颗粒的级配,以保证这种泥浆能够在开挖面上形成稳定、致密的泥膜。

b. 颗粒级配测定

传统的土壤筛主要适用于测试砂土(粒径>75μm)的级配,对于粒径小于75μm的颗粒的级配则无法测定。由于泥浆中含有很多细小的颗粒,因此对于泥浆的级配,目前较为常用的试验仪器为激光粒度仪。泥浆的颗粒级配曲线常采用MS2000型激光粒度分析仪测得,如图3-3-69所示。

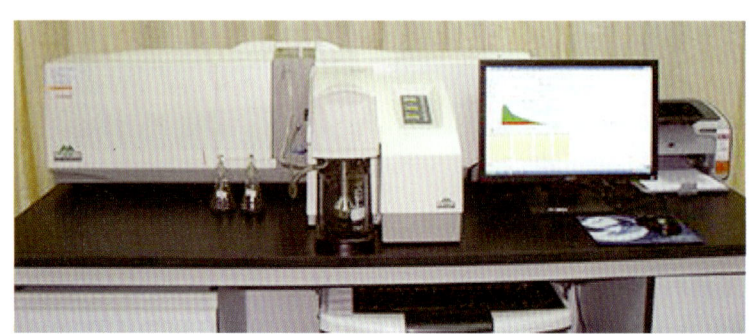

图3-3-69 MS2000型激光粒度分析仪

④含砂量

a. 物理意义

膨润土含砂量是指膨润土浆中不能通过200号筛网(相当于直径大于0.075mm)砂子体积的百分比,这个指标反映了泥浆中含有粗颗粒的多少,对于膨润土泥浆来说,含砂量也可以称之为杂质的含量,反映了膨润土磨制工艺的优劣。

b. 含砂量的测定

含砂量的测定主要采用LNH型泥浆含砂量测定器,如图3-3-70所示。含砂量的测定方法为:在玻璃量筒内加入泥浆(20mL或40mL),再加入不超过160mL的适量水,用手指盖住筒口;摇匀,倒入过滤筒内,边倒边用水冲洗,直到泥浆冲洗干净,网上仅有砂子为止;将漏斗放在玻璃量筒上,过滤筒倒置在漏斗上,用水把砂子冲入玻璃量筒内,等砂子沉淀到底部细管后,读出砂子体积,并计算出砂子体积的百分含量。

⑤泥浆的失水量

a. 物理意义

滤失量只能反映泥浆本身的质量,不能作为评价泥浆在地层中渗透过程的标准。目前国内外通常采用低温低压滤失量(API 滤失量)来评价泥浆的滤失量。

b. 泥浆失水量测定

泥浆失水量测定常用的仪器为 ZNS-1 型失水仪,如图 3-3-71 所示。其测定方法为:先将支架放在平稳的台面上,将减压手柄退出,使减压阀处于关死状态,此时无输出,然后关死放空阀;装好气瓶并拧紧盖,顺时针旋转减压阀手柄,使压力表指示 0.5~0.6MPa;以左手拿住泥浆杯,用食指堵住泥浆杯接头小孔,倒入被测泥浆,高度以低于密封圈 2~3mm 为宜,放好密封圈,铺平一张滤纸,拧紧泥浆杯盖,然后将泥浆杯连接在三通接头上,将 20mL 量筒放在泥浆杯下面,对准出液孔。按逆时针方向缓缓旋转放空阀手柄,同时观察压力表指示;当压力表稍有下降或听见泥浆杯有进气声响时,即停止旋转放空阀手柄,微调减压阀手柄,使压力表指示为 0.69MPa,泥浆杯内保持 0.69MPa 的恒定状态;当见到第一滴滤液时开始计时,30min 时取下量筒,退出减压阀手柄,关死减压阀,顺时针旋转放空阀,泥浆杯内余气放出;取下泥浆杯,打开泥浆杯盖取出滤纸,洗净泥饼上的浮浆,测量泥饼厚度;冲洗擦干泥浆杯、杯盖、密封圈(晾干或烘干杯盖滤网);记录下量筒内的失水量。

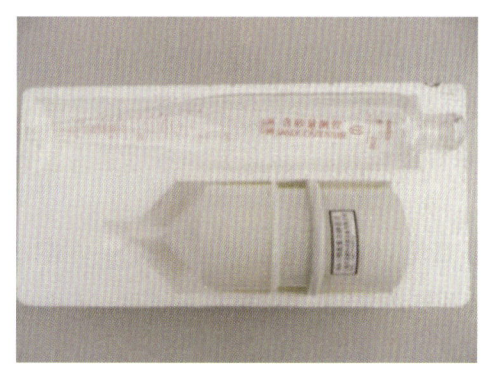

图 3-3-70 泥浆含砂量测定器　　图 3-3-71 ZNS-1 型失水仪

⑥泥浆的 pH

a. 物理意义

pH 主要用来反映膨润土浆的酸碱性。主要测量工具为比色法 pH 试纸,如图 3-3-72 所示。研究表明,泥水在未遭受正离子污染时的 pH 范围为 7~10,呈弱碱性。当泥水遭受正离子杂质污染后的 pH 远超过 10 时,可以通过测定 pH 来判定正离子造成的劣化程度,从而鉴别泥浆的化学稳定性。

b. 泥浆 pH 测定

撕下一小条 pH 广泛试纸,浸入泥浆滤液或泥浆中,观察其颜色变化,并与比色板颜色对比,与比色板颜色相一致的值即为泥浆的 pH 值。

图 3-3-72 pH 试纸

⑦泥浆的物理稳定性与胶体率

a. 物理意义

泥浆胶体率是钻井中泥浆的性能指标之一,它表示泥浆中黏土颗粒分散和水化程度。胶体率越高的泥浆,其物理性质越稳定,泥浆越不易发生离析、析水等现象,形成的泥浆较为均匀。因此,胶体率是表征泥浆物理稳定性的基本指标。

b. 物理稳定性与胶体率测定

测定胶体率的主要实验仪器为 1000mL 的量筒。将一定量的泥水静置于量筒一段时间后,部分土颗粒将失去悬散特性出现沉淀,致使泥水的表层出现清水,底部出现土颗粒,而中间仍为泥水,且清水与泥水出现明显分界面。观察清水与泥水的分界高度随时间的变化情况,可鉴别泥水中土颗粒的沉淀程度。工程中常用泥浆胶体率来衡量泥浆的物理稳定性,如图 3-3-73 所示。泥浆胶体率的测定方法为:将 100mL 泥浆装入胶体率测定瓶中,将瓶塞塞紧,静止 24h 后,观察量筒上部澄清液的体积(毫升数)。胶体率以百分

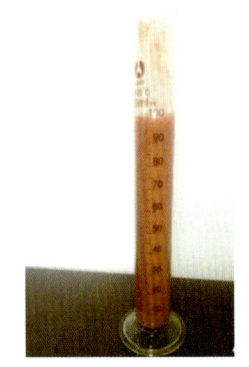

图 3-3-73　泥浆胶体率测试试验

数表示,可按下式进行计算:

$$胶体率 = \frac{100 - 澄清液体积}{100} \times 100\% \qquad (3\text{-}3\text{-}22)$$

(4) 泥浆配制

① 膨润土

泥浆的配制材料包括水、颗粒材料、添加剂。适合泥水平衡盾构泥浆的造浆材料主要是膨润土。膨润土是以蒙脱石为主的含水黏土矿,在国内外很多领域均有应用,根据用途的不同,可以分为铸造用膨润土、冶金球团用膨润土、钻井泥浆用膨润土三类。目前,膨润土在钻井泥浆中的应用较为广泛,由于泥水平衡盾构中应用的膨润土也是主要考虑其造浆性能,因此在很多方面可以参考其在钻井泥浆中的应用。

一般情况下,将不同膨水比(膨润土和水的质量比)的膨润土泥浆搅拌均匀,在阴凉处放置 24h 进行膨化,然后与其他掺和物混合搅拌均匀,测试其基本性质,主要包括泥浆密度、泥浆的颗粒级配、漏斗黏度、胶体率、含砂量、pH 等。

② 添加剂

泥水平衡盾构施工中常用的添加剂有水玻璃、CMC、制浆剂等。这些添加剂通常含有高分子聚合物,如聚丙烯腈、聚丙烯酸类高聚物等,很多制浆剂是由数种产品复合而成,结构比较复杂。由于使用了多种高分子聚合物,分子量不同、取代度不同、聚合度不同,对泥浆性质产生的效果不同。

一般遇到特殊工况对成膜的要求较高时,会使用添加剂来改变泥浆的性质,从而达到满足形成高质量泥膜的目的,考虑经济性等因素,添加剂一般以水溶液的方式添加到基浆中。添加的原则为:

a. 一般不添加,即使添加也要考虑尽量少加。考虑到泥浆分离、对环境的影响以及经济性,在遇到一般泥浆不能满足成膜要求时,才考虑使用添加剂。

b. 以水溶液的形式添加到基浆中。考虑到高分子材料难溶于水,直接添加会导致添加剂难以均匀地溶于水中,因此需要将添加剂先溶于水形成均匀的溶液,然后再添加到基浆中。

c. 停机时尽量不要使用。由于添加剂是高分子材料,环境因素对其使用影响较大,因此在停机时考虑到维护开挖面的稳定,不使用或者使用性质稳定的添加剂,从而保持泥浆性质的稳定。

③ 与地层的匹配性

泥水平衡盾构泥浆的配制与地层的匹配性见表 3-3-36。

泥浆配置与地层的匹配性　　　　　　　　　　　表 3-3-36

地 层 条 件	泥浆种类	配 制 方 法
淤泥质粉质黏土层	自造浆性泥浆	地层自造浆能力较强，无须另外配制泥浆
粉土层、粉细砂等易崩塌地层	稳定性泥浆	除尽量利用地层的自造浆功能以外，还需要及时添加膨润土浆液调整循环回来的旧浆，使之满足该地层对泥浆性能的要求
粗砂、砾石、卵石和含裂隙风化岩地层	堵塞性泥浆	需要在泥浆中加入足够的粗颗粒，以保证泥浆在高泥浆压力的作用下能够有效填充开挖面地层颗粒之间的孔隙，并在开挖面上形成致密、稳定的泥膜

④泥浆配置注意事项

a. 膨润土颗粒一般呈片状，最大外形尺寸不可超过 $2\mu m$，厚度不超过 $0.1\mu m$；

b. 配制泥浆的水，可因地制宜采用自来水、湖水或井水，pH 值在 7~7.5 之间；

c. 泥浆的配合比主要根据地层特性进行配置，不同地层中的泥浆配合比可参考表 3-3-37 选用。

不同地层中的泥浆配合比　　　　　　　　　　　表 3-3-37

地 层	膨润土比例	添加剂比例	分散剂比例	其 他
黏土	5~8	0~0.02	0~0.5	—
砂	5~8	0~0.05	0~0.5	—
砂砾	8~12	0.05~0.1	0~0.5	堵漏剂

⑤某隧道正常掘进泥浆配合比案例

下面针对泥水平衡盾构机穿越典型高渗透粉细砂和砂砾复合地层时的正常掘进泥浆配制技术进行介绍。

a. 泥浆配合比及基本性质

分别针对典型的粉细砂地层与砾砂、圆砾地层，设计了两组泥浆配合比，分别进行成膜试验。通常，泥浆的配制是用膨润土调配基础浆液，添加黏土及粉质黏土调节泥浆中固相颗粒的粒径及泥浆的密度，添加 CMC 增加泥浆的黏度，添加无水 Na_2CO_3 提高泥浆的物理稳定性。因此，施工中向膨润土基浆中添加不同含量的黏土（粉质黏土）、CMC 以及无水 Na_2CO_3 来配制不同密度、不同黏度和不同级配的泥浆。其中，粉细砂地层中的泥浆采用旧浆和 5 种制浆剂配制，旧浆取自南京长江隧道泥水平衡盾构机泥水环流后再利用的泥浆。而砾砂、圆砾地层中由于细颗粒含量较少，泥浆采用基浆、黏土、细砂、高分子聚合物配制。泥浆性能要求见表 3-3-38。

由各基本性质指标得出粉细砂地层中，前 6 组泥浆密度变化不大，加入制浆剂后漏斗黏度、塑性黏度均有一定提高，其中 3 号、5 号泥浆物理稳定性较好，7 号泥浆物理稳定性最差，吸水严重产生絮凝。砾砂圆砾地层中各组泥浆密度相差不大，加入细砂和高分子聚合物后泥浆的漏斗黏度、塑性黏度均有大幅度提高，且聚合物添加量越多，泥浆漏斗黏度越大。

b. 泥浆成膜试验

泥膜形态如图 3-3-74 所示。

试 验 泥 浆 配 比　　　　　表 3-3-38

地层	序号	泥浆配合比	密度（g/cm³）	漏斗黏度（s）	六速旋转黏度变速范围(r/min) 600	六速旋转黏度变速范围(r/min) 300	塑性黏度（mPa·s）	24h析水率（%）
粉细砂地层	1	旧浆	1.15	17.3	10	5	5	41
	2	旧浆+0.1% 1号	1.15	21.4	16	8	8	40
	3	旧浆+0.2% 1号	1.14	22.8	20	10	10	20
	4	旧浆+0.1% 3号	1.15	22.5	17	8	9	39
	5	旧浆+0.2% 3号	1.14	24.4	23	11	12	14
	6	旧浆+0.1% 5号	1.15	21	14	7	7	40
	7	旧浆+0.2% 5号	泥浆产生絮凝,沉淀物类似淤泥,泥浆析水严重					
砾砂、圆砾地层	8	基浆+粒径小于0.075mm的黏土+0.03%高分子聚合物	1.1	35	31	18	13	—
	9	基浆+粒径小于0.075mm的黏土+0.06%高分子聚合物	1.2	63	56	34	21	—
	10	基浆+粒径小于0.075mm的黏土+0.09%高分子聚合物	1.3	136	66	43	23	—
	11	基浆+粒径小于0.075mm的黏土+0.06%高分子聚合物	1.1	59	40	27	13	—
	12	基浆+粒径小于0.075mm的黏土+0.09%高分子聚合物	1.2	95	54	34	21	—
	13	基浆+粒径小于0.075mm的黏土+0.03%高分子聚合物	1.3	56	49	31	18	—
	14	基浆+粒径小于0.075mm的黏土+0.09%高分子聚合物	1.1	94	50	33	17	—
	15	基浆+粒径小于0.075mm的黏土+0.03%高分子聚合物	1.2	57	52	32	20	—
	16	基浆+粒径小于0.075mm的黏土+0.06%高分子聚合物	1.3	67	62	36	26	—

图 3-3-74　泥膜形态——形成 1.0mm 厚泥皮

通过试验结果,分析泥浆成膜效果,最终确定了适合不同地层的泥浆方案,见表3-3-39。

不同地层泥浆方案　　　　表3-3-39

地　层	地　层　特　点	泥浆方案
粉细砂地层	渗透系数高,地层70%左右的颗粒粒径集中于0.075~0.25mm,45μm以下的黏土颗粒占11.5%,细颗粒含量少,难以成膜	调浆池旧浆+制浆剂($NSHS_1$及$NSHS_3$)
粉细砂、砾砂混合地层	渗透系数高,粗颗粒多,细颗粒少,级配不均,泥浆难以成膜	旧浆+废浆+制浆材料($NSHS_1$及$NSHS_3$)

⑥其他泥浆配合比典型案例

泥水平衡盾构机在穿越全断面黏土地层以及淤泥质、黏土质地层时,由于泥浆分离较为困难,大多会遇到大量泥浆废弃及处理的问题;在穿越高渗透性的砾砂及卵石地层时,主要面临泥浆渗逸、泥膜成膜困难或泥浆渗漏量过大的问题。表3-3-40为我国典型泥水平衡盾构面临的主要工程问题及相应的泥浆材料选择。

我国典型泥水平衡盾构主要工程问题及泥浆材料选择　　　　表3-3-40

工　程　名　称	穿越地层条件	主要工程问题	泥浆材料
上海沪崇苏隧道	淤泥质粉质黏土、黏土、砂质粉土	(1)穿越承压水土层,易出现承压水回灌、开挖面坍塌; (2)穿越部分含沼气地层,易引发爆炸等灾难性后果; (3)隧道工作井局部土层易液化	黏土 膨润土 添加剂
杭州钱塘江隧道	淤泥质粉质黏土、粉土、粉质黏土	(1)穿越江底砂性地层,强潮汐增大江中段施工的风险; (2)穿越钱塘江两岸新、老防洪堤,会对大堤产生一定的影响; (3)需要大量泥浆,同时又产生大量的废浆和弃土	膨润土 纯碱 CMC
南京纬三路过江通道	淤泥质粉质黏土、粉细砂、砾砂、圆砾卵石、中风化砂岩	(1)浅覆土段开挖面稳定控制困难; (2)穿越渗透性高、水压大的砂卵石层,泥浆成膜困难,泥浆需求量大; (3)穿越坚硬的砂岩地层,刀盘和刀具磨损严重,江底开仓风险大	黏土 膨润土 添加剂
扬州瘦西湖隧道	黏粉粒含量高达90%的黏土层	(1)施工中泥浆产生量大,泥浆的脱水减量是面临的主要难题之一; (2)如何处理废弃的大量高密度泥浆是另一个亟待解决的工程难题; (3)停机时出现多次开挖面失稳	地层自造浆

续上表

工程名称	穿越地层条件	主要工程问题	泥浆材料
上海上中路隧道	黏土、粉质黏土、淤泥质粉质黏土、砂质粉土、细砂等	(1) 在江中遇到沼气、障碍物,对开挖面的稳定性造成影响; (2) 浅覆土地层掘进时存在盾构冒顶、上浮等风险; (3) 大直径盾构的轴线控制风险	黏土 膨润土 添加剂
杭州庆春路越江隧道	粉砂夹粉土、淤泥质粉质黏土、粉细砂和圆砾	(1) 黏土容易黏附刀盘、堵管,造成泥浆管路损坏等; (2) 黏土层渗透性较低,压力设定不当易造成地表隆起甚至冒浆、泥水后窜等事故	黏土 膨润土 添加剂
武汉长江隧道	粉细砂、中粗砂、砂卵石以及砂岩与泥岩互层	(1) 盾构穿越长江防洪大坝易引起大堤的不均匀沉降; (2) 软硬不均地层中盾构掘进姿态的控制; (3) 开挖面的稳定,泥浆、添加材料的泄漏或喷涌	膨润土 CMC
广州狮子洋隧道	微风化砂岩、砂砾岩、局部为淤泥质粉质黏土	(1) 极易形成"泥饼"; (2) 刀具易磨损,需在高水压下更换刀具; (3) 盾构长距离相向掘进、地中对接、洞内解体; (4) 部分地段穿越软硬不均匀地层	膨润土 纯碱 CMC

2) 泥水循环系统

(1) 泥水循环系统组成

泥水循环系统具有两个基本功能,即稳定掌子面和通过排泥泵将开挖渣料从泥水仓通过排泥管输送到泥水分离站。泥水循环系统由送、排泥泵,送、排泥管,延伸管线,辅助设备等组成,如图3-3-75所示。

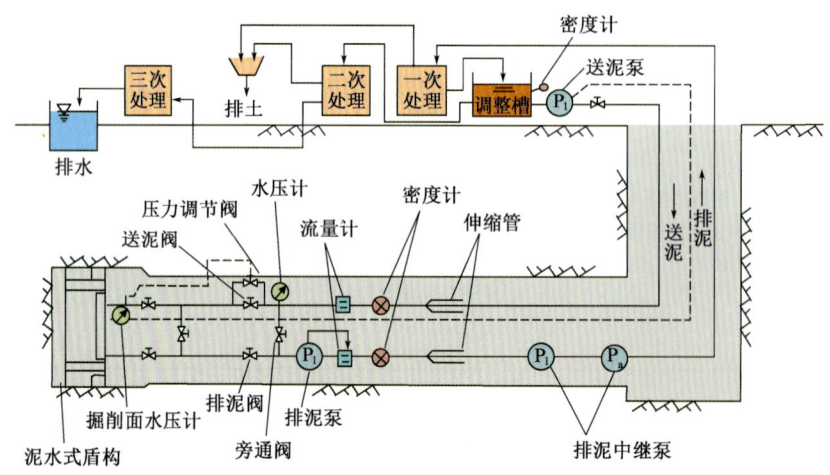

图 3-3-75　泥水循环系统结构图

① 泥浆泵

a. 送泥泵。送泥泵是从泥水处理设备(调整槽)向掘削面压送泥水的设备,通常选用定置式泥浆泵,设置于地表。

b. 排泥泵。排泥泵是把携带掘削土砂的泥水排向地表的泥水处理设备。通常选择转数可调的泥浆泵,设置在盾构机的后方台车上。

c. 中继泵。中继泵的作用是弥补掘进距离增加造成的排泥压力损失,输送距离较远时,由于需要保证泥浆的流量和流速,可采用接力泵形式,通常选择定置定速泵。

d. 井下泵。井下泵的作用是把排放的泥水,从井下升至地表泥水处理设备中,常选用转数可调式泵。

②配管设备

a. 送泥管。送泥管的直径通常与排泥管的直径相同,一般选用 Q235B 螺旋钢管,厚度为 10mm。

b. 排泥管。排泥管的管径取决于输送的砾石粒径、土颗粒的沉淀极限流速、盾构掘进速度、盾构机外径等诸多因素,排泥管携渣能力计算见本章 3.1.6 小节。在砂砾层中通常排泥管径不得小于 200mm。

③阀门装置

控制泥水流向的阀门切换装置,设置在盾构机的后方台车上。

④伸缩管装置

伴随盾构掘进距离的延伸,采用卷筒装置伸延配管。

(2)泥水循环模式

泥水循环的模式包括旁通模式、开挖模式、反循环模式、隔离模式、长时间停机模式。

①旁通模式。当盾构在砾石层和软黏土层中掘进时,存在掘削土砂堵塞排泥管道的可能性,如图 3-3-76 所示。此时,由于掘削面上的送入泥水过剩,压力增大,很可能出现管道爆裂,导致掘削面坍塌及周围地层先隆起后沉降。因此,有必要设置可使泥水不再进入掘削面的旁路运转系统。这个模式是待机模式,用于盾构不进行开挖时执行其他功能,当盾构从一种功能切换到另一种功能时,特别是用于安装管片衬砌环的情况。在旁通模式下,各泥浆泵都根据泵的超载压力和要求的排渣流量所控制的转速保持旋转。

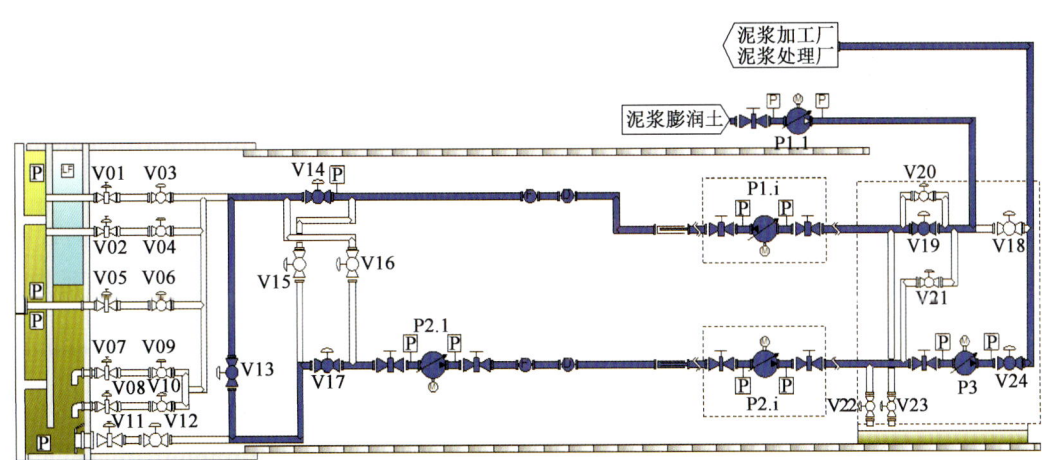

图 3-3-76 旁通模式

②开挖模式。该模式在开挖时使用,根据气垫室里泥浆的液位以及所要求的排渣流量,对伺服的泵 P1.1 和 P2.1 的转速分别进行调整,如图 3-3-77 所示。调整 P1.1 泵的转速用以校正泥浆和气垫界面液位,使其达到所要求的值,同时确保沿程的下一个泵的超载压力要大于所要求的净吸压力。调整 P2.2 泵的转速,用以校正排渣流量,使其达到所要求的排渣模式的值,同时确保沿程的下一个泵的超载压力要大于所要求的净吸压力。P2.2 泵的转速必须能确保排渣的流体能被泵送到地面的分离厂。调整 P2.2 泵的转速,以便在泥浆分离厂入口处达到要求的压力。

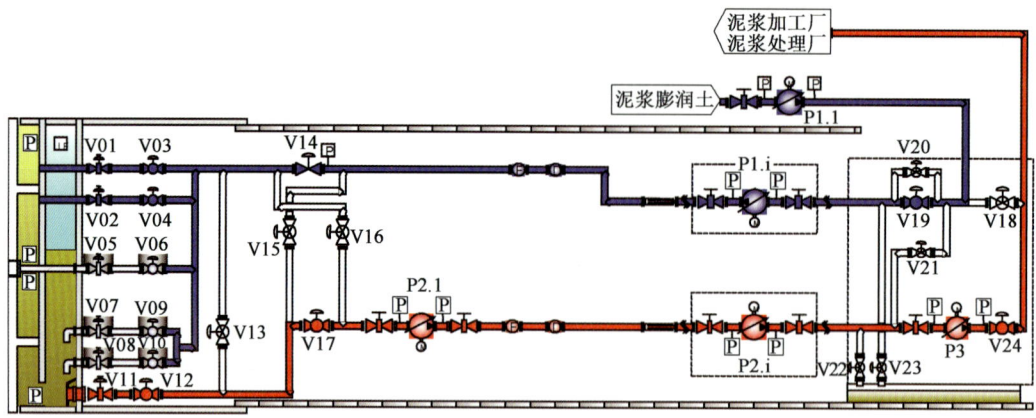

图 3-3-77 开挖模式

③反循环模式。该模式可使开挖室里的泥浆逆向流动,仅用于一些特别的情况,特别是在开挖室内发生阻塞,或用于清理盾构内的排渣管道,如图 3-3-78 所示。为了不让泥浆充满开挖室,仍需维持气垫压力、泥浆和气垫界面的液位。

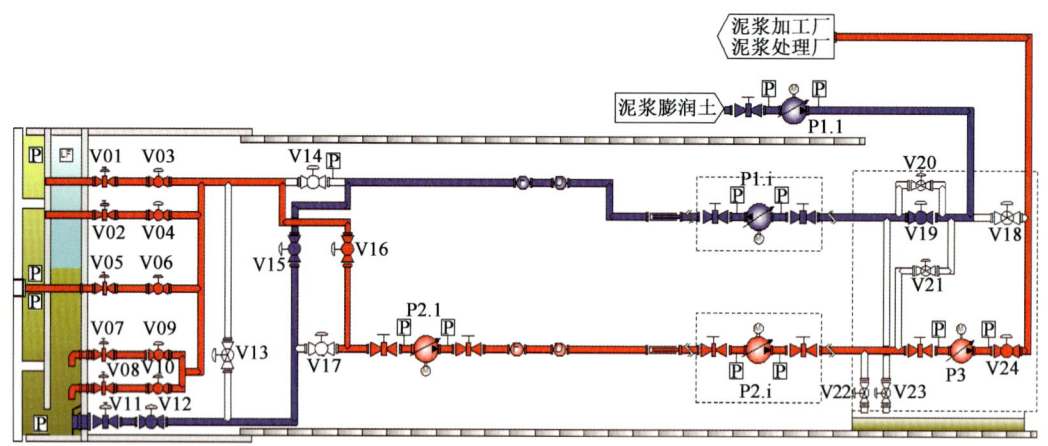

图 3-3-78 反循环模式

④隔离模式。该模式使隧道里的泥浆管道系统与地面系统处于完全隔离的状态,但此时设在地面的分离厂和制备厂之间的回路仍保持连通,如图 3-3-79 所示。这种模式可用于隧道泥浆管道延伸的情况。

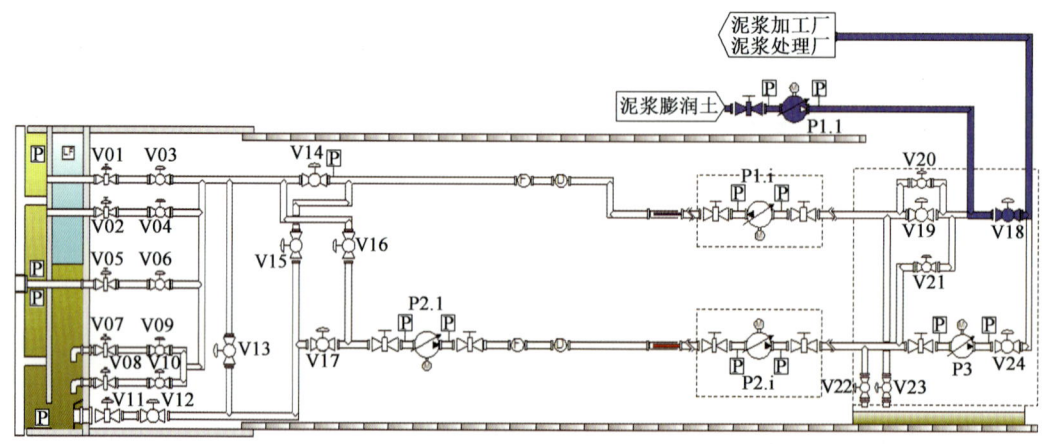

图 3-3-79 隔离模式

⑤长时间停机模式。长时间停机模式是自动控制的,如图 3-3-80 所示。此时所有泵都停止运转,开挖面压力由压缩气回路来控制。当气垫室泥浆液位低于预定的低限时,便进行校正。

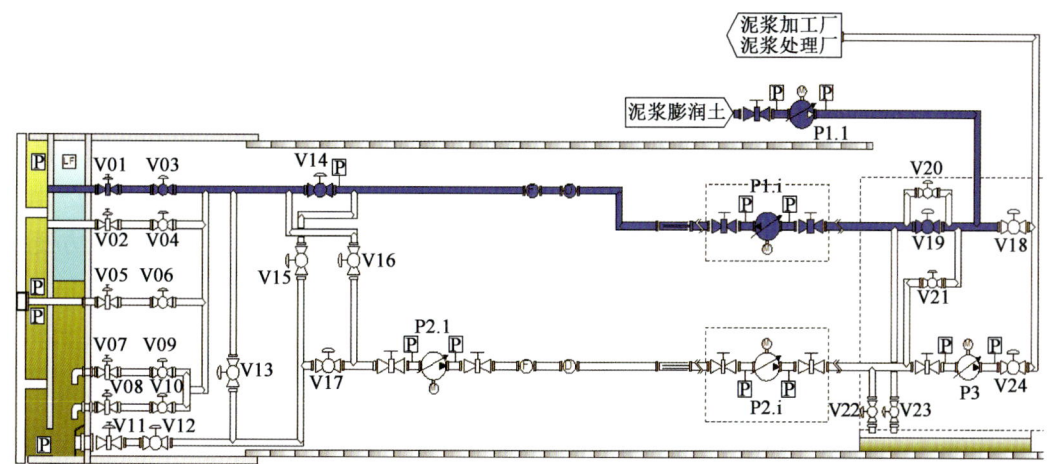

图 3-3-80　长时间停机模式

3）泥水处理技术

泥水处理系统是将掘削下来的土砂形成泥水,通过流体进行输出,然后再经分离分别形成土砂和水,最后将土砂排弃的处理系统。在这个处理系统中,将大直径砾石和砂做机械筛分,小颗粒粉砂土、黏土胶体用凝集剂使其形成团粒后采取强制脱水,并通过对排放的泥水做一系列的处理、调整,使之符合再利用标准及废弃物排放标准的处理调整过程,称为泥水处理。具体又细分为一次处理、二次处理、三次处理。本节针对泥水处理原则、场地、设备、技术及废弃泥浆循环利用进行介绍。

（1）泥水处理原则

①泥浆性能满足匹配地层特点,泥水有合理的密度和黏度指标,并且具有堵孔隙的能力,以堵塞浅覆层和砂土层的孔隙,能在较短时间内形成薄而致密的泥膜,满足开挖面的稳定,防止隧道沉降和开挖面坍塌。通过泥水分离设备筛分处理后,指标合格的泥浆则继续进行循环至盾构机用于下一循环的掘进施工。当泥浆不达标时,进行调浆处理,添加膨润土或外加剂使泥浆能满足盾构掘进需要。泥浆黏度还应考虑与渣土分离的关系,渣土分离时,需要泥浆与渣土快速分离,泥浆黏粒回归循环泥浆之中,可减少补浆量,制浆时要综合考虑。若无法调浆处理,则应予以弃除。

②泥水设备配置、废浆处理满足废浆量的需求。

③满足环保要求。弃浆集中至废浆池,经沉淀后捞渣外运;剩余的难以沉淀的泥浆需要经过特殊的处理,满足环保要求后方可外运。

（2）泥水处理场地

①场地准备原则

泥水处理设备包含泥水分离设备、制浆设备、调浆设备、压滤设备、集中控制设备等子项。泥水处理系统场地布置应符合下列原则:

a. 泥水处理系统场地应设置沉淀池和污水处理设备,周边应设置挡墙及合理的排水系统,泥浆和施工废水经处理后统一排放,泥浆不应污染道路、绿化,不应直接进入市政排水管路。一般采用线形布置原则,排泥流量与开挖直径有关。

b. 应围绕在工作井周边设置,减少泥浆泵扬程损耗,提高设备工作效率。

c. 泥水处理系统应选择在地下无建（构）筑物、管线等障碍物和危险源的场地布置,且应满足泥浆池地下开挖和储存泥浆的安全需求。

d. 应合理规划泥浆处理场地的布置,泥浆处理形成流水作业,最大限度地利用场地。

在实际施工中,由于设备的占地面积及泥水处理能力不同,应根据场地实际情况进行合理布置。如因市政道路通行造成泥水处理场地与主场地分隔,可采用暗埋泥浆管路连接泥水处理设备与主场地。

②场地划分

盾构场地布置主要包括盾构各部件存放场地、刀盘焊接场地、门式起重机布置、管片箱涵存放场地、盾构物料存放区、加工场、仓库、拌合站、泥水场。其中刀盘焊接区要单独布置,设立临时厂房,距离工作井不宜太远,门式起重机跨度尽量与围护结构一致,管片箱涵存放于门式起重机吊装区域,方便吊装,但要注意荷载,泥水场场地要满足存渣需要。

泥水处理场平面布置按区域功能可分为主要设施区域、辅助设施区域及场内道路,如图 3-3-81 所示。

主要设施区域布置有沉淀池、调浆池、储浆池、膨化池、清水池、弃渣场、分离设备平台、泵坑、泥水操控室、配电室(含变压器、电柜)等,辅助设施区域布置有材料仓库、化学制浆池、废浆池、泥浆固化区等。沉淀池、调浆池、储浆池、膨化池、清水池尽量集中布置,弃渣场按方便机械运输原则布置,各区域面积大小应根据设施容量要求计算。泥水处理系统应与生活区、办公区及外界住房保持尽量远的距离以避免噪声污染,并与渣土场位置邻近,避免渣土内倒影响效率。泥水处理场地布置的要点如下:

a. 根据隧道开挖断面大小计算正常掘进需要的泥浆量,各类泥浆池根据场地条件选择钢结构、混凝土结构或其他构造类型,且泥浆池容量应满足泥浆环流需求。在场地条件受限时可选择钢结构,并采用分块安装拼接,方便安装和多次利用,分块间用螺栓和焊接连接。桶槽底部设置渣浆泵,桶槽内部设置搅拌器。混凝土结构采用现浇或预制拼装方式进行设置。

b. 泥水分离设备安装应满足出渣、堆渣需要,其基础承载力应考虑设备、泥浆自重及振动荷载。为充分利用场地空间,可在分离设备下方设置清水池。

c. 渣土场容积应满足单日掘进出渣的存放要求。渣土场底板需做硬化处理,并考虑放坡集水,渣场四周应设混凝土挡墙,挡墙比分离设备出渣口略低。

(3)泥水处理设备

泥水处理设备主要由泥水分离设备、制浆设备、调浆设备、压滤设备、集中控制设备组成。泥水处理总体设计理念为:调制浆系统调制新鲜的泥浆由进浆泵送浆到盾构机,盾构机排放的浓浆首先进入泥水分离设备(预筛、一级旋流、二级旋流)进行渣土和泥水的分离,分离后的二级旋流器溢流的泥浆流入浓缩池进行沉淀处理,后经浓缩池底部渣浆泵送入压滤设备进行压滤处理,将渣土进行排放运输,并将处理后的液体排入滤液池;浓缩池上层泥浆通过溢流槽收集后流入调整池,在调整池可通过加清水、新鲜的膨润土泥浆调拌后直接给盾构机供浆,分离后的二级旋流器溢流泥浆指标合格时也可以直接进入调整池进行盾构泥浆循环。

①泥水分离部分

泥水分离部分主要由预筛、一级分离、二级分离等部分组成。

a. 预筛

采用振动筛作为首道初级分离是较为合适的。振动筛的作用是对泥水做预处理,去除粒径大于 2mm 的团状和块状颗粒。激振频率、激振力大小和筛机质量决定筛机的振幅,而振幅是衡量筛机筛分能力的重要指标,振动电机是激振源,所以在安装和调整时应注意。土砂振动筛如图 3-3-82 所示。

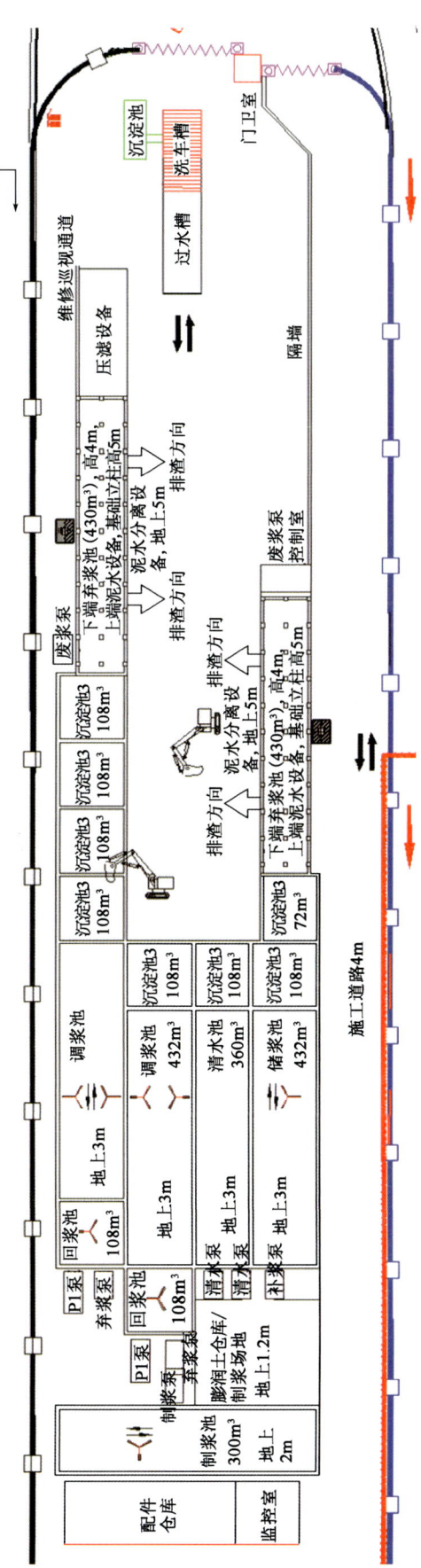

图3-3-81 某项目泥水处理场地布置图

图 3-3-82　土砂振动筛

b. 一级分离

一级分离由一级旋流器、一级脱水筛组成,如图 3-3-83、图 3-3-84 所示。其功能为:一级旋流器的切割点设定为 74μm,即由一级旋流器将浆液中大于 74μm 的颗粒分离出,并由一级旋流器的底流口排出。由底流口排出的浆液含水率约为 50%,进入位于下方的一级脱水筛,经一级脱水筛脱水后,将含水率降至 25% 以下,并由一级脱水筛前方排出。

图 3-3-83　旋流器　　　　　　　　　　图 3-3-84　脱水筛

c. 二级分离

二级分离由二级旋流器、二级脱水筛组成,如图 3-3-85、图 3-3-86 所示。其功能为:二级旋流器的切割点设定为 20μm,即由二级旋流器将浆液中大于 20μm 的颗粒分离出,并由二级旋流器的底流口排出。由底流口排出的浆液含水率约为 50%,进入位于下方的二级脱水筛,经二级脱水筛脱水后,将含水率降至 25% 以下,并由二级脱水筛前方排出。

经二级分离设备处理后的泥浆中的细微颗粒逐渐富集,如果不及时清除,将引起泥浆的密度和黏度上升,直接影响泥浆的携渣能力及环流系统的泵送能力,进而影响到盾构机的掘进效率。离心处理对于泥浆中的更细微颗粒的清除是一种快捷而经济的手段。实践中,常采用卧式螺旋沉降离心机(图 3-3-87)对泥浆进行离心处理。

②制浆、调浆设备

制浆、调浆设备主要用于盾构掘进所需的浆液未达标或量不够时进行调整和补充,以达到盾构所需浆液的技术指标和用量要求。

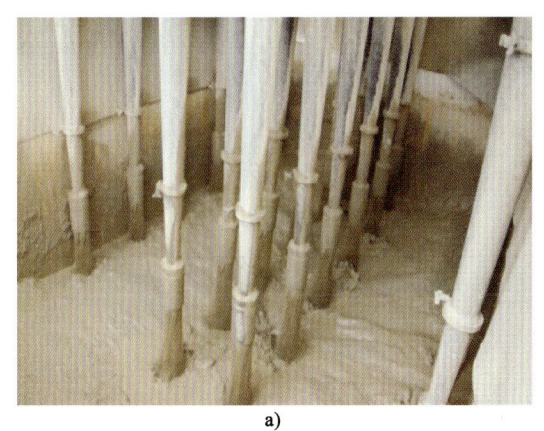
a)

b)

图 3-3-85 二级旋流器

图 3-3-86 二级脱水筛

图 3-3-87 卧式螺旋沉降离心机

a. 制浆设备

泥浆拌制分系统通常由新浆槽、新浆泵、剪切泵、新浆搅拌器、新浆储备槽、CMS 搅拌槽、CMS 搅拌器、CMS 泵、分配阀和加水设备组成。CMS 搅拌槽搅拌的化学浆糊送入新浆槽，新浆槽搅拌膨润土等材料，并与加入的 CMS 一起搅拌，制成新鲜浆液送入预膨胀池进行预膨胀。

b. 调浆设备

浆液调整分系统既具有新旧浆液搅拌调整的功能，同时也具有储存浆液的功能。回收的浆液经过盾构机反复使用后，浆液的密度、黏度指标会不断发生变化，需要通过新浆分系统分配新浆进行浆液指标调整。

调浆系统由泥浆池、泵组、管阀、自动检测仪器以及相关的控制部分组合而成。其主要功能是对泥水分离系统处理过的泥浆进行调配、循环、沉淀和调整。操作人员可以在集中控制室对泥浆的流向、密度和流量进行监控，使得泥浆的黏度和密度等参数满足盾构机掘进的要求。

制浆、调浆设备基本工作原理如图 3-3-88 所示。

c. 压滤设备

对于以砂层为主的地层，泥水处理站一般都应配置压滤设备，如图 3-3-89、图 3-3-90 所示，其主要作用是将密度较高的泥浆里面的水分压滤出来，形成滤饼。通过压滤设备压滤出的滤液回到滤液池进行重复利用，而压出的滤饼通常为干硬状态，有利于渣土车外运。

压滤设备工作流程如图 3-3-91 所示。

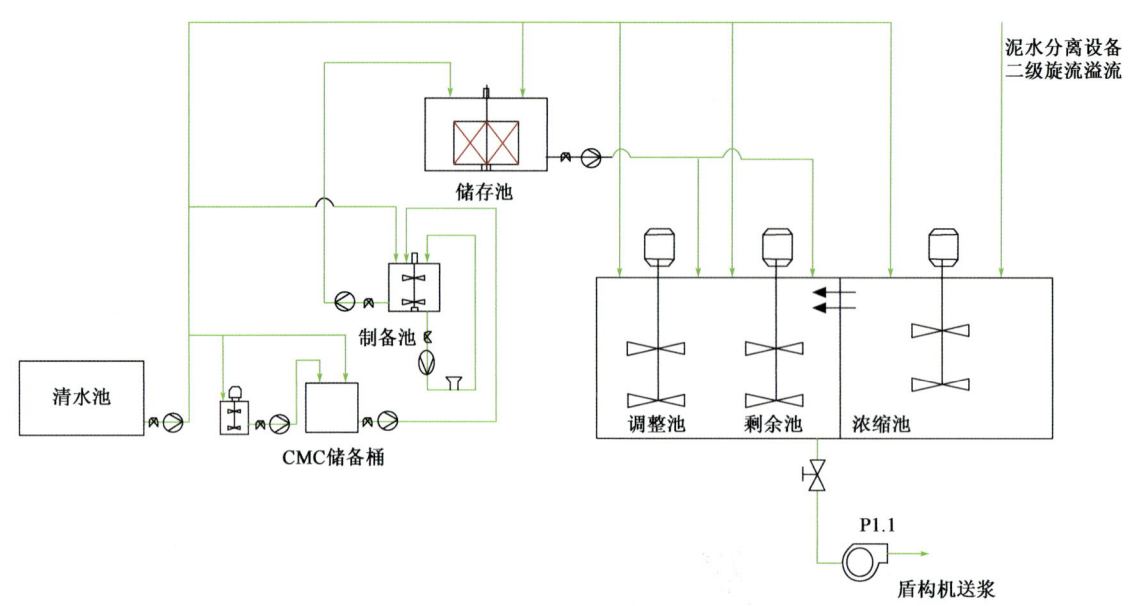

图 3-3-88　制浆、调浆设备基本工作原理

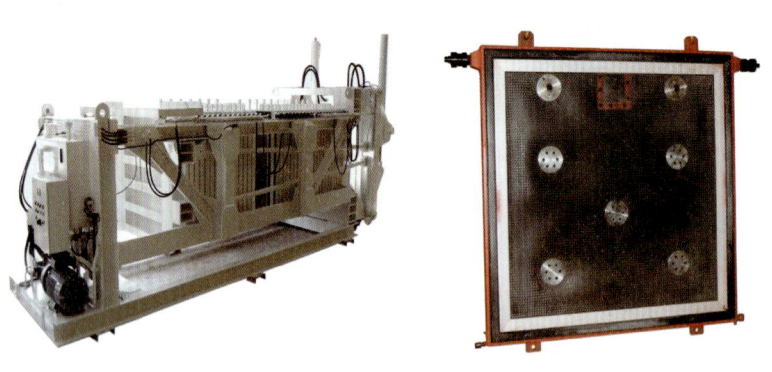

图 3-3-89　压滤机　　　　　图 3-3-90　隔膜式滤板

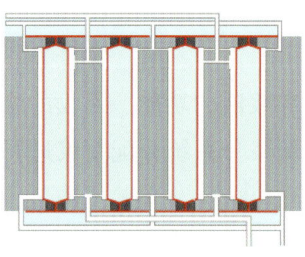

a) 压紧滤板, 形成滤室

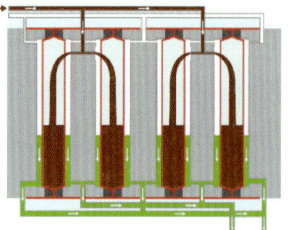

b) 混合后渣料进入滤室

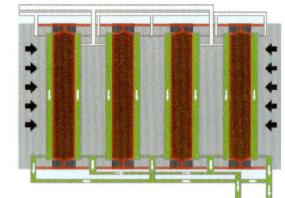

c) 机械挤压, 初步排水

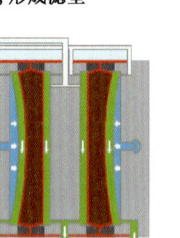

d) 压缩空气加压, 进一步排水

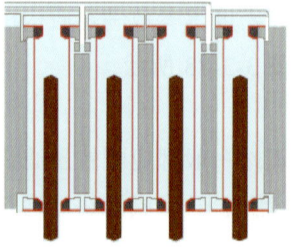

e) 卸出滤饼

f) 经处理后的滤饼

图 3-3-91　压滤设备工作流程图

(4)泥水处理工艺

泥水处理是将盾构切削搅拌形成的泥水和土砂混合物进行颗粒分离和处理后,再将回收的泥浆泵入调整槽,经调整槽调整后,形成满足要求的新浆,重新泵送至盾构泥水仓进行重复利用的过程。

泥水处理工作流程如图3-3-92所示。

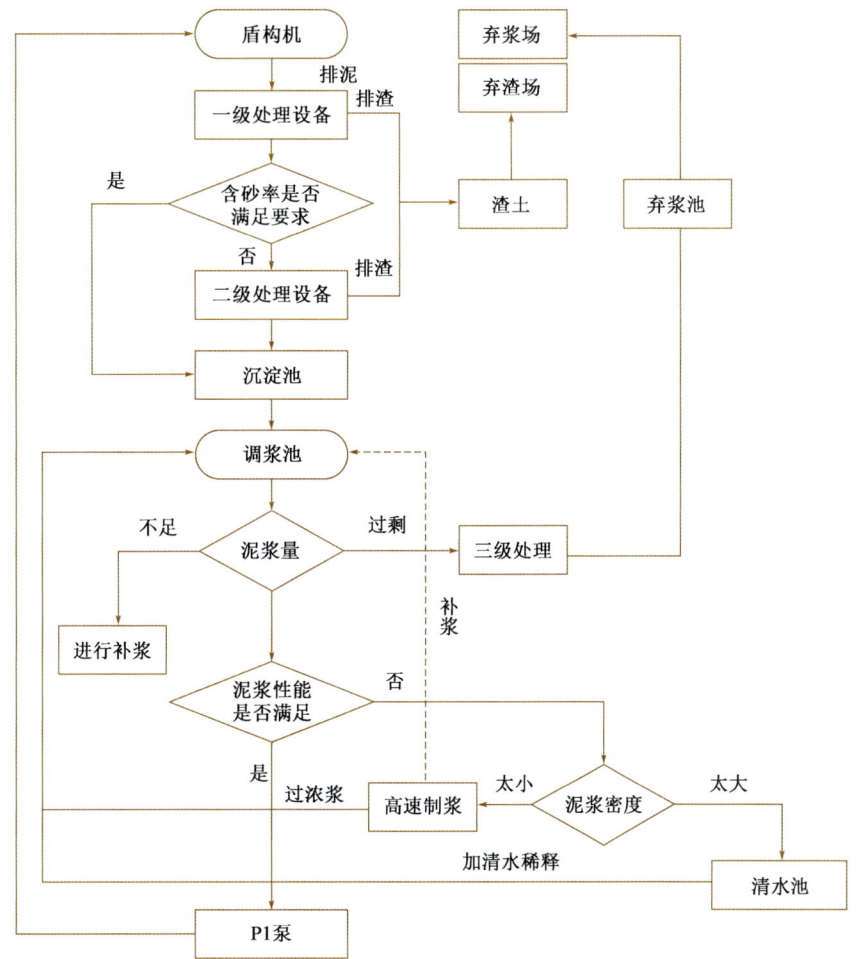

图3-3-92 泥水处理工作流程图

泥水平衡盾构机掘进不同地层时,其泥水排放的颗粒和重度不同,应采用与之匹配的泥水处理技术。泥水处理模式的选择在泥水平衡盾构施工中起到至关重要的作用。目前泥水盾构主要穿越的地层有淤泥质黏土、黏土、粉质黏土、粉细砂、细砂、泥岩、风化岩等。

①不同地层泥水处理模式

根据国内外泥水处理的施工经验,主要有以下几种泥水处理模式:

a. 在含有以页岩、粉砂岩至细砂岩,主要矿物成分为石英、长石、卵石、云母,泥质结构或粉砂质结构、层状构造,泥质~钙质胶结,裂隙发育为主体的岩性土层中进行泥水平衡盾构施工,盾构机须配备破碎机,被破碎的泥岩粒径应不大于6mm,便于泥水分离设备进行处理,泥水处理采用泥岩分离模式,如图3-3-93所示。

处理流程:

盾构排浆→滚动筛→泥浆槽→除砂器(旋流器)→储浆槽→清洁器(旋流器)→二级储浆槽→调整槽→盾构送浆。

除砂器与清洁器的潜流→沉淀槽→螺旋输送机→出土→装车运走。

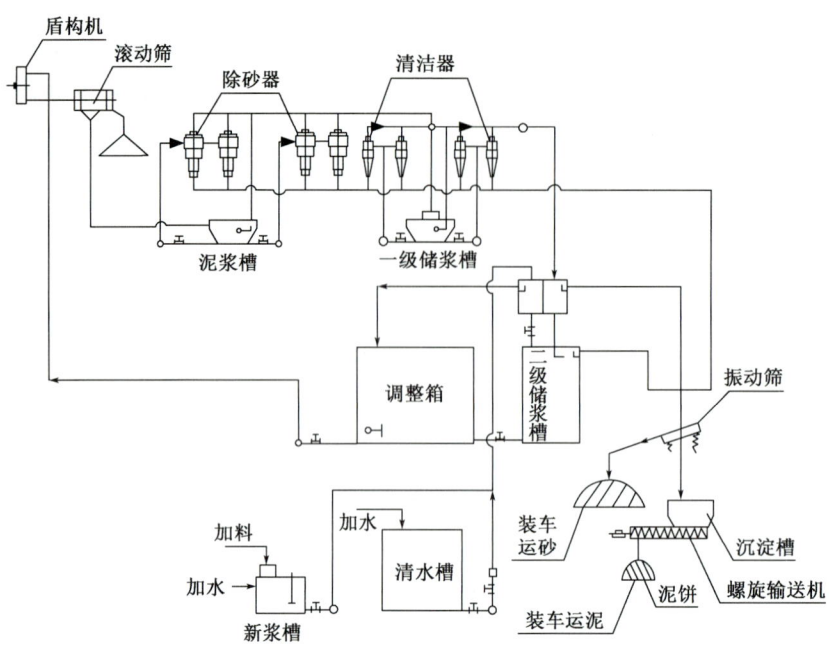

图 3-3-93 泥岩地层泥水处理模式

滚动筛小于或等于 6mm 的浆液由网孔流入泥浆槽,大于 6mm 的块状颗粒在地面装车运走。

b. 地层由粉细砂、中粗砂、粉土、粉质黏土、淤泥质土、黏土等组成时,泥水处理模式可采用综合分离模式,如图 3-3-94 所示。

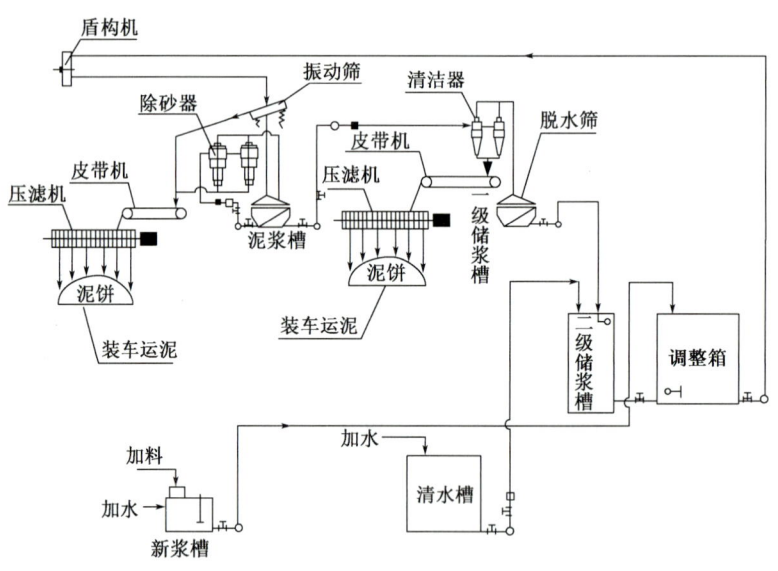

图 3-3-94 综合地质条件泥水处理模式

处理流程:

盾构排浆→振动筛→泥浆槽→除砂器(旋流器)→脱水筛→泥浆槽→清洁器(旋流器)→脱水筛→储浆槽→调整槽→盾构送浆。

除砂器与清洁器的潜流(下溢口)→皮带机→压滤机→出土→装车运走。

振动筛物上料→皮带机→压滤机→装车运走。

c. 以软土为主的地区,泥水处理可采用如图 3-3-95 所示的模式。

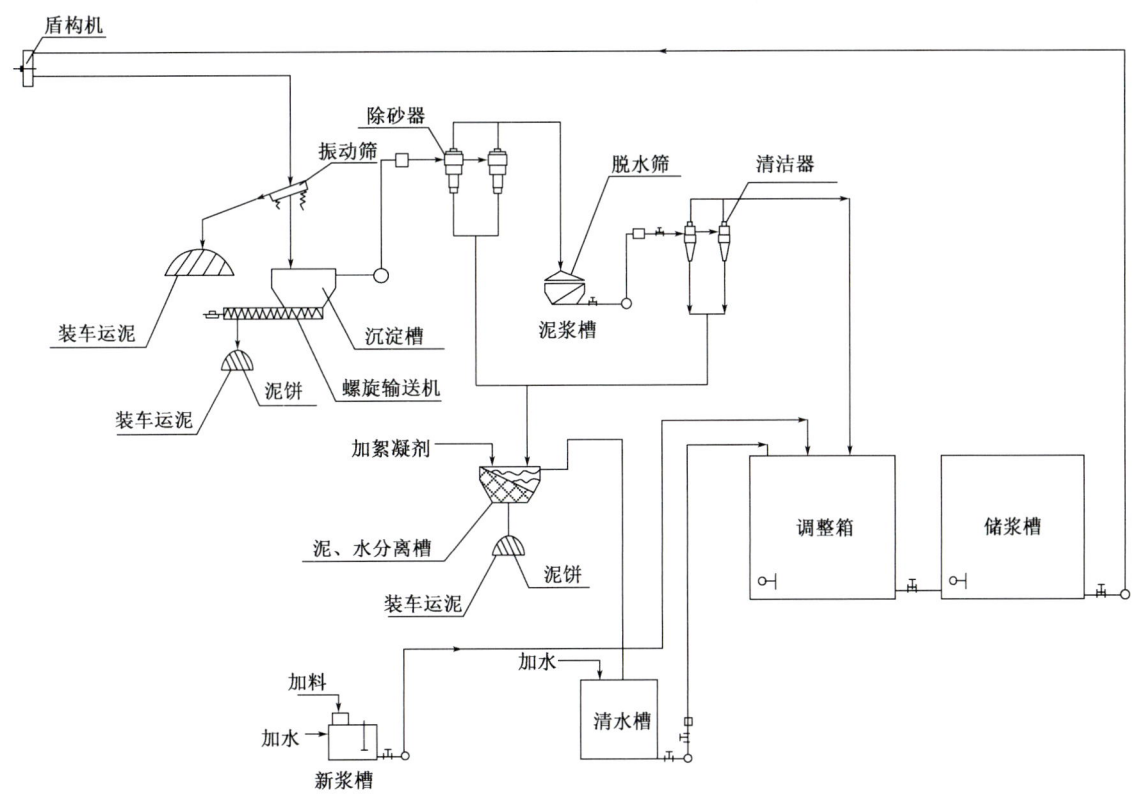

图 3-3-95 软土泥水处理模式

处理流程：

盾构排浆→振动筛→泥浆槽→除砂器(旋流器)→脱水筛→泥浆槽→清洁器(旋流器)→调整槽→储浆槽→盾构送浆。

除砂器与清洁器的潜流(下溢口)→泥水分离槽→螺旋输送机→出土→装车运走。

振动筛物上料→地面→装车运走。

泥浆槽沉淀的废浆→螺旋输送机→出土→装车运走。

②废浆处理方法

a. 化学处理

化学处理主要针对泥浆中的细微颗粒,为便于将这些颗粒尽快分离,若投加阴离子/非离子高分子有机絮凝剂,主要发挥吸附架桥作用,改良泥浆颗粒的沉降性能和脱水性能;若投加阳离子高分子有机絮凝剂则可同时发挥吸附架桥与电性中和作用。在强化絮凝沉淀中,为了降低消耗,节约成本,提高处理效率,充分发挥不同絮凝剂间的协同作用,通过多次试验和在工程上的实际应用发现,无机絮凝剂与有机絮凝剂的复配使用能够达到较好的效果。复配使用中,先加入带正电荷的无机絮凝剂,使污水中胶体脱稳,再加入带负电荷的阴离子型聚丙烯酰胺,使脱稳后的胶体颗粒通过架桥作用和网捕作用迅速长大。

b. 离心分离

在盾构施工过程中,如果压滤机的处理能力不能达到盾构掘进的要求,同时泥浆的需求量有所降低,则需要凭借离心处理将泥浆分离出来。一般来说,离心机通常处理密度较高的泥浆,处理完成后,泥浆黏度一般不会发生变化。

如果在施工过程中,泥浆的密度已经达到上限,为了确保施工系统泥浆密度可以保持在正常水平,应排除一部分存储泥浆作为废弃泥浆,同时对剩余泥浆进行稀释,使泥浆的密度满足实际运行需求,再根据实际情况判断是否要添加膨润土或外加剂。系统中排出的废泥浆,通过分离预处理,泵送入离心机进行脱水和分离,分离出未被泥浆净化系统分离出的粒径较小的渣土。完成脱水后的固渣需要运送至指定的处理厂,或者和渣土一同进行处理;经过离心机排除的清水,通过相关试验进行检测,如果达标,可以直接排放至系统中循环使用,以节约资源。

③弃浆的处理

经过分离后不再进入环流系统的泥浆一般要进行弃浆处理。处理方法有自然晒干处理、水泥系与石灰系添加剂固化处理及高分子添加剂固化处理,下面分别进行简要说明。

a. 自然晒干处理。即在保证废渣堆置场空间足够的前提下,将渣土进行临时堆放,由太阳照晒而减少水分的处理方法。该方法需要占用大量的场地,天气不好时以及含黏土的废渣类干燥需花费较长时间。

b. 水泥系与石灰系添加剂固化处理。主要使用反铲挖土机,通过混合搅拌,使废渣中的水分和水泥系、石灰系添加剂反应,降低废渣的含水比,增大处理后废渣的强度。这种方法改良效率高,但处理的土质会变成碱性。如果仅用水泥系与石灰系添加剂进行处理,其反应时间需数小时,所以需使用砂土坑临时放置。

c. 高分子添加剂固化处理。在竖井内,采用搅拌装置将高分子添加剂和废渣进行混合处理,使废渣改良成易运输状态。此法具有中和速效性的优点,添加后几秒钟就可见改良效果,最适合出渣运送。高分子添加剂与水泥系、石灰系添加剂不同,不是通过与土中水分反应脱水,而是吸取土中的水分,并增加土体自身的黏度,使其失去流动性。由于含水率无变化,无侧限抗压强度的增加也较小,故填筑要求强度大时,需与水泥系、石灰系添加剂并用。

(5) 泥水循环利用技术

泥水盾构机在掘进过程中,需要新旧泥浆交替补充到盾构刀盘面,形成一定厚度的泥膜,以维持开挖面的稳定。盾构机掘进过程中,排出的泥浆经过泥浆处理系统处理后,如果性能达标,则可将净化后的泥浆泵送进入调浆池,返回井下。当旧浆液浆量不足时,造浆系统需根据浆液的黏度、密度等技术指标进行调整,及时补充新鲜浆液。泥水平衡盾构机环流系统工艺流程图如图3-3-96所示。

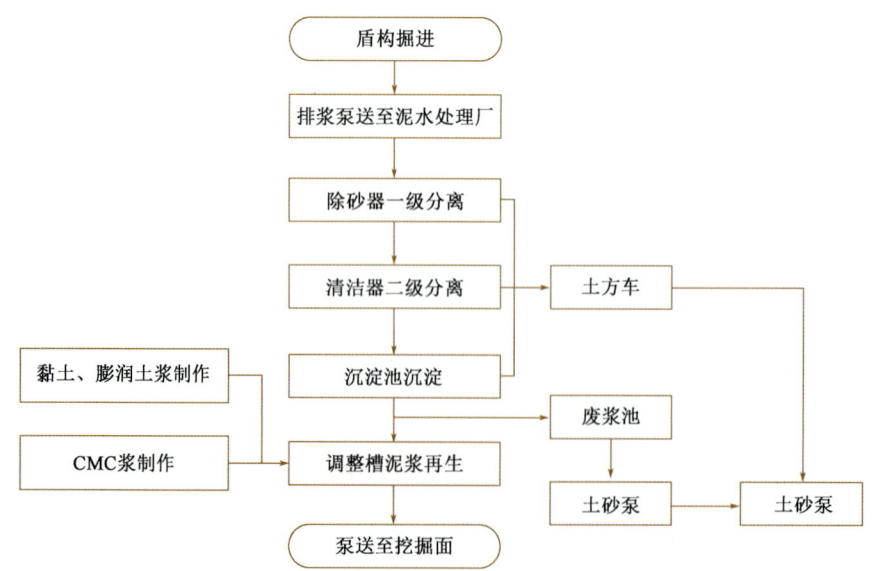

图3-3-96 泥水平衡盾构机环流系统工艺流程图

另一方面，废弃浆液应做资源化处理。其中，泥浆可用于同步注浆，渣土可用作回填土、种植土，砂、卵石、砾石可作建筑材料使用，黏土可用作烧结材料。下面以实际案例对废弃浆液的资源化处理或再利用技术进行介绍。

①废弃淤泥质黏土和泥浆再利用技术

某工程明挖段、盾构始发竖井施工段以及盾构前期掘进均处于黏粉粒含量较高的淤泥质粉质黏土地层，产生了大量的废弃黏土及废弃黏土泥浆，这些废弃黏土和泥浆按常规方法处理成本较高，且处理不当会造成环境污染。

而盾构随后穿越的全断面粉细砂地层达1670m，该地层渗透系数为7.29×10^{-3} cm/s，泥浆不需要另外添加粗颗粒等材料就能满足成膜要求。但是，为了满足泥浆物理稳定性及成膜后泥浆滤失量的要求，泥水平衡盾构机在该地层中施工时泥浆相对密度应调整为1.10~1.15，漏斗黏度为20s以上。如果能在粉细砂地层的掘进段使用废弃土和废弃泥浆作为造浆材料进行配浆，将极大地降低配浆成本，并具有一定的环境保护效益。

经过现场配浆、渗透和成膜试验发现，利用该废弃淤泥质粉质黏土及泥浆添加增黏剂进行配浆是可行的。具体地，在每1000m^3废弃泥浆中增加5.1~8.5t添加剂，得到的泥浆相对密度、黏度、泌水率和物理化学稳定性均满足要求，且在粉细砂地层中可以渗透形成较为致密的泥皮型泥膜，足以保持开挖面的稳定。

基于上述原因，在泥水处理场地附近修筑了废弃黏土和废弃泥浆暂存池，用以存放废弃黏土，在盾构掘进至随后的粉细砂地层时将黏土和黏土泥浆泵入泥浆池，依据试验结果进行泥浆调配，实现了废弃泥浆的利用，节约了施工成本。

②废弃粉细砂再利用技术

某工程需穿越较长的粉细砂地层，经泥水处理将会产生大量的废弃粉细砂，常规的外运处理极易造成资源浪费。通过对废弃渣土颗粒级配进行分析，发现这种废弃土级配良好，粒径1mm以下的颗粒达80%，这些成分是配制壁后注浆材料所需的。

为此，从盾构壁后注浆施工要求、控制围岩应力释放、地层变形及隧道早期稳定性等角度出发，参照现行《建筑砂浆基本性能试验方法标准》(JTG/T 70)，对利用废弃粉细砂配制的壁后注浆材料密度、流动度、分层度、泌水率、凝结时间、体积收缩率和早期强度等工程特性进行试验，结果表明利用废弃粉细砂(筛除粒径1mm以上的颗粒)配制的浆液效果良好，满足盾构隧道施工对壁后注浆浆液性质的要求。

因此，该工程将废弃砂进行处理，并用于配制壁后注浆浆液，大大减少了壁后注浆所用粉细砂的购买量，不仅节约了工程投资，减少了运输成本，还降低了环境污染。

③废弃砾砂、卵石和砂岩再利用技术

某泥水平衡盾构工程穿越一段含有砾砂、卵石和砂岩的地层，施工过程中将产生大量废弃的砾砂、卵石及破碎风化岩。通过对废弃渣土进行外观清洁和含泥量检验，根据现行《建设用卵石、碎石》(GB/T 14685)对废弃渣土采用不同掺配比例进行了颗粒级配、力学性能等指标检测，结果表明：经筛分水洗设备处理后适当调整掺配比例可获得良好的连续级配且符合现行《建设用卵石、碎石》(GB/T 14685) Ⅱ类要求；通过不同掺配比例试验，可获得满足混凝土拌制的砂、卵砾石骨料，且由其拌制的混凝土可以用于2级及以下等级路面和场内便道、场地硬化等工程的施工。

基于上述试验，本工程对于该类废弃渣土进行了筛分、水洗处理，而后将其作为混凝土拌制材料，拌制出了物理力学性能合格的混凝土，进而用于管片场工区场内道路、堆场硬化以及其他工区临时便道的施工，提高了资源利用率。

泥水处理技术具体案例见附件 3-3-6。

3.5 盾构接收

盾构到达是指隧道贯通后,盾构机从预先施工完毕的洞口处进入车站内的整个施工过程,以盾构主机推出洞门爬上接收装置、后配套与盾构主机分离为止。盾构接收施工流程图如图 3-3-97 所示。

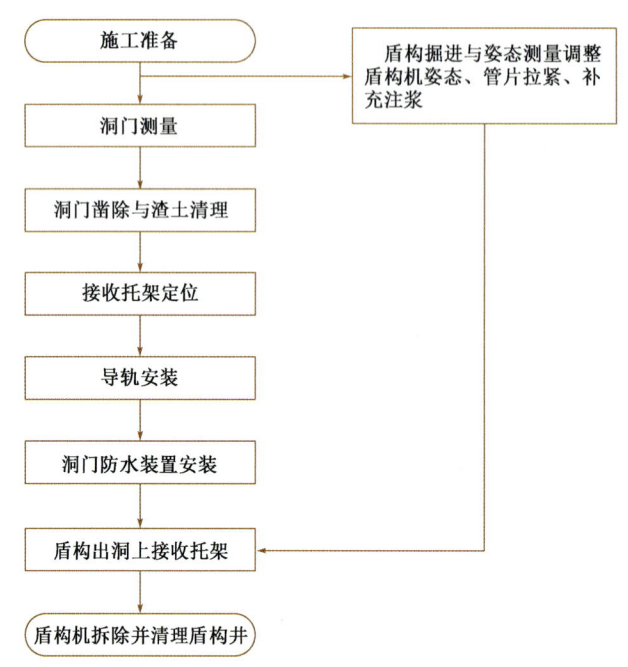

图 3-3-97　盾构接收施工流程图

3.5.1　盾构接收准备

盾构接收前同样应完成端头加固工作(端头加固专项技术参见本章 4.1 节)并抽检合格后方可进行盾构接收施工。盾构接收施工最关键的工作是接收测量工作,必须通过逐段测量确保盾构顺利进入洞门范围,可以说,盾构接收成败与测量精度控制和盾构机姿态调整工作关系密切。

1) 盾构机姿态及洞门复核

(1) 盾构机姿态人工复核测量

在距贯通面 150～200m 时进行包括联系测量的线路复测,要对洞内所有的测量控制点进行一次整体的、系统的控制测量复核,对所有控制点的坐标进行精密、准确的平差计算。

在距贯通面 100m 和 50m 处对激光导向系统进行复核测量,在盾构到站前的最后一次导向系统搬站时,充分利用在贯通前 150～200m 时线路复测的结果,用测量二等控制点的方法精确测量测站、后视点的坐标和高程(测量经纬仪和后视棱镜的坐标和高程),每一测量点不少于 8 个测回。在贯通前 50m 时,进一步加强管片姿态监测与控制。

(2) 到达洞门复核测量

为准确掌握到达洞门施工情况,在盾构贯通前 300m 对盾构到达洞门进行复核测量,测量项目包括洞门中心位置偏差、洞门全圆半径等,必要时根据测量结果对洞门进行相应的处理。

(3)盾构机姿态调整

根据盾构机姿态测量和洞门复测结果,讨论制订盾构机姿态调整方案,并逐渐将盾构机姿态调整至预计的位置。确定盾构机贯通姿态时,考虑到盾构机到达时施工进度一般较慢,盾构存在下沉的情况,贯通前30m可逐渐将盾构机姿态抬高15mm。

2)洞门破除

接收洞门围护结构混凝土凿除方法如下:

(1)洞门凿除与盾构始发相同,采用人工分块凿除法。

(2)洞门凿除前对洞门做9个水平探孔,取芯检查加固体情况。

(3)洞门凿除与盾构进入后10环掘进时同时进行。首先进行桩的背水面凿除,将背水面钢筋割除,凿出围护桩迎水面钢筋,之后推进至刀盘中心鱼尾刀露出,将土仓内土体出尽,刀具靠近内层钢筋时,保护层会自己脱落。

(4)检查盾构贯通净空要求,确保没有钢筋侵入盾构贯通范围之内。

3)导轨及洞门密封安装

(1)洞门导轨安装

导轨设置两根,方向及位置与始发托架导轨相同,为保证盾构机能顺利推上导轨,导轨进洞门掌子面端低于刀盘20mm。导轨由预埋$\delta=10$mm钢板和在钢板上焊接的43kg/m钢轨(高140mm)组成。导轨安装分两步进行:第一步,洞门初期支护凿除完成后,根据洞门深度准备好材料;第二步,待盾构掘进通过加固体,预留钢筋割除后,根据刀盘实际位置准确定位导轨并进行安装、加固,如果盾体与导轨的距离较大,可在导轨上方加焊5~10mm厚的钢板。

(2)洞门密封装置安装

盾构到达加固区前完成洞门密封结构的安装,与盾构始发密封装置不同的是,盾构接收的密封装置在翻板外侧增加了一项钢丝绳收紧功能,增强了密封帘布的密封效果。

3.5.2 盾构接收掘进

1)贯通前100m段的掘进

(1)盾构贯通前100m进入接收准备工作阶段;

(2)提前在到达段地面、车站端墙及洞门埋设监测点;

(3)盾构完成由曲线段到缓和曲线段的过渡,加强管片选型的控制;

(4)地层埋深变化率大,注意各项掘进参数的调整,尤其是土仓压力的设定;

(5)做好地面监测和巡视工作,确保路面行车、行人的安全。

2)距洞门20m段的掘进

(1)加强地面监测,同时对接收井围护结构及洞门进行监测,监测频次为2次/d以上,并及时将监测结果反馈至掘进施工现场,以指导现场施工。

(2)根据最后一次导向系统搬站测量结果确定的盾构机贯通姿态进行盾构机姿态调整,以确保盾构机按预计的姿态顺利贯通。

3)距洞门9m段的掘进

(1)盾构即将进入端头加固区时,提前降低掘进速度,并注意观察螺旋输送机出土,确认刀盘进入加固区后,启用盾构过加固区段的掘进参数(同始发参数),逐渐降低土仓压力、总推力和掘进速度、刀盘转动速度,控制注浆压力等,确保车站端墙的稳定。

(2)在距围护桩0.5m时,逐渐将土仓内渣土清空(即土仓底部传感器显示为0MPa),推进速度降低至10mm/min以下。

4)最后10环管片拉紧

盾构接收洞口处,车站或盾构工作井与隧道的连接构造——钢筋混凝土洞圈未浇捣或未达到设计强度前,按设计要求,应设置管片衬砌拉紧装置,即将临近洞口的10环管片用槽钢沿隧道纵向拉紧,槽钢与管片加固设置在管片的起重螺母处,用φ50mm圆柱管螺纹加M36螺栓将槽钢可靠地栓紧在管片上,以防止洞口衬砌环缝松弛、张开并造成漏水。同时,临近洞口最后30环的纵向螺栓需在盾构机接收前复拧,以减小管片间环面的间隙,并减少错台现象的发生。管片纵向拉紧纵剖面图、平面图分别如图3-3-98、图3-3-99所示。

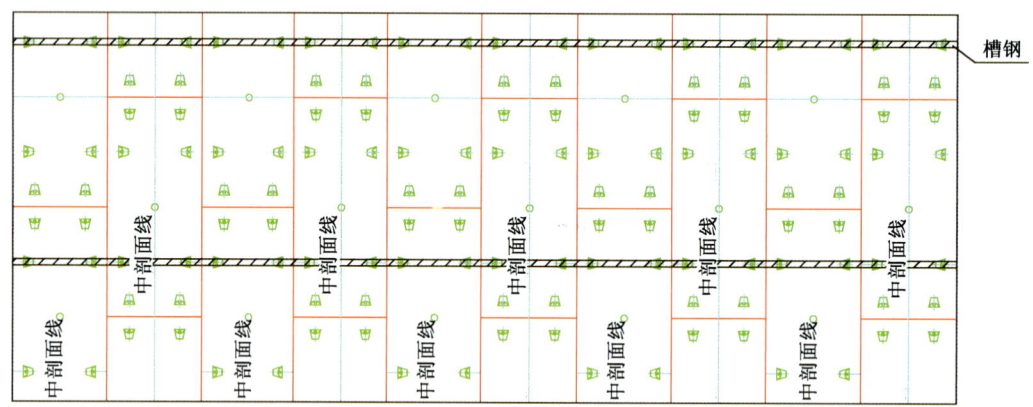

图3-3-98　管片纵向拉紧纵剖面图

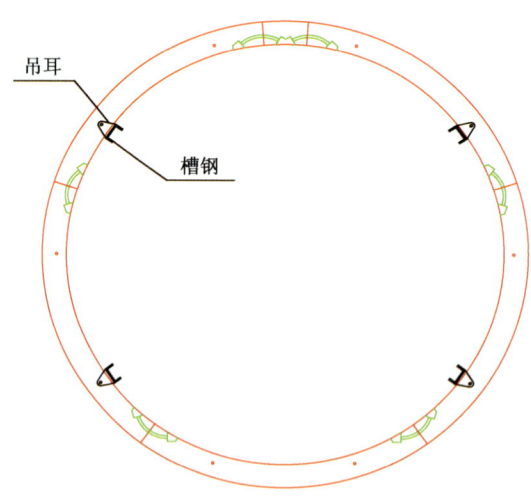

图3-3-99　管片纵向拉紧平面图

5)盾构到达

(1)渣土清理

洞门破除完成后,会有大量渣土掉落在洞门圈内和洞门外。当盾构推进到位停止后,便可进行渣土清理。施工人员清渣前必须先认真观察洞门圈内是否有松散的混凝土块或渣土等，清除危险物后再进行渣土清理。

（2）洞门预留钢筋割除

渣土清理完后，割除洞门凿除时预留的钢筋。割除钢筋的注意事项如下：

①首先需认真检查洞门上部的稳定情况，检查内容包括刀盘周围地层稳定情况、刀盘周围地层涌水情况等；

②经过检查确认没有危险且割除钢筋后不会造成流砂等不稳定情况后，再割除预留钢筋；

③钢筋割除时由两边向中间，先割除底部再割除上部；

④钢筋割除时必须将钢筋根部的混凝土凿除干净，保证钢筋割除后满足盾构通过的净空要求；

⑤钢筋割除完后，再次检查并清除侵入盾构通过净空内的钢筋和混凝土，确保盾构顺利通过。

（3）最后8环管片安装

通过对左右线三维坐标计算并进行管片排环后，盾体长度约为9m，综合考虑最后管片布置，将最后8环作为出洞管片的控制要点。刀盘快出加固区后，需继续拼装8环管片，该8环管片安装时，由于盾构前方没有了反推力，可能造成管片与管片之间的环缝连接不紧密，容易漏水。与此同时，由于注浆也受洞门密封装置密封效果影响，易产生漏浆，从而导致管片下沉。因此最后8环管片安装时应注意如下事项：

①安装管片时，液压缸推力设定为50bar；管片螺栓必须进行两次紧固，第一次在管片安装时，第二次在下一环掘进时。

②最后8环管片推进时，控制推进速度，保证同步注浆量，控制注浆压力，防止浆液击穿管片的环纵缝。

③在盾尾进入车站后进行二次注浆，加速同步注浆浆液的凝结；注浆过程中需密切关注洞门圈密封装置情况，出现漏浆先停止注浆及时进行处理，处理好后再进行注浆。浆液采用水泥单液浆。

④止水环施工。盾体完全脱开洞门密封装置前，在倒数第6、7环做二次注浆，与加固体连成整体，形成一道止水环，彻底将隧道后部来水封堵住，浆液选用双液浆。

⑤帘布橡胶板拉紧。盾构刀盘推出洞门，盾壳接触帘布橡胶板后，拉紧倒链，使帘布橡胶板紧压在盾壳上。待盾尾推出洞门，管片外弧面接触帘布橡胶板后，再次拉紧倒链，使帘布橡胶板紧压在管片外弧面上。

⑥盾构上接收装置。盾构推出洞门前，需认真检查导轨、接收架等的加固情况以及盾构刀盘底部与接收架高差等情况，确认无误后可将盾构机推上接收架；盾构推进过程中必须密切关注接收架以及接收架加固与支撑情况，一旦出现变形等异常情况，应及时停止推进并进行处理。完成最后一环管片拼装后，盾构机借助单块管片继续向前推进至完全上接收架。为便于人员及材料运输从洞门通过，要求将盾尾推离洞门至少1.0m，方便螺旋输送机吊出。

⑦主机与后配套系统分离。在盾构机完全推上接收架之后，以特制的门架式支撑架将连接桥前端支撑在拖车行走钢轨上，支撑稳妥后即可将连接桥与盾构主机分离，并将各种管线同时与主机拆开。完成管线分离后，盾构到达完成，可进行盾构机转场的工作准备。

3.6 过站及调头施工

3.6.1 过站施工

过站施工按照弧形导台过站、液压夹轨过站以及水土回填过站三种工法对主要施工工艺及其要点进行说明,具体内容可见附件 3-3-7。

3.6.2 平移及调头施工

1）工法原理

盾构机平移及调头施工是采用千斤顶将盾构机及始发托架整体翻转、平移到相邻洞门处,并重新进行盾构始发的一种施工方式。盾构调头采用的设施一般包括盾构接收架、盘式轴承、顶升液压缸或浮式千斤顶、滑轮、倒链、卷扬机等。

盾构机平移及调头施工流程如图 3-3-100 所示。

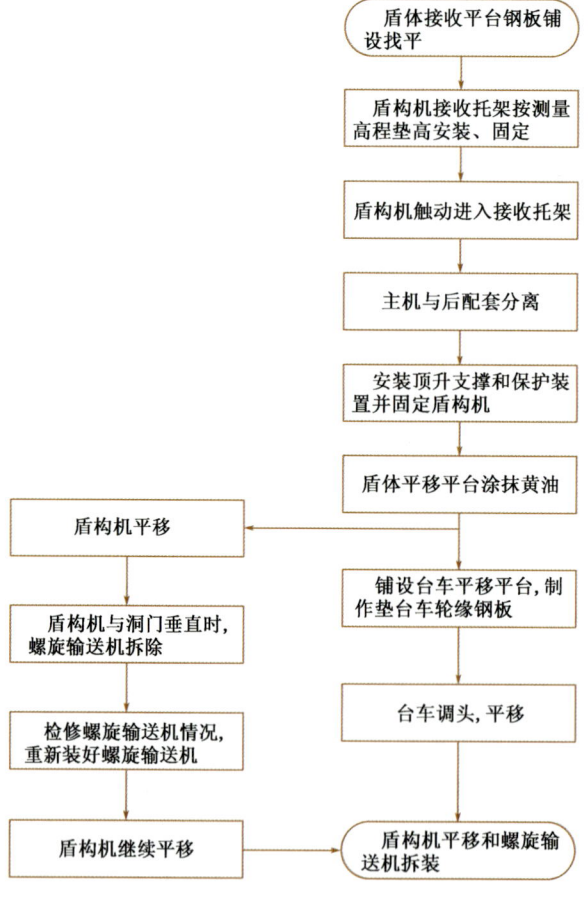

图 3-3-100 盾构机平移及调头施工流程图

2）优缺点及适用范围

盾构机调头施工工法主要优点是避免盾构吊出、转场带来的盾构机重新拆装对工期的影响。同时,采用盾构机调头工法相比于整体拆解、吊出、转场产生的施工成本更低。该工法的缺点是小空间的盾构机调头施工对施工精度控制要求较高，前期预埋件布置、总体施工方案等必须要考虑周全。

该工法主要适用于以下几个施工环境：

(1)地面周边环境复杂，无法进行盾构机吊出、转场作业；

(2)全盖挖、半盖挖车站盾构机平移及调头施工。

3) 主要施工工艺

(1)施工准备

清理基坑污水和杂物，通过铺撒细砂找平后铺设20mm厚的钢板，钢板固定牢固，防止盾体平移时出现水平位移。铺设平移钢板示意图如图3-3-101所示。

(2)盾体平移施工

①平移准备工作

由于盾构机主体体积和质量较大，圆筒状的机构容易发生偏移，且盾构机中间部位较为薄弱，容易产生变形。因此在盾体移动过程中在盾体外壳焊接防止盾体转动的限位钢板，同时在5个位置焊接防止铰接活动的钢板。

依据设计图纸及盾体质量分布，在盾体承重点上满焊4个顶升支撑，在顶升支撑旁满焊4个低于顶升支撑10cm的保护支撑，在千斤顶顶升过程中通过加垫钢板的方式防止因千斤顶故障造成的危险情况的发生，具体焊接位置示例如图3-3-102所示。

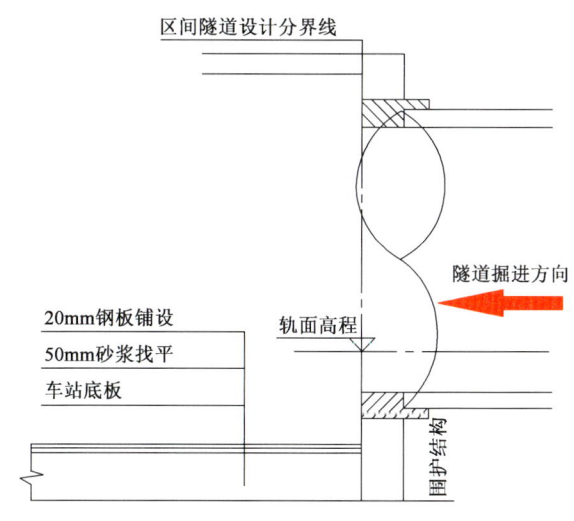
图3-3-101 铺设平移钢板示意图

图3-3-102 顶升支撑与保护支撑满焊

②平移步骤

a.盾构机出洞上托架，将托架与盾体固定，断开主机与后配套的连接，利用液压千斤顶顶升盾体，并在保护撑下垫设钢板，待盾体顶升到一定距离时，迅速取出托架底部圆钢，如图3-3-103所示。

b.对千斤顶缓慢泄压，使盾体缓慢下降，注意观察盾体前后高度差，基本保证盾体前后同时落地，使托架完全附着于钢板之上，如图3-3-104所示。为了减小平移过程中盾体与钢板间的摩擦阻力，平移前在钢板上涂抹黄油。

图 3-3-103　托架圆钢捆绑盘带

图 3-3-104　托架圆钢抽出盾体下降

c. 对盾构机平移旋转时，使液压千斤顶在托架两侧相对顶，形成旋转力偶使盾体旋转，千斤顶反力支座采用20mm厚的钢板制作而成，满焊并加筋板，焊接时工作面与平铺钢板垂直。反力座加工示意图如图3-3-105所示。

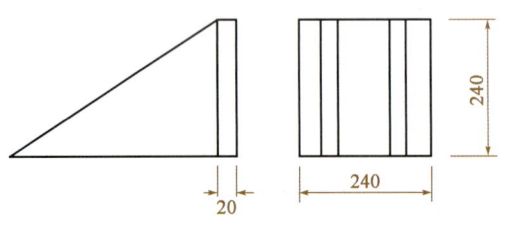

图 3-3-105　反力座加工示意图(尺寸单位：mm)

d. 在千斤顶和托架之间垫设钢板，增大托架受力面积。利用千斤顶推动托架，使盾体横向平移，并通过调整千斤顶位置，逐渐调整盾体角度和位置，完成平移工作。

(3) 台车平移施工

① 盾构机调完头后，即进行后配套调头。

a. 撤除井口的钢板后，在端头井右线间隔1m架设采用尺寸为200mm×200mm的工字钢加工的马凳，铺设好洞门到车站内调头道岔处的台车、电瓶车轨道；

b. 利用电瓶车将1~6号台车从隧道内拉至车站内调头道岔处；

c. 在道岔处将电瓶车与台车、各台车之间的连接进行分离；

d. 台车调头采用电瓶车牵引调头的方式，分别将各后配套台车牵引至相邻洞口始发井处与盾体连接；

e. 待所有台车完成调头并组装连接在一起后，后配套台车通过电瓶机车将其牵引至相邻线路始发井就位。

② 后配套台车站内调头过程示意图如图3-3-106所示。

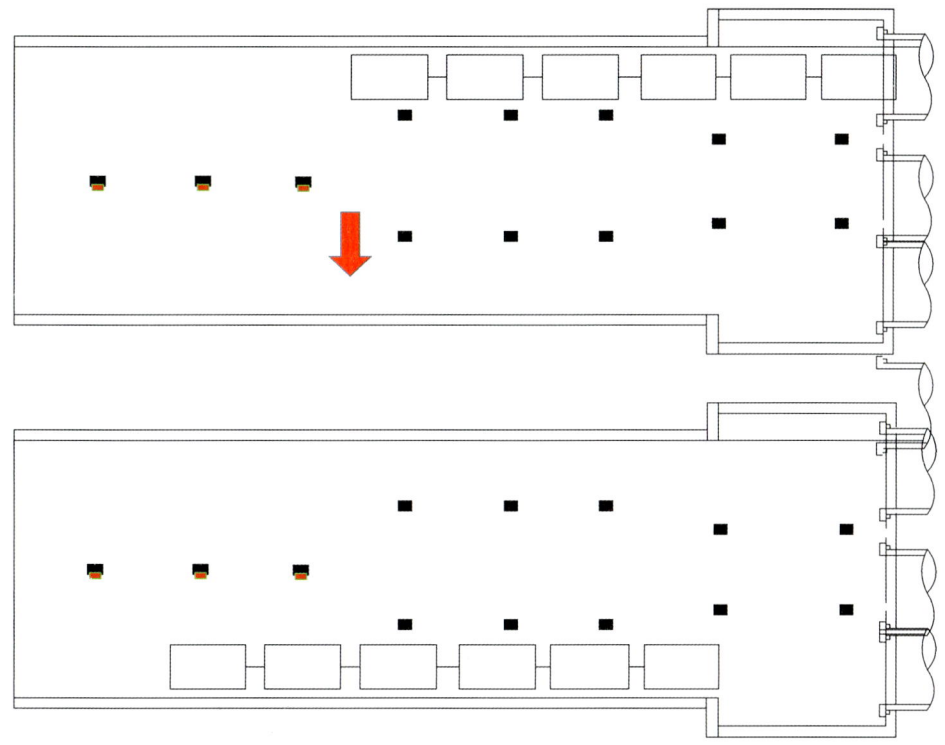

图 3-3-106　后配套台车站内调头过程示意图

4）施工控制要点

（1）盾构机调头施工始发井设计

①始发井内应平整，原设计如为上翻梁则应调整为下翻梁，始发井空间尺寸应满足盾体及始发托架整体平移调头的要求；

②侧墙、底板施工时，应考虑设置千斤顶顶推点预埋钢板位置，避免直接在侧墙上顶推作业对主体结构造成影响；

③为了后配套台车可以整体调头，应提前设计好牵引电瓶车、后配套台车行走路线，留出足够的转弯空间，确保后配套台车可以顺利调头。

（2）盾构接收前准备工作

①清理盾构接收井，在盾构井内铺5cm厚的细砂，找平后在细砂上面铺设20mm厚的钢板。钢板接缝处每隔1m，开坡口焊接，焊接完成后打磨至与钢板面平齐。

②通过测量确定接收托架位置、始发位置及反力架位置。运输接收托架至井底，接收托架轨面高度低于设计高度20mm，接收托架轴线和纵向采用I20工字钢加固并与车站主体结构顶死，以避免盾构机始发时接收托架滑移。

（3）盾构接收作业控制要点

①控制盾构机姿态，避免损坏洞门环，脱离洞门密封前注浆应饱满，避免漏水；

②进站时及时在盾体前部耐磨层处垫4mm厚的钢板进行支撑，防止耐磨层与轨道接触；

③当盾体完全进站后，用型钢将盾体与接收托架焊接，方便整体起升。

（4）盾构机平移调头过程控制要点

①将钢板清理干净，表面涂黄油。

②将基座与盾构机在前中端用20mm厚的钢板及E506焊条焊接固定牢靠。

③使用E506焊条将加工好的20mm厚的钢板焊接在盾体形成支座。前千斤顶支座离切开环700mm处向后起焊3块600mm×570mm、间隔150mm的两端加肋板,顶升板用1块400mm×600mm钢板焊接在弧形板底部。后千斤顶支座从离盾尾3500mm处起向前焊接弧形钢板。

④在钢板上焊工字钢作为千斤顶反力支座,用4台150t千斤顶在基座最佳顶推位置附近按实际需要顶推基座移动。顶推过程中可以在基座和千斤顶之间加设型钢支撑增加千斤顶行程。在顶进一定行程后调整千斤顶反力支座钢板位置,使基座按预定轨迹平移。

⑤在基座旋转中心的角上焊接钢块,用千斤顶作用在基座最佳顶推位置,形成旋转力偶,使基座以固定转轴为旋转中心按预定轨迹旋转。

3.7 盾构机拆解

1）盾构机拆吊施工顺序

盾构机拆吊出井施工流程与吊装下井施工流程基本为逆向过程,具体施工流程如图3-3-107所示。

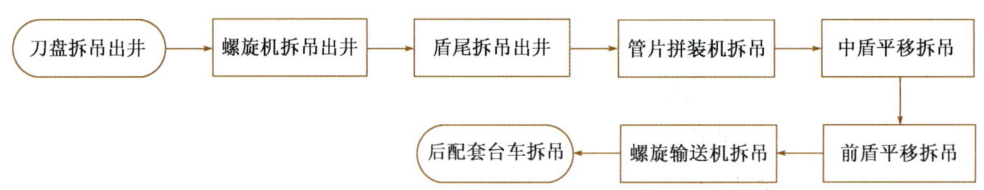

图3-3-107　盾构机拆吊施工流程图

2）盾构机拆吊施工流程

（1）施工准备

①盾构机拆吊前应对拆吊设备进行安全检查,尤其是钢丝绳、吊耳等质量检查;

②拆吊前应做好场地范围内的安全防护,尤其是盾构接收井周边的安全检查,保证吊装环境安全;

③盾体吊耳应确保焊接质量,并进行探伤检查,吊装前应确保盾构机拆除到位。

（2）施工控制要求

本节以直径6.2m标准盾构机拆吊过程为例,对施工控制要求进行说明。

①刀盘拆吊出井

刀盘吊耳焊接完成后检查合格,将2条钢丝绳挂在大钩上,将2个55t卸扣分别系于吊装吊耳上,并开始拆卸刀盘连接螺栓,螺栓拆除完成后吊车起钩带力,再割除并清理定位焊接焊缝,确认已全部拆除后拆吊缓慢起钩,待完全脱离后拆吊起钩将刀盘吊出井面,拆吊通过起钩、回转、变幅、松钩等动作将刀盘吊到空旷场地,在刀盘下方垫上枕木,一边松钩一边回转吊臂,直至刀盘放平,翻身动作与吊装时基本相反。

②螺旋输送机拆卸预存

拆除刀盘后,利用100t液压千斤顶使主机前移至接收基座前端,拆除管片拼装机底部支撑梁,安装平板车轨道并延伸至管片安装机位置。用两个10t的手拉葫芦分别挂住螺旋输送机的前部和中部的吊耳,后部吊耳用地面吊车钢丝绳挂辅助吊放,再用一个10t手拉葫芦水平向后拉住螺旋输送机。

各吊点检查正常后逐一拆卸螺旋输送机前部的法兰固定螺栓及中部销轴,慢慢地拉升水平手拉葫芦将螺旋输送机拉出来,利用手拉葫芦配合吊车、转换吊点将螺旋输送机抽出,下放在平板车支架上。

③盾尾拆吊出井

盾尾用4条钢丝绳挂在主钩上,将卸扣分别连接到已焊接好的4个吊耳上。拆吊慢慢起钩使拆吊受力达到盾尾的重量,检查钢丝绳、卸扣受力和吊耳情况正常后拆吊缓慢起钩,再后移盾尾吊出井,副钩挂钢丝绳在盾尾侧面吊耳,主副钩相互配合完成翻身(翻身与下井时相反),后平放到空旷场地存放或直接放在平板车上运输出场。

④管片拼装机拆吊

在起重机的大钩上挂4条钢丝绳,将卸扣分别连接到管片拼装机吊耳上,待安装人员拆除拼装机与中体的连接螺栓及焊接焊缝后,拆吊缓慢起钩将管片拼装机吊出井面,松钩前须确认安装人员对支承架已焊接完毕。

管片吊出井后进行装车运输出场,放置时必须在平板车上垫方木并支撑牢固,必要时用钢丝绳及调节拉杆拉紧固定,防止运输过程中晃动。

⑤中盾平移拆吊

拆除盾尾后,若直接吊装中盾,则会导致吊装的幅度过大,引起安全隐患,应采用液压千斤顶水平将中盾顶移至洞门附近,使吊装幅度控制在10m以内。

用4条钢丝绳挂在主钩上,将4个55t卸扣分别连接在已焊接好的4个吊耳上。拆吊慢慢起钩使拆吊受力达到中盾的重量,检查钢丝绳、卸扣受力和吊耳情况正常后,拆吊缓慢起钩至吊离接收基座10cm左右开始变幅,逐渐减小吊装半径将中盾吊出井。

待中体吊出井后,在副钩上挂两根钢丝绳与中盾H形梁上的两个翻身吊耳相连,主副钩相互配合完成翻身(翻身与下井时相反),将中盾水平放在空旷场地或直接吊放在垫好方木的平板车上运输出场。

⑥前盾平移拆吊

前盾吊装时同样需用千斤顶将盾体移至拆吊允许幅度10m内。前盾吊装用4条钢丝绳挂在主钩上,将4个55t卸扣分别卡到已焊接好的吊耳上。

拆吊慢慢起钩使拆吊受力达到前体的重量,检查钢丝绳、卸扣受力和吊耳情况正常后,拆吊缓慢起钩,待前体离开钢轨10cm左右时拆吊开始变幅,逐渐缩短吊装半径,吊出井面后,拆吊通过回转、变幅、松钩等动作将前体放置到空旷场地或直接平放在垫好方木的平板车上运输出场。

前盾的翻身与中盾的翻身方法相同(即与下井组装吊装过程相反)。

⑦螺旋输送机吊出

盾体拆吊完后,在接收基座上铺设台车及平板车轨道,将事先预存在平板车支架上的螺旋输送机推入吊装井下,在主、副钩上各挂一根钢丝绳分别连接螺旋输送机前后吊耳,在吊装时螺旋输送机需用主、副钩进行调节,使其与地面成40°左右夹角吊出。吊出后直接平放在垫好方木的平板车上,并用钢丝绳及调节拉杆拉紧固定。

⑧盾构机后配套台车拆吊

在吊装前必须先检查各节台车上的吊耳是否焊接(或栓接)合格。台车的尺寸都比较大,在吊装过程中通过大、小钩配合适当与地面成一定的夹角,在台车的吊出过程中再在台车的中部上2根揽风绳用来防止吊装过程中的摆动过大,使台车平稳地吊出。重点注意在台车吊装前,检查台车上是否有未紧固的工具或物体,防止吊装过程中坠落。

3.8 盾构施工典型问题及应对措施

盾构施工是国内近年流行的机械化施工作业,虽然盾构工法有很多的优点,但也存在一些缺点。如盾构施工中发生错台、管片发生破损等质量问题无法返工,只能进行缺陷修补处理。因此施工过程中的风险管理越来越受到人们的重视,不断探索施工风险预控技术,不但可以提高施工质量水平和企业的技术管理水平,也有利于避免质量安全事故,降低施工成本。风险管理的关键在于发现问题及解决问题的能力,本节针对盾构施工过程中的一般性问题以及特殊地质、特殊环境下的非常规盾构施工难题进行说明。

3.8.1 盾构施工典型问题与处治措施

1)地表沉降

(1)原因分析

盾构隧道施工产生地面沉降的原因主要是开挖面的应力释放、附加应力等引起的地层产生弹塑性变形,主要包括掘进开挖卸载时的掌子面周围土体向隧道内涌入所引起的地面沉降、管片衬砌结构因整体下沉所引起的地面沉降等。

此外,盾构掘进参数设定不到位,如土仓压力过小、同步注浆压力偏小、掘进速度过快等情况,也容易造成地层应力变化引起压缩,产生地表沉降。

(2)预防措施

盾构掘进过程中的主要沉降预防措施包括以下几个方面:

①加强同步注浆及二次注浆管理,结合监测数据及时进行补充注浆;
②控制出土量,避免土方超挖引起的地表沉降;
③长时间停机时,应确保掌子面稳定,及时补充注浆,降低地面沉降;
④做好跟踪补充注浆,预防喷涌现象。

(3)处理措施

地表沉降通常分为刀盘前方沉降、刀盘上方沉降、盾体上方沉降及盾尾后方沉降等。控制地表沉降,可以采取以下措施:

①刀盘前方进行注浆预加固;
②掘进过程中提高土仓土压力值;
③严格控制出土量,防止超挖;
④盾体上方掘进过程中通过预留径向孔注入厚浆、膨润土等填充材料;
⑤加大同步注浆量;
⑥盾尾后方管片开孔进行双液浆等二次补浆。

2)刀盘结泥饼

(1)原因分析

刀盘结泥饼的原因主要包括地质条件、盾构机选型以及施工控制三个方面。地质条件是泥饼形成的基础,盾构机选型是关键因素,施工控制是人为因素。

(2)预防措施

①根据地质条件增大刀盘中心开口率和开口大小;

②选用合理的渣土改良剂,确保渣土改良效果;

③设定合理的掘进参数,宜采用空仓掘进模式作业或辅助气压欠土压平衡模式作业,必须采用土压平衡模式作业时,土仓压力不宜偏高;

④及时监测并有效降低渣土温度,当温度较高时,及时采取加水、加泡沫等降温措施,或者停机降温。

(3)处理措施

刀盘结泥饼问题通常采取掘进中处理和停机处理两种方式,具体可采用以下措施进行处理:

①掘进过程中加大泡沫剂等用量进行渣土改良;

②渣土改良使用材料中添加分散剂等化泥材料,有效进行泥饼分化;

③停机时向土仓注入分散剂进行长时间浸泡;

④停机开仓进行人工清理(效果最佳)。

3)管片上浮

(1)原因分析

管片上浮的主要原因是脱出盾尾的管片周围处于无约束的地下水包围状态,故隧道容易受水浮力的影响而上浮(防水性能不好的隧道则会下沉)。

实际掘进中,偶尔会由于盾尾间隙过小,造成管片在脱出过程中发生错动,该情况也会让现场人员误以为是管片上浮。

总体来说,管片上浮情况应结合一定环数的管片拼装情况具体分析。

预防措施:

①掘进过程中,在盾尾后方3~5环区域开孔,二次注双液浆或者水玻璃,加速管片壁后浆液的凝固,控制管片上浮;

②在地下水丰富区域,每3~5环开孔进行放水泄压,然后用双液浆进行填充加固;

③掘进时将盾构机姿态下调3~5cm,以缓解管片最终上浮值;

④采用不均匀注浆模式,增大上部注浆量,减小下部注浆量。

治理措施:

①调整盾构推进液压缸行程,减小管片上浮量;

②选择合适的注浆浆液及方法,确保盾构空隙注入的浆液初凝时间可控,具有一定的早期强度;

③控制好盾构机姿态,合理纠偏。

4)姿态偏离

(1)原因分析

姿态偏离通常出现在不均匀复合地层或软土地层中,由于地层强度不均或者软土地层持力性差等原因,导致掘进姿态向强度较低的上部地层偏移或者向下"栽头"偏移。

(2)预防措施

①正确设定平衡压力,使盾构的出土量与理论值接近,减少超挖或欠挖现象,控制好盾构机姿态;

②盾构施工过程中经常校正、复测及复合测量基站;

③发现盾构机姿态出现偏差时应及时纠偏,使盾构正确地沿着隧道设计轴线前进;

④盾构处于不均匀土层中时,适当控制推进速度,多用刀盘切削土体,减少推进时的不均匀阻力。也可以采用向开挖面注入泡沫或膨润土的方法改善土体,使盾构推进更顺利;

⑤当盾构在极其软弱的土层中施工时,应掌握推进速度与进土量的关系,控制正面土体的流失;

⑥拼装拱底块管片前应对盾壳底部的垃圾进行清理,防止杂质夹杂在管片间,影响隧道轴线;

⑦在施工中保质保量做好注浆工作,保证浆液的搅拌质量和注入量。

(3)治理措施

①提前分析地层,预判姿态偏离的方向,进行反向控制掘进;

②合理有效使用铰接进行纠偏;

③合理调整液压缸压力;

④提前向纠偏方向进行管片选型,促进盾构机纠偏;

⑤调整刀盘转速、土压等掘进参数,使其满足纠偏要求。

5)盾构喷涌

(1)原因分析

盾构喷涌易发生在地下水丰富的地段,常见的盾构喷涌情况包括盾尾喷涌以及出土口喷涌,产生的主要原因是盾尾刷密封不严、渣土改良不到位等。

(2)预防措施

①加强超前地质预报,提前对不良地质进行加固;

②做好渣土改良工作,结合有效的处理措施,保证掌子面稳定;

③注意盾构间隙测量工作,做好盾尾刷密封管理,当需要更换盾构刷时应及时停机更换。

(3)处理措施

①分析地层,通过盾体径向孔、管片吊装孔进行开孔检查,判别水源;

②刀盘前方水源可通过增设降水井等措施进行提前降水处理;

③盾尾后方水源可通过停机做止水环等措施进行处理;

④掘进过程中发生喷涌后应提高土压掘进1~2环,通过高土压将水源排出土仓,以保障出土的流畅性;

⑤停机时应保持高土压或者采用气压模式,排出土仓水源;

⑥渣土改良加入聚合物等物质,改善土体流动性。

6)管片错台

(1)原因分析

管片错台主要表现为相邻环间错台及环内错台。管片出现错台的主要原因包括管片拼装质量不符合要求、地质条件影响、盾构机姿态问题等。

(2)预防措施

①盾构机姿态控制合理,出现纠偏时应缓纠,避免过大油压差造成环间错台;

②盾构纠偏时应有效利用铰接装置,避免过大油压差造成环间错台;

③管片选型应以液压缸行程差为主,避免间隙过小造成错台;

④应保持管片轴线走势与隧道轴线和盾构轴线的合理夹角关系,避免夹角过大,液压缸切向力造成错台;

⑤勤测管片收敛度,预防椭变;

⑥阶段性检查盾体自身圆度。

（3）治理措施

出现管片错台情况后，应立即对管片错台进行登记处理，在后续施工中进行纠偏回调。若错台过大，则可考虑采取一定的措施进行管片修补。

7）管片破损

（1）原因分析

管片破损的原因包括自身强度不够受挤压破损、运输过程碰撞破损以及受液压缸不均匀切向力挤压破损等。管片破损的主要原因如下：

①线段管片选型不当；

②管片上浮引起的管片错台挤压；

③管片拼装喇叭口，加砂环面不齐导致的拼装问题。

（2）主要预防措施

①做好管片选型工作，避免过大错台；

②盾构机姿态偏离时应缓慢纠偏，管片选型要切合盾构机走势；

③拼装时每一块管片的6个自由度应调整到位，保证环面平整，避免交叉缝、喇叭缝等问题；

④勤测管片收敛度，预防椭变；

⑤液压缸推力应尽量均匀分布，避免产生过大的切向力；

⑥坚持管片出厂验收，避免强度不够等问题。

（3）破损处理措施

区间管片出现破损后，应对破损情况进行检查并统计需进行破损修补的管片环号信息，根据破损程度不同，制订相应的破损修补措施。管片破损处理措施可参见表3-3-41。

管片破损处理措施　　　　　　　　　　　　　表3-3-41

项　目	管片情况	处　理　措　施
表面破损、缺角	钢筋无外露	（1）凿掉破损处不密实的混凝土和凸出的骨料颗粒，用钢丝刷把管片上的破损处清理干净，并用清水冲洗。 （2）待破损表面干燥后再用砂浆进行修补，修补后进行抹平、修边。在破损深度及面积均较大时，可在修补处设置靠模。 （3）待修补砂浆干硬后，用打磨机磨平表面，由有经验的修补人员进行调色抹平，保持修补处的颜色与管片原表面颜色一致
顶部破损 （最大破损处长度≥200mm，深度≥20mm）	钢筋外露	（1）凿除破损处管片，清洗凿除面； （2）修补破损内层，施加铁丝网补强，并涂抹高渗透改性环氧化学灌浆材料界面剂。铁丝网采用铁栓绑扎，利用不锈钢膨胀螺栓固定于破损处，再用混凝土修补砂浆进行逐层修补，修补后抹平、修边。在破损深度及面积均较大时，可在修补处设置靠模； （3）待修补砂浆干硬后，用打磨机磨平表面，由有经验的修补人员进行调色抹平，保持修补处的颜色与管片原表面颜色一致
顶部破损 （最大破损处长度≤200mm，深度≥20mm）	钢筋无外露	（1）凿掉破损处不密实的混凝土和凸出骨料颗粒，用钢丝刷把管片上的破损处清理干净，并用清水冲洗； （2）待破损表面干燥后再用混凝土修补砂浆进行修补、抹平、修边； （3）待修补砂浆干硬后，用打磨机磨平表面，由有经验的修补人员进行调色抹平，保持修补处的颜色与管片原表面颜色一致

续上表

项　　目	管片情况	处 理 措 施
两侧和底部破损	钢筋无外露	（1）凿掉破损处不密实的混凝土和凸出骨料颗粒，用钢丝刷把管片上的破损处清理干净，并用清水冲洗； （2）待破损表面干燥并涂刷界面剂后，再用混凝土修补砂浆进行修补，修补后进行抹平、修边。在破损深度及面积均较大时，可在修补处设置靠模； （3）待修补砂浆干硬后，用打磨机磨平表面，由有经验的修补人员进行调色抹平，保持修补处的颜色与管片原表面颜色一致

8）区间渗漏水

（1）原因分析

渗漏水问题易发生在地下水丰富的地段，由于管片拼装不合格、管片破损、管片错台等原因产生管片渗漏水。

（2）预防措施

①严格把关防水材料粘贴质量，形成良好的下井验收制度；

②定期检查防水材料质量，避免货品不达标；

③水平、垂直运输时应保障止水条的完好性；

④拼装前应彻底清洗止水条，防止污泥等杂物夹杂破坏防水效果；

⑤拼装时应把管片停在合理的位置进行平整度的调整，避免贴死调整挫伤止水条；

⑥拼装前应保证止水条粘贴区域混凝土面良好无损，如有破损应用堵漏王或盾尾油脂进行临时修复填充。

（3）治理措施

根据规范要求，盾构法隧道防水等级为二级，即结构不允许漏水，结构表面有少量湿渍，总湿渍面积不应大于防水面积的2/1000，任意100m^2防水面积上湿渍不超过3处，单个湿渍的最大面积不大于0.2m^2；任意100m^2防水面积上的渗水量不大于0.15L/（m·d）。区间渗漏水治理的主要技术措施见表3-3-42。

盾构法隧道接缝渗漏治理的技术措施　　　　表3-3-42

技术措施	渗漏部位				材　　料
	管片环、纵接缝及螺栓孔	隧道进出洞口处	隧道与联络通道交接部位	道床以下管片接头部位	
注浆止水	●	●	●	●	聚氨酯灌浆材料、环氧树脂灌浆材料等
壁后注浆	○	○	○	●	超细水泥灌浆材料、水泥、水玻璃灌浆材料、聚氨酯灌浆材料
快速封堵	○	×	×	×	速凝型聚合砂浆或速凝型无机防水堵漏材料
嵌填密封	○	○	○	×	聚硫密封胶、聚氨酯密封胶等合成高分子密封材料

注：●表示宜选择，○表示可选择，×表示不宜选择。

9）刀具磨损

（1）原因分析

刀具磨损主要发生在砂层、砂卵石层、上软下硬岩层、孤石地层以及全断面岩层等地质条件下,磨损的主要原因是切削一定强度的土体后造成刀具自然磨损,在软弱地层或盾构中结"泥饼"也会使滚刀发生偏磨。

（2）预防措施

①做好渣土改良,确保刀具充分润滑;

②根据地质条件合理配置刀盘刀具,做好刀盘设计;

③合理控制掘进参数,尤其需做好对推进速度、刀盘转速等参数的控制。

（3）治理措施

刀具磨损的治理措施可分为临时停机检修、常压开仓换刀以及带压开仓换刀三种治理方式,开仓换刀施工具体内容可参见本章5.4节。

10）排浆弯管磨损

（1）原因分析

在含一定比例的砾石的地层中掘进时,排浆管特别是弯管处在惯性力作用下承受不规则砾石切线冲击,造成磨损加剧,频繁停工换管,既耽误掘进时间,又大大增加了掘进成本。

（2）预防措施

在前期设计联络时,有针对性地采取一定的预防措施,为应对复杂砾石冲击做好储备。

①采用常规做法:加厚、堆焊耐磨材料、提高材质等级等。

②采用表面处理:高温气体渗碳、喷涂、涂珐琅等。

③尝试先进技术:等离子、激光熔敷、双层管技术等。

④加强过程中的弯管厚度定期检测。

（3）处理措施

排浆弯管一旦磨透,只能采取被动性焊补或更换,如在弯头破损处加焊补丁以临时应对。

11）土压平衡盾构机正面阻力过大

（1）原因分析

①盾构刀盘的进土开口率偏小,进土不畅通;

②盾构正面地层土质发生变化;

③盾构正面遭遇较大块的障碍物;

④推进千斤顶内泄漏,达不到其本身的最高额定油压;

⑤正面平衡压力设定过大;

⑥刀盘磨损严重。

（2）预防措施

①合理设计土孔的尺寸,保证出土畅通;

②隧道轴线设计前应对盾构穿越沿线进行详细的地质勘察,摸清沿线影响盾构推进障碍物的具体位置、深度;

③详细了解盾构推进断面内的土质状况,以便及时调整土压设定值、推进速度等施工参数;

④经常检修刀盘和推进千斤顶,确保其运行良好;
⑤合理设定平衡压力,加强施工动态管理,及时调整平衡压力值。

(3)治理措施

①采取辅助技术,尽量采取在工作面内进行推进障碍物清理,在条件许可的情况下,也可采取大开挖施工法清理正面障碍物;
②增加千斤顶,提高盾构总推力。

12)土压平衡盾构机正面压力过量波动

(1)原因分析

①推进速度与螺旋输送机的旋转速度不匹配;
②当盾构在砂土层中施工时,螺旋输送机摩擦力大或形成土塞而被堵住,出土不畅,使开挖面平衡压力急剧上升;
③盾构后退,使开挖面平衡压力下降;
④土压平衡控制系统出现故障,造成实际土压力与设定土压力的偏差。

(2)预防措施

①正确设定盾构推进的施工参数,使推进速度与螺旋输送机的出土能力相匹配。
②当土体强度高,螺旋输送机排土不畅时,在螺旋输送机或土仓中适量地加注水或泡沫等润滑剂,提高出土的效率。当土体很软,排土很快影响正面压力的建立时,适当关小螺旋输送机的闸门,保证平衡土压力的建立。
③管片拼装作业,要正确伸缩千斤顶,严格控制油压和伸出千斤顶的数量,确保拼装时盾构不后退。
④正确设定平衡土压力值以及控制系统的参数。
⑤加强设备维修保养,保证设备完好率,确保千斤顶没有内泄漏现象。

(3)治理措施

①向切削面注入泡沫、水、膨润土等物质,改善切削进入土仓内的土体的性能,提高螺旋输送机的排土能力,稳定正面土压力;
②维修好设备,减少液压系统的泄漏;
③重新设定控制系统的参数,调整后应满足使用要求。

13)土压平衡盾构机螺旋输送机出土不畅

(1)原因分析

①盾构开挖面平衡压力过低,无法在螺旋输送机内形成足够压力,螺旋输送机不能正常进土,也不能出土;
②螺旋输送机螺杆安装与壳体不同心,运转过程中壳体磨损,使叶片与壳体间隙增大,出土效率低;
③盾构在砂性土及强度较高的黏性土中推进时,土与螺旋输送机壳体间的摩擦力大,螺旋输送机的旋转阻力加大,电动机无法转动;
④大块的漂砾进入螺旋输送机,卡住螺杆;
⑤螺旋输送机驱动电动机,因为长时间高负荷工作导致过热或油压过高而停止工作。

(2)预防措施

①螺旋输送机打滑时,提高盾构开挖面平衡压力的设定值及盾构的推进速度,使螺旋输送机正常进土;

②螺旋输送机安装时要注意精度,运作过程中加强对轴承的润滑;

③降低推进速度,使单位时间内螺旋输送机的进土量及螺旋输送机的电动机的负荷降低;

④在螺旋输送机中加注水、泥浆或泡沫等润滑剂,使土与螺旋输送机外壳的摩擦力降低,减少电动机的负荷。

(3)治理措施

①打开螺旋输送机的盖板,清理螺旋输送机被堵塞的部位;

②更换磨损的螺旋输送机螺杆。

3.8.2 典型地质盾构施工控制要点

盾构施工中,常见的不良地质包括砂层、泥岩、全断面岩层、淤泥层、砂卵石层、上软下硬地层、孤石地层以及瓦斯地层等,下面针对各类不良地层的主要难点、控制要点进行具体分析,并结合项目实例,对主要参数进行说明。

1)砂层盾构施工控制

(1)施工重难点分析

砂层盾构施工重难点分析见表3-3-43。

砂层盾构施工重难点分析　　　　表3-3-43

序号	主要难点	难点说明
1	覆土易失稳	该地层粒径不均匀,易发生喷涌现象,小颗粒粉砂极易流失,盾构掘进时易发生水土流失与螺旋输送机喷涌,造成地层流失,引起地面大幅沉降变形
2	螺旋输送机闸门处易喷涌	砂层在受到扰动后易产生渗水现象。当渣土与大量地下水混合成流体状后进入土仓,随着仓内压力的增大,容易形成喷涌现象
3	密封考验大	盾构穿越砂层,砂层具有含水量大、水压大的特点,对密封系统存有较大考验。密封包括两个方面,一是盾构机设备本身的密封,二是成型隧道管片壁后与周围土体之间的密封。 盾构机设备本身密封主要包括盾尾密封、铰接密封、主轴承密封,密封一旦失效,将引发一系列问题,如同步注浆不饱满可使地层变形、喷水、涌砂等,届时盾构将无法正常掘进,并且在河底,将无法对密封系统进行修复。 管片与周围土体之间如果存在空隙,若地表水与该空隙一旦存在水力联系,将导致在高水头压力下,地下水击穿洞门密封装置。另外,地下水还将稀释同步注浆砂浆,导致浆液凝固缓慢,不能及时支撑土体,导致地层变形
4	盾构管片易上浮	砂层含水率高,地下水浮力水平方向分力作用明显,更容易产生对盾构管片的浮托作用

(2)施工控制要点

砂层盾构施工控制要点见表3-3-44。

砂层盾构施工控制要点　　　　表3-3-44

序号	控制要点	主要措施
1	保证覆土稳定	(1)控制土压稳定性; (2)控制好同步注浆量与注浆压力

续上表

序号	控 制 要 点	主 要 措 施
2	防止螺旋输送机喷涌	（1）关闭出土闸门，关掉螺旋输送机，在顶部土压不超限的情况下继续往前掘进，使土仓基本满土后（此时刀盘油压较高，扭矩较大）停止。然后，稍开出土闸门，不启动螺旋输送机，让土压把砂土挤出，待砂土挤出速度较慢甚至不自动流出时再启动刀盘往前掘进。 （2）关闭出土闸门，螺旋输送机正转转速调至2.0r/min左右，继续往前掘进，到顶部土压达2.8bar时停止，待土压降低到2.0bar以下时再按前面方法掘进，到刀盘扭矩较大（约3200kN·m）时，关闭刀盘及螺旋输送机，稍开出土闸门，让土压把砂土挤出，待砂土挤出速度较慢甚至不自动流出时再启动刀盘往前掘进
3	防止盾尾刷漏浆	（1）保证盾尾刷和手涂油脂质量； （2）控制盾构机姿态
4	防止管片上浮	见本章4.1节

（3）施工实例

①工程概况

某工程盾构区间隧道主要穿越中砂层，局部穿越细砂及粉质黏土，中粗砂为强透水，潜水含水层厚度大于50m。

②刀盘、刀具配置

本工程使用的盾构机为罗宾斯EPB340，刀盘开口率约为43%，刀盘边缘过渡区、刀盘进渣口、刀盘背部以及刀盘支腿边角过渡区加焊致密耐磨网格，提高刀盘整体耐磨性能。

刀盘上配置有62把刮刀、37把贝壳刀、12把圆周保护刀以及超挖刀。

③主要掘进参数

本工程盾构机过砂层主要掘进参数见表3-3-45。

某工程盾构机过砂层主要掘进参数　　　　表3-3-45

序号	项　　目	参　　数
1	刀盘转速	1.5~1.8r/min
2	刀盘扭矩	≤5000kN·m
3	推力	19000~23000kN
4	推进速度	30~40mm/min

④施工问题及解决方法

施工问题：

a. 全断面砂层：刀盘扭矩大，推力大，偶尔突发卡刀盘；刀盘、刀具和螺旋输送机磨损严重。

b. 掘进时推力大，姿态不好调整，容易造成管片错台和破损。

解决方法：

a. 推进时通过刀盘前方4个泡沫孔和土仓2路膨润土注入孔注入泡沫及膨润土，同时改善刀盘前方及土仓内的渣土和易性，减少刀具和螺旋输送机磨损。

b. 保证掘进的连续性，由于本项目地层自稳性较好，掘进时可采取欠压模式减小推力。

渣土改良采用优质钠基膨润土，掘进过程中径向注入膨润土，减小推力，提高掘进速度，从而控制好掘进姿态，调整间隙，减少管片错台和破损。

2)泥岩地层盾构施工控制

(1)施工重难点分析

泥岩地层盾构施工重难点分析见表3-3-46。

泥岩地层盾构施工重难点 表3-3-46

序号	主要难点	难点说明
1	管片上浮	泥岩地层由于自稳能力强,完整性好,能很好地控制自身沉降。但同步注浆凝结时间长,不能及时束缚管片,且下坡掘进时对管片产生一个向上的分力,易造成管片上浮
2	刀盘结泥饼	盾构机在泥岩地层长距离掘进易出现结泥饼现象,造成推力、扭矩增大甚至发生推不动的情况,地层扰动较大,对控制沉降不利
3	螺旋输送机喷涌	泥岩地层含水量较大,具有承压型含水层,盾构掘进过程中极易发生螺旋输送机喷涌现象,影响盾构掘进
4	地层沉降	泥岩地层同步注浆质量控制要求较高,如果同步注浆不饱满,可能导致上覆地层沉降变形较大,引发安全问题

(2)施工控制要点

泥岩地层盾构施工控制要点见表3-3-47。

泥岩地层盾构施工控制要点 表3-3-47

序号	控制要点	主要措施
1	防止管片上浮	(1)做好二次双液注浆和同步注浆; (2)控制好盾构机姿态,做到"勤纠少纠"; (3)控制好掘进速度; (4)合理控制盾构机掘进高程; (5)严格控制出土量; (6)加强管片姿态测量力度; (7)加强螺杆复紧力度
2	防止刀盘结泥饼	(1)选择合理的刀盘和刀具; (2)针对地层特性对系统优化改良; (3)根据渣土改良试验,选取合理的改良材料和参数; (4)采用气压辅助模式掘进,及时分析渣土状况及温度等参数
3	渣土改良	泥岩地层一定要注意渣土改良的控制,在该地层中,应进行弱透水性改良。通过降低渣土中的水的含量,减少螺旋输送机喷涌的风险,保证盾构出土顺畅;同时,适当增加分散型泡沫剂
4	注浆质量控制	调整同步注浆及二次补充注浆的浆液配合比,保证同步注浆能快速稳定盾体与开挖面之间的间隙,降低地层损失。同时,适当增加洞内的二次补充注浆频率,保证浆液质量及加固效果

(3)施工实例

①工程概况

某工程盾构隧道顶部覆土埋深为5.2~19.5m,盾构穿越地层为粉砂质泥岩⑦$_{1-1}$、粉砂质泥岩⑦$_{1-2}$、粉砂质泥岩⑦$_{1-3}$、泥质粉砂岩⑦$_{2-2}$、泥质粉砂岩⑦$_{2-3}$、炭质泥岩⑦$_4$。

②刀盘、刀具配置

本工程采用海瑞克S810盾构机进行区间隧道施工,刀盘开挖直径为6280mm,中心部位采用整体铸钢铸造。刀盘设计有1个中心大开口、8个主要的连续大开口以及2个辅助小开口,面板上共有6个泡沫主入口,同时兼做膨润土和泥浆注入口。

刀具配置有中心可更换撕裂刀4把、正面可更换撕裂刀20把、边缘18寸滚刀11把、边缘超挖滚刀1把、正面切刀52把、边缘刮刀三组合4组(左、右各2组)、边缘刮刀四组合4组(左、右各2组),边缘保护刀1把。

③主要掘进参数

本工程盾构机过泥岩地层主要掘进参数见表3-3-48。

某工程盾构机过泥岩地层主要掘进参数　　　　表3-3-48

序号	项目	参数	序号	项目	参数
1	刀盘转速	1.0~1.5r/min	3	推力	7000~12000kN
2	刀盘扭矩	≤3500kN·m	4	推进速度	40~50mm/min

④施工问题及解决方法

施工问题:

本工程主要穿越地层为泥岩地层,在该类地层中掘进时极易产生大体积的泥饼,有些泥饼抗压强度甚至高达5MPa以上,严重影响盾构掘进施工。

解决方法:

a. 使用分散剂作为渣土改良的主要材料,保证渣土改良效果。

b. 积极研究设备改造调整,确保出渣效果,可采取以下措施:改造螺旋输送机出土口,拆除螺旋输送机上闸门;在螺旋输送机上闸口处设置高压气管,掘进时打开气管,增加螺旋输送机排土动力;通过结合掘进参数变化情况合理调整渣土改良时的加水量,确保渣土流动性。

3)淤泥地层盾构施工控制

(1)施工重难点分析

淤泥地层盾构施工重难点分析见表3-3-49。

淤泥地层盾构施工重难点分析　　　　表3-3-49

序号	主要难点	难点说明
1	盾构机姿态不易控制	在淤泥地层中掘进,极易发生盾构机上浮现象,导致盾构机掘进姿态偏离,需要不断地进行盾构纠偏工作
2	地表沉降反应快	淤泥地层压缩系数大,受到扰动后,极易沉降造成地表塌陷
3	成型隧道线形控制困难	盾构机姿态上浮造成的连锁反应就是管片线形也随之上浮,导致成型的隧道偏离设计线形
4	工后沉降大	淤泥质地层受盾构掘进影响,后期沉降持续变大

(2)施工控制要点

淤泥地层盾构施工控制要点见表3-3-50。

淤泥地层盾构施工控制要点　　　　表3-3-50

序号	控制要点	主要措施
1	姿态控制	有效控制掘进推力,盾构机姿态与设计轴线出现较小偏差时及时调整,防止出现较大偏差
2	地层损失率控制	(1)通过试验段掘进检验理论土压和实际土压的偏差,掘进过程中保持稳定的土压; (2)严格控制同步注浆量和同步注浆压力; (3)控制出土量,严禁超挖; (4)根据地面监测数据实时调整掘进参数

续上表

序号	控制要点	主 要 措 施
3	轴线控制	加强管片姿态复测,准确掌握管片姿态与设计轴线的关系,及时做出调整
4	注浆控制	(1)在盾构掘进过程中通过控制土压与同步注浆注入量、注浆压力,确保地面隆起5~6mm; (2)后续地面监测点沉降较大的位置,进行二次注浆加固

(3)施工实例

①工程概况

某工程区间穿越的主要地层为淤泥质粉质黏土夹粉土④$_2$、淤泥质粉质黏土④$_3$、淤泥质黏土⑥$_1$。④、⑥层土为淤泥质黏土,具有高含水量、高压缩性、低强度、弱透水性、中~高灵敏度,易产生蠕变和触变现象。

②刀盘、刀具配置

本工程采用海瑞克S853盾构机进行区间隧道施工,刀盘设计为辐条式,开口尽量靠近刀盘的中心位置,以利于中心部位渣土流动。

刀具配置有中心鱼尾刀6把、刮刀98把、先行撕裂刀44把、边缘保护刀5把、边缘铲刀12把、超挖刀1把。

③主要掘进参数

本工程盾构机过淤泥地层主要掘进参数见表3-3-51。

某工程盾构机过淤泥地层主要掘进参数 表3-3-51

序号	项目	参数	序号	项目	参数
1	土仓压力	0.10~0.21MPa	3	推力	8000~12000kN
2	刀盘转速	0.8~1.0r/min	4	推进速度	40~50mm/min

④施工问题及解决方法

施工问题:

a.地层含水率大,隧道成型后管片易上浮;

b.盾构机前体增加配重,增大了盾构机的自身重量;

c.地层软弱,姿态控制困难。

解决方法:

a.盾构机自重小,盾体易上浮;

b.保证注浆量,及时填充盾构施工空隙,必要时二次注双液浆;

c.设置水平姿态预警值,及时调整,正常掘进段以较大的向下趋势推进,保持姿态稳定。

4)全断面硬岩地层盾构施工控制

(1)施工重难点分析

全断面硬岩地层盾构施工重难点分析见表3-3-52。

全断面硬岩地层盾构施工重难点分析 表3-3-52

序号	主要难点	难 点 说 明
1	盾构机掘进姿态控制难度大	盾构机在全断面硬岩中掘进时,姿态控制难度极大,尤其是遇到曲线段掘进时,由于围岩强度高,加上刀具磨损严重,开挖面缩小,容易发生掘进姿态偏差超限的问题,严重时,会出现中线偏移等不利后果

续上表

序号	主要难点	难点说明
2	出渣困难	当盾构机在中风化岩层中掘进时,由于岩层有裂隙,在滚刀的作用下岩体会变成大小不一的块状体,如果块状体过大,则会造成螺旋输送机被卡,导致出渣困难
3	刀具磨损大,存在多次开仓换刀风险	由于全断面硬岩土体强度较高,在盾构掘进过程中极易出现刀具磨损较大、刀具偏磨严重及刀盘磨损较大等情况,一旦出现刀具磨损严重的情况,就需要进行开仓换刀
4	盾壳被卡	由于硬岩掘进刀具磨损较快,当边缘刀磨损量过大时,易造成开挖面减小,在盾构机掘进过程中很容易造成盾构机卡壳,导致掘进速度缓慢,尤其是在曲线段掘进时,姿态不容易控制,严重时会导致管片开裂等后果

(2)施工控制要点

全断面硬岩地层盾构施工控制要点见表3-3-53。

全断面硬岩地层盾构施工控制要点　　　　　表3-3-53

序号	控制要点	主要措施
1	渣土改良	硬岩段渣土改良剂主要是泡沫、膨润土
2	防止螺旋输送机叶片磨损	(1)通过渣土改良来减小螺旋输送机叶片与石渣的磨损; (2)掘进过程中适当往土仓加气来加快出土过程; (3)掘进过程中尽量减小螺旋输送机转速,发现异常及时停机检查
3	加强注浆	(1)改良砂浆流塑性,通过反复试配找到最合适的配合比; (2)加大注浆量,切不可无浆掘进; (3)加强二次注浆,同时二次注浆压力要控制在0.5MPa以下,防止压力过大造成管片错台破损
4	姿态控制	(1)硬岩段要加强姿态复测,加快搬站频率; (2)一旦发生姿态偏移,不可急纠,急纠会导致卡盾体和盾尾现象

(3)施工实例

①工程概况

某工程区间隧道顶部埋深为10～17m,盾构掘进范围地层为残积砂质黏性土⑪$_1$、全风化花岗岩⑰$_1$、散体状强风化花岗岩⑰$_2$、碎裂状强风化花岗岩⑰$_3$、中风化辉绿岩⑲$_3$及提前微动爆破处理的中风化花岗岩⑰$_4$和微风化花岗岩⑰$_5$,总体均匀性较差。

②刀盘、刀具配置

本工程采用中铁装备458盾构机进行区间隧道施工,刀盘开口率为35%,刀盘为复合刀盘。

刀具配置有中心双联滚刀6把、单刃滚刀35把、刮刀43把、超挖刀1把、仿形刀1把。复合刀盘的设计完全满足该区间盾构施工要求。

③掘进参数

本工程盾构机过全断面硬岩地层主要掘进参数见表3-3-54。

某工程盾构机过全断面硬岩地层主要掘进参数　　　　　表3-3-54

序号	项目	参数	序号	项目	参数
1	刀盘扭矩	≤3500kN·m	3	推力	10000～18000kN
2	刀盘转速	1.6～1.8r/min	4	推进速度	10～20mm/min

④施工问题及解决方法

施工问题:全断面岩层掘进盾构设备老化、高载荷情况下易发生故障,岩层强度较高刀具容易损坏。

解决方法:盾构掘进时,先打泡沫润滑掌子面,再空转几圈刀盘使掌子面轨迹均匀,待扭矩稳定后,再缓慢增加推力进行掘进,避免保护刀具在启动时发生磕碰现象导致刀具损坏。

掘进过程中安排专人在盾尾后方跟踪刀盘,注意前方是否有异响,借以判断刀具情况,及时上报并尽快组织刀具更换,避免因刀具损坏而伤及刀盘。

5)砂卵石地层盾构施工控制

(1)施工重难点分析

砂卵石地层盾构施工重难点分析见表3-3-55。

砂卵石地层盾构施工重难点分析　　　　表3-3-55

序号	主要难点	难点说明
1	地表坍塌	砂卵石地层颗粒之间的孔隙大,几乎没有黏聚力,地层反应灵敏且成拱性差,开挖面不稳定,容易产生坍塌
2	出渣困难	砂卵石颗粒的流塑性极差,土仓内土压力控制难度高,造成土仓内外压力平衡不易控制,土渣向外排出也较困难
3	掘进参数控制难度大	砂卵石地层切削机理不明确,盾构推力与刀盘扭矩难以确定
4	刀盘、刀具磨损	刀盘在砂、卵石地层中极易磨损,特别是辐条式刀盘外周环的前面、外周表面和后面最易磨损
5	刀盘卡死	在卵石地层中掘进,由于卵石粒径不一,可能导致卵石在土仓中堆积,进而引发刀盘卡死

(2)施工控制要点

砂卵石地层盾构施工控制要点见表3-3-56。

砂卵石地层盾构施工控制要点　　　　表3-3-56

序号	控制要点	主要措施
1	掘进参数控制	(1)适当提高掘进土仓压力(土仓压力设定为理论值的1.0~1.2倍)以防止涌砂突水,并在掘进中不断调整优化。 (2)土仓压力通过采取设定掘进速度,调整排土量或设定排土量,调整掘进速度两种方法建立,并应维持切削土量与排土量的平衡,以使土仓内的压力稳定平衡。 (3)盾构机的掘进速度主要通过调整盾构推进力、转速(扭矩)来控制,排土量则主要通过调整螺旋输送机的转速来调节。在实际掘进施工中,应根据地质条件、排出的渣土状态,以及盾构机的各项工作状态参数等动态地调整优化。 (4)推进速度控制在30~50mm/min,并根据监测结果和排土情况调整。螺旋输送机转速根据设定的土压力与推进速度匹配
2	刀具配置	(1)刀盘耐磨性的提高一般是采用在刀盘面板堆焊格栅状特殊耐磨材料的工艺措施,在刀盘面板外周、刀盘边缘侧板等处焊接格栅状耐磨条,增加加强钢板,增强刀盘外周及相关部位的强度和硬度,提高其耐磨性; (2)刀具的刀刃上应使用硬度大、抗剪性好的超硬钢材,特别是在切削砂卵石地层时,可沿刀具表面实施硬化堆焊,提高刀具自身的耐磨性
3	渣土改良	掘进时应采取渣土改良措施增加渣土的流动性和止水性,密切观察螺旋输送器的土塞和出土情况,以调整添加剂的掺量

(3)施工实例

①工程概况

某工程区间穿越的主要地层为卵石土②$_{6-4}$、③$_{6-4}$,局部夹杂细砂②$_{4-2}$及细砂③$_4$。

②刀具配置

刀具配置有4把17in中心双联滚刀、22把17in单刃滚刀、10把17.6in双刃滚刀、28把刮刀、8把边刮刀、20把导流刀。这样的刀具配置能够保证掘进500m以内不换刀。

③主要掘进参数

本工程盾构机过富水砂卵石地层主要掘进参数见表3-3-57。

某工程盾构机过富水砂卵石地层主要掘进参数　　　　表3-3-57

序号	项　　目	参　　数
1	土仓压力	1~2bar
2	刀盘转速	1.0~1.5r/min
3	推力	900~1200kN
4	推进速度	30~50mm/min

④施工问题及解决方法

施工问题：

a. 渣土改良不好时刀盘扭矩大，推进速度缓慢，易卡刀盘，导致刀盘、刀具和螺旋输送机磨损严重；

b. 地表沉降大、坍塌频繁。

解决方法：

a. 渣土过稀容易出现喷涌，螺旋输送机无法正常转动，导致卵石在土仓堆积，刀盘扭矩也会随之增大，甚至卡死刀盘。

螺旋输送机扭矩直接受渣土改良效果的影响，所以盾构机保持合适的土压平稳掘进时，这两个参数要特别注意，并及时做出预判和调整。

良好的泡沫效果对砂卵石地层中盾构的掘进至关重要，在施工时，通过刀盘前方8个泡沫孔和土仓2个搅拌棒孔向刀盘前方和土仓注入泡沫，同时改善刀盘前方及土仓内渣土的和易性，减小地层及土仓内渣土的摩擦力，减少盾构机刀盘和螺旋输送机的磨损。

b. 地表在盾构机盾尾通过后沉降比较明显，在推进过程中一般在盾尾第4环顶部开孔注入双液浆，加快同步浆液初凝时间，同时对土层空隙进行填充；对于单点沉降较大的情况，二次注浆可针对性地注入双液浆，直至地表稳定；对于有超方的情况，可在超方位置脱出盾尾后补注同步浆液填充，在这期间二次双液注浆可同时注入加快浆液凝固；地面及时打设探孔，出现超方情况待脱出盾尾后立即注浆填充，若发现空洞，及时填充砂浆，防止二次坍塌。

6）上软下硬地层盾构施工控制

（1）地层判定标准

针对隧道穿越地层来说，上软下硬地层的含义是，在隧道掘进断面范围内，同时存在底部高强度岩层和上部软弱地层。其中高强度岩层常见表现形式为强、中、微风化的岩石，泥岩，密实砂岩，喀斯特地层以及黏性钙质结合层等；软弱地层常见表现形式为松散的卵石层、粗砂砾层、中细砂砾层、粉细砂层、粗砂层、中砂层、细砂层、粉土层、淤泥质黏土、淤泥以及黏土层等。总体来说，若详细勘察报告中揭示该区段地层上下强度不一，并且上部地层强度远远低于下部地层，即可判定该区段为上软下硬地层。

（2）施工重难点分析

上软下硬地层盾构施工重难点分析见表3-3-58。

上软下硬地层盾构施工重难点分析 表 3-3-58

序号	主要难点	难点说明
1	盾构机姿态控制要求高	盾构机在上软下硬地层掘进时,盾构机极易出现盾体上浮趋势,造成隧道线形偏离中心较大,姿态控制难度高
2	刀具偏磨严重,需要定点换刀	上软下硬地层中掘进时,由于刀具不断地在硬岩与软土地层交替掘进,极易导致刀具偏磨严重,必须及时更换刀具,避免影响盾构掘进

（3）施工控制要点

上软下硬地层盾构施工控制要点见表3-3-59。

上软下硬地层盾构施工控制要点 表 3-3-59

序号	控制要点	主要措施
1	加强监测频率	现场24h专人值班,每2h监测一次,监测数据异常时每1h监测一次。并根据监测数据指导现场施工,建立健全上下联动机制
2	关注螺旋输送机扭矩	掘进过程中操作手注意观察螺旋输送机扭矩,减少螺旋输送机停机时间,防止螺旋输送机卡死
3	跟踪渣土改良	在掘进过程中观察、分析渣样(干稀程度、流塑性),测量渣温,及时与操作手进行沟通,对渣土改良剂用量做出调整(控制发泡倍率以15~20倍为宜)。如泡沫无法满足掘进要求,则可加入膨润土或水,辅助改良。当渣温超过40℃时,可向土仓内注入膨润土或水,以降低渣温,防止结泥饼。
4	及时更换刀具	上软下硬地层掘进过程中,根据掘进姿态的变化、掘进参数的变化等实际情况及时对刀具进行检查,及时更换刀具

（4）施工实例

①工程概况

某工程盾构区间隧道洞身主要穿越硬塑状砂质黏性土⑥、全风化混合花岗岩⑪$_1$、强风化混合花岗岩⑪$_2$、中风化混合花岗岩⑪$_3$、微风化混合花岗岩⑪$_4$。

②刀盘、刀具配置

本工程采用海瑞克 S773 盾构机进行区间隧道施工,对刀盘面板上的泡沫喷口进行优化设计,刀盘周边焊有耐磨条,刀盘面板焊接有格栅桩的 hardox 耐磨板,以充分保证刀盘在硬岩及砂层掘进时的耐磨性能。

刀具配置有4把中心双刃滚刀、31把单刃滚刀、64把切刀及16把刮刀,其中切刀、刮刀背向布置。

③主要掘进参数

本工程盾构机过上软下硬地层主要盾构掘进参数见表3-3-60。

某工程盾构机过上软下硬地层主要掘进参数 表 3-3-60

序号	项目	参数
1	土仓压力	2.5~2.8bar
2	刀盘扭矩	2.4~3.0kN·m
3	推力	14000~19000kN
4	推进速度	30~40mm/min

④施工问题及解决方法

施工问题：上软下硬地层易发生喷涌。

解决办法：在盾构施工时，采取气压模式掘进，适当提高土压，把土仓内的水挤出土仓。如果停机时间超过 3h，应打开自动保压系统，防止掌子面前方的水流到土仓内，导致再次推进时发生喷涌。当发生喷涌时，应立即向土仓内注入高分子聚合物，及时改良渣土，并在距发生喷涌区域 10 环左右处进行二次注浆，阻断盾构机后方水源流入土仓内。

7) 孤石地层盾构施工控制

(1) 孤石地层对盾构施工的影响

在盾构法隧道施工过程中，可能遇到随机分布的孤石，且块石形状大小各异、强度不一，导致隧道内岩土层软硬不均。在这类地层中掘进效率低，刀盘刀具磨损严重，易产生卡刀、掉刀、刀具偏磨、线路偏移等，处理速度较慢，严重影响施工进度，有的甚至因施工无法进展而不得不变更设计，花费成本较高，经济效益差。

孤石地层盾构掘进前应对区间沿线进行孤石补勘工作，查明孤石位置、大小，对影响较大的孤石应提前进行孤石处理。

(2) 孤石地层微动补勘方法简述

①工作原理

微动探测是一种基于微动台阵探测的地球物理探测方法，其工作原理如图 3-3-108 所示。

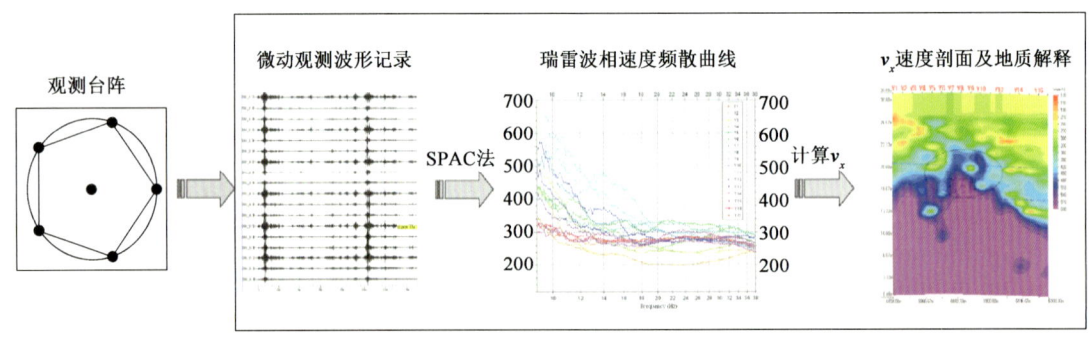

图 3-3-108　微动探测工作原理图

②主要仪器配置

微动探测主要仪器配置见表 3-3-61。

微动探测主要仪器配置　　　　表 3-3-61

序号	名　　称	数　　量
1	EPS 系列一体化微功耗数字地震仪	6 台
2	方向控制板	1 片
3	钢卷尺	1 把
4	50m 皮尺	1 把

③判断依据

微动探测主要是依据仪器接收的剪切波速结合地质详勘报告进行全面分析来判断孤石分布情况，根据不同地层条件，总结得出主要判断依据，见表 3-3-62。

微动探测判断依据　　　　　　　　　　　　　　　表 3-3-62

异常分类	分类依据	评价
Ⅰ类	局部速度（稍）偏高	该类异常对应的可能是岩土层分界面或者不均匀风化，出现孤石的可能性极小
	速度无明显偏高，但 H/v 曲线中出现小峰值频率对应较好	
Ⅱ类	局部速度（稍）偏高，且 H/v 曲线中出现小峰值频率对应较好或大峰值频率对应较差	该类异常对应的可能是阻抗比较大的岩土层分界面或者不均匀风化，出现孤石的可能性较小
	速度无明显偏高，但 H/v 曲线中出现大峰值频率对应较好	
Ⅲ类	速度明显偏高	该类异常对应的可能是速度较高的岩土体或不均匀风化，出现孤石的可能性较大
	局部速度（稍）偏高，且 H/v 曲线中出现大峰值频率对应较好	
Ⅳ类	速度明显偏高，且 H/v 曲线中出现大峰值频率对应较好	该类异常对应的可能是速度较高的岩土体或不均匀风化核，出现孤石的可能性极大

注：H 为基岩上方震盖的松软沉积层厚度，v 为剪切波速度。

(3) 孤石预处理方案比选

孤石预处理方案比选见表 3-3-63。

孤石预处理方案比选　　　　　　　　　　　　　　　表 3-3-63

序号	处理方案	处理措施
1	旋挖钻+冲击钻对孤石进行预处理	根据孤石探测所在的位置进行旋挖钻机就位旋挖，开挖到孤石位置后，若旋挖钻能将孤石破碎或搅入渣斗内，则采用旋挖钻将孤石抓取出来；若孤石太大，旋挖钻不能将其取出，则立即更换冲击钻将孤石破碎至直径 0.3m 以下，钻孔深度要求在孤石位置以下 1m
2	引孔爆破法施工	对已探明的球状花岗岩和基岩突起采用地面地质钻垂直打孔，装炸药爆破隧道范围内孤石，使孤石成为单边长度小于 30cm 的碎块
3	盾构直接破岩通过	对区间已探明的孤石采用上述方法进行预处理后，方可进行盾构施工。盾构机刀具配置必须满足孤石地层中掘进的需要，针对可能遗漏的孤石，只能全滚刀直接破除通过

(4) 孤石地层盾构施工措施

孤石地层盾构施工措施见表 3-3-64。

孤石地层盾构施工措施　　　　　　　　　　　　　　表 3-3-64

序号	主要措施	措施说明
1	合理选择换刀点	在孤石地层中掘进，极易出现刀具受力过大导致刀具磨损严重的问题。为了保护盾构机，确保盾构机正常掘进，应该定期进行刀具检查，总结刀具磨损规律，在稳定地层中合理选择换刀点，及时进行换刀
2	合理调整掘进参数	盾构机在孤石地层的掘进模式应根据地层情况合理调整。为了防止刀盘振动和刀具受力过大波动，在孤石地层中掘进时不宜片面地追求掘进速度，各项掘进参数应实时动态调整，做到对刀具的有效保护

8）溶土洞密集地层盾构施工控制

如果详勘报告中揭示该盾构区间有溶土洞发育，应立即选择勘察单位进行岩溶专项补勘。岩溶补勘应重点在区间已查明有岩溶的区域进行岩溶探边补勘，查明溶土洞的填充方式、高度、洞径等。补勘完毕后对影响范围内的溶土洞进行预处理，其方法如下。

(1) 注浆方案选择

①洞径大于 3m 的无填充溶土洞和半填充溶土洞,采用 $\phi200mm$ 的聚氯乙烯(PVC)套管灌注水泥砂浆;

②全填充溶土洞、洞径小于 3m 无填充溶土洞和半填充溶土洞,采用袖阀管注水泥浆充填。

(2) 施工控制要点

①溶土洞处理的施工顺序为:探边界→注浆充填→注浆效果检查→补充注浆(当注浆效果不理想时)。

②注浆施工时,应先施作外排止水、止浆帷幕,将处理范围内的溶土洞与外界洞体隔离,再处理中间区域。若在周边孔注第一次浆时,注浆量已较多,压力达不到设计要求时,周边孔与中间孔可交替注浆。

③当发现浆液流失量较大时可添加水玻璃速凝剂,以确保注浆效果。

④中央区域注浆孔应跳跃施工,以防止跑浆、串浆。

⑤对于需处理的纵向多层分布的溶洞,由深至浅以此充填处理。

⑥为保证注浆效果,一般采用重复注浆方式。两次注浆时间间隔为 6~10h,注浆 3 次,当终孔压力稳定时停止注浆,并用水泥砂浆封孔。

⑦注浆过程中做好注浆工作记录并认真记录工作情况及注浆工序作业时间。注浆过程中随时分析和改进注浆作业,并认真记录实际孔位、孔深、孔内地下物、涌水等,当与地质报告不符时,应采取措施进行修正。

(3) 施工控制措施

穿越溶土洞地层施工控制措施见表 3-3-65。

穿越溶土洞地层施工控制措施　　　　表 3-3-65

序号	区 间	主 要 措 施
1	进入溶洞段前	(1) 进入溶洞段前,根据地质预报成果确定合适的换刀位置,提前进行刀具检查并更换刀具,刀具配备以滚刀破岩为主; (2) 认真检修注泡沫和膨润土的设备系统,确保系统正常
2	穿越过程中	(1) 盾构机通过岩溶地层时,若含水量多,应及时建立土压平衡,防止大量失水造成地表沉降。 (2) 根据地层的特点,适当地调整渣土改良配合比;溶洞段地层自稳性较差,要严格控制出渣量,维持掘进速度与出渣量的相对平衡;加强渣土成分和含水量的观察,及时分析该段地层情况,结合实际情况对掘进参数进行调整。 (3) 为保护刀盘和刀具,宜低贯入度破岩,建议推力控制在 1300~1700t,推进速度为 8~12mm/min,刀盘转速为 1.4~1.6r/min,土仓压力拟定为 1.20~1.8bar,泡沫掺量为 3%,并根据实际情况适时调整。 (4) 密切注意盾体与隧道间的不均匀摩擦阻力以及切口环切削地层时的不同阻力,防止形成偏差;减缓推进速度,使刀盘上下部位掘进的瞬间受力尽量相同,避免盾构机出现仰俯现象。 (5) 严格控制各铰接液压缸的行程差,确保铰接密封效果;加强对盾尾刷密封油脂的注入检查,确保其密封的防渗漏效果。 (6) 当拼装管片到达溶洞区域时进行背衬注浆,宜采用同步注浆和二次补充注浆相结合的方式,同步注浆采用水泥砂浆,二次补充注浆采用水泥—水玻璃双液浆,对地下水通道进行封堵,并稳固管片。 (7) 拼装过程中操作手应严密监视土压等参数的变化情况,仔细观察溶洞区域管片变化情况;在溶土洞地层掘进过程中,除在施工中加强环境监测,还应建立长期监测点,实时监测管片受力、隧道涌水量和地表环境变化等情况,做好监测预警。 (8) 当盾构机姿态突变尤其是出现"栽头"险情时,应立即停机查明原因,若因溶洞区域引起,立即采取超前注浆填充溶洞区域,必要时盾构后方注止水环封堵后方水源通道。待溶洞区域填充完毕后恢复掘进,对姿态应缓纠慢纠,时刻注意盾构掘进参数是否异常
3	穿越完成后	加大地面监测,对沉降变化大的区域进行地面、地下跟踪注浆

9）瓦斯地层盾构施工控制

（1）施工风险分析

瓦斯的定义相当广泛，它不是单一的某一种气体，而是一种主要成分是甲烷的易爆炸气体，瓦斯主要存在于地下水和地下水以下的土体里，以团状形式存在。

瓦斯气体是极易燃易爆气体，在该类地层进行盾构施工主要存在以下风险：

① 盾构始发降水风险

盾构始发前，在瓦斯地层进行降水极易将地层中存在的团状瓦斯气体抽出，造成地面沉降，对周边建（构）筑物和地下管线造成破坏。

② 区间勘察风险

目前地铁工程勘察多采用铁路工程的勘察手段，对于低浓度、低压力的瓦斯地层来说，勘察过程中难以及时发现瓦斯气体，只能通过瓦斯检测仪器进行检测，所以当发现瓦斯气体地层时，必须进行专项勘察，在勘察过程中应借鉴煤炭及天然气勘察手段进行。

③ 盾构掘进施工风险

瓦斯地层由于其易燃易爆的特性，对盾构机防爆功能提出很高的要求，必须采用具备防爆功能的盾构机及盾构机电设备，盾构掘进过程中需增设抽排瓦斯气体的设备及通风设备。

（2）施工控制措施

① 对盾构配套电气设备进行防爆改造

瓦斯地层隧道内规定敷设的电缆应采用防静电阻燃电缆。电缆与设备的连接必须符合防爆性能相关要求；电缆芯线必须使用齿形压线板或线鼻子与电气设备连接；电缆之间若采用接线盒连接时，其接线盒必须是防爆型；高压低绝缘电缆接线盒内必须灌注绝缘充填物。

瓦斯地层隧道内的低压电气设备，严禁使用油断路器、带油的启动器和一次线圈为低压的油浸变压器。瓦斯地层隧道照明灯具的选用应符合下列规定：盾构前段照明灯具及隧道内固定照明灯具，采用防爆照明灯；移动照明，必须使用矿灯；隧道内高压电网的单相接地电容电流不得大于20A。瓦斯地层隧道区间内的局部通风机和工作面的电气设备，必须装设风电闭锁装置；当局部风机停止运转时，应立即自动切断局部通风机供风区段的一切电源。

对于无法避免产生电火花的地点，应配备局部通风机，待瓦斯气体体积分数降低到0.5%以下后才可以工作。

② 建立瓦斯气体监测系统

瓦斯监测系统通常采用人工监测和自动化监控相结合的方式。

人工监测采用便携式瓦斯检测仪和光感式瓦斯检测仪，对作业区瓦斯易聚集处、隅角、回风流中的瓦斯浓度进行监测，以确保施工安全。监测位置主要包括盾构机主体的入闸、盾尾、桥架、台车顶部以及成型隧道顶部。

瓦斯地层盾构隧道内应设置自动化电闭锁监控系统，盾构机及后配套台车上应设置不同数量、不同不良气体的监控传感器，传感器采用非色散红外探测技术研制，当任一点红外甲烷传感器达到报警值时，监测控制系统可发出报警信号和关联设备的控制指令，紧急关闭螺旋输送机闸门，停止盾构掘进。

③ 穿越瓦斯地层通风系统

通风是瓦斯地层隧道施工的关键。为确保盾构安全掘进，参考铁路瓦斯地层隧道施工经验及相应规范，可选用压入式通风方式进行瓦斯地层通风工作，在台车上及盾构机内部安装局部防爆风扇，防止瓦斯局部积聚,在隧道内安装射流风机引导回风顺利排出洞外,射流风机数量及布置间距应根据实际情况确定,通风方案示意图如图3-3-109所示。

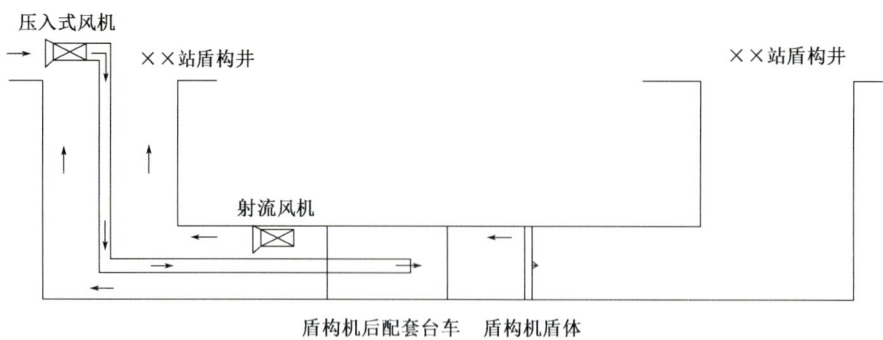

图3-3-109 通风方案示意图

(3)施工注意事项

①隧道内瓦斯体积分数达到1%的警戒值时,应立即停止施工,除防爆照明和防爆风机开启外,关闭所有电气设备;启动应急照明,撤离作业人员。当隧道内瓦斯体积分数达到1.5%时,除防爆照明和防爆风机开启外,关闭其他所有设备,施工人员(包括瓦斯监测人员)全部撤离。

②隧道内必须采用机械通风,其通风量应能保证最小风速及隧道施工所需的最大风量;内回流风速不低于1m/s;隧道回风风流中瓦斯的体积分数低于0.5%。

③隧道通风管应具有阻燃和抗静电的性能,风管应平直,接头密封;被损坏的风管应及时拆除、修补;风管口与开挖面的距离保持在30~50m。

④盾构的盾尾密封可有效防止瓦斯从盾尾泄入隧道,盾构施工过程中,必须切实保证盾尾内充满优质油脂并保持较高的压力,以防止瓦斯气体通过盾尾进入隧道。

3.8.3 典型工况盾构施工控制要点

常见的盾构特殊环境主要指盾构上覆土层以及周边建筑环境,包括江河、建(构)筑物、既有铁路、既有地铁、重要管线等不良周边环境。在该类特殊环境中进行盾构施工,应重点注意对地层沉降控制、同步注浆量、出土量进行控制。下面就针对上述不良环境从重难点分析、控制要点两方面入手,结合具体案例分别进行说明。

1)盾构下穿江河施工控制

(1)施工重难点分析

盾构下穿江河施工重难点分析见表3-3-66。

盾构下穿江河施工重难点分析　　　　　表3-3-66

序号	主 要 难 点	难 点 说 明
1	易造成掌子面坍塌与河道连通,淹没在建隧道	土压控制不当造成掌子面坍塌与河道水系连通,另外河道中的地质情况如果进行过详勘,若详勘封孔不彻底,则掘进中可能造成开挖面与河水水系相连导致盾尾密封或铰接密封失效
2	易产生流变和喷涌现象	河道下方地下水丰富,自稳性较差,在盾构施工时会发生振动液化、流砂及坍塌,易产生流变和喷涌现象

(2)施工控制要点

盾构下穿江河施工控制要点见表3-3-67。

盾构下穿江河施工控制要点 表3-3-67

序号	控 制 要 点	主 要 措 施
1	减少对土体扰动,改良渣土	盾构穿越时,保证盾构机平稳、快速地通过,尽量减少对隧道土体的扰动,降低渣土中水的比例,做好渣土改良,合理加入泡沫,降低土体黏度,增加土体的和易性,或向刀盘注入空气,利用气压支撑前方土体,防止产生泥饼,减少盾构机的推力,每环泡沫用量按过河前试掘进段中采用的参数执行
2	渗漏处理及时准确	如盾体密封处在河底出现较大泄漏,首先考虑盾尾油脂止水、止砂,如情况仍无好转,可从管片及盾壳间隙塞入海绵条,暂时止住漏水,如掘进时发现掌子面与河水连通,采取首先关闭出土闸门,在少出土或不出土的挤压状态下继续向前推进,通过该段后恢复正常掘进,必要时在河面抛沙袋,填压渗水点
3	加强监测,及时调整土仓压力	盾构下穿江河过程中,严格按最终计算的土压控制土仓压力,并加强监测,做好信息化施工,及时将监测信息、观察情况反馈给隧道内的土木工程师及操作手,指导掘进参数的调整

(3)施工实例

①工程概况

某大断面隧道设计穿过江心洲两道防洪堤和鱼塘。盾构穿越第一、第二道防洪堤的最大覆土厚度分别为31.359m、26.38m,覆土厚度较大,有利于土体的自稳性,但是防洪堤紧靠鱼塘,盾构穿越时,覆土突变值较大,对压力设置的精确度要求较高。长江防洪堤为重要防洪工程,保护等级定为二级,因此,在盾构通过时应确保防洪堤万无一失,严格控制地面沉降。

②预防措施

加强施工监测,精确控制泥水压力,确保同步注浆充分密实,严格进行盾构掘进管理,采取地层跟踪注浆封闭、防护墙与地表裂缝灌浆处理、实施汛期抢险等预案。

③施工措施

a. 大堤现场调查

施工前认真对长江防洪大堤进行详细调查,明确其结构和基础状况,进一步了解施工可能造成的影响及程度。

b. 掘进参数

严格控制盾构掘进参数,见表3-3-68。

某隧道盾构施工主要掘进参数 表3-3-68

序号	项 目	参 数
1	切口水压/气泡压力	3.8~4.8bar
2	总推力	90000kN
3	总扭矩	4~7MN·m
4	推进速度	30~40mm/min
5	刀盘转速	0.7~0.9r/min

c. 盾构机姿态控制

当盾构机进入防洪堤影响范围时,应加强盾构操作管理,保持开挖过程中平稳推进,减少纠偏,减少盾构偏转和横向偏移,防止出现蛇形,减少对正面土体的扰动,保持地层的稳定。平面位置控制在±50mm之内,考虑到覆土较浅和盾构的上浮影响,在穿越防洪堤时标高控制在-50mm左右。盾构掘进速度控制在15mm/min左右,防止因掘进速度过快对正面土体产生较大冲击。

d. 堤坝变形监测与加固控制

在盾构机穿越前后50m范围内,安排专人进行24h监测,每2h监测一次,并且及时将监测情况反馈给盾构机操作手以及值班负责人,以指导施工。

2)盾构下穿建(构)筑物施工控制

(1)施工重难点分析

盾构下穿建(构)筑物重难点分析见表3-3-69。

盾构下穿建(构)筑物施工重难点分析　　　　表3-3-69

序号	主要难点	难点说明
1	掘进参数控制	盾构下穿过程中,若掘进参数控制不到位,可能导致上覆房屋不均匀沉降,造成建(构)筑物不同程度的损坏甚至倒塌
2	同步注浆压力控制	注浆压力过大,可能导致上覆建(构)筑物损坏

(2)预加固措施

预先对地表建筑物采用无收缩注浆法(即WSS注浆法)进行加固,一般在建筑物轮廓线外1m,间距1.5m布点,孔深20m,注浆浆液为水泥浆,注浆压力控制在0.8~1MPa,当达到压力或是地面上抬时即停止注浆换孔,若建筑物长宽超过8m,一般需要在注浆孔处另外布置一道或两道斜孔,角度根据建筑物长宽确定,一般为15°和30°。

(3)下穿控制要点

①渣土改良。渣土改良能有效地改善渣土的和易性以及稳定掌子面。渣土改良剂主要是泡沫和膨润土,通过刀盘往土仓注入膨润土能在掌子面形成泥膜以稳定掌子面,防止土体超方;通过注入泡沫降低刀盘扭矩,防止结泥饼,加快掘进速度,使盾构机尽快通过建筑物。

②掘进参数控制。在建筑物下方掘进应重点控制超方,减少扰动,快速通过,操作手在掘进过程中要积极观察参数变化,通过观察刀盘扭矩、推进速度、推力、土仓压力来调整当前掘进参数,并结合渣样超方量确定最佳掘进参数,当参数出现异常时及时停机,分析原因后作出调整,恢复掘进。

③注浆控制。开孔时要注意地下管线及其他建筑物,配置水泥—水玻璃双液浆要按交底进行配比,注浆压力不可过大,防止地表建筑物上抬而对房屋造成破坏。

④加强监测。在盾构过建筑物时要加强监测,监测频率为1次/h,在地表或者建筑物出现变化后进一步加大监测频率,调整为0.5次/h。

3)盾构下穿铁路施工控制

(1)总体施工程序

根据铁路部门相关要求,地铁下穿铁路施工前必须具备以下条件:

①下穿前应编制形成《盾构下穿铁路施工组织设计》,经审查完善后,报铁路主管部门审核通过;

②与铁路设备管理单位、行车组织单位签订安全协议,设备管理单位相关负责人到现场进行管线位置交底。提前将作业计划报至监理、设备管理单位,监理、设备管理单位安全监督员到场后开始施工;

③施工责任区段内需要迁移的管线、设备迁移到位,无须迁移的管线、设备按照设备管理单位要求做好保护措施;

④施工现场设立应急标识牌,标明防护车站、应急电话、简易应急程序等;

⑤涉及人员、设备、材料可能侵线区域的施工,提前按方案设置铁路两侧物理隔离护栏。

(2)施工总体规划

在确定施工方案时,应以确保铁路运输安全、保护环境为原则,以确保工期和质量为目标,对不同专业的分部分项工程,有针对性地选择施工方案和施工顺序,确保施工总体目标的实现。

盾构下穿铁路施工主要包括以下几个方面:

①线上监测点布置(含第三方监测);

②盾构下穿掘进、监测及线路养护;

③后期沉降监测及线路养护;

④拆除检测装置作业。

(3)施工控制要点

①地层扰动控制。由于盾构施工采用刀盘切削土体,对开挖面地层难免产生扰动,使周边土体内力发生变化,进而影响铁路及铁路箱涵产生内力变化,必须在掘进过程中减少对周边土体的扰动,确保区间过铁路段施工安全。

②掘进速度平稳性控制。盾构掘进平稳性控制很大程度上取决于掘进参数的确定,必须选用合适的掘进参数用于区间过铁路段施工。

③掘进姿态控制。盾构机姿态可通过自动导向系统和人工测量复核进行控制。导向系统配置了导向、自动定位、掘进程序软件和显示器等,能够全天候在盾构机主控室动态显示盾构机当前位置与隧道设计轴线的偏差以及趋势。随着盾构推进,导向系统后视基准点必须通过人工测量来进行精确定位、前移。为保证推进方向的准确、可靠,计划在穿越铁路施工时每班进行一次人工测量,以校核自动导向系统的测量数据并复核盾构机的位置、姿态,确保盾构机掘进方向正确。

④后期沉降控制。盾构管片衬砌完成后,由于开挖面直径比管片外径大,造成管片外部会有少量空隙,如不采用有效措施将空隙填充,掘进完成后,会造成管片外部土体塌陷,对周边建(构)筑物造成不良影响,所以在下穿完成后,仍应注意对既有铁路线的监测,及时进行跟踪注浆,避免造成地面线路沉降。

⑤地铁运营后,应对隧道沉降进行自动化监测。由于地铁列车的运行会对隧道周边地层造成一定程度的扰动,所以必须对区间隧道进行监测,及时处理因列车运行导致的土体扰动和沉降。

4)盾构下穿既有地铁隧道施工控制

(1)施工重难点分析

①既有地铁隧道沉降控制要求高,盾构施工难度大。根据现行《城市轨道交通结构安全保护技术规范》(CJJ/T 202),城市轨道交通结构安全控制指标值见表3-3-70。由于既有隧道为已成型隧道,一旦在下穿过程中出现土方超挖或者因为注浆不及时导致既有隧道管片错台、变形等情况,将造成极其严重的后果。

城市轨道交通结构安全控制指标值　　　表3-3-70

安全控制指标	预警值	控制值	安全控制指标	预警值	控制值
隧道水平位移	<10mm	<20mm	轨道横向高差	<2mm	<4mm
隧道竖向位移	<10mm	<20mm	轨向高差（矢度值）	<2mm	<4mm
隧道径向收敛	<10mm	<20mm	轨间距	−2～3mm	−4～6mm
隧道变形曲率半径	—	>15000m	道床脱空量	≤3mm	≤5mm
隧道变形相对曲率	—	<1/2500	振动速度	—	<2.5cm/s
盾构管片接缝张开量	<1mm	<2mm	结构裂缝宽度	迎水面<0.1mm，背水面<0.15mm	迎水面<0.2mm，背水面<0.3mm
隧道结构外壁附加荷载	—	≤20kPa			

②既有地铁隧道为已运营隧道时，社会影响大。盾构机在既有运营隧道下方掘进时，一旦对沉降控制不力，极易导致运营列车脱轨停运、人员伤亡等严重后果。

（2）施工控制措施

根据土压平衡盾构的施工特点和跨越段小净距、浅覆土的情况，在盾构机跨越既有地铁线时，对其采取相应的技术措施，确保盾构机安全下穿既有地铁隧道。

①全面评估既有地铁线路现状，制订保护方案

盾构下穿既有地铁线路前，应联合建设单位、监理单位、设计单位等关联单位对既有线路现状进行全面评估，包括隧道管片错台情况、渗漏水情况、管片收敛情况等。获得既有线路现状情况后，尽快制订切实可行的保护方案。

②下穿期间重视既有线路自动化监测，形成预警机制

盾构下穿前，按照规定采集既有线路监测初始值，并结合线路情况提前进行自动化监测，形成不间断监测预警机制，自动化监测项目可参见表3-3-71。

既有地铁隧道自动化监测项目　　　表3-3-71

序号	类别	监测对象	监测项目	监测仪器	监测精度
1	自动化	轨道结构	轨道结构竖向变形	静力水准仪	0.1mm
2		隧道结构	盾构隧道开合度	振弦式裂缝计	0.1mm

③控制土压稳定性

实测地面高程，确定覆土埋深，精确计算土压。在推进过程中，按分段计算的土压控制值，还要根据推进时可能的车流变化情况对其进行相应的调整。在试掘进段，通过理论计算及实时反馈的监测数据，摸清地层规律，尽可能使设定土压符合地层实际情况。

④控制好同步注浆量与注浆压力

盾构跨越施工前，对同步注浆的浆液进行小样试验，严格控制初凝时间，初凝时间为3～4h。在同步注浆过程中，合理掌握注浆压力，注浆出口压力＝计算土压＋(0.08～0.1)MPa，注浆压力宜在0.2～0.25MPa之间，当出现异常情况如注浆管堵管时，注浆压力不得大于0.4MPa，并使注浆量、注浆流量和推进速度等施工参数形成最佳组合。

⑤防止盾尾漏浆的措施

a. 推进中应注意盾构机本身要增加盾尾刷保护及严格控制盾尾油脂的压注，并且在管片拼装前必须把盾壳内的杂物清理干净，以防对盾尾刷造成损坏。

b.在掘进过程中,严格控制盾构推进的姿态,尽量使管片外围的盾尾间隙均匀一致,减少管片对盾尾刷的挤压程度。

c.当发现盾尾有漏浆、漏水情况时,补充盾尾油脂。在管片拼装时,采用塞满油脂的海绵团,堵住盾尾间隙;若此时漏浆、漏水情况仍得不到有效控制,则在盾尾后 6~8 环处用聚氨酯进行压注予以封堵,并及时进行二次双液注浆,加快管片周围水土体的固结。

⑥减小推力及扭矩的措施

当盾构机推力及扭矩增大时,会使土体扰动增大,发生土体隆起等现象,上覆土体极易破坏,应采取以下措施控制盾构机推力与扭矩:

a.加强渣土改良,增加流动性,通过刀盘面板注入泡沫剂改良;

b.在确保掌子面稳定的情况下,适当降低土压掘进,增加有效推力;

c.加强姿态控制,避免蛇形纠偏,最大限度地减小纠偏量;

d.定期检查自动导向系统,避免盾构机出现 V 形,从而增大推力的径向分力。

⑦减小对既有隧道影响的措施

盾构机的推力可能使既有地铁线路产生位移,掘进通过后,由于上覆土体减少,可能导致既有地铁隧道管片上浮。可采取以下措施减少对既有地铁线路的影响:

a.加强渣土改良,严格控制盾构机推力,跨越区段盾构机推力不应过大;严格控制盾构机姿态,严禁大幅度纠偏,坚持勤纠小纠,减小盾体对四周土体的影响。

b.严格控制土压,避免土仓压力过大造成有效推力减小,增加对四周土体的挤压作用,减小对既有地铁隧道的影响程度。

c.加强注浆,及时填充管片外间隙,选择初凝时间较短的浆液,盾尾脱出管片后进行二次补浆,及时紧固管片。

d.加强管片螺栓复紧,每环推进结束后,须拧紧当前环管片的连接螺栓,并在下环推进时进行复紧,克服作用于管片推力产生的垂直分力,减少成环隧道浮动。每掘进完成 3 环,对 10 环以内的管片连接螺栓复拧一次。

e.根据监测信息指导,在跨越区段隧道底部进行浅孔注浆,加固层间土体,抑制管片上浮。

5)盾构下穿重要管线施工控制

(1)施工重难点分析

①管线不均匀沉降破损。盾构掘进施工会导致刀盘前方土体受到扰动变形,尤其是软土地层受到扰动后变形速率加大,更易造成上覆地层不均匀沉降。埋入地层中的各类管线受此影响,会逐步变形开裂,最后完全失效。

②管线破损会引发其他风险。管线,尤其是市政给排水、燃气管道等刚性管线,一旦破损,引发的后果将是不可估计的。给排水管线破损引起地层中的水土流失,可能导致地表沉降、坍塌等风险,影响周边环境安全。燃气管道破损除了造成周边居民的生活不便以外,由于燃气的泄漏,可能导致盾构施工人员中毒死亡,甚至可能导致盾构机爆燃,造成严重的后果。

(2)施工控制措施

①管线调查措施

盾构施工前,应对区间隧道范围内的管线情况进行全面排查,排查不应局限于建设单位提供的管线图纸,应对不明线路进行重点了解,全面掌握区间重要管线的标高、走向、管径、基底情况等信息,对于燃气管线、重要污水管线等应考虑采用开挖探沟的方式,仔细校核线路标高。

②管线迁改措施

若存在对区间盾构施工影响较大的重要管线,应在盾构施工前,组织相关单位共同商讨确定管线保护方案,对确实需要迁改的管线,应及时采取迁改措施,避免影响盾构施工。

③盾构控制措施

a. 通过严格控制盾构正面土压力、控制推进速度、改良土体、控制出土量等措施,减少盾构纠偏量和纠偏次数,在穿越管线掘进过程中进行同步注浆,严格控制同步注浆量和浆液质量,通过同步注浆及时充填建筑空隙,减少施工过程中的土体变形。同时,实施信息化施工,加强监测,及时完善、优化盾构施工参数,保证施工过程中管线的安全。

b. 加强同步注浆,及时进行二次补浆,严格控制施工期间的沉降及工后沉降,及时稳定管片。

c. 加大监测频率,进行实时监测,信息化指导施工。

本章附件

附件 3-3-1　土压平衡盾构机人员、物资材料准备
附件 3-3-2　泥水平衡盾构机人员、物资材料准备
附件 3-3-3　土压平衡盾构场地布置案例
附件 3-3-4　泥水平衡盾构场地布置案例
附件 3-3-5　始发建仓步骤案例
附件 3-3-6　泥水处理技术案例
附件 3-3-7　盾构过站施工

第 4 章
始发接收专项技术

4.1 始发接收端头加固设计

盾构始发接收是区间隧道施工中最为关键的一个工序,也是最应重视的技术难点。盾构始发接收的安全与否,关系到项目的成败,甚至影响到整条线路的安全。如果盾构始发接收端头地质情况较差,渗透系数高,在不进行针对性加固止水处理的情况下,一旦盾构始发开挖掌子面土方,则很可能出现土体迅速塌陷,导致地表沉降,影响周边建(构)筑物和既有管线安全的事故,因此必须进行始发接收端头加固。

端头加固就是提前对始发接收掌子面前方一定范围内的土体进行加固,形成具有止水、固结土体功能的整体帷幕,稳定围护结构外侧的土体,以确保盾构始发、接收破除洞门时掌子面的安全。

4.1.1 端头加固基本要求

为了降低盾构始发接收时洞门涌水、涌砂带来的一系列安全风险,在设计端头加固方案时,必须遵循以下两点要求:

(1)地基加固强度应满足设计要求,即加强土体自稳性,降低盾构开挖掌子面导致的地层失稳风险。通常来说,加固后的土体强度一般要求无侧限抗压强度不小于 0.8MPa。

(2)止水和渗透性应满足设计要求。通常来说,端头加固施工完成后,加固体内的水应整体固结或被挤压置换成浆液,以确保盾构始发接收时不会出现涌水、涌砂的事故。一般设计要求加固后的土体渗透系数小于 1×10^{-7} cm/s。

4.1.2 端头加固范围

根据国内盾构施工经验,端头加固范围应结合工程地质、地下水、盾构形式、隧道覆土厚度、周围环境等条件综合考虑确定。

通常来说,端头加固径向范围为隧道范围上、下、左、右各 3m;加固长度在盾构始发时不宜小于 1 倍盾体长度,在盾构接收时不宜小于 1 倍盾体长度加 3m,如图 3-4-1~图 3-4-3 所示。

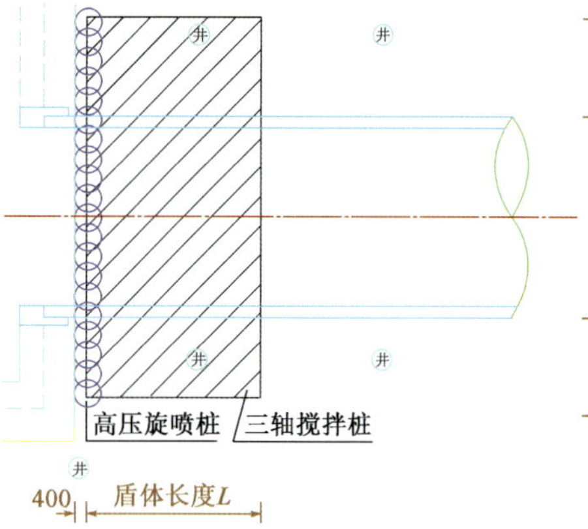

图 3-4-1 常见盾构始发端加固范围示意图
（尺寸单位：mm）

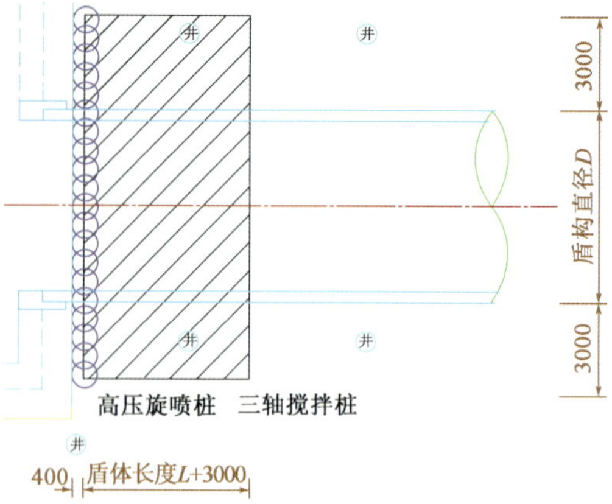

图 3-4-2 常见盾构接收端加固范围示意图
（尺寸单位：mm）

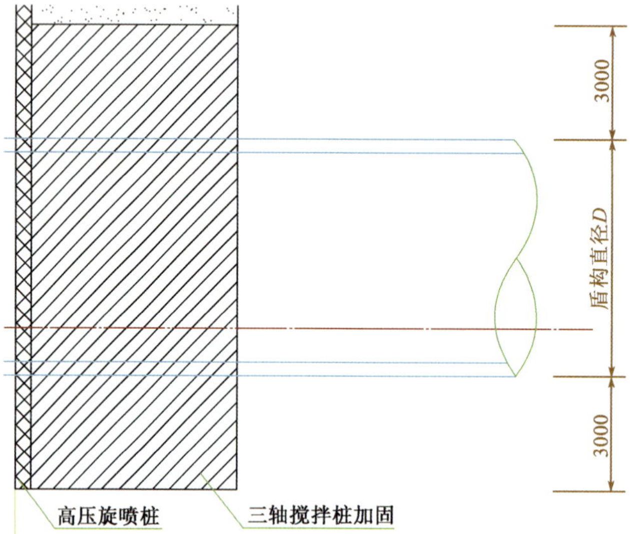

图 3-4-3 常见盾构始发、接收端竖向加固范围示意图（尺寸单位：mm）

4.1.3 端头加固工法

常用的端头加固方法有注浆法（WSS、袖阀管等）、素混凝土钻孔灌注桩、深层搅拌桩、冻结法、全方位高压喷射法（MJS 工法）、高压旋喷注浆法、高压喷射法（RJP 工法）等。

由于地铁区间隧道埋深通常在 20m 左右，故城市地铁施工中，盾构始发接收端头常见土体可分为黏土层、淤泥层、砂层、砂卵石层等几大类。下面将各类地层的主要加固方式以案例形式进行说明。

（1）注浆法加固

①基本原理

注浆施工时，浆液在地层中的作用方式主要表现为劈裂注浆、渗透扩散、裂隙填充、挤压填充。端头加固过程中，通过浆液扩散填充土体间隙，提高土体密实度，降低土体渗透系数。

②适用地层

适用于多种地层，尤其是深度较大的砂质地层、砂砾层等。

③主要功能

袖阀管劈裂注浆，可有效充填端头范围内的地层孔隙，加固范围通常为隧道上、下 3m 范围和出端头水平方向 1 倍盾体长度范围，袖阀管注浆在砂质地层、砂砾层中注浆扩散效果更好，土体加固效果显著。

④使用评价

占地面积小,噪声和振动较小;加固质量可靠性差,易引起地表隆起,单独使用风险高。

⑤工程案例

a. 工程概况:长株潭城际铁路西环线某车站接收井端头地质主要以中风化粉砂岩、中风化石英砂岩为主,地下水位低。

b. 端头加固设计:端头加固设计以止水固结地层为主要目标,由于粉砂岩孔隙率大且不易搅拌成桩,故宜采用袖阀管劈裂注浆填充地层孔隙达到止水固结土体的效果,如图3-4-4所示。

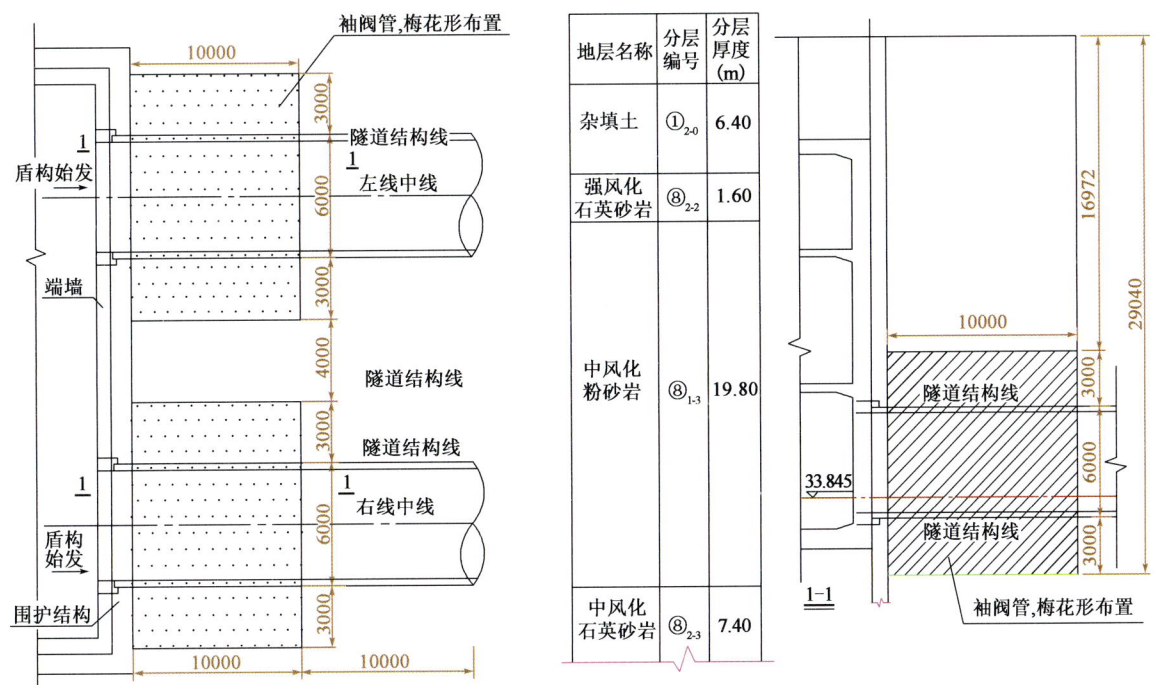

图3-4-4 某盾构区间袖阀管注浆加固设计图(尺寸单位:mm)

(2)素混凝土钻孔灌注桩(地下连续墙)加固

①基本原理

素混凝土钻孔灌注桩具备成桩速度快,桩身强度高的特点。端头加固过程中,素混凝土灌注桩可有效切断洞门与外部土体的联系,起到稳定端头土体的作用。

②适用地层

适用于各类无水地层及少水的黏土、粉质黏土等地层,尤其适用于端头加固场地较小、工程地质条件较好场地的端头加固。

③主要功能

素钻孔灌注桩自身强度比较高,能够承受施工扰动或振动产生的较大水土压力,可以在端头墙破除洞门后维持土体的平衡,从而保证端头地层土体的稳定性。

④使用评价

通常是配合搅拌桩或者旋喷桩加固,对环境有一定影响;加固质量可靠,封闭效果好。

⑤工程案例

a. 工程概况:长株潭城际铁路西环线某车站始发井地质以中风化泥质粉砂岩、强风化页岩为主,地层水位较低且含水量较少。

b. 端头加固设计:由于始发端头土体含水量少、地下水位低,端头加固设计以稳定土层为主要目标,为了降低盾构始发对周边地层的扰动引起土体垮塌，采取钻孔灌注排桩进行端头加固，如图3-4-5所示。

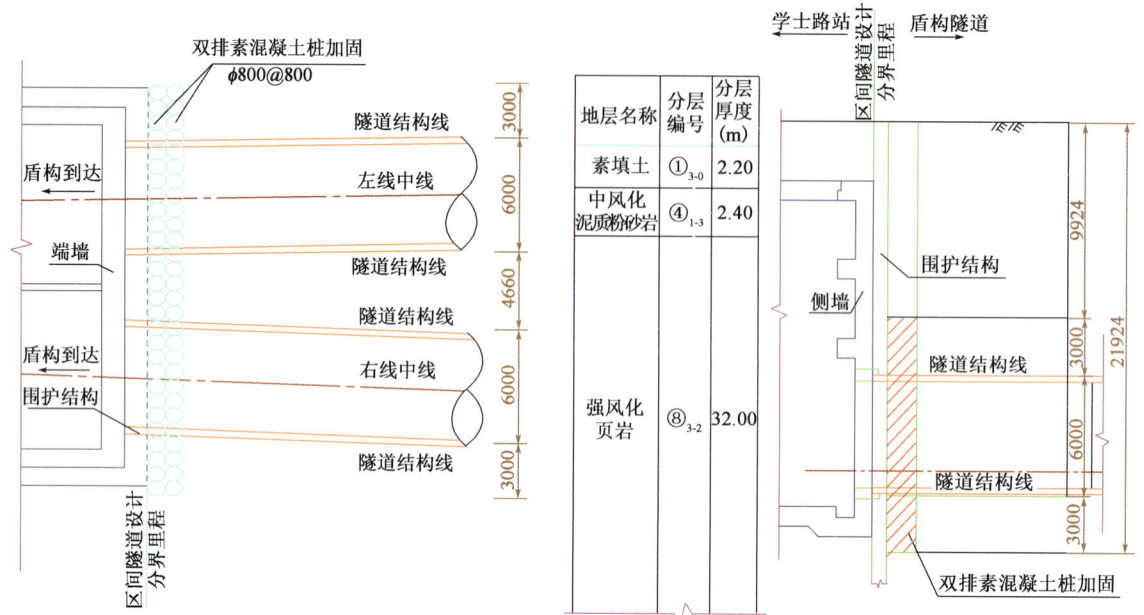

图3-4-5　某盾构区间素混凝土钻孔灌注桩端头加固设计图(尺寸单位：mm)

(3)深层搅拌桩

①基本原理

搅拌桩是利用钻机搅拌土体将固化剂注入土体中，并使土体与浆液搅拌混合，浆液凝固后，在土层中形成一个圆柱状固结体，同时少量置换原状土，达到提高土体强度及自稳性的目的。

②适用地层

较适用于饱和软黏土地层，也适用于淤泥质土、粉土、黏土层及无流动地下水的饱和松散砂土地层。

③主要功能

三轴搅拌桩能有效加固土体，减少土体含水量，高压旋喷桩填充搅拌桩与围护结构之间的缝隙，组合使用能有效隔水。

④使用评价

施工占地面积较大。对周围地层扰动小，地层不产生附加沉降；环境污染小；加固体强度、抗渗性较高。

⑤工程案例

a.工程概况：福州地铁1号线某车站始发端头加固，区间始发井外主要地质为淤泥质黏土、粉质黏土。

b.端头加固设计：始发端头地质情况较好，端头加固设计主要以设置止水帷幕、加固土层为主，故采用常用的三轴搅拌桩+高压旋喷桩+端头降水即可有效确保始发安全，如图3-4-6所示。

(4)冻结法

①基本原理

通过冻结端头地层，使外部土体中的水充分冻结，形成一定强度的冻土，降低土体地下水流动带来的洞门涌水、涌砂风险。

②适用地层

适用于任何含一定水量的松散岩土层，不适用于动水和含水量低的地层。

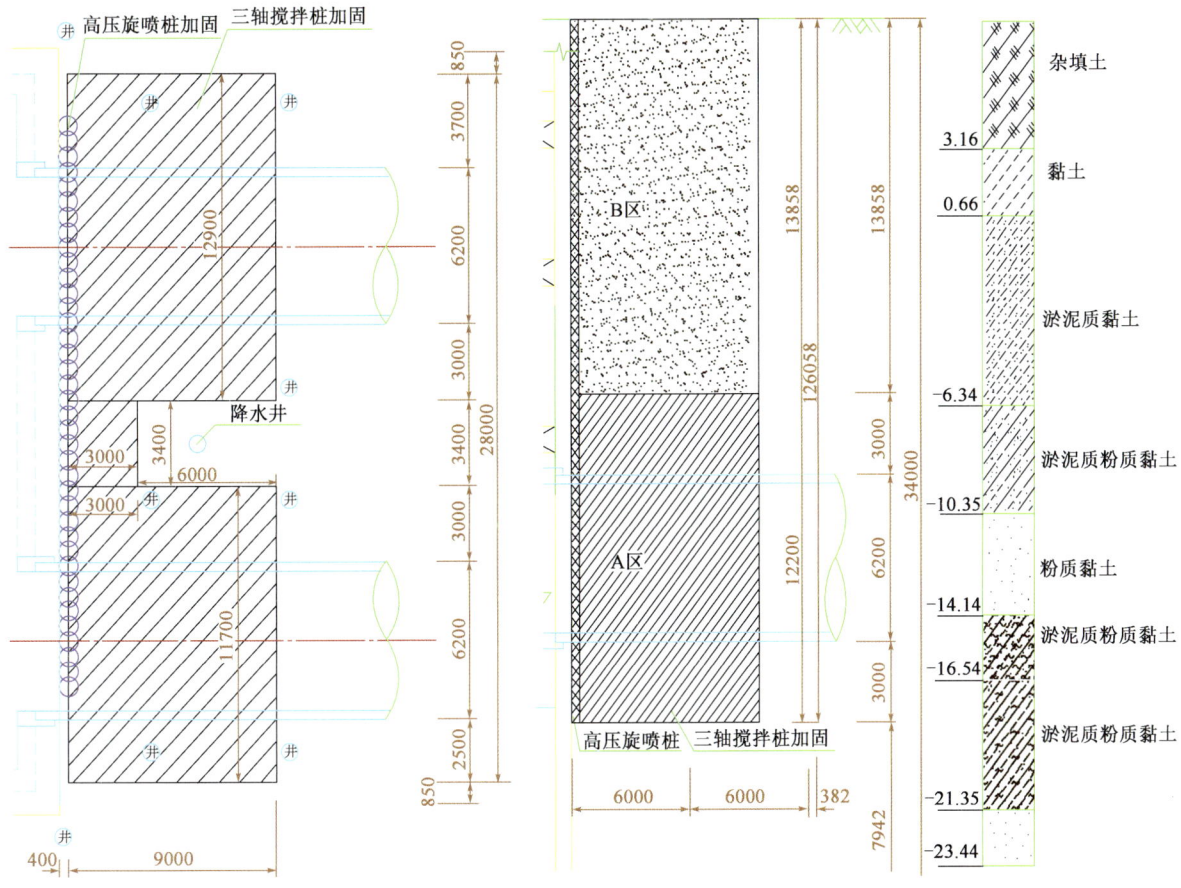

图 3-4-6 某盾构区间三轴搅拌桩+高压旋喷桩+降水端头加固设计图(尺寸单位:mm,高程单位:m)

③主要功能

有效解决含水松散岩土地层可能出现的涌水、涌砂风险,施工安全性高,减小始发对周围地层的影响。

④使用评价

对环境污染小,加固体强度和止水性高,均匀完整;冻结解冻过程中易产生冻胀融沉问题,对土体沉降存在一定影响。

⑤工程案例

a.工程概况:杭州地铁1号线某盾构区间接收端头主要地层为淤泥质黏土、淤泥质粉质黏土、粉质黏土,静止水位埋深1.2~2.0m,高程6.04~7.08m。

b.端头加固设计:为保证盾构机接收安全,防止泥沙及地下水涌入工作井;同时由于上覆管线及建(构)筑物的存在,导致地面不具备垂直冻结或者搅拌桩预加固的施工条件,故左、右线盾构进出洞地基加固均采用水平冻结加固方法施工,如图3-4-7所示。

(5)全方位高压喷射法(MJS工法)

①工作原理

MJS工法在传统高压喷射注浆工艺的基础上,采用独特的多孔管和前端造成装置,实现孔内强制排浆和地内压力监测,并通过调整强制排浆量来控制地内压力,大幅度降低对环境的影响,地内压力的降低也进一步保证了成桩效果。

②适用地层

适用对沉降控制要求高的复杂地层,尤其适用于狭窄场地。

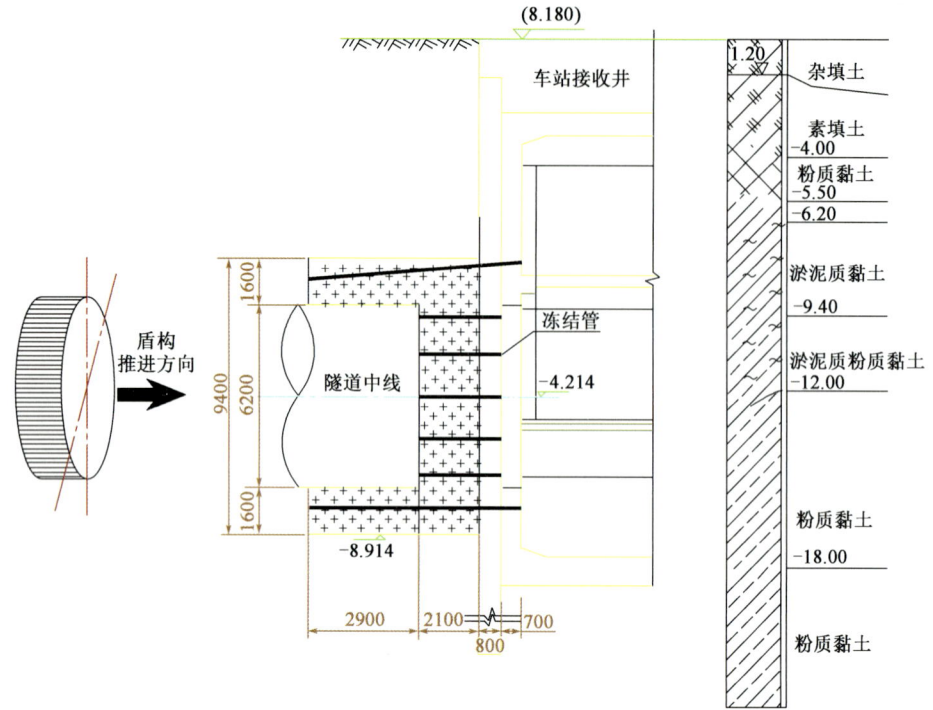

图 3-4-7　某盾构区间水平冷冻端头加固设计图(尺寸单位:mm)

③主要功能

MJS 工法沉降控制好,加固过程中对周边环境影响小,超深加固施工质量有保证;MJS 设备具备自动排泥装置,现场安全、文明施工可控。

④使用评价

整体造价较高。对周边环境影响小,超深施工质量有保证,泥浆污染少;加固效果好,沉降控制效果好。

⑤工程案例

a. 工程概况:杭州地铁 4 号线某车站接收端头主要地质为粉砂夹粉质黏土、砂质粉土夹粉砂、粉砂,整体的地层稳定性较差,地下水位高,含水量大。

b. 端头加固设计:为了降低对周边建筑物的影响,端头设计以切断地下水流、提升砂层稳定性为主,故采用水泥搅拌桩+素地下连续墙切断地下水,然后采用 MJS 工法对素地下连续墙与端头井的接缝处进行注浆密封;确保完全隔水,对洞门范围采用搅拌桩加旋喷桩的形式来提升土体自稳,减少端头含水量。如图 3-4-8 所示。

(6)高压旋喷注浆法

①工作原理

旋喷桩是利用钻机将旋喷注浆管及喷头钻至桩底设计高程,将预先配制好的水泥浆液通过高压发生装置使液流获得巨大能量后,从注浆管边的喷嘴中高速喷射出来,使浆液与土体充分搅拌混合,在土中形成一定直径的柱状固结体,从而使地基得到加固。

②适用地层

广泛适用于淤泥、软黏土、砂土,不适用于地下水流速过大的地层,常作为搅拌桩的配合工法填充与围护结构间隙。

③主要功能

通过搅拌水泥浆液,改变原有地层组分,并通过水泥浆液的进一步固结,提升端头井处土体强度。

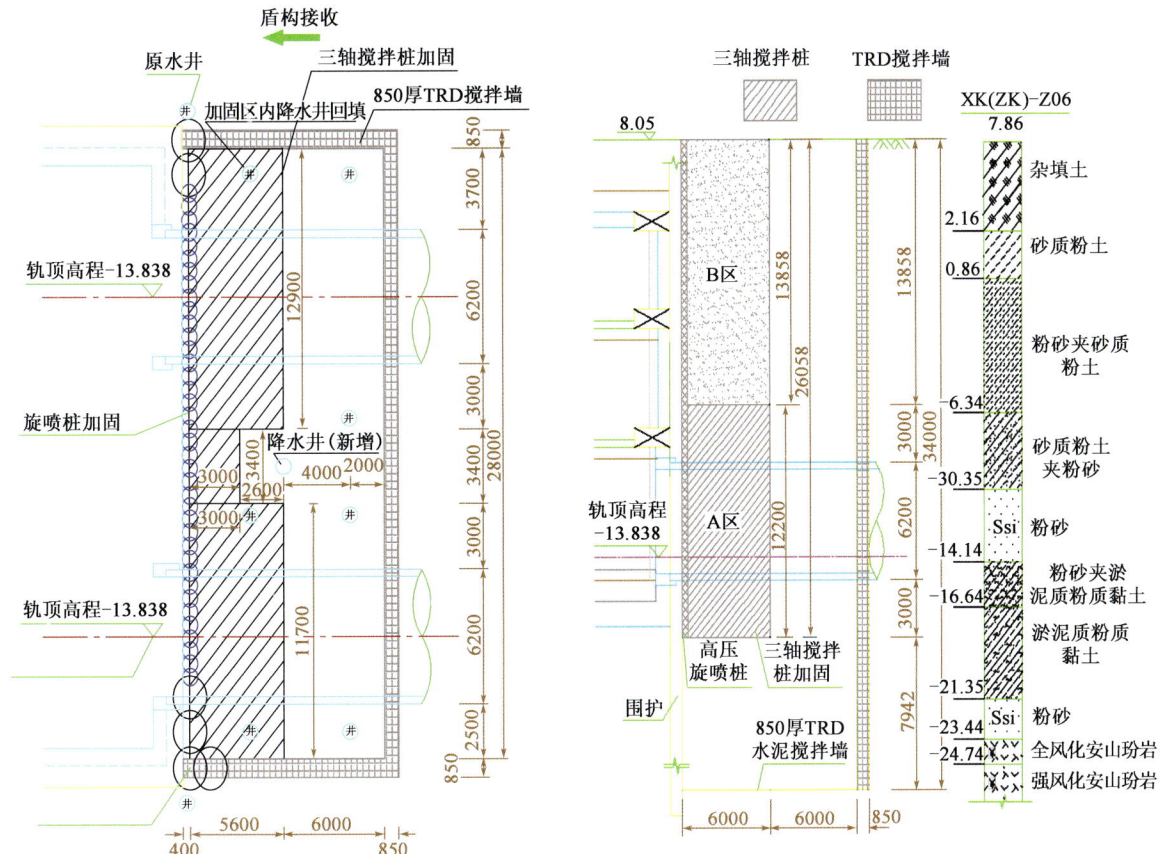

图 3-4-8　某盾构区间 TRD + MJS + 三轴搅拌桩 + 高压旋喷桩端头加固设计图（尺寸单位：mm）

同时，利用水泥具有强吸水性的特性，达到端头井外土体有效固结止水的目的。

④使用评价

设备轻便，施工所需空间小；加固体强度较高，在桩身搭接较好的情况下，抗渗性较高。对环境影响大；砂砾地基和黏着力大的黏土有时不能形成满意的改良桩。

⑤工程案例

a. 工程概况：昆明轨道交通首期工程某标段始发端头主要地质为黏土、粉土以及砾砂，场区地下水以潜水和承压水为主，整体位于隧道范围内。

b. 端头加固设计：采用 $\phi 800mm@600mm$ 三管高压旋喷桩进行端头加固，如图 3-4-9 所示，盾构始发端头加固纵向长 9.0m，横向和纵向尺寸为盾构结构线外侧 3.0m。同时，在加固外侧和中部施作 3 口备用降水井，以降低盾构掘进过程中的漏水、漏砂风险。

（7）高压喷射法（RJP 工法）

①工作原理

RJP 工法是利用超高压喷射流体产生的动能，破坏地基的组织结构，使被破坏的土颗粒与水泥浆液混合搅拌从而形成大直径的、自稳性好的固结土。

②适用地层

适用于对沉降控制要求高的复杂地层、环境保护要求高的场地受限区域等条件下的端头加固。

③主要功能

RJP 工法的主要功能与 MJS 工法基本相同，即采用此工法，可有效确保端头井外土体沉降可控，同时降低对周边环境的影响。

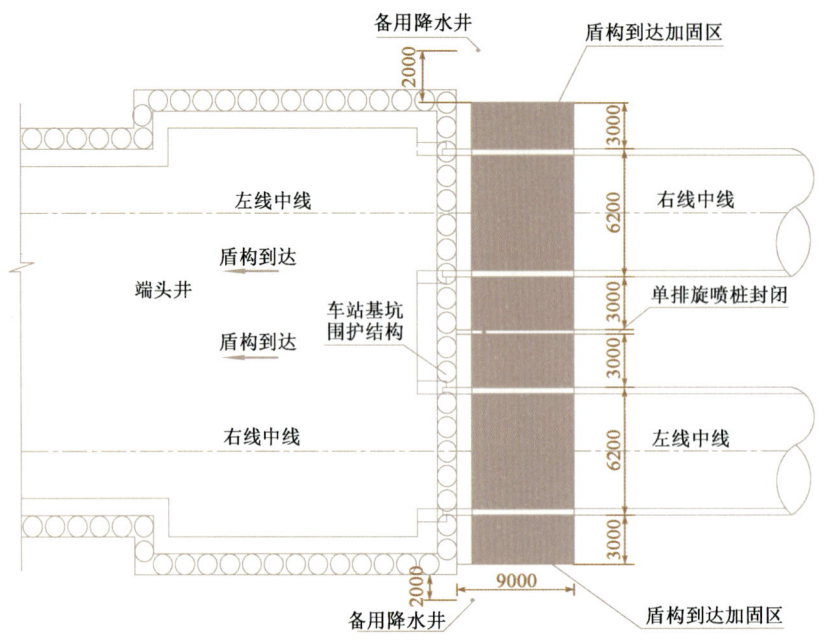

图 3-4-9 某盾构区间三管高压旋喷桩端头加固设计图(尺寸单位:mm)

④使用评价

对周边环境影响小,加固效果好,沉降控制效果相对较好(较 MJS 工法稍差),造价较 MJS 稍低。

⑤工程案例

a. 工程概况:天津地铁 5 号线某车站盾构接收端头管线密集,主要为粉质黏土、粉砂、淤泥质粉质黏土和黏质粉土;场地地下水主要为孔隙潜水,地下水具有微承压性,水位埋深 0.40~3.60m。

b. 端头加固设计:由于现场管线的限制,搅拌桩及旋喷桩工法因设备占地面积大、成桩直径小等问题,不适用于本场地加固作业,而 RJP 工法由于其单孔成桩直径大,可有效避开管线进行地面垂直加固,但结合现场管线布置情况,仅采用 RJP 工法无法保证成桩咬合,在止水上存在不足。经过分析,该项目采用"RJP + 冻结法"的组合加固方式,如图 3-4-10 所示。

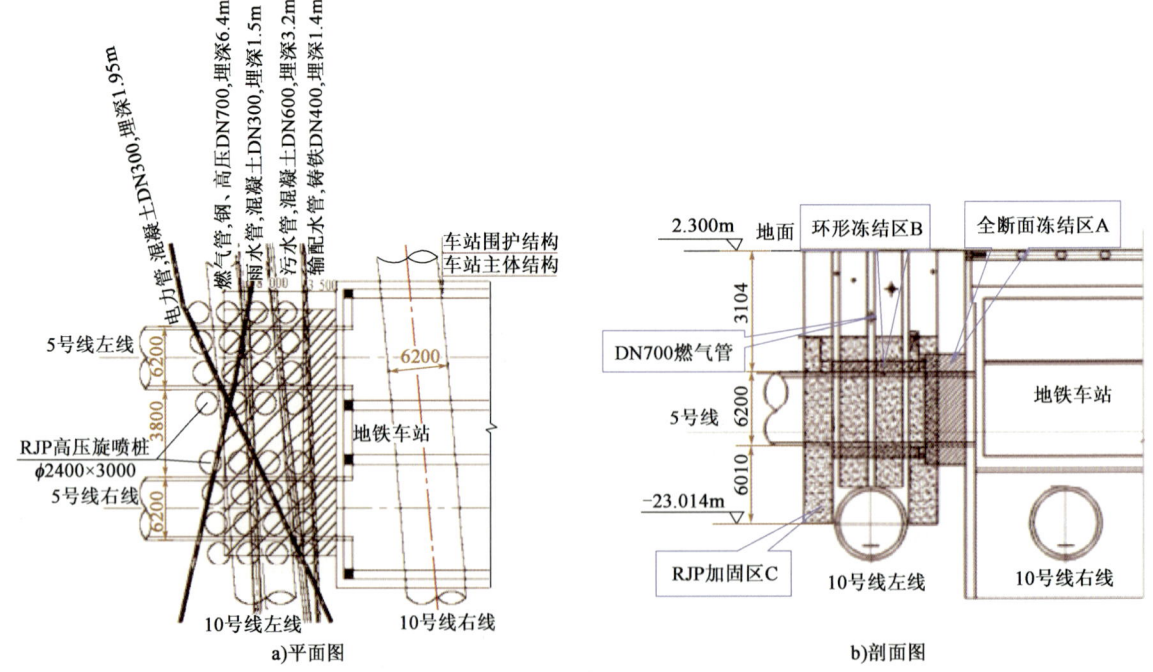

图 3-4-10 某盾构区间 RJP 工法端头加固设计图(尺寸单位:mm)

4.1.4 端头加固设计常见问题

目前,国内在进行端头加固设计时,为了降低风险,通常采用多重加固工法进行组合的形式,但是由于对工法缺乏正确认识,导致很多端头加固设计方案出现"不合理、不经济"的问题。

(1)工法选择不合理。工法选择不科学,主要的问题是对工法的适用范围、适用地层缺乏正确认识,导致端头加固效果不理想,引起盾构始发接收的安全事故。

(2)工法组合不经济。由于项目周边环境情况复杂、地层情况较差等诸多不利因素叠加,在这种特定背景下,通常需要多种工法进行组合,但是由于对于各种工法的优缺点和作用方法的理解不全面,导致在工法组合时,常常出现工法作用的重复组合,不仅加大了端头加固交叉作业的施工难度,也不利于项目整体的成本经济性。

4.2 特殊条件始发接收技术

根据国内盾构施工经验,常见盾构始发接收技术以地层加固结合特定的端头降水辅助为主,而对于周边环境复杂、地下承压水头高以及端头不具备加固条件的特殊施工条件,则可以采用短钢套筒始发技术、水下接收技术、钢套筒接收技术等特殊端头始发接收设计方案。实际施工中,应结合项目整体条件,从确保安全、保证工期以及现有技术能力等多方面考虑,选择最优的盾构始发接收设计方案。

4.2.1 盾构机直接切削玻璃纤维筋始发

玻璃纤维筋因其特殊的材料性能,被越来越多地运用于盾构井洞门围护结构施工中。通过使用玻璃纤维筋,可实现盾构机直接切削玻璃纤维筋进、出洞作业,有效缩短盾构施工工期,也可实现盾构水土回填接收、钢套筒始发接收等一系列更安全高效的盾构始发接收作业,有效保障盾构作业安全。下面针对玻璃纤维筋的使用进行简单说明。

1)玻璃纤维筋与普通钢筋材料性能对比

玻璃纤维筋与普通钢筋材料性能对比见表3-4-1。

玻璃纤维筋与普通钢筋材料性能对比　　　　表3-4-1

力学性能	HRB400钢筋	玻璃纤维筋
抗拉强度	200~600MPa	500~1200MPa
弹性模量	弹塑性材料,有屈服点,以屈服点为设计强度依据	线弹性材料,无屈服点,呈脆性破坏
热膨胀性	热膨胀系数 5.5×10^{-6}	热膨胀系数 $(3.5 \sim 5.6) \times 10^{-6}$
耐腐蚀性	易腐蚀	耐腐蚀性好
抗剪强度	160~480MPa	50~60MPa

可以看出,玻璃纤维筋在抗拉性能上与普通钢筋相似,但是在抗剪性能上却存在明显的差异。显然,较高的抗拉强度可以保证在替换围护结构内的钢筋后仍然满足基坑施工安全,起到保证围护结构整体性的作用,而较低的抗剪强度则使其易于被盾构机的刀具切割、磨削破碎。

2）常见围护结构玻璃纤维筋设计形式

以地下连续墙玻璃纤维筋围护结构为例，对围护结构玻璃纤维筋设计形式进行说明。为了满足盾构始发要求，设置有玻璃纤维筋的钢筋笼在围护结构施工时应设置为首开幅。

常见洞门处玻璃纤维筋设计如图 3-4-11 所示，对于以洞门为中心、上下左右对称分布的横向 7m 左右(大于盾构机外径且预留余量)及竖向 7m 范围内的地下连续墙，使用玻璃纤维筋替代钢筋，且玻璃纤维筋的搭接范围为盾构洞门范围外 2m，采用 U 形锁扣进行搭接。

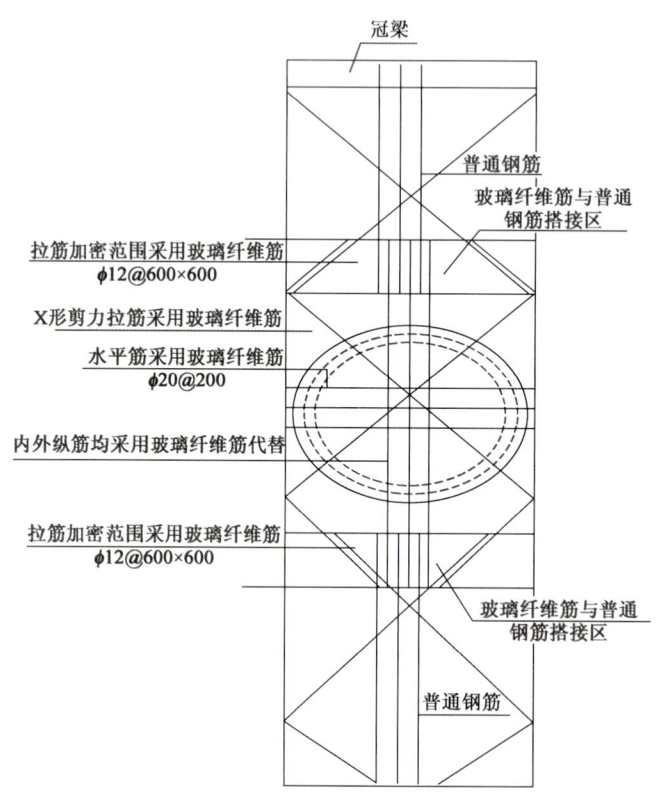

图 3-4-11　洞门处玻璃纤维筋设计样图(地下连续墙围护结构)(尺寸单位：mm)

3）盾构机切削玻璃纤维筋围护结构始发控制要点

(1) 玻璃纤维筋与普通钢筋的连接

玻璃纤维筋(竖直纤维筋、架立筋、拉筋、端头筋)均按照设计规格、形状、尺寸在工厂加工制作成型。通常需要提前一个月与生产厂家沟通确定长度、样式。玻璃纤维筋在接头处开口，并留足设计搭接长度。玻璃纤维筋纵向与钢筋搭接长度为 2m，采用 U 形锁扣加固。横向搭接长度为 1m，梅花形拉筋及桁架筋与主筋连接采用扎丝绑扎。玻璃纤维筋与钢筋之间及玻璃纤维筋之间采用螺栓连接，其中玻璃纤维筋与钢筋连接如图 3-4-12 所示。

图 3-4-12　玻璃纤维筋与普通钢筋搭接

(2) 盾构机切削玻璃纤维筋始发

盾构机直接切削玻璃纤维筋围护结构时，盾构机需切削水下混凝土围护结构，因此盾构机必须具有一定的破岩能力，刀盘根据情况适当配置一定数量的滚刀。

盾构始发过程中应注意对刀盘推力、掘进速度、土仓压力的控制,避免对周边土体扰动过大造成地表沉降。

4.2.2 短钢套筒始发

1)工法原理

借助外置钢套筒,将特制短钢环与洞门通过连接板进行加长连接,形成两道洞门帘板的密封空间,便于盾构机建立土仓压力,在确保掌子面稳定的同时,有效降低洞门涌水、涌砂风险。

2)适用范围

本工法适用于地面加固条件不能完全满足盾构始发密封要求的盾构始发作业,尤其适用于端头井加固范围小,需要提前建立洞门密封的环境。

3)短钢套筒设计

短钢套筒是在始发井内洞门钢环上增加一个1200mm长度的钢环套筒,筒体分成上下两段制作,通常可按照前端200mm、后端1000mm两节钢环进行分节制作(图3-4-13)。内径与始发井预留洞门的内径相同,通过焊接使钢套筒与始发井洞门外圈井壁连成一体,钢套筒后端设有密封装置,洞门井壁内设置1道钢丝刷密封,筒体内部设置2道钢丝刷密封(图3-4-14)。

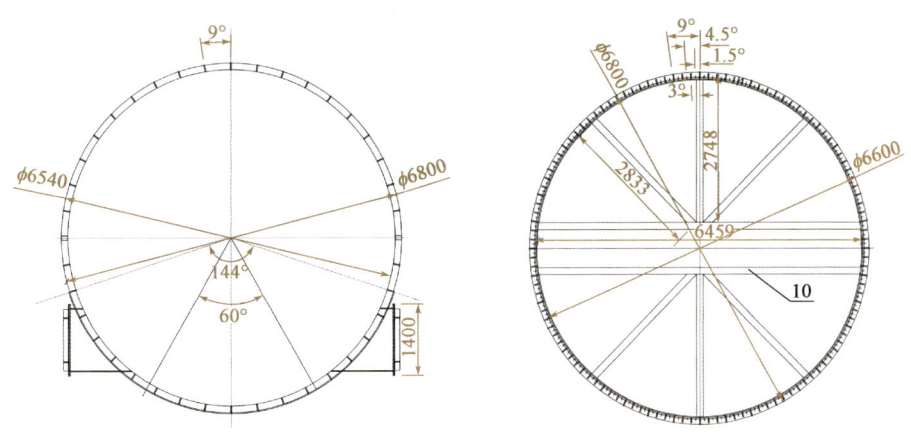

图 3-4-13　短钢套筒制作示意图(尺寸单位:mm)

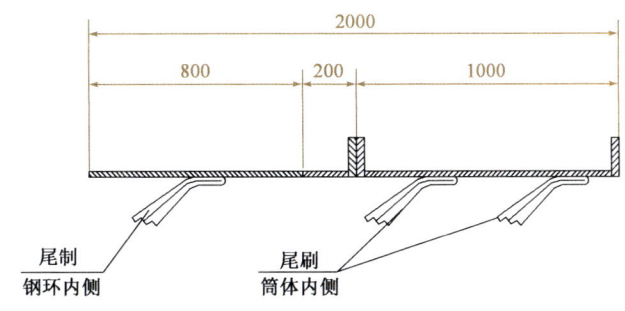

图 3-4-14　短钢套筒钢丝刷制作示意图(尺寸单位:mm)

4)短钢套筒始发流程

短钢套筒始发与普通始发最大的区别是短钢套筒可以提前筒内建压,并且由于短钢套筒具有多道尾刷的特征,对于加强洞门密封作用巨大。短钢套筒始发工艺流程如图3-4-15所示。

短钢套筒安装 → 短钢套筒内钢轨安装 → 安装始发托架及盾体 → 短钢套筒两侧加固 → 安装止水帘布 → 短钢套筒始发掘进

图 3-4-15　短钢套筒始发工艺流程图

5) 主要施工工艺

(1) 短钢套筒安装

① 在开始安装短钢套筒之前,首先在基坑里确定线路中线,也就是钢套筒的中线。钢套筒定位时,要求钢套筒的中线、线路中线两条控制线重合。

② 在地面组装好短钢套筒,整体下放到端头井内,使短钢套筒的中心与事先确定好的线路中线重合,向前移动短钢套筒与洞门钢环焊接,如图 3-4-16 所示。

③ 短钢套筒安装完成后,连接螺栓按顺序紧固后需进行检查并复紧,对筒体位置进行复测,检查与盾构机到达的中线是否重合。

④ 短钢套筒与钢环通过弧形板焊接连接,焊缝沿短钢套筒一圈内外侧满焊。

图 3-4-16　短钢套筒安装完成

(2) 短钢套筒内安装钢轨

在短钢套筒下方圆弧内安装 2 根 43kg/m 钢轨,钢轨与始发托架两侧钢轨齐头,钢轨两侧焊接"7"字板。为保持盾构机始发时抬头的趋势,靠近洞门端钢轨垫高 20mm。

(3) 安装始发托架以及盾体

短钢套筒安装好以后,立即安装始发托架和反力架(始发托架和反力架定位及安装方法可参见本篇第 3 章 3.2.2 小节),然后安装盾构机主体,并与连接桥和后配套台车连接。

(4) 两侧加固

短钢套筒两侧及底部需支撑牢固,防止盾构机掘进时箱体发生位移,故应在始发前对短钢套筒两侧底部进行焊接加固。

(5) 安装止水帘布

短钢套筒前端直接与洞门预埋钢环连接,后端通过法兰与止水帘布相连。止水帘布安装后,再安装帘布橡胶板。帘布橡胶板采用 20mm 厚的法兰连接。

6) 短钢套筒始发工艺要求

(1) 套筒钢丝刷内需人工涂油脂,盾体进入短钢套筒内后,通过套筒上预留球阀泵入油脂,填充钢丝刷与盾体间空隙,保证止水、止浆效果。

(2) -2、-1 环管片(钢管片)拼装完成后,拆除第二节套筒的上半部分,将环形钢板与管片焊接,封堵洞门。

(3) 盾尾完全进入短钢套筒内后,调整短钢套筒尾部止浆翻板,使翻板紧贴负环管片,并在翻板后部塞入海绵条,作为辅助密封措施。

(4) 盾尾通过套筒钢丝刷后,及时进行同步注浆,填充短钢套筒与管片间空腔,使负环管片及时安定。

(5) 始发时短钢套筒两侧安排专人巡视,发现漏水、涌砂、短钢套筒变形、位移等异常情况时及时上报,并采取应急措施。

7) 短钢套筒始发辅助方法

(1) 冷冻法辅助短钢套筒始发

由于短钢套筒盾构施工通常在富水地层使用,故对于城市地铁中沉降控制要求较高的盾构始发作业,可采取水平冷冻辅助钢套筒进行盾构始发施工,下面以苏州某项目盾构始发下穿既有线为例进行简要说明,设计如图 3-4-17 所示。

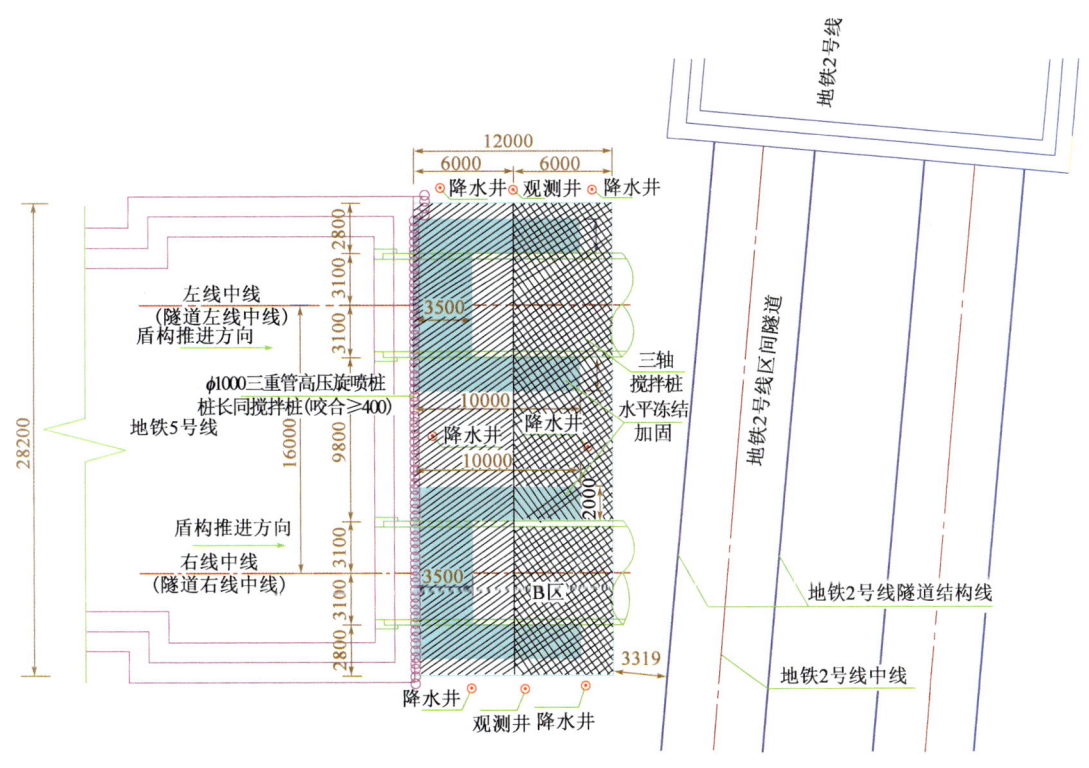

图 3-4-17 某下穿项目加固设计图(尺寸单位:mm)

采用水平冷冻可有效固结端头土体,降低盾构掘进扰动引起的土体沉降;借助短钢套筒延长洞门钢环可以实现提前密封洞门,迅速建立土仓压力,保证盾构始发下穿安全。

(2) 大管棚辅助短钢套筒始发

对于下穿既有线的富水软弱地层盾构始发作业,可采用"短钢套筒+大管棚"组合的形式来保证盾构始发作业安全,设计如图 3-4-18 所示。

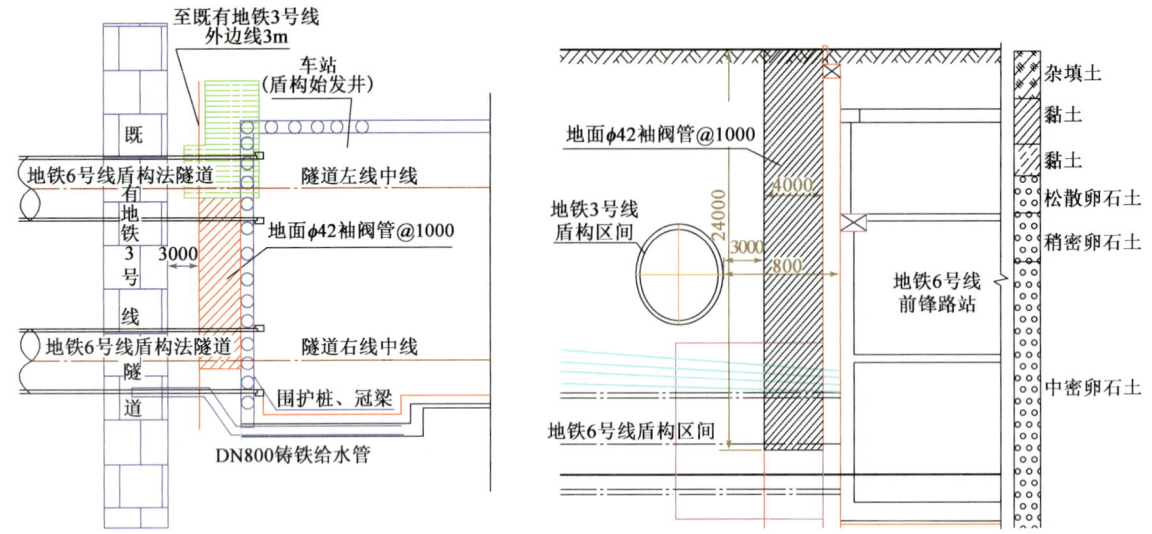

图 3-4-18 某下穿项目加固设计图(尺寸单位:mm)

由于该项目端头井外管线密集,降水效果无法保证,故采用短钢套筒加长洞门,通过预埋注浆管路和密封钢刷,提前建立洞门密封条件,降低洞门涌水、涌砂风险;而大管棚超前加固的目的则是保护既有线安全,降低盾构掘进施工引起的掌子面土体滑移对既有线的影响。

该组合工法在成都地铁6号线项目首次应用,并顺利完成富水砂卵石地层始发即下穿既有线施工任务,整体沉降控制几乎做到了"零沉降"。

4.2.3 水下接收

1)工法原理

在富水砂层或者周边环境复杂时,因接收井内外存在压力差,盾构接收时洞门会发生漏水、涌砂事故,因此直接采用接收井回填水或泥浆的方式,利用接收井内外水土压力平衡防止出现洞门漏水、涌砂现象发生。

水下接收前,应通过端头降水使水位降低至洞门拱顶以下1m左右的位置,然后对接收井进行回填水处理,回填水深度达到地下水位以上,使接收井内外水土压力平衡,确保盾构出洞接收时洞门不发生漏水、涌砂事故,该方法因在水下接收,因此对盾构机脱离洞门前密封、姿态控制及接收托架固定要求较高。

2)适用范围

本工法适用于富水砂层、富水砂卵石层或者周边环境复杂,不具备完整加固条件的泥水盾构接收施工。

3)主要施工工艺

本节以广州地铁某项目泥水盾构浅覆土水下接收为例,简要说明泥水盾构水下接收工艺。

(1)工程概况

广州地铁某项目出入段线区间在吊出井端头出洞位置隧道顶部埋深2.5m,所处地层主要为人工填土、粉质黏土、粉细砂、中粗砂;勘察时初见地下水位埋深为 1.8~3.1m,初见水位高程为 3.83~5.18m;混合稳定水位埋深为 1.3~5.8m,稳定水位高程为 1.33~5.88m。

(2)主要接收措施

接收端头属于浅埋覆土出洞,结合施工现场实际情况,采用混凝土压板反压+端头旋喷桩加固+吊出井回填水的措施确保盾构机顺利出洞。

①端头施作混凝土压板+抗拔桩

为防止接收端头浅埋段掘进导致地面沉降或隆起,端头浅埋段隧道上方施作混凝土压板+抗拔桩抗浮,混凝土压板宽以隧道外结构线向两侧扩 6m,厚 400mm,抗拔桩直径为 800mm,合计 13 根,分布至隧道两侧,间距为 7~10m。其中,抗拔桩采用 C35P12 水下混凝土,压板采用 C35P10 混凝土。

混凝土压板及抗拔桩剖面图如图 3-4-19 所示。

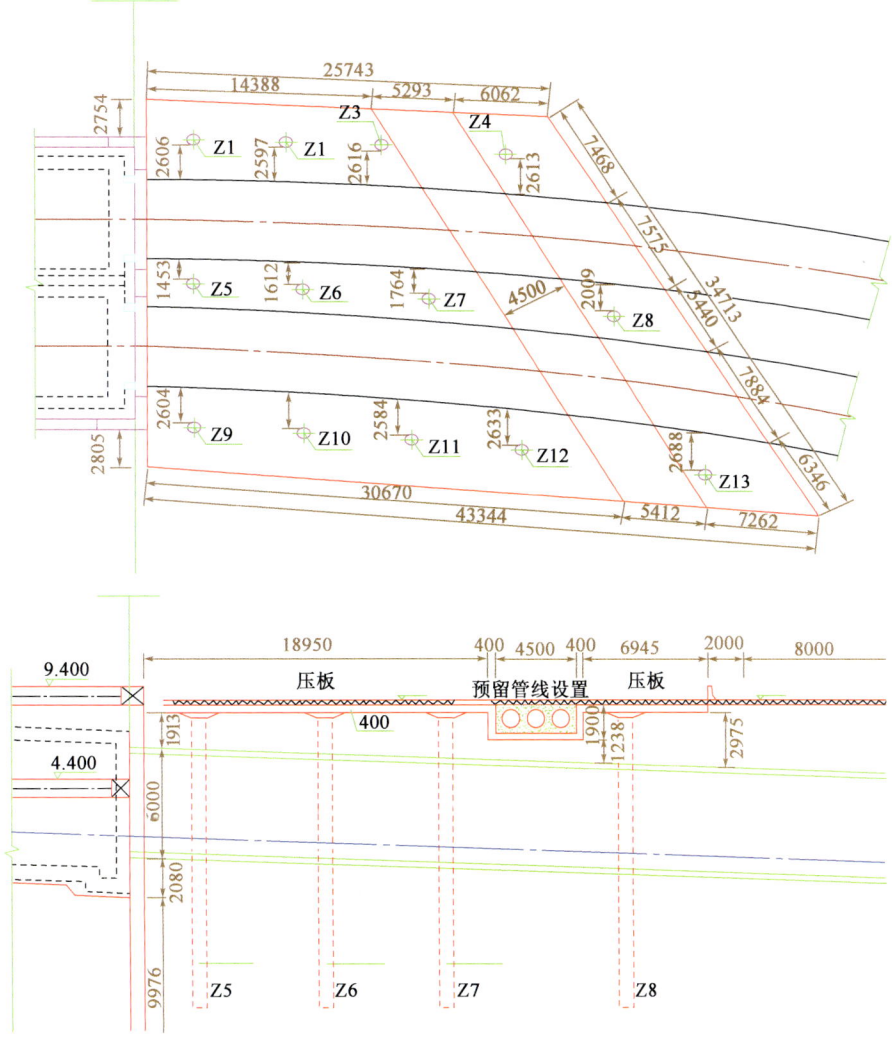

图 3-4-19　混凝土压板及抗拔桩剖面图(尺寸单位:mm)

②到达准备工作

a. 到达前 200m、50m 要进行导线和高程测量,并进行多次复测,报审核,同时应对到达洞门进行测量,以精确确定其位置。

b. 以 50m 为起点,结合洞门位置,参照设计线路,制订严格的掘进计划,落实到每一环。确保盾构机到达姿态满足接收要求。安装接收托架(图 3-4-20)及洞门帘布,确保托架定位满足盾构接收条件。

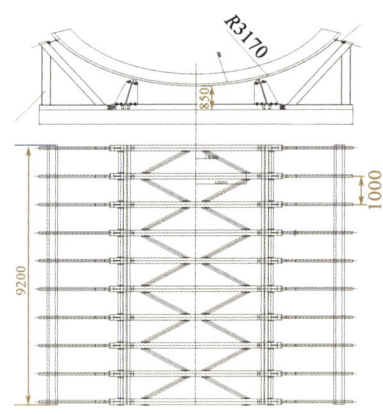 

图 3-4-20　接收托架安装(尺寸单位:mm)

c. 由于为 250m 小半径出洞,因此托架的固定质量将决定盾体在托架上行走是否发生变形。托架固定主要有以下三个工序:将托架与底板预埋钢板完全焊接;在托架的左右两侧及托架后侧加工字钢等材料将接收托架支撑在接收井的侧墙上,保证盾构机上托架过程中不发生移位;托架与洞门之间设置导轨(图 3-4-21),确保盾构机出洞后顺利上托架。

图 3-4-21　导轨安装

③井口回填

盾构接收前,在接收井内回填水,水回填至吊出井顶部冠梁底,此时距离隧道顶为 2.15m,回填范围如图 3-4-22 所示。

④井口回填水处理

根据施工进度安排,出入段线区间入段线优先出洞。因此入段线吊出井准备工作完成后进行回填水,待盾构机顺利出洞,洞门完全封堵后将回填水抽至出段线吊出井端头,重复利用以节约施工成本,保护环境。

理论计算回填水量约 900m³,现场调整池、浓缩池每个储浆量为 314m³,现场压滤池、制浆池合计 276m³,总计 904m³ 现场储浆能力,满足盾构机出洞后及时抽排吊出井回填水要求。因此入段线盾构出洞后及时通过压滤机把调整池、浓缩池的泥浆处理掉,保证出段线盾构机顺利出洞完成洞门封堵后,利用泥浆环流系统抽浆泵将回填水抽至地面桶槽后进行压滤处理。同时泥浆抽至底部时利用盾体自带气动隔膜泵将剩余回填水抽至台车污水箱后环流至地面桶槽。

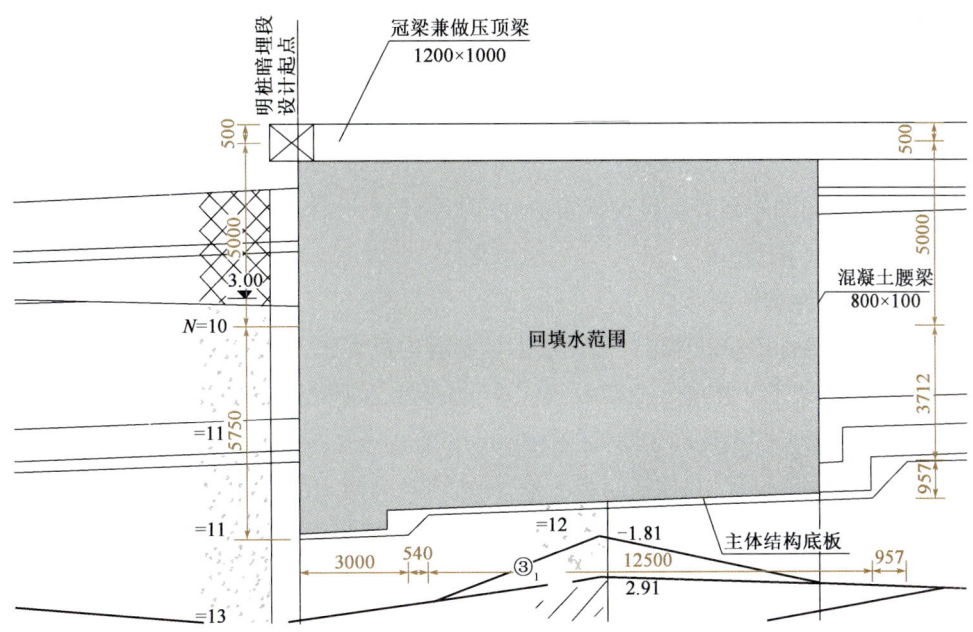

图 3-4-22　吊出井回填剖面图(尺寸单位:mm)

⑤设备检修及盾构机姿态复测

盾构到达前 100 环,依次对各控制点进行复核测量,确保控制点精确无误,同时对达到端洞门中线进行复核,确认洞门精确位置。当盾构到达洞门前 50m 时即进入到达掘进状态,以每天两次的频率监测地面的沉降情况,并根据监测数据,采取补浆等措施。在到达前 30 环时,对盾构机姿态进行再次复核,并确保盾构沿设计轴线推进出洞。

在盾构出洞前,对隧道 20 环管片设置纵向拉条,保证管片环缝紧密贴合,在拼装管片时及时拧紧管片螺栓并按要求进行四次复紧。

盾构到达掘进出洞前,应对设备主要部件再次进行检修,尤其是千斤顶液压泵、出土液压闸门及手动闸门是否正常,确保出洞安全顺利进行。如存在问题,应尽快解决。

⑥盾构到达段推进控制

a. 盾构机切口水压力控制

盾构出洞时的切口泥水压力应根据实际掘进情况适当调整,依据前期掘进经验,切口环水压保持在 0.2~0.3bar,并依据地面监测情况进行调整,防止地面出现隆起、沉降等现象。盾构推进、逆洗和旁路三种状态切换时的切口水压偏差值均控制在 -0.1~+0.1bar。

b. 盾构正常段掘进

盾构到达前段,掘进施工严格控制盾构机姿态,确保盾构平面、高程偏差在允许范围内,推力控制在 3000kN 以内,速度控制在 15~20mm/min,扭矩控制在 250~350kN·m,准备进入吊出井。

c. 盾构洞门段掘进

盾构破地下连续墙时的推进速度小于 10mm/min,地下连续墙剩余 300mm 时,速度应减至 3~5mm/min,尽量避免推进速度过快产生大块墙体塌落,进而导致换流系统堵管。

d. 泥水控制

泥浆相对密度控制在 1.15~1.25,黏度控制在 21~23s,环流系统进浆流量控制在 350m³/h,排浆流量控制在 380m³/h。

⑦盾构机接收姿态控制

出洞前50环,每5环对盾构机姿态进行复核,掘进过程中确保盾构机垂直姿态控制在 -10 ~ -20mm之间,并保证抬头趋势,水平姿态控制在 -25 ~35mm之间,并保证向左趋势;进入加固体前10环,每3环对盾构机姿态进行复核,缓慢将姿态提高至0 ~10mm之间,并保证抬头趋势,继续保持水平姿态 -25 ~35mm环之间向左趋势。出现异常时,及时停机分析,采取合理纠偏措施,确保盾构机顺利接收进入托架。

⑧盾构机在托架上掘进控制

a. 上托架时姿态控制:必须以理论计算的姿态控制盾构机姿态,确保姿态在合理范围内,保证刀盘、盾体可以完全进入到托架上。在进入托架后,停止转动刀盘,关闭泥浆环流系统,盾体沿直线向前用千斤顶顶进。

b. 同步注浆:盾构掘进过程中,加强同步注浆,可适当提高同步注浆量。

c. 二次注浆:盾构出洞过程中,最后10环每环均补充双液浆,注浆点位为1、4、8、11点位,双液浆为水泥—水玻璃双液浆,初凝时间控制在25s以内。

d. 扇形压板紧固:当盾构机前盾过洞门帘布后,及时用接收井预留的葫芦拉紧钢丝绳,确保盾体与帘布之间捆绑密实,如图3-4-23所示。

图3-4-23 利用顶板葫芦紧固扇形压板

⑨洞门封堵

a. 洞门封堵:在盾尾脱离主体结构侧墙及出洞环前,对在主体侧墙及地下连续墙范围内的3环管片进行二次注浆,注浆点位为1、4、8、11点位,双液浆为水泥—水玻璃双液浆,初凝时间控制在20s以内。注浆过程中确保注浆效果,保证侧墙及地下连续墙与管片之间双液浆填充密实。

b. 重复进行二次注浆:洞门封堵完成后,对后5环管片再次重复进行二次注浆,注浆点位为1、4、8、11点位,双液浆为水泥—水玻璃双液浆,初凝时间控制在25s以内。

c. 效果检验:洞门封堵及管片二次注浆完成后,对管片吊装孔进行开孔检验,若无渗漏,则封堵质量合格;若有渗漏,则重复注浆直到封堵质量合格。

⑩抽排井口回填水

洞门封堵质量检测合格后,开启环流系统排浆泵,对井口回填水进行抽排。抽排至土仓排浆管口以下时,利用气动泵进行泥浆抽排,抽排完成后人工对井口底板面进行清理。

(3)水下接收注意事项

掘进过程中,加强环流系统控制,严格控制泥水仓压力,防止泥水仓波动造成地面隆起或下沉。根据地层情况调整进排浆流量,使泥水仓压力稳定在设定值。遇到环流系统堵塞时,立即稳定泥水仓压力后切换至旁通模式,防止泥水仓压力升高导致地面冒浆或拱起。

4.2.4 钢套筒接收

1)工法原理

钢套筒接收实际是一种特殊的水下接收,其主要原理也是在钢套筒内进行水土回填,建立筒内和洞门外的水土压力平衡,同时由于钢套筒与接收洞门形成密闭条件,可有效降低盾构接收对周边环境的影响。

2)适用范围

适合接收场地不满足盾构接收长度要求及接收井不具备端头加固条件或者端头加固不能达到预期效果的情况,适用于各类地层盾构接收施工。

3)施工流程

钢套筒接收施工流程如图3-4-24所示。

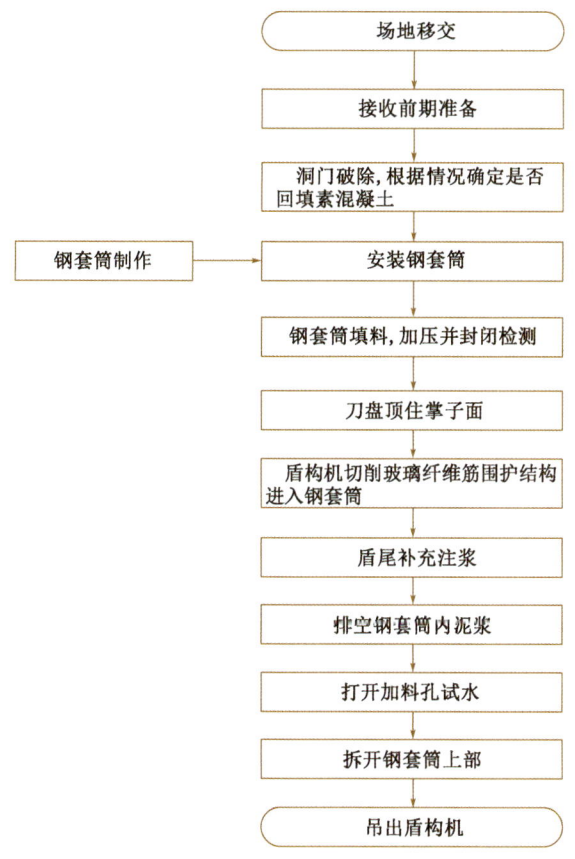

图 3-4-24 钢套筒接收施工流程图

4)施工质量控制要点

(1)主体结构施工预埋钢板的埋设

为确保钢套筒接收稳定性,需在主体结构底板、侧墙上预埋钢板,具体步骤为:盾构井段回填素混凝土至洞门下21cm,钢套筒楔形块处留设工作槽,然后满铺20mm厚钢板(仅工作槽处留设下槽孔),钢套筒下再铺设20mm钢板,用于平移,该钢板与托架四周满焊,与下部钢板进行满焊加固;托架两侧侧墙和底板位置分别各预埋6块钢板,钢板尺寸为600mm×600mm×20mm,用于加固横向支撑;反力架立柱与底板接触面以及斜向支撑处需预埋每侧3块共6块钢板,钢板尺寸为1500mm×1000mm×20mm,反力架下部横梁需在盾构井高低差处预埋4块钢板,钢板尺寸为600mm×600mm×20mm,反力架上部横梁需在盾构井中板处预埋4块钢板,钢板尺寸为300mm×250mm×20mm。钢套筒安装时,对其进行加固。

(2)接收钢套筒的安装及检测

①筒体部分连接

安装第一节钢套筒的下半段,使钢套筒的中心与事先确定好的井口盾体中线重合,在下半段的钢套筒左右两边的法兰处放置10mm厚的橡胶密封垫,在与第二节的下半部连接过程中要注意水平位置与纵向位置的一致,确保螺栓孔对位准确,并用M30的高强螺栓连接紧固。

将下半部连接好以后,再将第1节上半部连接,然后再将过渡连板与第1节钢套筒对接。依次将第2、3节上半块连接,将各个连接螺栓紧固。

②后端盖连接

后端盖由冠球盖与后盖板两部分组成,安装后端盖时应在地面上把这两部分连接好再吊下井,后盖板与冠球盖之间加10mm厚的橡胶板后用M30螺栓(8.8级)紧固在钢套筒后法兰上。后端盖在地面上将椭圆盖板与后盖板连接紧固后与第3节连接法兰连接,后端盖板与法兰连接过程中底部的连接螺栓已经将螺母点焊在法兰盘的后面,只需直接将连接螺栓紧固即可。后端盖连接示意图如图3-4-25所示。

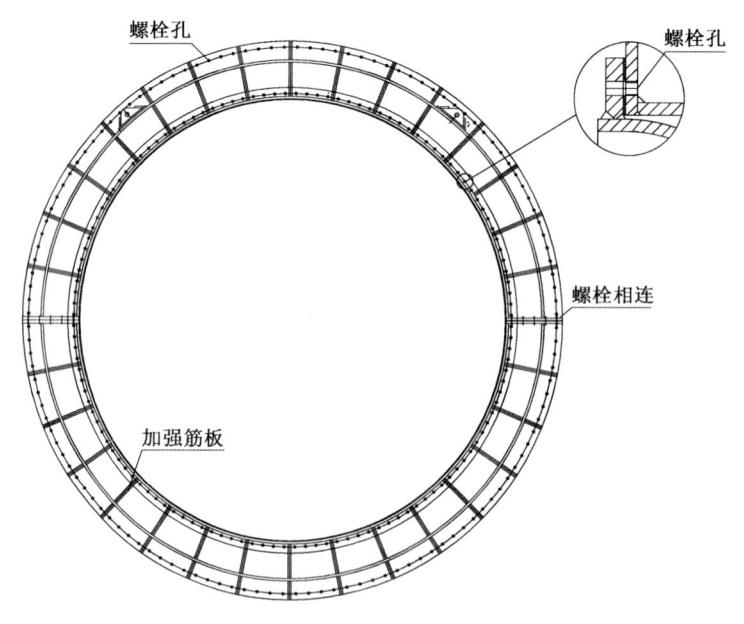

图3-4-25 钢套筒后端盖连接示意图

③反力架安装

反力架紧贴钢套筒后盖,冠球部分不与反力架接触,而且其与盾构机始发时反力架的最大不同之处是:其不与后端盖的平面板直接接触传递力,而是通过内外2排M30的压紧螺杆(共128颗)传递力,这样能通过调整各颗螺杆的长度来更好地保证反力架各处都能与后端盖顶紧,消除了因平面之间不紧贴造成受力不均匀的影响。反力架加工示例如图3-4-26所示,反力架与后端盖板的关系示意图如图3-4-27所示。

为方便作业人员调节螺杆,反力架与后端盖板间设置8组100t的千斤顶,均匀布置,如图3-4-28所示。

图 3-4-26 反力架加工

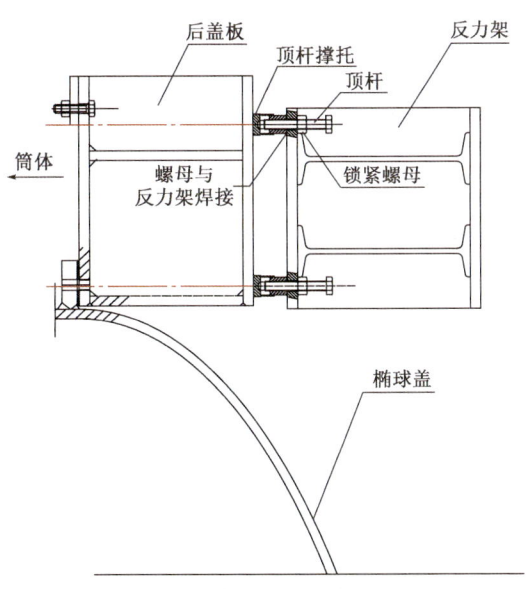

图 3-4-27 反力架与后端盖板的关系示意图

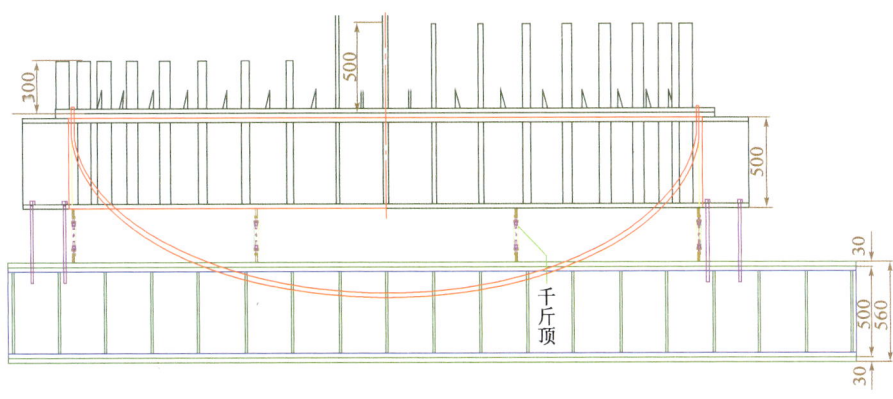

图 3-4-28 后端盖与反力架间设置的千斤顶示意图(尺寸单位:mm)

④钢套筒的过渡连接板与洞门环板的连接

钢套筒的过渡连接板与洞门环板接触后,要检查两个平面是否能够完全连接,由于洞门环板在预埋的过程中可能出现变形或平面度偏差较大的情况,所以有可能出现过渡连接板与洞门环板不密贴的情况,这时就需在这些空隙处填充钢板并与过渡板焊接牢固,务必将空隙尽可能地堵住。在确定洞门环板与过渡板全部密贴后,将过渡板满焊在洞门环板上。焊接过渡板过程中,上半部分只焊外侧,下半部分内外侧满焊。过渡连接板安装示意图如图3-4-29所示。

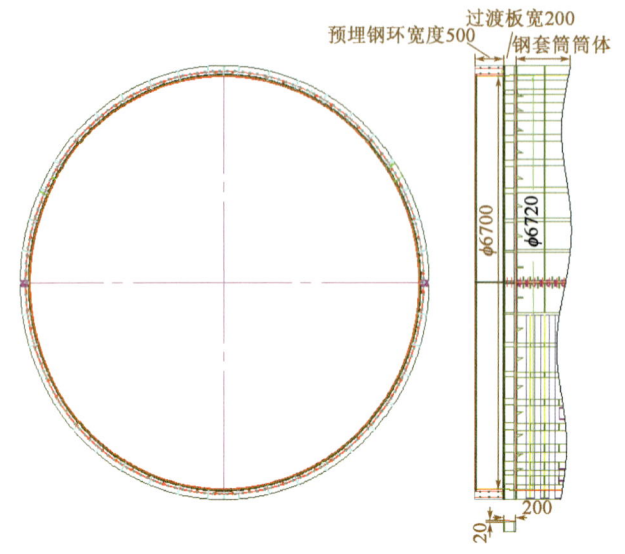

图3-4-29　过渡连接板安装示意图(尺寸单位:mm)

⑤横向支撑安装

钢套筒安装完毕,检查确认后,即进行横向支撑安装。如图3-4-30~图3-4-32所示,横向支撑采用H125型钢支撑在基坑侧墙结构上,支撑在侧墙的一端要加钢板封盖,保证支撑与侧墙的接触面积。竖向高度要求支撑位置固定在距离钢套筒托架底部500mm处。另外,反力架也要安装横向支撑,上下共4根支撑,上部支撑在负二层结构上,避免反力架出现横向位移。

⑥钢套筒检测试压

钢套筒安装完成后,首先向钢套筒下部50cm填充直径20mm左右的石子,然后再向钢套筒内填充粗砂,在填充过程适当加水,保证砂石的密实,然后加水至完全充满钢套筒。填料完成后,即可进行钢套筒检测试压。

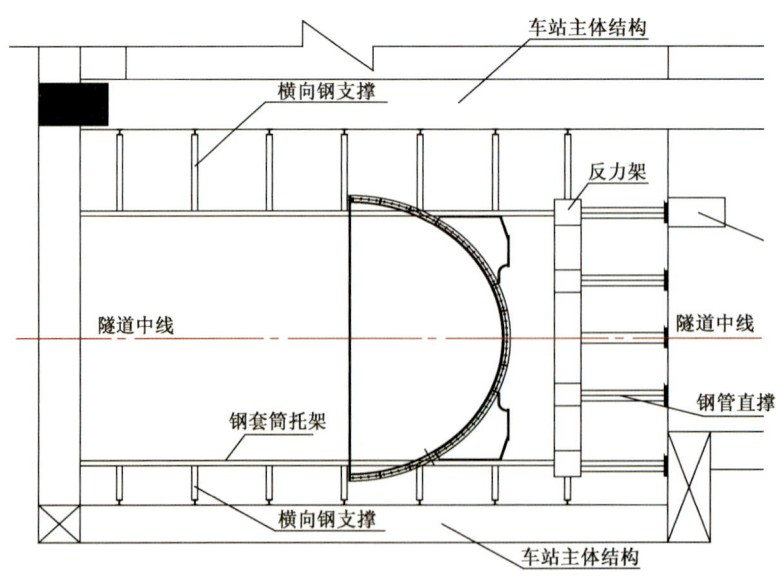

图3-4-30　钢套筒横向支撑安装示意图

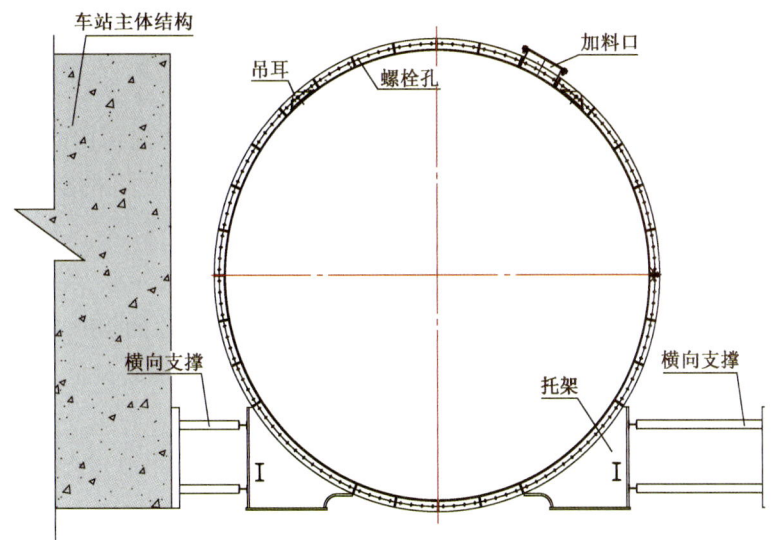

图 3-4-31 钢套筒横向支撑安装示意图

图 3-4-32 钢套筒整体安装完成

⑦渗漏检测

从加水孔向钢套筒内加水,如果压力能够达到 3bar,则停止加水,并维持压力稳定,对各个连接部分进行检查,包括洞门连接板、钢套筒环向与纵向连接位置、后端盖板的连接处有无漏水,检查反力架支撑的各个焊缝位置有无脱焊情况。

⑧钢套筒位移检测

对钢套筒应进行位移检测,在试水、加压测试前,在钢套筒与洞门环板连接的部位分区安装应变片,在钢套筒表面安装百分表,在加压过程中,一旦发现应变超标或位移过大,必须立即进行泄压,分析原因并采取解决措施。根据设计计算,位移量控制最严格的位置是洞门环板与钢套筒的连接位置,允许变形量为 1.5~2mm。另一位置是后盖椭球体的中心圆点位置,此处受压力最大,必须监测其变形量,最大允许变形量为 5mm。

⑨盾构到达掘进

盾构到达前,通过实际测量计算出盾构刀盘碰端头围护结构的里程。盾构到达此里程即进入到达掘进状态,以每天两次的频率监测地面的沉降情况,并根据监测数据,采取补浆等措施。

碰壁前推进设置:在盾构到达围护结构掌子面以前,必须注意盾构掘进参数的选择,保证盾构碰壁时盾构机姿态良好。

出洞推进设置：为了防止出洞时盾构机"栽头"，要求盾构机机头高于轴线2~3cm，呈略抬头向上姿势。

盾构掘进至盾体上的注脂孔到达端头旋喷桩加固体时，停机在盾体内预留的注脂孔往外注入聚氨酯，聚氨酯与盾体外的地下水反应形成聚合物填充盾体与旋喷桩加固体之间的空隙，防止加固体外的地下水进入前方。

注浆封堵：在盾体出洞、盾尾通过洞口的过程中，每环均补充双液注浆；在盾尾通过旋喷桩加固区后，要在盾尾部位的管片注双液浆，注浆量为管片与洞门和隧道间隙的180%。时刻检查钢套线筒是否有漏浆、形变等情况，如有漏浆或者形变过大等情况发生，可以采取调低土仓压力，减小推速等措施。

盾体推进到合适位置并完成盾尾密封后，清空土仓内渣土，然后逐步泄压，将钢套筒中浆液尽量排出。排出剩余的浆液并检查筒体的漏浆情况，待盾尾双液浆凝固后，开始拆除钢套筒。

4.2.5 密封小基坑始发接收

1）工法原理

在端头井外增设一圈素混凝土墙（桩），形成一个密封小基坑。盾构始发时，素混凝土墙（桩）可以止水且挡土墙能隔断盾构始发扰动带来的土体滑移影响，避免对周边环境扰动过大，如图3-4-33a）所示；盾构接收时，小基坑可有效切断洞门与外部的关系，借助管片注浆提前建立密封条件，降低接收时洞门涌水、涌砂的风险，如图3-4-33b）所示。

2）适用范围

本工法适用于周边环境复杂，建（构）筑物多的盾构始发接收等需要提前切断端头井外土体与环境联系的情况。

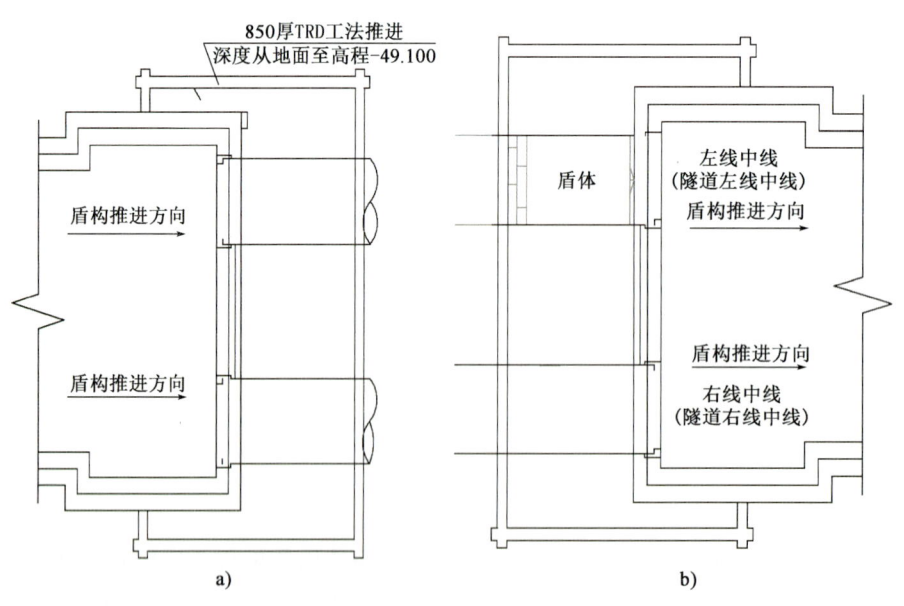

图3-4-33 密封小基坑始发、接收的作用机理

3）施工流程

密封小基坑端头井加固前仍应对端头井洞门范围的土体进行有效加固,确保始发接收洞门稳定,然后进行密封及降水作业,具体施工流程如图3-4-34所示。

4）施工质量控制要点

密封小基坑端头井加固设计方案常见于地下水位高、周边环境复杂,需要尽量切断与周边环境联系的盾构始发接收端头加固设计中。其主要的质量控制要点也集中在洞门范围端头土体加固质量和端头井外密封围护墙接缝的质量控制。

(1)洞门范围端头土体加固质量控制

洞门范围的端头加固质量控制要点即确保旋喷桩、搅拌桩的水泥土加固质量以及桩间搭接咬合的质量控制,确保洞门范围的土体可有效固结形成止水帷幕。

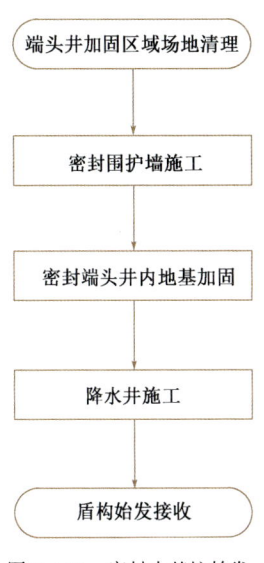

图3-4-34 密封小基坑始发、接收施工流程图

(2)端头井外密封围护墙质量控制

端头井外的围护墙,对于切断小基坑与周边的联系、隔绝外部土体和水流进入小基坑范围起着决定性的作用。故对于端头井外密封围护墙的质量控制,应从接缝质量和成槽深度两个方面进行控制。国内通常采用TRD工法来施工水泥墙体(图3-4-35),主要目的是借助TRD成槽质量好、成槽深度精度控制高的特性来确保围护墙质量。

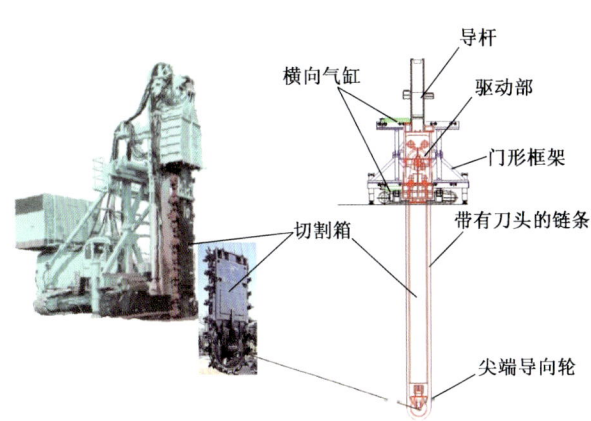

图3-4-35 TRD设备构成图

在现场TRD施工中,质量管控要点主要有以下几个方面:

①桩位放样误差小于2cm,深度误差小于10cm;桩身垂直度按设计要求,误差不大于桩身长度的0.5%。

②水泥浆液应严格按预定配合比制作,以防止灰浆离析,有利于水泥浆与土均匀拌和,并配有专职人员负责管理浆液配置。

③工程实施过程中,严禁发生定位钢板移位。一旦发现挖土机在清除沟槽土时碰撞定位钢板使其跑位,应立即重新放线,严格按照设计图纸施工。

④施工过程中一旦出现冷缝,则应在接缝处对已成墙(长度为0.5m)进行重新切割搅拌,以确保止水效果。

⑤确保桩身强度和均匀性。严格控制每个搅拌桶的水泥用量及液面高度,用水量采取总量控制,并用比重仪随时检查水泥浆的相对密度;土体应充分搅拌切割,使原状土得到充分破碎,有利于水泥浆与土均匀搅拌,以保证施工质量。

⑥压浆阶段输浆管道不能堵塞,不允许发生断浆现象;桩身须注浆均匀,不得出现土浆夹心层。

⑦发生管道堵塞时,应立即停泵处理。待处理结束后,立即把搅拌钻具启动、停留1min左右后再继续注浆,等40~60s恢复横向搅拌切割。

第 5 章 换刀专项技术

盾构换刀作业是盾构施工中安全事故高发的工序,以往换刀施工中,由于换刀点加固不良、带压换刀压力控制不佳以及掌子面通风控制不足等原因,发生过地表垮塌、作业人员受伤、作业人员有害气体中毒甚至严重时出现隧道内爆炸的安全事故。本章将对换刀原因进行分析,介绍换刀风险和各类换刀技术工艺流程,并对换刀施工注意事项和目前国内换刀新思路进行说明。

5.1 换刀原因分析

盾构机在孤石、砂卵石、硬岩地层中长时间施工后,刀具会有极大磨损,如果不及时更换处理,极端情况下会导致刀盘报废的严重后果。因此,及时进行开仓换刀是必要的。

盾构掘进过程中如果发现渣温过高、扭矩增大、推力增大、掘进速度减慢等参数异常情况,应在稳定掌子面的情况下进行刀具检查,确定更换刀具的位置和数量,根据地质情况选择合理的换刀点进行换刀检修。

5.2 换刀风险分析

相对于盾构正常掘进施工来说,盾构换刀作业面临的风险更大,主要有三个方面的风险:一是作业人员安全风险;二是换刀地层失稳风险;三是工期延误风险。总体来说,换刀停机时间越长,地层失稳的可能性就越大,工程总体的风险也越大。

5.3 换刀技术及工法

根据国内地铁隧道施工经验,主要的换刀工法有常压换刀和带压换刀两种。其中,常压换刀又分为预处理常压换刀和注浆常压换刀两种。近几年兴起的新技术换刀,则包括冷冻刀盘换刀技术、机器人辅助换刀技术以及可更换刀盘换刀技术。

1)常压换刀

在不加气压的情况下,利用土体的自身稳定性平衡仓外的水土压力,然后人员在常压下进入土仓进行刀具的更换作业。常压换刀按照是否提前加固可分为直接常压开仓换刀、预加固常压换刀和常压可更换刀盘换刀三种。预加固常压换刀前应确定换刀地点,在地面预先采用三轴搅拌桩、旋喷桩等土体加固措施提前对土体进行加固,增强土体的自稳性能,盾构刀盘进入加固区后,再进行常压开仓换刀。

2）带压换刀

带压开仓根据地质条件的复杂情况可分为常规带压开仓和泥膜辅助带压开仓两种。常规带压开仓主要适用于地质条件较好、具有一定自稳能力的地层,主要方法是利用盾构机自带的两台空压机或辅助压气设备,对土仓进行加气压,将土仓内的水土用空气进行置换,用气压代替原来的水土压力,建立土仓内气压和仓外水土压力平衡,然后人员进入土仓内带压作业,进行刀具的更换。

泥膜辅助带压开仓是通过在刀盘前方掌子面形成优质泥膜,保证刀盘前方周围地层稳定,然后通过压缩气体来平衡刀盘前方水土压力,达到稳定掌子面和防止地下水渗入的目的,作业人员在气压条件下,通过气压舱和开挖仓之间的人闸门安全地进入开挖仓内进行检查、维修保养及泥饼处理等过程作业。常见的护壁泥膜有广州地区使用的"衡盾泥"、成都地区使用的"克泥效"以及上海地区使用的"特殊浆液"。

5.3.1 常压换刀

1）常压换刀流程

常压换刀流程如图3-5-1所示。

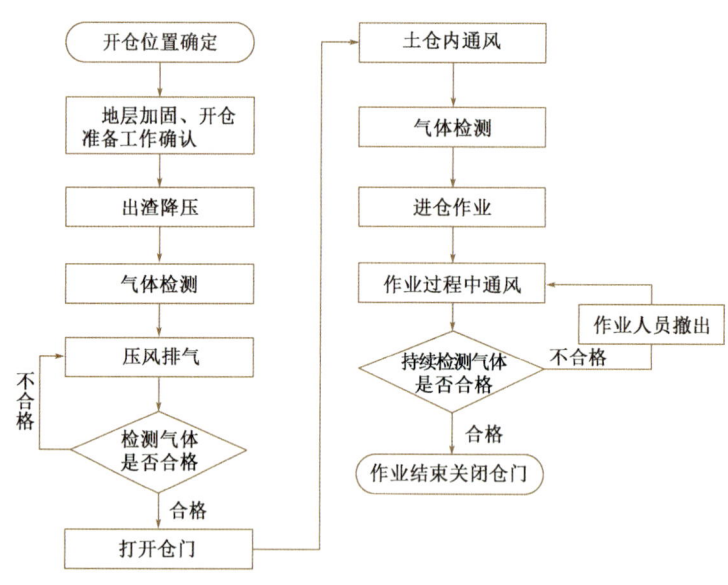

图3-5-1 常压换刀流程图

(1)开仓准备

一般情况下,将土仓内的渣位降至人舱门以下,同时在出土过程中注意观察土仓的压力变化,以判断土体的自稳性,确保刀盘前方土体自稳性可靠。

(2)开仓施工

①打开土仓壁上方的两个球阀,将 $\phi15mm$ 钢筋插入土仓内,根据插入的情况判断土仓的情况,同时使用有害气体检测仪伸入土仓,检测有害气体的含量,并做好记录。如有害气体含量超标,可向土仓

内加入压缩空气进行稀释并通过球阀向外排出。与此同时,保证通风机的运转,从隧道外引入新鲜的空气。然后再将土仓壁上的球阀,由上而下用同样的方法检查水位情况,并保证下部的球阀在整个换刀过程中排水通畅。当有害气体含量在允许范围内、土仓内水位在半仓以下时才可以进入人闸准备打开土仓仓门。

②打开仓门时,先将仓门全部螺栓松开2~3颗螺牙,观察有无泥水从门缝间渗入人闸,若没有泥水渗入,则再继续松开螺栓,留住最后的3~4颗螺牙,撬动门架使门架有所移动,若无泥水土涌入,可旋下所有螺栓,打开仓门。向土仓内通压缩空气约10min,用有害气体检测仪检测土仓内的有害气体含量,不超标的情况下铲除门口泥土,将照明引入,观察土仓内积土及泥水渗入情况,随后换刀操作人员进入土仓,留1人在门口监护。

③人员进入土仓后先把土仓上面积附的泥土铲刮到土仓底部,然后用水冲洗刀座至全部露出钢板及刀座架上的刀具及螺栓。清理刀具,使刀具不被土体包裹,便于刀具更换。

④选择最佳的刀具更换位置,在土仓内焊接刀具的吊耳,便于更换刀具过程中刀具的水平运输。在焊接过程中和焊接完毕后保持向土仓内通入压缩空气,使焊接过程中产生的烟尘很快排出。

⑤再次检测有害气体的含量,在不超标的情况下换刀操作人员将刀盘转至刀具更换位置,进入土仓内进行刀具的拆卸和更换。同时配合人员将刀具运至人闸仓内准备,并将拆下的刀具运至洞外。

2)施工注意事项

(1)土仓内有人员工作时,除操作室内有人员值班外,其他情况下均要按下刀盘急停按钮,以防止操作失误引发事故。

(2)需要旋转刀盘时,土仓内的人员必须全部撤离土仓后才允许旋转刀盘。

(3)有害气体的检测工作除了工作内容更改时进行检测外,在正常换刀过程中每间隔1h要测1次,并做好相关的记录。

(4)刀具在土仓内吊装时,绝不允许操作人员站在正在运输的刀具下方。

(5)刀具的吊装和定位必须使用抓紧钳等吊装工具。所有用于吊装刀具的吊具和工具都必须经过严格检查。

5.3.2 带压换刀

1)带压换刀流程

带压换刀流程如图3-5-2所示。

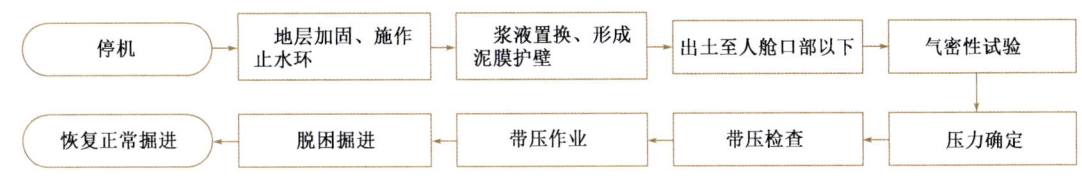

图3-5-2 带压换刀流程图

(1)开仓准备

①开仓位置选择

根据区间地质、地面建筑物及管线、区间长度、刀具耐磨性等情况预先制订开仓计划,对开仓作业位置的地质和环境风险进行辨识评估,确定合理的开仓地点与开仓方法。

②技术准备

依据准备开仓作业位置的地质和水文条件,计算出开挖理论工作压力(见本章 3.1.6 小节),根据计算所得的理论工作压力进行现场试验,如果能保证开挖面稳定,则可确定该压力为开仓工作压力;若不能保证掌子面稳定,则重新试验直至确定合理的开仓压力为止。

③超前地层加固

为确保刀盘前方周围地层的气密性和能够有效封堵刀盘后部来水,带压作业前需利用设备自带的超前注浆孔对刀盘前方周围地层进行注浆加固。

④出土及气密性试验

在超前注浆工作全部完成并达到预定强度后,即可进行刀盘前和土仓内的渣土输出,在出渣过程中,边出渣边补充气压,并随时注意土仓压力变化,使土仓压力不小于停机前掘进时的土仓压力,出渣至土仓渣土面低于人舱口部以下(不能全部出空,以免发生螺旋输送机漏气现象)。在出土和进行气密试验过程中应注意以下三点:

a. 出土要分阶段进行,打开自动保压系统设定为设计值,将土仓中的渣土输出约1/3,观察土仓压力值的变化,若土仓压力无法保持,则重新恢复注浆。若土仓压力保持 2h 没有变化,则继续出土至 2/3,观察土仓压力值的变化;若土仓压力保持 2h 没有变化或不发生大的波动时(压力变化值小于 0.05bar),则表明土仓压气试验合格。

b. 土仓渗水量测定。注浆封水只能封堵盾壳周围岩层、管片背后岩层中的裂隙水,对于掌子面上较大的裂隙水在压气情况下仍会不断地进入土仓。根据现场经验,测定的渗水量若大于 $0.5\mathrm{m}^3/\mathrm{h}$,则不能安全地实施带压进仓作业,必须采取安全稳妥的排水措施。

c. 人舱气密性试验。人舱是人员出入土仓进行维修和检查的转换通道,出入土仓的工具和材料也由此通过,通常情况下人员舱处于无压模式,带压作业时处于加压模式,而气密性试验是通过升压、降压试验来检查人舱门、土仓门、仓壁上各种管路是否漏气。根据现场经验,从 0 升压(不装消音器)至设计值不超过 10min 即为合格;降压操作过程中通常会出现土仓门漏气现象,造成气压降不到 0,现场实践得出若降压后气压能小于 0.3bar 则为安全,若气压不能降至 0.3bar 以下,则需要带压进行土仓门密封的处理。

(2)带压进仓检查

为了进一步判断掌子面的地质情况和刀盘刀具磨损情况,首先要由专业技术人员带压进仓对掌子面的地质情况和稳定性进行检查、确认,同时对刀盘、刀具的磨损情况进行检查,确定换刀方案和带压换刀前的各项准备工作。

地质检查的工作内容有掌子面地质情况素描、地层加固效果验证、掌子面出露水情况、地层取样,并综合以上因素对掌子面稳定性进行判定,同时拍摄工程照片。

刀盘、刀具检查的工作内容有测各种刀具的磨损量、测刀盘面板的磨损量、拍摄细部照片等,并根据检查结果制订下一步工作方案。

(3)带压进仓作业

根据技术部门制订的工作方案,施工人员在专业操仓和救生人员的配合下进行换刀、处理断螺栓、凿刀槽等工作。

①确定减压方案

工程技术人员首先根据进仓检查情况和当前位置处的水土压力确定工作气压值,专业医务人员根据工作气压值、工作量大小、人员身体素质制订安全、稳妥的减压方案。

②更换刀具

刀具更换的原则是先易后难,螺栓拆除采用风动扳手,螺栓紧固采用力矩扳手,确保刀具安装质量。

换刀过程中当遇到断螺栓时,一般采用以下两种处理方案:若断口在螺孔之外,则直接拆除;若断口在螺孔里面,则要用风动手钻打孔,用取丝器取出断螺栓,严禁采用电动工具。

当刀具发生偏磨后,在硬岩段掘进时就会在掌子面形成凸出掌子面的岩石。为了使新安装的刀具在开始转动时以较小的贯入度切削岩石,同时避免新装刀具先接触岩面而出现局部偏载现象,必须将凸出的岩石按技术要求凿除,否则很容易损坏新装刀具,严重影响施工效率,甚至造成其他严重后果。

③减压出仓

一般情况下,每组有效带压作业时间为3h左右(在带压情况下作业人体很容易疲劳),工作结束后按既定的减压方案进行减压、出仓,下一组人员进仓。

(4)完成收尾工作、恢复推进

换刀工作完成后,作业人员要将土仓内所有的工具带出仓外,机电技术人员要对所有的刀具安装质量进行检查,确认无误后关闭土仓门恢复推进。

(5)开仓注意细节

①进入土仓的作业人员一定要佩戴好安全帽、安全带、安全绳等防护用品。

②有害气体的检测,除了开仓第一时间进行检测外,换刀作业时每间隔1h检测1次,并做好记录。

③刀具在土仓内运输,保证刀具下方没有施工作业人员,经确认后方可进行刀具运输。

④需要旋转刀盘时,土仓内的工作人员必须全部撤离,经确认后方可进行刀盘旋转。

⑤仓内与仓门口保持对讲机联系,人员进入仓内,气体检测仪直接放在土仓口,时刻检测有害气体,人员在土仓内作业期间,生物活体一直留置在土仓内。开仓后必须保持不间断通风,直到开仓作业完成。

2)施工注意事项

(1)土仓内水位快速上升时,应提前备好应急水泵,地面降水井24h派人值守,与隧道内做好沟通,降水井一旦停抽,仓内人员应立即撤出,使用应急水泵对土仓内积水进行抽排。

(2)开仓后若发现掌子面不稳定,应对刀盘开口位置进行封闭后再进仓作业。

(3)进仓作业人员如有不适症状,应立即退出土仓,到通风处休息。

3)"衡盾泥"辅助带压换刀

(1)"衡盾泥"简介

"衡盾泥"是一种以无机黏土为主要材料,通过改性后与增黏剂反应形成一种高黏度的触变泥浆,具有良好的和易性和黏附性,在水中不易被稀释带走,成膜稳定,附着力好,是一种绿色环保材料,如图3-5-3所示。"衡盾泥"浆体泥膜护壁具有较好的时效耐用性,封闭保压效果稳定,能满足带压开仓的需要。

(2)工法原理

为降低开仓作业风险,应采用"衡盾泥"对盾体周边、刀盘前方以及土仓进行填充或换填,使盾体周边形成一个具有一定稳定性的密封空间,然后通过盾构机自身的保压系统,对掌子面逐级加压,确定满足带压开仓换刀作业条件后,再由作业人员进入刀盘前方换刀。

(3)"衡盾泥"注入

通过前盾体预留径向孔借助同步注浆系统向周圈注入"衡盾泥",注入压力控制为0.5~2MPa,确保"衡盾泥"在盾体周边逐步渗透、扩散,同时打开相邻预留孔泄压观察是否有衡盾泥流出,使盾体周围地层和盾体形成完整的包裹体,盾构机土仓形成一个密闭空间。

 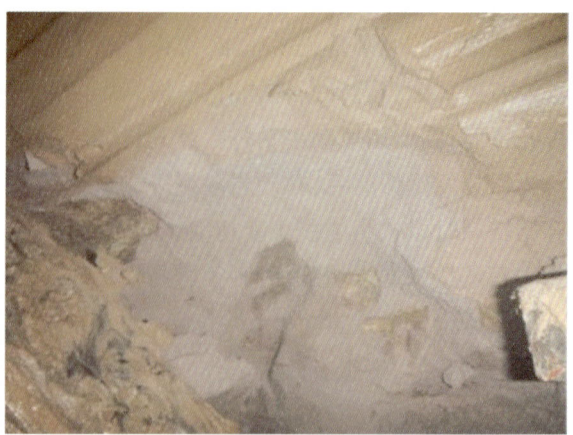

a) 刀盘前方"衡盾泥"护壁效果　　　　　　　　b) 刀箱"衡盾泥"

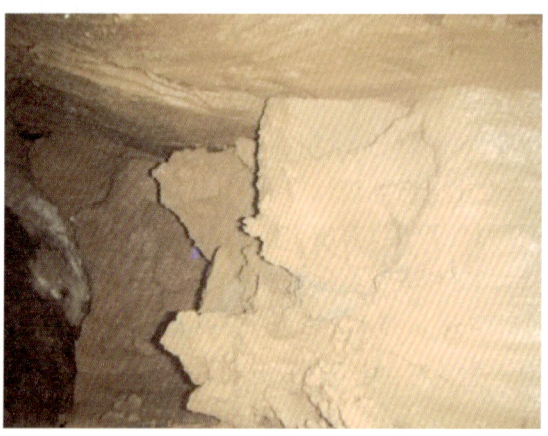

c) 土仓内"衡盾泥"

图 3-5-3　"衡盾泥"成型效果

(4) 排渣置换

采用同步注浆系统由土仓壁平衡球阀多点注入,土仓压力控制在 1.5bar。同时通过螺旋输送机排渣(图 3-5-4),土仓压力波动范围控制在 0.2bar,注入过程可缓慢转动刀盘,渣土置换需做好泵送量与出渣量统计。

图 3-5-4　螺旋输送机出土口排出净"衡盾泥"

(5)"衡盾泥"分级加压

土仓土体被置换为"衡盾泥"后,补充"衡盾泥"保持土仓内土压稳定在置换渣土的设定值,动态稳定 2h 后,方可开始分级加压。

分 5 级加压,通过少量多次地注入"衡盾泥"进行加压,每级 0.2bar。且每级加压要求为土压保持动态稳定 3~4h,才能认为加压成功,否则应查找问题,重新加压。前三级加压过程可以保持刀盘不转动,避免刀盘转动扰动掌子面而影响后续施工。

最后两级加压过程前需完成前盾后退,在土仓注入"衡盾泥"动态稳压条件下,缓慢回收推进液压缸(每次 1cm 左右全环收回),铰接液压缸保持回收状态。此过程保压注入"衡盾泥"位置选择设置在土仓壁 3、9 点位,有利于盾构机均匀后退,反复循环推进液压缸回收动作,直至盾构机整体回收 8~10cm,同时保证土仓能保持动态稳压。在最后一级加压时,需动态稳定在 12h 以上。此过程可转动刀盘,使盾构刀盘前方充分填充均匀的"衡盾泥"。

整个过程应密切关注地表监测数据,如发现地面隆起现象,则减少分级加压级数并提前进行盾构机后退操作。

(6)浆气置换

采用压缩气体置换"衡盾泥"之前,停止注入"衡盾泥",使分级加压土仓压力在周边土仓中释放应力自然降压,当土仓压力降至略高于进仓压力设定值时,开启自动保压系统进行气换浆。如果自然降压过程中土仓压力长时间(6h 以上)无明显变化(0.2bar 以内),开始螺旋输送机排土缓慢降压至设定进仓压力值。降压过程中应密切观察泄压时间并做好详细记录。

自动保压系统在设定压力下开始正常工作后,进行螺旋输送机口排渣换气,并应注意进气量与排泥量相匹配,保证土仓压力稳定在设定压力值(±0.1bar)。此过程分两步完成,第一步将土仓渣土降至自动保压系统供气口下 30cm 左右(出泥量约 $5m^3$),稳压观察土仓压力变化情况,若土仓压力能稳定保持在设定值 2h 以上,再进行第二步换气至 3、9 点位进仓工作面位置,通过土仓壁预留孔进行排气检查仓内液面。若出现螺旋输送机排土不畅,可关闭螺旋输送机并在保压条件下转动刀盘(0.5r/min),扰动土仓内"衡盾泥",增强土仓内泥渣的流动性能,方便螺旋输送机顺利排土。保压时间范围内保证空压机泄气量不大于 10%,通过记录空压机加、卸载时间判断泄气量。

(7)带压进仓准备及进仓作业

①开仓前通风和气体检测

利用盾构机原有人仓保压系统管路,输入新鲜压缩空气,通过人舱平衡阀排气,在排气口采用专用气体检测仪,检查仓内排出气体中有害气体含量指标值,若检查气体合格,方可组织下一步进仓作业,若检查出仓内有害气体超标,则继续进行循环换气,重新检查气体各项指标直至满足要求后再进入下一步工作。或者通过活体动物试验进行气体检测,合格后方可进行施工,并按照要求做好记录。

②进仓作业

一切进仓准备工作完成后,带压进仓作业的相关要求按照相关规范和标准执行,与常规带压进仓作业任务相同(检查和更换刀具、清理仓内及刀盘泥饼等)。

(8)注意事项

①空压机检修保养到位,保证能够持续提供足够的压缩空气。土仓渣土土气置换一旦开始便不能停止供气,过程中保证土仓压力平衡在设定压力值。

②对盾构机保压系统和泡沫系统进行检查维修,确保其可以正常运行,在渣土置换期间可以持续往土仓注入压缩空气保持土仓压力平衡。

③在盾构机台车膨润土罐中准备一罐高浓度膨润土,并保证膨润土管路的畅通。

④地面安排人员24h巡视并随时与隧道内人员保持联系,汇报地面观察情况。

⑤电机车等后配套设施检修保养到位,确保渣土置换在最短时间内完成。

⑥土仓内一直维持压力平衡,对土仓壁球阀打开进行观察时要注意操作安全。

⑦保压时间范围内保证空压机泄气量不大于10%,通过记录空压机加卸载时间判断泄气量是否正常。

5.3.3 新型换刀技术

1)冷冻刀盘换刀技术

冷冻刀盘换刀技术的工作原理是在刀盘内部布置冷冻管路,冷冻管路通过中心回转接头或盾体隔板上相应管路接口与盾构机内部的冷冻设备连接,在盾构机需要进仓作业时,通过冷冻系统将土层温度在预计时间内降至零下28～30℃,使盾构刀盘和前盾结构与周边土体形成一个大型的"冻结圆盘",为后续的开仓清理及换刀工作提供了安全条件,如图3-5-5、图3-5-6所示。该技术特别适用于大埋深、高水压、地质稳定性差等条件下的盾构机换刀作业。

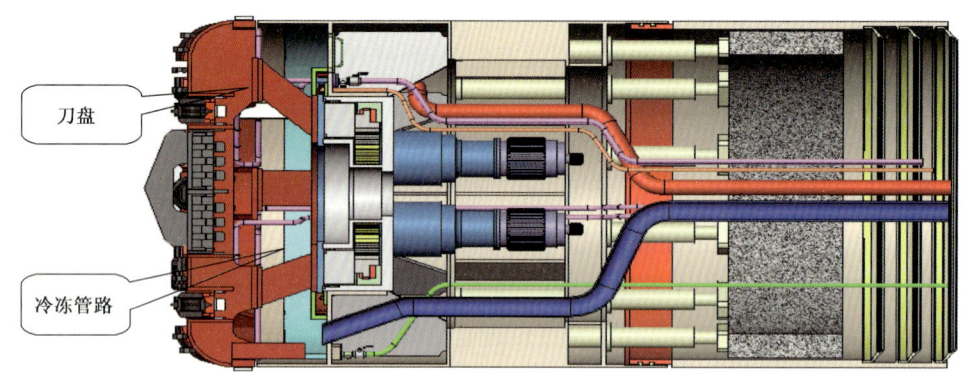

图3-5-5 盾构机冷冻换刀技术

图3-5-6 掘进机冷冻刀盘结构

2)机器人辅助换刀技术

盾构机土仓是一个封闭的压力空间,施工人员往往无法直接进入或观测,另外在土仓狭小空间内实施刀具更换作业,劳动强度非常大且存在较高的安全风险,是长期困扰盾构施工的难点。近年来,针对上述问题研发了多项新技术,在一些工程中取得了良好的应用效果。

(1)蛇形机械手(图3-5-7):蛇形机械臂的结构与人类手臂类似,机械臂末端可以选装各种设备,如摄像机、照明设备、切割设备或高压水枪等,可以清理刀盘,消除堵塞。该设备可代替或辅助施工人员进入土仓作业。

图 3-5-7　盾构机土仓作业蛇形机械手

(2)重型换刀机器人(图 3-5-8):可以在盾构机土仓内部将已经磨损的刀具拆卸,施工人员更换新的刀头后,再由其安装到盾构机上。通过开挖仓配备的视频系统,可以提供实时操作监控画面,或与进入土仓的施工人员配合,高效完成刀具更换作业。

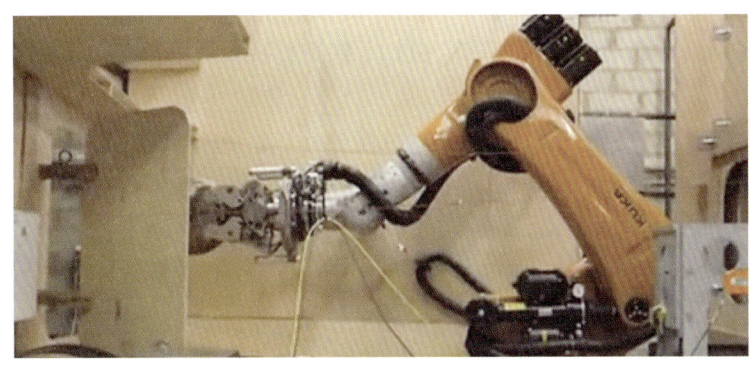

图 3-5-8　重型换刀机器人

3)可更换刀盘换刀技术

常压可更换刀盘换刀是指施工人员在常压下由通道进入装有磨损刀具的主刀臂内,利用液压缸并配合刀腔闸板,在常压条件下将刀具从刀腔内抽出,待对刀具进行必要的检查与更换后,将刀具装回,实现常压刀具更换。

相比于带压进仓换刀和刀盘体外常压换刀两种换刀方式,高水土压力条件下常压可更换刀盘换刀技术具有成本低、安全高效、施工快速等特点,能够保持换刀作业时掌子面的安全稳定,同时避免带压作业给施工人员的健康造成危害。所以已成为大直径泥水平衡盾构机进行换刀作业的首选方式,常压换刀空间如图 3-5-9 所示。本节以南京地铁 10 号线过江隧道为例具体说明刀具更换技术。

(1)换前准备

①根据刀具更换检查计划,编写更换检查刀具的

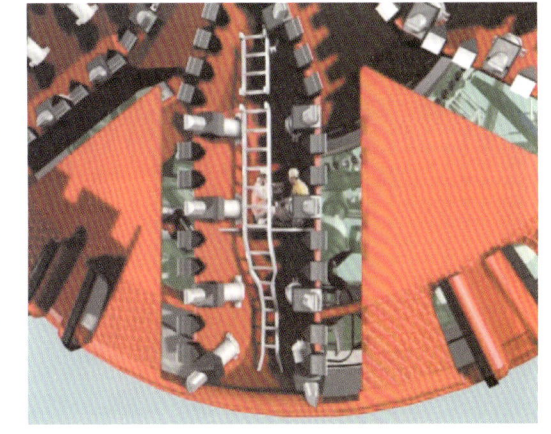

图 3-5-9　常压换刀空间

技术、安全交底,并交底到现场具体的操作人员,做到内容全面准确、签字齐全。

②检查更换刀具前做好同步注浆管的封堵,并进行1~2h泥水大循环,以泥浆管进出泥浆参数一致、泥浆站分离设备不出渣为标准,尽可能多地带走开挖仓内渣土,以防止细小砂砾在换刀时进入刀腔,造成刀具拆卸、安装困难;之后往开挖仓注入高浓度膨润土浆液,以形成稳定的泥膜来保证掌子面的稳定。

③由机长对所有换刀工具进行全面检查并做好记录,存在安全隐患的机具、设备严禁使用并及时送地面维修车间更换。

④机电领班对气动葫芦导链、吊钩及吊挂葫芦的钢丝绳等机具进行检查,发现磨损及时更换。

⑤将刀盘旋转到特定的角度,打开刀盘中心体上的人员通过孔进行通风,连接气管、水管、液压管、照明电缆等。

根据刀具磨损的一般规律,最外圈的边缘刀具磨损最快。南京地铁10号线过江隧道所用盾构机最外圈的刀具编号为SG21边缘刀,但磨损最快的却是紧邻的SG20边缘刀,本方案以SG20边缘刀为例进行阐述,其余刀具更换同理。SG20边缘刀位于3号主臂,首先将刀盘旋转到3号主臂处于最底部的位置,开启中心锥的仓门,连接气管,置换刀盘中心体内部的空气。

(2)更换流程

①初始状态。打开位于刀具基座上的两个水管球阀(图5-3-10),选择合适的位置安装液压缸。打开盖上的球阀进行放气,关闭外壳上的球阀。

②移去盖子。将刀具背部端盖拆掉(图3-5-11),准备安装多级液压缸。松开带垫圈的螺栓,移去盖子。

③安装伸缩液压缸。根据图纸,查找SG20刀具所需使用的多级液压缸,应使用行程为1010mm的多级液压缸(图3-5-12)。安装伸缩液压缸,旋进带垫圈的螺栓,并将其拧紧。

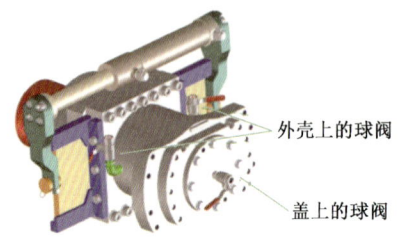
图3-5-10 闸门开闭液压缸安装图

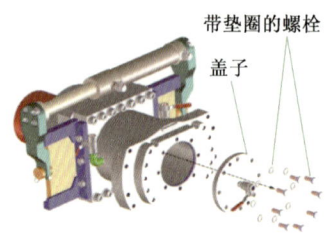
图3-5-11 拆卸背部端盖

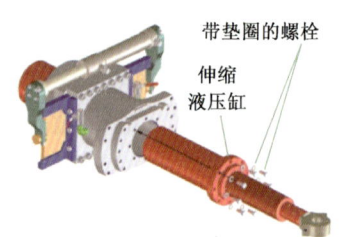
图3-5-12 安装多级液压缸

④安装刀具更换装置(导向/限位筒)。查找换刀设备表格,确定SG20刀对应的导向/限位筒为黑色筒(不同颜色对应不同长度的刀具),如图3-5-13~图3-5-15所示。

图3-5-13 不同种类的刀具喷涂了不同的颜色

图3-5-14 不同种类的刀具对应不同的限位筒

⑤松开刀具固定螺栓(刀具背面),如图3-5-16所示。

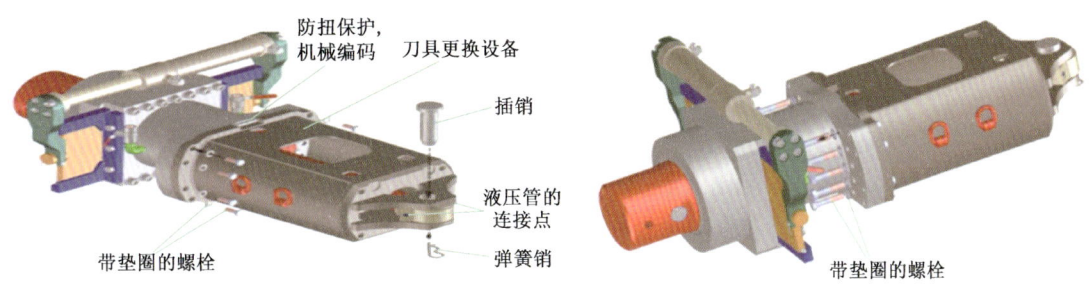

图3-5-15　安装限位筒　　　　　　图3-5-16　松开刀具固定螺栓

注意:受此处位置所限,需配备快速棘轮扳手。

⑥连接液压管路,安装闸门夹钳及液压缸,如图3-5-17所示。

⑦抽出刀具,闭合设备(关闭闸门)。多级液压缸收缩,将刀具回缩,直至完全收缩到位,而后缩回滑块,关闭闸门,如图3-5-18所示。

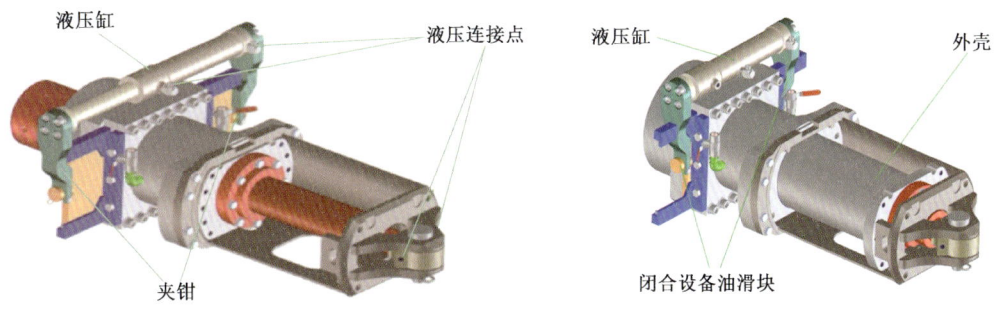

图3-5-17　连接液压管路　　　　　　图3-5-18　抽出刀具

⑧压力补偿(通过两个球阀注入10bar压力水流,主要作用是冲洗可能塞住刀具的泥沙)需要在闸门关闭之前、液压缸回缩的过程中一直进行,如图3-5-19所示。闸门关闭之后,应关闭压力补偿。

⑨拆卸刀具。拆卸刀具之前,应通过开启压力补偿球阀,检查有无泥浆喷出,以确定闸门是否完全闭合。若有泥浆喷出,则还需设法将闸门完全闭合。用吊带将刀具固定基座一端拴好,缓缓移动刀具,直至刀头完全脱离固定基座的刀腔(图3-5-20)。检查刀具有无崩齿及磨损情况,确认是否需更换刀具。

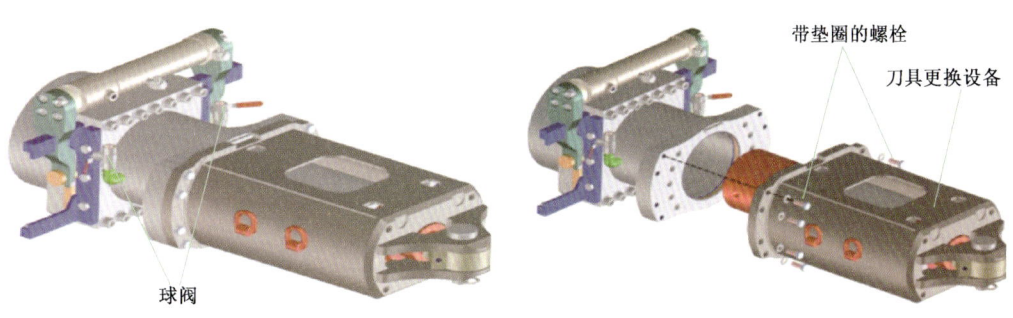

图3-5-19　压力补偿,闸门完全关闭　　　　　　图3-5-20　移出刀具

⑩对于尚不需更换的刀具,可立即装回刀腔内固定。对于有明显磨损的刀具,用游标卡尺测量刀头竖向和横向的磨损程度(图3-5-21),根据量测的磨损值确定是否更换刀具,如需更换刀具,则选取同型

号新刀头进行更换。

(3) 刀头更换

刀具拆出,确认刀头需要更换后,开始更换刀头。刀头更换时,刀体仍然在限位筒内,可减少工作量。刀头更换步骤如下:

①清理螺栓孔内预先填充的玻璃胶;

②使用卡簧钳将螺栓限位卡簧取下;

③使用19mm内六角扳手将刀头固定螺栓取下;

④使用手锤敲击刀头,将刀头取下;

⑤将新刀头安装至刀体上;

⑥使用19mm内六角扳手将刀头按规定拧紧螺栓;

⑦安装螺栓限位卡簧;

⑧在螺栓孔内涂抹填充玻璃胶,防止泥沙进入缝隙。

(4) 刀具安装

①刀具安装流程

a. 将更换好刀头的刀具,连同限位筒按原位置安装回刀腔上(图3-5-22)。固定之前,在刀体上涂抹黄油,方便刀具装回。

图3-5-21 测量磨损的刀头

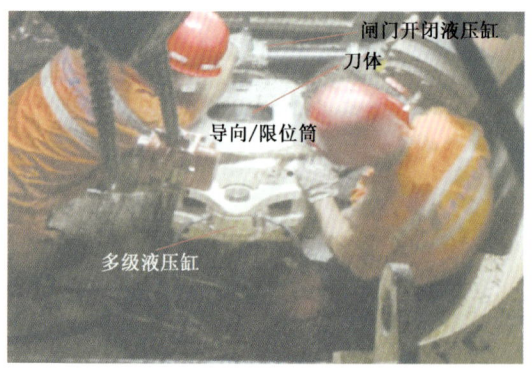

图3-5-22 刀具装回

b. 使用手压液压泵伸长闸门开闭液压缸,打开闸门。

c. 打开压力补偿球阀,不断冲洗前方。

d. 多级液压缸伸长,将刀具压回刀腔,在此过程中压力补偿球阀一直开启。刀具到位后,连接刀具固定螺栓。

e. 关闭水管球阀,拆除水管,将一根水管连接气动油脂泵,往刀腔内注入油脂,打开另一球阀检验是否有油脂涌出,以验证刀腔是否充满油脂。关闭阀门,在管路端头装上油堵,防止污渍、杂物进入刀腔内。

②滚刀和齿刀常压更换技术要点

滚刀和齿刀常压更换技术仅适用于特定的盾构机刀盘类型——常压进仓式刀盘,这种刀盘的中心留有一定的中空区域,作为常压换刀的作业空间。由于滚刀和齿刀刀具和刀筒尺寸较大,所以需要的作业空间也更大,且刀具刀筒应为背装型。如图3-5-23所示,滚刀和齿刀常压更换的工作原理是利用刀筒盖板和刀腔中部的闸门实现泥水仓高压区域和刀盘中心常压区域的连通和隔离,施工人员可以通过中心锥运输通道进入到刀盘中心的中空区域,使用伸缩液压缸通过"连通—半抽出—隔离—泄压—抽出"等一系列操作后,将抽出的滚刀刀筒放置在常压区域进行刀具的磨损检测和更换,再根据盾构机所处地层条件,考虑滚刀和齿刀破岩机理和适用地层的不同,对滚刀和齿刀进行合理的选择和原位更换。

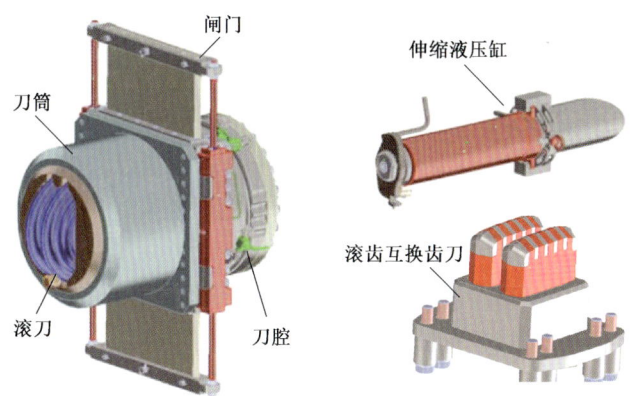

图 3-5-23　滚刀和齿刀常压更换工作原理图

刀具更换步骤:

a. 对刀腔进行冲洗,冲洗完毕后关闭并拆除磨损探测装置,然后使用换刀吊机吊起液压缸,利用液压缸支架将液压缸与液压缸固定座对齐、固定,如图 3-5-24a)所示;

b. 确保液压缸尾部的锁板与链条均在水平方向,伸出液压缸并将锁板锁定,松开螺栓并给液压缸一定的压力,如图 3-5-24b)所示;

c. 将液压缸收回,安装刀筒套箍和刀筒托架,利用气动葫芦施加一定的预拉力吊住刀筒,用管路连接控制阀与闸门板,关闭闸门,通过底部的冲刷球阀平衡内外压差后,将液压缸完全收回,如图 3-5-24c)所示;

d. 拆除液压缸支架,抽出刀筒,并将液压缸和刀筒通过中心锥运输通道运出,如图 3-5-24d)所示;

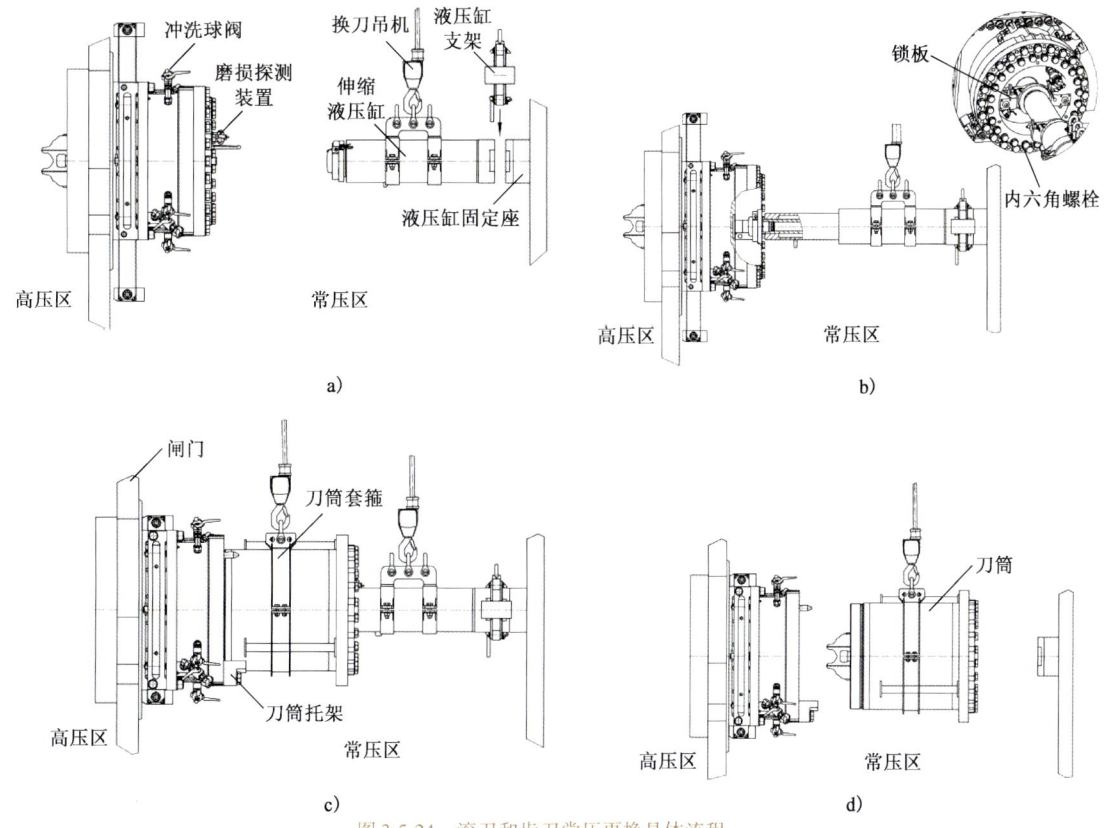

图 3-5-24　滚刀和齿刀常压更换具体流程

e. 根据盾构所处地质条件、盾构的掘进参数和刀具的磨损状况等,合理选择并更换滚刀和齿刀;

f. 逆向操作完成刀筒的安装。

刀筒的拆卸过程中,每一个部件和步骤都有重要的作用和技术要点。

a. 高压水冲刷刀筒,既能起到冲洗作用,又能够防止泥浆外渗;保护套可以防止闸门意外关闭或开启。

b. 需用插销锁死和施加压力的地方应严格执行,充分平衡内外压差,防止泥水仓内巨大的泥水压力将刀筒直接顶出。

c. 控制好液压缸的收回量,防止刀筒在闸门未关闭前脱出,在将刀筒完全抽出后,要有专人扶稳刀筒。刀筒的安装基本上是逆向操作,只有极小的区别。

d. 刀筒放入刀腔前,须将闸门板内部完全清理干净,并用机油或黄油涂抹刀筒外表面。

e. 打开闸门板之前,通过刀筒上的冲洗球阀在刀筒和闸门板之间的狭小空间内注满水,所加水压需与掌子面压力一致。

f. 将刀筒推进闸门阀体时,刀筒上定位销与闸门阀体上定位孔应确保一致。

(5)质量通病与防治措施

刀具更换质量通病与防治措施见表 3-5-1。

刀具更换质量通病与防治措施　　　　　表 3-5-1

序号	质量通病	防治措施
1	边缘刀具开关闸阀的液压缸不容易安装到位	从各角度尝试安装,成功安装液压缸后记录下安装角度和液压缸端头两个扳手的型号,以便下一次换刀时能快速安装
2	开关闸阀的液压缸收不到位	逐项检查液压缸收不到位的原因,如排除故障所需时间较长,则先更换液压缸,再修理坏的液压缸
3	手动液压泵有压力,但液压缸无反应	油过多或过少可在仓内通过放油或加油的方式进行简单处理;单向阀有问题则应更换液压缸,将单向阀坏的液压缸运到仓外清洗修理或更换
4	闸阀不能关到位及出现漏水	多次尝试后仍然无法关闭闸阀,且水压力较大,则原刀装回;如果泄压阀压力不是很大,则采用已放入仓底部的水泵抽水,并在刀具抽出后,及时盖上后端盖。装刀时,先开泄压阀泄压,再开后端盖装刀
5	刀座螺栓滑丝	刀座出现螺栓螺纹孔滑丝时,应给螺纹孔攻丝,并更换新螺栓
6	刀具拆不出	换刀时在装好液压缸后接水阀的 4 个接口接上 3 个(应将冲洗水管换成粗管,保证流量),这样能加大对填塞物的冲刷以减小摩阻力
7	刀具打不到位	加大循环时间,减少渣土沉积,同时加大冲洗水流压力,小范围转动刀盘

其他注意事项如下所述:

①进仓后观察刀座处是否有渗漏,若有渗漏及时报告相关负责人,负责人根据现场情况确认有无风险并作相应处理,将现场情况报告给项目主管;

②新刀具装入刀座前,应由换刀负责人检查密封圈是否需要更换、所装刀具型号及刀头的安装方向是否正确,确认无误后在相应的液压缸上涂抹油脂,方可装入;

③及时将更换下的刀头搬运出中心锥,以防止刀头在中心锥内堆积而影响其他换刀工作;

④对于换下的刀具,首先进行清理,清理干净后贴好标签,测量磨损值,记录并拍照存档;

⑤结束一个臂的换刀工作后,应将臂内彻底清理干净。

5.4 盾构开仓动火作业技术

盾构掘进过程中,因地质条件变化、地下障碍物等影响,刀盘刀具的磨损乃至损坏经常发生,需及时进行修复,目前可行的修复方法有常压修复和高压修复两类。

常压修复即通过竖井或地层加固后常压开仓,在工厂或施工现场进行修复作业,这是现阶段技术相对成熟的方法,应用也较为常见,但存在着较大的局限性。例如该方法对停机位置有诸多的要求和限制条件,在繁华城区进行盾构施工时难以完全得到满足,而遇到砂卵石地层等磨损度较严重,刀盘修复、刀具更换频繁,停机位置难以准确预设的工况时,这一问题便体现得尤为明显,时常造成盾构掘进速度下降、掘进效率降低甚至停机等严重后果。此外,该方法会对修复成本和工期造成沉重压力。

带压修复的原理是在停机位置刀盘前方建立高压空间,由维修人员在该空间内动火修复刀盘。这种方法适用于受环境条件限制无法开凿竖井或实施地面加固的位置,如江河、海底、建筑物或密集管线的下方。由此可见,高压修复方式有利于拓宽盾构的应用范围,同时节约作业成本。以下重点介绍常压动火施作竖井刀盘修复技术和高压环境下动火刀盘修复技术。

5.4.1 常压动火施作竖井刀盘修复技术

本修复技术适用于盾构上方土体不稳,地面没有充足空间等工况下进行刀盘修复、换刀作业,而在地面条件复杂,且隧道埋深比较大(埋深超过 20m 以上)、地质条件比较差的情况下,是否运用此方法进行刀盘修复,必须进行慎重考虑。本方法修复刀盘施工安全、简单、快速,施工所需要的人员、设备及周转材料少且均为通用的周转材料。并且小直径竖井的受力结构好,承载力高,抗震能力强,刀盘前方有较大空间,便于更换刀具,提高刀具更换效率。

常压动火施作竖井刀盘修复工艺流程如图 3-5-25 所示。

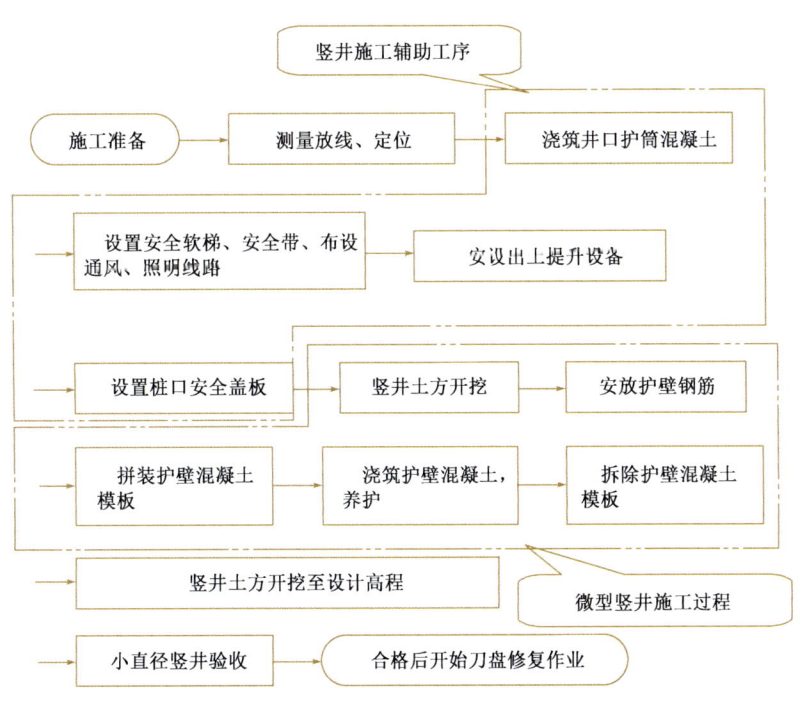

图 3-5-25 常压动火施作竖井刀盘修复工艺流程图

(1) 确定竖井位置

在确定竖井位置时,以盾构刀盘位置为主要依据,将盾构刀盘完全放入竖井净空范围,要确保竖井井壁放在盾构的盾壳之上,以确保进行刀盘修复作业时施工人员的安全。

(2) 确定竖井净空尺寸

竖井净空应结合盾构刀盘尺寸综合考虑,一是横向空间应确保刀盘完全位于竖井内,二是纵向空间应满足竖井井壁位于前盾前方且具备刀盘修复的空间条件。

(3) 确定竖井深度

采用竖井进行刀盘修复时,一般竖井挖至刀盘的中心。

(4) 环撑支护

竖井土方开挖至盾构刀盘中心上方3.5m处,待盾构到达指定位置停机后,再开挖至盾构刀盘中心高程。在刀盘中心上方3.5m范围内的井壁采用素混凝土加环撑支护,如图3-5-26所示。当挖至刀盘处,环撑支撑在刀盘面板上,每转动一次刀盘,环撑需切割掉重新焊接,如图3-5-27所示,将环撑架设于钢筋锚杆上部,并与竖向预留筋连接,保证环撑牢固。

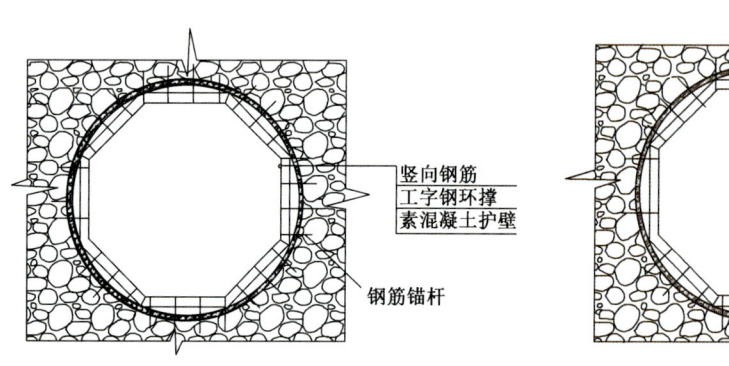

图3-5-26 刀盘上方环撑平面示意图

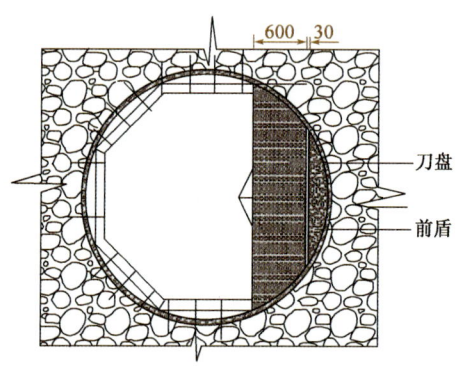

图3-5-27 刀盘出环撑平面示意图(尺寸单位:mm)

(5) 刀盘修复

在所有验收工作完成之后,开始刀盘修复及刀具更换作业。在作业过程中,一方面要派专人对现场进行组织协调,抓紧时间尽最大可能以最快的速度进行刀盘修复;另一方面要有专人进行现场安全防护管理与协调。同时,对所有的工作内容必须有专人进行工作质量验收(如刀盘的焊接质量、刀具的质量以及刀具的安装质量等)。

(6) 微型竖井回填

在刀盘修复工作完成之后,进行盾构刀盘、渣土改良系统试运转,一切正常之后进行微型竖井回填工作。采用高质量的黏土进行微型竖井回填并在刀盘土仓内回填高度至土仓2/3时,向仓内注入泡沫剂膨润土浆液,以0.3r/min的速度慢慢转动刀盘,同时继续回填微型竖井,回填土高度至刀盘上方2m左右时,盾构方可恢复正常掘进。

5.4.2 带压动火刀盘修复技术

1) 工艺原理

高压环境下的动火作业实质是带压进仓作业的延伸。泥水平衡盾构机高压环境动火作业工法技术原理如图3-5-28所示。盾构刀盘刀具根据掘进参数预估损坏或突发损坏停机后,首先通过一定的技术措施在掌子面安全构建地下高压作业空间,以气压(根据埋深及水位)替代掘进过程的泥水压,然后由合格的作业人员,通过盾构的人舱加压进入此高压作业空间,按照规定程序进行焊接、切割作业、修复刀盘。在此修复过程中,通过一定的技术措施维持地下高压作业的空间安全和气密性要求,并按照要求和规定保障作业人员的安全和健康。

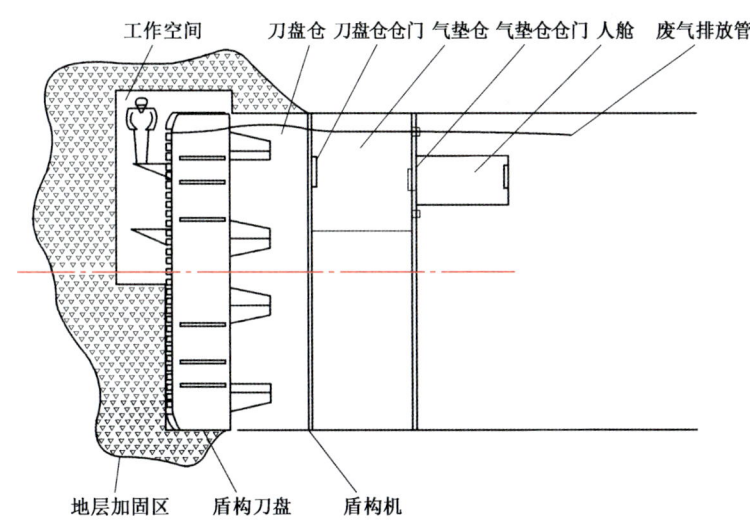

图 3-5-28　泥水平衡盾构机高压环境动火作业工法技术原理图

带压动火刀盘修复工艺流程如图 3-5-29 所示。

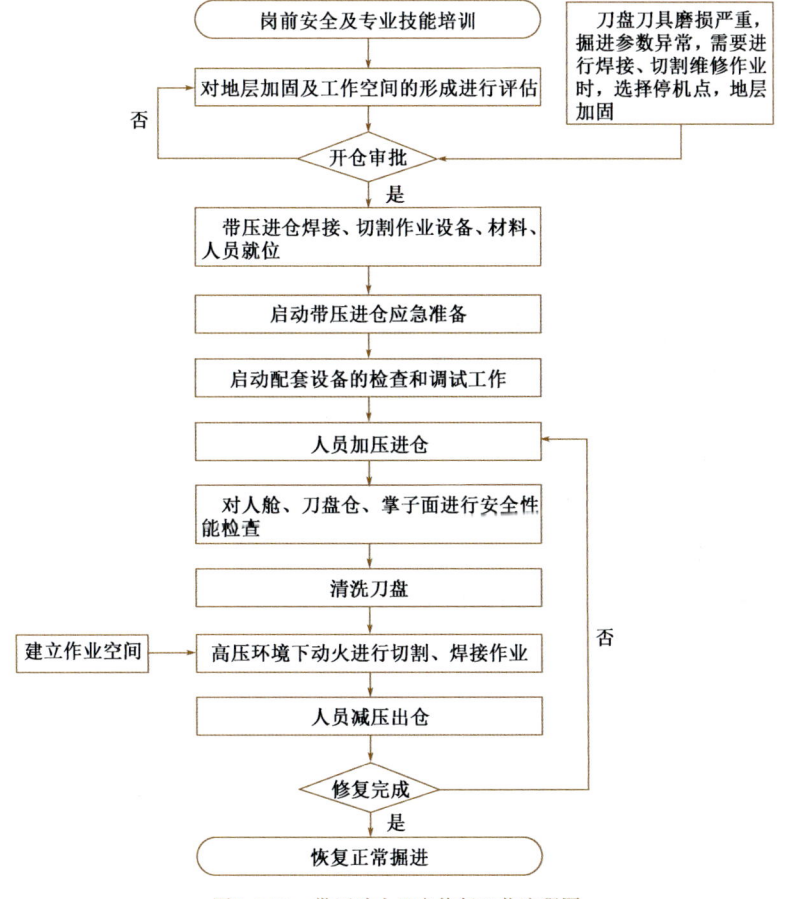

图 3-5-29　带压动火刀盘修复工艺流程图

(1)选择合适的停机位置

停机维修点应选择地面建(构)筑物风险等级较低位置,尽量避开地下管线,不影响地面交通,并根据维修内容及地质情况进行选择。一般选择地势开阔、施工对地面建筑物影响小、地层稳定、渗透系数较低的地方。

(2) 地层加固

为确保带压动火作业的安全,在作业前需要采用辅助措施加固地层,常用的辅助措施包括采用膨润土置换、超前地质钻机地层加固冷冻掌子面地层、地面加固等方法对掌子面地层进行加固,以实现掌子面地层的稳定,为人员进仓作业提供安全保障。

(3) 建立高压作业空间

地下高压作业空间的构建,其实质是在地下某一区域内将拟建立空间范围的天然土体置换成可以平衡周围水土压力的气压。高压作业空间的安全维持:一是要维持空间气压的稳定以有效平衡周围水土压力进而保证作业面及停机位置周边环境的安全;二是要对刀盘修复过程中作业空间高压气体漏失量进行有效控制,避免环境气压波动伤害作业人员、大量的气体漏失造成地下某一区域土层形成渗透通道引发土体失稳,或是单位时间的气体漏失量超过设备的单位时间补气量导致空间压力无法维持。实际施工中,保持作业空间气密性和稳定性采用了两条途径:一是在有条件的停机点,根据停机点的埋深、水位高程、地层地质特点以及停机时长,选择垂直阀管分段注浆高压旋喷桩、钻孔灌注桩、全回钻钻机咬合桩、利用盾构机自带的超前注浆等方式,进行地层加固,加强地层自稳能力;二是通过优质泥膜、盾尾注浆、聚合物堵漏剂和气囊密封等综合手段,封堵高压气体的逃逸通道。

2) 注意事项

高压动火属于特种作业,要求作业人员必须是经过带压作业培训的人员,人舱操作必须由具有专业资质的人员进行,作业现场及主要流程如图 3-5-30 所示。加减压过程严格按照规范执行,现场值班领导负责过程监督和协调,安全总监或安全员负责过程的安全控制和监督。在人员进出仓作业时,需要注意以下事项。

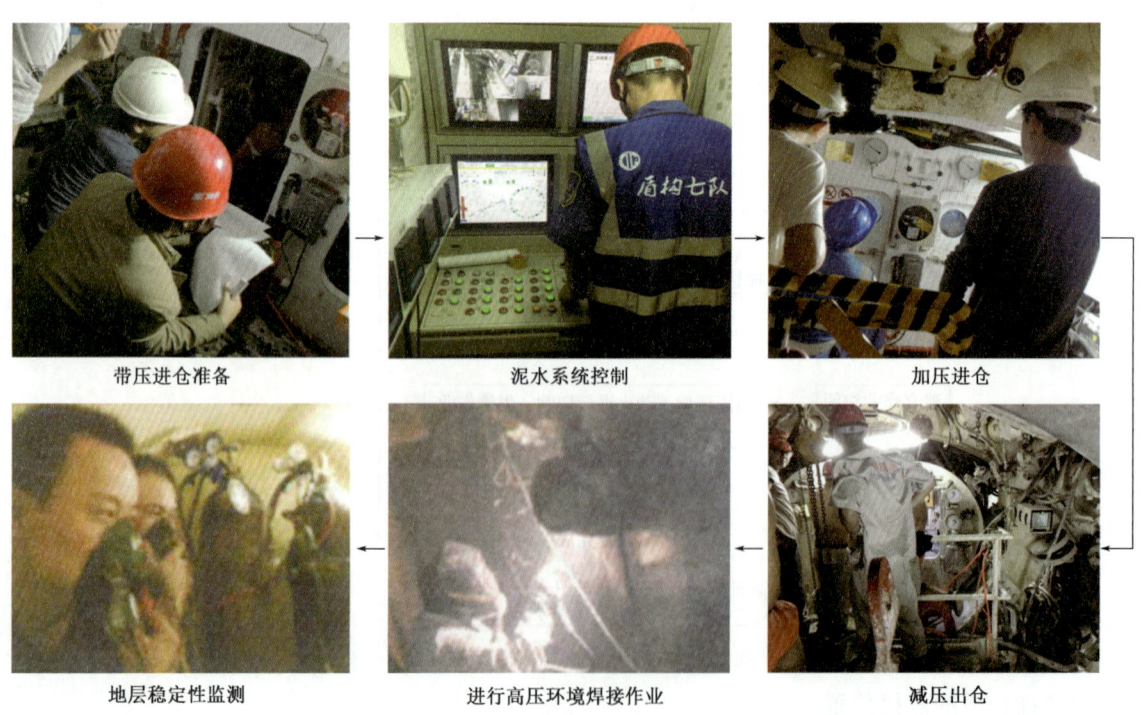

图 3-5-30 带压动火作业现场及主要流程图

(1) 仓内气体成分

高压可燃性气体将造成燃烧甚至爆炸事故,人员进仓前应采用气体分析仪对仓内 CO、CO_2、CH_4、SO_2、H_2S、N_2、O_2、NO_x 等气体成分进行检测,拆除人舱上侧的法兰后连接气体检测仪,如发现可燃性气体成分,应先利用人舱及保压系统、废气排放系统对仓内气体进行置换,以满足现行《盾构法隧道施工及验收规范》(GB 50446)对仓内气体的规定:空气中 O_2 含量不小于 20%,瓦斯浓度小于 0.75%,CO 不超过 $30mg/m^3$,CO_2 不超过 0.5%(按体积计),NO_x 换算成 NO_2 不超过 $5mg/m^3$,O_2 浓度不超过 25%。

(2) 作业人员加减压方案

对于 0.6MPa 以下的高压环境,作业人员需要严格按照现行《空气潜水减压技术要求》(GB/T 12521),结合海军潜水作业人员常用加减压方案,并根据人员身体素质、工作时间等因素制订人员进出仓作业加减压方案。加减压时的压力梯度为 0.3bar。加压时密切关注仓内人员身体反应情况,如有不适,应及时按照减压方案出仓,更换不良反应人员后重新组织进仓;减压过程不能过快,应严格按照制定的减压表执行。

(3) 应急处置方案

当人舱压力等于气垫整仓压力后,工作人员通过人舱门进入气垫仓作业。进仓作业期间,密切关注仓内压力和送气量的变化情况,当压力变化幅度超过 0.05bar 时,首先将人员撤入人舱,检查盾构本身的气密性,包括人舱、气垫仓门的密封性,同步注浆管路、中盾注脂孔、超前注浆孔、冲刷管等各个管路阀门的密封性,防止因盾构设备本身密封不严而造成漏气。其次再对地层、浆液黏度及密度等进行检查,对漏气原因查明并处理后,再继续作业。

(4) 仓内压力控制

仓内压力稳定、可控,供排气平衡顺畅,焊接过程根据仓内空气条件及盾构补气系统能力合理控制排气阀开度,保证仓内空气流通。一般带压进仓的补气量控制不应超过 50%,当补气量大于 50% 时,进仓人员应立即出仓,然后恢复液位继续保压。

(5) 作业人员防护措施

高压下仓内动火作业具有燃烧快、燃烧剧烈的特点,进仓人员不能穿合成纤维衣物,并需佩戴经空气过滤功能的焊接面罩。操作人员在作业过程中要佩戴有减压装置的焊接呼吸面罩,其气源必须是经过净化后的压缩空气。

(6) 通风排气

盾构刀盘在隧道内高压环境下修复作业过程中,为了有效控制焊接、切割修复过程中的废气和烟尘含量,在盾构盾体上安装有一条废气排放阀和管路,当打开废气排放阀门时,盾构刀盘仓和气垫仓内的压力会下降,此时压缩空气调节器(即保压系统)会及时向仓内补充压缩空气,保证了在废气排放时刀盘仓和气垫仓内压力稳定。

排气管滤球网开闭度的控制:根据刀盘仓内具体情况对仓门进行适当调整,在人员作业区域要满足 $8\sim10m^3/min$ 的压缩空气排风量。主控室操作人员应严密监控气体流量计,流量计的气体流量不能超过盾构空压机的最大供气量。调整排气阀的开度时,必须同时考虑仓内气体质量和气体流量计流量。

3) 风险控制措施

(1) 人员进仓作业前,应确保掌子面压力稳定,通过对土仓或泥水仓密封效果检查,观察液位、压力值有无变化等,一般压力波动范围不超过 0.05bar。在压气作业时,为了防止漏气、喷发等现象发生,要制作高质量、高性能泥膜,在盾构机中盾、尾盾充分注浆。

(2) 进仓前对仓内气体成分进行检测，防止不明气体影响作业人员健康或造成动火爆炸事故，照明灯具应采用低压防爆灯。

(3) 为确保作业人员健康与安全，在高压作业时气体压力波动范围应小于 0.1bar，压气作业时的补气量与地层的漏气量相平衡。仓内压力稳定、可控，供排气平衡顺畅，焊接过程根据仓内空气条件及盾构补气系统能力合理控制排气阀开度，保证仓内空气流通，仓内空气质量满足带压动火标准。

(4) 易燃易爆品严禁带入高压仓内，手拉葫芦必须使用无油葫芦，葫芦倒链不能粘有任何油性物品。仓内灭火器放置在辅助人员旁边，出现紧急情况时方便使用。

(5) 仓内工作人员须时刻与仓外人员保持联络。人闸内作业的温度控制在 15～20℃ 之间，如果不在这一范围内则必须马上进行换气工作，调节内部温度。人闸内的土建工程师必须时刻监视开挖面的土质情况，发现土质变软或含水率变大时，及时撤出土仓内的工作人员。

(6) 因仓内环境潮湿闷热，焊工每班工作时间控制在 4h 左右，保证焊工的工作效率和焊接质量，同时也应保证作业人员的健康安全。

(7) 作业人员必须穿着符合密闭潮湿空间焊接作业要求的防护服，佩戴好护目镜，系好安全带，并且安全带必须固定在事先焊好的铁环上。

(8) 换刀时，始终保持土仓与人闸主室的畅通，以便有紧急情况时工作人员能迅速撤离土仓。

(9) 在人闸内安装不低于 100lx 的照明设备。不设座位的地方，最小照明度不低于 100lx。配备应急灯，并能在正常照明发生故障时自动打开。应急灯的照度不低于 15lx，并且能持续照明至少 1h。

(10) 当清理刀具周围泥土时，必须注意开挖面的变化，如有不正常现象，应立即停止作业，退出土仓。待开挖面稳定后，方可进入土仓继续工作。

(11) 在一个循环的刀具更换完成后，需转动刀盘，若需要继续对刀具进行更换，则机械工程师应通知所有人员撤离土仓进入人闸，待转完刀盘，观察支撑面无异常现象后，再继续进行刀具的更换工作。

第 6 章
联络通道设计及施工

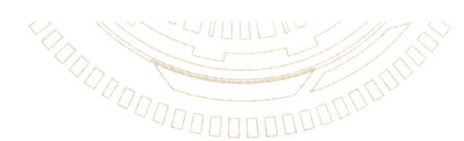

盾构联络通道一般是指设置在两条隧道中间的一条通道,起连通、排水及防火等作用。若一条隧道整体出现问题,则行人可通过联络通道转移到另外一条隧道,行人的安全系数也将大大增加,因此有"逃生通道"之称。在一条隧道出现问题时,救援人员也可以从另外一条隧道进入联络通道,然后再通过联络通道到达需要救援的地方(发生事故的隧道),达到快速救援的目的。

6.1 联络通道设计

6.1.1 设计规范

1)距离要求

盾构区间联络通道按照区间长度进行划分,按照现行《城市轨道交通技术规范》(GB 50490)规定,两条单线区间隧道之间应设置联络通道,相邻两个联络通道之间的距离不应大于600m。

2)设计形式

根据区间隧道地层情况、线路长度以及线路坡度等因素,可将区间联络通道的结构形式划分为联络通道、联络通道兼泵房以及中间风井兼联络通道三种形式,如图3-6-1所示。

6.1.2 设计思路

联络通道的位置选择应结合区间线路的线形、坡度、地质情况以及地面建筑物情况进行综合考虑。在进行联络通道位置定位时,可结合以下几个条件进行位置调整。

1)地质情况

由于联络通道通常位于区间线路最低点,埋深较大,从单个区间考虑,应首先选择地质条件好的位置布设联络通道。通过选择地质条件较好的区段进行联络通道施工,可以在提高安全性的基础上,减少加固工法的使用,降低工程造价。

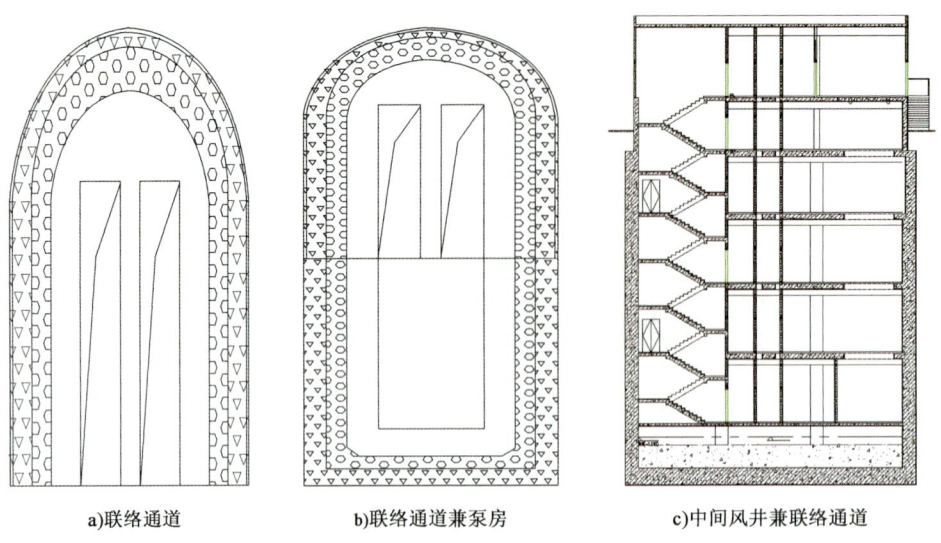

图 3-6-1 常见区间联络通道结构形式示意图

2）地面建（构）筑物、管线及交通情况

联络通道的位置选择应结合地面建（构）筑物、管线以及交通情况进行综合考虑，尤其是在地质条件较差的区间施工时，应重点调查线路地表情况，因为联络通道施工不可避免地会造成一定的地表沉降，所以因尽量避开地表环境复杂的位置（图 3-6-2），选择相对空旷开阔的位置进行联络通道施工。

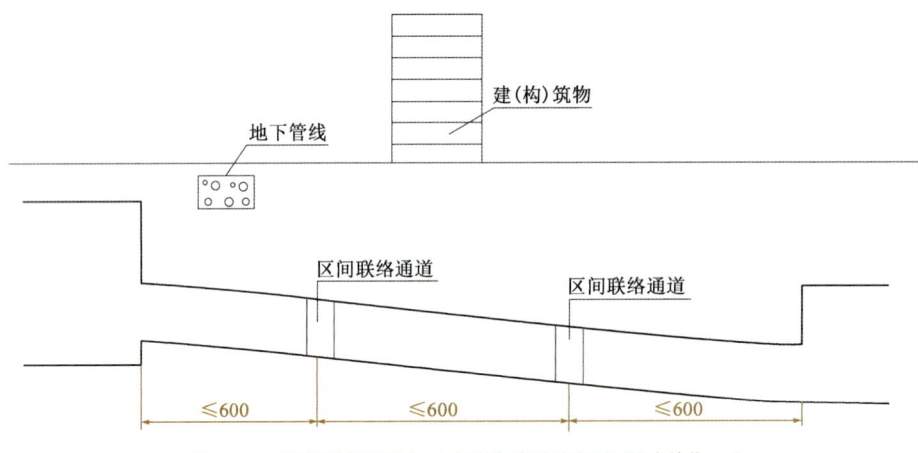

图 3-6-2 区间联络通道与地表环境关系示意图（尺寸单位：m）

3）区间线间距

通常来说，联络通道的定位在满足规范要求的基础上，应选择两条区间线间距小的位置进行联络通道设计及施工（图 3-6-3），这样做的好处主要有两点：①减少暗挖隧道长度，降低工程造价；②缩短联络通道结构施工工期，降低安全风险。

6.1.3 设计案例

1）增设联络通道，避开施工风险高的区域

成都某项目联络通道设计情况如图 3-6-4 所示，原设计联络通道兼泵房位于 $D_{(SU)}$ 级危房 5 栋和 8

栋之间,且无法拆迁,采用矿山法施工安全风险极高,而且无法采取降水等施工措施,场地不具备实施条件。结合现场调查结果,项目建议将原设计联络通道、泵房分开设置,1个联络通道向两端调整成2个,以避开老旧建筑群,同时满足规范疏散要求;泵房改为道床泵站,在隧道最低点设置多台小水泵。初步选择方案如图3-6-5所示。

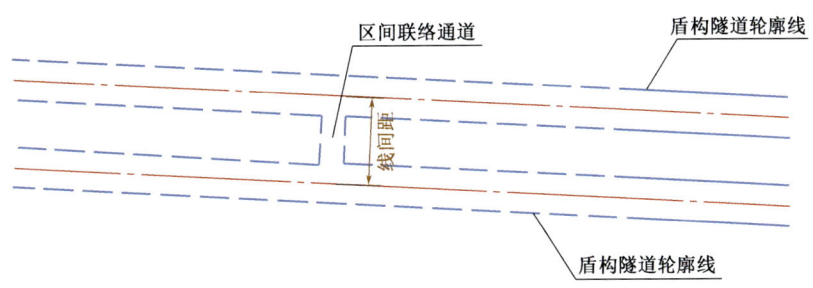

图3-6-3 区间联络通道线间距选择示意图

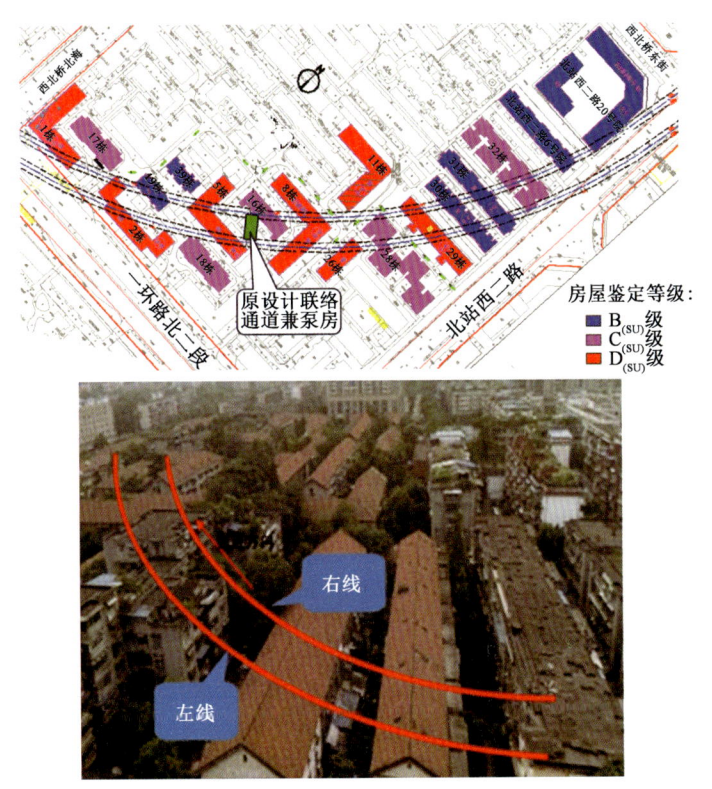

图3-6-4 成都某项目原联络通道示意图

该方案通过增设一个联络通道,不仅满足了现行《地铁设计规范》(GB 50157)要求,同时,通过重新选位,避开了地表建(构)筑物复杂的位置,而选择了地面情况开阔的两处区段进行联络通道施工,大大降低了施工风险。

2)选择线间距小的位置,降低工程难度和造价

昆明某项目联络通道原设计如图3-6-6所示,区间隧道线路为了避开既有建(构)筑物桩基,设计为外扩喇叭口的形状,联络通道位于区间线路的中间位置,线间距约48m,联络通道整体位于粉质黏土、泥炭质土、粉土和圆砾地层中,初步设计方案为地面采用三重管旋喷桩加固,台阶法开挖。

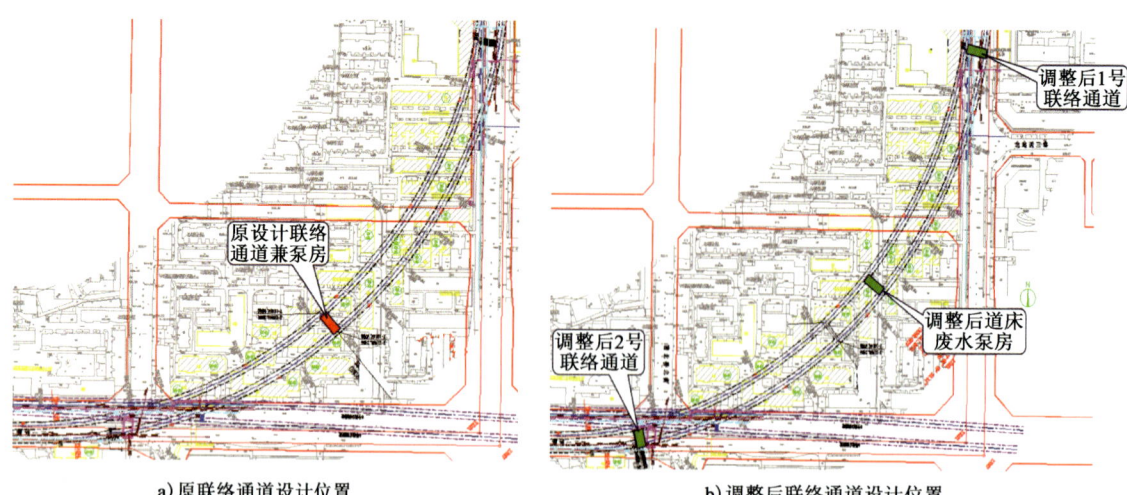

a) 原联络通道设计位置　　　　b) 调整后联络通道设计位置

图 3-6-5　成都某项目增设联络通道前后位置示意图

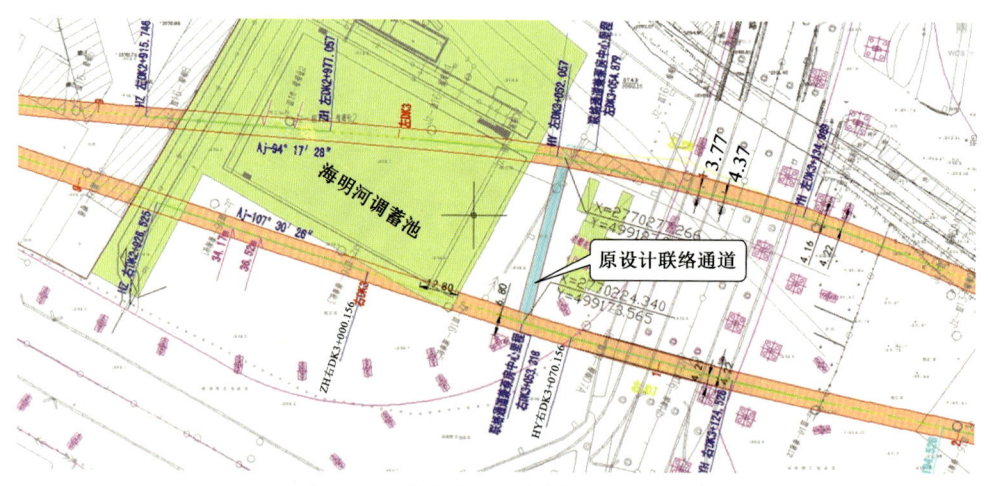

图 3-6-6　昆明某项目原联络通道设计图

项目技术人员通过现场调查,判断联络通道设置在该位置时,由于上覆建筑物较多,导致地面不具备三重管加固施工条件;同时,原设计区间联络通道线间距长达48m,且主要地层位于软弱的粉土和圆砾中,台阶法开挖安全风险极大。

经行业专家和相关单位共同研讨后,联络通道的位置调整至线间距较小的另一处,其间距缩小约17m,并可以采用"冷冻法加固+矿山法开挖"施工。调整后的联络通道位置如图3-6-7所示。

图 3-6-7　昆明某项目联络通道位置调整示意图

通过位置变更,在联络通道与两端车站的距离满足现行《地铁设计规范》(GB 50157)的前提下,减短了联络通道的长度线,并且采用单侧冷冻即可满足施工安全要求,有效提升了冻结质量,缩短了冻结施工工作量和工期,确保了施工安全。

6.2 联络通道施工方案

6.2.1 联络通道施工常用工法

联络通道施工前,需对相应地层进行预加固,按照区间地层情况和地表环境情况,可将地层预加固分为地面加固和隧道内加固。其中,地面加固主要适用于地表环境开阔空旷的地段,通过对联络通道地层进行地面注浆加固,保证暗挖施工安全;隧道内加固按照工法不同,又分为大管棚加固、超前锚杆加固、冷冻法加固等,主要方法是通过水平方向钻孔埋设注浆管或者冷冻管的方式来加固、冻结地层,确保地层稳定。

联络通道地层预加固施工方案的适用地层及优缺点见表3-6-1。

联络通道地层预加固施工方案的适用地层及优缺点　　　　表3-6-1

工法	管棚	地面加固 (搅拌桩、旋喷桩、袖阀管等)	冷冻法
适用地层	一般适用于对于围岩变形控制严格的软弱破碎围岩地层,如软弱、砂砾地层和软岩、岩堆、破碎带地段	适用于较浅埋深隧道,尤其适用于淤泥质土、杂填土、粉土、砂土等富水、松散地层	主要适用于对通过断层破碎带、流砂层、淤泥层等易坍塌且富含水的地层加固
优点	整体刚度较大,对围岩限制能力强,可有效防止地表下沉和围岩坍塌;支护过程中搭接较少,节省材料	施工受约束小,可大幅提前注浆加固施工时间,施工方便,注浆效果易保证	具有较好的安全性、适用性、可控性、灵活性,经济合理
缺点	施工精度要求高,造价高、速度慢,施工角度大,超挖量多	成本受隧道埋深控制,埋深大时,成本较高;必须有较好的止浆设备	受地下水影响大,易发生冻胀融沉

目前,联络通道常采用矿山法施工,顶管法尚处于起步阶段,未大规模使用。

6.2.2 典型联络通道施工案例

1)降水辅助联络通道施工

(1)工程概况

北京地铁某项目联络通道长度为7.0m,净空尺寸2.5m×2.8m,外轮廓开挖尺寸3.6m×3.95m,采用矿山法施工,地面降水并配合洞内超前小导管注浆加固,复合式衬砌,初期支护采用立格栅挂网喷射混凝土,二次衬砌采用C40模筑混凝土,初期支护与二次衬砌之间设防水层,材料为EVA(乙烯—醋酸乙烯共聚物)防水卷材与400g/m²的无纺布。

联络通道覆土以上主要为杂填土、粉土填土层、粉细砂层、粉土层,围岩稳定性很差,很难形成自然应力拱,施工过程中容易发生坍塌,需要及时支护。联络通道开挖范围内为粉细砂层,侧壁围岩土体的再自稳能力差,加上潜水的影响,容易发生涌水、涌砂和流土等不良现象,极易发生隧道坍塌。

(2)施工方案

由于该项目联络通道位于现状潜水水位线以下,地面情况较好,故施工采取地面降水、洞内超前小导管注浆加固的方式进行。根据项目情况现场共布设30口降水井,降水井设计参数见表3-6-2,平面布置如图3-6-8所示。

联络通道降水井设计参数　　　　　表 3-6-2

降水部位	井类型	井径(mm)	管径(mm)	井管类型	井深(m)	井间距(m)	滤料(mm)	井数(眼)
联络通道	管井	600	400/50	无砂水泥管	25	6	2~4	30

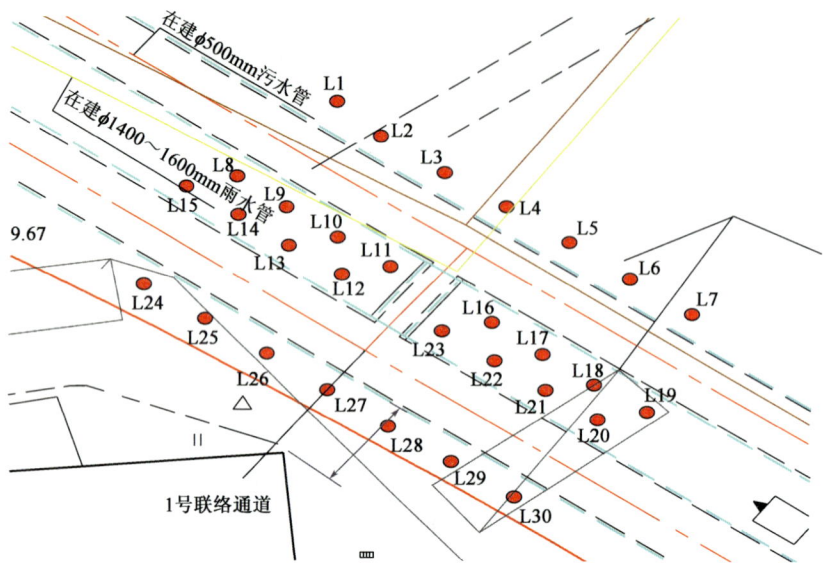

图 3-6-8　北京某项目联络通道降水井平面布置图

联络通道开挖前先设置管片支承钢架，然后破除洞门；根据地质情况采用台阶留核心土法开挖，隧道衬砌用组合钢模板进行混凝土浇筑。

联络通道施工用水、用电从盾构隧道供水、供电管线接入，凿岩、喷射混凝土采用 SP306 移动空压机（12m³/min）供给高压风，进料、出渣运输通过电瓶车来完成。

（3）工艺说明及操作要点

联络通道施工前应提前进行降水施工，降水施工应至少提前 10d 左右进行，待降至联络通道底部 0.5m 以下后，方可进行管片拆除及联络通道开挖作业。施工流程如图 3-6-9 所示。

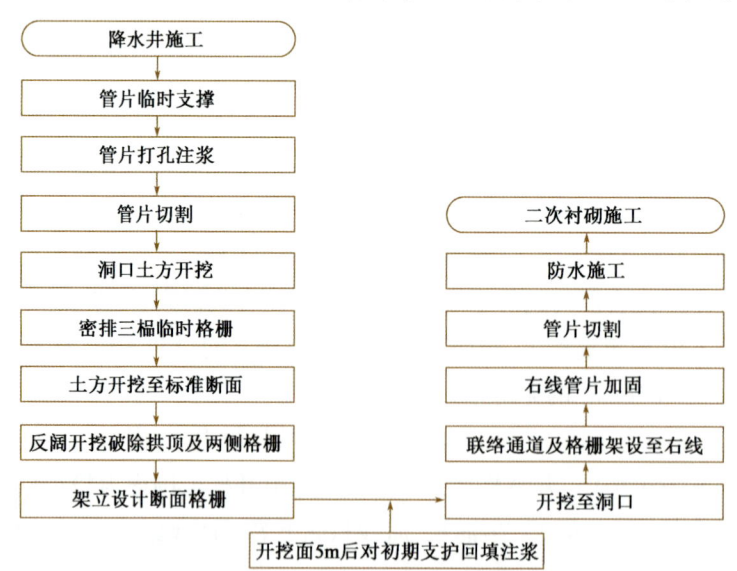

图 3-6-9　北京某项目联络通道施工流程图

① 开洞门前注浆

联络通道开洞门施工主要采用超前小导管注浆加固，使用 DN32、$L=2.7m$ 的注浆小导管，干砂主要使用改性水玻璃浆液,含水砂层主要使用水泥-水玻璃浆液加固地层。

开洞门之前要对加强环以及前后各两环进行二次补浆,然后用钻机在管片上钻孔,通过钻孔和管片原有的注浆孔对管片后的土体进行超前注浆加固,共布置24个注浆孔(含管片4个自有注浆孔)。联络通道注浆孔布置如图3-6-10所示。

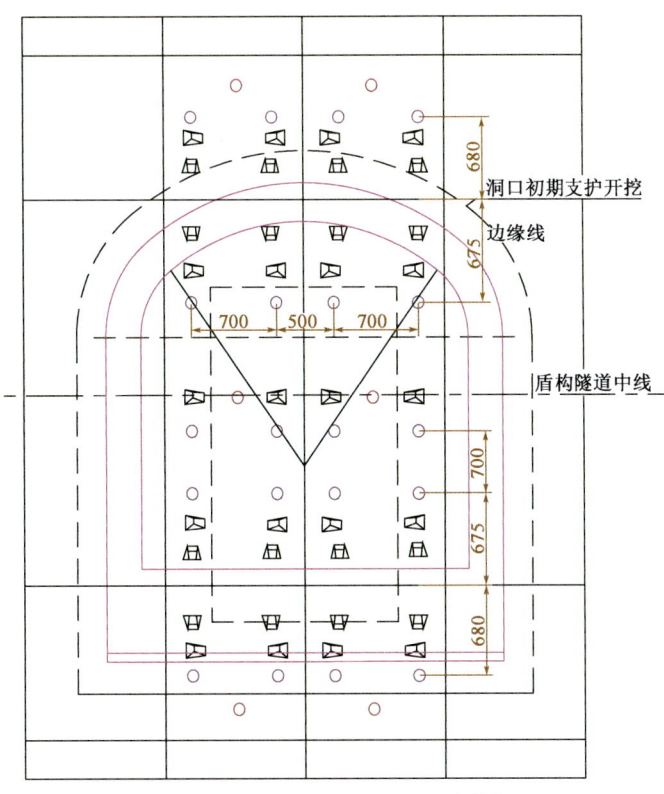

图3-6-10 联络通道注浆孔布置图(尺寸单位:mm)

②开洞门后注浆

开洞门后通过拱顶打设超前小导管对洞门处地层进行进一步加固,使用DN32、$L=2.5$m的注浆小导管,仰角为30°,小导管间距为300mm。小导管布置如图3-6-11、图3-6-12所示。

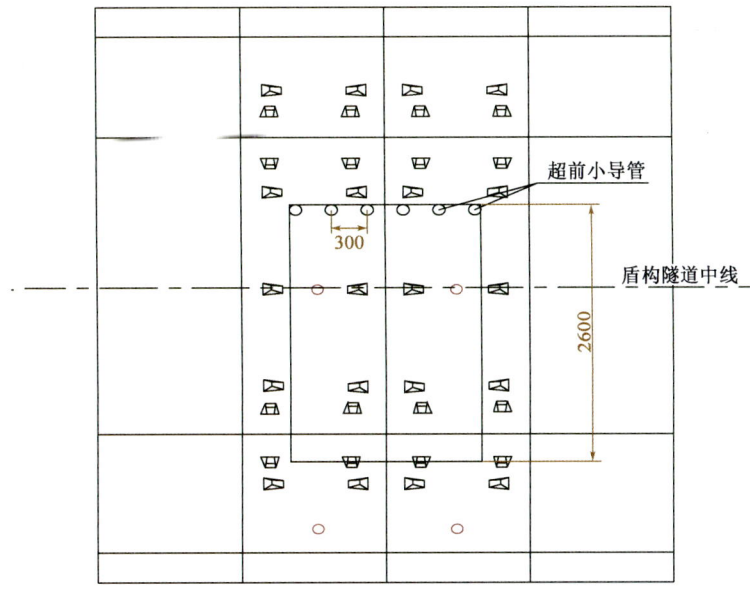

图3-6-11 开洞门小导管布置图(尺寸单位:mm)

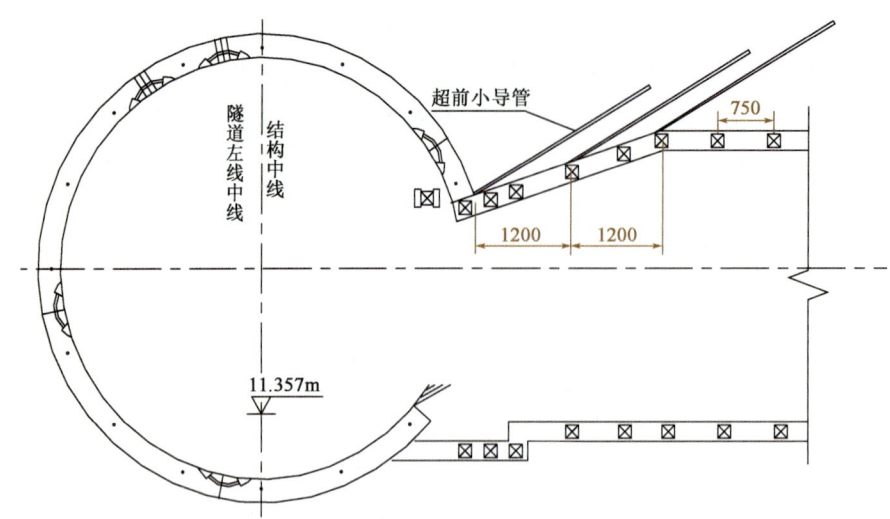

图 3-6-12 开洞门小导管立面图(尺寸单位:mm)

③洞门破除

洞门破除使用取芯钻机分块切割,共 7 道分割线,如图 3-6-13、图 3-6-14 所示。切割前将管片的切割范围用红油漆明显标识出来,切割时严格按标识线进行管片切割,顺序从上到下进行,将切割下来的管片运出隧道,然后清理管片切割面。

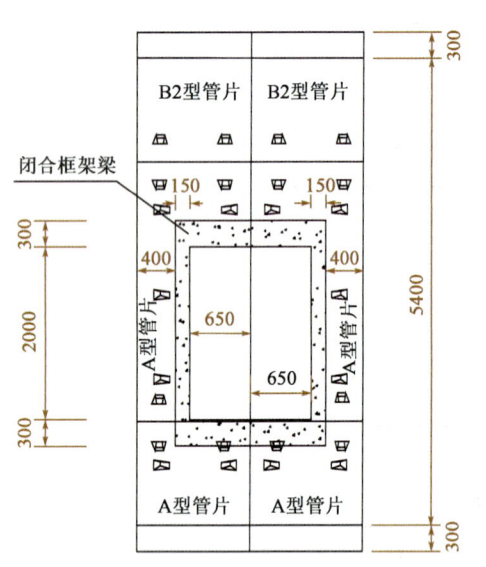

图 3-6-13 管片洞门处立面图(尺寸单位:mm)

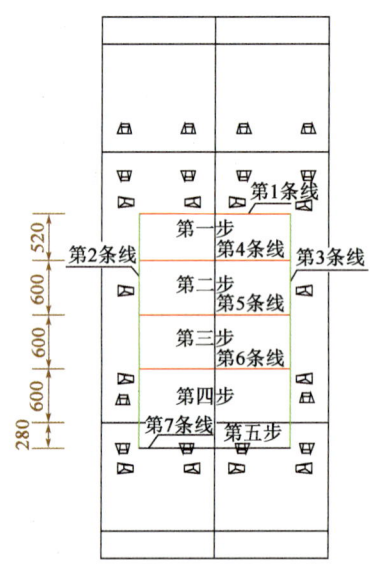

图 3-6-14 管片切割立面划分图(尺寸单位:mm)

洞门切割完 1、2、3 部分时,进行上部土方开挖,挂设钢筋网,密排钢格栅,搭设锁脚锚杆,喷射混凝土,形成上台阶后封闭掌子面;切割下部混凝土管片,进行下部土体开挖及初期支护施工。

④土方反扩施工

根据设计,开口尺寸在联络通道衬砌界限内,开口后需要上挑高度约为 1279mm,两侧各需要外扩 1150mm,由于在开洞门时注浆有一定的死角,所以要进行土方的反扩施工,即对于洞门处拱顶及侧壁的土体要通过两次开挖达到扩大断面的开挖效果。反扩开挖的长度为 2200mm。

a. 首先在洞门处沿 19°角向上开挖,沿 26°角向两侧开挖,施作初期支护。扩挖平、立面图如图 3-6-15 所示。

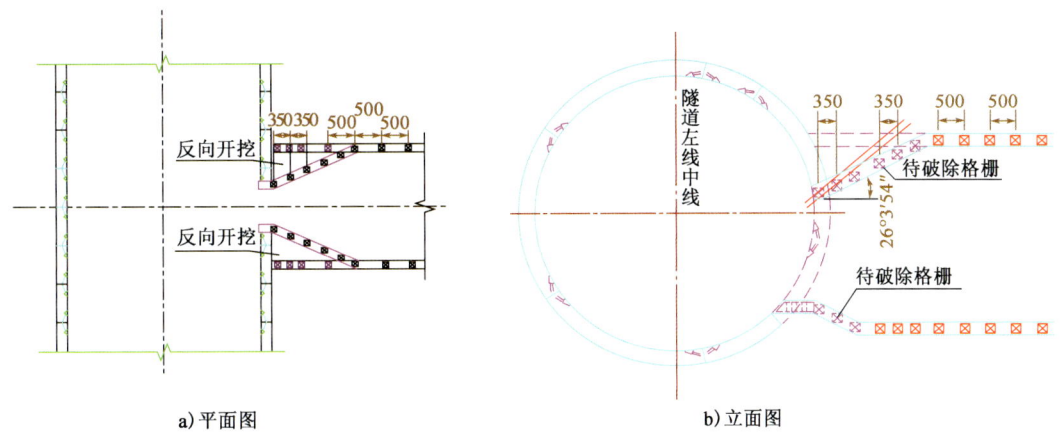

图 3-6-15 扩挖平、立面图(尺寸单位:mm)

b. 在扩挖的过程中洞门处 6 榀钢格栅连作,钢格栅均为矩形格栅,每边中间作为连接点,高度分别为 2.292m、2.607m、2.959m、3.237m、3.412m、3.587m,宽度分别为 1.600m、2.376m、2.696m、2.950m、3.108m、3.268m。

c. 在初期支护达到 70% 的强度后,进行反扩施工。

对洞门处还未开挖的土体通过打设超前小导管进行拱顶注浆加固,共打设三排小导管,每排小导管环向间距 300mm,第一、第二排小导管与水平方向夹角为 39°,第三排小导管与水平方向夹角为 57°。达到加固效果以后,破除拱顶的初期支护混凝土,开挖相应的土体,然后再在开挖处架设钢格栅和锚喷混凝土。反向开挖共要重新架设 5 榀钢格栅,故分 5 步开挖,每开挖完成 1 榀钢格栅的架设锚喷混凝土以后,再进行下一步的土方开挖。在开挖时,先开挖拱顶的土体,架设拱顶的钢格栅,然后再开挖下部土体,架设相应的钢格栅。土方反扩施工立面图如图 3-6-16 所示。

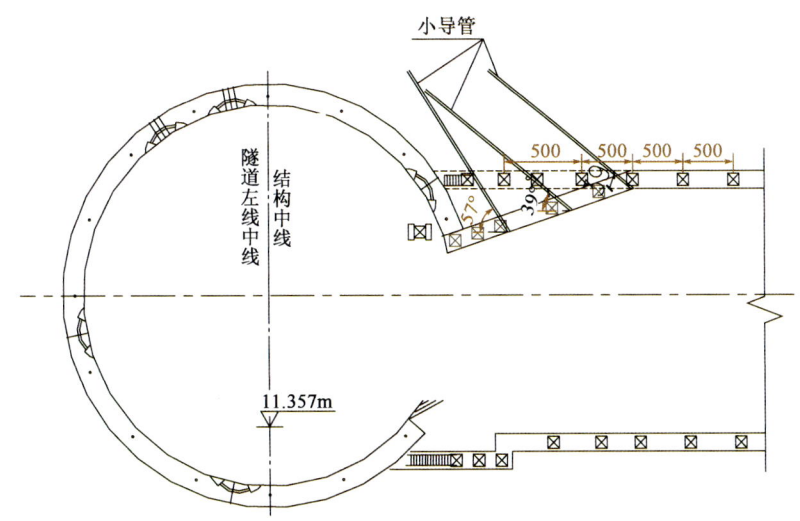

图 3-6-16 土方反扩施工立面图(尺寸单位:mm)

⑤联络通道标准段初期支护施工

土体上方打设超前小导管注浆加固→隧道导洞上部土方开挖→挂网、喷射混凝土→架设侧墙及拱顶格栅拱架→打设锁脚锚管→锚喷混凝土→隧道导洞下部土方开挖→挂网喷射混凝土→架设侧墙及底部钢格栅→锚喷混凝土(隧道土方开挖循环施作)。

联络通道标准段施工步骤如图 3-6-17 所示。

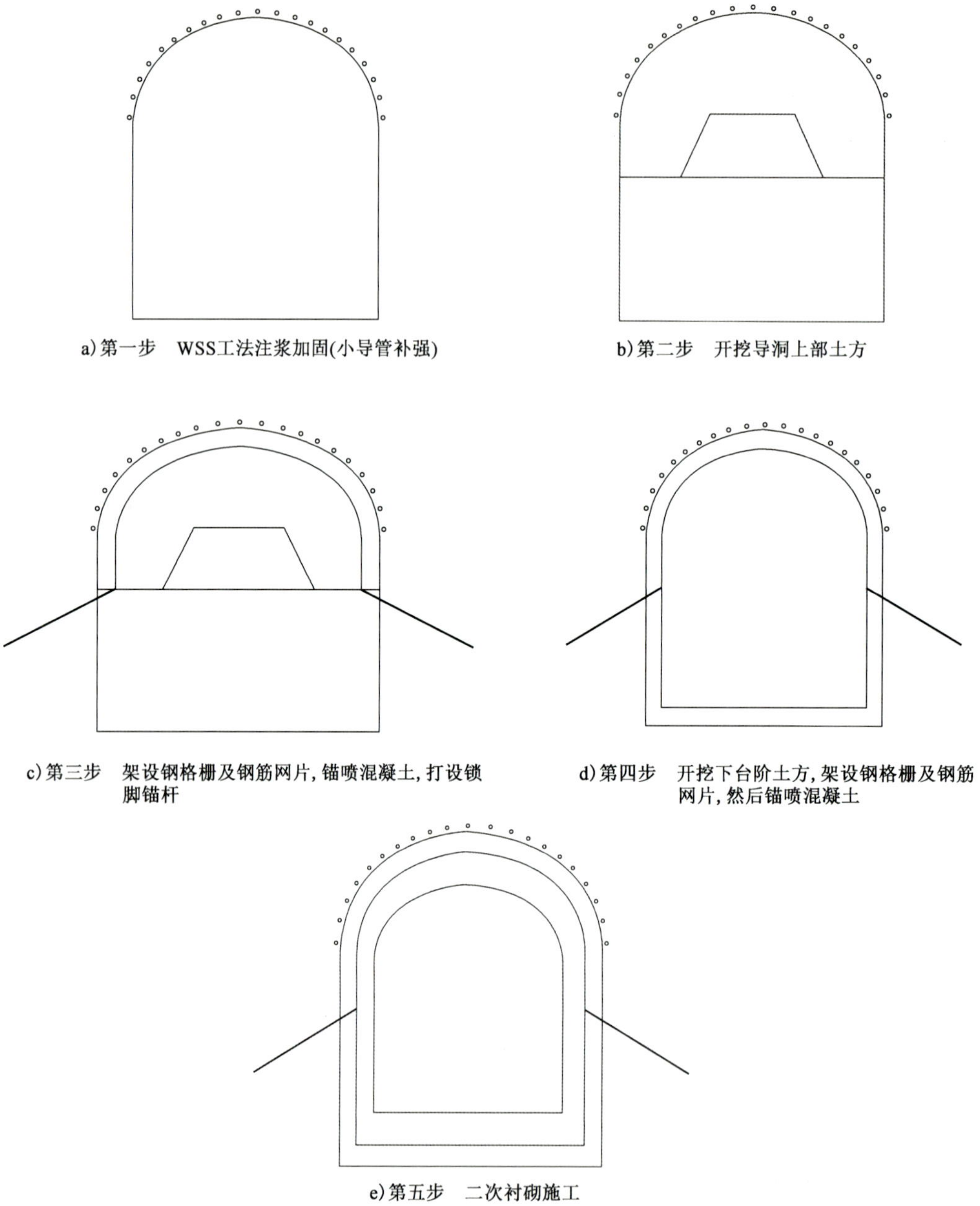

a）第一步 WSS 工法注浆加固（小导管补强）

b）第二步 开挖导洞上部土方

c）第三步 架设钢格栅及钢筋网片，锚喷混凝土，打设锁脚锚杆

d）第四步 开挖下台阶土方，架设钢格栅及钢筋网片，然后锚喷混凝土

e）第五步 二次衬砌施工

图 3-6-17 联络通道标准段施工步骤图

2）管棚辅助联络通道施工

(1) 工程概况

成都地铁 1 号线某项目为内径 5400mm 的单线盾构隧道，联络通道埋深 15m。联络通道所在地层为砂卵石土层，地下水位高。联络通道地质剖面如图 3-6-18 所示。

(2) 施工方案

①大管棚超前支护加固

由于富水砂卵石地层自稳性差，其他地层加固方式难有成效，故该项目采用 φ108mm、壁厚 5mm 无缝钢管大管棚进行超前支护，以提高联络通道上覆地层的抗坍塌能力。

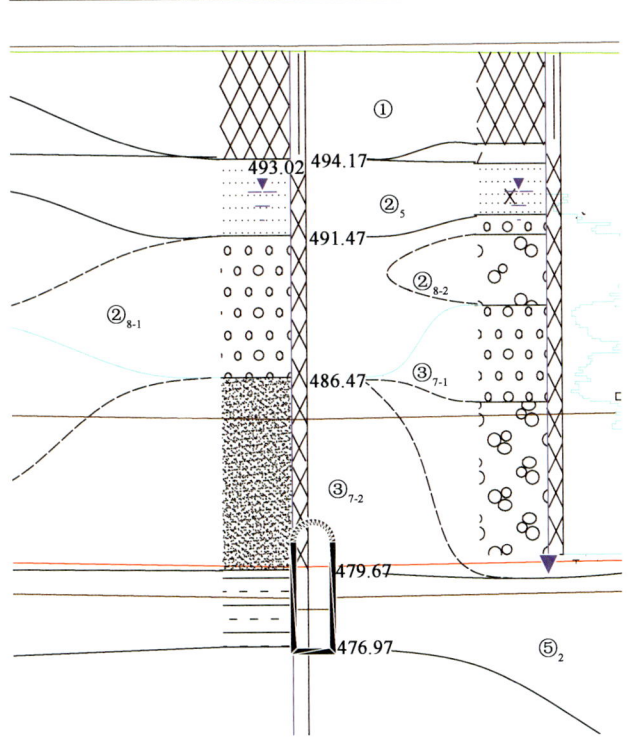

图 3-6-18　成都某项目联络通道地质剖面图

②区间地层降水

由于联络通道处于强透水的地层中,需提前10d进行降水施工,以确保通道开挖时的降水效果。该项目联络通道施工共设置2口降水井,降水深度为泵房基底下0.5m。

(3)工艺说明及操作要点

①工艺说明

联络通道及泵房施工流程如图3-6-19所示。

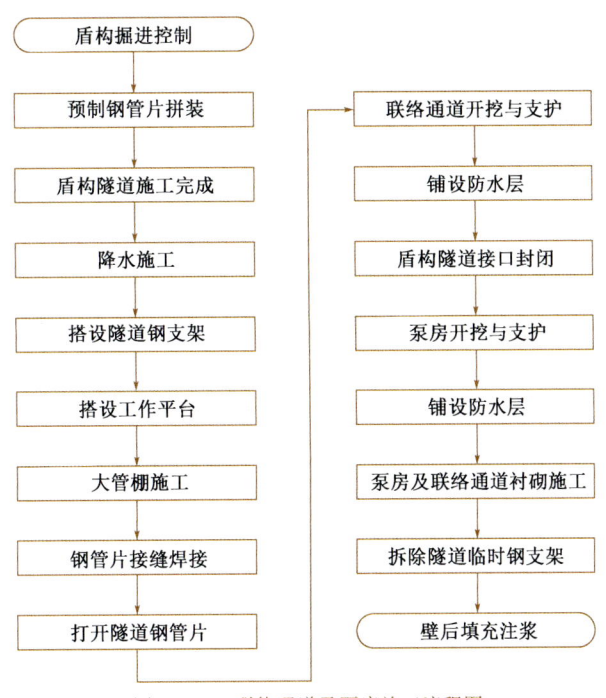

图 3-6-19　联络通道及泵房施工流程图

②操作要点

a. 预制钢管片拼装

首先测定出联络通道的位置,在盾构掘进通道位置前后 10 环时严格控制盾构掘进参数,避免多超挖现象,同步注浆压力保持在 0.2~0.25MPa,保证联络通道上部土体密实。严格控制钢管片拼装质量,避免出现大的错台及渗水现象。

b. 施工降水

为保证施工安全,联络通道及泵房施工必须在降水条件下施工,根据降水计算结果,联络通道施工通道设置 2 口降水井就能满足要求,降水深度为泵房基底下 0.5m。由于联络通道及泵房处于强透水的地层中,仅需提前 10d 进行降水施工,以确保通道开挖时的降水效果良好。切忌提前降水,降水时间过长将会抽取过量的砂子使地层不稳定,增大开挖风险。还应对地下水位进行定期监测。

c. 管片背后补强注浆

为了保证联络通道洞门钢环拆除时不发生土方坍塌及涌水,在拆除管片前,对联络通道所在钢管片前后各 5 环管片(即共 10 环管片)背后采用双液浆进行二次注浆,充分填充壁后空隙及止水,使这片区域的土体形成整体。浆液水:水泥:水玻璃溶液的配合比为 2:2:1(水量较大时要适当调整水灰比),注浆压力控制在 0.5MPa 左右。

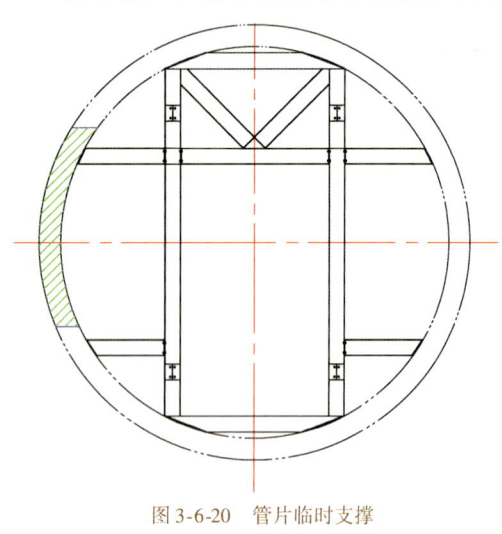

图 3-6-20 管片临时支撑

d. 设置管片临时支撑施工

为保证联络通道施工时隧道结构安全,对联络通道相邻前后各 10 环管片的管片螺栓进行复紧,同时对前后 2 环及联络通道上方管片进行支撑,支撑共计 3 榀,纵向间距 1.5m。支撑架采用 I10a 工字钢现场加工,支撑安装必须牢固可靠。另外,支撑必须为电瓶车的正常运行提供足够的空间。管片临时支撑如图 3-6-20 所示。

e. 隧道内工作平台搭设

按照联络通道出口尺寸及施工要求,工作平台由上下两层平台构成。在联络通道开口处的隧道支撑架底梁上搭设中间工作平台,主要作为材料运输手推车换向通道;在联络通道运输侧,搭设斜坡道与中间平台相连接,平台宽约 1.5m,长约 18m,高度以适宜手推车运输并直接倒入运输小土厢为原则适当调整。在中间平台的另一侧搭设材料设备平台,长约 5m。用来堆放应急物资,为了应对施工过程中可能出现的突发情况,施工现场需要堆放一定数量的应急物资:应急沙包(5m³)、水泥(3t)、木板(3m³)、木楔和麻丝等。应急抢险物资应堆放有序,并设立醒目的标识牌,抢险物资应专项专用,不得随便挪用,并设有专人看护、保管,定期检查。

f. 大管棚施工

在联络通道隧道拱部 120°范围内钻入大管棚,对拱部进行超前支护。管棚采用 φ108mm、壁厚 5mm 的无缝钢管,管棚长度必须搭接到盾构隧道结构上方。管棚采用管棚机打入,环向间距 0.3m。大管棚位置如图 3-6-21 所示。

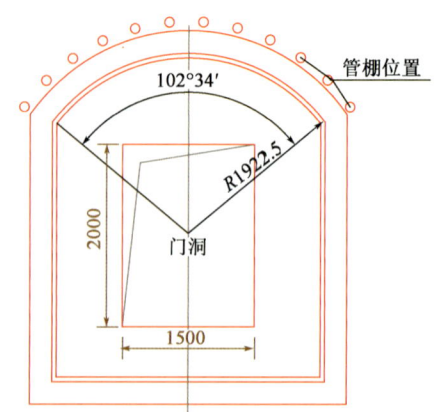

图 3-6-21 管棚与联络通道关系图
(尺寸单位:mm)

g. 管棚注浆

管棚注浆采用注浆泵将水泥单液浆通过注浆管注入管棚钢管。注浆速度为 30~50L/min，注浆终压为 0.8~1.0MPa。

撤去终孔处的孔口管，进行注浆管的安设。在孔口 3m 左右处，用棉纱或麻线缠成纺锤线，其大小与钻孔直径相同或略小。在孔口 1.5~2.5m 处，安设与钻孔直径相同的橡胶套，并用水泥砂浆封闭孔口，防止注浆液沿注浆管与钻孔壁间的缝隙挤出。

h. 联络通道开挖施作

开挖均采用人工开挖，通道的开挖采用正台阶法，开挖步距 0.5m，台阶长度 1~2m，如图 3-6-22 所示。开挖施工做到"严注浆、短开挖、强支护、快封闭、勤量测"。完成开挖后即进行初期支护、防水、二次衬砌等工序，直至区间联络通道隧道封闭。

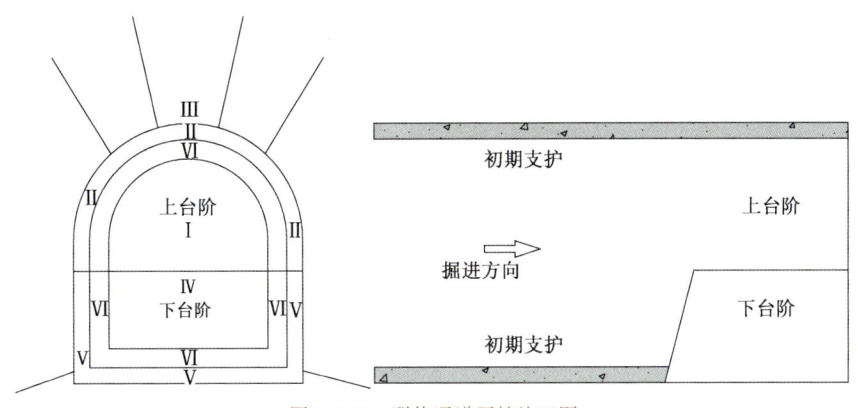

图 3-6-22　联络通道开挖施工图

3) 搅拌桩辅助联络通道施工

(1) 工程概况

杭州地铁某项目区间右线全长 1085.26m，左线全长 1044.55m，基本呈东西走向。区间为地下双线单圆盾构隧道，隧道外径 6.2m。联络通道线间距 12.064m，结构覆土厚度 8.5~9m，最深处距地表 13.7m。

联络通道周围土质为砂质粉土，含水量高，若处理不当易产生流沙等不良地质灾害。联络通道自上而下所处土层为砂质粉土夹粉砂、砂质粉土、粉砂夹砂质粉土、淤泥质粉质黏土。联络通道地质剖面如图 3-6-23 所示。

(2) 施工方案

根据联络通道的地质情况，该项目采用地面三轴搅拌桩加固的方式提前加固联络通道地层，然后根据施工深度布置降水，以暗挖方式分区分层分工序进行联络通道施工。

(3) 工艺说明及操作要点

① 三轴搅拌桩加固

该项目联络通道选用 $\phi 850mm@600mm$ 的三轴搅

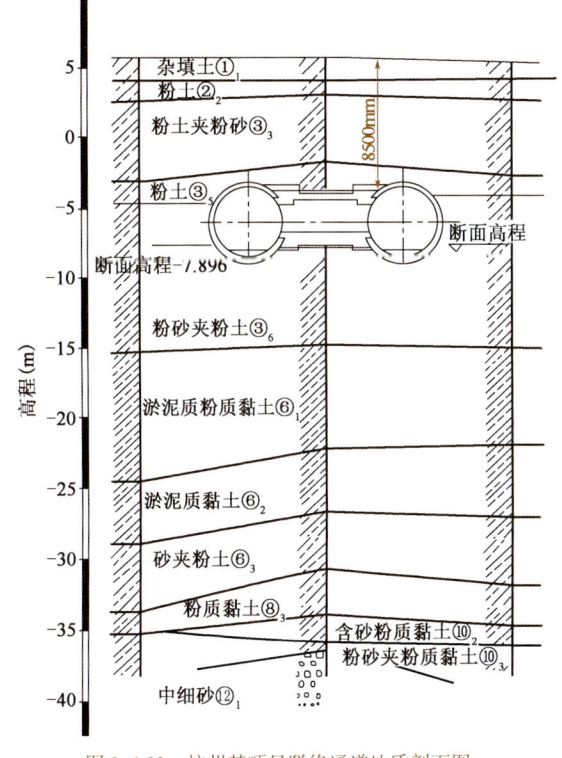

图 3-6-23　杭州某项目联络通道地质剖面图

拌桩进行联络通道地层加固，根据联络通道上方和周边土体的荷载情况，将联络通道设计位置周边土体分为3个区进行加固（图3-6-24）：Ⅰ区（弱加固区）水泥掺量10%；Ⅱ区（强加固区）水泥掺量20%，无侧限抗压强度为1.2~1.5MPa；Ⅲ区水泥掺量20%，无侧限抗压强度为1.2~1.5MPa，且保证桩底进入隔水层3.5m。

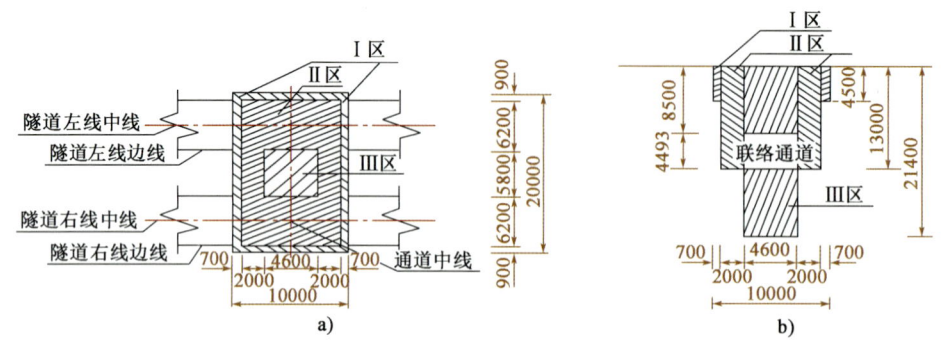

图3-6-24　杭州某项目三轴搅拌桩加固设计图（尺寸单位：mm）

②降水设计

降水前，先通过管片上预留的注浆孔进行二次注浆，以防地下水通过管片壁后的空隙形成渗流通道而影响降水效果。以右线管片为例，在预留管片所在环和其前后各两环范围内的每片管片采用3个注浆孔注浆，而第440环和第449环因距离施工位置较远，只在每片管片中央的注浆孔注浆。注浆总量达50t，以确保管片背后的密水性。

在完成壁后注浆后，打入1~8号共8口水井进行降水处理。由于场地限制，沿加固区外缘与左右线垂直的方向布置3对降水井，其中沿左、右线内侧分别为7、8号水井和3、4号水井。因联络通道施工从右线开始，故在右线右侧增加了5、6号水井以确保开挖顺利进行。同时，沿隧道的平行方向因没有隧道阻隔地下水，渗流场梯度较平，考虑到抽水机的功率和场地限制，在距加固区较远处布置了1、2号降水井，以确保降水深度。

降水深度为联络通道底板以下0.5m，降水井平面布置如图3-6-25所示。

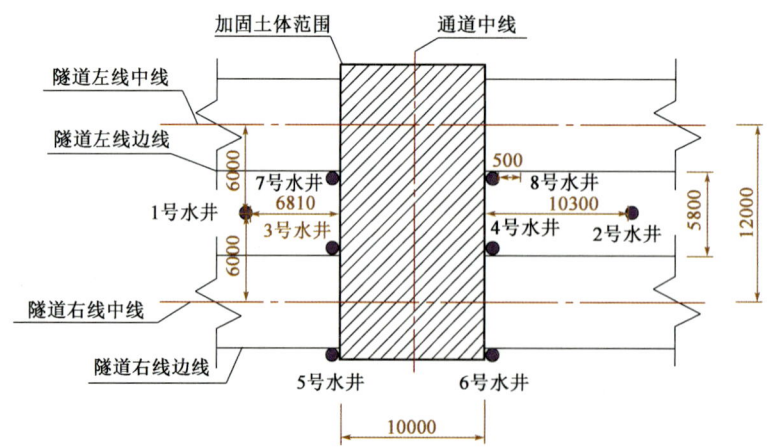

图3-6-25　杭州某项目联络通道降水井设计图（尺寸单位：mm）

③联络通道开挖施工

三轴搅拌桩加固完成后，应检查加固强度是否满足设计强度要求，同时，待降水至要求高程后，方可进行联络通道暗挖施工作业，施工完成后应注意及时封闭降水井。

6.3 冷冻法联络通道施工

6.3.1 工法简介

冷冻法联络通道的工法原理是将最低温度为 -40℃的冷盐水通过一根根打入土层的管道送入土层,不断循环,把土层中的热量带出来,土层慢慢降温,最后使土层温度降至 -28 ~ -30℃,使富水地层形成冻土帷幕,然后采用矿山法进行联络通道施工,如图 3-6-26 所示。

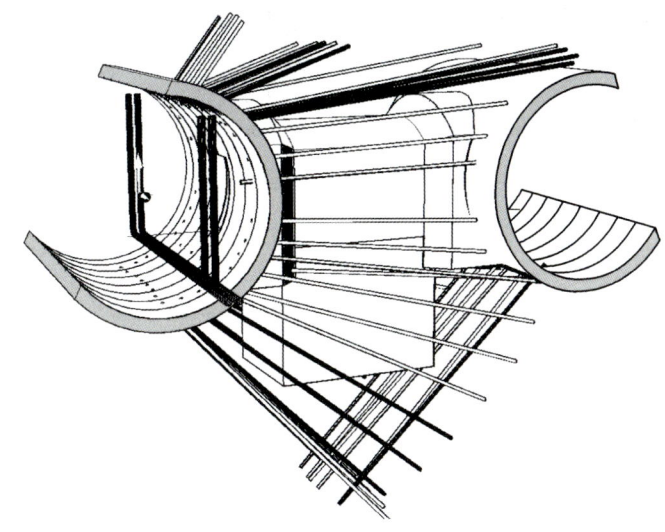

图 3-6-26 冷冻法联络通道施工示意图

冷冻法联络通道施工主要适用于对通过断层破碎带、流砂层、淤泥层等易坍塌且富含水隧道的地层加固。

6.3.2 冷冻平台设置方案

1) 冷冻平台设备组成

冷冻平台主要由冷冻机组、盐水箱、盐水泵、清水泵、冷却塔等设备组成,如图 3-6-27 所示。通常情况下,冷平台成套设置于隧道内,沿隧道方向平行布设(图 3-6-28),施工时采用电瓶车运输冷冻施工物料。

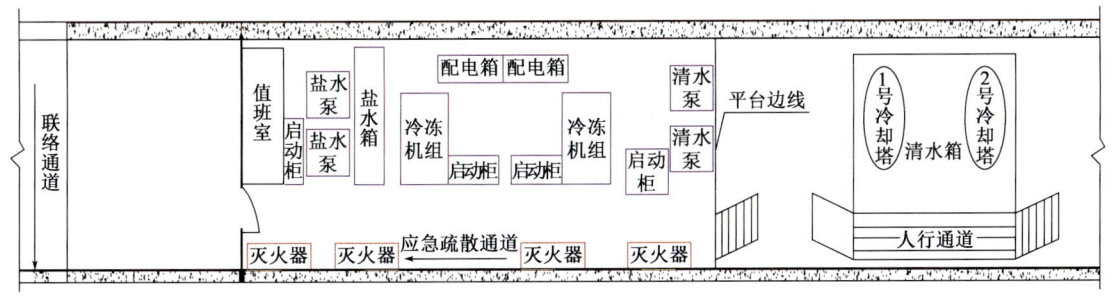

图 3-6-27 冷冻平台设备组成

图 3-6-28　冷冻平台布设

2）冷冻平台位置选择

冷冻法联络通道施工中,最重要的是合理设置冷冻平台。通常情况下,冷冻平台设置在隧道内靠近联络通道的位置,目的是尽量缩短冷冻管的去、回水长度,降低冷量损失,最大限度提升冷冻效果;对于工期紧、铺轨任务重的区间隧道施工来说,这种做法会影响铺轨进度。这种情况下,可考虑将冷冻平台设置在附近车站结构的底板或者中板上,其优点是冷冻平台不占用隧道内部空间,避免交叉作业影响铺轨施工;缺点是需要加长冻结的去、回水管路,增加制冷量的损失,不利于联络通道区间地层的积极冻结和维护冻结,影响冻结效果。具体做法如图 3-6-29～图 3-6-31 所示。

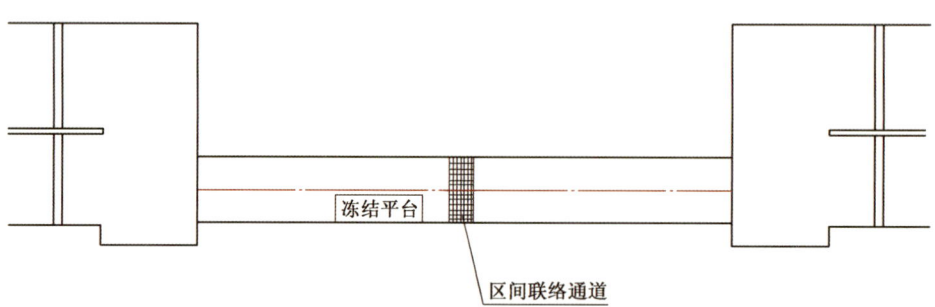

图 3-6-29　常规冻结平台设置立面示意图

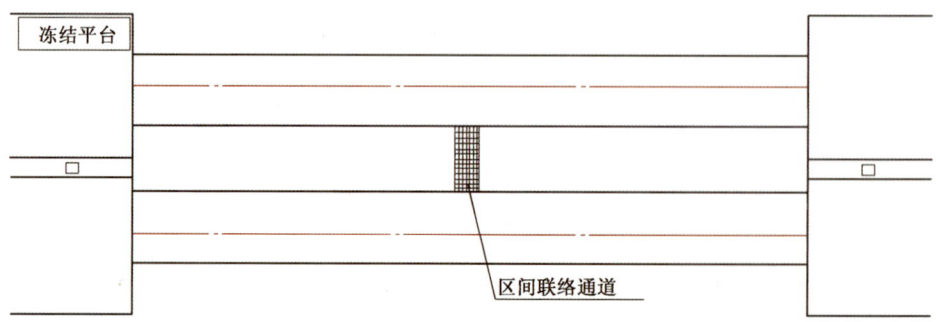

图 3-6-30　车站底板冻结平台设置平面示意图

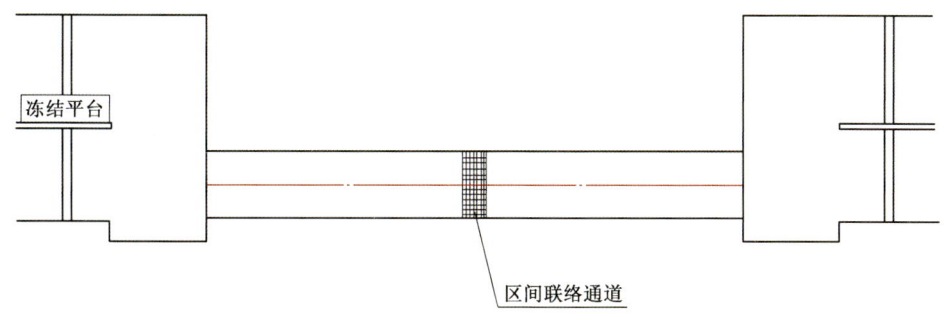

图 3-6-31　车站中板冻结平台设置立面示意图

6.3.3　冻结参数确定及需冷量计算

1）冻结参数设计

对于常规冷冻法联络通道施工来说,冻结参数应结合地质情况综合考虑,一般条件下,冻结参数可按照以下条件进行确定:

(1) 积极冻结期盐水温度为 $-28 \sim -30$℃;

(2) 维护冻结期温度为 $-25 \sim -28$℃;

(3) 冻结孔单孔盐水流量不小于 $3m^3/h$;

(4) 冻结帷幕设计平均温度为 -10℃(胶结面为 -5℃);

(5) 冻结帷幕设计厚度为 2m;

(6) 冻结孔终孔间距 $L_{max} \leqslant 1200mm$,冻结帷幕交圈时间为 25d,达到设计厚度时间为 40d;

(7) 积极冻结时间为 40d,维护冻结时间为 30d。

2）冻结需冷量计算

$$Q = 1.2 \times \pi \times d \times H \times K \qquad (3\text{-}6\text{-}1)$$

式中:H——冻结管道长度(m);

d——冻结管直径(m);

K——冻结管散热系数,$K \leqslant 0.026 W/(m \cdot K)$。

通过计算确定需冷量后,可以选择合适的制冷设备,通常应选择制冷量更大的设备来确保制冷效果满足要求。

6.3.4　冻结孔布设要求

1）布设原则

根据所处地层及深度来确定冻结帷幕厚度,以满足荷载的需要。冻结孔的布置要满足设计时间内达到设计冻结帷幕的要求,使土层内形成一个封闭的板块。

2）注意事项

冻结孔放位时应避开管片主筋、螺栓、止水条,避免对管片结构及防水的破坏。

冻结孔布设如图 3-6-32 所示。

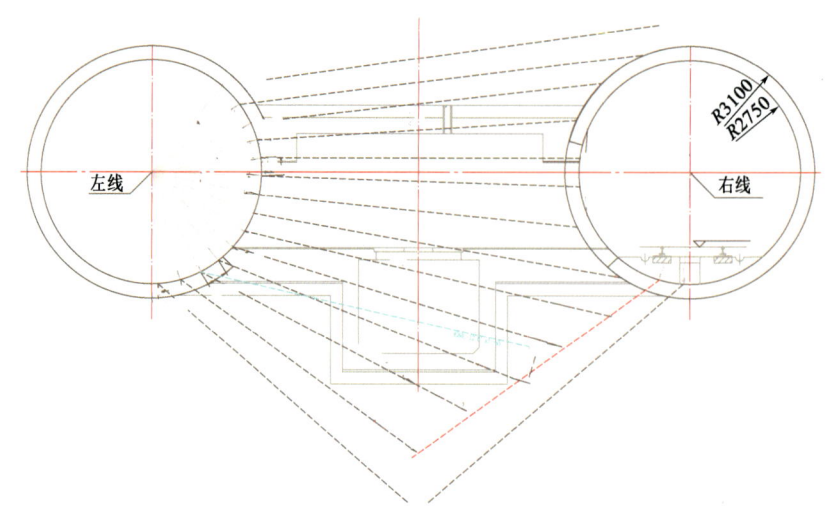

图 3-6-32　冻结孔布设示意图(尺寸单位:mm)

6.3.5　冷冻法联络通道事故及处治措施

1)事故案例

(1)杭州某项目冷冻法联络通道事故

①事故影响

杭州某项目冷冻法联络通道施工期间,因冷冻失效引起开挖面涌水、涌砂,造成联络通道上覆地表沉降。导致附近道路路面发生坍塌,引起上覆燃气管破损泄漏;同时,快速融沉带来的沉降对周边小区房子破坏严重,小区居民临时疏散,无法回家,造成极坏的社会影响。事故现场如图 3-6-33 所示。

②原因分析

根据事故调查通报显示,由于冷冻过程中出现冻结设备故障、冻结管路损坏等问题,造成开挖过程中维护冻结效果不佳,引起土体融沉,导致联络通道拱顶出现涌水、涌砂,进而引发上覆地层、管线及周边建筑物出现一系列的次生灾害。

(2)上海地铁 4 号线某项目联络通道事故

①事故影响

2003 年 7 月 1 日凌晨 4 时许,上海某项目区间"冻结法"施工的联络通道,突然出现涌水、涌砂,隧道内的施工人员不得不紧急撤离。事故导致大量流砂涌入隧道,隧道部分塌陷,地面出现"漏斗形"沉降,紧挨着施工点的楼房均出现不同程度的倾斜。事故现场如图 3-6-34 所示。

②原因分析

在事故发生前,施工单位对原定的施工组织设计方案擅自进行调整。方案调整没有严格遵循冻结法施工工艺的有关规定,导致旁通道冻土结构在施工中出现薄弱环节。

调整后的方案主要有以下四个方面的问题:

a. 调整后的方案降低了对冻土平均温度的要求,从原方案的 $-10℃$ 升至 $-8℃$;

b. 将旁通道处垂直冻结管数量从原方案的 24 根减少到 22 根;

c. 原先为 25m 深的 7 根垂直冻结管,其中 4 根被缩短到 14.25m,3 根被缩短到 16m;

图 3-6-33 杭州某项目联络通道冷冻事故现场

图 3-6-34 上海某项目联络通道冷冻事故现场

d. 修改下行线冻结斜孔设计方案,仅设单排6个冻结斜孔,孔距1m。

通过对事故的技术原因调查可见,施工方案决策欠慎重,施工组织设计不周全,对施工中各种工况下冻土结构的受力分析和计算不完善,致使施工出现盲目性,造成严重后果。

2）事故分析及处治措施

(1)冷冻钻孔施工风险

①风险原因分析

在地铁联络通道冻结施工中,往往会遇到地下水压力较大的含水砂层。在这些地层施工近水平冻结孔,发生钻孔漏水喷砂的情况非常频繁,严重时可以引起很大地层沉降,造成隧道管片和地面建筑变形损坏,甚至酿成隧道垮塌的灾难性事故。引起钻孔漏水喷砂的原因主要有孔口管松动或脱落、冻结管接头断裂、钻头逆止阀失效和孔口止水装置损坏等。有时在冻结壁解冻后,由于冻结管与隧道管片之间的空隙不能及时有效封堵,也有发生漏水喷砂的情况。根据过去经验,开始施工冻结孔时发生孔口管松动脱落、冻结管断裂、钻头逆止阀失效和孔口止水装置损坏等情况较少,也易处理。但在冻结孔施工后期,由于地层扰动加大,渗透性提高,很容易出现塌孔抱钻,使得发生上述情况的可能性及处理难度显著增加。

②处治措施

如因孔口管松动或脱落引起孔口管与管片之间漏水,则应立即停止钻进,在冻结管上安装管卡,用钻机推进冻结管将孔口管顶实,或者用膨胀螺栓等将孔口管固定牢固。然后用棉纱堵塞孔口管与管片之间漏水处,并通过孔口管旁通进行压浆堵漏。注浆材料以采用化学浆液为宜,也可用水泥—水玻璃双液浆。在紧急情况下,可直接从冻结管中注入水泥—水玻璃双液浆。

当漏水、涌砂点在隧道底部时,如遇紧急情况,可以用堆压法处理。采用这种方法时,先应用棉纱等堵塞出水点控制漏水速度,并及时排水。然后,在出水点周边垒一圈砂包,在出水口埋设导水管,并迅速将水泥和水玻璃撒到出水点,边撒边搅拌,使之快速凝固。在堆压体中可埋一些钢筋或型钢,以便将其与隧道管片固定以增加堆压体的稳定性。当堆压体有一定强度和体积后,可逐渐控制导水管的出水量。最后,通过导水管或从附近隧道管片开孔注浆封堵出水点。

如因冻结管接头断裂和钻头逆止阀失效引起漏水喷砂,可直接通过冻结管注浆。采用钻进法下冻结管时,可先准备一个能与冻结管连接的注浆管接头,这样,一旦发生冻结管漏水喷砂的情况,可以迅速拧上准备好的管接头,进行注浆。采用夯管法下冻结管时,可预备一个止浆塞进行堵水和注浆;如没有止浆塞,可准备一个冻结管木塞和一截带阀门的注浆管,在冻结管漏水时,可用木塞堵塞冻结管(用夯管锤将木塞夯入冻结管),然后在冻结管上焊接注浆管进行注浆处理。

钻孔堵漏时需要注意以下四点:

a. 早发现,早做好应急处理的准备;

b. 堵漏速度快,要把握时机,疏堵结合;

c. 尽快进行补偿注浆控制地层沉降;

d. 加强隧道和地层沉降监测,及时对隧道和地面危险建筑采取加固措施。

对于漏水的冻结管,如下入地层深度已达到设计要求,则可以在冻结管中下入直径较小的冻结管进行冻结,否则,应移位补打冻结孔。

(2)冷冻施工风险

①风险原因分析

在积极冻结和开挖期间均可能发生冻结管断裂和盐水漏失的情况。引起冻结管断裂或渗漏的原因主要有三种情况:一是由于冻结管螺纹连接补焊质量或冻结管端头丝堵安装质量存在缺陷,打压试漏不够严格,从而导致供盐水时冻结管接头或冻结管端头丝堵渗漏;二是由于冻结管接头质量差,开冻后管材发生冷缩,引起冻结管接头焊缝开裂渗漏;三是开挖后冻结壁变形引起冻结管弯曲、拉伸,从而造成冻结管接头断裂。冻结管断裂还与打钻和冻结时引起的地层扰动、隧道沉降等有关。

冻结管断裂和盐水漏失一方面使冻结管不能再正常工作,需要停止冻结;另一方面会融化冻结壁,或使冻土强度降低。因此,冻结管断裂会严重威胁冻结施工的安全。这两种情况在过去工程中均有发生,所幸发现早、处理及时或盐水漏失在黏土层中,从而避免了更为严重的后果。

在积极冻结期间发生冻结管断裂和盐水漏失,不会立即对工程安全造成威胁。但是,冻结管裂漏后盐水会渗入地层,即使地层已经冻结也会逐步融化,使地层不能冻结或地层冻结后冻土强度明显降低,给以后联络通道开挖带来了很大的安全隐患。特别是一旦有盐水渗入地层,冻结壁的扩展厚度和冻土强度就不能通过测温孔测温检查来判断,给联络通道开挖带来了极大的风险。

②处治措施

在积极冻结期间发现冻结管渗漏盐水,可采用以下方法进行处理:

a. 立即切断冻结器盐水供给。

b. 在渗漏的冻结管中下套管恢复冻结,套管与冻结管之间应灌满清水。对于向上倾斜的冻结管,下套管处理会在套管与冻结管之间存在空隙影响导热,所以应改用液氮冻结。

c. 在紧靠漏管位置打探孔检查漏盐水位置和范围。如漏水位置为透水砂层,可放水降低土层的含盐浓度。

d. 取芯测定漏盐水点附近土体的含盐量或冻土强度,评估冻土强度的降低可能对冻结壁承载力和稳定性的影响。

e. 必要时采用液氮冻结降低冻结壁温度,或延长积极冻结时间和局部补孔冻结增加冻结壁厚度。在开挖期间遇到冻结管断裂和盐水漏失的情况,应立即切断盐水供给。如果地层为含水砂层,应立即施工初期支护封闭开挖工作面。并应尽快关闭防护门充压气保持开挖区土压平衡,然后在漏盐水的冻结管中用液氮进行冻结,直至取芯检查冻结壁强度达到设计要求后再恢复开挖。如果地层为黏土层,也宜将漏盐水冻结管改用液氮冻结并及时进行支护。在探明开挖面冻结壁稳定性满足施工安全需要的情况下,方可继续进行开挖。

(3)通道开挖构筑施工风险

①开挖期间停冻

a. 开挖期间长时间停冻的原因

开挖期间停冻一般是由停电或发生严重机电事故引起的。如果在联络通道开挖期间发生长时间停冻,会使冻结壁温度迅速升高,冻结壁的承载力迅速降低、变形速度加快。特别是停冻后冻结壁与隧道管片交界面很容易解冻引起透水。因此,会给工程安全带来严重威胁。在过去,联络通道开挖时因停电或机电事故停冻的时间一般在几小时内,只要尽快恢复冻结,不会对施工安全带来严重影响。过去往往采用较高的盐水温度进行维护冻结,当联络通道结构即将完工时,又提前停冻或提前关闭部分冻结器,从而引发险情。

b. 停冻应急处理

如果在开挖期间发生停冻,则应尽快排除机电故障,恢复冻结。在故障排除期间,应加强冻结壁收敛和温度变化监测,尤其是要密切监测冻结壁与隧道管片交界面温度的变化,防止冻结壁局部融化透水;加强冻结壁与隧道管片交界面保温,最好沿交界面敷设管路进行液氮冻结。最后,应根据冻结壁和支护层变形情况,增加初期支护的内支撑。

②冻结壁失稳

a. 冻结壁失稳原因分析

在联络通道开挖过程中,一旦发生冻结管盐水漏失、遇到长时间停冻,或者由于开挖冻结壁形成远未达到设计要求,就有可能发生冻结壁承载力不足和严重变形的情况。特别是在冻结壁与隧道管片的交界面附近,由于隧道管片散热,往往存在局部冻结壁温度过高、厚度过小的问题,导致在开挖过程中局部冻结壁严重变形,或者有软土挤出,甚至发生冻结壁透水险情。一旦冻结壁发生严重变形、失稳或透水,将严重威胁工程的安全,必须采取应急措施进行快速、有效的处理。

b. 冻结壁失稳应急处理

一旦发现冻结壁变形速度迅速增大,表明冻结壁承载力不足,有失稳破坏的危险。此时必须立即支护,并考虑加强内支撑。如果在开挖集水井时遇到这种情况,也可用土袋迅速进行回填。同时,要加强冻结,降低盐水温度,并检查冻结孔是否有堵塞的情况,确保每个冻结孔的盐水供给正常。然后,暂停开挖,对冻结壁和初期支护表面进行保温,并严密观测冻结壁和初期支护的变形。如检查冻结壁及支护层变形得到了有效控制,可立即施工混凝土衬砌,否则应关闭防护门,直到冻结壁强度达到安全施工的要求后再行开挖。

冻土遇水冲刷容易融化,水流速度越快,融化速度越快。因此,冻结壁一旦开窗透水,不能硬堵,尤其不能注浆,否则冻结壁"窗口"扩大速度会更快。此外,如果冻结壁透水已成线流,即使采用液氮冻结(在冻土表面喷洒低温氮气)通常也无济于事。因此,冻结壁透水的最好处理方法是立即关闭防护门并向联络通道内充压缩空气,保持开挖区水土压力平衡,使冻结壁不再漏水,这样继续冻结,冻结壁窗口很快就会弥合。

如果在施工完初期支护后发生冻结壁与隧道管片交界面渗水的情况,可先用液氮喷洒出水点附近,并观测渗水量是否有增大趋势。如果渗水小且没有增大趋势,可尽快浇筑混凝土衬砌。

在冻结壁严重变形和漏水时,应检查隧道管片的变形情况,对隧道管片进行支撑加固。同时,应检测地面和建筑物沉降,检查水、电、燃气等管线是否安全,并对建筑物附近地层进行跟踪注浆。注浆应在地面进行,不得离冻结壁太近,以免压坏冻结壁。注浆材料宜采用水泥—水玻璃双液浆。

(4)解冻阶段施工风险

①地层快速融沉原因分析

冻结壁融化时会发生收缩,从而引起地层沉降。一般情况下,冻结壁融化的速度较慢,地层沉降更缓慢,因此,只要进行正常的环境监测和跟踪注浆处理,不会给周围建筑物和管线等的安全构成威胁。但是,在一些特殊情况下,如施工冻结孔时地层水土流失严重、联络通道开挖时冻结壁变形大、施工支护和衬砌时与冻结壁之间存在大的空洞且未进行有效的注浆充填等,停止冻结后地层可能发生快速沉降,从而给周围地面建筑物和管线等造成险情。

②应急处理措施

在联络通道施工期间及停止冻结后,应对施工影响范围内的隧道管片、地下管线、地面及其建(构)筑物变形等进行监测。一旦监测结果达到了警戒值或者隧道管片、地下管线和建(构)筑物有损坏迹象,地面沉降将影响车辆或行人安全通行,应立即采取以下方法进行应急处理:

a. 对地下管线、地面及其建(构)筑物的安全状况进行评估,如果存在安全隐患或险情,按相关规定对地下管线、地面和建(构)筑物采取保护措施。

b. 观察隧道管片和联络通道结构是否有破坏、渗漏情况,如隧道管片和联络通道结构有破坏或隧道变形超过了规定要求,立即报设计单位,制订技术方案对隧道进行加固处理。如果隧道管片接缝、冻结孔孔口和联络通道结构等有渗水,立即采用注浆方法进行堵漏,注浆材料可以采用化学浆液或水泥—水玻璃双液浆。

c. 采用注浆方法控制地层沉降。注浆区域应选在地层沉降较大的位置,最好是地面注浆与隧道内注浆相结合。应先注地层沉降大的位置,再注地层沉降较小的位置,先注地层深部,再注地层浅部。注浆应遵循少量、多次、均匀的原则,并将注浆引起的地面抬升严格控制在规定范围之内。注浆浆液宜以水泥—水玻璃双液浆为主,单液水泥浆为辅。水泥—水玻璃双液浆配比可为1:1,其中水泥浆水灰比为1:1,水玻璃溶液可采用35～40°Bé水玻璃加1～2倍体积的水稀释。在隧道附近注浆压力不得大于0.5MPa或隧道和联络通道结构设计要求的允许值。

6.3.6 冷冻法联络通道施工流程

冷冻法联络通道施工流程如图3-6-35所示。

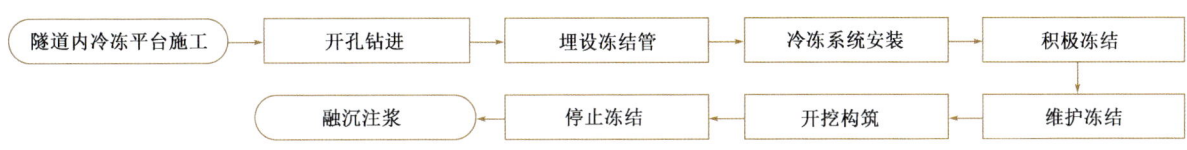

图3-6-35 冷冻法联络通道施工流程图

1)钻孔施工

(1)冻结孔施工顺序

先施工透孔,根据穿透孔的偏差,进一步调整有关的钻进参数。然后根据联络通道施工的孔位,采用由下向上的顺序进行施工,这样可防止因下层冻结孔的施工引起上部地层扰动,减小钻孔施工时的事故发生率。

(2)冻结孔的定位

依据施工基准点,按冻结孔施工图进行冻结孔孔位放线,孔位布置首先要依据管片配筋图和钢管片加强筋的位置,在避开主筋、管缝、螺栓及钢管片肋板的前提下可适当调整,不大于100mm。

(3)冻结孔开孔及孔口密封装置

开孔选用J-200型金刚石钻机,配 $\phi 130$mm 金刚石取芯钻头进行钻孔,深度约250mm,不得钻穿管片。采用钢楔楔断岩心,取出后,打入加工好的孔口管,并用不少于4个固定点固定在管片上(固定点采用植筋的方式,植入钢筋为 $\phi 14$mm 螺纹钢),然后安装孔口密封装置。待每个钻孔完成后,将孔口法兰与冻结管之间的间隙用钢板焊接密封。

若钻孔过程中,出现涌水、涌砂等不可控因素,且密封装备失效,则采用提前加工好的应急防护罩处理,将防护罩套在冻结管孔口上,用膨胀螺栓固定在管片上,如图3-6-36所示。

通过注浆阀门注入水泥浆液对此孔进行密封处理,然后进行移孔打钻。

(4)冻结孔钻进

冻结管之间采用套管螺纹连接,接头螺纹紧固后再用电弧焊

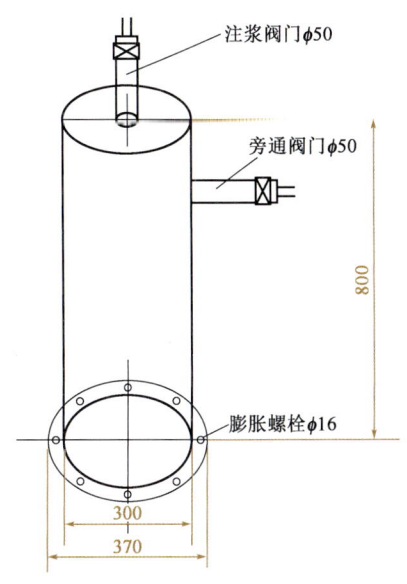

图3-6-36 防护罩示意图(尺寸单位:mm)

焊接,确保其同心度和焊接强度。

正常情况下,钻进时安装简易钻头,直接无水钻进。如果钻进困难,则可在钻头部位安装一个特制的单向阀门,采用带水钻进。冻结管到达设计深度后冲洗单向阀,并密封冻结管端部。

钻进过程中应严格监测孔斜情况,发现偏斜要及时纠偏。下好冻结管后,进行冻结管长度的复测,然后再用灯光测斜仪进行测斜并绘制钻孔偏斜图。

在冻结管内下供液管,然后焊接冻结管端盖和去、回路羊角。冻结钻杆示意图如图3-6-37所示。

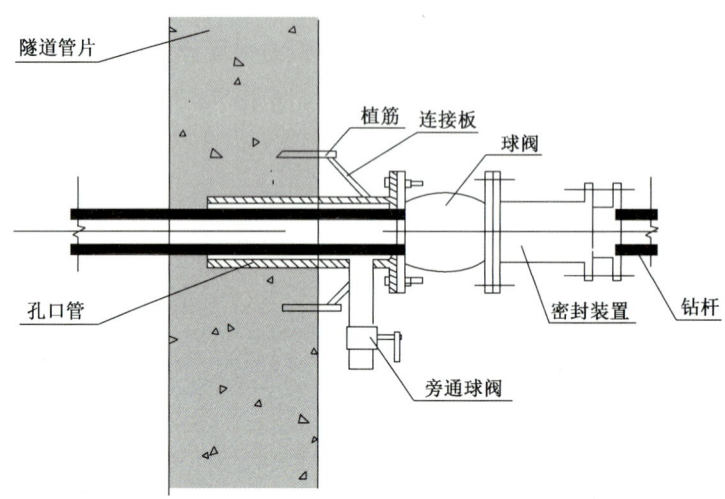

图3-6-37　冻结钻杆示意图

(5)钻孔质量技术要求

首先施工透孔以复核对侧隧道预留口位置的偏差及钻孔施工质量,如偏差大于100mm,则应按保证冻结壁设计的厚度对冻结孔布置进行调整。

冻结孔钻进深度应不小于设计深度。钻头如碰到隧道管片,则不参与制冷循环的长度应不大于150mm,钻孔的偏斜应控制在150mm以内。

冻结管长度和偏斜合格后再进行打压试漏,压力控制在0.8MPa,前15min压力损失小于0.05MPa,后30min压力稳定无变化者为试压合格。试压不合格的,可拔出冻结管进行重新钻孔或下套管进行处置。

施工冻结孔时的土体流失量不得大于冻结孔体积,否则应及时注浆控制地层沉降。

2)冻结施工

(1)冻结制冷系统安装

①冻结站布置

根据现场施工环境,将冻结站安装在区间隧道内靠近联络通道的位置。站内设备主要包括冷冻机组、盐水箱、盐水泵、清水泵、冷却塔及配电控制柜等,设备安装按照设备使用说明书进行,如图3-6-38所示。

②设备安装

a.冷冻机组安装

螺杆式制冷压缩机组由螺杆压缩机、电动机、联轴器、气路系统(包括吸气止回式截止阀和吸气过滤器)、油路系统(包括油分离器、油冷却器、油过滤器、液压泵、油压调节阀和油分配管路)、控制系统(包括操作仪表箱、控制器箱、电控柜等)和设备、系统间的连接管路等组成。

图 3-6-38 冻结站布置

b. 就位与固定

按照冻结站布置图,将冷冻机组就位后,首先将机组可靠地固定在工字钢平台上,底梁与工字钢要进行焊接或用螺栓连接。固定时注意要用水平尺对机组进行找平,通过不断调整工字钢将机组调平。

c. 管路连接

盐水管路与清水管路与机组之间采用法兰连接,要合理地布置安装阀门,为平时开启与关闭、维护时拧螺栓等操作提供方便。

d. 机组密封检测

冷冻机组属于压力容器机械设备,所以一定要保证机组的密封性能可靠,否则造成机组漏氟,制冷效率下降,达不到理想的制冷效果。因此,首先要进行制冷系统的检漏,在确保系统无渗漏后,再充氟、加油。

e. 机组加油

检查机组中冷冻机油量,过少时要向机组加注46号冷冻机油。

f. 清、盐水泵安装

安装前应先对各个设备的外观及性能进行检查,确保可以使用后方可开始安装。装泵的基础平面应找平,放置好后再检查一下整台机组的水平度;泵的吸入管路和吐出管路应有各自的支架,不允许管路重量直接由泵承受;泵的吸入口不宜过高,高于清、盐水箱底20cm左右为宜。在清水泵的吸入口安装一道滤网,在盐水箱中间设置一道滤网,以防止有杂物被吸入管路内。向轴承体内加入轴承润滑机油,观察油位应在油标的中心处,润滑油应及时更换或补充。

g. 冷却塔安装

冷却塔基础应保持水平,要求支柱与基面垂直,各基面高差不超过±1mm。中心距允许偏差为±2mm,塔体拼装时,螺栓应对称紧固,不允许强行扭曲安装,拼装后不得漏水、漏气,冷却塔塔脚与基础预埋钢板需直接定位焊接,预埋钢板应水平、牢固。

冷却塔进、出水管及补充水管应单独设置管道支架,避免将管道重量传递给塔体。为避免杂物进入喷嘴、孔口,组装前应仔细清理,冷却塔安装完毕后,应清理管道、填料表面、集水盘等污垢及塔内遗物,并进行系统清洗。

h. 管路安装

清水管路和盐水干管采用焊接,在需要调整的地方采用法兰连接。隧道内的盐水管用管架敷设在隧道管片斜坡上,用法兰连接。

在盐水管路和冷却水循环管路上要设置阀门和压力表、测温仪测试组件等。

集配液圈与冻结管用高压胶管连接,每组冻结管的进出口各装1个阀门,以便控制盐水流量。

i. 保温施工

保温工作应该在开机冻结前完成,在积极冻结期和维护冻结期应保证保温措施的有效性、连续性及合理性,特别是维护冻结期各薄弱环节的保温措施(如冻结帷幕范围内管片的保温),在此期间值班人员必须做好维护工作。

盐水管路经试漏、清洗后用保温板或棉絮保温,保温厚度为20mm,保温层的外面用塑料薄膜包扎。

冷冻机组的蒸发器及低温管路用棉絮保温,盐水箱和盐水干管用20mm厚的保温板或棉絮保温。

联络通道两侧管片由于混凝土和钢管片相对于土层要容易散热得多,为加强冻结帷幕与管片胶结,将钢管片格栅内用素混凝土填充密实,然后采用保温板对冻结帷幕发展区域管片进行隔热保温。

在冻结管的端部区域范围内布置冷冻排管,同样将钢管片格栅内用素混凝土填充密实,然后采用保温板对冻结帷幕发展区域管片进行隔热保温。

3)积极冻结与维护冻结

(1)积极冻结

设备安装完毕后进行调试和试运转。在试运转时,要随时调节压力、温度等各状态参数,使机组在符合有关工艺规程和设备要求的技术参数条件下运行。冻结系统运转正常后进入积极冻结。此阶段为冻结帷幕的形成阶段,联络通道设计冻结时间为45d,要求冻结孔单孔流量不小于5m³/h,去回路温差不大于2℃,开挖前盐水温度降至-28℃以下。如盐水温度和盐水流量达不到设计要求,则应延长积极冻结时间。

(2)维护冻结

在积极冻结过程中,要根据实测温度资料判断冻结帷幕是否交圈和达到设计厚度,同时要监测冻结帷幕与隧道的胶结情况,测温判断冻结帷幕交圈并达到设计厚度且与隧道完全胶结后,可进入维护冻结阶段,在开挖施工期间的维护冻结期继续进行温度测量工作,在此期间冷冻站正常运行。维护冻结期温度为-25~-28℃,冻结时间贯穿联络通道开挖和主体结构施工始终。

冻结施工设备如图3-6-39~图3-6-41所示。

图3-6-39 制冷机、盐水箱

图3-6-40 总去、总回盐水循环管路

图 3-6-41　冻结孔盐水循环管路

4）预应力支架安装

(1) 预应力支架安装位置

在已成形隧道联络通道处的左、右开口两侧各布置 2 榀预应力支架，合计布置 4 榀，两榀支架间距 2.4m，在联络通道两端沿隧道方向对称布置。

(2) 预应力支架布置方式

①采用型钢加工的通用隧道多边形支架；

②每榀支撑有 8 个支点，由 5 个型号为 OLD50 的螺旋千斤顶提供预应力，每个点须能承受最大 500kN 的径向荷载；

③施工时应及时将每个千斤顶拧紧；

④超过支架最大可承担荷载后需采用其他方法对隧道管片进行加强。

安装完成后的预应力支架如图 3-6-42 所示。

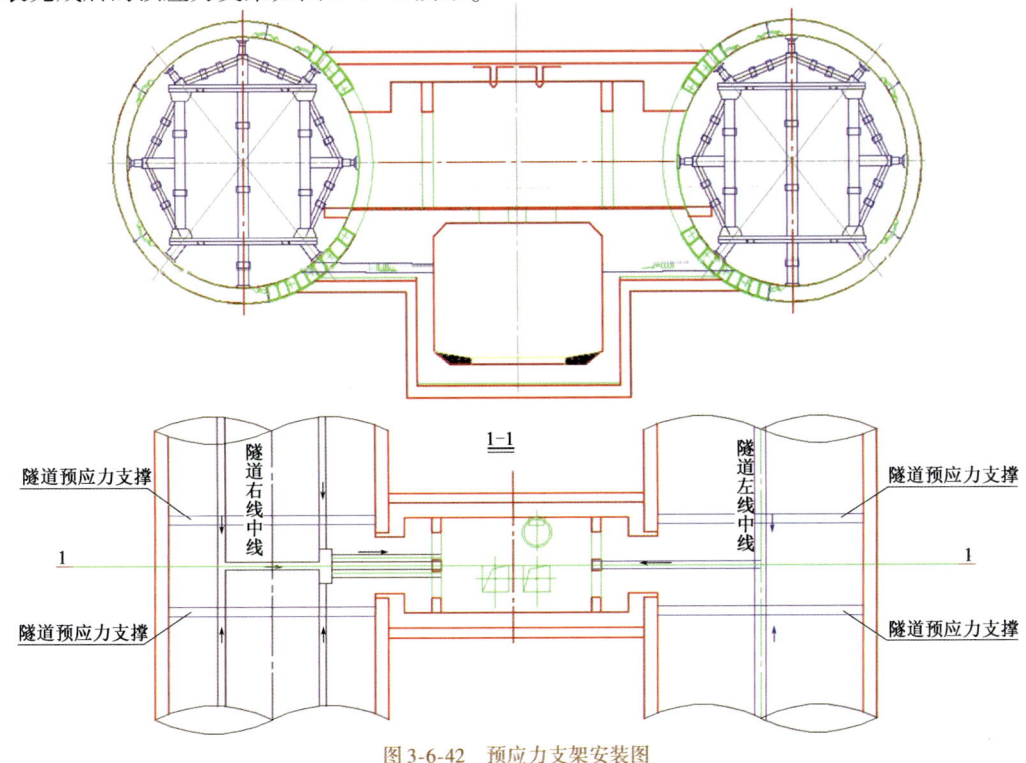

图 3-6-42　预应力支架安装图

5）应急安全防护门安装

应急安全防护门验收要求如下：

（1）防护门耐压设计值为0.356MPa，故耐压试验值不得超过0.356MPa；

（2）防护门安装后，必须进行气密性试验，在不停空压机条件下试验气压保持在0.274MPa为合格。

6）拉钢管片

（1）施工方式

①开管片时，准备2台千斤顶，5t、10t手拉葫芦各3个。2台千斤顶架在被开管片两侧，中间用一根横梁同钢管片直接相连，通过顶推横梁向外推拉钢管片。操作时，要认真观察管片受力及位移情况，消除局部受阻因素，防止管片变形。5t、10t手拉葫芦作为主拉拔管片，一端钩住欲拆管片，一端套挂在对面隧道管片上，水平方向加力向外（隧道内）拉拔管片。5t手拉葫芦悬吊在欲拆管片上方的管片上，一端钩住欲拆管片，以防管片拉出时突然砸落在工作平台上。

②使用千斤顶及5t手拉葫芦拉拔期间要注意观察管片外移情况，并随时注意调整5t手拉葫芦的拉紧程度和方向。因管片锈蚀而拉出困难时，应用大锤锤振管片，减轻拔出力。

拉钢管片施工示意图如图3-6-43所示。

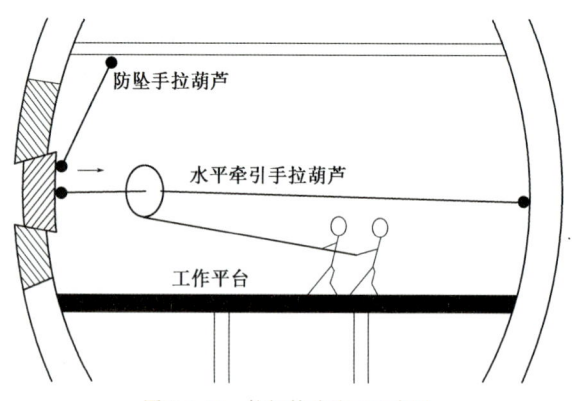

图3-6-43　拉钢管片施工示意图

（2）常见问题及对策

①掌子面发生坍塌

开挖过程中掌子面发生坍塌，如洞内泥砂较多，应先将砂袋堆码在塌方物底部，再进行掌子面封闭。封闭掌子面流程：砂袋堆码 → 掌子面初喷及掌子面后方初期支护加强、加固 → 打设全断面注浆小导管 → 掌子面复喷20cm以上 → 小导管注浆施工。

②因掌子面坍塌导致的地面塌陷

在开挖施工过程中，一旦塌方难以及时处理，并有加重趋势时，应立即撤离洞内施工人员。主要的处理措施可参考如下方法：沉陷处采用石粉渣＋水泥混合回填，以方便下一步钻孔注浆；采用地表注浆加固坍塌体，加固范围取塌方边线外放不小于5m。加固采用地质钻机成孔，袖阀管后退式分段注浆，钻孔前应做好管线探查，防止破坏现有管线，引发次生事故。注浆液采用1∶1双液浆，注浆压力0.2～0.5MPa。

7）联络通道矿山法施工

联络通道矿山法施工的详细流程见表3-6-3。

联络通道矿山法施工流程 表3-6-3

步骤	开 挖 介 绍	图 示
第一步	开挖通道部分,采用全断面开挖土方,严格按照开挖步距及初期支护要求,及时进行初期支护施作	
第二步	完成喷射混凝土后,铺设防水层,施作正常断面的二次衬砌	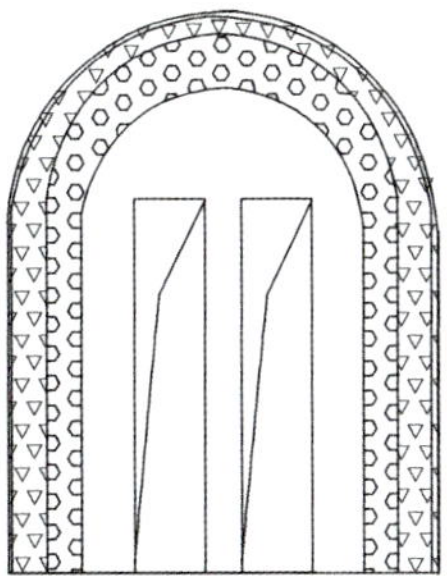
第三步	开挖泵房,架设钢架支撑,施作初期支护	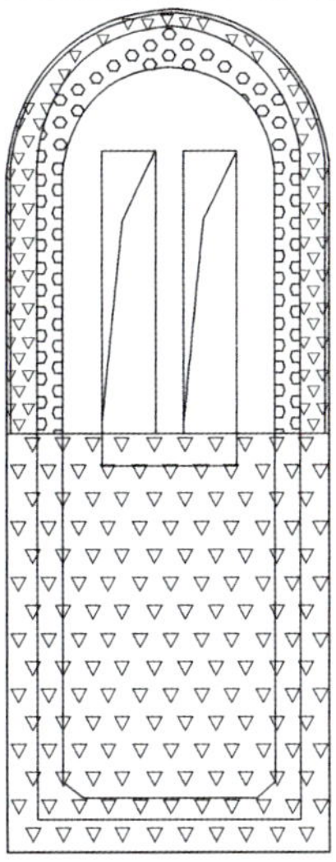
第四步	完成喷射混凝土后,铺设防水层,施作泵房二次衬砌	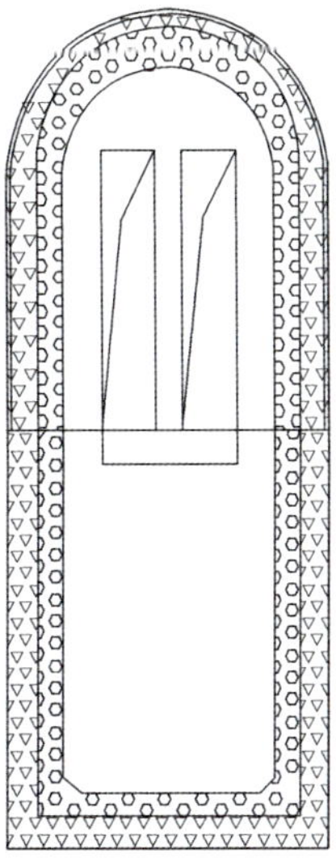

8)收尾工作

(1)解冻

联络通道施工完成后,对冷冻管采取自然解冻的方式进行解冻。解冻完成后切割冷冻管,并进行封孔、注浆。

(2)融沉控制及注浆

①融沉控制

联络通道自然解冻后进行融沉注浆,在融沉注浆之前先进行充填注浆。

a. 注浆材料

衬砌壁后充填注浆采用1:(0.8~1)单液水泥浆;融沉补偿注浆浆液以水泥—水玻璃双液浆为主,单液为辅。水泥—水玻璃浆液体积配比为1:1,其中水泥浆水灰比为1:1。水玻璃溶液采用35~40°Bé水玻璃加1~2倍体积的水稀释。

b. 注浆时间

所有冻结孔封孔且结构层施工完毕,强度达到60%时即可进行壁后充填注浆,一般在冻结结束后3~7d即可注浆。这样能有效地预防因冻土的融化而损坏上部及周围的管线,减少隧道的下沉。

c. 注浆压力

为防止隧道管片及联络通道结构受到影响,拟选用小压力、多注次的方式;充填注浆压力不大于静水压力,泵站压力不大于0.1MPa。

d. 注浆顺序

管片底部→喇叭口处→通道和泵站。每一注浆段中遵循先下部、后上部的原则,使加固的浆液逐渐向上扩展,避免死角,同时改善隧道和联络通道底部土体,提高充填效果。

e. 融沉注浆量

注浆流量控制在10~15L/min,单孔注浆量以注浆压力上升到0.5MPa为限,每天注浆一次。根据经验,融沉注浆总量一般为冻土体积的10%左右,实际注浆量以隧道和地面不沉降为准。

②注浆施工过程监测

控制地面的沉降变形是注浆的目的。因此,解冻过程中,要加强地面变形监测、冻土温度监测、冻结壁后水土压力监测。另外,注浆施工过程中,浆液的压力可以通过在相邻注浆孔安装压力表来反映。以上综合监测数据是注浆参数调整的依据。

③注浆结束标准

a. 注浆要根据沉降监测反馈的信息和注浆压力来控制(0.5MPa压不进浆)。当联络通道隆起2.0mm即可暂停注浆,后期仍要根据监测反馈的信息跟踪注浆。

b. 融沉注浆的结束是以地面变形稳定为依据。若地面沉降日变化量连续半个月保持在0.3mm以内。累计沉降量小于1mm,融沉注浆结束。

c. 注浆结束后,要再注入双液浆封堵注浆管,并由人工修整管口与砌筑面相平,这样既保证了结构强度,又美观、整齐。

(3)注浆孔封堵

①浇筑完泵站混凝土结构层封孔后即可停冻,随之进行施工设备的拆除工作,并清理现场,按要求跟踪注浆。

②注浆孔封孔时,割除羊角,回收供液管,在吹出盐水后,割去露出隧道管片的孔口管和冻结管(进

管片不小于60mm),并在孔口管管口焊接10mm厚的钢板封闭管口,再用速凝堵漏剂封堵,并预留导管进行注浆。

6.4 顶管法联络通道施工新技术

6.4.1 工法介绍

顶管法是广泛应用于软土地区地下通道、综合管廊等短距离隧道施工的成熟技术,具有对周围环境不影响或影响较小、施工场地小、噪声低、能够深入地下作业等优点,上海、南京、无锡等城市地铁隧道工程中有采用顶管法建造联络通道的施工案例。具体的做法是首先在联络通道位置的钢管片上开孔对地层进行注浆加固,待加固体达到设计强度后,再逐渐打开钢管片进行顶管推进。顶管推进的方式是通过建立顶推平台,将预制联络通道管片逐环顶推拼装,直到通道贯通。联络通道顶管法施工整体效果如图3-6-44所示。

图3-6-44 联络通道顶管法施工整体效果图

6.4.2 案例分析

某地铁区间为双线单圆盾构区间,转弯半径为2000m,纵坡为V字形坡,最大纵坡为2.5%,隧道轨面埋深为14.13~21.35m。区间开挖断面内土层主要为:粉砂夹砂质粉土④$_2$、粉质黏土⑤$_1$、黏土⑥$_1$。联络通道结构覆土19.19m,线间距为14m,采用顶管法施工。

(1)施工流程

顶管法联络通道施工流程如图3-6-45所示。

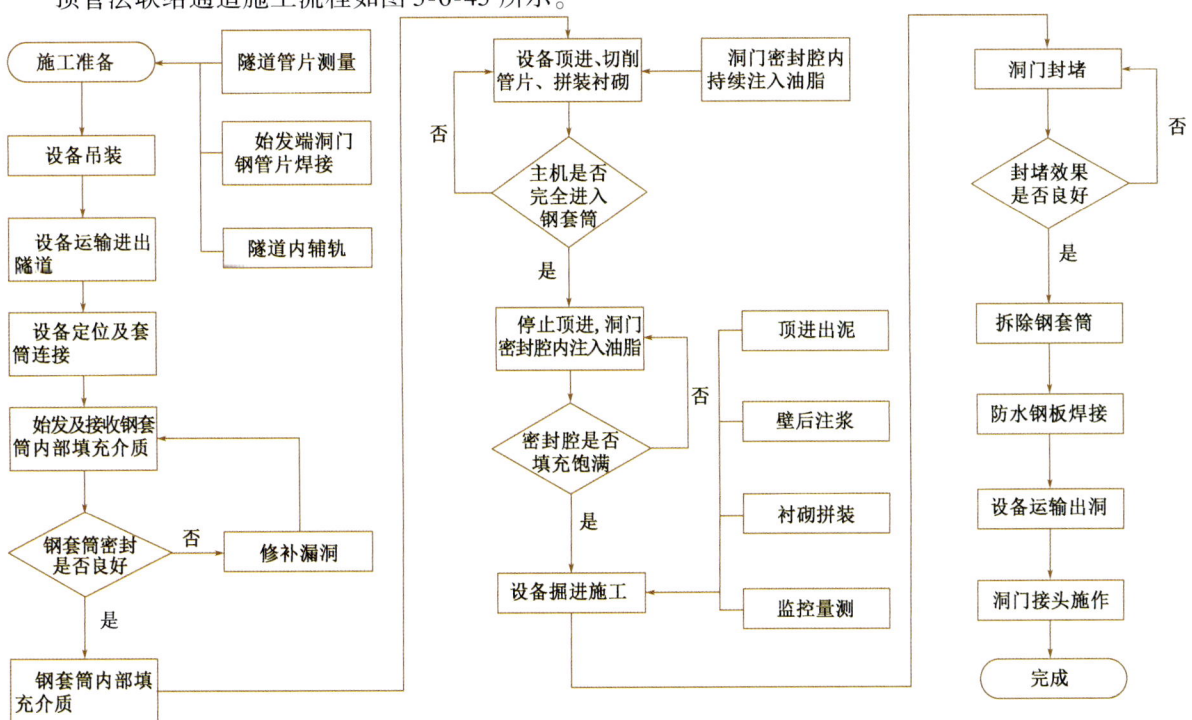

图3-6-45 顶管法联络通道施工流程图

①联络通道钢管节设计

常见钢管节骨架初步设计采用纵横向,管节结构厚度为200mm,外包厚度为20mm的钢板,内腔填充C30混凝土,长度通常为1.5m和1.2m两种。

②顶管平台设计

顶管机机头设计应根据联络通道穿越土层的主要地质条件,结合总体设计要求进行综合比选。常见的顶管机就位方式如图3-6-46所示。

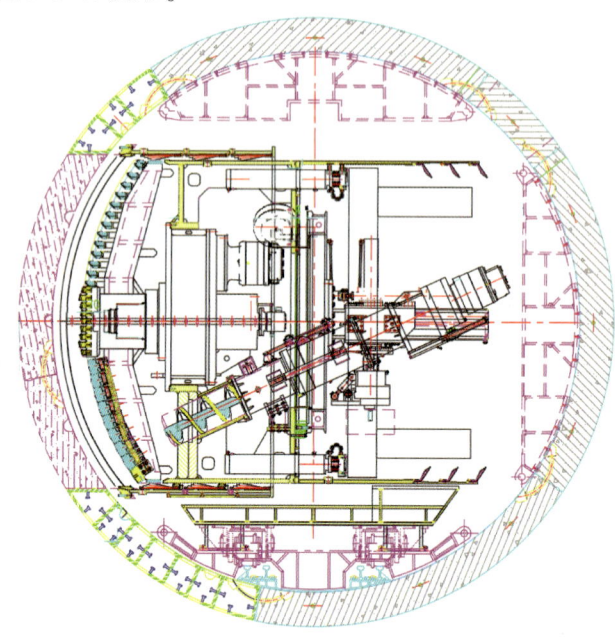

图3-6-46 顶管机就位示意图

③设备就位

主机包裹在套筒内,随台车一同运输至洞门处,通过托架微调系统调整始发姿态,始发姿态以接收时高程目标+50mm控制。将套筒与洞门对齐,然后整圈焊接于钢管片上,缺口部位填塞钢板焊接。

④支撑体系张开

设备运输至联络通道位置后连接各管路及构件,伸出支撑体系液压缸使支撑体系紧贴管节内壁,支撑体系张开后分10级加载,每级加载间隔5min。

⑤调试运转

在套筒未连接前进行设备调试,调试内容见表3-6-4。

设备调试内容表 表3-6-4

序 号	名 称	序 号	名 称
1	测量系统	7	主轴承密封油脂泵功能
2	螺旋输送机功能	8	盾尾油脂控制系统
3	顶进液压缸性能	9	空压机系统
4	铰接液压缸性能	10	吊机系统
5	刀盘驱动性能	11	注浆泵功能
6	泡沫注入性能		

⑥套筒安装及密封

a. 套筒安装

筒体材料用30mm厚的Q235钢板,每段筒体的外周焊接纵、环向筋板保证筒体刚度,筋板厚度20mm,高45mm,间隔约300mm×350mm,每段结合面均焊接法兰,法兰用30mm厚的Q235钢板,采用

10.9级M20螺栓连接,中间加O形密封圈。

套筒须焊接于开洞特殊管片预留的洞门处。台车将套筒运送进隧道后,通过千斤顶及20t手拉葫芦调整接收套筒姿态,并从套筒内部将套筒前端与特殊管片预留洞门焊接成整体。钢套筒上预留了多个注浆孔,需要使用3个,顶部预留1个直径较大的厚浆注入孔和1个双液浆注入孔,下部预留1个卸压孔,均安装对应尺寸球阀,其余注入孔全部用钢堵头堵住。始发和接收套筒示意图如图3-6-47、图3-6-48所示。

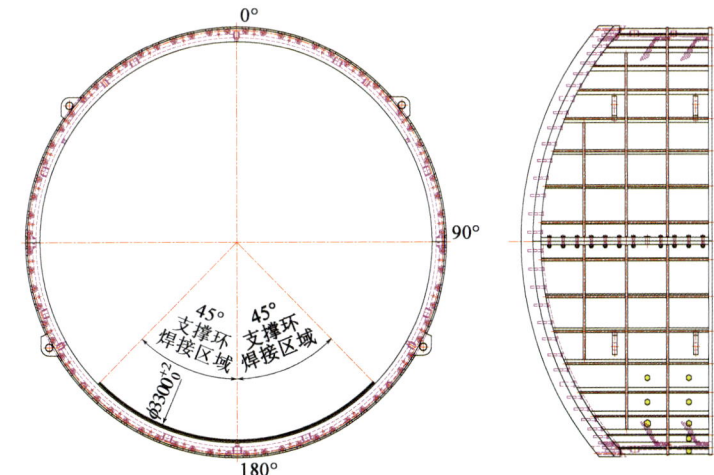

图3-6-47 始发套筒示意图(尺寸单位:mm)

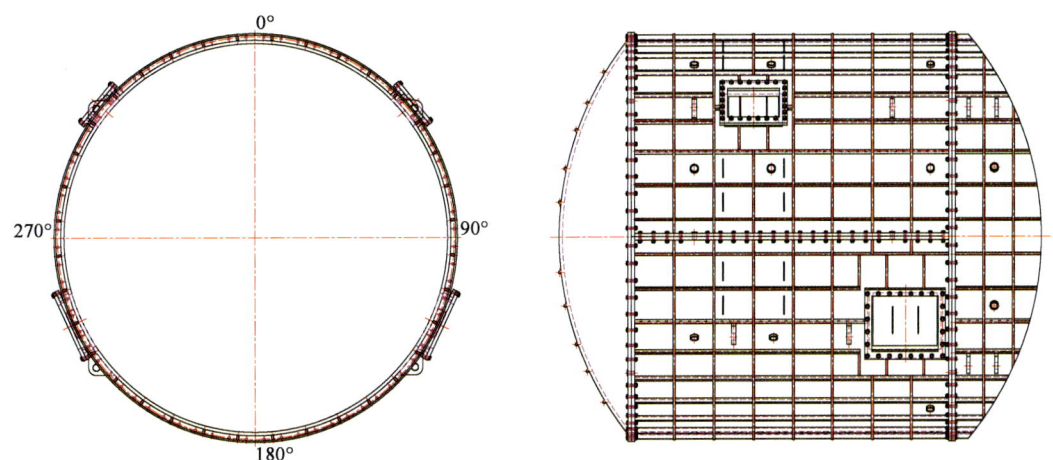

图3-6-48 接收套筒示意图

b.套筒密封试验安装

钢套筒焊接情况检查完毕后,向钢套筒内注浆填料,填注主要材料为惰性浆液。为了将填料输送至钢套筒内,采用台车将浆液运输至套筒处,从浆车引一条输送管接至JYB-3型挤压式注浆机进口,再从注浆机出口接一根输送管至钢套筒顶部注浆孔,将填料通过注浆机+管路输送至钢套筒内,直至砂浆完全充满钢套筒。

惰性浆液凝固之后,打开钢套筒上预留的2个卸压口,顶部泄压口接入注浆管,注入水泥—水玻璃双液浆,注浆压力0.35MPa,浆液注入前须试验其初凝时间,初凝时间控制在5min以上。观察底部泄压口有无水涌出,如无异常,则关闭卸压孔,完成密封试验,如卸压孔有浆液漏出,则封闭底部泄压口,持续注浆,终孔压力控制为0.35MPa。

⑦出洞施工

顶管法联络通道开始掘进前,应全面复核初始姿态和隧道线形,并按照前文要求完成洞门密封后,方可进行顶管机顶推作业,具体作业流程如下:

a. 土仓建压

在顶管切削至洞门混凝土破碎后，外界水土压力传递至钢套筒内，为达到平衡外界水土压力的目的，在套筒密封形成后，通过预留注入管道注入膨润土达到试压值（取水土压力+0.5bar）。

b. 切削洞门混凝土

准确计算顶进行程，刀尖顶至管节后缓慢推进，开始切削洞门混凝土（管节）。

c. 出泥运转

切削混凝土时，间断性开启螺旋输送机，保证土压平衡。

d. 密封体系转换

主机外壳完全进入第1道尾刷后，第2道密封还在外壳位置时，停止顶进，迅速向第1、2道尾刷间注入盾尾油脂，填充密封刷空腔，建压后方可继续顶进，以同样方法通过第2、3道尾刷，并在施工过程中实时监测油脂腔压力，间歇注入油脂，保证压力。

e. 止退杆安装

顶进1400mm后，安装止退杆。需要将止退杆牛腿焊接于复合管片上，插入销子，盾体的止退需要将销子焊接于盾体上。

⑧顶管推进

a. 渣土改良

切削管片：切削管片时通过注入膨润土或泡沫剂降压改良渣土，固定速度持续注入，同时螺旋输送机出渣，过程中需要专人盯控出土量。

正常推进：在正常段掘进时按照地质情况合理进行土体改良，要求改良后的渣土坍落度为120~140mm，便于泵送出泥。

b. 顶进纠偏

顶管顶进最大偏差量不超过±50mm，在确认管节拼装良好并经验收合格、所有机械运转正常的情况下，即可开始顶进。

顶进过程中遇姿态出现偏差，优先通过调整顶推液压缸的压力分配调整顶管机姿态，如效果不明显，通过调节顶管铰接调整强化纠偏，开启铰接后须密切关注成型管节的变形情况。

c. 顶进出泥

如果在渣土置换时出现土压快速下降、注入压缩空气不能够维持土仓压力平衡等情况，应立即往土仓中注入高浓度膨润土作为介质以保持土仓压力平衡。顶进至顶管机后方具备放置出土泵的条件后，采用输土泵直接泵送至台车后方渣土运输车内的方式出土。在此过程中，应保证顶进速度与出泥量匹配，严格监控土压力变化。

d. 减摩注浆

减摩注浆采用触变泥浆，主要材料为膨润土、碱、聚丙烯酰胺、水，主要起到支撑土体及减阻的作用。

e. 填充注浆

顶管终止顶进且完成洞门接口安装后，对外壁触变泥浆进行填充、置换，保障地面建筑物安全。采用水泥—水玻璃双液浆进行填充注浆，注浆压力控制在0.35MPa以内，注浆结束后必须对注浆孔进行封闭。

⑨物料运输

井口垂直运输采用75t汽车式起重机完成，隧道内水平运输采用电瓶车编组完成，编组含机头、渣土运输车、平板车，台车部位采用吊机系统完成物料运输。

管节分块设计（两块），通过吊机运送至主机后方。下部分块由1台吊机吊运，顶部分块由2台吊机抬吊。

⑩管节拼装

管节分块拼装,由上下两部分组成,上部 150°,先拼装下部,后拼装上部,如图 3-6-49 所示。

a. 防水材料粘贴

管节防水材料在地面粘贴完成后,用黏结剂将橡胶圈牢固粘接在防水材料凹槽处并经充分风干,下井前对橡胶圈粘贴情况逐一检查,以不翘边、不脱落为合格。

b. 管节进场检验

管材进场后,逐节检查、核对质量证明文件,对外观质量、橡胶圈粘贴、木衬垫粘贴质量进行逐根检查。

c. 端面木衬垫的粘贴质量

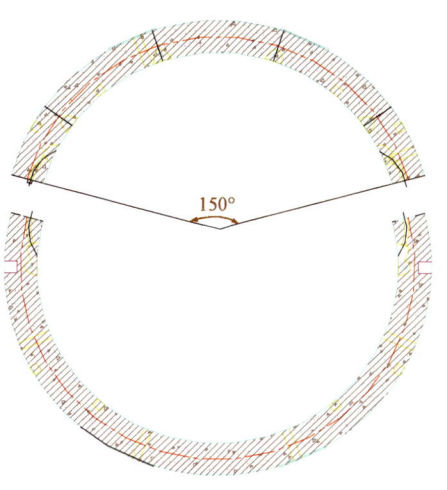

图 3-6-49　管节分块示意图

木衬垫必须粘贴在快速接头混凝土面上,木衬垫表面应无板层剥落、翘曲、木节等外观缺陷,尺寸公差应符合设计图纸的要求,木衬垫与混凝土立面粘贴牢固。

d. 管节安装

管节应缓慢吊放到导轨上,严禁冲击导轨。利用吊机在导轨上进行转角调整。

主千斤顶向前缓慢推进,将后面管节与上一环管节快速对接。对接过程中安排专人进行监护,防止快速接头对偏。

⑪顶管接收

接收台车就位后,进行接收套筒的安装工作。安装过程中,应注意套筒密封的填充处理。接收条件具备后,准确计算顶进行程,待刀尖顶至管片后缓慢推进,开始切削洞门混凝土(管片)。顶管进入套筒内后顶进方式同切削混凝土方式。

接收套筒焊接完成后,根据施工经验,刀盘切削管片进度较缓慢,可采用提前钻孔方式对洞门混凝土结构强度进行削弱。钻孔直径 80mm,钻孔深度 175mm,钻孔间距 120mm×120mm,横纵均匀布置。要求横向钻孔孔位偏差控制在 ±10mm 以内,竖向钻孔孔位偏差控制在 ±10mm 以内。钻孔顺序依照刀盘切削管片先后顺序施工,如图 3-6-50 所示。

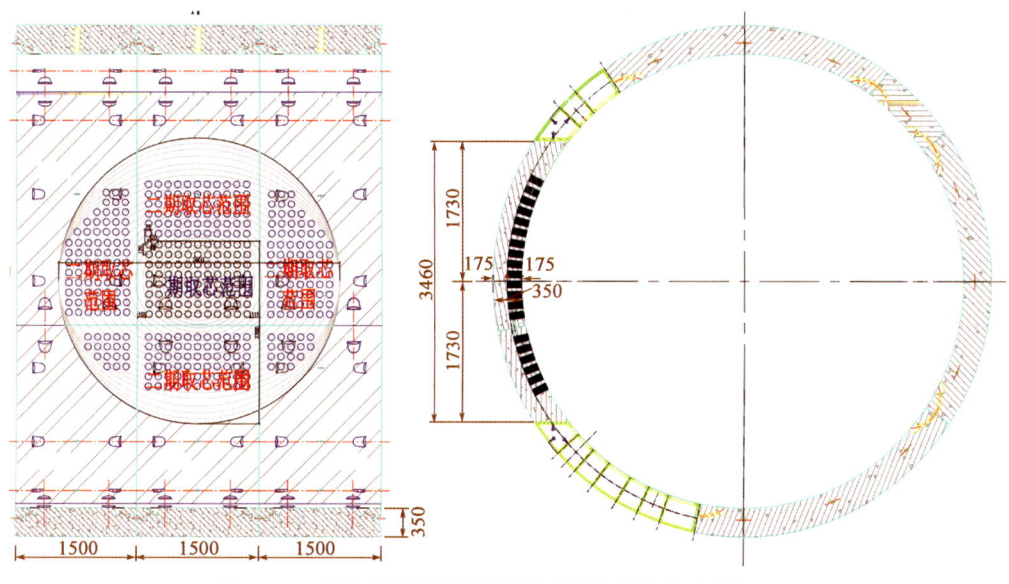

图 3-6-50　接收端主隧道削切面钻孔布置示意图(尺寸单位:mm)

6.5 联络通道施工质量控制要点

6.5.1 常规矿山法联络通道

(1)联络通道开始施工前,应对地基加固质量进行验证,可通过探孔取芯的方式进行。开挖过程中,应及时对掌子面进行注浆加固,确保掌子面稳定。

(2)开挖施工中严格遵循"管超前、严注浆、短开挖、强支护、快封闭、勤量测"原则,每一开挖段应打设超前探孔,确认加固质量合格后再继续往前施工。应根据联络通道断面尺寸选择全断面或台阶法开挖方案,并遵循方案和交底原则。支护及喷锚应严格按照方案及规范要求实施,严禁超挖。

(3)开挖前应针对性地编制联络通道监测施工方案,并严格按照方案布设监测点。开挖过程中应加强对联络通道上覆建(构)筑物的监测预警。

6.5.2 冷冻法联络通道

(1)管片开孔时,应避开钢筋,防止外部水土涌入。具体施工时,可先安装孔口管,孔口管与管片间缝隙充填密实,端部配置连接闸阀的孔口装置。钻孔中一旦出现涌水、涌砂,立即关闭阀门。

(2)冻结过程中,隧道受冻土力作用,会发生横向变形,影响隧道椭圆度,可在冻结前在隧道内安装预应力隧道支架。

(3)布置测温孔以掌握冻土帷幕的形成过程及状况,判断冻土柱是否交圈、冻土墙厚度及温度是否达到设计要求。

(4)应注意布置卸压孔,借助卸压孔减少冻结过程中土体冻胀对地表以及隧道的影响。

(5)钢管片拆除前,检查联络通道土体冻结帷幕墙厚度是否达到设计要求、土体强度是否达到要求等。

(6)冻土开挖后,要及时对冻结壁进行支护,以防止联络通道土体开挖引起的冻土帷幕及冻结管的变形破坏。严格避免在冷冻时间不够情况下进行开挖施工,凿开管片时要及时开挖,避免冻结土体长时间暴露。联络通道施工时,要边开挖边支撑,设置适当的支撑并且要及时支撑。开挖后进行衬砌混凝土浇筑时,要在冻土与浇筑混凝土之间设置一层保温隔热板,以确保衬砌混凝土的质量和强度。

(7)联络通道主体施工施工完毕后,停止供冷,土体解冻。为减少土体解冻产生的沉降量,可以在联络通道内部预留注浆孔,解冻前对初期支护背后进行注浆处理,同时注意地表和管线沉降、隧道收敛、隧道位移等,及时对地层进行补偿注浆。

(8)由于冻土抗拉强度低,设计中应尽量降低冻土帷幕所承受的拉应力,做好冻结和开挖的配合工作,及时封闭薄弱的冻结壁,并根据开挖后冻结帷幕变形情况及时调整开挖构筑工艺。

6.5.3 顶管法联络通道

在顶管法施工过程中,应注意以下施工环节:

(1)在联络通道顶管施工前,应结合地质情况进行地层加固。地质情况良好时,可采用洞内管片背后注浆,封堵地下水。地质情况较差时,应采用地面注浆,在作业区域形成完整的加固体。待加固体固化后,应取芯验证加固效果。达到预期效果后,方可进行后续施工。

（2）顶管施工会对相邻管片产生扰动，且管片后续要提供顶管机顶进支撑反力，因此联络通道钢管片前后各4环管片应延隧道方向连接成整体，以分摊顶管机后座反力，减小管片拼缝错台。同时，每环管片应环向采用型钢设置临时支撑体系，防止成环管片变形。

（3）依据隧道设计轴线、钢管片位置及顶管机的尺寸，反推出导轨的空间位置及长度，导轨中轴线应与顶管始发内弦线重合，顶管通道轴线高程应保持一致。安装完成后应测量复核、固定。

（4）顶管机反力支撑体系应尽量多设置水平支撑，少采用斜撑，因为随着顶进长度的增加，顶进作用力会越来越大，水平支撑持力效果好，不存在力的损失，而斜撑容易产生变形，影响顶管机掘进姿态。

（5）顶管机组装并对所有管线检查完毕后，即可进行调试工作。顶管机调试过程中，尤其应加强电气系统的调试。因为在每环管节安装的过程中，均存在电气线路断开的状态。电气系统的顺畅，可以有效缩短停机间歇时间，保证持续、平稳掘进。

（6）试掘进阶段，应通过通道埋深、水文地质情况理论计算土压平衡点，根据试掘进段收集的实际参数并结合监测数据及时调整土压及出土量，能有效地控制地表沉降或隆起变形。

（7）顶管在正常顶进施工中，必须密切注意顶进轴线的控制。在顶管机前方节、后方节及第一节管节四周布置定位贴片，全站仪定时测量顶管机及后方管节姿态。每顶进0.5m，必须进行机头的姿态测量，并做到随偏随纠，且纠偏量不宜过大，以免土体出现较大扰动及管节间出现张角。

（8）在顶进过程中，应合理控制顶进速度，保证连续均衡施工，避免出现长时间搁置情况。不断根据反馈数据进行土压力设定值调整，使之达到最佳状态。严格控制出土量，防止欠挖或超挖。施工过程中严格测量监控地面沉降，一旦发生沉降，立即采取补浆、注泥等措施修正，并在顶进结束后进行二次补泥。

（9）为了减少土体与管道间摩阻力，在管道外壁压注触变泥浆，在管道四周形成一圈泥浆套以达到减摩效果。在施工期间，要求泥浆不失水、不沉淀、不固结，以达到减小总顶力的效果。

（10）管节拼装接头采用F形承插式接头，管节之间没有机械连接构件，为确保管节拼装质量，管节首部、尾部三环应通过管节内壁预埋钢板焊接成整体。其他管节之间主要靠工作井液压缸推力控制管节拼缝紧密程度。但管节拼装阶段存在无压状态，因此应在工作井管节外部两侧设置管节锁死装置，以保证管节拼装质量。

（11）管节与管节之间采用中等硬度的木制材料作为衬垫，以缓冲混凝土之间的应力，板接口处以企口方式相接，板厚为20mm。粘贴前注意清理管节的基面，管节下井或拼装时发现有脱落的立即进行返工，确保整个环面衬垫的平整性、完好性。管节下部的嵌缝槽采用聚硫密封胶嵌填，管节与钢套环间形成的嵌缝槽采用聚氨酯密封胶嵌注。

（12）当顶管机刀盘切口距接收端管片50cm左右时，顶管停止顶进，开始凿除洞门混凝土管片。始发时，应迅速、连续顶进管节，尽快缩短顶管机始发时间。始发后，马上用钢板将管节与洞圈管片焊成一个整体，并用浆液填充管节和洞圈的间隙，减少水土流失。

第 7 章 管片生产

本章详细内容参见附件 3-7-1。

本章附件

附件 3-7-1　管片生产

本篇参考文献

[1] 叶志明. 土木工程概论[M]. 5版. 北京:高等教育出版社,2020.

[2] 彭丹. 地铁盾构施工中反力架系统的运用研究[J]. 低碳世界,2017(17):192-193.

[3] 张树海,张丕界,张旭东. 铁路公路与地铁施工临时结构设计范例[M]. 北京:中国铁道出版社,2016.

[4] 陈馈,洪开荣,焦胜军. 盾构施工技术[M]. 2版. 北京:人民交通出版社股份有限公司,2016.

[5] 住房和城乡建设部,国家质量监督检验检疫总局. 盾构法隧道施工及验收规范:GB 50446—2017[S]. 北京:中国建筑出版社,2017.

[6] 喻和春. 地铁盾构施工蓄电池矿用机车选型与车辆编组[J]. 山西建筑,2009(28):340-341.

[7] 叶旭洪. 砂卵石地层泥水盾构泥浆特性对开挖面稳定性影响研究[D]. 北京:北京交通大学,2008.

[8] 徐海鹏. 泥水平衡盾构施工泥浆的性能及其测量方法[C]//智慧城市与轨道交通2015年中国城市科学研究会数字城市专业委员会轨道交通学组年会论文集. 2015.

[9] 白云,孔祥鹏,廖少明. 泥水盾构泥膜动态形成机制研究[J]. 岩土力学,2010(s2):19-24.

[10] 朱伟,闵凡路,钟小春. 泥水加压盾构泥浆与泥膜[M]. 北京:科学出版社,2016.

[11] 叶旭洪. 砂卵石地层泥水盾构泥浆特性对开挖面稳定性影响研究[D]. 北京:北京交通大学,2008.

[12] 韩晓瑞,朱伟,刘泉维,等. 泥浆性质对泥水盾构开挖面泥膜形成质量影响[J]. 岩土力学,2008,29(增1).

[13] 张凤祥,朱合华,傅德明. 盾构隧道[M]. 北京:中国建筑工业出版社,2004.

[14] 陈健,黄永亮. 超大直径泥水盾构施工难点与关键技术总结[J]. 地下空间与工程学报,2015,11(S2):637-644.

[15] 袁大军,李兴高,李建华,等. 北京地下直径线泥水盾构泥浆特性参数确定[J]. 建筑技术,2009,40(3):279-282.

[16] 陈健,闵凡路,王守慧. 大直径水下盾构隧道施工技术[M]. 上海:上海科学技术出版社,2019.

[17] 刘豫东. 泥水盾构泥水处理模式[C]//大直径隧道与城市轨道交通工程技术——2005上海国际隧道工程研讨会文集. 上海:上海市土木工程学会,2005.

[18] 日本土木协会. 盾构标准规范(盾构篇)及解说[M]. 朱伟,译. 北京:中国建筑工业出版社,2011.

[19] 张亚洲,夏鹏举,魏代伟,等.南京纬三路过江通道泥水处理及全线路废弃土再利用技术[J].隧道建设,2015,35(11):1229-1233.

[20] 常江,赵一,王岩.盾构隧道管片上浮原因分析及控制措施[J].隧道与地下工程,2010,5(8):123-74.

[21] 梁荣柱.软土地区盾构施工竖向姿态控制研究[J].现代隧道技术,2015,52(5):152-157,183.

[22] 闫建诚.土压平衡盾构全断面硬岩施工技术[J].施工技术,2014,43(9):127-130.

[23] 杨祥亮,扈延清,周玲芳.浅谈富水砂卵石地层盾构曲线施工技术[C]//中国城市地下空间开发高峰论坛论文集,2014.

[24] 周少东.地铁盾构隧道穿越瓦斯地层的施工技术[J].城市轨道交通研究,2009,12(8):68-74.

[25] 万维燕.全断面富水砂层"衡盾泥"辅助带压进仓施工技术研究[J].铁道建筑技术,2017(5):60-63.

[26] 洪开荣,等.盾构与掘进关键技术[M].北京:人民交通出版社股份有限公司,2018.

[27] 住房和城乡建设部.地铁设计规范:GB 50157—2013[S].北京:中国建筑工业出版社,2013.

[28] 住房和城乡建设部.地下铁道工程施工质量验收标准:GB/T 50299—2018[S].北京:中国建筑工业出版社,2018.

[29] 国家质量监督检验检疫总局,国家标准化管理委员会.预制混凝土衬砌管片:GB/T 22082—2017[S].北京:中国标准出版社,2017.

[30] 住房和城乡建设部.城市轨道交通技术规范:GB 50490—2009[S].北京:中国建筑工业出版社,2009.

[31] 住房和城乡建设部.城市轨道交通地下工程建设风险管理规范:GB 50652—2011[S].北京:中国建筑工业出版社,2011.

[32] 国家质量监督检验检疫总局,国家标准化管理委员会.全断面隧道掘进机 土压平衡盾构机:GB/T 34651—2017[S].北京:中国标准出版社,2017.

[33] 国家市场监督管理总局,国家标准化管理委员会.全断面隧道掘进机 泥水平衡盾构机:GB/T 35019—2018[S].北京:中国标准出版社,2018.

[34] 国家市场监督管理总局,国家标准化管理委员会.盾构隧道管片质量检测技术标准:CJJ/T 164—2011[S].北京:中国建筑工业出版社,2011.

[35] 工业和信息化部.预制混凝土衬砌管片生产工艺技术规程:JC/T 2030—2010[S].北京:中国建材工业出版社,2010.

[36] 建设部,国家发展改革委员会.城市轨道交通工程项目建设标准:建标104—2008[S].北京:中国计划出版社,2008.

[37] FRITZ P. Additives for slurry shields in highly permeable ground[J]. Rock Mechanics and Rock Engineering,2007,40(1):81-95.

第4篇 矿山法施工

本篇编审委员会

主编单位：中铁十四局集团有限公司

主　　编：陈　健

副 主 编：李克金

参　　编：郭　栋　李良伟　苏秀婷　李秀东　王维强　崔建波　刘志坚
　　　　　亓　宁　马宏宸　李　冬

审　　定：雷明锋　关宝树　张　弥　冷　彪

秘　　书：董晓芳

标准规范

本篇使用的主要标准规范如下：
1.《爆破安全规程》（GB 6722）
2.《岩土工程勘察规范》（GB 50021）
3.《岩土锚杆与喷射混凝土支护工程技术规范》（GB 50086）
4.《地铁设计规范》（GB 50157）
5.《城市轨道交通岩土工程勘察规范》（GB 50307）
6.《土工试验方法标准》（GB/T 50123）
7.《地下铁道工程施工质量验收标准》（GB/T 50299）
8.《城市轨道交通工程基本术语标准》（GB/T 50833）
9.《地下铁道工程施工标准》（GB/T 51310）
10.《高速铁路隧道工程施工质量验收标准》（TB 10753）

篇首语

矿山法施工操作灵活、地层适应性强，在我国地铁工程中应用广泛，目前除了盾构法外，矿山法已经成为我国城市地铁区间隧道施工的常用方法，在部分暗挖地铁车站中也有所采用。在不同地区、不同地质条件下，矿山法施工方法和技术要点存在一定的差异。在此背景下，本篇系统介绍了地铁矿山法隧道施工技术，包括施工方法、施工流程、实际操作与施工注意事项等内容，为读者深入、全面地展现地铁矿山法隧道施工技术要点。

本篇共7章内容，第1章介绍了矿山法的发展、分类，重点分析了矿山法在城市地铁隧道施工中的环境因素，并在此基础上总结了矿山法在城市地铁隧道中的发展趋势。第2~5章分别介绍了施工期地质勘察以及超前地质预报、施工工法、施工作业等内容。其中，第2章主要介绍了施工期地质勘察以及超前地质预报的操作注意事项与成果应用；第3章结合新理论、新方法介绍了矿山法隧道施工中各种工法的适用性、施工工序、施工要点以及注意事项；第4章介绍了开挖、出渣、支护、超前支护与加固、二次衬砌施工、地下水处理等作业技术要点；第5章介绍了供风、供水、排水、供电与照明、通风、防尘等作业的设计、作业要点及注意事项；第6章结合工程案例介绍了地面沉降与坍塌控制、隧道突泥涌水控制、隧道初期支护失稳控制、有害气体控制、爆破震动控制、施工噪声控制等6项城市地铁矿山法隧道施工的控制重点；第7章通过青岛、北京、厦门地区的典型案例对隧道矿山法的施工流程进行了系统介绍。

城市地铁矿山法隧道施工技术发展主要受宏观政策、设计理念、环境控制、施工工期、施工配套机械设备制造、项目造价等多方面影响。矿山法隧道施工目前存在机械化程度低、施工效率低、环境影响大等问题，因此，提高工法施工效率，降低矿山法隧道施工的环境影响，促进新材料、新设备、新工艺、新技术"四新"技术的推广应用，是矿山法隧道施工技术未来发展的主要趋势。

第 1 章 概述

矿山法是目前城市地铁隧道施工较为常用的方法,其施工过程包括超前支护加固、开挖、出渣、支护、防水、二次衬砌以及相关的辅助性措施。由于矿山法施工投入的人力相对较多,且对环境的影响较大,因此在地铁矿山法隧道施工的各个阶段均须采取相应的措施控制环境影响,以保证施工安全。本章为地铁矿山法隧道施工技术的基础性内容,主要介绍矿山法的定义、施工特点及发展趋势等内容。

1.1 矿山法简介

矿山法是指以开挖地下坑道的作业方式修建隧道的施工方法,因最早应用于采矿坑道而得名,属于暗挖隧道施工的传统方法。现行《地铁设计规范》(GB 50157)将矿山法定义为"修筑隧道的一种暗挖施工方法";而现行《城市轨道交通工程基本术语标准》(GB/T 50833)将矿山法定义为"用钻眼爆破或机械开挖的方法修筑隧道的施工方法"。地铁施工中应用的矿山法严格来说应称为现代矿山法,是对早期矿山法(即传统矿山法)的发展。

在矿山法中,坑道开挖后的支护方法,大致可以分为钢木构件支撑和锚杆喷射混凝土支护两类。人们习惯上将采用钻爆开挖加钢木构件支撑的施工方法称为"传统矿山法",而将采用钻爆开挖加锚杆喷射混凝土支护的施工方法称之为"矿山法"或"钻爆法"。

目前,我国采用的矿山法(即新奥法,New Austrian Tunnelling Method)是以控制爆破(光面、预裂爆破等)为开挖方法,以喷射混凝土和锚杆作为主要支护手段,通过监测控制围岩的变形,动态修正设计和施工参数的一种隧道施工方法。一般情况下,其核心内容是充分发挥围岩的自承能力,围岩是承载的主体,结构是安全储备。新奥法施工流程如图 4-1-1 所示。在新奥法的基础上,我国又发展出了适用于浅埋隧道及地下车站开挖的浅埋暗挖法,在城市地铁工程中应用较多。

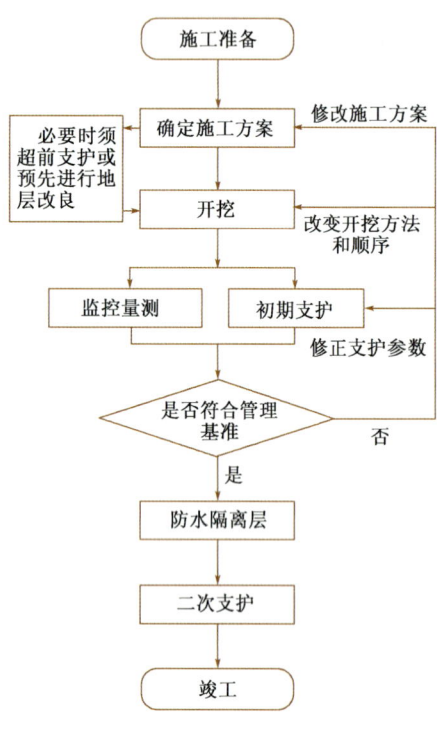

图 4-1-1 新奥法施工流程图

我国城市地铁区间隧道施工中,矿山法可应用于土质、土岩组合及硬岩地层区间隧道施工,以及地铁折返线、渡线、联络通道等特殊结构段地下工程施工。如北京、青岛、徐州、大连等受地层条件、地面环境及交通条件所限,地铁施工大多采用矿山法;北京地铁复八线、4号线、5号线、10号线采用矿山法施工车站的比例分别为33%、37.5%、36.2%、63.3%,并多采用洞桩法施工;青岛地铁2号线、3号线采用矿山法及其衍生工法施工车站的比例分别为48%、36%;大连地铁1号线、2号线多穿越中风化岩层或上软下硬地层,70%以上区间隧道采用矿山法施工。

1.2 矿山法施工特点

矿山法隧道施工要面对人口密集、建筑林立、地下管线错综复杂等施工环境,由此产生的爆破震动、施工噪声/烟尘、地面沉降/坍塌等问题会对城市运营产生严重影响,因此与山岭隧道相比,地铁矿山法隧道施工更应该重视对环境的影响。

1) 地面沉降及坍塌

施工引起地面沉降及塌陷是矿山法隧道施工面临的主要难题之一,如图4-1-2、图4-1-3所示。通过分析我国近十年来100余起矿山法隧道施工期所发生的安全事故样本发现,对于各类事故造成的人员伤亡方面,坍塌伤亡人数占总伤亡人数的55.9%。此外,也曾发生多起隧道洞内塌方、地表过度沉陷、地下管线破坏、建筑物倾斜等事故,造成了严重后果。

图4-1-2　地面沉降导致建筑物开裂

图4-1-3　地面塌陷

2) 爆破震动

钻孔爆破是隧道开挖的关键环节,但在距离城市路面几米或十几米的地下进行爆破作业,爆破产生的地震波会对地表的建筑物、管线产生较大影响。另外,由于地铁工程爆破次数多、涉爆时间长,还会引起爆破扰民问题。因此,为保证地铁暗挖隧道施工安全和施工质量,必须采取措施控制爆破震动影响。

3) 施工噪声

矿山法隧道施工过程中会产生各种类型的噪声,包括施工机械的使用、大型机械设备及材料进出场和原材料加工等,这些噪声高低不一、类型多样,是一种客观存在而又无法避免的危害。一方面是对施工人员的危害,长期且高强度的噪声会给人的生理以及心理造成严重的损害;另一方面是对周围居民的影响,高强度的噪声会极大干扰周围居民生活,引起居民投诉,导致工程被迫停工整改,耽误工期。

4）烟尘

矿山法隧道由于钻孔、爆破等施工工艺会产生大量的烟尘，加之隧道本身又是几乎封闭的空间，导致产生的烟尘很难及时扩散。施工烟尘不仅会污染周边环境，而且还会危害隧道内工作人员的身体健康，降低生产设备的使用寿命。

1.3 矿山法发展趋势

矿山法适用于从硬岩地层到具备一定自稳能力的第四纪地层施工，适合各种尺寸与断面形式，特殊情况可采用超前地质加固等措施，也可运用于软弱地层施工。地铁工程常见的硬岩地层，含有大量的粗颗粒漂石、块石等地层，以及受地质条件影响不便采用盾构法施工时，常采用矿山法施工。

为适应更多工程类型与地质条件，地铁隧道矿山法施工也在不断发展，呈现多种趋势，具体见表 4-1-1。

地铁隧道施工用矿山法发展趋势　　　　　　　　表 4-1-1

序号	发展特点	简述
1	超前地质预报手段多样化、综合化	除常规的超前地质预报外，越来越多的新技术应用于地铁隧道施工中，例如深圳地铁 10 号线坂田北站—贝尔路站区间以及北京地铁 4 号线采用地震波跨孔层析成像技术
2	矿山法应用范围扩大，新工法不断出现	随着地铁项目的增多，新的辅助工法与施工工艺不断涌现，矿山法与其他施工方法相配合，其应用范围也在不断扩大，例如已经相对成熟的盾构法与矿山法相配合的"先隧后站"工法，新的喷射混凝土技术以及材料（钢纤维喷射混凝土）的应用等
3	支护技术不断发展	简单易行且强有力的支护结构、适用大型机械施工的断面操作空间有利于提高施工效率，是矿山法隧道施工的发展方向之一，例如广州地铁 22 号线横沥站—番禺广场站区间隧道采用的快速装配支护技术以及配套的吊装拼装机械等
4	工程器械与施工设备不断发展	先进的施工机械应用逐步取代人工作业，相应的施工作业设备也在不断发展，使施工质量与效率不断提高，例如西安地铁 5 号线长鸣路站—月登阁站区间隧道采用的 TWZ 系列暗挖台车，长沙地铁 6 号线湘雅三医院站—六沟垅站区间隧道采用的自走式遥控破拆机器人等
5	爆破施工更加精确化、环保化	为适应城市环境，爆破网络设计日趋精准，新设备、新方法不断更新，例如数码电子雷管控制爆破、水压爆破、静态爆破、（切缝管、聚能管）聚能爆破等技术逐步广泛应用
6	信息化技术不断拓展应用	建立基于 BIM 技术应用的施工管理模式和协同工作机制，通过建立施工模型、质量安全监控和风险管控系统，实现施工过程的可视化模拟和施工方案的持续优化

第 2 章
施工期地质勘察与超前地质预报

施工场地的地质条件对地铁建设的安全性具有较大的影响,尤其对于城市地铁矿山法隧道施工而言,工法、支护形式的选取均依靠施工场地的环境条件。在此背景下,施工单位需要在勘察单位前期地质勘察的基础上进行施工期地质补勘、施工中超前地质预报,探明施工区域的地质条件与市政管线情况,这对地铁修建的安全性具有重要意义。本章收集整理地铁矿山法隧道施工中常用的施工期地质勘察方法与超前地质预报方法,对于各方法的适用性、注意事项进行介绍,并通过实例着重介绍超前地质预报数据的分析应用。

2.1 施工期地质勘察

2.1.1 适用条件

施工期地质勘察是指为进一步了解施工区域的地质条件,针对施工中出现的问题而进行的更为详细、更具有针对性的超前地质勘察。由于城市复杂的地质条件与场地因素,矿山法隧道施工期地质勘察具有重要作用,一般适用于以下情况:

(1)隧道开挖时遇到地质条件与原地质报告有差异时,对已有勘察成果进行核查和确认。
(2)隧道开挖发现异常情况时,需要进行补充勘察,包括:
①断层、褶皱、节理密集带等地质构造在隧道地表的出露位置、规模、性质及产状变化情况;
②岩溶、古河道、空洞、土洞等发育位置、规模及分布规律;
③孤石、漂石、球状风化体、破碎带、风化深槽等特殊岩土体,分析其与隧道的空间关系;
④管线、桥梁基础及其他建(构)筑物与隧道的空间关系。
(3)在初步勘察或详细勘察阶段遇到局部无法勘察的情况,如局部地段因原建筑未拆而无法进行勘察,当条件具备后,需针对该地段进行详细勘察。
(4)场地条件复杂或有特殊要求的工程,按现行《城市轨道交通岩土工程勘察规范》(GB 50307)或《岩土工程勘察规范》(GB 50021)要求进行勘察。

2.1.2 勘察方法

根据现行《城市轨道交通岩土工程勘察规范》(GB 50307)与《岩土工程勘察规范》(GB 50021),施工期水文、地质勘察的主要方法有钻探、动力触探、室内试验、工程物探等。

1)钻探

钻探是通过钻机在地层中钻孔来鉴别和划分地层,并在孔中预定位置取样供试验分析,用以测定地层物理力学性质的勘察方法。另外,地层的某些性质还可以直接在孔内进行原位测试(如触探试验、旁压试验等)。钻探基本技术要求见表4-2-1。

钻探基本技术要求　　　　表4-2-1

序号	基本内容	操作要点
1	钻孔布置	补勘钻孔的位置一般在隧道拱顶正上方,具体位置还应结合工程场地及初步勘察、详细勘察资料布置
2	钻孔深度	一般满足下列要求: (1)钻孔深度应超过隧道底部2~3m; (2)如遇到断裂、溶洞、暗渠等,需加深钻孔,穿过断裂、溶洞、暗渠进入下部地层1m
3	钻孔封堵	应严格保证封孔质量,钻孔完成后立刻进行封堵,避免出现事故

钻探过程中,需现场编录、准确记录钻探进尺、不同岩性的分层厚度、采样位置以及厚度大于0.5m的工程地质层并分层描述等,具体编录内容见表4-2-2,典型钻孔地层划分示例如图4-2-1所示。

钻探编录内容　　　　表4-2-2

序号	分层描述内容
1	对于岩体的描述,应包括结构面、结构体、岩层厚度和结构类型
2	对于碎石土的描述,应包括颗粒级配、颗粒形态、颗粒排列、母岩成分、风化程度、充填物的性质和充填程度及密实度等
3	对于砂土的描述,应包括颜色、矿物组成、颗粒级配、颗粒形态、黏粒含量、湿度、密实度等
4	对于粉土的描述,应包括颜色、包含物、湿度、摇振反应、光泽反应、干强度、韧性等
5	对于黏性土的描述,应包括颜色、状态、包含物、光泽反应、摇振反应、干强度、韧性、土层结构等
6	用数码照相机拍摄岩芯,以便于计算机保存、编辑

2)动力触探

动力触探是用一定重量的击锤,从一定高度自由下落,锤击插入土中探头,测定使探头贯入土中一定深度所需要的击数,以击数多少来判定被测土的性质。地铁隧道补勘中常用标准贯入试验进行测定,标准贯入试验是指击锤质量63.5kg,落距76cm,以贯入30cm的锤击数 N 作为贯入指标,如图4-2-2所示。标准贯入试验流程参见现行《岩土工程勘察规范》(GB 50021)。

进行标准贯入试验时应注意以下事项:

(1)标准贯入试验孔应采用回转钻进,并保持孔内水位略高于地下水位。当孔壁不稳定时,可用泥浆护壁,钻至试验高程以上15cm处,应清除孔底残土后再进行试验,并防止涌沙或塌孔。

(2)采用自动落锤法,减小导杆与锤间的摩阻力。锤击时应避免偏心及侧向晃动,保持贯入器、探杆、导向杆连接后的垂直度,锤击速率应小于30击/min。

(3) 贯入器打入土中 15cm 后，开始记录每打入 10cm 的锤击数，累计打入 30cm 的锤击数为标准贯入击数 N。当锤击数已达 50 击，而贯入深度未达 30cm 时，可记录实际贯入深度并终止试验。

根据 N 值确定土的密实度。另外，还可通过动力触探判别土层是否液化。

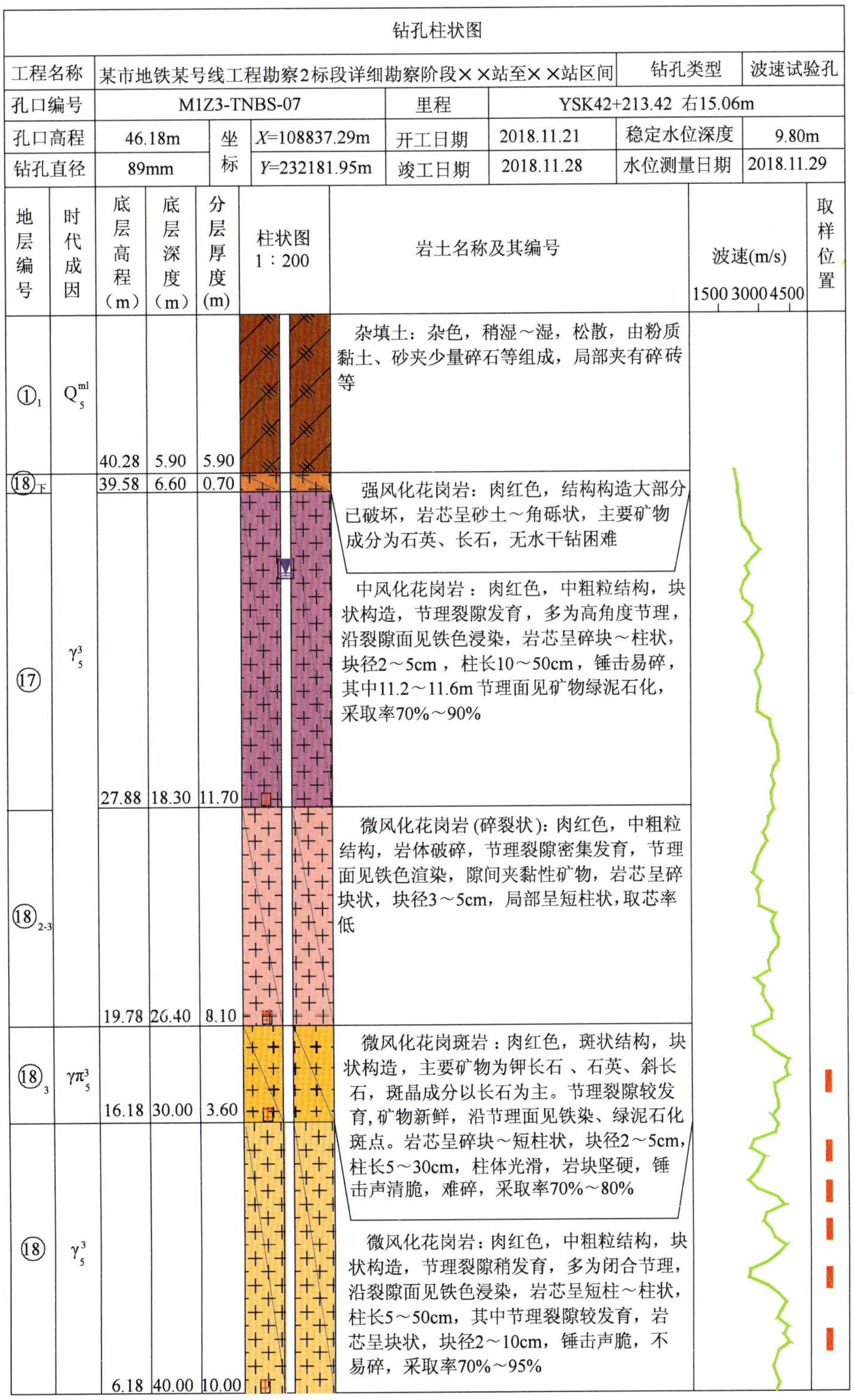

钻孔柱状图									
工程名称	某市地铁某号线工程勘察2标段详细勘察阶段××站至××站区间						钻孔类型		波速试验孔
孔口编号	M1Z3-TNBS-07				里程	YSK42+213.42 右15.06m			
孔口高程	46.18m		坐标	X=108837.29m		开工日期	2018.11.21	稳定水位深度	9.80m
钻孔直径	89mm			Y=232181.95m		竣工日期	2018.11.28	水位测量日期	2018.11.29
地层编号	时代成因	底层高程(m)	底层深度(m)	分层厚度(m)	柱状图 1:200	岩土名称及其编号		波速(m/s) 1500 3000 4500	取样位置
①	Q_5^{ml}	40.28	5.90	5.90		杂填土：杂色，稍湿～湿，松散，由粉质黏土、砂夹少量碎石等组成，局部夹有碎砖等			
⑱下		39.58	6.60	0.70		强风化花岗岩：肉红色，结构构造大部分已破坏，岩芯呈砂土～角砾状，主要矿物成分为石英、长石，无水干钻困难			
⑰	γ_5^3	27.88	18.30	11.70		中风化花岗岩：肉红色，中粗粒结构，块状构造，节理裂隙发育，多为高角度节理，沿裂隙面见铁色浸染，岩芯呈碎块～柱状，块径2～5cm，柱长10～50cm，锤击易碎，其中11.2～11.6m节理面见矿物绿泥石化，采取率70%～90%			
⑱₂₋₃		19.78	26.40	8.10		微风化花岗岩(碎裂状)：肉红色，中粗粒结构，岩体破碎，节理裂隙密集发育，节理面见铁色渲染，隙间夹黏性矿物，岩芯呈碎块状，块径3～5cm，局部呈短柱状，取芯率低			
⑱₃	$\gamma\pi_5^3$	16.18	30.00	3.60		微风化花岗斑岩：肉红色，斑状结构，块状构造，主要矿物为钾长石、石英、斜长石，斑晶成分以长石为主。节理裂隙较发育，矿物新鲜，沿节理面见铁染、绿泥石化斑点。岩芯呈碎块～短柱状，块径2～5cm，柱长5～30cm，柱体光滑，岩块坚硬，锤击声清脆，难碎，采取率70%～80%			
⑱	γ_5^3	6.18	40.00	10.00		微风化花岗岩：肉红色，中粗粒结构，块状构造，节理裂隙稍发育，多为闭合节理，沿裂隙面见铁色浸染，岩芯呈短柱～柱状，柱长5～50cm，其中节理裂隙较发育，岩芯呈块状，块径2～10cm，锤击声脆，不易碎，采取率70%～95%			

图 4-2-1　典型钻孔地层划分

3）室内试验

室内试验操作及成果分析应由具有中国计量认证（CMA）的实验室承担，并执行现行《城市轨道交通岩土工程勘察规范》（GB 50307）以及《土工试验方法标准》（GB/T 50123）的相关规定。室内试验类型如图4-2-3所示。具体试验指标包括含水率、干密度、湿密度、相对密度、孔隙比、饱和度、液限、塑限、塑性指数、压缩系数、压缩模量、固结系数、侧压系数、黏聚力和内摩擦角等。

4）工程物探

工程物探即地球物理探测，是以岩石、矿石与围岩的物理性质密度差、磁化性质、导电性、放射性为基础，采用多种探测手段鉴别和划分地层。工程物探常用方法及其作用见表4-2-3。各方法应用情况见本章第2.2节。

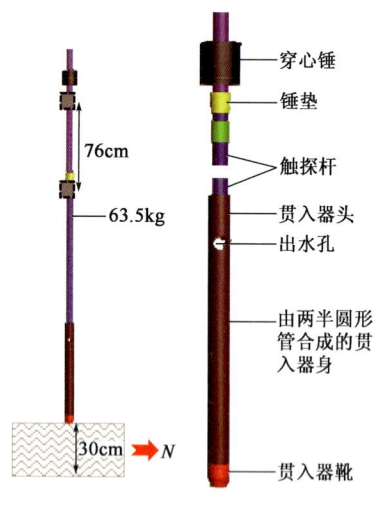

图4-2-2　标准贯入示意图

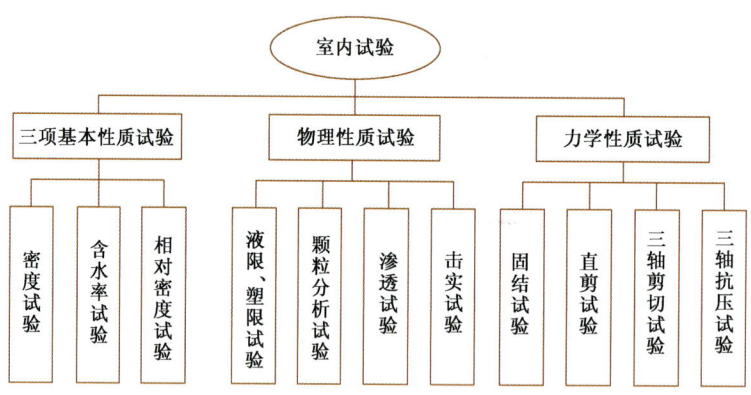

图4-2-3　室内试验类型

工程物探常用方法及其作用　　　　　　　　　　　　　　　　　表4-2-3

序号	工程物探方法	作　　用
1	电磁法勘探(探地雷达)	管线、空洞探测，超前地质预报
2	电法勘探(高密度电阻率法)	溶洞探测、地下水探测
3	地震勘探(面波法)	基岩突起、孤石探测，剪切波速探测

2.1.3　勘察注意事项

在地铁隧道施工过程中，经常出现钻孔破坏既有管线的情况，破坏原因及规避措施见表4-2-4。

钻孔破坏既有管线原因与规避措施　　　　　　　　　　　　　　表4-2-4

序号	破 坏 原 因	规 避 措 施
1	地下管线资料不够准确	(1) 做好钻探施工方案和相关培训交底工作。 (2) 与产权单位做好现场对接，确认管线具体位置。 (3) 进行必要的地下管线探测。 (4) 进行浅部地层挖探。 (5) 钻孔时保证孔位正确，扩孔时应小心慢钻，钻穿地表水泥或沥青路面后，尽量采用重锤锤击法钻进。一般情况下，遇地下管线时重锤会反弹或发出异常声音，此时应立即停止钻进
2	孔位附近地下管线探查不够明晰	
3	浅部填石易与地下管线混淆，造成地下管线的损坏	
4	钻机施钻人员技术水平、经验等的参差不齐	

2.2 超前地质预报

2.2.1 适用条件及常见方法

超前地质预报是在分析既有地质资料的基础上,采用地质调查、超前钻探、物探等手段,对隧道掌子面前方的工程地质与水文地质条件及不良地质体的工程性质、位置、产状、规模等进行探测、分析判译及预报,并提出技术措施建议。

现行《城市轨道交通岩土工程勘察规范》(GB 50307)要求,对复杂地质条件地下工程应开展超前地质探测工作。矿山法隧道施工遇到下列情况时,应在土建工程施工前加强超前地质探测:

(1) 区间隧道开挖拱顶以上岩层厚度小于 5m 且岩层以上为富水砂层地段;

(2) 区间隧道穿越大型地质断裂带、富水围岩破碎带、孤石、风化深槽等特殊岩土体对工程施工造成不利影响;

(3) 场地存在古河道、空洞、岩溶、土洞等不良地质条件影响工程安全;

(4) 隧道上方有列为重大风险源的重要管线或建筑物;

(5) 经前期调查,有不能确定具体位置的探测物;

(6) 场地地下水位变化较大或施工中发现不明水源,影响工程施工或危及工程安全。

表 4-2-5 总结了矿山法隧道超前地质预报的主要方法及其特点。

矿山法隧道超前地质预报的主要方法及其特点   表 4-2-5

序号	方法	原理	适用条件	优点	缺点	预报距离(m)	影响因素
1	常规地质法	根据肉眼或设备观察及结构面产状、地下水出露等地质信息,运用地质理论和地质工程师经验进行地质评价与预报	任何地质	不需要大型设备,人力与资金投入较少,占用时间较少	需要专业地质工程师,劳动强度大,效率低,结论依赖经验	≤5	环境光线、断面面积、经验、观察工具等
2	水平地质探孔法	根据钻孔岩芯进行地质评价与预报	任何地质	结论直观、可靠	需大型钻探设备,占时多,一孔之见	一般小于30	岩芯率、探测距离等
3	地质雷达法	根据电导率的差异性,利用回波原理进行不同介质边界的探测	任何地质	分辨率高,可达到厘米级;频带宽,探测成果直观	探测环境要求较高,需多次重复探测	30~50	测线布置、发射主频、经验等
4	TGP/TSP系列	利用地震波在界面产生反射波的原理,探测不同介质边界,确定结构面位置	块裂岩体	集探测、分析于一体,操作简单;成果直观,可获得围岩动力学参数值	不够灵活,探测成本高,对近隧道轴线及水平界面无效	约200	测线布置、装置参数、炸药爆速及经验等
5	高密度电阻率法	利用电性差异,在地质体中产生全空间电场,通过岩体中电位检测,进行地质体边界探测	岩性差异显著及富水地层	操作简单,无须钻孔,探测距离大	对环境要求高,需占用施工时间 1~2h	>100	测线布置等

与普通公路或铁路隧道的超前地质预报相比,城市地铁线路很大一部分是从城市道路下方穿过,且埋深较浅(一般为 5~30m),而道路上方往往管线密布、车辆来往频繁,各种干扰众多。所以,在城市地铁隧道区间开展超前地质预报工作时,除了可以在洞内开展,也可以在洞外开展相应的地面探测,洞内、

洞外相结合,取长补短,相互补充,相互验证,通过综合解释方法达到预报精度。

2.2.2 常规地质法

常规地质法一般指开挖段地质编录,常用的方法为地质素描法,其根据隧道掌子面、拱顶、左右边墙的地质情况,利用常规地质理论和几何作图法,推测隧道前方及周围地层岩性及不良地质体的发育规模。

地质素描法的记录方式,为随开挖及时进行地质素描,地层岩性变化处、构造发育部位、岩溶发育带附近等复杂、重点地段每个开挖循环进行一次,一般地段每10m进行一次。地质素描法内容见表4-2-6。

地质素描法内容　　　　　　　　　　　　　　表4-2-6

序号	类　别	主　要　内　容
1	工程地质条件	地层岩性:地层年代、岩性、层间结合程度、风化程度
		地质构造:断层(位置、产状、性质、破碎带宽度、物质成分、含水情况以及与隧道的关系)、褶皱、节理裂隙特征(组数、产状、间距、充填物、延伸长度、张开度、节理面特征、力学性质)、岩层产状
		岩溶:规模、形态、位置、所属地层和构造部位、充填物成分、状态、岩溶展布空间关系
		特殊地层:粉砂层、膨胀岩、粉土层、淤泥质土层
		人为坑洞:隧道影响范围内坑道、洞穴分布及与隧道的空间关系
		塌方:部位、形态、规模及其随时间的变化特征
		有害气体及放射性危害源存在情况
2	水文地质条件	地下水分布、出露形态,围岩的透水性、水量(渗水、滴水、滴水成线、股水、暗河)、水压、水温、泥沙含量,以及地下水活动对围岩稳定的影响
		水质分析,地下水对结构材料的腐蚀性
		出水点和地层岩性、地质构造、岩溶、暗河等相关关系
		地表相关气象、水文观测,判断洞内涌水与地表径流、降雨关系
		必要时建立涌突水地质档案
3	围岩稳定特性/支护情况	不同工程地质、水文地质条件下隧道围岩稳定性、支护方式及初期支护后的变形情况
4	影像资料	隧道内重要和具有代表性的地质现象应进行摄影或录像

地质素描常用工具为地质罗盘、地质锤、放大镜、矿灯(或手电)、坐标纸、绘图板(或地质记录簿)、铅笔、橡皮擦、钢卷尺、皮尺、数码照相机等。

地质素描法的缺点为工作效率低,受限条件较多,所得成果难以全面反映隧道开挖面的实际情况。

随着技术、设备的发展,数码摄影地质编录逐渐实现应用。数码摄影地质编录(CCD)是以近景摄影测量理论为基础,融入数字图像处理、地理信息系统(GIS)构建的一种技术方法体系。通过该编录系统可获取施工段地质编录展示图,为预报涌水、洞室围岩稳定分析等提供基础数据。地质素描法与数码摄影地质编录法的特点对比见表4-2-7。

地质素描法与数码摄影地质编录法的特点对比　　　　　　　　表4-2-7

序号	地质方法	常用工具	特　点	判断依据
1	地质素描法	地质罗盘、地质锤、放大镜、手电、坐标纸、绘图板	工程应用较广泛,成本低,但工作效率低、受限条件较多	根据编录员的经验判断
2	数码摄影地质编录法	装有普通数码照相机的经纬仪	记录信息直观全面,但目前应用较少	系统将自动获取相关结构面产状要素(走向、倾向、倾角),并将编录对象属性描述数据输入相应数据库

2.2.3 超前钻探预报法

1)方法简介

超前钻探预报法是在掌子面布设探孔,采用水平钻机进行超前钻探,根据钻机钻进过程中的推力、扭矩、钻速、成孔难易程度及钻孔出水情况,确定隧道前方地层和岩性,同时进行涌水量、水压测试及水质分析,判定掌子面前方地层性质及含水情况的一种超前地质预报方法。

该方法可应用于断层破碎带、岩溶发育区、物探异常区、富水区等复杂地质地段,可直接揭露地质体,观察掌子面前方钻孔穿越区域岩性、结构构造及地下水情况,探测距离可长可短,是目前最直接、可靠的方法,其优缺点见表4-2-8。

超前钻探预报法优缺点　　　表4-2-8

序号	类别	描 述
1	优点	(1)预报准确度较高,可以反映掌子面前方一定距离的地层岩性、岩体完整程度、裂隙度、溶洞大小、地下水赋存情况; (2)方法直观,得到资料的可信度高
2	缺点	(1)在复杂地质条件下预报效果较差,难以预测到正洞掌子面前方的小断层和贯穿性节理; (2)在破碎岩体中存在卡钻问题,速度不高; (3)施工作业时间较长,费用较高; (4)一孔之见,较难形成面的概念

超前钻探预报法的常用施工机械主要有冲击钻和回转取芯钻,根据项目的工程地质情况及施工单位的装备情况选择。一般地质条件下采用冲击钻,复杂地质情况下采用回转取芯钻。超前钻探施工机械原理及优缺点见表4-2-9。

超前钻探施工机械原理及优缺点　　　表4-2-9

序号	施工机械	原 理	优 缺 点
1	冲击钻	通过冲击器的响声、钻速及其变化,岩粉、卡钻情况,钻杆振动情况,冲洗液颜色及流量变化等,粗略探明地层岩性、岩石强度、岩体完整程度及溶洞、暗河、地下水发育情况	优点:操作时间较短、费用较低。 缺点:无法取得完整岩芯,不能正确量得水压及水量等资料
2	回转取芯钻	采用回转钻机带动钻杆柱转动,钻杆柱下面装有钻头;钻杆转动带动钻头一起转动	优点:可以取出完整岩芯供地质判别。 缺点:施工期间开挖面需要暂停,周期长,费用高

2)应用实例

(1)钻进参数对比分析

如图4-2-4所示,在钻进区间内,钻进速度与旋转速度表现出正相关关系,反映围岩较均一,旋转速度提高,钻进速度相应逐步提高。在钻进区间内,扭矩与旋转速度呈现出非常明显的负相关关系,即扭矩大时旋转速度低,反映围岩较均一但偏软。

(2)岩脉充填特征分析

有岩脉充填的岩石与相对均质的岩石的坚硬度不同,例如充填方解石脉的灰岩地层钻进表现在扭矩与钻进速度曲线上(图4-2-5),可明显看到扭矩出现较为连续的峰值而钻进速度曲线较为平缓,反映了钻进过程中提高扭矩破坏岩脉的过程。

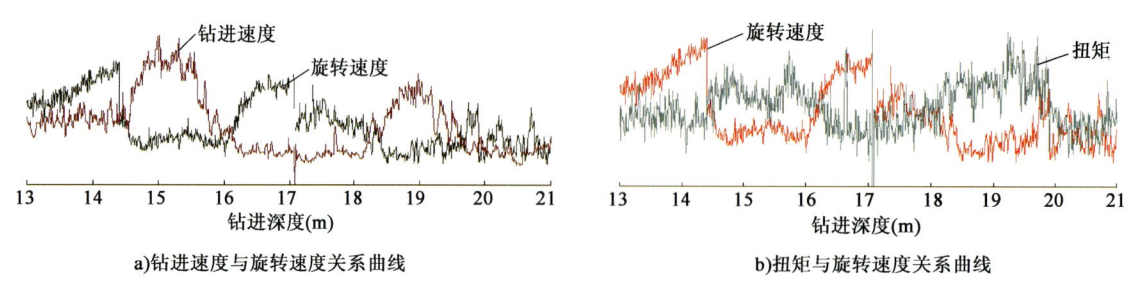

a) 钻进速度与旋转速度关系曲线

b) 扭矩与旋转速度关系曲线

图 4-2-4 钻孔推进压力曲线

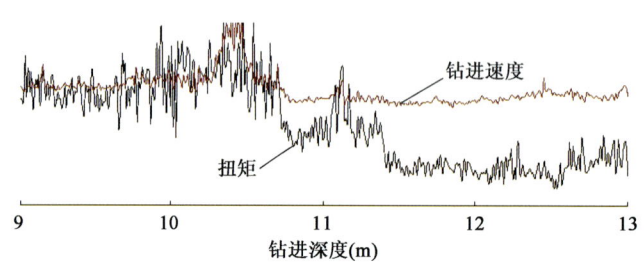

图 4-2-5 扭矩与钻进速度关系曲线

(3) 软、硬岩互层特征分析

在一定钻进深度时,旋转速度明显减小,而钻进速度呈上升趋势,可知该处岩体坚硬度较低;当旋转速度较小,且变化基本稳定,钻进速度明显呈整体下降趋势时,可判定该处岩体硬度较高。例如泥岩与砾岩互层地层钻进时,利用该规律从图 4-2-6 中可以得到,在钻进深度 14.3~19.8m,泥岩与砾岩互层软硬相间变化。

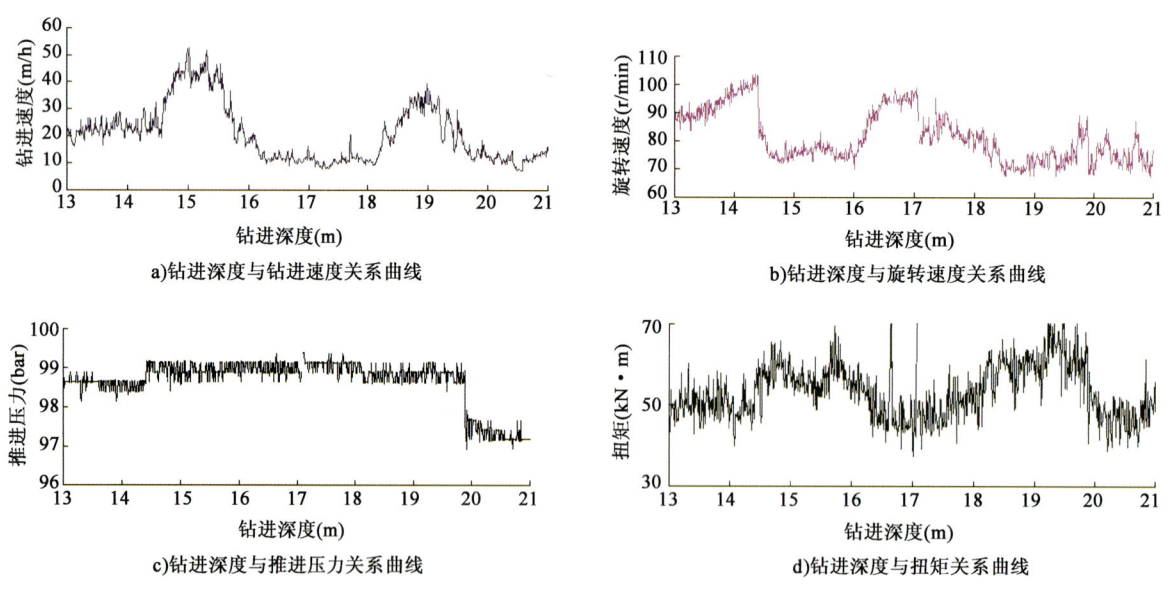

a) 钻进深度与钻进速度关系曲线

b) 钻进深度与旋转速度关系曲线

c) 钻进深度与推进压力关系曲线

d) 钻进深度与扭矩关系曲线

图 4-2-6 软硬岩条件下钻进参数曲线

(4) 节理裂隙特征分析

岩层中若有节理裂隙明显发育时,扭矩与钻进速度呈明显的向上突变,形成波峰,而旋转速度与推进压力呈一定的向下突变。例如,某地区灰岩地层钻进时,节理发育灰岩钻进速度的峰值可以达到稳定值的 4 倍左右,扭矩最大值也可达到稳定值的 1.5 倍,推进压力突变值较小,旋转速度所呈波谷变化缓慢,如图 4-2-7 所示。

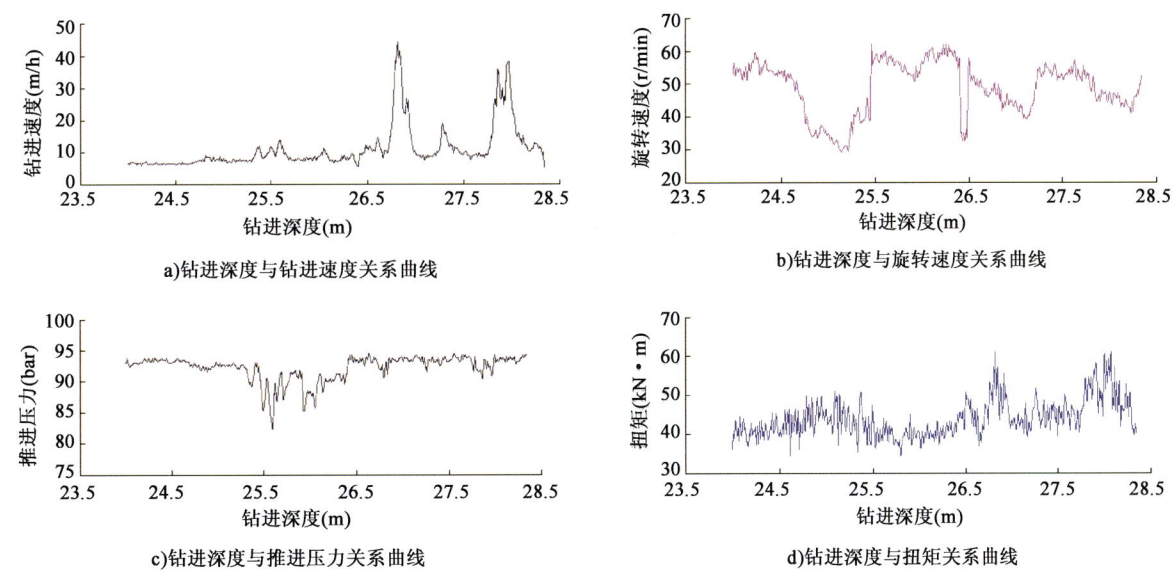

图 4-2-7 存在节理条件下钻进参数曲线

3）注意事项

（1）钻孔过程应参照以下流程：①测量布孔；②设备就位；③对正孔位；④开孔、安装孔口管；⑤成孔验收。

（2）钻孔时严格控制钻孔方向。在钻机定位完毕后，对钻机进行机座加固；对钻具的导向装置尽可能加长，并且选用刚度较大的钻杆。

（3）富水区实施超前地质预报钻孔作业，应先安设孔口管，并将孔口管固定牢固，装上控制闸阀，进行耐压试验，达到设计承受的水压后，方可继续钻进。

（4）富水区隧道超前地质钻探，当发现岩壁松软、片帮或钻孔中水压、水量突然增大，以及有顶钻等异常情况时，必须停止钻进，立即上报有关部门，并派人监测水情。

2.2.4 地质雷达法

1）方法简介

地质雷达法是一种用于探测地下介质分布的光谱电磁技术。地质雷达发射机发射电磁波信号到地下介质中，当遇到存在电性差异的地下目标体如空洞、分界面等时，电磁波便发生反射。对接收的电磁波进行处理和分析，根据接收到的电磁波波形、强度、双程走时等参数推断地下目标体的空间位置、结构、电性及几何形状，从而达到对地下隐蔽目标物探测的目的。其探测原理示意图如图 4-2-8 所示。

地质雷达法探测的特点为现场施作快，但探测有效距离较短，一般为 15~30m，且对环境要求较高，隧道掌子面面积大小、测线长度、钢支撑及钢筋网布置等都对探测深度、准确性有较大影响。

在实际应用中，应根据探测深度及地质条件选用合理的探测设备、探测频率等。其中，探测频率决定了探测的分辨率，一般探测频率越高，探测深度越小，探测的分辨率越高。

由于施工过程中掌子面不平整，有时揭露出一定构造、节理面、裂缝或岩脉等。为准确探测这些不良地质体的走向、倾向、倾角等，可适当加密测线，尽量保证测线与构造保持垂直相交，以采集更多有效数据，提高勘探质量。地质雷达法测线布置典型经验总结见表 4-2-10。

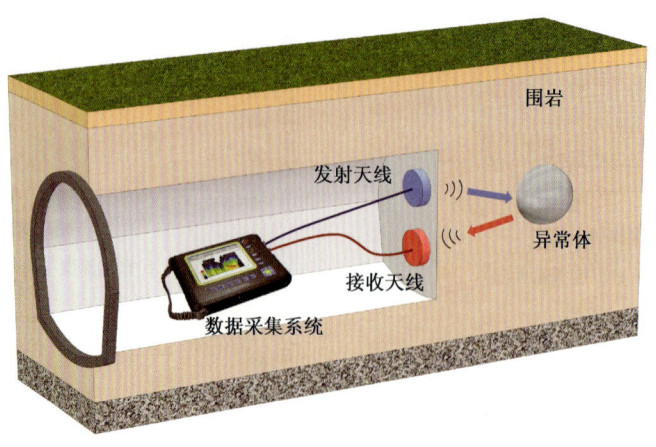

图 4-2-8　地质雷达法探测原理示意图

地质雷达法测线布置典型经验总结　　　　　　　　　　　　　表 4-2-10

序号	布 线 方 式	适用性及说明
1	（掌子面十字布线示意图，含测线、出水点）	（1）对于岩性均一或含极少节理面的掌子面（常见于微风化和强风化岩层中），通常采用十字布线方式； （2）对于局部存在漏水点，且出水量较大的掌子面，在十字布线方式的基础上，尽可能在靠近漏水点位置适当增加测线，并保持测线连续
2	（节理面发育掌子面布线示意图，含测线、出水点）	对于节理面发育的掌子面，在垂直节理面走向布设测线的基础上，尽可能靠近节理发育面并适当增加测线
3	（不同岩性掌子面布线示意图，中风化花岗岩/强风化花岗岩）	对于存在不同岩性的掌子面，如上部强风化、下部中风化，首先应在垂直岩性渐变带位置布置几条测线，其次在节理面、构造较发育位置适当增加测线
4	（断层破碎带掌子面布线示意图，含分界线、断层、节理面、强风化粗粒花岗岩、漏水点）	对于存在断层破碎带的掌子面，首先应在垂直断层破碎带位置布置几条测线，其次在断层破碎带发育中心位置布设测线，在其他节理面发育或较破碎区域可适当增加测线

2）典型应用

不同地质条件下岩体的雷达剖面均有各自的特点，表 4-2-11 给出了探测结果实例。

不同岩层探地雷达反射特征 表4-2-11

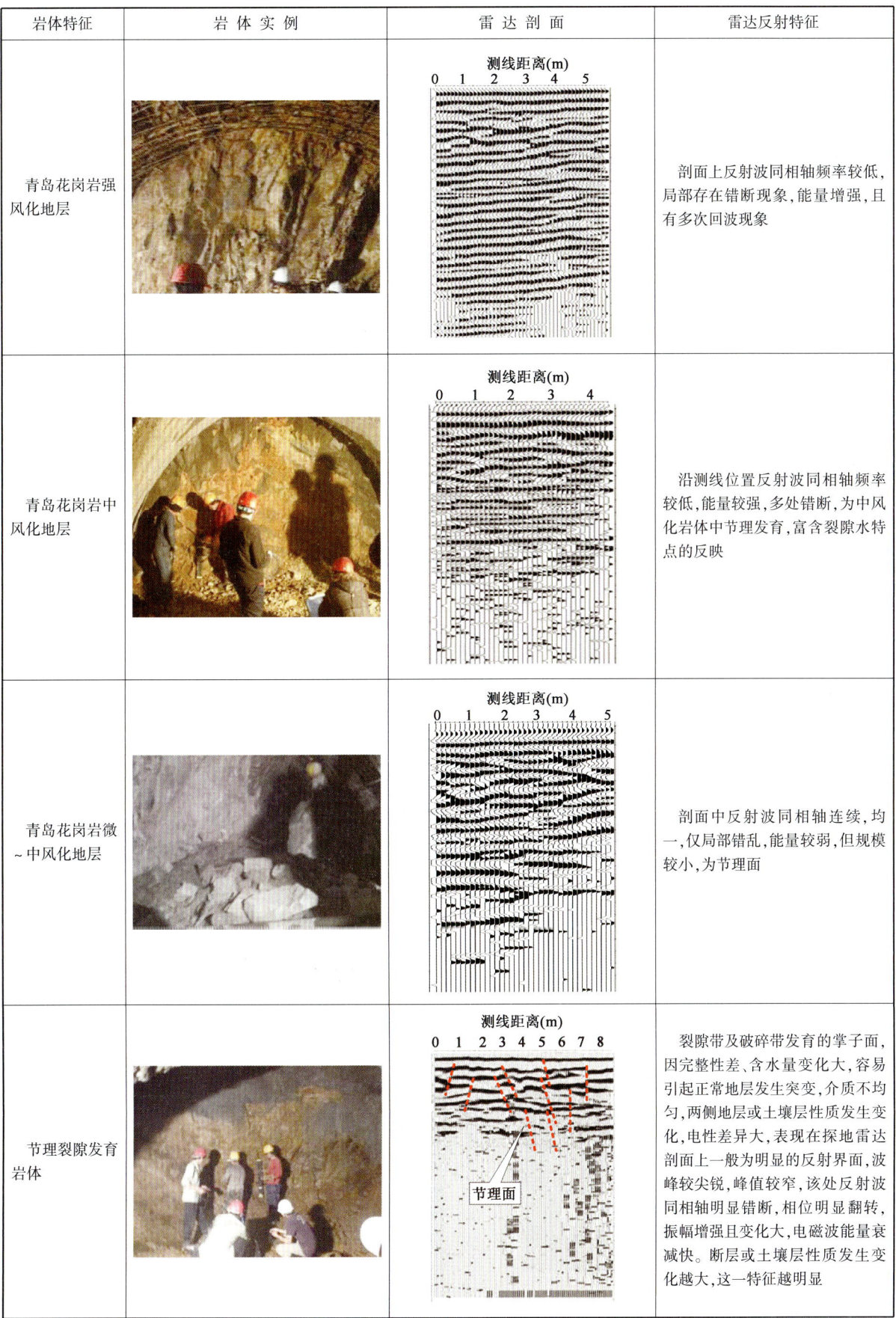

岩体特征	岩体实例	雷达剖面	雷达反射特征
青岛花岗岩强风化地层			剖面上反射波同相轴频率较低，局部存在错断现象，能量增强，且有多次回波现象
青岛花岗岩中风化地层			沿测线位置反射波同相轴频率较低，能量较强，多处错断，为中风化岩体中节理发育，富含裂隙水特点的反映
青岛花岗岩微~中风化地层			剖面中反射波同相轴连续，均一，仅局部错乱，能量较弱，但规模较小，为节理面
节理裂隙发育岩体			裂隙带及破碎带发育的掌子面，因完整性差、含水量变化大，容易引起正常地层发生突变，介质不均匀，两侧地层或土壤层性质发生变化，电性差异大，表现在探地雷达剖面上一般为明显的反射界面，波峰较尖锐，峰值较窄，该处反射波同相轴明显错断，相位明显翻转，振幅增强且变化大，电磁波能量衰减快。断层或土壤层性质发生变化越大，这一特征越明显

续上表

岩体特征	岩体实例	雷达剖面	雷达反射特征
典型岩体变化界面		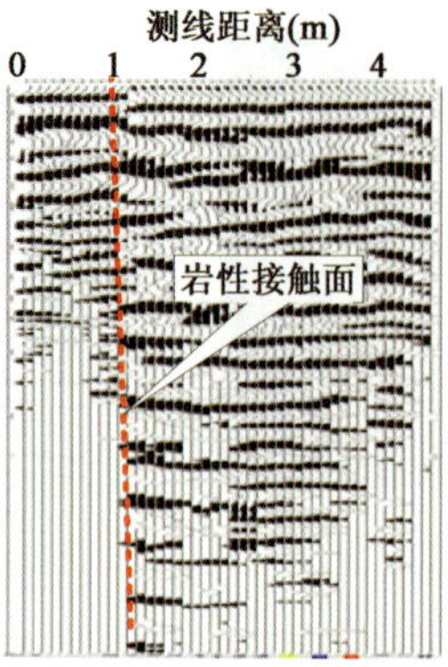	当掌子面前方岩性发生变化时，在不同岩体交界面存在一定范围的渐变带，该处岩体表现为破碎、裂隙泥、含水。因此，当该界面平行于掌子面时，雷达剖面上反映这一界面时表现为反射波同相轴连续，但能量较大，频率较低；当该界面与掌子面有一定交角时，反射波同相轴在该处有明显的错断，能量较弱，频率较低；当该界面垂直于掌子面发育时，反射波仅在该处有几道波形变化，能量较弱。除了在岩体变化界面有明显异常外，变化界面两边岩层因岩性不同，反射波同样有异常之处
典型富水带	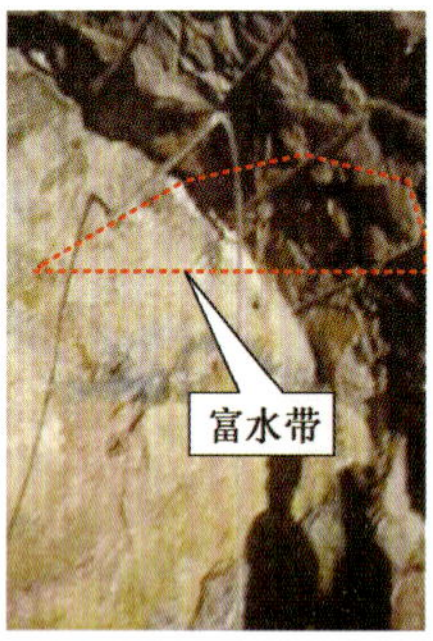	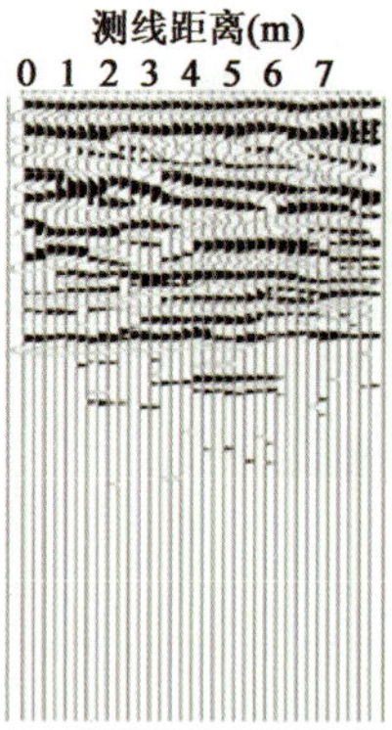	断层带、裂隙发育带常常富含地下水，由于其介电常数与周围岩体介质存在很大差异，空气的介电常数为1，岩石的介电常数为4~20，水的介电常数为81，探地雷达对此比较敏感。富水带在探地雷达图像上表现为反射波同相轴出现强反射，反射波相位发生翻转，有时也会产生绕射、散射现象；因地下水将高频电磁波吸收，电磁波频率表现为由高频向低频突变，此外，电磁波衰减较快
断层破碎带		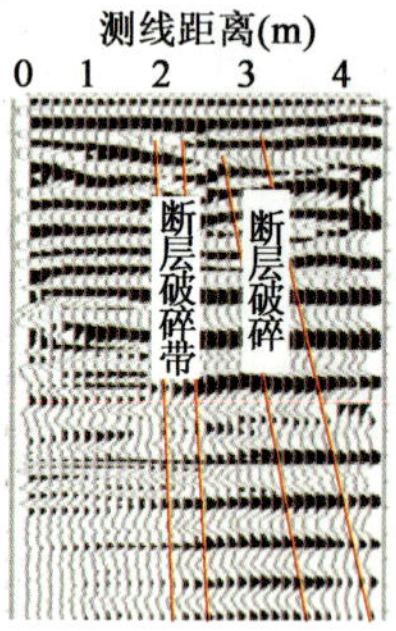	地层反射发育，同相轴错断，反射波振幅能量明显增强，电磁波频率发生变化，有时会出现断面波、绕射波。在断层破碎带与完整岩石接触界面两侧，由于破碎带内岩石的孔隙度和含水率均比完整岩石要大，而孔隙度与含水率对介质的介电参数等有较大影响，这就造成接触带两侧存在一定的波阻抗差异，致使电磁波在穿过界面进入破碎带后其反射波能量增大、波形幅度增加
岩溶地区	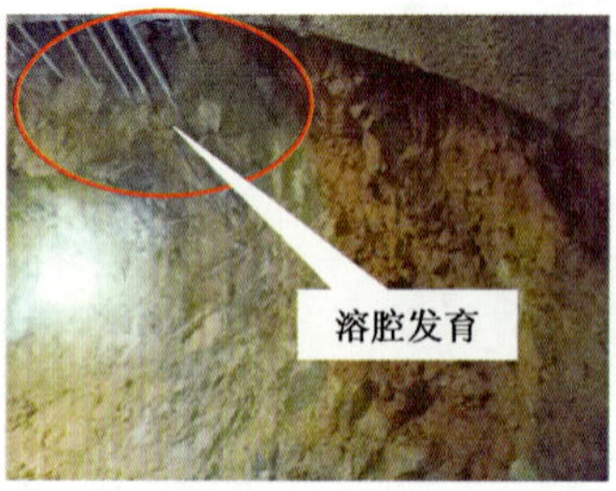	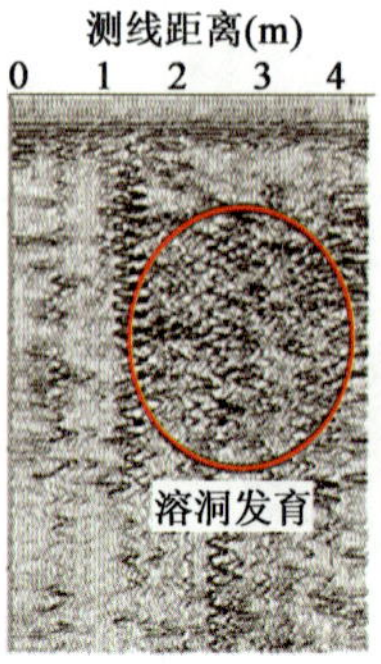	溶洞的填充物一般是碎石土、水和空气等，这些介质与可溶性岩层本身由于介电常数不同形成电性界面。通常，溶洞雷达图像的特征是被溶洞侧壁的强反射所包围的弱反射空间，即界面反射是强反射，且常伴有弧形绕射现象；溶洞内的反射波则为弱反射，低频、高频、波形细密。但当溶洞内充填风化碎石或有水时，局部雷达反射波可变强

3）注意事项

（1）在数据处理过程中，可采用滤波、叠加、增益、绕射叠加等对高压线、路灯、建筑物、洞内钢拱架等干扰进行控制。若来往车辆等干扰因素难以控制，则应做好记录，以免造成误判。

（2）矿山法隧道超前探测中，地质雷达法的参数设置应满足以下要求：

①系统增益不应低于150dB；

②信噪比应大于60dB；

③采样间隔不应大于0.5ns，模数转换器不应低于16位；

④具有可选的信号叠加、实时滤波、点测与连续测量、手动与自动位置标记等功能。

2.2.5 TSP 隧道超前探测法

1）方法简介

TSP 隧道超前探测法（TSP法）采用激发人工地震波的方法来进行超前地质预报，常见的同类方法有陆地声呐法、负视速度法、水平声波剖面法（HSP法）、隧道地质预报法（TGP法）、隧道反射层析成像法（TRT法）、隧道地震层析成像法（TST法），它们的工作原理相似，均可应用于隧道超前地质预报。目前，矿山法隧道中常用 TSP（TGP）法探测，陆地声呐法也常用于塌陷、空洞的探测。

TSP 法属于多波多分量高分辨率地震反射法，地震波在设计的震源点（通常在隧道左或右边墙）用少量炸药激发产生，当地震波遇到岩石波阻抗差异界面（如断层、破碎带等）时，反射的地震信号将被高灵敏度的地震检波器接收，通过数据处理了解隧道工作面前方不良地质体。其探测工作原理如图 4-2-9 所示。

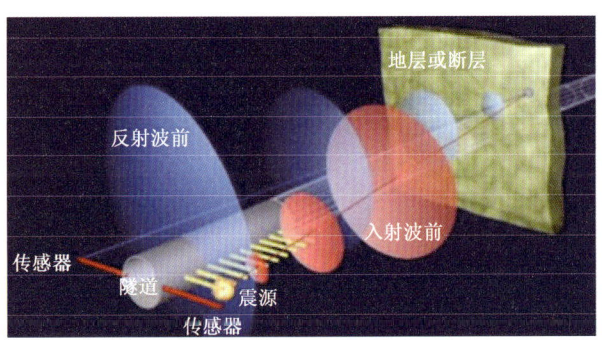

图 4-2-9　TSP 法探测工作原理

代表性设备有 TSP（202、203、203 +）超前预报系统。与所有的振动测量方法一样，TSP 法也需要振动发射源和接收装置，图 4-2-10 为 TSP203 系统组件标准测量图示。

2）数据处理

采集的 TSP 数据通过处理获得 P 波、SH 波、SV 波的时间剖面、深度偏移剖面和反射层提取以及岩石物性参数等一系列成果。其中，以 P 波资料为主对岩层进行划分，结合横波资料对地质现象进行解释，解释时应遵循以下准则：

（1）正反射振幅表明存在硬岩层，负反射振幅表明存在软岩层；

（2）若 S 波反射比 P 波强，则表明岩层饱含水；

（3）P 波速度与 S 波速度之比（v_p/v_s）增大或泊松比 μ 突然增大，常因存在流体而引起；

(4)若 v_p 减小,则表明裂隙或孔隙度增加。

通过分析岩层的反射波传播速度,可以将反射信号的传播时间转换为距离(深度),用与隧道轴的交角及隧道面的距离来确定反射层所对应的地质界面的空间位置和规模。

TSP203 可输出二维和三维视图,根据 TSP203 输出的岩层岩性参数及二维分布图,结合地震勘探原理及地质学知识即可判断隧道掌子面前方未开挖围岩的岩性、位置和规模,以及含水、节理发育、结构面等情况,TSP203 隧道地质超前预报系统还可以输出三维视图,从而能直观了解岩层的三维分布状况。

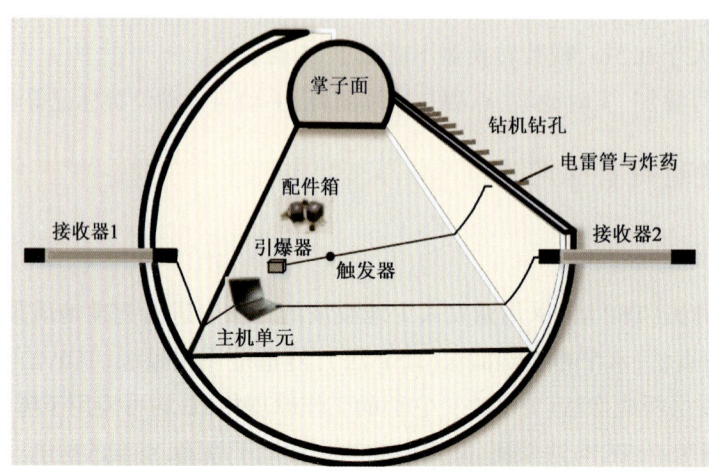

图 4-2-10　TSP203 系统组件标准测量图示

3)典型成果

探测结果以报告的形式提交,根据分析结果对掌子面前方岩体进行分段描述。描述内容包括岩性的变化、含水情况、是否存在不良地质体等。TSP 二维探测成果展示见表 4-2-12。

TSP 二维探测成果展示　　　　　　　表 4-2-12

序号	TSP 二维成果展示	探测项目
1		小型溶洞预报实例
2		大型溶洞预报实例

续上表

序号	TSP 二维成果展示	探测项目
3		断层及含水体实例
4		暗河实例

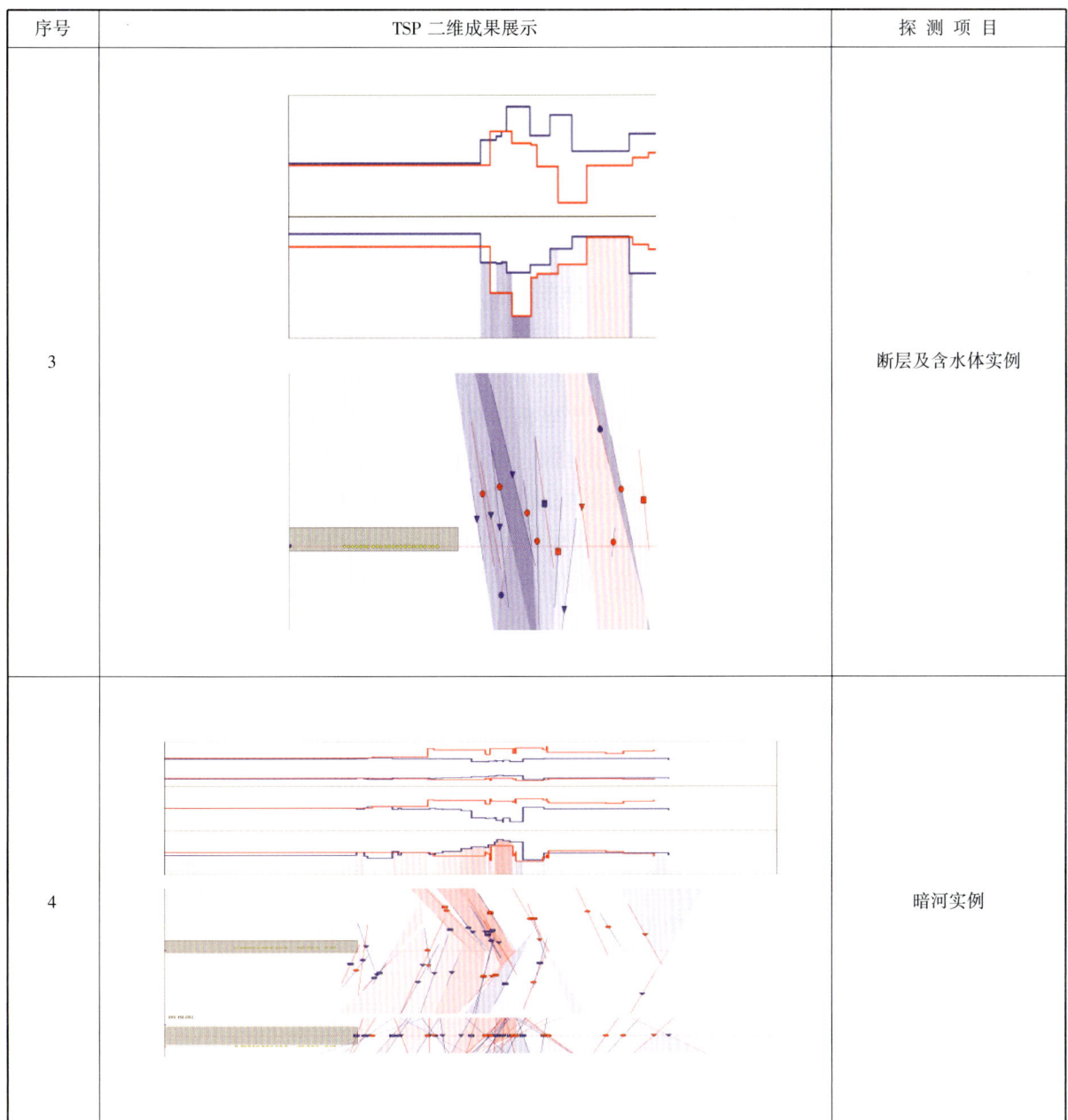

4）注意事项

（1）TSP 法的探测工作原理是基于对反射信号（反射波）的处理，为了尽可能将反射信号清晰记录下来，探测时需提高记录数据的质量，必须按前述要求调整相关参数。

（2）连续预报时前后两次应重叠 10m 以上，预报距离应符合下列要求：

① 在软弱破碎带地层，一般每次预报距离应为 100m 左右，不宜超过 150m；

② 在岩体完整的硬质地层，每次可预报 120～180m，不宜超过 200m。

（3）严格按设计要求（位置、深度、孔径、倾角等）钻孔，保证孔深平直顺畅，确保耦合剂、套管或炸药放置到位。

（4）装填炸药前，用电子倾角量测仪和钢卷尺测定炮孔的倾角与深度，并做好记录。炸药量的大小应通过试验确定，在装药过程中用装药杆将炸药卷装入炮孔的最底部。

2.2.6 高密度电阻率法

1) 方法简介

高密度电阻率法是以岩土体的电性差异为基础的一种电探方法,根据在施加电场作用下地层传导电流的分布规律,推断地下具有不同电阻率的地质体的赋存情况。如图4-2-11所示,它通过A、B电极向地下供电流I,然后在M、N极间测量电位差,从而可求得该点(M、N之间)的视电阻率值。根据实测的视电阻率剖面进行计算、分析,便可获得地层中的电阻率分布情况,从而可以划分地层,确定异常地层等。

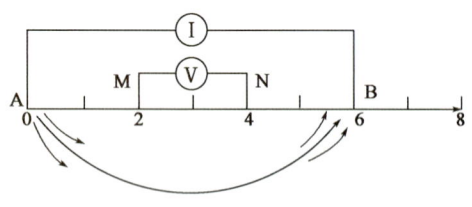

图4-2-11 高密度电阻率法原理示意图

高密度电阻率法实际上是一种阵列勘探方法,它在二维空间内研究地下稳定电流场的分布,野外测量时,将数十个电极一次性布设完毕,每个电极既是供电电极又是测量电极。通过程控式多路电极转换器选择不同的电极组合方式和不同的极距间隔,从而完成野外数据的快速采集。当电极棒列间距为Δx时,测量电极距$a = n \cdot r$,依次取$n = 1,2,\cdots$,每个极距依固定的装置形式逐点由左至右移动来完成该投距的数据采集。对某一极距而言,其结果相当于电阻率剖面法,而对同一记录点处不同极距的观测又相当于一个电测深点。

2) 应用实例

某城市硬岩地层地铁工程采用高密度电阻率法对某区间竖井及项目部位置周边地下水分布情况进行检测。

(1) 探测实施

探测工作在竖井周围布设3条测线,其长度分别为64m、80m、80m,在项目部区域布设4条测线,其长度均设置为64m,总测线长度为480m。基本覆盖所需探测区域,根据现场实际情况,分7次对待测部分进行数据采集。测线整体布置情况如图4-2-12所示,测线布设现场示例如图4-2-13所示。

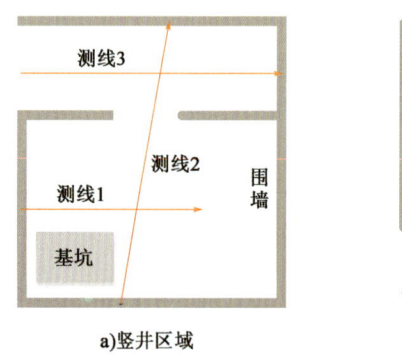
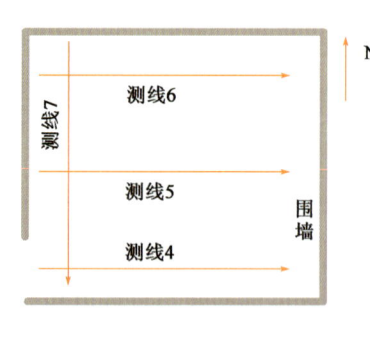

a) 竖井区域　　　　　　　　b) 项目部区域

图4-2-12 测线整体布置情况

(2) 探测结果分析

经高密度电阻率法数据处理,测线1~测线7探测结果如图4-2-14所示,其中视电阻率成像图中红色、黄色和绿色区域为相对高阻区,代表该区域岩体相对致密,完整性好,含水量小;蓝色为相对低阻区,代表岩体含水、松散破碎或风化程度高。视电阻率分布不均表示岩土物性差异大;视电阻率横向分布均匀表示岩体物性均一。

通过了解场地地质情况,测区为采石场回填区。整体上,所有测线均具有明显的低电阻率,分布广泛,有一定的深度,含水丰富,应为地表水在回填区积存所致。测线 3～测线 6 左端有一明显的高阻和低阻倾斜分界线,应为回填坑的边界,右端低阻范围大,也说明回填坑范围较大,且深度较大。

a)测线1 b)测线2

图 4-2-13　测线布设现场

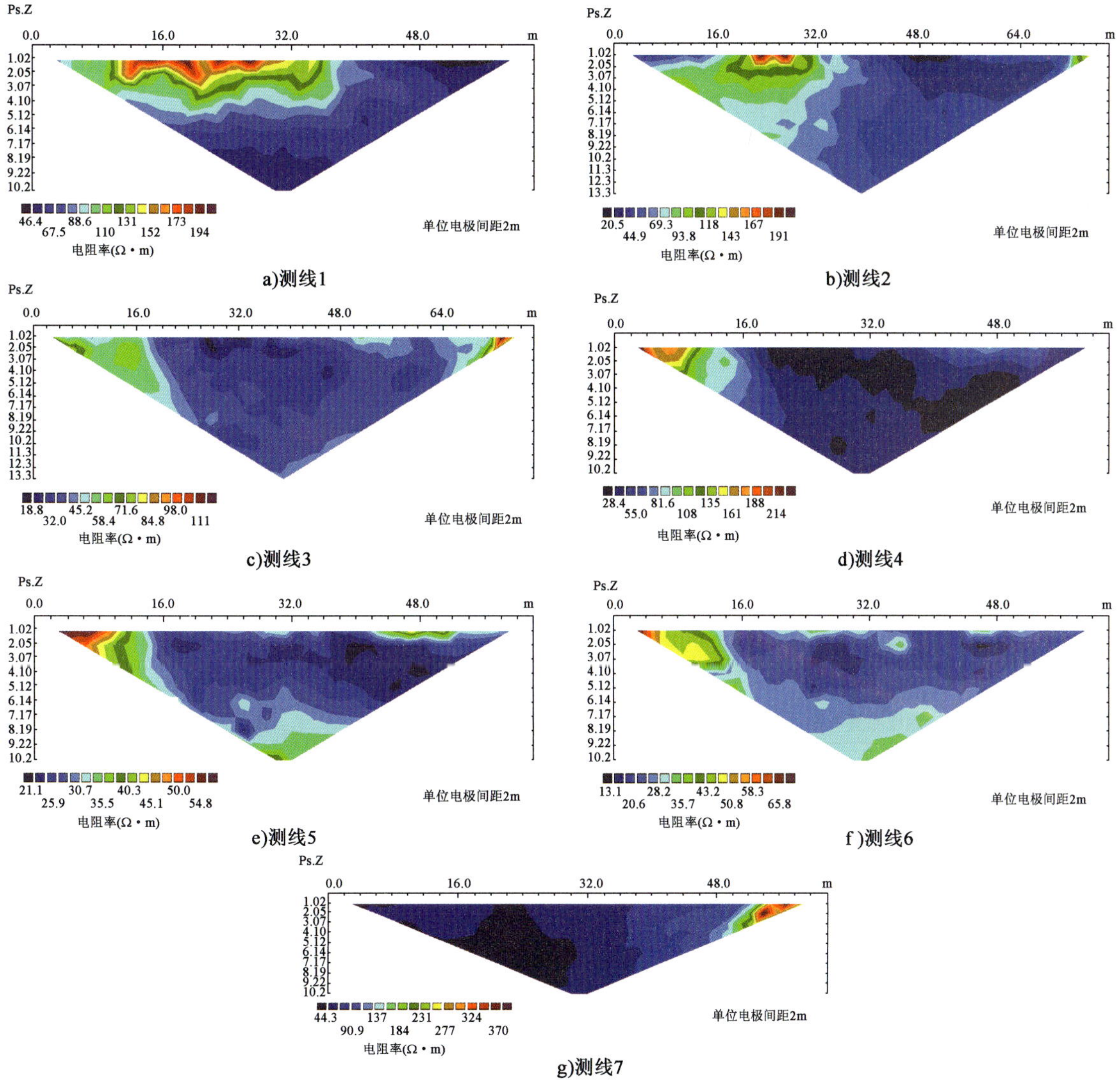

a)测线1 b)测线2

c)测线3 d)测线4

e)测线5 f)测线6

g)测线7

图 4-2-14　高密度电阻率法探测结果

3）注意事项

(1) 高密度电阻率法测线不宜在道路中间布设，可沿地铁走向在道路两侧各布置一条。

(2) 高密度电阻率法有效预报距离不宜超过 80m，连续探测时前后两次应重叠 10m 以上。

(3) 现场数据采集应严格符合下列要求：

① 开机检测仪器是否正常工作；

② 发射、接收电极间距测量准确，误差应小于 5cm；

③ 无穷远电极应大于 4~5 倍的探测距离；

④ 发射、接收电极接地良好；

⑤ 数据重复测量误差应小于 5%，否则应检查电极及仪器电源是否正常、工频干扰是否过大等。

2.2.7 综合超前预报方法

1）基本原则

超前地质预报方法主要根据地层条件、周边环境特点进行选择。对围岩较好、周边环境相对单一的区间隧道，可根据具体情况选择物探方法中的一种探测手段；对地层条件复杂或周边环境复杂的区间隧道，可采用综合超前预报方法。属于下列情况之一的，应采用综合超前预报方法：

(1) 暗挖隧道穿越地层为富水软弱破碎带、岩溶发育区等不良地质条件；

(2) 重大物探异常区；

(3) 下穿或侧穿有重大风险的建筑物、铁路、桥墩或重要管线；

(4) 分部开挖的浅埋暗挖车站或大断面区间隧道的上导洞。

总之，对富水区间，可采用超前地质探孔进行超前探测，并尽可能精准定位渗漏水位置；对岩溶地质条件，可采用洞内开展地质雷达法超前预报和洞外开展高密度电阻率法与地质雷达法相结合的综合预报方法。

2）应用实例

某岩溶地质地铁区间隧道为双洞结构，高约 7m，每个隧道宽约 6m，拱顶埋深约 9m，位于城市中心，沿线建筑物众多，管线密集，车流人流量非常大，区间灰岩地段岩溶发育。为进一步查明区间是否存在较大断层、溶槽、溶洞和破碎带等不良地质体，进行超前地质预报。

针对区间地质情况，实际施工过程中，对洞内的超前预报采用地质雷达法，对洞外（路面）探测采用高密度电阻率法和地质雷达法相结合的方法。该工程超前地质预报工作流程如图 4-2-15 所示，测线布置如图 4-2-16 和图 4-2-17 所示。洞内地质雷达法测线采用十字形布置，采用连续扫描方式。高密度电阻率法采用偶极布极方式，电

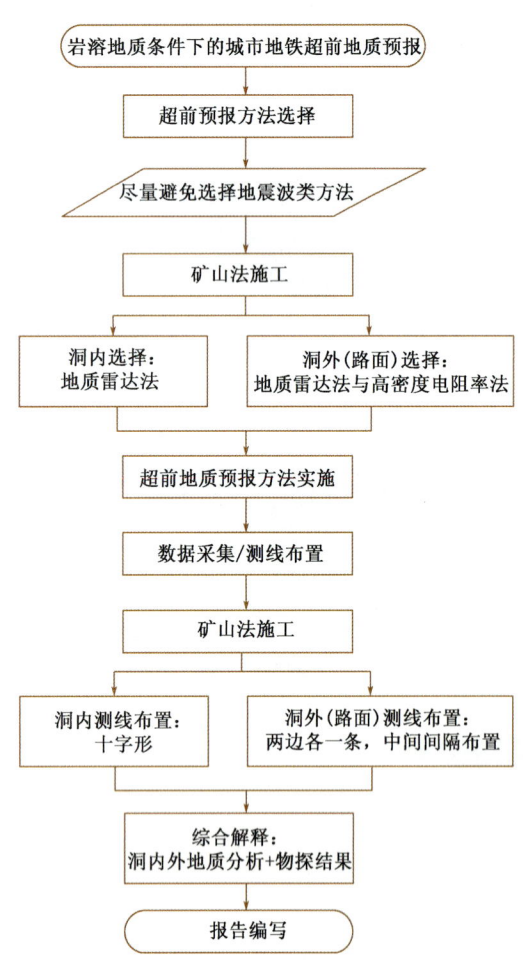

图 4-2-15 某地铁工程超前地质预报工作流程图

极间距为3m。

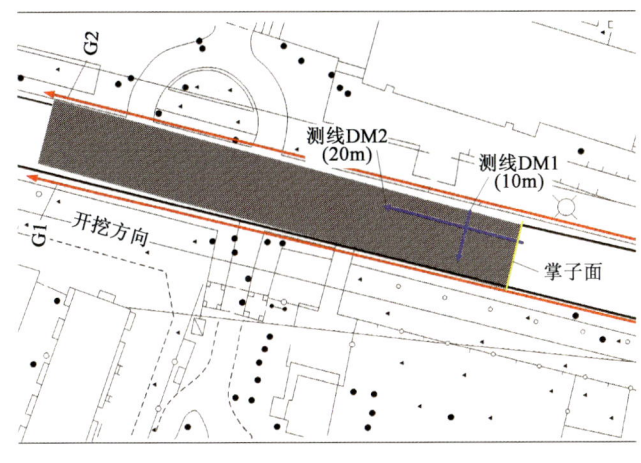

图 4-2-16 地面高密度电阻率法测线布置图

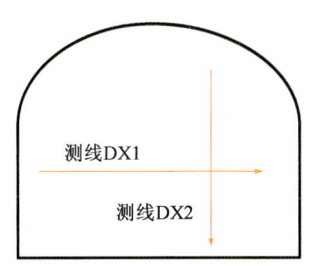

图 4-2-17 掌子面上地质雷达法测线布置图

洞内洞外超前探测具体实施过程：

（1）在路面上进行高密度电阻率法探测，利用布置在道路两边各一条测线探明区间是否存在横切隧道的比较大的断层、溶洞或溶槽等；

（2）采用高密度电阻率法探测存在较大横切隧道的不良地质体，当掌子面开挖到其附近时，采用地质雷达加密测线扫描。

高密度电阻率法探测结果如图 4-2-18 所示，地质雷达法探测结果如图 4-2-19 所示。可以看出，高密度电阻率法探测出区间发育有一条较大的充水充泥断面，断层底部约 34m 处岩溶发育、富水。当掌子面开挖到断层附近时，利用地质雷达进行洞内洞外探测，结果发现，掌子面前方岩体较为破碎、裂隙节理发育，竖向裂隙比较多，富水。

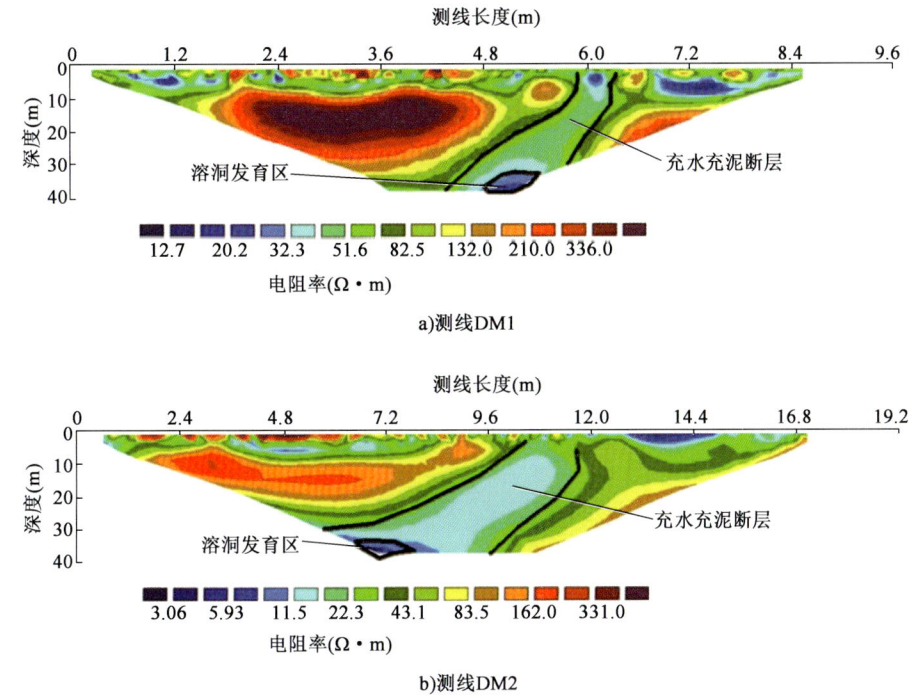

图 4-2-18 某地铁工程高密度电阻率法探测结果

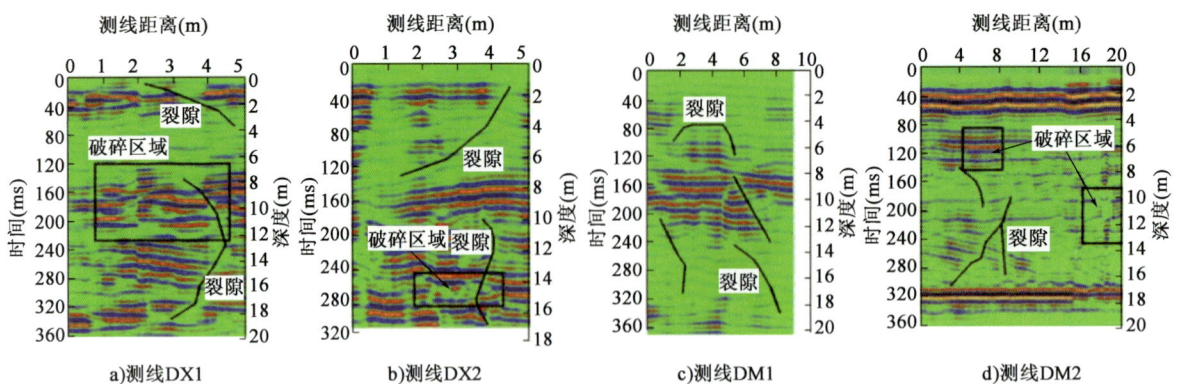

图 4-2-19 某地铁工程地质雷达法探测结果

第 3 章 施工方法

地铁隧道施工所应用的矿山法包含多种施工方法,随着工程应用范围、规模的不断扩大,地质条件、周边环境等越来越复杂,其施工方法也在不断地演变和进步。各工法的原理、适用性与施工工序存在较大的差异,不同工法的选择应以地质条件与施工区域周边环境为主要依据,结合工期、隧道长度、断面大小、施工单位的机械设备能力和施工技术水平等因素综合考虑。本章主要介绍了全断面法、台阶法、分部开挖法的适用条件、施工工序以及注意事项,并为读者提供合理的工法选择建议。

矿山法施工方法的分类见表 4-3-1。

矿山法施工方法分类　　　　表 4-3-1

序号	施工方法		示意图
1	全断面法		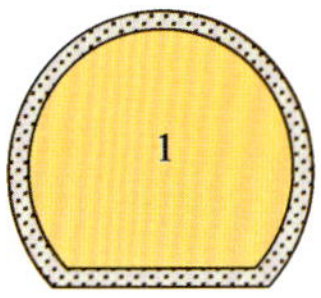
2	台阶法		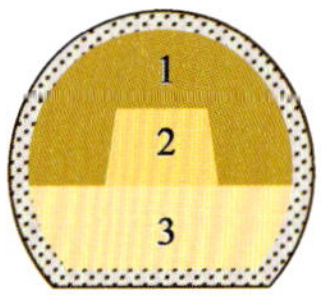
3	分部开挖法	环形开挖预留核心土法	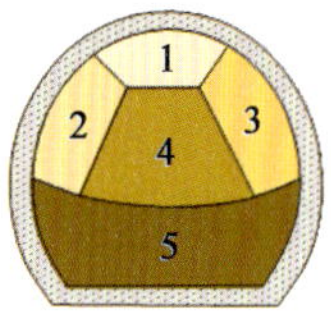

续上表

序　号	施工方法		示　意　图
3	分部开挖法	中隔壁法（CD法）	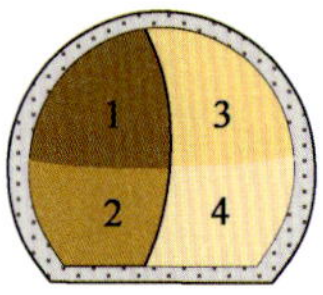
		交叉中隔壁法（CRD法）	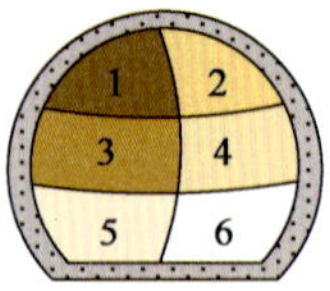
		双侧壁导坑法（眼镜工法）	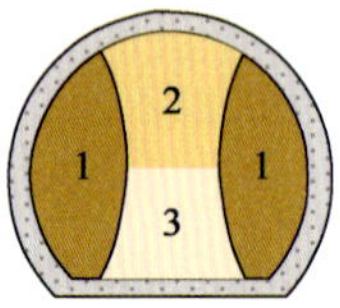
		中洞法	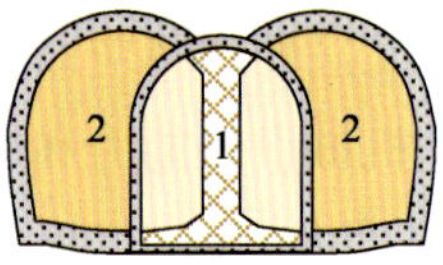
		洞桩法（PBA法）	
		拱盖法	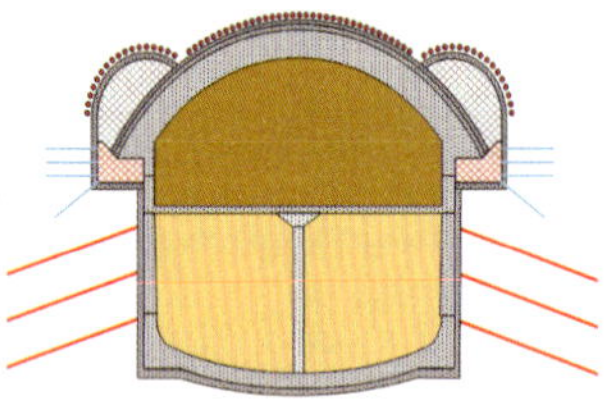

3.1　全断面法

3.1.1　工法简介

全断面法是指在隧道稳定岩体中,按设计将整个断面一次开挖成型,初期支护一次到位的施工方法。

全断面法的优点:

①工序少,相互干扰相对减少,便于施工组织管理。

②有较大的作业空间，有利于采用大型配套设备机械化作业，提高施工速度。

③可一次成型，对围岩的扰动次数减少，对隧道的围岩稳定有利。全断面开挖施工综合程度较高，比分部开挖效率显著提高，其机械配置原则为生产能力稍高于进度指标，保证施工连续进行，提高机械使用率。

全断面法的缺点：

①要求围岩的自稳能力强；

②适合断面尺寸小或地质条件较好的隧道。

3.1.2 工法适用性

(1) 主要适用于Ⅰ～Ⅲ级围岩隧道开挖。

(2) 当断面面积在50m²以下、隧道处于Ⅲ级围岩地层时，为了减少对地层的扰动次数，采取局部注浆等辅助措施加固地层后，也可采用全断面法施工。

(3) 在第四纪地层中采用全断面法施工时，断面面积一般在20m²以下，且施工中须特别注意。

全断面法施工示例如图4-3-1所示。

a) 全断面爆破开挖

b) 全断面机械开挖

图4-3-1　全断面法施工

3.1.3 施工工序流程

全断面法开挖空间大、工序少，其施工工序如图4-3-2所示，施工流程如图4-3-3所示。

3.1.4 施工控制要点

(1) 全断面法开挖量大，爆破引起的振动较大，应严格控制一次同时起爆的炸药量。按钻爆设计要求控制炮眼间距、深度和角度。钻眼完毕，按炮眼布置图进行检查并做好记录。对不符合要求的炮眼应重钻，经检查合格后方可装药。

(2) 钻眼时，周边眼及掏槽眼应定人定岗，并严格控制周边眼外插角。每一循环爆破后，应认真查看爆破效果，并根据超欠挖及炮眼痕迹保留率不断优化钻爆参数，改善爆破情况，减少超欠挖。

(3) 应确定合理的循环进尺，确保两个循环的接茬位置平滑、圆顺。

(4) 每一循环爆破后及时找顶，初期支护施作前应按要求进行地质素描。

图4-3-2　全断面法施工工序

(5) 对已成型的支护结构定期检查,发现支护变异或损坏时立即修整加固。

(6) 对拱顶下沉和地面沉降进行监测,分析数据,发现问题及时处理。

3.1.5 施工注意事项

在隧道开挖过程中,应采取有效措施确保施工安全,确保开挖、出渣和支护能力相协调,保持围岩稳定和施工安全,减少超欠挖,满足安全施工和绿色施工要求。

(1) 为确保围岩稳定和隧道开挖安全,应重视围岩变形监测,提前采取措施,将开挖作业对围岩的扰动影响降至最低。

(2) 爆破作业后,应及时对爆破效果和开挖面情况进行检查,清除瞎炮、残炮和危石,保证爆破后的洞体围岩壁面平整、光滑。

(3) 在隧道开挖作业中,不得影响衬砌、初期支护及设备的安全。

(4) 加强洞内通风,确保洞内环境符合职业健康标准。

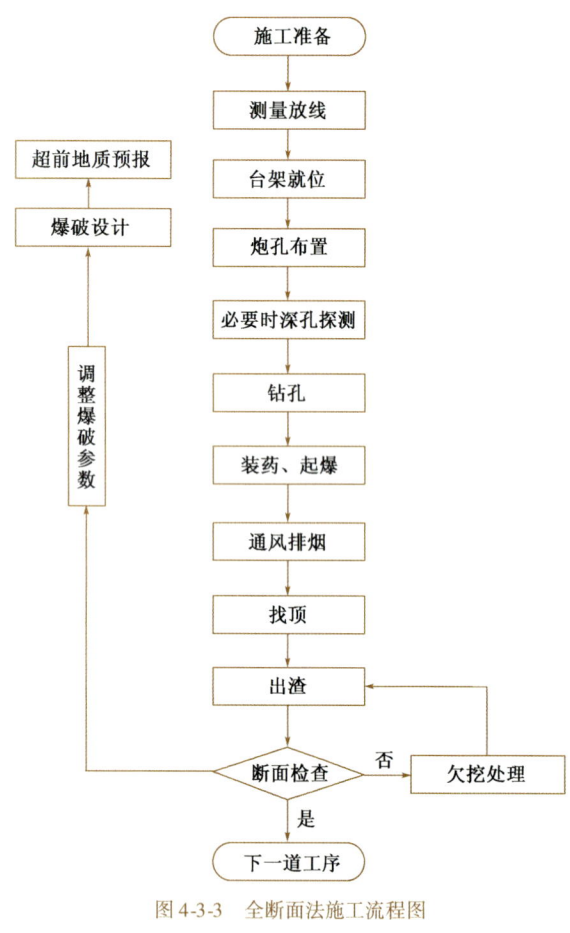

图 4-3-3 全断面法施工流程图

3.2 台阶法

3.2.1 工法简介

台阶法是指将开挖断面分为上下两部或多部开挖,先开挖隧道上部断面(上台阶),上台阶超前一定距离后再开挖下部断面(下台阶),上下台阶同时并进的施工方法。

台阶法的优点:

①灵活多变、适用性强,适用于软弱围岩、第四纪沉积地层等不同地层条件;

②增加了工作面,前后干扰较小,有利于机械化作业,进度较快;

③一次开挖面积较小,有利于掌子面稳定,特别是下台阶开挖时较为安全。

台阶法的缺点:

①上下部作业有干扰,应注意下部作业时对上部稳定性的影响;

②增加对围岩的扰动次数。

3.2.2 工法分类

台阶法根据台阶长度不同,划分为长台阶法、短台阶法和超短台阶法三种。根据台阶数量可分为两步台阶法、多台阶法等工法,一般常用的是两步台阶法。可根据地质条件、断面尺寸以及机械设备配置情况等选择合适的台阶方式。根据台阶长度划分的各工法特征见表4-3-2。

台 阶 法 分 类　　　　　　表4-3-2

序号	分类	图示	特征
1	长台阶法		上台阶超前5倍洞径或50m,一般适用Ⅰ～Ⅲ级围岩,在上下两个台阶上,分别进行开挖、支护、运输、通风、排水等作业。但台阶长度过长,如大于100m时,则增加了支护封闭时间,同时也增加了通风排烟、排水的难度,降低了施工的综合效率。因此,一般在围岩条件相对较好、工期不受控制、无大型机械化作业时选用
2	短台阶法		上台阶长度小于5倍但大于1～1.5倍洞径L,适用于Ⅲ～Ⅴ级围岩,主要是考虑既要实现分台阶开挖,又要实现支护及早封闭。该法可缩短支护闭合时间,改善初期支护的受力条件,有利于控制围岩变形;缺点是上部出渣对下部断面施工干扰较大,难以全部平行作业
3	超短台阶法		该方法是全断面开挖的一种变异形式,一般台阶长度为3～5m,适用于Ⅴ～Ⅵ级围岩。该法上下断面相距较近,机械设备集中,作业时相互干扰大,生产效率低,施工速度慢

注:Ⅰ-上台阶开挖;Ⅱ-上台阶初期支护;3-下台阶开挖;Ⅳ-边墙初期支护;Ⅴ-仰拱;L-洞径。

3.2.3 工法适用性

台阶法是最基本、运用最广泛的施工方法,一般适用于Ⅲ、Ⅳ级围岩隧道开挖,Ⅴ级围岩隧道配合必要的超前支护措施后也可采用。单线隧道及围岩地质条件较好的双线隧道可采用两台阶法开挖,隧道断面较大、单层台阶断面尺寸较大时可采用三台阶法开挖。台阶法施工示例如图4-3-4所示。

图4-3-4　台阶法施工

3.2.4 施工工序流程

上下两步台阶法施工工序见表4-3-3,施工流程如图4-3-5所示。

上下两步台阶法施工工序　　　　　表4-3-3

序号	图示	施工步骤及技术措施
1	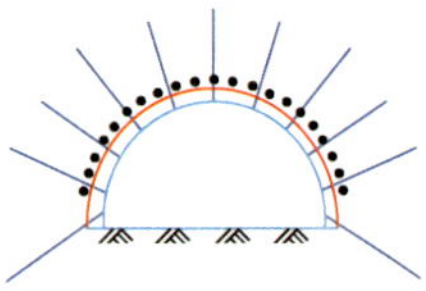	上台阶开挖支护: (1)施作小导管超前支护; (2)开挖上台阶土体; (3)初喷3~5cm厚混凝土; (4)架立格栅钢架,设置锚杆; (5)挂网喷射混凝土
2	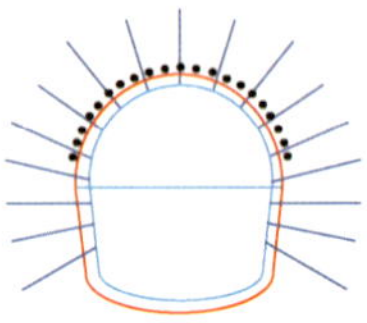	下台阶开挖支护: (1)开挖下台阶土体(包括仰拱部分); (2)施作边墙锚杆; (3)架立格栅钢架或型钢钢架; (4)挂网喷射混凝土
3	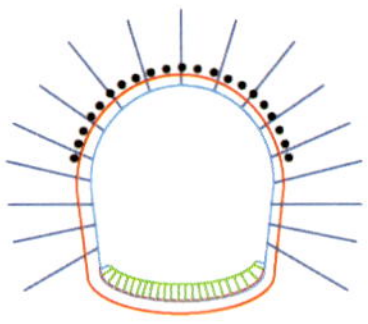	施作仰拱衬砌: (1)基面处理; (2)设置垫层; (3)绑扎钢筋; (4)浇筑底板混凝土
4	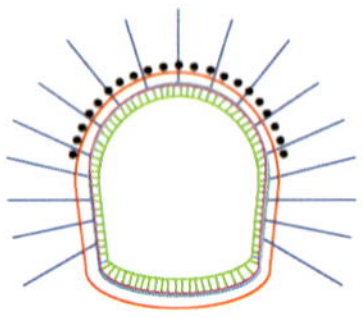	施作边墙及拱部衬砌: (1)边墙及拱部基面处理; (2)施作边墙和拱部无纺布及防水板,埋置纵向及环向盲管; (3)绑扎边墙及拱部钢筋; (4)浇筑边墙及拱部混凝土

3.2.5 施工控制要点

台阶法施工控制要点见表4-3-4。

台阶法施工控制要点　　　　　表4-3-4

序号	工序	施工控制要点
1	测量放线	每一循环测量放线一次,测量开挖轮廓线、隧道中线、高程
2	开挖	(1)开挖前施作超前支护,先开挖上半断面,后开挖下半断面; (2)台阶长度根据地质和开挖断面跨度及装渣等情况确定; (3)下台阶在上台阶喷射混凝土强度达到设计强度70%后开挖
3	出渣	(1)专人指挥机械装渣出渣,保证安全; (2)仰拱开挖处以栈桥通过; (3)弃渣场地符合设计与环保要求
4	断面检查	检测开挖断面超欠挖值,拱部控制在15cm左右,边墙控制在10cm;严格控制欠挖,拱墙和拱脚以上1m内断面严禁欠挖

续上表

序号	工序	施工控制要点
5	初喷	开挖完成后，初喷混凝土厚度不小于4cm
6	支护	（1）每次开挖完毕，应及时施作初期支护，及早成环； （2）仰拱及填充应超前二次衬砌施工，且分别全幅浇筑； （3）仰拱距上台阶开挖工作面距离：Ⅲ级围岩不大于90m，Ⅳ级围岩不大于70m
7	安全文明施工	（1）应根据围岩条件，合理确定台阶长度和高度； （2）围岩地质较差、开挖工作面不稳定时，应采用短进尺或上下台阶错开开挖或预留核心土措施，必要时采用喷混凝土或玻璃纤维锚杆对开挖工作面进行加固； （3）台阶上部开挖循环进尺应根据围岩地质条件和初期支护钢架间距合理确定，并不得超过1.5m； （4）围岩地质较差、变形较大时，上部断面开挖后应立即施作锁脚锚杆、临时仰拱等，控制围岩及初期支护变形量； （5）仰拱开挖应控制一次开挖长度，开挖后应立即施作初期支护，封闭成环

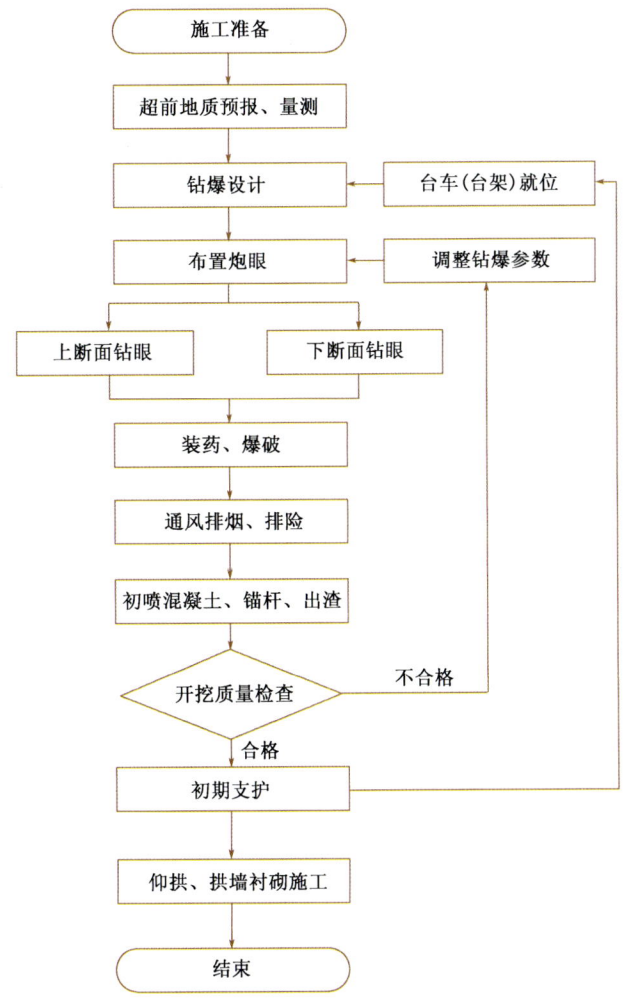

图 4-3-5　台阶法施工流程图

3.2.6 施工注意事项

(1) 台阶长度不宜超过隧道开挖宽度的1.5倍。台阶不宜分层过多,一般以一个垂直台阶开挖到底,保持平台长2.5~3m为宜,便于掌握炮眼深度和减少翻渣工作量,装渣机应紧跟开挖面,减小扒渣距离,以提高装渣运输效率。应根据两个条件来确定台阶长度:一是初期支护形成闭合断面的时间要求,围岩稳定性越差,闭合时间要求越短;二是上半部断面施工时开挖、支护、出渣等机械设备所需空间大小的要求。

(2) 上部开挖时,因临空面较大,易使爆破面渣块过大,不利于装渣,应适当密布中小炮眼。

(3) 上台阶钢架施工时,应采取有效措施控制其下沉和变形,下台阶应在上台阶喷射混凝土强度达到设计强度70%后开挖。

(4) 个别破碎地段可配合喷锚支护和挂钢丝网施工,防止落石和崩塌。

(5) 采用矿山法开挖石质隧道时,应采用光面爆破技术和振动量测控制振速,以减少对围岩的扰动。

(6) 对已成型的支护结构进行定期检查,发现支护变异或损坏时立即修整加固。

(7) 对拱顶下沉和地面沉降进行监测,分析数据,发现问题及时处理。

3.3 分部开挖法

3.3.1 环形开挖预留核心土法

1) 工法简介

环形开挖预留核心土法将开挖断面分成环形拱部、上部核心及下部台阶三部分,并根据地质情况,将环形拱部断面分成一块或几块开挖,如图4-3-6所示。环形开挖进尺一般为0.5~1.0m,不宜过长。

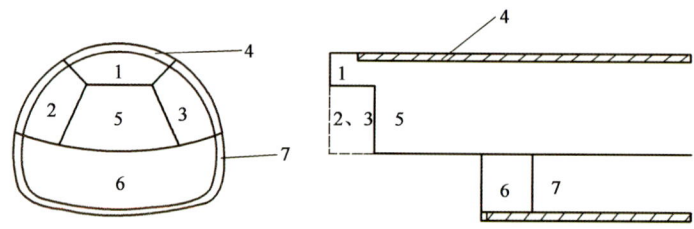

图4-3-6 环形开挖预留核心土法施工示意图

1-上部弧形土体开挖;2-上部左侧土体开挖;3-上部右侧土体开挖;4-上部初期支护;5-上部核心土体开挖;6-下部土体开挖;7-仰拱初期支护

采用环形开挖预留核心土,可防止工作面被挤出。其开挖方法是上部导坑弧形断面留核心土平台,拱部施作初期支护,再开挖中部核心土。核心土的尺寸在纵向应大于4m,核心土的面积要大于上半断面面积的1/2。

2) 工法适用性

该工法适用于黄土隧道、隧道洞口,以及具有浅埋、富水、偏压、大跨特征和典型的Ⅳ、Ⅴ级软弱围岩隧道开挖,Ⅴ级围岩隧道应配合必要的超前支护措施后采用。当地质条件较差时,为提高掌子面自稳能力,可采用三台阶预留核心土法开挖。环形开挖预留核心土法施工如图4-3-7所示。

3) 施工工序流程

环形开挖预留核心土法施工工序见表4-3-5,施工流程如图4-3-8所示。

图4-3-7 环形开挖预留核心土法施工

环形开挖预留核心土法施工工序　　　　　　　　　　　表4-3-5

序号	图示	施工步骤及技术措施
1		(1) 在围岩拱部120°范围内，施作小导管超前支护； (2) 开挖上台阶土体，留核心土； (3) 初喷3~5cm厚混凝土； (4) 架立钢格栅，设置径向锁脚锚杆； (5) 挂网喷射混凝土； (6) 开挖预留核心土
2		(1) 开挖下台阶土体； (2) 架立钢格栅； (3) 挂网喷射混凝土
3		施作仰拱衬砌： (1) 基面处理； (2) 设置5cm厚垫层； (3) 绑扎钢筋； (4) 浇筑底板混凝土
4		施作边墙及拱部衬砌： (1) 边墙及拱部基面处理； (2) 施作边墙和拱部无纺布及防水板； (3) 绑扎边墙及拱部钢筋； (4) 浇筑边墙及拱部混凝土

4）施工控制要点

(1) 各部开挖时，周边轮廓应尽量圆顺，以减小应力集中；

(2) 台阶上部开挖循环进尺应根据围岩地质条件和初期支护钢架间距合理确定，并不得超过1.5m；

(3) 围岩地质条件较差、变形较大时，上部断面开挖后应立即施作锁脚锚杆、临时仰拱等，控制围岩及初期支护变形量；

(4)仰拱开挖应控制一次开挖长度,开挖后应立即施作初期支护,封闭成环。

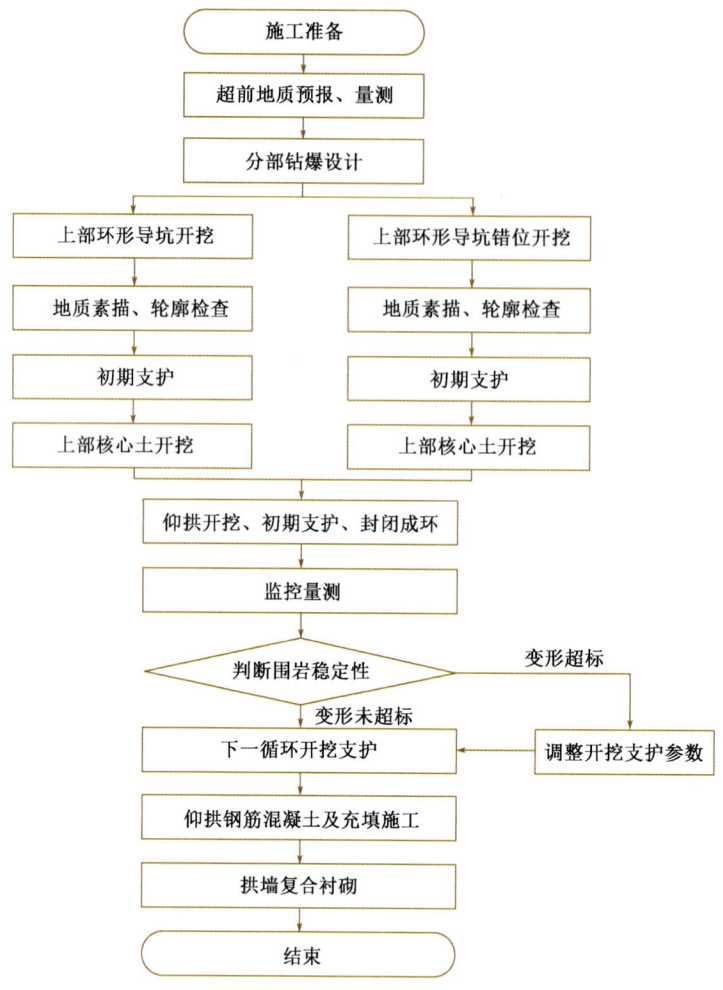

图 4-3-8　环形开挖预留核心土法施工流程图

5)施工注意事项

(1)工序变化处的钢架应设锁脚锚杆,且必须对锁脚锚杆注浆,以确保钢架基础稳定;
(2)检查钢架落脚是否落实,如不落实将影响拱架稳定和下沉;
(3)个别破碎地段可配合喷锚支护和挂钢丝网施工,防止落石和崩塌;
(4)采用矿山法开挖石质隧道时,应采用光面爆破技术和振动量测控制振速,以减少对围岩的扰动;
(5)对已成型的支护结构进行定期检查,发现支护变异或损坏时立即修整加固;
(6)对拱顶下沉和地面沉降进行监测,分析数据,发现问题及时处理。

3.3.2　中隔壁法

1)工法简介

中隔壁法(CD法)是在软弱围岩大跨度隧道中,先开挖隧道的一侧,并在设计中间部位施作中隔壁,再开挖另一侧的施工方法。

CD法的优点:各部封闭成环的时间短,且由于支护刚度大,结构受力均匀,变形相对较小。

CD法的缺点:由于地层软弱,断面较小,只能采用小型机械或人工开挖及运输作业,进度较慢;临时支撑的施作和拆除较困难,成本较高;有必要采用爆破时,必须控制装药量,避免破坏中隔墙;左右侧导坑施工相互干扰大。

2）工法适用性

CD法主要适用于地层较差和不稳定岩体,且对地面沉降要求严格的暗挖隧道施工,常用在区间单洞双线隧道地段。CD法施工如图4-3-9所示。

a)CD法先行导洞

b)CD法临时竖撑

图4-3-9　CD法施工

3）施工工序流程

CD法施工工序见表4-3-6,施工流程如图4-3-10所示。

CD 法 施 工 工 序　　　　表4-3-6

序号	图　　示	施工步骤及技术措施
1		(1) 经地质超前预报,当发现围岩破碎时,增设超前小导管; (2) 开挖1部土体; (3) 初喷3~5cm厚混凝土,架立拱部钢格栅及中隔壁,设置锁脚锚杆; (4) 挂网喷射混凝土
2		(1) 开挖2部土体; (2) 初喷3~5cm厚混凝土,架立钢格栅及中隔壁,设置锚杆; (3) 挂网喷射混凝土
3		(1) 开挖3部土体; (2) 初喷3~5cm厚混凝土,架立钢格栅及中隔壁; (3) 挂网喷射混凝土

续上表

序号	图　　示	施工步骤及技术措施
4	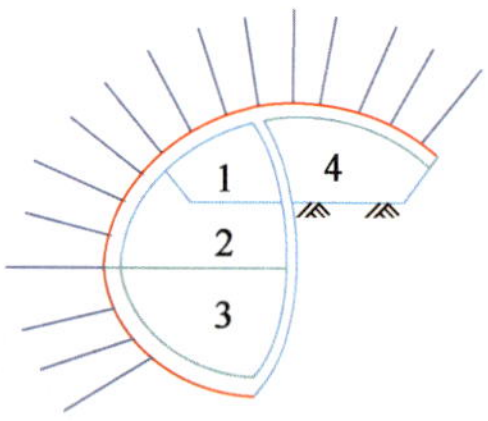	(1)小导管注浆超前支护； (2)开挖4部土体； (3)初喷3～5cm厚混凝土，架立钢格栅，设置锁脚锚杆； (4)挂网喷射混凝土
5	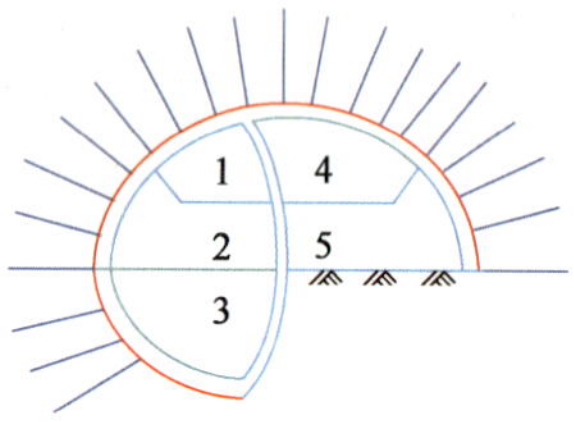	(1)开挖5部土体； (2)初喷3～5cm厚混凝土，架立钢格栅，设置锁脚锚杆； (3)挂网喷射混凝土
6	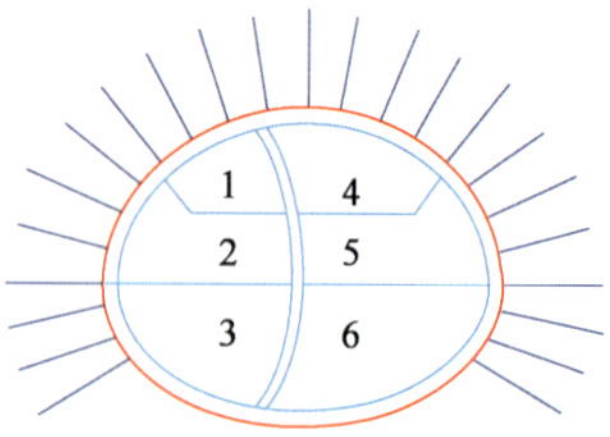	(1)开挖6部土体； (2)初喷3～5cm厚混凝土，架立钢格栅，设置锚杆； (3)挂网喷射混凝土
7	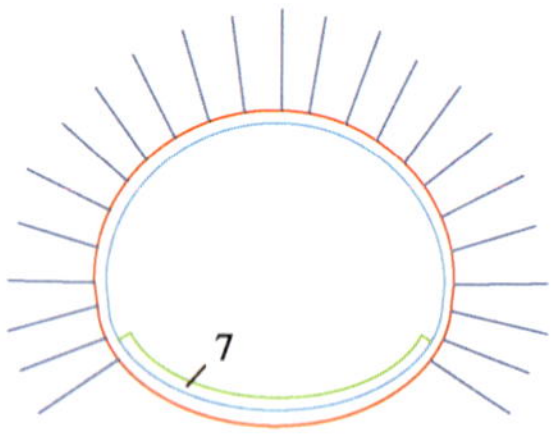	(1)分段拆除中隔壁； (2)基面处理； (3)绑扎仰拱钢筋； (4)浇筑仰拱混凝土
8	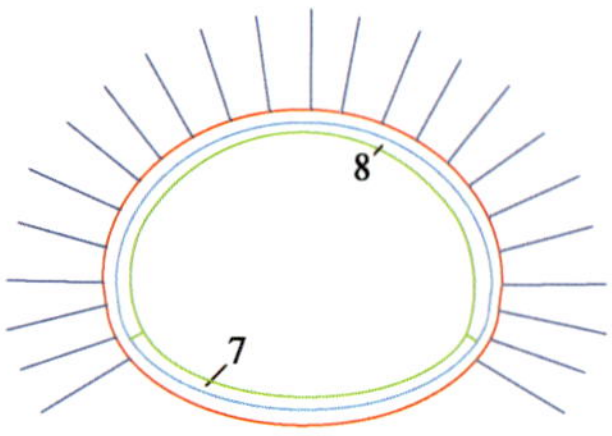	(1)基面处理，施作拱墙防水板； (2)绑扎边墙及拱部钢筋； (3)立模，浇筑边墙及拱部混凝土

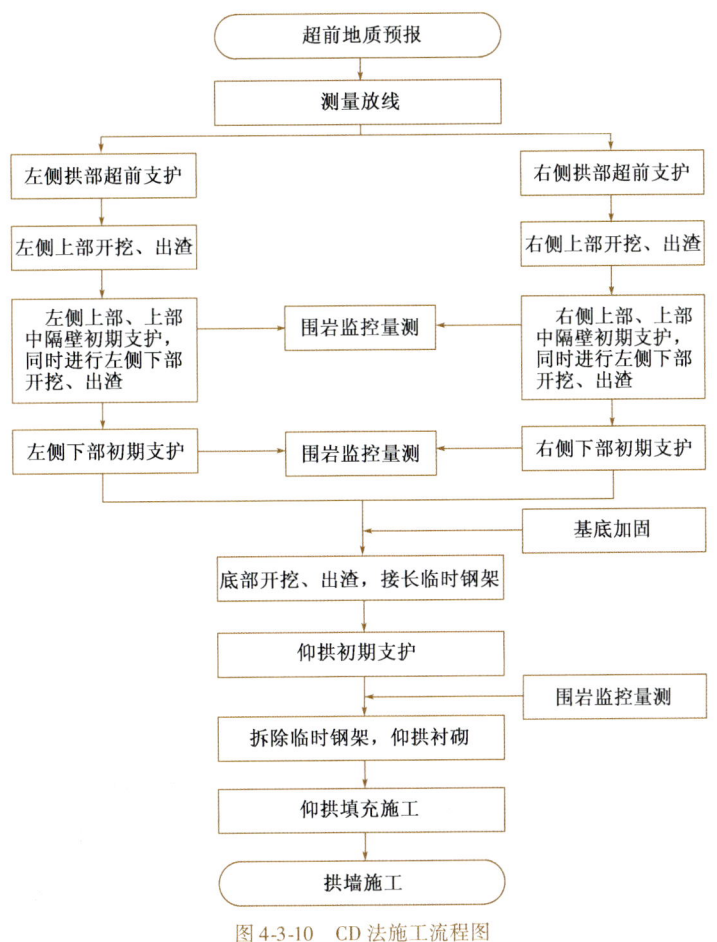

图 4-3-10　CD 法施工流程图

4）施工控制要点

(1) 各部开挖时,周边轮廓应尽量圆顺,以减小应力集中;

(2) 各部的底部高程应与钢架接头处一致;

(3) 每一部的开挖高度应根据地质情况及隧道断面大小确定;

(4) 后一侧开挖形成全断面时,应及时完成全断面初期支护闭合;

(5) 左、右两侧洞体施工时,纵向间距应拉开不大于 15m 的距离;

(6) 中隔壁宜设置为弧形,并应向左侧偏斜 1/2 个钢拱架宽度;

(7) 在施作二次衬砌前,应逐段拆除中隔壁临时支护,拆除时应加强量测,一次拆除长度一般不宜超过 15m,拆除后及时施作仰拱。

5）施工注意事项

(1) 对于围岩整体性较差的地段采用该工法时,还要辅助采用全断面注浆、径向注浆等施工措施,对于富水砂层地段有时还会采用降水措施;

(2) 各部开挖时,相邻部位的喷射混凝土强度应达到设计强度 70% 以上;

(3) 工序变化处的钢架(或临时钢架)应设锁脚锚杆,以确保钢架基础稳定;

(4) 钢架之间纵向连接钢筋应按要求设置,及时施作并连接牢固;

(5) 临时钢架的拆除应等洞身主体结构初期支护施工完毕并稳定后,方可进行;

(6) 施工中,应按设计要求进行监控量测,及时反馈结果,分析洞身结构的稳定性,为支护参数的调

整、施作二次衬砌的时机提供依据;

(7)对已成型的支护结构进行定期检查,发现支护变异或损坏时立即修整加固;

(8)对拱顶下沉和地面沉降进行监测,分析数据,发现问题及时处理。

3.3.3 交叉中隔壁法

1)工法简介

交叉中隔壁法(CRD法)是在软弱围岩大跨度隧道中,先分部开挖隧道的一侧,施作部分中隔壁和横隔板,并封闭成环;再分部开挖隧道的另一侧,完成横隔板施工;如此交叉开挖,最终隧道整个断面封闭成环的施工方法。

CRD法的优点:各部开挖及支护自上而下,步步成环,及时封闭,各分部封闭成环时间短,中隔壁可有效阻止支护结构收敛变形和下沉,在控制地面沉降和土体水平位移等方面优于其他工法。

CRD法的缺点:由于地层软弱,断面较小,只能采用小型机械或人工进行开挖及运输作业,且分块较多,工序繁杂,施工速度较慢;临时支撑的施作和拆除风险较大,成本较高。

2)工法适用性

CRD法适用于开挖跨度大于8m且不超过20m的地下暗挖工程。一般用于开挖断面较大、围岩相对较软弱、地面沉降要求严格的地段,并通常用于单洞双线隧道开挖。CRD法施工如图4-3-11所示。

图4-3-11 CRD法施工

3)施工工序流程

CRD法施工工序见表4-3-7,施工流程如图4-3-12所示。

CRD法施工工序　　　　表4-3-7

序号	图示	施工步骤及技术措施
1		(1)施作小导管注浆超前支护; (2)开挖1部土体; (3)初喷3~5cm厚混凝土,架立拱部钢架及中隔壁,并设置锁脚锚杆; (4)挂网喷射混凝土
2		(1)开挖2部土体; (2)初喷3~5cm厚混凝土,架立钢架及中隔壁,设置径向锁脚锚杆; (3)施作横联,实现封闭; (4)挂网喷射混凝土封闭

续上表

序号	图示	施工步骤及技术措施
3	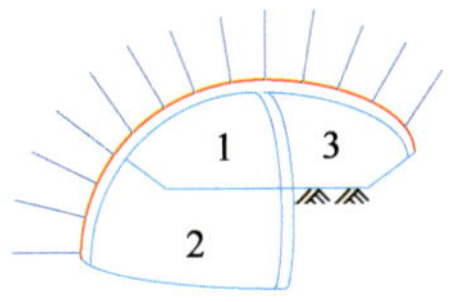	(1)开挖3部土体; (2)初喷3~5cm厚混凝土,架立钢格栅及中隔壁; (3)挂网喷射混凝土
4	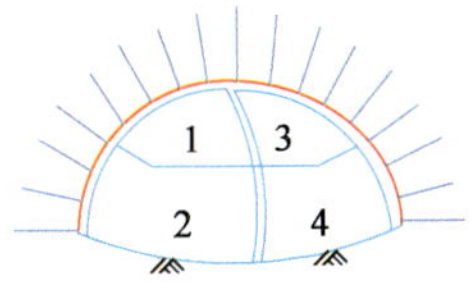	(1)小导管注浆超前支护; (2)开挖4部土体; (3)初喷3~5cm厚混凝土,架立钢格栅及中隔壁,设置锁脚锚杆; (4)挂网喷射混凝土
5	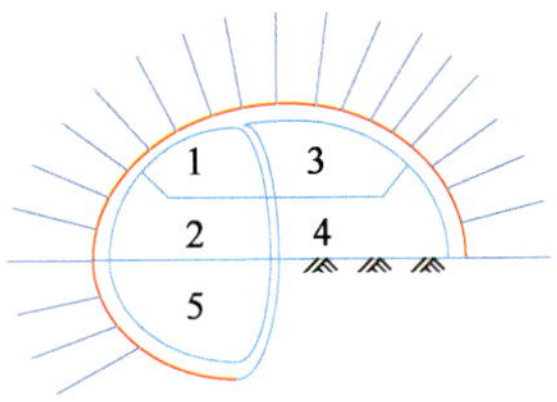	(1)开挖5部土体; (2)初喷3~5cm厚混凝土,架立钢格栅及中隔壁,设置径向锁脚锚杆; (3)施作横联,实现封闭; (4)挂网喷射混凝土
6	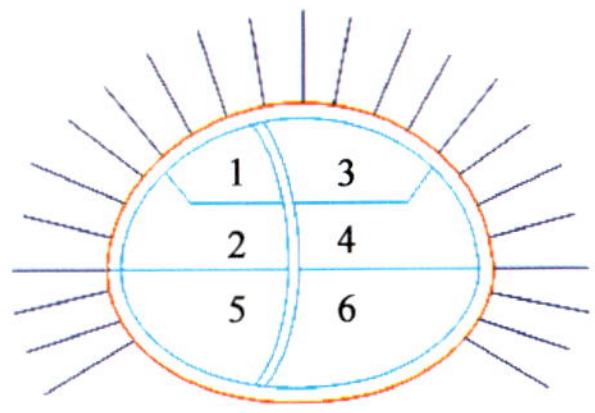	(1)开挖6部土体; (2)初喷3~5cm厚混凝土,架立钢格栅; (3)挂网喷射混凝土
7	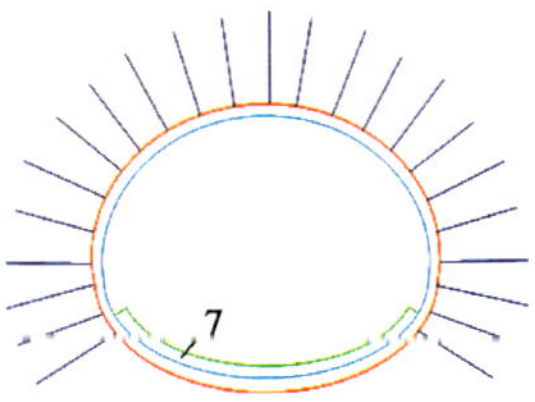	(1)浇筑底板混凝土; (2)分段拆除中隔壁; (3)基面处理; (4)绑扎仰拱钢筋; (5)浇筑仰拱混凝土
8	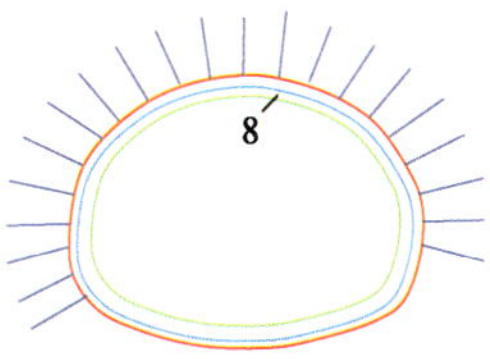	(1)施作边墙及拱部衬砌; (2)基面处理,施作拱墙防水板; (3)绑扎边墙及拱部钢筋; (4)立模,浇筑边墙及拱部混凝土

4)施工控制要点

(1)为确保施工安全,上部导坑开挖循环进尺控制为1榀钢架间距(0.6~0.75m),下部开挖可依据地质情况适当加大,仰拱一次开挖长度依据监控量测结果、地质情况综合确定,一般不宜大于6m。

(2)中间支护系统的拆除时间应考虑其对后续工序的影响,当围岩变形在设计允许范围之内,并在严格评价拆除的安全性之后,方可拆除,软弱地层中均需跳仓拆除临时支护;中隔壁混凝土拆除时,要防止对初期支护系统形成大的振动和扰动。

(3)中隔壁的拆除应滞后于仰拱。

(4)应配备适合导坑开挖的小型机械设备,提高导坑开挖效率。

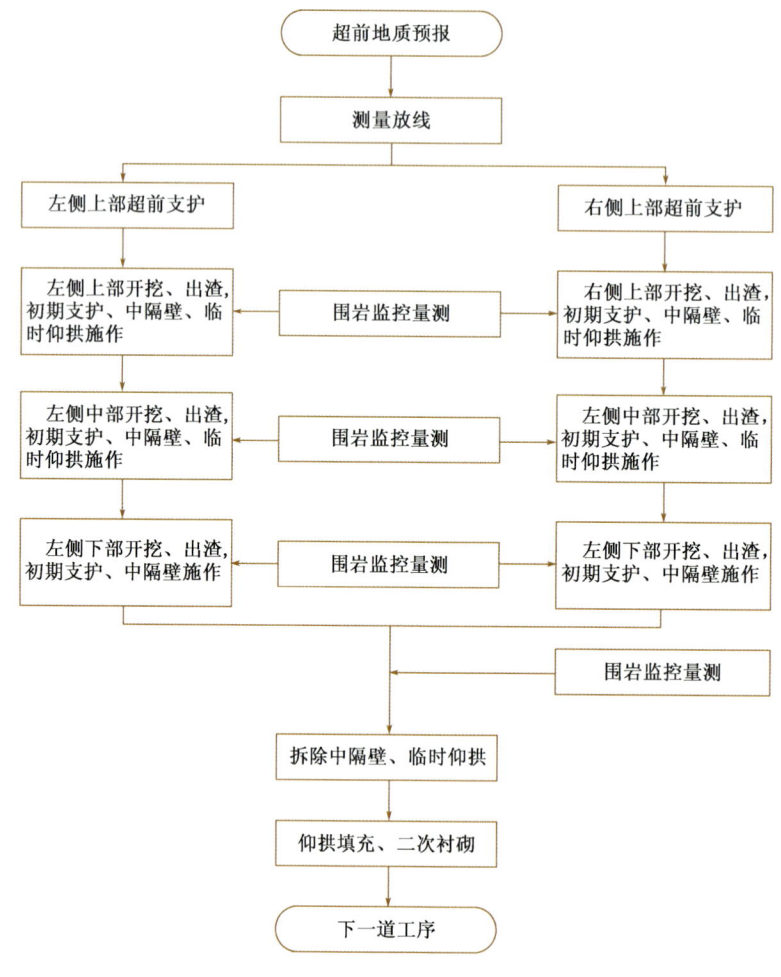

图 4-3-12　CRD 法施工流程图

5）施工注意事项

(1)开挖进尺应控制在 0.6~0.75m;

(2)开挖后应及时施作初期支护,尽早封闭成环;

(3)施工中随时关注中隔壁下的地基稳定情况;

(4)加强施工中的监控量测工作,及时反馈信息,以调整支护参数,确定拆除临时支护的时间;

(5)临时支护拆除应在全部开挖和初期支护完成并形成全断面环形封闭,且围岩变形收敛后进行,每次拆除长度不应大于6m,并立即施作仰拱;

(6)为了保证拆除中隔壁时的安全,可先施作仰拱,然后拆除中隔壁,中隔壁留在仰拱中需做好防水工作;

(7)对已成型的支护结构进行定期检查,发现支护变异或损坏时立即修整加固;

(8)对拱顶下沉和地面沉降进行监测,分析数据,发现问题及时处理。

3.3.4 双侧壁导坑法

1）工法简介

双侧壁导坑法又称为双侧壁导洞法或眼镜工法，是利用两个中隔壁把整个隧道大断面分成左、中、右3个小断面施工，左、右导洞先行，中间断面紧跟其后；初期支护仰拱成环后，拆除两侧导洞临时支撑，形成全断面。

双侧壁导坑法的优点：现场实测表明，双侧壁导坑法引起的地表沉降仅为短台阶法的1/2。双侧壁导坑法虽然开挖断面分块多，扰动大，初期支护全断面闭合的时间长，但每个分块都是在开挖后立即各自闭合的，所以在施工期间变形几乎不发展。

双侧壁导坑法的缺点：施工速度较慢，成本高。

2）工法适用性

双侧壁导坑法适用于地层较差的浅埋大断面地铁区间隧道施工，双侧壁导坑法施工如图4-3-13所示。

a)双侧壁导坑法开挖斜井　　　　　　　　　　b)双侧壁导坑法开挖车站

图4-3-13　双侧壁导坑法施工

3）施工工序流程

双侧壁导坑法施工工序见表4-3-8，施工流程如图4-3-14所示。

双侧壁导坑法施工工序　　　　　　表4-3-8

序号	图　示	施工步骤及技术措施
1		(1)施作超前小导管，注浆加固地层； (2)台阶法开挖导洞1与导洞2土体，导洞2滞后导洞1约3m，施作初期支护和临时支撑，并打设锁脚锚杆
2		(1)施作超前小导管，注浆加固地层； (2)台阶法开挖导洞3与导洞4土体，导洞4滞后导洞3约3m，施作初期支护和临时支撑

续上表

序号	图 示	施工步骤及技术措施
3	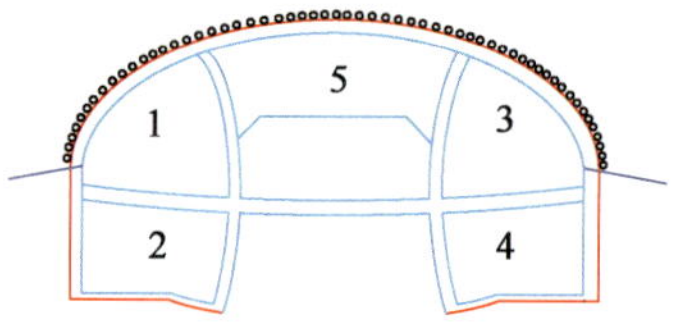	(1)施作超前小导管,注浆加固地层; (2)台阶法开挖导洞5土体,施作初期支护和临时支撑
4	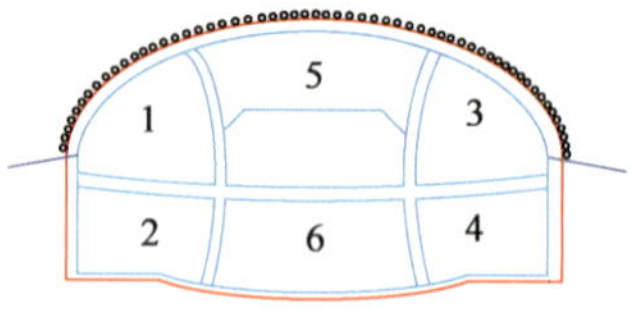	滞后导洞5约3m开挖导洞6土体,施作初期支护
5	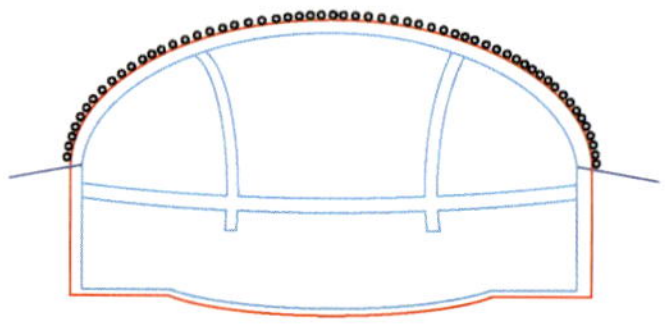	(1)分段拆除下部临时支撑; (2)基面处理; (3)铺设仰拱防水板; (4)施作混凝土保护层
6	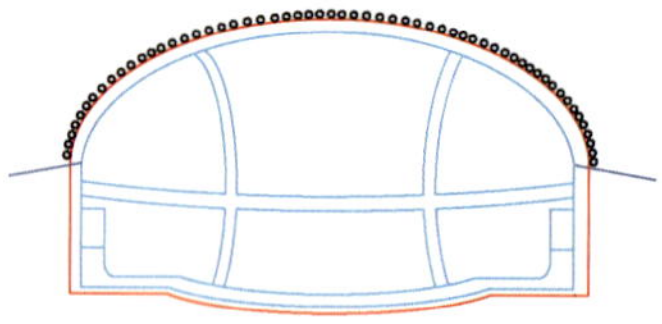	(1)施作仰拱二次衬砌; (2)接长竖向支撑; (3)长边墙防水板; (4)施作下部侧墙二次衬砌
7	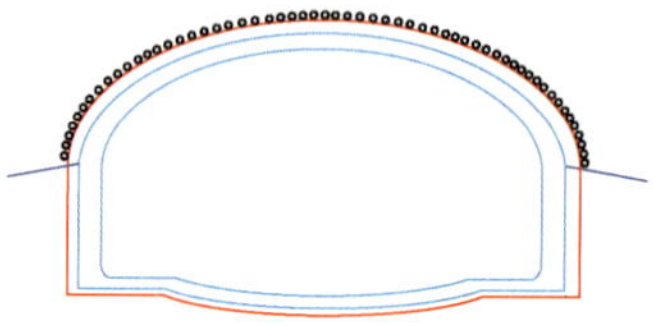	(1)分段拆除上部临时支撑; (2)基面处理; (3)接长边墙及拱部防水板; (4)施作上部二次衬砌,完成结构施工

4)施工控制要点

(1)开挖循环进尺应根据拱架间距,各分部开挖宽度、高度和面积,隧道埋深等情况确定。

(2)侧壁导坑形状宜接近于椭圆形断面,导坑断面宽度宜为整个断面宽度的1/3。

(3)侧壁导坑、中槽部位宜采用短台阶法开挖,各部距离应根据隧道埋深、断面大小、结构类型等选取。各部开挖后应及时施作初期支护及临时支护,并尽早封闭成环。

(4)两侧壁导坑应超前中槽部位10~15m,可独立同步开挖和支护;中槽部位采用台阶法开挖,并保持平行作业。

(5)中槽开挖后,拱部钢架与两侧壁钢架的连接是难点,在两侧壁导坑施工中,钢架的位置应准确定位,确保各部架设钢架连接后在同一个垂直面内,避免钢架发生扭曲。

(6)根据监控量测信息,初期支护稳定后拆除临时支护,一次拆除长度不得大于15m,并加强监测。

(7)临时支护拆除完成后,应及时施作仰拱及二次衬砌。

5）施工注意事项

（1）工序变化处的钢架（或临时钢架）应设锁脚锚管，且必须对锁脚锚管注浆，以确保钢架基础稳定；

（2）检查钢架（或临时钢架）落脚是否落实，如不落实将影响拱架稳定和下沉；

（3）各个洞室开挖后应及时施作初期支护及临时支护，并尽早封闭成环，特别注意检查初期支护和临时支护接头位置的连接及临时仰拱的设置；

（4）格栅钢架上下单元应按照要求连接牢固，螺栓连接到位，严禁不连接或采用插钢筋的方式连接；

（5）临时钢架的拆除应待洞身主体结构初期支护施工完毕并稳定后方可进行；

（6）对已成型的支护结构进行定期检查，发现支护变异或损坏时立即修整加固；

（7）对拱顶下沉和地面沉降进行监测，分析数据，发现问题及时处理。

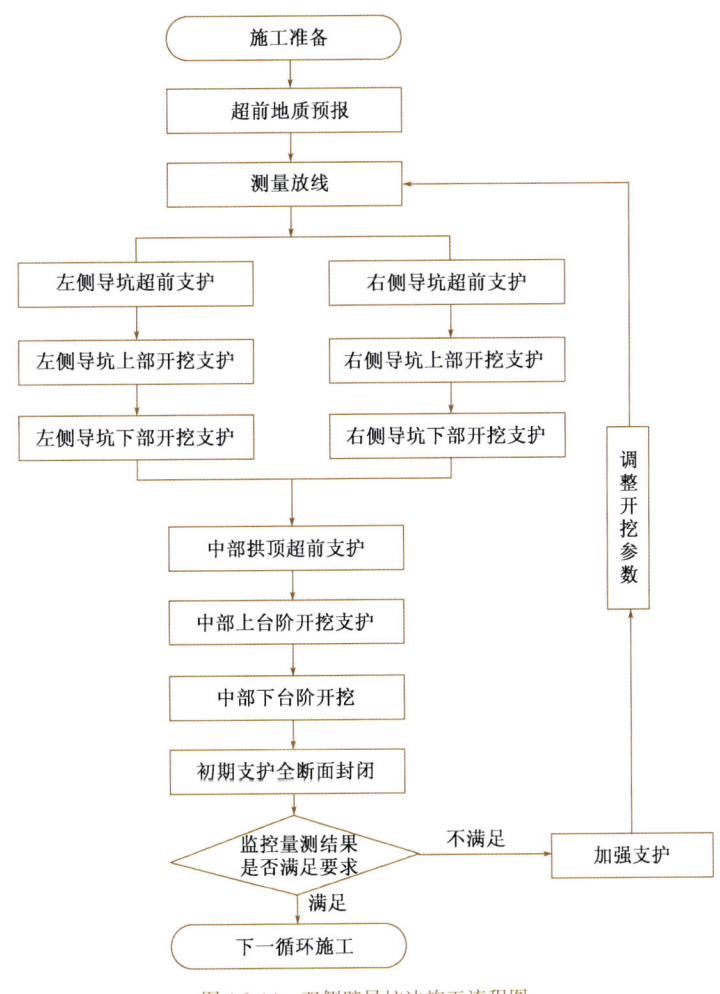

图 4-3-14　双侧壁导坑法施工流程图

3.3.5　中洞法

1）工法简介

中洞法是先开挖中间部分（中洞），在中洞内施作梁、柱结构，再开挖两侧部分（侧洞），并逐渐将侧洞顶部荷载通过中洞初期支护转移到梁、柱结构上的施工方法。中洞法施工示意图如图 4-3-15 所示。

2）工法适用性

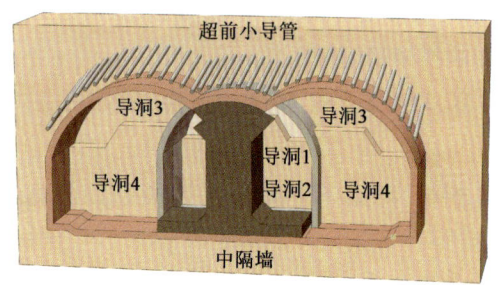

图 4-3-15 中洞法施工示意图

中洞法主要适用于对沉降控制要求较高、地层条件较差、无水作业环境下需将大断面减跨时的暗挖施工中,由于中洞的跨度较大,一般采用 CD 法、CRD 法或双侧壁导坑法进行施工。中洞法适用于单、双层中大跨度地下工程施工。

3）施工工序

中洞法施工工序见表 4-3-9。

中洞法施工工序　　　　表 4-3-9

序号	图示	施工步骤及技术措施
1		(1) 施工中洞拱部超前小导管,预注浆加固地层; (2) 开挖 1 号导洞,施作初期支护和临时支撑,打设锁脚锚管
2		开挖 2 号导洞,并施作中洞边墙及底部初期支护,封闭成环
3		(1) 分段拆除临时横撑; (2) 基面处理; (3) 施作中隔墙顶底面防水层及中隔墙二次衬砌
4		中隔墙施作完成后,原拆撑位置恢复临时横撑
5		(1) 施作两侧洞拱部超前小导管,预注浆加固地层; (2) 开挖拱部土体,施作侧洞初期支护和临时支撑

续上表

序号	图示	施工步骤及技术措施
6	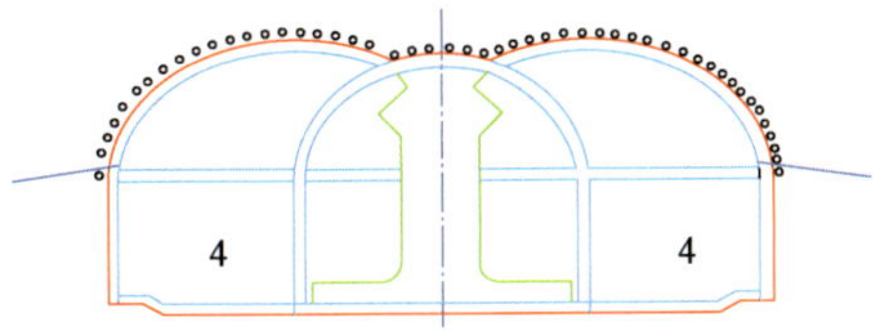	开挖4部土体,施作侧洞边墙及仰拱临时支护
7	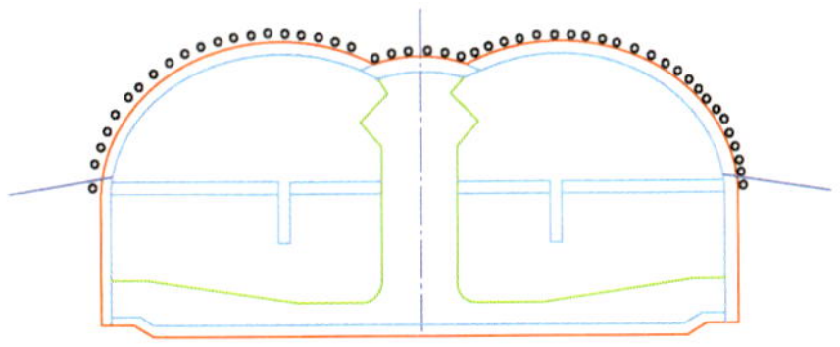	(1)分段拆除中洞下部侧墙初期支护钢架; (2)基面处理; (3)敷设仰拱防水板,铺设保护层; (4)施作仰拱二次衬砌
8	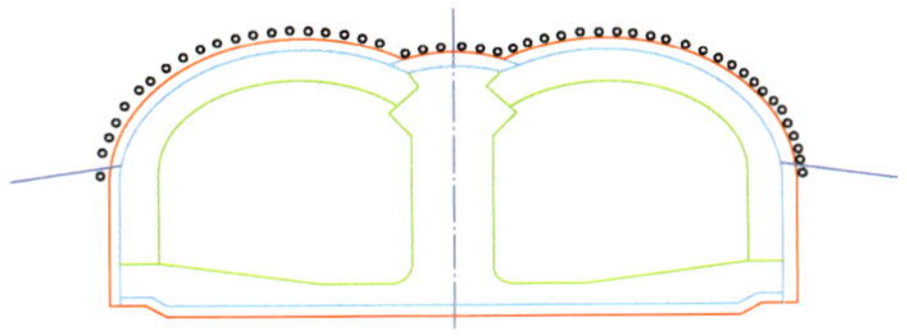	(1)拆除中洞侧墙剩余初期支护; (2)基面处理; (3)铺设边墙、拱部防水板; (4)对称施作侧洞边墙及拱部二次衬砌

4)施工控制要点

(1)中导洞衬砌施作完后,应尽快施作中隔墙;
(2)正洞开挖循环进尺与设计钢架间距相同;
(3)工序变化处的钢架应架设锁脚锚管,以确保钢架基础稳定;
(4)钢架之间纵向连接钢筋应按要求设置,及时施作并连接牢固;
(5)右洞开挖应滞后于左洞,距离不宜小于6m;
(6)临时钢架的拆除应等待洞身主体结构初期支护施工完毕并稳定后,方可进行。

5)施工注意事项

(1)中洞及侧洞开挖按短台阶步距控制,侧洞开挖应在对应位置中洞二次衬砌施工完成并达到设计强度后进行;左右两侧洞应对称开挖。
(2)先行施工的中洞临时钢支撑均应有向外(下)鼓的弧度。
(3)侧洞开挖之前应在两道顶纵梁之间拉压杆,以保证结构稳定。
(4)中洞拱部及仰拱钢架安装时要加强监测,确保与侧洞钢架连接后在同一个垂直面内,避免钢架扭曲变形。
(5)钢管柱一般分段吊装,施工中要加强监测,确保钢管柱定位准确、垂直度符合要求。
(6)对已成型支护进行定期检查,发现变异或损坏应立即修整加固。
(7)对拱顶下沉和地面沉降进行监测分析,发现问题及时处理。

3.3.6 洞桩法

1)工法简介

洞桩法(PBA法)是将明挖框架结构施工方法与暗挖法进行有机结合,即地面不具备施工基坑围护结构条件时,在地下先行暗挖的导洞内施作围护边桩、桩顶纵梁,使围护桩、桩顶纵梁、顶拱共同构成桩(Pile)—梁(Beam)—拱(Arc)支撑框架体系,承受施工过程的外部荷载;然后在顶拱和边桩的保护下,逐层向下开挖(必要时设预加力横向支撑),施工内部结构,最终形成由外层边桩及顶拱初期支护和内层二次衬砌组合而成的永久承载体系。

洞桩法的优点:

(1)在非强透水地层中,将含水地层的施工变为无水、少水施工,避免因长期大量降水引起的地表沉降增大,有利于保护地下水资源和降低施工措施费;

(2)用桩作支护较为稳妥、安全,也利于控制地层沉降,避免中洞法、CD 法、CRD 法、双侧壁导坑法多次开挖引起地面沉降过大以及对初期支护的刚度弱化等问题;

(3)与 CRD 法、双侧壁导坑法等相比,拆除临时工程量相对较少,结构受力条件也好,相对经济合理;

(4)对结构层数限制少,对保护暗挖结构附近的地下构筑物和周边建筑物的安全有利;

(5)在桩、梁、拱承载体系形成后,有较大的施工空间,便于机械化作业,从而加快进度;

(6)在水位线以上的地层开挖的导洞内施工孔桩,利用其"排桩效应"对两侧土体起到支挡作用,可减少因流沙、地下水带来的施工安全隐患。

洞桩法的缺点:

(1)施工工艺复杂,施工难度大(特别是洞内进行钻孔灌注桩施工,难度较大,泥浆排出比较困难),结构力系转换频繁,给设计和施工均增加了难度,容易引起二次或多次沉降,且增加施工工期;

(2)洞桩法因需在两侧施作灌注桩而提高了造价,且需在狭窄的导洞内完成一系列的钢筋、立模、浇筑、吊装等操作,作业环境较差;

(3)扣拱时由于跨度较大,各个工序的衔接不当会增加塌方的危险,安全性稍差;

(4)拆除的临时结构体量大;

(5)结构施工缝较多,防水及施工缝处理要求高,处理不当易形成渗漏。

2)工法适用性

洞桩法施工适用于地面交通难以导改、周边建筑物和管线密集、拆改移代价大、受环境条件限制无法进行明挖施工的地下结构工程,一般在地层条件较好、无水时使用。洞桩法施工如图 4-3-16 所示。

图 4-3-16 洞桩法施工

3)施工工序流程

洞柱法施工根据设计有二导洞、四导洞、六导洞、八导洞等方案。其中,二导洞方案多见于分离岛式暗挖车站施工,四导洞、六导洞方案多见于单柱双跨标准暗挖车站或双柱双跨标准暗挖车站施工,八导洞方案多见于双柱双跨标准暗挖车站施工。

洞桩法施工工序见表 4-3-10,施工流程如图 4-3-17 所示。

洞桩法施工工序　　　　　　　　　　　　　　　　　　　　　表 4-3-10

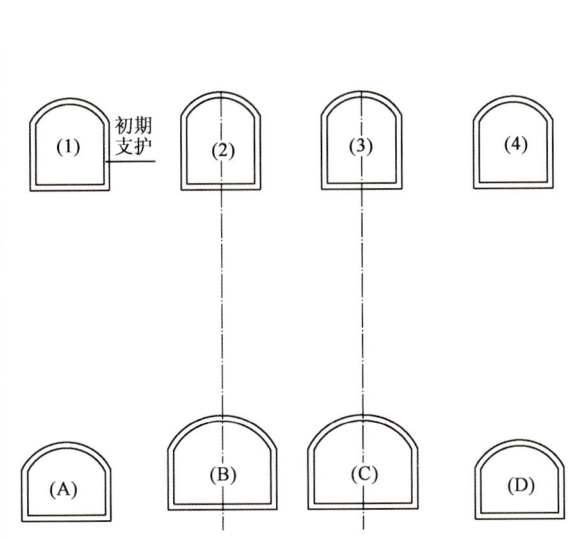

第 1 步：施工导洞拱部超前小导管，并注浆加固地层，台阶法开挖导洞并施工初期支护（台阶长度不大于 3m），开挖导洞时，先开挖下导洞后开挖上导洞，先开挖边导洞后开挖中间导洞

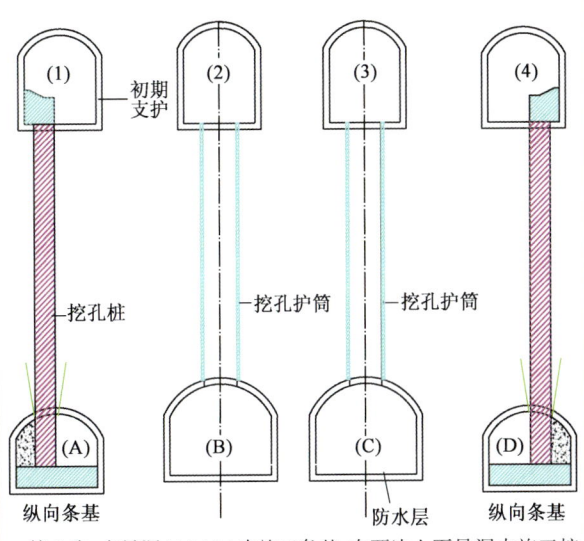

第 2 步：在导洞(A)(D)内施工条基，在两边上下导洞内施工挖孔桩及桩顶冠梁[挖孔桩须跳孔施工，隔 3 挖 1，导洞(A)(D)拱部开孔时仅凿除初期支护混凝土，格栅钢筋不切断]，并在中间导洞内施工上下导洞间钢管混凝土柱挖孔护筒。挖孔前在下导洞需要开挖孔的四周打设小导管，进行孔周预注浆加固土层

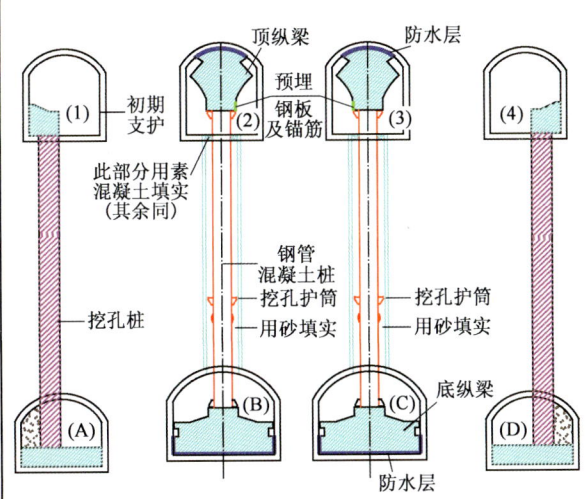

第 3 步：在下导洞(B)(C)内施工底纵梁防水层及底纵梁后，施工钢管混凝土柱（柱挖孔护筒与钢管混凝土柱间空隙用砂填实），然后在导洞(2)(3)内施工顶纵梁防水层及顶纵梁，并在顶纵梁中预埋钢支撑的钢板及锚筋

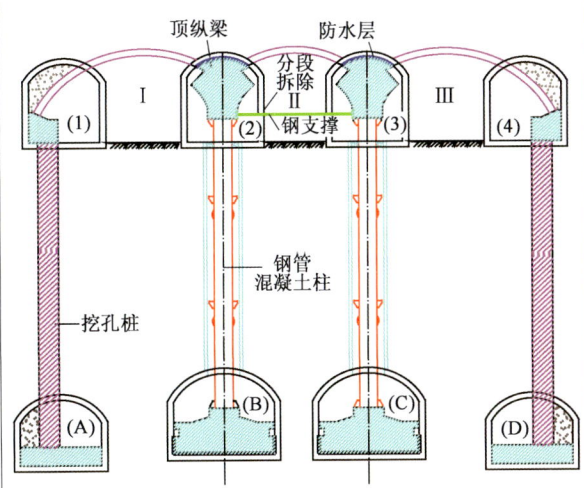

第 4 步：施工洞室 Ⅰ、Ⅱ 及 Ⅲ 拱顶超前小导管或深孔注浆（污水管线位置），并注浆加固地层。台阶法开挖导洞 Ⅰ、Ⅱ、Ⅲ 土体（导洞 Ⅰ、Ⅲ 先行，与 Ⅱ 导洞前后错开不小于 6m，且导洞 Ⅰ、Ⅲ 同步向前开挖，施工过程中不得拆除导洞中隔壁），施工顶拱初期支护，开挖步距同格栅间距

续上表

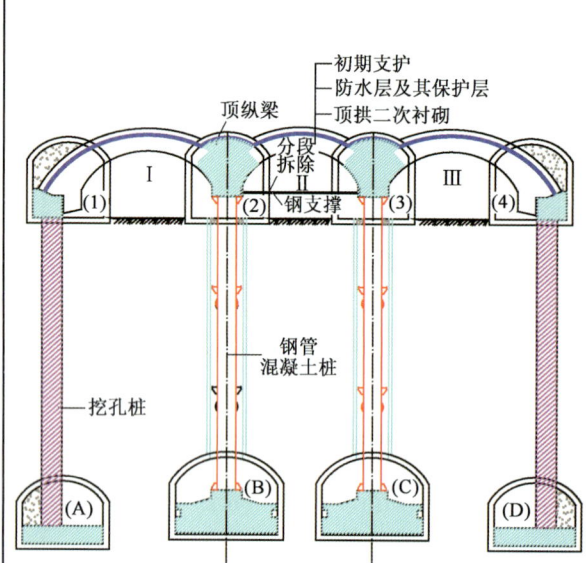

第5步:导洞Ⅰ、Ⅱ及Ⅲ贯通后,由车站端头向横通道方向后退,沿车站纵向分段(每段不大于一个柱跨,并及时施工钢支撑。施工过程中加强监控量测),凿除小导洞(1)(2)(3)(4)部分初期支护结构,施工顶拱防水层及结构二次衬砌

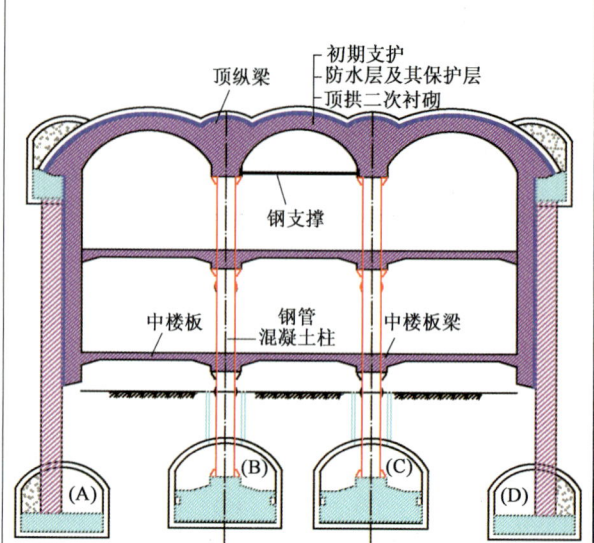

第6步:逐层开挖土体至中楼板下0.5m处(边开挖边施工桩间网喷混凝土及切割掉挖孔护筒),分段顶拱二次衬砌施工完成后,沿车站纵向分为若干个施工段(不大于两个柱跨),在每个施工段分段施工中楼板梁及中楼板,并施工侧墙防水层、保护层及侧墙

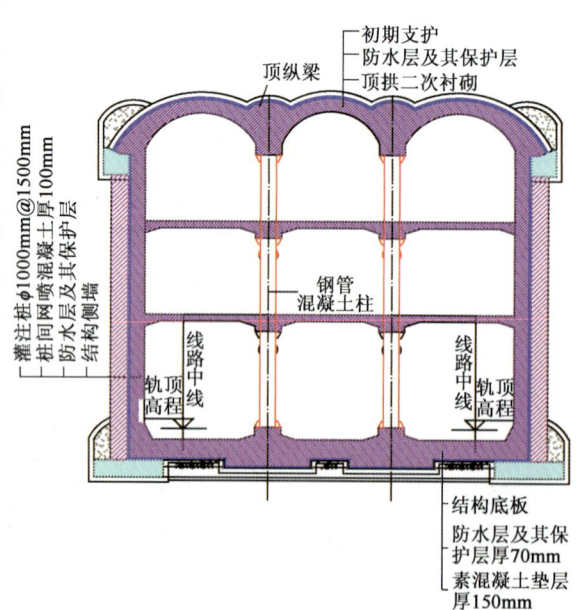

第7步:沿车站纵向分为若干个施工段(不大于两个柱跨),在每个施工段分层开挖土体至基底(边开挖边施工桩间网喷混凝土),施工底板防水层及底板,然后施工侧墙防水层及侧墙,完成车站主体结构施工

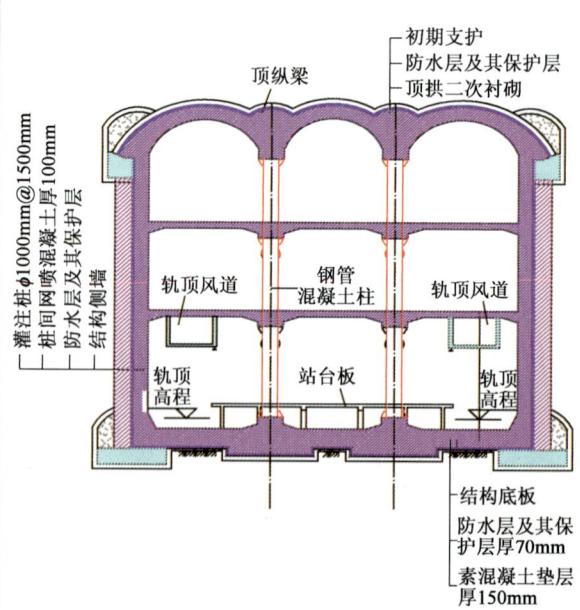

第8步:施工车站结构内部构件,拆除钢支撑,完成车站结构施工

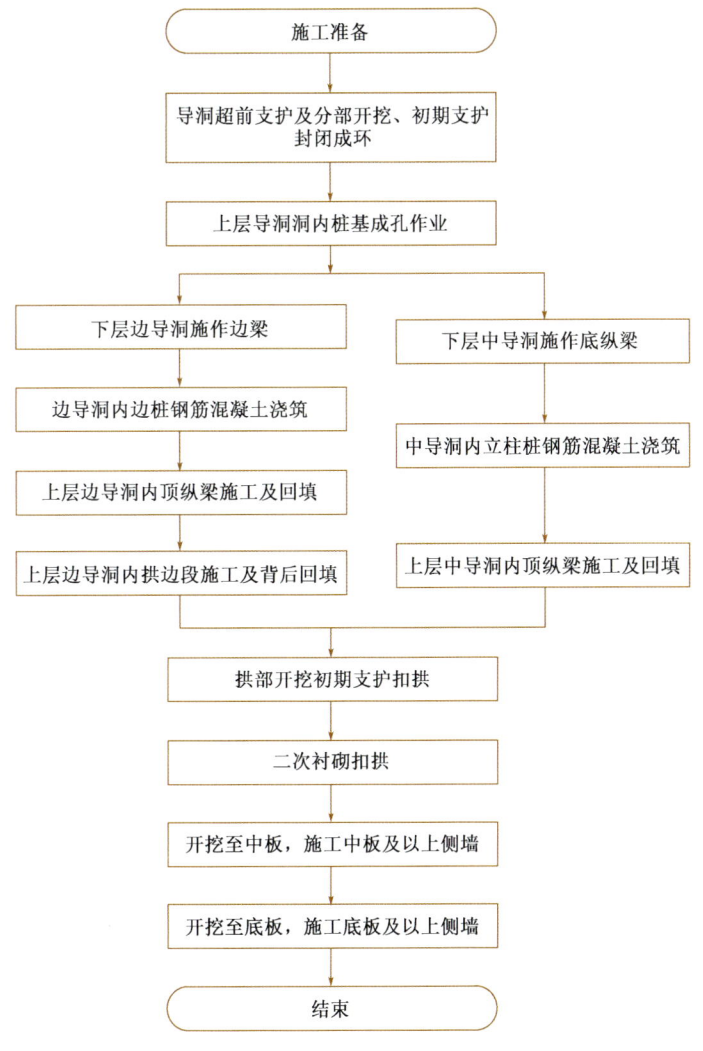

图 4-3-17　地铁车站洞桩法施工流程图

4）施工控制要点

洞桩法施工控制要点见表 4-3-11。

洞桩法施工控制要点　　　　表 4-3-11

序号	工　序	施工控制要点
1	导洞施工	（1）确定合理的开挖顺序，先施作靠近建筑物侧导洞，超前另一侧导洞不小于 2.5 倍洞宽； （2）坚持先护后挖的原则，加强初期支护，尽早封闭成环，控制导洞的沉降和变形； （3）根据监控量测反馈信息调整支护参数和施工方法，以此作为安全保证的主要手段
2	孔桩施工	（1）由于导洞空间狭小，根据洞内作业空间和地质情况定制或改进钻机，提高成孔效率和质量。一般选用的改型钻机有 GSD-50 改型大口径液压钻机（8~14h 成孔，ϕ800mm）、XQZ-100 型泵吸反循环机械钻机（36~60h 成孔，ϕ800mm）、GPS-Ⅱ型泵吸反循环机械钻机（36~48h 成孔，ϕ1000mm）。 （2）为防止孔桩侵入主体结构断面，边桩需要有一定的外放距离，虽然规范要求桩的垂直度误差为 1%，但在实施时边桩外放距离按 3% 考虑为宜。 （3）确定合理的钻桩顺序，做好水下混凝土施工。由于桩间距小，为防止对邻近已成孔的扰动，采用改型钻机由内向外的顺序跳孔（如跳 3 钻 1）施工钻桩。钢筋笼分节吊装，现场连接。针对拆除钻杆与吊装钢筋笼的时间长，易造成坍孔、沉渣厚度控制难的问题，采用泵吸清孔和压举翻起沉渣的方法进行处理。加强对各操作环节的协调指挥，避免因泵送距离长造成堵管。 （4）导洞内钻孔场地狭窄，布置时分区域分段纵向布置钻机设备、泥浆箱、管路及道路，可采用砖墙把钻桩作业区和道路运输分开。成孔后和混凝土灌注后应及时清除积水、浮浆和剩余混凝土，确保高效施工和文明施工

续上表

序号	工 序	施工控制要点
3	导洞内钻孔灌注桩施工	(1)视导洞的空间大小和地层条件情况改进或定制钻机,提高成孔效率和质量。 (2)钻孔灌注桩的施工顺序为隔3钻1,循环进行;分节吊装钢筋笼,用丝扣套筒现场连接;配置合适比例的泥浆确保护壁效果,采用反循环泵吸清孔方式减少沉渣厚度。 (3)因导洞内空间狭窄,故应合理布置钻机设备、管路、泥浆池及施工通道,钻孔灌注桩施工完成后应及时清除积水、浮浆和剩余混凝土,确保高效施工和文明施工
4	主拱施工	(1)遵循"管超前、严注浆、短开挖、强支护、快封闭、勤量测"及"先护后挖,及时支撑"的原则,少分部开挖、快封闭、早成环。 (2)做好超前地质预报,打设超前水平探孔,探明前方的水文地质情况。 (3)坚持信息化施工,根据信息反馈调整支护参数。 (4)拆除临时支撑时,对相应部位加强监控量测
5	交叉口施工	(1)交叉口采用组合拱梁结构,钢筋混凝土拱脚支承在纵梁上,水平梁连接初期支护钢架并分配荷载;主拱开挖设置侧向开口加强环与临时竖撑,侧向开口加强环拱脚支承在纵梁上。 (2)侧向开口采用加固措施,环向破除混凝土设置开口加强环,主拱开挖时设置临时竖撑,置于导洞壁上,主拱开挖支护10~20m后施工交叉口组合拱梁;圈梁站厅层成环后破除立体交叉拱梁侵入二次衬砌断面部分,拆除临时竖撑,开挖核心土,施作通道二次衬砌。 (3)早开挖联络通道,在左、右线间创造平行作业条件,以便加快施工进度
6	防水混凝土浇筑	(1)防水层质量取决于防水卷材质量、焊接工艺、铺设工艺,应对防水卷材进行仔细的材质检查验收,防水卷材色泽应一致,厚度一致,平铺无明显隆起、无皱折。 (2)防水层焊缝严禁虚焊、漏焊,采用充气法试验检查,充气至0.25MPa,保持该压力5min不变。 (3)环向铺设防水卷材时,防水卷材的搭接宽度长边不少于100mm,短边不少于150mm,相邻两幅接缝要错开,并错于结构转角处不少于60mm。 (4)沿隧道纵向的防水层铺设超前二次衬砌至少4m,以满足防水层施工空间,确保接长质量。 (5)二次衬砌钢筋绑扎、焊接后,检查防水板是否有刺穿的地方,若有破损则及时补焊。 (6)在受剪力较小且便于施工的位置设置施工缝,以便于边墙混凝土的施工;逆作施工缝留成台阶形式或斜缝。 (7)预埋回填注浆管、遇水膨胀嵌缝胶和止水条,以确保施工缝的防水效果
7	钢管柱的定位与固定	(1)钢管柱的定位采用全站仪整体测设方法。中导洞内桩为钻孔桩时,钢管柱底部定位宜采用安装自动定位器法。 (2)对钢管柱结构合理分节,在满足导洞内运输和吊装、保证吊装设备吊重限制的前提下分节最少。 (3)底纵梁上预埋的钢管柱底部法兰的高程和中心要严格测量和控制,在浇筑底纵梁混凝土前应固定牢固。底部法兰预埋螺栓宜采用定位钢圈(双法兰)精确固定,以利于钢管柱与预埋法兰连接,避免出现割除螺栓的现象,影响钢管柱的安装质量。 (4)钢管柱安装完毕后要在挖孔桩内用型钢进行初步固定,然后回填砂并间隔回填混凝土,保证回填的密实,防止钢管柱浇筑混凝土和后续的顶纵梁、扣拱施工中桩顶发生位移。 (5)在初期支护和二次衬砌扣拱施工过程中,要注意左右对称施工,防止偏压过大造成钢管桩和顶纵梁位移

5)施工注意事项

(1)为了扩大洞桩法的适用范围,可采用降水井降低地下水位,优化对地层预加固或预支护的辅助工法。

(2)为降低导洞开挖产生的群洞效应的影响,需要合理设置各个导洞的开挖顺序,加强初期支护结构的设置。支护结构应及时封闭成完整的环状结构,以有效减小导洞的沉降和变形。

(3)加强初期支护并尽早封闭,以利安全;缩短循环作业时间,加强注浆。

(4)加强拱脚处理,它是结构开挖支护过程中重要的环节之一,直接影响地表和拱顶部位的沉降及结构稳定。

(5) 对已成型的支护结构进行定期检查,发现支护变异或损坏时立即修整加固。

(6) 对拱顶下沉和地面沉降进行监测,分析数据,发现问题及时处理。

3.3.7 拱盖法

1) 工法简介

拱盖法是在明挖法、盖挖法和洞桩法(PBA法)的基础上创建的一种暗挖施工方法。该方法的核心思想是充分利用下伏围岩的承载能力和稳定性,在不爆破或弱爆破的条件下,采用PBA法的小导洞形式进行初期支护扣拱施工,同时采用大拱脚方案取代PBA工法中的边桩或边柱,将拱部初期支护与二次衬砌结构支撑在两侧稳定的基岩上,形成拱盖;在拱盖的保护下,进行地下盖挖逆作或顺作施工。

拱盖法的优点:

(1) 导洞少,工序少,爆破次数少,扰动次数少;

(2) 支护简单,初期支护拆除少,废弃工程量小;

(3) 导洞与导洞间的连接点少,支护体系有保证;

(4) 拱盖形成后,即可大面积作业,效率高,工期相对缩短;

(5) 车站边墙施工锚杆,无临时支撑,可保证施工安全。

拱盖法的缺点:

(1) 对围岩强度要求高;

(2) 冠梁下侧墙部位的爆破难以控制。

2) 工法适用性

拱盖法一般用于上软下硬的风化岩石地层或围岩等级在Ⅳ级以上、围岩条件较好而又不允许采用盖挖法或明挖施工的地铁车站。

3) 施工工序

根据初期支护扣拱后拱盖二次衬砌、中板、底板施工顺序的不同,拱盖法分为全顺作法、全逆作法、半逆作半顺作法三类,各方法施工工序及对比见表4-3-12、表4-3-13。

拱盖法施工工序　　表4-3-12

施工步骤	施工方法		
	全顺作法	全逆作法	半逆作半顺作法
1		施作导洞拱部超前小导管并预注浆液,开挖主体1、2号导洞并施工初期支护,两导洞前后错开不小于5m	
2		主体导洞外侧打设砂浆锚杆及锁脚锚杆,加固大拱脚处围岩;待导洞贯通后,施作左右大冠梁	

续上表

施工步骤	施工方法		
	全顺作法	全逆作法	半逆作半顺作法
3	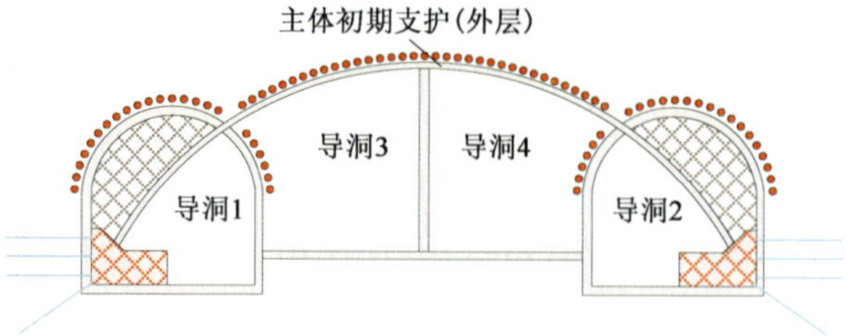 开挖3、4号导洞,并施作拱部第一层初期支护,用素混凝土回填主体1、2号导洞空余部位		
4	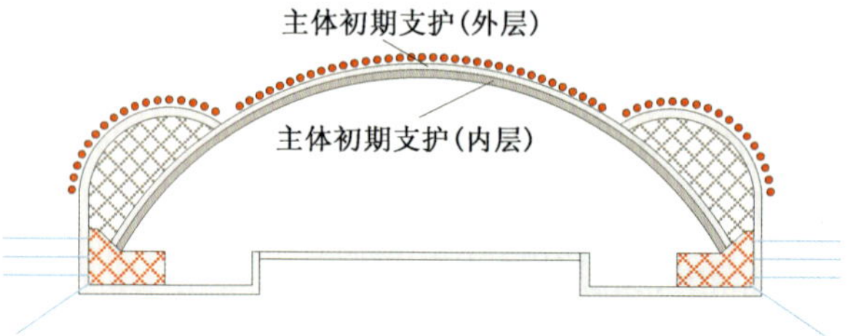 施作拱部第二层初期支护,每施工两榀内层初期支护,拆除主体1、2号导洞部分初期支护结构及临时支护		
5	 在初期支护拱盖下,向下分层开挖,并施作初期支护结构,同时依次打入砂浆锚杆以及预应力锚索,直至开挖至洞底高程后,施工底板垫层	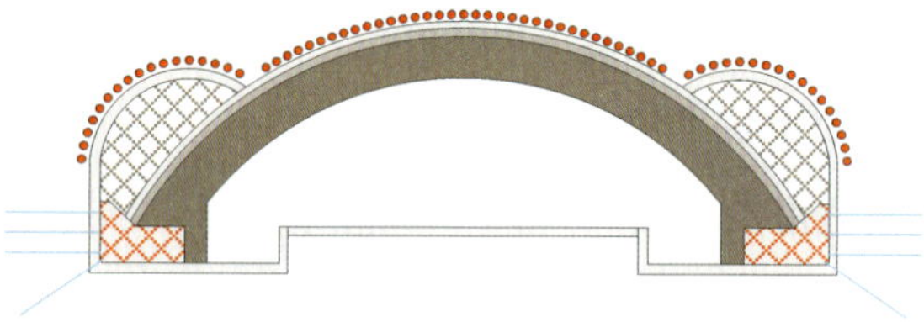 施作拱顶防水层、二次衬砌	
6	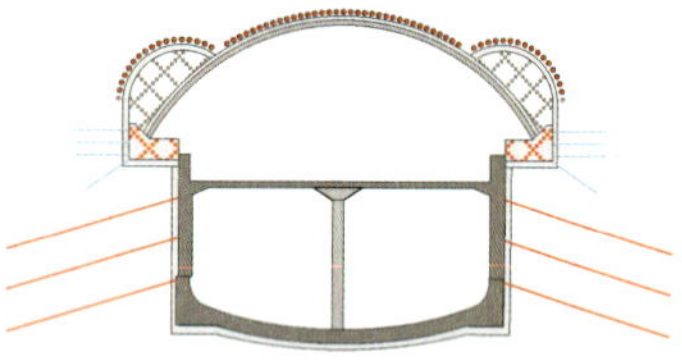 切除最下方一道预应力锚索锚头,施作车站底板及下部侧墙防水层、二次衬砌;施作中板及中柱	 开挖至中板以下,分段施作中板及上部侧墙防水层、二次衬砌	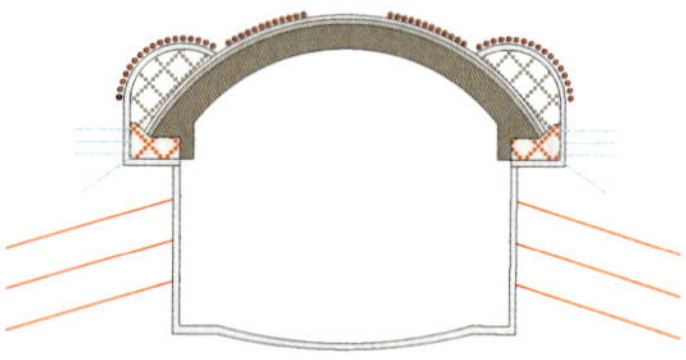 在二次衬砌拱盖下,进行分层开挖,并施作初期支护结构,同时依次打入砂浆锚杆以及预应力锚索,直至开挖至洞底高程后,施工底板垫层
7	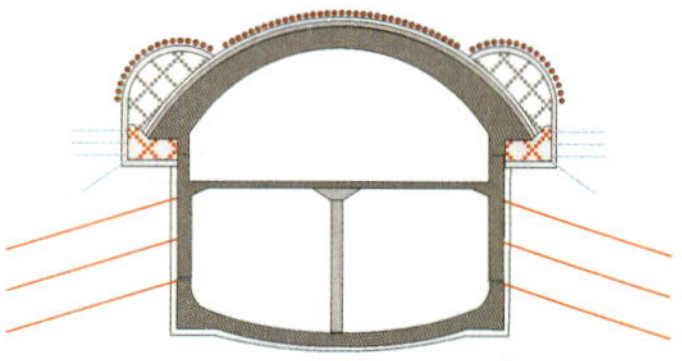 分段施作拱顶二次衬砌混凝土结构,完成车站主体施工;在施作拱顶二次衬砌混凝土时应保留中板支架,以加强中板的承载力	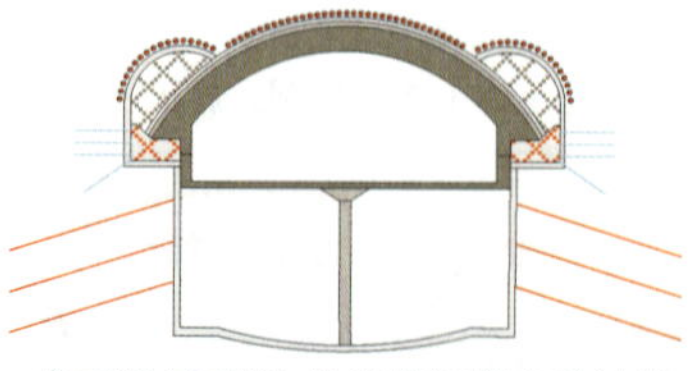 向下分层开挖,并施作初期支护结构,同时依次打入砂浆锚杆以及预应力锚索,直至开挖至洞底高程	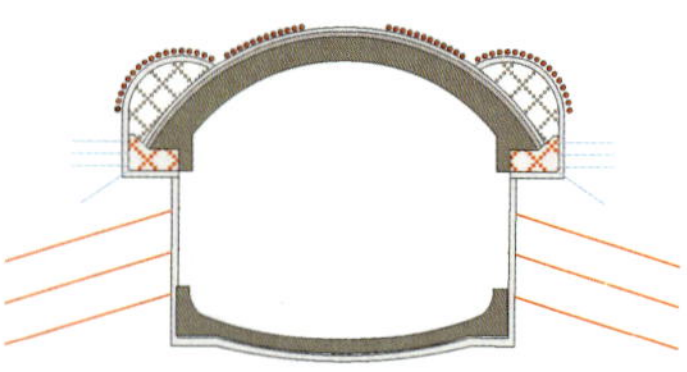 切除最下方一道预应力锚索锚头,施作底板防水层、二次衬砌混凝土

续上表

施工步骤	施工方法		
	全顺作法	全逆作法	半逆作半顺作法
8	—	施作侧墙防水层、二次衬砌，封闭二次衬砌，完成车站施工	施作侧墙防水层、二次衬砌，分段施作中板、立柱，闭合二次衬砌，完成车站施工

不同拱盖法施作对比　　　　　　　　　　　　　　　表 4-3-13

序号	特征	全顺作法	全逆作法	半逆作半顺作法
1	安全性	低	高	一般
2	质量	好	一般	较好
3	进度	快	慢	较快
4	优缺点	优点：施工进度快，流水作业，施工质量容易得到保证。缺点：①初期支护设计承受大跨车站结构拱部荷载，风险较大；②初期支护厚度过大，不利于及早封闭；③增设大管棚提前预加固拱部地层，经济性较差；④面临二次衬砌扣拱后产生的高边墙围岩稳定和钢管柱压杆稳定问题	优点：安全可靠，不需要额外采取技术措施。缺点：①爆破施工对中板结构保护不利；②结构逆向水平接缝过多，对结构防水不利；③中板未完成之前，不能开挖下部土体，整体不能形成流水作业，施工进度慢	优点：在二次衬砌拱盖的保护下进行洞内土石方开挖与结构施工，隧道拱部的安全稳定可得到保证。缺点：①不作中板，产生了高边墙围岩的稳定问题；②存在钢管柱的双向稳定问题

4）施工控制要点

拱盖法施工控制要点见表 4-3-14。

拱盖法施工控制要点　　　　　　　　　　　　　　　表 4-3-14

序号	工序	施工控制要点
1	大拱脚施工	(1) 待左右导洞具备施作拱脚梁的条件时，打设托梁锚杆，清理基底，浇筑混凝土垫层（C25 混凝土），绑扎拱脚梁钢筋，安装冠梁模板，浇筑 C30 混凝土； (2) 打设 2～3 根砂浆锚杆加固拱脚梁，环纵向间距 1m，梅花形布置，浆液采用为 1:1 水泥浆，注浆终压为 0.3～0.5MPa； (3) 对于局部存在的地下水侵蚀造成岩石强度降低或风化破碎严重、地基承载力不足的情况，可对拱脚处围岩进行注浆加固，或者将导洞底板开挖至中风化岩层面，超挖部分回填混凝土补强地基
2	初期支护及二次衬砌扣拱施工	(1) 施工左右导洞内的拱部初期支护并在初期支护背后回填混凝土，然后施工两导洞之间的拱顶初期支护以及竖向临时初期支护。 (2) 初期支护扣拱施工时，必须保证四段钢格栅和冠梁上预埋钢板在同一横断面上，以确保各段格栅能准确连接受力。考虑到施工误差，冠梁上的预埋钢板宜通长布置，不宜分块。 (3) 左右导洞内拱部格栅背后回填混凝土应分段浇筑，并预留注浆钢管，在回填结束后注浆填实，以免出现空洞。 (4) 在初期支护及扣拱施工完成后，从车站中间向两端分段拆除两侧小导洞部分初期支护和临时竖向初期支护，铺设防水层并跟进施工二次衬砌大拱。 (5) 每次拆除格栅长度不大于一个柱跨（两侧同时进行）；衬砌模板宜采用自行式液压模板台车，浇筑时应振捣密实，规范养护，以确保混凝土质量。 (6) 当拱顶以上围岩软弱（中风化岩层较薄）或者拱脚位置围岩较软（如泥岩或砂质泥岩）时，双层初期支护结构设计应加强，应扩大拱脚，并沿纵向设置纵梁，梁下须按照一定间距设置边墙或肋柱；为减小支座横移，须在拱脚位置横向设置对拉杆

续上表

序号	工 序	施工控制要点
3	防水施工	(1)施工缝、变形缝、预埋件等接缝防水以及二次衬砌混凝土自防水应严格按照设计要求施工； (2)在防水薄弱点采取加强措施，如二次衬砌大拱脚处应将混凝土锐角做成圆弧过渡，并加钢板防护
4	高边墙支护	(1)在距离高边墙一定深度范围内采用预裂爆破或非爆破方法开挖，以减少对大冠梁下方基岩的扰动，保证其完整性； (2)侧墙采用钢格栅+网喷混凝土+砂浆锚杆初期支护体系； (3)在岩层顺层侧设置预应力锚索，纵向间距根据设计设置，以避免岩层顺坡滑移破裂； (4)及时施作闭合二次衬砌结构，减少高边墙外露受力时间

5）施工注意事项

(1)若隧道所处围岩地质条件差，则应通过注浆手段提高大拱脚处围岩的整体性与承载能力；

(2)加强初期支护(拱盖)与第一层初期支护的共同受力，在施工下断面期间承担所有的外部荷载，严格控制拱盖施工质量；

(3)下断面边墙开挖时，需严格控制爆破施工对大拱脚处基岩的扰动；

(4)由于拱盖法下部开挖及二次衬砌施工均需在双层叠合初期支护的掩护下施工，若拱脚失稳，应急抢险难度大，因此施工中应进行大拱脚内移、拱盖下沉的监测，及时预警，并做好应急预案；

(5)爆破开挖时采用控制爆破技术，以尽可能减轻对围岩的扰动，充分利用围岩自有强度维持岩体的稳定性，有效控制地表沉降，控制围岩的超欠挖，达到良好的轮廓成型；

(6)车站主体土方分层开挖时严格控制冠梁下侧墙岩层变形，在侧墙部位应采用松动爆破进行施工，确保冠梁下侧墙岩体的完整性。

第 4 章 施工作业

地铁矿山法隧道施工在选择好合理的工法后,需要选择相匹配的施工作业方法与流程。本章以施工基本流程为导向,以施工经验与施工案例为基础,介绍了开挖作业、出渣作业、支护作业、超前支护与加固、二次衬砌施工、地下水处理的基本方法、施工流程与注意事项,并分析了特殊部位与特殊地层的开挖作业要点,以期为施工作业人员提供指导。

4.1 开挖作业

4.1.1 人工开挖作业

人工开挖是采用较为简单的掘进器具(如铁锹、风镐等)进行隧道掘进的施工方法。

1)优缺点

(1)优点:对空间要求小,对周边地层扰动较小,在软土地层可有效避免拱顶坍塌等情况的发生,同时人工开挖可有效控制超挖问题。

(2)缺点:人力成本较高,掘进速度较慢,单日进尺在 1~2m,且对隧道内开挖环境、噪声、粉尘、通风等都有较高要求。

2)适用性

目前,矿山法人工开挖常作为辅助开挖方法,其适用于Ⅵ、Ⅴ级软土地层以及狭窄的施工作业空间;在施工空间允许的条件下,通常与小型挖掘机械配合使用,并主要应用于软岩地层矿山法区间隧道及车站导洞施工。图 4-4-1 为某地铁区间隧道和车站导洞人工开挖现场。

3)施工作业流程

矿山法隧道人工开挖作业应严格控制进尺,及时支护,提高工程施工的安全性。人工开挖作业流程如图 4-4-2 所示。

4)施工注意事项

(1)每一循环开挖前必须精准放线,保证隧道开挖断面轮廓及中线高程符合设计要求。

a) 区间隧道人工开挖现场　　　　　　　　b) 车站导洞人工开挖现场

图 4-4-1　矿山法隧道人工开挖现场

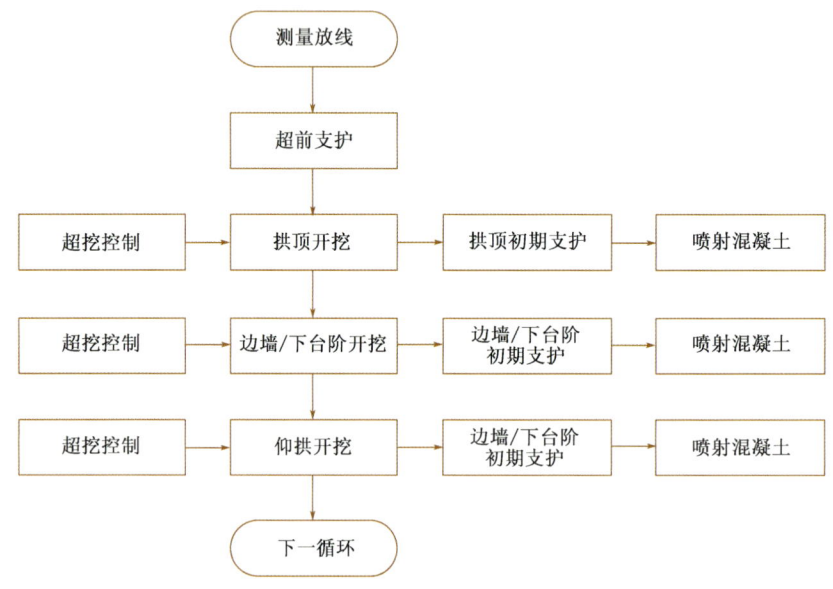

图 4-4-2　矿山法隧道人工开挖作业流程图

(2) 选用合适的超前支护措施,降低开挖坍塌风险。

(3) 拱顶开挖留设 30cm 左右的超挖控制层,利用铁锹、风镐开挖,在开挖至设计高度后,进行控制层细致开挖。施工时,应严格按照设计开挖轮廓线,利用铁锹逐层开挖。

(4) 开挖完成后可在掌子面喷射一层混凝土用以找平。

(5) 多人同时挖土时,应保持足够的安全距离,横向间距不得小于 2m,纵向间距不得小于 3m。禁止面对面进行挖掘作业。

(6) 开挖循环进尺严禁超过超前小导管或超前锚杆的有效支护长度。

(7) 隧道开挖时应严格限制每一循环的开挖进尺,要求 Ⅴ 级加强段、Ⅴ 级浅埋和 Ⅴ 级偏压等围岩类别以 1 榀钢拱架间距为宜,Ⅴ 级围岩深埋、Ⅳ 级围岩以 1~2 榀钢拱架间距为宜,Ⅲ 级围岩每一循环进尺可控制在 2~3m。

(8) 对于软弱岩层、浅埋和不良地质等地段,应按设计要求先采取预加固、预支护等辅助施工措施后再进行开挖。

(9) 挖掘土方作业时,如遇电缆、管道、地下埋藏物或辨识不清的物品,应立即停止作业,严禁随意敲击、刨挖,并立即向施工负责人报告。

（10）挖掘土方时，应由上向下进行，禁止采用掏洞、挖空底脚和挖"伸悬土"的方法，防止塌方事故。

（11）对于Ⅳ、Ⅴ级围岩地层，洞口段、偏压段和浅埋段地层，采用短开挖、小进尺环状开挖作业方式，可以减少围岩扰动，并应及时喷射混凝土层。

（12）台阶法开挖时，为防止土层坍塌，上台阶注意预留核心土，下台阶开挖U形缓冲槽（图4-4-3）。

（13）开挖作业时应随时观察边坡土壁的稳定情况，如发现边坡土壁有裂缝、疏松、渗水或支撑断裂、移位等现象，作业人员应先撤离作业现场，立即上报并采取有效措施，待险情排除后方可继续作业。

（14）开挖后要及时封闭，包含两种封闭：一是开挖面的封闭，避免由于班组交接衔接问题，导致开挖面未能及时封闭，造成坍塌事故；二是结构面尽快封闭成环，形成闭合的结构体。在开挖面和结构面没有封闭的情况下不能随便停工，否则容易造成坍塌事故。

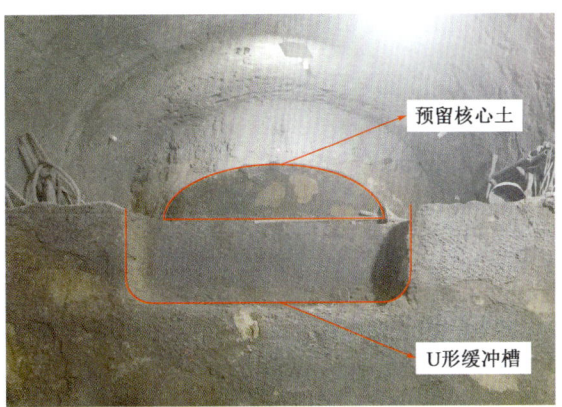

图4-4-3　下台阶开挖U形缓冲槽

4.1.2　机械开挖作业

1）方法简介

机械开挖是采用隧道挖掘机械进行掘进的施工方法。地铁矿山法隧道施工由于作业空间限制，选取的机械偏向于小型化，目前国内地铁隧道机械开挖多采用中小型挖掘机。另外，铣挖机、液压冲击锤、掘进机等也有部分在国内外地铁工程中应用。

2）适用性

机械开挖适用于Ⅴ、Ⅳ级围岩、地铁车站导洞或区间下台阶开挖中、车站大土方开挖中以及对防震要求高、沉降要求很高的地段，如隧道下穿房屋或桩基等情况。

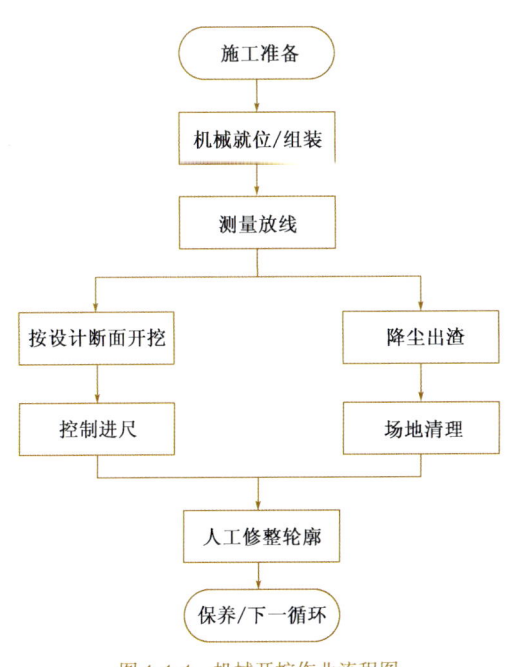

图4-4-4　机械开挖作业流程图

3）施工作业流程

与人工开挖相比，机械开挖的难点在于边缘的超挖处理，一般采用人工辅助作业。机械开挖作业流程如图4-4-4所示。

4）施工注意事项

（1）按照施工情况进行机械选型，同时进行场地供水、供电、通风、防尘等施工准备。

（2）除挖掘机外，为方便运输，其他开挖机械需现场组装，如铣挖机、液压锤可装载于挖掘机之上，对挖掘机进行改装。图4-4-5为液压锤开挖作业，图4-4-6为典型铣挖机开挖作业。

（3）机械开挖前，应采用精密仪器进行测量放线，利用红油漆或其他标记标出拱顶高程及开挖外轮廓线。

（4）按照标注的轮廓线，按由内向外的原则开挖。一一般在轮廓处留设一定的超挖控制层,减少超挖量。

(5)开挖过程中做好防尘工作,并及时清理场地、出渣。

(6)开挖完成后,进行边缘轮廓修整,可采用人工配合风镐的方式,亦可采用铣挖机进行边缘修整。

(7)施作隧道初期支护,并进行机械养护,进入下一循环。

图 4-4-5　液压锤开挖作业

图 4-4-6　铣挖机开挖作业

4.1.3　爆破施工作业

1)方法简介

地铁矿山法隧道爆破开挖均采用控制爆破技术。与山岭隧道钻爆法相比,地铁爆破施工更注重对爆破震动的控制,一般在追求光面爆破的基础上通过参数优化或新设备、新装置进行爆破震动控制,见表4-4-1。在施工过程中,需综合考虑地层条件、开挖方式和工程成本等因素,对机械设备和爆破器材、爆破参数进行优化组合,以达到施工效率和经济效益的最大化。

目前,地铁爆破开挖中常用的控制爆破技术有微差控制爆破、光面爆破、预裂爆破等。

控制爆破基本理论　　　　表 4-4-1

序号	内容	描述
1	定义	根据工程要求和爆破环境、规模、对象等条件,通过精心设计,采用各种施工和防护技术措施,严格控制爆炸能的释放过程和介质破碎过程,既要达到预期的爆破破碎效果,又要将爆破范围、方向以及爆破地震波、空气冲击波、噪声和破碎物飞散等的危害控制在规定的限度之内,这种对爆破效果和爆破危害进行双重控制的爆破,称为控制爆破
2	控制要求	(1)控制被爆体的破碎程度,对于大多数的被爆体,通常要求爆破后"碎而不抛"或"碎而不散",最好形成龟裂形松动爆破。 (2)控制爆破的破坏范围。必须严格与设计尺寸相符,其误差不得超过设计规定值,做到准确定位。换言之,控制爆破应有高水平的爆破设计和施工工艺,做到准确、整齐地切割预爆部位,同时保持保留部位完整无损。 (3)控制爆破的危害作用。通过合理选用控爆参数、起爆工艺与加强防护技术等措施,将爆破地震波、空气冲击波、噪声和飞石等的危害作用严格控制在允许的范围之内,确保爆区周围人和物的安全
3	基本类型	(1)三定控制爆破:指定向、定距和定量的控制爆破。 (2)四减控制爆破:指爆破过程中以及爆破后减少爆破地震波、空气冲击波、飞石和噪声的控制爆破。 (3)成型控制爆破:指爆破后被爆介质的分离体或金属等形成一定的几何形状和尺寸的控制爆破。 (4)光稳控制爆破:即光面和稳定控制爆破,是指爆破后岩体的切割面(爆裂面)具有一定的平整度以及能保持原岩体本身稳定性的控制爆破

2）适用性

控制爆破可广泛应用于软岩、中硬岩及硬岩层等地层施工中。

3）施工作业流程

不同控制爆破方法的施工流程差异不大，主要差别在于装药方式、起爆顺序及辅助装置的使用。地铁工程控制爆破作业流程如图 4-4-7 所示。

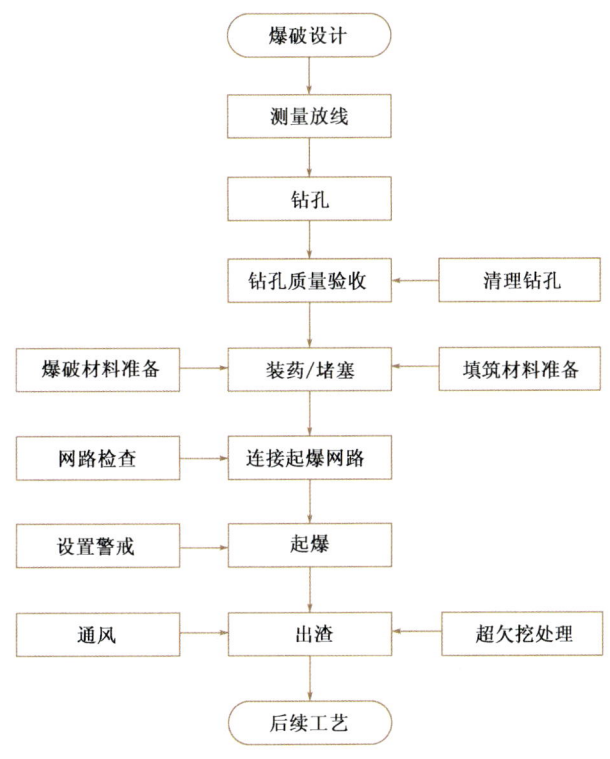

图 4-4-7　地铁工程控制爆破作业流程图

4）施工控制要点

(1)爆破设计

爆破设计主要根据工程经验以及实际工程情况进行爆破参数的设计，相关计算参见现行《爆破安全规程》(GB 6722)。

(2)测量放线

严格参照设计，在掌子面布孔，标出掌子面中线、掏槽眼与周边眼的位置。

(3)钻孔

大断面开挖时一般采用台架打眼或"人机套打"的方式，即台车开挖与人工手持式风钻台架相配合，长短炮眼结合，可达到更好的控制爆破效果。

钻孔作业控制要点包括：

①严格按照炮眼的设计位置、深度、角度和孔径，分工定点、定值进行。

②防止炮眼交叉打穿，炮眼总数不应小于设计的 90%，掏槽炮眼位置误差不得大于 5cm；如果出现大的偏差，则应废弃重钻，以保证钻孔质量。

③注意平行打眼,同时如掌子面明显不平整,则应调整炮眼的孔深,使炮眼底在一个平面上。

(4)验孔、清孔

钻孔完成后,应及时清理孔口的浮渣,并利用胶管向孔内吹气,吹净钻孔内石渣、岩粉等;吹净后,利用炮棍检查炮孔角度、深度、方向以及有无堵孔、卡孔情况,并与设计资料做比较,若相差较大,则应适当调整参数或者重新钻孔。

(5)装药

装药结构分为以下四种方式:

①起爆药卷放在靠近眼口的第二个药卷位置,雷管聚能穴朝向眼底,称为正向起爆装药,如图4-4-8a)所示;

②起爆药卷放在靠近眼底的第二个药卷位置,雷管聚能穴朝向眼口,称为反向起爆装药,如图4-4-8b)所示;

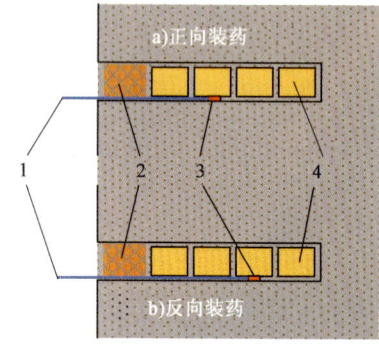

图4-4-8 常用的正、反连续装药结构
1-引线;2-炮泥;3-引爆药卷;4-普通药卷

③起爆药卷放在炮眼装药中部,称为双向起爆装药;

④为控制周边爆破产生的能量,达到光面爆破或者控制爆破震动,采用聚能管装药或切缝管装药,分别如图4-4-9、图4-4-10所示。

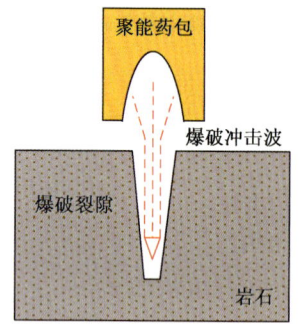

图4-4-9 聚能管装药

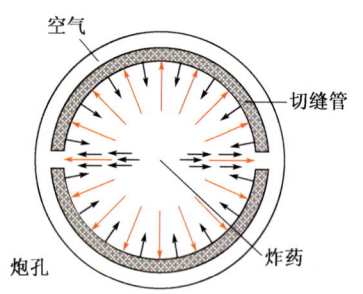

图4-4-10 切缝管装药

装药作业要点如下:

①利用炮棍将药卷缓慢推入炮眼指定位置,注意推入的速度及炮棍的角度;当采用空气间隔装药时,要提前计算好药卷的装入深度,或采用绑定于竹片的方法操作。

②严格按照炮眼的设计装药量装填,可以按设计要求连续装药或间隔装药或不耦合装药,总的装药长度不宜超过炮眼深的2/3,靠近炮眼口的剩余长度用炮泥堵塞好。

③间隔装药药卷之间的距离通过现场殉爆试验确定。

④不耦合装药时,药卷置于炮眼孔的中央,药卷与孔壁间留有空气间隙,为保证药卷位置准确,可采用塑料扩张套管定位。

⑤深眼爆破时,为了克服管道效应造成的炸药熄爆,可采用合理的装药结构和增大装药直径,并选用合适的不耦合系数方法。

(6)堵塞

堵塞炮眼的目的是最大限度地发挥炸药的威力,提升爆破效率。隧道爆破使用的炮眼堵塞材料一般为砂和黏土的混合物,其比例通常为砂50%~40%、黏土50%~60%。堵塞长度视炮眼直径而定,一般不能小于20cm;当炮眼直径在45cm以上时,堵塞长度应不小于45cm。堵塞可采用分层人工捣实法进行。

(7)连接起爆网路

爆破网路的设计采用串联、并联或者串并联均可。对于地铁隧道,并联网路可更好地区分段别,更易控制爆破振动。图 4-4-11 和图 4-4-12 分别为弧导光面爆破采用并联网路示意图及爆破现场。网路连接应由里向外,并防止起爆雷管附近有其他连线交错,以避免传爆雷管击断导爆管。

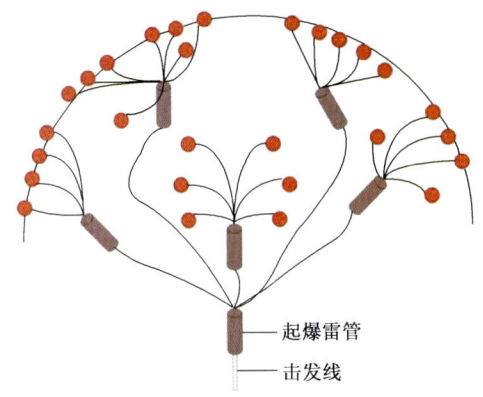

图 4-4-11　弧导光面爆破采用并联网路示意图

图 4-4-12　并联起爆网路爆破现场

(8) 起爆

根据起爆的原理和使用器材不同,通用的起爆方法大致分为非电起爆法和电起爆法两种,见表 4-4-2。起爆网路的雷管采用电雷管引爆网路,电力起爆地点必须在安全地点(一般至少距离 300m)。最安全的起爆方法是采用 300m 长的导爆管,用击发枪起爆网路。

起爆方法及其特征　　　　表 4-4-2

序号	起爆方法	特征
1	非电起爆法	非电起爆法又可分为导爆索起爆和导爆管起爆两种。 (1) 导爆索起爆是将一端直接插入孔底炸药中,用火雷管引爆导爆索本身,并传爆至炮眼引爆炸药的方法。 (2) 导爆管起爆广泛应用于地铁施工中,其工作过程:引爆雷管,使传爆元件中的导爆管起爆、传爆,导爆管传爆到链接块中的传爆雷管时,雷管起爆,再引起周围的导爆管起爆和传爆,以此类推,不断传递,使所有的炮眼炸药起爆,如图 4-4-13 所示
2	电起爆法	电起爆的最大的特点是可以用仪表检查电雷管的质量和起爆网路的连接情况,从而保证起爆网路的正确性和可靠性,只要网路设计准确,计算无误,便能保证安全起爆;由于电起爆适应有瓦斯的爆破环境,因而其适用范围更广;其主要缺点是准备工作较为复杂,需要一定的电力设备,网路设计计算较为烦琐,相对于导爆管起爆而言,不宜广泛推广使用

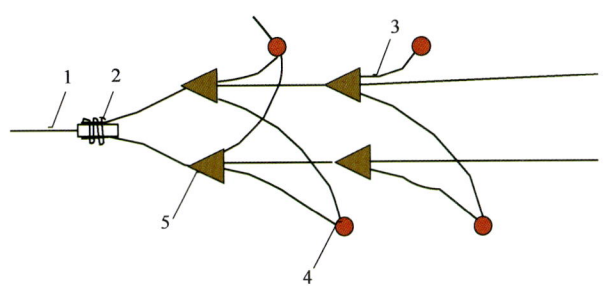

图 4-4-13　导爆管起爆系统

1-击发导爆管;2-8 号雷管及胶布;3-传爆导爆管;4-炮眼;5-连接块

(9) 爆破质量检验

隧道爆破质量检验标准见表 4-4-3。

隧道爆破质量检验标准　　　　　表 4-4-3

序号	项目	围岩级别		
		Ⅲ~Ⅳ	Ⅱ~Ⅲ	Ⅰ~Ⅱ
1	围岩扰动深度(m)	1.0	0.8	0.5
2	平均线性超挖值(cm)	15	15	10
3	最大线性超挖值(cm)	25	25	20
4	两炮台衔接台阶最大值(cm)	15	15	15
5	局部欠挖(cm)	5	5	5
6	炮眼痕迹保存率(%)	≥50	≥70	≥80
7	炮眼利用率(%)	95	90	85
8	岩壁状态	起爆后围岩稳定，无塌方、无剥落		
9	石渣块度	大块不超过50cm，大型出渣机允许60~80cm，渣堆集中，最大抛距20m，深孔爆破最大抛距为30m		

注：1. 以上标准为浅孔 1~3m 炮孔深的隧道爆破质量标准。对于 3~5m 炮孔深的爆破，其质量标准要求有所不同，主要是平均线性超挖和最大线性超挖允许大一些，两炮衔接台阶尺寸也允许大一些。如采用 5m 爆破，则两炮衔接台阶尺寸允许在 35cm 范围内。

2. 该表选自《高速铁路隧道工程施工质量验收标准》(TB 10753—2018)。

5）施工器械

（1）钻眼设备

钻眼设备配置是否合理将直接影响工程进度和经济效益。目前，地铁矿山法隧道施工常见钻眼设备见表 4-4-4。

地铁矿山法隧道施工常见钻眼设备　　　　　表 4-4-4

序号	设备		简介	图示
1	液压凿岩台车		将多台凿岩机安装在一个专门的移动设备上，实现多机同时作业，集中控制，称为凿岩台车；按照凿岩机数量分为单臂、双臂、三臂和四臂；在地铁工程中，开挖断面较小，凿岩钻机的应用不多，多采用人工钻孔，偶有使用单臂凿岩钻机	
2	液压凿岩机	液压凿岩机	液压凿岩机是以电力带动高压油泵，通过改变油路，使活塞往复运动，实现冲击作用	
		支腿式液压凿岩机组	支腿式液压凿岩机组，将多台液压钻机组合在一起，由移动式液压站提供动力，克服了风噪大、能耗高的缺陷；其缺点是易损坏，故障率过高	
3	手持钻机	风钻	地铁隧道工程中较常使用的凿岩机为风动凿岩机，另有电动凿岩机和液压凿岩机。其工作原理均是利用镶嵌在钻头前端的凿刃反复冲击并转动破碎岩石而成孔。有的可通过调节冲击功和转动速度以适应不同硬度的岩石，达到最佳成孔效果	
		液压钻		

续上表

序号	设备		简 介	图 示
4	钻头	一字形	钻头直接连接在钻杆前端(整体式)或套装在钻杆前端(组合式),钻头前列镶入硬质高强耐磨合金钢凿刃,钻杆尾套装在凿岩机的机头上。 凿刃直接破碎岩石,它的形状、结构、材质、加工工艺是否合理均直接影响凿岩效率及其本身的磨损程度。 凿刃按其形状可分为片状连续刃和柱齿刃(不连续)两类,片状连续刃又有一字形、十字形等几种布置形式,柱齿刃又有球齿、锥形尺、楔形尺等形状之分。 一字形片状连续刃钻头的制造和修磨简单,对岩性的适应能力较强,适用于功率较小的风动凿岩机在中硬以下岩石中钻眼,但钻眼速度较慢,且在节理裂隙发育的岩石中容易卡钻。 十字形片状连续刃钻头和柱齿刃钻头的制造和修模较复杂,适用于功率较大和冲击频率较高的重型风动或液压凿岩机在各种岩石中钻眼,尤其在高硬度岩石中或节理裂隙发育的岩石中钻眼效果良好,速度较快。 常用钻头的钻孔直径有38mm、40mm、42mm、45mm、48mm等,用于钻中空孔眼的钻头直径可达102mm,甚至更大。钻头和钻杆均有射水孔,压力水即通过此孔清洗岩粉	
		十字形		
		X形		
		柱齿刃		

(2)炮眼布置

炮眼布置是保证炮眼按照设计要求布设的手段。目前,掌子面布孔多采用激光指向仪配合全站仪的方式标注已有的中线、水平点,采用人工操作,用红油漆画出隧道轮廓线及炮眼位置,亦可采用断面仪进行测量放线,标注掌子面中线、水平点,如图4-4-14所示。

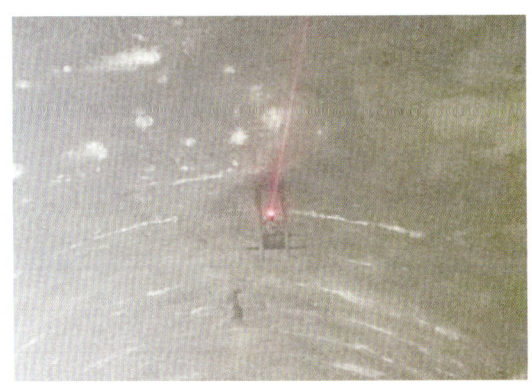
a)激光指向仪

b)掌子面测量放线

图4-4-14 炮眼布置

(3)爆破器材

①碎岩材料

地铁隧道中常用的是乳化炸药,通常是以硝酸铵、硝酸钠水溶液与碳质燃料通过乳化作用,形成的乳脂状混合炸药,亦称为乳胶炸药。乳化炸药具有爆炸性能好、抗水性能强、安全性高、环境污染小、原料来源广、生产成本低、爆破效率比浆状及水胶炸药更高等优点。

有资料表明,在地下开挖中保持原使用 2 号岩石炸药孔网参数不变的情况下,乳化炸药可使平均炮孔利用率在 90% 以上,平均炸药单耗较 2 号岩石炸药下降 1.359%。在露天爆破中,使用乳化炸药每立方米岩石炸药耗量比混合炸药(浆状炸药 70% ~80%,铵油炸药 30% ~20%)降低 22.1%,每延米炮孔爆破量增加 18.2%,石渣大块率从 0.97% ~1.0% 下降到 0.6% ~0.7%,尤其适用于硬岩爆破。

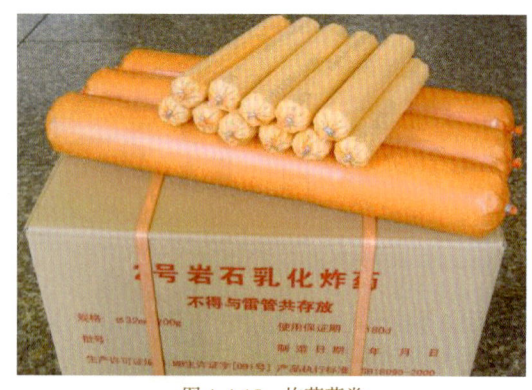

图 4-4-15　炸药药卷

地铁隧道爆破施工中的炸药一般由厂制或现场加工成药卷,如图 4-4-15 所示。药卷直径有 22mm、25mm、32mm、35mm、40mm 等,长度为 165 ~500mm,可按爆破设计的装药结构和用药量来选择使用。目前,地铁矿山法隧道开挖多采用 2 号岩石乳化炸药。

②起爆材料(系统)

起爆材料是指装有一定量炸药、可利用由外界能激发产生的效应完成起爆功能的元件和小型装置,用以在安全距离处通过发爆(点火、通电或击发枪)和传递,使安装在药包或药卷中的雷管起爆,并引发药包或药卷爆炸,从而爆破岩石。

a. 电雷管

电雷管是在火雷管中加设电发火装置利用导电线传输电流使装在雷管中的电阻发热而引起雷管爆炸的。电雷管可分为即发电雷管和迟发电雷管。即发电雷管构造示意图如图 4-4-16 所示。

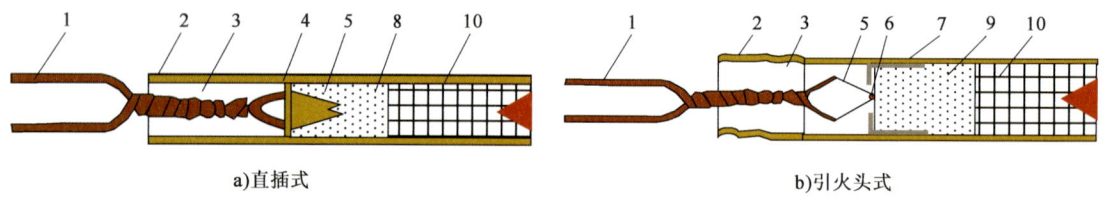

a)直插式　　　　　　　　　　　　　　b)引火头式

图 4-4-16　即发电雷管构造示意图

1-脚线;2-管壳;3-密封塞;4-纸垫;5-桥丝;6-引火头;7-加强帽;8-重氮二硝基苯酚(DDNP);9-正起爆药;10-副起爆药

延期时间的长短均用段数来表示。迟发电雷管按其延期时间差,可分为秒迟发和毫秒迟发两个系列。国产秒迟发电雷管按延期时间的长短可分为 7 段,段数越大,延期时间越长,最长延期时间为 (7.0 + 1.0)s,见表 4-4-5。国产秒迟发电雷管有 5 个系列,其中第二系列是工程中常用的一个时间系列,第一、第五系列为高精度系列,第三、第四系列的延期时间间隔分别为 100ms 和 300ms。

秒迟发电雷管的延期时间　　　　　　　　　表 4-4-5

段别	1	2	3	4	5	6	7
延期时间(s)	<0.1	1.0 +0.5	2.0 +0.6	3.1 +0.7	4.3 +0.8	5.6 +0.9	7.0 +1.0
脚线颜色	灰蓝	灰白	灰红	灰绿	灰黄	黑蓝	黑白

发爆电源可用交、直流照明或动力电源,也可以用各种类型的专用电起爆器。对于康钢丝电雷管,一般要求在 10ms 的传导时间内,其发火冲量 ($K = I^2 \times t$) 不得低于 25$A^2 \cdot ms$,且不得超过 45$A^2 \cdot ms$。在有杂散电流的条件下,应采用抗杂散电流的电雷管。

b. 塑料导爆管与迟发非电毫秒雷管

塑料导爆管是用来传递微弱爆轰给迟发非电毫秒雷管并使之爆炸的传爆材料之一。它是在聚乙烯塑料管[外径(2.95±0.15)mm,内径(1.40±0.10)mm]的内壁涂有一层高能炸药[主要成分是奥托金,(16±2)mg/m],高能炸药在冲击波作用下可以沿着管道方向连续稳定爆轰,从而将爆轰传播到迟发非电毫秒雷管使雷管起爆。弱爆轰在管内的传播速度为1600~2000m/s,但因其微弱而不致炸坏塑料管。

塑料导爆管的抗电、抗火、抗冲击性能好;起爆、传爆性能稳定,甚至在扭结、180°对折、局部断药、管端对接的情况下均能正常传爆。其在运输和使用过程中抗破坏能力强、安装简单、使用方便、价格便宜,且可作为非危险品运输,因而在隧道工程中被广泛应用,尤其是在有电条件和炮眼数较多时。

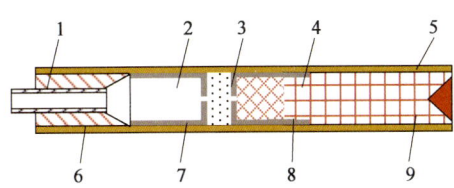

图4-4-17 迟发非电毫秒雷管与塑料导爆管配合使用
1-塑料导爆管;2-消爆空腔;3-延期药;4-正起爆药;
5-金属管壳;6-塑料连接套;7-空信帽;8-加强帽;
9-副起爆药

迟发非电毫秒雷管与塑料导爆管配合使用,如图4-4-17所示。国产迟发非电毫秒雷管的延期时间也分为毫秒、半秒、秒迟发三个系列,见表4-4-6。

迟发非电毫秒雷管的段别及延期时间　　　表4-4-6

毫秒迟发雷管(第二系列)				半秒迟发雷管		秒迟发雷管	
段别	延期时间(ms)	段别	延期时间(ms)	段别	延期时间(s)	段别	延期时间(s)
1	≥13	11	460±40	1	≤0.13	1	≤1.0
2	25±10	12	550±45	2	0.5±0.15	2	2.0±0.5
3	50±10	13	650±50	3	1.0±0.15	3	4.0±0.6
4	75±10	14	760±55	4	1.5±0.20	4	6.0±0.8
	75±15						
5	110±15	15	880±60	5	2.0±0.20	5	8.0±0.9
6	150±20	16	1020±70	6	2.5±0.20	6	10.0±1.0
7	200±20	17	1200±70	7	3.0±0.20	7	14.0±2.0
	200±25						14.0±1.0
8	250±25	18	1400±100	8	3.5±0.20	8	19.0±2.0
9	310±30	19	1700±130	9	3.8~4.5	9	25.0±2.5
10	380±35	20	2000±150	10	4.6~5.3	10	32.0±3.0

注:该表数据来源于《爆破手册》,汪旭光主编,冶金工业出版社,2010年出版。

导爆管可以使用8号雷管、导爆索、击发枪、专用击发器发爆,其连接和分支可集束捆扎雷管继爆,也可用连通器连接继爆。

c. 导爆索与继爆管

导爆索是以单质猛炸药黑索金或泰安作为索芯的传爆材料,它经雷管起爆后,可以直接引爆其他炸药,根据使用条件不同,导爆索主要分为普通导爆索和安全导爆索两种。

普通导爆索是目前使用较多的一种导爆索,具有一定的防水和耐热性能,但在爆轰传播过程中火焰强烈,其爆速不小于6500m/s,多用于露天爆破和没有瓦斯的地下爆破,不适用于地铁隧道的爆破施工。安全导爆索是在普通导爆索的药芯或外壳内添加适量的消焰剂,使爆轰过程中产生的火焰小,温度低,其爆速不小于6000m/s,因而在地铁隧道的爆破施工中被大量使用。

因导爆索能直接引爆炸药,在地铁隧道爆破施工过程中,当采用小直径药卷间隔装药时,常用导爆索将各被动药卷与主动药卷相连,使被动药卷均能连续爆炸,从而减小雷管数量和简化装药结构,实现减少装药量,达到有效控制爆破的目的。在装药量计算时,应将导爆索的爆炸力计入炸药用量中。

继爆管是一种专门与导爆索配合使用的,具有毫秒延期作用的起爆器材,如图4-4-18所示。

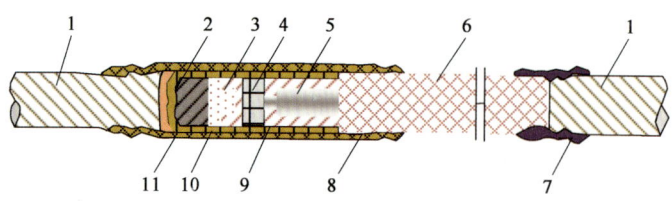

图 4-4-18 导爆索与继爆管配合使用

1-导爆索;2-副起爆药;3-加强帽;4-缓冲剂;5-大内管;6-消爆管;7-连接管;8-外套管;9-纸垫;10-正起爆药;11-雷管壳

导爆索与继爆管具有抵抗杂散电流和静电引起爆炸危害的能力,装药时可不停电,增加了作业时间,所以导爆索—继爆管起爆系统在地铁矿山法隧道修建过程中得到了广泛应用。其缺点是成本较高,且在有瓦斯的条件下危险性较大,网路中的导爆索不能交叉。

以上三种起爆系统的成本比例约为导爆管系统∶电力系统∶导爆索系统 = 1.0∶1.2∶3.0。

d. 数码电子雷管

管内设智能电子芯片,如图 4-4-19 所示,也称为智能雷管,基本由雷管、编码器和起爆器三部分构成,如图 4-4-20 所示。

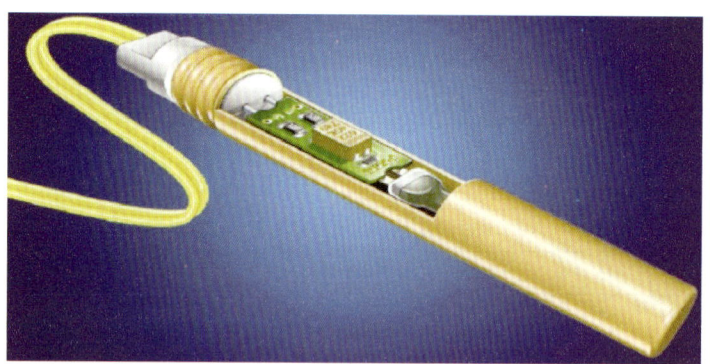

图 4-4-19 数码电子雷管

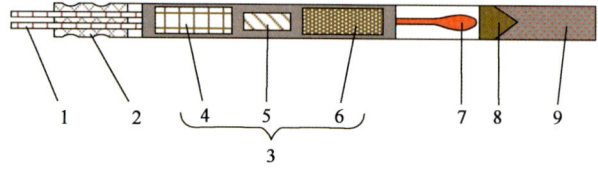

图 4-4-20 数码电子雷管结构示意图

1-雷管脚线;2-带皱塞;3-电路板;4-逻辑电容;5-集成电路处理器;6-点火电容;7-引火头;8-起爆药;9-加强药

6）常见问题与对策

地铁隧道施工方法主要包括爆破法和非爆破法。其中,爆破法技术成熟、施工速度快、节省成本,受到众多施工单位的青睐。然而,爆破法对施工路段的振动和噪声影响较大,容易干扰相关区域内居民的正常工作与休息,严重时甚至危及住房安全,即使是抗震性能较好的框架结构建筑,也可能因爆破过于强烈而导致房屋开裂。因此,为降低爆破施工对环境的不利影响,需采取一定的控制措施。

（1）爆破震动控制

由于城市地铁隧道大多修建在人口稠密区,不仅地质条件复杂,且地表周边建（构）筑物多、交通流量大,爆破震动问题显得愈加突出。城市隧道掘进爆破施工必须采用减震爆破技术,才能降低对地面和地下建（构）筑物的危害以及对居民生活的影响,同时也减少对围岩的损伤,确保隧道工程安全高效进行。

①减震掏槽爆破

a. 分层分段直眼掏槽爆破

它是进行岩巷深孔爆破效果较好的一种掏槽方法,可以提高掏槽深度。如图4-4-21、图4-4-22所示,采用了两种深度的掏槽炮孔,靠近掏槽中心的为深孔,外层为浅孔;掏槽爆破时,外层浅孔先爆,内层深孔后爆。其原理是浅孔爆破首先抛出外层岩石,为内层深孔爆破创造了一个新的自由面,可降低深部岩石特别是底部岩石的抗爆作用,使得深部岩石更易于爆破,而且外层浅孔爆破时还可以充分利用内层深孔的浅部空孔作用。

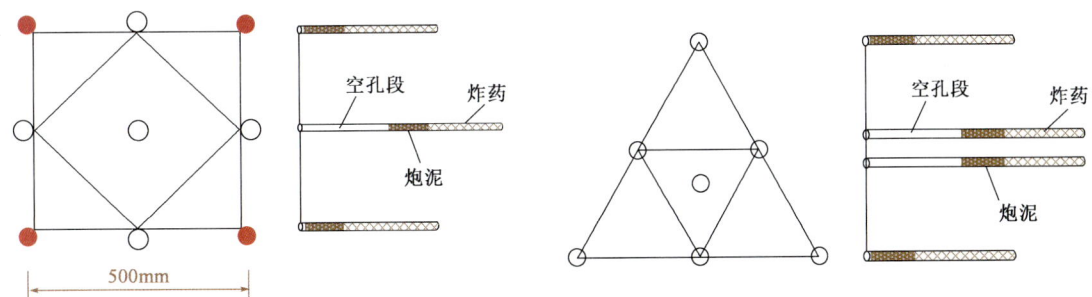

图4-4-21　复式正方形分层分段直眼掏槽　　　图4-4-22　复式三角形分层分段直眼掏槽

适当增加掏槽孔之间的距离,并充分利用空孔阻止先爆掏槽眼对后爆掏槽眼中炸药的挤压作用,也可以对掏槽眼间采用毫秒微差爆破,如图4-4-23所示。

b. 分层分段楔形眼掏槽爆破

斜眼掏槽可以充分利用炮孔装药的横向抛掷作用,降低岩石掏槽的夹制力。采用多层楔形眼掏槽布置,并参考直眼分层起爆的掏槽设计思想,也可以将多层楔形掏槽设计成分层分段爆破形式。图4-4-24为一种混合了龟裂掏槽的分层分段楔形眼掏槽设计。

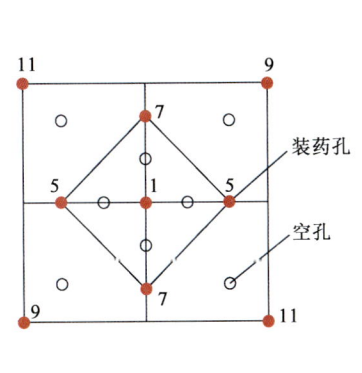

图4-4-23　分段起爆直眼掏槽　　　图4-4-24　分层分段楔形眼掏槽

②预裂爆破隔震

预裂爆破有两种装药形式:一种是隔孔装药,空孔称为导向孔;另一种是全部孔都装药。无论采用哪种形式,成功的预裂爆破会在岩层中形成如图4-4-25所示的预裂缝。当后续的掏槽爆破和掘进爆破应力波到达裂缝时,应力波会在裂缝处发生反射和透射,反射的拉伸波会返回爆破区,一部分

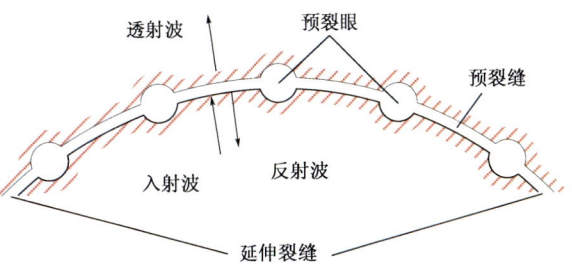

图4-4-25　预裂爆破岩层裂缝对应力波的阻断作用

压缩波会透射,透射波强度会被削减,裂缝起到隔震的作用。

在同样环境条件下,不改变总体爆破孔网参数,仅将周边孔按预裂爆破设置,比按光面爆破产生的振动小很多,最大振速降低幅度达60%～70%。采用预裂爆破工艺,最大峰值振速发生在预裂爆破段位;采用光面爆破工艺,最大峰值振速发生在掏槽爆破段位。

③毫秒微差延时起爆减震

随着起爆器材性能的进步和发展,延期电雷管和导爆管延期雷管在爆破施工中开始被大量使用,尤其是导爆管延期雷管的出现,大大改善了爆破作业条件,大幅度提高了爆破安全性。延期雷管也使人们可以从毫秒量级一直到秒量级获得孔内延期起爆方法,使爆破设计有了更多的手段,可以合理分散单段起爆药量,达到降低震动的目的。

如图4-4-26所示为一个成功的深孔掏槽爆破设计,钻孔深度3m,使用装药量见表4-4-7,最大单段药量为6.6kg,进尺2.8m以上。从设计上看,其掏槽孔基本上是单孔起爆,扩槽孔变成四孔同时起爆,扩槽孔孔间距较大,所以完全没有必要同时起爆,改进设计方案后,如图4-4-27所示,使用1段、3～18段微差雷管后,实现单孔起爆,单段最大药量为1.65kg,较前者下降了75%。

深孔掏槽爆破设计参数   表4-4-7

序号	爆破孔位置	雷管段别	孔　数	单孔药量(kg)	单段药量(kg)	总药量(kg)
1	中间掏槽孔	1	1	1.6	1.6	1.6
2	内圈掏槽孔	3、4、5、6	4	1.65	1.65	6.6
3	外圈掏槽孔	7、8	4	1.65	3.3	6.6
4	次外圈扩槽孔	9	4	1.5	6.0	6.0
5	外圈扩槽孔	10	4	1.5	6.0	6.0

注:1. 总药量32.8kg,钻孔深度3m,局部单耗4.271kg/m³。
2. 本表数据来源于《城市浅埋隧道爆破原理及设计》,闫鸿浩、王小红编著,中国建筑工业出版社,2013年出版。

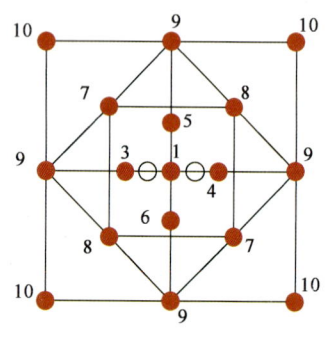
图4-4-26　深孔掏槽爆破设计

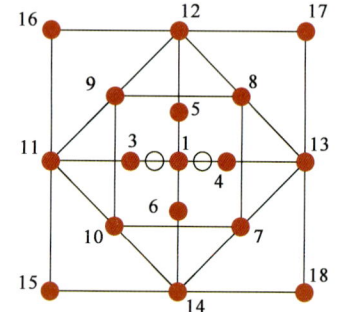
图4-4-27　单孔起爆深孔掏槽爆破设计

④隧道水压爆破

炮孔堵塞水袋的隧道水压爆破结构如图4-4-28所示。其特点是向炮眼中一定位置安装一定量的水袋,用水袋和炮泥回填堵塞。这样在水中传播的冲击波对水不可压缩,爆炸能量没有损失地经过水传递到炮眼围岩中,十分有利于围岩破碎,减少爆破使用炸药量;同时,水的加入也利于降低隧道中的粉尘浓度。

⑤定向聚能预裂爆破

定向聚能预裂爆破有很多种方法,有使用线性成型装药的,也有使用小穿孔弹串联的,还有使用切缝药包的。如图4-4-29所示,定向聚能预裂爆破是采用成型装药,利用装药空穴产生聚能射流,对预裂孔进行定向切割,在切割的同时利用炸药爆炸的冲击波和爆生气体压力,使炮孔间形成断裂裂缝的预裂爆破方法。定向聚能预裂爆破的单孔装药量与普通预裂爆破相同,但所能打开的预裂孔间距却是普通预裂爆破的1.5~2倍。由于在单位面积上使用的炸药量大大减小,所以对围岩的破坏程度大大减轻;同时,定向聚能预裂爆破所需要的钻孔量大大降低,可提高工程施工速度。

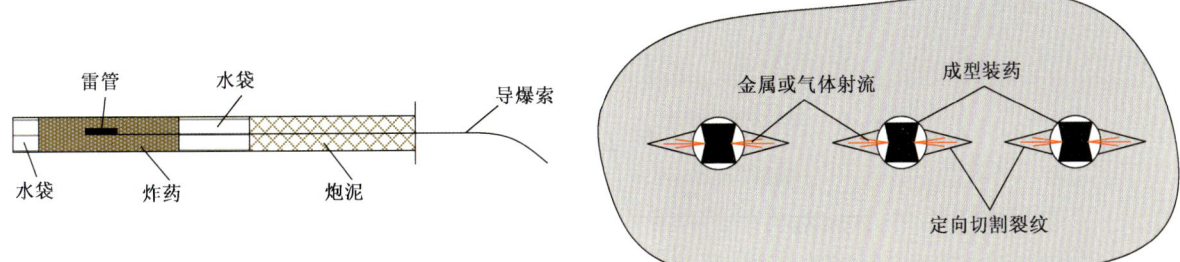

图4-4-28　炮孔堵塞水袋的隧道水压爆破结构示意图　　图4-4-29　定向聚能预裂爆破方法原理图

⑥静态爆破

静态爆破是近年来发展起来的一种新型爆破施工技术,它可在无震动、无飞石、无噪声、无污染的条件下破碎或切割岩石及混凝土构筑物。深圳地铁7号线西丽站—茶光站区间矿山法竖井施工选用此工法成功进行了中风化花岗岩开挖施工,并成功保护了距竖井开挖边线东侧仅3.74m的燃气管线。

静态爆破实质是在岩体上钻孔,在钻孔中灌装静态爆破剂,依靠其膨胀力使岩石产生裂隙或裂缝,从而达到破碎的目的,特别适用于老厂改造和房屋拆迁工程。

目前,静态爆破已在基坑等爆破工程中得到应用,由于其反应时间、渣石过大,在地铁工程中应用效果不佳。将静态爆破与常规爆破结合应用于下穿重要构筑物,是静态爆破在地铁工程中的应用方向之一,但需要理论与现场验证。

⑦机械切槽法

a.机械切槽取代掏槽炮眼。用切槽机在开挖面中央切出竖直沟槽(图4-4-30),以其代替掏槽炮眼爆破后形成的临空面,从而减少爆破引起的水平振动。例如,日本在修建处于黑

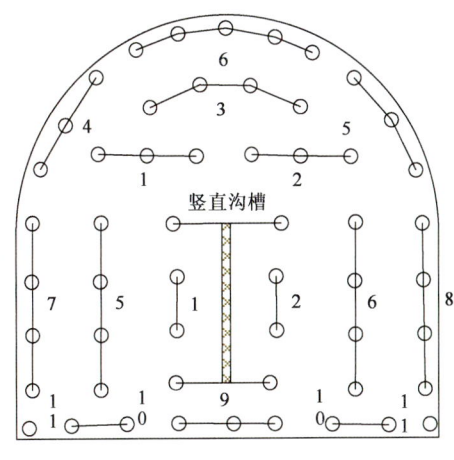

图4-4-30　开挖面中央竖向机械切槽

云母黄岗岩及闪长岩地层中的仓敷隧道时,对设立中央竖直槽的断面进行了爆破震动测量,最大振速为传统爆破震动的33%。

b.隧道轮廓机械预切槽法。用切槽机在隧道拱部沿设计轮廓作曲线切割,形成一条拱形预切槽,然后在开挖面进行钻爆作业。不同的是,该方法的起爆顺序与传统爆破相反,是由外向中央逐层起爆的。切槽的作用是将需开挖的部分岩体与围岩整体割离,形成了释放地应力且形状规则的临空面,同时又使爆破时产生的震动波向地面传播受到抑制,从而大大降低了地面震动的水平。

(2)低频音控制

工程爆破中产生的噪声直接影响施工人员的健康和周围环境安全。爆破噪声属于空气动力性噪声,其实质是炸药在介质中爆炸所产生的能量向四周传播时形成的爆炸声。炸药爆炸后在一定体积内瞬间产生大量高温高压的气体产物并以超音速向周围膨胀,在距爆源较近的地方,空气中产生的波动表现为冲击波;在距爆源某一距离处,就衰减成以声波的形式传播。国外学者认为空气冲击波压力降至180dB以下时才可以称为爆破噪声,爆破噪声的危害主要是由其低频部分(1~100Hz)引起的。

爆破低频声发生机理如图 4-4-31 所示。

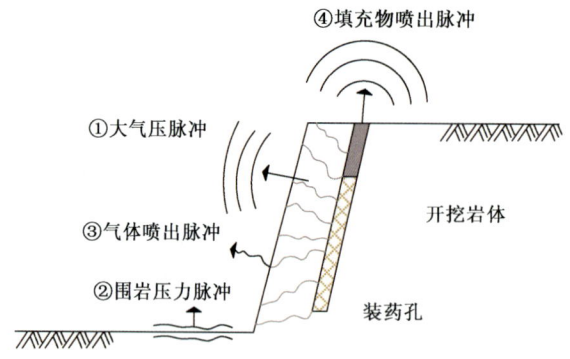

图 4-4-31　爆破低频声发生机理示意图

（3）瞎炮处理

爆破时炮眼内的炸药未发生爆炸，雷管未爆炸，俗称"瞎炮"，其处治措施见表 4-4-8。

瞎炮的预防与处理措施　　　　　　　　　　表 4-4-8

序号	处治措施	具 体 内 容
1	预防措施	（1）爆破器材要妥善保管，严格检验，禁止使用技术性能不符合要求的爆破器材。 （2）防止导爆管破裂或拉断，防止油、水、泥沙进入导爆管口段。 （3）防止爆破器材在有水的工作面被水浸泡，避免爆破器材受潮。 （4）同一串联支路上使用的电雷管，其电阻差不应大于 0.8Ω，重要网路不超过 0.3Ω。 （5）提高爆破设计质量。设计内容包括炮孔布置、起爆方式、延期时间、网路敷设、起爆电流、网路检测，其中网路检测是指电力起爆电雷管网路检测。 （6）提高操作质量。电力起爆要防止漏接、错接和折断脚线，网路接地电阻不得小于 $1 \times 10^5 \Omega$，并要经常检查开关和线路接头是否处于良好状态。要防止炸药卷连续装药时，药卷之间有泥沙、岩屑等堵塞；药卷之间要"紧接"，其间隔超过殉爆距离时，会产生瞎炮
2	处理措施	（1）经检查确认炮眼的起爆线路完好时，可重新起爆。 （2）打平行眼装药起爆，平行眼距瞎炮孔口不得小于 $0.3m$。为确保平行眼的方向，允许从瞎炮口取出长度不超过 20cm 的填塞物。深孔与超深孔不宜采用此法处理瞎炮。 （3）先用木制、竹制或其他不发生火星的材料制成的工具将炮眼内大部分填塞物掏出，再用聚能药包诱爆。 （4）瞎炮应在当班处理。当班不能处理或未处理完毕，应将瞎炮做上记号，在现场交接清楚，由下一班继续处理。 （5）若导爆管在孔外被打断，可以掏出仍在孔内的部分导爆管，长度为 25～30cm，接上导爆管重新起爆

（4）超欠挖控制

在地铁隧道钻爆法施工中，隧道超挖或者欠挖是不可避免的。但在实际施工中，不少单位对超挖、欠挖的认识不够，因此开挖成型质量较差，不仅对隧道施工的工程质量和安全进度产生重要的影响，而且会影响工程的经济效益，在超欠挖严重的情况下，对隧道洞室的稳定性也会产生一定的影响，所以隧道超欠挖问题必须引起重视。爆破开挖常见的隧道超欠挖控制措施见表 4-4-9。

隧道超欠挖控制措施　　　　　　　　　　表 4-4-9

序号	控制措施	具 体 内 容
1	"岩变我变"，及时调整爆破参数	由于在掘进过程中围岩情况是不断变化的，在每次爆破后应由主管工程师查看工作面围岩的变化情况，认真分析该炮的爆破效果，并结合围岩节理裂隙的变化，对爆破设计相应参数进行调整： （1）爆破后发现较大超挖，无孔痕并在炮孔周围可见爆破裂隙，说明药量偏高，需要调整药量。 （2）爆破后出现凹面，说明抵抗线太小，应适当加大光爆层厚度；反之出现凸面，说明光爆层过厚，应适当减少

续上表

序号	控制措施	具 体 内 容
2	提高钻孔精度	在光面爆破中,钻孔应严格按照爆破方案进行,但受人为或机械设备影响,可能出现一定的偏差。根据工程实践,可采取以下方法减少超欠挖: (1)必须对司钻人员进行培训,使其按照操作细则和设计要求进行钻孔,保证规定的孔位、孔深和倾斜角。并由技术熟练的操作工进行周边眼和掏槽眼作业,在先钻的孔内插入导向管,以此作为基准钻其他炮孔。 (2)钻周边孔时,通过钻孔位置少量内移来减小外插角。依据测量放线人员绘制的掌子面的轮廓线,将钻孔孔位定位在轮廓线内侧 1~3cm,从而减小外插角带来的不利影响
3	提高测量放线的精度	(1)控制超欠挖主要是控制好开挖轮廓线的精度,在进行测量放样前应首先熟悉设计文件,掌握设计开挖断面各部位的尺寸,同时考虑预留沉落量和变形量。 (2)测量人员应由熟练、技术过硬的人员担任,测量数据后换手复核。测量仪器应选用技术较先进的仪器,并定期到技术鉴定部门进行仪器标定
4	采用合理的爆破技术	爆破技术主要包括爆破方法、爆破参数、爆破器材和装药方法等,采取不同的爆破方法、爆破参数、爆破器材和装药方法均会对爆破超欠挖产生不同程度的影响。光面爆破通过工程类比和现场试验,优化爆破参数设计;严格控制重要爆破作业质量,特别是要控制装药量,并保证正确的起爆顺序
5	加强现场施工管理和组织	良好的现场施工管理和组织,对减少超欠挖有着十分重要的现实意义。隧道超欠挖问题不仅是技术问题,还是施工管理问题,只有建立一套严格的施工管理制度,加强现场施工管理和组织,将众多因素置于可控状态,才能保证技术的顺利实施,达到爆破设计的基本要求

4.2 出渣作业

4.2.1 装渣作业

1)设备选型原则

(1)设备的外形尺寸。机械设备的外形尺寸要保证其在单线隧道的作业空间内运转自如,交叉作业的机械设备应能满足相互之间安全距离的要求。

(2)机械生产能力、动力性能。每种机械设备的生产能力应与其他机械相匹配,并满足施工总工期的要求;机械动力性能要满足隧道的坡度、每一循环工作量及施工环境的要求。

(3)机械适应能力。所选的机械设备尽量适应不同的施工方案及多种环境的作业要求。

(4)机械选配的经济性。在保证工期要求的同时,应尽量降低总的设备投入成本,并选择节能型的设备。

(5)机械的通用性、维修性。同类机械设备应尽量采用同一厂家、同一型号的设备,以使设备通用可互换。当国产设备质量基本达到要求时,应尽量选用国产设备,保证设备配件充足、维修方便快捷。

(6)选用低污染、低噪声设备。洞内应选用低污染甚至无污染设备,以便提供一个良好的施工环境。

2）装渣作业机械

隧道施工中的装渣作业应根据隧道的断面大小、施工方法、机械设备及施工进度等要求综合考虑，装渣机械的选型应能满足在开挖面内高效出渣作业的要求。地铁矿山法隧道施工中主要的装渣机械有装载机、爪式扒渣机、耙斗式装渣机、铲斗式装渣机等。另外，软土地层分部开挖、小断面开挖等一般利用人工装渣。

主要装渣设备见表4-4-10，选型参考见表4-4-11。

主 要 装 渣 设 备　　　　表4-4-10

序号	机械设备	特　点	图　示
1	装载机	装载机为最常见、应用最广泛的装渣机械，采用电力和内燃两种驱动方式及全液压控制方式，配备轨道和履带两种行走机构，扒渣机构为臂式挖掘反铲，工作范围大，效率高，常见为美国卡特彼勒953型装载机	
2	爪式扒渣机	爪式扒渣机是一种连续装渣机械，机内转载，机后卸料。按照扒渣爪的排列方式不同，可分为蟹爪式、立爪式和蟹立爪式。能扒装各种硬度的岩石，生产效率高，清底干净，多与梭式矿车配合使用。地铁矿山法隧道施工中多采用小型定制隧道用扒渣机，常用WZL型	
3	耙斗式装渣机	耙斗式装渣机适用于水平隧道及倾角不大于30°的斜巷掘进出渣，需配合矿车与箕斗进行作业。按耙斗容积分类，具有较强的装载能力，但操作劳动强度大，牵引钢丝绳容易磨损，需经常更换	
4	铲斗式装渣机	铲斗式装渣机为间歇性装渣机械。按照卸载方式可分为正装后卸式与正装侧卸式；按照装渣方式又分为直接装渣式与间接装渣式，需配合矿车与箕斗作业。一般适用于水平隧道或倾角在8°以下的斜井中，岩石块度不超过200~250mm，应用于高度不低于2.2m、断面面积在7.5m²以上的单轨或双轨隧道中	

装渣机选型参考表　　　　表4-4-11

序号	装渣机型		掘进工作面					
			单线全断面	多线大断面	台阶上部	上部坑道	下导坑	斜井
1	铲斗后卸式	装岩机	可用双机	可用多机	不可用	可用	适宜	不可用
		装载机	可用双机	可用多机	不可用	不可用	适宜	加绞车用
		装运机	不可用	不可用	可用	宜装漏斗	不可用	不可用
2	扒爪式	蟹爪	适宜	可用双机	不可用	不可用	宜用	<20°可用
		立爪	适宜	可用双机	不可用	不可用	宜用	加绞车用
		蟹、立爪组合	适宜	可用双机	不可用	不可用	宜用	加绞车用
3	耙斗式		不可用	不可用	不可用	可用	可用	适宜
4	正装侧卸式		适宜	可用	不可用	不可用	不可用	不可用
5	坑道铲动机		可用	适宜	不可用	不可用	可用	可用

3）装渣机械选型

运输设备的配套应首先考虑隧道施工环境要求，根据技术条件与经济条件选择型号，同时应尽可能选择运输量大的运输设备；在数量上应保证出渣设备随时出渣，不能出现出渣设备等车的现象。运输设备数量可以根据式(4-4-1)和式(4-4-2)计算确定：

$$t_{运} = t_{装}(N_c - 1) \tag{4-4-1}$$

式中：$t_{运}$——每台运输设备在运输途中（往返）所需时间（min）；

$t_{装}$——出渣设备装满一台运输设备所需时间（min）；

N_c——运输设备总台数。

$$t_{运} = t_1 + t_2 + t_3 + t_4 \tag{4-4-2}$$

式中：t_1——重车洞内行驶时间（min）；

t_2——重车洞外行驶时间（min）；

t_3——轻车空载洞外行驶时间（min）；

t_4——轻车空载洞内行驶时间（min）。

根据隧道内行车安全要求，隧道内轻、重型车均应限速行驶，为计算方便，在隧道外可将轻型车与重型车视为同等速度行驶，故可得到式(4-4-3)：

$$t_{运} = 2t_1 + 2t_2 = 2\left(\frac{L_1}{v_1} + \frac{L_2}{v_2}\right) \tag{4-4-3}$$

式中：L_1——隧道开挖长度（m）；

L_2——隧道洞口至弃渣场距离（m）；

v_1——轻、重型车隧道内行驶速度（m/min）；

v_2——轻、重型车隧道外行驶速度（m/min）。

一般情况下，无轨运输汽车在隧道内的行驶速度为15km/h，在隧道外的行驶速度为30km/h；有轨运输方式下运输设备的正常行驶速度为12km/h，过道岔的行驶速度为5km/h。

合并式(4-4-1)~式(4-4-3)可以得到式(4-4-4)。

$$2\left(\frac{L_1}{v_1} + \frac{L_2}{v_2}\right) = t_{装}(N_c - 1) \tag{4-4-4}$$

从式(4-4-4)可以看出，L_1、L_2、$t_{装}$、v_1、v_2都是确定数值，因此可以直接求得运输设备数量，并且可以根据工程进度情况实现运输设备的动态配置，从而使运输设备的配置更加合理、经济。

4.2.2 运渣作业

1）方法简介

地铁隧道施工中，渣土竖向运输大多采用竖井提升的方式（图4-4-32），而洞内运输可分为有轨运输与无轨运输两种方式。有轨运输是利用轨道进行施工的方法，隧道有轨运输系统由走行轨道、牵引机车、装运设备组成。牵引机车牵引运输设备在轨道上行走来完成洞内外运输工作。有轨运输以其运量大、速度快、污染小等特点而广泛应用于盾构法隧道。

a)渣土卸入装渣井

b)起重机竖井提升渣土

图 4-4-32 渣土竖井提升

无轨运输主要是指汽车运输,多使用自卸汽车,又称为翻斗。选用车身较短、车斗容量大、转弯半径小、车体坚固、轮胎耐磨、配有废气净化装置并能双向驾驶的自卸汽车。

应根据作业空间、隧道长度、开挖方法、机具设备、运量大小等选用相应的运输方式,目前地铁矿山法隧道施工中无轨运输应用较多,一般由装载机或挖掘机配合汽车完成。

2）适用性

（1）有轨运输的优缺点

优点：运量大、速度快、污染小,适用于长大隧道及独头掘进较长的隧道。

缺点：有轨运输灵活性较差,无法适用于长度短小及纵坡较大的隧道。

（2）无轨运输的优缺点

优点：机动灵活,不需要铺设轨道,由于适应性强和短巷道内使用方便,在矿山法隧道开挖中广泛使用,特别是在坡度不大的倾斜巷道、城市地铁矿山法隧道施工大多采用无轨运输。

缺点：无轨运输运量较小,同时大多采用内燃车辆,作业时排出废气污染洞内空气,因此应注意加强洞内通风。

3）运渣方法选型

渣土性质是选择装渣运渣方式的重要依据。渣土性质主要指破碎的渣土大小、硬度、吸水后的变化、体积增加比例等,并受开挖方式、围岩条件的影响。反过来,渣土的大小及其混合比例、硬度及吸水后的变化又对装渣机、运送方式、临时设备、二次破碎设备等的选择产生影响。除了考虑渣土性质之外,还要研究装渣机、运送机械、各种设施之间的配套,编制安全合理的出渣计划。同时,也要根据出渣方式研究通风容量、通风方式等问题。运渣方法选型见表 4-4-12。

运 渣 方 法 选 型　　　表 4-4-12

序号	项　目	方　　法
1	有轨运输系统中牵引车与运输设备的选取	（1）牵引车是有轨运输的动力设备,通常采用电瓶车,常用型号为 14t、18t。隧道施工中为减少污染常用电瓶车作牵引车,隧道内每台电瓶车牵引一组运渣设备,并考虑部分备用电瓶车;每台电瓶车备用 1 个电瓶车蓄电池组,在洞外充电房充电备用。 （2）内燃机车具有较大的牵引动力,配合大型斗车可以加快出渣速度,但在机车运行中排除有害气体,需要安装废气净化装置或配备强大的通风设施,故隧道施工中一般不采用。 （3）运输矿车的种类很多,有梭式、曲轨侧卸式、翻转车厢式、固定车厢式等,其中隧道施工常用的有梭式和曲轨侧卸式矿车

续上表

序号	项 目	方 法
2	无轨运输系统中常用的调车方式	(1)有条件构成循环通路时,最好制订单向行驶的循环方案,以减少回车、错车需用场地及待避时间; (2)当开挖断面较小,只能设置单车通道而装渣点距洞口又较近时,可考虑汽车倒行进洞至装渣点装渣,正向开行出洞,不设置错车、回车场地,如果洞内运行距离较长时,可在适当位置将导洞向侧壁加宽构成错车、回车场地,以加快调车作业; (3)当隧道开挖断面较大,足够并行两辆汽车时,应布置成双车通道,在装渣点附近回车,空车、重车各行其道,可以提高出渣速度; (4)在采用装渣机装渣、汽车运输的情况下,要充分利用双方都有机动能力的特点,可以采取双方同时机动或一方机动、另一方固定的方式进行装渣

4)弃渣作业要求

渣土存放的场地依据设计文件规划或与地方有关部门协商,结合当地土地利用规划。一般选择在坡度较缓、易于开发处,避免大面积汇水地带的滞留谷地,以保证山体和自身稳定。应避免选择当地保护环境与风景区范围内,选择位置不靠近河道、桥梁、涵洞口与暗河口处,不影响附近建筑物、农田、水利、河道和交通。有特殊要求或特殊地理位置的施工地段,应按设计要求及时配套完成环保工程。

弃渣前,应对渣场内地表覆土进行清除,当弃渣场地地面坡度大于1:5时,为防止弃渣滑移,应先按规定将原地面挖成台阶后方可弃渣。

渣土存放应当遵守以下原则:

(1)就近选择,减少运输距离和运输工作量。

(2)弃土场尽量布设在缓坡、山谷地或荒沟中,减少拦渣工程量,并尽量减少占用农地、耕地,不得挤占河道、公路边缘。

(3)弃渣场应避免设在山洪下泻通道,以免造成泥石流等水土流失灾害,同时弃土场不得设置于崩塌、滑坡等危险区的上方。

(4)弃渣一律堆放在弃渣场内,禁止随意倾倒。对因土石方随意倾倒,破坏地表植被已经造成了水土流失的,应立刻采取措施将土石方运走,并补修挡土墙,整理坡面,覆土植草,尽快恢复植被。

(5)全面规划和协调,集中弃土和弃渣,以免随处零散弃渣给防护带来问题。

(6)弃渣场应有足够大的容量,且易于防护,可以将弃渣的防护工作量和防护成本降低。

(7)在施工期内完成复垦,复垦主要是整平、绿化、造田。弃渣场和施工场地等临时用地全部复垦为林草或农业用地,工程永久占地范围内非硬化区全部植树种草,绿化率应达到100%。

4.3 支护作业

4.3.1 喷射混凝土施工

1)喷射混凝土原材料及配合比

(1)喷射混凝土的原材料

①水泥。为保证喷射混凝土的凝结时间,并与速凝剂有较好的相容性,所用水泥应具有强度高、抗渗性和耐久性好等优点,优先选用强度等级42.5以上的普通硅酸盐水泥,其次是矿渣硅酸盐水泥和火山灰质硅酸盐水泥;在地质条件复杂的隧道中应用早强水泥;使用前均应做强度试验。

②粗骨料(碎石或卵石)。为防止喷射混凝土过程中管道堵塞,减少回弹量及保证混凝土支护结构的强度,应采用坚固耐久的碎石或细卵石(粒径不宜大于15mm)。

③细骨料(中、粗砂)。为保证喷射混凝土的强度和减少施工作业时的粉尘,以及减少混凝土硬化时的收缩裂纹,应采用坚硬耐久的中、粗砂,细度模数一般宜大于2.5,含水率宜控制在5%~7%(超过7%喷射时易造成堵管)。

④水。为保证喷射混凝土正常凝结和硬化,保证强度和稳定性,不得使用污水及pH值小于4的酸性水和硫酸盐含量(按SO_4^{2-}计算)超过水量1%的水,也不得使用含有影响水泥正常凝结和硬化的有害物质的其他水。

⑤外加剂。主要是速凝剂,应采用符合质量要求并对人体危害性很小的外加剂。掺外加剂之前,应做与水泥的相溶性试验及水泥净浆速凝效果试验,初凝时间不应大于5min,终凝时间不应大于10min,速凝剂平时应保持干燥,勿受潮变质。在喷射混凝土中添加速凝剂的目的是使喷射混凝土速凝,以减少回弹及避免早强。因此,掺外加剂的喷射混凝土性能必须满足设计要求。一般速凝剂最佳掺量约为水泥质量的2%~4%,实际使用时拱部可用2%~4%,边部可用2%,掺量过多会对喷射混凝土产生不利影响。

⑥骨料成分和级配。喷射混凝土的骨料级配宜控制在现行《岩土锚固与喷射混凝土支护工程技术规范》(GB 50086)给出的范围内,见表4-4-13。若使用减水性质速凝剂,砂、石(骨)料均不得含有活性二氧化硅,以免产生碱-骨料反应,引起混凝土开裂。为使喷射混凝土输送管道中顺畅和喷射后密实度高,砂石骨料级配应符合国家标准。

喷射混凝土骨料级配控制范围(单位:mm) 表4-4-13

序号	等级	骨料粒径							
		0.15	0.30	0.60	1.20	2.50	5	10	15
1	优	5~7	10~15	17~22	23~31	35~43	50~60	73~82	100
2	良	4~8	5~22	13~31	18~41	26~54	40~70	62~90	100

(2)喷射混凝土配合比

①干骨料中水泥与砂石质量比。水泥与砂质量比一般为1:4.5~1:4,每立方米干骨料中,水泥用量约为375~400kg。实践表明,这种配合比能满足喷射混凝土强度要求,回弹也较少。

②含砂率。含砂率一般为45%~55%。实践表明,含砂率低于45%或高于55%,均容易造成堵管、回弹量大、强度低且收缩加大。应特别强调,不宜采用细砂,它会影响喷射混凝土强度,增加其收缩开裂等;宜用中砂或中粗混合砂,砂子含水率应控制在5%~7%(按质量计)。

③水灰比。水灰比一般以0.4~0.45为宜。经验表明,水灰比太小,将导致粉尘大,回弹量多,黏性低,喷层会产生干斑、砂窝等现象,并影响喷射混凝土的密实性;水灰比太大,又会导致喷射混凝土的强度低、速凝效果差,造成喷层流淌、滑移、坍塌等。

④速凝剂和其他外加剂。速凝剂和其他外加剂的最佳掺量值应由试验确定,并要求达到各龄期的设计强度。工程实践表明,速凝剂效果因水灰比和施工温度的不同而有差异。水灰比越大,速凝效果越差;施工温度越高,速凝效果越好。当施工温度低于5℃时,即使加入速凝剂,喷射混凝土也很难成型。

综上,合理的配合比必须满足喷射混凝土工艺流程的基本要求,即易喷射、不易堵管、减少回弹量和粉尘;同时,要符合设计要求的质量好、强度高、密实度高、防水性好等。

2)施工作业流程

湿式喷射混凝土是指将骨料、水泥和水按设计比例拌和均匀,用湿式喷射机压送到喷头处,再在喷头处添加速凝剂后喷出,常用机械如图 4-4-33、图 4-4-34 所示。喷射混凝土施工作业流程如图 4-4-35 所示,湿喷工艺流程如图 4-4-36 所示。湿喷混凝土质量容易控制,喷射过程中的粉尘和回弹量很少;湿喷混凝土坍落度应控制在 5～6cm,做到喷射时不离析,水泥砂浆不粘管,以确保质量,但对喷射机械要求较高,机械清洗和故障处理较麻烦,对于喷层较厚的软岩和渗水隧道,则不宜使用湿喷。

图 4-4-33　湿喷机　　　　　　　　图 4-4-34　混凝土搅拌机

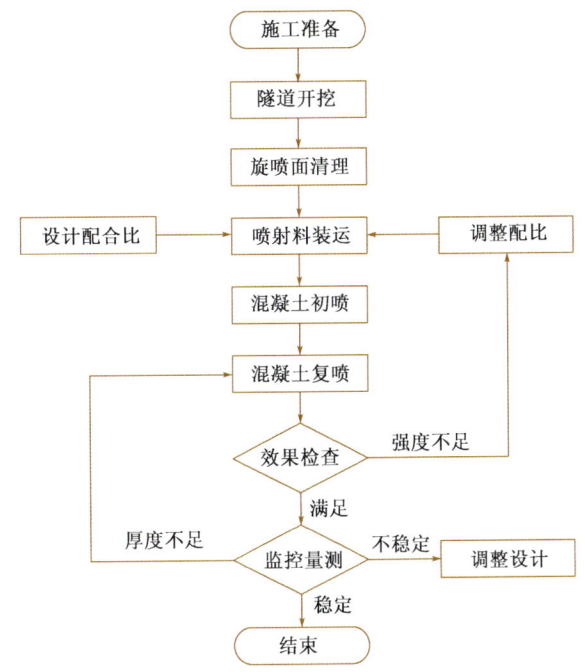

图 4-4-35　喷射混凝土施工作业流程图

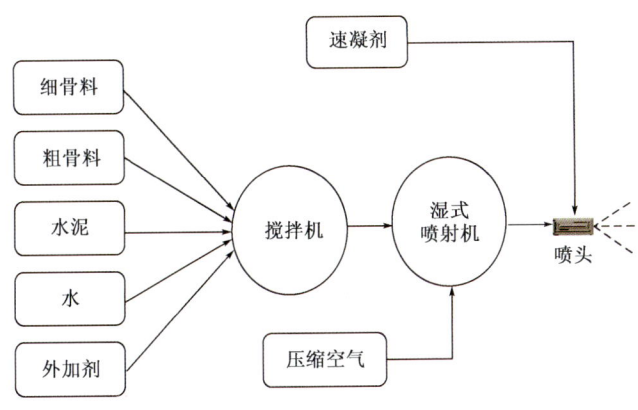

图 4-4-36　湿喷工艺流程图

3）施工控制要点

喷射混凝土施工控制要点见表 4-4-14。

喷射混凝土施工控制要点　　　　表 4-4-14

序号	工序	施工控制要点
1	施工准备	(1) 对机械设备、风、电和管线路检查，并试运行； (2) 施工人员佩戴好个人防护用品； (3) 喷射混凝土前，应检查开挖断面尺寸，清除开挖面杂物，设置控制喷层厚度标志
2	搅拌运输	(1) 施工现场采用搅拌机进行搅拌时，拌和时间不小于120s； (2) 现场搅拌完成运送至作业掌子面湿喷机
3	开机	(1) 湿喷机一定放在围岩稳定地段，开始时，先送风，再开机，再供料，结束时先停料再关机，最后停风； (2) 喷射时，控制好风压、喷射距离，避免回弹骨料伤人
4	喷射	(1) 自下而上喷射，先将低洼处大致喷平，在顺序分层、往复喷射。 (2) 整体喷射前应进行初喷，厚度不小于4cm。 (3) 先喷钢架与围岩间的混凝土，再喷两钢架之间混凝土。 (4) 有钢架时边墙应从墙脚开始向上喷射，一次喷射厚度7~15cm，拱部一次喷射厚度5~10cm。 (5) 喷射是喷头与受喷面保持0.8~1.2m的距离，喷射角度尽可能接近90℃，喷射压力控制在0.5~0.8MPa。 (6) 喷射进度要适当，有利于混凝土的压实，风压过大，回弹增加；风压过小，喷射速度过小，压实度小，影响混凝土强度。 (7) 喷浆结束后，及时对湿喷机进行清洗，防止下次使用出现堵管造成的管道炸裂伤人
5	质量控制	(1) 按照埋设标志控制喷射混凝土的厚度； (2) 分层喷射时后一层要在前一层混凝土凝结后进行，如果凝结1h后再喷射时，要先用高压风和水清洗喷层表面； (3) 至少60%的厚度检查点应大于设计厚度； (4) 最小厚度不应小于设计厚度的1/2，且不小于3cm； (5) 平均厚度应大于设计厚度
6	安全文明施工	(1) 喷射混凝土作业前应清除工作面松动的岩石，确认作业区无塌方、落石等危险源存在； (2) 喷射混凝土作业人员应佩戴防尘口罩、防护眼镜等防护用具； (3) 施工中喷嘴前严禁站人

4）施工注意事项

(1) 操作前应按施工措施认真检查机器是否运转正常，发现问题及时处理。

(2) 喷射前应对受喷岩面进行处理。一般岩面可用高压水冲洗受喷岩面的浮尘、岩屑，当岩面遇水容易潮解、泥化时，宜采用高压风吹净岩面。

(3) 选用的空气压缩机应满足喷射机工作风压和耗风量的要求。

(4) 输料管应能承受0.8MPa以上的压力，并应有良好的耐磨性能。

(5) 保证作业区内具有良好的通风和照明条件。

(6) 喷射混凝土作业应采用分段、分片、分层依次进行，喷射顺序应自下而上，分段长度不宜大于6m。喷射时先将低洼处大致喷平，再自下而上顺序分层、往复喷射。

(7) 喷射速度要适当，以利于混凝土的密实。开机后注意观察风压，起始风压达到0.5MPa后，才能开始操作，并据喷嘴出料情况调整风压。一般工作风压：边墙0.3~0.5MPa，拱部0.4~0.65MPa。黄土隧道喷射混凝土时喷射机的压力一般不宜大于0.2MPa。

(8)喷射时使喷嘴与受喷面间保持适当距离,喷射角度尽可能接近90°,以获得最大压实和最小回弹。喷嘴与受喷面间距宜为0.6~1.5m;喷嘴应连续、缓慢作横向环行移动,一圈压半圈,喷嘴所画的环形圈,横向40~60cm,高15~20cm;若受喷面被钢架、钢筋网覆盖时,可将喷嘴稍加偏斜,但不宜小于70°。如果喷嘴与受喷面的角度大小,会使混凝土物料在受喷面上滚动,产生凹凸不平的波形喷面,增加回弹量,影响喷射混凝土的质量。

4.3.2 锚杆施工

1)分类

地铁施工中使用的锚杆具有不同的分类形式,见表4-4-15。

锚杆分类 表4-4-15

序号	分类形式	类型	特点	图示
1	根据锚固形式分类	砂浆锚杆	使用水泥砂浆作为锚固剂的锚杆,该类锚杆安装简便,成本较低廉,但是锚固力较弱,多用于岩石构造较完整的边坡保护或者临时锚固的地点	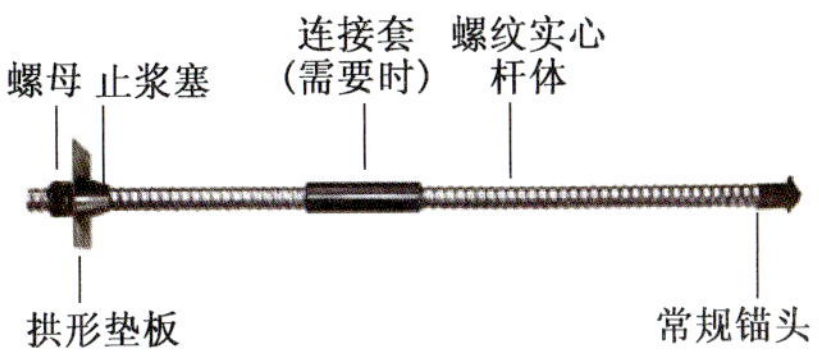
2		中空注浆锚杆	属于空心锚杆的一种,多用于相对稳定完整的岩层,树脂、工程胶水、速凝水泥等锚固剂自锚杆中心注入,比普通锚杆锚固质量好	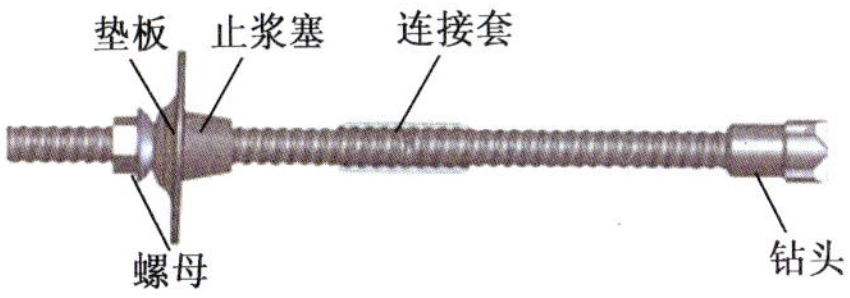
3		自进式锚杆	主要用于断层破碎带开挖支护施工,在复杂地质条件下取代普通砂浆锚杆,克服了普通砂浆锚杆诸如塌孔、无法插杆、注浆不饱满等难题,具有较好的应用价值	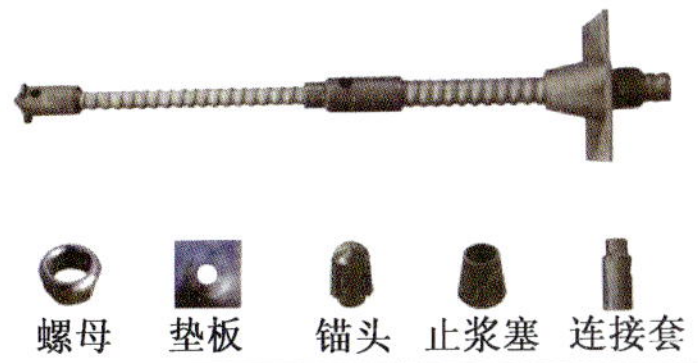
4	根据使用目的分类	超前锚杆	沿开挖轮廓线,以一定的外插角打入开挖工作面,形成对前方围岩的预支护	
5		锁脚锚杆	隧道开挖采用先拱后墙的方式开挖时,为确保安全,在进行下一步施工开挖之前,在拱脚处垂直岩壁打入的锚杆,防止拱顶收缩、掉拱	
6		系统锚杆	在隧道周边按一定间距径向布置的锚杆群	

2）施工作业流程

砂浆（锚固剂）锚杆、自进式锚杆和中空注浆锚杆施工作业流程分别如图4-4-37～图4-4-39所示。

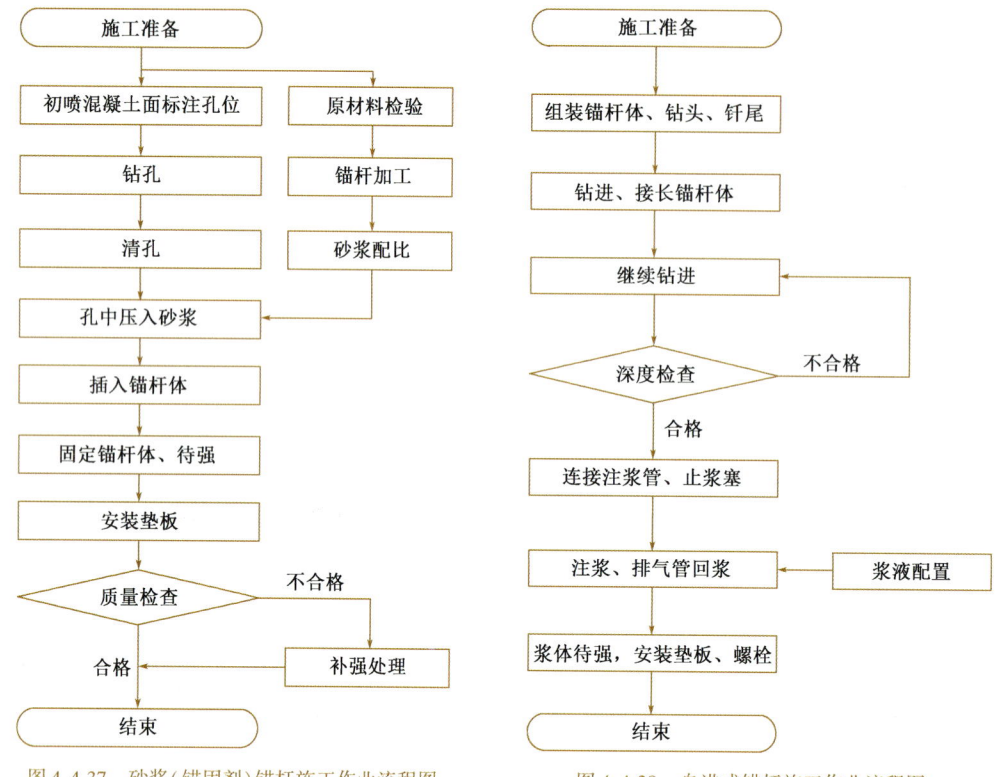

图4-4-37　砂浆（锚固剂）锚杆施工作业流程图　　　　图4-4-38　自进式锚杆施工作业流程图

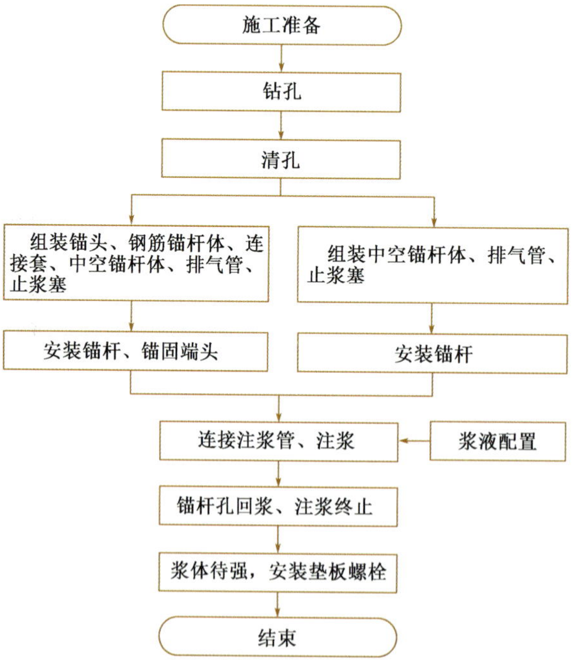

图4-4-39　中空注浆锚杆施工作业流程图

3）施工控制要点

砂浆锚杆施工控制要点见表4-4-16，自进式锚杆施工控制要点见表4-4-17，中空注浆锚杆施工控制要点见表 4-4-18。

砂浆锚杆施工控制要点 表 4-4-16

序号	工序	施工控制要点
1	锚杆准备	杆体直径均匀,无严重锈蚀,弯折现象
2	定位	定出锚杆开孔位置,孔位允许偏差 ±150mm
3	锚杆钻孔	(1) 钻孔前对围岩进行检查,看有无掉块、开裂现象,确保安全。 (2) 钻孔与围岩面或所在部位岩层的主要结构面垂直。 (3) 钻孔的深度误差不大于 ±50mm。钻孔圆而直,直径大于杆体直径 15mm
4	清孔检查	成孔后采用高压风吹洗清孔,检查锚杆孔位间距、深度、角度是否符合要求,深度误差不大于 ±50mm。发现不合格钻孔应废弃重钻
5	注浆安装	(1) 砂浆强度不低于 M20。 (2) 将注浆管插至距孔底 5~10cm,利用高压风将砂浆不断压入眼底,注浆管跟着缓缓退出眼孔,并始终保持注浆管口埋在砂浆内。注浆管全部抽出后,立即把锚杆插入眼孔,然后用木楔堵塞眼口,防止砂浆流失。 (3) 安装好的锚杆不得敲打或悬挂重物。 (4) 注浆嘴不得对人放置
6	锚杆验收	(1) 锚杆入孔到底时孔口无水泥浆流出,须拔出锚杆重新注浆安装; (2) 杆体插入孔内长度不小于设计规定的 95%,安装数量符合设计要求; (3) 锚杆垫板与喷射混凝土面密贴

自进式锚杆施工控制要点 表 4-4-17

序号	工序	施工控制要点
1	施工准备	(1) 采用人工或机械将要施工的场地平整好,以便潜孔钻机进出及操作;根据需要搭设工作平台或脚手架,以便操作; (2) 将各种风管和水管接好,保持各种管路畅通,空气压缩机司机和注浆手及潜孔钻司机到位,空气压缩机、潜孔钻机、注浆泵、灰浆搅拌机试机无故障,备好各种料具
2	钻孔	(1) 空气压缩机启动后,开启潜孔钻机,根据地形及地质情况,调整好潜孔钻机的钻进角度; (2) 给潜孔钻套上专用的纤尾套,将锚杆与纤尾套连接牢固,并在第一节锚杆的前端套上钻头,根据地质情况确定锚杆的长度,以便现场拼接锚杆; (3) 当一节锚杆钻进后,在前一节锚杆的尾套上带有人工涂抹润滑剂的连接套,然后再接好后一节锚杆,直到每根锚杆钻到需要的长度
3	注浆	(1) 通过快速注浆接头将锚杆尾端注浆泵相连,启动灰浆搅拌机,人工将水泥和其他外加剂材料按配合比制好,输入搅拌中进行加水搅拌; (2) 搅拌均匀后,输入压浆泵,压浆时要保持压浆高压管顺直,压浆量根据压浆泵压力或灰浆搅拌机的消耗速度确定; (3) 压浆完毕后,立即安装止浆塞,再进行锚固,将拱形垫板套在锚杆外露部分,与地表或岩层密贴,在垫板外安装好球形螺母
4	结束工作	当钻孔和注浆完毕后,撤走各类机械设备;拆除各类脚手架后再进行场地清理

中空注浆锚杆施工控制要点 表 4-4-18

序号	工序	施工控制要点
1	施工准备	(1) 对风水、电、设备管线进行检查，并试运行，确保其处于安全状态； (2) 现场锚杆符合要求； (3) 作业人员佩戴好个人防护用品； (4) 施工前对现场围岩进行检查，确保安全
2	测量定位	按设计要求定出锚杆孔位，并做好标记，孔位允许偏差为 ±150mm
3	钻进安装	(1) 检查锚杆体钻头的水孔是否畅通，若有异物堵塞，及时清理。 (2) 锚杆对准布设的孔位慢慢钻进，直至设计深度。保持锚杆外露长度为 10～15cm
4	清理检查	(1) 锚杆钻入设计深度后，用水和高压风洗孔； (2) 检查锚杆间距、长度、角度是否符合要求，发现不合格的应废弃重钻
5	锚杆注浆	(1) 配制浆液时，操作人员戴胶手套、护目镜、穿长筒胶鞋； (2) 注浆料从杆体中孔灌入，上仰孔应按要求设置止浆塞和排气孔，根据技术交底要求控制注浆压力； (3) 注浆采取交错、间隔进行，注浆结束后检查其效果，不合格者补浆； (4) 注浆时，作业人员不准站在注浆口附近
6	锚杆验收	(1) 安装数量符合要求，锚杆打入长度不小于设计的95%； (2) 水泥浆体强度达 10.0MPa 后方可上紧垫板螺母，锚杆垫板与喷射混凝土面密贴

4）施工注意事项

(1) 一般宜先喷射混凝土，再钻孔安设锚杆；
(2) 锚杆的孔位、孔径、孔深及布置形式应符合设计要求；
(3) 锚杆杆体露出岩面长度，不应于大于喷层的厚度；
(4) 确保隧道工程辅助稳定措施中的锚杆施工质量符合设计要求。

4.3.3 钢架施工

1）方法简介

钢架施工包括钢架安装以及配套的钢筋网铺设。钢架是在隧道开挖初期支护期间，为使围岩保持稳定而按照隧道开挖轮廓线布设的由钢格栅或型钢、钢轨等制成的支护骨架结构，钢架安装后可达到支撑围岩稳定、限制围岩变形的目的，它通常与钢筋网、喷射混凝土等结合共同受力。

钢架一般分为格栅钢架和型钢钢架。格栅钢架由钢筋加工而成，主筋直径不宜小于 18mm，且焊接应符合设计要求。型钢钢架可采用工字钢、H 型钢等加工而成。

2）施工作业流程

钢架施工作业流程如图 4-4-40 所示。

3）施工控制要点

钢架的施工控制要点见表 4-4-19，根据钢架类型可选择序号 1 中的"型钢钢架加工"或"格栅拱架加工"工序。

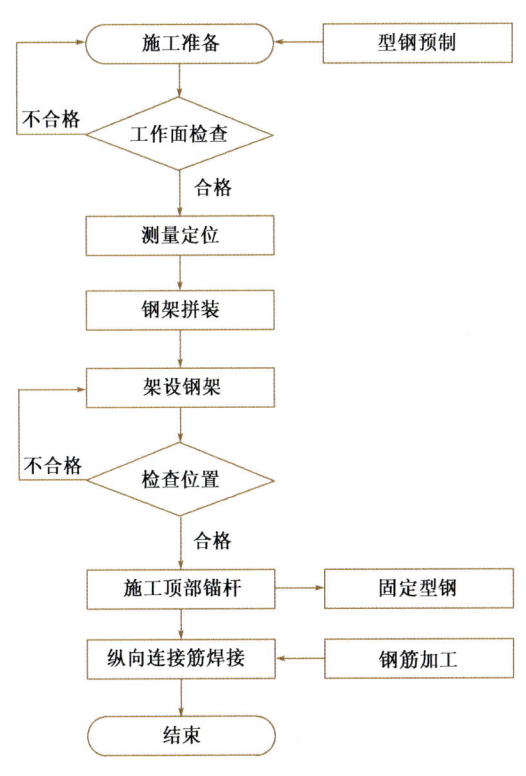

图 4-4-40　钢架施工作业流程图

钢架施工控制要点　　　　　　　　　　　　　　　　　　　　　表 4-4-19

序号	工　序	施工控制要点	图　示
1	型钢钢架加工	（1）型钢钢架采用冷弯机弯曲成型，连接板采用液压联合冲剪机冲孔； （2）拱架节点焊接长度应大于4mm，且对称焊接，焊接部位不得有假焊、漏焊现象，焊缝表面不得有裂纹、焊瘤等缺陷； （3）施工人员应在培训合格后上岗，焊工持证上岗	
1	格栅拱架加工	（1）根据格栅截面设计磨具，做好模具后方样线直接固定在硬化场地上，必须保证焊接牢固和竖向垂直，"8"字钢筋采用格栅钢架"8"字筋成型机加工，对焊接头。 （2）拱架加工允许偏差为：主筋全长±10mm，弯折位置20mm；箍筋内净尺±3mm。 （3）拱架加工允许偏差为：主筋全长±10mm，弯折位置20mm；箍筋内净尺±3mm	
2	拼装验收	首榀拱架拼装验收，后续拱架每50榀验收一次，并按单位编号。拱架尺寸准确，弧形圆顺，周边拼装允许偏差±3mm，平面翘曲小于2cm	
3	测量定位	检查开挖断面轮廓及中线高程，并确定拱架安设准确位置及高程	

续上表

序号	工序	施工控制要点	图示
4	钢架安装	(1) 钢架拼装前确认单元编号,钢架不得侵入二次衬砌断面,各节钢架间以螺栓连接,连接板要密贴; (2) 钢架紧贴掌子面,连接板处设置4根定位系筋,相邻两榀钢架之间设置 φ22mm 螺纹钢纵向连接筋,间距 1m,焊接牢固; (3) 分部开挖时钢架及时落底接长,封闭成环; (4) 拱脚采用壁厚 5mm 的 φ42mm 锁脚锚杆焊接牢固; (5) φ22mm 砂浆锚杆通过 L 形钢筋焊接牢固,拱脚处采用钢板垫实,垫板底部应密实,不得有虚渣	
5	检查验收	(1) 钢架安装允许偏差:钢架间距 ±10cm,横向位置和高度 ±5cm,垂直度 ±2°。 (2) 连接筋、锁脚锚杆与钢架焊接饱满,不得有假焊、漏焊现象。 (3) 钢架的混凝土保护层厚度允许偏差 -5mm。 (4) 每 20m 检查一次,段落内钢架数量不得少于设计值	
6	安全文明施工	(1) 隧道内搬运钢架应装载牢固,固定可靠,防止发生碰撞; (2) 不得利用装载机作为钢架安装作业平台; (3) 钢架节段及钢架之间应及时连接牢固,防止倾倒; (4) 钢架安装完成后应及时施作锁脚锚杆,并与之连接牢固,钢架地脚严禁悬空或置于虚渣上; (5) 钢架侵入限界需要更换时,应采取逐榀更换、先立新钢架后拆除废钢架的方法,严禁先拆废钢架后立新钢架或同时更换相邻的多榀钢架	

4) 施工注意事项

(1) 钢架应在每循环开挖完成后及时架设。

(2) 不宜在受力较大的拱顶及其他受力较大的部位设置钢架节点。

(3) 钢架安装前应检查开挖断面轮廓及中线高程。

(4) 钢架安装应确保两侧拱脚应放在牢固的基础上。安装前应将底脚处的虚渣及其他杂物彻底清除干净;脚底超挖、拱脚高程不足时,应用喷射混凝土填充;拱脚高度应低于上半断面底线 15~20cm,当拱脚处围岩承载力不够时,应向围岩方向加设钢垫板、垫梁或浇筑强度等级不低于 C20 的混凝土,以加大拱脚接触面积。

(5) 钢架应分节段安装,节段与节段之间应按设计要求连接。连接钢板平面应与钢架轴线垂直。

(6) 相邻两榀钢架之间应用纵向钢筋连接,连接钢筋直径不应小于 18mm,连接钢筋间距不应大于 1.0m。

(7) 钢架立起后,根据中线、水平将其校正到正确位置,然后用定位筋固定,并用纵向连接筋将其和相邻钢架连接牢靠。钢架安装时应垂直于隧道中线,竖向不倾斜、平面不错位,不扭曲。上、下、左、右允许偏差为 ±50mm,钢架倾斜度应小于 2°。

(8) 钢架在初喷混凝土后安装,应尽可能与围岩或初喷面密贴,有间隙时应采用混凝土垫块楔紧,严禁采用片石回填。

(9) 钢架应严格按设计架设,间距应符合设计要求,钢架安装位置采用红油漆进行标注,并编号。

(10) 下导坑开挖时,预留洞室的位置也要按设计要求进行支护,只有在施作二次衬砌时方可拆除,以确保安全。

（11）钢架安装就位后，钢架与围岩之间的间隙应用喷射混凝土充填密实，并使钢架与喷射混凝土形成整体。喷射混凝土应由两侧拱脚向上对称喷射，并将钢架覆盖，临空一侧的喷射混凝土保护层厚度应不小于20mm。

（12）钢架应经常检查，如发现破裂、倾斜、弯扭、变形以及接头松脱填塞漏空等异状，应立即加固。

（13）钢架的抽换、拆除应遵循"先顶后拆"的原则进行，防止围岩松动坍塌。

4.3.4 质量通病与防治措施

初期支护施工质量通病与防治措施见表4-4-20。

初期支护施工质量通病与防治措施　　　　表4-4-20

序号	质量通病	出 现 原 因	防 治 措 施
1	喷射混凝土强度不足	（1）混凝土配合比不合适； （2）喷射混凝土养护不到位； （3）喷射混凝土不密实	（1）优化喷射混凝土配比； （2）加强喷射混凝土养护及环境温度控制； （3）控制喷射混凝土时的角度、距离、速度、分层厚度
2	喷射混凝土回弹量大	（1）混凝土配合比不合适； （2）砂石料质量差、级配差； （3）喷射方式不正确	（1）优化喷射混凝土配比； （2）根据现场作业条件选择合适的喷射方式，控制喷射角度及速度； （3）严格清理岩面的粉尘及杂物，提高混凝土附着力； （4）严格控制材料质量
3	喷射混凝土不密实	（1）喷射距离、角度不正确； （2）喷射压力、速度不足； （3）未严格进行分层分步骤喷射	严格控制喷射混凝土时的角度、距离、速度、分层厚度
4	喷锚管炸管	（1）喷射压力过大； （2）喷锚料流动性较差，导致堵管； （3）喷锚管质量不合格	（1）严格控制喷射压力； （2）严格控制喷锚管配比及流动性； （3）采用合格喷锚管，定期检查
5	混凝土开裂剥落	（1）混凝土与岩面接合不良，受喷面杂物未清理干净； （2）混凝土配比不合适； （3）混凝土养护不及时或不规范； （4）受开挖爆破等振动影响	（1）喷射混凝土作业前充分清理受喷面，提高混凝土与岩面的黏着力； （2）选用合格的材料及配合比； （3）加强喷射混凝土养护； （4）合理调整工序，减少爆破等冲击
6	钢架与围岩接触不紧密	开挖面凹凸不平	（1）架设型钢钢架时，多采用垫块、楔块等楔紧，来调整力的分布； （2）格栅钢架与型钢钢架相比，与初喷混凝土的结合更好，更容易与围岩接触紧密
7	钢架下沉	拱部安装钢拱架后，若未及时安装下部钢拱架，短时间内不能全断面闭合，可能会出现拱顶钢架下沉，导致围岩失稳或侵入衬砌界限	（1）加强对钢架的锁脚固定； （2）加设钢架基础连接纵梁； （3）及时喷射混凝土进行覆盖； （4）防止施工过程中的碰撞和损害

4.4 超前支护与加固

4.4.1 超前锚杆

超前锚杆的柔性较大,整体刚度较小。采用风枪、凿岩机或专用的凿岩台车钻孔,使用锚固剂或砂浆锚固,施工工艺简单、工效高。

1)适用性

主要适用于应力不太大、地下水较少的破碎、软弱围岩的隧道工程中,如裂隙发育的岩体、断层破碎带等、浅埋无显著偏压的隧道,且一般与系统锚杆同时使用,形成联合支护。

应力较大的严重破碎围岩中,超前锚杆的后期支护刚度相对不足,不宜使用。

2)施工作业流程

超前锚杆施工作业流程如图 4-4-41 所示。

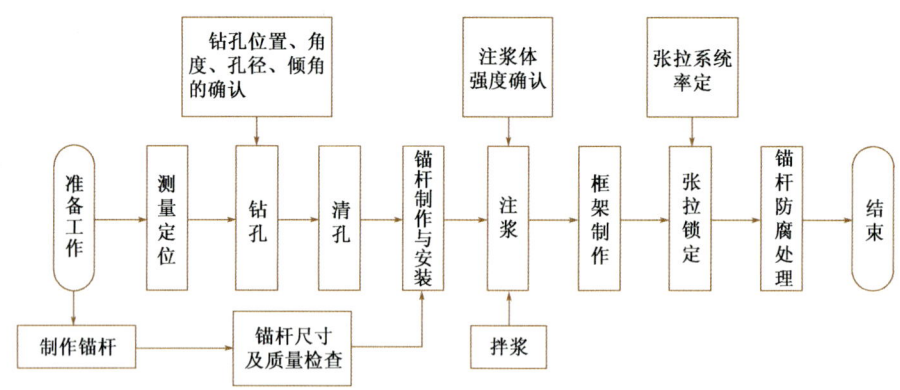

图 4-4-41 超前锚杆施工作业流程图

3)施工控制要点

(1)测量定位

①设置水准点、变形观测点;

②按照施工设计图采用全站仪进行测量放样确定孔位以及锚孔方位角,并做出标记。

(2)钻孔

①用凿岩机或凿岩台车引孔,钻孔时控制用水量,以防止塌孔。

②导杆或立轴与钻杆倾角一致,并在同一轴线上。

③钻孔速度应根据使用钻机性能和锚固地层严格控制,防止钻孔扭曲和变形,造成下锚困难或其他问题。

④严格控制孔位偏差:孔深偏差 50mm,角度偏差 1°~3°。预应力锚杆均采用"先插杆后注浆"工艺,上仰孔钻孔孔径大于锚杆直径 25mm 以上,下倾孔钻孔孔径大于锚杆直径 40mm 以上。

(3)清孔

冲击钻机和旋转钻机常选用气动阀进行清孔,在干燥的岩层中使用效果较好,也可以使用在稍微潮湿的岩层,水洗方法适用于旋转式取芯钻孔机和套管护壁钻孔。在城市密集区和地下洞室内由于气动钻孔冲击的过程中会产生较大的噪声和粉尘,宜采用水洗循环钻进,且一定要有必需的给水与排水措施。使用水洗时应当慎重,因为在水洗的过程中会降低岩土层的力学性能和结构,影响锚杆锚固体与周围地层的黏结度。

(4)锚杆制作与安装

锚杆制作与安装操作要点见表4-4-21。

插打锚杆操作要点　　　　　　　　　　　　　　　　　　表4-4-21

序号	工序	操作要点	图示
1	锚杆制作	(1)超前长度为循环进尺的3~5倍,环向间距0.3~1.0m,外插角10°~30°,搭接长度为超前长度的40%~60%; (2)根据设计图纸尺寸,在锚杆上安置定位支架,用黏结或绑扎等方式固定定位支架,绑扎时一定要捆扎牢靠; (3)锚杆制作完成后,进行外观检验,按锚杆长度、规格对应孔号进行编号; (4)锚杆自由段防腐处理时,内涂无水黄油,外套聚乙烯塑料套管,套管直径大于锚筋外径5~10mm,与锚固段接合处用密封塞封闭密实,以防注浆时浆液进入自由段	
2	锚杆安装	(1)锚杆安装前对钻孔重新进行检查,对塌孔、掉块进行清理或处理; (2)推送锚杆时用力要均匀一致,防止在推送过程中损伤锚杆配件和防护层,并注意在推送过程中不得使锚杆体转动,应确保将锚杆体推送至预定的深度; (3)推送困难时,将锚杆抽出,对抽出的锚杆进行仔细检查,并对配件安放固定的有效性、防护层的损坏程度、孔的清洁度进行观察,当发现锚杆体配件有移动、脱落或锚杆体上黏附的粉尘和泥土较多时,应加强配件的固定措施并对其他钻孔进行检查,必要时对钻孔重新进行清理	

(5)注浆

①可利用注浆泵往孔内注入早强水泥砂浆。注浆时,以水引路,将拌和好的砂浆装入注浆器并充满管路,并将注浆管插入到管口距孔底10cm。打开进风阀门,用高压空气将水泥砂浆压入孔眼内,至孔深2/3以上停止注浆。

②当使用自由段带套管的预应力锚杆时,应在锚固段和自由段长度内采取同步灌浆,将水泥浆经胶管(或用1根直径30mm左右的钢管作灌浆管)推入孔内,在孔端注入锚剂;随着水泥浆的灌入,应逐步将灌浆管向外拔出至孔口,在拔管过程中应保证管口始终埋在砂浆内。灌注压力一般为0.4MPa左右,压力不宜过大,以免吹散浆液和砂浆。待浆液或砂浆回流到孔口时,将水泥袋纸等捣入孔内,再用湿黏土封堵孔口,并严密捣实。

③当使用自由段无套管的预应力锚杆时,应进行两次灌浆。第一次灌浆时,先灌注锚固段,必须保证锚固段长度内灌满,但浆液不得流入自由段;在灌注的水泥浆具备一定强度后,应对自由段进行第二次灌浆;灌浆时应注意,靠近地表的土层锚杆,其灌浆压力不可过大,以免引起地表面膨胀隆起,或影响附近原有的地下构筑物和管道的使用;在灌浆体硬化之前,不能承受外力或使锚杆移动。

④当使用永久性预应力锚杆时,采用封孔灌浆,使有用浆体灌满自由段长度顶部的孔隙。灌浆后,浆体强度未达到设计要求前,预应力锚杆不得受到扰动;灌浆材料达到设计强度时,方可切除外露的预应力锚杆,切口位置至外锚具的距离不应小于100mm。

(6) 张拉锁定

①锚杆张拉应进行原位试验,通过试验确定合理的张拉工艺,验证张拉指标,避免强行张拉。张拉可采用穿心式千斤顶、拉伸机、扭力扳手等机具进行,张拉前应对张拉设备进行率定。

②张拉过程中应保持锚杆轴向受力,必要时应设置球面垫圈和球形螺母。预应力锚杆正式张拉前,先按设计张拉荷载的20%预张拉1~2次,以保证各部位接触紧密。

③预应力锚杆正式张拉时,应张拉至设计荷载的105%~110%,再按规定值进行锁定。

④预应力锚杆锁定后48h内,若发现预应力损失大于锚杆设计值的10%,应进行补偿张拉。

(7) 锚杆防腐处理

预应力锚杆防腐处理措施见表4-4-22。

预应力锚杆防腐处理措施 表4-4-22

序号	防腐部分	防腐环境	防腐处理措施
1	锚杆锚固段的防腐处理	一般腐蚀环境中的永久锚杆	其锚固段内杆体可采用水泥浆或砂浆封闭防腐,但杆体周围必须有2.0cm厚的保护层
		严重腐蚀环境中的永久锚杆	其锚固段内杆体宜用纹管外套,管内孔隙用环氧树脂水泥浆或水泥砂浆充填,套管周围保护层厚度不得小于1.0cm
		临时性锚杆锚固段	杆体应采用水泥浆封闭防腐,杆体周围保护层厚度不得小于1.0cm
2	锚杆自由段的防腐处理	永久性锚杆自由段	内杆体表面宜涂润滑油或防腐漆,然后包裹塑料布,在塑料布面再涂润滑油或防腐漆,最后装入塑料套管中,形成双层防腐
		临时性锚杆的自由段	杆体可采用涂润滑油或防腐漆,再包裹塑料布等简易防腐措施
3	外露锚杆部分的防腐处理	永久性锚杆采用外露头时	涂以沥青等防腐材料,再采用混凝土密封,外露钢板和锚具的保护层厚度不得小于2.5cm
		永久性锚杆采用盒具密封时	用润滑油填充盒具的空隙,临时性锚杆的锚头宜采用沥青防腐

4) 施工注意事项

(1) 施工前,根据图纸、地质报告以及技术规范编制专项施工方案,并进行技术交底。

(2) 浆液应搅拌均匀,过筛,随搅随用,浆液应在初凝前用完,注浆管路应保持畅通。

(3) 为确保锚固工程施工不影响工程地质条件和保证孔壁的黏结性能,锚孔钻进应采用无水干钻。

(4) 锚杆制作完成后应尽早使用,避免长期存放;锚杆应存放在干燥、清洁的地方,锚杆体裸露部分应用浸渍油脂的纸张或塑料布进行防潮处理,不得受到机械损坏。

(5) 安放锚杆杆体时,应防止杆体扭曲、压弯,注浆管宜随锚杆一同放入孔内,管端距孔底为50~100mm,杆体放入角度与钻孔倾角保持一致,安好后应使杆体处于钻孔中心,锚入长度不小于设计长度的96%。

(6) 若发现孔壁坍塌,应重新透孔、清孔,直至能顺利送入锚杆为止。

(7) 注浆时,当孔中存有积水,必须使积水全部排出,待溢出浆液的稠度与注入的浆液的稠度相同后再抽出注浆管。

4.4.2 超前小导管

1）适用性

超前小导管主要适用于隧道拱部软弱Ⅳ～Ⅴ级围岩、松散且无黏结土层、自稳能力差的砂层及砂砾（卵）石层及破碎岩层。通过超前小导管注浆能改变围岩状况及稳定性，浆液注入软弱、松散地层或含水破碎围岩裂隙后，能与之紧密接触并凝固。浆液以充填、劈裂等方式，置换土颗粒间和岩石裂隙中的水分及空气后占据其位置，经过一定时间凝结，将原有的松散土颗粒或裂隙胶结成一个整体，形成一个强度大、防水性能良好的固结体，使得围岩松散破碎状况得到大幅度改善。

2）施工作业流程

超前小导管施工作业流程如图4-4-42所示。

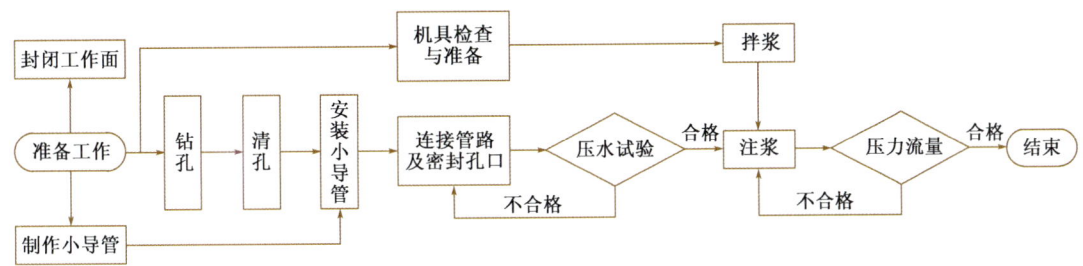

图4-4-42 超前小导管施工作业流程图

3）施工控制要点

（1）制作小导管

①小导管的直径和材质应符合设计要求，一般采用直径40～50mm的无缝钢管或水煤气管，钢管应直顺；

②在小导管前段做成长约10cm的尖锥形，尾部焊接6～8mm钢筋加劲箍，距离后端100cm内不开孔，作为止浆段，剩余部分按20～30cm梅花形钻眼，眼孔直径为6～8mm，如图4-4-43和图4-4-44所示。

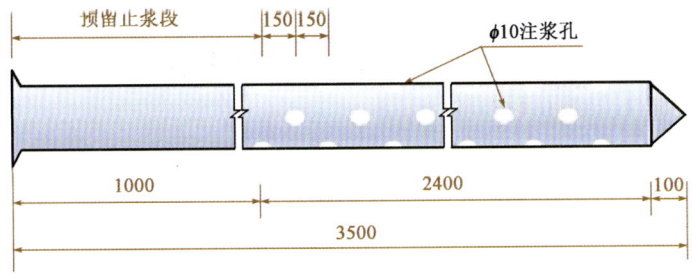

图4-4-43 注浆小导管制作示意图（尺寸单位：mm）

（2）钻孔

超前小导管采用的打入方式主要有：

①喷射混凝土前吹孔后插入小导管；

②预埋套管喷射混凝土后吹孔后插入小导管；

③预埋管喷射混凝土后使用风镐打入小导管。

超前小导管打入方式主要根据所处地层条件确定,如潮湿状态下的粉细砂层,具有一定的自稳定性,常采用喷射混凝土前吹孔后插入小导管;中粗砂层呈松散状态,即挖即塌,常采用预埋套管喷射混凝土后吹孔后插入小导管;卵石层呈多态分布,卵石含量约60%～75%,中粗砂填充,常采用预埋管喷射混凝土后使用风镐打入小导管。

钻孔时应注意以下问题:

①小导管采用钻孔布设时,钻孔深度大于导管长度,采用锤击或风镐顶入时,插入长度不小于管长的90%。

②超前小导管施工采用风动凿岩机冲击振动将小导管直接顶入岩层时,可采用凿岩机或煤电钻引孔,钻孔直径大于小导管直径10～20mm。

③首环导管施工前,喷射混凝土3～5cm封闭拱部开挖工作面裂隙,作为止浆墙,然后钻设超前小导管孔,后续循环则可利用循环间搭接部分作为止浆墙。

④按设计倾角、间距、孔深钻设超前小导管孔,一般外插角宜为10°～15°,允许误差方向角2°,孔口距+50mm,孔深+50mm。

⑤清孔后将小导管打入孔内,再用高压风从孔底向孔口清除管内杂物,连接注浆管,采用塑胶泥封堵孔口。同时配制浆液,调试注浆机,进行压水试验,检查机械设备工作是否正常,管路连接是否正确,前后两排小导管搭接长度不小于1.0m。

(3)安装小导管

①小导管沿隧道拱部均匀布设,环向布设间距应符合设计要求,根据围岩自稳能力一般间距为300～500mm,小导管导向装置如图4-4-45所示;

②沿隧道纵向的两排小导管之间搭接长度可为1m;

③超前小导管应配合钢架使用。

图4-4-44　超前小导管

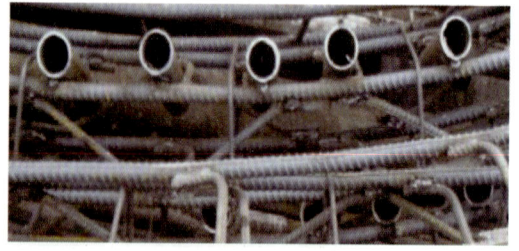

图4-4-45　小导管导向装置

(4)注浆

①小导管安装完成后,根据设计和试验结果确定注浆参数。

②注浆浆液一般采用水泥浆、水玻璃或水泥—水玻璃双液浆等,其他材料可根据地层和现行《岩土锚固与喷射混凝土支护工程技术规范》(GB 50086)选择,见表4-4-23,浆液配合比应经现场试验确定。

③水泥浆液应采用拌合桶配置,配置水泥浆或稀释水玻璃浆液时,应防止杂物混入,拌制好的浆液应过滤后使用;配置好的浆液应在规定时间内用完,随配随用。

④注浆按由上至下、浆液先稀后浓、注浆量先大后小、注浆压力由小到大的顺序进行。

⑤当发生串浆时,采用分浆器多孔注浆或堵塞串浆孔隔孔注浆。当注浆压力突然升高时应停机检查原因;当水泥浆进浆量很大,压力不变时,则应调整浆液浓度及配合比,缩短凝结时间,采用小流量低压力注浆或间歇式注浆。

⑥当压力达到设计注浆终压并稳定 10~15min,进浆速度为开始进浆速度的 1/4 或进浆量达到设计进浆量的 80% 及以上时注浆方可结束。

注 浆 材 料 选 择　　　　表 4-4-23

序号	地层条件	砂黏土	细砂	中粗砂	砂砾层
1	孔隙率(%)	30~60	30~50	30~50	40~50
2	有效注浆率	0.3~0.5	0.3~0.5	0.3~0.5	0.5~0.7
3	注浆材料	水玻璃	改性水玻璃	CS 浆液	水泥浆

4)施工注意事项

(1)超前小导管打设前应根据钢拱架支护间距确定好打设角度,如图 4-4-46 所示。角度过小,会影响下榀钢拱架的架设,极易造成侵限;角度过大,易出现超挖现象。

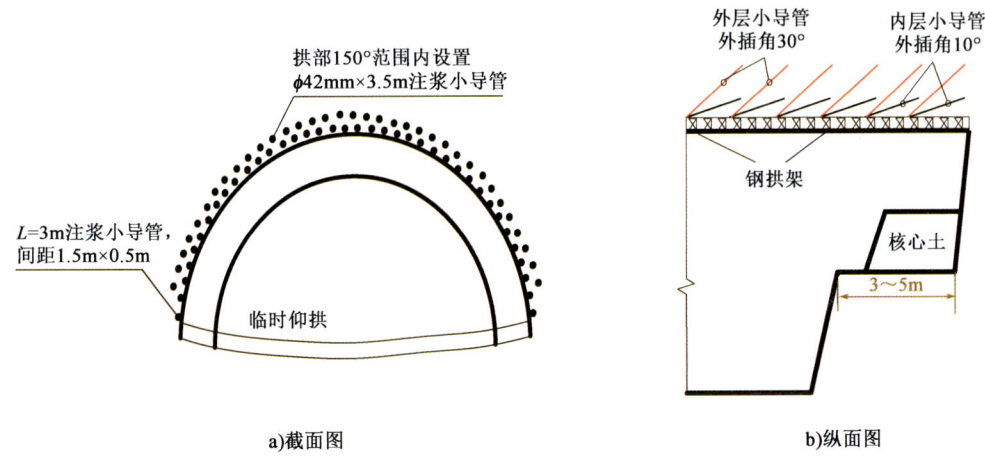

图 4-4-46　小导管超前支护示意图

(2)严格控制配合比与凝结时间。

(3)注浆过程中,严格控制注浆压力,注浆终压应达到设计要求并稳压。

(4)注浆效果检查:一方面用进浆量检查注浆效果,另一方面可检查开挖后地层固结厚度,如达不到要求,及时调整浆液配合比,改善注浆工艺。

(5)为防止孔口漏浆,在导管尾端用麻绳及胶泥(水泥 + 少许水玻璃)封堵钻孔与花管的空隙。

(6)注浆管与导管采用活接头连接,保证快速装拆。拆下活接头后,采用快干水泥封堵花管口,防止未凝结的浆液外流。

(7)注浆的顺序由两侧对称向中间进行,自下而上逐孔注浆。

(8)注浆过程应有专人记录,完成后检验注浆效果,不合格应进行补注。

4.4.3　管棚

管棚是在隧道开挖前,沿开挖轮廓线外在一定范围内,按一定外插角和间距插入一定直径的钢管,并注入水泥浆或水泥砂浆,然后将钢管尾部与钢架焊接为一体形成的拱部预支护构件。

1)管棚类型

管棚通常可分为长管棚和短管棚。

(1)短管棚:长度小于10m的小钢管,一次超前量小,基本上与开挖作业交替进行,占用循环时间较大,但钻孔安装或顶入安装较容易。

(2)长管棚:长度为10～45m,直径较大,一次超前量大,单次钻入或打入长钢管作业时间较长,但减少了安装钢管次数,减少了与开挖作业之间的干扰。

2)适用性

管棚整体刚度较大,对围岩限制能力强,施工精度要求高,造价高,速度慢,一般适用于对于围岩变形控制严格的软弱破碎围岩隧道工程中,如软弱、砂砾地层和软岩、岩堆、破碎带地段。其作用效果如下。

(1)梁拱效应:先行施工的管棚以掌子面前方围岩支撑和后方围岩支撑为支点,形成一个梁式结构,两者形成环绕隧洞轮廓的壳状结构,可有效抑制围岩松动和垮塌。

(2)加固效应:注浆浆液经管壁孔压入围岩裂隙中,使松散岩体胶结、固结,从而改善软弱(破碎)围岩的物理力学性质,增强围岩的自承受能力,达到加固管棚周边围岩的目的。

(3)环槽效应:掌子面爆破产生的爆炸冲击波传播和爆生气体扩展遇管棚密集环形孔槽后被反射、吸收或绕射,大大减小了反向拉伸波所造成的围岩破坏程度和扰动范围。

(4)确保施工安全:管棚支护刚度较大,施工时如再次发生塌方,塌渣将掉在管棚上部岩渣上,起到缓冲作用。即使管棚失稳,其破坏也较为缓慢。

一般开挖马头门、结构受力转换部位、大断面、重要管线下方适合采用管棚方案。

3)施工作业流程

管棚的成孔方式主要有两种:

一是引孔顶入法,当钻进地层易成孔时,一般采用先钻孔、后插管的方法,即钻孔完成经查合格后,将管棚连续接长,由钻机旋转顶进将其装入孔内;

二是跟管钻入法,当地质状况复杂,遇有砂卵石、岩堆、漂石或破碎带不易成孔时,将套管及钻杆同时钻入,成孔后取出钻杆,顶入管棚,拔出外套管。

管棚引孔顶入法施工作业流程如图4-4-47所示,管棚跟管钻入法施工作业流程如图4-4-48所示。

4)施工控制要点

(1)施工准备

施作护拱(洞口),应清理好管棚施作的端墙面,安设定位钢管。

(2)钻机就位

①钻机应具备可钻深孔的大扭矩,并要有能破碎地层中坚硬孤石的高冲击力。

②钻机应支撑于稳固的地基上。

③钻机钻杆轴线与孔口管线轴线相吻合。

④钻机孔位、入孔方位角、倾角必须在可靠的测量数据的基础上进行;孔位移动时,须报设计单位、监理单位同意,并计算回归角度,管棚管不允许向下倾斜,导向钻孔开孔角度可比设计角度上仰0.1%～0.2%,并在后50m回归设计轨迹线,以避免扩孔时钻孔中线下移而造成棚管侵限。

⑤每孔探头必须使用新电池,探头必须压紧,不得松动,探头盒、钻头连接丝扣必须完好、合适,且拧紧,探头标定长度误差要求小于1%,为保持导向角度稳定性,钻头后部用6m长、φ90mm钻杆连接,后再连接φ60mm钻杆,同时,钻头水眼要保证畅通,钻杆必须完好、畅通,不得有明显弯曲。

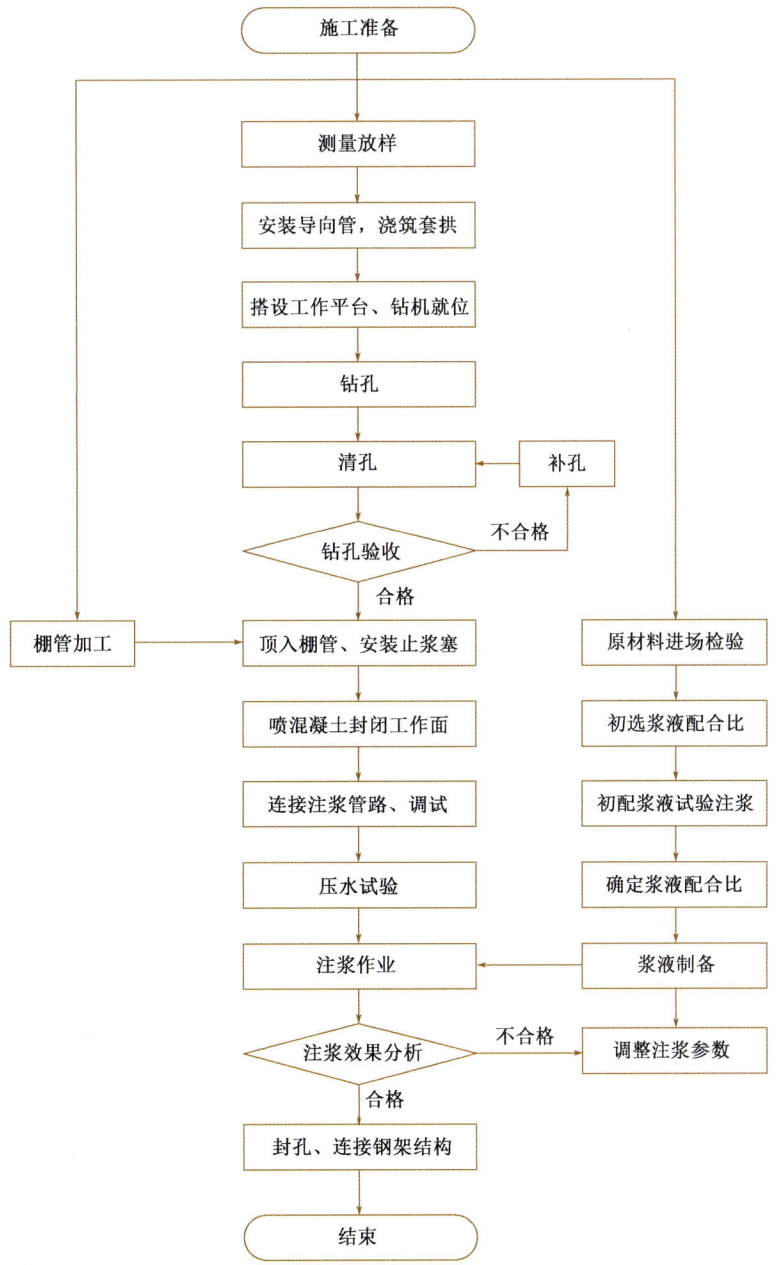

图4-4-47 管棚引孔顶入法施工作业流程图

(3) 钻孔

①当地质状况复杂,遇有砂卵石、岩堆、漂石等不易成孔时,可采用跟管钻进工艺。

②导向钻进前要对钻机定位、方位角及倾角、冲洗液流动及导向仪显示情况等进行全面复查,确认正常后开钻。

③钻进前必须开泵,待冲洗液流动正常后方可钻进。

④施钻过程中根据地质情况不断调整钻速及钻压,一般宜中、低压力,中速匀速前进。

⑤严格控制钻孔质量和允许偏差:方向角误差1°,孔口距+50mm,孔深+50mm;当与设计轨迹偏差

大于 0.2% 时,应及时纠偏;当纠偏无效,偏差大于 0.4% 时,应终止钻进,及时报告技术负责人或项目经理,研究对策后再继续施工。

⑥导向孔前 70m 按每 20m 一段、后 70m 按每 10m 一段,分段进行高程与深度校正,有偏差时要调整角度回归,并认真记录导向数据及钻进加尺情况。

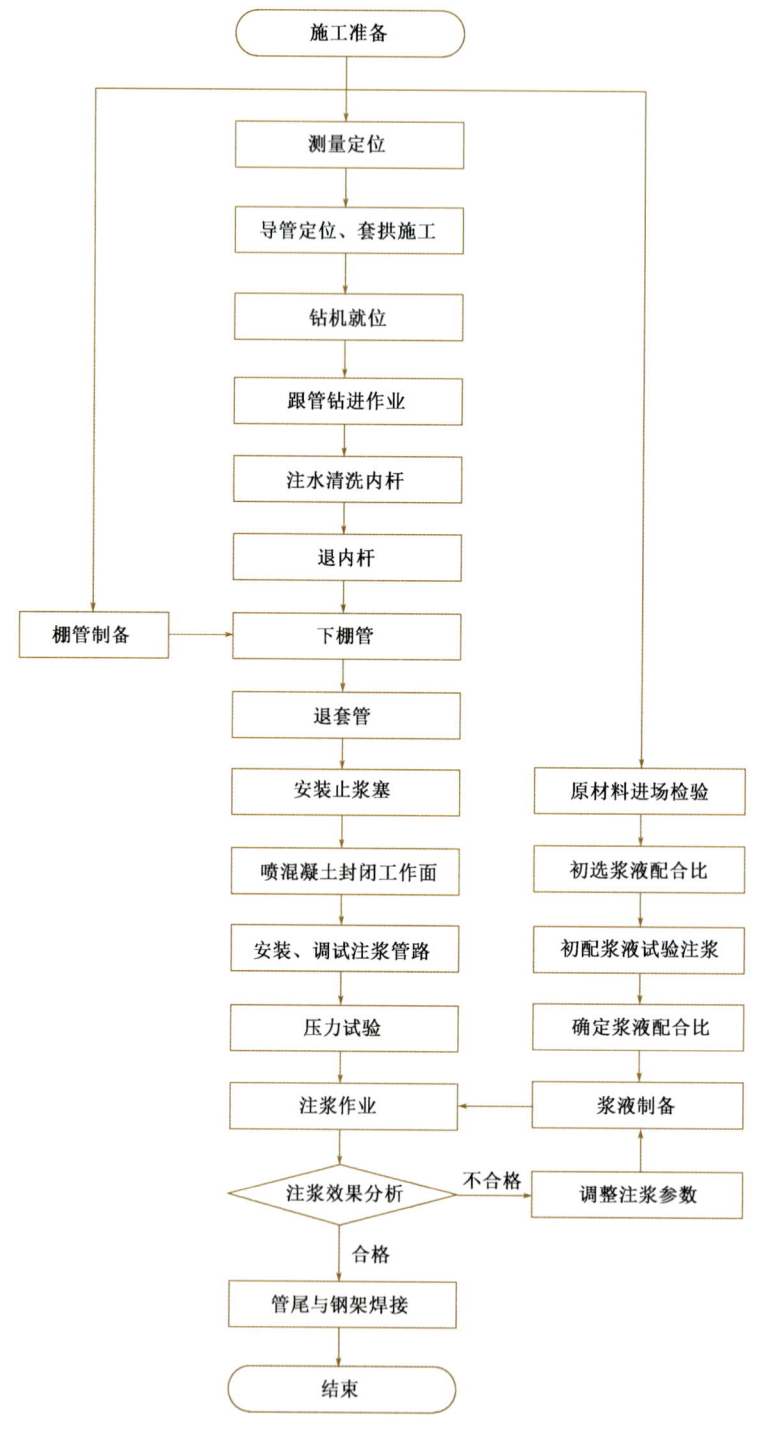

图 4-4-48　管棚跟管钻入法施工作业流程图

施钻进程中应及时记录和绘制孔位布置图。管棚布设主要取决于地形、地层、地下或地面和周围建(构)筑物的状况,一般布设形状及适用条件见表 4-4-24。

管棚布设形状及适用条件　　　　表 4-4-24

序号	布设形状	适用条件	图示
1	扇形布设	适用于隧道断面内地层比较稳定,但拱部附近地层不稳定的场所	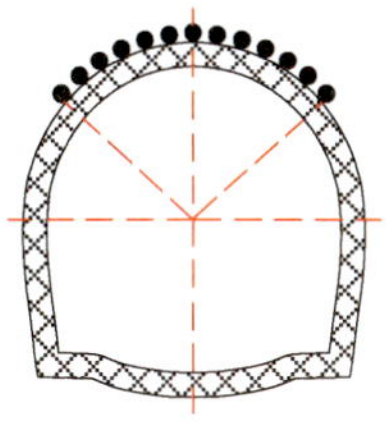
2	半圆形布设	适用于隧道下半部地层稳定,但起拱线以上地层不稳定的场合;也适用于地层比较稳定,但地表周围有结构物、埋深很小的情况	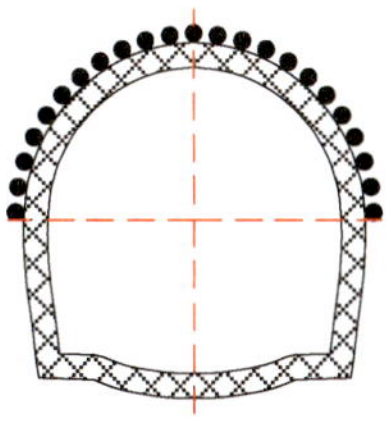
3	门形布设	适用于隧道基础稳定,但断面内地层及上部地层不稳定的场合	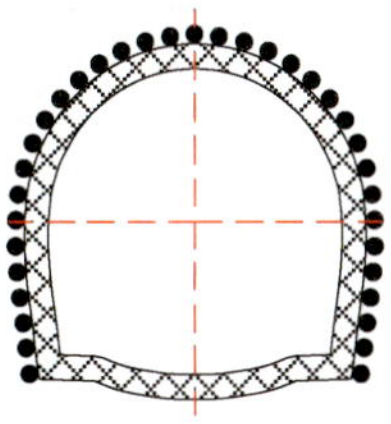
4	全周布设	适用于软弱地层或膨胀性、挤出性围岩等极差的场合	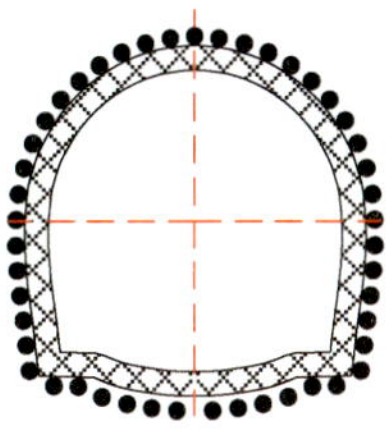
5	上部一侧布设	适用于隧道一侧有公路、铁路、重要结构物等需防护,或斜坡地形可能形成偏压的情况	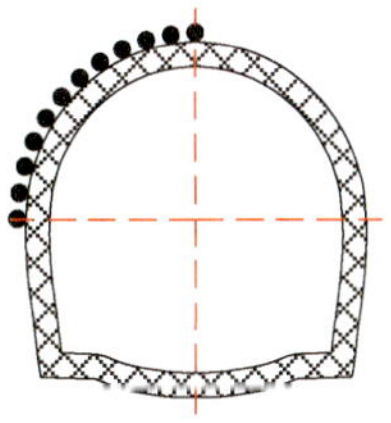
6	上部双层布设	适用于隧道上部有重要设施,拱部地层具有崩塌性的不稳定地段,以及地铁车站等大断面隧道施工或水下段施工	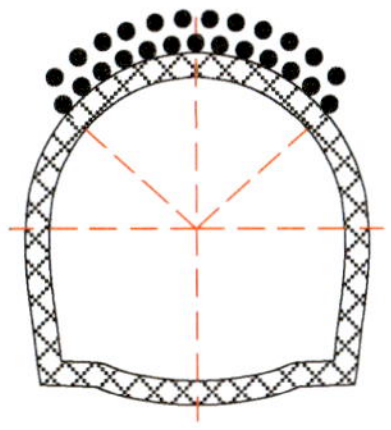
7	一字形布设	适用于在公路、铁路正下方施工,或在某些结构物下方施工	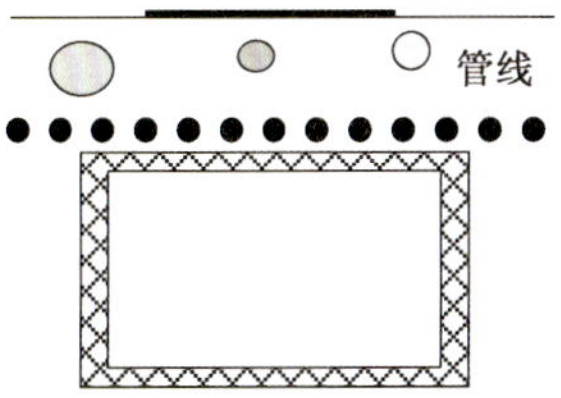

(4) 清孔验孔

用地质岩芯钻杆配合钻头进行反复扫孔、清除浮渣，采用高压风从孔底向孔口清理钻渣；并用经纬仪、测量仪等检测孔深、倾角、外插角。

(5) 安装管棚钢管

①管棚施工前，在长管棚设计位置安放至少 3 榀用工字钢组拼的管棚导向拱架，导向拱架内设置孔口管作为长管棚的导向管；

②洞口管棚一般采用套拱定位，套拱部位开挖应视现场地质条件及配套设备确定，管棚施工如图 4-4-49 所示；

③管棚节间用丝扣连接，同一断面内接头数量不得超过总钢管数的 50%，相邻钢管接头至少错开 1m；

④钢管安装后，管口用麻丝和锚固剂封堵钢管与孔壁间空隙，连接压浆管和三通接头。

a) 管棚钻孔施工

b) 钢管施工

图 4-4-49 管棚施工

(6) 注浆

①注浆前，应向开挖面、拱圈及孔口管周围岩面喷射厚度不小于 10cm 混凝土封闭，以防止钢管注浆时岩面缝隙跑浆；

②注浆采用隔孔灌注，初压为 0.5~1.0MPa，终压 2MPa，施工中持压 15min 后停止注浆；

③注浆参数应通过现场注浆试验确定，注浆浆液一般采用水泥浆，在地下水发育时，可采用水泥—水玻璃双液浆，水玻璃浓度为 35~40°Bé。注浆压力采用 0.5~1.0MPa，并根据施工情况动态调整；

④按先上后下、先稀后浓的原则进行，注浆量由压力控制，达到标准后关闭止浆阀，停止注浆。

(7) 封孔

注浆后要堵塞密实注浆孔，浆液强度应达到设计值的 70% 以上，或注浆 4h 后方可开挖工作面。

5) 施工注意事项

(1) 管棚应采用热轧钢管制作，必要时钢管内插入钢筋。

(2) 施工前应对施工影响范围内的管线、构筑物进行探测，核对资料，调查分布情况、最大埋深，根据调查结果制订相应防范措施。

(3) 孔口管密封盒的安装应严格按要求进行，麻片缠绕认真，松紧度、均匀度、厚度均控制好，与混凝土内衬墙连接固定要牢固、有效。

(4) 钻进中发现孔斜明显超标(限)时，须查明原因，采取有效纠偏措施，如调整角度或补打支护管等。

(5) 为预防缩孔、卡钻等情况，应注意以下事项：

①严格控制泵压、泵量，泵工应时刻观察冲洗液消耗量及循环状况，避免出现"干钻"。

②钻进中途应避免随意停钻，必须停钻时尽量压缩停钻时间。

(6) 管棚主要起到棚护作用，在开挖过程中可以有效防止大的塌方。但管棚对地表沉降作用不大，因此为了更好地控制地表沉降，可结合采用超前注浆等沉降控制措施。

6）施工案例

某隧道区间断面大，隧道埋深小，埋深最小处仅距地面7.0m。隧道断面为Ⅳ～Ⅴ级围岩，地质条件较差，为了保证隧道开挖安全，以及隧道地面道路、建筑物及地下管线的正常使用，在隧道开挖拱部设置 ϕ108mm、长60m 的热轧无缝钢管棚，管心与衬砌设计外轮廓线间距大于30cm，平行路面中线布置，如图4-4-50所示。

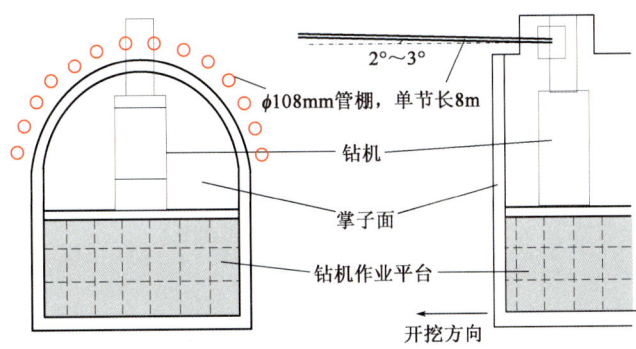

图4-4-50　管棚施作示意图

具体设计参数如下。

①钢管规格：热轧无缝钢管 ϕ108mm，壁厚5mm，节长有2.5m和5m两种。

②管距：环向间距50cm。

③外插角：2°～3°，方向与路线中线平行。

④施工误差：径向施工误差应不大于20cm。

⑤隧道纵向同一横断面内的钢管接头不大于50%，相邻钢管的接头至少须错开1m。

⑥灌浆材料：钢管内灌注1:1水泥—水玻璃双液浆。

⑦一次打设长度：60m。

4.4.4　管幕

管幕法是一种利用小口径顶管机建造大断面地下空间的施工技术，主要以单管顶进为基础，各单管间依靠锁口在钢管侧面相连接形成管排，并在锁口空隙注入止水剂以达到止水要求，管排顶进完成后，形成管幕。

1）适用性

管幕在一定跨度范围内可独自承担全部水土压力，可用于任何断面的隧道，适用于黏土层、砂层、淤泥层、回填及强风化地层隧道下穿铁路、高速公路及其他地面建（构）筑物，且要求隧道两端均有施工作业面。

2）施工作业流程

管幕施工作业流程如图4-4-51所示。

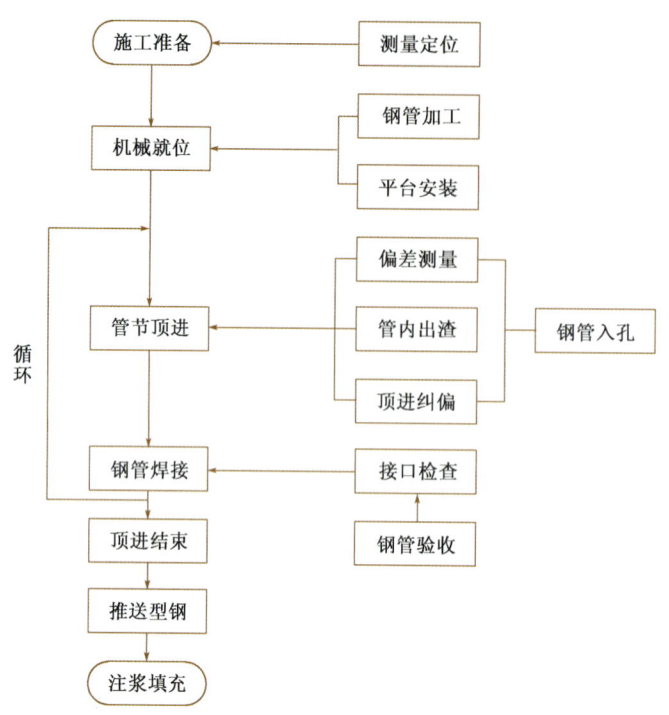

图 4-4-51 管幕施工作业流程图

3）施工控制要点

（1）钢管加工

管幕钢管需要进行一定尺寸的裁剪和角铁焊接。钢管锁扣结构示意图如图 4-4-52 所示。

（2）机械就位

管幕将内部装有破岩钻头的螺旋钻具钢管作为外套管，管幕机提供螺旋钻杆的旋转动力和套管的顶推力，如图 4-4-53、图 4-4-54 所示。

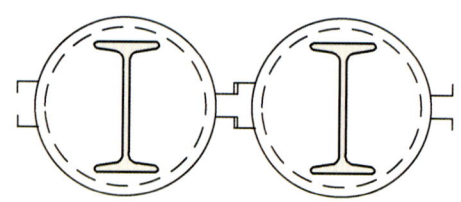

图 4-4-52 锁扣结构示意图

图 4-4-53 钢管内螺旋钻杆

（3）管内出渣

管幕机推进时，螺旋钻杆向钻头传递钻压和扭矩切削土层（图 4-4-55），并将钻渣由管内螺旋排到孔口管外。施工过程中边顶进、边切削、边出渣，将锁扣钢管逐段向前顶进至设计位置，每顶进一根管，清理一次管内土。

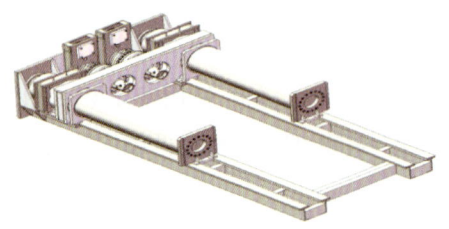

图 4-4-54 管幕机示意图

图 4-4-55 螺旋钻杆切削土层

(4)管节顶进

管排专用钻机具备400t以上的顶推力,采用全液压提供动力,钻具在管内出土的同时,管排施工顶推和出土同步进行。钢管顶进过程中,保证管排两根钢管内钻杆处于同步位置,钻杆伸出钢管10~15cm,并根据现场测量数据及出土量控制钻杆伸出或回缩。

(5)钢管焊接

单节管顶进完成后需要对钢管进行焊接接长,包含钢管焊接、锁扣角钢焊接、注浆管焊接。

(6)推送型钢

管幕钢管内通长插入28b型钢,型钢在现场加工裁剪,段落间采用焊接连接。管幕施工完成后,可采用专用设备推送型钢,不占用管幕施工时间。

(7)注浆充填

管幕打设完毕后,钢管管口使用钢板封闭,封闭前孔洞处先进行复喷。管内填充通过管口焊接的 $\phi 25mm$ 镀锌管注浆,水平方向为注浆口,垂直方向为排气口兼作观察孔。注浆管安装如图4-4-56所示。

后台拌制水泥浆,通过注浆泵注入钢管内,注浆压力控制在0.4~0.6MPa,注浆量以注满钢管为宜。单孔施工完成后,根据沉降观测结果决定是否及时注浆,沉降控制良好时,选取10~20个孔集中注浆,与顶进施工孔位间隔3~4m;若单孔沉降控制不好时,应对单孔及时注浆。一次注浆完成后,根据管内填充情况进行二次注浆。

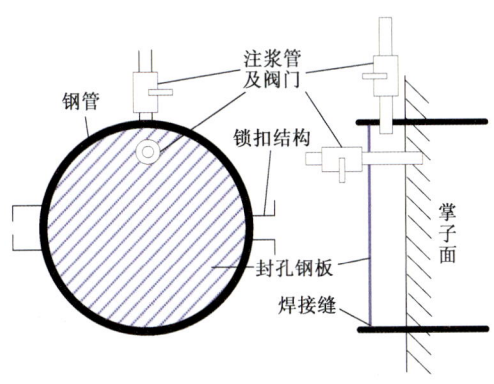

图4-4-56 注浆管安装示意图

4)施工注意事项

(1)完成第一节管排钢管顶进后,安装后续互锁的锁扣钢管,焊接牢固并绑焊钢板。

(2)安装带有钻头的螺旋钻具在第一节顶进钢管内,将钢管定位在钻机顶推盘;调校锁扣钢管的面向角,控制钢管左右侧锁扣高差在±2mm以内。

(3)调校钻机与横通道轴线平行或重合,水平方向误差控制在0.3%以内;按水平坡度入孔,坡度误差控制在0.3%以内。

(4)同时推动两根钢管前进并旋转出土,如发生角度偏转,立即采用楔形钻头进行纠偏作业。

(5)管幕钢管附带注浆管顶入地层中,出土过多时可通过注浆管补偿注浆。

5)施工案例

北京地铁19号线某车站为暗挖双层双柱三跨平顶直墙结构形式,标准段结构宽22.6m、高17.29m,顶板覆土厚度约7.2m,由于埋深较小,且车站采用平顶直墙,为确保车站暗挖施工时上方道路及管线的安全,车站施工中采用了管幕法。

车站所处地层主要为杂填土、素填土、粉细砂、卵石层等,地层具有多样性,地层特性差异较大,车站上层导洞位于粉细砂层,该地层自稳能力较差,易塌方。

管幕加固断面和结构示意图分别如图4-4-57、图4-4-58所示。管幕采用的钢管直径大、刚度大,起到棚架作用,可有效减少暗挖产生的地面沉降;同时确保因渗水引起的局部土体剪切应力降低的这部分土体稳定。

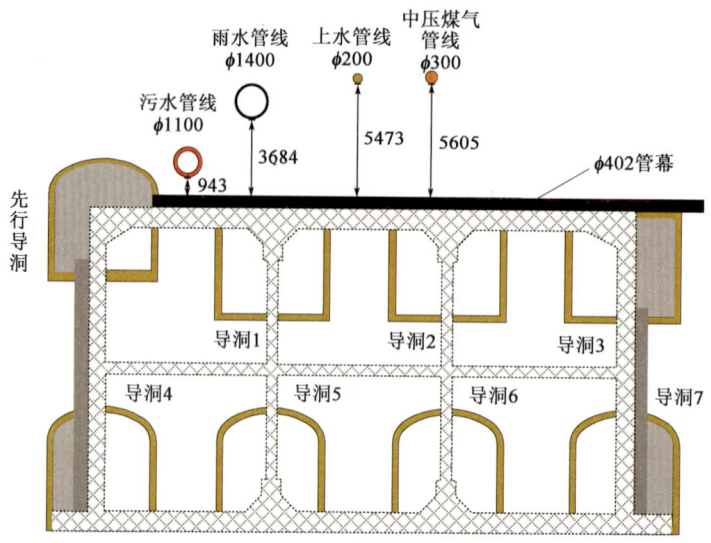

图 4-4-57 管幕加固断面示意图(尺寸单位:mm)

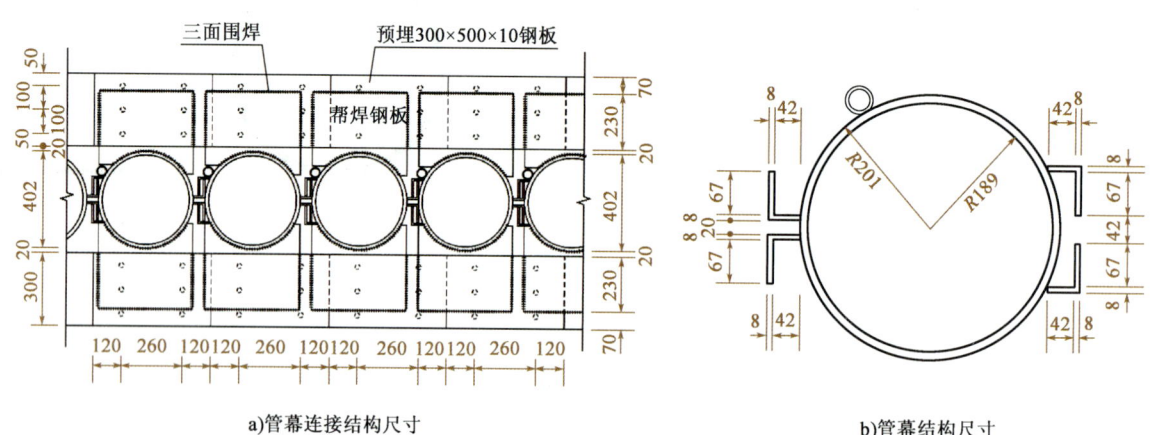

a)管幕连接结构尺寸　　　　　　　　b)管幕结构尺寸

图 4-4-58 管幕结构示意图(尺寸单位:mm)

具体施工参数如下:

①钢管规格:管幕长度35.45m,采用Q235b、ϕ402mm、壁厚12mm的热轧无缝钢管。

②布置间距:管幕布置间距为452mm。

③填充材料:管幕内填充水泥砂浆,在管幕侧壁焊接补充注浆管,内部加注水泥浆,注浆扩散半径不小于0.3m。

④管幕连接:钢管管节之间采用等强焊接连接,相邻管幕之间焊缝错开1m布置。

⑤误差控制:圆度偏差小于±1%,孔位偏差小于±20mm,轨迹偏差小于0.3%。

施工中采取的方法及措施:

①钢管的顶进采用钻机进行钻进,施工中不得出现只转不顶或只顶不转施工;

②控制出土量,根据出土量对孔内是否坍塌进行判断(每延米钻孔出土量理论值为0.70m³);

③通过主机油泵来控制顶进速度,开孔前端不易过快,保持匀速进尺;

④通过垂直距离较近的管线时,严禁不旋转直接顶进,并且增加测量的频次;

⑤结合沉降观测及时补注浆;

⑥施工过程中及时进行纠偏,记录每缸高程变化,对数据进行分析,及时采取措施;

⑦施工过程中关注液压缸顶力变化,当顶力数据异常时,立即停止施工,分析原因,得出明确结论且无风险后继续施工。

4.4.5 预注浆加固

1) 适用性

预注浆加固适用性见表4-4-25。

预注浆加固适用性　　　　　　　　　表4-4-25

序号	加固方式	主要适用条件及特点	图示
1	地面预注浆加固	适用于较浅埋深隧道，尤其适用于淤泥质土、杂填土、粉土、砂土等富水、松散地层，施工受约束小，可大幅缩短注浆加固施工时间，施工方便，注浆效果易保证	
2	隧道预注浆加固	适用于较大埋深隧道，一次加固深度长，加固范围不宜过大，注浆时间长，影响施工进度，随开挖检验注浆效果	

2) 施工作业流程

地面预注浆加固施工作业流程如图4-4-59所示，隧道内预注浆加固施工作业流程如图4-4-60所示。

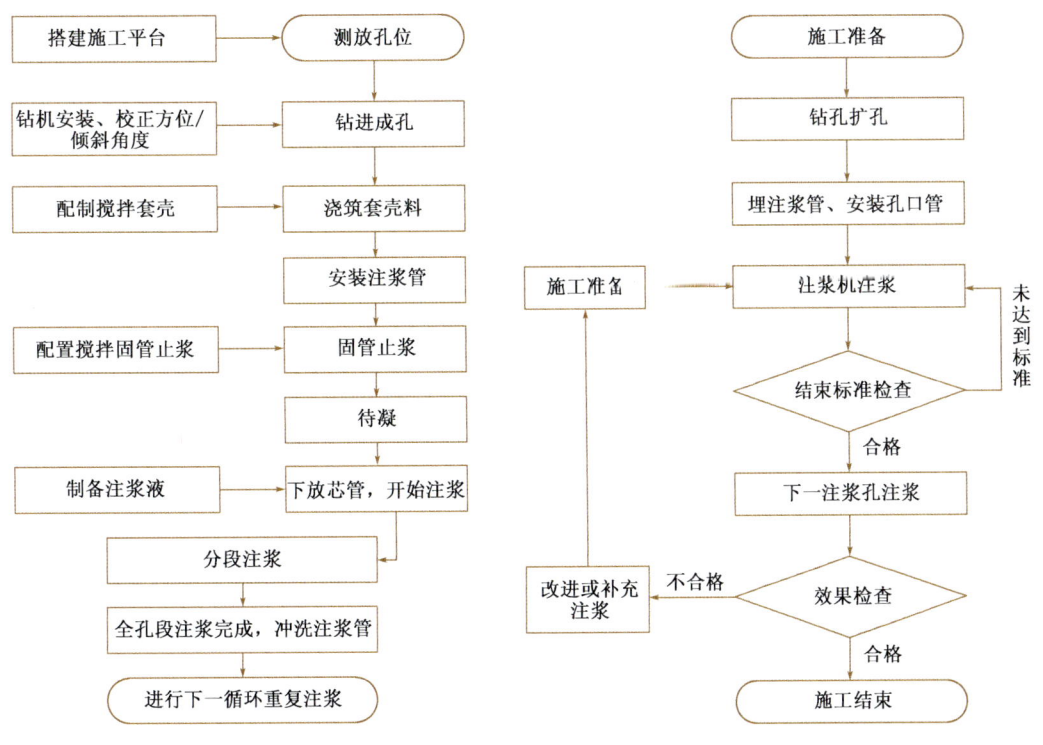

图4-4-59　地面预注浆加固施工作业流程图　　　图4-4-60　隧道内预注浆加固施工作业流程图

3）施工控制要点

（1）钻孔

①设备选择：一般选用 XY-100 型钻机加固既有建筑物，该钻机具有体积小、成孔快的特点。

②钻机安装：底座水平，机身稳固可靠。调整钻机高度，立轴对正孔位，将钻具放入孔口管内，使孔口管、立轴和钻杆在一条直线上，用罗盘、水平尺和辅助线检测立轴方向和倾斜角度。

③钻进成孔：采用优质泥浆护壁，循环钻进成孔。当砂层较厚、孔内易塌孔时，用 $\phi 108\text{mm}$ 套管护孔，待孔内注入套壳料并下放袖阀管后，才将 $\phi 108\text{mm}$ 套管提出孔外。

④注意事项：钻孔布置注意避开管线，并不得破坏既有建筑物的基础。

（2）套壳料施工

套壳料一般以膨润土为主，以水泥为辅，主要用于封闭袖阀管与钻孔孔壁之间的环状空间，防止灌浆时浆液到处流窜，在橡胶套和止浆塞的作用下，迫使在灌浆段范围内挤破套壳料（即开环）而进入地层。

套壳料施工质量是决定注浆成功的关键，它要求既能在一定的压力下，压开填料进行横向注浆，又能在高压注浆时，阻止浆液沿孔壁或管壁流出地表。套壳料要求其脆性较高，收缩性要小，力学强度适宜，既要防止串浆又要兼顾开环。

套壳用黏土和水泥配制，配合比范围为水泥∶黏土∶水 = 1∶（1～1.5）∶（1.5～1.88），浆液相对密度约为 1.5，漏斗黏度 24～26s；实际施工时应通过多组室内及现场试验，选取最佳配合比。根据工程中的要求，套壳料凝结时间和强度增长速率应控制在 2～5d 内可灌浆。

套壳料浇筑方法：成孔后，将钻杆下放到孔底，用泥浆泵将拌好的套壳料经钻杆注入孔内注浆段。

（3）安装注浆管及固管止浆

①依次下放按注浆段配备的袖阀花管，下管时及时向管内加入清水，克服孔内浮力，避免弯曲，顺畅下放至孔底。

②固管止浆：在袖阀管外花管与孔壁之间的环状间隙处下放注浆管，在孔口上部 2m 孔段压入止浆固管料，直至孔口返止浓浆为止。止浆固管料采用速凝水泥浆，水∶水泥 = 1∶1.5。

（4）待凝

要待孔口段止浆料凝结后才能灌浆，待凝时间控制在 2～5d 以内。

（5）注浆

①下放芯管：将双栓塞芯管插入孔底，准备灌浆。双栓塞芯管要连接牢固，经气密性试验合格后才能使用。

②开环：灌浆的前期阶段使用稀浆（或清水）加压挤破套壳料（即开环）。在加压过程中，一旦出现压力突降，进浆量剧增，表示已经"开环"，开环后即按设计配合比开始正式注浆。

③灌浆：根据各组注浆参数的要求，从孔底自下而上进行注浆，每排孔眼作为一个灌浆段，每段长为 50cm。注浆液采用普通硅酸盐水泥，注浆时按先灌入稀浆后灌入浓浆的原则逐渐调整水灰比。开环压力约为 0.35MPa，具体数值根据现场试验调整。正常注浆压力为 0.4～0.8MPa，并控制在 1.0MPa 以内，由下而上逐渐减小，视具体情况分别采用或适当调整。

④注浆顺序：每次都必须跳开一个孔进行注浆，以防止串浆。

⑤间歇注浆：全孔段注浆完成后，间歇一段时间再进行第二次注浆，间歇时间控制在 10～30min。

(6)注浆异常现象的处理

①在注浆过程中,当发生串浆时,在有多台注浆机的条件下,应同时注浆;无条件时,应将串浆孔及时堵住,到该管注浆时,再拔下堵塞物,用铁丝或细钢筋将管内清除并用高压风或水冲洗(拔塞后向外流浆的注浆管不必进行此工序),然后注浆。

②单液注水泥浆压力突然升高时,则可能发生堵管,应停机检查。堵管时,要敲打或滚动以疏通注浆管,无法疏通时要补管。

③水泥与水玻璃双液注浆压力突然升高时,应关停水玻璃泵,进行单液注浆或注清水,待泵压正常时,再进行双液注浆。

④水泥浆单液或水泥与水玻璃双液注浆进浆量很大,压力长时间不升高,则应调整浆液浓度及配合比,缩短凝结时间,进行小泵量低压力注浆或间歇式注浆,使浆液在裂隙中有相对停留时间,以便凝结,但停留时间不能超过混合浆的凝结时间。

⑤施工前应认真调查有关管线的位置及埋深,确保施工不影响地下管线等的安全。施工中应随时记录钻孔及地层的有关物理力学参数,并根据物理力学参数确定及调整注浆压力和工程措施等。

⑥施工中应加强监测,及时反馈信息,并及时修正注浆工艺参数。

(7)终灌标准

①当注浆压力≥1.0MPa,吸浆量<2.5L/min,稳定时间25min。

②发现地表或被加固建(构)筑物有上抬的趋势时,立即停止注浆。

③发生串浆或浆液漏失严重时,立即停止注浆。

(8)后备注浆措施

每孔注浆完成后,用ϕ20mm水管插入袖阀管内,泵入清水把袖阀管内残留水泥浆冲洗干净,以备复注。浆管口用胶布封上,以备在以后施工过程中,当地表或建(构)筑物出现沉降时,进行重复注浆。

(9)注浆时的监测措施

在注浆过程中,要密切监测地面及建(构)筑物的沉降情况,如发现被加固建(构)筑物有上抬的趋势,立即停止注浆,严格控制注浆前后建筑物的上抬量不得超过2mm。

(10)加固检测

在注浆加固完成后,为了掌握加固是否达到预期效果,需要对加固质量进行检测。加固检测采用的是轴向钻孔取样检测。钻孔点的选取应避开注浆孔的位置,在注浆孔之间,以检测水泥浆液的有效渗透情况。取样本进行土体强度试验,检测是否达到设计强度,同时观察加固土体的渗透性。如质量不合格,应进行二次补强注浆。

4)施工注意事项

(1)钻孔深度、直径、抗压强度和透水性应符合设计要求。

(2)钻孔的垂直度偏差不得超过1%,桩位偏差不得大于50mm。

(3)制备好的浆液不得离析,泵送必须连续,拌制浆液的罐数、固化剂与外渗剂的用量以及泵送浆液的时间等应有专人记录。

(4)注浆的速度和次数必须符合施工工艺的要求,施工中发现的问题及处理情况均应注明。

(5)若注浆停机超过3h,要拆卸输浆管路进行冲洗。

(6)注浆可采用钻孔取芯、标准贯入等方法进行检验。质量检验应在袖阀管注浆结束28d后进行。检验点的数量为钻孔孔数的1%,不合格者应进行补注浆。施工时由现场实际情况根据相关规定进行选用方法检验,但需报监理工程师审批。

(7)所有使用的材料、设备进场后在使用之前,应先报监理工程师审核,合格后方可投入现场施工。

(8)施工前应对施工影响范围内的管线、构筑物进行探测,核对资料,调查分布情况、最大埋深,根据调查结果制订相应的防范措施。

(9)根据不同的地质条件,采取不同的注浆浆液。

(10)严格控制泵压、泵量,泵送时观察冲洗液消耗量及循环状况,避免出现"干钻"。

(11)当出现卡钻现象,可及时将钻杆抽出,间隔一定距离重新钻孔。

5)施工案例

青岛地铁某区间全长约3.7km,采用矿山法施工。区间主要以单洞单线马蹄形隧道为主,隧道开挖跨度6.9m,高7.1m,台阶法开挖,采用复合式衬砌,辅以超前支护等措施。区间为近海长大隧道(距离海岸线最近约17.5m),区间中部整体埋深较大,两端接车站段埋深较小,尤其是靠近嘉年华站端头,隧道拱顶埋深最小约9m。该区间段地质条件较差,隧道拱顶局部位于淤泥质地层,该区间段的不良地质风险为整个工程的控制性风险源。

此工程场地地势较平坦,沿线两侧多为人工改造形成的陆地,地质条件较为复杂(图4-4-61)。场地地貌类型主要为滨海堆积区滨海沼泽带地貌。地下水主要为第四系孔隙潜水、基岩裂隙水。

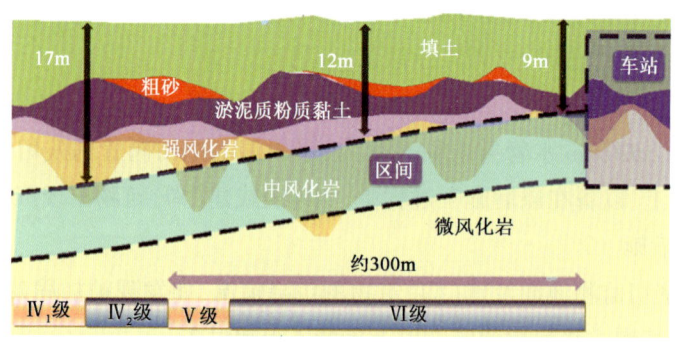

图4-4-61 工程地质纵断面图

本段区间埋深较小,根据现场条件采取地面预注浆加固措施,考虑到本段地下水径流复杂,采用单液浆与水泥—水玻璃双液浆结合使用(其中双液浆在加固区域外侧使用,作为整个注浆范围的截水帷幕),兼顾地层加固与止水的双重效果,具体参数如下。

(1)注浆孔布置:地面预注浆加固采用地表引孔,后退式注浆;加固范围为开挖轮廓线外扩3m,注浆范围底部进入风化岩层不小于0.5m。注浆孔宜采用梅花形布置,单液浆注浆孔布置间距0.9m,双液浆注浆孔间距0.8m。

(2)浆液配合比、注浆压力:注浆材料采用水泥浆(内侧设置)、水泥—水玻璃双液浆(外侧设置),初步确定水泥与水玻璃的浆液配合比为1:(0.6~1.0)(体积比),水泥浆水灰比为0.8:1~1:1;注浆终压按照0.8MPa控制,并根据现场试验及实际效果进行调整。

(3)注浆结束标准:单孔注浆压力逐渐升高至设计终压并继续注10min以上,且注浆量不小于设计注浆量的80%,进浆速度为初始进浆速度的1/4,即可结束本孔注浆。

(4)注浆效果检查:在注浆薄弱处采用钻孔取芯法对注浆效果进行检查(图4-4-62)。注浆后土体渗透系数应小于1×10^{-6}cm/s,无侧限抗压强度不小于0.5MPa。

(5)为有效控制地面注浆造成地面隆起,施工中应隔孔注浆,调整注浆压力及时长;有条件的情况下可打设泄压孔,减小地面隆起。

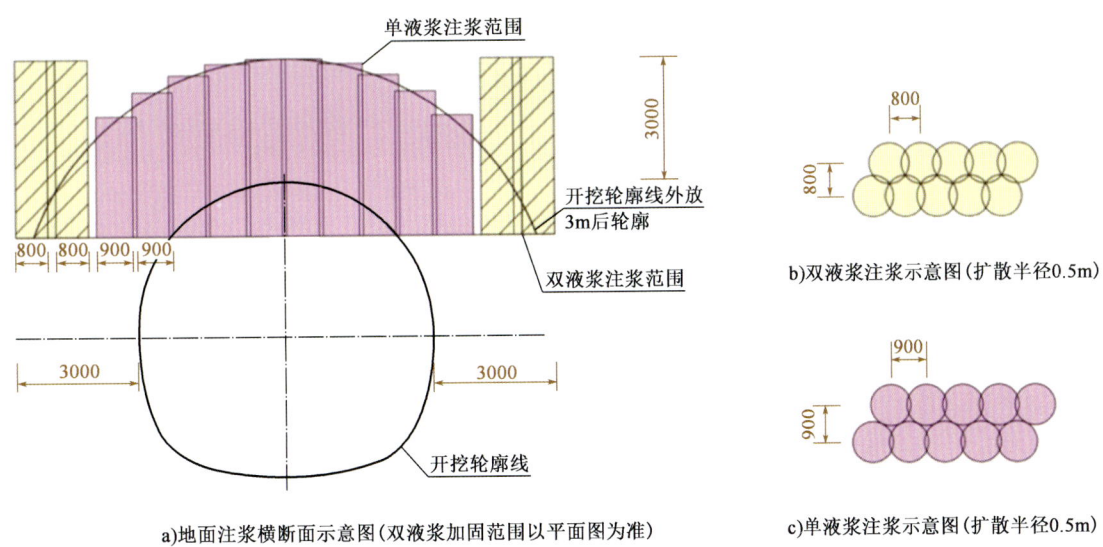

图 4-4-62　地面注浆加固示意图(尺寸单位:mm)

4.4.6　高压旋喷加固

高压旋喷注浆法是在一般的初期导管注浆的基础上发展起来的,以高压旋喷的方式压注水泥浆,在隧道开挖轮廓外形成拱形预衬砌的预支护工法,分为垂直高压旋喷注浆和水平高压旋喷注浆两种方法。

1)适用性

(1)垂直高压旋喷注浆法:可用于既有建筑和新建建筑的地基加固处理、深基坑止水帷幕、边坡挡土或挡水、基坑底部加固、防止管涌与隆起、地下大口径管道围封与加固、地铁工程的土层加固或防水、水库大坝、海堤、江河堤防、坝体坝基防渗加固、构筑地下水库截渗坝等工程。

(2)水平高压旋喷注浆法:由垂直高压喷射注浆技术发展而来,因此在地层适用性上与垂直高压旋喷类似。水平高压旋喷技术适用地层环境受水平高压旋喷采用的旋喷方式(单管、双管、多重管等)影响,可用于素填土、黄土、砂土、粉土、软塑状或可塑状黏性土、淤泥、淤泥质土或碎石等地层,多用于地下暗挖施工。

2)施工作业流程

高压旋喷注浆法施工作业流程如图 4-4-63 所示。

3)施工控制要点

(1)施工参数

①高压旋喷桩施工参数应根据地质条件、加固要求进行确定;

②单管法及双管法的高压水泥浆和三管法压力宜大于 30MPa,流量大于 30L/min,气流压力可取 0.7MPa,后退速度可取 0.1~0.2m/min。

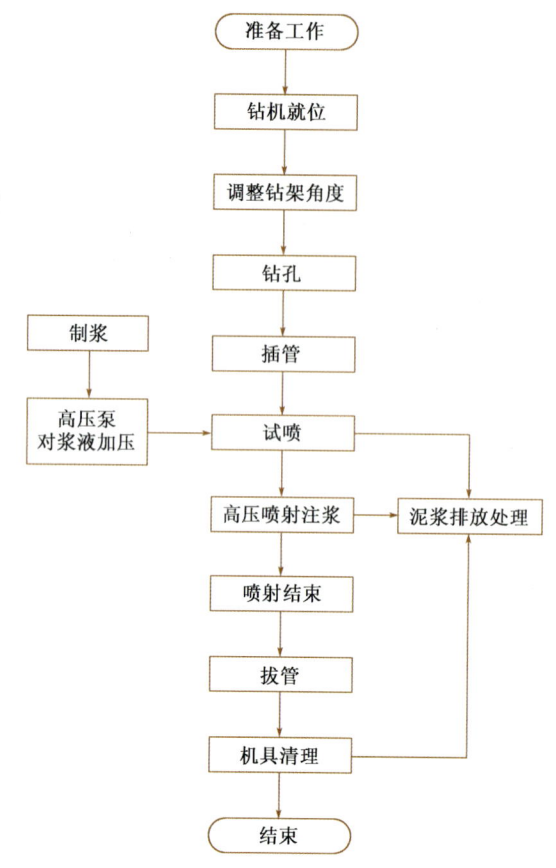

图 4-4-63 高压旋喷施工作业流程图

(2) 钻孔

①喷浆工序从钻孔底部开始,由钻杆端部喷头上的喷嘴产生高压射流切割土层。在高压喷射的同时,使钻杆缓缓后退,从而形成具有一定强度的固结柱体。

②钻孔的位置与设计位置的偏差不得大于 50mm,垂直高压旋喷注浆法的钻孔垂直度偏差不大于 1%。

③实际孔位、孔深和每个钻孔内的地下障碍物、洞穴、涌水、漏水及与岩土工程勘察报告不符合等情况应详细记录。

(3) 高压喷射注浆

①对无特殊要求的工程宜采用 42.5 级以上的普通硅酸盐水泥,根据工程需求可适量添加外加剂及掺合料。

②水泥浆液的水灰比按工程需求确定,可取 0.8~1.2。

③对需要局部扩大加固范围或提高强度的部位,可采用复喷措施。

④对高压喷射注浆过程中出现压力骤然下降、上升或冒浆异常时,应查明原因并采取措施。

⑤高压旋喷注浆完毕,应迅速拔出喷射管。为防止浆液凝固收缩影响桩顶高程,必要时可在原孔位采用冒浆回灌或二次注浆等措施。

(4) 加固效果检查

旋喷加固效果检查时,可根据工程要求和当地经验进行开挖检查、钻孔检查、标准贯入试验、动力触探荷载试验等,检验点应选择有代表性的桩位、施工中出现异常情况的部位或地层条件复杂,可能对高压旋喷注浆产生影响的部位。

4）施工注意事项

（1）为提高效率，普遍采用钻头上带喷嘴。钻孔到底后随即开始喷浆，应保证钻机性能适应喷射的需要。

（2）固结柱体的直径取决于工艺类型，并受以下参数的影响：钻杆退出速度（0.1~0.5m/min）、钻杆回转速度（15~60r/min）、旋喷压力（20~60MPa）、喷嘴直径与形状、土层的剪切强度与密实度。通过控制喷射压力、时间和钻孔方向，可以获得各种直径与形状的竖直、倾斜或水平的固结体。

5）施工案例

某地铁隧道位于某路面之下，埋深10~19m，有左右两条单线隧道，隧道单线长1144.7m，线间距13.2~17.2m，最大纵坡坡度25‰。隧道上覆地层主要由人工堆积粉质黏土层、海冲积黏土层、中砂、砂砾层及砾质黏性土层组成；下伏地层为燕山期全风化及强风化花岗岩。拱顶上部有三处含水量丰富的砂层，层厚2~10m不等，有两处位于隧道断面内，还有一处流塑状饱和黏土层位于隧道断面内。不良地质长度近700m，占隧道全长2/3。

水平旋喷桩直径为0.5m，孔深15m，加固长度11.5m，钻孔填充长度3.5m（不注浆部分），外插角5°。开孔环向间距0.33m，终孔环向间距0.4m；相邻加固体咬合厚度大于0.1m，循环长度9.8m，加固体纵向搭接长度1.7m，加固范围一般为拱部150°，如图4-4-64所示。

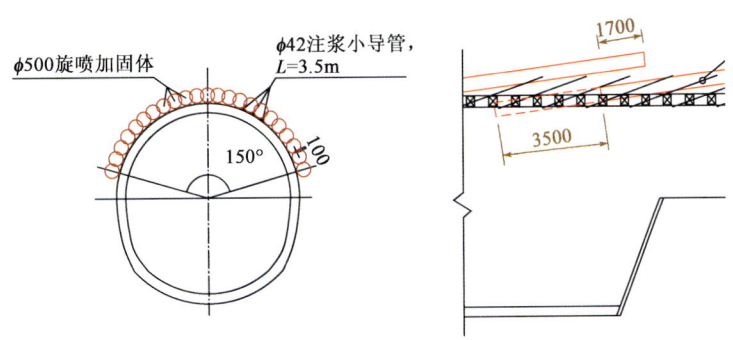

图4-4-64　拱部土体水平旋喷加固示意图（尺寸单位：mm）

浆液材料采用42.5级普通硅酸盐水泥，水灰比为0.75~1，添加水泥重量3%的水玻璃和0.02%的铝粉，旋喷压力20~25MPa，流量30~90L/min，旋转速度20r/min，后退速度15~25cm/min，旋喷桩单轴抗压强度5~7MPa。

4.5　二次衬砌施工

4.5.1　仰拱超前施工

1）方法简介

仰拱是隧道结构的主要组成部分之一，是隧道结构的基础。仰拱可将隧道上部通过边墙等结构传递而来的地层压力有效传递到地下，还可抵抗隧道下部地层传来的反力，实际上它是一种承受地层永久荷载和路面临时荷载（动荷载）的地基梁（板）。隧道衬砌要遵循"仰拱超前"的原则，初期支护完成后，为有效控制隧道变形,仰拱尽量紧跟开挖面施工,并进行全幅一次性施工。仰拱施工模板如图4-4-65所示。

2)施工作业流程

仰拱及填充超前施工作业流程如图4-4-66所示。

图4-4-65　仰拱施工模板

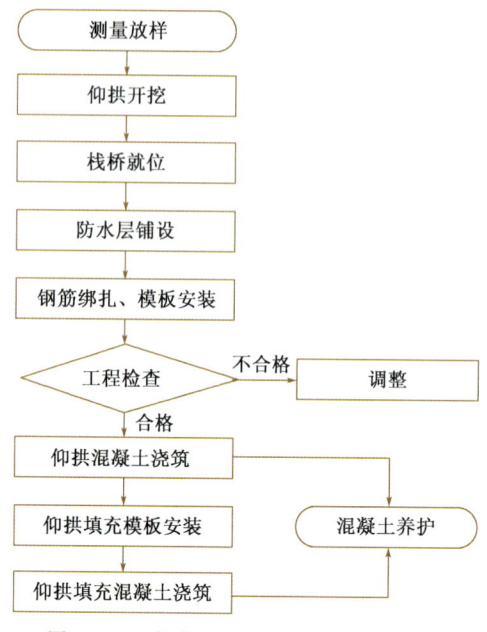

图4-4-66　仰拱及填充超前施工作业流程图

3)施工控制要点

(1)测量放样

根据设计要求在隧道边墙布设测量控制点(法线和高程),作为仰拱开挖及混凝土施工控制点。

(2)仰拱开挖及初期支护

①采用钻爆法或机械开挖方式对仰拱基底进行开挖,控制超欠挖量;

②可采用左右两侧分别开挖的方式,确保拱墙初期支护的稳定性;

③当开挖至拱底时进行人工基底处理,可喷射4~5cm厚混凝土找平,确保仰拱底面圆顺,无虚渣、无积水;

④根据设计要求施作径向系统锚杆,树立钢拱架,再次喷射混凝土到设计厚度,完成仰拱初期支护。

(3)栈桥就位

架设栈桥可保证仰拱施工与衬砌台车、掌子面施工同步进行,保证施工进度,同时仰拱一次成型避免产生施工缝。仰拱栈桥多以施工车辆载荷为设计原则,一般采用工字钢、钢筋焊接而成。

(4)防水层铺设

仰拱初期支护完成后,进行基面处理,铺设防水板,同时应注意施工缝防水。

(5)钢筋绑扎

①钢筋在加工弯曲前要调直,钢筋表面的油渍、铁锈要清除干净,钢筋拉直、弯钩、弯曲、弯折应采用冷加工。

②钢筋应该按照仰拱二次衬砌钢筋分型号在隧道外加工制作完成,采用运输车运至隧道内安装。

③钢筋接头焊接搭接长度一般为单面焊$(8\sim10)d$(d为钢筋直径)或双面焊$(4\sim5)d$,焊缝要饱满。

环向钢筋和纵向钢筋之间采用绑扎或焊接,在安装仰拱二次衬砌钢筋时,两侧侧墙位置要按照规范要求预留出足够长度的钢筋与拱墙二次衬砌钢筋连接,且同一断面的搭接接头数量不得大于钢筋总数的50%,相邻主筋的搭接位置应错开,错开距离不小于1m。

图4-4-67为典型焊缝类型图。

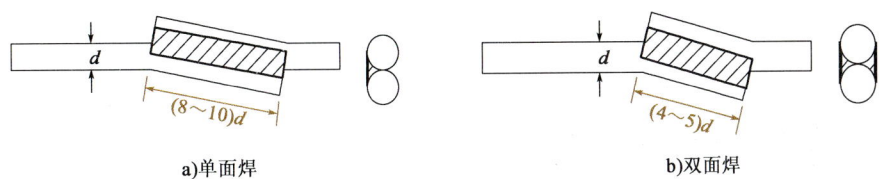

图4-4-67 焊缝类型

④仰拱二次衬砌钢筋安装上下两层钢筋之间的层距及钢筋的布设间距应符合设计要求,上下两层钢筋之间的层距可通过焊接定位钢筋方法确定。

(6)模板安装

①仰拱模板分为端头模板、顶面弧形模板,部分工程也会安装仰拱腹模、背模,以控制仰拱形状。钢筋绑扎完毕后,首先安装端头模板;端头模板由上下两部分构成,从中心向两侧安装仰拱下端模板,采用钢筋与围岩进行锚固(相对于地锚);安装时将橡胶止水带的1/2部分平放在仰拱下端模板,另1/2部分伸入待浇筑仰拱段;将仰拱上端模板按顺序安装在止水带上面,用螺栓连接牢固,确保板缝严密。仰拱端头模板安装如图4-4-68所示。另外,端头模板亦可由木板加工而成。

a)下端模安装

b)上端模安装

c)中埋式止水带安装

图4-4-68 仰拱端头模板安装

②仰拱顶面弧形模板根据施工设计图加工成弧形,一般由5mm厚钢板拼接而成,利用三角形具有稳定性的结构原理,采用纵向工字钢作为固定模板的支架,组合弧形模板之间通过螺栓连接拼装成整体

图 4-4-69 仰拱顶部弧形模板

结构。模板应一次性浇筑,减少施工缝。典型的仰拱顶部弧形模板如图 4-4-69 所示。

③仰拱腹模由 5mm 厚钢板焊接形成,由多块模板通过固定螺栓固定成一个弧形整体,部分模板设有振捣窗;仰拱中部采用托架支撑腹模,端部与钢端模板连接再采用压杆和地锚整体加固。典型的腹膜安装如图 4-4-70 所示。

(7)仰拱混凝土浇筑

仰拱混凝土浇筑前应将隧道内石渣、污物和积水清排干净。施工过程中控制好混凝土坍落度、和易性等参数;浇筑混凝土从仰拱中心向两侧对称进行,整体浇筑,一次成型,仰拱及填充采用整幅施工,一次浇筑长度控制在 5~8m。

a)腹模安装

b)压杆加固

图 4-4-70 腹模安装

混凝土采用专用混凝土输送车运输,防止混凝土在运输途中发生离析。采用插入式振捣棒先振捣仰拱底部,然后逐渐上移;往两侧拱脚处振捣,保证混凝土密实(以混凝土不再下沉、表面开始泛浆为准)。插入式振捣棒的移动距离不超过振捣棒工作半径的 1.5 倍,插入下层混凝土深度为 5~10cm,振捣过程中应避免碰撞模板、钢筋。

(8)仰拱填充模板安装及混凝土浇筑

仰拱混凝土终凝后应及时进行填充模板安装,加固后浇筑填充混凝土。仰拱及其填充混凝土达到设计强度 100% 后方可允许车辆通行。浇筑仰拱填充混凝土前,首先应精确放样,保持与设计高程一致。模板支撑要牢固,保证在浇筑混凝土过程中模板不移位和变形。

4)施工注意事项

(1)仰拱作业控制

①开挖深度应满足设计要求,开挖前测量放样,防止拱脚超挖造成钢架悬空;

②应将基底清理干净,且注意及时排水;

③钢架间距,连接质量,钢筋外漏部分的排距、间距满足设计要求,同一截面上(35d)的接头不得大于 50%;

④端模、腹模模板刷油均匀,严禁模板安装完毕后刷油,以防油污破坏混凝土之间的连接;

⑤止水带安装应须预留 10cm 搭接长度,并与二次衬砌止水带相连接,中埋式止水带要安设在仰拱

正中,并与仰拱弧形一致。

(2)仰拱轻便弧形腹模拼装

①吊装缓慢,防止磕碰导致模板变形;

②施工时模板接缝应严密,不得漏浆;

③当支模后放置时间较长时,浇筑混凝土前应反复检查,并及时处理开裂、变形等问题;

④仰拱模板施工每两个循环后要及时进行打磨,浇筑之前及时涂刷脱模剂。

(3)混凝土浇筑

①仰拱浇筑从仰拱专用腹模振捣窗依次从下往上逐层浇筑,逐层振捣,并适当放慢混凝土浇筑速度,防止腹模混凝土冒出;

②利用滑槽从仰拱腹模下部逐渐向两侧窗口浇筑,边浇边进行插入式振动棒捣固,注意两侧对称浇筑;

③从腹模观察孔检查腹模混凝土是否浇满;

④混凝土浇筑完毕后打开附着式振动器,从成型仰拱向掌子面方向逐个开启,每个振动器开机时间为10s;

⑤浇筑混凝土时,应随时观察模板,检查支撑是否松动,模板是否有浮动,若有异常应暂停浇筑,待问题处理后方可继续浇筑;

⑥控制仰拱顶面高程及止水带外露长度等,等混凝土浇筑完1h后,对小边墙顶面进行收面拉毛;

⑦控制混凝土的坍落度,振捣密实,收面平整,防止两版仰拱之间出现错台;

⑧拆模后注意对混凝土棱角的保护,防止机械破坏,下一版仰拱开挖时,应对止水带采取保护措施,防止机械和出渣损坏止水带。

4.5.2 边墙基础施工

1)方法简介

边墙基础又称为"矮边墙"或"小边墙",隧道二次衬砌中,边墙基础的施工质量直接影响边拱墙衬砌质量。在复合式衬砌断面中仰拱两侧往往部分高出填充顶面,所谓矮边墙,是指仰拱两侧高出填充顶面的部分,一般高30~50cm。矮边墙是仰拱的一部分,如图4-4-71所示。

浇筑矮边墙的主要目的是为二次衬砌施工提供便利。施作矮边墙后,弧形模板只需要紧靠矮边墙的边缘,就可以使仰拱与二次衬砌平滑圆顺地对接。现行《地铁设计规范》(GB 50157)建议矮边墙与仰拱多采用一体化施工。

2)施工作业流程

边墙基础施工作业流程如图4-4-72所示。

3)施工控制要点

(1)边墙基础基面处理

应将边墙基底虚渣全部清除干净,并用高压水清洗仰拱混凝土面,局部欠挖需控制在5cm以内,施工基面处积水必须进行处理。

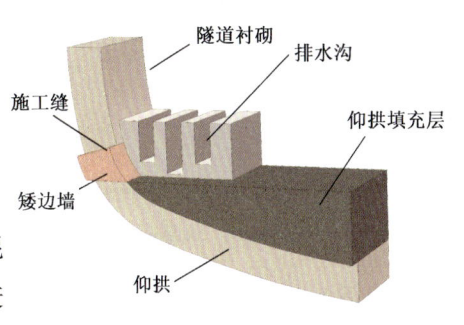

图4-4-71 边墙基础示意图

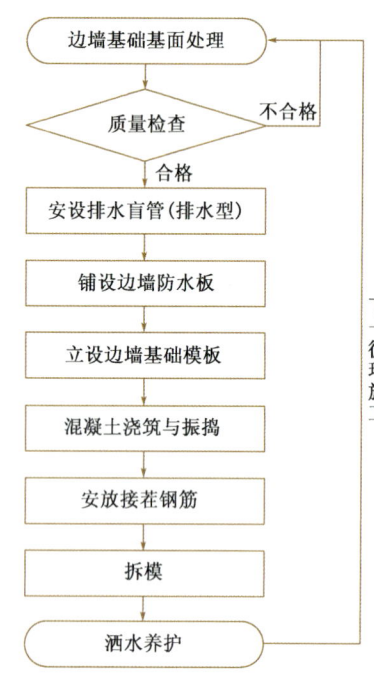

图 4-4-72 边墙基础施工作业流程图

(2) 安设排水盲管(排水型)

①环向排水盲管应紧贴渗水岩壁安设,在渗水大的地段可适当加密。

②排水盲管布置应圆顺,不得起伏不平;排水盲管应固定牢固,并采取适当的保护措施,防止水泥浆窜入、堵塞排水管。

(3) 铺设边墙防水板

①防水板铺设前应对初期支护表面进行处理,保证初期支护表面平整;

②绑扎或焊接钢筋时,应避免对卷材造成破坏;

③混凝土振捣时,振动棒不得接触防水板,防止防水板受到损伤。

(4) 止水条(止水带)安装

边墙基础施工缝处采用遇水膨胀止水条(止水带)防水,如图 4-4-73 所示。

(5) 立设边墙基础模板

①边墙基础模板采用钢板制作,钢模应具有足够的强度、刚度和稳定性。

②模板安装应稳固牢靠,接缝严密,不得漏浆。

③模板与混凝土基础面应清理干净并涂刷脱模剂,浇筑混凝土前模板内杂物积水应清除干净。

边墙基础模板安装如图 4-4-74 所示,模板安装允许偏差及检验方法见表 4-4-26。

模板安装允许偏差及检验方法　　　　表 4-4-26

序号	项　目	允许偏差(mm)	检 验 方 法
1	边墙脚平面位置及高程	±15	尺量
2	模板表面平整度	5	2m 靠尺和塞尺
3	相邻浇筑段表面高低差	±10	尺量

图 4-4-73　边墙基础顶部止水带安装

图 4-4-74　边墙基础模板安装

(6) 混凝土浇筑与振捣

浇筑混凝土是施工最重要的工序之一,应保证混凝土的施工质量,控制要点如下:

①浇筑混凝土前,应将基底虚渣、污物和积水排除干净,严禁向有积水的基坑内倾倒混凝土干拌合物;

②严格分层灌注;

③振捣时将振动棒插入下层5~10cm,振捣移动距离35cm,以混凝土不下沉、不出现气泡、表面开始泛浆为标准,并防止出现泛砂现象;

④浇筑混凝土时严格控制混凝土顶面高程,允许误差±5mm。

(7)安放接茬钢筋

在二次衬砌为素混凝土地段,混凝土浇筑后,应在边墙基础顶面预埋接茬钢筋。边墙基础施工所需机械设备与仰拱及填充超前施工相同。

4)施工注意事项

(1)在灌注混凝土前,应将边墙基底的虚渣、污物、积水清理干净,否则会造成洞身衬砌不均匀下沉,防水板被拉裂而产生渗漏;

(2)衬砌背后的排水管必须接好接头,确保畅通,以降低水压力从而延长防水板的使用寿命,达到防水可靠的效果;

(3)应将外露的钢筋头、钢筋网头齐根切除,并用1:2的水泥砂浆抹平以防止顶破防水板;

(4)钢模板安装允许误差±5mm,达不到要求时,应返工处理;

(5)模板安装好后,操作人员应自检,合格后报质检人员复检;

(6)基底模板均合格后质检工程师报监理工程师复检,合格会签后方可进行下道工序。

4.5.3 拱墙衬砌施工

1)方法简介

拱墙衬砌一般采用模板台车进行施工,台车长9~12m,外部模板自带注浆窗口,同时设有施工缝止水带、注浆管安装模板,一体化施工,整体性较好;而对于一些临时性隧洞,例如斜井或小半径隧道可考虑采用小模板衬砌方法。

2)施工作业流程

两种衬砌方式施工流程基本一致。小模板衬砌不采用模板台车,而采用自制工作架与边墙、拱顶模板组合的方式进行施工。拱墙衬砌施工作业流程如图4-4-75所示。

3)施工控制要点

(1)施工准备

①灌注前应清除防水层表面杂物并洒水润湿;

②模板台车走行轨道的中线和轨面高程误差不大于±10mm,台车就位后启动微调机构,用仪器校正模板外轮廓与设计净空相吻合,并锁定台车;

③钢筋混凝土衬砌地段应使用与衬砌混凝土相同配合比的细石混凝土或砂浆制作垫块,确保钢筋保护层的厚度,主筋保护层厚度应不小于30mm,迎水面主筋保护层厚度不小于50mm;

④采用高效减水剂时,混凝土运输到场后应做坍落度试验,泵送混凝土坍落度一般以15~18cm为宜;

⑤钢筋表面的污渍、水泥浆和浮皮铁锈等均应清除干净；

⑥检查现场施工机械设备和风水电等管线，并试运转，确保各项作业正常运行，保证混凝土连续灌注；

⑦每个衬砌段拱顶部位应预留不少于2个注浆孔。

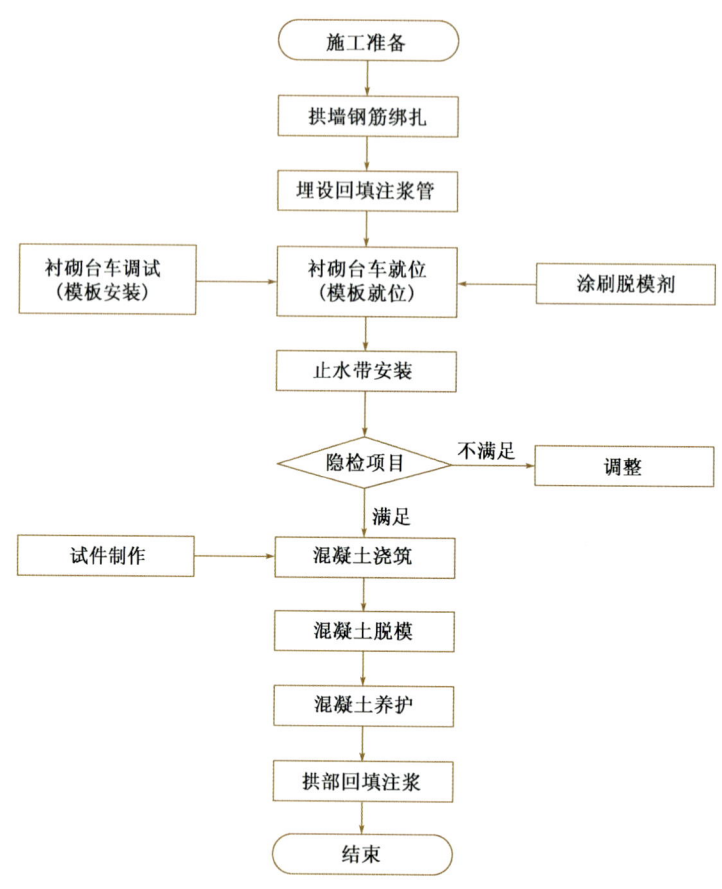

图 4-4-75　拱墙衬砌施工作业流程图

（2）拱墙钢筋绑扎

①钢筋绑扎与仰拱施工要求一致。

②钢筋加工弯曲前应调直，并将表面油渍、水泥浆和浮皮铁锈等均清除干净。

③加工后的钢筋表面不应有削弱钢筋截面的伤痕。钢筋接头应设置在承受应力较小处，并应分散布置。钢筋的布置形式应符合设计要求，拱墙钢筋绑扎如图 4-4-76 所示。

根据现行《地下铁道工程施工质量验收标准》（GB/T 50299），钢筋加工允许偏差及检验方法见表 4-4-27。

钢筋加工允许偏差及检验方法　　　　表 4-4-27

序号	名　　称	允许偏差(mm)	检 验 方 法
1	受力钢筋顺长度方向的全长	±10	尺量
2	弯起钢筋的弯折位置	20	尺量
3	箍筋内净尺寸	±3	尺量

(3)衬砌台车就位(模板就位)

①拱墙二次衬砌采用全断面整体钢模衬砌台车,如图4-4-77所示,支模前先进行中线、高程测量放样,根据中线和高程铺设衬砌台车轨道。

图4-4-76 衬砌钢筋绑扎

图4-4-77 衬砌台车

②启动电动机使衬砌台车就位。启动衬砌台车液压系统,根据测量资料使钢模定位,保证钢模衬砌台车中线与隧道中线一致。

③拱墙模板成型后固定,测量复核无误。模板安装必须稳固牢靠,接缝严密,不得漏浆。模板表面要光滑,与混凝土的接触面必须清理干净并涂刷隔离剂,涂刷时应均匀且不污染混凝土表面及钢筋。

④清理基底杂物、积水和浮渣等,装设钢制或木制挡头模板,并按设计要求装设橡胶止水带,如图4-4-78所示。

⑤衬砌台车安装完毕并自检合格后报请监理人员检查,合格后开始灌注衬砌混凝土。

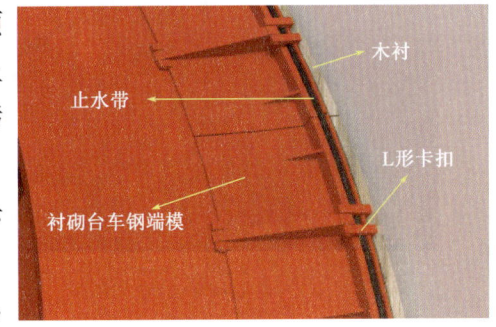

图4-4-78 止水带安装

衬砌台车安装允许偏差及检验方法见表4-4-28。

衬砌台车安装允许偏差及检验方法　　　　表4-4-28

序号	项　目	允许偏差(mm)	检验方法
1	边墙脚平面位置及高程	±15	尺量
2	起拱线高程	±10	尺量
3	拱顶高程	+10	水准测量
4	模板表面平整度	5	2m靠尺和塞尺
5	相邻浇筑段表面高低差	+10	尺量

(4)模板安装

采用小模板衬砌时,不同工程所采用的模板不同,一般衬砌模板以作业平台为基础,采用钢拱架与钢模组合的方式,分为边墙模板与拱顶模板。施工要点为:

①作业平台的架设(焊接钢架):采用工字钢,钢架上铺设松木板以形成作业平台;作业平台分两层,利用简易爬梯上下层工作;操作平台不能与拱架接触。示例如图4-4-79所示。

②模板的准备:采用钢模板,周边采用角钢加固减少使用中的挠度变形量;环向弧度以隧道设计为基准,模板的环向、纵向搭接均需固定,保证混凝土施工过程中不会形成明显的薄弱缝甚至漏浆。

③衬砌弧形拱架:依据设计净空断面加工而成,一段衬砌设置多组拱架,间距控制一致,与模板长度

对应,每组拱架一般由5段拱架组成,段与段通过高强度螺栓进行连接,组与组之间采用螺纹钢连接;底部拱架采用松木板进行调平,与地面连接。在混凝土浇筑过程中,派专人观察拱架的变形情况,一旦发现拱架有变形,立即采取加固措施。

④模板的拼装连接:纵向模板与模板之间通过螺栓连接,确保无移动、无翘曲,并要求拼装缝宽度不大于1.0mm,相邻模板高差不大于2.0mm,模板面平整度误差不大于2.5mm。

⑤支立挡头模板:挡头模板采用木模板,通过角钢与螺栓连接保证牢固,并且要使挡头模板尽量在一个平面上,从而更好地与下一模板进行连接。

(5)混凝土浇筑

①混凝土采用洞外拌合站集中拌和,搅拌运输车运输,输送泵泵送入模灌注,并插入振动器振捣密实。

②混凝土自台车窗口灌入(图4-4-80),应由下向上,对称分层,防止钢模台车偏移,倾落自由高度不超过2.0m。

图4-4-79 作业平台　　　　　　　图4-4-80 台车窗口灌注混凝土

③在混凝土浇筑过程中,观察模板、支架、钢筋、预埋件和预留孔洞的情况,当发现有变形、移位时,应及时采取加固措施。

④混凝土浇筑应连续进行,当因故间歇时,其间歇时间应小于前层混凝土的初凝时间或能重塑的时间;当超过允许间歇时间时,按接缝处理,衬砌混凝土接缝处必须进行凿毛处理。

⑤混凝土浇筑分层厚度(指捣实后厚度)宜为振捣器作用长度的1.25倍,但最大摊铺厚度不宜大于600mm。

⑥在新浇筑的混凝土上再浇筑新混凝土时,应在下层混凝土初凝或能重塑前浇筑完成上层混凝土。

混凝土结构外形尺寸允许偏差及检验方法见表4-4-29。

混凝土结构外形尺寸允许偏差及检验方法　　　　表4-4-29

序号	项　　目	允许偏差(mm)	检验方法
1	边墙平面位置	±10	尺量
2	拱部高程	+30	水准测量
3	边墙拱部表面平整度	15	2m靠尺检查或自动断面仪测量

(6)混凝土脱模与养护

①在初期支护变形稳定后施工的,二次衬砌混凝土强度应达到8.0MPa以上;

②当初期支护未稳定、二次衬砌提前施作时,混凝土强度应达到设计强度的100%;

③特殊情况下,应根据试验及监控量测结果确定脱模时间;

④混凝土浇筑完毕后12h内开始对混凝土进行养护,混凝土养护的最低期限应符合有关要求,且养护不得中断。

4)施工注意事项

(1)水泥、细骨料、粗骨料、外加剂等的选用必须符合设计要求,各原材料进场应取样检验合格后方可投入使用;

(2)钢筋品种、级别、规格、数量必须符合施工图要求,各力学性能试验结果均应合格;

(3)拌制混凝土宜采用饮用水,当采用其他水源时,应试验合格;

(4)模板台车的形式、结构、长度、强度、刚度等均应符合设计及相关规定;

(5)防水板和盲管的规格型号、质量等均应符合设计要求,并取样检验合格。

4.5.4 衬砌背后压浆

1)方法简介

围岩、初期支护和衬砌之间依次紧密接触是地下结构区别于地面结构的主要特征。对于矿山法施工、复合式衬砌的隧道,初期支护与围岩共同变形、共同承载,隧道衬砌背后是否存在脱空将直接影响隧道的安全性能。若存在脱空,将导致围岩—初期支护体系施加于衬砌的荷载不连续,而出现变形增大或裂纹(裂缝)破坏。由于结构的设计承载能力余量和初期支护的过度承载,延缓了危害发生的时间和程度,因此隧道二次衬砌背后脱空防治就显得尤其重要。但对于城市地铁矿山法隧道而言,衬砌背后注浆为一种补救措施,在施工过程中应加强质量监控,尽量避免出现空洞。

(1)衬砌脱空检测方法

地铁隧道在每施工完一段里程后,有必要对隧道衬砌质量进行检测,及时发现施工工艺缺陷,通过调整参数进行处理,最大限度地保证质量。对于衬砌背后脱空,检查的方法有钻孔检查法和无损检测法,见表4-4-30。

衬砌脱空检测方法　　　　表4-4-30

序号	检测方法	特　点	图　示
1	钻孔检查法	采用混凝土取芯钻机进行钻孔检查,属于传统的检验方法,特点是效率低,偶然性大,代表性差,而且破坏了衬砌的整体性	
2	无损检测法	特点是连续、高效、无损,具有分辨率高、图像直观、对场地条件要求低等优点。可快速准确地找出隧道衬砌质量隐患,有效解决传统方法对衬砌的破坏问题	 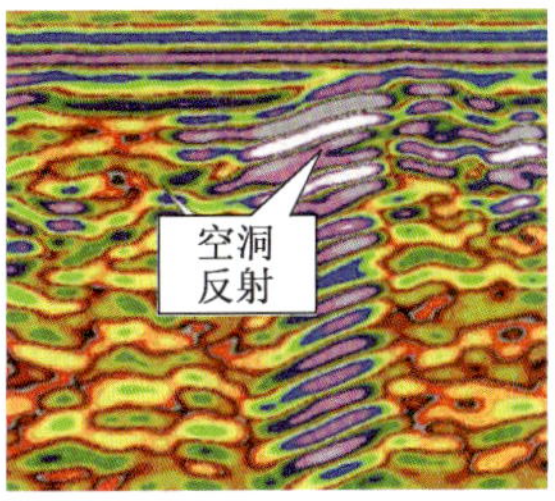

（2）衬砌脱空原因

隧道二次衬砌背后脱空主要集中在拱顶和侧壁拱腰等部位。从二次衬砌背后脱空部位分析，大致有以下几个原因：

①光面爆破效果不好，造成隧道局部存在较深的凹坑，初期支护喷射混凝土平整度达不到规范要求，防水板挂设后形成一个空腔，因防水板松弛度所限，在混凝土浇筑后形成空洞，如图4-4-81所示；

②台车端头模板封堵不密实，浇筑完成后从接缝里漏浆、跑浆，使拱部混凝土下落，形成空洞，如图4-4-82所示。

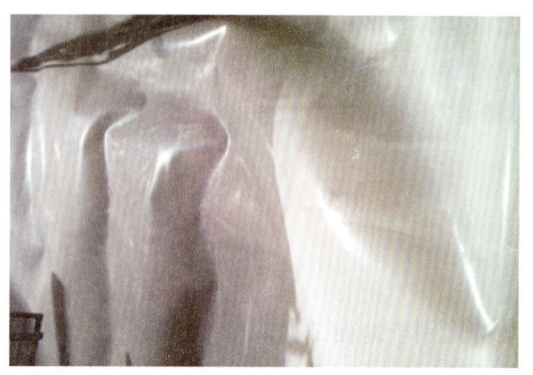

图4-4-81　防水板挂设太松

图4-4-82　台车端头模板封堵不实

图4-4-83　台车底座支撑不牢固

③施工时对原材料质量控制不严，砂粒过细，水灰比偏大，混凝土坍落度过大，浇筑后混凝土收缩徐变，形成空洞。或隧道处于较陡纵坡上（坡度达到2%），浇筑后混凝土收缩徐变，在上坡端出现脱空。

④混凝土在浇筑过程中振捣不密实，内部存在气孔、空洞等，上部混凝土浇筑完成后在自重作用下下沉，在拱部造成空洞。

⑤衬砌台车底座支撑不牢固，如图4-4-83所示。在施工过程中，台车多采用方木支垫行车轨道，由于衬砌台车附近较潮湿，方木容易腐烂，在混凝土浇筑过程中或浇筑后方木被压变形引起台车下沉，形成顶部衬砌空洞。

2）施工作业流程

衬砌背后压浆施工作业流程如图4-4-84所示。

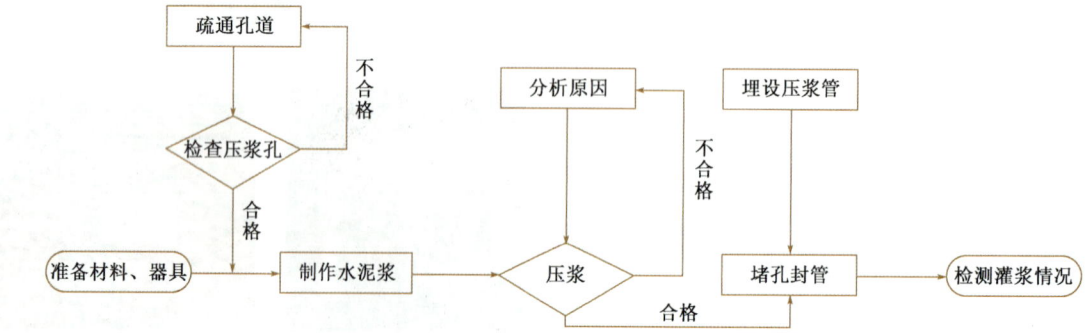

图4-4-84　衬砌背后压浆施工作业流程图

3）施工控制要点

(1) 注浆孔布置

①拱顶注浆孔：衬砌施工时，在拱顶通过预埋注浆管的方式预留注浆孔（图4-4-85），预埋注浆管采用能与注浆机出浆口匹配的钢管，钢管伸入混凝土端紧靠防水板，用密度纸包住端口，防止混凝土堵塞注浆管。每5~6m埋设一个注浆管，注浆管埋设于隧道拱顶。注浆孔预埋管接口处留有丝扣，便于与注浆管相接。

②边墙注浆孔：根据脱空检测报告，采取限深措施，沿着脱空位置上、下边缘处打设注浆孔。脱空位置较大的，注浆孔间距宜为2m，交错布置。

(2) 准备材料、器具

①材料及机械设备，包括普通硅酸盐水泥、粉煤灰、压浆机、制浆机、电焊机；

②浆液配比（即水泥：粉煤灰：水）采用试验室试配的配合比，注浆过程中尽量压注浓浆；

③回填注浆前检查注浆管接缝处，对可能漏浆的部位及时进行密封和加固处理，对预埋注浆管要全部清通，以保证注浆时排气畅通。

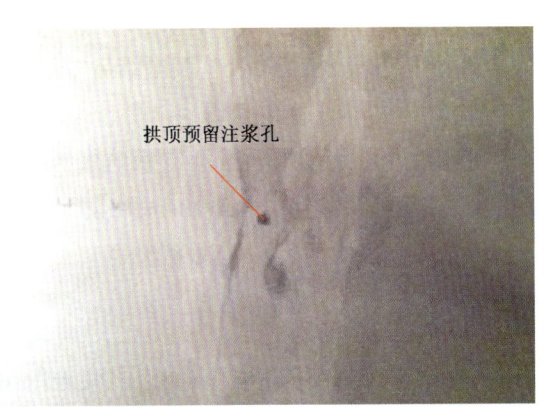

图4-4-85 拱顶预留注浆孔

(3) 压浆

①注浆管长度等于衬砌厚度加20cm（外露），外漏端应有连接管路的装置，如图4-4-86、图4-4-87所示。注浆管应在衬砌浇筑时预埋或采用钻孔埋设法，钻孔时钻杆应有限深装置，防止钻破防水层。

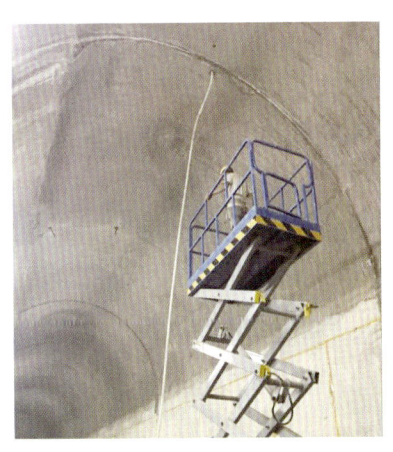

图4-4-86 二次衬砌背后注浆

图4-4-87 初期支护背后注浆

②衬砌背后注浆应采用微膨胀性的水泥砂浆，有特殊要求的地段可采用强度高、流动性好的自流平水泥浆。自流平水泥浆基浆3min后的流动度应不小于260mm，30min后的流动度应不小于240mm。

③注浆顺序沿线路上坡方向进行，注浆过程中要时刻观察注浆压力和流量的变化。

④注浆压力和注浆量控制。正常注浆情况下压力控制在0.2MPa以内，用压力控制注浆量。

⑤注浆结束标准。达到下列标准之一即可视为该孔注浆结束：在设计注浆压力下，注入量不大于5L/min，延续压注15min后；漏浆严重，采取间歇性、低压、浓浆注浆，经反复多次（3次以上）仍不能恢复注浆的，宜采取加入速凝剂的特殊方法结束注浆；注浆时，附近待注孔的拱顶孔渗浆，经反复停、注，仍然

漏浆的。

⑥注浆孔和检查孔施工检查结束后,使用水泥砂浆将管孔封填密实。

4)施工注意事项

(1)检查拱顶预埋注浆管

为尽量避免衬砌脱空及方便处理,在浇筑衬砌混凝土前,每隔5~8m在拱顶最高处紧贴防水板位置预埋通长纵向注浆管。用钢筋往返插入预留的注浆管内,若插入顺利不受阻挡,证明注浆管未堵塞,否则堵塞,将堵塞的注浆管做好标识。沿纵向注浆管方向在距堵塞的注浆孔50cm处钻孔,安装注浆管,混凝土孔口缝用胶密封,待胶凝结后方能注浆。

(2)打设边墙回填注浆孔

在钻孔过程中,如操作不当导致防水板被打穿,可采用扩孔修补的方法进行处理,即在打穿部位人工扩孔,扩孔范围半径不大于10cm,将防水板修补后采用挂模浇筑微膨胀混凝土封堵。

5)特殊情况下注浆处理

(1)规定压力下不进浆。采用0.5~1.0MPa压力冲压,调整浆液配合比,1:1:2稀释,压注5~10min,使局部堵塞部分冲压畅通,以将浆液压注到孔周围,并充实脱空处。用正常注浆压力与配合比注到不吸浆为止,然后持续压注5min即可停注封孔。

(2)吸浆量较大。注浆过程中如果吸浆量较大,则采用更小的水灰比与间歇注浆方式综合进行,其浆液配合比为1:2:2,间歇注浆一般停注待凝2~3h后再注。

(3)串浆。压注前面孔时,注意观察后面孔,如有冒浆现象,则可用木塞临时封堵,待注浆至规定压力,持续压注5min后即可封孔并移孔。若注浆过程中发生串浆,且串浆孔具备条件,则可采用同时进行压注,一泵一孔;否则,必须将串浆孔堵塞,待注浆孔注浆结束后,再对串浆孔进行通孔、冲洗,而后继续注浆。

(4)冒浆、漏浆。根据具体情况采用封堵、低压、浓浆、限流、限量、间歇注浆或掺加速凝剂等方法进行处理。

(5)注浆工作因故中断时,可按下述原则进行处理:及早恢复注浆,否则立即冲洗孔,而后恢复注浆;若无法冲洗或冲洗无效,则可用凿子将该孔打通,而后恢复注浆。恢复注浆时,采用初始配比水泥浆进行压注,如果注入率与中断前相近,改用中断前水灰比级的水泥浆继续压注;恢复注浆后,如果注入率与中断前相比降低很多,且在较短时间停止吸浆,则必须采取补救措施;吸浆量大、注浆难以结束的地段,采用低压、浓浆、限流、限量、间歇注浆或掺加速凝剂、回填等方法处理。

6)分项质量控制标准

为控制衬砌背后注浆的质量,需要对不同项目进行质量检验,主控项目检验标准见表4-4-31,一般项目检验标准见表4-4-32。

主控项目检验标准　　　　表4-4-31

序号	项　目	检验数量	检验方法
1	浆液配合比	施工单位、监理单位全部检查	施工单位进行配合比选定试验,监理单位检查配合比选定试验
2	衬砌背后注浆的浆液强度	每50m³留置3组抗压试件,施工单位全部检查	施工单位做抗压试验,监理单位见证试验
3	衬砌背后注浆密实性	施工单位每500m²检验一次	施工单位与监理单位一并采用无损检测法检测

一般项目检验标准　　　　　　　　　　　表 4-4-32

序号	项　　目	要　　求	检验数量	检　验　方　法
1	注浆压力	必须符合设计要求	施工单位全部检查	观察和统计
2	注浆孔的数量、布置、间距以及深度	必须根据无损检测结果及渗漏情况确定		观察和尺量
3	注浆方式	必须符合设计要求		
4	衬砌背后注浆	必须在衬砌混凝土强度达到设计强度的100%后进行		注浆前进行一组同条件养护试件的强度试验

4.5.5　常见问题及对策

1）二次衬砌混凝土密实度问题及控制措施

(1) 混凝土各原材料质量不达标

①原因

a. 水泥种类挑选不佳，稳定性较差，各种批次的水泥一起使用；

b. 砂级、碎石配合比不合理，含泥量过多，碎石存在大量石粉，片状物体与针状物体随处可见，严重阻碍骨料和水泥的结合；

c. 外加剂产品质量不稳定；

d. 混凝土坍落度控制较差，灌注拱顶混凝土时，由于拱顶位置位于作业人员头顶，自由伸展空间小，浇筑混凝土时难度大，拱部混凝土坍落度偏大；

e. 制作混凝土时选用的材料存在较大计量偏差，材料配比合理性差，未按石料和砂的所需含水率进行实时调整，导致混凝土强度降低，运输与泵送混凝土时，加水现象屡见不鲜。

②控制措施

a. 水泥优先采用同一品种的普通硅酸盐水泥，初凝时间不大于45min，终凝时间不小于390min，安定性需通过沸煮法检验合格。

b. 细骨料优先采用天然中粗河砂，含泥量不大于2.5%，泥块含量不大于0.5%；或采用机械生产的人工砂，除符合以上指标外，压碎指标小于25%，石粉含量不大于3%。

c. 粗骨料优先选用级配合理的洁净碎石，针片状物总含量不大于8%，含泥量不大于1%，泥块含量应大于0.2%。

d. 应选择优质外加剂，并和混凝土具有较高的兼容性。

e. 灌注拱顶混凝土时，取上限值，混凝土不得随意加水，必要时根据实际含水率及时调整施工用水量，确保混凝土的和易性、可泵送性。

(2) 施工质量不达标

①原因

a. 隧道拱顶挖掘效果不佳，混凝土衬砌厚度不均匀。隧道超挖轮廓线过大，初期支护轮廓线随之变大，易造成衬砌拱顶混凝土背后存在脱空现象。

b. 喷锚混凝土不平顺，钢架之间出现凹地现象，挂防水板时没有摊铺平整，造成拱顶混凝土存在脱空现象。

c. 采用整体式钢模板台车施工时，钢模板液压缸没有完全支撑到位，模板拱顶位置附着式振捣器数量不足,灌注拱顶混凝土时饱和度较低,浇筑过程中没有按照要求完成振捣或出现漏振现象,导致其质量有好有坏。

d.二次衬砌拱顶混凝土是否密实仅靠施工经验判断,未在拱顶采取相关措施控制混凝土厚度,以检验拱顶混凝土是否密实。

e.拱顶纵向注浆管埋设方法不准确,注浆施工方法不规范或注浆压力不足,拱顶防水板与混凝土之间存在空隙。

②控制措施

a.加强对司钻人员的培训交底工作,要求作业人员熟练掌握和应用钻孔技术。

b.控制喷锚混凝土平整度。

c.衬砌台车安装结束后,一定要对架构大小展开检测和调节,确保其符合设计标准。

d.通过在二次衬砌模板拱顶内预埋可拆卸检测钢管,检测钢管通过模板检测孔与外侧焊接钢板进行固定;结束封顶混凝土灌注之后,在混凝土未凝结前将检查管缓缓扭动拽出。

e.封顶混凝土灌注:开始灌注时,所有检查管的阀门保持开启状态,直到孔中流出计划稠度的水泥浆时,才视为此范围内封顶混凝土灌注效果达标,再关闭此阀门,更换其他灌注孔,依次循环此操作,直到所有检查管孔中都流出计划稠度的水泥浆液为止。混凝土灌注时要加强拱顶混凝土的振捣,需要振动棒进入下部混凝土中的深度超过6cm,必要时可增加振捣时间,提高振捣密实度。若时间过少,混凝土之间空隙较大,且拱顶混凝土面易形成收缩裂缝,强度不均匀,振捣时间要满足要求,把气泡振捣出去;拆模时,保证混凝土强度大于设计强度的75%,避免因强度不足发生向下位移脱空,进行二次衬砌施工时还需要在拱顶设置注浆管与排气管,以保证拱顶灌注密实度。

f.拱顶纵向预埋管道预注浆方式:为保证注浆的效果,应在隧道拱顶预贴一根排气管,以及距离拱顶中线两侧各50cm处预贴两根注浆管,所用管应采用专用注浆管,注浆管自端头1m起沿纵向布设泄浆孔,梅花形布置,数量大于30个;注浆管和排气管优先采用宽胶带粘贴在设定位置的防水板内侧;隧道二次衬砌混凝土拱顶填充注浆,要在此段二次衬砌混凝土浇筑结束且初凝后进行,注浆时衬砌台车不宜拆除,注浆压力控制在0.2MPa,当注浆达到设计终压或排气孔出浆时即可终止注浆。

2)施工过程中易出现的问题及控制措施

二次衬砌施工中易出现的问题及控制措施见表4-4-33。

二次衬砌施工中易出现的问题及控制措施　　　　　表4-4-33

序号	问　　题	控制措施
1	防水层铺设时基面处理不当,造成防水层铺设不平整损伤防水	在铺设防水层之前先要进行基面处理,清理基面不平整处,清除掉基面尖锐的障碍物
2	防水卷材铺设后出现空鼓现象	在铺设土工布缓冲层时热熔垫片的布置严格按照设计布置,铺设卷材时卷材要与每个垫片进行有效焊接
3	防水卷材接缝处开裂	卷材与卷材搭接处焊接不牢固,在操作中要严格正确使用爬焊机施焊,在焊接前要将焊接面清理干净
4	防水层出现十字接头	防水施工过程中要严格控制不能出现十字接头,以丁字接头为宜,在接头处铺设防水层应错开预留
5	在钢筋绑扎时焊接钢筋烧伤防水卷材	在焊接钢筋时,在焊接部位后面垫一铺垫对防水卷材进行保护
6	钢筋绑扎时出现同一截面接头率超过50%	在钢筋绑扎时要提前考虑好接头问题,下料时错开下料长度

续上表

序号	问题	控制措施
7	钢筋焊接质量不符合要求,出现焊缝不饱满、咬筋、夹渣、焊缝长度不足等情况	焊接钢筋要专业的人员进行作业,焊缝长度单面焊不得小于10d(d为钢筋直径),双面焊不得小于5d,焊接前先对施工人员进行培训考核,合格后方可上岗
8	钢筋机械连接外露螺牙过多,扭矩不达标	钢筋螺纹头在加工过程中要严格控制,按照相关规范进行螺纹加工,螺牙数不得过多,螺纹加工完成后要进行打磨,同时要使用通止规对螺头及套筒进行检验,合格后方可投入使用
9	钢筋间距不均匀,且不符合设计要求	在钢筋绑扎过程中进行管控,在绑扎之前先制作钢筋卡具,过程中用卡具进行控制
10	钢筋层间距不均匀,双层钢筋间距过大或过小	绑扎双层钢筋时,在绑扎完一层后,要布置马凳筋来控制层间距
11	保护层厚度过大或者过小	在钢筋绑扎的过程中控制好保护层厚度,严格使用垫块进行把控,垫块的布置要合理,按照设计布置
12	混凝土浇筑完成后表面不光滑	在使用钢模浇筑混凝土时,在合模之前要对模板表面进行打磨处理,并且要涂刷脱模剂
13	混凝土出现蜂窝麻面等缺陷	混凝土浇筑过程中要严格把控质量,振捣过程很重要,不可漏振亦不可过振,浇筑前应对混凝土进行检查
14	拆模后混凝土出现错台	合模时要通知测量班进行把控,合模时模板加固要牢固,模板间要严丝合缝,在浇筑混凝土过程中要对称浇筑,要安排专人进行看模,防止跑模及胀模
15	混凝土表面出现点状锈迹	这种现象是由于钢筋绑扎时的扎丝外露造成的,在钢筋绑扎的过程中要将扎丝压入钢筋内侧,不可使扎丝与模板接触

4.6 地下水处理

城市环境十分复杂,地铁施工中需要根据实际情况选择合适的地下水处理技术,地下水处理的原则为以堵为主,辅之以排、降。施工时需要对施工区域地质情况和周围环境(建筑物、管线等)进行充分调查和分析,结合施工技术水平、工程造价和工程工期等因素,进行综合对比。

4.6.1 降水处理

1)降水原理及适用性

地铁矿山法隧道施工中常见的降水措施有轻型井点降水、喷射井点降水、电渗井点降水及管井井点降水四种方法,其基本原理见表4-4-34,适用条件见表4-4-35。

各种降水方法的基本原理　　　　　表4-4-34

序号	降水方法	基本原理
1	轻型井点降水	真空泵把井点管、卧管及储水箱内的空气吸走,形成一定的真空度(即负压)。由于管路系统外部地下水承受大气压力的作用,为了保持平衡状态,由高压区向低压区方向流动。地下水被压入至井点管内,经卧管至储水箱,然后用抽水泵抽走,从而水位下降。沿施工区域四周每隔一定间距布设井点管,井点管底部设置滤水管插入透水层,上部接软管与集水总管进行连接,周身设置与井点管间距相同的吸水管口,然后通过真空吸水泵将集水管内水抽出,从而达到降低施工区域地下水位的效果

续上表

序号	降水方法	基本原理
2	喷射井点降水	喷射井点降水是在井点管内部装设特制的喷射器,用高压水泵或空气压缩机通过井点管中的内管向喷射器输入高压水或压缩空气形成水气射流,将地下水经井点外管与内管之间的间隙抽出排走
3	电渗井点降水	电渗井点降水是利用井点管(轻型或喷射井点管)本身作阴极,沿施工区域外围布置,以钢管($\phi 50 \sim 75mm$)或钢筋($\phi 25mm$以上)作阳极,垂直埋设在井点内侧,阴阳极分别用电线连接成通路,并对阳极施加强直流电电流,应用电压比降使带负电的土粒向阳极移动(电泳作用),带正电荷的孔隙水则向阴极方向集中产生电渗现象,在电渗与真空的双重作用下,强制黏土中的水在井点管附近积集,由井点管快速排出,使井点管连续抽水,地下水位逐渐降低
4	管井井点降水	管井井点就是沿基坑每隔一定距离设置一个管井,每个管井单独用一台水泵不断抽水来降低水位。该方法适用于地下水量较大的情况,可满足大降深、大面积降水要求

各种降水方法适用条件　　　　　　　　　　　　　　　　　　　　　表 4-4-35

序号	降水方法	适用条件			图　示
		渗透系数(m/d)	降水深度(m)	适用地层	
1	轻型井点降水	0.1~5.0	3~6	土层、细砂、粉砂	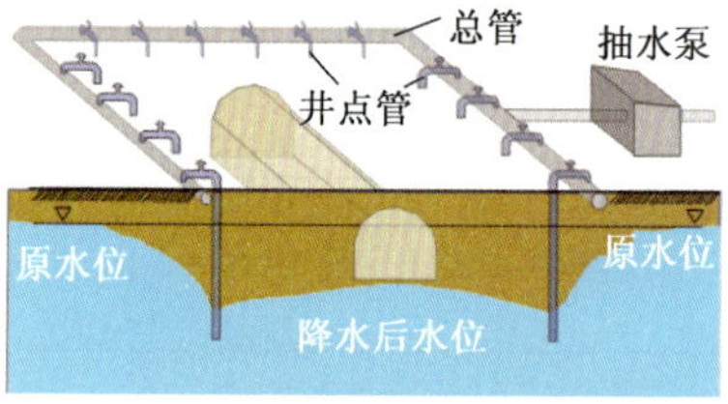
2	喷射井点降水	0.1~20.0	8~20	黏性土、粉土、砂性土层	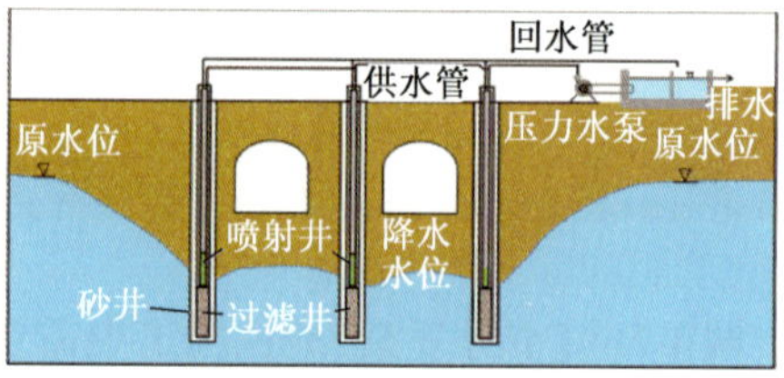
3	电渗井点降水	<0.1	<6	黏性土层	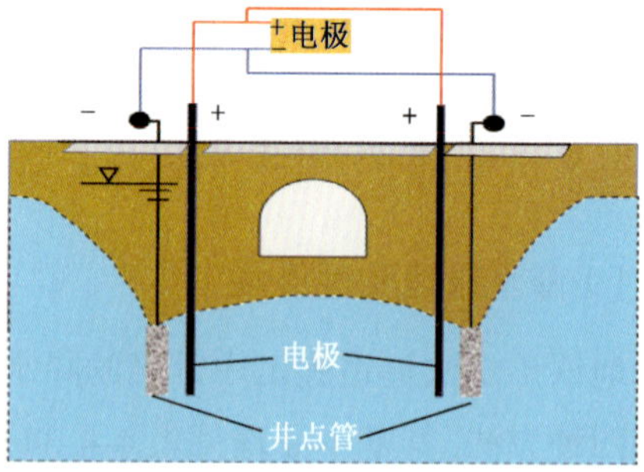
4	管井井点降水	1.0~200	不限	砂土、碎石土	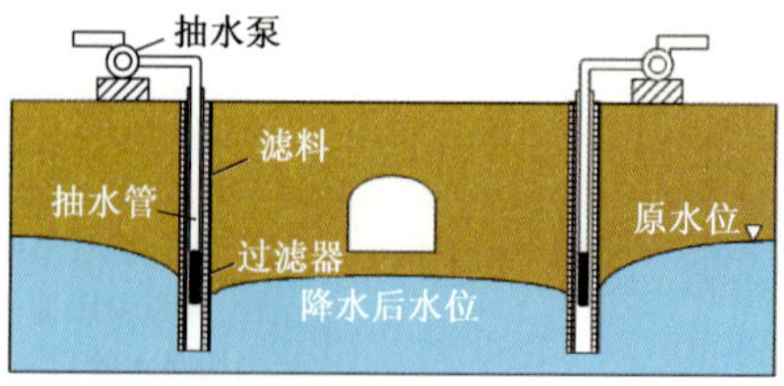

2）施工控制要点

各种降水方法施工控制要点见表 4-4-36。

各种降水方法施工控制要点 表 4-4-36

序号	降水方法	施工控制要点
1	轻型井点降水	（1）砂石采用粗砂，防止堵塞滤管网眼； （2）滤管放置于井孔中间，砂石滤层的厚度控制在 60~100mm 之间； （3）填砂厚度要均匀，速度要快，中途不得中断，以防孔壁塌土； （4）滤砂层的填充高度，至少要超过滤管顶以上 1000~1800mm，一般应填至原地下水位线以上，以保证土层水流上下畅通； （5）填砂后，井口以下 1.0~1.5m 用黏土封口压实，防止因漏气而降低降水效果； （6）轻型井点管网全部安装完毕后，应进行试抽，当抽水设备运转正常且整个抽水管路无漏气现象后，方可投入正常抽水作业
2	喷射井点降水	（1）喷射井点在设计时其管路布置和高程布置与轻型基本相同，面积较大时采用环行布置，喷射井管间距一般为 2~3.5m，当采用环行布置时进出口井点的间距可扩大到 5~7m。 （2）喷射井点井管埋设方法与轻型井点相同，为保证埋设质量宜用套管法冲孔加水及压缩空气排泥，当套管含泥量经测定小于 5% 时，下井管及灌砂，然后再拔套管；对 10m 以上喷射井管，宜用吊车下管；下井管时，水泵应先开始运转以便每下好一根井点管立即与总管相通，然后及时进行单根试抽排泥。 （3）全部井点管沉没完毕后，开通回水总管全面试抽，然后使工作水循环进行正式工作。 （4）工作水位保持清洁试抽 2d 后应更换清水，此后视水质污浊程度定期更换清水，以减轻对喷嘴及水泵叶轮的磨损。 （5）抽水前先将进水排水总管并与高压水泵接通，再将各井点管的外管管口与排水管接通并通到循环水箱，抽水后用离心泵排除循环水箱中多余的水，随时观测井中地下水位
3	电渗井点降水	（1）井点管的构造、布置、埋设与轻型井点管（或喷射井点管）相同。 （2）阳极用直径 50~75mm 或直径 20~25mm 的钢筋，数量与井点管相同，与井管呈平行交错排列；采用轻型井点时，阴阳极的距离为 0.8~1.0m；采用喷射井点时，阴阳极的距离为 1.2~1.5m。 （3）阳极管（钢筋）的埋设，采用 75mm 旋叶式电动钻机成孔埋设；外露 0.2~0.4m，入土深度比井点管深 0.5m，以保证水位能降到所要求的深度。 （4）阴、阳极的数量相同，分别用电线连接成通路，并分别接到直流发电机或直流电焊机的相应电极上。 （5）降水时，工作电压不大于 60V，土中通电时的电流密度宜为 $0.5~1.0A/m^2$；直流电采用间歇通电流法，每通电 24h，停电 2~3h，然后再通电，如此循环。 （6）拔出井点管、阳极钢管（钢筋）可借助于倒链或杠杆式起重机，所留空洞下部用砂，上部 1~2m 用黏土填实
4	管井井点降水	（1）封闭布井的形式进行降水，井间距控制 5.0m 左右；站体内疏干降水井按 15.0m 控制。如遇地下障碍物时根据现场实际情况做适当调整，降水井中线距车站体隧道结构外轮廓一般按 ≥2.0m 控制。 （2）钻机对位偏差应小于 20mm，钻塔垂直度偏差小于 1%；管井采用泵吸反循环钻机成孔，井径、孔深不小于设计值，井孔应保持圆正垂直。 （3）下管。在预制混凝土管靴上放置井管，同时水位以下包缠一层 80 目尼龙网，缓缓下放，当管口与井口相差 200mm 时，接上一节井管，接头处用尼龙网裹严，以免挤入泥沙淤塞井管；竖向用 3~4 条宽 30mm、长 2~3m 的竹条和 2 道铅丝固定井管，为防止上下节错位，在下管前将井管依井方向立直，保持在井孔中心。为防止雨污水、泥沙或异物落入井中，井管要高出地面不小于 200mm，并加盖或捆绑防水雨布临时保护。 （4）洗井在下管填砾后 8h 内进行，洗井后若发现滤料下沉应及时补填滤料至设计高度。 （5）潜水泵及泵管安装吊放于距井底以上 1.0~1.5m 处

3）施工注意事项

（1）降水前用清水冲洗泵,将淤泥、废渣等冲洗干净,保障排水线路顺畅;

（2）地面钻孔前,需做好管线检测,确定钻孔无地下管道以及光缆电线后才能开始施工,否则须按照就近原则调整钻孔位置;

（3）降水时间根据降水井流量确定,一般要求在隧道施工前10h开始抽水,并确保开挖面周围有3口井一起抽水;

（4）抽水前进行试运行,保证抽水井水位移动范围不大于水位下降深度的1%,排水量范围不高于平时排水量的5%;

（5）抽水操作由专人管理,做好地下水位监测和记录,按照水位和水量变动状况迅速调整抽水方法;

（6）地下水抽出后需经沉淀池沉淀,方可排入市政污水井;

（7）在城市进行降水施工时,需及时掌握抽水动态变化,掌握隧道四周地层下沉情况和对邻近建筑物等的影响(具体监测项目参考相应篇章),必要时要采取有效措施(如固定、撤回降水井等方法),预防各类风险的发生。

4.6.2 结构防水

结构防水施工是地铁矿山法隧道施工的重点之一,本节仅做简述,详细内容请参考第5篇相关内容。

1）混凝土防水

为提高区间隧道或车站的防水性能,隧道及车站衬砌混凝土均应采用防水混凝土。防水混凝土是以水泥、砂、石为原材料通过调整混凝土配合比或掺入外加剂、高分子聚合物等,降低孔隙率,增加各原材料界面间密实性或使混凝土产生补偿收缩作用,从而使水泥砂浆或混凝土具有一定抗裂、防渗能力,使其满足抗渗等级大于P6的不透水混凝土的性能要求。

（1）防水混凝土分类

混凝土配合比应满足现行《普通混凝土配合比设计规程》(JGJ 55)的要求。防水混凝土根据其防水机理及配合比的不同可分为普通防水混凝土、外加剂防水混凝土和膨胀剂防水混凝土,其技术要求和适用范围见表4-4-37。

防水混凝土技术要求　　　　　表4-4-37

序号	种类		最大抗渗压力(MPa)	技术要求	特点	适用范围
1	普通防水混凝土		>3.0	水灰比0.5~0.6,坍落度30~50mm(掺外加剂或采用泵送时不受此限),水泥用量≥320kg/m³,灰比1:2~1:2.5,含砂率≥35%,粗骨料粒径≤40mm,细骨料为中砂或粗砂	施工简便,材料来源广泛	适用于一般工业、民用及公共建筑的地下防水工程
2	外加剂防水混凝土	引气剂防水混凝土	>2.2	含氧量3%~6%,水泥用量250~300kg/m³,水灰比0.5~0.6,含砂率28%~35%,砂石级配、坍落度要求与普通混凝土相同	抗冻性好	适用于北方高寒地区对抗冻性要求较高的地下防水工程及一般地下防水工程,不适用于抗压强度大于20MPa或耐磨性要求较高的地下防水工程

续上表

序号	种类		最大抗渗压力(MPa)	技术要求	特点	适用范围
2	外加剂防水混凝土	减水剂防水混凝土	>2.2	选用加气型减水剂,根据施工需要分别选用缓凝型、促凝型、普通型的减水剂	拌合物流动性好	钢筋密集或薄壁型防水构筑物,对混凝土凝结时间和流动性有特殊要求的地下防水工程(如泵送混凝土)
		三乙醇胺防水混凝土	>3.8	可单独掺用,也可与氯化钠复合掺用,也能与氯化钠、亚硝酸钠三种材料复合使用,对重要的地下防水工程以单独掺用或与氯化钠、亚硝酸钠三种材料复合使用为宜	早期强度高、抗渗强度等级高	工期紧迫、要求早强及抗渗性较高的地下防水工程
		氯化铁防水混凝土	>3.8	液体密度大于 $1.4g/cm^3$, $FeCl_2 + FeCl_3$ 含量 ≥ 0.4kg/L, $FeCl_2$ 和 $FeCl_3$ 的质量比为 1:(1~1.3), pH值为 1~2,硫酸铝含量为氯化铁的 5%,氯化铁掺量一般为水泥的 3%		水中结构、无筋少筋、厚大防水混凝土工程及一般地下防水工程,砂浆修补抹面工程;薄壁结构不宜使用
3	明矾石膨胀剂防水混凝土		>3.8	必须掺入国产 32.5 级以上的矿渣水泥、火山灰水泥和粉煤灰水泥混合使用,不得单独代替水泥;一般掺量占水泥用量的 20%,掺入国外生产的水泥时,其掺量应经试验确定	密实性好、抗裂性好	地下工程及其后浇带

注:本表数据来源于《防水工长实用技术手册》,岳永铭主编,中国电力出版社,2008年出版。

(2)防水混凝土搅拌

①严格按选定的施工配合比,准确计算并称量每种用料。外加剂的掺加方法遵循所选外加剂的使用要求。水泥、水、外加剂掺和料计量允许偏差应不大于 ±1%,砂、石计量允许偏差应不大于 2%。

②防水混凝土应采用机械搅拌,搅拌时间一般不少于 2min;掺入引气型外加剂的搅拌时间为 2~3min;掺入其他外加剂时应根据相应的技术要求确定搅拌时间。

2)柔性防水层

车站及隧道的柔性防水板一般铺设于喷射混凝土与二次衬砌之间,是地铁隧道防水的关键施工步骤,其施工质量直接影响地铁施工与运营安全。

防水板是以高分子聚合物为基本原料制成的一种防渗材料,既可以防止液体渗漏,也可以预防气体挥发。常见地铁隧道施工用塑料防水板见表 4-4-38。

地铁隧道施工用塑料防水板　　　　表 4-4-38

序号	类型	特征及优点
1	聚氯乙烯(PVC)	耐化学腐蚀、耐紫外线辐射、耐老化、耐磨性好,抗穿刺能力强,施工简便、无污染
2	乙烯—醋酸乙烯共聚物(EVA)	(1)密闭泡孔结构,不吸水、防潮、耐水性能良好; (2)耐腐蚀性能好; (3)易于进行热压、剪裁、涂胶、贴合等加工; (4)具有良好的防震、缓冲性能,多应用于地铁矿山法隧道施工

续上表

序号	类型	特征及优点
3	乙烯共聚物改性沥青树脂(ECB)	具有优良的柔韧性、耐寒性、弹性、耐应力开裂性,密度小,特别适用于拱顶内面的防水,多应用于地铁车站及隧道防水
4	高密度聚乙烯(HDPE)	具有优良的耐环境应力开裂性能,抗低温、抗老化、耐腐蚀
5	低密度聚乙烯(LDPE)	密度小、透明性好、绝缘性好

地铁隧道施工中常用土工布作为缓冲层材料,其易于铺设且价格较低。

3)特殊部位防水

地铁隧道结构防水中特殊部位有变形缝、施工缝、穿墙管、结构转角等,均为防水施工控制的重点。衬砌变形缝、施工缝是隧道防水的薄弱环节,一般采用止水带进行处理,特殊部位防水措施见表4-4-39。

特殊部位防水措施　　　　　表4-4-39

部位	防 水 措 施	图 示
变形缝	(1)采用外贴式止水带,并设置注浆管,变形缝施工结束后,对注浆管进行注浆堵塞背贴式止水带的缝隙,对渗入的地下水进行初防水; (2)衬砌中部设置可注浆中埋式止水带,作为第二道防水层,可通过多次注浆进行渗水堵漏; (3)安设外贴式止水带,作为施工缝的预备防水措施,一旦防水失效,止水带与水接触保护材料自然降解,可注浆的中埋式止水带开始工作,这样可以延长防水设施的工作时间; (4)在变形缝处的衬砌表面安装接水盒,如果以上的防水设施都失效,接水盒可以防止渗水流入隧道影响地铁隧道的正常运营	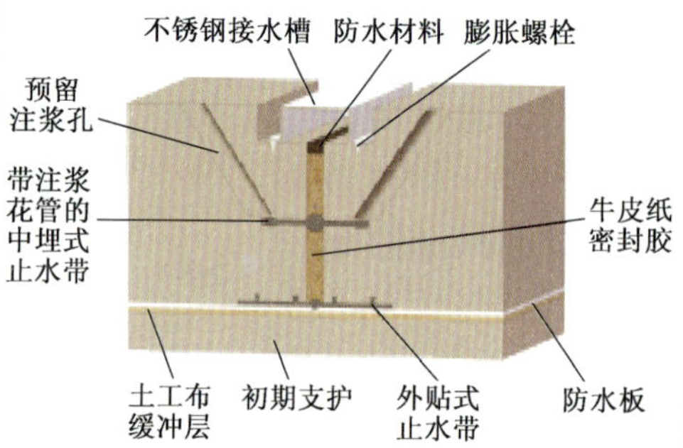
施工缝	水平施工缝应在浇筑的混凝土初凝后、终凝前施工,根据止水带的规格,在混凝土基面中间压磨出一条平直、光滑槽;拆除混凝土模板后,凿毛施工缝,用钢丝刷清除界面上的浮渣,并涂2~5mm厚的水泥浆,待表面干燥后,用配套的胶黏剂或水泥钉固定止水带,再浇筑下一循环混凝土	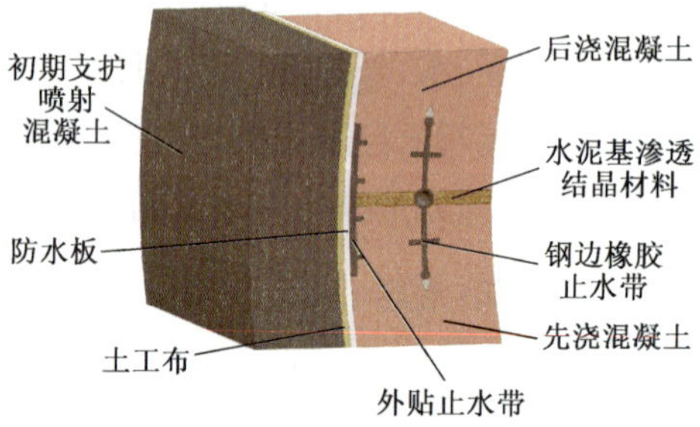
	环向或竖向施工缝采用端头模板固定木条或金属构件等,混凝土浇筑完后形成凹槽,槽的深度为止水条带厚度的一半,宽度为止水条宽度;之后进行清洗,清理槽,清除残渣,磨光槽壁,将止水条带粘贴在槽中,定位模板台车,浇筑下一循环的混凝土	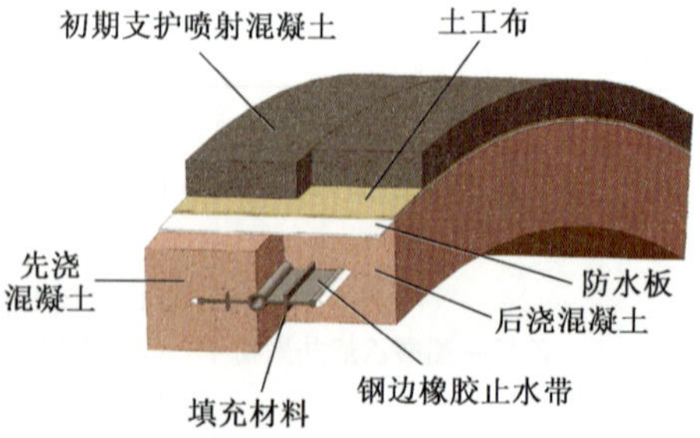

续上表

部位	防水措施	图示
穿墙管	穿墙管件穿过防水层的部位可以采用止水法兰和双面丁基胶黏带与防水层进行过渡连接形成密封止水。 (1) 止水法兰焊接在穿墙管件上,并加设止水环,然后浇筑在模筑混凝土中,必要时在止水法兰根部粘贴遇水膨胀腻子条; (2) 穿墙管线较多时,采用穿墙盒,盒的封口钢板应与墙上预埋件焊接牢固,并从钢板上的浇筑孔注入密封材料; (3) 管根部的聚氨酯防水涂层涂至管口以上不少于150mm,管根部防水涂层须加密纹玻璃丝布加强	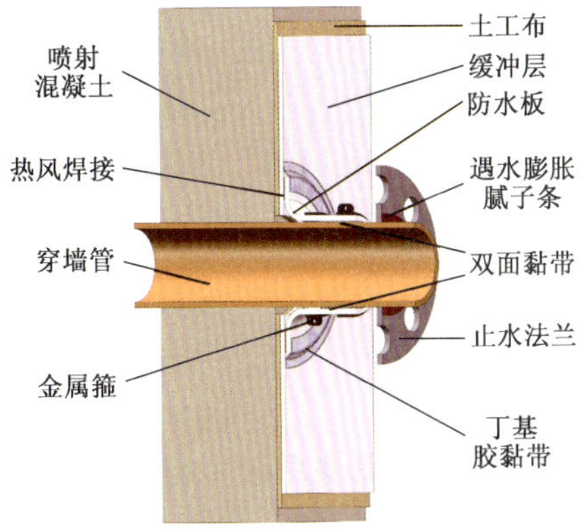
结构转角处	车站顶底板与边墙接触结构、底板反梁等均会产生阴阳角结构,其节点处应力集中,是防水卷材的薄弱点,必须在这些部位做好特殊处理。 (1) 所有阴角均采用1:2.5水泥砂浆做成50mm×50mm的钝角; (2) 所有阳角均剔除20mm×20mm的倒角; (3) 减小防水卷材的集中应力,必要时可增加防水附加层	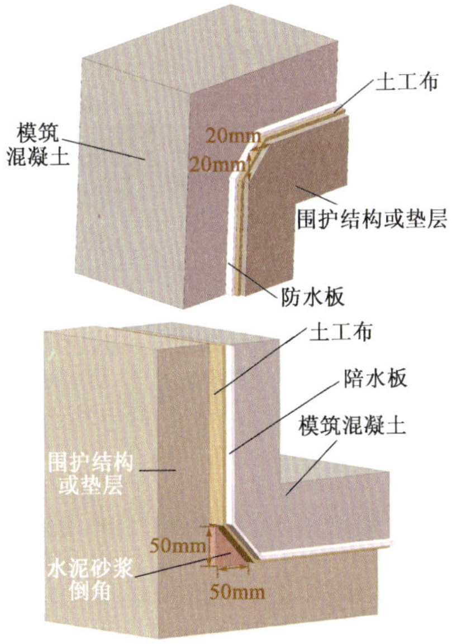

4.6.3 结构排水

1) 适用性

一般情况下,不建议在地铁隧道内设置排水盲管,但在地下水丰富的地区,一味追求"全包",反而不利于防水效果,因此设置排水盲管有利于地下水的排放,不至于地下水在衬砌背后贯通,在仰拱位置水压达到最大值后,破坏隧道结构。例如广州地铁1号线就采用了排水性区间隧道结构。

2) 排水管结构

区间隧道排水盲管设置于初期支护与防水隔离层之间,包括环向排水盲管、纵向排水盲管,环向排水管固定于初期支护表面,纵向排水盲管布设于边墙脚和隧道仰拱部位,两者通过横向排水管汇入仰拱填充内部排水沟,如图4-4-88所示。

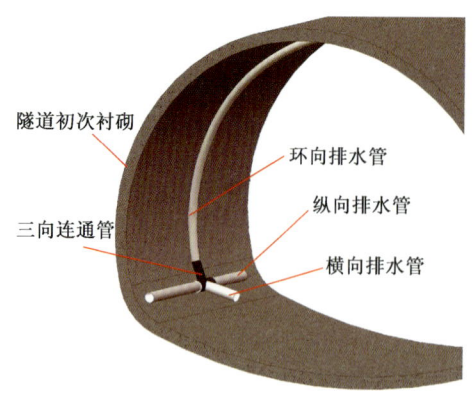

图 4-4-88 排水盲管安装

3）施工控制要点

排水盲管施工控制要点见表 4-4-40。

排水盲管施工控制要点 表 4-4-40

序号	工 序		施工控制要点
1	管材检查		排水盲管的材料质量、直径、透水孔的大小、间距应满足设计要求
2	钻孔定位、安装锚栓		按规定画线，钻定位孔，定位孔间距不得大于 50cm，同时将膨胀锚栓打入定位孔
3	铺设盲管	环向排水盲管安装	隧道拱墙土工布背后设 φ50mm 环向透水盲管，并用土工布包裹，盲管穿过防水板时，应将该处防水板与盲管黏结密封，防止漏水。两端管头圆顺弯出，后续施工时接入侧沟。固定方法：用 5cm 的锚固钉及 ECB 板窄条将软式透水管固定在喷射混凝土面上，环向每隔 50cm 固定一处
		纵向排水盲管安装	纵向排水盲管布设于隧道两侧边墙脚水沟底上方，设于防水板外侧，设计为 φ110mm 的双壁打孔波纹管，并用土工布包裹。纵向分段长度根据衬砌台车长度确定，一般为 8~12m，两端弯制成 135°，圆顺过渡至衬砌表面，水沟、电缆槽施工时接入侧沟。纵向排水盲管按设计规定测量画线，以使盲管位置准确合理，盲管安设的坡度同隧道纵坡坡度
4	外套聚氯乙烯（PVC）管		排水盲管引入边沟采用 PVC 导向管，在保证排水坡度的同时做好排水管口间距控制，如图 4-4-89 所示，保证与衬砌弧度顺接，PVC 管口切成 45°斜口，确保混凝土浇筑过程中不会出现破坏排水盲管的现象
5	钢筋骨架焊接		为保证排水盲管 2% 的排水坡度，在 PVC 管定位时，采用钢筋骨架进行定位。在边墙位置首先定位出盲管高程和管口位置，采用冲击钻在边墙位置打眼，孔深 10cm，将钢筋锚入矮边墙内作为钢筋骨架的支撑筋，然后采用钢筋焊接成一个稳固的支架，焊接时应控制好管口高程和管口间距，如图 4-4-90 所示

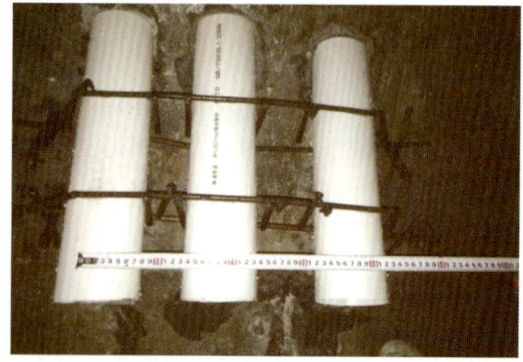

图 4-4-89 排水管口间距控制

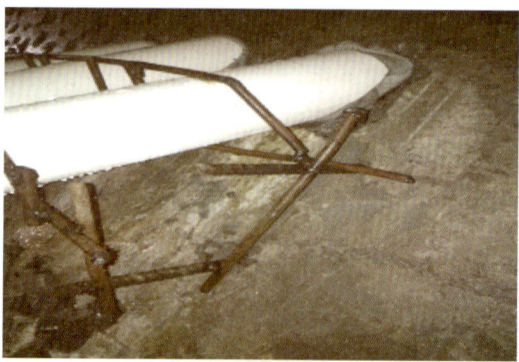

图 4-4-90 钢筋支架安装

4)施工注意事项

(1)盲管应具有一定的弹性和良好的透水性,能沿壁面密贴铺设,在承受0.5MPa压力时耐压扁平率不大于5%,其规格和其他性能应符合设计要求;

(2)纵向排水盲管铺设位置不得低于隧道水沟底面高程;

(3)盲管固定应牢固、平顺,固定点间距一致;

(4)衬砌背后设置的排水盲管应结合衬砌一次施工,施工中应防止混凝土或压浆浆液侵入盲管堵塞水路,盲管的综合排水效果应符合设计要求。

4.6.4 堵水处理

堵水处理详细内容请参考本手册相应篇章,本节仅做简述。

1)适用性

对于地下水的处理,除了施工前的降水处理、施工后保证运营的结构防排水,在施工过程中最常用的地下水处理方法为注浆堵水。注浆堵水的主要目的是形成有效的"堵水帷幕",降低地下水对施工的影响,但各类方法以及浆液材料的适用性不同。不同注浆方法以及注浆材料的适用性分别见表4-4-41、表4-4-42。

不同注浆方法的适用范围　　　　　　表4-4-41

序号	注浆方法	适用范围
1	渗透注浆	只适用于中砂以上的砂性土和有裂隙的岩石
2	劈裂注浆	适用于低渗透性的土层
3	压密注浆	适用于非饱和土体,用于隧道开挖时对邻近土进行加固
4	电动化学注浆	地层渗透系数 $k < 1 \times 10^{-4}$ cm/s,只靠一般静压力难以使浆液注入土的孔隙的地层

注浆材料的适用性　　　　　　表4-4-42

序号	目的	岩层		松散砂层	特殊地层	混凝土结构物		
		裂隙	孔隙			壁内	壁后	
							砂层	岩层
1	止水	单液水泥浆、水泥—水玻璃	丙凝、水玻璃、木质素等	丙凝、木质素等	(骨料)+单液水泥浆,(骨料)+水泥—水玻璃,(骨料)+水泥黏土浆	丙凝、木质素、水泥、水玻璃等	丙凝、木质素、聚氨酯	水泥浆、水泥—水玻璃
2	防渗	—	—	丙凝	—	丙凝	丙凝	丙凝
3	备注	细小裂隙可用化学浆	—	砾石、卵石,可用水泥浆	根据地层是否存在充填物与空洞大小选择骨料	大缝隙使用水泥浆,小缝隙使用化学浆液	—	充填压注可掺入黏土、矿渣等

2)施工控制要点

一般常见的注浆堵水施工控制要点见表4-4-43。

注浆堵水施工控制要点　　　　　　　　　　　表 4-4-43

序号	工　序	施工控制要点
1	超前地质预报	明确隧道地段实际情况,合理确定预注浆方案
2	止水止浆墙施工	在注浆地段起始处掌子面设置止水止浆墙,防止未注浆地下水涌出、跑浆现象的出现,各注浆段终止位置留止水盘
3	平整场地	确定钻孔位置,钻机就位
4	钻孔	初始以低速开孔,孔深达 30cm 时调整为正常钻孔,钻孔时控制好进水量,避免坍孔
5	安装注浆管	注浆管应事先钻好出浆孔,注浆管与钻孔间以锚固剂封堵
6	压水试验	压水试验进行 3 次,每次 5min
7	注浆	压水试验结束后,在泵运行的条件下开始注浆,从稀水泥浆开始逐步增大浆液浓度

3）施工注意事项

（1）钻进过程中,如遇涌水或岩层破碎造成卡钻,应停止钻进,进行注浆扫孔后再继续钻进。

（2）注浆过程中,若压力突然升高,应停止注浆,检查后再继续注浆。

（3）注浆过程中,注意观察止浆岩盘的变形情况,准备好加固措施。

（4）注浆时如遇串浆或跑浆,采用间隔一孔或几孔注浆方式。

（5）注浆过程中,注浆量和注浆压力是两个关键参数,一般规律是初始阶段压力较小,注入量增大；正常阶段压力和注入量呈小的波浪式起伏状态,但总体比较平稳；压密注满阶段注入量迅速递减而压力迅速升高。注浆过程中,应根据设计注浆量和压力按照上述规律进行控制。

（6）在高压富水段钻孔注浆施工,必须安设反压防喷装置,以确保施工人员安全。

（7）一个孔段的注浆作业应连续进行到结束,尽量避免因机械故障、停电、停水、材料供应等问题造成的注浆中断。对于因实行间歇注浆,制止串浆冒浆等而有意的中断,应先将钻孔清理至原深度以后再进行复注。

（8）准确测定孔位,与设计位置的允许偏差为 ±5cm 偏角,采用钻机顶入,其顶入长度不小于设计管长的 95%。每钻进一段,检查一段,及时纠偏孔底位置,偏差应小于 30cm。

（9）注浆孔开孔直径符合设计要求,埋设牢固,并有良好的止浆设施。

（10）钻孔和注浆顺序应由外向内,同一圈孔间隔施工。

（11）注浆过程中严格控制注浆压力,防止引起地面隆起。

（12）洞内注浆时由拱脚向拱部逐管注浆。

4.7　特殊条件下施工作业

4.7.1　特殊地层开挖

在地铁隧道施工过程中,由于所处地域、环境不同,常会在部分特殊岩土中或不良地质条件下施工。常见的不良地质有湿陷性黄土、富水砂层、富水卵石层等。

1）湿陷性黄土开挖

（1）湿陷性黄土开挖难点

①雨季地表水下渗引起洞内地下水变化,极易造成塌方或大变形；

②黏性黄土,具有弱膨胀性,遇水易产生软化、泥化及膨胀开裂,失水易产生收缩现象,极易造成塌方或大变形;

③湿陷性黄土节理裂隙发育,自稳时间短,收敛变形大,初期支护封闭不及时或刚度不足极易造成塌方;

④湿陷性黄土内夹有水平姜石层、粉细砂层,局部需采取弱爆破,对围岩的稳定性有一定影响;

⑤仰拱地基受水影响易形成软化区域,致使基底承载能力下降产生沉降,仰拱结构受到破坏。

(2)湿陷性黄土开挖要点

①浅埋暗挖隧道严格遵循"先治水,管超前,短开挖,强支护,早成环,勤量测"的原则组织施工。

②根据隧道断面类型及对地层扰动的控制要求等实际情况,对不同的地质条件和断面类型采用不同的开挖施工方法,分别采用环形开挖预留核心土法、交叉中隔墙法(CRD法)、中导洞+台阶+CRD法。

③施工步骤:超前地质预报→超前支护→分部开挖土体→分部初期支护→全断面开挖支护完毕→施作隧道二次衬砌。

④针对湿陷性黄土特点,开挖前首先应加强止水或降水,避免带水作业。

⑤加强超前支护,选用超前小导管注浆、深孔注浆、水平高压旋喷支护等措施对地层进行有效的超前支护。

⑥严格控制开挖步距,尽量控制在0.5m左右。

⑦开挖完成后及时进行格栅钢架的架设及喷射混凝土施工,确保喷射混凝土密实度、强度均达到设计要求。

⑧及时进行回填注浆,并加强监测,避免地层及地面沉降过大。

2)富水砂层开挖

(1)开挖难点

①富水砂层的渗透性强,黏度较低,在地下水渗流的作用下,极易发生流沙破坏;

②受控于季节与沉积环境,富水砂层中极易出现砂土~黏土互层的现象,造成砂土粒径分布不均,饱水砂层孔隙率大、渗透系数大,对注浆加固施工的影响较大。

(2)开挖要点

①严格按照"管超前、严注浆、短开挖、强支护、早封闭、勤量测"十八字方针组织施工。

②根据隧道断面类型及对地层扰动的控制要求等实际情况,对不同的地质条件和断面类型采用不同的开挖方法,分别采用环形台阶法、CRD法、中导洞+台阶+CRD法。

③施工步骤:超前地质预报→超前支护→分部开挖土体→分部初期支护→全断面开挖支护完毕→施作隧道二次衬砌。

④开挖前加强降水或注浆止水,开挖过程中在掌子面安装引流导管对层间滞水进行引流。

⑤富水砂层自稳能力较差,开挖前应加强地层超前加固,可选用深孔注浆及水平高压旋喷桩等有效的超前支护手段进行超前支护。

⑥砂层中超前深孔注浆宜选用改性水玻璃浆液。

⑦严格控制开挖步距,尽量控制在0.5m左右。

⑧开挖完成后及时进行格栅钢架的架设及喷射混凝土施工,确保喷射混凝土密实度、强度均达到设计要求。

⑨及时进行回填注浆,并加强监测,避免地层及地面沉降过大。
⑩施工前应急物资应准备到位,应急物资应包括砂袋、钢筋网片、草帘等。

3）富水卵石层开挖

（1）开挖难点

①大粒径卵石层工程地质条件差,自稳性极差,施工风险很大;

②卵石层粒径较大,注管导浆成孔较困难,并且空隙较大注浆很难控制,效果较差,因此卵石地层超前注浆加固技术是施工中的一大难点。

（2）开挖要点

①严格按照"管超前、严注浆、短开挖、强支护、早封闭、勤量测"十八字方针组织施工。

②在打设注浆小导管前,首先喷射较薄混凝土层,以稳定工作面,避免小导管打设时振动坍塌。

③针对砂卵石地层小导管打设困难,相比一般地层而言,超前注浆小导管参数选择时尽量选用短、细钢管。"短"指的是在保证1m重叠基础上每榀一打,榀距视小导管打设难易程度进行调整;"细"指的是小导管在保证刚度的前提下尽量减小管径,以减小打设摩擦阻力,方便打设。

④因卵石地层浆液易于渗透,且具有遇水易塌方的特点,在小导管注浆时应尽量选择早凝固型浆液,以凝固胶结地层,加快拱的形成,以水泥—水玻璃双液浆为最佳选择。

⑤砂卵石地层进行台阶法施工时,较黏土地层台阶长度要稍长,因而成环相对滞后,对上部格栅一定要打设锁脚注浆锚管,以稳固拱脚,改善受力条件,减小地层变形。

⑥开挖步距尽量控制在0.5m左右。

⑦开挖完成后及时进行格栅钢架的架设及喷射混凝土施工,确保喷射混凝土密实度、强度均达到设计要求。

⑧及时进行回填注浆,并加强监测,避免地层及地面沉降过大。

⑨施工前应急物资应准备到位,应急物资应包括砂袋、钢筋网片、草帘等。

4.7.2 特殊部位开挖

1）马头门开挖

马头门开挖共施工部位一般为工作井进暗挖区间、端墙进暗挖区间及车站进人防工程段暗挖区间等。其结构受力复杂,做好施工工序安排、控制沉降以及保证初期支护结构安全是工程的难点。针对措施主要有:

（1）马头门进洞前严格按照设计要求做好加固措施。

①严格按照设计要求施工超前小导管;

②根据地层勘察揭示情况、超前地质预报以及竖井施工时地层揭示状况,适时采取深孔注浆加固。

（2）马头门破除后先观察掌子面地质情况及水文情况,若掌子面不稳定或处于有水状态,应立即复喷混凝土,采取防坍塌措施。

（3）进洞时按照要求联立三榀格栅钢架。

（4）马头门破除过程中应加强监测,并根据监测数据及时分析变形情况,以便及时采取安全应对措施。

（5）马头门施工应提前做好筹划,做好对现场人员的培训交底,准备好工序转换的各种施工材料和机具,开挖完成后立即进行支护。

2)渡线段开挖

为满足运营需要,便于进行列车折返、停留、检修及地下铁道正线与地面车库、线路之间的联系,在正线间必须设置渡线。所谓渡线,就是用道岔将上行线、下行线及折返线连接起来的线路。由于渡线是由正线出岔道与正线逐渐分开的,所以必须将此部分设在一个专门隧道内,这个专门隧道称为渡线室隧道。因为正线与岔线间距逐渐变化,渡线隧道断面也必须相应分段渐变,车辆由正线进入渡线必须经过道岔。

按线路平面布置,渡线形式有下列三种:

(1)正线间的渡线作为列车中途折返用,设于区域站后方。

(2)单线岔线渡线作为去车库的支线。

(3)双线尽端线渡线作为列车停留、检修、尽端折返用,设于终点站的后方。

渡线施工中,由于分岔线与正线的夹角一般只有5°~6°(12号或9号道岔,国内一般采用9号道岔),所以尽管岔线洞径仅为6~7m(可能局部加宽),但在地铁正洞的侧壁上却要形成一个长度达66m左右、横径达12m左右、高度超7m的大型孔洞,从而形成复杂的地下洞群隧道。此段结构受力复杂,施工困难,可能产生施工段土体失稳、地面沉陷等问题。

渡线段施工关键技术见表4-4-44。

渡线段施工关键技术   表4-4-44

序号	项目	简述
1	工法选择	渡线段施工坚持"由大断面向小断面施工,短进尺、强支护、早封闭成环"的原则,以控制围岩的变形,对洞内拱顶下沉,洞内水平收敛,地表沉降、衬砌受到的土体压力、水压力及钢架应力进行监控量测,并充分考虑对地表建筑物的影响,采用信息化施工技术
2	施工方案	以某地铁工程为例,在保证隧道安全与地面建筑物安全的前提下,由大断面向小断面施工,该工程总体方案如下: (1)隧道施工前,对软弱地层或高层建筑墙脚外侧采用单重管高压旋喷桩进行土体加固。 (2)超前支护:渡线段施作管棚,形成双层管棚注浆效果。 (3)左线大断面采用双侧壁导洞法,小断面采用超短台阶法;右线小断面采用超短台阶法,大断面采用双侧壁导坑法和CRD法。施工顺序为: ①首先由右线小断面施工到大断面分界点,封闭掌子面后,进入大断面右侧壁导洞后停止; ②同时左线大断面施工到小断面分界点后,先进行左线正洞施工(20~30m),再进行单渡线施工; ③最后进入右线大断面左侧壁导坑施工,连通左右导坑反向挑顶施工大断面中间剩余部分,同时向前进入渡线段CRD工法施工,施工步骤示意图如图4-4-91所示
3	渡线段施工	左线开挖20~30m后,打设超前短管棚及小导管支护,破除渡线断面混凝土,前3榀钢架与左线前3榀钢架连接为一体,保证洞口稳定后,进行渡线施工。采用超短台阶法施工,随开挖及时将预设的对拉锚杆连接好

3)断面渐变过渡段

为确保安全过渡,在断面转换施工中需紧扣矿山法施工基本原则,根据断面间相互关系和采用工法情况,合理设置变坡坡度,充分利用超前支护手段加固围岩,在断面转换地段,密排注浆小导管等。

断面渐变过渡段施工关键技术见表4-4-45。

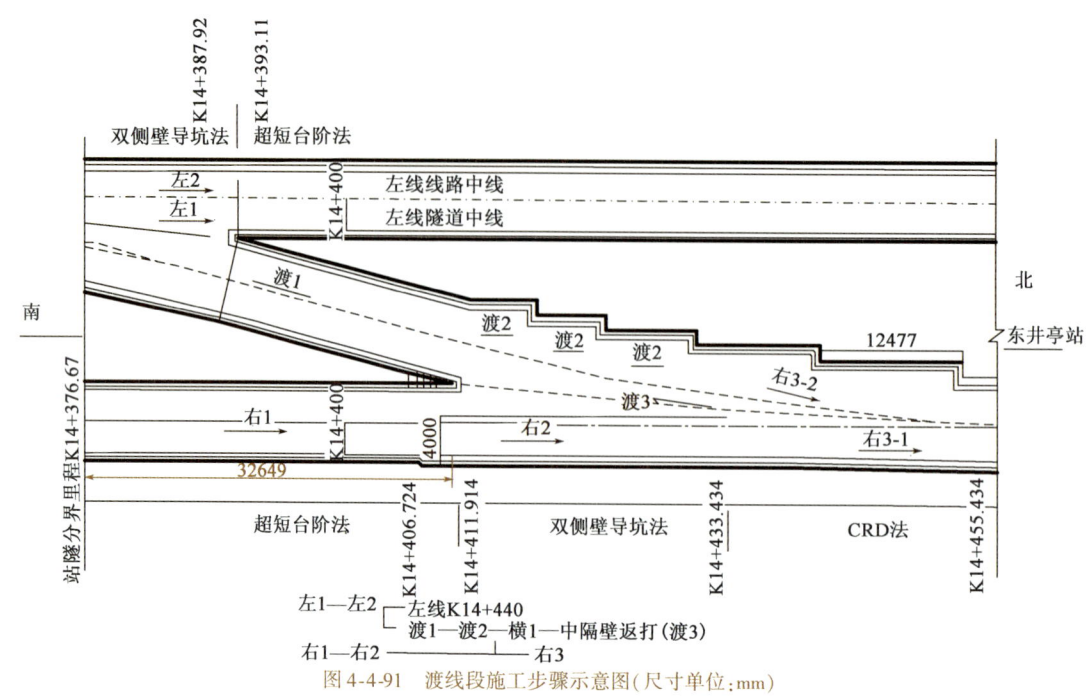

图 4-4-91 渡线段施工步骤示意图(尺寸单位:mm)

断面渐变过渡段施工关键技术　　　　　　　　　　　　　　表 4-4-45

序号	项　目	简　述
1	施工技术方案	(1)大断面进入小断面技术方案:第一种方案是接头墙采用锚喷全部封闭完成后,再沿小断面轮廓进行开挖支护;第二种方案是根据工法分部开挖的特点,分部封闭接头墙,且将小断面掌子面预留。两种方案比选,第二种比第一种节省时间,降低工程成本。 (2)小断面进入大断面技术方案:第一种方案是小断面直接扩大至大断面,这样费时,施工难度大,不安全;第二种采用过渡的办法,即以一定的斜率向外、向高逐渐扩大,经过一段距离过渡,到达大断面,形成工作面之后,再返回来处理过渡段。通过比较,第二种方案具有封闭快、安全、施工难度小的特点
2	关键技术实施情况	以某地铁工程为例,在保证隧道安全与地面建筑物安全的前提下,断面渐变过渡段施工技术方案为: (1)大断面进小断面施工 断面转接处应用大断面进小断面技术,渡线隧道采用双侧壁导坑法,其先开挖侧壁导坑,刚好与左线连接形成大断面进入小断面,如图4-4-92a)所示。 ①渡线隧道左侧壁导坑开挖Ⅰ、Ⅱ部完成即喷射4~5cm厚C20早强混凝土临时封闭掌子面; ②施工测量放样出左线上台阶开挖轮廓线,贴近掌子面安装第1榀钢格栅; ③施作Ⅰ、Ⅱ部接头墙锚杆、挂网与格栅焊接,并施作左线拱部超前注浆小导管; ④接头墙喷射20cm厚C20早强混凝土; ⑤进行左线上台阶开挖支护; ⑥在进行上台阶开挖支护的同时,施作左侧壁Ⅲ部,挖支封闭,直到单线下导也封闭,至此完成断面转换。 该技术的施工要点为断面的控制,首先根据线路中线与内轨顶面高程计算两个断面的几何关系,施工放线要严格控制偏差。 (2)小断面进大断面施工 断面处小断面进大断面施工如图4-4-92b)所示,具体步骤如下: ①联络线上台阶开挖至一定里程时,临时喷射4~5cm厚C20早强混凝土封闭掌子面; ②测量放样喇叭口D型隧道右侧壁导坑Ⅰ、Ⅱ部露出的部分轮廓及线路中线(或控制线); ③右导坑开挖时,右侧与高度按1:2的斜率进行外扩,每进0.8~1m进行临时封闭,采用锚杆挂网喷射5cm厚C20混凝土,前进3.5m扩至右导坑Ⅰ、Ⅱ部断面,安装格栅,施作锚杆,喷射35cm厚C20早强混凝土; ④再向前开挖3m,形成工作面后返回来处理1:2斜率的3.5m长过渡段; ⑤过渡段施工完成后及时施工接头墙。 该方案的施工要点为: ①计算两断面的几何关系,找出放线依据的右侧壁导坑顶点; ②达到导坑设计断面返回处理过渡段必须注意安全,尽量用人工开挖,防止扰动过大而造成土体失稳。 该案例中涉及的"喇叭口"隧道概况见表4-4-46

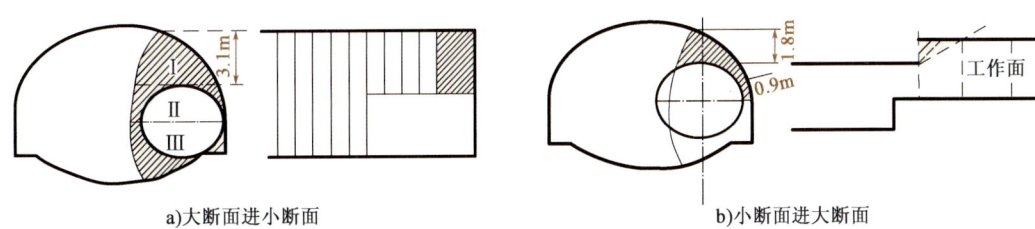

a) 大断面进小断面　　　　　　　b) 小断面进大断面

图 4-4-92　断面渐变过渡段施工断面示意图

"喇叭口"隧道概况　　　　　　　　　　　　　表 4-4-46

序号	名　称	断面尺寸(mm)	施工方法	围岩等级	结　构
1	右线、左线（单线隧道）	10240 × 6600	短台阶法	Ⅳ、Ⅴ级	钢格栅支撑间距 0.75～1.00m，挂网锚喷 30cm 厚 C20 早强混凝土
2	联络线				
3	喇叭口 D 型隧道	11935 × 16400	双侧壁导坑法	Ⅴ级	钢格栅支撑间距 0.5m，挂网锚喷 40cm 厚 C20 早强混凝土
4	喇叭口 C 型隧道	10948 × 16340	CRD 法	Ⅴ级	钢格栅支撑间距 0.5m，挂网锚喷 40cm 厚 C20 早强混凝土
5	双线 A 型隧道	8905 × 11620	CD 法	Ⅳ级	钢格栅支撑间距 1.0m，挂网锚喷 35cm 厚 C20 早强混凝土
6	单线 C 型隧道	3036 × 6800	短台阶法	Ⅳ级	钢格栅支撑间距 1.0m，挂网锚喷 30cm 厚 C20 早强混凝土
7	21.5m 大跨度隧道	14293 × 23500	双侧壁导坑法	Ⅴ级	钢格栅支撑间距 0.5m，挂网锚喷 40cm 厚 C20 早强混凝土

4）"先隧后站"开挖

地铁常规施工工序是先建地铁车站，达到盾构施工要求后，再利用车站结构作为盾构施工作业场地，进行盾构施工，待盾构段施工完毕后封闭车站主体，即"先站后隧"施工技术。

"先隧后站"地铁车站工法，是将盾构掘进和矿山法相结合的技术，即采用区间隧道的盾构机，先行开挖成洞过站，然后拆除盾构管片，采用矿山法扩挖修筑地下车站。该工法既充分发挥盾构法、矿山法各自的优势，又避免采用大断面盾构机造成施工机械、地下空间资源的浪费。该工法的关键技术如下：

(1)盾构掘进过站;

(2)管片拆除;

(3)矿山法扩挖站台隧道;

(4)隧道加固措施;

(5)变形及沉降监测措施。

案例说明:某车站包括暗挖站台和明挖站厅两大部分,其中左线暗挖站台全长约91m,采取盾构先行通过、后破除盾构区间管片扩挖成站台的方案。隧道扩挖的总体方案是以左线隧道正上方的竖井为起始作业面,破除竖井内的盾构管片后向竖井两侧方向,分两个作业面同时进行剩余管片破除及隧道扩挖。扩挖采用台阶法施工,开挖方式为爆破开挖。开挖台阶的划分是本次扩挖施工的重点,"先隧后站"台阶法扩挖示意图如图4-4-93所示。

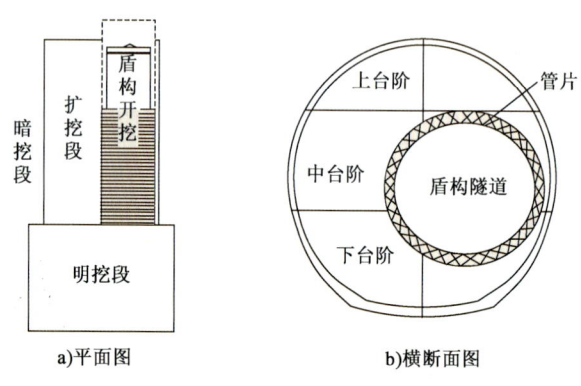

图4-4-93 "先隧后站"台阶法扩挖示意图

其主要施工工序如下:隧道分三个台阶进行爆破开挖,上台阶开挖6~9m进行中台阶开挖;中台阶开挖分左右两部,左侧部分开挖6m后再进行右侧部分开挖。中台阶范围内的管片采取先拆除管片连接螺栓,然后炮机配合挖掘机松动,视情况采取局部爆破的方式进行拆除;下台阶通过挖土机直接拆除剩余管片后,对仰拱岩层进行爆破清底。

第 5 章
风水电及通风防尘作业

地铁施工中,为确保隧道开挖、初期支护与衬砌等基本作业各工序的顺利进行,需要施工单位提供必要的辅助作业,包括供风、供水、供电、通风、防尘等,这也是保证施工人员安全的基础之一。本章主要介绍供风、供水、排水、供电与照明、通风、防尘作业的设计与操作要点、施工注意事项,以期为施工人员提供指导。

5.1 供风作业

在地铁矿山法隧道施工中,由于作业空间有限,结构简单而轻巧的风动机械得到广泛应用,如风动凿岩机、风动混凝土压送器、喷射混凝土机、压浆机、锻钎机等都是较常用的风动机具。为保证机具正常工作,应有足够风量以及必需的工作风压,同时还应尽量减少压缩空气在管路输送过程中的风量和风压损失,从而达到节约能源、降低消耗的目的。

5.1.1 空气压缩机分类

空气压缩机分为电动和内燃两种(注:北京地铁站内严禁使用内燃机械),地铁车站导洞开挖可采用移动式空气压缩机,地铁区间隧道开挖宜采用固定式大型电动空气压缩机。地铁矿山法隧道施工一般将空气压缩机集中安设在竖井口的空气压缩机站内,以供应施工所需要的压缩空气。

5.1.2 供风设计

压缩空气站的生产能力根据同时工作的风动机具耗风量和管路的漏风量确定,并考虑一定的备用系数和工程所在地对空气压缩机生产率影响的折减系数。

1)空气压缩机站总需风量计算

$$Q = K_1 K_2 K_3 \sum (nq K_4 K_5) \tag{4-5-1}$$

式中:Q——压缩空气需用量(m^3/min);

K_1——由于空气压缩机效率降低以及未预计的少量用气所采用的系数,取1.1;

K_2——高程修正系数,取1.03;

K_3——管网漏气系数,取1.25;

K_4——各类风动机具同时工作系数,取值0.8;

K_5——风动机具磨损修正系数,对凿岩机取1.15,其他风动机具取1.1;

n——同时工作的同类型风动机具台数;

q——一台风动机具耗气量,按照双侧壁法开挖,采用气腿式风动凿岩机时取3.0m³/min,采用混凝土喷射机时取10m³/min,采用风镐时取1.2m³/min(风动凿岩机共用或喷射机、风镐共用)。

2)高压风管管径选择

压缩空气在输送过程中,由于管壁摩擦、接头、阀门等产生沿程阻力,使其压力减小,一般称为风压力损失。钢管的风压力损失Δp可由式(4-5-2)计算。根据风压力损失Δp以及作业要求的风压,即可选择高压风管的管径。

$$\Delta p = \lambda \frac{L}{d} \times \frac{v^2}{2g} \times \gamma \times 10^{-6} \quad (\text{MPa}) \tag{4-5-2}$$

式中:λ——摩阻系数,根据表4-5-1取值;

L——输送高压风管管路长度(m);

d——送风管径(m);

g——重力加速度,取9.81m/s²;

γ——压缩空气重度(N/m³);

v——压缩空气在风管中的速度(m/s)。

风管摩阻系数 λ 值   表4-5-1

风管内径(mm)	λ	风管内径(mm)	λ
50	0.0371	150	0.0264
75	0.0324	200	0.0245
100	0.0298	250	0.0234
125	0.0282	300	0.0221

3)空气压缩机选择

空气压缩机有活塞式、滑片式、离心式(或透平式)、隔膜式、螺杆式,地铁施工中应用比较广泛的是活塞式空气压缩机和螺杆式空气压缩机。

4)空气压缩机安装容量确定

空气压缩机组(包括工作和备用)的安装容量,应考虑其中最大一台机组因检修停止运行时,仍能保证供风量不受影响。

5.1.3 作业控制要点

地铁隧道施工供风的作业控制要点见表4-5-2。

地铁隧道施工供风的作业控制要点　　表4-5-2

序号	工　序	作业控制要点
1	空气压缩机站布置	(1) 空气压缩机站应设在洞口附近,当有多个洞口需集中通风时,优先选择靠近用风量最大的洞口; (2) 空气压缩机风管布置应尽量避免弯折,减少风压损耗; (3) 空气压缩机电源应从主配电室分别接线,避免相互干扰; (4) 配置一定数量的灭火器; (5) 选择低消耗、节约能源、低成本的空气压缩机设备
2	供风管安装	(1) 高压供风管应铺设平顺,接头严密,避免漏风。 (2) 洞外地段,当风管长度大于100m和温差较大时应安装伸缩器,同时包裹防寒材料。 (3) 风管长度大于1000m时,应在高压风包最低处设置油水分离器,并定时清理。 (4) 供风前段至开挖面的距离应保持30m内,并用分风器连接高压软风管;当采用导坑法或者台阶法时,软风管的长度不宜大于50m。 (5) 供风管每隔200m安装一处闸阀。 (6) 各种闸阀在安装前应拆开清洗,阀门应进行水压强度试验,合格后方可使用。 (7) 高压供风管在安装前应进行检查,有裂纹、创伤、凹陷等现象时不得使用,管内不得有残余物

5.1.4　作业注意事项

(1) 在供风管道使用时,应有专人负责检查与养护;

(2) 空气压缩机站要有防水、降温和保温设施,距离居民区较近时应有防噪声、防振动的措施;

(3) 一般要求隧道开挖工作面风压应不小于0.5MPa,为保证风动机具有的风压,要求钢风管终端的风压不得小于0.6MPa;

(4) 胶皮风管连接钢管与风动机具,由于其压力损失较大,一般应尽量缩短其长度,从而保证压缩空气的工作气压不小于0.5MPa。

5.2　供水作业

地铁隧道施工期间的生产用水和生活用水主要包括凿岩机具用水(硬岩爆破施工)、喷雾洒水防尘用水、喷射混凝土用水、衬砌混凝土用水、混凝土养护施工用水、空气压缩机冷却用水、施工人员的生活用水等,需水量大,应设置相应的供水设施。

5.2.1　供水设计

1)水质要求

(1) 施工用水应采用自来水,生活饮用水则应符合有关卫生要求。

(2) 无论生活用水还是施工用水,都应符合国家水质标准,做好水质化验工作。

2)用水量估算

(1) 施工用水

施工用水量应根据工程规模大小、机械用水量、施工进度、施工人员数量和气候条件等确定,因为水量的变化幅度较大,很难精确估算,一般根据经验粗略估算。青岛地铁某暗挖车站一昼夜的总用水量估算值见表4-5-3。

地铁施工用水量估算　　　　　表 4-5-3

用 途	单 位	耗 水 量	说 明
凿岩机用水	t/(h·台)	0.20	
喷雾洒水用水	t/(min·台)	0.03	每次爆破后喷雾 30min
衬砌用水	t/h	1.50	包括洗石、拌和、养护
空气压缩机用水	t/(d·台)	5.00	按其循环水使用考虑
生活用水	t/(d·人)	0.02	

（2）生活用水

随着隧道施工现场卫生要求提高，生活设施（如洗衣机等）配置增多，耗水量也相应增多，一般可按下列参考指标估算：

①生产人员平均为 $0.1\sim0.15\text{m}^3/(\text{d}\cdot\text{人})$；

②非生产人员平均为 $0.08\sim0.12\text{m}^3/(\text{d}\cdot\text{人})$。

详细计算要求见最新版《建筑施工计算手册》（江正荣编著，中国建筑工业出版社）。

（3）消防用水

应按临时建筑房屋每 3000m^2 消防耗水量 $15\sim20\text{L/s}$、灭火时间为 $0.5\sim1.0\text{h}$ 计算消防用水储备量。

3）供水方案选择

供水方案主要根据水源实际情况选定，一般城市地铁工程临时施工用水均由市政自来水提供。

4）供水管径选择

一般地铁矿山法隧道供水管管径按照最大用水量进行估算，计算公式为：

$$\text{DN} = 4Q \times \frac{1000}{\pi v} \times 0.5 \tag{4-5-3}$$

式中：DN——供水管径（mm）；

Q——总用水量（L/s）；

v——水流在供水管中的流速（m/s）。

详细计算要求见现行《建筑给水排水设计规范》（GB 50015）。

5.2.2　作业控制要点

（1）开挖工作面凿岩机具的工作水压不应小于 0.3MPa；

（2）供水施工中常采用 φ100mm 给水管与 φ150mm 以上高压供风管（图 4-5-1），利用角钢或者钢制卡槽支撑，管道距开挖面 40～50m 处，用 φ50mm 软管接分水器。

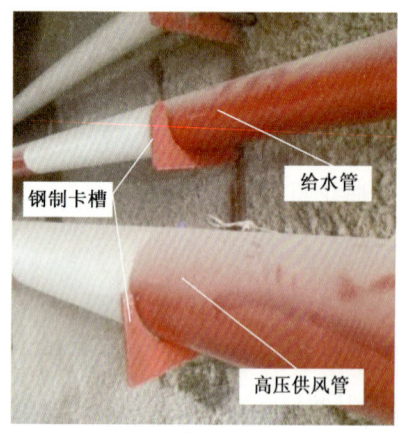

图 4-5-1　供风、供水管路的布设

5.2.3　作业注意事项

（1）供水方案

①工程和生活用水在使用前应经过水质鉴定；

②供水量应满足工程和生活用水的需要，蓄水池容量应能满足洞内外集中用水的需求；

③水池和水管应根据当地的气候采取防寒措施。

(2)高压水管安装

①高压水管应铺设平顺,接头严密,不漏水;
②水池的总输出管路上应安装总闸阀,主管路上每隔300～500m安装分闸阀;
③洞内水管前端利用高压软管连接分水器;
④高压水管在安装前应进行检查,有裂纹、创伤等现象时不得使用,管内不得保留残余物;
⑤同时多个开挖面供水时,在分管处应设置闸阀;
⑥蓄水池应加设防护措施;
⑦管路应设专人负责检查养护。

5.3 排水作业

地铁矿山法隧道施工中应建立畅通的排水系统,以达到现场无水施工、文明施工的标准。排水作业不应导致地面变形以致周边环境恶化,同时施工废水应达标排放。

5.3.1 排水设计与作业

洞内水主要来源于地下水和施工用水,对于有污染性的施工用水,应按环境保护要求净化处理后方能排入河流或污水管道。地铁矿山法隧道施工过程中通常采用排水泵排水,通过竖井集水坑内水泵排到地面沉淀池,经沉淀池沉淀后排入市政管道,见表4-5-4、表4-5-5。

洞内排水系统设计要点 表4-5-4

序号	排水方式	设计要点
1	洞内顺坡排水	(1)水沟位置宜结合结构排水工程设在隧道两侧或中心,并避免影响施工; (2)在施工阶段应经常清理排水设施,确保水路畅通
2	洞内反坡排水	(1)排水方式可根据距离、坡度、水量和设备等情况选用排水沟或管路,或分段接力,或一次性将水排出洞外; (2)视线路坡度分段开挖反坡排水沟; (3)在每段下坡终点开挖集水坑,使水流至坑内,再用水泵将水抽到下段水沟流入下一个集水坑,逐段前进,将水排出洞外; (4)开挖距离短时,可在开挖面附近开挖集水井,安装水泵,将水一次性送出洞外; (5)排水泵根据实际排水量进行选取

洞内反坡排水设计关键参数 表4-5-5

序号	设计关键参数	说明
1	抽水机配置	按最大涌水量考虑排水能力,选用大流量、中扬程抽水机,设备分阶段投入。固定排水设备可选单级双吸离心泵,掌子面处活动泵站选用潜水泵;根据掌子面的水量,施工中配备不少于2台
2	泵站级数	泵站级数计算见式(4-5-4)
3	集水井布置及容量	泵站集水井容量按5min最大涌水量考虑,集水井布置于隧道区间附属洞室
4	抽水机数量	抽水机数量见式(4-5-5)
5	排水管路直径	排水管直径应保证每小时过水量大于最大涌水量,才能满足要求

$$m = \frac{LZ}{hr} \quad (4\text{-}5\text{-}4)$$

式中:m——泵站级数;

L——反坡抽水长度(m);

Z——隧道排水坡度;

h——水泵扬程(m);

r——压力折减系数,取0.5。

$$n = \frac{V}{v \times 24 \times a} \tag{4-5-5}$$

式中:n——抽水机数量;

V——洞内涌水量(m^3/d);

v——抽水机排水量(m^3/h);

a——流量折减系数,取0.85。

5.3.2 作业注意事项

(1)排水施工前先对排水方法、施工技术进行详细的了解,材料设备就位。

(2)水仓的位置选择要合理,即各级水仓之间及第一个水仓与洞口或顺坡水沟的距离选择要合适,应综合考虑坡度的大小、施工作业条件,一般应与隧道的坡度成反比;当坡度较大时,选择的距离应短一点;坡度较小时,选择的距离应长一点。

(3)水仓的设置位置不能影响正常施工,同时也要保证施工时不会造成水仓和泵站内的配置及配电装置的损坏。

(4)水泵的型号选择应根据工序流程、排水要求(最大涌水量)从多个方面加以考虑。

(5)在排水系统施工完毕后应对整个排水系统进行严格检查,排水系统应符合设计要求。

5.4 供电与照明作业

5.4.1 供电与照明设计

1)供电与照明原则

(1)隧道施工总用电量为施工现场动力与照明总用电量,要选择合适的发电机、变压器、各类配电开关设备和线路导线。

(2)施工选用照明灯泡应当选择透雾性能强、没有眩光、能经受爆破冲击的振动寿命长的光源。

2)供电

(1)供电方式

隧道施工供电方式有自设发电站供电和地方电网供电两种。一般应尽量采用地方电网供电,只有在地方供电不能满足施工用电需要或距离地方电网太远时,才自设发电站。此外,自发电还可以作为备用,当地方电网供电不稳定时采用,在部分重要施工场所还应设置双回路供电网,以保证供电的稳定性。

(2)供电线路布置及导线选择

①线路电压等级

隧道供电电压一般是三相四线 400/230V。长距离隧道可用 6~10kV,动力机械的电压标准是

380V,成洞地段照明可采用220V,布设高度不低于2.5m,否则隧道内不许使用,工作地段照明和手持电动工具按规定选用安全电压供电。

②导线选择

导线具有阻抗,会产生电压降,使线路末端电压低于首端电压。根据施工要求,选用的导线断面应使末端电压降不超过额定电压的10%。

③供电线路布置

在成洞地段用400/230V供电线路,一般采用塑料绝缘铝绞线或橡皮绝缘铝芯线架设,开挖、未施作衬砌地段以及手提灯应使用铜芯橡皮绝缘电缆。

3）照明

(1) 照明类型

①普通光源照明:一般使用白炽灯(注:北京禁止使用)或荧光灯管,优点是价格低,使用方便,但其耗电量较大且亮度较弱。

②新型光源照明:新型光源包括低压卤钠灯、金卤灯、荧光灯、钪钠灯、钠铊铟灯、镝灯、LED灯等,如图4-5-2所示。新型光源大幅度提高了施工工作面和场地的照度,安全性能好,节能效果明显,使用寿命长,维修方便。

a)低压卤钠灯　　　　　　　　　　b)发光二极管(LED)灯

图4-5-2　新型光源照明现场图

(2) 不同地段的照明布置

不同地段的照明可参考表4-5-6布置。

不同地段的照明布置　　　　　　　　　　表4-5-6

序号	施工作业地段	照度标准(lx)
1	施工作业面	平均不小于30
2	开挖地段和作业地段	10
3	运输通道	6
4	特殊作业地段或不安全因素较多地段	15
5	成洞地段	4
6	竖井内	8

4）用电总量计算

$$P = 1.05 \sim 1.10 \left(K_1 \frac{\sum P_1}{\cos\varphi} + K_2 \sum P_2 + K_3 \sum P_3 + K_4 \sum P_4 \right) \quad (4\text{-}5\text{-}6)$$

式中：P——供电设备总需要容量($kV \cdot A$)；

P_1——电动机额定功率(kW)；

P_2——电焊机额定功率(kW)；

P_3——室内照明容量(kW)；

P_4——室外照明容量(kW)；

$\cos\varphi$——电动机平均功率因数,最高为 0.75~0.78,一般为 0.65~0.75；

K_1、K_2、K_3、K_4——用电量需要系数,可根据表 4-5-7 取值。

用电量需要系数　　　　表 4-5-7

用电名称	数量	需要系数 K	数值	备注
电动机	3~10 台	K_1	0.7	如施工需要电热时,应计算其用电量。为使计算结果接近实际,式中各项动力与照明用电应根据不同工作性质分类计算
电动机	10~30 台	K_1	0.6	
电动机	30 台以上	K_1	0.5	
加工厂动力设备	—		0.5	
电焊机	3~10 台	K_2	0.6	
电焊机	10 台以上	K_2	0.5	
室内照明	—	K_3	0.8	
室外照明	—	K_4	1.0	

5.4.2 作业控制要点

地铁矿山法隧道施工供电与照明作业控制要点见表 4-5-8。

供电与照明作业控制要点　　　　表 4-5-8

序号	工序	作业控制要点
1	供电线路布设	(1)根据施工现场需要及用电量的分布情况,合理安排布设供电线路及供电设备。 (2)确定电源进线、变电所或配电室、配电装置、用电设备的位置及线路走向。 (3)进行负荷计算,要按照用电设备同时工作时的最大负荷计算用电负荷,合理选择变压器和电线的规格型号。 (4)供电线路选用三相五线系统。 (5)施工应设双回路电源,并有可靠切断装置,成洞地段固定电线路应采用绝缘线;施工工作面区段的临时电线路宜采用橡套电缆。 (6)变压器应设置于安全、干燥处,机壳应接地,动力干线的每一条支线必须装设开关及保险丝且不得在动力线上架设照明设施。 (7)动力照明的配电箱应封闭严密,不得乱接电源,应设专人管理并定期检查、维修。 (8)变压器、配电室设置防护装置,制订防护措施
2	照明作业	(1)照明线路电压在施工区域内不得大于 36V,成洞和施工区以外地段可用 220V； (2)照明和动力电线安装在隧道同一侧时,应分层架设,电缆悬挂高度距地面不应小于 2m； (3)洞内每隔 50~100m 应设应急照明灯一盏； (4)成洞地段应尽量采用节能光源

5.4.3 作业注意事项

(1)安全作业注意事项

有关安全作业除应遵守电工安全作业规程外,尚应重点注意以下方面：

①线路接头应经常检查,避免裸露,发现问题应及时通知电工处理。
②各种电流负荷保护装置不得随意加大其容量,不得用任何其他金属丝代替熔丝。
③电工人员操作时必须戴绝缘手套和穿绝缘胶靴。
④在需要触及线路或设备导电部分时,应先用测电器检查,确认无电后,才能开始工作。
⑤一切电气设备的金属外壳或构架都应进行妥善接地。

(2)接地注意事项

在隧道施工中需要接地的设施有与电机连接的金属构架、变压器外壳、配电箱外壳、启动器外壳、高压电缆的金属外皮、低压橡套电缆助接地芯线(即连接变压器中性点的中性线)、风水管路、轨道及洞内临时装设的金属支架等。

接地是由高压电缆外皮和低压电缆的接地芯线以及所有明线架设的中性线连接成总体接地网路,构成具有多处接地装置的接地系统。不用高压供电的隧道,应在400/230V进线端设置中心接地装置。

5.5 通风作业

施工通风是向洞内送进新鲜空气,排除有害气体,降低粉尘浓度和洞内温度,保障洞内施工人员的健康,改善劳动条件,从而保证施工安全和提高劳动生产率。

5.5.1 通风方式

常用的通风方式有压入式、抽出式、混合式、巷道式等。

根据隧道工程规模、施工组织安排进行施工通风方案设计,依据洞内作业人数、稀释炮烟浓度、稀释瓦斯浓度、稀释内燃机械尾气、最低允许风速等确定供风量,依据施工方案选择施工通风方式和风管直径,确定管道的通风阻力,选择适当的通风机型号。

5.5.2 通风设计

地铁矿山法隧道及车站一般采用压入式通风。压入式通风是指在斜井或竖井洞口设置轴流风机向掌子面压入新鲜空气(图4-5-3)。其特点为:能较快清除工作面有害气体,拆装简单,但是污浊空气流经全洞,管路连接不良时漏风严重。

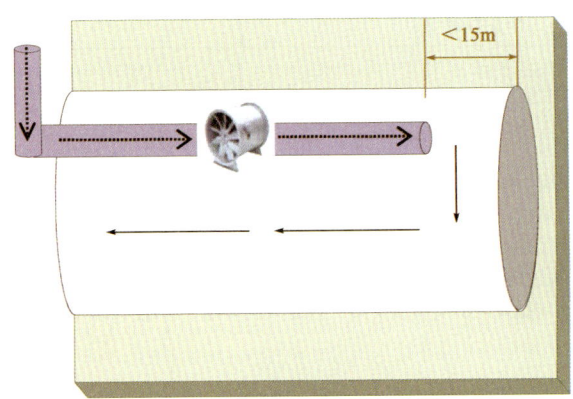

a)压入式通风原理　　　　　　　　　b)压入式通风现场

图4-5-3　地铁矿山法隧道压入式通风

1）开挖面需风量

施工所需风量按掌子面同时工作最多人数、洞内允许最小风速、一次性爆破的炮烟量以及内燃机设备的总功率分别计算,取其中的最大值为控制风量。

（1）按稀释炮烟要求计算

$$V_1 = 7.8 \times \frac{\sqrt[3]{Q(SL)^2}}{t} \tag{4-5-7}$$

式中：S——隧道断面面积(m^2)；

t——通风时间(min)；

L——隧道通风稀释废气所需长度(m)，$L = 400 \times \sqrt{\frac{Q}{S}}$。

（2）按最小风速计算

要求最小风速 $v_{min} \geqslant 0.15 m/s$，通风量 $V_2 = 60 S v_{min}$，其中 S 为隧道断面面积。

（3）按施工人员、机械设备需风量计算

施工人员要求 $V_人 \geqslant 3 m^3/(min \cdot 人)$，柴油机械（北京洞内严禁使用燃油机械）要求通风量 $V_{机} \geqslant 45 m^3/(kW \cdot min \cdot 机)$，以工作面最多人数和机械数量计算通风量 V_3。

$$V_3 = V_人 \times m \times k \tag{4-5-8}$$

式中：m——井内最多人数；

k——风量损耗系数，取1.1。

2）通风机械选型

选取最大风量 $V_{max} = \max\{V_1, V_2, V_3\}$，考虑漏风的影响,选取漏风系数为1.1,根据计算的最大需风量选取通风机械。

5.5.3 作业控制要点

地铁矿山法隧道施工通风作业控制要点见表4-5-9。

通风作业控制要点　　　　　　　　　　表4-5-9

序号	工序	作业控制要点
1	风机安装	（1）风机支架应稳固结实,避免运行中振动,风机出口处设置加强型柔性管与风管连接,风机与柔性管结合处应多道绑扎,减少漏风。 （2）通风机周围5m范围内不得堆放杂物,通风机进气口应设置铁箅,并应装有保险装置。 （3）当巷道内的风速小于通风要求最小风速时,可布设射流风机来卷吸升压,提高风速。 （4）洞内风机可采用小平板车移动,移动前做好风机支座或支架。射流风机应逐个移动,以保证洞内不间断的空气循环。 （5）通风机应有适当的备用数量

续上表

序号	工 序	作业控制要点
2	风管安装	(1) 风管应有出厂合格证,使用前进行外观检查,保证无损坏,粘接缝牢固平顺,接头完好严密,通风管应优先采用高强、抗静电、阻燃的软质风管。 (2) 风管挂设应做到平、直、无扭曲和褶皱;在正洞作业时,衬砌地段根据衬砌模板缝每5m标出螺栓位置,未衬砌地段,先由测量工在边墙上标出水平位置,然后用电钻打眼,安置膨胀螺栓;布8号镀锌铁丝,用紧线器张紧;风管吊挂在拉线上。为避免铁丝受冲击波振动、洞内潮湿空气腐蚀等原因造成断裂,每10m增设1个尼龙绳挂圈。 (3) 通风管破损时,应及时修补或更换;当采用软风管时,靠近风机部分,应采用加强型风管。通风管的节长尽量加大,以减少接头数量,接头应严密,每100m平均漏风率不宜大于1%;弯管平面轴线的弯曲半径不得小于通风管直径的3倍。 (4) 风管最前端距掌子面5m,并且前55m采用可折叠风管,以便爆破时将此55m迅速缩至爆破抛掷区外
3	送风	(1) 风机司机应在接到通风工通知时方能通风。 (2) 送风时,先启动一台电机,5min后再启动一台电机。 (3) 变级多速风机应由低速到高速逐台稳定启动,即低速启动稳定后才能启动中速、高速。 (4) 洞内作业时,应连续通风,强制排出洞内各类施工器械排放的废气及喷浆产生的大量粉尘,保证洞内的空气新鲜
4	通风系统日常管理	(1) 通风机使用前应卸去废油,换注新油,每半月加注一次。 (2) 风机应尽量减少停机次数,发挥风机连续运转性能。需停机或开启时,根据洞内调度员通知进行,为减少风机启动时的气锤效应对风管的冲击破坏,应采用分级启动,分级间隔时间为3min。 (3) 开启轴流风机前,射流风机应开启运转,以控制风流方向,防止污浊空气形成小循环。 (4) 综合保障班组中应设专职风管维修工,每班必须对全部风管进行检查,发现破损等情况及时处理。对于轻微破损的管节,采用快干胶水粘补,先将破损部位清洁打毛后,再行粘补;破损口小于15cm时,直接粘补;破损口大于15cm时,先将破口缝合后再行粘补,粘补面积应大于破损面积的30%。粘补后10min内不能送风。对于严重破损的管节,必须及时更换

5.5.4 作业注意事项

(1) 气体检测

隧道施工的主要检测对象为风速、风量及一氧化碳、二氧化氮、硫化氢浓度等指标,应定期对上述指标进行检测,以上述指标为基准,评价各项施工工序的合理性。如果某项指标超标,立即上报工区有关部门,主动采取合理措施,使其危害降到最低限度。

(2) 通风系统管理注意事项

①通风机应有专人值守,按规程要求操作风机,如实填写各种记录;

②因洞内渗水和温度变化的影响,风管内会积水,应定期排水,以减小风管承重和阻力。

5.6 防尘作业

5.6.1 主要方法

地铁矿山法隧道施工过程中粉尘的来源有凿岩作业、爆破粉尘、喷射混凝土粉尘、装渣运输烟尘等,隧道施工防尘的主要方法有湿式凿岩作业、喷雾洒水降尘、机械化正常通风及加强个人防护等。

5.6.2 防尘设计

1) 防尘要求

经过处理后粉尘允许浓度:每立方米空气中含有10%以上游离二氧化硅的粉尘为2mg;每立方米空气中含有10%以下游离二氧化硅的水泥粉尘为6mg;每立方米空气中二氧化硅含量在10%以下,不含有毒物质的矿物性和动植物性的粉尘为10mg。

2) 防尘方法

(1) 通风防尘

根据我国相关行业的有关规定,要求掘进隧道工作面的最低排尘风速为0.15m/s,根据排烟量计算配备的通风设备以满足通风防尘要求。

为避免由风管吹出的风流在工作面形成涡流或直接吹向渣堆而增加空气中的粉尘含量,应使风管悬挂于隧道的一侧,并使其轴线与隧道平行。

(2) 湿式作业

①钻孔防尘:钻孔作业全部采用隔离操作的钻孔凿岩台车进行湿式钻孔,钻孔过程中的供水水压不低于0.3MPa,保证钻孔过程中孔内充满水。为了提高对微细尘粒的吸附能力,在水中添加少量湿润剂以降低水的表面张力,湿润剂的一般用量为0.05%~0.5%。其他地段需要钻孔时,也应采用风水联动装置,杜绝干打眼。

②爆破防尘:采用水封爆破进行降尘,即用聚氯乙烯、聚乙烯等薄膜加工的塑料袋装水充当炮泥放在炮孔中封堵炸药,可使1~5μm粉尘含量降低50%~80%,同时能减少爆破所产生的有害气体;爆破时采用高压喷雾器进行喷雾降尘;为加速湿润粉尘的沉降,在距掘进工作面20~30m处利用喷雾器设置粗雾粒净化水幕。

③出渣防尘:爆破后出渣前,用水枪在掘进工作面自里向外逐步洗刷隧洞顶板及两帮,水枪距工作面15~20m,水压一般为3~5kg/cm²;在装渣前,向渣堆不断洒水,直到渣堆湿透,防止装渣过程产生扬尘。

④喷射混凝土防尘:隧洞内全部采用湿喷混凝土机进行喷射作业,从根本上降低喷射混凝土作业时产生的粉尘量;在喷射混凝土作业面,布设局部通风机进行吸尘,以改善作业面的工作环境。

(3) 采用水幕降尘

水幕降尘是将水雾化成微细水滴并喷射到空气中,使之与尘粒碰撞接触,则尘粒被水捕提而附于水滴上,或者被湿润的尘粒互相碰撞而凝聚成大颗粒,从而加快了粉尘沉降速度。其构造如图4-5-4、图4-5-5所示。

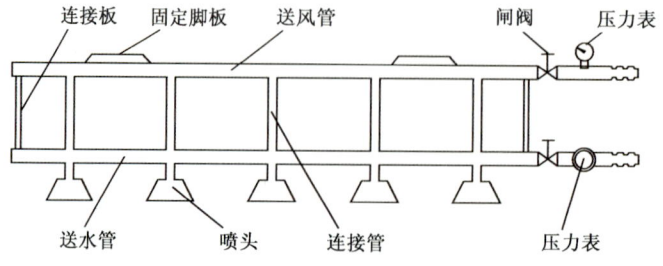

图4-5-4 风水混合型水幕降尘器构造图

施工作业时在距掌子面一定距离设置几道水幕,水幕降尘器设置在边拱上,水幕在爆破前10min打开,爆破30min后关闭。

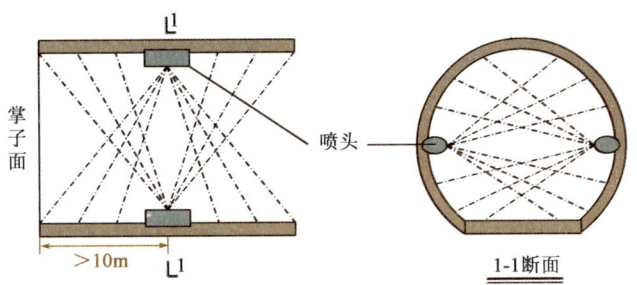

图4-5-5　水幕降尘器的构造示意图

(4)负压除尘

竖井口顶部位置安装负压除尘设备,将烟尘通过负压吸附至除尘器收纳装置内,再对收纳装置内的烟尘进行集中处理。

5.6.3　注意事项

(1)减少尘源

尽量将能够在洞外进行加工操作类的工序放在洞外,如电焊、氧气焊、混凝土搅拌等工序,以减少粉尘。

(2)个人防护

为了更好地保护施工人员的健康,为在隧洞内的施工人员配发防尘口罩、压风呼吸机、防尘安全帽等防护设施,最大限度地做好防尘工作。

第 6 章
矿山法隧道施工控制重点

矿山法作为目前最为常用的地铁隧道施工方法之一,相对于盾构法施工,具有灵活性强、适应强的优点。随着地铁工程修建难度的增大,矿山法亦面临着新的挑战,因此针对已有矿山法隧道施工事故,分析矿山法施工控制重点,并制订与之匹配的控制措施相当重要。本章在总结施工经验的基础上,归纳了地面沉降与坍塌、突泥涌水、初期支护失稳、有毒气体、爆破震动、施工噪声六类矿山法隧道施工风险控制重点,介绍了其潜在灾害、成因以及控制措施。

6.1 地面沉降与坍塌控制

6.1.1 案例分析

矿山法隧道施工中产生的地面沉降甚至坍塌是较为常见的地铁事故。沉降变形包括由于暗挖引起的已完成支护、周边管线、地表道路、周边建(构)筑物的沉降变形,其造成的危害包括管线破裂,道路塌陷,建(构)筑物裂缝、倾斜、开裂,人员伤亡等。坍塌的程度有轻有重,轻度坍塌为在隧道内的小规模塌方造成少量人员伤亡;重度坍塌可使隧道整体坍塌并导致管线破裂、路面塌陷甚至周边建筑物倒塌,造成大量人员伤亡和财产损失。

据公开报道的地铁暗挖事故统计,地面沉降与坍塌安全事故发生的原因见表4-6-1。

地面沉降与坍塌事故案例　　　　表4-6-1

序号	工　程	安　全　事　故	事　故　原　因
1	上海地铁4号线某暗挖联络通道	地面塌陷,江堤断裂,周边建筑物沉陷、坍塌	冷冻机故障造成冷冻失败发生坍塌并引发特大涌水事故
2	南京地铁2号线某区间	隧道内及地表坍塌,燃气管线破裂爆炸,周边高层发生沉降倾斜	地层被老化管线渗漏水长期浸泡,有压力水击穿下卧冲入已建成的地铁隧道内
3	北京地铁10号线某站出入口通道	初期支护开裂并坍塌造成巨大经济损失	(1)仰挖作业超前注浆加固不满足要求; (2)地质软弱复杂

续上表

序号	工程	安全事故	事故原因
4	青岛地铁3号线某区间隧道	污水管断裂泄漏,隧道坍塌、涌水,掌子面上方路面出现5m直径塌陷坑	(1)隧道围岩为强风化带,基岩裂隙发育,透水性较好,地下水富集; (2)雨季地下水位高,采取的短距离钻孔压浆不能有效加固围岩和上层砂层; (3)支护不及时,初期支护未能形成有效支撑的闭合环; (4)污水管由于沉降变形发生断裂; (5)监测数据不准确、不完整、不及时
5	青岛地铁3号线某车站	掌子面塌方,塌方高度3~3.5m,宽度4~4.5m,长度4~4.5m,塌方体积50m³	(1)掌子面前方出现地下暗渠,暗渠周边为回填土体,土体松散并有地下水渗漏,岩土体稳定性极差; (2)地质勘察报告与实际地层不符,出现围岩突变; (3)超前地质探测不到位,未能及时探明前方地质情况
6	大连地铁1号线某车站	横通道出现涌水、涌泥、卵石坍塌,人行道塌陷,坍塌量200m³,1人失踪	鹅卵石、沙土、岩石等不良地质引起
7	南京地铁机场线暗挖隧道	地表沉降监测数据异常,最大达到−26.1mm/2d,地表沉降严重	(1)隧道经过直径约70m的软流塑层(原池塘回填),地质情况较差; (2)隧道洞门采用大管棚注浆,浆液不能达到既定的注浆加固效果; (3)隧道上方为施工单位便道,有大型车辆通过,临时荷载对土体沉降有不利影响
8	广州地铁某车站	路边危房和商铺直接陷落,部分店铺倒塌,坍塌面积50m²,深度9m	(1)开挖掌子面实际地质与地勘资料存在差异; (2)超前地质探测不到位; (3)掌子面爆破开挖出岩石层薄弱
9	深圳地铁8号线某区间隧道	路面出现直径6m左右的塌陷坑	(1)中风化花岗岩开挖层起伏变化大; (2)污水管渗漏的污水软化土层; (3)受爆破震动影响,路面交通流量大

6.1.2 控制措施

经过对表4-6-1中地铁施工事故的原因进行分析,地面沉降与坍塌的引发因素详见表4-6-2。

地面沉降与坍塌引发因素   表4-6-2

序号	因素分类	产生原因
1	施工操作	(1)降水施工不满足要求,地下水位未降至开挖面以下; (2)初期支护回填注浆不及时或初期支护回填注浆不到位,包括浆液配合比、注浆压力、注浆量不满足要求; (3)矿山法施工台阶留置不规范或初期支护未及时封闭成环; (4)超前地质探测不到位,未能及时发现掌子面前方的不良地质或管线、建(构)筑物等; (5)设计方案选择对防止坍塌或沉降变形不利,例如管棚施工可防止坍塌,但对沉降变形控制很不利,中洞法、一次扣拱逆做法等大断面工法对沉降变形控制不利; (6)地质勘察报告与实际情况不符或设计方案选择的超前支护措施不能满足实际要求,需要及时反馈给设计方; (7)现场施作超前支护措施不到位,包括注浆压力、浆液扩散范围、小导管长度等; (8)作业人员安全意识不足,存在超挖或者掌子面裸露时间过长的现象; (9)支护材料不满足设计要求,包括喷射混凝土强度、初凝时间、超前小导管刚度、注浆水泥强度等; (10)施工质量原因造成初期支护刚度不足,无法提供良好的支护作用

续上表

序号	因素分类	产 生 原 因
2	环境影响	(1)地下水位高或富水地层的影响; (2)大雨、暴雨等恶劣天气造成地下水位突然上升; (3)暗挖施工周边存在重力流管线,包括雨水管、污水管、热力管、给水管、暗渠等可能造成渗漏水、涌水的管线; (4)暗挖施工周边存在可能有水的管沟、管线、暗渠等,可能造成渗漏水浸泡地层; (5)矿山法隧道穿越软弱地层; (6)矿山法隧道掌子面前方地层突变; (7)矿山法隧道掌子面前方存在溶洞、岩溶等不良地质; (8)岩石地层裂隙发育; (9)暗挖施工周边存在建(构)筑物; (10)暗挖施工周边存在老旧小区; (11)矿山法隧道穿越河、湖、海及铁路线、地铁线、桥梁等
3	管理缺陷	(1)施工人员不足,初期支护封闭成环不及时; (2)施工组织不利,造成掌子面地层裸露或初期支护不及时; (3)现场掌子面巡视不到位,未及时发现不良地质或土体掉块; (4)监控量测数据不准确、不全面或频率不足,未能发现沉降变形数据异常变化; (5)未根据监测结果异常情况采取及时和有效的应对措施

针对上述造成地面沉降与坍塌的原因,地铁施工中主要采取的防控措施见表4-6-3、表4-6-4。

地面沉降与坍塌防控措施   表4-6-3

序号	因素分类	防 控 措 施
1	施工操作	(1)采取有效的降水方案并保证降水质量。 (2)严格根据勘察设计文件编制专项施工组织设计及施工方案。 (3)严格按照设计要求,及时组织初期支护背后回填注浆,保证注浆浆液配比、注浆压力、注浆量满足要求。 (4)按照规范及设计要求留置暗挖台阶和核心土,已开挖部分及时封闭成环。 (5)根据不同地质情况进行超前地质探测,对于软弱地质或可能突变地质,加密加长超前探测范围,发现不良地质或未知管线、建构物等封闭掌子面,进一步探明并采取处理措施后再进行下一步施工。 (6)根据实际情况,采取超前支护措施,具体详见本篇超前支护相关内容。 (7)发现实际地质与勘察报告不符时及时反馈信息,建议召开专题会议,根据不同情况讨论处理措施并留存会议纪要;设计方案提供的超前支护措施不能满足实际要求时可反馈建设单位或召开专家论证会解决。 (8)加强对现场管理及施工人员的教育交底,防止开挖面超挖或掌子面地层裸露。 (9)加强监控量测,配备必要的监控量测人员、设备,现场工程师每天要查看监控量测数据,利用监控量测数据指导施工,并根据沉降变形情况采取相应措施。 (10)严格履行材料进场复试试验的要求及其他相应规范要求,保证暗挖初期支护材料满足要求。 (11)注意检查喷射混凝土喷射效果,保证初期支护刚度满足要求,注意防止拱脚悬空,及时封闭成环,同时严禁使用回弹料。 (12)现场应急物资准备充分,保证储存品种、规格、数量满足要求;应急物资储存库位置距离作业掌子面不能过远,应急物资取用后要及时进行补充
2	环境影响	(1)按照要求观测地下水位,富水地层要加密地下水位监测点,保证地下水位资料的准确性、全面性。 (2)在大雨、暴雨等恶劣天气可能造成地下水位上升时,应根据情况及时封闭掌子面,加强超前地质探测和地下水位探测,确定无风险后再进行施工,判断存在安全风险时,应报请建设单位、设计单位采取处理措施后再进行施工。 (3)开工前,应进行周边管线复核,对管线的状态、完整性进行调查,必要时可进行人工挖探,对地表富水地层要找出渗漏水点或渗漏水原因;在无水地层开挖发现渗漏水时应立刻封闭掌子面,查找渗漏水原因或进行超前地质探测。 (4)对于软弱地层、突变地层、富水地层、裂隙发育岩石地层,可采取加强超前注浆支护、减小格栅架立间距、增加更加可靠的超前支护措施、加密降水井等措施。 (5)对于在暗挖影响范围的地下管线及建筑物,开工前应核查管线及建筑物的准确位置;对于老旧管线或老旧建筑物,可拆除重做、采取针对性的保护措施等。 (6)对于矿山法下穿江河湖海及铁路线、地铁线、桥梁等穿越工程,要开展工程评估、既有结构检测、设计方案论证、施工方案论证、第三方监测工作,多方面预防穿越对环境的安全风险

续上表

序号	因素分类	防控措施
3	管理缺陷	(1)暗挖作业按照条件核查相关办法开展条件核查。 (2)保证必要的施工作业人员,保证初期支护及时性。 (3)加强暗挖施工组织,包括多导洞错距、上下台阶开挖、单榀循环开挖时间等,提高作业效率,防止掌子面裸露未及时支护。 (4)严格按照要求开展现场巡视工作,发现未掌握的不良地质或发生岩土体掉块时,应及时报告,采取措施。 (5)建立应急抢险组织机构,定时开展应急抢险演练,保证应急组织及时、有效。 (6)建立监控量测组织机构,按照规范要求布置监测点进行监测并加强对监测点的保护;对于重难点部位,加密监测布点和监测频率,按照要求进行监测数据分析及反馈

地面沉降与坍塌应急措施　　　　　　　表 4-6-4

序号	表现形式	应急措施
1	沉降变形过大	(1)封闭掌子面,对掌子面前方或初期支护背后采取注浆补偿措施减小沉降变形,或对已经发生的沉降变形进行顶升补偿; (2)下穿道路发生地表道路沉降变形急剧扩大后,立即加密地表监测频率,联系公安、交通部门封锁道路交通,查看路面有无裂缝、开裂现象; (3)暗挖影响范围内的建筑物,要增加建筑物测斜频率和不均匀沉降监测,对于高大建筑物及管线等构筑物,不均匀沉降对其影响更大,不均匀沉降直接导致建筑物倾斜或管线断裂
2	坍塌	(1)及时撤离工作人员至已施工地段,向掌子面抛掷加气块、砂袋、网片等抢险物资,边抛掷边向坍塌处喷射混凝土,封闭自下向上进行; (2)派人立刻巡视地表情况,并及时进行地表监测,如在路面,封路导改车辆,尤其是重型车辆; (3)在封闭掌子面的过程中,向坍塌的空洞内插入 2~3 根 φ100mm 的钢管,钢管顶端至坍塌稍下位置,下端预留至封闭掌子面外; (4)自预留管内向空洞内喷入混凝土,可以先喷入适当的干砂,然后喷入混凝土,直至接近坍塌方量为止; (5)向坍塌位置注水泥浆,控制注浆压力,防止压力过大使掌子面失稳; (6)待注浆完毕固结后,重新施作超前支护,继续开挖时注意掌子面上方坍塌位置是否牢固可靠,防止再次坍塌; (7)疏散险情现场闲杂人员,必要时对地面影响范围内的周边单位或住宅内的人员进行疏散; (8)如塌方范围内地层存在管线,应通知相关产权单位,并配合对其监护和处置; (9)如坍塌范围过大,喷入混凝土无法填充密实,可由地面挖孔至坍塌范围内,使用混凝土填充密实; (10)必要时会同属地公安交通部门对影响到周边道路进行封闭,疏导、调整事故路段内的交通

6.2　突泥涌水控制

6.2.1　案例分析

隧道突泥涌水一般发生在隧道开挖过程中,产生的原因包括:
(1)隧道开挖过程中周边水管破裂;
(2)隧道开挖至有强烈补给的地下水体,超前探测不准确,未采取相应措施;
(3)开挖过程中围岩突然变化而未采取相应的超前支护措施。

表 4-6-5 为公开报道的地铁矿山法隧道突泥涌水事故案例。

地铁矿山法隧道突泥涌水事故案例　　　　　表 4-6-5

序号	工 程	危 害	事故原因
1	青岛地铁某区间隧道	发生突泥涌水,并造成掌子面坍塌	(1)地质条件差,围岩松散,自稳能力差; (2)隧道上部存在一条污水管,长期渗水,并在空洞位置形成水囊; (3)初期支护不及时
2	厦门地铁某矿山法区间隧道	施工期间区间右线发生突泥涌水事故,涌泥长约 136m,涌泥约 2600m³,涌水 480～840m³/d	(1)地质勘察结果错误,围岩等级判断错误,施工单位降低了安全风险管理; (2)实际为断层地带,未采取有效的超前预支护措施; (3)断层涌水并带有颗粒,水土耦合作用影响下导致突泥涌水事故发生
3	上海地铁某区间隧道联络通道	大量水和沙涌入隧道,使成型隧道受损,造成地面塌陷,周边房屋倾斜甚至倒塌	(1)地质条件差,围岩松散,自稳能力差; (2)冷冻法施工的制冷设备发生故障; (3)险情出现后未及时采取有效措施排除险情

6.2.2 控制措施

1) 预防措施

(1) 隧道开挖施工前,对沿线地层和管线进行普查,对发现有管线渗漏的情况进行修补和加固,同时采取可靠的保护措施;

(2) 对不良地质采取提前加固措施;

(3) 详细调查地下水的补给来源,采取措施切断其补给;

(4) 隧道开挖前预降水,开挖过程中做好洞内疏排水工作,确保隧道开挖无水作业;

(5) 在打设超前小导管时,如发现管内大股流水等异常情况,立即封闭掌子面,待制订可靠的施工方案并实施,且达到开挖要求后方可继续施工;

(6) 加强地质素描和超前地质预报工作,发现围岩发生突变,采取相应超前支护和控制措施。

2) 应急措施

(1) 准备足够的应急材料,如砂袋、工字钢、网片等,一旦发生突发情况,立即用砂袋封堵;

(2) 待封堵稳定后喷射混凝土封闭掌子面进行全断面超前注浆,并对注浆效果进行检查,直至达到开挖要求方可继续施工;

(3) 突泥后及时加强背后回填注浆,保证初期支护背后密实;

(4) 准备足够的抽水设备及时排除涌水,第一时间切断水源补给来源,加强注浆堵水,提高围岩稳定性;

(5) 根据情况成立公司或项目部现场指挥领导小组进行现场施工管理;

(6) 其他应急措施同管线变形过大及隧道过河湖渗漏的应急措施。

6.3 初期支护失稳控制

6.3.1 案例分析

隧道初期支护失稳往往发生在隧道开挖完成后以及二次衬砌施工前,大多出现在有临时仰拱或临时中隔墙的大断面隧道结构中,初期支护失稳前可能出现沉降或收敛过大的现象,同时可能伴随喷射混凝土初期支护结构开裂现象。隧道初期支护失稳后可能导致管线破坏、建(构)筑物变形过大、坍塌等严重后果。

表4-6-6为公开报道的地铁矿山法隧道初期支护失稳案例。

地铁矿山法隧道初期支护失稳案例　　　　　　表4-6-6

序号	工　程	原　因	危　害
1	成都地铁某矿山法区间隧道	地质条件差,洞段岩体为软弱土质围岩,支护措施不当	左右线均出现沉降变形且变形较大,部分初期支护侵限二次衬砌
2	北京地铁某矿山法区间隧道	(1)围岩软弱,地下水较发育,遇水极易崩解软化,自稳性差; (2)初期支护未封闭成环,上台阶基底被地下水浸泡软化; (3)上下台阶间距太长	地表沉降最大达到120mm,隧道初期支护拱顶沉降75mm,初期支护出现大变形乃至开裂
3	杭州地铁某矿山法区间隧道	(1)施工地段为浅埋偏压段,地质结构松散,力学性质差,结构自稳性差; (2)连续降雨,雨水渗入土体,导致土体自重加大,进一步削弱了围岩自稳能力,增大了对初期支护结构的压力; (3)换拱作业不合理,未对地层进行有效加固,导致围岩自稳力进一步减小,增加初期支护受力; (4)初期支护结构距离二次衬砌过远,初期支护有效支撑能力不足	初期支护严重变形,引发坍塌事故,被困人员达到20余人

6.3.2　控制措施

1)预防措施

(1)从超前支护、格栅间距、开挖步序、开挖台阶长度等方面严格按设计文件要求组织施工,对有临时支撑的工法施工时,应严格控制每步的开挖断面尺寸;

(2)保证钢格栅和纵向连接筋特别是临时支撑的连接和焊接质量;

(3)施工过程中防止临时仰拱堆载过大和动载;

(4)在二次衬砌施工前,严格按设计及施工组织设计要求的方式、时间、顺序和长度拆除临时支撑;

(5)加强拱顶沉降、收敛和应力应变的监控量测工作,并加强对监测数据的整理分析,如发现异常立即停止施工,对初期支护进行加固;

(6)进行背后回填注浆时,随时监测初期支护的变化情况,严格控制注浆压力;

(7)需要爆破施工的区段严格按照专业设计单位提供的爆破参数作业。

2)应急措施

(1)现场一旦发生失稳,立即根据情况补强临时支撑,清除洞内闲杂人员;

(2)事故发生后紧急组织所有应急人员到位,根据指令快速调集足够的应急物资到场;

(3)采用木方或工字钢立即对初期支护进行加固,加固范围为失稳段两侧各延长一倍洞径;

(4)对于构成隧道永久结构的初期支护,根据其失稳破坏情况,在专家的指导下,采用锚杆补强、加密钢支撑或增加喷射混凝土厚度等综合处理措施;

(5)加固的同时进行监控量测,根据监测结果指导施工;

(6)监测地面及管线和建筑物的变形情况;

（7）待加固完成并稳定后方可继续施工。

6.4 有害气体控制

6.4.1 有害气体来源

有害气体是隧道施工中,从岩层和隧道围岩渗逸出的各种有害气体(其中主要成分是俗称沼气的甲烷、二氧化碳、一氧化碳、氮、重烃及其化合物,包括乙烷、丙烷、丁烷等气体)的总称。有害气体通常以气压袋形式存在,当气压袋被刺破(如钻眼)后,由于稳定的渗入、严重散发或者突然涌入,在开挖区域将出现有害气体并伴随一定的地质扰动,有害气体也会以强烈爆发的形式(通常含有大量煤尘)产生。溶在地下水中的有害气体进入隧道后,气体会从水中释放出来,进入隧道空气中。

地铁施工中常见的有害气体为浅层有害气体,为地层中含有的可燃、有害气体,例如杭州、武汉的淤泥质储气层,另外存在爆破后产生有害气体、燃气管线被开挖破坏导致泄漏以及有害气体残留等中毒风险,且均对地铁的安全施工产生较大影响。

6.4.2 有害气体分类

隧道中的有害气体根据对人体不同的作用机理分为刺激性气体、窒息性气体和急性中毒的有机气体(VOC)三大类,见表4-6-7。

隧道中的有害气体分类　　表4-6-7

类　别	类型与危害
第一类	刺激性气体包括氯气、光气、双光气、二氧化硫、氮氧化物、甲醛、氨气、臭氧等气体。刺激性气体对机体作用的特点是对皮肤、黏膜有强烈的刺激作用,其中一些同时具有强烈的腐蚀作用
第二类	窒息性气体包括一氧化碳、硫化氢、氰氢酸、二氧化碳、氮气、甲烷、乙烷、乙烯、硝基苯的蒸气、氰化氢等气体。这些化合物进入机体后导致组织细胞缺氧
第三类	急性中毒的有机气体(VOC),它们同以上无机气体一样,也会对人体的呼吸系统与神经系统造成危害,有的还会致癌,比如苯。针对有机化合物(VOC)的检测,我们要先测毒,后测爆

6.4.3 控制措施

矿山法隧道施工由于施工空间相对较大,有害气体中毒事故并不常见,但对于煤系地层、含沼气地层的开挖以及管线密集的城市环境,有害气体的控制、预防是保证安全施工的基础。矿山法隧道施工中采用的有害气体有效控制措施,多为矿用方案;除加强监测外,最常用的方法为排气降压,最佳的方式为地面钻孔排放,可有效降低施工风险。

1）矿山法隧道有毒有害气体监测

（1）人员配置

成立专业检测组,所有检测人员应经专业技术培训,24h值班,做到分工明确,责任明确,保证仪器精确度,一切情况直接向指挥或管理系统人员汇报。所有管理人员进隧道检查必须携带便携式气体检测仪器。所有施工人员应经常注意隧道内固定式气体检测仪器的位置、气体浓度情况等,形成施工人员全员监测有害气体的制度。

(2)培训

专职检测员进行专业技术培训,取得资格证后方可上岗,所有隧道施工人员要经过有关知识培训,合格后方可进入隧道施工。

(3)监测

按有关规定对有毒有害气体进行监测,并对煤系地层和高含气段地层,实行重点监测,增加监测断面的密度。

(4)监测数据整理分析

在隧道内检测的同时,做好各种有毒有害气体浓度变化的记录,并及时汇总到组织指挥系统。通过对有毒有害气体监测数据的整理分析,指导隧道施工、协调各工序间关系,确保施工生产在安全的前提下有序进行。

(5)管理措施

①检测仪器专人保管、充电,应随时保证测试的准确性,按各种仪器说明书要求,定期送至地区级以上检查站鉴定,日常每3d校正一次。

②每个检测点应设置明显的记录牌,每次检测结果应及时记录,并定期逐级上报。

2)有害气体中毒预防与救援

(1)预防措施

①对于潜在风险地层进行详细勘察,根据有害气体地层的层位、厚度与含气量进行地面排放降压作业。

②洞内有害气体预防一般采用送气方式:隧道内通风采用大功率、高性能风机,用风管送风至开挖面,送风有效距离大于2km,以确保远距离通风的要求。在一般隧道内作业,要确保每人 $3m^3/min$ 的通风量。

③加强区间隧道空气质量检测,认真做好检测记录。

④现场施工人员正确佩戴活性炭防毒口罩,一次性活性炭防毒口罩不能重复使用。

(2)应急措施

①当发现有毒有害气体涌出时,立即暂停洞内一切施工,撤出洞内所有施工人员,切断洞内的施工用电,并向洞内持续通风;组织勘察现场,对隧道区域的地质情况和勘察设计资料进行复查分析,必要时组织专家进行分析。

②一旦有人出现有害气体中毒,应立即安排工作人员沿既定通道紧急疏散,迅速将患者转移到新鲜空气处,解开中毒者的领口、裤带,使呼吸不受阻碍。但也要注意保暖,以免发生肺炎。如果中毒者已失去知觉,可针刺人中、十宣等穴位,刺激其呼吸,醒后给其喝大量浓茶。如果中毒者迅速陷入昏迷,面色苍白、四肢冰凉、大汗淋漓、瞳孔缩小或散大、血压下降、呼吸浅而快、心跳过速、体温升高,可判断为中度煤气中毒,应立即做人工呼吸,不能间断,同时由他人呼叫救护车,尽快送至医院抢救。此时隧道内严禁使用明火。

6.5 爆破震动控制

6.5.1 爆破震动的影响

在硬岩地层城市(青岛、大连、厦门等),矿山法隧道施工常采用爆破开挖。施工中,爆破震动过大,可能导致对周边岩层的扰动过大而产生扰民问题,或出现地面沉降较大及对周边建(构)筑物、管线的破坏问题。如青岛地铁3号线施工过程中,经常受到周边居民的投诉,严重影响工期;广州地铁3号线穿越某居民楼时导致楼房产生裂缝,并出现水泥浆从下水道喷涌的现象,经过居民反映以及施工单位调查发现主要由于爆破施工引起。

6.5.2 控制措施

峰值速度较大是爆破震动产生危害的主要原因。城市地铁爆破振速过大的主要原因有单孔装药量过大、单段装药量过大、雷管段位选择错误、炮眼布置形式及数量有误、起爆顺序有误等。因此,对于爆破震动的控制一般以控制参数为主。

1)爆破震动控制标准

爆破震动监测详细操作请参考监测相关篇章。对于各种建(构)筑物的爆破震动安全判据,一般根据现行《爆破安全规程》(GB 6722)的规定,以保护对象所在地质点峰值振速 v 和主振频率 f 为指标,安全允许标准见表4-6-8。

爆破震动安全允许标准   表4-6-8

序号	保护对象类别	安全允许质点振速 v(cm/s)		
		$f \leq 10Hz$	$10Hz < f \leq 50Hz$	$f > 50Hz$
1	土窑洞、土坯房、毛石房屋	0.15~0.45	0.45~0.9	0.9~1.5
2	一般民用建筑物	1.5~2.0	2.0~2.5	2.5~3.0
3	工业和商业建筑物	2.5~3.5	3.5~4.5	4.5~5.0
4	一般古建筑与古迹	0.1~0.2	0.2~0.3	0.3~0.5
5	运行中的水电站及发电厂中心控制设备	0.5~0.6	0.6~0.7	0.7~0.9
6	水工隧洞	7~8	8~10	10~15
7	交通隧道	10~12	12~15	15~20
8	矿山巷道	15~18	18~25	20~30
9	水电站及发电厂中心控制室设备	5~9	8~12	10~15
10	新浇大体积混凝土(C20)			
	龄期:初凝~3d	1.5~2.0	2.0~2.5	2.5~3.0
	龄期:3~7d	3~4	4~5	5~7
	龄期:7~28d	7~8	8~10	10~12

注:1. 爆破震动监测应同时测定质点振动相互垂直的三个分量,表中质点振速为三个分量中的最大值,振动频率为主振频率。
  2. 频率范围可根据现场实测波形选取确定或按以下数据选取:洞室爆破 f 小于20Hz,露天深孔爆破 f 在10~60Hz之间,露天浅孔爆破 f 在40~100Hz之间,地下深孔爆破 f 在30~100Hz之间,地下浅孔爆破 f 在60~300Hz之间。

2)控制措施

由于隧道埋深、围岩、地下水等诸多因素的影响,波传导、衰减程度不一,致使爆破振速的控制成为难点。施工中,爆破震动控制措施包括以下几方面:

(1)秉持"多打眼、少装药,多分段"的原则,严格控制振速;

(2) 正式爆破作业前进行试爆,通过试爆过程中监测的实测数据调整最大装药量;

(3) 严格控制炸药单耗和炮眼填塞长度;

(4) 爆破设计应重视并细化炮眼(掏槽眼、掘进眼、周边眼)的布置形式、数量、深度、角度、爆破器材、装药量的计算、装药结构、起爆方法和起爆顺序等参数;

(5) 实施动态管理,根据地质条件、爆破监测数据,及时调整爆破参数;

(6) 必要时对被保护对象采取相应的保护措施,例如注浆预加固等;

(7) 我国爆破震动预测常用萨道夫斯基方程进行推算,以此确定爆破振动安全距离与最大装药量。

核算振速值:

$$v = K\left(\frac{\sqrt[3]{Q}}{R}\right)^{\alpha} \quad (4\text{-}6\text{-}1)$$

核算振动安全距离:

$$R = \left(\frac{K}{v}\right)^{1/\alpha} \cdot Q^{1/3} \quad (4\text{-}6\text{-}2)$$

核算最大段装药量:

$$Q = \left(\sqrt[\alpha]{\frac{v}{K}} \cdot R\right)^{3} \quad (4\text{-}6\text{-}3)$$

式中:R——爆破中心至建筑物的距离(m);

Q——单段炸药量(kg);

v——振动安全允许速度(cm/s);

K、α——与爆破点至计算保护对象间的地形、地质条件有关的系数和衰减指数,K、α 取值见表4-6-9。

K、α 取 值 表4-6-9

岩性类别	K	α
坚硬岩石	50~150	1.3~1.5
中硬岩石	150~250	1.5~1.8
软弱岩石	250~350	1.8~2.0

3) 应急措施

(1) 应在爆破前调查周边居民、商户等的生活、经营等活动,做好记录,以应对安全事故发生后可能出现的法律纠纷。

(2) 当出现爆破震动安全事故后,应及时采取有效措施,控制风险,常采用的应急措施如下:

① 停止爆破施工;

② 当爆破震动对周边居民、商户等的生活、经营等造成不良影响时,及时组织人员进行调查,了解情况,分析原因,及时协商解决;

③ 如因爆破作业对建筑物、管线设施等造成破坏,应立即停止该区域的爆破作业,组织专人对建筑物、管线设施等的损坏情况进行调查;

④ 根据调查情况,组织人员疏散,必要时请求管线产权单位协助。

6.6 施工噪声控制

6.6.1 施工噪声影响

矿山法隧道施工过程中产生的噪声对施工人员与周围居民都有影响。噪声对人们的身心健康有害,1台噪声95dB以上的空气压缩机可能使人头痛、耳鸣、失眠、多梦、恶心、疲劳无力等。如果长时间受噪声危害,会导致神经衰弱,听力下降,发生急性外伤,患中耳炎或其他疾病等。超强的噪声(如爆破声)会使距震源较近的居民的生活受到影响。因此,施工中应积极控制噪声影响。

6.6.2 控制措施

矿山法隧道施工中主要从音量控制、声源控制、设备改进、施工布局、机械控制等方面控制噪声,详见表4-6-10。

施工噪声控制措施　　　　　　　表4-6-10

序号	控制要点	措　　施
1	音量控制	对极强的噪声(爆破)进行重点控制。依据围岩的类别确定开挖进尺、炮眼间距和装药量,减少超欠挖和爆破冲击波对围岩的扰动,在软弱围岩施工中,采用光面爆破和在单轴抗压强度为20MPa以内的围岩中采用臂式掘进机进行开挖,能够有效防止塌方和控制噪声
2	声源控制	选择低噪声设备。对于洞内施工的移动性设备,噪声超标的一律不用;对固定式高噪声设备(如通风机、空气压缩机),在选型时严格比较噪声大小,把噪声作为选择隧道专用设备及生产商的一项重要因素
3	设备改进	进洞作业的机械(具),尽可能采用液压设备或以摩擦压力代替机械振动。对于区间隧道混凝土衬砌实施一条龙作业线,选用混凝土输送车、输送泵、衬砌钢模台车替代小模板操作和人工振捣工艺。对喷锚支护,选用低噪声的液压注浆机和喷锚设备。除此之外,用低噪声的人工焊接代替高噪声的砂轮切割以及锤打等,能在洞外完成的构件不做进洞工序安排
4	施工布局	空气压缩机站、混凝土搅拌机、泵站、发电机站、机修站以及生活工作区域等应合理布局,使其相互分开隔离;有条件的将大型设备安装在较偏僻处,用机房把噪声隔离起来,使其不能联声;另外,利用距离、隔墙使噪声大幅度自然衰减。洞外设置通风机低污染的消音器;风量为1000m³/min以上的通风机应当安装在洞外,使洞内施工场所保持安静
5	机械控制	(1)出入的机械、车辆不鸣笛,不紧急制动; (2)汽车在等候装渣时开启小油门或停机,不工作的电动机械或内燃机械一律停机; (3)隧道专用车辆使用优质减震器和装置具有低污染的消音器; (4)机械操作人员不开启车门或玻璃,对噪声进行隔离; (5)施工人员提高自我防护,在耳门处堵上小棉球,或佩戴耳塞、耳罩,切实提高劳动保护意识; (6)加强设备维修,定时保养润滑,减少松旷摩擦和过大振动,以免引起噪声; (7)对与施工无关的人员和车辆进洞加以控制,以避免或减小噪声; (8)各类机械、车辆禁止超速、超载、超负荷作业

深圳地铁某斜井采用矿山法施工时曾多次收到周围居民举报,为此施工单位采取以下措施,以有效控制噪声:

(1) 改进施工工艺,如将破除开挖改为爆破施工等;

(2) 减少人工噪声的产生,如禁止施工人员大声喧哗;

(3) 在施工工地面向居民住宅区一面设置吸音屏障,阻挡噪声;

(4) 为施工人员培训噪声传播规律,避免长时间强噪声干扰,远离超强噪声;

(5) 加强设备维修,定时保养润滑,减少机械设备摩擦和过大振动,减少噪声。

第 7 章 工程案例

　　本章选取几个涉及软土、硬岩地区车站与区间隧道的矿山法施工案例,内容涵盖穿越重要建(构)筑物、不良地层的施工方法,通过详细介绍典型矿山法隧道施工的工程概况、开挖工法、施工重难点以及相关控制措施,为相关工程施工提供经验。

　　详细工程案例见附件 4-7-1~附件 4-7-4。

本章附件

附件 4-7-1　青岛地铁某车站施工案例
附件 4-7-2　青岛地铁某区间隧道施工案例
附件 4-7-3　厦门地铁某区间隧道施工案例
附件 4-7-4　北京地铁某区间隧道施工案例

本篇参考文献

[1] 胡鹰.地铁土建工程技术与管理实务[M].北京:人民交通出版社股份有限公司,2018.

[2] 王梦恕,等.中国隧道及地下工程修建技术[M].北京:人民交通出版社,2012.

[3] 王梦恕.地下工程浅埋暗挖技术通论[M].合肥:安徽教育出版社,2004.

[4] 李小勇,贾晓刚.新意法在国内隧道工程中的应用研究[J].地下空间与工程学报,2017,13(S2):715-719.

[5] 孙付峰,刘涛,雷刚.新意法在富水砂层的适用性研究[J].现代隧道技术,2014,51(1):171-178.

[6] 李克先,李术才,赵继增.大跨度暗挖地铁车站开挖工序优化研究[J].地下空间与工程学报,2017,13(5):1329-1337.

[7] 关宝树.矿山法隧道关键技术[M].北京:人民交通出版社股份有限公司,2016.

[8] 迟建平.浅埋暗挖法在青岛地铁车站施工中的应用[J].城市轨道交通研究,2014,17(2):129-133.

[9] 王奇.大连地铁1、2号线区间工法选择研究[J].低温建筑技术,2019,41(7):122-125.

[10] 钱胜.电阻率跨孔CT法在地铁施工补勘中的应用[J].建设科技,2017(8):128-129.

[11] 杜玉霞,张洪新,谷柏松.浅谈五羊村地铁站先隧后站施工[J].广东建材,2008(2):41-42.

[12] 何永洪.北京地铁北运河东站先隧后站施工关键技术[J].科技展望,2015,25(14):9-10.

[13] 丁贵松.地铁车站先隧后站施工技术[J].建筑技术,2017,48(6):613-616.

[14] 林寅.关于厦门轨道2号线高林站采用"先隧后站"法修建地铁车站的探讨[J].福建建设科技,2018(1):14-16,23.

[15] 江凯.城市地铁建设中湿喷钢纤维混凝土的应用[J].山西建筑,2009,35(3):184,223.

[16] 尹科伟,梁世元.数码电子雷管微差控制爆破应用技术[J].科技经济导刊,2017(1):37-38.

[17] 王威.地铁隧道节能环保水压爆破施工技术[J].隧道建设,2015(S2):143-146.

[18] 张振,郭伟.静态爆破法在深圳地铁施工中的应用[J].现代隧道技术,2012,49(2):110-113,131.

[19] 王辅信,李维平.北京地铁王府井车站地下临时支护静态爆破拆除技术[J].建筑技术,1999(6):27-28.

[20] 沈显才.地铁暗挖隧道聚能水压光面爆破新技术应用分析[J].铁道建筑技术,2017(5):102-105,123.

[21] 住房和城乡建设部.城市工程地球物理探测标准:CJJ/T 7—2017[S].北京:中国建筑工业出版社,

2017.

[22] 刘瑞琪.城市岩溶区地铁隧道的溶洞超前探测及处治技术[J].石家庄铁道大学学报(自然科学版),2012,25(2):42-46.

[23] 徐传东.大连地铁复杂岩溶探测与综合治理方法[D].济南:山东大学,2017.

[24] 姚金.高密度电法在某地铁工程孤石勘察中的应用[J].勘察科学技术,2015(4):57-59,64.

[25] 徐正宣.深圳地铁3号线工程岩溶洞穴勘察及病害处理技术研究[D].成都:西南交通大学,2008.

[26] 孙计同.探地雷达技术在青岛地铁隧道超前地质预报中的应用研究[D].青岛:中国海洋大学,2012.

[27] 苏茂鑫,钱七虎,李术才,等.一种岩溶地质条件下的城市地铁超前预报方法[J].岩石力学与工程学报,2011,30(7):138-144.

[28] 江苏省住房和城乡建设厅,江苏省土木建筑学会城市轨道交通建设专业委员会.城市轨道交通工程矿山法施工指南[M].北京:中国建筑工业出版社,2016.

[29] 关宝树.漫谈矿山法隧道技术第十一讲——谈隧道施工机械化[J].隧道建设(中英文),2016,36(10):1163-1170.

[30] 关宝树.漫谈矿山法隧道技术第十五讲——隧道涌水控制技术[J].隧道建设(中英文),2017,37(2):115-122.

[31] 袁绍国,张飞,姬志勇,等.控制爆破理论与实践[M].天津:天津大学出版社,2007.

[32] 汪旭光.爆破手册[M].北京:冶金出版社,2011.

[33] 闫鸿浩,王小红.城市浅埋隧道爆破原理及设计[M].北京:中国建筑工业出版社,2013.

[34] 纪冲,龙源,刘建青.爆破冲击性低频噪声特性及其控制研究[J].爆破,2005(1):92-95.

[35] 傅鹤林,董辉.地铁安全施工技术手册[M].北京:人民交通出版社,2012.

[36] 董国松.管棚预支护技术在西安地铁中的应用[D].西安:西安科技大学,2013.

[37] 胡友刚.北京地铁10号线大直径管幕穿越京包铁路框架桥施工技术[J].铁道标准设计,2008(12):84-86.

[38] 中铁电气化局集团有限公司.城市轨道交通工程(土建)施工作业操作手册[M].北京:中国铁道出版社,2014.

[39] 江苏省住房和城乡建设厅,江苏省土木建筑学会城市轨道交通建设专业委员会.城市轨道交通工程矿山法施工指南[M].北京:中国建筑工业出版社,2016.

[40] 龚兰.地铁矿山法隧道施工技术[J].城市建设理论研究,2015(7):839.

[41] 王国强,王树才,孙美辉,等.超前小导管注浆技术在浅埋暗挖黄土地铁隧道中的应用研究[C]//第二届全国地下、水下工程技术交流会论文集,2011.

[42] 仝学让,薛模美.水平旋喷桩在地铁暗挖隧道施工中的应用[J].现代隧道技术,2003,40(3):51-54.

[43] 魏艳超,李松延.浅析区间隧道帷幕注浆施工方法[J].房地产导刊,2014(1):65.

[44] 饶永明,关则廉,陈浚峰.浅谈地铁区间断面转换施工技术[J].中国科技信息,2005(20):105-106.

[45] 国家安全生产监督管理总局.爆破安全规程:GB 6722—2014[S].北京:中国标准出版社,2015.

[46] 建设部.岩土工程勘察规范:GB 50021—2001[S].北京:中国建筑工业出版社,2004.

[47] 住房和城乡建设部.岩土锚杆与喷射混凝土支护工程技术规范:GB 50086—2015[S].北京:中国

计划出版社,2016.

[48] 住房和城乡建设部.地铁设计规范:GB 50157—2013[S].北京:中国建筑工业出版社,2014.

[49] 住房和城乡建设部.城市轨道交通岩土工程勘察规范:GB 50307—2012[S].北京:中国计划出版社,2012.

[50] 住房和城乡建设部.土工试验方法标准:GB/T 50123—2019[S].北京:中国计划出版社,2019.

[51] 住房和城乡建设部.地下铁道工程施工质量验收标准:GB/T 50299—2018[S].北京:中国建筑工业出版社,2018.

[52] 住房和城乡建设部.城市轨道交通工程基本术语标准:GB/T 50833—2012[S].北京:中国建筑工业出版社,2013.

[53] 住房和城乡建设部.地下铁道工程施工标准:GB/T 51310—2018[S].北京:中国建筑工业出版社,2018.

[54] Lunardi P. The design and construction of tunnels using the approach based on the analysis of controlled deformation in rocks and soils[J]. Tunnels & Tunneling International,2000(5):3-30.

第5篇
混凝土结构与防水工程

本篇编审委员会

主编单位：中国铁建大桥工程局集团有限公司

主　　编：付军恩

副 主 编：孙百锋

参　　编：刘　铁　曲永昊　薛志猛　谭仕波　盖青山　汪本刚　赵多苍
　　　　　苏春生　何　巍　胡利平　邢亚迁　刘　勃　刘宏宇

审　　定：蒋雅君　赵菊梅

秘　　书：何十美

标准规范

本篇使用的主要标准规范如下:
1. 《地铁设计规范》(GB 50157)
2. 《混凝土结构工程施工规范》(GB 50666)
3. 《混凝土结构工程施工质量验收规范》(GB 50204)
4. 《预拌混凝土》(GB/T 14902)
5. 《普通混凝土拌合物性能试验方法标准》(GB/T 50080)
6. 《普通混凝土长期性能和耐久性能试验方法标准》(GB/T 50082)
7. 《钢管脚手架扣件》(GB 15831)
8. 《地下工程防水技术规范》(GB 50108)
9. 《地下防水工程质量验收规范》(GB 50208)
10. 《屋面工程技术规范》(GB 50345)
11. 《碳素结构钢》(GB/T 700)
12. 《混凝土结构施工图平面整体表示方法制图规则和构造详图》(16G101-1、16G101-2、16G101-3)
13. 《钢结构设计标准》(GB 50017)
14. 《埋弧焊用非合金钢及细晶粒钢实心焊丝、药芯焊丝和焊丝—焊剂组合分类要求》(GB/T 5293)
15. 《埋弧焊用热强钢实心焊丝、药芯焊丝和焊丝—焊剂组合分类要求》(GB/T 12470)
16. 《钢结构工程施工质量验收标准》(GB 50205)
17. 《木结构设计标准》(GB 50005)
18. 《建筑结构荷载规范》(GB 50009)
19. 《地下铁道工程施工质量验收标准》(GB/T 50299)
20. 《建筑施工承插型盘扣式钢管支架安全技术规程》(JGJ 231)
21. 《混凝土耐久性检验评定标准》(JGJ/T 193)
22. 《建筑施工模板安全技术规范》(JGJ 162)
23. 《建筑工程大模板技术标准》(JGJ/T 74)
24. 《建筑施工扣件式钢管脚手架安全技术规范》(JGJ 130)
25. 《钢筋机械连接技术规程》(JGJ 107)
26. 《钢筋机械连接用套筒》(JG/T 163)
27. 《钢筋焊接及验收规程》(JGJ 18)
28. 《混凝土结构成型钢筋应用技术规程》(JGJ 366)
29. 《建筑施工碗扣式钢管脚手架安全技术规范》(JGJ 166)
30. 《普通混凝土配合比设计规程》(JGJ 55)
31. 《地铁杂散电流腐蚀防护技术规程》(CJJ 49)

篇首语

本篇旨在帮助地铁工程的现场技术人员全面系统地掌握混凝土结构与防水工程的技术体系，针对常见的防水工程问题，从机理与治理的角度，提供了丰富翔实的技术方法与工艺措施。本篇可作为地铁车站混凝土结构与防水工程以及渗漏水问题治理施工操作的技术依据，也可作为编制分项工程施工方案、技术交底、作业指导书等的参考资料。

本篇着重讲述地铁车站混凝土结构、防水工程以及渗漏水问题及治理。混凝土结构以地下二层明挖车站为例，分别阐述了地铁主体结构的模板工程、钢筋工程、混凝土工程的施工工艺、施工要点、质量控制及验收标准、质量通病与防治措施等；防水工程详细阐述了明挖车站、矿山法施工、细部节点防水的施工工艺、施工要点、质量控制及验收标准、质量通病与防治措施等，并简要介绍了地下结构、高架桥面、装饰装修、车辆基地工程屋面的防水施工；渗漏水问题治理分别从常见的渗漏水问题、渗漏水治理方案以及堵漏主要设备等方面进行了阐述。为了帮助读者更好地理解和掌握上述理论技术及应用，在文中附有各种参数表、质量控制表等相关资料性内容，并在篇末附有相关工程案例，阐明技术工艺运用的实践经验。

随着科技的不断进步，新材料、新技术、新工艺发展迅速。混凝土工程不断地向建筑绿色化、工业化的方向发展，装配式地铁车站已成功应用于我国地铁工程中，是我国地铁结构工程转型升级的主要途径之一。我国地铁防水工程将立足绿色防水，实施整体设防、全方位防水和"全产业链"的防水工程战略。通过更新防水观念，将设计理念（构造）、不同防水材料的施工工法，结合工程实际以及外部环境，进行二次深化设计，建立完善的符合防水工程自身特征的设防体系和研究方法，以推动地铁防水工程技术的持续发展与提高。

第 1 章 概述

混凝土结构是以混凝土为主制作的结构,是目前地铁土建工程结构中最常见的一种结构形式,通常包括素混凝结构、钢筋混凝土结构和预应力混凝土结构等,在本篇中主要指在地铁施工现场通过支架模板、绑扎钢筋、浇筑混凝土等工序所形成的现浇钢筋混凝土结构。由于地铁设施往往埋设于地表以下,受到地下水的影响较大,因此,地铁设施防水工程的施工质量对保障地铁的正常运营和结构的耐久性也非常重要。混凝土结构工程一般包括模板工程、钢筋工程、混凝土工程这三大块的施工作业内容;而混凝土结构的防水则贯穿地铁土建工程施工的始末,涉及的工程范围很广,包括地下结构、高架桥面、装饰装修、屋面等,并且通常还需要对防水渗漏的部位进行有效治理,以保证良好的防水效果。对地铁土建工程而言,混凝土结构的施工质量与结构的防水效果密切相关,同时两者又关系着地铁工程的使用寿命和运行安全,因此需要在施工中重视相关的施工工艺控制和质量验收措施。

1) 模板工程

模板工程是指新浇混凝土成型的模板以及支撑模板的一整套构造体系,支撑模板时一般由木模板、钢模板等组合支设。在地铁车站的模板工程施工中,木模板、组合钢模板、大块钢模板等常规模板得到了广泛应用。随着模板的生产工艺和现场拼装工艺的不断发展,产生了塑料模板、铝合金模板、玻璃钢模板等新型模板,移动台架也得到了一定应用,我国模板技术呈现出多样化、标准化、专业化的发展趋势。按照混凝土结构模板所使用的材料不同,可分为木模板、钢模板、钢木模板、钢竹模板、胶合木模板、塑料模板、玻璃钢模板、铝合金模板等。地铁工程常用的木模板及钢模板有以下特点:

(1) 胶合木模板具有板幅大、质重轻、锯截方便、保温性能好等优点,可灵活配制成任何截面尺寸,还可弥补天然木材自然产生的一些缺陷,如节子、幅面小、变形、纵横力学差异性大等。

(2) 钢模板一般做成定型模板,在混凝土结构施工中被广泛应用。可以提高机械化程度,加快工期,具有施工简便、尺寸准确、板面平整、易于周转等优点。钢模板一次投资量大,但周转率高,在使用过程中应注意保管和维护,防止生锈以延长钢模板的使用寿命。

(3) 塑料模板、玻璃钢模板、铝合金模板具有质量轻、刚度大、拼装方便、周转率高的特点,但由于造价较高,在施工中尚未普遍使用。

2) 钢筋工程

钢筋工程包括钢筋的加工和安装过程,即对钢筋进行除锈、调直、连接、切断、成型以及安装钢筋骨架等一系列工作。钢筋加工目前主要采用加工厂加工成半成品后在现场绑扎、焊接或机械连接成型。地铁钢筋具有用量大、型号多、制作和安装复杂、劳动强度大、不安全因素较多等特点。

3）混凝土工程

混凝土工程是地铁车站主体结构的一个重要分项工程,包括材料进场、搅拌(以上两步在商品混凝土搅拌站完成)、运输、混凝土进场、浇筑、振捣、收面、养护等多个环节,对每个环节进行严格把控是确保地铁车站主体结构混凝土工程质量的必要措施。

地铁工程混凝土通常有以下特点：

(1) 主要为商品预拌混凝土。地铁工程混凝土主要为商品预拌混凝土,管理和控制好混凝土搅拌站供应的混凝土质量,是施工生产中的重要环节。

(2) 自防水要求高。地铁工程大部分为地下工程,其迎水面主体结构采用防水混凝土,混凝土自防水主要是由防水混凝土依靠其自身密实性来达到防水效果的。地铁工程混凝土除了满足强度要求外,还必须满足抗渗性指标要求。

(3) 用量大。由于地铁工程结构构件侧墙、梁、板、柱尺寸较大,一般标准车站混凝土用量约为 2 万 m^3,相比一般房建等工程用量要大得多。

(4) 需连续浇筑。混凝土运输、浇筑及间歇的全部时间不应超过混凝土的初凝时间。同一施工段的混凝土应连续浇筑,并应在底层混凝土初凝之前将上一层混凝土浇筑完毕。

4）防水工程

混凝土结构的防水是指保证地铁结构不受水的侵袭、内部空间不受水的危害的施工作业。地铁混凝土结构防水是一项整体性工程,结构的每一部分在防水中都发挥着重要作用。防水施工是一项要求较高的专业技术,所以施工专业化是保证防水工程质量的关键,施工操作的规范性与合理性关系着防水工程的成败。其工程特点有：

(1) 防水层所处的工作环境条件差。因此,其质量不但受防水材料、设计、施工部位等的影响,还受大气自然环境、自身结构变形和相邻层次质量等条件的影响。

(2) 材料品种多。随着科学技术的不断发展,防水材料日益丰富,不同的材料有各自的性能特点,施工时应根据不同的质量要求选择不同的材料。

(3) 施工工期长。由于防水工程施工工艺复杂,工程量大,质量要求高,施工时间一般较长。

(4) 成品保护难。一般情况下,防水工程和其他工程交叉施工,防水工程材料强度相对比较低,容易破坏,成品保护难度大。

(5) 薄弱部位多。施工缝、变形缝、后浇带、穿墙管、螺栓、预埋件、预留孔洞、阴阳角等节点都是防水薄弱部位,需要采取不同的防水措施,才能达到防水的目的。

(6) 管理难度大。由于防水工程施工工艺的复杂性,加上施工的流动性和单件性,受自然条件影响大,高处作业、立体交叉作业、地下作业和临时用量大,协作配合关系较复杂,决定了施工组织与管理的复杂性。

混凝土结构常因开裂或防水失效导致渗漏水,影响结构的耐久性、使用寿命以及地铁的运营和安全,因此需要及时开展渗漏水的治理工作。针对具体的渗漏水病害,选择合理的治理方案和技术,包括渗漏水检查、治理方法的制定、施工设备和材料的选择等。

第 2 章 混凝土结构工程

一般情况下,地铁混凝土结构分为主体结构和附属结构,其中主体结构通常分为区间和车站,其主要结构形式如图 5-2-1 所示。

图 5-2-1 地铁主体结构分类

本章混凝土结构以地铁车站为主,详细介绍车站主体结构中的模板工程、钢筋工程、混凝土工程等内容,暗挖二次衬砌台车模板支架及盾构管片制作详见本手册相关章节,本部分不再赘述。

2.1 地铁车站混凝土结构工程

地铁车站不仅是地铁线路上乘客使用较多的场所,相较于区间,也是施工较为复杂的单位工程。由于地铁车站施工工序较多,施工工艺复杂,本章重点对其施工流程和施工步序进行介绍,以便帮助读者掌握地铁车站混凝土结构工程的技术要点。

2.1.1 施工流程

我国地铁车站采用明挖法(和盖挖法)施工的箱形地铁车站较多。图 5-2-2 为典型的地下二层两柱三跨明挖地铁车站主体结构剖面图,其施工流程如图 5-2-3 所示。

2.1.2 施工步序

采用明挖顺作法施工地铁车站主体结构标准断面,分五步,依次为:底板→负二层侧墙及立柱→中板→负一层侧墙及立柱→顶板。随着混凝土结构施工顺序拆除钢支撑,并按设计要求换撑,结构施工步序如图 5-2-4 所示。

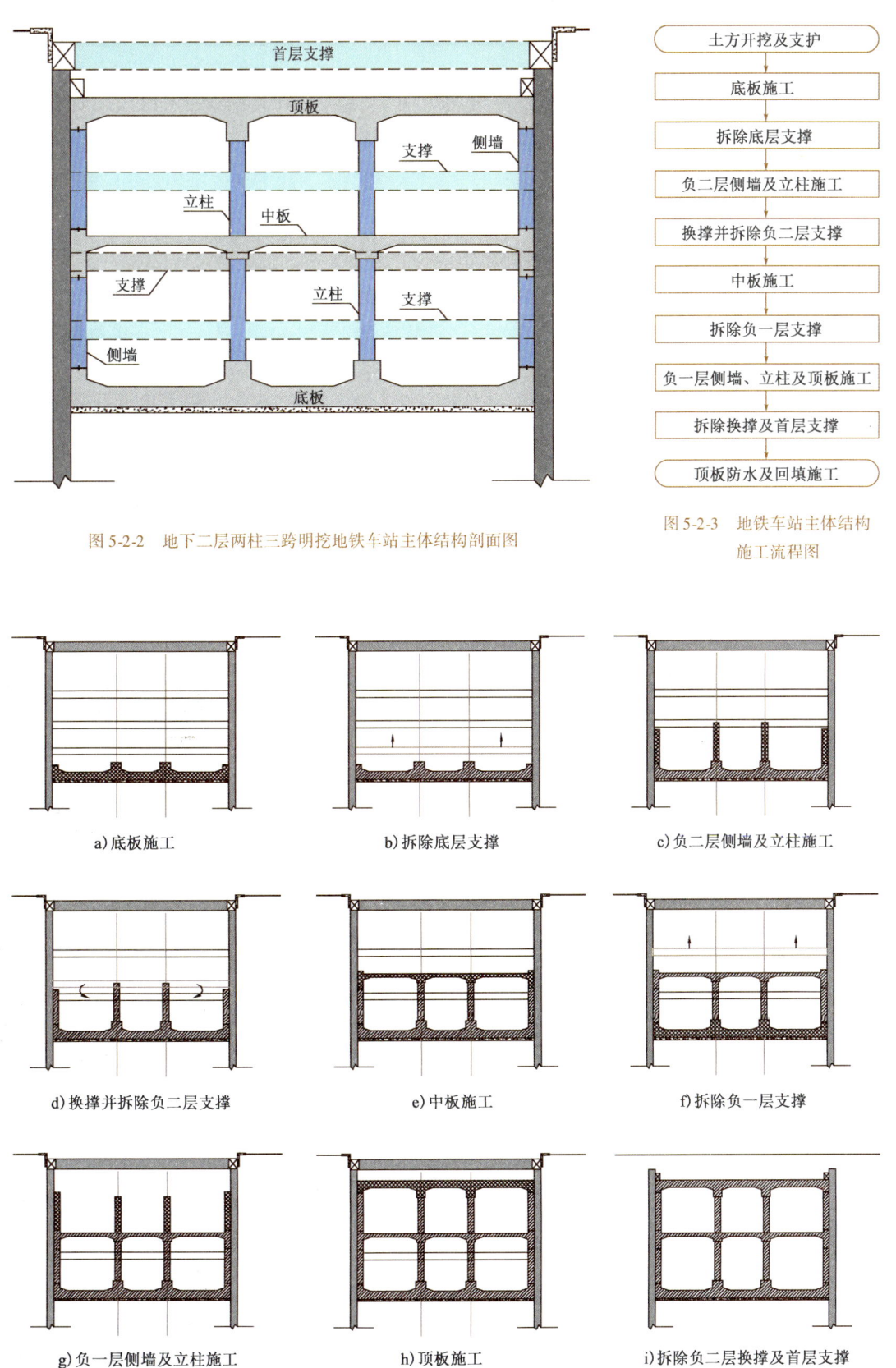

图 5-2-2 地下二层两柱三跨明挖地铁车站主体结构剖面图

图 5-2-3 地铁车站主体结构施工流程图

图 5-2-4 地下二层明挖地铁车站主体结构施工步序图

2.2 模板工程

目前地铁工程中常用的模架为钢木组合体系,由于明挖地铁车站主体结构模板及支撑体系具有代表性,本节将进行详细论述,其余结构可参考使用。

2.2.1 分类及特点

明挖地铁车站所用模板分类及特点见表5-2-1。

明挖地铁车站所用模板分类及特点　　　　　表5-2-1

序号	模板分类	模板名称	规格型号	特点	实物照片
1	钢模板	组合钢模板	钢模板厚2~3mm,长450~1800mm,宽100~600mm	组合钢模板主要包括平面模板、阴角模板、阳角模板、连接角模板等,适用于各种现浇混凝土工程。可按设计要求组装成梁、板、墙、柱等大型模板整体吊装,也可采用散装散拆方式组装成各种尺寸。其施工方便,通用性强,易于周转,是目前使用最多的一种通用型钢模板	
		大模板	以结构物的尺寸为基础进行大模板的设计和制作,同时还需要考虑辅助吊装设备的吊装能力	大模板由面板结构、支撑系统和附件组成,是进行现浇侧墙、剪力墙等结构施工的一种工具式模板,一般配以相应的起重吊装机械组织有节奏地均衡施工。大模板可以提高机械化程度,加快工期,具有施工简便、尺寸准确、板面平整、易于周转等优点	
		圆柱定型钢模板	直径为450~2000mm,高1000~3000mm	圆柱定型钢模板由钢面板、加劲肋、竖楞以及紧固件等组成。面板采用钢板,加劲肋多采用角钢,竖楞多采用槽钢,紧固件多采用对拉螺栓。定型钢模板安装和拆卸需借助吊车辅助,具有安拆快速、尺寸准确、易于周转等优点	
2	木模板	木竹胶合板	常用木竹胶合板规格尺寸一般有830mm×915mm、1220mm×2440mm两种,厚11~18mm	主要采用散支散拆工艺施工,其具有板幅大、自重轻、锯截方便、保温性能好等优点,可灵活组合成多种截面尺寸。现场使用需与支架、三角斜撑等支撑体系相结合	

续上表

序号	模板分类	模板名称	规格型号	特点	实物照片
2	木模板	钢框木(竹)胶合板	尺寸可达2400mm×1200mm	钢框木(竹)胶合板模板是以型钢为钢框架,以胶合板做面板,并加焊若干钢肋承托面板的一种组合式模板,具有自重轻、用钢量少、面积大等特点,可减少模板拼缝,提高混凝土浇筑后的表面质量,面板损伤后也便于维修	
		圆柱定型木模板	直径450~2000mm,高1000~3000mm	圆柱定型木模板由模板面板和钢带卡箍组成,其中面板由两片或多片弧形模板组合拼装而成,模板接缝处设凹凸槽,通过外加钢带卡箍来固定和加固模板。该模板安拆简便、接缝少、强度高、成本低,可多次周转使用	
3	钢化模板	玻纤钢化模板	模板厚12mm,长、宽尺寸可根据结构尺寸定做	玻纤钢化模板采用全新聚丙烯(PP)树脂和玻璃纤维作为原材料加工而成。该模板稳定性好、尺寸精度高、周转率高、损坏率小、混凝土清水效果好,但前期一次采购模板成本较高,长时间的周转使用才能体现出其优异性	
4	铝合金模板	铝合金模板	按模数设计,由专用设备挤压成型,可按照不同结构尺寸自由组合	铝合金模板需要根据楼层特点进行配套设计,对设计、技术人员的能力要求较高。铝合金模板系统中约80%的模块可以在多个项目中循环利用,而其余20%仅能在一类标准楼层中循环应用,因此铝合金模板系统适用于标准化程度较高的超高层建筑或多层楼群和别墅群	
5	塑料模板	塑料模板	常用塑料模板厚15mm、17mm,尺寸可根据实际模数设计,由专用设备挤压成型,可按照不同结构尺寸自由组合	塑料模板周转次数能达到30次以上,还能回收再造。温度适应范围大,规格适应性强,可锯、钻,使用方便。模板表面的平整度、光洁度超过了现有清水混凝土模板的技术要求,有阻燃、防腐、抗水及抗化学品腐蚀的功能,有较好的力学性能和电绝缘性能。能满足各种长方体、正方体、L形、U形的建筑支模的要求	
6	其他模板	砖胎膜	红砖砌筑,一般砌筑1/2砖厚或1砖厚	砖胎模一般用于基础梁的两侧等侧模不便支立和拆除的部位,根据现场实际情况在基础或基础梁两侧用红砖砌筑成1/2砖厚或1砖厚的砖墙来代替模板,待砖墙达到一定强度后将砖墙背后空隙回填土方并夯实,然后在砖胎模内安装钢筋并浇筑混凝土	

2.2.2 地铁模板支架常用形式

1）底纵梁、底板倒角模板支撑体系

（1）底纵梁模板支撑体系

模板采用15mm厚的竹胶板；横向设置尺寸为50mm×100mm的方木作为次楞，间距200mm；竖向设置双拼φ48mm×3.0mm的钢管作为主楞，间距450mm；支撑体系两侧采用φ48mm×3.0mm的钢管斜向下顶撑，间距2m，并用φ25mm钢筋地锚固定。M14地锚拉杆与主筋焊接，如图5-2-5所示。

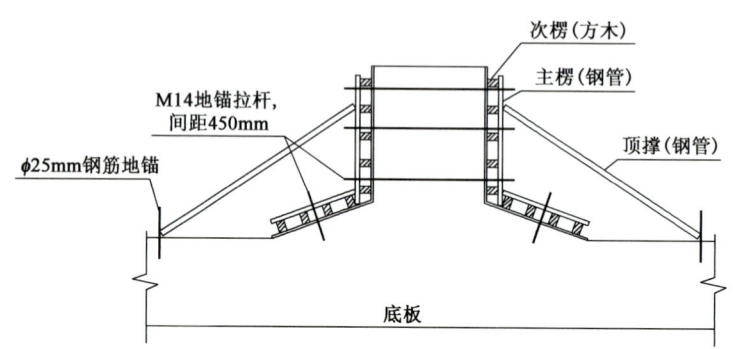

图5-2-5 底纵梁模板支撑体系剖面图

（2）底板倒角模板支撑体系

考虑受剪力的影响，底板水平施工缝设在加强腋角以上300mm的位置，倒角混凝土与底板混凝土一同浇筑，底板倒角模板采用"吊模"体系，在现场配置倒角模板，模板采用15mm厚的竹胶板，次楞采用尺寸为50mm×100mm的方木，间距200mm，主楞采用双拼φ48mm×3.0mm钢管，间距600mm，将模板加固成整体，并采用与结构钢筋焊接相连的M14地锚拉杆固定模板。M14地锚拉杆纵距为450mm，如图5-2-6所示。

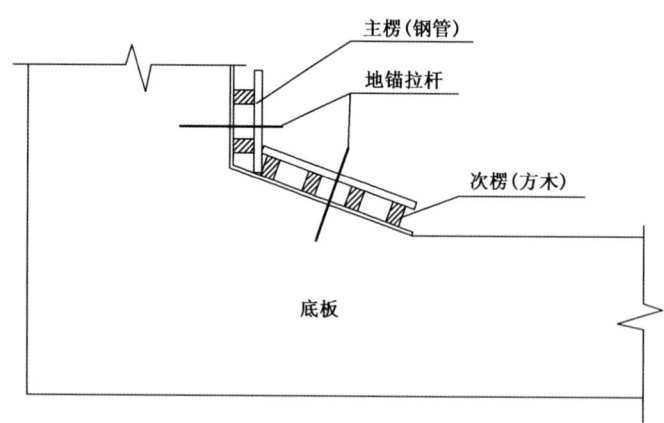

图5-2-6 底板倒角模板支撑体系剖面图

2）侧墙三角架模板支撑体系

一般车站主体结构标准段侧墙外侧紧贴围护桩，采用单侧三角架模板支撑体系。

单侧支架由架体部分和埋件系统两部分组成，其中：

（1）架体由平面模板和三角架栓接。

①钢模板面板为$\delta=6$mm厚的钢板，平面模板的横肋为$\delta=10$mm×100mm，间距1000mm的钢带，

竖肋为[10,间距375mm的槽钢,法兰为∟100×10的角钢,横向背楞为双[10,间距1000mm的型钢,示例如图5-2-7a)所示。

②三角架间距根据计算确定,一般为700~800mm;架体高度由侧墙高度而定,示例如图5-2-7b)所示。

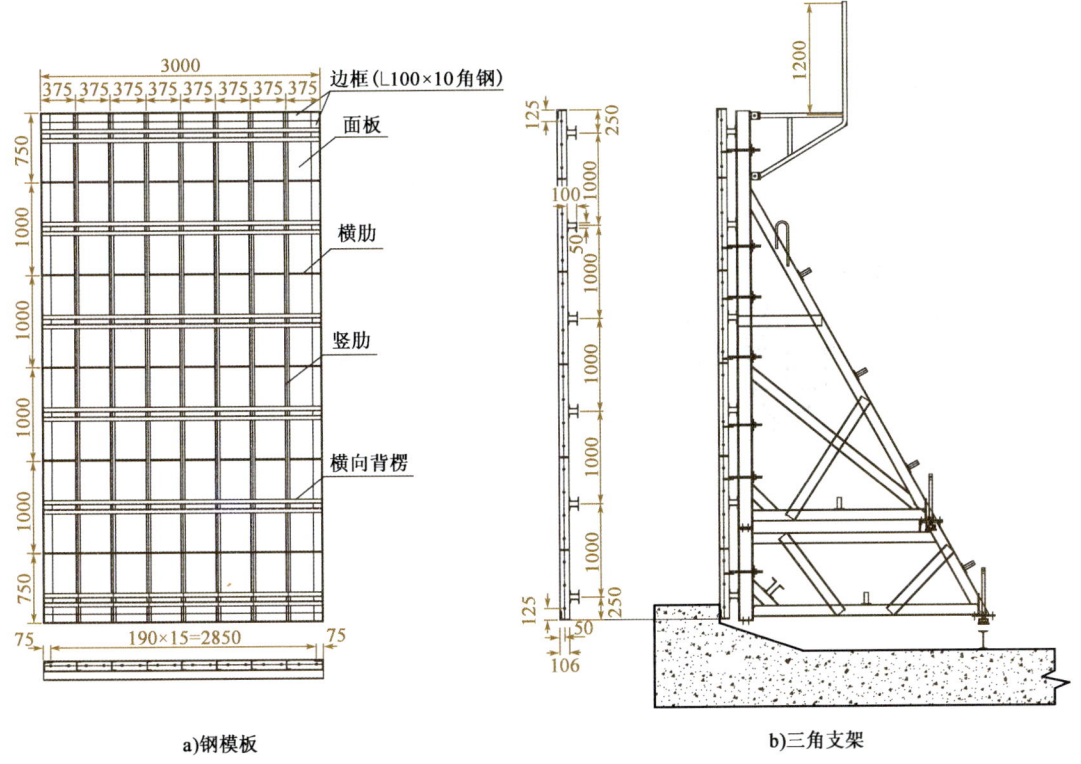

图5-2-7　侧墙支模模板支撑体系(尺寸单位:mm)

(2)埋件系统包括地脚螺栓、连接螺母、外连杆、外螺母和横梁,如图5-2-8所示。地脚斜拉杆采用HRB400ϕ25mm@300mm螺纹钢筋。

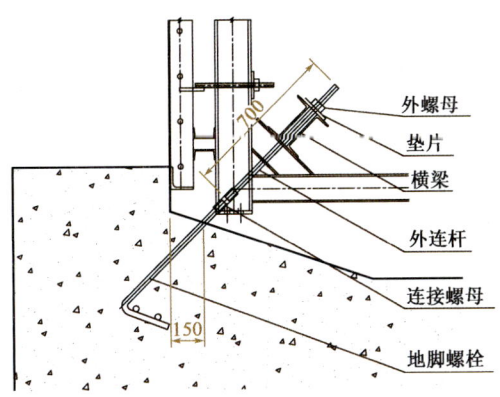

图5-2-8　三角架埋件系统示意图(尺寸单位:mm)

3)中(顶)板模板支撑体系

以某地铁车站为例,介绍明挖地铁车站中板和顶板的模板支撑体系。该车站顶板厚800mm,支撑体系采用A型(60系列)承插型盘扣式支架,排距1500mm×1200mm,立杆纵距1500mm、横距1200mm、步距1500mm,采用横杆可靠连接。中板厚400mm,支撑体系采用A型(60系列)承插型盘扣式支架,支撑体系排距为1500mm×1500mm,立杆纵距、横距、步距均为1500mm,采用横杆可靠连接。板次楞采用尺寸为100mm×100mm的方木,间距200mm;其上铺尺寸为2440mm×1220mm×15mm的竹胶板。板主楞采用尺寸为150mm×70mm×5.0mm的铝梁,间距1500mm。次楞沿纵向布置,主楞沿横向布置,所有竹胶板拼缝均布置在次楞上,所有次楞接头均布置在主楞上,如图5-2-9~图5-2-11所示。

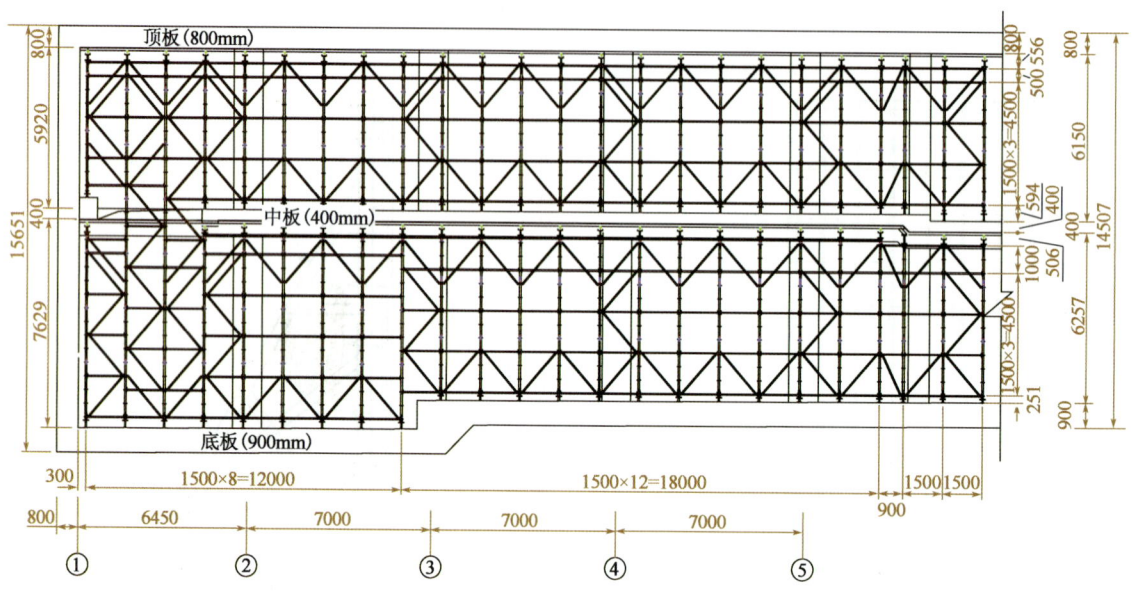

图5-2-9　某车站支架搭设纵立面图(尺寸单位:mm)

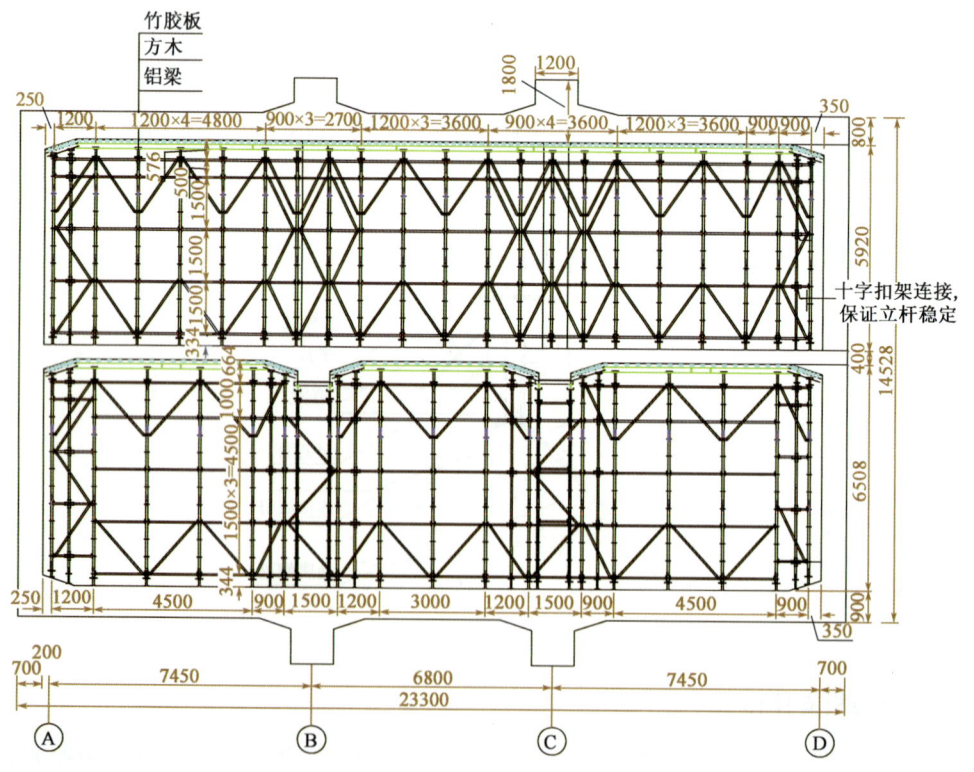

图5-2-10　某车站标准段支架搭设横断面图(尺寸单位:mm)

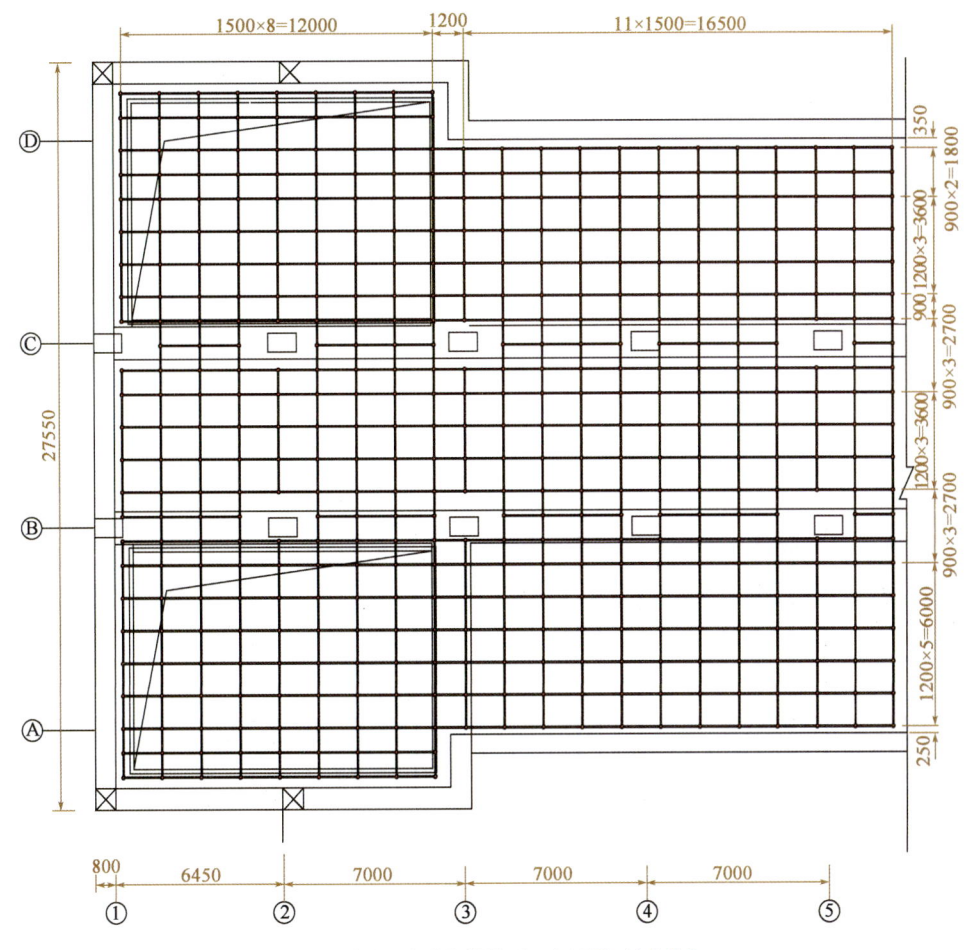

图 5-2-11 某车站顶板支架搭设平面布置图(尺寸单位:mm)

4)中(顶)梁模板支撑体系

对中(顶)板纵梁,支架立杆横距、纵距在板支架模数的基础上,经验算可适当加密,间距一般采用 1500mm×900mm 或 1200mm×900mm;个别大断面梁立杆采用梁底 3 排立杆,间距 900mm×600mm。梁底模板次楞采用尺寸为 100mm×100mm 的方木,间距 200mm;主楞采用尺寸为 100mm×100mm×5mm 的方钢或 150mm×70mm×5.0mm 的铝梁,如图 5-2-10 所示。梁侧模板同底纵梁;次楞采用尺寸为 50mm×100mm 的方木,间距 200mm,竖向布设;主楞采用尺寸 φ48mm×3.0mm 的钢管,两侧用 M14 螺栓对拉加固,如图 5-2-5 所示。

对断面不大的主、次梁,在不改变原盘扣架纵距、横距的基础上,采用双槽钢托梁体系,如图 5-2-12 所示。

5)扩大端模板支撑体系

车站两端头扩大端高大模板采用普通钢管+B 型盘扣架体对顶方案。

(1)盘扣架体设计及安装

顶板(中板)模板支架纵距、横距均为 900mm,步距为 1500mm。

顶纵梁(中纵梁)模板支架纵距为 900mm、横距为 600mm、步

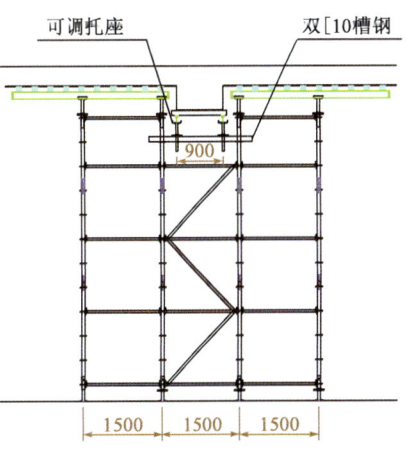

图 5-2-12 双槽钢托梁简图
(尺寸单位:mm)

距为1500mm。

(2) 普通钢管架设计及安装

普通钢管架纵距为900mm、步距为500mm；普通钢管架与盘扣架体的立杆相交，并采用扣件连接，以保证架体的承载力及稳定性。

侧墙模板采用尺寸为2440mm×1220mm×15mm的竹胶板；侧墙次楞采用尺寸为100mm×100mm的方木，间距200mm，竖向布置；侧墙主楞采用双拼 $\phi48$mm×3.0mm的钢管，间距500mm，横向布置，用U形顶托进行对顶；环梁处增设一排立杆，梁板交界处增设一排横杆与立杆扣件连接。扩大端模板支架断面图如图5-2-13所示。

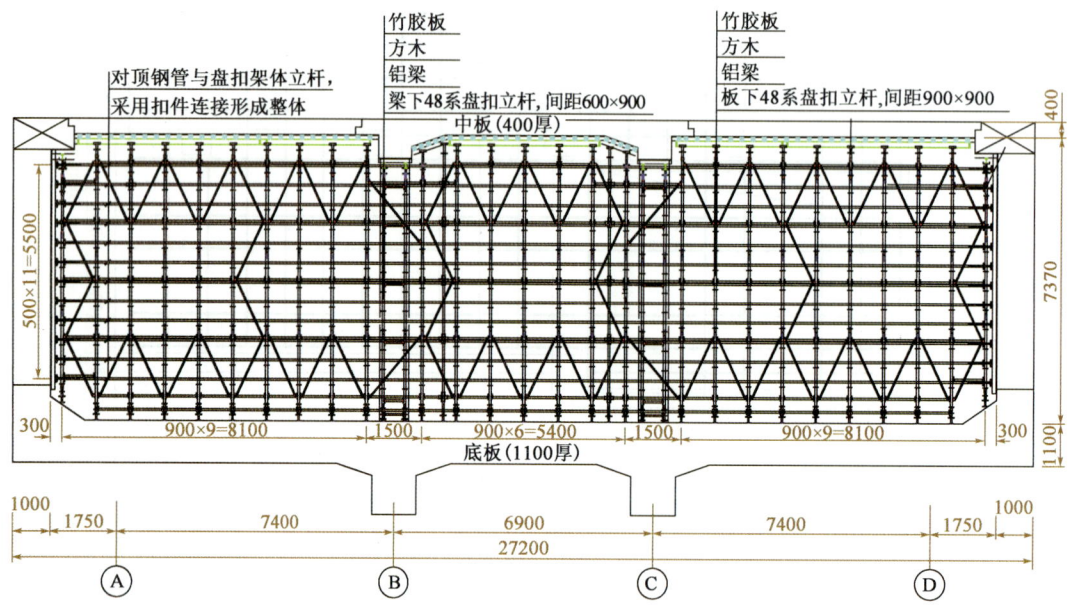

图 5-2-13 扩大端模板支架断面图(尺寸单位：mm)

(3) 端墙斜撑设置

根据计算沿纵向设置，横向每3跨设置一道，与立杆交叉部位采用旋转扣件连接，底部采用预埋或植筋的方式固定(钢筋与底板呈45°)，如图5-2-14所示。

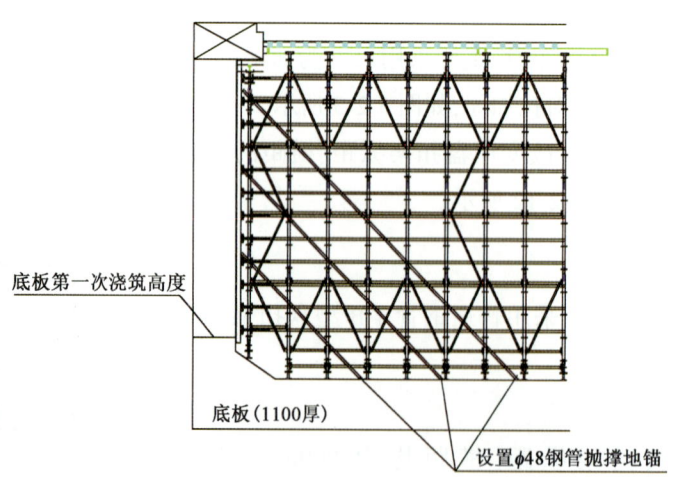

图 5-2-14 端墙斜撑示意图(尺寸单位：mm)

6）上倒角模板支撑体系

该模板支撑体系与中（顶）板模板支撑体系相同，一般单加一根立杆与横杆用十字扣相连；次楞采用尺寸为 50mm×100mm 的方木，间距 200mm；主楞采用尺寸为 100mm×100mm 的方木，如图 5-2-13 所示。

7）中柱模板支撑体系

框架柱模板支架采用竹胶板+竖楞+柱箍对拉系统，主体结构柱截面全部为矩形截面，柱模板采用 15mm 厚的竹胶板；次楞采用尺寸为 100mm×100mm 的方木，间距 200mm；主楞采用双拼 φ48mm×3.0mm 的钢管，间距 600mm；钩头螺栓及蝶形扣件固定于模板上，并且用 M16 止水对拉螺栓固定拉紧。第一根背楞距地面为 250mm，对拉螺栓距地面 250mm，如图 5-2-15 所示。

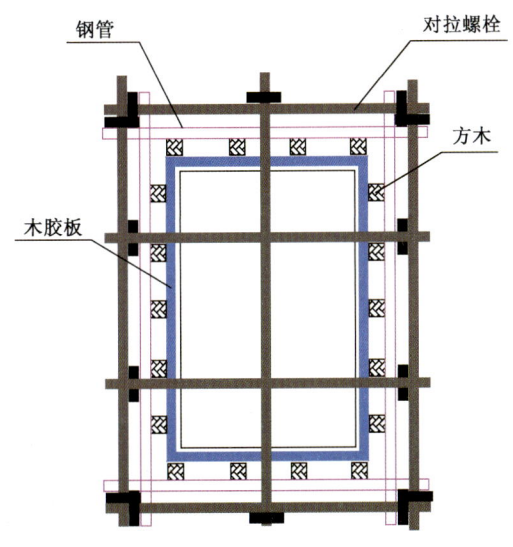

图 5-2-15　中柱模板示意图

8）特殊部位模板支撑体系

（1）端头模板

如图 5-2-16 所示，端头模板采用 15mm 厚的木胶板；在端头模板相应的位置处固定聚苯板（或硬质泡沫条），作为止水条的预留槽；中（顶）板端头板支撑为 3 道尺寸为 50mm×100mm 的方木，方木外侧横向支撑为双拼 φ48mm×3.0mm 的钢管，间距 450mm；端头模板用 M14 止水对拉螺栓固定，对拉螺栓一端焊接于结构钢筋上，外露端利用山形卡固定在外侧双拼钢管上。

（2）施工缝模板

如图 5-2-17 所示，施工缝模板采用 15mm 厚的竹胶板；止水带（止水钢板）两侧各一块，宽度根据墙、板厚度确定；在模板上按钢筋间距切割方槽，方槽大小根据钢筋规格确定，深度与保护层相同，采用快易收口网封闭；端头竖向支撑采用 2 道 50mm×100mm 的方木；方木外侧横向支撑为双拼 φ48mm×3.0mm 的钢管，间距 450mm；施工缝模板用 M14 止水对拉螺栓固定，对拉螺栓一端焊接于结构钢筋上，外露端利用山形卡固定在外侧双拼钢管上。

9）盾构洞门模板支撑体系

环梁尺寸一般为 800mm×600mm，环梁与车站主体结构同期浇筑，该部位采用竹胶板+方木+钢管支撑体系。面板采用15mm厚的木胶板,木胶板后为尺寸100mm×100mm的方木,间距200mm,方木通过背后设置的4圈φ25mm螺纹钢筋连接为整体,再通过φ48mm×3.0mm的钢管,间距600mm进行支撑,如图5-2-18、图5-2-19所示。

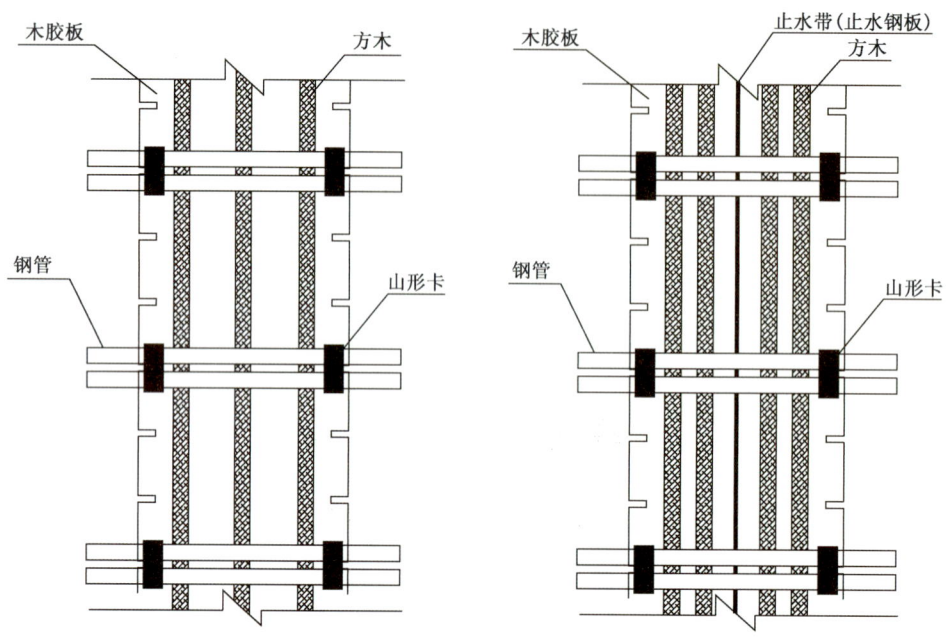

图5-2-16　端头模板示意图　　　　　　　　图5-2-17　施工缝模板示意图

图5-2-18　洞门模板支撑体系

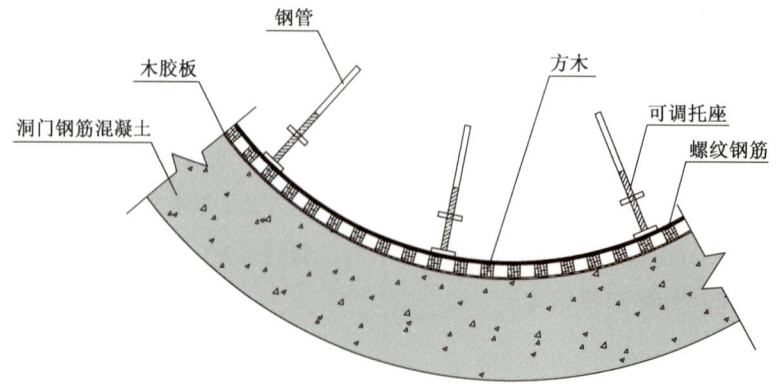

图5-2-19　洞门模板支撑体系细部构造图

2.2.3 模板支架选型

施工单位应该根据项目具体情况、本单位材料资源、队伍施工经验等情况进行综合考虑比选,选择适合项目现场条件的模板支撑体系。地铁车站主体结构模板支撑体系主要有两种方式,见表5-2-2。

地铁车站主体结构模板及支架主要形式 表 5-2-2

序号	施工方式	侧墙		中(顶)板		优 点	缺 点	适用范围
		模板	支架	模板	支架			
1	侧墙先施工,中(顶)板后施工	大钢模板	三角架	竹(木)胶板+次楞+主楞	碗扣式满堂支架	(1)侧墙混凝土表面外观平整度较好; (2)侧墙大钢模板和三角架可以多次周转使用; (3)架体投入量较少,方便拆卸,周转速度快	(1)每一施工段侧墙与中(顶)板左右各需增加一道施工缝,增加渗漏水风险; (2)侧墙混凝土拆模后不易养护; (3)施工进度较慢; (4)侧墙大钢模板及三角架需配置大型起重设备	适用于车站标准段
				竹(木)胶板+次楞+主楞	承插型盘扣式满堂支架			
2	侧墙与中(顶)板同时施工	竹(木)胶板+次楞+主楞	$\phi 48mm$ 钢管与满堂架立杆通过直角扣件连接,形成对顶支撑体系	竹(木)胶板+次楞+主楞	碗扣式满堂支架	(1)每一施工段侧墙与中(顶)板左右各减少一道施工缝,降低渗漏水风险; (2)侧墙混凝土养护质量好; (3)施工进度较快	(1)侧墙混凝土表面外观平整度较大,钢模板差; (2)架体投入量较大,需投入大量钢管支架进行对顶和做剪刀撑; (3)由于对顶钢管与碗(盘)扣架立杆通过直角扣件连接,拆除效率较慢,导致架体一次投入量大,周转次数少	(1)适用于车站扩大段; (2)适用于工期紧、任务重的项目
				竹(木)胶板+次楞+主楞	承插型盘扣式满堂支架(B型-$\phi 48mm$立杆)			

1)中(顶)板模板体系

中(顶)板模板体系基本为竹(木)胶板+次楞+主楞,各构件主要选型方案见表5-2-3。

中(顶)板模板体系构件主要选型方案 表 5-2-3

序号	构件名称	选用标准	备 注
1	面板	竹胶板一般选用12mm或15mm厚,木胶板一般选用15mm或18mm厚	目前市场以木胶板为主
2	次楞	一般选用尺寸为50mm×100mm的方木,间距200mm,或尺寸为100mm×100mm的方木,间距300mm。其中,次楞的尺寸和间距需经受力验算后确定	目前也有部分单位选用尺寸为40mm×40mm×3.0mm(或80mm×80mm×4.0mm)的方钢作为次楞(模板接缝处辅以相应厚度的方木用于模板的固定),节约了大量木材,提高了混凝土表面的观感质量,取得了不错的效果,可以借鉴使用

续上表

序号	构件名称		选用标准	备注
3	主楞	支架为碗扣式支架	通常选用尺寸为 100mm×100mm 的方木、[10 槽钢、80mm×80mm×4.0mm 的方钢等，其间距需经受力验算后进行选用	尺寸为 150mm×70mm×5.0mm 的铝梁(右图)刚度大，重量轻，是承插型盘扣式支架的配套产品，上面嵌有方木，可以固定模板，既可作主楞，也可作次楞
		支架为承插型盘扣式支架	通常选用尺寸为 100mm×100mm×5.0mm 的方钢、150mm×70mm×5.0mm 的铝梁、[10 槽钢、80mm×80mm×4.0mm 的方钢等	

2) 中(顶)板支撑体系

根据施工经验,地铁车站结构中(顶)板模板支架选型方案见表 5-2-4。

地铁车站结构中(顶)板模板支架选型方案汇总表　　表 5-2-4

序号	类型	部位		型号	间距(m)	标准步距(m)	备注
1	碗扣式支架	中(顶)板			0.9×0.6	1.2	
		梁			0.6×0.6 或 0.6×0.3	1.2	
2	承插型盘扣式支架	中板	板底	A 型	1.5×1.5	1.5	A 型立杆为 $\phi 60mm$
				B 型	1.2×1.2	1.5	B 型立杆为 $\phi 48mm$
			梁底	A 型	0.9×0.9	1.5	如承载力计算不满足要求,则可根据计算在梁底增加适当立杆,或减小横杆步距
				B 型	0.9×0.6	1.5	
		顶板	板底	A 型	1.5×1.2	1.5	
				B 型	1.2×0.9	1.5	
			梁底	A 型	0.9×0.6	1.5	如承载力计算不满足要求,则可根据计算在梁底增加适当立杆,或减小横杆步距
				B 型	0.6×0.6	1.5	

碗扣式支架和承插型盘扣式支架应用情况分析：

碗扣式支架经过 20 多年的发展,施工经验丰富,且租赁市场成熟,市场饱和度高,租金低;但是租赁市场上碗扣式支架的材料质量参差不齐,安装速度慢,碗扣不易旋紧,检查难度大,验收周期长,返工率高,这些缺点都不同程度地影响着碗扣式支架的使用。

承插型盘扣式支架最近几年在地铁工程中得到了快速的推广使用。其承载力大,杆件用量省,安装拆除速度快,省工、省时、省力,检查验收时间短,周转效率高。但承插型盘扣式支架在租赁市场上的饱和度低,租金高,且与其配套的铝梁租金也偏高,对推广使用有一定的影响。

目前,两种形式的支架在地铁工程中都有使用,但是随着承插型盘扣式支架在市场上的占比上升,同时综合比较两者使用过程中投入的人力、工期综合成本,承插型盘扣式支架比碗扣式支架低,因此承插型盘扣式支架有逐渐取代碗扣式支架的可能性。

3) 侧墙模板体系

侧墙模板体系主要选型方案见表 5-2-5。

侧墙模板体系主要选型方案　　　　　　　　　　　　　　表 5-2-5

序号	构件名称			选用标准	备注
1	大钢模板	面板		$\delta=6mm$ 钢板	(1) 大钢模板主要与三角架配合使用。 (2) 三角架和大钢模板均需由有加工资质和经验的模板厂进行加工制作。 (3) 地铁侧墙模板大部分为单侧模,使用三角架、大钢模板进行侧墙施工较为常见。但是三角架主要适于车站标准段的施工;对车站扩大端施工,需配合木模板部采用对顶杆进行加固。同时由于车站扩大端底板高度比标准段低1m左右,为此在订购三角架时,需单独订购加长节进行配置。 (4) 侧墙模板及三角架配置套数需根据施工进度而定
		次楞		[10 槽钢	
		主楞		双拼[10 槽钢	
		三角架		主要由[10 槽钢焊接加工而成	
2	木模板	面板		竹胶板一般选用12mm 或 15mm 厚,木胶板一般选用 15mm 或 18mm 厚	梁体侧模通常采用对拉体系,面板、次楞、主楞配置与此相同,不单列
		次楞		通常选用尺寸为 50mm×100mm 的方木或 100mm×100mm 的方木	
		主楞	对顶体系	通常选用双拼 $\phi 48mm \times 3.00mm$ 钢管,施工简单、方便、可靠	
			三角支架	通常选用双拼[10 槽钢	此部分木模通常与大钢模板配合使用
3	对顶支撑体系			$\phi 48mm$ 钢管与满堂架立杆通过直角扣件连接,形成对顶支撑体系	该体系主要用于碗扣式支架(立杆间距=纵×横=0.6m×0.9m)和 B 型承插型盘扣式支架(立杆间距=纵×横=0.9m×0.9m),立杆与 $\phi 48mm$ 钢管连接,形成对顶两侧的侧墙模板	(1) 该体系主要与侧墙木模板体系配套使用。 (2) 由于该形式支架使用时支架一次性投入量大,且需配置大量的 $\phi 48mm$ 钢管和直角扣件,安装和拆除均费时、费力,使用范围较窄。 (3) 该形式支架主要适用范围: ①适用于扩大端侧墙及中(顶)板同时施工; ②适用于工期紧、施工进度滞后的项目,满足侧墙和中(顶)板一次性浇筑

4)模板支架选型示例

主要以表格形式列出各结构构件的模板及支架的配置形式与间距,经受力验算后,进行制作安装。

××站主体结构各部位模板、支撑体系选型表见表 5-2-6。

××站主体结构各部位模板、支撑体系选型表　　　　　　　　　　　表 5-2-6

序号	施工部位	立杆横距(mm)	立杆纵距(mm)	标准步距(mm)	主楞材料规格	主楞间距(mm)	主楞方向	次楞材料规格	次楞间距(mm)	次楞方向	模板
1	底纵梁侧模	—	—	—	双拼$\phi 48mm \times 3.6mm$ 钢管	600	竖向	50mm×100mm 方木	200	横向	15mm 厚木胶板
2	侧墙				2[10 槽钢	1000	横向	[10 型钢	375	竖向	$\delta=6mm$ 钢板
					三角支架	1000	纵向	—			
3	中柱				双拼$\phi 48mm \times 3.0mm$ 钢管	200	横向	50mm×100mm 方木	600	竖向	15mm 厚木胶板
4	中板底模	1500	1500	1500	150mm×70mm×5mm 铝梁	1500	横向	100mm×100mm 方木	200	纵向	15mm 厚木胶板
5	顶板底模	1200	1500	1500	150mm×70mm×5mm 铝梁	1200	横向	100mm×100mm 方木	200	纵向	15mm 厚木胶板

续上表

序号	施工部位	立杆 横距(mm)	立杆 纵距(mm)	标准步距(mm)	主楞 材料规格	主楞 间距(mm)	主楞 方向	次楞 材料规格	次楞 间距(mm)	次楞 方向	模板
6	中纵梁底模	900	1500	1500	150mm×70mm×5mm 铝梁	900	纵向	100mm×100mm 方木	200	横向	15mm 厚木胶板
7	顶纵梁底模	900	1500	1500	150mm×70mm×5mm 铝梁	900	横向	100mm×100mm 方木	200	纵向	15mm 厚木胶板
8	中纵梁侧模	—	—	—	双拼φ48mm×3.0mm 钢管	450	纵向	50mm×100mm 方木	200	竖向	15mm 厚木胶板
9	顶纵梁侧模	—	—	—	双拼φ48mm×3.0mm 钢管	450	纵向	50mm×100mm 方木	200	竖向	15mm 厚木胶板

2.2.4 模板支架设计

1）基本要求

地铁模板支架工程需编制专项施工方案,且需组织专家论证。

(1)住房和城乡建设部《危险性较大的分部分项工程安全管理规定》有以下规定:

第十条 施工单位应当在危大工程施工前组织工程技术人员编制专项施工方案。

第十二条 对于超过一定规模的危大工程,施工单位应当组织召开专家论证会对专项施工方案进行论证。

超过一定规模的危险性较大的分部分项工程范围的混凝土模板及支撑工程:搭设高度8m及以上,或搭设跨度18m及以上,或施工总荷载(荷载效应基本组合的设计值,以下简称设计值)15kN/m² 及以上,或集中线荷载(设计值)20kN/m 及以上。

(2)地铁车站混凝土结构的特点:

①中板厚度一般最小为400mm,其施工总荷载值为17.2kN/m² (>15kN/m²)。

②梁断面面积大部分都超过0.6m²,其集中线荷载均大于20kN/m。

③地铁车站每一施工段的模架搭设跨度一般均超过18m。

因此,对地铁车站的混凝土模板及支架工程均为超过一定规模的危大工程,除需编制专项方案外,均需组织召开专家论证会对专项方案进行论证。

(3)地铁工程混凝土模板及支架工程专项施工方案的主要内容应包括:

①工程概况:包括工程概况和特点、施工平面布置、施工要求和技术保证条件。

②编制依据:包括相关法律、法规、规范性文件、标准、规范及施工图设计文件、施工组织设计等。

③施工计划:包括施工进度计划、材料与设备计划。

④施工工艺技术:包括模架(支架)体系选择、模架(支架)设计方案与施工工艺。

⑤施工安全保证措施:包括组织保障措施、技术措施、监测监控措施等。

⑥施工管理及作业人员配备和分工:包括施工管理人员、专职安全生产管理人员、特种作业人员、其他作业人员等。

⑦验收要求:包括验收标准、验收程序、验收内容、验收人员等。

⑧应急处置措施。

⑨模架(支架)施工图。

⑩计算书。

2）设计原则及内容

（1）模板支架设计原则

①确保安全，满足质量目标及质量要求，同时综合考虑结构特点、施工经验、施工进度、现场施工条件及本单位现有模架材料等工程的实际情况。

②结合市场行情进行技术经济性对比，在模板支撑体系安全可靠的前提下充分考虑经济性和实用性，选择适合本工程的模板及支撑体系。

③根据混凝土表面等级要求，选择相应的模板类型。

④模板及其支架应根据地铁工程结构形式、荷载大小、地基土类别、施工设备和材料供应等条件进行设计。

⑤模板及其支架应具有足够的承载能力、刚度和稳定性，能可靠地承受浇筑混凝土的重量、侧压力以及施工荷载，且尚需符合下列规定：

a. 能够保证工程结构和构件各部分形状尺寸和相互位置的正确；

b. 构造简单，装拆方便，并便于钢筋的绑扎、安装和混凝土的浇筑、养护等；

c. 模板的接缝不应漏浆，模板与混凝土的接触面应涂隔离剂，严禁隔离剂沾污钢筋和混凝土接槎处；

d. 选取有成熟施工经验的劳务队伍，并结合队伍特点，选取成熟的模架体系。

（2）地铁模板支架设计内容

①模板及支架的选型；

②模板及支架上的荷载及其效应计算；

③模板及支架的承载力、刚度和稳定性验算；

④绘制模板及支架施工图。

3）施工流程

地铁模板支架设计施工流程如图5-2-20所示。

4）模板支架材料

（1）基本要求

①模板及支架材料的技术指标应符合国家现行标准的规定；

②模板及支架宜选用轻质、高强、耐用的材料，连接件宜选用标准定型产品；

③接触混凝土的模板表面应平整并应具有良好的耐磨性和硬度，清水混凝土的模板面板材料应保证脱模后所需的饰面效果；

④脱模剂涂于模板表面后，应能有效减小混凝土与模板间的吸附力，并有一定的成膜强度，且不应影响脱模后混凝土表面的后期装饰。

（2）地铁模板材料参数

地铁结构模板及主、次楞常用材料参数见表5-2-7。

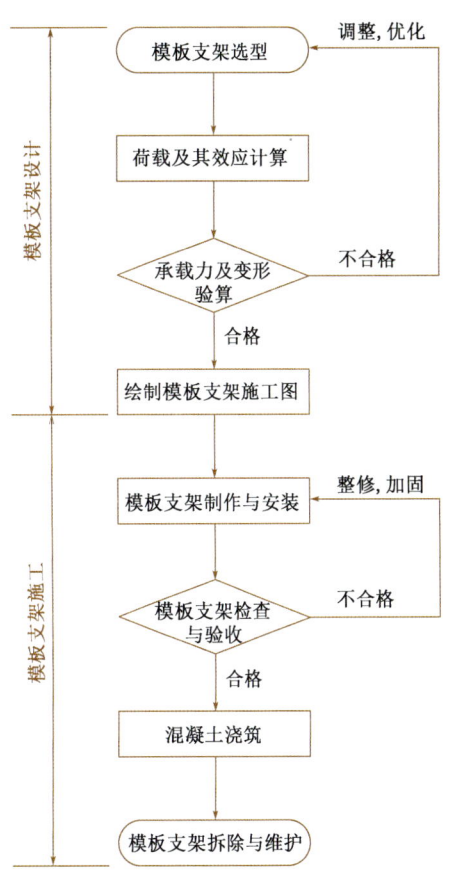

图5-2-20 地铁模板支架设计施工流程图

地铁结构模板及主、次楞常用材料参数 表 5-2-7

序号	使用部位	材料名称	规格（mm）	质量（kg/m）	抗剪强度设计值（N/mm²）	抗弯强度设计值（N/mm²）	截面模量 W（mm³）	惯性矩 I（mm⁴）	弹性模量 E（N/mm²）	备注
1	底模侧模	木覆膜板	2440×1220×15	500~700	1.4	12	37500	281250	9000	(1)对市场上采购的方木、钢管等材料,如规格尺寸与表中尺寸偏差较大,则需按实际尺寸进行力学验算,满足要求方可使用; (2)表中方木材质为红松; (3)其他类型模板用材设计指标,可参考现行《建筑施工模板安全技术规范》(JGJ 162)进行选取
2		竹胶板	2440×1220×15	800~900	1.6	35	37500	281250	9898	
3	支模次龙骨	方木	50×100	2	1.4	13	83333	4166667	9000	
4		方木	100×100	4	1.4	13	166667	8333333	9000	
5		方钢	40×40×3.0	3.49	120	205	4120	102000	206000	
6		双拼钢管	φ48×3.6	3.84	120	205	8986	215662	206000	
7		双拼钢管	φ48×3.0	3.33	120	205	4490	107900	206000	
8	支模主龙骨	方木	100×100	4	1.4	13	166667	8333333	9000	
9		[10 槽钢	100×48×5.3	10	120	205	206000	1983000	39400	
10		铝梁	150×70×5	4.87	125	200	50000	3830000	57000	
11		方钢	80×80×4.0	9.33	120	205	28960	1159000	206000	
12		方钢	100×100×5.0	14.58	120	205	56570	2828000	206000	

（3）其他模板用材设计指标

模板常用的钢材、焊接、木材及木(竹)胶板的设计指标见附件 5-2-1。

（4）常用架体材料参数

①常用架体材料截面的几何特性。扣件式、碗扣式、承插型盘扣式架体的钢材质量应符合现行《碳素结构钢》(GB/T 700)中 Q235、Q345 级钢的规定。支架截面几何特性见表 5-2-8。

支架截面几何特性 表 5-2-8

序号	类型	材质	外径 φ（mm）	壁厚 t（mm）	截面面积 A（mm²）	惯性矩 I（mm⁴）	截面模量 W（mm³）	回转半径 i（mm）	备注
1	扣件式	Q235	48.3	3.6	506	127100	5260	15.9	(1) Q345、Q235、Q195 钢材抗拉、抗压、抗弯强度设计值分别为 300N/mm²、205N/mm²、175N/mm²; (2) 弹性模量为 206000N/mm²; (3) 当施工现场实际钢管壁厚不满足表中要求时,应按实际几何尺寸计算确定
2	碗扣式	Q235	48.3	3.5	493	124300	5150	15.9	
3	承插型盘扣式	Q345A	60	3.2	571	231000	7700	20.1	
4		Q345A	48	3.2	450	113600	4730	15.9	
5		Q235B	48	2.5	357	92800	3860	11.1	
6		Q195	33	2.3	222	26300	1590	10.9	

②承插型盘扣式支架常用材料见表 5-2-9。

承插型盘扣式支架常用材料 表 5-2-9

序号	名称	型号	规格(mm)	材质	单位	理论质量(kg)	备注
1	可调托座	A-ST-600	φ48×1.5×600	Q235B	个	7.6	(1) 立杆规格为 φ60mm×3.2m 的为 A 型承插型盘扣式支架,立杆规格为 φ48mm×3.2m 的为 B 型承插型盘扣式支架;
2		B-ST-600	φ38×5.0×600	Q235B	个	4.74	
3	可调底座	A-XT-600	φ48×1.5×600	Q235B	个	1.15	
4		B-XT-600	φ38×5.0×600	Q235B	个	3.89	
5	水平杆	A-SG-600	φ48×2.5×540	Q235B	根	2.3	
6		A-SG-900	φ48×2.5×840	Q235B	根	3.2	

续上表

序号	名称	型号	规格（mm）	材质	单位	理论质量（kg）	备注
7	水平杆	A-SG-1200	$\phi 48 \times 2.5 \times 1140$	Q235B	根	4.1	
8		A-SG-1500	$\phi 48 \times 2.5 \times 1440$	Q235B	根	5	
9		B-SG-600	$\phi 42 \times 2.5 \times 540$	Q235B	根	2.0	
10		B-SG-900	$\phi 42 \times 2.5 \times 840$	Q235B	根	2.8	
11		B-SG-1200	$\phi 42 \times 2.5 \times 1140$	Q235B	根	3.6	
12		B-SG-1500	$\phi 42 \times 2.5 \times 1440$	Q235B	根	4.3	
13	立杆	A-LG-200	$\phi 60 \times 3.2 \times 200$	Q345A	根	2	（2）表中"A-"型构件、"B-"型构件，分别适用于A型、B型承插型盘扣式支架；
14		A-LG-1000	$\phi 60 \times 3.2 \times 1000$	Q345A	根	1.65	
15		A-LG-1500	$\phi 60 \times 3.2 \times 1500$	Q345A	根	9.6	
16		A-LG-2000	$\phi 60 \times 3.2 \times 2000$	Q345A	根	12.5	
17		B-LG-200	$\phi 48 \times 3.2 \times 200$	Q345A	根	1.85	（3）本表中仅列举了地铁工程中常用的材料规格，如需采用其他规格，可参考现行《建筑施工承插型盘扣式钢管支架安全技术规程》（JGJ 231）选用
18		B-LG-1000	$\phi 48 \times 3.2 \times 1000$	Q345A	根	5.30	
19		B-LG-1500	$\phi 48 \times 3.2 \times 1500$	Q345A	根	7.64	
20		B-LG-2000	$\phi 48 \times 3.2 \times 2000$	Q345A	根	9.9	
21	竖向斜杆	A-XG-600×1500	$\phi 33 \times 2.5 \times 1560$	Q195	根	5.6	
22		A-XG-900×1500	$\phi 33 \times 2.5 \times 1668$	Q195	根	5.9	
23		A-XG-1200×1500	$\phi 33 \times 2.5 \times 1820$	Q195	根	1.4	
24		A-XG-1500×1500	$\phi 33 \times 2.5 \times 2005$	Q195	根	1.9	
25		B-XG-600×1500	$\phi 33 \times 2.3 \times 1606$	Q195	根	3.92	
26		B-XG-900×1500	$\phi 33 \times 2.3 \times 1710$	Q195	根	4.1	
27		B-XG-1200×1500	$\phi 33 \times 2.3 \times 1859$	Q195	根	4.4	
28		B-XG-1500×1500	$\phi 33 \times 2.3 \times 2042$	Q195	根	4.7	

③WDJ型碗扣式支架常用材料见表5-2-10。

WDJ型碗扣式支架常用材料　　表5-2-10

序号	名称	型号	规格（mm）	单位	理论质量（kg）	备注
1	立杆	LG-120	$\phi 48 \times 3.5 \times 1200$	根	7.05	
2		LG-180	$\phi 48 \times 3.5 \times 1800$	根	10.19	
3		LG-240	$\phi 48 \times 3.5 \times 2400$	根	13.34	
4		LG-300	$\phi 48 \times 3.5 \times 3000$	根	11.48	
5	横杆	HG-30	$\phi 48 \times 3.5 \times 300$	根	1.32	本表中仅列举了地铁工程中常用的材料规格，如需采用其他规格，可参考现行《建筑施工碗扣式钢管脚手架安全技术规范》（JGJ 166）
6		HG-60	$\phi 48 \times 3.5 \times 600$	根	2.47	
7		HG-90	$\phi 48 \times 3.5 \times 900$	根	3.63	
8		HG-120	$\phi 48 \times 3.5 \times 1200$	根	4.78	
9	可调底座	KTZ-45	可调范围≤300	个	5.82	
10		KTZ-60	可调范围≤450	个	7.12	
11		KTZ-75	可调范围≤600	个	8.5	
12	可调托座	KTC-45	可调范围≤300	个	7.01	
13		KTC-60	可调范围≤450	个	8.31	
14		KTC-75	可调范围≤600	个	9.69	

5)模板结构变形值要求

(1)当验算模板及其支架的刚度时,其容许变形值不得超过下列容许值:

①对结构表面外露的模板,为模板构件计算跨度的1/400;

②对结构表面隐蔽的模板,为模板构件计算跨度的1/250;

③支架的压缩变形或弹性挠度,为相应的结构计算跨度的1/1000。

当梁板跨度≥4m时,模板应按设计要求起拱;如设计无要求,起拱高度应为全长跨度的1/3000~1/1000(钢模板取1/2000~1/1000)。

(2)组合钢模板结构及其构配件的容许变形值见表5-2-11。

组合钢模板及构配件的容许变形值　　　　　　　　　　　　　　表5-2-11

序号	部件名称	容许变形值(mm)	备注
1	钢模板的面板	≤1.5	L-计算跨度; B-柱宽
2	单块钢模板	≤1.5	
3	钢楞	$L/500$ 或 ≤3.0	
4	柱箍	$B/500$ 或 ≤3.0	
5	桁架、钢模板结构体系	$L/1000$	
6	支撑系统累计	≤4.0	

6)模板及其支架荷载

模板及其支架的荷载,分为荷载标准值和荷载设计值,荷载取值参照现行《建筑施工模板安全技术规程》(JGJ 162)、《建筑结构荷载规范》(GB 50009)等的规定。

(1)荷载标准值

荷载的基本代表值,为设计基准期内最大荷载统计分布的特征值(例如均值、众值、中值或某个分位值,一般在荷载规范中查到的是荷载标准值)。地铁工程模板及支架常用的荷载标准值见表5-2-12。

荷载标准值　　　　　　　　　　　　　　表5-2-12

序号	荷载名称	荷载类别	荷载编号	荷载标准值
1	模板及其支架自重标准值	永久荷载	G_{1k}	应根据模板设计图纸计算确定,无梁楼板模板自重标准值按下表采用: **无梁楼板模板自重标准值** | 模板构件的名称 | 木模板 (kN/m²) | 定型组合钢模板 (kN/m²) | |---|---|---| | 平板的模板及次楞 | 0.30 | 0.50 | | 楼板模板(其中包括梁的模板) | 0.50 | 0.75 | | 楼板模板及其支架 (楼层高度为4m以下) | 0.75 | 1.10 |
2	新浇筑混凝土自重标准值	永久荷载	G_{2k}	对地铁结构取 25kN/m³
3	钢筋自重标准值	永久荷载	G_{3k}	应根据工程设计图确定。对一般梁板结构每立方米钢筋混凝土的钢筋自重标准值:楼板可取1.1kN,梁可取1.5kN

续上表

序号	荷载名称	荷载类别	荷载编号	荷载标准值
4	新浇筑的混凝土对模板的侧压力标准值	永久荷载	G_{4k}	当采用内部振捣器时,可按下列公式计算,并取其中的较小值: $$F = 0.22\gamma_c t_0 \beta_1 \beta_2 v^{\frac{1}{2}}$$ $$F = \gamma_c H$$ F——新浇混凝土对模板的侧压力计算值(kN/m^2); γ_c——混凝土的重度(kN/m^3); v——混凝土的浇筑速度(m/h); t_0——新浇混凝土的初凝时间(h),可按试验确定,当缺乏试验资料时,可采用 $t_0 = 200/(T+15)$(T 为混凝土的温度,单位为℃); β_1——外加剂影响修正系数,不掺外加剂时取1.0,掺具有缓凝作用的外加剂时取1.2; β_2——混凝土坍落度影响修正系数,坍落度小于30mm时取0.85,坍落度为50~90mm时取1.00,坍落度为110~150mm时取1.15; H——混凝土侧压力计算位置处至新浇混凝土顶面的总高度(m),混凝土侧压力的计算分布图形如上图所示,图中 $h = F/\gamma_c$,h 为有效压头高度
5	施工人员及设备荷载标准值	可变荷载	Q_{1k}	当计算模板和直接支承模板的次楞时,均布活荷载可取2.5kN/m^2,再用集中荷载2.5kN进行验算,比较两者所得的弯矩值,取其大值;当计算直接支承次楞的主楞时,均布活荷载标准值可取1.5kN/m^2;当计算支架立柱及其他支承结构构件时,均布活荷载标准值可取1.0kN/m^2
6	振捣混凝土时产生的荷载标准值	可变荷载	Q_{2k}	对水平模板采用2kN/m^2,对垂直面模板采用4kN/m^2(作用范围在新浇筑混凝土侧压力的有效压头高度之内)
7	倾倒混凝土时,对垂直面模板产生的水平荷载标准值	可变荷载	Q_{3k}	**倾倒混凝土时产生的水平荷载标准值** | 向模板内供料方法 | 水平荷载(kN/m^2) | |---|---| | 溜槽、串筒或导管 | 2 | | 容量小于0.2m^3的运输器具 | 2 | | 容量为0.2~0.8m^3的运输器具 | 4 | | 容量大于0.8m^3的运输器具 | 6 | 注:作用范围在有效压头高度以内
8	风荷载标准值	可变荷载	ω_k	应按现行《建筑结构荷载规范》(GB 50009)的规定计算,其中基本风压值应按该规范附表中 $n=10$ 年的规定采用,并取风振系数

(2)荷载设计值

计算模板及支架结构或构件的强度、稳定性和连接强度时,应采用荷载设计值。荷载设计值为荷载标准值乘以荷载分项系数,见表5-2-13。

荷载分项系数 表5-2-13

序号	荷载类别	分项系数 γ_i	备注
1	模板及支架自重标准值(G_{1k})	(1)当其效应对结构不利时:对由可变荷载效应控制的组合,应取1.2;对由永久荷载效应控制的组合,应取1.35。 (2)当其效应对结构有利时:一般情况应取1;对结构的倾覆、滑移验算,应取0.9	钢面板及支架作用荷载设计值可乘以系数0.95进行折减。当采用冷弯薄壁型钢时,其荷载设计值不应折减
2	新浇混凝土自重标准值(G_{2k})		
3	钢筋自重标准值(G_{3k})		
4	新浇混凝土对模板的侧压力标准值(G_{4k})		
5	施工人员及施工设备荷载标准值(Q_{1k})	一般情况下应取1.4,对标准值大于4kN/m^2的活荷载应取1.3	
6	振捣混凝土时产生的荷载标准值(Q_{2k})		
7	倾倒混凝土时产生的荷载标准值(Q_{3k})		
8	风荷载(ω_k)	1.4	

(3) 荷载组合

①对于承载能力极限状态,应按荷载效应的基本组合采用,并应采用下式进行模板设计。

$$\gamma_0 S \leq R \tag{5-2-1}$$

式中:γ_0——结构重要性系数,其值按 0.9 采用;

S——荷载效应组合的设计值;

R——结构构件抗力的设计值,如抗弯强度设计值为 f,抗剪强度设计值为 f_v 等。

对于基本组合,荷载效应组合的设计值 S 应从表 5-2-14 所列的组合值中取最不利值来确定。

荷载效应组合设计值   表 5-2-14

序号	前提条件	公 式	公式符号	备 注
1	由可变荷载效应控制的组合	$S = \gamma_G \sum_{i=1}^{n} S_{Gik} + \gamma_{Q1} S_{Q1k}$ $S = \gamma_G \sum_{i=1}^{n} S_{Gik} + 0.9 \sum_{i=1}^{n} \gamma_{Qi} S_{Qik}$	γ_G——永久荷载分项系数,应按表 5-2-13 采用; γ_{Qi}——第 i 个可变荷载的分项系数,其中 γ_{Q1} 为可变荷载 Q_1 的分项系数,应按表 5-2-13 采用; S_{Gik}——按永久荷载标准值 G_{ik} 计算的荷载效应值; S_{Qik}——按可变荷载标准值 Q_{ik} 计算的荷载效应值,其中 Q_{1k} 为诸可变荷载效应中起控制作用者; S_{Gk}——按永久荷载标准值 G_k 计算的荷载效应值; n——参与组合的可变荷载数	(1) 基本组合中的设计值仅适用于荷载与荷载效应为线性的情况; (2) 当对 Q_{1k} 无明显判断时,轮次以各可变荷载效应为 Q_{1k},选其中最不利的荷载效应组合; (3) 当考虑由竖向的永久荷载效应控制的组合时,参与组合的可变荷载仅限于竖向荷载
2	由永久荷载效应控制的组合	$S = \gamma_G S_{Gk} + 0.7 \sum_{i=1}^{n} \gamma_{Qi} S_{Qik}$		

②对于正常使用极限状态应采用标准组合,并应按下式进行设计:

$$S \leq C \tag{5-2-2}$$

式中:C——结构或结构构件达到正常使用要求的规定限值,应符合有关变形值的规定。

对于标准组合,荷载效应组合设计值 S 应按下式采用:

$$S = \sum_{i=1}^{n} G_{ik} \tag{5-2-3}$$

③模板及其支架荷载效应组合见表 5-2-15。

模板及其支架荷载效应组合   表 5-2-15

序号	项 目	荷 载 组 合	
		计算承载能力	验算挠度
1	平板的模板及支架	$G_{1k} + G_{2k} + G_{3k} + Q_{1k}$	$G_{1k} + G_{2k} + G_{3k}$
2	梁模板的底板及支架	$G_{1k} + G_{2k} + G_{3k} + Q_{2k}$	$G_{1k} + G_{2k} + G_{3k}$
3	梁、柱(边长不大于 300mm)、墙(厚度不大于 100mm)的侧面模板	$G_{4k} + Q_{2k}$	G_{4k}
4	大体积结构、柱(边长大于 300mm)、墙(厚度大于 100mm)的侧面模板	$G_{4k} + Q_{3k}$	G_{4k}

注:验算挠度应采用荷载标准值,计算承载能力应采用荷载设计值。

7）模板结构设计计算

(1) 模板设计的内容和原则

模板设计的内容主要包括选型、选材、配板、荷载计算、结构设计和绘制模板施工图等。

模板设计的主要原则：一是实用性，要确保构件的形状尺寸准确，接缝严密不漏浆，构造简单便于支拆；二是安全性，保证在施工过程中不变形、不破坏、不倒塌；三是经济性，在确保工期、质量的前提下，尽量减少一次性投入，增加模板的周转，减少支拆用工。

(2) 模板支架的计算内容

①板：包括模板强度和挠度计算，主、次楞强度和挠度计算，立杆稳定性计算。

②梁：包括模板强度和挠度计算，主、次楞强度和挠度计算，立杆稳定性计算，侧模对拉螺栓抗拉强度计算。

③侧墙：包括模板强度和挠度计算，主、次楞强度和挠度计算，三角架稳定性（抗倾覆）计算，地锚螺栓抗拉强度计算。

④三角支架侧模板荷载标准值计算，支架受力验算。

(3) 模板结构构件的最大弯矩、剪力和挠度

模板结构构件中的面板（木、钢、胶合板），主、次楞（木、钢）等均属于受弯构件，可按简支梁或连续梁计算。当模板构件的跨度超过3跨时，可按3跨连续梁计算。

(4) 常用计算公式

各类梁的弯矩、剪力计算公式见附件5-2-2。

(5) 现浇混凝土模板计算

现浇混凝土模板计算包括面板、次楞、主楞的承载力及变形验算，见表5-2-16。

现浇混凝土模板计算　　　　　　　　　　　　　　　表5-2-16

序号	构件	简化模型	验算项目	验算公式	备注
1	面板	面板可按简支跨计算，应验算跨中和悬臂端的最不利抗弯强度和挠度	抗弯强度	$\sigma = \dfrac{M_{max}}{W_n} \leq f$	M_{max}——最不利弯矩设计值，取均布荷载与集中荷载分别作用时计算结果的较大值； W_n——净截面抵抗矩； f——抗弯强度设计值
			挠度	$v = \dfrac{5q_g L^4}{384 E I_x} \leq [v]$ 或 $v = \dfrac{5q_g L^4}{384 E I_x} + \dfrac{P L^3}{48 E I_x} \leq [v]$	q_g——恒荷载均布线荷载标准值； P——集中荷载标准值； E——弹性模量； I_x——截面惯性矩； L——面板计算跨度； $[v]$——容许挠度

续上表

序号	构件	简化模型	验算项目		验算公式	备 注
2	支承楞梁	支承楞梁计算时，次楞一般为两跨以上的连续梁，可按三跨连续梁进行计算；当跨度不等时，应按不等跨度连续梁或悬臂梁设计；主楞可根据实际情况按连续梁、简支梁或悬臂梁设计；同时，次、主楞梁均应进行最不利抗弯强度与挠度计算	抗弯强度		$\sigma = \dfrac{M_{max}}{W} \leqslant f$	M_{max}——最不利弯矩设计值。应从均布荷载产生的弯矩设计值M_1、均布荷载与集中荷载产生的弯矩设计值M_2和悬臂端产生的弯矩设计值M_3三者中，选取计算结果较大者； W——截面抵抗矩； f——抗弯强度设计值
			抗剪强度	在主平面内受弯的钢实腹构件	$\tau = \dfrac{VS_0}{I t_w} \leqslant f_v$	V——计算截面沿腹板平面作用的剪力设计值； S_0——计算剪应力处以上毛截面对中和轴的面积矩； I——毛截面惯性矩； t_w——腹板厚度； f_v——钢材的抗剪强度设计值
				在主平面内受弯的木实截面构件	$\tau = \dfrac{VS_0}{Ib} \leqslant f$	b——构件的截面宽度； f——木材顺纹抗剪强度设计值； 其余符号意义同上
			挠度	简支梁	同面板挠度公式	
				连续梁	应按现行《建筑施工模板安全技术规范》(JGJ 162)验算	

(6) 三角支架模板验算

三角支架模板验算主要阐述三角支架侧模板荷载标准值计算、支架受力验算，见表5-2-17。

三角支架模板验算　　　　　　　　表5-2-17

序号	验算项目	验算公式	备 注
1	侧模板荷载标准值计算	$F = 0.22\gamma_c t_0 \beta_1 \beta_2 v^{1/2}$ $F = \gamma_c H$	F——新浇筑混凝土对模板的最大侧压力(kN/m^2)； γ_c——混凝土的重度(kN/m^3)，计算中取$24kN/m^3$； t_0——新浇筑混凝土的初凝时间(h)； v——混凝土的浇筑速度(m/h)； β_1——外加剂影响修正系数，不掺外加剂时取1.0，掺缓凝作用的外加剂时取1.2； β_2——混凝土坍落度影响修正系数，坍落度小于30mm时取0.85，坍落度为50~90mm时取1.0，坍落度为110~150mm时取1.15； H——混凝土侧压力计算位置处至新浇筑混凝土顶面的总高度(m)

续上表

序号	验算项目	验算公式	备注
2	支架受力验算	$h = \dfrac{F}{\gamma_c}$	F——新浇筑混凝土对模板的最大侧压力(kN/m^2)； γ_c——混凝土的重度(kN/m^3)，计算中取$24kN/m^3$
3	受压杆件稳定性验算	$\dfrac{N}{\varphi A} \leq f$	φ——轴心受压构件的稳定系数； A——截面面积； f——抗压强度设计值，取$215N/mm^2$(Q235)
4	抗剪验算	$\tau = \dfrac{VS}{It_w} \leq f_v$	V——剪力； S——面积矩； I——惯性矩； t_w——腹板厚度； f_v——抗剪强度设计值(N/mm^2)，取$125N/mm^2$(Q235)
5	抗弯验算	$\sigma = \dfrac{M_{max}}{W_n} \leq f$	M_{max}——最不利弯矩设计值($N \cdot mm$)，$M_{max} = q_2 L^2/8$； W_n——净截面抵抗矩(mm^3)，$W = bh^2/6$； f——抗弯强度设计值
6	预埋地脚螺栓锚固强度验算	$F_{锚} = \pi dh\tau_b$	$F_{锚}$——锚固力(N)，作用于地脚螺栓上的轴向拔出力； d——地脚螺栓直径(mm)； h——地脚螺栓在混凝土基础内的锚固深度(mm)，取700mm； τ_b——混凝土与地脚螺栓表面的黏结强度(N/mm^2)，在普通混凝土中取值为$2.5 \sim 3.5 N/mm^2$

(7) 常用梁截面最大剪应力计算公式

常用梁截面最大剪应力计算公式见表5-2-18。

常用梁截面最大剪应力计算公式 表5-2-18

序号	截面类型	计算公式	备注
1	矩形	$\tau_{max} = \dfrac{1.5 V_{max}}{A}$	τ_{max}——最大剪应力； V_{max}——最大剪力值； A——矩形截面面积
2	圆形	$\tau_{max} = \dfrac{4 V_{max}}{3A}$	
3	圆环	$\tau_{max} = \dfrac{2 V_{max}}{A}$	

8）模板支架计算

(1) 安全等级

根据现行《建筑施工脚手架安全技术统一标准》(GB 51210)，支架结构设计应根据架体种类、搭设高度和荷载采用不同的安全等级。模板支架安全等级的划分见表5-2-19。

模板支架的安全等级 表5-2-19

序号	搭设高度(m)	荷载标准值	安全等级	备注
1	≤8	≤$15kN/m^2$ 或≤$20kN/m$ 或最大集中荷载≤7kN	Ⅱ	模板支架的搭设高度、荷载中任一项不满足安全等级为Ⅱ级的条件时，其安全等级应划为Ⅰ级
2	>8	>$15kN/m^2$ 或>$20kN/m$ 或最大集中荷载>7kN	Ⅰ	

（2）荷载分项系数

①当计算支架的架体或构件的强度、稳定性和连接强度时,荷载设计值应采用荷载标准值乘以荷载分项系数。

②当计算支架的地基承载力和正常使用极限状态的变形时,荷载设计值应采用荷载标准值。永久荷载与可变荷载的分项系数应取1.0。

③荷载分项系数取值见表5-2-20。

模板支架设计计算的荷载分项系数　　　　表5-2-20

序号	计算项目	荷载分项系数			
		永久荷载分项系数 γ_G		可变荷载分项系数 γ_Q	
1	强度、稳定性	由可变荷载控制的组合	1.2	1.4	
		由永久荷载控制的组合	1.35		
2	地基承载力	1.0		1.0	
3	挠度	1.0		0	
4	倾覆	有利	0.9	有利	0
		不利	1.35	不利	1.4

（3）荷载效应组合

支架设计时,根据使用过程中在架体上可能同时出现的荷载,应按承载能力极限状态和正常使用极限状态分别进行荷载组合,并应取各自最不利的组合进行设计。

①模板支架结构及构配件承载能力极限状态设计时,应采用荷载的基本组合,见表5-2-21。

模板支架荷载的基本组合　　　　表5-2-21

序号	计算项目	荷载的基本组合		备　注
1	立杆稳定承载力	由永久荷载控制的组合	永久荷载 + ψ_c施工荷载 + ψ_w风荷载	(1)表中的"+"仅表示各项荷载参与组合,而不表示代数相加; (2)立杆稳定承载力计算在室内或无风环境下不计风荷载; (3) ψ_w为风荷载组合值系数,取0.6; (4) ψ_c为施工荷载及其他可变荷载组合值系数,取0.7; (5)立杆地基承载力计算在室内或无风环境下不计风荷载; (6)倾覆计算时,当可变荷载对抗倾覆有利时,抗倾覆荷载组合计算可不计可变荷载
		由可变荷载控制的组合	永久荷载 + 施工荷载 + ψ_w风荷载	
2	立杆地基承载力	由永久荷载控制的组合	永久荷载 + ψ_c施工荷载 + ψ_w风荷载	
		由可变荷载控制的组合	永久荷载 + 施工荷载 + ψ_w风荷载	
3	门洞转换横梁强度	由永久荷载控制的组合	永久荷载 + ψ_c施工荷载	
		由可变荷载控制的组合	永久荷载 + 施工荷载	
4	倾覆	永久荷载 + 风荷载		

对于承载能力极限状态,按荷载的基本组合计算荷载组合的效应设计值,并应采用下式进行设计：

$$\gamma_0 S_d \leqslant R_d \qquad (5\text{-}2\text{-}4)$$

式中：γ_0——结构重要性系数,对安全等级为Ⅰ级的支架按1.1采用,对安全等级为Ⅱ级的支架按1.0采用;

S_d——荷载效应组合的设计值;

R_d——架体结构或构件抗力的设计值。

②支架结构及构配件正常使用极限状态设计时,应采用荷载的标准组合,见表5-2-22。

支架荷载的标准组合 表 5-2-22

序 号	计 算 项 目	荷载标准组合
1	支架水平杆挠度	永久荷载+施工荷载
2	模板支架门洞转换横梁挠度	永久荷载

对于正常使用极限状态,应按荷载的标准组合计算荷载组合的效应设计值,并应采用下式进行设计:

$$S_d \leqslant C \tag{5-2-5}$$

式中:C——架体构件的容许变形值。

(4)支架设计

支架的结构设计应采用极限状态设计方法,以分项系数的设计表达式进行计算。其主要计算要点为:

①支架结构设计时,应先对架体结构进行受力分析,明确荷载传递路径,选择具有代表性的最不利杆件或构配件作为计算单元。计算单元的选取应符合下列规定:

a. 应选取受力最大的杆件、构配件;

b. 应选取跨距、步距增大部位的杆件、构配件;

c. 应选取门洞等架体构造变化处或薄弱处的杆件、构配件;

d. 当支架上有集中荷载作用时,尚应选取集中荷载作用范围内受力最大的杆件、构配件。

②当无风荷载作用时,支架立杆宜按轴心受压杆件计算;当有风荷载作用时,支架立杆宜按压弯构件计算。

③当模板支架的水平杆承受非节点荷载时,应进行抗弯承载力计算。模板支架受弯构件的容许挠度值$[v]$见表 5-2-23。

受弯构件的容许挠度值 表 5-2-23

序 号	构 件 类 别	容许挠度值$[v]$
1	纵向及横向水平杆	$l/150$ 与 10mm 取较小值
2	模板支架门洞转换横梁	$l/400$
3	支架悬挑受弯构件	$l/400$

注:l 为受弯构件的计算跨度,对悬挑构件为其悬伸长度的2倍。

④长细比。模板支架杆件长细比见表 5-2-24。

模板支架杆件长细比 表 5-2-24

序 号	支架类型	杆件类型	长细比 λ
1	扣件式	立杆	≤210
		剪刀撑中的压杆	≤250
		受拉杆	≤350
2	碗扣式	立杆	≤230
		剪刀撑中的压杆	≤250
		受拉杆	≤350
3	承插型盘扣式	立杆	≤150
		其他杆件中受压杆	≤230
		受拉杆	≤350

⑤支架钢管轴心受压构件稳定系数。Q235、Q345 钢管轴心受压构件稳定系数φ的取值分别见表 5-2-25、表 5-2-26。

Q235 钢管轴心受压构件的稳定系数 φ 的取值 表 5-2-25

λ	0	1	2	3	4	5	6	7	8	9
0	1.000	0.997	0.995	0.992	0.989	0.987	0.984	0.981	0.979	0.976
10	0.974	0.971	0.968	0.966	0.963	0.960	0.958	0.955	0.952	0.949
20	0.947	0.944	0.941	0.938	0.936	0.933	0.930	0.927	0.924	0.921
30	0.918	0.915	0.912	0.909	0.906	0.903	0.899	0.896	0.893	0.889
40	0.886	0.882	0.879	0.875	0.872	0.868	0.864	0.861	0.858	0.855
50	0.852	0.849	0.846	0.843	0.839	0.836	0.832	0.829	0.825	0.822
60	0.818	0.814	0.810	0.806	0.802	0.797	0.793	0.789	0.784	0.779
70	0.775	0.770	0.765	0.760	0.755	0.750	0.744	0.739	0.733	0.728
80	0.722	0.716	0.710	0.704	0.698	0.692	0.686	0.680	0.673	0.667
90	0.661	0.654	0.648	0.641	0.634	0.626	0.618	0.611	0.603	0.595
100	0.588	0.580	0.573	0.566	0.558	0.551	0.544	0.537	0.530	0.523
110	0.516	0.509	0.502	0.496	0.489	0.483	0.476	0.470	0.464	0.458
120	0.452	0.446	0.440	0.434	0.428	0.423	0.417	0.412	0.406	0.401
130	0.396	0.391	0.386	0.381	0.376	0.371	0.367	0.362	0.357	0.353
140	0.349	0.344	0.340	0.336	0.332	0.328	0.324	0.320	0.316	0.312
150	0.308	0.305	0.301	0.298	0.294	0.291	0.287	0.284	0.281	0.277
160	0.274	0.271	0.268	0.265	0.262	0.259	0.256	0.253	0.251	0.248
170	0.245	0.213	0.240	0.237	0.235	0.232	0.230	0.227	0.225	0.223
180	0.220	0.218	0.216	0.214	0.211	0.209	0.207	0.205	0.203	0.201
190	0.199	0.197	0.195	0.193	0.191	0.189	0.188	0.186	0.184	0.182
200	0.180	0.179	0.177	0.175	0.174	0.172	0.171	0.169	0.167	0.166
210	0.164	0.163	0.161	0.160	0.159	0.157	0.156	0.154	0.153	0.152
220	0.150	0.149	0.148	0.146	0.145	0.144	0.143	0.141	0.140	0.139
230	0.138	0.137	0.136	0.135	0.133	0.132	0.131	0.130	0.129	0.128
240	0.127	0.126	0.125	0.124	0.123	0.122	0.121	0.120	0.119	0.118
250	0.117									

Q345 钢管轴心受压构件的稳定系数 φ 的取值 表 5-2-26

λ	0	1	2	3	4	5	6	7	8	9
0	1.000	0.997	0.994	0.991	0.988	0.985	0.982	0.979	0.976	0.973
10	0.971	0.968	0.965	0.962	0.959	0.956	0.952	0.949	0.946	0.943
20	0.940	0.937	0.934	0.930	0.927	0.924	0.920	0.917	0.913	0.909
30	0.906	0.902	0.898	0.894	0.890	0.886	0.882	0.878	0.874	0.870
40	0.867	0.864	0.860	0.857	0.853	0.849	0.845	0.841	0.837	0.833
50	0.829	0.824	0.819	0.815	0.810	0.805	0.800	0.794	0.789	0.783
60	0.777	0.771	0.765	0.759	0.752	0.746	0.739	0.732	0.725	0.718
70	0.710	0.703	0.695	0.688	0.680	0.672	0.664	0.656	0.648	0.640
80	0.632	0.623	0.615	0.607	0.599	0.591	0.583	0.574	0.566	0.558
90	0.550	0.542	0.535	0.527	0.519	0.512	0.504	0.497	0.489	0.482
100	0.475	0.467	0.460	0.452	0.445	0.438	0.431	0.424	0.418	0.411
110	0.405	0.398	0.392	0.386	0.380	0.375	0.369	0.363	0.358	0.352
120	0.347	0.342	0.337	0.332	0.327	0.322	0.318	0.313	0.309	0.304
130	0.300	0.296	0.292	0.288	0.284	0.280	0.276	0.272	0.269	0.265
140	0.261	0.258	0.255	0.251	0.248	0.245	0.242	0.238	0.235	0.232
150	0.229	0.227	0.224	0.221	0.218	0.216	0.213	0.210	0.208	0.205
160	0.203	0.201	0.198	0.196	0.194	0.191	0.189	0.187	0.185	0.183
170	0.181	0.179	0.177	0.175	0.173	0.171	0.169	0.167	0.165	0.163
180	0.162	0.160	0.158	0.157	0.155	0.153	0.152	0.150	0.149	0.147
190	0.146	0.144	0.143	0.141	0.140	0.138	0.137	0.136	0.134	0.133
200	0.132	0.130	0.129	0.128	0.127	0.126	0.124	0.123	0.122	0.121
210	0.120	0.119	0.118	0.116	0.115	0.114	0.113	0.112	0.111	0.110
220	0.109	0.108	0.107	0.106	0.106	0.105	0.104	0.103	0.102	0.101
230	0.100	0.099	0.098	0.098	0.097	0.096	0.095	0.094	0.094	0.093
240	0.092	0.091	0.091	0.090	0.089	0.088	0.088	0.087	0.086	0.086
250	0.085									

⑥支架构件承载力设计值见表5-2-27。

支架构件承载力设计值　　　表5-2-27

序号	支架类型	项目		承载力设计值(kN)
1	碗扣式	碗扣节点	水平向抗拉(压)	30
			竖向抗压(抗剪)	25
		立杆插套连接抗拉		15
		可调托撑(受压)		80
		可调底座(受压)		80
2	盘扣式	盘扣节点	抗剪承载力	40
3	扣件式节点抗剪(抗滑)		单扣件	8
			双扣件	12

注:立杆插套连接宜采用 ϕ10mm 连接销。

⑦模板支架设计计算主要内容:

a. 立杆稳定承载力计算;

b. 立杆地基承载力计算;

c. 当设置门洞时,进行门洞转换横梁强度和挠度计算;

d. 必要时进行架体抗倾覆能力计算。

⑧碗扣式模板支架计算见表5-2-28。

碗扣式模板支架计算　　　表5-2-28

序号	验算项目		验算公式	公式符号
1	立杆稳定承载力	立杆长细比	$\lambda = \dfrac{l_0}{i} \leq 230$ 模板支架的立杆计算长度 l_0,应按下式确定: $l_0 = k\mu(h + 2a)$	λ——长细比; l_0——模板支架的立杆计算长度; i——立杆回转半径; h——步距(mm); a——立杆伸出顶层的水平杆长度(mm),可按650mm取值,当 $a=200$mm 时,取 $a=650$mm,对应承载力的1.2倍,当 $200\text{mm} < a < 650\text{mm}$ 时,承载力可按线性插入; μ——立杆计算长度系数,步距为0.6m、1.0m、1.2m、1.5m时取1.1,步距为1.8m、2.0m时取1.0; k——模板支架立杆计算长度附加系数,应按表5-2-29采用
		立杆轴向力设计值	当不考虑风荷载参与组合时,立杆段的轴向力设计值 N 按下式计算: $N = 1.35N_{Gk} + 1.4 \times 0.7 N_{Qk}$	N_{Gk}——模板支架立杆中由所有永久荷载作用产生的轴向力标准值之和; N_{Qk}——模板支架立杆中由施工荷载作用产生的轴向力标准值
		立杆稳定性	当不考虑风荷载参与组合时,模板支架立杆稳定性按下式计算: $\dfrac{\gamma_0 N}{\varphi A} \leq f$	γ_0——结构重要性系数,对安全等级为Ⅰ级的支架按1.1采用,对安全等级为Ⅱ级的支架按1.0采用; N——立杆的轴向力设计值(N); A——立杆横截面积; φ——轴心受压杆件稳定系数,应根据立杆的长细比 λ,按表5-2-24取值; f——钢材强度设计值(N/mm²)

续上表

序号	验算项目		验算公式	公式符号
2	立杆地基承载力	立杆地基承载力	$\dfrac{N}{A_g} \leqslant \gamma_u f_a$	N——立杆的轴力设计值； A_g——立杆基础底面面积(mm^2)，当基础底面面积大于$0.3m^2$时，计算所采用的取值不超过$0.3m^2$； γ_u——永久荷载和可变荷载分项系数加权平均值，按永久荷载控制组合时取1.363，按可变荷载控制组合时取1.254； f_a——修正后的地基承载力特征值(MPa)
		修正后的地基承载力特征值	$f_a = m_f f_{ak}$	m_f——地基承载力修正系数，按表5-2-30的规定采用； f_{ak}——地基承载力特征值，可由荷载试验、其他原位测试、公式计算或结合工程实践经验按地质勘察报告提供的数据选用等方法综合确定

注：1. 模板支架单根立杆轴力设计值应满足立杆稳定性计算要求，且当立杆采用 Q235 级材质钢管时，单根立杆轴力设计值不应大于 30kN。
2. 对搭设在楼面等建筑结构或贝雷梁、型钢等临时支撑结构上的支架，应对建筑结构或临时支撑结构进行承载力和变形验算，并应符合国家现行相关标准的规定。
3. 本表中仅列举地铁施工中常用的不考虑风荷载条件下的验算内容，其他工况请参考现行《建筑施工碗扣式钢管脚手架安全技术规范》(JGJ 166)相关内容进行验算。

模板支架立杆计算长度附加系数　　　　表 5-2-29

架体搭设高度 H(m)	$H \leqslant 8$	$8 < H \leqslant 10$	$10 < H \leqslant 20$	$20 < H \leqslant 30$
k	1.155	1.185	1.217	1.291

注：当验算立杆允许长细比时，取 $k = 1.000$。

地基承载力修正系数 m_f　　　　表 5-2-30

序号	地基土类别	修正系数	
		原状土	分层回填夯实土
1	多年填积土	0.6	—
2	碎石土、砂土	0.8	0.4
3	粉土、黏土	0.7	0.5
4	岩石、混凝土、道路路面(沥青混凝土路面、水泥混凝土路面、水泥稳定碎石道路基层)	1.0	—

⑨地铁车站施工常用承插型盘扣式支架的计算内容见表 5-2-31。

承插型盘扣式支架计算　　　　表 5-2-31

序号	验算项目		验算公式	公式符号
1	立杆稳定性计算	立杆长细比	$\lambda = \dfrac{l_0}{i} \leqslant 150$ 其中，模板支架立杆计算长度 l_0 按下列公式计算，并应取其中的较大值： $l_0 = \eta h$ $l_0 = h' + 2ka$	λ——长细比； l_0——模板支架的立杆计算长度； i——立杆回转半径； a——支架可调托座支撑点至顶层水平杆中心线的距离； h——支架立杆中间层水平杆最大竖向步距(m)； h'——支架立杆顶层水平杆步距(m)，宜比最大步距减少一个盘扣的距离； η——支架立杆计算长度修正系数，水平杆步距为0.5m或1m时可取1.60，水平杆步距为1.5m时可取1.20； k——悬臂端计算长度折减系数，可取 0.7

支架荷载的标准组合　　　　　　　　　　　　　　　　表 5-2-22

序 号	计 算 项 目	荷载标准组合
1	支架水平杆挠度	永久荷载＋施工荷载
2	模板支架门洞转换横梁挠度	永久荷载

对于正常使用极限状态,应按荷载的标准组合计算荷载组合的效应设计值,并应采用下式进行设计:

$$S_d \leqslant C \tag{5-2-5}$$

式中：C——架体构件的容许变形值。

(4) 支架设计

支架的结构设计应采用极限状态设计方法,以分项系数的设计表达式进行计算。其主要计算要点为:

① 支架结构设计时,应先对架体结构进行受力分析,明确荷载传递路径,选择具有代表性的最不利杆件或构配件作为计算单元。计算单元的选取应符合下列规定:

a. 应选取受力最大的杆件、构配件;

b. 应选取跨距、步距增大部位的杆件、构配件;

c. 应选取门洞等架体构造变化处或薄弱处的杆件、构配件;

d. 当支架上有集中荷载作用时,尚应选取集中荷载作用范围内受力最大的杆件、构配件。

② 当无风荷载作用时,支架立杆宜按轴心受压杆件计算;当有风荷载作用时,支架立杆宜按压弯构件计算。

③ 当模板支架的水平杆承受非节点荷载时,应进行抗弯承载力计算。模板支架受弯构件的容许挠度值 $[v]$ 见表 5-2-23。

受弯构件的容许挠度值　　　　　　　　　　　　　　　表 5-2-23

序 号	构 件 类 别	容许挠度值 $[v]$
1	纵向及横向水平杆	$l/150$ 与 10mm 取较小值
2	模板支架门洞转换横梁	$l/400$
3	支架悬挑受弯杆件	$l/400$

注:l 为受弯构件的计算跨度,对悬挑构件为其悬伸长度的 2 倍。

④ 长细比。模板支架杆件长细比见表 5-2-24。

模板支架杆件长细比　　　　　　　　　　　　　　　　表 5-2-24

序 号	支架类型	杆件类型	长细比 λ
1	扣件式	立杆	≤210
		剪刀撑中的压杆	≤250
		受拉杆	≤350
2	碗扣式	立杆	≤230
		剪刀撑中的压杆	≤250
		受拉杆	≤350
3	承插型盘扣式	立杆	≤150
		其他杆件中受压杆	≤230
		受拉杆	≤350

⑤ 支架钢管轴心受压构件稳定系数。Q235、Q345 钢管轴心受压构件稳定系数 φ 的取值分别见表 5-2-25、表 5-2-26。

Q235 钢管轴心受压构件的稳定系数 φ 的取值　　　　表 5-2-25

λ	0	1	2	3	4	5	6	7	8	9
0	1.000	0.997	0.995	0.992	0.989	0.987	0.984	0.981	0.979	0.976
10	0.974	0.971	0.968	0.966	0.963	0.960	0.958	0.955	0.952	0.949
20	0.947	0.944	0.941	0.938	0.936	0.933	0.930	0.927	0.924	0.921
30	0.918	0.915	0.912	0.909	0.906	0.903	0.899	0.896	0.893	0.889
40	0.886	0.882	0.879	0.875	0.872	0.868	0.864	0.861	0.858	0.855
50	0.852	0.849	0.846	0.843	0.839	0.836	0.832	0.829	0.825	0.822
60	0.818	0.814	0.810	0.806	0.802	0.797	0.793	0.789	0.784	0.779
70	0.775	0.770	0.765	0.760	0.755	0.750	0.744	0.739	0.733	0.728
80	0.722	0.716	0.710	0.704	0.698	0.692	0.686	0.680	0.673	0.667
90	0.661	0.654	0.648	0.641	0.634	0.626	0.618	0.611	0.603	0.595
100	0.588	0.580	0.573	0.566	0.558	0.551	0.544	0.537	0.530	0.523
110	0.516	0.509	0.502	0.496	0.489	0.483	0.476	0.470	0.464	0.458
120	0.452	0.446	0.440	0.434	0.428	0.423	0.417	0.412	0.406	0.401
130	0.396	0.391	0.386	0.381	0.376	0.371	0.367	0.362	0.357	0.353
140	0.349	0.344	0.340	0.336	0.332	0.328	0.324	0.320	0.316	0.312
150	0.308	0.305	0.301	0.298	0.294	0.291	0.287	0.284	0.281	0.277
160	0.274	0.271	0.268	0.265	0.262	0.259	0.256	0.253	0.251	0.248
170	0.245	0.213	0.240	0.237	0.235	0.232	0.230	0.227	0.225	0.223
180	0.220	0.218	0.216	0.214	0.211	0.209	0.207	0.205	0.203	0.201
190	0.199	0.197	0.195	0.193	0.191	0.189	0.188	0.186	0.184	0.182
200	0.180	0.179	0.177	0.175	0.174	0.172	0.171	0.169	0.167	0.166
210	0.164	0.163	0.161	0.160	0.159	0.157	0.156	0.154	0.153	0.152
220	0.150	0.149	0.148	0.146	0.145	0.144	0.143	0.141	0.140	0.139
230	0.138	0.137	0.136	0.135	0.133	0.132	0.131	0.130	0.129	0.128
240	0.127	0.126	0.125	0.124	0.123	0.122	0.121	0.120	0.119	0.118
250	0.117									

Q345 钢管轴心受压构件的稳定系数 φ 的取值　　　　表 5-2-26

λ	0	1	2	3	4	5	6	7	8	9
0	1.000	0.997	0.994	0.991	0.988	0.985	0.982	0.979	0.976	0.973
10	0.971	0.968	0.965	0.962	0.959	0.956	0.952	0.949	0.946	0.943
20	0.940	0.937	0.934	0.930	0.927	0.924	0.920	0.917	0.913	0.909
30	0.906	0.902	0.898	0.894	0.890	0.886	0.882	0.878	0.874	0.870
40	0.867	0.864	0.860	0.857	0.853	0.849	0.845	0.841	0.837	0.833
50	0.829	0.824	0.819	0.815	0.810	0.805	0.800	0.794	0.789	0.783
60	0.777	0.771	0.765	0.759	0.752	0.746	0.739	0.732	0.725	0.718
70	0.710	0.703	0.695	0.688	0.680	0.672	0.664	0.656	0.648	0.640
80	0.632	0.623	0.615	0.607	0.599	0.591	0.583	0.574	0.566	0.558
90	0.550	0.542	0.535	0.527	0.519	0.512	0.504	0.497	0.489	0.482
100	0.475	0.467	0.460	0.452	0.445	0.438	0.431	0.424	0.418	0.411
110	0.405	0.398	0.392	0.386	0.380	0.375	0.369	0.363	0.358	0.352
120	0.347	0.342	0.337	0.332	0.327	0.322	0.318	0.313	0.309	0.304
130	0.300	0.296	0.292	0.288	0.284	0.280	0.276	0.272	0.269	0.265
140	0.261	0.258	0.255	0.251	0.248	0.245	0.242	0.238	0.235	0.232
150	0.229	0.227	0.224	0.221	0.218	0.216	0.213	0.210	0.208	0.205
160	0.203	0.201	0.198	0.196	0.194	0.191	0.189	0.187	0.185	0.183
170	0.181	0.179	0.177	0.175	0.173	0.171	0.169	0.167	0.165	0.163
180	0.162	0.160	0.158	0.157	0.155	0.153	0.152	0.150	0.149	0.147
190	0.146	0.144	0.143	0.141	0.140	0.138	0.137	0.136	0.134	0.133
200	0.132	0.130	0.129	0.128	0.127	0.126	0.124	0.123	0.122	0.121
210	0.120	0.119	0.118	0.116	0.115	0.114	0.113	0.112	0.111	0.110
220	0.109	0.108	0.107	0.106	0.106	0.105	0.104	0.103	0.102	0.101
230	0.100	0.099	0.098	0.098	0.097	0.096	0.095	0.094	0.094	0.093
240	0.092	0.091	0.091	0.090	0.089	0.088	0.088	0.087	0.086	0.086
250	0.085									

续上表

序号	验算项目		验算公式	公式符号
1	立杆稳定性计算	立杆轴向力设计值	当不考虑风荷载参与组合时,支架立杆的轴向力设计值: $N = 1.35 N_{Gk} + 1.4 \times 0.7 N_{Qk}$	N——支架立杆的轴向力设计值; N_{Gk}——模板支架立杆中由所有永久荷载作用产生的轴向力标准值之和; N_{Qk}——模板支架立杆中由施工荷载作用产生的轴向力标准值
		立杆稳定性	当不考虑风荷载参与组合时,模板支架立杆稳定性按下式计算: $\dfrac{\gamma_0 N}{\varphi A} \leq f$	γ_0——结构重要性系数,对安全等级为Ⅰ级的支架按1.1采用,对安全等级为Ⅱ级的支架按1.0采用; N——计算立杆段的轴向力设计值; A——立杆横截面积; f——钢材强度设计值(N/mm²); φ——轴心受压杆件稳定系数,应根据立杆的长细比 λ,按表5-2-24取值
2	盘扣节点连接盘的抗剪承载力		$F_R \leq Q_b$	F_R——作用在盘扣节点处连接盘上的竖向力设计值(kN); Q_b——连接盘抗剪承载力设计值(kN),取40kN
3	地基承载力计算		同碗扣架地基承载力计算过程	—

注:1. 对搭设在楼面等建筑结构或贝雷梁、型钢等临时支撑结构上的支架,应对建筑结构或临时支撑结构进行承载力和变形验算,并应符合国家现行相关标准的规定。
2. 本表中仅列举地铁施工中常用的不考虑风荷载条件下的验算内容,其他工况请参考现行《建筑施工承插型盘扣式钢管支架安全技术规程》(JGJ 231)相关内容进行验算。

2.2.5 施工控制要点

地铁车站现浇混凝土结构按部位可分为梁、板、侧墙及立柱等,各部位一般采用不同的模板及支撑体系。本节就不同的结构部位常采用的模板及支架的安装、拆除等施工控制要点进行论述。

1)梁、板模板安装

梁、板模板及支撑体系的设计和施工统筹考虑,模板一般采用木模板,支撑体系一般采用碗扣式支架或承插型盘扣式支架满堂搭设。模板及支撑体系的布置形式通过施工总荷载或线荷载计算而设计。

(1)梁、板模板及支撑体系施工流程

梁、板模板及支撑体系施工流程如图5-2-21所示。

(2)梁、板模板及支撑体系施工控制要点

①车站中板、顶板的模板支架均在已施工完成的混凝土基面上搭设,基面应平整,承载力应满足要求;基底之上可直接安放底托,也可根据构件净空尺寸先铺设垫木来调整支架高度。

②碗扣式支架搭设前,先清除基面杂物,然后根据专项方案弹线确定立杆位置,将底托安放就位并统一调整伸出长度,调平后逐层搭设立杆、横杆、斜撑等构件,最后在立杆顶部安装U形顶托。

③顶托安装完成后,根据构件标高、设计预拱度等调整顶托伸出高度,经检查验收符合设计要求后,方可铺设主楞、次楞及模板面板。施工

图5-2-21 梁、板模板及支撑体系施工流程图

时,一般沿构件纵向铺设主楞,沿构件横向铺设次楞。主楞与次楞之间采用铁丝捆绑或铁钉钉紧,次楞与模板面板之间采用铁钉钉紧。

④模板面板铺设完成后,测量各部位的平面位置、标高及尺寸,确认符合设计要求后,方可进行下一步钢筋工程施工。同时,逐个检查顶托与主楞、主楞与次楞、次楞与模板面板之间是否存在缝隙,如未密贴,可采取调高顶托、塞楔形垫木等方式进行调整。

⑤梁、板支架设计时,支架立杆布置应遵循"先梁后板"的原则,尤其梁板构件中存在斜梁时,先布置斜梁支架,后布置板的支架,当板的支架与梁的支架间距不成模数时,采用钢管扣件将两个支撑体系相互连接。

⑥梁、板支架设计时,应考虑沿梁的纵向方向立杆间距一致,梁底立杆横距相应加密。且应保证梁底均匀设置2~4根立杆,并向两侧延伸1~2根立杆。

⑦纵横向水平杆遇结构立柱必须断开时,需在立柱四周采取加固措施。即待立柱混凝土浇筑至梁底面标高时,在立柱子四周布设"井"字形水平杆抱住结构柱,水平杆向四周沿出两跨与就近立杆碗扣相连。

板、梁模板及支架搭设设计图与现场施工分别如图5-2-22和图5-2-23所示。

图5-2-22 板、梁模板及支架搭设设计图

图5-2-23 板、梁模板及支架搭设现场施工

⑧梁侧模板采用对拉螺栓加固,模板可采用木模或组合钢模板,主楞采用钢管,利用对拉螺栓及蝴蝶卡进行侧模的定位和加固。梁的模板施工时,上翻梁和下翻梁的施工流程不一致,上翻梁施工时先安装钢筋后支立模板,而下翻梁施工时先支立模板后安装钢筋。下翻梁模板及支架搭设设计图与现场施工分别如图5-2-24和图5-2-25所示。

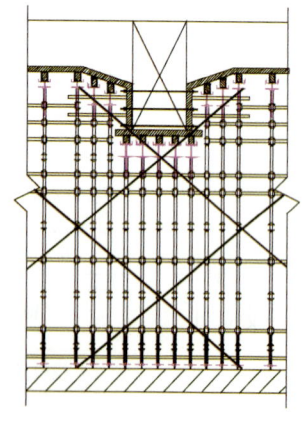
图5-2-24 下翻梁模板及支架搭设设计图

图5-2-25 下翻梁模板及支架搭设现场施工

2）侧墙模板安装

车站侧墙一般为单侧立模,车站标准段侧墙模板采用大块钢模板或木模板,支撑体系通常采用三角架斜撑,模板施工时需采用吊车配合安装和拆除。车站端头井或变截面处大型钢模板不易配模,常采用满堂式钢管支架对顶支撑木模板体系。

(1) 侧墙模板及三角桁架支撑体系施工流程

侧墙大型钢模板及支撑体系主要结构由模板面板、三角桁架、预埋件等部分组成。大块钢模板的尺寸根据车站侧墙尺寸并结合支撑布置形式而定,一般尺寸为宽 2～3m,高 3～5m,四面均可通过螺栓连接。钢模板采用三角桁架作为支撑,通过预埋地锚螺栓压紧三角桁架支撑底角并固定三角桁架支撑。

侧墙模板及支撑体系施工流程如图 5-2-26 所示,构造图如图 5-2-27 所示。

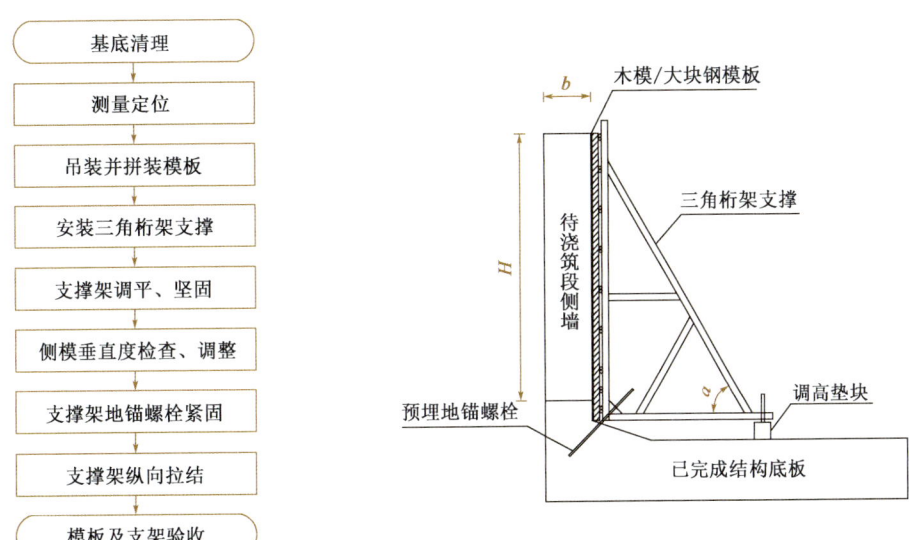

图 5-2-26 侧墙模板及支撑体系施工流程图　　图 5-2-27 侧墙模板及支撑体系构造图

(2) 侧墙模板满堂式支架对顶施工流程

满堂式支架对顶支撑侧墙木模板是结合中板或顶板支架支撑体系,采用增加水平杆对顶两侧侧墙模板作为侧墙模板的支撑体系。水平杆的水平间距和竖向间距需通过新浇混凝土对侧墙模板的侧压力计算而定。

侧墙模板满堂式支架对顶设计图如图 5-2-28 所示。

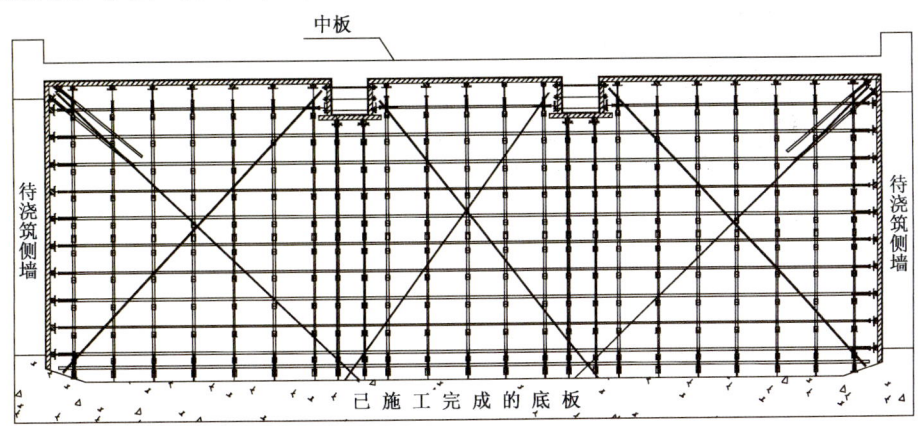

图 5-2-28 侧墙模板满堂式支架对顶设计图

(3)侧墙模板及三角桁架支撑体系施工控制要点

①埋件安装

a. 中(底)板施工时应在如图 5-2-28 所示部位预埋地脚螺栓。地脚螺栓出地面处与混凝土墙面的距离 L = 模板厚 + 50mm，各埋件杆相互之间的距离为 300mm。在靠近一段墙体的起点与终点处宜各布置一个埋件，具体尺寸根据实际情况而定。

b. 埋件与地面成 45°，现场埋件预埋时要求拉通线，保证埋件在同一条直线上。

c. 地脚螺栓在预埋前应对其采取保护措施，用塑料布包裹并绑牢，以免施工时混凝土黏附在丝扣上影响螺母连接。

d. 因地脚螺栓不能直接与结构主筋点焊，为保证混凝土浇筑时埋件不移位或偏移，要求在相应部位增加附加钢筋，地脚螺栓点焊在附加钢筋上，点焊时，不得损坏埋件的有效直径。

②模板支架安装

a. 安装流程：侧墙钢筋绑扎并验收→弹外墙边线→合外墙模板→单侧支架吊装到位→安装单侧支架→安装加强钢管(单侧支架斜撑部位的附加钢管,现场自备)→安装压梁槽钢→安装埋件系统→调节支架垂直度→安装上操作平台→再紧固并检查一次埋件系统→验收合格后浇筑混凝土。

b. 过程控制要求及要点：

将模板下口与预先弹出的墙边线对齐，然后安装背楞，并用钩头螺栓将横槽钢背楞与竖肋锁紧，临时用钢管将外墙模板撑住。

将单侧支架由堆放场地吊至现场，单侧支架吊装时，注意轻放轻起。多榀支架堆放在一起时，应在平整场地上相互叠放整齐，以免支架不均匀受压变形。

由标准节和加高节组装的单侧支架，应在材料堆放场地先行拼装，再由吊车吊至现场。

在直面墙体段，支架间距按设计控制，每安装 5~6 榀单侧支架后，穿插埋件系统的压梁槽钢。

支架安装完成后安装埋件系统。

用背楞扣件将模板与单侧支架连成整体，示例如图 5-2-29 所示。

图 5-2-29 三角架与模板连接现场施工

单侧支架受力后，模板将向后位移，故应预先调节单侧支架后支座，直至模板面板上口向墙内倾约 10mm（当单侧支架无加高节时，内倾约 5mm）。

最后再紧固并检查一次埋件受力系统，以确保混凝土浇筑时模板下口不会漏浆。

③模板及支架拆除

a. 外墙混凝土浇筑完 24h 后，先松动支架后支座，后松动埋件部分；

b. 吊走单侧支架,模板继续贴靠在墙面上,临时用钢管撑上;

c. 混凝土浇筑完 48h 后,拆模板;

d. 混凝土拆模后应加强养护工作,冬期施工时墙体注意保温。

3）柱模板安装

地铁车站主体结构立柱分为圆形立柱和方形立柱两种,圆形立柱一般采用定型木模板或定型钢模板,方形立柱一般采用木模板现场配制。

(1)施工流程

立柱模板施工流程如图 5-2-30 所示,构造图如图 5-2-31 所示。

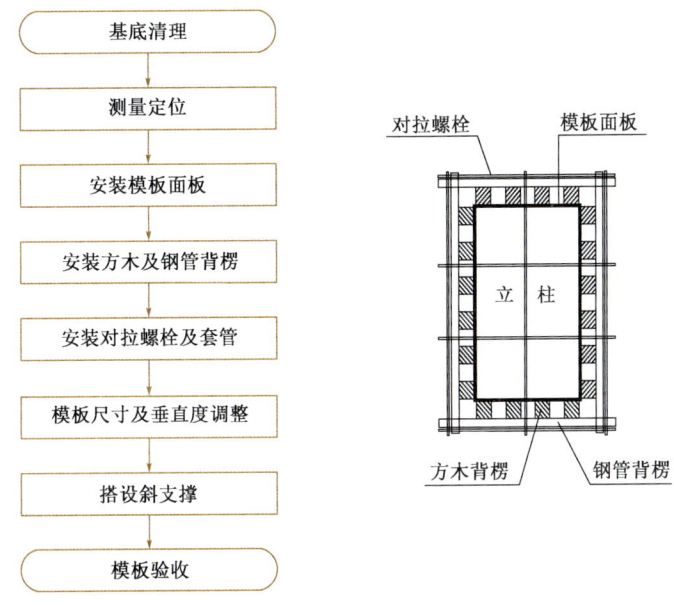

图 5-2-30　立柱模板施工流程图　　图 5-2-31　立柱模板构造图

(2)施工控制要点

①立柱模板支立前,先在立柱四边模板边线外侧植入短钢筋,用于模板定位及限位,其中短边植入 2~4 根,长边植入 3~5 根。

②根据立柱截面尺寸配好模板后,先将方木沿模板高度方向放置在模板背侧并用铁钉钉牢,然后采用吊车整体吊装就位,最后按设计间距安装钢管背肋并用对拉螺栓拉紧。

③通过旋转对拉螺栓螺母来精确调整模板尺寸及垂直度,经检查偏差符合设计及规范要求后,再次紧固所有对拉螺栓螺母,并在立轴四周设置钢管撑顶紧模板。

④当立柱混凝土无抗渗要求时,可在对拉螺栓外包聚氯乙烯(PVC)管,待立柱模板拆除后抽出螺栓,采用同强度等级、同配比的水泥砂浆填筑螺栓孔;当立柱混凝土有抗渗要求时,应采用带方形止水片的防水对拉螺栓,待立柱模板拆除后割除两侧外露螺栓,并采用防水砂浆进行封堵。

4）模板拆除

混凝土强度达到设计要求后方可拆除底模及支架,当设计无具体要求时,依据现行《混凝土结构工程施工规范》(GB 50666)相关规定执行。拆除非承重结构模板时混凝土强度不应小于 2.5MPa 且应保证结构棱角不因拆模而受损,拆除承重结构模板时承重结构的混凝土强度应达到表 5-2-32 的要求。混凝土强度按同条件养护的试块试压后确定,一般取 7d 或 6d 的抗压强度。

承重结构模板拆除所需混凝土强度　　　　表 5-2-32

序号	结构类型	结构跨度 L(m)	达到设计抗压强度标准值的百分率(%)
1	板	L<2	50
		2≤L<8	75
		L≥8	100
2	梁	L<8	78
		L≥8	100
3	悬臂结构	L≥2	100

(1) 模板拆除时,时间和混凝土强度应满足设计和规范要求,禁止过早拆模。

(2) 拆模的顺序和方法,应按照模板支撑设计书的规定进行,或遵循"先支后拆、后支先拆"的原则,先拆除非承重部分模板,后拆除承重部分模板,严格按照从上而下的原则进行拆除。

(3) 现浇楼板或框架结构的模板拆除顺序:拆除柱模板斜撑与柱箍→拆除柱侧模板→拆除楼板底模板→拆除梁侧模板→拆除梁底支撑系统→拆除梁底模板。

(4) 柱模板拆除顺序:拆除斜撑或拉杆(或钢拉条)→自上而下拆除柱箍或横楞→拆除竖楞并由上向下拆除模板连接件、模板面。

(5) 拆除跨度较大的梁下支撑时,应先从跨中开始,分别向两端拆除;模板立柱有多道水平拉杆,应先拆除上面的,按由上而下的顺序拆除,拆除最后一道拉杆时,应与拆除立柱同时进行,以免立柱倾倒伤人。

(6) 拆模时严禁用大锤砸角模,并应经常维修保证角模规整方正。拆下的模板及方木应及时拔钉,按规格堆放整齐,到指定地点堆放。

2.2.6 施工质量控制与验收标准

现浇混凝土模板工程施工质量控制与验收标准主要依据现行《混凝土结构工程施工质量验收规范》(GB 50204)执行,主要参考资料包括现行《混凝土结构工程施工规范》(GB 50666)、《建筑施工模板安全技术规范》(JGJ 162)、《建筑施工扣件式钢管脚手架安全技术规范》(JGJ 130)、《钢管脚手架扣件》(GB 15831)、《建筑工程大模板技术标准》(JGJ/T 74)、《建设工程高大模板支撑系统施工安全监督管理导则》(建质〔2009〕254 号)等。

1) 模板、支架杆件和连接件的进场检查

模板、支架杆件和连接件的进场检查应符合下列规定:

(1) 模板表面应平整,胶合板模板的胶合层不应脱胶翘角,支架杆件应平直,并无严重变形和锈蚀;连接件应无严重变形和锈蚀,并不应有裂纹。

(2) 模板规格、支架杆件的直径、壁厚等,应符合设计要求。

(3) 对在施工现场组装的模板,其组成部分的外观和尺寸应符合设计要求。

(4) 有必要时,应对模板、支架杆件和连接件的力学性能进行抽样检查。

(5) 对外观,应在进场时和周转使用前全数检查。

(6) 尺寸和力学性能可按国家现行有关标准的规定进行抽样检查。

2）预埋件、预留孔和预留洞检查

对固定在模板上的预埋件、预留孔和预留洞，应检查其数量和尺寸，允许偏差应符合表 5-2-33 的规定。

预埋件、预留孔和预留洞的允许偏差　　　表 5-2-33

序　号	项　目		允许偏差（mm）
1	预埋板中心线位置		3
2	预埋管、预留孔中心线位置		3
3	插筋	中心线位置	5
4		外露长度	+10,0
5	预埋螺栓	中心线位置	2
6		外露长度	+10,0
7	预留洞	中心线位置	10
8		尺寸	+10,0

3）现浇结构模板尺寸偏差

对现浇结构模板，应检查尺寸，允许偏差和检查方法应符合表 5-2-34 的规定。

现浇结构模板允许偏差和检查方法　　　表 5-2-34

序　号	项　目		允许偏差（mm）	检查方法
1	轴线位置		5	钢尺检查
2	底模上表面标高		±5	水准仪或拉线、钢尺检查
3	截面内部尺寸	基础	±10	钢尺检查
4		柱、墙、梁	+4,-5	钢尺检查
5	层高垂直度	全高不大于5m	6	经纬仪或吊线、钢尺检查
6		全高大于5m	8	经纬仪或吊线、钢尺检查
7	相邻两板表面高低差		2	钢尺检查
8	表面平整度		5	2m靠尺和塞尺检查

4）抗滑移扣件

采用双扣件构造设置的抗滑移扣件，其上下顶紧程度应全数检查，扣件间隙不应大于2mm。

5）钢管架体

对于碗扣式和承插型盘扣式钢管支架，应对下列安装偏差进行全数检查：

(1) 插入立杆顶端可调托撑伸出顶层水平杆的悬臂长度；

(2) 水平杆杆端与立杆连接的碗扣、插销的连接状况（不应松脱）；

(3) 按规定设置的垂直和水平斜撑。

2.2.7　质量通病与防治措施

模板工程质量通病与防治措施见表 5-2-35。

模板工程质量通病与防治措施 表 5-2-35

序号	质量通病	现 象	原 因 分 析	防 治 措 施
1	轴线偏位	拆模后,发现混凝土柱、墙实际位置与建筑物轴线偏移	(1)放样不认真或技术交底不清,模板拼装时组合件未能按规定到位。 (2)轴线测放产生误差。 (3)墙、柱模板根部和顶部无限位措施或限位不牢,发生偏位后又未及时纠正,造成累计误差。 (4)支模时,未拉水平、竖向通线,且无竖向垂直度控制措施。 (5)模板刚度差,未设水平杆或水平杆间距过大。 (6)混凝土浇筑时未均匀对称下料,或一次浇筑高度过高造成侧压力过大挤偏模板。 (7)对拉螺栓、顶撑、木楔使用不当或松动造成轴线偏位	(1)模板轴线放样后,组织专人进行技术复核,无误后才能支模。 (2)墙、柱模板根部和顶部设置限位措施,如采用焊接钢件限位,以保证底部和顶部位置准确。 (3)支模时要拉水平、竖向通线,并设竖向总垂直度控制线,以保证模板水平、竖向位置。 (4)根据混凝土结构特点,对模板进行专门设计,以保证模板及支架具有足够的强度、刚度和稳定性。 (5)混凝土浇筑前,对模板轴线、支架、顶撑、螺栓进行认真检查、复核,发现问题及时处理。 (6)混凝土浇筑时,要均匀、对称下料,浇筑高度要控制在施工规范允许范围内
2	设计标高偏差	混凝土结构层设计标高与标高有偏差	模板施工无设计标高控制点,竖向模板根部未做平;模板顶部无标记,或未按标记施工	(1)每层板设设计标高控制点,竖向模板根部需做找平。 (2)模板顶部设设计标高标记,严格按标记施工。 (3)楼梯踏步模板安装时考虑装修层厚度
3	变形	拆模后发现混凝土柱、梁、墙出现凸肚、缩颈或翘曲现象	(1)支撑及围檩间距过大,模板截面小,刚度差。 (2)模板无对拉螺栓或螺栓间距过大,螺栓规格过小。竖向承重支撑地基不牢,造成支撑部分下沉。 (3)梁、柱模板卡箍间距过大,或未夹紧模板以致混凝土振捣时产生侧压力导致局部爆模。 (4)浇筑墙、柱混凝土速度过快,一次浇筑高度过高,过振	(1)模板及支架系统设计时,考虑本身重量,施工荷载及混凝土浇筑时侧向压力和振捣产生的荷载,以确保模板及支架有足够的承载能力和刚度。 (2)梁底支撑间距能保证在混凝土重量和施工荷载作用下不产生变形。 (3)梁、柱模板若采用卡具,其间距要按规定设置,并卡紧模板,其宽度比截面尺寸略小。 (4)浇筑混凝土时,要均匀、对称下料,控制浇筑高度,既要保证混凝土振捣密实,又要防止过振引起模板变形。 (5)梁、墙模板上部设临时撑杆,以保证混凝土浇筑时梁、墙上口宽度。当梁、板跨度≥4m时,模板中间起拱。 (6)采用木模板、胶合板施工时,经验收合格后及时浇筑混凝土,防止木模板长期暴晒雨淋发生变形

续上表

序号	质量通病	现象	原因分析	防治措施
4	接缝不严	由于模板间接缝不严,造成混凝土浇筑时漏浆,表面出现蜂窝、孔洞、露筋	(1)木模板安装周期长,因模板干缩造成裂缝。 (2)木模板含水量过高,制作粗糙,拼缝不严。 (3)浇筑混凝土时,木模板未提前洒水湿润,使其胀开;钢模板变形未及时休整。 (4)钢模板接缝措施不当。 (5)梁、柱模板接缝措施不当	(1)严格控制木模板含水率,制作时拼缝严密。 (2)木模板安装周期不要过长,浇筑混凝土时,提前洒水湿润,使其胀开密封。 (3)钢模板变形,特别是边框变形,要及时休整平直。 (4)钢模板间嵌缝措施要到位,严禁采用油毡、塑料布、水泥袋等杂物去嵌缝堵漏。梁、柱交接部位支撑要牢靠,拼缝严密,发生错位要及时校正
5	脱模剂使用不当	混凝土被污染,混凝土表面出现麻面等缺陷	(1)拆模后未清理模板表面残留浆液、混凝土,未对模板进行打磨,直接涂刷脱模剂。 (2)脱模剂涂刷不均匀、漏涂或涂层过厚。 (3)使用不合格脱模剂,既污染了钢筋、混凝土,又影响了混凝土表观质量	(1)拆模后,先清除模板上残留的混凝土浆液,再刷脱模剂。 (2)严禁使用不合格脱模剂。脱模剂选用原则:既便于脱模,又有利于混凝土外观的质量。 (3)脱模剂材料拌成稠状,涂刷均匀,不流淌,一般刷两遍,以防漏刷,涂层不宜过厚。 (4)脱模剂涂刷后,在短期内及时浇筑混凝土,防止隔离层遭受破坏
6	模板未清理干净	模板内残留木块、浮浆、残渣等杂物,拆模后发现混凝土中有缝隙、杂物	(1)钢筋绑扎完毕,模板未用压缩空气或压力水清洗。 (2)封模板前未进行清扫。 (3)墙、柱根部及梁、柱接头最低处未留清扫孔,或所留位置不当,无法进行清扫	(1)钢筋绑扎完毕,用压缩空气或压力水清除模板内垃圾。 (2)封闭模板前,派专人将模板内垃圾清除干净
7	跑模、漏浆	浇筑混凝土过程中跑模、漏浆	(1)支撑体系失稳或在混凝土浇筑过程因受力不均产生位移。 (2)模板周转次数多,模板几何尺寸不规矩,拼接后缝隙较大。 (3)不同材质模板拼接,接头加固不严	(1)模板支架搭设须进行设计,并经受力检算合格后才能实施,实施过程中须严格按设计要求施工,不得擅自更改降低标准,以免改变受力体系运行状况。 (2)模板安装须牢固可靠,板缝密贴,并确保几何尺寸及预留孔洞位置的准确性,避免在混凝土浇筑过程中出现跑模、漏浆等质量通病。 (3)混凝土浇筑过程中,安排专人巡视模板支架情况,发现异常情况及时处理。 (4)工程中使用的模板表面平整,无翘曲,无损坏,每次拆模后清除模板表面垃圾,并涂刷脱模剂。 (5)挡头模板采用木模,设置时须满足施工缝中各种止水材料的设置位置,并保证其稳定、可靠,不变形、不漏浆

2.3 钢筋工程

钢筋混凝土结构作为城市地铁的常见结构形式,其钢筋部分的施工控制贯穿于整个地铁施工过程中。钢筋原材进场经过复试验收合格后,在钢筋加工区经过一系列的加工、制作后,运至施工现场,通过绑扎、焊接、机械连接等形式连接成一个整体,从而达到能够承载相应负荷的要求。钢筋作为钢筋混凝土结构的骨架,主要起抗拉、抗形变的作用。

钢筋工程施工流程如图 5-2-32 所示,钢筋的基础知识见附件 5-2-3。

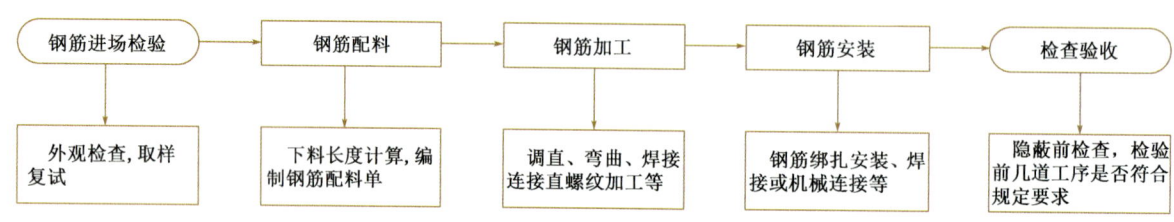

图 5-2-32 钢筋工程施工流程图

2.3.1 钢筋的分类及连接形式

1) 钢筋的分类

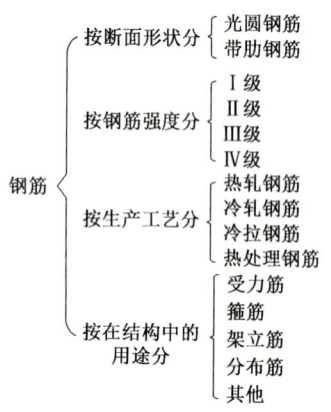

图 5-2-33 钢筋的分类

钢筋种类很多,通常按断面形状、钢筋强度、生产工艺以及在结构中的用途进行分类,具体分类如图 5-2-33 所示。

2) 钢筋的连接形式

在施工过程中,如果构件使用的钢筋长度不够,需要接长时,一般采用三种连接方式:绑扎搭接、焊接连接和机械连接(具体比较见表 5-2-36)。由于通过连接手段连接的钢筋都会在一定程度上削弱钢筋的传力性能,因此在选择连接方式时通常考虑以下原则:

(1) 不在结构关键受力位置设置连接;
(2) 接头连接尽可能设置在受力较小的位置;
(3) 严格控制同一截面钢筋接头的数量。

钢筋连接形式比较 表 5-2-36

序号	连接形式	优 缺 点	图 示
1	绑扎连接	钢筋绑扎连接具有施工简单、效率高、不损害钢筋的特点,缺点是可应用的范围较小,搭接绑扎时钢筋浪费较大,骨架容易变形	

续上表

序号	连接形式	优 缺 点	图 示
2	焊接连接	焊接位置活动性较大,在许可焊接的范围内可以随意焊接。焊接具有高温、强光以及明火的特点,需要采取措施保证施工安全,施工速度慢,焊接需要充足的电力,对于能源消耗较大,而且对人员的专业性要求较高,对施工的环境、材料、位置都有要求,质量不能得到有效保证	
3	机械连接	钢筋机械连接的优点是施工速度快,无施工风险,在任何环境、地点都能适用,简单方便,无器械及能源限制,传力性能较之绑扎焊接连接都要好,缺点是造价较高	

2.3.2 钢筋的加工与配送

1)传统钢筋加工机械

钢筋加工机械种类繁多,地铁车站施工中经常用到的钢筋按其加工工艺可分为强化、成型、焊接三类,常用钢筋加工机械见表5-2-37。

常用钢筋加工机械　　　　　　表5-2-37

序号	加工工艺	原 理	加工机械	图 示
1	钢筋强化	通过对钢筋施加超过其屈服点的力,使钢筋产生不同形式的变形,从而提高钢筋的强度和硬度,减少塑性变形	钢筋冷拉机	
			钢筋冷拔机	
2	钢筋成型	根据设计图纸将原料钢筋按照各种混凝土结构所需钢筋骨架加工成型	钢筋调直切断机	

续上表

序号	加工工艺	原　理	加工机械	图　示
2	钢筋成型	根据设计图纸将原料钢筋按照各种混凝土结构所需钢筋骨架加工成型	钢筋切断机	
			钢筋弯曲机	
			数控钢筋弯曲机	
			钢筋直螺纹滚丝机	
3	钢筋焊接	通过焊接使钢筋骨架形成一个整体	钢筋焊接机	
			钢筋滚焊机	
			钢筋电渣压力焊机	

2）钢筋专业化加工与配送

随着科学的进步、信息化的发展,考虑地铁工程施工场地狭窄,人工加工质量不高、效率低,钢筋消耗量大等缺点,部分城市的地铁项目开始推行钢筋专业化加工与集中配送。钢筋专业化加工与配送可降低加工成本、提高生产效率及加工质量、加快施工进度、减少钢筋浪费、降低能耗、降低工人劳动强度等,极大地减少了项目的生产运营成本。

（1）概述

钢筋专业化加工与配送是指由具有信息化生产管理系统的专业化钢筋加工队,进行钢筋大规模工厂化与专业化生产、一体化配送的具有现代建筑工业化特点的一种钢筋加工方式。主要采用成套自动化钢筋加工设备,经过合理的工艺流程,在固定的加工厂房集中将钢筋加工成为地铁工程所需的钢筋制品,按照项目要求将其进行包装或组配,运送到指定地点的钢筋加工组织方式。钢筋信息化管理系统、专业化钢筋加工和成套自动化钢筋加工设备及信息化运输等有机结合是钢筋加工与配送区别于传统场内或场外钢筋加工模式的重要标志。

（2）执行标准

钢筋加工与配送技术执行现行《混凝土结构成型钢筋应用技术规程》(JGJ 366)和《混凝土结构工程施工质量验收规范》(GB 50204)的有关规定。

（3）钢筋加工厂资源配置

①钢筋加工厂配置

钢筋加工厂（图 5-2-34）规模一般为长×宽×高 = 72m×24m×8m,面积为 1728m²。厂房采用钢结构单层厂房,横向 3 跨纵向 9 跨,设置两台 5t 起重机。

a) 钢筋加工车间罩棚

b) 钢筋加工车间内部布置

图 5-2-34 钢筋加工厂

②生产和管理人员配置

a. 管理人员:队长 1 人、技术员 2 人。

b. 作业工人:施工操作 26 人、钢筋配料 4 人（日班 16 人,夜班 14 人,配料 2 人/班）,日生产能力为 60~80t。

③机械设备选型及人员配置

钢筋数控产能、人员及机械设备配置见表 5-2-38。

钢筋数控产能、人员及机械设备配置　　　　　　　　表 5-2-38

序号	设备名称	配备数量	日产(t/台)	年产(万t/台)	装机功率(kW)	主要操作人员数量(人)	主要功能	图号
1	HSL-1000 数控液压剪切生产线	1 套	30	1.5	27	2	棒材剪切	图 5-2-35
2	GL-G2L32 数控钢筋弯曲中心	1 套	20	0.6	19	2	棒材弯曲	图 5-2-36
3	CBM-16 数控钢筋调直切断箍筋生产线	1 套	8	0.24	40	4	线材调直、剪切、弯曲	图 5-2-37
4	KJ-450 数控钢筋锯切套丝生产线	1 套	20	0.6	35	6	钢筋锯切、传送、套丝	图 5-2-38
	合计	4 套	78	2.94	121	14	—	—

图 5-2-35　HSL-1000 数控液压剪切生产线

图 5-2-36　GL-G2L32 数控钢筋弯曲中心

图 5-2-37　CBM-16 数控钢筋调直切断箍筋生产线

图 5-2-38　KJ-450 数控钢筋锯切套丝生产线

(4) 钢筋专业化加工中心平面布置

钢筋专业化加工中心平面布置如图 5-2-39 所示。

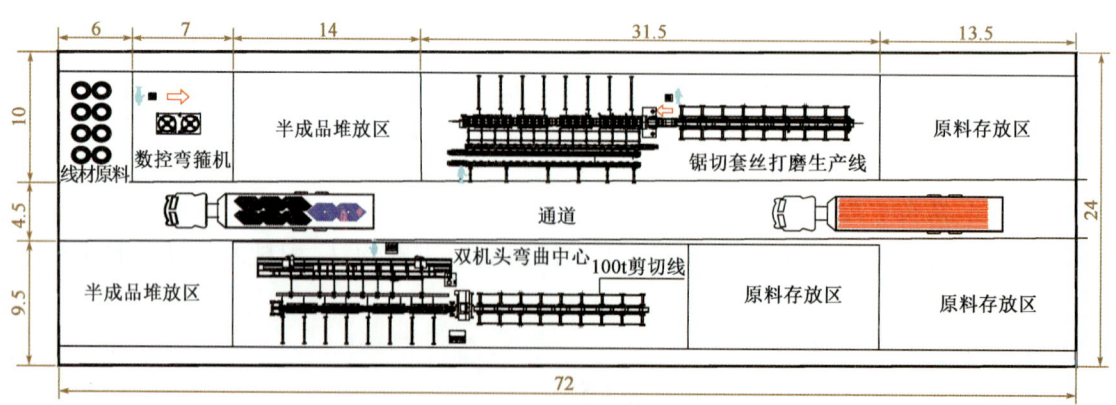

图 5-2-39　某地铁项目钢筋专业化加工中心平面布置图(尺寸单位:m)

(5)钢筋专业加工与传统加工优缺点对比分析

钢筋专业加工与传统加工优缺点对比分析详见附件5-2-4。

2.3.3 施工控制要点

本节主要就钢筋的进场、加工、代换、连接、安装及验收等施工控制要点进行详细阐述。

1)钢筋进场验收

运至现场的钢筋,应按批次进行检查和验收,每批由同一牌号、同一炉号、同一规格的钢筋组成,质量不大于60t,经过外观检查、见证取样并进行力学性能试验合格后方可用于施工。

(1)外观检查

①对钢筋的标牌进行识别,并逐一核对材质单及出厂质量证明书;

②对钢筋的实体进行检查,钢筋应平直、无损伤,表面不得有裂纹、油污、颗粒状或者片状锈蚀,外形尺寸符合规定。

(2)见证取样

材料进场后,试验人员按照现行国家标准及试验计划做见证取样(参与人员包括主管工程师、质检工程师、试验员、监理工程师,并应留存在场照片),送至符合资质要求的第三方检测机构进行力学性能检测复试,示例如图5-2-40所示。复试合格的原材在标识牌上注明合格,才能允许使用;不合格的退场,办理退场手续并留存退场照片。具体取样方法如下:

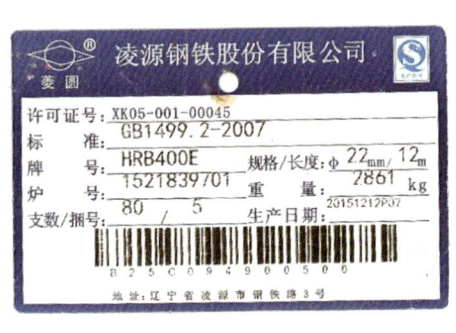
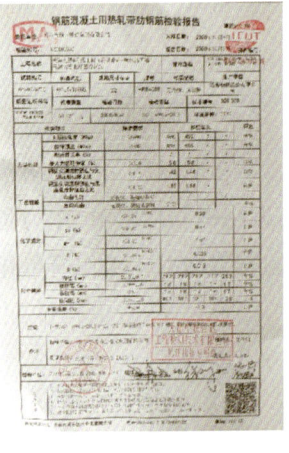

a)钢筋铭牌　　　　b)钢筋见证取样　　　　c)钢筋见证试验报告

图5-2-40　钢筋进场见证试验

①热轧光圆钢筋

a. 尺寸、质量:测量钢筋质量偏差(也称"重量偏差")时,试样应从不同根钢筋上截取,数量不少于5支,每支试样长度不小于500mm,尺寸逐支测量。

b. 物理性能:任选两根钢筋切取试样,拉伸、冷弯各切取两个试样;在切取试样时,应将钢筋端头的500mm去掉后再切取。

②碳素结构钢

a. 尺寸、质量:测量钢筋质量偏差时,试样应从不同根钢筋上截取,数量不少于5支,每支试样长度不小于500mm,尺寸逐支测量。

b. 物理性能:任选两根钢筋切取试样,拉伸、冷弯各切取两个试样;在切取试样时,应将端头的

500mm 去掉后再切取。

③冷轧带肋钢筋

a. 冷轧带肋钢筋的力学性能和工艺性能应逐盘检验，从每盘任一端截去 500mm 以后，取两个试样，拉伸试样长度为 500mm，冷弯试样长度为 400mm。

b. 尺寸、质量：测量钢筋质量偏差时，试样应从不同根钢筋上截取，数量不少于 5 支，每支试样长度不小于 500mm，尺寸逐支测量。

c. 逐盘或逐捆做 1 个拉伸试验，牌号 CRB550 的钢筋每批做 2 个弯曲试验，牌号 CRB650 及其以上的钢筋每批做 2 个反复弯曲试验。

（3）钢筋的储存堆放

进场钢筋要按规格型号分类堆放，做好标识。钢筋分类存放示例如图 5-2-41 所示。

a) 钢筋分类堆码　　　　　　　　b) 钢筋棚内堆码整齐、标识清晰

图 5-2-41　钢筋分类码放整齐、标识清晰

2）钢筋加工

钢筋配料就是根据结构施工图和图纸会审记录，按不同构件分别计算出钢筋下料长度、根数及质量，编制钢筋配料单，作为备料、加工和结算的依据。合理地配料能使钢筋得到最大限度的利用，并使钢筋的安装和绑扎工作简单化。

配料程序：看懂构件配筋图→绘出单根钢筋简图→编号→计算下料长度和根数→编制钢筋配料单→申请加工。

（1）钢筋下料长度的计算原则及规定

钢筋因弯曲或弯钩会使其长度变化，在配料中不能直接根据图纸中尺寸下料；必须了解对混凝土保护层、钢筋弯曲、弯钩等的规定，再根据图中尺寸计算其下料长度。

①钢筋长度

结构施工图中注明的钢筋尺寸是钢筋的外轮廓尺寸（从钢筋外皮到外皮量得的尺寸），称为钢筋的外包尺寸，这是施工中度量钢筋长度的基本依据，在钢筋加工时，也按外包尺寸进行验收。

②混凝土保护层厚度

现行《混凝土结构设计规范》（GB 50010）规定，混凝土保护层是指最外层钢筋（包括箍筋、构造筋、钢筋网片等）外缘至混凝土构件表面的混凝土层，其作用是保护钢筋在混凝土结构中不受锈蚀，如图 5-2-42 所示。

a. 在地铁工程中，针对墙、板等，拉筋应同时勾住主筋和分布筋，钢筋保护层厚度为拉筋外缘至构件表面的距离，如图 5-2-43 所示。

b. 构件中受力钢筋的保护层厚度不应小于钢筋的直径。

c. 混凝土的保护层厚度,一般通过在钢筋与模板之间垫水泥砂浆垫块或塑料卡垫来控制。塑料卡垫有塑料垫块和塑料环圈两种。塑料垫块用于水平构件,塑料环圈用于垂直构件。

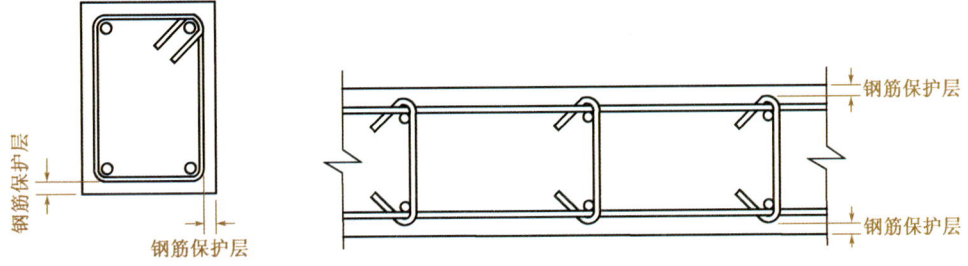

图 5-2-42 梁钢筋保护层示意图　　图 5-2-43 地铁墙、板钢筋保护层示意图

③弯曲量度差值

钢筋弯曲后的特点是,在弯曲处内皮收缩、外皮延伸、轴线长度不变。直线钢筋的外包尺寸等于轴线长度,而钢筋弯曲后的外包尺寸和中心线长度之间存在一个差值,称为"量度差值",在计算下料长度时必须加以扣除。

a. 弯曲调整值。钢筋弯曲后的特点:一是外壁伸长、内壁缩短,轴线长度不变;二是在弯曲处形成圆弧。钢筋的量度方法是沿直线量外包尺寸,因此弯起钢筋的量度尺寸大于下料尺寸(图 5-2-44),两者之间的差值称为弯曲调整值。不同弯曲角度的钢筋调整值见表 5-2-39。

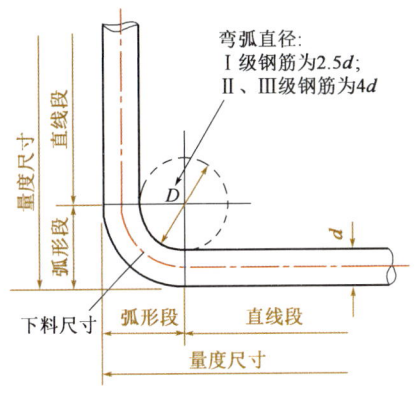

图 5-2-44　钢筋弯曲时的量度尺寸

钢筋弯曲量度差值　　　　　　表 5-2-39

钢筋弯曲角度	30°	45°	60°	90°	135°
钢筋弯曲调整值	0.35d	0.5d	0.85d	2d	2.5d

注:d 为钢筋直径。

b. 弯钩增加长度。钢筋弯钩有 180°、90° 和 135° 三种。180° 弯钩常用于Ⅰ级钢筋,90° 弯钩常用于柱立筋的下部、受力钢筋锚固段,135° 弯钩常用于Ⅱ、Ⅲ级钢筋和有抗震要求的箍筋中。当弯弧内直径为 2.5d(Ⅱ、Ⅲ级钢筋为 4d)、平直段为 3d 时,其弯钩增加长度的计算值为:半圆弯钩为 1.25d,直弯钩为 3.5d,斜弯钩为 4.9d,如图 5-2-45 所示。

c. 弯起钢筋斜长。弯起钢筋斜长系数见表 5-2-40,计算简图如图 5-2-46 所示。

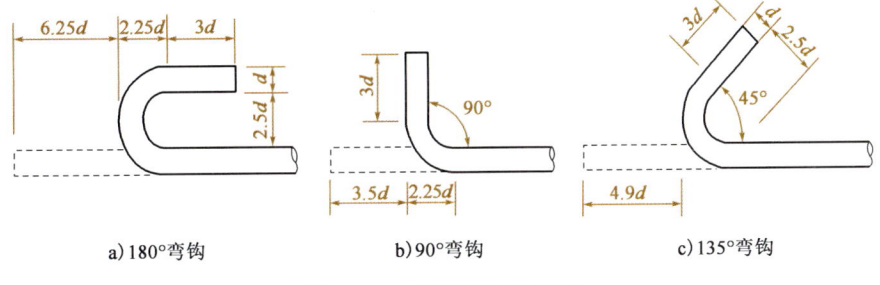

a) 180°弯钩　　b) 90°弯钩　　c) 135°弯钩

图 5-2-45　钢筋弯钩计算简图

弯起钢筋斜长系数   表 5-2-40

序 号	弯起角度 a	$a=30°$	$a=45°$	$a=60°$
1	斜边长度 s	$2h_0$	$1.41h_0$	$1.15h_0$
2	底边长度 l	$1.732h_0$	h_0	$0.575h_0$
3	增加长度 $s-l$	$0.268h_0$	$0.41h_0$	$0.575h_0$

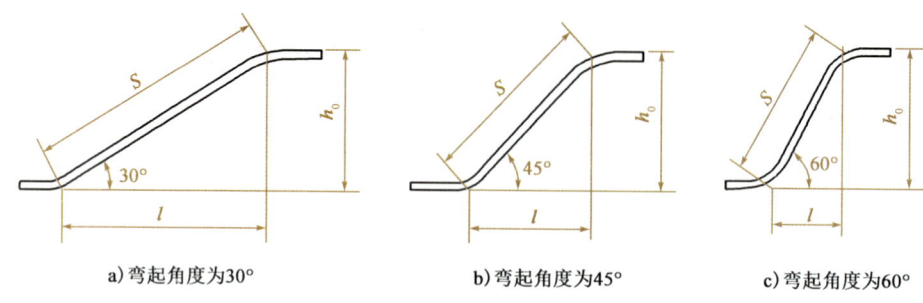

a) 弯起角度为30°　　b) 弯起角度为45°　　c) 弯起角度为60°

图 5-2-46　弯起钢筋斜长计算简图

d. 箍筋调整值。箍筋调整值即为弯钩增加长度和弯曲调整值两项之和或两项之差,当平直段长度为 $5d$ 时,根据箍筋量外包尺寸或内皮尺寸而定,箍筋调整值见表5-2-41,量度方法示意图如图5-2-47所示。

箍筋调整值   表 5-2-41

序 号	箍筋量度方法	箍筋直径(mm)			
		4~5	6	8	10~12
1	量外包尺寸	40	50	60	70
2	量内皮尺寸	80	100	120	150~170

注:1. 量外包尺寸时,箍筋调整值 = 弯钩增加长度 - 弯曲调整值 $= 2 \times 1.9d - 3 \times 2d = 7.8d$,$d$ 为钢筋直径。
　　2. 量内皮尺寸时,箍筋调整值 $= 7.8d + 8d = 15.8d$。

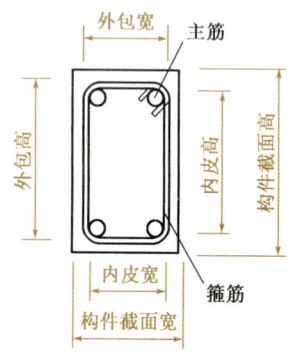

图 5-2-47　箍筋量度方法示意图

④钢筋下料长度

a. 钢筋下料长度应为各段外包尺寸之和减去各弯曲处的量度差值,再加上端部弯钩增加值。

b. 各种钢筋下料计算公式如下:

直钢筋下料长度 = 构件长度 - 保护层 + 弯钩增加长度

弯起钢筋下料长度 = 直段长度 + 斜段长度 - 弯曲调整长度 + 弯钩增加长度

箍筋下料长度 = 箍筋周长 + 箍筋调整值

钢筋下料长度需考虑搭接长度。

(2) 钢筋配料单的编制

①由于地铁围护结构施工外放以及其他原因影响,致使实际尺寸与设计图纸有一定的偏差,所以在钢筋配料前须对开挖完成的基坑尺寸进行测量,根据测量尺寸进行调整后配料,以免造成返工浪费。

②地铁明挖结构墙柱钢筋配料时需考虑钢支撑、钢围檩以及防水等工序的施工影响。

③编制钢筋配料单之前必须熟悉图纸、规范,把结构施工图中钢筋的品种、规格列成钢筋明细表,并读出钢筋设计尺寸。

④计算钢筋的下料长度。

⑤根据钢筋下料长度填写和编写钢筋配料单,汇总编制钢筋配料单。在配料单中,要反映出工程名称,钢筋编号,钢筋简图和尺寸,钢筋直径、数量、下料长度、质量等,见表5-2-42。

钢 筋 配 料 单   表 5-2-42

序号	构件名称	钢筋编号	简　图	直径 (mm)	钢号	下料长度 (mm)	单位根数	合计根数	质量 (kg)
1									
2									
3									
4									
5									

⑥填写钢筋料牌,根据钢筋配料单,将每一编号的钢筋制作一块料牌,作为钢筋加工的依据,如图 5-2-48 所示。

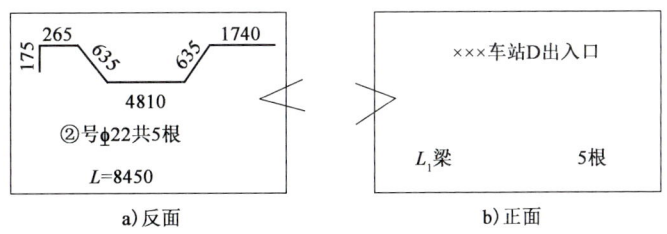

图 5-2-48 钢筋料牌示意图

3）钢筋的代换

在钢筋工程施工中,由于材料供应的具体情况,有时不能满足设计图纸的要求,经常遇到缺少某种规格钢筋必须用另一种规格钢筋代换的情况。钢筋代换主要是考虑强度计算和满足配筋构造要求,对某些特定的构件,代换后需进行裂缝宽度的验算。

（1）钢筋代换方法

①等强度代换

即代换后的钢筋"强度数值"要达到设计图纸上原来配筋的"强度数值"。

代换时要满足下式：

$$N_2 = f_{y2} A_{s2} \geqslant N_1 = f_{y1} A_{s1} \tag{5-2-6}$$

式中：N_1、N_2——代换前、后钢筋受力设计值；

f_{y1}、f_{y2}——代换前、后钢筋的设计强度值；

A_{s1}、A_{s2}——代换前、后钢筋的总面积。

②等面积代换

构件按最小配筋率配筋时,或同强度等级的钢筋的代换,可按钢筋面积相等的原则进行代换,称为"等面积代换"。

代换时应满足下式的要求：

$$A_{s2} = A_{s1} \tag{5-2-7}$$

式中：A_{s1}、A_{s2}——代换前、后钢筋的总面积。

③按裂缝宽度或挠度验算结果代换

结构构件按裂缝宽度或挠度控制时,代换需进行裂缝宽度或挠度验算。

（2）钢筋代换控制要点

①钢筋代换后,必须满足有关构造的规定。钢筋代换时不宜改变构件的有效计算高度 h_0（单排筋

不能改双排筋)。

②由于螺纹钢筋可使裂缝均匀分布,故为了避免裂缝过度集中,对于某些重要构件,不宜以光面钢筋代换。

③偏心受压构件或偏心受拉构件作钢筋代换时,不取整个截面配筋量计算,而应按受力面(受压或受拉)分别代换。

④代换直径与原设计直径的差值一般可不受限制,只要符合各种构件的有关配筋规定即可;但同一截面内如果配有几种直径的钢筋,则相互间的直径差值不宜过大(通常对同级钢筋,直径差值不大于5mm),以免受力不均。

⑤施工中应由设计单位出具代换文件或经设计单位同意后才能进行代换。

⑥代换时必须充分了解设计意图和代换材料的性能,严格遵守现行钢筋混凝土设计规范的各项规定。

a. 梁的纵向受力钢筋与弯起钢筋应分别代换,以保证正截面与斜截面强度;

b. 除满足强度外,还应满足规范规定的最小配筋率、钢筋间距、根数、最小钢筋直径及锚固长度等要求。

4)钢筋的连接

(1)钢筋连接的分类

钢筋连接有三种连接方法,即绑扎搭接、焊接、机械连接。

①现行《混凝土结构设计规范》(GB 50010)的相关规定

a. 绑扎搭接:用于直径不大于25mm的受拉钢筋的连接及直径不大于28mm的受压钢筋的连接,轴心受拉及小偏心受拉杆件的纵向受力钢筋不应采用绑扎搭接。

b. 焊接:宜用于直径不大于28mm的受力钢筋的连接。

c. 机械连接:宜用于直径不小于16mm的受力钢筋的连接。

②适用条件

a. 钢筋接长连接方式优先选用顺序为直螺纹连接、焊接、搭接。

b. 在地铁工程中,板、梁钢筋直径不小于18mm的钢筋接长均采用直螺纹连接,直径16mm及以下的钢筋接长采用焊接或搭接;立柱立筋接长采用直螺纹连接或焊接;侧墙竖筋接长全部采用直螺纹连接,侧墙横向钢筋接长采用直螺纹连接或焊接。

③钢筋连接接头位置控制要点

a. 钢筋的接头,应设置在结构受力较小的部位。同一纵向受力钢筋不宜设置两个或两个以上接头。接头末端至钢筋弯起点的距离不应小于钢筋直径的10倍。

b. 当受力钢筋采用机械连接和焊接接头时,设置在同一构件内的接头宜相互错开,纵向受力钢筋机械连接及焊接的接头其连接区段错开长度为35d(d为较大受力钢筋直径)且不小于500mm(当使用一级直螺纹接驳器时可适当放宽要求)。凡接头断点位于该连接区段长度内的接头均属于同一连接区段。接头百分率要求见表5-2-57第6项。

c. 接头不宜设置在有抗震设防要求的框架梁端、柱端或箍筋加密区内,当无法避开时应采用与钢筋原材等强度的机械连接接头,接头百分率不宜大于50%。

d. 直接承受动力荷载的结构构件中,不宜采用焊接;当采用机械连接接头时,接头百分率不应超过50%。

e. 当受力钢筋采用绑扎搭接接头时,同一构件中相邻受力钢筋的绑扎搭接接头宜相互错开,最小搭接长度及接头的百分率应符合设计要求。当设计无具体要求时应符合表5-2-57第7项的规定。

f. 梁、柱类构件的受力钢筋,在搭接长度范围内应按设计要求安装箍筋。当设计无具体要求时,应符合表5-2-57第8项的规定。

g. 连续梁钢筋接头:连续梁上部弯矩最大的部位是梁端,底部弯矩最大的地方一般在梁中,其弯矩为0处一般是跨边1/3处,梁钢筋接头位置应布置在弯矩为0处,为此梁上部通长钢筋接头位置应留置在支座1/3跨外,也就是梁的跨中1/3范围内;下部通长钢筋接头位置不应该留置在跨中1/3范围内,应设在跨边1/3范围内或支座内,而最不宜设在跨中(底纵梁与此相反)。

h. 钢筋连接接头位置,当设计无具体要求时可参照现行《混凝土结构施工图平面整体表示方法制图规则和构造详图(现浇混凝土框架、剪力墙、梁、板)》(16G101-1)执行。

(2)绑扎连接

①在地铁施工中,钢筋绑扎连接主要用于施工缝分布筋连接等不易采用机械连接或焊接的部位,在钢筋下料时,要预留出相应钢筋的搭接长度。

②钢筋搭接处,应在绑扎接头的搭接长度范围内用铁丝三点扎牢,如图5-2-49所示,且绑扣也不得采用同一方向的顺扣绑扎。钢筋的绑扎连接只是一个临时的连接,并没真正将两根钢筋连接起来,须等构件中的混凝土浇筑固结后,两根钢筋在混凝土的胶结作用下才实现真正的连接。因此,钢筋的搭接连接须有一定的搭接长度。搭接长度及接头位置等要符合现行《混凝土结构工程施工质量验收规范》(GB 50204)及《混凝土结构工程施工规范》(GB 50666)的规定。

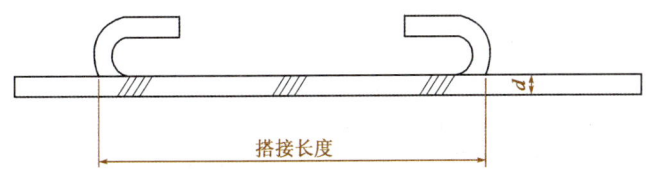

图5-2-49 搭接长度范围内钢筋绑扎

③纵向受力钢筋的最小搭接长度:

a. 当纵向受拉钢筋的绑扎搭接接头面积百分率为25%时,其最小搭接长度应符合表5-2-43的规定。

b. 当纵向受拉钢筋搭接接头面积百分率大于25%,但不大于50%时,其最小搭接长度应按表5-2-43中的数值乘以系数1.2取用;当接头面积百分率大于50%时,应按表5-2-43中的数值乘以系数1.35取用。

纵向受拉钢筋的最小搭接长度　　　表5-2-43

序号	钢筋类型		混凝土强度等级								
			C20	C25	C30	C35	C40	C45	C50	C55	≥C60
1	光面钢筋	HPB235	$37d$	$33d$	$29d$	$27d$	$25d$	$23d$	$23d$	—	—
		HPB300	$49d$	$41d$	$37d$	$35d$	$31d$	$29d$	$29d$	—	—
2	带肋钢筋	HRB335 HRBF335	$47d$	$41d$	$37d$	$33d$	$31d$	$29d$	$27d$	$27d$	$25d$
		HRB400 HRBF400	$55d$	$49d$	$43d$	$39d$	$37d$	$35d$	$33d$	$31d$	$31d$
		HRB500 HRBF500	$67d$	$59d$	$53d$	$47d$	$43d$	$41d$	$39d$	$39d$	$37d$

注:1. 两根直径不同的钢筋的搭接长度,以较细钢筋的直径计算。
　　2. d 为钢筋直径。

c. 纵向受拉钢筋的最小搭接长度,可按下列规定进行修正:

当带肋钢筋的直径大于25mm时,其最小搭接长度应按相应数值乘以系数1.1取用。

对环氧树脂涂层的带肋钢筋,其最小搭接长度应按相应数值乘以系数1.25取用。

当在混凝土凝固过程中受力钢筋易受扰动时,其最小搭接长度应按相应数值乘以系数1.1取用。

d. 对末端采用机械锚固措施的带肋钢筋,其最小搭接长度可按相应数值乘以系数0.6取用。

e. 当带肋钢筋的混凝土保护层厚度大于搭接钢筋直径的3倍,且配有箍筋时,其最小搭接长度可按相应数值乘以系数0.8取用。

f. 有抗震要求的受力钢筋的最小搭接长度,对一、二级抗震等级应按相应数值乘以系数1.15采用;对三级抗震等级应按相应数值乘以系数1.05采用。

g. 本条中第e、f款不应同时考虑。在任何情况下,受拉钢筋的搭接长度不应小于300mm。

h. 纵向受压钢筋绑扎搭接时,其最小搭接长度应根据本条第①~③款的规定确定相应数值后,乘以系数0.7取用。在任何情况下,受压钢筋的搭接长度都不应小于200mm。

④同一构件中相邻纵向受力钢筋的绑扎搭接接头宜相互错开。绑扎搭接接头中钢筋的横向净距s不应小于钢筋直径,且不应小于25mm。

⑤纵向受力钢筋绑扎搭接接头连接区段的长度应为$1.3l_1$(l_1为搭接长度),凡搭接接头中点位于该连接区段长度内的搭接接头均应属于同一连接区段。同一连接区段内,纵向受力钢筋接头面积百分率为该区段内有接头的纵向受力钢筋截面面积与全部纵向受力钢筋截面面积的比值,如图5-2-50所示。

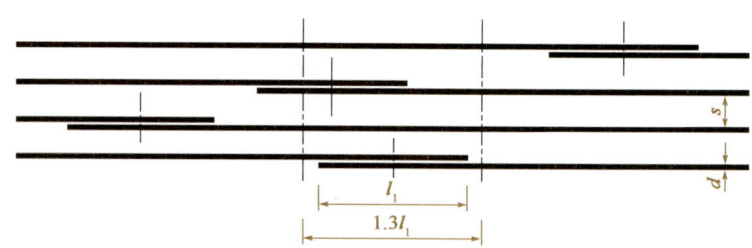

图5-2-50 钢筋绑扎搭接接头连接区段及接头面积百分率

注:图中所示搭接接头同一连接区段内的搭接钢筋为两根,当各钢筋直径相同时,接头面积百分率为50%

⑥钢筋网绑扎时,四周两行钢筋交叉点应每点牢扎,中间部分交叉点可相隔交错绑扎,相邻绑扎点的绑扎方向相反,但必须保证受力钢筋不位移,钢筋网的绑扎示例如图5-2-51所示。

a) 承台基础钢筋网绑扎

b) 侧墙钢筋网绑扎

图5-2-51 钢筋网的绑扎

(3) 焊接连接

钢筋连接采用焊接接头,可节约钢材、改善结构受力性能、提高工效、降低成本。常用的焊接方法可分为压焊(闪光对焊、电阻点焊、气压焊)和熔焊(电弧焊、电渣压力焊)。在地铁施工中,主要使用的焊接方法为电阻点焊和电弧焊。

① 焊接施工的基本要求：

a. 从事钢筋焊接施工的焊工必须持有钢筋焊工考试合格证,并应按照合格证规定的范围上岗操作。

b. 在钢筋工程焊接开工之前,参与该项工程施焊的焊工必须进行现场条件下的焊接工艺试验,经试验合格后,方准予焊接生产。

c. 钢筋焊接施工之前,应清除钢筋、钢板焊接部位以及钢筋与电极接触处表面上的锈斑、油污、杂物等；当钢筋端部有弯折、扭曲时,应予以矫直或切除。

d. 带肋钢筋进行电弧焊时,应将纵肋对纵肋安放和焊接。

e. 两根同直径、不同牌号的钢筋可进行电弧焊,焊条、焊丝和焊接工艺参数应按较高牌号钢筋选用,对接头强度的要求应按较低牌号钢筋强度计算。

f. 在环境温度低于 $-5℃$ 条件下施焊,电弧焊宜增大焊接电流、降低焊接速度；环境温度低于 $-20℃$ 时,不宜进行各种焊接。

g. 雨天、雪天不宜在现场进行施焊,必须施焊时,应采取有效遮蔽措施,焊后未冷却接头不得接触雨和冰雪。

② 焊接材料的一般要求：

a. 焊接钢筋的化学成分和力学性能应符合现行《钢筋混凝土用钢 第1部分:热轧光圆钢筋》(GB/T 1499.1)和《钢筋混凝土用钢 第2部分:热轧带肋钢筋》(GB/T 1499.2)的有关规定。

b. 预埋件钢筋焊接接头中的钢板和型钢,可采用低碳钢或低合金钢,其力学性能和化学成分应符合现行《碳素结构钢》(GB/T 700)或《低合金高强度结构钢》(GB/T 1591)的规定。

c. 二氧化碳气体应符合现行《焊接用二氧化碳》(HG/T 2537)中优等品的规定。

d. 钢筋焊条电弧焊所采用的焊条,应符合现行《非合金钢及细晶粒钢焊条》(GB/T 5117)或《热强钢焊条》(GB/T 5118)的规定。钢筋二氧化碳气体保护电弧焊所采用的焊丝,应符合现行《气体保护电弧焊用碳钢、低合金钢焊丝》(GB/T 8110)的规定。其焊条型号和焊丝型号应根据设计确定,若设计无规定时,可按表5-2-44选用。

钢筋电弧焊所采用焊条、焊丝推荐　　　　表5-2-44

序　号	钢筋牌号	电弧焊常用接头形式			备　注
		帮条焊、搭接焊	坡口焊、熔槽帮条焊、预埋件穿孔塞焊	钢筋与钢筋搭接焊、预埋件T形角焊	
1	HPB300	E4303 ER50-X	E4303 ER50-X	E4303 ER50-X	J422 焊丝
2	HRB400 HRBF400	E5003 E5516 E5515 ER50-X	E5003 E5516 E5515 ER50-X	E5003 E5516 E5515 ER50-X	J502 焊丝

续上表

序号	钢筋牌号	电弧焊常用接头形式			备注
		帮条焊、搭接焊	坡口焊、熔槽帮条焊、预埋件穿孔塞焊	钢筋与钢筋搭接焊、预埋件T形角焊	
3	HRB500 HRBF500	E5503 E6003 E6016 E6015 ER55-X	E6003 E6016 E6015	E5503 E6003 E6016 E6015 ER55-X	J502 焊丝

(1) 焊条型号编制规则：
① 型号的第一个字母"E"表示焊条；
② "E"后面第二位数字表示熔敷金属抗拉强度的最小值,单位为×10MPa；
③ "E"后面第三位数字表示焊条的焊接位置,"0"及"1"表示焊条适用于全位置焊接,"2"表示焊条适用于平焊及横角焊,"4"表示焊条适用于向下立焊；
④ "E"后面第三位数字和第四位数字组合时表示药皮类型和电源种类。
(2) 焊丝型号的表示方法为ER××-×,字母"ER"表示焊丝,ER后面的两位数字表示熔敷金属的抗拉强度最小值×10MPa,短划"-"后面的字母或数字表示焊丝化学成分分类代号

e. 地铁施工常用焊条型号见表5-2-45。

地铁施工常用焊条型号　　　　表5-2-45

序号	焊条型号	相应牌号	药皮类型	焊接位置	电流种类	熔敷金属抗拉强度（MPa）	备注
1	E4303	J422	钛钙型	平、立、横、仰	交流或直流正反极	≥420	碳钢E43系列
2	E5015	J507	低氢钠型	平、立、横、仰	直流反接	≥490	碳钢E50系列
3	E5016	J506	低氢钾型	平、立、横、仰	交流或直流反接		
4	E5515-X		低氢钠型	平、立、横、仰	直流反接	≥540	低合金钢E55系列
5	E5516-X		低氢钾型	平、立、横、仰	交流或直流反接		

注：地铁结构中设计有要求时,需采用符合设计要求的焊条；设计无要求时,HPB300级钢筋与Q235B钢的焊接采用E43系列焊条,HRB400级钢筋与Q235B钢的焊接采用E50系列焊条,HRB400级钢筋与Q345B钢的焊接采用E55系列焊条。

f. 材料进场检验时,施焊的各种钢筋、钢板均应有质量证明书,焊条、焊丝、二氧化碳气体及焊剂应有产品合格证。钢筋进场时,应按国家现行相关标准的规定抽取试件并做力学性能和质量偏差检验,检验结果必须符合国家现行有关标准的规定。

检验数量：按进场的批次和产品的抽样检验方案确定。

检验方法：检查产品合格证、出厂检验报告和进场复验报告。

g. 各种焊接材料应分类存放、妥善处理,应采取防止锈蚀、受潮变质等措施。

③ 常见的焊接方法及比较,见表5-2-46。

常见的钢筋焊接方法及比较　　　　　　表 5-2-46

序号	焊接方法	工作原理	适用范围	施工控制要点
1	电阻点焊	将已除锈的钢筋交叉点放在点焊机的两电极间，待钢筋通电发热至一定温度后，加压使焊点金属焊合	混凝土结构中钢筋焊接骨架和钢筋焊接网，宜采用电阻点焊制作	(1) 钢筋焊接骨架和钢筋焊接网在焊接生产中，当两根钢筋直径不同，焊接骨架较小的钢筋直径小于或等于10mm时，大、小钢筋直径之比不宜大于3倍。 (2) 当较小钢筋直径为12~16mm时，大、小钢筋直径之比不宜大于2倍。 (3) 焊接网较小钢筋直径不得小于较大钢筋直径的60%。 (4) 焊点压入深度应为钢筋直径的18%~25%。 (5) 钢筋焊接网间距的允许偏差应取±10mm和规定间距的±5%的较大值。 (6) 网片长度和宽度的允许偏差应取±25mm和规定长度的±0.5%的较大值。 (7) 钢筋焊接网焊点开焊数量不应超过整张网片交叉点总数的1%，并且任一根钢筋上开焊点不得超过该支钢筋上交叉点总数的一半；焊接网最外边钢筋上的交叉点不得开焊。 (8) 钢筋焊接网表面不应有影响使用的缺陷，当性能符合要求时，允许钢筋表面存在浮锈和因矫直造成的钢筋表面轻微损伤
2	闪光对焊	将焊件装配成对接接头，接通电源，使端面逐渐达到局部接触，利用电阻热加热这些接触点（产生闪光），使端面金属熔化，直至焊件端部在一定深度范围内达到预定温度时，迅速施加顶锻力完成焊接	钢筋闪光对焊可采用连续闪光焊、预热闪光焊或闪光—预热闪光焊工艺方法	闪光对焊时，应按照钢筋牌号、钢筋直径、焊接工艺方法选择调伸长度、烧化留量、顶锻留量以及变压器级数等焊接参数
3	电弧焊	电焊时，电焊机送出低压的强电流，使焊条与焊件之间产生高温电流，将焊条与焊件金属熔化，凝固时形成一条焊缝	电弧焊应用较广，如地铁车站钢筋混凝土结构中钢筋接长、钢筋骨架焊接及钢筋与钢板的焊接等。钢筋电弧焊时，可采用焊条电弧焊或二氧化碳气体保护电弧焊两种工艺方法。二氧化碳气体保护电弧焊主要用于钢筋加工厂等固定场地内进行钢筋格栅、钢筋骨架等焊接作业；焊条电弧焊即可用于可移动的施工现场的焊接作业，又可用于钢筋加工厂等固定场地内的作业	(1) 根据钢筋牌号、直径、接头形式和焊接位置，选择焊接材料，确定焊接工艺和焊接参数，如图5-2-52所示。 (2) 焊接时，引弧应在垫板、帮条或形成焊缝的部位进行，不得烧伤主筋。 (3) 焊接地线与钢筋应接触良好。 (4) 焊接过程中应及时清渣，焊缝表面应光滑，焊缝余高应平缓过渡，弧坑应填满。 (5) 钢筋焊接连接需符合现行《钢筋焊接及验收规程》(JGJ 18)的有关规定

续上表

序号	焊接方法	工作原理	适用范围	施工要点
4	电渣压力焊	将两钢筋安放成竖向对接形式,利用焊接电流通过两钢筋间隙,在焊剂层下形成电弧过程和电渣过程,产生电弧热和电阻热,熔化钢筋,之后加压完成	电渣压力焊应用于现浇钢筋混凝土结构中竖向或斜向(倾斜度不大于10°)钢筋的连接	(1)焊接夹具的上下钳口应夹紧于上、下钢筋上,钢筋一经夹紧,不得晃动,且两钢筋应同心。 (2)引弧可采用直接引弧法或铁丝圈(焊条芯)间接引弧法。 (3)引燃电弧后,应先进行电弧过程,然后,加快上钢筋下送速度,使上钢筋端面插入液态渣池约2mm,转变为电渣过程,最后在断电的同时,迅速下压上钢筋,挤出熔化金属和熔渣。 (4)接头焊毕,应稍做停歇方可回收焊剂和卸下焊接夹具;敲去渣壳后,四周焊包凸出钢筋表面的高度,当钢筋直径为25mm及以下时不得小于4mm,当钢筋直径为28mm及以上时不得小于6mm
5	气压焊	以氧气和乙炔火焰加热钢筋的接头位置,使之达到塑性状态或表面熔融状态,而后施加压力将钢筋结合在一起	气压焊可用于钢筋在垂直位置、水平位置或倾斜位置的对接焊接	焊接夹具应能夹紧钢筋,当钢筋承受最大的轴向压力时,钢筋与夹头之间不得产生相对滑移;应便于钢筋的安装定位,并在施焊过程中保持动夹头与定夹头同心,并且当不同直径钢筋焊接时,亦应保持二者同心;动夹头的位移应大于或等于现场最大直径钢筋焊接时所需要的压缩长度

④在地铁施工中,钢筋电弧焊主要类型及适用范围如图 5-2-52 所示。

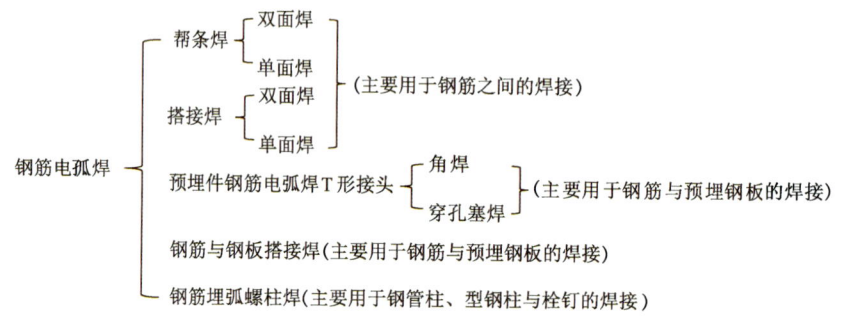

图 5-2-52　钢筋电弧焊主要类型及适用范围

a. 帮条焊。帮条焊时,宜采用双面焊(图 5-2-53a);当不能进行双面焊时,可采用单面焊(图 5-2-53b),帮条长度应符合表 5-2-47 的规定。当帮条牌号与主筋相同时,帮条直径可与主筋相同或小一个规格;当帮条直径与主筋相同时,帮条牌号可与主筋相同或低一个牌号等级。

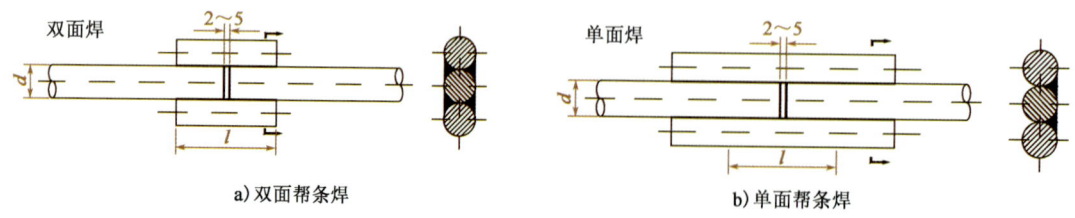

a) 双面帮条焊　　　　b) 单面帮条焊

图 5-2-53　钢筋绑条焊接头(尺寸单位:mm)

d-钢筋直径; l-搭接长度

钢 筋 帮 条 长 度　　　　表 5-2-47

序 号	钢筋牌号	焊缝形式	帮条长度 l
1	HPB300	单面焊	$\geqslant 8d$
		双面焊	$\geqslant 4d$
2	HRB335、HRBF335 HRB400、HRBF400 HRB500、HRBF500、RRB400W	单面焊	$\geqslant 10d$
		双面焊	$\geqslant 5d$

注：d 为钢筋直径。

b. 搭接焊。搭接焊时宜采用双面焊，当不能进行双面焊时，可采用单面焊，如图 5-2-54 所示。搭接长度与表 5-2-47 中帮条长度相同。

c. 帮条焊接头或搭接焊接头的焊缝有效厚度 s 不应小于 $0.3d$，焊缝宽度 b 不应小于 $0.8d$（图 5-2-55）。

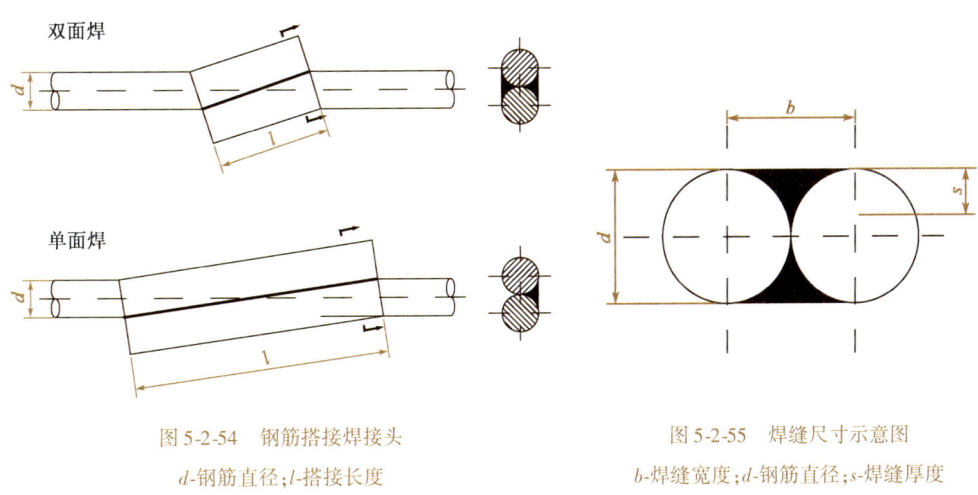

图 5-2-54　钢筋搭接焊接头
d-钢筋直径；l-搭接长度

图 5-2-55　焊缝尺寸示意图
b-焊缝宽度；d-钢筋直径；s-焊缝厚度

d. 帮条焊或搭接焊时，钢筋的装配和焊接应符合下列规定：

帮条焊时，两主筋端面的间隙应为 $2\sim5\mathrm{mm}$。

搭接焊时，焊接端钢筋宜预弯，并应使两钢筋的轴线在同一直线上。

帮条焊时，帮条与主筋之间应用四点定位焊固定；搭接焊时，应用两点固定；定位焊缝与帮条端部或搭接端部的距离宜大于或等于 $20\mathrm{mm}$。

焊接时，应在帮条焊或搭接焊形成的焊缝中引弧；在端头收弧前应填满弧坑，并应使主焊缝与定位焊缝的始端和终端熔合。

e. 钢筋与预埋件接头焊接应符合下列规定：

预埋件钢筋电弧焊 T 形接头可分为角焊和穿孔塞焊两种，如图 5-2-56 所示，装配和焊接时，如采用 HPB300 钢筋，则角焊缝焊脚尺寸（k）不得小于钢筋直径的 50%；如采用其他牌号钢筋，则角焊缝焊脚尺寸（k）不得小于钢筋直径的 60%。

施焊中，不得使钢筋咬边和烧伤。

f. 钢筋与钢板搭接焊时，焊接接头（图 5-2-57）应符合下列规定：

HPB300 钢筋的搭接长度（l）不得小于 4 倍钢筋直径，其他牌号钢筋搭接长度（l）不得小于 5 倍钢筋直径。

焊缝宽度不得小于钢筋直径的60%,焊缝有效厚度不得小于钢筋直径的35%。

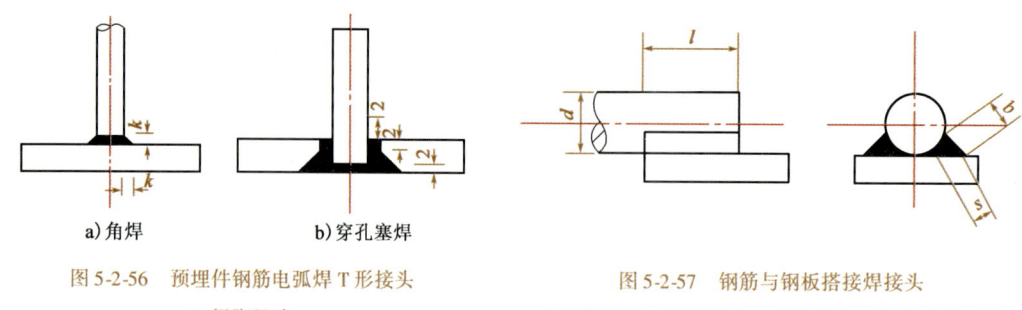

图 5-2-56　预埋件钢筋电弧焊 T 形接头　　　　图 5-2-57　钢筋与钢板搭接焊接头
k-焊脚尺寸　　　　　　　　　　　　　　d-钢筋直径；l-搭接长度；b-焊缝宽度；s-焊缝有效厚度

g. 钢筋埋弧螺柱焊,就是将焊剂埋弧与螺柱焊的自动焊接程序有机地结合在一起,焊接流程为:按动开关→引弧→提升→引燃主弧→焊接时间到→钢筋插入熔池→断弧→结束。并利用焊剂把明弧变为埋弧,使之具有埋弧焊的优点。埋弧螺柱焊具有以下特点:

对熔池和焊缝进行有效的保护,防止氧化、氮化和合金元素的蒸发和烧损,大大提高了焊缝的质量。

金属熔液与焊渣之间发生一系列的物化反应,不仅能去除焊缝中的有害杂质,如脱氧、脱硫、脱磷和去氢等,而且还可以使焊缝金属合金化,改善焊缝性能。

焊接电流大(直流,1000~3500A),电弧的穿透能力强,焊接时间短(几秒钟),因此熔深大,热影响区小,焊接接头的力学性能提高。

焊接结束时,将钢筋插入熔池,以获得高强度的焊接接头。

采用埋弧螺柱焊焊接的接头,其外观显著的特点是高高隆起的光亮的焊缝,高度一般超过6mm。埋弧螺柱焊是钢筋"T 形焊"的一种焊接新工艺,具有埋弧、操作舒适和效率高的特点,其焊缝的力学性能高于母材,完全能替代焊条电弧焊和穿孔塞焊。与焊接电流仅为400~650A(交流)的埋弧压力焊相比,具有焊接电流大、焊接时间短、焊接过程全自动、焊接质量稳定及焊接强度高的突出优点。

(4)钢筋机械连接

钢筋机械连接又称为"冷连接",是继绑扎、焊接之后的第三代钢筋接头技术,具有接头强度高于钢筋母材、速度比电焊快5倍、无污染、可省钢材20%等优点。

①分类

钢筋机械连接分类如图5-2-58所示,其中剥肋滚轧直螺纹连接是先将钢筋接头纵、横肋剥切处理,使钢筋滚丝前的柱体直径达到同一尺寸,然后滚压成型。它集剥肋、滚压于一体,成型螺纹精度高,滚丝轮寿命长,是目前直螺纹套筒连接的主流技术,如图5-2-59所示。目前地铁施工中最常用的剥肋滚轧直螺纹连接方式有标准型和正反丝扣型,如图5-2-60所示。标准型套筒主要用于相同直径可转动钢筋的连接,正反丝扣型套筒用于两端钢筋不能转动但至少有一根钢筋可以轴向移动的钢筋连接。

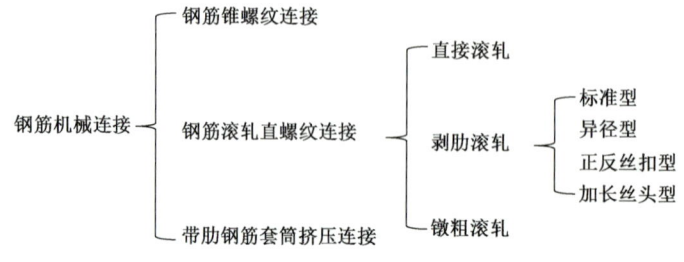

图 5-2-58　钢筋机械连接分类

②滚轧直螺纹接头性能等级及要求

接头根据极限抗拉强度、残余变形、最大力下总伸长率以及高应力和大变形条件下反复拉压性能，分为Ⅰ级、Ⅱ级、Ⅲ级三个等级。在地铁施工中一般部位主要采用Ⅱ级接头，当在同一连接区段内必须实施100%钢筋接头(如预留洞口的预留钢筋接头)时采用Ⅰ级接头。

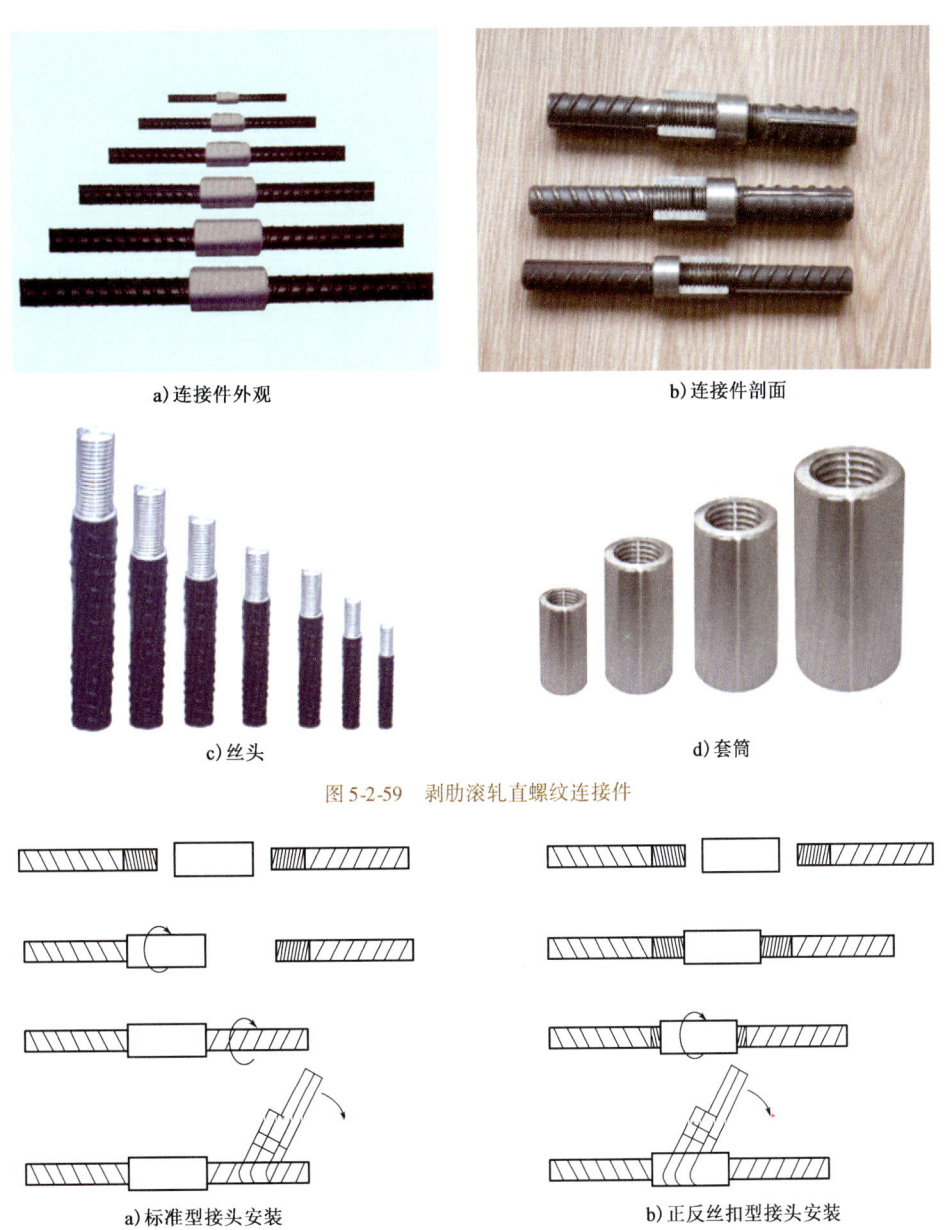

图 5-2-59　剥肋滚轧直螺纹连接件

图 5-2-60　直螺纹套筒常用连接形式

Ⅰ级接头：连接件极限抗拉强度大于或等于被连接钢筋抗拉强度标准值的1.10倍，残余变形小并具有高延性及反复拉压性能。

Ⅱ级接头：连接件极限抗拉强度不小于被连接钢筋极限抗拉强度的标准值，残余变形小并具有高延性及反复拉压性能。

Ⅰ级、Ⅱ级接头应能经受规定的高应力和大变形反复拉压循环，且在经历拉压循环后，其极限抗拉强度必须符合表 5-2-48 的规定。

接头极限抗拉强度 表 5-2-48

接头等级	Ⅰ 级	Ⅱ 级
极限抗拉强度	$f_{mst}^0 \geq f_{stk}$ 钢筋拉断 或 $f_{mst}^0 \geq 1.10 f_{stk}$ 连接件破坏	$f_{mst}^0 \geq f_{stk}$

注:1. 钢筋拉断指断于钢筋母材、套筒外钢筋丝头。
　　2. 连接件破坏指断于套筒、套筒纵向开裂或钢筋从套筒中拔出以及其他连接组件破坏。
　　3. f_{mst}^0 为接头试件实测极限抗拉强度，f_{stk} 为钢筋极限抗拉强度标准值。

Ⅰ级、Ⅱ级接头变形性能应符合表 5-2-49 的规定。

接头的变形性能 表 5-2-49

序号	接头等级		Ⅰ 级	Ⅱ 级
1	单向拉伸	残余变形(mm)	$u_0 \leq 0.10 (d \leq 32)$ $u_0 \leq 0.14 (d > 32)$	$u_0 \leq 0.14 (d \leq 32)$ $u_0 \leq 0.16 (d > 32)$
		最大力总伸长率(%)	$A_{sgt} \geq 1.0$	$A_{sgt} \geq 1.0$
2	高应力反复拉压	残余变形(mm)	$u_{20} \leq 0.3$	$u_{20} \leq 0.3$
3	大变形反复拉压	残余变形(mm)	$u_4 \leq 0.3$ 且 $u_8 \leq 0.6$	$u_4 \leq 0.3$ 且 $u_8 \leq 0.6$

结构构件中纵向受力钢筋的接头宜相互错开。钢筋机械连接的连接区段长度应按 $35d$（d 为钢筋直径）计算，当直径不同的钢筋连接时，按直径较小的钢筋面积计算。位于同一连接区段内的钢筋机械连接头的面积百分率应符合下列规定：

接头宜设置在结构构件受拉钢筋应力较小的部位，高应力部位设置接头时，同一连接区段内Ⅱ级接头的接头百分率不应大于 50%。

接头宜避开有抗震设防要求的框架的梁端、柱端箍筋加密区；当无法避开时，应采用Ⅱ级接头或Ⅰ级接头，且接头百分率不应大于 50%。

受拉钢筋应力较小部位或纵向受压钢筋，接头百分率可不受限制。

对直接承受动力荷载的结构构件，接头百分率不应大于 50%。

Ⅰ级接头的接头面积百分率除图 5-2-57b)、d)所列情况外可不受限制。

③工艺流程

剥肋滚轧直螺纹连接施工流程如图 5-2-61 所示。

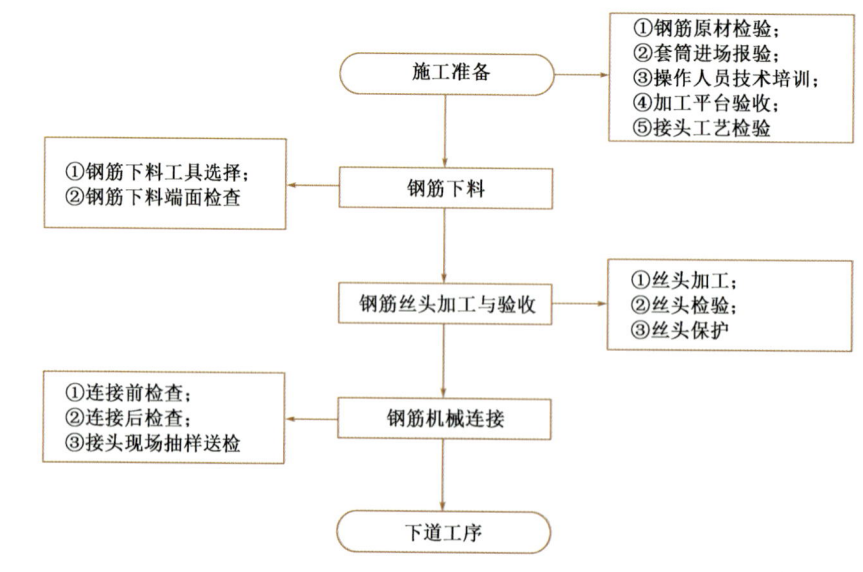

图 5-2-61　剥肋滚轧直螺纹连接施工流程图

④施工准备

a. 套筒进场报验

相关资料审核与验收,见表5-2-61第3项。

连接套筒要求供货单位提供出厂合格证、产品质量证明书,套筒包装袋上标注应齐全,合格证与包装袋上信息一致,如图5-2-62所示。

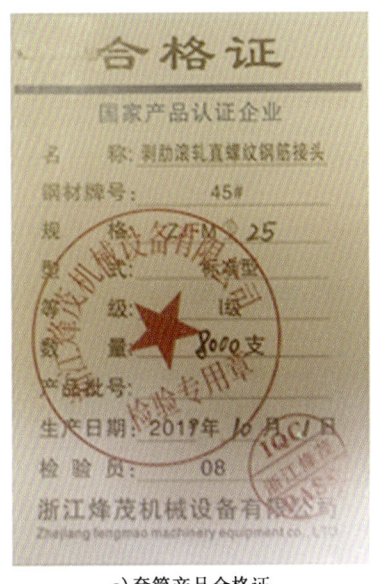
a) 套筒产品合格证

b) 套筒包装袋

图5-2-62 套筒合格证与包装袋上信息一致

外观检查:连接套筒螺纹牙形应饱满,表面和内螺纹不得有严重的锈蚀及其他肉眼可见的缺陷,套筒表面应有符合规定的标记和标志。

套筒的标记应由名称代号、形式代号、主参数(钢筋屈服强度标准值)代号、主参数(钢筋公称直径)四部分组成,如图5-2-63所示。

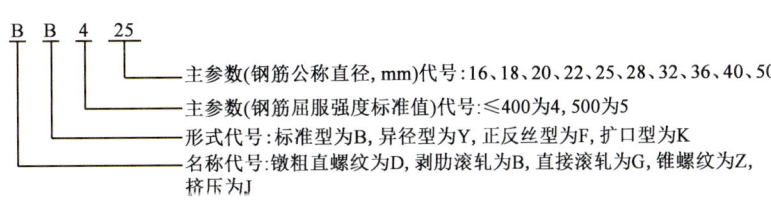

图5-2-63 套筒标记代号

注:1. 异径型套筒的钢筋直径主参数代号为"小径/大径"。

2. 图例解读:剥肋滚轧直螺纹套筒、标准型、用于连接400级或以下等级、连接用钢筋公称直径为25mm。

尺寸检查:连接套筒重要尺寸(外径、长度)应符合现行《钢筋机械连接用套筒》(JGT 163)的要求,具体数值见表5-2-50,套筒内螺纹专用的螺纹塞规检查如图5-2-64所示。

标准型套筒尺寸　　　　表5-2-50

序　号	套筒规格	套筒外径(mm)	套筒长度(mm)	螺纹规格(mm)
1	16	25	45	M11.5×2
2	18	29	55	M19×2.5

续上表

序　号	套筒规格	套筒外径(mm)	套筒长度(mm)	螺纹规格(mm)
3	20	31	60	M21×2.5
4	22	33	65	M23×2.5
5	25	39	70	M26×3
6	28	44	80	M29×3
7	32	49	90	M33×3
8	36	54	98	M37×3.5
9	40	59	105	M41×3.5

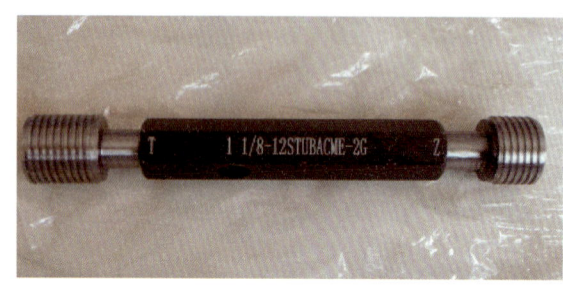
a) 螺纹塞规

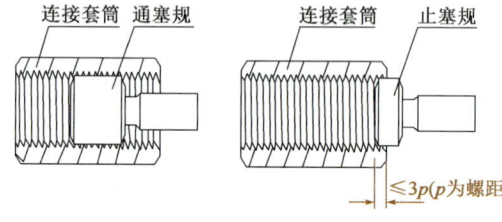
b) 塞规使用示意图

图 5-2-64　套筒内螺纹专用塞规

检测标准：通塞规应在连接套筒内旋合通过。止塞规允许与套筒工作内螺纹两端的螺纹部分旋合，旋合量应不超过 3 个螺距。

b. 操作人员技术培训

钢筋丝头现场加工与接头安装应按接头技术提供单位（一般为套丝机生产厂家）的加工、安装技术要求进行，操作工人应经专业技术人员培训合格后才能上岗，人员应相对稳定。

c. 加工平台检验

套丝机主轴中心线与放置在支架上的待加工钢筋中心线保持一致，同时支架的搭设应保证钢筋摆放水平。

d. 接头工艺检验

钢筋丝头加工与安装应经工艺检验合格后方可进行。接头工艺检验应针对不同钢厂的进场钢筋，主要是检验接头技术提供单位采用的接头类型（如剥肋滚轧直螺纹接头）和接头形式（如标准型、异径型等）、加工工艺参数是否与本工程中进场钢筋相适应，以提高实际工程中抽样试件的合格率，减少工程应用后出现问题造成的经济损失。具体要求见表 5-2-61 第 4 项。

⑤钢筋下料

a. 钢筋下料时，端头应预留出 30mm，采用带锯、砂轮锯（图 5-2-65）的专用机械切平；接头处钢筋端部不得用钢筋切断机进行切断，更不得用气割进行下料。

b. 钢筋切口端面必须与钢筋轴线垂直，且端面必须平整，不得有马蹄形或变形，如图 5-2-66 所示。

⑥钢筋丝头加工与检验

a. 丝头加工

钢筋剥肋滚轧螺纹应用套筒生产厂家提供的专用直螺纹滚轧机进行加工，示例如图 5-2-67a)、b) 所示;丝头加工完成后应用砂轮机将丝头处飞边、毛刺等进行打磨平整,示例如图5-2-67c)、d)所示。

a)钢筋带锯床

b)砂轮切割机

图 5-2-65　钢筋切平工具

a)合格端面

b)不合格端面

图 5-2-66　钢筋切口端面

a)挡铁控制螺纹长度

b)滚丝机正在剥肋、滚压丝头

c)砂轮机打磨丝头

d)打磨好的丝头

图 5-2-67　钢筋直螺纹加工

b. 丝头检验

钢筋丝头加工尺寸应满足表5-2-51及表5-2-52的要求,钢筋丝头的加工长度应为正偏差,保证丝头在套筒内可相互顶紧,以减少残余变形。

剥肋滚轧丝头加工尺寸   表 5-2-51

序号	套筒规格	剥肋直径(mm)	螺纹规格(mm)	丝头长度(mm)	完整丝扣圈数
1	16	15.1±0.2	M11.5×2	22.5	≥8
2	18	11.9±0.2	M19×2.5	27.5	≥7
3	20	18.8±0.2	M21×2.5	30	≥8
4	22	20.8±0.2	M23×2.5	32.5	≥9
5	25	23.7±0.2	M26×3	35	≥9
6	28	21.6±0.2	M29×3	40	≥10
7	32	30.5±0.2	M33×3	45	≥11
8	36	34.5±0.2	M37×3.5	49	≥9
9	40	38.1±0.2	M41×3.5	52.5	≥10

钢筋丝头质量检验方法及要求见表 5-2-52 及表 5-2-61 第 5 项。

钢筋丝头质量检验方法及要求   表 5-2-52

序号	检验项目	量具名称	检验要求	备注
1	螺纹牙形	目测、卡尺	牙形完整,螺纹大径低于中径的不完整丝口,累计长度不超过 2 个螺纹周长	
2	丝头长度	卡尺或专用量规	钢筋丝头长度应满足表 5-2-51 的要求,公差应为 0~2.0p(p 为螺距)	—
3	螺纹直径	环通规	环通规能顺利旋入并达到要求的拧入长度	
		环止规	允许环止规与端部螺纹部分旋合,旋入量不得超过 3p(p 为螺距)	

c. 丝头保护

丝头加工完毕,经检验合格后,应立即带上丝头保护帽或拧上连接套筒,防止损坏丝头,且按规格分类码放整齐,示例如图 5-2-68 所示。

连接套筒或丝头在运输过程中应妥善保护,避免雨淋、沾污或机械损伤。

带连接套筒的钢筋应固定牢靠,对于已绑扎但未安装套筒的钢筋丝扣仍应有塑料保护盖或其他防护措施。

雨季或长期码放情况下,须对丝头采取覆盖等防锈措施。

a) 戴保护帽

b) 分类码放

图 5-2-68　钢筋直螺纹丝头保护

⑦钢筋机械连接

a. 连接前的检查内容：

检查钢筋丝头是否与连接套筒规格一致。

检查直螺纹牙形是否完好无损、是否保持清洁。

接头安装前应重点检查套筒标志和套筒材料与型式检验报告中的一致性。套筒应按产品标准要求有明显标志并具有可追溯性，应检查套筒适用的钢筋强度等级以及与型式检验报告的一致性，应能够反映连接件适用的钢筋强度等级、类型、形式、规格，见表 5-2-61 第 6、7、8 项。

b. 连接完成后的检查内容：

检查钢筋丝头是否在套筒中间位置相互顶紧，钢筋连接完毕后，接头连接套筒外应有外露有效丝扣，且外露有效丝扣螺纹不超过 $2p$（p 为螺距）。

钢筋接头安装完成后，应用扭矩扳手检验拧紧扭矩（图 5-2-69），扭矩值应符合表 5-2-53 的规定；扭矩扳手精度要求允许采用最低等级 10 级。抽检频率见表 5-2-61 第 1 项。

直螺纹接头安装时最小拧紧扭矩值　　表 5-2-53

钢筋直径(mm)	≤16	18~20	22~25	28~32	36~40	50
拧紧扭矩(N·m)	100	200	260	320	360	460

a) 拧紧扭矩检查

b) 扭矩扳手

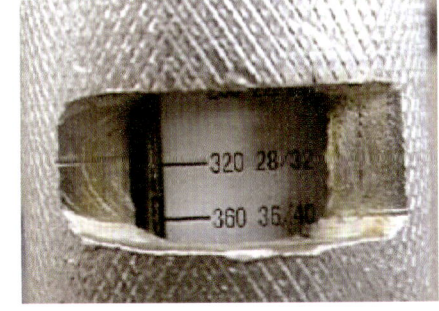
c) 扭力扳手刻度值

图 5-2-69　钢筋直螺纹接头拧紧扭矩检查

检查施工缝处预留钢筋接头是否安装了保护套/保护塞，再次连接时螺纹是否完好。

c. 接头现场抽检：钢筋机械连接接头现场抽检项目包括拧紧扭矩校核、极限抗拉强度试验，详见表 5-2-61 第 1、2 项。

5) 钢筋安装

梁、柱、板、墙钢筋节点、钢筋接头及细部节点构造应符合设计要求；当设计无要求时，应参照《混凝土结构施工图平面整体表示方法制图规则和构造详图(现浇混凝土框架、剪力墙、梁、板)》(16G101-1)执行。各部位施工顺序及施工控制要点见表 5-2-54。

各部位施工顺序及施工控制要点表　　　　表 5-2-54

序号	安装部位	施工顺序	施工控制要点	图示
1	梁筋绑扎	将梁架立筋两端架在骨架绑扎架上→画箍筋间距→摆放梁上层纵向受力主筋→绑箍筋→穿梁下层纵向受力主筋→下层主筋与箍筋绑牢、绑扎腰筋和拉筋→安放垫块→抽出骨架绑扎架→骨架落在梁位置线上	(1)箍筋弯钩的叠合处应交错绑扎。 (2)梁纵向受力钢筋采用双排或多排布置时,两排钢筋之间宜垫直径≥25mm 的短钢筋,以保持其距离。 (3)顶板框架梁、楼板框架梁的下部纵向受力钢筋及底板梁上部纵向受力钢筋在框架顶层、楼板层及底层的中间框架梁柱节点处应贯通,且不得在跨中连接;钢筋需接长时,接头位置应在节点两侧 $L_n/4$(L_n 为梁的净跨)范围内。 (4)顶板框架梁、楼板框架梁的上部纵向受力钢筋及底板梁下部纵向受力钢筋在框架顶层、楼板层及底层的中间框架梁柱节点处应贯通,且不得在支座附近连接;钢筋需接长时,接头位置应在跨中 $L_n/3$(L_n 为梁的净跨)范围内。 (5)梁端第一个箍筋应设置在距离柱节点边缘 50mm 处,箍筋加密区严格按施工图施工	
2	主次梁筋同时绑扎	画箍筋间距→在主次梁模板上口铺横杆数根→在横杆上面放箍筋→穿主梁底层纵筋→穿次梁下层钢筋→穿主梁上层钢筋→按箍筋间距绑扎→穿次梁上层纵筋→按箍筋间距绑扎→抽出横杆落骨架于模板内	在梁底模板上画出箍筋间距,摆放箍筋。先穿主梁的下部纵向受力钢筋及弯起钢筋,将箍筋按已画好的间距逐个分开。然后,穿次梁的下部纵向受力钢筋及弯起钢筋,并套好箍筋。接着,放主、次梁的架力筋,再穿上层纵筋。隔一定间距将架力筋与箍筋绑扎牢固,调整箍筋间距使其符合设计要求。绑架力筋,再绑主筋,主、次梁同时配合进行。绑扎梁上部纵向筋的箍筋时,宜采用套扣法绑扎	
3	板筋绑扎	画下层钢筋间距→摆放下层钢筋→绑扎下层钢筋→安放垫块→摆放固定钢筋马凳(或钢筋支架)→绑上层纵横两方向定位钢筋→画上层钢筋间距→穿设钢筋→绑扎上层钢筋→绑扎勾筋→插筋	(1)板筋绑扎前在垫层(或底模)上画好板主筋、分布筋间距。 (2)当有板带梁时,按先主梁筋、再次梁筋、后板筋的顺序绑扎各构件钢筋。 (3)底板下排钢筋弯钩朝上,上排钢筋弯钩朝下;板上层筋和下层之间须加钢筋马凳,钢筋马凳高度应考虑板保护层厚度和两侧钢筋直径,以确保上部钢筋的位置和两层钢筋的间距。绑扎上层负弯矩钢筋(板支座处的加筋)时,每个交叉点均要绑扎。 (4)中楼板下部受力钢筋、底板上部受力钢筋可跨过中间支座,也可在中间支座内锚固,且只可在支座内连接。 (5)中楼板上部通长受力钢筋、底板下部通长受力钢筋必须在跨中 $L_n/3$(L_n 为板的净跨)范围内连接。 (6)绑扎钢筋时,除靠近外围两行的交叉点全部绑扎外,中间部位的交叉点可相隔交错扎牢,但必须保证受力钢筋不位移。双向受力的钢筋不得跳扣绑扎。 (7)上下两层钢筋有接头时,应按规范要求错开。板下层钢筋绑扎完成后,应及时安装预留孔、预埋件等。当孔口尺寸小于 300mm 时,板筋由洞边绕过,不得截断;当孔口尺寸大于 300mm 时,按设计要求施作,当设计未要求时,应沿洞边设置加强筋,加强筋数量不得少于截断钢筋的数量。 (8)墙、柱等主筋插筋深入板(梁)内的长度应符合设计要求,根据提前弹好的墙、柱位置,将预留插筋绑扎固定牢固,以确保位置准确,必要时可附加钢筋点焊焊牢。插筋甩出长度及接头位置亦应符合要求。 (9)预留钢筋接驳器均采用附加定位钢筋点焊焊牢,以确保位置、间距、标高。 (10)板筋保护层垫块可使用砂浆垫块,间距为 800~1000mm	

续上表

序号	安装部位	施工顺序	施工控制要点	图示
4	墙筋绑扎	调直预留钢筋→绑扎外侧网片→绑扎内侧网片→绑扎拉筋→安放垫块→设置撑铁→检查→支模	(1)将预留钢筋调直理顺,并将表面砂浆等杂物清理干净。先立2~4根纵向筋,然后画好横筋分挡标志,然后于下部及齐胸处绑扎两根定位水平筋,并在横筋上画好分挡标志,然后绑扎其余纵筋,最后绑扎其余横筋。 (2)墙筋应逐点绑扎牢固,其搭接长度及位置应符合规范及设计要求。 (3)双排钢筋之间应设置撑铁,间距为1500mm左右,以保证双排钢筋之间的间距,撑铁与两排钢筋之间通过焊接固定,撑铁采用直径为14~20mm的钢筋下脚料。 (4)如墙中有暗梁、暗柱时,应先绑扎暗梁、暗柱钢筋,再绑扎墙围横筋。墙筋绑扎时应配合预埋管件、预留洞口安装,保证其位置、标高符合设计要求。 (5)墙筋保护层垫块可使用塑子卡。 (6)在墙钢筋绑扎中,采用梯子筋的效果好,梯子筋间距一般取1500mm左右。 (7)混凝土浇筑前要对伸出的墙体钢筋进行修整,并绑扎一道临时横筋以固定甩筋的间距。墙体混凝土浇筑时派专人看管钢筋,浇筑完后立即对甩筋进行修整,以确保甩筋的间距和保护层厚度	
5	柱筋绑扎	调直预留钢筋→画箍筋间距→套箍筋→接长竖筋→画箍筋间距→绑扎钢筋→检查→支模	(1)底(中)板混凝土浇筑完后,首先将柱内混凝土底面凿毛并清理干净,同时将钢筋上的灰浆清理干净;然后弹出外皮尺寸线,调整柱子插筋位置,使柱筋竖直并在竖筋上标出50线。 (2)先将箍筋套在柱插筋上,然后接长柱子钢筋。在竖筋上画出箍筋间距线,将已套好的箍筋往上移动,由上而下顺序绑扎,宜采用缠扣绑扎。 (3)箍筋与主筋要垂直,箍筋转角处与主筋交点均要绑扎,主筋与箍筋非转角部分的相交点成梅花形交错绑扎。箍筋的弯钩叠合处应沿柱子竖筋交错布置在柱四个角的纵向钢筋上,并绑扎牢固。拉筋要勾住箍筋,加密区严格按图施工。 (4)柱筋保护层垫块间距一般为1000mm	

6)钢筋验收

钢筋安装完成之后,在浇筑混凝土之前,应进行钢筋隐蔽工程验收,留好影像资料,填写隐蔽工程验收记录。

(1)钢筋隐蔽工程验收包括以下主要内容:

①纵向受力钢筋的牌号、规格、数量、位置;

②钢筋的连接方式、接头位置、接头数量、接头面积百分率、搭接长度、锚固方式及锚固长度;

③箍筋、横向钢筋的牌号、规格、数量、间距、位置,箍筋弯钩的弯折角度及平直段长度;

④预埋件的规格、数量和位置。

(2)钢筋隐蔽工程验收前,应有钢筋出厂合格证与检验报告及进场复试报告,钢筋连接接头力学性能试验报告。

2.3.4 施工质量控制与验收标准

钢筋工程施工质量控制与验收标准主要依据现行《混凝土结构工程施工质量验收规范》(GB 50204)

执行,主要参考资料包括现行《钢筋混凝土用钢 第1部分:热轧光圆钢筋》(GB/T 1499.1)、《钢筋混凝土用钢 第2部分:热轧带肋钢筋》(GB/T 1499.2)、《钢筋机械连接技术规程》(JGJ 107)、《钢筋焊接及验收规程》(JGJ 18)、《钢筋机械连接用套筒》(JG/T 163)、《地铁杂散电流腐蚀防护技术标准》(CJJ/T 49)等。

1)钢筋进场

钢筋进场质量验收标准见表5-2-55。

钢筋进场质量验收标准　　　　　　　　　　　　表5-2-55

序号	项目	内容	检查数量	检验方法	检查要点及目标值	备注
1	主控项目	钢筋	按进场的批次和产品的抽样检验方案确定	检查质量证明文件和抽样复验报告	钢筋进场时,按现行《钢筋混凝土用钢 第1部分:热轧光圆钢筋》(GB/T 1499.1)、《钢筋混凝土用钢 第2部分:热轧带肋钢筋》(GB/T 1499.2)的规定抽取试件做屈服强度、抗拉强度、伸长率、弯曲性能和质量偏差检验,检验结果必须符合相应标准的规定	(1)当发现钢筋脆断、焊接性能不良或力学性能显著不正常等现象时,应停止使用该批钢筋,并对该批钢筋进行化学成分检验或其他专项检验; (2)对由热轧钢筋制成的成型钢筋,当有施工单位或监理单位的代表驻厂监督生产过程,并提供原材钢筋力学性能第三方检验报告时,可只进行质量偏差检验
2		抗震钢筋	按进场的批次和产品的抽样检验方案确定	检查抽样和复验报告	对按一、二、三级抗震等级设计的结构中的纵向受力普通钢筋应采用HRB335E、HRB400E、HRB500E、HRBF335E、HRBF400E或HRBF500E钢筋,其强度和最大力下总伸长率的实测值应符合下列规定:钢筋的抗拉强度实测值与屈服强度实测值的比值不应小于1.25,钢筋的屈服强度实测值与屈服强度标准值的比值不应大于1.30,钢筋的最大力下总伸长率不应小于9%	
3		成型钢筋	同一厂家、同一类型、同一钢筋来源的成型钢筋,不超过30t为一批,每批中每种钢筋牌号、规格均应至少抽取1个钢筋试件,总数不应少于3个	检查质量证明文件和抽样复验报告	成型钢筋进场时,应抽取试件做屈服强度、抗拉强度、伸长率和质量偏差检验,检验结果应符合国家现行相关标准的规定	
4	一般项目	钢筋外观质量	全数检查	观察	钢筋应平直、无损伤,表面不得有裂纹、油污、颗粒状或片状老锈	—
5		成型钢筋外观尺寸	同一厂家、同一类型的成型钢筋,不超过30t为一批,每批随机抽取3个成型钢筋	观察,尺量	成型钢筋的外观质量及尺寸偏差应符合国家现行相关标准的规定	对地铁工程,国家现行相关标准就是地铁行业相关标准
6		钢筋机械连接套筒、钢筋锚固板及预埋件等	按国家现行相关标准确定	检查产品质量证明文件;观察,尺量	钢筋机械连接套筒、钢筋锚固板及预埋件等外观质量应符合国家现行相关标准的规定	钢筋机械连接套筒适用规范为现行《钢筋机械连接技术规程》(JGJ 107)及《钢筋机械连接用套筒》(JG/T 163),钢筋锚固板适用规范为现行《建筑结构防腐蚀技术规程》(JGJ 251)

2）钢筋配料与加工

钢筋加工完成后,应按照配料单和规范对钢筋加工的形状、尺寸等进行检查,检查合格的应分类码放,做好标识以免造成混用。钢筋加工质量验收标准见表5-2-56。

钢筋加工质量验收标准　　　　　　　　　　　　　　　　　　　　　　　　　表5-2-56

项目	序号	内容			检查要点及目标值				检查数量	检验方法	备注
主控项目	1	钢筋弯折的弯弧内直径	光圆钢筋		不应小于钢筋直径的2.5倍				同一设备加工的同一类型钢筋,每工作班抽查不应小于3件	尺量	箍筋弯折处的弯弧内直径尚不应小于纵向受力钢筋直径
	2		HRB335、HRBF335、HRB400、HRBF400带肋钢筋		不应小于钢筋直径的4倍						
	3		HRB500、HRBF500带肋钢筋	直径28mm以下	不应小于钢筋直径的6倍						
	4			直径28mm及以上	不应小于钢筋直径的7倍						
	5	纵向受力钢筋弯折后平直段长度			应符合设计要求				同一设备加工的同一类型钢筋,每工作班抽查不应小于3件	尺量	光圆钢筋末端做180°弯钩时,弯钩的平直段长度不应小于钢筋直径的3倍
	6	箍筋、拉筋的末端弯钩			箍筋、拉筋的末端应按设计要求做弯钩,并符合下列规定: (1)对一般结构构件,箍筋弯钩的弯折角度不应小于90°,弯折后平直段长度不应小于箍筋直径的5倍;对有抗震设防或设计有专门要求的结构构件,箍筋弯钩的弯折角度不应小于135°,弯折后平直部分段长度不应小于箍筋直径的10倍。 (2)圆形箍筋的搭接长度不应小于其受拉锚固长度,且两末端弯钩的弯折角度不应小于135°,弯折后平直段长度对一般结构构件不应小于箍筋直径的5倍,对有抗震设防要求的结构构件不应小于箍筋直径的10倍。 (3)梁、柱复合箍筋中的单肢箍筋两端弯钩的弯折角度均不应小于135°,弯折后平直段应符合第(1)条对箍筋的有关规定				同一设备加工的同一类型钢筋,每工作班抽查不应小于3件	尺量	
	7	盘卷钢筋调直后检验	力学性能		强度应符合国家现行有关标准的规定				同一设备加工的同一牌号、同一规格的调直钢筋,质量不大于30t为一批,每批见证抽取3个试件	检查抽样检验报告	(1)采用无延伸功能的机械设备调直的钢筋,可不进行检验; (2)断后伸长率A的量测标距为5倍钢筋直径
	8		—		HPB300	HRB335、HRBF335	HRB400、HRBF400	RRB400	HRB500、HRBF500		
	9		断后伸长率A(%)		≥21	≥16	≥15	≥13	≥14		
	10		质量偏差(%)	直径6~12mm	≥-10		≥-8				
	11			直径14~16mm			≥-6				

续上表

项目	序号	内 容	检查要点及目标值		检查数量	检验方法	备 注
一般项目	1	钢筋加工的允许偏差	调直后局部弯曲	$d/4$	同一设备加工的同一类型钢筋,每工作班抽查不应小于3件	尺量	钢筋加工的形状、尺寸应符合设计要求
	2		受力钢筋沿长度方向的净尺寸	±10mm			
	3		弯起成型钢筋 弯起点位置	±10mm			
	4		弯起成型钢筋 弯起高度	0,−10mm			
	5		弯起成型钢筋 弯起角度	2°			
	6		钢筋宽度	±10mm			
	7		箍筋外廓尺寸	±5mm			

注:d 为钢筋直径。

3)钢筋连接

(1)钢筋连接质量控制与验收标准

钢筋连接质量控制与验收标准见表5-2-57。

钢筋连接质量控制与验收标准　　　　　　表5-2-57

项目	序号	质量控制标准	检查数量	检验方法
主控项目	1	钢筋连接方式应符合设计要求	全数检查	观察
	2	钢筋采用机械连接或焊接连接时,钢筋机械连接接头、焊接接头的力学性能、弯曲性能应符合国家现行有关标准的规定。接头试件应从工程实体中截取	按现行《钢筋机械连接技术规程》(JGJ 107)和《钢筋焊接及验收规程》(JGJ 18)的规定确定	检查质量证明文件和抽样检验报告
	3	钢筋采用机械连接时,螺纹接头应检验拧紧扭矩值,检验结果应符合现行《钢筋机械连接技术规程》(JGJ 107)的相关规定	按现行《钢筋机械连接技术规程》(JGJ 107)的规定确定	采用专用扭矩扳手或专用量规检查
一般项目	1	钢筋接头的位置应符合设计和施工方案要求。有抗震设防要求的结构中,梁端、柱端箍筋加密区范围内不应进行钢筋搭接。接头末端至钢筋弯起点的距离不应小于钢筋直径的10倍	全数检查	观察,尺量
	2	钢筋机械连接接头、焊接接头的外观质量应符合现行《钢筋机械连接技术规程》(JGJ 107)和《钢筋焊接及验收规程》(JGJ 18)的规定	按现行《钢筋机械连接技术规程》(JGJ 107)和《钢筋焊接及验收规程》(JGJ 18)的规定确定	观察,尺量
	3	当纵向受力钢筋采用机械连接接头或焊接接头时,同一连接区段内纵向受力钢筋的接头面积百分率应符合设计要求;当设计无具体要求时,应符合下列规定: (1)受拉接头,不宜大于50%;受压接头,可不受限制。 (2)直接承受动力荷载的结构构件中,不宜采用焊接;当采用机械连接时,不应超过50%	在同一检验批内,对梁、柱和独立基础,应抽查构件数量的10%,且不应少于3件;对墙和板,应按有代表性的自然间抽查10%,且不应少于3间;对大空间结构,墙可按相邻轴线间高度5m左右划分检查面,板可按纵横轴线划分检查面,抽查10%,且均不应少于3面	观察,尺量

续上表

项目	序号	质量控制标准	检查数量	检验方法
一般项目	4	当纵向受力钢筋采用绑扎搭接接头时,接头的设置应符合下列规定: (1)接头的横向净间距不应小于钢筋直径,且不应小于25mm。 (2)同一连接区段内,纵向受拉钢筋的接头面积百分率应符合设计要求;当设计无具体要求时,应符合下列规定: 1)梁类、板类及墙类构件,不宜超过25%;基础筏板,不宜超过50%。 2)柱类构件,不宜超过50%。 3)当工程中确有必要增大接头面积百分率时,对梁类构件,不应大于50%	在同一检验批内,对梁、柱和独立基础,应抽查构件数量的10%,且不应少于3件;对墙和板,应按有代表性的自然间抽查10%,且不应少于3间;对大空间结构,墙可按相邻轴线间高度5m左右划分检查面,板可按纵横轴线划分检查面,抽查10%,且均不应少于3面	观察,尺量
	5	梁、柱类构件的纵向受力钢筋搭接长度范围内箍筋的设置应符合设计要求;当设计无具体要求时,应符合下列规定: (1)箍筋直径不应小于搭接钢筋较大直径的1/4。 (2)受拉搭接区段的箍筋间距不应大于搭接钢筋较小直径的5倍,且不应大于100mm。 (3)受压搭接区段的箍筋间距不应大于搭接钢筋较小直径的10倍,且不应大于200mm。 (4)当柱中纵向受力钢筋直径大于25mm时,应在搭接接头两个端面外100mm范围内各设置两道箍筋,其间距宜为50mm	在同一检验批内,应抽查构件数量的10%,且不应少于3件	观察,尺量

注:1. 同一连接区段内纵向受力钢筋接头面积百分率为接头中点位于该连接区段内的纵向受力钢筋截面面积与全部纵向受力钢筋截面面积的比值。
 2. 第6项,接头连接区段是指长度为35d且不小于500mm的区段,d为相互连接的两根钢筋的直径较小值。
 3. 第7项,接头连接区段是指长度为1.3倍搭接长度的区段。搭接长度取相互连接的两根钢筋中较小直径计算。

(2)电弧焊接质量控制与验收标准

①纵向受力钢筋焊接接头验收中,电弧焊接头、预埋件钢筋T形接头的连接方式应符合设计要求,并应全数检查,检验方法为目视观察。焊接接头力学性能检验为主控项目,焊接接头的外观质量检查为一般项目。

②不属于专门规定的钢筋与钢板电弧搭接焊接头可只做外观质量检查,属一般项目。

③纵向受力钢筋焊接接头、预埋件钢筋T形接头的外观质量检查时,首先应由焊工对所焊接头或制品进行自检;在自检合格的基础上由施工单位项目专业质量检查员检查,并按规定表格填写验收记录。

④施工单位项目专业质量检查员应检查钢筋、钢板质量证明书,焊接材料产品合格证和焊接工艺试验时的接头力学性能试验报告。钢筋焊接接头力学性能检验时,应在接头外观质量检查合格后随机切取试件进行试验。试验方法应按现行《钢筋焊接接头试验方法标准》(JGJ/T 27)的有关规定执行。

⑤钢筋电弧焊接头,应从每一检验批接头中随机切取三个接头进行力学性能试验,具体组批规则和对试验结果的评定标准见表5-2-58。

⑥钢筋焊接接头或焊接制品质量验收时,应在施工单位自质量评定合格的基础上,由监理(建设)单位对检验批有关资料进行检查,组织项目专业质量检查员等进行验收,并应按规定表格做好记录。

⑦钢筋电弧焊接头质量检查验收要求见表5-2-58,尺寸偏差及缺陷允许值见表5-2-59。

钢筋电弧焊接头质量检查验收要求　　　　　表 5-2-58

项目	序号	检验项目		检查和验收要求	备注
一般项目	1	外观	质量检查内容	(1) 焊缝表面应平整，不得有凹陷或焊瘤； (2) 焊接接头区域不得有肉眼可见的裂纹； (3) 焊缝余高应为 2～4mm； (4) 咬边深度、气孔、夹渣等缺陷允许值及接头尺寸的允许偏差，应符合表 5-2-59 的规定	
	2		检验批和取样	在现浇混凝土结构中，应以 300 个同牌号钢筋、同形式接头作为一批。纵向受力钢筋焊接接头，每一检验批中应随机抽取 10% 的焊接接头	
	3		检查结果评定	当外观质量各小项不合格数均小于或等于抽检数的 10% 时，则该批焊接接头外观质量评为合格	
	4			当各小项不合格数均小于或等于抽检数的 15% 时，则该批焊接接头外观质量评为合格；当某一小项不合格数超过抽检数的 15% 时，应对该批焊接接头该小项逐个进行复检，并剔出不合格接头。对外观检查不合格的接头采取修整或补焊措施后，可提交二次验收	
主要项目	1	力学性能试验	检验批和取样	(1) 在现浇混凝土结构中，应以 300 个同牌号钢筋、同形式接头作为一批。每批随机切取 3 个接头，做拉伸试验。 (2) 在装配式结构中，可按生产条件制作模拟试件，每批 3 个，做拉伸试验	(1) 在同一批中若有几种不同直径的钢筋焊接接头，应在最大直径钢筋接头和最小直径钢筋接头中分别切取 3 个试件进行拉伸试验。 (2) 当模拟试件试验结果不符合要求时，应进行复验。复验应从现场焊接接头中切取，其数量和要求与初始试验时相同。 (3) 试件断于热影响区，呈延性断裂，应视作与断于钢筋母材等同；试件断于热影响区，呈脆性断裂，应视作与断于焊缝等同
	2		焊接接头拉伸试验评定	符合下列条件之一时，应评定该检验批接头拉伸试验合格： (1) 3 个试件均断于钢筋母材，呈延性断裂，其抗拉强度大于或等于钢筋母材抗拉强度标准值。 (2) 2 个试件断于钢筋母材，呈延性断裂，其抗拉强度大于或等于钢筋母材抗拉强度标准值；另一试件断于焊缝，呈脆性断裂，其抗拉强度大于或等于钢筋母材抗拉强度标准值的 1.0 倍	
	3			符合下列条件之一时，应进行复检： (1) 2 个试件断于钢筋母材，呈延性断裂，其抗拉强度大于或等于钢筋母材抗拉强度标准值；另一试件断于焊缝，或热影响区，呈脆性断裂，其抗拉强度小于钢筋母材抗拉强度标准值的 1.0 倍。 (2) 1 个试件断于钢筋母材，呈延性断裂，其抗拉强度大于或等于钢筋母材抗拉强度标准值；另 2 个试件断于焊缝或热影响区，呈脆性断裂。 (3) 3 个试件均断于焊缝，呈脆性断裂，其抗拉强度大于或等于钢筋母材抗拉强度标准值的 1.0 倍	
	4			3 个试件均断于焊缝，呈脆性断裂，且当 3 个试件中有 1 个试件抗拉强度小于钢筋母材抗拉强度标准值的 1.0 倍时，应评定该检验批接头拉伸试验不合格	
	5			复验时，应切取 6 个试件进行试验。试验结果，若有 4 个或 4 个以上试件断于钢筋母材，呈延性断裂，其抗拉强度大于或等于钢筋母材抗拉强度标准值，另 2 个或 2 个以下试件断于焊缝，呈脆性断裂，其抗拉强度大于或等于钢筋母材抗拉强度标准值的 1.0 倍，应评定该检验批接头拉伸试验复验合格	

钢筋电弧焊接头尺寸偏差及缺陷允许值　　　　　表 5-2-59

序号	名　　称		单位	接 头 形 式	
				帮条焊	搭接焊（钢筋与钢板搭接焊）
1	帮条沿接头中心线的纵向偏移		mm	0.3d	—
2	接头处弯折角度		(°)	2	2
3	接头处钢筋轴线的偏移		mm	0.1d	0.1d
4				1	1
5	焊缝宽度		mm	+0.1d	+0.1d
6	焊缝长度		mm	−0.3d	−0.3d
7	咬边深度		mm	0.5	0.5
8	在长 2d 焊缝表面上的气孔及夹渣	数量	个	2	2
9		面积	mm^2	6	6

注：d 为钢筋直径(mm)。

⑧预埋件钢筋 T 形接头的质量检验应符合表 5-2-60 的规定。

预埋件钢筋 T 形接头质量检查验收要求　　　　　表 5-2-60

项目	序号	检测项目		检查和验收要求	备　注
主控项目	1	力学性能	检验批和取样	力学性能检验时，应以 300 件同类型预埋件作为一批。一周内连续焊接时，可累计计算。当不足 300 件时，亦应按一批计算。应从每批预埋件中随机切取 3 个接头做拉伸试验。试件的钢筋长度应大于或等于 200mm，钢板（锚板）的长度和宽度应等于 60mm，并视钢筋直径的增大而适当增大(右图)	预埋件钢筋 T 形接头拉伸试件（尺寸单位:mm）
	2		预埋件钢筋 T 形接头拉伸试验结果评定	预埋件钢筋 T 形接头拉伸试验结果，3 个试件的抗拉强度均大于或等于规定值（右表）时，应评定该检验批接头拉伸试验合格。若有一个接头试件抗拉强度小于规定值（右表），则应进行复验	
	3			复验时，应切取 6 个试件进行试验。复验结果，其抗拉强度均大于或等于规定值（右表）时，应评定该检验批接头拉伸试验复验合格	
一般项目	1	外观	质量检查取样	预埋件钢筋 T 形接头的外观质量检查，应从同一台班内完成的同类型预埋件中抽查 5%，且不得少于 10 件	
	2		质量检查结果	预埋件钢筋 T 形接头外观检查结果，应符合下列规定： (1) 焊条电弧焊时，角焊缝焊脚尺寸 k，如采用 HPB300 钢筋，k 不得小于钢筋直径的 50%；如采用其他牌号钢筋，则 k 不得小于钢筋直径的 60%。 (2) 埋弧螺柱焊时，四周焊包凸出钢筋表面的高度，当钢筋直径为 18mm 及以下时，不得小于 3mm；当钢筋直径为 20mm 及以上时，不得小于 4mm。 (3) 焊缝表面不得有气孔、夹渣和肉眼可见裂纹。 (4) 钢筋咬边深度不得超过 0.5mm。 (5) 钢筋相对钢板的直角偏差不得大于 2°。	预埋件钢筋 T 形接头抗拉强度规定值 | 钢筋牌号 | 抗拉强度规定值(MPa) | |---|---| | HPB300 | 400 | | HRB400、HRBF400 | 520 | | HRB500、HRBF500 | 610 |
	3	力学性能	不合格预埋件的处理	预埋件外观质量检查结果，当有 2 个接头不符合上述规定时，应对全数接头的这一项目进行检查，并剔出不合格品，不合格接头经补焊后可提交二次验收	

(3) 机械连接

钢筋机械连接检查项目与验收要求见表 5-2-61。

钢筋机械连接检验项目与验收要求　　　　　表 5-2-61

项目	序号	检验项目	验收要求	检验方法
主控项目	1	直螺纹安装质量检验	螺纹接头安装后抽取 10% 验收批的接头进行拧紧扭矩校核，拧紧扭矩值不合格数超过被校核接头数的 5% 时，应重新拧紧全部接头，直到合格为止	采用专用扭矩扳手检查
	2	极限抗拉强度试验	对接头的每一验收批，应在工程结构中随机截取 3 个接头试件做极限抗拉强度试验，按设计要求的接头等级进行评定。当 3 个接头试件的极限抗拉强度均符合现行《钢筋机械连接技术规程》(JGJ 107) 表 3.0.5 中相应等级的强度要求时，该验收批应评定为合格。当仅有 1 个试件的极限抗拉强度不符合要求时，应再取 6 个试件进行复检。复检中仍有 1 个试件的极限抗拉强度不符合要求，则该验收批应评为不合格	检查抽样检验报告
		注：(1) 验收批： ①抽检应按验收批进行，同钢筋生产厂、同强度等级、同规格、同类型和同形式接头，应以 500 个为一个验收批进行检验与验收，不足 500 个也应作为一个验收批。 ②同一接头类型、同形式、同等级、同规格的现场检验连续 10 个验收批抽样试件抗拉强度试验一次合格率为 100% 时，验收批接头数量可扩大为 1000 个；当验收批接头数量少于 200 个时，可按现行《钢筋机械连接技术规程》(JGJ 107) 的抽样要求随机抽取 2 个试件做极限抗拉强度试验，当 2 个试件的极限抗拉强度均满足现行《钢筋机械连接技术规程》(JGJ 107) 的强度要求时，该验收批应评为合格。当有 1 个试件的极限抗拉强度不满足要求时，应再取 4 个试件进行复检，复检中仍有 1 个试件极限抗拉强度不满足要求，则该验收批应评定为不合格。 ③对有效认证的接头产品，验收批数量可扩大至 1000 个；当现场抽检连续 10 个验收批抽检试件极限抗拉强度检验合格率为 100% 时，验收批接头数量可扩大为 1500 个。当扩大后的各验收批中出现抽样试件极限抗拉强度检验不合格的评定结果时，应将随后的各验收批数量恢复为 500 个，且不得再次扩大验收批数量。 (2) 特殊情况下见证取样要求：对封闭环形钢筋接头、钢筋笼接头、地下连续墙预埋套筒接头、装配式结构构件间的钢筋接头和有疲劳性能要求的接头，可见证取样，在已加工并检验合格的钢筋丝头成品中随机割取钢筋试件，按现行《钢筋机械连接用套筒》(JG/T 163) 相关要求，用进场套筒组装成接头试件做极限抗拉强度试验，按设计要求的接头等级进行评定。验收批合格评定应符合表中第 2 项验收要求的规定。 (3) 现场截取抽检试件后，原接头位置的钢筋可采用同等规格的钢筋进行绑扎搭接连接、焊接或机械连接方法补接。 (4) 对抽检不合格的接头验收批，应由工程有关各方研究后提出处理方案		
一般项目	1	审核接头相关技术资料	工程中应用钢筋机械接头时，应对接头技术提供单位提交的接头相关技术资料进行审核与验收，并应包括下列内容： (1) 工程所用接头的有效型式检验报告； (2) 连接件产品设计、接头加工安装要求的相关技术文件； (3) 连接件产品合格证和连接件原材料质量证明书	审查相关质量证明文件
	2	接头工艺检验	接头工艺检验应针对不同钢筋生产厂的钢筋，施工过程中更换钢筋生产厂或接头技术提供单位时，应补充工艺检验。工艺检验应符合下列规定： (1) 各种类型和形式的接头都应进行工艺检验，检验项目包括单向拉伸极限抗拉强度和残余变形； (2) 每种规格钢筋的接头试件不应少于 3 根； (3) 接头试件在测量残余变形后可继续进行抗拉强度试验，并宜按现行《钢筋机械连接技术规程》(JGJ 107) 中的单向拉伸加载制度进行试验； (4) 每根试件的抗拉强度和 3 根接头试件的残余变形的平均值均应符合现行《钢筋机械连接技术规程》(JGJ 107) 的相关规定； (5) 工艺检验不合格时，应进行工艺参数调整，合格后方可按最终确认的工艺参数进行接头批量加工	检查相关工艺检验报告

续上表

项目	序号	检验项目	验 收 要 求	检 验 方 法
一般项目	3	丝头加工质量	钢筋丝头加工应按现行《钢筋机械连接技术规程》(JGJ 107)相关要求进行自检,监理或质检部门对现场丝头加工质量有异议时,可随机抽取3根接头试件进行极限抗拉强度和单向拉伸残余变形检验,如有1根试件极限抗拉强度或3根试件残余变形值的平均值不合格时,应整改后重新检验,检验合格后方可继续加工	观察,尺量,见表5-2-52
	4	套筒标志	符合现行《钢筋机械连接用套筒》(JG/T 163)的有关规定	观察,专用量规检查
	5	进场套筒适用的钢筋强度等级	与工程用钢筋强度等级一致	观察
	6	进场套筒与型式检验的套筒尺寸和材料的一致性	符合有效型式检验报告记载的套筒参数	检查相关质量证明文件

4)钢筋安装

为确保钢筋工程的安装质量,必须在原材料质量、钢筋加工、定位、连接及绑扎等各个环节上加强过程控制,采取可靠的措施,确保钢筋安装质量。

(1)安装前质量控制措施

钢筋安装前控制人员重点检查梁、柱、墙的测量放线,复核梁、柱、墙的标高、轴线位置以及所用钢筋的品种、级别、规格和数量,确保其符合设计要求。

(2)钢筋安装质量控制管理措施

钢筋应采取"七不绑""五不验"的管理措施。

① 七不绑

a. 已浇筑混凝土浮浆未清理干净不准绑扎钢筋;

b. 钢筋污染未清除干净不准绑扎钢筋;

c. 控制线未弹好不准绑扎钢筋;

d. 钢筋偏位未检查、校正不合格不准绑扎钢筋;

e. 钢筋接头本身质量检查不合格不准绑扎钢筋;

f. 技术交底未到位不准绑扎钢筋;

g. 钢筋加工未通过验收不准绑扎钢筋。

② 五不验

a. 钢筋绑扎未完成不验收;

b. 钢筋定位措施不到位不验收;

c. 钢筋保护层垫块不合格、达不到要求不验收;

d. 钢筋纠偏不合格不验收;

e. 钢筋绑扎未严格按技术交底施工不验收。

(3)钢筋安装质量控制与验收标准

钢筋安装质量控制要点与验收要求见表5-2-62,钢筋安装允许偏差及检验方法见表5-2-63。

钢筋安装质量控制要点与验收要求 表 5-2-62

序号	项目	质量控制要点	检查数量	检验方法
1	主控项目	钢筋安装时,受力钢筋的牌号、规格和数量必须符合设计要求	全数检查	观察,尺量
		钢筋应安装牢固。受力钢筋的安装位置、锚固方式应符合设计要求	全数检查	观察,尺量
		主钢筋安装时,杂散电流腐蚀防护措施应符合设计文件要求,验收应符合现行《地铁杂散电流腐蚀防护技术标准》(CJJ/T 49)的规定	全数检查	仪表测试
2	一般项目	钢筋安装偏差及检验方法应符合表 5-2-63 的规定,受力钢筋保护层厚度的合格点率应达到 90% 以上,且不得有超过表 5-2-63 中数值 1.5 倍的尺寸偏差	在同一检验批内,对梁、柱和独立基础,应抽查构件数量的 10%,且不应少于 3 件;对墙和板,应按有代表性的自然间抽查 10%,且不应少于 3 间;对大空间结构,墙可按相邻轴线间高度 5m 左右划分检查面,板可按纵、横轴线划分检查面,抽查 10%,且均不应少于 3 面	尺量

钢筋安装允许偏差及检验方法 表 5-2-63

序号	项 目		允许偏差(mm)	检验方法
1	绑扎钢筋网	长、宽	±10	尺量
		网眼尺寸	±20	观察,尺量
2	绑扎钢筋骨架	长	±10	尺量
		宽、高	±5	尺量
3	纵向受力钢筋	锚固长度	−20	尺量
		间距	±10	尺量两端、中间各一点,取最大偏差值
		排距	±5	尺量
4	纵向受力钢筋、箍筋的混凝土保护层厚度	基础	±10	尺量
		柱、梁	±5	尺量
		板、墙	±3	尺量
5	绑扎箍筋、横向钢筋间距		±20	尺量连续三挡,取最大偏差值
6	钢筋弯起点位置		20	尺量
7	预埋件	中心线位置	5	尺量
8		水平高差	+3,0	塞尺量测

注:检查中心线位置时,沿纵、横两个方向量测,并取其中偏差的较大值。

2.3.5 质量通病与防治措施

1)钢筋原材料

钢筋原材料质量通病与防治措施见表 5-2-64。

钢筋原材料质量通病与防治措施　　　　　　　　　　表 5-2-64

序号	质量通病	现　象	危　害	原因分析	防治措施
1	表面锈蚀	钢筋、成型钢筋、甩筋表面出现黄色浮锈,严重时转为红色,日久后变成暗褐色,甚至发生鱼鳞片剥落现象	钢筋表面较严重锈蚀,浇筑在混凝土中时,影响钢筋与混凝土间的握裹力。钢筋锈蚀发展,会使混凝土产生锈蚀裂缝	保管不良,受到雨雪侵蚀,存放期长,仓库环境潮湿,通风不良	(1)钢筋原材、成型钢筋应放在仓库或料棚内分类码放整齐,且应垫离地面200mm 以上;若存放于地面干燥的露天场地,则其周围应有排水措施,必要时加盖雨布,堆放期尽量缩短。 (2)甩筋可用水灰比为 0.3～0.6 的普通硅酸盐水泥灰浆涂抹于钢筋表面,有 1～2 年防锈效果,浇筑前,原则上应将灰浆清除。 (3)淡黄色轻微浮锈不必处理。盘条钢筋可通过冷拉或调直过程除锈。暗褐色锈斑可用手工钢刷清除,并尽可能采用机械方法清除。对于锈蚀严重,发生锈皮剥落现象的,应研究是否降级使用或不用
2	混料	不同品种、不同等级的钢筋混乱存放,直径大小不同的钢筋堆放在一起,难以分辨,影响使用	钢筋加工时需花费大量人工翻料、找料,费工、费力	原材料仓库管理不当,制度不严,直径大小相近的,目测分不清;技术证明未随钢筋实物同时交送仓库	发现混料情况后,应立即检查并进行清理,重新分类堆放,如果翻垛工作量大,不易清理,则应将该钢筋做出标记,以备配料时提请注意。已发出去的混料钢筋应立刻追查,并采取防止事故的措施
3	原料弯曲	钢筋在运至现场时发现有严重曲折形状	影响正常使用	运输时装车不注意;运输车辆较短,条状钢筋弯折过度;用吊车卸车时,挂钩或堆放不慎;压垛过重	(1)采用专车拉运,对较长的钢筋尽可能采用吊车卸车; (2)利用矫直台将弯折处矫直,对曲折处圆弧半径较小的硬弯,矫直后应检查有无局部细裂纹,局部矫正不直或产生裂纹的不得用作受力筋
4	钢筋原材料不合格	在钢筋原料取样检验时,不符合技术标准要求	影响使用功能,造成质量事故	钢筋出厂时检查不合格,以致整批材质不合格或材质不均匀	进场的钢筋除具有炉罐(批)号直径和检验出厂合格证明文件外,还必须按现行的钢筋材质标准和检验要求分别进行力学性能的抽样检验和冷弯试验,当符合现行标准规定时方可使用。对复试不合格的钢筋批次,另取双倍试样做二次检验,如仍不合格,则该批钢筋不允许使用

2)钢筋加工

钢筋加工质量通病与防治措施见表 5-2-65。

钢筋加工质量通病与防治措施 表 5-2-65

序号	质量通病	现象	危害	原因分析	防治措施
1	钢筋下料不符合要求	钢筋下料后尺寸不准、不顺直、有弯曲、端头不平	钢筋下料时未按设计图纸和规范要求尺寸断料，弯钩、弯折、钢筋尺寸不符合要求，直接影响钢筋在混凝土结构中的位置、混凝土结构的几何尺寸、钢筋锚固性能和受力状况	(1) 钢筋配料时没有认真熟悉设计图纸和施工规范，配料尺寸有误，下料时尺寸误差大，画线方法不对，下料不准确；(2) 钢筋下料前对原材料没有调直，钢筋切断时，一次切断根数偏多或切断机刀片间隙过大，使端头歪斜不平	(1) 加强钢筋配料管理工作，首先要熟悉设计图纸和规范要求，按搭接锚固和钢筋的形状计算出钢筋的下料长度，根据设备情况和传统操作经验，预先确定各种形状钢筋下料长度的调整值（弯曲类型、弯曲处曲率半径、扳距、钢筋直径等）。在大批量加工前先试制成型，做出样板，根据试验情况调整下料长度，然后大批量加工。(2) 钢筋下料前原材料弯曲的应先予以调直，下料时控制好尺寸，调整好切断机的刀片间隙等，一次切断根数适当，防止端头歪斜不平
2	钢筋弯钩不符合要求	(1) HPB300 级钢筋末端没有做 180°度弯钩，或弯钩平直段长度不符合要求。(2) HRB400 级钢筋 135°弯折时，弯曲直径、弯钩长度不符合要求		(1) HPB300 级钢筋端头没有做 180°弯钩或平直段长度不够，主要是由于技术管理人员技术交底不明确或未交底，或是操作人员未按规定操作，加工时尺寸控制不好；(2) HPB400 级钢筋端头弯折的弯曲直径往往偏小，其原因：一是管理人员交底不清，二是操作人员对不同级别、不同直径钢筋的弯曲直径不了解或操作不认真，三是弯曲机上的弯心配件未及时更换或规格不配套、不齐全	(1) 钢筋加工前管理人员应对操作班组进行详细的书面交底，提出质量要求。(2) HPB300 级钢筋加工时末端要做 180°弯钩，其弯曲直径不应小于钢筋直径的 2.5 倍；平直部分长度不宜小于钢筋直径的 10 倍。(3) HPB400 钢筋需做 90°或 135°弯折时，其弯曲直径不宜小于钢筋直径的 4 倍；平直部分长度按设计要求。(4) 弯曲机的弯心配件规格必须配套，钢筋直径变化时及时调换配件
3	箍筋尺寸不符合要求	箍筋尺寸偏差大，不方正，拐角不成 90°，两对角线长不等，弯钩长度不符合要求	箍筋加工尺寸不符合要求，直接影响钢筋骨架的几何尺寸和钢筋保护层厚度，削弱与混凝土的锚固性，影响结构的受力性能和对钢筋的保护	箍筋成型时工作台上画线尺寸误差大，没有严格控制弯曲角度，一次弯曲多个箍筋时没有每个对齐，箍筋下料长度不够，致使弯钩平直部分长度不足	(1) 箍筋的下料长度应确保弯钩的平直长度，且平直长度不宜小于箍筋直径的 10 倍，弯钩弯成 135°；(2) 成型时按图纸尺寸在工作台上准确画线，弯折时严格控制弯曲角度，达到规定角度；(3) 一次弯曲多个箍筋时，在弯折处必须逐个对齐，成型后进行检查核对，发现误差应及时调整
4	成型钢筋变形	加工成型的钢筋变形严重	成型钢筋严重变形，直接影响钢筋的安装位置，造成尺寸不准确	成型后，往地面摔得过重，或因地面不平，或与别的物体或钢筋碰撞受伤；堆放过高或支垫不当被压弯；搬运频繁，装卸"野蛮"	搬运、堆放要轻抬轻放，存放地点要平整，支垫应合理；尽量按施工需要运至现场并使用先后堆放，以避免不必要的翻垛

3）钢筋连接

钢筋连接质量通病与防治措施见表 5-2-66。

钢筋连接质量通病与防治措施　　　　　表 5-2-66

序号	质量通病	现　象	危　害	原因分析	防治措施
1	滚轧直螺纹套筒连接缺陷	（1）钢筋套丝缺陷，丝扣数量不满足要求；牙形不完整，丝扣观感质量差，存在毛刺缺牙等；丝头加工直径偏差大，通止规检查不合格。（2）接头套筒连接时外露丝扣数量不满足要求。（3）接头套筒连接扭矩达不到规范要求	直接影响钢筋的整体受力状况和性能，危及结构的安全、稳定，特别在地震区抗震措施不符合要求会造成严重隐患，一旦发生地震，结构将遭受严重破坏	操作人员未经培训或操作不当；丝头加工设备不标准或没有及时维护调整；直螺纹套筒连接时，拧紧力矩值没有达到标准或漏拧	（1）对操作人员进行培训，取得合格证后再上岗。检查套丝机工作情况，杜绝带病作业，刀盘等关键部位必须经常更换，保证丝扣完整。（2）加强检查验收。用通止规随机抽取一定数量进行检验，每半个工作日检查一次，检查丝扣数量、牙形、丝头端部平整度等。（3）每个套筒接头用扭矩扳手拧紧，达到规定的力矩值。合格的接头必须立即做好标记，防止漏拧
2	电弧焊连接缺陷	（1）焊缝成形不良，焊缝表面凹凸不平，宽窄不均，焊缝不连续、不饱满，存在气泡，焊缝长度不足；（2）夹渣、焊渣未清理；（3）存在灼伤咬肉现象	影响焊接接头受力强度，破坏钢筋受力体系，降低钢筋的整体性能	操作人员技术水平不合格，考核培训不到位，作业时不负责任；使用电流和焊条不配套，电流过大；现场作业条件复杂，不利于焊接	（1）对操作人员要加强质量意识的教育，做相应的培训和考核，明确质量标准，详细做好技术交底。（2）电焊工必须经过培训且考核合格，持有效证件上岗，严禁无证施焊，正式焊接前做好焊接工艺试验，合格后方可施工作业。（3）焊接时，应避免风吹、雨淋等恶劣环境的影响。（4）操作时，电弧不得拉得过长，并控制好焊条的角度和运弧的方法。对已产生咬边部位，清渣后应进行补焊。焊接时，必须将焊接区域的脏物清除干净。选择适中的焊接电流，使熔池达到一定的温度，防止焊缝金属冷却过快，以使熔渣充分浮出。（5）对连接焊件之间的较深缝隙，应进行多层、逐层施焊。多层施焊时，必须层层清除焊渣后，再施焊下层，以避免层间夹渣。（6）焊接过程中若发现钢筋上有脏物或焊缝上有熔渣，应在焊到该处时将电弧适当拉长，并稍加停留，使该处熔化范围扩大，以把脏物或熔渣再次熔化吹走，直至形成清亮熔池为止

4）钢筋安装

钢筋安装质量通病与防治措施见表 5-2-67。

钢筋安装质量通病与防治措施　　　　　表 5-2-67

序号	质量通病	现　象	危　害	原因分析	防治措施
1	钢筋安装偏位缺陷	（1）钢筋锚固长度不符合要求；（2）钢筋绑扎搭接的接头长度不符合要求，同一断面上搭接接头比例超过规定	钢筋绑扎安装中出现的偏位等质量通病，直接影响钢筋的受力状况和性能，危及结构的安全、稳定，特别在地震区抗震措施不符合要求会造成严重隐患，一旦发生地震，结构将遭受破坏，发生倒塌事故	（1）钢筋配料时没有认真熟悉设计图纸和规范对搭接长度和锚固长度的要求，配料中疏忽大意，钢筋长度不足；（2）配料时没有认真考虑原材料的调整长度，对构件同一截面的接头数量安排计算有误	（1）钢筋配料时，认真熟悉设计图纸要求和规范规定，掌握钢筋原材料的长度，按钢筋的锚固长度和搭接长度要求，明确绑扎接头、焊接接头的位置和错开的数量，认真配料。下料单中的钢筋编号要标注清楚，特别对同一组配而安装方法不同时要加文字说明。（2）钢筋的绑扎搭接接头要按规范和设计规定执行。受力钢筋截面面积占受力钢筋总截面面积的百分率，在受拉区不得超过25%，受压区不得超过50%
2		钢筋的间距、排距位置不准确，偏差大		（1）钢筋绑扎前没有按图纸尺寸进行放样画线，或画线不准确，或不按画线绑扎，造成钢筋的间距、排距等几何尺寸超过规定；（2）柱、墙伸出楼面的钢筋在混凝土浇筑时未采取临时固定措施，或措施不当，或浇混凝土时碰撞钢筋，未及时调正，造成钢筋间距、排距位置偏移	（1）钢筋绑扎前，管理人员要对操作班组进行详细的书面交底。对加工成型的钢筋和箍筋在进场绑扎前进行复查，合格后进行首件试绑，首件验收合格后，再全面施工。（2）模板安装后，对伸出的竖向钢筋应进行位置固定，在混凝土搭接处绑扎一道横筋定位；浇筑混凝土时专人看管，浇筑后再次调整以保证钢筋位置正确。（3）钢筋绑扎前按图纸尺寸进行放样画线，对伸出板面的柱、墙钢筋的位置、间距进行校正。在柱、墙的模板上用石笔将钢筋的间距标注准确，并按线位置进行绑扎
3		（1）主筋的弯钩朝向不符合要求；（2）绑扎中绑扣松动、缺扣		（1）柱、墙、板、梁钢筋主筋有弯钩的，在绑扎安装中弯钩朝向没有按要求施工，影响锚固；（2）绑扎时，操作人员责任心不强，绑扣没有拧紧，钢筋搭接处未按规定绑扎3个及以上绑扣；（3）柱梁转角处绑扣未按缠扣或套扣操作，使绑扣松动、间距不准、主筋不到位；（4）双向受力的钢筋网和墙钢筋的绑扎交底不清，或操作人员不按规程施工，造成缺扣、松扣等问题	（1）柱、墙、板、梁钢筋主筋有弯钩的，在绑扎安装中弯钩朝向按设计规范要求施工；（2）加强操作人员责任心，拧紧每一个绑扣，钢筋搭接处按规定绑扎3个及以上绑扣；（3）柱梁转角处绑扣按缠扣或套扣操作，拧紧绑扣，保证间距准确、主筋到位；（4）对双向受力的钢筋网和墙钢筋的绑扎要求对操作人员进行详细交底，使操作人员按规程施工，保证钢筋绑扎质量

续上表

序号	质量通病	现 象	危 害	原因分析	防治措施
4	钢筋安装偏位缺陷	(1)柱梁箍筋不垂直主筋,间距过大,绑扎不牢,不贴主筋,箍筋接头位置未错开,弯钩平直段长度不满足设计规范要求,箍筋弯钩未弯成135°; (2)抗震地区框架结构的柱、梁节点处未按规定加密箍筋或加密的间距、长度不符合要求	钢筋绑扎安装中出现的偏位等质量通病,直接影响钢筋的受力状况和性能,危及结构的安全、稳定,特别在地震区抗震措施不符合要求会造成严重隐患,一旦发生地震,结构将遭受破坏,发生倒塌事故	(1)柱梁箍筋绑扎时,没有按间距用石笔画线,或画线不准确,不按画线绑扎;没有将箍筋接头错开后一次套在柱梁的主筋上;箍筋绑扎完成后未将弯钩调整为135°。 (2)对框架柱、梁按抗震要求对节点处箍筋加密的要求不熟悉,未向操作班组详细交底,或加密的箍筋事先没有一次套够,绑扎未按工艺规程操作	(1)首先将箍筋接头错开后一次套在柱梁的主筋上;然后按设计间距在四角钢筋上用石笔画线,按画线对箍筋和主筋进行绑扎;箍筋绑扎完成后将弯钩角度不足的调整为135°。 (2)熟悉框架柱、梁按抗震要求对节点处箍筋加密的要求,向操作班组进行详细交底,同时将加密的箍筋事先一次套够,绑扎严格按工艺规程操作
5	钢筋保护层	受力钢筋混凝土保护层不符合要求,有的偏大,有的紧贴模板	(1)保护层厚度过薄,将直接影响构件的耐久性; (2)保护层厚度过厚,将削弱构件的承载能力	(1)混凝土保护层垫块间距太大或脱落; (2)钢筋绑扎骨架尺寸偏差大,局部接触模板; (3)混凝土浇筑时,钢筋受碰撞发生位移	(1)钢筋绑扎完成后应及时将混凝土保护层垫块安装在最外侧钢筋上,其间距按方案规定执行,以保证钢筋保护层厚度,确保尺寸正确; (2)钢筋绑扎时要控制好外形尺寸,对局部偏小部位增加垫块; (3)混凝土浇筑时,应避免钢筋受碰撞发生位移。混凝土浇筑前、过程中设专人检查修整

2.4 混凝土工程

地铁土建工程的质量很大程度上取决于混凝土的质量,混凝土的生产和施工质量直接影响整个工程的质量。城市地铁混凝土工程具有体积大、数量多、工程条件复杂且现场浇筑等特点,混凝土工程施工不当会对其外观及耐久性造成较大影响,后期将会严重影响地铁工程的正常使用,甚至中断使用。为了保证地铁工程质量,延长地铁工程的使用寿命,必须采取有效的技术和管理措施,加强混凝土的质量控制。

2.4.1 施工流程

地铁工程施工采用商品混凝土,其施工流程如图5-2-70所示。

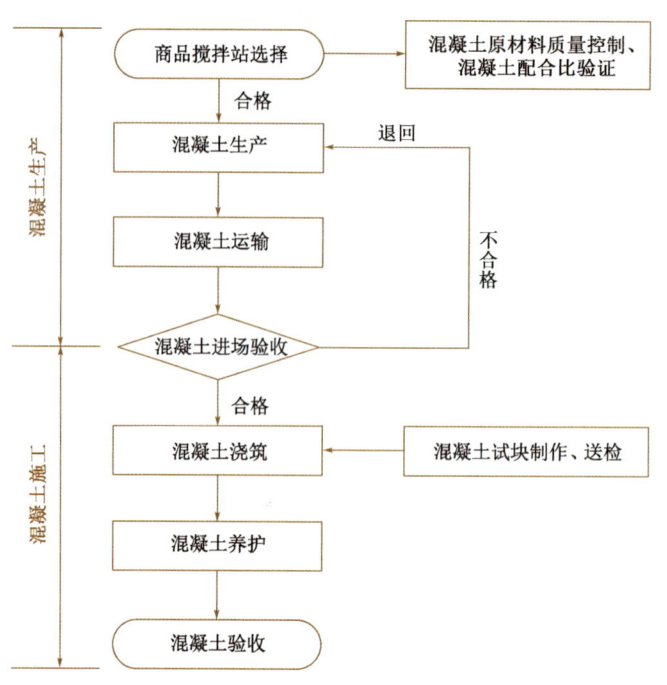

图 5-2-70 混凝土工程施工流程图

2.4.2 施工控制要点

1）混凝土搅拌站的考察与选择

（1）考察要求

施工单位在地铁主体结构开工前，对工程所在区域且在建设单位认定合格的供应商库内的预拌混凝土搅拌站进行系统考察。考察小组由负责生产、经营和试验、物资等的成员组成，对三家以上预拌混凝土搅拌站进行实地考察；选择资质等级高，生产技术和运输能力强，有同类工程供应经验和价格适中的预拌混凝土搅拌站。

（2）考察内容

①企业概况

a. 企业规模，占地面积；

b. 组织机构、股份组成等；

c. 人员数量及人员组成，技术人员数量；

d. 公司业绩，便于从中判断企业的经营理念、组织机构及人员设置的合理性，以及人员素质等能否满足需要。

②生产设备

a. 搅拌设备产地、生产厂家、规格型号、小时理论搅拌能力、搅拌轴形式（单卧轴、双卧轴、立轴或其他）等。

b. 搅拌能力，包括每盘混凝土搅拌量、单盘混凝土搅拌周期（从原材料计量至搅拌完毕开始卸料为止）或搅拌一车混凝土的时间。

c. 计量精度、打印情况。计量精度，包括单盘计量误差和累计计量误差，是否满足标准要求；实际计量值是逐盘打印还是逐盘存档，以便于合作的过程中抽查、检查或出现混凝土异常时作为原始资料分析用。是否具备自动打印或自动存盘功能很重要,这是搅拌过程中记录混凝土质量的最原始数据,一般是无法改动的,是实际计量值的真实反映。

d. 上料方式,包括装载机上料或运输车、装载机运料再通过皮带机上料。装载机上料常用于搅拌站式生产中,一个明显的区分就是砂、石计量在下部,计量后通过皮带输送到搅拌机,再进行搅拌等工序。搅拌楼式生产,是将砂、石、水泥分别通过皮带机、水泥提升机上料,运至搅拌楼上方的储仓储存,砂、石、水泥、水、外加剂等的计量均在搅拌楼上方完成(单阶)。单阶比双阶生产效率高、规模大。

e. 泵送施工设备。除了解各种设备数量外,还应了解车泵的臂杆长度、输送效率(泵送能力)、布料杆的布料半径等,为施工生产做好准备。

③运输车辆

运输车辆包括运输车辆数量、每辆车的运输量、总运输量。当工程有大体积混凝土浇筑时,应考虑一家搅拌站有无运输、生产能力,若不足时,应提前考虑应对措施。

④生产能力

a. 混凝土年生产量,最大日生产量。目的是了解搅拌站的综合生产、供应能力。

b. 搅拌楼储仓一次装满后,最大能搅拌的混凝土方量。掌握此数据的目的,在于了解当生产线出现异常时(砂、石皮带输送机发生故障或水泥提升机出现故障时),能够坚持供应多长时间,避免在工程中留下施工冷缝。

⑤原材料情况

a. 原材料最大储存量(砂、石、水泥、外加剂、掺合料)。应记录砂、石储存量,储存方式是露天堆放还是封闭储存。若露天堆放,北方地区应重点察看冬季时的保温、加热措施,能否达到要求的混凝土入模温度;南方地区应重点察看夏季时的降温措施,采取什么方式降低混凝土的入模温度是关键。记录水泥、外加剂的储仓、储罐的容量和数量。

b. 受环保因素及其他政策影响时,砂、石骨料及水泥的来源及供应情况。

c. 是否可精确控制砂、石含泥量,搅拌站是否有水洗设备。

d. 是否有使用聚羧酸减水剂的经验。

⑥冬季加热、夏季降温措施

a. 夏季站内原材料的降温措施(砂、石、水泥)。

b. 冬季能否控制混凝土入模温度在5℃以上,夏季能否控制入模温度在30℃以下。采取何种方式进行冬季加热、夏季降温。

c. 是否有生产、运输混凝土过程中温度控制及检测的经验。

⑦质量管理体系

a. 质量管理等体系的认证情况。主要了解质量管理体系、环境管理体系等的认证时间,这是管理能力的综合体现。一般而言,通过质量管理体系认证后的搅拌站管理漏洞较少、质量工序之间的衔接较为严密,质量缺陷相对较少。

b. 工作流程。应详细了解搅拌站的工作流程,以及从任务承揽、合同评审直到混凝土运输至工地为止,各工序的质量控制方法。搅拌过程质量控制和混凝土出厂前的质量把关是搅拌站的关键控制点。关键控制点采取什么样的措施,是区别搅拌站管理水平高低的标志。

c. 过程质量控制方法。主要指从原材料进场把关,到搅拌过程质量控制、混凝土出厂前质量放行的程序;了解过程质量控制的严谨程度,能否随时发现混凝土质量波动并及时修正,采取修正的方法是否可行等,这是搅拌站的关键控制点。一个好的混凝土操作工应该随时清楚地了解正在搅拌混凝土的状态,是偏稀还是偏稠,下一盘混凝土是否要调整等。

d. 材料统计报表。察看搅拌站上年度的材料总报表和本年度上个统计月的材料月报表,从中可以了解用过几种水泥、几种外加剂、几种粉煤灰和几种矿渣粉。若原材料种类少,水泥、外加剂、粉煤灰等集中在1~2种或1~2个生产厂家且均为知名的大厂产品,则可以初步判定这家搅拌站的混凝土质量稳定,也容易控制;若原材料种类多,且小厂家生产的产品居多,则可以初步判定这家搅拌站的混凝土质量波动大,会增大顾客方的使用风险。

e. 混凝土质量稳定性。一个搅拌站质量管理水平高低,集中体现在混凝土强度波动的高低上,这可以通过察看试验室的混凝土强度统计得到验证。一个完善的混凝土强度统计包括月度统计、季度统计或按季节统计的汇总表,并有修正、调整记录。混凝土标准差在3~5MPa之间属于正常,若标准差普遍低于3MPa时,应论证提供数据的可靠性。因为砂、石、水泥、外加剂等原材料质量始终在变化,气温在变化,砂、石中的含水率也在变化,这些因素都将导致混凝土质量出现波动。当试块组数大于30组,而混凝土强度标准差大于5MPa时,客观上可以认定搅拌站质量水平控制较差。

f. 试验室。试验室是搅拌站技术、质量的核心部门,应考察试验室布局是否流畅、是否便于工作(如混凝土试块成型室要方便取样车进出,试块拆模后便于就近移入标准养护室养护;试块抗压强度试验完毕,方便移走、集中堆放等)。还应重点察看养护室,一是看留置的混凝土组数是否足够多,如若一个搅拌站月均生产量为2万m^3混凝土,则养护室中的混凝土抗压试块至少应在150组以上;二是看养护室的温度与湿度控制设施、测温记录是否正常、齐全等。

⑧交通状况

实测搅拌站对工程现场的距离、单程耗时、路面情况等,据此计算混凝土施工过程中需要多少部运输车才能满足进度要求。

⑨同类工程预拌混凝土供应经验

通过了解附近地铁工地对该搅拌站的使用情况,侧面了解该搅拌站的信誉,及估算该站混凝土的供应能力。

⑩产品质量问题

近两年有无因预拌混凝土质量投诉的事件等。

2)混凝土搅拌站的管理

对已选定的混凝土搅拌站,为了确保其混凝土的质量,需在合同条款中明确以下质量条款:

(1)原材料的管理

原材料质量管理措施有:

①混凝土企业做好原材料自检工作,应先检后用,按照生产情况做好原材料使用的去向记录并形成台账,便于混凝土生产质量的追溯检查。

②混凝土企业每季度将原材料进行第三方送检,所送检的第三方检测单位必须是当地轨道建设管理公司测评合格的检测单位。

③施工单位对选定的预拌混凝土搅拌站用于本工程的砂、石子、水泥矿物掺合料、外加剂和水做定期不定期的抽查。抽查过程中,发现不合格的原材料应坚决拒绝使用,并要求预拌混凝土搅拌站做出书面说明,造成损失的,要给予赔偿。

④混凝土生产用原材料,除了必须满足相应国家或行业标准的相关规定以外,还应满足以下要求:

水泥:水泥的质量稳定性是影响混凝土质量的关键性指标,水泥的比表面积是影响混凝土裂缝的主要控制指标。因此,为了控制混凝土的质量,预防混凝土裂缝的发生,地铁混凝土工程对水泥的选用提出如下要求:应选用28d抗压强度不低于42.5MPa、比表面积不大于350m^2/kg的新型干法窑生产的P.Ⅱ或P.O硅酸盐水泥。

矿物掺合料:根据现行《混凝土质量控制标准》(GB 50164),用于混凝土中的矿物掺合物可包括粉煤灰、矿渣粉、硅灰、钢渣粉、磷渣粉,可采用两种或两种以上的矿物掺合料按一定比例混合使用。针对地铁工程,要求粉煤灰必须满足Ⅱ级以上,矿渣粉满足S95级以上,各性能指标和掺矿物掺合料混凝土的配合比设计应满足现行《矿物掺合料应用技术规范》(GB/T 51003)的规定。

砂子:氯离子含量是砂子的第一控制点,要求每600t为一检验批次,每批次砂子必须采用快速测定仪和滴定法两种检测方法检测氯离子含量。对于钢筋混凝土用砂,其氯离子含量不得大于0.06%,对于预应力混凝土用砂,其氯离子含量不得大于0.02%。

石子:现在各城市受环境保护严要求的影响,矿山开采很多已被停止,石子一般来源复杂,碎石质量稳定性较差,特别是石子压碎指标偏差较大。碎石生产过程为了满足环保控制的要求,需要喷水降尘,粉尘容易黏附在石子表面,导致石子的含泥量偏大。因此,要求地铁工程混凝土使用的石子必须来源稳定,并按照每600t作为一验收批次,对于强度等级大于C35的混凝土用石子的压碎指标值宜不大于12%,对于有抗渗或其他特殊要求的混凝土,其所用石子的含泥量不应大于1.0%。

减水剂:外加剂对预拌混凝土的工作性和结构混凝土的工程性能影响较大,要求混凝土生产企业应用高效、高性能减水剂,外加剂与水泥具有良好的适应性和稳定性。根据聚羧酸类减水剂具有减水率高、收缩小的特性,总结对比使用聚羧酸类和萘系类减水剂的混凝土结构工程裂缝发生情况,发现掺用聚羧酸类减水剂生产的混凝土裂缝控制效果明显比掺用萘系减水剂生产的混凝土好。因此要求混凝土生产企业使用聚羧酸类高性能减水剂。

(2)混凝土配合比管理

混凝土强度是混凝土结构工程安全的重要保证,混凝土生产企业可根据搅拌站自身的质量管理水平,安全经济地设计混凝土配合比,为了满足混凝土强度合格率要求,对地铁工程要求设计混凝土配合比的配制强度不得小于混凝土标准值的115%。混凝土搅拌站设计的配合比必须送第三方检测单位进行验证,配合比验证合格后方可进行混凝土生产供应。

(3)混凝土生产过程控制要点

混凝土搅拌站生产须按已验证合格的配合比生产,混凝土生产过程按照现行《预拌混凝土》(GB/T 14902)、《混凝土质量控制标准》(GB 50164)执行,严格检查出厂的预拌混凝土质量,按规定随机抽检混凝土的工作性并成型混凝土试件,做好相关记录,对异常变化的要跟踪追溯其原因;同时施工单位质检人员应不定期随机抽检混凝土,检查混凝土搅拌站与施工现场混凝土的质量是否一致,并以抽检的混凝土质量为最终结果。

3)混凝土运输和进场验收

(1)混凝土运输

①根据现场条件、运输路径等合理配备车辆,控制发车时间,做到既不压车,又能保证混凝土的连续供应,确保混凝土的施工质量。如现场1h可以泵送、施工40m^3混凝土,运输车单程运输耗时40min,则往返一趟需要80min,考虑在现场泵送前和泵送后的倒车、洗车时间为8min,到搅拌站装料时间为5min,则一部车运输一趟总耗时93min。若车辆的装载量为8m^3,1h需要泵送5车混凝土才能满足施工需求,每泵送一车混凝土(含泵送停顿时间)平均耗时12min,至少需要93/12≈8辆车才能符合需要,再

考虑路途等异常,要求搅拌站安排车辆时派9部车。

②混凝土装车前必须将罐内积水倒净,运输中保持罐体连续运转,混凝土运输车的搅动转速应保证为2~4r/min,整个输送过程中拌桶的总转数控制在300r内。

③预拌混凝土自搅拌机卸出后应及时送到浇筑地点,要保证混凝土的和易性;根据气温和混凝土性能的不同,控制好入泵时间,在运输和泵送过程中严禁任意加水。在运输过程中,要防止混凝土离析、水泥浆流失、坍落度变化以及产生初凝现象,若发现离析或分层应进行二次搅拌。

④混凝土运至浇筑地点,最高温度不得超过35℃,最低温度不得低于5℃(冬期施工不得低于5℃)。

(2)混凝土进场验收

①混凝土送至施工现场后,需按规定进行进场验收,验收合格后,方可使用。进场验收时,须要求预拌混凝土厂家设专人配合验收。

②混凝土进场除按发货单确认其品种、等级与数量外,还须检查预拌混凝土厂家提供的小票和混凝土质量控制资料。

③进场后验收分为坍落度检测和留置试件检测两个方面。

a.坍落度检测:在搅拌地点和浇筑地点分别取样检测。每工作班不应少于2次,评定时应以浇筑地点为准。在检测坍落度时,还应观察混凝土的黏聚性和保水性,全面评定拌合物的和易性。防水混凝土入泵坍落度宜控制在120~160mm。

b.留置试件检测:结构混凝土的强度等级必须符合设计要求。用于检查结构构件混凝土强度的试件,应在混凝土浇筑地点随机抽取。地铁工程多数混凝土有抗渗要求,还应留置抗渗试件。混凝土取样与试件留置数量见表5-2-68。

混凝土取样次数与试件留置数量　　　表5-2-68

序号	试验项目	试件种类	取样次数与试件留置数量
1	混凝土强度等级	标准养护试件	标准养护试件同一楼层、同一配合比不超过100m³,取样不得少于一次
		同条件养护试件	同条件养护试件留置,数量根据实际需要确定
2	抗渗强度等级	抗渗试件	抗渗试件同一工程、同一配合比的混凝土,取样不应少于一次,留置组数根据实际需要确定

④搅拌站为适应混凝土条件的变化,应控制混凝土的坍落度和缓凝时间。根据随车小票判定剩余初凝时间是否满足施工要求,如果不满足进行返厂处理,避免混凝土出现冷缝,影响施工质量。

⑤若现场混凝土坍落度不能满足泵送条件或离析严重,须由厂家人员根据条件采取加缓凝剂及二次掺加减水剂等措施。二次掺加减水剂必须确定掺加范围,确保外加剂均匀掺入,严禁在现场任意加水。如二次调整搅拌后,混凝土仍不能满足要求,该车混凝土必须退场。

⑥混凝土运输、输送入模的过程宜连续进行,从运输到输送入模的延续时间不宜超过表5-2-69的规定,且不应超过表5-2-70规定的限值。掺早强型减水外加剂、早强剂的混凝土以及有特殊要求的混凝土,应根据设计及施工要求,通过试验确定允许时间。

从运输到输送入模的延续时间(单位:min)　　　表5-2-69

序号	条件	气温	
		≤25℃	>25℃
1	不掺外加剂	90	60
2	掺外加剂	150	120

运输、输送入模及其间歇总的时间限值(单位:min)　　　　表 5-2-70

序号	条件	气温	
		≤25℃	>25℃
1	不掺外加剂	180	150
2	掺外加剂	240	210

4)混凝土输送

(1)输送方式

地铁工程混凝土输送方式主要有以下几种:

①地泵方式,通常暗挖工程二次衬砌结构和车站内二次结构工程采用该方式;

②汽车泵方式,通常明挖结构采用该方式;

③除此之外,对浇筑一些混凝土方量很小的小型构件,可采用汽车吊(或塔吊)加混凝土吊斗方式。

(2)输送泵的选择

①地泵的选择

a. 混凝土地泵的选型主要根据混凝土输送管路系统布置方案及浇筑工程量、浇筑进度以及混凝土坍落度、设备状况等施工技术条件确定。

b. 在地铁工程中,混凝土地泵主要用于暗挖、盖挖车站结构施工、暗挖隧道二次衬砌结构施工及车站内二次结构的施工。根据施工经验,采用 HBT60 泵在隧道内最远可以泵送 150~170m,超过 170m 需采用接力输送方式。

c. 混凝土输送管应根据工程特点、施工场地条件、混凝土浇筑方案等进行合理选型和布置。输送管布置宜平直,宜减少管道弯头用量。在地铁工程中,一般选用内径为 125mm 的输送管即可满足要求。

②汽车泵的选择

a. 混凝土汽车泵的选型应根据混凝土工程对象的特点、浇筑量、最大输送距离、混凝土浇筑计划、混凝土泵形式以及具体条件进行综合考虑。

b. 在选用机型时除优先考虑混凝土的浇筑量外,还应该考虑施工建筑物的类型和结构、施工要求、施工现场条件和周围环境等影响因素。通常情况下,混凝土泵车的主要性能参数应和施工需要相符或稍大,如果设备能力冗大,则设备利用率会比较低;如果设备能力过小,则不但满足不了施工要求,反而还会加速混凝土泵车的损耗。

c. 混凝土汽车泵的数量可根据混凝土浇筑量、单机的实际输送量和施工作业时间进行计算。对一次性混凝土浇筑量很大的混凝土泵送施工工程,除根据计算确定外,还应有一定的备用量,需装备 2~3 辆混凝土泵车。

d. 混凝土汽车泵具有灵活性,而且臂架高度越高,浇筑高度和布料半径就越大,施工适应性也越强,但是价格也越贵。臂架长度为 37~45m 的混凝土汽车泵是市场上量大面广的产品。一般搅拌站会配置一些常用的汽车泵,一般按泵送混凝土量进行计价。为此,可尽量选择搅拌站配置的汽车泵,以方便现场施工。如仍不满足,则需根据市场价格和浇筑半径选择合适的汽车泵。

(3)混凝土的泵送

开泵前应先对设备做全面的检查,确认泵管的接头连接牢固、密封可靠,确保电源、水的接通以及设备的安装、布管符合相关技术要求。确定设备处于正常状态之后方可开泵,泵送混凝土前应将主液压泵油量调至最大,往料斗里加足水空运转10min,检查系统压力、搅拌装置、泵送动作是否正常。观察到一切都正常之后,先用配合比为1:2的水泥砂浆润滑管道,水泥砂浆不得集中浇筑在同一处。

①刚开始泵送混凝土时,由于输送管道内部阻力较大,混凝土泵送的速度不宜过快,要先处于慢速、均匀并且随时可以反泵的运行状态,在开始的泵送过程中工作人员要密切观察混凝土输送泵的工作情况,如果无异常,可以逐步加速至正常的泵送速度。

②混凝土泵送过程中,要保持泵送的连续性,尽量避免中途出现停泵的情况。如果泵送中断,处于静止状态的混凝土会产生泌水,而不同密度的骨料也会依次下沉分层,离析的程度与停歇的时间呈正相关,甚至可能因为混凝土的离析导致泵送管发生堵塞。在施工过程中,若混凝土供应不及时,应根据实际情况降低泵送的速度,以保证混凝土泵送连续作业。

③如果因为技术或者组织上的原因,不得已停泵,停泵时间超过20min且管道较长时,应每隔5min开泵一次,泵送少量的混凝土,保持管道的润滑;若管道较短,则可采用每隔5min正、反泵2~3个行程,保证管内混凝土处于运动状态,防止其因为静止而发生泌水离析;如果停歇时间超过规定的时间,则混凝土坍落度很小时可能会造成堵管,此种情况下需将混凝土泵车卸料清洗后重新泵送。

④浇筑之后一定要及时对混凝土输送泵及泵送管道进行清洗。管道清洗一般使用高压水洗和压缩空气吹吸两种方法。清洗管道时,应注意不要让混凝土喷射伤到。

(4)混凝土泵管的堵塞与处理

混凝土泵送过程中,如果混凝土的摩擦阻力过大会引起输送管道的堵塞,从而影响整个施工工程的进度。影响摩擦阻力的因素很多,比如混凝土的配合比、泵送的速度、泵送剂的选择以及原材料的选择都不同程度地影响混凝土的摩擦阻力。混凝土输送管道发生堵塞会降低混凝土的浇筑速度、影响混凝土的整体质量,若堵塞时间过长,处理不及时,混凝土会凝固于输送管道中,清理起来非常麻烦。

①原因分析

引起混凝土泵堵塞的几个常见因素有:

a. 余料量控制不适当。如果余料太少,低于搅拌轴时,极易在搅拌过程中吸入空气,影响混凝土的和易性,导致输送管发生堵塞。

b. 泵送速度选择不当。泵送的速度很关键,并不是越快越好,有时欲速则不达;首次泵送时,由于输送管道内壁阻力比较大,此时应保持低速、均匀的泵送速度。

c. 管道未清洗干净。若上次混凝土浇筑完毕,未及时清理管道或者管道清理不干净,极易造成下一次泵送时输送管道发生堵塞。

d. 停机时间过长。若停机时间过长,处于静止状态的混凝土很容易发生泌水离析造成输送管堵塞。

e. 地铁暗挖工程主要位于地下,使用混凝土输送泵输送混凝土主要是先向下输送再水平输送。混凝土输送泵在向下输送混凝土时,经常出现的问题是堵管故障,特别是停泵时间频繁或时间较长时更容易发生该故障。

原因是正常泵送的混凝土在混凝土泵管道中心形成柱状流体,流动时呈悬浮状态,表面包有一层水泥浆,作为润滑剂与管壁接触,骨料之间基本上不产生相对运动。由于垂直管内混凝土因自重而一直向下自流,使泵送管内出现空洞或自流,因混凝土中粗骨料下落速度快,砂浆下落速度慢,两者速度不一致,产生混凝土离析而使输送管堵管,情况严重时将无法泵送。大落差向下泵送混凝土,发生堵管时大部分堵塞在垂直管,拆管清理出来的混合料多为粗骨料。

②处理方法

解决混凝土的离析是根本,主要方法有以下几点:

a. 对于大落差垂直向下的泵送混凝土,在弯管处可采用"C"形布置,混凝土浇筑前期,充分利用砂浆的流动性能,让砂浆充满整个管道,再运送混凝土。这种方法能有效控制垂直管内混凝土的严重自流,从而保证混凝土输送的可行性。

b. 在向下输送时,必须保证混凝土的质量。所泵送混凝土必须有良好的可泵性,且混凝土黏聚性好、泌水率小、不易离析;混凝土的坍落度不宜过大,如果坍落度过大易造成混凝土脱水和离析,从而造成堵管,坍落度一般易控制在140～160mm之间。

c. 在向下输送落差超过6m时,应保证施工工作面上的水平布管不低于落差的1.5倍,如施工工作面上场地受限,可在落差的中间某一部位布置一段水平管,再向下布管。这样可保证向下输送混凝土的配管中的混凝土有足够的支承力,保证混凝土不产生离析和脱水。

d. 在向下输送落差超过15m时,除布管按上述方式布置外,在泵送砂浆时,在相隔20～30m的不同高度的管路中装入海棉球,以保证泵送顺利。

e. 在向下输送时,因混凝土易离析和脱水,在施工过程中,应尽量减少停机时间,以保证混凝土输送的连续性。在混凝土输送间隙(特殊情况下)可适当返泵,保证管内混凝土的流动性。

f. 定人定时,巡查易堵部位,弯管处发现异常及时处理,以防堵管的发生。

(5)起重机配备吊斗输送混凝土

起重机配备吊斗输送混凝土时应符合下列规定:

①应根据不同结构类型以及混凝土浇筑方法选择不同的吊斗;

②吊斗的容量应根据吊车吊运能力确定;

③运输至施工现场的混凝土宜直接装入吊斗进行输送;

④吊斗宜在浇筑点直接布料。

5)混凝土浇筑

(1)一般要求

①混凝土浇筑前,按规范要求对模板、钢筋、保护层、预埋件、预留孔洞、防水层、止水带等进行检查修整,特别注意对模板,尤其是挡头板进行检查,防止出现跑模现象。

②混凝土的浇筑采用泵送入模。应控制混凝土的自由倾落高度、浇筑层厚度、间歇时间、振捣方式,以确保混凝土质量。

③主体结构分段进行浇筑,同一段内顶(中)板、底板、侧墙在端头的施工缝应设在同一截面。

④一般车站底板混凝土施工属于大体积混凝土施工,对于大体积混凝土在浇筑过程中应防止因水化热产生裂缝,在施工过程中可采用分层分段进行浇筑。

⑤在浇筑过程中,随时观察模板是否发生变形,包括模板平整度、倾斜度以及是否发生错台、跑模情况。

⑥施工缝在继续浇筑前的处理及要求:

a. 施工缝部位的预留筋在上一次浇筑时会被混凝土沾染,必须用钢丝刷将浮浆刷掉,老混凝土表面重新浇混凝土前,应清除垃圾、硬化的水泥浆乳皮、表面松动砂石等,清除后在老混凝土面上凿毛,然后再用清水冲洗干净。

b. 对防水材料加强保护,外贴式和中埋式止水带如果在上一段混凝土浇筑过程中外露部分小于设计要求,则必须对混凝土进行凿除直到满足要求为止。

c. 施工缝部位的防水材料在浇筑混凝土前应妥善保护,用木板进行覆盖,浇筑前再将保护层撤除。

（2）施工组织

①混凝土搅拌站必须有现场调度、试验等人员到场，配合施工单位现场技术、试验人员一起把好混凝土的进场坍落度、温度等质量关，不合格立即退场，及时通知搅拌站调整。

②现场调度要与混凝土搅拌站总调度、运输车辆保持通畅的联系，掌握浇筑停留和路上运输的时间，做到不等车、不压车，确保从搅拌机卸出到浇筑控制在150min以内；时间以搅拌站发车时间小票为准，到现场浇筑前核实时间并填写浇筑时间，超过180min的混凝土不得使用。

③采用对讲机同混凝土输送泵司机保持不间断的联系，以便其实时掌握混凝土浇筑部位，控制泵出速度，顺畅地将混凝土浇筑到施工部位。

（3）板梁混凝土浇筑

①混凝土浇筑前进行清仓处理。将仓内各种杂物、纸屑、铁丝、土石块及积水清理干净，混凝土浇筑前对模板进行润湿处理，防止混凝土与模板相接基面出现气孔。

②采用预拌混凝土泵送入模，插入式振动棒及平板振动器振捣，分层、分段对称连续浇筑。在结构分段内底板混凝土顺车站坡度方向由高向低连续浇筑。

③纵向由一端向另一端浇筑，横向由中间向两侧浇筑，分层、分条带浇筑，每层的浇筑层厚度在40cm以内，混凝土浇筑带每条宽度为2m左右，每条混凝土接茬时间不超过40min。梁板的浇筑顺序为先梁后板，在沉降缝端模止水带处分两层浇筑，先浇筑止水带以下部分混凝土，填满捣实后，将止水带理顺找平，防止其出现窝气空鼓现象，然后再浇止水带以上部分。

④加强板梁相交部位的混凝土入模及振捣控制。梁部位可从其侧面插入振捣，对钢筋密集的节点使用$\phi 3.5$cm的细振动棒振捣，在梁与板接合部位采取二次振捣措施，防止由于截面变化和混凝土收缩引起裂缝。使用振动棒做到快插慢拔，每处振捣时间不少于30s，振捣点呈梅花形布置，每点的振捣范围为50cm，应特别注意不遗漏两条浇筑带接茬部位。

⑤混凝土表面的压光处理。顶板表面成活后先用木抹子抹平，赶走多余水分，待混凝土初凝后，再用铁抹子抹平压光。人工抹面成活时在顶板混凝土上铺木板，人踩在木板上工作，其他人员不要在混凝土面上走动，以防止踩出脚印。

（4）墙、中柱混凝土浇筑

①混凝土浇筑前，做好清仓处理，要求同板梁混凝土的施工要求。

②墙混凝土采用分层对称连续浇筑。中柱采用一次分层连续浇筑。混凝土采用输送泵下料，由于基坑深度较大，为防止泵送混凝土入模时冲击力过大及造成混凝土离析，入模点处设短弯管头，让混凝土从管头水平流出。

③混凝土浇筑方向纵向由新旧的混凝土接触面处向挡头板方向浇筑，竖向分层浇筑，层高为50cm左右，两侧对称浇捣，控制好两侧混凝土面的高差，避免侧墙模板因偏压变形而影响混凝土外观质量。

④混凝土的浇筑采用插入式振动棒振捣，混凝土自由下落的高度差大于3m时，设置串筒防止混凝土离析。墙水平施工缝以上50cm范围要注意振动棒插入深度及混凝土下落速度，防止止水条发生弯曲移位。

⑤控制混凝土入模温度，夏季选择在一天中气温较低的时间浇筑，气温较高时采用模板洒水的方法降温。

（5）难点部位的控制

混凝土施工难点部位的控制措施见表5-2-71。

混凝土施工难点部位的控制措施　　　　表 5-2-71

序号	施工难点	难点分析	控制措施
1	施工缝处理	地铁结构混凝土施工采用分段浇筑，施工缝较多。施工缝部位处理不好，会成为防水的薄弱环节，直接影响接缝的混凝土质量和防渗漏效果。同时在车站主体结构与附属结构、两端区间隧道接口处，预留洞口的模板施工、洞口预留防水卷材和止水带安装施工是地铁工程中的施工难点	(1) 在浇筑下一段混凝土时，应对上一段浇筑的混凝土表面进行凿毛处理，凿除表面浮浆，在水平施工缝处浇筑前应先铺一层净浆，对施工缝处的混凝土必须认真振捣，确保混凝土结合紧密，同时应避免振动棒直接接触止水带。 (2) 在施工缝位置按设计文件的要求安装好镀锌钢板止水带，在混凝土浇筑前，镀锌钢板止水带应安装牢固，并在施工缝位置使用厂家提供的 T 形或十形接头搭接预留。 (3) 在主体结构与其他结构(区间、附属结构)接口位置，沿洞口轮廓预埋木板，作为预留防水卷材及止水带的保护层；然后铺设预留搭接防水卷材及止水带，外部再铺设 0.5mm 厚钢板作为隔离层，避免混凝土浇筑时与之粘贴。此处模板使用定做钢模板，以便更好地保证混凝土外观质量。 (4) 施工缝处的模板应后拆
2	梁、柱节点	在主体结构混凝土施工过程中，存在不同强度等级及抗渗等级的混凝土同时浇筑(梁柱节点、板墙节点)，设计要求此时浇筑高强度等级和高抗渗等级的混凝土，如何按设计要求进行此处的混凝土浇筑，并尽量减少高等级混凝土的使用量是施工难点	(1) 柱、墙混凝土设计强度比梁、板混凝土设计强度高一个等级时，柱、墙位置梁、板高度范围内的混凝土经设计单位同意，可采用与梁、板混凝土设计强度等级相同的混凝土进行浇筑。 (2) 柱、墙混凝土设计强度比梁、板混凝土设计强度高两个等级及以上时，应在交界区域采取分隔措施。分隔位置应在低强度等级的构件中，且距高强度等级构件边缘不应小于 500mm。 (3) 先浇筑高强度等级混凝土，后浇筑低强度等级混凝土。 (4) 分隔措施可采用收口网，在梁板钢筋绑扎时，定好柱、墙位置及尺寸，在其周边 50cm 范围使用收口网封堵，收口网外侧使用钢筋固定，高度范围对应板梁高度，形成封闭区域；浇筑混凝土时，首先浇筑柱、墙混凝土，然后浇筑附近区域底板及底纵梁混凝土

6) 混凝土振捣

(1) 振捣泵送混凝土时，振动棒应快插慢拔，插入间距一般为 400mm 左右，振动棒插入下一层的深度为 5~10cm，振捣时间一般为 15~30s，并且在 20~30min 后对其进行复振；

(2) 在进行侧墙混凝土振捣时，在振动棒上每 50cm 做明显标记，严格控制插入深度，不能漏振，也不能插入过深，使下层混凝土液化造成模板侧压力增大，增加了不稳定因素；

(3) 振动棒振捣时不能出现漏捣或过振现象，振捣至不再泛浆、无持续气泡产生、混凝土不再下沉为止；

(4) 混凝土浇筑振捣完毕后，人工用铁锹将振捣产生的浮浆铲出，防止由于浮浆过厚导致顶部强度不够。

7) 混凝土收面

(1) 混凝土初凝前，根据标高控制点进行整体找平，采用 3m 铝合金刮尺刮平、调整，标高误差控制在 5mm 内；

(2) 刮平后采用木抹进行第一遍抹平，保证表面平整；

(3) 混凝土终凝前，操作人员携尺寸为 500mm×500mm 的垫板，采用木抹子进行第二次抹平，随即采用铁抹子压光；

(4) 对于大面积板混凝土收面，为有效减少混凝土裂缝的发生，最好采用磨光机收面。

8）混凝土养护

混凝土浇筑后应及时进行保湿养护,保湿养护可采用洒水、覆盖、喷涂养护剂等方式。选择养护方式应考虑现场条件、环境温湿度、构件特点、技术要求、施工操作等因素。

(1)混凝土的养护时间:采用硅酸盐水泥、普通硅酸盐水泥或矿渣硅酸盐水泥配制的混凝土,不应少于7d;采用其他品种水泥时,养护时间应根据水泥性能确定;采用缓凝型外加剂、大掺量矿物掺合料配制的混凝土,不应少于6d;抗渗混凝土、强度等级 C60 及以上的混凝土,不应少于6d;后浇带混凝土的养护时间不应少于6d。

(2)洒水养护:洒水养护宜在混凝土裸露表面覆盖麻袋或草帘后进行,也可采用直接洒水、蓄水等养护方式;洒水养护应保证混凝土处于湿润状态;洒水养护用水不得用未经处理的海水,指标应符合表5-2-72的要求;当日最低温度低于 5℃时,不应采用洒水养护。

混凝土养护用水水质要求　　　　　　表 5-2-72

序　号	项　目	预应力混凝土	钢筋混凝土	素 混 凝 土
1	pH 值	≥5.0	≥4.5	≥4.5
2	不溶物(mg/L)	≤2000	≤2000	≤5000
3	可溶物(mg/L)	≤2000	≤5000	≤10000
4	Cl^- (mg/L)	≤500	≤1000	≤3500
5	SO_4^{2-} (mg/L)	≤600	≤2000	≤2700
6	碱含量(rag/L)	≤1500	≤1500	≤1500

(3)覆盖养护:覆盖养护宜在混凝土裸露表面覆盖塑料薄膜、塑料薄膜加麻袋、塑料薄膜加草帘。塑料薄膜应紧贴混凝土裸露表面,塑料薄膜内应保持有凝结水;覆盖物应严密,覆盖物的层数应按施工方案确定。

(4)喷涂养护剂养护:应在混凝土裸露表面喷涂覆盖致密的养护剂进行养护;养护剂应均匀喷涂在结构构件表面,不得漏喷;养护剂应具有可靠的保湿效果,保湿效果可通过试验检验;养护剂使用方法应符合产品说明书的有关要求。

(5)基础大体积混凝土裸露表面应采用覆盖养护方式,当混凝土表面以内 40~80mm 位置的温度与环境温度的差值小于 25℃时,可结束覆盖养护。覆盖养护结束但尚未达到养护时间要求时,可采用洒水养护方式直至养护结束。

(6)柱、墙混凝土养护方法:地下室底层和上部结构首层柱、墙混凝土带模养护时间,不宜少于3d;带模养护结束后可采用洒水养护方式继续养护,也可采用覆盖养护或喷涂养护剂养护方式继续养护;其他部位柱、墙混凝土可采用洒水养护,也可采用覆盖养护或喷涂养护剂养护。

(7)混凝土强度达到 $1.2N/mm^2$ 前,不得在其上踩踏、堆放物品、安装模板及支架。同条件养护试件的养护条件应与实体结构部位养护条件相同,并应采取措施妥善保管。施工现场应具备混凝土标准试件制作条件,并应设置标准试件养护室或养护箱。标准试件养护应符合国家现行有关标准的规定。

(8)混凝土养护过程中,如发现遮盖不好、浇水不足等导致混凝土表面泛白或出现干缩细小裂缝时,要立即仔细加以覆盖,加强养护工作,并延长洒水日期,加以补救。

9）冬期混凝土施工

冬期混凝土施工受多方面的影响,保护措施详见表5-2-73。

冬期混凝土施工保护措施　　　　　　　　　表 5-2-73

序号	冬期施工控制要点	保 护 措 施
1	混凝土运输、输送机具及泵管应采取保温措施	当采用泵送工艺浇筑时，应采用水泥浆或水泥砂浆对泵和泵管进行润滑、预热。混凝土运输、输送与浇筑过程中应进行测温，温度应满足热工计算的要求
2	混凝土浇筑顺序	混凝土分层浇筑时，分层厚度不应小于 400mm。在被上一层混凝土覆盖前，已浇筑层的温度应满足热工计算要求，且不得低于 2℃。采用加热方法养护现浇混凝土时，应考虑加热产生的温度应力对结构的影响，并应合理安排混凝土浇筑顺序与施工缝留置位置
3	冬期施工受冻临界强度控制	（1）当采用蓄热法、暖棚法、加热法施工时，采用硅酸盐水泥、普通硅酸盐水泥配制的混凝土，受冻临界强度不应低于设计混凝土强度等级值的 30%；采用矿渣硅酸盐水泥、粉煤灰硅酸盐水泥、火山灰质硅酸盐水泥、复合硅酸盐水泥配制的混凝土时，不应低于设计混凝土强度等级值的 40%。 （2）当室外最低气温不低于 -15℃ 时，采用综合蓄热法、负温养护法施工的混凝土受冻临界强度不应低于 4.0MPa；当室外最低气温不低于 -30℃ 时，采用负温养护法施工的混凝土受冻临界强度不应低于 5.0MPa；强度等级等于或高于 C50 的混凝土，不宜低于设计混凝土强度等级值的 30%；对有抗冻耐久性要求的混凝土，不宜低于设计混凝土强度等级值的 70%
4	冬期施工混凝土养护	（1）当室外最低气温不低于 -15℃ 时，对地面以下的工程或表面系数 M 不大于 $5m^{-1}$ 的结构，宜采用蓄热法养护，并应对结构易受冻部位加强保温措施。 （2）当采用蓄热法不能满足要求时，对表面系数为 $5\sim15m^{-1}$ 的结构，可采用综合蓄热法养护。综合蓄热法养护，保温、保湿材料使用阻燃性岩棉、塑料薄膜以及塑料布等。板、梁混凝土浇筑完立即覆盖保温，混凝土表面覆盖一层塑料薄膜，薄膜上覆盖一层塑料布，塑料布上覆盖一层 3cm 厚的阻燃性岩棉，以此降低混凝土表面与大气的温差，避免由于温差过大而造成的温度裂缝。墙、柱混凝土由于受支撑影响不易覆盖，通常在模板中间填充保温材料或在外部喷射聚乙烯泡沫，来达到模板的保温效果

图 5-2-71 和图 5-2-72 分别为覆盖养护现场和侧墙保温钢模板现场。

图 5-2-71　覆盖养护现场

图 5-2-72　侧墙保温钢模板现场

（1）对不易保温养护，且对强度增长无具体要求的一般混凝土结构，可采用掺防冻剂的负温养护法进行施工。

（2）混凝土浇筑后，对裸露表面应采取防风、保湿、保温措施，对边、棱角及易受冻部位应加强保温。在混凝土养护和越冬期间，不得直接对负温混凝土表面浇水养护。

（3）模板和保温层应在混凝土达到要求强度，且混凝土表面温度冷却到 5℃ 后再拆除。对墙、板等薄壁结构构件，宜延长模板拆除时间。当混凝土表面温度与环境温度之差大于 20℃ 时，拆模后的混凝土表面应立即进行保温覆盖。

（4）混凝土强度未达到受冻临界强度和设计要求时，应继续进行养护。工程越冬期间，应编制越冬维护方案并进行保温维护。

(5) 冬期施工混凝土强度试件的留置除应符合现行《混凝土结构工程施工质量验收规范》(GB 50204) 的有关规定外,尚应增设与结构同条件养护的试件,养护试件不应少于2组。同条件养护试件应在解冻后进行试验。

10) 高温混凝土施工

(1) 混凝土宜采用白色涂装的混凝土搅拌运输车运输,对混凝土输送管应进行遮阳覆盖,并应洒水降温。

(2) 混凝土浇筑入模温度不应高于35℃。

(3) 混凝土浇筑宜在早间或晚间进行,且宜连续浇筑。当混凝土水分蒸发较快时,应在施工作业面采取挡风、遮阳、喷雾等措施。

(4) 混凝土浇筑前,施工作业面宜采取遮阳措施,并应对模板、钢筋和施工机具采用洒水等降温措施,但浇筑时模板内不得有积水。

(5) 混凝土浇筑完成后,应及时进行保湿养护。侧模拆除前宜采用带模湿润养护。

11) 雨季混凝土施工

(1) 应选用具有防雨水冲刷性能的模板脱模剂。

(2) 雨期施工期间,对混凝土搅拌、运输设备和浇筑作业面应采取防雨措施,并应加强施工机械检查维修及接地接零检测工作。

(3) 除采用防护措施外,小雨、中雨天气不宜进行混凝土露天浇筑,且不应开始大面积作业面的混凝土露天浇筑;大雨、暴雨天气不应进行混凝土露天浇筑。

(4) 雨后应检查地基面的沉降,并应对模板及支架进行检查。

(5) 应采取防止基坑或模板内积水的措施。基坑或模板内及混凝土浇筑分层面出现积水时,应在排水后再浇筑混凝土。

(6) 混凝土浇筑过程中,对因雨水冲刷致使水泥浆流失严重的部位,应采取补救措施后再继续施工。

(7) 在雨天进行钢筋焊接时,应采取挡雨等安全措施。

(8) 混凝土浇筑完毕后,应及时采取覆盖塑料薄膜等防雨措施。

(9) 台风来临前,应对尚未浇筑混凝土的模板及支架采取临时加固措施;台风结束后,应检查模板及支架,已验收合格的模板及支架应重新办理验收手续。

12) 施工缝的设置和处理

(1) 施工缝的设置

施工缝的位置应设置在结构受剪力较小且便于施工的部位,并应符合下列规定:

①水平施工缝:柱、墙施工缝可留设在基础、板结构顶面,柱施工缝与结构上表面的距离宜为0~100mm,墙施工缝与结构上表面的距离宜为0~300mm;柱、墙施工缝也可留设在板结构底面,柱施工缝与结构下表面的距离宜为0~50mm;墙施工缝与结构下表面的距离宜为0~300mm;当板下有梁托时,可留设在梁托下0~20mm;地铁车站水平施工缝设置横断面图如图5-2-73所示。

②环向或竖向施工缝:环向施工缝一般12~16m设置一道,且要求布置在纵向柱距的1/4~1/3附近,如图5-2-74所示。

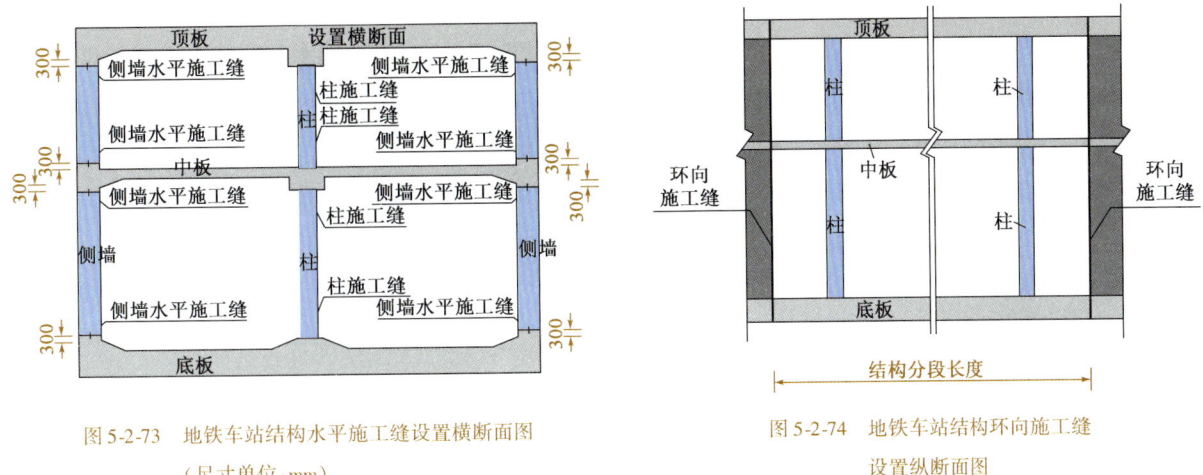

图 5-2-73 地铁车站结构水平施工缝设置横断面图
(尺寸单位:mm)

图 5-2-74 地铁车站结构环向施工缝设置纵断面图

(2) 施工缝的处理

在已硬化的混凝土表面上继续浇筑混凝土前,应清除垃圾、水泥浆、表面上松动的砂石和软弱混凝土层,同时还应加以凿毛,用水冲洗干净并充分湿润;施工缝位置附近有回弯钢筋时,要注意钢筋周围的混凝土不受松动和损坏,钢筋上的油污、水泥砂浆及浮锈等杂物也应清除;混凝土浇筑前,水平施工缝宜先铺上 10~15mm 厚的一层水泥砂浆,其配合比与混凝土内的砂浆成分相同;从施工缝处开始继续浇筑混凝土时,要注意避免直接靠近缝边下料;机械振捣前,宜向施工缝处逐渐推进,并在距离施工缝 800~1000mm 处停止振捣,同时应加强对施工缝接缝的捣实工作,使其紧密结合。

(3) 后浇带的设置

后浇带是为了克服现浇混凝土结构由于温度和收缩而可能产生有害裂缝而设置的临时施工缝。后浇带需要根据设计要求保留一段时间后再浇筑,将整个结构连成整体;要求混凝土强度等级比原结构强度提高一级,并保持至少 15d 的湿润养护。后浇带的设置示意图如图 5-2-75 所示。

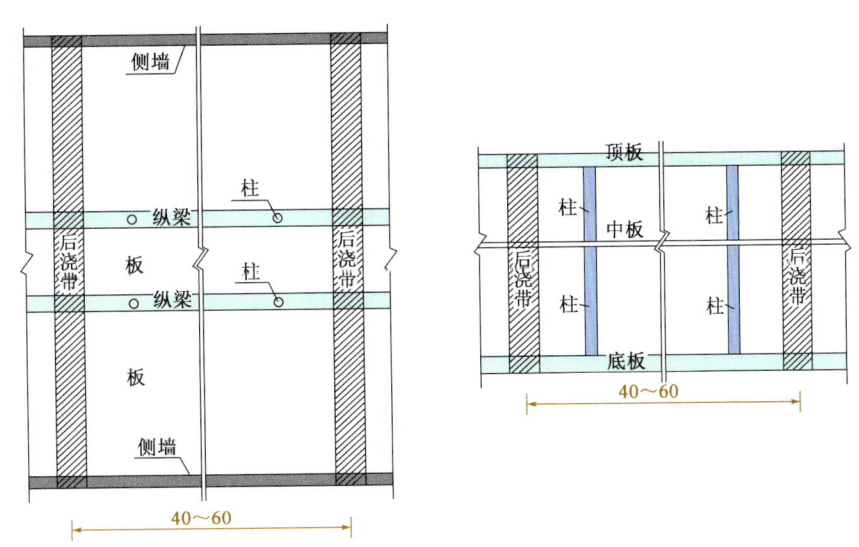

图 5-2-75 后浇带的设置示意图(尺寸单位:m)

13) 大体积混凝土裂缝控制

(1) 大体积混凝土宜采用后期强度作为配合比设计、强度评定及验收的依据。对基础混凝土,龄期可取为 60d(56d) 或 90d;柱、墙混凝土强度等级不小于 C80 时,龄期可取为 60d(56d)。采用混凝土后

期强度应经设计单位确认。

(2) 大体积混凝土施工时应合理选用混凝土配合比,宜选用低、中水化热水泥,并宜掺加粉煤灰、矿渣粉和高性能减水剂,控制水泥用量,加强混凝土养护工作。

(3) 大体积混凝土施工时的温度控制应符合下列规定:

①混凝土入模温度不宜大于 30℃,混凝土浇筑体最大绝热温升值不宜大于 50℃;

②混凝土浇筑体表面温度与混凝土浇筑体内部温度的差值不宜大于 25℃,且与周边环境温度的差值不宜大于 25℃;

③混凝土降温速率不宜大于 2.0℃/d。

(4) 大体积混凝土的测温应符合下列规定:

①测温点的布置应具有代表性和可比性,并应真实地反映混凝土浇筑体的入模温度、表面温度、内部温度、环境温度和降温速率等;测温点可布置在浇筑体剖面对称轴线或对角线上,并兼顾中部和对角区;表面测温点宜设置在浇筑体剖面周边,浇筑体表面以内 40~80mm 区域;内部测温点宜设置在浇筑体剖面中部区域;环境测温点应离开混凝土浇筑体表面一定距离。

②混凝土的入模温度宜根据每个测温点被混凝土初次覆盖时的温度确定。

③浇筑体内部测温点、浇筑体表面测温点、环境测温点的测温,应与混凝土浇筑、养护过程同步进行。

④应按测温频率要求及时提供测温报告,测温报告应包含各测温点的温度数据、温度变化曲线、温度变化趋势分析等内容。

⑤混凝土浇筑体的表面温度与周边环境温度的差值小于 20℃时,可停止测温。

(5) 基础大体积混凝土测温点的设置应符合下列规定:

①宜选择具有代表性的两个竖向剖面进行测温,竖向剖面宜通过浇筑体中部区域。

②竖向剖面上的周边及内部测温点宜上下、左右对齐,每个竖向位置设置的测温点不应少于 3 处,间距不宜大于 1.0m;每个横向设置的测温点不应少于 4 处,间距不应大于 10m。

③覆盖养护层底部的测温点宜布置在代表性的位置,且不应少于 2 处;环境温度测温点不应少于 2 处。

④对基础厚度不大于 1.6m,裂缝控制技术措施完善的工程可不进行测温。柱、墙、梁结构实体最小尺寸大于 2m,且混凝土强度等级不小于 C60 时,宜进行测温。测温点宜设置在高度方向上的两个横向剖面中;横向剖面中部区域的内部测温点不应少于 2 个,间距不宜大于 1.0m。如采取温度控制技术措施根据前期测温结果进行了调整,并取得良好效果,后续工程可不再进行测温。

(6) 大体积混凝土的测温频次应符合下列规定:

①第一天至第四天,每 4h 不应少于一次;

②第五天至第七天,每 8h 不应少于一次;

③第七天至测温结束,每 12h 不应少于一次。

2.4.3 施工质量控制与验收标准

混凝土工程施工质量控制与验收标准主要依据现行《混凝土结构工程施工质量验收规范》(GB 50204)执行,主要参考资料包括现行《预拌混凝土》(GB/T 14902)、《地下铁道工程施工验收标准》(GB/T 50299)等。

1）混凝土施工质量控制与验收标准

混凝土施工质量控制与验收标准见表 5-2-74。

混凝土施工质量控制与验收标准　　　　　表 5-2-74

项目	序号	质量控制要点	检查数量	检验方法
主控项目	1	结构混凝土的强度等级必须符合设计要求。用于检查结构构件混凝土强度的试件，应在混凝土浇筑地点随机抽取	（1）垫层混凝土每浇筑一次留置一组。 （2）每段结构（长度不应大于 30m）的底板、中边墙及顶板，车站主体各留置 4 组，区间及附属建筑物结构各留置 2 组。 （3）混凝土柱结构，每浇筑 10 根留置 1 组；一次浇筑不足 10 根者，也应留置 1 组。 （4）如需要与结构同条件养护的试件，其留置组数可根据需要确定	检查施工记录及试件强度试验报告
主控项目	2	对有抗渗要求的混凝土结构，抗渗等级必须符合设计要求。其混凝土试件应在浇筑地点随机取样	抗渗压力试件、每段结构（不应大于 30m）、车站留置 2 组，区间及附属建筑物各留置 1 组	检查试件抗渗试验报告
主控项目	3	轨行区部位的混凝土结构应满足结构限界的要求	全数检查	测量检查，冷滑试验
主控项目	4	预拌混凝土进场时其质量应符合现行《预拌混凝土》（GB/T 14902）的规定	全数检查	检查质量证明文件
主控项目	5	混凝土拌合物不应离析	全数检查	观察
主控项目	6	首次使用的混凝土配合比应进行开盘鉴定，其原材料强度、凝结时间、稠度等应满足设计配合比的要求	同一配合比的混凝土检查不应少于一次	检查开盘鉴定资料和强度试验报告
一般项目	1	施工缝的位置应在混凝土浇筑前按设计要求和施工技术方案确定。施工缝的处理应按施工技术方案执行	全数检查	观察
一般项目	2	混凝土浇筑完毕后，应及时进行养护，养护时间以及养护方法应符合施工方案要求	全数检查	观察，检查混凝土养护记录

2）现浇混凝土结构工程外观质量验收

（1）现浇结构的外观质量缺陷应由监理、施工等各单位根据其对结构性能和使用功能影响的严重程度按表 5-2-75 确定。

现浇结构外观质量缺陷　　　　　表 5-2-75

序号	名称	现象	严重缺陷	一般缺陷
1	露筋	构件内钢筋未被混凝土包裹而外露	纵向受力钢筋有露筋	其他钢筋有少量露筋
2	蜂窝	混凝土表面缺少水泥砂浆而形成石子外露	构件主要受力部位有蜂窝	其他部位有少量蜂窝
3	孔洞	混凝土中孔穴深度和长度均超过保护层厚度	构件主要受力部位有孔洞	其他部位有少量孔洞

续上表

序号	名称	现象	严重缺陷	一般缺陷
4	夹渣	混凝土中夹有杂物且深度超过保护层厚度	构件主要受力部位有夹渣	其他部位有少量夹渣
5	疏松	混凝土中局部不密实	构件主要受力部位有疏松	其他部位有少量疏松
6	裂缝	裂缝从混凝土表面延伸至混凝土内部	构件主要受力部位有影响结构性能或使用功能的裂缝	其他部位有少量不影响结构性能或使用功能的裂缝
7	连接部位缺陷	构件连接处混凝土有缺陷或连接钢筋、连接件松动	连接部位有影响结构传力性能的缺陷	连接部位有基本不影响结构传力性能的缺陷
8	外形缺陷	缺棱掉角、棱角不直、翘曲不平、飞边凸肋等	清水混凝土构件有影响使用功能或装饰效果的外形缺陷	其他混凝土构件有不影响使用功能的外形缺陷
9	外表缺陷	构件表面麻面、掉皮、起砂、沾污等	具有重要装饰效果的清水混凝土构件有外表缺陷	其他混凝土构件有不影响使用功能的外表缺陷

（2）现浇混凝土外观质量控制与验收标准见表 5-2-76。

现浇混凝土外观质量控制与验收标准　　表 5-2-76

序号	项目	质量控制要点	检查数量	检验方法
1	主控项目	现浇结构的外观质量不应有严重缺陷。对已经出现的严重缺陷，应由施工单位提出技术处理方案，并经监理单位认可后再进行处理；对裂缝或连接部位的严重缺陷及影响结构安全的严重缺陷，技术处理方案尚应经设计单位认可。经处理的部位，应重新检查验收	全数检查	观察，检查技术处理方案
2	一般项目	现浇结构的外观质量不应有一般缺陷。对已经出现的一般缺陷，应由施工单位按技术处理方案进行处理。经处理的部位，应重新检查验收	全数检查	观察，检查处理记录

3）现浇混凝土位置和尺寸偏差

现浇混凝土位置和尺寸偏差控制与验收标准见表 5-2-77。

现浇混凝土位置和尺寸偏差控制与验收标准　　表 5-2-77

序号	项目	质量控制要点	检查数量	检验方法
1	主控项目	现浇混凝土结构不应有影响结构性能和使用功能的尺寸偏差	全数检查	量测，检查处理记录
2	一般项目	现浇混凝土结构的位置和尺寸允许偏差及检验方法见表 5-2-78	按楼层、结构缝或施工缝划分检验批	见表 5-2-78

现浇混凝土结构位置和尺寸允许偏差及检验方法　　表 5-2-78

序号	项目		允许偏差（mm）	检查方法
1	轴线位置	整体基础	15	经纬仪及尺量
2		独立基础	10	经纬仪及尺量
3		柱、墙、梁	8	尺量

续上表

序号	项目			允许偏差(mm)	检查方法
4	垂直度	层高	≤6m	10	经纬仪或吊线、尺量
5			>6m	12	经纬仪或吊线、尺量
6	标高		层高	±10	水准仪或拉线、尺量
7			全高	±30	水准仪或拉线、尺量
8	截面尺寸		基础	+15,-10	尺量
9			柱、梁、板、墙	+10,-5	尺量
10			楼梯相邻踏步高差	6	尺量
11	电梯井		中心位置	10	尺量
12			长、宽尺寸	+25,0	尺量
13	表面平整度			8	2m靠尺和塞尺量测
14	预埋件中心位置		预埋板	10	尺量
15			预埋螺栓	5	尺量
16			预埋管	5	尺量
17			其他	10	尺量
18	预留洞、孔中心线位置			15	尺量

注：1. 检查柱轴线、中心线位置时，沿纵、横两个方向测量，并取其中偏差的较大值。
2. 表中未含的其他构件位置和尺寸偏差参考现行《地下铁道工程施工质量验收标准》（GB/T 50299）的相关规定执行。

2.4.4 质量通病与防治措施

混凝土质量通病通常分为材料缺陷、外观质量缺陷和尺寸偏差三大类，具体分类如图5-2-76所示。

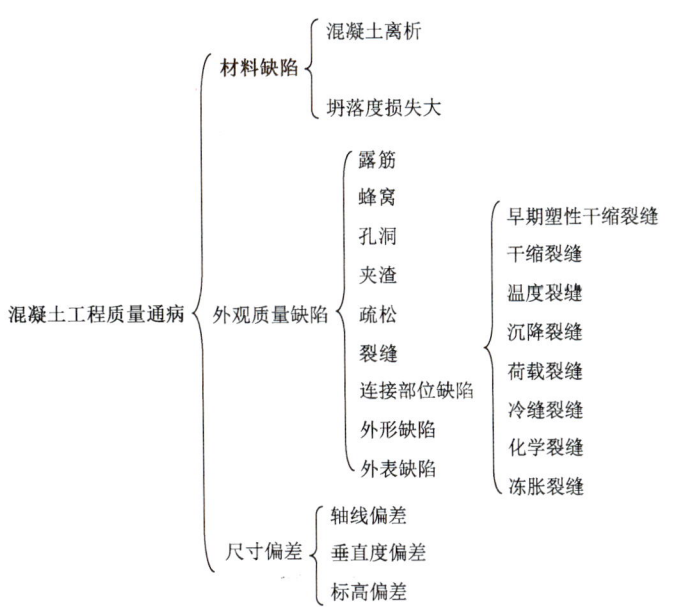

图 5-2-76　工程施工质量验收分类

1）混凝土通病

预拌混凝土质量通病与防治措施见表5-2-79。

预拌混凝土质量通病与防治措施 表 5-2-79

序号	质量通病	现象	原因分析	防治措施
1	预拌混凝土离析	(1) 砂浆从混凝土整体分离出来。 (2) 泌水和浮浆	(1) 混凝土流动性、稠度不合适。 (2) 河砂等细骨料中，含水量波动较大，未能及时测试河砂的含水量。含水量过大，砂中的水处于过饱和状态，当混凝土拌合物在搅拌机中搅拌时，砂子表层毛细管中的水不能及时释放出来，导致施工配合比中单位用水量过大。 (3) 细骨料(河砂)级配不良，或河砂中石子含量大，造成施工配合比中的砂率过低。 (4) 粗骨料(碎石、卵石等)级配不符合规范要求，粒径太大或者太小的粗骨料数量过多。 (5) 砂石含泥量过大将使水泥浆同骨料的黏结力降低，水泥浆对骨料的包裹能力下降，导致与骨料的分离。 (6) 粉煤灰等矿物外加剂的粒度分布或活性不符合规范要求，需水量降低。 (7) 浇筑、振捣方法不当等	(1) 混凝土生产时可以通过稍微加减单位用水量来改善混凝土的流动性和稠度。 (2) 及时测试河砂的含水量，以便及时调整单位用水量；装载机铲料时，要从离地面大约 10cm 高处铲起，保证所铲砂子的含水量大体稳定。 (3) 重新筛分细骨料，调整砂率。 (4) 重新筛分粗骨料，通知石子生产厂家调整级配。 (5) 更换砂石料生产厂家，采购合格的砂石料；或将砂石料进行水洗。 (6) 更换合格的粉煤灰等矿物外加剂。 (7) 施工单位分析浇筑、振捣工艺的不足，改进浇筑、振捣工艺。 (8) 施工单位配合搅拌站认真分析预拌混凝土离析的原因，有针对性地采取措施加以防治，确保地铁结构的工程质量
2	预拌混凝土坍落度损失过大	预拌混凝土施工中经常会出现坍落度损失过大的现象，导致混凝土运输车到工地现场后，混凝土拌合物很难从运输车中卸出来，以致工程结构无法进行正常的浇筑	(1) 水泥与外加剂的适应性差。减水剂的主要作用是吸附在水泥矿物的表面，降低分散体系中液相与固相的界面自由能，提高分散体系的稳定性。 (2) 水泥中碱含量多。外加剂中缓凝成分吸附在水泥颗粒的表面，形成一层吸附膜，在一定时间内可有效阻止水泥水化，而大量的碱会破坏吸附膜，使水泥继续水化，失去缓凝作用，加速坍落度损失。 (3) 水泥中石膏掺量过低或石膏中半水石膏含量较大。石膏与 C_3A 反应生成钙矾石，沉淀在 C_3A 表面上，延缓其水化，当石膏掺量不足时，C_3A 水化较快，会产生不正常凝结，因此流动度损失很快，直接表现为坍落度损失过快。 (4) 水泥细度过大，将吸附更多的减水剂，降低了液相中残留减水剂的含量，造成坍落度损失过大；颗粒越细，细颗粒越多，早期水化放热越多，这也会加剧坍落度损失。 (5) 新进场的水泥温度较高，水泥水化速度快，混凝土中游离水变为结合水的比例变大，坍落度损失变大。 (6) 混凝土原材料采用水化热过大的胶凝材料或在高温环境中使用混凝土，易造成混凝土的温度过高，水化速度加快，加剧了混凝土的坍落度损失。 (7) 混凝土运输时间过长或在现场等待时间太长	针对以上原因，施工单位应配合搅拌站认真分析预拌混凝土坍落度损失过大的原因，有针对性地采取措施加以防治，确保地铁结构工程质量

2）外观质量缺陷

（1）混凝土外观质量通病与防治措施见表 5-2-80。

混凝土外观质量通病与防治措施

表 5-2-80

序号	质量通病	现象	原因分析	预防措施	处理措施
1	露筋	构件内钢筋未被混凝土包裹而外露	(1) 在浇筑混凝土时，钢筋保护层垫块发生位移、垫块太少或漏放，致使钢筋紧贴模板外露； (2) 结构构件截面小，钢筋过密，石子卡在钢筋上，使水泥砂浆不能充满钢筋周围，造成露筋； (3) 混凝土配合比不当，产生离析，靠模板部位缺浆或模板漏浆； (4) 混凝土保护层厚度太小，保护层处混凝土振捣不实，或振动棒撞击钢筋或踩踏钢筋，使钢筋位移，造成露筋； (5) 木模板未浇水湿润，吸水黏结或脱模过早，拆模时缺棱、掉角，导致露筋	(1) 钢筋混凝土施工时，注意垫足垫块，保证厚度，固定好。 (2) 浇筑混凝土，应保证钢筋位置和保护层厚度不发生位移，并加强检验。 (3) 当钢筋密集时，应选用适当粒径的石子，保证混凝土配合比准确和良好的和易性。浇筑高度超过2m，应用串筒或溜槽进行下料，以防止离析。木模板应充分湿润并认真堵好缝隙。 (4) 混凝土振捣严禁撞击钢筋，操作时，避免踩踏钢筋，如有踩弯或脱扣等，应及时调正并绑扎牢固；保护层混凝土要振捣密实。 (5) 正确掌握脱模时间，防止过早拆模，碰坏棱角	(1) 露筋较浅时，将外露钢筋上的混凝土和铁锈清洗干净，再用1:2的水泥砂浆抹压平整。 (2) 露筋较深时，将薄弱混凝土剔除，清理干净，用比原结构混凝土强度高一等级的细石混凝土捣实，洒水养护
2	蜂窝	混凝土表面缺少水泥砂浆而形成石子外露	(1) 混凝土配合比不当或砂、石、水泥材料加水量计量不准，造成砂浆少、石子多； (2) 混凝土搅拌时间不够，未拌和均匀，和易性差，振捣不密实； (3) 下料不当或下料高度过高，使混凝土离析，造成石子集中； (4) 混凝土未分层下料，振捣不实，或漏振，或振捣时间不够； (5) 模板缝隙未堵严，水泥浆流失； (6) 钢筋较密，使用的石子粒径过大或坍落度过小； (7) 柱、墙根部未稍加间歇就继续浇筑上层混凝土	(1) 认真设计、严格控制混凝土配合比，混凝土拌和均匀，坍落度适合；混凝土下料高度超过2m时应设串筒或溜槽；浇筑应分层下料，分层振捣，防止漏振；模板缝隙堵塞严密，浇筑过程中，应随时检查模板支撑情况，防止漏浆；柱、墙根部应在下部浇完间歇，沉实后再浇筑上部混凝土，避免出现"烂脖子"。 (2) 混凝土入模后，必须掌握振捣时间，一般每点振捣时间为 20~30s。合适的振捣时间可由下列现象来判断：混凝土不再显著下沉，不再出现气泡，混凝土表面出浆液且呈水平状态，混凝土将模板边角部填满充实	对于小蜂窝，洗刷干净后，用1:2的水泥砂浆抹平压实；对于较大蜂窝，凿去蜂窝处薄弱松散颗粒，刷洗净后，支模用高一级细石混凝土仔细填塞捣实。对于较深蜂窝，如清除困难，可埋压浆管、排气管，表面抹砂浆或灌筑混凝土封闭后，进行水泥压浆处理
3	孔洞	混凝土中孔穴深度和长度均超过保护层厚度	(1) 在钢筋较密的部位或预留孔洞和埋件处，混凝土下料被搁住，未振捣就继续浇筑上层混凝土； (2) 混凝土离析，砂浆分离，石子成堆，严重跑浆，又未进行振捣； (3) 混凝土一次下料过多、过厚，下料高度过高，振捣器振动不到，形成松散孔洞； (4) 混凝土内掉入木块、泥块等杂物，混凝土被卡住	(1) 在钢筋密集处及复杂部位，采用细石混凝土浇筑，确保在模板内充满，认真分层振捣密实；预留孔洞，应两侧同时下料，侧面加开浇筑门，严防漏振。 (2) 离析混凝土严禁入模。 (3) 混凝土分层下料，分层振捣。 (4) 砂石中混入的木块、泥块等杂物掉入混凝土内，应及时清除干净	(1) 修补前用湿麻袋或湿棉纱头填满，保持湿润72h； (2) 将不密实混凝土颗粒凿去，洞口上部向外上斜，下部方正水平； (3) 用高压水及钢丝刷将基层冲洗干净； (4) 孔洞周围抹水泥浆，然后用比原混凝土强度高一级的细石混凝土或补偿收缩混凝土填补并分层仔细捣实； (5) 浇筑后加强养护； (6) 有时孔洞过大，需支模后浇筑混凝土

续上表

序号	质量通病	现　　象	原因分析	预防措施	处理措施
4	夹渣	混凝土夹有杂物且深度超过保护层厚度	(1)施工缝或变形缝未经接缝处理,未清除表面水泥薄膜和松动石子,未除去软弱混凝土层,未充分湿润就灌筑混凝土； (2)施工缝处锯屑、泥土、砖块等杂物未清除或未清除干净； (3)混凝土浇筑高度过高,未设串筒、溜槽,造成混凝土离析； (4)底层交接处未灌接缝砂浆层,接缝处混凝土未很好振捣	认真按施工验收规范要求处理施工缝及变形缝表面；接缝处锯屑、泥土、砖块等杂物应清理干净并洗净；混凝土浇筑高度大于2m时应设串筒或溜槽,接缝处浇筑前应先浇50mm厚原配合比无石子砂浆,以利接合良好,并加强接缝处混凝土的振捣密实。	当缝隙夹层不深时,可将松散混凝土凿去,洗刷干净后用1:2的水泥砂浆填密实；当缝隙夹层较深时,应清除松散部分和内部夹杂物,用压力水冲洗干净后支模,灌细石混凝土或将表面封闭后进行压浆处理
5	疏松	混凝土中局部不密实	(1)水泥强度低、矿物掺合料掺量超标； (2)混凝土漏振； (3)严寒天气,混凝土保温措施不到位,致早期冻害,出现松散	(1)控制好混凝土原材料质量； (2)加强振捣,避免漏振； (3)加强保温保湿养护,防止早期冻害	(1)大面积混凝土疏松,强度较大幅度降低时,应重新建造； (2)与蜂窝、孔洞等缺陷同时存在的疏松现象,按其修补措施进行修补； (3)局部混凝土疏松,可采用水泥净浆、环氧树脂进行压力注浆,补强加固
6	连接部位缺陷	"烂根"：墙、柱与本层楼面板连接处混凝土出现露筋、蜂窝、孔洞、夹渣及疏松等症状	垃圾杂物聚集在柱根或墙底,混凝土下料被卡住,柱墙较高振动器振捣不到位,模板漏浆严重,浇筑前没有坐浆	(1)在模板根部设置清扫孔,在浇筑前清理干净底面杂物； (2)在连接部位先浇筑50mm厚的同配合比砂浆,再浇筑上部混凝土； (3)每次浇筑混凝土不超过500mm厚,振捣密实再浇筑上一层,防止漏浆	(1)修补前用湿麻袋或湿棉纱头填满,保持湿润72h； (2)将不密实混凝土颗粒凿去,洞口上部向外上斜,下部方正水平； (3)用高压水及钢丝刷将基层冲洗干净； (4)孔洞周围抹水泥浆,然后用比原混凝土强度高一等级的细石混凝土或补偿收缩混凝土填补并分层仔细捣实； (5)浇筑后加强养护； (6)有时孔洞过大,需支模后浇筑混凝土
		"烂脖子"：墙、柱与上层梁板连接处混凝土出现露筋、蜂窝、孔洞、夹渣及疏松等症状	节点部位钢筋较密,混凝土被卡住,漏振,浇筑顺序错误,柱头堆积杂物	(1)结构柱先浇时,与梁板接头处应先浇同配合比水泥砂浆厚50mm； (2)若墙柱梁板同时浇筑,则浇完竖向结构,待沉实后再浇水平构件,连接部位加强二次振捣,消除沉降裂缝； (3)防止模板漏浆	
		"缩颈"：有两种情况,一种是柱头或柱根模板严重偏位凹进,使得柱子与梁板连接处截面变小；另一种是柱头或柱根预留钢筋偏位,钢筋保护层过大,混凝土承压面积减小	模板安装不牢固,模板刚度差,在预留钢筋上部未绑扎稳固环箍或钢筋绑扎不牢,保护层垫块漏放或破碎掉落	(1)安装梁模板前,先安装梁柱接头模板,并检查其断面尺寸、垂直度、刚度,符合要求后才允许接驳梁模板； (2)柱头箍筋按规定要求加密并绑扎牢固,在混凝土浇筑时发现柱纵筋位应及时调整,钢筋保护层垫块安置数量和位置正确,尽量采用合格的垫块	

续上表

序号	质量通病	现 象	原因分析	预防措施	处理措施
7	外形缺陷	缺棱掉角、棱角不直、翘曲不平、飞边凸肋等	(1) 拆模时间过早或拆模时工人撬、扳、敲、击等造成缺棱掉角; (2) 模板安装尺寸不准确,或模板刚度差、稳定性不够、紧固性不牢	(1) 确保混凝土达到规定强度后才拆除模板。拆模时,从上到下,从内到外,严禁野蛮粗暴敲击、撬扳等; (2) 严格按设计要求制作和安装模板,确保轴线和尺寸准确,加强模板的刚度、稳定性和牢固性,不使模板变形和位移	(1) 外形缺失和凹陷的部分: ①用稀草酸溶液清除表面脱模剂的油脂; ②用清水冲洗干净,让其表面湿透; ③用砂浆抹灰补平。 (2) 外形翘曲和凸出的部分: ①先凿除多余部分; ②清洗湿透后,用砂浆抹灰补平
8	外表缺陷	构件表面麻面、掉皮、起砂、沾污等	(1) 模板表面未清理干净; (2) 浇筑前模板上未洒水湿润或湿润不足,混凝土的水分被模板吸去或模板拼缝漏浆; (3) 混凝土和易性差; (4) 混凝土没有分层浇筑,造成混凝土离析; (5) 混凝土入模后振捣不到位,气泡未能完全排出; (6) 振捣过迟,振捣时已有部分凝固; (7) 混凝土料过振,产生大量浮浆	(1) 将模板表面清理干净; (2) 浇筑混凝土前模板应充分湿润; (3) 模板拼缝严密,封堵好漏浆的缝; (4) 严格控制预拌混凝土质量; (5) 混凝土分层浇筑; (6) 振捣时做到均匀一致,不过振,不漏振	(1) 麻面、掉皮和起砂: ①用清水刷洗,充分湿润; ②采用水泥浆或水泥砂浆压抹平整,修补用的水泥品种与原混凝土一致,砂子为细砂; ③修补完成后,进行保湿养护。 (2) 玷污:用细砂纸仔细打磨,去除污渍

(2) 混凝土裂缝质量通病与防治措施见表 5-2-81。

混凝土裂缝质量通病与防治措施   表 5-2-81

序号	质量通病	现 象	原因分析	防治措施
1	早期塑性收缩裂缝	裂缝上宽下窄,纵横交错,一般短而弯曲	混凝土在终凝前后,养护不当,水分蒸发产生表面裂缝	(1) 浇筑前将基层和模板浇水湿润; (2) 合理振捣; (3) 喷涂养护剂或覆膜,认真养护; (4) 混凝土初凝后、终凝前进行二次抹压,但避免在混凝土表面撒干水泥刮抹
2	干缩裂缝	板面、板底干缩裂缝长而稍直,呈十字形交叉或放射状交叉	(1) 主要是由于混凝土内、外水分蒸发程度不同而导致变形不同; (2) 在风吹日晒下,混凝土表面水分散失过快,体积迅速收缩,而内部温度变化小,收缩小,表面的收缩变形受到内部混凝土的约束,产生拉应力,引起混凝土表面裂缝,或者构件因水分蒸发而产生体积收缩,受到地基或垫层的约束而出现干缩裂缝; (3) 多出现在混凝土养护结束后的一段时间,或者是混凝土浇筑完毕的一周左右	(1) 加强混凝土早期养护; (2) 采取覆盖塑料薄膜、湿麻袋、湿草袋、喷洒养护剂等方法养护,可基本消除干缩裂缝

续上表

序号	质量通病	现象	原因分析	防治措施
3	温度裂缝	裂缝发生在板上时,多为贯穿裂缝;发生在梁上时,多为表面裂缝;大面积结构裂缝多是纵横交错	(1)混凝土内部和表面的散热条件不同,导致混凝土中心温度高,表面温度低,形成温度梯度,造成温度变形和温度应力。温度应力和温度差成正比,当这种温度应力超过混凝土的内外约束应力(包括混凝土抗拉强度)时,就会产生裂缝。 (2)这种裂缝初期出现时很细,随着时间的推移而继续扩大,甚至达到贯穿的情况	(1)对于大体积混凝土,其形成的温度应力与结构尺寸相关。在一定尺寸范围内,混凝土结构尺寸越大,温度应力也越大,因而引起裂缝的危险性也越大。因此,防止大体积混凝土出现裂缝的最根本措施,就是控制混凝土内部和表面的温度差。 (2)对于大体积混凝土,应控制混凝土的入模温度,气温较低时,混凝土的入模温度应不低于5℃;热期施工时,宜采取措施降低混凝土的入模温度,且其入模温度不宜高于28℃;及时覆盖保温保湿材料进行养护,持续时间不得少于14d;进行测温跟踪,以保证混凝土内外温差不超过25℃,否则应立即采取措施进行改善
4	沉降裂缝	由地基基础不均匀沉降引起的墙体正八字形、倒八字形斜裂,由灰缝灰浆粉化压缩引起的上部水平裂缝,由支座沉降引起的钢筋混凝土梁的竖向开裂等	荷载和其他作用在构件内产生的拉应力超过了混凝土的抗拉强度	(1)通过设计验算和改变施工方法控制应力值; (2)模板及其支撑应有足够的强度和刚度,并使地基受力均匀; (3)对软土地基、填土地基必须充分地夯实加固; (4)结构相差很大的部分应设置沉降缝; (5)整体浇筑时,先浇竖向结构构件,待1.0~1.5h混凝土充分沉实后再浇水平构件,并在混凝土终凝前二次振捣
5	载荷裂缝	裂缝深而宽,从破坏部位向外延伸	(1)混凝土未产生足够强度即拆除底模; (2)新浇筑楼面承受过大的集中荷载,钢管、模板、钢筋集中堆放,混凝土受到冲击、震动、扰动等破坏而产生裂缝	(1)底模拆除时间必须符合强度要求; (2)适当控制施工进度,新浇混凝土强度达到一定强度后方可进行上层施工; (3)材料分散堆放,避免荷载集中
6	冷缝裂缝	冷缝的缝形完全依混凝土初凝后二次浇筑的路线而定,杂乱无章	大面积混凝土分区分片浇筑(未设施工缝)时,接茬部位老混凝土已凝结硬化,出现冷缝	(1)合理安排混凝土浇筑顺序; (2)掌握混凝土浇筑速度和凝结时间; (3)炎热季节适当增加缓凝剂的掺量; (4)当预拌混凝土供应出现问题时,应及时设置施工缝; (5)停电时,有发电机等预备方案

续上表

序号	质量通病	现象	原因分析	防治措施
7	化学裂缝	(1)钢筋锈蚀膨胀,混凝土裂缝剥落; (2)膨胀物质(方镁石或膨胀剂)过量引起开裂	(1)原材料中含有过量的氯离子; (2)原材料中含有或反应可生成膨胀性物质的材料; (3)混凝土保护层厚度不够; (4)混凝土振捣不密实	(1)控制氯化物含量; (2)避免采用含硫酸盐的水拌制混凝土(硫酸镁和硫酸钠结晶,膨胀4~5倍); (3)防止使用安定性不良的水泥配制混凝土(游离氧化钙过多); (4)适当增厚混凝土保护层或对钢筋涂防腐蚀涂料; (5)提高混凝土的密实度,降低渗透率
8	冻胀裂缝	混凝土中水分结冰膨胀,反复冻融	(1)水灰比过大; (2)混凝土振捣不密实; (3)蓄热养护不到位	(1)冬期施工的混凝土,应采用普通水泥,低水灰比,并掺加适量早强剂; (2)对混凝土采用蓄热保温或加热养护,直至达到40%的设计强度
9	裂缝的处理措施: (1)表面封闭法 ①在微细裂缝(宽度一般小于0.2mm)的表面涂膜以提高其防水性及耐久性的方法,是一种较简单的裂缝修补方法。通过密封裂缝表面达到防止水分、二氧化碳以及其他有害介质侵入的目的。这种方法的缺点是,修补工作无法深入到裂缝内部,不适合有明显水压的裂缝。 ②表面封闭所采用的密封材料因修补目的及使用环境不同而异,通常采用弹性密封胶、聚合物水泥等。 (2)灌浆法 ①化学灌浆是采用化学灌浆料来处理混凝土形成的裂缝,一般采用化学灌浆料、快速凝结剂和膨胀水泥砂浆配合使用。 ②当需要对裂缝全深度范围注入修补材料,以提高其防水性和耐久性时,化学灌浆是经常使用的方法。 ③这种方法一般适用于开裂较为严重的部位,它们的裂缝一般是贯通的。 ④这是比较困难的处理方法,需要严格的操作和养护;但是恢复效果很好,能将混凝土结构恢复到使用初期的整体状况,在很大程度上使结构强度得到恢复。 (3)混凝土置换法 ①该方法是将严重损坏或失效的混凝土除掉,置换新的混凝土或其他材料。 ②其具体工艺:剔除混凝土→混凝土面层及钢筋处理→置换材料的配置和置换→养护及粉刷。 ③置换材料应根据使用条件和处理要求选择,主要考虑其环境适应性、耐久性、耐腐蚀性、弹性模量、强度、热膨胀系数和与基层的结合性能等。目前,常用的置换材料有水泥质混凝土或砂浆、聚合物或改性聚合物混凝土(砂浆)			

3)混凝土尺寸偏差

混凝土尺寸偏差质量通病与防治措施见表5-2-82。

混凝土尺寸偏差质量通病与防治措施　　　　　表5-2-82

序号	质量通病	现象	原因分析	防治措施
1	轴线偏移、垂直度偏差	混凝土浇筑后拆除模板时,发现柱、墙实际位置与建筑物轴线位置偏移、垂直度有偏差	(1)放线误差过大,结构构件支模时因检查核对不细致造成的外形尺寸误差; (2)施工过程中,模板、支撑加固不牢、松动,造成垂直度偏差	(1)模板轴线测放后,要复核验收,确认正确后支模; (2)墙、柱模板根部和顶部必须设可靠的限位措施; (3)支模时要拉水平、竖向通线,并设垂直度控制线; (4)对模板进行设计,保证模板及其支架具有足够的强度、刚度及稳定性; (5)混凝土浇筑前,对模板轴线、支架、顶撑、螺栓进行认真检查、复核,发现问题及时处理; (6)混凝土浇筑时,要均匀对称下料,浇筑高度应严格控制在施工规范允许的范围内

续上表

序号	质量通病	现　象	原因分析	防治措施
2	标高偏差	测量时,发现混凝土结构层标高及预留孔洞、预埋件的标高与施工图设计标高之间有偏差	(1)测量放线误差过大; (2)施工过程中,模板、支撑加固不牢、松动,造成标高偏差	(1)每层设足够多的标高控制点,竖向模板根部须做找平。 (2)模板顶部设标高标记,严格按标记施工。 (3)预埋件及预留孔洞,在安装前应与图纸对照,确认无误后准确固定在设计位置上,必要时用电焊或套框等方法将其固定;在浇筑混凝土时,应沿其周围分层均匀浇筑,严禁碰击和振动预埋件与模板。 (4)楼梯踏步模板安装时应考虑装修层厚度

本章附件

附件 5-2-1　各类模板用材设计指标
附件 5-2-2　各类梁的弯矩、剪力计算汇总表
附件 5-2-3　钢筋的基础知识
附件 5-2-4　钢筋专业加工与传统加工优缺点对比

第 3 章 防水工程

本章主要详细阐述地铁明挖法和矿山法暗挖工程中混凝土自防水和外包防水系统的质量控制要点和具体做法,同时对地铁车站装饰装修防水、高架桥面防水、车辆基地屋面防水进行了简要的介绍。盾构法隧道防水工程详见第3篇相关章节,本部分不做介绍。

3.1 防水要求及体系

3.1.1 防水要求

1)防水原则

现行《地铁设计规范》(GB 50157)要求地下防水工程应遵循"以防为主,刚柔结合,多道设防,因地制宜,综合治理"的原则,采取与其相适应的防水措施。

"以防为主":主要是以混凝土自防水为主,首先应保证混凝土(钢筋混凝土)结构的自防水能力。为此应采取有效的技术措施,保证防水混凝土达到规定的密实性、抗渗性、抗裂性、防腐性和耐久性。加强结构变形缝、施工缝、穿墙管、预埋件、预留通道、接头、桩头、拐角等细部构造的防水措施。

"刚柔结合":采用结构自防水和外包柔性防水层相结合的防水方式。适应结构变形,隔离地下水对混凝土的侵蚀,增加结构防水性、耐久性。

"多道设防":除以混凝土自防水为主、提高其抗裂和抗渗性能外,还应辅以柔性防水层,并在围护结构的设计与施工中积极创造条件,满足防水要求,达到互补作用,实现整体工程防水的不渗、不漏。细部如变形缝、施工缝等同时设多道防水措施。

"因地制宜":在城市修建地铁,根据环保、水资源保护的要求,防排水设计应采用"防"而不是"排"的原则,严禁将地下水引入车站或隧道。

"综合治理":地铁工程防水是一项技术性强、部门多、涉及面广的综合性工程,因此要求结构与防水相结合,结构自防水与外包防水层相结合,主体结构防水与细部构造防水并重,主材与辅材配套,施工、设计相协调,同时做好其他辅助措施。

2)防水等级和标准

现行《地铁设计规范》(GB 50157)规定:地下车站、出入口、通道和机电设备集中区段的防水等级为一级,不允许渗水,结构表面无湿渍;非机电设备集中区段的通风道、通风井等附属结构防水等级为二级,顶部不允许滴漏,其他部位不允许漏水,结构表面可有少量湿渍,总湿渍面积不大于总防水面积的 2/1000,任意 100m² 防水面积上的湿渍不超过 3 处,单个湿渍的最大面积不大于 0.2m²。

3.1.2 防水体系

地铁防水工程主要包括混凝土自防水和附加防水(含外包防水层、细部构造防水措施)两部分。以结构自防水为根本,采取措施控制混凝土裂缝开展,增加混凝土的抗渗性能,以变形缝、施工缝、诱导缝、穿墙管、降水井、桩头等细部构造的防水为重点,辅以附加防水层加强防水。地铁工程防水体系如图 5-3-1 所示。

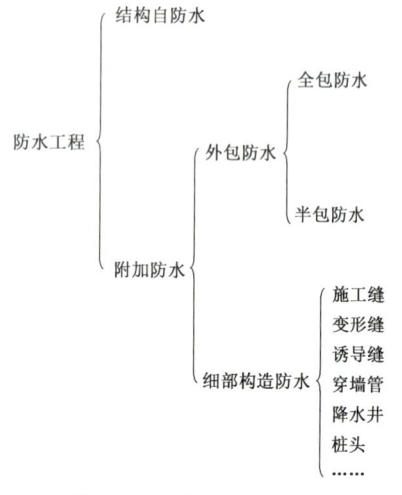

图 5-3-1 地铁工程防水体系图

1) 混凝土自防水

混凝土自防水是地铁结构防水的重要防线,其质量控制关键在于做好施工防水混凝土的选材和一系列防裂措施。防水混凝土是以水泥、砂、石为原材料通过调整混凝土配合比或掺入外加剂、高分子聚合物等,减少孔隙率,增加各原材料界面间密实性或使混凝土产生补偿收缩作用,从而使水泥砂浆或混凝土具有一定抗裂、防渗能力,使其满足抗渗等级大于 P6(抗渗压力为 0.6MPa)的不透水性混凝土。为提高车站的防水性能,车站衬砌混凝土均采用防水混凝土。

2) 外包防水

外包防水主要包括全包防水与半包防水。全包防水即在主体结构迎水面设置连续、整体的全包防水层,一般用于地下水含量较大的地层;半包防水即在顶板设置柔性防水层,底板侧墙可不设置,并在结构墙体内侧设置离壁墙(水沟)。

防水层按材料类型一般分为防水涂料与防水卷材。

一般明挖车站外包防水设置如图 5-3-2、图 5-3-3 所示。

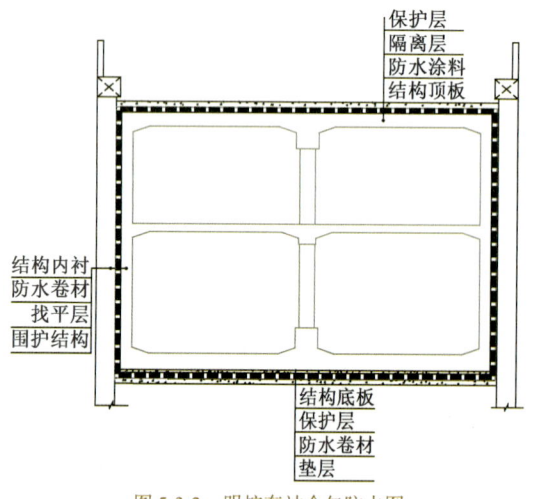

图 5-3-2 明挖车站全包防水图

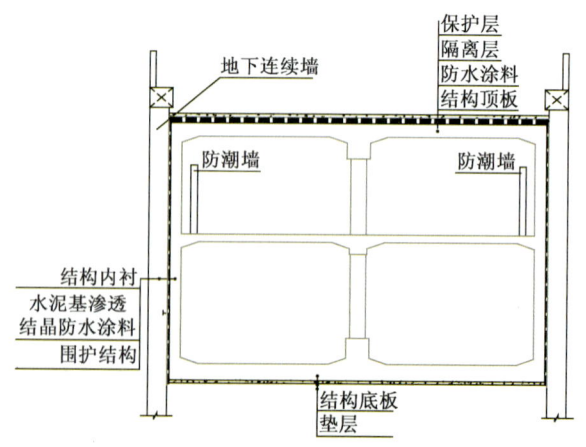

图 5-3-3 明挖车站半包防水图

3）细部构造防水

细部构造防水是地铁工程防水的薄弱环节，决定整个地铁工程的防水质量，因此需重点设防。细部构造主要包括施工缝、变形缝、诱导缝、后浇带、穿墙管、降水井、桩头等，一般采用止水带、遇水膨胀止水胶（条）、预埋注浆管、水泥基渗透结晶、防水砂浆等方式组合进行防水。

3.2 明挖地铁结构防水

本节主要从明挖地铁结构的混凝土自防水、防水涂料、防水卷材三方面进行阐述。

3.2.1 混凝土自防水

1）防水混凝土的特点和防水机理

（1）防水混凝土的特点

与其他防水方式相比，防水混凝土具有以下特点：

①兼具防水与承重功能。用于工程可起承重、围护、防水三重作用。

②成本经济。防水混凝土与普通混凝土相比，需要较多水泥，但可省去其他防水层成本，从而降低了造价。

③施工简便。利用结构本身防水，质量好，可以省去附加防水层，简化了工序，而且不受结构形状的限制。

④耐久性好。防水混凝土提高了抗冻、抗侵蚀的能力，经久耐用，且易于检查和修补。

（2）防水混凝土的防水机理

防水混凝土的防水机理为通过选择合适的骨料级配、降低水灰比、改善配合比、掺加合适的外加剂等方式，减少或阻断混凝土内部的毛细管和缝隙网络，达到提高混凝土抗渗防水效果的目的。

2）防水混凝土分类

混凝土配合比需符合现行《普通混凝土配合比设计规程》（JGJ 55）的规定。防水混凝土根据其防水机理及配合比的不同可分为普通防水混凝土、外加剂防水混凝土和膨胀剂防水混凝土三种，其技术要求和适用范围见表5-3-1。

防水混凝土技术要求　　　　表5-3-1

序号	种类	最大抗渗压力（MPa）	技 术 要 求	特 点	适 用 范 围
1	普通防水混凝土	>3.0	水灰比：0.5~0.6； 坍落度：30~50mm（掺外加剂或采用泵送时不受此限）； 水泥用量≥320kg/m³； 灰砂比：1:2~1:2.5； 含砂率≥35%； 粗骨料粒径≤40mm； 细骨料为中砂或粗砂	施工简便，材料来源广泛	适用于一般工业、民用及公共建筑的地下防水工程

续上表

序号	种类		最大抗渗压力(MPa)	技术要求	特点	适用范围
2	外加剂防水混凝土	引气剂防水混凝土	>2.2	含氧量:3%~6%；水泥用量:250~300kg/m³；水灰比:0.5~0.6；含砂率:28%~35%；砂石级配、坍落度与普通混凝土相同	抗冻性好	适用于北方高寒地区对抗冻性要求较高的地下防水工程及一般的地下防水工程,不适用于抗压强度大于20MPa或耐磨性要求较高的地下防水工程
3		减水剂防水混凝土	>2.2	根据施工需要分别选用缓凝型、促凝型、普通型的减水剂	拌合物流动性好	钢筋密集或薄壁型防水构筑物,对混凝土凝结时间和流动性有特殊要求的地下防水工程(如泵送混凝土)
4		三乙醇胺防水混凝土	>3.8	可单独掺用(1号),也可与氯化钠复合掺用(2号),也能与氯化钠、亚硝酸钠三种材料复合使用(3号),对重要的地下防水工程以1号和3号配方为宜	早期强度高、抗渗强度等级高	工期紧迫、要求早强及抗渗性较高的地下防水工程
5		氯化铁防水混凝土	>3.8	液体密度大于1.4g/cm³；$FeCl_2 + FeCl_3$ 含量≥0.4kg/L；$FeCl_2:FeCl_3=1:(1~1.3)$；pH值:1~2；硫酸铝含量为氯化铁的5%；氯化铁掺量一般为水泥的3%	—	水中结构、无筋少筋、厚大防水混凝土工程及一般地下防水工程,砂浆修补抹面工程;薄壁结构不宜使用
6		明矾石膨胀剂防水混凝土	>3.8	必须掺入32.5级以上的普通矿渣、火山灰和粉煤灰水泥中共同使用,不得单独代替水泥;一般外掺量占水泥用量的20%,掺入进口水泥时,其掺量应经试验后确定	密实性好、抗裂性好	地下工程及其后浇缝

注:1. 本表数据来源于《防水工长实用技术手册》,岳永铭主编,中国电力出版社,2000年出版。
2. 表中1号、2号、3号配方见表5-3-2。

表5-3-2为三乙醇胺防水剂配料表。

三乙醇胺防水剂配料　　　　　　　　　　　　　表5-3-2

配方配比		1号配方		2号配方			3号配方			
		三乙醇胺0.05%		三乙醇胺0.05%+氯化钠0.5%			三乙醇胺0.05%+氯化钠0.5%+亚硝酸钠1%			
		水	三乙醇胺	水	三乙醇胺	氯化钠	水	三乙醇胺	氯化钠	亚硝酸钠
三乙醇胺纯度	100%	98.75	1.25	86.25	1.25	12.5	61.25	1.25	12.5	25
	75%	98.33	1.67	85.83	1.67	12.5	60.83	1.67	12.5	25

注:1. 1号配方适用于常温和夏季施工,2号和3号配方适用于冬期施工。
2. 三乙醇胺为橙黄色透明黏稠状的吸水性液体,无臭、不燃、呈碱性,相对密度为1.12~1.13,pH值为8~9,工业纯度为70%~80%。
3. 氯化钠和亚硝酸钠均为工业品,禁止食用。
4. 本表数据来源于《防水工长实用技术手册》,岳永铭主编,中国电力出版社,2000年出版。

3）防水混凝土原材料要求

（1）水泥

防水混凝土在不受侵蚀性介质和冻融作用时，宜采用普通硅酸盐水泥、火山灰质硅酸盐水泥、粉煤灰硅酸盐水泥，如采用矿渣硅酸盐水泥，则必须掺用外加剂以降低泌水率；在受冻融作用时，应优先选用普通硅酸盐水泥和粉煤灰硅酸盐水泥。不得使用过期或受潮结块的水泥，并不得将不同品种或强度等级的水泥混合使用。水泥强度等级不宜低于42.5级；当采用32.5级水泥时，必须掺外加剂并经过试验合格后方可使用。

（2）砂石

防水混凝土中石子最大粒径不宜大于40mm，所含泥土不得呈块状或包裹石子表面，吸水率不应大于1.5%。可掺入一定数量的磨细粉煤灰或磨细砂、石粉等，粉煤灰掺量不应大于20%，磨细砂、石粉的掺量不宜大于5%，并应全部通过0.15mm的筛孔。砂宜采用中砂。拌制混凝土所用的水，应采用不含有害物质的洁净水，且符合有关规定。

（3）外加剂

防水混凝土可根据工程需要掺入引气剂、减水剂、密实剂等外加剂，其掺量和品种应经试验确定。

（4）钢筋

普通钢筋混凝土和喷锚支护结构中的钢筋应按表5-3-3的规定选用。

普通钢筋混凝土和喷锚支护结构中的钢筋选用　　表5-3-3

序 号	类 型		HRB300	HRB400	HRB500	HRBF400	HRBF500	HPB300
1	纵向受力	梁、柱		√	√	√	√	
2		其他		√				√
3	箍筋			√	√	√	√	√

注：√表示选用该型号的钢筋。

4）配合比

根据现行《地铁设计规范》（GB 50157），明挖地铁工程的防水混凝土设计抗渗等级详见表5-3-4。

防水混凝土设计抗渗等级　　表5-3-4

序 号	结构埋置深度 h（m）	设计抗渗等级	
		现浇混凝土结构	装配式混凝土结构
1	$h < 20$	P8	P10
2	$20 \leq h < 30$	P10	P10
3	$40 > h \geq 30$	P12	P12

防水混凝土的施工配合比应通过试验确定，试配混凝土的抗渗等级应比设计要求提高一级（即0.2MPa），并应符合下列规定：

（1）胶凝材料用量应根据混凝土的抗渗等级和强度等级等选用，其总用量不宜小于320kg/m³；当强度要求较高或地下水有腐蚀性时，胶凝材料用量可通过试验调整；

（2）在满足混凝土抗渗等级、强度等级和耐久性条件下，水泥用量不宜小于260kg/m³；

（3）砂率宜为35%～40%，泵送时可增至45%；

（4）灰砂比宜为1:1.5～1:2.5；

（5）水胶比不得大于0.50，有侵蚀性介质时水胶比不宜大于0.45；

（6）防水混凝土采用预拌混凝土时，入泵坍落度宜控制在120～160mm，坍落度每小时损失值不应大于20mm，坍落度总损失值不应大于40mm；

(7) 掺加引气剂或引气型减水剂时,混凝土含气量应控制在 3% ~ 5%;

(8) 预拌混凝土的初凝时间宜为 6 ~ 8h。

现行《地铁设计规范》(GB 50157)规定明挖法施工的地铁工程,一般环境条件下混凝土强度等级不得低于表 5-3-5 的要求。

(明挖法)一般环境条件下混凝土强度等级　　　　　　　　　　　表 5-3-5

序 号	结 构 类 型	强 度 等 级
1	整体式钢筋混凝土结构	C35
2	装配式钢筋混凝土结构	C35
3	作为永久结构的地下连续墙和浇筑桩	C35

5) 防水混凝土搅拌

(1) 严格按选定的施工配合比,准确计算并称量每种用料。外加剂的掺加方法遵从所选外加剂的使用要求。水泥、水、外加剂掺和料计量允许偏差应不大于 ±1%,砂、石计量允许偏差应不大于 2%。

(2) 防水混凝土应采用机械搅拌,搅拌时间一般不少于 2min,掺入引气型外加剂,则搅拌时间为 2 ~ 3min;掺入其他外加剂时应根据相应的技术要求确定搅拌时间。掺 U 型(UEA)膨胀剂防水混凝土搅拌的最短时间见表 5-3-6。

混凝土搅拌的最短时间(单位:s)　　　　　　　　　　　表 5-3-6

序号	混凝土坍落度(mm)	搅拌机机型	搅拌机出料量(L)		
			<250	250 ~ 500	>500
1	≤30	强制式	90	120	150
2		自落式	150	180	210
3	>30	强制式	90	90	120
4		自落式	150	150	180

注:1. 混凝土搅拌的最短时间指自全部材料装入搅拌机中起,到开始卸料止的时间。

2. 当掺有外加剂时,搅拌时间应适当延长(表中搅拌时间为已延长的搅拌时间)。

3. 全轻混凝土宜采用强制式搅拌机搅拌,砂轻混凝土可采用自落式搅拌机搅拌,但搅拌时间应延长 60 ~ 90s。

4. 采用强制式搅拌机搅拌轻骨料混凝土的加料顺序是:当轻骨料在搅拌前预湿时,先加粗、细骨料和水泥搅拌 30s,再加上继续搅拌;当轻骨料在搅拌前未预湿时,先加 1/2 的总用水量和粗、细骨料搅拌 60s,再加水泥和剩余用水量继续搅拌。

5. 当采用其他形式的搅拌设备时,搅拌的最短时间应按设备说明书的规定或经试验确定。

6. 本表数据来源于《防水工长实用技术手册》,岳永铭主编,中国电力出版社,2000 年出版。

6) 施工控制要点

(1) 施工所用水泥、砂、石子等原材料必须符合质量要求。水泥如有受潮、变质或过期现象,不能降格使用。砂、石的含泥量会影响混凝土的收缩和抗渗性,因此,限制砂的含泥量在 3% 以内,石子的含泥量在 1% 以内。

(2) 防水混凝土施工前应做好降排水工作,不得在有积水的环境中浇筑混凝土。为保证防水混凝土的均匀性,其搅拌时间应较普通混凝土稍长,尤其是对于引气剂防水混凝土,要求搅拌 2 ~ 3min。外加剂防水混凝土所使用的各种外加剂,都需预溶成较稀溶液再加入搅拌机内,严禁将外加剂干粉和高浓度溶液直接加入搅拌机,以防外加剂或气泡集中,影响混凝土的质量。引气剂防水混凝土还需按时抽查其含气量。防水混凝土拌合物在运输后如出现离析,必须进行二次搅拌,当坍落度损失后不能满足施工要求时,应加入原水胶比的水泥浆或掺加同品种的减水剂进行搅拌,严禁直接加水。

(3) 防水混凝土工程的模板要求拼缝严密、支撑牢固、严密不漏浆,内外模之间不得用螺栓或钢丝穿透，以免造成透水通路。用于固定模板的螺栓必须穿过混凝土结构时，可采用工具式螺栓或螺栓加堵头，螺栓上应加焊方形止水环。拆模后应将留下的凹槽用密封材料封堵密实，并应用聚合物水泥砂浆抹平。

(4) 钢筋骨架不能用铁钉或钢丝固定在模板上，必须用相同配合比的细石混凝土或砂浆制作垫块，以确保钢筋保护层厚度。防水混凝土的保护层不允许有负误差。防水混凝土结构内部设置的各种钢筋或绑扎铁丝，不得接触模板。

(5) 防水混凝土施工，应尽可能一次浇筑完成，因此，须根据所选用的机械设备制定周密的施工方案。大体积防水混凝土的施工在设计许可的情况下，掺粉煤灰混凝土设计强度等级的龄期宜为60d或90d，宜选用水化热低和凝结时间长的水泥，宜掺入减水剂、缓凝剂等外加剂和粉煤灰、磨细矿渣粉等掺合料。大体积混凝土应计算由水化热所引起的混凝土内部温升，以采取分区浇筑、使用水化热低的水泥或掺外加剂等相应措施。

(6) 为保证混凝土的抗渗性，防水混凝土不允许用人工捣实，必须分层连续浇筑，分层厚度不得大于500mm，采用机械振捣，避免漏振、欠振和超振，振捣要仔细。对于引气剂防水混凝土和减水剂防水混凝土，宜用高频振动器排除大气泡，以提高混凝土的抗渗性和抗冻性。

(7) 防水混凝土应连续浇筑，宜少留施工缝。当留设施工缝时，墙体水平施工缝不应留在剪力最大处或底板与侧墙的交接处，应留在高出底板表面不小于300mm的墙体上。板墙结合的水平施工缝，宜留在板墙接缝线以下150～300mm处。墙体有预留孔洞时，施工缝距孔洞边缘不应小于300mm。垂直施工缝应避开地下水和裂隙水较多的地段，并宜与变形缝相结合。

(8) 炎热季节施工时，应采取降低原材料温度、减少混凝土运输时吸收外界热量等降温措施，入模温度不应大于30℃；混凝土内部预埋管道，宜进行水冷散热，应采取保温保湿养护，混凝土中心温度与表面温度的差值不应大于25℃，表面温度与大气温度的差值不应大于20℃，温降梯度不得大于3℃/d，养护时间不应少于14d。

(9) 防水混凝土冬期施工时入模温度不应低于5℃，混凝土养护应采用综合蓄热法、蓄热法、暖棚法、掺化学外加剂等方法，不得采用电热法或蒸气直接加热法，应采取保湿、保温措施。

7) 施工质量控制与验收标准

防水混凝土的验收标准应严格按照现行《地下工程防水技术规范》(GB 50108)、《地下防水工程质量验收规范》(GB 50208)中的相关规定，其抗渗能力不应小于设计要求；环境温度不得高于10℃；处于侵蚀性介质中的防水混凝土的耐侵蚀系数，不应小于0.8；垫层混凝土的强度等级不应小于C15，厚度不应小于100mm，在软弱土层中不应小于150mm；衬砌厚度不应小于200mm，裂缝宽度不得大于0.2mm；钢筋保护层厚度迎水面不应小于35mm，当直接处于侵蚀性介质中时，保护层厚度不应小于50mm。

防水混凝土的原材料、配合比及坍落度，抗压强度和抗渗性能，变形缝、施工缝、后浇带、穿墙管、埋设件等设置和构造必须符合设计要求；结构表面应坚实、平整，不得有露筋、蜂窝等缺陷；埋设件位置应准确；结构表面的裂缝宽度不应大于0.2mm，且不得贯通。结构厚度不应小于250mm，其允许偏差应为+8mm、-5mm；主体结构迎水面钢筋保护层厚度不应小于50mm，其允许偏差为+5mm。

3.2.2 防水涂料

防水涂料经固化后形成的防水薄膜具有一定的延伸性、弹塑性、抗裂性、抗渗性及耐候性，能起到防水、防渗和保护作用。

1）材料种类及特点

防水涂料种类及特点详见表 5-3-7。

防水涂料种类及特点　　　　　　　表 5-3-7

序号	类型	产品	特点
1	挥发型	溶剂型：氯丁橡胶沥青防水涂料、再生橡胶沥青防水涂料	主要成膜物质的高分子材料以分子状态溶解在有机溶剂中成为溶液。其特点如下： (1) 通过溶剂的挥发，高分子聚合物分子链间的距离不断缩小并相互缠绕而结膜； (2) 涂层干燥速度快，结膜致密； (3) 涂料储存稳定性好； (4) 易燃、易爆、有毒，生产储运应注意安全； (5) 由于有机溶剂挥发，施工对环境有一定的污染
		水乳型：阳离子氯丁橡胶沥青防水涂料、水乳型再生橡胶沥青防水涂料等	主要成膜物质的高分子材料或具有一定分子量的聚合物的材料，通过表面活性剂的作用稳定悬浮在水中形成乳液。其特点如下： (1) 通过水分的挥发，经过固体微粒的接触，变形而结膜； (2) 无毒，不燃，生产储存比较安全，不污染环境； (3) 潮湿基面可施工； (4) 5℃以下不能施工，各类涂料的成膜温度有区别； (5) 涂层干燥速度慢，结膜致密性低于同类材料溶剂型涂料
2	反应型	双组分聚氨酯防水涂料、单组分聚氨酯防水涂料	主要成膜物质的高分子材料，以低分子量预聚物形式存在，现场通过加入固化组分或在空气中进行化学反应，形成分子量较高的聚合物而结膜。其特点如下： (1) 涂膜致密，涂层可适当涂厚； (2) 涂层具有优良的防水抗渗性、弹性及低温柔性； (3) 成型温度影响涂膜固化速度； (4) 双组分涂料需现场搅拌，必须拌匀才能保证膜层质量
3	反应挥发型	各种聚合物水泥防水涂料（JS 复合防水涂料）	主要成膜物质的高分子材料为水乳液，以水泥及活性物质为填料，涂膜通过水分挥发及无机水硬性材料的水化反应而结膜。其特点如下： (1) 现场拌和成膏状体，固含量较高； (2) 潮湿基面可施工，固化结膜速度快； (3) 厚涂层无起泡、起鼓问题
4	水化结晶渗透型	以水化反应为主，如防水宝等；以结晶渗透为主，如赛柏斯防水涂料	主要成膜物质为无机水硬性材料，在水硬性材料水化反应时，其中一类是涂层自身形成具有一定抗渗能力的膜层；另一类是涂层材料中的活性物质可向混凝土内部渗透，在混凝土中形成不溶于水的结晶体，填塞毛细孔道，从而使混凝土致密。其特点如下： (1) 现场拌和成稠状物，施工简便易行； (2) 潮湿基面可施工； (3) 厚刮层无起泡、起鼓问题； (4) 终凝后的涂层，应保持水养护环境； (5) 可渗入基层裂纹及毛细孔道内形成不溶于水的结晶物，涂层具有防水、抗渗功能

2）施工流程

防水涂料种类繁多，本小节主要对聚氨酯（单、双组分）防水涂料、非固化橡胶（化）沥青防水涂料、水泥基渗透结晶防水涂料施工进行介绍，其施工流程如图 5-3-4～图 5-3-6 所示。

图 5-3-4　单组分聚氨酯涂料防水层施工流程图
图 5-3-5　非固化橡胶(化)沥青防水涂料施工流程图
图 5-3-6　水泥基渗透结晶防水涂料施工流程图

3）施工控制要点

主要防水涂料的施工应严格依据现行《地下工程防水技术规范》（GB 50108）的要求进行，其内容详见表 5-3-8。

主要防水涂料的施工控制要点　　　　　表 5-3-8

序号	产品	适用范围	施工要点
1	聚氨酯（单、双组分）防水涂料	一般用于地下车站顶板防水及细部构造防水	（1）基层处理： ①混凝土浇筑完毕后，反复收水压实，使基层表面平整、坚实，无明水、不掉砂、无油污。 ②基层表面的气孔、凹凸不平、蜂窝、缝隙、起砂等，应进行修补处理。 ③顶板防水层施工前，需做蓄水试验。 （2）涂刷底涂层： ①干燥基层可不涂刷底涂。 ②如混凝土含水率大于15%，则属十分潮湿基层，须使用特殊底涂剂，该类基层中用得较多的是环氧树脂、异氰酸酯底涂。 ③底部涂料要全部覆盖基层，不能有露底现象。 （3）防水涂膜的施工： ①用滚刷或橡皮刮板在水平基层面上涂刷涂料，一般涂刷厚度为2.0～2.5mm。 ②涂刷3～5道，在前层干燥后方可涂布后一层，其涂膜厚度应符合设计要求。每层涂料应顺向均匀涂布且前、后层方向应垂直；边墙应由上向下顺序涂刷，并采取防流淌措施。 ③涂料分幅间的搭接不小于200mm。 ④在阴阳角部位须增涂2～4遍防水涂料，或增设一层2mm厚的同质防水涂料层。 ⑤涂料施作完毕后应及时做隔离层及保护层。 ⑥涂料防水层应尽量避免在雨、雪天施工

续上表

序号	产　品	适　用　范　围	施工要点
2	非固化橡胶（化）沥青防水涂料	一般用于地下车站顶板防水层	(1) 基层处理： 基层表面应坚固、平整、干燥、干净、无灰尘油污，转角处应做成50mm×50mm的斜角或半径为50mm的圆角。顶板防水层施工前，需做蓄水试验。 (2) 涂刷基层处理剂： 涂刷前应将处理剂充分搅拌，涂刷时应厚薄均匀，不漏底，遵循先高后低、先立面后平面的原则。 (3) 防水涂膜的施工： ①施工可采用喷涂、刮涂、刷涂、滚涂形式，产品一次涂布成活，无须成膜，直接铺贴覆面防水卷材层； ②施工时需要采用专用设备加温至100℃以上，再进行涂布，故在低温环境下也可以施工； ③顶板，除反梁等特殊部位的防水加强层可采用刮涂施工外，大面涂层均采用喷涂施工，同时铺贴防水卷材； ④雨季扫除基层表面积水即可施工，但不能在雨天施工和带明水作业； ⑤若涂料出现成膜现象，应禁止施工
3	水泥基渗透结晶防水涂料	常用于地下车站叠合墙侧墙防水和细部构造防水以及结构开裂（微裂）、渗水点、孔洞的堵漏施工，混凝土设施的弊病维修等	(1) 基层处理： ①基层表面应坚实、干净，无浮灰、浮浆、油污、反碱、起皮、疏松部位； ②涂刷前，基层表面应保持湿润。 (2) 施工方法： ①新浇的混凝土表面在浇筑20h后方可进行涂刷。 ②采用涂刷或喷涂，施工要一次涂布完成，拌料时应注意搅拌均匀。施工时按要求将调配好的浆料均匀涂布在基面上。 ③在未浇筑混凝土拌合物前，以撒干粉形式按一定的用量撒在垫层上，撒干粉时间为浇筑混凝土30min前。 ④在混凝土填放后未完全凝结前，以撒干粉形式按一定的用量撒放在混凝土表面，然后压实。 ⑤特殊部位的防水施工，例如龟裂严重或受到频繁振动，以及渗水严重的结构，在防水施工时，可以在防水涂层中铺设钢纤维网片，以增加结构基面表层的拉应力，提高防水涂层的抗裂作用

4）施工质量控制与验收标准

防水涂料施工质量控制与验收标准应依据现行《地下防水工程质量验收规范》（GB 50208）的要求，具体内容详见表5-3-9。

防水涂料施工质量控制与验收标准　　　　表5-3-9

序号	施工质量控制与验收标准
1	涂料防水层所用的材料及配合比必须符合设计要求
2	涂料防水层的平均厚度应符合设计要求，最小厚度不得低于设计厚度的90%
3	涂料防水层在转角处、变形缝、施工缝、穿墙管等部位做法必须符合设计要求
4	涂料防水层应与基层黏结牢固、涂刷均匀，不得流淌、鼓泡、露槎
5	涂层间夹铺胎体增强材料时，应使防水涂料浸透胎体覆盖完全，不得有胎体外露现象
6	侧墙涂料防水层的保护层与防水层应结合紧密，保护层厚度应符合设计要求
7	涂料防水层分项工程检验批的抽检数量，应按铺贴面积每100m²抽查1处，每处10m²，且不得少于3处

3.2.3 防水卷材

防水卷材主要是用于建筑墙体、屋面以及隧道、公路、垃圾填埋场等处,起到抵御外界雨水、地下水渗漏的一种可卷曲成卷状的柔性建材产品,作为工程基础与建筑物之间无渗漏连接,是整个工程防水的第一道屏障,对整个工程起着至关重要的作用。

1)材料种类及特点

主要防水卷材种类及特点详见表5-3-10。

主要防水卷材种类及特点　　　　　　　　　　表5-3-10

序号	类型			适用范围	特点
1	高分子防水卷材	橡胶类	硫化型	三元乙丙(EPDM)自黏防水卷材	应用在地下防水工程中,主要设计在基层迎水面,如车站的底板、侧墙等	在一定厚度的高密度聚乙烯卷材基材上涂覆一层非沥青类高分子自黏胶层和耐候弹性涂膜层(非砂粒)复合制成的多层复合卷材。芯材为高密度聚乙烯,自黏层为含活性官能团的高分子材料功能层。硅酸盐水泥固化过程中,硅酸根与其官能团形成化合物,从而实现膜层与水泥混凝土形成化学键结合
				三元乙丙丁基橡胶预铺防水卷材		
			非硫化型	氯化聚乙烯(CPE)防水卷材		
				氯化聚乙烯(CPE)自黏防水卷材		
		树脂类		热塑性聚烯烃(TPO)防水卷材		
				热塑性聚烯烃(TPO)自黏防水卷材		
				聚氯乙烯(PVC)防水卷材		
				聚乙烯防水卷材		
				聚乙烯膜自黏防水卷材		
				高密度聚乙烯高分子自黏胶膜预铺防水卷材		
				乙烯乙酸乙烯防水卷材		
2	改性沥青防水卷材	高聚物改性沥青		弹性体(SBS)改性沥青防水卷材	应用在地下防水工程中,主要设计在基层迎水面,如车站的底板、侧墙等	在沥青中添加一定量的高聚物改性剂,使沥青自身固有的低温易脆裂、高温易流淌的劣性得以改善,改性后的沥青不但具有良好的高低温性能,而且还具有良好的弹塑性、憎水性和黏结性等。高聚物改性沥青防水卷材与沥青防水卷材相比,改性沥青防水卷材的拉伸强度、耐热度与低温柔性均有一定的提高,并有较好的不透水性和抗腐蚀性
				塑性体(APP)改性沥青防水卷材		
				自黏聚合物改性沥青防水卷材(聚酯胎)		
				自黏聚合物改性沥青防水卷材(无胎)		
				预铺防水卷材(PY)		
				湿铺防水卷材		
				带自黏层的防水卷材		

2)施工流程

卷材防水施工方法主要包括预铺反黏法、自黏法、空铺法、冷黏法、热黏法、热熔法、焊接法等,本小节主要介绍前三种施工方法,其施工流程如图5-3-7~图5-3-10所示。

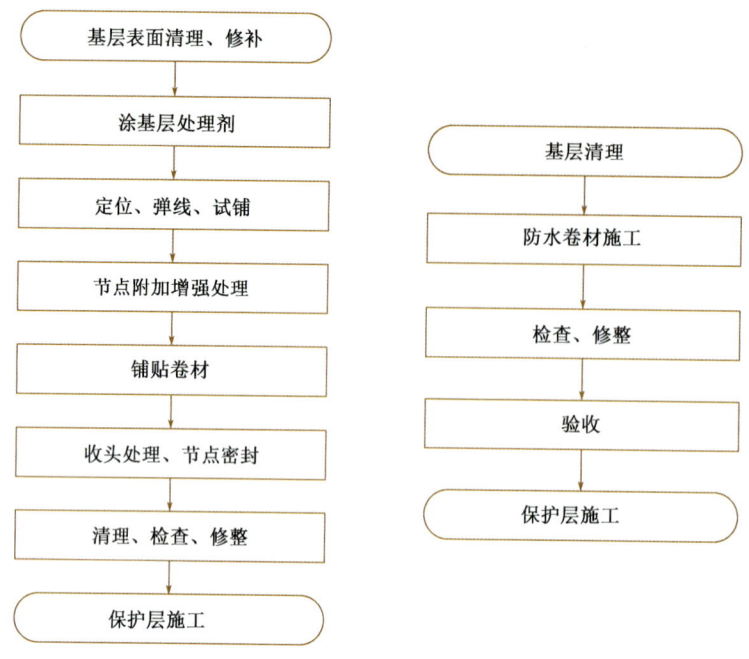

图 5-3-7 预铺反黏法高分子防水卷材施工流程图

图 5-3-8 预铺反黏法改性沥青防水卷材施工流程图

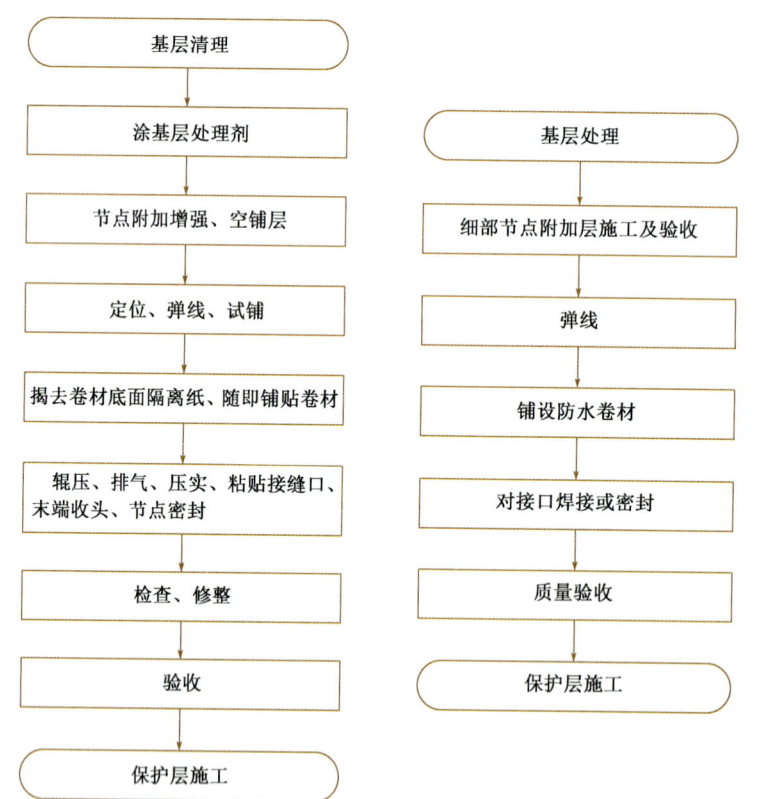

图 5-3-9 自黏法防水卷材施工流程图

图 5-3-10 空铺法防水卷材施工流程图

3）施工控制要点

主要防水卷材施工控制要点详见表 5-3-11。

主要防水卷材施工控制要点　　　　　表5-3-11

序号	产品	施工要点		
		预铺反黏法	自黏法	空铺法
1	高分子防水卷材	(1) 基层处理： ①基层应洁净、平整、坚实、牢固，阴阳角呈圆弧形、无明水，宜干燥。 ②如存在凹凸不平、起砂、起皮等缺陷时，应及时进行修补。 a. 凹凸不平时，铲除凸起部位，低凹处应用1:2.5的水泥砂浆(掺水用量为10%~15%的建筑胶)补抹，较浅时可用素水泥掺建筑胶涂刷，抹平压光； b. 起皮、起砂时，将起皮、起砂表面清理干净，用水泥素浆掺建筑胶涂刷一层，抹平压光； c. 凸出表面的水泥灰渣等黏结杂物，凸出侧墙表面的钢筋、固定模板螺栓等应从根部割除，水泥砂浆覆盖平整。 (2) 放线定位： 按设计要求及卷材铺贴方向、搭接宽度，经测量后，在基层上放出卷材铺贴的控制线，以免卷材铺贴时出现错位、歪斜等现象。 (3) 卷材预铺： ①按卷材施工方向弹好每幅的铺贴标线，底板卷材铺贴方向宜按车站长边方向，立墙则垂直于底板方向。 ②卷材应先铺平面，后铺立面，平面与立面转角处卷材的接缝应留在平面上，转角立面上的卷材应翻至围护结构上，并至少保留300mm的接槎。 ③将第一幅卷材按铺贴标线全幅展开，要求面层朝垫层面，第二幅卷材与第一幅卷材搭接展开，重叠的接缝宽度不小于80mm，卷材应平整顺直。 ④相邻两幅卷材横向接头应相互错开500mm，横向接缝宽度不小于100mm，纵向接缝宽度不小于80mm。 ⑤卷材搭接缝处应保持干净、干燥、无灰尘，进行搭接时边揭开下层的隔离膜边上层的卷材压下，随即排出搭接边里的空气，接缝部位应来回压实，确保密贴。 ⑥如卷材有翘曲，可用胶黏剂把卷材与垫层固定。 ⑦卷材在铺设过程中，如遇到加铺层时，应将加铺层上的防黏膜揭开，把卷材与加铺层黏合在一起，并充分压实。 (4) 去除隔离膜： 卷材铺贴完成并经检查合格后，在绑扎底板钢筋之前，提前将卷材表面隔离膜撕掉	(1) 基面处理： 铺贴卷材前，基层表面应均匀涂刷基层处理剂，干燥后及时铺贴卷材。 (2) 卷材预铺： ①铺贴卷材时，应将自黏胶底面隔离纸撕净。 ②卷材滚铺时，高聚物改性沥青防水卷材要稍拉紧一点，不能太松弛，应排除卷材下面的空气，并用压辊压实，黏结牢固。 ③黏结搭接缝时，应掀开搭接部位卷材，用扁头热风枪加热搭接卷材底面的胶黏剂并逐渐前移。另一人随其后，把加热后的搭接部位卷材用棉布由里向外排气，并抹压平实。最后紧随一人手持压辊滚压搭接部位，使搭接缝密实。 ④加热时应注意控制好加热温度，其控制标准为手持压辊压过搭接卷材后，使搭接边末端胶黏剂稍有外溢。 ⑤搭接缝黏结密实后，所有搭接缝均用密封材料封边，宽度不小于10mm。 ⑥铺贴立面、大坡面卷材时，可采用加热方法使自黏卷材与基层黏结牢固，必要时还应加钉固定	(1) 基面处理： 空铺法施工时，基层需充分干燥，表面应压实平整，排水坡度应符合设计要求。 (2) 卷材空铺施工： ①平面卷材施工时，首先进行预铺，把防水卷材按轮廓自然展开布置在基层上，平整顺直，不得扭曲。手工焊接时卷材长边及短边方向搭接宽度不小于60mm，并进行适当的剪裁。 ②搭接边用专用焊接工具进行焊接，焊接表面要求：无水露点，无油污及附着物，擦拭干净。 ③卷材铺设验收完成后，应按照要求施工保护层
2	改性沥青防水卷材	(1) 基面处理： ①基层应平整、坚实、无明水，基层凸起物应清除干净，局部凹陷应用水泥砂浆填补； ②表面有渗漏，应进行堵漏(注浆或表面封堵)处理，待基层表面无明水时，再施作找平层，找平层采用1:2.5的水泥砂浆或防水砂浆，厚度不小于2cm，表面应平整。 (2) 卷材铺设： ①卷材的自黏面必须面向现浇混凝土结构。 ②卷材采用机械固定法固定在围护结构或垫层表面，采用固定钉配合垫片固定，固定点距卷材边缘2cm。	(1) 基面处理： 铺贴卷材前，基层表面应均匀涂刷基层处理剂，干燥后及时铺贴卷材。 (2) 卷材预铺： ①铺贴卷材时，应将自黏胶底面隔离纸撕净。 ②卷材滚铺时，高聚物改性沥青防水卷材要稍拉紧一点，不能太松弛，应排除卷材下面的空气，并用压辊压实，黏结牢固。	(1) 基面处理： 空铺法施工时，基层需充分干燥，表面应压实平整，排水坡度应符合设计要求。

续上表

序号	产品	施工要点		
		预铺反黏法	自黏法	空铺法
2	改性沥青防水卷材	③底板防水卷材施工时,揭剥隔离纸与铺贴卷材同时进行,沿基准线向前滚铺整材,滚铺时不能太松弛,铺完一幅卷材后,用长柄滚刷由起始端开始,彻底排除卷材下面的空气,然后再用大压辊或手持式轻便振动器将卷材压实,黏结牢固。再用手持小压辊对搭接部位进行碾压,从搭接内边缘向外进行滚压,排出空气,黏结牢固。 ④侧墙防水卷材施工时,将卷材对准基准线全幅铺开,从一头将卷材(连同隔离纸)揭起,先将半幅长的卷材铺开就位,拉住揭下的隔离纸均匀用力向后拉,慢慢将剩余半幅长的隔离纸全部拉出,拉铺时注意拉出的隔离纸的完整性,发现撕裂、断裂应立即停止拉铺,将撕裂的隔离纸残余清理干净后,再继续拉铺。 ⑤接缝黏结与密封时,卷材短边搭接处、卷材收头、管道包裹等部位,应采用专用密封膏密封。搭接边密封宽度不小于100mm,采用热熔满黏,当卷材做两层时,第二层搭接边要与第一层错开,相邻两排卷材的短边接头相互错开300mm以上。防水面积很大,必须分阶段施工时,中间过程中临时收头很多,应采用专用密封膏做好临时封闭	③黏结搭接缝时,应掀开搭接部位卷材,用扁头热风枪加热搭接卷材底面的胶黏剂并逐渐前移。另一人随其后,把加热后的搭接部位卷材用棉布由里向外排气,并抹压平实。最后紧随一人手持压辊滚压搭接部位,使搭接缝密实。 ④加热时应注意控制好加热温度,其控制标准为手持压辊压过搭接卷材后,使搭接边末端胶黏剂稍有外溢。 ⑤搭接缝黏结密实后,所有搭接缝均用密封材料封闭,宽度不小于10mm。 ⑥铺贴立面、大坡面卷材时,可采用加热方法使自黏卷材与基层黏结牢固,必要时还应加钉固定	(2)卷材空铺施工: ①平面卷材施工时,首先进行预铺,把防水卷材按轮廓自然展开布置在基层上,平整顺直,不得扭曲。手工焊接时卷材长边及短边方向搭接宽度不小于6cm,并进行适当的剪裁。 ②搭接边用专用焊接工具进行焊接,焊接表面要求无水露点,无油污及附着物,擦拭干净。 ③卷材铺设验收完成后,应按照要求施工保护层

4）施工质量控制与验收标准

防水卷材施工质量控制与验收标准应依据现行《地下防水工程质量验收规范》(GB 50208)的要求进行,具体内容详见表5-3-12。

防水卷材施工质量控制与验收标准   表5-3-12

序号	施工质量控制与验收标准
1	卷材防水层所用卷材及其配套材料必须符合设计要求
2	卷材防水层在转角处、变形缝、施工缝、穿墙管等部位的施工方法必须符合设计要求
3	卷材防水层的搭接缝应粘贴或焊接牢固,密封严密,不得有扭曲、褶皱、翘边和起泡等缺陷
4	采用外防外贴法铺贴卷材防水层时,立面卷材接槎的搭接宽度,高聚物改性沥青类卷材为150mm,合成高分子类卷材应为100mm,且上层卷材应盖过下层卷材
5	侧墙卷材防水层的保护层与防水层应结合紧密、保护层厚度应符合设计要求
6	卷材搭接宽度的允许偏差为 -10mm
7	卷材防水层分项工程检验批的抽检数量,应按铺贴面积每100m²抽查1处,每处10m²,且不得少于3处

5）防水卷材质量通病与防治措施

防水卷材质量通病与防治措施详见表5-3-13。

防水卷材质量通病与防治措施   表5-3-13

序号	质量通病	原 因 分 析	防 治 措 施
1	卷材搭接不良	(1)由于临时保护墙砌筑强度高,不易拆除,或拆除时不仔细,没有采取相应的保护措施; (2)排降水措施不完善,水位上升,浸泡、沾污了卷材搓子; (3)由于缺乏保护措施,致使底板垫层四周架空延伸向立墙卷铺的卷材,更易造成污损破坏	从混凝土底板下甩出的卷材可刷油铺贴在永久保护墙上,而超出永久保护墙部分的卷材不刷油铺实,采用附加保护油毡,使内部各层卷材完好无损。

续上表

序号	质量通病	产生原因	防治措施
2	卷材空鼓	(1)由于基层潮湿,造成胶结材料与基层黏结不良; (2)找平层表面被泥水沾污,与基层黏结不良; (3)立墙卷材铺贴较困难,热作业易造成铺贴不严实	(1)对空鼓部位,剪开重新分层粘贴; (2)铺贴卷材前采取刷洗、晾干等措施,确保找平层表面干燥洁净; (3)在铺贴卷材前1~2d,喷或刷1~2道冷底子油,卷材应实铺(满涂热沥青胶结材料)
3	卷材转角部位后期渗漏	(1)所用卷材韧性较差、转角处操作不便、胶结材料温度过高或过低,致使转角处卷材铺贴不严密; (2)卷材未能按转角轮廓铺贴严实,后浇或后砌立体结构时此处卷材遭破坏; (3)未按有关要求在转角处增设卷材附加层	(1)将转角部位粘贴不牢、不实的卷材撕开,灌入玛蹄脂,用喷灯烘烤后,逐层补好卷材。应尽量选用强度高、延伸率大、韧性好的无胎油毡或沥青玻璃布油毡。沥青胶结材料的湿度应严格控制,涂刷厚度力求均匀一致,各层卷材均要铺贴牢固。 (2)基层转角处应做成圆弧形或钝角,并增设卷材附加层,一般可用两层同样的卷材或一层无胎油毡(或沥青玻璃布油毡),按转角处形状黏结紧密
4	管道处粘贴不严密	(1)卷材铺贴前,对管道未进行认真的清理、除锈、防锈处理; (2)由于管道周边呈死角,使卷材不易铺贴严密	(1)先撕掉粘贴不牢、不实的卷材,再铺贴新卷材,并在铺贴新卷材之前,清除管道表面的尘垢、铁锈。 (2)在管道穿过砖石墙时,管道周围以细石混凝土包裹,其厚度不小于300mm。 (3)抹找平层时,将管道根部抹成直径不小于50mm的圆角。 (4)卷材应按转角处的铺贴要求贴严实。或在穿管处理设带法兰的套管,将卷材防水层粘贴在法兰上,粘贴宽度不少于100mm,并用夹板将卷材压紧,法兰及夹板都应清理干净,刷上沥青,夹板下面应加油毡衬垫

3.3 矿山法防水施工

混凝土自防水相关内容详见本章3.2.1小节。

3.3.1 防水板施工

车站及隧道的柔性防水板一般铺设于喷射混凝土与二次衬砌之间,是地铁防水的关键施工步骤,其施工质量的好坏直接影响地铁施工与运营安全。

1)塑料防水板类型

防水板是以高分子聚合物为基本原料制成的一种防渗材料,既可以防止液体渗漏,也可以防止气体挥发。常见地铁塑料防水板类型及其特征详见表5-3-14;根据施工方法,可将防水板分为分离式防水板、复合式防水板两类,见表5-3-15。

地铁施工塑料防水板类型及其特征　　表5-3-14

序号	类型	特　征	图　示
1	PVC	聚氯乙烯(PVC)防水卷材,是以聚氯乙烯树脂为原料,掺加增塑剂、改性剂、抗氧剂、紫外线吸收剂及其他补充剂等一次挤出而成的新型高分子防水卷材。 优点:耐化学腐蚀、耐紫外线辐射、耐老化、耐磨性好,抗穿刺能力强,施工简便、无污染。 缺点:耐高温性不好,在较热的环境中工作容易变形	

续上表

序号	类型	特征	图示
2	EVA	EVA 塑胶原料为乙烯-醋酸乙烯共聚物,是一种性价比较高的防水板材,多应用于矿山法地铁区间隧道。 优点: ①耐水性:密闭泡孔结构,且不吸水、防潮、耐水性能良好。 ②耐腐蚀性:耐海水、油脂、酸、碱等化学品腐蚀,抗菌、无毒、无味、无污染。 ③加工性:无接头,且易于进行热压、剪裁、涂胶、贴合等加工。 ④防震性:回弹性和抗张力高,韧性高,具有良好的防振、缓冲性能。 缺点:易黏膜,易受热分解,热性能不良;表面硬度低,易刮伤	
3	ECB	ECB 是乙烯共聚物改性沥青树脂,由乙烯、醋酸乙烯共聚物与沥青树脂共混经高压方法生成,是高分子量的热塑性无规聚合物,多应用于矿山法地铁车站防水。 优点:具有优良的柔韧性、耐寒性、弹性、耐应力开裂性,相对密度小,特别适用于拱顶内面的防水材料。 缺点:价格相对较贵	
4	HDPE	HDPE 为高密度聚乙烯。 优点:HDPE 防水板具有优良的耐应力开裂性能,抗低温、抗老化、耐腐蚀。 缺点:因 HDPE 本身存在着老化的问题,并可能遭受到化学物质、微生物的冲击,施工过程中的焊合接缝处容易出现接触张口	
5	LDPE	LDPE 为低密度聚乙烯。 优点:密度低,透明性好,绝缘性好。 缺点:机械性能差,透气差,易变形,易老化,易发脆,易应力开裂,表面硬度低,易刮伤	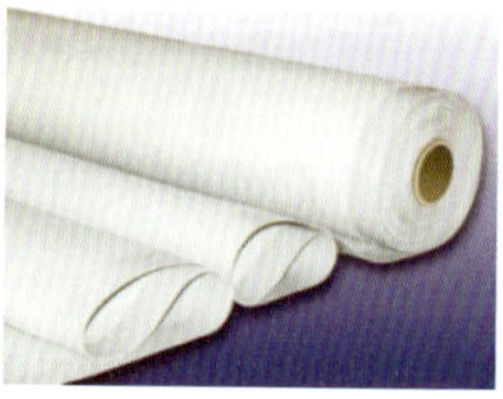

防水板分类　　　　　　　　　　表 5-3-15

序号	类型	特征	图示
1	分离式防水板	土工布与防水板分层铺设,防水板与土工布及隧道锚杆之间用热熔垫片进行连接	
2	复合式防水板	土工布与防水板整体复合,土工布与防水板点式复合,土工布与防水板条式复合	

2）缓冲层类型

地铁施工中可供选择的缓冲层材料主要有无纺布和聚乙烯泡沫塑料衬垫（简称 PE 衬垫）两种，见表 5-3-16。

缓冲层类型　　　　　　　表 5-3-16

序号	类型	特 征	图 示
1	无纺布	无纺布是用合成纤维材料经热压针刺无纺工艺制成的土木工程用卷材，厚度为 3~5mm，幅宽 2m，按单位面积质量有 300g/m²、400g/m²、500g/m² 及 600g/m² 几种	
2	PE 衬垫	PE 衬垫是由化学交联、化学发泡制成的闭孔 PE 泡沫塑料材料，其厚度一般为 (4±0.5)mm，幅宽一般为 (1200±50)mm，表观密度为 (45±5)kg/m³，拉伸强度≥0.4MPa，断裂伸长率≥100%	

3）施工流程

防水板因材质或工程应用的区别（如车站与隧道），其施工流程略有不同，一般流程如图 5-3-11 所示。

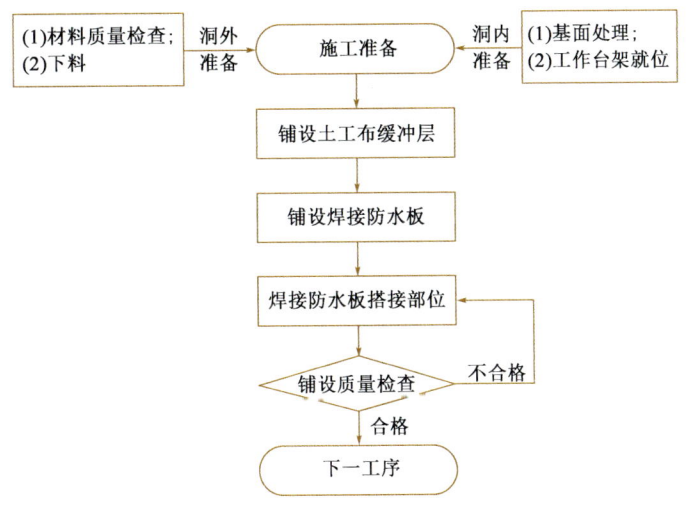

图 5-3-11　防水板施工流程图

4）施工控制要点

（1）基层处理

施作初期支护后，喷射混凝土表面存在各种不利于防水板铺设的情况，处理措施见表 5-3-17。

①铺设防水板的基面应无明水流，否则先进行初期支护背后的注浆或表面刚性封堵处理，直到表面无明水流，示例如图 5-3-12 所示。

②铺设防水板的基面应平整，铺设防水板前对基面进行找平处理，一般采用水泥砂浆抹面的方法，处理后的基面应满足：

图 5-3-12 底板基面处理后效果

$$\frac{D}{L} \leqslant \frac{1}{8} \quad (5\text{-}3\text{-}1)$$

式中：D——喷射混凝土两凸面间凹进的深度(m)；

L——相邻两凸面间的最短距离(m)。

③基面上不得有尖锐的毛刺部位，特别是喷射混凝土表面经常出现较大的石子等硬物，应凿除干净或用1:2.5的水泥砂浆覆盖处理，避免浇筑混凝土时刺穿防水板。

④基面上不得有铁管、钢筋、铁丝等凸出物存在，否则应从根部凿除，并用水泥砂浆覆盖。

⑤变形缝两侧各50cm范围内的基面应全部采用1:2.5的水泥砂浆找平，便于背贴式止水带的安装，并保证分区效果。

⑥当仰拱衬砌表面水量较大时，为避免积水应将铺设完成的防水板浮起，宜在仰拱表面设置临时排水沟。

防水板铺设基面处理措施   表 5-3-17

序号	基面存在的问题	图示及处理措施
1	钢筋头处理	切断　用锤砸　砂浆素灰抹面
2	注浆管处理	切断　面要整平　用砂浆填死
3	锚杆头处理	切断　盖帽
4	砂浆抹平	拱部应满足 $D/L \leqslant 1/8$

(2)铺设缓冲层

①铺设防水板前先铺设缓冲层,缓冲层材料采用单位质量不小于400g/m²的短纤土工布。

②用水泥钉或膨胀螺栓及与防水板相配套的圆垫片将缓冲层固定在基面上,固定点按梅花形布设,侧墙上的固定点间距为80~100cm,拱顶上的固定点间距为50cm,仰拱上的防水板固定点间距为1m,仰拱与侧墙连接部位的固定点间距适当加密至50cm左右。

防水层铺设参数见表5-3-18。土工布固定如图5-3-13、图5-3-14所示。

防水层铺设参数表 表5-3-18

序号	材料	搭接宽度(cm)	固定方式	固定点间距(cm)	接缝处理	备注
1	土工布	5	下塑料胀管,木螺栓固定	拱顶:50~80 边墙:80~100 底板:150~200	热塑焊机双焊缝焊接,宽2cm	预留50cm的余量
2	防水板	10	压焊器热合于塑料垫圈			

注:本表数据来源于现行《地下工程防水技术规范》(GB 50108)。

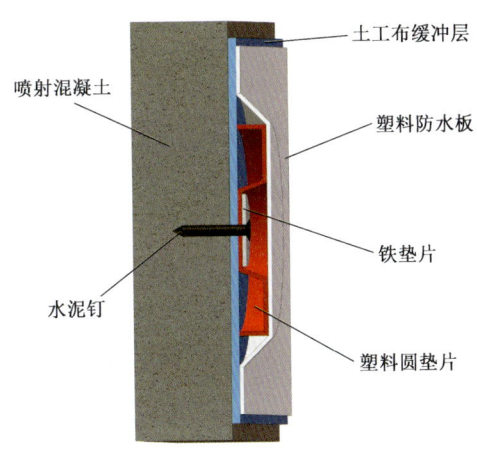

图5-3-13 防水卷材固定方法示意图

图5-3-14 车站拱顶土工布挂设

③缓冲层采用搭接法连接,搭接宽度为5cm;搭接缝利用热风塑料焊枪(图5-3-15)采用点黏法进行焊接,缓冲层铺设时尽量与基面密贴,不得拉得过紧或出现过大的皱褶,以免影响防水板的铺设。

(3)铺设塑料防水板

①铺设防水板时,顶、底纵梁部位以及仰拱防水板采用沿隧道纵向铺设的方法,以减少T形焊缝和十字形焊缝,减少手工焊接,保证防水效果。

②防水板采用热熔法手工焊接在塑料圆垫片上,焊接应牢固,避免浇筑和振捣混凝土时使防水板脱落。

③防水板固定时,注意不得拉紧或出现大的鼓包,铺设好的防水板应与基面凹凸一致,保持自然、平整、服帖,以免影响二次衬砌浇筑混凝土的尺寸或使防水板脱离圆垫片。

④防水板之间采用双焊缝热合机(图5-3-16)将相邻两幅卷材进行热熔焊接,焊接搭接宽度为10cm,接缝采用双焊缝(图5-3-17、图5-3-18),中间留出空腔以便进行充气检查。

图5-3-15 热风塑料焊枪

 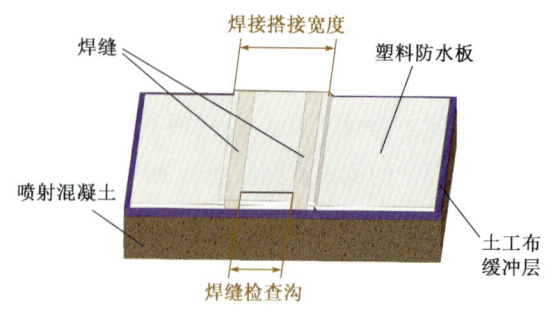

图 5-3-16 双焊缝热合机　　　　　　　　图 5-3-17 防水板搭接双焊缝示意图

当纵向焊缝和环向焊缝呈十字形相交时,事先须将纵向焊缝的多余部分削去,将台阶修理成斜面并熔平,削去的长度应不小于130mm,以确保焊接质量和焊机顺利通过。焊接完毕后采用检漏器进行充气检测(图5-3-19),充气压力为0.25MPa,保持该压力不少于5min,允许压力下降20%。如压力持续下降,应查出漏气部位并对漏气部位进行全面的手工补焊。

图 5-3-18 现场防水板焊接　　　　　　　　图 5-3-19 现场防水板充气测试

⑤防水板铺设完毕后应对其表面进行全面的检查,发现破损部位及时进行补焊,补丁剪成圆角,不得有三角形或四边形等尖角存在,补丁边缘距破损边缘的距离不得小于7cm,补丁满焊,不得有翘边、空鼓部位。

⑥当防水层验收合格后,才能进行下道工序。所有施工缝部位的防水板预留长度均应超过预留搭接钢筋顶端最少40cm,也可将预留部分卷起后固定,须注意后期保护。

防水板的收口方式见表5-3-19。

防水板收口方式　　　　　　　　　　表5-3-19

收口方式	特　　征	图　　示
收口一	利用胶黏带将预留防水板临时卷起,以达到防水效果	

续上表

收口方式	特 征	图 示
收口二	采用背贴式止水带粘贴或焊接在防水卷材上,利用背贴式止水带表面突起的齿条与模筑混凝土之间的密实咬合进行密封止水	

(4) 保护层的施工

①防水层铺设完毕并经验收合格后,及时施作混凝土保护层,保护层根据现场条件确定,当防水层与结构外表面间距不足5cm时,在防水板上表面铺设单位质量不小于400g/m²的土工布和厚度不小于5mm的纤维板进行保护;当上层表面与结构外表面之间的间距大于5cm时,可用5~7cm厚的细石混凝土代替纤维板保护层。

②为保护好防水层,杂散电流钢筋焊接作业采用移动保护板保护,洞内搬运时,钢筋头加塑料帽进行保护。

5) 注意事项

(1) 喷射混凝土基面有明水时严禁铺设防水板。

(2) 手工焊接应由熟练工人操作,也可采用塑料焊条焊接。

(3) 钢筋的两端应设置塑料套,避免钢筋就位时刺破防水板。绑扎和焊接钢筋时应注意对防水层进行有效的保护。特别是焊接钢筋时,应在防水层和钢筋之间设置石棉橡胶遮挡板,避免火花烧穿防水层,结构钢筋安装过程中,现场应由专人看守,发现破损部位应及时做好记号,待钢筋安装完毕后,再进行全面的补焊及验收。

(4) 仰拱防水层铺设完毕后,应注意做好保护工作,避免人为破坏防水层。

(5) 当破除预留防水层部位的导洞时,应采用人工凿除,尽量避免采用镐头机等机械破洞,预留防水层一旦被破坏,会直接影响防水层的后续搭接,无法保证防水板的连续性。

(6) 需要破除导洞临时喷射混凝土支撑的部位(顶纵梁、底纵梁等),必须在预留防水板两侧设置厚度不小于0.8mm的铁板保护层,避免破洞时对防水板造成机械破坏。当烧断支撑部位的钢筋时,应在防水板与铁板之间设置软木橡胶隔离板。

6) 施工质量控制与验收标准

防水板施工质量控制与验收标准主要依据现行《地下防水工程质量验收规范》(GB 50208)。

(1) 防水板铺设质量标准

①固定点间距:固定点间距应符合规范要求,一般拱部为0.5~0.8m、边墙为0.8~1m、底板为1.5~2.0m,凸凹变化点应增加固定点。

②与基面密贴:用手托起防水板,各处均与基面密贴,不密贴处小于10%。

③焊接质量:防水板焊缝宽度≥2cm,搭接宽度≥10cm,焊接应平顺,无波纹,颜色均匀透明,无焊焦、烧焦或夹层。进行充气试验时,充气压力为0.12~0.15MPa,稳定时间≥5min,允许压力下降≤20%,直到达到要求为止。每焊接1000延米抽检一处焊缝,每天、每台热合机至少抽检一个试样。

（2）防水板质量检查方法

防水板质量检查方法见表5-3-20。

防水板质量检查方法 表5-3-20

序号	检查方法	检查内容	适用范围
1	直观检查	(1)用手托起防水板,查看是否与喷射混凝土面密贴; (2)查看塑料板是否存在被划破、扯破、扎破、弄破等破损现象; (3)查看焊缝宽度是否符合要求,是否有漏焊、假焊、烤焦现象; (4)查看外漏的锚固点是否有塑料片覆盖	一般防水要求的工程
2	焊缝检查	(1)用手托起防水板,查看是否与喷射混凝土面密贴; (2)查看塑料板是否存在被划破、扯破、扎破、弄破等破损现象; (3)查看焊缝宽度是否符合要求,是否有漏焊、假焊、烤焦现象; (4)查看外漏的锚固点是否有塑料片覆盖; (5)每铺设20~30cm,剪开焊缝2~3处,长0.5m,看其是否有漏焊、假焊现象	较高防水要求的工程
3	漏水检查	(1)用手托起防水板,查看是否与喷射混凝土面密贴; (2)查看塑料板是否存在被划破、扯破、扎破、弄破等破损现象; (3)查看焊缝宽度是否符合要求,是否有漏焊、假焊、烤焦现象; (4)查看外漏的锚固点是否有塑料片覆盖; (5)进行水(气)压试验,查看有无漏水(气)现象	特殊防水要求的工程

7）质量通病与防治措施

防水板质量通病与防治措施详见表5-3-21。

防水板质量通病与防治措施 表5-3-21

序号	质量通病	现象	防治措施
1	基层处理不良	防水层基面存在钢筋头、尖锐凸出物、坑洞等	严格按要求对防水板工程实施质量控制,铺设防水板前清理基面钢筋头、尖锐凸出物,基面基本找平
2	缓冲层未按设计施工	(1)土工布没有采用热熔垫圈固定; (2)缓冲层土工布部分没有满铺	铺设土工布时,热熔垫圈的间距严格按照设计图中的拱部50~80cm,边墙80~150cm实施,防水板从下向上环向铺设,铺设松紧应适度,并留有余量,实铺长度与初期支护基面弧长的比值为10:8
3	防水板施工不良	(1)防水板预留长度不足,与二次衬砌施工缝间距不满足1~2m要求; (2)防水板没有采用热熔垫圈固定; (3)防水板安装松弛度不足,焊点数量不足,施工中出现破损情况	(1)施工队安排专业作业班组施作防水层,所有防水施工人员须专门培训,经考核合格后上岗。 (2)防水板安装时,现场焊接衬砌钢筋,在钢筋接头与防水层之间用移动保护板隔开,防止焊接火花烧坏防水层;衬砌钢筋安装完成后,再次对防水层进行检查,发现问题,及时处理,确保混凝土灌注前防水层的施工质量。 (3)防水板施工完成后,严禁在其上凿眼打洞。 (4)防水板焊接要牢固,对焊缝进行气密性检查,确保质量达标

3.3.2 分区防水施工

目前,矿山法车站施工中,通常采取的防水措施是在初期支护和二次衬砌之间设置全包式或者半包式的防水板及无纺布缓冲层。由于防水板通常与二次衬砌混凝土不黏结,虽然在一定程度上起到了隔离和润滑的作用,避免了混凝土收缩引起的开裂,但也使得防水层局部破损后地下水会在二次衬砌之间形成"窜水",使得渗漏范围扩大,而查找漏点和堵漏修补困难。为避免以上问题,近年来在矿山法地铁车站施工中又采取了适用于防水板的分区防水的构造形式和措施,目前已经逐步在公路、铁路、地铁车站、隧道等工程中得到应用。本小节以塑料防水板为例,针对矿山法地铁车站防水分区施工进行介绍。

1) 施工流程

分区防水技术在二次衬砌变形缝部位的防水板上环向密实焊接背贴式止水带,背贴式止水带的齿槽内布设注浆管,通过注浆密封变形缝部位的空隙,以形成防水板与二次衬砌之间的防水分区。一旦防水分区内某个部位发生漏水,不会窜流而影响其他分区,可以针对独立分区进行堵漏治理,以改善治理效果并降低治理代价。分区施工流程如图 5-3-20 所示。

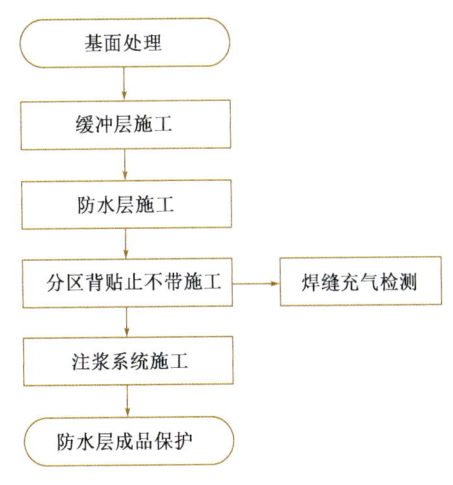

图 5-3-20　分区施工流程图

2) 施工要点

(1) 防水层施工

具体内容可参见本章 3.3.1 小节相关内容。

(2) 分区防水施工

采用塑料防水板的矿山法结构,一般均要求设置分区系统,分区系统仅设置在变形缝部位。纵剖面分区防水构造图如图 5-3-21 所示。

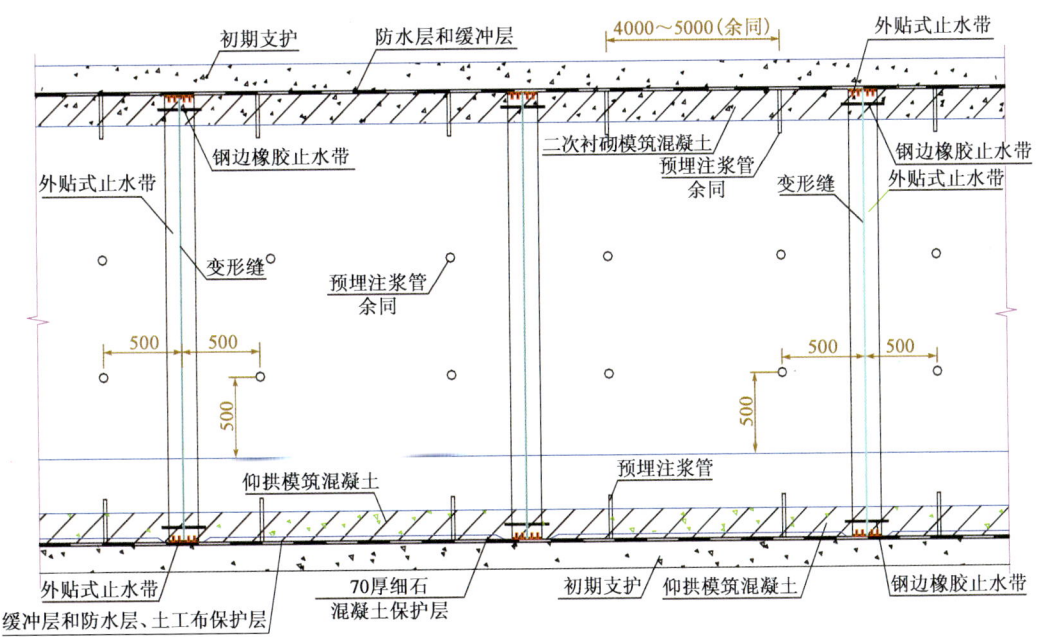

图 5-3-21　纵剖面分区防水构造图(尺寸单位:mm)

①分区系统包括与防水板同材质的塑料背贴式止水带,止水带宽度不小于 30cm,如图 5-3-22 所示。

②采用外贴式止水带专用焊接机将塑料止水带两端热熔焊接在防水板表面,每道焊缝宽度不得小于 30mm,要求焊接部位牢固、密实、不透水。无法保证焊接质量时,应采用塑料焊条对焊缝进行补强焊接,如图 5-3-23 所示。

③进入现场焊接止水带前,应取长度为 0.5~1.0m 的止水带进行班前试焊,焊接完毕后将两端热熔密封,然后用捡漏器进行充气检测,充气压力不小于 0.1MPa,并维持该压力不少于 15min,否则应对

焊接设备进行检测,并调整焊接工艺,达到要求后才能进入现场焊接。

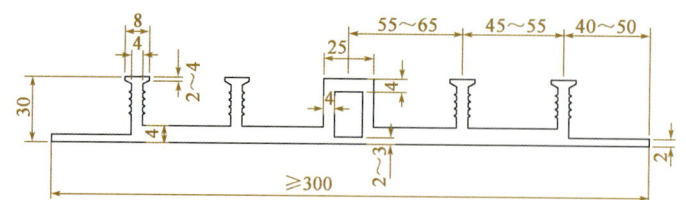

图 5-3-22　变形缝塑料背贴式止水带构造图(尺寸单位:mm)

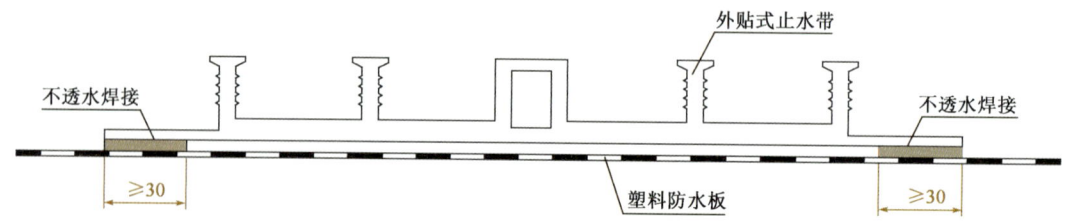

图 5-3-23　塑料外贴式止水带与塑料防水板焊接图(尺寸单位:mm)

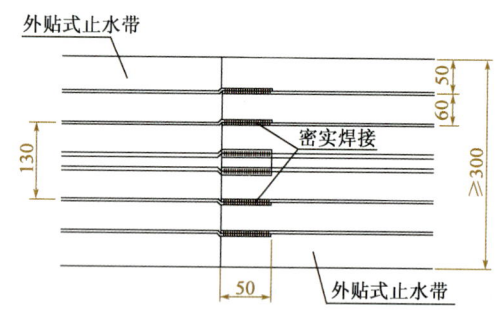

图 5-3-24　塑料外贴式止水带搭接焊接平面图(尺寸单位:mm)

④止水带的接头采用现场热熔对接焊接,要求对接牢固、严密、可靠,对接焊后,接头部位采用厚度为 2.0mm 的自黏层密封胶黏带进行密封加强处理,密封胶黏带应牢固黏结在接缝四周的 20cm 范围内。采用直角对接或 45°斜角对接均可,但应确保对接牢固、密实、不透水。塑料外贴式止水带搭接焊接平面图如图 5-3-24 所示。

(3)注浆系统

当止水带埋入混凝土后,止水带与混凝土之间有可能出现咬合不密实部位,可利用注浆花管填充注浆进行处理,以保证分区效果。花管采用与防水板同材质的细条箍紧后焊接在止水带上,固定间距不大于 50cm。花管四周出浆孔为扁孔,孔距为 1~1.5cm。花管在结构内穿行一段距离(一般为 4~5m)后,集中引出并对引出导管进行临时封堵保护,引出位置与变形缝距离大于 30~40cm。背贴式止水带注浆系统断面图如图 5-3-25 所示。

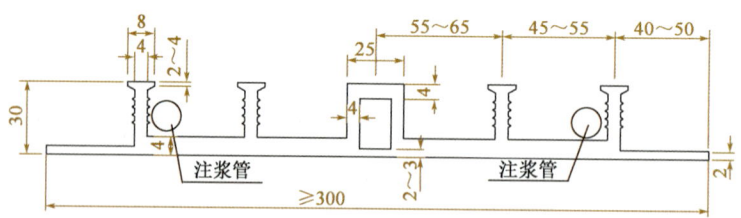

图 5-3-25　背贴式止水带注浆系统断面图(尺寸单位:mm)

注浆施工应在结构全部封闭、停止降水后运行。注浆前应先注水,湿润混凝土表面,便于水泥浆的流动。浆液可采用 1:1 的水泥浆,内掺 8%~10% 的膨胀剂,注浆压力应根据工程具体情况确定,一般不宜小于 0.3MPa。注浆作业应从底向高处按顺序进行。

(4)中埋式钢边橡胶止水带

中埋式钢边橡胶止水带仅用于变形缝部位,宽度均为 35cm,橡胶厚度为 10mm,钢边采用镀锌钢板,厚度为 1mm;止水带均为中孔型止水带,如图 5-3-26 所示。

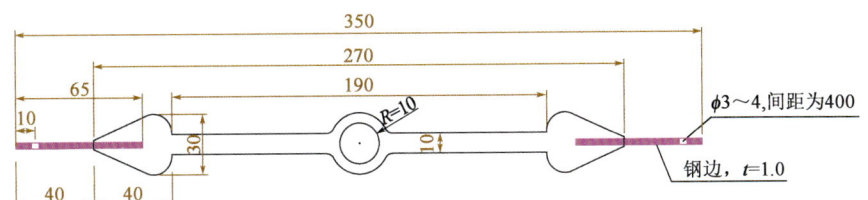

图 5-3-26 变形缝用中孔型钢边止水带图(尺寸单位:mm)

① 止水带采用铁丝固定在结构钢筋上,固定间距为 40cm。要求绑扎固定牢固可靠,避免浇筑和振捣混凝土时固定点脱落导致止水带倒伏、扭曲影响止水效果。

② 水平设置的止水带均采用盆式安装,盆式开孔向上,保证浇捣混凝土时混凝土内产生的气泡顺利排出。

③ 止水带现场接头宜尽量少,并应采用现场热硫化对接接头。

④ 止水带应设置在结构中线位置,结构两侧厚度差均不得大于 1cm。止水带的纵向中心线与变形缝中线应对齐,两者距离误差不得大于 1cm。止水带与接缝表面应垂直,误差不得大于 15°。

⑤ 浇筑和振捣止水带部位的混凝土时,应避免止水带出现扭曲或倒伏。

⑥ 止水带部位的模板应安装定位准确、牢固,避免跑模、胀模等,影响止水带定位的准确性。

⑦ 止水带部位的混凝土必须振捣充分,保证止水带与混凝土咬合密实,这是止水带发挥止水作用的关键。振捣时严禁振动棒触及止水带。

3) 施工质量控制与验收标准

分区防水施工质量控制与验收标准主要依据现行《地下防水工程质量验收规范》(GB 50208)。

(1) 止水带接头连接符合设计要求,接缝平整、牢固,不得有裂口和脱胶现象;

(2) 中埋式止水带应和变形缝中心线重合,止水带不得穿孔;

(3) 分区防水系统的防水板、背贴式止水带、注浆嘴及注浆管应为同一厂家生产的配套材料;

(4) 背贴式止水带与防水板的焊接应牢靠,严禁漏焊。

3.4 细部构造防水

3.4.1 细部构造防水材料

主要细部构造防水材料选用要求见表 5-3-22,其他细部防水构造材料选用要求见表 5-3-23。各细部构造的材料性能指标必须满足现行《地下工程防水技术规范》(GB 50108)的相关规定。

主要细部构造防水材料选用要求　　　　表 5-3-22

工程部位		施工缝					后浇带						变形缝						
防水措施		遇水膨胀止水条(胶)	外贴式止水带	中埋式止水带	水泥基渗透结晶型防水材料	预埋注浆管	补偿收缩防水混凝土	外贴式止水带	预埋注浆管	防水涂料	遇水膨胀止水条(胶)	防水密封材料	中埋式止水带	外贴式止水带	可卸式止水带	防水密封材料	外贴防水卷材	外涂防水涂料	预埋注浆管
防水等级	一级	应选2种				必选	应选2种					必选	应选2~3种						
	二级	应选1~2种				必选	应选1~2种					必选	应选1~2种						

其他细部构造防水材料选用要求　　　　　表 5-3-23

序号	部　位	防　水　材　料
1	诱导缝	止水带、填缝材料和密封材料
2	穿墙管	遇水膨胀止水条和密封材料
3	降水井	遇水膨胀止水胶和密封材料
4	桩头	聚合物水泥防水砂浆、水泥基渗透结晶型防水涂料、遇水膨胀止水条或止水胶和密封材料

1）止水带

止水带主要用于混凝土现浇时设在施工缝及变形缝内与混凝土结构成为一体，起紧固密封，防止建筑构造漏水、渗水及减振缓冲作用。

(1) 材料类型及特点

止水带安置于混凝土浇筑之前，主要用于车站或隧道区间变形缝与施工缝的防水施工。止水带按材料分为橡胶止水带、塑料止水带、钢板止水带、橡胶加钢边止水带，按照使用情况分为中埋式止水带、背贴式止水带、遇水膨胀橡胶止水带等，见表 5-3-24。

止　水　带　类　型　　　　　表 5-3-24

分类依据	序号	类型	简　介	图　示
材料	1	橡胶止水带	以天然橡胶或各种合成橡胶为主要原料，掺入多种助剂和填充料，经塑化、混炼、压延和硫化等工序制成。该止水材料具有良好的弹性、耐磨性、耐老化性和抗撕裂性能，适应变形能力强、防水性能好	
	2	塑料止水带	由聚氯乙烯（PVC）树脂及各种添加剂，经混合、造粒、挤出等工序而制成。塑料止水带充分利用聚氯乙烯树脂具有的弹性变形特性，在建筑构造接缝中起防漏、防渗作用，且具有耐腐蚀、耐久性好的特点	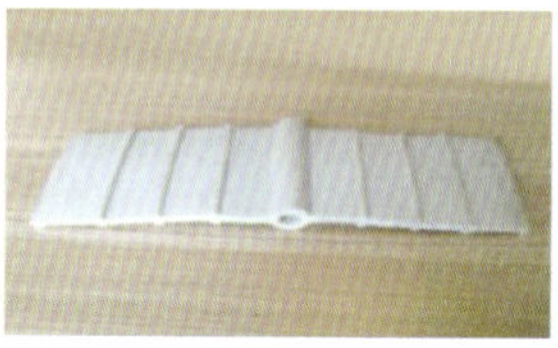
	3	钢板止水带	一般钢板止水带采用冷轧板作为母材，在浇筑下层混凝土时，预埋钢板，其中有 10~15cm 的上部露在外面，待下次浇筑混凝土时再把这部分的钢板一起浇筑进去，起到阻止外面的压力水渗入的作用	
	4	橡胶加钢边止水带	橡胶止水带断面采用非等厚结构，分强力区和防水区，使各部分受力均匀、合理。在止水带的钢板上增设安装孔与钢筋相连接，固定牢靠不易位移，使各部分受力均匀、合理	

续上表

分类依据	序号	类型	简 介	图 示
使用情况	1	中埋式止水带	主要用于在混凝土变形缝、伸缩缝等混凝土内部设置的止水带产品,具有橡胶材料的弹性和结构形式,可适应混凝土伸缩变形	
	2	背贴式止水带	利用橡胶的高弹性,在各种荷载下产生弹性变形,从而起到坚固密封,有效地防止建筑构造漏水、渗水及减振缓冲作用	
	3	遇水膨胀橡胶止水带	以进口特种橡胶为主要原料,配合无机吸水材料、高黏性树脂等十余种特种材料经密炼、混炼、挤型而成的一种橡胶止水带,适用于混凝土施工缝、后浇缝的止水	

常见止水带的特点见表5-3-25。

常见止水带的特点　　　　表5-3-25

序号	类型	特 点	图 示
1	钢边橡胶止水带	钢边橡胶止水带的安装和现场对接操作比较复杂,安装质量也不容易得到保证,但其防水效果最好	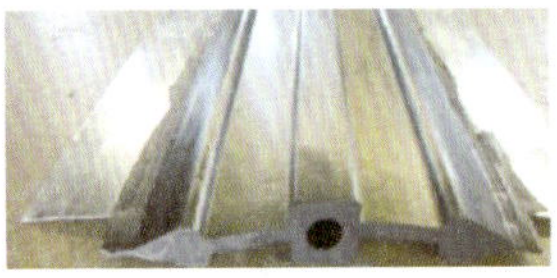
2	橡胶止水带	具有弹性好、耐磨性、耐老化性和抗撕裂等性能,适应变形能力强、防水性能好	
3	钢板止水带	安装和对接接头比较简单,但钢材与混凝土的膨胀系数不同,容易出现渗漏水现象,与全断面注浆管配合使用可以取长补短,造价也相对较低	

（2）施工流程

中埋式止水带施工流程如图5-3-27所示,外贴式止水带施工流程如图5-3-28所示。

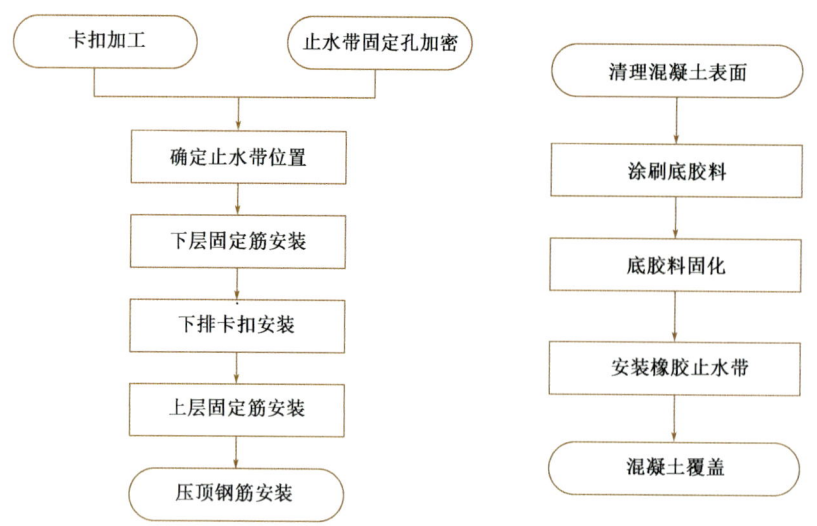

图 5-3-27　中埋式止水带施工流程图　　　图 5-3-28　外贴式止水带施工流程图

(3) 施工控制要点

止水带施工控制要点见表 5-3-26,接头工艺要点见表 5-3-27。

止水带施工控制要点　　　　　　　　　　表 5-3-26

序号	类　　型		施工控制要点
1	中埋式止水带	钢边橡胶止水带	止水带宜尽量减少现场接头,十字形、T 字形等接头必须做成工厂接头,现场仅允许出现对接接头;止水带采用 U 形筋固定在结构钢筋上,固定间距为 40cm。要求绑扎牢固可靠,避免浇筑和振捣混凝土时固定点脱落导致止水带倒伏、扭曲,影响止水效果。止水带部位的模板应安装定位准确、牢固,避免跑模、胀模等影响止水带定位的准确性;水平设置的止水带应采用盆式安装,盆式开孔向上,保证浇捣混凝土时混凝土内产生的气泡顺利排出。止水带现场接头应尽量采用现场热硫化对接,热硫化对接难以操作时,可采用机械冷接头。止水带应设置在结构中线位置,止水带的纵向中心线应与施工缝或变形缝中线对齐,两者距离误差不得大于 1cm。止水带与接缝表面应垂直,误差不得大于 15°。浇筑和振捣止水带部位的混凝土时,应避免止水带出现扭曲或倒伏。止水带部位的混凝土必须振捣充分,保证止水带与混凝土咬合密实,这是止水带发挥止水作用的关键,应确保做好,振捣时严禁振动棒触及止水带。止水带接头分冷接头、热硫化接头两种
		橡胶止水带	橡胶止水带必须采取可靠的固定措施,防止在浇筑混凝土时发生位移,保证止水带在混凝土中的正确位置。只能在止水带的允许部位上穿孔打洞,固定止水带时,不得损坏止水带有效防水部位。常用的固定方法有:利用附加钢筋固定;采用专用卡具固定;用铅丝和模板固定等。不论采用何种固定方法,对于止水带的固定方法应按设计要求的施工规范进行且必须保证止水带定位准确,不损坏止水带有效防水部位,方便混凝土浇捣。钢筋绑扎完成后放置止水带,止水带两端应微微翘起与中间空心圆环成 15°~30°水平夹角,便于浇筑混凝土时排出内部空气;对垂直设置的止水带应在定型钢筋上绑扎一定距离的混凝土垫块固定,并要保持其界面部位平展;一般采用从底部控制线位置处吊线坠的方法来控制垂直橡胶止水带的垂直度
		钢板止水带	止水钢板应放置在外墙中间,两端弯折处应朝向迎水面,采用钢筋焊接固定。在钢板止水带下口焊短钢筋来支撑钢板,其长度应以混凝土板墙钢筋网片厚度为准,不能过长,以防沿短钢筋形成渗水通道。短钢筋设置间隔一般不大于 2000mm 设置 1 个,在止水带下口焊短钢筋头以支撑钢板,其长度应以混凝土板墙钢筋网片厚度为准,短钢筋头中心位置应焊止水板,以阻断渗水路线。对于止水带穿过柱处,因其与柱箍筋产生冲突,故须做细部处理。一般做法是将止水带范围内的柱箍筋折断,与止水带焊接。钢板的接头应采用焊接,两块钢板的搭头长度不小于 50mm,两端均应满焊。焊缝高度不低于钢板厚度。焊条应采用结 420 以上结构钢焊条。焊接之前应进行试焊,调试好电流参数,焊缝的焊波应均匀,不得有裂缝、夹渣、咬边、烧穿等缺陷

续上表

序号	分类	施工控制要点
2	背贴式止水带	止水带应尽量整根悬吊在基坑两侧,现场不宜出现接头;如现场接头时,应采用对接接头,并采用未硫化的丁基橡胶腻子片和橡胶片进行接头密封处理;现场接头不得设置在转角部位,应设置在距转角最少1m的平面或立面上。止水带设置在防水层表面时一般可采用自黏防水卷材黏结在防水层表面或采用辅助钢筋和模板的封口板将外贴式止水带压紧在防水加强层表面的方法固定。止水带的纵向中心线应与接缝对齐,误差不得大于10mm。转角部位应做成钝角,尽量避免止水带齿条出现倒伏。底板止水带表面严禁施作防水层的保护层,止水带与混凝土咬合密实

接 头 工 艺 要 点   表 5-3-27

序号	类型	工艺要点	图示
1	冷接头	先把对接端头用布擦拭,并保持其清洁、干燥,然后再将端头部位对齐。在止水带两头钢边上各放一个U形箍件,按U形箍件的孔距用手电钻打孔;钻孔处用铆钉枪铆上铆钉固定	
		在铆住后的U形箍件外,沿钢边止水带横向缠绕一圈未硫化的丁基橡胶腻子片;在未硫化的丁基橡胶腻子片外黏上一层2.0mm厚的橡胶薄片	
2	热硫化接头	先把钢边止水带接头端头及表面用布擦拭干净,并保持其干燥,用专用的1.0mm厚的U形箍件连接两接头钢边止水带镀锌板,橡胶部位预留约5cm的间隙;用铆钉将U形箍件固定在钢边上	
		接通电源、预热模具,使模具温度达到70~80℃;将止水带放入已预热的模具中,止水带各部位与模具紧密贴实;所需胶料放入止水带预留间隙中,胶料尺寸按预留间隙尺寸裁剪,盖上模具,然后拧紧螺栓,合上电源。当温控仪温度显示达到规定温度(135~160℃)时,温控仪红灯亮起,自动断电,同时开始记录硫化时间,硫化时间根据钢边止水带的厚度确定(350mm×10mm的钢边止水带硫化时间为15~30min),达到硫化时间后,断开电源,拆除模具	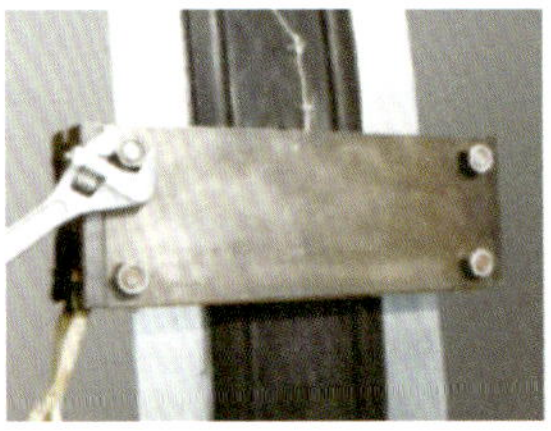
3	背贴式橡胶止水带	把止水带对接端头用布擦拭,并保持其清洁、干燥;将端头部位对齐,用胶黏剂黏结牢固;沿止水带对接部位横向缠绕一圈未硫化的丁基橡胶腻子片,要保持其平整、干净	
		在未硫化的丁基橡胶腻子片外黏上一层1mm厚的橡胶薄片,用手挤压直至黏牢为止,然后用胶黏剂黏住最外层胶片缝隙	

2)注浆管

注浆管防水是一种预埋注浆管系统,用于混凝土中的施工缝、冷接缝、管子渗缝、地墙之间空隙等处的永久密封。在新、旧混凝土的接缝之间安装注浆管是非常合适的。当水渗入接缝时,可以通过设定在表面的 PVC 端口注入浆液加以封堵以密封接缝。注浆时间可选择在混凝土养护结束后。

(1)材料类型及特点

主要注浆管类型及特点详见表 5-3-28。

主要注浆管类型及特点　　　　　　　　　　表 5-3-28

序号	类　型	产　品	特　点
1	一次性注浆管	CCLL-Y 注浆管、QDM-IT 注浆管、CCLL-Y 全断面注浆管	安装简单,成套提供;可以根据接缝的实际需求长度截取注浆管;不需要特殊的安装设备;注浆时间可以任意选择;当在适当的压力作用下注浆时,其浆注浆管液可均匀地充满整个管子;安装并不会影响建筑注浆管自身的特性;如果不渗漏,可以不用注浆
2	重复性注浆管	CCLL-D 注浆管、CCLL-D 全断面注浆管	除具备一次性注浆管特点外,还可多次重复使用,每次用完需冲洗干净管芯和管外壁

(2)施工流程

注浆管施工流程如图 5-3-29 所示。

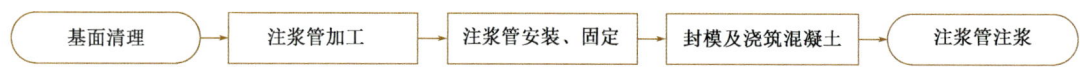

图 5-3-29　注浆管施工流程图

(3)施工控制要点

注浆管安装示意图如图 5-3-30 所示,其施工控制要点见表 5-3-29。

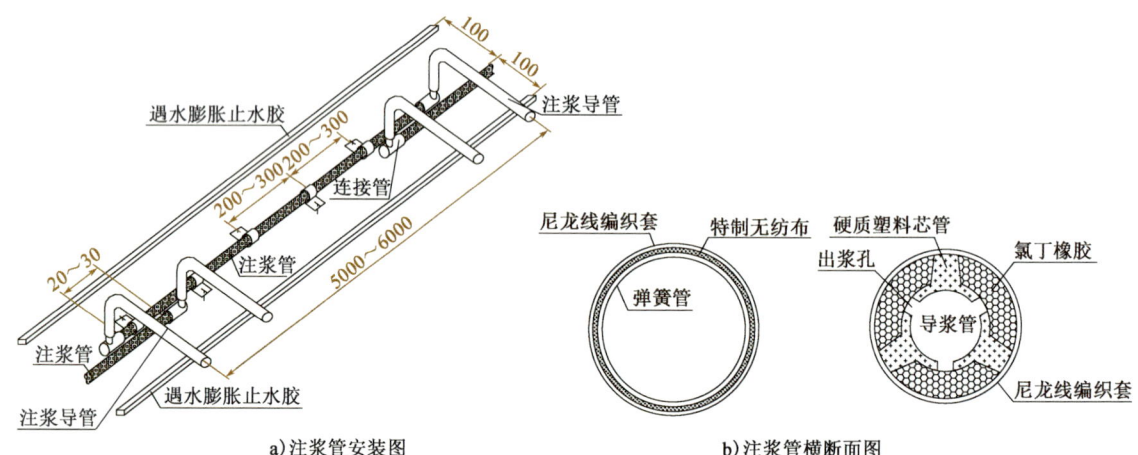

图 5-3-30　注浆管安装示意图

注浆管施工控制要点　　　　　　　　　　表 5-3-29

序　号	施工控制要点
1	安装注浆管的施工缝表面应坚实、平整,不得有浮浆、油污、疏松、空洞、碎石等,否则应予以清除
2	注浆管应采用专用固定件固定在施工缝表面,并每隔 5~6m 两端各引出一根注浆导管,注浆导管与注浆管的连接应牢固、严密,固定间距宜为 200~300mm,导管的末端应临时封堵严密
3	注浆管的转弯半径不宜小于 150mm,转弯部位应平缓,不得出现折角。注浆管采用搭接法连接,搭接宽度宜为 20~30mm(即有效出浆长度),搭接部位必须与基面固定牢固

续上表

序号	施工控制要点
4	注浆导管埋入混凝土内的部分至少应有两处与结构钢筋绑扎牢固,注浆导管端部应设置在配套的塑料保护罩内,并埋入混凝土保护层内
5	应优先选用自流平水泥、超细水泥等无机注浆材料,也可选用环氧树脂、聚氨酯、丙烯酸盐等化学注浆材料。注浆应在结构施工完毕、停止降水后进行,所有预埋的注浆管均应进行注浆封堵
6	注浆应从最低的注浆端开始,将材料向上挤压;为保证注浆效果宜使注浆液低压缓进。注浆材料不再流入并且压力计显示没有或者几乎很少的压力损失,并应维持该压力至少2min,需要重复注浆时,应确保使用经过核准的注浆材料;任何留在注浆通道内的注浆材料须在其固化前清除

3）止水胶、止水条

(1) 材料类型及特点

止水胶、止水条的类型及特点详见表 5-3-30。

止水胶、止水条的类型及特点　　　表 5-3-30

序号	类型	特点
1	遇水膨胀止水胶	一经硬化就变成复原性良好的橡胶弹性体,浸水后自身体积膨胀,充填空隙并发挥止水效果
2	遇水膨胀止水条	遇水后产生2~3倍的膨胀变形,并充满接缝的所有不规则表面、空穴及间隙,同时产生巨大的接触压力,防止渗漏

(2) 施工流程

止水胶、止水条施工流程如图 5-3-31、图 5-3-32 所示。

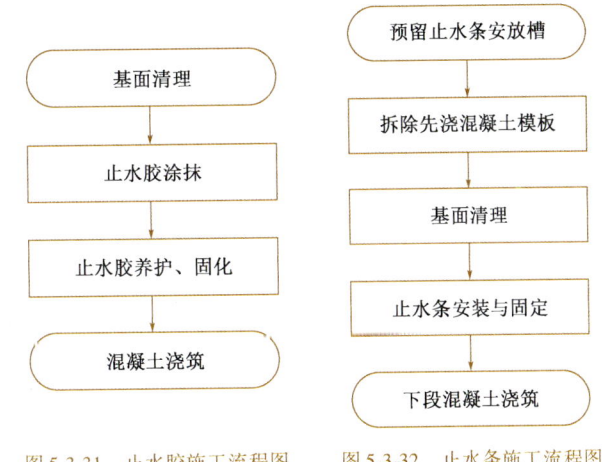

图 5-3-31　止水胶施工流程图　　图 5-3-32　止水条施工流程图

(3) 施工控制要点

止水胶、止水条施工控制要点详见表 5-3-31。

止水胶、止水条施工控制要点　　　表 5-3-31

序号	施工控制要点
1	止水胶敷设范围内施工缝面的砂粒及混凝土渣应清理干净
2	混凝土基面和遇水膨胀止水胶间应无缝隙
3	为保证遇水膨胀止水胶对混凝土有很好的黏结性,必须保证充足的养护时间

续上表

序 号	施工控制要点
4	止水条采用专用胶黏剂粘贴在施工缝凹槽内,粘贴应牢固,与基面密贴。粘贴不牢、空鼓部位用水泥钉固定
5	止水条采用对接连接,对接部位应密贴,不得出现翘边现象

4）防水砂浆

防水砂浆是一种刚性防水材料,通过提高砂浆的密实性及改进抗裂性以达到防水抗渗的目的。防水砂浆用于地下工程主体结构的迎水面或背水面,不应用于受持续振动或温度高于80℃的地下工程防水。

(1)材料种类及特点

主要包括聚合物水泥防水砂浆、掺外加剂或掺合料的防水砂浆,具有良好的耐候性、耐久性、抗渗性,密实性和极高的黏结力以及极强的防水防腐效果。

(2)施工控制要点

水泥砂浆防水层应在基础垫层、初期支护、围护结构及内衬结构验收合格后施工。

防水砂浆的配合比一般采用水泥:砂=1:(2.5~3),水灰比在0.5~0.55之间,水泥应采用42.5级的普通硅酸盐水泥,砂子应采用级配良好的中砂。

制备砂浆时应先将砂浆、水泥和砂干拌均匀,再加入防水剂溶液和水搅拌均匀。粉刷前,先在润湿清洁的地面上抹一层低水灰比的纯水砂浆(有时也用聚合物水泥砂浆),然后涂一层防水砂浆,在初凝前,用木抹子压实一遍,第二、三、四层都是以同样的方法进行操作,最后一层要压光。粉刷时,聚合物水泥防水砂浆厚度单层施工宜为6~8mm,双层施工宜为10~12mm;掺外加剂或掺合料的水泥防水砂浆厚度宜为18~20mm。

聚合物水泥防水砂浆拌和后应在规定时间内用完,施工中不得任意加水。水泥砂浆防水层各层应紧密黏合,每层宜连续施工;必须留设施工缝时,应采用阶梯坡形槎,但离阴阳角处的距离不得小于200mm。水泥砂浆防水层不得在雨天、五级及以上大风中施工。冬期施工时,气温不应低于5℃;夏季不宜在30℃以上或烈日照射下施工。水泥砂浆防水层终凝后,应及时进行养护,养护温度不宜低于5℃,并应保持砂浆表面湿润,养护时间不得少于14d。聚合物水泥防水砂浆未达到硬化状态时,不得浇水养护或直接受雨水冲刷,硬化后应采用干湿交替的养护方法,潮湿环境中,可在自然条件下养护。

3.4.2 细部构造防水措施

1）施工缝防水

地铁主体工程衬砌施工缝包括环向施工缝和纵向施工缝,是由于衬砌施工过程中混凝土不能一次性连续浇筑过长或必须分部施工而设置的施工接缝。施工缝是结构自防水的薄弱环节,其处理的好坏将会直接影响地铁主体结构的防水质量和使用寿命。因此,必须认真做好施工缝的防水处理。施工缝可选用的防水措施较多,如中埋式止水带、镀锌钢板止水带、外贴式止水带、遇水膨胀止水带、密封胶嵌缝、外贴防水卷材、外涂防水材料、水泥基渗透结晶型防水材料、预埋注浆管等。

(1)构造要求

①施工缝防水常用的措施为钢边橡胶止水带和水泥基渗透结晶材料等,如图5-3-33所示。一级设

防要求下,垂直环向施工缝可采用钢边橡胶止水带+水泥基渗透结晶型防水涂料的组合形式;二级设防要求下,垂直环向施工缝可单独采用钢边橡胶止水带。

②钢边橡胶止水带的放置一般采用埋入式,将铁丝固定在钢筋结构上,示例如图 5-3-34 所示,间距为 40cm。要求牢固可靠,避免混凝土浇筑过程中脱落导致止水带扭曲影响防水效果。

③水泥基渗透结晶材料可以很好地将混凝土之间的缝隙黏结,阻止外界水侵入,示例如图 5-3-35 所示。

施工缝根据防水级别可采用止水带、遇水膨胀止水条或止水胶、水泥基渗透结晶型防水涂料和预埋注浆管中的一种材料或者多种材料组合。常见的材料有钢边橡胶止水带、水泥基渗透结晶型防水涂料等。

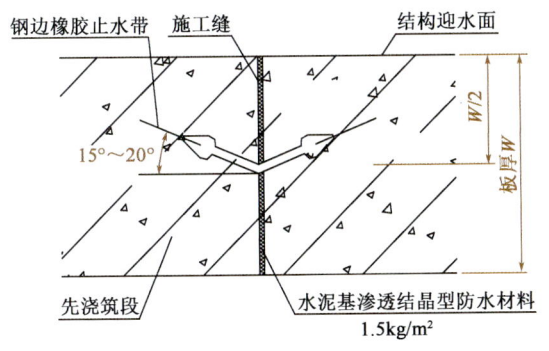

(二级设防要求下,垂直环向施工缝可单独采用钢边橡胶止水带)

a)一级设防等级顶板(环向)垂直施工缝防水构造

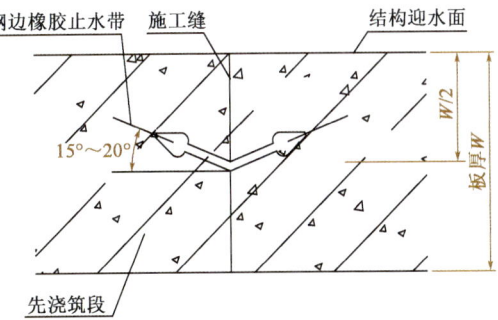

(一级设防要求下,垂直环向施工缝可采用钢边橡胶止水带+水泥基渗透结晶型防水涂料的组合形式)

b)二级设防等级顶板(环向)垂直施工缝防水构造

图 5-3-33　施工缝防水构造图

图 5-3-34　施工缝钢边止水带安装

图 5-3-35　车站扣拱施工缝处理

(2)施工流程

施工缝防水施工流程如图 5-3-36 所示。

(3)施工要点

①水平施工缝施工在拆除混凝土模板后,对施工缝进行凿毛处理(图 5-3-37),用钢丝刷清除界面上的浮渣,并涂 2~5mm 厚的水泥浆,待表面干燥后,再浇筑下一循环混凝土。根据施工缝所采用的止水条、止水带等材料,相应的施工要点见本章 3.4.1 小节相关内容。在混凝土内设置钢边橡胶止水带,主要是针对通过第一道防水层(外包防水)的渗水,无地下水渗入其附近时,止水带处于不工作状态,也可以通过止水带避免微生物的腐蚀。但有渗水接触该止水带时,保护材料便开始自然降解,这样可以延

长防水设施的工作时间。采用止水带的纵向施工缝防水构造如图 5-3-38 所示。

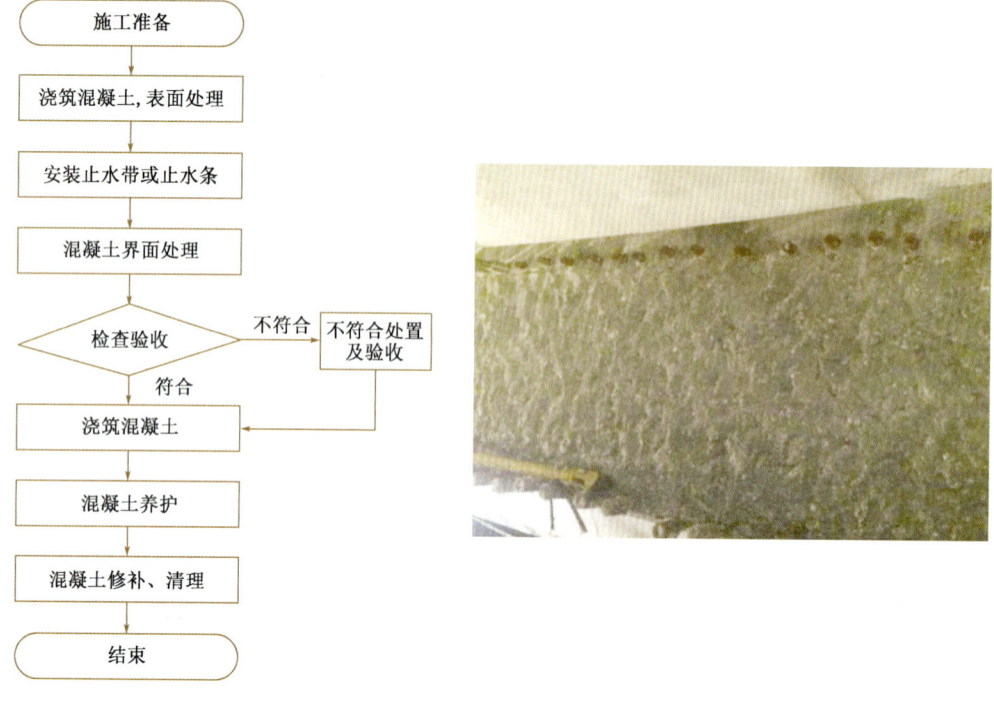

图 5-3-36　施工缝防水施工流程图（水平、垂向）　　　　图 5-3-37　施工缝凿毛处理

②环向或竖向施工缝的施工要点与水平施工缝类似，施工要点参见本章 3.4.1 小节相关内容。采用止水带的环向施工缝防水构造如图 5-3-39 所示。

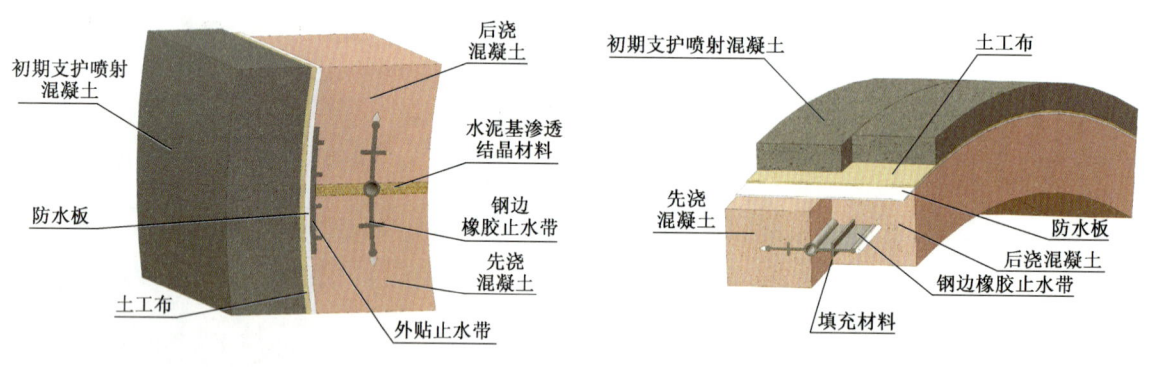

图 5-3-38　纵向施工缝防水构造图　　　　图 5-3-39　环向施工缝防水构造图

③施工缝和变形缝有所不同，目前常用钢边橡胶止水带进行止水，同时在旧混凝土面涂刷水泥基渗透结晶材料。水泥基渗透结晶防水材料可根据不同部位的施工缝采用干撒法、涂刷法和喷涂法施工，施工时应分两道均匀涂刷，两道之间涂刷方向垂直。每道涂刷后根据选用材料的要求进行养护。

④在施工缝内部一定深度背水面一侧，设置多次性注浆管。如果在结构运营期间内，前面几道防水措施失效，可通过多次性注浆管对隧道衬砌施工缝进行注浆，从而对施工缝进行堵漏。

（4）施工质量控制与验收标准

施工缝施工质量控制与验收标准应依据现行《地下防水工程质量验收规范》（GB 50208），具体内容详见表 5-3-32。

施工缝施工质量控制与验收标准　　　　表 5-3-32

序　号	施工质量控制与验收标准
1	施工缝用止水带、遇水膨胀止水条或止水胶、水泥基渗透结晶型防水涂料和预埋注浆管必须符合设计要求
2	施工缝防水构造必须符合设计要求
3	墙体水平施工缝应留设在高出底板表面不小于 300mm 的墙体上。拱、板与墙结合的水平施工缝,宜留在拱、板和墙交接处以下 150~300mm 处;垂直施工缝应避开地下水和裂隙水较多的地段,并宜与变形缝相结合
4	在施工缝处继续浇筑混凝土时,已浇筑的混凝土抗压强度不应小于 1.2MPa
5	水平施工缝浇筑混凝土前,应将其表面浮浆和杂物清除,然后铺设净浆、涂刷混凝土界面处理剂或水泥基渗透结晶型防水涂料,再铺 30~50mm 厚的 1:1 水泥砂浆,并及时浇筑混凝土
6	垂直施工缝浇筑混凝土前,应将其表面清理干净,再涂刷混凝土界面处理剂或水泥基渗透结晶型防水涂料,并及时浇筑混凝土
7	中埋式止水带及外贴式止水带埋设位置应准确,固定应牢靠
8	遇水膨胀止水带应具有缓膨胀性能;止水条与施工缝基面应密贴,中间不得有空鼓、脱离等现象;止水条应牢固地安装在缝表面或预埋凹槽内;止水条采用搭接连接时,搭接宽度不得小于 30mm
9	遇水膨胀止水胶应采用专用注胶器挤出黏结在施工缝表面,并做到连续、均匀、饱满、无气泡和孔洞,挤出宽度及厚度应符合设计要求;止水胶挤出成型后,固化期内应采取临时保护措施;止水胶固化前不得浇筑混凝土
10	预埋式注浆管应设置在施工缝断面中部,注浆管与施工缝基面应密贴并固定牢靠,固定间距宜为 200~300mm;注浆导管与注浆管的连接应牢固、严密,导管埋入混凝土内的部分应与结构钢筋绑扎牢固,导管的末端应临时封堵严密

2)变形缝防水

(1)构造要求

区间隧道与车站、区间隧道与联络通道、车站与出入口的接口部位均设变形缝。

隧道衬砌变形缝是为了满足隧道纵向发生不均匀变形的要求,隧道衬砌受外界荷载、温度和应力的影响,隧道衬砌将发生变形,这种变形沿隧道纵向是不均匀的,为适应隧道衬砌变形的要求,区间变形缝间距一般为 60m。同时在结构形式变化较大处或地质条件变化较大的部位以及区间与车站接口处,根据具体情况设置变形缝。变形缝宽度为 20mm。变形缝处没有混凝土填充,不具有结构自防水的能力,因此,变形缝也是地铁工程防水的薄弱环节。

变形缝构造根据防水级别必须采用中埋式止水带,其余可选择其他形式的止水带、预埋注浆管、填缝材料和密封材料中的一种材料或者多种材料的组合。常见的材料有钢边橡胶止水带、外贴式止水带、注浆管、变形缝衬垫板、密封胶等,如图 5-3-40 所示。

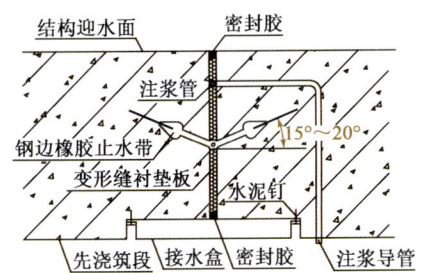
a)结构顶板变形缝防水构造
(结构顶板变形缝可采用钢边橡胶止水带+注浆管+变形缝衬垫板+密封胶的组合形式)

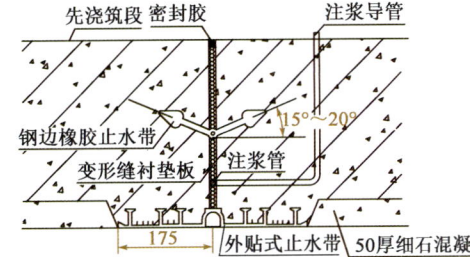
b)结构底板变形缝防水构造
(结构底板变形缝可采用钢边橡胶止水带+注浆管+变形缝衬垫板+密封胶+外贴式止水带的组合形式)

图 5-3-40　变形缝防水构造图(尺寸单位:mm)

衬砌变形缝防水构造如图 5-3-41 所示。

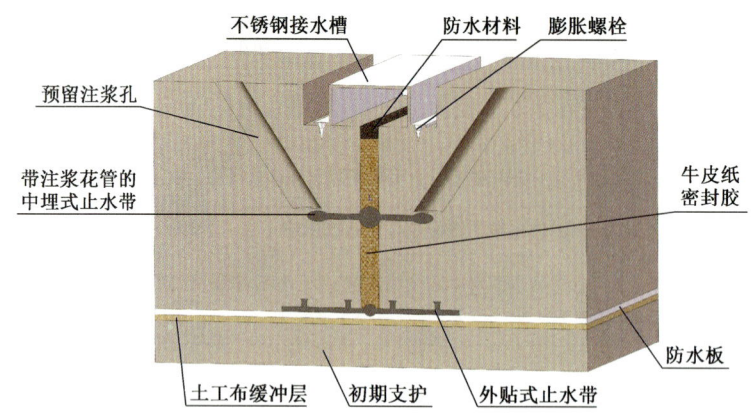

图 5-3-41　衬砌变形缝防水构造图

（2）施工流程及施工控制要点

根据材料的组合选定相应的施工方法，具体的施工流程及施工控制要点详见本章 3.4.1 小节相关内容。

（3）施工质量控制与验收标准

变形缝施工质量控制与验收标准应依据现行《地下防水工程质量验收规范》（GB 50208），具体内容详见表 5-3-33。

变形缝施工质量控制与验收标准　　　　表 5-3-33

序　号	施工质量控制与验收标准
1	变形缝用止水带、填缝材料和密封材料必须符合设计要求
2	变形缝防水构造必须符合设计要求
3	中埋式止水带埋设位置应准确，其中间空心圆环与变形缝的中心线应重合
4	中埋式止水带的接缝应设在边墙较高的位置上，不得设在结构转角处；接头宜采用热压焊接，接缝应平整、牢固，不得有裂口和脱胶现象
5	中埋式止水带在转角处应做成圆弧形；顶板、底板内止水带应安装成盆状，并宜采用专用钢筋套或扁钢固定
6	外贴式止水带在变形缝与施工缝相交部位宜采用十字配件，外贴式止水带在变形缝转角部位宜采用直角配件。止水带埋设位置应准确，固定应牢靠，并与固定止水带的基层密贴，不得出现空鼓、翘边等现象
7	安设于结构内侧的可卸式止水带所需配件应一次配齐，转角处应做成 45° 的坡角，并增加紧固件的数量
8	嵌填密封材料的缝内两侧基面应平整、洁净、干燥，并应涂刷基层处理剂；缝底部应设置背衬材料；密封材料嵌填应严密、连续、饱满，黏结牢固
9	变形缝处表面粘贴卷材或涂刷涂料前，应在缝上设置隔离层和加强层

3）诱导缝防水

（1）构造要求

诱导缝构造根据防水级别可采用止水带、填缝材料和密封材料中的一种材料或者多种材料的组合。常见的材料有钢边橡胶止水带、外贴式止水带等，如图 5-3-42 所示。

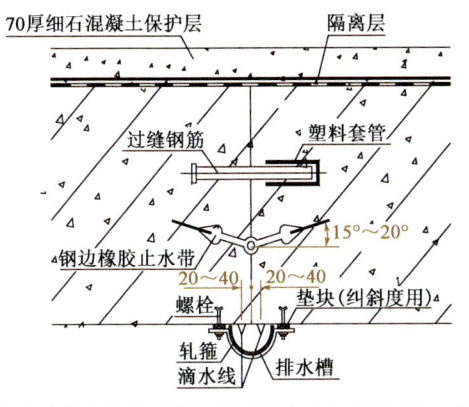 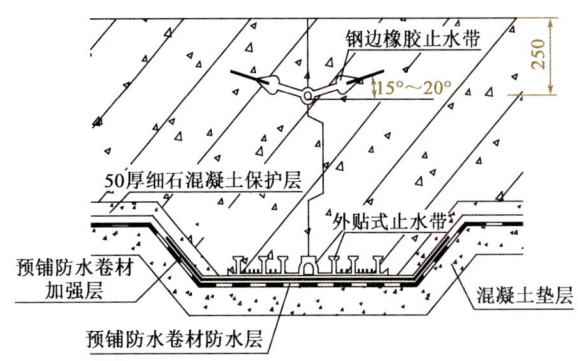

a) 顶板诱导缝及排水槽防水构造　　　　　　　　b) 底板诱导缝防水构造

图 5-3-42　诱导缝防水构造图(尺寸单位:mm)

(2) 施工流程及施工控制要点

根据材料的组合选定相应的施工方法,具体的施工流程及施工控制要点详见本章 3.4.1 小节相关内容。

(3) 施工质量控制与验收标准

参照变形缝施工质量控制与验收标准,见表 5-3-33。

4) 后浇带防水

(1) 构造要求

后浇带构造根据防水级别必须采用补偿收缩混凝土,其余可选择外贴止水带、预埋注浆管、遇水膨胀止水条或止水胶中的一种材料或者多种材料的组合。常见的材料有外贴式止水带、注浆管、遇水膨胀止水胶等,如图 5-3-43 所示。

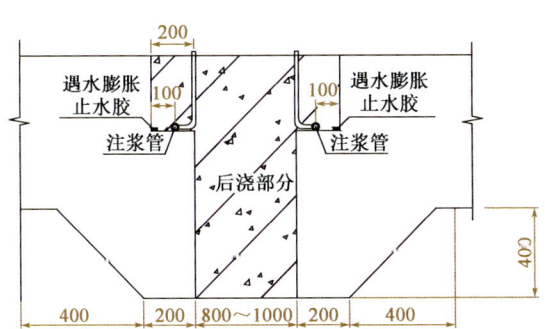 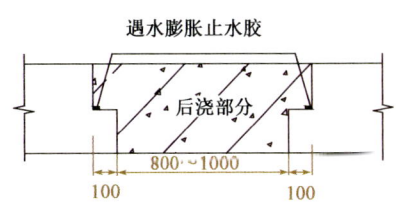

a) 底板后浇带防水构造　　　　　　　　　　b) 楼板后浇带防水构造

图 5-3-43　后浇带防水构造图(尺寸单位:mm)

(2) 施工流程及施工控制要点

根据材料的组合选定相应的施工方法,具体的施工流程及施工控制要点详见本章 3.4.1 小节相关内容。

(3) 施工质量控制与验收标准

后浇带施工质量与验收标准应依据现行《地下防水工程质量验收规范》(GB 50208),具体内容详见表 5-3-34。

后浇带施工质量控制与验收标准   表 5-3-34

序号	施工质量控制与验收标准
1	后浇带采用微膨胀性混凝土,强度等级较相邻墙、板的微膨胀混凝土提高一级,浇筑时温度宜低于主体混凝土浇筑时的温度
2	后浇带用遇水膨胀止水条或止水胶、预埋注浆管、外贴式止水带必须符合设计要求
3	补偿收缩混凝土的原材料及配合比必须符合设计要求
4	采用掺膨胀剂的补偿收缩混凝土,其抗压强度、抗渗性能和限制膨胀率必须符合设计要求
5	补偿收缩混凝土浇筑前,后浇带部位和外贴式止水带应采取保护措施
6	后浇带两侧的接缝表面应先清理干净,再涂刷混凝土界面处理剂或水泥基渗透结晶型防水涂料;后浇混凝土的浇筑时间应符合设计要求
7	后浇带混凝土应一次浇筑,不得留施工缝;混凝土浇筑后应及时养护,养护时间不得少于 28d

5）穿墙管防水

（1）构造要求

常见穿墙管防水构造可采用遇水膨胀止水胶+密封胶等组合形式,如图 5-3-44 所示。

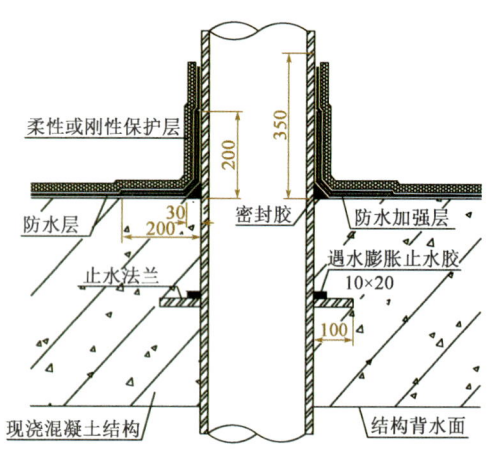

图 5-3-44　穿墙管防水构造图(尺寸单位:mm)

（2）施工流程及要点

根据材料的组合选定相应的施工方法,具体的施工流程及要点详见本章 3.4.1 小节相关内容。

①止水法兰焊接在穿墙管件上,并加设止水环,然后浇筑在模筑混凝土中,必要时在止水法兰根部粘贴遇水膨胀腻子条;

②穿墙管线较多时,采用穿墙盒,盒的封口钢板应与墙上预埋件焊接牢固,并从钢板上的浇筑孔注入密封材料;

③管根部的聚氨酯防水涂层涂至管部以上不少于 150mm,管根部防水涂层须加密纹玻璃丝布进行加强。

（3）施工质量控制与验收标准

穿墙管施工质量控制与验收标准应依据现行《地下防水工程质量验收规范》(GB 50208),具体内容详见表 5-3-35。

穿墙管施工质量控制与验收标准   表 5-3-35

序号	施工质量控制与验收标准
1	穿墙管用遇水膨胀止水条和密封材料必须符合设计要求
2	穿墙管防水构造必须符合设计要求
3	固定式穿墙管应加焊止水环或环绕遇水膨胀止水圈,并做好防腐处理;穿墙管应在主体结构迎水面预留凹槽,槽内应用密封材料嵌填密实
4	套管式穿墙管的套管与止水环及翼环应连续满焊,并做好防腐处理;套管内表面应清理干净,穿墙管与套管之间应用密封材料和橡胶密封圈进行密封处理,并采用法兰盘及螺栓进行固定
5	穿墙盒的封口钢板与混凝土结构墙上预埋的角钢应焊平,并从钢板上的预留浇筑孔注入改性沥青密封材料或细石混凝土,封填后将浇筑孔口用钢板焊接封闭
6	主体结构迎水面有柔性防水层时,防水层与穿墙管连接处应增设加强层
7	密封材料嵌填应密实、连续、饱满,黏结牢固

6）降水井防水

（1）构造要求

常见降水井封井构造可采用遇水膨胀止水胶 + 止水法兰 + 封口钢板等组合形式，如图5-3-45所示。

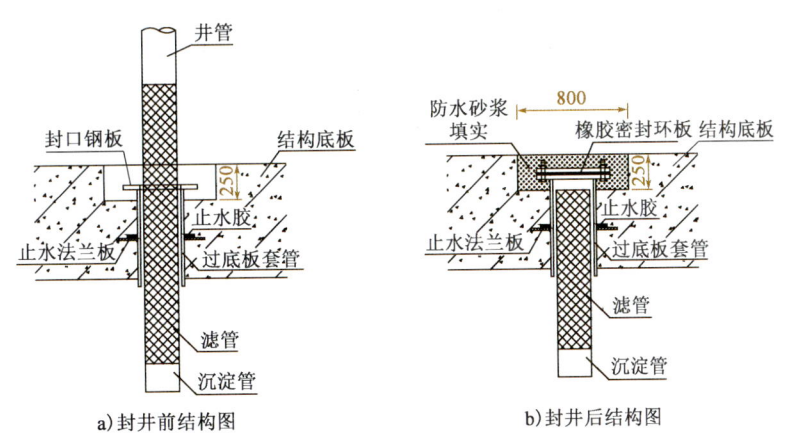

图5-3-45 降水井防水构造图（尺寸单位：mm）

（2）施工流程及要点

根据材料的组合选定相应的施工方法，具体的施工流程及要点详见本章3.4.1小节相关内容。

（3）施工质量控制与验收标准

降水井防水的施工质量控制与验收应依据现行《地下防水工程质量验收规范》（GB 50208），具体内容详见表5-3-36。

施工质量控制与验收标准　　　　　表5-3-36

序　号	施工质量控制与验收标准
1	封井井盖必须大小适宜，尽量减少焊接时间
2	底板上有积水必须尽量排除，防止在焊盖板时底板集水流入此井而影响焊接
3	如果涌砂量太大，则要求盖板上下面预留钢管不要太长，防止流砂堆积将其堵死，且要求不包滤网
4	封井混凝土采用比底板混凝土高一个强度等级的抗渗微膨胀混凝土，将混凝土振压密实
5	在车站最后一段封井时，排水量将更大，为保证封井方案可行，可采取在封井时在内环钢板上加设一道钢环片及橡胶止水环，以便能保证及时焊接，同时适当增设真空泵及阀门来共同封井

7）桩头防水

（1）构造要求

常见桩头防水构造可采用聚合物水泥防水砂浆 + 遇水膨胀止水胶 + 密封胶的形式，如图5-3-46所示。

（2）施工流程及施工控制要点

根据材料的组合选定相应的施工方法，具体的施工流程及施工控制要点详见本章3.4.1小节相关内容。

（3）施工质量控制与验收标准

桩头施工质量与验收标准应依据现行《地下防水工程质量验收规范》（GB 50208），具体内容详见表5-3-37。

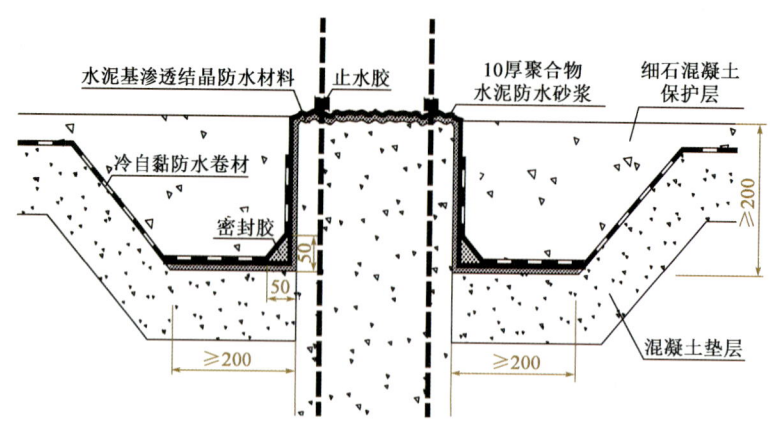

图 5-3-46　桩头防水构造(尺寸单位:mm)

桩头施工质量控制与验收标准　　　　　　　　　　　表 5-3-37

序　号	施工质量控制与验收标准
1	桩头用聚合物水泥防水砂浆、水泥基渗透结晶型防水涂料、遇水膨胀止水条或止水胶和密封材料必须符合设计要求
2	桩头防水构造必须符合设计要求
3	桩头混凝土应密实,如发现渗漏水应及时采取封堵措施
4	桩头顶面和侧面裸露处应涂刷水泥基渗透结晶型防水涂料,并延伸至结构底板垫层 150mm 处;桩头周围 300mm 范围内应抹聚合物水泥防水砂浆过渡层
5	结构底板防水层应做在聚合物水泥防水砂浆过渡层上并延伸至桩头侧壁,其与桩头侧壁接缝处应采用密封材料嵌填
6	桩头的受力钢筋根部应采用遇水膨胀止水条或止水胶,并应采取保护措施
7	密封材料嵌填应密实、连续、饱满,黏结牢固

8）结构转角防水

车站顶底板与边墙接触结构、底板反梁等均会产生阴阳角结构,其节点处应力集中,是防水卷材的薄弱点,必须在这些部位做好特殊处理。

（1）所有阴角均采用 1:2.5 的水泥砂浆做成 50mm×50mm 的钝角,如图 5-3-47 所示；
（2）所有阳角均剔除 20mm×20mm 的倒角,如图 5-3-48 所示；
（3）减少防水卷材的集中应力,必要时可增加防水附加层。

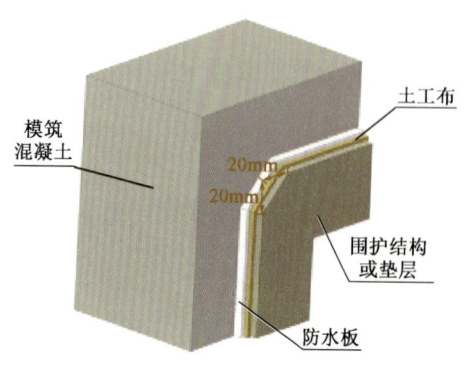

图 5-3-47　阴角处防水构造图

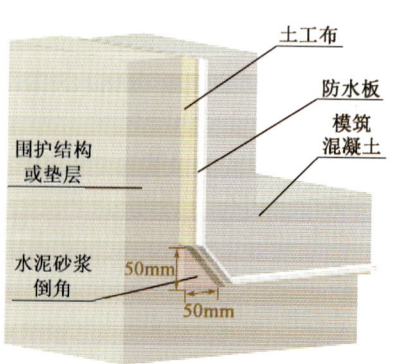

图 5-3-48　阳角处防水构造图

3.5 其他地铁结构防水

3.5.1 高架桥梁桥面防水

1）防水构造

高架桥作为地铁工程中的重要组成部分,一旦桥面防水层出现损坏,雨水渗入桥面,将会导致桥梁内部的钢筋结构出现锈蚀问题,影响桥梁质量安全和地铁运营安全。高架桥面应设置连续、整体密封、耐久的防水层,防水层材料可根据环境条件和不同的工程部位选定,桥面应设置畅通的排水系统,排水设施应便于检查、维修。伸缩缝应根据构造形式设置桥梁专用变形缝止水带及其金属固定装置,并宜嵌填密封材料形成多道防线。地漏、落水管等疏水、排水装置与桥面混凝土结构的接口应加强密封防水,并应便于检查、修复。桥面防水一般包括混凝土自防水、桥面防水层、防水细部等,桥面防水组成如图5-3-49所示。

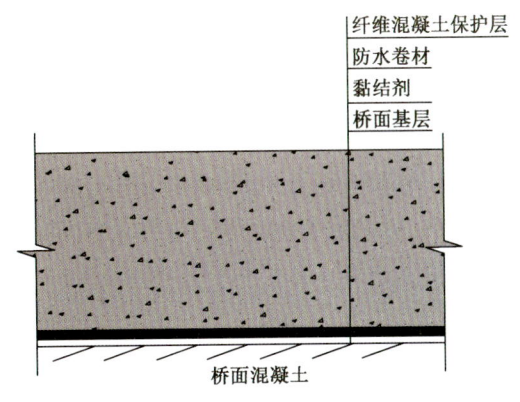

图 5-3-49　桥面防水组成示意图

2）施工控制要点

桥面防水材料主要为防水涂料和防水卷材。防水涂料主要包括水泥基渗透结晶型防水涂料、环氧树脂防水涂料、聚氨酯防水涂料(多组分)、单组分环保型聚氨酯防水涂料等。防水卷材类主要包括自黏防水卷材类等。

桥面防水施工控制要点见表5-3-38。

桥面防水施工控制要点　　表5-3-38

序号	项目	施工控制要点
1	基层要求	(1)基层混凝土强度达到设计强度的80%以上,方可进行防水层施工。 (2)当采用防水卷材时,基层混凝土表面的粗糙度应为1.5～2.0mm;当采用防水涂料时,基层混凝土表面的粗糙度应为0.5～1.0mm。对局部粗糙度大于上限值的部位,可在环氧树脂上撒布粒径为0.2～0.7mm的石英砂进行处理,同时将环氧树脂上的浮砂清除干净。 (3)混凝土的基层平整度应不大于1.67mm/m。 (4)当防水材料为卷材及聚氨酯涂料时,基层混凝土的含水率应小于4%(质量比)。当防水涂料为聚合物改性沥青涂料和聚合物水泥涂料时,基层混凝土的含水率应小于10%(质量比)。 (5)基层混凝土表面粗糙度处理宜采用抛丸打磨。基层表面的浮灰应清除干净,并不应有杂物、油类物质、有机质等
2	基层处理剂施工	(1)基层处理剂可采用喷涂法或刷涂法施工,喷涂应均匀,覆盖完全,待其干燥后应及时进行防水层施工。 (2)喷涂基层处理剂前,应采用毛刷对桥面排水口、转角等处先行涂刷,然后再进行大面积基层面的喷涂。 (3)基层处理剂刷涂完毕后,其表面应进行保护,且应保持清洁。涂刷范围内,严禁各种车辆行驶和人员踩踏
3	防水卷材施工	(1)卷材防水层铺设前应先做好节点、转角、排水口等部位的局部处理,然后再进行大面积铺设。 (2)当铺设防水卷材时,环境气温和卷材的温度应高于5℃,基层面的温度必须高于0℃;当下雨、下雪和风力大于或等于5级时,严禁进行桥面防水层体系的施工。当施工中途下雨时,应做好已铺卷材周边的防护工作。 (3)卷材应沿桥梁纵向展开,沿纵、横坡从低处向高处铺设,高处卷材压在低处卷材之上。任何区域的卷材不得多于3层,搭接接头错开500mm以上,严禁纵横向搭接形成通缝。接头处卷材的搭接宽度沿卷材的长度方向应为150mm,沿卷材的宽度方向应为100mm。 (4)铺设卷材应平整顺直,搭接尺寸准确,不得扭曲、褶皱

续上表

序号	项目	施工控制要点
4	防水涂料	(1) 基层处理:新建混凝土达到设计强度,表面温度裂缝及自然收缩裂缝基本完成,基层表面不得有浮尘、污物、油脂、积水等,确保基层清洁干燥。 (2) 施工必须设备齐全、性能良好。 (3) 涂刷前将涂料搅拌均匀,施工过程中应保持间断性搅拌以防沉淀。 (4) 大面积涂刷前,先用小刷对经过处理的基层涂刷2~3遍,然后大面积涂刷第一遍涂料,一般等待3~6h(但不超过24h),可视温度而定,待涂料实干后即可涂第二遍、第三遍,直到达到理想厚度。 (5) 养护:自然养护24h,避免行人、车辆通过。 (6) 施工温度:5~35℃为宜,若夏天超过35℃,可适当洒些冷水降温,水干后即可施工

3) 细部节点做法

本小节简单介绍防水卷材的转角处理、与排水口的节点处理以及防水卷材的搭接。

桥面防水卷材转角处节点处理示意图如图5-3-50所示。

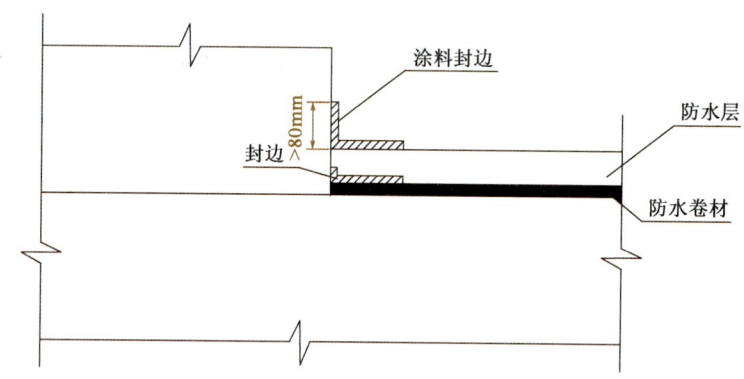

图5-3-50　防水卷材转角处节点处理示意图

桥面防水卷材排水口处节点处理示意图如图5-3-51所示。

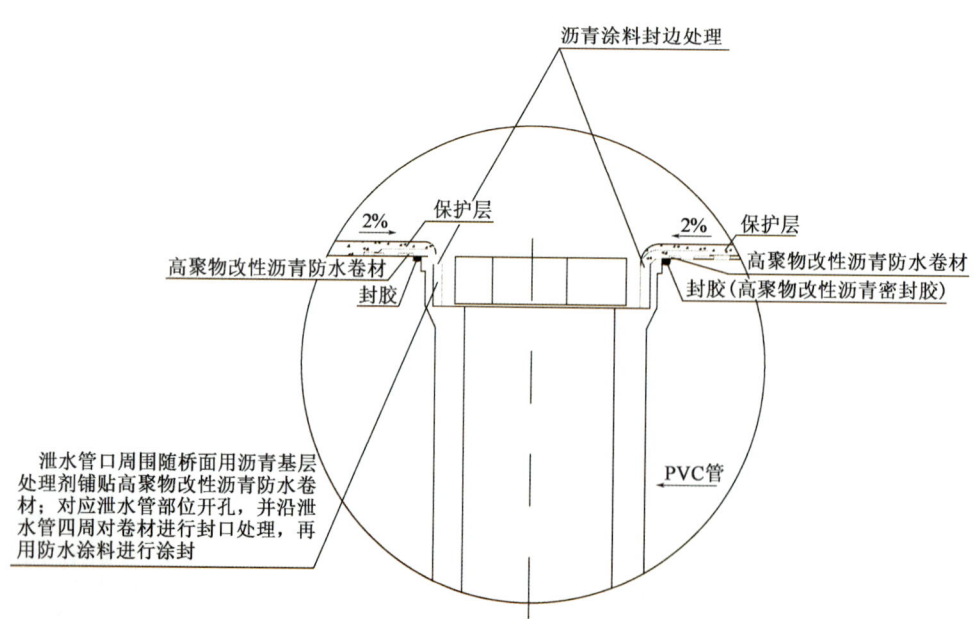

图5-3-51　防水卷材排水口处节点处理示意图

防水卷材搭接处节点处理示意图如图 5-3-52 所示。

3.5.2 装饰装修工程防水

地铁车站站内装修防水施工涉及的主要部位有设备区、公共区卫生间、出入口通道及公共区结构主体墙侧的离壁沟,其中出入口通道结构板为原状土基础,整个通道区域宜满做防水,并与通道墙面离壁排水沟防水层顺接。根据基层情况、防水性能等,地铁车站装修工程防水主要有卷材防水和涂膜防水两类,常用的防水材料有聚乙烯丙纶复合防水卷材和聚氨酯防水涂料,本小节主要介绍这两类代表性的防水施工,其他类型防水较少采用,本书不做阐述。

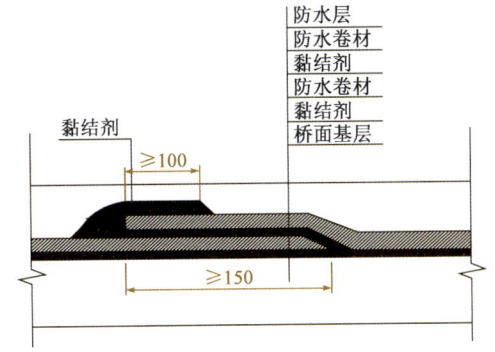

图 5-3-52 防水卷材搭接处节点处理示意图(尺寸单位:mm)

1)聚乙烯丙纶复合防水卷材

聚乙烯丙纶复合防水卷材是以原生聚乙烯合成高分子材料加入抗老化剂、稳定剂、助黏剂等,与高强度新型丙纶涤纶长丝无纺布经过自动化生产线一次复合而成的新型防水卷材。

(1)作业准备

①技术准备

掌握图纸设计中的细部构造及有关规范要求,对施工部位、施工顺序、施工工艺、构造层次、节点施工方法、增强部位及做法要求进行书面技术交底,有保证质量的技术措施和安全注意事项。

②材料准备

聚乙烯丙纶复合防水卷材,其他辅料,如水泥、砂子、专用胶。

③作业条件

出入口通道、离壁沟、卫生间的具体防水施工范围、施工高度需放线划分明确,防水基层(找平层)处理应达到要求。

④施工机具

按单个班组配置为塑料或橡胶刮板 2 个、滚动刷 2 把、手持电动搅拌器 1 个、钢丝刷 2 个、铲刀 2 把、壁纸刀 2 把、铁抹子 2 把、钢卷尺 2 把。

⑤人员组织

按单个班组配置为施工负责人 1 名、技术员 1 名、安全员 1 名、防水工 2 人、普工 1 人。

(2)施工流程及方法

①施工流程

待准备工作完成、现场具备实施条件后,可以开始聚乙烯丙纶复合防水卷材施工,具体施工流程如图 5-3-53 所示。

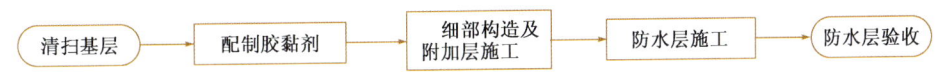

图 5-3-53 聚乙烯丙纶复合防水卷材施工流程图

②施工工艺

a. 清扫基层

找平层采用 20mm 厚的干拌砂浆找平层,抹平压光,表面光滑、洁净、无开裂、接槎平整。不允许有明显的尖凸、凹陷、起皮、起沙、空鼓等现象。找平层的平整度应在允许的范围内平缓变化。坡度均匀，坡向一致，并符合图纸设计要求。排水沟一般与车站同坡向，坡向就近地漏。

b. 配制胶黏剂（随用随配制）

胶黏剂选用专用胶水（先用专用胶水与水配制）与水泥混合的水泥素浆（注意已制胶容器及工具必须干净，制成胶内不允许有硬性颗粒剂杂质）。

制配过程：在桶内倒入冷水50kg左右，开动搅拌器边搅边倒入一包（500g）专用胶粉，搅拌1~2min即可成胶水。一包胶粉配制的胶水可和2~3包水泥，且能和水泥迅速反应，提高黏度。一包胶粉配制的水泥素浆可粘贴丙纶卷材100m²左右。注意要边搅拌边加水泥，加完水泥搅拌至均匀无凝块、无沉淀即可使用。制成的水泥素浆应在2h内用完。

注：在粘贴丙纶卷材时，水泥切不可只用水搅拌，要先制成胶水，用胶水与水泥一起搅拌。

c. 细部构造及附加层处理

细部节点部位大多是形状复杂、不规则，表面非平面，转弯抹角多，施工面狭小，施工工序多，操作比较困难的部位。许多防水材料难以与基层平服铺贴，所以这些部位的剪口和搭接缝比较多，常因结构变形、温差变异、干缩变形、振动等综合因素导致渗水现象，此处防水施工时应充分考虑到各种变形影响，遵循柔性密封、防排结合、多道设防的原则。

阳角附加层内附加层：先剪裁200mm宽的卷材（长度可根据实际要求定）做附加层，立面与平面各黏结100mm。主防水层：将平面交接处的卷材向上翻至立面大于250mm（亦可根据实际要求定），下一步骤方法相同，方向相对应。外附加层：剪裁一块边长为200mm的正方形卷材，从任意一边的中点剪口直线剪至中心，剪口朝上，粘贴在阳角主防水层上。下一步骤采用相同方法，剪裁与上述尺寸相同的附加层，剪口朝下，粘贴在阳角上。

阴角附加层内附加层：剪裁200mm宽的卷材（长度依实际情况而定）做附加层，立面与平面各黏结100mm。主防水层，将平面交接处的卷材向上翻至立面大于250mm（也可根据实际要求定）。外附加层：将卷材用剪刀裁成边长为200mm的正方形片材，从其中任意一边的中点剪至方片中心点。然后将被剪开部位折合重叠，折叠口朝上，涂刷聚合物黏结料在阴角部位黏结压实，下一步骤采用相同方法，但是折叠口朝下。

阴、阳角等处均做成 $R = 20mm$ 圆弧形，如图5-3-54、图5-3-55所示。

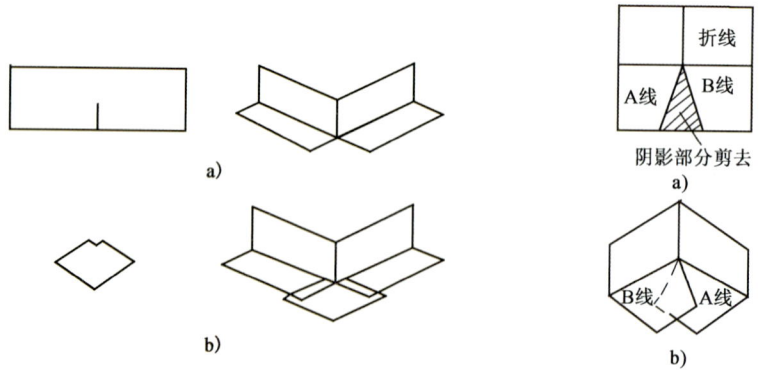

图5-3-54 阳角附加层裁剪方法　　图5-3-55 阴角附加层裁剪方法

出入口通道底板及立墙变形缝防水结构：变形缝的宽度一般为20~30mm；变形缝中可用沥青麻丝填嵌塞满，迎水面应垫 $\phi 40mm$ 卷材卷或 $\phi 40mm$ 的聚苯高泡棒，上铺一道附加层，接着施作防水层，最后再铺一道附加层，其宽度不小于600mm，最后施作保护层。底板的变形缝应从下往上施作。变形缝防水细部处理大样图如图 5-3-56 所示。

穿墙管道防水施工：穿墙管道应在浇筑混凝土前埋设。如果结构变形或者管道伸缩量较小时，穿墙管可采用直接埋入混凝土内的固定式防水法。结构变形或者伸缩量较大时应采用套管式的防水法，套管与主管之间用密封膏封严，套管端部应留 15mm×15mm 的凹槽，内嵌密封膏；穿墙管道迎水面应施作两道附加层，即长条形和圆形伸出管道 150mm，收头处用金属箍扎紧，外用嵌缝膏密封，再用硅胶封闭。穿墙管道防水处理大样图如图 5-3-57 所示。

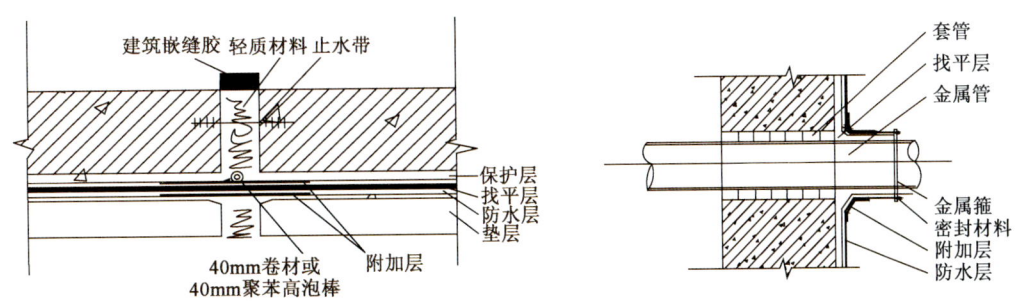

图 5-3-56　变形缝防水细部处理大样图　　　图 5-3-57　穿墙管道防水处理大样图

d. 防水层施工

涂水泥素浆敷设的方法：首先将已配置好的水泥素浆用小容器倒在预黏处的找平层上，胶料要连续适量用刮板刮至均匀，厚度应保持在 1mm 以上。然后选择合适位置展开防水卷材，并找正方向，用另一刮板排气压实，排出多余水泥素浆。卷材搭接尺寸，长边宽度为 100mm、短边宽度为 120mm。

出入口通道及站厅离壁墙排水沟防水构造大样图如图 5-3-58、图 5-3-59 所示。

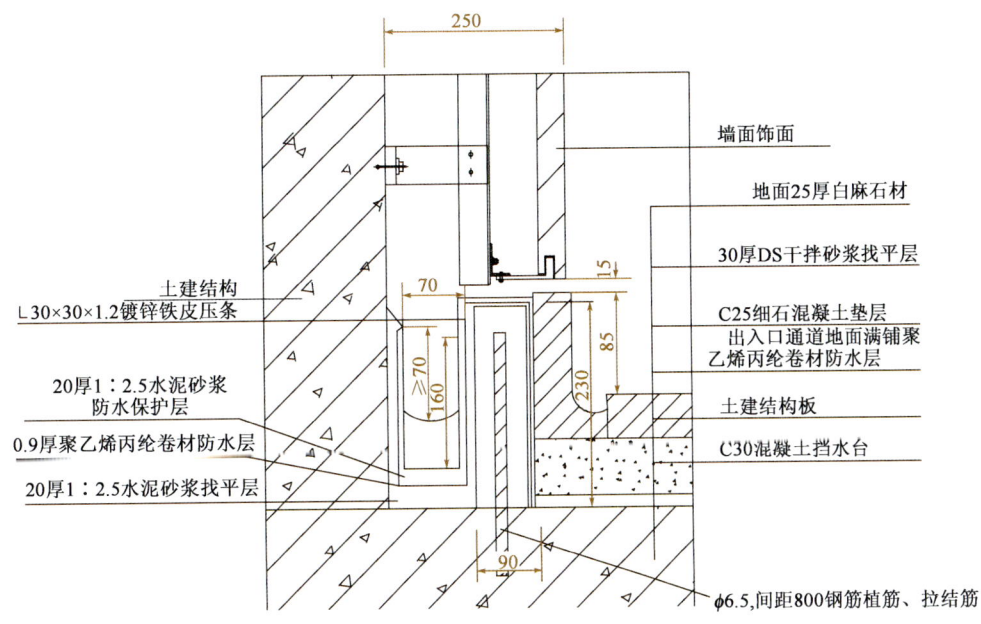

图 5-3-58　出入口通道离壁排水沟防水构造大样图（尺寸单位：mm）

e. 防水层验收

防水卷材施工完毕并经验收合格后，做蓄水及排水试验，以 24h 不漏及离壁沟内排水不积水为合格。

（3）施工控制要点

①找平层防水层表面含水率宜在 30%～50% 之间，找平层水泥砂浆强度达到 2.5MPa 时方可进行防水层施工。如果过于干燥，则应喷洒水直到合格。

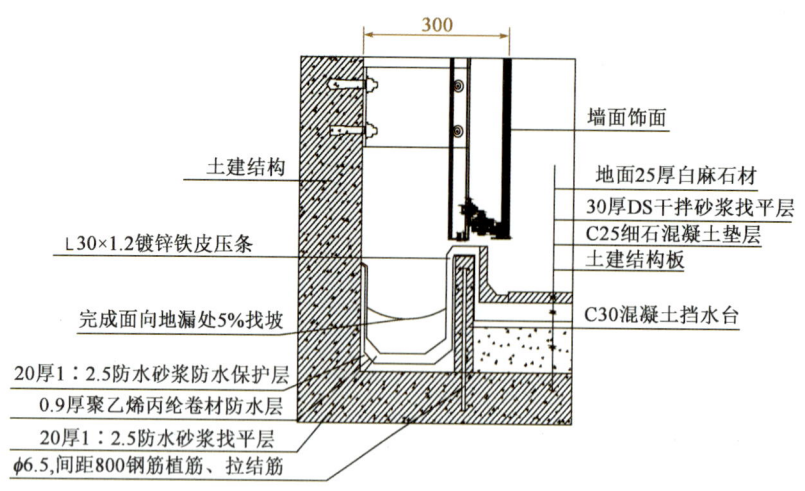

图 5-3-59 站厅离壁排水沟防水构造大样图(尺寸单位:mm)

②打开卷材,认真检查,同时检查卷材是否在运输搬运过程中造成损失。

③在施工基面弹好基准线,将卷材预铺调整。

④已铺设完的防水层在水泥素浆具备一定强度前应避免人员在上部来回踩踏以免卷材起鼓,防水层验收合格后,尽快进行下道工序的施工。

⑤水泥素浆涂刷后应随即铺贴卷材,防止时间过长胶中的水分散失,影响黏结质量。表面和卷材涂胶要均匀一致,不得漏涂,拉直后压实刮平。

⑥刮板排气黏实的同时应注意检查卷材下有无颗粒性及其他物质将卷材垫起,如有应取出重新粘贴。已铺设完的防水层在水泥素浆具备一定强度前应避免人员在上部来回踩踏以免卷材起鼓,防水层验收合格后,尽快进行下道工序的施工。

⑦卷材必须平整粘贴于找平层上,粘贴面积应达85%以上,不允许有打皱、翘边现象。

⑧卷材搭接缝满黏,解封压实后在接缝边缘再涂刷一层水泥素浆将接缝密封严实,接缝不允许有露底、打皱、翘曲、起空现象。

⑨卷材收头是卷材防水层的关键部位,处理不好极易张口、翘边、脱落。

⑩卷材施工温度高于25℃时,应立即向施工后的卷材表面喷水降温和遮盖养护,防止卷材变形。

⑪保护层抹完后表面应平整、光滑、洁净,不应有脱皮、起皱或严重裂缝现象,防护层要求抹平、压光并进行养护,以达到设计强度。

⑫变形缝、管等处防水层施工前,应进行临时堵塞,防水层完工后,应进行清除,保证管、缝内通畅,满足使用功能。

(4)施工质量控制与验收标准

施工质量控制与验收标准应依据现行《地下防水工程质量验收规范》(GB 50208)。

①主控项目

a.合成高分子卷材和胶结材料的品种、牌号及配合比,必须符合设计要求和有关技术规范、标准的规定;

b.卷材防水层及其变形缝、施工缝、穿墙管、预埋件等处的细部做法,必须符合设计要求和规范的规定;

c.防水层严禁有渗漏现象。

②一般项目

a. 铺贴卷材防水层的基层应符合要求,平整洁净,无起砂、空鼓和松动现象,阴、阳角处应呈直角;防水层无积水现象。

b. 胶黏剂涂刷均匀,不得有漏刷和麻点等缺陷。

c. 卷材防水层铺贴和搭接、收头,应符合设计要求和地下防水工程技术规范的规定,且应黏结牢固,无空裂、损伤、滑移、翘边、起泡、褶皱等缺陷。

d. 卷材搭接宽度的允许偏差应为 −10mm。

(5)施工质量通病与防治措施

①问题描述

卷材防水层有开裂、鼓泡、漏水、过早老化、腐烂问题。

②原因分析与防治措施

a. 卷材防水层开裂的原因:建筑设计不合理;大型板端变形,找平层开裂;结构楼板刚度不够和防水材料不能适应基层变形及振动影响;基层结构楼板空间空隙变形过大;建筑物不均匀沉降。另外,防水层时间过长,引起老化,冬期收缩发脆开裂。

b. 防治措施:改进结构设计,严格控制原材料和铺设质量;改善胶的配合比,控制胶的耐热度,提高胶的韧性;保证找平层的强度和厚度,找平层宜设分格缝,并嵌填密封材料,分格缝应留设在板缝处。

2)聚氨酯防水涂料

聚氨酯防水涂料是由异氰酸酯、聚醚等经加聚反应而成的含异氰酸酯基的预聚体,配以催化剂、无水助剂、无水填充剂、溶剂等,经混合等工序加工制成的单组分聚氨酯防水涂料。它是一种液态施工的单组分环保型防水涂料,与空气中的湿气接触后固化,在基层表面形成一层坚韧的无接缝整体防膜,具有强度高、延伸率大、耐水性能好、对基层变形的适应能力强等特点。

(1)作业准备

①技术准备

掌握图纸设计中的细部构造及有关规范要求,对施工部位、施工顺序、施工工艺、构造层次、节点施工方法、增强部位及做法要求进行书面技术交底,有保证质量的技术措施和安全注意事项。

②材料准备

聚氨酯防水涂料以及其他辅料,如水泥、砂子。

③作业条件

车站及出入口顶板、通道、离壁沟、卫生间的具体防水施工范围、施工高度需放线划分明确,防水基层(找平层)处理应达到要求。

④施工机具

按班组配置为电动搅拌器1台、塑料或橡胶刮板2把、搅拌桶1个、油漆桶1个、滚动刷2把、油漆刷2把、铲刀2把、称重工具1台、壁纸刀2把、铁抹子2把。

⑤人员组织

按最小班组配置为施工负责人1名、技术员1名、安全员1名、防水工2人、普工1人。

(2)施工程序

①施工流程

待准备工作完成、现场具备实施条件后,可以开始聚氨酯防水涂料施工,具体施工流程如图5-3-60

所示。

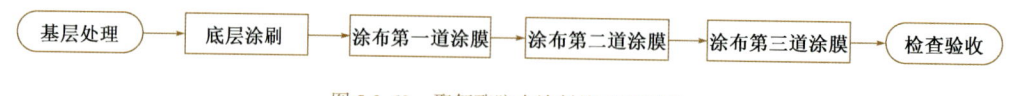

图 5-3-60 聚氨酯防水涂料施工流程图

②施工工艺

涂布顺序应为先垂直面后水平面,先阴阳角及细部后大面。每层涂抹方向应相互垂直。

a. 基层处理

涂刷防水层的垫层基层表面,必须将尘土、杂物等清扫干净,表面残留的灰浆硬块和凸出部分应铲平、扫净、抹灰、压光,阴阳角处应抹成圆弧或钝角。

b. 底层涂刷

目的是隔绝基层潮气,提高涂膜同基层的黏结力,底层涂料采用长柄滚筒滚涂,要求滚涂均匀不得露底。

小面积施工可用油漆刷将底层涂料细致均匀地涂刷在处理好的基层上。

大面积施工应先用油漆刷沾底层涂料,将阴阳角、排水口、预埋件等细部均匀细致地涂布一遍,再用长把滚刷在大面积基层上均匀地涂布底层涂料。要注意涂布均匀、厚薄一致,不得漏涂。涂布间隔24h以上(具体时间应根据施工温度测定),待底层涂料固化干燥后,方可施工下道工序。

c. 增强措施

阴阳角、管道周围、预埋件、施工缝及裂纹处等均需采取增强防水措施。

增强涂布与增补涂布可在涂刷底层涂料后进行,也可在涂布第一道涂膜防水层以后进行,还可在每相邻两层涂膜之间进行。具体做法如下:第一道涂膜施工前在该部位增强涂布一道涂膜(或铺贴一遍玻璃纤维布)。增强涂布是涂膜防水层的最初涂层,因此涂布操作时要认真仔细,保证质量,不得有气孔、鼓泡、褶皱、翘边等现象。

d. 涂布第一道涂膜

在前一道涂膜固化干燥后,先检查其上有无残留的气孔或气泡。如无,即可涂布施工;如有,则应用橡胶板刷将涂料用力压入气孔填实补平,然后进行下一道涂膜施工。

涂布第一道聚氨酯涂膜防水材料,可用橡皮板刷均匀涂刷,力求厚薄一致,平面或坡面施工后,在防水层未固化前不宜上人踩踏,涂抹施工过程中应留出退路,可以分区分片采用后退法涂刷施工。

e. 涂布第二道涂膜

第一道涂膜固化后即可在其上均匀涂刷第二道涂膜,其施工方法与第一道相同,但涂刷方向应与第一道的涂刷方向垂直。涂布每一道涂膜与上一道相隔的时间以上道涂膜的固化程度确定,一般不小于4h(以手感不黏)。

f. 涂布第三道涂膜

第二道涂膜固化后可在其上均匀涂刷第三道涂膜,其涂刷方向与第二道的涂刷方向垂直,卫生间上墙高度符合设计要求。

(3)细部构造处理

①阴阳角构造处理

阴阳角细部处理节点图如图 5-3-61 所示。

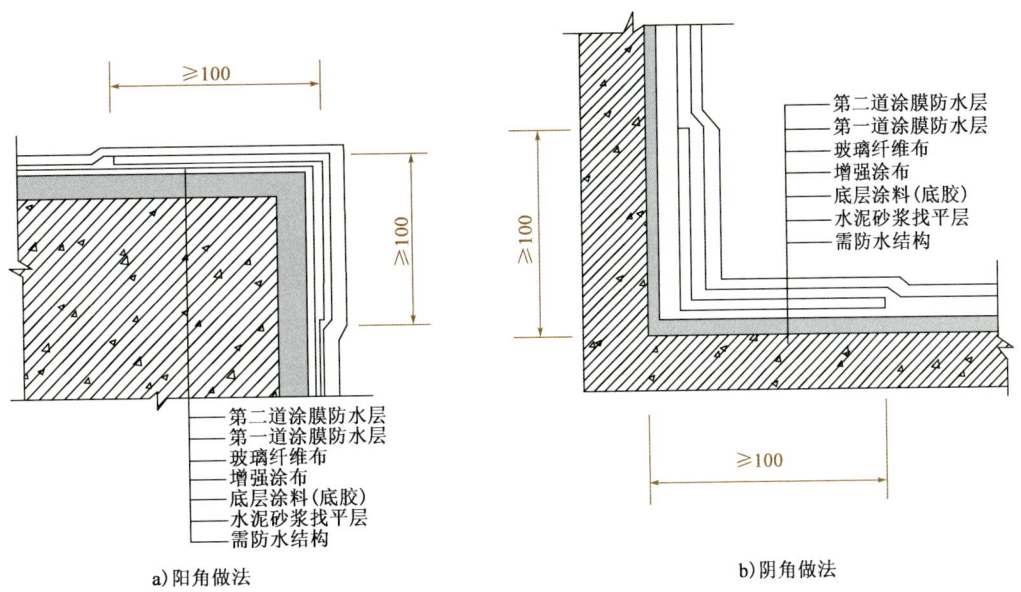

图 5-3-61　阴阳角细部处理节点图(尺寸单位:mm)

② 立管防水层处理

a. 立管定位后,楼板四周缝隙应用 1:3 的水泥砂浆堵严,缝隙大于 20mm 时宜用 C20 细石混凝土堵严。

b. 管根四周宜形成凹槽,其尺寸为 15mm×15mm,将管根周围及凹槽内清理干净,并保持干燥。

c. 凹槽内应嵌填密封材料或灌入聚氨酯进行密封处理。

d. 将管道外壁 200mm 高范围内的灰浆和油垢杂物清除,按设计规定涂刮防水涂料。

e. 立管如有热水管、暖气管时,则需加设套管,套管高 20~40mm,留管缝 2~5mm。立管接缝用建筑密封胶封严,套管高出地面约 20mm。

立管防水处理节点图如图 5-3-62 所示。

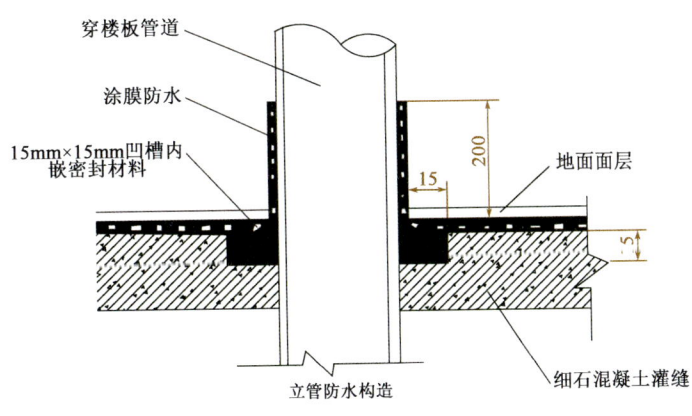

图 5-3-62　立管防水层处理节点图(尺寸单位:mm)

③ 地漏

a. 立管定位后,楼板四周缝隙应用 1:3 的水泥砂浆堵严,缝宽度大于 20mm 时宜用 C20 细石混凝土堵严;

b. 厕浴间垫层向地漏处找 2% 坡度,垫层厚度小于 30mm 时采用水泥砂浆,大于 30mm 时采用水泥炉渣材料;

c. 地漏上口四周用 10mm×15mm 的密封材料封严,上面做涂膜防水层。

地漏处防水构造节点图如图 5-3-63 所示。

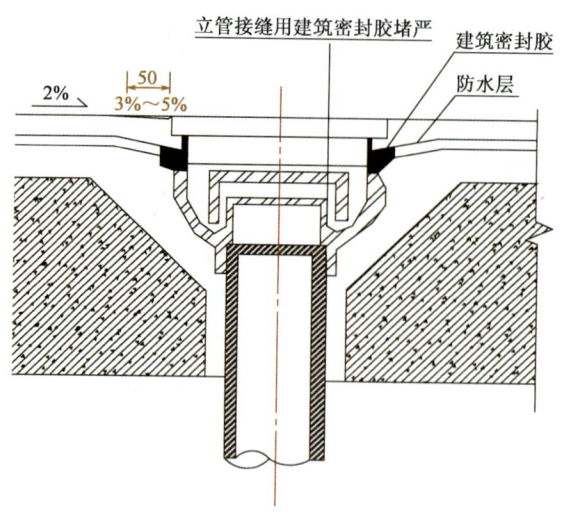

图 5-3-63　地漏处防水构造节点图(尺寸单位:mm)

④大便器

a. 大便器立管定位后,楼板四周缝隙用 1:3 的水泥砂浆堵严,缝宽度大于 20mm 时宜用 C20 细石混凝土堵严;

b. 立管接口处四周用密封材料交圈封严,尺寸为 10mm×10mm,上面防水层做至管顶部;

c. 大便器尾部进水处与管接口处用密封材料及水泥砂浆封严,外做涂膜防水保护层。

门口细部防水处理节点图(出门口 300mm)如图 5-3-64 所示。

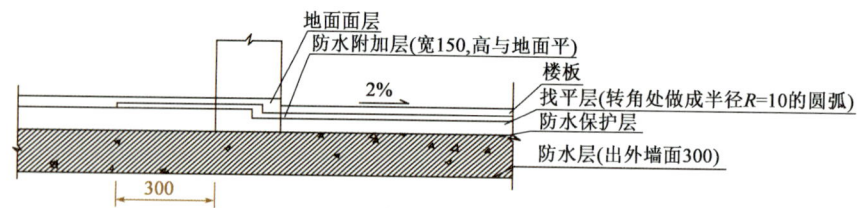

图 5-3-64　门口细部防水处理节点图(尺寸单位:mm)

⑤厕浴间防水

厕浴间防水平面及细部剖面图如图 5-3-65、图 5-3-66 所示。

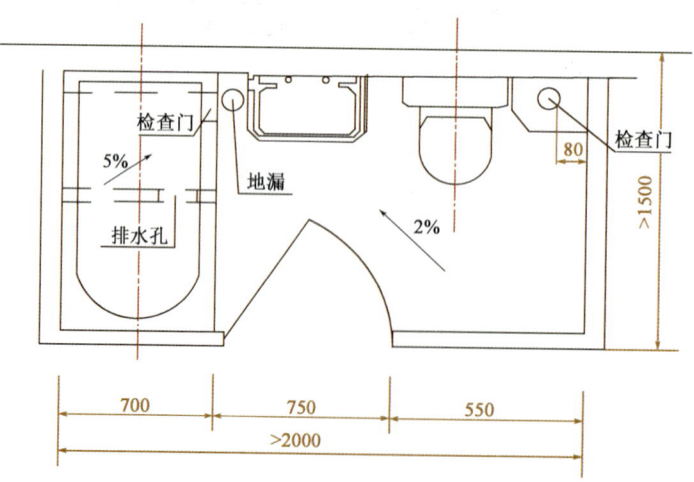

图 5-3-65　厕浴间防水平面图(尺寸单位:mm)

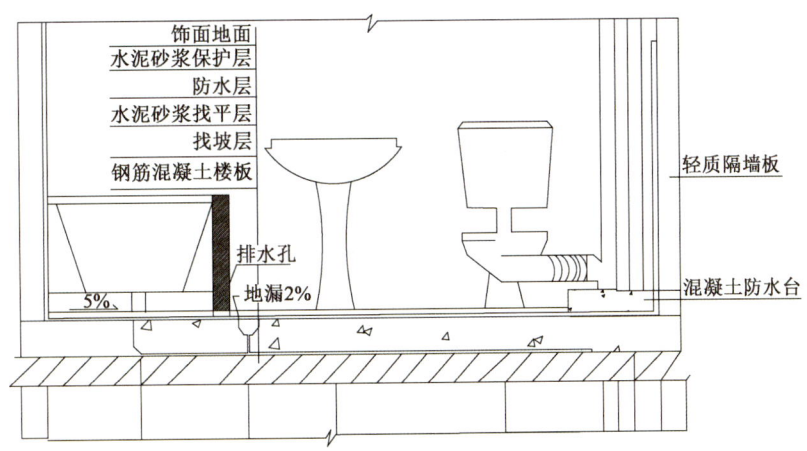

图 5-3-66　厕浴间防水细部剖面图（尺寸单位：mm）

厕浴间防水构造层大样图如图 5-3-67 所示。

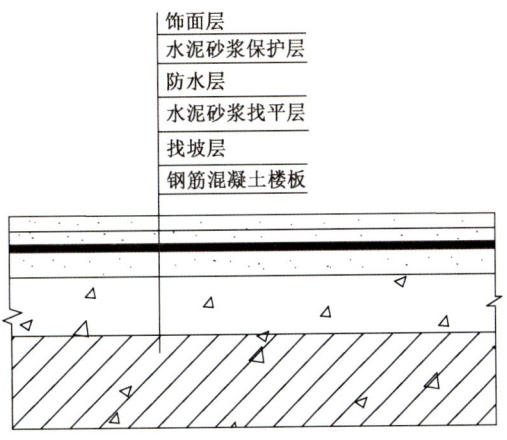

图 5-3-67　厕浴间防水构造层大样图

厕浴间转角墙下水管平面及细部处理大样图如图 5-3-68、图 5-3-69 所示。

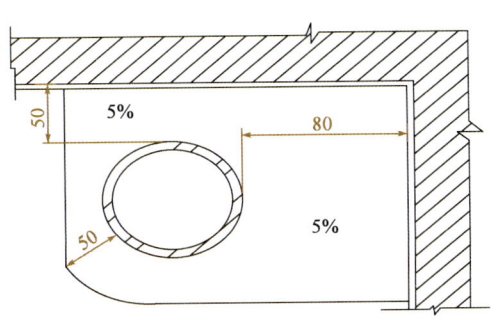

图 5-3-68　厕浴间转角下水管平面图（尺寸单位：mm）　　图 5-3-69　厕浴间转角下水管细部处理大样图（尺寸单位：mm）

厕浴间大便器防水构造如图 5-3-70 ~ 图 5-3-72 所示。

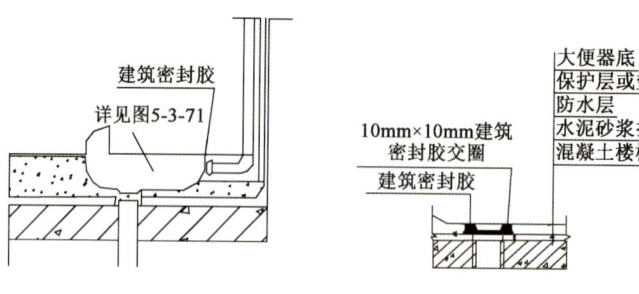

图 5-3-70　厕浴间大便器防水构造图

图 5-3-71　厕浴间大便器防水构造细部处理大样图

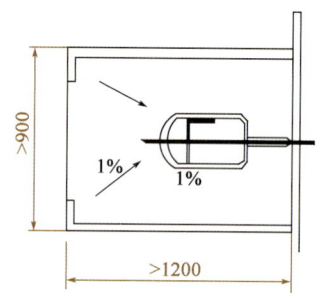

图 5-3-72　厕浴间大便器平面布置图
（尺寸单位：mm）

（4）蓄水试验

防水涂料按设计要求的涂层涂完后，经质量验收合格后，进行蓄水试验。可临时将地漏堵塞，门口处抹挡水坎，蓄水水位最低处2cm，观察24h无渗漏为合格，然后可进行面层的施工。

（5）施工要点

①防水层施工前，应将基层表面的尘土等杂物清除干净，并用干净的湿布擦一次。

②涂刷防水层的基层表面，不得有凸凹不平、松动、空鼓、起砂、开裂等缺陷，含水率一般不大于9%。

③对于干燥、坚实的混凝土和砂浆基层，不必涂刷底涂料。但对因混凝土和环境原因产生潮气而致使涂膜出现针孔和鼓泡时，应涂刷底涂料。涂刷底涂料前，要求基层干燥、干净；底涂料至少要干燥1h后，方可涂刷聚氨酯涂料。

④在阴阳角、管根、水落口、施工缝、变形缝、裂缝以及基础等细部均应选用垂直型涂料做附加防水层。

⑤单独采用涂料做附加防水层时，应增涂2~4遍或涂至厚度为0.8~1.2mm。

⑥防水层空鼓需重点控制，一般发生在找平层与涂膜防水层之间和接缝处，原因是基层含水过大，使涂膜空鼓，形成气泡。施工中应控制含水率，并认真操作。

⑦防水层渗漏水多发生在穿过楼板的管根、地漏、卫生洁具及阴阳角等部位，需重点控制。产生的原因是管根、地漏等部件松动、黏结不牢、涂刷不严密或防水层局部损坏，部件接槎封口处搭接长度不够。在涂膜防水层施工前，应认真检查并加以修补施工。

⑧已涂刷好的聚氨酯涂膜防水层，应及时采取保护措施，在未做好保护层以前，不得穿带钉鞋出入室内，以免破坏防水层。

⑨突出地面管根、地漏、排水口、卫生洁具等处的周边防水层不得碰损，部件不得变位。

⑩地漏、排水口等处应保持畅通，施工中要防止杂物掉入，试水后应进行认真清理。

⑪聚氨酯涂膜防水层施工过程中，未固化前不得上人走动，以免破坏防水层，造成渗漏的隐患。

⑫聚氨酯涂膜防水层施工过程中，应注意保护有关门口、墙面等部位，防止污染成品。

（6）施工质量控制与验收标准

施工质量控制与验收标准应依据现行《地下防水工程质量验收规范》（GB 50208）。

① 主控项目

a. 涂膜防水材料及无纺布技术性能,必须符合设计要求和有关标准的规定;产品应附有出厂合格证、防水材料质量认证;现场取样试验,未经认证的或复试不合格的防水材料不得使用。

b. 聚氨酯涂膜防水层及其细部等施工,必须符合设计要求和施工规范的规定,并不得有渗漏水现象。

c. 涂料防水层的平均厚度应符合设计要求,最小厚度不得低于设计厚度的90%。

d. 涂料防水层在转角处、变形缝、施工缝、穿墙管等部位施工必须符合设计要求。

② 一般项目

a. 聚氨酯涂膜防水层的基层应牢固、表面洁净、平整,阴阳角处呈圆弧形或钝角。

b. 聚氨酯底胶、聚氨酯涂膜附加层,其涂刷方法、搭接、收头应符合规定,并应黏结牢固、紧密,接缝封严,无损伤、空鼓等缺陷。

c. 聚氨酯涂膜防水层,应涂刷均匀,保护层和防水层黏结牢固,不得有损伤、厚度不匀等缺陷。

d. 厚度检查,涂膜防水层的总厚度不应小于设计要求,厚薄均匀一致,可采用针刺或在完成的涂膜上裁片等方法进行检验。

(7) 质量通病与防治措施

① 问题描述

聚氨酯防水出现气孔、气泡、开裂、渗漏、空鼓等现象。

② 原因分析

a. 聚氨酯材料质量不合格;

b. 涂膜层数、厚度不足;

c. 成品保护不到位,聚氨酯防水层施工过程中,未固化前没有采取保护措施。

③ 防治措施

a. 采用优质聚氨酯防水材料;

b. 做涂膜前应仔细清理基层,不得有浮砂和灰尘,基层上更不应有孔隙,涂膜各层出现的气孔应按工艺要求处理,防止涂膜破坏造成渗漏;

c. 采用配套的、柔韧性好、能增强附着力、抗碱性好的特种底漆来改变基层表面的性质,以分散应力,避免开裂、剥落、鼓泡、起皮、泛碱等不良现象;

d. 选用弹性好、自清洁性好的面层涂料,不能使用漆膜坚硬的无机类涂料;

e. 基层施工应认真操作、养护,待基层干燥后,先涂底层涂料,固化后,再按防水层施工工艺逐层涂刷,施工中应保持涂膜的完整,并做好成品保护工作。

3.5.3 车辆基地工程屋面防水

主体结构封顶、屋面其他管件等安装完成后即可进行屋面防水施工。屋面防水施工流程如图5-3-73所示。

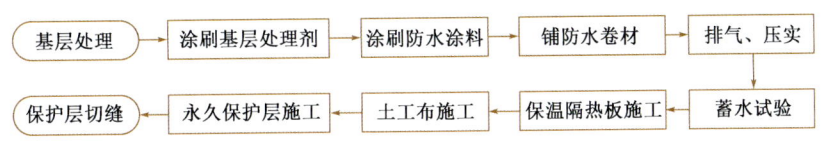

图5-3-73 屋面防水施工流程图

1) 基层处理

施工前首先将基层表面的尘土、杂物清理干净,使表面干燥,含水率不大于9%;基层上的油渍应用5%~10%浓度的火碱水溶液刷洗干净。

2）涂刷防水涂料

大面积涂刷防水涂料前，先将边角、管根、雨水口等处涂刷一遍，然后大面积涂刷第一遍防水涂料；待第一遍防水涂料干燥后，再涂刷第二遍防水涂料。要求涂刷均匀无漏底，涂刷的底胶经 4h 干燥、手摸不黏时才可铺贴。

3）铺防水卷材

铺贴卷材采用搭接法，相邻卷材的搭接缝错开，平行于屋脊的搭接缝顺流水方向搭接，搭接缝用密封材料封严；卷材沿东西方向铺贴，主要搭接缝顺东西水流方向，渗漏隐患少，施工速度快，接头少，省材料。收口处必须进行固定密封处理，将铺贴后的卷材端头裁齐固定在挡土墙或女儿墙上，钉距最大不超过 900mm。

通常，地铁车辆基地平台屋顶考虑物业开发后需预留管沟，其管沟防水卷材铺设应注意以下几点：铺设卷材时，应随时注意与基准线对齐，以免出现偏差难以纠正；卷材粘贴时，不得用力拉伸；粘贴后，随即用压辊从卷材中部向两侧滚压，排出空气，使卷材牢固粘贴在基层上；卷材背面搭接部位的隔离纸不要过早揭掉，以免污染黏结层或误黏，应在后幅卷材粘贴之前揭掉；基层一定要清理干净，如基层表面有不牢固部位，会造成卷材连基层表面附着物拉起的现象，故要求基层必须牢固、干净。卷材防水层铺贴完毕后，要及时做好保护层，防止结构施工碰损防水层；立面防水层施工完成后，及时砌好防护墙。

4）蓄水试验

卷材铺贴完成后，对各细节自检，自检合格后通知监理人员检查验收；雨后或通过淋水，对防水专门进行蓄水试验，蓄水高度大于 200mm，蓄水时间不少于 24h。

5）保温隔热板与土工布施工

防水层完成经验收合格后，在防水卷材上铺设 30mm 厚的挤塑保温隔热板，保温板临时固定采用水泥浆，施工时注意要保护好防水层。保温材料铺贴必须平整，铺设应紧贴基层，铺平垫稳，找坡正确，上、下层错缝并填嵌密实。保温板铺设完成后在其上干铺一道土工布隔离层。

涂刷防水涂料和保温隔热板与土工布施工示例如图 5-3-74 所示。

a) 涂刷防水涂料

b) 保温隔热板与土工布施工

图 5-3-74　涂刷防水涂料和保温隔热板与土工布施工

6）永久保护层施工

永久保护层按东西、南北方向每隔 6m 设置分格缝，按此尺寸绘制屋面的分割图，测量放线后弹好墨线。在网格内绑扎保护层的钢筋网片，应保证钢筋网片的底部保护层厚度，不能损坏分格条和防水层。

按分格块进行施工,浇筑前应测定标高及屋面找坡位置,浇筑时地泵泵管及支座不得放在钢筋上,防止钢筋翘起。一个分格内混凝土须连续浇筑,不留施工缝;混凝土摊铺后,每隔15m从中间往南北方向按1%找坡,随即用长刮尺进行刮平,用铁抹子压光;待浮水沉实后,用提浆机压提一遍,再用铁抹子压第二遍。

屋面防水保护层施工示例如图5-3-75所示。

a) 屋面防水保护层施工　　b) 屋面防水保护层成品

图5-3-75　屋面防水保护层施工

第 4 章
地铁工程渗漏水问题及治理

地铁车站渗漏水问题是长期以来困扰人们的难题。渗漏水的存在,不仅会危及地铁的运营及设备安全,缩短混凝土结构的使用寿命,而且因渗漏水潮湿引起的霉菌还会危害人们的身体健康。本章针对地铁车站渗漏水的原因,提出渗漏水治理措施和方案,并介绍了几种常见的渗漏水堵漏设备及材料,可为地铁车站堵漏工程提供技术参考。

4.1 地铁工程常见渗漏水问题

由于防水措施的失效,造成已施作结构的渗漏。本节从明挖车站和暗挖结构两方面对渗漏水治理进行阐述。

4.1.1 明挖车站结构渗漏水

1)渗漏水的主要类型

(1)点渗漏水

主要集中在结构底板、侧墙等有混凝土缺陷、有结构预埋件的部位,表现为有渗水,有湿渍,时间较长时在渗点部位出现白色盐渣,示例如图 5-4-1a)所示。

(2)线渗漏水

主要集中在施工缝、变形缝、诱导缝、后浇带及其他接缝部位,表现为线漏水,沿缝有流水,严重时造成钢筋生锈,渗漏水颜色为红褐色或暗黄色盐渍,示例如图 5-4-1b)、c)所示。

(3)面渗漏水

主要集中在底板、侧墙、后浇带等有严重混凝土缺陷、钢筋密集、地下水集中的部位,表现为有明显湿渍,严重者有流水现象,示例如图 5-4-1d)所示。

2)渗漏水原因分析

(1)结构外包防水层施工质量差,人为损坏,未与结构混凝土有效粘贴,导致防水失效。

(2)施工缝凿毛清理不到位,施工缝堵头材料及杂物未清理干净,止水钢板及止水带安装不准确或损坏。

(3)受温度、外力、荷载及变形等因素影响产生各类裂缝。

(4)混凝土浇筑过程中未严格控制分层厚度,少振或漏振,混凝土离析、供应不及时等,导致混凝土振捣不密实,出现蜂窝、麻面、孔洞、夹渣、疏松、冷缝等缺陷,进而导致结构混凝土渗漏水。

(5)变形缝位置先期施工时埋入的止水带在后期施工过程中遭到破坏。

(6)预埋件和穿墙管容易在浇筑振捣混凝土时形成空隙,造成混凝土密实度不够,在预埋件与混凝土之间形成通道,导致水渗漏。穿墙管的防水措施不到位,留有接槎或止水环焊接不密封,未做好防腐处理等均会出现水渗漏隐患。

a)侧墙点渗漏水

b)顶板裂缝渗漏水

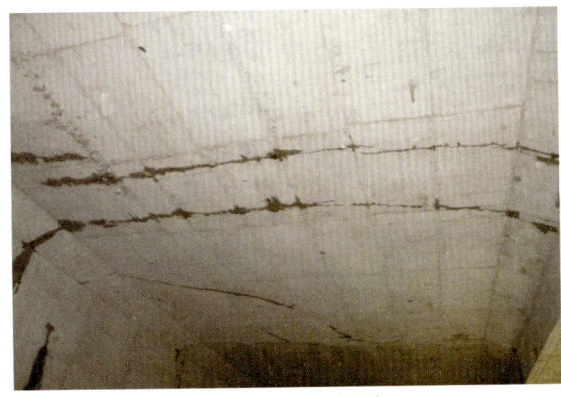

c)环向施工缝渗漏水

d)大面积渗漏水

图 5-4-1　明挖车站结构渗漏水类型

4.1.2　暗挖结构渗漏水

地铁暗挖结构施工经常受到地层残留水、管线渗漏水的影响,在增加工程施工难度的同时,也对工程实体质量控制造成极其不利的影响。

1)渗漏水的主要类型

(1)点渗漏水

在暗挖结构表面呈单点渗漏水,周围没有连续渗漏水部位。

(2)线渗漏水

在暗挖结构表面呈水平向、竖向、斜向或弯曲形的整条缝均有渗漏水现象,示例如图 5-4-2a)所示。

（3）面渗漏水

在暗挖结构表面呈区域性，区域内有点状、线状渗漏水，但距离较近，不能相互分开单独处理，示例如图 5-4-2b）所示。

（4）湿渍

在暗挖结构表面无明显渗漏水现象，没有水流或水滴，但结构表面长期潮湿。

a）施工缝渗漏水

b）大面积渗漏水

图 5-4-2　暗挖结构渗漏水类型

2）渗漏水原因分析

（1）混凝土振捣不密实，造成混凝土内有空隙，给外部水源留下了通道，此种情况渗漏水量一般较大。

（2）施工中混凝土配合比没有达到设计配合比要求，混凝土形成毛细孔，造成暗挖结构渗水，此种渗漏水一般较轻，主要表现为湿渍。

（3）混凝土脱模过早或养护不到位，造成混凝土开裂，主要表现为线渗漏水。

（4）因变形缝、施工缝处理不到位，造成连接处渗漏水，主要表现为线渗漏水，此种渗漏水量一般较大。

4.2　地铁渗漏水治理方案

4.2.1　渗漏水治理原则和要求

1）渗漏水治理原则

应根据渗漏水的情况（部位、渗漏水的流量、来源），遵循"防堵结合、注浆堵水和封缝相结合、涂膜封面和贴面防水相结合、刚柔相结合、因地制宜、综合治理"的原则进行渗漏水的治理。

2）渗漏水治理要求

（1）根据渗漏水的部位和渗量大小，在分析结构渗漏水原因后，采用注浆堵漏和封缝封面防水相结合、排堵相结合，防堵为主（排是指排除结构内的水，不得打通防水层）。

(2)在治理渗漏水过程中,不得破坏原结构,尤其不得大面积凿除混凝土和凿深槽,不得裸露钢筋,严禁长期裸露钢筋。

(3)渗漏水治理方式:先排后堵、大漏变小漏、线漏变点漏、片漏变孔漏,使大面积渗漏水汇集一点或几点,最后集中封堵。

(4)渗漏水治理顺序:先堵小漏,后堵大漏,先高后低(先堵顶板,其次堵侧墙,最后堵底板)。

(5)防水堵漏的同时,应统一考虑永久防水和补强加固。

(6)在渗漏水治理中使用的防水堵漏材料:注浆材料、堵漏材料、封面封槽应防水可靠、施工易做,材料耐久、经济适用、环保。应符合设计和材料规程要求,采用经过检测和鉴定,并经实践检验、质量可靠的材料。

(7)地铁工程渗漏水治理一般应根据主体结构和地下水恢复稳定的实际情况,分两个阶段进行。第一个阶段,先对地下水未恢复前所有渗漏水处进行一次全面的注浆堵漏处理;第二个阶段,待顶板回填覆土并封闭降水井且地下水恢复到稳定状态后,对底板、侧墙等重新检查一遍,并对渗漏水处彻底治理。

3)混凝土裂缝修补要求

地铁钢筋混凝土结构中,满足下列条件的裂缝均需进行修补:

(1)有渗漏水现象的裂缝。

(2)无渗漏水但宽度大于0.3mm的裂缝。

(3)对于活动裂缝,即处于继续开展而未稳定的裂缝,应在分析并控制裂缝开展使其稳定后,方可进行修补。如裂缝开展不能控制,则应采取相应的措施,限制结构的变形,裂缝宜用柔性材料进行封闭处理。

(4)对于结构承载力不足引起的裂缝,除对裂缝进行修补外,还应采取相应的加固措施,确保结构安全可靠。对贯穿裂缝,可采取封缝、埋管、化灌的方法处理。对非贯穿裂缝,因闭气的关系,难以将浆液灌到裂缝的尖顶区,从而不能消除该尖端区所形成的应力集中区,故处理中应周密考虑各种因素,提高浆液的充填率。

(5)对于温度裂缝,考虑到混凝土构件对气温的"滞后效应",一般选择在大气温度较低的时段对混凝土构件进行注浆处理,此时注浆效果较好。

(6)裂缝修补的常用方法有开槽嵌缝法、注浆法、贴补法、表面涂膜法等,应根据裂缝情况和环境条件选用或结合使用。

(7)对影响混凝土结构承载力的裂缝、深度超过混凝土构件保护层的裂缝、薄壁构件形成的贯穿裂缝等,均应使用注浆方法进行修补,注浆材料宜选择改性环氧注浆液或无溶剂聚氨酯注浆液。

4.2.2 渗漏分类和检查方法

地铁工程防水一旦出现渗漏,不仅影响正常使用功能,而且影响建筑寿命。要对渗漏处进行维护,首先要分析渗漏的原因和性质,并进行查漏,找出渗漏部位,针对渗漏情况,采取堵漏措施。

1)渗漏分类

(1)慢渗:渗水现象不明显,用毛刷将渗漏处擦干后不能立即发现漏水,经3~5min后方有湿痕,再隔一小段时间开始有小片集水。

(2) 快渗：渗水较慢渗明显，用毛刷或干布擦后立即出现湿痕，而且很快产生集水，顺着墙面或由高处向低处流动，渗水量为 30~60mL/min。

(3) 急流：漏水现象明显，形成一股水流，漏水量在 60mL/min 以上。

(4) 高压急流：在渗水处有水柱喷出。

2）渗漏检查方法

(1) 宏观找漏：通过肉眼观察，直接找出渗漏点，这个方法适用在漏水集中而严重的地段，必要时可以用钢针凿除松动部位，找出真正漏水处。

(2) 毛刷找漏：当用肉眼不能分辨漏水孔位置时，可用毛刷找漏，找漏时先甩掉毛刷上的浮水，沾吸衬砌表面上的水珠，在漏水处很快会出现亮光，即为渗漏部位。

(3) 撒水泥粉找漏：在大面积慢渗地段，日渗水量较小，用毛刷找漏无效时，可擦干浮水，在慢渗范围的表面撒上一层水泥粉，干水泥面上呈现的潮湿处即为渗漏位置。

(4) 胶浆找漏：在极为轻微的慢渗地段，用以上几种方法无法找出渗漏位置时，可采用胶浆找漏。找漏时，可在基层上抹一层水泥浆，当发现胶浆表面出现水珠，即为渗漏部位。有时在水泥浆上均匀撒一层干水泥粉，如短时间出现湿点，即为渗漏水位置。

(5) 凿槽找漏：当防水工程的转角部位有渗漏时，要顺水路寻找水源，有时必须在结构上凿槽才能发现漏水孔。

4.2.3 渗漏水治理主要材料及性能

1）渗漏水治理主要材料

渗漏水治理过程中使用的主要材料有注浆材料、嵌缝堵漏材料、抹面材料等。渗漏水治理时对几种材料的要求见表 5-4-1。

渗漏水治理材料要求 表 5-4-1

序号	材料类型	要　　求
1	有机注浆材料	(1) 可灌性好，可以浇筑 0.03mm 左右的细缝和空隙中。 (2) 与混凝土的黏结性强，一般都大于混凝土本身的抗拉强度。 (3) 浆液固化后的抗压和抗拉强度高，有很好的补强作用。 (4) 具有亲水性，对潮湿基面的亲和力好。 (5) 耐老化和耐腐蚀性强，体积收缩小，环保。 (6) 有机注浆材料的选择： ①当渗漏水比较严重时，宜选用无溶剂的聚氨酯注浆料，不得选用水溶性聚氨酯注浆料； ②当渗漏水少需要补强时，宜选用改性环氧注浆料，要求在潮湿基面上的黏结强度应大于 3.5MPa
2	无机注浆材料	(1) 可灌性能好，浆液自身具有极强的渗透能力，注浆材料可渗入混凝土中的微裂缝； (2) 注浆材料应有足够的强度，且体积收缩性小，无溶解物质，耐久性强； (3) 注浆材料适应潮湿基面施工，且浆材与混凝土的界面有牢固黏着力； (4) 耐老化和耐腐蚀性强，固结体无毒、无污染，环保； (5) 注浆材料固化时间可调，使用方便； (6) 无机注浆材料宜选超早强自流平水泥注浆料，不宜选用超细水泥（主要因为收缩性大，时间不可调）

续上表

序号	材料类型	要求
3	封缝防水材料	(1)凝固时间可调； (2)抗压强度高、黏结性强，能在潮湿基面上施工； (3)不开裂，无溶解物质，收缩性小，耐腐蚀性强； (4)抗渗透性强，无污染，环保； (5)宜选用改性环氧聚合物水泥砂浆
4	嵌缝防水材料	(1)具有弹柔性，黏结性强，模量适中，柔韧耐久；黏聚力强，不开裂。 (2)触变性好，立面涂嵌不流淌。 (3)无溶剂，固化后无毒无味，绿色环保。 (4)耐水性、耐腐蚀性、耐老化性、耐候性、耐疲劳性强。 (5)宜选用单组分聚氨酯建筑密封胶
5	大面积涂膜防水材料	(1)抗压强度高、黏结性强，能在潮湿基面上施工； (2)涂膜面不开裂，抗振动； (3)材料收缩性小，无溶解物质； (4)抗渗、抗裂、耐磨、耐腐蚀、耐久性强； (5)环保，无污染，无异味； (6)大面积涂膜宜选用无机聚合物防水砂浆、自密性聚合物水泥防水浆料

2）防水堵漏材料特点和技术性能

(1)有机注浆材料——无溶剂聚氨酯注浆材料

①产品特点：

a. 无溶剂，含固量100%，单组分，具有斥水性、水活性，柔弹聚氨酯树脂注浆料，是防水堵漏的优质材料；

b. 未固化前是一种浅黄色液体，当它与水接触时，浆液便膨胀，快速（取决于温度和催化剂的加入量）固化形成有韧性和弹性的闭孔聚氨酯泡沫，这种泡沫通常不会受腐蚀环境的影响；

c. 在接缝或裂缝中形成柔弹性的填充物；

d. 不易燃，无溶剂，使用安全；

e. 调节催化剂可以控制反应速度，固化物可耐大多数有机溶剂、弱酸、碱以及有机微生物。

②产品技术性能，见表5-4-2。

无溶剂聚氨酯注浆材料技术性能 表5-4-2

序号	项目	性能	数值
1	未固化前	固含量(%)	100
		黏度(25℃)(mPa·s)	450~850
		密度(kg/dm^3)	1.05~1.1
		闪点(℃)	>132
2	未固化后	密度(kg/dm^3)	约1
		抗拉强度(N/mm^2)	约1.2
		断裂延伸率(%)	约220
		收缩率(%)	小于4

（2）有机注浆材料——改性环氧注浆材料

①产品特点：

a. 可灌性能好：浆液自身具有极强的渗透能力，可渗入0.003mm的微裂缝，可灌入渗透系数$k = 10^{-6} \sim 10^{-8}$cm/s的低渗透性泥化夹层中使其固结改性（由"泥性"变为"岩性"）；

b. 对裂缝干燥度无要求，并能适用于有漏水甚至涌水的裂缝施工，具有大多数环氧类注浆材料不具备的堵水补强特殊功能；

c. 浆材固结体力学性能优良，应用范围广，具有补强、加固等功能；

d. 耐老化性和耐腐蚀性极佳；

e. 注浆材料，固化时间可调，使用方便；

f. 固结体无毒、无污染。

②产品技术性能，见表5-4-3。

改性环氧注浆材料技术性能   表5-4-3

起始黏度(20℃,mPa·s)	渗透能力(cm/s)	胶砂体的力学性能(MPa)	
2.5~12.5	$k = 10^{-6} \sim 10^{-8}$	抗压强度	50~80
		抗拉强度	7~20
		抗剪强度	20~40
		弹性模量	(1~8)87
		黏结强度 干燥基面	6
		黏结强度 潮湿基面	3.5

（3）无机注浆材料——超早强自流平水泥注浆材料

①产品特点：

a. 超早强自流平注浆材料是一种水泥基、凝结时间可调的水硬性注浆材料，其显著特点是具有超早强、高强、微膨胀和自密实、自流平的特性，并且使用简单，可灌性好。

b. 该产品为粉状材料，使用方便，按0.35~0.45的水灰比直接加水，搅拌均匀后即可使用，浇筑后不需要振捣。

c. 水灰比为0.35~0.45时，净浆的流动度大于240mm，料浆初凝时间为10~20min、终凝时间为12~25min（流动性保持时间和凝结时间可调，根据用户需要，可缩短或延长料浆的流动性保持时间和凝结时间）。料浆的初凝和终凝时间间隔短（2~4min）。

d. 从加水搅拌起，常温下，净浆试体30min的抗压强度可达8~15MPa，1h抗压强度可达12~25MPa，1d抗压强度可达25~45MPa，28d抗压强度可达50MPa以上，具有显著的超早强、高强的特点。后期强度持续增长，一年达60MPa以上。

e. 产品具有良好的微膨胀性，水灰比为0.4时，净浆试体的水中自由膨胀率1d为0.016%、3d为0.17%、7d为0.129%、14d为0.129%。可以看出，试体的微膨胀在7d已趋于稳定。

f. 产品的抗渗性、抗冻性和耐硫酸盐侵蚀性良好。

g. 产品碱含量低、无氯。

h. 产品可配制超早强混凝土、喷射混凝土。

②产品技术性能，见表5-4-4。

超早强自流平水泥注浆材料技术性能　　　表 5-4-4

序　号	项　目		标　准
1	净浆流动度(mm)		≥220
2	流动度保持时间(min)		≥8
3	(20±2)℃的凝结时间	初凝(min)	≥10
		终凝(min)	≤20
		初、终凝结间隔(min)	≤5
4	抗压强度(MPa)	试块养护 40min	≥6
		试块养护 1d	≥23
		试块养护 3d	≥30
		试块养护 7d	≥36
		试块养护 28d	≥42
5	试件膨胀率(%)	水中 7d	≥0.05
		水中 28d	≤0.2
		干燥空气中 28d	≥-0.02

(4)封缝材料——改性环氧聚合物水泥封缝材料

该材料是由特种水泥、改性纤维素、石英粉、黏稠剂、密度剂、分散剂等材料配制成聚合物水泥材料，施工时加 15%~20% 的改性环氧(低黏度)配制而成。

①产品特点：

a. 能带水堵漏和防水，凝固时间可调，一般为 6~8min；

b. 耐久性好，无溶出物，耐腐蚀性好、无腐蚀性，无毒无味，属环保材料；

c. 抗渗抗裂性好、强度高、黏结性强，是粘贴瓷砖、马赛克和大理石的优质材料；

d. 施工方便、工期短、高效快捷，且环保。

②产品技术性能，见表 5-4-5。

改性环氧聚合物水泥封缝材料技术性能　　　表 5-4-5

序　号	检 验 项 目		技 术 指 标
1	(20±2)℃的凝结时间	初凝(min)	≥2，<10
		终凝(min)	≤15
2	抗压强度(MPa)	≥1h	4.5
		≥3d	15.0
3	抗折强度(MPa)	≥1h	1.5
		≥3d	4.0
4	抗渗压力(MPa)，≥7d 试块		1.5
5	黏结强度(MPa)，≥7d		1.2
6	耐热性 100℃，5h		无开裂、起皮、脱落
7	冻融循环(-15~+20℃)20 次		无开裂、起皮、脱落

注：1. 产品为聚合物水泥粉料。
　　2. 聚合物粉料加 15%~20% 的低黏度改性环氧树脂后其各项力学指标提高 40%。

(5)嵌缝防水材料——单组分聚氨酯密封胶嵌缝防水材料

①产品特点：

a. 聚氨酯密封胶般都含有—NCO、—OH 等强性基团，固化后能形成强韧的弹性黏结层，聚氨酯分子可分成3个组成部分,即聚醚(或聚酯)链段、异氰胺酯链段和作为扩链剂的低分子链段。聚氨酯分子被看作柔性链段和刚性链段的嵌段共聚物,其结构特点使聚氨酯密封胶对多种材料都有良好的黏结性。

  b. 具有良好的防水渗透性能。
  c. 具有回弹率高,并长期保持弹性和韧性的性能。
  d. 与基体接缝有良好的黏结性能,并具有耐磨、耐疲劳、不易老化等特点。
  e. 当接缝因热胀而变窄时,密封胶不软化挤出流淌,冬期收缩时密封胶不脆裂。
  f. 施工方便、操作简单,有专用挤出枪填缝。
  g. 不污染环境,不危害人体健康。
  ②产品技术性能,见表5-4-6。

单组分聚氨酯密封胶嵌缝防水材料技术性能　　表5-4-6

序号	项目	单位	标准	测量依据
1	密度	g/cm³	1.3±0.1	PSD/M02
2	流动性	mm	0	GB/T 13472.6—2002
3	表干时间	min	≥30	PSD/M04
4	伸长率	%	≥500	PSD/M10
5	拉伸模量	MPa	0.6~1.0	GB/T 13472.8—2002
6	挤出性	mL/min	≥80	PSD/M06
7	弹性恢复率	%	≥95	GB/T 13472.18—2002
8	固化速度	mm/d	3~5	PSD/M05
9	质量损失率	%	≤5	PSD/M03
10	定伸黏结性		无破坏	GB/T 13472.10—2002
11	浸水后定伸黏结性		无破坏	GB/T 13472.11—2002
12	冷拉—热压后的黏结性		无破坏	GB/T 13472.13—2002
13	酸环境中定伸黏结性		质量分数为5%的硫酸液 无破坏	见说明
14	碱环境中定伸黏结性		饱和氢氧化钙液 无破坏	见说明
15	盐环境中定伸黏结性		5倍海水浓度 无破坏	见说明

  (6)大面积涂膜防水材料——水泥基渗透结晶型防水材料
  水泥基渗透结晶型防水涂料(CCCW)是一种新型防水材料,它是由波特兰水泥特别选用石英砂及多种活性化学成分配制成的一种粉状材料。防水原理是:与水作用后,材料中含有的活性化学物质通过载体向混凝土内部渗透,在混凝土中形成不溶于水的结晶体,填塞毛细孔道,与基层混凝土形成整体,从而使混凝土致密、防水,属典型的涂布型躯体防水涂料。是靠增加躯体本身的水亲密性,来达到防水效果的高性能防水涂料。专用于地下混凝土结构及与水接触的混凝土结构。游离氧化钙、湿气和活性化学物质是水泥基渗透结晶防水涂料形成结晶并增长的前提条件。
  ①CCCW材料的特点
  a. 有良好的化学稳定性,无毒、无味、无污染,有利于环境保护。
  b. 与基层混凝土相容性好。

c. 形成结晶并具有很强的渗透能力,可耐受强水压,有较强的裂缝自愈能力(裂缝宽度小于0.3mm)。防水层不怕磕碰,能承受一定外力作用。

d. 可在潮湿基层施工,施工方法简单,操作简便,大大缩短了工期。

e. 材料不存在老化问题,是一种永久性防水措施。

f. 涂料为干粉状,储存运输方便,节约储运成本。

g. 在背水面施工具有无可比拟的优越性。

② CCCW 的物理力学性能

CCCW 的物理力学指标应达到现行《水泥基渗透结晶型防水材料》(GB 18445)的指标要求。

③ CCCW 施工方法

a. 基层要求:湿润、无明水、无杂质、平整,具有一定的强度。施工面过于光滑的应打磨成粗糙面。

b. 材料配制:涂料应用清洁水配制,一般情况下,按照粉料:水 = 1:(0.35~0.5)配制。若基层过于干燥,可适用量多加水。当基层有慢渗情况时,应在此基础上少加水。建议采用电动搅拌器搅拌。

c. 施工方法:可采用刮板刮涂、毛刷涂覆、抹子抹涂等多种方法。一遍用量为 0.5~0.8kg/m²,以施工两遍为宜,两层涂料的施工方向应相互垂直。总用量建议控制在 11.5kg/m²(具体用量应根据国家相关技术规范及工程实际情况确定)。

d. 养护注意事项:水泥基渗透结晶型防水涂料应按照水泥制品的养护方法进行养护,严禁施工后干涸、脱水。

4.2.4 渗漏水堵漏治理方案

地铁工程渗漏水主要包括线缝(含裂缝、施工缝、冷缝)渗漏水,混凝土分散点渗漏水,大面积渗漏水,变形缝渗漏水,预埋件、穿墙管等部位渗漏水。

防水堵漏施工以治理结构内部渗漏水为主,与表面渗漏水治理相结合,做到标本兼治。通过深部注浆堵漏使混凝土结构抗渗能力提高,加强混凝土的密实性,采用注浆为主和表面涂刷封堵相结合的方案。渗漏水治理的基本方法见表 5-4-7。

地铁工程渗漏水治理的基本方法　　　　表 5-4-7

序 号	渗漏水类型	治 理 方 法
1	线缝(含裂缝、施工缝、冷缝)渗漏水	嵌缝法、注浆法、贴补法
2	混凝土分散点渗漏水	嵌缝法、注浆法、贴补法
3	混凝土蜂窝、麻面、不密实造成的大面积渗漏水	嵌缝法、注浆法、贴补法
4	变形缝渗漏水	修补法、注浆法、面层法
5	预埋件、穿墙管等部位渗漏水	堵塞法、注浆法、嵌槽法

1)线缝(含裂缝、施工缝、冷缝)渗漏水治理

(1)线缝的调查

包括线缝的位置、长度、宽度、深度、渗漏水量和变化情况(地下水恢复到稳定的地下水位),并对线缝进行综合评定。

(2)线缝渗漏水治理工艺

① 无渗漏水且宽度小于 0.3mm 的裂缝:封缝 + 涂刷防水涂料

表面用单组分聚氨酯密封胶直接封缝,涂刷水泥基渗透结晶型防水涂料。

②微渗及局部湿渍治理:斜孔(骑孔)注浆 + 涂刷防水涂料

有明水渗出,但无压力,不成线流,微渗采用斜孔注浆方式处理,局部湿渍采用骑缝钻孔注浆方式处理。注浆压力为0.2~1MPa,注浆材料为改性环氧树脂,最后涂刷水泥基渗透结晶型防水涂料。

③线缝渗漏水明显:开槽封缝 + 斜孔注浆 + 涂刷防水涂料

线缝渗漏水治理施工流程:开槽→清洗→封缝→钻孔→清孔→埋设注浆嘴→密封检查→注浆→封孔→涂刷防水涂料。

a. 开槽

线缝开槽必须用电动切割机开槽,不得用手工凿槽。

开槽宽度:线缝两侧各15mm的位置切割两条缝,缝深30mm,切缝长度向线缝两端各延伸200~300mm。

采用电锤沿缝凿除缝间的混凝土,形成U形槽,要求槽体平整,尺寸准确,不得侵入U形槽体外的混凝土,并在U形槽帮两侧100mm以内凿毛。

b. 清洗

槽体和槽帮的基面一定要用清水冲洗、钢刷刷洗干净,不允许附着有灰尘、混凝土渣等松散层。

c. 封缝

封缝材料由U形槽的上端向下端填平封缝,材料搅拌要均匀,时间控制要适当。

d. 钻孔

沿线缝两侧钻孔,注浆孔的位置距线缝115mm,孔位两侧错开布置,间距250mm,斜孔在线缝两侧呈梅花形布置,内倾角约为60°,孔深250mm左右,孔径为14mm,如图5-4-3所示。

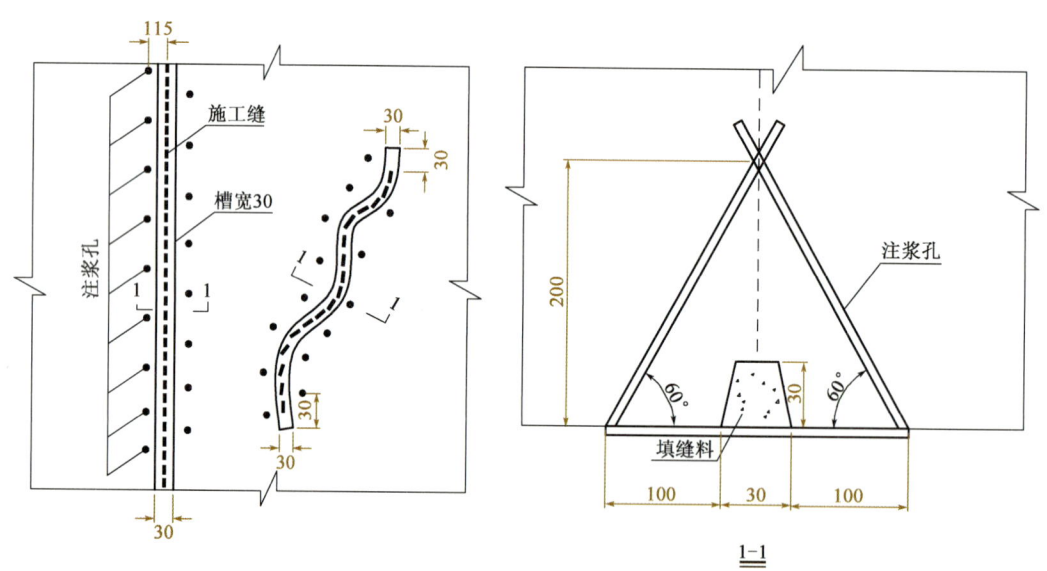

图5-4-3 线缝渗漏水治理示意图(尺寸单位:mm)

e. 清孔

注浆孔用高压水冲洗干净,确保注浆孔与渗水线缝连通。

检验标准:相邻(或间隔)注浆孔中无水流出。

f. 埋设注浆嘴

在钻好的孔内安装注浆嘴(止水针头),并用专用六角扳手拧紧,注浆嘴与孔口用强度高的堵漏材料或改性环氧砂浆进行封堵,确保注浆管与钻孔紧密结合,避免注浆时密封材料脱开漏浆。

g. 密封检查

注浆前应逐管进行试压水检查,试压目的为:通过试压疏通线缝,清理积尘;检查线缝的连通情况;

检查封缝层有无被压浆冲破薄弱点的可能性;判断注浆流量、饱和时间。

试压的压力一般在0.5MPa以下,做好详细记录,供注浆时分析及控制注浆压力、注浆量。

经压水检查在渗水线缝与钻孔连通的情况下,才能进行注浆施工。

h. 注浆

使用高压注浆机向注浆孔内浇筑化学注浆料。立面注浆顺序为由下向上;平面可从一端开始,单孔逐一连续进行。当相邻孔开始出浆后,保持压力3~5min,即可停止本孔注浆,改注相邻注浆孔;出浆一孔,关闭一孔,直到线缝底端孔。

当采用无溶剂柔弹聚氨酯树脂灌浆料时,注浆完毕后用水再灌一次,固化留在注浆嘴中的树脂。

当采用改性环氧注浆料时,不用水冲灌。

注浆结束后用清洗剂清洗干净多余注浆料和机具设备。

严禁在有机注浆材料中加各种溶剂(如丙酮)和水。

注浆材料保存时,严密封紧,防止与水接触和裸露。

i. 封孔

注浆完毕后,确认不漏即可去掉或敲掉外露的注浆嘴。清理干净已固化的溢漏出的注浆液。拆嘴后,用环氧砂浆对注浆孔充填并插捣,使其密实,表面压实抹光。

j. 涂刷防水涂料

封孔结束后对线缝区域涂抹水泥渗透结晶防水涂料,以提高结构的抗渗能力。

④在渗水处有水流或有水柱喷出:小导管壁后注浆 + 开槽封缝 + 斜孔注浆 + 涂刷防水涂料

a. 首先在缝隙两侧通过钻穿主体结构,安设小导管,注入超细水泥浆液和抗渗结晶水泥浆液进行裂隙封堵;然后采用"开槽封缝 + 斜孔注浆 + 涂刷防水涂料"工艺,施工工艺同③。

b. 小导管壁后注浆施工工艺:沿裂缝两侧各300mm,每隔300~800mm钻孔(图5-4-4、图5-4-5),孔深以打穿结构,不破坏防水板为准,并安设 $\phi32mm$ 的注浆钢管,采用双快水泥或超细水泥填充料固定注浆管,待水泥达到强度后,连接好管路和注浆泵,压注水泥浆(或超细水泥浆),注浆压力为0.5~2MPa,当以2MPa压力浆液持续10min无法注入或相邻孔出浆后,视作该孔注浆结束。然后对下一孔注浆,直至注完。

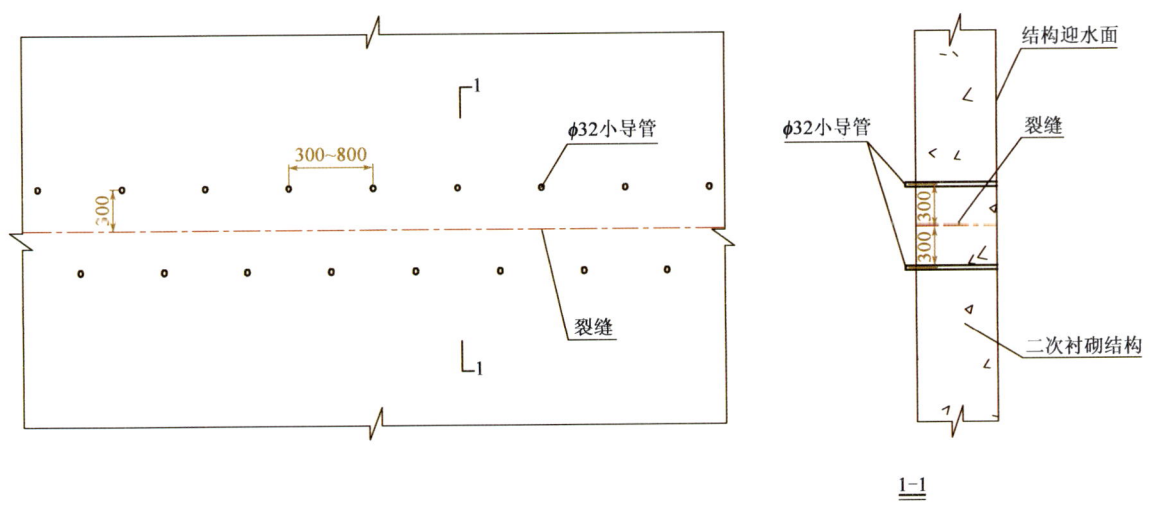

图5-4-4 小导管壁后注浆钻孔布置示意图(尺寸单位:mm)

2)点渗漏水治理

(1)无明水潮湿点的治理措施

①治理原则:直接封堵,不需要注浆。

②治理方法：

a. 潮湿位置先钻眼孔，孔径30mm，孔深30mm，不得用人工钻孔，应用钻孔机钻孔，电锤凿除孔中混凝土；

b. 孔位周围潮湿范围内凿毛；

c. 孔和面要冲洗干净；

d. 孔中和孔体周围封填和涂抹改性环氧聚合物水泥胶泥或水泥基渗透结晶防水涂料。

a）小导管注浆设备

b）小导管注浆施工

图 5-4-5　小导管钻孔注浆施工

③质量标准：无湿渍和无裂纹。

（2）有明水渗漏水的治理措施

①治理原则：注浆和封堵相结合。

②治理方法：

a. 点渗漏一般分为点（一般为钢筋头）或长度小于5cm的裂缝。在渗漏水点直接钻孔，孔深200mm，孔径14m。

b. 在渗漏水点注浆孔位外缘再钻两个孔，一个为辅助注浆孔，孔深150mm，孔径14mm，另一个辅助孔为排气孔，孔深150mm，孔径14mm，如图5-4-6所示。因钢筋头引发漏水应先凿开钢筋头旁边的混凝土，直至露出钢筋。如钢筋头超过结构钢筋保护层，应先割除钢筋头，然后在钢筋头旁边钻孔，必要时可钻成30°的斜孔。

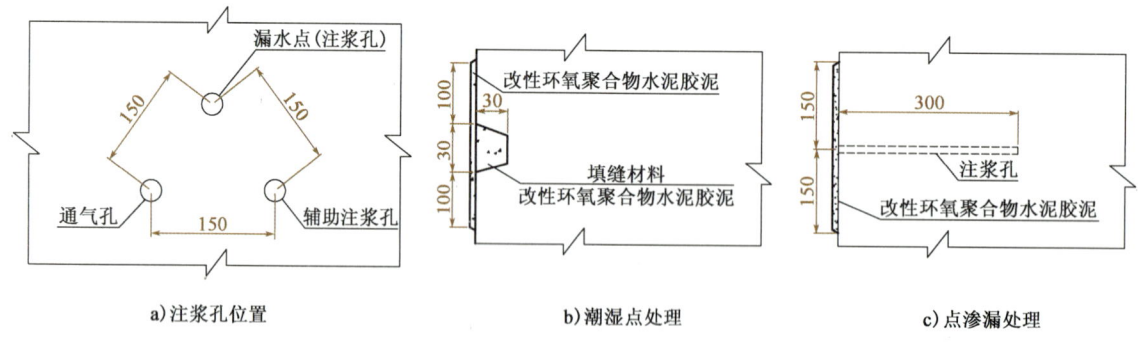

a）注浆孔位置　　b）潮湿点处理　　c）点渗漏处理

图 5-4-6　点渗漏治理示意图（尺寸单位：mm）

c. 冲洗干净后安设注浆嘴。

d. 在注浆孔的周围混凝土基面上凿毛并冲洗干净。

e. 在凿毛的混凝土面上涂膜改性环氧聚合物水泥胶泥，厚3mm。要求平顺，厚度均匀，无裂纹。

f. 按裂缝注浆的方法操作，当排气孔出浆时，应将通气孔堵塞。示例如图5-4-7所示。

g. 拆管封孔。

h. 封孔结束后对该区域涂抹水泥渗透结晶防水涂料，以提高结构的抗渗能力。

③质量标准：无渗漏、无湿渍、无裂纹。

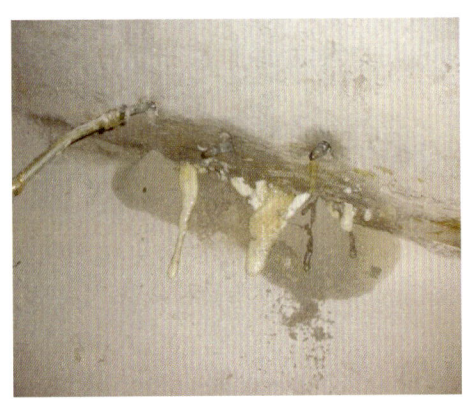 

a) 点渗漏注浆1　　　　　　　　　b) 点渗漏注浆2

图5-4-7　点渗漏注浆处理

3）面渗漏（散渗）水治理

①治理原则：先引排，后堵漏、注浆、涂防护材料。

②治理方法：

a. 在大面积渗漏水范围内选择渗漏水集中部位钻孔引水，使混凝土中的水从导管流出。钻孔深度为200mm，埋设注浆嘴，注浆嘴可当作引水管，也可用来注浆。采用快速堵漏材料固结和封堵注浆嘴根部，防止水从注浆嘴外流出。

b. 大面积渗漏部位凿毛，要求混凝土表面形成粗糙面并冲洗干净。不得破坏混凝土，不得大块凿除混凝土，不得裸露钢筋。

c. 涂抹改性环氧树脂聚合物水泥胶泥和堵漏材料，涂抹厚度为3mm。

d. 大面积经涂膜改性环氧树脂聚合物水泥胶泥和堵漏材料处理无渗漏水，水从注浆嘴流出后，才能开始注浆。

e. 注浆应先小面积堵漏，由外向内，由高到低，将大面积的分散点渗漏水集中在几点渗漏。

f. 集中渗漏水点，采用封闭集中注浆，注浆分两次施作，第一次注浆压力控制在10MPa，半小时后进行第二次注浆，压力控制在15MPa。

g. 经注浆和涂膜处治后达到无渗漏水质量标准。

4）变形缝渗漏水治理

变形缝渗漏水分渗漏不严重和渗漏严重两大类。

（1）变形缝渗漏不严重时，可采取如图5-4-8、图5-4-9所示处理方法。

具体施工工艺如下：

①变形缝口部开槽[图5-4-8a)中的9]：采用切割机切缝，电锤剔除槽体内的混凝土，把两侧凿成内大外小的喇叭形口槽，要求成型整齐、平顺，不得裸露钢筋；剔槽宽度为300mm，深30mm。

②清槽：变形缝缝内填料和嵌缝料共清除100mm，要求100mm内做到干净。

③冲洗：用高压水将槽内的杂物、粉尘冲洗干净。

④填料:清除填料部位后,重新填充70mm深的优质发泡高压聚乙烯闭孔型泡沫塑料条[图5-4-8a)中的5]。

⑤安装注浆嘴:钻注浆孔[图5-4-8a)中的4],在槽体内安装注浆嘴[图5-4-8a)中的8],并用堵漏材料[图5-4-8a)中的7]临时固结注浆嘴,每条变形缝上最少安装4个注浆嘴进行注浆(顶部一个,两墙体各一个,底板一个)。

⑥注浆:采用无溶剂弹性单组分聚氨酯树脂灌浆料,在注浆过程中严禁加溶剂,严禁使用无机材料和水溶性聚氨酯注浆材料。

⑦注浆后无渗漏水,拆除注浆管,清理表面堵漏固结材料。

⑧槽体内填充单组分高模量聚氨酯建筑密封胶[图5-4-8b)中的6],宽20mm,深30mm。

⑨槽内两侧刷双组分聚氨酯涂料[图5-4-8b)中的8],先打底涂刷,再涂刷2mm厚的双组分聚氨酯涂料,槽体底部做到平顺;不平顺时应采用改性环氧树脂聚合物水泥胶泥修补平顺。

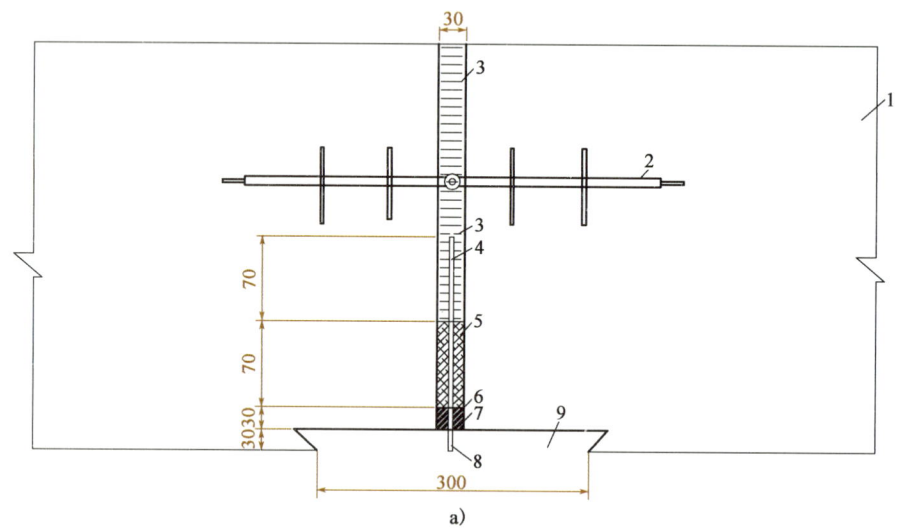

1-主体结构C30钢筋混凝土;2-钢边橡胶止水带;3-原嵌缝填料;4-注浆孔(ϕ14mm);5-新嵌缝材料(优质发泡高压聚乙烯闭孔泡沫塑料条);6-隔离层;7-注浆孔封口料(临时堵漏材料);8-注浆嘴(直径14mm);9-新开槽体

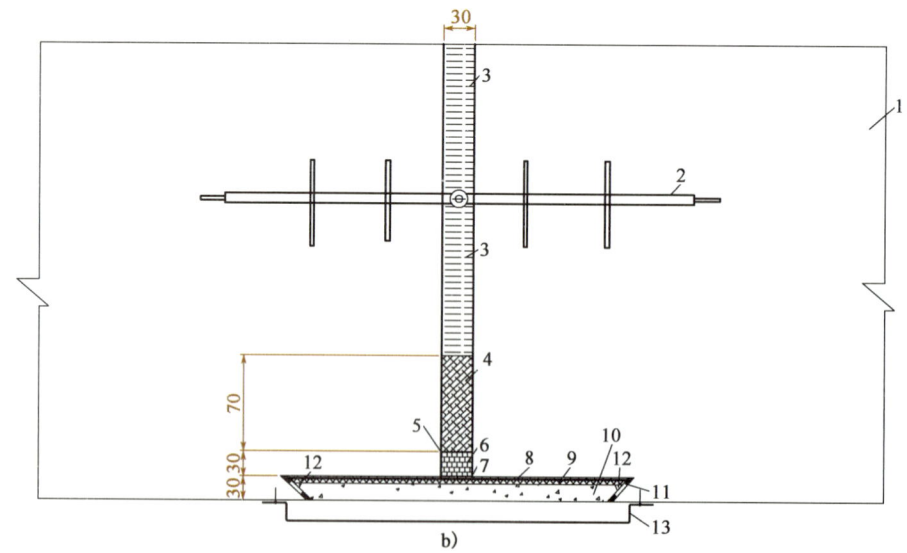

1-主体结构C30钢筋混凝土;2-钢边橡胶止水带;3-原嵌缝填料;4-新嵌缝材料(优质发泡高压聚乙烯闭孔泡沫塑料条);5-隔离纸;6-单组分聚氨酯建筑密封胶(高模量);7-隔离纸;8-黏结材料(采用2m单组分聚氨酯建筑密封胶);9-2mm厚橡胶板;10-改性环氧树酯聚合物水泥胶泥;11-1.5mm双组分聚氨酯防水涂料;12-单组分聚氨酯密封胶;13-不锈钢排水槽

图5-4-8 变形缝渗漏水不严重时的治理示意图(尺寸单位:mm)

⑩槽体底部铺设 2mm 厚的橡胶板[图 5-4-8b)中的 9],采用单组分聚氨酯建筑密封胶粘贴,粘贴厚度为 2mm,要求粘贴严紧密贴。

⑪槽体内清理干净,无脏物,再填充改性环氧树脂聚合物水泥胶泥[图 5-4-8b)中的 10]。

⑫结构体顶部和墙体安设不锈钢排水槽[图 5-4-8b)中的 13],不锈钢板厚 1.2mm,并用螺栓固定,钢板与混凝土接合部位应密贴,再采用单组分聚氨酯建筑密封胶封严。

⑬其余部分细部构造按图 5-4-8b)施工。

(2)对变形缝渗漏严重的部位,采用先斜孔注浆,后重新封缝的处理方法,如图 5-4-9 所示。

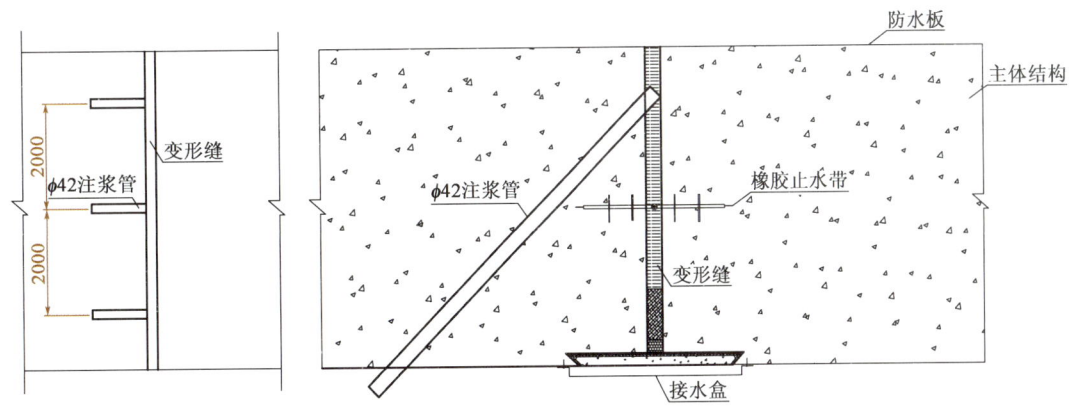

图 5-4-9　变形缝渗漏水严重时的治理示意图(尺寸单位:mm)

具体施工工艺如下:

①钻孔施工

a. 变形缝处单侧斜向钻设注浆孔,并满足两个条件:必须在有水渗出变形缝单侧与墙面成 45°斜向钻孔,孔径为 45mm,孔间距为 2m;不得损坏橡塑止水带和防水板。

b. 成孔后如有渗水流出,即能保证浆液填充到变形缝水路通道中;如没有渗水流出,则必须用高压水清孔后再注浆。

c. 在钻孔过程中,如遇结构钢筋可移位重新钻孔,如图 5-4-9 所示。

②清孔

清孔时采用高压水将钻孔施工过程中残留在孔壁上的混凝土残渣清洗干净,同时将堵塞在变形缝水路通道的混凝土残渣冲洗并清理干净,以利浆液充填。

③安设注浆管

注浆管采用 ϕ42mm 钢管制作,前端 20cm 范围采取梅花形钻设注浆孔,将注浆管置入钻孔内,管口与孔底接触,外露长度为 15~20cm。

④管尾密封

为防止在注浆过程中浆液沿孔壁与管外壁间孔隙返出,管尾端采用封堵胶沿注浆管周围环向封闭严实,防止漏浆。

⑤注浆

a. 注浆施工前应对封缝效果压水检查,如果出现大量沿管外壁的漏浆,应重新封闭孔隙;同时,通过压进的水量和采用的压力来确定注浆压力、注浆量。

b. 注浆顺序:多水地段先两边后中间、由上而下注浆;如出现串浆现象,则可采用棉纱临时封堵下端注浆管或采用间歇注浆方案。

c. 注浆压力:用低压慢速注浆,注浆压力一般控制在 0.4~0.8MPa,达到规定压力后,应保持压力稳定,以满足注浆要求。

d.结束注浆标志:正在注浆的孔内和同一高度变形缝内不得有水渗漏流出,否则须再次压浆,直至变形缝处无渗水为止,然后再继续压注几分钟即可停止注浆。

⑥变形缝密封

变形缝密封同变形缝渗漏水不严重时的做法,如图5-4-8b)所示。

⑦拔管及注浆孔回填

变形缝全部处理完成后,将注浆管拔出,并用与主体结构同强度等级的砂浆(或混凝土)充填满注浆孔,并捣固密实,再用同强度等级的砂浆饰面。

5)预埋件、穿墙管渗漏水治理

(1)当预埋件周边渗漏时,将其周边剔成环形沟槽,清除预埋件锈蚀,并用清水冲刷地沟后采用填塞堵漏止水材料、嵌填双组分聚硫密封剂或灌注堵漏浆液等策略进行处理。注浆方法同点渗漏处理方法。

(2)当穿墙管道周围出现渗漏水时,应沿管道周边剔成环形沟槽,先用水冲刷干净,再用堵漏材料堵塞严实,经检查无渗漏后,在表面分层抹压聚合物水泥防水砂浆或抗压密封剂,至与基面齐平;也可用密封材料嵌缝,管道外250mm范围涂刷防水涂料;还可采用灌注堵漏浆液的方法进行处理。

(3)对于管道穿透内墙部位的渗漏水,可将穿管孔剔凿扩大,然后埋设预制半圆套管,在管道与套管的空隙处用双组分聚硫密封剂填满,套管外空隙处用堵漏材料堵塞。

4.3 渗漏水堵漏主要设备简介

4.3.1 高压灌浆堵漏机

1)简介

高压灌浆堵漏机(图5-4-10)本体仅重5~8kg,携带省力,移动方便,彻底解决了依赖传统手压气源作动力及携带笨重机械不便的问题;结构设计科学简易,不需特殊训练即可维修,并新添加了人性化的自吸进料系统。其利用机械的动力,可在3~6s内提升至4500PSI(300kg/cm^2)以上的工作压力,可将液体的止水剂有效浇筑至0.1mm的细微裂缝中,施工效率较传统技术快3倍以上。

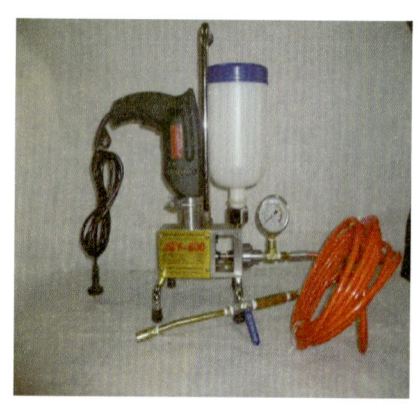

图5-4-10 高压灌浆堵漏机

2)特点

(1)环保:机械性能好、无噪声、无污染。

(2)便携:体积小、质量小、携带方便、操作简单。

(3)高效:可在几秒内达到0~50MPa的工作压力,工艺先进、省时、省力、效率高。

(4)安全:技术可靠、结构合理、使用安全。

(5)压力持续:持续高压使药剂可有效将混凝土结构内的微隙、微缝、微孔、毛细填充堵塞。

(6)结构无损:对混凝土裂缝直接安装注浆嘴进行注浆,不剔槽,不埋管,对结构无损。

(7) 带水堵漏：对各种缝隙渗漏、蜂窝渗漏、地下涌水,能直接带水注浆堵漏。浆液可有效注到裂缝深处。

(8) 配套使用材料范围广泛：聚氨酯、环氧树脂、丙烯酸树脂等无颗粒状低黏度浆液材料均可使用。

(9) 多功能：一机多用,堵漏注浆、固结注浆、裂缝补强注浆。

(10) 耐用：最高压力50MPa时机身零件不变形。保养简单、维修方便、坚固耐用、清洗方便。

3) 性能指标

(1) 再次启动：<7500PSI。

(2) 高压管安全范围：<14000PSI。

(3) 开关阀安全范围：<18000PSI。

(4) 牛油头安全范围：<16000PSI。

注：PSI指磅力每平方英寸,1bar=14.5PSI。

4) 适用范围

(1) 各种建筑物与地下混凝土工程的裂缝、伸缩缝、施工缝、结构缝的堵漏密封；

(2) 地质钻探工程的钻井护壁堵漏加固；

(3) 水利水电工程的水库坝体灌浆,输水隧道裂缝堵漏、防渗,坝体混凝土裂缝的防渗补强；

(4) 地铁、隧道、涵洞、污水处理池、混凝土裂缝渗漏水,带水堵漏；

(5) 地下室、地下车库、地下通道、混凝土裂缝渗漏水,带水堵漏；

(6) 混凝土板裂缝、穿墙管、墙角、渗漏水,带水堵漏；

(7) 混凝土构筑物、梁、柱、板结构裂缝,高压注射环氧树脂。

4.3.2 止水针头

1) 简介

止水针头又称注浆嘴(图5-4-11),广泛应用于防水工程,特别是在混凝土浇筑聚氨酯和环氧树脂等化学浆液的场合,是应用高压化学灌浆堵漏技术,进行高压化学灌浆堵漏施工的专业部件。其工作原理是利用灌浆机产生的持续高压,将化学浆液浇筑到混凝土内部的缝隙中,并将缝中的水完全挤走,将缝隙完全填充满,达到止水堵漏的目的。

图5-4-11 止水针头

2) 分类

高压止水针头采用环压紧固的原理,头部设有单向截止阀,可防止浆液在高压推挤下倒喷。环压膨胀部分采用橡胶套管,直径为13mm,塞入孔径为14mm的注浆孔上,拧紧环压螺栓,压缩橡胶套管,使注浆嘴固定在注浆孔内(注浆嘴的单向阀要在0.4kN以上的压力下才能打开,因此注浆压力必须高于这个数值)。

高压止水针头按使用的材料划分,高压止水针头目前共有铜嘴、铝嘴、钢嘴、塑料嘴四种类型,前三种为环压式。按结构形式,又可分为前止水型和后止水型。前止水型即灌浆嘴进料口的逆止阀门设在进口处,后止水型即进料口的逆止阀门设在出口处,可视具体情况进行选择。前止水型埋设好灌浆嘴后,可将前端拧下来进行泄压排水,待灌浆时再拧上去；后止水型埋设好灌浆嘴,就不能排水泄压了,但施工完毕即可拆除灌浆嘴进行下道工序的施工。

常用灌浆嘴的橡胶密封部分直径为14mm,需配14mm的钻头。对密实型结构,可选用长度为7~8cm的灌浆嘴;对松散型结构,可选用长度为10~15cm的灌浆嘴。

3)特点

(1)压力高(一般可达20MPa以上)且稳定可靠,可让化学浆液完全进入混凝土结构深层微小裂缝内部,堵漏止水效果好。

(2)灌浆液技术成熟,品种齐全,基本上都已实现了单组分成品化生产,不需要现场调配,质量稳定,开桶即可使用。浆液耐化学腐蚀,固化后无毒、环保,可永久防水。

(3)施工工艺简单、易行。施工速度快,止水效果立竿见影,一劳永逸。工人劳动强度小,施工效率是传统施工方法的5~10倍,传统做法与其无法比拟。

(4)施工不受季节、天气限制,可用于各种工程,包括检修、抢修工程、饮用水工程。

(5)施工综合费用低,经济效益显著。

4)施工方法

(1)寻找裂缝。对于潮湿基层,先清除水,待基层全部清理干净、表面稍干时,仔细寻找裂缝,用色笔或粉笔沿裂缝做好记号;对于干燥基层,清理后可用气泵或吹风机吹除表面灰尘。

(2)钻孔。按混凝土结构厚度,距离裂缝150~350mm,沿裂缝方向两侧交叉钻孔。孔距应按现场实际情况而定,以两孔注浆后浆液在裂缝处能交汇为原则,一般刚开始时孔距宜为300mm;孔径的大小,应按配套的止水针头大小而定,一般采用非标准直径为13mm的钻头。孔与裂缝断面应成45°~60°交叉,并交叉在底板中部的1/3范围内。

(3)埋堵漏针头。堵漏针头为配套部件,是使浆液注入裂缝内的连接件,埋设时应用工具紧固,并保证针头的橡胶部分及孔壁在未使用前干燥,否则在紧固时容易引起打滑。

(4)渗水/补强处钻孔,锁紧针头,将药剂倒入料杯内,启动电源开关,将料杯及管内残余清洁剂或润滑剂挤出,直到药剂喷出为止,再插入针头,将药剂注入壁体内,止漏、补强。

5)产品规格

(1)直径为14mm的钻头:A-8,A-10,A-15,A-20,A-25,A-30。其他规格可以定做。

(2)直径为10mm的钻头:B-8,B-10,B-15,B-20,B-25,B-30。其他规格可以定做。

6)适用范围

(1)地铁、隧道、涵洞、污水处理池、混凝土裂缝渗漏水,带水堵漏;

(2)地下室、地下车库、地下通道、混凝土裂缝渗漏水,带水堵漏;

(3)屋面混凝土板裂缝、穿墙管、墙角、渗漏水,带水堵漏;

(4)混凝土构筑物、梁、柱、板结构裂缝,高压注射环氧树脂;

(5)二次接缝、裂缝、顶坂等渗水止漏,梁柱、墙体补强。

7)常用辅助机具设备材料

(1)高压清洗机:用于洗缝。工作压力为6~8MPa,喷枪上需配上牛油头才可使用。

(2)电锤、冲击钻头:用于钻孔,常选用直径为10~14mm、长度为35~40cm的冲击钻头。

(3)防水电缆:$3 \times 2.5 mm^2$,带电源插座的线盘。

(4)丙酮:用于清洗灌浆机等,也可作为灌浆料的稀释剂。

(5) 水泥基防水材料(防水型、堵漏型):用于封缝、封口。

4.3.3 双缸双液注浆机

1) 简介

双缸双液注浆机又被称作双液注浆泵(图 5-4-12),是一种双缸双作用活塞泵,可输送水泥浆、黄泥浆、水玻璃、油、水等多种介质。可同时输送两种介质也可单独输送一种介质,性能稳定,结构紧凑,操作维护方便。

2) 适用范围

双液注浆机广泛应用于隧道、矿井采掘工作面注浆堵水;岩巷及混凝土井壁注浆堵漏水;隧道裂痕,破碎岩体,疏散岩石的加固补强;锚固注浆;回填注浆和防止地表下沉,防止滑坡,纠正建筑物偏斜所进行的注浆等。

图 5-4-12 双缸双液注浆机

3) 特点

(1) 双缸双作用,活塞往复一次,可实现两种液体的吸排;
(2) 液压驱动,机器工作可靠,泵送压力高;
(3) 独创的换向机构,对有特殊要求的工作场所(防爆)也能适用;
(4) 结构紧凑,适合狭小空间施工;
(5) 可在施工现场替代清水泵、污水泵、泥浆泵。

4) 技术参数

(1) 排浆量:$7m^3/h$。
(2) 工作压力:0~16MPa。
(3) 电机功率:11kW。
(4) 噪声功率级:110dB(A)。
(5) 出浆口直径:32mm。
(6) 吸浆口直径:38mm。
(7) 外形尺寸:1700mm×700mm×960mm。
(8) 整机质量:500kg。

第 5 章 工程案例

相关工程案例见附件 5-5-1～附件 5-5-5。

本章附件

附件 5-5-1　某地铁车站结构钢筋、模板、混凝土施工及支撑体系计算
附件 5-5-2　某地铁车站模板支架计算
附件 5-5-3　某建筑 L1 梁下料长度计算
附件 5-5-4　某装配式地铁车站施工案例
附件 5-5-5　某地铁车站防水施工案例

本篇参考文献

[1] 徐伟,苏宏阳,金福安.土木工程施工手册[M].北京:中国计划出版社,2002.

[2] 战启芳,杨石柱.地铁车站施工[M].北京:人民交通出版社,2011.

[3] 陈克济.地铁工程施工技术[M].北京:中国铁道出版社,2014.

[4] 李明华.城市地铁施工技术[M].长沙:中南大学出版社,2015.

[5] 傅鹤林,董辉.地铁安全施工技术手册[M].北京:人民交通出版社,2012.

[6] 杜林华,于全胜.盖挖地铁车站施工安全技术与风险控制[M].北京:中国铁道出版社,2011.

[7] 刘国斌,王卫东.基坑工程手册[M].北京:中国建筑工业出版社,2004.

[8] 中国土木工程学会土力学及岩石力学分会.深基坑支护技术指南[M].北京:中国建筑工业出版社,2012.

[9] 王自力.建筑深基坑工程施工安全技术规范理解与应用[M].北京:中国建筑工业出版社,2015.

[10] 住房和城乡建设部.混凝土结构工程施工规范:GB 50666—2011[S].北京:中国建筑工业出版社,2011.

[11] 住房和城乡建设部.混凝土结构工程施工质量验收规范:GB 50204—2015[S].北京:中国建筑工业出版社,2015.

[12] 国家质量监督检验检疫总局,国家标准化管理委员会.预拌混凝土:GB/T 14902—2012[S].北京:中国标准出版社,2012.

[13] 住房和城乡建设部.普通混凝土拌合物性能试验方法标准:GB/T 50080—2016[S].北京:中国建筑工业出版社,2016.

[14] 住房和城乡建设部.普通混凝土长期性能和耐久性能试验方法标准:GB/T 50082—2009[S].北京:中国建筑工业出版社,2009.

[15] 住房和城乡建设部.混凝土结构施工图平面整体表示方法制图规则和构造详图:16G 101-1、16G 101-2、16G 101-3[S].北京:中国计划出版社,2012.

[16] 国家质量监督检验检疫总局,国家标准化管理委员会.钢管脚手架扣件:GB 15831—2006[S].北京:中国标准出版社,2006.

[17] 国家质量监督检验检疫总局,国家标准化管理委员会.碳素结构钢:GB/T 700—2006[S].北京:中国标准出版社,2006.

[18] 住房和城乡建设部.钢结构设计标准:GB 50017—2017[S].北京:中国建筑工业出版社,2017.

[19] 国家质量监督检验检疫总局,国家标准化管理委员会.埋弧焊用非合金钢及细晶粒钢实心焊丝、药芯焊丝和焊丝—焊剂组合分类要求:GB/T 5293—2018[S].北京:中国标准出版社,2018.

[20] 国家质量监督检验检疫总局,国家标准化管理委员会.埋弧焊用热强钢实心焊丝、药芯焊丝和焊丝—焊剂组合分类要求:GB/T 12470—2018[S].北京:中国标准出版社,2018.

[21] 住房和城乡建设部.钢结构工程施工质量验收标准:GB 50205—2020[S].北京:中国计划出版社,2018.

[22] 住房和城乡建设部.木结构设计标准:GB 50005—2017[S].北京:中国建筑工业出版社,2017.

[23] 住房和城乡建设部.建筑结构荷载规范:GB 50009—2012[S].北京:中国建筑工业出版社,2012.

[24] 住房和城乡建设部.地下铁道工程施工质量验收标准:GB/T 50299—2018[S].北京:中国建筑工业出版社,2018.

[25] 住房和城乡建设部.混凝土耐久性检验评定标准:JGJ/T 193—2009[S].北京:中国建筑工业出版社,2009.

[26] 住房和城乡建设部.建筑施工模板安全技术规范:JGJ 162—2008[S].北京:中国建筑工业出版社,2008.

[27] 住房和城乡建设部.建筑工程大模板技术标准:JGJ/T 74—2017[S].北京:中国建筑工业出版社,2017.

[28] 住房和城乡建设部.建筑施工扣件式钢管脚手架安全技术规范:JGJ 130—2011[S].北京:中国建筑工业出版社,2011.

[29] 住房和城乡建设部.钢筋机械连接技术规程:JGJ 107—2016[S].北京:中国建筑工业出版社,2016.

[30] 住房和城乡建设部.钢筋机械连接用套筒:JG/T 163—2013[S].北京:中国标准出版社,2013.

[31] 住房和城乡建设部.钢筋焊接及验收规程:JGJ 18—2012[S].北京:中国建筑工业出版社,2012.

[32] 住房和城乡建设部.建筑施工承插型盘扣式钢管支架安全技术规程:JGJ 231—2010[S].北京:中国建筑工业出版社,2010.

[33] 住房和城乡建设部.混凝土结构成型钢筋应用技术规程:JGJ 366—2015[S].北京:中国建筑工业出版社,2015.

[34] 沈春林.轨道交通防水材料与施工手册[M].北京:中国建筑工业出版社,2011.

[35] 朱馥林.建筑防水新材料及防水施工新技术[M].2版.北京:中国建筑工业出版社,2013.

[36] 杨永起,王爱勤.防水材料及质量控制[M].北京:化学工业出版社,2014.

[37] 住房和城乡建设部.地下工程防水技术规范:GB 50108—2008[S].北京:中国计划出版社,2015.

[38] 住房和城乡建设部.地下防水工程质量验收规范:GB 50208—2011[S].北京:中国建筑工业出版社,2011.

[39] 住房和城乡建设部.地铁设计规范:GB 50157—2013[S].北京:中国建筑工业出版社,2013.

[40] 住房和城乡建设部. 普通混凝土配合比设计规程: JGJ 55—2011[S]. 北京: 中国建筑工业出版社, 2011.

[41] 建设部. 地铁杂散电流腐蚀防护技术规程: CJJ 49—1992[S]. 北京: 中国建筑工业出版社, 1992.

[42] 住房和城乡建设部. 国家质量监督检验检疫总局. 屋面工程技术规范: GB 50345—2012[S]. 北京: 中国建筑工业出版社, 2012.

[43] 住房和城乡建设部. 建筑施工碗扣式钢管脚手架安全技术规范: JGJ 166—2016[S]. 北京: 中国建筑工业出版社, 2016.

第6篇
轨道工程

本篇编审委员会

主编单位：中铁十一局集团有限公司

主　　编：唐达昆

副 主 编：任继红

参　　编：王　军　赵洪洋　朱建富　张　萌　杨清超　刘　军　毕　路
　　　　　任　勇　罗　阳　潘小君　林海斌　柯　磊　袁彰坤　王梦琪
　　　　　罗朱柠　陈晓伟　李伟尚　李荣杰　李　艳　郑逢辉　刘建波
　　　　　冉　飞　李　浩　韩　沛　田志明　王朝刚

审　　定：李向国　马战国

秘　　书：许　丹

标准规范

本篇使用的主要标准规范如下:
1. 《地铁设计规范》(GB 50157)
2. 《混凝土结构工程施工质量验收规范》(GB 50204)
3. 《地下铁道工程施工质量验收标准》(GB/T 50299)
4. 《城市轨道交通工程测量规范》(GB/T 50308)
5. 《混凝土结构加固设计规范》(GB 50367)
6. 《铁路轨道工程施工质量验收标准》(TB 10413)
7. 《铁路混凝土工程施工质量验收标准》(TB 10424)
8. 《钢轨焊接》(TB/T 1632)
9. 《无缝线路铺设及养护维修方法》(TB/T 2098)
10. 《客货共线铁路钢轨伸缩调节器》(TB/T 3518)
11. 《浮置板轨道技术规范》(CJJ/T 191)
12. 《地铁轨道工程施工质量验收标准》(DBJ 61/T 116)
13. 《铁路轨道工程施工机械配置技术规程》(Q/CR 9227)
14. 《客货共线铁路轨道工程施工技术规程》(Q/CR 9654)

METRO CONSTRUCTION HANDBOOK

篇首语

地铁轨道工程是地铁工程中一项专业性较强的工序,同时,"轨道"目标也是地铁工程"洞通、轨通、电通、车通"四大形象节点目标之一。轨道工程的工期受车站、盾构区间、联络通道及站内二次结构(如轨顶风道、站台)等土建工程施工的影响,同时其也影响着供电、机电、信号等系统设备的施工工期。此外,轨道工程的施工质量也直接关系到列车运行的速度、平稳性及机车寿命。

本篇首先介绍了铁路和城市轨道交通的发展,第1章对轨道的结构作了简单描述,后从其主要施工内容、特点及方法入手,完成对施工策划的编制;第2章从内业准备和外业准备两个方面系统介绍了轨道工程的施工准备;第3章~第6章分别对无砟道床和有砟道床、道岔及钢轨伸缩调节器、有缝线路和无缝线路、轨道安全设备及附属设备等进行了详细描述,通过对其结构组成、施工流程、施工工艺和资源配置等方面的介绍,将轨道工程中最为重要的部分清楚地展现给读者,并列出了常见问题及有效的应对措施;第8章、第9章分别介绍了轨道工程接口及轨行区临时管理,提出了轨道工程接口的总体要求。并细化为对土建、给水与排水、通信与信号、供电、杂散电流、屏蔽门、人防门及防淹门等专业的接口要求,对轨行区临时管理作了详细描述;通过设置轨行区临时管理组织机构,完成对轨行区施工计划、轨行区出入和轨行区行车的管理,确保轨行区的安全文明施工,并针对常见的问题制订切实可行的应对措施。

采用预制板式道床施工,采取轨道减振降噪措施是今后地铁轨道工程的主要发展趋势。预制板式道床施工有专业的预制工具、运输和安装预制板机械等,提高了施工机械化程度,减少了用工量,降低了劳动强度,提高了铺轨进度指标,具有结构相对简单、外观整洁、美观、施工简单、高效、质量可靠等突出优点。减振降噪措施则主要包括合理地选择车辆类型、钢轨选用及维护、扣件减振、浮置板整体道床减振以及黏弹性阻尼材料减振等措施。

第 1 章 概述

轨道工程是整个地铁工程建设的中枢工程,有着"承上(土建施工)启下(设备安装)"的重要作用,地铁轨道的施工质量对整个地铁项目的工程质量有很大的影响,因此,加强地铁轨道工程施工管理是十分重要的。本章主要针对轨道结构组成、施工内容、施工特点及方法进行讲述。

1.1 轨道结构组成

地铁轨道结构主要包括钢轨、轨枕、扣件、道床、道岔等,典型结构如图 6-1-1 所示。

图 6-1-1 地铁轨道典型结构图(尺寸单位:mm)

H-道床结构高度;L_1-道床宽度;L_2-道床中心宽度;H_1-轨面至水沟底高差

1)钢轨

钢轨是轨道的主要组成部件。它的作用是引导机车车辆的车轮前进,承受车轮的巨大压力,并将压力传递到轨枕上。钢轨必须要为车轮提供连续、平顺且阻力最小的滚动表面。

常见钢轨有 U71Mn 和 U75V 两种类型,其材料化学成分与性能见表 6-1-1、表 6-1-2。

常见钢轨材料化学成分　　　表 6-1-1

钢 轨 型 号	C(%)	Si(%)	Mn(%)	V(%)	P	S
					不大于(%)	
U71Mn	0.65~0.76	0.15~0.35	1.10~1.40	—	0.030	0.030
U75V	0.71~0.80	0.50~0.80	0.70~1.05	0.04~0.12	0.030	0.030

常见钢轨材料性能　　　　　　表 6-1-2

钢轨型号	生产工艺	σ_b(MPa)	σ_s(MPa)	δ_s(%)
U71Mn	—	≥882	≥490	≥8
U75V	热轧	≥980	≥610	≥8
	离线热处理	≥1300	≥900	≥10
	在线热处理	≥1200	≥800	≥10

2）轨枕

在轨道结构中,轨枕的作用是承受来自钢轨上的各种力,并将力传递至道床,起到保持钢轨方向、轨距和位置等作用。

常见轨枕类型及主要尺寸见表 6-1-3,由于各地区情况及设计条件不同,轨枕尺寸根据各地区设计图纸的具体要求确定,表中仅列出一般情况的轨枕尺寸。

常见轨枕类型及主要尺寸　　　　　　表 6-1-3

轨枕类型	长(mm)	宽(mm)	高(mm)
普通短轨枕	450	270	170
薄型短轨枕	450	270	120
车辆段短轨枕	318	270	170
预应力长枕	2500	250	200

3）扣件

扣件将钢轨与轨枕连接在一起,是轨道的重要组成部件。扣件的作用是将钢轨固定在正确位置,阻止钢轨纵向和横向位移,防止钢轨倾翻,同时还能提供必要的弹性、绝缘性能,对轨距、水平有一定的调整能力,并且结构要尽量简单,以便于制造、施工和维修等。

常见扣件类型及主要尺寸见表 6-1-4。

常见扣件类型及主要尺寸　　　　　　表 6-1-4

扣件类型	长(mm)	宽(mm)	高(mm)
DTⅥ2	330	180	18
WJ-2A	340	180	18
DJK5-1	310	180	18
DZ3	320	170	15

4）道床

道床的主要作用是支撑轨枕,将轨枕上部的巨大压力均匀地传递给基础,并固定轨枕的位置,阻止轨枕纵向或横向移动。

常见道床类型及主要尺寸见表 6-1-5,由于各地区情况及设计条件不同,道床尺寸根据各地区设计图纸的具体要求确定,表中仅列出一般情况的道床尺寸。

常见道床类型及主要尺寸　　　　　　表 6-1-5

道床类型	标准板长(mm)	圆形隧道结构高度(mm)
一般减振道床	12000	790
减振垫浮置板道床	6000	860
钢弹簧浮置板道床	25000	960

5）道岔

道岔是一种使机车车辆从一股道转入另一股道的线路连接设备，也是轨道的薄弱环节之一，通常在车站咽喉区集中铺设。常见道岔类型及主要尺寸见表6-1-6，由于各地区情况及设计参照的标准不同，道岔尺寸根据各地区设计图纸的具体要求确定，表中仅列出一般情况的道岔尺寸。

常见道岔类型及主要尺寸　　　　　　　表6-1-6

道岔类型	道岔前长 a(mm)	道岔后长 b(mm)	全长(mm)
P60-9 单开道岔	13839	15730	29569
P60-12 单开道岔	16853	21054	37907
P50-7 单开道岔	11194	12433	23627

1.2　轨道施工内容

地铁轨道工程分正线轨道工程和车辆段（停车场）轨道工程，其主要施工内容包括线路基桩、道床、道岔、线路、轨道安全设备及附属设备、伸缩调节器，具体内容见表6-1-7。

轨道主要施工内容　　　　　　　表6-1-7

序号	项目	具体内容
1	线路基桩	线路基桩一般施工流程为桩位交接、导线复测、控制基桩测设、加密基桩测设，根据对轨道铺设精度的控制要求，正线控制基标一般采用CPⅢ轨道基础控制网
2	道床	道床分无砟道床和有砟道床。无砟道床主要设置在正线及车辆段（停车场）库内线，其一般施工流程为场地交接、基底清理、轨排组装架设、钢筋安装、模板安装、轨排精调定位、混凝土浇筑及养护；有砟道床主要设置在车辆段（停车场）库外线，其一般施工流程为场地交接、底砟摊铺、轨排铺设、铺砟整道
3	道岔	道岔是轨道施工的薄弱环节之一，通常在车站大量铺设。道岔能够充分发挥线路的通过能力，是轨道线路的重要组成部分
4	线路	轨道分无缝线路轨道和有缝线路轨道，无缝线路轨道主要设置在正线上，其一般施工流程为钢轨焊接、应力放散、轨道整理；有缝线路轨道主要设置在车辆段（停车场）内及正线的配线上，通常包含钢轨铺设、轨道整理
5	轨道安全设备及附属设备	轨道安全设备及附属设备主要包括线路标识、防脱护轨、钢轨涂油器、车挡及疏散平台等，一般在轨道线路的几何尺寸趋于稳定的情况下进行施工，特殊部位需在运营单位的配合下完成
6	伸缩调节器	钢轨伸缩调节器又称温度调节器，是一种调节钢轨伸缩的设备。在轨道上安设钢轨伸缩调节器，可利用尖轨或基本轨相对错动调节轨线的伸缩

1.3　轨道施工特点及方法

地铁轨道工程具有施工条件复杂、施工组织形式多、轨行区安全管理风险高等特点。施工方法有人工散铺、机铺、半机铺半散铺等。

1.3.1　施工特点

1）施工条件复杂

地铁施工主要有地下段、路基段、高架段等工况。

(1)地下段轨道施工,具有隧道空间狭小、照明光线不足、通风条件差、隧道(渗)积水等特点;
(2)高架段轨道施工,具有交通疏解困难、天气影响大、作业风险高等特点;
(3)路基段轨道施工,具有天气影响较大、受路基沉降影响等特点。

2)施工组织形式多

根据现场施工的工况条件可以采用机械铺轨、人工散铺及半机铺半散铺等方式合理组织。

3)轨行区安全管理风险高

轨道铺设过程中,相关专业陆续进场施工,交叉作业频繁,施工协调难度大,安全隐患大,事故风险高。

1.3.2 施工方法

1)人工散铺

以下工况或施工条件宜采用散铺方式进行施工:
(1)在高架断点较多、无法连续施工的地段,采用铺轨门式起重机在高架施工时,周转次数多,施工不经济的情况下;
(2)车站岔区配线、折返线等铺轨,采用门式起重机转线困难的地段;
(3)小作业面需平行施工的部分区间、车站的道岔及其他工期需要提前铺设的节点地段;
(4)不满足机铺条件的其他地段。

2)机铺

满足架设铺轨基地采用门式起重机的条件,有足够的场地(满足轨料存放、轨排组装、道路运输要求)建设铺轨基地,且可从铺轨基地进行连续施工的地段。

3)半机铺半散铺

(1)地下线车站浮置板等特殊道床地段;
(2)铺轨基地下料口不满足轨排吊装要求,但可进行各种材料吊装的铺轨地段;
(3)可从铺轨基地起始连续施工的地段,铺轨基地使用时间短,基地没有配置门式起重机或者无法架设的情况。

第 2 章 施工准备

轨道工程施工前应认真做好方案编制、图纸会审、交桩复测、临时工程的建设和规划等准备工作,这对合理利用资源,加快施工速度,提高工程质量,确保施工安全,降低工程成本及获得较好经济效益都起着重要作用。施工准备分为两大部分,即内业准备和外业准备,其中外业准备又包含了施工测量、铺轨基地建设及其他准备工作,本章结合工程实例进行详细描述。

2.1 内业准备

轨道工程施工进场之前应进行内业准备,具体步骤及内容见表 6-2-1。

内业准备步骤及内容   表 6-2-1

步骤	步 骤 名 称	具 体 内 容
1	参加设计交底、组织图纸审查	施工单位对审查合格的施工图纸进行细致的熟悉和审查,提交会审问题清单至设计单位,参加建设单位主持的图纸会审会议
2	分部分项工程划分	参照施工规范和验收标准对轨道工程的分部分项工程进行划分,同时制订检验审批表格,上报相关部门进行备案,并对填写方式进行培训学习
3	编制施工方案、施工作业技术指导书及技术交底文件	审核相关质量文件,细化施工技术方案和施工人员、机具的配置方案,并将相关施工方案报各级领导审批;编制施工作业技术指导书;编制技术交底(含轨排表编制、高程正矢计算等)文件

2.2 外业准备

轨道工程施工外业准备主要包括测量交接桩及复测、铺轨基地建设、施工作业面的施工前准备工作。土建主体工程移交后,测量人员对由建设单位主持交接的施工控制导线点和水准点进行贯通复核测量。轨道工程施工测量主要包括精测网交桩及复测、CPⅢ布设与测量、加密基标放样等,主要测量工艺详细内容见本手册"第 9 篇 施工测量"。

2.2.1 铺轨基地建设

铺轨基地是指为满足铺轨生产而设置的生产场地,一般包括生产区、生活区和办公区三部分。其中生产区主要由材料加工及存放区、轨排组装及存放区,以及与上述各部分有关的作业机具和设备的存放及维修区等组成。

1) 铺轨基地选择

(1) 铺轨基地分类

按承担轨道铺设量的大小,可分为主铺基地和辅助基地;按线路敷设位置,可分为地下、高架和地面铺轨基地;按基地所处的位置,可分为车站、区间、车辆段铺轨基地等。

(2) 铺轨基地位置选择

根据生产区域、生产任务、是否有下料口等进行铺轨基地选址,根据工期筹划可酌情增减铺轨基地,其中地下线铺轨基地位置选择需满足以下条件:

①车站结构存在可作为材料进场通道的预留孔洞(如铺轨基地预留有轨排井或下料口)。

②地下线铺轨基地可进行左、右线分别吊装轨料,或轨排井附近有道岔可进行转线。

③基地数量设置应该满足工程施工工期要求。单个基地覆盖的区域应满足产能和工效最优化,基地场地不能太短,否则会增加建设成本和管理成本;场地也不能太长,长距离运输轨料会降低工效。综合考虑产能、工效等因素,铺轨基地承担铺轨任务宜在基地前后3km左右。

④应与主干道有良好的对接环境,方便轨料进场,尤其是钢轨等长、大件物资的进场。

⑤应考虑周边的水源、电源等接口问题。

⑥场地应具备地形平坦、排水通畅等较好的自然条件。

⑦基地预留位置场地面积足够,预留轨排井口长宽满足下料要求,尽量减少对后期土建工程封顶时的结构、工期影响,优先选择U形槽等无需封顶的段落设置铺轨基地。

2) 铺轨基地布置

(1) 生产区场地布置

主要包含场内运输道路、门式起重机走行线、钢轨存放区、轨枕及扣配件等存放区、轨排组装区、轨排存放区、钢筋加工区、钢筋存放区等功能区布置。铺轨基地作为轨道施工组织的重要枢纽,建设前应综合考虑班前宣讲台、八牌一图、物资库、应急仓库、标养室、隔离设施、场内标线等配套设施建设。本节主要对钢轨存放区、轨枕及扣配件等存放区、轨排组装区、轨排存放区做简要介绍,其他内容可参考第1篇第5章的相关内容。

①生产区场地布置原则

一般而言,生产区场地布置遵循以下原则:

a. 根据施工需要,对铺轨基地进行全面规划、合理布置,在满足施工生产需要的前提下,尽量降低临时工程的费用;

b. 门式起重机走行线、钢轨存放区等有较大集中荷载的区域,地基需具有良好的承载能力,满足生产需要;

c. 在保证场内交通运输畅通以及原材料和半成品堆放要求的前提下,尽量减少场内运输,特别是二次倒运;

d. 铺轨基地及材料场地平面布置既要求在功能上满足施工需要,又要避免因布置失误造成对本单

位或相邻单位的施工干扰;

e.功能区应分区明确,满足建设管理部门及建设单位对文明施工的要求,合理规划,以便集中管理。

f.铺轨基地的布置应符合现场文明卫生及安全技术标准,并满足施工防火要求。

②生产区场地布置要点

a.钢轨存放区、扣件存放区、轨枕存放区:根据施工生产计划和生产能力设置钢轨存放区、扣件存放区和轨枕存放区,钢轨存放区一般设置10m×30m区域,采用油枕、工字钢或混凝土条形基础作为支撑台,堆码高度满足承载力要求;轨枕分类存放,长轨枕不得超过8层,短轨枕堆高不得超过1.2m;扣件存放区以方便轨排生产及现场文明施工为原则进行设置。

图 6-2-1　钢轨存放区

钢轨存放区、扣件存放区、轨枕存放区示例分别如图6-2-1～图6-2-3所示。

图 6-2-2　扣件存放区

图 6-2-3　轨枕存放区

b.轨排组装区、轨排存放区:根据施工生产目标及能力,设置轨排组装区、轨排存放区。轨排组装区、轨排存放区长度一般不得小于标准钢轨长度(25m)及周围安全距离,宽度取决于施工生产情况,轨排生产区不生产轨排时还可作为施工便道。

轨排组装区示例如图6-2-4所示,轨排存放区示例如图6-2-5所示。

图 6-2-4　轨排组装区

图 6-2-5　轨排存放区

(2) 生活区、办公区场地布置

地铁项目具有工期短、工期集中、投资大等特点,在生活区和办公区的建设上,要以简洁、实用为原则。多数铺轨基地以车站预留轨排井为基础建设,城市中施工单位可提供的铺轨基地受到场地狭小、形状不规则等因素限制,生活区和办公区的布置将影响生产区有效使用面积,在铺轨基地场地较为紧张的情况下,可以考虑租用民房等作为生活区、办公区。

3) 铺轨基地常用设备

铺轨基地主要起重设备为16t轮轨式门式起重机,跨度视轨排井现场情况而定,主要铺轨设备情况见表6-2-2。

主要铺轨设备　　　　表6-2-2

序号	设备名称		规格、技术参数	单位	数量	说明
1	装运设备	轨道车	满足使用要求	台	2	提供牵引动力,倒料,工地焊轨
2		平板车	普通平板车	辆	若干	装运轨料、机具等
3		基地门式起重机	16t	台	2	吊装钢轨、轨枕及轨排等
4		汽车起重机	12~25t	台	1	根据施工组织设计调整
5		装载机	3~5m³	台	1	根据施工组织设计调整
6		发电机	150kW	台	1	作为应急电源使用
7		变压器	400~600kV·A	台	1	根据施工组织设计调整
8	铺轨设备	铺轨门式起重机	10t	台	6	倒装轨排和道床浇筑
9		内燃锯轨机	4.8kW	台	2	合拢口锯轨
10		混凝土料斗	3m³	个	6	道床浇筑使用
11	钢轨焊接设备	移动式闪光焊轨作业车	满足使用要求	套	1	工地钢轨闪光焊接
12		铝热焊机具	满足使用要求	套	2	道岔钢轨铝热焊接
13	应力放散锁定设备	内燃锯轨机	4.8kW	台	2	
14		液压钢轨拉伸器	75t	台	2	
15		撞轨器		套	4	
16		起道机	15t	台	12	
17		内燃螺栓扳手	旋紧扭矩80~170N·m	台	6	安装有螺栓扣件
18		液压弹条安装机	3.5kW	台	6	安装无螺栓扣件
19		滚筒		个	300	
20	主要检测测量仪器	全站仪	满足精度要求	台	2	中桩测量
21		水准仪	满足精度要求	台	4	高程测量
22		轨道几何状态测量仪	满足精度要求	套	2	测量轨道几何状态,含配套全站仪、棱镜等
23		准直仪		台	2	钢轨位移观测
24		钢轨平直度检测直尺		把	2	焊头平直度检测
25		万能道尺	满足精度要求	把	6	轨距、水平测量
26		道床状态参数检测仪		套	1	检测道床状态参数
27		扭矩扳手	满足使用要求	把	2	根据施工需要调整
28		光电测温仪	满足使用要求	个	2	
29		探伤仪	满足使用要求	台	2	

2.2.2 其他准备工作

1）场地移交

轨道工程开始前，积极配合建设单位和土建施工单位做好土建主体工程的移交工作。土建工程移交时，注意检查隧道底板是否漏水、底板是否有淤泥、隧道底板或埋设钢筋是否超高、桥梁泄水孔是否堵塞、伸缩缝安装是否完成、废水泵房处预埋管是否预埋、埋设高度是否符合设计要求、水电和运输通道是否满足使用要求、围挡及挡水墙设施是否完善等。

2）临电布置

作业面临电设施主要由动力电路、照明电路两部分构成。动力电路主要为铺轨门式起重机、现场钢筋焊接提供电力输送，接口主要利用前期已进场施工的土建单位变压器。照明电路主要满足铺轨施工过程中以及后续附属工程安全施工过程中贯通照明的需求。临时用电线路布置的高度应合理规划，布设前同信号、照明及动力专业做好沟通，确认安装位置，避免相互影响。

3）门式起重机走行系统布置

门式起重机走行系统包括走行系统和吊装设备两部分。走行系统由支墩、P24钢轨、连接件组成。吊装设备每作业面采用3台地铁专用铺轨门式起重机作为施工现场材料、工装、轨排架设的起重机具。根据道床宽度不同以及铺轨门式起重机过车站受限等情况，门式起重机优先选用液压式，基本跨距3.1m。跨距分为3.3m、3.6m、3.8m三级，一般情况下3.3m适用于站台板位置，3.6m、3.8m适用于圆形隧道道床混凝土面打到管壁的情况，具体情况需根据设计限界要求及现场实际情况确定选用的跨度。

根据技术要求进行门式起重机走行线安装，支墩间距以不大于1.2m并满足安全施工为宜进行布置。在走行线钢轨接头处，走行线支墩采取加密措施，即距走行线接头前后各20cm处加设1个支墩。为保证铺轨门式起重机走行平稳，走行线不设置超高。安装门式起重机走行线的同时进行铺轨门式起重机组装、调试以及洞内临电布置。

2.3 工程案例

轨排表编制见附件6-2-1，基地临建方案见附件6-2-2。

本章附件

附件6-2-1 轨排表编制
附件6-2-2 基地临建方案

第 3 章 无砟道床

无砟道床是指采用混凝土、沥青混合料等整体基础取代散粒碎石道床的轨道结构,与有砟道床相比,避免了道砟飞溅,具有平顺性、稳定性、耐久性好,使用寿命长,维修工作少等特点。在城市轨道交通中,正线及辅助线一般采用地下线长(短)轨枕整体道床,高架段采用普通短轨枕承轨台道床、路基段采用普通整体道床。在正线有特殊降噪需求的地段,主要采用钢弹簧浮置板整体道床、减振垫浮置板道床、梯形轨枕整体道床等结构形式。车辆段等为车辆提供维修保养区域的地段,采用平过道整体道床和库内壁式(柱式)检查坑整体道床。本章对常见的地铁无砟道床施工工艺进行详细介绍,先介绍四种普通无砟轨道的施工技术,然后从结构组成、施工流程、施工工艺及资源配置等方面分别对钢弹簧浮置板整体道床、减振垫浮置板道床、梯形轨枕整体道床和预制板整体道床作详细叙述,并列出了常见问题及对策。

3.1 普通无砟道床

3.1.1 地下线长(短)轨枕整体道床

普通无砟道床是以往城市地铁轨道施工中比较常见的道床形式,分为短枕式整体道床和长枕式整体道床。短枕式整体道床因其造价低廉的优势在新兴城市地铁建设中应用较多,本节重点对短枕式整体道床施工作业进行介绍,长枕式整体道床施工工艺与短枕式整体道床基本相同。地下线短轨枕整体道床示例如图 6-3-1 所示。

1)结构组成

地下线长(短)枕式整体道床由钢轨、长(短)轨枕、扣配件、钢筋混凝土道床四个部分组成。

根据隧道类型不同,分为明挖矩形隧道整体道床、盾构圆形隧道整体道床、矿山法马蹄形隧道整体

图 6-3-1 地下线短轨枕整体道床

道床,道床横断面分别如图6-3-2~图6-3-4所示。

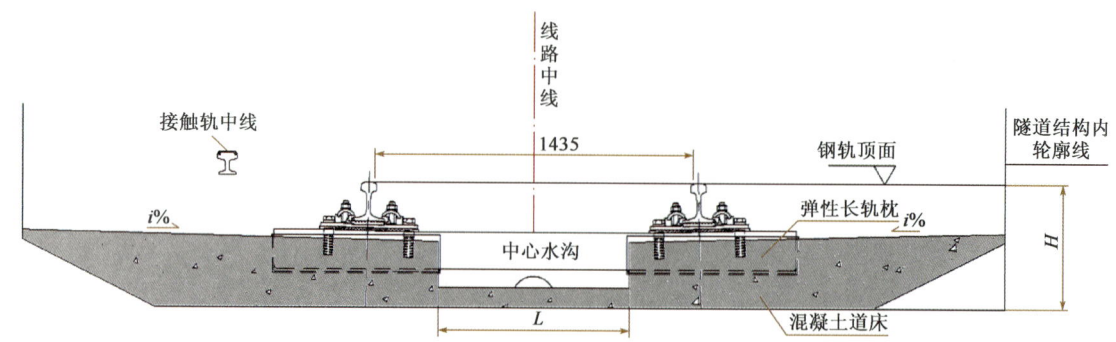

图6-3-2 明挖矩形隧道短枕道床横断面图(尺寸单位:mm)
H-道床结构高度;L-中心水沟宽度

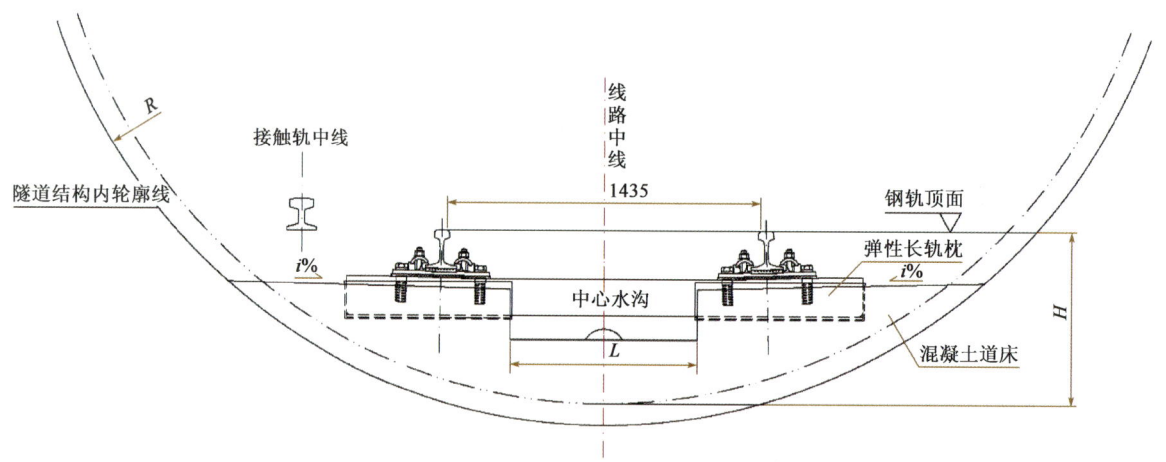

图6-3-3 盾构圆形隧道短枕整体道床横断面图(尺寸单位:mm)
H-道床结构高度;L-中心水沟宽度;R-拱半径

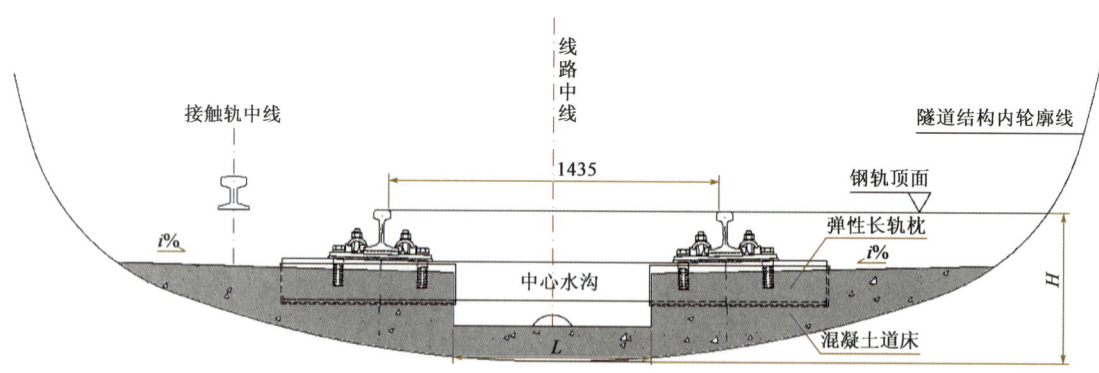

图6-3-4 矿山法马蹄形隧道短枕整体道床横断面图(尺寸单位:mm)
H-道床结构高度;L-中心水沟宽度

2)施工流程

地下线长(短)轨枕整体道床施工流程如图6-3-5所示。

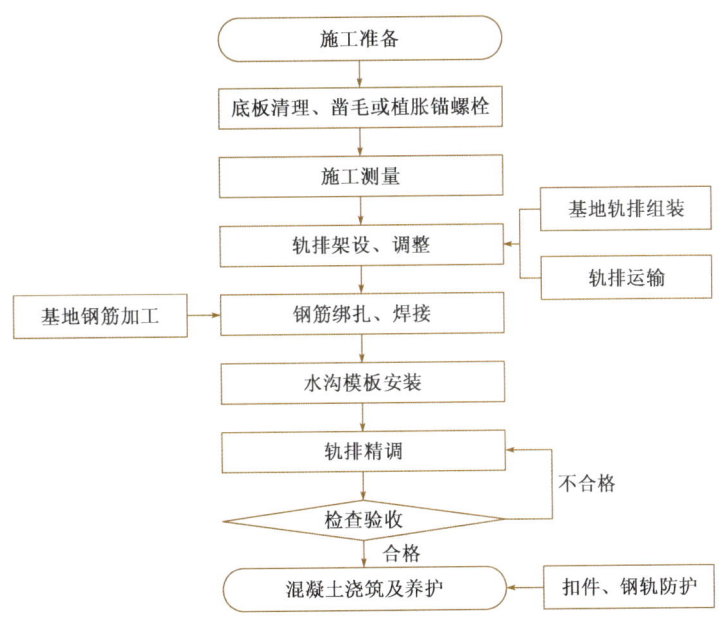

图 6-3-5　地下线长(短)轨枕整体道床施工流程图

3）施工工艺

(1) 施工准备

地下线长(短)轨枕整体道床施工前准备工作详见本篇第 2 章,此处不再赘述。

(2) 底板清理、凿毛或植胀锚螺栓

为保证新浇筑道床混凝土与结构底板的黏结程度,结构底板需要清理干净并凿毛或设置胀锚螺栓。施工中为避免重复清理,可先将结构底板的积水疏干,依次将块状垃圾清理干净,再进行底板凿毛,凿毛完成后一次性清理混凝土碎渣,必要时还需用高压水将底板冲洗干净。

凿毛采用的设备为风动电镐,凿毛点应均匀,间距一般为 150mm,深度 10mm,呈梅花形布置,保证漏出新鲜混凝土石子为宜。凿毛在矩形隧道、马蹄形隧道、U 形槽内进行,圆形隧道可不凿毛。胀锚螺栓布置方式按设计要求设置。

基底清理、植胀锚螺栓示例分别如图 6-3-6 和图 6-3-7 所示。

图 6-3-6　基底清理

图 6-3-7　植胀锚螺栓

(3) 轨排组装、运输及架设、调整

①轨排组装、运输。技术人员绘制轨排计算表,并根据轨排计算表进行轨排组装生产,具体施工流

程如图 6-3-8 所示。对铺轨基地生产完成的成品轨排按铺设顺序编号装车,由基地门式起重机从轨排吊装口吊放至轨道车,由轨道车运输至工作业面附近,再由铺轨门式起重机吊运至安装位置。在铺轨运输前对轨排进行加固,检查合格后通过门式起重机及轨道车运输至施工现场。

②轨排架设、调整。轨排吊卸就位后,应进行轨排支撑架和斜支撑的布置,支撑架间距布置不应过大,直线上宜每隔 3m 设置一个,曲线上宜每隔 2.5m 设置一个。轨排架设时,左右丝杆同时拧动使托盘及轨排整体抬高,然后以加密基标为控制点,利用直角道尺将轨排的高度和方向进行调整,利用轨距尺控制轨排的轨距和水平,使轨道几何尺寸初步满足要求,待所有工序完成后,在混凝土浇筑前利用轨检小车进行精调。在大坡度地段应增加斜支撑,以防轨排整体倒塌。施工现场轨排架设、调整示例如图 6-3-9 所示。

(4) 钢筋绑扎、焊接

钢筋采用在钢筋加工棚集中下料、加工,施工现场焊接、绑扎成型的作业方式,参照现行《铁路轨道工程施工质量验收标准》(TB 10413)。

①纵向钢筋按道床板块长度配料,横向钢筋(或架立筋)根据图纸形状、尺寸进行加工,将制作完成的半成品钢筋进行分类堆码。

②钢筋经轨道车倒运至施工地点,按照施工要求进行散布、调整间距、焊接、绑扎。每个道床板块内的纵向钢筋有搭接的部位必须焊接,焊接长度满足设计及施工规范要求。

③根据杂散电流防护要求,道床内纵向钢筋兼作杂散电流收集网,道床内每隔 5m 需选择一根横向钢筋与所有纵向钢筋焊接,在伸缩缝两侧道床上、中、下层纵向钢筋应与横向扁钢焊接。每个道床块在伸缩缝两侧均需焊接防盗型杂散电流埋入式端子,端子与扁钢可靠焊接,配有定位保护盖,即每个道床块 4 个端子。

现场钢筋绑扎、焊接、安装示例分别如图 6-3-10 ~ 图 6-3-12 所示。

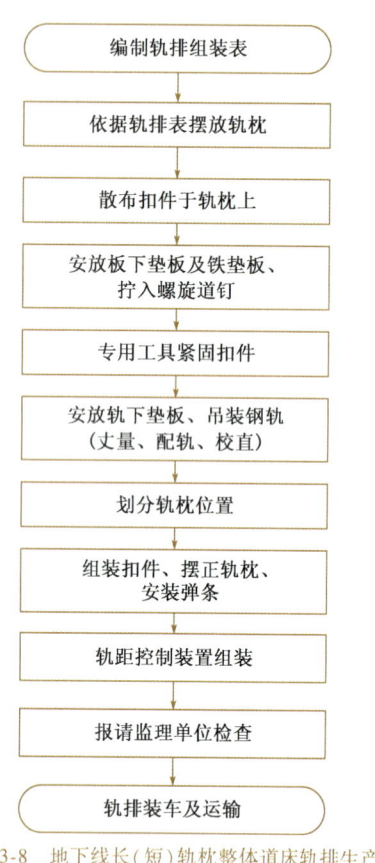

图 6-3-8 地下线长(短)轨枕整体道床轨排生产、运输流程图

图 6-3-9 轨排架设、调整

图 6-3-10 钢筋绑扎

图6-3-11 钢筋焊接

图6-3-12 钢筋安装

(5) 水沟模板安装

模板采用整体道床特殊加工的整体钢模,在安装定位时严格按照道床几何尺寸进行安装,每块模板与模板吊架必须安装牢固,防止跑模。水沟模板施工要求参照现行《铁路轨道工程施工质量验收标准》(TB 10413)。

①当处于盾构区间时,水沟宜采用一次浇筑成型的方式进行浇筑,水沟模板采用自行设计的模板吊架固定在轨排上。当水沟为两侧水沟且处于矩形或马蹄形隧道时,可分两次浇筑。

②安装模板前要复查轨道高程及轨道中线位置是否符合设计要求,检查预埋件及预留孔洞是否遗漏,位置是否正确,确保模板安装精度。

③一般情况下每隔12.5m或6m设置一道伸缩缝,伸缩缝采用沥青木板铺设,木板安装平顺、垂直钢轨,沥青木板加固牢固防止跑模。

两侧水沟吊模示例如图6-3-13所示,中心水沟模板安装示例如图6-3-14所示。

图6-3-13 两侧水沟吊模

图6-3-14 中心水沟模板安装

(6) 轨排精调

混凝土浇筑前,须对轨道几何尺寸进行精调。在轨排精调过程中,一般采用CPⅢ平面控制网,使用带自动照准功能的高精度全站仪配合轨检小车,通过拧动轨排支撑架丝杆调整轨道高程,拧动轨道斜支撑调整轨道方向。调整完毕后,通过轨检小车对轨排几何尺寸进行复核,确保轨道高程、轨向满足施工规范要求。

精调小车校核示例如图6-3-15所示,CPⅢ轨排精调示例如图6-3-16所示。

图 6-3-15　精调小车校核　　　　　　　图 6-3-16　CPⅢ轨排精调

（7）混凝土浇筑及养护

①钢轨、扣配件防护。在混凝土浇筑前,应对钢轨、扣配件进行防护,钢轨防护采用土工布覆盖、包裹,采用带弹性皮筋收口的塑料袋进行扣件防护,以保证扣件、钢轨在混凝土浇筑过程中不被污染,减少后期清理工作量。

钢轨防护示例如图 6-3-17 所示,扣件防护示例如图 6-3-18 所示。

图 6-3-17　钢轨防护　　　　　　　　　图 6-3-18　扣件防护

②混凝土浇筑。混凝土通过下料口下料至轨道平板车的料斗里,通过轨道车运至施工现场,利用铺轨门式起重机配合人工卸料。施工时道床入模温度要加以控制,冬季施工时,入模温度不低于5℃；夏季施工时,入模温度不高于30℃。混凝土浇筑过程中要加强轨枕底部与周边混凝土的振捣,道床抹面应光滑平整,必须保证道床抹面坡度,以确保道床面不积水。浇筑完成后,道床应及时养护。

泵送式混凝土浇筑示例如图 6-3-19 所示,料斗式混凝土浇筑示例如图 6-3-20 所示。

③混凝土养护。在道床浇筑完成后,采用道床面覆盖土工布的方式对道床进行洒水养护7d,示例如图 6-3-21 所示,成品道床示例如图 6-3-22 所示。如有抗渗等其他特殊要求的道床,其养护时间不得小于14d。

4）资源配置

参考现行《铁路轨道工程施工机械配置技术规程》（Q/CR 9227）,结合北京、上海、广州、武汉、西安、成都等城市的地铁施工经验,建议按表 6-3-1～表 6-3-3 进行资源配置。

图6-3-19　泵送式混凝土浇筑

图6-3-20　料斗式混凝土浇筑

图6-3-21　混凝土养护

图6-3-22　成品道床

人员配置(1个作业面)　　　　　　　　　　　表6-3-1

序号	工　序	工　作　内　容	数量(人)	备　注
1	施工准备	走行轨安装,作业面临电布置	10	含走行轨架设4人,临电布置6人
2	底板清理、凿毛或植胀锚螺栓	垃圾积水清理,底板凿毛,基底植胀锚螺栓	4	
3	施工测量	(作业面)精测网交桩复测、CPⅢ测量,加密基标测量	6	一般为项目部测量人员
4	轨排组装、运输及架设、调整	基地完成轨排组装,作业面门式起重机配合吊运,正确摆放轨排位置,完成轨排定位、架设(含托架安装);拆除及轨道粗调	11	基地轨排组装6人,作业面2人负责门式起重机,3人配合调轨
5	钢筋加工,绑扎、焊接	钢筋棚集中加工,作业面现场直接绑扎道床钢筋(含端子或扁钢焊接)	10	4人加工,4人绑扎,2人焊接
6	水沟模板安装及拆除	模板安装,过轨管预埋,伸缩缝沥青木板安装,后期模板拆除	4	

续上表

序号	工 序	工 作 内 容	数量(人)	备 注
7	轨排精调	CPⅢ精调小车检测,工人配合精调轨道	0	CPⅢ精调小车3人(施工测量人员兼职),2人配合(与轨排粗调兼职)
8	混凝土浇筑	钢轨扣配件保护、混凝土浇筑	10	
9	卫生清理及养护	清理钢轨道床垃圾(残留混凝土、扣配件塑料袋等)	4	2人负责现场清理,2人负责养护
10	临电布置	三级电箱安装及检修	1	电工1人
	合计		60	

注:1.所有工序并非同步进行,上道工序任务完成后,人员可调配到下道工序,综合考虑后,每作业面施工作业人员(含临电布置6人、基地钢筋加工4人,轨排组装6人,不含项目管理人员)应不少于60人。
2.特种作业人员3人。
3.项目管理人员含基地负责人1人,技术人员2人,调度1人,安全员1人,材料员1人,轨道车司机4人(1台轨道车2名司机、2名车长),基地门式起重机司机2人,指挥车司机1人,基地电工1人。

工装、设备配置(基地单方向2个作业面)   表6-3-2

序号	部位	名 称	型 号	单位	数量	配置原则	备 注
1	地面设备	基地门式起重机	16t	台	2	单基地2台	
2		门式起重机走行线	P43/50/60钢轨	双线米	120	120m走行线,能满足使用	根据场地及策划进行调整
3		锯轨机		台	2	1台用,备用1台	
4		电动扳手		台	2	应用空压机扳手时可不用	
5		空压机		台	2	1台用于基底凿毛,1台用于轨排组装的空压机扳手	
6		变跨设备		套	1	一个基地1套	铺轨变跨时配置
7		钻眼机		台	2	1台用,备用1台	有缝线路时配置
8	地下走行设备	轨道车		台	2	1台/作业面	如GC220
9		平板车	地铁专用低平板车	辆	4	2辆/作业面	采用罐车时增加1辆
10		铺轨门式起重机	DT-10	台	6	3台/作业面	如果需要,可增加至4台
11		移动搅拌车(罐车)	固定于轨道车	辆	1	1辆/标段	回填水沟时可选配
12	焊轨	焊轨机组		套	1	焊轨工期不紧张,用1套满足	如K922型
13		焊轨专用平板车		辆	1	放置焊轨机	
14		焊轨配套平板车		辆	1	放置焊轨小型机具及柴油	轨道施工平板车即可

续上表

序号	部位	名称	型号	单位	数量	配置原则	备注
15	施工工装	钢轨支撑架	专用	榀	240	单作业面300m,间距2.5m配备	含丝杆
16		斜支撑		套	480	一榀支撑架2套斜撑	适当增加
17		走行轨	P24	双线米	700	单作业面配备350双线米	含配套夹板及螺栓
18		走行轨支腿	固定式/可调角度	套	1280	1.2m配备1套	根据隧道形式选定,推荐可调角度式,通用性强
19		自制小平板车	自制	辆	4	2辆/作业面	
20		模板	待定	双线米	240	按日进度75m,240双线米模板够用	含侧模、中间水沟模板
21		料斗	自制	个	6	3个/作业面,如果配备4台门式起重机即需要4个	
22		轨距拉杆		套	250	250套/基地,10个/轨排	根据现场实际情况调配
23		起道机	1t/5t	台	6	6台/作业面,焊轨用	主要用于散铺
24	其他	发电机	3kW	台	1	1台/2个作业面	放桩及收尾
25		冲击钻		台	1	2台/作业面,含备用1台	放桩及走行轨安装
26		工程车		辆	1	1辆/基地	外包模式1辆
27		对讲机	通用	台	14	门式起重机用3台,司机车长8台,工调、行调3台	根据需要配置
28		水泵	污水泵	台	2	2台/基地	根据实际情况配置
29		钢筋弯曲机		套	1	1套/2个作业面或1套/基地	架子队或工班配备,1套/2个作业面(1套/基地)
30		钢筋切割机		套	1	1套/基地	放置于基地
31		钢筋拉直机		套	1	1套/基地	基地
32		电焊机		台	3	1台/作业面,外加1台/基地	
33		叉车		台	1	1台/基地	散铺倒运材料

测量、试验仪器配置　　　　　　　　　　　　　　　　表6-3-3

序号	仪器名称	规格型号	单位	数量	配置原则	备注
1	高精度全站仪	能够自动瞄准且精度高于1′	台	1	1台/2个作业面	如徕卡TS16、徕卡TS30、Trimble S8等
2	CPⅢ设备	全站仪、精调小车、手部、棱镜、连接杆、软件等	套	1	1套/2个作业面	
3	数字水准仪	每公里往返中误差≤0.3mm	台	1	1台/2个作业面	
4	轨温计		个	5	5个/作业面	
5	万能道尺	2级	把	4	2把/作业面	

续上表

序号	仪器名称	规格型号	单位	数量	配置原则	备注
6	直角道尺	精度±1mm,水平测量范围200~900mm,高度测量范围50~800mm	把	4	1把/作业面,基地备2把	
7	方尺		把	2	1把/基地	散铺时作业面配1把
8	扭矩扳手	60~160N	把	2	2把/2个作业面(共用)	
9	30m钢卷尺		把	2	2把/基地	
10	轨底坡测量仪		台	2	1台/作业面	
11	试模		个	6	6个/基地	
12	回弹仪		个	1	1个/基地	
13	电阻仪		台	1	1台/基地	

3.1.2 高架段普通短轨枕承轨台道床

普通短轨枕承轨台道床是高架线最常用的一种道床形式,其主要特点是钢轨左右股的道床相互分开,大大减少了混凝土用量,从而降低桥梁的荷载。

1) 结构组成

高架段普通短轨枕承轨台道床由钢轨、短轨枕、扣件、钢筋混凝土结构组成,其结构断面如图6-3-23所示。

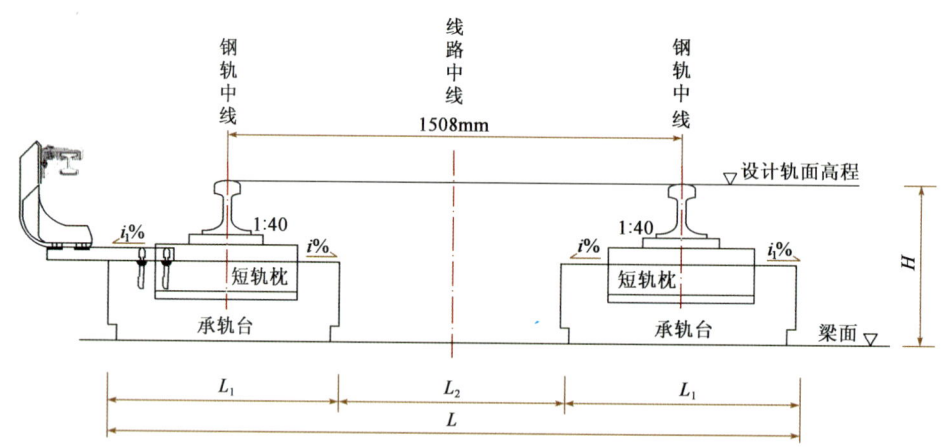

图6-3-23 高架段普通短轨枕承轨台道床结构断面图

H-道床结构高度;L-承轨台道床宽度;L_1-左侧承轨台宽度;L_2-中心水沟宽度

2) 施工流程

施工流程如图6-3-24所示。

3) 施工工艺

高架段普通短轨枕承轨台道床与地下线长(短)轨枕整体道床施工工艺基本相同,不同之处是高架段施工基本为人工散铺,轨排在现场组装,直接利用汽车泵浇筑混凝土。本节主要对高架段普通短轨枕承轨台道床的主要施工质量控制要点及注意事项进行介绍。

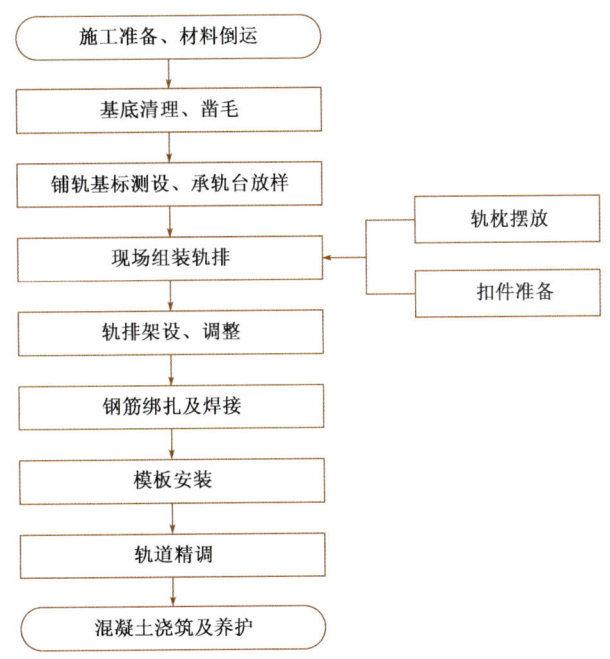

图 6-3-24　高架段普通短轨枕承轨台道床施工流程图

(1) 主要施工质量控制要点

①高架线道床施工质量受天气影响较大,混凝土入模温度不能低于5℃且不能高于30℃。当工地昼夜气温高于30℃时,应采取夏季施工措施;当工地昼夜平均气温连续3d低于5℃或者最低气温低于-3℃,应采取冬季施工措施。

②高架线承轨台混凝土初凝后应立即松开夹板螺栓、扣件等,防止因温度变化,钢轨产生纵向位移而引起道床开裂。

(2) 注意事项

①吊装、倒运材料量较大,注意成品保护;

②混凝土浇筑前做好基底润湿准备工作;

③注意对桥梁泄水孔、梁缝密闭条进行保护。

4) 资源配置

1个作业面的人员配置及测量、试验仪器配置与地下线长(短)轨枕整体道床基本相同,在此不再赘述。施工主要采用人工散铺法,工装、设备配置与地下线长(短)轨枕整体道床不同,具体见表6-3-4。

工装、设备配置(1个作业面)　　　　　　　表6-3-4

序号	部位	名称	型号	单位	数量	配置原则	备注
1	设备	起重机	25t	台	1	1台/作业面	
2		随车起重机	16t	台	1	1台/作业面	
3		汽车平板车	9m	辆	1	1辆/作业面	
4		锯轨机		台	2	1台用,备用1台	
5		电动扳手		台	2		
6		空压机		台	1	1台用于基底凿毛	
7		钻眼机		台	2	1台用,备用1台	有缝线路时配置
8		专用运输设备		台	2		俗称"炮车"

续上表

序号	部位	名称	型号	单位	数量	配置原则	备注
9	设备	小推车		辆	2		
10		风镐		台	2	1台用,备用1台	
11	焊轨	焊轨机组		套	1	焊轨工期不紧张,用1台满足进度要求	如K922型
12		焊轨专用平板车		辆	1	放置焊轨机	
13		焊轨配套平板车		辆	1	放置焊轨小型机具及柴油	轨道施工平板车即可
14	施工工装	钢轨支撑架	专用	榀	120	单作业面300m,间距2.5m配备	含丝杆
15		斜支撑		套	240	一榀支撑架2套斜撑	适当增加
16		自制小平板车	自制	辆	2	2辆/作业面	
17		模板	待定	双线米	600	按日进度75m,单作业面300双线米模板够用	
18		起道机	1t/5t	台	6	6台/作业面,焊轨用	主要用于散铺
19	其他	发电机	3kW	台	1	1台/2个作业面	放桩及收尾
20		冲击钻		台	1	2台/作业面,含备用1台	放桩及走行轨安装
21		工程车		辆	1	1辆/基地	外包模式1辆
22		对讲机	通用	台	10	起重机、平板车3辆,材料吊装4台,工调2台	根据需要配置
23		钢筋弯曲机		套	1	架子队或工班配备,1套/2个作业面(1套/基地)	
24		钢筋切割机		套	1	1台/基地	放置于基地
25		钢筋拉直机		套	1	1台/基地	基地
26		电焊机		台	3	1台/作业,备用1台	

3.1.3 平过道整体道床

1)结构组成

平过道整体道床主要由钢筋混凝土基底垫层、钢筋混凝土结构、钢轨、短轨枕、扣配件、橡胶填充条等组成,通常铺设于库内一般整体道床、库内平过道整体道床和库外平过道整体道床,其明显特征是钢轨内侧有凸台以及钢轨两侧有橡胶条,其结构断面如图6-3-25所示。

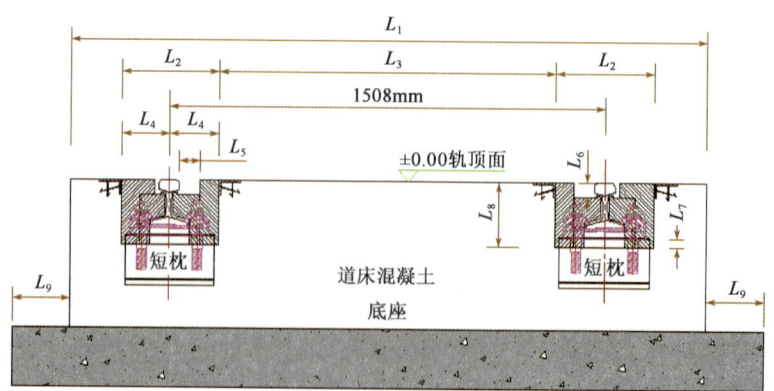

图6-3-25 平过道整体道床结构断面图

L_1-道床结构宽度;L_2-承轨槽宽度;L_3-凸台宽度;L_4-轮缘槽宽度;L_5-钢轨工作边轮缘槽宽度;L_6-钢轨工作边轮缘槽高度;L_7-轨枕高出道床面高度;L_8-凸台高度;L_9-底座超出道床宽度部分

2）施工流程

平过道整体道床施工流程如图 6-3-26 所示。

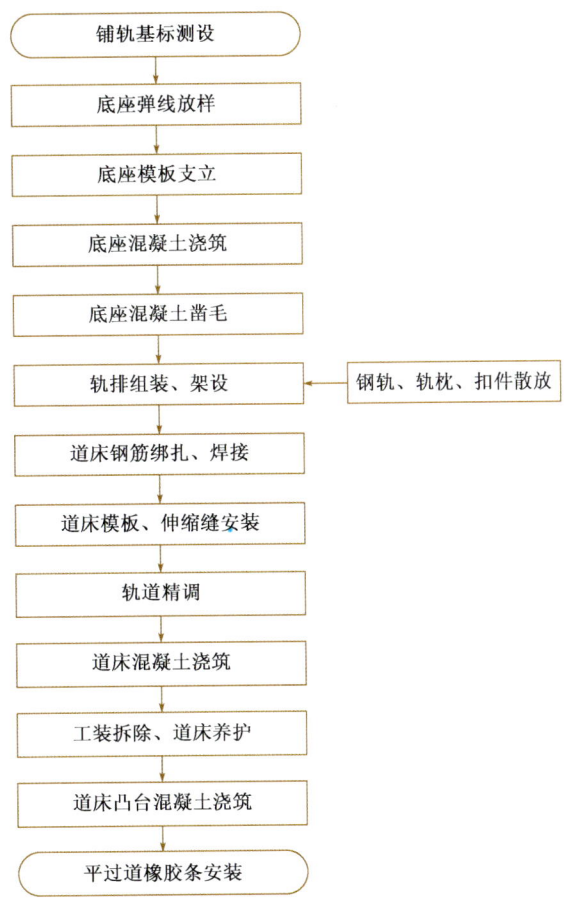

图 6-3-26　平过道整体道床施工流程图

3）施工工艺

平过道整体道床的底座弹线放样、底座模板支立、底座混凝土浇筑、底座混凝土凿毛及轨排组装、架设与高架段普通短轨枕承轨台道床施工工艺基本相同，重点介绍道床凸台混凝土浇筑与整体道床平过道橡胶条安装施工工艺。

(1) 道床凸台混凝土浇筑

浇筑凸台（即两钢轨内侧后浇筑部分）时，应对下部道床面进行凿毛处理。凸台模板宜采用木模板支立并加固。凸台混凝土初凝前将角钢安装在道床棱角处，保护道床棱角，角钢面与道床面齐平。

道床凸台浇筑完成后如图 6-3-27 框线所示。

(2) 整体道床平过道橡胶条安装

整体道床施工完成后，进行橡胶条安装。橡胶条安装前将钢轨及扣件上的混凝土清理干净，确保橡胶条安装与钢轨非工作边及道床密贴，并控制橡胶条与钢轨工作边的净宽。

橡胶条安装示例如图 6-3-28 所示。

4）资源配置

1 个作业面的人员配置及测量、试验仪器配置与地下线长（短）轨枕整体道床基本相同，主要区别为车辆段不采用 CPⅢ 测量设备，其余基本相同，工装、设备配置见表 6-3-5。

图 6-3-27　成形道床凸台

图 6-3-28　橡胶条安装

工装、设备配置(1 个作业面)　　　　　表 6-3-5

序号	部位	名　　称	型号	单位	数量	配置原则	备　注
1	作业面设备	装载机	30t	台	1	需要时租赁	也可用叉车代替
2		锯轨机		台	2	1 台用,备用 1 台	
3		电动扳手		台	2	组装轨排	
4		空压机		台	1	用于底座凿毛和组装轨排	
5		钻眼机		台	2	1 台用,备用 1 台	钢轨钻眼
6	施工工装	钢轨支撑架	专用	榀	120	单作业面 300m,间距 2.5m 配备	含丝杆
7		斜支撑		套	240	一榀撑架 2 套斜撑	适当增加
8		自制小平板车	自制	辆	1	1 辆/作业面	
9		自制门架	特制	个	2	2 个/作业面	
10		模板	待定	双线米	300	单作业面 300 双线米	含底座、道床、凸台模板
11		轨距拉杆		套	120	120 套/作业面,8 套/轨排	根据现场实际情况调配
12		起道机	1t/5t	台	3	3 台/作业面,轨排架设用	主要用于散铺
13	其他	发电机	3kW	台	1	1 台/作业面	放桩及应急
14		冲击钻		台	2	1 台/1 个作业面,含备用 1 台	放桩及模板安装
15		插入式振动棒		台	2	1 台/1 个作业面,含备用 1 台	混凝土振捣
16		工程车		辆	1	1 辆/作业面	外包模式 1 辆
17		钢筋弯曲机		套	1	1 套/作业面	钢筋加工设备
18		钢筋切割机		套	1	1 套/作业面	钢筋加工设备
19		钢筋拉直机		套	1	1 套/作业面	钢筋加工设备
20		电焊机		台	2	1 台/作业面	备用 1 台

3.1.4　库内壁式(柱式)检查坑整体道床

1）结构组成

(1)库内壁式检查坑整体道床

壁式检查坑整体道床主要由钢筋混凝土结构、钢轨、短轨枕、扣配件等组成,一般铺设于工程车库及试车线检查坑位置。以库内壁式检查坑整体道床为例,道床一般 7m 设一个道床块,钢轨非工作边一侧设置挡墙与钢轨面齐平。库内壁式检查坑整体道床结构断面如图 6-3-29 所示。

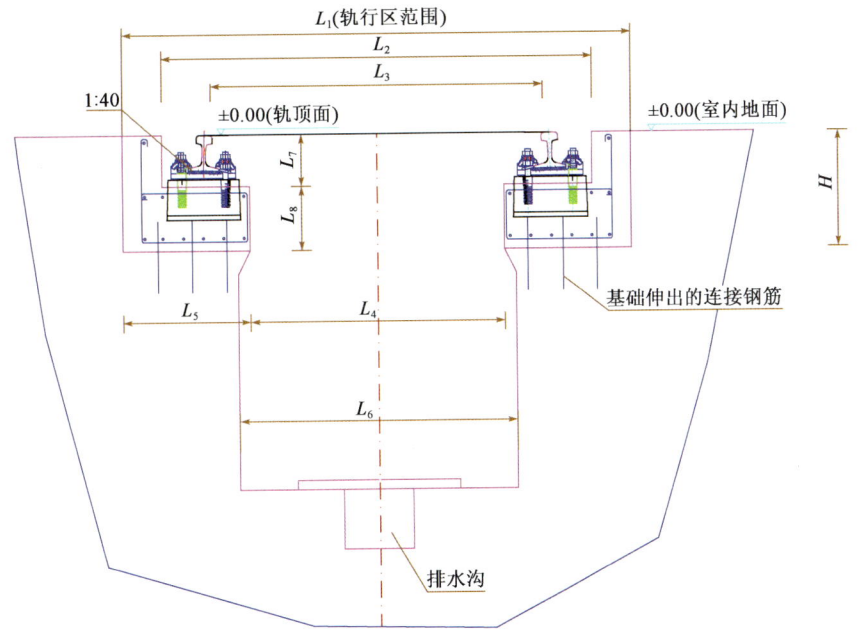

图 6-3-29 库内壁式检查坑整体道床结构断面图

H-轨道设计施工范围;L_1-轨行区范围;L_2-扣件安装范围;L_3-轨距;L_4-道床间结构宽度;L_5-道床宽度;L_6-检查坑结构宽度;L_7-道床面以上结构高度;L_8-道床厚度

(2)库内柱式检查坑整体道床

库内柱式检查坑整体道床结构断面如图 6-3-30 所示。

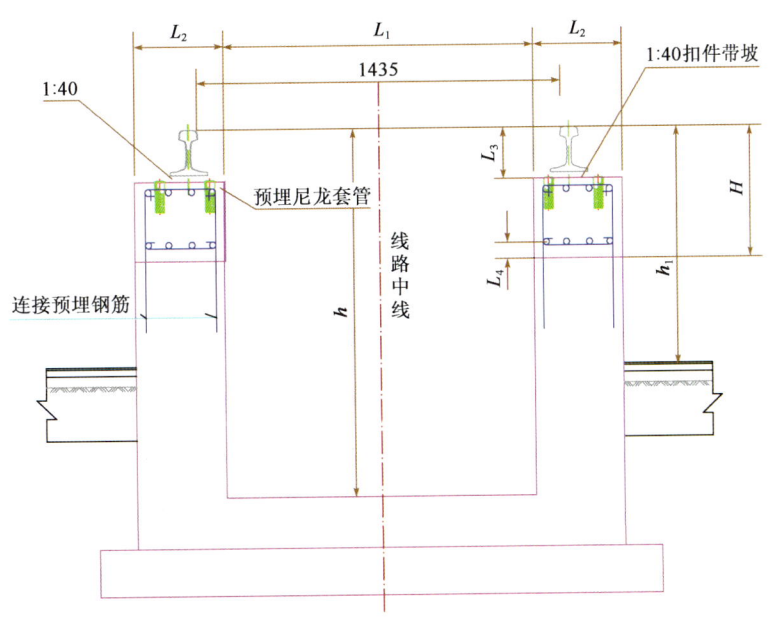

图 6-3-30 库内柱式检查坑整体道床断面(尺寸单位:mm)

H-轨道设计施工范围;L_1-两柱间净距;L_2-柱宽;L_3-钢轨及扣件高度;L_4-底部钢筋保护层高度;h-柱式道床结构高度

2)施工流程

库内壁式检查坑整体道床与库内柱式检查坑整体道床施工流程如图 6-3-31 所示。

3)施工工艺

库内壁式检查坑整体道床与库内柱式检查坑整体道床的线路控制点测设,钢轨、扣件散放,壁(柱)

式顶面凿毛,混凝土浇筑及拆模、整修与平过道整体道床施工工艺基本相同,此处不再赘述。本节主要对库内柱式检查坑整体道床轨排组装架设质量控制要点及注意事项做如下介绍。

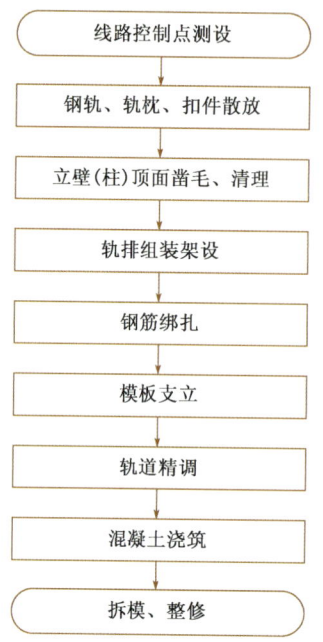

图 6-3-31　库内壁式检查坑整体道床与库内立柱式检查坑整体道床施工流程图

(1)首先利用特制门形架将钢轨吊装至立壁上方,并控制钢轨高度略高于设计轨面高程,然后安装轨排支撑架,将钢轨固定牢固。

(2)采用钢轨接头鱼尾夹板连接钢轨,并每隔 5m 安装一处轨距拉杆。连接钢轨时,注意左右股钢轨接头应对齐,轨缝控制为 8mm。左右股钢轨相错量不得超过 10mm。钢轨接头错牙、错台允许偏差为 1mm。

(3)在钢轨内侧每隔 3m 设置一处交叉斜支撑,确保轨道稳定性。

斜支撑布置示例如图 6-3-32 所示。轨排组装架设示例如图 6-3-33 所示。

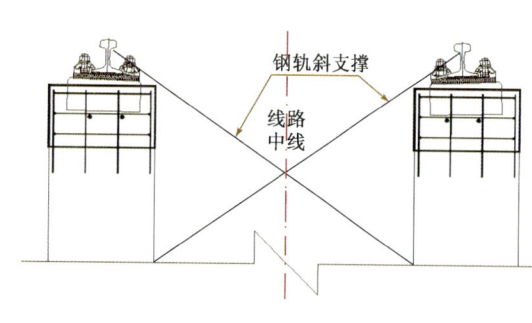

图 6-3-32　轨排斜撑加固示意图

图 6-3-33　轨排组装架设

4)资源配置

库内壁式检查坑整体道床与库内柱式检查坑整体道床 1 个作业面的人员配置及测量、试验仪器配置与地下线长(短)枕整体道床基本相同,主要区别是车辆段不采用 CPⅢ 设备;工装、设备配置与平过道整体道床基本相同,主要不同是不采用起道机。

3.1.5 施工质量验收标准

道床混凝土浇筑前轨排铺设允许偏差应符合表6-3-6的规定。

无砟道床混凝土浇筑前轨排铺设允许偏差　　　　表6-3-6

检查项目	允许偏差
轨距	-1～+2mm,变化率不应大于0.1%
水平	2mm
轨向	直线不应大于2mm/10弦
高低	直线不应大于2mm/10弦
中线	5mm
高程	±5mm
轨底坡	1/25～1/35(设计文件为1/30时),1/35～1/45(设计文件为1/40时)

当"轨向"为曲线时,应符合表6-3-7的规定。

轨道曲线正矢(20m弦量)调整允许偏差　　　　表6-3-7

曲线半径(m)	缓和曲线正矢与计算正矢差(mm)	圆曲线正矢连续差(mm)	圆曲线正矢最大与最小值差(mm)
R≤250	4	6	9
250＜R≤350	3	5	7
350＜R≤450	2	4	5
450＜R≤650	2	3	4
R＞650	1	2	3

钢筋安装位置应符合设计文件要求,允许偏差应符合表6-3-8的规定。

钢筋安装位置允许偏差　　　　表6-3-8

项目		允许偏差(mm)
钢筋间距		±20
钢筋保护层厚度	设计文件规定值≥30mm时	0～+10
	设计文件规定值＜30mm时	0～+5

道床模板安装允许偏差应符合表6-3-9的规定。

道床模板安装允许偏差　　　　表6-3-9

项目		允许偏差(mm)	备注
承轨台式	宽度	±5	以钢轨中线为基准,单侧允许偏差
	长度(沿线路方向)	±5	—
	模板平整度	2	用1m靠尺检查
地下线	水沟位置	±10	以靠近钢轨中线为基准
	水沟宽度	±5	—

道床外形尺寸允许偏差应符合表6-3-10的规定。

道床外形尺寸允许偏差　　　　表6-3-10

项目		允许偏差(mm)
承轨台式	宽度	±10
	长度(沿线路方向)	±10

续上表

项　　目		允许偏差(mm)
非地下线	水沟位置	±20
	水沟宽度	±10
道床顶面与承台面相对高差		-5~0
平整度		3/1000

3.2 钢弹簧浮置板整体道床

钢弹簧浮置板整体道床是近年来地铁行业广泛采用的一种新型高等级轨道隔振主流技术，是将具有一定质量的钢筋混凝土道床板浮置于特定刚度的阻尼弹簧隔振器上，构成经典的"质量—弹簧"隔振系统，具有三维弹性和稳定性，且能抑制和吸收固体声传导，从而减小轨道交通对周边环境的振动和噪声影响。本节将从结构组成、施工流程、施工工艺及资源配置四个方面对其进行详细的描述。

3.2.1 结构组成

钢弹簧浮置板整体道床主要由钢筋混凝土基底垫层、隔离层、带隔振筒的钢筋混凝土道床板、钢轨、轨枕、扣配件、隔振器等组成。在地下线圆形隧道、矩形隧道、马蹄形隧道均可铺设，其结构断面如图6-3-34~图6-3-36所示。

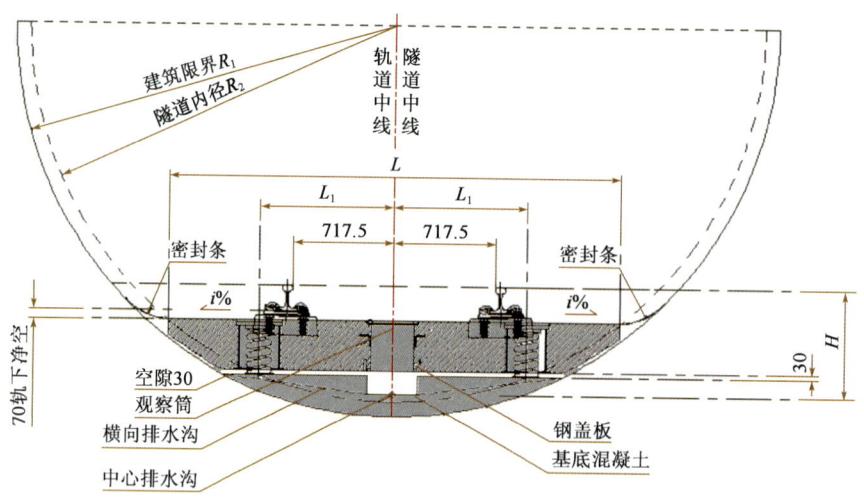

图6-3-34　圆形隧道浮置板结构断面图(尺寸单位:mm)

H-道床结构高度；L-道床宽度；L_1-线路中心到隔振器中心距离

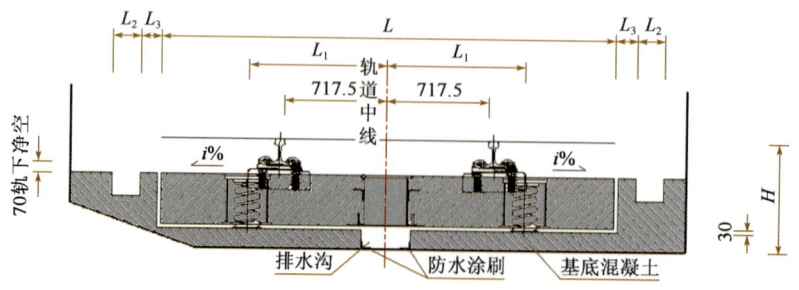

图6-3-35　矩形隧道浮置板结构断面图(尺寸单位:mm)

H-道床结构高度；L-道床宽度；L_1-线路中心到隔振器中心距离；L_2-水沟宽度；L_3-水沟内侧距道床边宽度

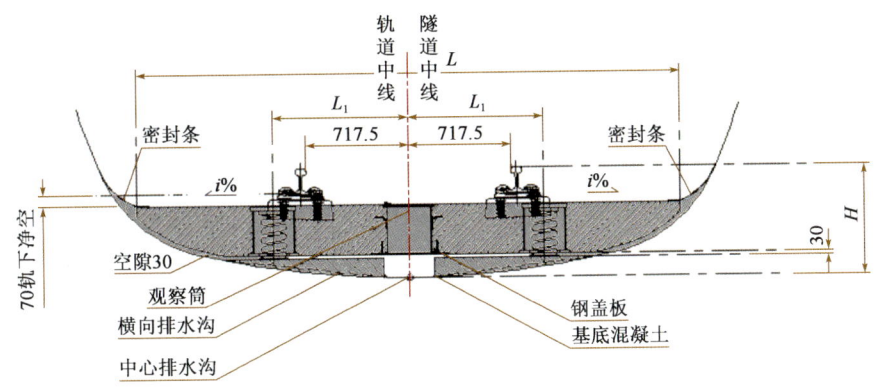

图 6-3-36　马蹄形隧道浮置板结构断面图（尺寸单位：mm）

H-道床结构高度；L-道床宽度；L_1-线路中心到隔振器中心距离

浮置板标准板长 25m，板伸缩缝宽 30mm。隔振器为内置式钢弹簧阻尼隔振器，沿线路纵向每隔 2 根或 3 根轨枕布置一对，端部过渡段采用隔振器连续加密处理，横向布置间距为 1.9m。

浮置板通过内置的隔振器"浮置"于下部结构上方，可以自由振动。隔振器分为外套筒及内套筒两部分，外套筒浇筑于混凝土道床板中，将浮置板及车辆的荷载传给内套筒，内套筒承受荷载，依靠自身的变形及阻尼吸收振动能量，从而达到减振的效果。

钢弹簧隔振器主要由外套筒和内套筒两部分组成。外套筒是圆柱形筒体，是浮置板与隔振器内套筒之间力的传递装置，钢弹簧隔振器内套筒，内含钢弹簧和阻尼剂，是隔振器的核心部件，如图 6-3-37 所示。

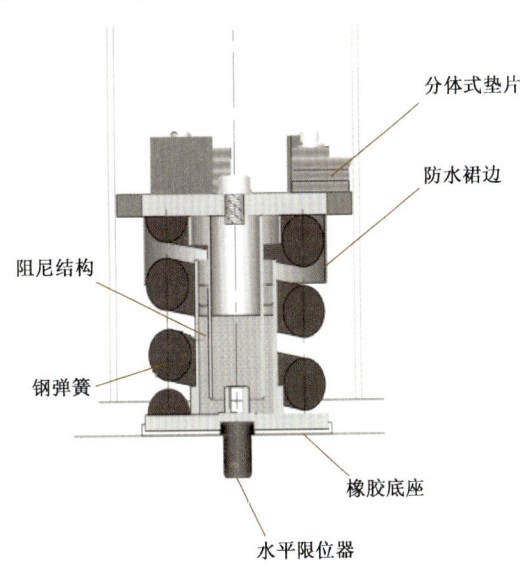

图 6-3-37　钢弹簧隔振器内套筒图组件

3.2.2　施工流程

钢弹簧浮置板整体道床施工流程如图 6-3-38 所示。

3.2.3　施工工艺

钢弹簧浮置板整体道床的施工准备、基底清理、凿毛、基底施工、基底水沟模板安装、基底混凝土浇筑、轨排组装、钢筋绑扎以及混凝土浇筑与地下线长（短）轨枕整体道床施工工艺基本相同。主要施工质量控制要点如下：

(1)对土建移交的基底高程和断面进行测量,若不满足设计要求,则需及时上报设计单位对道床设计图进行调整;

(2)道床采用中心暗埋水沟,水沟底高程控制较为严格,测量人员现场放样通过每3m一根钢筋桩拉弦线来控制高程;

(3)施工时应严格控制基底表面的平整度,基底混凝土平整度误差应控制为负偏差,安放隔振器的承载表面平整度要求为±2mm/m³,垂直方向高程允许偏差-5~0mm。

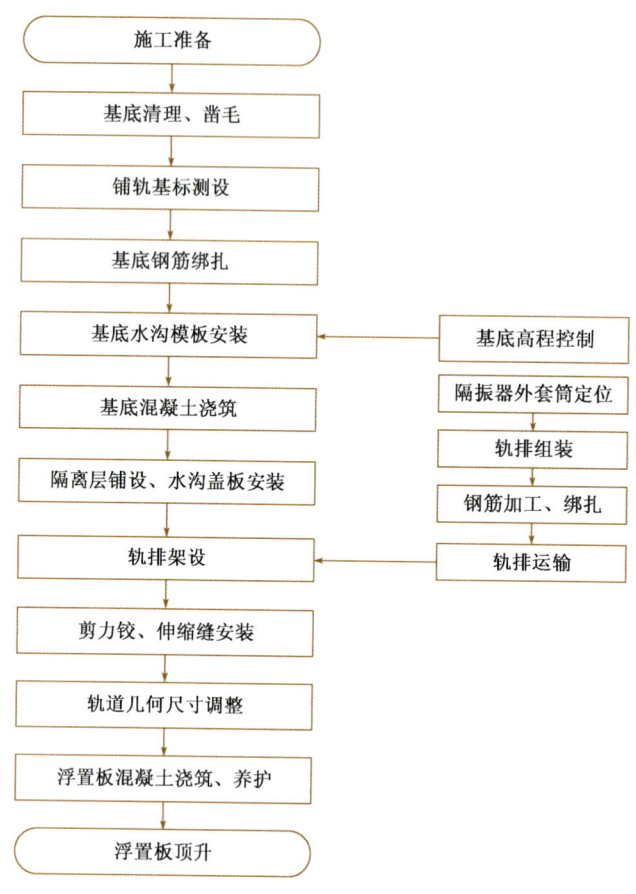

图6-3-38 钢弹簧浮置板整体道床施工流程图

本节重点介绍隔离层铺设及水沟盖板安装、钢筋笼吊装及运输、剪力铰安装以及浮置板顶升作业。

1)隔离层铺设及水沟盖板安装

浮置板基底施工完毕后,清理干净基底混凝土表面和排水沟内的杂物,切除外露的控制桩钢筋头,再在基底表面上铺设水沟盖板和隔离层。

(1)水沟盖板上按设计要求焊接足够数量、长度的锚固筋(将水沟盖板同浮置板道床可靠连接为一整体),示例如图6-3-39所示。

(2)隔离膜应具有足够的强度和韧性,厚度不小于1mm。可采用3块宽1.5m的透明PVC卷材——"水晶板"拼贴而成。铺设时,需将相对粗糙面朝上,较为光滑面朝下。隔离膜应沿线路纵向铺设,先铺线路中心部分,再铺设两侧墙部分,各接缝处应进行重叠搭接(搭接量不小于60mm)、无缝黏合处理,示例如图6-3-40所示。

(3)水沟盖板上的锚固钢筋穿越隔离膜处做封胶处理,防止后期浇筑混凝土时漏浆。隔离膜两侧宽出的预留部分,每隔一定距离必须用乳胶黏结固定到两侧,防止其在施工中产生滑移或错动。

图 6-3-39　水沟盖板安装

图 6-3-40　隔离膜铺设

2）钢筋笼吊装及运输

（1）钢筋笼吊运前，为了保证钢筋笼的整体稳定性、满足吊装及运输要求，需要对钢筋笼进行整体性加固，并合理设置吊点。具体加固和吊点方案应通过现场试验验证。钢筋笼吊装示例如图 6-3-41 所示。

（2）钢筋笼的运输一方面要保障其安全性和通过性，另一方面就是要谨慎控制运输变形。采用走行小型门式起重机直接吊运预制钢筋笼的变形量（水平向回弯和竖向自重弯曲变形）最大，需要合理设置吊点，必要时加斜向拉索以减小自重变形；采用平板车运输时变形相对较小，但在列车通过道岔、小曲线半径时，位于平板车上的钢筋笼也容易产生变形。为了控制钢筋笼在跨装平板车上的变形，可在平板车上放置转向架装置，以有效抑制钢筋笼在运输过程中的变形量。

（3）现场采用 DT-10 型铺轨门式起重机将钢筋笼吊装运输至施工作业面，在吊装行走中注意严格控制起升速度及铺轨门式起重机的行驶速度，避免钢筋笼因吊装、运输产生较大的变形。注意吊点的选择，根据钢筋笼的挠度变形，计算吊装点，并现场进行试验，力求在吊点选择上，控制钢筋笼的变形。根据测量点在钢筋笼就位时进行调整，确保钢筋笼的中线与线路中线重合、浮置板的前后位置同板端线重合，曲线地段注意钢筋笼底部中心与隧道中心的偏离值。

（4）钢筋笼轨排就位后，打开外套筒顶盖，沿外套筒顶盖边缘涂抹玻璃胶等密封材料，防止浇筑时混凝土进入外套筒。尤其注意的是，在钢筋笼就位前要检查隔离膜，对破损处要做修补处理。

3）剪力铰安装、轨排架设

（1）每组剪力铰整组安装到浮置板的一端，剪力铰和剪力筒分别埋设在两块相邻浮置板中间，纵向可以相对自由伸缩，在安装剪力铰之前必须按照设计要求安装伸缩缝板，在轨排吊装到位时进行剪力铰对位，轨排落到位后，根据板缝及轨道中线进行剪力铰精确调整，直到剪力铰位置调整到设计位置。剪力铰安装示例如图 6-3-42 所示。

（2）浮置板道床形式不同，一般可分为有凸台和无凸台两种。有凸台时可采用下承式轨排支撑架，无凸台时一般可采用上承式支撑架进行轨排架设，其调整方式与普通道床轨排的调整方式相同。粗调完成后要对浮置板两侧的翼筋按设计要求进行绑扎。防迷流端子可待钢筋笼调整到位后再焊接。

4）浮置板顶升

在常温条件下经 28d 养护期且道床混凝土达到设计强度后，方可开始阻尼弹簧组件安装和顶升施工。利用浮置板厂家提供的专用液压千斤顶逐个将钢弹簧压缩，使道床板整体抬升，然后利用高度调整片将顶升高度锁定，再松开液压千斤顶液压阀，取出千斤顶，最后利用精密水准仪及观测点对顶升高度进行检测。

图 6-3-41 钢筋笼的吊装

图 6-3-42 剪力铰安装

（1）作业面清理。顶升作业前将浮置板道床和道床之间的伸缩缝清除干净，浮置板道床伸缩缝及道床与边墙之间采用新型密封材料进行密封处理，以免浮置板顶升进入工作状态后其他杂物进入到板底缝隙内。对于圆形隧道，需将道床边作切角处理，防止受力脱落。

（2）测点布设。为了跟踪测量浮置板顶升施工中的高程变化和水平静态变化，在每块浮置板钢轨外侧不受影响的部位布置 8 个水准测量点，测点要求牢固，并编号。顶升前与浮置板道床外的控制基标进行联测，记录每个水准点的初始高程值，在顶升过程中，再与控制基标联测，为最后一次顶升提供参考数据及检查最后顶升的结果。

（3）水平限位销安装。打开隔振器外套筒上盖，将套筒内灰尘垃圾清理干净，并切除套筒底孔内所铺的基底隔离层。在需要安装水平限位销的隔振器套筒基底中心钻孔，压入新型非金属限位销。

（4）阻尼弹簧隔振器安装。首先应在专业安装工程师的指导下将阻尼弹簧隔振器核心组件安装就位。阻尼弹簧隔振器组件放入套筒内后，逆时针旋转中心预紧螺栓，使组件反向旋入承载凸台底部并被套筒内的防转挡销止动，借此松开预紧螺栓。在阻尼弹簧隔振器组件顶板与承载凸台底部之间竖向空隙处，分别放入不同厚度的分体垫片，直至两者之间的竖向间隙被充分填充，有效消除预埋套筒和基底的局部的倾斜误差。安装阻尼弹簧隔振器示例如图 6-3-43 所示。

（5）顶升作业。使用专用液压千斤顶浮置板到设计高度，依次放入分体调高垫片。从浮置板道床的一端向另一端依次交错进行顶升。为提高顶升效率，一般情况下采用专用千斤顶组队同步顶升模式，单次顶升的高度宜为 12mm。每次顶升完成后，测量浮置板道床的顶升高度，并将测量结果作为下一步顶升的依据，直至达到设计高度。把锁止压板放置于调平钢板上，并通过螺栓与内筒连接在一起，防止调平钢板和内套筒反向移动。测量资料应归档作为以后检修的依据。顶升作业示例如图 6-3-44 所示。

图 6-3-43 安装阻尼弹簧隔振器

图 6-3-44 顶升作业

(6) 密封处理。顶升完成的浮置板道床须注意成品保护,在阻尼弹簧隔振器组件顶板中心螺孔处拧入 M20 螺栓(带密封垫片),实现开放式"潜水钟"机理的气闭防水,避免水等其他液体进入阻尼套筒内。最后封盖外套筒顶板,避免杂物进入弹簧隔振器引发故障。浮置板道床顶升到位后,清理浮置板间及与隧道壁间的杂物,安装密封条,将密封条进行充分固定,但需注意保证其与浮置板的密贴并留有适当的伸缩余量。完成浮置板道床顶面排水沟的连接,确保无杂物进入空隙。若与浮置板道床相接的整体道床是在浮置板道床顶升以后施工,须特别注意采取有效措施防止混凝土砂浆进入浮置板道床顶升后形成的底部间隙内。

3.2.4 资源配置

1 个作业面的人员配置,测量、试验仪器配置,工装、设备配置与地下线长(短)轨枕整体道床基本相同,主要不同是增加浮置板顶升设备 1 套。

3.2.5 施工质量验收标准

(1) 浮置板基底高程允许偏差应为 ±5mm;
(2) 道床混凝土浇筑前轨排铺设允许偏差应符合表 6-3-6 的规定,当"轨向"为曲线时符合表 6-3-7 的规定;
(3) 道床外形尺寸允许偏差应符合表 6-3-10 的规定;
(4) 道床模板安装允许偏差应符合表 6-3-9 的规定;
(5) 钢筋安装位置应符合设计文件要求,允许偏差应符合表 6-3-8 的规定。

3.3 减振垫浮置板道床

减振垫浮置板道床减振材料是用不同刚度的天然强化橡胶和纤维层经过特殊加工制作成型。减振垫由面层和支承层组成,支承层为圆锥或圆柱体,通过隔振垫的弹性变形提供弹性,达到更好的阻尼效果。在刚度较大的基础上面放置隔振垫以提高在钢轨以及在道床的荷载分散效果,减小列车荷载对道床基础的冲击。本节将从结构组成、施工流程、施工工艺及资源配置四个方面对其进行详细的描述。

3.3.1 结构组成

减振垫浮置板道床主要由钢筋混凝土基底垫层、30mm 厚减振垫隔离层、钢筋混凝土结构、钢轨、轨枕、扣配件等组成,一般铺设于圆形隧道和矩形隧道内。因两种隧道结构的不同,其排水方式不同,矩形隧道主要通过基底侧沟排水,圆形隧道主要通过基底中心暗沟排水。

矩形隧道道床、圆形隧道道床结构断面分别如图 6-3-45、图 6-3-46 所示。

3.3.2 施工流程

减振垫浮置板道床施工流程如图 6-3-47 所示。

3.3.3 施工工艺

减振垫浮置板道床的施工准备、加密基标测设、道床钢筋绑扎及轨道精调与钢弹簧浮置板整体道床相同,轨排架设及几何尺寸调整、道床钢筋绑扎、道床混凝土浇筑、支撑架拆除及工艺孔封堵与地下线长(短)轨枕整体道床相同。主要施工质量控制要点如下:

(1)钢筋加工及绑扎尤其要综合考虑观察孔和信号预留槽位置。

(2)轨排架设与几何尺寸调整要特别注意,减振垫是弹性材料,轨排支撑架丝杆与减振垫不可直接接触,施工中一般采取割孔、垫铁块等方式进行处理。

(3)道床混凝土浇筑做好钢轨、扣配件及橡胶垫Z字形封条(填胶处)的保护措施,钢轨、扣配件的保护应在混凝土初凝前用湿抹布擦拭;橡胶垫Z字形封条应事先用泡沫板填充起来,待施工嵌缝胶时再掏出泡沫板。

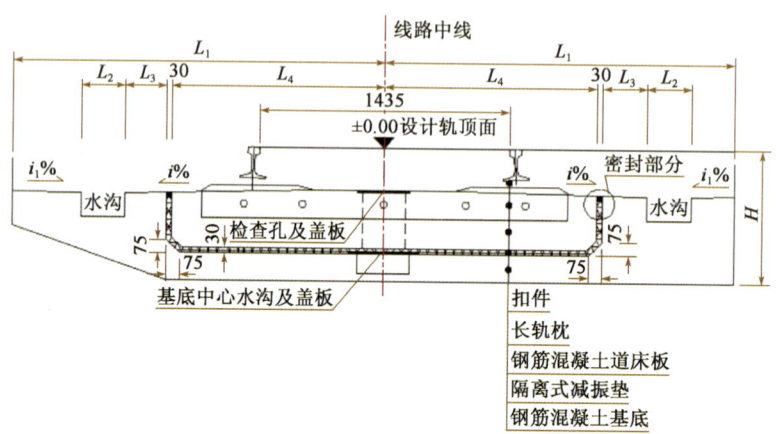

图6-3-45 减振垫浮置板道床矩形隧道结构断面图(尺寸单位:mm)

H-道床结构高度;L_1-线路中心至侧墙宽度;L_2-水沟宽度;L_3-水沟内侧至道床边宽度;L_4-线路中心至橡胶垫宽度

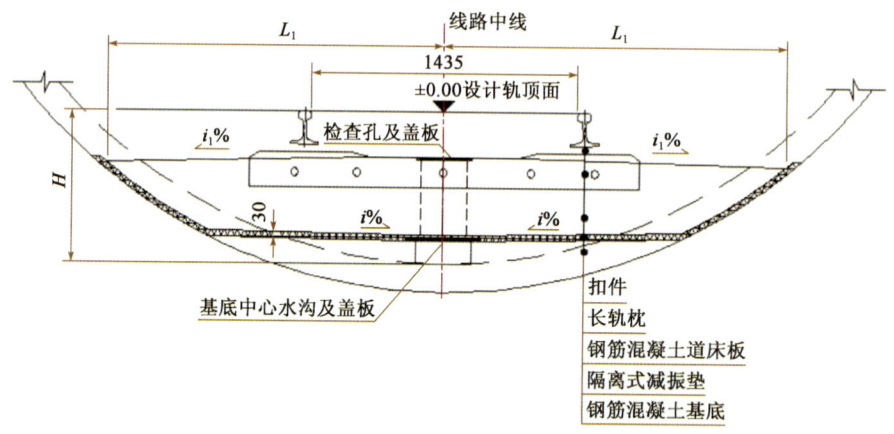

图6-3-46 减振垫浮置板道床圆形隧道结构断面图(尺寸单位:mm)

H-道床结构高度;L_1-线路中心至橡胶垫宽度

本节重点介绍减振垫铺设施工工艺,具体如下:

(1)采用现场丈量、切割的方式铺设,其施工由生产厂家安排技术工程师进行现场指导。

(2)铺设减振垫之前,必须保证基底面干净、平整,并对外露的辅助钢筋做切割处理,避免外露钢筋戳破减振垫。

(3)减振垫铺设方法:基底施工完成后,将(橡胶)减振垫吊运至施工现场铺设。铺设完成后,需要对加密基标处的减振垫进行钻孔,使加密基标外露,待轨道精调完成后、混凝土浇筑前再进行孔洞填补(一般用土工布遮盖,胶带密封)。孔洞直径为5~8cm,由厂家提供专用工具处理。同时,还需要对检查孔的位置进行正确摆放。

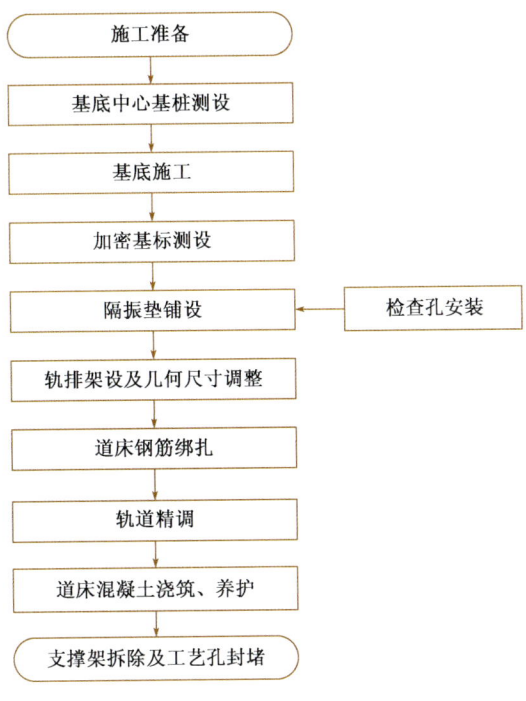

图6-3-47 减振垫浮置板道床施工流程图

3.3.4 资源配置

1个作业面的人员配置,测量、试验仪器配置,工装、设备配置与地下线长(短)轨枕整体道床基本相同,在此不再赘述。

3.3.5 施工质量验收标准

(1)减振垫道床基底高程允许偏差应为-5~+10mm,平整度允许偏差应为5mm(1m靠尺),限位凸台(凹槽)允许偏差应符合表6-3-11的规定;

基底限位凸台(凹槽)允许偏差   表6-3-11

项目	允许偏差(mm)	项目	允许偏差(mm)
宽度	±5	长度	±5
高度	±5		

(2)道床混凝土浇筑前轨排铺设允许偏差应符合表6-3-6的规定,当"轨向"为曲线时符合表6-3-7的规定;

(3)道床外形尺寸允许偏差应符合表6-3-10的规定;

(4)道床模板安装允许偏差应符合表6-3-9的规定;

(5)钢筋安装位置应符合设计文件要求,允许偏差应符合表6-3-8的规定。

3.4 梯形轨枕整体道床

梯形轨枕(又名"纵梁式轨枕")整体道床是由减振垫、预应力混凝土纵梁及其联结杆件(数量根据板长变化)、横纵向限位件组成独特的"预应力混凝土纵梁+横向联结杆件"框架结构,具备消除横向预应力、简化结构和制造工艺的特点,可采用机械铺轨及人工散铺施工。无砟梯形轨道具有自重轻、易维修、造价低等特点。本节将从结构组成、施工流程、施工工艺及资源配置四个方面对其进行详细的描述。

成品梯形枕道床示例如图6-3-48所示。

图6-3-48 成品梯形枕道床

3.4.1 结构组成

由钢轨、扣件、预制梯形轨枕梁、枕下弹性材料、高度调整垫层(或支座,支压板)组成。在左右的纵梁之间采用混凝土系梁进行横向刚性连接,组成"框架形"一体化轨枕结构。其道床结构断面如图6-3-49所示。

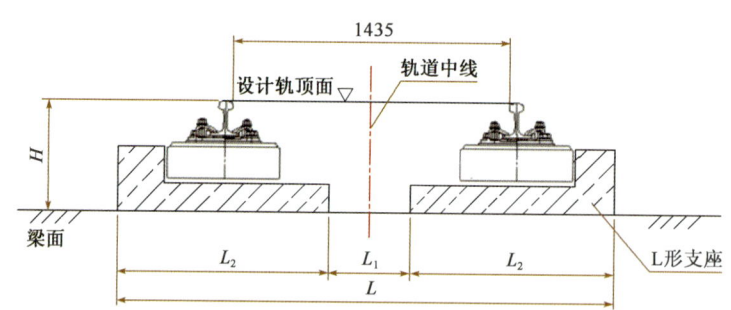

图6-3-49 梯形轨枕道床结构断面图(尺寸单位:mm)

H-道床结构高度;L-道床宽度;L_1-中心水沟宽度;L_2-左侧支座宽度;L_3-右侧支座宽度

3.4.2 施工流程

梯形轨枕整体道床施工流程如图6-3-50所示。

3.4.3 施工工艺

(1)梯形轨枕整体道床施工准备、基底清理、加密基标测设、走行轨安装、道床底层钢筋绑扎、轨排组装架设粗调、道床面层钢筋绑扎、模板安装、轨道精调及道床混凝土浇筑,与地下线长(短)轨枕整体

道床施工基本相同,主要质量控制要点如下:

①混凝土浇筑前应按设计要求将基础表面用高压风清理干净,并用水将基底润湿,控制好入模温度。

②严禁在梯形轨枕下部进行振捣,只振捣L形支座的侧面,使混凝土自动流平。

③梯形轨枕L形基础混凝土初凝前应及时进行面层的抹面,并立即将梯形轨枕、钢轨、扣件、支承架等表面粘有灰浆的地方清理干净。初凝后,观察基础与梯形轨枕减振板处是否密贴,如存在缝隙,应立即使用环氧树脂进行填充。初凝后终凝前进行第二次抹面,以提高混凝土的抗拉强度,减少混凝土收缩量,避免混凝土表面皱裂、起皮,并及时进行覆盖。梯形轨枕在浇筑12h后将钢轨扣配件松开,使梯形轨枕不受外力作用。

④梯形轨枕堆码存放时需用方木垫平,以免梯形轨枕发生翘曲变形。

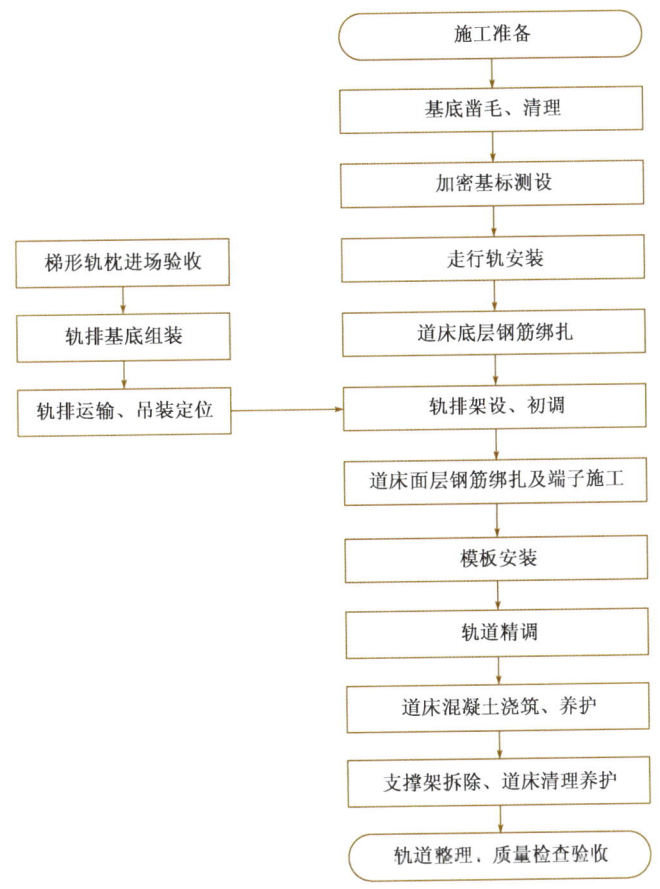

图6-3-50　梯形轨枕整体道床施工流程图

(2)梯形轨枕轨排组装施工工艺:轨排组装在铺轨基地完成,组装前,先要进行轨排表的计算编制和扣配件的试组装。操作时,将梯形轨枕吊放至生产台位的轨枕上,控制好轨枕纵向间距,再将钢轨放落在轨枕上,并按设计要求进行扣配件安装。最后粘贴梯形轨枕侧面的缓冲垫板和泡沫板,泡沫板用透明胶进行绑定,缓冲垫板用胶水贴至轨枕侧面,保证密贴。验收合格后对轨排进行编号。梯形轨枕轨排堆码在轨排之间,垫木放置在减振垫板底板。

3.4.4　资源配置

1个作业面的人员配置,测量、试验仪器配置,工装、设备配置与地下线长(短)轨枕整体道床施工基本相同,在此不再赘述。

3.4.5 施工质量验收标准

(1) 梯形(纵向)轨枕纵向间距允许偏差应为±10mm;
(2) 台座表面与梯形(纵向)轨枕间的隔离空隙不应小于10mm;
(3) 道床混凝土浇筑前轨排铺设允许偏差应符合表6-3-6的规定,当"轨向"为曲线时符合表6-3-7的规定;
(4) 道床外形尺寸允许偏差应符合表6-3-10的规定;
(5) 道床模板安装允许偏差应符合表6-3-9的规定;
(6) 钢筋安装位置应符合设计文件要求,允许偏差应符合表6-3-8的规定。

3.5 预制板整体道床

3.5.1 一般预制板整体道床

轨道交通工程施工场地多位于人口集中区域,混凝土浇筑过程中产生的噪声对附近居民干扰较大。而通过工厂集中预制的板式装配型无砟道床进一步解决了噪声污染问题,绿色环保性能高的特点也是日后发展的新趋势。传统的地铁整体道床施工,几乎所有的混凝土结构都是现场浇筑,不仅污染环境、制造噪声,还增加了工人的劳动强度,作业环境差,质量控制手段比较单一。从工程实体的施工质量、建设项目的全寿命周期考虑及后期的养护维修成本,预制板式道床明显优于现浇整体道床。

1) 结构组成

地铁预制板整体道床结构同高铁Ⅲ型板式道床,主要由道床基础、自密实砂浆填充层、工厂预制钢筋混凝土板、限位装置、钢轨及其扣配件等组成。

预制板效果如图6-3-51所示。

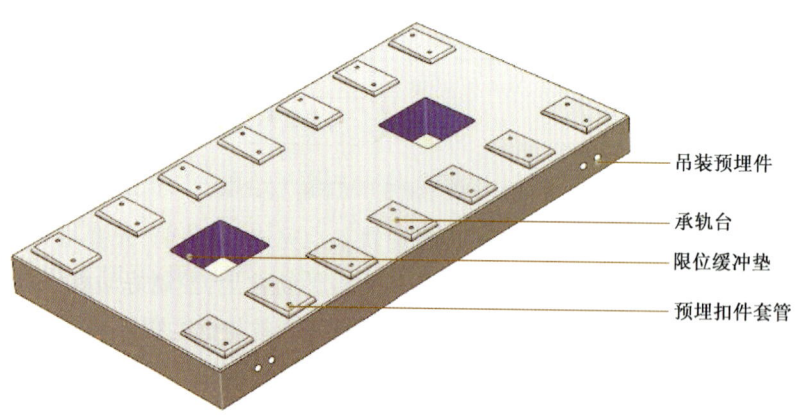

图6-3-51 预制板效果图

2) 施工流程

一般预制板整体道床施工流程如图6-3-52所示。

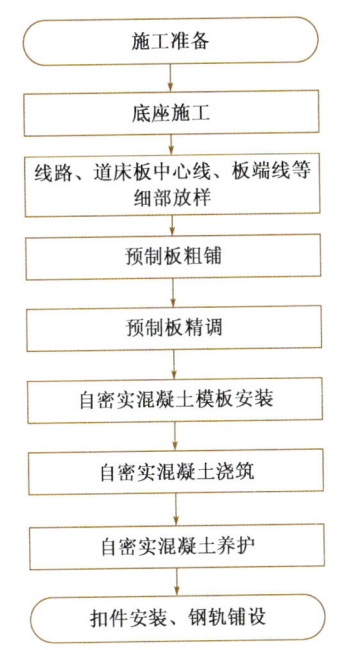

图 6-3-52　一般预制板整体道床施工流程图

3）施工工艺

（1）施工准备

①技术准备。施工技术准备阶段与钢弹簧浮置板整体道床基本相同，在此不再赘述。

②现场准备。预制板整体道床主要施工设备包括底座施工设备、预制板施工设备、自密实混凝土施工设备和钢轨铺设施工设备，机械设备使用前应当进行调试，检测确认符合使用要求及性能后方可使用。设备操作人应具备操作资格，经考核合格后方可上岗。预制板整体道床施工前，隧道沉降评估工作及全线控制网的复测应已完成。

③揭板试验。正式施工前，场外（通常在铺轨基地）进行灌注及揭板试验，实地检验自密实混凝土的施工性能。通过现场试验，总结确定自密实混凝土的性能指标和施工工艺参数，包括原材料性能指标、自密实混凝土拌合物性能和施工工艺参数。

（2）底座施工

底座施工主要包含基底验收及处理、钢筋网片安装、模板安装、混凝土浇筑及养护等内容。

①混凝土底座施工前，应对底座范围内的基层表面进行处理，并对基层面进行验收。矩形隧道结构基底须进行凿毛或植筋处理，处理范围不少于底座范围70%，深度一般为 30～50mm。预埋门形筋位置和数量应符合设计要求。基底施工示例如图 6-3-53 所示。

②钢筋焊接网片由钢筋加工厂集中焊接制作，用运输台车运到现场。将钢筋焊接网片现场焊制成钢筋笼后按要求摆放在设计位置，采用厂制标准混凝土保护层垫块保证底座保护层厚度。

图 6-3-53　基底施工

③模板及支架的材料质量及结构应符合施工工艺要求。模板安装必须稳固牢靠，接缝严密，不得漏浆。模板与混凝土的接触面必须清理干净并涂刷隔离剂。浇筑混凝土前，底座内的积水和杂物应清理干净。

④混凝土浇筑完成后及时进行养护。冬季施工时应对混凝土做好保温养护措施。

⑤底座混凝土浇筑完毕后,再次确认检查底座面平整度及高程,以确保后续预制板的铺设。当底座混凝土施工完成后底座板混凝土结构应密实,表面平整,颜色均匀,无露筋、蜂窝、孔洞、疏松、麻面和缺棱掉角等外观缺陷。

(3)线路、道床板中线、板端线等细部放样

预制板铺设前,在基底面对线路中线、预制板中线、板端线进行放样,并采用墨线进行标记,作为后续预制板安装的依据。轨道基准点设于混凝土底座上,每块板布设一个,布设点位平面、高程误差不应大于 5mm。

(4)预制板的运输及储存

①预制板道床运输前必须修整好运输道路,确保道路平整、稳固。预制板运输主要分为运输至存板区和运输至铺板现场,运输至存板区时根据板的参数,选用合适的车型和载重量。

②预制板装车时,应规范作业人员的装车作业,确保板件装载稳定,捆绑牢靠,预制板堆码整齐,便于装卸。

预制板装车示意图如图 6-3-54 所示,预制板吊装及运输示意图如图 6-3-55 所示。

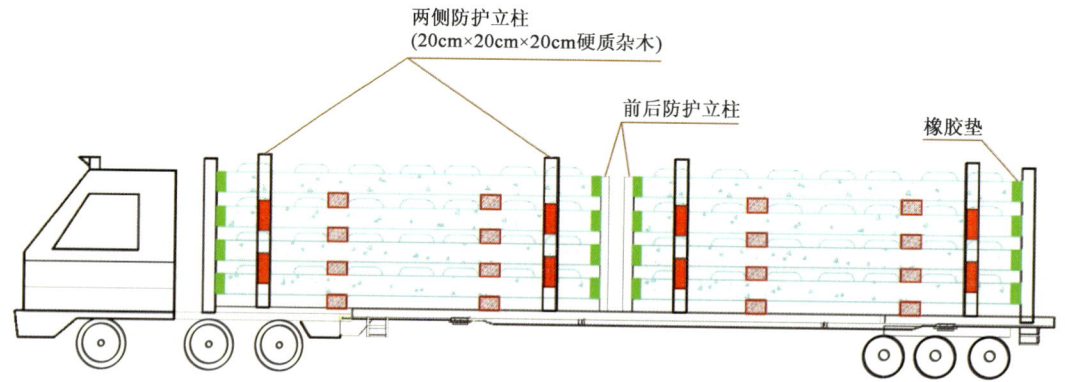

图 6-3-54　预制板装车示意图

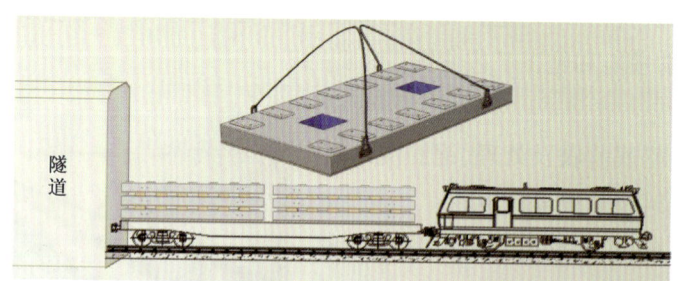

图 6-3-55　预制板吊装及运输示意图

③预埋套管和起吊套管等处用堵头或胶带封好,防止异物进入。吊装时,预制板上所有外露的扣件绝缘套管、起吊套管和接地端子均应安装防护盖。预制板吊装作业时,严禁指挥人员和作业人员站在吊装物下操作。

④装车完成后,检查所有板件的各种外露预埋件是否有防护,防止运输途中损坏。绝缘套管、起吊套管和排流铜片均安装防护盖。

⑤预制板装卸、运输应严格按规定进行,轻起轻落,严禁碰撞。施工前对运输人员进行安全教育,并进行岗前安全培训,明确运输过程中应该注意的安全事项和应急处理措施。

⑥预制板运至施工地点铺设前,其存放场地应坚固平整,存放期间台座不应产生不均匀沉降,场地四周设置排水沟,避免场地内积水浸泡预制板。定期对台座进行沉降观测,产生不均匀沉降时及时采取有效措施。

⑦预制板应按型号和批次分别存放,做好标识和记录,防止铺装时混用。存放宜横向垂直立放,下设两排支点,两支点位置满足设计要求。预制板存储示例如图6-3-56所示。

(5)预制板粗铺

①准备工作

a. 预制板粗铺前应进行吊装作业。预制板起吊前,应确保起吊机械设备运转良好,车体状态稳定,支撑平稳。

b. 预制板起吊中,安排作业人员手扶板体,便于预制板依次吊装到位,也可防止板件随意转动,发生碰撞。

c. 根据施工需要,提前将预制板运送至铺板现场。预制板采用小型汽车运输,装卸车时需考虑预制板铺设顺序,避免预制板铺设时二次倒运。

d. 预制板临时存放应按要求分别在预制板预埋套筒处放置4个支撑垫木后平放,堆放不得超过4层。

e. 铺板前对底座板表面进行清理,对预制板预埋套筒位置放置四块 200mm×100mm×85mm 支承垫木。

f. 粗铺前放线,预制板铺设前要在底座上放出预制板位置轮廓线,保证粗铺时预制板中线与线路中线在 10mm 之内,提高预制板精调效率。

②预制板铺设

a. 预制板铺设时根据设计要求选择对应的预制板型号,采用铺轨门式起重机起吊。利用铺轨门式起重机走行系统将预制板吊至铺设作业面,再由人工配合铺轨门式起重机起吊、移动系统将预制板准确就位。

b. 经检查预制板粗铺满足要求后,拆除吊具,分别在预制板预埋套筒处安装精调器,填写粗铺记录,以上工序循环进行。预制板粗铺完成后立即按配板图填写放板编号,确保所铺预制板均可追溯到生产源头。

预制板铺设示例如图6-3-57所示。

图6-3-56 预制板存储

图6-3-57 预制板铺设

(6)预制板精调

现场采用限位装置进行预制板铺设,已基本调整到位,为了消除相邻板端列车运行中产生的剪力,在板与板连接位置设置剪力铰,在预制板预制中,预埋剪力铰螺栓孔,预制板铺设就位完毕后,进行钢轨、扣件、剪力铰等部件的安装。安装完毕后进行预制板精调,现场精调采用专用调节装置,对预制板的横向、纵向、高程三维尺寸进行调整,消除前期铺设偏差,保证精度满足设计及施工要求。

CPⅢ测量精调预制板示意图如图6-3-58所示。

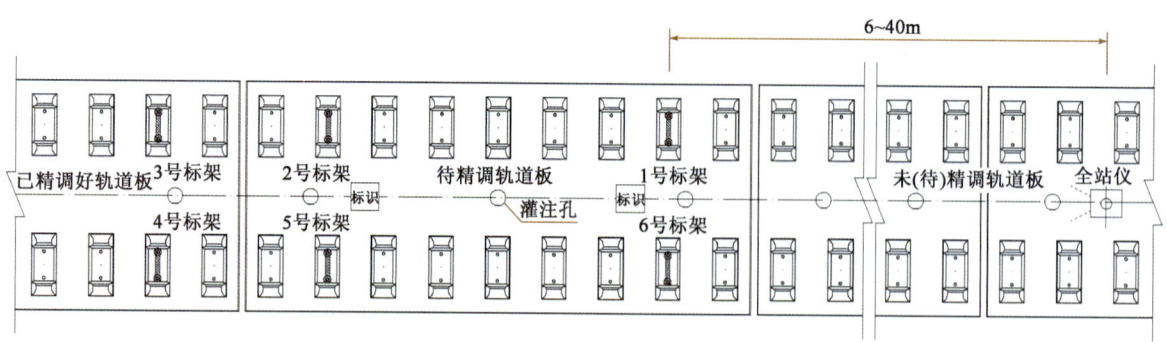

图6-3-58　CPⅢ测量精调预制板示意图

（7）自密实混凝土模板安装

①自密实混凝土模板技术要求

自密实混凝土模板应有排气措施,并应重点考虑精调器部位,在施工中优化模板设计。

②自密实混凝土模板安装

预制板铺设前,对混凝土底座进行清理,达到无浮渣、碎片、油渍、积水等。自密实混凝土模板安装时应特别注意精调器部位模板的处理,模板安装完成后要保证混凝土浇筑时不漏浆。

③模板封边

用槽钢或钢管制作成"U"形支架,横跨预制板上,支架的两端各设一水平螺栓和倾斜螺栓,水平螺栓用于支架与预制板的紧固,倾斜螺栓用于支撑板缝上的封边角钢,板缝处用硬质海绵等材料封边,并在其上加压角钢。封边应注意两点:一是对倾斜螺栓加压时用力不能太大,防止扰动精调好的预制板;二是海绵垫同精调千斤顶的接合部位要处理好,防止漏浆。

自密实混凝土模板安装示意图如图6-3-59所示。

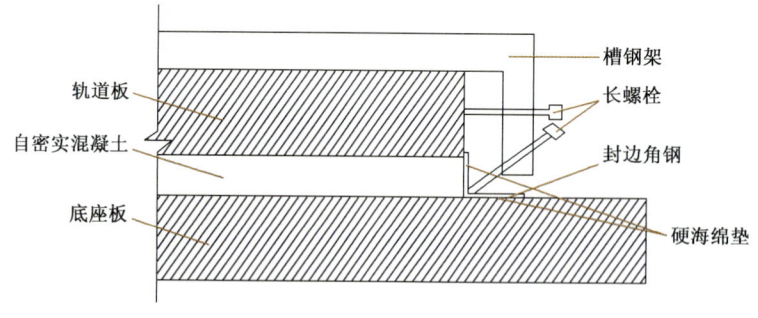

图6-3-59　自密实混凝土模板安装示意图

④防上浮装置安装

为了保证在自密实混凝土灌注时预制板不上浮,且在曲线超高段灌注时预制板不产生横向位移,需在预制板的两侧安装限位装置。其安装过程如下:

第一步:预制板精调完成以后,在混凝土底座上植入套筒,安装防上浮装置。

第二步:当自密实混凝土强度达到30%后,方可拆除防上浮装置。

反力架安装示意图如图 6-3-60 所示,模板及扣压装置示例如图 6-3-61 所示。

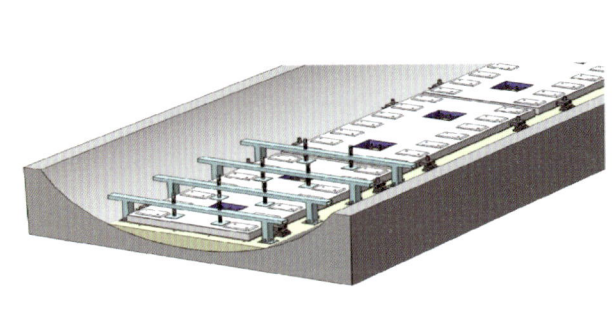

图 6-3-60　反力架安装示意图

图 6-3-61　模板及扣压装置

(8) 自密实混凝土浇筑

① 预制板预湿

由于预制板是混凝土材料,极易吸水,灌注时,混凝土会将自密实混凝土中的自由水吸附到混凝土空隙中并置换出空气,使自密实混凝土内部产生较大的气泡,因此自密实混凝土灌注前应进行预制板预湿。预制板预湿可采用旋转喷嘴或手枪式喷枪进行,在灌注前 1h 分别从三个灌浆孔伸入预制板进行雾状喷射,足够湿润的标志是表面稍微潮湿。预湿时应注意不得在隔离层表面形成明水、积水。灌注混凝土前 10min 再检查一次预制板下方的混凝土底座表面状况,查看其表面是否有积水和雾化不彻底等现象。预湿有积水或者不预湿都会严重影响灌注质量。

② 搅拌

搅拌时,宜先向搅拌机投入粗骨料、细骨料、水泥、矿物掺和料和其他材料,干粉搅拌 1min,再加入所需用水量和外加剂,并继续搅拌 2min。冬期施工时,直接与水泥接触的水的加热温度不宜高于 80℃,自密实混凝土搅拌时间宜较常温施工延长 50% 左右。夏(热)期施工时,水泥进入搅拌机的温度不宜大于 50℃。正式生产前必须对自密实混凝土拌合物进行开盘鉴定,检测其工作性能。自密实混凝土搅拌施工流程如图 6-3-62 所示。

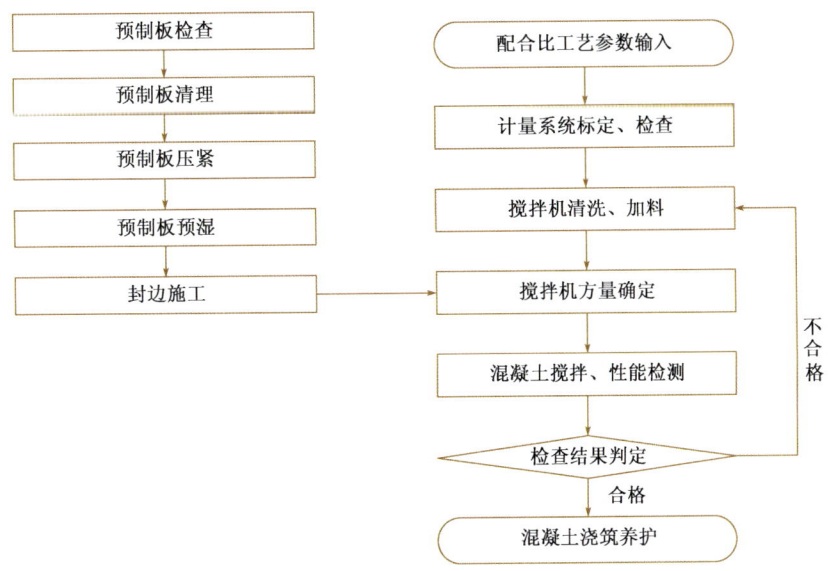

图 6-3-62　自密实混凝土搅拌施工流程图

③运输

应选用能确保浇筑工作连续进行、运输能力与混凝土搅拌机的搅拌能力相匹配的混凝土专用运输设备运输自密实混凝土。自密实混凝土运输道路应平坦畅通,以确保混凝土在运输过程中的均匀性,在运到浇筑地点时不发生分层、离析和泌浆等现象,并具有相应的自密实性和含气量等工作性能。运输自密实混凝土过程中,应对运输设备采取保温隔热措施,防止局部混凝土温度升高(夏季)或受冻(冬季)。

④浇筑

a. 自密实混凝土入模前,应检测混凝土拌合物的温度、坍落扩展度和含气量等。

b. 对于预留灌注口的预制板,自密实混凝土宜从预制板预留灌注孔进行灌注,两侧模板上预留排气孔,以利于灌注时排除空气。灌注时应通过料仓及连接料仓的下料管注入,自由倾落高度不宜大于1.0m。自密实混凝土的灌注速度不宜过快,宜采取慢—快—慢的方式灌注,并应保证下料的连续性和混凝土拌合物在预制板下满空间连续流动性。

c. 对于未预留灌注口的预制板,可通过侧模板上预留的灌注槽进行单侧灌注。灌注时,应通过漏斗及连接料仓的下料管注入到灌注槽内。当灌注槽内混凝土量一定时,控制操作阀门,开启灌注槽使自密实混凝土在预制板下形成与预制板长度相当的一侧灌注形式。自密实混凝土的灌注速度同预留灌注口的混凝土灌注速度。

d. 通过观察下料管口模板内混凝土的下降情况以及在灌注口另外一侧用木棒触探混凝土流动到的部位,随时检查混凝土在预制板下的流动情况。当流动情况不良时,应及时调整混凝土的下料速度。灌注完毕后,灌注槽模板内多余混凝土应及时清除。

e. 一块预制板灌注结束后,推移料仓进行下一块预制板灌注。当浇筑时间间隔大于2h时,应及时清洗料仓及送料管道。

f. 灌注完成后,应及时清理施工机具和污染的板面等。转料仓和下料软管内存有混凝土残渣时,也应及时清理,否则容易堵塞管道,尤其是混凝土凝固后更难以处理。

g. 灌注完成待自密实混凝土强度到达3MPa后,方可拆除预制板精调器。

⑤注意事项

a. 在自密实混凝土灌注之前,必须由试验人员对自密实混凝土拌合物的性能进行检验,不合格的混凝土禁止使用。

b. 自密实混凝土灌注快要饱满时,关小转料仓阀门,随时观察预制板是否有拱起、上浮等现象,并按规定制作混凝土试件。

c. 混凝土支承层或底座的强度达到设计强度后,方可进行下一道施工工序。

d. 自密实混凝土拌制与灌注过程中,均应符合环境保护的有关规定。

e. 自密实混凝土拌合物的性能应满足设计要求,设计无要求时,可按表6-3-12和表6-3-13的要求执行。自密实混凝土的尺寸偏差要求见表6-3-14。

自密实混凝土拌合物的性能要求 表6-3-12

检验项目	性能要求	检验项目	性能要求
坍落扩展度	≤680mm	泌水率	0
扩展时间 T_{500}	3~7s	含气量	≥3.0%
J环障碍高差	<18mm	竖向膨胀率	0~1.0%
L型仪充填比	≥0.8		

硬化自密实混凝土拌合物的性能要求　　　　表6-3-13

项　　目	指标要求	项　　目	指标要求
56d电通量(C)	≤1000	56d干燥收缩值(×10^{-6})	≤200
抗盐冻性,冻融循环次数	28	开裂敏感性,初始裂缝时间(h)	≥326

自密实混凝土的尺寸误差　　　　表6-3-14

检 查 项 目	允 许 误 差	检 查 方 法
厚度	±5mm	尺量
平整度	5mm/4m	
与预制板边缘对齐	±2mm	

(9)自密实混凝土养护

①养护

a.自密实混凝土灌注完成后,应及时养护,养护时间不得少于14d。

b.养护用水温度与混凝土表面温度之差不得大于15℃。

c.做好养护记录。同时,对同条件养护的混凝土试件进行洒水养护,使试件强度与自密实混凝土强度同步增长。

d.当板体混凝土达到100%设计强度时,停止对自密实混凝土调整层的养护。

e.冬季施工,应对混凝土做好保温养护措施。

②拆模

a.预制板两侧模板的拆除应在自密实混凝土强度达到4.0MPa以上,且其表面及棱角不因拆模而受损。

b.拆模时间除需考虑拆模时的混凝土强度外,还应考虑到拆模时的混凝土温度(由水化热引起)不能过高,以免混凝土开裂。混凝土内部开始降温以前以及混凝土内部温度最高时不得拆模。

c.拆模宜按立模顺序逆向进行,不得损伤预制板四周混凝土,并减少模板破损。当模板与自密实混凝土脱离后,方可拆卸、吊运模板。

(10)扣件安装、钢轨铺设

扣件安装、钢轨铺设应在预制板施工完毕并检查合格后方可施工。曲线地段铺轨应严格按照"配轨表"编号依次铺设钢轨,同时,铺轨过程中应注意成品保护,避免预制板道床受损。

完成的成品道床示例如图6-3-63所示。

图6-3-63　成品道床

4)资源配置

1个作业面的人员配置见表6-3-15。单个铺轨基地2个作业面时工装、设备配置详见表6-3-16。预制板整体道床测量、试验仪器配置与地下线长(短)枕整体道床资源配置基本相同,在此不再赘述。

人员配置(1 个作业面)　　　　　　　　表 6-3-15

序号	工　序		工　作　内　容	数量(人)	备　注
1	施工准备		走行轨安装,作业面临电布置	10	含走行轨架设 4 人,临电布置 6 人
2	基底清理及凿毛/植胀锚螺栓		垃圾、积水清理,底板凿毛,基底植胀锚螺栓	4	只有矩形隧道和马蹄形隧道需凿毛或植胀锚螺栓
3	底座施工	施工测量	(作业面)精测网交桩复测、CPⅢ测量,基底控制基标、加密基标测量,基底面高程复核测量	6	一般为项目部测量人员
		基底钢筋加工及绑扎	钢筋棚集中加工,现场直接绑扎	6	2 人加工,4 人绑扎
		基底模板安装及拆除	模板安装,伸缩缝沥青木板安装,后期模板拆除	4	2 人进行模板固定支架安装,2 人进行模板倒运、安拆
		基底混凝土浇筑	基底混凝土浇筑,抹面	10	
		基底混凝土养护及处理	对基底混凝土进行养护,对基底面高程不符合设计要求的进行处理	6	2 人养护,4 人处理基底
4	预制板吊装、运输、粗铺		利用基地门式起重机,将预制板吊装至洞内平板车上,再利用轨道车和铺轨小吊运输至施工现场	6	作业面 2 人负责门式起重机,4 人配合吊装及铺设
5	预制板架设精调,精调装置及防上浮装置安拆		采用专用调节装置配合调板仪器进行预制板三维尺寸调节	12	需额外 4 名测量人员配合预制板精调
6	自密实混凝土模板安拆		自密实混凝土模板安装、拆卸	6	
7	自密实混凝土浇筑及养护		自密实混凝土运输、浇筑、清理及养护	10	其中 1 人进行自密实混凝土流动性检查
8	钢轨、扣件运输及安装		利用基地门式起重机,将钢轨、扣件、剪力铰等吊装至洞内平板车上,再利用轨道车和铺轨门式起重机运输至施工现场,最后按设计要求进行安装	8	2 人配合吊装,6 人进行安装
9	轨道精调		配合 CPⅢ 轨道精调小车进行轨道精调	5	5 人进行轨道精调
	合计			93	

注:1.所有工序并非同步进行,上道工序任务完成后,人员可调配到下道工序,综合考虑后,每作业面施工作业人员应不少于 60 人。
　2.特种作业人员 3 人。
　3.项目管理人员含基地负责人 1 人,技术人员 2 人,调度 1 人,安全员 1 人,材料员 1 人,轨道车司机 4 人(1 台轨道车 2 名司机、2 名车长),基地门式起重机司机 2 人,指挥车司机 1 人,基地电工 1 人。

工装、设备配置(单个铺轨基地2个作业面) 表6-3-16

序号	部位	名称	型号	单位	数量	配置原则	备注
1	地面设备	基地门式起重机	16t	台	2	单基地2台	
2		门式起重机走行线	P43/50/60钢轨	双线米	120	120m走行线,能满足使用	根据场地及策划进行调整
3		锯轨机		台	2	1台用,备用1台	
4		电动扳手		台	2	应用空压机扳手时可不用	
5		空压机		台	2	1台用于基底凿毛,1台用于组装轨排的空压机扳手	
6		变跨设备		套	1	一个基地1套	铺轨变跨时使用
7		钻眼机		台	2	1台用,备用1台	有缝线路时配置
8	地下走行设备	轨道车		台	2	1台/作业面	如GC220等
9		平板车	地铁专用低平板车	辆	4	2台/作业面	采用罐车时增加1台
10		铺轨门式起重机	DT-10	台	6	3台/作业面	
11	焊轨	焊轨机组		套	1	焊轨工期不紧张,用1台满足	如K922型
12		焊轨专用平板车		辆	1	放置焊轨机	
13		焊轨配套平板车		辆	1	放置焊轨小型机具及柴油	轨道施工平板车即可
14	施工工装	走行轨	P24	双线米	700	单作业面配备350双线米	含配套夹板及螺栓
15		走行轨支腿	固定式/可调角度	套	1280	1.2m配备1套	根据隧道形式选定,推荐可调角度式,通用性强
16		自制小平板车	自制	辆	4	2辆/作业面	
17		基底水沟模板	待定	双线米	400	按每个作业面日进度100m	可用槽钢、铝合金模板等
18		自密实混凝土模板	定制	m	400	按每个作业面日进度50m	按照预制板尺寸进行定制
19		料斗	自制	个	10	3个普通料斗/作业面,2个自密实混凝土料斗/作业面	根据需要定制
20		反力架	定制	榀	350	每块预制板需3榀,每个作业面按200m进行配置	按照预制板尺寸进行定制
21		三维调节仪	定制	套	700	每块预制板需6套,每个作业面按200m进行配置	根据需要定制
22		起道机	1t/5t	台	6	6台/作业面,焊轨用	钢轨、扣件安装
23	其他	发电机	3kW	台	1	1台/2个作业面	放桩
24		冲击钻		台	3	2台/作业面,含备用1台	放桩及走行轨安装

续上表

序号	部位	名称	型号	单位	数量	配置原则	备注
25	其他	插入式振动棒		台	3	2台/作业面,含备用1台	混凝土振捣
26		工程车		辆	1	1辆/基地	往返工地
27		对讲机	通用	台	14	门式起重机用3台,司车长8台,工调、行调3台	根据需要配置
28		水泵	污水泵	台	2	2台/基地	根据实际情况配置
29		钢筋弯曲机		套	1	1套/基地	钢筋加工设备
30		钢筋切割机		套	1	1套/基地	钢筋加工设备
31		钢筋拉直机		套	1	1套/基地	钢筋加工设备
32		电焊机		台	3	1台/作业面	备用1台

3.5.2 预制钢弹簧浮置板整体道床

钢弹簧预制板式道床是一种新型的轨道结构,这种新型浮置板道床结构由于浮置板板长较短,可以方便地在隧道内进行运输,因此浮置板可以在地面进行预制式工业化生产,钢弹簧预制板式整体道床与钢弹簧浮置板整体道床原理相同。

1）结构组成

预制钢弹簧浮置板道床由基底垫层、带隔振器套筒的钢筋混凝土预制板、钢轨、扣件、钢弹簧阻尼器等组成。预制钢弹簧浮置板一般尺寸为:直线段预制板长6m,曲线段板长3.6m,其余结构同现浇钢弹簧浮置板道床。其结构断面如图6-3-64所示。

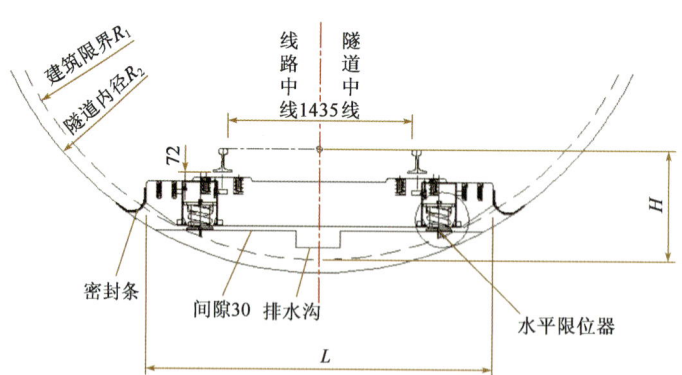

图6-3-64 钢弹簧预制板式整体道床结构断面图(尺寸单位:mm)
H-道床结构高度；L-道床宽度

将浮置板的钢筋混凝土及预埋件施工改为工厂标准化生产,不仅生产效率提高,而且浮置板主体的平整度、一致性显著改善。预制板施工较传统现浇浮置板更有利于质量控制,提高了施工精度,加快了施工速度。

2）施工流程

预制钢弹簧浮置板整体道床施工流程如图 6-3-65 所示。

3）施工工艺

(1) 施工准备

根据施工图纸准备材料机械、编排施工组织计划。

由于地铁隧道、车站土建施工误差及结构不均匀沉降等原因,可能造成实际交付的土建结构(尤其是盾构段)与设计存在偏差,将对浮置板道床施工构成直接影响。应在土建施工单位交付作业面后,尽快组织专业测量技术人员对土建结构进行复测,检查浮置板地段的实测隧道中线与设计中线的偏离值、轨道结构高度与设计轨道结构高度的偏差是否满足浮置板轨道设计的需要。如实测结果较设计偏差较大,需及时将相关数据反馈至设计单位,以便相关各方及时作出变更调整,避免延误现场施工进度。

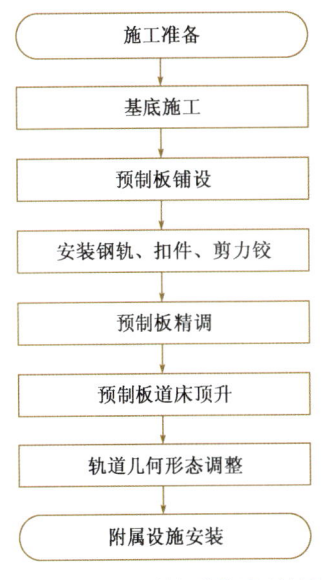

图 6-3-65 预制钢弹簧浮置板整体道床施工流程图

预制板的基标设置分两次进行,第一次设置的加密基标用于浮置板基底的施工,第二次设置的铺轨基标用于预制板的铺设和轨道几何尺寸的调整。控制基标设置于线路中线上,根据每块预制板的长度设置(一般每块板设置一个),且要有明显标识,便于浮置板后期的养护与维修。预制钢弹簧浮置板基标设置示意图如图 6-3-66 所示。

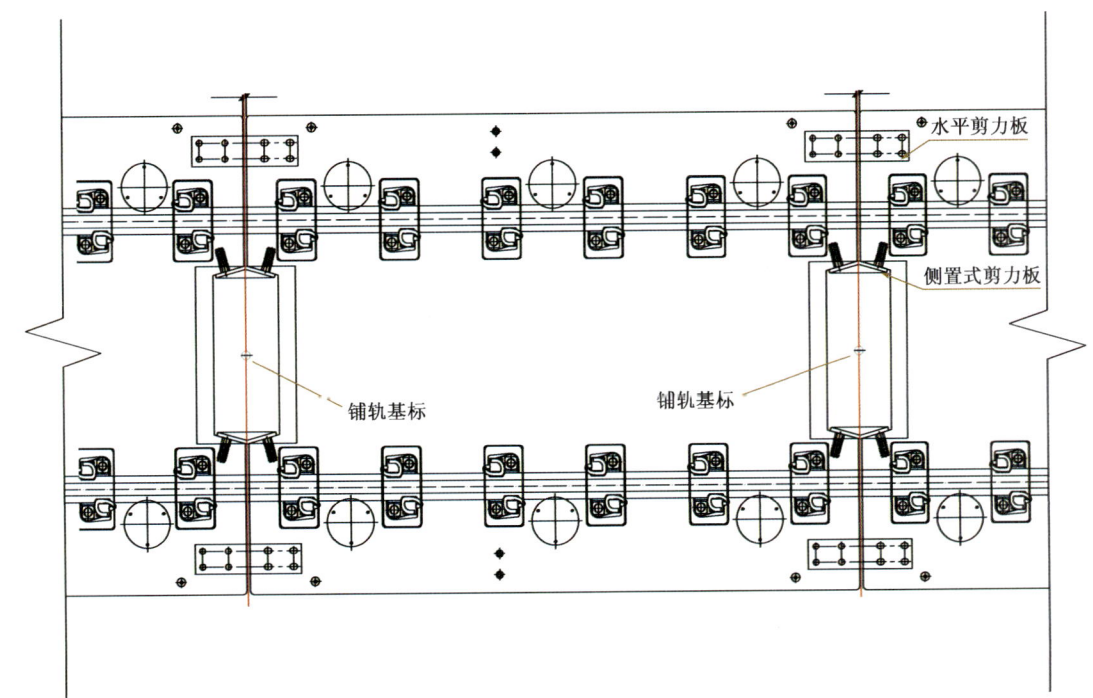

图 6-3-66 预制钢弹簧浮置板基标设置示意图

(2) 预制板铺设

①预制板铺设前应将基底清理干净,避免杂物遗留在板下。根据基标,将预制板与预制板间的缝隙中线点放样在基底混凝土面上,作为预制板就位的依据。

②使用1台或2台铺轨门式起重机同步、匀速吊运预制板至铺设处,根据控制基标,采用定位装置,调整预制板中线及前后位置,板间缝隙控制为25~35mm之间。直线段铺设时预制板中线要与设计轨道中线重合;曲线预制板半径与线路曲线半径相同时,铺设时考虑线路中线与预制板中线偏移量;预制板曲线半径与线路曲线段不同时,按平分正矢法布置预制板,即曲线预制板长度(一般为3.6m)的1/2或2/3(即平分正矢法)布置板中线,板中线同线路中线存在差异。

(3) 安装钢轨、扣件、剪力板

首先安装扣件及钢轨,拉紧弹条后安装剪力板,剪力板分为水平剪力板和侧置式剪力板。安装剪力板时,每隔7对安装1对长孔水平剪力板(剪力板螺栓孔分长孔和圆孔两种)。

(4) 预制板精调

现场精调采用专用调节装置,进行三维尺寸调节,为保证精度满足设计及施工要求。通过专用调节装置,对预制板进行横向、纵向的调整,消除前期铺设偏差。

(5) 预制板道床顶升

调试顶升前将道床清理干净,钢弹簧浮置板预制板顶升施工原理是利用液压千斤顶逐个将钢弹簧压缩致使道床板抬升,然后利用高度调整片将顶升高度锁定,再松开液压千斤顶液压阀,取出千斤顶,最后利用精密水准仪及控制点对顶升高度进行检测。分4个循环依次完成每个隔振器的顶升作业,将预制板顶升至设计高度。具体施工步骤及要求如下:

①在实施顶升作业前的准备工作中,提前清理检查孔内垃圾并按照设计尺寸加工检查孔盖板。

②清理钢弹簧浮置板道床两端过渡段水沟内的垃圾及积水,保证水沟流水畅通,防止隔振器在顶升后浸泡在水中,导致阻尼剂泄露,影响减振效果。

③每块预制板顶面均匀布置4个水准测点,布置在钢轨外侧不受影响的部位,测点要求牢固,并编号。顶升前与预制板以外的控制基标进行联测,记录每个水准点的初始高程值,在顶升过程中及结束后,再与基标联测,为最后一次顶升提供参考数据以及检查最后顶升的结果。

④打开隔振器外套筒顶盖,在外套筒内中心位置按照设计要求安装水平限位螺栓,然后安装钢弹簧,注意隔振器不能倒置,防止黏滞阻尼剂外流。

⑤在每个隔振器位置依次摆放不同规格及型号的调整片。

⑥在顶升过程中,根据需要测量预制板的顶升高度,并将测量结果作为下一步顶升的依据,直至达到设计高程,测量资料应归档作为以后的检修依据。

⑦顶升至设计高程后安装锁定板及隔振器外套筒顶盖。

(6) 轨道几何形态调整

①因线路竖曲线、隔振器顶升的差异、不同板之间的高差、隔振器基底的不平整、预制板及扣件的预制安装误差等一系列因素,造成轨道的高低和水平差异,为满足验收规范铺设精度的要求,对浮置板轨道进行精确调整。

②用CPⅢ精调小车控制轨道几何状态。高程、轨距及轨向调整主要通过扣件不同规格的调高垫板和轨距块来实现。

(7) 附属设施安装

在板两侧、板缝位置安装密封条,板间凹槽位置处安装水沟盖板。待浮置板就位完成后板间连接排迷流端子。全部施工完毕后,对扣件进行复紧,以及对浮置板轨道施工质量进行全面检查。

4) 资源配置

人员配置,工装、设备配置与一般整体道床基本相同,设备配置中增加顶升设备1套。预制钢弹簧浮置板测量、仪器配置与地下线长(短)轨枕整体道床相同,在此不再赘述。

3.6 质量通病与防治措施

无砟道床质量通病与防治措施见表6-3-17。

无砟道床质量通病与防治措施　　　　　　表6-3-17

序号	质量通病	防治措施
1	轨排轨距、方向、水平超限	(1)轨排按要求放置在平板车上,防止运输过程中扭曲变形; (2)铺轨运输吊点控制到位; (3)CPⅢ小车数据必须经过复核方可使用,预防任何因素导致计算数据错误
2	浮置板道床隔振器过高、过低、倾斜	(1)轨排运输到位后,隔振器重新加固; (2)道床浇筑速度宜慢,防止隔振器上浮; (3)浇筑过程中多关注隔振器情况,及时调整矫正; (4)基底高程控制:设置控制基底隔振桶高程的测线或立杆,进一步控制隔振桶高度问题
3	扣配件被污染	混凝土浇筑时,扣件用塑料袋包裹,钢轨用水晶板覆盖
4	弹条安装不到位	加强焊轨后扣件恢复过程的质量控制
5	轨枕偏斜	浇筑前检查到位,对轨枕偏斜的进行方枕处理
6	铁垫板防锈层掉块	对作业人员进行技术交底
7	扣件安装有误	提高施工人员的质量责任意识,并对此问题进行单独说明
8	道床边角漏浆	立模完成后,用泡沫胶对模板缝隙处填堵,并确认密实
9	梯形轨枕端部、底部空洞,混凝土浇筑不密实	(1)对挡水台凿除彻底,增大空间; (2)适当增大混凝土坍落度; (3)采用稀释混凝土,加强振捣
10	道床开裂、轨枕离缝	(1)严禁用强力拆除丝杆; (2)根据道床强度上升时间,及时拆除,加强养护; (3)加强轨枕四周振捣、商品混凝土质量、混凝土入模温度控制并及时进行养护,预防轨枕离缝问题
11	道床漏筋	核对钢筋加工技术交底是否有误,检查钢筋加工质量
12	道床缺棱掉角、蜂窝麻面	加强道床混凝土振捣,拆模时小心棱角勿损坏
13	钢轨底部道床抹面较差	加强现场盯控,制作加长型抹面工具
14	混凝土质量问题,道床强度不合格	混凝土进场时,加强验收,在浇筑过程中出现混凝土异常情况及时停止浇筑
15	轨底坡超限	(1)加强轨排支撑架强度、刚度、稳定性的加工质量控制; (2)道床混凝土浇筑前必须进行轨底坡量测,合格后方可进行混凝土浇筑
16	道床脱空	混凝土浇筑前要将结构底板进行冲洗
17	防迷流端子高出道床或埋入道床	端子焊接位置及高程控制严格,混凝土浇筑过程中注意端子保护
18	水沟排水不畅、有积水	(1)加强施工过程中水沟底部高程的控制,避免反坡出现; (2)在暗沟的道床两端采取钢格栅防护,避免杂物进入水沟造成积水或排水不畅

第 4 章 有砟道床

在地铁工程中,有砟线路主要适用于车辆段库外线路,因车辆段主要用于车辆检修、维护、停放等,需在库外频繁地对电客车进行调动,对于行车速度限制较低(15km/h),有砟线路标准要求较低,能够尽可能多地集中铺设道岔,在满足调车需求的同时,便于道床维护。有砟道床施工应符合现行《铁路轨道工程施工质量验收标准》(TB 10413)的有关规定;施工过程中测量主要内容以控制基标为准进行铺轨基标加密,基标的测设精度应满足现行《城市轨道交通工程测量规范》(GB/T 50308)的要求。本章节主要介绍有砟线路的施工工艺、资源配置、常见问题及对策等。

4.1 车辆段碎石道床

4.1.1 结构组成

车辆段碎石道床的结构组成以某车辆段为例,其一般铺设新Ⅱ型预应力混凝土枕,弹条Ⅰ型扣件,铺设标准 1440 根/km,道床为单层道砟,道床边坡 1∶1.5,混凝土枕中间顶面与碎石道床顶面位于同一高度,如图 6-4-1 所示。

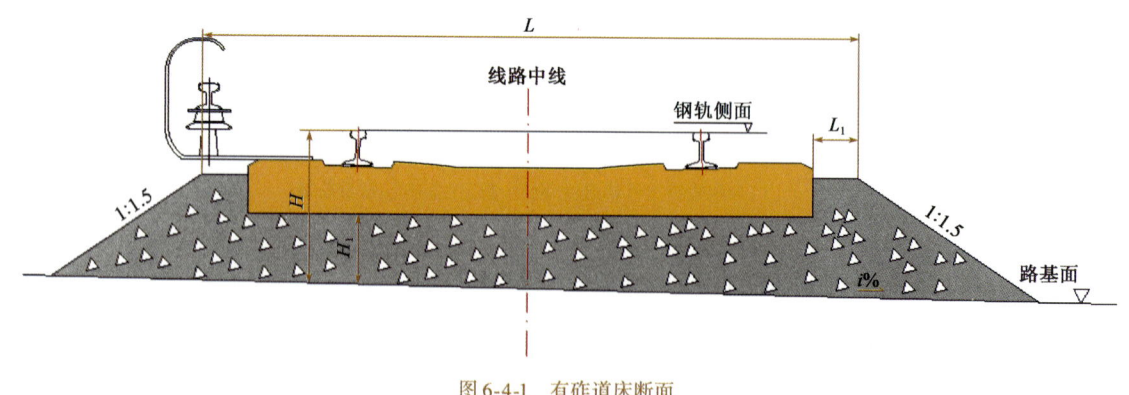

图 6-4-1 有砟道床断面

L-面砟宽度;L_1-砟肩宽度;H-轨道结构高度;H_1-底砟厚度

4.1.2 施工流程

有砟道床施工流程如图6-4-2所示。

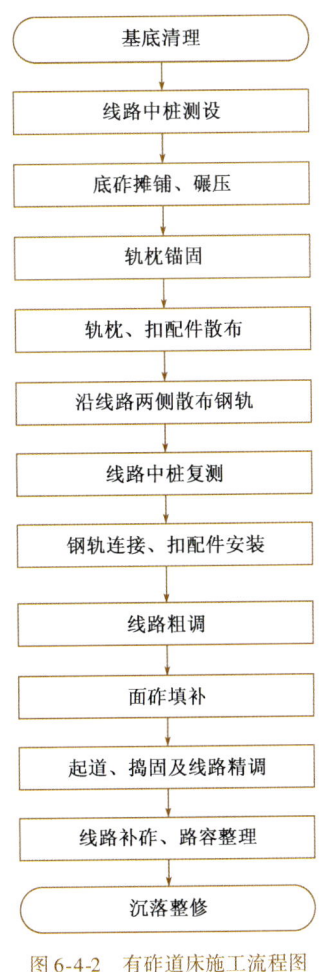

图6-4-2 有砟道床施工流程图

4.1.3 施工工艺

1）基底清理

清理轨道范围路基表面的大块碎石等杂物，确保满足路基铺砟条件。

2）线路中桩测设

线路中心桩可采用$\phi 12mm$钢筋设置，作为指导摆放钢轨、轨枕及指示摊铺道砟的方向、厚度的控制点。根据直线或曲线地段，在方便施工的情况下每隔10~20m设置一个。

3）底砟摊铺、碾压

底砟采用装载机倒运至施工作业地点，挖机配合摊铺道砟。道砟的摊铺方向以线路中心桩为准，摊铺厚度根据轨道结构高度确定，摊铺厚度应控制在比设计轨枕底高程低50mm左右，摊铺应分层进行。对摊铺完毕的道砟进行碾压，碎石道床和整体道床衔接部位应加强碾压。碾压完成后，利用水准仪测量底砟面高程，确保底砟高度不超限。

4）轨枕锚固

轨枕锚固宜在现场集中进行锚固作业,为了防止大气污染,宜采用锚固剂进行施工。锚固时,每根轨枕上两端各放2根螺旋道钉,不得放置在承轨槽内,避免妨碍灌注锚固剂;螺旋道钉必须擦拭干净,不得黏附泥土、水珠等杂物。摆放时丝口朝同一方向。锚固采用定制的锚固架确保螺旋道钉的垂直度及居中放置。轨枕锚固必须按照规范要求进行螺栓抗拔试验,合格后方可批量生产。

5）线路中桩复测

底砟摊铺、碾压完成后应对控制基标进行复测,控制基标复测无问题后方可进行散铺轨枕、连接钢轨等后续工序。散铺轨枕时,应加强对控制基标的保护。

6）轨枕、钢轨散布

底砟摊铺完成后,进行钢轨、轨枕的散布作业。轨枕沿线路中线依次按设计枕间距均布散开,钢轨利用门式起重机沿线路两侧依次散开,根据设计要求布设轨枕。

轨枕散布时,根据基标点位置,拉出轨枕端头控制线,确保轨枕位置准确,减少组装轨排时的调整量。轨枕摆放应平整,防止钢轨落槽时压坏轨枕。轨枕散布、调整完成后,利用门式起重机将钢轨吊起平稳落入轨枕承轨槽中。

7）钢轨连接、扣配件安装

在连接钢轨前,利用撬棍拨动钢轨,按照设计要求预留轨缝,安装鱼尾板、螺栓及垫圈,并按规定力矩拧紧螺母。之后按照轨排表中所注明的轨枕间距,用石笔在轨面上划出间距印,并在轨腰上标记正式点位,然后用起道机顶起钢轨,将轨枕方正,放入轨下绝缘垫板,落下起道机,再将扣件按规定规格、数量散放在钢轨两侧轨枕上,将各种扣件依次放入承轨槽内,用小撬棍将扣件拨正落槽,上紧扣件。轨排组装时应注意以下几点:

(1)轨枕应方正,间距应符合设计要求,尤其注意钢轨接头处轨枕间距的调整,允许偏差为±20mm。

图6-4-3 钢轨连接、扣配件安装

(2)钢轨接头错牙、错台允许偏差为1mm。接头相错量满足设计要求。

(3)扣件应按设计要求进行摆放,尤其注意接头处轨距挡板、挡板座的型号、放置方向。

钢轨连接、扣配件安装示例如图6-4-3所示。

8）线路粗调

轨排组装完成、钢轨连接完毕后,利用基标点对轨道进行调整定位,确保轨道位于线路中线位置,减少后期轨道精调的工作量。轨道几何尺寸允许偏差为轨距-2~4mm,水平4mm,高低4mm,轨向4mm。

9）面砟填补

当线路基本成形后,利用装载机将预先存放在基地的道砟运输至上砟位置,沿线路方向填补道砟,使轨枕间道砟饱满,线路两侧留有备用砟。

10）起道、捣固及线路精调

起道、捣固及线路精调采用起道机、小型液压起拨道机、内燃门式捣固机、软轴捣固机进行整道作业。线路上砟整道一般分两次进行。

(1) 第一遍上砟整道

第一遍上砟整道的主要目的是补砟、消除三角坑和反超高,并拨正轨道位置。

①上砟:将道砟均匀地散布到轨道内。

②起道:将每节轨道在几个点抬高并用道砟垫实。抬高后的轨面应大致平顺,没有显著的凸凹和反超高。抬高后应同时方正轨枕位置。

③串砟:轨节抬起后立即向轨枕下面串砟,要求串满串实,没有空吊板。

④拨道:在上述工作完成一定长度后进行一次拨道,即将线路拨到中线位置,达到直线顺直,曲线圆顺。拨道前检查要拨的线路地段的轨缝是否合适,必要时应进行调整,防止发生胀轨。

(2) 第二遍上砟整道

第二遍上砟整道的主要目的是补砟、匀缝、方枕、串砟捣实,进一步拨正轨道位置。

①上砟:与第一遍上砟整道相同。

②匀轨缝:在进行该项作业时须拧松螺旋道钉的螺母,以便抬道后细方轨枕。

③起道:将轨道抬高至设计高程,并略加高 1~3mm 的沉落量。曲线外股钢轨按规定超高抬够。起道后的轨道前后高低、左右水平均应符合规范要求。

④细方轨枕:按轨腰上的标志整正轨枕。

⑤串砟:钢轨两侧 40~50cm 范围内串满道砟,钢筋混凝土轨枕中间 60cm 宽的砟面应低于轨枕底面 30mm 以上。

⑥填盒:向轨枕盒内填补一部分道砟,供捣固用。

⑦捣固:线路起道串砟后,道床是松软的,必须捣实轨枕下的道砟使其紧密,以保持道床稳定和应有的轨顶水平。

a. 捣固范围:为钢轨外侧 50cm 和内侧 45cm,钢轨下方及钢轨接头和曲线外股捣固范围内应加强捣固。

b. 人工捣固时,应做到"五够",即举镐高度够,捣固力量够,八面镐够,捣固镐数够及捣固宽度够,以保证捣固质量。

c. 机械捣固时,捣固质量取决于捣固时间的长短。

⑧拨道:按照线路中线细拨轨道。拨道前可将轨枕端部的道砟扒开一部分,以减小拨道时的阻力。

⑨整道:包括小量的拨道、校正线路平面位置、整修道床、补足轨枕盒内道砟、捣实道床边坡及顶面并使之保持稳定。

线路经两次整道,全面对线路进行检测,检测主要项目有轨面高程、中线偏位、轨道几何尺寸、道床参数、曲线外股超高、竖曲线等,所有检测项目均须达到最终稳定状态标准,否则需继续整道直至合格。

起道、捣固及线路精调示例如图 6-4-4 所示。

11) 线路补砟、路容整形

当线路状态基本达到设计要求后,对道床进行补砟及路容修整,包括曲线地段外侧、轨枕之间、道床边坡等位置,应按照设计要求进行整修,保证轨道安全平稳,路容美观整齐。

线路补砟、路容整形示例如图 6-4-5 所示。

12) 沉落整修

当整个轨道成形后,随着时间、气候及通车次数的增加,个别位置的轨道会产生沉降而影响行车质量,这时必须对线路进行统一检查整修,并配合工程重车进行压道,使线路存在的薄弱位置全部暴露,之后再加以整修。这样反复进行才能保证整个线路安全通畅。

图 6-4-4 起道、捣固及线路精调

图 6-4-5 线路补砟、路容整形

4.1.4 资源配置

1 个作业面的资源配置见表 6-4-1 和表 6-4-2。其余测量、试验资源配置与库内一般整体道床基本相同,在此不再赘述。

人员配置(1 个作业面)　　　　　　　　　　　　表 6-4-1

序号	工 序	工 作 内 容	数量(人)	备 注
1	基底清理	清理路基上的杂物	2	
2	线路中桩测设	线路中桩测设	4	测量人员
3	底砟摊铺、碾压	人工配合装载机摊铺道砟	4	
4	轨枕锚固	采用定制的锚固架进行螺旋道钉锚固	4	
5	线路中桩复测	加密基标数据复核	4	测量人员
6	轨枕、钢轨散布	人工配合起重机进行轨枕、钢轨散铺	4	
7	钢轨连接、扣配件安装	连接钢轨、安装扣配件	6	
8	线路粗调定位	利用起拨道机进行线路粗调	6	钢轨连接人员兼职
9	面砟填补	人工配合装载机填补道砟	4	底砟摊铺人员兼职
10	起道、捣固及线路精调	利用起拨道机、捣固机进行起拨道	6	线路粗调人员兼职
11	线路补砟、路容整理	人工补砟、路容整理	6	面砟填补人员兼职
12	沉落整修	路容、边坡整修	4	路容整理人员兼职
	合计		54	

注:1. 所有工序并非同步进行,上道工序任务完成后,人员可调配到下道工序,综合考虑后,每作业面施工作业人员应不少于 30 人。
　　2. 项目管理人员含基地负责人 1 人,技术人员 1 人,安全员 1 人,材料员 1 人,司索工 1 人,设备维修员 1 人。

续上表

序号	部位	名 称	型号	单位	数量	配置原则	备 注
1	机械设备	起重机	25t	台	1	1 台/作业面	钢轨、轨枕倒运至现场
2		随车起重机	9m	台	2	1 台/作业面	
3		自卸车	20m³	台	1	1 台/作业面	
4		装载机	ZL50	台	1	1 台/作业面	
5	施工工装	锯轨机		台	2	1 台用,备用 1 台	
6		电动扳手		台	2	2 台/组	
7		钻眼机		台	2	1 台用,备用 1 台	

续上表

序号	部位	名　　称	型号	单位	数量	配置原则	备　　注
8	施工工装	自制小平板车	自制	辆	4	4个/作业面	
9		小型液压起拨道机		台	4	4台/作业面	
10		捣固机		台	2	2台/作业面	备用1台
11	其他	发电机	3kW	台	1	1台/作业面	放桩
12		冲击钻		台	1	1台/作业面	放桩
13		工程车		辆	1	1辆/基地	

4.1.5　施工质量验收标准

（1）底砟厚度允许偏差应为±50mm，半宽允许偏差为0～+50mm；

（2）正线道床压实密度不应小于1.7g/cm³；

（3）道床整理砟肩宽度允许偏差应为0～+50mm，厚度允许偏差应为±50mm。

4.2　质量通病与防治措施

有砟道床质量通病与防治措施见表6-4-3。

有砟道床质量通病与防治措施　　表6-4-3

序号	质　量　通　病	防　治　措　施
1	砟肩宽度、道砟坡度不符合设计要求	增加检查频率，对缺砟部位及时补砟
2	枕木间缺砟	每次起道捣固后及时填补
3	轨枕歪斜	正确使用方尺，及时方正轨枕
4	锚固螺栓外露长度不满足要求	硫黄砂浆锚固螺栓时采用专用锚具，控制螺栓锚固深度及垂直度
5	施工机械损伤钢轨	加强对现场施工人员的教育，严禁拖拽钢轨

第 5 章
道岔及钢轨伸缩调节器

道岔及钢轨伸缩调节器是特殊的轨道设备,不仅影响列车运行安全,且使用寿命短,养护维修工作量大。本章分别从道岔结构、施工流程、施工工艺和资源配置四个方面对无砟轨道和有砟轨道的铺设进行了对比描述,并对钢轨伸缩调节器作了简单介绍,结合工程问题给出相应预防措施。

5.1 无砟道岔铺设

5.1.1 道岔结构

1)单开道岔

单开道岔主要由转辙器、中间连接部分(导曲线部分)、辙叉及护轨三部分组成,其平面示意图如图 6-5-1 所示。转辙器包括基本轨、尖轨和转辙机。当机车转道时,操纵转辙机使尖轨移动位置,机车进入连接部分沿着导曲轨过渡到辙叉和护轨单元。辙叉和护轨单元包括固定辙叉心、翼轨及护轨,作用是保护车轮安全通过两股轨线的交叉之处。

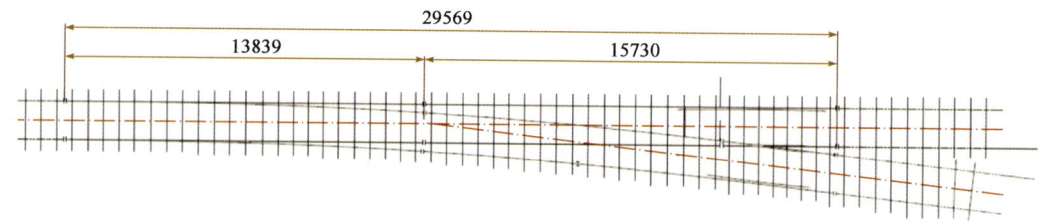

图 6-5-1 单开道岔平面示意图(尺寸单位:mm)

辙叉及护轨部分断面示意图如图 6-5-2 所示,转辙器部分断面示意图如图 6-5-3 所示。

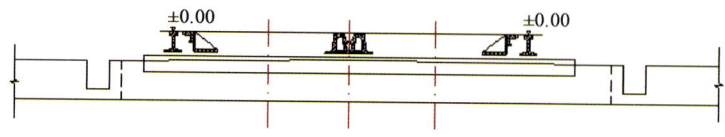

图 6-5-2 辙岔及护轨部分断面示意图

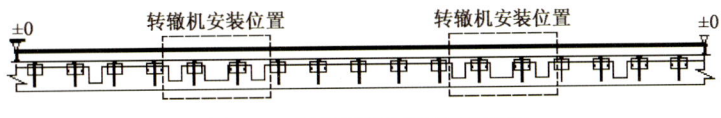

图 6-5-3 转辙器部分纵断面示意图

2）交叉渡线

交叉渡线由 4 组单开道岔、1 组菱形交叉和连接渡线组成。菱形交叉部分由 2 组钝角辙叉及 2 组锐角辙叉组成。菱形交叉的两股轨道均为直线,轨距有所加宽。所以交叉渡线除零部件数量多之外,其构造及轨距变化也较为复杂,施工难度较大。

5.1.2 施工流程

1）单开道岔

整体道床单开道岔施工流程如图 6-5-4 所示。

2）交叉渡线

施工流程与单开道岔的铺设施工流程基本相同,主要区别是在 4 组单开道岔的基础上增加了菱形交叉部分的 2 组钝角辙叉与 2 组锐角辙叉。

5.1.3 施工工艺

1）单开道岔

整体道床单开道岔的基底清理、凿毛,吊挂轨枕,道岔钢筋绑扎,道床模板安装,道床混凝土浇筑及养护与地下线长(短)轨枕整体道床相同,在此不再赘述,重点描述道岔拼装和精调施工。

(1) 施工准备

施工前,先进行线路复测,设置道岔控制基标,控制基标设置于岔前、岔心、岔后。在地面进行道岔试拼装,检查确认扣配件是否齐全、位置是否正确。试拼装时对各部分分组编号,如图 6-5-5 所示。按"1、4""2、3""5、6""7""8""9、10、11""12、13"的组合方式分为七部分(依次编号为①、②、③、④、⑤、⑥、⑦)。试拼合格确认无误后,在每根钢轨轨顶用白油漆标出岔枕中心位置,以便现场拼装时轨枕对位。

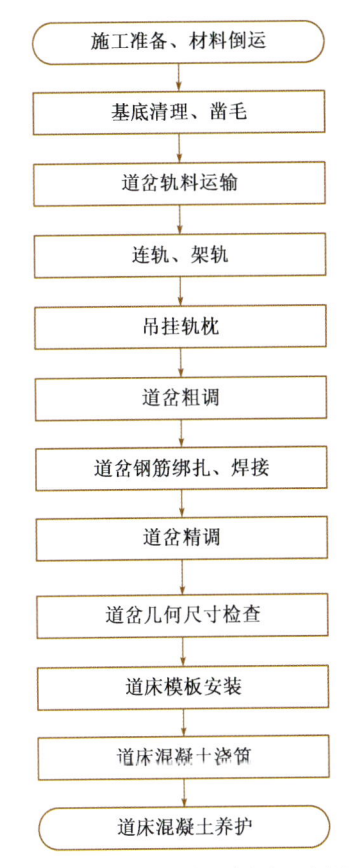

图 6-5-4 整体道床单开道岔施工流程图

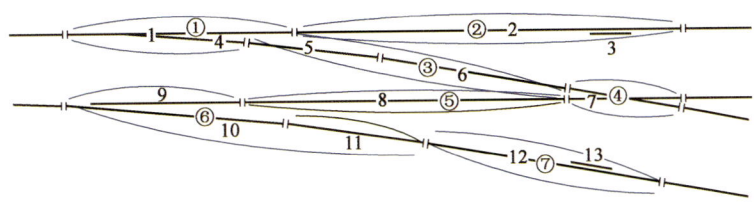

图 6-5-5 单开道岔平面组合示意图(右开)

(2) 道岔轨料运输

道岔经过试拼装确认扣配件正确无误后,将扣配件依次装箱。使用基地门式起重机将岔料吊送至轨道车,利用轨道车转运至现场。因道岔拼装采用散铺法,可自制两台简易门式起重机辅助卸料,人工配合叉车将岔料运送至作业面。有条件的可以在道床铺设前从轨排井或斜井将轨料通过装载机运送至道岔铺设位置依次摆开。高架段可用汽车将轨料运送至桥下,再用起重机吊至桥上。运装前技术人员确定好道岔开向及朝向,确保证确运送至现场,运装时将尖轨与基本轨捆牢,做好保护措施,避免尖轨损坏。

(3) 连轨、架轨

整体道床道岔用专用钢轨支撑架架设,钢轨支撑架为上承拼装式,使用前进行拼装,架设时按施工要求布置在指定位置,并用斜撑固定于结构底板或边墙上。道岔钢轨连接好后用钢轨支撑架架起,即可将道岔钢轨位置、高程、方向大致定位。通过调节支撑架立柱螺栓及轨卡螺栓,并配合轨距拉杆、支距拉杆和专用顶杆调整道岔各部位的几何状态使之符合设计要求。具体施工时应注意:

①检查基标准确无误后进行连轨、架轨。

②严格按设计标准正确预留轨缝,拧紧接头螺栓。

③散钢轨支撑架时,在顺坡终点,尖轨尖端,尖轨部分前、中、后,导曲线部分前、中、后均设置钢轨支撑架,其余地方视情况加密。

④安装钢轨支撑架时,左右位置适中。道岔直线部分的支撑架垂直线路中线方向,曲线部分的支撑架垂直切线方向,不歪斜。

⑤钢轨支撑架各处螺栓、全螺纹杆需拧紧,不虚接。

(4) 道岔粗调

根据基标用直角道尺和万能道尺调整水平、方向。首先把直角道尺架在测量基标和基本轨上,通过支撑架调整钢轨使直角道尺水准气泡居中。钢轨位置根据道岔基标调整,并根据中线用轨距校核,然后用万能道尺将另一股钢轨位置定出并调整水平。用支距控制曲基本轨位置,调整就位后用道尺控制水平及中线,定出侧股的准确位置。每组钢轨架设调整后,用钢管支架加固,防止调整后的钢轨因连动或意外碰撞发生变形。

调轨顺序如下:

①采用直角道尺调整直基本轨1、2,根据直基本轨采用万能道尺调整直股7、8、9,使道岔直股的轨距、水平、方向达到设计要求;

②根据直基本轨1、2采用支距尺将曲基本轨4、5、6调整就位;

③根据曲基本轨4、5、6采用万能道尺调整曲股10、11、12,使道岔曲股的轨距、水平、方向达到设计要求;

④安装护轨3、13,将查照间隔和护背距离调整到设计允许误差范围以内;

⑤最后调整岔前、岔尾轨道轨距、水平和方向,使其达到设计要求。

道岔粗调示例如图6-5-6所示。

(5) 道岔精调

道岔道床模板安装完成后,精调道岔几何位置。调整道岔轨道几何位置时以道岔铺轨基标为依据,使用直角道尺逐步进行调整。道岔精调示例如图6-5-7所示。

精调方法与粗调一样,主要采用精调小车对道岔直股进行精调。直股的几何尺寸精调到位后,采用轨距尺对道岔曲股等其他部位的几何尺寸进行调整,调整作业必须依据道岔铺设图、整体道床布置图进行。精调过程中随时检查支撑架受力状态、道岔和混凝土轨枕的位置、道岔各部位的几何状态,发现支撑架松动或几何尺寸超标应立即调整。整体道床道岔铺设应符合下列规定:

图 6-5-6 道岔粗调

图 6-5-7 道岔精调

①里程位置允许偏差为±15mm。

②导曲线支距允许偏差为 1mm,附带曲线用 10m 弦量连续正矢差允许偏差为 1mm。

③道岔全长范围内高低差不应大于 2mm,高程容许偏差为±1mm。

④转辙器必须扳动灵活,曲尖轨在第一连接杆处的动程不应小于 152mm;尖轨与基本轨密贴,其间隙不应大于 1mm;尖轨尖端处轨距允许偏差为±1mm。

⑤查照间隔及护背距离,如图 6-5-8 所示。检查护轨头部外侧至辙叉心作用边的距离为 1391mm,允许偏差为 0~2mm;至翼轨作用边的距离为 1348mm,允许偏差为-1~0mm。

⑥轨面应平顺,滑床板在同一平面内,轨撑与基本轨密贴,其间隙不应大于 0.5mm。

⑦道岔范围内各接头以及与轨道连接处轨面无错台,轨头内直顺无错牙,其允许误差为 0.5mm。

⑧轨缝允许偏差为 0~1mm。

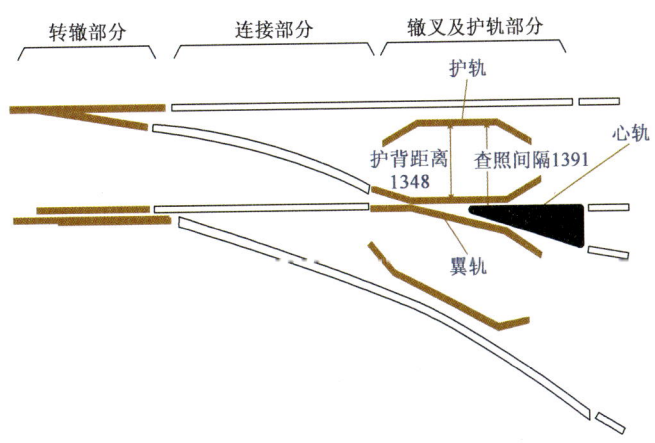

图 6-5-8 查照间隔及护背距离(尺寸单位:mm)

2)交叉渡线

施工时,先放样道岔控制基标及中心位置,根据长、短轴基标定出轴线,然后根据弦线方向及道岔中心位置铺设锐角辙叉、钝角辙叉及连接短轨,装上接头螺栓,组成菱形交叉部分,再利用道岔控制基标组装、调整 4 组单开道岔。连轨作业完成后,后续施工的吊挂轨枕、道岔几何尺寸粗调、钢筋绑扎、道岔精调、模板安装、混凝土浇筑、道床养护等工艺与单开道岔施工相同。

交叉渡线施工工艺及操作要点如下：

(1)辙叉部分的铺设

用支撑架将交叉渡线中部的8组辙叉及其连接钢轨调至设计高程,使其叉心理论交点与相应控制点的拉线重合。连接辙叉与钢轨的夹板,调整好轨距、查照间隔、护背距离,找正辙叉前后方向后装上轨距拉杆。

(2)交叉渡线中单开道岔的铺设

交叉渡线中包含4组单开道岔,其辙叉已随菱形交叉铺设完毕,因此只需铺设转辙及其连接部分。施工程序和要求如下：

①当转辙器部分曲直两基本轨的高程、方向、水平、轨距及支距设定后,安装上拉杆及加长拉杆,连接部分除设拉杆保持轨距外,导曲线外股钢轨应在支距点位置附近设置短拉杆以保证支距。

②将尖轨与基本轨进行分解,把一侧尖轨拨离基本轨。在滑床台面上设置水平尺并保持水平尺水平,调整滑床台面,确保滑床台水平。

③用弦线检查同侧滑床台,台面在同一水平面上方可放入弹片打上销钉;将尖轨拨回滑床台上,进行静态检查,首先使尖轨靠拢基本轨,若工厂生产的尖轨质量符合制造标准,则尖轨轨头刨切部分应与基本轨轨头密贴,尖轨轨底与滑床台间不应有较大空隙,待尖轨符合以上要求后,即可安装辙跟扣件及夹板,进行另一侧尖轨部分滑床台调整。

④当两侧尖轨均调整完毕后,用塞尺检查尖轨与滑床台的密贴情况,尖轨与滑床台缝隙不得大于1mm。

⑤交叉渡线的安装调整工作基本完成后,应利用CPⅢ控制网配合精调小车进行轨道最后一次精调,精调完成后请监理单位报验,在征询监理同意后,方可进行混凝土浇筑。混凝土浇筑宜采用泵送混凝土方式。

⑥当整体道床混凝土终凝后,在尖轨安装拉连杆,做动态检查。安装拉连杆时,因尖轨、拉连杆及其接头等均可能存在公差,在设计、制造时准备调整片,以便现场根据实际情况增减拉连杆两端的调整片。施工时首先计算各拉连杆中心处两尖轨轨头间距,再按此间距设置调整片,这样既省工又能保证道岔良好的技术状态,提高施工效率。

(3)转辙机基坑的预留

道岔转辙机基坑预留位置的精度直接影响后续转辙机安装精度,在留设前与信号专业提前沟通确认转辙机坑留设位置,转辙机基坑与水沟不能有任何的交叉。转辙机坑及其坑槽必须一次性浇筑成形,转辙机基坑及其坑槽的高程和平面尺寸由设计图纸确定。

图6-5-9 交叉渡线

交叉渡线示例如图6-5-9所示。

5.1.4 资源配置

单开道岔和交叉渡线整体道床资源配置与地下线长(短)轨枕整体道床基本相同,只需每组道岔另外配置道岔支撑架1套、支距拉杆5根及支距尺1把,其余资源配置均相同,在此不再赘述。

5.1.5 施工质量验收标准

道岔道床混凝土浇筑前,道岔精调应符合表6-5-1规定。

道岔道床混凝土浇筑前道岔精调允许偏差　　表6-5-1

检查项目	允许偏差	检查项目	允许偏差
水平	2mm	中线	5mm
轨向	2mm/10m弦	高程	±5mm
高低	2mm/10m弦		

有缝道岔铺设允许偏差应符合表6-5-2的规定。

有缝道岔铺设允许偏差　　表6-5-2

检验项目		允许偏差(mm)	
		正线	车场线
方向	直线(10m弦量)	4	6
	导曲线支距	±2	
高低(10m弦量)		4	6
水平(10m弦量)		4	6
轨距	尖轨尖端	±1	
	其他部位	-2~+3	
顶铁与尖轨轨腰的间隙		≤1	
滑床板同尖轨间隙		缝隙小于1mm,且大于或等于1mm缝隙不应连续出现	≤2(每侧允许一处大于2mm)
轨缘槽宽度		平直段 -0.5~±1,其余±2	-1~-3
接头	错牙、错台	≤1	≤2
	头尾接头相错量	≤15	≤20
	轨缝实测平均值与设计文件规定值差	±2	
	岔枕间距、偏斜	±10	±20
	尖轨尖端相错量	≤10	

5.2 有砟道岔铺设

5.2.1 道岔结构

1) 单开道岔

碎石道床单开道岔主要有P50-7号有砟单开道岔、P60-9号有砟单开道岔两种,其结构示意图如图6-5-10和图6-5-11所示。

2) 交叉渡线

交叉渡线由4组单开道岔、1组菱形交叉和连接渡线组成。菱形交叉部分由2组钝角辙叉及2组锐角辙叉组成。菱形交叉的两股轨道均为直线,轨距有所加宽。

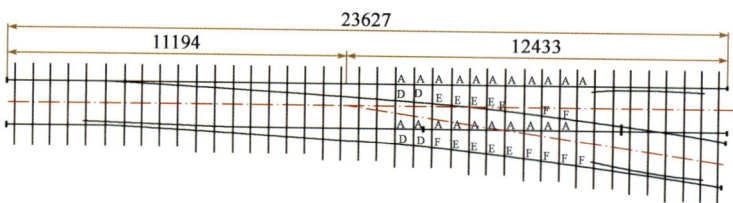

图 6-5-10　P50-7 号有砟单开道岔示意图(尺寸单位：mm)

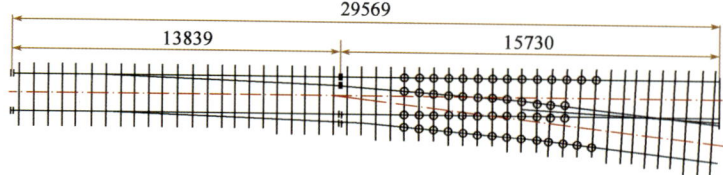

图 6-5-11　P60-9 号有砟单开道岔示意图(尺寸单位：mm)

5.2.2　施工流程

1）单开道岔

有砟道床单开道岔施工流程如图 6-5-12 所示。

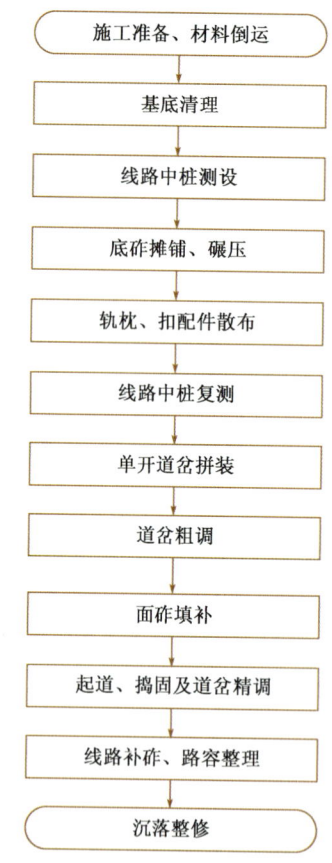

图 6-5-12　有砟道床单开道岔施工流程图

2）交叉渡线

有砟道床交叉渡线施工流程与有砟道床单开道岔施工流程基本相同；与单开道岔相比，交叉渡线增加了菱形交叉部分的 2 组钝角辙叉与 2 组锐角辙叉。

5.2.3 施工工艺

1）单开道岔

有砟单开道岔的基底清理、线路中桩测设、底砟摊铺、碾压、散布轨枕、扣配件、线路中桩复测、钢轨连接、面砟填补、起道、捣固、线路补砟、路容整理等与车辆段碎石道床基本相同，道岔拼装、道岔粗调与精调与无砟道岔道床基本相同，在此不再赘述。

（1）轨枕、扣配件、钢轨散布

轨枕布置间距严格按照道岔拼装图进行布设。散布轨枕示例如图6-5-13所示。

（2）线路中桩复测

轨枕、扣配件、钢轨散布完成后应对控制线路中桩进行复测，控制线路中桩复测无问题后方可进行钢轨连接、安装扣配件等后续工序。作业过程中应加强对控制基标的保护。

（3）单开道岔拼装

单开道岔组装架设与无砟道岔单开道岔组装工艺相似，单开道岔平面组合示意图如图6-5-14所示，有砟道岔组装示例如图6-5-15所示。

图6-5-13 轨枕散布

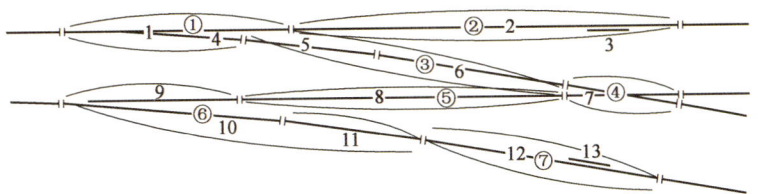

图6-5-14 单开道岔平面组合示意图

（4）道岔粗调

道岔粗调与无砟道岔单开道岔粗调工艺相似。

（5）面砟填补

当线道岔路基本成形后，利用装载机将预先存放在基地的道砟运输至上砟位置，沿线路方向填补道砟，使轨枕间道砟饱满，线路两侧留有备用砟。面砟补砟示例如图6-5-16所示。

图6-5-15 有砟道岔组装

图6-5-16 面砟填补

（6）起道、捣固及线路精调

道岔线路起道、捣固、养护采用起道机、小型液压起拨道机、捣固机进行作业。线路上砟整道一般分4次进行。

线路经4次整道，对道岔线路进行全面检测，检测项目主要有轨面高程、中线偏位、道岔框架、支距、查照间隔、护背距离、导曲线有无反超高情况、滑床板有无吊空情况等，直到所有检测项目达到静态验收几何尺寸标准。

（7）线路补砟、路容整形

当道岔线路状态基本达到设计要求后，对道岔范围内的道床进行局部人工补砟及路容修整，包括曲线地段外侧、轨枕之间、道床边坡等位置，应按照设计要求进行整修，保证轨道安全平稳，路容美观整齐，示例如图6-5-17和图6-5-18所示。

图6-5-17 补砟、路容整形

图6-5-18 整形后的有砟道岔

（8）沉落整修

当整个轨道成形后，随着时间、气候及通车次数的增加，个别位置的轨道会产生沉降而影响行车质量，这时必须对全线进行统一检查整修，并配合工程重车进行压道，使线路存在的薄弱位置全部暴露，之后再加以整修。这样反复进行才能保证整个线路安全通畅。

2）交叉渡线

交叉渡线基底清理，线路中桩测设，底砟摊铺、碾压，轨枕、扣配件、钢轨散布，基标测设同有砟道岔。交叉渡线在组装前先根据道岔控制基标定出中心位置，根据长、短轴基标定出轴线，然后根据弦线方向及道岔中心位置铺设锐角辙叉、钝角辙叉及连接短轨，装上接头螺栓，组成菱形交叉部分，再利用道岔控制基标组装、调整4组单开道岔。

交叉渡线施工工艺及操作要点如下：

（1）辙叉部分的铺设与无砟道岔交叉渡线铺设工艺基本相同。

（2）单开道岔的铺设与无砟道岔交叉渡线铺设工艺基本相同。

（3）连轨作业完成后，后续施工的道岔粗调、面砟填补、起道、捣固及线路精调、线路补砟、路容整理、沉落修整等与有砟道床单开道岔相同。

铺设完成后的交叉渡线示例如图6-5-19所示。

5.2.4 资源配置

有砟道岔和交叉渡线资源配置与车辆段碎石道床和无砟道岔道床资源配置基本相同，在此不再赘述。

图 6-5-19　交叉渡线

5.2.5　施工质量验收标准

(1) 有缝道岔铺设允许偏差应符合表 6-5-2 的规定；
(2) 道床整理砟肩宽度允许偏差应为 0 ~ +50mm，厚度允许偏差应为 ±50mm。

5.3　钢轨伸缩调节器

钢轨伸缩调节器(简称"调节器")是重要的轨道部件,其能够协调长大桥梁因梁体温差引起的梁端伸缩位移和长钢轨的伸缩位移,使桥上无缝线路自动放散温度应力,从而减小轨道及桥梁所承受的无缝线路附加力作用,确保列车安全、平顺地通过,因此在长大桥梁上需按设计要求安装伸缩调节器。

调节器由基本轨、尖轨、扣件系统、轨枕等部件组成,在基本轨与尖轨之间可产生相对位移,根据只在一端或在两端同时设置基本轨,可将调节器分为单向调节器和双向调节器。以单向调节器为例,其平面如图 6-5-20 所示。

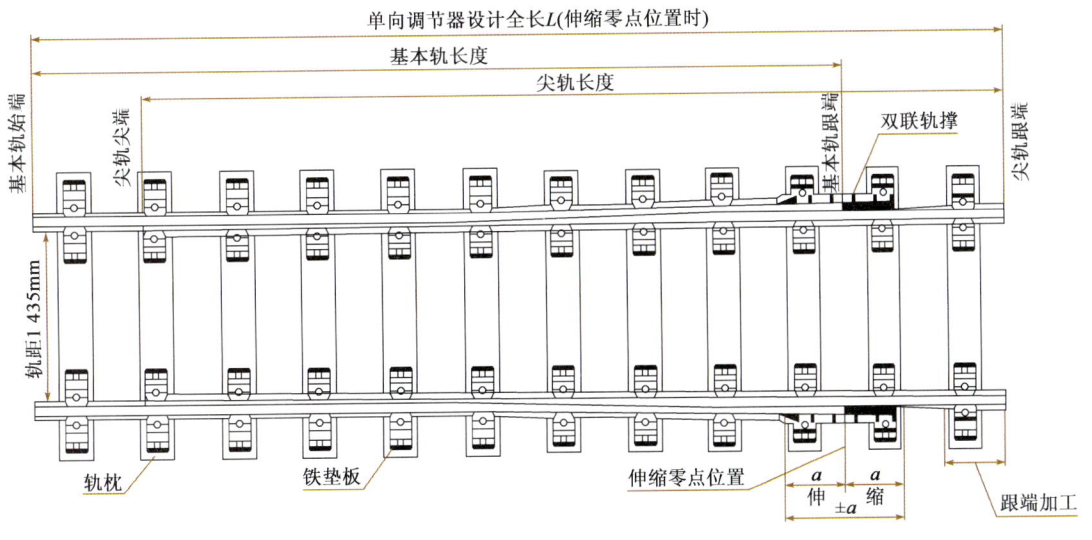

图 6-5-20　钢轨伸缩调节器(单向)平面图

5.3.1 施工流程

钢轨伸缩调节器安装施工流程如图 6-5-21 所示。

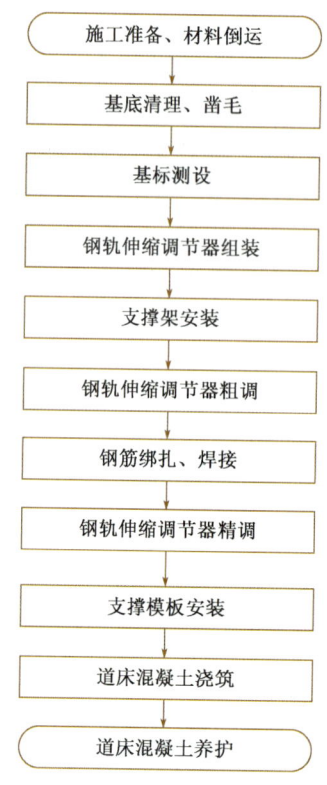

图 6-5-21 钢轨伸缩调节器安装施工流程图

5.3.2 施工工艺

1）施工准备

施工用的钢轨、钢筋、短轨枕、扣件、钢轨支承架等材料和机具均从材料场直接利用汽车倒运到高架桥下施工作业区附近，利用起重机吊卸至施工作业面进行布设。特殊工种操作人员必须经过培训考核，持证上岗，严禁无证作业。

2）基底处理

在进行基底处理之前，以轨面高程为基准线，先对轨道结构高度进行检测，确认整体道床底至钢轨顶面不小于设计高度。轨行区基底采用人工进行凿毛，凿毛后立即清扫杂物垃圾，并用高压水或高压风将结构底板冲洗干净。

3）钢轨伸缩调节器架设

架设前准备好施工时所需要的各项内容，如机械、材料、人员及各种扣件。按照设计要求，测量线路中线，确定钢轨伸缩调节器起止位置。采用钢轨支撑架架设，架设钢轨伸缩调节器时，要先铺单股并以线路上已有轨道做基准控制方向，另一股以此为基准控制轨距。按照基标，对架设于支撑架上的钢轨伸缩调节器进行粗调，初步调整其水平、位置、轨距和高程，并测放出短轨位置，散放短轨枕，并进行安装。钢轨伸缩调节器安装之前应在厂家进行预组装，按设计图纸检查各部尺寸，钢轨伸缩调节器在尖轨刨切范围内应与基本轨密贴;尖轨尖端至其后 400mm 处,缝隙不得大于 0.2mm,其余部分不得大于 0.8mm。若发现不符合公差要求的部件以及尖轨与基本轨不密贴等问题,应进行整修。厂内组装验收合格后,运往铺设现场。

伸缩调节器两端、尖轨尖端、尖轨轨头刨切起点处,轨距允许偏差均为 ±2mm,轨枕应方正,间距偏差为 ±10mm,钢轨伸缩调节器轨道中线与设计中线允许偏差 10mm,单向调节器用 12.5m 弦每隔 1m 检查一处,尖轨尖端至尖轨顶宽 5mm 处范围内允许有 4mm 的空线,其余范围内允许有 2mm 的空线,轨面前后高低差用 12.5m 弦测量不得大于 4mm,每组抽检 3 处。

4)其他

铺设道床钢筋绑扎、焊接,整体道床模板安装,钢轨伸缩调节器精调,道床混凝土浇筑,道砟混凝土养护与无砟道岔道床施工工艺相同,此处不再赘述。

5.3.3 资源配置

钢轨伸缩调节器施工资源配置与高架段普通短枕承轨台道床基本相同,此处不再赘述。

5.4 质量通病与防治措施

道岔及钢轨伸缩调节器质量通病与防治措施见表6-5-3。

道岔及钢轨伸缩调节器质量通病与防治措施　　　　表 6-5-3

序号	项　目	质 量 通 病	防 治 措 施
1	无砟道岔	道岔轨距、方向、水平超限	(1)钢轨、道岔等部件装卸和存放合理,防止扭曲变形; (2)严格按照道岔几何尺寸安装; (3)使用木枕或合成木枕的,需调整好几何尺寸后再打孔固定
		尖轨与基本轨不密贴,滑床板歪斜	(1)铺设时注意道岔几何尺寸,支距严格按照图纸要求控制; (2)滑床板安装紧贴钢轨,不得留缝
		尖轨尖端易损坏	(1)安装前,尖轨与基本轨固定存放; (2)运输过程中防磕碰
		道岔或缓冲轨轨缝过大或过小	(1)拼装道岔时轨缝夹入标准轨缝宽度等厚度的轨距块,浇筑前使用钢板尺对轨缝逐一量取; (2)焊接过程中调整缓冲轨轨缝
2	有砟道岔	不均匀沉降引起道岔变形	道砟捣固到位,保证道砟清洁,避免泥沙混入,确保排水通畅
3	钢轨伸缩调节器	极限最高和最低温度时,伸缩调节器伸缩范围超限	现场安装时应根据桥梁实际温度设定预留伸缩量

第 6 章 线路

近年来,随着我国地铁建设的快速发展,无缝线路因其优越性得以在城市地铁建设中广泛应用。无缝线路是以焊接接头代替之前的有缝线路,其在减少列车振动、养护维修工作量,保证列车行驶平稳,增强旅客舒适性,延长线路设备和机车车辆使用寿命等方面,发挥重大作用,是地铁线路发展的方向。地铁线路设计为跨区间无缝线路,正线一般设计为无缝线路,仅在道岔区及安全线位置设计为有缝线路,车辆段及停车场出入线采用有缝线路。本章主要介绍无缝线路的闪光焊接、钢轨应力放散及线路锁定、线路精调,并对有缝线路和常见工程问题及对策作简单叙述。

6.1 无缝线路

地铁无缝线路施工通常采用移动式钢轨接触焊施工技术,将已施工完成的 25m 有缝钢轨焊接成长轨条。

6.1.1 闪光焊接

钢轨焊接施工一般是从道岔开始,道岔前后一般设置有缓冲轨,缓冲轨为有缝线路,无缝线路从缓冲轨的下一对钢轨开始形成。焊接前先调整缓冲轨轨缝,拆掉待焊钢轨扣件,打磨清理待焊钢轨,移动并精确对位钢轨端面,然后焊机夹紧两待焊钢轨,启动自动焊接程序。钢轨焊接、推凸完成后进行正火、打磨、探伤、应力放散等。

1)施工流程

钢轨闪光焊接施工流程如图 6-6-1 所示。

2)施工工艺

(1)焊接准备

①焊机及人员。所有人员开工前已通过安全、技术培训考试,特殊工种持证上岗。

②调试焊接参数。焊接参数的选定,是通过落锤试验对钢轨焊接接头的冲击韧性和断裂韧性进行试验检测,对断口内进行观测和分析,测量断口内缺陷的大小、形状等,根据钢轨焊接过程中采集的信息数据来调整焊接参数,通过不断的试验调整,最终获得一套稳定可靠的焊接参数供焊轨使用。断口观测

与数据分析示例如图 6-6-2 ~ 图 6-6-4 所示。

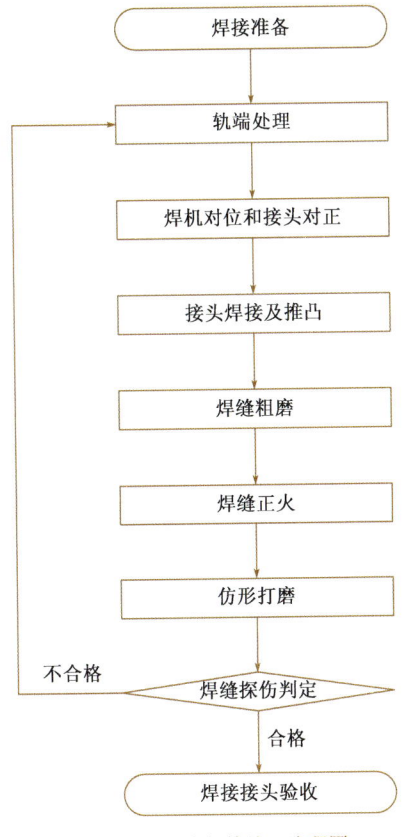

图 6-6-1　钢轨闪光焊接施工流程图

图 6-6-2　断口观测

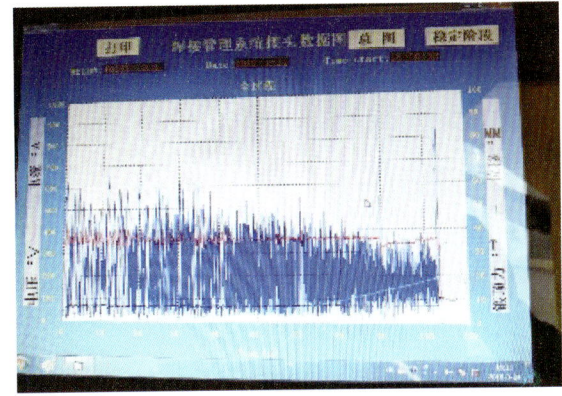

图 6-6-3　数据分析

③验证参数、取得型式检验报告。依据现行《钢轨焊接》(TB/T 1632)，在焊接参数选定后制作 15 组焊接试件，对试件接头进行外观、探伤及落锤 3 项检测，检测合格后，按规定另外取样送至中国铁道科学研究院集团有限公司（以下简称"铁科院"）进行检验，依据合格结果出具型式试验报告。试验过程由建设单位、监理单位、铁科院参加和监督。落锤试验示例如图 6-6-5 所示。

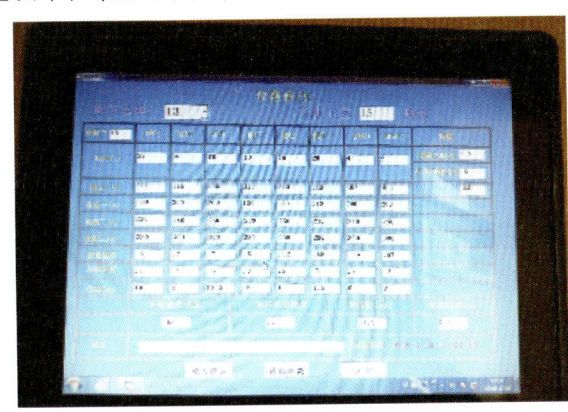

图 6-6-4　参数调试

图 6-6-5　落锤试验

④焊机焊前准备。焊机保养及维修必须符合焊机及附属设备保养维修规程，并制订相应的安全操作规程，严格执行。焊接的各项参数经监理人员认可确定后，不得随意改动。操作人员在开机前，应对焊机主机、液压系统、冷却系统、发电机组进行全面的检查，确保焊机一切工作正常后方可进行作业。

⑤建立关键工序和环节的控制体系。在作业中，对于型式检验、生产检验、探伤等关键工序要依据要求严格控制，并建立台账。型式检验中，对于同台焊机出现改变焊接工艺、停用 1 年后恢复生产、生产

检验不合格等情况时,即使前期型式检验已合格,仍需重新进行型式检验。此外,探伤检测中,在内部探伤的基础上,引进第三方探伤检测,对探伤结果进行交叉比对,确保焊接接头合格。

（2）轨端处理

①松开扣件,将钢轨头部用垫木支垫,分别对钢轨端头轨顶、轨底和端面50mm范围内,轨腰750mm范围内除锈,经打磨的表面要见金属光泽,不得有锈斑,轨端除锈示例如图6-6-6所示。此范围内凸出的厂标或字母等符号,必须用砂轮机磨平。

②砂轮机应沿钢轨纵向进行打磨,严禁横向打磨;打磨时,砂轮应与钢轨平稳接触,防止砂轮跳动;不得用力过猛,防止钢轨表面局部过热发黑发蓝。轨端除锈打磨效果示例如图6-6-7所示。

图6-6-6 轨端除锈

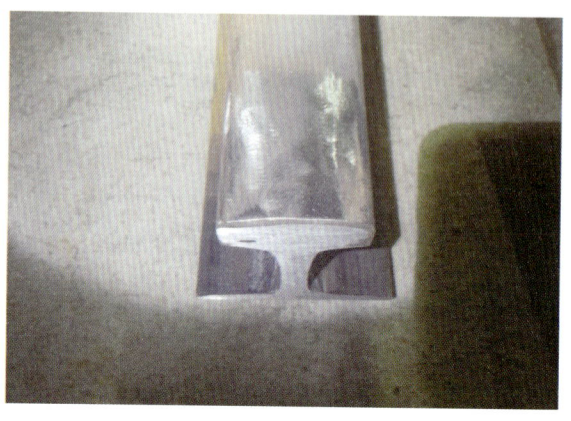

图6-6-7 轨端除锈打磨效果

（3）焊机对位和接头对正

①通过车长联系,将移动式焊轨机和工班作业人员运至焊接作业区;在钢轨下加楔子将两焊接轨端抬起一定高度,便于焊机对位夹轨;推进移动焊轨车对位,使其第一个轮对距离焊接位置3.2m左右,对位完成后应迅速打好车辆止轮器,保证在焊接作业中车辆不会发生溜车现象。

②通过移动钢轨来完成对正,对正后用机头钢轨夹紧装置夹紧钢轨,对准系统将两根钢轨沿钢轨中轴线对中,操作人员用手摸的方式检查钢轨的上下方向是否对正,如没有对正,松开夹钳重新对正。

图6-6-8 钢轨焊接

（4）接头焊接和推凸

①焊接前对焊机的供电电压进行检查,供电电压值必须在允许范围内。待焊钢轨进入焊机后,对中时首先要保证钢轨顶面和作业面平顺;对中后,作用面错位偏差不大于0.5mm,非作用面错位不大于1mm,焊缝中心不得偏离焊机钳口中心。接头焊接如图6-6-8所示。

②钢轨夹紧、对中后,开始焊接,焊接由可编程序控制器自动控制焊接电流、电压、位移、压力等参数,并自动完成焊接,焊接完成后自动推凸。计算机组成的焊接数据采集系统采集焊接过程的全部技术数据,绘出焊接参数曲线图,通过对技术数据进行分析,焊接参数应通过打印及硬盘保存的方式,保证每个焊接接头数据的可追溯性。

③焊机的导电钳口表面必须光洁、平整,发生烧伤时应及时处理,必要时更换。每焊完一个焊接接头应对钳口进行清理,不得留有尘渣。

(5)焊缝粗磨

在焊缝粗磨时应对焊接接头的轨底、三角区部位进行打磨,满足轨底焊缝≤0.5mm 的要求,并且其粗糙度满足探伤要求。

(6)焊缝正火

①在钢轨垫起后,将火焰加热器、流量控制箱、乙炔过滤器、乙炔瓶、氧气瓶和冷却水泵用胶管连接。

②将正火架及加热器组装好后放置在钢轨上,调整加热器与钢轨表面间隙,使得间隙均匀,启动冷却水泵。

③调节瓶装乙炔输出压力为 0.15MPa,调节瓶装氧气的输出压力为 0.5MPa,通过控制箱快速开关阀调节乙炔流量为 3.8 格(m^3/h),氧气流量为 4.2 格(m^3/h)。摆动频率控制在 60 次/min 左右,摆动幅度不小于 60mm。

④正火加热起始阶段轨头表面中线温度应在 500℃ 以下,加热温度宜在 850~950℃。光电测温仪探头应垂直被测钢轨表面,每次测量接触时间≤3s。

焊缝接头正火示例如图 6-6-9 所示。

(7)焊缝打磨及矫直

①焊缝正火完成后,待温度降低到常温以下时,对钢轨进行调直。

②利用仿形打磨机打磨焊接接头的轨顶面及两侧。母材打磨深度不超过 0.5mm,应保持其轮廓形状。焊缝两侧 100mm 范围内不得有明显压痕、碰痕、划伤缺陷,焊头不得有电击伤。

③打磨不得使钢轨"发蓝"。打磨时若温度过高,要适当暂停打磨,待温度适宜时再进行打磨。

焊接接头打磨示例如图 6-6-10 所示。

图 6-6-9 焊接接头正火

图 6-6-10 焊接接头打磨

(8)焊缝探伤

①钢轨冷却到 50℃ 以下对焊接接头进行探伤,焊缝探伤分目测和仪器检测。焊缝表面的缺陷主要有电击伤、划伤、碰伤等,可以通过目测判断;焊缝内部的缺陷主要有过烧、灰斑、夹杂、未焊透等,通过超声波进行探伤。

②发现缺陷时,依据现行《钢轨焊接》(TB/T 1632)探伤标准进行判定,并据此及时处理。在探伤过程中,按要求对探伤仪器进行校准,对探伤人员进行考核,对伤损接头处理要无遗漏。

钢轨焊接接头探伤示例如图 6-6-11 所示。

(9)焊接接头验收

焊缝探伤合格应检查其外观尺寸,用 1m 直尺测量钢轨焊头的平直度,应满足行车面(钢轨顶面纵向中线方向)0~0.3mm,工作边(侧面轨顶面下 16mm 水平方向)0±0.3mm。

图 6-6-11 钢轨焊接接头探伤

焊接接头验收如图 6-6-12 所示。

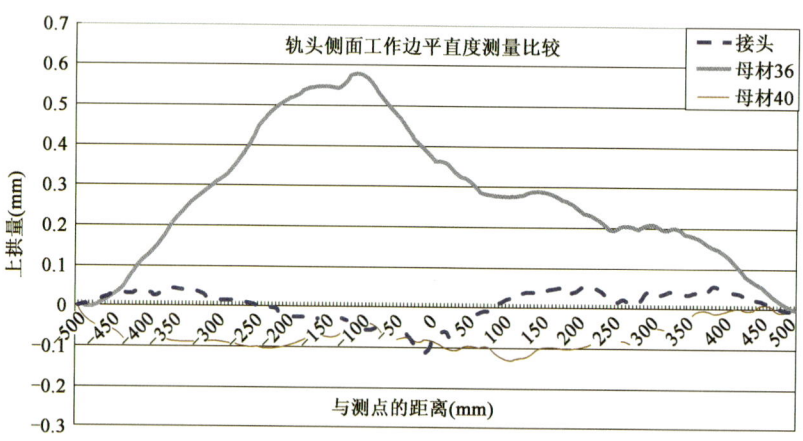

图 6-6-12 焊接接头验收

3)资源配置

钢轨焊接资源配置见表 6-6-1 和表 6-6-2。

人员配置 表 6-6-1

序号	人员分工	数量(人)	序号	人员分工	数量(人)
1	现场负责人	1	5	正火人员	4
2	技术人员	1	6	仿形打磨人员	2
3	轨端处理人员	4	7	探伤人员	1
4	焊机操作人员	4	8	起落钢轨人员	4

资源配置 表 6-6-2

序号	设备名称	单位	数量	序号	设备名称	单位	数量
1	移动闪光焊机	台	1	8	滚轮	个	50
2	锯轨机	个	2	9	测温仪	个	2
3	钢轨矫直机	台	1	10	撬棍	把	5
4	手持砂轮机	台	10	11	发电机	台	6
5	正火设备	套	2	12	仿形打磨机	台	2
6	起道机	台	5	13	探伤仪	台	1
7	小平板车	辆	5				

6.1.2 钢轨应力放散及线路锁定

由于无缝线路在铺设钢轨时的轨温与设计锁定轨温并不一致,随着钢轨温度的变化,内部会产生温度应力。为了防止无缝线路的长轨条因气温变化和车辆运行等引起折断或胀轨跑道,必须对长轨条进行应力放散处理,以确保线路的高稳定性。单元轨节的设置应综合考虑当地的最高轨温和最低轨温,确定合适的设计锁定轨温。此外,还应对线路两端伸缩区长度、缓冲区长度及缓冲区预留轨缝进行计算,最终确定单元轨节的长度。

1)施工流程

钢轨应力放散及线路锁定施工流程如图 6-6-13 所示。

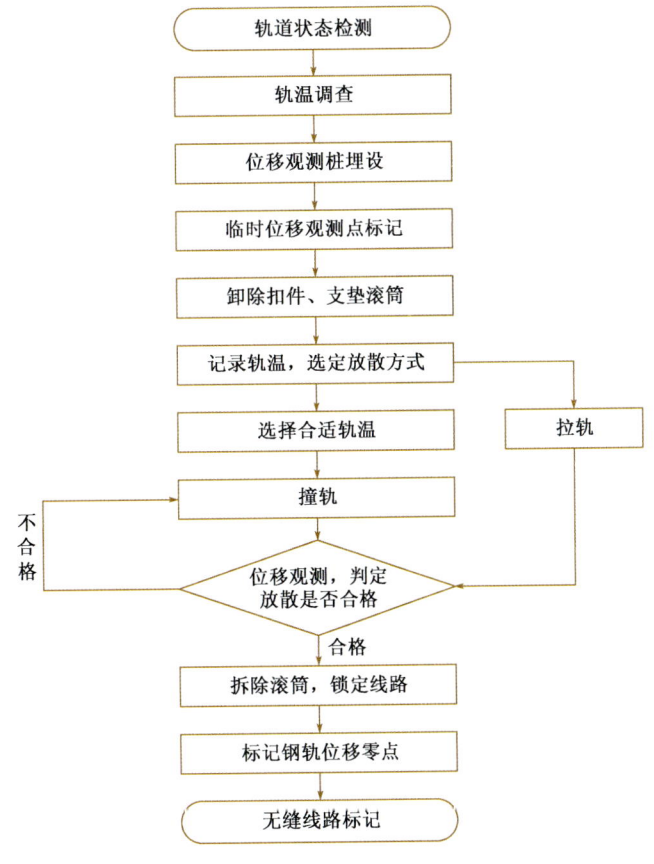

图 6-6-13 钢轨应力放散与线路锁定施工流程图

2)施工工艺

(1)轨道状态检测

在应力放散前应对轨道进行全面检测,检测项目有轨道几何尺寸、枕下道床刚度、横向阻力、焊接质量等,确认线路达到初步稳定后,方可进行应力放散锁定施工。

(2)轨温调查

通过调查,了解当地轨温的变化规律,确定锁定施工时间,轨温测量示例如图 6-6-14 所示。

(3)位移观测桩埋设

根据设计文件及相关规范要求,埋设位移观测桩,并按顺序编号,示例如图 6-6-15 所示。

图 6-6-14 轨温测量

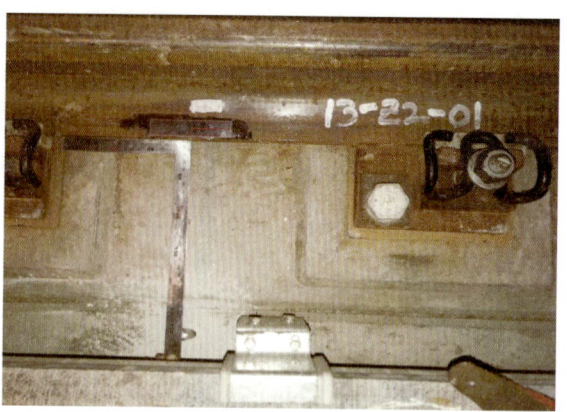

图 6-6-15 位移观测桩埋设

图 6-6-16 临时位移观测点

(4) 临时位移观测点标记

根据设置好的位移观测桩,在钢轨上标记,并根据现场条件适当加密观测点,每 100m 设 1 处观测点,作为钢轨应力放散时的临时位移观测点,通过对钢轨位移的观测,判定应力放散是否彻底。

临时位移观测点标记示例如图 6-6-16 所示。

(5) 卸除扣件、支垫滚筒

在本次放散单元轨节和上一单元轨节 100m 范围内,每隔 10m 设置一滚筒,卸除钢轨扣件,并用起道机顶起钢轨落于滚筒上,钢轨顶面高于承轨面 5cm 左右。

(6) 临时位移观测

由于铺设钢轨时与放散时的作业轨温不一致,当卸除弹条、顶起钢轨后,钢轨的束缚解除,钢轨将产生位移,受摩阻力的影响,此时钢轨内部应力仍不为零,应观察钢轨的位移从起点向终点方向是否呈线性增长,若不呈线性增长,则应再次串动钢轨并在位移不均匀处辅以撞轨,观察位移直至其基本呈线性增长。

(7) 记录轨温,选定放散方式

根据现场轨温,在轨温低于设计锁定轨温下限时,选择拉伸放散,此时现场轨温低于锁定轨温,单元轨节起点端作为固定端,终点端用拉轨器拉伸钢轨长度,拉轨到位后用拉轨器固定。小半径曲线拉伸钢轨时,应防止钢轨倾倒伤人。

在拉轨作业时,应根据式(6-6-1)测算出各点的拉伸量,并与实际拉伸量进行对比,在允许差范围内即可锁定,若超出允许范围,则应重新拉伸。

$$L = \partial \times L_1 \times (T_1 - T_2) \tag{6-6-1}$$

式中:∂——钢轨的线膨胀系数,取 0.0118mm/℃;

L_1——单元轨节内拉伸长度(m);

T_1——计划锁定轨温(℃);

T_2——现场轨温(℃)。

在设计锁定轨温范围之内时,可选择滚筒放散法。拉伸滚筒放散法施工示意图如图6-6-17所示。

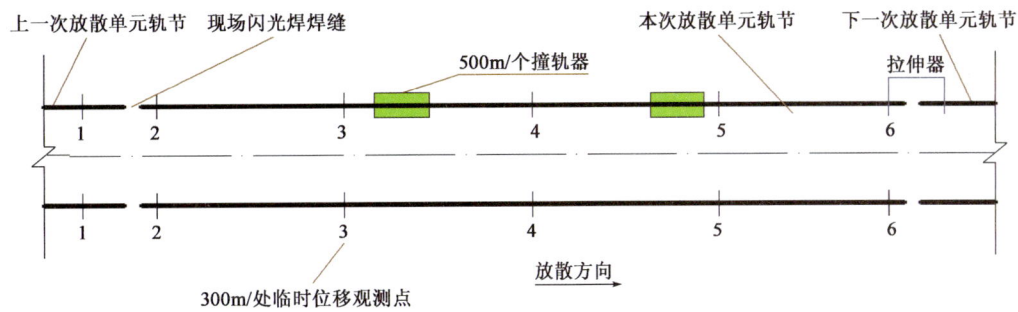

图6-6-17 拉伸滚筒放散法施工示意图

当实测作业轨温低于设计锁定轨温范围且大于或等于5℃时,应采用拉伸器滚筒法进行放散。

(8)落轨、紧固扣件

钢轨内部应力为零,轨温正处于锁定轨温范围或单元轨节拉伸至锁定轨温范围内时,可拆除滚筒紧固扣件,记录轨温和拉伸量。坚固扣件时每两人之间要间隔3根轨枕的距离,且人要站在扳手的一侧,防止相互碰伤。

紧固扣件示例如图6-6-18所示。

(9)钢轨位移零点标记

钢轨锁定后,立即进行位移零点的标记。在设有位移观测桩处的左右股钢轨轨头外侧面胶粘一段小钢尺,小钢尺刻度为-50~50mm,零刻度与位移观测桩拉线竖向重合。

钢轨位移零点标记示例如图6-6-19所示。

图6-6-18 扣件紧固

图6-6-19 钢轨位移零点标记

(10)锁定焊接

采用接触焊焊接工艺,将本次放散单元轨节与上一放散单元轨节焊连起来。

(11)位移观测

①定期对钢轨的位移进行观测,放散之后第一个月内每星期观测一次,以后每个月观测一次。

②固定区位移观测桩处位移量不得大于10mm或锁定轨温变化不得大于5℃。一旦发现位移量超标,应迅速查找原因,并及时处理。

(12)无缝线路标记

对轨道的单元焊焊缝、锁定焊焊缝、位移观测桩、钢轨位移零点、单元轨节、锁定轨温、锁定日期等数据,按照设计文件规定的形式和标准标注于钢轨上。

3）资源配置

无缝线路应力放散与线路锁定资源配置见表6-6-3、表6-6-4。

人员配置（以长度为1000m的单元轨节为例）　　　　　　　　　　　　　表6-6-3

序号	人员分工	数量(人)	序号	人员分工	数量(人)
1	现场负责人	1	6	落钢轨人员	6
2	技术人员	2	7	扣件安装人员	16
3	扣件拆卸人员	6	8	锁紧扣件人员	8
4	起钢轨人员	6	9	观测桩安装人员	2
5	串、拉轨人员	6			

设备配置（以长度为1000m的单元轨节为例）　　　　　　　　　　　　　表6-6-4

序号	设备名称	单位	数量	序号	设备名称	单位	数量
1	锯轨机	台	1	6	小平板车	辆	4
2	拉轨器	台	1	7	滚轮	个	100
3	撞轨器	台	3	8	轨温计	个	6
4	内燃扳手	台	10	9	撬棍	把	10
5	起道机	台	10	10	对讲机	台	10

6.1.3 线路精调

在焊轨和放散锁定完毕后，为消除轨道的不平顺性，确保列车在行驶中保持稳定，需依据轨道检测数据对线路进行精调。

1）施工流程

线路精调施工流程如图6-6-20所示。

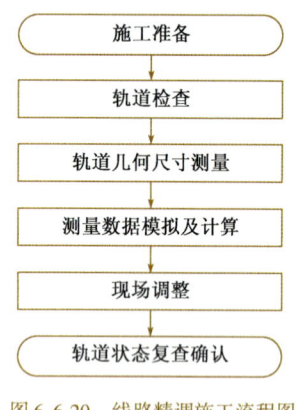

图6-6-20 线路精调施工流程图

2）施工工艺

（1）施工准备

①组织培训。按不同工种配足相应的作业人员，作业前认真学习作业指导书，并认真学习城市轨道交通施工安全相关知识，使参与线路精调人员全面掌握线路精调的工艺、程序和标准，培训结束考核合格后方可上岗作业。

②按基本要求配备齐全线路精调所需物品，并对相关仪器或设备按规定项目做好检验和校准工作。重点做好全站仪、精调小车和道尺的校核。

③为便于每根轨枕对应各项数据的收集和归档，应对轨枕进行编号。

④对CPⅢ点做重新检查和测量，确认点位可用、坐标值在允许范围之内。对于被破坏而无法使用的CPⅢ点，必须重新埋设和测量并纳入确认后的CPⅢ网进行平差。及时更新相关数据，使用前认真核对数据的可靠性和输入的正确性。

⑤认真核对设计资料，确保设计线形等资料输入正确。重点核对平面曲线要素、变坡点位置和竖曲线要素、曲线超高等。确定基准轨（参考轨），平面位置以高轨（外轨）为基准、高程以低轨（内轨）为基

准,直线区间上的基准轨参考大里程方向的曲线。

(2)轨道检查

测量前安排专人对需要测量的地段进行全面检查,主要包括钢轨、扣件、焊缝等。确保钢轨无污染、掉块、硬弯等缺陷;扣件压力满足要求,扣件、轨距挡块、钢轨、轨下垫板等相互密贴,焊接接头平直度满足要求。

(3)轨道几何尺寸测量

测量一般选在阴天或夜间进行,严禁在高温、雨天、大雾、大风等条件下测量,避免测量误差过大或出现假数据。测量前应核对CPⅢ坐标及轨道设计线形要素输入是否正确,重点核对平面曲线要素、变坡点位置和竖曲线要素、曲线超高等。

(4)测量数据模拟及计算

测量数据模拟调整前,必须保证数据的真实可靠。钢轨数据确认无误后,利用线路精调软件对采集的数据进行模拟调整,并生成报表。数据模拟调整分为平面调整和高程调整。调整完成经技术负责人审核,再输出报表,交给现场技术员。同时,统计调整扣件种类和数量,物资部门落实组织进货。材料进场以后,技术人员先核对规格和数量,并熟悉不同规格调整扣件的辨别方法,然后组织作业人员进行交底,确保所有参与调整作业的人员能迅速辨别不同规格的调整扣件。

(5)现场调整

①现场标示

现场技术员根据提供的调整报表,准确找出需要更换扣件的位置(按轨枕编号找出位置,并用道尺和弦绳复核),并用石笔标出起点和终点(左右股分别标注),并在轨枕头部位置标示出平面的调整量和方向,在钢轨顶面标示出高程或水平调整量。

②调整件摆放

根据现场的标示,把调整件准确无误地摆放在承轨台相应位置两侧。调整件应由专人摆放,并复核。

③扣件更换

a. 扣件更换遵循"先轨向后轨距、先高低后水平、先整体后局部"的原则。轨距小(大)则调整钢轨内外轨距块大小,高程低则轨下增加调高垫板,方向偏则调整轨距块。道尺使用前应校正,其精度允许偏差为 0~0.5 mm。轨距和方向调整通过更换合适的轨距块,高程和水平调整通过增减调高垫板来满足规范要求。

b. 更换扣件时,每次拆除扣件不得连续超过5处(防止胀轨),并且在更换扣件区段两端各松开1~2个扣件(只是松开,不拆除),确保扣件更换能达到预期目的和平滑过渡。

④紧固扣件

扣件更换结束后,再次核对调整量和扣件规格,其验收质量应满足以下要求:

a. 轨顶水平及高程:高程允许偏差为±2mm,左右股钢轨顶面水平允许偏差为2mm,在延长18m的距离范围内应无大于2mm三角坑。

b. 轨顶高低差:用10m弦量,不应大于2mm。

c. 轨距:允许偏差为 -2~3mm,变化率不应大于0.1%。

d. 轨缝:允许偏差为 0~1mm。

e. 钢轨接头:轨面、轨头内侧作业面应平(直)顺,允许偏差0.5mm。

f. 轨道方向:直线段用10m弦量,允许偏差2mm。

（6）轨道状态复查确认

对已完成精调段的轨道进行静态几何状态复测，对不满足要求的现场核实原因并及时调整，轨道状态复查示例如图6-6-21所示。

图6-6-21　轨道状态复查

3）资源配置

为方便精调作业，配置精调作业小组，原则上小组作业人员一经固定不得任意更换，人员和设备配置分别见表6-6-5和表6-6-6。

人员配置　　　　　　　　　　　　　　　表6-6-5

序号	作业内容	工种	数量(人)	备注
1	轨道测量	测量	3	数据采集
2	内业数据处理	测量	1	数据分析、提供报表
3	确定现场位置、现场协调	技术	1	确定调整位置、检查调整量
4	松紧扣件	线路工	3	松紧扣件、扣件回收
5	轨道调整	线路工	4	轨向、轨距、高程、高低调整
6	现场防护	安全员	1	安全防护
7	合计		13	技术4人、现场9人

设备配置　　　　　　　　　　　　　　　表6-6-6

序号	名称	单位	数量	备注
1	轨检小车	辆	1	含全站仪、棱镜及相关软件等
2	弦绳	副	1	
3	道尺	把	2	
4	塞尺	把	1	
5	起道机	台	1	
6	电动扳手	把	1	
7	丁字扳手	把	3	
8	小撬棍	个	2	
9	石笔	盒	1	
10	钢刷	个	1	
11	防护用品	套	1	
12	调高垫板、轨距块	—	若干	约为总扣件数量的15%

6.1.4 施工质量验收标准

钢轨焊接接头平直度允许偏差应满足表 6-6-7 的要求。

钢轨焊接接头平直度允许偏差　　　　　　　　　　　　　　表 6-6-7

项　　目	允许偏差(mm)
轨顶面	0 ~ +0.3
轨头内侧作业面	±0.3
轨底(焊筋)	0 ~ +0.5

无缝线路轨道静态几何尺寸允许偏差应满足表 6-6-8 的要求。

无缝线路轨道静态几何尺寸允许偏差　　　　　　　　　　　　表 6-6-8

检查项目	允许偏差
轨距	-2 ~ 4mm,变化率不应大于 0.1%
水平	4mm
轨向	直线不应大于 4mm/10m
高低	直线不应大于 4mm/10m
中线	10mm
高程	±10mm
轨底坡	1/20 ~ 1/40(设计文件为1/30时),1/30 ~ 1/50(设计文件为1/40时)

当轨向为曲线时,应符合表 6-6-9 的要求。

轨道曲线正矢(20m 弦量)调整允许偏差　　　　　　　　　　表 6-6-9

曲线半径(m)	缓和曲线正矢与计算正矢差(mm)	圆曲线正矢连续差(mm)	圆曲线正矢最大最小值差(mm)
$R \leq 250$	6	12	18
$250 < R \leq 350$	5	10	15
$350 < R \leq 450$	4	8	12
$450 < R \leq 650$	3	6	9
$R > 650$	3	6	9

6.2 有缝线路

地铁有缝线路一般设置在正线道岔区及安全线位置、车辆段及停车场线路中,其中无砟道床施工工艺与地下线长(短)轨枕道床施工工艺相同,有砟道床施工工艺与车辆段碎石道床施工工艺相同,有缝线路资源配置与相应道床资源配置相同,在此不再赘述,本节主要对其施工质量验收标准进行描述。

有缝线路轨道静态几何尺寸允许偏差应满足表 6-6-10 的要求。

有缝线路轨道静态几何尺寸允许偏差　　　　　　　　　　　　表 6-6-10

检查项目	正　线	车场线
轨距	-2 ~ +4mm,变化率不应大于 0.1%	-2 ~ +6mm,变化率不应大于 0.1%
水平	4mm	5mm
轨向	直线不应大于 4mm/10m	直线不应大于 5mm/10m

续上表

检查项目	正线	车场线
高低	直线不应大于 4mm/10m	直线不应大于 4mm/10m
中线	10mm	10mm
高程	±10mm	±10mm

当轨向为曲线时,应符合表 6-6-11 的要求。

轨道曲线正矢(20m 弦量)调整允许偏差　　表 6-6-11

曲线半径(m)	缓和曲线正矢与计算正矢差 (mm)		圆曲线正矢连续差 (mm)		圆曲线正矢最大最小值差 (mm)	
	正线	车场线	正线	车场线	正线	车场线
R≤250	6	8	12	16	18	24
250<R≤350	5	7	10	14	15	21
350<R≤450	4	6	8	12	12	18
450<R≤650	3	5	6	10	9	15
R>650	3	4	6	8	9	12

6.3 质量通病与防治措施

地铁线路施工质量通病与防治措施见表 6-6-12。

地铁线路施工质量通病与防治措施　　表 6-6-12

序号	线路类别	质量通病	防治措施
1	无缝线路	钢轨轨面有电焊灼伤痕迹	焊接轨排钢筋时,不得与钢轨相连
		钢轨轨面划伤	对施工人员进行交底、教育,严格按照作业流程作业,把控各个环节
		钢轨锈蚀严重	(1)联络通道、横通道等易积水地段及时抽排积水,防止钢轨长期浸泡; (2)针对冷冻法施工联络通道地段,预防冷冻液对钢轨的侵蚀(可采取代用钢轨,待冷冻完成后更换永久钢轨的措施)
		轨距不满足规范要求	(1)严控道床浇筑前轨道线形尺寸,提高标准,为后期精调留足调整量; (2)严格按照设计、规范要求安装扣件
		线路高低、水平不满足规范要求	(1)严控道床浇筑前轨道线形尺寸,提高标准,为后期精调留足调整量; (2)严格按照设计、规范要求安装扣件
		接头平直度不佳	对施工人员进行交底、教育,严格按照作业流程作业
		钢轨接头除锈不到位	对施工人员进行交底、教育,严格按照作业流程作业
2	有缝线路	钢轨接头处钻孔时扩孔	钢轨钻孔时,技术人员跟班进行作业确认
		接头在轨枕上	(1)焊轨前及时交底,确保钢轨接头避开枕木; (2)轨排表计算时接头尽量错开枕木
		接头夹板螺栓未拧紧	定期检查,采用扭矩扳手拧紧
		钢轨接头工作侧面错牙	接头错牙挨个排查,及时整治
		钢轨轨缝过大	轨缝预留时考虑环境对轨缝的影响

第 7 章
轨道安全设备及附属设备

线路附属工程是地铁轨道工程所包含的主体结构以外的工程,主要包含疏散平台、车挡、线路标识、钢轨涂油器、防脱护轨等。线路附属工程虽不属于轨道主体工程,但与轨道主体结构联系较为紧密。本章介绍了疏散平台、车挡、线路标识、钢轨涂油器和防脱护轨等主要轨道安全设备及附属设备的施工流程和施工工艺,并结合常见问题,给出相应对策。

7.1 疏散平台

疏散平台是地铁区间在发生火灾、列车故障等事故情况下,列车滞留区间时能够方便乘客从列车侧面疏散。快速脱离事故列车的应急逃生通道,通常采用预制构件,一般设置在行车方向的左侧。

疏散平台断面如图 6-7-1 所示,疏散平台安装示例如图 6-7-2 所示。

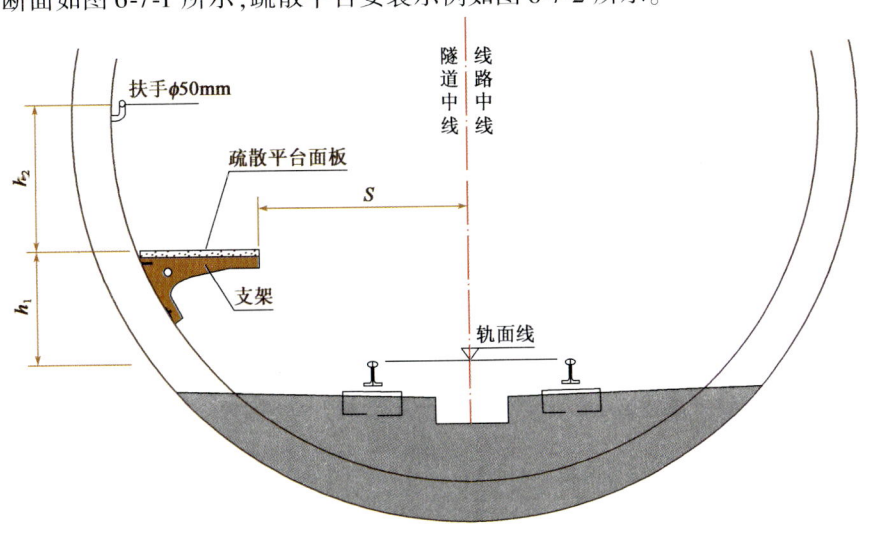

图 6-7-1 疏散平台断面图

h_1-扶手至疏散平台面板高度;h_2-轨面至疏散平台面板高度;S-限界

7.1.1 施工流程

疏散平台安装施工流程如图 6-7-3 所示。

图 6-7-2　疏散平台安装

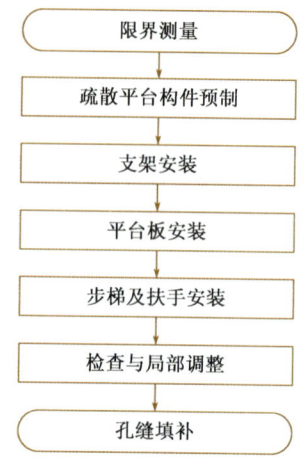

图 6-7-3　疏散平台安装施工流程图

7.1.2 施工工艺

1）限界测量

限界测量采用自制的检测工具进行检测,检测工具需保证靠近疏散平台侧的最边缘到线路中心的水平距离满足限界要求,垂直距离满足设计要求,检测工具需具备可调功能以满足不同地段限界要求。限界检测时,宜不大于 3m 为一个测点,测量数据按管片编号或里程桩号做好记录。

2）疏散平台构件预制

按照限界的检测结果确定构件的生产尺寸。疏散平台预制构件主要有疏散平台和平台支架,均以限界检测后的数据进行预制,但必须满足基本尺寸要求和限界要求。

3）支架安装

将限界检测工具进行改装,在检测工具上安装水平仪,水平仪指示灯的高度调整为疏散平台至轨面的高度。在指示灯照射处做标记,标记间距在曲线上为 3m,直线上为 6m。为保证弹线线性的平顺,每一次弹线至少要与前面的弹线搭接 50cm 以上。然后根据支架间距用钢尺进行支架中线定位,利用支架模型进行支架螺栓孔钻眼定位。钻孔完成后,在锚栓孔注入锚固胶,将锚栓锚固。锚栓必须慢慢拧入孔内,不得敲击入孔,锚固胶黏剂应满足现行《混凝土结构加固设计规范》(GB 50367)中 A 级胶性能指标要求和现行《混凝土结构工程施工质量验收规范》(GB 50204)对胶黏剂的相关要求。

4）平台板安装

平台板安装时需沿支架平铺,防滑圆凸面朝上。平台应安放平整,不得有歪斜、翘起等现象,板与板、板与隧道墙壁之间应保证密贴。相邻板之间的高差不应超过 2mm。

5）步梯及扶手安装

每段疏散平台起、终点必须安装疏散平台步梯,步梯上表面必须保持与平台板齐平,步梯安装高度根据安装位置、道床混凝土厚度做适当调整,平台踏板处不得出现错台。

疏散平台扶手沿疏散平台、平台步梯内侧连续布置。扶手高度距疏散平台面一般为1.1m,扶手安装后要保证扶手不滑动、不转动。

6)检查与局部调整

每个区间安装完成后,需要重新对限界进行检查,防止步梯和平台板侵限。同时,检查平台板是否有晃动,如有晃动及时查找原因并做适当调整直至平台板平稳。

7)孔缝填补

平台板与平台板之间、平台板与隧道壁之间(尤其在曲线地段)、平台支架与隧道壁之间均有可能存在一些无法消除的孔缝,在疏散平台安装完成并不再出现晃动后,需要用高强水泥砂浆进行填充。填充时,砂浆应捣固密实,再抹平至与平台面或支架面齐平,同时还应做好成品保护措施,砂浆未达到强度前严禁在平台板上行走。

7.2 车挡

车挡的主要用途是防止地铁列车驶过轨道末端而出轨。

车挡主要分为液压缓冲滑移式车挡、固定式车挡、月牙形车挡。液压缓冲滑移式车挡由固定部分、滑移部分及缓冲器组成,示例如图6-7-4所示;固定式车挡由固定部分和缓冲器组成,示例如图6-7-5所示;月牙形车挡由月牙形固定部分组成,示例如图6-7-6所示。

图6-7-4　液压缓冲滑移式车挡

图6-7-5　固定式车挡

7.2.1 施工流程

车挡安装需在轨道状态稳定后进行,根据供货需求计划将车挡运送至指定的施工地点,然后进行定位安装、验收。

7.2.2 施工工艺

1)车挡进场及检查

根据车挡的类型及施工计划制订采购计划并按计划进场,进场后的车挡由供货商和现场人员共同

图 6-7-6 月牙形车挡

检查后,卸放至施工地点。检查的主要内容包括车挡类型、尺寸、各种零配件及连接件。

2)车挡安装

检查线路的几何尺寸,在几何尺寸满足规范要求的条件下,根据设计要求定出具体安装位置。车挡的固定部位一般安装在线路的末端,或通过在钢轨上钻孔固定,或通过与道床浇筑成一个整体固定。车挡的滑移部分和缓冲器一般是组合在一起的,安装在固定部分的前端,正线地下线及段场库外线的安全滑移距离为15m,正线高架线的安全滑移距离为25m,滑移范围内不得出现钢轨接头。库内线月牙车挡一般设置在绝缘节后方,距离线路末端不小于3m。

3)车挡验收

在质检工程师的组织下对车挡安装效果进行检查验收,验收的主要内容包括各零部件安装的完整性和牢固性,车挡液压箱是否漏油,车挡缓冲器的朝向及止轮器的方向是否正确。

7.3 线路标识

线路标识是表示地铁线路建筑物及设备的状态或位置的标志,分为正线线路标识和车辆段线路标识。线路标识主要包括百米标、公里标、坡度标、曲线要素标、曲线始终点标、竖曲线始终点标、道岔编号标、警冲标、停车标、进站预告标、(解除)限速标、股道标等。

7.3.1 施工流程

线路标识的安装需在轨道稳定后及其他专业的电缆和设备安装完成后进行,部分标识需在运营单位配合下安装。安装时,首先按照设计资料对各种标识牌进行分类制作,然后进行现场定位、安装、验收。

7.3.2 施工工艺

1)标识分类制作

先将各类标识按照铺轨综合图及其他相关设计图进行分类统计,然后交由生产厂家进行加工制作。线路及信号标识的制作材料主要为铝板和反光贴膜,铝板厚度为3~5mm,反光贴膜为Ⅳ级反光膜,标识及其字体尺寸按照图纸设计标识进行制作。加工后的标识牌也需要分类存放。

2)标识定位

线路标识一般安装在隧道边墙、站台墙、桥梁侧墙上,高度为距线路中心轨面高度1.2~1.8m,定位时应注意避开隧道侧墙、桥梁侧墙上的轨旁设备,定位以标识不侵入限界、司机易见为原则。

3)标识安装

标识一般采用膨胀螺栓固定,在不具备条件的情况下采用支架固定或立柱固定。安装以牢固、不破坏主体结构为原则。

4）验收检查

在质检工程师的组织下对安装完成的标识进行验收检查,验收的主要内容包括检查标识各类螺栓安装的牢固性,检查位置安装的准确性,检查反光材料的反光效果及完好性,排查是否有标识牌遗漏,检查各类标识牌是否侵限。

7.4 钢轨涂油器

钢轨涂油器是为了减少小半径曲线钢轨与车轮摩擦的损耗而采用的在钢轨面进行涂油的一种设备,示例如图 6-7-7 所示。

7.4.1 施工流程

钢轨涂油器需在钢轨焊接、轨道整理完成后,根据设计要求及施工计划制订涂油器采购计划,然后将涂油器运至施工现场进行安装、验收和调试。

7.4.2 施工工艺

1）涂油器进场及验收

根据设计原则及供货技术要求确定钢轨涂油器的型

图 6-7-7　钢轨涂油器

号及数量,然后向供货商下发订单。涂油器的生产周期较长,一般应至少提前一个月下发订单。涂油器进场后由供货商和现场人员共同验收后,再运送至施工地点。

2）涂油器安装

涂油器一般安装在半径小于 450m 的曲线上,具体位置为车辆进入缓和曲线 20m 的位置。钢轨涂油器应安装牢固,并满足限界的要求,接线应固定密贴在道床面或隧道壁上。

3）涂油器验收和调试

涂油器安装完成后应进行通电调试,检查油路及涂油的效果。钢轨涂油器的主要技术参数及性能应符合设计规定,若出现出油量过大或过小的情况,应及时进行维修更换。

7.5 防脱护轨

防脱护轨是安装在轨道内侧的一条辅助轨道,具有保障列车行车安全、防止列车脱轨掉道的作用,是防止列车脱轨的安全设备。地铁防脱护轨一般设置在上跨铁路、公路的高架地段。

防脱护轨安装示意图如图 6-7-8 所示。

7.5.1 施工流程

防脱护轨安装须在钢轨焊接、轨道整理完成之后进行,其安装施工流程如图 6-7-9 所示。

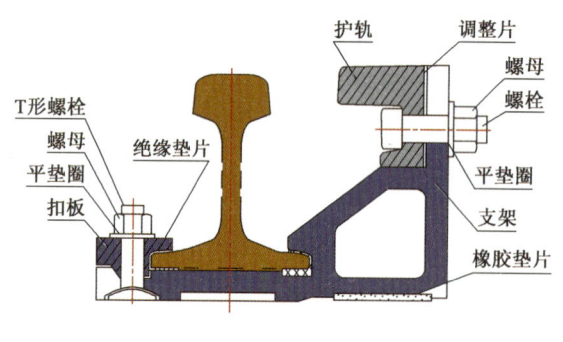

图 6-7-8 防脱护轨安装示意图

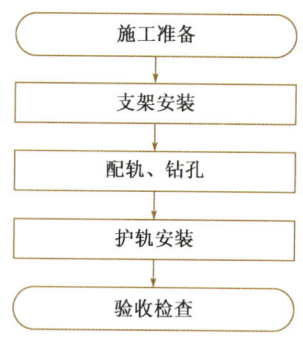

图 6-7-9 防脱护轨安装施工流程图

7.5.2 施工工艺

1）施工准备

根据护轨安装里程确定护轨安装长度,并在起止点做好标记,将安装段所需零部件的规格、型号及数量进行清点确认后,运送至施工现场。

2）支架安装

根据铺设安装施工平面布置图及护轨安装地段的线路里程,将护轨从安装起点沿线路逐一布置好,在需安装防脱护轨地段的钢轨内侧轨底边缘,做好支架安装位置的标记(在两根轨枕之间)。原则上,可每隔 2 根轨枕安装 1 个支架;在钢轨接头处等,以每隔 1 根轨枕安装 1 个支架为宜;特殊情况下,可隔 3 根轨枕装 1 个支架。

在已标注支架安装位置处,将两块垫片分别对称卡入钢轨底的两侧(短边位于轨底上缘,长边位于轨底面),垫片必须安装到位。

在安装好垫片处,先将支架安装好后,再安装扣板,随即用扣板紧固螺栓,将支架暂时紧固在钢轨底上,螺母从支架下面放入中部的螺母槽内,放入垫圈并紧固。

3）配轨、钻孔

防脱护轨起止点必须设置端头护轨,端头护轨长度为 5m;其余地段为标准的中间护轨,中间护轨长度一般为 8m。根据铺设护轨的长度确定是否插入短轨,插入短轨的长度应满足规范设计要求。

护轨钻孔分为接头夹板钻孔和支架连接钻孔两类。接头夹板孔中心至轨端的距离固定,支架连接孔距根据支架安装位置确定。

图 6-7-10 防脱护轨安装

4）护轨安装

将护轨腰部已钻好的螺栓孔眼与支架顶端的螺栓孔逐一对应,随即用螺栓紧固件将护轨与支架紧固,若支架孔与护轨孔对不准,可用铁锤左右敲打适当移动支架位置,使之与护轨腰部螺栓孔对准。

在两根护轨之间应采用与护轨型号匹配的接头夹板(夹板切勿装反),待接头处前后的护轨安装好后,再安装接头夹板;也可先安装接头夹板,再调整护轨支架位置,拧紧护轨支架螺栓。安装后效果如图 6-7-10 所示。

5）验收检查

验收由质量工程师组织进行，验收的主要内容包括护轨是否按设计图纸进行组装，护轨和支架的紧固件是否紧固到位，护轨与走行轨间的轮缘槽尺寸是否满足要求，护轨最高点与钢轨轨面的高差是否满足要求，护轨接头处轨缝是否满足要求。

7.6 施工质量验收标准

轨道安全设备及附属设备质量验收应符合现行《地下铁道工程施工质量验收标准》（GB/T 50299）的相关要求。

7.7 质量通病与防治措施

轨道安全设备及附属设备安装质量通病与防治措施见表6-7-1。

轨道安全设备及附属安装质量通病与防治措施　　　表6-7-1

序号	项目	质量通病	防治措施
1	疏散平台	平台支架侵入限界	限界测量时应严格按照设计图纸收集数据，平台支架加工时严格按照交底数据加工制作，现场安装时在对应位置安装对应支架
		平台板翘动	平台支架应水平安装调平，局部空隙位置加垫片调平
		锚固螺栓外露长度不足	螺栓钻孔和锚固时严格按照交底施工，技术人员加强检查
2	车挡	车挡安全距离不足	对作业人员加强教育，按照交底施工，技术人员现场指导
		车挡安全范围内存在轨缝	道床施工应提前确定轨缝位置，预留安全距离
3	线路标识	锚固螺栓松动	对作业人员加强教育，按照交底施工，技术人员加强检查
4	钢轨涂油器	涂油效果不佳	安装完成后，由厂家人员指导调试电压和出油量
5	防脱护轨	支架螺栓和护轨螺栓未拧紧	加强检查，发现松动及时拧紧
		护轨接头轨缝不合适	严格按照交底施工，技术人员现场指导

第 8 章 轨道工程接口

地铁工程往往是该城市的重大工程,资金和人力的投入相当庞大,组织复杂而分工细密,因而会产生许多复杂的接口问题,这些接口往往需投入大量的人力、物力从事协调工作,接口整合的好坏直接影响工程质量和进度。城市地铁建设是一项多单位、多专业参与的联合协同的工作体,各部门、各专业相互依从、制约、联系,从而形成一个十分复杂的接口体系。建设单位、咨询单位、总体设计等单位在实施设计、施工、调试、运行的接口技术管理时,对接口体系必须进行详细、缜密的策划,提出和确定接口系统的组成机构、内容、实施要求和接口的管理模式,以确保设计、施工及调试工作的质量和工程控制,避免因接口不当或疏漏而产生经济和时间损失。

8.1 轨道工程接口总体要求

轨道工程接口管理是由多家单位以及多专业所构成的系统工程项目。由此,接口的管理涉及工程项目的各个单位,其建设贯穿于整个工程项目建设的可行性研究、施工、设计、安装以及运营等过程。城市地铁建设项目接口的数量较多、影响较大,接口管理要求有效提高管理的效率,实现对工程项目质量的控制与工程项目变更的规范管理,减少资源的浪费,同时通过协调和统筹规划,建立各方面的沟通和交流体系。

轨道工程施工前,由建设单位组织土建、轨道施工单位及监理单位现场踏勘,检查移交区域是否符合标准,对有异议的地方进行说明,并留下影像资料。对讨论后的处理方案形成会议纪要,并明确土建施工单位整改完成时间及下次验收的时间。土建施工单位按照会议纪要的要求进行落实整改,整改完成后可提前邀请轨道施工单位进行预验收。按照会议纪要约定的时间,由建设单位再次组织现场踏勘,对整改情况进行检查确认。各方无异议后可办理交接手续,由各方在场地移交单上签字确认,场地移交手续办理完成。

场地移交后,为减少轨道施工及设备安装、装修期间各施工单位作业时的相互干扰,保证施工作业安全、有序进行,土建、装修、供电等其他施工单位进入施工现场前,与轨道施工单位签署安全协议,其具体要求详见本篇"第 9 章 轨行区管理"。

8.2 轨道工程与各专业的接口要求

8.2.1 轨道工程与土建专业的接口要求

1）地下线轨道进场需求

（1）地下线区间

在轨道施工前，土建施工单位应该完成设备退场、走行轨拆除、嵌缝、堵漏（底板堵漏）等施工；清理轨行区范围内的垃圾、盾构手孔内的杂物、泥浆和积水；机具、材料等影响铺轨施工的物品全部清理出轨行区；区间需要回填的结构坑洞施工完成；盾构内冲洗干净，排出积水；移交铺轨施工时提供验收通过文件。

（2）区间联络通道地段

①一般要求联络通道施工完毕，并撤离设备，轨行区基底清理干净，无积水和泥浆，泵房管道疏通，并在铺轨到达前15d提供是否沉降稳定的相关数据资料，并明确是否可以铺设正式轨道，是否进行临时过渡。

②需要轨道临时过渡的联络通道环形支架加固地段，要求联络通道地段土建施工单位安装的设备满足铺轨门式起重机限界（4.6m宽×5.1m高）的要求。

③有积水井的联络通道必须做到积水井内渗漏处理完成和积水井内积水清理完成。

（3）地下线车站范围

①完成轨行区范围内堵漏、端头始发和接收井填仓、设备退场，清理垃圾和泥浆等，完成轨顶风道、站台板施工。

②车站废水泵房集水井内垃圾、杂物由土建施工单位（或属地管理单位）清理，确保集水井、排水管的畅通；泵房配置排水设施，并由土建施工单位（或属地管理单位）将泵房内积水排出隧道，交接时在现场指定泵房入水口的正确位置。

③未封堵的车站端头井、孔洞、站台层、站厅层的排水处理：

a. 做好地面水流入轨行区的预防与处理工作；

b. 车站积水井的水要由车站施工单位（或属地管理单位）及时做好外排工作，防止站台（厅）渗水以及雨水、施工用水或积水井水满后流入盾构区间。

④站台边沿确保不得侵入轨行区，满足行车限界要求。

⑤整体道床铺轨采用轨排法施工，若铺轨使用的门式起重机的外观尺寸超出了车辆限界，则一般情况下，在铺轨完成前，车站安全门或屏蔽门不能施工；在电缆托架安装前，各专业需要核实限界是否侵入铺轨门式起重机的作业范围内；一般情况下，车站两端有从站台到轨行区的步行梯，施工前需要核实是否与铺轨门式起重机有冲突。

2）高架线轨道进场需求

（1）高架区间

完成区间桥梁架设和现浇、桥梁伸缩缝和桥梁遮板的安装工作，完成设备退场、走行轨拆除工作，清理轨行区范围内的垃圾、杂物、泥浆、积水，并将机具、材料等影响铺轨施工的物品全部清理出轨行区，移交铺轨施工时提供验收通过文件。

（2）车站

完成站台板和伸缩缝的施工，设备和材料清理出轨行区；站台边缘确保不侵入轨行区，满足行车限界要求；整体道床铺轨采用轨排法施工，若铺轨使用的铺轨门式起重机外观尺寸超出了车辆限界，则一般情况下，在铺轨完成前，车站安全门或屏蔽门不能施工。

3）车辆段/停车场轨道进场需求

（1）库外线

路基的压实度和高程满足验收要求，移交铺轨施工时提供验收通过文件；完成站场内的水沟和预埋管线等施工。

（2）库内线

完成库内上盖结构、轨道的预留基础施工，轨行区范围内的预留槽道和预埋件完成施工，机具和材料清理出轨行区。

4）铺轨基地移交需求

（1）场地范围内土建施工单位不再进行开挖等施工工作，相关的设备和材料已撤场，场地内渣场和泥浆池等影响铺轨基地使用的临时结构已拆除；

（2）基地轨排井已按设计要求预留，轨排井范围内无干扰轨排吊装的管线和结构物；

（3）进出基地的交通通道已预留，动力电源接口和生产用水接口已移交。

8.2.2 轨道工程与其他专业的接口要求

1）给水与排水专业

整体道床施工前与给水与排水专业联系，及时了解区间线路和车站的预埋排水管道的尺寸、位置、沟底高程、排水坡度等资料。如道床浇筑过程中对土建施工单位预埋的废水泵房预埋管进行保护，避免阻塞，影响给水与排水。

2）通信、信号专业

整体道床施工前，应会同通信、信号施工单位和相关设计单位进行设计联络，明确相关设计方案。

(1)确认过轨电缆保护钢管的预埋位置、尺寸，合理调整轨枕的位置及间距；

(2)确认预留道岔转辙机、电务拉杆沟槽、信号电缆沟槽的位置和尺寸；

(3)配合信号施工单位进行钢轨绝缘接头绝缘电阻的测试；

(4)信号施工单位在钢轨上焊接电连线时，需与轨道专业进行对接，共同确定可以焊接的位置，保证焊接后钢轨母材探伤符合行车使用要求。

3）供电专业

(1)与供电专业确认整体道床中需要预留的过轨电缆沟槽和预埋的过轨电缆保护管道的位置，据此调整预留位置前后的短轨枕位置和轨枕间距；

(2)提供供电专业轨道精调后的数据资料，配合接触网（或接触轨）的安装。

4）杂散电流专业

轨道专业与杂散电流专业需配合做好杂散电流的排流工作,防止混凝土发生电蚀。

在施工前,两专业应明确排流网的面积需求和杂散电流端子的排出端设置位置,排流端子的材质电阻应该符合排流的需求,配合杂散电流专业完成钢轨杂散电流对地电阻的测试。

5）屏蔽门专业

轨道施工前,明确轨道中心与屏蔽门的相对位置关系,确定轨道电极孔与屏蔽门的位置。

6）人防门、防淹门专业

(1) 车站人防门需在轨道最终的线路上施工;

(2) 轨道专业施工至人防门处,与人防门专业确定门框的结构限界、集水坑、排水孔的预留位置等是否正确,浇筑人防门处道床时,需由土建专业、人防门专业和轨道专业三方现场签认后,方可施工。

8.3 常见问题及对策

轨道工程接口常见问题及对策见表6-8-1。

轨道工程接口常见问题及对策　　表6-8-1

序号	常 见 问 题	预 防 措 施
1	车站泵房集水坑堵塞	场地移交时与土建施工单位现场检查确认并及时处理
2	高架桥梁预埋筋过高	场地移交时与土建施工单位现场检查确认并及时处理
3	排流端子被埋入道床	加强施工质量控制,采用端子固定架临时固定
4	过轨预埋管沟槽位置尺寸偏差	提前和相关设计专业联系确认数量及位置
5	人防门处排水顺接	提前检查排水孔间距,适当调整道床宽度保证排水顺畅

第 9 章 轨行区临时管理

轨行区内的施工由于涉及的专业较多,施工相互干扰、相互影响较大,施工工期较紧,为了充分利用有限的时间、空间,使轨行区内的施工作业有序、稳定、安全地开展,同时确保工程质量和生产进度,根据《中华人民共和国安全生产法》,结合轨行区施工计划调度管理,通过协调和统筹规划,保证轨行区内施工有序开展。本章主要描述了轨行区临时管理组织机构的管理范围、管理要求及调度组成、机构设置,轨行区施工计划管理,轨行区出入管理的请销点制度、制度落实及施工准入,轨行区行车管理,以及轨行区安全文明施工的各种作业要求。

9.1 轨行区临时管理组织机构

9.1.1 管理范围

轨行区管理范围包括正线线路、车辆段及停车场出入段线路、铁路联络线线路。本篇所指"轨行区"主要指:

(1)车站轨行区:岛式站台的站台板边缘至结构边墙,侧式站台两站台板边缘之间空间范围。
(2)区间轨行区:结构两边墙、挂板之间空间范围。
(3)车辆段轨行区:线路中心向两侧各3m空间范围。

9.1.2 管理要求及调度组成

进入轨行区范围内任何活动(包括施工作业、施工运输、工程检查、新闻采访等),均应事先提出申请,报二级调度室审查,并由一级调度室批准后,方能进行。

一级调度室:设总调度、副总调度,调度成员根据需要由公司相关专业项目工程师组成。铺轨标段总监理工程师及负责现场调度的专业监理工程师纳入一级调度室。

二级调度室:轨道施工承包商为轨行区管理责任单位,负责组建二级调度室。轨道施工承包商项目经理为二级调度室调度长,下设计划调度及行车调度,分别负责轨行区范围内的计划协调管理及行车调度管理工作。

各轨行区施工承包商自行组建调度室,项目经理为总负责人,配备专职计划调度员,负责计划申报及与一、二级调度室对接和协调。

二级调度室组建,需经一级调度室审核同意。一级调度室、二级调度室及其他施工作业单位计划调度室人员构成及联系方式等信息将以文件形式另行下发各单位。

轨道施工承包商作为轨行区安全管理总负责单位,为确保轨行区施工作业安全,须成立不少于3人的日常巡查小组,负责现场安全文明施工和轨行区计划执行情况的监督检查。

9.1.3 机构设置

(1)轨行区管理分级

因管理组织模式不同,组织机构设置可能存在差异,结合轨行区管理的重要性,轨行区管理一般实行三级管理,分别为一级调度室、二级调度室、各承包商计划调度室,如图6-9-1所示。

(2)项目领导小组设置

一般按以下结构设置项目领导小组:

①组长:项目经理。

②副组长:安全总监、调度主任。

③组员:安质部长、设备部长、调度员、值班员。

其组织结构如图6-9-2所示。

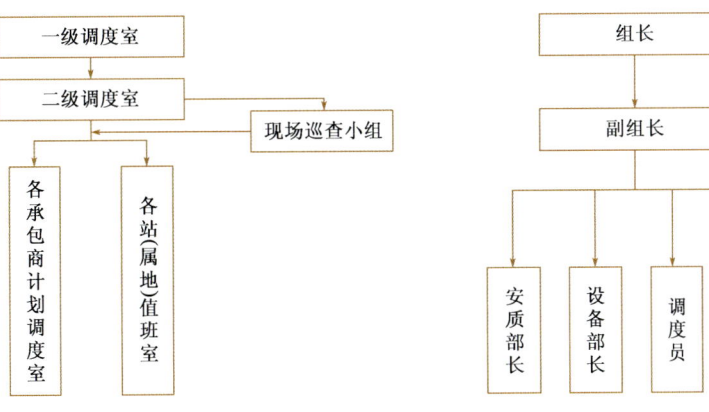

图6-9-1 轨行区管理分级图　　图6-9-2 项目领导小组组织结构图

9.2 轨行区施工计划管理

1)计划申报

(1)施工计划申报

①所有设施、设备、人员进入轨行区的施工或有可能侵入轨行区的施工均应纳入轨行区施工范畴,都必须提报施工计划。轨行区施工计划以周计划为主,临时施工计划为辅。

②各施工作业单位都必须按规定的周期编制"作业计划申请表",样表见附件6-9-1。施工作业计划的周期确定为一周。每周四申报下周一至下周日7d时段范围的作业项目。

③各施工作业单位的周计划应把轨行区作业范围的计划分列,以便于调度审理。"轨行区施工周计划"样表见附件6-9-2。

④施工计划除了注明作业内容、作业日期、起止时间、施工地点、施工负责人以外,还必须注明是否动火、是否带有动力机械等各类施工条件等。

⑤施工作业内容可能造成设备、设施功能及使用条件发生变化的,须在办理施工申报时特别注明,作业结束后,施工作业单位必须将设备、设施恢复到施工前的状态或将变动情况书面提交轨行区计划调度小组。施工作业单位申报的计划必须由本项目经理签字同意后上报,所有"作业计划申请表"均需向轨行区调度报批协商,确认后方可执行。

⑥使用车辆的施工作业单位以及正线调试的车辆除了编制施工计划外,还必须附加编制车辆的运行计划,其中包括车辆出发地点、大致发车时间、到达地点、大致到达时间以及返回的时间等,便于轨行区调度掌握其运行规律,防止车辆与其他各项目发生冲突,保证施工安全。

(2)计划初审

①轨行区调度室由总调度长主持,按施工作业单位提交的周计划进行汇总整理;

②轨行区调度对施工计划的初步审理,规定期限内完成;

③根据各施工作业单位作业点的计划,绘制轨行区作业区域平面示意图;

④审理计划的过程中重点关注多专业同区段施工的项目;

⑤发现各施工作业单位的施工计划存在矛盾时,联系相关单位进行协商,最后决定批复方案。

(3)计划会审

①对经初审的计划进行审定,特别对要跨区域运输车辆确定运输计划。

②轨行区施工计划调度会由总调度长主持,每周固定时间召开。

施工计划调度会的主要程序如下:

a. 点评上周轨行区的执行情况,公布上周违章违纪的现象;

b. 颁布本次获批的计划,并解释个别单位的计划未能获批的原因;

c. 提出下周作业的安全要点。

(4)计划调整

①施工计划颁发后,应保持其严肃性,各施工作业单位都必须严格执行,不得擅自变更。

②因不可抗拒的因素,原计划难以执行,并且不追加新的增补计划时,可由施工作业单位的调度提前一天向轨行区调度申报撤销。

③原则上,只能办理施工计划的撤销而不办理施工计划的增补,但特殊情况下,在与轨行区的行车计划不发生冲突的前提下,轨行区调度通过严格审查后,也可以准予办理变更,申请"轨行区临时计划施工申请表",样表见附件6-9-3。

④施工作业单位由于特殊原因,对某作业日的计划申请延点,也属于施工计划的变更。必须在当天施工计划截止时间的2h前向轨行区调度提出电话申请。轨行区调度根据现场的情况决定,有条件的,应尽量批复变更。

⑤在特殊情况下,可根据整体需要,特事特办。

2)计划发布

凡获批的施工计划,轨行区调度应及时发布。

3)计划实施

(1)轨行区的作业前登记与作业后注销,即请点与销点,各施工作业单位应委派专人负责,或直接由调度担任;

(2)进入施工作业范围前,各施工作业单位应分别在轨行区调度室进行登记。

4)计划的检查与控制

建立轨行区的巡查制度,由轨行区调度进行巡查,采用日巡、周巡并形成巡查记录,对行车和施工作业时间、作业范围内的轨道、设备状况进行检查,发现"三违"现象及时向建设单位汇报,并填入"轨行区巡查记录表"。

9.3 轨行区出入管理

1)请销点制度

调度室根据下达的轨行区施工计划,在施工实施的前一天开具"轨行区作业票"并下发给各施工作业单位。施工作业当天,施工作业单位凭"轨行区作业票"向轨道标段调度请点(特殊情况下,施工作业单位可将轨行区施工作业票传真给轨道标段调度,并以电话的方式向轨道标段调度请销点),轨道标段调度根据轨行区施工计划进行批点。各施工作业单位在规定的时间内作业完毕,人员及机具全部出清作业区域后,向轨道标段调度销点。轨道标段调度询问确认施工作业人员及机具全部出清作业区域后,准许施工作业单位销点。轨行区作业票样票见附件6-9-4。

2)制度落实

(1)相关施工作业单位应将《轨行区管理办法》纳入本单位的安全管理范畴,组织有关人员认真学习,并贯彻执行;

(2)进入轨行区施工作业的单位必须遵守现行《铁路轨道工程施工安全技术规程》(TB 10305)、《轨道车管理规则》等相关行业技术规范和规程的要求,同时必须贯彻落实建设单位的相关规定及管理办法。

3)施工准入

(1)轨行区施工作业人员必须严格执行持"出入证"进场和离场,并将证件挂于胸前,以备身份核查。出入证样证可参考附件6-9-5。

(2)各施工作业单位人员还必须按照相关规定,履行各类进出场手续,接受安保人员和场地管理人员的检查。

(3)各施工作业单位进场前必须与轨行区场地管理单位签订《轨行区安全协议》。

(4)各施工作业单位正式进入轨行区作业前应编制轨行区安全施工方案。在完成施工作业人员安全教育培训、安全技术交底等后,方可进场。

(5)各施工作业单位在轨行区施工必须遵守"谁作业谁防护"的原则,并确定一名专职施工联络员负责与调度室联系,联络员电话应保持24h畅通。

(6)各施工作业单位人员必须由施工带班员带领进入轨行区。施工期间,施工作业人员原则上必须同进同出,严禁个别人员单独进出轨行区。施工带班员必须全程监护,并在施工结束后与作业队一起销点退场。

(7)各施工作业单位必须取得轨行区作业票后,按作业票所明确的时间、地点、区段(里程)进入轨行区内作业,并在规定的时间和范围内完成作业。作业完毕按指定的出入口完成出清后,进行销点(特殊应急情况除外)。

9.4 轨行区行车管理

1)机车车辆检查要求

车辆运行前必须认真检查,确保其运行、制动性能完好。车辆必须配备车辆维修的一切机具,用于工地应急修理。每辆车必须配置主、副司机各一名,其中副司机在条件不良的情况下,通过行车手信号员指挥车辆运行。轨道车司机必须持证上岗。车辆司机驾驶前必须经过充分休息,并不得酒后开车。

2)工程车行车要求

(1)工程列车凭作业调度票进入轨行区。

(2)轨行区每个区段同一时段同一线路只准由一列工程列车占用。特殊情况需向占用区间开发列车时,须提前通知已占用轨行区的司机、车长,指定人员添乘,并在调度命令中明确列车运行速度、停车位置、联络方式、防护措施及防护责任人等内容。

(3)平板车装载货物,须参照《铁路货物装载加固规则》,制订良好的加固方案。装载货物时,须按加固方案进行加固,不得偏载、超载,保证货物稳固,符合安全要求后方可动车。

(4)工程列车运行过程中,除运转车长外严禁任何人员搭乘平板车。

(5)工程列车在线路上停放时,须做好防溜措施。

(6)沿线卸料要做好清道,不得侵入限界,不得损坏沿线各类设施设备。

(7)轨道车司机、运转车长应不间断瞭望,发现施工防护信号后,应鸣笛、减速(或停车),确认不影响行车后再慢速通过。

(8)工程列车在轨行区的运行速度按照调度命令执行。

3)工程车限界要求

车辆沿线卸料要做好清道,不得侵入限界,不得损坏沿线各类设施设备。

4)施工行车规定

(1)轨道标段调度在行车批点时,向司机说明运行区段施工作业情况。工程作业车运行必须取得作业票或调度命令后方准进入规定区段运行,严禁越过指定的作业区域。

(2)工程车作业前,必须对列车技术状态进行全面检查,确保行车和设备安全。

(3)工程车施工作业中严禁擅自解编、联挂。

(4)列车开动时严禁抓车、扒车、跳车,严禁从车底下坐卧、钻过或传递工具。

5)紧急情况处置

(1)一旦发生紧急情况,司机应立即停车,并坚守岗位,不得随意移动车辆,等待处理。

(2)现场施工负责人应立即组织抢救伤者,在采取抢救行动前,应保证自身及其他人员安全不受到威胁,同时想办法立即报告调度室并保护好事故现场。

(3)调度室立即启动相应的应急预案,并通知应急领导小组共同到现场处理,防止事故进一步扩大。

(4)应急救援小组按照职责分工,有序组织实施现场救援工作。

(5)确认现场无遇险人员后,立即清理现场,起复机车车辆并撤离事故现场,组织力量抢修线路,直至达到运行条件。

(6) 应急工作结束后,应急救援小组做好事故现场的保护,勘察以及调查取证工作。

(7) 相关部门调查取证完毕,经调度室批准后工程列车才能重新启动并尽快恢复施工和运输。

9.5 轨行区安全文明施工

9.5.1 设备(或材料)进场

由于轨行区作业场地有限,为合理利用空间及有序作业,轨行区不允许存放非必要的材料、机具、设备等;对于作业中确实需要的材料、机具、设备(含小型发电机)等,占用单位应在不影响行车安全及其他专业作业的前提下制订相应的安全及管理措施。作业现场必须设置隔离及警示标识并派专人不间断看守防护。

9.5.2 轨行区作业要求

(1) 轨行区施工作业人员必须按照以下标准配齐劳保用品和防护用品:

①红旗和黄旗:用于轨行区地面及高架线昼间的施工防护。

②红灯和黄灯闪光灯:用于隧道或地面线的施工防护。

③对讲机:至少3部对讲机,用于防护时两端防护员之间和防护员与被防护的施工作业人员之间进行联络。

④口笛或口哨:防护员用来警示被防护的施工作业人员,注意车辆。

⑤具有夜光效果的防护服:用于保护防护员和所有施工作业人员,使司机和瞭望人员在隧道内和高架线夜间能看见防护员和施工作业人员。

⑥配备足够的消防器材:用于轨行区动火或机械设备作业。

⑦垃圾袋:用于清理作业过程中产生的建渣、垃圾或其他废弃物。

(2) 进入轨行区的施工(包括线路部分和线路上空的作业),可能影响轨行区行车安全,必须严格遵守作业票中要求的内容,在作业区段设置防护,并派带班员对施工进行现场监护,确保堆放物品不得侵入车辆限界。

轨行区施工中影响行车安全的施工包括(但不限于):

①搭设脚手架、便桥等需要封锁线路、中断正常行车(包括中断邻线行车)的施工;

②在轨道线路上进行测量、设备安装、设备搬运、设备调试等作业的施工;

③在轨行区作业,人员、物品侵入轨道施工车辆、平板车等限界的施工;

④使用小型车辆(包括手推平车、梯车等)在线路上的施工;

⑤在站台上进行的施工,但施工过程中有人或物入侵机车车辆限界;

⑥其他影响工程车辆运行的施工。

(3) 在轨行区进行施工交叉作业,应根据规定设置黄色或红色防护号标识,地下线一律使用红、黄灯。其中,设置红灯防护,代表该段区域有施工,禁止车辆直接通过此区域,需停车确认施工作业人员和材料撤离后再行通过;设置黄灯防护,代表该段区域有施工但允许车辆低速通过。车辆应在临近时鸣笛,警示施工作业人员及时撤到安全地带并移开一切影响行车的超限物品。

9.5.3 轨行区其他作业要求

(1)轨道线路形成后轨行区应无超限物品,轨道上禁止人员停留。

(2)高处作业,使用移动脚手架或梯车,必须做好检查和推扶工作,并系好安全带。严禁踩踏轨行区内(半)成品进行高处作业。

(3)施工用临时线缆必须垂直固定,并从钢轨下通过,禁止斜拉,不得侵限。

(4)施工作业人员在完成本单位下发的生产任务时,要认真保护好其他单位的成品。各施工作业单位不得在未凝固的道床上进行施工,不得破坏、污染道床。

(5)在车站和区间严禁吸烟,严禁涂写乱画,严禁大小便;施工垃圾应及时清理出施工现场,或装袋在线路两侧堆码整齐定期清理,不得有渣土或油污。无施工废弃物、工器具和材料等侵限遗留,做到人走料净场地清,营造一个干净整洁的施工作业环境。

9.6 常见问题及对策

轨行区临时管理常见问题及对策见表6-9-1。

轨行区临时管理常见问题及对策 表6-9-1

序号	常见问题	预防措施
1	无计划施工	联合建设、监理、施工单位,组成联合调度室,规范施工作业流程,明确奖惩措施,严厉处罚无计划施工现象
2	安全防护不规范	定期召开轨行区管理例会,对于安全防护不规范的施工作业单位进行处罚,同时取消其施工作业计划
3	文明施工不规范	定期召开轨行区管理例会,对于文明施工不规范的施工作业单位进行处罚,同时取消其施工作业计划

本章附件

附件6-9-1 作业计划申请表
附件6-9-2 轨行区施工周计划
附件6-9-3 轨行区临时计划施工申请表
附件6-9-4 轨行区作业票样票
附件6-9-5 出入证

本篇参考文献

[1] 上海市建设工程安全质量监督总站,上海市施工现场安全生产保证体系第一审核认证中心.建筑施工安全检查标准[M].上海:同济大学出版社,2012.

[2] 住房和城乡建设部.城市轨道交通工程测量规范:GB/T 50308—2017[S].北京:中国建筑工业出版社,2017.

[3] 住房和城乡建设部.地下铁道工程施工质量验收标准:GB/T 50299—2018[S].北京:中国建筑工业出版社,2018.

[4] 国家铁路局.铁路轨道工程施工质量验收标准:TB 10413—2018[S].北京:中国铁道出版社,2019.

[5] 国家铁路局.铁路混凝土工程施工质量验收标准:TB 10424—2018[S].北京:中国铁道出版社,2019.

[6] 中国铁路总公司.铁路轨道工程施工机械配置技术规程:Q/CR 9227—2017[S].北京:中国铁道出版社,2017.

[7] 住房和城乡建设部.浮置板轨道技术规范:CJJ/T 191—2012[S].北京:中国建筑工业出版社,2012.

[8] 住房和城乡建设部.混凝土结构工程施工质量验收规范:GB 50204—2015[S].北京:中国建筑工业出版社,2014.

[9] 国家铁路局.客货共线铁路钢轨伸缩调节器:TB/T 3518—2018[S].北京:中国铁道出版社,2018.

[10] 黄力平,胡鹰.地铁站后工程技术与管理实务[M].北京:人民交通出版社股份有限公司,2017.

[11] 国家铁路局.钢轨焊接 第1部分:通用技术条件:TB/T 1632.1—2014[S].北京:中国铁道出版社,2015.

[12] 国家铁路局.钢轨焊接 第2部分:闪光焊接:TB/T 1632.2—2014[S].北京:中国铁道出版社,2015.

[13] 国家铁路局.钢轨焊接 第3部分:铝热焊接:TB/T 1632.3—2019[S].北京:中国铁道出版社,2019.

[14] 铁道部.无缝线路铺设及养护维修方法:TB/T 2098—2007[S].北京:中国铁道出版社,2008.

[15] 中国铁路总公司.客货共线铁路轨道工程施工技术规程:Q/CR 9654—2017[S].北京:中国铁道出版社,2017.

[16] 陕西省住房和城乡建设厅,陕西省质量技术监督局.地铁轨道工程施工质量验收标准:DBJ 61/T

116—2016[S].北京:中国建材工业出版社,2016.

[17] 住房和城乡建设部.混凝土结构加固设计规范:GB 50367—2013[S].北京:中国建筑工业出版社,2014.

[18] 住房和城乡建设部.地铁设计规范:GB 50157—2013[S].北京:中国建筑工业出版社,2014.

国家出版基金项目
NATIONAL PUBLICATION FOUNDATION

METRO CONSTRUCTION HANDBOOK

地铁施工手册

【下册】

中国铁建股份有限公司 组织编写

雷升祥 主编

人民交通出版社股份有限公司

北京

内容提要

本手册立足当前行业发展需要,紧密结合国家和相关行业规范的技术要求,由中国铁建股份有限公司依托多年来在城市轨道交通工程尤其是地下铁道工程施工中积累的工程技术资料和经验,组织300余位企业资深工程师和国内相关行业专家编撰而成。手册总计13篇89章,包括配套数字资源在内共700余万字,涵盖施工组织、明挖法施工、盾构法施工、矿山法施工、混凝土结构与防水工程、轨道工程、装饰装修工程、机电安装工程、施工测量、施工监测、施工安全管理、施工质量管理、BIM技术应用等内容。手册集中展示了我国在地铁工程领域中的创新成果,系统梳理总结了近年来地铁施工技术及建设管理方面的新理念、新方法、新技术、新工艺、新材料、新装备,反映了当前我国地铁工程的施工技术水平。手册作为地铁工程技术人员的案头工具书,致力于提供全面、丰富、细致、实用的施工技术知识和资料,以期帮助一线专业技术人员解决现场技术问题,全面提升地铁工程建设者的业务能力与建设管理水平。

为便于广大读者的阅读、查询,本手册配套富媒体电子书及相关扩展数字资源,**读者可刮开封面的"一书一码"涂层,通过微信扫码注册获取**。更多线上增值服务,持续更新。

本手册主要供从事地铁工程、城市轨道交通工程以及相关领域工程建设的技术人员使用,也可作为在校师生的参考用书。

图书在版编目(CIP)数据

地铁施工手册 / 雷升祥主编. — 北京:人民交通出版社股份有限公司, 2020.11
ISBN 978-7-114-16957-1

Ⅰ. ①地… Ⅱ. ①雷… Ⅲ. ①地下铁道—铁路施工—技术手册 Ⅳ. ①U231-62

中国版本图书馆CIP数据核字(2020)第229496号

Ditie Shigong Shouce

书　　　名：	地铁施工手册(下册)
著 作 者：	雷升祥
责任编辑：	王　霞　刘彩云
责任校对：	孙国靖　赵媛媛
责任印制：	刘高彤
出版发行：	人民交通出版社股份有限公司
地　　　址：	(100011)北京市朝阳区安定门外外馆斜街3号
网　　　址：	http://www.ccpcl.com.cn
销售电话：	(010)59757973
总 经 销：	人民交通出版社股份有限公司发行部
经　　　销：	各地新华书店
印　　　刷：	北京印匠彩色印刷有限公司
开　　　本：	880×1230　1/16
总 印 张：	149
总 字 数：	7100千(含数字资源)
版　　　次：	2020年11月　第1版
印　　　次：	2020年11月　第1次印刷
书　　　号：	ISBN 978-7-114-16957-1
定　　　价：	998.00元(含上、下册)

(有印刷、装订质量问题的图书由本公司负责调换)

组织与编审委员会

组织委员会

主 任 委 员：雷升祥

常务副主任委员：许和平　金跃良

副 主 任 委 员：孙公新　贾志武　李庆民　徐明新　施振东　陈志敏　张丕界
　　　　　　　李天胜　宋伟俊　薛　峰　马　栋　杜嘉俊　代敬辉　尚尔海
　　　　　　　王爱国　肖红武　钱增志　万传军　陆勇翔　朱　丹　刘飞香

委　　　　员：（按姓氏笔画排序）
　　　　　　　王华兵　王武现　王宝友　王艳立　王殿伟　王　霞　邢世春
　　　　　　　曲　乐　刘延龙　刘金山　闫　顺　李有能　李秀东　吴占瑞
　　　　　　　何其平　张义理　张立青　张旭东　张　杰　张宝安　张斌梁
　　　　　　　林海剑　胡建国　姚永勤　高付才　曹同来　寇宗乾　程永亮
　　　　　　　程庆海

编写委员会

主　　　　编：雷升祥

常 务 副 主 编：施振东　许和平

副　　主　　编：李庆民　赵卫星　陈志敏　张旭东　唐达昆　李建军　付军恩
　　　　　　　陈　健　马　栋　王选祥　代敬辉　于占双　宁士亮　田宝华
　　　　　　　钱增志　王振文　贺光华　刘国宝　程永亮

编　　委：(按姓氏笔画排序)

马存有　马宏宸　王伟光　王全胜　王庆阳　王宇飞　王　军(中铁十一局)
王　军(中铁十四局)　王孝忠　王　坚　王承震　王春凯　王春堂
王俊诗　王梦琪　王维强　王琮清　王朝刚　亓　宁　韦安克
支卫东　尹建伟　尹紫红　毋海军　艾　国　龙华东　龙勇彪
卢　云　田　立　田志明　舟　飞　白照峰　邢亚迁　毕　路
曲永昊　朱　平　朱　陈　朱建富　乔军亭　任柏男　任　勇
任继红　刘延龙　刘　军　刘志坚　刘宏宇　刘　鸣　刘金桥
刘建波　刘春辉　刘珂汛　刘　勃　刘　莎　刘　铁　刘　铮
刘　智　闫利鹏　江中华　许彦旭　许　恺　孙百锋　孙　策
阳艳玲　严孝军　苏秀婷　苏春生　苏　猛　杜文强　杜继凯
杜硕志　杜殿奎　李大源　李文友　李方利　李双凤　李占先
李乐平　李　冬　李永刚　李伟尚　李　旭　李　庆　李庆斌
李克金　李秀东　李应姣　李宏达　李良伟　李　坤　李金龙
李宗晟　李荣杰　李　钟　李　艳　李　浩　李　康　李深远
李　强　杨占军　杨光辉　杨　刚　杨宇兴　杨连刚　杨欣达
杨　勇　杨晓龙　杨　梅　杨清超　杨絮成　吴占瑞　吴志心
吴　涛　邱炳胜　邱童春　何永健　何茂周　何　巍　余春景
汪本刚　汪园园　沈宏雁　张巨龙　张公羽　张向红　张　庆
张　利　张　波　张荣国　张秋花　张　勇　张　萌　张　猛
张婷婷　张　新　张　磊　陈传宇　陈　军　陈学龙　陈晓伟
陈继云　陈　鹏　邵洪海　苑　申　范晨鹏　范　维　林晓波
林海斌　林道中　欧小聪　罗朱柠　罗　阳　周　兵　周兵役
周洪波　周　理　周雁领　周　强　庞前凤　净少敏　郑　俊
郑逢辉　孟　元　经纬平　赵多苍　赵连峰　赵国栋　赵　明
赵洪洋　赵艳彬　赵铁怀　赵静波　胡立春　胡存坚　胡利平
胡　菲　柯　尉　柯　磊　侯建平　姚　羽　袁　林　袁彰坤
袁德民　聂春辉　栗尚明　贾大鹏　贾凤河　徐畅畅　高　琪
郭永军　郭建波　郭建强　郭　栋　郭　磊　唐丽丽　唐国强
唐崇茂　黄平华　黄江帆　黄　枢　黄　欣　黄建宏　黄振科

梅 灿	曹传文	崔建波	麻成标	盖青山	梁四六	梁同军
寇 宏	彭正阳	彭竟涛	董 宇	韩 沛	韩继爽	程佳琛
程保蕊	程俊斌	舒进辉	谢建平	谢 俊	谢 强	蒲柏伍
甄 鸣	雷海英	雷 陶	蔡建鹏	蔡洪涛	廖建炜	谭仕波
翟 勇	熊晨君	黎 泉	颜世伟	潘小君	潘昌盛	潘微旺
薛志猛	檀军锋	魏元博	魏向阳			

秘 书 处：李凤伟　何茂周　曲 乐　王 霞　许 丹　余 浩　李永刚
　　　　　　韩三平　黄江帆　宋立柱　黄明琦　翟 勇　李英杰　郭昌龙
　　　　　　单 琳　阳艳玲　汤振亚　何十美　安芳慧　董晓芳　陈 洁
　　　　　　张巨龙

参 编 单 位：中铁十一局集团有限公司
　　　　　　中铁十二局集团有限公司
　　　　　　中国铁建大桥工程局集团有限公司
　　　　　　中铁十四局集团有限公司
　　　　　　中铁十六局集团有限公司
　　　　　　中铁十七局集团有限公司
　　　　　　中铁十八局集团有限公司
　　　　　　中铁十九局集团有限公司
　　　　　　中铁二十二局集团有限公司
　　　　　　中铁二十三局集团有限公司
　　　　　　中铁建设集团有限公司
　　　　　　中国铁建电气化局集团有限公司
　　　　　　中铁第一勘察设计院集团有限公司
　　　　　　中铁第四勘察设计院集团有限公司
　　　　　　中国铁建重工集团股份有限公司
　　　　　　中国铁建昆仑投资集团有限公司

审统稿委员会

主 任 委 员：陈湘生
总 统 稿 人：施振东　许和平　蒋雅君
委　　　员：(按姓氏笔画排序)
　　　　　　　马龙祥　马战国　王树英　尹紫红　宁士亮　向　敏　刘　勇
　　　　　　　刘艳辉　关宝树　江玉生　李亚东　李亚辉　李向国　李利平
　　　　　　　李耐霞　吴应明　邱绍峰　何　山　冷　彪　宋玉香　张　弥
　　　　　　　张　雄　周　志　赵菊梅　胡　鹰　姚晓东　徐义明　高　山
　　　　　　　郭　春　彭中要　谢雄耀　雷明锋　蔡树宝　潘明亮　薛亚东
　　　　　　　鞠世健

主编简介

雷升祥，1965年3月生，工学博士，正高级工程师，中国铁建股份有限公司总工程师。原铁道部中青年突出贡献专家，施工和建设管理专家，国家重点研发计划项目负责人（首席科学家），享受国务院政府特殊津贴。主要社会兼职：中国施工企业管理协会科学技术委员会副主任、中国铁道学会常务理事、中国土木工程学会隧道及地下工程分会副理事长、中国岩石力学与工程学会地下空间分会副理事长，西南交通大学、石家庄铁道大学兼职教授、博士生导师。

长期从事重大工程建设管理和隧道及地下工程施工技术研究工作，牵头组织国家重点研发计划"城市地下大空间安全施工关键技术研究"和主持国家科技支撑计划"煤矿长距离斜井盾构始发及连续下坡掘进技术"等多个国家级科研项目(课题)，取得科研成果40余项，获省部级科技进步奖10余项，发表学术论文50余篇，授权专利14件，主编工法10余项，出版专著9部。

INTRODUCTION
序一

我国已进入全面建成小康社会的决胜阶段,正处于城镇化深入发展的关键时期。习近平总书记视察北京大兴国际机场线时发表重要讲话,高度肯定了城市轨道交通的重要作用,强调了城市轨道交通是现代大城市交通的发展方向。发展城市轨道交通是解决大城市病的有效途径,也是建设绿色城市、智慧城市的有效途径。

"百城同谋,千里跨越",未来一段时期,我国城市轨道交通仍将保持快速发展态势。地铁作为城市轨道交通的主要制式,伴随其建设规模不断增长,建设速度加快,施工难度加大,因此,对行业技术发展及专业人才培养提出了更高的要求。

中国铁建秉承铁道兵"逢山凿路,遇水架桥"的光荣传统,在70多年的发展历程中,沐雨栉风,载誉前行,参与了我国所有铁路项目和城市轨道交通项目的建设,独立设计、建设铁路里程5万多公里,占全国铁路总里程一半以上,修建城市轨道交通里程占全国总里程三分之一以上,在地铁施工领域取得了显著的成果,积累了丰富的经验。为了给广大地铁施工技术人员提供一套全面、系统的技术性工具书,中国铁建立足自身,面向全国,组织地铁设计施工领域260余人,历时三年,编写了《地铁施工手册》。手册共分13篇89章,共700余万字,系统全面总结了地铁施工的方方面面。手册的出版,是从事地铁行业广大科技工作者及工程人员集体智慧的结晶和多年的期盼。

"合抱之木,生于毫末;九层之台,起于垒土"。《地铁施工手册》作为一本工具书,出版后将为广大地铁从业人员提供借鉴和指导,为地铁工程的安全、高效、绿色、智能建造提供技术支撑,为中国铁建参与城市轨道交通建设,推动行业高质量发展发挥积极作用。

董事长: 汪建军   总裁:

中国铁建股份有限公司
二〇二〇年十月

INTRODUCTION

序二

城市轨道交通是城市重要的基础设施,不仅能够有效缓解城市交通压力、提升公共交通服务水平,而且能够引导优化城市空间布局、提升城市品位,进而提高城市现代化竞争力,对于促进社会经济发展、节约能源和改善城市人居环境具有重要作用。

自1956年"北京地下铁道筹建处"成立至今,中国城市轨道交通走过了64年的发展历程。特别是近20年来,我国城市轨道交通建设规模与速度世界罕见,技术成果举世瞩目,建造技术已跻身世界前列,核心装备实现了自主制造,我国目前已是世界上当之无愧的城市轨道交通大国。据不完全统计,截至2019年底,我国除香港、澳门特别行政区及台湾省外共有40个城市开通城市轨道交通运营线路208条,运营线路总长度6736.2公里(其中地铁5180.6公里),在建线路总长6902.5公里(其中地铁5942.7公里,建设难度也是最大的)。

在地铁工程建设中,我国幅员辽阔,自然环境、地质水文条件复杂多样;地铁建设也多位于城市建成区,现场条件复杂,常受建筑、管线、场地制约;同时,地铁建设环境也日趋复杂和困难,线路经常要穿越江河湖海,上跨下穿既有线路、建(构)筑物,等等。因此,地铁建设具有长期性、复杂性、差异性和高风险性的特点,是城市建设中最困难也最危险的工程领域之一。由于我国地铁建设规模庞大,建设队伍水平参差不齐,地铁建设事故时有发生,有的甚至带来不可承受的人员伤亡和财产损失。因此,规范地铁施工操作,提升建设队伍技术和管理水平,对于保证工程质量和保障安全生产显得尤为重要。

地铁工程作为百年大计,科技发展和技术进步也有赖于工程实践的不断总结。中国铁建股份有限公司作为我国城市轨道交通建设的主力军和领头羊之一,参与了全国几乎所有城市的地铁建设,积累了极为丰富的工程经验。他们在建设任务非常繁重的情况下,组织了一批技术力量,编撰了国内首部《地铁施工手册》。手册将国内地铁工程建设中的重难点、常见问题、技术与工艺、经验教训,涉及地铁建设过程中的施工组织与管理、土建与轨道工程、装饰装修与机电安装技术、安全与质量管理措施等关键技术内容,以技术要点、数据、图表、案例、计算工具的形式,进行了系统梳理总结,可供国内地铁工程建设基层技术人员参考和借鉴。

作为一本指导地铁工程施工的工具书,这套手册体现了全面性、实用性、资料性、权威性、工具性的特点,充分反映了当前国内地铁建设的最新技术水平,对促进我国地铁修建技术传承与创新,推动城市轨道交通行业高质量和安全有序发展,具有重要意义,我乐于为之作序。

陈湘生教授(中国工程院院士)
住房和城乡建设部城市轨道交通建设专业委员会主任委员
深圳大学土木与交通工程学院院长
深圳大学未来地下城市研究院院长
深圳市地铁集团有限公司技术委员会主任
二〇二〇年十月

PREFACE

前言

目前我国已经成为世界上城市轨道交通以及地铁工程建设规模最大、发展速度最快的国家,同时也是世界上地铁工程建设地质条件、城市环境最复杂多样、技术发展最活跃的国家。尽管建设规模庞大、工程类型丰富、工程实践与技术能力不断进步,但技术总结相对滞后,建设队伍整体水平参差不齐,广大工程技术人员的整体技术水平和能力有待进一步提高。因此,持续加强地铁工程技术总结,推动构建形成系统完备且高水平的地铁工程技术应用体系,提升工程技术人员的整体水平和能力,应是一项十分重要的工作。从现有地铁工程方面的出版物来看,由于编写组织难度大,也缺乏能够反映当前最新技术水平、实用好用、满足全媒体推送需要的好的手册工具书。

中国铁建股份有限公司是中国乃至全球最具实力、最具规模的特大型综合建设集团之一,2020年《财富》"世界500强企业"排名第54位、"全球250家最大承包商"排名第3位,2019年"中国企业500强"排名第14位。中国铁建承建了国内三分之一以上的城市轨道交通工程项目,在城市轨道交通建设领域具备一流的技术实力,拥有一大批高水平的专家和资深工程师。

基于以上背景,中国铁建依托自身多年以来积累的工程技术经验和资料,以及一大批企业内部专家和国内相关行业专家,面向全国地铁工程建设一线工程师,总结、编写、出版一套地铁施工方面的手册,既有现实需求,也具备这个能力。中国铁建希望能为广大工程技术人员提供一套系统全面、实用好用的案头工具书,为推动地铁工程施工技术应用体系的形成、全行业整体技术水平和能力的提升贡献智慧。

2017年,中国铁建立项启动《地铁施工手册》(以下简称"手册")的编撰工作,并确立了"做一把尺子、请一位先生、树一个标杆、立一块模板"的总体工作目标,希望用标准化的尺子来丈量,为现场工程师请一位先生,用典型案例树立示范标杆,推荐成熟的技术工艺作为模板,真正让现场工程技术人员迅速掌握核心要义、关键技术,知其然,亦知其所以然,快速提升解决现场实际问题的能力,整体提升行业技术水平。

手册由中国铁建科技创新部和中铁建昆仑投资集团有限公司牵头承办,中国铁建及下属16家二级集团公司的262位资深工程师和专家参与编写,70余位各级领导、部门负责人和工作人员协助编审组织,相关高校、地铁公司、建设企业等单位近38位专家协助审稿、统稿,为此成立了组织委员会、编写委员会和审统稿委员会,邀请陈湘生院士担任审统稿委员会主任,各篇也成立了相应的编审委员会,所有参加组织、编写、审稿、统稿的人员及单位名单在文前列明,在此不再赘述。手册在编审组织过程中,前后共召开了 4 次全体人员参加的审稿会,并全力加强编审过程控制以确保编写质量,其间各级编写负责人开展了 10 次大纲讨论与对接会,召开了 11 次分篇审稿会,组织 20 余位外部专家参与中期审稿和编写支持,各单位总计开展各种规模集中办公 50 余次,组织 14 个由项目部经理、总工程师、工程部长等基层技术骨干组成的审稿小组,站在读者的角度对初稿提出了 680 余条修改意见。在统稿阶段,邀请西南交通大学蒋雅君教授等一批专家协助统稿,统稿期间召开了 3 次统稿工作会、2 次推进会。手册完稿后,邀请陈湘生院士对手册进行终审,陈院士也欣然为本书作序。手册编审组织过程中,人民交通出版社股份有限公司陈志敏副总编辑、曲乐主任、王霞副主任全程给与了协助和指导,刘彩云等编辑为书稿生产和出版做了大量细致的工作。国家出版基金管理委员会对手册出版给予了出版基金支持。手册编审组织过程中,各单位都给予了大力支持,提供了很多技术资料和人员、经费支持,每位手册参与者都为此付出了辛勤努力,在此向所有人员致以崇高的敬意和诚挚的感谢。

手册即将付梓,统计下来这部手册总计 13 篇 89 章,包括数字资源共 700 余万字,涵盖施工组织、明挖法施工、盾构法施工、矿山法施工、混凝土结构与防水工程、轨道工程、装饰装修工程、机电安装工程、施工测量、施工监测、施工安全管理、施工质量管理、BIM 技术应用等内容。总结这部书稿的主要特点,包括如下五个方面:

(1)建立项目建设标准,统筹整体线路策划。手册重点在第 1 篇施工组织中体现这方面内容:项目上场后,先对工程项目管理目标、施工组织安排、施工方案等进行总体策划,把开工前的各项前提条件、任务分工进行明确,有条不紊地组织快速开工;着重解决施工标准化问题,对地铁工程临时设施、安全设施、智慧工地建设等方面做了详细的标准化要求,列举了标准化管理实例;项目管理充分体现了需要做什么,什么时候做,由谁去做以及如何去做,可以指导项目经理快速有序地合理分工,提高项目管理水平;鉴于目前国内轨道交通建设模式从单一项目标段向整体线路全过程施工管理的转变,手册总结了经验,归纳了整体线路筹划问题,并且提供了整体线路总体策划思路,对地铁线路建设开通运营关键节点线路图与对应关键节点的前置条件进行了梳理,对整体线路开通策划做了详细说明。

(2)提升方案优化水平,确保施工安全优质。在对项目实施条件、设计文件进行深入了解的基础上,在不影响结构安全、使用功能的前提下,满足图纸、环境、风险、工期的要求进行方案调整和设计深化等工作。手册对土建、机电、装修工程方案优化的方向、内容进行了分析总结,以有利于保证施工安全,满足质量目标,兑现工期目标。书中通过案例介绍对车站站位、联络通道位置、装饰装修进行优化设计、深化设计,为读者提供优化思路。

(3)比选设计施工方案,保证安全可靠性。类似的工程地质、水文条件、环境条件下,有不同的设计、施工方案,关键在于方案是否安全可靠,是否技术可行,是否经济合理。手册对各种施工风险较大的方案与工法进行阐述、分析比较,帮助读者解决施工难题,确保安全可靠。

(4) 总结各种施工技术的特点,指导工程师选用适合工法。地铁施工技术种类繁多,手册力求通过对各种工艺、工法进行归纳总结,以表格形式把不同工艺、工法的适用范围及优缺点进行对比,为读者提供指导,便于在不同情况下快速合理地选择适合的工艺、工法。

(5) 分析施工要点,认真研究施工细节,增强手册实用性。对于从业五年以内的工程技术人员,对施工工艺已经有了一定了解,但是缺乏对机械设备的分析,缺乏对施工要点的把控,缺乏对常见问题的处理经验。因此,手册针对地铁施工中常见机械设备选型、故障排查、施工控制要点、施工常见问题及对策、常用计算方法等进行了描述。

为方便读者阅读、查找资料,本手册配有富媒体电子书。请刮开封面"一书一码"涂层,使用微信扫码进行绑定,即可在线阅读全书,同时也可以使用微信扫描书中二维码,查看相应的扩展数字资源,使用"检索功能"查找关键词,进行按需阅读。

不忘初心,方得始终!手册立项之初即确立了较高的工作目标和编写指导思想。希望手册的编写工作,能成为中国铁建促进一线工程技术人员专业技术能力提升的重要途径,也能作为中国铁建践行技术引领发展、提升企业核心技术能力等软实力的主要抓手;更希望这部手册能成为全面展示中国铁建及至全行业地铁工程施工技术水平的优秀著作。手册的出版,可以作为中国铁建对铁道兵《施工手册》的传承,它既是技术图书,也有文化内涵。当然,距离这一目标肯定还有一定距离,还请广大同行指正,随后在定期修订过程中再加以完善。

雷升祥

二〇二〇年十月

CONTENTS

目 录

上 册

第1篇 施工组织

第1章 概述 / 4
 1.1 地铁施工组织概念 / 4
 1.2 地铁施工项目特点 / 5
 1.3 地铁施工组织重要性 / 5
 1.4 地铁施工组织发展趋势 / 6

第2章 总体策划 / 7
 2.1 管理模式 / 7
 2.2 策划内容 / 9
 2.3 项目施工策划书 / 13
 本章附件 / 14

第3章 前期准备 / 15
 3.1 施工调查 / 15
 3.2 技术准备 / 19
 3.3 现场准备 / 24
 3.4 专项工作 / 29
 本章附件 / 36

第4章 项目管理 / 37
 4.1 技术管理 / 37
 4.2 方案优化 / 47
 4.3 进度管理 / 53
 4.4 物资管理 / 71
 4.5 设备管理 / 76
 4.6 成本管理 / 79
 本章附件 / 84

第5章 标准化管理 / 85
 5.1 临时设施标准化 / 85
 5.2 智慧工地建设 / 103
 5.3 过程控制标准化 / 106
 5.4 标准化管理实例 / 107
 本章附件 / 107

本篇参考文献 / 108

2 第2篇 明挖法施工

第1章 概述 / 114
    1.1 明挖法简介 / 114
    1.2 明挖法施工特点 / 115
    1.3 明挖法施工技术体系 / 116
    1.4 明挖法发展趋势 / 117

第2章 围护结构 / 119
    2.1 地下连续墙 / 121
    2.2 灌注桩 / 154
    2.3 钻孔咬合桩 / 168
    2.4 SMW工法桩 / 175
    2.5 钢板桩 / 183
    2.6 土钉墙 / 188
    2.7 锚索 / 197
    2.8 工程案例 / 205
    本章附件 / 205

第3章 内支撑系统 / 206
    3.1 钢支撑 / 211
    3.2 混凝土支撑 / 227
    3.3 竖向支承 / 230
    3.4 特殊情况下的几种支撑 / 238
    3.5 工程案例 / 243
    本章附件 / 243

第4章 基坑土体加固 / 244
    4.1 基坑土体加固方式及用途 / 244
    4.2 旋喷法 / 247
    4.3 搅拌桩法 / 265
    4.4 注浆法 / 278
    4.5 工程实例 / 282
    本章附件 / 282

第5章 地下水控制 / 283
    5.1 地下水特性及控制方法 / 283
    5.2 基坑降水设计 / 293
    5.3 基坑降水施工 / 314
    5.4 降水试验与运行 / 329
    5.5 降水环境影响及处理措施 / 337
    5.6 常见工程问题及对策 / 340
    5.7 工程实例 / 343
    本章附件 / 343

第6章 基坑土石方工程 / 344
    6.1 基坑开挖施工机械设备 / 344
    6.2 无内支撑基坑开挖 / 347
    6.3 有内支撑基坑开挖 / 353
    6.4 岩质基坑开挖 / 365
    6.5 土方回填 / 377
    6.6 工程案例 / 380
    本章附件 / 380

本篇参考文献 / 381

3 第3篇 盾构法施工

第1章 概述 / 388
    1.1 盾构机发展历程 / 388
    1.2 盾构法技术特点及内容 / 390
    1.3 盾构法发展趋势 / 391

第2章 盾构机选型与制造 / 393
    2.1 盾构机类型及其工作原理 / 393

2.2 盾构机选型 / 397
2.3 盾构机配置 / 403
2.4 盾构机监造与验收 / 420
2.5 常见故障处理及维护保养 / 424
本章附件 / 432

第3章 盾构法施工基本作业 / 433
3.1 施工准备 / 433
3.2 反力架及始发托架安装 / 450
3.3 盾构始发 / 473
3.4 盾构掘进施工 / 483
3.5 盾构接收 / 538
3.6 过站及调头施工 / 542
3.7 盾构机拆解 / 546
3.8 盾构施工典型问题及应对措施 / 548
本章附件 / 574

第4章 始发接收专项技术 / 575
4.1 始发接收端头加固设计 / 575
4.2 特殊条件始发接收技术 / 583

第5章 换刀专项技术 / 601
5.1 换刀原因分析 / 601
5.2 换刀风险分析 / 601
5.3 换刀技术及工法 / 601
5.4 盾构开仓动火作业技术 / 615

第6章 联络通道设计及施工 / 621
6.1 联络通道设计 / 621
6.2 联络通道施工方案 / 625
6.3 冷冻法联络通道施工 / 635
6.4 顶管法联络通道施工新技术 / 651
6.5 联络通道施工质量控制要点 / 656

第7章 管片生产 / 658
本章附件 / 658

本篇参考文献 / 659

第4篇 矿山法施工

第1章 概述 / 664
1.1 矿山法简介 / 664
1.2 矿山法施工特点 / 665
1.3 矿山法发展趋势 / 666

第2章 施工期地质勘察与超前地质预报 / 667
2.1 施工期地质勘察 / 667
2.2 超前地质预报 / 671

第3章 施工方法 / 687
3.1 全断面法 / 688
3.2 台阶法 / 690
3.3 分部开挖法 / 694

第4章 施工作业 / 717
4.1 开挖作业 / 717
4.2 出渣作业 / 733
4.3 支护作业 / 737
4.4 超前支护与加固 / 748
4.5 二次衬砌施工 / 769
4.6 地下水处理 / 785
4.7 特殊条件下施工作业 / 794

第5章 风水电及通风防尘作业 / 801
5.1 供风作业 / 801
5.2 供水作业 / 803
5.3 排水作业 / 805
5.4 供电与照明作业 / 806
5.5 通风作业 / 809
5.6 防尘作业 / 811

第6章 矿山法隧道施工控制重点 / 814
6.1 地面沉降与坍塌控制 / 814
6.2 突泥涌水控制 / 817
6.3 初期支护失稳控制 / 818
6.4 有害气体控制 / 820
6.5 爆破震动控制 / 821

6.6 施工噪声控制 / 824

第 7 章 工程案例 / 826

本章附件 / 826

本篇参考文献 / 827

第 5 篇 混凝土结构与防水工程

第 1 章 概述 / 834

第 2 章 混凝土结构工程 / 836
- 2.1 地铁车站混凝土结构工程 / 836
- 2.2 模板工程 / 838
- 2.3 钢筋工程 / 874
- 2.4 混凝土工程 / 915
- 本章附件 / 940

第 3 章 防水工程 / 941
- 3.1 防水要求及体系 / 941
- 3.2 明挖地铁结构防水 / 943
- 3.3 矿山法防水施工 / 955
- 3.4 细部构造防水 / 965
- 3.5 其他地铁结构防水 / 981

第 4 章 地铁工程渗漏水问题及治理 / 996
- 4.1 地铁工程常见渗漏水问题 / 996
- 4.2 地铁渗漏水治理方案 / 998
- 4.3 渗漏水堵漏主要设备简介 / 1012

第 5 章 工程案例 / 1016
- 本章附件 / 1016

本篇参考文献 / 1017

第 6 篇 轨道工程

第 1 章 概述 / 1024
- 1.1 轨道结构组成 / 1024
- 1.2 轨道施工内容 / 1026
- 1.3 轨道施工特点及方法 / 1026

第 2 章 施工准备 / 1028
- 2.1 内业准备 / 1028
- 2.2 外业准备 / 1028
- 2.3 工程案例 / 1032
- 本章附件 / 1032

第 3 章 无砟道床 / 1033
- 3.1 普通无砟道床 / 1033
- 3.2 钢弹簧浮置板整体道床 / 1050
- 3.3 减振垫浮置板道床 / 1055
- 3.4 梯形轨枕整体道床 / 1058
- 3.5 预制板整体道床 / 1060
- 3.6 质量通病与防治措施 / 1073

第 4 章 有砟道床 / 1074
- 4.1 车辆段碎石道床 / 1074
- 4.2 质量通病与防治措施 / 1079

第 5 章 道岔及钢轨伸缩调节器 / 1080
- 5.1 无砟道岔铺设 / 1080
- 5.2 有砟道岔铺设 / 1085

5.3 钢轨伸缩调节器 / 1089
5.4 质量通病与防治措施 / 1091

第6章 线路 / 1092
6.1 无缝线路 / 1092
6.2 有缝线路 / 1103
6.3 质量通病与防治措施 / 1104

第7章 轨道安全设备及附属设备 / 1105
7.1 疏散平台 / 1105
7.2 车挡 / 1107
7.3 线路标识 / 1108
7.4 钢轨涂油器 / 1109
7.5 防脱护轨 / 1109
7.6 施工质量验收标准 / 1111
7.7 质量通病与防治措施 / 1111

第8章 轨道工程接口 / 1112
8.1 轨道工程接口总体要求 / 1112
8.2 轨道工程与各专业的接口要求 / 1113
8.3 常见问题及对策 / 1115

第9章 轨行区临时管理 / 1116
9.1 轨行区临时管理组织机构 / 1116
9.2 轨行区施工计划管理 / 1117
9.3 轨行区出入管理 / 1119
9.4 轨行区行车管理 / 1120
9.5 轨行区安全文明施工 / 1121
9.6 常见问题及对策 / 1122
本章附件 / 1122

本篇参考文献 / 1123

下 册

第7篇 装饰装修工程

第1章 概述 / 1130
1.1 地铁车站装饰装修建筑功能 / 1130
1.2 地铁车站装饰装修工程特点 / 1132
1.3 地铁车站装饰装修主要材料及其性能要求 / 1133
1.4 地铁车站装饰装修工程发展趋势 / 1135
本章附件 / 1135

第2章 深化设计 / 1136
2.1 深化设计的必要性 / 1136
2.2 深化设计的目的 / 1137
2.3 深化设计的流程 / 1137
2.4 深化设计的原则 / 1138

第3章 砌体及抹灰工程 / 1155
3.1 墙体砌筑 / 1155
3.2 抹灰工程 / 1163

第4章 门窗工程 / 1169
4.1 钢制平板门 / 1169
4.2 防火卷帘、防盗卷帘门 / 1174
4.3 防火观察窗 / 1181
本章附件 / 1184

第5章 涂饰工程 / 1185
5.1 无机涂料 / 1185
5.2 乳胶漆 / 1188

第6章 吊顶工程 / 1194
6.1 铝合金吊顶 / 1194
6.2 硅钙板吊顶 / 1205
本章附件 / 1209

第7章 墙、柱饰面工程 / 1210
7.1 干挂饰面板 / 1210
7.2 干挂搪瓷钢板 / 1227
7.3 墙面砖 / 1233
本章附件 / 1239

第8章 地面工程 / 1240
8.1 细石混凝土地面垫层 / 1240

8.2 预制水磨石地面 / 1244
8.3 环氧树脂自流平地面 / 1250
8.4 防静电活动地板 / 1253
8.5 石材 / 1258
8.6 陶瓷砖 / 1266
8.7 地面绝缘层及警示带 / 1269
本章附件 / 1276

第9章 外装修工程 / 1277
本章附件 / 1278

第10章 其他工程 / 1279
10.1 离壁沟与离壁墙 / 1279
10.2 挡烟垂壁 / 1287
10.3 不锈钢 / 1292
10.4 导向标识 / 1308
10.5 广告灯箱 / 1315
10.6 卫生间 / 1320
10.7 铝合金防滑垫 / 1325
10.8 市政道路接驳 / 1328
10.9 冷却塔围护 / 1331
10.10 风亭、花池 / 1335
10.11 垂直电梯 / 1342
本章附件 / 1348

第11章 成品保护 / 1349
11.1 成品保护范围 / 1349
11.2 成品保护措施 / 1349

本篇参考文献 / 1357

第8篇 机电安装工程

第1章 概述 / 1364
1.1 机电安装工程分类 / 1364
1.2 机电安装工程特点 / 1365
1.3 机电安装工程发展趋势 / 1365

第2章 通信工程 / 1367
2.1 线路施工 / 1367
2.2 设备安装 / 1382
2.3 安全文明施工与成品保护 / 1386
2.4 接口管理 / 1388
2.5 单系统调试 / 1391

第3章 信号工程 / 1393
3.1 线路施工 / 1393
3.2 设备安装 / 1400
3.3 安全文明施工与成品保护 / 1419
3.4 接口管理 / 1420
3.5 单系统调试 / 1423

第4章 供电工程 / 1425
4.1 变电所 / 1425
4.2 中压供电网络 / 1440
4.3 杂散电流防护系统 / 1447
4.4 综合接地系统 / 1451
4.5 电力监控系统 / 1453
4.6 柔性接触网 / 1453
4.7 刚性接触网 / 1484
4.8 接触轨系统 / 1502
4.9 安全文明施工与成品保护 / 1518
4.10 接口管理 / 1519
4.11 单系统调试 / 1524

第5章 综合监控工程 / 1533
5.1 管线施工 / 1533
5.2 设备安装 / 1542
5.3 安全文明施工与成品保护 / 1557
5.4 接口管理 / 1558
5.5 单系统调试 / 1562

第6章 通风与空调工程 / 1567
6.1 管路施工 / 1567
6.2 设备安装 / 1587
6.3 安全文明施工与成品保护 / 1598

6.4 接口管理 / 1599
6.5 单系统调试 / 1601

第 7 章 给水与排水工程 / 1602
7.1 管路施工 / 1602
7.2 设备安装 / 1611
7.3 室外排水构筑物施工 / 1616
7.4 文明施工与成品保护 / 1622
7.5 接口管理 / 1622
7.6 单系统调试 / 1623

第 8 章 动力与照明工程 / 1626
8.1 线路施工 / 1626
8.2 设备安装 / 1635
8.3 安全文明施工与成品保护 / 1643
8.4 接口管理 / 1644
8.5 单系统调试 / 1646

第 9 章 自动售检票工程 / 1647
9.1 管线施工 / 1647
9.2 设备安装 / 1656
9.3 安全文明施工与成品保护 / 1663
9.4 接口管理 / 1665
9.5 单系统调试 / 1666

第 10 章 联调联试 / 1669
10.1 联调联试总时程图 / 1669
10.2 动车调试前置条件 / 1670
10.3 动车调试 / 1672
10.4 综合调试前置条件 / 1675
10.5 系统联调联试 / 1677
10.6 系统调试 / 1719
10.7 联调联试评估及报告 / 1723

本篇参考文献 / 1726

第 9 篇 施工测量

第 1 章 概述 / 1732
1.1 施工测量主要内容 / 1732
1.2 施工测量特点 / 1733
1.3 施工测量坐标系统 / 1734
1.4 施工测量技术发展趋势 / 1734

第 2 章 施工测量前期准备工作 / 1736
2.1 设计文件资料复核 / 1736
2.2 交接桩 / 1737
2.3 施工测量方案编制 / 1738
2.4 人员培训与考核 / 1739
2.5 设备选型和检校 / 1739

第 3 章 施工控制测量 / 1741
3.1 施工控制测量流程 / 1741
3.2 地面平面控制网复测与加密 / 1742
3.3 地面高程控制网复测与加密 / 1754
3.4 联系测量 / 1760
3.5 地下控制网测量 / 1770
3.6 桥梁施工控制网测量 / 1782
3.7 贯通测量 / 1782
3.8 施工控制网恢复 / 1782
本章附件 / 1783

第 4 章 施工过程测量 / 1784
4.1 常用放样方法 / 1784
4.2 明挖法施工测量 / 1792
4.3 盾构法隧道施工测量 / 1796
4.4 矿山法隧道施工测量 / 1816
4.5 高架结构施工测量 / 1823
4.6 地面线路施工测量 / 1830
4.7 车辆基地施工测量 / 1839
4.8 铺轨施工测量 / 1846
4.9 设备安装测量 / 1850
本章附件 / 1854

第 5 章　竣工测量 / 1855

5.1　控制网检测与控制点恢复测量 / 1855

5.2　轨道竣工测量 / 1855

5.3　建筑结构竣工测量 / 1856

5.4　设备竣工测量 / 1857

5.5　地下管线竣工测量 / 1857

5.6　竣工测量提交资料 / 1857

第 6 章　施工测量质量管理 / 1859

6.1　施工测量质量管理目标 / 1859

6.2　测量复核与风险控制 / 1862

6.3　质量检查与考核 / 1865

6.4　表格格式 / 1866

本章附件 / 1867

本篇参考文献 / 1868

第 10 篇　施工监测

第 1 章　概述 / 1872

1.1　施工监测地位和作用 / 1872

1.2　施工监测任务和对象 / 1873

1.3　施工监测特点 / 1873

1.4　施工监测工作流程 / 1874

1.5　自动化监测简介及其他技术应用 / 1874

1.6　智慧监测 / 1880

本章附件 / 1881

第 2 章　施工监测准备工作 / 1882

2.1　周边环境调查踏勘 / 1882

2.2　资料收集 / 1884

2.3　设备准备 / 1884

2.4　人员准备 / 1885

2.5　监测方案的编制与审查 / 1886

本章附件 / 1887

第 3 章　施工监测等级与监测项目 / 1888

3.1　工程影响分区及监测等级划分 / 1888

3.2　监测项目选取 / 1891

3.3　监测频率确立与调整 / 1895

第 4 章　施工监测方法及要求 / 1900

4.1　位移监测基准点和工作基点 / 1900

4.2　监测点布设 / 1904

4.3　监测方法及设备 / 1923

本章附件 / 1939

第 5 章　施工监测成果及预警管理 / 1940

5.1　监测变形分析及成果反馈 / 1940

5.2　监测项目控制值和预警管理 / 1947

本章附件 / 1956

第 6 章　施工监测管理 / 1957

6.1　组织机构及人员职责 / 1957

6.2　监测质量控制 / 1958

6.3　监测安全管理 / 1962

6.4　监测资料管理 / 1963

6.5　监测成本管理 / 1965

6.6　监测报表及报告模版 / 1966

本章附件 / 1966

本篇参考文献 / 1967

11 第11篇 施工安全管理

第1章 概述 / 1972
1.1 施工安全管理特点 / 1972
1.2 施工安全管理主要内容 / 1972

第2章 安全管理体系与安全风险预警 / 1974
2.1 安全管理体系 / 1974
2.2 安全风险预警系统 / 1976
本章附件 / 1981

第3章 施工重要风险控制 / 1982
3.1 明(盖)挖法施工风险控制 / 1982
3.2 盾构法施工风险控制 / 1990
3.3 矿山法施工风险控制 / 2000
3.4 轨道工程风险控制 / 2007
3.5 装饰装修工程风险控制 / 2008
3.6 机电安装工程风险控制 / 2009

第4章 施工一般风险控制 / 2010
4.1 临时用电风险控制 / 2010
4.2 消防安全风险控制 / 2023
4.3 施工机械(设备)风险控制 / 2032
4.4 脚手架施工风险控制 / 2040
4.5 高处作业施工风险控制 / 2052
4.6 管线施工风险控制 / 2061
4.7 密闭空间施工风险控制 / 2064
4.8 动火作业施工风险控制 / 2069

第5章 安全专项施工方案 / 2072
5.1 安全专项施工方案编制、评审要点 / 2072
5.2 安全专项方案范本 / 2074
本章附件 / 2075

第6章 应急管理与常见事故案例分析 / 2076
6.1 应急预案管理 / 2076
6.2 应急救援管理 / 2077
6.3 常见事故应急处置要点 / 2078
6.4 常见安全事故案例分析 / 2084
本章附件 / 2084

本篇参考文献 / 2085

12 第12篇 施工质量管理

第1章 概述 / 2090
1.1 施工质量 / 2090
1.2 施工质量管理特点 / 2091
1.3 施工质量方针和质量目标 / 2092
1.4 施工质量管理展望 / 2093

第2章 施工质量管理的基础理论 / 2095
2.1 施工质量控制原理 / 2095
2.2 施工质量管理常用方法 / 2098
2.3 施工质量保证体系 / 2099
2.4 施工质量管理组织和职责 / 2102
2.5 施工质量管理制度 / 2103
2.6 施工质量问题及质量事故的处理方案 / 2104
2.7 施工质量标准化 / 2106
本章附件 / 2107

第3章 试验与检测 / 2108
3.1 试验与检测工作程序及主要内容 / 2108

3.2　材料试验与检测 / 2110

3.3　施工过程质量检测 / 2120

3.4　工程实体质量与使用功能检测 / 2122

第 4 章　资料管理 / 2125

4.1　基本要求 / 2125

4.2　施工资料管理 / 2126

4.3　工程资料的分类与编号 / 2128

4.4　施工资料主要内容 / 2130

4.5　工程档案编制 / 2136

本章附件 / 2144

第 5 章　质量检查验收 / 2145

5.1　基本要求 / 2145

5.2　工程施工质量验收的划分 / 2146

5.3　工程施工质量验收 / 2148

本章附件 / 2168

第 6 章　施工质量通病与防治措施 / 2169

6.1　典型施工质量通病与防治措施 / 2169

6.2　明挖法施工质量通病与防治措施 / 2178

6.3　混凝土结构与防水工程质量通病与防治措施 / 2179

6.4　盾构法施工质量通病与防治措施 / 2181

6.5　矿山法施工质量通病与防治措施 / 2189

6.6　轨道工程质量通病与防治措施 / 2191

6.7　装饰装修工程质量通病与防治措施 / 2193

6.8　机电安装工程质量通病与防治措施 / 2203

本篇参考文献 / 2214

第 13 篇　BIM 技术应用

第 1 章　概述 / 2220

1.1　BIM 的概念 / 2220

1.2　BIM 的发展 / 2221

1.3　BIM 的应用特性及优势 / 2221

1.4　BIM 在地铁工程中的应用现状 / 2222

1.5　BIM 在地铁工程中的应用展望 / 2223

第 2 章　地铁 BIM 应用技术体系 / 2225

2.1　BIM 软硬件设置 / 2225

2.2　BIM 平台建设 / 2229

2.3　BIM 模型要求 / 2230

2.4　施工阶段的 BIM 应用内容 / 2231

2.5　交付成果格式 / 2235

第 3 章　地铁土建工程施工 BIM 应用 / 2236

3.1　场地设计 / 2236

3.2　基坑工程 / 2237

3.3　模板与脚手架工程 / 2238

3.4　钢筋工程 / 2239

3.5　砌体工程 / 2240

3.6　土建工序工艺模拟 / 2241

3.7　土建结构施工 / 2242

3.8　地铁土建工程施工 BIM 应用案例 / 2244

第 4 章　地铁机电工程施工 BIM 应用 / 2263

4.1　应用范围及价值 / 2263

4.2　应用流程 / 2264

4.3　模型创建、使用和管理要求 / 2265

4.4　模型质量控制规则 / 2272

4.5　地铁机电工程施工 BIM 应用案例 / 2276

第 5 章　地铁装饰装修工程施工 BIM 应用 / 2305

5.1　应用目标 / 2305

5.2　应用流程及要求 / 2305

5.3　软件应用方案 / 2308

5.4　施工深化设计 / 2310

5.5　地铁车站装饰装修工程施工 BIM 应用案例 / 2315

本篇参考文献 / 2325

后记 / 2327

METRO
CONSTRUCTION
HANDBOOK

第7篇
装饰装修工程

本篇编审委员会

主编单位：中铁建设集团有限公司

主　　编：钱增志

副 主 编：陈继云

参　　编：王伟光　陈传宇　杜硕志　邵洪海　黄建宏　汪园园

审　　定：胡　鹰　彭中要　姚晓东　李耐霞

秘　　书：李英杰

标准规范

本篇涉及的主要标准规范如下:
1. 《地铁设计规范》(GB 50157)
2. 《公共信息导向系统 导向要素的设计原则与要求》(GB/T 20501)
3. 《建筑内部装修设计防火规范》(GB 50222)
4. 《地铁设计防水标准》(GB 51298)
5. 《建筑地面设计规范》(GB 50037)
6. 《钢结构设计标准》(GB 50017)
7. 《砌体结构设计规范》(GB 50003)
8. 《无障碍设计规范》(GB 50763)
9. 《建筑装饰装修工程质量验收标准》(GB 50210)
10. 《建筑工程施工质量验收统一标准》(GB 50300)
11. 《城市轨道交通技术规范》(GB 50490)
12. 《金属覆盖层 钢铁制件热浸镀锌层 技术要求及试验方法》(GB/T 13912)
13. 《建筑内部装修防火施工及验收规范》(GB 50354)
14. 《民用建筑工程室内环境污染控制规范》(GB 50325)
15. 《建筑材料放射性核素限量》(GB 6566)
16. 《建筑地面工程施工质量验收规范》(GB 50209)
17. 《混凝土质量控制标准》(GB 50164)
18. 《通用硅酸盐水泥》(GB 175)
19. 《预拌砂浆》(GB/T 25181)
20. 《砌体结构工程施工质量验收规范》(GB 50203)
21. 《砌体工程现场检测技术标准》(GB/T 50315)
22. 《防盗安全门通用技术条件》(GB 17565)
23. 《地下防水工程质量验收规范》(GB 50208)
24. 《钢结构工程施工质量验收标准》(GB 50205)
25. 《钢结构防火涂料》(GB 14907)
26. 《钢结构焊接规范》(GB 50661)
27. 《天然大理石建筑板材》(GB/T 19766)
28. 《石材用建筑密封胶》(GB/T 23261)
29. 《建筑幕墙》(GB/T 21086)
30. 《建筑物防雷设计规范》(GB 50057)
31. 《节能建筑评价标准》(GB/T 50668)
32. 《平板玻璃》(GB 11614)
33. 《建筑用安全玻璃 第1部分:防火玻璃》(GB 15763.1)
34. 《建筑用安全玻璃 第2部分:钢化玻璃》(GB 15763.2)
35. 《建筑用安全玻璃 第3部分:夹层玻璃》(GB 15763.3)

METRO CONSTRUCTION HANDBOOK

36. 《防火窗》（GB 16809）
37. 《铝及铝合金挤压型材尺寸偏差》（GB/T 14846）
38. 《建筑装饰用铝单板》（GB/T 23443）
39. 《金属及金属复合材料吊顶板》（GB/T 23444）
40. 《铝合金建筑型材 第4部分：喷粉型材》（GB/T 5237.4）
41. 《铝及铝合金压型板》（GB/T 6891）
42. 《碳素结构钢》（GB/T 700）
43. 《冷弯型钢通用技术要求》（GB/T 6725）
44. 《热轧型钢》（GB/T 706）
45. 《冷轧钢板和钢带的尺寸、外形、重量及允许偏差》（GB/T 708）
46. 《碳素结构钢和低合金结构钢热轧钢板和钢带》（GB/T 3274）
47. 《不锈钢丝》（GB/T 4240）
48. 《建筑用轻钢龙骨》（GB/T 11981）
49. 《天然板石》（GB/T 18600）
50. 《天然花岗石建筑板材》（GB/T 18601）
51. 《防火门》（GB 12955）
52. 《防火窗》（GB 16809）
53. 《铝合金门窗》（GB/T 8478）
54. 《防火卷帘》（GB 14102）
55. 《陶瓷砖》（GB/T 4100）
56. 《烧结普通砖》（GB/T 5101）
57. 《烧结多孔砖和多孔砌块》（GB 13544）
58. 《蒸压灰砂砖》（GB 11945）
59. 《烧结空心砖和空心砌块》（GB/T 13545）
60. 《普通混凝土小型砌块》（GB/T 8239）
61. 《轻集料混凝土小型空心砌块》（GB/T 15229）
62. 《混凝土和砂浆用再生细骨料》（GB/T 25176）
63. 《预拌砂浆》（GB/T 25181）
64. 《六角头螺栓C级》（GB/T 5780）
65. 《六角头螺栓》（GB/T 5782）
66. 《1型六角螺母 C级》（GB/T 41）
67. 《十字槽盘头螺钉》（GB/T 818）
68. 《十字槽半沉头螺钉》（GB/T 820）
69. 《十字槽盘头自攻螺钉》（GB/T 845）
70. 《十字槽沉头自攻螺钉》（GB/T 846）
71. 《紧固件公差 螺栓、螺钉、螺柱和螺母》（GB/T 3103.1）
72. 《射钉》（GB/T 18981）

METRO CONSTRUCTION HANDBOOK

73. 《紧固件机械性能 不锈钢自攻螺钉》(GB/T 3098.21)
74. 《消防安全疏散标志设置标准》(DBJ 01-611)
75. 《挡烟垂壁》(GA 533)
76. 《混凝土结构后锚固技术规程》(JGJ 145)
77. 《建筑装饰装修工程成品保护技术标准》(JGJ/T 427)
78. 《纤维增强硅酸钙板》(JC/T 564)
79. 《干挂饰面石材及其金属挂件》(JC 830)
80. 《干挂石材幕墙用环氧胶黏剂》(JC 887)
81. 《玻璃幕墙工程技术规范》(JGJ 102)
82. 《金属与石材幕墙工程技术规范》(JGJ 133)
83. 《外墙外保温工程技术标准》(JGJ 144)
84. 《建筑玻璃应用技术规程》(JGJ 113)
85. 《点支式玻璃幕墙工程技术规程》(CECS 127)
86. 《公共建筑节能改造技术规范》(JGJ 176)
87. 《采光顶与金属屋面技术规程》(JGJ 255)
88. 《建筑用钢门窗型材》(JG/T 115)
89. 《建筑装饰用搪瓷钢板》(JG/T 234)
90. 《异型装饰石材 第2部分：花线》(JC/T 847.2)
91. 《异型装饰石材 第3部分：实心柱体》(JC/T 847.3)
92. 《建筑装饰用仿自然面艺术石》(JC/T 2087)
93. 《建筑装饰用水磨石》(JC/T 507)

篇首语

　　地铁车站装饰工程不仅需要满足地铁车站的使用功能要求，也需要反映地铁车站的个性化设计理念和文化特色，并体现地铁全线和车站空间的连续性和统一性。地铁车站装饰装修工程一般都有着复杂的施工工艺，所涉及的施工材料种类很多、材料运输和进场安置比较困难、施工专业种类多、各工种交叉作业干扰大、工期紧张等，因此对地铁车站装饰装修工程施工的管理和技术提出了更高的要求。本篇内容既可作为装饰装修工程企业施工操作的技术依据，也可作为分项工程施工方案、技术交底的蓝本，希望为地铁工程领域一线工程技术人员提供全面、丰富、细致、实用的施工技术知识和资料。

　　本篇首先介绍了地铁车站装饰装修的建筑功能、工程特点、主要材料、发展趋势。随后，从地铁装饰装修施工深化设计开始，按照砌体及抹灰工程，门窗工程，涂饰工程，吊顶工程，墙、柱饰面工程，地面工程，外装修工程，其他工程，成品保护等板块详细介绍了整个地铁装修工程的相关内容。各分项工程依次从作业准备、施工程序、施工控制要点、施工验收、施工质量通病与防治措施五部分进行详细描述。其中，施工控制要点着重介绍了装饰各工序与其他空间的特点，各工序之间在地铁装饰施工中的注意事项。施工验收主要针对地铁装饰施工中的特点，从一般项目和主控项目验收进行阐述。工序流程清晰，实用性、可操作性较强。各分项工程除介绍常规做法外，还结合优秀的施工案例，介绍了当前较先进的工艺做法并提出了一些推广做法。

　　地铁建设将持续处于高速发展时期，地铁装饰装修标准也将不断扩展和完善。地铁车站及其配套建筑装饰设计也将通过艺术手段和现代科技手段，融入城市的历史文化，体现区域特点和人文特色，为城市不断展现其特有的文化内涵和城市风情。

第 1 章 概述

地铁装饰装修工程按照场所主要分为车站和其他配套建筑(车辆基地、控制中心等)两大部分。具体按照分部分项工程划分,主要包括墙柱饰面工程、吊顶工程、地面工程、室外附属工程等,其中车辆基地和控制中心等建筑还包括外立面装修工程等。除此之外,结合地铁工程的专业属性,还应强调砌体及抹灰工程、门窗工程、涂饰工程、其他工程等相关内容。地铁车站是最为重要的对外公共场所,其装饰装修风格、工艺水平、舒适度与乘客体验最密切、最直接,因此,车站部分的内容是本篇重点。

1.1 地铁车站装饰装修建筑功能

地铁车站是城市轨道交通的节点,是城市历史文化的载体,有明确的使用功能需求,兼能满足乘客的文化精神需求。地铁车站装饰装修通过艺术手法和现代科技手段,创造了舒适的空间环境,既融入了城市的历史文化,又体现了周边区域特点和人文特色,将城市的文化魅力尽情展示,为城市的文化内涵增添了特有的展现平台。地铁车站装饰除了应满足各种使用功能要求外,还应满足乘客在精神生活方面的需要。通过采取丰富的艺术形式,最大限度地利用和发挥装饰材料的特性,以适宜的制作工艺,使车站成为功能与艺术表现的统一、和谐的整体,增强了美学效果,并提高了社会效益。可以说,地铁车站建筑装饰装修是使用功能、空间技术、建筑艺术的综合体现。

1.1.1 满足安全使用功能

地铁车站按服务空间可分为主服务空间和次服务空间两部分,在楼梯、扶梯部位以及站台及其周边区域为主服务空间,其面积虽小,但装饰性、功能性要求高;其余区域为次服务空间,面积大。各服务空间的主要功能作用如下:

(1)保证净空尺寸,满足使用要求

车站建筑装饰装修以满足安全和使用功能为主,因此装修过程中保证空间的各种净空尺寸至关重要。如地铁车站的无障碍卫生间通道,要满足轮椅的回转半径要求;车站出入口、疏散通道净空尺寸,要满足相关强制性条文的规定等。

(2)利用吊顶上空安装设备，保证使用功能

地铁车站的设备管线众多，包括通风与空调、消防、电气、通信、给排水等系统的各种设备，而且管线规格多、数量大。在有限的车站空间内，为使这些设备管线不扰乱乘客的视线，需要给予遮挡及美化。

(3)装饰装修墙、柱面，提供舒适空间和传播载体

地铁车站为人员密集场所，地铁车站内的墙面、柱面是乘客视觉范围内最敏感的区域，对其进行装饰装修，可为乘客提供舒适的视觉感受。墙面、柱面以大面积的块材为主要铺装材料，结合不同的装修手法，可竖向或横向沿墙面连续布置，留出各门洞、设备洞口，墙面有内嵌式导向牌、消火栓、防灾报警按钮、消防疏散指示灯、艺术墙等设备设施。

(4)细部处理，体现人文关怀

地铁车站内设置了一定的保护设施，以确保站内人员的安全。如售票厅、垂直电梯井处幕墙部位周边安装防撞设施等。地铁车站出入口处地面幕墙窗台部位设置安全防攀爬栏杆、站厅层至站台层楼梯口处及洞口周边安装安全玻璃，都考虑到儿童攀爬等风险因素。

舒适性和安全性是乘客细微的需求和感受，施工人员必须认真对待，应对许多细节精心处理。如地面、墙面材料拼接之间的对缝密合不好，影响观感；卫生间地面坡度处理不当造成倒坡排水不畅，无障碍卫生间中的洁具周边不锈钢扶手位置安装不当，挡烟垂壁相邻两块玻璃安装不平整、打胶处理不到位等细节问题都会影响车站设施的安全使用。

(5)装饰装修辅助设施，充分发挥服务功能

充分利用地下车站的空间为乘客服务，在站厅层和站台层分别设立了售票亭、分区栏杆、楼梯扶手、候车座椅、垃圾桶、站名牌、液晶显示屏等服务设施，为乘客的出行提供方便。同时，多种造型也使空旷的空间不再单调，为乘客提供便捷出行、舒适的环境。

1.1.2 为乘客营造舒适环境

地铁车站作为一个有大量人流集散的公共交通建筑的节点，受各种因素限制，其空间结构设计相对单一，为给乘客营造一个舒适、轻松愉悦的环境，车站的室内装饰装修具有十分重要的作用。设计者以艺术美为灵魂，以技术美为手段，创造出一个个具有艺术效果的室内空间环境。尤其显示技术美特色的是室内照明，在满足各种功能要求的同时，通过控制照度、均匀度、显色性等技术指标，形成优美的光环境，通过光影效果带给人们柔和舒适的视觉感受，给周围环境和各种空间界面、饰物、饰品以协调高雅的美感。

1）利用不同造型吊顶丰富站内空间

站内公共区吊顶是乘客视觉接触面积最大的部分，吊顶装饰可带给乘客舒适、美观的视觉效果，利用顶棚的分区、局部抬高等手法布置吊顶的各种空间造型，还可以设计各种平面图案，再加以涂饰和绘画等，使车站顶棚具有视觉美。

2）营造温馨的色彩环境

人的身心健康与良好的空间意境息息相关，其中色彩起着举足轻重的作用。为创造良好的站厅、站台空间氛围，在车站装饰装修工程中，吊顶、墙面、柱面、地面及各种小型服务设施的色彩无论采取何种基调，只要处理和谐，就会调整乘客的各种情绪至舒适状态。如站内色彩以鲜亮、艳丽为主调，则给人以喜庆欢乐的感觉，可以调动乘客愉悦和积极向上的情绪，尤其会使儿童感到欢快，甚至手舞足蹈。

同时，吊顶的装饰可以选用各种不同的材料，给乘客以不同的材质感觉，避免单调呆板。

1.1.3 突出体现空间的识别性和引导性

地铁车站中的人流量大、集中,且具有动态为主、滞留为辅的特点,因此车站站台应具有显著的识别性和引导性,方便人们快捷出行。

1) 识别性

不同国家、不同城市地铁的设计理念不同,受经济水平影响较大。国外一般更侧重于交通功能的实现,仅仅在特殊站点或地标打造识别性很强的地铁站。国内今后的地铁的发展,更多考虑体现城市文化内涵。每条线路,甚至每个车站的设计均应具备鲜明的特性,既体现出不同的地域文化,又增加乘客的辨识度。

2) 引导性

地铁标识是代表一个城市地铁含义的形象符号,具有明显的个性,在车站附近及在视觉敏感处或方向交叉口配置明显、醒目、美观的地铁标识,能引导乘客进出车站,方便人们乘坐地铁。

车站内各种导向设施起到导向作用,保障人们在地下空间中辨识方向,减少瞬时滞留现象。特别注意安装疏散导向标识,当地铁发生事故时,引导乘客迅速、安全疏散。其规格尺寸、图文、形式、安装位置、高度、用色、供电需求等均应符合国家有关规定。

1.2 地铁车站装饰装修工程特点

地铁车站装饰装修工程基于所处环境的特殊性,与其他装饰装修工程相比存在较大差异。

1) 作业空间封闭,安全风险高

(1) 地铁车站装饰装修工程在地下施工作业,由于其空间封闭、狭长,与一般地面工程露天作业相比,除具有施工扬尘大、噪声大等相同的艰苦条件外,还具有环境潮湿、通风不良、光线不足等恶劣的作业条件。如各种涂料、油漆的味道混杂,细小颗粒的粉尘漂浮,各种施工机具产生的噪声,未能及时清理的建筑垃圾等,这些污染源在车站装饰装修施工中不可避免,又因与外界大气环境不连通,不仅影响管理人员及作业人员的劳动效率,严重时甚至影响他们的身心健康。

(2) 装修施工期间,一般各系统设备、管线安装同期进场,专业多,交叉施工频繁,现场施工临电私拉乱接现象时有发生,施工期间临电管理风险高。

(3) 车站地下空间构造复杂,临边洞口点多面广,容易疏于管理,造成人员跌落摔伤等事故。

(4) 施工期间往往只有少数出入口完成施工,可作为施工通道,人员和材料进出难度大,风险高。

2) 施工通道狭窄,物资周转难度大

根据车站临时施工占道和道路恢复移交周期表以及各单位土建结构移交时间(尤其是材料运输洞口),除个别站点预留轨排基地和部分临时场地外,站内场地极为狭小,无法全面满足大宗材料的堆放要求。同时,物料垂直运输井道位置受限,运输难度极大;站内水平运输受垂直运输位置的影响,材料水平运输难度加大。

3）涉及专业多，技术协调难度大

参与车站装饰装修工程的专业较多，各分包工程的作业面分布较广，其自身的生产调度、协调已经十分复杂，还有其他系统专业的施工同时穿插进行，多专业工种交叉作业，相互干扰在所难免，专业接口及立体交叉现象普遍，很难保证每一工序完全按自身的工艺顺序生产，这就给施工组织和管理者提出较高要求。

4）材料对质量的影响突出，施工质量要求高

地铁车站的使用年限长达百年，在运营期内大规模的维修和更新改造难度大，装修工程所用多种材料性能要求高，体现在外观、安全性、耐久性和环保要求上，因此对装饰装修材料的控制及质量标准要求十分严格。

5）站点线性分布，范围广、干扰因素多

（1）一条地铁工程跨越范围多为几十千米，平均每站点间隔约1km，与站房、房建工程集中管理模式不同，统一性管理难度较大；

（2）部分站点的主体结构滞后严重，造成后序机电、装修施工周期压缩严重，增大施工难度和质量控制难度；

（3）每个车站为一个独立的单位工程，因装修体量大，需要配备的项目管理人员较多。

1.3 地铁车站装饰装修主要材料及其性能要求

1.3.1 装修主要材料

地铁车站室内空间环境的整体形象，是材料、结构和空间共同体现的一种综合性艺术形象。根据不同区域、不同部位，车站装饰装修面层常用材料见表7-1-1。

车站常用装修材料 表7-1-1

区域	部位	常用装修材料
室内区域	墙面	清水混凝土、陶瓷板、马赛克、烤瓷铝板、微晶石、硅钙板、铝板、人造大理石、玻璃、搪瓷钢板、大理石、乳胶漆、纤维增强硅酸钙板、水泥抹灰面、不锈钢踢脚线、石材踢脚线
	地面	花岗石、玻化砖、水泥砖、盲道砖、盲道石、水磨石、水泥压光地面、铝合金防滑垫、站台门警示带、防静电活动地板
	顶面	铝板、铝格栅、铝方通、铝圆通、铝合金扩张网、挡烟垂壁、铝扣板、无机涂料、硅钙板
	其他	广告灯箱、导向标识、不锈钢栏杆、票务中心、不锈钢门、防火门、防火卷帘、防盗卷帘门、防火观察窗、卫生间隔断板、不锈钢疏散指示箭头
室外附属设施	市政接驳	火烧面花岗石、陶瓷砖
	冷却塔维护	钢结构栏杆、不锈钢栏杆、花岗石
	风亭	玻璃栏板、石材
	无障碍电梯	玻璃、钢结构、石材
	出入口	玻璃、钢结构、石材、铝板、铝镁锰屋面
	外幕墙	钢材、型材、玻璃、石材、铝板

各区域装修材料应用示例如图7-1-1～图7-1-6所示。

图7-1-1　站厅层

图7-1-2　站台层

图7-1-3　出入口通道

图7-1-4　卫生间

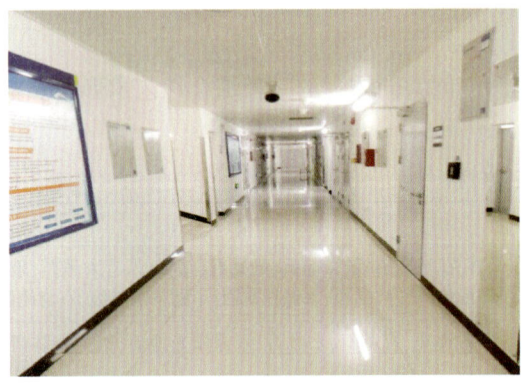

图7-1-5　设备区走道

图7-1-6　出入口雨棚

1.3.2　材料性能要求

(1) 地铁车站的使用年限较长，装修使用的材料应满足安全性、耐久性、防火等级和环保要求。依据现行《地铁设计防火标准》(GB 51298)，地铁站内装修材料的防火燃烧性能需满足以下要求：

①站厅、站台、人员出入口、疏散楼梯及楼梯间、疏散通道、避难走道、联络通道等人员疏散部位和消防专用通道，其墙面、地面、顶棚及隔断装修材料的燃烧性能均应为A级，但站台门的绝缘层和地上具有自然排烟条件的房间地面装修材料的燃烧性能可为B1级。

②广告灯箱、导向标识、售票亭等固定设施的燃烧性能均不应低于B1级，垃圾箱的燃烧性能应为A级。

③在设备管理区设置的玻璃门、窗,其耐火性能不应低于该防火分隔部位的耐火性能要求。

(2)在材料选择方面除应符合上述要求外,还应满足以下性能要求:

①装修材料应具有耐磨、防滑、易清洁性能。主要体现在公共区、疏散楼梯和疏散通道的地面材料。

②装修材料应具有防静电、耐腐蚀、耐酸碱、耐油污、阻燃性、防渗透等性能。例如防静电地板、微晶石、搪瓷钢板、铝板等。

③装修材料应具有防潮、防撞、耐污损、耐刮损、抗冲击、抗紫外线等性能。例如卫生间隔断板。

④装修所选用的卫浴五金配件,应具有造型美观、密封可靠、不漏水、不生锈、不结垢、耐用等性能。

⑤地铁车站的吊顶设计应满足轻质、牢固、美观、易于安装,以及便于吊顶内部设备的维护、检修等要求。铝合金板具有耐高温、防尘、自身重量轻,结构牢固、易拆装,抗冲击力强,不易磨损,吸音隔音,不受正负压影响,有利于通风口或其他设备散热等特性,作为公共区吊顶的主选材料。

1.4 地铁车站装饰装修工程发展趋势

地铁作为一种高效、便捷、节能、环保的城市轨道交通工具,在缓解城市交通堵塞压力、增强城市活力,调整城市功能布局,带动相关行业发展,提升城市运作效率和城市竞争力等方面的优势显著。地铁除了是交通运输的载体外,也是每个国家和地区一定时期历史、文化背景、经济实力的综合反映,而如何表达一个城市的特点,体现城市的历史环境、社会环境和人文环境,可以通过地铁车站装饰装修特色来实现,最终达到建筑装饰艺术风格与城市文化、地域文化个性的完美统一,自然融合。随着城市化进程加快,地铁工程建设进入高速发展阶段,地铁车站装饰装修作为装饰行业的一个新兴市场,也将迅速崛起、快速发展。

目前,专业化的装饰装修公司一般均有自己的团队,设计施工一体化可以有效发挥和集中专业装饰装修单位的优势,整合技术、设计、造价,工程人员提前介入前期设计阶段,使方案更具有可实施性,提升综合性价比;在实施阶段便于快速实施落地,使装修工艺得到预控,品质综合提升。对于建设单位,主要是做好方案选择、综合性价比及装饰装修单位综合实力考察研究,做好科学决策,选择设计施工一体化的专业化装饰装修单位,有利于地铁项目的装饰装修投资控制。

总之,未来十年甚至二十年内,城市轨道交通将始终处于高速发展时期,地铁车站装饰装修市场将不断扩展。地铁车站装饰装修将通过传承与创新,以艺术手段和现代科技手段,创造舒适的空间环境,融入城市的历史文化,体现周边的区域特点和人文特色,打造一站一景的装饰风格,将城市的文化魅力、地域特色尽情展示,提升城市特有的文化内涵和地域风情。

地铁车站装饰装修实例见附件7-1-1。

本章附件

附件7-1-1 地铁车站装饰装修实例

第 2 章 深化设计

深化设计是在完成各专业会签的施工图和技术要求的基础上,经过现场实地测量尺寸,在不影响或不修改原设计风格及建筑、结构基础上做出完整的深化设计,包括完善平、立面排版图,优化综合吊顶图,细化通用节点详图,补充专用节点详图等,以充分体现设计方案内容,并满足施工要求。深化设计介于施工图之后与实体施工之前,是为了将设计师的设计理念、设计意图在施工过程中得到充分体现,从而使施工图更加符合现场实际情况。

2.1 深化设计的必要性

深化设计是将施工图纸转化为工程实体的重要环节,是有效实现工程建设目标、降低工程成本、确保工程实体质量和效果的重要手段。深化设计作为施工前的重要环节,越来越突显出它的必要性,且目前在很多城市都已开展这个环节,具体有以下几个方面的内容:

(1)装修施工图可能与现场不一致,需要结合现场对设计图纸进行深化。

受土建施工水平差异影响,土建单位交给装饰装修单位施工的条件千差万别,有的基本与设计图纸一致,有的误差几厘米到十几厘米,而现场受制于结构安全或耐久性要求,可能不能完全处理到与设计一致,这就产生了装修设计图纸和现场不一致的情况。如果没有深化设计环节,现场施工拿到图纸是无法使用的。

(2)系统专业众多,接口末端复杂,需要对设计图纸进行深化。

地铁车站空间相对有限,但所容纳的专业众多,要想在有限的空间内,排布出满足各专业需求的设备、箱体、管线、各种末端等,就需要对各专业进行综合排布,以消除相互冲突的环节。在设计环节,可能不能完全准确展现施工中的工艺、水平而产生差错漏碰,因此,需要再结合装饰装修自身的要求进行装修深化。

(3)深度理解设计意图,需要对设计图纸进行深化。

深化设计是施工准备的第一步,也是与设计深度沟通,理解设计意图,对装饰装修效果提前"消化"的重要过程。深化设计做得好,事半功倍,后期施工会一气呵成;深化设计做得不好,会有这样或那样的问题,易反复出现窝工、返工、材料报废等。

综上所述,深化设计是现场施工操作层面的最终施工图,对现场施工有重大指导意义,因此,必须要有专业的、有施工经验的工程师,对平立面排版、设备末端、细节收口处理、节点大样等,根据设计意图进行深化设计。

2.2 深化设计的目的

(1)在贯彻原设计理念的基础上,根据现场实际情况优化调整相关工艺做法、相关综合布置图,实现施工现场与设计相融合。

(2)利于各施工承包商了解设计范围内的各项施工内容及施工界面。

(3)利于施工单位对装饰装修涉及材料的规格及相关技术要求有明确的了解。

(4)促进装饰装修施工单位与其他施工单位加强沟通,明确接口,解决专业协同及收边、收口问题。

(5)利于主动控制质量问题,减少返工,提高工作效率,降低成本。

(6)利于装饰装修方案的细节落地,避免图纸设计与施工现场不符合或设计过于理想化,因现场条件限制而无法实现图纸要求等问题,达到高效、高标准的总控管理水平。

2.3 深化设计的流程

深化设计的过程,是一个收集、综合、反馈,如此循环往复的过程;也是收集各专业问题需求,进行综合分析后,又将综合后产生的新问题反馈给各专业人员,以消除矛盾的过程。再收集、再综合,既能最大限度地满足各专业要求,又能表现装饰装修的完整效果。其主要工作流程包括:

(1)各专业发送设计图,测量土建专业交付的现场实际尺寸,以此作为基础资料。

(2)核对建筑图与装修图是否有差别,如有差别,则应及时向设计人员反馈沟通;如无,则进行下一步工作。

(3)各专业进行预留孔洞、预埋钢管、末端设备详细提资。

(4)进行天地墙综合排版、墙体孔洞、设备末端预留深化工作,如遇见末端设备、孔洞位置冲突,则应及时会同专业人员协商解决;如无,则进行下一步工作。

(5)深化设计完成后向各专业发送深化设计图,各专业核对是否有遗漏预留孔洞、末端设备等,如有,及时向深化设计单位反馈,修改完成后重新进行本工作;如无,则进行下一步工作。

(6)组织参建各单位进行图纸会审,如有需改动的地方,记录各单位的意见,进行修改,进行第(5)步工作;如无,则进行下一步工作。

(7)打印图纸,各专业人员签字确认,作为现场实际实施的最终施工图。

图纸深化设计流程如图7-2-1所示。

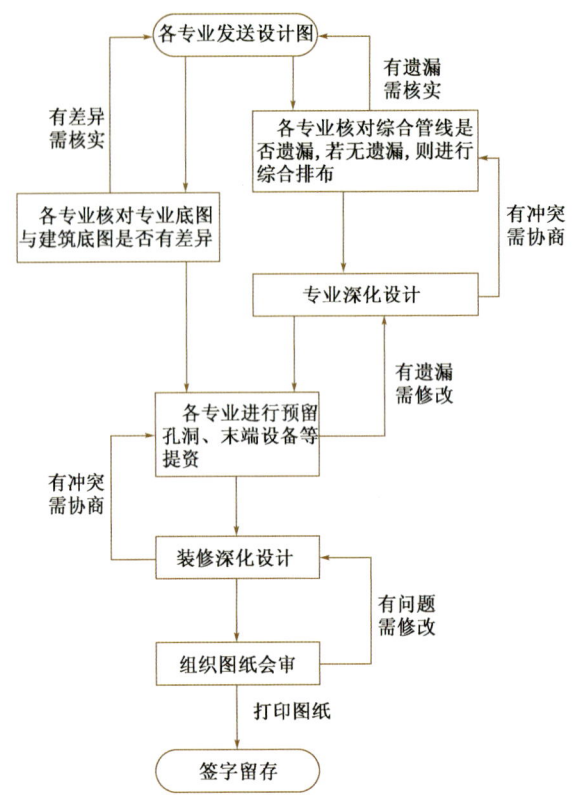

图 7-2-1　图纸深化设计流程图

2.4　深化设计的原则

2.4.1　基本要求

在开展深化设计施工图绘制前,施工单位需要完成以下前置工作:

(1)车站主体结构完成,车站建筑坐标点移交,核验完成。

(2)深化设计平面、立面尺寸必须为现场测量尺寸,符合现场施工要求。

(3)装修施工图已完成专业提资、协调、会签,完成预留预埋、设备末端就位,完成满足设计深度要求的施工图。

(4)深化设计不得改变原有设计方案、设计理念,不得随意减少或更改设备末端的位置;如需调整需经设计单位确认。

(5)核查施工图的资料是否准确,建筑图是否为最终各车站的建筑图,各系统末端单位、装饰装修建筑图底稿是否统一。

(6)复核公共区各类设施图纸尺寸是否准确,如出入口闸机宽度、双向闸机的宽度、离壁墙宽度,安检机、售票机、零售机、自动柜员机尺寸及位置是否明确,涉及墙面的各类检修门是否表示清楚。

(7)复核售票亭位置及尺寸是否全线统一。

(8)各专业提资图纸是否齐全。与各专业对接,要求其他各专业详细提资(包括预埋钢管、预留洞口、末端设备等)。

(9)确定统一的绘图基本原则和要求,如各尺寸标注和各材料标注前后要统一、清晰,标准材料可不标注,非标准材料必须标注,不得遗漏。

2.4.2 公共区深化设计

1)地面石材

(1)以车站建筑轴线为基准进行放线,地面石材纵向伸缩缝必须调整至柱中位置,如遇特殊情况,根据具体尺寸调整。

(2)应标注排版中线、中心点、起铺位置及走向。地面石材图纸深化设计示例如图7-2-2所示。

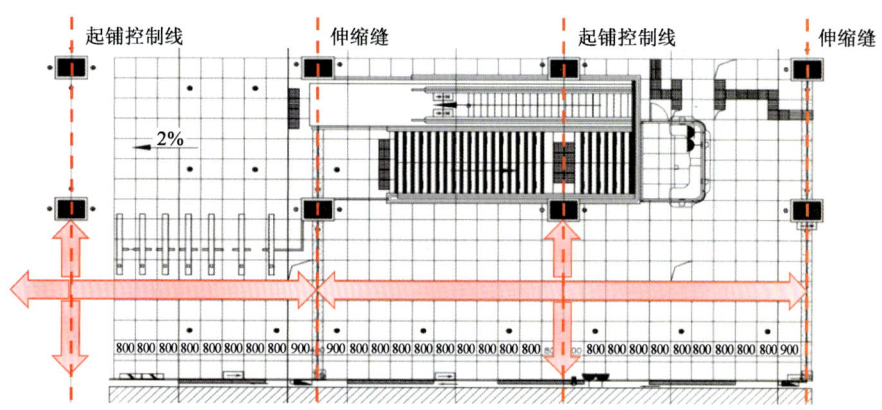

图7-2-2　地面石材图纸深化设计图

(3)地面装饰板材与踢脚线板块边缝对缝,地面与墙面装饰板材尽量对缝,相同宽度的按模数对缝,不同宽度的按倍数对缝。墙面、地面、顶面模数对应深化设计示例如图7-2-3所示。

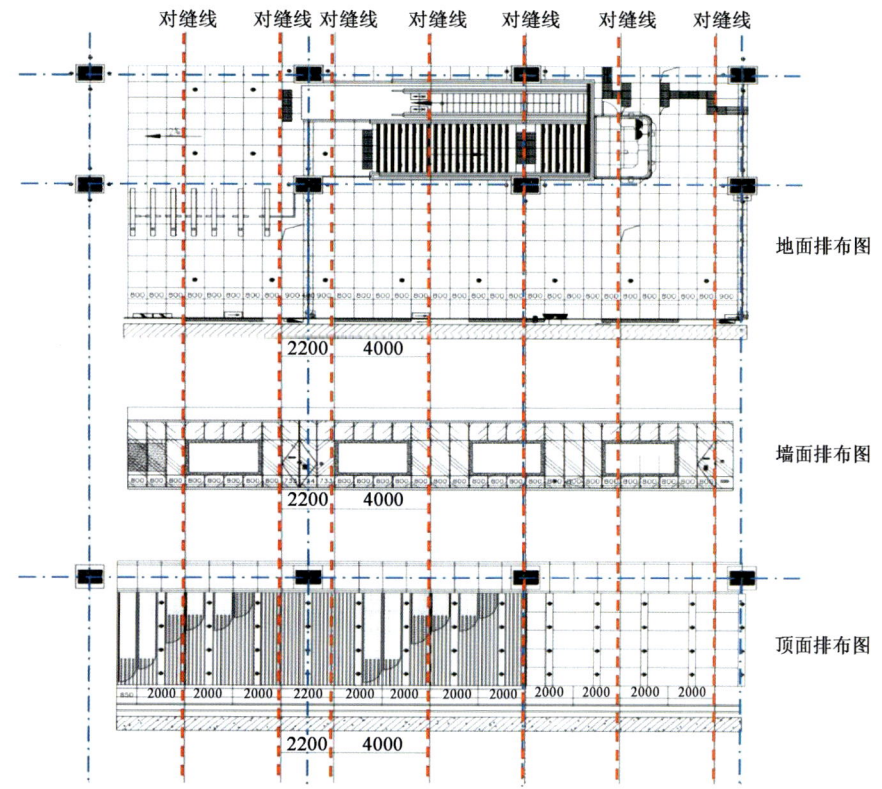

图7-2-3　墙面、地面、顶面模数对应深化设计图(尺寸单位:mm)

(4) 站厅、站台、出入口通道垫层及面层与结构保持相同坡向和相同坡度；地面装饰材料在地面沉降缝处断开，并做相应处理。

(5) 地面铺贴花岗石需留缝1mm，以解决外界因素变化引起的花岗石板块密拼起拱的问题，地面沉降缝做特殊处理，站厅部分的地面装修，需与预留地漏配合。地面四周阴角处非整砖宽度应不小于标准规格的1/3；如小于标准规格的1/3，则与旁边的石材合并做整块非标石材。

(6) 地面石材运到现场前需完成六面防护（防水、防油、防污）。

(7) 站台距站台门区域在一定范围内需设置绝缘层，绝缘层敷设时按两柱轴线之间为一个独立绝缘单元且与非绝缘区的石材伸缩缝连接，每侧站台边绝缘带由若干个独立的绝缘单元组成，且站台层绝缘指标需满足设计值。为保证绝缘层施工质量，施工单位在进行绝缘层每道工序结束后必须检测绝缘值并经监理、设计、建设单位确认后再进行下一道工序，并需注意与端门及墙体连接件的绝缘处理。站台门前绝缘区深化设计图及排布示例如图7-2-4所示。

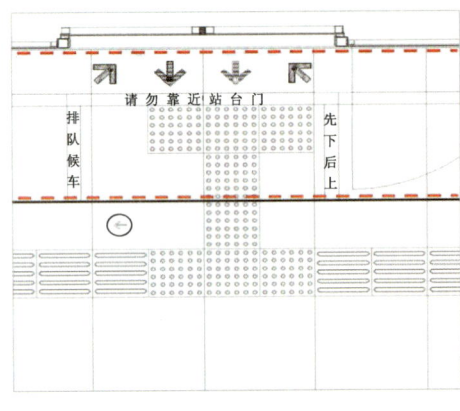
a)站台门前绝缘区深化设计图

b)站台门前绝缘区排布

图7-2-4 站台门前绝缘区深化设计图及排布

(8) 自动售检票（AFC）线槽检修口不能跨板设置，应为整块设置，或1/4板角设置，或1/4板中设置或板边设置。检修盖板深化设计图及布置示例，如图7-2-5a)、b)所示；检修盖板边角深化设计图及示例，如图7-2-5c)、d)所示；检修盖板整块布置示例，如图7-2-5e)所示；出入口通道集水井坑盖板示例，如图7-2-5f)所示。

(9) 站厅下站台楼梯踏步石材为光面，拉防滑槽，出入口楼梯踏步石材为毛面（做防滑处理），拉防滑槽。一般楼梯踏步宽度$b \leqslant 1500$mm时，踏步平板可采用整块石材；$1500\text{mm} < b \leqslant 3000\text{mm}$时，可采用2块石材；$3000\text{mm} < b \leqslant 3600\text{mm}$时，可采用3块石材；$b > 3600$mm时，可采用4块石材（均分）。

(10) 地面排版须体现各专业末端设备位置及大小（包括但不限于栏杆、AFC线槽、售票亭、地面疏散标识、闸机、水沟箅子、检修孔、安检机插座、地漏等），如图7-2-6所示。

2）盲道设置原则[依据现行《无障碍设计规范》（GB 50763）关于盲道的条文]

(1) 对于盲道设置，在遵循规范的大原则下，各个城市甚至各条线路也有不同，深化设计时仍应以装修施工图设计原则为准，不改变原有设计原则。

(2) 从设置垂直电梯或有无障碍卫生间的出入口通道（包括电梯和人行步梯）和对角出入口通道（如是远期预留出入口，则不设置盲道，而应选择对边出入口通道）及有过街通道功能的出入口通道引入盲道，在通道中引至无障碍卫生间。

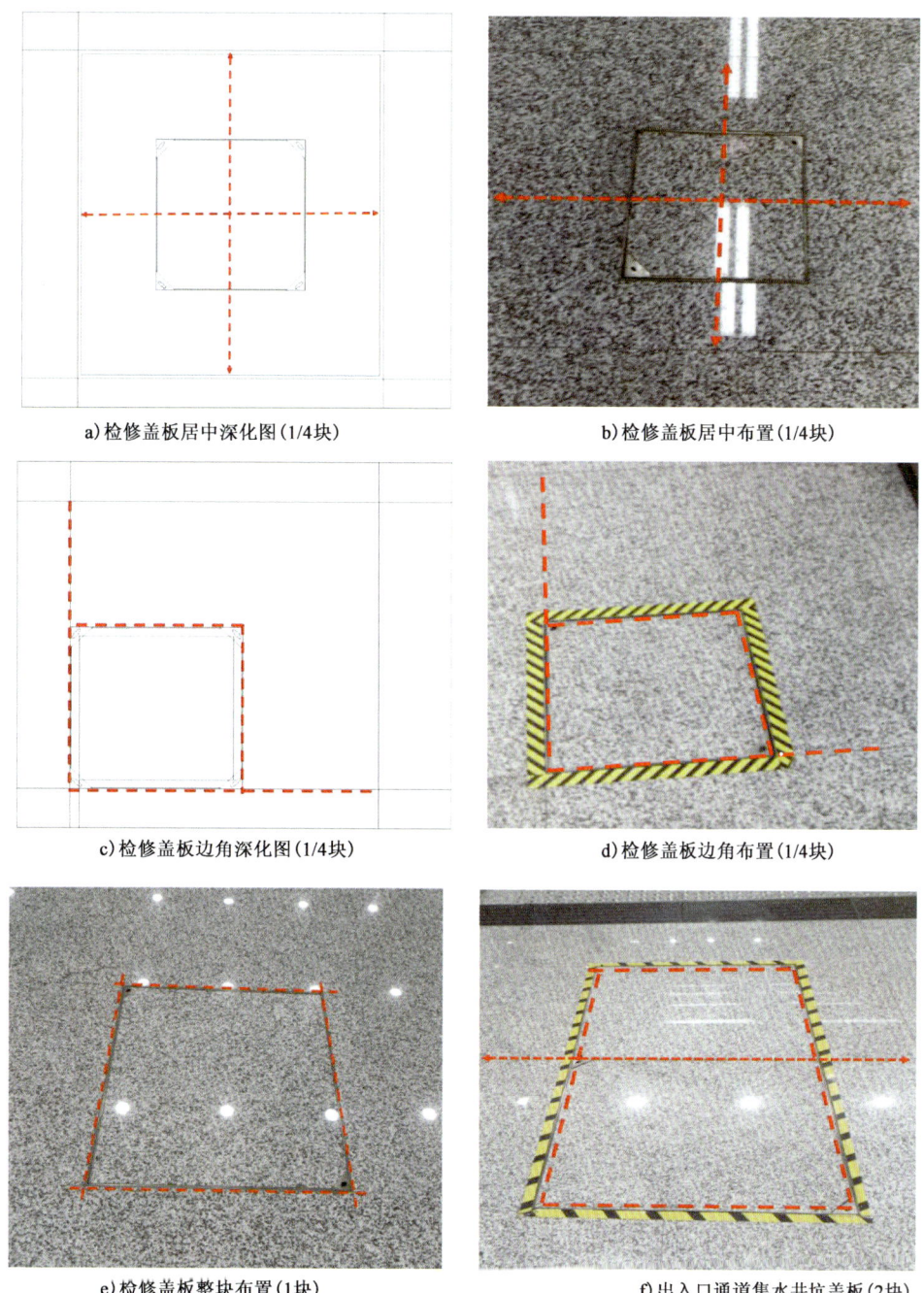

图 7-2-5 检修道盖板深化设计图及排布

（3）满足相关条件的情况下，盲道从出入口上平台踏步边缘地坪起，与市政盲道相接，通过出入口通道，引导到栏杆活动门处，进一步引导至无障碍电梯（图 7-2-7a），引导至距无障碍电梯最近的楼梯直至站台（图 7-2-7b）；盲道不需要引至售票亭。

（4）在楼梯前方、楼梯平台处距离踏步起点或终点 250~300mm 处设置止步盲道块，在自动扶梯不锈钢踏板前 250~300mm 处设置止步块，如图 7-2-8 所示。

（5）站台层盲道应与地面石材排版协调一致，盲道应布置于一整块石材，一边对齐。如采用定点上车布置原则，应根据各线路选用的列车型号，选择无障碍车厢所对应的站台门设置盲道，站台门处盲道止步块延伸至警戒石外侧，如图 7-2-9 所示。设计应先核实车型与无障碍车厢位置无误后再按原则布置。

(6)盲道边线与墙、柱子、栏杆等障碍物的距离应大于300mm,且站厅盲道须避开安检机安装位置。

(7)盲道应引向边门,且避开边门滚轮运动轨迹。

(8)盲道边缘须与两侧障碍物之间保证300~500mm距离,如图7-2-10所示,以防止盲人行进过程中发生碰撞。

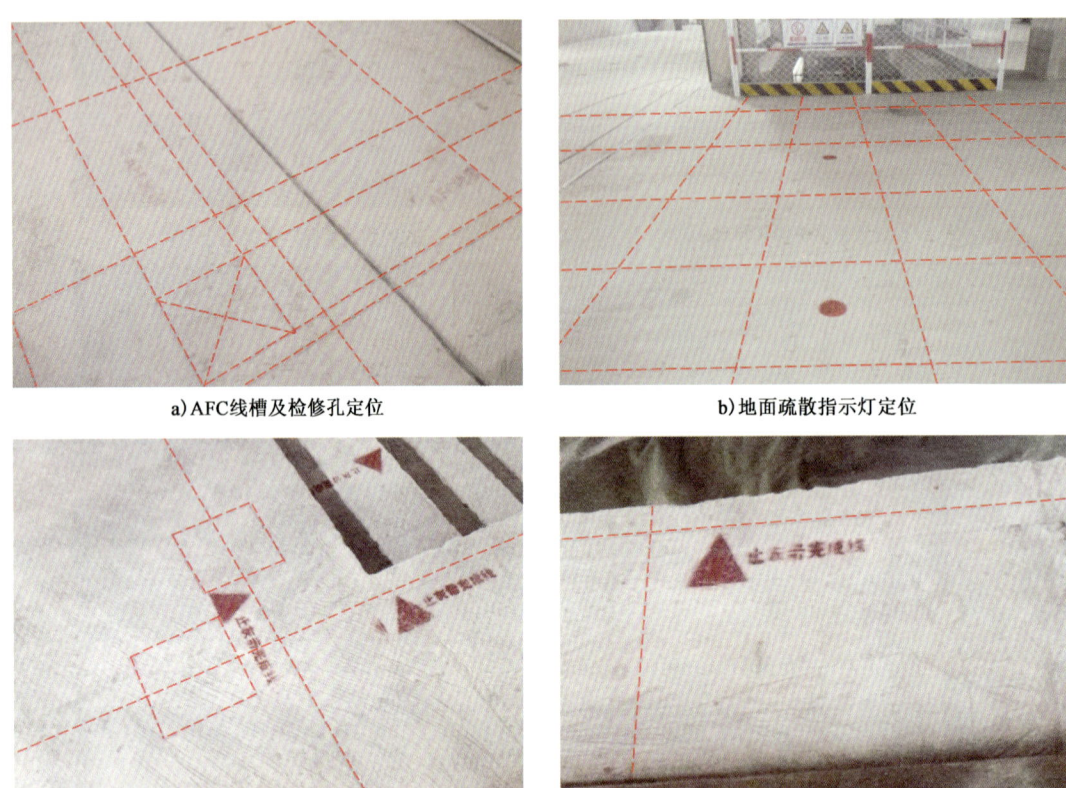

a)AFC线槽及检修孔定位　　b)地面疏散指示灯定位

c)不锈钢栏杆预埋件定位　　d)地面止灰带完成面定位

图7-2-6　地面排版及定位

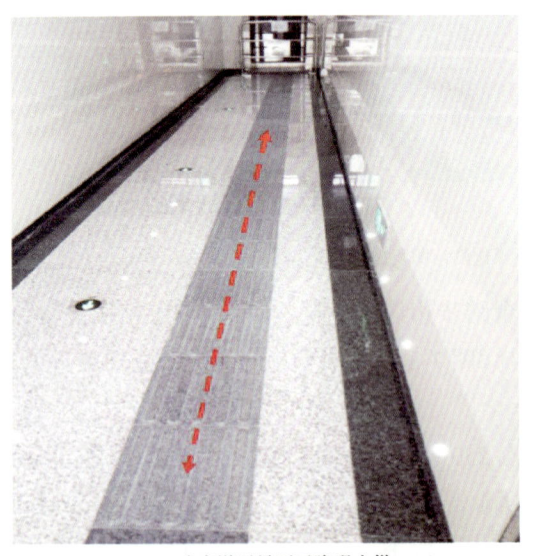 

a)盲道引导至无障碍电梯　　b)盲道引导至站内

图7-2-7　盲道引导

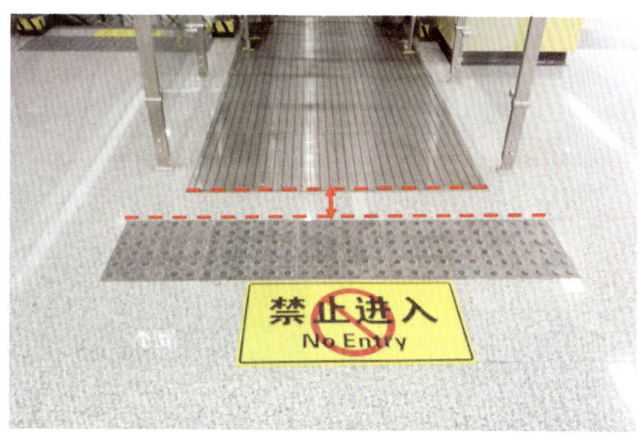

图 7-2-8　电扶梯不锈钢踏板与盲道位置关系

图 7-2-9　站台门处盲道止步块延伸至警戒石外侧

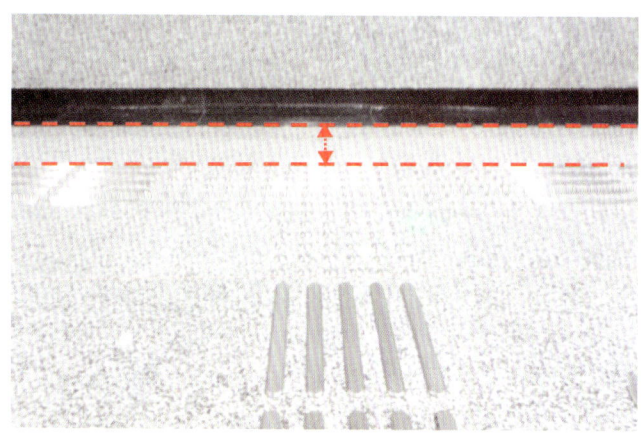

图 7-2-10　盲道边缘与两侧障碍物之间保证一定距离

3）人防门槛

人防门槛区域地面尽量做平，一般以压纹不锈钢作为人防门槛盖板。并分别从两边放缓坡，分别向站厅层出入口、扶梯口进行找坡；坡度较大时，地面材料应拉槽防滑处理。同时，注意盲道与人防门槛地面材料收口要合理顺接。盲道与人防门槛布置关系如图 7-2-11 所示。

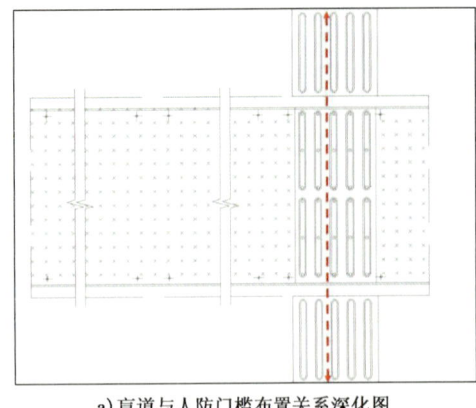

a) 盲道与人防门槛布置关系深化图　　　　b) 盲道与人防门槛布置关系

图 7-2-11　盲道与人防门槛布置关系

4）地面疏散指示标识

地面疏散指示标识自站台到站厅再到出入口，全路径指向疏散方向，安装后与地面齐平，居板中布置，间距须满足相关规范要求。闸机范围内不设置疏散指示标识，当盲道与地面疏散指示标识冲突时，调整疏散指示标识至邻近板。地面疏散指示箭头方向需与墙面疏散指示相对应。

楼梯梯面的蓄光疏散指示标识嵌入梯步立面，间隔一个梯步安装。楼梯宽度不大于1800mm居中设置一块蓄光疏散指示标识；楼梯宽度大于1800mm均匀设置两块蓄光疏散指示标识，均匀布置。闸机范围内不设置疏散指示标识。

5）栏杆

(1)一般车站站外采用SUS 316不锈钢栏杆，站内采用SUS 304不锈钢栏杆，壁厚符合设计要求，并满足国家标准图集的最低要求，两者取大值。玻璃栏板需采用玻璃专用接驳件，玻璃应倒$R10$圆角处理。示例如图7-2-12所示。

(2)限位栏杆设置于楼扶梯口部、票亭前等客流集中部位，通过栏杆人为对客流进行引导和疏解，减少拥挤，提高疏散速度。具体各个城市的做法有所不同，一般根据运营管理需要或总体要求选择设置与否，深化设计图纸不改变原有的设计理念。常见设置位置和基本要求如下：站台层至站厅层的扶梯，在站台层至站厅层均需设置限位栏杆，栏杆长度基本与扶梯不锈钢踏板齐平；站厅至出入口的扶梯，在站厅层及出入口层设置限位栏杆，栏杆长度基本与扶梯不锈钢踏板齐平；两部扶梯相邻设置的，在两部扶梯中间设置限位栏杆，栏杆长度基本与扶梯不锈钢踏板齐平；如楼、扶梯末端与正对墙面距离过小，则可不设限位栏杆。示例如图7-2-13所示。

(3)栏杆做法及安装应满足相关技术要求，所有配件工厂定制，现场安装，避免现场焊接及打磨，每个单元可拆卸。

(4)栏杆末端加弯头。楼梯扶手栏杆上、下端栏杆水平段长度不小于300mm，并设置盲文标识铭牌。

(5)站内无障碍垂直电梯四周须设置拉丝不锈钢防撞栏杆。

(6)闸机等其他设备设施与墙面之间须用栏杆封堵。

(7)栏杆(扶手)与闸机的距离应控制在50~100mm之间。

(8)出入口平台与市政路面高差，大于500mm且未设置踏步时，应设置栏杆。出入口楼梯宽度不小于3600mm时，应根据规范要求设置分流栏杆，分流栏杆在楼梯平台处断开。

（9）当出入口两侧平台与有盖出入口雨棚玻璃幕墙、无盖出入口栏杆之间存在人员攀爬坠落风险时，设置防攀爬栏杆进行封堵。

（10）两组闸机之间分区栏杆过长时，在闸机旁各设置一扇疏散门，疏散门加装门禁，开门方向为疏散方向。

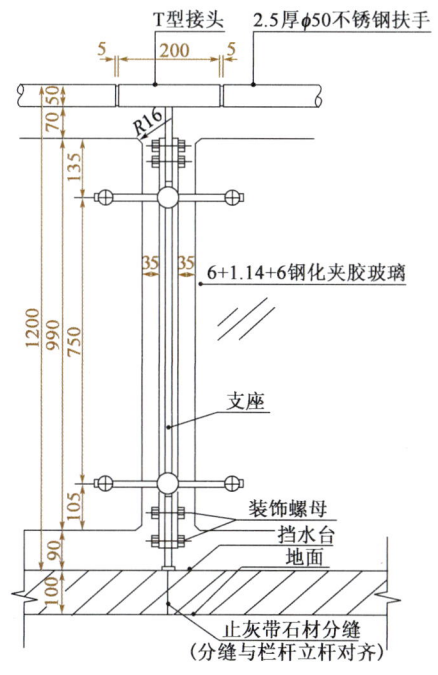

a）不锈钢栏杆加装玻璃栏板深化设计图　　　b）不锈钢栏杆加装玻璃栏板

图 7-2-12　不锈钢栏杆加装玻璃栏板深化设计（尺寸单位：mm）

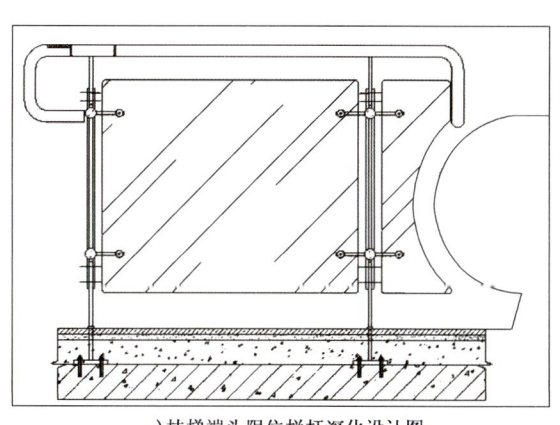

a）扶梯端头限位栏杆深化设计图　　　b）扶梯端头限位栏杆安装

图 7-2-13　扶梯端头限位栏杆深化设计及安装

6）金属吊顶

（1）在进行深化设计前应对各车站的公共区管线（包括风管、水管、电缆桥架、弱电线缆等）进行综合管线图纸标高核对。对不符合吊顶系统最低标高要求的，应协调系统设计对施工图进行调整，如部分系统工程已施工，应及时向建设单位、设计单位及监理工程师反映，由建设单位、设计单位及监理工程师，协调系统施工单位进行整改。

(2)站厅站台吊顶以有效车站中线和车站建筑轴线为基准向两侧布置,公共区楼扶梯段吊顶吊挂采用顺坡吊挂。

(3)站厅、站台公共区吊顶高度在满足功能要求与规范下尽量提升标高高度。

(4)综合支吊架下口标高须满足吊顶铝板主副龙骨安装空间,在做综合管线深化时要考虑。

7)挡烟垂壁

(1)布置位置:①防烟分区之间设挡烟垂壁;②地下站站台层楼扶梯口部四周、无障碍电梯四周;③部分车站的通道口部。具体设置位置均以设计图纸为准,如发现设计图纸未表示,应与设计单位核实,不得自行决定增加或改变原有设计图纸。

(2)挡烟垂壁下垂吊顶完成面500mm,吊顶以下挡烟垂壁材料一般为防火玻璃或其他防火类材料。挡烟垂壁深化设计及安装示例如图7-2-14所示。

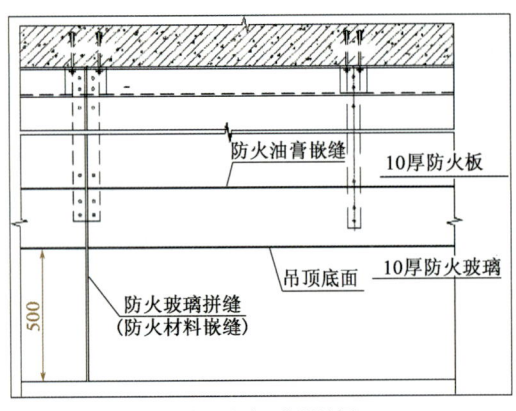
a)挡烟垂壁深化设计图

b)挡烟垂壁安装

图7-2-14　挡烟垂壁深化设计及安装(尺寸单位:mm)

(3)吊顶以上挡烟垂壁材料为10mm及以上的防火材料,底部铝合金收口,通过角钢架、膨胀螺栓固定于结构板底面,挡烟垂壁吊挂距离为吊顶龙骨以上100mm(若有管线穿过挡烟垂壁应采用防火材料进行孔洞封堵)。

8)灯具及吊顶各系统末端设备

(1)灯具排版要求:满足车站照度要求前提下,灯具布置由装修专业统一进行排版,并尽量保证横平竖直,坡面灯具安装方向应与坡面相平行。

(2)吊顶各系统末端设备排版要求:根据各系统专业提资的内容在吊顶进行排版,排版前需与系统专业设计单位沟通可供深化设计调整移动的范围。在不违背其设计原则下,明装设备应尽量移至吊顶装修材料缝隙之间,并尽量保证横平竖直,各系统末端设备不得冲突,如摄像头旁边有风口的,风口不得在摄像头前。

(3)当吊顶为垂片或格栅时,可考虑风口等末端位于吊顶空间内,并将吊顶空间内管线喷黑处理,灯具可以考虑排布于等距分格缝中,且等距分格,直线排布。

(4)当采用铝板吊顶时,同类末端应居板中且确保直线排布,灯具、风口、烟感等末端,在满足规范要求的同时,尤其注意等距、居中、直线排布原则。

9)墙面排布基本原则

在满足墙面整体装饰美观度前提下,尽量墙面、地面对缝。端墙部分墙面板应根据各车站情况从中线或墙边进行排版。非标块材大小不能低于标准材料的1/3。

(1) 地面与墙面板材模数不统一时,墙地面可按照一定比例模数进行对缝处理(如2块800mm地面石材与1块1600mm宽墙面烤瓷铝板对缝)。

(2) 墙面上设置的各类设备控制面板均需安装同墙面材料的装饰门,所有装饰门边必须平齐或对称于墙面砖竖缝,上下必须平齐于墙面砖横缝。

(3) 墙面装饰门:墙面设备检修门以暗门形式设计,根据墙面材料确定具体做法,如墙面材料为陶瓷板,配电箱装饰门、排水沟检修门、冲洗栓装饰门采用钢柱暗式门轴,陶瓷板消火栓装饰暗门采用明装合页链满足消防规范开启角度不低于120°;所有装饰门和检修门设弹式门吸,不加门锁;如墙面材料为烤瓷铝板,则采用配套暗式门轴,设普通门吸,增加配套通长门拉手。墙面设备装饰门体需与墙板模数对缝,减少墙板分缝。原则上广告灯箱下口不宜设置检修门,不便于检修门正常开启。

(4) 墙面与建筑变形缝收边:站厅与出入口连接处墙面结构变形缝处墙面装饰材料与龙骨应断开,并用不锈钢收口(装修方案有特殊要求以装修方案为准)。人防门与远期预留通道处墙面材料、龙骨等须独立断开。

(5) 防火观察窗与墙面收边:站厅端墙墙面装饰材料应与防火观察窗尽量对缝,防火观察窗周边边框及台面宜采用与本站墙面装饰材料相匹配且装饰效果美观的装饰材料,并做好收口处理,防火观察窗下方边框正中部位需预留对讲器线孔。

(6) 艺术墙:如本站有艺术墙,应根据设计要求预留安装位置,艺术墙长度根据排版模数确定。艺术墙与墙面收边收口,根据现场情况采用合理方式达到安全、美观。

(7) 墙面排版:需体现各专业设备、开关盒、消火栓门、检修口、紧急疏散标识等位置及大小。各设备、末端需要如实反映到排版上,原则整齐美观,符合设计要求。墙面设备末端排布如图7-2-15所示。

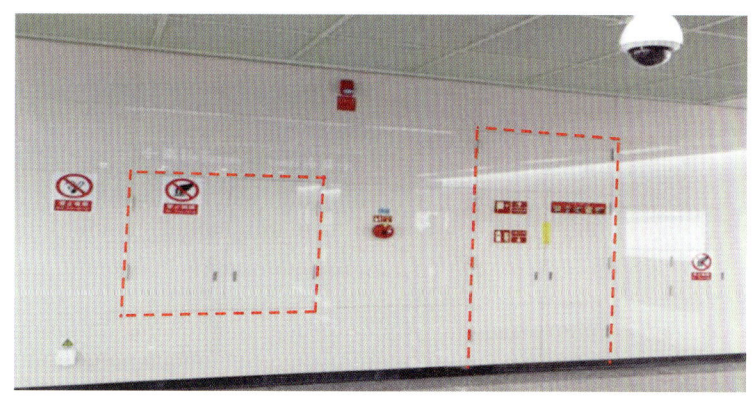

图7-2-15 墙面设备末端排布

(8) 端墙部分墙面装饰板应根据车站具体情况从中线或墙边进行排版,避免出现门、窗墙面装饰板拼缝不对称,避免出现小于1/3版面的窄条板。

(9) 墙面竖向龙骨排布间距应根据受力计算书,计算控制间距,墙面横向龙骨根据墙面装饰材料模数进行排版。墙面龙骨在消火栓门、检修口处进行单独调整。

(10) 为保证各设备装饰门的定位准确和美观,施工单位应预先放线定位确定墙面装饰模块和设备装饰门的位置。排水沟检修门应根据现场排水沟内地漏位置定位,地漏位置必须设置检修门。

(11)墙面 AFC 配电箱线槽经过离壁沟时,须沿挡水坎上翻跨沟设置,不应直接沿沟底设置。

10)广告灯箱(墙面)

(1)广告灯箱遵循运营优先、安全第一、兼顾其他设备设施墙面排版的基本原则;

(2)有广告灯箱墙面,墙面应预留出位置,不做任何装饰处理;

(3)广告灯箱模数与墙面板模数相匹配,广告灯箱间距需满足设计要求,之间设备暗门宜居中布置;

(4)广告灯箱的设置,应综合考虑临墙位置的自动售货机、售票机、查询机等设备,错位设置,避免互相遮挡;

(5)预留远期闸机位与预留通道接口的位置不能设置广告灯箱;

(6)根据装修风格和艺术效果,重点艺术站可不设置广告灯箱或根据装修装修整体风格特殊设计;

(7)轨行区内安装广告灯箱,其安装位置应与站台门活动门一一对应,下沿距站台地面装修完成面距离需满足设计要求。

广告灯箱间墙面排布深化设计示例如图 7-2-16 所示。

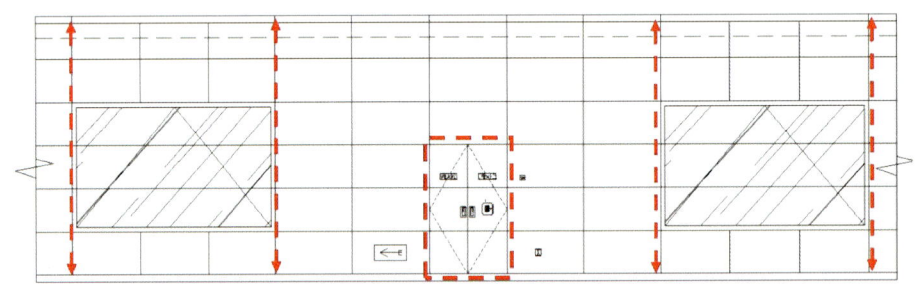

a)广告灯箱间墙面排布深化设计图

b)广告灯箱间墙面排布

图 7-2-16　广告灯箱间墙面排布深化设计

2.4.3　外装饰幕墙深化设计

幕墙的深化设计通常根据施工图纸确定石材、玻璃或金属面板的精确分格尺寸、颜色、材质、嵌缝材料等,并绘出尺寸详尽的幕墙立面图及各复杂部位的节点详图,然后依各板块的重量、尺寸及抗震、抗风压等各项要求,进行相关的力学计算,并在有条件的情况下,对计算结果进行现场力学性能试验,以确保幕墙的安全性。

1)幕墙施工图绘制步骤

熟悉建筑及结构图→平面图深化设计→立面图深化设计→节点图深化设计→埋件、龙骨布置深化设计→交建筑师审查确定深化设计图→幕墙构件加工图。

2)幕墙深化设计要点

(1)认真研究原建筑设计图纸关于幕墙设计的设计说明及各平面、立面图,查找原建筑设计中关于幕墙的节点图,透彻了解原幕墙设计方案意图及设计详细要求。查阅图纸过程中发现原设计图的设计深度和设计图中的不足和失误点。

(2)组织各参建单位对原幕墙图纸进行图纸会审,举行设计交底会,对原设计图中不能理解的部分和设计图中不明确的设计点以及发现的失误点请原设计人员进行解答,同时进行必要的记录,形成书面图纸会审记录,请图纸会审参与单位签认。原设计图纸和各单位确认的图纸会审作为下一步深化设计的重要依据。

(3)与建设单位沟通对幕墙有无特殊式样、分格、选料要求、颜色喜好等各方面需求,作为深化设计的重要参考资料。

(4)同时深化设计师要对施工现场进行深入了解,与参建单位进行沟通,了解施工期间有无对幕墙造成影响的结构或建筑设计变更,并收集必要的书面资料作为深化设计的依据。

(5)测量已完工外墙各部实际尺寸,标注在施工图上,作为深化设计的基础资料。超出误差容许范围的,经与建设单位和设计师沟通确认后方可进行下一步工作。

(6)结合上述信息和资料,深化设计师在规定时间内完成深化设计图。深化中注意与主体结构、门、窗及其他设施的做法不发生冲突。对建筑物的阴阳角、门窗洞口、屋檐及其他复杂部位面板的形状、尺寸及连接方式,应单独设计幕墙节点大样图。绘制相应的埋件、龙骨平面、立面、剖面布置图,还需对幕墙防雷接地进行设计。

(7)图纸完成后与建设单位及设计师沟通确认。建设单位或设计人员提出异议或整改要求的,要按照建设单位或设计人员的要求整改图纸,最终经建设单位或设计人员签字确认后,方可进行下一个环节。

(8)经深化的施工图纸,要经过现场再次测量复核,核实现场结构尺寸与图纸尺寸是否有偏差,如有偏差,影响施工的要根据现场实际尺寸整改图纸尺寸,所有尺寸调整要出"放样变更",现场放样人员和设计签字确认编号存档。

(9)现场施工技术人员根据深化设计图纸对幕墙各部位进行下料,下料尺寸要根据现场测量尺寸确定,出板块编号图、加工图及板块下料单,所有图纸要求要分面分区一对一编号,必须有规则有次序,以保证加工和施工过程的有序性且方便施工。

(10)工程完工后,深化设计人员根据施工图及现场洽商变更完成竣工图,并与原设计师会签。

3)幕墙深化设计图内容

幕墙深化设计图包括以下内容:深化设计说明、幕墙平面图、幕墙各立面图、幕墙剖面、节点大样图、构件安装图、防雷接地设计图、其他专业需与幕墙配合的有关设计内容及其他要求、幕墙计算书、幕墙构件加工图。幕墙深化设计示例如图7-2-17所示。

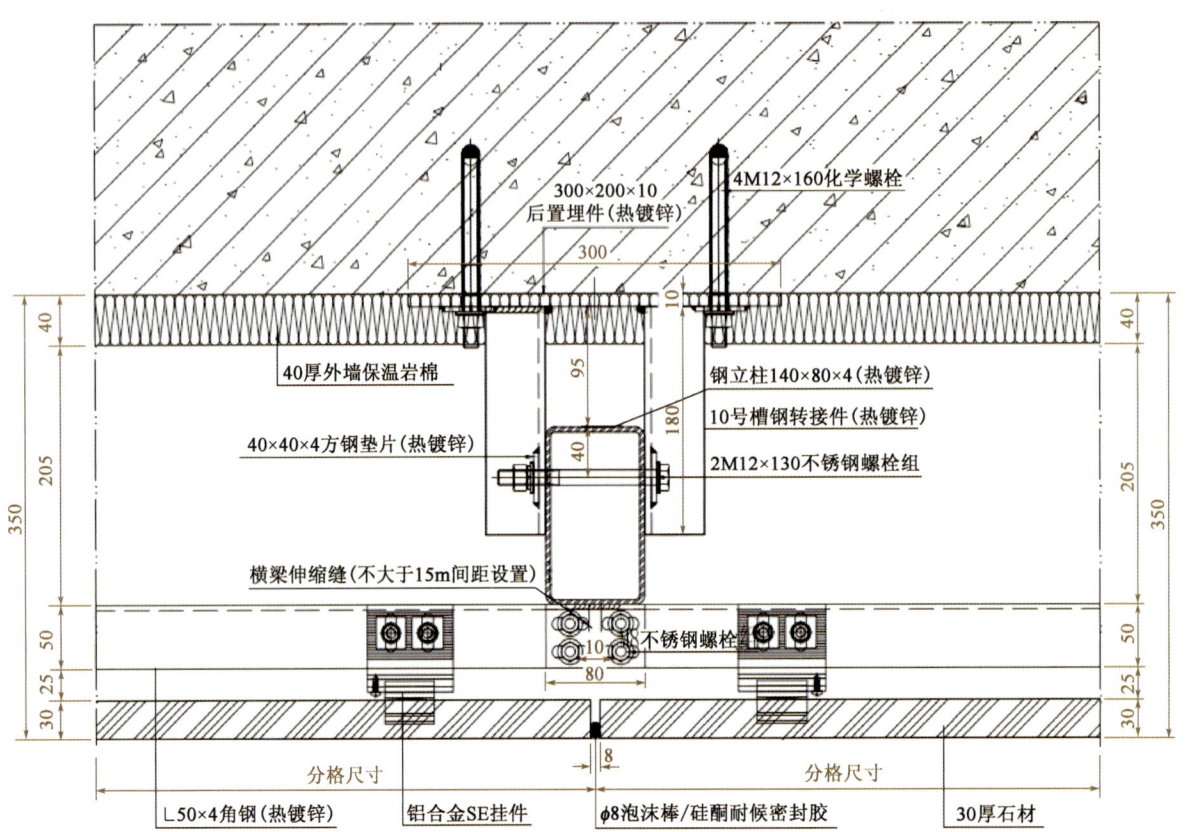

a) 石材幕墙

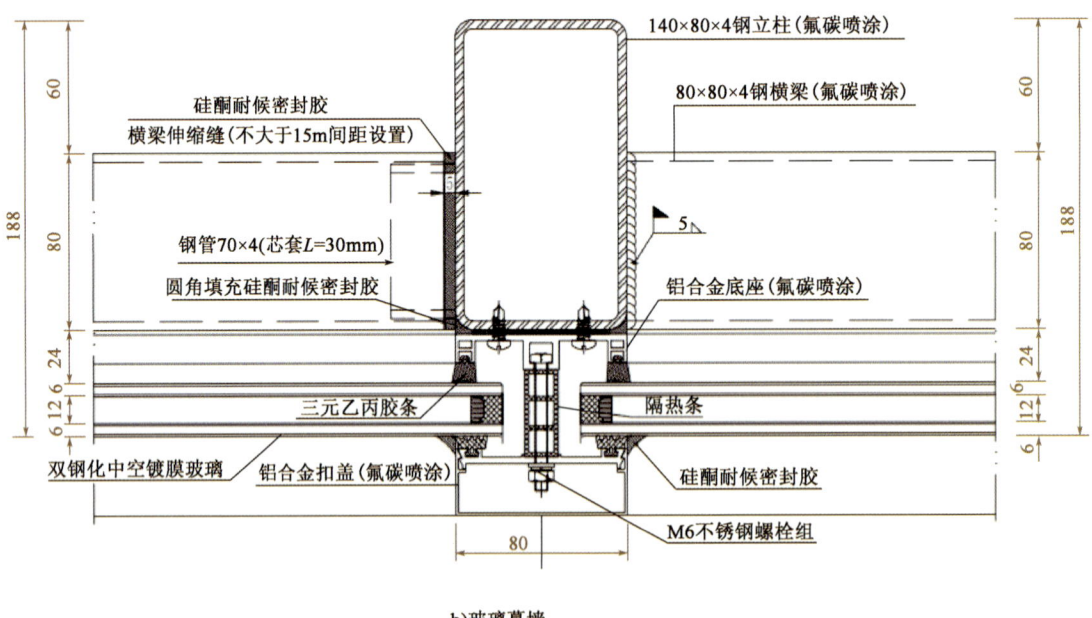

b) 玻璃幕墙

图 7-2-17 幕墙深化设计图(尺寸单位:mm)

2.4.4 导向标识深化设计

1）导向标识深化设计依据

(1) 导向标识相关标准和规范；
(2) 根据导向标识深化设计通用要求；
(3) 设计提供的"车站导向系统"施工图纸；
(4) 根据车站现场的实际使用需要情况。

2）标识组成要素

(1) 标识组成要求

标识组成包括箭头、图形符号、文字、数量、颜色、尺度。

(2) 标识组成要素分类说明

①图形符号标准，如图 7-2-18 所示。

图 7-2-18 图形符号标准

②图形符号使用标准尺寸，如图 7-2-19 所示。

③箭头的种类和应用原则：

a. 箭头在标识系统中主要是引导和确定方位；
b. 在正常观察距离内，同一方向有箭头的标识会连续设置，加强提示；
c. 标识中的箭头参考国际通用形式进行调整；
d. 多个功能空间在同一方向时，在多个标识符号前使用一个箭头；
e. 具有方向性的符号与箭头结合时，符号与箭头之间不应有冲突；

f.箭头设置在图标之前,明确图标所要指示的方向。

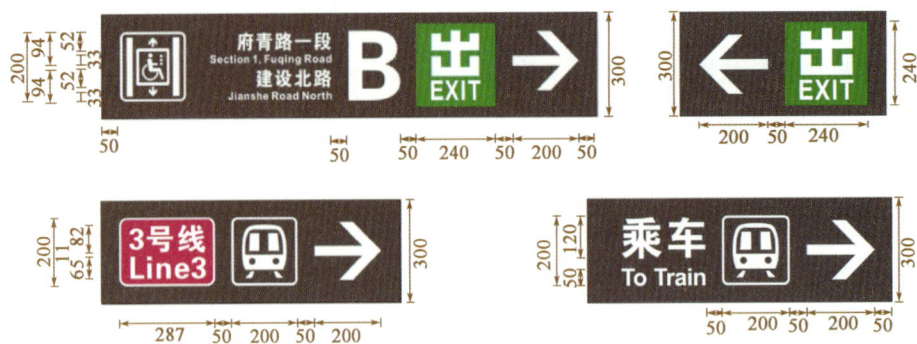

图 7-2-19　图形符号标准尺寸(尺寸单位:mm)

④导向信息中的文字:

a.标识中的文字,除汉语地名外,同时使用中文、英文两种文字。中文字体应采用方正大黑,英文字体采用 Arial 粗体字体。

b.出入口标识由地铁标志、站名中英文、地铁线路和出入口编号组成。中文站名用文鼎特粗宋简、中文方正大黑;英文用 Arial 粗体,英文出口编号名称用 Coolvetica 字体。

中文字体样式、英文及数字样式如图 7-2-20 所示。

站外站名用字:	动物园	文鼎特粗宋简
站台站名用字:	动物园	华文行楷
常用字体:	乘车	方正大黑

a)中文字体样式

站外出入口编号	ABCDEFGHIJKLMNOPQRSTUVWXYZ	Coolvetica
常用字体字母	ABCDEFGHIJKLMNOPQRSTUVWXYZ	Arail粗体
常用字体数字	1234567890	Arail粗体

b)英文及数字样式

图 7-2-20　字体样式

⑤色彩。确认导向综合信息标识的基准色为灰色(Pantone35C),信息主体的图案、文字及数字均采用白色;除代表禁止进入的"🚫"图案采用红色(Pantone Postal Red C),代表自动扶梯上下的"⬆"图案采用绿色(Pantone 355C)。颜色分类如图 7-2-21 所示。

分类	潘通色号	印刷色彩CMYK值	图样
禁止色	Pantone Postal Red C	(00.100.100.0)	
警示色	Pantone 810C	(0.25.95.0)	
提示色	Pantone 355C	(84.18.100.0)	
指令色	Pantone 2738M	(100.100.0.0)	
灰色	Pantone 425C	(75.65.62.19)	
白色	Pantone White	(0.0.0.0)	

图 7-2-21　颜色分类

3）车站出入口周边信息及导向标识深化设计原则

（1）信息采集深化设计原则

①导向标识系统应优先采用各地方号及颜色标志，当采用符号及颜色标志无法准确表述标志系统信息时，可采用中文表达。

②导向标识系统采用的符号应符合现行《标志用公共信息图形符号》（GB/T 10001）的规定要求。

（2）二级信息深化设计原则

①一个吊挂式导向向上一个出入口的二级信息不得超过2个；

②一个吊挂式导向上最多可设置4个出入口信息，二级信息量总数不得超过4个；

③信息采集范围为出入口半径50m范围内与入口相邻的二级信息；

④当车站所有出入口外只有一个二级信息时，在各出入口二级信息上应标明其方位，例如A口在某某路的南侧，C口在北侧，A口二级信息应表达为××路（南），C口表达为××路（北），英文路名不翻译成南北；

⑤出入口二级信息逻辑关系，由高至低排列为主次干道—行政机构[省—市—区级主要行政机构（不含银行属商业开发考虑）]—医疗设施（公立二甲及二甲以上）—旅游景点（历史、文化、博物馆、公园旅游景点）—公益、公共设施（邮局、体育场馆、大型会展、火车站、长途客运汽车站）—学校（综合性大学）—地标性建筑（以商业考虑为主）。

（3）特殊站导向标识深化设计原则

遇有换乘站、机场站、火车站、会展中心等特殊站点的导向，需结合周边信息对站外、站内交叉区域的导向标识进行系统核实深化，达到导向标识指向新颖、功能完善合理。导向标识指引示例如图7-2-22所示。

a）机场站站外路引增加双向地铁指引

b）无障碍电梯导向指引

c）利用原机场立柱增设地铁指引标识

d）结合机场信息深化导向功能

图7-2-22 导向标识指引

4）标识系统命名

（1）线路及车站命名

①车站中、英文名称按照运营提供的地名办批复名称命名；

②站外导向标识车站名表达为"××站"，站内导向不加"站"字；

③当站名最后一个字为"站"时，不增加站字，例如火车北站、茶店子客运站等。

（2）导向标识编码的设定

地铁导向标识主要分为建设期导向标识和后期补强导向标识两个部分。

①为了方便导向标识前期标志系统的设计、制造、安装及管理、维护，故为每块导向标识制定唯一编号，建设期导向标识编号制定见表7-2-1。

建设期导向标识编号制定　　　　　　　　　　　　　　　　　　　　表7-2-1

线 别 代 码	站名顺序代码	标志所处位置代码	安装方式细分代码	序　　号	多面信息编号
线别代码由两位数字进行表示：01表示1号线，18表示18号线，以此类推	站名顺序代号由两位数字进行表示，由下行第一个车站向上行方向依次进行编号	标志所处位置代码，主要由所在位置名称的前两个字首字母进行表示，字母重复时，以数字进行区分，例如：ZW，站外；ZT1，站厅；ZT2，站台；JC，夹层；HC，换乘	安装方式代码，主要由两个字母进行表示：ZL，柱立式；DG，吊挂式；TF，贴附式；XR，镶入式；XG，悬挂式	序号不得少于两位数，01、02以此类推	导向标志存在2面及以上信息时，需注示每一面的信息，以示区分：A第一面，B第二面，C第三面，D第四面

例如，1001-ZT1-DG-01表示10号线第1个车站站厅吊挂式导向（编号01）。

②后期补强导向标识主要按照安装位置及用途进行编号。后期补强导向标识编号制定见表7-2-2。

后期补强导向标识编号制定　　　　　　　　　　　　　　　　　　　　表7-2-2

位 置 代 码	用 途 代 码	序　　号
标识所处位置代码，主要由所在位置名称的前两个字首字母进行表示，主要分为车站类和列车类：CZ，车站；LC，列车	用途代码主要由2~3个字母进行表示：AFC，票务设备；DFT，电扶梯；PBM，屏蔽门；CKS，车控室；AQ，安全警示；XF，消防；BXG，不锈钢及型材；FZ，辅助；GS，告示；QT，其他	序号不得少于两位数，01、02以此类推

第 3 章 砌体及抹灰工程

车站的二次砌筑是地铁装饰装修施工的重要组成部分,主要分布在站厅、站台层的设备区、公共区端墙、出入口通道的附属用房、卫生间等区域。车站的二次砌筑施工具有进场早、施工体量大、材料运输难、施工周期要求短,交叉接口工序多,墙体预留孔洞、预埋件、线盒多等特点。在设备区,根据各房间功能将其划分为关键设备用房、管理办公用房等。站后工程进场后,首要进行关键设备用房的二次砌筑,根据车站整体移交时间,确保关键设备用房的按期移交。在二次墙体砌筑期间,设备陆续进场,需及时做好关键设备的成品保护。根据各城市环境特点、设计选材要求,车站选用的砌筑材料多为烧结页岩砖、蒸压加气混凝土砌块、混凝土空心砖砌块。结合使用情况,本章将重点阐述较为常见的烧结页岩砖、蒸压加气混凝土砌块墙体砌筑的施工方法及注意事项。

3.1 墙体砌筑

墙体砌筑是由砖或砌块砌筑的墙体,是建筑的主要构件之一,起围合和承重作用。砖墙由砖和砂浆两种材料组成,砂浆将砖胶结在一起,筑成墙体或砌块。砖的种类很多,从所采用的原材料上分为黏土砖、灰砂砖、页岩砖、煤矸石砖、水泥砖、矿渣砖等,从形状上分为实心砖及多孔砖。本节主要介绍地铁工程常用到的烧结页岩砖、蒸压加气混凝土砌块墙体砌筑施工方法。其余不常使用的类型不做介绍。

3.1.1 作业准备

1)技术准备

(1)熟悉墙体砌筑的相关施工图,以设计交底中明确的最终版本为准。对各部位墙体材料、墙体厚度、墙面设备开槽、开孔、埋管等进行梳理记录。

(2)结合现场实际情况,由装修专业深化设计,提前做出预留孔洞、沟、槽的深化设计图,并经设计单位各专业会签确认。

(3)认真核对深化设计图纸与原施工图、各系统专业施工图有无差错漏碰,查阅与方案相关安全、质量规范、规程和法律法规,了解不同部位的墙体材料、厚度,钢筋设置要求,同专业施工人员做好技术交底。

(4)根据层高和不同部位,对墙体砌块进行排版,并据此和进场的砌块尺寸制作皮数杆,皮数杆上要标出每皮砌块高度、水平灰缝厚度等相关尺寸。

2)材料准备

烧结页岩砖、蒸压加气混凝土砌块、干混砌筑砂浆、钢筋、钢筋网、混凝土等材料规格、强度应符合设计要求;进场时应具有产品出厂合格证、强度检测报告,材料进场后应取样做强度复试,强度复试合格后方可使用。严禁使用淘汰或禁止使用的材料。

3)作业条件

(1)楼板已清理干净,主体工程已验收完毕,经有关部门验收合格;
(2)砂浆搅拌机等各种机械设备已安装就位,且经调试能正常使用;
(3)作业面已弹出+1.0m标高控制线(即1m线)、填充墙边线、门洞口线及构造柱位置线;
(4)离壁沟已施工完成;
(5)运输通道已具备;
(6)砌筑用施工操作架已搭设完毕并经验收合格。

4)人员组织

人员按单个班组配置为施工负责人1名、技术员1名、安全员1名、瓦工1人、普工1人。

5)施工机具

施工机具按单个班组配置为搅拌机1台、振动棒1台、圆盘锯1台、切割机1台、调直机1台、弯曲机1台、电焊机1台、角磨机1台、红外线水平仪1台、线坠1个、墨斗1个、灰斗1个、铁锹1把、瓦刀1把、大铲1把、刨锛1把、手推车1辆、水桶1个、抹子1个、皮树杆2个。

3.1.2 施工程序

1)工艺流程

待准备工作完成、现场具备实施条件后,可以开始烧结页岩砖墙体砌筑施工,具体工艺流程如图7-3-1所示。

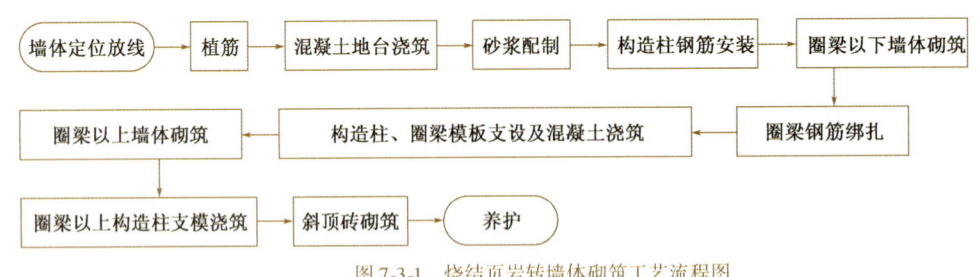

图7-3-1 烧结页岩砖墙体砌筑工艺流程图

2)施工工艺

(1)墙体定位放线:先将放线区域清扫干净,由测量员将工程的控制点引测到楼板上放出控制线,根据控制线及装修预排版图纸尺寸放出墙体定位线。依据控制线和轴线,结合设备区装饰装修深化设计图,在楼板上放出墙体的位置线,复核后请监理人员验线。

(2)植筋:
①与混凝土侧墙交界处采用植筋方式对墙体拉接筋等进行植筋,植筋深度不小于15d(d为钢筋直

径,下同),其锚固长度必须满足规范要求(如设计图纸要求高于规范要求,以设计图纸为准)。

②与楼板交接处,对构造柱设置位置处进行结构植筋。

③孔洞清理,要求用专用电动吹风机,以保证粉尘清理效果。植筋示例如图7-3-2a)所示,植筋保护示例如图7-3-2b)所示。

a) 植筋

b) 植筋保护

图 7-3-2 植筋

一般在植筋48~72h后,必须进行拉拔试验,检测其锚固钢筋的拉拔承载力检验值是否符合设计要求。

(3)混凝土地台浇筑:墙体砌筑前,应在墙体底部浇筑素混凝土地台,地台与混凝土墙体、楼板连接处应凿毛处理,所选用混凝土强度等级不得低于C20,并应高于装修完成面100mm以上。

(4)砂浆配制:干拌专用砂浆的搅拌时间不应少于2min;搅拌用水添加量根据成品砂浆要求采用计量器具计量,严禁随意添加;砂浆随拌随用,严禁使用过夜砂浆。

(5)构造柱钢筋安装:构造柱钢筋绑扎植筋试验完成后,进行构造柱钢筋绑扎,构造柱除须满足设计图纸的要求外,尚须满足施工规范的构造要求。不能随意调整构造柱的位置,如需调整,需经设计单位确认。一般在墙体转角处和丁字交接处及大于1500mm宽的门洞口两侧,直线墙体相邻构造柱间距不应大于4000mm,在楼梯间四角,构造柱配筋应按照图纸要求具体配设。构造柱按马牙槎一进一退留置,马牙槎长60~100mm。构造柱纵向受力钢筋同一连接区段内的受力钢筋接头率按100%设置,绑扎搭接长度不小于600mm。

(6)圈梁以下墙体砌筑:

①应提前1~2d适度湿润,严禁采用干砖或处于吸水饱和状态的砖砌筑;烧结类块体的相对含水率60%~70%,加气混凝土砌块的相对含水率宜小于30%。

②非抗震设防及抗震设防烈度为6度、7度地区的临时间断处,砖墙与钢筋混凝土、柱连接部位,钢筋混凝土、柱均应每隔500mm高度预留出2根φ6mm拉结钢筋,沿墙内全长贯通,植筋深度不小于15d。

③未设钢筋混凝土门框或构造柱的门框边,须在两侧上、中、下各设置预制混凝土块,以便门安装时固定膨胀螺栓,门头石大小为200mm(宽)×200mm(高)×墙厚,具体间距应根据门厂提供数据而定。

④页岩实心砖砌体,灰缝控制在8~12mm范围内;加气混凝土砌块,灰缝控制在12~15mm范围,饱满度不小于80%。

⑤使用托线盘检查砖墙垂直度,2m靠尺检查墙面平整度。

⑥设备区与公共区交接墙体,水平方向从结构板以上标高在1.5m处应增加一条同墙宽的200mm高C20素混凝土带。

⑦在砌筑前一定要注意夹层板预留位置及标高。

⑧砌筑时保证其稳定性,墙体一次性砌筑高度不宜大于1.5m。

⑨当墙长大于5m时,应在墙体中部设置构造柱;当墙高大于4m时,应在墙中设置现浇带,现浇带间距不大于4m。

(7)圈梁钢筋绑扎:

①当后砌隔墙高度大于4m时,应在墙中1/2高处或结合门窗过梁加设一道与墙柱相连的圈梁;墙高超过6m时,沿墙高每隔2m左右设置与柱连接的圈梁,圈梁高度及配筋规格符合图纸及规范要求。当圈梁不能在同一水平上闭合时,应增设附加圈梁。

②门窗洞口设现浇混凝土过梁,当门窗洞边无墙体可搁置过梁,可在相应洞顶位置的柱子上预留钢筋,以便焊接。当过梁紧贴梁底时,可与梁整体浇筑。

(8)构造柱、圈梁模板支设及混凝土浇筑:

①模板均采用木胶板,外楞采用50mm×100mm的方木竖拼,间距不大于500mm;构造柱靠近墙体处模板采用紧固件穿墙拉结,间距不大于500mm。封模前,沿构造柱凸榫周边在墙体两侧用双面胶与墙体黏结,再将模板封固,并在构造柱顶部预留混凝土灌入口。

②混凝土浇筑前,先浇适量同强度等级素水泥浆,再浇灌不低于C20混凝土,每浇灌10~500mm高度捣实一次,或边浇灌边捣实。二次浇筑混凝土前,应将原混凝土结构面凿毛,并注入适量水泥砂浆;混凝土坍落度为180m±20mm。构造柱以圈梁为界分次进行浇筑。构造柱、圈梁混凝土保护层厚度为30mm。

(9)圈梁以上墙体砌筑:待圈梁混凝土强度达到规范要求后才能开始砌筑上部砌体,且上部砌体应待上部综合管线安装完成后再砌筑;接近板时,留出一定的空间,用砖斜砌将顶部挤紧。

(10)圈梁以上构造柱支模浇筑:具体同第(8)条中关于构造柱支模浇筑的做法。

(11)斜顶砖砌筑:应与下部墙体砌筑完成间隔14d,以待下部墙体沉降稳定。

(12)养护:在墙体完成砌筑8h后,采用喷水器喷水养护,每次要求全部墙体必须完全湿润,湿润深度一般为1~1.5cm,养护周期为3~5d。

墙体砌筑施工工序如图7-3-3所示。

3.1.3 施工控制要点

(1)墙体砌筑前应将各专业预留孔洞及末端设备进行深化排版,并由各专业人员进行图纸会签。

(2)蒸压加气混凝土砌块运输、装卸严禁抛掷和整车倾倒;运输和堆放不得淋雨;现场应堆放整齐,堆置高度不宜超过2m。

(3)蒸压加气混凝土砌块不应与其他砌块混砌,不同强度的砌块不应混砌。

(4)圈梁下方、窗框及洞口下方的最上一皮砖,应尽量保证整砖丁砌。

(5)当砖墙砌至结构梁、板下时,不得立即封闭,最上沿2~3皮砌斜顶砖,应待砂浆充分凝固,墙体沉降稳定后(一周间隔),方能封闭斜顶砖。

(6)斜顶砖应与水平方向成6°~60°夹角。两端应用预制混凝土三角砖填塞。

(7)砖墙留置临时施工洞口时,其侧边距交接处的墙面不应小于500mm,洞口净宽不应超过1m,洞口顶部应设置过梁。临时施工洞口的补砌,洞口周围砖块表面应清理干净,并浇水湿润,采用与原墙相同的砖和砂浆补砌。

(8) 设计要求的洞口、管道、沟槽、预埋件等应在砌筑时正确留出或预埋；宽度超过 250mm 的洞口，按要求设置钢筋混凝土过梁，如图 7-3-4a)、b) 所示。

(9) 对于构造柱的施工控制，为保证混凝土浇筑时砖下沿容易夯实，需将退砖上下沿砌成上小下大的喇叭口。

(10) 构造柱边缘粘贴双面胶，便于模板安装时减小模板与墙体的间隙，以提高混凝土成形质量，如图 7-3-4c)、d) 所示。

(11) 已砌筑完成的砌块墙体，不得进行撬动、碰撞、松动。

(12) 设置有夹层的房间，墙体砌筑时要特别注意，不得遗漏夹层板。

(13) 站台层临轨行区的墙体、风阀墙体等常被设计成钢筋混凝土墙体，施工前应对工人进行交底。

a) "一顺一丁"组砌方式

b) "三顺一丁"组砌方式

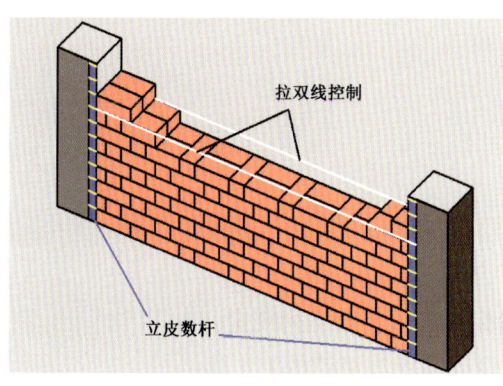

c) 每天砌筑高度不超过1.5m

d) 门洞口两侧预制混凝土块

e) 顶部斜砖14d以后再封闭

f) 砌筑完成后洒水养护5~7d

图 7-3-3 墙体砌筑施工工序

a) 墙体预留孔洞

b) 门洞口两侧预留混凝土块

c) 页岩砖墙体构造柱设置

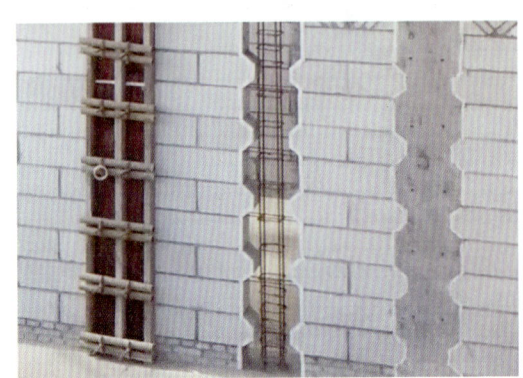
d) 加气块墙体构造柱设置

图 7-3-4　墙体砌筑细部节点

3.1.4　施工验收

1）主控项目

(1) 砖的品种、规格、强度须符合设计要求,有出厂合格证、试验报告。

(2) 砌筑砂浆品种必须符合设计要求,其强度合格标准必须符合下列规定:

①同一验收批砂浆试块强度平均值应大于或等于设计强度等级值的 1.1 倍;

②同一验收批砂浆试块强度抗压强度的最小一组平均值应大于或等于设计强度等级值的 85%。

(3) 砖砌体灰缝砂浆应密实饱满,砖墙水平灰缝的砂浆饱满度不得低于 80%,竖向灰缝饱满度不得低于 90%。

(4) 砖砌体的转角处和交接处应同时砌筑,严禁无可靠措施的内外墙分砌施工。在抗震设防烈度为 8 度及 8 度以上地区,对不能同时砌筑而又必须留置的临时间断处应砌成斜槎,斜槎水平投影长度不应小于高度的 2/3。

2）一般项目

(1) 上下砖错缝,每间(处)2 皮砖及以上通缝不超过 3 处;

(2) 接槎处砂浆密实,缝砖平直,接槎处水平灰缝小于 5mm 或有透亮缺陷不超过 5 个;

(3) 拉结筋、构造柱、现浇钢筋混凝土带均符合设计要求;

(4)预埋混凝土块、预埋件符合规定;

(5)砖砌体尺寸、位置的允许偏差及检验方法,见表7-3-1。

砖砌体尺寸、位置的允许偏差及检验方法　　　　表7-3-1

项次	项目			允许偏差(mm)	检查方法	抽检数量
1	轴线位移			10	用经纬仪和尺或其他测量仪器检查	承重墙、柱全数检查
2	基础、墙柱顶面标高			±15	用水准仪和尺检查	不应少于5处
3	墙面垂直度	每层		5	用2m托线盘检查	不应少于5处
4		全高	≤10m	10	用经纬仪、吊线和尺或其他测量仪器检查	外墙全部阳角
			>10m	20		
5	表面平整度	清水墙、柱		5	用2m靠尺和楔形塞尺检查	不应少于5处
		混水墙、柱		8		
6	水平灰缝平直度	清水墙		7	拉5m线和尺检查	不应少于5处
		混水墙		10		
7	门窗洞口高、宽(后塞口)			±10	用尺检查	不应少于5处

注:本表选自《砌体结构工程施工质量验收规范》(GB 50203—2011)表5.3.3。

3.1.5 质量通病与防治措施

1)质量通病

(1)页岩砖未湿润上墙,组砌方式不对;

(2)横向、竖向灰缝宽度及饱满度不符合要求;

(3)墙体平整度、垂直度不符合要求;

(4)每天砌筑墙体的高度超高、顶部斜砖未按要求封闭;

(5)构造柱、圈梁、过梁钢筋级别及混凝土强度等级不符合要求;

(6)墙体孔洞、沟槽、预埋件等未按设计要求预留和预埋,造成后期拆打墙体。

2)防治措施

(1)页岩实心砖在砌筑前应充分润湿,否则会影响砂浆凝结强度,降低砂浆黏结力,对于210墙(或200墙)在砌筑前要制订砌筑方案,明确组砌方式,宜采用一顺一丁、两顺一丁或三顺一丁的组砌方式。

(2)砌筑前应根据墙体高度、宽度制订排版方案,控制灰缝厚度,页岩实心砖砌体灰缝控制在8~12mm范围内;加气混凝土砌块灰缝控制在12~15mm范围内,饱满度不小于80%。

(3)墙体平整度用2m靠尺检查,平整度检查应贯穿于整过砌筑的过程中;墙体垂直度,应在墙体两端分别挂垂线加以控制。

(4)每天砌筑高度不应超过1.5m;如果超高,砌体垂直度无法控制,甚至失稳倒塌。顶部斜砖不能立即封闭,应待下部墙体沉降稳定14d后,方能封闭顶部斜砖。

(5)墙体砌筑过程中,构造柱、圈过梁钢筋制作、安装需满足以下要求:

①所有钢筋型号、强度等级均应符合设计要求。

②主筋、钢筋有接长的,其搭接长度(焊接长度)应符合要求,箍筋间距应符合要求。

③植筋时,钻孔深度应符合设计要求,孔内浮灰要多次清理确保干净(四吹三扫),植筋胶要使用合格产品,植筋龄期以产品说明为准,植筋胶要饱满。

④拉结筋伸入墙体长度不小于1000mm,特别是穿过构造柱的拉结筋,两端伸入墙体同样不应小于1000mm,拉结筋上下间距不大于500mm。

⑤所有主筋与箍筋应绑扎牢靠,后续施工过程中不得移动;垫块绑牢,确保钢筋保护层厚度。

⑥混凝土强度等级满足要求,充分润湿模板,浇筑过程中应用插入式振动棒振捣密实,混凝土出厂以后不得加水。

(6)每一面墙体砌筑前,应严格向施工人员进行交底,尤其是遇到孔洞、沟槽、预埋件等有预留的情况,应特殊标注。砌筑过程也应加强巡查,避免墙体已砌筑完成才发现遗漏,造成大面积返工。

墙体砌筑质量通病示例如图7-3-5所示。

a)拉结筋深入墙体长度不够

b)钢筋绑扎不规范

c)未清理钻孔浮灰

d)组砌方式混乱

e)灰缝不直

f)表面不平整,观感差

图 7-3-5

g) 预制过梁成型质量差

h) 预制混凝土块预埋数量、位置错误

i) 圈梁被打断

j) 构造柱马牙槎设置错误

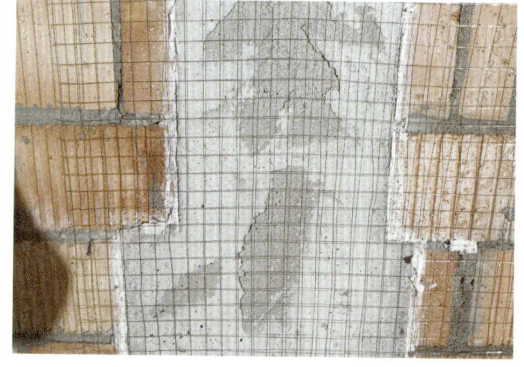
k) 混凝土表面蜂窝

l) 短柱未用混凝土浇筑

图 7-3-5　墙体砌筑质量通病

3.2　抹灰工程

抹灰工程是用灰浆涂抹在建筑的墙面、地面、顶棚和其他表面上的一种传统的装饰工程；是将水泥、砂、石灰、膨胀珍珠岩等各种材料，按一定比例配制成砂浆或素浆，采用适宜的工艺直接涂抹在建筑的表面，从而形成连续均匀抹灰层的做法。抹灰工程是在建筑结构的表面形成一个连续均匀的硬质保护膜，不仅可以保护建筑结构，提高砌筑工程的整体性、强度、耐火时间等，而且可以为进一步建筑装饰提供基础条件。根据使用要求和装饰效果的不同，抹灰工程可分为一般抹灰和装饰抹灰。地铁工程中，所有的砌筑工程完成后均需要双面抹灰。

3.2.1 作业准备

1）技术准备

(1) 认真审阅施工图，对墙面抹灰具体部位进行梳理；
(2) 熟悉抹灰材料施工规范及技术标准；
(3) 对施工人员进行技术交底，开展岗前技术培训。

2）材料准备

(1) 水泥：普通硅酸盐水泥。
(2) 砂：中砂，含泥量不大于3%，严禁使用海砂。
(3) 石灰膏：成品熟制石灰膏。
(4) 其他：界面剂、108胶、钢丝网等。

水泥、砂、界面剂、108胶、钢丝网等材料相关复试报告准备完毕，并全部合格。

3）作业条件

(1) 主体结构及二次结构墙体，必须经过相关单位（建设单位、投融资单位、施工单位、监理单位、设计单位）检验合格。
(2) 抹灰前应检查需埋设的接线盒、电箱、管线、管道套管是否固定牢固。
(3) 将混凝土过梁、圈梁、混凝土柱、梁等表面凸出部分剔平，将蜂窝、麻面、露筋、疏松部分剔到实处，并刷胶黏性素水泥浆或界面剂，然后用1:3的水泥砂浆分层抹平。脚手眼和废弃的孔洞应堵严，外露钢筋头、铅丝头及木头等要剔除，墙与楼板、梁底等交接处应用斜砖砌严补齐。
(4) 配电箱（柜）、消火栓（柜）以及卧在墙内的箱（柜）等背面露明部分应加钢丝网固定，涂刷一层胶黏性素水泥浆或界面剂，钢丝网与最小边搭接尺寸不应小于100mm。墙体中专业管线预埋件、螺栓位置、标高应准确，安装牢固，且防腐、防锈工作完毕。
(5) 对抹灰基层表面的油渍、灰尘、污垢等应清除干净，对抹灰墙面结构应提前浇水均匀湿透。
(6) 墙体专业管线开凿修补完成，修补砂浆与墙体基层黏结牢固，满足抹灰要求。
(7) 墙上四周已弹好1m线及墙体完成面控制线。

4）人员组织

人员按单个班组配置为施工负责人1名、技术员1名、安全员1名、瓦工1人、普工1人。

5）施工机具

施工机具按单个班组配置为砂浆搅拌机1台、抹子1把、灰板1把、5mm及2mm孔径的筛子1个、大平锹1把、小平锹箐帚1把、锤子1个、錾子1个、钢卷尺1把、方尺1把、硬毛刷1把、灰槽1个、铁抹子1个、手推车1辆、铝合金靠尺1把、水桶2个、棉抹布2副、勾缝溜子1个、激光水准仪1台、墨斗1个。

3.2.2 施工程序

1）工艺流程

待准备工作完成、现场具备实施条件后，可以开始墙面抹灰施工，具体施工工艺流程如图7-3-6所示。

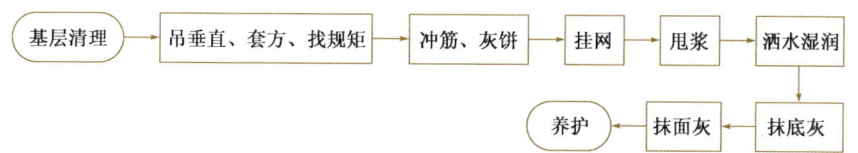

图 7-3-6 抹灰施工工艺流程图

2）施工工序

（1）基层处理：将基层上的杂物清理掉，并去除砂浆落地灰，刷净浮浆层。如基层有油污时，应用 10% 火碱水刷净，并用清水及时将其上的碱液冲净，同时用砂浆内掺界面剂 1:1 进行刷毛处理。

不同墙体基层交接处的加强措施：钉菱形钢板网或镀锌铁丝网，搭接宽度不小于 100mm。

（2）吊垂直、套方、找规矩：按墙上已弹的基准线，分别在门口角、垛、墙面等处吊垂直、套方、找规矩，抹灰找平。

（3）冲筋、灰饼：当灰饼砂浆达到 70%~80% 干时，用与抹灰层相同的砂浆冲筋，冲筋根数根据房间宽度与高度确定，标筋宽度为 50mm，两筋间距不大于 1.5m。当墙面高度小于 3.5m 时宜做立筋，大于 3.5m 时宜做横筋，做横向冲筋时灰饼的间距不宜大于 2m。冲筋、灰饼示例如图 7-3-7 所示。

（4）挂网：经检查确定抹灰厚度，但最薄处不应小于 7mm。墙面凹度较大时，要分层抹平，每遍厚度宜控制在 7~9mm。抹灰总厚度大于或等于 35mm 时，应采取加强措施。不同材料基体交接处由于吸水和收缩性不一致接缝处表面的抹灰层容易开裂，采用镀锌铁丝网进行加强，网眼宜采用 15mm×15mm~20mm×20mm，丝径 1~1.2mm。挂网示例如图 7-3-8 所示。

图 7-3-7 冲筋、灰饼

图 7-3-8 挂网

（5）甩浆：墙面在抹灰前 1d 甩胶浆，甩浆后进行洒水养护。甩浆示例如图 7-3-9 所示。

（6）洒水湿润：墙面应用细管或喷壶自上而下浇水湿润，一般在抹灰前 2~3d 进行，每天不少于 2 次。

（7）抹底灰：充筋完成 2h 左右开始抹底灰为宜，抹前应先抹一层薄灰；要求将基体抹严，抹时用力压实使砂浆挤入细小缝隙内，接着分层装挡、抹至与充筋平，用木杠刮找平整，用木抹子搓毛。然后全面检查底子灰是否平整，阴阳角是否方直、整洁，管道与阴角交接处、墙顶板交接处是否光滑平整、顺直，并用托线板检查墙面垂直与平整情况。

（8）抹面灰：应在底灰 60%~70% 干时开始抹罩面灰（抹时如底灰过干应浇水湿润），罩面灰两遍成活，厚度约 2mm，操作时最好两人同时配合进行，一人先刮一遍薄灰，另一人随即抹平。依先上后下的顺序进行,然后赶实压光,压时要掌握火候,既不要出现水纹,也不可压活。压好后随即用毛刷蘸水将罩面灰污染处清理干净。施工时整面墙不宜甩活,以免出现色差或新旧交接处裂纹。如遇有预留施工洞时,以甩下整面墙待抹为宜。面灰工艺示例如图 7-3-10 所示。

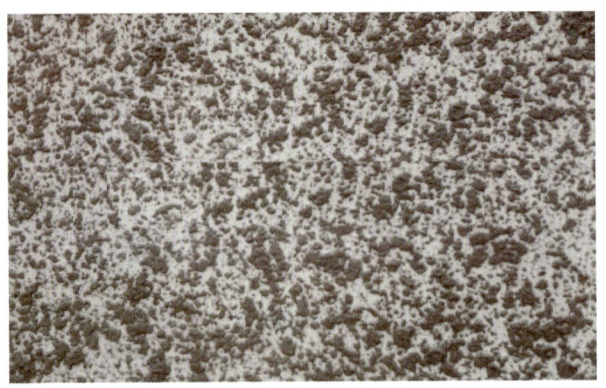

图 7-3-9 甩浆

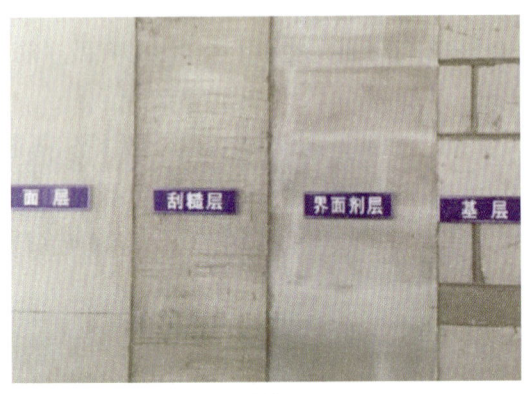

a)分层展示

b)线槽收口

图 7-3-10 抹面灰工艺

(9)养护:抹灰 24h 后用喷雾器洒水养护,如图 7-3-11 所示。根据天气情况,洒水次数应保持抹灰墙面处于湿润状态;养护时间不得少于 7d。

图 7-3-11 洒水养护

3.2.3 施工控制要点

(1)抹灰前,墙面孔洞已经封堵完成,管线预埋、线盒预埋、门/窗框固定等均已完成;

(2)当采用加强网时,加强网与各基层的搭接宽度不应小于 100mm;

(3)表面相对光滑的混凝土基层,为增加抹灰附着力,应对混凝土表面进行凿毛或甩浆处理;
(4)抹灰前,基层墙面应提前1~2d洒水润湿;
(5)若抹灰厚度过大,须分层抹灰,每层以6~8mm为宜;
(6)面层抹灰需二次抹面压光,均需在初凝前完成;
(7)抹灰完成24h后,洒水养护7d以上,保持室内通风、干燥;
(8)砖砌隔墙均需双面抹灰;
(9)地下站钢筋混凝土结构外墙由于潮湿和渗水等问题,基本不采用抹灰方案。

3.2.4 施工验收

(1)砂浆配合比、强度等级应符合设计要求;
(2)抹灰前基层表面的浮灰、污渍、油渍等应清除干净,并应洒水润湿;
(3)抹灰应分层进行,当其总厚度不小于35mm时,应采取加强措施;
(4)不同材料基层交接处表面的抹灰,应采用防止开裂的加强措施;
(5)抹灰层与基层之间及各抹灰层之间必须黏结牢靠,抹灰层应无脱层、空鼓,面层应无爆灰和裂缝;
(6)抹灰表面应光滑、洁净、接槎平整;
(7)护角、孔洞、槽、盒周围的抹灰表面应整齐、光滑,管道后面抹灰应平整;
(8)一般抹灰工程质量的允许偏差及检验方法应符合表7-3-2规定。

一般抹灰工程质量的允许偏差及检验方法　　　　表7-3-2

序号	项目	允许偏差(mm)		检验方法
		普通抹灰	高级抹灰	
1	立面垂直度	4	3	用2m垂直检测尺检查
2	表面平整度	4	3	用2m靠尺和塞尺检查
3	阴阳角方正	4	3	用200mm直角检测尺检查
4	分格条(缝)直线度	4	3	拉5m线,不足5m拉通线,用钢直尺检查
5	墙裙、勒脚上口直线度	4	3	拉5m线,不足5m拉通线,用钢直尺检查

注:本表选自《建筑装饰装修工程质量验收标准》(GB 50210—2018)表4.2.10。

3.2.5 质量通病与防治措施

1)质量通病

(1)表面观感差;
(2)表面毛糙、起壳、反砂;
(3)空鼓、开裂;
(4)不平整、不垂直。

2)原因分析与防治措施

(1)表面色差大,观感差,主要原因多为面层施工没有在一次完成,造成色差。同一房间面层施工应一次完成,避免多次施工出现表面色差。此外,撒水泥应均匀、适量,否则也会造成色差。

(2)表面毛糙、起壳、反砂,主要原因多为水泥压光有问题,在基层砂浆铺实平后,待其稍微晾干,即撒布干粉水泥粉,随撒随压光,若撒的干粉水泥过少,则无法压光,导致表面毛糙;时间把握也要适当,如果撒水泥干粉过早,要么无法收光,要么会起壳;若撒干粉水泥过晚,则其表面已经丧失水分,新撒上去的水泥无法融入基层,反复抹压只会适得其反,不仅不能抹平水泥粉,更会破坏原基层强度,使表面砂(石)粒失去黏附,导致表面毛糙,如图7-3-12a)所示。

(3)抹灰面层空鼓,主要原因为基层没处理好。施工前应先将基层杂物、油污等清理干净,然后充分润湿;否则基层会吸收砂浆水分,从而使砂浆失去黏结性,导致空鼓。面层开裂,原因一是未按要求挂钢丝网,不同墙体基层连接处,应挂不小于100mm宽的钢丝网;二是未设置伸缩缝或设置距离过大,没能消除砂浆干缩(或温度伸缩)应力,导致砂浆面层开裂。对于空鼓的砂浆面,若空鼓面积超限,只能铲除后重新铺设;对于开裂的砂浆面层,首先要确保开裂处挂钢丝网,其次伸缩缝要按要求设置,如不符合要求,可以后切缝,然后把裂缝两侧50mm范围内砂浆切除,重新找平。图7-3-12b)为挂网宽度不足导致的质量问题。

(4)平整度、垂直度超限,主要原因为施工时控制不当。抹找平砂浆前,应先在墙面做出控制厚度的灰饼,抹砂浆时一边抹,一边用刮杠刮平,与灰饼等高。

a)墙面观感质量差、毛糙　　　　　b)挂网宽度不足

图7-3-12　抹灰工程质量通病

第 4 章 门窗工程

建筑门窗是建筑制品,它的科技水平和技术含量多取决于材料的变革和创新。基于地铁工程的特殊性,装修工程中一般不使用木门窗、塑料门窗,而多使用金属门窗。本章主要对地铁车站装修工程中常用的钢制平板门、防火卷帘、防盗卷帘门、防火观察窗四分项工程给予介绍,而车辆基地等建筑用门比较常规,不再赘述。

4.1 钢制平板门

地铁车站内钢制平板门主要用在设备区、公共区、区间设备用房及区间联络通道等区域,包括普通钢板门、钢制甲级防火门、钢制甲级防火防烟门、钢制甲级防火防盗门、钢制甲级防火密闭门、钢制甲级联络通道门。其作业准备和安装工序基本相同,故本节以钢制防火门的安装为例进行介绍。

4.1.1 作业准备

1)技术准备

(1)熟悉建筑或装修施工图,了解各部位门的型号、大小、开启方向;
(2)熟悉防火门的施工图纸,了解安装要点,依据施工技术交底和安全交底做好施工准备;
(3)认真、细致地熟悉安装位置及现场情况,做到心中有数;
(4)熟悉防火门安装的施工验收规范及技术标准;
(5)检查到货门的型号、大小、开启方向等是否与图纸相符;
(6)检查门洞口尺寸及标高是否符合设计要求,检查门垛预埋的数量、位置及埋设方法是否符合设计要求。

2)材料准备

(1)对于进入现场的材料,必须有出厂合格证、检验报告、说明书、防伪标志,环保标志;防火门应有唯一编号的身份证,所有门需经检验合格后方可使用。材料进场后要严防日晒雨淋,避免碰撞。
(2)防火门的运输:应有防雨措施,底盘平整、清洁;门框、门扇应分开装;防火门装车时应绑扎牢固可靠,有垫板,不能直接接触门框和门扇的表面,以免运输中划伤表面涂层;装卸门框、门扇时应轻拿、轻放。

(3)现场堆放:门扇、门框不应直接接触地面,应垫有枕木,立放;门框和门扇应正立放置;码放角度不小于70°,单排码放数量不能多于50个。

(4)车站所有钢制门防火等级均为甲级,耐火极限不应小于1.5h。

(5)防火门的各项五金件必须是已通过国家固定灭火系统和耐火构件质量监督检验中心验证的,或经由同等级的权威国家消防检测机构认可的产品。

3)作业条件

(1)按图纸要求尺寸弹好门中线,并弹好1m线;

(2)墙面、地面湿作业已基本完成。

4)人员组织

人员按单个班组配置为施工负责人1名、技术员1名、安全员1名、安装工2人、普工2人。

5)施工机具

施工机具按单个班组配置为电焊机1台、手电钻2台、电锤2台、扳手2副、红外线水平仪1台、水平尺2把、扳手2副、螺丝刀2把、墨斗1个、钢尺2把、油刷2把。

4.1.2 施工程序

1)工艺流程

待准备工作完成、现场具备实施条件后,可以开始防火门的安装,具体工艺流程如图7-4-1所示。

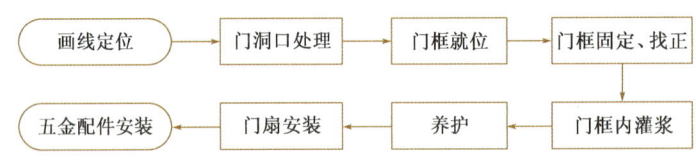

图7-4-1 钢制防火门安装工艺流程图

2)施工工艺

(1)画线定位:按设计要求尺寸、标高和方向画出门框框口位置线。

(2)门洞口处理:安装前检查门洞口尺寸,如有偏位、不垂直、不方正的要进行剔凿或抹灰处理。

(3)门框就位:在安装防火门门框时一定要注意开启方向应与设计图纸一致。

(4)门框固定、找正:先拆掉门框下部的固定板,将门框用木楔临时固定在洞口内,经校正合格后,固定木楔;门框连接件与墙体采用膨胀螺栓固定,门框埋入±0.000标高以下15mm,须保证框口上下尺寸相同,允许误差小于1.5mm,对角线允许误差小于2mm。

(5)门框内灌浆:门框安装固定牢固后,应完成门框内预埋穿线工作,然后进行门框内灌浆工作,用C30细石混凝土进行满灌,确保膨胀螺栓与墙体间的嵌缝牢固,应保证与墙体连接成整体;灌浆前检查门框与墙面的平直度、垂直度。

(6)养护:灌浆完成后用洒水器洒水养护,养护时间不少于7d,灌缝混凝土强度不低于75%后才可进行门扇安装,避免门框与墙体结合处产生裂缝。

(7)门扇安装:先用十字螺丝刀把合页固定在门扇上。把门扇挂在门框上。挂门时,先将门扇竖放在门框合页边框旁,与门框成90°夹角,为安装方便,门扇底部可用木块垫起。对准合页位置,将门扇通过合页固定在门框上。门扇关闭后,门缝应均匀平整,开启自由轻便,不得有过紧、过松和反弹现象。安装后的防火门,要求框扇配合部位内测宽度尺寸偏差不大于2mm,高度偏差不大于2mm,对角线长度之差小于3mm,门扇闭合后配合偏差小于3mm,门扇与门框之间的两侧缝隙不大于4mm,上下缝隙不大于3mm;双扇门中缝间隙不大于4mm,门扇底部距地坪完成面4~5mm。

(8)五金配件安装:安装五金配件及有关防火装置。门扇关闭后,门缝应均匀平整,开启自由轻便,不得有过紧、过松和反弹现象。

(9)防火门接地:如有接地要求,防火门应按相关专业要求做好接地处理。

防火门安装工序示例如图7-4-2所示。

a)防火门弹线定位

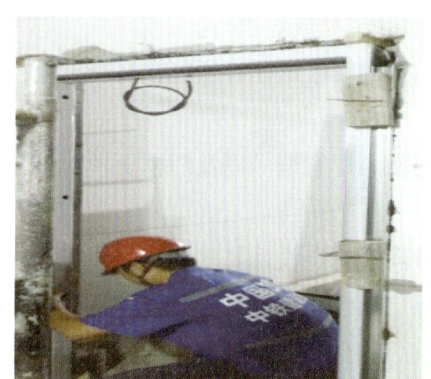
b)门框固定

c)门框灌缝

d)门框出墙距离

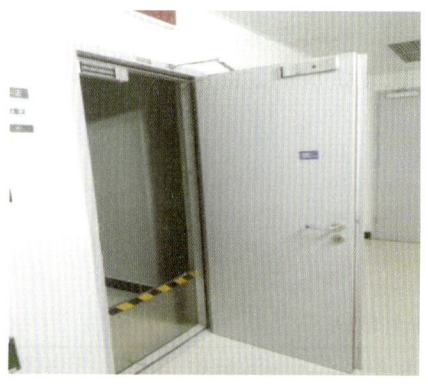
e)门扇安装

f)区间联络通道门安装

图7-4-2 防火门安装工序

4.1.3 施工控制要点

(1)门框固定不牢、松动:安装时应严格遵守工艺规程,保证连接件数量并根据墙体材质选用连接方式。

(2)框扇翘曲变形,闭合不严:防火防盗门安装前,必须逐樘进行检查,如有翘曲变形或脱焊等现象,应予以更换;搬运时要轻搬轻放,运输堆放时应竖直放置。

(3)防火门安装前应检查防锈漆是否破损,搬运安装时应防止撞伤及擦脱变面漆膜,如有破损应及时补刷防锈漆后方可涂刷面漆。

(4)安装防火门框及其五金配件,严禁用锤子将螺钉直接钉入,以防安装不牢。

(5)门框与墙体缝隙必须采用细石混凝土灌注,确保膨胀螺栓的固定深度,保证门安装牢固。门框灌浆应在"门禁穿线"完成后进行。

(6)固定门框的膨胀螺栓必须打在混凝土上,如门洞两侧未设置构造柱,则应该在砌筑时预埋混凝土块。

(7)门必须按照厂家编号以及门框上所标明的安装部位进行安装,避免存在有门禁房间的门安装错误。

(8)开启方向应符合设计要求。

(9)要确保启闭性能良好,保证闭门器安装正确。

(10)离地面距离过大,按规定内门离地距离应控制在8mm范围内。

(11)中缝大、两侧相通,造成分隔不严,易通烟气,起不到防火分隔作用。

(12)五金件安装应注意与其他专业末端是否冲突,如L形顺位器与磁力锁衔铁是否冲突。

(13)为防止错装、漏装,实施前,应按照五金配置表,配齐五金件,与门对应编号安装。

(14)五金件安装后,需注意成品保护,定期检查,减少损坏。

(15)有气体灭火保护的设备房,门扇下口应辅助安装橡胶条或橡胶板,以确保房间的密闭性。

4.1.4 施工验收

1)主控项目

(1)防火门的质量和各项性能应符合设计要求;

(2)防火门的品种、类型、规格尺寸、开启方向、安装位置及防腐处理应符合设计要求;

(3)防火门的安装必须牢固,与框的连接方式必须符合设计要求;

(4)防火门的配件应齐全,位置应正确,安装应牢固,功能应满足使用要求。

2)一般项目

(1)防火门的表面装饰应符合设计要求;

(2)防火门的表面应洁净,无划痕、碰伤;

(3)防火门安装允许偏差见表7-4-1。

防火门安装允许偏差 表7-4-1

项次	项目		留缝限值(mm)	允许偏差(mm)	检验方法
1	门窗槽口宽度、高度	≤1500mm	—	2	用钢卷尺检查
		>1500mm	—	3	

续上表

项次	项 目		留缝限值(mm)	允许偏差(mm)	检 验 方 法
2	门窗槽口对角线长度差	≤2000mm	—	3	用钢卷尺检查
		>2000mm	—	4	
3	门窗框的正、侧面垂直度		—	3	用1m垂直检测尺检查
4	门窗框的水平度		—	3	用1m水平尺和塞尺检查
5	门窗横框标高		—	5	用钢卷尺检查
6	门窗竖向偏离中心		—	4	用钢卷尺检查
7	双层门窗内外框间距		≤2	—	用钢卷尺检查
8	门窗框、扇配合间隙		≥6	—	用塞尺检查
9	平开门窗框、扇搭接宽度		≥6	—	用钢直尺检查
10	无下框时门扇与地面间隙		4~8	—	用钢直尺检查

注：本表选自《建筑装饰装修工程质量验收标准》(GB 50210—2018) 表 6.3.10。

4.1.5 质量通病与防治措施

1）质量通病

(1) 门扇在未安装闭门器的情况下，会自然开启或自然关闭；
(2) 门框出墙厚度不一致；
(3) 门扇咬框；
(4) 无门槛的门，门扇安装好以后与地面间隙过小，与地面有擦碰，或间隙过大。

2）原因分析与防治措施

(1) 门框安装垂直度超限，导致门扇倾斜，在重力作用下，会自然开启或关闭。在安装门框时，注意检查门框垂直度，如有超限，应予调整或返工。

(2) 根据踢脚线出墙厚度，明确门框出墙厚度并统一要求。安装过程中认真检查，如有出墙厚度不统一的，应予调整或返工。

(3) 门扇关闭时与门框相碰有两种可能原因：一是安装合页时未调整好，导致门扇未居中，偏向某一边，应调整合页，使门扇居中；二是门框灌浆时未加保护，导致门框变形，截面尺寸变小，这种情况只能将门框剔出来，校正后重新安装。

(4) 根据规范要求，无门槛门的门扇安装好以后，与地面(装修完成面)间隙应保持在4~8mm，如果间隙过小，甚至在其开启半径范围内与地面擦碰，则会影响门扇正常开闭。原因可能是门框安装高度不对，应在门框安装及地面装修时统一标高，参照同一标高施工；也可能是地面装修时平整度超限，影响了门扇开闭。如果间隙过大，超过消防安全限值，容易造成安全隐患，此时也应检查标高，查清是门框安装过高，还是地面装修完成面过低，明确原因后作出相应整改或返工。

钢制平板门安装质量通病示例如图7-4-3所示。

有关钢制平板门的更多图片资料请见附件7-4-1。

a) 门框嵌墙深度不够　　　　　　　　b) 门框被砂浆污染，未做保护

c) 门扇放置硬物，易破坏门体　　　　　　d) 门框面漆被破坏

图 7-4-3　钢制平板门安装质量通病

4.2　防火卷帘、防盗卷帘门

地铁车站内防火卷帘设置范围为出入口通道商铺、需要进行防火分隔的墙体而无法设置防火门分隔的区域以及防火分区处。防盗卷帘门设置范围为商铺、有盖出入口上平台和无盖出入口的通道内。

4.2.1　作业准备

1）技术准备

(1) 熟悉设计图纸，了解防火卷帘、防盗卷帘门的安装位置和安装要求；

(2) 熟悉防火卷帘、防盗卷帘门的施工图纸，了解安装要点，依据施工技术交底和安全交底做好施工准备；

(3) 认真、细致地熟悉安装位置的现场情况，做到心中有数；

(4) 熟悉防火卷帘、防盗卷帘门安装的施工验收规范及技术标准；

(5) 必须检查产品的基本尺寸与洞口的尺寸是否相符，导轨、支架的数量是否正确；

(6) 卷帘尺寸与装修完成面尺寸是否符合要求。

2）材料准备

(1) 地铁常用的防火卷帘主要有特级钢制防火卷帘、双轨双帘无机布复合防火卷帘两种，耐火时间均不小于3h;防盗卷帘门主要有不锈钢防盗卷帘门、铝合金防盗卷帘门两种。

(2)组成防火卷帘、防盗卷帘门的帘板、导轨、底座、门楣、夹板、箱体等材料,以及卷门机、控制箱需对应满足耐火完整性、隔热性、防烟性能及安全性能要求。

(3)对于进入现场的材料,必须有出厂合格证、检验报告、消防3CF认证、说明书、防伪标志、环保标志,经检验合格后方可使用。

(4)其他材料,如膨胀螺栓、螺钉、预埋铁件、电焊条。

(5)原材料存放:原材料进厂到产品加工及成品的存放均专管专用。材料在厂内或现场存放时要放置在干燥、通风的地方,避免与腐蚀性物质接触,必须采取防潮、防水、防晒、防腐等措施。平放时,下面垫平,防止变形。防火卷帘、防盗卷帘门应有标识,由专人负责管理。

3)作业条件

(1)卷帘洞口两侧钢结构已基本施工完毕,洞口已预留,达到强度,平整度符合要求。

(2)检查卷帘洞口尺寸、导轨、支架的预埋铁件位置和数量与图纸相符,并已将预埋铁件表面清理干净。

(3)按设计型号、查阅产品说明书和电器原理图;检查产品材质和表面处理及零附件,并测量产品各部件基本尺寸。

(4)安装卷帘的活动脚手架操作平台已搭设完毕。

(5)卷帘周边的风管、桥架、消防水管等已安装完毕,并经复核卷机安装空间无交叉影响。

(6)卷帘下方已清理干净,无物体。

4)人员组织

人员按单个班组配置为施工负责人1名、技术员1名、安全员1名、安装工2人、普工2人。

5)施工机具

施工机具按单个班组配置为电焊机1台、切割机1台、手电钻2台、电锤1台、冲击电钻1台、红外线水平仪1台、手拉葫芦2个、角磨机2台、水平尺2把、钢卷尺2把、电动扳手2把、游标卡尺1把、扳手2把、螺丝刀2把、线坠1个。

4.2.2 施工程序

1)工艺流程

待准备工作完成、现场具备实施条件后,可以开始安装卷帘(门),具体工艺流程如图7-4-4所示。

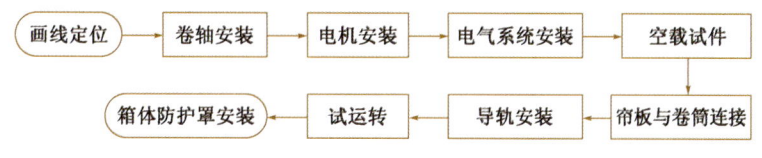

图7-4-4 卷帘(门)安装工艺流程图

2)施工工艺

(1)画线定位

确认洞口及卷帘的控制电源和按钮位置,进一步确定电机安装位置(左或右),施工人员根据卷帘的高度和建筑物标高线实施画线打孔。

①画出洞口宽度方向中线。

②支座板中心卷轴中心的标高位置线不影响隔断安装。

③对所画线位置进行检验验证,其精度允差不大于3mm。

（2）支座板安装

①根据安装图纸确认安装形式:首先确认墙外安装、墙内安装等安装形式。

②清理并找平支座板与建筑物(墙体、柱、梁、钢柱)的安装基准面。

③采用安全适用的膨胀螺栓(钢卷膨胀螺栓采用$\phi 16mm \times 150mm$,无极卷帘膨胀螺栓采用$\phi 14mm \times 120mm$),外装不少于4件,内装不少于6个,将支座板定于安装基准面上,保证平直。

④墙侧装支座板表面应垂直于安装基准面,墙中间安装时其支座板轴头中线垂直于安装基准面。

⑤安装后,支座板轴头(轴承)中心应同轴,其不同轴度在全长范围内不大于2mm。当采用钢质膨胀螺栓时,其膨胀螺栓的最小埋入深度应符合规定。当卷帘自重超大时,可采用焊接支架以保证支座板的安装安全可靠、运行稳定。凡焊接处应无虚焊、夹渣,焊后应除渣,并进行防锈处理。

（3）卷轴安装

①安装前应检查卷轴轴头和滚筒轴承焊接是否牢固,轴承套应焊接牢固并能护住轴承,保证卷轴转动时轴承不脱套;检查首板固定位置与卷轴轴向是否平行。

②检查无误后,使用相应的安全起重工具进行吊装,与支座板装配安装固定。

③卷轴安装后应检验确认其水平度,水平度在全长范围内不大于2mm。

④轴承转动灵活,无卡阻。

（4）电机安装

①开箱后,依照装箱单清点产品零部是否齐全,识别电机左、右安装方向,要求手动链条出口处必须与地面垂直。用配套规定的螺栓将电机安装在传动支架上。

②两链轮轮宽的对称平面应在同一平面内,并且两链轮轴线应平行。链条松紧适度,防止链条过紧造成断链;链条过松转动时,易造成链条脱落、帘面下坠。

③链条安装后应采用机械油或用润滑脂润滑。

（5）帘面隔断安装

①开卷检查帘面(钢质、无机布)、铝合金帘板是否因储存、运输等因素造成产品变形损坏;检查首板、尾板、夹板;检查无机布帘面的直线度、外表质量、规格型号与卷轴是否匹配等。

②首板长度方向应与卷筒轴中线平行,并用规定规格的螺钉固定在卷轴上。

③帘面、帘板安装后,钢丝绳受力一致且应平直,两边垂直于地面。经调整后,上下运行不得歪斜偏移。

④具有防风钩的帘面,其防风钩的方向应与侧导轨凹槽相一致。

⑤尾板与地面平行,接触应均匀,以保证帘面上升、下降顺畅,并保证帘面、帘板具有适当的悬垂度和自重下降;防火卷帘的双帘应同步运行在同一水平线上。防盗卷帘门帘板有正反,安装要注意。

⑥无机帘面及帘板不允许有错位、缺角、挖补、倾斜、跳线、断线、色差等缺陷。

⑦隔断与上梁、墙、管道、线槽等之间没有缝隙,隔断的下端必须要到导轨底部圆弧的拐弯处,并且平直不蹭帘布。

（6）导轨安装

①帘面、帘板安装调整无误后,即进行导轨安装,其应满足防火、防盗要求,卷帘帘面嵌入导轨深度

满足规范要求,不得少于导轨宽度的 2/3。

②导轨顶部应成鸭嘴圆弧形,其高度超过支座板 2cm。

③导轨现场安装应牢固,用连接件与墙体上的预埋焊牢。安装后,导轨应垂直于地面,固定点从导轨的顶端向下 150mm,从下向上 200mm,中间间距 600~1000mm,其垂直度偏差不得大于 2mm。导轨安装后,要牢固,并且在同一平面上,保证洞口净宽。

④帘面、帘板在导轨上运行应顺畅平稳,不允许有卡阻、冲击现象。

⑤导轨封堵平整,压条平直,导轨和墙之间没有缝隙和毛刺。

(7)电控箱控制器和按钮盒安装、接线、调试

①安装前开箱检查控制箱外壳、器件在储存、运输时是否造成损失、松脱,确认一切正常后,方可安装接线;

②安装时应保证电控箱在电机一侧位置,且固定可靠,以便于检修;

③接线前先了解端子接线图,了解每个接线端的作用及接线要求,避免接错线烧坏电机,线管两头要有锁母与电控箱和电机连接;

④按钮安装距地 1.3~1.5m,安装平整牢固,标识牌安装在按钮上端距按钮 1cm 处,且平整、美观、牢固。

(8)一般调试

防火卷帘调试:

①电机安装后,采用临时电源,接通控制箱及电机,注意电机的接线相序,应与交付时的接线相序一致;

②电动试运行前,应首先使用电机的手动拉链,拉动试运行,无误后可开启电机试运行;

③接通电源后,进行功能设定,确定一步降或二步降,以及与消防控制中心联动的输入信号类型及信号数量和状态信号的反馈。

防盗卷帘门调试:先手动试运行,再用电动机启闭数次,调整至无卡住、无阻滞及异常噪声等现象为合格。

(9)行程限位调试

①按动上升或下降键,检查卷帘的运行方向是否与其对应并确认。

②调试限位器前应用拉链使帘面、帘板处于适当位置后,反复调试限位器的限位滑块位置至理想状态,并紧固螺钉。设置为二步降时,将中位调试至适宜的疏散高度,并锁定位置。

(10)箱体防护罩安装

①箱体的安装按设计要求实施。各连接接点应平齐、安全可靠、外观平整。

②线条流畅,角铁焊接要刷防锈漆,保证卷帘下放不剐罩板。

③防护罩的尺寸大小,应与门的宽度和门帘板卷起后的直径相适应,保证卷筒将门帘板卷满后与防护罩有一定空隙,不发生相互碰撞;经检查合格后,将防护罩与预埋铁件焊牢。

(11)防火卷帘侧装和中装的封堵

防火卷帘与建筑构件之间的缝隙,以及管道、电缆、风管等穿过防火墙、楼板及防火分隔物时,应采用防火封堵材料将空隙填塞密实,并应达到防火分隔物的耐火极限。

4.2.3 施工控制要点

(1)确认门洞口尺寸及安装方式(内侧、外侧及中间安装),墙体洞口为混凝土时,应在洞口预埋

件,然后与导轨、轴承架焊接连接;墙体洞口为砌体时,可采用钻孔埋设胀锚螺栓与导轨、轴承架连接。

(2)对于超宽洞口,需在中间位置加装中柱,两边有滑道,具体加装中柱的尺寸和方式需经参建各单位共同确认。中柱安装必须与地面垂直,安装牢固,但要拆装方便。

(3)卷筒安装应先找好尺寸,并使卷筒轴保持水平位置,注意与导轨之间的距离应两端保持一致;临时固定后进行检查,并进行必要的调整、校正,无误后再与支架预埋件用电焊焊接。

(4)安装前,应检查电源线及信号线是否布设到位。

(5)防火卷帘单机调试后,需做好与火灾自动报警系统(FAS)专业的接口调试及车站联动调试。

(6)为收纳手动拉链,应在拉链下方相应位置设置不锈钢挂钩。

(7)为方便检修,应在卷帘电机两端吊顶板上预留500mm×500mm检修口。

(8)安装前要确保各系统专业管线安装完毕,现场勘查如有系统专业管线或桥架影响防火卷帘的安装空间,应会同参建各单位协调解决,不能简单处理。

防火卷帘、防盗卷帘门安装示例如图7-4-5所示。

a)防火分区处防火卷帘安装

b)防火分区处不锈钢手动拉链

c)出入口不锈钢防盗卷帘门

d)商铺铝合金防盗卷帘门

图7-4-5 防火卷帘、防盗卷帘门安装

(9)防火卷帘安装和调试完毕后,质检人员按标准对安装中各项尺寸要求进行全面质量检查,保证偏差范围不超差。

(10)通道入口处防盗卷帘门手动拉链及开关盒应安装在通道内侧,并设检修口。

4.2.4 施工验收

(1)卷帘帘板(面)安装应符合下列规定:

①钢质卷帘相邻帘板串接后应转动灵活,摆动90°不应脱落。
②钢质卷帘帘板装配完毕后应平直,不应有孔洞或缝隙。
③钢质卷帘帘板两端挡板或防窜机构应装配牢固;卷帘运行时,相邻帘板窜动量不应大于2mm。
④双轨双帘无机布复合卷帘帘面两端应安装防风钩。
⑤双轨双帘无机布复合卷帘帘面应通过固定件与卷轴相连。

(2)导轨安装应符合下列规定:

①卷帘帘板或帘面嵌入导轨的深度应符合表7-4-2的规定。导轨间距大于表7-4-2的规定时,导轨间距每增加1000mm,每端嵌入深度应增加100mm,且卷帘安装后不应变形。

帘板或帘面嵌入导轨的深度   表7-4-2

导轨间距 B(mm)	每端最小嵌入深度(mm)
$B < 3000$	>45
$3000 \leq B < 5000$	>50
$5000 \leq B < 9000$	>60

注:本表参考《防火卷帘、防火门、防火窗施工及验收规范》(GB 50877—2014)表5.2.2。

②导轨顶部应成鸭嘴圆弧形,其长度应保证卷帘正常运行。
③导轨的滑动面应光滑、平直。帘片或帘面、滚轮在导轨内运行时应平稳、顺畅,不应有碰撞和冲击现象。
④单帘面卷帘的两根导轨应互相平行,双帘面卷帘不同帘面的导轨也应互相平行,其平行度误差均不应大于5mm。
⑤卷帘的导轨安装后相对于基础面的垂直度误差不应大于1.5mm/m,全长不应大于20mm。
⑥卷帘的防烟装置与帘面应均匀紧密贴合,其贴合面长度不应小于导轨长度的80%。
⑦卷帘的导轨应安装在建筑结构上,并应采用预埋螺栓、焊接或膨胀螺栓连接。导轨安装应牢固,固定点间距应为600~1000mm。

(3)座板安装应符合下列规定:

①座板与地面应平行,接触应均匀。座板与帘板或帘面之间的连接应牢固。
②双轨双帘无机布复合防火卷帘的座板应保证帘面下降顺畅,并应保证帘面具有适当悬垂度。

(4)门楣安装应符合下列规定:

①门楣安装应牢固,固定点间距应为600~1000mm;
②门楣内的防烟装置与卷帘帘板或帘面表面应均匀紧密贴合,其贴合面长度不应小于门楣长度的80%,非贴合部位的缝隙不应大于2mm。

(5)传动装置安装应符合下列规定:

①卷轴与支架板应牢固安装在混凝土结构或预埋钢件上;
②卷轴在正常使用时的挠度应小于卷轴的1/10。

(6)卷门机安装应符合下列规定:

①卷门机应按产品说明书要求安装,且应牢固可靠。
②卷门机应设置手动拉链和手动速放装置,其安装位置应便于操作,并应有明显标志。手动拉链和手动速放装置不应加锁,且应采用不燃或难燃材料制作。

(7)箱体防护罩安装应符合下列规定:

①防护罩尺寸的大小应与卷帘洞口宽度和卷帘卷起后的尺寸相适应,并应保证卷帘卷满后与防护

罩仍保持一定的距离,不应相互碰撞;

②防护罩靠近卷门机处,应留有检修口;

③防护罩的耐火性能应与防火卷帘相同。

(8)温控释放装置的安装位置应符合设计和产品说明书的要求。

(9)卷帘、防护罩等与楼板、梁和墙、柱之间的空隙,应采用防火封堵材料等封堵,封堵部位的耐火极限不应低于防火卷帘的耐火极限。

(10)卷帘控制器安装应符合下列规定:

①卷帘的控制器和手动按钮盒应分别安装在防火卷帘内外两侧的墙壁上。当卷帘一侧为无人场所时,可安装在一侧墙壁上,且应符合设计要求。控制器和手动按钮盒应安装在便于识别的位置,且应标出上升、下降、停止等功能。

②卷帘控制器及手动按钮盒的安装应牢固可靠,其底边距地面高度宜为 1.3~1.5m。

③卷帘控制器的金属件应有接地点,且接地点应有明显的接地标志,连接地线的螺钉不应作其他紧固之用。

(11)与火灾自动报警系统联动的防火卷帘,其火灾探测器和手动按钮盒的安装应符合下列规定:

①防火卷帘两侧均应安装火灾探测器组和手动按钮盒。当防火卷帘一侧为无人场所时,防火卷帘有人侧应安装火灾探测器组和手动按钮盒;

②用于联动防火卷帘的火灾探测器的类型、数量及其间距应符合现行《火灾自动报警系统设计规范》(GB 50116)的有关规定。

(12)用于保护防火卷帘的自动喷水灭火系统的管道、喷头、报警阀等组件的安装,应符合现行《自动喷水灭火系统施工及验收规范》(GB 50261)的有关规定。

(13)防火卷帘电气线路的敷设安装,除应符合设计要求外,尚应符合现行《建筑设计防火规范》(GB 50016)的有关规定。

(14)带有机械装置、自动装置或智能化装置的金属卷帘门,其机械自动装置或智能化装置的功能应符合设计要求和有关标准的规定。

(15)卷帘的表面装饰应符合设计要求。

(16)卷帘的表面应洁净、无划痕、无碰伤。

4.2.5 质量通病与防治措施

1)质量通病

(1)卷帘运转不畅,出现停滞现象;

(2)卷帘不能与消防进行正常联动;

(3)卷帘导轨与墙面收口不美观,入墙尺寸不一致;

(4)卷帘帘布受到污染,出现划痕。

2)原因分析与防治措施

(1)卷帘导轨安装不垂直,吊顶基层龙骨安装偏差会影响帘布上下正常运行;在导轨安装前,需做好导轨垂直度的定位;卷帘(门)两侧吊顶面层封板时,需把控好卷帘(门)连片两侧的吊顶封板预留缝隙尺寸。

(2)卷帘(门)未预留消防联动接线口或者安装时未进行消防接线。卷帘(门)需做好单机单系统调试,并做好消防联动参数的对接工作。

(3)卷帘(门)下料尺寸与墙面装修完成面出现偏差。需做好卷帘(门)下料尺寸与装修完成面的偏差控制。

(4)卷帘(门)进场或者安装完成后,未及时进行成品保护,材料随意堆放易造成帘布污染破坏。卷帘(门)安装完成后,需及时做好成品保护,避免污染及破损。

4.3 防火观察窗

地铁车站防火观察窗多设置于站厅层设备区车站控制室、警务室等,面向站厅层公共区域。

4.3.1 作业准备

1)技术准备

(1)熟悉防火观察窗的施工图纸,了解安装要点,依据施工技术交底和安全交底做好施工准备;

(2)熟悉防火观察窗安装的施工验收规范及技术标准。

2)材料准备

(1)防火玻璃、角钢骨架或成品定制防火窗框、窗套饰面材料及其他辅料均满足规范及设计要求;

(2)防火玻璃有出厂检验报告及合格证,防火玻璃的性能参数及耐火极限需满足设计要求。

3)作业条件

(1)防火观察窗位置及安装固定方式已经深化设计确认完成,结构洞口已完成;

(2)安装防火玻璃的简易操作架手架已搭设完毕;

(3)车站控制室房间内的湿作业已基本完成;

(4)防火观察窗人造石窗套样品已经设计、监理及建设单位确认完成,防火观察窗窗套内外墙面完成面已放线完成。

4)人员组织

人员按单个班组配置为施工负责人1名、技术员1名、安全员1名、木工2人、焊工1人、普工1人。

5)施工机具

施工机具按单个班组配置为电焊机1台、手电钻1台、电锤1台、切割机1台、红外线水平仪1台、水平尺2把、墨斗1个、钢卷尺2把、锤子2把、打胶枪1把、电动扳手1把、锤子1把。

4.3.2 施工程序

1)工艺流程

待准备工作完成、现场具备实施条件后,可以开始防火观察窗的安装工作,具体工艺流程如图7-4-6

所示。

图 7-4-6　防火观察窗安装工艺流程图

2）施工工艺

(1) 根据深化设计确认后的防火观察窗净洞口尺寸,弹出净洞口完成面,窗台下口完成面距离地面高度需满足设计要求。根据内外墙面完成面,弹出防火玻璃安装完成面的边线,进而弹出防火玻璃安装的基层角钢安装控制边线,以及人造石窗套安装的基层骨架控制完成面线。

(2) 根据所弹的基层角钢完成线,沿洞口一圈安装防火玻璃双侧∟50×5 热镀锌角钢或定尺生产的防火窗框,预留出防火玻璃凹槽。

(3) 防火玻璃安装前需在角钢预留凹槽内侧及底部安装柔性 5mm 厚橡胶条,然后将防火玻璃插入凹槽内。

(4) 根据窗套洞口完成面安装基层骨架,窗套安装需与防火玻璃有 8mm 宽缝隙。

(5) 防火观察窗窗台面预留埋管,以便对讲器安装。

(6) 窗套安装完成后,对防火玻璃周圈及窗套与墙面接缝处进行专业打胶,胶缝要求饱满、均匀美观。

(7) 防火观察窗玻璃安装完成后,及时做好成品保护。

防火观察窗安装节点如图 7-4-7 所示,防火观察窗窗套及安装示例如图 7-4-8 所示。

4.3.3　施工控制要点

(1) 相应固定部件应做防腐、防锈处理;
(2) 防火观察窗的位置应保证综合后备盘(IBP)操作柜侧面不被外侧直视;
(3) 防火观察窗的窗台高度应满足设计要求;
(4) 防火观察窗窗台面预留埋管,以便对讲器安装;
(5) 防火玻璃应设置为整块;
(6) 防火玻璃与紧固件之间须采用柔性橡胶条填实;
(7) 防火玻璃与窗套面板之间应设置 8mm 缝隙,并采用密封胶填实;
(8) 玻璃就位后,为防止后续施工对玻璃造成破坏,应注意对玻璃进行有效保护。

4.3.4　施工验收

(1) 防火玻璃的材质、品种、规格、防火等级应符合设计要求;
(2) 玻璃表面无划痕、缺陷;
(3) 防火玻璃安装须牢固,不得有晃动;
(4) 窗套饰面材料接缝密实,表面无划痕、无缺棱、无掉角;
(5) 墙面排版应与防火观察窗位置协调一致。

4.3.5　质量通病与防治措施

1）质量通病

(1) 防火玻璃出现划痕,安装不牢固,打胶不美观;

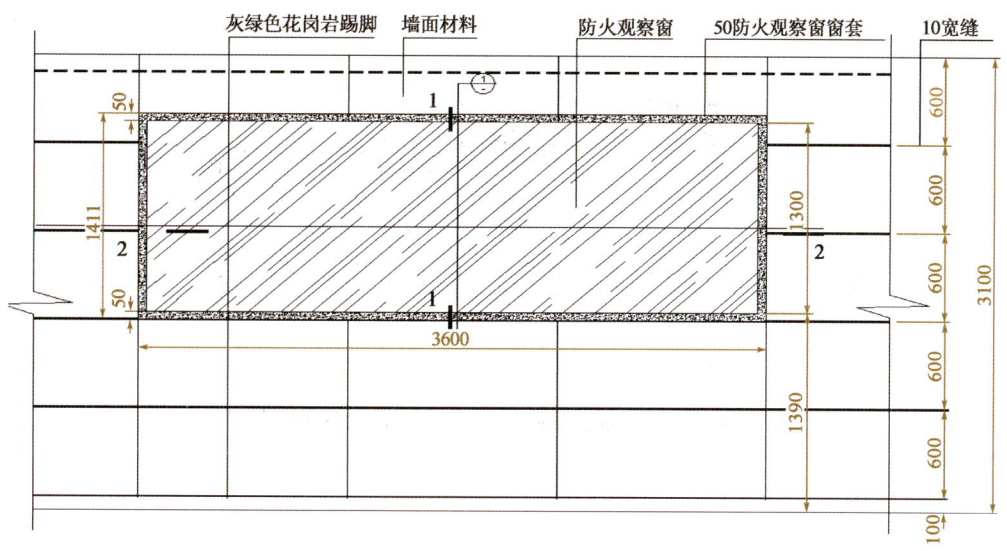

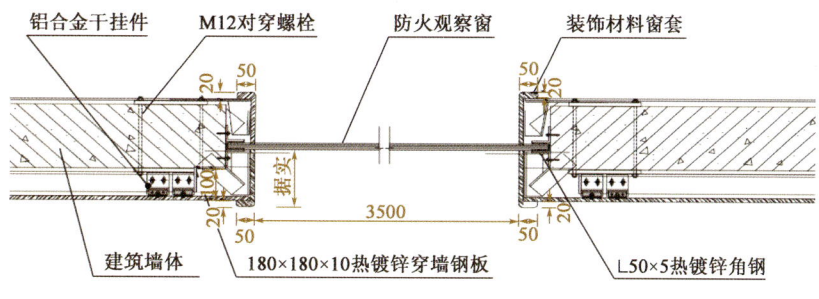

1-1剖面图

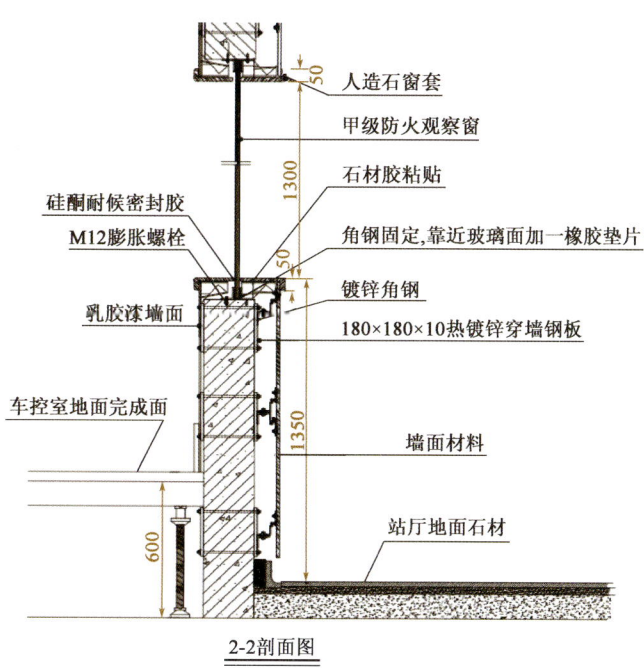

2-2剖面图

图7-4-7 防火观察窗安装节点(尺寸单位:mm)

(2)遗漏对讲器安装预埋线管；

(3)窗套距防火玻璃宽度不一致；

(4)窗套上侧人造石固定不牢固。

a)防火观察窗窗套　　　　　　　　　　b)防火观察窗

图 7-4-8　防火观察窗安装

2）原因分析与防治措施

(1)防火玻璃基层龙骨未按照节点施工,安装完成后未进行防撞标识,且与其他专业交叉施工,易造成玻璃划痕。防火观察窗需按照设计要求做好对基层龙骨的固定,并做好隐蔽验收;需进行专业打胶,对防火观察窗进行收口,并及时做好对防火观察窗安装施工后的成品保护、防撞标识工作。

(2)设计图纸未示出对讲器安装预埋线管,施工时未安装预埋线管。在图纸深化设计时,应及时提示设计单位标出对讲器预留线的位置,避免后期破坏性开孔。

(3)窗套与防火玻璃下料及安装时,未能精准定位,造成窗套与防火玻璃缝隙宽窄不一。防火玻璃安装前应对外墙装饰面尺寸进行校核。

(4)未按照设计图纸进行基层施工,造成人造石窗套脱落。应采用T形挂件加铜丝固定,确保牢固。

本章附件

附件 7-4-1　钢制平板门

第 5 章 涂饰工程

地铁工程中,常用的涂饰材料有无机涂料和乳胶漆两类,无机涂料一般用于车站站厅、站台、出入口通道、轨行区(车站范围内)空间及结构顶板,乳胶漆一般用于配套普通设备房、办公用房等。一般采用喷涂或涂刷的形式。喷涂工艺简单,工效高,适用于敞开大面积区域或非重点区域实施;涂刷工艺多用于外露墙面,一般适用于地铁房间内墙柱面。

5.1 无机涂料

对于非密闭的吊顶空间区域以及车站设备区等一般采用无机涂料,站厅、站台、轨行区结构顶板及侧墙采用深色系(一般为灰色—灰黑色—黑色)无机涂料。

5.1.1 作业准备

1)技术准备

(1)熟悉设计图纸,了解公共区及轨行区(车站范围内)等区域内的喷涂范围;
(2)熟悉喷涂作业的施工验收规范及技术标准;
(3)施工前先做样板,经设计、监理、建设单位及有关质量部门验收合格后,展开大面积施工;
(4)对工作人员进行安全技术交底,特别是关于轨行区的安全技术交底。

2)材料准备

无机涂料进场,相应的合格证及检测报告齐全,性能参数符合设计要求。

3)作业条件

(1)喷涂之前需做好对其他成品的保护,避免污染。吊顶内不需要喷黑的各种管线、设备等需做好覆盖或包裹。
(2)活动脚手架已搭设完毕并验收合格。
(3)喷涂区域的土建结构已验收完毕。
(4)结构面应基本干燥,基层含水率不大于10%。

(5) 为保证墙面干燥，各种穿墙管洞修补应提前完成。

4）人员组织

人员按单个班组配置为施工负责人 1 名、技术员 1 名、安全员 1 名、油工 1 人、普工 2 人。

5）施工机具

施工机具按单个班组配置为喷枪 1 把、空气压缩机 1 台、手持式搅拌机 1 台、活动脚手架 3 副、大小桶 2 个、作业操作用手套 3 副、胶鞋 3 双。

5.1.2 施工程序

1）工艺流程

待准备工作完成、现场具备实施条件后，可以开始无机涂料的喷涂工作，具体工艺流程如图 7-5-1 所示。

图 7-5-1 无机涂料喷涂工艺流程图

2）施工工艺

(1) 画线定位：根据墙面已弹的 +1.0m 标高线，分别弹出吊顶以上墙面、柱面喷涂范围分界线。

(2) 基层处理：将结构面起皮、松动、鼓包等凿平整，灰尘、污染杂物、砂浆流痕清除扫净。对结构面上缺棱掉角的部位、不平整部位用水泥胶泥腻子修补嵌填平整。

(3) 大面喷涂：喷涂压力根据站厅、站台不同区域结构高度，选择不同的压力，一般宜控制在 0.4～0.8MPa。喷涂时，喷枪与结构面应保持垂直。

无机涂料喷涂示例如图 7-5-2 所示。

a) 喷涂过程

b) 喷涂效果

图 7-5-2 无机涂料喷涂

5.1.3 施工控制要点

(1) 喷涂之前，喷涂区域结构需验收完毕，并明确喷涂施工具体范围，喷涂区域做好对其他成品的保护，避免污染。吊顶内不需要喷涂的各种管线、设备等需做好覆盖或包裹。

(2) 喷涂界限分明，在不同的界面分界处，粘贴美纹纸或塑料薄膜。

(3) 喷涂前需做好活动脚手架的安全防护工作，必要时在结构顶板拉设安全绳。

(4)大面喷涂后,针对后续结构顶板开孔、膨胀螺栓位置,喷黑面污染的,需做局部补喷。

5.1.4 施工验收

(1)涂料品种、型号、防霉、防潮、防火性能、环保标准符合设计要求。
(2)喷涂均匀、颜色一致、分色清晰、整体观感好。喷涂按顺序进行,不得漏喷。
无机涂料施工效果如图7-5-3所示。

a)颜色均匀　　　　　　　　b)分色明晰

图 7-5-3　无机涂料施工效果

5.1.5 质量通病与防治措施

1) 质量通病

(1)喷涂不均匀,出现露底现象;
(2)结构板返潮引起发霉;
(3)喷涂色差明显;
(4)喷涂高度不一致。

2) 原因分析与防治措施

(1)楼板结构基层处理不平整,喷涂不均匀,示例如图7-5-4所示。喷涂前严格检查楼板基层,确保基层处理达到要求。

图 7-5-4　喷涂露底、不匀

(2)结构板出现渗水、返潮,造成起皮露底的现象。应及时治理渗水、返潮问题,待干燥后做基层处理,最后实施喷涂。

(3)喷涂色差明显。应严格按照厂家提供的调色比例施工,确保分批次施工颜色一致。

(4)喷涂高度不一致。根据结构情况,加强现场施工交底,保证一次喷涂到位。

5.2 乳胶漆

乳胶漆采用先进工艺制作而成,属于环保涂料,无毒、无味、无挥发性有害气体,不含苯、汞、铅等有害物质。具有防潮、防霉、抗藻、杀菌、防病、耐水洗擦性好、漆膜细腻、色彩亮丽、色泽柔和、持久耐用等特点,遮盖力强,流平性好,易于涂刷均匀,施工简易、方便。一般用于配套建筑普通设备用房、办公用房等。

5.2.1 作业准备

1)技术准备

(1)乳胶漆颜色需要建设单位、设计单位和监理单位签认;

(2)阅读、审核施工图纸,澄清有关技术问题,确定施工范围,熟悉规范和技术标准,制订施工安全保证措施,提出应急预案;

(3)对施工人员进行技术交底,开展岗前技术培训,考核合格后持证上岗;

(4)熟悉乳胶漆施工的验收规范及技术标准;

(5)施工前先做样板,经设计、监理、建设单位及有关质量部门验收合格后,再大面积施工。

2)材料准备

(1)涂料:丙烯酸合成树脂乳液涂料(乳胶漆)、抗碱封闭底漆。其品种、颜色应符合设计要求,并应有产品合格证和检测报告。其性能应符合现行《合成树脂乳液内墙涂料》(GB/T 9756)的规定。

(2)辅料:腻子、石膏、界面剂应有产品合格证。腻子宜用符合现行《建筑室内用腻子》(JG/T 298)要求的成品腻子。较潮湿的房间应使用耐水腻子。

(3)材料技术要求

乳胶漆的品种、规格和技术性能,必须符合现行国家标准规范。

①混合比例:漆:水 = 1:0.2。

②安全性:不含铅、镉、铬及其他有害物质,重金属总含量不大于50mg/kg。

③环保性:甲醛及其聚合物含量不大于100mg/kg。

④挥发有机物、卤化物或芳香类碳氢化合物等含量不大于100g/L。

3)作业条件

(1)各种墙面孔洞修补和抹灰作业全部完成,验收合格。

(2)管道设备试压及防水工程完毕并验收合格。

(3)基层为抹灰墙面,施工完毕,达到表面平整,具有一定强度,阴阳角方正、顺直,且经监理、项目质检人员检测合格;基层应干燥,含水率不大于10%。

(4)施工环境应保持清洁,作业面环境温度宜为5~35℃。

4）人员组织

人员按单个班组配置为施工负责人 1 名、技术员 1 名、安全员 1 名、油工 2 人。

5）施工机具

施工机具按单个班组配置为高凳 1 个、脚手板 2 块、大小浆桶 2 个、人造毛筒 1 个、刷子 2 把、排笔 2 把、批刀 2 把、胶皮刮板 2 把、360 号砂纸 1 包、大小水桶 2 个、腻子板 2 个。

5.2.2 施工程序

1）工艺流程

待准备工作完成、现场具备实施条件后，可以开始乳胶漆施工作业，具体工艺流程如图 7-5-5 所示。

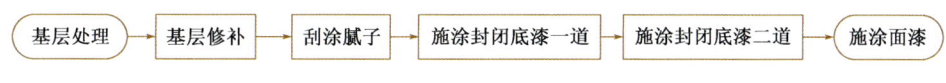

图 7-5-5　乳胶漆施工工艺流程图

2）施工工艺

（1）基层处理：首先将墙面等基层上起皮、松动及鼓包等清除凿平，将残留在基层表面上的灰尘、污垢、溅沫和砂浆流痕等杂物清除扫净。

（2）基层修补：用石膏腻子将墙面等基层上磕碰的坑凹、缝隙等处分遍找平，干燥后用砂纸将凸出处磨平，并将浮尘等扫净。

（3）刮涂腻子：刮腻子的遍数可由基层或墙面的平整度来确定，一般情况为三遍，具体操作方法为：第一遍用胶皮刮板横向满刮，一刮板紧接着一刮板，接头不得留槎，每刮一刮板最后收头时，要注意收的要干净利落。干燥后用砂纸磨，将浮腻子及斑迹磨平磨光，再将墙面清扫干净。第二遍用胶皮刮板竖向满刮，所用材料和方法同第一遍腻子，干燥后用 1 号砂纸磨平并清扫干净。第三遍用胶皮刮板找补腻子，用钢片刮板满刮腻子，将墙面等基层刮平刮光，干燥后用细砂纸磨平磨光，注意不要漏磨或将腻子磨穿。

（4）施涂封闭底漆一道：施涂顺序是先刷顶板后刷墙面，刷墙面时应先上后下。先将墙面清扫干净，再用布将墙面粉尘擦净。封闭底漆一般用滚筒涂刷，使用新滚筒时，注意将活动的滚筒毛进行清理。封闭底漆使用前应搅拌均匀，适当加水稀释，防止头遍涂料施涂不开。干燥后复补腻子，待复补腻子干燥后用砂纸磨光，并清扫干净。

（5）施涂封闭底漆二道：操作要求与一道相同，使用前要充分搅拌，底漆不宜过稀，以防露底。漆膜干燥后，用细砂纸将墙面小疙瘩和排笔毛打磨掉，磨光滑后清扫干净。

（6）施涂乳胶漆面漆：操作要求同封闭底漆。由于乳胶漆膜干燥较快，应连续迅速操作。涂刷时，从一头开始逐渐涂刷向另一头，要注意上下顺刷互相衔接，避免出现干燥后再处理接头。一般施涂两遍面漆为宜，具体施涂遍数以设计要求为准。

（7）注意保护涂料表面，关闭门窗，以防风雨沙尘污染。

墙面乳胶漆施工工艺示例如图 7-5-6 所示。

a)刮涂第一遍腻子

b)刮涂第二、三遍腻子

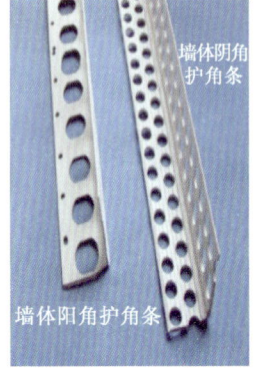
c)阴、阳角护角条

d)喷涂面漆

e)设备用房墙面乳胶漆效果

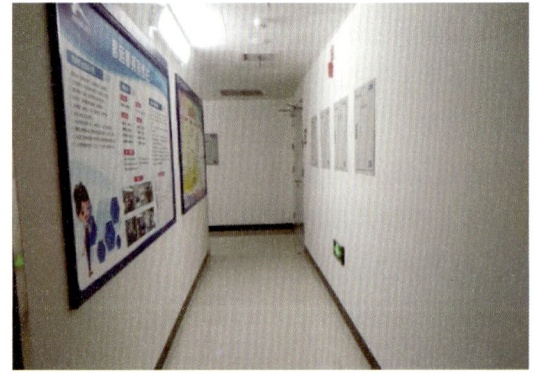
f)办公走廊墙面乳胶漆效果

图 7-5-6　墙面乳胶漆施工工艺

5.2.3　施工控制要点

(1)乳胶漆先做样板,由建设单位确认后再大面积施工;

(2)乳胶漆喷涂前,应先检查基层平整度,控制在 4mm 以内;

(3)墙体阴、阳角处可安装阴角条、阳角条以保证边角顺直;

(4)最后一遍面漆应待所有设备就位后,正式移交前涂刷;

(5)乳胶漆施工前应对不需要涂饰的门窗、设备及关键部位采取覆盖、包裹等成品保护措施,防止碰撞;

(6)两种不同乳胶漆在分色处应先弹线,弹线位置整齐,顺直粘贴美纹纸,施工完成其中一种颜色乳胶漆后,重复在弹线另一侧粘贴美纹纸,喷涂不同颜色乳胶漆。

5.2.4 施工验收

1）质量要求

（1）墙面平整、洁净，无凹凸、无污迹；
（2）涂料颜色一致，无色差；
（3）刷涂饱满均匀，无漏刷、接槎、起皮、流挂等现象。

2）质量控制与检查

（1）主控项目
①水性涂料涂饰工程所用涂料的品种、型号和性能应符合设计要求；
②水性涂料涂饰工程的颜色应符合设计要求；
③水性涂料涂饰工程应涂饰均匀、粘贴牢固，不得漏涂、透底、起皮和掉粉；
④水性涂料涂饰工程的基层处理应符合现行《建筑装饰装修工程质量验收标准》（GB 50210）的要求。

（2）一般项目
①涂料的涂饰质量及检验方法应符合现行《建筑装饰装修工程质量验收标准》（GB 50210）中高级涂刷标准的规定。

a. 颜色：均匀一致。
b. 泛碱、咬色：不允许。
c. 流坠、疙瘩：不允许。
d. 砂眼、刷纹：无砂眼，无刷纹。
e. 装饰线、分色线直线度允许偏差：1mm。

②涂层与其他装修材料和设备衔接处应吻合，界面应清晰。
③质量记录：
a. 各类涂料的出厂合格证、施工说明书等；
b. 本分项工程质量验评表。
④墙面水性涂料涂饰工程的允许偏差及检验方法应符合表7-5-1的规定。

墙面水性涂料涂饰工程的允许偏差及检验方法　　　表 7-5-1

项次	项　目	允许偏差（mm）					检验方法
		薄涂料		厚涂料		复层涂料	
		普通涂饰	高级涂饰	普通涂饰	高级涂饰		
1	立面垂直度	3	2	4	3	5	用2m垂直检测尺检查
2	表面平整度	3	2	4	3	5	用2m靠尺和塞尺检查
3	阴阳角方正	3	2	4	3	4	用200mm直角检测尺检查
4	装饰线、分色线直线度	2	1	2	1	3	拉5m线，不足5m拉通线，用钢直尺检查
5	墙裙、勒脚上口直线度	2	1	2	1	3	拉5m线，不足5m拉通线，用钢直尺检查

注：本表参考《建筑装饰装修工程质量验收标准》（GB 50210—2018）表12.2.9。

5.2.5 质量通病与防治措施

1）质量通病

(1) 表面不平整；

(2) 分色不清，交接处不整齐；

(3) 表面空鼓裂纹；

(4) 表面有刷纹、流坠现象。

乳胶漆施工质量通病示例如图 7-5-7 所示。

a) 门框上口腻子未收平

b) 乳胶漆面层开裂

c) 面层受潮、脱落

d) 吊顶边龙骨处墙体未收平

e) 乳胶漆界面分界不明晰

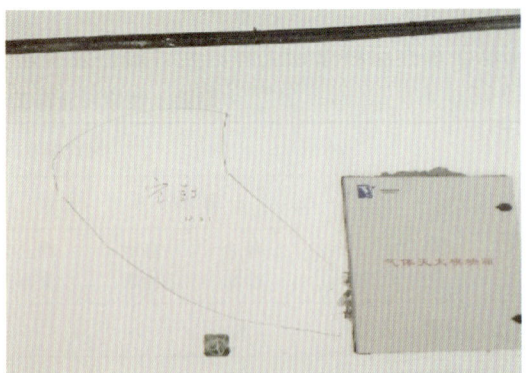
f) 乳胶漆墙面空鼓

图 7-5-7　乳胶漆施工质量通病

2）原因分析与防治措施

(1) 表面不平整的主要原因：一是抹灰找平不到位；二是墙面未冲筋，腻子未刮平。涂刷前应将基层修补平整;墙面粉刷要冲筋,确保基层平整。

(2)分色不清,交接处不整齐的主要原因是未采用美纹纸进行分色,涂饰前未对相邻作业面进行保护。应在涂刷涂料时对相邻分界处用美纹纸进行保护,在墙面涂料涂饰完成后 2h 左右将美纹纸及时清除。

(3)表面空鼓裂纹的主要原因:一是基层不同材质接缝处未挂网;二是基层空鼓导致面层空鼓裂纹;三是腻子层与基层黏结不牢。应在涂刷前检查基层处理是否到位,确保基层不同材质接缝处已挂网处理,且如有空鼓部位,应切割剔凿后抹灰粉刷石膏找平;乳胶漆施工后应阴干,避免阳光照射造成过快失水干燥。

(4)表面有刷纹、流坠现象的主要原因:一是涂料稠度沉淀,搅拌不均,滚筒清理不到位;二是施工环境不洁净,表面浮灰过多。应在涂料使用前搅拌均匀,滚筒使用后应清理干净后妥善保存;施工环境应保持清洁。

更多质量通病与防治措施见第 12 篇表 12-6-23。

第 6 章 吊顶工程

地铁吊顶工程主要是指在公共区、设备区、场段建筑的吊顶工程。车站公共区吊顶样式丰富多样，多采用铝合金吊顶，设备区房间内多采用铝扣板、硅钙板。本章主要介绍地铁车站装修工程常见的铝合金吊顶、硅钙板吊顶两个分项工程的内容，其他不常采用的材料或工艺，不再赘述。场段建筑参见民建常规做法，也不在此阐述。

6.1 铝合金吊顶

铝合金吊顶的装饰材料种类繁多，在地铁车站装饰工程中一般会用到 U 形挂片、弧形铝方通、铝合金直方通、铝合金圆通、平面铝板、穿孔铝板、铝板扩张网、弧形异形铝板、铝扣板等，采用通用轻钢龙骨，部分采用专用配套龙骨。

6.1.1 作业准备

1）技术准备

（1）认真熟悉施工图，吊顶综合排布图经设计、建设单位及各施工单位已确认完成；

（2）熟悉各种吊顶饰面板材料施工验收规范及技术标准，对装修施工图进行深化，细化吊顶排版的详细尺寸，并结合吊顶强、弱电相关专业图纸，使每位管理人员都能清楚吊顶安装的工艺做法；

（3）施工前组织技术人员、施工工长、质检员及劳务队班组长进行施工方案交底，使每位管理人员都能掌握吊顶施工区域划分的重点、难点，在施工中能正确操作；

（4）对工人安全技术交底，应强调技术措施、质量要求和成品保护，大面积施工前应先做样板，经建设单位、设计单位、监理单位鉴定合格后，方可组织班组施工。

2）材料准备

（1）材料参数

材料种类见表 7-6-1。

材 料 参 数　　　　　　　　　　　　　　表 7-6-1

材料种类	规格(mm)	厚度(mm)	一般采用的涂层工艺方式
U形挂片	25×100、30×100、50×70、50×100	0.8、0.8、0.8、1.0	聚氨酯预涂
弧形铝方通	根据设计要求	2.0	聚氨酯静电粉末喷涂
铝合金方通	50×70、50×100、80×100	1.0、1.5、2.0	聚氨酯静电粉末喷涂
铝合金圆通	直径40、50、60	1.0、1.0、1.2	聚氨酯静电粉末喷涂
平面铝板	600×1200、600×1500	1.5、1.5	聚氨酯静电粉末喷涂
穿孔铝板	600×1200、600×1500	1.5、1.5	聚氨酯静电粉末喷涂
铝板扩张网	600×1200、600×1500	2.0	聚氨酯静电粉末喷涂
弧形异形铝板	非标	2.0~3.0	聚氨酯静电粉末喷涂
铝扣板	600×600	1.0	聚氨酯静电粉末喷涂

(2)材料配套龙骨参数

材料配套龙骨参数见表7-6-2。

材料配套龙骨参数　　　　　　　　　　　　表 7-6-2

材料种类	龙骨规格(mm)	厚度(mm)	一般采用的涂层工艺方式
U形挂片	副龙骨:20×1 齿形状 主龙骨:50 轻钢,15×50	副龙骨:0.7 主龙骨:1.2	聚氨酯静电粉末喷涂
弧形铝方通	副龙骨:30×1C 形状 主龙骨:50 轻钢,15×50	副龙骨:1.2 主龙骨:1.2	聚氨酯静电粉末喷涂
铝合金方通	副龙骨:30×1C 形状 主龙骨:50 轻钢,15×50	副龙骨:1.2 主龙骨:1.2	聚氨酯静电粉末喷涂
铝合金圆通	副龙骨:30×1C 形状 主龙骨:50 轻钢,15×50	副龙骨:1.2 主龙骨:1.2	聚氨酯静电粉末喷涂
平面铝板	副龙骨:20×50J 形状 主龙骨:50 轻钢,15×50	副龙骨:1.2 主龙骨:1.2	聚氨酯静电粉末喷涂
穿孔铝板	副龙骨:20×50J 形状 主龙骨:50 轻钢,15×50	副龙骨:1.2 主龙骨:1.2	聚氨酯静电粉末喷涂
铝板扩张网	副龙骨:20×50J 形状 主龙骨:50 轻钢,15×50	副龙骨:1.2 主龙骨:1.2	聚氨酯静电粉末喷涂
弧形异形铝板	副龙骨:20×50J 形状 主龙骨:50 轻钢,15×50	副龙骨:1.2 主龙骨:1.2	聚氨酯静电粉末喷涂
铝扣板	副龙骨:16×38A 形状 主龙骨:50 轻钢,15×50	副龙骨:0.6 主龙骨:1.2	聚氨酯静电粉末喷涂

注:所有成品吊顶龙骨、吊挂件、转接件应按照设计颜色要求配套一致。

(3)材质要求

①U形挂片:采用AA3000系列(或以上)国产或进口优质铝合金。

②铝合金方通、圆通:AA6063-T5铝型材。

③穿孔铝板、平面铝板、铝板扩张网、异形铝板:采用AA3000系列(或以上)国产或进口优质铝合金。

④主副龙骨:热镀锌钢材质,双面热浸镀锌层不小于$100g/m^2$。

(4）材料堆放及存储要求

①包装箱一起存放，下方必须加木板等刚性支撑托垫。

②龙骨和配件避免零散存放，并与板材分开存放，不能板材在下龙骨在上。

③各种材料的码放不要超过3层，注意受力均衡；有明显的标识，标签朝外以便于查找；加木板支撑托垫，不能泡在水里，不能长时间暴晒。

④各种材料的使用应尽量做到随用随取，避免在施工现场长时间存放。

⑤材料堆放现场如有条件需要用栅栏围住，避免材料丢失或穿插作业造成损坏。

⑥存放地点地面要平整，室内清洁、通风、干燥，严禁与酸、碱、盐类物质接触。

⑦应与热源隔开，避免受热变形。

(5）材料二次转运注意事项

①二次转运货物时不能抛掷，不能在地上推着摩擦前进，避免外包装破损、产品表面刮花或变形；

②板材在二次转运时应采取正确方式转运，如图7-6-1所示。

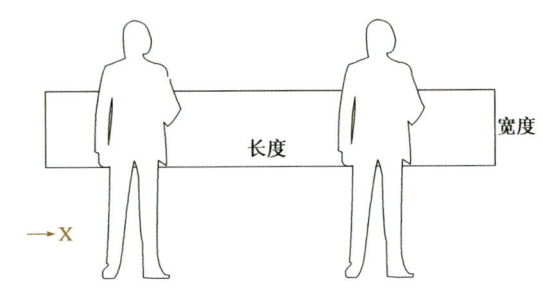

a）正确方式

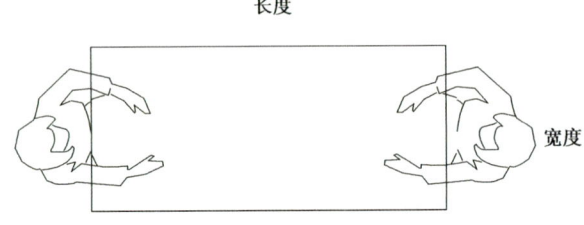

b）错误方式

图7-6-1　材料转运

③搬运过程中轻拿轻放，长度3m以上的产品需2人以上搬运，以避免搬运时产生变形，600mm×1200mm矩形板一人一件。

3）作业条件

(1）顶面、墙面抹灰和喷黑已完工；

(2）在所要吊顶的范围内，机电安装均已施工完毕并通过验收合格；

(3）已确定灯位、通风口以及各种设备的位置；

(4）地面、墙面湿作业基本完成；

(5）搭设好吊顶安装的脚手架。

4）人员组织

人员按单个班组配置为施工负责人 1 名、技术员 1 名、安全员 1 名、木工 2 人。

5）施工机具

施工机具按单个班组配置为型材切割锯 1 台、电动曲线锯 1 台、手电钻 1 台、手提式电动圆锯 1 台、拉铆枪 1 把、电焊机 1 台、钢卷尺 2 把、检测尺 1 把、水平尺 1 台、红外线水平仪 2 台、锤子 1 台、白线 1 卷、墨斗 1 个、钳子 2 把、扳手 2 把。

6.1.2 施工程序

1）工艺流程

待准备工作完成、现场具备实施条件后，可以开始铝合金吊顶的安装工作，具体工艺流程如图 7-6-2 所示。

图 7-6-2　铝合金吊顶安装工艺流程图

2）施工工艺

（1）测量放线

根据施工图及方向位置在墙面基层上弹好吊顶的水平标高线及主龙骨上口控制线，确定龙骨及吊点悬挂位置。根据吊顶的设计标高将水平线弹到墙面上，弹线过程中注意车站整体设计坡度及吊顶的不同标高部位分界（高低跨处）。龙骨和吊顶的悬挂位置弹到结构顶板上，弹线应清楚、准确。吊顶水平标高线必须严格按照放线规定弹出，在弹完线后复测吊顶水平标高线与地面完成面水平标高线的差值，差值（净空）必须满足规范要求。

（2）反向支撑或转换层安装

当吊杆长度大于 1500mm 时，应设置反支撑。若因设备风管、桥架管线原因，吊顶吊杆间距大于 1200mm，应按照设计要求增设吊杆或采用型钢支架引接吊顶吊杆。吊杆长度大于 2500mm 时，应设有钢结构转换层，并按照空间情况做专项设计。

（3）吊杆安装

根据施工图纸要求确定吊杆位置，在吊顶位置预埋膨胀螺栓，然后用吊杆连接固定，吊杆采用设计要求的丝杆制作，吊顶间距不大于 1200mm；安装完毕后吊杆端头外漏长度不小于 30mm，以便有较大的调节量。吊杆距主龙骨端部距离不得超过 300mm；否则应增设吊杆，防止主龙骨下坠。

（4）龙骨及配件安装

①安装龙骨前必须进行吊杆的抗拔、抗拉强度试验，待试验合格后方能进行龙骨及配件的安装。

②龙骨安装顺序：应先根据水平高线通线，确定龙骨的安装高度及平整度。先安装主龙骨，后安装副龙骨，但也可主、副龙骨一次安装。

③先将主龙骨与吊杆（或镀锌铁丝）连接固定，与吊杆固定时，应用双螺母在螺杆穿过部位上下固定。然后按标高线调整大龙骨的标高，使其在同一水平面上。主龙骨调整工作，是确保吊顶质量的关键，必须认真进行。大跨度空间可根据设计要求起拱，一般约为 1/200。主龙骨的接头位置，不允许留

在同一直线上,应适当错开。主龙骨调平以每层的整个跨度空间为单元。调整方法可用方木按主龙骨间距钉圆钉,将长方木条横放在主龙骨上,并卡住各主龙骨,使其按规定间隔定位,临时固定。方木两端要顶到墙上或梁边,再按十字和对角拉线,拧动吊杆螺栓,升降调平。

④中小龙骨的位置,应按装饰板材的尺寸在大龙骨底部弹线,用挂件固定,并使其固定严密,不得有松动。为防止大龙骨向一边倾斜,吊挂件安装方向应交错进行。中(次)龙骨垂直于主龙骨,在交叉点用中(次)龙骨吊挂件将其固定在主龙骨上,挂件上端搭在主龙骨上,挂件U形腿用钳子卧入主龙骨内。

⑤横撑下料尺寸要比名义尺寸小2~3mm,其中距视装饰板材尺寸确定,一般安置在板材接缝处。横撑龙骨应用中龙骨截取。安装时将截取的中(次)龙骨的端头插入挂插件,扣在纵向龙骨上,并用钳子将挂搭弯入纵向龙骨内,组装好后,要求纵向龙骨和横撑龙骨底面(即饰面板背面)在同一平面上。

(5)铝合金面板安装

为了保证吊顶饰面的完整性和安装可靠性,在确定龙骨位置线时,需要根据铝合金板的规格尺寸,以及吊顶的面积尺寸来安排吊顶骨架的结构尺寸。对铝合金板饰面的尺寸布置要求是:板块组合的图案要完整,四周留边时,留边的尺寸要对称或均匀。铝合金板与龙骨骨架的安装按照弹好的板块安排布置线,从一个方向开始依次安装,并注意吊钩先与龙骨连接固定,再钩住板块侧边的小孔。铝合金板在安装时应轻拿轻放,保护板面,避免碰伤或刮伤。

3) 金属(条、方)扣板安装

(1)条板式吊顶龙骨一般可直接吊挂,也可以增加主龙骨;条板式吊顶副龙骨形式应与条板配套。

(2)方板吊顶副龙骨分明装T型和暗装卡口两种,可根据金属方板式样选定。

(3)金属板吊顶与四周墙面所留空隙,用金属压条与吊顶找齐,金属压条材质宜与金属板面相同。

4) 铝合金格栅安装

先将格栅吊顶的主副龙骨按设计图纸预拼装成形,然后用吊钩穿在主龙骨孔内吊起,全部安装、连接完毕后,整体调平。

5) 楼、扶梯檐口收口铝板安装

(1)放线定位:根据设计完成面及设计高度弹出侧板安装等高线,按设计模数的间距弹出镀锌钢龙骨的分布线;按1000~1200mm的间距弹出角码分布线,一般下端及顶端距离300mm为起点。

(2)安装角码:按定点定位点打孔,安装膨胀螺栓及角码。

(3)安装镀锌钢龙骨:将镀锌钢龙骨对应到相应的角码位置处吊装,并用螺杆及螺母将镀锌龙骨固定在角码上,安装后调节至水平顺直。

(4)安装侧面铝板:确定侧面铝板安装轴线,并从轴线开始依照相应的次序安装侧面铝板,用M5×20螺栓将侧面铝板上角码固定在镀锌钢龙骨上,相邻的侧面板角码错位接插,依次推进直到安装完成。

(5)维护、保洁:非标铝板整体结构上采用点式固定及挂式(活动)相结合的结构形式,挂式面板可单元拆装,安装后可根据需要调整或拆装,满足内部维修要求;内部设备一般应布置活动式挂板,以方便以后维修。板面涂层为氟碳漆,表面光洁,防水防锈,可直接用水或一般清洁剂清洗表面,简单方便。

6）不同材料结构安装系统图

(1) U形垂片

U形垂片产品结构(标准)示意图如图7-6-3所示。

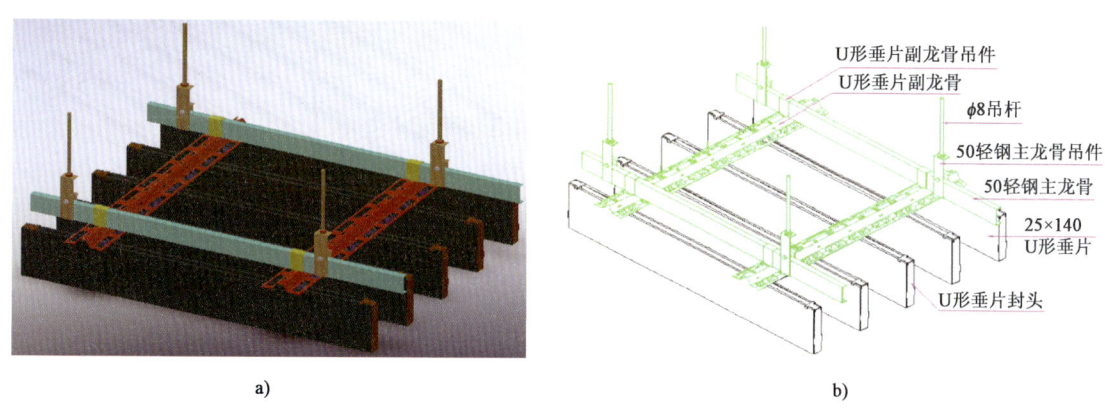

图7-6-3　U形垂片产品结构(标准)示意图(尺寸单位:mm)

系统说明:以图7-6-3为例,U形垂片的底面投影尺寸为25mm,按150mm(中到中)的平面间距排布,净空间距为125mm,属于开敞式装饰效果及结构体系。内部结构主龙骨为50轻钢龙骨,用φ8mm吊杆吊装。垂片龙骨为U形卡扣式龙骨,用龙骨扣刺与U形垂片反扣连接,且每件板可独立拆装。

(2)穿孔铝合金板、平面铝板、铝合金扩张网

产品结构(标准)示意图如图7-6-4所示。

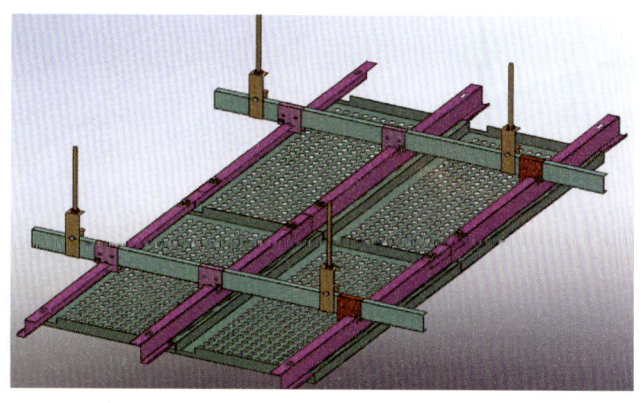

图7-6-4　穿孔铝板、平面铝板、铝合金扩张网产品结构(标准)示意图

系统说明:铝合金冲孔吊顶根据设计要求成型及排布,采用常规网架勾挂龙骨系统及局部角钢点挂相结合的结构吊装,面板采用固定吊挂板及活动搭挂板相间排布组装,每件板可独立拆装。勾搭吊挂系统为常用的成熟产品,主龙骨采用国标50轻钢龙骨,吊顶副龙骨采用Z型挂式龙骨,与轻钢龙骨垂直,用专用吊件连接,连接后使主副龙骨形成一个井字形的框架,以增强它的稳固性。铝合金吊顶安装后,用防风压件通过M8×20螺栓锁在Z型龙骨上,保证吊顶板的牢固性。整个系统可重复安装、拆卸。

(3) 铝合金方通、铝合金圆通

产品结构(标准)示意图如图 7-6-5 所示。

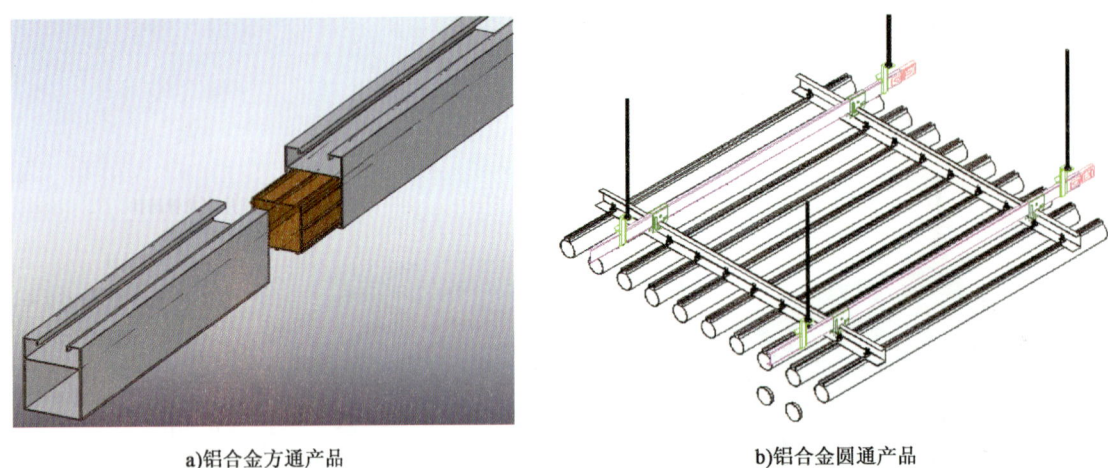

a) 铝合金方通产品　　　　　　　　　　b) 铝合金圆通产品

图 7-6-5　铝合金方通、圆通产品结构(标准)示意图

系统说明：铝合金方通系统由主副铝方通纵横搭接，通过 T 形、十字形、转角形三种连接件能满足各种形式的任意组合安装，构成基本尺寸单元的连续网格状吊顶，安装方便、立体感强、通风性能好，所采用的开敞式组合，既能舒缓封闭式吊顶所造成的压抑感，又能提供一种方向性视觉感。冷气口、排气口、日光灯盘等均可装在吊顶内，既保证功能，又确保效果美观。

(4) 公共区卫生间、设备区铝合金扣板

产品结构(标准)示意图如图 7-6-6 所示。

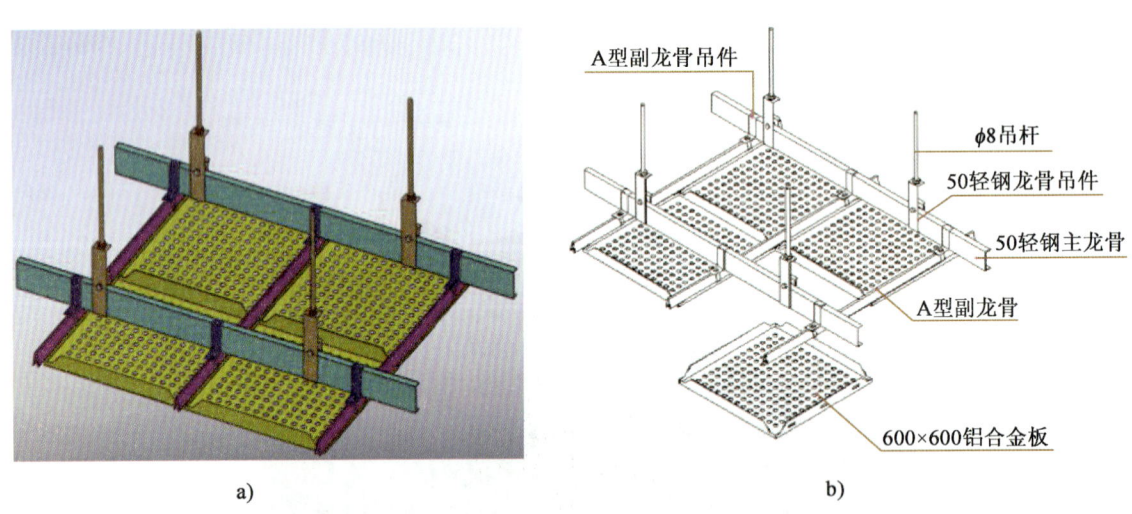

图 7-6-6　铝合金扣板产品结构(标准)示意图(尺寸单位：mm)

系统说明：以 600mm×600mm 铝质多孔方板为例，吊顶按 600mm 平面间距排布，内部结构主骨为 50 轻钢龙骨，用 φ8mm 吊杆吊装；吊顶板龙骨为 A 型夹扣式龙骨，用专用吊件连接在轻钢龙骨上，与轻钢龙骨垂直布置，连接后使主副龙骨形成一个"井"字形的框架，以增强它的稳固性。铝质吊顶板采用单向夹扣结构体系，拆装方便。

吊顶施工工序示例如图 7-6-7 所示。

a) 吊顶完成线放线

b) 地面引放吊顶龙骨分割线

c) 吊顶管线、桁架施工

d) 吊顶角钢转换层施工

e) 轻钢主龙骨施工

f) 主、副龙骨施工

g) 铝合金方通吊顶

h) 铝合金圆通吊顶

图 7-6-7

i) 铝条板吊顶　　　　　　　　j) 铝格栅吊顶

k) 穿孔铝板吊顶　　　　　　　l) 铝合金扩张网吊顶

图 7-6-7　吊顶施工工序

6.1.3　施工控制要点

(1) 所有用料运输进场安装时，不得随意乱扔、碰撞并防止踏踩；龙骨堆放应垫实放平，并注意防潮；罩面板在运输及安装时，应轻拿轻放，不得损坏边角。储存时应防止变形受潮。

(2) 为保证装修完成面净空高度，进场放线时，须在墙面设置吊顶龙骨上口标高线，要求所有设备、管线最低点不得低于该标高线。

(3) 后置埋件的现场拉拔强度必须符合设计要求。

(4) 吊顶所有末端设备的开孔应采用专用开孔器。

(5) 吊顶板安装完成后验收前应清除保护膜。

(6) 铝合金方通两端应采用同质同色的端头封堵。

(7) 要求吊顶的每块板材与方通单元块必须均能单独方便拆卸或开启，在有防风措施时也能单独方便拆卸或开启。

(8) 除出入口通道的其他部位，要求吊顶每块板材与挂片等都能单独方便拆卸，而且经反复拆装不会影响内部结构；不得采用拉铆焊接方式安装。

(9) 施工中应拉通线检查，做到标高位置正确、吊顶平整。

(10) 涂刷防锈漆要保证两遍以上，尤其是焊缝及钢筋端部要涂刷到位。

(11) 安装龙骨遇有高低跨时，应先安装高跨再安装低跨。对于检修孔、上人孔、通风箅子等部位，应采用横撑龙骨加强。

(12) 吊顶面板安装前，吊顶内的通风、水电、消防管道及检修通道应安装完毕，各专业设备及管道打压试水完成。

(13)施工所用的临时脚手架、马道、爬梯,严禁以吊顶龙骨为支撑点。

(14)吊顶龙骨上按设计要求设置吊杆,如龙骨上方有风管等设备阻挡无法直接吊挂,则增加附加龙骨。

(15)站台门设备上盖与吊顶铝板、基层龙骨及桥架风管一般需预留50~80mm,保证站台门的绝缘性。

(16)站台门需及时提供装修专业上盖安装完成线,保证站台层吊顶下料的及时性和准确性。

(17)重型设备和有振动荷载的设备严禁安装在吊顶工程的龙骨上。

(18)吊顶的平整度控制。

①标高线的水平控制要点:基准点和标高尺寸要准确。用水柱法找其他标高点时,要等管内水柱面静止时再画线;吊顶面的水平控制线应拉通直线,一般采用尼龙线;对跨度较大的异型吊顶,应增设标高控制点。

②注意吊点分布与固定:吊点分布要均匀,在一些龙骨的接口部位和重载部位,宜增加吊点。

③注意龙骨与龙骨架的强度与刚度:龙骨的接头处、吊挂处都是受力的集中点,施工中应注意加固;应避免在龙骨上悬吊设备。

④铝合金饰面板不可生硬用力安装,需一边安装一边调整。

(19)材料安装接口协调及处理控制要点:

①吊顶面板安装完成后,如有其他设备需要拆开吊顶作业时,一定要通知专业人员操作,不能擅自拆板。

②吊顶与机电管道、设备不得共用转换骨架、吊杆、龙骨;两者位置冲突时,须经过项目技术人员整体布设。

③在吊顶及其他附属安装件施工过程中,应保护各种管线避免破坏,龙骨严禁固定在通风管道及其他设备件上。

④吊顶面板安装操作时,不宜用手拍打板面,避免造成板面凹陷不平。

6.1.4 施工验收

1)主控项目

(1)吊顶标高、尺寸、起拱和造型应符合设计要求。
(2)饰面材料的材质、品种、规格、图案和颜色应符合设计要求。
(3)吊顶工程的吊杆、龙骨和饰面材料的安装必须牢固。
(4)吊杆、龙骨的材质、规格、安装间距及连接方式应符合设计要求。金属吊杆、龙骨应经过表面防腐处理;木吊杆、龙骨应进行防腐、防火处理,间隔涂刷各两遍。

2)一般项目

(1)饰面材料表面应洁净、色泽一致,不得有翘曲、裂缝及缺损。压条应平直、宽窄一致。
(2)饰面板上的灯具、烟感器、喷淋头、风口箅子等设备的位置应合理、美观,与饰面板的交接应吻合、严密。
(3)金属龙骨的接缝应均匀一致,角缝应吻合,表面应平整,无翘曲、锤印。
(4)板块面层、格栅吊顶安装的允许偏差分别见表7-6-3和表7-6-4。

板块面层吊顶安装允许偏差　　　　　　表 7-6-3

项次	项　目	金属板允许偏差(mm)	检 验 方 法
1	表面平整度	2	用 2m 靠尺和塞尺检查
2	接缝直线度	2	拉 5m 线,不足 5m 拉通线,用钢直尺检查
3	接缝高低差	1	用钢直尺和塞尺检查

注:本表选自《建筑装饰装修工程质量验收标准》(GB 50210—2018)表 7.3.10。

格栅吊顶安装允许偏差　　　　　　表 7-6-4

项次	项　目	允许偏差(mm)		检 验 方 法
		金属格栅	木格栅、塑料格栅复合材料格栅	
1	表面平整度	2	3	用 2m 靠尺和塞尺检查
2	格栅直线度	2	3	拉 5m 线,不足 5m 拉通线,用钢直尺检查

注:本表选自《建筑装饰装修工程质量验收标准》(GB 50210—2018)表 7.4.10。

6.1.5　质量通病与防治措施

1)质量通病

(1)铝合金板存在接缝大小不一及高低差;

(2)排版不美观;

(3)吊顶局部下沉。

吊顶工程质量通病示例如图 7-6-8 所示。

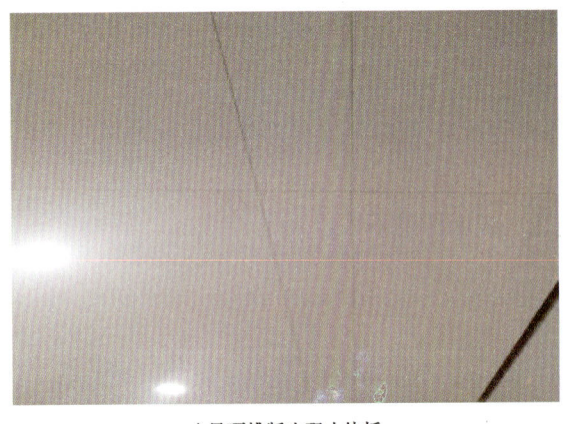
a)吊顶排版出现小块板

b)几何尺寸偏差,板缝不匀

图 7-6-8　吊顶工程质量通病

2)原因分析与防治措施

(1)铝合金板材规格尺寸存在偏差,吊顶连接件松动、脱落,吊顶未调平整。需加强材料加工精度控制,做好材料进场规格尺寸验收,吊顶安装完毕后,整体需进行平整度和缝隙大小调整。

(2)综合排版未经设计、建设单位确认。应先经确认,之后再加工实施,不允许出现小于 1/3 的板块。

(3)吊点与建筑主体固定不牢,例如膨胀螺栓埋入深度不够,而产生松动或脱落;钉的松动、虚焊脱落等;吊杆连接不牢,产生松脱;吊杆的强度不够,产生拉伸变形现象。在安装过程中,应严格按照设计图纸节点施工,并针对具体情况,采取相应措施进行修复或更换相应配件,重新安装吊顶。

更多质量通病与防治措施请参见第 12 篇表 12-6-22。

有关铝合金吊顶的更多资料请见附件 7-6-1。

6.2 硅钙板吊顶

硅钙板又称为石膏复合板,是一种多元材料,一般由天然石膏粉、白水泥、胶水、玻璃纤维复合而成。硅钙板具有防火、防潮、隔音、隔热等性能,在室内空气潮湿的情况下能吸引空气中水分子,空气干燥时又能释放水分子,可以适当调节室内干、湿度,增加舒适感。地铁车站室内硅钙板吊顶主要适用于设备区房间。

6.2.1 作业准备

1) 技术准备

(1) 认真审阅施工图,吊顶综合排布图经参建各单位已确认完成;

(2) 熟悉硅钙板材料施工验收规范及技术标准,细化吊顶排版的详细尺寸,并结合吊顶强、弱电相关专业图纸;

(3) 对工人进行技术交底,应强调技术措施、质量要求和成品保护,轻钢骨架顶棚在大面积施工前应先做样板,经参建各单位鉴定合格后,方可组织班组施工。

2) 材料准备

(1) 龙骨:轻钢主龙骨、T型烤漆副龙骨或T型铝合金副龙骨、边龙骨及吊挂件、连接件及插接件。

(2) 零配件:通丝吊杆、膨胀螺栓、自攻螺钉等辅件。

(3) 罩面板:采用硅钙板。

(4) 所有材料进场检验合格且有出厂质量证明文件。

3) 作业条件

(1) 在所有吊顶的范围内,机电安装均已施工完毕,各种管线均已试压合格,已经隐蔽验收;

(2) 已确定灯位、通风口及各种末端设备的位置;

(3) 顶棚罩面板安装前,应做完墙、地面湿作业;

(4) 搭好顶棚,施工操作平台架子。

4) 人员组织

人员按单个班组配置为施工负责人1名、技术员1名、安全员1名、木工2人。

5) 施工机具

施工机具按单个班组配置为型材切割锯1台、电动曲线锯1台、手电钻1台、电锤1台、红外线水平仪1台、检测尺1把、拉铆枪1把、角磨机2把、钢卷尺2把、水平尺1把、电焊机1把、钳子2把、扳手2把。

6.2.2 施工程序

1) 工艺流程

待准备工作完成、现场具备实施条件后,可以开始硅钙板吊顶的安装工作,具体工艺流程如

图 7-6-9 所示。

图 7-6-9　硅钙板吊顶安装工艺流程图

2）施工工艺

(1) 弹吊顶水平线、画龙骨分挡线

按照吊顶平面图,在顶板上弹出主龙骨及吊杆位置,如遇到顶板过高无法弹制时,也可将线弹放在楼板上;主龙骨宜平行房间长向布置,同时应考虑格栅灯的方向,一般从吊顶中心向两边分;主龙骨与吊杆间距为 900~1200mm,一般取 1000mm;如遇到梁和管道固定点大于规范和设计要求,应增加吊杆的规定点。

(2) 吊筋安装

宜采用膨胀螺栓固定吊挂杆件;板块吊顶一般不需上人即可检修,通常选用 M8 通丝吊杆。当吊杆长度大于 1.5m 时,应设置反支撑。

(3) 边龙骨安装

边龙骨应安装在房间内已施工完毕的饰面上,下边缘与吊顶标高线平齐,并按照墙面材料的不同选用打孔安装木楔或尼龙膨胀螺栓固定,固定间距宜为 500mm,端头宜为 50mm。

边龙骨安装固定示意图如图 7-6-10 所示。

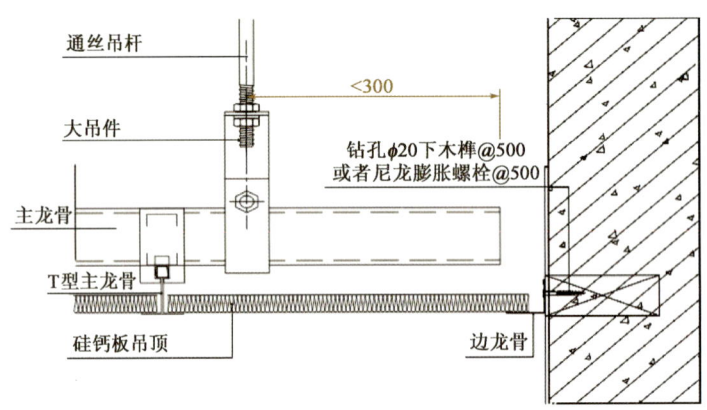

图 7-6-10　边龙骨安装固定示意图（尺寸单位:mm）

(4) 安装主龙骨(也称为大龙骨)

通常选用 U38 主龙骨。主龙骨吊点间距、起拱高度应符合设计要求;当面积不大于 $50m^2$ 时一般按房间短向跨度的 0.1%~0.3% 起拱,当面积大于 $50m^2$ 时一般按房间短向跨度的 0.3%~0.5% 起拱。主龙骨的悬臂段不应大于 300mm,否则应增加吊杆;主龙骨的接头应用专用接长件连接,相邻龙骨的对接接头要相互错开。主龙骨安装后应及时校正其位置标高。吊顶内一般不需要设置永久性检修马道;如特殊需要,马道设置需单独设计。

(5) 安装副龙骨

通长副龙骨分为 T 型烤漆龙骨、T 型铝合金龙骨。通长龙骨应紧贴主龙骨安装,横撑龙骨与通长龙骨搭接处的间隙不得大于 1mm;副龙骨间距 300~600mm,根据罩面板的尺寸进行固定;通长龙骨连接件应错位安装。

通长龙骨及横撑龙骨形式如图7-6-11所示。

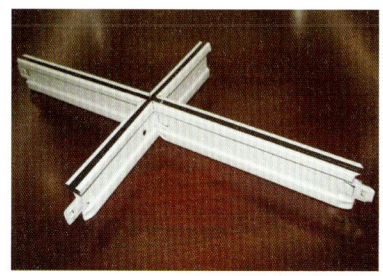

a)通长龙骨及横撑龙骨形式汇总(尺寸单位:mm)

b)T型通长龙骨及横撑龙骨

c)T型龙骨

图7-6-11　通长龙骨及横撑龙骨形式

(6)罩面板安装

将硅钙板面板直接搁于龙骨上,应注意饰面板安装稳固严密,饰面材料与龙骨的搭接宽度应大于龙骨受力面宽度的2/3;另外,安装时应注意板背面的箭头方向和白线方向一致,以保证花样、图案的整体性。

硅钙板吊顶示例如图7-6-12所示。

a)　　　　　　　　　　　　　　　　　b)

图7-6-12　硅钙板吊顶

6.2.3 施工控制要点

(1) 建筑室内吊顶设计宜绘制龙骨布置图,龙骨的排列应与通风口、灯具、消防烟感、喷淋、检修口、紧急广播喇叭位置不矛盾,不应切断主龙骨。当必须切断主龙骨时,一般采用增加主龙骨或增加吊杆进行加固。

(2) 重型设备和有振动荷载的设备严禁安装在吊顶工程的龙骨上,应另设吊挂件与结构连接。

(3) 轻钢骨架及罩面板安装应注意保护顶棚内各种管线。

(4) 罩面板及其他吊顶材料在入场存放、使用过程中严格管理,板上不宜放置其他材料,保证板材不受潮、不变形。

(5) 硅钙板安装前,表面应擦拭干净。

(6) 吊筋打孔安装时,应提前避开吊顶结构板内预留的线管。

6.2.4 施工验收

1) 主控项目

(1) 吊顶标高、尺寸、起拱和造型应符合设计要求。

(2) 饰面材料的材质、品种、规格、图案和颜色应符合设计要求。当饰面材料为玻璃板时,应使用安全玻璃或采取可靠的安全措施。

(3) 饰面材料的安装应稳固严密。饰面材料与龙骨的搭接宽度应大于龙骨受力面宽度的2/3。

(4) 吊杆、龙骨的材质、规格、安装间距及连接方式应符合设计要求。金属吊杆、龙骨应进行表面防腐处理。

(5) 吊顶工程的吊杆和龙骨安装必须牢固。

2) 一般项目

(1) 饰面材料表面应洁净、色泽一致,不得有翘曲、裂缝及缺损。饰面板与龙骨的搭接应平整、吻合,压条应平直、宽窄一致。

(2) 饰面板上的灯具、烟感器、喷淋头、风口箅子等设备的位置应合理、美观,与饰面板的交接应吻合、严密。

(3) 金属龙骨的接缝应平整、吻合、颜色一致,不得有划伤、擦伤等表面缺陷。

(4) 吊顶内填充吸声材料的品种和铺设厚度应符合设计要求,并应有防散落措施。

(5) 板块面层吊顶工程安装的允许偏差及检验方法应符合表7-6-5的规定。

板块面层吊顶安装允许偏差及检验方法　　　　表7-6-5

项次	项　目	允许偏差(mm) 硅钙板	检　验　方　法
1	表面平整度	3	用2m靠尺和塞尺检查
2	接缝直线度	3	拉5m线,不足5m拉通线,用钢直尺检查
3	接缝高低差	2	用钢直尺和塞尺检查

注:本表选自《建筑装饰装修工程质量验收标准》(GB 50210—2018)表7.3.10。

6.2.5 质量通病与防治措施

1）质量通病

（1）主、副龙骨纵横方向线条不平直，板面不平整。

（2）吊顶造型不对称，罩面板布局不合理；板面安装不牢固。

2）原因分析与防治措施

（1）主、副龙骨受扭折，未调平更换；吊顶主龙骨未按照设计要求进行起拱。主、副龙骨布置间距应符合设计要求，并根据灯具位置进行排布。吊顶纵横向应在直线上，当不能避开灯具、设备及管道时，应调整吊点位置或增加吊顶或采用钢结构转换层。房间吊顶面积较大，超过 300m² 以上时，需在主龙骨上加 Z 型斜拉大龙骨加固。硅钙板吊顶安装时，板上不得放置其他材料，防止板材受压变形。吊顶主龙骨应按房间短向跨度 1/500 起拱。

（2）未在房间四周拉十字中线。按吊顶设计标高，在房间四周的水平线拉十字中线。安装前应预先排版，严格按照深化设计要求布置主、副龙骨，中间部分应铺整面罩面板，余量应平均分配到四周最外面一块，不被人注意的次要部位。龙骨间距应准确均衡，T 型龙骨应按照硅钙板等面板模数确定，以保证面板四边放置在 T 型龙骨或者 L 型龙骨上。

本章附件

附件 7-6-1　铝合金吊顶

第 7 章
墙、柱饰面工程

地铁墙、柱装修饰面材料多采用铝板、石材、搪瓷钢板、玻璃、玻化砖,其施工方法主要有湿贴和干挂两大类。湿贴是用水泥砂浆作胶黏剂或添加一定的黏结剂将饰面材料黏结到基层或结构基体上的一种施工方法;干挂是采用金属挂件将饰面材料通过一定方式悬挂在结构基体上的一种施工方法。干挂安装方式在地铁装饰装修工程中使用最广泛,常用的干挂饰面材料有陶瓷板、石材、搪瓷钢板、铝板、玻璃等,其基层龙骨安装形式基本一致,配套龙骨挂件形式稍有区别,主要用在公共区域墙柱面部位。而湿贴安装方式主要适用于公共区卫生间、母婴室,设备区卫生间及前室、盥洗室等。本章节主要介绍地铁装修工程中常用的干挂饰面板,以及湿贴墙面砖等分项工程;常见或较少使用的其他方法,不再阐述。

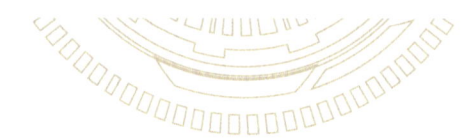

7.1 干挂饰面板

干挂饰面板主要用于地铁车站的公共区墙柱面装饰,面层主要有陶瓷板、玻璃、石材、铝板等块状材料。

7.1.1 作业准备

1)技术准备

(1)认真审阅施工图,墙面综合排布图经参建各单位已确认完成。核实现场墙面板块分格、标高、墙面洞口及设备等大小及方位设置是否交叉干扰。

(2)熟悉各种干挂饰面板材料施工验收规范及技术标准;深入了解装修施工图纸,细化墙、柱面排版的详细尺寸,并结合水、电相关专业图纸核查设备末端是否一致。

(3)施工前组织技术人员、施工工长、质检员及劳务队班组长进行施工方案交底,使每位管理人员都能掌握饰面板施工的重难点。

(4)根据图纸、方案及结合工程结构的实际情况制订详细的有针对性和可操作性的技术交底,做好技术交底工作;对于节点大样及特殊做法,绘制出详细的大样图。

(5)熟悉墙面各种末端设备暗门开启角度,满足规范要求。

(6)对施工人员进行安全技术交底,应强调技术措施、质量要求和成品保护;大面积施工前应先做样板,经建设单位、设计单位、监理单位鉴定合格后,方可组织班组施工。

2) 材料准备

(1) 干挂饰面板面层材料主要有陶瓷板、玻璃、石材、铝板;

(2) 基层含主、副龙骨及其铝合金挂件、背栓、螺栓等辅件。

3) 作业条件

(1) 离壁沟(含防水)已施工完成,卫生、垃圾已清理干净,闭水排水试验完成并验收合格;

(2) 墙面末端管线及设备已隐蔽验收完成;

(3) 饰面材料相关复试报告准备完毕,并全部合格。

4) 人员组织

人员按单个班组配置为施工负责人1名、技术员1名、安全员1名、作业人员木工2人、焊工1人、普工1人。

5) 施工机具

施工机具按单个班组配置为背栓钻孔器1台、冲击电钻1台、电焊机1台、手提切割机1台、电锤1台、电动无齿锯1台、手电钻1台、红外线水平仪1台、专用扳手2把、线坠1个、十字螺丝刀2把、切割机1台、台钻1台、卷尺2把、水准仪1台、护目镜2个、塞尺1个。

7.1.2 施工程序

1) 工艺流程

待准备工作完成、深化排版图纸专业会签结束、现场具备实施条件后,可以开始干挂饰面板施工,具体工艺流程如图7-7-1所示。

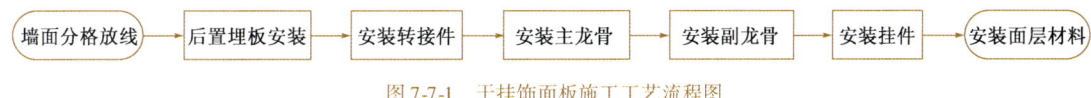

图 7-7-1 干挂饰面板施工工艺流程图

2) 施工工艺

(1) 墙面分格放线

根据最终确认完成的墙面深化设计图,将墙面玻璃板块横竖分格线、末端设备、末端点位全部反映到墙面上,要求各专业按照点位准确地进行设备管线安装。同时弹出每块埋板的位置线和每个挂件的具体位置。墙面分格放线、末端定位示例如图7-7-2所示。

(2) 后置埋板安装

根据墙面分格线确定主龙骨位置,进而确定预埋钢板的位置,预埋钢板通过4×M12膨胀螺栓与结构墙面固定;不等边角码(100mm×210mm×7mm)与预埋钢板(200mm×200mm×8mm)满焊固定牢固、可靠。预埋钢板间距不大于1.5m,竖向龙骨按照3块埋板进行布置。

(3) 主、副龙骨安装

主龙骨采用热镀锌矩形钢管(或者槽钢)制作,与不等边角码(100mm×210mm×7mm)转接件通过2×M12对穿螺栓栓接固定,且固定牢固,主龙骨间距不大于1.2m。副龙骨采用∟50×5热镀锌角钢制作,与主龙骨两面满焊固定。消火栓、广告灯箱等设备两侧的龙骨则需根据设备布置断开单独布置。

图 7-7-2　墙面分格放线、末端定位

主、副龙骨连接示例如图 7-7-3、图 7-7-4 所示。

图 7-7-3　主龙骨与转换件连接　　　　　　图 7-7-4　主、副龙骨连接

(4) 安装面层材料

①玻璃面层安装

干挂玻璃安装节点图如图 7-7-5 ～图 7-7-7 所示。

a. 副龙骨上面的铝型材挂件安装孔需在龙骨安装前根据板块进行定位打孔。

b. 铝型材挂件安装：将加工好的异形成品铝型材挂件通过 2×M8 不锈钢对穿螺栓固定在副龙骨上，每块玻璃固定 4 个挂件，两端挂件距离玻璃边缘 150mm。铝挂件安装示例如图 7-7-8 所示。

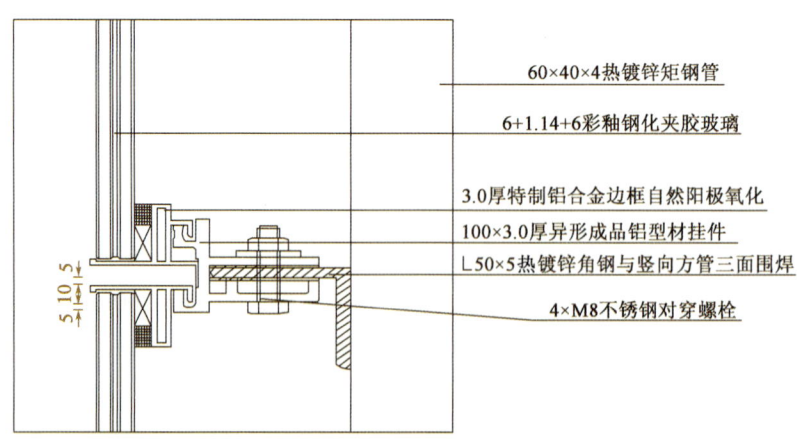

图 7-7-5　玻璃安装竖剖节点图 (尺寸单位：mm)

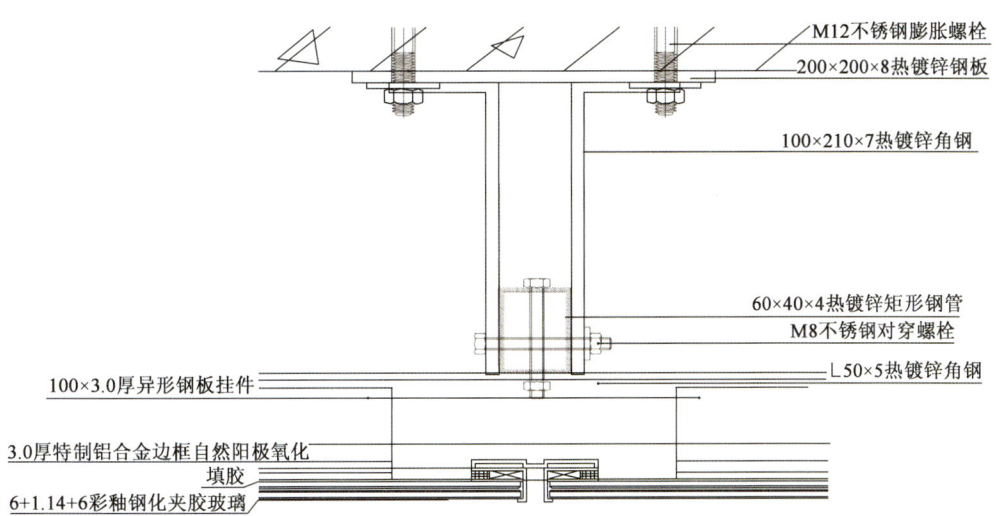

图 7-7-6 玻璃安装横剖节点图(尺寸单位:mm)

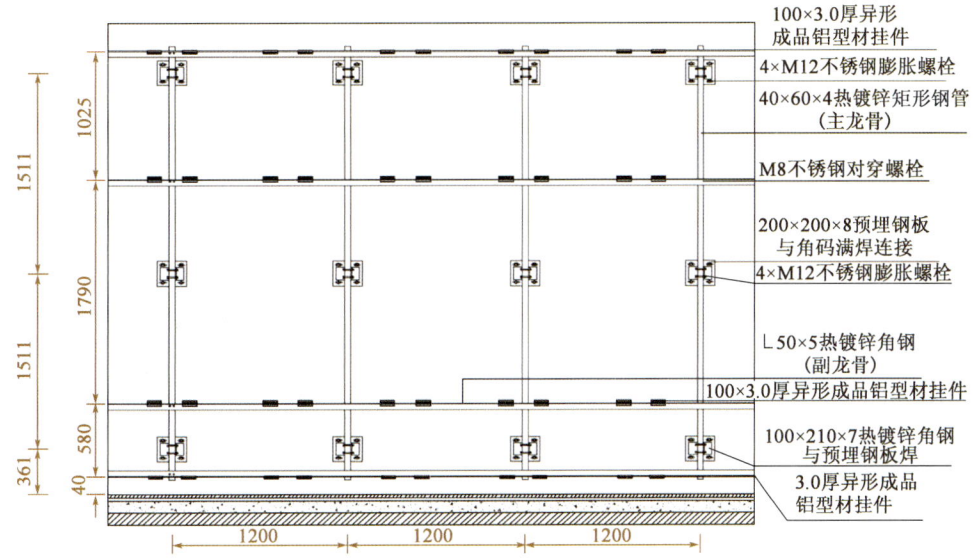

图 7-7-7 玻璃安装龙骨排布图(尺寸单位:mm)

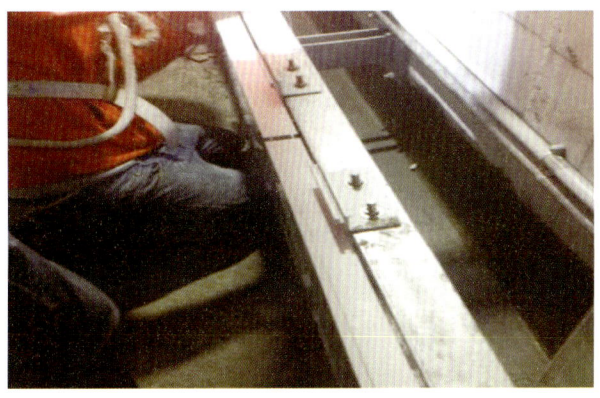

图 7-7-8 铝挂件安装

c. 玻璃组装:将玻璃与配套铝型材连接,四角处采用45°角拼接且采用直角连接件连接铝型材,直角连接件采用螺栓与型材固定。玻璃铝型材边框组装与安装示例如图7-7-9所示。

a)

b)

图7-7-9 玻璃铝型材边框组装与安装

d. 安装玻璃:将组装好的玻璃固定在已安装完成的铝型材挂件上,将铝型材挂件插入彩釉玻璃型材内固定,其中消火栓暗门需保证至少打开120°角的要求。

玻璃安装效果及双开暗门开启示例分别如图7-7-10、图7-7-11所示。

图7-7-10 玻璃安装效果

图7-7-11 双开暗门开启

e. 调平:将安装好的彩釉玻璃进行调平处理,保证安装的平整度和垂直度。墙面玻璃整体调整后整齐划一,接缝均匀一致。玻璃整体调平效果如图7-7-12所示。

图7-7-12 玻璃整体调平效果

②陶瓷板面层安装

传统干挂陶瓷板采用不锈钢T形挑件陶瓷板开槽,背部T形挑件上下增设云石胶黏结牢固的石材板条直接固定,存在不易于维修且易脱落的安全隐患。本书所介绍的为共用横向角钢龙骨,采用铝合金挂件背栓式挂装的工艺,陶瓷板一旦破损或移位,可以将陶瓷板整体取出,直接更换,安装方便,造价经济。

a. 龙骨打孔:副龙骨上面的铝合金挂件安装孔需在龙骨安装前根据板块分隔进行定位打孔。

b. 陶瓷板背栓开孔:将陶瓷板四个角的背栓定位孔按照设计排版图画好。陶瓷板厚度不低于12mm,背栓规格符合 M6-7 的要求;用专用背栓开孔器进行钻孔,锚固深度为7mm,钻孔直径8.5mm,底部拓展直径为 10.4mm,背栓长度大于25mm,孔中心距板端 80～100mm。

c. 铝合金连接件安装:将铝合金支托连接件和背栓铝合金上下挂件分别安装在共用横向角钢副龙骨和陶瓷板上,拧紧并检查安装牢固。

d. 陶瓷板安装:将已安装好背栓铝合金挂件陶瓷板从下至上挂通线,依次对准安装在横向龙骨上的铝支托挂件上,并依次做调平处理。

节点图如图 7-7-13～图 7-7-16 所示,挂件安装效果如图 7-7-17 所示。

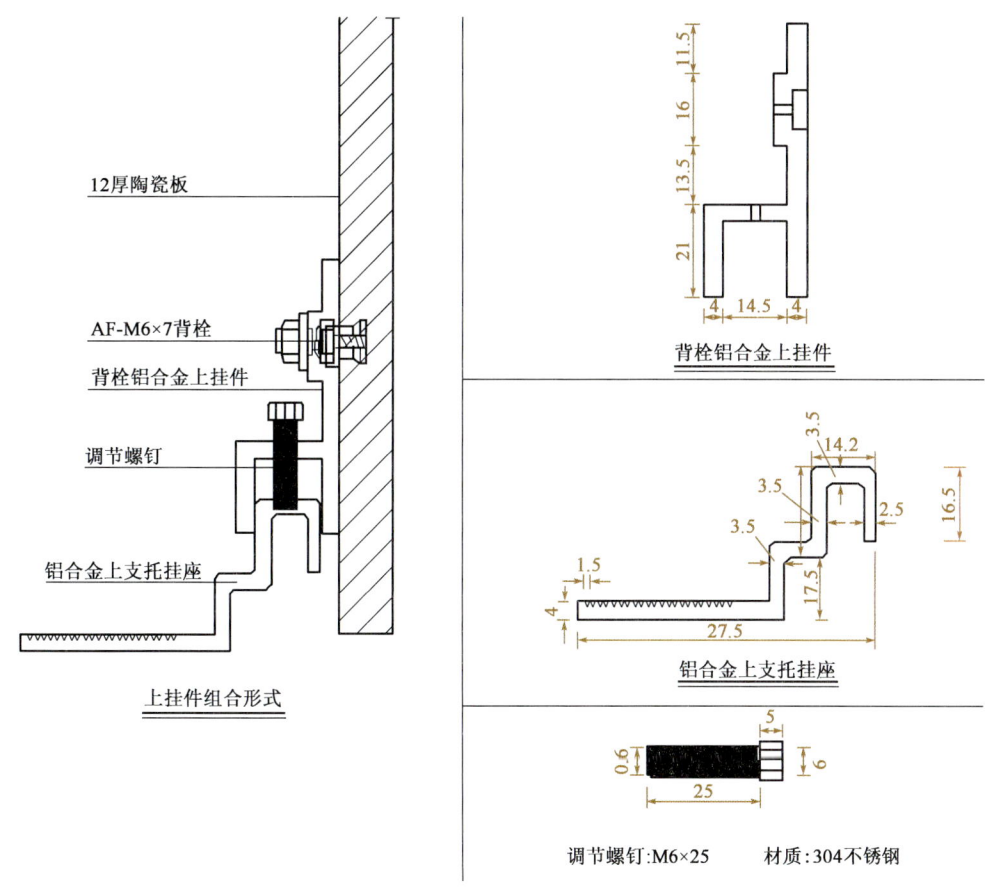

图 7-7-13　铝合金上挂件组合形式节点图(尺寸单位:mm)

③石材面层安装

a. 室内装修干挂石材墙面禁止使用蝶形挂件,允许使用焊接 T 形挂件,推广使用背栓体系和 SE 挂件体系,如图 7-7-18 所示。

b. 干挂石材挂件处板的有效厚度小于25mm 时,必须采用背板措施,且在工厂加工,短槽 T 形挂件入槽深度不得小于12mm。节点图如图 7-7-19 所示。

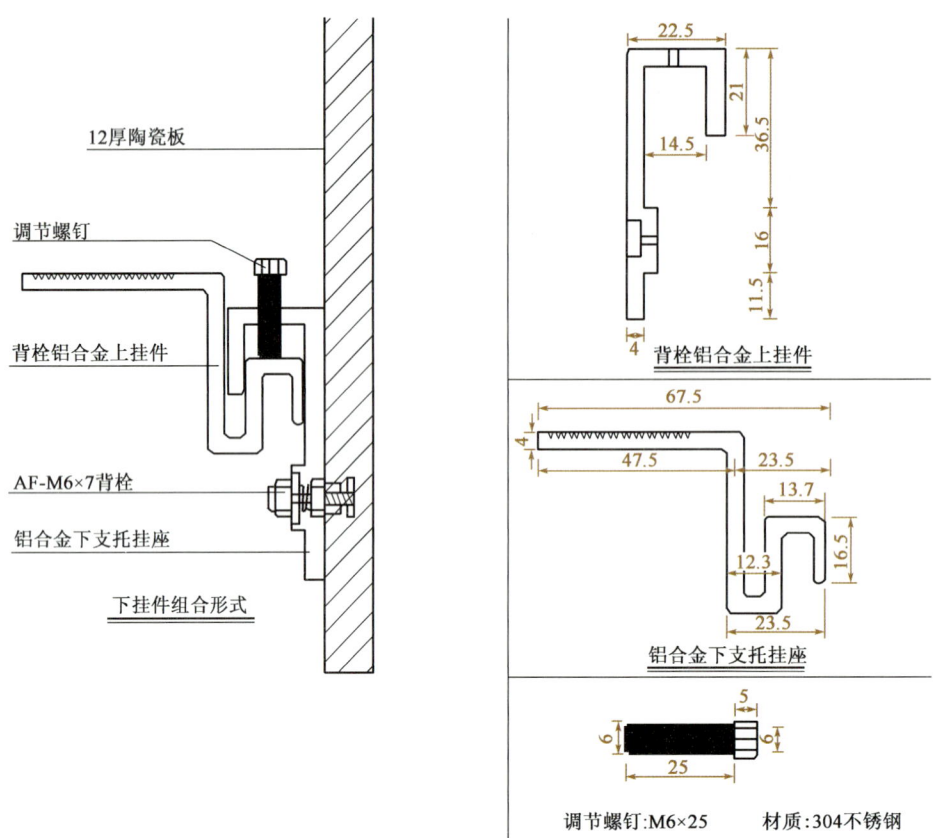

图 7-7-14　铝合金下挂件组合形式节点图(尺寸单位:mm)

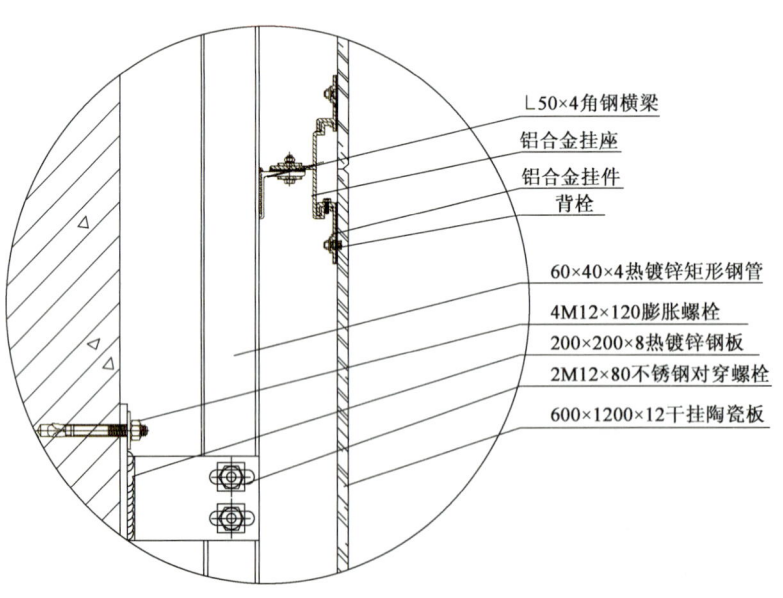

图 7-7-15　干挂陶瓷板竖剖节点图(尺寸单位:mm)

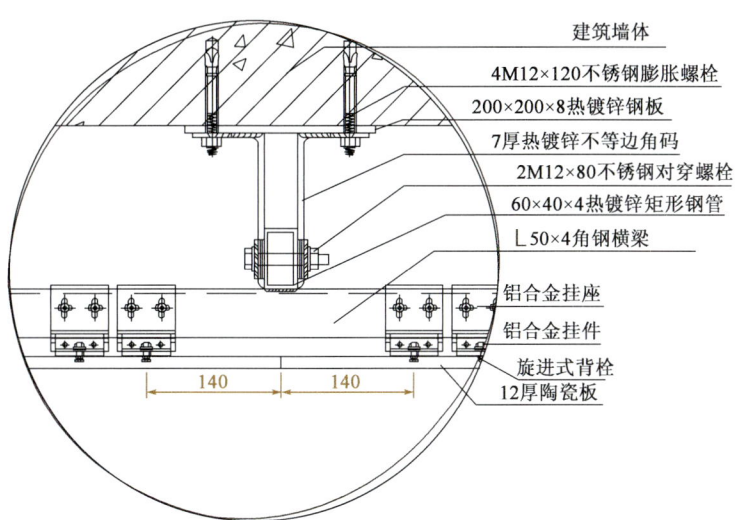

图 7-7-16　干挂陶瓷板横剖节点图(尺寸单位:mm)

图 7-7-17　干挂陶瓷板铝挂件安装成果图

禁止使用	允许使用	推广使用	推广使用
蝶形挂件	焊接T形挂件 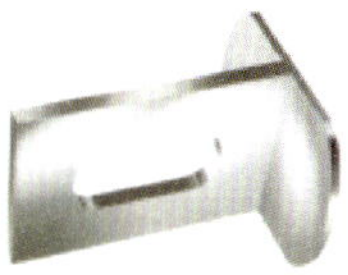	背栓挂件 	SE挂件 

图 7-7-18　挂件使用分类图

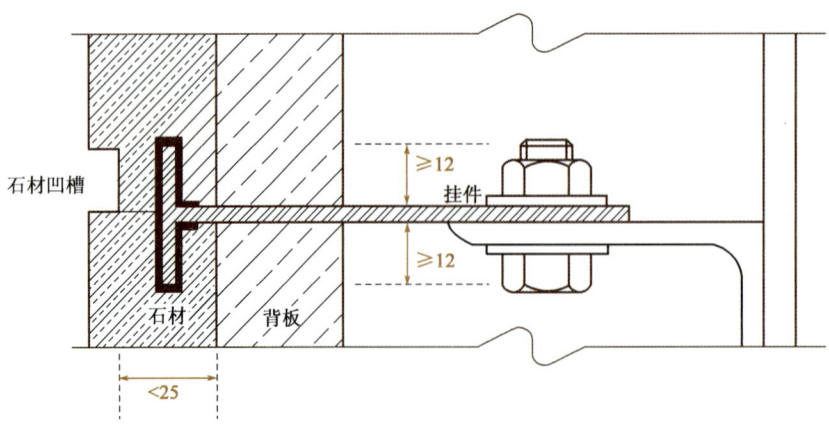

图 7-7-19　干挂石材挂件处板有效厚度小于 25mm 节点图(尺寸单位:mm)

c. 常用背栓规格尺寸为 M6～M8。背栓磨孔工艺采用专用设备磨削柱状孔→底切锥体位拓孔→清理石材孔。节点图如图 7-7-20、图 7-7-21 所示。

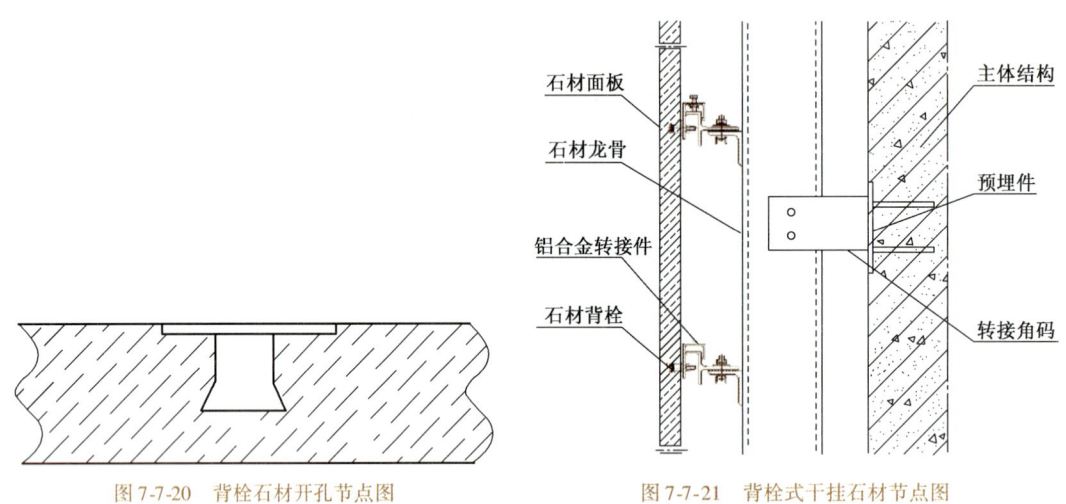

图 7-7-20　背栓石材开孔节点图　　　图 7-7-21　背栓式干挂石材节点图

④石材圆柱造型面板安装

地铁站内圆柱造型饰面较为常见,以下简要列举石材圆柱造型面板施工注意事项:

a. 石材圆柱圆弧板的加工分等弧切割法和等厚切割法两种。等弧切割法比等厚切割法节省材料和加工费,故为一般工程所普遍采用。

b. 花岗石圆弧板壁厚最小值应不小于 25mm。

c. 圆弧板的分块数量和尺寸应根据加工厂加工设备能力和设计选用石材荒料的尺寸,还应考虑单块石材的质量,要方便施工安装和搬运。一般直径 $D \leqslant 1200$mm 时,可分成 4 块;1200mm $< D \leqslant 1800$mm 时,可分成 6 块;$D > 1800$mm 时,可分成 8 块。

d. 圆弧板宜采用干挂法安装。金属干挂件厚度不应小于 5mm,并宜采用交叉式、T 形金属干挂件。

e. 在圆弧板上设计有凹槽或雕花时,圆弧板壁厚最小值应相应加大,且金属干挂件不宜布置在凹槽部位。

f. 如圆弧板为烧毛板时,最小壁厚比光面板厚 3mm。对有纹路的石材,设计人员应提供加工圆弧板的纹路方向。

节点图如图 7-7-22、图 7-7-23 所示。安装效果示例如图 7-7-24 所示。

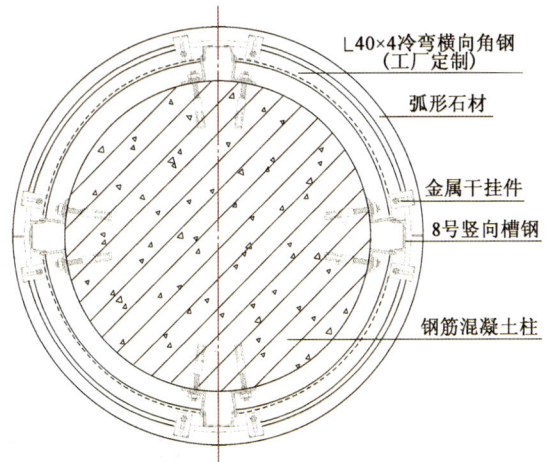

图 7-7-22　圆柱横剖节点图

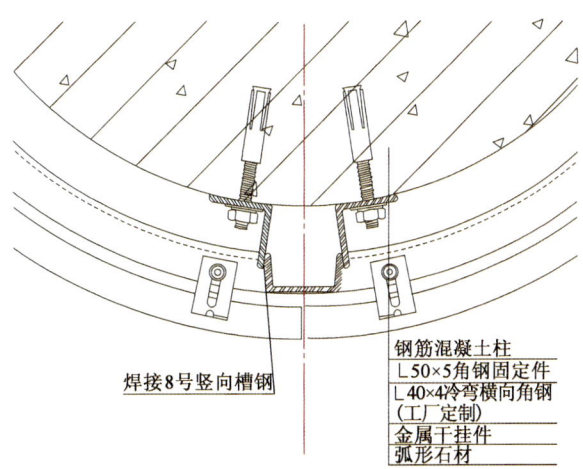

图 7-7-23　圆柱横剖节点局部放大图

图 7-7-24　石材圆柱

⑤铝板面层安装

地铁站内铝板墙、柱面装修工程一般采用2.5mm厚氟碳密拼缝铝单板。密拼缝铝单板工程主要部位包括站厅辅助用房、墙、柱面、檐口,楼梯侧面包铝板。

a. 铝板墙柱面施工前要核对铝板材料加工单,注意区别好标准板和异形板的堆放,按照编号排版施工。

b. 专用挂件安装加工,根据铝板折边开槽模数、专用配套铝板挂件模数在纵向龙骨上放好定位线,采用螺栓把专用挂件与纵向龙骨固定。立柱与专用挂件的连接示例如图 7-7-25 所示。

c. 镶挂密拼缝铝单板安装采用从下向上的顺序进行。

d. 调平:将安装好的铝板进行调平处理,保证安装的平整度和垂直度。铝板安装效果示例如图 7-7-26 所示。

图 7-7-25　立柱与专用挂件的连接

图 7-7-26　铝板安装效果

7.1.3　施工控制要点

(1)排版应整体考虑,多采用整块排布,避免小于1/3板块,非标准板块应排布在不明显区域;门窗洞口两侧应对称排布。

(2)人防门、广告灯(箱)、消火栓(箱)、配电箱、模块箱等区域的钢骨架应断开设置,洞口四周应增设附加龙骨,暗门钢龙骨应设置防震动、防滑移措施。

(3)末端设备孔洞应采取整板套割,尺寸准确,边缘整齐、平顺。

(4)地铁墙面末端设备较多,装饰暗门做法应满足规范要求,且保证装修美观。消火栓暗门的开启角度按照规范要求须不小于120°;施工前期需要考虑各种末端设备的规格及安装参数要求,据此定位墙面完成面及不同暗门的做法。例如干挂玻璃、干挂石材采用暗轴做法,可做成双扇或者单扇暗门;干挂陶瓷板采用合页,可做成双扇或者多扇暗门来满足墙面模数及规范要求。

(5)装饰暗门设置应与整面墙排版协调一致。

(6)放线时需注意有消防箱设置的单扇门,需将消防箱贴近拉手一侧分隔线位置定位;若双开门中无其他设备时可将消防箱放在里面。

石材消火栓门节点图如图 7-7-27~图 7-7-30 所示,安装效果示例如图 7-7-31~图 7-7-34 所示。

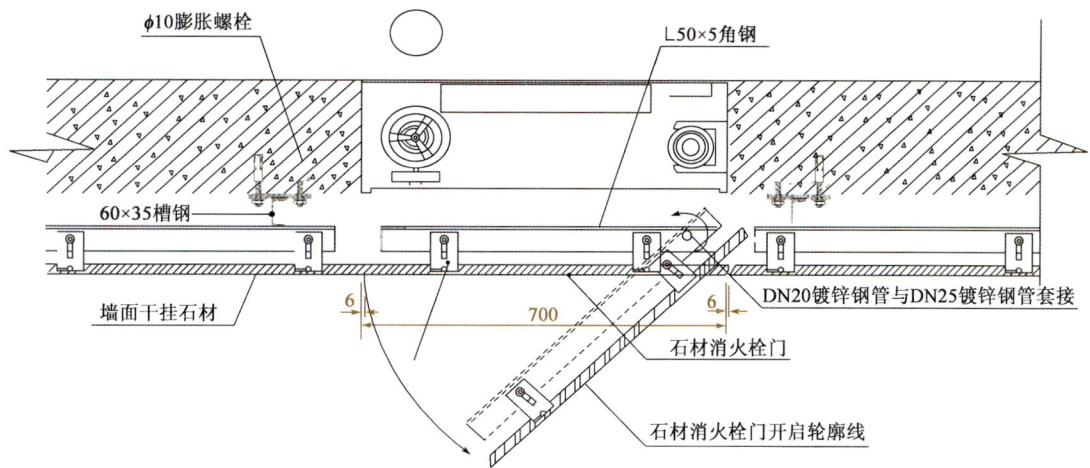

图 7-7-27　石材消火栓门横剖面图(尺寸单位：mm)

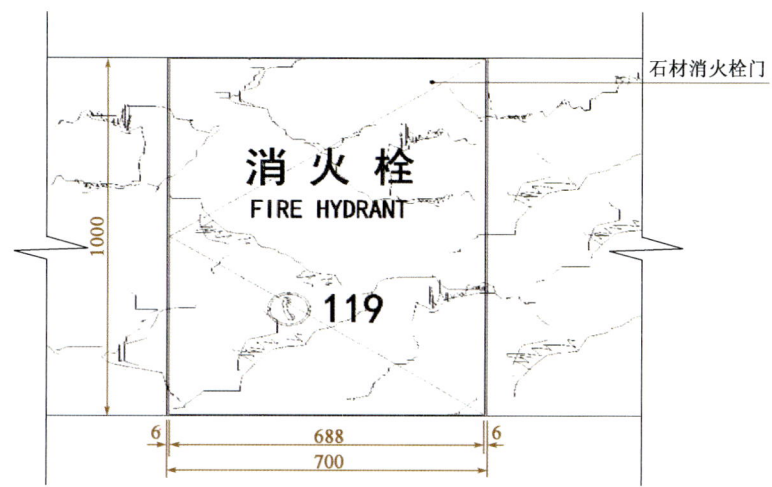

图 7-7-28　石材消火栓门正立面图(尺寸单位：mm)

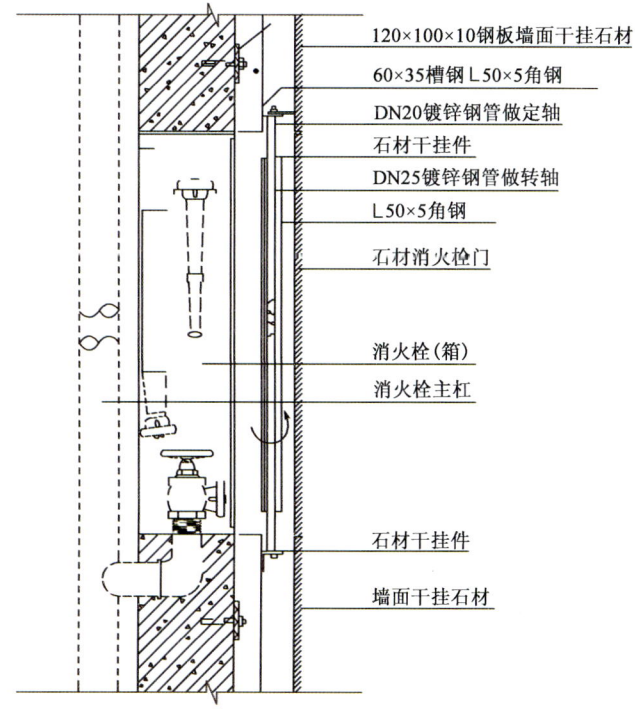

图 7-7-29　石材消火栓门剖面图

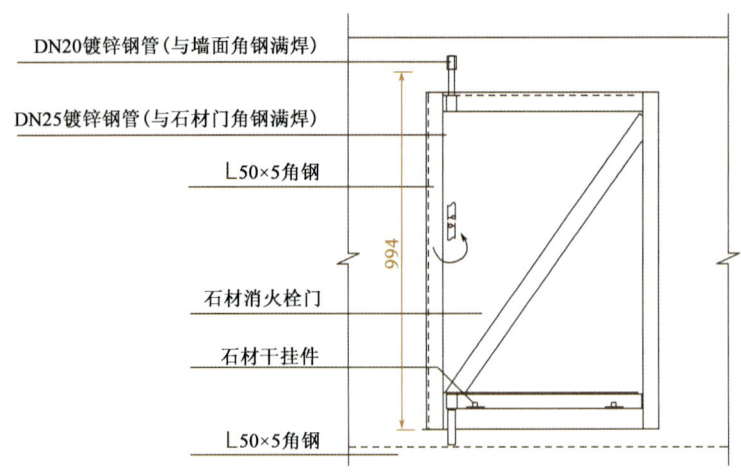

图 7-7-30　石材消火栓门背面立面图(尺寸单位:mm)

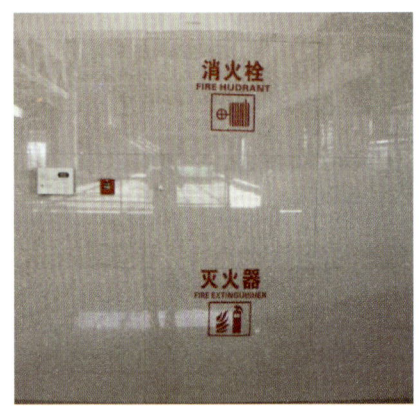

图 7-7-31　石材消火栓门正立面

图 7-7-32　石材消火栓门背面封包

图 7-7-33　双开玻璃暗门

图 7-7-34　双开陶瓷板暗门

（7）三角机房斜面收口板、立面及侧面需根据扶梯斜度、扶梯侧包板完成面来放线。施工安装控制须严格，避免出现后期三角机房侧面凸出扶梯面进深不一。

三角机房与扶梯侧面收口示例如图 7-7-35、图 7-7-36 所示。

图 7-7-35 三角机房与扶梯侧面打胶收口

图 7-7-36 三角机房与扶梯侧面不锈钢收口

（8）墙面面层板材阳角易磕碰、掉角且存在安全隐患，阳角的收口是处理的重点。收口的效果须满足美观、牢固的要求。

节点图如图 7-7-37～图 7-7-40 所示，安装效果示例如图 7-7-41、图 7-7-42 所示。

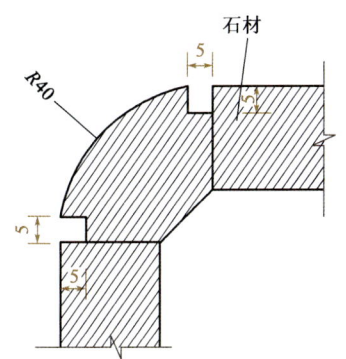
图 7-7-37 石材阳角圆角节点图（尺寸单位：mm）

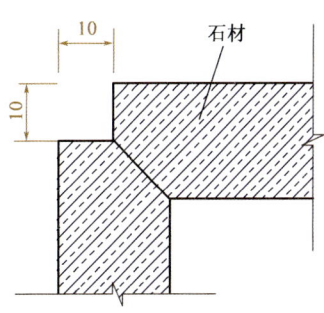
图 7-7-38 石材阳角倒直角节点图（尺寸单位：mm）

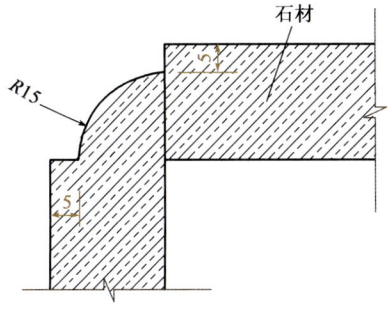
图 7-7-39 石材阳角海棠角节点图（尺寸单位：mm）

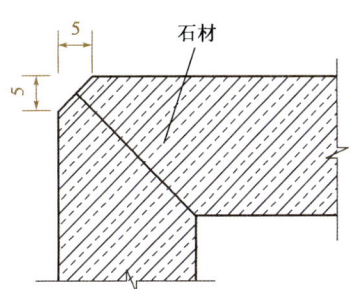
图 7-7-40 石材阳角切角节点图（尺寸单位：mm）

图 7-7-41　玻璃扇形铝合金阳角条　　　图 7-7-42　陶瓷砖不锈钢阳角条

7.1.4　施工验收

饰面板材工程质量检查标准为：

(1) 饰面板工程所用材料的品种、规格、性能等级，应符合国家现行产品标准和工程技术规范的规定以及设计要求。其中，石材的抗弯强度不应小于 8.0MPa，吸水率应小于 0.8%。石材的铝合金挂件厚度不应小于 4.0mm，不锈钢挂件厚度不应小于 3.0mm。

(2) 饰面板材孔、槽的数量、深度、位置、尺寸、造型、立面分格、颜色、光泽、花纹、图案、石材表面和板缝的处理应符合设计要求。

(3) 干挂饰面板材墙面主体结构上的预埋件和后置埋件的位置、数量及后置预埋件的拉拔力必须符合设计要求。

(4) 饰面板上用于安装的钻孔或开槽是板材受力的主要部位，加工时容易出现位置不正、数量不足、深度不够或孔槽壁太薄等质量问题，要求对饰面板上孔或槽的位置、数量、深度以及孔或槽的壁厚进行进场验收；如果是现场开孔或开槽，监理单位和施工单位应对其进行抽检，并做好施工记录。

(5) 饰面板材的金属框架立柱与主体结构预埋件的连接、立柱与横梁的连接、连接件与金属框架的连接、连接件与饰面面板的连接必须符合设计要求，安装必须牢固。金属框架的连接件和防腐处理应符合设计要求。

(6) 饰面板的防火、保温、防潮材料的设置应符合设计要求，填充应密实、均匀、厚度一致。

(7) 各种结构变形缝、墙角的连接节点应符合设计要求和技术标准的规定。

(8) 饰面板的板缝注胶应饱满、密实、连续、均匀、无气泡，板缝宽度和厚度应符合设计要求和技术标准的规定。

(9) 饰面板表面应平整、洁净，无污染、缺损和裂痕。颜色和花纹应协调一致，无明显色差，无明显修痕。

(10) 石材墙面的允许偏差及检验方法应符合表 7-7-1 的规定。

石材墙面的允许偏差及检验方法　　　表 7-7-1

项次	项　目	允许偏差(mm) 光面	检 验 方 法
1	立面垂直度	2	用 2m 垂直检测尺检查
2	表面平整度	2	用 2m 靠尺、塞尺检查

续上表

项次	项　目	允许偏差(mm) 光面	检 验 方 法
3	阴阳角方正	2	用200mm直角检测尺检查
4	接缝直线度	2	拉5m线,不足5m拉通线,钢直尺检查
5	勒脚上口直线度	2	拉5m线,不足5m拉通线,钢直尺检查
6	接缝高低差	1	用钢直尺、塞尺检查
7	接缝宽度差	1	用钢直尺检查

注:本表选自《建筑装饰装修工程质量验收标准》(GB 50210—2018)表10.1.9。

(11)陶瓷板墙面的允许偏差及检验方法应符合表7-7-2的规定。

陶瓷板墙面的允许偏差及检验方法　　　　表 7-7-2

项次	项　目	允许偏差(mm) 光面	检 验 方 法
1	立面垂直度	2	用2m垂直检测尺检查
2	表面平整度	1.5	用2m靠尺、塞尺检查
3	阴阳角方正	2	用200mm直角检测尺检查
4	接缝直线度	2	拉5m线,不足5m拉通线,钢直尺检查
5	勒脚上口直线度	2	拉5m线,不足5m拉通线,钢直尺检查
6	接缝高低差	0.5	用钢直尺、塞尺检查
7	接缝宽度差	1	用钢直尺检查

注:本表选自《建筑装饰装修工程质量验收标准》(GB 50210—2018)表10.2.7。

(12)金属板墙面的允许偏差及检验方法应符合表7-7-3的规定。

金属板墙面的允许偏差及检验方法　　　　表 7-7-3

项次	项　目	允许偏差(mm) 光面	检 验 方 法
1	立面垂直度	2	用2m垂直检测尺检查
2	表面平整度	3	用2m靠尺、塞尺检查
3	阴阳角方正	3	用200mm直角检测尺检查
4	接缝直线度	2	拉5m线,不足5m拉通线,钢直尺检查
5	勒脚上口直线度	2	拉5m线,不足5m拉通线,钢直尺检查
6	接缝高低差	1	用钢直尺、塞尺检查
7	接缝宽度差	1	用钢直尺检查

注:本表选自《建筑装饰装修工程质量验收标准》(GB 50210—2018)表10.4.7。

7.1.5 质量通病与防治措施

1)干挂陶瓷板

(1)质量通病

①基层挂件使用不当,直接用胶黏结,如图7-7-43所示,易造成安全隐患;

②背栓铝合金上挂件未卡入挂座槽内1/2,易造成脱落;

③调节螺栓未拧紧、未抵住挂座,受力点在相邻陶瓷板上,易造成板面绷边;

④板面不平整,接缝高低差,如图7-7-44所示。

图7-7-43 铝挂件用胶直接黏结

图7-7-44 板面不平整,缝隙大

（2）原因分析与防治措施

①陶瓷板背栓开孔位置错误或为保工期进度,直接采用胶黏固定。陶瓷板背栓钻孔及龙骨钻孔须准确定位,对于有位置偏差的需要重新打孔。

②陶瓷板背栓开孔高度与热镀锌角钢水平高度存在高低差。陶瓷板背栓钻孔及龙骨高度需准确量尺,对于位置偏差需要重新进行打孔。

③调节螺栓未抵住挂座表面。施工过程中应加强过程巡视,对新进施工人员进行详细技术交底。

④墙面施工时未布置通线、未使用红外线进行照对;面砖质量不好,规格尺寸偏差较大,施工中没有严格选砖,造成分格缝不均匀,墙面不平整。墙面施工时需要挂通线,并用红外线控制砖的位置,使用水平尺严格控制接缝处的高低差;面板使用前应进行剔选。凡外形歪斜、缺角掉棱、翘曲、龟裂和颜色不一致者,均应更换。

2）干挂石材

（1）质量通病

①石材存在色差,缺角;

②石材存在接缝高低差;

③石材加工偏差;

④焊缝防锈漆、银粉涂刷不匀、漏刷,涂刷遍数不够。

干挂石材施工质量通病示例如图7-7-45～图7-7-47所示。

图7-7-45 石材挂件未嵌入槽内,裸露外面

图7-7-46 石材崩边

图7-7-47 石材色差严重

(2)原因分析与防治措施

①施工前,未对石材进行严格挑选。应严格挑选石材,对存在色差、掉角、几何尺寸偏差大、平整度较差的石材予以更换。

②车站长期处于动荷载环境,石材连接件连接不牢靠,螺栓未拧紧,使用结构胶不合格。应严把材料质量关,确保材料符合设计要求。

③石材切割刀具精准度有偏差。选择信誉度较高的石材厂,抽检质量,对于刀具不合格的及时进行更换。

④加强交底及过程检查验收,焊缝验收后才能涂刷防锈漆,涂刷遍数应符合规范及设计要求。

更多质量通病与防治措施请参见第12篇表12-6-20。

3)干挂玻璃

(1)质量通病

①墙面玻璃存在色差;

②玻璃安装不平整,存在接缝高低差;

③铝合金型材拼角缝隙大;

④三角机房斜向立面及墙面预留明装设备定位不准确,造成釉面玻璃报废。

干挂玻璃施工质量通病示例如图7-7-48、图7-7-49所示。

图7-7-48 玻璃色差严重　　　　图7-7-49 玻璃接缝边框缝隙大

(2)原因分析与防治措施

①材料进场时验收不严。材料进场时应验收把控严格,对于有色差的玻璃,不得使用。

②玻璃安装完成后,未整体调平或调整不到位。玻璃安装完成后,应整体调平,保证玻璃安装的平整度和垂直度。

③钢化夹胶玻璃合片存在错台,铝合金型材拼角不严,导致拼角缝隙大。玻璃进场时应先进行验收,对于不合格的玻璃,不得使用。

④各专业施工顺序错误。三角机房斜向立面玻璃必须等电扶梯侧包板安装完成后再下单,墙面各专业设备应依线定位。

更多干挂饰面板的参考资料请见附件7-7-1。

7.2 干挂搪瓷钢板

搪瓷钢板是由优质钢板与特种功能无机非金属材料经新型静电干粉涂搪工艺涂搪及高温烧成,是使优质钢板与特种功能无机涂层两者间产生牢固的化学键结合而形成的复合材料。它既具有钢板等基材的坚韧、抗冲击等特性,又具有无机搪瓷层超强耐酸碱、耐久、耐磨、不燃、易洁、美观和无辐射等特点。搪瓷钢板以其特有的瓷玉质感、靓丽色彩、不燃烧、防潮、耐酸碱、模块化结构、装卸简便、安全性、经久耐用和维护成本低等优点,已成为地下空间内饰设计首选材料,是目前新型功能性搪瓷材料中发展最为成熟的部分,不仅完全适合地下空间物理环境恶劣和人流密集的特点,瓷玉质感、色彩靓丽的彩色搪瓷钢板和搪瓷钢板艺术画使地铁站点、城市隧道变得流光溢彩,充满时代和文化气息。地铁车站内搪瓷钢板主要适用于出入口通道墙面、站厅墙面、柱面等区域,均采用干挂安装方式。

7.2.1 作业准备

1)技术准备

(1)认真审阅施工图,墙面综合排布图经设计单位、建设单位及各施工单位确认完成。核实现场墙面板块分格、标高、墙面洞口及设备等大小及方位设置是否有交叉干扰。

(2)熟悉搪瓷钢板材料施工验收规范及技术标准。

(3)熟悉墙面各种末端设备暗门开启角度,满足规范要求。

(4)对施工人员进行技术交底,应强调技术措施、质量要求和成品保护,大面积施工前应先做样板,经建设单位、设计单位、监理单位鉴定合格后,方可组织班组施工。

2)材料准备

(1)进场材料需进行开箱验收,确保材料符合相关技术标准;

(2)基层含主、副龙骨及其铝合金挂件、螺栓等辅件;

(3)饰面材料相关复试报告准备完毕,并全部合格;

(4)搪瓷钢板瓷层外表面质量检测应符合表7-7-4的规定。

搪瓷钢板瓷层外表面质量检测 表7-7-4

缺陷名称	缺陷尺寸(直径 mm)	允许范围		检测方法
		主面(易见面)	侧面	
脱瓷	小于10	不允许	允许1处,需用相同颜色耐候涂料修补	采用目测(250lx正常照明无直射条件下,在约一臂长的距离观察10s以上)、手感和相应的测量器具进行检查
鱼鳞爆	—	不允许	不允许	
泡孔、砂眼	—	不允许	不允许	
粉点	2~3	每1m²内允许2点	每0.5m²内允许3点	
桔皮皱	—	不允许有明显现象		
凹凸点粒	大于3	不允许	每0.5m²内允许2点	
发沸	—	不允许	不明显	
露黑	—	不允许	不明显	
瘢	小于10	不明显允许1处	明显影响外观的不允许	
凹凸不平	—	不允许	不明显	
发花	—	不允许	不明显	
粉碰坏	大于2	不允许	每0.5m²内允许2点	
裂纹	—	不允许	不允许	按照现行《非接触食物搪瓷制品》(QB/T 1855)规定的方法
色差	—	$\Delta E \leqslant 1.5$		采用分光测色计进行检测,测色计的精度为0.01

(5)搪瓷钢板瓷层表面不得有明显压痕、印痕和凹凸等残迹。瓷层表面每平方米内的划伤、擦伤应符合表7-7-5的要求。

瓷层表面划伤和擦伤的允许范围　　　　　　表7-7-5

项　目	要　求	检测范围
划伤深度	不大于表面处理厚度	目测观察
划伤总长度(mm)	≤30	钢尺
擦伤总面积(mm^2)	≤300	钢尺
划伤、擦伤总数(处)	≤4	目测观察

3）作业条件

(1)离壁沟防水卷材已施工完成，卫生、垃圾已清理干净，闭水、排水试验验收合格；

(2)墙面末端管线及设备已完成隐蔽验收；

(3)饰面材料相关复试报告准备完毕，并全部合格。

4）人员组织

人员按单个班组配置为施工负责人1名、技术员1名、安全员1名、劳务作业木工2人、普工1人。

5）施工机具

施工机具按单个班组配置为电锤1把、专用扳手2把、切割机1台、台钻1台、钢卷尺2把、水准仪1台、红外线水平仪1台、护目镜1个、塞尺1个、锤子1把。

7.2.2　施工程序

1）工序流程

待准备工作完成、现场具备实施条件后，可以开始干挂搪瓷钢板施工，具体工艺流程如图7-7-50所示。

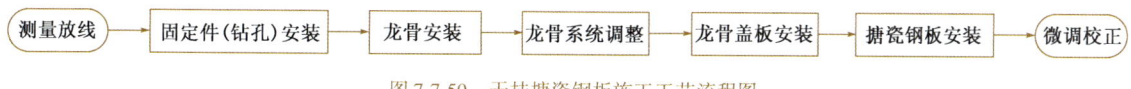

图7-7-50　干挂搪瓷钢板施工工艺流程图

2）施工工序

(1)测量放线

①现场根据角码的安装位置在墙表面上弹一条膨胀螺栓的打孔线，另外在墙面的中间位置放置一条水平线，标出墙上膨胀螺栓的孔线。该线的位置尽量错开桥架位置。

②墙面按照设计板块进行排列，其中遇有箱体设备的位置根据模数排版做一些调整。在放线时，将箱门位置用线弹在墙上，洞口以及紧急疏散通道处设置收口非标准板。

③测量现场预留的孔洞实际尺寸、位置，对现场的消火栓(箱)、连接通道等进行定位，绘制相应的孔洞分布图，并结合相关单位对各自箱体的实际尺寸、数量进行调整；在相应的位置预留门，并在相应的搪瓷钢板上开孔。

④根据测量放线结果校对、调整墙面分格图，并相应调整角钢固定件、龙骨位置。墙面分格结果大于规定的允许偏差时应征得设计人员的同意，适当调整装饰面分格，使其符合设计要求。必要时，需重

新测量放线。分格图调整确定后,应及时细化板材加工图,并通知板材加工厂及时定制加工。

(2)固定件(钻孔)安装

放样完毕后,在墙面上放置膨胀螺栓,分别在墙面上设置一道连接点,采用特制角钢连接,墙上固定点错开桥架的安装位置。钻膨胀螺栓安装孔,此孔应满足搪瓷钢板安装时固定件的调节要求。要结合现场实际的管道线路情况进行钻孔;钻孔用的钻头应与螺栓直径相匹配,钻孔应垂直。固定件安装的位置应调节适当,与墙面连接应牢固可靠,不得松动。

(3)龙骨安装

柱面装饰面采用平弧板拼装,考虑到整体装饰面的平整,龙骨的安装为三维可调,龙骨在上墙之前在龙骨相应的位置上安装相应的特制挂钩。

(4)龙骨系统调整、龙骨盖板安装

龙骨的背面安装好盖板的挂钩,同时在挂钩上安装减震橡皮,使得在板块安装之前调整好整个龙骨系统,保证板块不会左右移动,缩短了板块安装时间;安装龙骨时,需以整体面为调整基准,兼顾相邻龙骨,仔细调整并与固定件连接牢固,调整完毕后,板与龙骨的连接采用线接触。

(5)搪瓷钢板安装

柱面内上部涂料及以上管线、桥架安装完毕后,开始安装搪瓷钢板。将搪瓷钢板块悬挂于龙骨挂钩上,其连接应紧固可靠,板块安装自下而上。板块之间的拼缝宽度应整齐、均匀,符合设计要求,同时调整板块之间的平整度。同一墙面的搪瓷钢板色彩应一致。

搪瓷钢板节点图如图7-7-51~图7-7-54所示,安装效果示例如图7-7-55~图7-7-58所示。

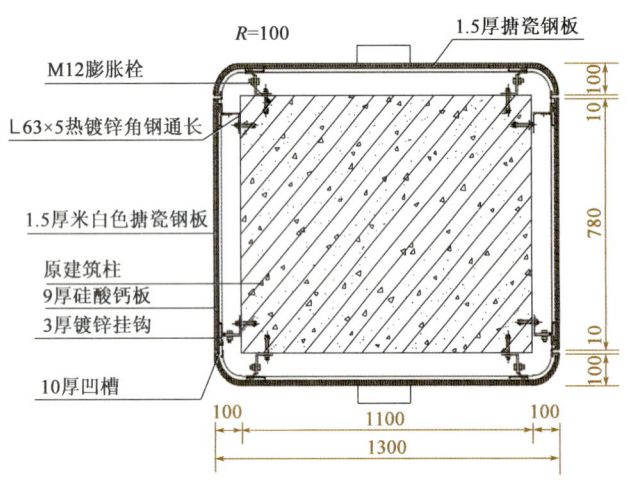

图7-7-51 搪瓷钢板柱面断面图(尺寸单位:mm)

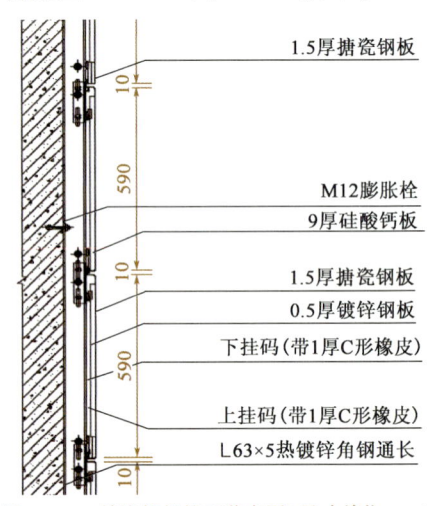

图7-7-52 搪瓷钢板柱面节点图(尺寸单位:mm)

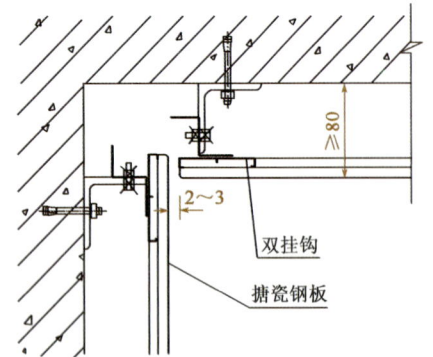

图7-7-53 搪瓷钢板墙面阴角收口节点(尺寸单位:mm)

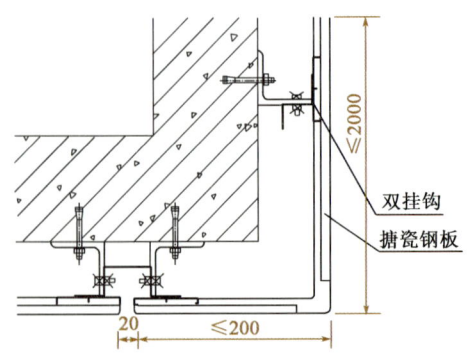

图7-7-54 搪瓷钢板墙面阳角收口节点(尺寸单位:mm)

图 7-7-55　搪瓷钢板挂钩安装　　　图 7-7-56　搪瓷钢板安装　　　图 7-7-57　搪瓷钢板通道

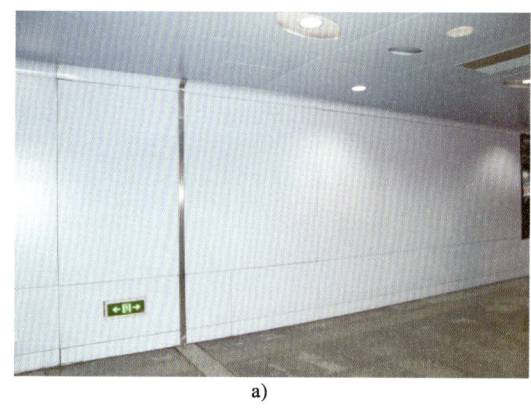 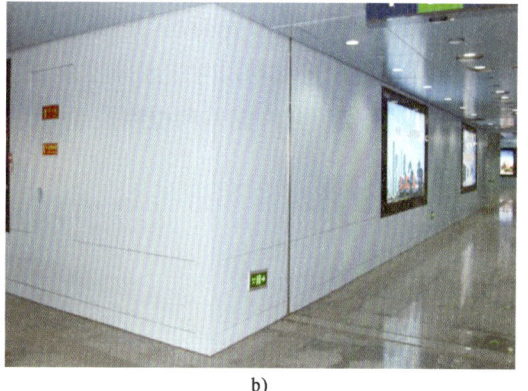

a)　　　　　　　　　　　　　　　　b)

图 7-7-58　搪瓷钢板墙面

7.2.3　施工控制要点

（1）放样分格线关系到搪瓷钢板的下单尺寸，以及现场预留的孔洞的处理，需重点把控；

（2）排版应整体考虑，多采用整块排布，尽量减少出现小于 1/3 板块，非标准板块应排布在不明显区域；门窗洞口两侧应对称排布；

（3）装饰暗门设置应与大面排版协调一致；

（4）龙骨安装的好坏关系到整个工程的平整度以及工期，须及时对该工序进行复核，以达到最准确的安装效果；

（5）搪瓷钢板禁止在现场开槽或钻孔，一切洞口均在现场实测后、搪瓷钢板出厂前预留，加工成半成品现场组合；

（6）人防门、广告灯箱、消火栓（箱）、配电箱、模块箱等区域的钢骨架应断开设置，洞口四周应增设附加龙骨，暗门钢龙骨应设置防震动、防滑移措施。

7.2.4　施工验收

（1）搪瓷钢板应符合现行《建筑装饰用搪瓷钢板》（JG/T 234）的要求，必须具备产品合格证、出厂检验报告、型式检验报告。

（2）搪瓷钢板的品种、规格、造型、性能符合设计要求。

(3)搪瓷钢板的厚度应符合设计要求,搪瓷钢板的背衬材料应符合现行《建筑构件耐火试验方法》(GB/T 9978)的相关要求。

(4)搪瓷钢板龙骨材料应符合现行《通用冷弯开口型钢》(GB/T 6723)的相关标准,龙骨制作与焊接应符合现行《钢结构焊接规范》(GB 50661)的有关标准,龙骨与主体结构的锚固件应牢固、位置准确。

(5)搪瓷钢板安装工程的钢龙骨、预埋件、连接件的数量、规格、连接方法、防腐处理应符合设计要求,安装牢固。

(6)搪瓷钢板安装过程中不得有尖锐的物件冲击、刻划,不得使用钝器撞击、敲打,或其他非常情况的破坏。

(7)搪瓷钢板整体表面应平整、洁净,不应有局部压砸、脱瓷、裂纹等缺陷;搪瓷钢板之间应横平竖直,造型符合设计要求。

(8)搪瓷钢板离缝间隙要保持均匀一致。

(9)末端设备孔洞进场前尺寸应预留准确,边缘整齐、平顺。

(10)搪瓷钢板安装允许偏差和检测按照表7-7-2的规定执行。

7.2.5 质量通病与防治措施

1)质量通病

(1)板面存在色差,表面掉漆;

(2)安装不紧密,留缝不均匀;

(3)饰面板挂件胶垫缺失,易造成饰面板不平;

(4)基层用同规格L形角码安装,易局部二次切割。

干挂搪瓷钢板施工质量通病示例如图7-7-59、图7-7-60所示。

图7-7-59 板面色差

图7-7-60 表面掉漆

2)原因分析与防治措施

(1)搪瓷钢板出厂时部分位置烤漆不均匀;现场安装时未及时做好成品保护,表面磕碰掉漆。需加强材料加工的质量控制,材料进场做好外观色差验收,材料存放、保管和安装过程中,要及时做好成品保护。

(2)面层与基层骨架未固定牢固,未进行调平,致使留缝不均匀。基层骨架安装要及时检查是否牢固,按照工序要求做好龙骨系统的整体垂直度、平整度的调整。面板安装完成后,及时对留缝大小进行调整。

(3)安装饰面板应保证挂件胶垫安装到位,防止饰面板晃动,造成相邻板面凹凸不平。

(4)施工前未对完成面距离结构面进深宽度做整体误差测量,按照统一长度⌞形角码下单加工及安装,易出现因现场结构误差大,造成⌞形角码二次切割的现象,影响施工质量。依据设计图纸,对完成面距离结构尺寸做整体测量放线,根据测量结果,分类确定不同的基层尺寸,分规格对⌞形角码进行下单。

更多干挂搪瓷钢板的参考资料请见附件7-7-2。

7.3 墙面砖

7.3.1 作业准备

1)技术准备

(1)认真审阅施工图,墙面综合点位排布图经设计单位、建设单位及各施工单位确认完成;

(2)熟悉饰面砖材料施工规范及技术标准;

(3)对施工人员进行技术交底,开展岗前技术培训。

2)材料准备

(1)准备好水泥、砂(中砂,含泥量不大于3%)、瓷砖配套专用黏结剂、墙面砖;

(2)施工前,应对进场的陶瓷墙砖全部开箱检查,不同色泽的砖要分别码放,按操作工艺要求分层、分段、分部位使用材料;

(3)应对陶瓷墙砖质量、规格型号、色泽进行挑选,应平整、边缘棱角整齐,不得缺损,表面不得有变色、起碱、污点、砂浆流痕和显著光泽受损处;

(4)饰面材料相关复试报告准备完毕,并全部合格。

3)作业条件

(1)墙面基层处理干净,清除瓷砖背面污迹;

(2)墙上四周已弹好1m线及墙体完成面控制线;

(3)卫生间墙面隐蔽线管穿线已做完,等电位施工到位;

(4)墙面防水层、防水保护层隐蔽工序已验收完成。

4)人员组织

人员按单个班组配置为施工负责人1名、技术员1名、安全员1名、瓦工1人、普工1人。

5)施工机具

施工机具按单个班组配置为瓷砖切割机1台、砂浆搅拌机1台、角磨机1台、钢卷尺1把、水平尺1把、方尺1把、橡皮锤1把、硬毛刷1把、灰槽1个、铁抹子1个、手推车1辆、铝合金靠尺1把、水桶2个、棉抹布2副、勾缝溜子1个、激光水准仪1台、墨斗1个。

7.3.2 施工程序

1）工序流程

待准备工作完成、现场具备实施条件后，可以开始墙面砖施工，具体工艺流程如图7-7-61所示。

图7-7-61 墙面砖施工工艺流程图

2）施工工序

（1）基层处理

将基层上的杂物清理掉，并去除砂浆落地灰，刷净浮浆层。如基层有油污时，应用10%火碱水刷净，并用清水及时将其上的碱液冲净，并用砂浆内掺界面剂1∶1进行刷毛处理。

不同墙体基层交接处的加强措施：钉菱形钢板网或镀锌铁丝网，搭接宽度不小于200mm。

（2）吊垂直、套方、找规矩、抹灰找平

按墙上已弹的基准线，分别在门口角、垛、墙面等处吊垂直、套方、找规矩、抹灰找平，墙面浇水湿润。

（3）刷结合层

釉面粘贴时，结合层可选用1∶2水泥砂浆粘贴，砂浆厚度宜为6~10mm。

（4）弹贴砖控制线

根据排砖图及墙面实际尺寸进行横竖向排砖，以保证面砖缝隙均匀，符合设计图纸要求，注意大墙面、通天柱和垛要排整砖，以及在同一墙面上的横竖排列，不得有小于1/3非整砖。非整砖应排在次要部位，如阴角处等，但亦要注意一致和对称。按照图纸要求进行贴砖，用水泥砂浆抹平的部位不得超额使用主材。如遇有凸出的卡件，如给水点、等电位盒等应用整砖套割吻合，不得用非整砖随意拼凑镶贴。

（5）背面清理、涂刷渗透结晶层

在粘贴玻化砖之前，先用硬毛刷刷洗干净玻化砖背面的白色污迹、粉末、浮灰，然后用干净的干抹布擦干净，如图7-7-62、图7-7-63所示；然后在玻化砖背面涂刷防渗剂，防渗剂应选用与玻化砖胶黏剂配套的材料，待蓝色渗透结晶完全晾干后，再进行下一道工序。

图7-7-62 硬毛刷清理

图7-7-63 抹布清理

结晶剂与结晶处理示例如图7-7-64、图7-7-65所示。

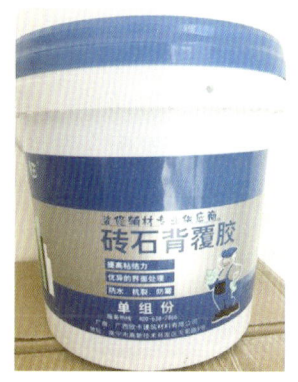 

图7-7-64 结晶剂　　　　　　图7-7-65 结晶处理

（6）贴砖

①先墙面，后地面；墙面由下往上分层粘贴，先粘墙面砖，后粘阴角及阳角，最后粘顶角。但在分层粘贴程序上，应用分层回旋式粘贴法，即每层墙面砖按上述施工程序重复安装。

②在玻化砖背面抹专用胶黏剂粘贴，贴上后用灰铲柄轻轻敲打，使之附线，再用钢片开刀调整竖缝，并用小杠通过标准点调整平面和垂直度，面砖之间的水平缝宽度用十字卡控制，保证墙砖横向对缝。墙砖铺贴高度以超过吊顶标高线10cm为宜，不必铺贴到顶。注意墙面、地面砖要对缝。

墙砖粘贴示例如图7-7-66所示。

 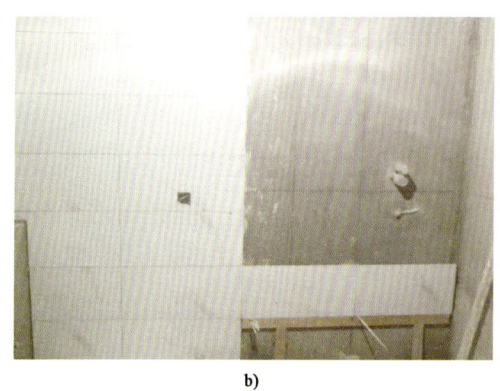

a)　　　　　　　　　　　　　　b)

图7-7-66 墙砖粘贴

（7）勾缝、擦缝

墙砖粘贴完成后，用专用勾缝剂勾缝，先勾水平缝再勾竖缝，勾好后要求凹进面砖外表面 $1\sim2\text{mm}$。勾缝剂颜色要求与墙砖颜色相同，先做样板经建设单位及监理单位验收通过后，方可大面积使用。勾缝完成后，用布或棉丝蘸稀盐酸擦洗干净。

7.3.3　施工控制要点

（1）按设计要求采用横平竖直通缝式粘贴或错缝粘贴。质量检查时，要检查缝宽、缝直等内容。

（2）施工前要认真按照图纸尺寸，核对结构施工的实际情况；应加强对基层打底工作的检查，合格后方可进行下道工序，分段分块弹线、排砖准确、贴灰饼控制点。

（3）严格按照排砖图排砖，现场尺寸有偏差时根据现场尺寸及排版原则进行预排版，确认后再进行施工；针对厂家加工的墙砖，要严格按照下料单的加工形式及部位进行贴砖。

（4）凸出物、线管穿过的部位应用整砖套割吻合，凸出墙面边缘的厚度应一致。如有水池、镜框等部位施工，则应从中心开始，向两边分贴。

（5）陶瓷墙砖的粘贴：选择配套的胶黏剂是能否粘牢的关键。胶黏剂可根据瓷砖的吸水率 E_i 选择，$E \geq 5\%$ 时，可选用水泥基胶黏剂；$0.2\% < E < 5\%$ 时，可选用膏状乳液胶黏剂；$E \leq 0.2\%$（如玻化砖）时，可选用反应型树脂胶黏剂。还有其他专用胶黏剂可根据瓷砖而选择，与厂家配合做墙面拉伸试验，而胶黏剂不必饱满无空鼓，只要粘贴牢固即可。施工中如发现有粘贴不密实的陶瓷墙砖，则应及时添加胶黏剂重贴，以免产生空鼓。

（6）为避免玻化砖时间长了脱落空鼓，墙面湿贴玻化砖禁止采用黏结砂浆直接粘贴工艺，推广采用机械增强粘贴技术或挂贴工艺。机械增强粘贴技术可采用浅缝铜丝增强法、背槽挂托增强法、锥孔或背栓孔铜丝增强法等方法。

浅缝铜丝增强法，如图 7-7-67 ~ 图 7-7-69 所示。

背槽挂托增强法，如图 7-7-70 ~ 图 7-7-72 所示。

锥孔铜丝增强法，如图 7-7-73 ~ 图 7-7-75 所示。

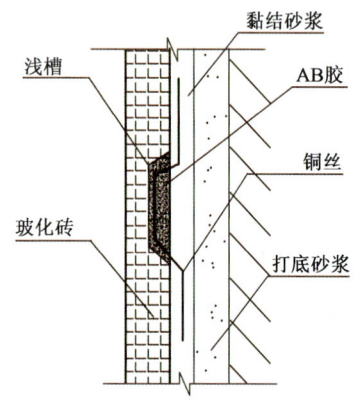

图 7-7-67　浅缝铜丝增强粘贴构造示意图

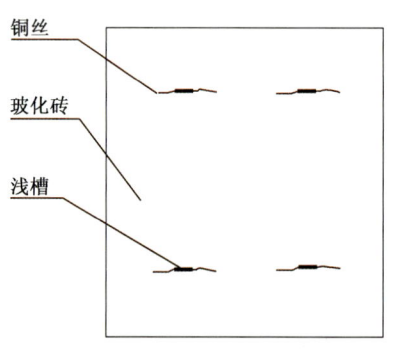

图 7-7-68　玻化砖浅缝铜丝加工示意图

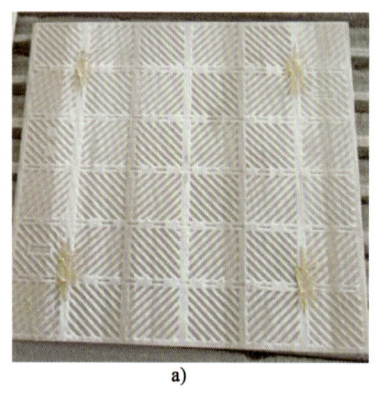
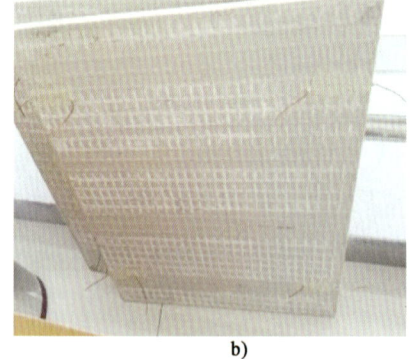

图 7-7-69　浅缝铜丝增强砖加工

7.3.4　施工验收

（1）饰面砖的品种、规格、图案颜色和性能应符合设计要求。

（2）饰面砖粘贴工程的找平、防水、黏结、勾缝材料及施工方法应符合设计要求及国家现行产品标准和工程技术标准的规定。

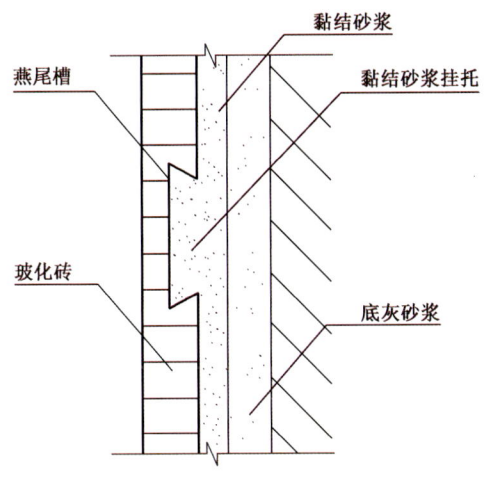

图 7-7-70　背槽挂托增强粘贴构造示意图

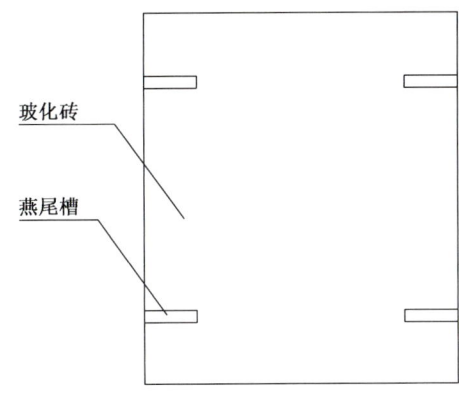

图 7-7-71　背槽挂托增强粘贴玻化砖加工示意图

图 7-7-72　背槽挂托增强砖加工

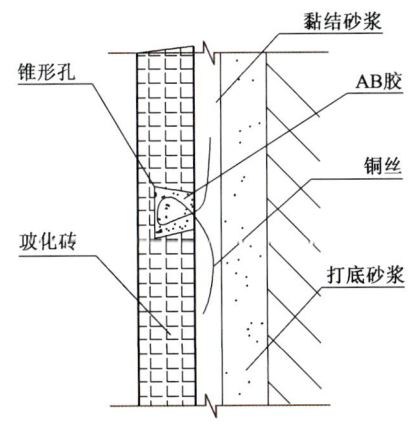

图 7-7-73　锥孔铜丝增强粘贴构造示意图

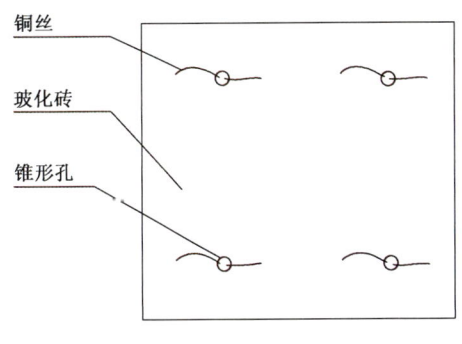

图 7-7-74　锥孔铜丝增强粘贴玻化砖加工示意图

（3）饰面砖粘贴必须牢固。

（4）满粘法施工的饰面砖工程应无空鼓、裂缝。

（5）饰面砖表面应平整、洁净、色泽一致，无裂痕和缺损。

（6）阴阳角处搭接方式、非整砖使用部位应符合设计要求。

（7）墙面凸出物周围的饰面砖应整砖套割吻合，边缘应整齐。墙裙、贴脸凸出墙面的厚度应一致。

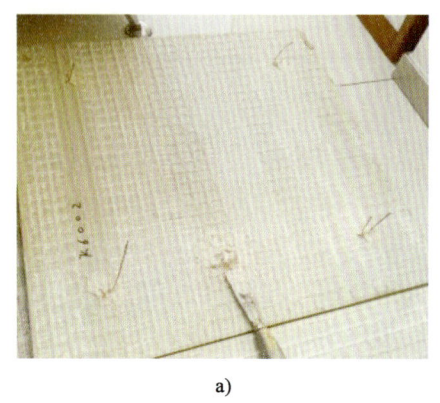 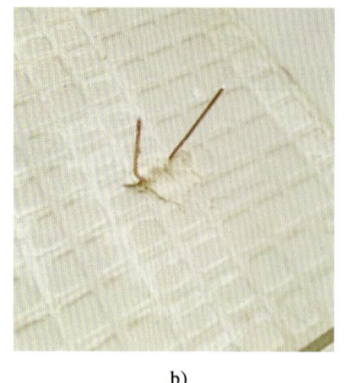 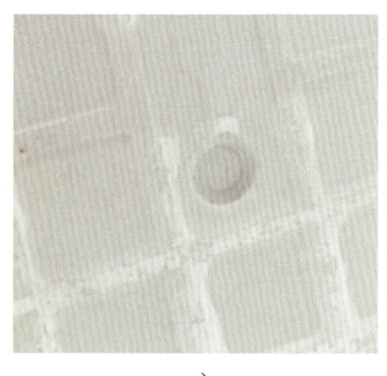

a) b) c)

图 7-7-75 锥孔铜丝增强粘贴玻化砖加工

(8)饰面砖接缝应平直、光滑,填嵌应连续、密实;宽度和深度应符合设计要求。

(9)有排水要求的部位滴水线(槽)应顺直,流水坡向应正确,坡度应符合设计要求。

(10)内墙饰面砖粘贴的允许偏差及检验方法应符合表 7-7-6 的规定。

内墙饰面砖粘贴的允许偏差及检验方法　　　　表 7-7-6

项次	项 目	允许偏差(mm) 内墙面砖	检 验 方 法
1	立面垂直度	2	用 2m 垂直检测尺检查
2	表面平整度	3	用 2m 垂直检测尺检查
3	阴阳角方正	3	用直角检测尺检查
4	接缝直线度	2	拉 5m 线,不足 5m 拉通线,用钢直尺检查
5	接缝高低差	2	用钢直尺和塞尺检查
6	接缝宽度	1	用钢直尺检查

注:本表选自《建筑装饰装修工程质量验收标准》(GB 50210—2018)表 11.1.8。

7.3.5 质量通病与防治措施

1)质量通病

(1)玻化砖空鼓、脱落;

(2)墙面不平整,砖缝不匀;

(3)阴阳角不方正;

(4)墙面污染。

墙面砖施工质量通病示例如图 7-7-76 所示。

2)原因分析与防治措施

(1)对施工人员的教育培训不足,应进行实际操作考核,确保施工人员熟悉施工工艺。砖背面附着的污迹未清理到位,粘贴前,应采用硬毛刷和抹布对玻化砖背面清理;墙体浇水湿润不均匀,粘贴前,墙面应湿润均匀,不应有被漏掉的部分。玻化砖和黏结剂物理性能相差过大,温差应力过大,应在玻化砖背面刷渗透结晶防水涂料,待防水涂料晾干后进行下一道工序。

(2)施工基层处理不认真,抹灰控制点少,造成墙面不平整;弹线、选砖、排砖不细,面砖的规格不一致,操作不当造成砖缝不匀。在墙面砖粘贴前,需对基层平整度进行检查,及时整改墙面,确保平整。同时加强材料进场规格尺寸的验收控制。施工时,采用定尺卡对缝隙进行控制。

 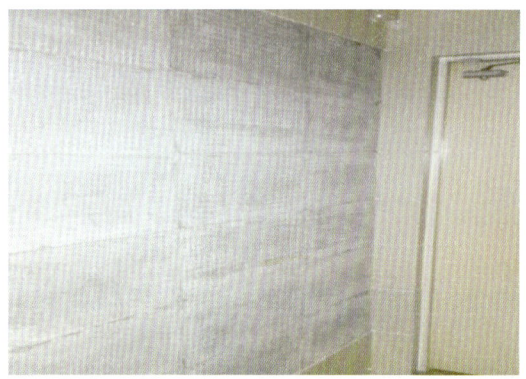

图 7-7-76　玻化砖空鼓脱落现象

(3)不按规矩去吊直、套方找规矩。

(4)勾缝完成后勾缝剂未及时擦净。用棉签蘸清洁剂刷洗,控制浓度,用清水冲净。

有关墙面砖的更多资料请见附件 7-7-3。

本章附件

附件 7-7-1　干挂饰面板
附件 7-7-2　干挂搪瓷钢板
附件 7-7-3　墙面砖

第 8 章 地面工程

地面工程属于建筑工程装修的范畴,其所涵盖的分项工程和材料种类众多,地铁车站装修的地面工程中,常用的面层材料有石材、陶瓷砖、预制水磨石、防静电地板、塑胶地板等。地铁车站在站后工程进场后,首先须考虑公共区与设备区垫层浇筑,垫层浇筑前地面基层管线需全部隐检完成。垫层浇筑完毕后,对面层一般进行分区施工。

本章主要介绍地铁装修地面分部工程中经常涉及的细石混凝土地面垫层施工以及地面面层中一般采用的公共区域石材地面、预制水磨石、陶瓷砖地面等,部分设备用房采用的防静电地板地面、防静电地砖、站台门前设置的警示带、出入口通道设置铝合金防滑垫施工。车辆段、检修库、停车库等房间地面多采用环氧树脂自流平。

8.1 细石混凝土地面垫层

8.1.1 作业准备

1)技术准备

(1)熟悉施工现场,实测地坪结构标高、洞口大小、设备基础及水沟位置和大小,计算工程量,根据设计要求确定施工配合比,并与设计图认真比对,发现问题与设计单位沟通,协调解决;

(2)熟悉细石混凝土垫层施工的验收规范及技术标准;

(3)对施工人员进行技术交底。

2)材料准备

(1)选用符合设计要求的商品混凝土;

(2)材料相关复试报告准备完毕,并全部合格。

3)作业条件

(1)作业面内场地垃圾清理干净,地面埋设线管及设备基础基座等已安装,基层结构及其他有关作业内容的隐蔽验收手续办理完成。将黏结在混凝土基层上的浮尘、松动混凝土、砂浆等用錾子剔除,用钢丝刷刷掉水泥浆皮,然后用扫帚扫净。

(2)AFC 专业的线槽已安装完毕,如未安装可依据施工图在地面画出 AFC 线槽位置;动力与照明系统线管配置完成,且其接线盒已做保护;站内栏杆基础已预埋完成。示例如图 7-8-1～图 7-8-4 所示。

图 7-8-1 AFC 线槽位置

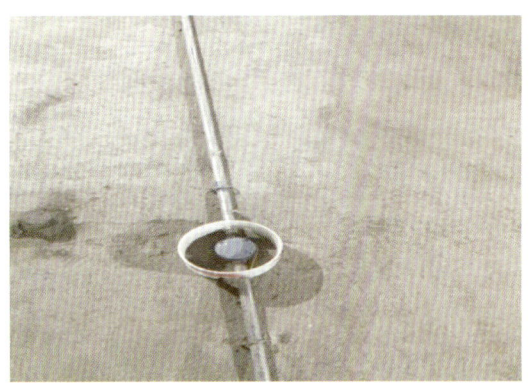

图 7-8-2 动力与照明系统地面配管已完成

图 7-8-3 垫层施工前需对动力与照明系统接线盒进行保护

图 7-8-4 分区栏杆预埋件在垫层施工前完成

4）人员组织

人员按班组配置为施工负责人 1 名、技术员 1 名、安全员 1 名、瓦工 2 人、普工 5 人。

5）施工机具

施工机具按班组配置为混凝土平板振动器(或振动棒)1 个、铁铲 1 把、手推车 5 辆、铁抹子 2 把、2m 长木刮杠 2 把、水准仪 1 台、靠尺 1 把、塞尺 1 个。

8.1.2 施工程序

1）工艺流程

待准备工作完成、现场具备实施条件,AFC 专业的线槽安装完毕,动力与照明系统线管槽安装完成,可以开始细石混凝土垫层施工,具体工艺流程如图 7-8-5 所示。

图 7-8-5 细石混凝土垫层施工工艺流程图

2）施工工艺

（1）测量放线

根据设计标高在墙面弹出距离地面装修完成面+1m的标高控制线，在地面弹出设备基础的完成位置线、水沟位置线和洞口完成位置线等。

（2）支模、打灰饼

在地面四周做灰饼，然后拉线打中间灰饼，灰饼间距约1.5m。在有地漏和坡度要求的地面，按设计要求做泛水和坡度。对于面积较大的地面，必须用水准仪确定站内地面中间的所有灰饼顶面高度。

（3）刷水泥浆

先将混凝土楼地面上洒水充分湿润，再撒干水泥，用扫帚均匀涂刷，随刷随做面层，但一次涂刷面积不宜过大。或在地面均匀涂刷水灰比为0.4~0.5的素水泥浆。

（4）铺细石混凝土

铺混凝土前，应设置分格缝，横、纵向分格缝间距不得大于6m。用手推车或混凝土输送泵将细石混凝土运到指定位置，均匀铺满细石混凝土，并比灰饼顶面略高；用振动器振捣密实，用2m木靠尺以冲筋为准刮平，并对低凹处填补细石混凝土，并用木抹子搓压、拍实；待表面水分稍干后（禁止用干水泥粉砂水催干），用木抹子打磨，要求把砂眼、凹坑、脚印打磨掉。施工人员在操作半径内打磨完后，再用铁抹子抹光。以上工序，施工人员向后退着操作，并在细石混凝土地面初凝前完成。

（5）抹平

在细石混凝土地面初凝前人站在上面有脚印但不下陷，即可用铁抹子压抹第一遍，要求不漏压，做到压实、压光；凹坑、砂眼和脚印都要填补压平。第二遍在细石混凝土地面终凝前，此时人踩上去有细微脚印，当试抹无抹纹时，即可用铁抹子抹压第二遍，压时用劲稍大一些，把第一遍压光时留下的抹痕和细孔等抹平，封闭表面孔隙，达到压平、压实。

（6）养护

细石混凝土地面压抹完毕后，要适时（夏季宜在24h、冬季在48h后）在表面覆盖或洒水湿润养护，养护期间不得上人或使用。

8.1.3 施工控制要点

（1）严格控制细石混凝土配合比，浇筑时要振捣密实。

（2）垫层浇筑前离壁沟挡水槛已施工完成。

（3）地面埋设线管及设备基础基座等已就位，如AFC线槽、动力与照明线管安装完成，站内栏杆基础已预埋，线盒已做保护。

（4）基层结构及其他有关作业内容的隐蔽验收完成。

（5）混凝土应振捣密实；应设置分格缝，横、纵向分格缝间距不得大于6m。

（6）养护时间不少于7d，强度等级达到1.25MPa以上，方能进行其他工序施工。

8.1.4 施工验收

1）主控项目

（1）细石混凝土面层的材质、强度（配合比）和密实度必须符合设计要求和施工规范规定。

检验方法:检查检测报告和施工记录。

(2)面层与基层的结合必须牢固,无空鼓。

检验方法:用检测锤敲击检查。

2)一般项目

(1)细石混凝土表面密实光洁,无裂纹、脱皮、麻面和起砂等现象。

检验方法:观察。

(2)有地漏和带有坡度的面层,坡度应符合设计要求;不倒泛水,无渗漏,无积水;地漏与管道口结合处应严密平顺。

检验方法:观察。

(3)有镶边面层的邻接处的镶边用料、尺寸符合设计要求和施工规范的规定。

检验方法:观察。

(4)细石混凝土面层允许偏差及检验方法应符合表7-8-1的规定。

细石混凝土面层的允许偏差　　　　　　　　表7-8-1

序号	项　　目	允许偏差(mm)	检 验 方 法
1	表面平整度	5.0	用2m靠尺和楔形尺检查
2	缝格顺直度	3.0	拉5m线和用钢尺检查
3	踢脚线上口平直度	4.0	拉5m线和用钢尺检查

注:本表选自《建筑地面工程施工质量验收规范》(GB 50209—2010)表5.1.7。

8.1.5　质量通病与防治措施

1)质量通病

(1)混凝土粗糙不密实、空鼓、整体松散;

(2)表面不平整、标高不准确;

(3)不规则裂缝;

(4)混凝土垫层强度低。

细石混凝土地面垫层施工质量通病示例如图7-8-6、图7-8-7所示。

图7-8-6　混凝土表面不密实、整体松散

图7-8-7　混凝土表面捣鼓、均匀密实

2）原因分析与防治措施

(1)混凝土不密实:施工前未将基层上的杂物、浮浆清理干净,基层干燥未洒水润透;砂石级配不良,孔隙率大,配合比砂率过小;漏振和振捣不密实。施工前,应及时清理地面,对基层洒水湿润,同时严格按照混凝土配合比搅拌施工。混凝土浇筑过程中,及时进行振捣,确保振捣密实,不留死角。

(2)表面不平,标高不准:操作时未认真找平。摊铺混凝土时应根据所拉水平线掌握混凝土的铺设厚度,振捣后应再次拉水平线检查平整度,去高填低后,用刮杠以标高灰饼为标准进行刮平。

(3)不规则裂缝:垫层面积过大、未分段进行浇筑或伸缩缝设置距离过大,导致裂缝。按照设计及规范间距要求,并结合现场实际作业环境,可对混凝土进行分段浇筑,并及时设置伸缩缝。

(4)混凝土强度低:施工操作全过程时间过长,滚压或拍压不实(尤其是靠墙根边部)等原因,都会造成混凝土强度低。施工时应加强垫层浇筑过程中的检查工作,铺平、振捣、压实、滚压等都应认真操作。

8.2 预制水磨石地面

水磨石(也称为磨石)是将碎石、玻璃、石英石等骨料拌入水泥黏结料制成混凝土制品后经表面研磨、抛光的制品。以水泥黏结料制成的水磨石叫作无机磨石,用环氧黏结料制成的水磨石又叫作环氧磨石或有机磨石,水磨石按施工制作工艺又分为现场浇筑水磨石和预制板材水磨石地面。地铁工程装修施工中,预制水磨石一般用于机房、设备区地面装饰。

8.2.1 作业准备

1）技术准备

(1)阅读、审核施工图纸,澄清有关技术问题,熟悉规范和技术标准,制订施工安全保证措施,提出应急预案;

(2)对施工人员进行技术交底,开展岗前技术培训,考核合格后持证上岗;

(3)熟悉预制水磨石施工的验收规范及技术标准。

2）材料准备

(1)水泥:用32.5MPa以上的普通硅酸盐水泥或矿渣硅酸盐水泥,要求新鲜、无结块。

(2)砂:中砂,含砂率不大于3%,符合现行《普通混凝土用砂、石质量及检验方法标准》(JGJ 52)的规定。

(3)材料相关复试完毕,并全部合格。

(4)预制水磨石外观色质效果要求:

①表面要求石子均匀,颜色一致,无旋纹,不允许有裂缝、返浆、杂质、色差、划痕、杂石、气孔、边角缺损;图案偏差不大于3mm,越线距离不大于3mm,应有出厂合格证书,每块板上有合格标记。

②铺设前先检查预制水磨石板的颜色、规格尺寸是否符合设计要求,并进行挑选,将有裂纹、掉角、窜角、翘曲等缺陷的板块排出,不得使用。

③地面预制水磨石厚度宜为25mm。

④预制水磨石精度的技术控制:用游标卡尺或能满足测量精度要求的器具测量板材的长度、宽度和厚度。长度、宽度分别在板材的三个部位测量,厚度测量四条边的中点部位。分别用偏差的最大值和最

小值表示长度、宽度、厚度的尺寸偏差。测量值精确至0.1mm。

水磨石(规格尺寸为600mm×600mm×25mm)主要技术要求见表7-8-2。

水磨石主要技术要求 表7-8-2

序号	检测项目		单位	检测依据	标注值
1	外观质量		—	现行《建筑装饰用水磨石》(JC/T 507)	表面要求石子均匀、颜色一致、无旋纹、不允许有裂缝、返浆、杂质、色差、划痕、杂石、气孔、边角缺损;图案偏差不大于3mm,越线距离不大于3mm,应有出厂合格证书,每块板上有合格标记
2	尺寸偏差	长度	mm	现行《建筑装饰用水磨石》(JC/T 507)	+0,-1
		宽度	mm		+0,-1
		厚度	mm		+1,-2
		平整度	mm		≤0.8
		角度	mm		≤0.8
3	出石率		%		≥55
4	抗折强度	平均值	MPa		≥5.0
		最小值			≥4.0
5	光泽度		光泽单位		≥25
6	吸水率		%		≤8.0
7	放射性	内照射指数	—	现行《建筑材料放射性核素限量》(GB 6566)	A类I_{Ra}≤1.0,B类I_{Ra}≤1.3
		外照射指数			A类I_r≤1.3,B类I_r≤1.9,C类I_r≤2.8

(5)水磨石外观质量基本要求:

①要求水磨石板材的表面应平整、颜色一致、无旋纹、无气孔、棱角分明,不能有锯齿状口,表面应方正;

②同一区域板材的色调及花纹应调和并均匀一致;

③板材正面无污染、返锈、返碱、斑纹,无变形、翘曲、折裂、缺棱掉角等缺陷;

④所供板材的色调纹路必须保证与封样板材完全基本一致;

⑤不允许裂缝或水缝的存在;

⑥外观质量要求。

水磨石装饰面的外观缺陷技术要求见表7-8-3。

水磨石装饰面的外观缺陷技术要求 表7-8-3

缺陷名称	技术要求
裂缝	不允许
返浆、杂质	不允许
色差、划痕、杂石、气孔	不明显
边角缺损	不允许

3)作业条件

(1)室内墙顶抹灰完成,门框安装完成。

(2)墙面已弹好1m线。

(3)穿过楼面的管洞已堵严塞实。

(4) 预埋在地面中的电线管路均已铺设完,并做完隐蔽验收手续;地面垫层已做完,其强度达到 1.2MPa 以上。

(5) 铺设前先检查预制水磨石板的颜色、规格尺寸是否符合设计要求,并进行挑选,将有裂纹、掉角、窜角、翘曲等缺陷的板块排出,不得使用。

4) 人员组织

人员按单个班组配置为施工负责人 1 名、技术员 1 名、安全员 1 名、瓦工 1 人、普工 1 人。

5) 施工机具

施工机具按单个班组配置为砂浆搅拌机 1 台、磨石机 1 台、切割机 1 台、平铁锹 1 把、铁抹子 1 把、橡皮锤 1 个、水平尺 1 把、钢卷尺 1 把、手推胶轮车 1 辆、钢丝刷 2 把、錾子 2 把、红外线水平仪 1 台、手推车 1 辆。

8.2.2 施工程序

1) 工艺流程

待准备工作完成、现场具备施工条件后,可以开始预制板材水磨石地面施工,具体工艺流程如图 7-8-8 所示。

图 7-8-8 预制水磨石地面施工工艺流程图

2) 施工工艺

(1) 找标高、弹面层水平线

根据设计图纸要求的地面标高,从墙面上已弹好的 1m 线,找出板面标高,在四周墙面上弹好面层水平线。

(2) 基层处理

将黏结在基层上的砂浆(或洒落的混凝土)及浆皮砸掉刷净,并用扫帚将表面浮土清扫干净。如局部凸凹不平,应将凸处凿平,凹处用干拌砂浆补平。

(3) 预制水磨石板浸水

为确保砂浆找平层与预制水磨石板之间的黏结质量,在铺砌板块前,板块应用水浸湿,铺时达到表面无明水。

(4) 铺找平层

找平层应用 1∶3 干硬性水泥砂浆,这是保证地面平整度、密实度的一个重要技术措施(因为它具有水分少、强度高、密实度好、成型早以及凝结硬化过程中收缩率小等优点),因此拌制时要注意控制加水量;拌好的砂浆以用手捏成团,颠后即散为宜,随铺随拌,不得拌制过多。

(5) 水磨石铺贴

①根据地面排版图确定标准块位置,标准块作为整个房间的水平及经纬标准,铺砌时应用 90°角尺及水平尺细致校正。确定标准块后,即可根据已拉好的十字基准线进行铺砌。

②虚铺干硬性水泥砂浆结合层:检查已刷好的水泥浆无风干现象后,即可开始铺砂浆结合层(随铺

随砌,不得铺的面积过大),铺设厚度以 2.5~3cm 为宜,放上水磨石板时比地面标高线高出 3~4mm 为宜。先用刮杠刮平,再用铁抹子拍实抹平,然后进行预制水磨石板试铺,对好纵横缝,用橡皮锤敲击板中间,振实砂浆至铺设高度后,将试铺合适的预制水磨石板掀起移到一旁,检查砂浆上表面,如与水磨石板底相吻合后(如有空虚处,应用砂浆填补),满浇一层水灰比为 0.5 左右的素水泥浆,再铺预制水磨石板,铺时要四角同时落下,用橡皮锤轻敲,随时用水平尺或直板尺找平。

③标准块铺好后,应向两侧和后退方向顺序逐块铺砌,板块间的缝隙宽度如设计无要求时,不应大于 2mm,要拉通长线对缝的平直度进行控制,同时也要严格控制接缝高低差。安装好的预制水磨石板应整齐平稳横竖缝对齐。

④铺砌房间内预制水磨石板时,铺至四周墙边用非整板镶边时,应做到相互对称(定基准线在房间内拉十字线时,应根据水磨石板规格尺寸计算出镶边的宽度,且最小宽度不得低于标准尺寸的 1/3)。凡是有地漏的部位,应注意铺砌时板面的坡度,铺砌在地漏周围的水磨石块,套割、弧度要与地漏相吻合。

(6)填缝和养护

预制水磨石板铺砌 2 昼夜,经检查表面无断裂、空鼓后,用稀水泥浆(1∶1 = 水泥∶细砂)填缝,并随时将溢出的水泥浆擦干净,灌 2/3 高度后,再用与水磨石板同颜色的水泥浆灌严(注意所用水泥的强度)。养护时间不应小于 7d,且不能上人。

(7)贴(镶)踢脚板

①安装前先设专人挑选,厚度须一致,并将踢脚板用水浸湿晾干。

②阳角处相交的踢脚板,在安装前应将踢脚板一端割成 45°角。

③踢脚板用粘贴法施工,根据墙基结构形式确定踢脚板底灰厚度。墙基是混凝土或砖砌体时,在已抹好灰的墙面垂直吊线,确定踢脚板底灰厚度(同时要考虑踢脚板出墙厚度),用 1∶2 水泥砂浆抹底灰(基层为混凝土时应刷一层素水泥浆结合层,其水灰比为 0.4~0.5),并刮平划纹;待底子灰干硬后,将已湿润阴干的踢脚板背面抹上 2~3mm 厚水泥浆或聚合物水泥浆(掺 10% 的 107 胶)进行粘贴,并用木锤敲实,拉线找平找直,次日用水泥浆擦缝。

④贴(镶)踢脚板时,踢脚板立缝应与地面水磨石板缝对缝镶贴。

8.2.3 施工控制要点

(1)预制水磨石分缝宽度,如设计无规定,则以 2mm 为宜。

(2)板块铺装完成后 7d 内,应注意养护和成品保护,养护自铺贴完成 2~3h 后开始,用喷洒细水雾方式进行,不得直接浇水。

(3)面层铺设地面基层必须认真清理,并充分湿润,板背面应湿润;涂刷素水泥浆应涂刷均匀,不得时间过长;结合层砂浆必须用干硬性砂浆,铺抹应饱满,不得过薄;水灰比不能过大,以防止造成空鼓现象。

(4)面材预制板试铺时应严格挑选板材,使薄厚、宽窄一致;铺时应仔细调整,缝必须拉通长线加以控制,以避免出现接缝不平不直、缝隙不匀等缺陷。

(5)随铺贴,随擦拭水磨石表面砂浆,避免砂浆污染水磨石面层。

(6)采用专用勾缝剂或同色水泥砂浆勾缝。

(7)铺设时如由于板块本身不平或铺贴操作不当或铺贴后过早上人等原因,造成板块间高低缝过大,超过允许偏差时,应采取机磨的方法处理,并打蜡擦光。

(8)水磨石地面铺贴完毕,应进行覆盖保护。

8.2.4 施工验收

1)主控项目

(1)水磨石面层所用板块的品种、规格、颜色、质量应符合设计要求,且应符合现行《建筑装饰用水磨石》(JC/T 507)的规定。

检验方法:观察检查和检查材质合格证明文件及检测报告。

(2)面层与基层结合必须牢固,无空鼓。

检验方法:用小锤轻击检查。

注:凡单块板块料边角有局部空鼓,且每自然间(标准间)不超过总数的5%,可不计。

2)一般项目

(1)板块表面无裂纹、掉角、翘曲等明显缺陷。

检验方法:观察检查。

(2)板块面层平整洁净、图案清晰、色泽一致,光滑明亮,接缝均匀,周边顺直,镶嵌正确。

检验方法:观察检查。

(3)面层邻接处的镶边用料尺寸应符合设计要求,边角整齐、光滑。

检验方法:观察和钢尺检查。

(4)踢脚线表面清洁,接缝平整均匀,高度一致,结合牢固,出墙厚度一致。

检验方法:观察和用小锤轻击及钢尺检查。

(5)地面镶边用料及尺寸符合设计要求和施工规范的规定,边角整齐、光滑。

检验方法:观察检查。

(6)预制水磨石面层的允许偏差应符合表7-8-4的要求。

预制水磨石面层的允许偏差 表7-8-4

序号	项 目	允许偏差(mm)	检 验 方 法
1	表面平整度	3.0	用2m靠尺和楔形塞尺检查
2	缝格顺直度	3.0	拉5m线和用钢尺检查
3	接缝高低差	1.0	用钢尺和楔形塞尺检查
4	踢脚线上口平直度	4.0	拉5m线和用钢尺检查
5	板块间缝隙宽度	2.0	用钢尺检查

注:本表选自《建筑地面工程施工质量验收规范》(GB 50209—2010)表6.1.8。

8.2.5 质量通病与防治措施

1)质量通病

(1)表面有色差,板块尺寸不标准或缺棱掉角;

(2)排版不符合要求;

(3) 表面不平整;

(4) 板块有空鼓、成品保护不当致水磨石破损;

(5) 板缝宽窄不一致、接缝高低差超限。

预制水磨石地面施工质量通病示例如图 7-8-9 ~ 图 7-8-12 所示。

图 7-8-9　预制水磨石表面未经磨光

图 7-8-10　水磨石色差大

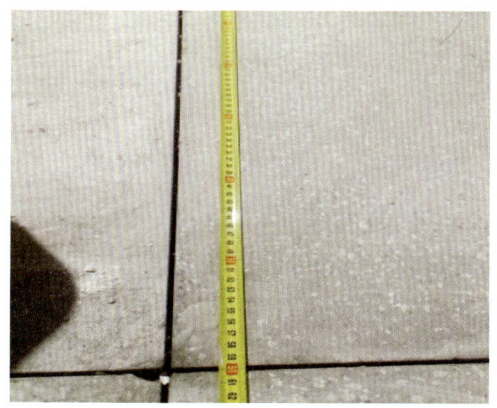

图 7-8-11　水磨石板缝大

图 7-8-12　水磨石表面有裂纹

2) 原因分析与防治措施

(1) 水磨石出厂前应先检查,板块颜色应均匀一致,板块大小尺寸满足要求,材料边角保护完整。

(2) 铺贴前,先根据房间净空尺寸,综合室内设备位置,确认排版方案,进行预排版,确保排版对称、美观,非标准版不能小于整版的 1/3。如果房间不是标准矩形,有多个方向需要顾及,则尽量考虑将非整版放在角落或小边,而将整版放在进门方向或大边。

(3) 板块铺贴不平整,基层平整度不满足要求。铺贴前应弹水平控制线,铺贴时应拉线控制。

(4) 铺找平砂浆前,地面应先提前浇水湿润,刷一道净水泥浆,随刷随铺找平砂浆;配制找平用的干硬性砂浆,应保证其配合比符合要求;铺找平砂浆应压实拍平。水磨石破损多为后期保护不当,有重物或尖锐物体与板材直接接触所致,空鼓和开裂的板材需更换重新铺贴。

(5) 板缝宽窄不一致:未按预先确认的排版方案进行铺贴,或无序铺贴,或铺贴时未拉线控制;接缝高低差,即施工时找平砂浆未铺平。为确保在同一水平位置,应拉线找出标高控制线,明确虚铺厚度,压实找平砂浆。

8.3 环氧树脂自流平地面

地坪涂料是指涂覆在地面形成连续涂膜的非木质地面用涂料,具有保护、装饰、洁净及其他特定功能,由成膜物质、颜填料、助剂、溶剂等组成。其中,成膜物质对涂料的性能起决定性作用。

环氧树脂类占据目前地面涂料市场的主导地位,为包含环氧树脂(色)漆组分和固化剂组分的双组分涂料,由环氧地坪涂料的底漆、环氧中涂层、面漆配套组合而成。环氧树脂自流平地面在轨道交通中主要用于车辆段、检修库、地下停车库、控制室等空间。

8.3.1 作业准备

1)技术准备

(1)阅读、审核施工图纸,澄清有关技术问题,熟悉规范和技术标准,制订施工安全保障措施;

(2)熟悉施工现场,实测地坪结构标高、设备基础位置和大小,并与设计图认真比对,发现问题及时向参建各方反映并及时澄清;

(3)熟悉环氧树脂自流平地面的验收规范及技术标准;

(4)对施工人员进行技术交底,开展岗前技术培训,考核合格后持证上岗。

2)材料准备

无溶剂型环氧树脂等材料性能应符合国家规范。

3)作业条件

(1)施工现场备有施工所需电源;

(2)现场土建标高控制线已标出,预埋管线已完成。

4)劳动组织

人员按单个班组配置为施工负责人1名、技术员1名、安全员1名、安装工2人。

5)施工机具

施工机具按单个班组配置为打磨机1台、喷涂机1台、滚筒1个。

8.3.2 施工程序

1)工艺流程

待准备工作完成、现场具备实施条件后,可以开始环氧树脂自流平地面施工,具体工艺流程如图7-8-13所示。

图7-8-13 环氧树脂自流平地面施工工艺流程图

2)施工工艺

(1)基层处理

基层找平压光表面应平整、光洁、干燥、不起灰,安装前清扫干净。目测混凝土地面是否密实、无空壳、不起砂、无油脂。

(2) 底涂施工

将底漆和配套固化剂、促进剂装入容器内混合,用手提搅拌机搅拌均匀。将物料倒于基面,用橡胶刮板或塑料刮板刮平,要求不得漏涂,使底料渗透于水泥基层中。底漆保养时间一般为12h后,确认硬化状态,进行下一道涂抹工序。

(3) 中涂施工

将树脂和配套固化剂、促进剂倒入容器内混合。将砂、粉与树脂以1.2:1的配比倒入树脂中,将混合物料搅拌至稀泥状为止,将其摊铺在基层表面,用橡胶刮板或塑料刮板将稀泥刮平。要涂抹均匀平整,不得漏涂。胶泥层要养护24h以上(夏季),冬季更长。自然硬化后,局部修整、打磨、吸尘,施工后养护大于24h。

(4) 面涂施工

将面漆和配套固化剂以适当配比混合,充分搅拌均匀。将混合好的物料倒于基面,按设计要求厚度用尺形刮平,因材料使用的有效时间大约30min,涂抹应连续工作,尽量迅速进行,要求不得漏涂,面层表面光滑、平整、无明显缺陷。施工后养护7~14d(本阶段为施工关键阶段)。

8.3.3 施工控制要点

(1) 施工时现场环境条件:温度在10℃以上,相对湿度应低于85%,尽量选择从施工到涂膜完全硬化期间,应把门、窗关紧,缝隙与透风处用护面胶带封好,防止粉尘吹入污染加工区;

(2) 夏季因昆虫对色彩非常敏感,尤其在涂抹硬化前,施工前要喷洒杀虫剂;

(3) 为了防止施工边缘部分沾污及加工处保持完全直线(或与不涂部分的界限),应贴好护面胶带;

(4) 严禁交叉施工,严禁无关人员进入施工现场;

(5) 搬运到施工现场的材料,务必放在能够避免风、雨及阳光直射的地方,并做好防火安全措施。

8.3.4 施工验收

1) 主控项目

(1) 自流平面层的铺涂材料应符合设计要求和国家现行有关标准的规定。

(2) 自流平面层的涂料进入施工现场时,应有以下有害物质限量合格的检测报告:

①水性涂料中的挥发性有机化合物(VOC)和游离甲醛;

②溶剂型涂料中的苯、甲苯+二甲苯、挥发性有机化合物(VOC)和游离甲苯二异氰醛酯(TDI)。

(3) 自流平面层基层的强度等级不应小于C20。

(4) 自流平面层各构造层之间应黏结牢固,层与层之间不应出现分离、空鼓现象。

(5) 自流平面层的表面不应有开裂、漏涂和倒泛水、积水等现象。

2) 一般项目

(1) 自流平面层应分层施工,面层找平施工时不应留有抹痕;

(2) 自流平面层表面应光洁,色泽应均匀、一致,不应有起泡、泛砂等现象;

(3) 自流平面层的允许偏差应符合表7-8-5要求。

自流平面层的允许偏差　　　　表 7-8-5

序号	项　目	允许偏差(mm)	检 验 方 法
1	表面平整度	2	用 2m 靠尺和楔形塞尺检查
2	踢脚线上口平直度	3	拉 5m 线和用钢尺检查
3	缝格顺直度	2	拉 5m 线和用钢尺检查

注：本表选自《建筑地面工程施工质量验收规范》(GB 50209—2010)表 5.1.7。

8.3.5　质量通病与防治措施

1) 质量通病

(1) 环氧树脂涂料出现辊痕、镘刀痕等现象；

(2) 环氧树脂自流平地面出现颜色不均匀的现象；

(3) 环氧树脂自流平地面出现许多针刺状的痕迹或开裂、空鼓、脱落等不良现象；

(4) 环氧树脂自流平地面表面出现凹凸不平现象。

2) 原因分析与防治措施

(1) 在环氧树脂涂料辊涂或环氧树脂自流平镘涂施工中，依靠涂料自身的表面张力，而不能消除辊筒或镘刀在施工中所留下的痕迹的一种现象。产生原因与防治措施：

①涂料的施工黏度过高，而稀释剂的挥发速度又太快。这就需要调整涂料的施工黏度，选用配套的稀释剂。

②涂料混进水分，使颜料粒子在油水界面凝絮，降低了涂料的流动性。为防止涂料混进水，需将涂料储存在干燥的地方，施工时将暂时不用并开盖的涂料筒盖严，一旦进入水分应用滤纸吸除后再使用。

③被涂物对涂料的吸收能力过强，涂装困难。因此，施工时应先使用黏度较低的封闭底漆施工封底，再进行辊涂或镘涂施工。

(2) 出现环氧树脂自流平地坪漆颜色不均匀的原因与防治措施：

①颜色分散不良，或溶剂、助剂与填料相容性不好，或者采用的原料质量不好，未充分搅拌均匀；

②环氧树脂地坪漆的涂层厚薄不均匀；

③在地坪施工中途断料从而导致色差的产生。

针对颜色不均匀的问题，首先，在环氧树脂地坪施工前主剂应先充分搅拌均匀；其次，应尽量使用固定工具以及加强施工人员施工熟练度；再者，对于涂料必须一次备足，尽量避免断料情况的发生。出现地坪颜色不均现象后，应尽量选择性能接近的颜料、填料，控制研磨细度及分散性，用打磨机打磨掉局部位置重新刷涂面漆，或者整体重新涂刷环氧地坪面漆。

(3) 出现空鼓、脱落现象的原因与防治措施：

①固化剂与主料混合时，因搅拌而在涂料里产生大量气泡，在固化过程中气泡不断发散，基层面留下痕迹而成为针孔。施工时一般用抹子一遍一遍地抹，使空气气泡破裂，每一次涂抹不超过 2mm 厚度。

②基层密封不严。施工中应该注意底层密封的完好，对于太过粗糙的地面，要刷两遍界面剂。

③自流平砂浆中缺少消泡剂，或者消泡剂用量不足，或者使用品种不当。可以与材料供应商联系，在调配前加入适量的消泡剂。

(4)造成环氧地坪表面不平整的原因与防治措施：

产生原因：

①施工中杂物混入；

②地面不平整，起伏过大或施工地坪规格太薄；

③材料涂布时，已部分反应，黏度过大，甚至产生硬块；

④施工中断料，来不及衔接。

防治措施：

①环境力求清洁，石英砂应选择颗粒均匀者。

②地面处理平坦，清洁干净，凹处补修，附着物须铲除，依实际情况选做适当规格地坪。

③材料前后涂布，须在可使用时间衔接完毕，以免因超过使用时间，材料黏度过大而无法自然流平；或桶内残存部分涂料产生少许硬块，此时应更换新桶。

8.4 防静电活动地板

防静电活动地板一般根据基材和贴面材料不同来划分，基材有钢基、铝基、复合基、刨花板基、硫酸钙基等；贴面材料有防静电瓷砖、三聚氰胺、聚氯乙烯（PVC）等。防静电活动地板主要有陶瓷防静电地板、防静电塑料地板、网络活动地板等。地铁车站一般在车站控制室、站长室、弱电机房、信号设备室、信号电源室、AFC设备室、公安设备室、民用通信设备室以及场站的各类设备用房设置防静电地板。

8.4.1 作业准备

1）技术准备

(1)阅读、审核施工图纸，澄清有关技术问题，熟悉规范和技术标准，制订施工安全保证措施。

(2)熟悉图纸：了解哪些房间有防静电地板及完成面标高，一般设架空地板且有气体保护的设备用房，其地板面应有一定的孔隙率，要求按房间面积的20%设置有孔隙架空地板。

(3)熟悉施工现场，实测地坪结构标高、设备基础位置和大小，并与设计图认真比对，发现问题向参建各方反映并及时澄清。

(4)熟悉防静电活动地板施工的验收规范及技术标准。

(5)对施工人员进行技术交底，开展岗前技术培训，考核合格后持证上岗。

2）材料准备

(1)活动地板型号及支撑结构符合设计和规范要求，面层承载力不应小于8.5MPa；

(2)相应配件应符合设计和规范要求。

3）作业条件

(1)地板的铺设应在室内土建结构及其他装修完毕后进行；

(2)地面应平整（无明显凹凸不平，在本工程中，细石混凝土垫层浇筑及水泥砂浆找平后其表面平整度应小于2/1000mm）、清洁、干燥、无杂物、无灰尘；

(3)布置在地板下的电缆等管道及空调系统应在安装地板前施工完毕；

(4)设备基座固定应完工，设备安装在基座上，基座高度应高于地板上表面5~10mm；

(5)施工现场备有施工所需电源;
(6)室内作业全部完成、桥架管线敷设完毕验收合格后,基层表面应平整、光洁、不起尘土;
(7)地垄墙施工完毕。

4)人员组织

人员按单个班组配置为施工负责人1名、技术员1名、安全员1名、安装工2人。

5)施工机具

施工机具按单个班组配置为切割机1台、吸盘1个、滚筒1个、兆欧表1个、红外线水平仪1台,水平尺1把、靠尺1把、吸盘1个、钢卷尺2把、螺母调节扳手2把。

8.4.2 施工程序

1)工艺流程

待准备工作完成、现场具备实施条件后,可以开始防静电活动地板施工,具体工艺流程如图7-8-14所示。

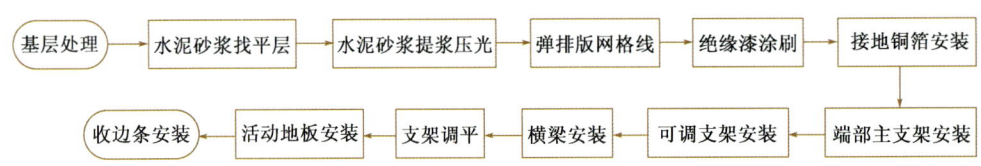

图7-8-14 防静电活动地板安装工艺流程图

2)施工工艺

(1)基层处理

基层表面应平整、光洁、干燥、不起灰,安装前清扫干净。

(2)水泥砂浆找平、提浆压光

①抹水泥砂浆前,应适当在基层上面洒水浸润,以保证基层与找平层之间接触面的黏合度;

②冲筋、贴灰饼定标高。抹铺找平砂浆时,先按流水方向以间距1.5m冲筋,按不大于6m设置20mm×20mm分格缝。贴灰饼标准间距1.5m。

③装好分格块后按分格块装灰、铺平,用刮杠冲筋条刮平,找坡后用木抹子搓平,然后用铁抹子压光,待浮水沉失后,以人踏上去有脚印但不下陷为度,再用铁抹子压完第二遍即可。

④找平层抹平、压实后24h可浇水养护,养护期为7d。养护要准时,不得上人踩踏,防止起砂。所用砂不要过细,应采用级配的中砂。找平层铺设厚度应均匀到位,以免空鼓、开裂,水泥要稳定,抹压程度适当。

地面压光找平示例如图7-8-15所示。

(3)弹排版网格线

根据需要,在地面按预先排版弹出600mm×600mm网格线。排版时应注意,当房间无设备时,应根据板块大小从门口外向里排,或对称排布,尽量减少出现小于1/3整版的板块;如有设备,则应从设备边向两边排布。

地面分格弹线示例如图7-8-16所示。

图 7-8-15 地面压光找平

图 7-8-16 地面分格弹线

（4）涂刷绝缘漆

在基层表面涂刷 3 遍绝缘漆（透明型），涂刷后不允许有起皮现象。如有其他专业施工，则第三遍绝缘漆应留待外专业施工完毕后再涂刷。

（5）接地铜箔安装

沿网格线铺设接地铜带，并用胶粘固定。为形成接地环网，铜带十字交叉处不得用胶粘，须用锡焊连接，铜带应横平竖直。

铺设铜带示例如图 7-8-17 所示。

（6）端部主支架和可调支架安装

根据标高看控制线，安装边支撑支架和可调支架并调平；端部支撑必须牢固，其刚度必须满足支撑要求。

（7）横梁安装及支架调平

横梁与支架采用 M6 沉头螺钉连接，先用细线和水平尺调整支座面高度至全室等高，待所有钢支柱和横梁构成框架一体后，应用水平仪抄平。

支架调平示例如图 7-8-18 所示。

图 7-8-17 铺设铜带

图 7-8-18 支架调平

（8）安装活动地板

安装时应使用吸盘，并做到轻拿轻放。切割边不允许嵌补。局部不得有凸拱现象。安装后再用水准仪复测、最终调平。面板铺装如图 7-8-19 所示。

（9）收边做法

台阶处采用瓷砖进行收边。台阶处用地砖收口如图 7-8-20 所示。

图 7-8-19　面板铺装
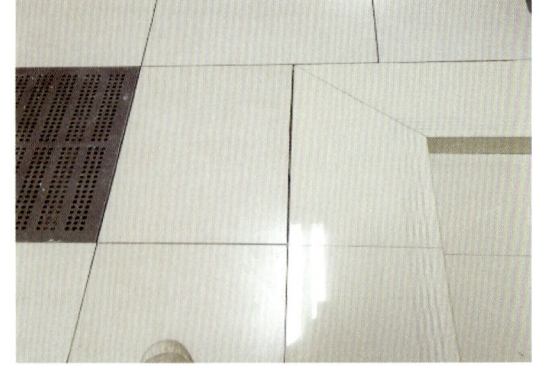
图 7-8-20　台阶处用地砖收口

8.4.3　施工控制要点

(1) 架空地板实施前,应确认房间内设备已就位,各项隐蔽工程均已完成;

(2) 钢骨架连接应牢固可靠,并能保证架空地板连接固定牢靠、位置准确;

(3) 为提升绝缘性能,第三遍绝缘漆应留待其他专业施工完毕后涂刷;

(4) 排版应从房间进门处开始,非标准版不得小于整版的 1/3;

(5) 地板的安装或开启,宜使用专用吸盘,不宜采用铁器硬撬,安装时应做到轻拿轻放;

(6) 地板切割不得在施工房间内进行,避免切割所产生的粉尘对设备造成污染和损坏;

(7) 地板安装好后,应注意成品保护,尖锐物体,有污染、有腐蚀的物体不允许带入房间;

(8) 与设备基础交接的静电地板,在切割时要注意尺寸,避免板与基础的缝隙过大,保证板体的稳定与牢固。

8.4.4　施工验收

1) 主控项目

(1) 活动地板应符合设计要求和国家现行有关标准的规定,且应具有耐磨、防潮、阻燃、耐污染、耐老化和导静电等性能;

(2) 活动地板面层应安装牢固,无裂纹、缺棱掉角等缺陷。

2) 一般项目

(1) 活动地板面层应排列整齐、表面洁净、色泽一致、接缝均匀、周边顺直;

(2) 活动地板面层的允许偏差应符合表 7-8-6 的规定。

活动地板面层允许偏差　　　　表 7-8-6

序号	项目	允许偏差(mm)	检查方法
1	表面平整度	2.0	用 2m 靠尺和楔形塞尺检查
2	缝格平直度	2.5	拉 5m 线和用钢尺检查
3	接缝高低差	0.4	用钢尺和楔形塞尺检查
4	板块间缝隙宽度	0.3	用钢尺检查

注:本表选自《建筑地面工程施工质量验收规范》(GB 50209—2010)表 6.1.8。

8.4.5 质量通病与防治措施

1) 质量通病

(1) 基层地面不平整；
(2) 绝缘漆漏刷或遍数不够；
(3) 接地铜带未满铺、未形成环网、未连接接地端子板；
(4) 支架不牢,表面摇晃；
(5) 排版不符合要求；
(6) 板缝宽窄不一致、接缝有高低差。

防静电活动地板安装质量通病示例如图7-8-21～图7-8-24所示。

图7-8-21 无接地铜箔

图7-8-22 铜带布设不整齐

图7-8-23 铜带断开未形成环网

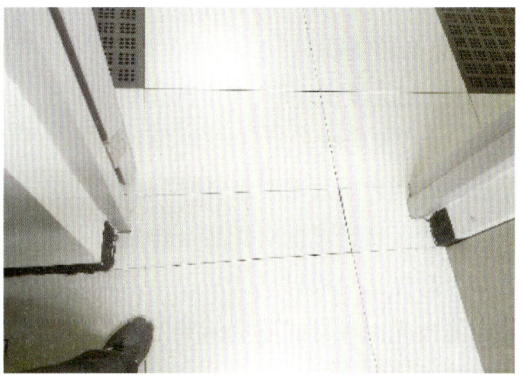

图7-8-24 过门石设置错误

2) 原因分析与防治措施

(1) 基层施工时未控制好平整度,影响地板安装铺平。应加强对基层施工质量的控制,确保基层平整度满足规范要求。

(2) 绝缘层施工效果将直接影响防静电地板的防静电性能。施工时应注意基层表面平整、光滑,才能使绝缘漆良好附着,绝缘漆涂刷三遍,不得漏刷。

(3) 施工人员未按照分格线布置铜带。接地铜带应按600mm×600mm的排版满铺,固定在对应支架下,并与支架形成有效接触,最终形成环网。最后与接地端子板连通,房间面积不大于100m² 时,接地不少于1处；如大于100m²,按每100m²设置1处接地。

(4)地板摇晃,原因为支架不牢靠,各支架螺栓未拧紧;或者地面不平整,影响支架调平。

(5)安装前,先根据房间净空尺寸,综合室内设备位置,确认排版方案,进行预排版,确保排版对称、美观,非标准版不能小于整版的1/3;如果房间不是标准矩形,有多个方向需要顾及,则尽量考虑将非整版放在角落或小边,而将整版放在进门方向或大边。

(6)板缝宽度控制不好,板块下料尺寸不对,由调整缝宽来消化,造成缝宽大小不一;接缝有高低差,其原因在于支架未调平,应重新调整支架。

8.5 石材

石材作为一种高档建筑装饰材料,广泛应用于各类建筑室内外装饰、公共设施建设领域。目前,市场上常见的石材主要分为天然石材和人造石材。天然石材大体分为花岗岩、大理石、板岩、砂岩、石灰岩、火山岩等。在地铁车站装修工程中,公共区域地面大量采用花岗岩材料,局部采用大理石装饰。

8.5.1 作业准备

1)技术准备

(1)深度了解作业区域内容:阅读、审核施工图纸,澄清有关技术问题,熟悉规范和技术标准,制订施工安全保障措施,提出应急预案。

(2)对施工人员进行技术交底:施工人员应了解各部位尺寸和做法,弄清洞口、边角等部位之间关系,读懂地面综合排版图及注意事项。

2)材料准备

(1)准备合格的石材、水泥、中砂(泥含量小于3%)等材料。

(2)材料相关复试完毕,并全部合格。

(3)石材技术标准:

①石材外观色质效果要求、使用部位及加工要求。

②在供货区域设置比对样品。样品必须为未经染色的天然石材,且为该区域供货的主要标准规格的板材作为封样比对板材。

③饰面板光面板材的质量标准见表7-8-7。

饰面板光面板材的质量标准 表7-8-7

检验项目	技术指标	检验方法与工具
色差	同一批板材的色调应基本调和,花纹应基本一致	目视
厚度偏差	±1.0mm	游标卡尺
边长偏差	+0mm,-1.0mm	游标卡尺
平面度偏差	0.50mm	钢平尺、塞尺
角度偏差	0.4mm	0°钢角尺、塞尺
光泽度(镜面板)	不小于90光泽单位	光泽度测光仪
防护	浸泡24h无渗水现象	目视

续上表

检验项目	技术指标	检验方法与工具
缺棱	长度≤10mm,宽度≤1.2mm(长度<5mm,宽度<1.0mm不计),周边每米长允许0个	目视,钢直尺
缺角	沿板材边长,长度≤3mm,宽度≤3mm(长度≤2mm,宽度≤2mm不计),每块板允许0个	目视,钢直尺
色斑	面积≤15mm×30mm(面积<10mm×10mm不计),每块板允许0个	目视,钢直尺
色线	长度不超过两端顺延至板边总长度的1/10(长度<40mm不计),每块板允许0条	目视,钢直尺
裂纹(水缝)	长度不超过两端顺延至板边总长度的1/10(长度<20mm不计),每块板允许0条	目视,钢直尺

④饰面板材粗面板标准见表7-8-8。

饰面板材粗面板标准　　　　　表7-8-8

检验项目	技术指标	检验方法与工具
色差	同一批板材的色调应基本调和,花纹应基本一致	目视
厚度偏差	+1.0mm,-2.0mm	游标卡尺
边长偏差	+0mm,-1.0mm	游标卡尺
平面度偏差	1.20mm	钢平尺、塞尺
角度偏差	0.4mm	90°钢角尺、塞尺
防护	浸泡24h无渗水现象	目视
缺棱	长度≤10mm,宽度≤1.2mm(长度<5mm,宽度<1.0mm不计),周边每米长允许0个	目视,钢直尺
缺角	沿板材边长,长度≤3mm,宽度≤3mm(长度≤2mm,宽度≤2mm不计),每块板允许0个	目视,钢直尺
色斑	面积≤15mm×30mm(面积<10mm×10mm不计),每块板允许0个	目视,钢直尺
色线	长度不超过两端顺延至板边总长度的1/10(长度<40mm不计),每块板允许0条	目视,钢直尺
裂纹(水缝)	长度不超过两端顺延至板边总长度的1/10(长度<20mm不计),每块板允许0条	目视,钢直尺

(4)板材主要质量要素及其测量方法：

①光泽度。采用60°射入角、光孔直径不小于18mm的光泽度仪,放置在表面干燥、洁净的石材表面,读取仪器上的数字。

②平面度。将平面度公差为 0.1mm 的 1000mm 钢平尺分别自然贴放在距板边 10mm 处和被检平面的两条对角线上，用塞尺测量尺面和表面的间隙。当被检面边长或对角线长度大于 1000mm 时，用钢平尺沿边长和对角线分段检测。以最大间隙的测量值表示板材的平面度公差，测量值精确到 0.05mm。

③尺寸。用游标卡尺或能满足精度要求的量器具测量板材的长度、宽度。长度、宽度分别在距板材两端 10mm 位置和中点位置的三个部位测量，分别用测量值与标称值之间偏差的最大值和最小值表示长度、宽度的尺寸偏差，测量值精确到 0.1mm。

④角度差。用内角垂直公差为 0.13mm，内边长为 500mm×400mm 的 90°钢角尺。将角尺短边紧靠板材的短边，长边贴靠板材的长边，用塞尺测量板材长边与角尺之间的最大间隙。测量板材四个角，以最大间隙的测量值表示板材的角度公差，测量值精确到 0.05mm。

⑤色差。将封样样板与被检板材并列平放在地上，距 1.5m 处观察石材色调是否基本调和，花纹是否基本一致。

⑥防护。将做好防护并晾晒干燥的石材放在水池里浸泡 24h，取出石材，观察石材表面，其无渗水和形成水斑现象。

3）作业条件

(1) 现场地面装修标高控制线已标出；

(2) 地面清扫干净、无积水；

(3) 地面垫层隐蔽工程已验收完毕。

4）人员组织

人员按单个班组配置为施工负责人 1 名、技术员 1 名、安全员 1 名、瓦工 1 人、普工 1 人。

5）施工机具

施工机具按单个班组配置为砂浆搅拌机 1 台、云石机 1 台、切割机 1 台、角磨机 1 台、木抹子 1 把、托灰板 1 把、木刮尺 1 把、水平尺 1 把、直角尺 1 把、橡皮锤 1 把、木锤 1 把、垫板 1 张、小白线 1 卷、小灰铲 1 个、钢卷尺 1 把、铝合金 1 把、平铁锹 1 把、照明灯具 1 个、红外线水平仪 1 台。

8.5.2 施工程序

1）工艺流程

待准备工作完成、现场具备分区实施条件，可以开始石材铺贴施工，具体工艺流程如图 7-8-25 所示。

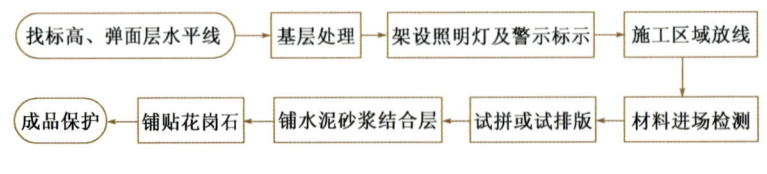

图 7-8-25 石材铺贴工艺流程图

2）施工工艺

(1) 找标高、弹面层水平线

根据墙面上已有的水平标高控制线，量测出石材面层的水平线，弹在四周墙面上，水平标高控制线需要考虑车站整体放坡要求。水平标高控制线复核如图 7-8-26 所示。

a) b)

图 7-8-26 水平标高控制线复核

(2) 基层处理

将基层(垫层)表面的积灰、油污、浮浆及杂物等清理干净。如局部凸凹不平,应将凸处凿平,凹处用干拌砂浆补平,清理干净并洒水润湿。

(3) 架设照明灯和警示标志

根据铺贴的每个区域位置,在该区域架设足够亮度的照明灯(灯具要符合使用安全规范),亮度以能清晰看见事物为准,在作业区域架设警示标志。

(4) 施工区域放线

根据标准线确定铺贴顺序和标准块位置,依据图纸轴线和标准块位置,用小线将铺贴区域边控制线放出来,再依据该边控制线放出横向第三块和纵向第二排边控制线。

(5) 材料进场检测

将待铺贴石材和标准样块进行比对,将板材平放在地面上,距板材 1.5m 处明显可见的外观缺陷视为不合格,拣出待处理;距板材 1.5m 处不明显的外观缺陷视为无缺陷。石材板在搬运过程中要采用专用的运输工具,以保证石材板不缺棱掉角,有裂缝、掉角、翘曲和表面有缺陷的板块应剔除。

石材检测示例如图 7-8-27 ~ 图 7-8-29 所示。

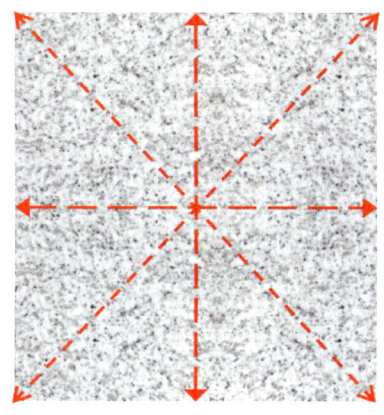
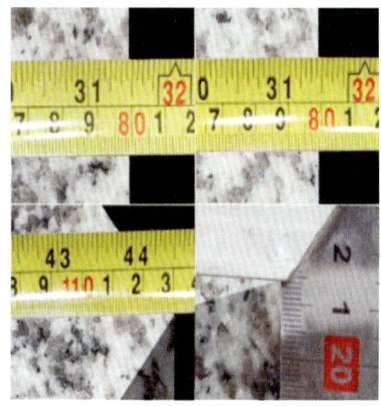
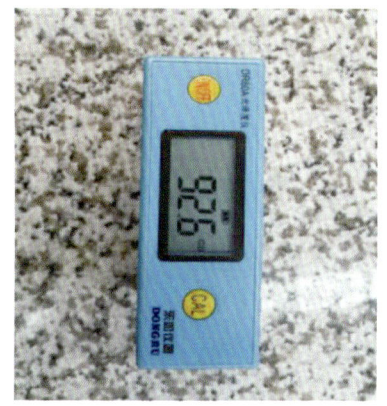

图 7-8-27 石材方正度检测　　图 7-8-28 石材几何尺寸检测　　图 7-8-29 石材光泽度检测

(6) 试拼和试排版

铺设前对每一个区域的花岗石板块，按图案、颜色、拼花纹理进行试拼。试拼后按两个方向编号排列，然后按编号码放整齐。为检验板块之间的缝隙，核对板宽与墙面、柱、洞口等的相互位置是否符合要求，一般还进行一次试排版，在两个相互垂直的方向，铺两条宽大于板的干砂带，发现石材存在质量问题和不达标现象时，应及时找供应商现场负责人反馈。

(7) 铺水泥砂浆结合层

按水平线定出面层找平层厚度，拉好十字线，用1∶3干硬性水泥砂浆进行找平，如地面有坡度排水，应做好找坡，并做出基准点，在基准点拉水平通线进行铺设。铺设前应将基底湿润，并在基底上刷一道素水泥浆，以保证黏结度，不要刷得面积过大，随刷随铺设搅拌均匀的干硬性水泥砂浆。为防止板面与基层出现空鼓现象，水泥砂浆结合层的厚度要适宜，最薄处不小于20mm，最厚处不大于60mm；如因特殊情况需要的垫层过厚，需要分次施工。砂浆铺设必须饱满，水灰比不宜过大，同时注意不得过早上人踩踏等，以避免空鼓发生。铺设水泥砂浆找平层如图7-8-30所示。

图7-8-30　铺设水泥砂浆找平层

(8) 制作石材铺贴质量责任控制牌

石材铺贴施工时，需设置责任管理公示牌。明确施工负责人、固定作业人员、设置监理负责人。每天铺贴的石材，需当天由监理负责人和施工负责人检查合格后，才能进行新的石材铺贴，检查不合格的立即整改。即做到"定人定量、一日一检再覆盖"。石材铺贴质量控制如图7-8-31、图7-8-32所示。

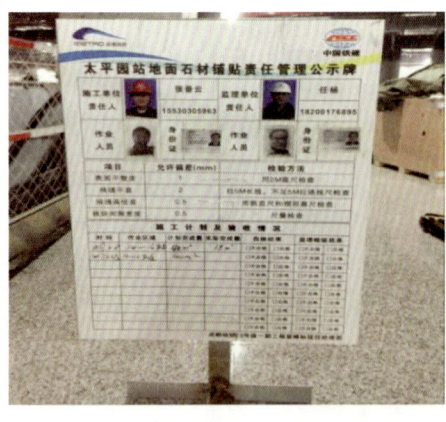 

图7-8-31　制作石材铺贴质量控制牌　　　　图7-8-32　用水平尺检查石材铺贴平整度

(9)铺贴花岗石

铺设时,必须按试拼、试排的编号板块"对号入座"。铺时将板块四角同时平放在铺好的干硬性找平水泥砂浆层上,先试铺合适后,翻开板块在干拌砂浆上铺一层10mm的素浆,然后将板块轻轻地对准原位放下,用橡皮锤或木锤轻击放于板块上的木垫板使板平实,根据水平线用铁水平尺找平,使板四角平整、对缝、对花符合要求;铺完后,接着向两侧和后退方向顺序镶铺,直至铺完为止。如发现空隙,则应将石板掀起用砂浆补实后再行铺设。花岗石板块之间的接缝要严,一般缝隙宽度不应大于1mm,或按设计要求。

8.5.3 施工控制要点

(1)石材铺贴前,应进行六面防护,以防止石材表面出现水渍,影响整体观感。现场切割或开孔的石材应及时在切割口补刷防护剂,施工中常出现相邻两块板高低不平现象,应精心操作,找出原因,避免现场打磨。

(2)冬期铺设面层时施工环境温度不能低于5℃。必须冬期铺设时,应采用保暖抗冻措施,保证其在冻结温度前砂浆凝固达到设计强度的20%以上。

(3)板块材铺砌前应进行选板试拼,有裂缝、掉角、翘曲和表面有缺陷的板块应剔除。

(4)站台门前绝缘区域石材铺贴需与绝缘卷材铺设配合同步进行,绝缘卷材铺设并验收合格后,石材即刻铺贴。

(5)站台门前疏散指示箭头和地面蓄光型疏散指示灯镶嵌的石材开孔必须在石材加工厂定型加工,不得在现场切割开孔。

(6)站台门绝缘带分割缝需与站台地面伸缩缝相对应且贯通设置,但在站台门开门范围内的伸缩缝需错位避开设置。

(7)石材铺贴需与门槛、绝缘区间分段、非绝缘区、墙面等接口位置保留10mm绝缘缝隙。

(8)站台层地面石材铺贴前,需复核站台层地面标高和站台门门槛的标高并及时做好标高的微调,最终确保站台门门槛与地面石材铺贴齐平。站台应急疏散通道门前方盲道铺贴不得影响站台门开启,需控制好石材铺贴标高。

(9)电扶梯前地面石材铺贴时需与扶梯踏板保持齐平,避免影响电扶梯验收。

(10)站厅至站台楼梯止灰带盖板斜度完成线需准确定位,避免出现止灰带侧面石材与三角机房侧面板收口缝隙大小不一的情况。细部节点收口示例如图7-8-33、图7-8-34所示。

图7-8-33 止灰带盖板与三角机房侧面不锈钢收口

图7-8-34 三角机房阴角踢脚线石材封堵

8.5.4 施工验收

1）主控项目

(1) 花岗石面层所用的板块的品种、质量应符合设计要求；
(2) 面层与下一层应结合牢固，无空鼓。

2）一般项目

(1) 花岗石面层的表面应洁净、平整、无磨痕，且应图案清晰、色泽一致、接缝均匀、周边顺直、镶嵌正确，板块无裂纹、掉角、缺棱等缺陷。
(2) 楼梯踏步和台阶板块的缝隙宽度应一致、尺角整齐，楼层梯段相邻踏步高差不应大于10mm，防滑条应顺直牢固。
(3) 面层表面的坡度应符合设计要求，不倒泛水、无积水；与地漏、管道结合处应严密牢固，无渗漏。
(4) 花岗石面层的允许偏差应符合表7-8-9的要求。

花岗石面层的允许偏差　　　　　　表7-8-9

序号	项　目	允许偏差（mm）	检验方法
1	表面平整度	1.0	用2m靠尺和楔形塞尺检查
2	缝格平直度	2.0	拉5m线和用钢尺检查
3	接缝高低差	0.5	用钢尺和楔形塞尺检查
4	踢脚线上口平直度	1.0	拉5m线和用钢尺检查
5	板块间缝隙宽度	1.0	用钢尺检查

注：本表选自《建筑地面工程施工质量验收规范》(GB 50209—2010) 表6.1.8。

8.5.5 质量通病与防治措施

1）质量通病

(1) 地面石材有色差；
(2) 地面缝隙不均匀、接缝高低不平；
(3) 地面石材有空鼓；
(4) 地面有水渍、泛黄，有铁锈及油污污染。

石材铺贴质量通病示例如图7-8-35～图7-8-40所示。

图7-8-35　同一区域石材色差大

图7-8-36　石材接缝高低差明显

图 7-8-37 石材水渍及锈蚀

图 7-8-38 石材切割未做二次防护

图 7-8-39 石材泛碱

图 7-8-40 石材几何尺寸不一、缝隙较大

2）原因分析与防治措施

（1）地面石材有色差：厂家切割石材后没有按照图纸编号预排版，材料进场时验收不严格，没有把纹路颠倒的板材、色差较大的板材挑选出来；成品保护不能用易掉色的材料，以免保护材料泡水后污染石材，造成色差；石材防护未干透，便进场铺贴。对色差不明显的，可进行通风晾干；对色差较大的，应要求厂家重新供货。

（2）接缝高低不平，缝隙不均匀：材料进场由专人负责材料验收和报验工作；花岗石材料有厚薄、宽窄、翘曲等缺陷，铺贴前未严格挑选；铺砌时未拉通线控制、未铺平、未敲实。铺贴养护时间不足，过早上人踩踏。铺好后应随即做好成品保护，常温下养护12h后方可上人。

（3）面层空鼓：基层干燥，砂浆被基层吸水失去强度；过早上人踩踏，黏结砂浆未达到强度受到外力振动，将块材与黏结层脱离成空鼓。应加强清理及施工前基层的检查，加强养护，未达到强度禁止踩踏。找平层厚度太薄，应按照规范要求达到找平层铺贴厚度；结合层砂浆配合比不合适，结合层砂浆未压实，铺砂浆前先浇水润透，采用1∶1水泥砂浆（中、粗砂）扫浆均匀后，随即铺设结合层。

（4）地面有水渍、泛黄：没有选择与石材相匹配石材防护剂，防护剂涂刷不到位，施工过程对防护层破坏后没有及时补刷，致使施工或运营维护阶段水分渗进石材，造成水渍污染。

（5）地面有铁锈及油污污染：未注意成品保护，各种油渍、油漆污染石材。应加强施工期间的成品保护。

更多质量通病与防治措施请参见第12篇表12-6-18。

8.6 陶瓷砖

陶瓷砖为高温烧制而成的小型块材，表面致密、耐磨、不易变色，其规格、颜色、拼花图案、面积大小和技术要求均应符合国家有关标准，也应符合设计规定。地铁工程中，陶瓷砖主要用在设备区走道、管理用房、辅助用房、卫生间等空间以及场段的办公用房区。

8.6.1 作业准备

1）技术准备

技术人员应审阅排版图纸，明确各机电、设备点位，熟悉规范及技术标准。对施工人员进行技术交底。

2）材料准备

(1) 地砖、水泥、中砂。

(2) 地砖应符合现行国家标准和行业标准的规定，有合格证及检验报告。抗压、抗折强度及品种、规格均符合设计要求，外观颜色一致、表面平整（水泥花砖要求表面平整、光滑、图案花纹正确）、边角整齐、无翘曲及窜角。

(3) 材料相关复试完毕，并全部合格。

3）作业条件

(1) 墙体、柱子、管线、吊顶等工程已施工完毕，并经工程质量验收合格；

(2) 现场装修标高控制线已标出；

(3) 地面清扫干净、无积水。

4）人员组织

人员按单个班组配置为施工负责人1名、技术员1名、安全员1名、瓦工1人、普工1人。

5）施工机具

施工机具按单个班组配置为砂浆搅拌机1台、云石机1台、切割机1台、角磨机1台、木抹子1把、托灰板1把、木刮尺1把、水平尺1把、直角尺1把、橡皮锤1把、木锤1把、垫板1张、小白线1卷、小灰铲1个、钢卷尺1把、铝合金1把、平铁锹1把、照明灯具1个、红外线水平仪1台、小推车1辆。

8.6.2 施工程序

1）工艺流程

待准备工作完成、地面标高控制线已出、现场具备作业条件后，开始陶瓷砖铺贴施工，具体工艺流程如图7-8-41所示。

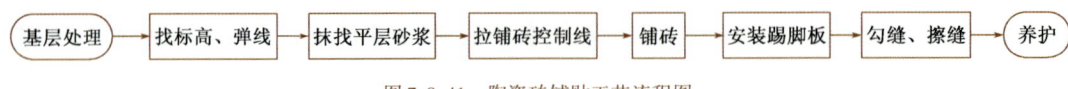

图 7-8-41　陶瓷砖铺贴工艺流程图

2）施工工艺

（1）基层处理

将混凝土基层上的杂物清理掉,并用錾子剔掉砂浆落地灰,用钢丝刷刷净浮浆层。如基层有油污时,应用 10% 火碱水刷净,并用清水及时将其上的碱液冲净。

（2）找标高、弹线

根据墙上的 1m 线,往下量测出面层标高,并弹在墙上。

（3）抹找平层砂浆

①洒水湿润:在清理好的基层上,用喷壶将地面基层均匀洒水一遍。

②抹找平层砂浆:找平层一般采用 1:3 的干硬性水泥砂浆,干硬程度以手捏成团不松散为宜。砂浆从站台边缘处摊铺,铺好后刮大杠、拍实,用抹子找平,其厚度适当高出根据水平线定的找平层厚度 3~4mm。

（4）拉铺砖控制线

根据设计要求和砖板块规格尺寸,确定板块铺砌的缝隙宽度,紧密铺贴缝隙宽度不宜大于 1mm。在房间中,从纵、横两个方向排尺寸,当尺寸不足整砖倍数时,将非整砖用于边角处,横向平行于门口的第一排应为整砖,将非整砖排在靠墙位置,纵向(垂直门口)应在房间内分中,非整砖对称排放在两墙边处。根据已确定的砖数和缝宽,在地面上拉纵、横控制线(每隔 1 块砖拉一根控制线)。

（5）铺砖

为了找好位置和标高,应从门口开始,纵向先铺 2~3 行砖,以此为标准拉纵横水平标高线,铺时应从里向外退着操作,人不得踩在刚铺好的砖上,每块砖应跟线。操作程序为:

①找平层上洒水湿润,均匀涂刷素水泥浆(水灰比为 0.4~0.5),涂刷面积不要过大,铺多少刷多少。

②采用水泥砂浆铺设时,结合层的厚度应为 10~15mm。

③铺贴时,砖的背面朝上抹黏结砂浆,铺砌到已刷好的水泥浆找平层上,砖上棱略高出水平标高线,找正、找直、找方后,砖上面垫木板,用橡皮锤拍实,顺序从内退着往外铺贴,做到面砖砂浆饱满、相接紧密、坚实,与地漏相接处,用砂轮锯将砖加工成与地漏相吻合。铺地砖时最好一次铺一间,大面积施工时,应采取分段、分部位铺砌。

④拨缝、修整:铺完 2~3 行,应随时拉线检查缝格的平直度,如超出规定应立即修整,将缝拨直,并用橡皮锤拍实。此项工作应在结合层凝结之前完成。

（6）安装踢脚板

一个房间铺贴完成,养护地面砖达到强度,可以继续作业后,按照设计材质安装踢脚板。

（7）勾缝、擦缝

面层铺贴应在 24h 内进行擦缝、勾缝工作,并应采用同品种、同强度等级、同颜色的水泥。

8.6.3 施工控制要点

（1）排版应尽量减少出现小于 1/3 的非标准块;如地面有设备,则应从设备四周往外排布。

（2）防止空鼓措施:

①地面基层清理干净,充分湿润但不能有积水;

②浇水湿润并均匀涂刷一遍素水泥浆;

③找平层的厚度不应小于 20mm;

④砂浆配合比应符合设计要求,砂浆应密实;
⑤养护期不少于7d,期间不得上人踩踏。

(3)陶瓷砖铺贴完毕,应进行覆盖保护。

陶瓷砖铺贴示例如图7-8-42、图7-8-43所示。

图7-8-42 地砖黏结牢固无空鼓

图7-8-43 地砖表面清洁,接缝平整

8.6.4 施工验收

1)主控项目

(1)面砖所用板块品种、质量必须符合设计要求;
(2)面砖与结构层黏结牢固,无空鼓。

2)一般项目

(1)面砖表面清洁,接缝平整,色泽一致,板块无裂纹、缺角等;
(2)面砖临边接处镶边用料及尺寸符合设计要求,边角整齐光滑。

3)验收标准

(1)表面洁净,纹路一致,无划痕、色差、裂纹、污染、缺棱掉角等现象;
(2)地砖边与墙交接处缝隙合适,踢脚板能完全将缝隙盖住,宽度一致,上口平直;
(3)地砖平整度用2m水平尺检查,误差不得超过1mm,相邻砖高差不得超过0.5mm;
(4)地砖粘贴时必须牢固,空鼓控制在总数的3%,单片空鼓面积不超过5%(主要通道上不得有空鼓);
(5)地砖缝宽1mm,不得超过2mm,勾缝均匀、顺直;
(6)水平误差不超过2mm。

8.6.5 质量通病与防治措施

1)问题描述

(1)砖面平整度偏差大,砖缝不均匀;
(2)地面砖空鼓;
(3)划痕、破损;
(4)相邻地砖接缝高低差偏差大。

陶瓷砖铺贴质量通病示例如图 7-8-44 所示。

图 7-8-44　地面砖划痕、破损

2）原因分析与防治措施

（1）基层地面不平，缝隙不一致：未严格挑选材料；或铺贴时未拉通线控制；铺贴时没敲平、敲实；过早上人踩踏，养护不当；材料进场把控不严。应加强材料进场验收，对尺寸偏差较大的应予以剔除，施工期间要拉通线控制石材铺贴，必要时采用石材定尺卡控制石材缝隙，并及时做好成品保护，避免人员过早踩踏。

（2）地面砖空鼓：

①基层清理不干净，粘贴不牢固。应将基层清扫并用水冲洗干净，清除积水。

②结合层砂浆配合比不当、结合层砂浆未压实。铺砂浆前先浇水湿润，采用 1∶1 水泥砂浆（中、粗砂）扫浆均匀后，随即铺设结合层。

③基层干燥，水泥浆涂刷不均匀或一次涂刷面积过大。采用干硬性水泥砂浆，砂浆应搅拌均匀，不得用稠度不合适的砂浆；结合层的砂浆应拍实、揉平、搓毛。

④砂浆中水灰比不合适，未达到规范要求。应严格按照配合比拌制。

⑤板块铺贴后，养护期未到就上人踩踏。养护期内应进行封闭保护，应于铺贴后的第二天开始养护。

（3）划痕、破损：成品保护不当。不得过早上人或堆放材料。

（4）相邻地板砖接缝高低差偏大：主要是地板砖对角尺寸偏差大，操作时检查不严，未严格拉线对准，另外成品保护差，过早上人踩踏。防治措施：用"品"字法挑选合格地板砖，拣出不合格品；铺贴时，结合层干硬水泥砂浆稍厚一些，板就位后，用橡皮锤振击调整，直至板面与拉线和周边地板砖齐平为止；地板砖镶贴后应及时封闭并采取围护措施，以防止过早踩踏。

更多质量通病与防治措施请参见第 12 篇表 12-6-19。

有关陶瓷砖地面铺贴的扩展资源请见附件 7-8-1。

8.7　地面绝缘层及警示带

地面绝缘层设置于站台层，紧邻站台板边缘线，一般宽度不小于 1m，长度两端延伸出端门外 2.5m 左右。其原理是由于列车正常运行时应保证站台门与列车车体等电位，同时为避免跨步电压对乘客造成的不适感甚至伤害，还应保证靠站台门侧站台板绝缘安装，且绝缘电阻不小于 0.5MΩ。地铁车站除在墙面、空中设置导向外，在地铁站台层站台门前一般设置警示带，用于引导乘客规范有序上下车等，起到标识导向作用。通常采用黄色绝缘橡胶制品或陶瓷砖材质,指示箭头一般采用不锈钢材质。

8.7.1 作业准备

1)技术准备

(1)认真审阅施工图,明确站台门绝缘层施工范围、绝缘层施工工艺做法及施工技术标准;
(2)施工前对工人进行技术交底。

2)材料准备

(1)绝缘主材料为改性环氧树脂,辅材料为复合树脂。主要组成物为改性环氧树脂、交联剂、固化剂、促进剂、无机填料及异氰酸酯类化合物(主要是多甲基多异氰酸酯)。其成分中不含铅、镉、铬、汞、多溴联苯、多溴二苯醚等受限制化学物质。

(2)绝缘材料不含有机溶剂。

(3)绝缘层采用的所有辅助性材料均为难燃、无毒、低烟、无卤、无刺激气味、环保类材料,同时具有在公共大客流场合的使用经验,不会对乘客健康造成不利影响。

(4)完成后的绝缘层对上面结构(表面石材及其黏结层)具有固定、支撑、黏结和绝缘作用,同时与下面的混凝土垫层黏结牢固。绝缘层上用半干性水泥砂浆粘贴花岗岩饰面。

(5)地铁站台门前警示带通常采用黄色绝缘橡胶制品或陶瓷砖材质,指示箭头一般采用不锈钢材质,具体样式、规格型号须满足设计要求。

①站台门前 SUS 304 不锈钢箭头 210mm×230mm×5mm(自发光疏散指示)(带"出口"两字),示意图如图 7-8-45a)所示。

②站台门前 SUS 304 不锈钢箭头 210mm×230mm×5mm(不发光疏散指示),示意图如图 7-8-45b)所示。

③带字体橡胶带(800mm 长×80mm 宽),示例如图 7-8-46 所示。

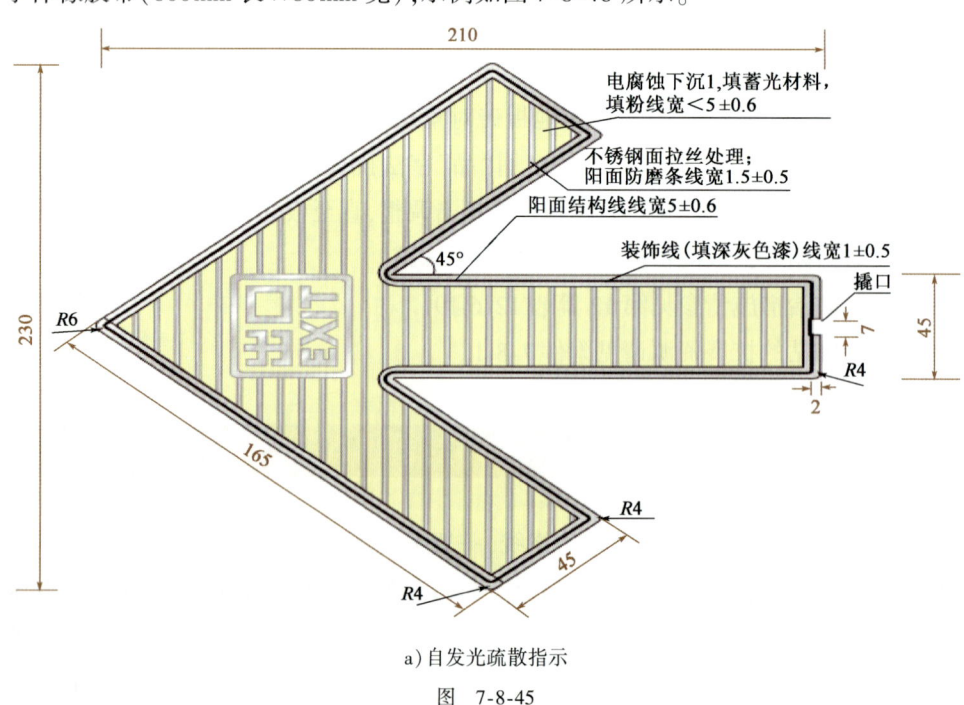

a)自发光疏散指示

图 7-8-45

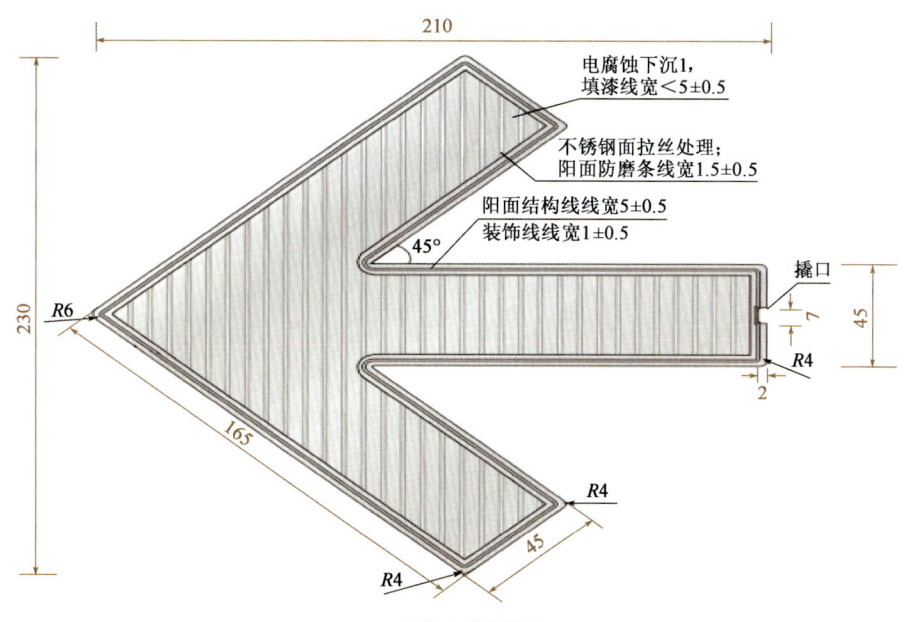

b) 不发光疏散指示

图 7-8-45　站台门前不锈钢指示箭头示意图(尺寸单位:mm)

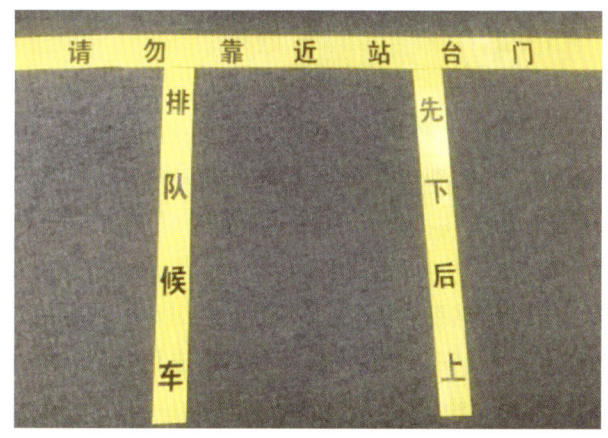

图 7-8-46　站台门前带字体橡胶带

3) 作业条件

(1) 站台结构层上混凝土垫层完全固化;环境温度在 5~40℃ 之间,空气相对湿度不大于 95%。

(2) 混凝土表面必须彻底清除掉松散的部分,无水泥乳、无硫化的混合物,无隔离剂、无油污、灰尘及疏松的部位。

(3) 绝缘材料的运输、储存、施工中均都有保护措施,应防止潮湿、温度变化、太阳照射及其他工种施工过程中对其造成损坏。

(4) 站台绝缘区域和站台门门槛及立柱底座之间、绝缘区域与非绝缘区域之间都要在施工过程中设置绝缘挡板(根据现场需要),高度高于装修完成面至少 30mm。以确保绝缘层与站台门门槛间保持 10mm 缝隙,与相邻绝缘层间及站台非绝缘层处地面装修层、站台尾墙同样预留 10mm 间隙,形成分块隔离的绝缘层布局。

(5) 所有区域有效隔离开后再用绝缘胶进行密封。

4）人员组织

人员按单个班组配置为施工负责人1名、技术员1名、安全员1名、瓦工2人、普工1人。

5）施工机具

施工机具按单个班组配置为滚筒1个、兆欧表1个、切割机1台、激光水平仪1台、水平尺1把、靠尺1把、钢卷尺2把、小推车1辆。

8.7.2 施工程序

1）工艺流程

待准备工作完成、现场具备安装条件后，可以开始站台门前警示带的安装，具体工艺流程如图7-8-47所示。

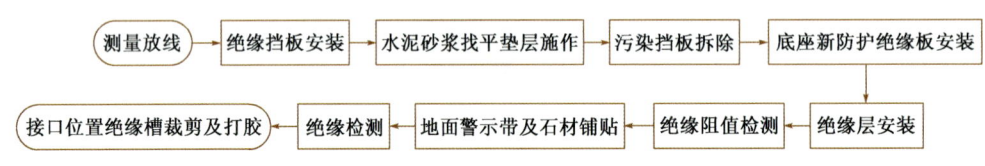

图7-8-47 站台门前警示带安装工艺流程图

2）施工工艺

(1) 测量放线

①目的：根据设计要求和施工需要，地铁线站台绝缘层工程项目测量的主要目的是确定测量基准，建立施工坐标系。

②注意事项：

a. 测量所用的主要器具，如皮尺、钢卷尺、钢板尺、墨盒等必须为合格品，方可使用；

b. 现场测量必须保证安全，如人员安全（防触电、摔伤、被击伤等）、防仪器损坏（防仪器摔落、被落体击中等）；

c. 为保证测量精度和防止出错，必须仔细计划、充分准备、认真操作、计算检查、归纳总结。

③设计基准：

X方向：沿站台纵向以已安装完成的站台门门槛站台侧立面（以下称为门槛立面）为基准。

Y方向：垂直于站台方向已安装完成的站台门端门门槛两侧立面为基准。

Z方向：高度方向已安装完成的站台门门槛上表面为基准。

④测量记录及资料的整理与编制：

a. 现场测量过程的每一步均作详细的记录并画出草图，作为原始数据；

b. 对现场的测量记录进行整理计算，归纳总结并形成书面资料。

(2) 绝缘挡板安装

测量放线完成后，即可进场进行绝缘层与门槛（包括端门门槛）间、绝缘层与交界墙面间、独立绝缘区域间、绝缘区域与非绝缘区域间的绝缘挡板（根据现场需要）的安装，步骤如下：

①清理干净X方向A、B、C控制线及Y方向B左控制线、B右控制线附近100mm区域站台板表面的灰尘。

②分别以 X 方向 C 控制线及 Y 方向 B 左控制线、B 右控制线为基准,安装绝缘层与门槛间的绝缘挡板(根据现场需要)。

③绝缘挡板的短边水平朝向绝缘层中心区域,用钢钉穿过绝缘挡板底边上的固定孔,把绝缘挡板固定在站台板结构层上;注意固定后挡板的立面保持垂直。

(3)水泥砂浆找平垫层施作

①清理绝缘挡板区域内的站台结构层表面。

②在绝缘挡板区域内施作水泥砂浆找平层(垫层厚度标准:绝缘层上表面距装修完成面 60mm)。

③一般采用 M20~M25 水泥砂浆,找平层 2m 长度内平整度不大于 ±5mm;

(4)污染挡板拆除

将门槛与垫层间污染的绝缘挡板去除,保证门槛侧的清洁。

(5)底座新防护绝缘板安装

在安全门底座绝缘套位置安装防护绝缘板,防止受到现场掉落物体的污染。将绝缘层槽整体安装在绝缘挡板圈定的区域内。

(6)绝缘槽安装

①水泥砂浆找平垫层摊平后,把绝缘槽放置在各自位置的垫层上面;

②整理好绝缘槽四周立边。

(7)绝缘阻值检测

①按照检测方法用直流 500V 的兆欧表对已形成的各绝缘槽进行检测;

②每个检测点的绝缘阻值都满足 0.5MΩ 以上;

③在铺贴石材前要在绝缘区域拉好警戒带,防止有人上去走动或堆放物品。

(8)地面警示带铺贴

①将警示带材料平放在已铺好的干硬性水泥砂浆上,用橡皮锤敲击花岗石至水泥砂浆密实且表面标高合适;若警示带标高不正确,将警示带翻起增加或减小干硬性水泥砂浆厚度至标高合适,再将警示带铺上敲击至水泥砂浆密实;再将警示带翻起,在背面朝上抹厚度 10~15mm 黏结砂浆,然后铺贴到已振捣密实的干硬性水泥浆找平层上,找正、找直、对齐花岗石缝后,用橡皮锤振实即可。

②当警示带采用塑胶黄色胶带时,在安装前需在提前预留好的 80mm 石材凹槽内做水泥自流平找平处理,待自流平凝固后,用结构胶固定黄色胶带。

站台门前上下车指示块安装完成示例如图 7-8-48 所示。

图 7-8-48 站台门前上下车指示块安装完成

（9）在绝缘槽上铺贴石材

①由装修专业用半干性水泥砂浆铺贴石材；

②专人负责对铺贴现场进行看护，防止装修专业在铺贴石材时有水泥砂浆流淌到绝缘槽外面引起绝缘失效。

③注意变形缝位置石材的缝隙控制在 18mm + 2mm，其余接口位置石材的缝隙控制在不大于 20mm。

（10）绝缘检测

①按照检测方法用直流 500V 的兆欧表对已形成的各绝缘单元进行检测；

②每个检测点的绝缘阻值都满足 0.5MΩ 以上。

（11）接口位置绝缘槽裁剪及打胶

①接口位置包括绝缘区域独立单元之间、绝缘区域与非绝缘区域之间、绝缘区域与门槛之间、绝缘区域与墙体之间；

②把接口位置绝缘槽边缘和挡板裁剪至低于花岗岩顶面 5mm ± 2mm；

③清理干净各处接口位置，并用吸尘器对接口位置彻底吸清；

④再检测一次绝缘指标，对绝缘指标合格的单元进行接口位置打胶密封；

⑤检测绝缘指标不合格的要查清原因并整改合格后再打胶；

⑥注意胶缝的均匀美观。

施工工艺示例如图 7-8-49 所示。

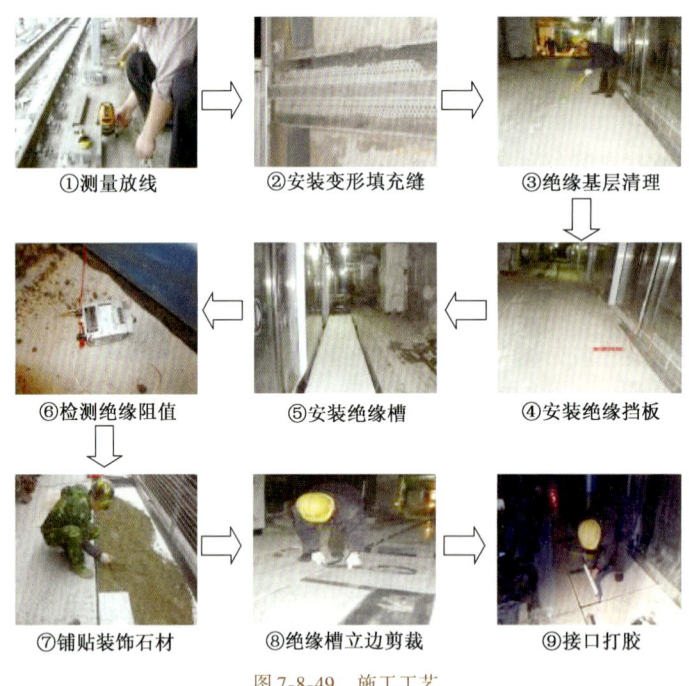

图 7-8-49　施工工艺

8.7.3　施工控制要点

1）绝缘区内垫层技术要求

（1）绝缘区范围内无管线、孔洞。

（2）垫层施工前，装修单位需提前通知站台门与绝缘层单位。

(3)在垫层施工中,垫层不得侵入站台门门槛以下范围内。

(4)在垫层施工中,需通知站台门及绝缘层专业人员到场进行技术指导及监督。

(5)垫层混凝土强度应达C20及以上。

(6)垫层高度宜距装修石材完成面70~80mm。

(7)混凝土表面必须彻底清除掉松散的部分,无水泥乳、无硫化的混合物,无隔离剂、无油污、灰尘及疏松的部位。如果混凝土表面不具备条件,应采用粗糙打磨等方式处理,以达到上述要求。

(8)基层含水率应小于3%。

(9)混凝土表面黏结强度不低于1.5MPa。

(10)基层平整度2m直尺范围内不平整度应小于±2mm。

(11)站台结构层上混凝土垫层完全干燥后,方可进行绝缘层铺装施工。

2)绝缘层铺砖施工注意事项

(1)绝缘区域的施工,必须在站台门、吊顶及非绝缘区地面装修层完成,并做好周围保护措施后方可进行。

(2)站台板绝缘区域遇有土建结构变形缝时,先在变形缝中塞上变形缝填充块(材料一般为弹性聚氨酯橡胶,具体做法查询设计图纸),然后再进行站台板结构层上的砂浆垫层施工。

(3)绝缘层完成,并经绝缘验收合格后,方可用半干性水泥砂浆进行石材的铺贴。装修专业铺贴石材时一定不能让水泥砂浆流淌到绝缘槽外面,同时不能有锐器损坏绝缘层。

(4)石材铺贴完成后进行绝缘检测。

(5)绝缘缝的绝缘密封胶灌填处理:填胶前应先清理缝中的杂物,密封胶的填充应与装饰地面平齐。

(6)完成密封胶的施工后,再进行一次绝缘电阻的检测。

8.7.4 施工验收

(1)绝缘层施工完成后,用直流500V的兆欧表进行检测,每个检测点对地绝缘电阻值≥0.5MΩ为合格。

(2)正线门体范围内的检测点呈网格状排列,平行轨道方向间距不大于3000m、垂直轨道方向不少于2点。

(3)端门范围内的检测点呈网格状排列均匀排布取6点。

(4)检测时,绝缘层的检测点需放置100mm×100mm的铜板,兆欧表的一端连接在铜板上,另一端连接在土建结构上进行有效检测。必要时可在铜板下洒少许水。

(5)绝缘层完成后进行绝缘层自身检测,由施工单位、监理单位和建设单位代表见证,全部检测点的对地绝缘电阻值不小于0.5MΩ为达标,确认绝缘层合格。

(6)花岗岩铺贴完成后再进行一次检测,由参建各单位见证,全部检测点的对地绝缘电阻值不小于0.5MΩ为达标;之后,确认整个站台绝缘区域内的石材铺贴没有影响绝缘层的绝缘指标。

8.7.5 质量通病与防治措施

1)质量通病

(1)站台门绝缘层破坏,未达到绝缘指标,影响运营安全;

（2）陶瓷砖警示带安装完毕后出现破损；

（3）陶瓷砖警示带安装不平整；

（4）陶瓷砖警示带排版出现小条。

质量通病如图 7-8-50 所示。

图 7-8-50　警示砖出现小条

2）原因分析与防治措施

（1）铺贴石材时水泥砂浆流淌到绝缘槽外面，或者有锐器造成绝缘层损坏；绝缘层完成后未及时进行绝缘指标测试，便直接铺贴石材，影响绝缘指标。铺贴前，要对施工人员进行绝缘层成品保护交底；铺贴过程中，时刻注意对绝缘层的保护，一旦发现破坏，及时通知厂家进行专业处理。

（2）陶瓷砖警示带铺贴完成后，未做好成品、警示防护，过早被踩踏，造成破损或者不平整现象。陶瓷砖铺贴前，应对施工人员进行成品保护交底，铺贴完成后，应做好成品保护警示标识，避免踩踏。

（3）陶瓷砖铺贴前未整体进行下料排版，造成出现小块不美观的现象。须做好警示带的整体排版下料工作，当出现小块的情况时，可对警示带进行微调或者加长加工。

有关站台门前警示带的更多资料参见附件 7-8-2。

本章附件

附件 7-8-1　地面砖铺贴

附件 7-8-2　站台前警示带

第 9 章 外装修工程

地铁外装修工程一般有真石漆及幕墙工程等装修形式。真石漆的装修做法较为普通,用于较为简单的外装饰工程,示例如图 7-9-1 所示。建筑幕墙考虑建筑结构、建筑功能、建筑美学等因素,将结构外围包围,使建筑达到美观。地铁车站出入口、通风口以及控制中心、车辆段配套建筑较多采用幕墙形式,主要涵盖铝板幕墙、玻璃幕墙、石材幕墙的施工内容,示例如图 7-9-2 ~ 图 7-9-4 所示。

图 7-9-1　综合服务楼真石漆外墙

图 7-9-2　车站出入口幕墙

图 7-9-3　车站通风口外装饰

图 7-9-4　车辆段外装饰

由于地铁外装修工程与普通房建工程相类似,更多内容可参见附件 7-9-1。

本章附件

 附件 7-9-1　地铁外装修工程施工介绍

第 10 章 其他工程

地铁车站作为重要的公共交通设施,人流密集,各项配套功能齐全,对乘客通行的舒适度有很大影响。地铁车站涉及的零星细部工程主要有不锈钢栏杆、挡烟垂壁、地面防滑垫、垂直电梯、市政接驳、冷却塔围护、风亭花池等。设备设施主要有导向标识、广告灯箱、卫浴洁具、售票亭及无障碍设施等。本章主要针对以上细部工程进行介绍。

10.1 离壁沟与离壁墙

离壁沟和离壁墙是地铁车站特有的构筑物,离壁沟是沿车站结构侧墙的排水地沟,是排水和疏通的通道,设备区及公共区离壁沟贯通设置,并在离壁沟上方设置离壁墙。公共区离壁墙面材料为装修面材,设备区离壁墙面层材质多采用高密度无石棉纤维水泥板、清水混凝土挂板等防水防火类材料。

10.1.1 作业准备

1)技术准备

(1)预先熟悉图纸,了解施工部位、做法及材质要求和做法要求。有吊顶的房间离壁墙高度为吊顶以上 100mm;没有吊顶的房间离壁墙高度满足设计要求。

(2)熟悉施工现场,实测水沟位置和宽度,墙面上无影响龙骨排布的物体、无影响面板安装的凸出物,并与设计图认真比对,发现问题向相关部门反映并及时澄清。

(3)沟槛高度应根据现场定,满足两个原则,一是能满足沟内排水找坡,二是沟槛高出相邻地面装修完成面 100mm。

(4)熟悉离壁沟及离壁墙施工的验收规范及技术标准。

(5)对施工人员进行技术交底。

2)材料准备

准备水泥、商品混凝土、$\phi 6.5$mm 光圆钢筋、防水卷材、9mm 无石棉纤维水泥板(或其他设计确定材料及厚度)、20mm×37mm×0.8mm 卡式主龙骨、50mm×19mm×0.5mm 轻钢副龙骨、50mm×50mm ×0.6mm

竖向龙骨、50mm×40mm×0.6mm 天地龙骨、φ8mm 镀锌通丝拉杆、固定件及螺栓、硅酮耐候密封胶、免钉胶等材料。

3）作业条件

（1）离壁沟施工条件

①主体结构已封顶，室内场地垃圾清理干净，将黏结在混凝土基层上的浮沉、松动混凝土、砂浆等用錾子剔除，用钢丝刷刷掉水泥浆皮，然后用扫帚扫净；

②沟内地漏下穿管已经安装就位。

（2）无石棉纤维水泥板离壁墙施工条件

①现场土建标高控制线已出，墙面设备、管线施工全部完成；

②墙面设备、管线施工全部完成，地面、墙面、吊顶内装修已完工（吊顶除外）。

4）人员组织

人员按单个班组配置为施工负责人 1 名、技术员 1 名、安全员 1 名、木工 2 人、普工 1 人。

5）施工机具

施工机具按单个班组配置为冲击电锤 1 台、圆盘锯 1 台、切割机 1 台、调直机 1 台、水准仪 1 台、墨斗 1 个、红外线水平仪 1 台、植筋枪 1 把、锤子 2 把、钢卷尺 2 把。

10.1.2 施工程序

1）离壁沟施工

（1）离壁沟做法

公共区和设备区离壁沟做法示例如图 7-10-1、图 7-10-2 所示。

（2）工艺流程

待准备工作完成、实测水沟的具体位置和宽度、现场具备实施条件后，可以开始离壁沟及离壁墙施工，具体工艺流程如图 7-10-3 所示。

（3）施工工艺

①测量放线。根据设计标高在墙面弹出距离地面装修完成面 1m 线，从轴线引出离壁沟位置，定好支模边线。必须拉通线，一般情况下，靠墙一侧挡水槛离墙距离 190mm、最小为 150mm、挡水槛宽度 100mm、高度 250mm，挡水槛装修完成面高于地面装修完成面 100mm，设计如有特殊要求，以设计图纸为准。

②植筋、绑扎钢筋。在沟槛内沿水沟纵向，间隔 500mm 植一根 φ6.5mm 钢筋，植入深度不小于 10d（d 为钢筋直径），上部弯钩，用一根 φ6.5mm 横向钢筋与其绑扎连接。

③安装模板（侧模）。模板为 18mm 厚木模板，具有足够强度，表面应光滑、平整，支模板前应涂刷隔离剂。模板两侧用间距 1000mm 短钢筋锚入混凝土结构板以固定模板位置，两块模板中间用 100mm 长、φ12mm、间距 500mm 钢筋布置于两块模板之间用于固定两模板间距离，上下两排，确保挡水槛截面宽度。模板支设好后拉通线检查顺直度，确保混凝土成形质量。模板高度应大于沟槛高度，模板安装到位后，在模板内侧弹出水平控制线。

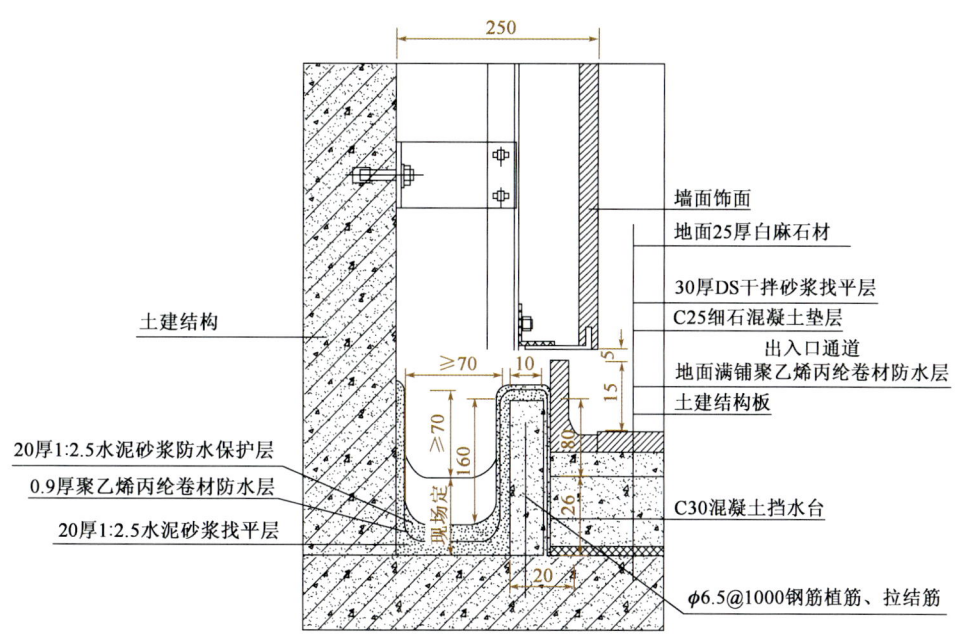

a) 出入口通道离壁沟做法详图

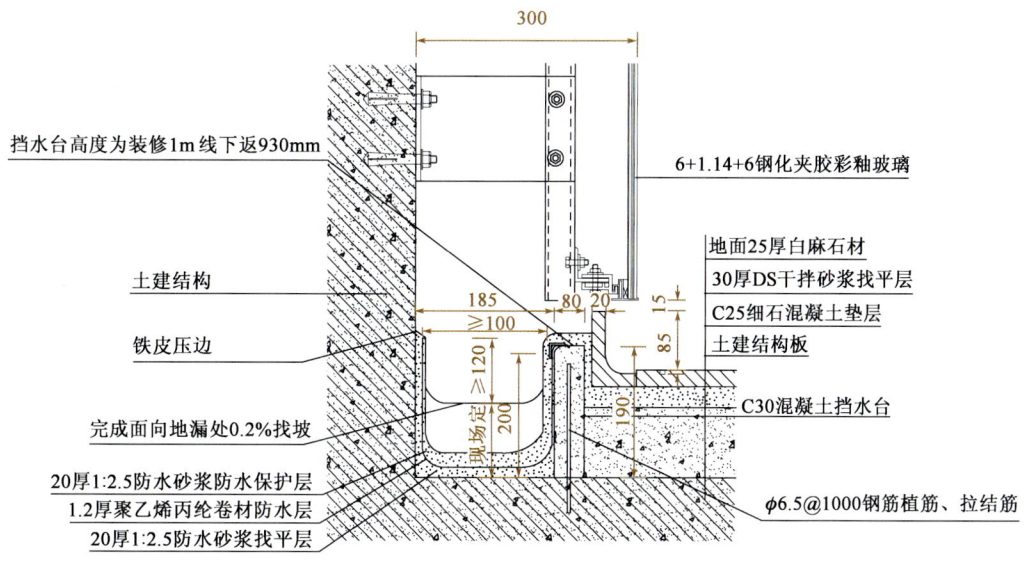

b) 站厅层离壁沟做法详图

图 7-10-1　公共区离壁沟做法示例图(尺寸单位:mm)

④浇筑混凝土。浇筑混凝土前,混凝土结构面应先用素水泥浆涂刷,模板也需用水润湿但不得有积水。挡水槛混凝土强度等级 C30,采用商品混凝土,运输、浇筑、振捣需在混凝土初凝前完成,混凝土浇筑时不得碰撞定位钢筋。如振捣有困难时,可用插钎法,即用长钢筋均匀、连续插、拔混凝土,以达到振捣效果,混凝土表面需收平。待混凝土具备 5.0MPa 强度后即可拆模(视气温情况而定,夏季可在 2d 左右拆模)。

⑤施工沟内找平层。依据之前弹出的水平控制线,在沟内用砂浆找出 2‰ 坡度,坡向地漏,注意坡向要正确,坡度均匀,表面顺直;否则,容易造成排水不畅或积水。此步骤是防水卷材做好的前提,因此一定要平滑、顺直,阴阳角抹成圆弧状,以利于防水卷层贴合。

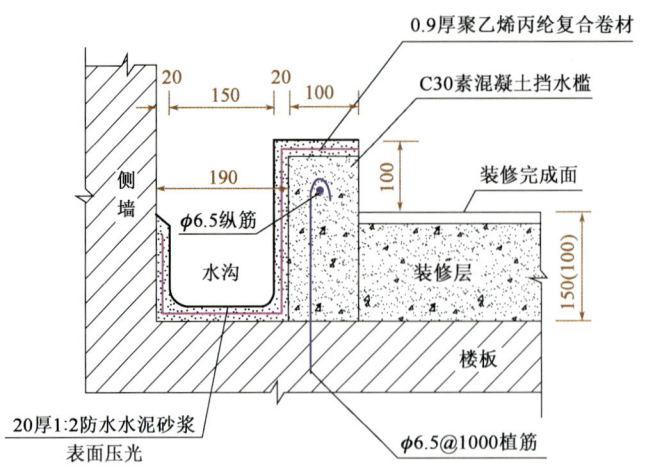

图 7-10-2　设备区离壁沟做法示例图(尺寸单位:mm)

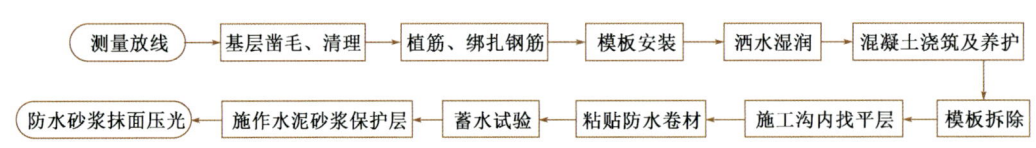

图 7-10-3　离壁沟施工工艺流程图

⑥粘贴防水卷材。以铺贴丙纶聚乙烯防水卷材为示例,铺贴前先用 107 建筑胶水及水泥按 1∶1 搅拌均匀后涂刷于拟粘贴卷材的部位。与基层应严密贴合,不得有空鼓,靠墙一侧上翻高度不小于 150mm,挡水槛一侧应翻至上表面外沿,卷材边口用间距 200mm 水泥钉固定,卷材搭接长度不小于 100mm,沿水沟短向不得有搭接,必须是整块卷材。卷材搭接时,上游方向在上,下游方向在下。

⑦蓄水试验。待卷材防水层粘贴牢固且黏结层凝固后,在沟内蓄水,蓄水最小深度(即坡顶)不小于 20mm,24h 内无渗漏为合格,经监理单位确认后方可进入下步工序。

⑧施作水泥砂浆保护层。在卷材层上施作 20mm 厚 1∶2 砂浆保护层,表面压光,施作保护层时应厚度均匀、表面顺直,不能影响原有坡度、坡向。

⑨排水试验。保护层施工完毕后,还得最终通过排水试验,以确保水沟排水通畅、无积水。排水试验要分三个步骤:第一步在水沟最高处连续冲水,观察整个排水系统是否顺畅,是否能完好经过地漏排走;第二步也是在水沟最高处,间隙放水 3 次以上,放一定量的水后观察沟内积水情况;第三步,在水沟内随机取点放水,观察其排水效果。

2）离壁墙施工

以下主要简述设备区高密度无石棉纤维水泥板,公共区离壁墙饰面做法详见本篇第 7 章相关内容。

(1)工艺流程

待准备工作完成、现场具备实施条件后,可以开始高密度无石棉纤维水泥板施工,具体工艺流程如图 7-10-4 所示。

(2)施工工艺

①对需安装龙骨的地面、吊顶和墙面不平整处予以修整。

②按工程设计在地面及吊顶弹线,标出沿顶(地)龙骨的位置。同时标出检修孔位置。要求每 3 块

无石棉纤维水泥板的间距,其板底应设 400mm×400mm 检修孔,所以高密度无石棉纤维水泥板安装以前,应先开孔,应注意地漏位置必须设置检修孔。

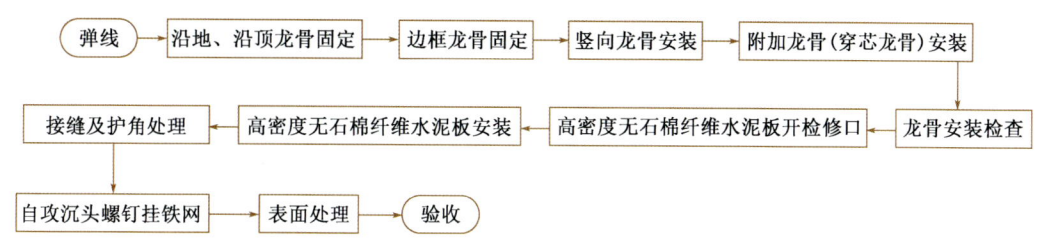

图 7-10-4　高密度无石棉纤维水泥板离壁墙施工工艺流程图

③用膨胀螺栓固定沿顶(地)龙骨。膨胀螺栓水平固定中距小于 800mm,距离墙端部为 100mm。

④将竖向龙骨插入沿顶(地)龙骨。相邻竖向龙骨,其间距应控制在 610mm 以内,用抽芯铆钉固定。

⑤在门窗框、墙体自由端和墙体连接处及较大开孔两侧安装加强龙骨。

⑥当隔墙高度超过板长时,为避免横向板缝在同一条线上,应相邻两张竖向板材横缝位置上下分别设置横撑龙骨,使板错缝安装。

⑦在悬挂设备的位置,根据设计标注的设备位置设置支撑物体,并在板面做出标记,以便设备的安装固定。

⑧安装暗设管线和插座,如需在竖龙骨开孔,孔径不得大于龙骨宽度的 2/5。

⑨根据现行《建筑用轻钢龙骨》(GB/T 11981)、《建筑装饰装修工程质量验收标准》(GB 50210)进行验收,检查龙骨框架的尺寸、垂直度、平整度、整体性及牢固程度,合格后方可进行高密度纤维水泥板的安装。

⑩高密度无石棉纤维水泥板的安装与固定:

a. 根据设计图纸和实际施工情况,对板材进行切割和开孔。必要时现场做倒角,高密度无石棉纤维水泥平板的两边都已做好倒角处理,但当墙体高于 2440mm 时,高密度无石棉纤维水泥板水平接缝的短边必须现场倒角。以便更好地处理接缝。

b. 高密度无石棉纤维水泥平板面上弹线并标出自攻螺钉固定点,同时预钻凹孔,自攻钉距板边 15mm,距板角 50mm,自攻螺钉中距 200～250mm。

c. 安装隔墙板时,一般采用纵向铺设,即板的长边固定在竖龙骨上。边缘分别固定在沿顶(地)龙骨或横撑龙骨上,板材对接时要自然靠近。自攻沉头螺钉沿顶(地)间距 200mm、两边间距 250mm 与龙骨固定,强压就位,墙体两面的板缝应相互错开。两侧隔墙板的板缝不得固定在同一根龙骨上,板与龙骨采用自攻螺钉进行固定,固定时应从板的中间向周边固定。

d. 高密度无石棉纤维水泥板安装好后,对板缝进行密封防裂处理,最后对高密度无石棉纤维水泥板表面刮腻子抹平。

高密度无石棉纤维水泥板安装示例如图 7-10-5 所示。

10.1.3　施工控制要点

1) 离壁沟施工

(1) 因排水沟宽度、深度对排水有影响,所以排水沟截面尺寸要正确;

图 7-10-5　高密度无石棉纤维水泥板安装

(2) 施工前应复核地漏间距及排水坡度是否满足排水要求;

(3) 为确保挡水槛的稳固性,挡水槛应采用钢筋混凝土结构;

(4) 找平层必须顺滑、平直,有利于卷材黏结;

(5) 防水层施工前必须保证基层处理到位;

(6) 防水层施工完成后,尽快施工保护层以保护防水卷材层;

(7) 防水层及保护层施工完成后,应分别做蓄水试验,以确保防水效果;

(8) 水沟能正常、顺畅排水为重点,因此沟内砂浆找平层及砂浆保护层施工注意坡度和坡向;

(9) 所有工序完成后,应进行排水试验,排水应顺畅、无积水;

(10) 离壁沟施工完毕后,垃圾要及时清理干净;

(11) 离壁沟遇隔墙应用穿墙套管通过。

2) 离壁墙施工

(1) 排版应整体考虑,多采用整块排布,非标板块应排布在不明显区域。

(2) 装饰暗门设置应与大面排版协调一致。

(3) 末端设备孔洞应采取整板套割,尺寸准确,边缘整齐、平顺。

(4) 离壁墙施工前,离壁沟应通过蓄水试验、排水试验;其他隐蔽工程也应通过验收。

(5) 为减少地面施工对离壁墙的污染,离壁墙施工前应先完成地面铺贴、踢脚线粘贴。

(6) 龙骨安装应保证垂直度和平整度。

(7) 卫生间等需贴墙砖的,紧邻结构外墙的离壁墙,可以将该部位的离壁墙做成 120mm 页岩实心砖墙,面贴墙砖。

(8) 硅酮耐候密封胶宽度不超过 3mm,横竖交接处施工时分开施工,避免硅酮耐候密封胶未凝固造成胶条模糊影响美观。

(9) 板材开启检修门位置离地为 300mm,左右位置居板中,检修门大小为 400mm×400mm,四周应设加强龙骨,每隔 6m 设置一个检修门,有离壁墙的房间最少需设置 1 个检修门,地漏位置必须设置检修门。

10.1.4 施工验收

1）离壁沟施工

（1）主控项目

离壁沟坡度、坡向正确，不得有渗漏、积水。

（2）一般项目

卷材搭接长度不小于100mm，保护层不能有空鼓、脱落，沟内平滑、顺直。

2）离壁墙施工

（1）主控项目

①离壁墙骨架所用的龙骨、配件、墙面板、嵌缝材料的品种、规格、性能和板材的含水率应符合设计要求。有隔声、隔热、阻燃、防潮等特殊要求的工程，材料应有相应性能等级的检测报告。

②安装的离壁墙骨架工程边框龙骨必须与基体结构连接牢固，并应平整、垂直、位置正确。

③安装离壁墙骨架中龙骨间距和构造连接方法应符合设计要求。骨架内设备管线的安装、门窗洞口等部位加强龙骨应安装牢固，位置正确，填充材料的设置应符合设计要求。

④离壁墙骨架的墙面板应安装牢固，无脱层、翘曲、折裂及缺损。

⑤墙面板所用接缝材料的接缝方法应符合设计要求。

（2）一般项目

①离壁墙骨架表面应平整光滑、色泽一致、洁净、无裂缝，接缝应均匀、顺直；

②离壁墙骨架上的孔洞、槽、盒应位置正确、套割吻合、边缘整齐；

③离壁墙骨架内的填充材料应干燥，填充应密实、均匀、无下坠；

④离壁墙安装的允许偏差及检验方法应符合表7-10-1的规定。

骨架离壁墙安装的允许偏差及检验方法 表7-10-1

序号	项　目	允许偏差（mm）增强水泥板	检验方法
1	立面垂直度	4	用2m垂直检测尺检查
2	表面平整度	3	用2m靠尺和塞尺检查
3	阴阳角方正	3	用200mm直角检测尺检查
4	接缝高低差	1	用钢直尺和塞尺检查

注：本表选自《建筑装饰装修工程质量验收标准》（GB 50210—2018）表8.3.10。

10.1.5 质量通病与防治措施

1）问题描述

（1）水沟有渗漏。

（2）沟内有积水，排水不畅。

（3）水沟高度不够，有效排水深度不够，水沟宽度不够，影响排水效果。

（4）沟槛不顺直；刷漆的沟槛，分色观感差。

质量通病示例如图7-10-6～图7-10-11所示。

图 7-10-6　沟内地漏安装不规范

图 7-10-7　防水卷材未贴至挡水坎外

图 7-10-8　沟内排水不畅,有积水

图 7-10-9　沟内抹灰粗糙,不平整

图 7-10-10　沟内穿墙处无套管

图 7-10-11　机房沟坎刷漆观感差

2)原因分析与防治措施

(1)水沟有渗漏:原因可能是漏做防水卷材层,或防水层没做好。特别是阴阳角、地漏周边等需做附加层的地方,防水卷材层施工完后,应做蓄水试验,验证防水效果后,及时做好保护层砂浆,避免防水卷材层被破坏。

(2)沟内有积水,排水不畅:原因在于沟内坡度、坡向不对。施工时要确保坡向正确、平滑顺直、排水通畅;应注意成品保护,如有其他杂物落入,应及时清理。

(3)应保证有效排水深度,不小于120mm,否则应该加高水沟高度;水沟宽度不够,净宽度应不少于100mm;沟槛不顺直,原因是模板没校正好,或者没稳固,导致沟槛混凝土成形质量差。有刷漆的沟槛,其表面应收光抹平,上色前先弹线,分缝处粘贴美纹纸,保证分缝处分色明晰、美观。

10.2 挡烟垂壁

挡烟垂壁是指安装在吊顶或楼板下或隐蔽在吊顶内,火灾时能够阻止烟和热气水平流动的垂直分隔物。地铁站内的挡烟垂壁,多设置在站厅、站台、楼扶梯洞口、无障碍电梯周边及公共区防烟分区处,地铁挡烟垂壁多采用固定式。

10.2.1 作业准备

1)技术准备

(1)认真审阅施工图,明确挡烟垂壁设置位置、安装形式是否合理。如发现常见的楼扶梯洞口等未见挡烟垂壁,应主动与设计单位沟通,提醒核实是否有遗漏。

(2)熟悉挡烟垂壁施工验收规范及技术标准,依据挡烟垂壁位置,细化吊顶排版的详细尺寸,熟悉吊顶以上、吊顶下挡烟垂壁安装的工艺做法。

(3)施工前组织技术人员、施工工长、质检员及劳务队班组长进行施工方案交底,使每位管理人员都能掌握挡烟垂壁施工的控制要点,在施工中能正确操作。

(4)对施工人员进行技术交底,应强调技术措施、质量要求和成品保护;大面积施工前应先做样板,经参建各单位确认后,方可组织班组施工。

2)材料准备

(1)挡烟垂壁所用的各种原材料必须符合相应国家标准或行业标准的规定。挡烟垂壁应采用不燃烧材料制作,其最小值不低于500mm,保持完整性的时间不应小于30min。

(2)防火板:用于吊顶以上,一般采用6mm厚复合式钢结构加固,更具备牢固性和安全可靠性。

(3)防火玻璃:必须是消防部门认可的带防火性能标识的产品。

(4)金属材料:方钢、角钢、扁钢、不锈钢等,用于整体结构拼装、加固、吊装和表面装饰,除不锈钢板外,出厂前均做防锈、防火处理。

(5)标准件系列:吊装用膨胀螺栓等渗入结构内部的加固件,采用优质合格产品。螺栓、螺母、弹垫等连接紧固件,采用优质镀锌产品,具有防潮、防锈、防腐作用。

3)作业条件

(1)吊顶以上挡烟垂壁周围的设备、风管、电缆桥架、消防管道及电气管线已施工完毕并经隐蔽验收合格;

(2)活动脚手架已搭设完毕;

(3)施工现场已具备临时用电条件。

4)人员组织

人员按单个班组配置为施工负责人1名、技术员1名、安全员1名、木工2人、焊工1人、普工1人。

5)施工机具

施工机具按单个班组配置为电焊机1台、切割机1台、手电钻1台、电锤1台、锤子2把、红外线水平仪1台、水平尺1把、钢卷尺2把、扳手2把、墨斗1个、打胶枪1把、吸盘2副。

10.2.2 施工程序

1）工艺流程

待准备工作完成、现场具备实施条件后,可以开始挡烟垂壁的安装工作,具体工艺流程如图7-10-12所示。

图7-10-12　挡烟垂壁安装工艺流程图

2）施工工艺

（1）放线

依据吊顶挡烟垂壁深化布置图,用墨斗放出挡烟垂壁的位置线,同时定出预埋板的位置。挡烟垂壁定位轴线的测量放线必须与主体结构的主轴线平行或垂直,以免挡烟垂壁施工和楼梯洞口檐口立板施工发生矛盾,造成阴阳角不方正和装饰面不平行等缺陷。

（2）打眼,安装膨胀螺栓

用电锤打眼、安装膨胀螺栓,固定预埋板。由于顶板钢筋较密,安装膨胀螺栓有一定难度,可换位打眼、安装膨胀螺栓,将预埋板固定牢固。

（3）骨架、吊件安装

以∟50×5角钢为骨架,在梁的侧边上生根,下料时先进行现场测量,吊杆高度在吊顶完成面上返100mm为宜;安装时在角钢上部打孔（ϕ11mm）,第一个孔中心距角钢顶40mm,第二个孔中心距第一个孔中心120mm,采用M10膨胀螺栓将角钢与结构梁固定;安装时拉线,所有垂直安装的角钢平面在一个平面上。水平向角钢与竖向角钢焊接连接固定,与装修配合施工,确定下横梁的高度。

（4）防火板安装

挡烟垂壁吊顶以上部分采用防火板,与立杆和横杆连接,当采用防火板封堵时,要仔细测量间隙距离,设计剪裁形状,达到减少拼接拼缝的目的,并于拼接拼缝处涂抹防火油膏进行封堵,风机盘管出风管下方增设角钢,贯通防火垂幕,增加防火垂帘的牢固程度。

（5）防火玻璃安装

U形卡底上、下部安装螺母,对向锁紧,并在装饰面层上面加固螺杆,不得晃动。以条形硅酸钙板或石棉板作为衬垫,放入U形卡内填充空隙,固定后保证挡烟垂壁连成一直线,正常下垂,垂边平齐。挡烟垂壁固定玻璃的螺栓应均匀、适度收紧,避免玻璃爆裂,并不得摆动。挡烟垂壁每档连接处留有的5mm间隙,用透明防火胶黏结,并保证防火玻璃遇高温时有膨胀的空间。安装下料前应进行现场实地测量,保证下料尺寸合理、准确,均匀分段,防火玻璃吊装孔的部位分布也要合理。安装好玻璃吊装夹具,将玻璃孔与铝合金孔对牢,并用对撬螺杆将玻璃和铝构件对穿固定。第一块玻璃就位后要检查玻璃侧边的垂直度,以后就位的玻璃只需检查其与已就位好的玻璃上下缝隙是否相等,是否符合设计要求。

（6）不锈钢收口条安装

待防火玻璃安装完毕后,在防火玻璃下口安装成品不锈钢收口条,收口接缝应与防火玻璃接缝错开布置,保证防火玻璃安装的平整、直线度。

挡烟垂壁安装示例如图7-10-13、图7-10-14所示。

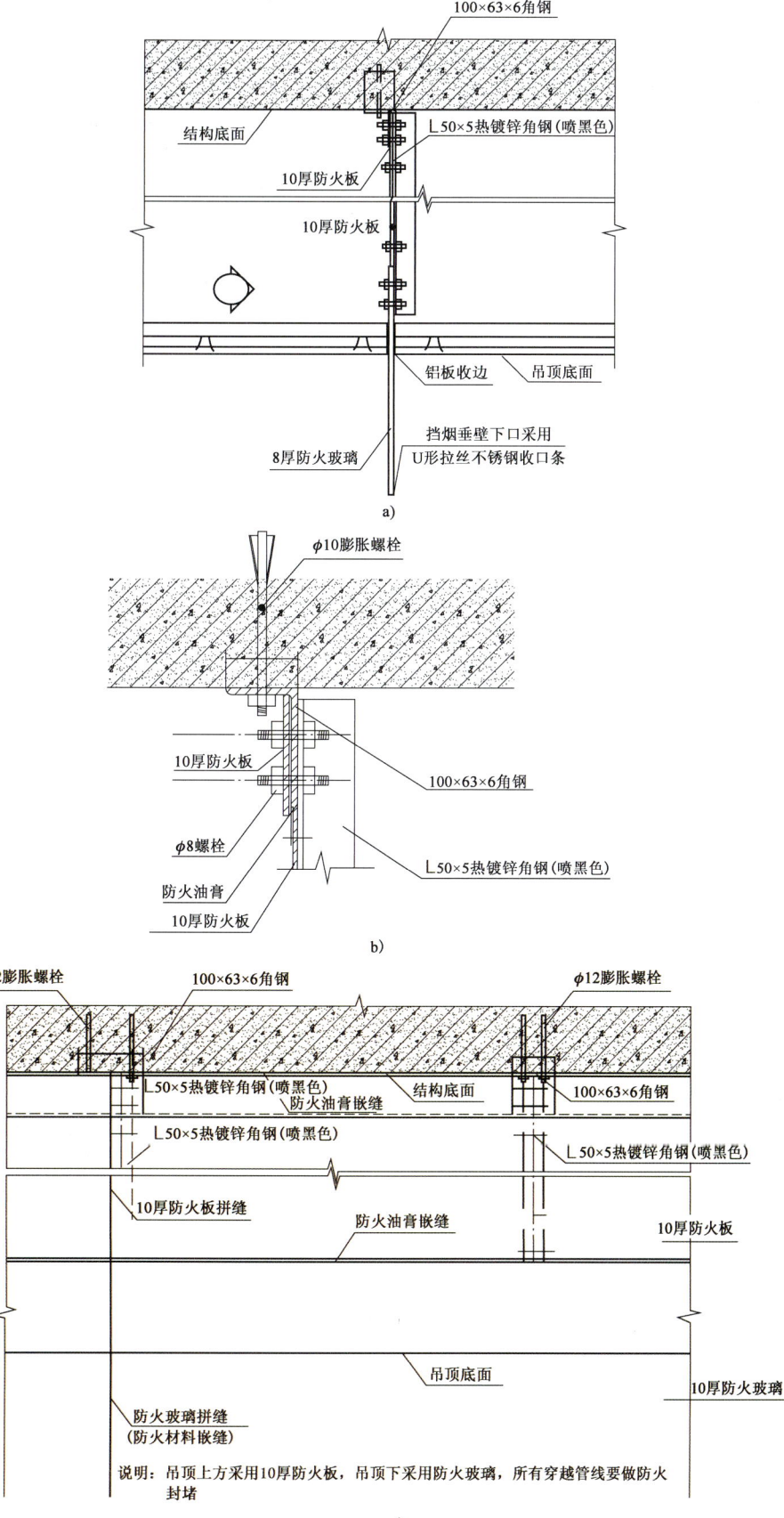

图 7-10-13 防火板挡烟垂壁安装大样图（尺寸单位：mm）

a) b)

图 7-10-14 挡烟垂壁

10.2.3 施工控制要点

(1) 挡烟垂壁的龙骨焊接、连接件安装应牢固,焊缝须做防锈处理;

(2) 挡烟垂壁与各种管线及结构面之间的缝隙应封堵密实,防止串烟;

(3) 防火板和钢结构在安装前应涂刷黑色防火漆,且钢结构应作防锈处理;

(4) 站台层垂直车站方向的挡烟垂壁设置不应影响站台门上盖板开启检修;

(5) 挡烟垂壁玻璃安装与墙、柱面连接处采用打胶处理,防止玻璃热胀冷缩时被破坏;

(6) 在吊顶弧形、高低跨等造型区域布置的挡烟垂壁,以吊顶最低标高为基准,保证挡烟垂壁下口标高一致,并不得低于设计规范要求;

(7) 挡烟垂壁玻璃分缝应当均匀,版面不得少于标准版面的 1/3;

(8) 挡烟垂壁玻璃安装应在饰面板预留缝隙的中间,保证玻璃两侧缝隙一致,增加挡烟垂壁安装的美观度。

挡烟垂壁重要部位安装示例如图 7-10-15、图 7-10-16 所示。

图 7-10-15 玻璃安装在饰面板预留缝隙中间   图 7-10-16 造型吊顶挡烟垂壁布置

10.2.4 施工验收

(1) 挡烟垂壁的组成材料,其材质、规格、防火等级、耐火极限应符合设计要求及相关规范。

(2)挡烟垂壁金属零部件表面不允许有裂纹、压坑及明显的凹凸、锤痕、毛刺、孔洞等缺陷;其表面必须做防锈处理,涂层、镀层应均匀,不得有流淌现象。

(3)挡烟垂壁的设置形式、位置应符合设计要求。

(4)防火板之间板缝应密实,玻璃之间板缝应均匀,板块无高低差。

(5)玻璃表面不得出现污渍、破损等现象。

(6)玻璃下口不锈钢收口条安装顺直、美观。

(7)挡烟垂壁的标牌应牢固,标识应清楚。

(8)挡烟垂壁的孔洞、槽、盒应位置正确、套割方正、边缘整齐。

10.2.5 质量通病与防治措施

1)质量通病

(1)挡烟垂壁上方封堵不严,影响消防验收;

(2)挡烟垂壁防火玻璃接缝处打胶不密实,不漏烟;

(3)挡烟垂壁位置安装错误;

(4)防火玻璃未注明防火标识。

挡烟垂壁施工质量通病示例如图 7-10-17 所示。

图 7-10-17 挡烟垂壁上方封堵不严

2)原因分析与防治措施

(1)未按照设计图纸要求对主体结构与玻璃之间设置防火板,穿桥架、风管周边缝隙需用防火封堵材料填塞密实,挡烟垂壁玻璃之间未打胶。玻璃安装调整完成后,应及时进行打胶处理。

(2)挡烟垂壁在图纸深化设计期间,未充分理解挡烟垂壁设置规范要求,导致挡烟垂壁设置数量及位置错误。施工前,应做好挡烟垂壁图纸深化设计工作,确保挡烟垂壁的安装位置、间距符合规范要求。

(3)使用未经国家强制性认证的玻璃生产厂家生产的防火玻璃。对玻璃生产厂家进行资质及业绩考察,确保符合相关要求,并加强对玻璃的进场验收,有防火玻璃型式检测报告、合格证及防火玻璃 3C 认证标志。

10.3 不锈钢

地铁车站的不锈钢工程主要包括栏杆、扶手、不锈钢票亭、人防门门槛、检修盖板、不锈钢门等。本节主要对不锈钢制品制作安装进行讲述。在干燥环境中宜使用 SUS 304 不锈钢,但在侵蚀性严重的工业或海洋大气中,宜采用 SUS 316 不锈钢。

10.3.1 作业准备

1）技术准备

(1) 站内栏杆安装位置及工艺已经深化设计确认完成,各管材样品已经参建各方确认完成。

(2) 票亭深化设计图纸已确认完成,包括票亭内部动力与照明、弱电末端点位（插座、门禁释放按钮、开关盒等），台面高度、宽度及出线孔个数,与 AFC 专业沟通相关接口及前方 PS 屏（综合监控电源吊挂屏）吊挂等关系。

(3) 阅读、审核施工图纸,澄清有关技术问题,了解栏杆立柱与石材对缝关系,了解票亭与地面石材衔接关系,了解票亭的摆放位置。票亭样式需按照深化设计图纸实施样板,同时经参建各单位确认。熟悉栏杆施工的规范和技术标准,制订施工安全保证措施,提出应急预案。

(4) 对施工人员进行技术交底,开展岗前技术培训,考核合格后持证上岗。

2）材料准备

需准备预埋钢板、膨胀螺栓、不锈钢圆管、不锈钢立柱、不锈钢驳接爪、钢化夹胶玻璃、钢化玻璃等辅件,室内外不锈钢栏杆的型号依据设计图纸进行区别。所有材料均需满足栏杆安装规范要求及材质性能参数要求。

3）作业条件

(1) 现场基层无水泥浮浆,地面基层已清理干净,具备放线条件。

(2) 根据现场情况,准备不锈钢施工工具、防护标识牌等。

4）人员组织

人员按单个班组配置为施工负责人 1 名、技术员 1 名、安全员 1 名、木工 2 人。

5）施工机具

施工机具按单个班组配置为电焊机 1 台、手电钻 1 台、冲击钻 1 台、角磨机 1 台、红外线 1 台、氧气瓶、乙炔瓶各 1 个,吸盘 2 只、钢卷尺 2 把、靠尺 1 把。

10.3.2 施工程序

1）站内公共区不锈钢玻璃栏板

(1) 工艺流程

待准备工作完成、现场具备实施条件后,可以开始不锈钢玻璃栏板的安装,具体工艺流程如图 7-10-18 所示。

图 7-10-18　不锈钢玻璃栏板安装工艺流程图

（2）施工工艺

①放线定位：根据地面排版图、楼梯洞口周圈止灰带的定位边线，在需要固定基础的地面上弹出预埋件的位置中心，位置中心与地面石材缝隙在一条直线上，同时画出固定点与止灰带石材的关系并进行标记。安装示例如图 7-10-19～图 7-10-22 所示。

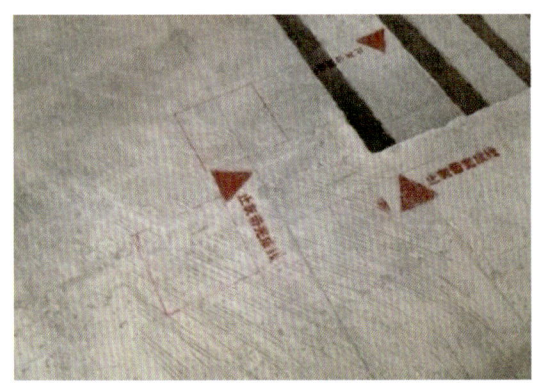

图 7-10-19　栏杆埋板定位

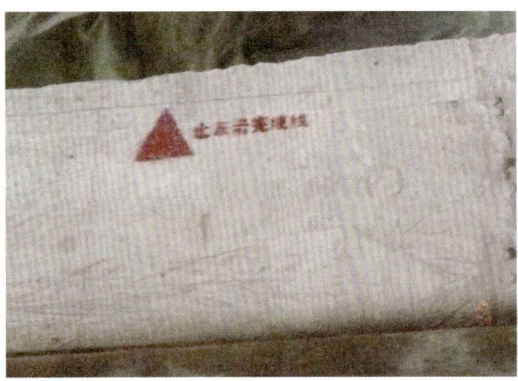

图 7-10-20　栏杆止灰带边线定位

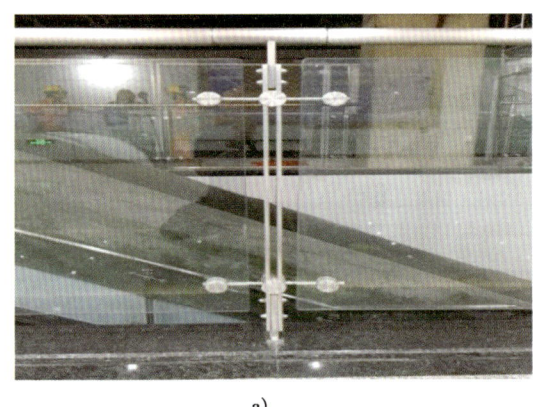

a)　　　　　　　　　　　　　　　　　b)

图 7-10-21　栏杆立柱与石材对缝

②安装预埋件、立柱：采用 M12×60 膨胀螺栓固定 8mm 厚钢板，每块板不小于 4 个膨胀螺栓，将 70mm×10mm 不锈钢支座与埋件钢板焊接牢固。

③安装夹槽：将两片 70mm×10mm 不锈钢立柱与 70mm×10mm 不锈钢支座通过不锈钢螺栓连接，连接牢固。

④安装扶手：

a. 将不锈钢扶手与不锈钢立柱采用螺栓连接或焊接，连接牢固。大样如图 7-10-23 所示。

图 7-10-22　石材接缝与踏步阳角对缝

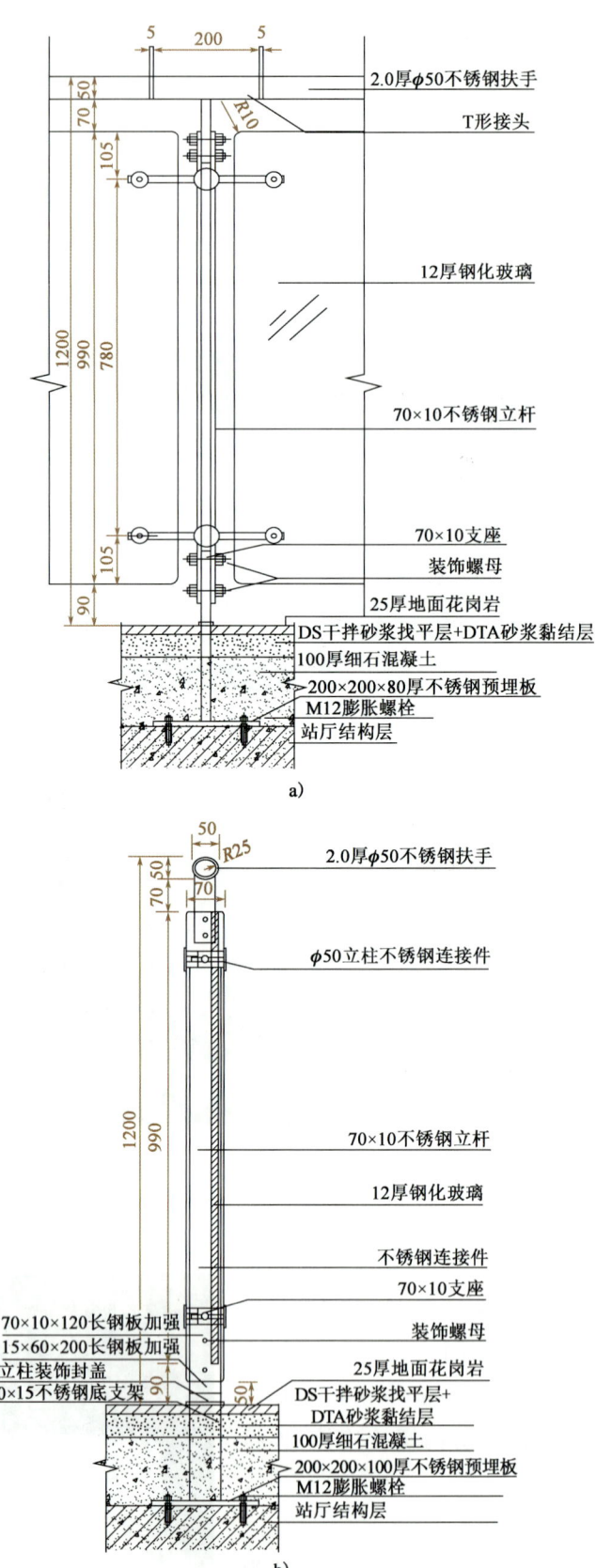

图 7-10-23

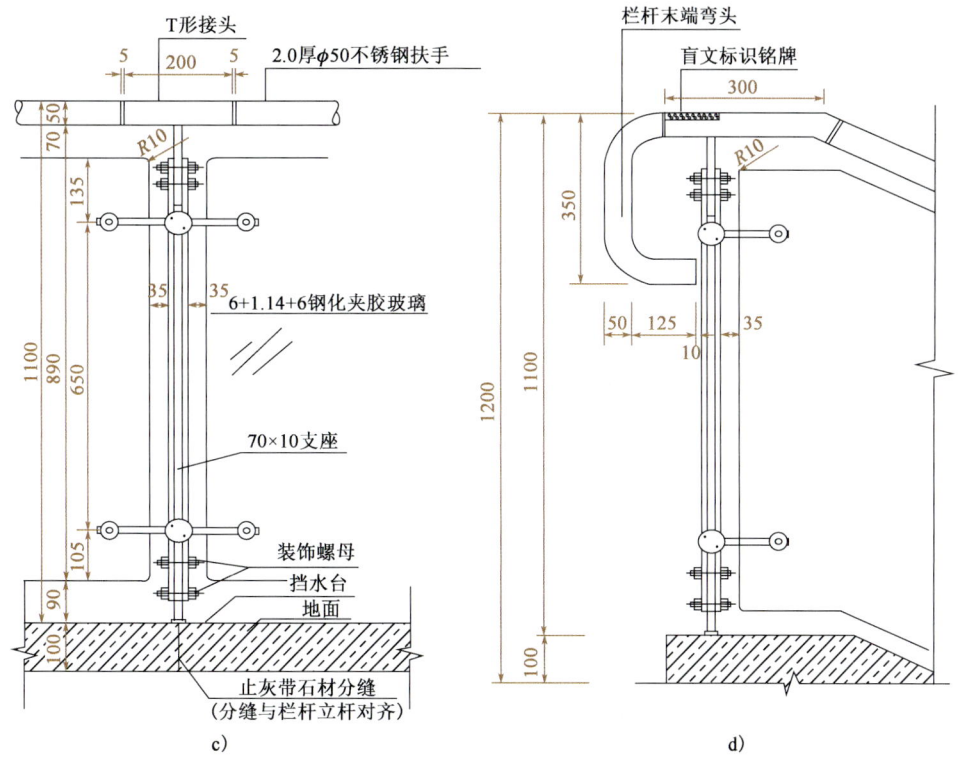

图 7-10-23 分区栏杆安装大样图(尺寸单位:mm)

b. 不锈钢立柱下端法兰盖根据不同角度异形加工安装,扣实严密。安装示例如图 7-10-24 ~ 图 7-10-27 所示。

图 7-10-24 直线成品转角件连接安装

图 7-10-25 90°成品转接件连接安装

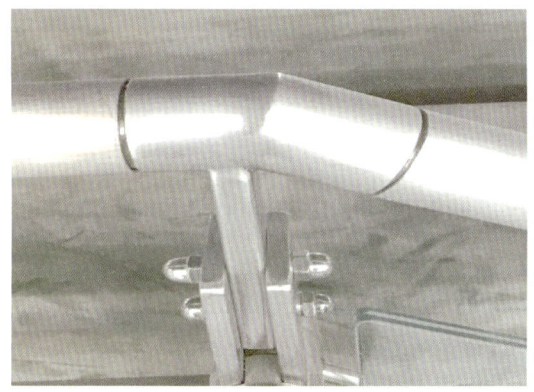

图 7-10-26 阳角成品转角件连接

图 7-10-27 阳角处不锈钢法兰盖

⑤安装玻璃:通过爪件连接在栏杆上的玻璃,其上下边高度应一致,目视在同一直线上,无错台、扭曲等现象。位于楼梯上的栏杆玻璃,上下边应平行,目视在同一平行线上,无错台、扭曲等现象。所有在同一立面上的玻璃,目视应在同一平面内。

2)不锈钢入墙扶手

(1)根据踏步完成线,在墙面上定位好基层埋板位置,同时避开墙面干挂龙骨埋板位置。基层埋板严格按照设计图纸进行施工,不得与墙面龙骨共用焊接挑出不锈钢连接件。

(2)不锈钢扶手采用成品直连接件、成品转接件。成品连接件与扶手面管齐平连接。

(3)不锈钢入墙扶手上下行端需按照设计要求增加盲文标识弯头。

(4)不锈钢入墙扶手上行端需增设不锈钢立柱,不锈钢立柱通过预埋钢板与结构固定牢固,不得摇晃。

安装示例如图7-10-28~图7-10-31所示。

图7-10-28 入墙扶手成品转折连接件

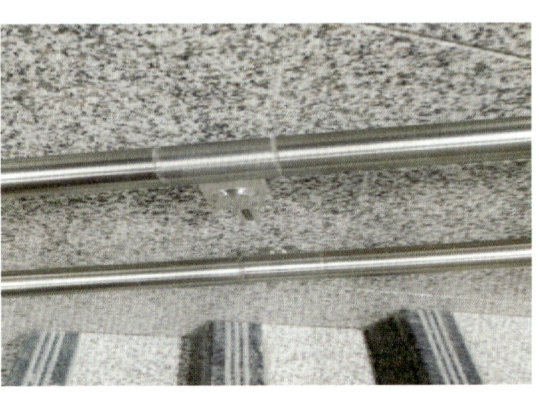

图7-10-29 入墙扶手成品直连接件

图7-10-30 入墙扶手上行端立柱固定

图7-10-31 入墙扶手

3)无障碍坡道栏杆扶手

(1)栏杆一般采用2.0mm厚φ50mm SUS 316拉丝不锈钢管,环向拉丝400号,高度900mm。示例如图7-10-32、图7-10-33所示。

(2)基层采用100mm×100mm×10mm不锈钢预埋板,与结构底板通过M12×100膨胀螺栓固定,间距1200mm布置。

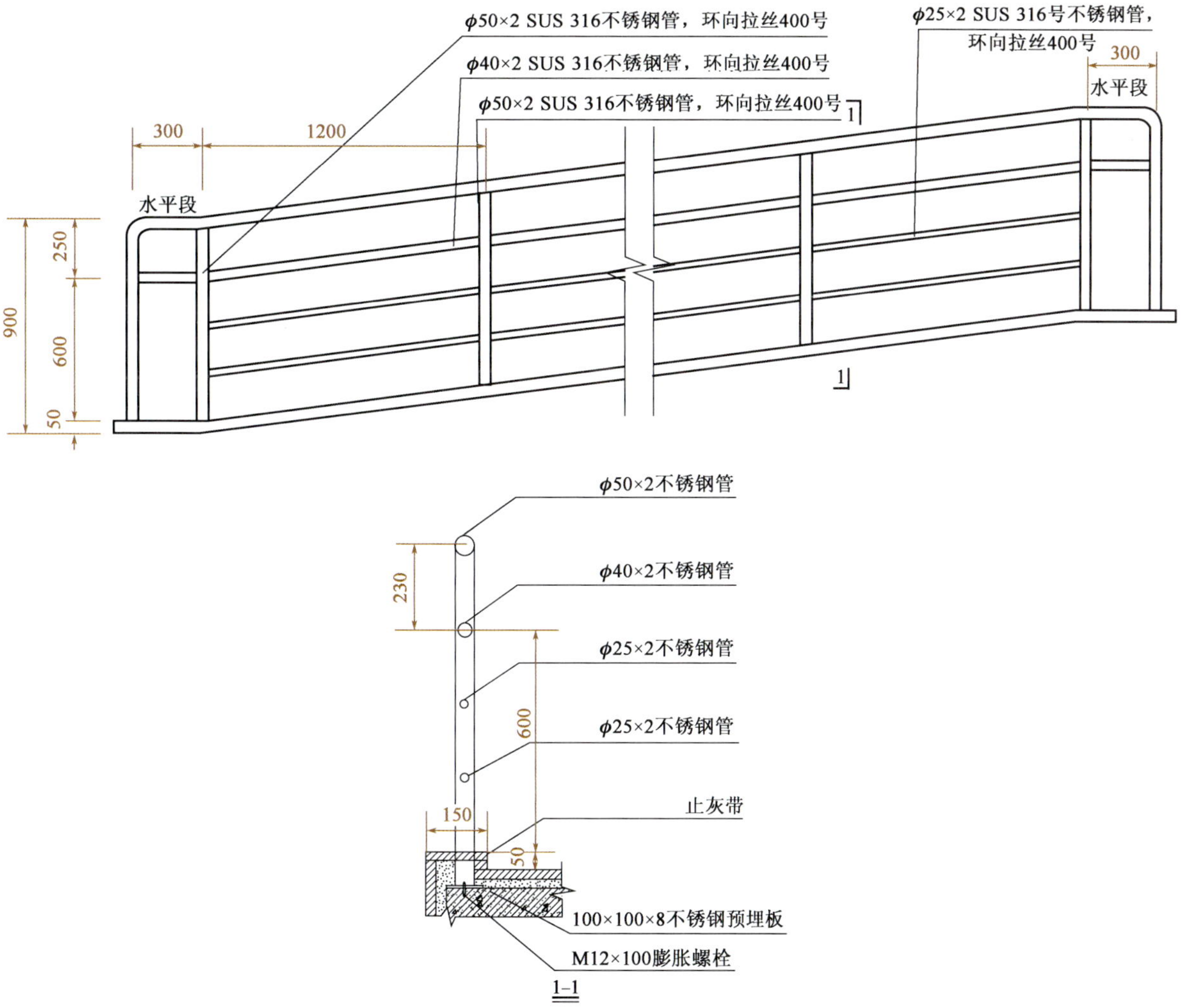

图 7-10-32　无障碍坡道不锈钢栏杆剖面图（尺寸单位：mm）

4）不锈钢人防门槛

（1）施工前，测量出人防门槛结构与通道地面石材标高关系，如遇结构高于石材面，需及时反馈人防门专业、电扶梯专业及设计单位，提出合理解决方案。

（2）3mm 厚不锈钢人防门槛自攻螺钉固定点处，底部采用 20mm×40mm×2mm 热镀锌矩形钢管，热镀锌矩形钢管之间采用水泥砂浆自流平找平。人防门槛与自流平间采用结构胶点粘固定布置，保证人防门槛安装完毕后与石材面齐平，同时不允许出现空鼓、空响现象。

图 7-10-33　无障碍坡道栏杆安装

（3）不锈钢人防门槛与石材面之间预留 5mm 缝隙，用硅酮耐候密封胶进行填缝。

（4）不锈钢人防门槛上遇有盲道时，盲道需与两侧盲道顺接，同时盲道需整体加工成型。

（5）原则上不锈钢人防门槛应为一整块；遇有通道宽度较宽不能加工一整块时，可允许分段拼接，拼接处拼缝要整体焊接、打磨抛光，保证美观性。

不锈钢人防门槛示意图如图 7-10-34 所示。

5）不锈钢石材检修盖板

（1）根据已知石材地面标高，测量出基层骨架预埋标高。基层钢骨架安装平整牢固。

（2）公共区检修盖板大小原则上为450mm×450mm，重量轻，易于检修。遇有AFC管线路由处于石材中间时，检修盖板采用一整块石材（800mm×800mm）。

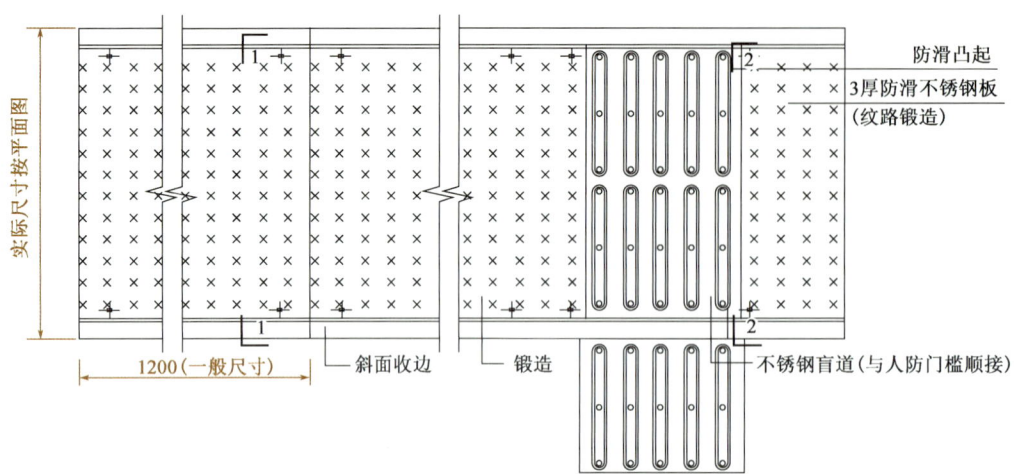

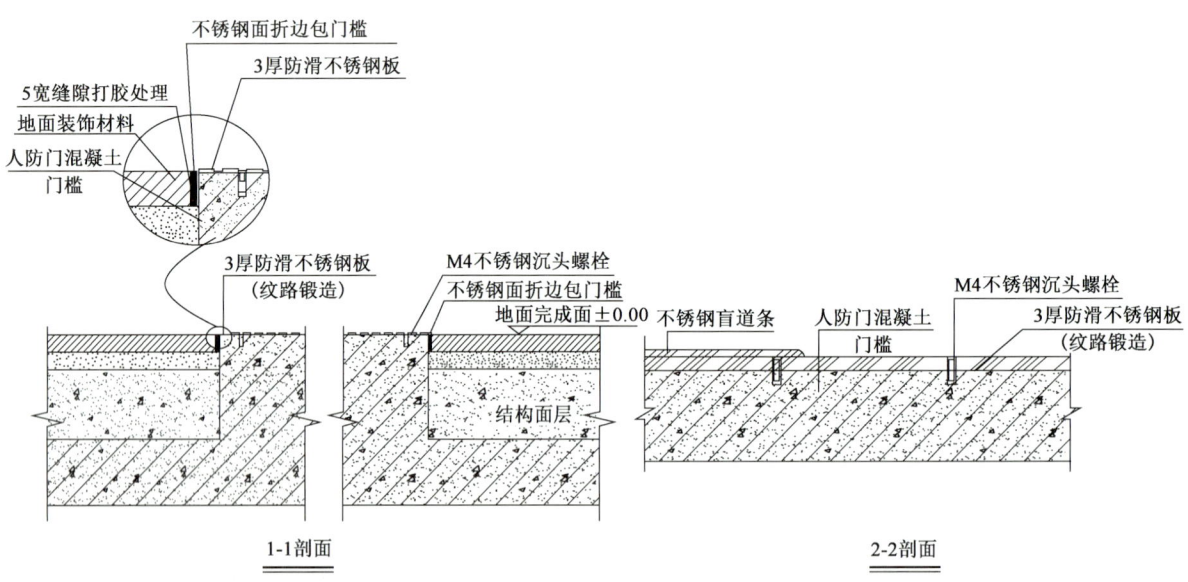

图7-10-34　不锈钢人防门槛示意图（尺寸单位：mm）

（3）各出入口休息平台均增加花岗岩石材横截排水沟沟盖板。

特殊地段的安装示意图如图7-10-35～图7-10-37所示。

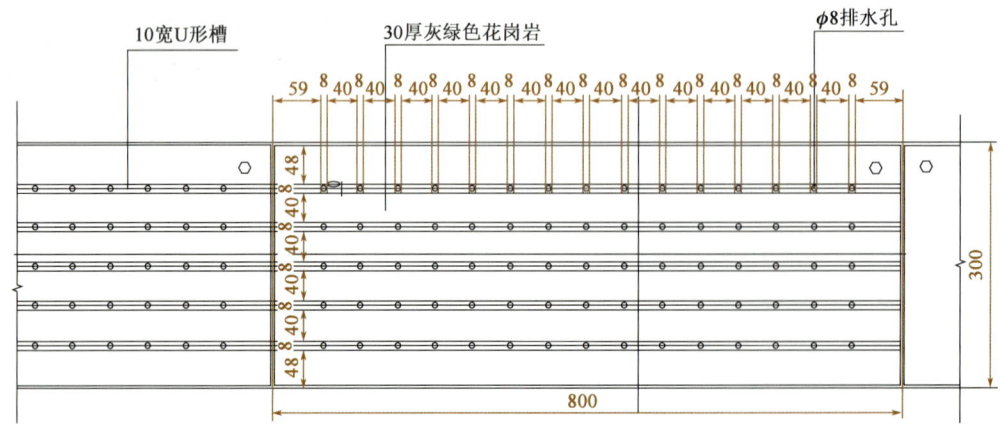

图7-10-35　站内横截排水沟盖板平面示意图（尺寸单位：mm）

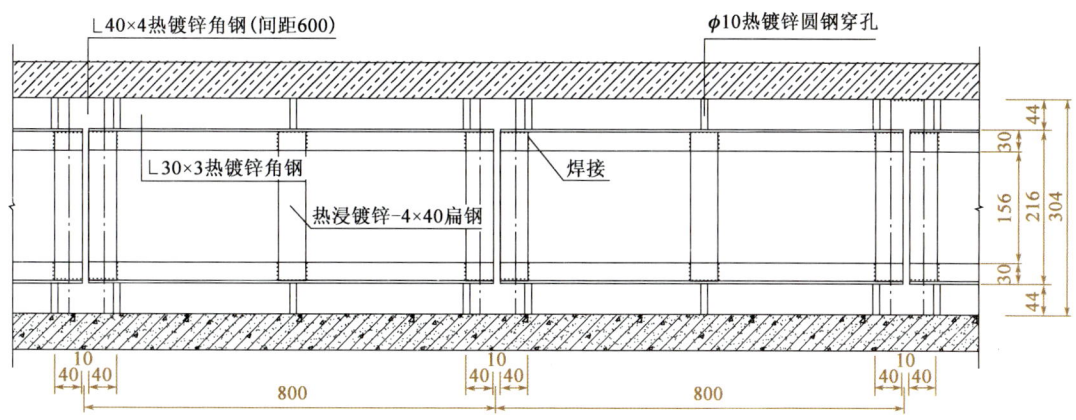

图 7-10-36 站内横截排水沟钢架示意图(尺寸单位:mm)

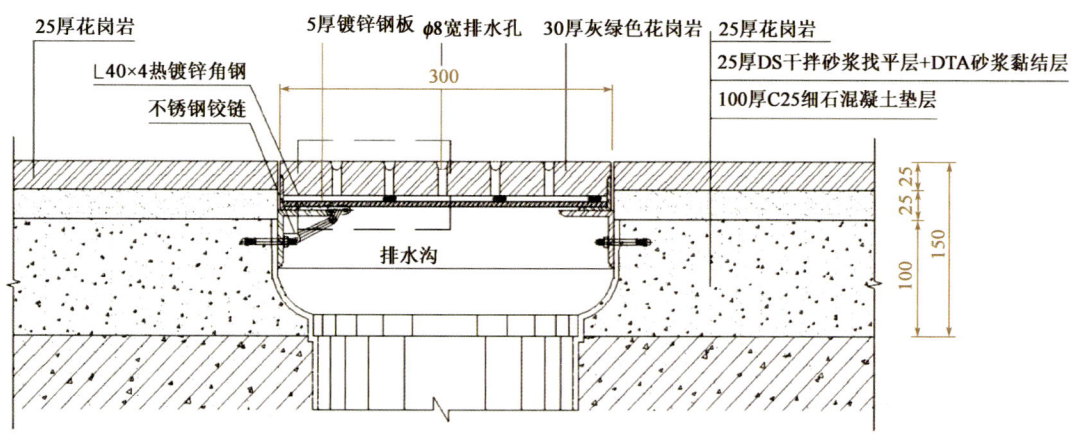

图 7-10-37 站内横截排水沟剖面示意(尺寸单位:mm)

6）票亭安装

(1) 工艺流程

待准备工作完成、现场具备实施条件后，可以开始票亭安装，具体工艺流程如图 7-10-38 所示。

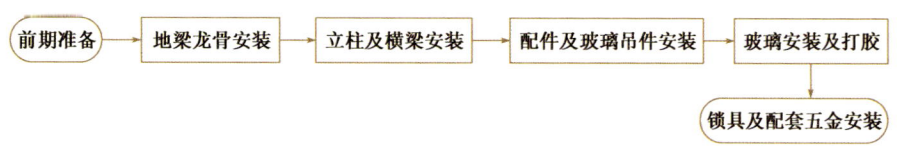

图 7-10-38 票亭安装工艺流程图

(2) 施工工艺

①前期准备：在打垫层前，将票亭的外轮廓线根据中轴线控制线弹在地面上，若票亭靠近楼梯洞口，票亭与楼梯洞口止灰带边线不允许出现空隙。根据外轮廓边线，做好动力与照明、弱电管线的预留预埋。在票亭进场安装前，需完成票亭下方的地面石材铺贴。

②地梁龙骨安装：根据施工图在已铺好的石材面上弹好票亭定位线，将票亭地梁龙骨进行组合

安装,并用不锈钢螺栓连接固定,安装时注意对已完成石材地面的成品保护。票亭台面断面图如图7-10-39所示。地梁龙骨内部各专业管道的管线、设备等根据票亭地梁龙骨内各部分的净空高度,以及以小让大的原则,定出各专业管道的标高、平面位置及走向,再确定票亭地梁龙骨;有冲突的地梁龙骨根据现场实际情况作相应的定位,首先确保地梁龙骨的平直,避免弯曲而影响票亭地台效果。

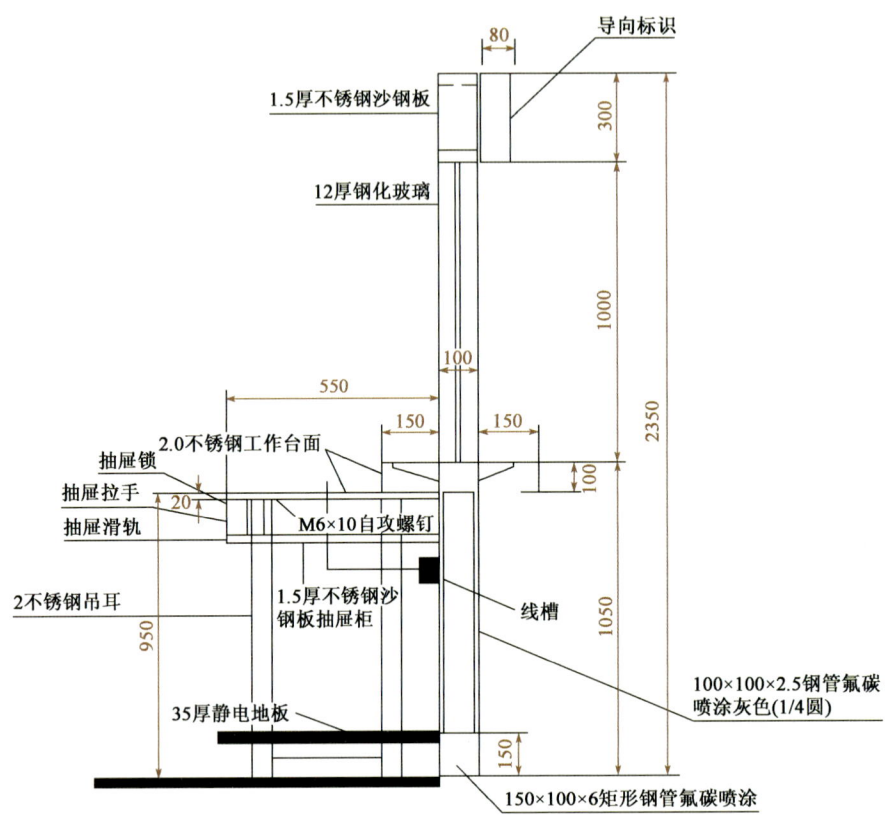

图7-10-39 票亭台面断面图(尺寸单位:mm)

③立柱及横梁安装:安装前必须根据图纸及现场实际尺寸校对,并确立柱及横梁的位置。根据主柱横梁位置,先人工运送主柱横梁至施工面,再竖起来连接拼装,然后用螺栓固定,检验合格后进行下一步工序。

④配件及玻璃吊件安装:支架安装后,立即按图尺寸分段检验,调整好支架各部位连接对位,然后方可安装配件及玻璃吊件。在安装配、吊件之前,根据构造要求进行配、吊件安装,并注意配、吊件连接固定,然后进行总体调整,合格后进行下一步工序。

⑤玻璃安装及打胶:安装前,应先检查及清除主结构支架的玻璃槽坑内的杂物,并测量玻璃的尺寸是否合适,在玻璃槽内均匀放置橡胶块后再进行玻璃安装及调整合位,并进行挤胶填缝,待玻璃凝结后进行刮胶清理,检验合格后进行下一步工序。

⑥锁具及配套五金安装:在票亭内部卫生基本清理干净后,按照预留好的门洞,安装已加工好的门及配套五金,要求门安装后能够开启顺畅,合页螺栓全部安装,不得遗漏。

7)零星不锈钢工程

(1)根据闸机距墙面距离的大小,增加不同形式的玻璃栏杆,如图7-10-40所示。

(2)为保证安全,出入口通道楼扶梯侧面增加防攀爬玻璃栏板,示例如图7-10-41、图7-10-42所示。

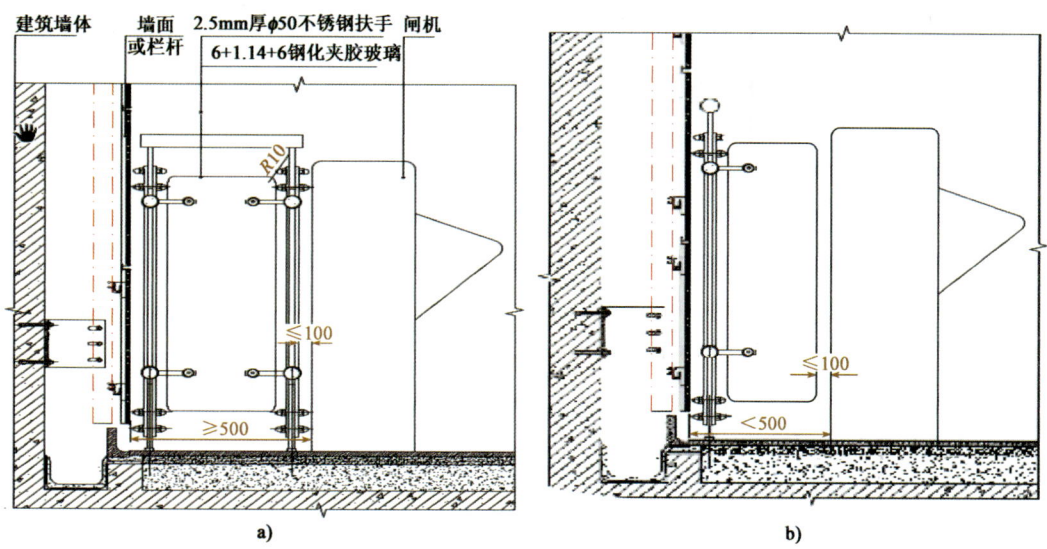

图 7-10-40 设备间隙栏杆接口示意图(尺寸单位:mm)

图 7-10-41 靠扶梯侧增加一块防攀爬玻璃栏板

图 7-10-42 靠楼梯侧增加两块防攀爬玻璃栏板

(3)栏杆距离设备缝隙大于120mm时,增加不锈钢玻璃栏板进行封堵。

(4)出入口楼梯踏步临空时,需增加不锈钢安全栏杆,示例如图7-10-43所示。

图 7-10-43 出入口踏步临空栏杆

(5)双扶梯之间增设镂空格栅限位栏杆,便于检修。限位栏杆基础固定方式需在电扶梯厂家生产时结合考虑(注:出入口通道双扶梯上平台不增设限位栏杆)。限位栏杆安装示意图如图7-10-44所示。

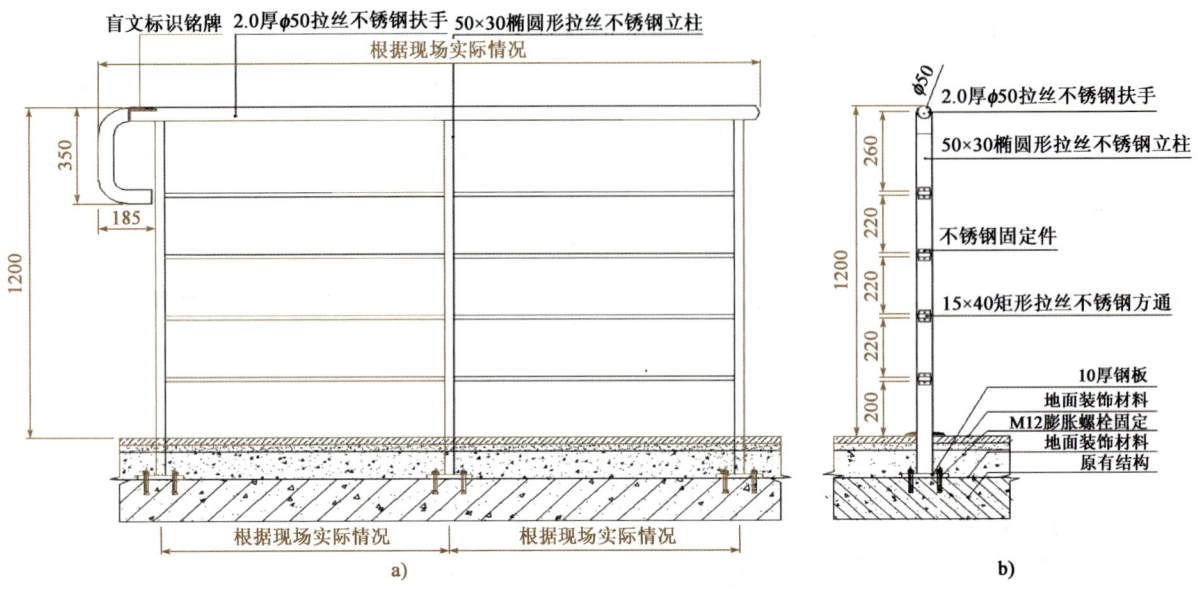

图7-10-44 限位栏杆安装示意图(尺寸单位:mm)

(6)员工通道边门安装时,需选用优质自由弹簧门合页,合页选择时需能够承受边门重量;边门立柱需提前预留门禁控制线;原则上盲道钉不进入边门下方滑轮路由开启线。员工通道边门及疏散门示意图如图7-10-45所示。

10.3.3 施工控制要点

1)不锈钢栏杆

(1)栏杆分隔应考虑与地面石材及止灰带的对缝关系。

(2)安装立柱前应先做好底座预埋件,预埋件应稳固可靠;后埋钢板需通过膨胀螺栓直接与结构板相连,不得安装在装修垫层混凝土上。

(3)双扶梯平台之间的限位栏杆基座应固定在电扶梯主体骨架上,需提前协调,留出可固定的位置。

(4)靠墙扶手连接件不应焊接在墙面板材龙骨上,须独立设置。

2)不锈钢盖板

(1)检修盖板设置应与地面板材排版相协调;

(2)检修盖板设置应考虑基层骨架及板材厚度,与相邻装修完成面应平整、牢固;

(3)检修盖板应为整板设置,出入口集水坑应设置两块盖板,小于整板的检修盖板应居中设置,禁止出现跨板设置检修孔;

(4)检修盖板如遇盲道,盲道须贯通设置,示例如图7-10-46所示;

(5)横截沟盖板两端应贯通至墙面设置,示例如图7-10-47所示。

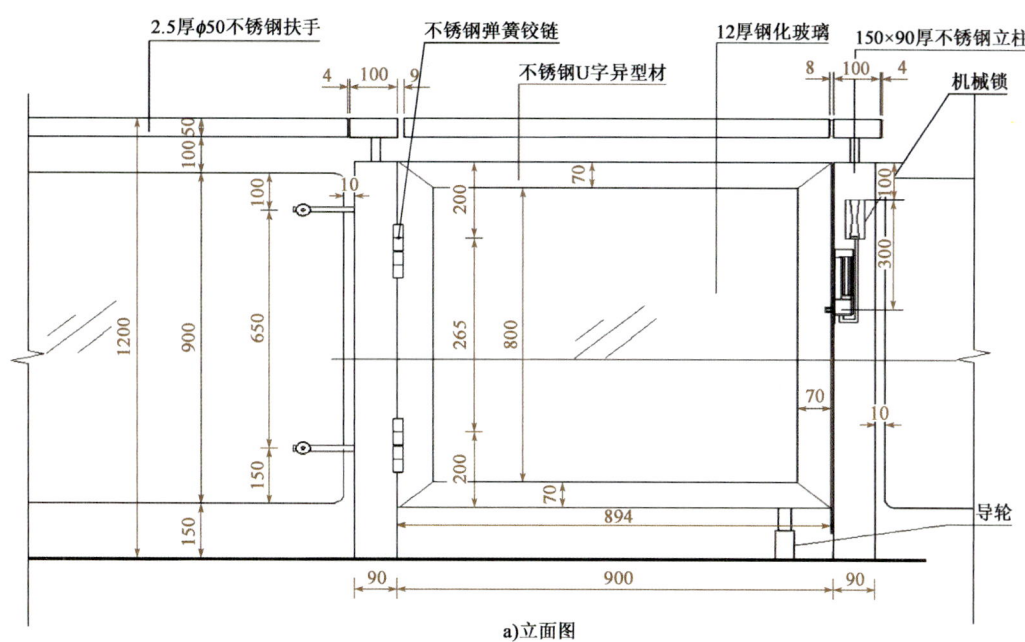

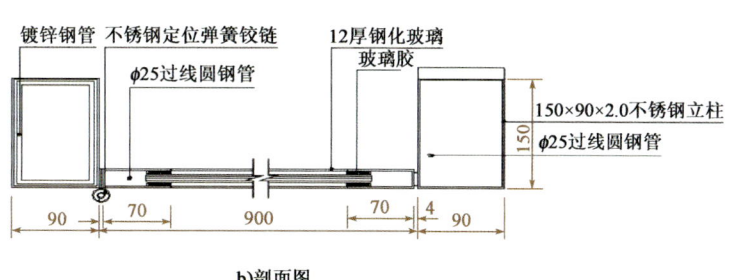

图 7-10-45　员工通道边门示意图(尺寸单位:mm)
注:边门前盲道设置需要避开边门下滚轮轨迹

图 7-10-46　横截沟遇盲道顺接　　　图 7-10-47　横截沟盖板贯通至墙面布置

3)不锈钢人防门槛

(1)出入口通道地面装修前,应注意人防门槛结构标高,装修完成面应保持基本一致;

(2)基层找平应考虑人防门槛结构标高及黏结层厚度;

(3)为防止空鼓,基层应采用高强度等级水泥砂浆找平压光,并采用结构胶进行粘贴固定;

(4)人防门槛与石材面之间预留5mm缝隙,用密封胶进行填缝;

(5)盲道条与不锈钢人防门槛宜采用满焊,焊缝应打磨抛光。

4)票亭

(1)地面垫层实施前,应将电源线及信号线布设到票亭范围内;

(2)票亭组装时应做好地面石材的成品保护;

(3)靠近楼扶梯洞口的票亭就位与栏杆止灰带之间不应出现缝隙;

(4)票亭各组装构件应成品加工,采用模块化组装;

(5)票亭一体化导向安装不得与PS屏冲突;

(6)为考虑安全,临近楼梯洞口一侧的票亭玻璃应安装钢化夹胶玻璃;

(7)门扇应安装闭门器,应采用自动关闭式机械锁,门扇关门后,需采用钥匙外侧开启;

(8)工作台安放位置墙面面上按设计要求预留6个$\phi 60mm$穿线孔,表面以塑料盖扣紧。

10.3.4 施工验收

(1)栏杆及玻璃的材质、规格型号等应满足设计要求。

(2)栏杆及靠墙扶手安装位置应正确、牢固,栏杆立柱应垂直,间距正确。

(3)楼梯栏杆及靠墙扶手安装坡度应与楼梯的坡度一致。

(4)扶手安装应接缝严密、外形美观,转角应圆顺、光滑。

(5)不锈钢栏杆及扶手拉丝方向须一致。

(6)不锈钢玻璃栏杆安装应整洁美观、横平竖直、无错台、扭曲等。

(7)表面不得有毛刺、焊渣及明显锤痕,边角保持整齐,不得留下切割痕迹。

(8)扶手和栏杆上设置的盲文为不锈钢冲压而成,触感清晰可辨。

(9)焊接密实,焊口表面粗糙度及颜色应与原材料一致。切口无毛刺,接缝严密吻合。组装式连接紧密、稳固、无松动,能承受地铁车站的各种荷载、风压,安全可靠。

(10)限位栏杆焊接应牢固,表面光洁无色差。

(11)楼梯扶手栏杆上、下端口部位应在栏杆水平段设置长度不小于300mm宽的盲文。标识与栏杆整体成型。盲文为不锈钢冲压而成,栏杆扶手上预留与盲文所在尺寸相当的孔洞,盲文所在块制作完成后,通过氩弧焊接将盲文所在块与栏杆预留孔洞焊接成整体。打磨光滑,边缘平滑无毛刺不刮手。栏杆宜工厂化加工,现场组装。

①不锈钢栏杆底部法兰盖不锈钢厚度宜为1.5mm;

②不锈钢栏杆玻璃面朝非付费区;

③不锈钢栏杆T形接头与面管之间的距离为4mm;

④所有不锈钢栏杆立柱顶端阳角均需在打磨成$R5$的圆角;

⑤所有顶端玻璃阳角均应倒圆角$R10$。

(12)AFC检修盖板、集水井盖板、横截沟盖板等应与地面板材平齐、无晃动。

(13)人防门槛安装应牢固、密实、无空鼓,表面平整、美观。

(14)人防门槛安装应与相邻装修完成面平齐。

(15)票亭内不锈钢板材及构件表面应光滑,整体美观、无缺陷。

（16）易触碰到的不锈钢板材尖角应做圆滑、抛光处理。

（17）票亭内部的各末端点位布置数量、位置应满足功能需求。

（18）票亭安装（构件、玻璃、台面、防静电地板、一体化导向、五金件）应牢固、接缝密实。

（19）不锈钢栏杆安装的允许偏差及检验方法应符合表 7-10-2 的要求。

不锈钢栏杆安装的允许偏差及检验方法　　　　　表 7-10-2

序号	项　　目	允许偏差（mm）	检 验 方 法
1	护栏垂直度	3.0	用 1m 垂直检测尺检查
2	栏杆间距	0，-6	用钢尺检查
3	扶手直线度	4	拉通线，用钢直尺检查
4	扶手高度	+6，0	用钢尺检查

注：本表选自《建筑装饰装修工程质量验收标准》（GB 50210—2018）表 14.5.7。

10.3.5　质量通病与防治措施

1）不锈钢横截排水沟

（1）质量通病

横截排水沟盖板未到头，示例如图 7-10-48 所示，不能完全进行排水。

（2）防治措施

①深化设计时应注意正确设置横截排水沟盖板，示例如图 7-10-49 所示。

图 7-10-48　横截排水沟盖板未到头

图 7-10-49　横截排水沟盖板正确设置

②技术交底到位，对重点部位加强管控。

2）不锈钢检修盖板

（1）质量通病

地面 AFC 检修盖板与地面石材存在错台现象，示例如图 7-10-50 所示。

（2）防治措施

①AFC 线槽施工前，装修单位与 AFC 线槽施工单位需仔细核实结构标高。对于结构标高存在问题的情况，需反馈建设单位、设计单位提出解决方案，保证 AFC 线槽顶标高满足石材检修盖板底标高要求。

②对于 AFC 线槽顶标高高于石材底标高≤5mm 情况，可将石材盖板底部钢板按照 AFC 现场设备盖板尺寸进行套割，保证盖板平整。

③骨架基层施工需进行找平，严格控制整体标高，对于盖板不平整的及时进行微调。

AFC 检修盖板与地面石材安装齐平示例如图 7-10-51 所示。

图 7-10-50　AFC 检修盖板与地面石材存在错台现象

图 7-10-51　AFC 检修盖板与地面石材安装齐平

3）不锈钢焊缝

（1）质量通病

焊接管材在接口处未满焊，焊缝未抛光，表面有划痕、毛刺、凹坑，示例如图 7-10-52 所示。

（2）原因分析与防治措施

①焊接人员工艺水平达不到要求，未取得特种作业证。对焊接人员应进行实际操作考核，达标后方可上岗。

②管材接缝处直接进行对焊，存在焊缝不饱满、焊缝不均匀的现象。焊接时应放置内衬套管，焊缝应饱满。

③管材壁厚太薄，整体强度不足，加工弯头时发生凹陷，抹平焊缝时，将鼓起一端的管壁磨透。应选用合格的不锈钢管材，管壁厚应满足设计要求。

④焊缝抛光不到位，对存在的毛刺未打磨到位。管材焊接完成后，应及时进行抛光处理，避免出现毛刺伤人。

⑤成品保护不当，在交叉作业时被物体撞击。管材焊接、打磨、抛光完成后，应加强成品保护，防止后续施工造成破坏。

焊缝饱满、抛光打磨示例如图 7-10-53 所示。

图 7-10-52　焊缝不饱满，影响美观

图 7-10-53　焊缝饱满、抛光打磨

4)不锈钢栏杆

(1)质量通病

①站内外楼梯扶手栏杆晃动,安装不牢固,栏杆扶手不在同一条直线上;

②扶手栏杆接槎不平,打磨不到位,成品连接件与两侧扶手拉丝方向不一致,接缝缝隙大小不一;玻璃阳角未做倒圆弧处理或圆弧倒角不够。

不锈钢栏杆安装质量通病示例如图 7-10-54 ~ 图 7-10-56 所示。

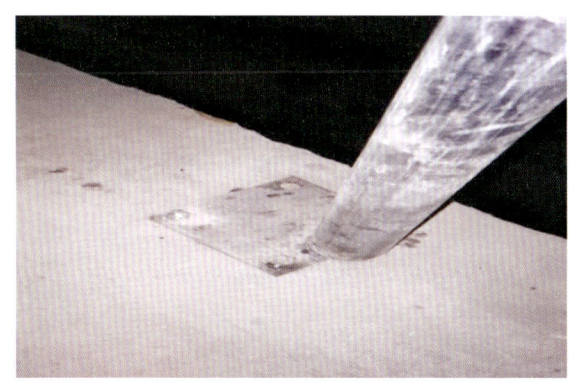

图 7-10-54　立柱与埋板安装不居中

图 7-10-55　栏杆安装不顺直

(2)原因分析与防治措施

①预埋板和立柱安装不牢固:

a. 栏杆立柱底部预埋板未安装在结构板上。需严格按照图纸施工,做好埋板测量定位及隐蔽工程验收工作,确定预埋件安装定位准确。

b. 栏杆安装完成后,需及时对各部位螺栓进行紧固。

c. 预埋钢板应在地面铺装前做好定位预埋。

d. 前期加强对安装精度控制,后期通过对固定件调整,保证平直度、接缝均匀。

②成品连接件与扶手拉丝方向,立柱、玻璃上口阳角倒角须严格按照设计图纸要求加工制作。

玻璃与栏杆立柱阳角倒圆角示例如图 7-10-57 所示。

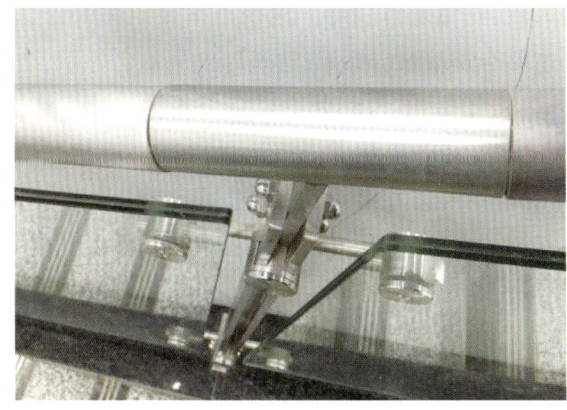

图 7-10-56　拉丝方向不一致,玻璃未倒圆角

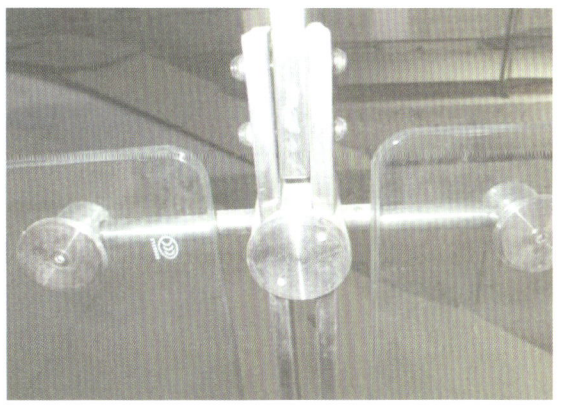

图 7-10-57　玻璃与栏杆立柱阳角倒圆角

5)不锈钢人防门槛

(1)质量通病

①人防门槛安装后存在错台,高于石材地面;

②不锈钢人防门槛存在空响,长时间走动变形,影响美观及使用示例如图 7-10-58 所示。

(2)原因分析与防治措施

①人防门槛结构标高与通道装修标高未整体复核,通道石材贴完后,无法补救,致使人防门槛安装完成后高于石材地面。施工前测量出人防门槛结构与通道地面石材标高关系,如遇结构高于石材面,须及时反馈并找到合理解决方案。

②结构基层未用水泥砂浆按照标高完全进行找平,不锈钢背部结构胶黏结点数量过少,内部不密实。基层采用水泥砂浆找平密实,不锈钢背部结构胶间隔 100mm 进行点粘固定,严格控制标高施工。

人防门槛安装与石材齐平,扣实严密,示例如图 7-10-59 所示。

图 7-10-58　人防门槛与石材安装不平,有空响

图 7-10-59　人防门槛安装与石材齐平,扣实严密

有关不锈钢工程的更多参考资料请见附件 7-10-1。

10.4　导向标识

导向标识系统,以直观、明确、快捷的视觉信息,对人流、物流进行引导。地铁车站导向标识分为站外部分及站内部分,站外部分主要是出入口及其周边,主要有车站路引标识、建筑外立面站名标识、地面垂直电梯定位标识、出入口标志柱、运营时间标识、站外公告栏等;站内部分主要有公共区吊挂式标识、贴附式标识、柱立式标识、嵌入标识、发光二极管(LED)标识、消防疏散标识、盲文导向牌、辅助指引标识、出入口编号标识、屏蔽门盖板标识、设备区房间科室牌等。安装方式一般有吊挂式、贴附式、嵌入式、柱立式等形式。本节主要讲述地铁车站站内外的导向标识的安装施工,关于标识材料的制作,一般在工厂完成,此处不再赘述。

10.4.1　作业准备

1)技术准备

(1)认真审阅施工图,明确导向标识设置位置、牌面内容、安装方式、是否需要配电等。导向标识样品经参建各方确认。

(2)图纸会审,并把发现的问题分类汇总后报参建各方联系解决。

(3)导向标识样品需经参建各方(含运营单位)确认完成,导向的版面信息经深化设计确认完成,点位布置已与参建各方(含运营单位)模拟现场空间环境确认完成,避免后期造成大量拆改、返工、重新安装。

(4)审图重点:

①了解各车站建筑、结构、装饰、墙面预留预埋情况;

②了解各车站导向标识牌与其他设备相互影响的情况;

③了解本系统与其他系统接口情况。

(5)施工前安排各专业工程技术人员对施工人员进行技术交底、工程内容交底、工艺流程交底,使所有人员在进入施工现场前熟悉所安装设备的性能、特点及合约规定,做到心中有数。

①熟悉导向标识:各种导向标识的名称,施工注意事项。避免人为原因造成预埋件位置安装错位现象发生。

②安装标准:要求的技术标准,包括焊接工艺、检测标准等。

③工具的使用:注意各种紧固件的机械受力、电气机具正确操作等。

2)材料准备

按照图纸要求,准备不同的导向标识及基层角钢、埋板、膨胀螺栓等辅件。

3)作业条件

(1)检查车站照明及低压单相220V、三相380V的施工电源提供情况,是否满足施工要求;

(2)吊顶已基本施工完毕,具备导向标识面板吊挂安装条件。

4)人员组织

人员按单个班组配置为施工负责人1名、技术员1名、安全员1名、木工3人。

5)施工机具

施工机具按单个班组配置为照度计1台、亮度计1台、测距仪1台、兆欧表1台、移动式脚手架1副、冲击电钻1台、手推车1辆、电动切割机1台、铝合金梯1副。

10.4.2 施工程序

1)工艺流程

待准备工作完成、现场具备实施条件后,可以开始导向标识施工,具体工艺流程如图7-10-60所示。

图7-10-60 导向标识安装工艺流程图

2)施工工艺

导向标识预埋件应在土建工程基本结束以后,与装修和其他设备安装同步进行。但本着车站施工先装修后机电安装,先大管主管道,后小管次管道,先上部顶部后下部底部的施工大原则,导向标识预埋件尽量比其他管道稍迟一段时间安装,为其他管道(如风管、给排水管)提供一个良好的施工环境,更重要的是减少导向标识预埋件安装好后不经意的人为损坏,造成成品损失。

(1) 测量放线

①测量定位。首先根据导向标识设计定位图和装修图,将导向标识吊挂点准确反映到综合吊顶平面布置图,吊挂点尽量放在板缝隙,避开灯具、其他末端设备等。按直线段取两端点定位,用粉袋画线器或墨斗弹线两条,标出车站全部导向标识预埋件的位置,提请各单位进一步确认。

②定基标放线。按照装修的基准标高,使用红外线水平垂直仪测量标高,在预埋件各直线段的两端定位。

(2) 预埋件安装

①选材、下料。导向标识系统设备预埋件采用钢板、方钢、角钢、槽钢加工,材料切割长度偏差不超过1mm。安装结构示意图如图7-10-61所示。

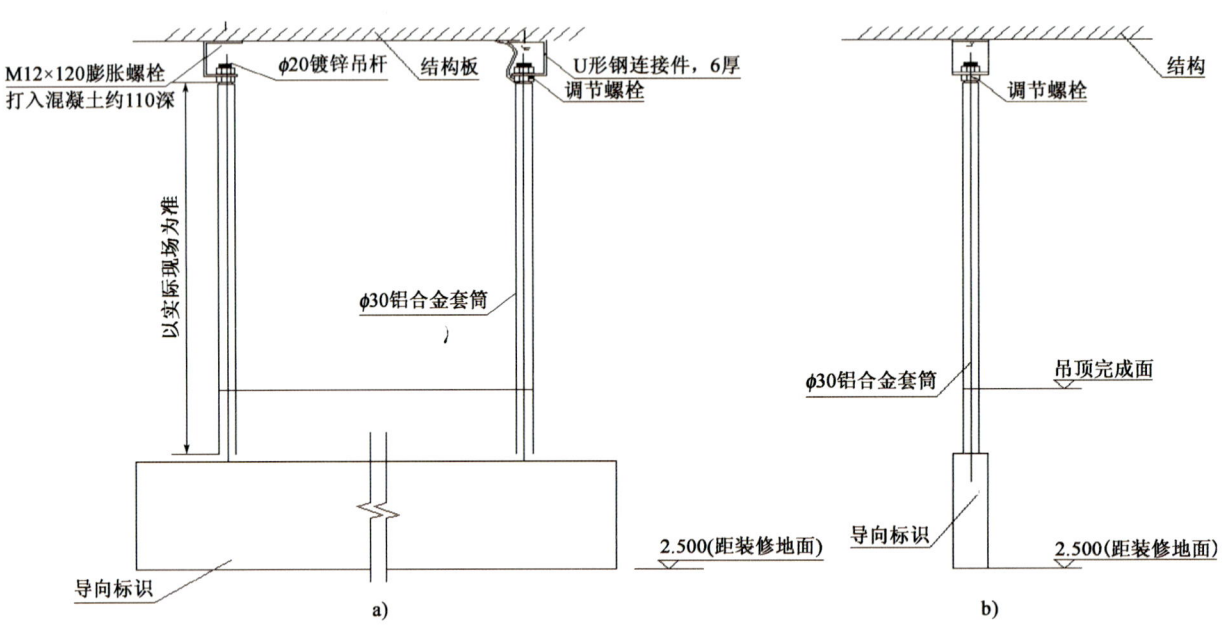

图7-10-61 吊挂式标识(无风管)安装结构示意图(尺寸单位:mm)

②焊接、打磨、打孔。使用电焊机焊接每段材料,焊接时用角尺和水平尺控制好每段材料间垂直度和水平度。焊接完成后需敲掉多余的焊疤,焊缝处焊点均匀、光滑、牢固。必须要双面或内外焊接。底座焊接完成后尺寸偏差不超过2mm。用角磨机打磨预埋件表面,特别是焊点部位,并用钢丝刷对预埋件除锈,清理多余的残留焊疤。

③镀锌。将预埋件材料运输至热镀锌厂进行热浸锌,镀锌厚度超过$50\mu m$。镀锌要求光亮、均匀、无毛刺。

④安装孔定位。根据设计图纸,参照已标出的距安装面尺寸位置,运用红外线水平垂直仪和卷尺测量设备安装位置;检查间距是否满足技术要求,并在安装预埋件物体上用记号笔画出预埋件外框线条。

⑤钻孔,安装金属膨胀螺栓。将预埋件底座按照施工图纸位置摆放在就位的物体上,用卷尺测量底座中线到参考物体面的距离,反复调整底座,使底座的中线上的两端点距参考物体面的距离相同。如参考物体面不是直线时,可用尼龙线拉出一条直线,以该直线为参考,反复调整,使预埋件底座摆放到设计位置。用水平尺检验是否水平,直至每个底座水平后,用记号笔按照画线标出的安装孔位置通过就位面

安装孔处面上做记号。用直柄冲击电钻在每个记号定位处打孔,孔的直径可比膨胀螺栓和连接螺栓的直径稍大 2mm。在标出的位置上,调节冲击电钻的深度标尺,使打孔的深度和金属膨胀螺栓的外胀管长度相同,孔要垂直,用毛刷扫除灰尘。一般预埋件安装固定使用直径 10~12mm 的膨胀螺栓,孔洞大小为 16~18mm,钻孔后根据设计图纸复核预埋件位置是否一致,确认无误后把预埋件安装就位,核对前后方向,确保预埋件安装的位置与设计要求一致,清除灰尘;孔洞中轻轻敲入膨胀螺栓并冲紧胀管,膨胀螺栓孔洞位置要正确。

⑥预埋件底座安装。用榔头将膨胀螺栓逐一敲入孔内,将螺栓适当旋紧,使外胀管略微胀开后,旋出螺母和垫片,将所有金属膨胀螺栓安装完成后,将预埋件对准孔位试装一下,调整水平,同时靠上水平尺调整水平或垂直,对齐底部孔和膨胀螺栓,戴上锁定垫圈和螺母,使用红外线水平垂直仪和水平尺校正垂直度和水平度,每个螺栓上,套上平垫、弹簧垫片,拧紧膨胀螺栓。同时,再用水平尺检验,用卷尺测量每个预埋件底座的中线在直线上的偏差,偏差不大于 5mm 即可。

⑦吊挂上方吊点位置遇有风管时,需增设角钢转换层进行安装,吊杆不得与原吊顶转化层龙骨共用骨架。安装结构示意图如图 7-10-62 所示。

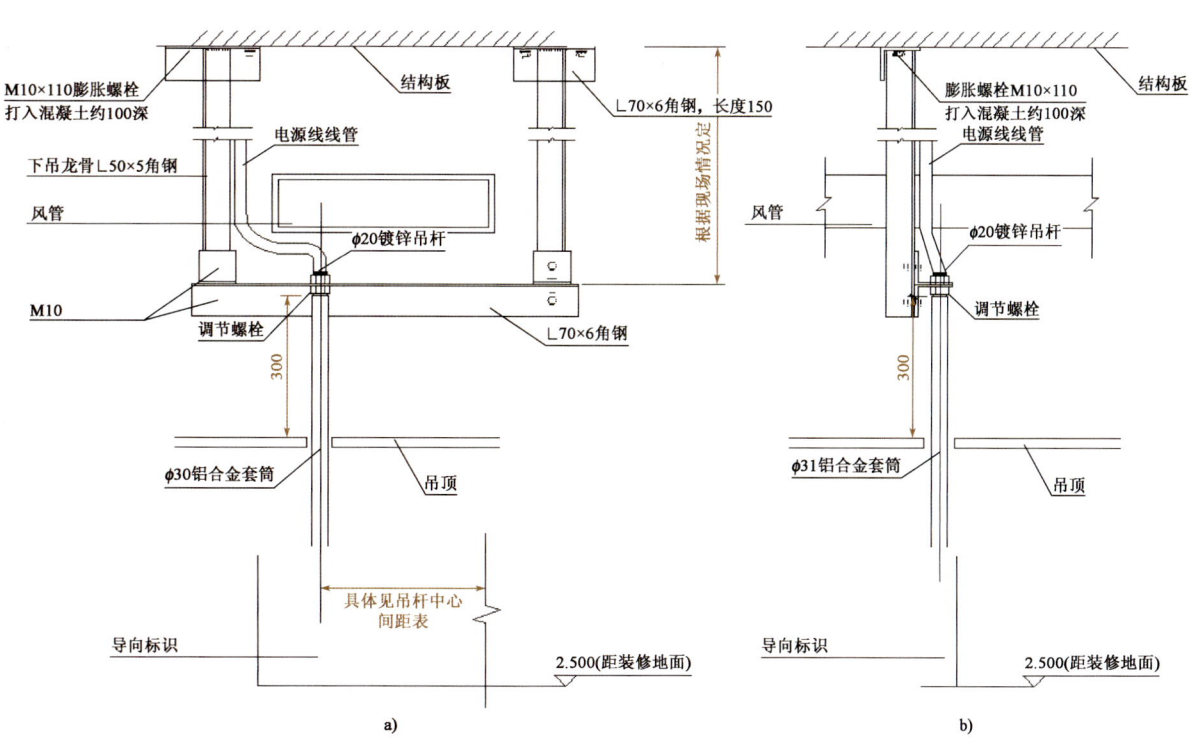

图 7-10-62 吊挂式标识(有风管)安装结构示意图(尺寸单位:mm)

(3)部分电管安装

将部分不到位的电管安装就位,达到电线电管敷设标准。

(4)预埋件防锈处理

对焊接点进行防锈漆的涂刷。装修时,全程监护,调整偏差。

(5)设备安装

按照定位位置,待吊顶安装完毕后,安装固定调整好的导向吊挂。导向吊挂安装高度要保持在同一平面上,不得两侧标高不一,吊挂安装不得倾斜;垂直、水平偏差要控制在 5mm 之内。

(6)接口调试

扶梯导向、闸机导向与综合监控专业有接口。为满足调试需要,厂家按照已签订好的接口协议书,进行调试工作。接口协议书中需明确双方接口范围及电气、信号布管范围。

扶梯接口调试:

①准备相关工具,检查设备是否供电、信号线是否有松动。

②综合监控设备进行单机信号调试确认,如无任何问题,则可与电扶梯联机工作,开始调试。

③注意事项:

a. 检查所给的电信号是否在设备使用范围内;

b. 检查信号线是否接错。

闸机导向:

①准备相关工具,检查设备是否供电、信号线是否有松动。

②进行 AFC 系统单机信号调试确认,如无任何问题,则可与闸机进行联机工作,开始调试。

③注意事项:

a. 检查所给的电信号是否在设备使用范围内;

b. 检查导向和闸机信号线是否对应,信号线是否接错。

10.4.3 施工控制要点

(1)在安装过程中,导向牌及其相关构件表面及内部的工艺性能不被损坏,特别是吊杆、站外路引、站外导向等的表面处理不被破坏、刮花,所有导向牌的表面不被划伤、刮伤。

(2)在导向标识牌的安装过程中,对相关安装材料的切割必须平直无毛刺,所有横向、纵向的接口必须齐平,无空隙或毛刺。

(3)所有导向标识牌应独立吊挂,不得安装在吊顶系统上。导向标识牌安装完成后,应清洁导向标识牌,确保标识牌表面无污渍,无尘或金属碎片。

(4)须综合考虑导向标识牌各个部件组件、结构、开启方式、公差值现场安装条件等因素,确保安装后各部件完整、结构完好,根据施工图纸要求满足开启方式以及角度,满足维修空间及条件。

(5)安装导向标识牌时,应注意标识牌之间以及标识牌与其他系统(如监控系统、信息系统等)显示屏之间不应出现相互遮挡和相互影响。

(6)吊挂式导向标识牌吊挂接点牢固,确保横平竖直,无歪斜、扭曲现象。同一水平位置上,吊挂式标识牌中心距站台(或者站厅)边缘保持一致,公差低于1%。

(7)贴附式导向标识牌,应根据设计图采用膨胀螺栓或结构胶将标识牌固定在墙上;安装时,应放水平线,确保标识牌水平度及垂直度控制在1%以内;与建筑装饰面紧密结合,无翘边、翘角、歪斜等现象。

(8)柱立式导向标识牌安装应无歪斜,保证与水平面垂直,与地面连接牢固,应抗振、抗挤压;距地面高度1100mm的位置,应能承受不小于1.5kN/m的水平推力。

(9)悬臂式导向标识牌安装于墙面,设置高度须满足装修施工要求,标识牌的结构与墙体应安装牢固,无翘边、翘角等现象。

(10)嵌入式导向标识牌安装于墙内,设置高度须满足装修施工要求,标识的结构与墙体应安装牢固、水平齐平,无翘边、翘角等现象。

（11）消防疏散标识使用结构胶嵌入粘贴地面、梯级侧面，地面的标识须与地面保持水平；梯级侧面的消防疏散标识，需保持与其所粘石材面平。标识需黏结牢固、平整、不易脱落，具体施工要求见图纸；特殊情况，应与设计单位沟通后，根据具体情况处理。

（12）站外导向标识的设置，应避开人行道、盲道、交通信号灯和其他交通标识，以免对城市其他服务设施功能造成影响，安装时应保证安装牢固，并注意防风、防盗。标识安装后不应晃动，应不易被破坏和被盗。

（13）站外导向标识需结合设置地点的需求摆放，采取埋地或地面固定方式，满足安装需要。特殊位置的安装，应结合实际具体情况，在参建各方确认的情况下，允许在相关图纸标识位置 20m 范围内适当调整其安装位置，并应尽量保证安装位置在同一直线上。如因地下管线等原因需变更安装位置，则应报参建各方组织确认。

导向标识安装示例如图 7-10-63、图 7-10-64 所示。

图 7-10-63　室外无障碍电梯导向标识安装　　　　　图 7-10-64　无盖出入口站外导向标识

10.4.4　施工验收

（1）各车站的站台、站厅、出入口通道、出入口安装导向标识箱体安装符合设计要求，垂直、水平偏差要控制在 5mm 之内；安装时要小心轻放，安装完成后检查设备喷漆、版面是否完好，插件安装是否牢固，内部连线是否松脱，标识版面内容是否与设计内容一致。

（2）预埋件规格必须符合设计要求，牢固可靠，焊接口要符合规范要求。

（3）预埋件水平或垂直部分的平直度和垂直度允许偏差不应大于 5mm。

（4）安装的电管电线要同步进行，留出预埋管线要到位。

（5）设备安装完成后整体要牢固，水平方向偏差不大于 5mm，垂直方向偏差不大于 5mm。箱体内线路整齐、版面清洁无杂物、螺栓齐全紧固。导向标识牌安装完成后应用彩条布进行防尘密封，并防止其他无关人员损坏。

10.4.5　质量通病与防治措施

1）质量通病

（1）导向标识安装不整齐、歪斜，影响美观；

（2）导向标识吊杆直接固定在吊顶转换层龙骨上，未独立设置；

(3)导向标识面板被破坏,有划痕;
(4)导向标识二级信息指示错误。

导向标识安装质量通病示例如图 7-10-65~图 7-10-67 所示。

图 7-10-65　导向标识歪斜

图 7-10-66　导向标识未校正

图 7-10-67　导向标识面板有划痕、面板污染

2）原因分析与防治措施

(1)基层埋板预埋、龙骨安装放线定位不准。安装前,须结合铝板布置情况准确核实定位。

(2)导向标识安装完成后,未进行校正。安装完毕后,应及时对导向标识的垂直度、水平方向进行核准校正。

(3)吊挂上方有风管,吊杆无法安装。吊挂安装时,吊顶铝板已安装完毕,吊挂基层未提前做好埋板预埋。在吊挂安装前,应做好现场施工技术交底,熟悉施工总体进度计划,及时了解吊顶安装时间,熟悉各导向吊挂点位安装位置及作业上方风管的安装情况,提前进行埋板预埋或者转换层桥架安装。

(4)吊挂材料进场及安装完成后,未及时进行成品保护,容易出现面板划痕或者破坏现象。应强化厂家及其他单位安装人员的成品保护意识,导向安装完毕后即可进行成品保护。对已经出现划痕的导向面板进行补漆或者更换。

有关导向标识的更多参考资料请见附件 7-10-2。

10.5 广告灯箱

地铁车站作为一个现代的特殊公共空间,广告媒体资源利用、发展前景广阔。随着科技发展,各类移动电视广告、灯箱广告和墙面广告传递不同形式的视觉信息,展现城市品牌。本节主要介绍公共区、轨行区设置的广告灯箱,其他媒体信息展示的设施设备不在此处论述。

10.5.1 作业准备

1)技术准备

(1)公共区、轨行区广告灯箱的图纸深化排布、数量、末端点位、管线的布置已经过参建各方(含运营单位)确认。

(2)对施工图纸进行图纸会审,并把发现的问题分类汇总后报参建各方联系解决。

(3)审图重点:

①了解轨行区及公共区广告灯箱实际结构情况是否具备安装广告灯箱;

②了解各车站公共区广告灯箱与周边设备相互影响的情况;

③了解轨行区广告灯箱上下及内部其他管线布置情况;

④了解轨行区及公共区广告灯箱电源插座布置情况;

⑤了解公共区广告灯箱与周边面层材料的收口关系,保证广告灯箱有效开启,能满足设计要求开启角度要求。

(4)施工技术交底:

开工前,由技术人员进行技术交底并下发工序作业指导书指导施工,交底主要内容如下:

①安装标准:要求的技术标准,包括焊接工艺、检测标准等。

②工具的使用:注意各种紧固件的机械受力、电气机具正确操作等。

③安排本工程的各专业工程技术人员对施工人员进行技术交底、工程内容交底、工艺流程交底,使所有人员在进入施工现场前熟悉所安装设备的性能、特点及规定,做到心中有数。

2)材料准备

(1)按照图纸要求准备轨行区、公共区墙面的广告灯箱、楣头灯箱及基层角钢、埋板、膨胀螺栓等辅件;

(2)混凝土结构所用锚栓的材质可为碳素钢、不锈钢或合金钢,应根据环境条件的差异、耐久性要求以及合同的要求,选用相应的品种,锚栓的性能应符合国家相关规定。

3)作业条件

(1)检查车站照明及低压单相220V的施工电源提供情况,是否满足施工要求。

(2)公共区面层已施工完毕,广告灯箱已按照要求预留好孔洞;轨行区结构已做喷黑处理,内部其他管线已安装完毕,站厅离壁沟地漏排水管安装完毕并避开广告灯箱安装位置。

(3)准备好广告灯箱安装所需的吊具、吊索、钢丝绳及劳动保护用品,为调整构件的标高准备好各种规格的铁垫片、橡胶垫。

4）人员组织

人员按单个班组配置为施工负责人1名、技术员1名、安全员1名、木工5人。

5）施工机具

施工机具按单个班组配置为冲击钻1台、电焊机1台、手动电钻1台、开孔钻1台、切割锯1台、电动扳手1台、红外线水平仪1台、钢卷尺5把、扳手5把、水平尺1把、钳子1把、榔头1把。

10.5.2 施工程序

1）工艺流程

待准备工作完成、现场具备实施条件后，可以开始广告灯箱的安装，具体工艺流程如图7-10-68所示。

图7-10-68　广告灯箱安装工艺流程图

2）施工工序

（1）定位画线

依据本项目工程施工设计图，通过水准仪、钢卷尺、水平尺等测量工具，确定广告灯箱安装脚在顶板上的安装位置；将标识牌的钢板安装脚位置正确投放上去，用记号笔标出钢板安装脚的安装孔在墙壁上的位置。

（2）化学锚栓安装

①放线：开始钻孔施工前，必须要将结构面清理干净，放线标明化学锚栓锚固点的钻孔位置，钻孔位置标明后由现场负责人验线。

②钻孔：钻孔时严格按设计要求施工，钻孔时要尽量避开原结构钢筋。将钻孔周围灰尘清理干净，用气泵、毛刷清孔，清刷完毕后，要使孔洞内最终达到清洁干燥。

③清孔：用干净棉丝将清洁过的孔洞严密封堵，以防有灰尘和异物落入。

④化学锚栓清理：锚固用锚栓必须做好除锈清理，除锈长度大于锚固长度5cm左右；锚固用锚栓的规格型号要严格按图纸设计要求选用。将所有处理完的锚栓堆放整齐，现场负责人检查清理工作，请监理人员验收。

⑤锚固：将注胶枪嘴插入孔内，缓慢将胶注入孔内，注胶量以锚栓插入后锚固胶将孔内填满，锚固胶从孔内溢出为准。根据植入深度（$12d \sim 15d$，d为锚栓的直径）在处理好的锚栓除锈端做明显标记，然后插向孔洞，一边插一边向同一方向缓慢旋转，直至孔洞底部为止，此时应有锚固胶从孔洞内溢出。

⑥成品保护：对埋植好的锚栓应做好保护工作，以防在锚固用胶固化时间内，锚栓被摇摆或碰撞。

⑦验收：工作完成后，现场负责人按部位请相关部门对锚栓质量进行检查验收。

⑧化学锚栓施工注意事项：

a. 严格按照有关规范的质量要求及设计要求进行施工；

b. 钻孔完成后，必须将孔清理干净，做到孔内清洁干燥，基本无粉尘，埋植用锚栓必须清理，清孔和

锚栓清理完成后,报监理单位验收,做好隐检记录;

c.锚固用胶需有产品合格证,各项技术指标应达到规范规定的数值,锚固用胶必须严格按产品说明书配制使用。

(3)挂墙支架连接件安装

在化学锚栓上安放埋板,接着安装垫片、弹垫,最后安装螺母;初步拧紧后,用水平尺等工具调正连接件,再将螺母旋紧。注意埋板接触处需加橡胶垫(注:后置埋板安装完成后,须按照规范要求进行现场抽样做后置埋件拉拔试验)。

(4)广告灯箱安装

广告灯箱验收合格后,运输至安装地点,吊起广告灯箱设备,将广告灯箱产品上的螺栓孔对准安装固定钢板的螺栓孔,用螺栓固定。调整橡胶垫片,保证连接接触良好,锁紧螺栓,固定广告灯箱与连接件。

轨行区广告灯箱连接件和埋板、安装示意图如图 7-10-69、图 7-10-70 所示。

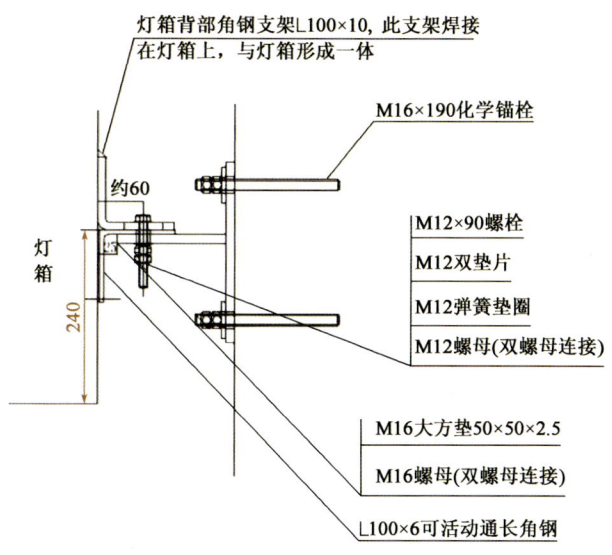

图 7-10-69　轨行区广告灯箱连接件和埋板示意图(尺寸单位:mm)

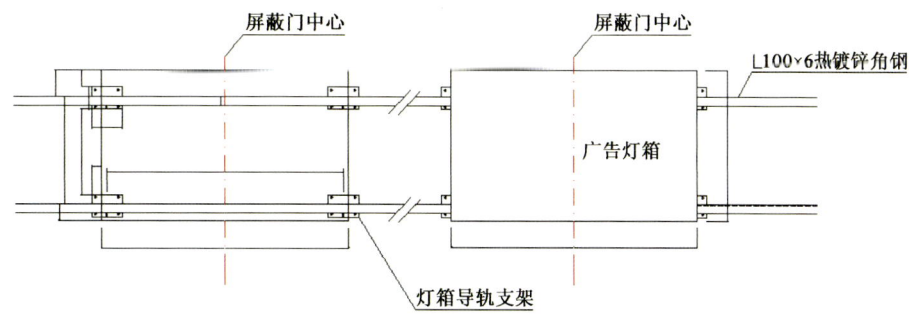

图 7-10-70　轨行区广告灯箱安装示意图(尺寸单位:mm)

(5)通电测试

广告灯箱设备安装完毕后,按照室内装修装饰及广告灯箱接地施工要求做好接地,并按要求进行接地电阻测试,满足电气规范要求后,进行通电测试,测试合格后拆除施工设备。

10.5.3 施工控制要点

(1) 站厅层中板离壁沟地漏穿过轨顶风道布置的落水管需避开广告灯箱安装位置。

(2) 轨行区灯箱安装要点：

① 灯箱安装采用后锚固连接设计，满足设计使用年限。

② 后锚固连接设计，应根据被连接结构类型、锚固连接受力性质及锚栓类型的不同，对其破坏形态加以控制。对受拉、边缘受剪、拉剪组合的结构构件及生命线工程非结构构件的锚固连接，应控制为锚栓或植筋钢材破坏，不应控制为混凝土基材破坏；对于化学锚栓锚固连接，不应发生整体拔出破坏或锚杆穿出破坏。

③ 锚栓的锚固深度应严格按设计文件标注的长度执行，并符合现行《混凝土结构加固设计规范》(GB 50367)的要求。一般情况下，对承受拉力的锚栓，有效锚固深度不得小于 $8.0d_0$ (d_0 为锚栓公称直径，下同)；对承受剪力的锚栓，不得小于 $6.5d_0$。

④ 根据车辆型号及设备限界距离要求，轨行区广告灯箱在安装过程中，无论何种情况下，均不得超出轨行区安全限界。轨行区车辆限界关系示意图如图 7-10-71 所示。

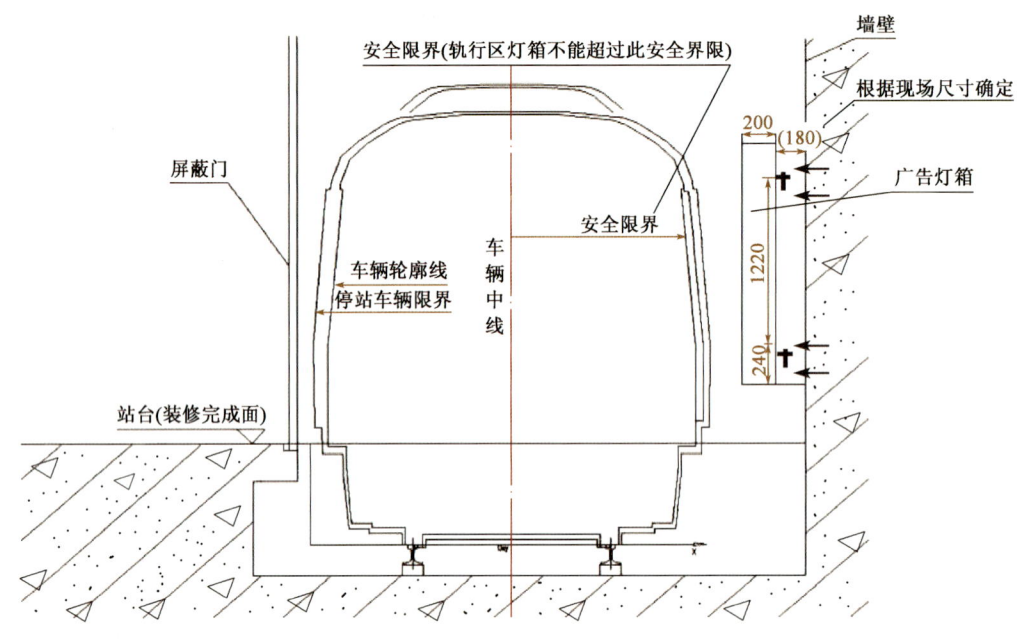

图 7-10-71 轨行区车辆限界关系示意图

⑤ 轨行区广告灯箱排版须考虑与对位标、机电管线位置是否冲突。

(3) 对施工完成的化学锚栓加以保护，防止螺栓、螺纹损坏、生锈。

(4) 注意避让墙体内钢筋，禁止切割钢筋，在能调整的范围内重新埋置化学锚栓。依据连接件和灯箱上的安装孔调节范围进行调节。

(5) 钢结构与膨胀螺栓的固定点及钢架与预埋金属固定构件的焊接必须可靠，并进行特别的防锈处理。

(6) 连接件、各构件之间除图纸另有规定外，构件之间均用电焊连接，贴角焊缝长度为满焊焊缝，并符合焊接工艺的要求。

(7) 钢结构安装完毕应立即进行防锈处理，先除锈，然后涂上两层防锈漆，再外涂油漆。

(8)安装支点是砖墙须用卧铁或对销螺栓并且根据现场实际情况进行加固处理。

(9)嵌入式安装优先满足化学锚栓与灯箱背部连接孔的安装精度;下部托架和灯箱连接处可调节,托架上开条形孔,托架与灯箱之间设置橡胶垫。

(10)部分嵌入式灯箱须根据现场条件确定支架尺寸。

(11)要对所有的密封条进行胶合处理,并将其机械固定在各自的背板上,保证不能在使用过程中脱落。有的密封条应用氯丁橡胶模来模制,并按照图纸来固定(安装)。颜色宜为黑色。点燃时,烟的毒性必须较低,火苗扩散比率必须为最低。

(12)立地式广告灯箱设备安装要点:用化学锚栓预埋钢板安装到位后,与原有结构上预埋结构连接在一起,内穿供电线缆;然后将固定指示系统的钢板用上下双螺母固定到位(可根据标志标识安装的固定孔位置上下移动螺母调节钢板位置);最后再吊起广告灯箱设备,对准安装固定钢板的螺栓孔,用螺栓固定。立地式广告灯箱设备的预埋件根据设计间距单独设置,不得与其他支架相互借用、勾连。

(13)站厅及通道灯箱应采用安全可靠的启闭机制,启闭无阻塞,关闭后应具有自锁功能。箱体至少应有一套锁具,采用手动上锁方式,简单可靠,且便于巡检人员察看锁具是否上锁。所有灯箱锁具均应采用相同的专用工具开启。

(14)楣头灯箱安装完毕后,灯箱应保证尽量布满预留安装位置。

10.5.4　施工验收

(1)灯箱需采用可靠的防腐防锈工艺,整体结构牢固可靠。灯箱主体结构还(须)应有加强结构,保证其正常使用过程中不变形,且所有操作不得因构件磨损而产生阻碍。

(2)灯箱应考虑有效的散热方式,散热设计必须采用结构性散热,不得使用加装散热扇等被动散热方式。灯箱正常工作温度不得高于50℃。

(3)所有灯箱箱体均为密封的整体结构,能够有效防尘防水,防护等级为 IP54 及以上,且不能出现漏光现象。

(4)灯箱材料必须符合国家防火要求,任何材料必须是难燃(B1)类及以上材料,防火性能还必须经消防部门的检验认定。

(5)化学锚栓及广告灯箱安装孔安装位置应正确,相邻支架间距误差不大于5mm。

(6)灯箱固定在墙面上或立于地面上均须符合建筑安装的技术规范;连接的化学锚栓及预埋金属固定构件,必须能承受满足灯箱整体框架重量及相关安全系数余量的拉力;必要时要在单面、双面或三面多处用撑脚支撑灯箱,确保安全。

(7)灯箱上下必须垂直,不得歪斜。

(8)站厅广告灯箱安装完毕后,灯箱表面应保证与墙面凸出距离不超过5cm的安装要求。

(9)轨行区壁挂式广告灯箱安装应在结构墙面加整体钢结构轨道,以保证满足固定数量的灯箱能够安装在同一个受力面上,且在墙体上均匀受力。

(10)轨行区柱立式广告灯箱安装应分开考虑单双面的受力情况以及轨行区行车风压的影响,对灯箱支架及预埋件、结构件等重点设计,并在安装过程中注意接地螺栓的紧固以及防锈处理。

(11)轨行区灯箱必须承受列车经过所产生的活塞风压,活塞风压符合设计要求。

(12)轨行区灯箱必须承受列车经过所产生的震动,保证设计使用年限要求。

10.5.5 质量通病与防治措施

1）质量通病

(1) 轨行区广告灯箱承重螺杆处螺母未拧紧,埋板固定锚栓个数不足,承重型钢螺钉外露尺寸过短;

(2) 广告灯箱开启角度不能满足检修要求;

(3) 广告灯箱安装不垂直,倾斜。

2）原因分析与防治措施

(1) 螺母安装完成后,未整体检查。应加强对螺栓安装的自检以及隐蔽工程验收工作,保证螺栓外漏尺寸符合规范要求。

(2) 化学锚栓进入结构过深,导致外漏尺寸过短。对于锚栓外漏尺寸过短的,拆除锚栓,重新安装。

(3) 广告灯箱深化设计图纸不详细,未进行实体样板确认,导致开启角度不能满足检修要求。灯箱在大面加工前,需联合各单位进行样板确认,及时解决相关问题。

(4) 广告灯箱安装时基层埋板未进行准确放线,导致安装不垂直。灯箱安装前,应对埋板进行定位放线,并进行垂直度、水平度和完成面进深的检测,加强对灯箱安装牢固度的控制。

10.6 卫生间

卫生间作为地铁车站的重要部分,是体现一个城市文明进步程度的重要标志。卫生间设计和施工应在满足其功能要求、相关规范的基础上,将功能设备与装饰面层统一结合,做到定位精准、功能合理、使用舒适。本节重点阐述卫浴洁具与装修面层的综合排布及定位安装,基层及面层施工工序不再着重描述。

10.6.1 一般原则

(1) 卫生间排砖原则宜采用600mm模数(地面尺寸600mm×600mm、墙面尺寸600mm×300mm),以便解决墙地砖与洁具、隔断(标准蹲位间距尺寸1000mm,小便斗间距尺寸750mm)对缝问题。盥洗台处搁物台、墙面水银镜子、纸抽盒、内置垃圾箱高度与排砖模数统筹对齐。

(2) 卫生间排砖模数可根据其规模相应调整,其原则是墙地通缝,应避免出现小于模数尺寸1/3的非整砖。

(3) 卫生间台面高度宜为850mm,儿童洗手台面高度宜为600mm,并与墙面砖对缝。

(4) 公用前室、无障碍卫生间地面与相邻公共空间地面不应出现错台,男女卫生间地面一般比公共区地面低2cm,高低差处采用缓坡衔接,过门石可采用机刨槽处理。

(5) 卫生间厕位隔断板宜选用金属材质,必须保证隔板平直稳定,连接完整牢固,外貌整齐美观。

(6) 厕位隔断门,按照规范要求一般采用内开门形式。

(7) 厕位隔断门应设挂钩,其门锁应具备自锁和显示使用状态的功能。

(8) 公共区卫生间一般采用挂墙式小便斗,间距一般宜为750mm,宜增设儿童小便斗。

(9)小便斗给排水管线应暗敷,采用感应冲水,水流设计应充分考虑节约用水原则。

(10)盥洗台宜选用台下洗脸盆安装方式,尺寸大小深浅要适度,方便乘客使用。

(11)盥洗台下部给排水管道不宜外露,必要时可设置挡板。

(12)无障碍卫生间洁具和设备布置应满足国家及地方颁布的相关规范及法规,应设置紧急呼叫按钮。

(13)母婴室设计应保证私密、清洁、舒适,室内应配备有健全的设施;保证光线柔和、空气清新、温度与湿度适宜。

10.6.2 效果展示

通过对卫生间深化设计、精细施工,可以达到整体对缝、定位精准、功能齐全、使用舒适的效果。卫生间示例如图7-10-72~图7-10-75所示。

图7-10-72 卫生间盥洗室

图7-10-73 卫生间墙面与地面对缝

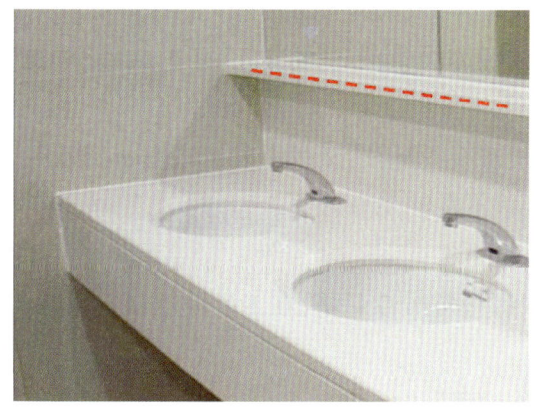

图7-10-74 盥洗台处搁物台与墙砖水平对缝

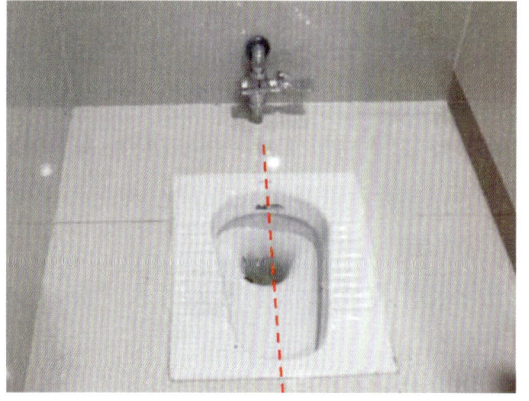

图7-10-75 蹲便周边对缝效果

10.6.3 施工程序

1)工艺流程

待准备工作完成、卫生间深化排版图已经由各专业会签完成后,可以开始卫生间施工,具体工艺流程如图7-10-76所示。

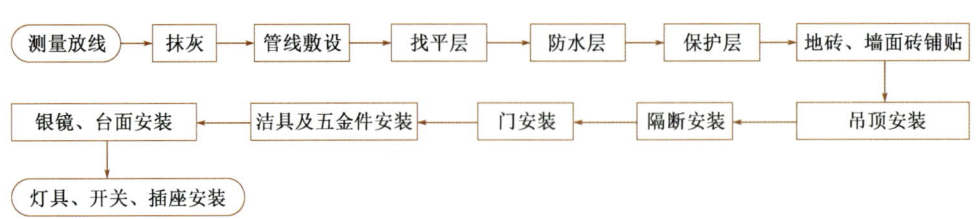

图 7-10-76 卫生间施工工艺流程图

2）施工工序

(1) 测量放线

首先在墙面标定 1m 线,然后在楼地面上沿内墙四周弹控制线,对房间进行套方找规矩,然后从各转角处用线坠两面吊直后设点做灰饼,用靠尺和水平尺随时检查。

(2) 抹灰

先将基层表面润湿,满刷一道结合层,然后分层分遍抹砂浆找平层,找平层厚度应尽量控制在 20mm 左右,总厚度大于或等于 35mm 时应采取加强措施。不同材料基体交接处应采取加强措施。

(3) 管线敷设

①管道安装应测量管道坐标、标高、坡度线;

②应保证末端与墙地面模数对位居中或对缝布置;

③铺设、暗装、保温的给水管道在隐蔽前做好单项水压试验,试压方法按现行《建筑给排水及采暖工程施工质量验收规范》(GB 50242)的规定执行。

(4) 找平层

①根据墙面弹线标高,用 1:2 干硬性水泥砂浆在基层上做灰饼,大小约 50mm×50mm,纵横间距约 1.5m 左右;如局部厚度小于 10mm 时,应调整其厚度或将高出的局部基层凿去。

②灰饼做好待收水不致踏陷时,即在基层上均匀扫素水泥浆(水灰比 0.4~0.5,内掺 6% 建筑胶)一遍,随扫随铺砂浆,砂浆厚度按所贴灰饼厚度铺设。

③铺抹砂浆后,将砂浆找平,用靠尺检查平整度;所有墙阴阳角等处均做成 $R=20mm$ 圆弧形。

④在砂浆初凝后进行第二遍压光,使表面平整;要求不漏压,表面出光。

(5) 防水层

①防水施工完成,24h 后可做蓄水试验,把地漏进行暂时性封堵,在卫生间门口设置水泥砂浆挡墙。

②蓄水后做好水位标记,以便观察水落程度。蓄水时间为 24~48h。

③蓄水后,观察水位是否明显下降,仔细检查四周墙面和地面有无渗漏现象。

(6) 保护层

待防水层验收合格后,进行 20mm 厚水泥砂浆保护层施工。

(7) 地面、墙面砖铺贴

①按墙上已弹的基准线,进行套方、找规矩、抹灰找平等工序。

②根据排砖图及墙面实际尺寸进行横竖向排砖,以保证面砖缝隙均匀,符合设计图纸要求,排布要尽量避免出现有小于 1/3 非整砖。非整砖行应排在次要部位,如窗间墙或阴角处等。

③玻化砖采用专用黏结剂粘贴,黏结剂厚度不超过5mm。为避免空鼓脱落,宜采用机械增强粘贴技术或挂贴工艺。机械增强粘贴技术可采用浅缝铜丝增强法、锥孔或背栓孔铜丝增强法等方法。

(8)吊顶安装

①根据楼层标高水平线,按照设计标高,沿墙四周弹顶棚标高水平线,找出房间中心点,并沿顶棚的标高水平线,以房间中心点为中心在墙上画好龙骨分档位置线。

②在弹好顶棚标高水平线及龙骨位置线,进行各专业的隐蔽验收后,按照选用面层材料配套龙骨进行安装,各专业末端必须按照深化排布图进行布置。

(9)洁具及五金件安装

①洁具安装应注意与地面、墙面排砖的对缝关系,确保对位效果统一;

②地面钻孔时要确定给水管道及电气线管的位置,以免破坏其他成品;

③马桶安装完成后保证固定,不能晃动;

④安装完成后要进行打胶处理;

⑤安装完成后对马桶进行成品保护,至竣工验收为止。

(10)银镜、台面安装

①银镜安装宜采用金属钉或金属收边条进行固定;

②洗手台面安装注意与台盆、水龙头的开孔尺寸及使用间距;

③洗手台面的阳角必须经过圆角处理,保证圆润光滑,防止磕碰掉角;

④台下洗脸盆安装底部必须采取加固保护措施,防止脱落。

洗手台面安装示例如图7-10-77、图7-10-78所示。

图7-10-77 洗手台面钢架焊接

图7-10-78 洗手台面安装

(11)灯具、开关、插座安装

①灯具安装应注意吊顶的深化排布图,确保各吊顶专业设备与灯具的对位关系一致,效果美观;

②开关、插座安装应按照墙面的深化排布图进行布置,且各临近点位必须在同一水平线上。

10.6.4 施工控制要点

(1)如果卫生间墙体为结构外墙,应采用干挂饰面的方式安装。站台层设置的卫生间,应考虑可靠的贴砖方式,确保能反复承受震动荷载而不脱落。

(2)安装必须牢固、水平,台下洗脸盆下方增加钢支撑支架,防止下沉脱落,底部与支架接触处用胶皮垫隔离。

（3）洗脸盆、坐便器等器具与墙面接缝处不宜打玻璃密封胶；如采用打胶收口，则应将密封缝涂抹均匀、光滑、缝隙宽窄一致，清理干净，保证美观效果。

（4）卫生器具固定用螺栓、螺钉宜采用不锈钢材质，耐久时间长。

（5）管道甩口坐标、标高要准确，防止造成坐便器、淋浴器喷头的位置不居中。

（6）洗脸盆的排水管与地面排水口连接时，应将器具排水管的护盘扣在地面上，防止管口露出，影响观感质量。

（7）地漏设置应尽量在砖中，地面排水坡度方向要朝向地漏。

10.6.5 质量通病与防治措施

1）质量通病

（1）卫生间洗脸盆安装不稳固，存在掉落风险；

（2）无障碍卫生间遗漏紧急呼叫按钮，造成后期明装线管，不美观；

（3）卫生间地面存在积水现象；

（4）卫生间排砖出现小于模数尺寸1/3的非整砖。

卫生间施工质量通病示例如图7-10-79所示。

2）原因分析与防治措施

（1）洗脸盆安装直接用结构胶与台面进行固定，下方无支撑托架。在脸盆安装前，需将角钢支托架焊接牢固，并做好防腐、防锈处理，示例图7-10-80所示。

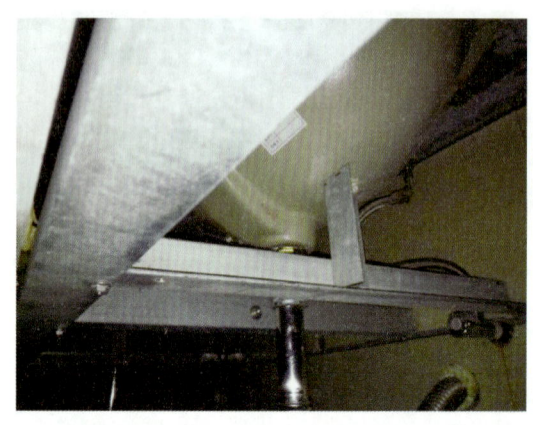

图7-10-79　台盆下方未加设角钢支架　　　　图7-10-80　台盆下方加设角钢支架

（2）无障碍卫生间需做好各专业综合点位布置深化设计图，并与各专业会签，避免遗漏呼叫按钮点位，造成明装线管。

（3）卫生间地面砖施工时严格按照图纸要求进行找坡，地面排水坡度要朝向地漏，且地漏尽量设置在砖中。

（4）卫生间墙地砖施工前，须提前施测墙面完成线，做好墙地面综合排布图，避免出现小条板，严格按照排版图施工。

有关卫生间的更多参考资料请见附件7-10-3。

10.7 铝合金防滑垫

为减少因地面湿滑而引起的事故,保障站内外地面安全,一般在地铁车站出入口楼梯、扶梯处前方地面设置缓冲防滑垫。缓冲防滑垫由金属骨架和橡胶组成,橡胶部分采用梳齿状结构,金属材料采用不锈钢或铝合金。本节主要介绍地铁车站经常采用的一种铝合金防滑垫的安装工艺及注意事项。

10.7.1 作业准备

1)技术准备

(1)认真审阅施工图,复核地坪标高、地面盲道位置、检修口位置是否与防滑垫位置冲突。

(2)熟悉施工现场,实测地坪结构标高、楼梯及电扶梯与防滑垫的关系等,并与设计图认真比对,发现问题向相关部门反映并及时澄清。

(3)对施工人员进行技术交底,开展岗前技术培训。

2)材料准备

(1)铝合金防滑垫颜色一般为银灰色,单元包括1条铝合金和1个中缝。

防滑垫示意图如图 7-10-81 所示。

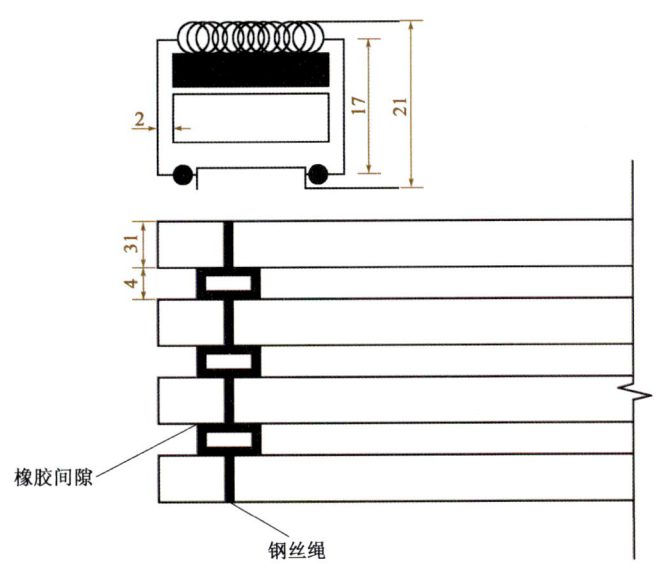

图 7-10-81　防滑垫示意图(尺寸单位:mm)

(2)防滑垫的铝合金镶条采用双层结构,采用 6063-T5 铝合金,可容重物通过而不易变形,具备很好的尺寸稳定性;镶条间留有 4mm 宽的缝隙,有效防止泥沙带入站厅内。铝合金镶条间由不锈钢丝绳和橡胶垫圈连接,有效起到减震和消音的作用,且要求不易老化,耐用性好。毯面采用粗细尼龙纤维的混纺结构,有效提高防滑垫的除尘吸水和藏污纳垢功能。底部为 PVC 背衬,毯面采用无异味环保胶水固定。防滑垫成品示例如图 7-10-82 所示。

图 7-10-82 防滑垫成品

3）作业条件

(1) 出入口通道地面石材已基本铺设完毕；

(2) 防滑垫洞口预留尺寸已核实到位。

4）人员组织

人员按单个班组配置为施工负责人1名、技术员1名、安全员1名、瓦工1人、普工1人。

5）施工机具

施工机具按单个班组配置为平锹1把、铁抹子1把、大木杠1个、小木杠1个、钢丝刷1个、喷壶1个、锤子1个、橡皮锤子1个、切割机1台、钢卷尺1把、红外线水平仪1台、小推车1辆。

10.7.2 施工程序

1）工艺流程

待准备工作完成、现场具备实施条件后，可以开始铝合金防滑垫的安装，具体工艺流程如图7-10-83所示。

图 7-10-83 铝合金防滑垫安装工艺流程图

2）施工工艺

(1) 基层处理：砂浆基层凿除，再将其他混凝土基层上的杂物清理掉，并用錾子剔出落地水泥砂浆，用钢丝刷刷净浮浆层。如基层有油污，则可用10%火碱水刷净，并用清水及时将其上的碱液冲净。

(2) 水泥浆涂刷：先将混凝土地面上洒水充分湿润，再撒干水泥，用扫帚均匀涂刷，随刷随做面层，但一次涂刷面积不宜过大。也可采用在楼地面均匀涂刷水灰比为0.4~0.5的素水泥浆。

(3) 混凝土铺设：在防滑垫的位置上铺设C20混凝土，用铁抹子刮平，底面至花岗石完成面的预留高度应与防滑垫铝合金骨架的厚度一致。

(4) 防滑垫安装：将防滑垫按现场尺寸放入预留位置即可；部分非标准尺寸位置，可根据现场尺寸适当切割后，安装成品铝合金边框。防滑垫安装成品示例如图7-10-84、图7-10-85所示。

(5) 收口处理：防滑垫安装完成后检查整体平整度及周边平整度，根据实际情况处理平整。

图 7-10-84　防滑垫安装成品　　　　　　图 7-10-85　遇有盲道防滑垫安装

10.7.3　施工控制要点

（1）防滑垫位置要符合电扶梯与周边设施的安全距离,要避开截水沟、盲道、地面疏散标识等设备设施;如遇盲道,防滑垫应分隔成多块安装,不得影响盲道的连续性。

（2）地面基层找平时,应考虑防滑垫厚度,使其安装后与地面完成面齐平。

（3）安装完成后随即做好卫生清理,并做好成品保护。

10.7.4　施工验收

（1）防滑垫的材质、规格、性能应符合设计要求;
（2）防滑垫安装应与地面整体排版相协调;
（3）防滑垫面层安装与地面完成面齐平;
（4）铝合金边框与石材接缝严密;
（5）防滑垫安装应牢固,无空鼓。

10.7.5　质量通病与防治措施

1）质量通病

（1）铝合金防滑垫边跨与石材缝隙较大不美观,安装不平整;
（2）铝合金防滑垫铝合金边框缺失,不美观。

铝合金防滑垫安装质量通病示例如图 7-10-86、图 7-10-87 所示。

2）原因分析与防治措施

（1）铝合金防滑垫加工尺寸与现场预留洞口不符,基层不平整。防滑垫外框下料尺寸应与现场预留石材孔洞尺寸相对应,下料前应准确进行核对。同时根据防滑垫的安装厚度来对基层进行找平,保证与石材齐平。

（2）铝合金防滑垫石材预留洞口过小,导致铝合金边框无法安装。应加强石材预留洞口与下料尺寸的精度控制,并做好铝合金边框材料进场后的保管工作,避免丢失。

图 7-10-86 铝合金边框与石材不平

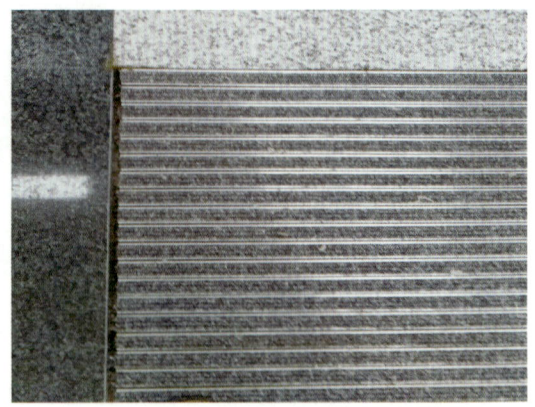
图 7-10-87 防滑垫无铝合金边框

10.8 市政道路接驳

地铁在城市中呈带状分布,各车站又设有不同位置、不同规模的出入口及若干站前广场,车站出入口及其周边要配套其他设施,如人行步道、自行车道、过街天桥、地下通道、盲道、坡道等无障碍设施,使乘客能够安全、快捷、便利地通过地铁出入口与其他市政交通工具换乘。本节主要从装饰装修的角度,阐述地铁车站出入口通道、安全出入口、出地面无障碍电梯与市政道路接驳的地面工程的施工过程,对于道路排水、设施供水、供电等其他接驳工程,本节不做论述。

10.8.1 作业准备

1)技术准备

(1)根据现场情况,已明确出入口通道、安全出入口、出地面无障碍电梯与市政道路接驳施工图纸,深化设计图纸已确认完成。市政接驳材料需结合周边市政路面材料进行合理选择,材料选样后与参建各方确认。

(2)熟悉规范和技术标准,制订施工安全保证措施,提出应急预案。

(3)对施工人员进行技术交底,开展岗前技术培训,考核合格后持证上岗。

2)材料准备

根据现场情况,准备广场石材、盲道砖、水泥、砂等辅助材料,准备好防护标识牌。

3)作业条件

(1)出入口室外平台及市政周边道路恢复已完成;

(2)出入口、地面电梯等周边已按照设计要求夯实完毕、场地垃圾清理干净,具备石材铺贴条件。

4)人员组织

人员按单个班组配置为施工负责人 1 名、技术员 1 名、安全员 1 名、瓦工 1 人、普工 1 人。

5)施工机具

施工机具按单个班组配置为云石机 1 台、铁板 1 套、铁皮抹子 1 把、木抹子 1 把、托灰板 1 把、木刮尺 1 把、方尺 1 把、水平尺 1 把、小铁锤 1 把、木锤 1 把、垫板 1 块、小白线 1 卷、小灰铲 1 把、钢卷尺 1 把、铝合金靠尺 1 个、平铁锹 1 把。

10.8.2 施工程序

1）工艺流程

待准备工作完成、现场具备实施条件后,可以开始市政接驳施工,具体工艺流程如图7-10-88所示。

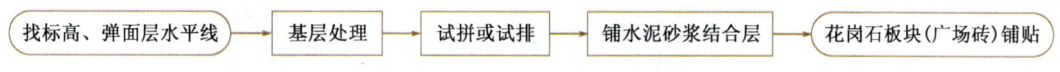

图7-10-88 市政接驳施工工艺流程图

2）施工工艺

(1)找标高、弹面层水平线

根据出入口平台室外地面及市政道路的水平标高线,测量出石材面层的水平线,弹在四周墙面上。

(2)基层处理

将基层表面的积灰、油污、浮浆及杂物等清理干净。若地面为素土,需夯实后再浇筑200mm厚C20素混凝土垫层;若地面为原硬化地面,如局部凸凹不平,应将凸处凿平,凹处用干拌砂浆补平。

(3)试拼或试排

铺设前对每一个区域的花岗石板块(广场砖),按图案、颜色、拼花纹理进行试拼。试拼后按两个方向标号排列,然后按编号码放整齐。为检验板块之间的缝隙,铺两条宽度大于板的干砂带,厚度不小于30mm,根据图纸要求把花岗石板块(广场砖)排好,试排后编号码放整齐,并清除砂带。

(4)铺水泥砂浆结合层

按水平线定出面层找平层厚度,拉好十字线,用干拌砂浆找平。如地面有坡度排水,应做好找坡,并做出基准点,在基准点拉水平通线进行铺设。铺设前应将基底湿润,并在基底上刷一道素水泥浆,以保证黏结度;不要面积刷得过大,随刷随铺搅拌均匀的干硬性水泥砂浆。

(5)花岗石板块(广场砖)铺贴

铺设时,必须按试拼或试排的编号板块"对号入座"。

先将板块四角同时平放在铺好的干硬性找平水泥砂浆层上,试铺合适后,再翻开板块在干拌砂浆上铺一层10mm的素浆;然后将板块轻轻地对准原位放下,用橡皮锤或木锤轻击放于板块上的木垫板,使板平实,根据水平线用铁水平尺找平,使板四角平整,对缝、对花符合要求;铺完后,接着向两侧和后退方向顺序镶铺,直至铺完为止,如发现空隙,应将石板掀起用砂浆补实后再行铺设。花岗石板块之间的接缝要严,一般缝隙宽度不应大于1mm,或按设计要求。

出入口广场与市政接驳示例如图7-10-89所示;无障碍电梯坡道与市政接驳示例如图7-10-90所示。

图7-10-89 出入口广场与市政接驳

图7-10-90 无障碍电梯坡道与市政接驳

现场遇有出入口周边一侧为人行道砖，另一侧靠近住宅前方水泥路面时，可采用出入口前方5m宽广场石材一侧直接与人行道接驳，另一侧与水泥路面顺接，示例如图7-10-91所示。

图7-10-91　出入口广场与周边环境顺接

10.8.3　施工控制要点

（1）冬期铺设面层时施工环境温度不宜低于5℃。必须冬期铺设时，应采用保暖抗冻措施，保证其在冻结温度前砂浆达到设计强度的20%以上。

（2）板块材铺砌前应进行选板试拼，有裂缝、掉角、翘曲和表面有缺陷的板块应剔除。

（3）面层铺设应防止板面与基层出现空鼓现象，操作中要注意垫层表面应用钢丝刷清扫干净，浇水湿润并均匀涂刷一层素水泥浆。找平层的厚度不宜过薄，最薄处不得小于20mm，砂浆铺设必须饱满，水灰比不宜过大，同时注意不得过早上人踩踏等，以避免空鼓发生。

（4）由于花岗石板块（广场砖）本身不平或厚度偏差过大（大于±0.5mm），或铺砌时操作不当，未能很好找平或铺贴后过早上人踩踏等原因，施工中常出现相邻两块板高低不平的情况。施工中应精心操作，针对原因注意防止，不得对接缝高低差石材进行打磨。

（5）花岗石板块（广场砖）在搬运过程中要采用专用的运输工具，以保证板块不缺棱掉角。

（6）花岗石板块（广场砖）铺贴前，应进行六面防腐，以防止板块表面出现水渍，影响整体观感。

（7）出地面无障碍坡道需满足1∶12无障碍坡道要求，坡道不应直接冲向市政道路。

（8）出入口前方遇有与市政已完路面有高低差的，需要增设楼梯踏步过渡，或者进行防滑石材处理。

（9）出入口前方广场石材、广场砖在与市政接驳现场条件允许的情况下，一般小广场宽度宜为5m。

（10）通道内连接盲道的，出入口平台下应有盲道连接市政人行道盲道。通道内无盲道的，出入口平台前设置止步块。

10.8.4　施工验收

1）主控项目

（1）花岗石板块（广场砖）面层所用的板块的品种、质量应符合设计要求；

（2）面层与下一层应结合牢固，无空鼓。

2）一般项目

(1) 花岗石板块（广场砖）面层的表面应洁净、平整、无磨痕,且应图案清晰、色泽一致、接缝均匀、周边顺直、镶嵌正确,板块无裂纹、掉角、缺棱等缺陷；

(2) 楼梯踏步和台阶板块的缝隙宽度应一致、尺角整齐,梯段相邻踏步高差不应大于 10mm,防滑条应顺直牢固；

(3) 面层表面坡度应符合设计要求,不倒泛水、无积水。

10.8.5 质量通病与防治措施

1）质量通病

(1) 出入口盲道与市政盲道未能有效接驳,示例如图 7-10-92 所示；

(2) 垂直电梯无障碍坡道坡度不符合要求或者直接冲向市政道路。

2）原因分析与防治措施

(1) 图纸表达不清晰:施工前应与设计单位确认盲道设置原则并组织专项图纸会审,核查是否有设计上的差错漏碰。

(2) 交底不明确:应对盲道施工人员进行专项技术交底。

出入口盲道与市政盲道顺接示例如图 7-10-93 所示。

图 7-10-92 出入口盲道与市政盲道未顺接

图 7-10-93 出入口盲道与市政盲道顺接

10.9 冷却塔围护

冷却塔布置方式主要有下沉式、半下沉式、风道进风式、地面绿化隐藏式等,而冷却塔的外侧通常采用钢结构安全防护栏杆进行围护。本节主要阐述地面冷却塔布置钢结构安全防护栏杆的施工工艺,其余冷却塔布置围护形式无较大差异,不再阐述。

10.9.1 作业准备

1）技术准备

(1) 根据现场情况,核实冷却塔尺寸与围护栏杆外围尺寸是否吻合,熟悉冷却塔布置与周边市政接驳的关系；

(2)熟悉冷却塔施工验收规范和技术标准，制订施工安全保证措施，提出应急预案；

(3)对施工人员进行技术交底，开展岗前技术培训，考核合格后持证上岗。

2)材料准备

(1)根据现场情况，准备钢结构栏杆、预埋板、氟碳漆、石材、细石混凝土、水泥、砂等辅助材料，准备好防护标识牌；

(2)钢结构栏杆的制作安装应符合现行《钢结构工程施工质量验收标准》(GB 50205)有关规定；

(3)材料相关复试完毕，报告合格。

3)作业条件

(1)冷却塔基础已施工完毕，冷却塔设备已安装完毕；

(2)冷却塔室内地基已找平，围护栏杆混凝土基础台已施工完毕；

(3)冷却塔栏杆安装的脚手架已搭设完毕，并经验收合格。

4)人员组织

人员按单个班组配置为施工负责人1名、技术员1名、安全员1名、瓦工2人、普工1人。

5)施工机具

施工机具按单个班组配置为电焊机1台、电锯1台、砂轮切割机1台、手电钻1台、冲击钻1台、云石机1台、铁板1套、铁抹子1把、木抹子1把、托灰板1把、木刮尺1把、方尺1把、钢卷尺2把、水准仪1台、红外水平仪1台。

10.9.1 施工程序

1)工艺流程

待准备工作完成、现场具备实施条件后，可以开始冷却塔围护施工，具体工艺流程如图7-10-94所示。

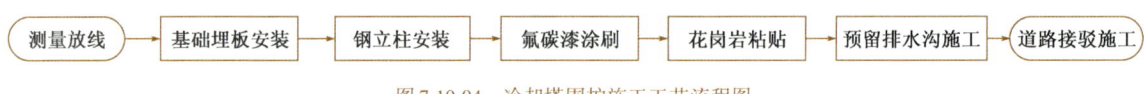

图7-10-94 冷却塔围护施工工艺流程图

2)施工工艺

(1)测量放线

根据施工图纸，弹出栏杆主钢架立柱埋板的定位线，同时放出栏杆基础内外石材湿贴完成面线及栏杆外围的完成尺寸。

(2)基础埋板安装

①用冲击钻或者水钻在结构混凝土台地面钻孔(孔的大小根据设计图纸施工)。

②用专用气筒、毛刷或压缩空气机清理钻孔中的灰尘，重复进行不少于3次，孔内不应有灰尘与明水。

③将药剂管插入清洁的孔中，插入时树脂在手温条件下能像蜂蜜一样流动时，方可使用胶管。

④用电钻旋入螺杆直至药剂流出为止。电钻一般使用冲击钻或手钻，转速为750r/min。这时锚栓旋入药剂管将其破碎，树脂、固化剂和石英颗粒混合，并填充锚栓与孔壁之间的空隙。同时锚栓也可以

插入湿孔,但水必须排出钻孔,凝胶过程及硬化过程的等待时间必须加倍。

⑤待药剂完全硬化后,加上垫圈及六角螺母将埋板(300mm×300mm×20mm)固定便可。

(3)钢立柱安装

先安装主框架热镀锌钢立柱(120mm×120mm×6mm)与埋板满焊焊接,再焊接主框架横梁,最后分别依次焊接副立柱(50mm×50mm×4mm)热镀锌矩形钢管,焊渣清理干净,涂刷防锈漆,并做隐蔽验收。

(4)氟碳漆涂刷

所有钢构件焊接完成后,对焊接部位进行隐蔽检查,验收合格后再进行防腐、防火处理。所有焊接部位清理干净后涂刷环氧富锌底漆,保证涂装均匀,有光泽,附着良好,无明显起皱、流挂和气泡。

(5)花岗石粘贴

待框架立柱氟碳漆施工完毕后,最后施工结构侧台的石材立面,保证石材粘贴可靠。依据现场情况,铺设人行通道与市政道路进行接驳。

(6)预留排水沟施工

根据设计图纸,沿冷却塔结构台内侧周圈预留200mm×200mm(高×宽)的排水沟,排水沟按照设计图纸预留排水管引至室外。

(7)道路接驳施工

应设置通往冷却塔检修门的检修道路,一般可以选用1.0m宽左右的石材汀步或者广场砖铺装。

冷却塔围护施工示例如图7-10-95~图7-10-98所示。

图7-10-95 主框架立柱及埋板安装

图7-10-96 冷却塔栏杆围护安装

图7-10-97 冷却塔内部设置排水沟

图7-10-98 冷却塔与市政道路接驳

10.9.2 施工控制要点

(1)冷却塔整体外围钢结构栏杆安装要牢固可靠,焊缝要饱满、均匀一致。后置埋板需做拉拔试验。

(2)冷却塔内侧地面须采用细石混凝土地面做找平找坡处理,坡度须满足设计要求。

(3)冷却塔内侧地基需夯实,夯实系数满足设计要求,避免冷却塔基础下沉。

10.9.3 施工验收

(1)钢材、钢铸件的品种、规格、性能等应符合现行国家产品标准和设计要求。进口钢材产品的质量应符合设计和合同规定的标准要求。

(2)金属栏杆构件表面应光滑、无毛刺,安装后不应有歪斜、扭曲、变形和其他缺陷。

(3)爬梯、钢平台、栏杆制作安装质量标准及检验方法应符合表 7-10-3 规定。

爬梯、钢平台、栏杆制作安装质量标准及检验方法 表 7-10-3

类别	序号	项目	质量标准/允许偏差	单位	检验方法
主控项目	1	钢材、连接材料规格及性能	应符合设计要求及现行《钢结构工程施工质量验收标准》(GB 50205)的有关规定		检查质量合格证明文件和检验报告
	2	焊接材料品种、规格及性能	应符合设计要求及现行《钢结构工程施工质量验收标准》(GB 50205)的有关规定		
	3	防腐蚀涂料品种、规格及性能	应符合设计要求及现行《钢结构工程施工质量验收标准》(GB 50205)的有关规定		
一般项目	1	焊缝外观质量	应符合设计要求及现行《钢结构工程施工质量验收标准》(GB 50205)的有关规定		观察检查或用焊缝量规、钢尺检查
	2	焊缝尺寸允许偏差	应符合设计要求及现行《钢结构工程施工质量验收标准》(GB 50205)的有关规定		用焊缝量规检查
	3	构、部件长度	±5	mm	钢尺检查
	4	横梁纵向、侧向挠曲矢高	≤1/1000 钢梯长度	mm	拉线、钢尺检查
	5	钢梯宽度	±5	mm	钢尺检查
	6	踏步间距	±5	mm	
	7	栏杆高度	±5	mm	
	8	栏杆立柱间距	±10	mm	
	9	构件螺栓连接	螺栓紧固应牢固、可靠,外漏螺母扣不少于 2 扣	mm	观察或用小锤敲击检查
	10	爬梯安装位置偏差	≤1/1000 钢梯总长度,且≤50	mm	经纬仪、钢尺检查
	11	防腐蚀涂料外观质量	涂层应均匀,不应漏涂、脱皮,且涂层无明显皱皮和流坠		观察检查
	12	防腐蚀镀层外观质量	镀层均匀、不漏镀、不透底		

10.9.4 质量通病与防治措施

1）质量通病

(1) 冷却塔钢结构地基下沉,结构台石材开裂脱落;
(2) 冷却塔室内存在积水;
(3) 冷却塔室内未设置排水沟;
(4) 冷却塔钢结构护栏存在锈蚀现象。

2）原因分析与防治措施

(1) 土建地基未夯实到位,夯实系数未达到设计要求,造成下沉。应对地基夯实系数进行验收,满足设计要求后方可进行钢结构安装。

(2) 冷却塔室内地面未进行找坡或者找坡坡度不够,造成积水。室内混凝土垫层须严格按照设计图纸进行找坡,周圈设置排水沟,找坡坡向排水沟。

(3) 冷却塔钢结构除锈打磨不到位或者底漆涂刷、面漆涂刷厚度不足,原材料不合格造成护栏存在锈蚀现象。冷却塔整体外围钢结构栏杆需按照规范要求进行除锈,确保底漆及面漆涂刷到位,并做好隐蔽工程验收,加强原材料进场验收,确保材料质量合格。

10.10 风亭、花池

风亭作为体量较大的出地面建筑物对于地铁系统功能的实现必不可少,但对于乘客服务功能不明显,对周边环境不友好,因此风亭与周边环境的协调就变得尤为重要。花池作为美化环境的配套设施,也应与周边环境融合。本节主要以某市风亭、出入口周边花池为例,介绍风亭和出入口周边花池在土建结构施工完成后有关装饰装修方面的施工及其注意事项,其他城市的相关风亭、花池施工内容在满足装修设计要求的前提下,可借鉴参考。

10.10.1 作业准备

1）技术准备

(1) 阅读、审核施工图纸,澄清有关技术问题,熟悉规范和技术标准,制订施工安全保证措施,提出应急预案;
(2) 对施工人员进行技术交底,开展岗前技术培训,考核合格后持证上岗。

2）材料准备

(1) 根据现场情况,准备好石材、红砖、水泥、砂、防水卷材等材料,准备好防护标识牌等;
(2) 进场防水卷材有出厂检测报告、合格证并检测合格,防水卷材的复试项目经复试合格。

3）作业条件

(1) 高、矮风亭土建结构已完成,风亭周围1m范围内土建地基已按设计要求夯实,且地面已硬化完成,周围有已完成市政路面;
(2) 排风井内消声器已安装完成后,具备安装钢格板网条件。

4）人员组织

人员按单个班组配置为施工负责人1名、技术员1名、安全员1名、瓦工2人、普工1人。

5）施工机具

施工机具按单个班组配置为云石机1台、手推车1辆、铁抹子1把、铁桶1个、钢丝刷1把、水平尺1把、铝合金靠尺把、平铁锹1把、木锤1把、钢卷尺1把、拨缝开刀1把、硬木拍板1把。

10.10.2 施工程序

1）工艺流程

待准备工作完成、现场具备实施条件后，可以开始风亭及花池施工，具体工艺流程如图7-10-99所示。

图7-10-99 风亭及花池施工工艺流程图

2）施工工序

(1) 弹线、找规矩

①找标高、弹面层水平线。根据市政路面的水平标高线及图纸风亭面板石材的高度，测量出石材面层的水平线，弹在风亭墙面上。如遇风亭结构高度不够，需要结合现场情况在原结构台面上按照设计要求进行加高处理，以满足风亭设计标高。

②弹龙骨分格线：

a. 按照风亭立面石材分格图，在墙面上弹出石材的分块线，根据分块线弹出预埋板位置。

b. 在墙面上，根据石材的分块线和石材开槽位置弹出纵横向龙骨位置线。纵龙骨间距1200mm，横龙骨位置根据石材大小确定。

c. 在墙地面上弹出石材完成面线，与轴线控制线找方正。

(2) 预埋件安装

200mm×200mm×8mm预埋钢板通过4×M12膨胀螺栓与结构墙面固定；不等边角码与预埋钢板满焊固定牢固、可靠，预埋钢板水平间距不大于1.2m，竖向上下各安装一块预埋板。

(3) 主、副龙骨焊接

竖向龙骨采用40mm×60mm×4mm厚热镀锌矩形钢管与不等边角码转接件满焊连接，固定牢固。主龙骨间距为1.2m，副龙骨采用∟50×5热镀锌角钢。副龙骨与主龙骨采用满焊连接，副龙骨间距按照石材板块进行分割。

(4) 花池红砖砌筑

砌筑应保证灰缝饱满密实。竖缝宜采用挤浆或加浆方法，不得出现透明缝，严禁用水冲浆灌缝，砌体灰缝一律采用凹缝，抽光抽密实。砌筑过程中，提前预留好花池排水管道孔洞。遇有设备井盖处，花池断开进行砌筑。

(5) 防水卷材施工

①防水砂浆找平层

找平层采用20mm厚防水砂浆施作，抹平压光，表面光滑、洁净、无开裂、接茬平整，不允许有明显的尖凸、凹陷、起皮、起沙、空鼓等现象。找平层的平整度应在允许的范围内平缓变化，坡度均匀，坡向一致，并符合图纸设计要求。

②配制胶黏剂（随用随配制）

胶黏剂选用专用胶水（先用专用胶水与水配制）与水泥混合的水泥素浆（注意制胶容器及工具必须干净，制成胶内不允许有硬性颗粒剂杂质）。

制配过程：向桶内倒入冷水 50kg，开动搅拌器边搅拌边倒入专用胶粉一包（500g），搅拌 1~2min 即可制成胶水。一包胶粉配制的胶水可和 2~3 包水泥，能与水泥迅速反应，提高黏度。一包胶粉配制的水泥素浆可粘贴丙纶卷材 100m² 左右。注意要边搅拌边加水泥，加完水泥搅拌至均匀，无凝块、无沉淀即可使用。制成的水泥素浆应在 2h 内用完。

注意：在粘贴丙纶时，水泥不可只用水搅拌，要先制成胶水，用胶水与水泥一起搅拌。

③细部构造及附加层处理

a. 阳角附加层内附加层：先剪裁 200mm 宽卷材（长度可根据实际要求确定）做附加层，立面与平面各黏结 100mm。主防水层，将花池砌筑立面交接处的防水上返至花池盖板面。外附加层，剪裁一块 200mm 正方形卷材，从任意一边的中点剪口直线至中心，剪开口朝上，粘贴在阳角主防水层上。下一步骤与之相同，剪裁与上述尺寸相同的附加层，剪口朝下，粘贴在阳角上。

b. 阴角附加层内附加层：剪裁 200mm 宽卷材（长度依实际情况而定）做附加层，立面与平面各黏结 100mm。主防水层，根据现场实际情况，将花池坑底部水平面交接处的卷材向上翻至结构立面 >550mm（比花池盖板面高出 100mm）。外附加层，将卷材用剪刀裁成 200mm 的正方形片材，从其中任意一边的中点剪至片材的中心点。然后将被剪开部位折合重叠，折叠口朝上，涂刷聚合物黏结料在阴角部位黏结压实。下一步骤与之相同，只是折叠口朝下。阴阳角等处均做成 $R=20mm$ 圆弧形。

④涂水泥素浆敷设的方法

首先将已配置好的水泥素浆用小容器倒在预粘处的找平层上，胶料要连续、适量，用刮板刮至均匀，厚度应保持在 1mm 以上。然后选择合适位置展开防水卷材，并找正方向，用另一刮板排气压实，排出多余水泥素浆。卷材搭接尺寸：长边宽度为 100mm、短边宽度为 120mm。

⑤防水层验收

待防水层施工完成后，对防水层进行隐蔽验收，检验防水卷材搭接长度、圆角是否满足规范要求，是否出现气鼓现象，并及时做闭水试验。

⑥保护层

待防水层验收合格后，抹 20mm 厚防水砂浆作保护层。

(6) 石材安装

①风亭石材干挂

将石材下的槽内抹满石材专用胶，然后将石材插入；调整石材的左右位置，找完水平、垂直、方正后，将石材上的槽内抹满环氧树脂专用胶。将上部的挂件支撑板插入抹胶后的石材槽并拧紧固定挂件的螺母，再用靠尺板检查有无变形。待石材胶凝固后采用同样方法按石材的编号依次进行石材块的安装。首层板安装完毕后再用靠尺板找垂直、水平尺找平整、方尺找阴阳角方正，用游标卡尺检查板缝，发现石材安装不符合要求时应进行修正。

②花池石材湿贴

将已加工拼接好的石材，按照相应排版编号用石材专用黏结剂粘贴石材。

花池示意如图 7-10-100 所示。

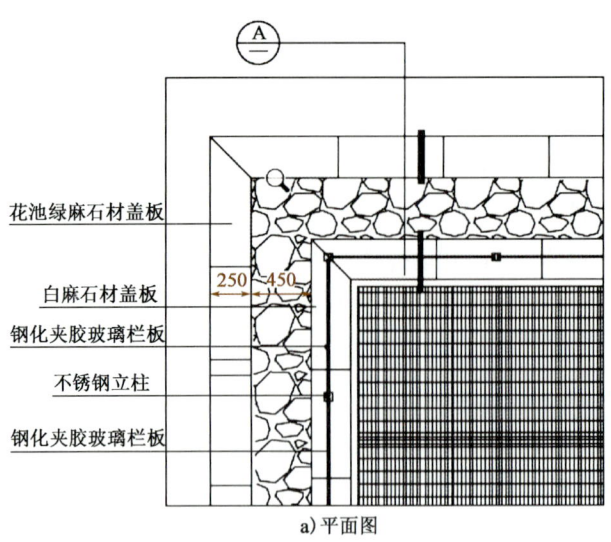

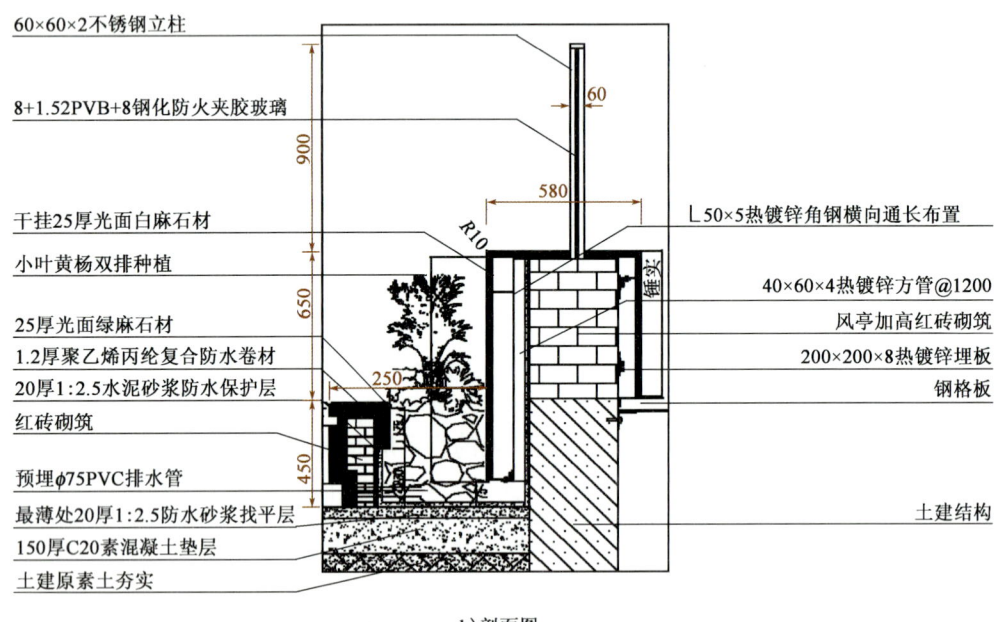

图 7-10-100 风亭及花池示意图（尺寸单位：mm）

(7) 风亭钢格板施工

①埋件安装

风亭结构内侧采用∟75×8角钢，长250mm，用3根M10膨胀螺栓固定在风井壁上。

②主框架安装

采用[126号槽钢在风井结构内侧一圈与∟75×8角钢满焊连接，横向间距按照风井长度的1/4布置；竖向横梁采用∟56×5角钢与[126号槽钢交接处满焊连接，竖向间距间隔不宜超过1200mm。

③钢格板网安装

钢格板铺设于槽钢和角钢上，钢格板板条方向与风井短边方向相同，钢格板与槽钢、角钢交接处用电焊焊牢。靠近风亭结构爬梯上方需安装活动钢格板网，采用不锈钢合页，并加装锁具，方便上下人员检修。

钢格板布置及节点示意图如图7-10-101、图7-10-102所示，钢格板网平面布置示意图及示例如图7-10-103～图7-10-105所示。

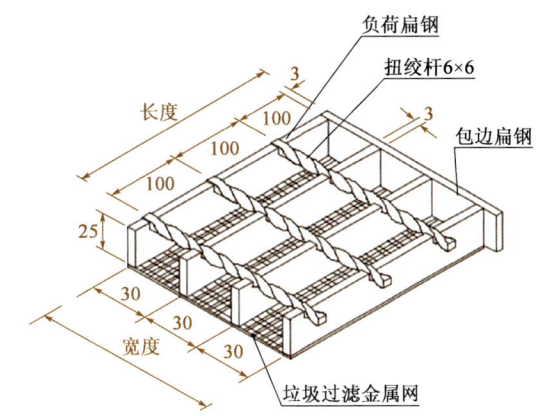

图 7-10-101　钢格板布置示意图(尺寸单位:mm)

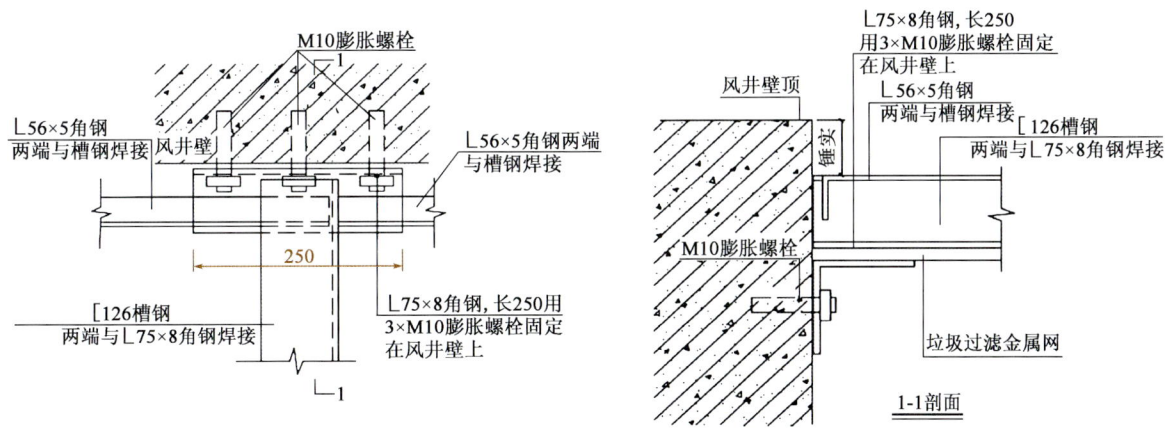

图 7-10-102　钢格板节点图(尺寸单位:mm)

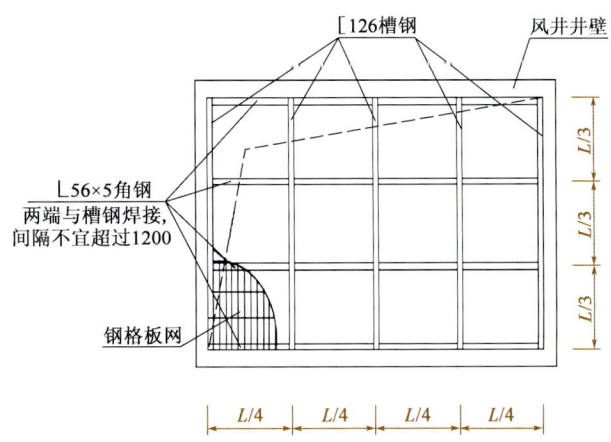

图 7-10-103　钢格板网平面布置示意图(尺寸单位:mm)

图 7-10-104　活动单元钢格板网安装

图 7-10-105　钢格板网安装

10.10.3　施工控制要点

(1) 面层铺设应防止板面与基层出现空鼓现象,操作中要注意垫层表面应用钢丝刷清扫干净,浇水湿润并均匀涂刷一层素水泥浆。找平层的厚度不宜过薄,最薄处不得小于 20mm,砂浆铺设必须饱满,水灰比不宜过大;同时注意不得过早上人踩踏等,以避免空鼓发生。

(2) 防水卷材施工技术质量基本要求如下:

①打开卷材,认真检查,同时看卷材是否在运输搬运过程中造成损失。

②找平层水层表面含水率宜在 30%~50% 之间;找平层水泥砂浆强度达到 8.5MPa 时,方可进行防水层施工。如果过于干燥,则应喷洒水直到合格。

③水泥素浆涂刷后应随即铺贴卷材,防止因时间过长胶中的水分散失,影响黏结质量。

④在刮板排气粘实的同时应注意检查卷材下有无颗粒性及其他物质将卷材垫起,如有应取出重新粘贴。

⑤卷材应平整粘贴于找平层上,不得有打皱现象。如打皱无法纠正,则可对应断开,按接缝处理。

⑥保护层抹完后表面应平整、光滑、洁净,不应有脱皮、起皱或严重裂缝现象,防护层要求抹平压光并进行养护,以达到设计强度。

⑦防水卷材在风亭、花池立面卷起的高度应符合设计要求。

⑧花池砌筑前土建施工单位必须按照设计要求进行地基夯实,避免后期因地基下沉导致花池倾斜,石材开裂。

⑨风亭结构装修完成面须满足防洪设计高度要求。

10.10.4　施工验收

1)石材施工质量验收标准

(1) 主控项目

①干挂石材墙面所用材料的品种、规格、性能和等级,应符合设计要求及国家产品标准和工程技术规范的规定。石材的抗弯强度不应小于 8.0MPa,吸水率应小于 0.8%。干挂石材墙面的挂件厚度不应小于 3.0mm。

②石材孔、槽的数量、深度、位置、尺寸应符合交底要求。

③干挂石材墙面后置埋件的位置、数量及后置埋件的拉拔力必须符合设计要求。

④干挂石材墙面的金属框架立柱与主体结构预埋件的连接、立柱与横梁的连接、连接件与金属框架的连接、连接件与石材面板的连接必须符合设计及交底要求,安装必须牢固。

⑤金属框架和连接件的防腐处理应符合技术交底要求。

⑥石材表面板缝拼接采用密拼处理。

(2)一般项目

①干挂石材墙面的表面应平整、洁净,无污染、缺损和裂痕。石材颜色协调一致,无明显色差,无明显修痕。

②石材接缝应横平竖直、宽窄均匀;阴阳角石板压向正确,板边合缝应顺直;凸凹线出墙厚度应一致,上下口应平直;石材面板上洞口、槽边应套割吻合,边缘应整齐。

③每平方米石材表面质量及检验方法应符合表7-10-4的规定。

石材表面质量及检验方法　　　　　　　　　　　　表7-10-4

项次	项　　目	质　量　要　求	检　验　方　法
1	裂痕、明显划伤和长度>100mm的轻微划伤	不允许	观察
2	长度≤100mm的轻微划伤	≤8条	用钢尺检查
3	擦伤总面积	≤500mm^2	用钢尺检查

④干挂石材墙面的允许偏差及检验方法应符合表7-10-5的规定。

干挂石材墙面的允许偏差及检验方法　　　　　　　　　　表7-10-5

项次	项　　目	允许偏差(mm) 光面	检　验　方　法
1	立面垂直度	1	2m垂直检测尺检查
2	表面平整度	1	2m靠尺、塞尺检查
3	阴阳角方正	1	直角检测尺、塞尺检查
4	接缝直线度	1	拉5m线,不足5m拉通线,钢直尺检查
5	勒脚上口直线度	2	拉5m线,不足5m拉通线,钢直尺检查
6	接缝高低差	0.3	钢直尺、塞尺检查
7	接缝高度差	0.5	钢直尺检查

2)花池防水施工质量验收标准

(1)保证项目

①卷材防水层、阴阳角等细部做法必须符合设计要求的施工规范规定,严禁有渗漏现象。

②严格按有关规范标准和施工工艺作业,做好技术交底工作;严格按照合格标准自觉检查到位。

(2)一般项目

①防水层应牢固、平整、洁净,无空鼓、尖凸和松动等现象。

②黏结涂料刷均匀,不得有漏刷和麻点等缺陷。

③卷材防水层的粘贴和搭接、封头应符合设计要求和施工规范规定,并应粘贴牢固,无损伤、滑移、翘边、褶皱等缺陷。结合紧密,厚度均匀一致。

10.10.5　质量通病与防治措施

1)质量通病

(1)花池砌筑下沉、石材开裂脱落示例,如图7-10-106所示;

图 7-10-106　花池下沉、石材开裂脱落

（2）风亭结构侧壁渗水。

质量通病示例如图 7-10-107 所示。

2）原因分析与防治措施

（1）风亭四周地基未按照设要求进行夯实，或者夯实密度不够。应对地基夯实系数进行验收，合格后方能进行下道工序。在花池砌筑前，需对花池周边 1.5m 范围内进行混凝土垫层浇筑，满足设计要求后方可砌筑花池。

（2）风亭花池砌筑后施工未做防水，或防水施工不规范，卷起高度或搭接宽度不够。防水施工前，砌筑表面须做好抹灰找平处理。风亭花池砌筑后，要求在花池内部做两遍防水，同时防水卷起高度应符合设计要求，防水搭接宽度不小于 100mm。

防水卷材上卷至盖板面示例如图 7-10-108 所示。

图 7-10-107　防水卷材未上卷至盖板面

图 7-10-108　防水卷材上卷至盖板面

10.11　垂直电梯

垂直电梯是地铁无障碍设施的重要组成部分，包括站内垂直电梯和站外垂直电梯。垂直电梯不但可为使用轮椅的的乘客提供无障碍通道，还可方便老年人、携带大件行李的乘客和使用婴儿车的乘客等使用。本节主要阐述出地面及站内垂直电梯的钢结构及外装饰（以玻璃为例）等相关的施工及注意事项。

10.11.1 作业准备

1)技术准备

(1)依据现场情况,阅读、审核钢结构施工图纸并符合结构洞口预留尺寸,澄清有关技术问题,熟悉规范和技术标准,制订施工安全保证措施,提出应急预案;

(2)对施工人员进行技术交底,开展岗前技术培训,考核合格后持证上岗。

2)材料准备

(1)依据设计图纸,准备好钢材、埋板、化学锚栓、钢化夹胶安全玻璃、不锈钢驳接爪系统、氟碳漆、防火涂料、建筑密封胶、操作脚手架等施工材料。

(2)进场材料具备有效的产品质量证明书及合格证。

(3)对进场钢材的相关技术要求:

①钢井架(含横梁)在进场时,其表面必须涂刷一遍底漆。防腐底漆采用环氧富锌底漆涂刷两遍,干漆膜厚度不小于100μm;中间漆采用环氧云铁中间漆涂刷两遍,干漆膜厚度不小于100μm;面漆使用氟碳面漆涂刷两遍,干漆膜厚度不小于50μm,保证表面平整。埋入混凝土的钢构件、高强度螺栓连接摩擦面、构件剖口部位均不刷油漆并不得油污,防火涂料与防腐漆要匹配。井架焊接固定,应按照一级、二级焊缝的要求进行探伤检查(一级焊缝全探伤,二级焊缝进行抽检),并提交检测报告。

②防火涂层厚度宜根据耐火时限,直接采用实际构件耐火试验数据。防火涂料必须有国家检测机构对其耐火性能认可的检测报告及生产许可证并经设计认可,并与防腐涂料相配套。其耐火极限:钢柱2.5h,钢梁1.5h。

(4)不锈钢点式玻璃幕墙配件:

①产品类型:250系列四爪、双爪、三爪、单爪等配件。

②表面处理:表面呈亚光,表明光滑细腻,无沙眼、气泡、划痕等明显损伤。

③技术标准:符合现行《点支式玻璃幕墙工程技术规程》(CECS 127)及相关国家技术标准。

④技术要求:驳接爪件、驳接头组件、配套螺母配件均为SUS 316不锈钢,其材质不得低于0Cr17Ni12Mo2;转接件母座为Q235B钢材,嵌入玻璃孔内的驳接头垫圈材质为铝合金。

⑤驳接头采用浮头式连接,为万向接头,夹持玻璃厚度为21.52mm。

⑥驳接爪的孔距为250mm,其轴向承载设计值不小于3000N,径向承载设计值不小于2000N。

⑦与玻璃表面接触的垫片为尼龙垫片,与玻璃孔接触的垫圈采用铝垫圈。

⑧质量和性能要求:具有国家认可的检测机构出具的合格检验报告。

⑨质量保证时间:提供符合国家、行业的相关标准及质量保证书。

(5)建筑密封胶:

①结构胶采用高模数中性胶,具有良好的黏结性、延伸率、抗气候变化,抗太阳紫外线破坏,抗撕裂和耐老化性能。

②外露密封胶选用的颜色须经设计单位、建设单位同意,所有材料须为国家有关部门鉴定的合格产品,证实符合设计要求才能使用。材料的相容性试验在国家有关部门认可的检测机构检测。

(6)材料相关复试完毕,并全部合格。

3)作业条件

(1)土建电梯基坑完成且无反水现象,结构埋件已按照设计要求提前预埋完成,基坑垃圾已清理干净;

(2)站厅、站台控制中线已放线完成,具备引测条件。

4)人员组织

人员按单个班组配置为施工负责人1名、技术员1名、安全员1名、焊工2人、木工2人、普工1人。

5)施工机具

施工机具按单个班组配置为电焊机1台、电锯1台、砂轮切割机1台、手电钻1台、冲击钻1台、注胶枪1支、空气压缩机1台、玻璃吸盘1个、喷漆枪1个、台钻1台、经纬仪1台、水准仪1台、红外水平仪1台、扳手2把。

10.11.2 施工程序

1)工艺流程

待准备工作完成、现场具备实施条件后,可以开始垂直电梯施工,具体工艺流程如图7-10-109所示。

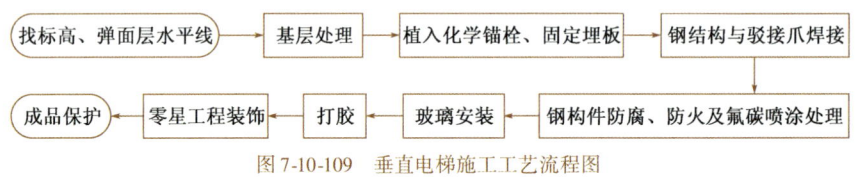

图7-10-109 垂直电梯施工工艺流程图

2)施工工艺

(1)找标高、弹面层水平线

根据已有的地面控制水平标高线,测量出钢结构的水平线及钢立柱轴线,弹在基坑墙面上。根据放线结果,测量钢立柱外框完成线尺寸,核实站台层中板孔洞与站台层底板基坑是否存在偏差。如遇基坑偏差较大或者基坑较小与图纸不符的情况,需及时协调设计单位现场踏勘提出处理方案。

(2)基层处理

将基层表面的积灰、油污、浮浆及杂物等清理干净,如局部凸凹不平,应将凸处凿平,凹处用干拌砂浆补平。

(3)植入化学锚栓、固定埋板

如遇原结构预留埋板与图纸埋板位置不符、预留埋板安装质量标准不符合要求、空鼓,以及土建未进行埋板预留情况,须采取后置埋板进行固定,具体工艺如前所述,此处不再赘述。

(4)钢结构与驳接爪焊接

驳接爪与钢结构满焊焊接,焊渣清理干净,隐蔽验收完毕后进行防腐、防火处理。

(5)钢构件防腐、防火及氟碳喷涂处理

所有钢构件焊接完成后,对焊接部位进行隐蔽检查,验收合格后再进行防腐、防火处理。所有焊接部位清理干净后涂刷环氧富锌底漆,漆膜厚度不小于80μm。构件防火等级要求须满足相关规范要求,防火涂料选用须满足设计要求。一般梁结构防火等级不小于1.5h。承重柱结构防火等级不小于2.5h。主要施工设备有空压机、重力式喷枪、气管、厚型防火涂料喷涂机等;防火涂料喷涂应分两次完成,第一次喷涂以基本盖住钢材表面即可,以后每次喷涂厚度为1.95~2mm为宜。通常情况下,8h喷涂一遍即可。在已完成的防火涂料表面,根据设计选色,氟碳漆一般工艺要求为:表面处理→清理→氟碳底漆→涂中层漆→涂面漆→涂氟碳罩光漆→涂层查检。

①钢结构涂装前,对其表面进行除锈处理。除锈方法及等级满足施工图纸要求,除锈质量符合现行

《钢结构、管道涂装技术规程(附条文说明)》(YB/T 9256)的规定。除锈合格后立即进行涂装,在潮湿气候条件下4h内完成,在气候较好的条件下不超过12h完成。

②构件涂装时的环境温度及相对湿度,遵守产品说明书的规定。在产品使用说明书未做规定时,环境温度控制在5~38℃,相对湿度小于85%,构件表面不低于露点以上3℃。

③保证涂装均匀,有光泽,附着良好,无明显起皱、流挂和气泡。

(6)玻璃安装

①按图纸要求对玻璃及吊夹板进行清洗,清洗剂为易挥发并不腐蚀金属和玻璃的溶剂;

②按现场的条件利用机械吸盘将玻璃安装到驳接爪上,然后进行调整,并将玻璃在安装前用开口胶管将长边保护起来。

注:按图纸要求及有关标准对玻璃进行调整,保证玻璃面的垂直偏差不大于1.5mm,面玻璃之间接缝处不平整度不大于1.0mm。

(7)打胶

待玻璃安装调整完成后,结合玻璃面层贴膜材质颜色,经参建各单位确认选用近似贴膜颜色的硅酮耐候密封胶,对玻璃接缝进行打胶处理,要求胶缝饱满,均匀一致。

(8)零星工程装饰

①在玻璃安装之前,为保证装饰美观,将结构楼板侧面石材黏结层裸露处用钢板进行封堵,结构面水泥砂浆余浆清理干净,最后可视结构面喷亚光黑色涂料;

②为避免直梯玻璃阳角易于磕碰、造成安全隐患,同时避免玻璃安装存在局部错台现象,在玻璃阳角增加∟50不锈钢护角阳角进行装饰;

③在玻璃四周增加150mm高不锈钢防撞踢脚,防撞立柱与基层埋板固定,不锈钢中心距离玻璃面为150mm。

垂直电梯安装示意图和示例分别如图7-10-110、图7-10-111所示。

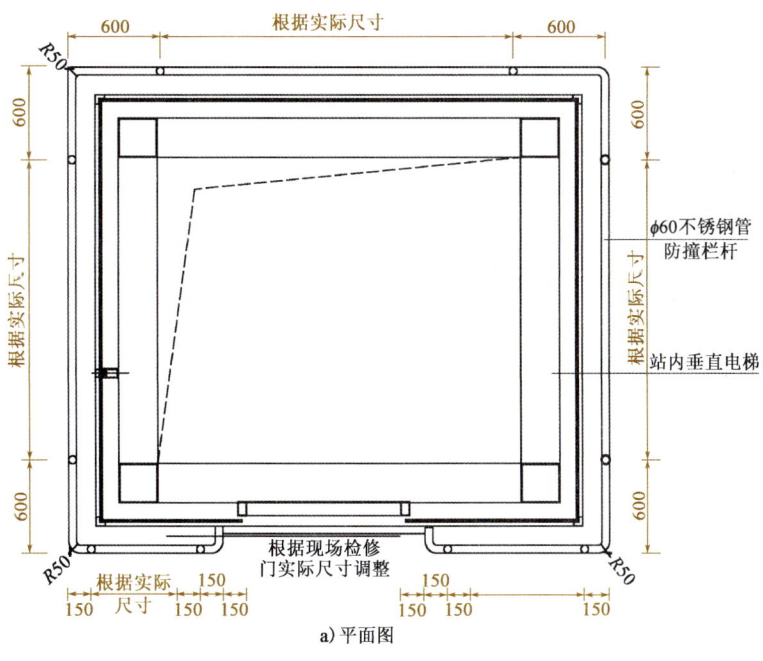

图 7-10-110

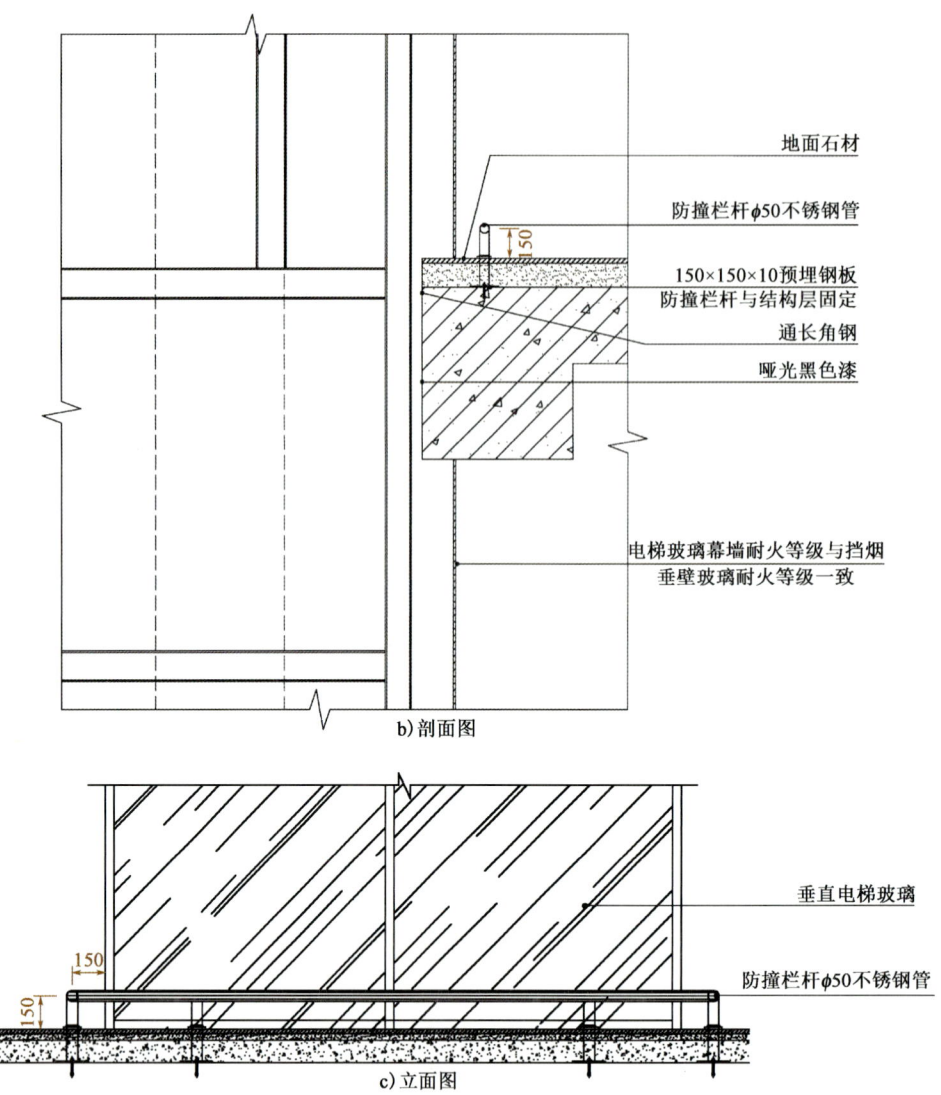

b) 剖面图

c) 立面图

图 7-10-110　垂直电梯安装示意图（尺寸单位：mm）

图 7-10-111　垂直电梯安装

10.11.3　施工控制要点

（1）钢结构实施时应设置满堂钢管架，固定作业平台，采用阻燃密目安全网分隔。

（2）根据已有的地面控制水平标高线，检测垂直电梯外框完成面与底板和中板空洞是否存在偏差。

（3）由于玻璃板块过大，玻璃加工后易存在变形，造成玻璃安装完成后存在玻璃错台不平整的情况。生产前需核实玻璃板块是否可以满足装修及功能需求，对于超大玻璃板块进行优化设计。

（4）玻璃板块在安装前，应对钢结构进行补漆；清理垂直电梯基坑，对电梯外框与站台板、中板四周间隙进行收边处理。

（5）垂直电梯门框下口完成面应与地面完成面齐平。

（6）对于电梯井道顶部无法设置预埋件的情况，应充分考虑钢架的固定方式。对土建预埋遗漏、未实施等预埋件,需采取后埋固定方式。

(7)电梯井道顶部悬空情况,应在顶部镶厚度不小于8+1.52PVB+8夹层钢化安全玻璃。

(8)安全玻璃上口与楼层底板间留100mm间隙。玻璃外侧需做挡烟垂壁,玻璃与结构楼板之间应做防火封堵,防火封堵材料应满足耐火极限要求。

(9)安全玻璃之间采用硅酮耐候密封胶与密封胶条进行密封防水处理,安全玻璃固定部分采用硅酮耐候密封胶密封接缝处理,打胶厚度不小于3.5mm,确保密封防水。

(10)接合部的外露部位和紧固件、工地焊接区及经常碰撞脱落油漆部位,在构件安装后需补涂防腐底漆一道。

(11)除锈前后应仔细消除油垢、毛刺、药皮、飞溅物及氧化铁皮等。

(12)焊接前应复查组装质量和焊缝区的处理情况,修整后方能施焊。焊接前应对所焊构件进行清理,除去油污、锈蚀、浮水及氧化铁等,在沿焊缝两侧不少于20mm范围之内露出金属光泽。

(13)要求等速焊接,保证焊缝厚度、宽度均匀。

(14)起焊、收弧、清除熔渣,经焊工自检确无问题,方可转移地点继续焊接。

(15)各种构件校正好之后方可施焊,并且不准随意移动垫铁和支撑,以防影响构件的垂直偏差。隐蔽部位的焊接头必须办理完隐蔽验收手续后,方可进入下道工序。

(16)防止出现裂纹、咬边、气孔、夹渣等。

10.11.4 施工验收

1)主控项目

(1)钢材、钢铸件的品种、规格、性能等应符合现行国家产品标准和设计要求。进口钢材产品的质量应符合设计和合同规定标准的要求。

(2)对属于下列情况之一的钢材,应进行抽样复验,其复验结果应符合现行国家产品标准和设计要求。

①国外进口钢材;

②钢材混批;

③板厚大于或等于40mm,且设计有Z向性能要求的厚板;

④建筑结构安全等级为一级,大跨度钢结构中主要受力构件所采用的钢材;

⑤设计有复验要求的钢材;

⑥对质量有疑义的钢材。

(3)焊接材料的品种、规格、性能等应符合现行国家产品标准和设计要求。

(4)重要钢结构采用的焊接材料应进行抽样复验,复验结果应符合现行国家产品标准和设计要求。

(5)玻璃的品种、规格、色彩、朝向及安装方法等必须符合设计要求及有关标准规定。

(6)玻璃裁割尺寸正确,安装必须平整、牢固,无松动现象。

2)一般项目

(1)固定玻璃的驳接爪的数量应符合施工规范规定,规格应符合要求。

(2)玻璃板块排列位置正确,均匀整齐,硅酮耐候密封胶嵌缝应饱满密实,接缝均匀平直。

(3)彩色玻璃、压花玻璃拼装的图案、颜色应符合设计要求,接缝吻合。

(4)玻璃安装后,表面应洁净,无油灰、浆灰、密封胶、涂料等斑污;有正反面的玻璃,安装朝向应正确。

10.11.5 质量通病与防治措施

1）质量通病

（1）电梯钢结构玻璃安装不平整；

（2）玻璃接缝处打胶粗糙、颜色不统一，美观度差，示例如图 7-10-112 所示。

（3）电梯井道结构侧面未收光，影响美观；

（4）电梯门框下口与地面完成面存在错台。

2）原因分析与防治措施

（1）玻璃板块过大，玻璃加工后易存在变形。核实玻璃板块是否可以满足装修及功能需求，对于超大玻璃板块进行优化设计。

（2）基层驳接爪定位存在误差，玻璃安装完毕后，未进行调整。加强对钢结构立柱及驳接爪的定位放线，玻璃安装完成后及时进行校正。

（3）玻璃接缝处打胶未由专业技术人员实施，胶体颜色未与玻璃贴膜颜色统一。玻璃接缝打胶要求由专业技术人员实施；对于玻璃接缝处存在错台的情况，可采用颜色相近的密封胶进行美化处理。

（4）电梯井道结构侧面在玻璃安装前，需进行抹灰压光找平，并征得设计单位同意，确认是否进行面层涂料装饰或者包封，以保证装修协调统一和美观。

（5）电梯门框下口与地面石材铺贴时需仔细校正标高，保证两者施工在同一标高上。

玻璃安装效果示例如图 7-10-113 所示。

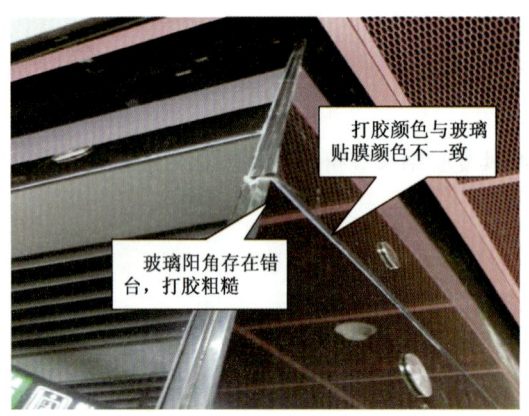

图 7-10-112 玻璃安装效果较差

图 7-10-113 玻璃安装效果

本章附件

附件 7-10-1　不锈钢工程

附件 7-10-2　导向标识

附件 7-10-3　卫生间

第 11 章 成品保护

车站装修施工期间,施工专业多,作业交叉频繁,管理难度大。在施工过程中要对进场材料、施工完成的工序以及完工分项工程进行保护,如造成损坏,将会增加修复工作,带来工料浪费、工期拖延及经济损失。成品、半成品保护是施工管理重要组成部分,是保证施工生产顺利进行的主要环节,因此半成品、成品保护工作,显得尤为重要。本章主要介绍地铁车站装饰装修施工全过程中工序、半成品及成品保护工作的相关内容。

11.1 成品保护范围

(1)成品保护范围包括装饰装修工程的一切材料、设备、成品、半成品,其中最主要的是施工过程的工序保护。

(2)成品是指已安装完成的石材、铝板、玻璃、陶瓷板、门窗、防火卷帘、栏杆、导向标识、广告灯箱等。

(3)半成品是指进场但未安装的相关材料及施工过程当中的一些工序,如防水卷材、防火观察窗、抹灰、涂料等。

(4)装修与其他各交叉接口之间的工序衔接保护。

11.2 成品保护措施

装饰装修施工的成品保护是站后工程施工的重点和难点问题,各工序交叉作业多,稍不注意,便会对已竣工部分造成破坏,又需重新施工,既耽误工期又造成经济损失,所以成品保护非常重要,要让每名施工人员都建立起成品保护意识。

1)加强成品保护,落实成品保护责任

(1)项目经理部要成立以项目经理为组长的施工现场领导小组,负责项目施工现场的管理和文明施工的成品保护工作。

(2)定期对管理和操作人员进行文明施工、成品保护教育,提高职工自觉保护成品的质量意识。

（3）要经常进行成品保护检查，发现被撞、损坏、污染的成品要及时采取措施进行纠正处理，责任人要给予经济处罚。

2）加强现场管理，科学组织施工，减少成品损失

（1）编制现场管理和成品、半成品保护实施细则，合理安排施工顺序，避免工序相互干扰。凡下一道工序对上道工序会产生损伤或污染的，要对上道工序采取护包或护盖等措施，一旦发生损伤或污染，要及时处理或清除。

（2）凡在成品或半成品区域施工或装卸运输，要设专人管理，防止被撞或被刮。

（3）严禁野蛮施工。对野蛮施工的行为要进行制止，一经发现无论是否造成成品损伤，均将给予经济处罚。

3）材料等的储存、保管及搬运统一要求

（1）采购人员要对所购材料、成品、半成品、设备提出包装及运输要求。如石材必须垫絮片或用木箱包装，套装门必须垫絮片加厚纸包装，五金件要有纸盒包装等。对各类易碎易碰物资要向货主提出加固包装要求并相应承担部分费用。

（2）运输人员要对物资装、运、卸负责，项目经理部组织专门运输车辆及装卸工，物资要轻搬轻放、整齐有序，大件怕压物品要做运输托架，如运输大块玻璃要预做钢架或木架。

（3）要减少搬运次数，到现场后，小件入库，大件或大宗物资最好直接运至使用处，设专人看护，尽量减少二次搬运。

（4）仓储人员对现场库存物资、成品、半成品负责保护，材料、成品、半成品要划分库存区，易损物品要单独存放；要针对不同物品的特点分别保管，如玻璃就应存放在干燥通风的室内，每箱都应立放，不可平放或斜放，防止压碎折断；龙骨下要垫木板找平，防止变形；石材堆放要分类编号立放，既便于查找，又便于搬运，同时要注意防水、防污染。

（5）工地内部领用搬运物资要组织专人用小木车或木斗运输，楼梯口及转角处要有照明灯并有专人看守，提醒运输人员小心，防止磕碰。

（6）安装人员要随领随用，不宜将半成品大量堆集在现场，以防污染及磕碰；午间或夜间要留人看守或退回仓库。要做好工序标识工作，在施工中易受污染、破坏的成品、半成品要标识"正在施工、注意保护"标识牌。

4）装修工程对其他工程成品的保护措施

为防止在进行顶棚、墙面及地面施工时损害及污染其他专业成品构件，采取以下四种保护措施：

（1）护——提前保护。在其他专业成品构件表面全部贴上塑料薄膜纸，保护起来。在门口位置及转角等交通道口，为预防受碰，要多贴几层薄膜纸或再贴上小块木条。

（2）包——包裹。对个别有特殊要求的专业成品构件可以进行包裹，或用木夹板覆盖，防止油漆时污染。

（3）封——封闭。必要时对其他专业成品构件的施工部位，在不影响后续工艺施工的前提下，采取封闭方式，达到保护目的。

（4）专——设专人负责成品保护、治安和巡视检查，操作人员工作完毕后由成品保护人员检查，发现问题立即查明责任者。对已完成的区域，凡未经许可一概不得进入已完成的区域内。统一全场成品保护标识，如挂"油漆未干""小心碰撞"等警示牌加以保护。

5）各分项工程的半成品、成品保护措施

（1）地面细石混凝土

①垫层施工前需对动力照明接线盒、AFC 接线盒进行保护。

②使用手推车时应避免碰撞门口立边和栏杆、墙柱饰面。门框要有适当的保护措施，以防手推车轴头碰撞门框。

③注意保护好地漏、出水口等部位安放的临时堵头，以防灌入浆液、杂物造成堵塞。

④被污染的墙柱面、门窗框及设备管线要及时清理干净。

⑤注意保护管线及设备基础，使其不被破坏。

对临边防护栏杆的保护示例如图 7-11-1 所示，对地面管线接线盒的保护示例如图 7-11-2 所示。

图 7-11-1　对临边防护栏杆的保护　　　　　　图 7-11-2　对地面管线接线盒的保护

（2）地面面层（水磨石、静电地板、地砖、石材）

①存放石材板块，不得雨淋、水泡、长期日晒，一般采取板块立放，光面相对。板块的背面应支垫松木条，板块下面应垫木方，木方与板块之间衬垫软胶皮。在施工现场内倒运时，也应按上述要求进行。

②静电地板面层使用材料应堆放整齐，使用时轻拿轻放，以免碰坏棱角。

③运输石材板块、水泥砂浆时，应采取措施，防止碰撞已做完的墙面、门口等。铺设地面用水时防止浸泡，以免污染其他房间地面、墙面。

④试拼应在地面平整的房间或操作棚内进行；调整板块的人员宜穿干净的软底鞋搬动、调整板块。

⑤铺砌石材板块及碎拼石材板块过程中，操作人员应做到随铺砌随擦拭，应用软毛刷和干布擦净石材表面。

⑥站台门前绝缘区域地面石材铺贴前，需做好对站台门立柱、门槛的绝缘保护，避免砂浆破坏站台门的绝缘性。

⑦新铺砌的石材板块应临时封闭。当操作人员和检查人员踩踏新铺石材板块时要穿软底鞋，并轻踏在一块板材中。

⑧在石材地面或楼梯踏步上行走时，找平层砂浆的抗压强度不得低于 1.2MPa。

⑨使用高凳时，不得碰撞墙、角、门、窗，更不得靠墙面立高凳，高凳脚应用布扎好，以防划伤地板。从高处运送工具、材料时，用工具包或绳子吊送，严禁抛扔，防止砸伤地面。

⑩石材地面完工后，房间封闭，粘贴层达到规定强度后，应在其表面加以覆盖保护。需用胶带封闭接缝位置，避免砂石颗粒进入保护层与石材面层之间产生摩擦，造成石材表面损伤。

⑪踏步面板施工完毕后先覆盖一层塑料布，然后及时用木板钉成踏步形状，扣在梯步上以保护其不

受破坏。

保护示例如图 7-11-3～图 7-11-6 所示。

图 7-11-3　地面成品保护

图 7-11-4　地面石材阳角保护

图 7-11-5　楼梯踏步采用竹胶板保护

图 7-11-6　地面砖采用纤维板保护

（3）墙、柱面面层（铝板、玻璃、石材、陶瓷板、搪瓷钢板）

①钢龙骨及面层材料安装时，应注意保护墙面内各种管线和已安装设备。钢龙骨不准固定在同向管道及其他设备件上。

②钢龙骨、面材在运输、进场、存放、使用过程中，应严格管理，做到不变形、不受潮、不生锈，尽量减少损坏。

③运输玻璃时应特别小心，避免磕碰边角，必要时用地毯与软物等包住边角。

④堆放玻璃要整齐牢固，堆放位置要选好，75°斜立堆放，下面用木方固定，避免来回搬运。

⑤对已安装好的门窗、已施工完毕的地面和顶棚等工程应注意保护，防止污损。

⑥面层安装必须在墙面内管道隐检验收、保温、防腐等一切工序全部验收合格后进行。

⑦面层安装过程中尤其注意对已经安装好的面层材料的成品保护。

⑧面层安装后，阳角和门边要用硬质材料保护并设专人巡视负责，发现有保护设施被损坏要及时恢复。

⑨拆改架子和上料时，严禁碰撞干挂饰面板。

⑩凡已安装完成的玻璃，应指定专人看管维护，并在距玻璃 1.5m 处设警示围栏，在玻璃上写上标记。扶梯处玻璃栏板用刨花板钉成木盒子套上保护，防止物体打击，损伤玻璃。

⑪在釉面砖、墙面剔孔洞时,宜用手电钻或先用小錾子轻剔掉釉面、墙面,待剔到砖层、灰层处方可用力,但不得过猛,以免将面层剔碎或导致空鼓现象。在混凝土剔洞时,注意不要剔断钢筋。断钢筋时必须征得土建单位技术负责人同意方可断筋,由土建施工单位采取加固措施。

⑫工序交接以书面形式由双方签字认可,下道工序作业人员对成品的污染、损坏或损失负直接责任,成品保护人对成品保护负有监督、检查责任。

墙(柱)面成品保护相关示例如图 7-11-7 ~ 图 7-11-10 所示。

图 7-11-7　墙面玻璃保护

图 7-11-8　柱面铝板软保护

图 7-11-9　柱面搪瓷钢板硬保护

图 7-11-10　墙面石材阳角成品保护

(4)铝合金吊顶

①轻钢骨架、罩面板及其他吊顶材料在入场存放、使用过程中应严格管理,保证不变形、不受潮、不生锈。

②装修吊顶所用吊杆严禁挪作机电管道、线路吊挂用;机电管道、线路如与吊顶吊杆位置矛盾,须经过项目技术人员同意后更改,不得随意改变、挪动吊杆。

③吊顶龙骨上禁止铺设机电管道、线路。

④轻钢骨架及罩面板安装应注意保护顶棚内各种管线,轻钢骨架的吊杆、龙骨不准固定在通风管道及其他设备件上。

⑤为了保护成品,罩面板安装必须在棚内管道试水、保温等一切工序全部验收后进行。

⑥设专人负责成品保护工作,发现有保护设施损坏的,要及时恢复。

⑦产品安装完成之后需有"成品保护"等字样加以警示,同时还有专用巡查。

⑧产品保护膜应在现场完工做好清洁再撕膜,避免二次弄脏。

⑨工序交接全部采用书面形式由双方签字认可:由下道工序作业人员和成品保护负责人同时签字确认,并保存工序交接书面材料,下道工序作业人员对防止成品的污染、损坏或丢失负直接责任。

(5)无机涂料饰面

①保护措施

a. 及时撕下遮盖胶纸。墙面涂料涂刷完成后,应及时把用于分色、保护等用途的遮盖胶纸撕下。如果等到墙面漆干燥后再处理,可能会带下墙面漆,造成漆面缺块。

b. 墙面涂料未表干前防止摸碰弄脏。刚刷好的墙面涂料必须进行保护。在墙面涂料刷好未表干之前应关闭门窗,防止摸碰,不得靠墙立放铁锹等工具。靠墙物品最好等待几天后再放回原位,不然会刮伤墙面,或留下明显的黑印。同时也不要急于清扫地面,以免弄脏涂刷好的墙面漆。

c. 墙面涂料表干后注意通风。墙面涂料表干后注意打开门窗,保持充分通风。冬天在墙面涂料干燥过程中,如果室内温度太低,会影响成膜效果,应采取必要措施增加温度,对墙面涂料进行保护,使之能较好成膜。

d. 笨重家具摆放时注意保护墙面。床、衣柜等大型笨重家具在搬动、摆放时应与墙保持距离;或对墙进行适当保护,以防止刮、碰伤到墙面涂料。

e. 墙面涂料注意防水防火。尽量不要直接向墙面或靠近墙面的地方泼水,以免污染墙涂料或因长时间浸水导致墙面涂料起鼓。明火不要太靠近墙面,尽量远离油烟。

②细节保护

a. 结构顶板喷黑之前,需做好对站内"三临设备"、管线的覆盖保护,同时做好对地面及已完桥架、综合支吊架的覆盖保护,避免污染。

b. 操作前将不需涂饰的门窗及其他相关部位遮挡好。

c. 涂饰完的墙面,随时用木板或木方将口、角等处保护好,防止碰撞造成损坏。

d. 拆脚手架时,要轻拿轻放,严防碰撞已涂饰完的墙面。

e. 乳胶漆未干前,不应打扫室内地面,严防灰尘等沾污墙面涂料。

f. 严禁明火靠近已涂饰完的墙面,不得磕碰、弄脏墙壁面等。

g. 工人刷涂饰时,严禁蹬踩已涂好的部位,防止小油桶碰翻涂料、污染墙面。

(6)导向标识灯箱

①所有标识灯箱至少应有防水防尘两层包装,运输过程中易受挤压和碰撞的标识灯箱应有硬外壳(如木箱)及发泡苯板包装。包装箱应有足够的牢固程度,能保证在运输工程中不会损坏标识灯箱,装入箱内的各类部件应保证不会发生相互碰撞。

②每件标识灯箱应用塑料带或软布包裹,聚碳酸酯板(PC板)与包装箱之间需用不易引起划伤等外观缺陷的轻软材料填实。防水包装应采用薄膜密封处理。防尘包装应为纸皮箱体,如灯箱尺寸太大则可采用纸皮外包装覆盖。

③包装箱上应有明显的"轻搬正放""小心破碎""向上"等标志,其图形应符合现行《包装储运图示标志》(GB/T 191)的规定。包装箱两侧应以运输通用标记,标明吊装重心。

④运输过程中必须对标识灯箱妥善保护,以防止因受到潮湿、污染、温度变化、阳光直射、作业行为、碰撞及其他原因,造成标识灯箱外观损坏甚至影响标识质量。

⑤产品所用各种类型的车辆运输、搬运规则、条件等应符合国家有关标准的规定。

⑥当包装箱的重量太大,不能用人工投运时,应配置合适的吊具配件,以便配合机械吊运或吊装,不损害整件标识的完整性。

⑦安装完成的标识灯箱由厂家负责成品保护。竣工验收前厂家将所有标识面板表面以塑料薄膜覆盖保护,车站安装及装修工程基本完工并完成清洁工作后,根据现场实际进度确定揭除薄膜的时间。

(7)广告灯箱

①施工现场广告灯箱系统设备搬运时要轻装轻放,妥善装运,防止碰撞;

②嵌入式灯箱安装需做好已完成墙面的成品保护工作;

③轨行区广告灯箱、壁挂式灯箱运输至轨行区需注意站台门及灯箱产品的成品保护,在两产品之间设置橡胶或泡沫垫;

④轨行区施工注意避让轨行区车辆,移动脚手架、施工设备、成品保护包装等需清理干净。

(8)卫浴洁具、开关面板

安装开关、插座、阀门、龙头等器具时,操作人员应戴白手套,以防止对装修墙面造成污染。在墙面上弹标高线时,要用浅粉,以防止污染墙面。

①面板:面板安装过程中避免工具对面板表面造成划痕。面板安装完成,清除表面污染后,用美纹纸覆盖保护。

②台盆:台盆安装完成,清除台面污染后,及时用防潮膜满铺保护,周边用美纹纸和墙面瓷砖与橱柜粘贴牢固。

③马桶:注意保留原包装物,安装完成后用原包装箱直接包裹马桶,不得在保护纸壳上面堆放材料,或把保护纸壳移作他用。

④卫生间镜子:安装完成后,及时进行清洁,然后用珍珠棉满贴保护,用美纹纸进行粘贴固定。不得用铲刀、钢丝球等铲洗,不得使用腐蚀性清洁剂,用清水湿润的干净棉布轻擦即可。

⑤卫浴五金件:安装完成并验收合格后,用原包装箱包裹保护。禁用钢丝球、毛刷等接触五金件表面,不得使用酸性、碱性及有腐蚀性的清洁剂,用干净棉布湿润后轻擦即可。

相关示例如图7-11-11~图7-11-14所示。

图7-11-11 开关面板安装成品保护

图7-11-12 台盆安装成品保护

(9)外装饰、幕墙工程

①施工过程中已开箱的铝板必须面对面立式存放,铝板下面必须有垫木。当天施工结束后,铝板进行立式码放保护,防止损坏。

②安装好的板材应有切实可靠的防止污染措施,要及时清擦残留在门窗框、玻璃和金属饰面板上的污物,特别是打胶时在胶缝的两侧宜粘贴保护膜,预防污染。

图7-11-13 马桶安装成品保护

图7-11-14 五金件安装成品保护

③在安装过程中，玻璃四角用软质材料包裹，以防止玻璃之间发生碰撞，造成玻璃损坏。

④合理安排施工顺序，应提前做好专业工种(水、电、弱电设备安装等)的施工，经隐检合格后方可进行面板施工，防止损坏或污染外挂板材饰面板。

⑤运到现场的材料要加以保护，保温棉、无纺布等要有防雨措施。泛水板上不准堆放其他重物，以免泛水板产生变形。在板材吊运、搬运过程中，指挥要得当，配合要协调，不能造成屋面板变形和折坏。

⑥已安装好的屋面板，要尽量减少人在上面走动，安装泛水板时在上面走动要注意脚步要轻。已安装完的泛水板严禁人在上面行走，特别是打胶的部位，更不允许硬物撞击。已安装好的屋面板严禁锐物和重物撞击。在抬运和安装屋面板时，要注意保护采光天窗的玻璃，严禁施工人员踏在天窗上。金属屋面完工后，应避免屋面受到物体冲击，并不宜对金属板进行焊接、开孔等作业，严禁任意上人或堆放物品。

⑦使用电焊时，注意对板材、保温棉等的保护和防火，杜绝因焊接把线短路或者焊渣烫伤、损坏屋面板。屋面板开始安装后，上屋面的通道派专人看管，非相关单位人员、非本单位施工人员，严禁上屋面。

⑧真石漆施工前，要用报纸、胶带纸、彩条布等对已施工的外门窗、水电管件等进行遮挡，避免真石漆污染。

⑨饰面完成后，对易磕碰的棱角处要做好成品保护工作，其他工种操作时不得划伤和碰坏板材。

⑩拆改架子和上料时，注意不要碰撞干挂板材饰面板。

⑪项目部制订施工中和竣工交付前的防水、防火、防盗、防尘、防腐等保护措施，并组织实施；项目部在对施工班组进行技术、安全、质量交底的同时，根据本工程的特点进行具体防护措施的交底，施工班组按此要求保护本单位和其他单位的成品和半成品。

本篇参考文献

[1] 何伟斌.地铁车站设备工程特点、重点难点分析及施工管理注意事项[J].安装(专家论坛),2015,11:17-21.

[2] 胡鹰.地铁土建工程技术与管理实务[M].北京:人民交通出版社股份有限公司,2018.

[3] 北京建工京精大房工程建设监理公司.地铁车站装饰装修工程质量管理实务[M].北京:中国建筑工业出版社,2015.

[4] 雄杰名,等.建筑施工手册[M].5版.北京:中国建筑工业出版社,2011.

[5] 贾洪,等.建筑工程施工质量标准化指导丛书:装饰装修工程细部做法[M].北京:中国建筑工业出版社,2017.

[6] 贾洪,等.建筑工程施工质量标准化指导丛书:幕墙工程细部做法[M].北京:中国建筑工业出版社,2017.

[7] 住房和城乡建设部.建筑装饰装修工程质量验收标准:GB 50210—2018[S].北京:中国建筑工业出版社,2018.

[8] 住房和城乡建设部.建筑内部装修设计防火规范:GB 50222—2017[S].北京:中国计划出版社,2017.

[9] 住房和城乡建设部.防火卷帘、防火门、防火窗施工及验收规范:GB 50877 2014[S].北京:中国计划出版社,2014.

[10] 住房和城乡建设部.砌体结构工程施工质量验收规范:GB 50203—2011[S].北京:中国建筑工业出版社,2012.

[11] 住房和城乡建设部.建筑工程施工质量验收统一标准:GB 50300—2013[S].北京:中国建筑工业出版社,2014.

[12] 住房和城乡建设部.无障碍设计规范:GB 50763—2012[S].北京:中国建筑工业出版社,2012.

[13] 住房和城乡建设部.建筑地面工程施工质量验收规范:GB 50209—2010[S].北京:中国计划出版社,2010.

[14] 全国轻质与装饰装修建筑材料标准化技术委员会.建筑装饰用铝单板:GB/T 23443—2009[S].北京:中国标准出版社,2009.

[15] 全国石材标准化技术委员会(SAC/TC 460).天然花岗石建筑板材:GB/T 18601—2009[S].北京:中国标准出版社,2010.

[16] 公安部.建筑内部装修防火施工及验收规范:GB 50354—2005[S].北京:中国计划出版社,2006.

[17] 全国石材标准化技术委员会(SAC/TC 460).天然大理石建筑板材:GB/T 19766—2016[S].北京:中国标准出版社,2017.

[18] 建设部.金属与石材幕墙工程技术规范:JGJ 133—2001[S].北京:中国建筑工业出版社,2004.

METRO
CONSTRUCTION
HANDBOOK

第8篇
机电安装工程

本篇编审委员会

主编单位：中国铁建电气化局集团有限公司

主　　编：王振文

副 主 编：李文友

参　　编：卢　云　颜世伟　袁　林　彭竞涛　苏　猛　黎　泉　袁德民
王春凯　张向红　张荣国　龙勇彪　林道中　谢　强　陈　军
周　强　王　坚　韦安克　李乐平　杨占军　张　波　吴志心
周　理　朱　陈　王庆阳　杨絮成　蔡洪涛　李　康　张　猛
王孝忠　许　恺　胡立春　胡　菲　李双凤　范　维　白照峰
孟　元　聂春辉

审　　定：胡　鹰　徐义明　蔡树宝　张　雄

秘　　书：陈　洁

标准规范

本篇使用的主要标准规范如下：
1. 《城市轨道交通通信工程质量验收规范》（GB 50382）
2. 《通信管道工程施工及验收规范》（GB/T 50374）
3. 《建筑电气工程施工质量验收规范》（GB 50303）
4. 《综合布线系统工程验收规范》（GB/T 50312）
5. 《智能建筑工程质量验收规范》（GB 50339）
6. 《城市轨道交通信号工程施工质量验收标准》（GB/T 50578）
7. 《地下铁道工程施工标准》（GB/T 51310）
8. 《城市轨道交通技术规范》（GB 50490）
9. 《城市轨道交通信号系统通用技术条件》（GB/T 12758）
10. 《混凝土结构加固设计规范》（GB 50367）
11. 《地铁设计规范》（GB 50157）
12. 《低压成套开关设备和控制设备 第1部分：总则》（GB 7251.1）
13. 《电磁兼容试验和测量技术 浪涌（冲击）抗扰度试验》（GB/T 17626.5）
14. 《电气装置安装工程电气设备交接试验标准》（GB 50150）
15. 《城市轨道交通直流牵引供电系统》（GB/T 10411）
16. 《火灾自动报警系统施工及验收规范》（GB 50166）
17. 《城市轨道交通综合监控系统工程技术标准》（GB/T 50636）
18. 《智能建筑工程质量验收规范》（GB 50339）
19. 《建筑电气工程施工质量验收规范》（GB 50303）
20. 《地下铁道工程施工质量验收标准》（GB/T 50299）
21. 《通风与空调工程施工及验收规范》（GB 50243）
22. 《工业金属管道工程施工规范》（GB 50235）
23. 《制冷设备、空气分离设备安装工程施工及验收规范》（GB 50274）
24. 《压缩机、风机、泵安装工程施工及验收规范》（GB 50275）
25. 《现场设备、工业管道焊接工程施工规范》（GB 50236）
26. 《建筑工程施工质量验收统一标准》（GB 50300）
27. 《城市轨道交通通风空气调节与供暖设计标准》（GB/T 51357）
28. 《地下铁道工程施工质量验收标准》（GB/T 50299）
29. 《给水排水管道工程施工及验收规范》（GB 50268）
30. 《建筑给水排水及采暖工程施工质量验收规范》（GB 50242）
31. 《建筑灭火器配置设计规范》（GB 50140）
32. 《自动喷水灭火系统施工及验收规范》（GB 50261）
33. 《城市轨道交通给水排水系统技术标准》（GB/T 51293）
34. 《地下铁道工程施工质量验收标准》（GB/T 50299）
35. 《城市轨道交通照明》（GB/T 16275）
36. 《建筑电气工程施工质量验收规范》（GB 50303）

METRO CONSTRUCTION HANDBOOK

37. 《电气装置安装工程 低压电器施工及验收规范》（GB 50254）
38. 《电气装置安装工程 电缆线路施工及验收标准》（GB 50168）
39. 《电气装置安装工程 接地装置施工及验收规范》（GB 50169）
40. 《电气装置安装工程 盘、柜及二次回路接线施工及验收规范》（GB 50171）
41. 《城市轨道交通自动售检票系统工程质量验收标准》（GB 50381）
42. 《识别卡 测试方法 第1部分：一般特性测试》（GB/T 17554.1）
43. 《地铁设计规范》（GB 50157）
44. 《城市轨道交通技术规范》（GB 50490）
45. 《电力监控系统网络安全防护导则》（GB/T 36572）
46. 《城市轨道交通试运营基本条件》（GB/T 30013）
47. 《轨道交通 机车车辆电气设备 第1部分：一般使用条件和通用规则》（GB/T 21413.1）
48. 《城市轨道 交通机电设备节能要求》（GB/T 35553）
49. 《轨道交通 设备环境条件 第2部分：地面电气设备》（GB/T 32347.2）
50. 《轨道交通 设备环境条件 第3部分：信号和通信设备》（GB/T 32347.3）
51. 《轨道交通 通信、信号和处理系统 第1部分：封闭式传输系统中的安全相关通信》（GB/T 24339.1）
52. 《轨道交通 通信、信号和处理系统 第2部分：开放式传输系统中的安全相关通信》（GB/T 24339.2）
53. 《火灾自动报警系统性能评价》（GB/Z 24978）
54. 《轨道交通 站台门电气系统》（GB/T 36284）
55. 《城市轨道交通运营管理规范》（GB/T 30012）
56. 《轨道交通 牵引供电系统电压》（GB/T 1402）
57. 《城市轨道交通工程基本术语标准》（GB/T 50833）
58. 《供配电系统设计规范》（GB 50052）
59. 《建筑照明设计标准》（GB 50034）
60. 《低压配电设计规范》（GB 50054）
61. 《城市轨道交通照明》（GB/T 16275）
62. 《建筑设计防火规范》（GB 50016）
63. 《民用建筑供暖通风与空气调节设计规范》（GB 50736）
64. 《地铁设计防火标准》（GB 51298）
65. 《火灾自动报警系统设计规范》（GB 50116）
66. 《城市轨道交通综合监控系统工程技术标准》（GB/T 50636）
67. 《城市轨道交通自动售检票系统技术条件》（GB/T 20907）
68. 《城市轨道交通自动售检票系统工程质量验收标准》（GB/T 50381）
69. 《地铁车辆通用技术条件》（GB/T 7928）
70. 《城市轨道交通工程试运营基本条件》（GB 30012）
71. 《铁路混凝土工程施工质量验收标准》（TB 10424）
72. 《电气化铁道接触网零部件技术条件》（TB/T 2073）
73. 《电气化铁路接触网汇流排》（TB/T 3252）
74. 《城市轨道交通钢铝复合导电轨技术要求》（CJ/T 414）
75. 《城市轨道交通接触轨供电系统技术规范》（CJJ/T 198）
76. 《城市轨道交通自动售检票系统检测技术规程》（CJJ/T 162）
77. 《城市轨道交通电力监控系统通用技术要求》（NB/T 42013）
78. 《城市轨道交通车地实时视频传输系统》（CJ/T 500）
79. 《城市轨道交通消防安全管理》（GA/T 579）
80. 《城市轨道交通初期运营前安全评估技术规范 第1部分：地铁和轻轨》（交办运〔2019〕17号）
81. 《城市轨道交通初期运营前安全评估管理暂行办法》（交运规〔2019〕1号）

篇首语

机电安装工程　第8篇

地铁机电安装工程包括通信工程、信号工程、供电工程、通风与空调工程、给水与排水工程、动力与照明工程、综合监控工程、自动售检票工程、电扶梯工程、站台门工程等，为地铁系统的正常运营提供了重要保障。地铁机电安装工程在土建主体结构完成之后实施，按照设计联络工厂制造、设备出厂验收到货、管线安装、设备安装、单机调试、系统联调阶段进行建设。机电安装工程为机车运行提供稳定牵引电能、信号控制和通信通道，为车站提供通风调温、生产生活和消防用水、低压可靠供配电，实现机电设备实时集中监控、各系统之间协调联动和票务管理等功能。

本篇着重叙述了机电工程各系统和主要设备的结构、原理、分类、功能和系统的接口，突出系统整体功能。全篇共10章，依次是概述、通信工程、信号工程、供电工程、综合监控工程、通风与空调工程、给水与排水工程、动力与照明工程、自动售检票工程、联调联试。在内容的组织上，本篇从各工序的施工流程、操作要点、关键技术卡控点来指导施工，技术讲解深入，技术资料丰富。结合了北京、上海、广州、深圳、成都、青岛等地铁先进施工经验，应用BIM、3D扫描、二维码等先进施工技术，反映了机电安装工程综合水准。文中的各项引用、原理、概念、图表、数据、技术方法、工艺等参考了国内最新资料，确保了"准确权威"。内容的安排，有原理、有计算、有案例处理、有流程指导、有质量通病与防治措施等，使手册更具有工具性。由于站台门、垂直电梯与自动扶梯、车辆基地工艺设备、气体灭火系统、人防工程设备安装等内容一般由专业资质单位负责实施，因此本篇未包含此系统设备内容。

随着社会基础技术的高速发展，通信LTE技术、通信5G技术、信号全自动运行技术、不同信号系统相互兼容及互联互通以及基于车—车通信的移动闭塞、交流供电、同相供电、机电设备故障预警及智能诊断、综合管线BIM排布、风水介质清洁度自动监测、配电介质低损耗、用电设施变频控制、模块化生产装配等新技术应用，地铁机电工程将更加智能化、数字化、网络化、集成化。

第 1 章 概述

地铁作为一个城市的标志性公共基础建筑,因其具备强大的人员分流能力,已成为各大中城市重点建设的基础设施。地铁机电安装工程是地铁工程的重要组成部分,包括通信工程、信号工程、供电工程、通风与空调工程、给水与排水工程、动力与照明工程、综合监控工程、自动售检票工程、电梯与自动扶梯(简称"电扶梯")工程、站台门工程等。

地铁机电安装工程在土建主体结构完成之后实施,一般是与车站装修同时施工。工程施工按照方案选型、设计,联络工厂制造,设备出场验收、入场验收,管线安装,设备安装,单机调试,系统联调,工程验收及试运行,投入运营等阶段进行。

1.1 机电安装工程分类

在实际工程中,业内将地铁设备安装工程分为三大类:车辆基地工艺设备(简称"车场设备")安装、常规设备安装和系统设备安装。

1)车场设备安装

车场设备安装包括智能化系统和维修工艺专用设备安装(本篇不含)。

车场设备的智能化系统包括办公自动化系统、楼宇自动化系统、综合安防系统、运营资产维护管理系统、背景音乐与紧急广播系统、多功能会议系统、车场资讯系统和车场控制中心等。

维修工艺专用设备包括列车自动清洗机、固定式架车机、不落轮车床、起重机、工程车辆、综合检测车组、综合试线车、平板车/起重机、车场控制中心设备、静调电源柜、空压机和叉车等。

2)常规设备安装

常规设备安装包括通风与空调系统、给水与排水系统、动力与照明系统等设备安装。

通风与空调系统由送排风系统、防排烟系统、除尘系统、空调系统、净化空调系统、制冷系统、空调水系统等组成。

给水与排水系统主要由给水及水消防系统、排水系统组成。

3)系统设备安装

系统设备安装包含通信系统、信号系统、供电系统、综合监控系统、自动售检票系统、乘客信息系统、综合安防系统、电扶梯(本篇不含)、站台门(本篇不含)等设备安装。

通信系统由专用通信系统、民用通信系统、警用通信系统组成。

信号系统一般由正线列车自动控制(ATC)和车场联锁两部分组成。

供电系统从城市公共电网取得电源,由主变电所及输配电系统、牵引供电系统、接触网系统、降压变电所、动力与照明供电系统、电力监控系统及杂散电流防护系统组成。

综合监控系统由电力监控系统、环境与设备监控系统和火灾自动报警系统组成。

自动售检票系统由清算管理中心(ACC)、线路中心计算机系统(LC)、车站计算机系统(SC)、直接服务于乘客的车站终端设备(SLE)、车票(Ticket)等构成。

乘客信息系统一般由中心子系统、车站子系统、车站显示终端设备、网络传输子系统、车载子系统、移动宽带传输子系统组成。

综合安防系统由安防集成管理系统、图像监控系统、门禁系统、车场与高架区间入侵探测系统和紧急告警系统组成。

1.2 机电安装工程特点

地铁机电安装工程具有以下特点:

(1)地铁机电安装工程系统设备先进,多专业高密度集成,技术含量高。地铁机电设备系统,有以机械专业为主的电扶梯系统、站台门系统、环控系统、车辆车体及转向架、车辆段设备等,有以电气和电力电子专业为主的供电系统、变频调速系统、动力与照明系统等,有以计算机信息专业为主的设备自动化集成系统、自动售检票系统、通信与信号系统、综合安防系统等,且随着全球制造业和信息业技术的发展,地铁机电设备系统变化迅速,不断采用新技术、研发新设备、集成新系统、开发新功能。因此,集成各专业而形成的地铁机电设备系统,技术高度密集。

(2)地铁机电安装工程各设备系统整体功能性强,为联调联试提出了更高的要求。地铁机电设备系统,在各车站分布着环控、动力与照明、电扶梯等设备,综合监控系统实现各车站分布设备的集成控制,信号控制列车的运行,通信组网提供信息传输的链路,控制中心控制调度各机电设备系统,这就使机电设备系统结合形成整体运营功能,通过各专业、各系统的联调联试,确保了系统整体功能的实现。

(3)地铁机电安装工程专业多,各专业接口界面复杂。地铁施工是多专业、多系统同时进行的系统工程,各专业、系统之间相互依存、相互关联、相互制约,相关专业的接口出现问题,会影响到本系统的施工进度和功能实现。因此,加强接口管理工作,是地铁机电安装工程施工中的一项重要工作。系统接口涉及专业多,关系复杂,需要各专业相互配合,施工前要形成完整的技术接口文件,来指导、检查和验证系统设计的完整性、安全性、可靠性、合理性和经济性。

(4)地铁施工通道狭窄,大型设备施工难度大。机电安装工程有变压器、各种控制柜等大型设备。轨道交通工程各站点内场地极为狭小,无法全面满足大宗材料的堆放,同时物料垂直运输井道位置受限,运输难度极大,站内水平运输也受垂直运输位置的影响,加大了水平运输的困难程度。

1.3 机电安装工程发展趋势

由互联网、移动互联网、物联网、云存储、大数据、人工智能等高新技术所带来的社会网络化、信息数字化、交互实时化,已经成为现实并迅速扩展到城市轨道交通领域之中。在此背景下,高性能化、轻量化、系统化、信息化、智能化,正在成为现代地铁机电设备技术的发展趋势。

(1)机电设备高性能化。高性能化,一般包括高速度、高精度、高效率和高可靠性。为了满足这"四高"的要求,新一代数控系统采用了 64 位 CPU 结构,在伺服系统方面使用了超高数字信号处理器,以达到对电动机的高速、高精度控制。为了提高加工精度,采用高分辨率、高响应的检测传感器和各种误差补偿技术。在提高可靠性方面,新型数控系统大量使用大规模和超大规模集成电路,从而减少了元器件数量和它们之间连线的焊点,以降低系统故障率,提高可靠性。

(2)机电设备轻量化。随着机电一体化技术在机电设备中广泛应用,机电设备正在向轻量化方向发展,这是因为,构成机电设备的机械主体除了使用钢铁材料之外,还广泛使用复合材料和非金属材料。随着电子装置组装技术的进步,设备的总体尺寸也越来越小。

(3)机电设备系统化。由于机电一体化技术在机电设备中的应用,机电设备的构成已经不再是简单的"机"和"电",而是由机械技术、微电子技术、自动控制技术、信息技术、传感技术、软件技术构成的一个综合系统。各专业技术之间的相互融合,机电设备的系统化发展,必将获得最佳的使用性能。

(4)机电设备信息化。城市轨道交通一直走在信息技术发展的前列。在互联网迅速发展的今天,轨道交通的信息技术用户越来越多,信息系统越来越复杂。各种应用系统不断上线,数据中心的服务器、存储和网络资源数量随之不断增加,网络规模和终端数量不断扩大。机电设备作为现代地铁的重要组成部分,移动互联终端、交通动态信息获取、掌上导航、票务、支付等一站式服务的实现,都依赖后端的云存储和大数据支撑。把云技术应用到轨道交通中,是实现现代地铁信息化的重要手段,也是实现现代地铁高速与安全的重要信息技术支持。

(5)机电设备系统智能化。现代地铁机电设备系统智能化,是指通过提升系统的信息化程度进一步提升系统的自动化和智能化程度,同步提高系统的安全性、可靠性,从而提高系统整体的自动化水平。而且,在提高服务能力和服务水平的同时,降低工作人员的劳动强度,减少人员的配置数量,降低人工成本。未来轨道交通的智能化方向发展,主要是无人驾驶技术,其对现代地铁设备的自动化、信息化和智能化建设提出了更高的要求,同时也对现代地铁的运营管理模式、思想观念产生非常大的影响。

第 2 章 通信工程

通信系统是轨道交通运营指挥、企业管理、公共安全治理、服务乘客的网络平台,它是轨道交通正常运转的神经系统,为列车运行的快捷、安全、准点提供了基本保障。通信系统在正常情况下应保证列车安全高效运营,为乘客出行提供高质量的服务保证;在异常情况下能迅速转变为供防灾救援和事故处理的指挥通信系统。

地铁通信工程分为专用通信、民用通信引入、公安通信三个子单位工程。专用通信工程又分为通信管线、通信线路、电源系统及接地、传输系统、公务电话系统、专用电话系统、无线通信系统、视频监视系统、广播系统、乘客信息系统、时钟系统、办公自动化系统、通信集中告警系统,共 13 个分部工程。民用通信引入工程分为民用通信引入线路安装和民用通信引入系统性能及功能验收。公安通信工程分为公安通信线路、公安电源系统、公安数据网络、公安无线通信引入、公安视频监视,共 5 个分部工程。

本章主要介绍通信系统施工过程中设备安装、线缆敷设、管道施工及设备配线等作业流程、操作要点、关键技术卡控点和质量通病与防治措施,以及其他施工要求与管理内容。

2.1 线路施工

2.1.1 通信线路施工

1）区间光(电)缆支架安装

(1)施工流程

区间光(电)缆支架安装施工流程如图 8-2-1 所示。

图 8-2-1 区间光(电)缆支架安装施工流程图

(2)操作要点

①施工准备

a.技术准备:完成区间限界管线排布并确定支架安装位置,完成轨行区短轨铺设,完成车站接地母排,完成安全技术交底。

b. 材料准备:锚栓、支架、接地装置等。

c. 工器具准备:墨盒、电锤、手电钻、扭矩扳手、榔头、人字梯、梯车等。

d. 人员准备:施工负责人、技术员、安全员、防护员、作业人员等。

②测量定位画线

根据限界图纸,在指定标高位置每10m进行描点并用墨线弹出标高线,根据支架间距及支架孔距标记钻孔位置。

③锚固件安装

a. 依据锚栓型号,确认钻头型号,在标记钻孔位置采用专用限位钻头钻孔,保证钻孔深度准确;压住钻头,以孔中的钻头为圆心,用力向外旋转钻头,此时钻机要保证继续钻孔的工作状态,旋转3~4圈即可。

b. 利用专用铁毛刷、气筒将孔内的浮尘清理干净;将锚栓放到孔中,锚栓杆安装到孔底,使用专用敲击工具敲击锚栓套管,使锚栓的套管上表面与混凝土表面齐平,同时可以在锚栓杆上看到一条标记线,即表明安装到位。

④支架安装固定

将支架置于安装位置,依次装上平垫圈、弹簧垫圈、螺母,然后调整支架垂直度,最后采用扭矩扳手拧紧。

⑤接地连接

a. 将镀锌扁钢置于支架上方,扁钢对应支架位置做好标记,并在标记位置冲孔,然后固定在用于固定支架的锚栓上。扁钢搭接采用螺栓连接,搭接长度不小于2倍扁钢宽度,搭接处不得少于2颗螺栓,若采用搭接焊的方式,则焊接不得少于三面,并做好防腐处理。

b. 若采用镀铜圆钢接地,先将镀铜圆钢捋直,然后从接头处依次放置于电缆支架上,在接头处采用专用焊接工具将两段镀铜圆钢焊接在一起,最后依次固定于电缆支架上。

c. 采用油脂对锚栓、扁钢连接孔、镀铜圆钢等镀层可能损伤的地方做进一步防腐。

电缆支架安装示例如图8-2-2~图8-2-5所示。

图8-2-2 线路施工BIM效果图

图8-2-3 电缆支架及接地扁钢安装

(3)关键技术卡控点

①锚栓安装切忌直接敲击螺纹,以防损坏螺纹;

②锚栓安装应垂直于隧道壁;

③支架安装应符合限界要求;

④支架安装应间距均匀,支架应垂直于水平面;

⑤支架固定平垫圈、弹簧垫圈、螺母,应保证齐全,并根据扭矩要求固定支架;
⑥支架搬运及安装调整过程中应轻拿轻放,不得猛敲,避免镀锌层损坏;
⑦接地扁钢搭接长度不得少于2倍扁钢宽度,连接螺栓不少于2颗,螺栓采用防松螺栓或者采用止动垫圈保证螺栓不松动,镀铜圆钢焊接应无杂质、无空心情况;
⑧接地扁钢或镀铜圆钢应与区间电缆支架结合紧密,保持电气连通。

图8-2-4 电缆支架安装

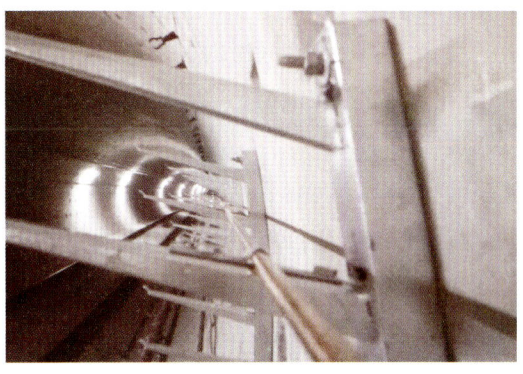

图8-2-5 电缆支架及圆钢安装

(4)质量通病与防治措施

区间电缆支架安装质量通病与防治措施见表8-2-1。

区间电缆支架质量通病与防治措施　　　　　　表8-2-1

序号	质量通病	原因分析	防治措施
1	支架安装位置及倾斜度偏差	测量人员测量操作方法不当	测量方法交底到位并抽样复测
		测量工具使用前未校准	测量工具使用前先校准
		安装人员紧固前未调整支架	安装人员紧固时采用水平尺调整后再紧固
2	支架及锚栓镀锌层破坏	支架运输途中未轻拿轻放	支架运输途中注意轻拿轻放
		支架调整过程中采用铁锤敲击调整	支架调整过程中应采用橡皮锤敲击调整
		锚栓敲击时未采用专用套筒	锚栓安装应采用专用敲击套筒
		锚栓敲击时未垂直于隧道壁	锚栓敲击时应垂直于隧道壁,保证着力方向一致
		锚栓紧固时扭矩不适宜	锚栓紧固时应采用相应的扭矩扳手紧固
3	接地扁钢锈蚀	接地扁钢冲孔后未进行防腐处理	接地扁钢冲孔后应采用涂抹油脂的方式防腐
		接地扁钢焊接后未进行防腐处理	接地扁钢采用焊接方式连接时在焊接位置采用涂防锈漆的方式进行防腐

2)光(电)缆敷设

(1)施工流程

光(电)缆敷设施工流程如图8-2-6所示。

图8-2-6 光(电)缆敷设施工流程图

(2)操作要点

①施工准备

a.技术准备:完成路由复测及光(电)缆配盘,完成区间光(电)缆支架安装,完成车站关键设备房移交,完成线槽安装,确认光(电)缆支架、光(电)缆排布完成并优化,完成安全技术交底。

b. 材料准备:光(电)缆、扎带、标识牌等。

c. 工器具准备:人字梯、梯车、放缆盘、定滑轮、小平车、对讲机、光纤熔接机、光时域反射仪(OTDR)、绝缘电阻表、直流电桥等。

d. 人员准备:施工负责人、技术员、安全员、防护员、作业人员等。

②架设缆盘

放置缆盘、支架,两侧同时匀速支起缆盘,匀速试转动缆盘,观察缆盘是否出现侧向滑动,去除缆盘上的钉子,准备敷设光(电)缆。

③布放光(电)缆

施工前光(电)缆两端1m处应粘贴标签,标明编号,标签书写要清晰、端正、正确,标签选用不易损害的材料。布放光(电)缆,必须严密组织并有专人指挥。牵引过程中应有良好的联络手段;禁止未经安全和技能培训的人员上岗,禁止无联络工具的情况下作业;对讲机应至少保持4台(缆盘处1台,牵引头1台,敷设中段2台)。主要牵引应加在光缆的加强件(芯)上。采用人力牵引时施工人员应协调一致、用力均匀。

④固定线缆

一个区段所有光(电)缆敷设完成后,应对线缆进行特性测试,确认无误后,以一个方向依次绑扎或从区段中间向两个方向绑扎,每个支架处均应进行绑扎固定。

⑤固定线缆标识

光(电)缆挂标识牌间距为50m,标识牌要清楚标示光(电)缆的起点、终点、型号和用途。

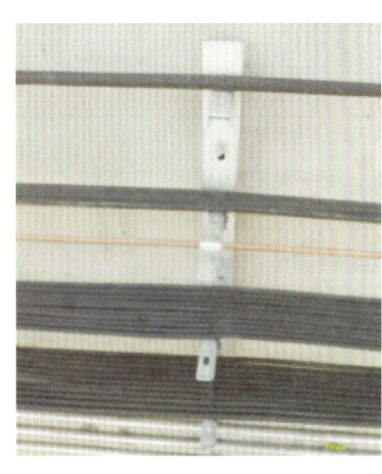

⑥光(电)缆接续及成端

一个敷设段敷设完成后,应参照设计图纸进行光(电)缆接续或成端。接续及成端应可靠,台账清晰可查。光缆接续及成端后,应采用光时域反射仪进行测量;电缆接续及成端后,应采用绝缘电阻表及直流电桥等进行测量。

⑦光(电)缆线路特性检测

光(电)缆敷设完毕并接续及成端后,应分别检测其线路特性。测试光缆在一个区间(中继段)内,每一芯的背向散射曲线、接续损耗、衰减系数、总衰减、中继段长度。电缆则检测其电气特性,包括直流环阻、环阻不平衡、绝缘电阻、电气绝缘强度、衰减和杂音。

图8-2-7 光(电)缆敷设

光(电)缆敷设示例如图8-2-7所示,光缆、电缆成端示例如图8-2-8和图8-2-9所示。

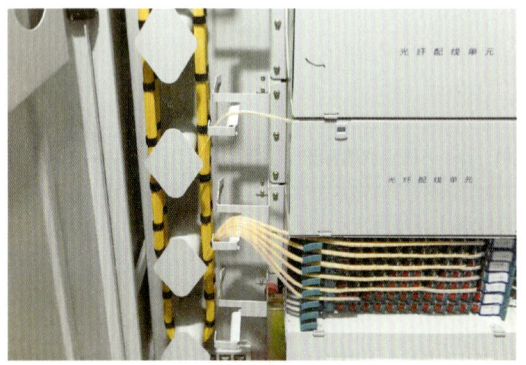

图8-2-8 光缆成端

图8-2-9 电缆成端

(3)关键技术卡控点

①光(电)缆的牵引力应不超过光(电)缆允许张力,主要牵引应加在光缆的加强件(芯)上。

②光(电)缆敷设过程中应及时绑扎,并切忌由两端向中间绑扎。不能及时绑扎时,应采用每10m临时绑扎的方式固定。

③光(电)缆在敷设过程中应避免交越、交叉、扭绞。

④光(电)缆外护层不得有破损、变形或扭伤。

⑤光(电)缆引入室内前应采取防雷措施。

⑥光(电)缆敷设、接续或固定安装时的弯曲半径不应小于光(电)缆外径的15倍。

⑦在光(电)缆敷设过程中,人员分布间距应均匀、用力要均匀一致,在转弯处增设人员,在缆盘处安排专人看护,防止光(电)缆扭绞或拉翻缆盘。

⑧布放光(电)缆时,必须安排专人将光(电)缆由缆盘上方放出并保持松弛弧形。

⑨轨行区转角处的凸处棱角和人防门处预留应增加防磨损保护套。

⑩根据设备余留要求,在设备安装位置以"8"字形盘绕余留。

(4)质量通病与防治措施

光(电)缆敷设质量通病与防治措施见表8-2-2。

光(电)缆敷设质量通病与防治措施　　表8-2-2

序号	质量通病	原因分析	防治措施
1	光(电)缆绑扎存在扭绞	缆线在支架上未进行排布优化	光(电)缆敷设前应进行排布优化
		缆线绑扎时存在两端向中间绑扎的情况	缆线绑扎时应向一个方向绑扎或者从中间向两端绑扎
2	光(电)缆敷设时损坏外护套	敷设过程中人员不足,光(电)缆长距离在地上拖行	敷设过程中人员充足且间距均匀,尽量减少光(电)缆在地面拖行
		敷设过程中在存在尖锐物或穿管道、拐弯等地方未设防护	在存在尖锐物、管道口、拐弯处等特殊地方应设专人防护
		与其他光(电)缆十字交叉敷设时未设防护	在与其他光(电)缆十字交叉敷设时采取防护措施,将其与其他光(电)缆分离

3)漏缆敷设

(1)施工流程

漏缆敷设施工流程如图8-2-10所示。

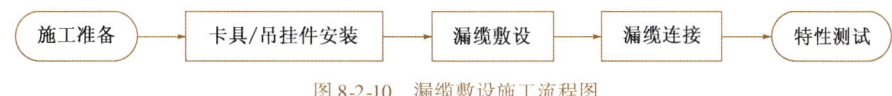

图8-2-10　漏缆敷设施工流程图

(2)操作要点

①作业准备

a.技术准备:完成车站关键设备房移交,完成机房地槽安装,完成区间限界排布,完成安全技术交底。

b.材料准备:漏泄同轴电缆、漏缆普通卡具、漏缆防火卡具、漏缆吊夹、扎带、标牌等。

c.工器具准备:人字梯、梯车、放缆盘、定滑轮、小平车、漏缆接续工具、驻波比测试仪等。

d.人员准备:施工负责人、技术员、安全员、防护员、作业人员等。

②卡具/吊挂件安装

根据设计要求的安装位置及标高进行画线。画线后定点打孔,用吹灰器清除孔内粉尘。两漏缆卡

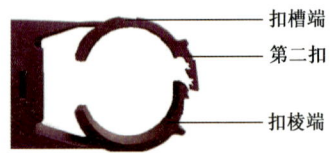

图 8-2-11 漏缆卡具安装示意图

注:保证扣槽端在上,扣棱端在下,并锁固第二扣

具安装的间距一般为 1m,卡具安装要牢固可靠,安装时注意卡具的方向。漏缆普通卡具和防火卡具的安装比例为 9:1,且漏缆两端宜采用防火卡具。漏缆卡具安装示意图如图 8-2-11 所示。

③漏缆敷设

漏缆运输作业时应使用起重机或叉车,严禁将漏缆从车上直接推落到地。运输过程中,应将缆盘固定牢固,不得歪斜和平放。漏缆运输示意图如图 8-2-12 所示。

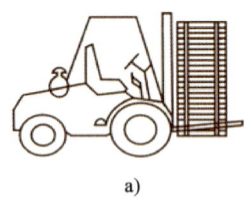
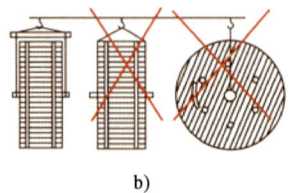
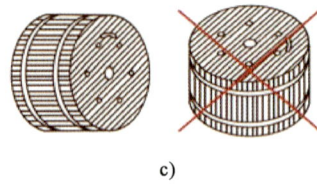

图 8-2-12 漏缆运输示意图

敷设漏缆时,采用放电缆架将漏缆盘架起来,人工转动缆盘展放,敷设过程中避免漏缆拖地,并严禁急剧弯曲,其最小弯曲半径应大于漏缆外径的 20 倍。

在隧道内将漏缆固定在卡具中,挂缆时必须注意"从一端到另一端"或"从中间到两端",禁止"从两端往中间"的挂缆方式,以防挂缆效果弯曲成波浪形。漏缆卡挂示意图如图 8-2-13 所示。

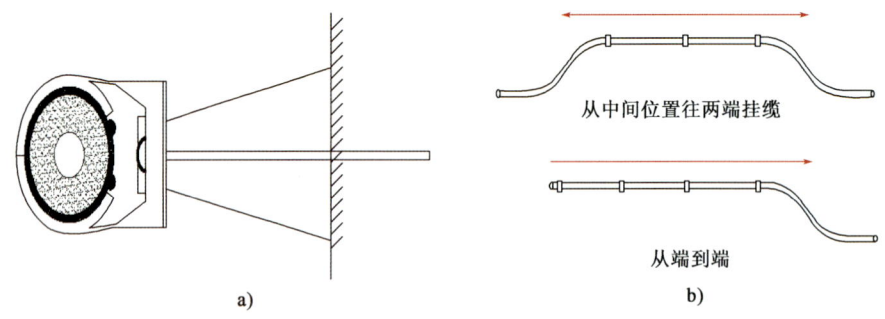

图 8-2-13 漏缆卡挂示意图

在人防门凹槽处,避免漏缆急剧弯曲,应采用漏缆吊夹的安装方式。

④漏缆连接

漏缆接头直接连接时由于热胀冷缩会导致接头连接处拉断,所以中间采用跳线连接,如图 8-2-14 所示。

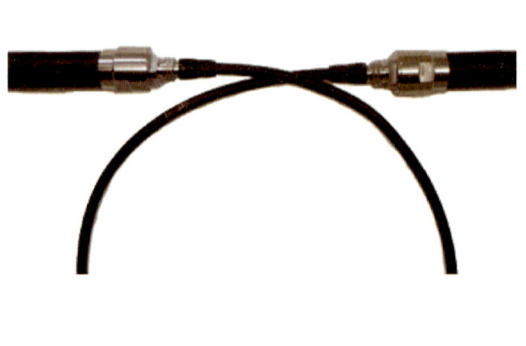
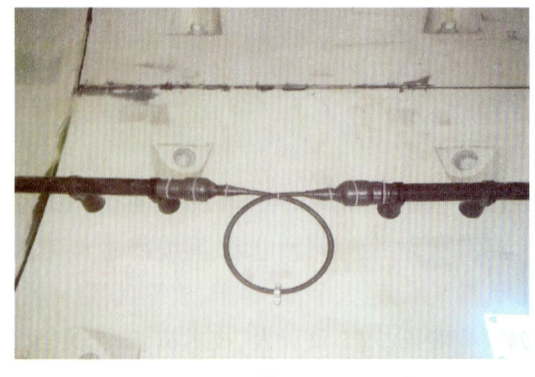

图 8-2-14 漏缆连接

⑤特性测试

接头连接完成后,采用驻波比测试仪,测试该天馈线系统的驻波比,测试结果应符合设计要求。

(3) 关键技术卡控点

①漏缆保证无压扁、无护套损伤,不存在表面严重划伤;

②漏缆单盘检测应符合设计要求,单盘检测内容包含内外导体直流电阻、绝缘介电强度、绝缘电阻等直流电气特性,以及特性阻抗、电压驻波比、标称耦合损耗、传输衰减等交流电气特性;

③漏缆采用吊挂安装时,吊挂支柱的位置、高度及埋深应符合设计要求,接地应可靠,不得侵入设备限界;

④漏缆应吊挂牢固,并且漏缆的最大垂幅度应在 0.15~0.20m 范围内;

⑤漏缆夹具的安装位置、间隔、强度及安装高度应符合设计要求;

⑥漏缆应固定牢固,开口方向应符合设计要求,不得急剧弯曲;

⑦漏缆、馈线、耦合设备间连接应可靠并对接头采取防水措施;

⑧漏缆敷设完成后,双向电压驻波比和传输衰耗都应符合设计要求。

(4) 质量通病与防治措施

漏缆敷设质量通病与防治措施见表8-2-3。

漏缆敷设质量通病与防治措施　　　表8-2-3

序号	质量通病	原因分析	防治措施
1	卡具脱落	卡具自身存在质量缺陷	严格把好质量关,对于存在质量缺陷的卡具拒绝入场
		在和其他专业管线垂直交叉时,对漏缆产生了对外的拉力	可在设计单位同意的情况下适当增加两个翻越管线卡具之间的间距,或者在水管的两侧均安装防火卡具,以防止卡具脱落
2	驻波比检测不符合要求	敷设过程中一次允许弯曲半径过小	漏缆敷设过程应参照规范及产品敷设要求施工,不得过度弯曲漏缆
		敷设后存在部分位置弯曲半径过小	漏缆、射频电缆固定时其弯曲半径均应满足规范要求
		接头处未连接良好	接头制作应紧固到位
		漏缆内进水或者铁屑	漏缆接头制作时,应锯掉漏缆端头一截,同时整个制作过程中,避免进入水汽和铁屑。制作接头时,端面向下,制作接头应分层按一个方向缠绕胶泥及胶带,保证防水性能

2.1.2 通信管线施工

1) 支吊架安装

(1) 施工流程

支吊架安装施工流程如图8-2-15所示。

图8-2-15 支吊架安装施工流程图

(2) 操作要点

①施工准备

a. 技术准备:完成车站综合管线排布,完成车站综合支吊架安装,完成车站关键设备房移交。完成安全技术交底。依据外围平面布置图纸、综合管线图纸、预留孔洞图纸确认管线路由及安装标高,在未设置综合支吊架区域,须进行支吊架测量及预制。

b. 材料准备:不锈钢膨胀螺栓、支吊架等。

c. 工器具准备:电锤、手电钻、扳手、榔头、锯弓、角磨机、红外水平仪、人字梯、脚手架等。

d. 人员准备:施工负责人、技术员、安全员、防护员、作业人员等。

②测量定位

在直线段支吊架定位时应先确定两端的支吊架,再拉通线(或采用红外水平仪)确定中间的支吊架的位置,并标记支吊架孔位。

③锚固件安装

使用与不锈钢膨胀螺栓适配的电钻在标记孔位处钻孔并植入不锈钢膨胀螺栓。

④支吊架安装

将支吊架固定,依次安装平垫圈、弹簧垫圈、螺母,调整支吊架位置,保持与基准齐平,最后拧紧不锈钢膨胀螺栓。支吊架安装间距应符合设计要求,一般水平敷设时宜为 0.8~1.5m,垂直敷设时宜为 1.0m。

(3)关键技术卡控点

①支吊架安装时应固定两端的支吊架,再拉通线作为标准以固定中间的支吊架;

②支吊架安装在有坡度(弧度)的电缆沟内或建筑物构架上时,其安装坡度(弧度)应与电缆沟或建筑物构架的坡度(弧度)相同;

③支吊架不应安装在具有较大振动、热源、腐蚀性液滴及排污沟道的位置,也不应安装在具有高温、高压、腐蚀性及易燃易爆等介质的工艺设备、管道以及能移动的构筑物上;

④支吊架宜经过热镀锌处理,切口处不应有卷边,表面应光洁、无毛刺,尺寸应符合设计要求。支吊架的各臂应连接牢固;

⑤支吊架安装应牢固、横平竖直、整齐美观。安装位置偏差不宜大于50mm。在同一直线段上的支吊架应间距均匀,同层托板应在同一水平面上;

⑥支吊架应焊接牢固,无明显变形;焊缝要均匀、平整,长度符合设计要求,不得出现裂纹、咬边、气孔、凹陷、漏焊等缺陷;

⑦支吊架安装间距应符合设计要求,宜在进出接线盒、箱、柜、转角、转弯和变形缝两端及顶接头的三端500mm处设置固定支持点。

(4)质量通病与防治措施

支吊架安装质量通病与防治措施见表8-2-4。

支吊架安装质量通病与防治措施　　　　表8-2-4

序号	质量通病	原因分析	防治措施
1	支吊架安装歪斜	支吊架安装时未采用红外水平仪或弹墨线对齐	支吊架首端至尾端弹墨线对齐或者采用红外水平仪对齐
		支吊架托板方向与桥架方向不垂直	支吊架安装时应采用米尺及角尺进行测量定位
2	支吊架安装托板不在同一平面上	支吊架加工下料长短偏差过大	支吊架加工精准下料,避免出现支吊架两侧不等高的情况
		有坡度的地方,未与建筑物的坡度保持一致	有坡度的建筑物上安装支吊架应与建筑物坡度相同

续上表

序号	质量通病	原因分析	防治措施
2	支吊架安装托板不在同一平面上	支吊架安装未进行调整	支吊架安装时应采用鱼线对齐,调整在同一平面后再紧固
3	支吊架锈蚀	支吊架焊接后或支吊架螺栓连接后未采取防腐措施	支吊架采用焊接连接时,应涂防锈漆或者热镀锌方式防腐;支吊架采用螺栓连接时,应在螺栓孔位置进行镀锌或喷漆防腐

2）线槽及桥架安装

(1) 施工流程

线槽及桥架安装施工流程如图8-2-16所示。

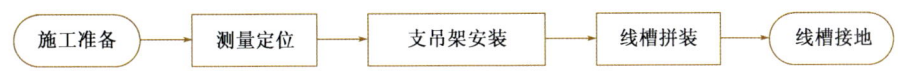

图8-2-16 线槽及桥架安装施工流程图

(2) 操作要点

① 施工准备

a. 技术准备：完成车站综合管线排布,完成车站综合支吊架安装,完成车站关键设备房移交,完成安全技术交底。

b. 材料准备：电缆桥架/线槽、接地线、连接螺栓等。

c. 工器具准备：电锤、手电钻、扳手、榔头、锯弓、角磨机、红外水平仪、人字梯、脚手架等。

d. 人员准备：施工负责人、技术员、安全员、作业人员等。

② 测量定位

根据施工图确定始端到终端位置,沿图纸标定走向,用红外水平仪标识路径,并以均匀档距画出支吊架、托架位置。

③ 支吊架安装

在标识支吊架位置处植入锚固件,同时调整支吊架位置并紧固,保证支吊架在路径方向上呈一条直线,并且与地面保持在同一水平面。线槽水平敷设时,支吊架间距一般为1.5m,垂直敷设时固定在建筑物构体上的间距宜为1.0m。当安装于综合支吊架上方时,应先确认综合支吊架调平。

④ 线槽拼装

线槽直线段连接采用连接板,用平垫圈、弹簧垫圈、螺母紧固,连接处缝隙应严密整齐。线槽直线段组装时,要先组装干线再组装分支线。线槽在交叉、转弯、丁字连接时,尽量采用成品线槽接头,同时保证其弯曲半径不小于槽内最粗电缆外径的10倍。

⑤ 线槽接地

线槽所有非导电部分的铁件均应采用跨接地线相互连接和跨接,使之成为连续导体,并做好整体接地。桥架安装效果如图8-2-17所示。

(3) 关键技术卡控点

① 线槽水平敷设时,支架间距一般为1.5m,垂直敷设时固定在建(构)筑物体上的间距小于2m;

② 线槽的安装位置符合设计图规定,左右偏差不应超过50mm;

③ 线槽应平整,无扭曲变形,内壁无毛刺,各种附件齐全;

④垂直桥架应与地面保持垂直,无倾斜现象,垂直度偏差不应超过3mm;

⑤不允许将穿过墙壁的线槽与墙上的孔洞一起抹死;

⑥支架安装应保持垂直平整,排列整齐固定牢固,无倾斜现象。

a)

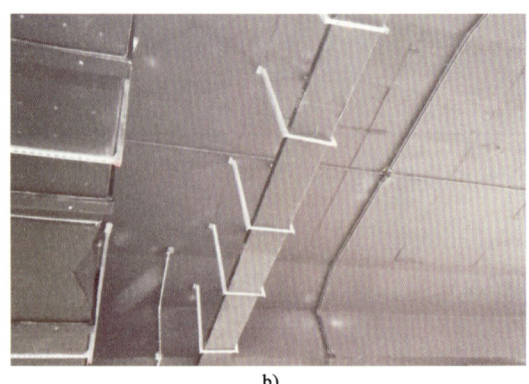
b)

图 8-2-17 桥架安装效果图

(4) 质量通病与防治措施

线槽及桥架安装质量通病与防治措施见表 8-2-5。

线槽及桥架安装质量通病与防治措施　　　表 8-2-5

序号	质量通病	原因分析	防治措施
1	桥架安装未横平竖直	支吊架安装不在同一平面上	支吊架安装时应采用鱼线对齐调整
2	桥架切口锈蚀	支吊架加工后未采取防腐处理	线槽加工后采用镀锌自喷漆防腐
3	线槽及桥架表面刮花	加工后未采取补偿措施	线槽加工后采用防火喷漆补偿
		桥架转运中未轻拿轻放,地上拖行	桥架转运中注意保护,轻拿轻放,不得地上拖行
4	桥架未保证电气连通	桥架跨接地线未连接或脱落	桥架跨接地线保证全部连接,并在隐蔽前检查是否存在脱落
		桥架加工的接头处未增加跨接地线	自行加工的接头在断点处应钻孔并连接地线

3) 保护管安装

(1) 施工流程

保护管安装施工流程如图 8-2-18 所示。

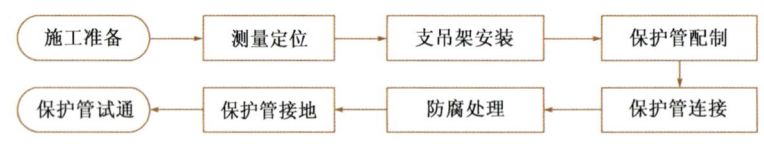

图 8-2-18 保护管安装施工流程图

(2) 操作要点

①施工准备

a. 技术准备:完成车站综合管线排布,完成线槽安装,完成设备区墙体砌筑,完成安全技术交底。确认设备布置原则,确定保护管路径。

b. 材料准备:钢管、离墙码、尼龙膨胀螺栓、接地线等。

c. 工器具准备:电锤、手电钻、螺丝刀、榔头、锯弓、砂轮锯、红外水平仪、钢卷尺、液压弯管器、人字梯、脚手架等。

d. 人员准备：施工负责人、技术员、安全员、作业人员等。

②测量定位

根据图纸确定保护管路径，用红外水平仪描线，用卷尺测量固定间距。

③支吊架安装

依据固定间距，用电钻在墙上或顶面上钻孔。采用贴壁安装方式时，按照固定间距安装离墙码；采用吊挂安装方式时，除设计要求外，承载建筑钢结构构件上不得熔焊导管支架，且不得热加工开孔。当导管采用金属吊架固定时，螺纹杆直径不小于8mm，并应设置加固支架，在距离盒（箱）、分支处或端部0.15~0.3m处设置固定支架，中间直线段管卡间隔应符合表8-2-6要求。

管卡间隔与保护管型号对应   表8-2-6

敷设方式	导管种类	导管直径（mm）			
		15~20	25~32	40~50	65以上
		管卡最大间距（m）			
支架或沿墙明敷	壁厚>2mm刚性钢导管	1.5	2.0	2.5	3.5
	壁厚≤2mm刚性钢导管	1.0	1.5	2.0	—
	刚性塑料导管	1.0	1.5	2.0	2.0

④保护管配制

用钢卷尺测量保护管加工数据，然后进行裁料，对管口进行打磨。当采用螺纹连接时，须采用套丝机对保护管进行螺纹加工，然后根据测量数据煨弯；当采用JDG套接紧定式连接时，直接根据测量数据对保护管煨弯。

⑤保护管连接

机械连接的金属导管，管与管、管与盒（箱）体的连接配件应选用配套部件，其连接应符合产品技术文件要求。镀锌钢管与镀锌钢管采用管箍连接时，钢管螺纹外露不应超过2扣，钢管与接线盒连接时，内外都要有锁紧螺母，钢管头露出螺母螺纹为2~4扣，外露螺纹须做防腐处理。

⑥防腐处理

镀锌管切割后，需要采用镀锌自喷漆对切口进行防腐；采取螺纹连接时，须对螺纹部分进行防腐处理，并且连接后对连接处涂防锈漆。

⑦保护管接地

镀锌钢导管、可弯曲金属导管和金属柔性导管以及导管与金属线槽链接处、与箱（盒）连接处的两端宜采用专用接地卡固定保护连接导体。以专用接地卡固定的保护联结导体应为铜芯软导线，截面面积不小于4mm²。

⑧保护管试通

保护管安装固定后，需要试穿带线，带线采用φ2mm的钢丝，在管路的两端留有10~15cm的余量。保护管安装效果如图8-2-19所示。

(3) 关键技术卡控点

①保护管两端管口应密封。

②金属保护管应接地，金属保护管连接后应保证整个系统的电气连通性。

③预埋保护管宜采用整根材料，当必须连接时，在连接处应做防水处理。预埋保护管管口应做防护处理。

④暗配的导管表面埋设深度与建（构）筑物表面的距离应不小于15mm。

⑤钢管煨弯半径不应小于管径的6倍。直径大于50mm的钢管应采用成品弯头，钢管煨弯后弯扁

度不应大于管外径的1/10。

⑥软管与转接盒、钢管或者线槽连接要用锁头。

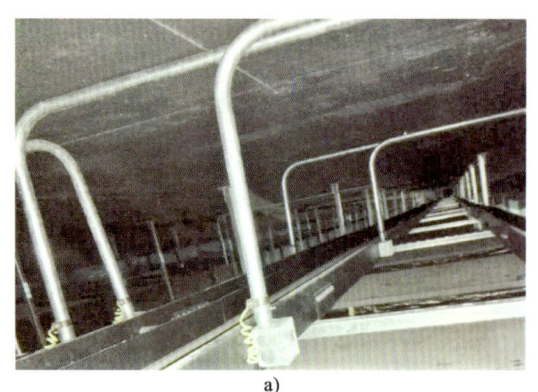
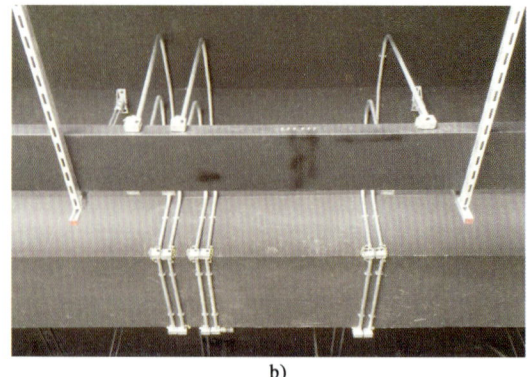

图 8-2-19 保护管安装效果图

(4) 质量通病与防治措施

保护管安装质量通病与防治措施见表 8-2-7。

保护管安装质量通病与防治措施　　　表 8-2-7

序号	质量通病	原因分析	防治措施
1	保护管煨弯弧度不满足要求	保护管弯曲半径未按照规范要求	保护管弯曲半径不得小于外径的6倍
		保护管弯曲角度小于90°	保护管弯曲后夹角不得小于90°
2	保护管锈蚀	运输及安装过程中,损坏镀锌层	运输及安装过程中,轻拿轻放,避免磕碰
		切口未采取防腐措施	切口处采用防锈漆涂饰
3	保护管连接不稳固	螺纹连接时,螺纹长度不够	螺纹连接时,应保证螺纹长度符合规范要求
		JDG 套管紧定式连接时,紧定螺钉未拧紧	JDG 套管紧定式连接时,应将紧定螺钉拧紧

4) 通信管道安装

(1) 施工流程

通信管道安装施工流程如图 8-2-20 所示。

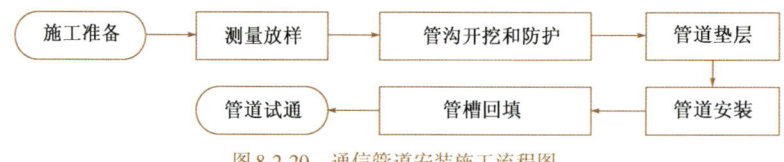

图 8-2-20 通信管道安装施工流程图

(2) 操作要点

①施工准备

a. 技术准备:确定场地平整标高,完成地下管线综合排布,完成安全技术交底。依据图纸确定管道做法大样、路径、埋深。

b. 材料准备:钢管管材、塑料管材、混凝土、砖。

c. 工器具准备:电锤、榔头、角磨机、红外水平仪、人字梯、挖掘机、镐头等。

d. 人员准备:施工负责人、技术员、安全员、作业人员等。

②测量放样

根据设计图纸测设管道的中心线及人孔井的中心位置,设立中心桩。管道中心线和井中心位置须经监理工程师复核。施工时,应架设测量仪器,对开挖的通信管道槽底及井底标高进行监测,防止出现超挖现象。根据施工排管的宽度大小,按图纸规定的沟槽宽度划出开挖边线进行控制,测量标高、计算开挖深度,并以书面形式交底。

③管沟开挖和防护

管沟开挖采用机械开挖,开挖深度不得小于管线埋深。管道开挖时,应注意对现有保护管线的保护。在现有管线两侧1m范围内严禁挖掘机操作,必须使用人工开挖。基坑挖完后进行验槽,做好记录,监理工程师检测合格后方可进行下一工序的施工。

④管道垫层

管道基础分为天然基础、素混凝土基础和钢筋混凝土基础。通信管道的基础,应符合设计规定,同时还应满足下列规定:在土质均匀、坚硬的情况下,敷设金属管、塑料管可以采用天然基础;在土质松软不均匀、有扰动的情况下,一般采用钢筋混凝土基础。

⑤管道安装

垫层经监理工程师检查合格后敷设管道,管道铺设应保证管净距在20mm左右,管中应穿铁丝导线,导线应搭接牢靠。管道施工完毕,所有进入工作井的管口应采用PVC管口盖封堵。管道间隙必须用净中砂填实,采用钢筋混凝土包封,包封的厚度宜为80~100mm。混凝土浇筑必须密实,管道基础进入人(手)孔时,靠近人(手)孔处应施作长度不小于2m的钢筋混凝土基础。

⑥管槽回填

经工程验收合格后,进行管槽回填。回填时采用蛙式打夯机分层夯实,填筑至原路基面标高,每层厚度不超过30cm。管槽覆土深度人行道下不少于0.7m,车行道下不少于0.8m;当管槽覆土深度达不到覆土深度要求时,采用镀锌钢加混凝土包封保护,但覆土深度人行道不少于0.5m,车行道不少于0.6m。电缆管与给水与排水管线垂直交叉的最小净距为0.3m,给水与排水管线与其他管线或排水明沟交叉时,为保证交叉垂直净距,可采取局部降低措施。

⑦管道试通

直线管道管孔试通,应采用直径为管孔内径95%、长度为900mm的拉棒;弯管道管孔试通,应采用直径为管孔内径60%~65%、长度为900mm的拉棒。

(3)关键技术卡控点

①人(手)孔四壁及基础表面应平整,铁件安装牢固,管道窗口处理美观。

②人(手)孔口圈安装质量、位置、标高应符合设计要求。

③管道段不得出现S形弯和U形弯。一个直线段长要控制在100m以内。

④水泥管道弯曲管道段曲率半径一般不小于36m,塑料管道不应小于10m。

⑤各种材质的通信管道,管顶至路面的埋设深度不应低于表8-2-8的要求;当达不到要求时,应采用混凝土包封或钢管保护。

路面至管顶的最小深度(单位:m)　　　　表8-2-8

类　别	人行道下	车行道下	与电车轨道交越(从轨道底部算起)	与铁道交越(从轨道底部算起)
水泥管道、塑料管道	0.7	0.8	1.0	1.5
钢管	0.5	0.6	0.8	1.2

⑥通信管道的基础选择应根据地质条件及管道类型确定,见表8-2-9。

(4)质量通病与防治措施

通信管道安装质量通病与防治措施见表8-2-10。

管道基础方式与土质对应　　　　　　　　　　　表 8-2-9

类别	土质较好	土质稍差	土质较差	土质为岩石
水泥管道	夯实沟底	制作混凝土基础	制作钢筋混凝土基础	管道沟底保证平整
塑料管道	夯实沟底,回填 50mm 厚细砂或细土	制作混凝土基础,回填 50mm 厚细砂或细土	制作钢筋混凝土基础,回填 50mm 厚细砂或细土	管道沟底保证平整,回填 200mm 厚细砂或细土

通信管道安装质量通病与防治措施　　　　　　　表 8-2-10

质量通病	原因分析	防治措施
管道路由上方地面沉降	管槽回填未分层夯实	管槽回填时采用分层夯实的方式进行回填,并且每次回填的厚度应满足规范要求
	管道敷设未根据土质情况选择适宜的基础制作方式	管道敷设应根据不同的地质情况,按照规范要求制作相应的基础

5）缆线布放

（1）施工流程

缆线布放施工流程如图 8-2-21 所示。

图 8-2-21　缆线布放施工流程图

（2）操作要点

①施工准备

a. 技术准备：完成车站线槽安装，完成车站保护管安装，完成机房地槽及机柜安装，完成安全技术交底。

b. 材料准备：光（电）缆、扎带、标签等；电源线、信号线，到达现场时应检查其规格型号、质量，符合设计要求及相关产品标准的规定。

c. 工器具准备：人字梯、脚手架等。

d. 人员准备：施工负责人、技术员、安全员、作业人员等。

②现场定测

布放线缆前仔细核对线缆规格、路由及位置是否与设计、施工图纸相符，再计算、测量线缆长度，制作牵引端头。根据线缆长度、布放环境、牵引张力采用集中布放或分散布放等不同布放方式。

③线缆预制

布放前线缆两端贴上标签，标明起始位置和用途；布放时线缆要平直，不得产生扭绞、打圈现象，不受外力挤压和损伤。

④线缆穿放

根据线缆路由顺序牵引线缆，电源线和数据线应分别布放在各自的线槽内。保护管内短距离的线缆宜采用牵引的方式布放，长距离管道内的线缆宜采用气吹法方式布放。

⑤线缆成端

数据线与电源线宜分开敷设，数据线与电源线分槽布放至机柜后，应尽量分开从机柜下引入，若不得已从同一侧引入机柜时，电源线与数据线的平行间距应满足规范要求。线缆成端应固牢，卡接可靠，弯曲半径满足规范要求。

⑥校线及测试

线缆成端后，应对线缆进行检测，通过检测电缆的电气特性、光缆的后向散射曲线，确定线缆在敷设过程中是否造成线缆损伤及标号错误。

⑦固定线缆标识

线缆布放完成后,应在线缆上贴上正式标签,以方便维护。

缆线布放 BIM 效果及示例如图 8-2-22 和图 8-2-23 所示。

(3)关键技术卡控点

①电源线、信号线不应破损、受潮、扭曲、折皱,线径正确。每根电源线或信号线不应断线、错线,线间绝缘、组间绝缘应符合产品技术条件或设计要求。

②当采用屏蔽电缆或穿金属保护管以及线槽内敷设时,与具有强磁场和强电场的电气设备之间的净距应大于 0.8m。屏蔽线应单端接地。

③线槽内的电缆、电线应排列整齐,不应扭绞、交叉及溢出线槽。

图 8-2-22　缆线布放 BIM 效果图

a)

b)

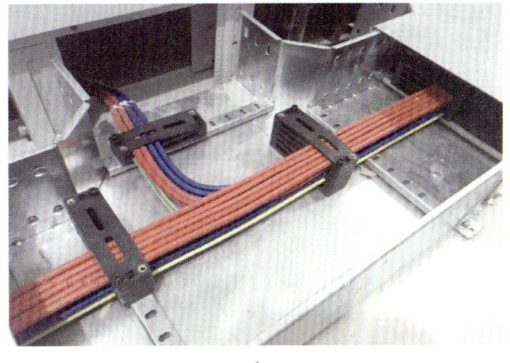

c)

图 8-2-23　缆线布放

④室内各种配线中间不得有接头。电源线及插座与电视线、网络线、音视频线及插座的水平间距不应小于 50mm。各种线缆应均匀绑扎固定,顺直整齐,无扭绞及交叉。

(4)质量通病与防治措施

缆线布放质量通病与防治措施见表 8-2-11。

缆线布放质量通病与防治措施　　　　　　　　　　表 8-2-11

质　量　通　病	原　因　分　析	防　治　措　施
缆线布放扭绞、交叉	线缆布放前未对线缆的路由进行规划	缆线布放前,尤其是机房线槽内的线缆,应在布线前进行路由及排布规划后再进行布放和绑扎

2.2 设备安装

2.2.1 机房设备安装

(1) 施工流程

机房设备安装施工流程如图 8-2-24 所示。

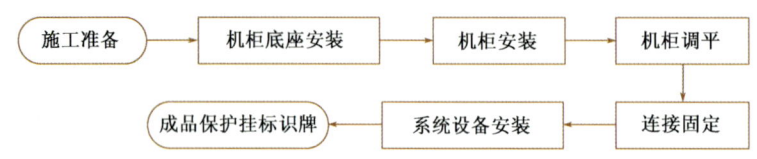

图 8-2-24 机房设备安装施工流程图

(2) 操作要点

①施工准备

a. 技术准备：完成车站关键设备房移交，完成安全技术交底。依据图纸确认机柜位置、柜内设备布置，根据完成面标高线确认机柜安装高度。

b. 材料准备：线槽、不锈钢膨胀螺栓、机柜底座、机柜、系统设备、配线电缆、扎带等。

c. 工器具准备：电钻、手电钻、扳手、榔头、人字梯、角磨机、鱼尾线、数显水平仪、垂直仪、铅垂线等。

d. 人员准备：施工负责人、技术员、安全员、作业人员等。

②机柜底座安装

将机柜底座安装牢固并调平。

③机柜安装

人力作用下将机柜置放于底座正上方，注意机柜正反面，且机柜置放顺序应遵从后排向前排、从里到外的置放顺序。

④机柜调平

使用机柜连接螺栓将机柜连接稳固，同排相邻两个机柜置放后进行垂直、水平调整（同排端头柜为起点），以此类推。施工采用鱼尾线、数显水平仪、垂直仪、铅垂线辅助调平。

⑤连接固定

同排机柜水平、垂直调整完成后拧紧连接螺栓，连接牢固。

⑥系统设备安装

系统设备的安装按照设计平面图、工厂安装手册进行，保证尺寸（位置、垂直度、水平度）准确，牢固整齐。机框和分部件安装应平稳牢固，有紧固装置的要锁好紧固件。机盘的装插应根据设备的机架面板布置图进行，确认插件位置正确，接触良好。机盘插拔时应严格遵守操作规程，戴好防静电手腕带，用力应均匀适度。

⑦成品保护挂标识牌

待机柜完成安装后做好成品保护，加盖防火布，挂标识牌。

机房设备安装 BIM 效果和示例如图 8-2-25 ~ 图 8-2-28 所示。

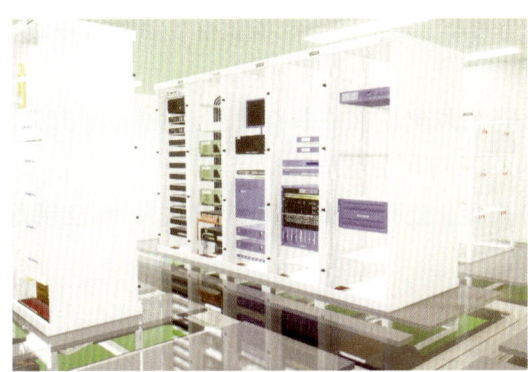

图 8-2-25　机房设备安装 BIM 效果图

图 8-2-26　机柜底座安装

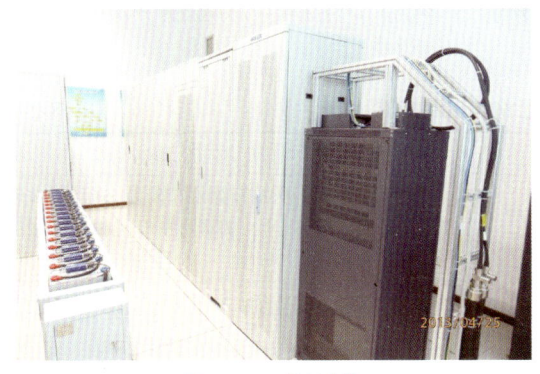

图 8-2-27　机柜安装

图 8-2-28　机柜配线

（3）关键技术卡控点

①连接螺栓安装牢固，平垫圈、弹簧垫圈、螺母安装顺序无误、无漏装，螺杆朝向地面。

②机柜垂直及水平调整时，垫高不大于 1.5mm（应采用一个垫片）。机柜安装应与静电地板完成面高度保持一致，确保静电地板安装完成后柜门能够正常开启。

③相邻机柜要排列整齐，同一排机柜的正面应平直且成一条直线。

④机柜应垂直，一般机柜安装的倾斜度偏差应小于机柜高度的 0.1%；电源设备机柜安装的倾斜度偏差应小于机柜高度的 0.15%。

⑤电源设备的绝缘性能应满足：电源设备的带电部分与金属外壳间的绝缘电阻不应小于 5MΩ，电源配线的芯线间和芯线对地绝缘电阻不应小于 1MΩ。

⑥电源系统散力架规格尺寸应满足设计要求，切忌修改散力架尺寸，缩小散力面积。

⑦蓄电池安装应排列整齐，距离均匀一致，蓄电池连接时接触应良好。

⑧电源设备配线用电源线应采用整段线料，中间不得有接头。

⑨连接柜（箱）面板上的电器及控制板等可动部位的电源线应采用多股铜芯软电源线，敷设长度应有适当余留。

⑩引入或引出交流不间断电源装置的电源线、缆和控制线、缆应分开敷设；在电缆支架上平行敷设时应保持 150mm 的距离。

⑪直流电源线必须以线色区别正、负极性，直流电源正负极严禁错接与短路，接触必须牢固；交流电源线必须以线色区别相线、零线、地线，严禁错接与短路，接触必须牢固。

⑫电源设备的输出电源线、缆应成束绑扎，不同电压等级的交流、直流线路及计算机控制线路应分别绑扎并有标识。

⑬对较重的不间断电源（UPS）应按照产品尺寸单独制作角钢底座进行加固。

⑭蓄电池安装时,应将蓄电池滤气帽或安全阀、气塞等拧紧,防止松动;安装蓄电池所用的工具应注意绝缘,防止短路。

⑮蓄电池各列应排放整齐,前后位置、间距适当。每列外侧应在一条直线上,其偏差不大于3mm;电池单体应保持垂直和水平,底部四角均匀着力,如不平整,应用毛毡垫实。

⑯电池间隔偏差不大于5mm;电池之间的连接应平整。连接螺栓、螺母应拧紧,并在连接条和螺栓、螺母上涂一层防氧化油脂或加装塑料盒盖。

⑰电池体安装在铁架上时,应垫缓冲胶垫。

⑱各组电池应根据馈电母线走向确定正负极出线位置。

⑲电池安装完毕后,在电池架、台和电池体外侧,应用防腐材料制作编号标识。

(4) 质量通病与防治措施

机房设备安装质量通病与防治措施见表8-2-12。

机房设备安装质量通病与防治措施　　　　表8-2-12

序号	质量通病	原因分析	防治措施
1	机柜倾斜度偏差太大	机柜安装过程中未逐个调平,导致误差累加	机柜安装应以列头柜开始逐个安装,并且要求依次调平机柜后再安装另一个,切忌将所有机柜直接搬运至机柜底座上方固定
2	机柜呈现阶梯状	地面存在一定比的坡度,安装机柜底座时未调整所有底座于一个水平面上	调整列头柜的机柜底座上表面为水平面,依次调整其余机柜底座上表面与列头柜在同一水平面
3	机柜设备安装不水平	机架螺栓未紧固到位	所有的机架螺栓应拧紧
		设备太重,未增设辅助托盘	对于太重的设备应增设托盘
4	设备板卡损坏	插拔板卡时,不注意力度和方式	板卡的插板操作应安装设备操作说明进行,注意方式、方法,力度适中,不得暴力插拔,避免损坏
		非热拔式板卡带电进行插拔操作	对于不可热拔的设备,必须断开电源,方可进行板卡的插拔操作
		未佩带防静电手腕带操作设备	部分设备会由于人体静电损伤,操作时应佩戴防静电手腕带,防静电手腕带另一端应接至设备防静电专用插孔上
5	设备漏电	设备自身存在漏电问题且设备地线未接	设备安装后立即将设备地线连接到地线排上
		电源接线存在错误,火线、零线接反或者零线地线接反	电源接线按照规范接线,在无特定说明或标识的情况下,应按照"左零右火上接地"的原则进行

2.2.2 终端设备安装

(1) 施工流程

终端设备安装施工流程如图8-2-29所示。

图8-2-29　终端设备安装施工流程图

(2) 操作要点

①施工准备

a. 技术准备:完成通信管线安装,完成安全技术交底。

b. 材料准备:不锈钢膨胀螺栓、终端设备、设备支架、设备吊杆、配线电缆、扎带等。

c. 工器具准备:冲击电钻、手电钻、扳手、榔头、人字梯等。

d. 人员准备:施工负责人、技术员、安全员、作业人员等。

e. 设备到达现场进行开箱检查,其型号、规格、质量应符合设计要求及相关产品的标准的规定;外形完好,表面无机械损伤。

②锚固件安装

根据设备安装位置,在顶板或侧壁上安装锚固件,用于固定设备支吊架。

③支吊架安装

通信终端设备主要包括摄像机、视频监控配电箱、无线接入点(AP)、轨旁电话、液晶屏、扬声器、天线等,根据不同的地形将采取不同的安装方式。在常规地下站内,一般采用吊装方式或壁装方式,将设备支吊架安装固定于顶板或侧壁,安装牢固,并将设备线缆引至终端。在区间内,一般采用壁装式安装方式;在场段岔区内的摄像机一般采取安装独立立杆的方式,独立立杆应设置立杆基础;在部分场段及高架站采用钢结构时,宜采用焊接方式或抱箍方式安装支吊架。

④终端设备安装

根据厂家安装说明,对设备进行安装固定,调整安装位置,满足设计要求。

⑤终端设备配线

根据设计图纸,对缆线终接,并加电进行硬件测试。

终端设备安装 BIM 效果和示例如图 8-2-30～图 8-2-33 所示。

图 8-2-30　终端设备安装 BIM 效果图

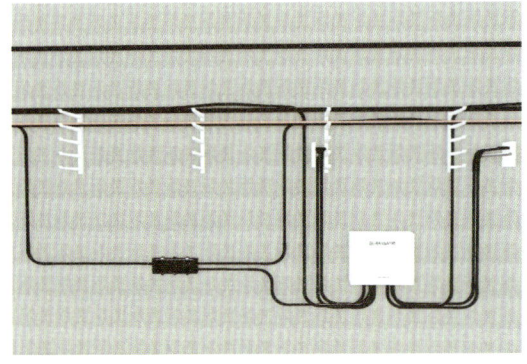

图 8-2-31　区间 AP 安装 BIM 效果图

图 8-2-32　室内枪式摄像机安装

图 8-2-33　LCD 显示屏安装

(3)关键技术卡控点

①设备应安装牢固,安装位置符合设计要求。

②扬声器的安装应分布均匀,间距满足设计及规范要求。

③天馈线的技术性能应满足下列规定：

a. 天馈线驻波比在工作频段内不应大于1.5；

b. 按馈线长度和部件计算的总衰减应符合技术指标要求。

④设备安装于区间时,应注意安装不得侵入行车限界。

⑤区间电话、区间 AP 进线孔应做防水处理。

⑥设备安装于公共区域时,应注意与其他专业设备安装人员协商,避免位置冲突。

⑦高架站、高架区间的终端设备需要防雷接地或安装防雷器。

(4)质量通病与防治措施

终端设备安装质量通病与防治措施见表 8-2-13。

终端设备安装质量通病与防治措施　　　　　表 8-2-13

序号	质量通病	原因分析	防治措施
1	车站广播设备安装间距不均	受综合管线及天花排布影响,部分广播设备不易安装	车站广播应保持在同一直线上,在部分不易安装的地方应加工异形支架,保证广播正面和侧面均与其余广播对齐,并且满足消防广播间距要求
2	视频监视系统摄像机位置不满足要求	与导向系统、乘客信息系统(PIS)、站台门系统冲突	提前与导向系统、站台门系统协调,确认无冲突后再进行安装,同时和乘客信息系统相互避让
		摄像机不满足照射需求	提前根据设计照射需求及摄像机的视角范围计算,确定安装位置
3	视频监视系统画面抖动	设备安装于振动源或风口附近	在不影响照射需求的情况下,避免将设备安装于振动源或者风口附近
		设备支吊架固定螺栓未紧固	摄像机的支吊架固定螺栓必须拧紧,并且支吊架优先固定于结构顶板上,其次固定于侧面砖砌墙体上,最后固定于综合支吊架上
		设备支吊架太长	设备支吊架宜短不宜长,在支吊架不能缩短的情况下,应增加辅助杆固定,增加稳定性
		摄像机画面聚焦太远,设备轻微抖动亦会造成画面巨幅抖动	摄像机的照射距离不宜太远,尤其是在抖动频繁的地方,适当调整摄像机的焦距,或反馈设计单位中间增加摄像机,以防止照射距离过远

2.3　安全文明施工与成品保护

2.3.1　安全文明施工

(1)轨行区高空作业时,安装人员应采用梯车、脚手架、人字梯施工,不得踩踏其他专业管线。梯车、脚手架应设置临边防护。使用人字梯时,安装人员不得站在最顶层。

(2)轨行区临时用电,施工前应对工器具等用电设备进行绝缘测试,测试合格后方能使用。尽量采用充电电钻等工具。当使用发电机时,应保证通风,汽油不得直接带入轨行区,发电机应设置漏电保护、灭火消防器材,临时用电应采用三级配电箱,不得接入区间临时照明或其他专业配电箱取电。

(3)设备安装必须固定牢固,螺栓连接应采用防松性能好的螺栓或止动垫片。

(4)设备接电应按规范(左零右火上接地)执行,接电前验电,验电后方可加电;断电后验电,验电确认安全后方可作业。

(5)施工用临时电缆须从钢轨下方通过,电缆不得侵限。注意保护既有的临电设施和电缆。

(6)进入站台夹层等低洼密闭空间前,应进行气体检测,防止有害气体妨害,并配置风机保障施工过程中通风。

(7)在建工程(含脚手架具)的外侧边缘与外电架空线路之间必须保持安全操作距离。

(8)用电现场配电系统应设置总配电箱(屏)、分配电箱、开关箱,实行三级配电、三级保护。分配电箱与开关箱的距离不得超过30m,开关箱与其控制的固定式用电设备的水平距离不得超过3m。配电箱周围应有足够两人同时工作的空间和通道。

(9)每台用电设备应有各自专用的开关箱,开关箱内严禁用同一个开关电器直接控制两台及两台以上用电设备(含插座)。

(10)施工现场电缆干线应采用埋地或架空敷设,严禁沿地面明设、随地拖拉或绑附在脚手架上。

(11)各种开关电器的额定值应与其控制用电设备的额定值相适应。

(12)停送电必须由地盘管理单位的专职电工负责,不得擅自在二级配电箱接电。用电设备和工机具在使用完毕后应及时切断电源。

(13)电焊作业时,与易燃、易爆物品的距离不得小于30m。

(14)施工现场必须按规定设置灭火器、消防桶等安全消防设施。

(15)线槽、钢管切割作业时,应设置挡板防止火花乱溅,同时配备灭火器等消防设施。

(16)高空作业脚手架具有稳定的结构和足够的承载力(不超过2000N),移动脚手架地基有足够的承载力,避免在推拉过程中有底部悬空现象产生。

(17)搭设脚手架时及时设置连墙杆、斜撑杆、剪刀撑或必要的缆绳和吊索,避免在搭设过程中发生偏斜和倾倒。

(18)高空作业施工如有物件传递,严禁直接抛掷物件,必须采用安全绳提拉的方式,用安全绳把物件绑扎好确认牢固后,再进行提拉。

(19)在使用脚手架过程中,应该有一定的高度要求,超过三层使用时,必须有防倒措施,如左右加斜撑,也就是剪刀撑或两套脚手架拼合使用,并要注意是否连接牢固。

(20)进行吊装作业时,起重机必须支立在平整的场地,整个吊运过程必须设专人统一指挥;吊装时,应在地面和站台层分别设信号员,指挥员与信号员之间采用对讲机进行实时通信。

(21)起重机进行起吊作业时,被吊物必须绑扎牢固,零散材料必须使用吊笼,且材料不得超过吊笼上平面。吊装作业时,严禁人员在吊臂、被吊物下通过或逗留。被吊物不得长时间在空中停留,严禁人员随吊钩或被吊物升降。整个吊装过程应平缓、稳定,避免大动作造成被吊物在空中摇晃、摆动;尤其在被吊物离地及落地时必须缓慢进行,做到慢起、慢放。

(22)起重机吨位选择应合理,被吊装物的重量应在该机的允许起吊范围内,且应考虑伸臂后的载荷能力情况,严禁超重作业。起吊前应检查钢丝绳(吊带)是否有影响承重的损坏。

(23)6级以上大风天气禁止吊装作业。

(24)进入施工现场的大型工、器具必须挂标识牌,标识牌上要标明所属单位、负责人及联系方式。

2.3.2 成品保护

(1)工序完成后,应进行成品保护挂标识牌。标识牌内容包括分项施工内容、责任单位、责任人及联系方式等信息。

(2)进入现场的材料应堆码整齐,并用防火布覆盖。

（3）机柜安装完成后应采用防火布覆盖。
（4）施工过程中，地槽上应覆盖木板，防止槽内线缆被踩踏。
（5）机房潮湿情况下，应采取相应的通风除湿措施保障设备安全。
（6）未施工时，机柜应保持锁闭状态，防止设备设施遗失或损坏。

2.4 接口管理

通信专业与供电、信号、综合监控、车辆、动力与照明、自动售检票等专业均存在接口，各专业间相互协作而又相互制约。做好接口管理工作，可以避免返工，提高效率。本节接口管理以典型地铁工程为例，参考应用时，须结合项目实际情况。

2.4.1 与供电专业的接口管理

（1）传输专业与杂散电流检测专业的接口

在各车站、车辆段、停车场和控制中心，传输专业为杂散电流监测专业提供传输通道，用于传递杂散电流监测系统信息。

（2）电源专业与电力监控专业的接口

在部分地铁线路，在各车站、车辆段、停车场和控制中心，电源专业为电力监控专业提供交流电源。

2.4.2 与自动售检票专业的接口管理

（1）传输专业与自动售票专业的接口

在各车站、车辆段、停车场和控制中心，传输专业为自动售票专业提供传输通道，用于传递自动售票系统信息。

（2）电源及接地专业与自动售检票专业的接口

在各车站、车辆段、停车场和控制中心，电源及接地专业为自动售检票专业提供交流电源。

2.4.3 与综合监控专业的接口管理

（1）传输专业与综合监控专业的接口

在部分地铁线路及各车站、车辆段、停车场和控制中心，传输专业为综合监控专业提供传输通道，用于传递综合监控系统信息。在部分地铁线路及各车站、车辆段、停车场和控制中心，综合监控专业独立组网，传输专业为综合监控专业预留纤芯。

（2）时钟专业与综合监控专业的接口

时钟专业在控制中心留有以太网接口或RS422接口，为综合监控专业提供标准时间信息。

（3）集中告警专业与综合监控专业的接口

集中告警专业在控制中心留有以太网接口，向综合监控专业输出告警信息。

（4）无线通信专业与综合监控专业接口

无线通信专业为综合监控专业提供控制中心至列车的无线数据通道。

（5）广播专业与综合监控专业的接口

广播专业开放内部协议和相关程序接口，由综合监控专业对中心行车广播控制终端进行界面集成，确保各功能的实现。

(6)电源及接地专业与综合监控专业的接口

在各车站、车辆段、停车场和控制中心,电源及接地专业为综合监控专业提供交流电源。

(7)乘客信息专业与综合监控专业的接口

车站广播系统(PA)广播时,向乘客信息系统(PIS)发送同步广播控制消息,触发 PIS 系统降低音量、静音,或同步播放预存的信息。

(8)视频监视专业与综合监控专业的接口

在控制中心,实现监控信息互换及选择需要的车站视频监视图像。在中央调度员的工作站上显示视频监视图像,在大屏幕上显示车站视频监视图像。在车站,监控信息互换及选择需要的视频监视图像,在车站操作员的工作站上显示视频监视图像。

2.4.4 与门禁专业的接口管理

在各车站、车辆段、停车场和控制中心,传输专业为门禁专业提供传输通道,用于传递门禁系统信息。

2.4.5 与信号专业的接口管理

(1)时钟专业与信号专业的接口

时钟专业在控制中心留有以太网接口或 RS422 接口,为信号专业提供标准时间信息。

(2)无线通信专业与信号专业的接口

信号专业为无线通信专业提供信息,以便控制中心调度员、车站/车辆段/停车场值班员呼叫列车。

(3)广播专业与信号专业的接口

在控制中心可通过列车自动监控(ATS)接收列车到站信号,并下发到车站进行自动列车广播。

(4)乘客信息专业与信号专业的接口

信号系统发送列车定位信息、车次、编组、故障等行车信息给编播中心的乘客信息系统。编播中心的乘客信息系统收到行车信息后,即组播至车站,车站播放控制器与媒体源进行整合,形成完整的分屏输出画面,在显示终端上显示。

2.4.6 与安防专业的接口管理

(1)时钟专业与车辆段/停车场安防专业的接口

时钟专业在车辆段/停车场留有以太网接口或 RS422 接口,为安防专业提供标准时间信息。

(2)通信专业与车辆段/停车场安防专业的接口

通信专业在车辆段/停车场的通信管道为安防专业预留线缆布放空间。

(3)电源专业与车辆段/停车场安防专业的接口

在控制中心、车辆段、停车场,电源专业为车辆段/停车场安防专业提供交流电源。

(4)视频监视专业与主变电所专业的接口

在主变电所,视频监视专业在主变电所设置一套交换机用于主变电所视频接入,接口界面位于交换机外侧。

2.4.7 与车辆专业的接口管理

(1)无线通信专业与车辆专业的接口

车辆专业为车载台预留安装位置,提供电源。无线通信系统接收综合监控系统的信息并发送给车辆专业,无线通信系统接收车辆专业的信息并发送给综合监控系统。

(2)乘客信息专业与车辆专业的接口

车辆专业为乘客信息专业提供车载电源及车辆数据信息接口,乘客信息专业的车载设备由车辆专业负责安装。

2.4.8 与主变电所专业的接口管理

(1)无线通信专业与主变电所专业的接口

无线通信专业为主变电所专业提供无线通信信号,主变电所专业为无线通信专业提供远端机的安装位置并提供电源。

(2)专用电话专业与主变电所专业的接口

专用电话专业为主变电所专业提供一路电调电话。

(3)办公自动化专业与主变电所专业的接口

办公自动化专业提出办公自动化设备安装位置、电源、接地要求,主变电所专业承包商提供办公自动化设备及其安装位置、电源、接地。

2.4.9 与市话网络专业的接口管理

公务电话系统中继网关与市话网设备通过中继接口互连。

2.4.10 与电扶梯专业的接口管理

(1)公务电话专业与电扶梯专业的接口

公务电话专业为电扶梯专业布放2根紧急电话线缆。

(2)视频监视专业与电扶梯专业的接口

在各车站,视频监控专业为电扶梯专业提供视频光(电)缆并敷设,起点在电梯控制柜,终点在专用通信设备室,视频监视专业为电扶梯监控提供接入条件,接口界面在车站电梯控制箱。

2.4.11 与动力与照明专业的接口管理

在各车站、车辆段、停车场和控制中心通信设备室,动力与照明专业为通信、综合监控、自动售检票及门禁等专业的设备供电。

2.4.12 与车辆基地综合自动化专业的接口管理

办公自动化专业在车辆段/停车场为车辆基地综合自动化专业提供以太网络通信端口,车辆基地综合自动化系统承包商提供带标识的电缆从车辆段/停车场信息网络设备室的网络配线架连接到车辆基地综合自动化系统。

2.4.13 与大屏显示专业的接口管理

视频监视专业为大屏显示专业提供标准的视频信号;大屏显示专业接收标准视频,并按照要求显示视频。接口界面位于大屏控制器接口处,由视频监视专业负责视频监视设备至大屏控制器的连接。

时钟专业为大屏显示专业提供标准时间信息;大屏显示专业接收时间信号,并根据时间信号校准系统时钟。接口界面位于大屏控制器接口处,由时钟专业负责时钟设备至大屏控制器的连接。

2.5 单系统调试

专用通信系统包括电源及接地系统、传输系统、专用电话系统、公务电话系统、无线通信系统、广播系统、视频监控系统、视频会议系统、时钟系统、专用集中网络管理系统、办公自动化系统、乘客信息系统。

公安通信系统包括公安视频监视系统、公安视频会议系统、信息应用系统、计算机网络(公安传输)系统、不间断电源(UPS)系统、公安集中告警系统、地铁应急通信系统。

通信系统主要调试内容为设备安装后的单站/机加电后设备调试。单机调试完成后进入单系统调试工作，单系统调试工作主要目的如下：

(1) 使相关设备能达到正常运行状态；
(2) 检查各设备功能、性能是否达到设计要求；
(3) 发现设备安装期间的缺陷，并加以修正；
(4) 检验各设备通电及带负荷运行情况；
(5) 验证用户手册、维修手册及其他相关资料的完整性、可操作性；
(6) 具备接口功能调试条件；
(7) 形成完整的单机/单系统调试报告。

专用通信系统调试流程如图 8-2-34 所示。

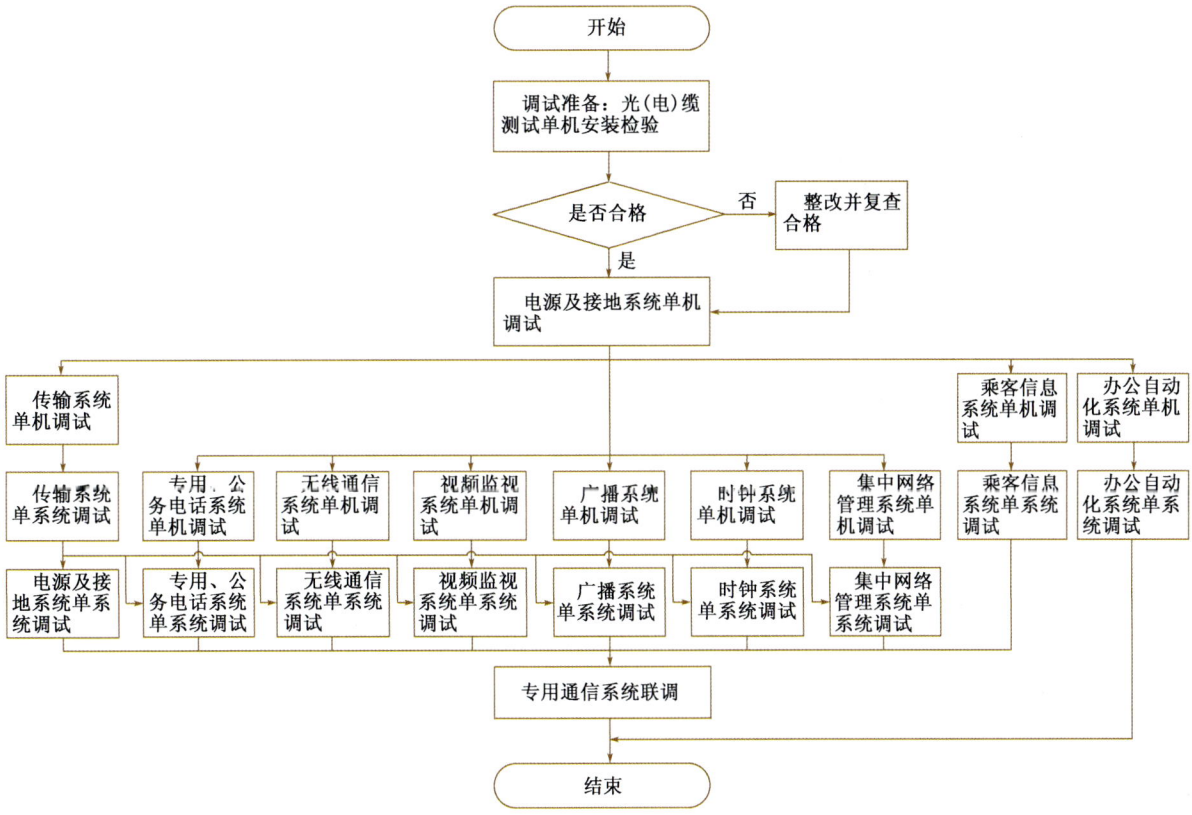

图 8-2-34 专用通信系统调试总体流程图

1) 前置条件

(1) 具备调试用电；

（2）通信线路、通信管线安装完成；

（3）系统网络组建完成；

（4）版本软件已经安装完毕；

（5）机架、机框和单板已经安装完毕；

（6）各单板、机框之间的连线已经连接正常。

2）测试准备

调试工具及仪器仪表准备：便携式计算机、万用表、绝缘电阻测试仪、直流电桥、接地电阻表、测线仪、寻线仪、光时域反射仪（OTDR）、光源、光功率计、光可变衰减器、误码仪、回波损耗测试仪、传输综合分析仪、脉冲编码调制（PCM）通路分析仪、数据分析仪、同步数字系列（SDH）分析仪、系统指标测试厂配专用工具、各类测试终端、各类配置线。

3）测试方法

（1）检查机架、机框及单板安装是否正确、完整；

（2）检查设备电源、数据配线是否完整，布线方式是否满足规范要求；

（3）检查设备接地是否可靠；

（4）验证单机、单板性能是否满足设计要求；

（5）验证各设备功能、性能是否达到设计要求；

（6）进行系统 24h 连续运行测试；

（7）进行系统 144h 连续运行测试。

4）系统调试内容

（1）电源及接地系统调试内容包括接地电阻测试、市电输入检测、交流配电屏测试、UPS 调试、蓄电池测试五个部分。功能测试主要包括双电源开关切换测试，输入输出电压误差测试，告警信息显示，空载、带载电压稳定度测试，旁路逆变切换测试，UPS 并机调试，蓄电池放电测试，系统网管功能。

（2）传输系统调试内容包括单盘功能指标测试、主备保护功能测试、网管功能检验。

（3）公务电话系统调试内容包括主备保护功能测试、市话呼叫测试、移动用户呼叫测试、长途呼叫测试、紧急呼叫测试、呼叫转移测试、网管功能检验。

（4）专用电话系统调试内容包括录音功能测试、调度台功能测试、网管功能检验。

（5）无线通信系统调试内容包括基站指标测试、调度台测试、全网录音测试、语音功能检验、越区切换测试、漫游功能检验、网管功能检验。

（6）闭路电视监视系统调试内容包括实时监控画面显示功能检验、视频存储功能调试检验、录播功能检验、网管功能检验。

（7）广播系统调试内容包括语音合成播音功能检验、功放自动切换功能检验、应急广播功能检验、平行广播功能检验、检修库插播对讲功能检验、中心录音功能、网管功能检验。

（8）乘客信息系统调试内容包括掉电自恢复测试、播放视频功能测试、液晶屏（LCD）分组控制测试、网管功能检验。

（9）时钟系统调试内容包括主备二级母钟自动切换测试、子钟单独运行功能、网管功能检验。

（10）办公自动化系统调试内容包括网络互通功能检验、系统丢包、时延检测、网络冗余功能检验，网管功能检验。

（11）集中告警系统调试内容包括告警功能上传检验、故障分析功能检验、拓扑管理功能检验。

第 3 章 信号工程

信号系统是城市轨道交通自动化系统中的重要组成部分,是一个以安全设备为基础,集行车指挥、运行调整及列车驾驶自动化等功能于一体的列车自动控制系统。信号系统用于列车进路控制、列车间隔控制、调度指挥、安全防护、信息管理、设备工况监测及维护管理,实现列车快速、高密度、有序运行,提高乘车舒适度,保证乘客和列车的安全。其核心技术是列车自动控制(ATC)系统,它由列车自动监控(ATS)子系统、列车自动防护(ATP)子系统、列车自动运行(ATO)子系统、计算机联锁(CI)子系统组成。

本章主要介绍地铁信号系统工程施工过程中室内/外设备安装、线缆敷设、设备配线、防雷及接地等施工流程、操作要点、关键技术卡控点和质量通病防治,以及其他施工要求与管理内容。

3.1 线路施工

光(电)缆线路施工包括电缆支架安装、光(电)缆敷设、光(电)缆防护、光(电)缆接续、箱盒安装及配线等。光(电)缆线路施工前应按施工图对光(电)缆径路进行现场定测,并根据测量结果进行光(电)缆配盘。光(电)缆的接续、测试人员应经过专业培训,考核合格后持证上岗。

3.1.1 电缆支架安装

1) 施工流程

电缆支架安装施工流程同通信工程的区间电缆支架安装施工流程,如图 8-2-1 所示。

2) 操作要点

(1) 施工准备

①技术准备:完成区间管线排布并确定支架安装位置,完成轨行区短轨铺设,完成车站接地母排,完成电缆支架安装技术交底及安全技术交底。

②材料准备:锚栓、电缆支架、镀锌扁钢等。

③工器具准备:墨盒、电锤、手电钻、扭矩扳手、手锤、水平尺、人字梯、平板车等。

④人员准备:施工负责人、技术员、安全员、防护员、作业人员等。

(2) 测量定位画线

根据限界图纸,在指定标高位置每10m进行描点并用墨线弹出标高线,根据支架间距及支架孔距标记钻孔位置。

(3) 锚固件安装

①依据锚栓型号,确认电锤钻头型号。根据定测位置,采用带限位装置的电锤钻孔,保证钻孔深度的准确。

②打孔时,电锤要垂直墙壁。打完孔后,利用专用铁毛刷、气筒将孔内的灰尘清理干净后,在打好的孔位上,安装锚栓,用专用工具敲击锚栓套管,锚栓的套管上表面与混凝土表面平齐,表明安装到位。

③锚栓安装完成后,按一定比例抽取进行拉拔试验,拉拔试验合格后进行支架安装。

(4) 支架安装固定

将电缆支架安装在锚栓上,依次安装平垫圈、弹簧垫圈、螺母,将螺母稍微带紧,使用水平尺将电缆支架进行整正调平,保证电缆支架横平竖直、整齐美观,同层托板在同一水平面上,满足要求后,使用扭矩扳手按规定力矩值将螺母拧紧。电缆支架安装不得侵入地铁设备限界。

(5) 接地连接

①将镀锌扁钢置于支架上方;将扁钢对应支架位置做好标记,并在标记位置冲孔;然后将镀锌扁钢固定在支架上。扁钢搭接采用螺栓连接,搭接长度不小于2倍扁钢宽度,搭接处用双螺栓固定;若采用搭接焊的方式,则焊接不得少于三面,并做好防腐处理。

②若采用镀铜圆钢接地,先将镀铜圆钢捋直,然后从接头处依次置放于电缆支架上,在接头处采用专用焊接工具将两段镀铜圆钢焊接在一起,最后依次固定于电缆支架上。

③采用油脂对锚栓、扁钢连接孔等镀层可能损伤的地方做防腐处理。

3) 关键技术卡控点

(1) 锚栓安装切忌直接敲击螺纹位置,防止损坏螺纹导致螺母无法拧上;

(2) 锚栓安装应垂直于隧道壁;

(3) 支架安装应符合限界要求,不得超出设备限界;

(4) 支架安装应间距均匀,同层托板在同一水平面上;

(5) 支架固定,平垫圈、弹簧垫圈、螺母保证齐全,并根据扭矩要求固定支架;

(6) 支架搬运及安装调整过程中应轻拿轻放,不得猛敲,避免镀锌层损坏导致防腐性能降低;

(7) 接地扁钢搭接长度不得少于2倍扁钢宽度,连接螺栓不少于2颗,螺栓采用防松螺栓或者采用止动垫圈保证螺栓不松动;

(8) 接地扁钢应与区间电缆支架结合紧密,保持电气连通。

4) 质量通病与防治措施

区间电缆支架安装质量通病与防治措施同通信工程的区间电缆支架安装质量通病与防治措施,见表8-2-1。

3.1.2 光(电)缆敷设

1) 施工流程

光(电)缆敷设施工流程如图8-3-1所示。

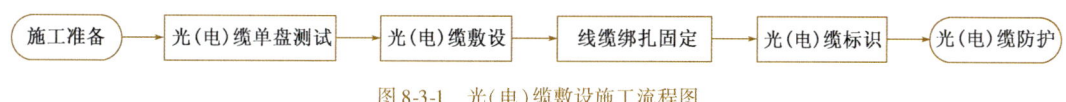

图 8-3-1 光(电)缆敷设施工流程图

2）操作要点

（1）施工准备

①技术准备：电缆敷设通道全部贯通，完成信号设备机房移交，完成轨道铺设，完成光(电)缆顺序排布，完成光(电)缆敷设技术交底及安全技术交底。

②材料准备：光(电)缆、封端帽、电缆标牌、尼龙扎带等。

③工器具准备：万用表、摇表、平板车、滑轮、对讲机、放线架、钢锯、喷枪、安全带、安全绳等。

④人员准备：施工负责人、技术员、安全员、防护员、作业人员等。

（2）光(电)缆单盘测试

①根据到货清单，核对光(电)缆的盘号、规格型号、盘长、端别、数量，检查外观包装有无破损、光(电)缆有无损坏、压扁等情况并详细记录。光(电)缆在敷设前应进行单盘测试，各项测试应认真做好记录。

②信号电缆绝缘测试包括芯线间绝缘电阻测试、芯线对地之间绝缘电阻测试、芯线电阻测试。根据所测电缆的实际数据衡量芯线导通是否良好。

③光缆用光时域反射仪(OTDR)，对其进行长度及固有衰减测试，并做好测试记录。光缆单盘固有传输衰耗应满足要求。

④光(电)缆测试完成后端头使用热缩帽做好密封处理，并对光(电)缆的 A、B 端做好相应的标识。

（3）光(电)缆敷设

①将光(电)缆运输到敷设地点，开启电缆盘防护时，注意不要损伤光(电)缆。光(电)缆到位后，一般用一根实心铁棍从光(电)缆盘中间的圆孔中穿出，光(电)缆盘两端露出的铁棍长度应相等，否则光(电)缆盘架起后会影响其稳定性。光(电)缆盘较轻时，也可用钢管等代替铁棍。将电缆支架平稳地放在光(电)缆盘两边铁棍的下面。将光(电)缆盘架起，两支架架起高度要一致，以免在光(电)缆的拉动过程中影响电缆支架的稳定。拆除固定光(电)缆端头的装置，记录光(电)缆端头的长度标志，这样便于掌握拉出光(电)缆的长度。按照盘上所标的箭头方向转动光(电)缆盘，以免造成光(电)缆松脱。光(电)缆一般从电缆盘的下方拉出，增加光(电)缆盘转动过程中的稳定性。根据光(电)缆需要的长度拉出光(电)缆后，用钢锯整齐锯断。光(电)缆截断后要及时进行封端处理，以防止光(电)缆进水受潮而影响光(电)缆的电气特性。用尼龙扎带在每根光(电)缆上绑扎光(电)缆铭牌。铭牌的绑扎应牢固，以免脱落造成光(电)缆的混乱。

②敷设光(电)缆，必须严密组织并有专人指挥。牵引过程中应采用良好的联络方式；禁止未经安全和技能培训的人员上岗，禁止在无联络工具的情况下作业。采用人力牵引时施工人员应协调一致、用力均匀。

③由于施工现场环境复杂，很可能在光(电)缆的敷设过程中造成电缆损伤，因此要求在电缆敷设、防护结束后，对光(电)缆做敷设后测试，检验光(电)缆在敷设过程中是否受到损伤。不合格的光(电)缆要详细记录，查明原因后处理好，不能处理的及时更换光(电)缆，真正做到早发现、早处理，不留隐患。

④光(电)缆敷设的弯曲半径应满足：全塑电缆不得小于电缆外径的 10 倍，铠装电缆不得小于电缆

外径的 15 倍,光缆不得小于光缆外径的 15 倍。

⑤光(电)缆敷设余留量应满足:引入室内的余留量不应小于 5m,室外设备端余留量不应小于 2m;当敷设长度小于 20m 时,余留量不应小于 1m;光(电)缆接续时,接续点两端的余留量不应小于 2m;桥梁伸缩缝处留有适当余量。

(4)线缆绑扎固定

一个区间所有光(电)缆敷设完成后,对线缆进行特性测试,确认无误后,整理电缆支架上的光(电)缆,使其排列整齐。用尼龙扎带逐根光(电)缆逐个支架进行绑扎,以一个方向依次绑扎或从区段中间向两个方向绑扎,每个支架处均应进行绑扎固定。

(5)光(电)缆标识

按设计要求每隔一定距离要在光(电)缆上挂一个标识牌。标识要清楚,内容包括工程名称、用途、起点、终点、型号、长度及备用芯数等信息。

(6)光(电)缆防护

当光(电)缆穿越轨道、排水沟时,应使用管槽防护。当光(电)缆在整体道床处过轨时,防护管槽两端应超出轨枕端,并采用管卡直接固定在地面上;防护管槽与钢轨应采取绝缘措施。当光(电)缆穿越排水沟时,应采用金属管槽防护,防护管槽长度应大于排水沟宽度,并应在排水沟两端用管卡直接固定在地面上。当光(电)缆在室外与其他管线、建筑物交叉或平行敷设时,防护应满足设计要求。防护管的内径为光(电)缆堆积外径的 1.5 倍。光(电)缆穿过防护管后,管口要用防火泥封堵严密。在管线穿越人防门预埋时,应采取防护措施。

3)关键技术卡控点

(1)光(电)缆的牵引力应不超过光(电)缆允许张力,光缆主要牵引应加在光缆的加强件(芯)上。

(2)光(电)缆敷设过程中应及时绑扎,并切忌由两端向中间绑扎。不能及时绑扎时,应采取每 10m 临时绑扎的方式固定。

(3)光(电)缆在敷设过程中应避免交越、交叉、扭绞。

(4)光(电)缆外护层不得有破损、变形或扭伤。

(5)光(电)缆引入室内应采取成端。

(6)光(电)缆敷设、接续或固定安装时的弯曲半径符合要求。

(7)在光(电)缆敷设过程中,人员分布间距均匀,用力均匀一致,在转弯处增设人员,在缆盘处安排专人看护,防止光(电)缆扭绞或拉翻缆盘。

(8)轨行区转角处和人防门处采取防磨保护措施。

4)质量通病与防治措施

光(电)缆敷设质量通病与防治措施见表 8-3-1。

光(电)缆敷设质量通病与防治措施　　　　表 8-3-1

序号	质量通病	原因分析	防治措施
1	光(电)缆绑扎存在扭绞、被扣现象	缆线在支架上未进行排布优化	光(电)缆敷设前应进行排布优化
		缆线绑扎时存在两端向中间绑扎的情况	缆线绑扎时应向一个方向绑扎或者从中间向两端绑扎
		电缆敷设前未提前考虑电缆径路	在电缆敷设前,提前考虑电缆径路及布局;敷设完成的电缆及时进行绑扎

续上表

序号	质量通病	原因分析	防治措施
2	光(电)缆敷设时损坏外护套	敷设过程中人员不足,光(电)缆长距离在地上拖行	敷设过程中施工人员充足且间距均匀,减少光(电)缆在地面拖行
		敷设过程中在存在尖锐物或穿管道、拐弯等地方未设防护	在存在尖锐物、管道口、拐弯处等特殊地方应设专人防护
		与其他光(电)缆十字交叉敷设时未设防护	在与其他光(电)缆十字交叉敷设时采取防护措施,将其与其他光(电)缆分离
3	光(电)缆预留长度不够	在拐角、接头处、光(电)缆引入口处未考虑预留光(电)缆长度	在光(电)缆敷设时,预留光(电)缆长度进行固定

3.1.3 电缆接续

1) 施工流程

电缆接续施工流程如图 8-3-2 所示。

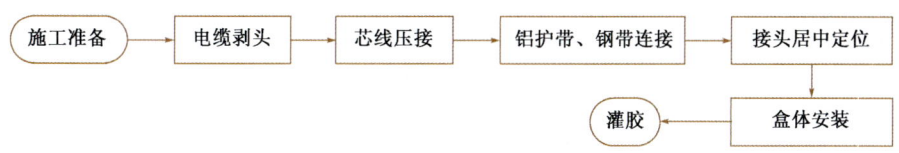

图 8-3-2 电缆接续流程图

2) 操作要点

(1) 施工准备

①技术准备:完成电缆敷设,电缆在接续前要用兆欧表和万用表进行对地、线间、芯线电阻测试,测试数据要符合要求。

②材料准备:免维护电缆接续盒、标识牌、焊锡丝、棉纱、固定卡具、密封胶等。

③工器具准备:钢锯、剥线钳、芯线压接钳、克丝钳、万用表、兆欧表、钢卷尺、电工刀、信号组合小工具等。

④人员准备:信号工、防护员等。

⑤根据电缆的外径尺寸大小,切割辅助套管端口。切割端口时按辅助套管上的标线尺寸切割。用钢锯锯断电缆端头,确认电缆 A、B 端别正确。用棉纱将电缆端头 1m 范围的电缆外护套表面擦拭干净。按顺序依次将辅助套管→密封挡环组→钢带固定环套在电缆护套上(两侧电缆相同)。将主套管套在一侧电缆上。

(2) 电缆剥头

距电缆端头 500mm 处用电工刀环切电缆外护套一周,并向端头纵向切割将其除去。距外护套切口 15mm 处用克丝钳将钢带(双层)折弯 90°。剥除钢带折弯处至电缆端头 80mm 的电缆铝护套表面垫层,并将铝护套用砂布打磨。距电缆外护套 50mm 处,用钢锯环锯铝护套一周,当锯深为铝护套厚度的 2/3 时,轻轻折断铝护套并将其抽出。

(3) 芯线压接

将两侧电缆芯线分组、编号,将芯线绝缘层剥除 6~8mm 露出裸铜线。先将一个方向的全部电缆芯线用接线端子压接,方法是将裸铜线穿入压接端子筒,通过检查孔观察裸铜线端头穿至压接端子筒的根部,然后用芯线压接钳压接,芯线一端压接完成后,再用同样方法将对应的另一侧电缆芯线压接。全部芯线压接完成后,检查核对压接的线组线对,确保芯线接续正确。

(4)铝护套、钢带连接

全部芯线接续完毕后,将接续后的电缆芯线恢复直线状态。将铝护套屏蔽网沿接好的芯线拉至两侧电缆的铝护套、钢带处,用喉箍分别在被连接的电缆两端固定于铝护套、钢带上。同时卡上 2 道加强铝拉杆。用干燥的棉纱,将铝护套与电缆缆芯之间的缝隙填塞,防止灌胶时胶液沿铝护套与电缆芯之间的缝隙渗漏。

(5)接头居中定位

当完成以上程序后,用尼龙拉带将塑料网松散的包裹在接好的接头上。

(6)盒体安装

把套筒移至电缆接头中间部位,注胶孔向上,分别移动两端电缆卡环和密封胶套至套筒两端,套上端挡套,用专用扳手拧紧在套筒上。

(7)灌胶

①将胶袋的中间卡条取出后,使 A、B 胶液混合,然后用手反复揉搓胶袋使 A、B 胶液充分混合均匀;

②将两侧辅助套管注胶孔盖打开,将胶平均分成两份,分别灌注到两侧辅助套管内,待胶面溢出注胶孔后,立即用专用扳手将注胶孔盖拧紧。

3)关键技术卡控点

(1)电缆穿防淹门、人防门时,在距防淹门、人防门的边缘 2m 内的地方不得进行接续;

(2)电缆接续完成后,电缆的余留量长度不得小于 2m;

(3)电缆接头应水平放置,接头两端各 300mm 内不得弯曲,并进行防护;

(4)剥切电缆严禁伤及芯线;

(5)电缆接续材料的质量、型号、技术指标应符合要求;

(6)电缆接续完毕后,进行电缆测试,测试内容包括芯线间绝缘、对地绝缘、电缆导通等;

(7)同径路两根电缆接续位置间的距离应大于 1m,且接续地点在明处;

(8)接续前,用钢锯锯断电缆端头,确认电缆 A、B 端别正确。

4)质量通病与防治措施

电缆接续质量通病与防治措施见表 8-3-2。

电缆接续质量通病与防治措施　　　　　　表 8-3-2

序号	质量通病	原因分析	防治措施
1	电缆芯线不通	电缆芯线分组时,未做好星组标识	电缆接续时,应 A、B 端相接,相同星组按红绿白蓝顺序分组,相同颜色芯线相接
2	电缆接续预留电缆长度不够	敷设电缆时,未考虑电缆预留	敷设电缆时,电缆接续处两头预留电缆长度大 5m
3	电缆没有按照 A、B 端对接,接续前没有进行绝续测试	现场电缆接续人员没有经过接续培训,没有电缆绝缘测试工具,现场施工人员质量意识淡薄,技术交底不到位	电缆接续人员必须持证上岗,加强对现场施工的巡视力度,技术交底工作一定要做到实处,质检人员要深入现场

3.1.4 箱盒安装及配线

1) 施工流程

箱盒安装及配线施工流程如图8-3-3所示。

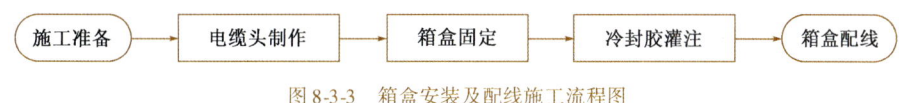

图8-3-3 箱盒安装及配线施工流程图

2) 操作要点

(1) 施工准备

①技术准备：首先进行箱盒定位，检查箱盒的安装限界、控制设备的位置及相对高度与水平等；完成箱盒电缆敷设，审查配线图纸，完成安全技术交底。

②材料准备：镀锌钢支架、箱盒、保护管、橡胶管、螺栓、电缆标识牌、尼龙扎带、固定卡具、细铁丝等。

③工器具准备：钢锯、万用表、兆欧表、对讲机、钢卷尺、电锤、手锤、信号组合小工具等。

④人员准备：施工负责人、技术员、安全员、防护员、作业人员等。

(2) 电缆头制作

①首先对已经敷设的电缆进行芯线导通、线间绝缘测试及对地绝缘测试。根据具体箱盒的类型，实测留够电缆剥切长度，用$\phi 1.6mm$铁丝将电缆绑扎3~4圈，并将电缆穿过防护管及垫圈。除去电缆外护套，一般先切一道横向口，再切一道纵向口，把钢带剥至铁丝绑扎处，并将钢带及内护套擦洗干净，两根钢带从根部量取100~140mm剪断，折成双层做钢带耳朵。剥切内护套时，根据电缆引入不同箱盒，根据具体箱盒的类型留够内护套高度，剥切时，剥切刀口的深度一般为内护套厚度的2/3。

②上述各步骤完成之后，在铁丝绑扎处用麻袋条缠绕后，用铁丝绑紧，将电缆退到麻袋条堵塞管口为止，钢带耳朵与保护管管口持平，把电缆剥切部分从电缆箱盒底部引入孔向上穿，拧紧螺栓，钢带耳朵被紧固在箱盒底部与保护管管口之间。

(3) 箱盒固定

箱盒采用镀锌钢支架固定在水泥地坪或隧道壁上，支架高度满足电缆弯曲半径要求。多个箱盒在一起安装时，考虑整体的安装效果，同一处的箱盒安装以底部或上部平面为基准，保证底部或上部平齐，箱盒间距不影响箱盒的开关门为宜。箱盒安装前严格检查其完好性。

(4) 冷封胶灌注

将电缆端头直立并安放稳固，将电缆芯线分开。撕开冷封胶外袋，取出内袋。两手分别捏住内袋卡条两侧边缘，向两侧用力拉，至胶条由槽中滑出，一手抓住塑料槽，一手用力向外拉胶条。两手分别抓住胶袋两端，反复上下倒折胶袋，使A、B两种胶液粗混合。两种胶液经粗混合后将胶袋放在手心上，双手揉搓(勿留死角)，揉搓至胶液充分混合。将胶袋的一角剪开，将胶液沿芯线侧方灌注到胶盒内，随即将芯线松动几下使冷封胶更充分进入芯线间。灌注完成后，胶面要求平整。灌封头在12h内严禁受挤压等外力作用。

(5) 箱盒配线

配线之前应完成电缆绝缘测试及编号，扭绞电缆可按芯组分线，复核配线图无误。芯线剪号之后，除去编号线。电缆配线时，首先要用棉纱将电缆芯线捋直，然后分线绑把。分出芯线之后，复核剪线号与配线图无误,留出统一长度(能够做 3 次线环)制线环,芯线线环应按顺时针绕制,在端子上芯线线环间及线环与锁紧螺母之间应加垫圈。将芯线做成鹅头弯状,将备用芯线捋直,按最远端子留够长度,缠绕成直径约为 15～20mm 的螺旋圈,并整齐地围在本根电缆的根部。配线要求横平竖直,走线均匀,整齐美观。

3)关键技术卡控点

(1)电缆引入孔应进行密封处理;

(2)电缆的钢带、铝护套应连通;

(3)金属芯线根部不得有损伤;

(4)电缆引入成端后应灌注冷封胶,胶面高于芯线根部 20mm 以上;

(5)引入箱盒内的电缆应在端子上与其他电缆或设备软电线进行连接,每根芯线应留有能做 3 次线环的余量,各备用芯线应预留至最远程端子进行配线连接的长度;

(6)当采用柱型端子接线时芯线线环应按顺时针绕制,线环间及线环与锁紧螺母间应加垫圈;

(7)当采用插接型端子配线时,应一孔一线;

(8)配线应正确,连接应可靠,所有箱盒配线起始端子应有醒目标识,配线需一线一套管;

(9)当箱盒采用支架安装方式时,金属基础支架应经热镀锌等防腐处理;

(10)箱盒安装应端正、牢固,箱盒体应无损伤裂纹和锈蚀,箱盒盖应密封,螺栓应紧固、无松动。

4)质量通病与防治措施

箱盒安装及配线质量通病与防治措施见表 8-3-3。

箱盒安装及配线质量通病与防治措施 表 8-3-3

序号	质量通病	原因分析	防治措施
1	多个箱盒安装在一起时,排列不整齐	现场定位、画线随意	加强箱盒安装定位、画线的管理
2	同一端子多根芯线,没有垫圈隔离	现场施工未按计划备齐充足的垫圈	加强对辅助材料的管理,备足、备齐
3	根母松动	配线之前,未紧固螺杆的根母	配线之前,应首先充分紧固螺杆的根母
4	冷封胶胶面不平	漏胶	保护管用麻袋条或面纱堵严
5	芯线没有留够做 3 次线环的余量,备用芯线长度不够	施工人员电缆做头时长度预留不够,对柱型配线技术要求不清楚	在电缆做头时,芯线留出统一长度(能够做 3 次线环余量),将备用芯线按最远端子留出足够长度

3.2 设备安装

3.2.1 转辙设备安装

转辙设备是地铁信号系统中重要的基础设备,用于实现对道岔的转换和锁闭,是直接关系行车安全的设备,对于保证行车安全起着非常重要的作用。转辙机及安装装置施工精度要求高、专业性强,是信号施工控制的重点。转辙设备安装按照锁闭方式分为内锁闭安装和外锁闭安装,以内锁闭安装为例介绍。

1)施工流程

转辙设备安装施工流程如图 8-3-4 所示。

图 8-3-4 转辙设备安装施工流程图

2）操作要点

（1）施工准备

①技术准备：安装前，进行一次全面的调查，如道岔的型号、基本轨类型、轨距、尖轨开程、轨枕位置、道岔方正、预留沟槽情况；做好调查记录，不符合要求的地方请轨道施工单位调整至符合技术要求；审核道岔安装图纸，完成安全技术交底。

②材料准备：角形铁、密贴调整片、线把等。

③工器具准备：转辙机摇把、转辙机钥匙、锁闭检查片、方尺、角尺、钢卷尺、手锤、扳手、万用表、撬棍、号眼冲子、钢轨钻孔机、信号组合小工具等。

④人员准备：包含施工负责人、技术员、安全员、防护员、作业人员等。

（2）角形铁安装

①安装时注意使用与钢轨同一规格的角形铁。

②用方尺卡在道岔基本轨直股上，横臂与直股基本轨贴紧，直臂边线与第一连接杆中心线重叠，用划针或特种铅笔在两条基本轨面上做标记，画出第一连接杆的中心线，按照安装图，以第一连接杆的中心线向岔前、岔后量出规定距离并做好标记。

③预先将4块角形铁的直面画出中心线，每只角形铁对准各自位置的轨面标记，用划针伸进角形铁孔内，在钢轨腰部画出圆圈，取下角形铁，用冲子冲出孔中心。

④钢轨钻孔后，将螺栓从钢轨内侧穿出，装上已打好孔的角形铁，加上平垫圈、弹簧垫圈，拧紧螺母。尖轨处的螺栓头部厚10mm。

（3）基础角钢安装

①安装前应对全线道岔转辙机设置情况进行全面检查，并做好记录，为统一集中加工基础角钢做好准备。

②单开道岔电动转辙机设于道岔左、右两侧，其安装可分为四种情况：面对道岔岔尖，转辙机设于左侧直股、弯股；转辙机设于右侧直股、弯股。

③将长基础角钢按编号及前后位置对号穿过轨底，角钢成背靠背与左右角形铁连接。基础角钢与角形铁进行组装时，先将螺栓穿入近轨的孔眼，略拧紧螺母；再将其余螺栓穿入孔眼，略拧紧螺母。注意所有附件（如绝缘板、绝缘管、绝缘垫圈、铁垫板、弹簧垫圈等）绝对不能漏装。两根短基础角钢横架在长基础角钢上，竖边朝里，用M20螺栓由下往上穿，加弹簧垫圈，螺母略拧紧。检查基础角钢方正，利用孔眼余量适当调整基础角钢位置，直到尺寸完全合适，将螺母充分拧紧。

（4）转辙机安装

电动转辙机放置在短基础角钢上，用M20×70的螺栓由下往上穿，加弹簧垫圈略拧紧螺母。将道岔尖轨拨在四开与两基本轨的中间位置。移动转辙机，使转辙机动作杆的中心线与杆架中心线成一条直线，或与第一连接杆中心线平行，充分拧紧螺母。

（5）杆件安装

①尖端杆安装。用增减调整片的方法调整道岔尖轨开程，使之符合安装图要求。将尖端杆拐铁及绝缘件正确安装在两尖轨内侧。调整尖端杆长度满足安装要求，用销子将拐铁与尖端杆连接，加开口销

并劈开。

②密贴调整杆安装。密贴调整杆穿入杆架前,先拧入一个紧固螺母,顺螺杆凹槽套入一个挡圈,挡圈背向紧固螺母,再装入一个轴套,轴套止挡缺口面向挡圈,密贴调整杆从转辙机一侧穿过轨底,穿入杆架。将另一个轴套止挡缺口朝外拧入密贴调整杆,顺螺杆凹槽套入另一个挡圈,挡圈面向轴套,最后再拧入一个紧固螺母,拔去密贴调整杆的连接销,套入转辙机动作杆,三孔一致后插入连接销,加开口销并劈开。

③表示连接杆安装。将表示连接杆的一端装在电动转辙机表示杆上,另一端装在尖端杆的舌铁上,用专用螺栓紧固。

(6)密贴、锁闭及缺口调整

①密贴调整。将电动转辙机盖打开,一人手摇电机带动尖轨至对面基本轨,另一人查看尖轨与基本轨是否密贴,调整密贴调整杆的轴套螺母直到密贴为止。手摇电机带动尖轨至电机侧基本轨,查看尖轨与基本轨是否密贴,调整密贴调整杆的轴套螺母直到密贴为止。

②锁闭及缺口调整。尖轨与基本轨密贴调整后,调节尖端杆上的螺纹,使左侧检查柱落入前表示杆的检查块缺口中,并达到1~2mm的间隙,将尖端杆两端的大螺母拧紧并复查。摇动手摇把,使道岔变位,尖轨密贴后,观察右侧检查柱落入后表示杆检查块缺口状态,要求间隙为1~2mm,满足不了要求时,松开前、后表示杆之间的横穿螺栓,再调节表示杆尾端的调整杆,达标后拧紧横穿螺栓并复查。于尖轨第一连接杆中心位置处,在尖轨与基本轨间分别插入4mm和2mm厚的检查片,检查道岔4mm不锁闭,2mm锁闭符合标准。

3)关键技术卡控点

(1)角形铁安装符合定型安装图,角形铁安装牢固,与钢轨密贴。

(2)长基础角钢与单开道岔直股基本轨垂直,偏移量不得大于20mm。

(3)短基础角钢与长基础角钢垂直,与单开道岔直股基本轨平行,偏差不大于10mm。

(4)基础角钢平直无弯,强度符合要求。

(5)各部绝缘安装正确不遗漏,不破损。

(6)固定角形铁的螺栓头部与尖轨不得相碰。

(7)电动转辙机的动作杆与密贴调整杆安装在一条直线上,与表示杆、道岔第一连接杆平行。

(8)密贴调整杆动作时,空动距离应在5mm以上;各种连接杆的调整螺纹露出螺母外的余量不小于10mm。

(9)预留机坑容积应满足转辙机安装空间,并应检查防渗水措施。

(10)各部螺栓安装紧固、无松动;开口销齐全,其双臂对称劈开角度应为60°~90°。

4)质量通病与防治措施

转辙设备安装质量通病与防治措施见表8-3-4。

转辙设备安装质量通病与防治措施　　　　表8-3-4

序号	质量通病	原因分析	防治措施
1	可动部分在转换过程中不平稳,有别劲、卡阻现象	现场施工人员经验不足,相关技术标准没有掌握到位	现场施工人员岗前一定要经过相关的业务、技术培训;首件定标工作要坚持进行;质检人员要跟随现场的进度,控制好质量

续上表

序号	质量通病	原因分析	防治措施
2	缺口不符合要求	工务道岔没有调整到标准,现场施工人员对道岔转辙机的安装经验不丰富,道岔的安装作业标准与技术指标没有深入理解与掌握	安装道岔转辙机前要求工务部门把道岔调整到标准位置,转辙机安装施工选用经验丰富的技术人员,在安装道岔转辙机前进行岗前培训
3	开程不够、吊板、安装装置不方正	工务的道岔安装不到位,测量、钻孔有偏差;绝缘管、绝缘垫不齐全	加强与工务部门的沟通对接,加强测量、钻孔的准确性;绝缘管、绝缘垫安装好后复查

3.2.2 应答器安装

应答器(信标)是一种采用电磁感应原理构成的高速点式传输设备,用于在特定地点实现地面与列车间的相互通信。应答器在城市轨道交通中的主要功能是定位停车和点式列控。应答器(信标)安装在两条钢轨中间,属于列车检测与车地通信设备。应答器主要有美式和欧式两种,安装方式分为整体道床和碎石道床两种方式。以欧式应答器整体道床安装为例介绍。

1）施工流程

应答器安装施工流程如图 8-3-5 所示。

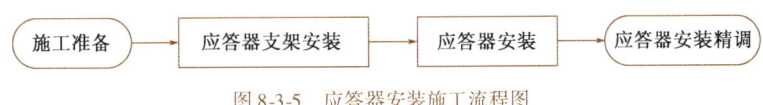

图 8-3-5　应答器安装施工流程图

2）操作要点

(1)施工准备

技术准备:每个应答器预先写入一条报文,报文数据写入完成后标明应答器编号。确认轨道铺设以及长轨焊接完成情况。应答器安装前,根据设计图对现场进行一次全面的测量和调查,确定每个信标的安装坐标及安装位置的实际情况,定测时做好现场标记和记录。信标安装坐标要求精度高,定位需准确。完成安全技术交底。

材料准备:应答器支架、膨胀螺栓、应答器标识牌等。

工器具准备:发电机、冲击钻、方尺、卷尺、水平尺、应答器专用紧固器、扭矩扳手、信号组合小工具等。

人员准备:施工负责人、技术员、安全员、防护员、作业人员等。

(2)应答器支架安装

①支架安装孔定位。根据定测时应答器标记位置,将支架安装定位打孔模板放置在轨道中间的地面上,将定位打孔模板横向中心(与轨道垂直方向)与应答器定测位置重合,将定位打孔模板纵向中心(与轨道平行方向)与轨道线路中心线重合,用记号笔标记出支架固定孔位置。

②钻孔。根据钻孔标记位置,用冲击钻进行钻孔,钻孔完成后及时把孔中灰尘清理干净,并安装膨胀螺栓,膨胀螺栓安装时垂直于地面安装,胀管与地面平齐。

③支架安装。依次取下膨胀螺栓的螺母和垫圈,将信标支架放置在道床上,然后放上平垫圈、弹簧垫圈,调平整正,然后拧紧螺母。

(3)应答器安装

①根据定测时应答器名称标记(ID 号),与计划安装的应答器名称标记(ID 号)进行核对,确认名称

一致后方可安装。将应答器放置在信标支架托板上,应答器尾缆接头侧应靠近弱电电缆支架侧,将应答器与支架用螺栓固定。

②应答器安装位置满足无金属区要求,保证应答器不被干扰。应答器在安装时需要考虑与牵引回流线之间的最小距离,具体要求按照产品的技术要求执行。

(4)应答器精调

应答器安装完成后应对其安装的位置、角度(与轨面、线路中心线)、高度(轨面)进行检查调整。用水平尺、方尺、钢尺测量应答器顶面至轨面高度,当高度未达到技术要求时,使用尼龙垫片垫在应答器与支架托板之间,调整高度。然后测量调整应答器同侧两角至钢轨宽度,确保同侧两角到轨道距离之差符合安装要求。

3)关键技术卡控点

(1)应答器的安装位置符合设计要求,应答器安装位置满足无金属区要求,保证应答器不被干扰。

(2)应答器安装在轨道中间,采用横向安装方式,特殊地段可采用纵向安装方式。

(3)应答器安装高度:应答器顶面至钢轨顶面的距离满足技术要求。

(4)应答器横向偏移量:应答器中心线应与线路中心线重合,左右允许偏差满足技术要求。

(5)应答器相对于 X、Y、Z 轴允许的倾斜角度满足技术要求。

(6)应答器尾缆靠近弱电电缆支架,便于有源信标接头电缆走线。

(7)应答器金属支架应经防腐处理,并可左右、高低调节。

(8)应答器安装调节螺栓较多,所有螺栓应紧固,防止因车辆经过产生震动导致螺栓松动,影响对地面信息的接收效果。

(9)应答器标牌、名称及编号的字符意义与竣工图相符。

(10)应答器具有列车定位功能,安装精度要求高,应精确到厘米级。

4)质量通病与防治措施

应答器安装质量通病与防治措施见表 8-3-5。

应答器安装质量通病与防治措施　　表8-3-5

序号	质量通病	原因分析	防治措施
1	列车无法接收应答器信号	列车经过,造成螺栓松动	采用防松螺母固定,避免因振动造成螺栓松动
		应答器安装离轨面过底	严格按照应答器顶面距轨顶面距离要求,规范安装
2	膨胀螺栓安装高低不一致	钻孔深度标准不一致	在钻头上设置打孔深度标志
3	应答器安装位置与设计位置不一致	定测人员没有仔细核实现场位置里程	现场定测要仔细确认里程位置,对安装技术指导书要仔细学习、理解、并且掌握

3.2.3 轨旁无线设备安装

轨旁无线设备由 TRE 箱、天线、功分器、连接线缆、供电及接地等几部分组成。TRE 箱及天线沿隧道区间布置,无线接入点通过骨干网接入车站数据通信子系统,天线的设置距离应能保证无线信号重叠覆盖,轨旁每个天线由 2 个独立的红网、蓝网定向天线组成,以提高系统的可靠性。

1)施工流程

轨旁无线设备安装施工流程如图 8-3-6 所示。

图 8-3-6 轨旁无线设备安装施工流程图

2）操作要点

（1）施工准备

技术准备：安装前检查车站中心交桩和长轨锁定情况，并有书面交接手续；对施工人员进行技术和安全交底，开展岗前技术培训，考核合格后方可上岗；审查图纸。

材料准备：支架、TRE 箱、馈线、天线、功分器、连接线缆等。

工器具准备：发电机、冲击钻、水平测量仪、对讲机、调节工具、扭力扳手、激光测距仪、万用表、方尺、信号组合小工具等。

人员准备：施工负责人、技术员、安全员、防护员、作业人员等。

（2）施工定测

①安装前，应组织监理、设计、集成商和施工单位共同确定轨旁无线设备安装位置，安装位置用油漆标记。AP 代表无线接入点，×为表示联锁区域的字母，××为无线接入点顺序编号。

②定测注意事项：定测准备充分，仔细审核图纸，计算数据准确；测量的基准点车站中心里程坐标选择准确，测量工具规范标准，测量数据准确；设备定测标记准确，容易辨认，不易被外界因素破坏；设备的定测设置地点，不得侵入设备限界；定测、布点时应使用钢卷尺，严禁使用皮尺，避免产生测量误差。

（3）TRE 箱安装

TRE 箱安装在隧道区间弱电设备侧，安装高度在消防水管和弱电电缆支架之间，安装高度按照区间限界图执行。在 TRE 箱安装前确认区间的消防水管和弱电支架安装完成，TRE 箱安装应留足空间，用于布设线缆和打开箱门。TRE 箱安装主要分为三种类型：TRE 箱安装在矩形隧道时，TRE 箱直接固定隧道壁上；TRE 箱安装在圆形隧道时，TRE 箱采用支架固定在隧道壁上，通过支架调整水平度和垂直度；TRE 箱安装在岔区时，TRE 箱采用落地支架安装固定。

（4）天线、功分器安装

①在 TRE 箱安装后紧接着进行天线、功分器的安装，天线与功分器安装在 TRE 箱右侧上方。

②组装登高作业平台。AP 天线的安装高度在轨面以上 3～4.5m，设备厂家不同，安装高度略有不同，安装时需要搭建 3.2m 高的作业平台。作业平台牢固，在周围设置安全护栏，将作业平台底部固定好，检查并确认无安全隐患后，才可进行作业。

③用激光测距仪测量天线安装位置，先确定红网天线支架安装位置，再根据红网天线的位置确定蓝网天线位置。根据支架安装位置，钻孔、植锚栓，将天线与天线支架在地面上组装好；取下锚栓的螺母、弹簧垫圈与平垫圈，将天线支架安放上去，然后安放垫圈、弹簧垫圈与螺母，将螺母稍稍旋紧，支架调正后通过扭矩扳手将螺母紧固。通过调整天线支架上的螺栓位置使天线保持水平；调整天线主敷设角度与隧道方向平行，然后将天线与支架固定。

④将红、蓝网功分器安装固定在天线下方位置，将天线尾缆与功分器母头连接拧紧；连接后的功分器和尾缆再进行整体的防水处理，红、蓝网功分器分别采用红、蓝色的塑胶带。

（5）线缆连接

TRE 箱、功分器和天线安装固定好后，进行线缆连接工作。轨旁无线设备连接线有光缆、馈线、电源电缆和地线四种。配线必须按设备要求进行，并注意区分红、蓝缆网。线缆必须保证无交叉，固定整齐、牢固,引入设备箱的缆线要自然下垂,保证线缆的头部不弯曲和受力。

3)关键技术卡控点

(1)TRE 箱和天线安装位置、高度符合要求,严禁侵入设备限界。
(2)天线安装平稳、牢固,调节功能良好,螺栓紧固。
(3)TRE 箱密封良好,底部防水接头安装牢固。
(4)TRE 箱安装水平,与地面应保持垂直;安装端正、牢固,螺栓紧固。
(5)缆线正确接入 TRE 箱各穿线孔,并灌胶密封。
(6)TRE 箱的缆线铭牌齐全、整齐,红、蓝网缆线应区分。
(7)TRE 箱、天线、金属支架接地良好。
(8)箱内部配线绑扎整齐,元器件安装端正、牢固。
(9)光缆、电缆、馈线弯曲半径符合要求。
(10)馈缆与其他设备连接处的扭矩符合要求。

4)质量通病与防治措施

无线接入单元安装质量通病与防治措施见表8-3-6。

无线接入单元安装质量通病与防治措施　　　　表 8-3-6

序号	质量通病	原因分析	防治措施
1	馈线布线不美观	一个 AP 点配置两个天线时,远端天线的馈缆长度过长,而安装空间有限,造成馈缆布线不美观	特殊馈线根据现场情况定做,卡具间距要有明确规定,馈缆与卡具间加软皮防护
2	设备布线混乱	预留量长短不齐	详细讲解各个设备组件线缆的用途,标明 TRE 箱各个端口用途,给出典型 AP 点的布线示意图
3	场强测试不达标	防水工艺不达标	结合现场拍摄的照片和影像资料,加强学习
		馈线弯曲半径过小	馈线安装时应参照产品敷设要求施工,不得过度弯曲馈线

3.2.4　计轴设备安装

计轴设备是通过计算列车进出轨道区段的轮轴数,分析计算区段是否有车占用的一种信号基础设备。它具有检查区段占用与空闲的功能,而且不受轨道线路道床电阻低、钢轨生锈、钢轨牵引回流大等因素影响。

利用计轴器对对列车进行定位,需要在检测区段的入口处和出口处分别设置计轴器。例如当列车从区段 A 入口处驶入计轴区段时,入口处计轴器开始计算车辆轴数,此时出口端计数结果为零,根据轴数信息,计轴主机系统发出 A 区段占用信息,控制该区段轨道继电器落下;当列车完全驶出 A 区段时,出口处计轴器计数结果经主机系统与入口处计轴器计数结果进行比较,当驶入与驶离轴数一致,确认区段空闲,控制继电器吸起。为了能够判别列车不同运行方向,在一个计轴点设置两个紧密相依的车轮识别装置(计轴磁头),通过车轮经过两个磁头的先后顺序,来判别列车运行方向。

计轴设备主要有西门子计轴、科安达计轴、泰雷兹计轴。本节以泰雷兹计轴为例介绍。

1)施工流程

计轴设备安装施工流程如图 8-3-7 所示。

图 8-3-7 计轴设备安装施工流程图

2）操作要点

（1）施工准备

①技术准备：调查现场轨道铺设情况、钢轨精调及锁定情况，了解并熟悉设计图纸，计轴点的安装位置，完成安全技术交底。

②材料准备：计轴磁头、电子单元、标识牌、压线端子、固定卡具、螺栓等。

③工器具准备：计轴专用工具一套、发电机、对讲机、扭矩扳手、信号组合小工具等。

④人员准备：施工负责人、技术员、安全员、防护员、作业人员等。

（2）位置定测

①计轴安装前组织监理、设计、计轴供货方、施工等单位定测计轴安装位置，计轴安装位置用油漆标记：AC 代表计轴，×× 为计轴序号。

②计轴定测位置满足安装需求：磁头安装点距离轨缝应不小于 1m，磁头距离回流线应不小于 1m，磁头安装在两根轨枕中间钢轨上，轨枕间的距离不小于 400mm，安装位置避开轨距杆等金属器件；磁头前后 600mm，左右 600mm 范围内无其他金属干扰物，安装位置钢轨轨腰上如有凸出字体，安装之前要清除轨腰上的凸出字体，保持钢轨的光滑性。

（3）钢轨打孔

①钢轨打孔前须确认计轴安装区段的钢轨已经锁定，不再移动，打孔时复测安装位置，定测数据已经审核。钻孔的质量直接影响到磁头高度的调节效果，磁头如果不能调节到适当高度则需重新打孔，务必保证钻孔一次通过。在高度为 h 钢轨的轨腰处，钻出水平的 3 个孔径为 b 的孔，3 个孔的高度为 a，都需穿透轨腰横截面，钢轨钻孔位置如图 8-3-8 所示。

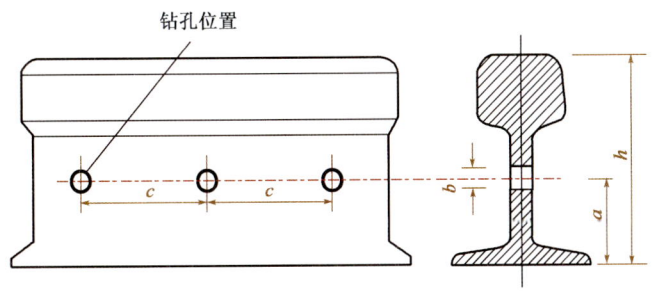

图 8-3-8 钢轨钻孔位置示意图

②钻孔过程：

a. 钻孔前先用铁刷子清除轨面上的锈渍等障碍物，清理钻孔位置钢轨底部的异物，电钻安装在钢轨外侧并固定牢固，使用 ϕ13mm 钻头；

b. 启动发电机，连接电钻；

c. 自钢轨外侧向钢轨内侧钻孔；

d. 开启钻孔工具，控制挡位，均匀用力、顺时针方向拧动后手柄；

e. 钻头在行进中应不断浇水；

f. 钻头露出钢轨内侧 10mm 时,断开电钻开关,逆时针方向拧动后手柄退出钻头;

g. 关闭发动机,拆除电钻;

h. 用毛刷将钻孔内及周围的金属屑清除干净;

i. 钻孔结束后,用游标卡尺测量钻孔孔径;

j. 打完一组 3 个安装孔后,钢轨两面的钻孔都应倒角 1×45°,轨腰应用金属刷刷清。

(4)磁头安装

①发送磁头安装在钢轨外侧,接收磁头安装在同一根钢轨的内侧;金属部分须用绝缘护套和绝缘尼龙片与钢轨绝缘。

②将两个发送磁头分别用 2 颗 M8 螺栓(出厂自带)固定到铝铸件上;发送磁头和接受磁头安装时要垫上绝缘垫,3 颗 M12 螺栓依次穿上平垫圈、绝缘套管,由钢轨内侧(即接受磁头端)向钢轨外侧穿过,然后套上绝缘垫片、发送磁头、绝缘套管、平垫圈、用扭矩扳手拧紧自锁螺母(注意:3 颗 M12 螺栓使用 45N·m 的 19mm 扭矩套筒紧固;每个发送磁头安装在铝铸件上,用 2 颗 M8 螺栓固定,铝铸件和发送磁头必须对合紧密,使用 25N·m 的 13mm 扭矩扳手扭紧;螺母紧固后,螺栓顶部必须露出螺母 2mm 以上;发送磁头不能碰到钢轨,在水平面上不超过钢轨上表面;防护套管托架须与钢轨绝缘)。

(5)电子单元安装

①安装原则:电子单元原则上安装在外侧钢轨一侧。一般情况下使用 4m 长磁头电缆,道岔区域使用 8m 长磁头电缆,磁头电缆不允许扭绞、盘圈、截断。

②安装步骤:电子单元分为地面安装、矩形隧道墙面安装和圆形隧道墙面安装。根据定测位置选择一种电子单元盒固定支架,用膨胀螺栓固定在地面上或隧道墙面上。电子单元用螺栓固定在支架托板上。

③将磁头电缆用卡箍固定在发送磁头两边的防护套管托架上,磁头电缆合理布放,不能过紧、不能扭曲。磁头电缆用卡具固定隧道壁或水泥地面上,过水沟用钢管防护,磁头电缆不能盘圈、扭绞,弯曲半径符合要求。根磁头电缆穿入电子单元盒内长度不小于 220mm,锁紧卡箍处的电缆要剥去电缆外皮保证屏蔽层可靠接地。

(6)磁头电缆配线

磁头电缆接端子前黑线和白线扭绞 3~4 次,出厂时线缆端子已压接好,直接按照表 8-3-7 连接到端子上。电子单元的底座下面有地线端子,使用 25mm² 的接地铜线接入室外的贯通地线,接地电阻不大于 1Ω。

磁头电缆配线　　表 8-3-7

磁头和导线颜色	ZP30H 接线端子	磁头和导线颜色	ZP30H 接线端子
RX1(黑色)	SK1/E1	RX2(黑色)	SK2/E1
RX1(透明色)	SK1/E2	RX2(透明色)	SK2/E2
RX1(蓝色)	SK1/E3	RX2(蓝色)	SK2/E3
TX1(透明色)	SK1/S2	TX2(透明色)	SK2/S2
TX1(黑色)	SK1/S1	TX2(黑色)	SK2/S1

3)关键技术卡控点

(1)磁头及电子单元盒安装位置应符合设计要求,严禁侵入设备限界,磁头安装在同一根钢轨上。

（2）磁头所有金属部分必须用绝缘护套和绝缘垫片与钢轨绝缘；发送磁头安装在钢轨外侧，接收磁头安装在钢轨内侧。

（3）磁头安装在两根轨枕中间，磁头1相对磁头2安装在小里程方向。磁头安装位置应距轨缝的距离不小于1m，磁头距离回流线不小于1m。

（4）打孔前确认钢轨已锁轨，磁头在钢轨上的安装孔中心、孔径、孔与孔间距符合要求。

（5）磁头安装平稳、牢固，固定磁头螺栓的力矩符合要求。

（6）电子单元盒安装位置根据磁头电缆布置方式确定，电子单元盒安装与地面垂直，安装平稳、牢固。

（7）电子盒密封装置应完整，空闲的引接孔封堵严密，电子盒内部配线连接正确，并连接牢固、排列整齐，电子盒体应接地良好。

（8）计轴磁头采用的专用磁头电缆，磁头电缆不允许裁短；走线应平缓走向，严禁盘圈。

（9）计轴磁头电缆应采用橡皮软管防护，并用卡具固定，过水沟时应用镀锌钢管防护，计轴电缆挂有电缆铭牌，计轴编号要与竣工图示相符。

4）质量通病与防治措施

计轴设备安装质量通病与防治措施见表8-3-8。

计轴设备安装质量通病与防治措施　　　　　　　　　　　表8-3-8

序号	质量通病	原因分析	防治措施
1	电子盒受潮	进线孔封堵不严	空闲的引接孔封堵严密
2	磁头电缆布线混乱	磁头电缆布放标准不统一	做好首件定标，磁头电缆不允许裁短；走线应平缓走向，严禁盘圈、弯折
3	无金属区不满足要求	磁头安装地点有其他专业设备	做好接口管理，磁头前后、左右无金属区内无其他干扰物

3.2.5　信号机安装

地铁信号系统的信号机原则上设置于列车运行方向的右侧，特殊情况可设置于列车运行方向的左侧；在道岔处设道岔防护信号机，区间根据需要设置间隔信号机，站台前方接车方向的信号机设引导信号，折返线尽头设置阻挡信号机。一般采用发光二极管（LED）信号机，同时设置LED信号灯丝报警仪。

1）施工流程

信号机安装施工流程如图8-3-9所示。

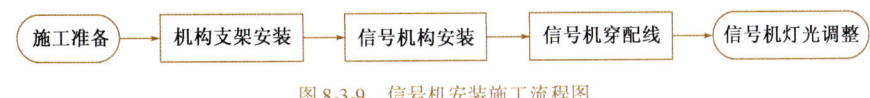

图8-3-9　信号机安装施工流程图

2）操作要点

（1）施工准备

①技术准备：按照设计图纸定测，核对坐标、位置、限界尺寸，信号机设在列车运行方向的右侧，轨道铺轨完成；完成安全技术交底。

②材料准备：支架、信号机构、维修平台、螺栓、机构线把、防护橡胶管等。

③工器具准备：发电机、冲击钻、扳手、水平尺、对讲机、钢卷尺、信号组合工具等。

④人员准备:施工负责人、技术员、安全员、防护员、作业人员等。

(2)机构支架安装

①信号机主要采用钢管立柱型支架、矩形隧道配套支架、圆形隧道配套支架三种支架形式安装。根据定测情况制作所需信号机安装支架。

②钢管立柱型支架垂直于地面安装。钢管立柱型支架安装高度符合设计要求,支架底部与混凝土面相平,支架顶部应水平。因地形地物影响信号显示时,可适当调整其高度,以不影响信号显示为准。信号机及支架最凸出边缘距所属线路中心应满足限界要求。

钢管立柱型支架安装示意图如图 8-3-10 所示。

③圆形隧道配套支架应安装在隧道壁上,矩形隧道配套支架应垂直隧道壁安装,支架托板安装水平。支架高度符合设计要求。因地形地物影响信号显示时,可适当调整其高度,以不影响信号显示为准。信号机及支架最凸出边缘距所属线路中心应满足限界要求。

矩形隧道配套支架安装示意图如图 8-3-11 所示。

圆形隧道配套支架安装示意图如图 8-3-12 所示。

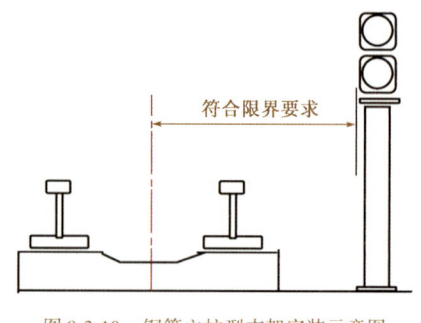

图 8-3-10　钢管立柱型支架安装示意图

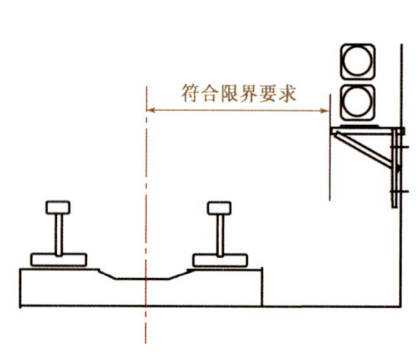

图 8-3-11　矩形隧道配套支架安装示意图

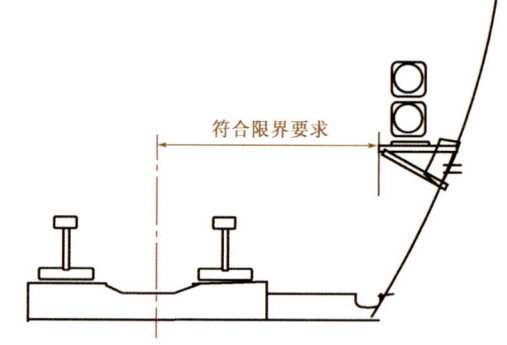

图 8-3-12　圆形隧道配套支架安装示意图

(3)信号机构安装

①安装前的检查:信号机构的规格型号和灯光配列应符合设计规定,信号机各部件应齐全,不得有破损、裂纹现象。机构门关闭严密,灯室不串光。

②信号机的安装高度应按照设计要求,保证第一灯位中心距轨面距离符合设计要求。信号机配线采用集成电缆,信号机配线绝缘护套颜色要与灯光颜色一致。信号机构至箱盒间的线把采用橡胶管防护,防护管抱箍大小合适,与支架法兰安装牢固。

(4)信号机穿配线

①信号机构至箱盒间采用集成电缆,线截面面积不小于 $1.5mm^2$。箱盒内部配线截面面积应采用不小于 $1.5mm^2$ 多股铜芯绝缘软线,绝缘软线不得有破损、老化现象,绝缘软线不得有中间接头。箱盒内部线把可采用直径 4.0mm 的镀锌铁丝加塑料套管制作线把骨架。绝缘软线在箱盒、机构内部,应绑扎整齐。

②接线端子为端子柱时,绝缘软线两端芯线可用爪形线环、铜线绕制线环或冷压接线端子压接等方式做头配线;接线端子为弹簧接线端子时,每个配线孔配 1 根导线,严禁一孔配多根导线。

(5)信号机灯光调整

①信号机构安装牢固后,其仰角角度应合适,供电点灯后发现高低不合适时,应及时采取调整支架

的办法加以纠正,使信号灯光显示距离达到最佳。不宜采取松螺母在机构底座与支架托板之间垫铁片的方法来调整显示方向的高低。

②信号显示距离:行车与道岔防护信号显示距离不小于400m,调车信号显示距离不小于200m,引导信号显示距离不小于100m。

3)关键技术卡控点

(1)矮型信号机的安装位置、安装高度、显示方向及灯光排列应符合设计规定,严禁侵入设备限界。

(2)地面安装时应采用机柱安装方式,隧道壁安装时应采用支架安装方式。

(3)信号机应设在列车运行方向的右侧,当必须设于左侧时,按程序报建设单位批准后执行。

(4)信号机各灯室不得串光,机盖严密,机构不得渗、漏水;色玻璃及透镜应清洁、明亮,应无影响显示的斑点和裂纹。

(5)信号机机构及支架、机柱安装应平稳、牢固,螺栓应紧固、无松动,金属基础支架、机柱使用前应进行热浸锌防腐处理。

(6)线路上安装的信号机支架、机柱顶面应保持水平。

(7)机构之间的连接螺纹无锈蚀、无松动,紧固件应平衡拧紧,螺杆顶面露出螺母2~3个螺距。

(8)信号机铭牌名称与竣工图相符,字迹清晰、端正。

(9)维修平台与立柱中心保持一致,维修平台应水平,固定牢固。

4)质量通病与防治措施

信号机安装质量通病与防治措施见表8-3-9。

信号机安装质量通病与防治措施 表8-3-9

序号	质量通病	原因分析	防治措施
1	信号灯光显示距离不够	隧道其他设备遮挡信号灯光显示	安装信号机前,与相关单位对接安装位置,信号机构最下方灯位满足设计规范要求
2	信号机垂直度不满足要求	质检人员没有及时到现场对施工质量进行检查确认	加强对施工人员的教育,增强质量意识;施工技术交底工作要做到实处;质检人员经常深入现场,严格把好质量关

3.2.6 站台设备安装

站台设备主要包括发车指示器、紧急停车按钮装置、自动折返按钮装置。

1)施工流程

站台设备安装施工流程如图8-3-13所示。

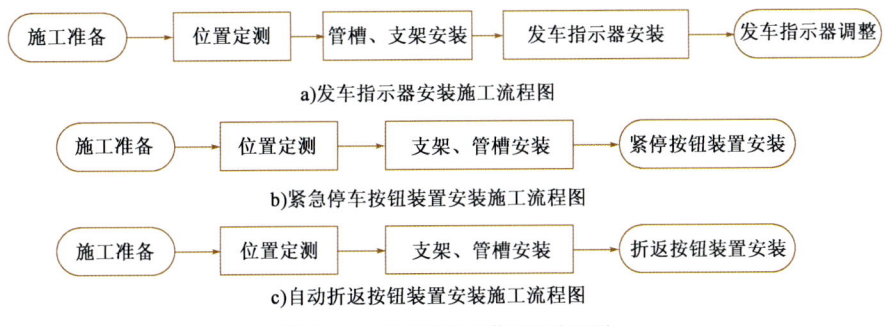

图8-3-13 站台设备安装施工流程图

2）操作要点

（1）施工准备

①技术准备：弱电综合支吊架完成、安装位置已核对完成；审查图纸并完成安全技术交底。

②材料准备：支架、防护管、膨胀螺栓、镀锌钢管、绝缘胶带、防护管卡具。

③工器具准备：梯子、电锤、电钻、钢管弯管器、水平尺、压接钳、手锤、钢锯、配电箱、信号组合工具。

④人员准备：施工负责人、技术员、安全员、作业人员等。

（2）发车指示器安装

①位置定测。首先确定发车指示器的安装高度，距离站台端门的距离及设备限界。根据发车指示器的不同，设计相应的支架，适应各种安装环境。根据设计交底，测量出设备安装位置，确认其显示距离和是否存在障碍物，如果显示被遮挡，应报监理和设计进行现场确认方案，重新确定安装位置。

②管槽、支架安装。发车指示器电缆由车控室或信号设备间经通信桥架敷设站台端门，从端门到发车指示器通常无桥架，信号专业需要自行配槽或配管引至设备。一台发车指示器只有两根电缆，一般采用 SC 管明敷设或预埋到安装支架处。发车指示器安装方式多样，一般安装在站台侧墙、地面以及吊在站台顶上；按现场环境，订制相应的支架。支架安装应做到横平竖直、安装牢固。支架应进行热镀锌、涂漆等防腐处理，并要求无锈蚀和裂纹现象。

③发车指示器安装。发车指示器的安装位置、安装高度及显示方式应符合设计要求，发车指示器配线的规格型号应符合相关产品标准的规定。配线引入管进出口处应加防护，防护管路应采用卡箍固定。

④发车指示器调整。发车指示器安装方式应具备一定的活动角度可以调节，安装好后应会同运营人员，调整发车指示器的显示角度，满足列车司机瞭望要求。

（3）紧急停车按钮装置安装

①位置定测。在设备安装前，会同设计、监理、运营单位进行设计交底，确定按钮装置的安装高度、位置。紧急停车按钮箱的安装位置、安装高度不得妨碍旅客通行。装修单位配合做好装修面开孔事宜。

②安装支架、管槽。根据现场安装位置不同，订制相应的安装支架，一般分圆柱面、方柱面、墙面三种情况。圆柱或方柱面需要订制大的抱箍，不可采用在柱面进行打孔等破坏柱体结构的方式安装。紧急停车按钮箱电缆一般由信号设备间沿通信桥架，敷设至站台层。从站台层通信桥架至紧急停车箱需要信号专业自己安装管槽。一般配 SC 管，特殊情况采用金属软管。

③按钮装置安装。紧急停车箱一般采用隐藏式安装，镶嵌在装修面里，不影响旅客通行，同时也要醒目。电缆引入口应做好防护，箱体周围应采用玻璃胶进行封固，使其美观大方。

（4）自动折返按钮装置安装

①安装准备。自动折返按钮箱根据图纸一般采用嵌入式或外挂式安装方式安装在站台装饰墙上或柱子上，根据设计图纸安装位置以及运营公司乘务要求确定安装位置，满足运营需要而设定。根据设计要求折返按钮箱中心距装修地面为 1500mm。

②折返按钮装置安装。根据施工图纸及设计要求，提前依照先加工好支架，定位画标。地下车站折返按钮箱采用的是 4 根螺纹杆，按照按钮箱在预留孔的位置将其打入结构柱上，然后将按钮箱安装上，利用螺纹杆可以调节按钮箱的嵌入深度，使其整齐美观。

③配线及调试。根据施工图纸要求将箱内部线缆配好，配线要合理、易于查找故障，剥切电缆时，不得损伤芯线及绝缘，按照设计规定及集成商的要求，将信号站台设备调试完成。紧急停车按钮箱

调试时,应与车控室的 IBP 盘的显示相对应,调试完成后,必须将按钮箱锁住,以免其他人员误碰,影响行车。

3)关键技术卡控点

(1)发车指示器的安装位置、安装高度及显示方式满足设计要求。
(2)发车指示器配线引入管口处应采取防护措施,防护管采用卡箍固定。
(3)发车指示器应采用金属支架安装方式,支架应安装牢固。
(4)按钮箱的安装位置,安装高度满足设计要求;安装在站台上的按钮箱不妨碍乘客通行。
(5)钮装置配线引入管口处加防护,防护管槽固定牢固。
(6)按钮装置应安装平顺、牢固,各部件组装完整,箱体无破损、裂纹、脱焊、锈蚀现象。
(7)站台设备安装要求应符合设计要求,不能影响乘客,不能阻碍疏散通道。
(8)金属立柱、支架应经过镀锌或涂漆等防腐处理,并无锈迹和裂纹现象。

4)质量通病与防治措施

站台设备安装质量通病与防治措施见表 8-3-10。

站台设备安装质量通病与防治措施　　　　表 8-3-10

序号	质量通病	原因分析	防治措施
1	紧急停车按钮装置无安装位置且边缘凸出	装修单位无预留孔洞	提前对接预留位置,装修提前开孔,固定紧急停车按钮箱采用螺纹杆,便于后期调整嵌入深度
2	发车计时器不利于瞭望	未按照图纸施工	提前与站务单位对接安装方法,确保设备满足运营需求,合理根据现场需求,调整相关位置
3	芯线划伤	配线引入管进出口无防护	配线引入管进出口加防护

3.2.7　室内设备

1)室内机柜安装

(1)施工流程

室内机柜安装施工流程如图 8-3-14 所示。

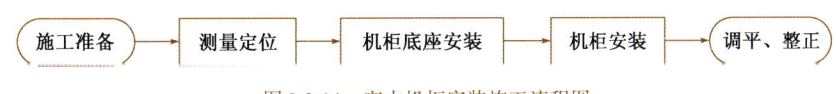

图 8-3-14　室内机柜安装施工流程图

(2)操作要点

①施工准备

a. 技术准备:掌握验收规范及行业标准,明确设计要求;熟悉施工图纸及相应技术交底文件;确认机柜安装的位置尺寸,设备底座高度;确认机房满足信号进场条件,检查合格后进行交接验收,办理交接手续;完成安全技术交底。

b. 材料准备:机柜、机柜底座、膨胀螺栓、连接螺栓等。

c. 工器具准备:钢卷尺、激光测距仪、水平尺、橡皮锤、电锤、冲击电钻、切割机、角磨机、扳手、铝合金梯子、信号组合工具一套。

d. 人员准备:施工负责人、技术员、安全员、作业人员等。

②测量定位

a.详细测量设备室内部尺寸,并与施工图纸核对。设备室画线应根据施工图纸的具体要求和标注的各部尺寸(设备间的距离、设备与墙间的距离、走道宽度等),先画出机房的纵横中心线以备参考。

b.设备采用单面布置时,以主走道的平行线为基准线,采用双面布置时以机房中心线为基准线。

c.先确定第一列的位置,然后依次确定其他各列的位置。测量工作应从机房的一端开始,不可分段测量,以免造成累积误差。

d.根据设计图纸确定设备安装方向、位置、安装方式,依据设备室基准线校核并画出机架的位置(室内设备的排列,一般以设备的正面为准对齐)。

e.设备室都有防静电地板,设备的正面或背面适当调整后,最好能在防静电地板的接合处,便于地板恢复、切割,布线时少揭地板。

③机柜底座安装

a.底座与地面之间采用膨胀螺栓进行连接,用水平尺测量,调节水平,安装稳固。底座与防静电地板贴合紧密,表面水平。

b.用记号笔在地坪上标出记号。在安装孔位置,用冲击电钻打孔,打孔完成后用清除孔内的灰尘。敲入膨胀螺栓,将螺栓的平垫圈、弹簧垫圈和螺母拆除。将底座安装孔对准到已安装完成的螺纹杆位置,套上平垫圈、弹簧垫圈后带上螺母并用手旋紧螺母。将底座调平整正后上紧螺母。

④机柜安装

a.设备开箱检查。应请建设、生产厂家、监理等单位相关人员共同进行开箱检查。对照设计文件、合同清单及设备装箱清单核对机柜及配件是否齐全、一致。

b.机柜就位。人力将机柜置放于底座正上方,注意机柜正反面,且机柜置放顺序应遵从后排向前排、从里到外的置放顺序。

⑤调平、整正

a.对准安装孔后,穿入连接螺栓并带上垫圈、螺母。用橡皮锤轻敲设备底部边框使设备前边达到设计位置。用水平尺和线坠检测机柜的水平度和垂直度偏差,在机柜底部加上金属垫圈调整,水平度和垂直度偏差符合要求后紧固定螺栓,并固定牢固。用同样方法安装第二个机柜,在安装第二个机柜时用线坠和水平仪检测每个机柜和整列的水平、垂直偏差,并用塞尺检验柜间缝隙尺寸。

b.安装完成后每个机柜喷漆应完好无损,每个连接螺栓平垫圈、弹簧垫圈和螺母齐全。应尽量使用呆扳手,以免对连接螺栓表面损坏,导致螺栓锈蚀。

c.安装完成后还需仔细检查机柜内模块是否松动,机柜内部连接线是否松动、脱落。收集好机柜内部随机资料和机柜钥匙等。所有机柜安装完成后应使用防尘罩覆盖防止灰尘进入,并锁好机柜门。

(3)关键技术卡控点

①机柜底座采用膨胀螺栓安装在地面上,排列整齐,平稳、牢固,底座顶面与防静电地板标高平齐;

②机柜与底座采用不锈钢螺栓固定连接,连接牢固;

③机柜安装应横平竖直、端正稳固,同排机柜正面应处于同一平面,底部应处于同一直线;

④机柜倾斜度偏差应小于机柜高度的0.1%,相邻机柜应相互紧密靠拢,采用不锈钢螺栓连接,其间隙不大于2mm;

⑤机柜、层、位应设置完整的标识,标识文字和符号应正确、清晰、齐全;

⑥机柜或壁挂箱进出线孔处应采取防护措施,施工完成后进出线孔应防火封堵;

⑦机柜内所有设备的紧固件应安装完整、牢固,零配件应无脱落。

(4)质量通病与防治措施

机房机柜安装质量通病与防治措施见表8-3-11。

机房机柜安装质量通病与防治措施　　　　　表8-3-11

序号	质量通病	原 因 分 析	防 治 措 施
1	机柜倾斜度偏差太大	机柜安装过程中未逐个调平,导致误差累加	机柜安装应以列头柜开始逐个安装,并且要求依次调平机柜后再安装下一个
2	机柜呈现阶梯状	地面存在一定坡比的坡度,安装机柜底座时未调整所有底座于一个水平面上	调整列头柜的机柜底座上表面为水平面,依次调整其余机柜底座上表面与列头柜在同一水平面
3	机柜设备安装不水平	机架固定螺栓未紧固到位	所有的机架固定螺栓应拧紧
		设备太重,未增设辅助托盘	对于太重的设备应增设托盘
4	机柜灰尘	机房灰尘过大	机柜安装防尘罩,保持机房清洁卫生

2)室内走线架、槽安装

(1)施工流程

室内下走线架安装施工流程如图8-3-15所示。

(2)操作要点

①施工准备

a.技术准备:车站设备房移交完成,完成安全技术交底。

b.材料准备:走线架、固定支架、连接螺栓等。

c.工器具准备:冲击电钻、手电钻、扳手、手锤、锯弓、角磨机、水平仪、人字梯等。

d.人员准备:包含施工负责人、技术员、安全员、作业人员等。

图8-3-15　室内下走线架安装施工流程图

②测量定位

下走线架安装应采用建筑信息模型(BIM)技术进行碰撞试验,或根据室内静电地板网格线进行定位,避开防静电地板支架。根据施工图确定始端到终端位置,沿图纸标定走向,用红外水平仪标识路径,并按均匀档距画出下走线架位置。

③下走线架安装

下走线架与地面固定支架连接在一起,固定支架采用不锈钢螺栓固定在地面上,走线架距地面安装高度宜为50mm;下走线架采用主梁和横担铝合金型材拼装,走线架的横担间隔距离宜为300~400mm,拐弯处应加装对角横担;下走线架安装不应形成闭环。

下走线架安装示意图如图8-3-16所示。

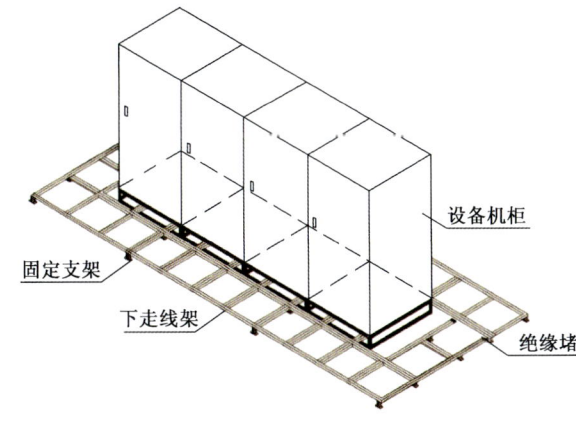

图8-3-16　下走线架安装示意图

(3)关键技术卡控点

①下走线架采用主梁和横担铝合金型材拼装,走线架的横担间隔距离宜为300~400mm,拐弯处应加装对角横担;

②下走线架与固定支架连接在一起,固定支架采用不锈钢螺栓固定在地面上,走线架距地面安装高度宜为50mm;

③走线架固定支架水平方向间隔为1~2m(宜为1.5m);

④走线架及各部分固定件安装连接应牢固可靠；

⑤走线架安装应横平竖直，整齐美观，同一房间内走线架横担、固定支架应间隔均匀，横担应在同一水平面上；

⑥走线架闭合时，排间应采用绝缘堵头进行绝缘处理。

(4) 质量通病与防治措施

机房下走线架安装质量通病与防治措施见表8-3-12。

机房下走线架安装质量通病与防治措施　　　　　表8-3-12

序号	质量通病	原因分析	防治措施
1	走线架闭合	未加绝缘堵头	排间应采用绝缘堵头进行绝缘处理
2	横担间隔过大	安装随意	走线架的横担间隔距离严格控制为 300~400mm

3）室内布线、配线施工

(1) 施工流程

室内布线、配线施工流程如图8-3-17所示。

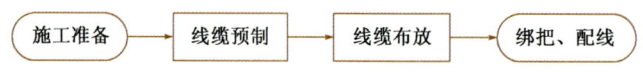

图8-3-17　室内布线、配线施工流程图

(2) 操作要点

①施工准备

a. 技术准备：完成室内走线架架设；完成机柜安装；提前做好下走线架布线规划，避免交叉、错层；完成安全技术交底。

b. 材料准备：电缆、控制线、网线、地线、扎带、标签等。

c. 工器具准备：万用表、兆欧表、信号组合工具等。

d. 人员准备：施工负责人、技术员、安全员、作业人员等。

②线缆预制

预制前仔细核对线缆规格型号是否与图纸相符，质量符合要求，再根据测量长度预制线缆，线缆两端贴上标签。

③线缆布放

室内机柜采用下走线方式，下走线架出线口、进出机柜线缆应顺直、整齐；室内布线应采取地线、电源线、信号控制线分开布放；线缆布放时应留有适量做头余量，线缆绝缘层不得破损，严禁中间接头；线缆在走线架上应排列整齐，布线不得交叉，每种线缆应分开用固线器固定，间隔均匀、整齐，敷设美观；机柜内采用竖向线槽布线方式，侧面竖向走线槽内的线缆用尼龙扎带进行绑扎，绑扎间隔均匀，整齐美观。

④绑把、配线

a. 剖切电缆时，不得损伤芯线外层绝缘；剥切线缆外护套后，切口处应使用热缩管进行热缩处理；绑把之前需确认线缆放齐、导通完毕，无缺线、错线。

b. 芯线绝缘层开剥时，应采用与芯线截面面积相适应的剥线钳，不得损伤铜芯线，开剥长度符合要求；每条配线应套有套管，套管长度应一致，尺寸适当；套管上要有去向标识，标识字体要清晰、不褪色；套管采用白色或黄色。

c. 配线端子采用连接端子方式连接时,每个接线端子上的配线不宜超过3根;线缆弧度一致;连接时,各线间应用金属垫片隔开并连接紧密;端子根部螺母应紧固无松动,上部应用双螺母紧固;线环应无毛刺、大小适当;配线绝缘层或配线套管不得压入垫片间。

d. 配线采用焊接方式连接时,严禁使用带腐蚀性的焊剂,可使用酒精松香做焊剂;焊接应牢固,焊点应饱满、光滑、无毛刺,配线应无脱焊、假焊、断股现象。

e. 配线采用压接方式时,要选用与配线截面相适应的端子和压接钳;连接压接部位的裸线长度适当,压接牢固、均匀,无铜线裸露在外;压接完成后要对端子是否连接牢固进行检验。

f. 配线采用弹簧接线端子时,接线端子应安装牢固、紧凑;配线时,应先用专用压接钳将冷压接线帽与多股芯线压接牢固后,再与弹簧接线端子连接;配线的截面要与弹簧接线端子允许截面相匹配;每个接线端子应一线一孔,严禁一孔多线;插接完成后要对配线是否连接牢固进行检验。

(3)关键技术卡控点

①布线均采用阻燃带护套线缆,禁止出现环状;线缆不得有中间接头或绝缘破损。

②线缆布放应顺直、整齐、便于维护,拐弯处弧度一致并满足线缆弯曲半径要求,线缆两端标识齐全。

③缆线布放后,应做对号测试,终端上线时应再次确认。

④机柜内走线,应根据机柜的类型、引入孔位置、缆线类型、缆线终端部位,进行合理规划,尽量做到电源线、数据线分侧布放。

⑤机柜线缆引入口应进行防护(加装防磨卡条);剥切线缆外护套后不得损伤芯线外层绝缘,切口处使用热缩管进行热缩处理,热缩套管大小应与线缆外径相匹配。

⑥配线两端应采用线号管标明来去方向,机打黑色双向、双排配线号管;套管长度及穿线方向一致,套管粗细与芯线外径相配套。

⑦配线无应力,弧度一致,线把绑扎均匀,整齐美观。

⑧配线采用多股芯线时,应先用专用工具将冷压端帽与多股芯线压接(不得压着外皮)牢固后,再与弹簧接线端子连接。

⑨当线缆采用插接方式连接时,应一孔一线,严禁一孔插接多根导线。

⑩线头切剥部分芯线不得有伤痕,线头切剥长度与冷压端帽头部平齐,并无铜线裸露在外,配线无脱股、断股现象。

(4)质量通病与防治措施

机房布线、配线施工质量通病与防治措施见表8-3-13。

机房布线、配线施工质量通病与防治措施　　表8-3-13

序号	质量通病	原因分析	防治措施
1	室内布线杂乱	线缆类型多	进行合理规划,尽量做到电源线、数据线分侧布放;拐弯处弧度一致并满足线缆弯曲半径要求
2	标识方向不一致	质量意识不强	加强质量教育;配线两端应采用线号管标明来去方向;套管长度及穿线方向一致,套管粗细与芯线外径相配套
3	一孔多线	接线端子不够	使用空端子,修改配线图应一孔一线,严禁一孔插接多根导线

3.2.8 防雷及接地施工

1）信号防雷

信号系统为弱电系统,遭遇雷感应或雷击时造成的电流冲击对信号设备损坏的可能性较大。因此,除其他专业对直接雷击采取多种防护外,信号系统还应对系统可能造成损坏的外线接入,都应提供可靠的感应雷击浪涌保护装置,以保证系统安全、可靠运行。

(1)在高架和地面线信号设备室,设防雷防线柜。信号分线柜处于雷电防护区的 LPZ0 区与 LPZ1 区的交界面,对室外的信号电缆线在分线柜处就近安装浪涌保护器进行雷电防护。

(2)在信号设备室电力线引入处单独设置电源防雷配电箱,电源防雷配电箱用于防止雷电过电压及过电流对引入信号设备室的两路三相电源损害的防雷保护装置。

(3)室外信号设备的金属箱、盒壳体应接地。

(4)防雷元器件与被防护设备之间的连接线应短,防护电路的配线应与其他配线分开,其他设备不得借用防雷元器件的端子。

(5)防雷设施应安装牢固、可靠,并应标识正确、清晰。

2）信号接地

信号接地系统包括车站、区间、停车场信号设备的地线及车载设备的地线。信号工程车站、停车场信号系统的地线接入各系统共用的综合接地系统,综合接地系统的接地电阻值应不大于1Ω。各车站、停车场信号设备室内均设接地端子箱,通过电缆接至弱电综合接地母排,室内设备的地线均采用星形方式接至接地端子箱。区间及车站轨旁的室外设备的地线接至接地扁钢,电缆屏蔽均在车站室内接地。车载设备的地线由车辆专业提供。

(1)沿隧道区间电缆支架、高架区段电缆槽、停车场电缆沟设贯通全线的接地扁钢。接地扁钢与支架之间采用螺栓连接,扁钢与支架进行可靠的电气连接,扁钢之间应进行可靠的机械连接或焊接,并在连接处采取防腐措施。在车站端部铜缆将弱电综合接地扁钢与车站弱电综合接地母排连接。

(2)室外设备接地端子应就近与贯通接地扁钢连接。距接触网带电部分小于5m的信号设备,其金属外壳应接地;信号设备的金属外缘距回流线的距离应大于1m;当距离不足1m时,应加绝缘防护,并不得小于0.7m。箱、盒引入电缆的钢带、铝护套应采用 U 形管卡连接,并应在卡具连接点分别用 1.5mm² 黄绿色铜芯塑料软线引至箱、盒内接地端子。

(3)室内金属线槽、桥架接缝处应用铜线或屏蔽网线连接,并应在一端接入接地端子箱,槽、架整体布置不应形成闭环。分线柜处每根电缆的钢带、铝护套连接后,要在钢带和铝护套连接点分别采用 1.5mm² 黄绿色铜芯塑料软线分别引至分线柜接地铜排上接地。机柜、电源屏外壳均采用星形方式接至接地端子箱。

(4)室内外信号设备接地端子与接地体之间的接线应连接正确、可靠,连接线截面面积符合设计要求。接地电阻值应不大于1Ω。

室内接地端子箱地线连接示意图如图 8-3-18 所示。

3）关键技术卡控点

(1)高架和地面线的室外信号设备及与隧道以外连接的室内信号设备应具有雷电防护措施。

(2)防雷元器件应将雷电感应过电压抑制在被防护设备的冲击耐压水平之下。

(3)防雷元器件不应影响被防护设备的正常工作,防雷元器件应满足信号设备受雷电电磁脉冲干扰时不得导致危险状态。

(4)综合接地电阻值应不大于1Ω;接地端子处,应加装地线标识。

(5)信号设备接地导线上严禁设置开关、熔断器或断路器。

(6)接地线的型号和截面应符合设计要求,地线必须可靠连接,中间无接头。

(7)室内设备接地线连接后,应进行接地电阻测试,接地电阻值应不大于1Ω,测试结果填写测试记录。

(8)室外设备在接入综合接地扁钢时,两相邻接地线在扁钢上的连接距离应不小于200mm。

(9)地线布放应顺直、整齐,拐弯处弧度要一致。

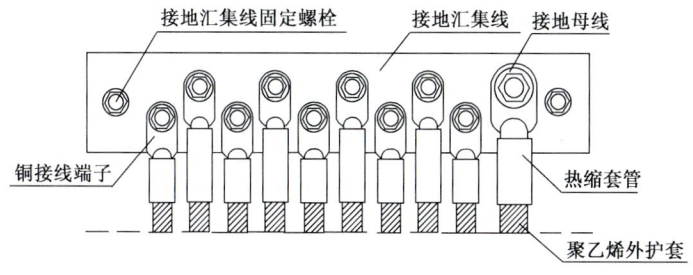

图 8-3-18　室内接地端子箱地线连接示意图

4）质量通病与防治措施

防雷及接地施工质量通病与防治措施见表 8-3-14。

防雷及接地施工质量通病与防治措施　　表 8-3-14

序号	质量通病	原因分析	防治措施
1	地线布线混乱	质量意识不强,布线随意	加强质量教育;进行合理规划,拐弯处弧度一致并满足线缆弯曲半径要求
2	综合接地系统无交接	没有进行前置条件检查	加强专业间施工工序前置条件具备情况的确认和交接

3.2.9　车载设备

车载设备主要包括车载 ATP/ATO 计算机设备、车载人机界面状态显示单元、车载无线单元、车载天线、应答器天线、测速电机等设备,不同设备集成商采用的设备略有调整。车载设备一般在车辆段内安装完成,试车线上完成静态调试。车载设备的安装、调试均由设备集成商完成,施工单位不参与。

3.3　安全文明施工与成品保护

3.3.1　安全文明施工

(1)人工装卸电源屏、组合柜等笨重器材时,应有专人统一指挥,采用呼唤应答制,搬运作业场地应无妨碍物,夜间作业时有照明设施。

(2)建立机房出入登记制度,本单位及相关单位人员进入信号机房时按要求登记。作业人员等严禁在室内吸烟,室内按要求配置灭火器材,禁止存放酒精、汽油等易燃易爆物品。

(3)既有线施工作业人员要严格遵守"三不动,三不离"制度;在机房施工时,应采取防尘措施,保持施工现场整洁;禁止触碰与施工无关的机房设备,需要使用机房原有设备时,应经机房负责人同意,以机房值班人员为主进行工作。

(4)现场材料存放区域堆放的材料要整齐、用防火布进行覆盖,并设置警示带防护;同时应做好标识标牌,配备好灭火器。材料存放区的选择应有利于施工作业并结合车站管理单位提供的现场情况,以避开或减少与其他施工单位的相互影响。

(5)电缆接续时的下脚料、废弃物应统一收集,带回驻地统一存放。电缆芯线应当放在指定地点,统一处理,严禁焚烧。

(6)高处作业用的各种工、器具要加保险绳、钩、袋,防止失手散落伤人。作业过程中严禁上下抛递工具。

(7)停车场/车辆段施工开挖电缆沟时土方应尽早回填,避免大风天气产生扬尘。

(8)电(光)缆测试仪表换下的废旧电池应统一收集存放,设备的包装箱、电(光)缆盘的包装物拆下后应及时收集,避免乱扔乱放。

(9)站台施工时应遵循以下要求:确保在站台上的设备材料按照划定的区域堆放整齐,任何工具材料严禁侵入行车限界;不得向轨行区丢污物、包装纸箱、木板、废弃的安装材料、工具、垃圾等。

3.3.2 成品保护

(1)加强成品保护,落实成品保护责任。项目经理部成立施工现场领导小组,负责施工现场的管理和文明施工的成品保护管理,定期对管理和操作人员进行文明施工、成品保护教育,提高职工自觉保护成品的质量意识。

(2)经常进行成品保护检查,发现被撞、损坏、污染,要及时采取措施进行纠正处理,对责任人要给予经济处罚。

(3)编制现场管理和成品、半成品保护实施细则,合理安排施工顺序,避免工序相互干扰,凡下一道工序对上道工序产生损伤或污染的,要对上道工序采取护包或护盖等措施,一旦发生损伤或污染要及时处理或清除。

(4)为防止其他专业施工时损坏及污染专业成品构件,应在本专业成品构件表面全部贴上塑料薄膜纸用木板覆盖或采用封闭措施保护。

3.4 接口管理

信号系统是保证地铁运营安全的系统,与相关系统的接口多且复杂,接口工作贯穿于工程设计、施工配合的各阶段。完整正确的接口是指导、检查整个系统设计完整性、安全性、可靠性、合理性、经济性的重要部分,整个工程要保证系统的总体性、协调运作的一致性,充分发挥地铁各系统功能,降低造价,提高效益。本节接口管理以典型地铁工程为例,参考应用时,须结合项目实际情况。

3.4.1 与通信专业的接口管理

(1)与时钟专业的接口

通信专业为列车监控专业提供时钟校准信号,将标准时钟脉冲信息传送给列车监控系统(ATS)主机。接口采用串行通信方式,位于通信时钟设备机柜引出端子处。

(2) 与传输专业的接口

通信专业为信号专业提供全线各站、车辆段信号楼、控制中心的电源监测系统的数据传输通道。接口采用以太网通道,位于通信设备室传输设备机柜引出端子处。

(3) 与无线通信专业的接口

无线通信专业向控制中心调度指挥无线通信系统传送实时变化的车次号和车组号等信息,以使无线车载台编号时刻与车次号对应,便于中心调度员准确地与在线运行列车的司机联系。接口采用串行通信方式,位于中心信号 ATS 机柜处。

(4) 与车站广播专业的接口

通信专业向车站广播专业提供列车接近条件,作为列车到达预报的自动广播触发信号。接口位于中心信号设备室 ATS 机柜处。

(5) 与乘客信息专业的接口

通信专业在控制中心为乘客信息专业提供全线所有在线列车到达本站时间、发车时间、终到站、列车通过预告等相关信息。接口位于中心信号 ATS 机柜处。

(6) 电缆托架

在正线区间,通信专业为信号专业提供电缆托架,并提供贯通接地扁钢,接地电阻值不大于1Ω,信号轨旁信号机、计轴、无线接入点等设备接到接地扁钢后接入综合接地系统。在车站,通信专业为信号专业提供电缆桥架,车站站台信号设备利用通信专业提供的电缆桥架走线。

3.4.2 与站台门专业的接口管理

站台门专业与信号专业采用硬线接口连接,接口接点的双方都使用无源节点双切回路进行设计,控制电源遵守"谁使用谁提供"的原则;信号专业向站台门专业提供列车编组信息和开、关站台门的控制信号,站台门专业向信号专业提供屏蔽门状态信息。接口位于站台门设备室内控制箱的端子排处,站台门专业负责提出控制要求。

3.4.3 与动力与照明专业的接口管理

信号系统为一级供电负荷,其供电品质应符合国家有关标准。动力与照明专业应将两路独立的交流三相五线电源引接至信号系统设备用房内配电箱的电源输入端子上,配电箱至防静电地板由动力与照明专业预埋镀锌钢管,配电箱至信号电源屏电缆由信号专业设置。

3.4.4 与综合监控专业的接口管理

(1) 与控制中心综合监控专业的接口

在控制中心信号专业与数据采集与监视控制、环境与设备监控、火灾自动报警等专业进行接口,信号 ATS(自动列车监控系统)对全线接触网/供电轨带电状态、各车站火灾报警状态和车站风机送风状态进行监控。

(2) 与车站综合后备盘专业的接口

综合后备盘(IBP)上计轴预复位、紧急停车及恢复等按钮、表示灯、标识及警示牌由综合监控专业提供并安装,IBP 内部配线由综合监控专业完成。综合监控专业 IBP 外线端子至信号专业设备间的电

缆敷设、连接及安装条件的预留由信号专业负责。

3.4.5 与人防门/防淹门专业的接口管理

区间的信号光(电)缆穿过人防门/防淹门,需要在人防门/防淹门的门框与隧道壁之间预留管线,便于光(电)缆的敷设。信号专业根据设备布置,向人防门/防淹门专业提出区间人防门/防淹门的设置位置要求。

3.4.6 与车辆专业的接口管理

(1)信号车载设备安装

信号专业负责提供车载设备的规格及安装要求,车辆专业提供安装空间并负责安装,双方配合完成以下车载设备的安装:列车的头尾车分别安装车地通信(ATC)天线、应答器天线、安装测速装置,司机台上各安装一套 ATC 操作和显示单元。

(2)车载设备电源和接地

车辆专业提供 DC110V 电源。电源内干扰信号不超过 IEC 标准的规定要求。车辆专业为信号车载设备提供靠近信号设备的接地点,需为独立的保护地和工作地。

(3)信号专业与车辆专业接口

信号专业与车辆间安全信息的传递采用继电器接口,应符合故障—安全的原则。信号专业与车辆间非安全信息的传递采用数据接口或继电器接口方式。

3.4.7 与牵引供电专业的接口管理

(1)正线

信号系统在正线采用计轴,为保障牵引回流通路畅通而设置的正线牵引电流均回流线及接续线,需由牵引供电专业自行设置。均回流点应设置在计轴点两侧2m范围外。

(2)车辆段(含转换轨、试车线)/停车场

与正线保持一致。

3.4.8 与接地专业的接口管理

接地专业包括控制中心、车站、地下区间及车辆段(包括试车线)信号设备的地线及车载设备的地线。设备室内要求有两路地线母线,接地电阻值应不大于1Ω。全线各站、控制中心、车辆段、试车线的信号设备室内均由动力与照明专业设接地端子箱。区间的弱电电缆支架由通信专业设计,区间接地扁钢由信号专业负责设计;车载信号设备接地由车辆供应商负责提供。

3.4.9 与大屏显示专业的接口管理

大屏幕显示系统能正确识别和处理信号系统提供的有关信息,画面显示能满足信号系统的要求。屏幕显示行车调度相关信息(全线线路情况、列车位置和车次号、列车进路、轨道区段、道岔和信号机的状态、信号设备的工作状态等)。接口位于大屏控制器接口处,由信号专业负责信号设备至大屏控制器的连接。

3.4.10 与其他专业的接口管理

（1）与建筑、结构专业的接口

建筑专业设计需根据信号系统的设备用房要求，提供相应的设备用房及维修用房，并按照信号专业要求在相关地方预留沟槽管道。信号专业设计需向建筑、结构专业设计提供以下资料：生产及管理用房面积及布置，沟槽、管道预留设备用房的大小和环境、空调设备布置，中心表示盘安装位置及静电地板要求等。

（2）与线路、限界专业的接口

线路专业设计需根据信号系统室外设备的位置，预留相应设备的安装及维修空间，保证信号设备不侵入限界，并按照信号专业要求在相关地方预埋一定数量的电缆管。

线路专业设计需提供相应的电缆路径，以使信号设备的电缆与强电电缆分开路径，防止干扰。

（3）与轨道专业的接口

轨道专业向信号专业提供道岔型号及道岔有关技术参数，供信号专业选择道岔转辙机类型；信号专业向轨道专业提出道岔绝缘安装要求，轨道专业负责安装道岔绝缘，并根据此要求配轨；信号专业向轨道专业提供道岔转辙机的安装位置、过轨管线位置，轨道专业负责预留安装位置及相关安装条件。

3.5 单系统调试

信号单系统调试工作的主要目的是使相关设备能达到正常运行状态；检查各设备功能、性能是否达到设计要求；发现设备安装期间的缺陷，并加以修正；检验各设备通电及带负荷运行情况；验证用户手册、维修手册及其他相关资料的完整性、可操作性；具备接口功能调试条件；形成完整的单机/单系统调试报告。

1）前置条件

（1）正式电源稳定可靠；

（2）各设备接地良好；

（3）温度、湿度等机房环境条件符合设备正常运行要求；

（4）通信通道稳定可靠；

（5）各设备安装和配线应完成，并符合设计要求和相关技术标准的规定；

（6）版本软件已经安装完毕；

（7）各子系统时钟应同步。

2）调试准备

调试工具及仪器仪表准备：便携式计算机、万用表、绝缘电阻测试仪、直流电桥、接地电阻表、测线仪、光时域反射仪（OTDR）、示波器、钳形表、光功率计、通信工具、信号组合工具、系统指标测试厂配专用工具、各类测试终端、各类配置线。

3）测试方法

单系统调试测试方法及步骤见表8-3-15。

单系统调试测试方法及步骤　　　　　　表 8-3-15

序号	调 试 步 骤	预 期 效 果
1	检查机架、设备安装是否正确	各机架、设备安装正确
2	检查机架、设备是否已接地	机架、设备接地良好,电阻值≤1Ω
3	检查设备配线是否正确	设备配线完成且端接无误
4	设备上电	设备指示正常,无告警
5	设备调试	实现设备功能要求
6	系统功能及性能检验	功能完备,性能良好,达到设计及规范要求
7	设备 24h 测试	设备运转正常
8	系统 144h 测试	系统运转正常
9	调试完成	调试完成

4）系统调试内容

信号系统调试内容主要包含信号电源系统调试、LED 信号机调试、转辙设备调试、联锁调试、列车自动监控（ATS）系统调试、列车自动防护（ATP）系统调试、列车自动驾驶（ATO）系统调试。

（1）信号电源系统调试

调试主要内容：监控单元调试、故障告警调试、后台通信功能测试、两路交流输入切换时间测试、第一路与第二路交流输出的告警点与保护点调试。

（2）LED 信号机（电压 110V）调试

调试主要内容：工作电压、工作电流、门限电压、绝缘电阻、灯光色显、显示距离、正常工作时、当 LED 灯管故障数达到或超过报警门限值时等。

（3）转辙设备调试

调试主要内容：安全节点、道岔锁闭、尖轨因故不能转换或转换中途受阻、密贴、正常转换、室内外状态一致性、挤岔、可动部分在转动过程中状态、道岔的转换动程外锁闭量及转换时间、动作电流与故障电流等。

（4）联锁调试

调试主要内容：基本联锁调试、室内外设备一致性检验、接口调试。

（5）列车自动监控（ATS）系统调试

调试主要内容：ATS 系统的操作模式功能、系统的信息显示功能、ATS 系统的控制功能、系统的下列列车运行调整功能、列车最小运行间隔和折返时间、列车运行时刻表的编制及管理功能、报表、操作记录等日志管理及打印功能、报警和事件管理功能、系统的权限管理。

（6）列车自动防护（ATP）系统调试

调试主要内容：驾驶模式调试、列车安全控制模式调试、列车车门的安全控制功能、站台屏蔽门自动控制功能、ATP 系统的故障报警功能。

（7）列车自动驾驶（ATO）系统调试

调试主要内容：ATO 系统的速度控制功能、列车自动折返功能、列车自动折返功能验证、车站站台屏蔽门的自动控制功能、ATO 系统故障报警功能。

第 4 章 供电工程

供电系统作为整个地铁工程电能供给来源,是城市轨道交通安全可靠运行的重要保证。地铁供电系统主要包含主变电所及其外电源、中压供电网络、牵引供电系统(牵引变电所与牵引网)、动力与照明供电系统、杂散电流腐蚀防护系统和电力监控系统。

本章主要从施工角度着重介绍了供电系统环网电缆敷设、变电所设备安装、牵引网安装、系统接口管理、系统调试等方面的内容,详细叙述了各工序施工流程、操作要点、关键技术卡控点、质量通病与防治措施、文明施工等内容。

4.1 变电所

4.1.1 设备基础预埋

1)施工流程

设备基础预埋施工流程如图 8-4-1 所示。

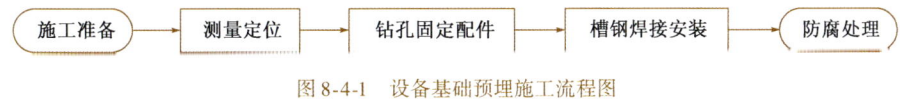

图 8-4-1 设备基础预埋施工流程图

2)操作要点

(1)施工准备

①技术准备:收集设备基础预埋件通用图、供电设备平面布置图及土建基础开孔图,将以上图纸相结合进行审图;完成安全技术交底。

②材料准备:锚栓、电缆支架、镀锌扁钢等。

③工具准备:墨盒、冲击电钻、扭矩扳手、手锤、水平尺、人字梯、平板车等。

④人员准备:施工负责人、技术员、安全员、施工人员等。

(2)测量定位

①根据施工图纸,用钢卷尺和墨线在地板上画出槽钢安装基准线,完成水平定位,注意应保证槽钢

设备开孔的位置与设备底座开孔对应。

②通过测量出变电所基础安装位置各点的标高,再加上槽钢的高度,得到本所设备基础安装位置最高点;以得到的最高点作为变电所设备基础的基准标高。装修单位浇筑地平时,应以变电所安装单位提供的基准标高为准。

(3)钻孔固定配件

将固定件按照图纸要求摆放到位,固定件与槽钢之间应留出2mm距离以便焊接;摆放好固定件,在固定件开孔处用记号笔在地坪上画出"十"字线,用冲击电钻钻孔;将膨胀螺栓装入孔内,拧紧焊接基础型钢的配件。

(4)槽钢焊接安装

检查土建预留接口,确认各设备的基础槽钢固定方式。调整合适的焊接电流、焊接顺序,把焊接变形降低到最小,使槽钢平直度满足设备安装要求;基础预埋件制作安装图一般依据设备厂家提供的图纸进行设计。

(5)防腐处理

基础槽钢全部焊接完成后,敲掉焊缝焊渣,进行复测;复测无误后用钢丝刷刷掉槽钢表面的灰尘和锈蚀;刷一遍防锈漆、再刷两遍富锌漆。

3)关键技术卡控点

(1)按照现行《电气装置安装工程盘、柜及二次回路接线施工及验收规范》(GB 50171)和《电气装置安装工程 接地装置施工及验收规范》(GB 50169)及设备标准要求施工。

(2)基础型钢、轨道用的槽钢应平直无扭曲、变形。

(3)基础型钢顶面水平与开关室地坪水平面一致,水平误差应符合DIN 43661的标准要求:<1mm/m、<2mm/全长。

(4)基础型钢位置误差及不平行度<2mm。基础型钢安装的允许偏差见表8-4-1。

基础型钢安装的允许偏差   表8-4-1

项 目	允 许 偏 差	
	(mm/m)	(mm/全长)
不直度	<1	<2
水平度	<1	<2
位置误差及不平行度	—	<2

4)质量通病与防治措施

设备基础预埋质量通病与防治措施见表8-4-2。

设备基础预埋质量通病与防治措施   表8-4-2

序号	质量通病	原因分析	防治措施
1	槽钢质量有问题,镀锌不达标	非合格供应商供货,采购中间流程监控不到位、验收不到位	材料进场后进行检测,对于非国标和镀锌不达标的材料一律不使用
2	框架制作不标准,与设计要求有误差	加工槽钢平台不合格,制作人员不专业,测量不标准	基础预埋件制作完成后,用卷尺对比图纸进行复测,超出设计允许误差值的一律返工
3	制作比较大的预埋件,槽钢过长容易变形	槽钢对接焊缝过长,未均匀加设角钢进行支撑	先用角钢进行均匀间距临时支撑,等预埋件完全固定在浇筑混凝土中后再取下支撑的角钢

续上表

序号	质量通病	原因分析	防治措施
4	预埋件安装不牢固	膨胀锚栓型号不对、安装数量不标准	每隔60cm用切好的角钢与预埋件焊接,角钢另一肢用膨胀锚栓固定在地面上
5	基础预埋件顶部水平误差大	测量不准、施工精度差	根据装修单位提供的装修标高进行检测,严格按照相应标准进行控制,超出允许误差值一律返工
6	基础预埋件焊接处容易生锈	焊接处未按标准要求打磨、防腐处理	焊接处要敲掉焊渣,用钢丝刷刷掉锈蚀,刷一层防锈漆后刷两遍富锌漆处理
7	基础预埋件不在一条直线上	测量不准、施工精度差	基础预埋件安装前先用激光测量仪定位,用墨斗弹一条直线,确保基础预埋件在一条直线上

4.1.2 电缆桥、支架安装

1）施工流程

电缆桥、支架安装施工流程如图8-4-2所示。

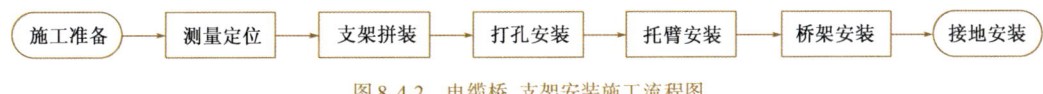

图8-4-2 电缆桥、支架安装施工流程图

2）操作要点

(1) 施工准备

①技术准备:完成技术图纸审核,完成安全技术交底。

②材料准备:锚栓、电缆支架、镀锌扁钢等。

③工具准备:墨盒、电锤、手电钻、扭矩扳手、手锤、水平尺、人字梯、平板车等。

④人员准备:施工负责人、技术员、安全员、施工人员等。

(2) 测量定位

①依据施工设计图,用卷尺量出桥架外边缘距侧墙尺寸,在同一直线段分别取两点,经两点用墨斗在地面弹出一条直线或拉一根线绳,作为桥架外边缘的定位线。

②按照设计要求及现场实际情况,测出立柱安装位置,同侧立柱间距约为0.8m(三通和四通的位置可以适当调整),将地面定位线作为立柱靠桥架侧边缘,把立柱放在所测定的位置上并临时调正,借助立柱底板安装孔,画出安装眼孔。

注意:夹层内安装如遇弯通、三通、四通桥架时,则桥架定位先从弯通、三通、四通开始。

(3) 支架拼装

根据施工图纸及厂家技术文件,将立柱和托臂组装完成。

(4) 打孔安装

用冲击电钻在画出的眼孔位置上钻孔,清除孔内粉末。把膨胀螺栓敲入眼孔,并使其胀紧。先安装直线段两端的立柱,调直、调正、安装牢固后,再用尼龙绳绷紧在两立柱靠桥架侧,以此线为基准安装其他立柱,经仔细调整后,使各直线段的立柱成一条直线。

（5）托臂安装

托臂安装可以先装好直线段靠两端头的第一层托臂，再用线绳绷紧在两端的托臂上，并用水平尺上下微调一端的托臂使两端托臂处于水平位置，然后依据线绳，逐一装上该直线段的第一层托臂，以保证同一直线段的托臂在同一水平上；每安装一层托臂需复测，保证每层托臂都在同一水平面上。

（6）桥架安装

①桥架安装时应先安装桥架的弯通、三通、四通等特殊部位，再安装直通桥架。桥架的最后一段，需根据实际需要加工（在现场进行加工）。

②桥架与桥架之间用连接板连接，确保一个系统的桥架连成一体；桥架安装完成后，用压板将桥架固定到托臂上；固定压板的螺栓安装时要注意螺母朝下，以防刮伤电缆。

（7）接地安装

①电缆桥架支柱通过膨胀螺栓固定在结构底板上，安装间距、具体位置根据现场情况确定，以方便电缆敷设为准。

②在支架托臂的第 N 层（从下到上）一侧敷设热镀锌扁钢作为桥架的接地线与桥架伴行，接地线采用螺栓固定，接地扁钢需全线电气贯通，至少两点通过电缆（以设计图或其他文件为准）与接地母排连接；

③相邻桥架之间采用螺栓连接，桥架之间采用 $16mm^2$ 铜编织线跨接，桥架与立柱间采用 $25mm^2$ 铜编织带连接，每隔6m跨接一次；

④变电所夹层内电缆桥架、所外支架、金属卡子均要求接地；桥架全长应为良好的电气通路；

⑤夹层内电缆桥架每隔30m需引出一点至接地铜母排，每个变电所最少引出两处，采用 $25mm^2$ 接地电缆连接至接地铜母排；

⑥接地扁钢之间采用焊接，搭接长度为2.5倍扁钢宽度，焊接完成后需打磨平整，先刷一遍防锈漆，再刷一遍富锌漆；

⑦在电缆桥支架转弯处、电缆竖井的出口处等，接地扁钢采用母线煨弯机做弧状过渡，不允许扁钢交叉焊接。

3）关键技术卡控点

（1）沿桥架敷设电缆时，应防止电缆排列混乱，不整齐，交叉严重。在电缆敷设前须将电缆事先排列好，画出排列图表，按图表进行施工。电缆敷设时，应敷设一根整理一根，卡固一根。

（2）电缆弯曲半径不符合要求。在电缆桥架施工时，应事先考虑好电缆路径，满足桥架上敷设的最大截面电缆的弯曲半径的要求，并考虑好电缆的排列位置。

（3）室内沿桥架或托盘敷设电缆，宜在管道及空调工程基本施工完毕后进行，防止其他专业施工时损伤电缆。

4）质量通病与防治措施

电缆桥、支架安装质量通病与防治措施见表8-4-3。

电缆桥、支架安装质量通病与防治措施　　　　表8-4-3

序号	质量通病	原因分析	防治措施
1	电缆支架质量有问题，镀锌不达标	非合格供应商供货、采购中间流程监控不到位，验收不到位	材料买回来后先进行检测，对于不按图纸生产的和镀锌不达标的材料一律不使用

续上表

序号	质量通病	原因分析	防治措施
2	电缆支架安装后不在一条直线	施工流程不对,工艺不规范,监控不到位,施工人员技术交底不到位	电缆支架安装前先用激光测量仪定位,用墨斗弹一条直线,确保电缆支架安装在一条直线上(遇转弯或者过梁处等特殊环境可以适当调整)
3	电缆支架固定用的锚栓螺杆外露不统一	施工工艺不规范,监控不到位,施工人员技术交底不到位	锚栓打孔时应深浅一致,遇到钢筋时进行避让,使外露的螺杆长度保持一致

4.1.3 地线干线安装

1)施工流程

接地干线制作安装施工流程如图 8-4-3 所示。

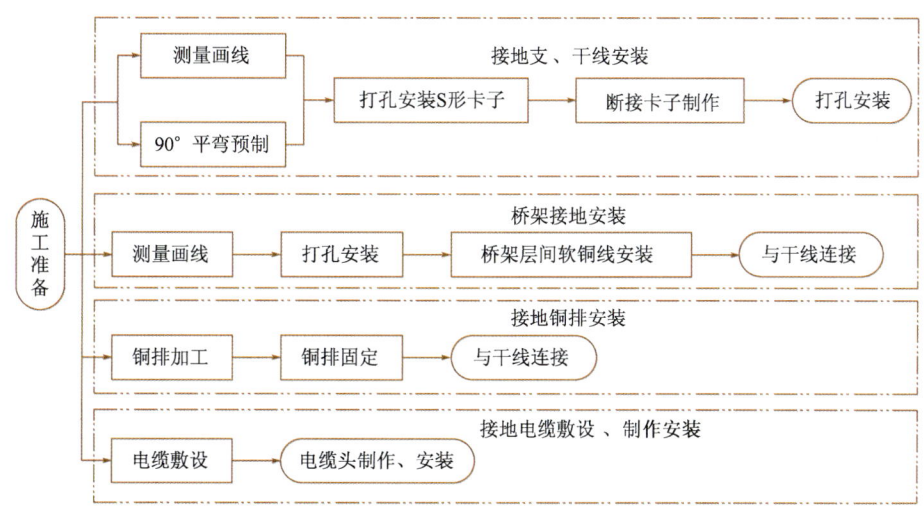

图 8-4-3 接地干线制作安装施工流程图

2)操作要点

(1)施工准备

①技术准备:完成技术图纸审核,完成安全技术交底。

②材料准备:锚栓、镀锌扁钢等。

③工具准备:墨盒、冲击电钻、手电钻、扭矩扳手、手锤、水平尺、人字梯、平板车等。

④人员准备:施工负责人、技术员、安全员、施工人员等。

(2)接地支线安装

接地支线预埋在地板的装修层内。接地线与预埋件及接地线之间的焊接采用搭接焊,焊接的部位做防腐处理。变电所接地母排通过—50×5 镀锌扁钢与电缆夹层中电缆桥架接地扁钢相连接。变电所接地母排应通过支持绝缘子,绝缘安装于夹层中的立柱或侧墙上。接地支线镀锌扁钢与基础槽钢焊接,注意每面或每排基础槽钢必须多于两处引出点与接地干线相连。在动力变压器和整流变压器轮廓外需预留供变压器铁芯、电缆支架、变压器外壳、电缆铠带接地用的引出端子。扁钢与槽钢搭接时应煨成平弯。

(3)接地干线安装

接地干线沿墙水平敷设,用 S 形卡子固定在墙上。接地干线穿墙时,应加 PVC 阻燃套管保护;接地

干线过门或横穿人行通道时,应预埋在地板的装修层内。扁钢之间焊接时,应保证两根搭接扁钢在同一水平面。S形卡子水平安装。接地干线过门时应将扁钢预埋在装修层以下50mm处,穿墙时应根据设计图纸要求保护。

(4)桥、支架接地线安装

变电所夹层内电缆桥架、所外支架、金属卡子均要求接地;夹层内电缆桥架每隔固定距离采用接地电缆连接至接地铜母排;接地扁钢之间采用螺栓连接,搭接长度为2.5倍扁钢宽度;在电缆桥支架转弯处、电缆竖井的出口处等,接地扁钢采用母线煨弯机做弧状过渡,不允许扁钢交叉焊接。

(5)接地铜排安装

接地铜排根据设计图纸加工好后,打磨毛边、加热铜排搪锡,搪锡应均匀,无锡斑及起壳现象。铜排为绝缘安装。用膨胀螺栓打入墙体,将支撑绝缘子拧在膨胀螺栓上,然后用螺杆将铜排固定在支撑绝缘子上。

(6)接地电缆敷设、安装

接地电缆主要有设备框架保护接地、变压器中性点接地、网栅接地电缆敷设等,接地电缆及电缆头应满足设计及规范要求。电缆头制作及连接按接线端子套管长度加5mm考虑,开剥电缆,然后套上接线端子,根据接线端子大小,一般压接2~3次。缠上黑色绝缘胶带,电缆头制作完成。将电缆绑扎固定好后,涂一层电力复合脂,根据电缆截面先用固定螺栓(一般用M12)固定,力矩值应根据设计图纸要求而定,一般为31.4~39.2N·m。

3)关键技术卡控点

(1)依照现行《电气装置安装工程 接地装置施工及验收规范》(GB 50169)、《建筑电气工程施工质量验收规范》(GB 50303)的要求施工。

(2)接地干线距墙面约30mm,距地面200mm。扁钢之间的连接采用搭接焊,焊缝长度为宽度的2倍,三个棱边必须满焊,焊缝不能有虚焊、假焊。所内和电缆夹层的接地干线间的连接应不少于2处。

(3)桥架接地干线与主干线、桥架各层之间应不少于2处连接。

(4)断接卡子应方便拆卸,连接长度应为宽度的2倍,固定螺栓不少于2颗,且不小于M12。

(5)铜排与干线扁钢、电缆的连接应涂电力复合脂。

(6)所内螺栓的拧紧力矩应符合表8-4-4要求。

螺栓的拧紧力矩   表8-4-4

序号	螺栓规格	力矩值(N·m)	序号	螺栓规格	力矩值(N·m)
1	M8	8.8~10.8	3	M12	31.4~39.2
2	M10	17.7~22.6	4	M14	51.0~60.8

4)质量通病与防治措施

接地干线安装质量通病与防治措施见表8-4-5。

接地干线安装质量通病与防治措施   表8-4-5

序号	质量通病	原因分析	防治措施
1	扁钢质量有问题,镀锌不达标	非合格供应商供货,采购中间流程监控不到位,验收不到位	材料买回来后先进行检测,对于非国标和镀锌不达标的材料一律不使用
2	接地干线安装后高低不平	施工流程不对,工艺不标准,监控不到位,施工人员技术交底不到位	接地干线安装前先用激光测量仪定位,用墨斗弹一条直线,确保接地干线安装在一条直线上

续上表

序号	质量通病	原因分析	防治措施
3	接地干线与房间内插座有冲突	图纸设计问题,施工前未与相关专业沟通,技术管理人员经验不足	安装接地干线前,先和相关专业核对图纸,如有冲突,则安装时可提前进行避让或联系设计单位变更设计
4	接地干线焊接处容易生锈	焊接处未按标准要求打磨、做防腐处理	焊接地方都要敲掉焊渣,用钢丝刷刷掉锈蚀,而且必须要先刷一层防锈漆后再刷两遍富锌漆
5	焊接处虚焊、漏焊、假焊	验收检查不到位,施工人员技术差、技术交底不到位	专业技术人员进行电焊作业,并在施工前进行技术交底,焊接后派专人进行复查

4.1.4 设备安装

1）变电所设备运输方案

（1）准备工作

①确认拟选运输道路中无承载力不够的桥梁、涵洞、路段等建（构）筑物,查看道路上方有无影响车辆通过的物体,选择合适的运输线路。

②检查变电所设备房前的卸车场地是否满足作业要求,是否需进行平整或加固处理。

③检查设备入口处承台的强度及大小,对其强度有怀疑时需进行加固。承台偏小时,需用枕木等材料临时搭建一个与原承台等高、宽度适当的平台,并用钢板跨铺在两平台上,使其构成一个整体。

④设备采取自锚式进场时,到达指定位置后用液压起道器将设备下降就位。设备进场就位示意如图8-4-4所示。

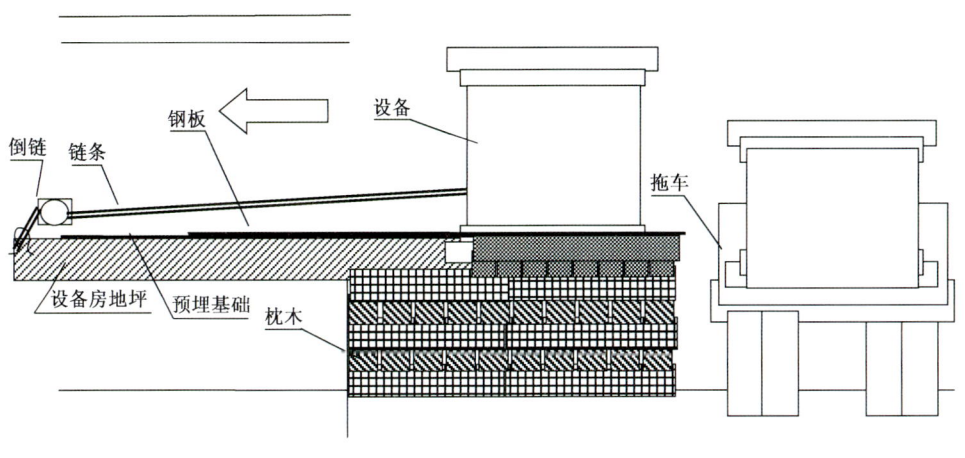

图8-4-4　设备进场就位示意图

（2）操作步骤和要领

①就位准备:修整变压器拖车进场通道,拆除各种障碍物,沿拖车行使路径,检查道路情况,并修整压实,用枕木加固设备室大门外运输平台及搭建枕木平台,与室内地面相平。

②器身起吊:将变压器吊起,调整正确高低压侧的方向。

③安装滚轮:变压器起吊至搭建的运输平台处调整方向正确,安装变压器滚轮。

④安装倒链:在牵引侧端头套挂500mm长的钢丝绳套,在变压器牵引耳或底座槽钢上套挂U形环,将倒链的链条放至适当长度,挂牢U形环,倒链的吊钩挂牢钢丝绳套,并稍稍张紧链条。

⑤牵引滑行:检查牵引系统的钢丝绳套、挂钩等是否固定牢靠,检查钢板同其相关的枕木是否牢固;

每4个人一组摇动倒链,使变压器在钢板上缓慢滑行。滑行中要注意变压器的行进方向,随时纠正偏移;变压器滑到基础中心时,停止牵引。

⑥位置调整:检查变压器长、短轴中心是否与基础中心线重合,设备的主体应成水平状态,偏差不得超过±20mm。用倒链牵拉变压器调整方向侧的牵引耳,使变压器在基础上进行少量位移,达到修正偏差的目的。

⑦拆卸滚轮:变压器中心线与安装中心线对应后用千斤顶顶起变压器,拆卸滚轮。

⑧变压器就位:将变压器放置在预埋工字钢上并用止挡固定,用木楔塞住四轮,待以后进行位置细调、安装。

⑨其他设备:将其他设备从车上逐件吊到入口平台上(带包装)。用手动液压叉车将设备运进变电所内,待拆箱就位。

2)变电所设备移动方案

(1)液压顶推平移方案

液压顶推平移方案的特点是需要专用移运设备,适用于质量为10t以上的大型设备在运输通道低矮、狭窄的地方短距离移运,如整流变压器等设备进场。

大型设备底座带有搬运用型钢,设备基础型钢落在布置好的导轨上,通过液压千斤顶顶推使设备水平前进。

(2)滚杠平移方案

滚杠平移方案的特点是不需要专门的移运设备,施工工具均为常用工具。适用于质量为10t以下的电气设备在运输通道低矮、狭窄的地方短距离移运,如动力变压器、35kV开关柜等设备进场。

设备底座带有搬运型钢的,可以直接将设备落在布置好的滚棒上;设备底座没有搬运型钢的,可以用两块宽度为200mm、厚度为50mm的木板垫在设备和滚棒之间作为滑板。通过链条葫芦牵拉或使用橇棒橇拔使设备水平前进。

(3)移运器平移方案

移运器平移方案的特点是需要专门的移运器,其他施工工具均为常用工具。适用于任何质量、任何外形尺寸的电气设备在运输通道低矮、狭窄的地方短距离移运,如整流变压器、动力变压器、35kV开关柜等设备进场。

施工时将设备外包装拆除后,在设备底板上装设移运器,利用移运器的滚动及灵活的转向功能使设备在狭小的空间内任意移动。

(4)液压小车平移方案

液压小车平移方案适用于质量为3t以下的开关柜、控制屏等设备的搬运,用液压搬运小车搬运,方法比较简单。

(5)大斜面移动方案

大斜面移动方案是为在设备进场线路上有较大的倾斜面时制订的,为确保设备在道木平台上移运时不致倾倒,必须采用移运时能平稳运行的液压顶推方式进行设备的移运。

当倾斜面的高差不大于1.5m时,可以将移运平台从坡顶搭到坡底,一次将设备移运过倾斜面;当倾斜面的高差大于1.5m时,必须分多次轮流进行水平移运和抬升(或降低)设备,设备先向前移动一级的距离,再向上抬升(或向下降落)一级的高度,如此逐级抬升(或下落)。并且每次抬升(或降低)设备的高差不宜大于1m,分多次将设备移运过倾斜面。

(6)小斜面移运方案

地下车站环境复杂,各变电所处于不同的层面,设备由地面向下吊运到站台或站厅层后,起重机就无法发挥作用。在设备搬运路径上有斜坡的地方,必须由人力和其他机械设备来搬运。

操作方法主要有搭建斜坡平台;安装手扳葫芦的固定点;用吊带将设备捆住,用手扳葫芦牵拉设备的底座和吊带,变压器斜坡滚轮搬运;在变压器后面,设置2个人同时随着变压器的前进将三角形垫木塞在设备的滚轮上,以防止变压器后退。

3）整流变压器安装(含网栅)

(1)施工流程

变压器安装施工流程如图8-4-5所示。

图8-4-5 变压器安装施工流程图

(2)操作要点

①施工准备

检查工机具是否良好,尤其是起重工具、尼龙吊带等。确认变压器原边、次变,进一步确认变压器位移方向。

②定位测量、画线

根据图纸要求在变压器柜底板上画出变压器就位轮廓线,并在变压器本体槽钢上做出位置参照标记。在变压器底板上做出变压器四面各点的对齐点,以便微调时目测。

③设备就位及固定

在变压器底板上钻孔,并在变压器安装基础型钢上攻丝用螺栓固定或钻孔用螺栓螺母固定。

④附件及接地安装

按设计要求,做好中心点接地、基础底座及外壳接地。

⑤网栅安装

保证网栅与整流变压器带电部分之间的安全距离。网栅支柱安装应垂直牢固,高度一致。同一直线上安装的立柱处在同一平面内。支柱与底板焊接时应垂直。网栅立柱与底板、加强板及接地螺栓的焊接应采用封闭满焊方式。网栅便门采用合页安装,合页安装时应能使网栅便门旋转180°。网栅表面油漆光洁,颜色均匀一致,无锈蚀。

(3)关键技术卡控点

①遵照现行《建筑电气工程施工质量验收规范》(GB 50303)的要求施工;
②变压器低压侧中性点应直接与接地干线连接;
③变压器支架或外壳应接地,所有连接应可靠、紧固及防松零件齐全;
④施工前备齐工、器具,确认运输方案的可行性;
⑤认真检查起重设备的可靠性,起重吨位是否符合施工要求;
⑥焊接中要防止发生焊把线短路和操作人员触电及烫伤,施工使用的临时电源应带漏电保护装置;
⑦室内进行涂装作业时要采取通风措施,严禁在周围进行明火作业。

(4)质量通病与防治措施

整流变压器安装质量通病与防治措施见表8-4-6。

整流变压器安装质量通病与防治措施　　　　　表 8-4-6

序号	质量通病	原因分析	防治措施
1	网栅原材料质量有问题，镀锌不达标	非合格供应商供货，采购中间流程监控不到位，验收不到位	材料买回来后先进行检测，对于非国标和镀锌不达标的材料一律不使用
2	网栅安装不在一条直线	验收检查不到位，施工人员技术差，技术交底不到位	先用激光测量仪定位，用墨斗弹一条直线，确保网栅安装在一条直线上
3	网栅安装不牢固	未按照标准要求施工，固定锚栓安装深度不够，验收不到位，技术交底不到位	立柱间距合理，受力均匀，按要求打孔预埋，使锚栓固定牢固
4	网栅构件焊接处容易生锈	焊接处未按标准要求打磨、做防腐处理	焊接地方都要敲掉焊渣，用钢丝刷刷掉锈蚀，而且必须要先刷一层防锈漆后刷两遍富锌漆
5	变压器有破损，规格型号有误	野蛮搬运，检查不到位	设备安装前，仔细核对规格和型号是否和设计图一致，检查变压器外观是否有碰撞和破损，无误后再进行安装

4）盘柜安装

(1) 施工流程

盘柜安装施工流程如图 8-4-6 所示。

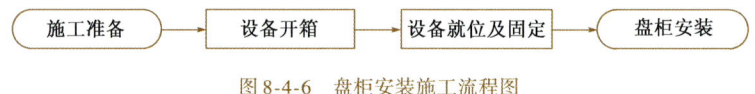

图 8-4-6　盘柜安装施工流程图

(2) 操作要点

① 施工准备

根据设计图纸，检查现场的设备安装预留孔洞、设备安装基础槽钢。检查当设备安装完成后距墙距离满足安全距离，设备进场验收合格。

② 设备开箱

设备在开箱前需认真检查设备保护外壳是否有受损、受潮、进水现象。

③ 设备就位及固定

将基础槽钢做好防锈处理；等涂料风干后，将槽钢表面处理干净；根据设备图纸确定好设备在槽钢上固定孔位置，并一一将孔洞钻好并攻丝。

④ 盘柜安装（非绝缘安装）。

a. 高压开关柜安装

柜体安装：按设计位置把第一块盘用线锤和水平尺进行找正，第一面开关柜安装好后，其他开关柜就按第一个柜作为标准拼装起来。

开关柜内母线安装：柜体间联络母线安装应按分段图、相序、编号、方向和标志正确放置；母线的搭接面应连接紧密，并应在接触面上涂一层电力复合脂。连接螺栓用扭矩扳手紧固，其紧固力矩值应符合规定。封闭母线桥现场实测后在工厂预制，根据安装图纸将母线箱逐个抬上脚手架摆放，拼装连接时从两端往中间靠拢连接，用短木方调整母线箱安装高度。在设有吊杆处用吊杆调整母线箱的高度及水平度，整个母线箱拼接完成后检查整体水平度和拼装间隙的分布，调整后逐步将螺栓紧固，并让吊杆处于适当的受力状态。

断路器的调整：高压开关柜内真空断路器厂家已调整好，施工单位在现场不准自行解体调整，如检查到有些断路器的机械特性参数不符合要求,应立即通知厂家到现场调整。

隔离开关的调整:检查隔离开关满足规范要求,如达不到要求通知厂家到现场调整。隔离开关的具体检查项目:三相同期性,触头是否偏心,触头与触指的接触情况。

b. 400V 开关柜安装

安装第一面开关柜有两种方法:一种是按照开关柜的编号从一端往另一端拼装开关柜(适用于8面以下开关柜安装);另一种是选择中间一面开关柜从中间往两边拼装(适用于8面以上开关柜安装)。

400V 开关柜就位安装前应在槽钢的一边(操作面)用墨斗画一条直线,依照此线来确定开关柜的走向,避免开关柜偏离槽钢;将第一面开关柜移至准确位置,要求开关柜地脚螺栓开孔与槽钢开孔吻合;第一面开关柜完全确定好位置后用地脚螺栓将开关柜固定,以此为基准依次按编号顺序将开关柜安装固定在相应的位置并调整。

⑤直流盘安装

直流盘要求绝缘安装,采用在柜体和基础槽钢及地面间加绝缘板的方法保证柜体的对地绝缘。

根据柜子的框架结构、设备基础槽钢的具体形式、柜体框架与槽钢的相对位置的不同采用不同的方法固定直流开关柜和整流器柜。

(3)关键技术卡控点

①高压柜

a. 电动工具使用前必须经检查合格,其额定电压符合现场电源电压,电源引接线安全可靠,电动工具接地良好,才允许使用。

b. 柜底加垫时不得将手伸入盘底,单面柜并列安装时应防止靠柜时挤伤手。

c. 预留孔洞的防护措施在高压柜未就位前依然要保留,施工前检查防护措施是否完好,防止施工过程中不慎掉落。施工时只打开到施工部位的孔洞盖板。

②400V 开关柜

a. 开关柜拼接应该在与槽钢平行的直线上;开关柜应垂直于水平面,不能有倾斜现象;

b. 地脚螺栓、柜间连接螺栓、铜排连接螺栓应该紧固到位,不可有虚接;

c. 铜排连接完成后需设立专职人员检查,确保每个连接螺栓符合力矩要求;

d. 在安装就位开关柜过程中不可掉落或遗留工具、材料等物件在设备内部,设备拼装完成后一定要仔细检查确认。

③直流盘柜

a. 安装绝缘板的时候应该按照开关柜尺寸正确安装,不可有歪斜、偏差现象发生;

b. 在绝缘板开孔时要注意避免使得因开孔造成绝缘板破裂现象;

c. 地脚螺栓做绝缘安装时要把握好力度,不可使绝缘环因力度过大而破裂;

d. 铜排连接一定要紧固,不可有虚接,并设立专职人员检查并做好记录;

e. 设备安装就位完成后应该用彩条布将其盖好,并设立警戒线及成品电气保护标识。

(4)质量通病与防治措施

盘柜安装质量通病与防治措施见表 8-4-7。

盘柜安装质量通病与防治措施 表 8-4-7

序号	质量通病	原因分析	防治措施
1	柜面不在一个平面	技术交底不到位,检查不到位,施工安装精度不够	安装时注意调整,每安装一台柜子,都要进行测量,对有偏差的柜子随时进行调整

续上表

序号	质量通病	原因分析	防治措施
2	柜内有异物,影响送电	螺栓松动,安装遗留物品在柜内	安装后仔细进行检查,确保柜内无螺栓、扳手等异物
3	需要绝缘安装的设备绝缘值通常很低(安装错误)	安装方式不正确,未及时进行安装后测量	从源头确保设备正确安装,每安装一面柜子都要测量记录,确保安装不出错
4	需要绝缘安装的设备绝缘值通常很低(后期掉落异物)	后期施工引起,检查不到位,施工人员马虎	制作电缆头时,铜丝极易掉入设备内,导致设备接地。为避免这种可能,后期可在电缆夹层制作电缆头,并在送电前2周,仔细检查设备,确认无异物掉落
5	需要绝缘安装的设备绝缘值通常很低(房间潮湿)	环境潮湿,未提前对房间进行除湿	配备除湿机和烘干机对设备及房间除湿
6	设备有破损,规格型号有误	野蛮搬运,检查不到位	设备安装前,仔细核对规格型号是否与设计一致,检查外观是否有碰撞破损,确认外观完好、规格型号无误后再进行安装

5)蓄电池安装

(1)施工流程

蓄电池安装施工流程如图8-4-7所示。

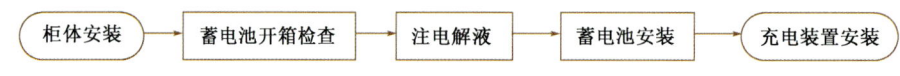

图8-4-7 蓄电池安装施工流程图

(2)操作要点

①柜体安装

屏、柜运输采用液压小车及人力抬运等方式就位,每面盘不得少于4个固定点,成列柜调整完毕后,在每面柜内4个角用螺栓与基础槽钢连接牢固。将屏、柜与接地线连接,连接要良好;屏、柜脱落油漆处用设备厂家提供的原色漆补好。屏、柜独立或成列安装时,其水平度、垂直度和盘、柜间接缝标准应符合安装规范要求。

②蓄电池开箱检查

确认蓄电池及附件、资料齐全,无损伤及短缺。

③注电解液

拔掉电池塞口,用专用工具将电解液缓缓注入蓄电池,确认液面高度符合规定,勿将电解液触及肌肤和衣服,结束时用棉布擦净电池表面的电解液。

④蓄电池安装

把蓄电池放在规定的位置,确认电池的极性,用连接板连接好电池。再次确认液面并给以调整,然后从正极端子开始对电池进行编号并贴在明显的地方。蓄电池组安装应严格核对蓄电池容量,在厂家督导下安装,蓄电池组的安装及充、放电应严格按照产品说明书的规定和要求操作。

⑤充电装置安装

根据设计要求按次序将充电装置和电池盘放到规定地点,调整好水平度和竖直度,做好装置的接地保护。

(3)关键技术卡控点

①屏、柜在安装时要避免受到强烈震动。

②推动小车缓慢行进。要注意盘、柜体的行进方向,随时纠正,防止倾斜。

③屏、柜搬运安装时,要防止挤压手、脚和盘、柜上的设备。

④钢板在室内尽头处与地坪间应加垫纸板或其他软质物品,防止手动叉车在室内从铁板上向地坪过渡时因设备重磕碰损坏室内地坪。

⑤屏、柜在未固定牢固前应采取防倒措施。

(4)质量通病与防治措施

蓄电池安装质量通病与防治措施见表8-4-8。

蓄电池安装质量通病与防治措施　　　表8-4-8

序号	质量通病	原因分析	防治措施
1	蓄电池有破损,规格型号有误	野蛮搬运、检查不到位	蓄电池安装前,仔细核对规格型号是否与设计一致;检查外观是否有碰撞和破损,确认外观完好、规格型号无误后再进行安装
2	蓄电池安装错误	检查不到位	要按照厂家要求进行安装,确保蓄电池方向正确

6）电力、控制电缆敷设及接续

(1)电力电缆敷设及接续

①施工流程

电力电缆敷设及接续施工流程如图8-4-8所示。

图8-4-8　电力电缆敷设及接续施工流程图

②操作要点

a.施工准备

审核施工一次图、二次图及厂家设备图、原理逻辑图,施工前应对电缆进行详细检查;规格型号、截面、电压等级均符合设计要求,电缆外观无扭曲、破损及漏水、渗水等现象。电缆敷设前进行绝缘摇测,检查桥支架的路径,核对敷设的电缆型号。合理安排电缆敷设路径并做出电缆敷设清单和电缆敷设断面图,必要时加以标识。

b.电缆敷设

电缆敷设前先用记号笔在电缆两端标记上电缆起点和终点位置,并在电缆每隔一段距离做上标记。电缆敷设完成后亦须对地进行绝缘测试并记录测试数据。电缆敷设依据"先敷设集中电缆、再敷设分散电缆,先敷设电力电缆、再敷设控制电缆,先长后短、先远后近"的原则进行敷设。敷设时按实际路径计算每根电缆长度,避开场地规划中的施工用地或建设用地,合理安排每盘电缆的敷设条数。敷设电缆完成后,在电缆两端及电缆竖井位置挂上临时电缆标签,从电缆端头将电缆按照顺序依次放到电缆桥架上,并保证电缆的整齐美观。单芯交流电缆须按"品"字形敷设,直流电缆可以平铺或叠层,不同回路电缆需间隔一定距离。电缆敷设时,电缆盘处、滑车之间、转弯处应安置地滑轮减少电缆碰地摩擦,以免损伤电缆外护套。电缆上不得有铠装压扁、电缆绞拧等永久性机械损伤。

c.电缆固定

电缆垂直敷设时,电缆与每个支架接触处应固定;水平敷设时,在电缆的首末端及接头的两侧应采用电缆绑扎带进行固定,电缆拐弯处及电缆水平距离过长时,应在适当位置固定一、二处。电缆敷设完成后对电缆进行整理、绑扎、挂牌。电缆牌内容包括电缆编号、电缆型号、电缆起始位置等。

d. 电缆头制作

不同的电缆附件厂家电缆头制作工艺要求也不同,因此现场进行电缆头制作时,要根据电缆附件厂家提供的技术标准进行制作。

e. 电缆防火封堵

电缆敷设及接线完毕后,应在两台机组之间、机房及各建筑物通向外部的电缆通道出口处设防火隔墙,电缆主通道分支处设置防火隔板,电缆和电缆托架分段使用防火涂料、防火槽盒、防火隔板或防火包等,所有孔洞均用防火堵料进行防火封堵。

③关键技术卡控点

a. 遵照现行《建筑电气工程施工质量验收规范》(GB 50303)及设计要求施工;

b. 按电缆头制造商说明书操作;

c. 铠装电力电缆头接地线应采用铜绞线或镀锡铜编织线,截面不应小于表8-4-9要求;

电缆芯线和接地线截面面积 表8-4-9

电缆芯线截面面积(mm^2)	接地线截面面积(mm^2)
120 及以下	16
150 及以上	25

d. 电力电缆终端头完成后,交流工频耐压试验1h,电缆的泄漏电流小于$20\mu A$[《电气装置安装工程电气设备交接试验标准》(GB 50150)];

e. 硅橡胶预制式高压电缆头的制作,应由经过培训掌握操作程序的人员进行;

f. 电缆终端头与电缆芯线截面的规格应相符,所用绝缘材料应符合要求;

g. 电缆头从剥切到制作完毕应连续作业一次完成,防止受潮;

h. 电缆中间头制作时,连接管与线芯的规格应相符,采用压接时,压模与线芯的规格相符,采用焊锡焊接时,不得使用酸性助焊剂。

(2)控制电缆敷设及接续

①施工流程

控制电缆敷设及接续施工流程如图8-4-9所示。

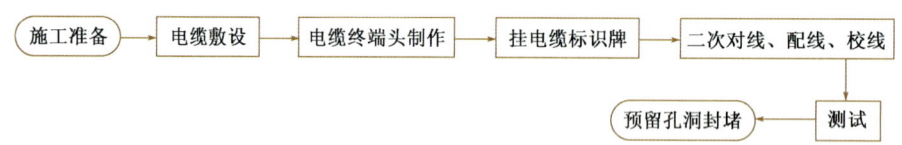

图8-4-9 控制电缆敷设及接续施工流程图

②操作要点

a. 施工准备

收集整理施工一次图、二次图及厂家设备图、原理逻辑图,审核图纸彼此的逻辑关系。确定电缆敷设路径并绘制电缆清册,电缆敷设图表具体包含电缆编号、起点、终点、数量、型号、长度、层数;对盘柜间的电缆进行实时测量,并记录好测量数据。

b. 电缆敷设

电缆敷设时做好每根电缆两端的标识,用记号笔在电缆上标识并在出柜位置挂上电缆标识牌,保证接线准确到位;电缆进柜前要根据端子排进行分孔选择穿线位置;直流电缆弧度要求统一、美观;电缆敷设完成后必须进行绝缘测试并记录测试数据。

c. 电缆终端头制作

电缆整理:电缆捆绑分为圆把和平把两种。

圆把:电缆捆成一把的形式。

平把:电缆在盘柜边缘依次整齐排列、捆绑,必要时可以走成两排。

电缆在盘柜穿线孔正下方用∟40×4角钢进行刚性固定(刚性固定需要用25mm² 铜编织带与基础槽钢的预留接地扁钢连接起来),要求排列整齐美观。

电缆头屏蔽层、铠装层接地线制作位置见表8-4-10。

电缆头屏蔽层、铠装层接地线制作位置　　　　　表8-4-10

项　目	电缆用途	接地方式	备　注
屏蔽层接地	交流设备与交流设备间	在始端就近接地	"始端"以电缆清册为准
	交流设备与直流设备间	在交流侧接地	
	直流设备与直流设备间	在始端就近接地	
铠装层接地	变电所内交流设备与交流设备间	在始端就近接地	
	变电所内交流设备与直流设备间	在交流侧接地	
	变电所内直流设备与直流设备间	在始端就近接地	
	变电所内、外设备相连接	两端接地	

d. 挂电缆标识牌

电缆标识牌内容包括编号、起点、终点、型号、长度等。在电缆终端两头、拐弯处、隧道及竖井、进出变电所的两端悬挂电缆标识牌;电缆终端头悬挂位置在电缆出柜500mm处。使用100mm长棉线将电缆标识牌固定,要求悬挂牢固、统一、美观。

e. 二次对线、配线、校线

理顺每根二次芯线,套上标识号码管,将一根芯线接地找出公共线,用公共线将其他芯线一一校核出来,按顺序套上对应的线号管。将每根电缆的芯线单独分开拉直。将电缆芯线绑扎,绑扎间距应均匀。在分线束引出位置和线束的转弯处应有绑扎措施。经绑扎后的线束及分线束应做到横平竖直、走向合理、整齐美观。

f. 测试

二次线配完后,将控制电源送上调试开关的分合、闭锁、遥测、遥控、遥信。

g. 预留孔洞封堵

安装调试完毕后,先将盘柜内的垃圾、灰尘清扫出去,再进行盘柜封堵,封堵要统一、规范,正方形有棱有角。

③关键技术卡控点

a. 按图施工,校线准确无误,接线正确可靠、固定牢固。

b. 所有二次电缆均打好把,排列整齐,不允许随意交叉;接线整齐,横平竖直,无交叉;需要考虑适当的预留,扎带间的间距要一致,扎带头留在线把后边。

c. 接地线走线:将"圆把"沿着各盘、柜底边沿接至盘、柜接地铜排上。

d. 负极柜里的接地线要接到夹层内的接地扁钢上,不能接在盘柜里。

e. 操作及联动试验正确,符合设计要求。

(3）质量通病与防治措施

电力、控制电缆敷设及接续质量通病与防治措施见表 8-4-11。

电力、控制电缆敷设及接续质量通病与防治措施　　　　表 8-4-11

序号	质量通病	原因分析	防治措施
1	电缆质量有问题	非合格供应商供货,采购中间流程监控不到位,验收不到位	电缆敷设前应对外观进行检查,测量电缆的绝缘值,确保电缆无破损;核对电缆的规格型号与设计图无误;对电缆进行抽检,确保电缆质量合格
2	电缆敷设长度错误	未进行电缆长度测量或测量不标准	电缆敷设前,现场测量实际长度,避免错误和浪费
3	电缆敷设不整齐	电缆敷设顺序不对,敷设路径不对,技术交底不到位,检查不到位	电缆敷设前,提前理清电缆放线顺序,设计好电缆路径;电缆敷设应从下层到上层,按操作者方向从内层到外层次序进行;排列位置按设计要求进行分层摆放
4	刚进入设备位置的电缆容易下坠	电缆支架安装距离超标,电缆固定方式不对	设备孔洞的下方制作非标支架,用以固定电缆,防止电缆下坠,对接线端子造成损伤
5	控制缆接续错误	标识不清楚,未按要求施工	每根电缆敷设完成后及时做好标识,接线时严格按照图纸进行接线
6	电缆敷设有交叉	电缆敷设顺序不对,敷设路径不对;技术交底不到位,检查不到位	排列设计中应逐根进行,防止交叉;水平段应水平,垂直段应垂直,及时整理绑扎固定。拐弯时应呈平滑的曲线,绑扎固定
7	二次线不整齐	电缆敷设顺序不对,敷设路径不对;技术交底不到位,检查不到位	同一路径电缆应在同一位置拐弯,保持平整美观;同一层支架上不同型号电缆应分开敷设,分开绑扎固定,一般线间其凸出误差应小于 0.5mm。为了达到上述要求,宜增加布置卡具
8	二次线接线错误	图纸错误或未按图纸施工,电缆标识错误,技术交底不到位,现场检查不到位	施工开始作业时,应将全部接头挂标识牌,标识牌编号不大于两位,使用颜色加以区分;敷设前应先核对编号,做到卡、牌、物无误;照明要充足;每个盘柜接线,宜由同一人作业,不宜换人,防止差错,严格按图纸施工,中间应适当安排休息,保持精力,防止错误
9	二次线接触松动,接触不良	电缆芯剥线长度不够,接入型号不统一	插入式接线线芯割剥不应过长或过短;接线端子与芯线连接时,接线端子规格应与芯线相符,接线端子与线芯表面接触应良好,无裂纹、断线,铜接线端子表面应光滑,导线和接线端子压接应牢固,逐个手拽检查
10	防损伤电缆	电缆防护措施不到位	在管口上加装软塑料套或管口必须进行钝化处理,固定电缆桥架连接板的螺栓应由里向外穿,以免划伤电缆
11	电缆割剥时损伤电缆线芯绝缘层	施工人员技能达不到要求,未进行技能培训	屏蔽层与 4mm 多股软铜线连接引出接地要牢固可靠,采用焊接时不得烫伤电缆线芯绝缘层,刀具应轻拉轻划,不得一次性剥到指定深度

4.2 中压供电网络

4.2.1 环网电缆支架安装

(1) 施工流程

环网电缆支架安装施工流程如图 8-4-10 所示。

图 8-4-10　环网电缆支架安装施工流程图

(2) 操作要点

① 施工准备

a. 技术准备：审核施工图纸，熟悉规范和技术标准，完成安全技术交底。

b. 材料准备：化学锚栓、膨胀锚栓、热浸镀锌扁钢、电缆支架等。

c. 工器具准备：钢卷尺、钢直尺、水平尺、激光测距仪、墨斗、发电机、配电箱、冲击钻、扭矩扳手、梯车、锚栓专业敲击工具、手动切割机等。

d. 人员准备：施工负责人、技术员、安全员、作业人员等。

② 测量放线

轨道铺设满足测量要求后，按照设计图纸上电缆支架的安装标准使用激光测距仪和自制的测量模具对电缆支架进行定位，每 10m 打点标记，再用墨斗线将打好的标记点弹成直线；将支架角钢最下沿与所弹直线对齐，标记螺栓孔位，间隔 8m 重复该步骤一次；将标记好的螺栓孔位用墨斗弹成三条直线，在已弹出的直线上每个 0.8m（间距按照设计要求）标出间距线，两线交叉点为螺栓安装位置，并做"+"形标记。

③ 打孔及锚栓安装

打孔时冲击钻要垂直隧道壁，孔深和孔径要满足设计要求和验收标准。打完孔后，要清理孔中的灰尘，在清理干净的孔位上，安装膨胀锚栓的胀管，用专用敲击工具敲击胀管使其胀紧。螺栓要安装到位，螺杆露出隧道壁的长度要达到设计要求，并且螺杆要垂直隧道壁。之后，螺栓进行拉拔力试验，合格后方可进行下一道工序的施工。

④ 电缆支架安装

螺栓安装完成后，将电缆支架安装在隧道壁上，使用水平尺进行复核调整，保证安装的电缆支架水平且垂直线路中心线。调整满足要求后，使用扭矩扳手将螺栓拧紧，直到达到设计拧紧力矩值。

⑤ 接地扁钢安装

扁钢搭接长度是扁钢宽度的 2 倍以上，扁钢在伸缩缝处安装一定要考虑一定的预留量，预留处扁钢做成"Ω"形，扁钢在转弯直角处安装进行预弯，确保安装的美观性。扁钢孔位定位完成后，使用台钻进行打孔，打孔时，螺栓孔必须打正，不能偏斜或扭曲。打孔完成后，将接地扁钢安装在电缆支架上，螺栓安装拧紧力矩必须满足设计要求。

(3) 关键技术卡控点

① 支架间距为 1m 的区段，需在控制电缆层设置电缆桥架。

② 支架荷载应满足现行《电力工程电缆设计规范》（GB 50217）中的支架荷载要求。电缆支架的安装应按现行《电气装置安装工程电缆线路施工及验收规范》（GB 50168）进行施工及验收。电缆支架安装前应进行载荷试验，按照图纸和相关规范对支架施加相应荷载，进行试验，试验通过后方可安装。对地面固定型支架，立柱和底座连接位置应进行加固。

③ 所需安装、紧固及连接等螺栓均应具备防松功能（设有弹簧垫圈等），材质为不锈钢。

④ 区间转弯、进竖井及过上翻梁和下翻梁时，电缆支架应逐步缓慢过渡，保证过渡平滑美观。电缆敷设完成后应确保每个电缆支架均有受力，不得悬空。

⑤电缆桥架、吊架和支架应按照国家现行有关标准的要求进行接地。全线接地扁钢应确保电气连通,扁钢在变电所设备夹层与变电所接地母排连接做可靠接地。

⑥为确保列车畅通安全运行,对支架、遮阳板、遮阳罩的安装应牢固、可靠、防侵限、防超界,并有防止遮阳板脱落和被风刮起的质量保证措施。

4.2.2 光(电)缆敷设

1)联跳电缆及差动光缆敷设

(1)施工流程

联跳电缆及差动光缆敷设施工流程如图8-4-11所示。

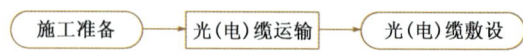

图8-4-11 联跳电缆及差动光缆敷设施工流程图

(2)操作要点

①施工准备

a. 技术准备:配盘时应该根据光(电)缆盘长和路由情况,应尽量避免短段光(电)缆;短段光(电)缆长度一般不小于200m。按非出厂盘号顺序排列时,相邻两盘光缆的光纤模长直径之差应小于1μm。

b. 材料准备:光缆、电缆、自黏胶带、电缆绑扎带等。

c. 工器具准备:作业车、安全防护用品、照明灯具、放线架等。

d. 人员准备:技术员、安全员、施工负责人、作业人员等。

②光(电)缆运输

光(电)缆装卸作业应使用起重机或叉车,当使用跳板时应小心装卸;光(电)缆运输时,应将缆盘固定牢固,不得歪斜和平放。

③光(电)缆敷设

敷设前需核实对盘号、盘长,将光(电)缆盘放置在放线架上,调节水平,光(电)缆的出线端朝上;光(电)缆敷设时的张力、扭转力、侧压力应符合要求;牵引力不应大于光缆允许张力的80%,主要牵引力应加在光(电)缆的加强构件上。作业车以不大于5km/h的速度向另一个车站前行,光缆敷设、接续或固定安装时的弯曲半径不小于光缆外径的20倍。敷设过程中,及时调整线盘与两侧放线架的距离,控制光(电)缆盘转速匀速。

2)35kV环网电缆敷设

(1)施工流程

环网电缆敷设施工流程如图8-4-12所示。

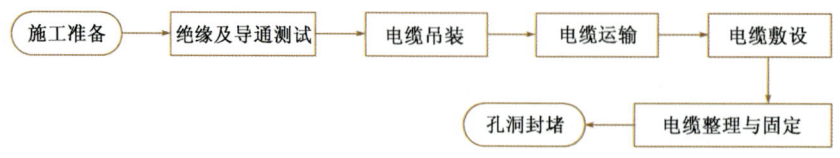

图8-4-12 环网电缆敷设施工流程图

(2)操作要点

①施工准备

a. 技术准备：审核施工图纸，熟悉规范和技术标准。完成安全技术交底。电缆通道畅通、无积水，支架安装齐全、牢固、防腐层完整，支架拐弯半径满足电缆弯曲半径要求，要求支架、接地贯通。电缆敷设前检查敷设电缆的路径，确保路径上的支架已全部安装完成，无影响电缆敷设的干扰因素。

b. 材料准备：电缆、电缆绑扎带、电缆卡子、相色带等。

c. 工器具准备：电缆放线架、作业车、作业平板车、起重机、对讲机、三角锥木、扳手等。

d. 人员准备：施工负责人、技术员、安全员、作业人员等。

②绝缘及导通测试

电缆到货时、电缆吊装前、敷设后以及电缆头制作前均需对所有电缆进行绝缘试验和导通试验，检查质量证明资料，根据规范要求抽样送检。电缆进场前，应用兆欧表进行电缆绝缘及导通测试，检查电缆表面无损伤，并填写绝缘测试记录和导通试验记录，测试结果符合规范要求，电缆导通性能良好方能进行后续施工。电缆每经过一次测试都需要对电缆进行放电处理，放电时间要充足。

③电缆吊装

电缆吊装前，应由施工负责人与技术人员共同确认到货的电缆盘号，吊装所需敷设的电缆盘。电缆盘吊装时，按本次敷设的先后顺序排列电缆盘（先放田野侧 C 相电缆盘，再放线路侧 A 相电缆盘，最后放 B 相电缆盘），电缆盘均要牢牢地固定在放线架上。吊装时应结合电缆盘重量和宽度选择强度及长度合适的钢轴，将钢轴穿于电缆盘孔中，保证电缆盘转动不会卡滞。电缆盘最低处距离平板不应小于 50mm，电缆盘转动时钢轴应保持平衡，防止电缆盘在转动时向一端偏移。

在起吊过程中，起重机司机应使钢丝绳受力后进行试吊，待施工人员安全撤离后再缓慢、平稳的将电缆盘吊装至作业车上，严禁摔放电缆盘。电缆盘放置时应确保电缆头从电缆盘的上方引出，电缆展放方向与作业车运行的方向相反。

④电缆运输

检查电缆沿途运输道路中有无承载能力不够的桥梁、涵洞和路段，运输路径有无影响车辆通过的物体，将电缆按敷设顺序依次放至平板车电缆放线架上，所有电缆盘均用紧线器固定牢固，电缆盘下方用三角木塞固定牢固，防止在运输过程中来回晃动。

⑤电缆敷设

电缆敷设时，在区间与车站分界处先预留进所长度，再往区间方向进行电缆敷设。若受电缆到货时间的影响，也可根据到货的电缆盘号从测量确认的中间接头位置开始敷设，敷设前需由技术人员确认中间接头的位置。

区间电缆一般采用轨道车敷设方式，严禁用轨道车拖转电缆盘。电缆敷设时必须按照要求匀速敷设，速度不得超过 5km/h。在弯道等特殊地点，电缆敷设速度应减慢，同时电缆根据弯曲半径适当弯曲摆放在电缆支架上，不得悬空。

电缆在高架区间电缆支架上放置时，在冬季等温度较低的情况下敷设时，每隔 100m 可将电缆适当下压，使电缆呈一定波纹形状，减少电缆或伸缩缝热胀冷缩带来的影响。在桥梁缝、拐弯处及曲线内侧等特殊区段，敷设时应适当加大电缆的弛度。

车站内电缆一般采用人工敷设。车站电缆敷设时，反复检查敷设路径，对路径上的管道口、混凝土结构棱角等进行重点确认并处理。在敷设路径上设置转角滑轮、地滑轮进行敷设，在孔洞处、上下穿竖井处使用塑料衬垫进行防护，防止其割伤电缆外皮。

在拐角处、与建筑物接触的边、沿、角和通过吊架过轨处应垫橡胶皮,以避免电缆热胀冷缩造成电缆的损伤。电缆不得出现硬弯、扭面,不得使电缆与地面直接摩擦损伤电缆。

⑥电缆固定

电缆敷设完成后及时进行整理,保证电缆以品字形整齐摆放在电缆支架上,电缆位于区间与车站分界处、电缆穿墙、电缆中间头两端、拐弯处及垂直敷设时,采用非磁性刚性电缆卡子进行固定,其余每5m刚性固定一次,不设电缆卡子的支架用扎带绑扎固定;每回35kV电缆按品字形进行绑扎摆放在电缆支架上,且需要用黄、绿、红三色胶带进行区分标识,在区间时,A相电缆位于线路侧(黄色胶带)、C相电缆位于田野侧(红色胶带)、B相电缆位于AC相上方(绿色胶带);直流电缆按每回进行绑扎;在全线区段A、B、C三相电缆相对位置保证不变。

电缆在区间每隔100m挂一处电缆标识牌,在所内每4m挂一处电缆标识牌,同时在电缆中间头两侧、区间与车站端头分界处、进出电缆竖井、进出夹层、穿墙孔洞两侧、转角处、过轨两侧均应设置电缆标识牌。电缆标识牌上应包含电缆规格型号、长度、起始点、相位、单位名称等参数,固定方式应根据设计及业主要求确认。

⑦电缆防火封堵

为避免电缆故障短路时发生火灾引发的事故范围扩大,在电缆进入车站夹层处,电缆竖井的上下口分别做电缆的防火封堵。防火封堵用的材料,可采用防火堵料与水泥按照3∶1比例配置的混合物,既可满足强度,不易脱扣,又可在需要架设电缆时打破预留孔,达到重复利用的目的。

电缆的防火封堵根据设计要求施工,区间与夹层的接口处可先用砖墙砌制,然后对电缆穿墙部位进行防火泥封堵。电缆竖井的上下口处可在所有电缆(包括走此通道的通信信号电缆等)敷设完毕后对出入口进行防火封堵。支模板时应根据电缆占有的空间并留有备用位置作为预留孔,拆模后对预留孔再进行防火封堵。

电缆进出车站或变电所夹层处孔洞封堵,可先用砖在孔洞两侧砌成墙体,将电缆保护管砌入其中,再用无机堵料对剩余小孔洞进行封堵。如果要进行电缆通道预留,可在墙体砌制时将预留通道数的电缆保护管砌入墙体中并进行临时封堵,在使用时将管道打通即可。

(3)关键技术卡控点

①电缆应严格按照设计图纸上要求的托臂层次敷设。

②电缆在电缆头附近应预留一定长度,便于电缆头故障后的重新制作。在区间电缆敷设时,在中间接头附近电缆进行波浪形敷设、S形敷设、上下错层敷设或其他方式,使得在每个电缆中间接头两侧各预留2m的电缆进行备用。电缆在变电所柜体下方预留的长度应根据设计要求及现场预留空间情况预留,盘成Ω形敷设于预留支架上。在电缆上柜前,电缆端头必须朝上固定牢固防止终端头落地受潮,应保证三相电缆呈U形用刚性电缆固定卡子固定至柜体下方的吊架上。

③防止电缆的滑落,刚性固定卡子不需要和电缆密贴,要保证有一定间隙,保证电缆热胀冷缩的裕量。

④电缆高度发生变化时,其坡度应平缓。在电缆路径上如设有下轨道楼梯,电缆管线在楼梯内侧穿过,并先于楼梯安装,该处支架或电缆槽的跨距、类型可适度调整。当支架安装高度变化时,变化坡度应平缓,满足电缆弯曲半径的要求。

⑤电缆敷设时在任何情况下不得侵入限界。

⑥电缆严禁敷设在地面上,必须采用支架。在人通行的地段必须加电缆槽进行保护。电缆槽必须可以承受人员踩踏荷载。

3）35kV 环网电缆中间接头制作

(1) 工序流程

电缆中间头制作工序流程如图 8-4-13 所示。

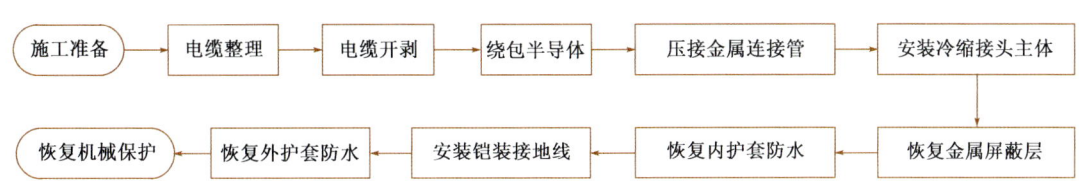

图 8-4-13　电缆中间接头制作工序流程图

(2) 操作要点

①施工准备

a. 技术准备：根据电缆头厂家资料编制电缆头作业指导书，对施工人员进行技术交底，开展岗前技术培训，考核合格后持证上岗。

b. 材料准备：35kV 电缆中间接头、清洁纸、硅胶、无水酒精、电缆附件等。

c. 工器具准备：电缆头制作专用工具、液压电缆断线钳、液压电缆压接钳、万向剥切刀、铁皮剪、温湿度计、兆欧表等。

d. 人员准备：技术员、施工负责人、作业人员等。

②电缆头制作

从小里程往大里程方向依次对电缆进行整理，电缆按 A、B、C 三相为一组作"品"字形排列，并按设计要求每隔 10m 左右用非磁性电缆卡子刚性固定，每隔 800～1000mm 用电缆绑扎带绑扎。

严格按照依据电缆头及安装说明书和作业指导书进行开剥及电缆头制作；电缆头制作，从剥切到完成必须连续作业，一次性完成，严禁在大雾或雨中进行作业；电缆芯线连接时，应除去线芯和连接管内壁油污及氧化层。压接时，应选用符合设计要求的模具进行压接，压接后应将端子或连接管上的凸痕修理光滑，不得残留毛刺；中间接头表面无油污，无损伤绝缘的毛刺、锐边、凸起，无起泡膨胀、裂纹等；电缆头制作完成后，30min 内不得移动电缆。

(3) 关键技术卡控点

①电缆中间接头设置在区间，三相接头位置应错开。

②电缆中间接头应严格按照设备的使用说明书和供应商的指导进行。要求供应商的技术人员现场制作三个中间接头和三个终端头，并指导项目部施工持证人员完成三个中间接头和三个终端头后，持证人才可以进行电缆附件的施工。

③电缆中间接头、终端头屏蔽层及铠装层连接处采用软铜编织带，软铜编织带应沿电缆尽可能蛇行敷设，避免电缆绝缘或护套收缩时拉断。敷设过程中，如电缆端头在空气中暴露时间较长，电缆端头应进行防潮处理。

④站内一次电缆不允许有中间接头。

⑤当在室外进行电缆中间接头制作时，要求空气的相对湿度为 70% 以下，当湿度过高时要进行加热处理。且要注意清洁，严禁在雨雾中施工，防止受潮。严禁在灰尘大的地方进行接续。

4）35kV 环网电缆终端头制作

(1) 工序流程

冷缩式电缆终端头制作工序流程如图 8-4-14 所示，内锥插拔式电缆终端头制作工序流程如

图 8-4-15所示。

施工准备 → 电缆核相 → 设备接地 → 电缆头制作 → 吹干保护 → 电缆头安装

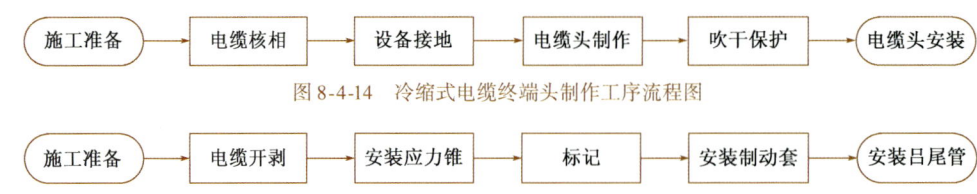

图 8-4-14　冷缩式电缆终端头制作工序流程图

施工准备 → 电缆开剥 → 安装应力锥 → 标记 → 安装制动套 → 安装吕尾管

图 8-4-15　内锥插拔式电缆终端头制作工序流程图

(2)操作要点

本文以冷缩式电缆终端头制作进行介绍。

①施工准备

a. 技术准备:依据电缆头安装说明书编制电缆头作业指导书,对施工人员进行技术交底,开展岗前技术培训,考核合格后持证上岗。

b. 材料准备:35kV 电缆终端头、清洁纸、硅胶、无水酒精、电缆附件等。

c. 工器具准备:电缆头制作专用工具、液压电缆断线钳、液压压接钳、万向剥切刀、铁皮剪、温湿度计、兆欧表等。

d. 人员准备:施工负责人、技术员、作业人员。

②电缆核相

对每一回路的 3 根电缆核对相序,并在每根电缆上做出标记。

③设备接地

在安装作业前,应确保附近设施都必须断电,不要接触带电设备,且附近带电设备应按有关规程接地。

④电缆头制作

依据电缆头安装说明书进行电缆开剥、制作接地线、终端收缩定位、绝缘层清洁、涂脂、套入冷缩终端、电缆接线端子压接、密封等。

⑤吹干保护

绝缘套管内表面及应力锥等清洁之后吹干,并用保鲜膜保护,以保证它们不受污染。

⑥电缆头安装

需要用多个螺栓(钉)固定的零部件在组装中,每个螺栓(钉)不要一拧到底,以逐个对角拧紧为宜。

(3)关键技术卡控点

①电缆剥切时,不得划伤到主绝缘层。为美观起见,三相电缆的预留长度应一致,用支撑架将电缆头夹住,各留出 1m 的长度,用锯弓锯掉电缆头,断面应平整,长度应根据设计要求及该段电缆的长度和预留空间考虑。在车站下安装预留支架,将预留电缆品字型摆放在预留支架上。

②终端头在制作后用电缆卡子固定在电缆横担上,并且做好标识,终端头应在夹层内做好预留,固定时保证电缆本身不承力。

③在进行接地带接地时,应接到支、桥架上,电缆铠装层两端接地,铜屏蔽带一端接地。电缆接头接入设备后应做好标识,并缠绕相色带。

④电缆终端头制作,从剥切到完成必须连续作业,一次性完成,防止受潮。

⑤在接入设备时,一定要用无水酒精(纯度在 99% 以上)和无毛纸擦干净终端头和设备插孔。

5)质量通病与防治措施

电缆敷设质量通病与防治措施见表 8-4-12。

电缆敷设质量通病与防治措施　　　　　　　　　　　表 8-4-12

序号	质量通病	原因分析	防治措施
1	电缆支架安装不平直	验收检查不到位,施工人员技术差,技术交底不到位	施工前,支架应进行预组合,校正偏差、施工完毕的支架一般不作为脚手架使用,也不能作为其他工艺管道支吊使用;施工中敷设电缆应多人同时作业。电缆只能抬起放入,不得拖拽
2	电缆敷设不整齐	电缆敷设顺序不对,敷设路径不对,技术交底不到位,检查不到位	电缆竖井每6m应设等距离固定卡,使相互间距离相等并隔开,保持电缆平直;电缆敷设应从下层至上层,按操作者方向从内层到外层次序进行;电缆拐弯处应放置不少于3个固定卡具。整根电缆敷设完后,其两端应用卡具固定,防止松动变形;电缆引入设备较集中处,宜增设引入桥
3	电缆穿越结构防火封堵不严	未按照标准做封堵施工,未进行检查验收	电缆竖井应按设计要求设置防火卡具,保证电缆间位置符合防火要求;电缆孔洞空隙部分应使用设计要求的防火材料堵抹,堵抹材料要有合格证,入场后应复检,并有复检报告;施工已堵抹的防火材料表面应具有足够的强度,宜大于3MPa;施工完后,表面工艺应美观
4	锚栓打在盾构缝上	未进行技术交底	测量画线时要注意保证打孔位置距盾构接缝、螺栓连接孔、灌浆孔等有大于50mm的安全距离
5	锚栓埋深不够,外露倾斜	锚栓型号不对,未进行技术交底	打孔垂直于隧道壁,保证打孔深度,对孔内进行三吹三刷
6	支架及扁钢镀锌厚度不够	非合格供应商供货,采购中间流程监控不到位,验收不到位	支架、扁钢到货后应及时进行镀锌检测
7	支架安装间距及水平、垂直度不满足要求	未按照图纸施工,未做技术交底	测量画线时要按照设计要求间距及水平高度施工
8	扁钢搭接长度不够	未按照图纸施工,未做技术交底	扁钢搭接保证2倍的扁钢宽度
9	电缆绝缘测试不合格	电缆敷设时有破损	电缆到货后及敷设完成后应及时进行绝缘检测,不合格时应通知厂家处理
10	电缆支架上敷设不合设计要求	未按照图纸施工,未做技术交底	电缆支架上敷设由下至上依次为高压电缆、低压电缆、控制电缆,不得相互交叉
11	电缆头制作不合格	未按照说明书进行施工,未做技术交底	当在室外进行电缆头制作时,要求空气的相对湿度在70%以下;当湿度过高时要进行加热处理。电缆头制作过程严格按照厂家指导要求进行,电缆导体打磨平整

4.3　杂散电流防护系统

4.3.1　线路施工

1）回流电缆放热焊接

（1）施工流程

回流电缆放热焊接施工流程如图 8-4-16 所示。

图 8-4-16 回流电缆放热焊接施工流程图

(2) 施工准备

①技术准备:开工前,组织技术人员认真学习实施性施工组织设计,审核施工图纸,解答有关技术问题,熟悉规范和专业技术标准。制订安全保证措施,提出应急预案。电缆型号、电压、规格符合设计要求,且绝缘测试已合格。

②材料准备:药粉、油漆、煤气罐、防火泥、电缆等。

③工器具准备:美工刀、圆弧剪、铜套模具、热焊模具、钢丝刷、毛刷、发电机、配电箱、打磨机等。

④人员准备:技术负责人、安全员、施工负责人、电焊工、施工人员等。

(3) 施工要点

①杂散回流电缆材料采用直流 1500V 电缆,电缆焊接采用放热焊工艺。放热焊的各种材料均应满足技术要求及现行相关技术规范的要求,以保证放热焊质量。

②在每次焊接工作施工前,对模具进行烘烤加热,以去除模具内的湿气。当停止施工达 8h 以上时,对模具再次进行烘烤加热。

③在钢轨的焊接位置上应除去钢轨表面油污和除锈,露出钢轨材料的本色即可。

④两处放热焊接接头边缘点之间的距离不小于 100mm。

⑤对打磨过的钢轨处进行烘烤加热。加热位置在钢轨打磨点中心,预焊接处正面加热,在 150mm 的距离内来回持续加热 2~4min 后离火,使用钢刷去除钢轨正面预焊接处氧化层。在环境温度特别低的情况下,在钢轨背面进行 30s 左右的烘烤加热。

⑥电缆长度裁选合理、电缆端头剥除 150~200mm,使用钢模将导线头连同铜套管做成半圆形,保证压接密实并对导线进行加热去湿处理,并用钢刷去除导线表面油污及氧化层,做压接后载流量与本线应相同。

⑦将模具与导线安装在钢轨上,使模具与钢轨紧密贴合,用堵漏泥进行封堵。在放热焊接反应后,必须等待 20s 后拆卸模具。

⑧焊接结束拆除模具后,对焊接处进行目视检查,要求焊接接头平滑饱满。

⑨在每个焊接点施工完毕后,使用耐高温毛刷将模具清理干净。

⑩如使用 PLUS 型焊药,撕去焊药包装上的一圈塑料纸,并在覆盖在焊药罐的密封包装上打上些小孔,使焊药在反应过程中接触更多的空气。

⑪电缆焊接后,电缆长度超过 4m 时,应每隔 2m 安装电缆固定卡。电缆过轨应加装橡胶绝缘保护套。

2) 道床杂散端子电缆连接

(1) 施工流程

道床杂散端子电缆连接施工流程如图 8-4-17 所示。

图 8-4-17 道床杂散端子电缆连接施工流程图

(2) 施工准备

①技术准备:开工前,对施工人员进行技术交底,解答有关技术问题,熟悉杂散系统行业规范和专业

技术标准。杂散端子预埋要垂直于地面,电缆与杂散端子需可靠连接并且紧固,防止电缆松动。

②材料准备:镀锌铜接线端子、电缆、螺栓、螺母、垫圈等。

③工器具准备:扳手、手锤等。

④人员准备:技术人员、施工负责人、安全员、施工人员等。

(3)施工要点

①道床杂散端子电缆材料采用直流电缆,截面面积为 $95mm^2$ 的硬铜绞线电缆,材料应满足技术要求及现行相关技术规范的要求;

②电缆连接弯曲度要符合技术标准,并且弯曲度均匀、方向一致;

③紧固道床端子螺母,螺纹外露不得超出3个螺距,防止杂散电缆连接不可靠。

4.3.2 设备安装

1)参比电极安装

(1)施工准备

①技术准备:开工前,核实预留孔洞位置及尺寸符合要求,对施工人员进行技术交底,解答有关技术问题,熟悉杂散系统行业规范和专业技术标准。

②材料准备:绝缘胶带、刨花碱、回填料、清水、镀锌管或PVC管、管卡、水泥等。

③工器具准备:金刚钻机、金刚钻头、钢卷尺、记号笔、电源盘、冲击电钻、水桶等。

④人员准备:技术人员、施工负责人、安全员、施工人员等。

(2)施工要点

①参比电极与对应的测防端子的安装距离不得大于1m;

②参比电极埋设前应放置在阴凉处,避免在露天阳光下曝晒或雨淋;

③安装参比电极前应清除孔洞中的混凝土粉块或浮尘,并用水淋湿孔洞内表面;

④安装参比电极前必须把电极在洁净的清水中浸泡2h;

⑤参比电极必须埋设在被测结构物的钢筋附近,参比电极不应和结构钢筋接触;

⑥电极与混凝土表面垂直放置,必须将电极全部埋置在混凝土介质中;

⑦在电极埋置处上方,用砂浆抹平并与周围混凝土表层尽量取平。

2)传感器安装

(1)施工准备

①技术准备:开工前,对施工人员进行技术交底,解答有关技术问题,熟悉杂散系统行业规范和专业技术标准。根据设计图纸上传感器的平面布置图,确定支架的安装位置。

②材料准备:支架、膨胀螺栓、连接螺栓、传感器、转接器等。

③工器具准备:钢卷尺、记号笔、电源盘、冲击电钻、扳手等。

④人员准备:技术人员、施工负责人、安全员、施工人员等。

(2)施工要点

①智能传感器安装于地铁线路两侧,采用壁挂式于隧道或桥的侧壁上,主要完成对参比电极与道床及隧道侧壁结构钢筋的电压测量并进行信号转换。智能传感器实际应根据厂家的设备图纸进行安装。

②用冲击电钻在侧壁打孔应注意智能传感器箱体膨胀螺栓不能与结构钢筋接触。

③智能传感器等装置支架应安装水平、牢固可靠,支架防腐措施良好,安装高度根据现场确定统一,不得与其他专业冲突,高度距离轨道 1m 左右为宜。

④进出线线缆弯曲部位用电缆卡子固定,并安装护套,智能传感器引入引出线穿过铜质填料函接线完毕后用力将压紧螺母收紧以密封防水。

⑤安装完成智能传感器后应标上编号,便于调试。

3)单向导通装置安装

(1)施工准备

①技术准备:开工前,对施工人员进行技术交底,解答有关技术问题,熟悉杂散系统行业规范和专业技术标准,制订安全保证措施,提出应急预案。

②材料准备:支架、膨胀螺栓、连接螺栓、传感器、转接器等。

③工器具准备:钢卷尺、钢管、螺栓、冲击电钻、扳手、撬棍等。

④人员准备:技术人员、施工负责人、安全员、施工人员等。

(2)施工要点

①单向导通装置的具体位置现场确定,供电施工单位须与轨道及信号施工单位配合,以不侵入车辆限界为原则;

②单向导通装置基础布置应遵守装置的开启方向与线路平行的原则,单向导通装置安装基础应保证平整,周围无积水;

③安装基础应处于无剧烈振动和冲击的环境。基础应预留足够高度以满足电缆进线需求;

④设备安装前,确认设备预留固定与预埋件上孔洞大小、位置是否一致;

⑤单向导通装置安装基础顶部一定距离(6~8m)内应无高压电缆通过;

⑥单向导通装置安装基础周围介质中应不含有破坏绝缘的腐蚀性气体;

⑦柜箱的规格型号及安装位置符合设计规定,本体有可靠的接地端子或接地引出线;

⑧柜、箱安装固定牢靠、盘柜无变形,表面漆层完好,铭牌齐全,元器件完好无损。

4)回流箱安装

(1)施工准备

①技术准备:开工前,对施工人员进行技术交底,解答有关技术问题,熟悉杂散系统行业规范和专业技术标准,制订安全保证措施,提出应急预案。

②材料准备:膨胀螺栓、连接螺栓、螺母、垫圈等。

③工器具准备:钢卷尺、手锤、电源盘、扳手、电焊工具等。

④人员准备:技术人员、施工负责人、安全员、施工人员、电焊工等。

(2)施工要点

①底座尺寸应与转换箱尺寸一致,通过膨胀螺栓固定在地基上,地基高度应考虑下进线电缆安装位置,高于 200mm;

②底座安装完成后,对底座进行刷漆,防止生锈;

③设备安装前,确认设备预留固定与预埋件上孔洞大小、位置是否一致,将基座清除干净;

④回流箱的安装位置应符合设计要求,安装稳固,绝缘子绝缘电阻和空气绝缘距离符合设计要求;

⑤电缆与设备的连接牢固,接触面积符合要求,导通良好,电缆芯线与接线端子压接牢固,接线端子与测防端子应连接可靠,安装应符合设计要求。

5）质量通病与防治措施

设备安装质量通病与防治措施见表8-4-13。

设备安装质量通病与防治措施　　　　　　　表8-4-13

序号	质量通病	原因分析	防治措施
1	参比电极安装不合格	参比电极浸泡工序时间长，施工人员忽略浸泡时间要求；安装不规范造成与结构钢筋接触	预先将要安装的参比电极浸泡水中12h，安装时不得与结构钢筋接触
2	杂散电缆连接螺栓生锈	镀锌等防腐工艺不达标，因雨水侵蚀暴露出质量缺陷	采用热镀锌螺栓，且镀锌层满足设计要求

4.4 综合接地系统

综合接地系统应遵循等电位连接的原则，以沿线两侧敷设的贯通地线为主干，充分利用沿线隧道、路基地段构筑物设施内的接地装置作为接地体，形成低阻等电位综合接地平台。

线路两侧分别给强弱电敷设一条贯通地线。贯通地线贯通全线敷设，每隔500m将上、下行贯通地线横向连接一次。区间设置简单横向连接线和完全横向连接线：简单横向连接线每隔500m一处，将上下行钢轨等电位连接，不接地；完全横向连接线，每隔1200m一处，与上下行里程保持一致，将上下行钢轨等电位连接后接地；同向钢轨之间每隔200m设置一处连接线。

1）综合接地系统范围

隧道、无砟轨道、接触网支柱基础等结构物内的接地装置应优先利用结构物中的非预应力结构钢筋作为自然接地体；当没有结构钢筋可以利用时，可增加专用的接地钢筋；当自然接地体的接地电阻达不到要求时，应增加人工接地体。

（1）电子系统接地

①距接触网带电体5m范围内的电子系统设备的接地均应就近接入贯通地线；

②位于建筑物室内的电子系统的接地应接入建筑物共用接地系统；

③沿线长途通信电缆、电缆槽支架、漏泄电缆悬吊钢索等的接地均应接入贯通地线；

④无线通信基站及区间中继设备的杆塔等的接地装置应单独设置，达到要求后再接入综合接地系统。

（2）牵引供电系统接地

①接触网支柱基础接入综合接地系统。

②PW线或NF线与轨道必须通过电缆连接。贯通地线与完全横向连接线连接点、PW线或NF线的引下线与电缆连接点宜在同一里程。

③牵引变电所应采用不少于两回独立的架空回流线或回流绝缘电缆（线）经电缆与钢轨相连接并将回流线引入牵引变电所。回流电缆（线）的截面应满足另一回电缆（线）故障情况下的最大载流量需要。

④牵引网中的防雷接地装置在贯通地线上的接入点与其他设备在贯通地线的接入不应共用同一接地母排。

⑤牵引变电所围墙内外的管道附属设备的金属外皮应与变电所地线网相连。

(3)电力设施接地

沿轨道交通线20m范围内电力设施的接地应接入综合接地系统:电力架空线及其柱上设备(断路器、负荷开关、电容器)的接地装置,变压器接地装置,电力电缆中间接头、终端头。

(4)无砟轨道及站台接地

①无砟轨道道床上层敷设非预应力接地钢筋,每100m分隔为一个标准段,纵向专用接地钢筋按每100m左右与贯通地线单点T形连接一次。

②钢筋混凝土站台上(包括混凝土内部)的金属构件应可靠接地。有条件时,应就近与综合接地系统的贯通地线可靠连接。

(5)其他设施接地

轨道交通沿线的构件处于接触网带电体5m范围内,应与贯通地线可靠连接,主要包括以下内容:

①跨电气化轨道交通的建(构)筑物外露的金属防护栅网及护栏应单独接地。有条件时,可接入综合接地系统。

②采用综合接地系统的电气化轨道交通,距轨道交通两侧20m范围以内的轨道交通设备房屋的接地装置应接入综合接地系统。

2)变电所内接地线安装

(1)电缆支架安装好以后,在电缆支架第二层上敷设接地扁钢,接地扁钢与托臂用螺栓连接;

(2)在立柱与接地扁钢间用裸铜编织线连通,需在槽钢立柱上焊接接地螺栓,连线要美观、正确牢固、全线一致;

(3)将接地扁钢与立柱以焊接的方式将桥架牢固接地,接地扁钢贴地或沿托臂敷设;

(4)接地扁钢应就近或按设计图的要求与变电所的接地铜排可靠连通。

3)接地网安装

土建单位地面装修层、墙壁装修层施工完毕后,进行室内墙壁上接地材料的安装。接地材料利用线夹固定在墙壁上,线夹和材料间通过螺栓连接。

注意:如接地材料选用扁铜,则扁铜间的连接须采用搭接焊接,搭接长度应符合国家标准规定,焊接强度应符合国家标准要求。

4)车站综合接地

车站综合接地装置以水平接地为主、垂直接地为辅,外援闭合,内部敷设多条水平网络带,形成复合接地网。

(1)组成

综合接地装置由两部分构成:一部分由车站结构围护桩内的钢筋组成自然接地体;一部分由车站结构底板下的人工接地网组成,并通过车站主体结构钢筋与人工接地网的连接构成车站的总等电位连接。人工接地网施工完毕后,将其与车站结构围护桩内的结构钢筋进行连接。

(2)埋深与布置

综合接地装置的水平接地极埋设在车站主体结构底板下800mm处。综合接地装置的人工外引接地网外缘应合闭,外缘各角应做成圆弧形。圆弧半径应不小于均匀带间距的一半,圆弧半径为5m。

除水平接地极外,综合接地装置还设置了垂直接地极。垂直接地极应均匀分布在接地网的周围地带,分布距离应符合现行《建筑物防雷设计规范》(GB 50057)要求,并同水平接地极之间进行连接,从而构成复合接地网。

4.5 电力监控系统

电力监控系统设备采用盘柜安装,通常一个变电所中设一台控制信号屏,屏内预装人机交换界面、主机、交换机等装置。

设备安装参见变电所交流设备安装方法。

4.6 柔性接触网

4.6.1 线路施工

柔性接触网线路施工包括基础浇制,埋入杆件,钢柱安装,基础帽制作,接地、接地极安装,门形梁安装,支柱装配,腕臂预配及安装,拉线安装,固定绳预制及安装,补偿装置安装,地、馈线架设,承力索架设,接触线架设,中心锚节安装,定位器及定位装置安装,吊弦及吊索安装,接触悬挂调整,电连接线安装,线岔安装,标识牌、支柱号码安装,支柱防护、限界门安装等分项工程。

1)基础浇制

(1)施工流程

基础浇制施工流程如图 8-4-18 所示。

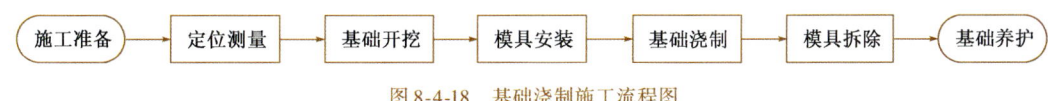

图 8-4-18 基础浇制施工流程图

(2)操作要点

①施工准备

a. 技术准备:完成施工图设计交底,完成安全技术交底;使用的仪器、仪表经具备国家级资质的检验机构的检验,并贴有"检验合格证"的标识,且在有效期内;轨道专业(土建专业)已交桩并且记录详细齐全,并有双方技术负责人签字。

b. 材料准备:地脚螺栓、商品混凝土、预制钢筋网。

c. 工器具准备:5m 钢卷尺、油漆笔、手锤、防护旗、水平尺、水准仪、全站仪、抽水机、铁铲、铁镐、模具、振动器、配电箱、手推车、混凝土滑槽、发电机、挖掘机、渣土运输车、对讲机、防护灯等。

d. 人员准备:施工负责人、技术员、测量人员、安全员、作业人员、防护员等。

②定位测量

a. 定位基准点、水平标高引入。

b. 基准点、水平标高复核。

c. 测量:使用全站仪以平面坐标标记点建立的坐标系为基准,对所有基础的中心坐标和对应线路中心坐标进行测量;在距支柱基础 1.5~2m 处制作十字辅助桩;对于门形架支柱基础,需确定两基础中轴线是否在同一直线上,并在中心桩连线方向和垂直连线方向打好辅助桩。

d. 复核:利用与初次测量不同的标记点建立坐标系对基础进行复测。

e.道岔柱定位时要考虑是直股道岔柱还是侧股道岔柱。如果是侧股道岔柱,则需要加上正线和侧线的线间距。门形梁定位时,如果支柱为两股道中间,则要同时定位出两股道的线路中心桩,以保证门形梁基础同时不侵入两边限界。

③基础开挖

a.确认:根据测量标记和支柱侧面限界确认坑口内边缘位置。坑口内缘距离线路中心距离应小于侧面限界一定值,一般该数值定为150~200mm;坑口外缘位置应由轨面处支柱宽度和侧面限界确认,一般根据支柱型号比侧面限界大700~1000mm确定。

b.清理工作面:清理各单位施工时剩余的材料和其他影响的物品。

c.开挖:硬土质开挖采用镐、锹交替分层开挖和机械开挖;碎石类基坑开挖可采用机械开挖并实施局部支撑防护板的方法来加强坑壁的稳定性;流砂、高水位基坑开挖一般采用水泥防护圈防护的方法进行人工和机械开挖。

d.复测坑深、限界:基坑开挖完成后进行限界复测,控制限界在允许的误差范围内。

e.填写隐蔽工程记录:施工完毕后填写基坑的各种尺寸,形成施工过程中的记录。

④安装模具

a.复核基坑:待基坑开挖完成后,重新测量基坑的深度、宽度和其他主要参数。

b.支模:根据基础类型,选用合适的模型板。

c.安装地脚螺栓固定模板:将地脚螺栓固定模板稳固放置于基础框架模板上口,将地脚螺栓固定于固定模板上,复核螺栓的布置方向、数量、外露长度、间距等满足设计及验收标准要求。

⑤基础浇制

a.基础浇制前,应复核基坑位置、侧面限界、基础型号、外形尺寸、基坑深度、模型板位置等符合设计文件要求。

b.浇筑混凝土时须分层振捣,并振捣均匀,直至基础浇筑完成。

c.在浇制过程中校核基础螺栓的间距,整个基础浇制应一次完成,间隔时间须满足要求。

d.检查基础外形尺寸、地脚螺栓外露长度与间距偏差,应符合表8-4-14要求。

基础外形尺寸、地脚螺栓外露长度与间距允许偏差　　　　表8-4-14

项　目	允许偏差(mm)	项　目	允许偏差(mm)
螺栓外露长度	±20	螺栓埋深	0~+20
螺栓相互间距	±2	混凝土保护层	±10
螺栓中心位置	±2	基础横断面尺寸	±20

e.制作试块。

f.留存隐蔽工程影像资料及填写隐蔽工程记录。

⑥模板拆除

当混凝土强度满足拆模条件,拆除地脚螺栓固定模板,对基础面进行修整,同时采用水平尺进行校核基础面水平,拉线基础需制作散水坡。

⑦基础养护

按规定条件进行养护,同时填写基础养护记录。

(3)关键技术卡控点

①交桩点引入停车场或车辆段内时,要对土建、铺轨单位的引入点的坐标、水平标高进行复核,检查

引入点是否符合。

②基础中心到线路中心距离符合设计、规范要求,允许误差为0～+100mm;基础标高符合设计要求,误差不得大于±20mm。

③拉线基础中心在锚支延长线上,拉线基础中心距线路中心的允许偏差为0～+100mm,且应符合侧面限界的要求。

④混凝土材料进场验收按照设计、规范要求执行。

⑤同组门形横跨的两个基础,先浇筑完一个,再以该基础为基准,检查、校准相对应的另一基坑位置,确认无误后再浇筑。

⑥基础框架模板安装时,应保证基础外形尺寸正确,基础地脚螺栓的方向、位置正确。地脚螺栓外露部分长度应符合设计要求,涂油脂并包裹保护。

⑦在同条件养护下,基础(含拉线基础)混凝土试块的抗压极限强度不得小于设计值。同批混凝土浇制一组试件,并标出抽样的部位、编号、浇制的日期等,按照要求进行养护并送检试验。

(4)质量通病与防治措施

基础浇制质量通病与防治措施见表8-4-15。

基础浇制质量通病与防治措施　　　　表8-4-15

序号	质量通病	原因分析	防治措施
1	基础位置偏移	基础定位不准	基础放样时一次放样,再次复核
2	基坑坍塌	防护措施不到位	做好支护处理和应急救援工作
3	螺栓外露不够	基础支模不规范	基础浇筑时测量每一根基础螺栓外露尺寸,并及时复核
4	基础面高度偏差	测量不准确	根据设计要求,多次复测基础面
5	基础成品保护	防护措施不到位	基础养护完成前,做好防护工作和警示标志

2)埋入杆件及底座安装

(1)施工流程

埋入杆件及底座安装施工流程如图8-4-19所示。

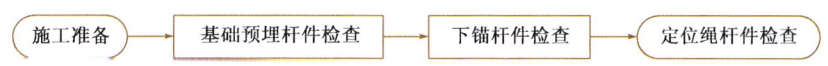

图8-4-19　埋入杆件及底座安装施工流程图

(2)操作要点

①施工准备

a.技术准备:学习设计文件,完成技术交底和安全交底。

b.工器具准备:5m钢卷尺、油漆笔、水平尺、对讲机、防护灯等。

c.人员准备:施工负责人、技术员、作业人员、安全员、防护员等。

②基础预埋杆件检查

对桥梁或出入场线等土建预留基础预埋杆件进行检查,要求地脚螺栓、滑槽、接地端子等的规格型号、质量应符合设计要求。

桥梁和路基区段预留支柱基础及拉线基础型号、位置应符合设计要求。

③下锚杆件检查

下锚杆件分为预留拉环或预留底座、预留孔等形式。

检查下锚杆件位置墙体是否为钢筋混凝土结构,要求墙体能够承受下锚拉力要求;检查预埋位置是否符合设计要求。如果高架段设有声屏障,则要核对补偿下锚的坠砣位置是否与声屏障有冲突(下锚基础的坠砣侧要与声屏障基础有一定的空间,以保证坠砣自由上下伸缩);检查杆件外露、埋深、拉力、杆件间距等是否满足设计要求;如果下锚杆件为预留孔形式,需要检查预留孔大小是否满足设计要求。

④定位绳杆件检查

定位绳杆件分为预埋底座和预埋螺栓两种形式。

a. 检查预埋杆件外露、埋深、拉力、杆件间距等是否满足设计要求;

b. 检查杆件预埋位置是否符合设计要求。

(3)关键技术卡控点

①基础预埋螺栓与线路中心线的距离应满足设计要求,允许偏差为0～+100mm。

②预留基础顶面标高应满足设计要求,允许误差为±20mm。

③桥梁上预埋螺栓顺线路方向中心线应与线路中心线平行,垂直线路方向中心线应与线路中心线垂直。两方向的允许偏差均不得大于3°。螺栓应呈竖直状态,螺栓外露长度、螺栓间距应符合表8-4-14要求。

④下锚杆件位置要求对应承力索或接触线、架空地线下锚延长线方向。

3)钢柱安装

(1)施工流程

钢柱安装施工流程如图8-4-20所示。

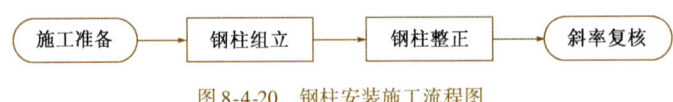

图8-4-20 钢柱安装施工流程图

(2)操作要点

①施工准备

a. 技术准备:学习设计文件,完成技术交底和安全交底。钢柱外观和产品合格证检查合格。

b. 材料准备:钢柱、地脚螺栓、螺母、调整垫片等。

c. 工器具准备:斜率仪、油漆笔、水平尺、汽车式起重机、对讲机、防护灯等。

d. 人员准备:施工负责人、技术员、作业人员、安全员、防护员等。

②钢柱组立

a. 基础检查:清扫钢柱基础表面,检查基础浇筑质量,检查地脚螺栓的螺母、调整垫片准备是否齐全。

b. 钢柱安装起吊:采用汽车式起重机起吊钢柱,缓慢地将支柱底座螺栓孔平稳对准地脚螺栓的螺杆。

c. 钢柱安装就位:螺栓孔准确对位,将地脚螺栓平稳插入钢柱底座螺栓孔内,并依次拧上螺母。

③钢柱整正

a. 使用斜率仪测量出钢柱横线路和顺线路方向的中值;

b. 根据数值确定钢柱横线路方向的倾斜度,松动螺母,使用撬棍翘起钢柱,根据需要增正的斜率值

大小,增加或减小钢柱的各主角钢处调整垫片的数量,调整至钢柱横线路方向倾斜度符合技术标准;

c.倾斜度合格后,将螺母适当拧紧。

④斜率复核

钢柱整正完毕后,使用斜率仪复核钢柱横线路方向、顺线路方向的斜率值。

(3)技术标准

①钢柱规格型号、安装位置应符合设计要求,检查产品铭牌,焊接处应无裂纹,钢柱弯曲度不应大于1/100,钢柱的角钢不应有弯曲、扭转现象,表面漆层完整无脱落、无锈蚀。

②钢柱整正完毕后的侧面限界应符合设计值,允许偏差为0～+100mm。

③钢柱整正标准见表8-4-16。

钢柱整正斜率   表8-4-16

方　向	线路状态	支柱类型	支柱整正斜率(‰)
横(垂直)线路方向	直线	一般中间柱、锚柱、对向下锚柱、关节中心柱	0(向田野侧)
		道岔柱、中锚中心柱、转换柱	-3(向线路侧)
	曲线外侧	一般中间柱、锚柱、对向下锚柱、关节中心柱	5(向田野侧)
		道岔柱、中锚中心柱、转换柱	-2(向线路侧)
	曲内内侧	一般中间柱、锚柱、对向下锚柱、关节中心柱	0(直立)
		道岔柱、中锚中心柱、转换柱	-3(向线路侧)
顺线路方向	—	链形补偿下锚柱	10(拉线侧)
		简单补偿下锚柱、地线下锚柱、中锚锚柱	8(拉线侧)
		中间柱、开关柱、转换柱、道岔柱、门形梁支柱、对向下锚柱、关节中心柱	0(直立)

④同组门形梁支柱连线应垂直于正线,偏差不超过1°;多跨门形梁中间支柱与同组门形加钢柱连线的偏差,在顺线路方向上不大于10mm。

⑤垫片在钢柱底板螺栓下面,每块调整垫片面积不小于50mm×100mm,每个钢柱下调整垫片数量不得大于3片,每个基础加入调整垫片位置不得多于3处。

⑥紧固螺母时应对角循环进行,使受力均匀,必须确认主螺母紧固力矩符合要求后方可紧固副螺母。

(4)质量通病与防治措施

钢柱安装质量通病与防治措施见表8-4-17。

钢柱安装质量通病与防治措施   表8-4-17

序号	质量通病	原因分析	防治措施
1	钢柱外观尺寸、镀锌层厚度不符合要求	镀锌不均匀、运输有损伤	钢柱到厂及时检查,不符合要求的钢柱进行返厂处理
2	钢柱斜率不符合要求	测量不准确	每根钢柱整正完成后,进行再次复核,不满足要求的应及时整改

4)基础帽制作

(1)施工流程

基础帽制作施工流程如图8-4-21所示。

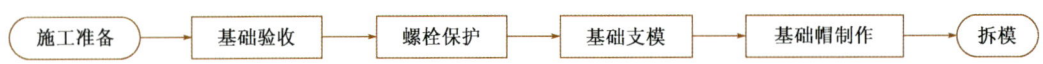

图 8-4-21 基础帽制作施工流程图

（2）操作要点

①施工准备

a. 技术准备：学习设计文件，完成技术交底和安全交底。

b. 材料准备：混凝土。

c. 工器具准备：模具、水平尺、对讲机、防护灯等。

d. 人员准备：施工负责人、技术员、作业人员、安全员、防护员等。

②基础验收

支柱整正完成，加载悬挂负荷后，进行基础帽制作施工。

③螺栓保护

采用 PVC 管和胶带将外露螺纹封堵保护。

④基础支模

采用木板制作基础帽模板，在支柱四周固定模板。

⑤基础帽制作

混凝土强度等级满足设计要求，依据设计文件制作基础帽。

⑥拆模

满足拆模条件，拆除基础帽模板。

（3）关键技术卡控点

①混凝土强度等级符合设计要求；

②基础帽制作时，注意避免遮盖钢柱上接地孔。

（4）质量通病与防治措施

基础帽制作质量通病与防治措施见表 8-4-18。

基础帽制作质量通病与防治措施　　　　表 8-4-18

序号	质量通病	原因分析	防治措施
1	基础螺栓发生形变	基础螺栓保护不足	对每根螺栓涂油脂，并套保护套
2	基础帽外形不规范	基础支模时模具偏移，不整齐	基础支模时要固定牢固，防止发生变形
3	基础表面不平整	基础帽制作时涂抹不匀	基础帽制作后进行抹面处理，保证基础帽的美观性

5）地线、接地极安装

（1）施工程序

地线、接地极安装施工流程如图 8-4-22 所示。

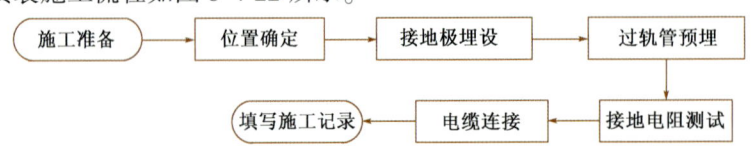

图 8-4-22　地线、接地极安装施工流程图

（2）操作要点

①施工准备

a.技术准备：学习设计文件,完成技术交底和安全交底。

b.材料准备：接地极、钢管、电缆、热缩管、铜接线端子等。

c.工器具准备：大锤、铁锹、扳手、喷灯、PVC绝缘胶带、对讲机、防护灯等。

d.人员准备：施工负责人、技术员、作业人员、安全员、防护员等。

②位置确定

根据设计文件,调查现场确认接地极埋设位置无预埋电缆或其他管道设施,标记位置。

③接地极埋设

开挖水平接地体沟槽,安放接地极并锤击垂直接地体至埋设深度,回填夯实接地极沟。

④过轨管预埋

在轨道铺设之前,先定位出零散接地走势,在需要埋设过轨管的地方埋设过轨管,封堵管口并标记。

⑤接地电阻测试

使用接地电阻测试仪测试接地极的接地电阻值,满足要求后方可连接,否则应加降阻剂或增加单个接地极数量。

⑥电缆连接

采用接地电缆连接零散钢柱并与接地极单独接地,电缆外露部分需要穿管进行保护。

⑦填写施工记录

填写施工记录并根据监理及建设单位要求填写隐蔽工程记录。

（3）关键技术卡控点

①接地极埋设位置为站台或其他人员活动频繁的钢柱,零散支柱,开关、避雷器、电压均衡器等设备处,架空地线下锚处。

②接地极的接地电阻值应符合：开关、避雷器、电压均衡器、架空地线处不大于10Ω,零散接触网钢柱、距接触网带电体5m以内的金属结构处不大于30Ω。

③采用垂直接地体时,应垂直打入,并与土壤保持良好接触。

a.水平敷设的接地扁钢应平直,无明显弯曲,地沟地面应平整,不应有石块或其他影响接地体与土壤紧密接触的杂物。

b.各种接地极应符合设计文件要求,接地棒应离开地下电缆,避雷器的接地极距通信、信号电缆不应小于3m;在地形受限时,应加绝缘防护,但最小距离不应小于1m;接地引线与通信电缆无法避免交叉时,交叉垂直距离不得小于0.5m,并应加绝缘防护,交叉角为90°。

c.接地极埋入地下深度不应小于0.8m,冻土地区接地极埋设深度应符合设计文件要求,地面部分涂防锈漆。

④接地极焊接牢固,连接处应除锈涂电力复合脂,连接牢固可靠。

（4）质量通病与防治措施

地线、接地极安装质量通病与防治措施见表8-4-19。

地线、接地极安装质量通病与防治措施　　　　表8-4-19

序号	质量通病	原因分析	防治措施
1	接地极位置不符合设计要求	测量不准确	现场多次调查,确定好位置后再进行接地极安装

续上表

序号	质量通病	原因分析	防治措施
2	过轨管道埋设深度不够	测量不准确,施工时为节省工作量减少开挖深度	过轨管道明挖时,复核深度,满足要求后再进行回填
3	安装接地极时接地极形变	安装方式不规范	锤击接地极时需施工人员进行扶正,保证接地垂直打入地下
4	接地电阻不足	接地极埋入深度不够或土质环境影响	进行接地电阻测试时,电阻不足只能进行重新埋设
5	电缆破损	电缆保护不足	在电缆易伤的位置加保护套

6)门形梁安装

(1)施工流程

门形梁安装施工流程如图 8-4-23 所示。

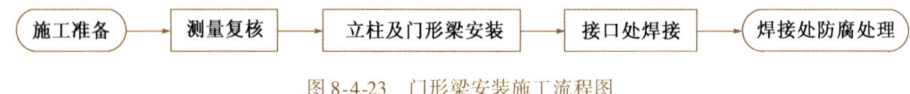

图 8-4-23 门形梁安装施工流程图

(2)操作要点

①施工准备

a. 技术准备:学习设计文件,完成技术交底和安全交底。门形梁进场验收合格。

b. 材料准备:门形梁、红色油漆等。

c. 工器具准备:起重机、电焊机、脚手架、水准仪、斜率仪、钢钎、钢卷尺、铁锤、喷锌仪器、发电机、水平尺、对讲机、防护灯等。

d. 人员准备:施工负责人、技术员、作业人员、安全员、防护员等。

②测量复核

确认基础型号与设计图纸是否一致;使用水准仪分别测量出每个法兰盘顺线路和垂直线路上共4个点的标高,并用经纬仪检测两法兰盘间螺栓的垂直对应度,做好记录;用钢卷尺测量出每两个基础法兰盘中心的距离 L_n,并做好记录;计算每个法兰盘4个测量点的高差,并根据计算结果确定所需垫片的型号和数量;测量完毕,用红色油漆在基础旁标注。

③立柱及门形梁安装

a. 按支柱安装方法完成门形架支柱安装。

b. 按测量所得数据预先组装 L_2 段直梁,预先组装时应将柱顶立柱及两侧的横梁连接套管一并组装,L_3 预先组装时考虑剩余横梁及其与 2m 的弯头之间的连接,与 4 号支柱柱顶立柱及横梁连接套管一并组装。

c. 用汽车起重机起吊 L_2 段直梁,按单跨横梁安装方法进行安装,并固定牢固。

最后使用安装 L_2 段直梁的方法进行左侧段横梁 L_1 及右侧段横梁 L_3 的安装。

门形梁架设示意图如图 8-4-24 所示。

④接口处焊接

横梁安装完毕后,应按设计要求对立柱管口连接处进行焊接,焊接质量应符合设计要求。焊接时应进行预拱,拱度为横梁总长的 1%。

⑤焊接处防腐处理

采用现场热喷锌工艺,对焊接部位进行二次喷锌防腐处理。

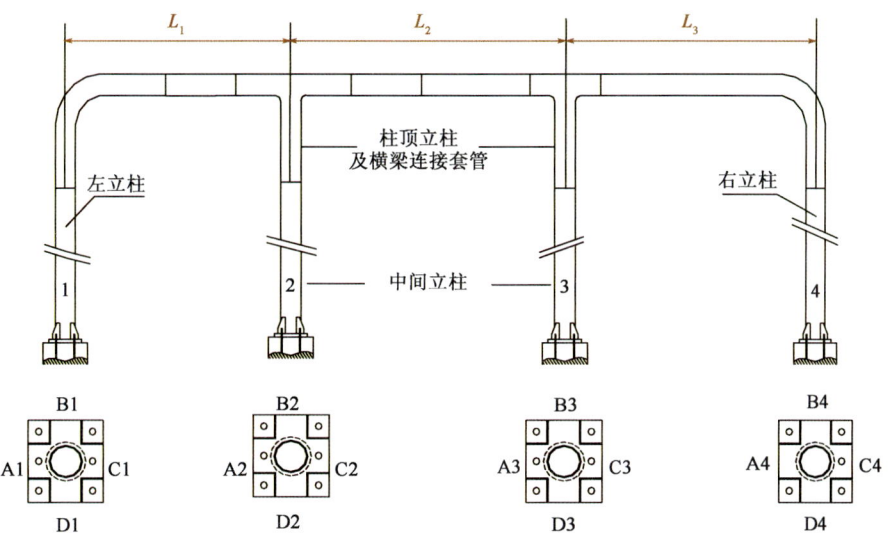

图 8-4-24 门形梁架设示意图

(3) 关键技术卡控点

① 门形梁的测量必须精确,偏差不超过 20mm;
② 门形梁安装完成后应平直,不得扭曲,跨中允许有向上不大于 1‰ 的拱度,但不允许下拱;
③ 连续门形梁应等高,横梁在一条直线上;
④ 门形梁焊接处要求焊缝饱满,不允许有漏焊、虚焊;
⑤ 采用现场热喷锌工艺,对焊接部位进行二次喷锌防腐处理。

(4) 质量通病与防治措施

门形梁安装质量通病与防治措施见表 8-4-20。

门形梁安装质量通病与防治措施　　　　　表 8-4-20

序号	质量通病	原因分析	防治措施
1	门形架位置不符合设计要求	定位测量不准确	基础定位时多次复核,满足要求后再进行基础浇筑
2	支柱组立后发生偏斜	支柱整正测量不准确	进行斜率复测,不满足要求的重新整正
3	门形架横梁负拱度	门形架预拱高度不够	进行预拱时,达到设计要求后方可进行焊接
4	门形架焊接后镀锌层不符合设计要求	热喷锌的锌层不够	焊接完后进行镀锌层测试,不足的继续热喷锌

7) 支柱装配

支柱装配是指将腕臂底座、架空地线肩架、定位绳底座、开关托架等零部件安装在支柱上,为下一步安装腕臂、架空地线、下锚、定位绳及开关做好准备。

(1) 施工流程

支柱装配施工流程如图 8-4-25 所示。

图 8-4-25 支柱装配施工流程图

(2) 操作要点

① 施工准备

a. 技术准备:学习设计文件,完成技术交底和安全交底。底座等零部件进场验收合格。

b. 材料准备:腕臂底座、架空地线肩架、定位绳底座、开关托架等。

c. 工器具准备:水准仪、红色油漆、卷尺、水平尺、扳手、手钳、对讲机、防护灯、扭矩扳手等。

d. 人员组织:施工负责人、技术员、作业人员、安全员、防护员等。

②底座预配

按照施工图对各种底座预配组装,检查零件并匹配连接。

③位置测量及标记

从轨面红线处量取各底座的设计安装高度并标记。

④底座安装

按照施工图纸,选用安装底座,各种连接螺栓采用扭矩扳手紧固。

(3)技术标准

①各底座安装高度符合设计要求;

②底座安装完成后保证螺栓外露 20~30mm;

③底座安装时要求水平,方向正确。

(4)质量通病与防治措施

支柱装配质量通病与防治措施见表 8-4-21。

支柱装配质量通病与防治措施   表 8-4-21

序号	质量通病	原因分析	防治措施
1	底座型号、位置与设计图纸不符	未按照设计图纸施工	根据设计图纸制作选型表,表中把底座安装的位置准确地标示出来,按表选型
2	底座安装高度不符合设计要求	轨面高度不准确	根据轨面高度,依据设计图纸安装底座
3	底座安装不水平	底座安装过程中未检查	底座安装完成后用水平尺复测,不满足要求的进行调整

8)腕臂预配及安装

(1)施工流程

腕臂预配及安装施工流程如图 8-4-26 所示。

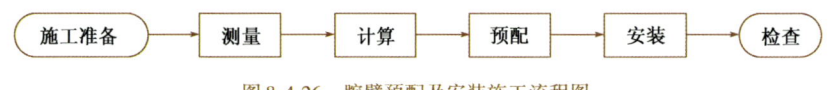

图 8-4-26 腕臂预配及安装施工流程图

(2)操作要点

①施工准备

a. 技术准备:学习设计文件,完成技术交底和安全交底。零部件进厂验收合格。

b. 材料准备:红色油漆、平斜腕臂、套管双耳、铁丝等。

c. 工器具准备:卷尺、水平尺、扳手、手钳、扭矩扳手、手扳葫芦、对讲机、防护灯等。

d. 劳动力组织:施工负责人、技术员、作业人员、安全员、防护员等。

②测量

腕臂计算所需现场测量参数为侧面限界、曲线外轨超高、支柱内沿倾斜值、轨面至基础面高差。各项参数解释如下。

a. 限界:在轨平面处,从轨面中心到支柱内侧的水平距离,单位为 mm。

b. 超高:支柱在曲线外侧时超高为正,支柱在曲线内侧时为负,单位为 mm。

c. 支柱斜率：支柱的倾斜率，向田野侧倾斜时为正，向线路侧倾斜时为负，单位为 mm/m。

③计算

根据设计安装图及测量数据，利用计算软件，得出下列数据（图 8-4-27）：

a. 套管双耳距水平腕臂末端的距离（L_1）；

b. 套管双耳距双线支撑线夹的距离（L_2）；

c. 定位环距斜腕臂末端的距离（H_1）；

d. 定位双环距反定位管压接端的距离（H_2）；

e. 定位双环距反定位管末端的距离（H_3）。

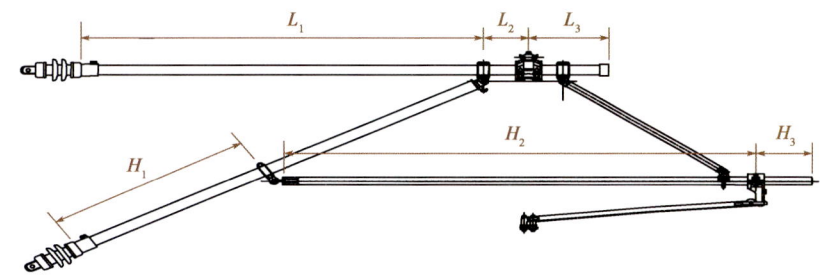

图 8-4-27　腕臂预配图

将上述各尺寸对应支柱号编制"腕臂预配数据表"。

④预配

a. 根据"腕臂预配数据表"所提供的参考数据，在待切割的腕臂上做好标记；

b. 将腕臂垂直放置于切割机内进行切割；

c. 在切割面涂上防锈漆，再涂上镀锌漆；

d. 依据施工设计图纸，在木质平台上进行腕臂预配；

e. 按设计的扭矩用扭矩扳手进行紧固；

f. 用红色记号笔在管壁上标注锚段号和定位号；

g. 用铁线将定位器临时绑扎在腕臂上，麻袋和绝缘子捆好，以免在搬运、安装过程中损伤绝缘子。

⑤安装

捆绑腕臂，先安装斜腕臂，再安装平腕臂。

⑥检查

腕臂安装完后，需对绝缘子进行外观检查、腕臂的高度及绝缘距离进行复查。使用扭矩扳手对螺栓紧固力矩复查。

（3）技术标准

①腕臂安装应符合腕臂安装曲线，允许偏差 ±20mm；简单悬挂腕臂宜水平安装，允许偏差 ±20mm；各零部件表面应光滑、平整。

②绝缘子无破损，滴水孔朝下安装。

③腕臂不得弯曲、锈蚀。

④腕臂和绝缘子应在一条直线上，套管双耳与定位环、绝缘子应在同一断面内。

⑤开口销开口角度不小于 120°，开口处不得有裂纹、折断现象。

⑥各连接螺栓应穿向一致，销钉应自上向下穿。

⑦单承力索线夹时，注意根据承力索的拉力方向确定线槽的方向。

(4)质量通病与防治措施

腕臂预配及安装质量通病与防治措施见表 8-4-22。

腕臂预配及安装质量通病与防治措施　　　表 8-4-22

序号	质量通病	原因分析	防治措施
1	腕臂安装后不符合要求	测量不准确,计算不正确,切割后的腕臂不符合计算值	多次测量,分析数据,得出准确的限界、斜率值;计算时采用检测公式、数据合理;切割时测量准确,切后复查
2	腕臂抬头或低头	安装腕臂后未进行缺陷处理	调整套管双耳位置,使平腕臂水平
3	腕臂切口生锈	切割的腕臂未做防腐措施	在切口进行喷锌处理

9）拉线安装

(1)施工流程

拉线安装施工流程如图 8-4-28 所示。

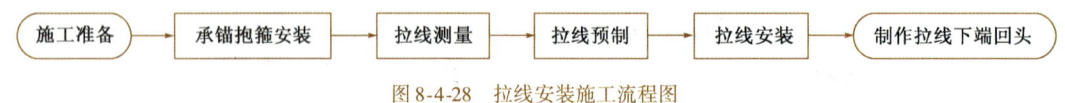

图 8-4-28　拉线安装施工流程图

(2)操作要点

①施工准备

a. 技术准备:学习设计文件,完成技术交底和安全交底。零部件进场验收合格。

b. 材料准备:红色油漆、承锚抱箍、钢绞线、铁丝等。

c. 工器具准备:50m 钢卷尺、扳手、手钳、扭矩扳手、手扳葫芦、对讲机、防护灯等。

d. 人员准备:施工负责人、技术员、作业人员、安全员、防护员等。

②承锚抱箍安装

以轨面红线为准,测量出承锚抱箍设计安装高度,在安装位置使用记号笔标记;将承锚抱箍安装于标记线处。

③拉线测量

测量出下锚拉环距离承锚抱箍的距离,示例:

计算拉线下料长度 = 拉线实测长度 − (三角连板长度 + 双连板长度 + NUT 线夹有效长度 + LX 线夹有效长度 + 0.8m) + 1.5m

④拉线预制

按照计算下料长度展放钢绞线;按照拉线楔形线夹、NUT 线夹回头工艺要求制作;在计算下料长度的位置两端各 10mm 处用软态不锈钢丝绑扎两道,然后用断线钳在该处断开。

⑤拉线安装

先将耳环杆、拉线线夹连接好,再将拉线与承锚抱箍拉环连接好;紧固耳环杆至设计标准值;将拉线与拉线基础下锚拉环连接,紧固 NUT 线夹,使三角连板一直保持平行,使锚柱向拉线方向受力微有倾斜、拉线绷紧受力。

⑥制作拉线下端回头

在拉线下端拉线回头制作时,保证拉线绞线外露 50mm,绑扎 100mm,楔形线夹至拉线末端不小于 500mm。

(3)技术标准

①楔形线夹在受力后,螺纹应外露,其长度一般为 20~50mm,且最大不得大于螺纹全长的 1/2;

②拉线在楔形线夹内回头外露长度为 500mm,允许偏差 ±50mm,端部用 φ1.6~2.0mm 镀锌铁线绑扎 3 圈;拉线不得有断股、松股、接头和锈蚀;

③拉线回头与本线用 φ1.6~2.0mm 镀锌铁线绑扎 100mm,施工偏差为 ±10mm,绑扎密实整齐;

④拉线应绷紧,两根拉线时应均衡受力。

(4)质量通病与防治措施

拉线安装质量通病与防治措施见表 8-4-23。

拉线安装质量通病与防治措施   表 8-4-23

序号	质量通病	原因分析	防治措施
1	承锚抱箍安装高度不准确	测量不正确	安装完后进行复测,不对的进行改移
2	拉线预配不合格	测量不正确	测量准确,计算出正确的拉线长度
3	拉线安装不符合要求	制作时未按标准进行施工	拉线不能有散股、断股现象,否则更换。NUT 螺栓外露符合标准要求
4	拉线回头绑扎不美观	制作未按照标准进行	统一工艺标准

10)固定绳预制及安装

(1)施工流程

固定绳预制及安装施工流程如图 8-4-29 所示。

图 8-4-29　固定绳预制及安装施工流程图

(2)操作要点

①施工准备

a.技术准备:学习设计文件,完成技术交底和安全交底。零部件进场验收合格。

b.材料准备:红色油漆、固定绳、绝缘子、铁丝等。

c.工器具准备:卷尺、扳手、手钳、扭矩扳手、手扳葫芦、对讲机、防护灯等。

d.劳动力组织:施工负责人、技术员、作业人员、安全员、防护员等。

②固定绳测量

a.斜率测量:用斜率仪进行测量。

b.线间距测量:用 50m 钢卷尺在支柱轨面红线标高位置,依次量取支柱限界及各股道之间的间距。

c.记录人员应将现场情况画成简图,把所测得各种数据依次标注在简图上。

③固定绳预制

a.根据施工设计图纸和门形梁固定绳的节点形式及所采用新型材料的尺寸对"软横跨计算软件"的数据库进行必要的修改,整理测量数据,然后将数据输入计算机。

b.标注:将计算得出的上部固定绳($L_{上1}$、$L_{上2}$、$L_{上3}$、$L_{上4}$)和下部固定绳($L_{下1}$、$L_{下2}$、$L_{下3}$、$L_{下4}$)和直吊弦($L_{直1}$、$L_{直2}$)各段尺寸标注在定位绳预配图中作为预配和安装时参考,如图 8-4-30 所示。

c.回头制作:制作钢铰线和楔形线夹回头时,将回头拉到另一端临时地锚上固定,将线盘端用紧线器和链形手扳葫芦连接、紧固,将绞线拉直。

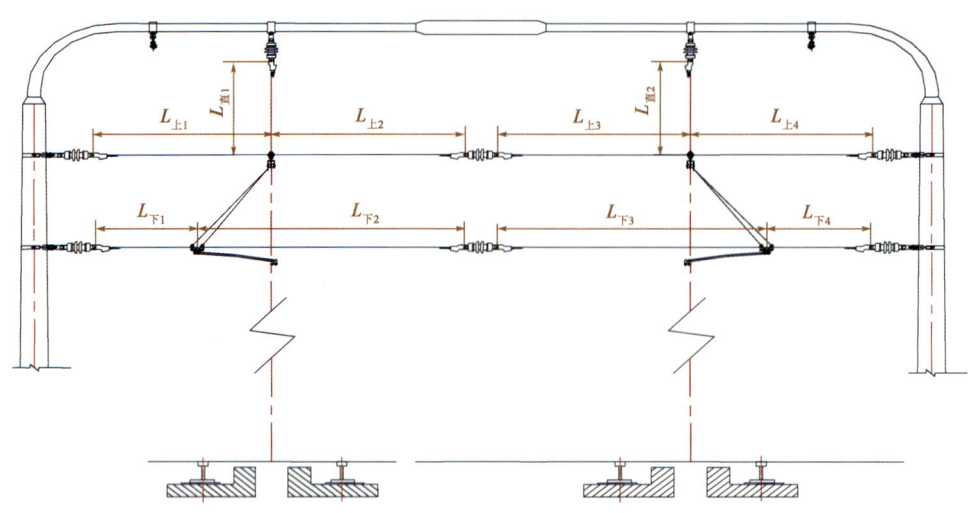

图 8-4-30 定位绳预配图

从已做好的回头端用钢卷尺依据计算的下料尺寸量取各段长度,用记号笔做好标记。

在记号笔标记处安装相应的线夹和零件。

在各分段的固定绳两端楔形线夹上用记号笔标明支柱号及连接序号,然后盘成圈,用 $\phi 1.0\text{mm}$ 铁丝扎紧,便于运输。

④固定绳安装

将预配好的门形梁固定绳及绝缘子等零配件运至施工现场;按下料图将各段连接,并将绝缘子和其他连接零件装配好;门形梁上悬挂滑轮,用长约 20m 左右的大绳绑扎固定绳的绝缘子,通过门形梁滑轮将固定绳拉至固定支架上,将杵头杆和固定绳绝缘子与支柱连接,固定绳一端安装完毕;在另一端支柱上采用同样方法,并配用 0.75t 的手扳葫芦进行紧固安装。

固定绳安装过程中要时刻防止各节点的绝缘子碰到钢轨造成破坏。在固定绳提升时,要求缓慢进行。

(3)技术标准

①门形梁测量应在支柱整正到位,线路稳定后进行;

②支柱上定位索抱箍的安装高度应以最高轨面为准,安装位置符合设计要求;

③股道横向分段绝缘子应位于股道间距中间,上下对齐;

④受力后下部固定绳应水平,上部固定绳允许有不超过 100mm 负弛度;

⑤受力后各垂直吊索应顺直、受力均匀;

⑥弹簧补偿器的拉伸量应符合设计要求。

(4)质量通病与防治措施

固定绳预制及安装质量通病与防治措施见表 8-4-24。

固定绳预制及安装质量通病与防治措施　　　　表 8-4-24

序号	质量通病	原因分析	防治措施
1	预制长度不合格	测量不准,计算参数有误	测量并复测,分析数据得出准确的斜率、高度、跨距等相关参数,预制时测量准确后方可断线
2	回头绑扎不美观	未按照标准进行安装	统一工艺标准
3	弹簧补偿、调节螺栓的预留量不符合要求	未按照标准进行安装	在符合验收标准的前提下,统一预留量

11）补偿装置安装

（1）施工程序

补偿装置安装施工流程如图 8-4-31 所示。

图 8-4-31 补偿装置安装施工流程图

（2）操作要点

①施工准备

a. 技术准备：学习设计文件，完成技术交底和安全交底。零部件进场验收合格。

b. 材料准备：红色油漆、补偿装置、铁丝等。

c. 工器具准备：卷尺、扳手、手钳、扭矩扳手、手扳葫芦、对讲机、防护灯等。

d. 人员准备：施工负责人、技术员、作业人员、安全员、防护员等。

②棘轮补偿装置 A、B 值预配

根据设计文件，计算对应锚段补偿装置的 A、B 值，预制安装棘轮补偿绳并排列整齐。用细铁丝将大小轮补偿绳绑扎好。

③补偿棘轮装置安装

补偿棘轮装置安装时，将装置拉起放入安装底座内，在安装底座内预配棘轮部件。

④补偿装置坠砣安装

a. 坠砣串预配时，按照设计张力要求配置坠砣串，以张力 12kN 示例，则配置 16 块共 400kg 坠砣。补偿下锚坠砣串误差不得超过额定值的 ±2%，同一锚段两坠砣串质量的相对偏差不大于 1%。

b. 安装坠砣限制架，其安装高度符合设计要求，保证坠砣能够上下自由活动。

c. 坠砣排列组装整齐，180°交叉摆放，用 1.5t 手扳葫芦吊装坠砣串，将坠砣串与补偿棘轮装置线夹连接，用铁丝将坠砣临时固定在支柱上。

（3）关键技术卡控点

①补偿绳在线夹内应保证钢绞线、楔子、线夹本体三者密贴，距离线夹 100mm 处用两个钢线卡子对向卡紧；回头用 ϕ1.5mm 软态不锈钢丝绑扎，长度 100mm，允许偏差 ±10mm，留头 50mm。

②补偿绳在棘轮内缠绕时应条理清晰，不得相互挤压。

③安装后棘轮应转动灵活，调整制动块与棘齿距离合理，且间隙均匀。

④坠砣限制架应安装横平竖直，坠砣安装完毕后应保证坠砣上下移动，不卡滞。

（4）质量通病与防治措施

补偿装置安装质量通病与防治措施见表 8-4-25。

补偿装置安装质量通病与防治措施　　　　　表 8-4-25

序号	质 量 通 病	原 因 分 析	防 治 措 施
1	补偿绳长度不符合要求	预制后未进行复测	根据设计要求预制补偿绳
2	下锚平衡轮不正	双线张力不相等	扭转三角板，调整平衡轮
3	棘轮底座安装高度不符合要求	测量不准确	根据设计图纸和现场实际情况安装棘轮底座高度，不满足要求及时更改
4	坠砣偏磨限制管	限制管安装不垂直	安装限制管时应垂直，不符合要求的及时整改

12）地、馈线架设

（1）施工程序

地、馈线架设施工流程如图8-4-32所示。

图8-4-32　地、馈线架设施工流程图

（2）操作要点

①施工准备

a. 技术准备：学习设计文件，完成技术交底和安全交底。线材进场验收合格。

b. 材料准备：线材、终端零部件等。

c. 工器具准备：接触网放线作业车、悬挂滑轮、张力表、手扳葫芦、断线钳、紧线器、钢丝套、放线滑轮组、梯车、温度计、扳手、手钳、对讲机、防护灯等。

d. 人员准备：施工负责人、技术员、作业人员、安全员、防护员等。

②地、馈线起锚

a. 地线起锚：作业车组行至起锚点，从线盘引出地线，在地线起锚端，按设计图纸和安装要求做好地线锚端连接。

b. 馈线起锚：缓缓打开展放机卷筒制动使导线回窜，辅助绳无张力时打开网套连接线。缠绕铝包带，安装耐张线夹，用滑轮、棕绳将耐张线夹拉至支柱上部进行连接。

③张力架设

a. 地线架设：起锚连接完毕，放线初张力调至1.5kN左右，车组平缓起动，拉起地线后，以5km/h的速度匀速行驶。在各悬挂点挂设滑轮，将地线放于铝滑轮上。

b. 馈线架设：导线展放机和线盘分别运至馈线起、落锚两支柱外侧的跨中安放。平整场地，支好放线架。穿放线轴，将线盘吊至放线架上，支起线盘。用4根钢钎打地锚固定放线架。将导线展放机吊至合适地点，并用2根钢钎固定。两人从导线展放机出处牵引辅助绳向线盘方向展放。一人用棕绳带提线钩的一端钩住辅助绳，然后携带棕绳另一端上杆用铁线套子将放线滑轮挂在肩架的适当位置，手提棕绳将辅助绳放入放线滑轮。将辅助绳牵引至线盘处。将馈线套入网套连接线，网套口处用ϕ1.6mm铁丝进行绑扎。将网套连接线通过旋转连接器和辅助绳连接。通知展放机操作人员开始收线。一人跟随辅助绳与导线接头进行并观察接头通过滑轮的运行情况。当接头收至锚柱处，停止收线。

④临时固定

a. 架线车组行至地、馈线落锚点前平稳停车，并通知沿线巡视人员汇报全线检查情况；

b. 确认所架设的地、馈线不受障碍物影响后开始紧线；

c. 用钢线卡子、辅助线将地、馈线临时固定下锚。

⑤张力调整

a. 测出现场温度，根据设计图纸查出紧线张力值和设计超拉值，计算下锚张力；

b. 张力调整从起锚点开始，地面段在有下锚拉线的支柱按照设计张力紧线调整一次，隧道段每隔100m按设计张力紧线调整一次。

⑥地、馈线下锚

a. 地线下锚：张力调整完毕，将地线分别安装在线夹内。按设计的要求连接好各零部件。

b. 馈线下锚：在线盘处用人力进行拉线，同时将导线回收。安装紧线器和拉力计，用倒链葫芦进行紧线。拉力计显示张力达到要求时，停止紧线。将连接件扶起，确定耐张线夹安装位置，缠绕铝包带，安装耐张线夹并连接下锚件。根据跳线要求，预留足够导线长度，断线，将线头盘起。

⑦检查

每一区段线索架设到位固定好之后，检查所架设的线材是否有破损、扭曲或断股，是否侵限影响行车，并做出相应的处理。

（3）技术标准

①架空地线在地线线夹或杆座鞍子内安装时应加铜衬垫或预绞丝保护条；

②架空地线的悬挂零件应转动灵活无卡滞；

③架空地线的弛度应符合设计要求。

（4）质量通病与防治措施

地、馈线架设质量通病与防治措施见表 8-4-26。

地、馈线架设质量通病与防治措施　　　　　表 8-4-26

序号	质 量 通 病	原 因 分 析	防 治 措 施
1	架空地线弛度不符合要求	下锚时测量不准确就落锚	根据设计图纸调节弛度，然后落锚
2	架空地线与周围建筑物距离不够，易偏磨	现场环境存在冲突	在偏磨点采取保护措施
3	架空地线出现散股现象	施工时对线材保护不够	放线时在易损伤线的位置采取保护措施

13）承力索架设

（1）施工流程

承力索架设施工流程如图 8-4-33 所示。

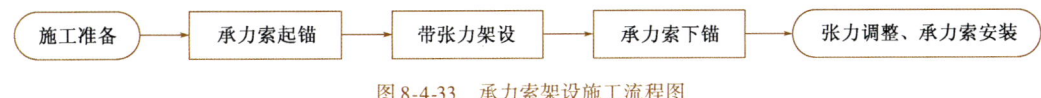

图 8-4-33　承力索架设施工流程图

（2）操作要点

①施工准备

a. 技术准备：学习设计文件，完成技术交底和安全交底。线材进场验收合格。

b. 材料准备：承力索、承力索终端等。

c. 工器具准备：接触网放线作业车、悬挂滑轮、张力表、手扳葫芦、断线钳、楔形紧线器、钢丝套、放线滑轮组、梯车、温度计、扳手、手钳、对讲机、防护灯等。

d. 人员准备：施工负责人、技术员、作业人员、安全员、防护员等。

②承力索起锚

a. 架线车组行至起锚点，使作业平台置于承力索起锚处。从线盘引出承力索与支柱下锚连接件相连接。

b. 用手扳葫芦将起锚端补偿装置坠砣挂起（手扳葫芦刚受力即可），防止承力索受载后产生冲击力使补偿绳受损。

③带张力架设

a. 控制好放线架张力：一般压力表可调到 10% RTU（额定张力），行车速度保持在 5km/h。

b. 架设中的承力索要放置在放线架平台的滚轮上,张力控制人员随时观察线盘及承力索的活动范围。先将承力索放入开口滑轮槽内,再将做好的铁线套一端挂上开口滑轮,另一端挂在腕臂装置的承力索支撑线夹的内侧。

④承力索下锚

a. 架线列车组停在下锚装置附近,将平台转至补偿装置附近;

b. 将楔形紧线器、6t 手扳葫芦、临时钢绞线、平行滑轮依次连接好后开始紧线;

c. 待棘轮离开卡舌后停止紧线;

d. 将临时钢绞线、平行滑轮、钢线卡子依次连接。

⑤张力调整、承力索安装

a. 参照施工设计图纸,据现场温度和中锚位置的距离计算腕臂的偏移距离。

b. 调整腕臂偏移,将放置在放线滑轮内的承力索安装在承力索线夹(钩头鞍子)内。要求缠绕承力索保护条。

c. 安装完毕后,需对承力索进行检查,确保无损伤。

(3)关键技术卡控点

①承力索的线材规格型号应符合设计要求,无锈蚀、断股等现象;

②在锚段关节及站场道岔区架线时,应注意使正线及重要线的承力索位于侧线及次要线的下方;

③承力索终端的制作应符合设计要求;

④补偿装置的转动应灵活、无卡滞,补偿绳的 A、B 值应符合设计安装曲线要求;

⑤紧线时坠砣数量应按照设计数量加够;

⑥架线过程中承力索不得与任何物体发生剐蹭;

⑦施工过程中承力索不得形成硬弯;

⑧各种绞线截断前应对两端进行绑扎;

⑨双承力索时两线的受力应均衡,三角连板不得出现扭斜。

(4)质量通病与防治措施

承力索架设质量通病与防治措施见表 8-4-27。

承力索架设质量通病与防治措施 表 8-4-27

序号	质 量 通 病	原 因 分 析	防 治 措 施
1	承力索双线不等高	双线张力不相等	放线落锚时调节调整螺栓,使双线张力相同
2	承力索出现散股现象	施工时对线材的保护不够	放线时在易伤线的位置采取保护措施
3	承力索放线架张力不稳定	放线架未进行及时保养	派专人负责放线张力控制,保证稳定性,并对放线架进行定期保养
4	承力索下锚时棘轮圈数与设计图纸不符	计算圈数时出错	根据现场温度、设计图纸调整棘轮下锚时的圈数

14)接触线架设

(1)施工程序

接触线架设施工流程如图 8-4-34 所示。

(2)操作要点

①施工准备

a. 技术准备:学习设计文件,完成技术交底和安全交底。线材进场验收合格。

图 8-4-34　接触线架设施工流程图

b. 材料准备：接触线等。

c. 工器具准备：接触网放线作业车、悬挂滑轮、张力表、手扳葫芦、断线钳、楔形紧线器、钢丝套、放线滑轮组、梯车、温度计、扳手、手钳、对讲机、防护灯等。

d. 人员准备：施工负责人、技术员、作业人员、安全员、防护员等。

② 接触线起锚

架线作业车组行至起锚点，将接触线端头与补偿装置（或锚柱）进行连接与固定。在绝缘子端部额外加一辅助平行滑轮钢线，用链条葫芦挂起起锚补偿装置坠坨。

③ 带张力架设

a. 控制好线盘导线张力：随时调整液压压力到10% RTU（额定张力），行车速度保持在5km/h。

b. 双导线在架线平台上要分别平行放在滚轮上，在定位点处先将S钩一端挂上滑轮，另一端挂在定位环上，再将导线抬入滑轮。

c. 在跨中，用临时铁线或吊弦将导线分开挂起。

④ 接触线下锚

按照接触线下锚安装等设计图纸连接形式连接各部件并下锚。

⑤ 张力调整

按照接触线下锚安装曲线等设计资料，据现场温度调整接触线下锚 A、B 值。

（3）关键技术卡控点

① 接触线的线材规格型号应符合设计要求，无锈蚀、断股等现象；

② 在锚段关节及站场道岔区架线时，应注意使正线及重要线的接触线位于侧线及次要线的下方；

③ 接触线终端的制作应符合设计要求；

④ 补偿装置的转动应灵活、无卡滞，补偿绳的 A、B 值应符合设计安装曲线要求；

⑤ 紧线时坠砣数量应按照设计数量加够；

⑥ 架线过程中接触线不得与任何物体发生剐蹭；

⑦ 施工过程中接触线不得形成硬弯；

⑧ 双接触线时两线的受力应均衡，三角连板不得出现扭斜。

（4）质量通病与防治措施

接触线架设质量通病与防治措施见表8-4-28。

接触线架设质量通病与防治措施　　　　　　　　　　　表 8-4-28

序号	质 量 通 病	原 因 分 析	防 治 措 施
1	接触线双线不等高	双线张力不相等	放线落锚时调节调整螺栓，使双线张力相同
2	接触线出现硬弯、硬点	放线时接触线弯曲	对该部位用正弯器进行修复
3	接触线放线架张力不稳定	放线架未进行及时保养	派专人负责放线张力控制，保证稳定性，并对放线架进行定期保养
4	接触线下锚时棘轮圈数与设计图纸不符	计算圈数时出错	根据现场温度、设计图纸调整棘轮下锚时的圈数

15）中心锚节安装

（1）施工流程

中心锚节安装施工流程如图 8-4-35 所示。

图 8-4-35　中心锚节安装施工流程图

（2）操作要点

①施工准备

a. 技术准备：学习设计文件，完成技术交底和安全交底。材料进场报验合格。

b. 材料准备：红色油漆、中心锚节绳、锚固线夹等。

c. 工器具准备：卷尺、手板葫芦、断线钳、楔形紧线器、钢丝套、扳手、手钳、对讲机、防护灯等。

d. 人员准备：施工负责人、技术员、作业人员、安全员、防护员等。

②承力索中锚安装

a. 定测并计算、预制承力索中锚绳的长度，按照设计图纸进行零部件连接安装；

b. 安装时要注意安装中心锚节的腕臂一定保持在中心位置（即垂直于线路）。

c. 承力索中心锚节绳预留弧度适中，避免接触腕臂。

③接触线中锚安装

a. 接触线中心锚节线夹间距符合设计要求，双接触线中心锚节线夹螺栓应向外侧；

b. 接触线中心锚节绳回头的预留、中心锚节绳的位置、中心锚节绳的张力应符合设计要求。

④中锚调整

按照设计要求调整中心锚节线夹处接触线高度。

⑤检查

安装完毕后需对接触线或承力索进行检查，确保无损伤。

（3）关键技术卡控点

①全补偿链形悬挂承力索中心锚节辅助绳的弛度小于或等于所在跨距承力索的弛度（两跨式），接触线中心锚节线夹处接触线高度比相邻吊弦点高出 0~5mm，线夹安装后应端正、牢固，不打弓。

②中心锚节的制作应在起落锚完成后及时完成，避免锚段整体偏移。

③中心锚节应安装在设计指定位置上，接触线中心锚节所在跨距内不得有接触线接头。直线区段的中心锚节线夹端正，曲线区段中心锚线应与接触线倾斜度相一致，中心锚节线夹应牢固可靠，螺栓紧固力矩符合设计文件要求。

（4）质量通病与防治措施

中心锚节安装质量通病与防治措施见表 8-4-29。

中心锚节安装质量通病与防治措施　　　　　　　　表 8-4-29

序号	质量通病	原因分析	防治措施
1	中心锚节线夹间距不符合设计要求	测量时不准确	按照设计图纸安装，安装完成后进行复核
2	锚结绳张力不符合要求	施工时未按设计要求进行安装	预制时测量准确，安装后与设计图纸进行对比，不符合要求的及时更改
3	锚结绳回头绑扎不美观	施工时未按设计要求进行安装	回头绑扎根据设计要求，按统一标准进行

16）定位器及定位装置安装

（1）施工流程

定位器及定位装置安装施工流程如图 8-4-36 所示。

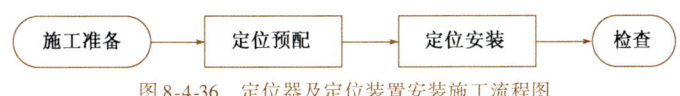

图 8-4-36　定位器及定位装置安装施工流程图

（2）操作要点

①施工准备

a. 技术准备：学习设计文件，完成技术交底和安全交底。零部件进场验收合格。

b. 材料准备：红色油漆、定位器、定位管等。

c. 工器具准备：卷尺、扳手、手钳、扭矩扳手、对讲机、防护灯等。

d. 人员准备：施工负责人、技术员、作业人员、安全员、防护员等。

②定位预配

根据计算结果选取合适定位管、定位管支撑，配齐相应零件，在定位管上标出支柱号。

③定位安装

a. 一名作业人员攀上腕臂，与梯车上人员配合将定位管卡入腕臂上的定位环（或定位双环）内。

b. 梯车上人员将接触线卡入定位线夹内，调整正定位和反定位坡度。注意调整定位坡度时，一定要保证接触线不得扭面（坡度不得太大，也不能太小）。

c. 调整定位管上支持器或定位环的位置，使拉出值符合设计要求。

④检查

安装完毕后，检查各个零部件的紧固力矩，锁紧垫片状态。

（3）关键技术卡控点

①正定位定位管与支持器组成定位装置，定位器倾斜度应保证定位线夹处导线工作面与轨面连线平行。

②定位管在支持器外露出 50~80mm。

③转换支柱、道岔柱处两定位器能够分别随温度变化可自由移动，不卡滞，接触线非工作支和工作支定位器、管之间的间隙不小于 50mm，螺栓紧固力矩值符合设计要求。螺栓穿向统一。

（4）质量通病与防治措施

定位器及定位装置安装质量通病与防治措施见表 8-4-30。

定位器及定位装置安装质量通病与防治措施　　　　表 8-4-30

序号	质量通病	原因分析	防治措施
1	定位器坡度与设计不符	腕臂预配不准确	腕臂计算与预配准确，定位器坡度不符的进行调整
2	定位线夹紧固力矩不到位	安装完后未进行力矩紧固	定位安装完成后进行紧固力矩检查，不符合要求的重新紧固

17）吊弦及吊索安装

（1）施工程序

吊弦及吊索安装施工流程如图 8-4-37 所示。

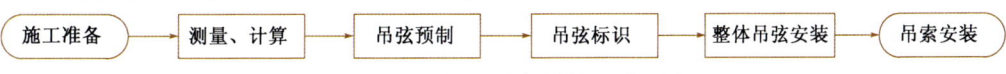

图 8-4-37　吊弦及吊索安装施工流程图

（2）操作要点

①施工准备

a. 技术准备：学习设计文件，完成技术交底和安全交底。材料检验合格。

b. 材料准备：红色油漆、吊弦、吊索、吊弦线夹等。

c. 工器具准备：卷尺、扳手、手钳、扭矩扳手、吊弦预制平台、对讲机、防护灯等。

d. 人员准备：施工负责人、技术员、作业人员、安全员、防护员等。

②测量、计算

a. 现场测量承力索的实际高度、跨距、超高等吊弦计算需要的数据。

b. 测量时注意：在进行承力索高度测量时，以定位点处承力索中心为准；在进行接触线高度测量时，以接触线最低面为准；在进行双接触线拉出值测量时，以远离线路中心的接触线中心为准。

③吊弦预制

a. 根据现场测得的数据计算出吊弦预制表，计算所需材料，对材料进行检查，检查吊弦预制平台和复核刻度尺。

b. 吊弦制作：整体吊弦制作采用专用预制平台进行。

吊弦线的一端穿入压接管，在距端头约300mm处煨回并从压接管穿回，套入心形环，上推压接管顶住心形环，拉紧，使吊弦线与心形环密贴。在液压式压接钳上压接时，应压出3个坑：本线侧压2个，载流环侧压1个。

把接线端子插入载流环尾端，同时截取一段吊弦线塞入接线端子内。注意附线应放在载流环与吊弦本线的中间，外露为5~10mm。在压接钳中压接，载流环线及接线端子与主线在同一平面上。

另一端预制方法相同，但两端载流环方向相反。

④吊弦标识

将预制好的吊弦按顺序标号，每根吊弦上要有站区锚段号、跨距编号、吊弦序号；吊弦标识完成后，按站区、锚段分开摆放，以便于施工安装。

⑤整体吊弦安装

根据整体吊弦计算数据，将吊弦间距标注在钢轨或枕木上，根据标记进行整体吊弦安装，控制紧固力矩，载流环方向、螺栓穿向应统一，接触线端载流环接线端子与接触线应成斜向上45°角，杜绝载流环接线端子低于导线面的情况。

⑥吊索安装

a. 根据安装图确定每一定位处吊索底座与接触线高差，计算出吊索长度后压接预制，应保证两吊索长度相等。

b. 将每处定位的吊索先与吊索底座相连，然后两端同时调整吊索在接触线上的安装位置，使两悬挂点的高度符合设计要求，复核定位处导高；不符合应再次进行调整。

（3）技术标准

①现场数据测量结果应准确，记录清楚。跨距测量结果精确到厘米，承力索测量结果精确到毫米；曲线区段跨距测量时注意沿曲线外轨测量，并记录超高值。

②吊弦线材不得有断股、交叉、折叠、硬弯、散股等缺陷，不得有腐蚀现象；吊弦制作长度允许偏差±2mm，两端载流环回头煨制方向相反、两心形环应在同一平面内。

③平均温度时，整体吊弦顺线路方向垂直安装，承力索吊弦线夹与接触线吊弦线夹在垂直方向的相对误差为±20mm。温度变化时，顺线路的偏移量：承力索、接触线材质不同时，偏移量应符合设计要求；

承力索、接触线采用同一材质时,在任何温度下均应垂直安装。

④吊弦线夹螺栓紧固力矩为25N·m,施工允许偏差为0~5N·m,安装后应顺直,处于受力状态,吊弦线不得有弯曲、散股等现象。

⑤预制吊弦时,吊弦回头预留350mm,如果采用不可调吊弦,则先不压接承力索端钳压管,试装一个锚段,计算公式调整后吊弦精度达到要求后,再两端都压接钳压管。

⑥整体吊弦的载流圈应固定在吊弦线夹螺栓头一侧,承力索吊弦线夹与接触线吊弦线夹的螺栓安装方向相反。

⑦接触线导流环的方向与行车方向一致,承力索导流环的方向与行车方向相反。整体吊弦接线端子应与水平面成45°角,承力索吊弦接线端子斜向下,接触线吊弦接线端子斜向上。

⑧吊弦预制完毕后,要对每根吊弦标识清楚,绑扎好。

⑨吊弦位置偏差在±100mm,长度偏差应在±2mm以内,吊弦应与接触线保持垂直。

⑩吊索应以吊索压板为中心,两侧平分,允许偏差±100mm,两端受力均匀;悬挂点接触线高度应符合设计要求,允许偏差±30mm。吊索座、高吊索座受力方向正确,直线区段吊索线夹端正、牢固,曲线地段吊索线夹应垂直于接触线工作面。螺栓紧固力矩应符合要求。采用镀锌钢绞线的吊索及螺栓螺纹部分涂油防腐。

(4)质量通病与防治措施

吊弦及吊索安装质量通病与防治措施见表8-4-31。

吊弦及吊索安装质量通病与防治措施　　　　　表8-4-31

序号	质量通病	原因分析	防治措施
1	吊弦预配不合格	现场测量不准确,计算不准确	多次测量,对比分析数据,得出准确的测量值,检查计算公式、参数是否与现场吻合
2	吊弦标识不对	未进行及时标记	根据吊弦预配表,预配一个标记一个
3	吊弦线夹力矩不到位	安装完后未进行力矩紧固	进行力矩检查,不符合要求的重新紧固
4	吊索的外露不符合要求	未按设计要求进行安装	统一工艺标准

18)接触悬挂调整

(1)施工流程

接触悬挂调整施工流程如图8-4-38所示。

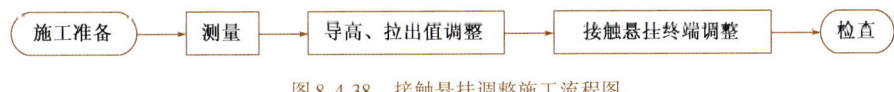

图8-4-38　接触悬挂调整施工流程图

(2)操作要点

①施工准备

a. 技术准备:学习设计文件,完成技术交底和安全交底。

b. 工器具准备:红色油漆、卷尺、扳手、手钳、扭矩扳手、激光测量仪、对讲机、防护灯等。

c. 人员准备:施工负责人、技术员、作业人员、安全员、防护员等。

②测量

对所需调整的悬挂点和吊弦处的拉出值和导高进行测量。

③导高、拉出值调整

通过升降腕臂、移动支持器或定位器、调整吊弦长度等对接触线导高和拉出值进行调整。

④接触悬挂终端调整

a. 调整坠砣 B 值、大小轮的圈数测量、各终端零件的连接长度及弯头制作长度。

b. 制作和检查接触悬挂终端。

c. 按照施工图要求进行终端零件连接,坠砣高度达到设计要求时停止紧线。随后复测坠砣高度、大小轮圈数;紧固连接螺栓;检查张力平衡板的平衡情况,支柱是否中心直立,有无存在反倾情况。

⑤检查

调整完毕,复测接触线导高和拉出值,检查补偿装置 A、B 值是否符合设计安装曲线要求。

(3)技术标准

①导高、拉出值符合设计规定,允许偏差 ±30mm。

②定位点两侧第一根吊弦处接触线导高相等,相对该定位点的接触线导高允许偏差为 ±10mm,但不得出现 V 字形。一个跨距内任意两相邻吊弦处的高度差不应大于 20mm。

③设计速度 120km/h 及以下,接触线导高发生变化时,坡度不应大于 0.2‰,困难时不应大于 0.4‰。

④非绝缘锚段关节转换柱处,两接触线间垂直、水平距离应符合设计要求,允许偏差 ±20mm。

⑤张力补偿器的调整应符合设计安装曲线,坠砣距地面偏差不大于 ±100mm,在任何情况下距地面都不得小于 200mm。

(4)质量通病与防治措施

接触悬挂调整质量通病与防治措施见表 8-4-32。

接触悬挂调整质量通病与防治措施　　　　表 8-4-32

序号	质量通病	原因分析	防治措施
1	导高、拉出值不合格	现场测量不准确	多次测量,对比分析数据,得出准确的测量值;根据设计图纸调整承力索座与定位器的位置,使其满足要求
2	接触线硬点值大	吊弦预制不准确	调整吊弦长度,调整导高
3	接触线双线不等高	双线张力不相等	放线落锚时双线调平后下锚,然后再安装吊弦

19)电连接线安装

电连接分为横向电连接、道岔电连接、关节电连接、股道电连接安装。

(1)施工程序

电连接线安装施工流程如图 8-4-39 所示。

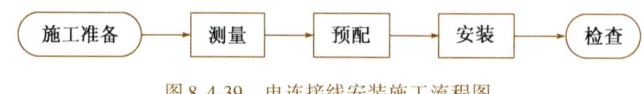

图 8-4-39　电连接线安装施工流程图

(2)操作要点

①施工准备

a. 技术准备:学习设计文件,完成技术交底和安全交底。材料进场验收合格。

b. 材料准备:红色油漆、电连接、电连接线夹等。

c. 工器具准备:卷尺、扳手、手钳、压接钳、扭矩扳手、对讲机、防护灯等。

d. 人员准备:施工负责人、技术员、作业人员、安全员、防护员等。

②测量

根据设计图中电连接形式,使用卷尺模拟路径并考虑余量,并做好记录。

③预配

按照现场测量出的电连接长度进行预配,做余留弛度,按照设计图纸中的线夹形式安装,直型接触线电连接线夹需压接。

④安装

根据具体位置,先将电连接与接触线相连,再与承力索相连。

⑤检查

检查电连接处的导高、螺栓紧固力矩是否符合设计要求。

(3) 关键技术卡控点

①电连接安装位置应符合设计要求,偏差不得大于±500mm;

②电连接线在承力索电连接线夹两端应用单股铜线进行绑扎;

③电连接在电连接线夹内涂电力复合脂;

④接触线电连接线夹应安装端正、牢固,不得偏斜,电连接线在线夹尾部应预弯,不得使电连接线夹受拉力;

⑤电连接线预留因温度变化而产生的位移长度。

(4) 质量通病与防治措施

电连接线安装质量通病与防治措施见表8-4-33。

电连接线安装质量通病与防治措施　　　　表8-4-33

序号	质 量 通 病	原 因 分 析	防 治 措 施
1	电连接安装位置不正确	测量不准确	根据设计图纸现场标记,安装时确认无误后进行安装
2	电连接弛度不够	安装时预制长度不够或未按设计要求进行安装	根据现场温度和设计图纸,确定电连接安装的弛度
3	电连接线夹螺栓紧固力矩不符合要求	安装完后螺栓未进行力矩紧固	进行螺栓紧固力矩检查,不符合要求的重新紧固
4	横向电连接绑扎不美观	未按照设计要求进行安装	回头绑扎根据设计要求,统一标准绑扎,且保证电连接余量满足热胀冷缩要求

20) 线岔安装

(1) 施工流程

线岔安装施工流程如图8-4-40所示。

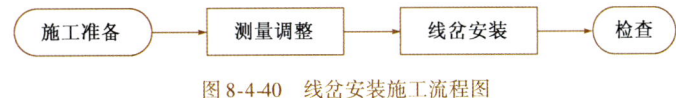

图8-4-40　线岔安装施工流程图

(2) 操作要点

①施工准备

a. 技术准备:学习设计文件,完成技术交底和安全交底。材料进场验收合格。

b. 材料准备:红色油漆、线岔等。

c. 工器具准备:卷尺、扳手、手钳、扭矩扳手、激光测量仪、对讲机、防护灯等。

d. 人员准备:施工负责人、技术员、作业人员、安全员、防护员等。

②测量调整

a. 根据道岔型号在道岔导曲线外侧两线间距合理位置,按设计拉出值在两轨间测量两支接触线的投影位置,并做标记。

b. 测量道岔两内轨间距特定位置的中心点,两中心点连线上的任意一点即为两接触线交点应在的位置。如果有误差,则测量出交叉点与中心点连线的偏移值。

c. 若交叉点偏移值超标,则调整拉出值;若不满足,则调整相应定位处的拉出值,使两线交点的位置符合要求,尽量不变动正线拉出值。

d. 调整线岔两侧吊弦,使吊弦处导高符合要求。

③线岔安装

a. 根据温度计算线岔中心相对两线交点的偏移值,将偏移量标记在线岔管上;

b. 将偏移量标记对准两线交点,安装线岔管。

④检查

线岔安装完毕后,检查上边接触线与线岔管之间、上下接触线之间是否存在空隙。如有摩擦,需调整上方接触线高度及线岔管两端垫片。

(3)关键技术卡控点

①对于宽1950mm 的标准受电弓,在距离受电弓中心600~1050mm 的平面和受电弓动态抬升200mm 高度构成的立体空间区域,为始触区。在始触区至接触线的交点处,正线和侧线接触线应位于受电弓的同一侧,在该区域内不得安装除吊弦线夹外的其他任何线夹或设备零件。

②岔区腕臂顺线路偏移量应符合设计要求,允许偏差为±20mm,两支承力索垂直间隙应不小于60mm。

③交叉线岔道岔定位柱位置及拉出值应保证两接触线交叉点位于设计规定范围内,交叉点处拉出值应符合设计要求。非工作抬升量应符合设计要求。

④线岔管不应有变形,如有轻微变形应调直后方可使用。

⑤两接触线交点应位于道岔导曲线内轨距630~760mm 范围内横向中间位置的正上方,允许偏差±50mm;非标准定位时,交点尽量位于道岔曲线内轨距630~936mm 范围内横向中间位置的正上方。

⑥辙叉心侧,两接触线间距500mm 处要求导高调整为等高;下锚侧,两接触线间距500mm 处要求非支接触线应比工支接触线高20~50mm,不符合要求则调整。

⑦限制管安装完成后与上方接触线间应有1~3mm 的空隙,侧线接触线应高出正线接触线10~20mm。

⑧道岔两支定位及相邻跨距中任一点拉出值不能超出设计最大允许值。

(4)质量通病与防治措施

线岔安装质量通病与防治措施见表8-4-34。

线岔安装质量通病与防治措施　　　表8-4-34

序号	质量通病	原因分析	防治措施
1	线岔管受接触线抬升力	定位点导高不符合设计要求	调整定位点的导高,使线岔管不受力
2	线岔位置安装不正确	未安装设计要求进行安装	线岔的中心为两线交叉点
3	线岔线夹力矩紧固不到位	安装完后未进行力矩紧固	进行力矩检查,不符合要求的重新紧固

21)标识牌、支柱号码安装

(1)施工流程

标识牌、支柱号码安装施工流程如图8-4-41所示。

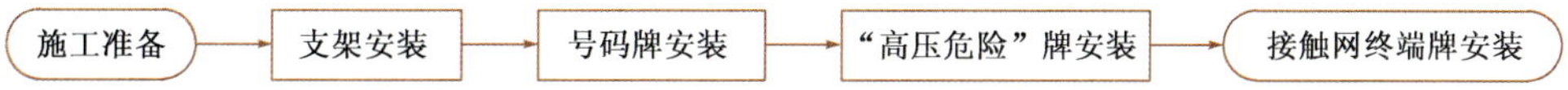

施工准备 → 支架安装 → 号码牌安装 → "高压危险"牌安装 → 接触网终端牌安装

图 8-4-41　标识牌、支柱号码安装施工流程图

(2) 操作要点

① 施工准备

a. 技术准备：学习设计文件，完成技术交底和安全交底。材料进场验收合格。

b. 材料准备：红色油漆、号码牌、底座、"高压危险"牌、终端牌等。

c. 工器具准备：卷尺、扳手、手钳、对讲机、防护灯等。

d. 人员准备：施工负责人、技术员、作业人员、安全员、防护员等。

② 支架安装

按照设计图纸将支架安装至支柱的指定高度。

③ 号码牌安装

号码牌一般采用双面反光铝板，并按照支柱对应编号安装。

④ "高压危险"牌安装

"高压危险"牌安装在电气设备及行人较多的支柱上。

⑤ 接触网终端牌安装

a. 在待安装处承力索上安装承力索吊弦线夹，在对应接触线位置安装接触线吊弦线夹；

b. 将接触网终端牌四角的不锈钢丝分部穿入承力索及接触线吊弦线夹，调整终端牌高度位于承力索及接触线中间位置并保持水平后将承力索和接触线吊弦线夹内的不锈钢丝固定牢靠。

(3) 技术标准

① 支柱号码采用反光号码牌，且质量和安装位置应符合设计规定；

② 在行人通道旁、隔离开关的设备柱、检修坑处均需安装"高压危险"牌，"高压危险"牌安装在距离地面 1.6~2m 处。

(4) 质量通病与防治措施

标识牌、支柱号码安装质量通病与防治措施见表 8-4-35。

标识牌、支柱号码安装质量通病与防治措施　　　　表 8-4-35

序号	质量通病	原因分析	防治措施
1	号码牌安装高度不正确	安装时未统一标准	根据设计、建设单位要求，统一标准安装
2	"高压危险"牌安装不到位	忽略某些易发生安全事故的地点	在易出现安全事故的位置安装警示标识牌
3	接触网终端牌不稳固	安装不够稳固，高压危险牌易掉落	接触网终端安装时固定线夹力矩必须紧固到位

22) 支柱防护、限界门安装

(1) 施工流程

支柱防护、限界门安装施工流程如图 8-4-42 所示。

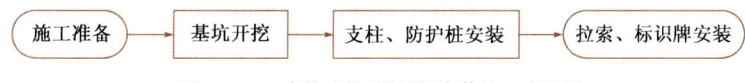

图 8-4-42　支柱防护、限界门安装施工流程图

(2) 操作要点

① 施工准备

a. 技术准备：学习设计文件，完成技术交底和安全交底。材料进场验收合格。

b. 材料准备：地脚螺栓、拉索、限界标识牌、黑、白色油漆等。

c. 工器具准备：5m钢卷尺、油漆笔、手锤、防护旗、水平尺、水准仪、全站仪、抽水机、铁铲、铁镐、模具、振捣器、配电箱、手推车、混凝土滑槽、发电机、挖掘机、渣土运输车、对讲机、防护灯等。

d. 人员准备：施工负责人、技术员、作业人员、安全员、防护员等。

② 基坑开挖

按照施工图，结合现场实际情况，测量支柱、防护桩位置，开挖浇制基础。

③ 支柱、防护桩安装

限界门支柱一般采用汽车式起重机起吊组立，防护桩人工组立。

④ 拉索、标识牌安装

按照两支柱的距离和道路中心线预制上下部拉索、标识牌，安装上下部拉索抱箍，并用滑轮、绳子安装上下部拉索，通过调整螺栓来调整拉索水平。

在上下拉索中间安装标识牌，标识牌四角用不锈钢丝固定在上下部拉索上，连接位置采用卡子固定牢固。

(3) 技术标准

① 限界门支柱两边应基本等高；

② 限界门下拉索应呈水平状态，距离满足设计要求；

③ 下部拉索应水平，标识牌挂板应在同一水平线上，间距符合设计要求；

④ 支柱底部必须牢固，以防止支柱受力后倾斜；

⑤ 安装完成后的标识牌应竖直、等距、对称；

⑥ 支柱距离地面1.5m起向上涂刷黑、白两色油漆，两色间距200mm。

(4) 质量通病与防治措施

支柱防护、限界门安装质量通病与防治措施见表8-4-36。

支柱防护、限界门安装质量通病与防治措施　　　　表8-4-36

序号	质量通病	原因分析	防治措施
1	基础破损	基坑开挖防护不到位	开挖的基坑必须用防护旗围起来
2	限界门高度不准确	未根据触网高度预留足够的安全距离	根据相关规范确定限界门高度

4.6.2 设备安装

1）隔离开关安装

(1) 施工流程

隔离开关安装施工流程如图8-4-43所示。

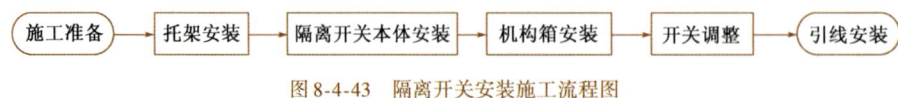

图8-4-43　隔离开关安装施工流程图

(2) 操作要点

① 施工准备

a. 技术准备：学习设计文件，完成技术交底和安全交底。设备进场验收合格。

b. 材料准备：红色油漆、隔离开关、上网电缆、电力复合脂等。

c. 工器具准备：卷尺、水平尺、扳手、手钳、扭矩扳手、对讲机、防护灯等。

d. 人员准备:施工负责人、技术员、作业人员、安全员、防护员等。

设备开箱检查时,根据装箱清单与设计文件,确认各配件齐全。检查绝缘子、刀头、触头、接地刀闸、机构箱外观,性能完好。进行耐压单体试验,提交试验报告。

②托架安装

按照设计安装高度要求进行托架安装。

③隔离开关本体安装

将隔离开关本体安装在托架上,保证本体水平,合闸状态刀闸水平。

④机构箱安装

根据操作杆位置安装机构箱,保证操作杆可以竖直连接。

⑤开关调整

开关分合闸,检查合闸、间隙符合要求,否则需调整开关水平、操作杆长度、操作机构。

带接地刀的开关,需调整地刀侧。

⑥引线安装

根据现场情况测量上网电缆引线及接地引线长度;压接铜接线端子压力符合设计要求;在上网点位置,电缆从外露50mm处开始剥绝缘层(避免电缆线芯散股)与连接线夹连接;做好隔离开关托臂接地工作;接地刀闸的开关用1根150mm^{2}电缆引至地面后与钢轨连接。做好电缆保护和固定工作。

(3)关键技术卡控点

①绝缘子无破损、表面光滑、无裂纹;

②隔离开关本体底座水平;

③带接地刀的开关,接地刀闸应装在接触网需要接地的一侧,主刀闸与接地刀闸的机械联锁正确可靠,接地刀闸接触良好;

④操作杆应竖直,操作灵活;

⑤隔离开关及引线等任何带电部分必须满足安全距离;

⑥上网引线连接正确牢固,满足安全距离要求,并预留因温度变化引起的位移长度;

⑦上网引线与各带电部分连接前均需在接触面上涂抹电力复合脂;

⑧各类引线的固定必须牢固可靠,避免风吹或震动脱落;

⑨各类螺栓均需用扭矩扳手紧固,确保牢固可靠。

(4)质量通病与防治措施

隔离开关安装质量通病与防治措施见表8-4-37。

隔离开关安装质量通病与防治措施表　　　　表8-4-37

序号	质 量 通 病	原 因 分 析	防 治 措 施
1	机构箱高度不符合要求	测量不准确	根据设计要求和现场情况,安装机构箱底座
2	传动杆不垂直	预制传动杆过长	测量准确,预配合适的限制管
3	隔开分合闸不到位	隔离开关调整时未达到设计要求	调整限位装置,调整闸刀工作行程
4	电缆损伤	隔开引线弛度及保护不到位	隔开引线预留一定热胀冷缩余量,且易伤线位置加保护措施

2)避雷器及放电间隙安装

(1)施工流程

避雷器安装施工流程如图8-4-44所示。

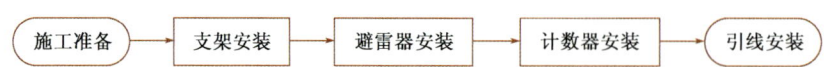

图 8-4-44 避雷器安装施工流程图

(2) 操作要点

① 施工准备

a. 技术准备：学习设计文件，完成技术交底和安全交底。设备进场验收合格。

b. 材料准备：红色油漆、避雷器、计数器、电缆、电力复合脂等。

c. 工器具准备：卷尺、水平尺、扳手、手钳、对讲机、防护灯等。

d. 人员准备：施工负责人、技术员、作业人员、安全员、防护员等。

② 支架安装

按照施工图安装高度将避雷器支架和计数器支架安装到位，检查底座是否水平。

③ 避雷器、计数器安装

将避雷器、计数器安装到支架上，检查避雷器是否竖直。

④ 引线安装

将避雷器上网端用电缆与接触网连接，电缆在支柱上及腕臂上需用电缆抱箍或卡箍进行固定；将壁雷器接地端子用电缆与计数器连接，经过计数器后与接地极相连。

(3) 关键技术卡控点

① 避雷器外观符合设计要求。

② 避雷器底座安装水平，不得低头；避雷器绝缘子应竖直并固定牢固。

③ 避雷器及引线裸露带电部分必须满足安全距离。

④ 上网引线连接正确牢固，满足安全距离要求，并预留因温度变化引起的位移长度。

⑤ 上网引线与带电部分连接前涂电力复合脂。

⑥ 避雷器的接地电阻必须符合设计要求，一般不大于 10Ω。

(4) 质量通病与防治措施

避雷器及放电间隙安装质量通病与防治措施见表 8-4-38。

避雷器及放电间隙安装质量通病与防治措施　　　　表 8-4-38

序号	质量通病	原因分析	防治措施
1	避雷器底座安装不平	安装完成后未进行调平	用水平尺检查，不符合要求的重新安装
2	电缆破损	避雷器引线预留及保护不足	引线预留一定热胀冷缩余量，且易伤线位置加保护措施
3	避雷器放电间隙不符合要求	产品质量存在问题	进行避雷器测试，放电间隙、泄露电流等参数不符合要求的不允许入场

3) 分段绝缘器安装

(1) 施工流程

分段绝缘器安装施工流程如图 8-4-45 所示。

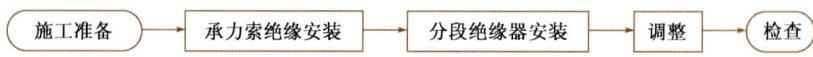

图 8-4-45 分段绝缘器安装施工流程图

(2)操作要点

①施工准备

a. 技术准备:学习设计文件,完成技术交底和安全交底;设备进场验收合格。开箱检查分段绝缘器各配件是否齐全,质量是否符合标准。安装前进行组装。

b. 材料准备:红色油漆、分段绝缘器等。

c. 工器具准备:卷尺、水平尺、扳手、手钳、激光测量仪、对讲机、防护灯等。

d. 人员准备:施工负责人、技术员、作业人员、安全员、防护员。

②承力索绝缘子安装

a. 以悬挂点为基准,测出承力索绝缘子的中心位置和断线位置并做好标记,垂直在接触线上做好标记;

b. 以承力索上的绝缘子中心标记为准,根据连接零件长度向两侧量出断线位置并标记;

c. 在该位置两侧各2m处安装紧线器和手扳葫芦,紧手扳葫芦,使两紧线器之间的承力索弛度达到100mm左右;

d. 确认紧线器无滑动现象,在标记断线点断线,安装承力索终端线夹;

e. 安装绝缘子,松手扳葫芦,使承力索、绝缘子受力。

采用双承力索时,同理安装另一个绝缘子。

③分段绝缘器安装

a. 根据分段绝缘器及其他零件长度,计算并标记接触线断线位置;

b. 在接触线标记点两端各2.5m处安装紧线器,再用手扳葫芦将两个紧线器连接起来并紧线;

c. 接触线松弛以后停止紧线,确认紧线器无滑动现象;

d. 在标记位置用钢管将接触线端头煨成与分段绝缘器接头线夹相同的角度(45°),使用钢锯锯断接触线;

e. 将分段绝缘器本体安装到接触线上,分段绝缘器的接头线夹与接触线连接紧固;

f. 缓慢松开手扳葫芦,观察分段绝缘器各连接部分有无变化。

④调整

a. 在设计位置安装吊弦;

b. 调整吊弦长度,使分段绝缘器距离轨面高度高于该处接触线高度20~30mm,并使分段绝缘器底面与轨面连线平行;

c. 整正接触线安装紧线器处形成的弯曲,弯曲点距离接头线夹有20~30mm的活动余量。

⑤检查

检查分段绝缘器的绝缘间隙,并进行调整;检查受流面的平滑度,不平滑处用钢锉进行打磨使其平滑。

(3)关键技术卡控点

①分段绝缘器安装位置应符合设计要求,一般为距离悬挂点2m处;

②分段绝缘器安装后应保证原锚段 A、B 值不变;

③承力索绝缘子应位于分段绝缘器正上方,两绝缘件中心在同一竖直线上,允许偏差30mm,空气绝缘间隙应符合设计要求;

④分段绝缘器连接牢固可靠,与接触线接头处应平滑,分段绝缘器与受电弓接触部分与轨面连线平行,受电弓通过时应平滑,无打弓现象;

⑤分段绝缘器并沟线夹、接头线夹按照规定力矩进行紧固;

⑥分段绝缘器的安装位置(无论是直线或是曲线上),接触线的拉出值为零,误差范围为±50mm。

(4)质量通病与防治措施

分段绝缘器安装质量通病与防治措施见表8-4-39。

分段绝缘器安装质量通病与防治措施　　　　　　　表8-4-39

序号	质量通病	原因分析	防治措施
1	分段绝缘器安装位置不正确	安装位置不符合设计要求	根据供电分区和回流图纸确定分段绝缘器安装位置,大都在轨道绝缘节正上方
2	螺栓紧固力矩不够	安装完后未进行力矩紧固	进行力矩检查,不符合要求的重新紧固
3	分段本体不平	本体未进行调平处理或分段本身存在缺陷	调整调节螺栓,使分段本体平稳;若产品有缺陷,则进行退换货处理

4.7 刚性接触网

4.7.1 线路施工

刚性接触网线路施工包括埋入杆件及底座安装,悬挂装置安装,汇流排安装,接触线架设,中心锚节安装,架空地线架设,电连接、接地线夹安装,刚柔过渡安装,标识牌安装,设备安装等分项工程。

1)埋入杆件及底座安装

(1)施工流程

埋入杆件及底座安装施工流程如图8-4-46所示。

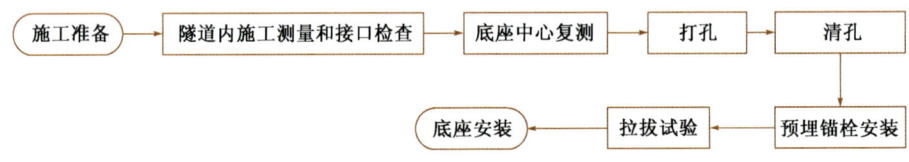

图8-4-46　埋入杆件及底座安装施工流程图

(2)操作要点

①施工准备

a.技术准备:学习设计文件,完成技术交底和安全交底。材料进场验收合格。

b.材料准备:锚栓(化学锚栓或后扩底锚栓)、化学锚固胶、吊柱、垂直悬吊安装底座、单支悬吊槽钢、红色油漆等。

c.工器具准备:钢卷尺(5m、10m、50m)、接触网激光检测仪、排笔、对讲机、防护灯、冲击电钻、专用钻头、钢筋探测仪、发电机、配电箱、电源线、照明设备、胶枪、钻孔模板、梯车、吸尘器、清孔气筒、清孔毛刷、锚栓拉拔测试仪、石笔、记号笔。

d.人员准备:施工负责人、测量员、技术员、作业人员、安全员、防护员等。

②隧道内施工测量和接口检查

隧道内刚性接触网埋入杆分为预留滑槽和打孔植栓两种形式。预留滑槽需做对应的接口检查工作。打孔植栓施工内容如下：

a. 纵向测量

纵向测量时，首先按照设计图纸确定的测量起点进行纵向测量，起测点一般为正线和渡线道岔的岔心或车站端头矩形隧道与圆形隧道断面接口处、区间人防门处。道岔处以两轨道间距合理位置为起测点。

纵向测量为一次定测，一次复测，跨距调整符合规范及设计要求，悬挂点应尽量避开进出站轨顶的活塞风口。

b. 横向测量

横向测量工具采用接触网激光检测仪。

1/9道岔定位：以道岔岔心为起测点，先确定道岔处直股的悬挂点，即线间距200mm处；直股悬挂点前后间隔1m为曲股的定位点，分左开和右开两种形式，为确保T型头螺栓的绝缘距离，两个曲股定位点的确定应横向左右偏移150mm。

中心锚节处定位：中心锚节悬挂点定位时，除考虑下锚拉线的绝缘距离与角度外，还应考虑下锚底座的位置，锚栓植入尽可能远离土建结构缝。

预留滑槽接口检查主要为复核预留槽道的位置、滑道间距的平行度、滑道间距的水平度等参数。若偏差超标，则需采用打孔植栓方式。

③底座中心复测

复核隧道内悬挂底座标记，无误后方可打孔作业。

④打孔

将带有导向管的打孔模具中心线与测量中心线对齐，保证锚栓孔洞的孔径、深度和方向。遇到钢筋、隧道的伸缩缝、连接缝、盾构管片连接缝及漏水渗水部位时，按设计要求避让。

⑤清孔

安装锚栓前，利用钢丝刷、气筒对锚栓孔进行清洁，保证"三吹三清"，将锚栓孔中的灰尘彻底清除。

⑥预埋锚栓安装

将化学药剂包或玻璃管放入清理干净的孔内，以孔容积的2/3为宜；将锚栓顺时针旋转插入孔内，锚栓的螺杆上有标志线，当标志线与隧道外表面平齐时即表明螺杆已安装到位（此时应有药剂溢出），化学锚栓安装完毕。

⑦拉拔试验

根据温度对应锚固时间表，对预埋锚栓进行拉拔试验。

⑧底座安装

悬挂底座应水平安装，安装应稳固可靠，紧固件应齐全。

（3）关键技术卡控点

①纵向测量时，要求使用钢卷尺进行测量，严禁使用皮尺；

②跨距调整须满足相邻跨距比并不得大于设计最大跨距值；

③单根拉力测试持续时间不小于5min，保持测试期间，其降荷值不得大于5%。

（4）质量通病与防治措施

埋入杆件及底座安装质量通病与防治措施见表8-4-40。

埋入杆件及底座安装质量通病与防治措施　　　　　表8-4-40

序号	质量通病	原因分析	防治措施
1	预埋的锚栓歪斜	打孔时遇到钢筋时未移动位置，倾斜打孔	在误差允许的范围内，移动位置，重新打孔
2	锚栓埋深不够	技术交底学习不到位	按照技术交底施工
3	底座安装时缺副螺母	技术交底学习不到位	按照技术交底施工

2）悬挂装置安装

悬挂装置安装时根据各个悬挂定位点的隧道类型、净空安装高度、曲线超高的不同，可以分为低净空悬挂安装、高净空悬挂安装两种安装方式。

(1) 施工流程

悬挂装置安装施工流程如图8-4-47所示。

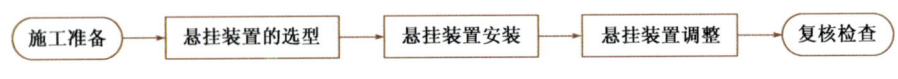

图8-4-47　悬挂装置安装施工流程图

(2) 操作要点

①施工准备

a. 技术准备：学习设计文件，完成技术交底和安全交底。

b. 材料准备：垂直悬吊安装底座、单支悬吊槽钢、刚性悬挂用针式绝缘子、汇流排定位线夹、T型头螺栓、绝缘横撑。

c. 工器具准备：梯车、钢卷尺(5m)、榔头(2.5kg)、扭矩扳手、激光测量仪、开口扳手、照明设备、发电机、水平尺(1m)、电源线、对讲机、防护灯、防护用品。

d. 人员准备：施工负责人、技术员、作业人员、安全员、防护员等。

②悬挂装置的选型

根据设计资料以及现场测量定位记录，核对悬挂安装类型，计算吊柱及T型头螺栓的长度，编制装配数据表。

③悬挂装置安装

槽钢底座应水平安装，槽钢与安装地点的轨顶平面应平行；T型头螺栓应铅垂安装，倾斜度允许偏差不宜大于1°。

④悬挂装置调整

对采用垂直悬吊槽钢结构形式的悬挂，根据设计导高、汇流排、汇流排线夹、绝缘子和各类垫片计算，得到垂直悬吊槽钢底部高度为距轨面数值，利用激光测量仪调整悬吊槽钢与轨面平行；绝缘横撑结构形式的悬挂调整步骤相同；对安装吊柱使用水平尺调整，吊柱应铅垂于地面，误差不大于1°。

⑤复核检查

悬挂安装、粗调完毕后，用扭矩扳手检查各螺栓紧固件状况，并做好检查记录。螺栓紧固力矩除特殊规定外，要符合表8-4-41的规定。

螺栓紧固力矩　　　　　表8-4-41

螺栓规格	M8	M10	M12	M14	M16	M18	M20	M22
紧固力矩(N·m)	13	25	44	70	70	85	130	180

(3) 关键技术卡控点

①各构件无变形,镀锌层完整,螺栓在满足绝缘距离要求的情况下应不小于 0.25D(D 为螺栓直径)的调节余量(困难地段除外),螺纹部分应涂油防腐。

②绝缘子的瓷釉剥落总面积不大于 $30mm^2$,绝缘子泄漏距离不小于 250mm,绝缘电阻抽样试验合格。

③悬吊安装底座应水平安装;坡道上的悬挂安装底座顺线路方向水平度偏差应以汇流排安装在汇流排定位线夹内能自由伸缩为原则。

④悬垂吊柱及 T 型头螺栓应铅垂安装,倾斜度误差应不大于 1°。

(4) 质量通病与防治措施

悬挂装置安装质量通病与防治措施见表 8-4-42。

悬挂装置安装质量通病与防治措施　　　　　　表 8-4-42

序号	质量通病	原因分析	防治措施
1	T 型头螺栓外露长度不够	吊柱太短,T 型头螺栓计算数据错误	准确测量并记录数据
2	螺母紧固力矩不达标,螺母、垫圈缺失	技术交底学习不到位	按照技术交底施工
3	定位线夹、绝缘子扭曲、破损	施工现场对材料防护不到位,未按照技术交底进行施工	成品防护到位,调整安装必须按照技术交底施工

3) 汇流排安装

(1) 施工流程

汇流排安装施工流程如图 8-4-48 所示。

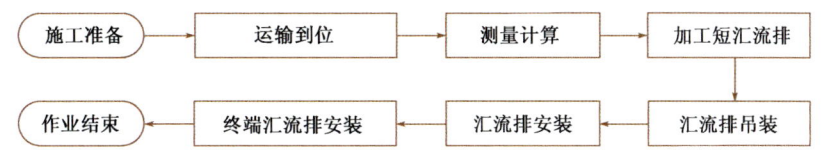

图 8-4-48　汇流排安装施工流程图

(2) 操作要点

①施工准备

a. 技术准备:计算出施工该锚段所需要的汇流排及附件数量。汇流排进场验收合格。

b. 材料准备:汇流排定位线夹、汇流排、汇流排终端、汇流排中间接头、连接螺栓等。

c. 工器具准备:梯车(3.5m)、大绳(15m)、滑轮、扭矩扳手、内六角扳手、个人工具、切割机、手电钻、切割及钻孔模具、对讲机、防护用品、钢卷尺(5m、10m)、垫木(500mm)、工具包、塞尺、扳手。

d. 人员准备:施工负责人、技术员、作业人员、安全员、防护员、质检人员等。

②运输到位

汇流排从地铁下料口或者地铁站进出口吊入,将汇流排平均分摊放置在两台作业梯车上,运输至施工地点并将汇流排放置到位。

③测量计算

$$汇流排总长度 = L + L_1 \times 2 + \Delta_L + L_2$$

式中：L 为刚性锚段各跨距总和；L_1 为弯曲端长度；Δ_L 为全段温度变化预留量；L_2 为汇流排定位线夹宽加因汇流排弛度及正弦走向引起的长度，为 100~150mm。

④加工短汇流排

根据以上计算出的汇流排总长度，计算所需汇流排根数 N 和预制短汇流排长度，并且预制汇流排长度不能太短，不小于设计规定值。

$$短汇流排长度 = (总长度 - 两终端汇流排长度 - N \times 汇流排长度)$$

短汇流排尽量靠近悬挂定位点（最好使定位点处于短汇流排中部），汇流排对接接头尽可能靠近悬挂定位点，避免处于或靠近跨中，同时对接接头也避开处于悬挂定位线夹位置。

⑤汇流排吊装

在两个悬挂点支架上分别挂上一个滑轮，利用大绳穿过滑轮将汇流排平行吊装至两台梯车上部，将汇流排平均分摊放置于两台作业梯车上面，为梯车上作业人员安装汇流排提供方便。

⑥汇流排安装

先安装锚段始端的汇流排终端，保证汇流排终端端部距离第一个悬挂点中心 1800mm 拧紧汇流排定位线夹，在汇流排终端另一头安装中间接头；然后采用前面叙述的方法吊装第二根汇流排，依次按照。非标准汇流排待收集数据后统一集中预制。

⑦终端汇流排安装

当安装至终端汇流排时，就必须对终端汇流排的长度进行测量，按实长进行预制，预制后再进行安装。

⑧作业结束

做好施工记录，并清理现场工器具及剩余材料等。

(3) 关键技术卡控点

①在现场装卸汇流排时，包装符合要求的汇流排可整箱吊装；轻拿轻放，不得扭曲碰撞；存放时汇流排面端向下，槽口向上放置；槽口变形、损伤或切割面偏斜、钻孔孔位不正确的汇流排不可使用。

②汇流排终端端头距最近悬挂点中心距离为 1800mm，允许误差为 -100~+200mm。

③汇流排连接接头装配时注意方向性，两接头平面侧应处于汇流排中间，两接头平面相对。

④中间接头连接螺栓采用扭矩扳手紧固，用塞尺检查中间接头对接质量。

⑤预制的短汇流排一般不小于 6m。

⑥汇流排断面对称中轴线应垂直于所在处的轨顶连线平面，偏斜不应大于 1°。

⑦汇流排中间接头缝不大于 1mm。

⑧汇流排连接缝中心至汇流排定位线夹边缘的距离应不小于 300mm。若是外包接头，则外包接头端头距汇流排定位线夹边缘的距离应不小于 300mm。

(4) 质量通病与防治措施

汇流排安装质量通病与防治措施见表 8-4-43。

汇流排安装质量通病与防治措施　　　　表 8-4-43

序号	质量通病	原因分析	防治措施
1	汇流排不平顺，成倒 V 字形，容易造成接触线异常磨耗	汇流排调节不平顺，中间接头设置在跨中	按照技术交底进行调节，避免中间接头设置在跨中
2	汇流排接头不平顺，接头缝隙太大	中间接头调整方法不规范，螺栓紧固力矩不到位	按照技术交底施工

4）接触线架设

（1）施工流程

接触线架设施工流程如图8-4-49所示。

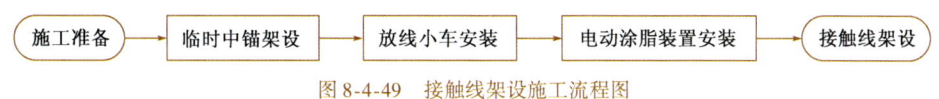

图8-4-49　接触线架设施工流程图

（2）操作要点

①施工准备

a. 技术准备：架线作业前，应严格检查线盘和线材质量，线盘不得扭曲和损坏，导线不得有损伤、扭曲、硬弯等质量问题；接触线应可靠嵌入汇流排内，接触线与汇流排的接触面应均匀涂有薄层电力复合脂，在锚段内无接头、无硬弯；接触线在锚段末端汇流排外余长为150～200mm，沿汇流排终端方向顺延；在架设有膨胀元件、分段绝缘器的锚段时，其在膨胀元件、分段绝缘器内的接触线末端100mm，且要求端头上翘，上翘角度不大于10°。

b. 材料准备：刚性悬挂接触导线CTA150、电力复合脂等。

c. 工器具准备：作业车、平板车、放线小车、放线架、电动涂脂装置、发电机、扳手、橡胶锤、剪线钳、对讲机、钢卷尺（5m）。

d. 人员准备：技术员、施工负责人、施工人员、机车司机、防护员、安全员等。

②临时中锚架设

在锚段关节第一、二个悬挂定位点两端，用锚固线夹卡住汇流排，以防放线时的张力使汇流排发生纵向滑动；用铁丝从第二个悬挂定位点的汇流排定位线夹处到第一个悬挂定位点的底座上做一根V形拉线，以防悬挂顺线路变形。

③放线小车安装

放线小车是将接触线装嵌在汇流排（汇流排终端、刚柔过渡本体元件）上的放线专用工具。小车可以从汇流排的端部或任何部位装上后进行接触线的装嵌或拆卸。从汇流排端部装上小车放线时，操作步骤如下：

a. 小车装在汇流排上。先拧紧小车上方两侧螺钉使滚轮固定在工作位置上；调整两侧螺钉，将小车下方一对扩张轮的开距调至64mm（以便扩张轮进入汇流排导台下侧的人字槽内）；通过螺钉把中央滚轮的位置向下调；将小车从端部推入汇流排。以上操作正确后，用手推动小车时，小车沿着汇流排纵向应可作灵活的往返运动。

b. 调节扩张轮的螺钉，以打开汇流排的钳口，并使前进一方的钳口比后进一方的稍大。

c. 将接触线穿过涂脂装置，然后再经小车引入汇流排钳口下方。

d. 调整螺钉，让中央滚轮把接触线拖高，并使接触线的凹槽进入汇流排钳口范围内。（注意切勿强行将接触线塞入汇流排钳口中，否则会降低小车的放线速度，甚至使小车卡死不能工作）。

e. 将牵引绳固定在小车两侧板前端的牵引孔上。利用牵引装置拉动小车，随即可展开放线的操作。放线速度取决于操作熟练程度，一般放线速度约为2km/h。

④电动涂脂装置安装

a. 在接触线较长的情况下适宜采用电动涂脂装置将黏度较高的油脂经装置自动涂抹在接触线上，然后将接触线嵌入汇流排中。

b. 电动涂脂装置由油脂容器、电动泵、软管及涂脂器和抹脂器组成。

c. 当需要涂脂的接触线长度较短时,可以用手涂方法涂抹电力复合脂。虽然电力复合脂非有害物质,但在进行操作时宜戴上橡胶手套,与处理普通润滑脂时所采用的防护措施相同。

⑤接触线架设

a. 在锚段始端,将架线小车卡于汇流排上,调整好间隙,小车前端绑一根拉绳,临时固定在作业平台上,牵引架线小车,确保架线小车的牵引方向始终处于汇流排正下方,同时在架线过程中,如遇架线小车被卡住时,拉绳可以立即松开,解除对架线小车的拉力,防止拉坏整个汇流排装置。

b. 将接触导线自线盘带张力拉出导线始端,穿过架线小车,嵌入汇流排内,超出汇流排约500mm,紧固汇流排弯曲头处螺栓并将导线向上弯,以防架线时导线滑出汇流排。

c. 按上述方法安装好电动涂脂装置,把电力复合脂注入接触线两凹槽内。注油器要始终处于放线小车前方,在接触线上顺畅滑行。

d. 线盘带上张力(500~1000N),架线车组以5km/h的速度缓缓向前移动。作业车上线盘旁边,设一人监护线盘,控制线盘张力;作业平台前端,设两人紧拉架线小车拉绳,牵引架线小车与线盘车组同步运行,并逐步将导线嵌入汇流排内;架线小车前设一人负责将导线扶正,使导线燕尾端正对汇流排开口,便于小车顺利将导线卡入汇流排;架线小车两旁,各设一人仔细检查导线嵌入状况,如发导线嵌入不到位或架线小车卡滞,应及时停车,退回架线小车,重复此段架线工作。

e. 架线至锚段末端,架线小车行至汇流排弯曲端前,架线车组停止运行,人工均匀拉动架线小车将导线嵌入末端。导线嵌入后,缓缓释放线盘张力,将导线在汇流排外100~150mm断开,紧固弯曲头处螺栓,并将导线向上弯,将剩余导线回入线盘。

f. 架线车组向架线始端返回,巡视锚段内架线状况,拆除第一、二定位点处临时锚固线夹,始端按设计150~200mm余量进行预留,剪去多余导线。

(3)关键技术卡控点

①架线作业前,应严格检查线盘和线材质量,线盘不得扭曲和损坏,导线不得有损伤、扭曲、硬弯等质量问题。

②接触线应可靠嵌入汇流排内,接触线与汇流排的接触面应均匀涂有薄层电力复合脂,在锚段内无接头、无硬弯。

③锚段长度符合设计要求,汇流排终端到相邻悬挂点的距离为1800mm,允许误差为-100~+200mm。

④接触线在锚段末端汇流排外余长为150~200mm,沿汇流排终端方向顺延。

⑤在架设有膨胀元件、分段绝缘器的锚段时,其在膨胀元件、分段绝缘器内的接触线末端100mm,且要求端头上翘,上翘角度不大于10°。

⑥在第一、二个悬挂定位点两端,用锚固线夹卡住汇流排,使汇流排在放线时不能滑动。架线完成后拆除。

⑦架线完毕后,在有渗水、漏水或站内施工污染较大的地方,应安装汇流排保护罩。

(4)质量通病与防治措施

接触线架设质量通病与防治措施见表8-4-44。

接触线架设质量通病与防治措施 表8-4-44

序号	质 量 通 病	原 因 分 析	防 治 措 施
1	接触线损伤、扭曲和硬弯	放线时未加张力	按照要求增加张力
2	接触线脱槽	放线小车调节不到位	按照要求调节放线小车的轮距

5）中心锚节安装

刚性接触网在每个锚段中部位置装设中心锚节来防止因温度变化和列车受电弓摩擦所带来的纵向窜动。刚性悬挂中心锚节主要由中心锚节线夹、复合绝缘子(绝缘棒)、调节螺杆及固定底座等组成。

（1）施工流程

中心锚节安装施工流程如图8-4-50所示。

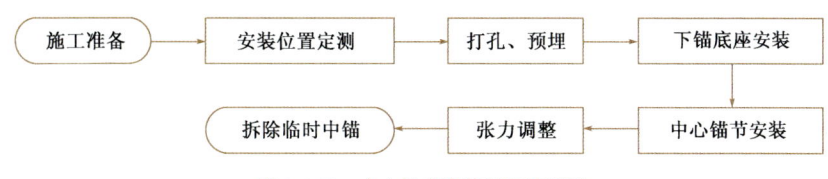

图8-4-50 中心锚节安装施工流程图

（2）操作要点

①施工准备

a. 技术准备：学习设计文件，完成技术交底和安全交底。

b. 材料准备：中心锚节绝缘子、调节螺杆、汇流排中心锚节下锚底座、汇流排中心锚节线夹等。

c. 工器具准备：梯车、钢卷尺、扳手、水平尺、角度仪、扭矩扳手、照明设备、角磨机、防腐漆、发电机、电源线、对讲机、防护灯等。

d. 人员准备：技术员、施工负责人、作业人员、防护员、安全员等。

②安装位置定测

刚性悬挂调整到位后，按施工图中锚位置，现场沿汇流排测定出中心锚节锚固线夹的位置和中心锚节底座的位置。

③打孔、预埋

套模进行钻孔，预埋安装锚栓。

④下锚底座安装

中心锚节底座应安装水平端正。

⑤中心锚节安装

在汇流排与中心锚节锚固线夹的接触面均匀涂抹电力复合脂，安装中心锚节锚固线夹，安装中锚V形拉线。

⑥张力调整

V形拉线两端张力相等、松紧适当，不能使汇流排出现负弛度，调整螺栓保证有足够的调节余量。

⑦拆除临时中锚

中锚安装后，拆除所有临时的锚固线夹。

（3）关键技术卡控点

①在直线区段，锚固底座中心线位于汇流排中心线的正上方；在曲线区段，锚固底座中心线位于中锚在汇流排上锚固线夹处汇流排中心线的延伸线的正上方，误差为±30mm。

②锚两端底座距中心锚固点的距离应相等，其安装误差为±50mm。

③中心锚节绝缘子(棒)的带电端至接地体，接地端至带电体距离不小于150mm，困难情况不应小于115mm。

④中心锚节V形拉线拉力应适度，两端拉力应一致，且不能使中锚点出现负弛度；与汇流排的夹角

不大于45°,且不小于30°。

(4)质量通病与防治措施

中心锚节安装质量通病与防治措施见表8-4-45。

中心锚节安装质量通病与防治措施　　　　　　　　　　表8-4-45

序号	质量通病	原因分析	防治措施
1	V形拉线两端张力不相等、松弛	调节螺杆力矩不符合要求	按照技术交底进行施工,保证V形拉线两端张力相等、松紧适当
2	中锚非带电体间的绝缘距离不够	下锚底座的位置错误	定测时要首先保证绝缘距离和夹角

6)架空地线架设

接触网隧道内采用单根JT-120架空地线进行集中接地保护。一个架空地线锚段内的悬挂底座和终端下锚底座全部安装完毕后,即可架设该锚段架空地线。

(1)施工流程

架空地线架设施工流程如图8-4-51所示。

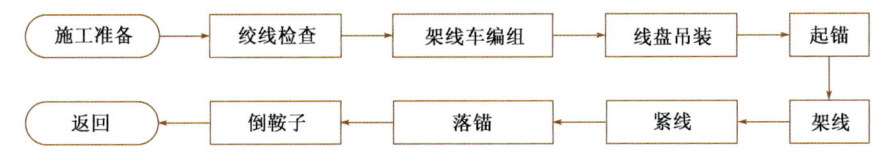

图8-4-51　架空地线架设施工流程图

(2)操作要点

①施工准备

a.技术准备:学习设计文件,完成技术交底和安全交底。

b.材料准备:T型终锚线夹、调节螺栓、架空地线对向下锚安装底座、地线终端下锚吊柱、D2型电连接线夹、硬铜绞线120mm^2、绞线固定卡、地线线夹等。

c.工器具准备:作业车、平板车、扭矩扳手、钢卷尺(5m)、对讲机、防护灯等。

d.人员准备:技术员、施工负责人、作业人员、司机、防护员、安全员等。

②绞线检查

观察线盘及盘孔是否完好无损,铜绞线层层排列整齐密贴,不得有相互嵌绕错位。铜绞线应无散股、断股现象。复核线盘上绞线长度是否够架设锚段长,如不够则再备一盘,并准备好接头线夹。

③架线车编组

架线列车按照放线方向依次由张力放线车+作业平台+牵引机车组成,架线列车两端设置红闪灯,列车行进时前方设专人负责瞭望引道,由施工负责人统一指挥。

④线盘吊装

线盘吊装时应插横轴吊装,防止损伤线盘和绞线,并保证绞线敷设方向与车组行进方向一致。核对配盘表和线盘上绞线的实标长度;每次放线后,都要标明已放线长度、剩余长度。

⑤起锚

在起锚端,按设计图纸做好架空地线起锚连接。

⑥架线

架线时,采用机械张力放线,放线初张力调至1.5kN左右,架线车组以5km/h速度匀速前进架设。各悬挂点挂设铝滑轮,悬挂架空地线且架空地线在滑轮内无卡滞现象。如架设锚段内必须接头,则接头位置应符合设计要求,接头线夹安装工艺严格按照接头线夹生产厂家提供的产品使用说明书进行。

⑦紧线、落锚

车组架线至落锚处停止,按设计张力进行紧线、断线、落锚,用调节螺栓调节,余量应符合要求。

⑧倒鞍子

依次将架空地线倒入地线线夹安装固定后,取下滑轮。

⑨返回

检查确认架空地线安装线路平缓顺畅与其他建筑物及设备无摩擦,且与带电体的绝缘距离符合设计要求后,架线车组方可返回。

(3)关键技术卡控点

①下锚时保证架空地线的弛度应符合设计要求,在最大弛度时必须保证架空地线及其金具距接触网带电体的距离大于150mm,对运行车辆的受电弓距离不小于100mm,架空地线张力符合设计安装曲线,其最大张力不大于12kN;

②连接线夹安装应牢固可靠;

③接地线的材质、规格型号应符合设计要求,并预留因温度变化而需要的弛度;

④D2型连接线夹的螺栓紧固力矩为44N·m;

⑤T型终锚线夹的拉伸破坏荷载为52.8kN,起始滑动荷载不小于42kN;

⑥调节螺栓的最大工作荷载为21.6kN;

⑦架空地线安装线路应平缓顺畅,不能出现大的折角;

⑧架空地线下锚处调节螺栓的长度处于许可范围内,并有不少于30mm的调节余量。

(4)质量通病与防治措施

架空地线架设质量通病与防治措施见表8-4-46。

架空地线架设质量通病与防治措施　　　　　　　　表8-4-46

序号	质量通病	原因分析	防治措施
1	地线线夹缺副螺母	技术交底学习不到位	按照技术交底施工
2	接地跳线散股	跳线端头未绑扎	按照要求进行绑扎

7)电连接、接地线夹安装

电连接根据安装位置的不同分为锚段关节电连接、道岔电连接、隔离开关电连接等。

(1)施工流程

电连接、接地线夹安装施工流程如图8-4-52所示。

图8-4-52　电连接、接地线夹安装施工流程图

(2)操作要点

①施工准备

a.技术准备:学习施工组织设计文件和作业指导书,完成技术交底和安全交底。

b. 材料准备：汇流排电连接线夹、铜铝过渡电连接线夹、截面积 120mm² 软铜绞线、汇流排接地线夹、电力复合脂、红色油漆等。

c. 工器具准备：梯车、断线钳、液压钳、钢卷尺（5m）、扭矩扳手、开口扳手、个人工具、照明设备、水平尺（1m）、对讲机、防护灯等。

d. 人员准备：技术员、施工负责人、作业人员、防护员、安全员等。

② 电连接预制

a. 根据锚段关节或道岔关节处汇流排间距、汇流排最大偏移量、铜铝过渡线夹长度等，计算电连接软铜绞线长度。

b. 裁剪软铜绞线时，裁剪前先在软铜绞线上缠一圈胶带，这样裁剪时绞线不会散股。

c. 将软铜绞线两端剥去胶带，套入铜铝过渡线夹内推入至根部，两端线夹相对正，不得相互偏扭，使用电动液压机进行压接，压模型号应与绞线型号相符。

③ 电连接安装

a. 按电连接装配图纸要求，在关节处安装汇流排电连接线夹，线夹与汇流排的接触面均匀涂抹电力复合脂。

b. 按电连接布置方向安装铜铝过渡设备线夹，安装应正确美观。在安装前铜铝过渡线夹与汇流排电连接线夹接触面要均匀涂抹电力复合脂。

④ 接地线夹安装

a. 汇流排接地线夹安装在架空刚性悬挂接触网机械分段、电分段、每个车站（设备站台以外）两端、线路终端、分段绝缘器两端等处，作为刚性悬挂接触网维修时接地之用。

b. 汇流排接地线夹安装位置，距悬挂点距离不超过 500mm，其接地挂环方向应朝向回流轨侧，以方便挂接地棒。

c. 汇流排接地线夹与汇流排的接触面应涂抹电力复合脂，汇流排接地线夹应安装稳固，紧固力矩符合设计要求。

⑤ 质量检定

安装完毕，对电连接的各零配件、连接件的安装质量以及绝缘距离、限界等进行检查并记录，确保工程质量及行车安全。

(3) 关键技术卡控点

① 电连接线所用型号、材质、数量应符合设计要求；电连接线要预留足够的因温度变化使汇流排产生伸缩而需要的长度，其弯曲方向与汇流排移动方向一致；电连接线不得有散股、断股现象。

② 电连接线的安装位置允许偏差为 ±200mm，任何情况下均应满足绝缘距离要求。

③ 电连接线与接线端子压接应良好，握紧力不小于 6.9kN；电连接线夹与电连接线接触良好，接触面涂电力复合脂，线夹安装应端正牢固，螺栓紧固力矩应符合要求。

④ 汇流排电连接线夹、汇流排接地线夹与汇流排的接触面、汇流排电连接线夹与铜铝过渡线夹的接触面都应均匀涂抹电力复合脂；线夹安装端正牢固，螺栓紧固力矩应符合设计要求。

⑤ 汇流排接地线夹距悬挂点的距离一般不超过 500mm，但不宜过近，以免影响汇流排正常伸缩。

⑥ 电连接电缆在隧道顶部应牢固不易脱落，转弯处弯曲自然，布线美观。

⑦ 螺栓紧固力矩应符合设计要求。

⑧ 铜铝过渡电连接线夹与电连接线压接要牢固可靠。

⑨保证每个位置的绝缘距离不小于150mm。

(4) 质量通病与防治措施

电连接、接地线夹安装质量通病与防治措施见表8-4-47。

电连接、接地线夹安装质量通病与防治措施　　　表8-4-47

序号	质量通病	原因分析	防治措施
1	电连接预制时软铜绞线扭曲	未卸掉软铜绞线的内力	按照技术交底施工
2	电连接线与非带电体绝缘距离不够	电连接线预制过长	电连接线按照实际测量长度进行预制

8) 刚柔过渡安装

刚柔过渡是指由刚性接触悬挂转换为柔性接触悬挂的衔接过渡。它是刚性悬挂与柔性悬挂实现无缝连接的关键部位，通常设在架空柔性接触网和汇流排的交汇点处。刚柔过渡分为关节式和贯通式两种。

① 关节式刚柔过渡，即柔性悬挂与刚性悬挂平行交叉一段，形成类似关节的形式进行过渡，在刚柔过渡的切入点处，刚性悬挂与柔性悬挂分开，刚性悬挂导高应比柔性悬挂导高抬高25mm左右，经过一段距离的刚柔并列运行后，柔性悬挂接触线逐渐抬高，直至脱离接触网的正常工作高度而退出运行，以便刚柔悬挂平滑过渡，不至于在刚性悬挂切入点处形成硬点。

② 贯通式刚柔过渡，是从柔性悬挂进入刚柔过渡元件前，两根柔性悬挂接触导线等高并列运行，然后一根接触导线导入刚柔过渡元件（可视为柔性悬挂进入或变为刚性悬挂，即所谓刚柔贯通），另一根接触导线在刚柔过渡元件外面，两根柔性接触线等高并列运行进入刚柔过渡元件约500mm后，在过渡元件外面的导线逐渐抬高脱离接触，其最终的抬高量不应小于35mm。在刚柔过渡元件向柔性方向接口处到3m的范围内，柔性悬挂不能装设吊弦；刚柔过渡元件的各张力紧固螺栓要夹紧，紧固力矩为50N·m，螺栓应有垫圈（防松垫圈和平垫圈）。

(1) 贯通式刚柔过渡安装

① 操作要点

a. 现场检测

检测隧道净空、限界、隧道口断面里程、隧道结构等是否与设计图纸相符，是否存在绝缘距离问题，是否限制了刚柔过渡的安装，发现问题及时联系设计部门现场解决。为测量定位作好准备。

b. 支持装置及下锚位置定测、安装

先进行刚柔过渡段悬挂点的纵向放线测量，复核无误后，用红色油漆标记在钢轨侧面上。各悬挂位置采用激光测量准确定位，标记至隧道顶上。

测量悬挂点处净空数据，测算柔性悬挂下锚位置，用激光测量仪准确定位，标记在隧道顶上。通过对各悬挂点复核无误后，钻孔和安装支架，并调整到符合设计规定值。

② 关键技术卡控点

a. 贯通式刚柔过渡处刚性悬挂接触线应比柔性悬挂接触线高30~50mm；

b. 柔性悬挂升高下锚处绝缘子边缘应距受电弓包络线不得小于75mm；

c. 刚性悬挂带电体距柔性悬挂下锚底座、下锚支悬挂等接地体不应小于150mm；

d. 受电弓距柔性悬挂下锚底座、下锚支悬挂等接地体不应小于100mm，且在受电弓通过时应平滑无撞击及不应出现固定拉弧点；

e. 两支悬挂的间距为200mm，允许误差±20mm。

(2)关节式刚柔过渡安装

①操作要点

a. 安装条件

刚柔过渡处的柔性悬挂锚段悬挂调整已完成,相邻刚性悬挂段接触悬挂细调完成。

b. 刚柔过渡的安装

在汇流排作业平台上对接好汇流排终端和切槽式过渡汇流排(汇流排终端头距悬挂定位点的距离为1.8m),然后在接触线凹槽内均匀涂抹电力复合脂,用放线小车将接触线导入汇流排,用扭矩扳手紧固切槽汇流排上的7组紧固螺栓和汇流排终端上的紧固螺栓。

c. 调整

刚柔过渡段导线高度及拉出值调整至设计值,汇流排坡度调至与轨面平行,用激光和光学测量仪、受电弓检查刚柔过渡关节,进行刚柔过渡段微调,受电弓双向通过应平稳顺滑,刚柔过渡点和关节不应出现硬点,切槽式汇流排应富有弹性。

②关键技术卡控点

a. 关节式刚柔过渡处两支悬挂接触线应等高,在刚柔过渡交界点处,汇流排对接触线不应产生下压或上抬。连接线夹的螺栓紧固力矩符合设计要求。柔性下锚跨越的刚性悬挂点宜采用悬臂式结构,以避免出现与柔性悬挂间的绝缘距离不够的问题。防水罩对露天汇流排覆盖完全,防水罩安装稳固,性能满足要求。

b. 两支悬挂点的拉出值为±100mm,间距为200mm,允许误差±20mm。

c. 关节处接触线下锚绝缘子边缘应距受电弓包络线不应小于75mm。

d. 刚性悬挂带电体距柔性悬挂下锚底座、下锚支悬挂等接地体不应小于150mm。

e. 受电弓距柔性悬挂下锚底座、下锚支悬挂等接地体不应小于100mm。

f. 刚柔过渡处的电连接线、接地线应完整无遗漏,安装牢固。

g. 在受电弓通过时应平滑无撞击及不应出现固定拉弧点。

(3)质量通病与防治措施

刚柔过渡安装质量通病与防治措施见表8-4-48。

刚柔过渡安装质量通病与防治措施 表8-4-48

序号	质量通病	原因分析	防治措施
1	刚柔过渡延伸接触线绝缘距离不足	安装时未进行精确测量	卡入切槽式汇流排接触线下锚位置合理
2	切槽式汇流排偏斜	安装时未进行精确测量	调整相邻两处悬挂点等高,使切槽式汇流排平滑过渡

9)标识牌安装

(1)施工流程

标识牌安装施工流程如图8-4-53所示。

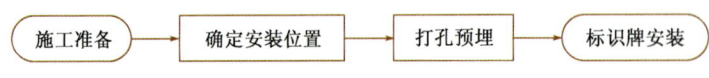

图8-4-53 标识牌安装施工流程图

(2)操作要点

①施工准备

a. 技术准备:学习施工组织设计文件和作业指导书,完成技术交底和安全交底。

b. 材料准备:油漆、稀料、胶带等。

c. 工器具准备:梯子、喷涂模具、毛刷、钢卷尺(5m)、记号笔、对讲机、防护灯等。

d. 人员准备:技术员、施工负责人、作业人员、防护员、安全员等。

②标识牌安装

a. "高压危险"牌安装

设置于接触网隔离开关等电气设备处,设置高度为1.6~2m。用锚固螺栓,安装在隔离开关底座下方,安装端正牢固。

b. "接触网终点"牌安装

设置在接触网终点悬挂定位点处,安装于接触网汇流排正上方,安装稳固端正,距接触网带电体距离大于150mm。

③号码牌安装

a. 悬挂定位号码牌安装。悬挂定位点号码牌根据设计要求的尺寸和字体大小进行喷涂。悬挂定位点号码牌一般喷涂在列车前进方向左侧隧道壁上,正对悬挂支持装置(所处的位置和悬挂定位点处于同一隧道断面上)。

b. 隔离开关号码牌安装。刚性段隔离开关号码牌,与定位点号码牌喷涂方法相同,喷涂在隔离开关操作箱本体的正面。

(3)关键技术卡控点

①"高压危险"牌采用铝合金板或硬塑料板等符合设计要求的材料制作,牌正面为白底、黑字、黑框,附红闪电符号,背面为白色。

②"接触网终点"牌采用2mm厚钢板或铝合金板或选用设计要求的材料进行制作,牌正面白底、黑字、黑框,背面白色。

③反光号码牌采用在工厂预制,现场安装的方式进行。按照相应的设计技术要求进行加工制作。

④各类警示标志、防护设施应齐全。

⑤防止触电的警示标志应安装在电气设备和人员容易接近的接触网带电体的附近。警示标志的颜色、规格、安装位置符合规范要求,安装牢固可靠,在任何情况下都显眼醒目,不得侵入设备限界,满足电气绝缘距离要求。

⑥"接触网终点"标识应清晰明显,安装位置应符合规范,安装牢固。

⑦标识牌的颜色、规格、高度符合规范,编号顺序正确,底漆应均匀,字迹清晰、字体美观醒目,无脱漆生锈现象。

(4)质量通病与防治措施

标识牌安装质量通病与防治措施见表8-4-49。

标识牌安装质量通病与防治措施 表8-4-49

序号	质量通病	原因分析	防治措施
1	标识牌字体歪斜	字体模板使用时摆放不正	按照技术交底施工
2	字体不美观	油漆过多	按照技术交底施工

4.7.2 设备安装

1）隔离开关安装

（1）施工流程

隔离开关安装施工流程如图 8-4-54 所示。

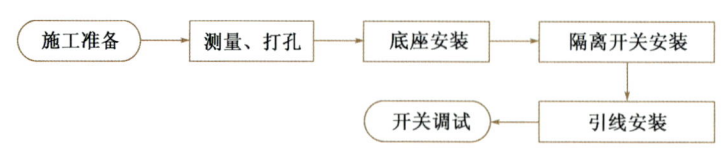

图 8-4-54 隔离开关安装施工流程图

（2）操作要点

①施工准备

a. 技术准备：学习设计文件，完成技术交底和安全交底；设备检查和试验检测合格。

b. 材料准备：化学锚栓、化学胶、固定底座、120mm² 软铜绞线、隔离开关、直流电缆、接线端子、电力复合脂、电缆固定卡、热塑管等。

c. 工器具准备：冲击钻、角磨机、水平尺、激光投线仪、墨斗、开口扳手、扭矩扳手、液压钳、剥线钳、发电机、电源线、梯子等。

d. 人员准备：技术员、施工负责人、作业人员、防护员、安全员等。

②测量、打孔

a. 根据设计图纸隔离开关位置进行现场测量，检查隔离开关安装位置限界和安装空间是否符合设计要求，在无其他设备干扰和限界及空间符合的条件下，隔离开关安装位置应尽量靠近绝缘锚段关节。

b. 用激光投线仪辅助投线，用墨斗弹出水平直线，定出固定底座钻孔孔位，垂直于隧道壁钻孔，安装螺栓。

③底座安装

安装固定底座，调整底座端正，其隔离开关安装面水平。

④隔离开关安装

a. 将隔离开关安装在固定底座上，调整隔离开关及操动机构至隧道壁的距离符合设计要求，隔离开关与操动机构处于同一垂直面上。

b. 调整操动机构行程至闭合位，隔离开关刀闸处于闭合位，安装操纵杆，其安装角度符合设计要求。

c. 调整三联隔离开关处于同一水平直线上，安装隔离开关间接线板。

d. 调试隔离开关和操动机构开合同步到位，隔离开关动触头和静触头中心线重合。

⑤引线安装

a. 安装隔离开关至接触网汇流排引线电缆，安装美观、弯曲自然。

b. 实测接线端子长度，按电缆绝缘层厚度调节剥切刀深度，剥除绝缘防护层，露出裸铜线芯，根据接线端子的压接工艺进行制作压接两端接线端子。

c. 在汇流排上安装汇流排电连接线夹，将接线端子与汇流排电连接线夹、隔离开关相连接，所有接触面均匀涂抹电力复合脂。

d. 将所有底座用接地跳线与架空地线相连接。

⑥开关调试

电动隔离开关调试和配合变电所隔离开关联调。

(3) 关键技术卡控点

①隔离开关的安装位置符合设计要求,严格按设计图纸和产品技术文件要求安装。

②隔离开关型号及各部尺寸、绝缘性能等技术参数应符合设计要求。

③隔离开关所有部件、附件应配套齐全,无损伤变形及锈蚀;绝缘子应完好、整洁,瓷件应无裂纹及破损;主接头接触良好,绝缘测试值、主回路接触电阻值应符合国家标准、设计要求或产品技术文件要求。

④隔离开关底座和操作机构底座呈水平状态,安装牢固,靠近线路端部距线路中心线不得小于1800mm。手动操作机构底座安装高度距地面为1200mm;多组隔离开关并列安装时,保证所有底座安装面都在同一水平面上,且各底座间距符合设计要求。

⑤隧道内,隔离开关触头带电部分至顶部建筑物距离不应小于500mm,至隧道壁不应小于150mm,任何情况下安装均不得侵入设备限界。

⑥隔离开关中心线铅垂,操纵杆垂直于操动机构轴线一致,连接牢固无松动现象,铰接处转动灵活。

⑦隔离开关分合顺利可靠,分、合位置正确,角度符合产品技术文件要求。触头接触良好,无回弹现象。操动机构的分合闸指示与开关的实际分合位置一致。电动开关当地手动操作应与遥控电动操作动作一致;隔离开关机械联锁应工作正确可靠。

⑧开关引线电缆平行整齐排列,不能压叠;电缆固定板安装整齐、牢固、可靠,布置均匀合理,间距不得大于500mm。

⑨隔离开关安装图中截面面积150mm² 软电缆与DTG-185型铜接线端子或截面面积400mm² 软电缆与DTG-400型铜接线端子连接时,应先用专用工具将绝缘层剥去一定长度:截面面积150mm² 软电缆剥开70mm长,截面面积400mm² 软电缆剥开90mm长;剥绝缘层时应严格、仔细,不能划伤电缆导体外表面。将裸露的电缆导体穿入端子的压线孔内进行压接,必须将电缆导体穿到孔的根部,方能压接,压接后电缆导体的握紧荷重不小于6.9kN。

⑩电缆与接线端子连接时电缆接头处应参照电缆施工规范采用热塑头工艺进行防水处理。

⑪隔离开关刀口部分涂电力复合脂,机构的连接轴、转动部分、传动杆涂润滑油。隔离开关的导电部分应接触紧密,两侧的接触压力应均匀,符合产品技术规定。

⑫隔离开关截面面积150mm² 直流软电缆连接正确规整,不应采用金属铠装电缆。开关引线应连接牢固,任何情况下都应满足绝缘距离要求,并预留因温度变化的偏移量,弯曲方向与汇流排伸缩方向相同;电缆弯曲自然,布置线路尽量短。电缆在汇流排上的安装尽量靠近悬挂定位点。

⑬隔离开关所有底座都与架空地线相连通,可靠接地,接地安装及接地电阻应符合设计规定。

(4) 质量通病与防治措施

隔离开关安装质量通病与防治措施见表8-4-50。

隔离开关安装质量通病与防治措施 表8-4-50

序号	质量通病	原因分析	防治措施
1	隔离开关本体歪斜	隧道壁打孔尺寸偏差大	严格按照设计图打孔
2	隔离开关螺栓紧固力矩不到位	未用扭矩扳手进行紧固	使用扭矩扳手将螺栓紧固力矩紧固到位

2) 分段绝缘器安装

分段绝缘器是将相邻的两接触网区段分开,以实现电气分段的专用绝缘装置。经常与隔离开关配合使用,通过隔离开关的开合使独立的接触网区段失电或者得电,提高了接触网运行的可靠性和灵活性。

正常情况下,受电弓带电滑行通过,当某一接触网分段发生故障或因施工停电时,打开分段绝缘器处的隔离开关将该部分接触网断电,而其他部分能正常供电。

刚性悬挂分段绝缘器用于正线接触网电气分段、站线、渡线或其他线路接触网电气分段等处。分段绝缘器应具有双向通过的功能。

(1) 施工流程

分段绝缘器安装施工流程如图 8-4-55 所示。

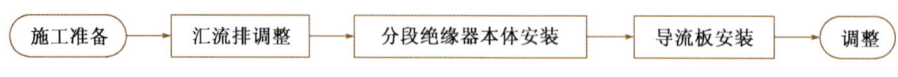

图 8-4-55 分段绝缘器安装施工流程图

(2) 操作要点

① 施工准备

a. 技术准备:学习设计文件,完成技术交底和安全交底。设备检查和试验检测合格。

b. 材料准备:刚性分段绝缘器、分段绝缘器调节板

c. 工器具准备:梯车(3.5m)、扭矩扳手、扳手、水平尺(1m)、钢卷尺(5m)、激光测量仪、个人工具、照明设备、发电机、电源线、对讲机、防护灯等。

d. 人员准备:技术员、施工负责人、作业人员、防护员、安全员等。

② 汇流排调整

a. 确定刚性分段绝缘器最终安装的位置之后,如果安装位置是一根汇流排的中点,则首先要切割一段 2068mm 长的汇流排。否则,相邻两根汇流排应留出 2068mm(包括分段绝缘器本体和 2 根长度为 500mm 的汇流排),以便安装刚性分段绝缘器。

b. 将要安装分段绝缘器的汇流排,必须调整与轨面保持平行。连接刚性分段绝缘器两段汇流排,必须处于同一直线上。

③ 分段绝缘器本体安装

a. 卸下分段绝缘器的 4 支导流板,以及汇流排接头的 8 颗螺栓(含垫圈)。

b. 分段绝缘器本体(不包括导流板)嵌入现场汇流排的两端;保持两端汇流排纵向平直,并移动分段绝缘器以对正连接孔位;手动上紧 8 颗 M10×20 螺栓(但不要锁死)。

c. 将调整板安放在分段绝缘器的下方,确认弹力箍带固定到位。通过弹力箍带将调整板固定在分段绝缘器的下方,分段绝缘器的对中位置由调整板上的对中锁止块予以确定。

d. 接触线应与调整板边缘相切,用手抬起调整板使接触线与调整板水平面接触;随后用扭矩扳手上紧汇流排接头的紧固螺栓,紧固力矩为 50N·m。

④ 导流板安装

以调整板提供的水平面为基准,装上分段绝缘器的导流板;使用扭矩扳手拧紧 M10 防松螺母,紧固力矩为 50N·m。

(3) 关键技术卡控点

① 刚性悬挂分段绝缘器中心线与受电弓中心线重合,偏离受电弓中心线不应超过 50mm;刚性悬挂分段绝缘器与接触线接头处应平滑,与受电弓接触部分应调整至一个平面上,且该平面应与轨面平行。刚性悬挂分段绝缘器紧固件应齐全,连接牢固可靠。

②刚性悬挂分段绝缘器带电体距接地体或不同供电分区带电体、不同供电分区运行车辆受电弓的距离应符合设计要求,静态应大于150mm,动态应大于100mm。

③刚性悬挂分段绝缘器安装位置应符合设计要求,安装方式和绝缘性能应符合产品安装使用说明书的要求,分段绝缘器上两极靴之间的距离应根据产品技术参数确定,允许误差±5mm。

④分段绝缘器设计的安装位置必须在轨道的中心线上,并与轨面平行。

⑤分段绝缘器与接触线接头处应平滑,与受电弓接触部分应调整至一个平面上。

(4)质量通病与防治措施

分段绝缘器安装质量通病与防治措施见表8-4-51。

分段绝缘器安装质量通病与防治措施 表8-4-51

序号	质 量 通 病	原 因 分 析	防 治 措 施
1	分段绝缘器安装不平,受电弓通过时拉弧	分段绝缘器调节不到位	严格按照技术交底进行调节分段绝缘器
2	各连接螺栓紧固力矩不到位	未使用扭矩扳手对螺栓进行紧固	按照技术交底施工

3)均回流箱安装

(1)施工程序

均回流箱安装施工流程如图8-4-56所示。

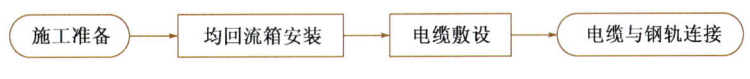

图8-4-56 均回流箱安装施工流程图

(2)操作要点

①施工准备

a.技术准备:学习设计文件,完成技术交底和安全交底。设备检查和试验检测合格。

b.材料准备:均回流箱、连接螺栓、直流电缆、电缆固定卡、接线端子、绑扎带等。

c.工器具准备:冲击电钻、液压钳、剥线钳、打磨机、放热焊模具、钢卷尺、对讲机、防护灯等。

d.人员准备:技术员、施工负责人、作业人员、防护员、安全员等。

②均回流箱安装

a.回流箱严格按设计位置和设计要求安装,支架安装稳固,绝缘子绝缘性能良好,安装位置空间应能保证回流电缆与回流箱连接自然平顺。

b.均回流箱体接地部分应通过50mm×5mm的接地扁钢或1根单芯截面面积150mm² 铜电缆可靠接至附近环网电缆支架的接地扁钢上。

③电缆敷设

a.确定回流电缆与钢轨的焊接(连接)点,安装电缆然后连接回流箱。依据设计图纸确定连接位置,不可随意移动,如有特殊情况,应上报设计单位。

b.回电缆沿电缆支架敷设,敷设规整绑扎稳固,电缆弯曲自然,固定卡布置规整稳固。

c.电缆与回流箱连接端,按接线端子长度剥切电缆外护套;按接线端子压接规范用电动压接机压接接线端子,接线端子与电缆导体连接到位,电气接触良好。然后将接线端子与回流箱铜板可靠连接。电缆弯曲半径符合要求,弯曲自然,布置整齐美观。

d.在钢轨上打孔或焊接,安装应符合设计要求,稳固可靠且不影响钢轨的使用。

④电缆与钢轨连接

均回流电缆应固定牢固,布置规整。均回流电缆与钢轨连接牢固可靠,电气导通良好,连接前钢轨连接面应打磨、除锈。

(3)关键技术卡控点

①电缆敷设前应进行现场勘测,便于确定准确的电缆长度。

②电缆终端应采用热塑终端头,并做好防水处理。安装敷设时,截面面积150mm² 电缆最小允许弯曲半径应大于6D(D 为电缆直径)。

③正线左、右线进行均回流电缆敷设时,应注意避让线路中间的信号应答器,间距不小于800mm;均回流电缆与钢轨连接点应确保远离信号专业计轴,间距不小于2000mm。

④施工单位应重点检查钢轨接缝处、道岔与辙岔连接处等设置有连接电缆的地点,确保连接电缆可靠连接,并测量其接头电阻值,确保接头电阻不超过1m 长同等规格的完整钢轨电阻值。

⑤全线电化股道回流轨应确保纵向贯通,并对其纵向电阻进行测量,以避免因牵引供电负极回流不畅烧损钢轨及供电电缆。

⑥线路正式开通前,建议检查全线电化股道回流轨连通情况,发现问题及时整改,确保运营安全。

⑦回流箱必须依据限界尺寸要求安装,确保符合限界要求。

⑧电缆只能焊接至轨腰中部,同一焊点不得重复焊接,不允许出现虚焊。

⑨所有均回流电缆与钢轨的焊接点距离信号设备应保持2.5m 以上。

(4)质量通病与防治措施

均回流箱安装质量通病与防治措施见表8-4-52。

均回流箱安装质量通病与防治措施　　　　　表8-4-52

序号	质量通病	原因分析	防治措施
1	焊接不牢固,有虚焊	焊接的模具不匹配,使焊剂流失较大	选用配套的模具进行焊接
2	电缆线芯散股	电缆剥皮过深致线芯散股	按照技术交底施工

4.8 接触轨系统

4.8.1 线路施工

线路施工包括施工测量,钻孔、锚栓预埋,钢底座及绝缘支架安装,接触轨安装,隔离开关安装,避雷器安装,接触轨调整,防护罩安装,接地线安装,限界检测及冷滑、送电开通及热滑试验。

1)施工测量

(1)施工流程

接触轨施工测量流程如图8-4-57 所示。

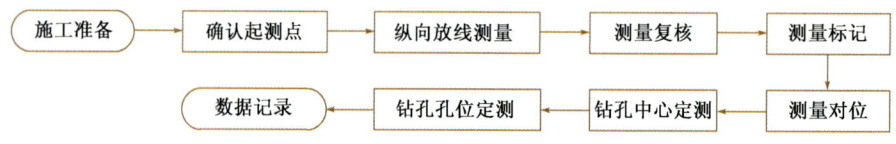

图8-4-57　接触轨施工测量流程图

(2)操作要点

①施工准备

a. 技术准备:学习规范和技术标准,完成安全技术交底。

b. 材料准备:红色油漆等

c. 工器具准备:钢卷尺(7m、50m)、测量模具、排笔、石笔、对讲机、防护灯等。

d. 人员准备:测量员、施工负责人、作业人员、防护员、安全员等。

②确认起测点

由于现场施工条件限制,施工定测有些部位基本是分段完成,首先要求定测长度应为整锚段。在区间内,起测点一般为端部弯头顶点或者膨胀接头中心位置,通过设计图纸标出的里程,结合现场实际里程控制点,核算起测点里程。在车站内,以道岔岔心位置确定起测点位置(具体长度参照施工图),并将起测点位置在钢轨轨腹用石笔做好标记,注明锚段号及定位号。

③纵向放线测量

在确定起测点之后,以起测点为起点,按施工图纸上的跨距要求,延接触轨所在侧钢轨测量出整个锚段长度,沿钢轨依次测量并标记各支架定位位置。曲线上测量时应注意:曲线外侧应沿曲线外轨进行测量,并适当增加跨距测量值;曲线内测应沿曲线内钢轨进行测量,并适当减小跨距量。

④测量复核

一个整锚段(指从一个膨胀接头到另一个相邻的膨胀接头或从一个膨胀接头到相邻的端部弯头的距离)测量后,对此锚段全长进行复核,并把包含的所有绝缘支架跨距相加,进行复核。无误后继续进行测量。

⑤测量标记

在定位点位置确认无误后,用红色油漆在钢轨轨腹上做好清晰标记(锚段号、定位号、膨胀接头位置)。

⑥测量对位

将测量模具纵向中心线对齐钢轨上的纵向测量标记,并将其垂直于钢轨中心线放置。

⑦钻孔中心定测

按底座安装类型表中的各定位点的安装类型,对照相应的安装尺寸,用测量模具定测出钢底座锚固螺栓的首排孔位的中心位置,在道床上用记号笔标记出首排孔位的中心线。

⑧钻孔孔位定测

使用测量模具,在道床上标记出4个孔位的中心点。

⑨数据记录

对每个定位点处道床与钢轨顶面距离进行测量,确认每个定位点底座的安装类型。记录测量数据和定位点底座的安装类型。

(3)关键技术卡控点

①测量中定位点如遇到道床伸缩缝或其他障碍物时,根据设计原则,应整体挪动一个轨枕间距避开,但调整后的跨距不得大于最大跨距及误差,绝缘支架间距偏差不能超过1倍轨枕间距。合理调整相邻跨距,并做好记录。

②测量时要注意保证测量的精确度,以实际里程标记随时校核测量结果,以防产生累积偏差。

③在定位点布置完成,且在钻孔之前,对道床平面距钢轨轨顶面的高度进行测量,以便对锚栓预埋深度进行调整,防止栓接之后出现锚栓头外露不足或过长的现象。

④膨胀元件处、端部弯头处绝缘支架定位点严格按纵向定位标记定测。端部弯头处定位点如有障

碍物无法定测,可适当缩进该锚段长度,以符合设计安装要求。

⑤制作出和底座孔位相同、孔径与钻孔孔径相同的各种专用模板,并标出中心线;定测时,画出底座中心线位置,并用套模确定出钻孔孔位。

(4)质量通病与防治措施

施工测量质量通病与防治措施见表8-4-53。

施工测量质量通病与防治措施　　　　表8-4-53

质量通病	原因分析	防治措施
测量误差	定测一般分为初测及复测,由于施工紧张,未进行复测或测量时工具配备不合理造成测量误差	测量前应对起测点基桩进行复核,确保起测点的正确性;应使用钢卷尺进行测量,严禁使用皮卷尺;曲线上应沿曲线外轨进行测量,并适当增加跨距测量值;测量时要注意保证测量的精确度,以实际里程标记随时校核测量结果,以防产生累积偏差;应避开道床伸缩缝、道床连接缝、预留电缆沟、预埋钢管、预留防迷流铜接线母排等位置

2)钻孔、锚栓预埋

(1)施工流程

钻孔、锚栓预埋施工流程如图8-4-58所示。

图8-4-58　钻孔、锚栓预埋施工流程图

(2)操作要点

①施工准备

a.技术准备:学习规范和技术标准,完成安全技术交底,学习锚栓及化学胶产品的使用说明书。

b.材料准备:锚栓(化学锚栓或自切底锚栓)、化学胶等。

c.工器具准备:冲击钻、专用钻头、专用套筒、发电机、配电箱、电源线、照明设备、胶枪、钻孔模板、平板车、吸尘器、清孔气囊、清孔毛刷、锚栓拉拔测试仪、钢卷尺、石笔、记号笔、对讲机、防护灯等。

d.人员准备:技术员、施工负责人、作业人员、防护员、安全员等。

②钻孔、清孔

a.施工班组检查核对现场标记的各类数据无误后,准备好冲击钻、专用钻头和钻孔模板。

b.以施工测量时标记在道床上的基准点(线),套用钻孔模板,核查钻孔孔位。根据每处道床高度,确定实际钻孔深度。

c.钻孔作业时,如遇到钢筋可以适当调整位置,但必须满足设计要求。

d.钻孔完成后,测量检查孔深、孔距等尺寸并做好钻孔记录。

e.锚栓安装前先清孔,先用清孔毛刷、吹气筒清除孔屑及孔内杂物,刷3遍、吹3遍,直至孔内干净为止。

③锚栓预埋

a.锚栓安装前先清孔,先用清孔毛刷、清孔气囊彻底清除孔屑及孔内杂物。

b.锚栓安装,将自切底锚栓放入孔中,使用专用安装工具安装。安装时,使用安装工具将锚栓膨胀套管推至低于混凝土表面至1~2mm,露出蓝色标记,即表示锚栓已安装到位。

c. 化学锚栓安装时,先在孔内打入足够的锚固胶,再将化学锚栓缓缓旋入孔内,深度一次到位,不可再拔出。在化学锚栓锚固期内,严禁一切扰动。

④锚栓拉拔试验

a. 依照现行《建筑结构加固工程施工质量验收规范》(GB 50550)的规定,破坏性试验的抽样,应选择易修复及易补种的位置,取每一检验批锚栓总数的 0.1%,且不小于 5 件进行检验;非破坏性试验按照表 8-4-54 规定的抽样数量,对该检验批的锚栓进行随机抽样。

锚栓抽样数量　　　　　　　　　　　　　　　　　　　表 8-4-54

检验批锚栓总数(颗)	≤100	500	1000	2500	≥5000
按检验批锚栓总数计算的最小抽样量	20%且不少于 5 件	10%	7%	4%	3%

b. 依照现行《混凝土结构后锚固技术规程》(JGJ 145)及锚栓生产厂家提供的技术规格书要求,按照表 8-4-55 规定的抽检数值进行试验。

锚栓拉拔抽检数值　　　　　　　　　　　　　　　　　表 8-4-55

锚栓规格	锚栓直径(mm)	抗拉设计荷载(kN)	抗剪设计荷载(kN)	抗拉破坏荷载(kN)
M12	12	≥14	≥20	≥30.1
M16	16	≥30	≥30	≥64.5

c. 对要拉拔的螺杆装上配套的加长杆,将千斤顶装到底部加装垫圈、螺母固定。

d. 打开加压阀缓慢加大拉力至设计载荷,稳固力保持 2~3min,再少加一点压观察压力数值上升无异常方可泄压,在拉拔对象旁边做出标记做好测试记录。

e. 如锚栓被拉出,应分析找出原因,并对同一作业批次的锚栓全部测试。现场施工须及时填写拉力测试记录表。

(3) 关键技术卡控点

①套模钻孔。钻孔前,模板中心线与测量中心线对准。

②标准孔径。选用规定规格的钻头或专用钻头,严禁使用大于或小于规定直径的钻头,代替标准直径钻头钻孔。

③掌握孔深。严格按设计孔深和角度进行钻孔,确保孔位不发生偏斜。由于使用专用钻头,能保证孔深达到设计要求,而不会出现深钻现象。严禁使用比规定孔深长或短的钻头。

④躲开钢筋。可顺线路移位 4~5cm 以避开钢筋。

⑤避让接缝、预留装置等,钻孔时应避开道床伸缩缝、道床连接缝、预留电缆沟、预埋钢管、预留防迷流铜接线母排等位置,定位原则要求孔到接缝边缘距离应能满足锚栓受力要求。

⑥锚栓安装前应彻底清除孔屑及孔内杂物。

⑦施工中锚栓螺纹完好,镀锌层完好。

⑧锚栓拉力测试严格按设计值测试(M16 锚栓≥30kN 荷载、M12 锚栓≥14kN 荷载),持续时间不低于 2min,对头枪最后一枪进行拉力测试。

⑨锚栓拉力试验抽检数量按照 0.3% 抽检。

(4) 质量通病与预防措施

接触轨施工测量质量通病与防治措施见表 8-4-56。

接触轨施工测量质量通病与防治措施　　　　　表 8-4-56

序号	质量通病	原因分析	防治措施
1	锚栓外漏长度不满足设计要求	钻孔前未调整钻头钻入深度的标记卡尺	钻孔前调整钻头钻入深度的标记卡尺,确保钻孔深度满足设计要求
		钻孔过程中未对标记卡尺的尺寸进行检查	标注卡尺应在每次工作前进行确认核准,保证钻孔深度点精度要求
		钻孔完成后未对钻孔深度进行复测和整改	钻孔完成后对钻孔深度进行复测,发现问题及时整改
2	锚栓垂直度不满足设计要求	钻孔时钻头未垂直于隧道壁进行钻孔	钻孔过程中应保证钻头与隧道壁处于垂直状态,各个钻孔位置间距应满足设计要求
		钻孔时遇到钢筋等问题未及时避让及调整钻孔位置	钻孔时遇到钢筋等问题,应调整螺栓孔位置,另选位置进行打孔,严禁破坏受力主筋
		锚栓预埋时化学胶注入量过少,胶体凝固后由于收缩的原因导致锚栓出现倾斜	化学胶注入应不少于孔洞的 2/3

3）钢底座及绝缘支架安装

（1）施工流程

钢底座及绝缘支架安装施工流程如图 8-4-59 所示。

图 8-4-59　钢底座及绝缘支架安装施工流程图

（2）操作要点

①施工准备

a. 技术准备:学习规范和技术标准,完成安全技术交底;制作支架底座、绝缘支架的型号布置表。

b. 材料准备:整体绝缘支架、支架底座、连接螺栓、垫板等。

c. 工器具准备:平板车、钢卷尺、轨道车、三轨测量尺、扭矩扳手、扳手、照明设备、发电机、电源线、对讲机、防护灯等。

d. 人员准备:技术员、施工负责人、作业人员、防护员、安全员等。

②钢底座安装

a. 确保在安装钢底座之前,化学锚栓的锚固期足够,并且锚栓已通过拉拔试验。

b. 首先安装钢底座下 4 个调节螺母,其次按照施工表的要求将调平螺母按照规定高度进行调整,最后使用三轨尺将 4 个螺母所在平面与钢轨轨顶平面调整水平,高度与施工表要求的高度保持一致。

c. 4 个螺母调平后,选择对应型号的钢底座进行安装,并用扭矩扳手紧固至 80N·m。

③绝缘支架安装

a. 整体绝缘支架安装,施工安装班组将装配好的整体绝缘支架逐点对号按设计要求及相关标准安装。

b. 整体绝缘支架安装牢固且与走行轨平面垂直,部件安装正确、齐全、牢固。

④初调

对整体绝缘支架安装后进行初调,以方便后期接触轨的安装。

(3)关键技术卡控点

①支架底座安装后应平正、位置正确、安装牢固;

②支架底座与整体绝缘支架紧固螺栓安装正确;

③绝缘支架安装前按照规定进行绝缘电阻测试;

④绝缘支架的安装位置应符合设计要求;

⑤绝缘支架的安装间距应符合设计要求;

⑥连接螺栓的紧固力矩符合设计规定要求。

(4)质量通病与防治措施

接触支架及钢底座安装质量通病与防治措施见表8-4-57。

接触支架及钢底座安装质量通病与防治措施　　　　表8-4-57

质量通病	原因分析	防治措施
钢底座安装与走行轨不平行	在调整过程中钢底座下方调节螺母未调节到位	按照施工表的要求将调平螺母按照规定高度进行调整,最后使用三轨尺将4个螺母所在平面与钢轨轨顶平面调整水平,高度与施工表要求的高度保持一致
	钢底座调整完成后未进行复测和调整	钢底座调整完成后进行复测,发现问题后及时调整

4)接触轨安装

(1)施工流程

接触轨安装施工流程如图8-4-60所示。

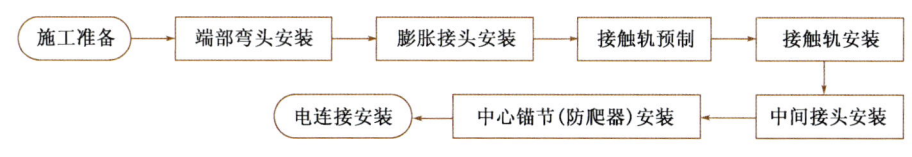

图8-4-60　接触轨安装施工流程图

(2)操作要点

①施工准备

a.技术准备:学习规范和技术标准,完成安全技术交底,按照设计图纸确认端部弯头、中间接头、中心锚节、电连接板型号及配件。

b.材料准备:端部弯头、膨胀接头、接触轨、中间接头、中心锚节(防爬器)、电连接板、连接螺栓、电力复合脂。

c.工器具准备:接触轨专用切割机、接触轨专用钻孔机、扭矩扳手、千斤顶、锉刀、细砂纸、游标卡尺、橡胶锤、角磨机、数字温度计、手拉葫芦、防滑布袋、发电机、配电箱、电源线、照明设备、平板车、轨道车、起重机、吊装带、塞尺、钢卷尺、对讲机、防护灯等。

d.人员准备:技术员、施工负责人、作业人员、防护员、安全员等。

②端部弯头安装

a.端部弯头分为高速和低速两种。高速端部弯头长度为5.95m,端部弯头两端的高度差140mm;低速端部弯头长度为3.4m,端部弯头两端的高度差140mm,端部弯头同接触轨之间采用普通接头连接。

b. 清理接触轨和端部弯头安装端面的污物,修整端面上的毛刺,检查端面与轨面的垂直度,保证垂直度为±0.1°,并涂上一层极薄的电力复合脂。

c. 将所有配合表面清理干净,使用细砂纸打磨,并在端部弯头的界面连接表面处涂上一层极薄的电力复合脂。

d. 将端部弯头安装到要加以连接的普通接头处,并将连接螺栓紧固。端部弯头的截面与接触轨之间密贴,不得有高低差及由此产生的台阶伤及集电靴。

③膨胀接头安装

a. 在需要安装膨胀接头的接触轨端头处(已安装到位),放置安装平台,总高度符合施工图纸的要求。

b. 检查膨胀接头组件与相邻行车轨之间接触面的高度和对齐情况,操作按相关的施工图纸进行。如有必要,应加以调整。

c. 配备一只数字温度计,用温度计测出已安装接触轨的温度。将温度感应点分别置于轨底、轨腹下部及钢带表面,记录读数并计算其平均值。

d. 调整间隙,调整间隙前,应先检查膨胀接头装置两侧的M16、U型螺栓与螺母是否符合出厂时的状态。检查方法是看螺栓与螺母上的红色油漆标记是否完好。若标记完好,则用专用工具将膨胀接头装置两侧的滑轨小心地拉开,使间隙与环境温度相适应。若螺栓与螺母上的红色油漆标记已经破坏,则不能安装,应交由生产厂家处理。

e. 将安装到位的接触轨末端及落位处的相近接触轨末端清理干净,然后在接触轨末端的轨腹两侧涂上电力复合脂。

f. 将中间接头安装到要连接的接触轨末端的伸缩段组件的轨腹处,并将4根螺栓拧紧至要求。拧紧螺栓时要确保接触轨的末端定位牢固。

④接触轨预制

a. 锚段长度复核:一个接触轨锚段绝缘支架安装完成后,即对此锚段实际各跨距和总跨距进行测量复核(现场实测,精确至mm)。

b. 伸缩量计算:根据接触轨锚段长度和现场实际安装温度查阅并计算膨胀接头或接触轨端部弯头温度伸缩量预留量。

c. 接触轨安装长度计算:根据温度变化量预留膨胀接头或接触轨端部弯头伸缩量,计算该段接触轨总长度。

d. 接触轨根数计算:计算整长接触轨根数和预制接触轨长度,要求预制接触轨长度不能过短,不小于设计规定值。

e. 接触轨合理布置:绘制接触轨次序安装布置图,将接触轨沿线路布置,分析比较采用合理的接触轨布置方案。预制短接触轨应至少有一个绝缘支架支持,接触轨对接接头尽可能靠近绝缘支持定位点,但接触轨接缝距最近的绝缘支持定位点的距离不小于500mm。

f. 接触轨切割、钻孔,由15m接触轨加工制作实际需要长度的接触轨。首先在接触轨专用制作平台上,使用接触轨切割机具,根据实际所需接触轨长度,切割接触轨。接触轨切割机垂直于接触轨纵向中心线,割切后的接触轨切割面要保证与接触轨纵向中心线呈90°角,且整个截面切割平整,符合接触轨截面尺寸偏差要求。切割完成并达标后,使用接触轨钻孔工具,进行钻孔。切割、钻孔后的余渣应清除干净,并用锉刀和细砂纸将切割平面及孔洞周边的毛刺清除。预制完成并达到标准后,进行试对接,对接后接缝应密贴,无错位偏斜现象,满足接触轨安装设计要求及标准。

⑤接触轨安装

a. 接触轨轨安装时,首先从本锚段接触轨两端安装,即首先安装两端端部弯头或膨胀接头,然后有两端端部弯头或膨胀接头向中间逐根安装。

b. 在安装接触轨前,应检查整体绝缘支架各项参数初调到位。

c. 接触轨安装前应清理接触轨接触面的污物,修整端面上的毛刺,检查端面与轨面的垂直度,保证垂直度为±0.1°,并涂上一层极薄的电力复合脂。

d. 将所有配合表面清理干净,使用细砂纸打磨,并在端部弯头的界面连接表面处涂上一层极薄的电力复合脂。

e. 检查接触轨与相应走行轨的接触表面的高度是否正确、对齐是否良好。务必要使不锈钢接触表面在水平方向与走行轨平面平行、纵向则要与最近处参照走行轨平行。如有必要,应进行调整,使其精度为±1°。调整的依据是集电靴在水平方向处于集电机构之上的标定度。

⑥中间接头安装

a. 检查接触轨接缝部位是否安装平齐,保证不锈钢带一侧安装平齐,不允许有高低不平或扭转现象,安装精度为0.3mm。

b. 将安装到位的接触轨末端及对接处的相近接触轨末端清理干净,并涂上电力复合脂。

c. 将所有配合表面清理干净,使用干净的垫子或中粒度磨料钢丝刷打磨,并在中间接头的界面连接表面处涂上一层极薄的电力复合脂。

d. 接触轨对接端正紧贴后,将鱼尾板装上,螺栓朝向要交替布置,统一朝向。垫圈、螺母安装齐全。检查对接处受流面过渡平顺后,用扭矩扳手将螺栓紧固,紧固完成后检查接触面是否平顺,不合格时将螺栓松开进行调整。

⑦中心锚节(防爬器)安装

a. 接触轨中心锚节是用于防止接触轨锚段向两侧不均匀窜动的固定连接件,安装在锚段中部。

b. 1套中心锚节由2对不锈钢中心锚节本体、2根螺栓、4个平垫圈、2个防松螺母组成。通常在一个安装位置安装一套中心锚节,分别位于绝缘支架上部的两侧,并与其紧贴,在大弯度及大坡度锚段设置2套中心锚节。

c. 安装中心锚节时,将本体紧贴支架卡爪安装,安装前将接触部分清理干净。螺栓穿向要符合统一标准。

⑧电连接安装

a. 电连接用中间接头适用于将外部电流引入到接触轨。

b. 电连接板一般安装于中间接头位置,代替中间接头,特殊情况安装时使用打孔机在选定部位进行打孔安装,孔的直径为17mm,间距为100mm,共计4个孔。

c. 将所有配合表面清理干净,使用干净的垫子或中粒度磨料钢丝刷打磨,并在电连接中间接头的界面连接表面处涂上一层极薄的电力复合脂。

d. 将电连接中间接头安装到要连接的接触轨端点的轨腹处,并将4根螺栓拧紧,要确保接线板在线路外侧。

e. 电连接电缆预制,根据现场两个电连接的距离计算连接电缆的长度。裁剪软电缆,截面要整齐。将软电缆与铜接线端子压接好后,与电连接板铜铝过渡板连接,接触面涂抹电力复合脂,压接应符合压接要求。

f. 按照电连接电缆安装图要求,将电缆用电缆固定卡固定,电缆布置美观、合理,弯度满足相关要求。

(3) 关键技术卡控点

①端部弯头安装

a. 严格区分两种端部弯头的安装方式及要求。端部弯头中心线距轨道中心线的水平距离符合设计要求；

b. 连接螺栓使用扭矩扳手紧固，紧固力矩为130N·m，紧固件安装齐全。

②膨胀接头安装

a. 膨胀接头调整间隙严格按照膨胀接头现场温度进行调整；

b. 膨胀接头设计应符合设计要求，补偿间隙值偏差为±5mm；

c. 膨胀接头安装在两个支架装置的中心部位，膨胀接头的每一端距支架装置的距离不小于500mm；

d. 连接螺栓使用扭矩扳手紧固，紧固力矩值为130N·m，紧固件安装齐全。

③接触轨预制

a. 接触轨预制合理安排短轨位置，保证接触轨接头距离距绝缘支架中心距离不得小于500mm；

b. 接触轨切割必须采用专用切割工具，切口应方正平直，倾斜度不大于1°，切口平面应打磨平整，切口边缘应去除尖角，清孔毛刺；

c. 接触轨钻孔应采用配套模具钻孔，孔位应正确、无斜歪，孔边缘应去除尖角，清孔毛刺。

④接触轨安装

a. 接触轨对接处应保证密贴，钢带过度应平滑顺直，受流面过渡平顺；

b. 接触轨受流面与轨道平角的夹角不大于1°；

c. 接触轨分段位置必须符合设计要求；

d. 接触轨轨面与相邻绝缘支架处的相对高差不大于3mm，困难条件下不大于5mm。

⑤中间接头安装

a. 中间接头缝隙距离绝缘支架安装中心距离不小于500mm；

b. 中间接头对接安装精度为0.3mm；

c. 接触轨轨面应与走形轨面平行，允许误差为±5mm，应符合设计要求；

d. 接触轨中轴线至相邻走形轨内侧的距离，允许误差为±5mm，垂直距离应符合设计要求；

e. 连接螺栓使用扭矩扳手紧固，紧固力矩值为130N·m，紧固件安装齐全。

⑥中心锚节（防爬器）安装

a. 连接螺栓使用扭矩扳手紧固，紧固力矩为70N·m，紧固件安装齐全；

b. 按照施工图纸中锚布置安装，在线路轨道坡度大于20‰的区段安装双中锚；

c. 中心锚节安装位置及型号应符合设计要求。

⑦电连接安装

a. 电连接板的规格型号及安装位置及其相邻绝缘支架的距离印符合设计要求；

b. 电连接所有安装接触轨应清洁、涂抹电力复合脂；

c. 电缆在电缆接线板上固定应采取铜铝过渡措施；

d. 连接螺栓使用力矩紧固，紧固力矩值为80N·m，紧固件安装齐全；

e. 电连接电缆所用型号、材质、数量应符合设计要求；

f. 电连接安装位置在任何情况下均应满足带电距离要求；

g. 电连接电缆与铜铝过渡板连接接应良好,符合规范和设计要求。

(4)质量通病与防治措施

接触轨安装质量通病与防治措施见表 8-4-58。

接触轨安装质量通病与防治措施　　　　表 8-4-58

质量通病	原因分析	防治措施
中间接头或电连接板缝隙过大	接触轨切割时切割面垂直度不足	使用接触轨专用切割机切割,接触轨应保证垂直切割,切口应方正平直,倾斜度不大于1°
	接触轨连接面打磨不到位,有毛刺	切口平面应打磨平整,切口边缘应去除尖角,清孔毛刺
	弯道处接触轨连接面受力不易对齐	弯道处接触轨连接面受力要保证对齐
	安装中间接头时未将两根轨保持在同一高度	安装中间接头时将两根轨要保持在同一高度
	接触轨本身铸造时存在细微差异	安装前及安装后检查是否存在问题,若有问题应及时处理

5)接触轨调整

(1)施工程序

接触轨调整施工流程如图 8-4-61 所示。

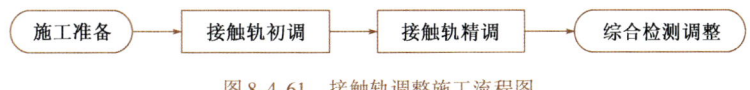

图 8-4-61　接触轨调整施工流程图

(2)操作要点

①施工准备

a. 技术准备:熟悉规范和技术标准,完成安全技术交底。

b. 材料准备:整体绝缘支架配套连接螺栓(备用)。

c. 工器具准备:三轨尺、扭矩扳手、千斤顶、橡胶锤、发电机、配电箱、照明设备、平板车、方木、对讲机、防护灯等。

d. 人员准备:技术员、施工负责人、作业人员、防护员、安全员等。

②接触轨初调

a. 接触轨高度初调:逐点调整各定位点接触轨至设计标高,检查各绝缘支架紧固件是否齐全稳固。

b. 侧面限界初调:逐点调整各定位点接触轨侧面限界值至设计值。

c. 接触轨工作面调整:调整整体绝缘支架,检测接触轨接触面与轨面平行,避免接触轨面发生偏磨现象。

d. 接触轨扣件调整:通过调整接触轨托架与绝缘支架的连接螺栓,确保两者外边缘处于同一平面,使得接触轨卡爪内平面与接触轨受电面处于平行状态,满足接触轨在温度变化时能顺线路自由滑动;在接触轨扣件及工作面调整到位后,要对接触轨的拉出值和导高进行复测、调整。

e. 端部弯头调整:由于端部弯头位于受电靴滑进、滑出位置,该部位导高一般较高,在调整时先将端部弯头端头绝缘支架处接触轨的导高根据设计要求调整到位(固定端部弯头另一处绝缘支架接触轨托架处于自由活动状态),端头处绝缘支架处接触轨导高调整到位后,在接触轨自然弯曲状态将另一处绝缘支架的接触轨托架进行固定(固定时或固定后接触轨不能受任何外力)。

f.检查各紧固件是否齐全完整,按照螺栓紧固力矩表力矩值,紧固各连接螺栓。具体各部位的螺栓紧固力矩见表8-4-59。

螺 栓 紧 固 力 矩   表8-4-59

序号	螺栓规格名称	紧固力矩(N·m)	使用部位	螺栓配套
1	M16×225 化学锚栓	80	钢底座	平垫圈1个,螺母3个
2	M12×65 连接螺栓	40	绝缘支架下部	平垫圈2个,螺母2个
3	M12×55 连接螺栓	40	绝缘支架中部	大平垫圈、弹簧垫圈1个、螺母各1个
4	M16×70 连接螺栓	60	绝缘支架上部	平垫圈、弹簧垫圈、止动垫圈、螺母各1个
5	M12×140×40 连接螺栓	75	中锚	平垫圈、螺母各2个
6	M16×115×40 连接螺栓	130	中间接头	平垫圈2个,螺母(施必牢)1个
7	M16×65 连接螺栓	80	接触轨电连接	平垫圈2个、弹簧垫圈1个、螺母1个

③接触轨精调

在接触轨初调后,由于轨道的调整及热胀冷缩的原因,在冷滑前对所有定位点的导高、拉出值及工作面进行重新测量,对不满足设计要求的位置要重新进行调整。

④综合检测调整

a.绝缘距离检查:接触轨带电体距接地体的绝缘距离应大于150mm,测量、检查接触轨带电体与周围接地体及其他设备的绝缘距离是否满足设计要求,做好记录;不合格者,查找原因,通知相关单位到现场处理解决问题。

b.限界检查:检查有无其他设备侵入接触轨限界,一旦发现问题,属接触轨安装部分的要及时处理,属其他设备侵入接触轨限界的及时反馈给监理工程师和建设单位,妥善解决。

(3)关键技术卡控点

①接触轨标高和侧面限界值符合设计要求:接触轨标高允许安装误差±5mm,相邻的悬挂点相对高差一般不得超过3mm,侧面限界值允许误差为±5mm。

②接触轨带电体对接地体的距离:静态不应小于150mm,动态不应小于100mm。

6)防护罩安装

(1)施工流程

防护罩安装施工流程如图8-4-62所示。

图8-4-62 防护罩安装施工流程图

(2)操作要点

①施工准备

a.技术准备:熟悉规范和技术标准,完成安全技术交底,确认上道工序已安装完成并符合设计要求。

b.材料准备:防护罩支撑卡、接触轨防护罩、支架防护罩、电连接防护罩、膨胀接头防护罩、端部弯头防护罩等。

c.工器具准备:橡胶锤、发电机、配电箱、照明设备、平板车、切割机、记号笔、钢卷尺、对讲机、防护灯等。

d.人员准备:技术员、施工负责人、作业人员、防护员、安全员等。

②防护罩支撑卡安装

按设计要求防护罩支撑卡间距将防护罩支撑卡均匀的布置于接触轨上,并将其摆正、装好。

③防护罩加工

按接触轨实际跨距测量并计算所需接触轨防护罩长度,按该长度、用专用防护罩切割工具截取防护罩,各切口要磨平且保证防护罩在加工过程中无损坏。

④防护罩安装

a. 安装顺序:先安装接触轨防护罩,然后安装端部弯头防护罩、电连接接头防护罩、绝缘支架防护罩、膨胀接头防护罩。

b. 施工方法:先将防护罩扣到防护罩支撑卡上,然后施压慢慢压下防护罩,并使防护罩下沿的防护罩扣槽扣于防护罩支撑卡上。

⑤检查

检查已安装的防护罩,是否有防护罩没完全卡入防护罩支撑卡的,防护罩接头是否完好,各种类型的防护罩是否安装匹配,防护罩有无损坏等。

(3)关键技术卡控点

①防护罩要严格按设计要求尺寸进行加工,加工后的切口要打磨光滑;

②要确保防护罩已完全卡住防护罩支撑卡;

③各种类型的防护罩一定要对号入座、匹配安装;

④各种防护罩之间的搭接长度要满足设计要求,不能过短或过长;

⑤防护罩侧面应有标识,标识应醒目、清楚,按照设计要求喷绘。

(4)质量通病与防治措施

防护罩安装质量通病与防治措施见表8-4-60。

防护罩安装质量通病与防治措施 表8-4-60

序号	质量通病	原因分析	防治措施
1	每处防护罩支撑卡数量不够	未精确定测并按照交底安装	防护罩支撑卡数量按设计要求配备
2	接触轨防护罩间的搭接长度不够	未精确定测并按照交底安装	接触轨防护罩间的搭接长度不得小于100mm

7)接地线安装

(1)施工流程

接地线安装施工流程如图8-4-63所示。

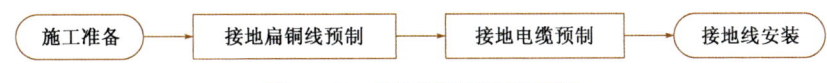

图8-4-63 接地线安装施工流程图

(2)操作要点

①施工准备

a. 技术准备:现场实际进行测量,计算接地扁铜需要加工钻孔的位置,进行加工预制;在需要接地线回所处,测量所需回所电缆长度并进行长度预制、接线端子压接。

b. 材料准备:镀铜接地线、连接螺栓、软铜电缆、电缆固定卡、接线端子等。

c. 工器具准备:切割机、冲孔钻、扭矩扳手、液压钳、剥线刀、平板车、轨道车、记号笔、钢卷尺、对讲机、防护灯等。

d. 人员准备:技术员、施工负责人、作业人员、防护员、安全员等。

②接地扁铜线预制

安装接地扁铜,并按设计力矩连接螺栓。接地扁铜安装在支架底座上,应安装端正、稳固,与支架底座接触轨良好。接地扁铜贯通安装后,扁铜应顺直。

③接地电缆预制

按照电缆敷设要求回变电所电缆将回所电缆与变电所接地母排连接。

④接地线安装

接电线及相连金具距接触轨带电体不小于150mm。

（3）关键技术卡控点

①整体绝缘支架或绝缘子的泄露距离,DC750V系统不小于180mm,DC1500V系统不小于250mm；

②接地线的规格型号、材质、各部件尺寸及连接方式符合设计要求；

③所有不带电金属底座均应与接电线可靠连接,接地线连接无断电、无遗漏；

④接地线与变电所接地网可靠连接,连接符合设计要求；

⑤接地线采用扁铜,与不带电金属底座连接的孔位现场实测钻孔,接地线接头搭接长度符合规范要求,连接牢固可靠；

⑥接地电缆布置规整、弯曲半径符合要求,电缆无中间接头,电缆与接线端子压接牢固；

⑦接电线及相连金具距接触轨带电体不小于150mm；

⑧连接螺栓按照设计要求进行紧固。

（4）质量通病与防治措施

接地线安装质量通病与防治措施见表8-4-61。

接地线安装质量通病与防治措施　　　　表8-4-61

质 量 通 病	原 因 分 析	防 治 措 施
相邻接地扁铜搭接长度不够	未进行测量画线,未按照交底施工	接地扁铜搭接应严格按照设计要求制作,让生产厂家按要求开好孔位,以此保证搭接长度

8）回流电缆敷设及箱体安装

（1）施工流程

均回流电缆敷设及箱体安装施工流程如图8-4-64所示。

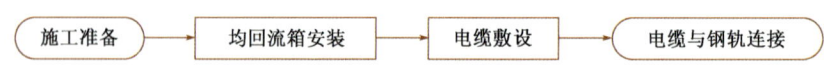

图8-4-64　均回流电缆敷设及箱体安装施工流程图

（2）操作要点

①施工准备

a. 技术准备:熟悉规范和技术标准,完成安全技术交底,确认上道工序已安装完成并符合设计要求。

b. 材料准备:均回流箱,连接螺栓,软铜直流电缆,电缆固定卡,接线端子,绑扎带等。

c. 工器具准备:冲击钻、液压钳、剥线钳、打磨机、放热焊模具、钢卷尺、对讲机、防护灯等。

d. 人员准备:技术员、施工负责人、作业人员、防护员、安全员等。

②均回流箱安装

a. 均回流箱严格按设计位置和设计要求安装,支架安装稳固,绝缘子绝缘性能良好,安装位置空间应能保证均回流电缆与均回流箱连接自然平顺。

b. 箱体接地采用接地扁钢或单芯截面面积 150mm² 软电缆可靠连接至环网电缆支架的接地扁钢上。

③电缆敷设

a. 确定均回流电缆与钢轨的焊接（连接）点，安装电缆，然后连接均回流箱。依据设计图纸确定连接位置，不可随意移动，如有特殊情况，应上报设计部门。

b. 均回流电缆沿电缆支架敷设，敷设规整、绑扎稳固，电缆弯曲自然；固定卡设置规整、稳固。

c. 均回流电缆与均回流箱连接端，按接线端子长度剥切电缆外护套；按接线端子压接技术规范，用电动压接机压接接线端子；接线端子与电缆导体连接到位，电气接触良好。然后将接线端子与均回流箱铜板可靠连接。电缆弯曲半径符合要求，弯曲自然，布置整齐美观。

d. 在钢轨上打孔或焊接，安装应符合设计要求，稳固可靠且不影响钢轨的使用。

④电缆与钢轨连接

电缆与钢轨连接时采用打孔栓接或放热焊进行连接。

（3）关键技术卡控点

①均回流箱安装位置符合设计要求，安装稳固，绝缘子绝缘电阻和空气绝缘距离符合设计要求。

②均回流电缆与均回流箱的连接牢固，接触面积符合要求，导通良好，电缆弯曲自然、布置美观。

③均回流电缆与钢轨的连接位置应满足信号专业要求；安装应符合设计要求，与钢轨稳固连接，电气导通性能良好。

④均回流箱必须依据限界尺寸要求安装，确保符合限界要求。

4.8.2　设备安装

1）隔离开关安装

（1）施工流程

隔离开关安装施工流程如图 8-4-65 所示。

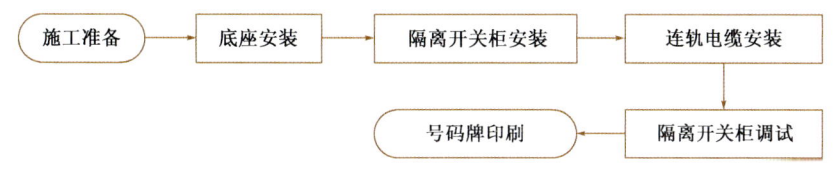

图 8-4-65　隔离开关安装施工流程图

（2）操作要点

①施工准备

a. 技术准备：学习规范和技术标准，完成安全技术交底，确认上道工序已安装完成并符合设计要求。

b. 材料准备：固定底座、接地扁钢、隔离开关柜、直流电缆、接线端子、电力复合脂、电缆固定卡、水泥、热塑管等。

c. 工器具准备：冲击钻、水平尺、水准仪、塔尺、扭矩扳手、液压钳、剥线钳、发电机、电源线等。

d. 人员准备：技术员、施工负责人、作业人员、防护员、安全员等。

②底座安装

a. 根据设计图纸给出的隔离开关位置进行现场测量，检查隔离开关安装位置限界和安装空间是否

符合设计要求,在无其他设备干扰和限界及空间允许的条件下,隔离开关安装位置应尽量靠近接触轨电连接接头;

b.用墨斗弹出水平直线,定出固定底座钻孔孔位,垂直于墙壁钻孔,安装螺栓;

c.安装固定底座,调整底座端正,其隔离开关安装面水平。

③隔离开关柜安装

a.将隔离开关安装在固定底座上,调整隔离开关及操动机构至墙壁的距离符合设计要求,隔离开关与操动机构处于同一垂直面上。

b.调整操动机构行程至闭合位,隔离开关刀闸处于闭合位;安装操纵杆,其安装角度符合设计要求。

c.调整三联隔离开关处于同一水平直线上,安装隔离开关间接线板。

d.调试隔离开关和操动机构开合同步到位,隔离开关动触头和静触头中心线重合。

④连轨电缆安装

a.安装隔离开关至接触轨引线电缆,安装美观弯曲自然。实测接线端子长度,按电缆绝缘层厚度调节下刀深度,剥除绝缘防护层,露出裸铜线芯,根据接线端子的压接工艺压接两端接线端子。

b.将连接电缆按设计要求连接到隔离开关和接触轨电连接接头上,保证螺栓紧固力矩满足设计要求,所有接触面均匀涂抹电力复合脂。

c.隔离开关安装完成后,对电缆进出孔洞进行防火封堵。

d.将所有底座用接地电缆与接地扁钢相连接。

⑤隔离开关柜调试

进行电动隔离开关调试和配合变电所隔离开关联调。

⑥号码牌印制

按设计要求印制隔离开关号码牌。

(3)关键技术卡控点

①隔离开关柜的安装位置符合设计要求,严格按设计和产品技术文件要求安装。

②隔离开关柜的本体外观应无损坏,零件应配套齐全,绝缘子应完好、整洁,主接头接触良好,绝缘测试值及主回路接触电阻值应符合国家标准、设计要求或产品技术文件要求。

③隔离开关柜底座安装时,应保证两底座安装面水平,且间距符合设计要求;多组隔离开关并列安装时,应保证所有底座安装面都在同一水平面上,且各底座间距符合设计要求。

④隔离开关应分合顺利可靠,分、合位置正确,角度符合产品技术文件要求;触头接触良好,无回弹现象;操动机构的分合闸指示与开关的实际分合位置一致;电动开关当地手动操作应与遥控电动操作动作一致;隔离开关机械联锁应工作正确可靠。

⑤隔离开关刀口部分涂抹电力复合脂,机构的连接轴、转动部分、传动杆注润滑油。

⑥隔离开关截面面积240mm^{2}直流连轨电缆连接正确、规整。按接触轨随温度变化伸缩要求,预留位移长度,弯曲方向与接触轨伸缩方向相同,电缆不应扭拖接触轨。电缆应平行整齐排列,不能压叠,弯曲要自然,布置线路应尽量短;电缆支架应安装牢固,布置均匀合理。

⑦隔离开关所有底座都与接地扁钢相连通,可靠接地。

2)避雷器安装

(1)施工流程

避雷器安装施工流程如图8-4-66所示。

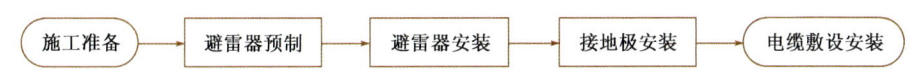

图 8-4-66　避雷器安装施工流程图

(2) 操作要点

①施工准备

a. 技术准备：学习技术规范、标准，完成安全技术交底，确认上道工序已安装完成并符合设计要求。

b. 材料准备：避雷器、接地极、连接电缆、接线端子、电缆固定卡等。

c. 工器具准备：水平尺、扭矩扳手、钢卷尺、剥线钳、液压钳、记号笔、对讲机、防护灯、冲击钻等。

d. 人员准备：技术员、施工负责人、作业人员、防护员、安全员等。

②避雷器预制

检查确认避雷器完好，清洁避雷器绝缘子、配齐其零部件，检查产品合格证、产品技术文件和安装手册是否齐全。检查完毕后，将其进行初步组装。

③避雷器安装

a. 安装位置确定后，依据箱体 4 个孔位的孔间距制作模板，在安装位置相应的结构墙上用记号笔做出标记。

b. 使用冲击钻在标记上钻孔，孔深、孔径应满足设计要求；在钻孔孔过程中如遇到结构钢筋，可适当调整钻孔位置。

c. 膨胀螺栓安装后，将相对应的传感器进行安装，使用水平尺调整传感器的水平度，保证箱体安装后平整美观。

d. 箱体调整完成后，将固定螺栓紧固牢靠。

e. 使用包装盒或者其他保护罩对安装好的传感器做好保护，防止其他专业误碰撞造成损坏。

④接地极安装

高架桥接地极安装：高架桥上土建单位在每个桥墩上预留接地极，使用兆欧表测量接地极是否小于 10Ω。

地面接地极安装：

a. 接地体埋设深度不宜小于 0.8m，接地体引出线的垂直部分及焊接部分应做防护处理；

b. 垂直接地体的间距不宜小于其长度的 2 倍，水平接地体的间距不宜小于 5m，接地体与建筑物的距离不宜小于 1.5m，接地体埋设后的回填土应分层夯实；

c. 对埋设后的每组接地极使用兆欧表测试，其接地电阻不应大于 10Ω 或符合设计要求；

d. 若接地电阻值不满足设计要求，应通过增加垂直接地体数量（或使用降阻剂）的方法降低接地电阻。

⑤电缆敷设安装

按设计图纸及现场测量数据加工预制好电缆长度及接线端子，敷设电缆并打卡子固定；然后将电缆与避雷器连接。

(3) 关键技术卡控点

①避雷器本体外观应无损坏，绝缘棒应完好、整洁，零件应配备齐全，产品合格证、产品技术文件和安装手册齐全；

②避雷器的安装位置、规格型号、引线方式符合设计要求；

③避雷器上固定螺栓紧固力矩要满足设计要求；

④接地电阻不大于10Ω;
⑤避雷器上固定螺栓的紧固力矩要满足设计要求;
⑥当箱体安全接地采用接地极时,不得与避雷器工作接地端接至同一接地极。

4.9 安全文明施工与成品保护

4.9.1 安全文明施工

(1)施工使用的临时电源应带漏电保护装置。
(2)动用明火应采取防火灾措施,并办理三级动火证。
(3)接地线必须焊接牢固,并根据设计要求确认是一端接地还是两端接地。
(4)绝缘屏蔽层开剥时,不能损伤绝缘层。
(5)加热收缩时,要注意从绝缘管的末端向上加热,使其收缩;热缩型配件收缩成型期间内应防止配件移动。
(6)用溶剂清洁绝缘层时,应从末端向根部擦拭,防止炭黑擦到绝缘层表面。
(7)剥切半导电层时,不要伤及芯绝缘,以防止电缆投入运行后,电流沿着绝缘伤痕爬行,从而使电缆头引爆。
(8)选购可靠的电缆终端产品,选配专业的电缆头制作人员,制作时选择干燥、洁净的环境,防止电缆受潮或污秽侵入电缆绝缘层。
(9)电缆头制作完成后,进行直流耐压试验和泄漏电流试验,以确保电缆头施工质量。
(10)施工使用的临时电源应带漏电保护装置。保证"一机、一闸、一漏、一箱",禁止使用非标准电箱。
(11)房间内施工应保证足够的照明设施,照明灯使用时需可靠接地。
(12)电动工具经绝缘测试合格后方可使用。
(13)夹层施工必须有充足的通风设备以保证空气流通。
(14)施工完毕,清理、带走现场垃圾。
(15)坚持"工完料清"的施工原则,每次下班后随手收拾好现场,并把产生的垃圾放到垃圾箱里。
(16)在施工过程中穿工作服,戴安全帽,正确使用工器具,注意施工安全。
(17)使用喷灯工作时,灯座下绝不能有任何热源,周围不要有易燃物;当罐内酒精耗剩20mL左右时,停止使用,如需继续工作,要把喷灯熄灭后再增添酒精,不能在喷灯燃着时向罐内加注酒精,以免引燃罐内的酒精蒸气;使用喷灯时如发现罐底凸起,要立即停止使用,检查喷口有无堵塞,酒精有无溢出等;每次连续使用的时间不要过长。如发现灯身温度升高或罐内酒精沸腾(有气泡破裂声)时,要立即停用,避免由于罐内压强增大导致罐身崩裂。

4.9.2 成品保护

(1)设备安装完成后应该用彩条布将其盖好,并设立警戒线及成品电气保护标识。
(2)在桥上施工时,不得损坏桥的结构,对需拆除的围栏,作业后要及时恢复。
(3)对线路的路基、桥梁以及各种沟、槽、管、洞等加倍爱护,不得损坏。

(4)施工时不得踩踏光(电)缆。

(5)使用汇流排防护罩对未封堵或者漏水的隧道伸缩缝处的汇流排进行保护。

(6)在安装完毕的悬挂装置中的绝缘子表面用塑料纸包好,防尘、防污。

(7)车站处安装好的悬挂装置用塑料纸包好,避免喷涂二次污染。

(8)成品、半成品材料及构件的放置符合要求;需要防潮的要采取防雨、防潮措施,杜绝出现水浸现象。

(9)大型工具严格管理,分类码放,扣件、附件使用完毕及时清理。

4.10 接口管理

本节接口管理以典型地铁工程为例,参考应用时,须结合项目实际情况。

4.10.1 变电所专业与相关专业的接口管理

变电所专业与接触网,杂散电流,车站、区间及车辆段动力与照明,火灾自动报警,信号,综合监控,集中不间断电源等专业存在接口,以下为常见的接口内容。

1)与接触网专业的接口

接口位于上网隔离开关电源侧接线端子及控制箱二次端子排,变电所专业负责直流柜至上网隔离开关的直流电缆及敷设。

2)与杂散电流防护专业的接口

(1)排流柜预埋件、负极柜与排流柜之间的电缆、排流柜的220V电源电缆施工由变电所专业负责。

(2)接口位于回流箱进线接线端子(变电所侧),负极柜至回流箱之间的电缆敷设由变电所专业负责。

3)与车站、区间及车辆段动力与照明专业的接口

(1)变电所400V开关柜出线电缆敷设由动力与照明专业负责。

(2)变电所内事故照明的馈线电缆敷设、车站事故照明室的事故照明柜进出线电缆敷设、变电所交流屏的照明馈线电缆敷设均由动力与照明专业负责。

(3)车站综合接地共有6组接地引上线的连接。其中,2组为强电接地母排专用,引上线及接地母排均由土建专业提供及施工,接口位于站台板下强电接地母排引出端子处;2组强电接地母排至变电所夹层母排之间的接地电缆敷设由变电所专业负责。

4)与火灾自动报警专业的接口

火灾自动报警专业与变电所专业的输入输出控制电缆均属火灾自动报警专业。在400V母联柜内预留PLC(单片机可编程控制器)输入、输出的相应接线端子,控制电缆属于FAS/EMCS(电力自动化)专业。

5)与信号专业的接口

在控制中心电力监控系统服务器机柜预留接口。

6）与综合监控专业的接口

控制中心大屏幕施工由相关专业统一考虑,应与独立调度系统连接,用于显示供电系统全线设备运行状态,供电系统网络接线、变电所主接线等用户画面。连接方式可采用大屏幕工作站。机型和规格与维护计算机相同。接口位于相关专业提供的数据采集与监视控制系统(SCADA)多屏信号控制器端口。

7）与集中不间断电源专业的接口

(1)集中不间断电源(UPS)进线电缆敷设由动力与照明专业负责;

(2)UPS设备机房等电位端子箱箱体及设备接地,等电位箱的接地引入、静电地板的金属构架接地,均由动力与照明专业负责。

(3)UPS馈线柜的出线至火灾自动报警、通信、自动售检票等专业的电缆敷设与接线由变电所专业负责。

4.10.2 中压供电网络专业与相关专业的接口管理

1）与土建专业的接口

在前期与土建专业对接时,应注意为环网专业预留的电缆槽道、电力电缆余长腔、桥梁两端电力电缆井必须满足设计要求。

与车站土建专业的接口有站内电缆路径、电缆支架、桥架安装位置预留、竖井孔预留。

2）与轨道专业的接口

区间环网支架应在铺轨后面施工,否则环网支架会妨碍铺轨施工。

3）与主变电所专业的接口

(1)中压供电网络电缆与主变电所的接口位于35kV出线开关柜电缆头插孔处,电缆头及以下电缆施工由环网专业负责。

(2)环网支架接口界面视具体要求而定,通常主变电所范围内的电缆支架施工由主变电所专业负责,主变电所范围外的电缆支架施工由环网专业负责。

4）与变电所专业的接口

(1)接口位于正线各变电所35kV进出线开关柜电缆头插孔处,电缆头及以下电缆施工由环网专业负责,电缆头(不含)以上设备施工由变电所专业负责;

(2)环网支架的接口位于变电所电缆出所洞口,变电所投影范围内电缆支架施工属于变电所专业,变电所投影范围外电缆支架施工属于环网专业;

(3)差动光缆和联跳电缆敷设本应由变电所专业负责,但为施工方便,往往由环网专业负责;

(4)差动光缆的接口位于光纤转接盒输出端子,电缆敷设和接续由环网专业负责,差动调试由变电专业负责;

(5)联跳电缆敷设及中间接头由中压供电网络电缆专业负责,联跳电缆接线及联跳试验调试由变电专业负责。

4.10.3 杂散电流防护专业与相关专业的接口管理

1）与土建预留预埋的接口

杂散电流防护系统工程有许多预留预埋工作。预留预埋是杂散电流防护专业前期工作调查的重点之一，主要包含以下内容：

（1）轨道道床杂散端子预留

轨道道床杂散端子主要是预留轨道道床钢筋网之间的连接端子，用于轨道钢筋网之间连通使用。端子根据道床钢筋网长度确定（轨道钢筋网长度一般为12.5m），每个轨道道床钢筋网预留4个。

（2）轨道道床排流端子预留

轨道道床排流端子用于道床钢筋网回所与排流柜的电缆连接，设置原则为每个车站上、下行各一个。

（3）杂散测试端子及参比电极孔洞预留

杂散测试端子与参比电极孔洞是一组一组对应的，主要包含轨道道床预留部分及车站主体结构预留部分，用于杂散参比电极安装。一般设置原则为上、下行车站端头轨道及道床各设置一组，距离车站端头约200m轨道上各设置一组。参比电极预留孔直径为60mm、深170mm，测试端子与参比电极预留孔距离不得大于1m。

（4）正线上、下行均流电缆孔洞预留

正线均流电缆设置原则为正线车站两端、区间中洞位置。车站两端均流电缆可以利用环网进出所通道、车站端头岔区进行上、下行均流电缆敷设。若现场无通道，则需要土建专业预留开孔，区间一般在中洞上方预留2处ϕ100mm孔洞。

（5）车场轨电位限制装置接地极预埋

在地铁车辆段及车场需要设置轨电位限制装置。轨电位限制装置需要设置独立的接地装置，一般情况下，土建专业需要在轨电位限制装置附近埋设接地极，引出接地端子并移交杂散电流防护专业，具体预埋位置以图纸为准。

（6）场段杂散电流防护系统设备安装管线预埋

场段杂散电流防护系统设备主要包括回流箱、单向导通装置、轨电位限制装置。进场前调查设备安装位置，为设备预留的手检井位置应正确，满足设备安装要求，手检井与设备间的管线预埋应正确，确保设备能顺利安装。

2）与综合监控专业的接口

在一般地铁杂散电流防护系统设计时，杂散监控系统独立组网，在调试上与其他专业不存在接口，但杂散电流防护系统一般需要综合监控专业为其预留传输通道。同时，车站级杂散监控装置设备本体较小，一般集成安装在电力监控屏内（具体安装位置在设计联络会议上确定）。

4.10.4 综合接地专业与相关专业的接口管理

各专业设备、设施接地与综合接地专业之间的接口位于预留的接地端子/接地铜排处。

4.10.5 电力监控专业与相关专业的接口管理

接口管理参见本章4.5节相关内容。

4.10.6 柔性接触网专业与相关专业的接口管理

1）与外部条件的接口

(1) 地面和高架线路的接触网,应符合城市规划对景观的要求;
(2) 接触网安装曲线符合当地气象条件的要求。

2）与土建专业的接口

(1) 接触网布设时,根据线路专业提供的工程实际实施的平面和纵断面图进行设计,并符合限界的规定和要求;
(2) 土建专业预留的各类接触网基础、锚栓、预留孔洞等符合设计要求;
(3) 接触网安装时,协调好与建筑、结构专业的关系;
(4) 沿线地质和桥涵资料;
(5) 区间隧道技术资料;
(6) 接触网锚段划分及下锚要求资料;
(7) 接触网安全防护要求。

3）与车辆、车辆段及综合基地专业的接口

(1) 车辆及受电弓的技术参数;
(2) 行车资料;
(3) 车辆段及综合基地接触网的布设;
(4) 维修基地中接触网用房及维修定员、机具配置。

4）与通信专业的接口

(1) 牵引网对通信的干扰影响及防护措施;
(2) 接触网维修对通信的要求;
(3) 接触网布设对通信电缆敷设的协调。

5）与信号专业的接口

(1) 地面线接触网布设与信号机干扰的协调;
(2) 接触网回流与信号轨道电路相互关系的协调。

6）与通风与空调接口

车站接触网(或接触轨)与排风管干扰的协调。

7）与给水与排水专业的接口

接触网与给水与排水专业管线的干扰协调与接地问题。

8）与牵引供电(含牵引变电所)专业的接口

(1) 接触网(或接触轨)载流量,满足牵引供电所提供载流量的要求;
(2) 接触网(或接触轨)满足对杂散电流防护的要求;
(3) 牵引供电与接触网(或接触轨),即牵引网的接口界面位于牵引变电所 DC1500V（或 DC750V）馈线户外直流隔离开关引入侧。

9) 与电力监控专业的接口

接触网(或接触轨)隔离开关的监控,采用电力监控专业提供的监控终端。

10) 与轨道专业的接口

(1) 钢轨精调到位并书面告知触网专业后,接触网专业方可做最终精调;

(2) 钢轨均回流电缆作业,应书面交底接触网专业,提出焊接的要求及注意事项,避免对钢轨造成损伤。

4.10.7 刚性接触网专业与相关专业的接口管理

(1) 与轨道专业的接口

轨道是接触网施工的基准,由轨道专业提供钢轨类型交底,包括浮置弹簧道床等特殊道床对接触网标高的影响,均回流电缆焊接(或者打孔)离轨缝的要求,采用无缝钢轨的区域,采用钢轨夹板的范围,需要安装均回流电缆的位置、道岔布置,轨道的超高、标高等数据,据此确定接触网参数的调整。

(2) 与牵引变电专业的接口

①接触网专业与牵引变电专业的接口位于接触网上网开关的进线侧以及牵引变电所内的接地母排处。

②接触网专业负责安装上网隔离开关及开关至接触网的引线,牵引变电所至隔离开关的DC1500V电缆敷设、电动隔离开关的操作电源、控制电缆等的敷设实施均由牵引变电专业负责。

③接触网架空地线与牵引变电所接地网连接电缆的设置由接触网专业负责。

(3) 与信号专业的接口

在均回流电缆焊接过程中,要求保证钢轨连接电缆与信号专业的轨旁设备保持一定的距离,这要以信号专业设备的种类和位置来确定。信号专业设备包括应答器、信标、绝缘节等。

(4) 与动力与照明系统的接口

接触网专业与地下停车场动力与照明专业设置的接触网带电状态显示灯的接口位于手动隔离开关辅助端子箱处。接触网专业负责预留辅助端子,其接线由动力与照明专业负责。

(5) 与通信专业的接口

上网隔离开关一般安装在弱电支架侧,应尽量避免电缆交叉或绝缘距离不够等问题。

(6) 与土建专业的接口

在架空地线过人防门时需要预留孔洞,为提高安全系数可与土建专业沟通预埋滑槽。

4.10.8 接触轨专业与相关专业的接口管理

对于接触轨专业的施工,施工临时设施接口主要包括施工用水、施工用电、材料运输道路以及轨行线路等部分。为了保证施工用水、用电、行车的安全与可靠,在项目经理部设置专职调度人员,负责车站、车辆段、车场以及区间等标段的施工用电、用水的接驳、管理与协调,并负责设备及材料运输道路的协调与整修,以及在区间敷设电缆时负责区间线路的协调与调度。

1) 与轨道专业的接口

由轨道专业提供走形轨规格、轨道布置资料,包括钢轨类型、道岔布置、轨枕间距、钢轨顶面至枕木顶面间距,据此确认接触轨系统的安装位置、支架安装预埋位置,以及直流电缆所预埋管规格及里程。

2）与信号专业的接口

在正线接触轨专业确认回流点、股道连接线位置时，根据信号专业的系统来确定。

3）与土建专业的接口

车辆段或停车场由土建专业提供室内外缆沟、库内支架基坑位置、尺寸，电缆预埋管线的位置、数量和型号。

4.11 单系统调试

4.11.1 变电所

1）试验项目

（1）高压柜试验项目

①电流互感器：变比误差、极性、励磁特性曲线、绝缘电阻、工频交流耐压试验。

②断路器：机械分合操作、电气分合操作及电气联锁试验、分合闸时间测试、断路器合闸、失压、分闸线圈低电压试验。

③电压互感器：工频交流耐压、直流电阻、变比测试、极性检查、空载电流测试。

④六氟化硫气体：气体压力、密封性、含水率。

⑤避雷器：绝缘电阻、直流 1mA 时电压、75% U1mA 直流泄露。

⑥保护单元及综合控制：保护整定、性能试验、整组联动。

⑦主回路电阻测量，主回路、断口间绝缘电阻与工频耐压试验。

⑧辅助与控制回路绝缘电阻、工频耐压试验。

（2）直流柜试验项目

①主回路绝缘电阻及工频耐压；

②接触电阻测量；

③断路器分合闸时间测定；

④电动隔离开关（如有）接触电阻测量；

⑤二次回路与闭锁检查；

⑥柜体绝缘测试；

⑦避雷器试验；

⑧保护单元性能试验。

（3）整流器试验项目

①主回路及辅助回路绝缘电阻和工频耐压试验；

②轻载试验；

③保护装置检查；

④二次回路接线正确性检查；

⑤保护协调性检查；

⑥柜体绝缘电阻测试。

(4)能馈装置试验项目

①绝缘试验；

②监控器功能检验；

③静态联动试验；

④保护功能测试；

⑤轻载、负载试验。

(5)环网供电保护调试

①电缆线路相位检查；

②电缆绝缘及交流耐压试验；

③差动保护试验；

④选跳保护(如有)试验。

2)整组传动试验

(1)干式变压器

①测量绕组连同套管的直流电阻；

②检查所有分接头变压比和极性(或组别)；

③测量绕组连同套管的绝缘电阻；

④绕组交流耐压试验；

⑤测量与铁芯绝缘的各紧固件及铁芯接地线引出套管对外壳的绝缘电阻；

⑥额定电压下的冲击合闸试验；

⑦相位检查。

(2)互感器

①测量绕组的绝缘电阻；

②绕组连同套管对外壳的交流耐压试验；

③测量电压互感器一次绕组的直流电阻；

④测量电流互感器的励磁特性曲线；

⑤测量1000V以上电压互感器的空载电流和励磁特性；

⑥检查互感器的变比和单相互感器引出线的极性；

⑦测量铁芯夹紧螺栓的绝缘电阻。

(3)金属氧化物避雷器

①测量绝缘电阻；

②测量金属氧化物避雷器的持续电流；

③工频参考电压或直流参考电压。

(4)电力电缆

①测量绝缘电阻；

②直流耐压试验及泄漏电流测量；

③检查电缆线路的相位。

(5) 整流器柜

①测量绝缘电阻；

②二极管、熔断器检查；

③轻载试验与输入、输出电压测试；

④工频交流耐压试验；

⑤框架对地绝缘；

⑥辅助装置的检验。

(6) 1500V 直流开关柜

①测量绝缘电阻；

②交流耐压试验；

③测量主回路电阻；

④开关大电流脱扣整定校验；

⑤开关合、分闸时间测试；

⑥开关操作电源过压、欠压合分开关试验；

⑦测量保持线圈与合闸线圈的直流电阻及绝缘电阻；

⑧框架对地绝缘测试。

(7) 排流柜

①测量绝缘电阻；

②二极管、熔断器检查；

③框架对地绝缘；

④辅助装置及保护检验。

(8) 单向导通装置

①测量绝缘电阻；

②二极管、熔断器检查；

③放电间隙距离检查；

④工频交流耐压试验；

⑤辅助装置检验。

(9) 接地装置

测量接地装置的接地电阻。

(10) 二次设备试验

①二次回路：测量绝缘电阻。

②仪表外部检查：仪表应有必要的标志和符号，仪表外部、内部应无脱落的零部件，指针与刻度位置应平直、正确。

(11) 变电所整组传动

变电所一次、二次设备单体试验合格后，为了确保变电所系统功能的可靠性、协调性，应进行整组传动，以保证测量回路、控制回路、信号回路以及继电保护回路正确显示、可靠动作。

(12) 框架保护调试

变电所直流开关柜及整流器（变电所内所有直流设备）采用绝缘安装的方式，针对该绝缘安装设有框架保护，即碰壳保护。框架保护为直流系统主保护，如果框架保护动作，则本所所有直流开关、整流机组 35kV 断路器,邻所与本所联跳有关的开关均无延时跳闸。

(13) 直流馈线 di/dt 保护

①接触网短路,在单位时间内电流突变量超过设计整定值,直流快速开关跳闸。

②准备试验的直流快速开关合闸。

③使用直流电流源,在直流互感器二次回路(或变送器)缓慢加电流至整定值,快速开关应不跳闸。关闭直流电流源开关,然后快速合上开关,直流快速开关应跳闸,同时各种信号显示、音响应正确。

(14) 直流馈线 Δi 保护

①配合短路试验进行:接触网短路,如果电流增量超过设计整定值,直流快速开关跳闸。

②准备试验的直流快速开关合闸,使用直流电流源,在直流互感器二次回路(或变送器)加电流至整定值,快速开关应跳闸,同时各种信号显示、音响应正确。

3) 受电开通

(1) 受电条件检查

①受电范围内开关柜室、变压器室、控制室的土建、消防、暖通、动力与照明、通信工程已经完成,并已投入使用或采取相应的临时措施;

②开关柜、控制柜的电缆及相关专业电缆孔洞均已封堵;

③受电范围内的一次、二次设备安装完毕,并已通过静态验收;

④受电范围内的电气设备已通过交接试验,且试验报告齐全;

⑤受电范围内的电气设备的控制、保护、测量、信号回路调试完毕,调试报告齐全,并已通过验收;

⑥交流柜安装、调试完毕,并通过临电投入运行,工况良好;

⑦直流屏系统安装、调试完毕,并已投入运行,工况良好;

⑧接地网施工完毕,并已通过验收,接地电阻符合要求。

(2) 受电前各方准备工作

①有关受电的运行准备工作就绪,设备命名完成,备好安全用具、安全标识牌、电气操作票和运行日志等,并配备相应的运行人员;

②受电范围内设置明显的标识与警示牌;

③受电范围内配置适当消防器材;

④准备好受电范围的施工图和设备图纸、经批准的继电保护整定书;

⑤准备好受电设备的调试报告;

⑥准备好 2500V、500V 兆欧表各 1 只,相序表 1 只,万用表 1 只,常用工具 1 套,对讲机 2 付;

⑦提供干线电缆电试报告,受电前干线电缆绝缘已测试合格;

⑧调度所根据方案写好操作票。

(3) 受电前的检查和准备工作

①检查变电所高压柜Ⅰ段、Ⅱ段开关处于冷备用状态。

②检查变电所受电范围内的电气设备确在冷备用状态。

③测量各受电设备的绝缘电阻应符合规范要求。

④检查受电范围内的继电保护装置均已整定,并与整定书相符。设备保护整定值输入确认无误。

⑤清除所有与受电无关的杂物,保持所内清洁卫生。

⑥对所有设备进行彻底检查和除尘保洁,检查重点是:设备内部和上部是否有遗留物,一次导电回

路中各连接部位的螺栓是否紧固,各设备接地是否符合规范要求,二次设备及交直流系统是否运行正常,各种信息显示是否正确。

⑦临时接地线、验电工具、值班用品及抢修用工具、材料、仪表、材料和机具配备应齐全。

⑧制定变电所管理、值班、倒闸操作等制度,并张贴在变电所墙上。

⑨拆除所内各种临时设施及施工用临时电源线路。

⑩绝缘胶垫铺放完毕,安全警示牌(禁止合闸、禁止分闸、有电危险等)挂在相应设备或设备阀门上。

4.11.2 中压供电网络的电力电缆试验

1）交流耐压试验

(1)试验电源开关应有可靠保护装置。

(2)确认被试电缆两端已与线路断开,试验时,除被试相外,其余两相必须可靠接地并与被试相保持相应的试验安全距离;电缆屏蔽层应可靠接地。

(3)测量各电缆导体对地以及各导体间的绝缘电阻(耐压前后分别进行测量)。

(4)对各相电缆按照试验参数分别进行加压试验,试验过程中无闪络和击穿现象、无异常放电声为正常。

(5)加压试验前、后应对电缆充分放电。

2）直流耐压试验

(1)检查确认直流高压发生器的调压器在零位,微安表在最大量程上。

(2)对直流高压发生器进行空载试验,记录空载时高压发生器本身的泄漏电流值。退回调压器旋钮,断开电源,直流发生器对地放电。

(3)将被测电缆摆放好,保证绝缘距离,铠装和屏蔽短接接地,另外两相的电缆芯线和屏蔽铠装也短接接地,并且与被测量相保持足够的安全距离。

(4)将直流高压发生器的高压输出端接在被测电缆的芯线上,按照要求连接好仪器的连接线,仪器的接地端子必须可靠接地。

(5)设备接线完成后,打开设备电源,按下启动键,旋转调压器旋钮,均匀升压,直至电压升至$2U_0$,停留1min。观察微安表泄漏电流的变化情况,并记录泄漏电流值。

(6)将记录下的泄漏电流值减去发生器空载时的泄漏电流值,即为被试电气设备的泄漏电流值。

(7)试验完成,先将调压旋钮旋至零位,按下停止按钮,用放电棒对电缆进行放电;放电完成后,关闭装置电源,拆下测试线。

3）质量通病与防治措施

中压供电网络的电力电缆试验质量通病与防治措施见表8-4-62。

中压供电网络的电力电缆施工质量通病与防治措施　　　表8-4-62

序号	质量通病	原因分析	防治措施
1	电缆相序错误	未进行电缆相序校对	用万用表确定电缆相序正确
2	电缆绝缘质量不合格	未进行相关电缆绝缘测试及委托电气试验	电缆耐压试验前先进行电缆绝缘测试,确定合格

4.11.3 杂散电流系统

1）杂散监测系统测试

(1) 监测装置调试；
(2) 监测装置遥调测试；
(3) 监测装置与传感器联调；
(4) 监测装置与监控系统主机联调。

2）排流柜、单向导通装置调试

(1) 二次回路检查；
(2) 控制校验；
(3) 信号回路校验(与电力监控系统对点同时进行)。

4.11.4 综合接地系统

综合接地系统接地网敷设到整个接地网的 1/2 时,应进行接地电阻值测量。测试方法及控制按现行《建筑物防雷设计规范》(GB 50057)要求进行。根据测量结果推算出整体接地网的接地电阻值,若推算出的整体接地网的接地电阻值大于 0.5Ω,在余下部分接地网的敷设中应采用以下措施进行补救：

(1) 增大接地网(体)的敷设面积；
(2) 增大垂直接地体的敷设深度。

后续的综合接地网施工中要随时对接地网的电阻值进行测试,敷设完备后应进行整体接地网电阻值测量,数值小于 0.5Ω 视为接地网合格。

4.11.5 电力监控系统

电力监控系统的现场调试是整个系统的工程实施阶段,合理的组织、资源的有效利用可有效提高整个电力监控系统现场调试的效率。

单体调试的最重要的工作是验证工程点表,查看各个设备的运行情况。故单体调试时应注意:实体遥控、带负载遥测,根据工程点表验证各个环节的一、二次接线与被控端的工程数据库。

4.11.6 接触网

1）限界检测

(1) 检测流程

限界检测流程如图 8-4-67 所示。

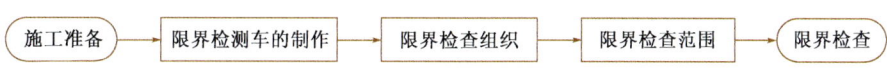

图 8-4-67 限界检测流程图

（2）操作要点

①施工准备

a. 技术准备：编制限界检测方案，确认限界检测装置满足设备限界尺寸要求，向现场人员进行技术交底，检测前清理明显的侵限异物。

b. 工器具准备：限界检测车、对讲机、复轨器、轨道车起复锁具、止轮器、维修工具、枕木等。

c. 人员准备：指挥员、行车引导员、操作员、测量超限员、记录员、牵引车驾驶员等。

②限界检测车的制作

依据限界设计施工图纸设计制作限界检测车，限界检测车在设计和制造时充分考虑到各种形式的线路断面、各种设备的允许最大限界。限界检测车可调节限界尺寸的功能而适用于高架桥、隧道等多种线路断面的限界检测，包括沿线各车站段和高架桥段及隧道段检测。限界检测车通过地铁公司组织的检测验收后才可投入使用。

③限界检查组织

限界检测车在限界检测前编组，检测车正常为逆向行驶，但不受正反向行驶的限制，限界检测车与轨道牵引车组成列车组，车速按5km/h的速度运行。

限界检查由地铁建设单位组织，沿线各系统、各车站承包商参加。

④限界检查范围

对沿线所安装的各种设备、车站站台、隧道净空及所有设施是否侵限进行检测，并报告侵限物的超限值。根据以往限界检查的情况，主要侵限可能在沿线电缆支架、车站站台板、沿线临时线缆、隧道壁上安装的设备等。有的线路专门设置的紧急疏散平台也可能造成侵限。接触轨限界是本次限界检查的一个重点，并注意安装的隔离开关等设备底座是否侵限。

⑤限界检查

限界检查前先进行线路出清检查，所有沿线临时设施应全部清除。

限界检查分为检查、复核检查、电客运行前复查三次。

a. 第一次检查在三轨系统冷滑试验前进行。沿全线检查运营列车可能达到的所有地方的限界，检查车组以5km/h速度行驶。遇侵限物，检测车发出报警信号和侵限部位指示，停车对侵限处进行复测，记录侵限物名称、位置、侵限值。全线检测完毕，将侵限记录汇总报地铁建设单位，发侵限整改单至相关单位并限期整改。

b. 第一次限界检查所有侵限问题整改完毕后，进行第二次复核检查。

c. 电客进入线路热滑前进行第三次限界复查，不允许有任何侵限情况存在。

2）柔性、刚性接触网冷滑试验

（1）冷滑试验前准备

①上报冷滑方案，办理轨行区请点出清手续。

②张贴冷滑试验通告；冷滑试验前3d在所有车站两侧端门及主要出入口明显位置张贴冷滑试验通告。

③安全接地检查：将变电所直流开关柜（馈线柜）直流小车拉出，张贴禁止操作等警示标识，室外所有接触网上网隔离开关全部处于分位状态。

④限界检测：限界检测车已对冷滑区段的所有线路检测，无任何侵限问题。

(2)冷滑方式

冷滑试验分三次往返进行,见表8-4-63。

冷滑试验　　　　　　　　　　　表8-4-63

冷滑步骤	冷滑车辆运行速度	主要任务
第一次	正线10~15km/h,车场线5~10km/h	检查每一处分段绝缘器、锚段关节处的受电弓过渡状态、标高、侧面限界值等
第二次	正线25~30km/h,车场线10~15km/h	在第一次冷滑检查缺陷全部整改完成后进行,主要检查导高拉出值、线岔过渡、锚段关节等的过渡状态
第三次	设计速度目标值	检测高速冷滑受电弓的运行状态,受电弓冷滑应平稳顺畅,接触网应在受电弓的中心位置

(3)冷滑试验车辆组织

冷滑试验车辆为轨道车+带受电弓的作业车、轨道车牵引、带受电弓的作业车。在作业车上有专人监视记录受电弓与接触导线的接触状态。

(4)操作要点

①参照现行《城市轨道交通架空接触网技术标准》(CJJ/T 288),冷滑试验及送电开通,冷滑车冷滑检验,分三次进行:正线第一次往返车速为5~15km/h,第二次往返车速为设计速度目标值的60%~70%,第三次往返车速为设计速度目标值。参照现行《城市轨道交通接触轨供电系统技术规范》(CJJ/T 198),车辆段往返车速宜为20~30km/h。

②冷滑完毕后,按问题记录单逐项检查调整,对存在问题的关节、分段绝缘器等用激光测量仪和水平尺检测调整,直至受电弓双向往返过渡平稳顺滑。

(5)关键技术卡控点

①冷滑试验应严格按照低速、中速、高速程序进行,并不允许超过限定速度,不克服前次冷滑发现问题,不得进行下次冷滑。

②在带电接触网相邻区段的冷滑试验需在停电间隔进行,该相邻区段的接触网应进行双接地。

③低速主要在正线和渡线、存车线进行冷滑,中速和高速主要对正线区段进行冷滑。

④冷滑试验时,受电弓对接触线施加的压力调整范围为100~140N。

⑤柔性、刚性接触网冷滑试验检测内容:检查导高、拉出值是否在设计允许范围内;观察导线高度是否平稳,有无突变或跳动;导线的接触面是否顺直,是否存在不允许的硬点、硬弯;导线接触面应与两轨面连线保持平行,不应出现偏磨现象;受电弓通过锚段关节、分段绝缘器、道岔时往返转换是否平滑接触,有无脱弓或刮弓的危险;电连接最低点与受电弓的垂直距离是否符合规定;受电弓至接地体的距离是否符合规定;检查从隔离开关到接触网的电缆连接是否正确,稳固;检查有无其他设备或物体侵入接触网限界。

⑥接触轨冷滑试验检测内容:检查接触轨标高、侧面限界值是否在设计允许范围内;观测接触轨接缝是否平滑,有无突变或跳动;检查接触面与轨面的平行度,不应出现偏磨现象;集电靴通过膨胀接头、端部弯头时往返转换是否平滑接触,有无脱靴或刷靴的危险;集电靴至接地体的距离是否符合规定;检查从隔离开关到接触轨的电缆连接是否正确,稳固;电连接电缆有无偏斜、刮靴现象;检查有无其他设备或物体侵入接触轨限界。

3）送电开通及热滑试验

（1）试验流程

热滑试验流程如图 8-4-68 所示。

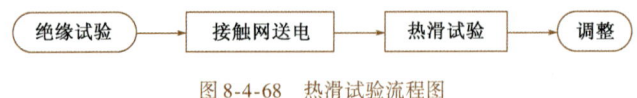

图 8-4-68　热滑试验流程图

（2）操作要点

①绝缘试验

a. 测试地点：各个独立供电区段，所有的分段绝缘器处；绝缘锚段关节处。

b. 在接触悬挂与架空地线间连接临时接地线，确认接触网无电后，在临时接地线中串联 2500V 绝缘摇表，测量接触网绝缘电阻。

c. 在供电区段的一端短接，在另一端使用绝缘摇表，测量线路是否贯通。

②接触网送电

由送电小组执行送电方案，向接触网送电，接触网送电后，在每个供电臂的末端验电，当验电器发出警笛声，表面该区段已经送电成功。

③热滑试验

采用地铁运营列车进行热滑试验，严格执行热滑试验方案，在受电弓下方安装摄像及录像设备，监视全线受电弓的运行状态，接触网供电系统应带电空载运行 1h 无异常，确认后可进行热滑。热滑应往返三次：正线第一次往返车速为 5~15km/h，第二次往返车速为设计速度目标值的 60%~70%，第三次往返车速为设计速度目标值。车辆段往返车速宜为 20~30km/h。

④调整

热滑完成后，对热滑时有火花位置进行检查处理。

（3）技术标准

①在理想干燥条件下，其绝缘电阻值应大于 1.5MΩ/km；对困难、潮湿区段和供电电缆较长地段进行绝缘测试（允许使用 500V 兆欧表），最小绝缘电阻值不小于 0.1MΩ。

②对测试不合格的区间，应立即进行分析检查，采用分段排除法，找出故障点，排除故障后重新测试。

③一般送电前几天，应对各种绝缘子进行检查、清洗和擦拭，不合格者必须更换，绝缘电阻值应满足设计要求。

④送电前一天晚上，必须再次进行绝缘测试和导通测试，绝缘测试报告经过送电小组确认后，符合要求后才能开始送电。

⑤送电前检查无误后，报告送电小组，送电小组执行送电方案，向接触网送电。

⑥接触网送电后，在每个供电臂的末端采用验电器验电。验电器报警，则证明该区段已送电成功。

⑦热滑试验时，受电弓对接触线施加的压力调整范围为 100~140N。

⑧热滑时，接触网及设备应无放电、火花和局部过热现象。

第 5 章 综合监控工程

综合监控系统是地铁综合自动化系统的重要组成部分,是多个机电系统互联互通的监控平台,是地铁安全可靠运行的重要保障。综合监控系统一般分为综合监控系统(ISCS)、门禁系统(ACS)、环境与设备监控系统(BAS)、火灾自动报警系统(FAS)四个子系统。综合监控系统为地铁综合自动化系统提供机电设备运行信息,并对其实施分散控制或实时控制。环境与设备监控系统为地铁综合自动化系统提供通风与空调、给水与排水、电扶梯、动力与照明等车站设备运行信息,并对其实施远程控制或就地控制。火灾自动报警系统对地铁全线进行火灾探测和报警,为其他系统提供火灾信息,并联动机电、供电、通信、通风等相关设备。门禁系统为地铁重要设备区域提供安全防范措施,是一个出入管理和安全防范系统。地铁综合监控系统是集中多功能、软件平台高度集成、智能管理功能完善、操作便捷高效的多目标大系统;各系统设备间相互联系、相互作用,同时也相互制约,由综合监控系统统一管控。

本章简要介绍了地铁综合监控系统的构成、功能及原理,从施工角度对管槽线路、设备安装、系统接口管理、系统调试等方面着重展开叙述,并且详细叙述了各工序施工流程、操作要点、关键技术卡控点、质量通病和防治措施、安全文明施工等。

5.1 管线施工

5.1.1 保护管安装

1)施工流程

保护管安装一般有明敷和暗埋两种方式。本节以暗埋保护管安装方式进行介绍,暗埋钢管施工流程如图 8-5-1 所示。

2)操作要点

(1)施工准备

①技术准备:组织技术人员认真学习实施性施工组织设计,阅读、审核施工图纸,澄清有关技术问

题,熟悉规范和技术标准,明确设计要求;制订施工安全、施工质量、施工进度、施工人员保障措施,并提出应急预案。对施工人员进行技术交底,确认管道路由;对施工人员开展岗前技术培训,考试合格后持证上岗。

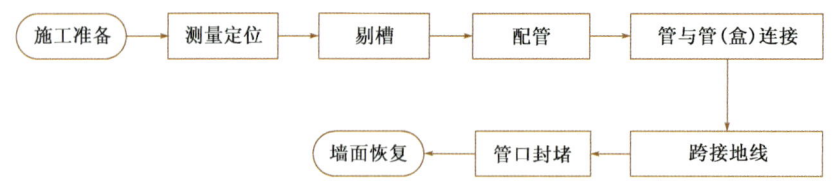

图 8-5-1　暗埋钢管施工流程图

②材料准备:金属钢管、金属软管、钢管接头、跨接地线等。

③工器具准备:水准仪、弯管器、切割机、电镐等。

④人员准备:工班长、技术员、安全员、施工人员等。

(2) 测量定位

根据施工图纸确定预埋管安装的位置,利用水准仪在墙体上测量出预埋管的位置,用记号笔做好标记。

(3) 剔槽

利用剔槽机和电镐对需要进行预埋管的墙体剔槽,剔槽深度应大于预埋钢管直径且槽宽、槽深均匀。

(4) 配管

①根据敷设场所选择钢管的材质,地面敷设时采用厚壁钢管,吊顶和墙面敷设时采用厚度不小于1.5mm 的镀锌钢管。厚壁钢管采用螺纹连接,吊顶和墙面的镀锌钢管采用卡接方式。

②配管前根据实际使用长度切断钢管。切断后,断口处与管轴线垂直,管口锉平、刮光,整齐光滑。

③钢管敷设中需要改变方向时,可预先进行弯曲加工。

(5) 管与管(盒)连接

①钢管与钢管采用螺纹连接时,使用全螺纹管接头。连接管端部套丝,螺纹表面光泽,无缺损。两管拧进管接头的长度不小于管接头长度的1/2,使两管端间吻合,连接后两端螺纹要外露 2~3 个螺距。

②钢管与钢管采用管接头连接时,应将两根钢管插入管接头中,用螺丝刀拧紧管接头上的螺杆,直至螺杆被拧断。

③钢管与盒连接时,先将套丝后的管端拧上锁紧螺母,顺直插入盒上与管外径相一致的敲落孔内,露出 2~3 个螺距的管口螺纹,再拧上金属护圈帽,使钢管与盒连接牢固。

(6) 跨接地线

在管与管或管与盒(箱)之间采用螺纹连接时,连接处的两端采用专用接地卡固定跨接地线,两接地卡间连接线为黄绿相间铜芯软导线,截面面积不小于 $4mm^2$。

(7) 管口封堵

钢管安装完成后用透明胶布将钢管管口封堵,暗盒用配套的盖板进行封堵并贴上成品保护标识牌,防止墙面抹灰时砂浆灌入底盒造成封堵,不利于后期穿放线缆。

(8) 墙面恢复

钢管安装完成后,用混凝土将钢管埋于墙面中,最终将开凿的通槽填埋平整。

3）关键技术卡控点

（1）金属线管壁厚均匀，无劈裂、砂眼、棱刺和凹扁现象。金属线管外表层完整，无剥落现象，应具有产品材质单和合格证。

（2）接线盒金属板厚度不应小于1.2mm，镀锌层无剥落，无变形开焊，敲落孔完整无缺，面板安装孔与地线焊接脚齐全，并有产品合格证。

（3）安装所用辅料必须符合设计要求和国家标准规定，并有产品合格证。

（4）当线路暗配时，金属线管宜沿最近的路线敷设，并应减少弯曲。埋入建（构）筑物内的金属线管与建（构）筑物表面的距离不应小于15mm。

（5）金属线管的弯曲处，不应有折皱、凹陷和裂缝，且弯扁程度不应大于管外径的10%。

（6）当线路暗配时，弯曲半径不应小于管外径的6倍；当埋设于地下或混凝土内时，其弯曲半径不应小于管外径的10倍。

（7）金属线管的内壁、外壁均应做防腐处理。当埋设于混凝土内时，线管外壁可不做防腐处理；采用镀锌钢管时，镀锌层剥落处应涂防腐漆。设计有特殊要求时，应按设计规定进行防腐处理。

（8）金属线管不应有折扁和裂缝，管内应无铁屑及毛刺，切断口应平整，管口应光滑。

（9）金属线管的跨接地线宜采用专用接地线卡跨接，不应采用熔焊连接。跨接接地线应为铜芯软导线，截面面积不应小于4mm^2，长度250mm。

（10）暗配的金属线管与盒（箱）连接应采用套管与锁扣固定。

（11）暗敷线管应尽量减少重叠高度，线管的保护层厚度不应小于15mm，消防管路的保护层厚度为30mm，管与管之间应至少有25mm间隙以免混凝土浇筑时混凝土不能渗入，造成空裂。

（12）往上引管有吊顶时，线管上端应煨成90°弯直进吊顶内。由顶板向下引管不宜过长，以达到线盒（箱）上口为准。

（13）剔槽不得过大、过深或过宽。预制梁柱和预应力楼板均不得随意剔槽打洞。混凝土楼板，墙等均不得私自断筋。

（14）预埋线盒应用锯末或泡沫填塞满，并用保护盖盖上。外露的线管口，要罩上保护套，以防土建施工过程中水泥进入盒（管）中导致堵塞。

（15）当金属导管管路较长或有弯时，宜加装分向盒。2个分向盒之间的距离应符合下列规定：

①对无弯的管路，不超过30m；

②当2个分向盒之间有1个弯时，不超过20m；

③当2个分向盒之间有2个弯时，不超过15m；

④当2个分向盒之间有3个弯时，不超过8m。

4）质量通病与防治措施

保护管安装质量通病与防治措施见表8-5-1。

保护管安装质量通病与防治措施　　　　　表8-5-1

序号	质量通病	原因分析	防治措施
1	预埋钢管松动	墙体抹灰时未挂钢丝网	在钢管两端口处采用骑马卡固定牢固，装修时挂完钢丝网后再进行抹灰
2	明敷钢管松动	被其他专业在施工过程中碰撞	利用M6胶膨胀螺栓将底盒与墙体固定

续上表

序号	质量通病	原因分析	防治措施
3	预埋钢管管口被砂浆封堵	装修单位在抹灰过程中把砂浆灌入管中	在预埋过程中,利用胶带对管口进行缠绕封堵
4	钢管管口存在毛刺	钢管切割后,未进行打磨处理	切割过程中,保证钢管切割平直,利用圆锉磨掉管口毛刺

5.1.2 线槽安装

1)施工流程

架空线槽安装施工流程如图 8-5-2 所示。

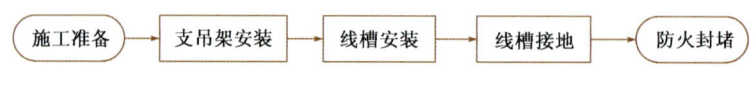

图 8-5-2 架空线槽安装施工流程图

2)操作要点

(1)施工准备

①技术准备:组织技术人员认真学习实施性施工组织设计,阅读、审核施工图纸,澄清有关技术问题,熟悉规范和技术标准,明确设计要求;制订施工安全、施工质量、施工进度、施工人员保障措施,并提出应急预案。对施工人员进行技术交底,确认线槽安装路由;对施工人员开展岗前技术培训,考试合格后持证上岗。

②材料准备:金属线槽、线槽连接板、铜编织带等。

③工器具准备:水准仪、切割机、脚手架、扳手、手电钻等。

④人员准备:工班长、技术员、安全员、施工人员等。

(2)支吊架安装

综合支吊架一般由机电专业施工完成,安装示意图如图 8-5-3 所示。

(3)线槽安装

①由于架空线槽安装位置一般在 3000mm 以上,因此多采用可移动式脚手架作为操作平台。施工中,地面操作人员进行脚手架的防护,以及地面材料的加工、传递;脚手架上操作人员进行线槽的安装。

②地铁施工中采用的金属线槽每节长度一般为 2000mm,而综合支吊架的距离一般为 800~1500mm。因此,安装时只需将线槽放在支吊架上即可。且线槽两端应将线槽连接片安装到位,稍稍拧紧。

③新一节线槽安装时,一人将线槽抬起,保证两节线槽的连接处基本在同一水平,另一人采用 M8 螺栓将两节线槽用连接片连接牢固。两节线槽连接处的缝隙应不大于 2mm。

④每处连接板上有 6 个连接螺栓孔位,每个孔位均用螺栓连接固定。连接时,螺栓应从线槽内向线槽外穿,螺母应安装在线槽外侧。

⑤在线槽路径的末端,线槽端头伸出最后一个支吊架的距离一般不超过 300mm,且端头要用线槽封堵板封堵。

⑥在每个支吊架上,都预留有线槽固定孔。每个支吊架处,均应将线槽与支吊架连接固定。固定时,采用 M8 连接螺栓从线槽内向线槽外穿,螺母安装在线槽外侧。

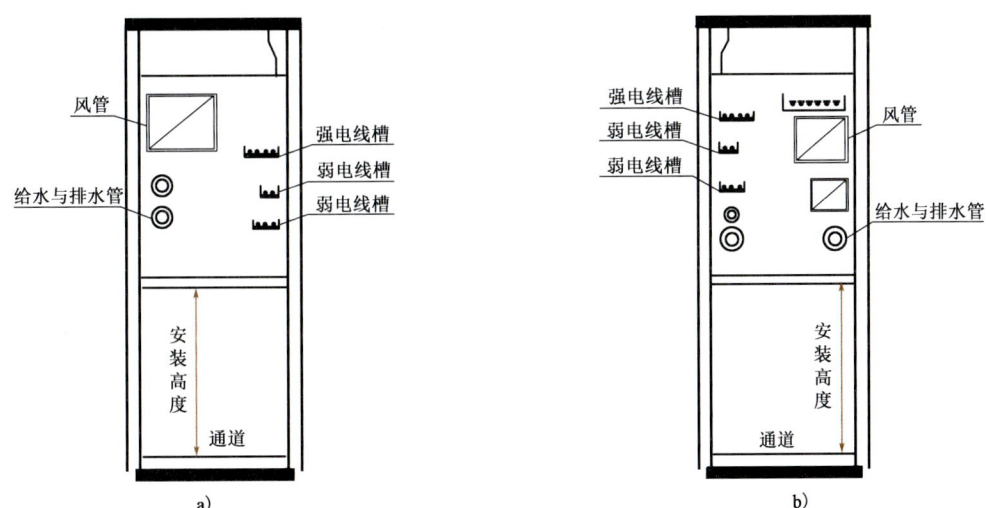

图 8-5-3 综合支吊架安装示意图

(4)线槽接地

线槽一般采用热浸镀锌金属线槽,表面喷漆,所以线槽之间连接板的两端需设置跨接地线,采用截面面积为 $4mm^2$ 的铜编织带;连接板两端带的防松螺母或止动垫圈的数量不少于 2 个。线槽伸缩处应采用编织铜线连接,线槽末端应采用截面面积为 $16mm^2$ 的接地线连接至接地排。

(5)防火封堵

线槽穿过隔墙时应使用防火泥对孔洞进行防火封堵,线槽的端头位置也要封堵。

3)关键技术卡控点

(1)金属线槽应平整、无扭曲变形,内壁应光滑、无毛刺。安装附件应采用经过镀锌处理的定型产品。其型号、规格应符合设计要求。

(2)金属线槽应接地,采用铜编织带,同时不应作为设备的接地导体,接缝处应有连接线或跨接线。预埋线槽时,线槽的连接处、出线口、分线盒,均应做好防水处理。

(3)金属线槽宜经过热镀锌处理。在线缆转弯处,槽道开口的大小应与缆线相适应,切口处应光滑,不应有卷边,内、外壁及盖板表面应光洁,无毛刺,尺寸准确。槽底与盖板均应平整,侧壁应与槽底垂直。

(4)线槽的直线长度超过 30m 时,宜采取热膨胀补偿措施。

(5)两列线槽拼接偏差不应大于 2mm。

(6)线槽的安装应横平竖直,排列整齐。其上部与楼板之间应留有便于操作的空间。垂直排列的线槽拐弯时,其弯曲弧度应一致。线槽拐直角弯时,其弯头的弯曲半径满足槽内线缆弯曲半径要求。

(7)金属线槽布线一般适用于正常环境的室内干燥和不易受机械损伤的场所明敷,但对金属线槽有严重腐蚀的场所不应采用。

(8)金属线槽垂直或倾斜安装时,应采取措施防止电线或电缆在线槽内移动。

(9)线槽的安装主要有沿顶板安装、沿墙水平和垂直安装、沿竖井安装、沿地面安装、沿电缆沟安装及管道支架安装等。安装所有支吊架可选用成品或自制。支吊架的固定主要有预埋铁件上焊接、膨胀螺栓固定等方式。

（10）施工要按已批准的设计施工图进行。根据设计路由、预留孔洞，结合现场施工环境要求，进行线槽敷设安装。

（11）明敷设备类线槽时，应采用单独的卡具吊装或支撑物固定。吊装线槽的吊杆直径不应小于6mm。地铁综合监控系统的线槽主要安装于综合支吊架上，综合支吊架由设计单位统一设计排布。

（12）线槽敷设时，应在下列部位设置支吊点。

①线槽始端、终端及接头处；

②距接线盒0.2m处；

③线槽转角或分支处；

④直线段不大于3m处。

（13）线槽接口应平直、严密，槽盖应齐全、平整、无翘角。并列安装时，槽盖应便于开启。

（14）线槽在吊顶内敷设时，如果吊顶无法上人时应留有检修孔。

（15）线槽经过建筑物的变形缝（伸缩缝、沉降缝）时，线槽本身应断开，槽内用内连接板搭接，不需固定。保护地线和槽内导线均应留有补偿余量。

（16）敷设在竖进、吊顶、通道、夹层及设备层等处的线槽应符合有关防火要求。

（17）建筑物的表面如有坡度时，线槽应随其变化坡度。待线槽全部敷设完毕后，应在配线之前进行调整检查。确认合格后，再进行槽内配线。

（18）线槽直线段连接应采用连接板，用平垫垫圈、弹簧垫圈、螺栓紧固，接茬处应缝隙严密平齐。

（19）线槽进行交叉、转弯、丁字连接时，应采用弯通、三通、四通或平面弯通、平面三通、平面四通等成品件进行变通连接，导线接头处应设置接线盒或将导线接头放在电气器具内，金属线槽组装示意图如图8-5-4所示。

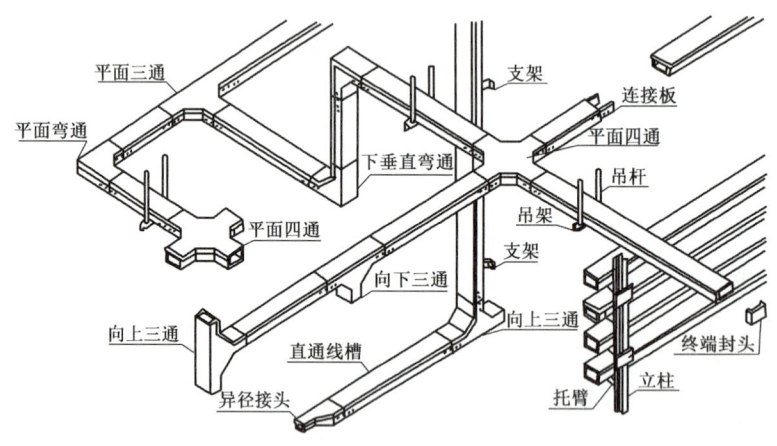

图8-5-4　金属线槽组装示意图

（20）线槽穿过防火墙、楼板、竖井或进入箱（柜）的孔洞处，应按设计要求用防火堵料密实封堵。在封堵线槽孔洞时，封堵应严实可靠，不应有明显的裂缝和可见的孔缝，孔洞较大者应加耐火板后再进行封堵。

4）质量通病与防治措施

线槽安装质量通病与防治措施见表8-5-2。

线槽安装质量通病与防治措施　　　　表 8-5-2

序号	质量通病	原因分析	防治措施
1	线槽在支吊架上晃动	线槽未与支吊架连接固定	每隔 4～6m,采用 M8 的螺栓将线槽与综合支吊架连接
2	线槽穿墙或孔洞时防火封堵未做	未做封堵	线槽安装完成后,对其进行检查,利用防火泥进行封堵

5.1.3 线缆敷设

1）施工流程

线缆敷设施工流程如图 8-5-5 所示。

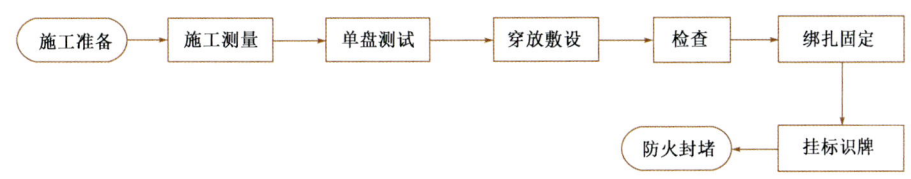

图 8-5-5　线缆敷设施工流程图

2）操作要点

(1) 施工准备

技术准备:组织技术人员认真学习实施性施工组织设计,阅读、审核施工图纸,澄清有关技术问题,熟悉规范和技术标准,明确设计要求;制订施工安全保证措施并提出应急预案。对施工人员进行技术交底,确认线缆敷设起点及终点、所需线缆型号规格及长度等,并且管线路径均已贯通。

材料准备:光缆、电源电缆、控制电缆、接地电缆、钢丝等。

工器具准备:光时域反射仪、万用表、绝缘电阻测试仪、穿线器、人字梯等。

人员准备:工班长、技术员、安全员、施工人员等。

(2) 施工测量

采用测量绳测量设备间的距离,并由此计算出设备间需要的线缆长度,依据这些数据对到货的线缆进行配盘。

(3) 单盘测试

电缆单盘测试主要进行环线电阻、绝缘电阻这两个指标的测试,光缆单盘测试主要进行光衰指标的测试,审核线缆的类型、制式、结构、特性符合设计规定。

(4) 穿放敷设

① 首先将管内或线槽内的积水及杂物清除干净,还应将管口的锋利边缘清除干净,并在管口套上护线套,做好防护,避免线缆受损;

② 将敷设线缆的两端头贴上临时标签,绑扎在预埋管道中铁丝的一端,另一端由引导员牵拉前行,放缆的一端将线缆理顺向管道内送,铁丝拉出来后,一段线缆即穿放结束;

③在线缆的两端和中间须按要求进行预留；

④对于管道较长的，敷设时，线缆要从管道中间向两端进行穿放敷设，这样可节约倒线时间，提高施工效率。

(5) 检查

为防止在穿放过程中对线缆造成损伤，在线缆敷设完后，不仅要检查线缆外皮是否有损伤，线缆预留是否符合要求，还要用仪表对线缆进行指标复测。

(6) 绑扎固定

线缆经检查合格后，进行整理、绑扎、固定。

(7) 挂标识牌

在线缆的两端加挂电缆标识牌，以便查找或核对。

(8) 防火封堵

将电缆穿管或其他操作所留的缝隙用防火堵料封堵。

3) 关键技术卡控点

(1) 综合监控工程的布线，应符合现行《建筑电气装置工程施工质量验收规范》(GB 50303) 的规定，对导线的种类、电压等级进行检查。

(2) 在管内或线槽内的布线，应在建筑抹灰及地面工程结束后进行，管内或线槽内不应有积水及杂物。

(3) 综合监控工程应单独布线，系统内不同电压等级、不同电流类别的线路，不应布在同一管内或线槽的同一槽孔内。

(4) 导线在管内或线槽内，不应有接头或扭结。导线的接头，应在接线盒内焊接或用端子连接。

(5) 同一回路的所有相线和中性线，应敷设在同一金属线槽内。同一路径无防干扰要求的线路，可敷设在同一金属线槽内。线槽内电线或电缆的总截面(包括外护层)不应超过线槽内截面的20%，载流导线不宜超过30根。控制、信号或与其相类似的线路，电线或电缆的总截面不应超过线槽内截面的50%，电线或电缆根数不限。

(6) 综合监控系统所采用的电缆均为无卤低烟阻燃耐火类电缆，网络线采用超五类屏蔽双绞线。

(7) 敷设前应按设计和实际路径计算每根电缆的长度，合理安排每盘电缆，减少电缆接头。

(8) 在导线的终端头与接头附近宜留有备用长度，并及时装有标识牌。

(9) 敷设线缆所装设的标识牌应符合下列要求：

①在电缆终端头、电缆接头、拐弯处、夹层内、隧道及竖井的两端等地方，电缆上应装设标识牌。

②标识牌上应注明线路编号。当无编号时，应写明电缆型号、规格及起讫地点；并联使用的电缆应有顺序号，标识牌的字迹应清晰，不易脱落。

③标识牌规格宜统一。标识牌应耐防腐，挂装应固定。

(10) 电线在线槽内有一定的余量，不得有接头。电线按回路编号分段绑扎，绑扎点间距不应小于 2m。

4) 质量通病与防治措施

线缆敷设质量通病与防治措施见表 8-5-3。

线缆敷设质量通病与防治措施　　　　表 8-5-3

序号	质量通病	原因分析	防治措施
1	线缆穿管敷设时,线缆被刮伤	钢管管口未打磨	在敷设线缆时,保证管口打磨平整,无毛刺;在线缆敷设前,应在管口增加护口圈,保证管口光滑
2	线缆混淆,不宜分辨	未做明确标识	线缆敷设前做好临时标签,敷设完成后做好正式标签
3	线缆损耗过大	敷设线缆时,预留过长	对施工人员进行技术交底,严格按照要求预留

5.1.4 线缆接续

1）施工流程

线缆接续施工流程如图 8-5-6 所示。

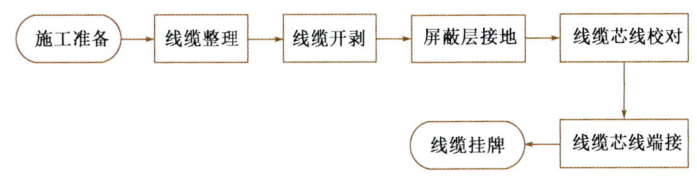

图 8-5-6　线缆接续施工流程图

2）操作要点

（1）施工准备

①技术准备:组织技术人员认真学习实施性施工组织设计,阅读、审核施工图纸及接线图纸,澄清有关技术问题,熟悉规范和技术标准,明确设计要求;制订施工安全保障措施并提出应急预案。对施工人员进行技术交底。

②材料准备:热缩管、焊锡丝、扎带等。

③工器具准备:美工刀、剥线钳、电烙铁、手钳、螺丝刀等。

④人员准备:施工负责人、技术人员、作业人员、安全员等。

（2）线缆整理

线缆接续前需把穿到机柜、模块箱内的线缆,按照端子的分布位置进行排列和绑扎。对应上部端子的线缆排列在外侧,对应下部端子的线缆排列到内侧,以免接线时产生交叉。

（3）线缆开剥

线缆初步排列整齐后,在距箱柜地板上方同一高度处,用记号笔在线缆上做好开剥位置标记。然后用美工刀从标记处下刀,剥除线缆的外护套,露处屏蔽层,并预留 2～3cm 长度的屏蔽层,其余的屏蔽层和填充物利用美工刀和斜口钳剔除掉,露出线缆的芯线。

（4）屏蔽层接地

把截面面积为 4mm² 的接地线一端剥去 2cm 长的绝缘层露出铜芯,用电烙铁和焊锡条把露出的铜芯焊接到线缆的屏蔽层上,再焊接处穿上热缩管,用喷火烘烤使其收缩。接地线的另一端压接 OT 型接线端子,接线端子固定在机柜(箱体)内屏蔽 PE 排上。

（5）线缆芯线校对

同一根线缆的两端均开剥完成后,对芯线进行校线,校线时利用万用表或校线电话进行。用查线号或选择芯线把中间的一根特殊色芯线的方法确定共用芯线,共用芯线的一端与同一根线缆中任意一根芯线短接,共用芯线的另一端与万用表的一个表笔短接,万用表的另一个表笔与本根线缆中其他的芯线逐个短接,当万用表显示通路时,表笔连接的该芯线与对端共用芯线短接的芯线为同一根芯线,在同一根芯线上套上编号一致的线号管。按照同样的方法依次校对出其他芯线。

(6)线缆芯线端接

把校对完成的芯线与相应的端子进行连接,确定芯线的实用长度,把多余的芯线剪掉。利用剥线钳把芯线端头处的绝缘层剥除掉,若芯线是独股硬线则可以直接把去掉绝缘层的芯线端头插进相应的端子内,然后拧紧紧固螺栓;若芯线是多股软线,则需要先把去掉绝缘层的芯线端头进行搪锡处理,然后压接接线端子,最后把接线端子连接到相应的端子上。

(7)线缆挂牌

把连接完成的芯线进行整理绑扎。在箱体底部的线缆上悬挂线缆标识牌。

3)关键技术卡控点

(1)电线、电缆配线必须整齐,连接须正确无误,线号清晰,强弱电端子明确隔离。

(2)线缆之间、线地之间的绝缘电阻值必须大于1MΩ。

(3)箱内线缆应成束绑扎,不同电压等级的线路应分别绑扎,且有标识。

(4)截面面积在10mm² 及以下的单股铜导线,直接与设备、器具的端子连接;截面面积在2.5mm² 及以下的多股铜导线,拧紧搪锡、压接接线端子后与设备、器具的端子连接;铜芯导线及铜接线端子搪锡时不应使用酸性焊剂。

(5)每个设备和器具的端子接线不多于2根导线。

(6)使用接线端子接线,必须使用配套的铜套管和压接钳及钳口压接。手压钳可压接截面面积为0.2~6mm² 的导线,截面面积10mm² 及以上导线可使用油压钳压接。

(7)使用压接法连接导线时,接线端子铜套管压模的规格应与线芯截面面积相符合。

4)质量通病与防治措施

线缆接续质量通病与防治措施见表8-5-4。

线缆接续质量通病与防治措施　　　　表8-5-4

序号	质量通病	原因分析	防治措施
1	线缆成端时,线缆与接线端子压接不牢固,存在松动现象	线缆未采用接线端子,压接不牢固	每根线缆需压接接线端子,再与设备、器具的接线端子连接,保证线缆无松动现象
2	光缆接续时,衰耗过大,影响数据传输	光缆切割不平齐,熔接衰耗过大	在放线前,对光缆进行测试,保证线缆质量;在光缆敷设过程中,保证光缆无扭曲、打结现象;在光缆熔接时,每熔接完成一根,便对其进行测试,保证接续质量
3	线缆接续完成后,未做标识	未按照要求做好标识	接续过程中,每根线缆套上号码管,接续完成后,进行检查,防止遗漏

5.2 设备安装

5.2.1 综合监控系统设备安装

1)施工流程

综合后备盘(IBP)安装施工流程如图8-5-7所示。

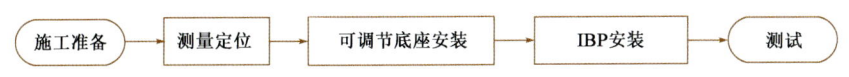

图 8-5-7　综合后备盘(IBP)安装施工流程图

2）操作要点

（1）施工准备

①技术准备：组织技术人员认真学习实施性施工组织设计，阅读、审核施工图纸，澄清有关技术问题，熟悉规范和技术标准，明确设计要求；制订施工安全保障措施并提出应急预案。车控室初装修已完成，满足施工要求。

②材料准备：可调节底座、膨胀螺栓、IBP 等。

③工器具准备：水准仪、水平尺、冲击电钻、榔头、钢卷尺、扳手、配电箱等。

④人员准备：工班长、技术员、安全员、施工人员等。

（2）测量定位

①根据施工图纸用钢卷尺测量确定底座安装位置；

②将机柜底座按照施工图纸摆放到位，以墙面为参考点，用卷尺测量底座的前边缘、侧边缘到墙面的距离，反复调整底座，使每个底座的前边缘、侧边缘到墙面的距离与设计图纸相符；

③如设备机房内参考墙面不平时，可用尼龙线拉出一条直线，以该直线为参考点，用卷尺测量机柜底座的安装位置，然后用墨线在地面上弹出一条直线，作为机柜底座的安装基准线；

④将机柜底座调整到位后，用金属垫片调整每个底座水平，用水平尺检查是否水平，直至每个底座水平后，用记号笔在地面上做好底座安装孔的位置标志。

（3）可调节底座安装

①将机柜底座移开，用冲击钻在地面标记处打孔，电钻钻头要和金属膨胀螺栓型号相匹配，调节冲击钻的深度标尺，使打孔的深度比金属膨胀螺栓的外胀管长度约深 5mm；打孔要垂直，用吸尘器清理灰尘，放入膨胀螺栓。

②用榔头将膨胀螺栓逐一敲入孔内，将螺栓适当拧紧，使外胀管略微胀开后，退出螺母和垫圈。将所有金属膨胀螺栓安装完成后，把机柜底座安装孔穿在膨胀螺栓上，套上平垫圈、弹簧垫圈、螺母，逐一安装完成每个机柜底座，用卷尺测量整排底座的前边缘在直线上的偏差不大于 2mm，如图 8-5-8 所示。

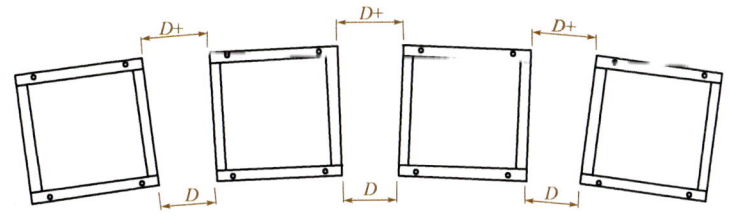

图 8-5-8　IBP 底座支架安装俯视图

（4）IBP 安装

①将 4 块 IBP 机柜分别安放到对应的底座上方，使 IBP 与底座完全重合；

②使用连接螺栓将 IBP 盘体与底座连接牢固，螺栓应从 IBP 盘体向底座方向伸出，用扳手拧紧螺母；

③采用边调节边固定的施工方法，参考静电地板标高线，调节底座下方的可调节螺杆来调节 IBP 盘体的垂直水平度；

④IBP 调平时,用水准仪测量底座的 4 个角,选一个最高点,根据装修单位给出的静电地板标高线,将底座调整至防静电地板面的标高,同时保证 IBP 水平度及垂直度,并将其固定。

IBP 安装示意图如图 8-5-9 所示。

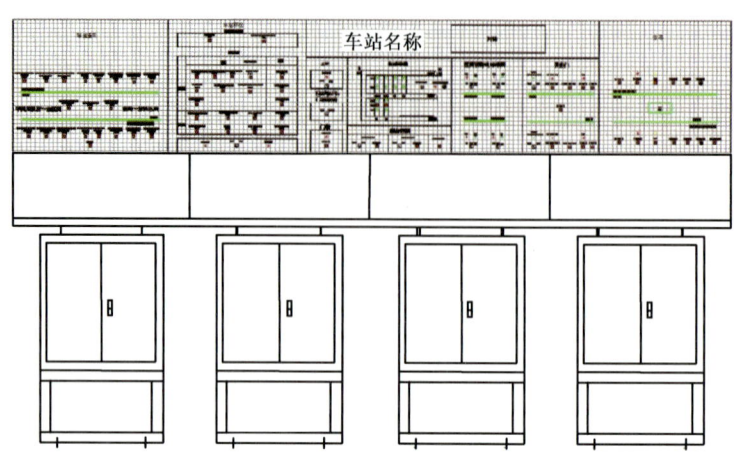

图 8-5-9　IBP 安装示意图

(5)测试

IBP 安装完成后,应及时进行单机调试工作,检测设备运行状态是否良好。

3)关键技术卡控点

(1)在使用水准仪进行标高测量时,测量人员必须认真仔细,水平尺必须放正,不得前倾后仰,以免造成误差。

(2)IBP 其靠近门轴的侧面距墙不应小于 0.5m,正面操作距离不应小于 1.2m,背面操作距离不应小于 1m,其底边宜与静电地板完成面齐平。

(3)IBP 底座支架制作应满足以下要求:

①使用∟60×6 角钢制造支架;

②支架高度应与静电地板上表面齐平;

③支架与水泥地面的固定连接采用 M10 膨胀螺栓;

④支架上面与柜体固定连接使用 M10 连接螺栓;

⑤支架承重能力 1500kg/m^2;

⑥采用手工电弧焊,焊接应牢固,焊后修磨平整光滑;

⑦支架采用表面镀锌的防护方式。

(4)盘、柜底座支架的安装允许偏差应符合表 8-5-5 的规定。

底座支架的安装允许偏差　　　　表 8-5-5

项　目	允 许 偏 差	
	(mm/m)	(mm/全长)
直线度	<1	<5
平面度	<1	<5
位置度及平行度	—	<5

(5)盘、柜单独或成列安装时,其垂直度、水平偏差以及盘、柜面偏差和盘、柜间接缝的允许偏差应符合表 8-5-6 的要求。

底座支架的安装允许偏差 　　　　表 8-5-6

项　　目		允许偏差(mm)
垂直度(每米)		<1.5
水平偏差	相邻两盘顶端	<2
	成列盘顶部	<5
盘面偏差	相邻两盘边	<1
	成列盘面	<5
盘间接缝		<2

4）质量通病与防治措施

综合监控系统设备安装质量通病与防治措施见表 8-5-7。

综合监控系统设备安装质量通病与防治措施 　　　　表 8-5-7

序号	质量通病	原因分析	防治措施
1	机柜安装完成后,盘面不齐	机柜底座安装不平齐	机柜安装时,调整底座达到齐平,机柜安装后调节机柜盘面平齐,再进行固定
2	底座与机柜之间存在松动现象	未连接牢固	在用连接螺栓固定时,应增加弹簧垫圈,防止机柜松动
3	机柜柜门不能正常打开或底座凸出地面	静电地板安装高度发生变化	提前与装修人员沟通,严格按照静电地板完成面进行安装

5.2.2 环境与设备监控系统设备安装

1）环境与设备监控系统模块箱安装

(1) 施工流程

环境与设备监控系统(BAS)模块箱安装施工流程如图 8-5-10 所示。

图 8-5-10 BAS 模块箱安装施工流程图

(2) 操作要点

① 施工准备

a. 技术准备：组织技术人员认真学习实施性施工组织设计,阅读、审核施工图纸,澄清有关技术问题,熟悉规范和技术标准,明确设计要求；制订施工安全保障措施并提出应急预案。模块箱所安装的房间初装修已完成。

b. 材料准备：膨胀螺栓、自攻螺钉等。

c. 工器具准备：水准仪、水平尺、冲击电钻、榔头、钢卷尺等。

d. 人员准备：工班长、技术员、安全员、施工人员等。

② 测量定位

a. 确定模块箱所安装的房间装修已完成。根据施工图纸,确定模块箱悬挂位置的定位尺寸,以墙上的标高线(1m 线)和侧墙为参照基准,依据定位尺寸画出模块箱水平方向的位置线和垂直方向的位置线。

b. 将模块箱进行试挂,把模块箱外轮廓边缘与画出的位置线重合。

c. 用记号笔画出试挂模块箱内 4 个固定螺栓孔对应墙面上的位置,放下试挂的模块箱。

③钻孔及锚栓安装

a. 根据画出孔位的标记,使用冲击电钻钻出直径 12mm、深度为 70mm 的孔,钻孔时要保证钻头与墙面垂直。

b. 将 M10×80 的膨胀螺栓装进孔内,测量 4 个膨胀螺栓的对角线尺寸,找正后拧上螺母,使膨胀螺栓与墙体固定牢固,然后卸下螺母。

④箱体安装

把 BAS 模块箱挂在已安装好的 4 个固定螺栓上,调整好模块箱的位置后装上平垫圈、弹簧垫圈,拧紧螺母,如图 8-5-11 所示。

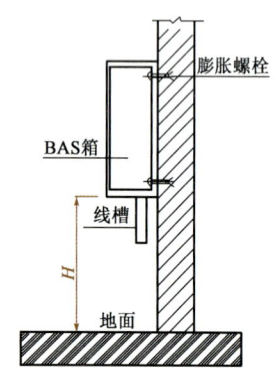
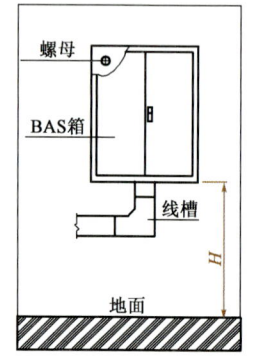
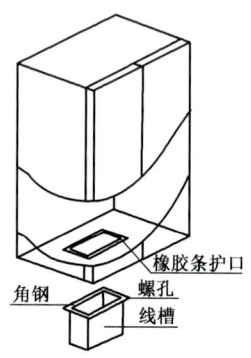

图 8-5-11 BAS 模块箱安装示意图

⑤测试

BAS 模块箱安装完成后,应及时进行单机调试工作,检测设备运行状态是否良好。

(3)关键技术卡控点

①模块箱安装位置正确,部件齐全,固定可靠。

②模块箱门与箱体之间用铜编织带连接,接地应牢固,并要有明显的永久性标识。

③模块箱其底边距地面高度(H)宜为 1.3~1.5m。并列安装时,同一场所安装的 BAS 模块箱偏差不允许大于 5mm。

④标准地下站一般安装于照明配电室、通风机房,高架站一般安装于应急照明配电室内。

⑤箱体内外要清洁,箱盖、门开闭要灵活,箱内接线整齐,回路编号齐全、正确。

(4)质量通病与防治措施

BAS 模块箱安装质量通病与防治措施见表 8-5-8。

BAS 模块箱安装质量通病与防治措施　　　　表 8-5-8

序号	质量通病	原因分析	防治措施
1	BAS 模块箱倾斜	墙体抹灰不平整	模块箱安装前对墙体平整度进行检查,安装过程中采用水准仪进行测量
2	BAS 模块箱安装后,检修空间狭小	箱体安装位置排布不合理,与其他箱体冲突	安装前,与机电单位对接,合理排布房间内各箱体位置
3	BAS 模块箱箱门不能正常打开或开度不够	箱体安装位置排布不合理,与其他箱体冲突	安装前,与机电单位对接,合理排布房间内各箱体位置,或改换安装位置
4	BAS 模块箱安装不牢固	部分地铁车站个别墙体为泡沫砖,膨胀螺栓不受力,固定不牢固	加工箱体特殊支架穿墙固定或改换安装位置

2）温湿度传感器安装

（1）施工流程

温湿度传感器分为壁挂式和风管式,本节主要以风管式安装进行介绍,传感器安装施工流程如图8-5-12所示。

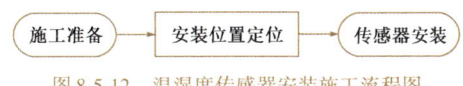

图8-5-12 温湿度传感器安装施工流程图

（2）操作要点

①施工准备

a. 技术准备:风管已安装完成且保温层已做完,风道吹扫完成等。

b. 材料准备:风管式温湿度传感器等。

c. 工器具准备:开孔器、美工刀、螺丝刀等。

d. 人员准备:工班长、技术员、安全员人、施工人员等。

②安装位置定位

按照施工图纸和相关技术要求,确定温湿度传感器的安装位置,用记号笔在风管保温层上画出传感器安装位置标记。

③传感器安装

a. 用美工刀把传感器安装位置处的保温层剔除掉;

b. 利用开孔器在风管壁上开孔,孔径大小与传感器探棒一致;

c. 把传感器探棒通过风管壁上的圆孔,插入风管内;

d. 调整传感器的位置,采用自攻螺钉把传感器与风管壁固定。

（3）关键技术卡控点

①温湿度传感器安装于所检测位置的敏感点,同时是检修和更换方便的位置。壁挂式安装时,其底边距地面高度（H）宜为2.2m,或距离吊顶（$H+$）宜为300mm。

②房间内温湿度传感器位置远离门窗冷热源和风口处,安装站厅和站台的温湿度传感器装在中间位置。

③温度传感器在工艺管道上垂直安装时,其轴线与管道轴线垂直相交。

④在工艺管道转弯处,宜逆着介质流向,传感器与工艺管道轴线相交。

⑤传感器测量头全部浸入介质中。

⑥温湿度传感器的信号线在高电磁干扰区采用屏蔽线,与AC220V电源线之间至少保持15cm的距离。

⑦房间、站厅和站台温湿度传感器的安装位置,不能在出入口和送风口附近,要求安装在回风口附近。

⑧如果出口风道的位置不利于安装和检修,则安装在相关的风室内,利用支架固定,测量点的位置必须为本风道温湿敏感点,同时必须是检修和更换方便的位置。

⑨风管温湿度传感器要装设在相关风室的出口风道上(回风总管、送风总管),离出风口的距离大于600mm。

（4）质量通病与防治措施

温湿度传感器安装质量通病与防治措施见表8-5-9。

温湿度传感器安装质量通病与防治措施　　　　表 8-5-9

序号	质 量 通 病	原 因 分 析	防 治 措 施
1	传感器无数据	接线错误	施工前,对施工人员进行技术交底;接线前需进行校线
2	传感器数据采集不准确	安装位置错误	传感器应安装于敏感点且靠近回风口

3)区间感温光纤敷设

(1)施工流程

感温光纤敷设施工流程如图 8-5-13 所示。

图 8-5-13　感温光纤敷设施工流程图

(2)操作要点

①施工准备

a.技术准备:组织技术人员认真学习实施性施工组织设计,阅读、审核施工图纸,澄清有关技术问题,熟悉规范和技术标准,明确设计要求;制订施工安全保障措施并提出应急预案。区间轨道已铺设完成。

b.材料准备:Z 形支架、感温光纤、锚栓等。

c.工器具准备:梯子、冲击钻、发电机、榔头、墨斗、隧道定测车等。

d.人员准备:工班长、技术员、安全员、施工人员等。

②标高定测

使用隧道定测车进行感温光纤高度定测;在 10m 距离内,2 名工作人员使用梯子、墨斗弹线定出光纤走向并测量出锚栓的安装位置,做好标记。

③锚栓安装

a.用冲击钻在标记处打孔,钻头要和锚栓型号相匹配,调节冲击钻的深度标尺,使打孔的深度和锚栓的外胀管长度约深 5mm;打孔要垂直,清理灰尘,放入锚栓。

b.用榔头将锚栓逐一敲入孔内,将螺栓适当拧紧,使外胀管略微胀开。

④Z 形支架安装

a.将 Z 形支架开孔端用螺母固定于预埋锚栓上,如图 8-5-14 所示。

b.调整支架倾斜度保证线缆敷设,隧道口处,支架安装应为贴墙紧密安装,以保证敷设光纤时可以平缓较大弧度经过。

c.使用拉力计测试 Z 形支架及锚栓拉力。

d.非隧道区域支架钢索安装:在有墙体且适合敷设的地方仍为 Z 形支架安装;无墙体处,使用支架钢索或使用地面固定钢管以敷设感温光纤。钢索固定时,在墙体或者立柱位置先使用 M8 膨胀螺栓固定花篮螺栓,再将钢索固定于花篮螺栓上,并使用锁扣固定拉紧钢索。

⑤感温光纤敷设

感温光纤敷设时,将光纤卡于支架上并使用夹板固定,钢索处使用钢扎带固定,管内使用穿管器敷设,入站时放置于 FAS 线槽内,示例如图 8-5-15 所示。

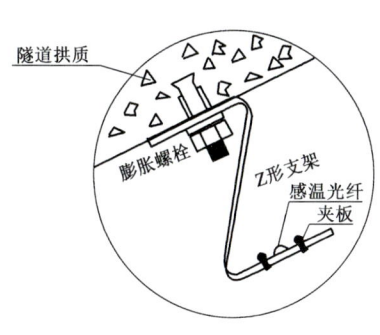 

图 8-5-14 感温光纤支架安装示意图　　　图 8-5-15 感温光纤敷设

(3) 关键技术卡控点

①支架安装时,应保证所有支架的高度一致;地面敷设钢管时应尽量少拐弯,拐弯处弧度不应太小,确保不影响光纤损耗。

②钢索固定光纤时,使用含钢丝扎带进行固定,且不可捆扎太紧,确保光纤平直固定不影响光纤损耗。

③地面钢管内敷设感温光纤时,转接盒、钢管连接处做好防水处理,以保证光纤监控实时温度准确无误。

④预埋锚栓、Z形支架必须经过防火、防锈处理。

⑤隧道内的光纤接头处(或断点处)两端需各预留至少10m长度,以便光纤在地面上的正常熔接。

⑥光纤施工和布放定位时,不得弯折及形成90°弯。光缆的弯曲半径应至少大于150mm,切忌光缆严重弯曲导致打"死扣"。

(4) 质量通病与防治措施

区间感温光纤敷设质量通病与防治措施见表 8-5-10。

区间感温光纤敷设质量通病与防治措施　　　表 8-5-10

序号	质量通病	原因分析	防治措施
1	支架高度不一致	测量定位不准确	测量定位时利用墨斗弹线,仔细校对
2	安装不牢固,存在晃动情况	感温光纤与支架固定不牢	增设加固措施

5.2.3　火灾自动报警系统设备安装

1) 火灾自动报警系统模块箱安装

(1) 施工流程

火灾自动报警系统(FAS)模块箱安装施工流程如图 8-5-16 所示。

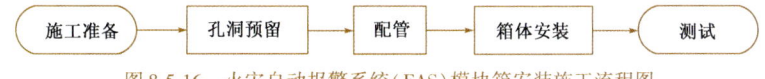

图 8-5-16　火灾自动报警系统(FAS)模块箱安装施工流程图

(2) 操作要点

①施工准备

a. 技术准备:组织技术人员认真学习实施性施工组织设计,阅读、审核施工图纸,澄清有关技术问题,熟悉规范和技术标准,明确设计要求;制订施工安全保障措施并提出应急预案。墙面初装修已完成。

b. 材料准备:FAS模块箱、砂浆等。

c. 工器具准备:水平尺、角磨机、砂浆等。

d. 人员准备:工班长、技术员、安全员、施工人员等。

②孔洞预留

施工前根据施工图纸上模块箱位置及模块箱尺寸大小,绘出模块箱提资图,并及时提资给装修专业,装修专业在墙体砌筑时,做好孔洞预留,如图8-5-17所示。

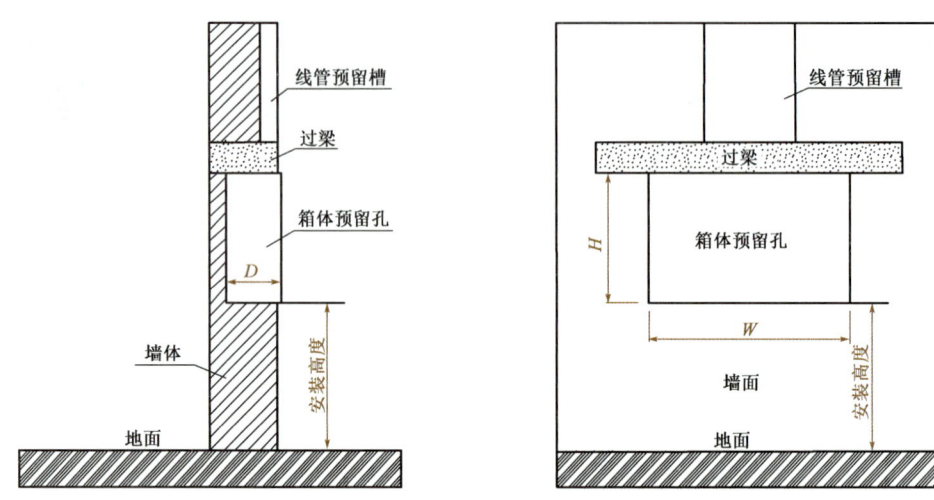

图8-5-17　模块箱安装预留孔洞示意图

③配管

a. 把安装在模块箱上方的预埋管与模块箱连接,便于线缆敷设,一般采用厚度不小于1.5mm的SC32镀锌钢管。

b. 钢管安装前根据实际使用长度切断钢管。切断后,断口处与管轴线垂直,管口锉平、刮光,整齐光滑。

c. 管与模块箱之间采用锁扣连接,连接处的螺纹长度不小于管外径的1.5倍,螺纹加工完成后,清理管口,将管面毛刺用锉刀处理光,使管口保持光滑。

d. 模块箱上方的钢管敷设需要改变方向,可预先进行弯曲加工。

④箱体安装

a. 根据现场模块箱预留孔洞以及标高线(1m线)确定箱体的安装高度,放入模块箱,调整模块箱水平以及垂直度;

b. 移出模块箱,向预留孔洞内加入混合均匀的砂浆,然后抹平,再放入模块箱,轻敲模块箱,使其与砂浆紧密结合;

c. 利用红外水准仪及水平尺对模块箱进行调平,然后用砂浆对箱体周围进行填塞,使箱体安装牢固。

⑤测试

箱体安装完成后,应及时进行单机调试工作,检测设备运行状态是否良好。

(3)关键技术卡控点

①模块箱安装牢固端正,FAS模块箱的垂直偏差不应大于2mm;

②模块箱安装应避开房间内其他系统的管线,安装完成后应保证箱门打开角度不小于90°;

③进入FAS模块箱的线缆保护管入箱时,箱外侧应套锁紧螺母,内侧应装护口圈;

④模块箱的门与箱体之间应用截面面积不小于4mm²跨接地线连接;
⑤模块箱宜安装于设备区走廊侧,采用嵌入式安装,安装位置箱体下边沿距地完成面1.3m;
⑥模块箱应独立支撑或固定,安装牢固,并应采取防潮、防腐蚀等措施。

(4)质量通病与防治措施

FAS模块箱安装质量通病与防治措施见表8-5-11。

FAS模块箱安装质量通病与防治措施 表8-5-11

序号	质量通病	原因分析	防治措施
1	模块箱安装倾斜	安装时未调整水平度及垂直度	施工过程中,采用红外水平仪进行测量,用水平尺进行垂直度调平
2	模块箱向墙体内凹陷	墙体抹灰不均匀,造成视觉误差	待墙体抹灰完成后进行复测,将凹陷箱体进行调整
3	模块箱内存在冷凝水	安装位置温差较大	箱体安装前,对安装位置进行核对;合理排布,安装位置避开温差较大的地方

2)吸气式感烟火灾探测器安装

(1)施工流程

吸气式感烟火灾探测器(VESDA)安装施工流程如图8-5-18所示。

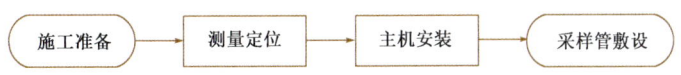

图8-5-18 吸气式感烟火灾探测器(VESDA)安装施工流程图

(2)操作要点

①施工准备

a. 技术准备:组织技术人员认真学习实施性施工组织设计,阅读、审核施工图纸,澄清有关技术问题,熟悉技术规范和标准,明确设计要求;制订施工安全保障措施并提出应急预案。墙面装修已完成。

b. 材料准备:空气采样管、VESDA主机、胶水等。

c. 工器具准备:电钻、脚手架、水平仪等。

d. 人员准备:施工负责人、技术人员、作业人员、安全员等。

②测量定位

a. 对安装VESDA的车辆检修库场所进行测量,确保主机的安装位置位于采样管网的中心位置,使得每根采样管到主机的位置基本一致,并做好标记。

b. 确定探测器主机的安装方向;把安装托架放在安装面上,标出托架上的螺栓孔;用水平仪检查,确保托架是水平的。

③主机安装

a. 用适于安装表面的固定零件(如膨胀螺栓),将安装托架牢固的固定在安装面上;

b. 把探测器后面的三个直角槽挂在托架的三个凸出部位上,以固定探测器;

c. 把设备向下滑动至其卡牢在托架的凸出部位上,拧紧防松螺栓;

d. 检查设备确保不会从安装托架上滑下。

④采样管敷设

a. 采用红外水平仪确定采样管网的敷设路径,并测量主机到采样区域末端的距离;

b. 使用电钻每隔1.5~2m的距离打一组采样管卡安装孔;

c. 使用大剪刀或轮型塑料管截管器切割采样管,确保采样管成直角切割;

d. 采用黏结剂将加工好的采样管连接好;

e. 将采样管按照之前的路径敷设完成并用关卡固定;

f. 在采样管上每隔9m的距离钻取一个采样孔或按照地铁常规方法安装成品采样孔。

(3)关键技术卡控点

①采样管应固定牢固;

②采样管(含支管)的长度和采样孔应符合产品说明书的要求;

③非高灵敏度的吸气式感烟火灾探测器不宜安装在天棚高度大于16m的场所;

④高灵敏度吸气式感烟火灾探测器在设为高灵敏度时可安装在天棚高度大于16m的场所,并保证至少有2个采样孔低于16m;

⑤安装在大空间时,每个采样孔的保护面积应符合点型感烟火灾探测器的保护面积要求;

⑥在采样管的敷设过程中,需要拐弯的地方不能采用直角弯头,应采用大弧度的弯头,有利于气流的流通;

⑦采样管的采样孔应正对着采样区域,不宜倾斜;

⑧在每根采样管与主机的连接处增加一个过滤装置,避免有污染物进入到主机,同时在每根采样管的末端增加一个末端帽;

⑨在采样管与主机连接处,将采样管插入主机内部即可,不宜用黏结剂粘贴,否则会影响后期的维护;

⑩采样管应连接良好,避免出现漏气的现象。

(4)质量通病与防治措施

VESDA安装质量通病与防治措施见表8-5-12。

VESDA安装质量通病与防治措施　　　表8-5-12

序号	质量通病	原因分析	防治措施
1	空气采样管存在松动现象	安装时未固定牢固	采用欧姆卡对采样管进行加固,或采用钢丝对采样管进行绑扎固定
2	气体流动不畅	在转弯处未采用大弧度弯头,或转弯过多	在转弯处采用大弧度弯头,拒绝采用直角弯头;尽量减少转弯

3)探测器安装

(1)施工流程

探测器安装施工流程如图8-5-19所示。

图8-5-19　探测器安装施工流程图

(2)操作要点

①施工准备

a. 技术准备:组织技术人员认真学习实施性施工组织设计,阅读、审核施工图纸,澄清有关技术问题,熟悉规范和技术标准,明确设计要求;制订施工安全保障措施并提出应急预案。天花板吊顶已完成。

b. 材料准备:探测器及底座等。

c. 工器具准备:电钻、剥线钳等。

d. 人员准备:施工负责人、技术人员、作业人员、安全员等。

②探测器底座安装

在吊顶处安装探测器时,将探测器底座进线孔对准吊顶预留进线孔,然后采用自攻螺钉将探测器底座固定在吊顶板上。

③探测器安装

将探测器旋入探测器底座,罩上防护罩。

(3)关键技术卡控点

①探测器至墙壁、梁边的水平距离,不应小于 0.5m。

②探测器周围水平距离 0.5m 内,不应有遮挡物。

③探测器至空调送风口最近边的水平距离,不应小于 1.5m,并宜接近回风口安装;至多孔送风顶棚孔口的水平距离,不应小于 0.5m。

④在宽度小于 3m 的内走道顶棚上安装探测器时,宜居中安装。点型感温火灾探测器的安装间距,不应超过 10m;点型感烟火灾探测器的安装间距,不应超过 15m。探测器至端墙的距离,不应大于安装间距的 1/2。

⑤探测器宜水平安装,当确需倾斜安装时,倾斜角不应大于 45°,如图 8-5-20 所示。

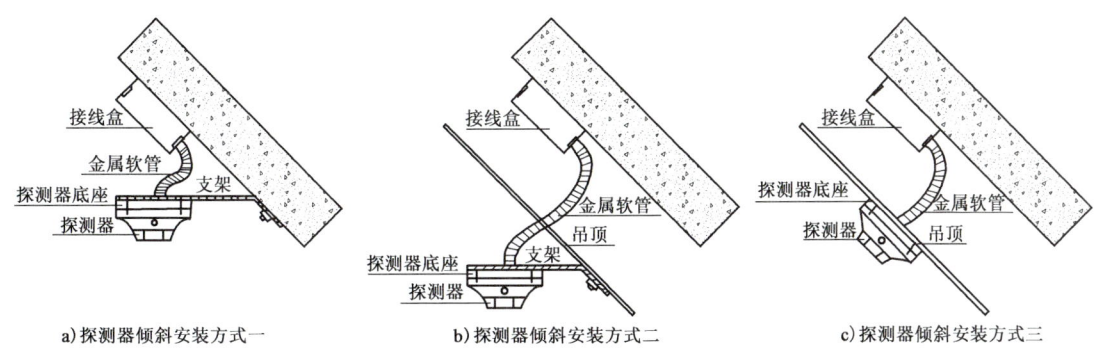

图 8-5-20　探测器倾斜安装示意图

⑥探测器的底座应安装牢固,与导线连接必须可靠压接或焊接。当采用焊接时,不应使用带腐蚀性的助焊剂。

⑦探测器底座的连接导线,应留有不小于 150mm 的余量,且在其端部应有明显标识。

⑧探测器底座的穿线孔宜封堵,安装完毕的探测器底座应采取保护措施。

⑨探测器报警确认灯应朝向便于人员观察的主要入口方向,如图 8-5-21 所示。

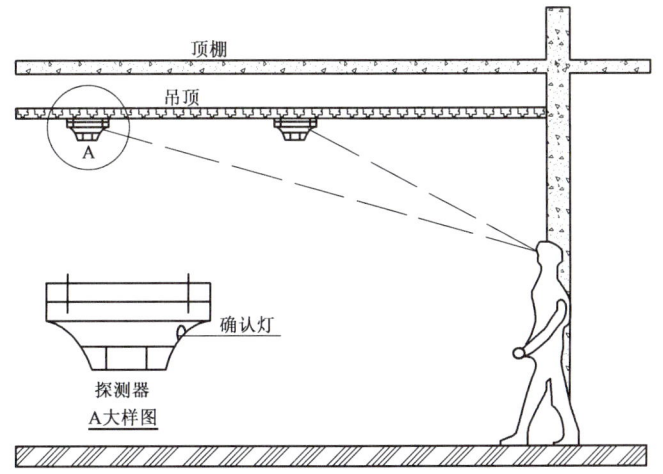

图 8-5-21　探测器报警确认灯安装示意图

⑩探测器在即将调试时方可安装,在调试前应妥善保管并应采取防尘、防潮、防腐蚀措施。

(4) 质量通病与防治措施

探测器安装质量通病与防治措施见表 8-5-13。

探测器安装质量通病与防治措施 表 8-5-13

序号	质量通病	原因分析	防治措施
1	探测器被遮挡,无检修空间	被风管等管道遮挡	适当移动安装位置,避开风管等管道,保证检修空间
2	探测器故障率过高	安装场所存在大量灰尘,使得感烟被污染	探测器安装完成后,及时用防护罩罩住,待所有施工完成后再拆除
3	探测器安装位置倾斜	主体结构为倾斜建筑	先采用模板固定在主体结构上,保证探测器安装于平行吊顶上方

5.2.4 门禁系统设备安装

1) 就地控制箱安装

(1) 施工流程

就地控制箱(ACS)安装施工流程如图 8-5-22 所示。

图 8-5-22 就地控制箱(ACS)安装施工流程图

(2) 操作要点

①施工准备

a. 技术准备:组织技术人员认真学习实施性施工组织设计,阅读、审核施工图纸,澄清有关技术问题,熟悉规范和技术标准,明确设计要求;制订施工安全保证措施并提出应急预案。已完成墙面初装修。

b. 材料准备:ACS 控制箱、钢管、砂浆等。

c. 工器具准备:水平尺、角磨机等。

d. 人员准备:工班长、技术员、安全员、施工人员等。

②孔洞预留

施工前根据施工图纸上 ACS 控制箱位置及箱体尺寸大小,绘出控制箱提资图,并及时提资给装修单位,装修单位在墙体砌筑时,做好孔洞预留。

③配管

a. 把安装在控制箱上方的预埋管与控制箱连接,便于线缆敷设,一般采用厚度不小于 1.5mm 的 SC32 镀锌钢管。

b. 钢管安装前根据实际使用长度切断钢管;切断后,断口处与管轴线垂直,管口锉平、刮光、整齐光滑。

c. 管与控制箱之间采用锁扣连接,连接处的螺纹长度不小于管外径的 1.5 倍,螺纹加工完成后,清理管口,将管面毛刺用锉刀处理光,使管口保持光滑。

d. 控制箱上方的钢管敷设需要改变方向,可预先进行弯曲加工。

④箱体安装

a. 根据现场控制箱预留孔洞以及标高线(1m 线)确定箱体的安装高度,放入控制箱,调整控制箱水平度及垂直度；

b. 移出控制箱，向预留孔洞内加入混合均匀的砂浆，然后抹平，再放入控制箱，轻敲控制箱，使控制箱与砂浆紧密结合；

c. 利用红外水准仪及水平尺对控制箱进行调平，然后用砂浆对箱体周围进行填塞，使得箱体安装牢固。

⑤测试

箱体安装完成后，应及时进行单机调试工作，检测设备运行状态是否良好。

（3）关键技术卡控点

①就地控制箱箱体要壁厚均匀、焊缝均匀，无劈裂、砂眼、棱刺和凹扁现象；涂装防腐漆、防火涂料的箱体外表层要完整，无剥落现象，应具有产品材质单和产品合格证。

②箱体安装应牢固，封闭良好，并应能防潮、防尘；安装的位置应便于检查；成列安装时，应排列整齐。

③ACS 控制器箱顶部距天花完成面 100mm。具体安装高度由设计单位统一确定。

④线管进入箱体，用锁紧螺母将线管与箱体锁紧固定；两根以上管入箱要长短一致，间距均匀，排列整齐。

⑤跨接地线固定在箱内接地端子上。

⑥ACS 控制箱与线槽连接时，ACS 控制箱上方开孔应小于线槽大小，且开孔应光滑，无毛刺。应采用连接螺栓将线槽与控制箱固定。

⑦箱体安装后应及时安装箱门，以防施工过程中水泥进入箱体引起线管堵塞；在安装箱门后应及时安装箱门保护套，以防施工过程中划伤箱体表面及防火层。

（4）质量通病与防治措施

就地控制箱安装质量通病与防治措施见表 8-5-14。

就地控制箱安装质量通病与防治措施　　　　　表 8-5-14

序号	质量通病	原因分析	防治措施
1	控制箱安装倾斜	安装时未调整水平度及垂直度	施工过程中，采用红外水平仪进行测量，用水平尺进行垂直度调平
2	控制箱向墙体内凹陷	墙体抹灰不均匀，造成视觉误差	待墙体抹灰完成后进行复测，调整箱体位置
3	控制箱内存在冷凝水	安装位置温差较大	箱体安装前，对安装位置进行核对；合理排布，安装位置应避开温差较大的地方

2）电磁锁及衔铁安装

（1）施工流程

电磁锁及衔铁安装施工流程如图 8-5-23 所示。

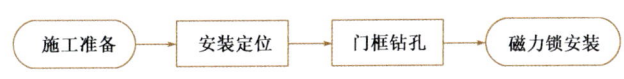

图 8-5-23　电磁锁及衔铁安装施工流程图

（2）操作要点

①施工准备

a. 技术准备：组织技术人员认真学习实施性施工组织设计，阅读、审核施工图纸，澄清有关技术问题,熟悉规范和技术标准,明确设计要求;制订施工安全保障措施并提出应急预案。已安装完成防火门。

b. 材料准备:磁力锁、衔铁等。

c. 工器具准备:电钻、脚手架、开孔器等。

d. 人员准备:工班长、技术员、安全员、施工人员等。

②安装定位

a. 根据设计图纸和电磁锁安装要求,确定电磁锁安装位置,用记号笔画出实际安装尺寸及位置;

b. 根据电磁锁固定片和电磁锁在门框上的位置,用记号笔画出电磁锁固定片紧固螺栓孔的位置;

c. 在门体上画出衔铁安装位置及固定螺栓位置。

③门框钻孔

a. 磁力锁安装孔由防火门生产厂家在出厂时统一进行开孔;

b. 使用与孔径配套的开孔器对门体进行开孔,然后在门扇中加入衬板,以便于固定。

④磁力锁安装

a. 用电磁锁专用螺栓将电磁锁固定在电磁锁固定片上,确保电磁锁安装牢固,水平度和垂直度偏差均不大于2mm;

b. 用专用螺栓将衔铁安装在门体上,确保衔铁和电磁锁位置偏差小于2mm。

(3)关键技术卡控点

①电磁锁及衔铁安装位置正确,部件齐全,固定可靠;

②电磁锁接线整齐,回路编号齐全、正确;

③电磁锁和衔铁的垂直度偏差不应大于2mm;

④安装完成后,应保证衔铁与磁力锁能正常吸合,不存在较大间隙。

(4)质量通病与防治措施

电磁锁及衔铁安装质量通病与防治措施见表8-5-15。

电磁锁及衔铁安装质量通病与防治措施 表8-5-15

序号	质量通病	原因分析	防治措施
1	衔铁与磁力锁之间缝隙过大	防火门门扇变形	与装修单位沟通,需调整门扇垂直度,或在衔铁背后增加垫片,减小缝隙
2	衔铁松动	门扇开孔过大,或螺纹孔滑丝	重新在门扇上开孔

3)读卡器、开门按钮及破玻按钮安装

读卡器、开门按钮、破玻按钮此三种设备的安装方式相同,本文将以读卡器为例进行介绍。

(1)施工流程

读卡器安装施工流程如图8-5-24所示。

图8-5-24 读卡器安装施工流程图

(2)操作要点

①施工准备

a. 技术准备:组织技术人员认真学习实施性施工组织设计,阅读、审核施工图纸,澄清有关技术问题,熟悉规范和技术标准,明确设计要求;制订施工安全保证措施并提出应急预案。已完成墙面装修。

b. 材料准备:读卡器、开门按钮、破玻按钮等。

c. 工器具准备:冲击钻、脚手架等。

d. 人员准备:工班长、技术员、安全员、施工人员等。

②安装定位

根据施工图纸要求,用钢卷尺或水平尺测量出门禁系统设备预埋盒的位置,用记号笔画出预埋盒具体位置及管线路径。

③分线盒预埋

a. 用切割机沿预埋盒及管线路径画线位置对墙面进行切割,切割深度不小于预埋盒深度;

b. 用冲击钻进行剔槽;

c. 将预埋盒及钢管预埋固定,用混凝土恢复墙面。

④设备安装

用螺栓将末端设备与预埋底盒进行固定,水平度和垂直度偏差均不应大于2mm。

(3)关键技术卡控点

①读卡器安装位置正确,部件齐全,固定可靠;

②读卡器接线整齐,回路编号齐全、正确;

③读卡器安装应牢固端正,读卡器的水平度和垂直度偏差均不应大于2mm;

④读卡器安装盒表面应与装修完成墙面保持一致,读卡器安装盒的表面不能凸出装修完成面。

(4)质量通病与防治措施

读卡器安装质量通病与防治措施见表8-5-16。

读卡器安装质量通病与防治措施　　　　表8-5-16

序号	质量通病	原因分析	防治措施
1	开门按钮与动力与照明开关高度不一致	各专业施工前未统一标准	施工前应与动力与照明专业沟通,统一安装高度
2	读卡器存在松动现象	墙体抹灰厚度过大,导致读卡器固定不牢	采用自攻螺钉将读卡器与墙体固定

5.3 安全文明施工与成品保护

5.3.1 安全文明施工

(1)IBP盘及机柜等大型设备安装时,应由施工负责人统一指挥,保证施工有序进行;建立机房出入登记制度及设备房管理制度,所有进入设备房的人员需进行登记;作业人员严禁在室内抽烟,室内按要求配置灭火器材,禁止存放酒精、汽油等易燃易爆物品。

(2)线缆敷设作业过程中应服从施工负责人安排,人员间隔应为5~10m,放线缆拐弯、穿墙洞的地方应有专人把守,不得硬拽,伤及电缆;光(电)缆盘的包装物拆下后应及时收集,避免乱扔乱放。

(3)综合监控工程的高处作业主要包括站内钢管敷设、线缆敷设及感烟安装等。高空作业人员应持证上岗,作业人员应佩戴安全帽、安全带,穿工作服、工作鞋,脚手架上需挂好安全网,并认真检查各种劳保用品是否安全可靠;高处作业人员情绪不稳定、不能保证精神集中地进行高处作业时,不得上岗;高空作业应遵循"十不准"原则。

(4)进行钢管预埋、箱体预埋等工作时,应及时对产生的建渣进行清理,并用编织袋收集好,进行统一堆放处理，不得随意丢弃。

(5) 现场材料应摆放在指定位置，堆放整齐并用防火布进行覆盖，同时应设置标识牌，配备好灭火器。

5.3.2 成品保护

(1) 加强成品保护，落实成品保护责任。项目经理部成立施工现场领导小组，负责施工现场的管理和文明施工的成品保护管理，定期对管理和操作人员进行文明施工、成品保护教育，提高职工自觉保护成品的质量意识。

(2) 经常进行成品保护检查，发现成品被撞、损坏、污染，要及时采取措施进行处理，责任人要给予经济处罚。

(3) 编制现场管理和成品、半成品保护实施细则，合理安排施工顺序，避免工序相互干扰，凡下一道工序对上道工序产生损伤或污染的，要对上道工序采取护包或护盖等措施，一旦发生损伤或污染要及时处理或清除。

(4) 钢管安装完成后用透明胶布或棉纱布将钢管管口封堵，暗盒用配套的暗盒挡板进行封堵并贴上成品保护标识牌加强成品保护，防止浇筑地坪施工时将混凝土灌入钢管、暗盒内，造成钢管、暗盒堵塞。

(5) 模块箱安装完成后及时用防火布进行包裹，并贴上成品保护标识牌，防止被污染。

(6) 线缆敷设完毕后，待预留的线缆不得随意放置，需按弯曲半径要求盘绕成圈并设置成品保护标识牌。

(7) 机房机柜安装完成后，需使用防尘罩将机柜罩住，防止机房内施工引起的灰尘污染机柜。

(8) 车站终端设备安装后，设备上不得放置任何工器具及材料，不得倚靠。

5.4 接口管理

5.4.1 综合监控专业与相关专业的接口管理

综合监控系统(ISCS)接口较多且类型不一，本节根据各地多条地铁接口划分原则编制，实际接口划分应以设计联络会接口文件为准。

(1) 与电力监控专业的接口

综合监控专业为电力监控专业独立组网提供虚拟局域网(VLAN)通道，电力监控系统将数据上传至综合监控系统，综合监控系统对其进行实时监视。其接口位于综合监控设备室综合监控配线架外侧。主变电站的电力监控系统接入邻近车站的综合监控系统。

(2) 与环境与设备监控专业的接口

环境与设备监控系统(BAS)接入综合监控系统，接收综合监控系统发出的操作信号，并提供通信通道；综合监控系统对环境与设备监控系统进行实时监视。其接口位于综合监控设备室综合监控配线架外侧。

(3) 与火灾自动报警专业的接口

综合监控专业为火灾自动报警专业独立组网提供 VLAN 通道，火灾自动报警系统(FAS)将火灾报警信息及相关联动信息上传至综合监控系统；综合监控系统负责接收、显示 FAS 信息及相关联动控制的实施。其接口位于综合监控设备室综合监控配线架外侧。

(4) 与电气火灾监控专业的接口

综合监控系统对电气火灾监控系统进行实时监视,电气火灾系统将报警信息上传至综合监控系统。其接口位于电气火灾接线端子处。

(5) 与隧道火灾探测专业的接口

综合监控系统对隧道火灾探测系统进行实时监视,隧道火灾探测系统将报警信息上传至综合监控系统。其接口位于综合监控设备室综合监控配线架外侧。

(6) 与站台门专业的接口

综合监控系统对站台门系统进行实时监视及控制,站台门系统将站台门状态信息反馈至综合监控系统。紧急情况下,可通过综合后备盘(IBP)对站台门进行开启控制。其接口位于综合监控设备室综合监控配线架外侧。

(7) 与信号专业的接口

综合监控系统对信号系统进行实时监视;信号系统提供全线列车运行信息及相关报警信息,为调度操作员提供必要的报警信息。紧急情况下,通过 IBP 手动实现列车紧急停车或扣车/放行等功能,其接口位于车站控制室 IBP 配线架外侧。

(8) 与自动售检票专业的接口

综合监控系统对自动售检票(AFC)系统进行实时监控,AFC 系统将报警信息反馈至综合监控系统,其接口位于综合监控设备室配线架配线端子外侧。AFC 系统与 IBP 的接口位于相关车站的车站控制室 IBP 接线端子外侧。紧急情况下,通过 IBP 手动实现释放车站 AFC 闸机的功能。

(9) 与门禁专业的接口

综合监控系统对门禁系统进行实时监控,门禁系统将门的状态信息反馈至综合监控平台,其接口位于综合监控设备室配线架配线端子外侧。门禁系统与 IBP 的接口位于车站的车站控制室 IBP 接线端子外侧。紧急情况下,通过 IBP 手动实现释放门禁的功能。

(10) 与视频监视专业的接口

视频监视系统将视频监视图像上传至综合监控平台。其接口位于综合监控设备室综合监控配线架外侧。

(11) 与广播专业的接口

广播专业开放内部协议和相关程序接口,由综合监控专业对中心行车广播控制终端进行界面集成,确保各功能的实现。接口位于综合监控设备室综合配线架外侧。

(12) 与乘客信息专业的接口

车站广播系统进行广播时,向乘客信息系统(PIS)发送同步广播控制消息,触发 PIS 降低音量、静音,或同步播放预存的信息。其接口位于综合监控设备室配线架外侧。

(13) 与集中告警专业的接口

集中告警系统向综合监控系统输出告警信息。其接口位于控制中心综合监控设备室配线架外侧。

(14) 与时钟专业的接口

时钟系统为综合监控系统提供标准时间信息。其接口位于控制中心通信设备室的时钟系统配线架外侧。

(15) 与无线通信专业的接口

无线通信系统为综合监控系统提供控制中心至列车的无线数据通道。其接口位于控制中心综合监控设备室配线架外侧。

(16)与能源管理专业的接口

综合监控系统对能源管理系统(EMS)进行实时监视,EMS将报警信息反馈至综合监控平台,其接口位于综合监控设备室配线架接线端子处。

5.4.2 环境与设备监控专业与相关专业的接口管理

(1)与环控专业的接口

环境与设备监控系统(BAS)对环控系统设备进行监视控制,BAS下发控制命令,接收环控系统设备运营状态信息,环控系统设备反馈设备状态信息至BAS。其接口位于环控系统低压控制柜内接口端子处。

(2)与火灾自动报警专业的接口

火灾模式下,火灾自动报警系统(FAS)下发火灾命令,BAS执行相应火灾命令,启动相应设备。其接口位于FAS主机接线端子外侧。

(3)与应急电源专业的接口

BAS对应急电源(EPS)进行实时监控,负责监控信息的采集、显示、报警和记录;EPS提供设备控制和监视内容并且执行BAS的启停控制命令。其接口位于应急电源控制柜接线端子外侧。

(4)与给水与排水专业的接口

BAS对给水与排水系统进行监控,负责监控信息的采集、显示、报警和记录;给水与排水系统提供设备控制和监视内容并且执行BAS的启停控制命令。其接口位于给水与排水系统水泵控制柜接线端子外侧。

(5)与一体化提升装置专业的接口

BAS对一体化提升装置系统进行监控,负责监控信息的采集、显示、报警和记录;一体化提升装置系统提供设备控制和监视内容并且执行BAS的启停控制命令。其接口位于污水泵控制柜接线端子外侧。

(6)与智能照明专业的接口

BAS对智能照明系统进行监控,负责监控信息的采集、显示、报警和记录;智能照明系统提供设备控制和监视内容并且执行BAS的启停控制命令。其接口位于智能照明控制箱接线端子外侧。

(7)与冷源专业的接口

BAS对冷源系统进行监控,负责监控信息的采集、显示、报警和记录;冷源系统提供设备控制和监视内容并且执行BAS的启停控制命令。其接口位于冷源系统控制柜接线端子外侧。

(8)与不间断电源专业的接口

不间断电源(UPS)为BAS提供不间断电源。其接口位于BAS的UPS控制柜接线端子外侧。

(9)与动力与照明专业的接口

BAS对动力与照明系统设备进行监控,负责监控信息的采集、显示、报警和记录;动力与照明系统提供设备控制和监视内容并且执行BAS的启停控制命令。其接口位于动力与照明控制箱接线端子外侧。

(10)与电扶梯/扶梯导向专业的接口

BAS对电扶梯/扶梯导向系统进行监控,负责监控信息的采集、显示、报警和记录;电扶梯/扶梯导向系统提供设备控制和监视内容并且执行BAS的启停控制命令。其接口位于电扶梯控制箱/扶梯导向接线端子外侧。

(11) 与电动二通阀专业的接口

BAS 对电动二通阀进行监控,负责监控信息的采集、显示、报警和记录;电动二通阀专业提供设备状态信息并且执行 BAS 的启停控制命令。其接口位于电动二通阀接线端子外侧。

(12) 与电动蝶阀专业的接口

BAS 对电动蝶阀进行监控,负责监控信息的采集、显示、报警和记录;电动蝶阀专业提供设备状态信息并且执行 BAS 的启停控制命令。其接口位于区间电动蝶阀控制箱接线端子外侧。

(13) 与人防门专业的接口

BAS 对人防门进行监视,负责监控信息的采集、显示、报警和记录;人防门专业提供设备状态信息。其接口位于人防门控制箱接线端子外侧。

5.4.3 火灾自动报警专业与相关专业的接口管理

(1) 与防火阀、防烟防火阀专业的接口

火灾自动报警系统(FAS)接收防火阀开关状态信息并发出关闭控制信号,防火阀、防烟防火阀专业提供接线端子并反馈阀体状态信息。其接口位于阀体接线端子外侧。

(2) 与防火卷帘专业的接口

FAS 接收防火卷帘开关状态信息并发出关闭控制信号,防火卷帘专业提供接线端子并反馈卷帘状态信息。其接口位于防火卷帘就地控制箱接线端子外侧。

(3) 与区间电动蝶阀专业的接口

FAS 对电动蝶阀进行监控,负责监控信息的采集、显示、报警和记录;电动蝶阀专业提供设备状态信息并且执行 FAS 的启停控制命令。其接口位于区间电动蝶阀就地控制箱接线端子外侧。

(4) 与电梯专业的接口

FAS 对电梯(DT)进行监控,负责监控信息的采集、显示、报警和记录;电梯专业提供设备状态信息并且执行 FAS 的启停控制命令。其接口位于电梯就地控制箱接线端子外侧。

(5) 与应急照明专业的接口

FAS 对应急照明系统进行监控,负责监控信息的采集、显示、报警和记录;应急照明系统提供设备状态信息并且执行 FAS 的启停控制命令。其接口位于应急照明控制柜接线端子外侧。

(6) 与消防泵专业的接口

FAS 对消防泵进行监控,负责下发启停控制信号并接收消防泵运行状态信息;消防泵专业反馈设备状态信息至 FAS 并执行 FAS 的启停控制命令。其接口位于消防泵控制柜接线端子外侧。

(7) 与消防专用风机专业的接口

FAS 对消防专用风机进行监控,负责监控信息的采集、显示、报警和记录;消防专用风机专业提供设备状态信息并且执行 FAS 的启停控制命令。其接口位于消防风机控制柜接线端子外侧。

(8) 与综合监控专业的接口

综合监控专业为 FAS 独立组网提供 VLAN 通道,FAS 将火灾报警信息及相关联动信息上传至综合监控系统,综合监控系统负责接收、显示 FAS 信息及相关联动控制的实施。其接口位于综合监控设备室综合监控配线架外侧。

(9) 与环境与设备监控专业的接口

火灾模式下,FAS 下发火灾命令,BAS 执行相应火灾命令,启动相应设备。其接口位于 FAS 主机接线端子外侧。

(10) 与自动售检票专业的接口

FAS 对自动售检票(AFC)系统进行实时监控,火灾模式时,FAS 下发联动控制命令,紧急释放 AFC 闸机。其接口位于 IBP 接线端子外侧。

(11) 与气体灭火专业的接口

气体灭火系统将火灾信息上传至 FAS,FAS 下发联动控制命令。其接口位于气体灭火系统主机接线端子外侧。

(12) 与电气火灾专业的接口

FAS 对电气火灾进行实时监视;电气火灾专业提供接线端子,并将报警信息上传至 FAS 系统。其接口位于电气火灾主机接线端子外侧。

(13) 与隧道火灾探测专业的接口

FAS 对隧道火灾探测系统进行实时监视,隧道火灾探测系统将报警信息上传至 FAS。其接口位于隧道感温主机接线端子外侧。

(14) 与门禁专业的接口

火灾模式下,FAS 下发紧急释放命令至门禁系统,门禁系统全部释放并反馈门的状态信息至 FAS。其接口位于 IBP 接线端子外侧。

(15) 与换乘站专业的接口

FAS 与换乘站 FAS 进行互联互通,在建线 FAS 与既有线换乘站 FAS 的接口位于既有线换乘站 FAS 模块箱的输入、输出端子处。

5.4.4　门禁专业与相关专业的接口管理

(1) 与综合后备盘专业的接口

车站门禁紧急释放按钮、释放指示灯、手自动转换(禁止/允许)开关安装在车站 IBP 上。其接口位于车站控制室 IBP 接线端子外侧。

(2) 与综合监控专业的接口

门禁专业与综合监控专业的接口位于综合监控设备室前端通信处理机(FEP)处。

(3) 与火灾自动报警专业的接口

门禁专业与火灾自动报警专业的接口位于门禁主控制器输入、输出端子处。

5.5　单系统调试

5.5.1　综合监控系统调试

1) 前置条件

(1) 服务器、操作员工作站、网络设备、前端通信处理机、综合后备盘、大屏幕等设备安装到位并完成接线;

(2) 综合监控系统局域网组建完成;

(3) 所有设备及线缆已完成挂牌;

(4) 所有设备具备受电条件;

(5)服务器、操作员工作站、前端通信处理机、综合后备盘、大屏幕等各类设备软件安装完成;

(6)设备资料、综合监控系统软件操作手册、系统工艺图、系统调试手册及调试记录表格等准备完成。

2)调试准备

(1)调试工具:对讲机、电工组合工具、网络跳线、便携式计算机等。

(2)调试仪器仪表:万用表、绝缘电阻测试仪、网络测试仪、串行链路测试仪。

3)调试方法

综合监控系统调试方法见表 8-5-17。

综合监控系统调试方法　　　　　表 8-5-17

序号	调试步骤	预想结果
1	检查机柜、终端设备及柜内设备安装是否正确	各机柜、终端设备及柜内设备安装正确
2	检查机柜、终端设备及柜内设备是否已接地	机柜、终端设备及柜内设备接地良好
3	检查设备配线是否正确	设备配线完成且端接无误
4	设备上电	设备指示正常,无硬件告警
5	调试系统设备	实现系统功能要求
6	系统功能及性能检验	功能完备,性能良好,达到设计及规范要求
7	系统 24h 测试	设备运转正常
8	系统 144h 测试	系统运转正常
9	调试完成	调试完成

4)系统调试内容

(1)综合监控系统硬件运行状态调试

调试内容主要包括服务器、操作员工作站、网络设备、前端通信处理机等运行状态检查。

(2)综合监控系统软件功能调试

调试内容主要包括软件授权检查、控制功能、监视功能、报警管理、趋势分析、报表生成、权限管理、系统组成、档案管理、系统维护和诊断等功能调试。

(3)综合后备盘调试

调试内容主要包括信号系统、自动售检票系统、门禁系统、防淹门系统、隧道通风系统、大系统、小系统、消防系统、站台门系统、电扶梯系统等功能调试。

(4)大屏幕系统调试

调试内容主要包括大屏幕显示系统运行及行车、电力、环控调度员要求的功能。

5.5.2　环境与设备监控系统调试

1)前置条件

(1)控制器、远程输入/输出(I/O)箱、传感器、操作站、不间断电源等设备安装到位并完成接线;

(2)系统局域网及现场网络组建完成;

(3)所有设备及线缆已完成挂牌;

(4)所有设备具备受电条件;

(5)控制器、操作站等设备软件安装完成;
(6)设备资料、系统工艺图、系统调试手册及调试记录表格等准备完成。

2)调试准备

(1)调试工具:对讲机、电工组合工具、加热工具、网络跳线、便携式计算机等。
(2)调试仪器仪表:万用表、绝缘电阻测试仪、网络测试仪、串行链路测试仪。

3)调试方法

环境与设备监控系统调试方法同综合监控系统调试方法,见表8-5-17。

4)系统调试内容

(1)控制器及局域网调试

调试内容主要包括中央处理器、网络模块、I/O模块的运行状态检查,控制器软件功能测试及冗余切换功能测试,局域网运行调试。

(2)远程I/O及现场网络调试

调试内容主要包括网络模块、I/O模块的运行状态检查,远程监控功能测试及现场网络运行测试。

(3)操作站及软件功能调试

调试内容主要包括操作站软件授权检查、监测功能测试。

(4)传感器调试

调试内容主要包括温度、湿度、二氧化碳浓度等环境参数监视。

5.5.3 火灾自动报警系统调试

1)前置条件

(1)火灾自动报警控制器、图文显示装置、模块箱、感烟火灾探测器、感温火灾探测器、手动报警按钮、输入模块、输出模块、声光报警器、消防电话等设备安装到位并完成接线;
(2)系统现场网络组建完成;
(3)所有设备及线缆已完成挂牌;
(4)所有设备具备受电条件;
(5)火灾自动报警控制器、图文显示装置等设备软件安装完成;
(6)设备资料、系统工艺图、系统调试手册及调试记录表格等准备完成。

2)调试准备

(1)调试工具:对讲机、电工组合工具、加热工具、感烟火灾探测器、感温火灾探测器、探测器拆装工具、便携式计算机等。
(2)调试仪器仪表:万用表、探测器电子编码器。

3)调试方法

火灾自动报警系统调试方法同综合监控系统调试方法,见表8-5-17。

4)系统调试内容

(1)火灾自动报警控制器调试

调试内容主要包括火灾自动报警控制器自检功能测试、打印机测试、准备电源切换、接口组件、通信功能、接地装置。

(2) 图形显示装置调试

调试内容主要包括用户管理、火灾报警显示、设备运行状态显示、软件维护功能。

(3) 现场设备调试

调试内容主要包括感烟火灾探测器、感温火灾探测器、手动报警按钮、输入模块、输出模块、隔离模块。

(4) 消防设备电源调试

调试内容主要包括主备电切换、电源故障告警、电压输出。

(5) 消防电话调试

测试内容主要包括消防电话主机、分机、电话插孔。

(6) 感温电缆测试

测试内容主要包括火警、故障。

(7) 感温光纤调试

调试内容主要包括感温光纤主机、感温光纤。

5.5.4 门禁系统调试

1) 前置条件

(1) 车站工作站、授权读卡器、网络设备、不间断电源、车站控制器、本地控制器、读卡器、锁具、开门按钮、紧急开门按钮等设备已安装并完成接线;

(2) 门禁系统传输网络组建完成;

(3) 所有设备及线缆已完成挂牌;

(4) 门禁系统设备具备受电条件;

(5) 车站控制器、工作站等设备软件安装完成;

(6) 门禁设备资料、系统工艺图、系统调试手册及调试记录表格等准备完成。

2) 调试准备

(1) 调试工具:对讲机、电工组合工具、便携式计算机、网络线缆、测试专用卡。

(2) 调试仪器仪表:万用表、网络测试仪、绝缘电阻测试仪。

3) 调试方法

门禁系统调试方法同综合监控系统设计调试方法,见表8-5-17。

4) 系统调试内容

(1) 车站控制器调试

调试内容主要包括控制器网络通信测试、控制器通信地址配置、双回路通信测试。

(2) 就地控制器调试

调试内容主要包括回路通信测试、监测门动作、监测读卡器事件、监测出门按钮事件、监测紧急出门按钮事件、在线离线模式运行功能、本地数据存储功能、接受并执行上级命令功能。

(3) 读卡器调试

调试内容主要包括指示灯状态测试、合法卡刷卡测试、非法刷卡测试。

（4）电磁锁调试

调试内容主要包括指示灯状态测试、门磁状态测试、读卡器控制锁开门、开门按钮控制锁开门、紧急开门按钮控制锁开门。

（5）紧急开门按钮调试

调试内容主要包括玻璃击碎电锁释放、恢复玻璃电锁吸合。

（6）开门按钮调试

调试内容主包括按下按钮电锁释放、松开按钮电锁吸合。

（7）网络设备调试

调试内容主要包括交换机通信测试、回路通信测试。

（8）系统软件调试

调试内容主要包括设备查询管理、设备控制、设备运行状态监视、设备报警状态监视、打印功能、与IBP联动、与FAS联动、历史信息查询。

第 6 章 通风与空调工程

通风与空调工程作为改善地铁环境品质的重要组成部分,主要为乘客及工作人员提供舒适的环境,为设备提供适宜的运行环境,也为防灾救灾提供必要条件,是保障地铁运营的呼吸系统。地铁通风与空调工程主要包含区间隧道通风系统、公共区通风与空调及排烟系统(大系统)、车站管理及设备用房通风与空调和防排烟系统(小系统)、车站冷源系统(水系统)。

本章主要从施工角度着重介绍了管网制作与安装、设备安装(组合式空调机组、空气处理机组、冷水机组、隧道风机、冷却塔、消声器、组合式风阀等)、系统接口管理、系统调试等方面内容,详细叙述了各工序施工流程、操作要点、关键技术卡控点、质量通病与防治措施、文明施工等内容。

6.1 管路施工

6.1.1 综合支吊架制作与安装

综合支吊架分为普通综合支吊架和抗震支吊架。

1)普通综合支吊架制作与安装

(1)施工流程

综合支吊架制作与安装施工流程如图 8-6-1 所示。

图 8-6-1 综合支吊架制作与安装施工流程图

(2)操作要点

①施工准备

a.技术准备:核对管线综合图纸与专业图纸,以专业图纸为准,整理出管线综合图纸中遗漏、位置和管线规格错误等问题。

b.材料准备:综合支吊架槽钢、底座及其他配件、锚栓、防锈漆等。

c. 工器具准备:冲击钻、钢卷尺、脚手架、锉刀、活口扳手等。

d. 人员准备:施工负责人、技术人员、安全员、作业人员、电工等。

②深化设计

根据管线综合图纸深化设计,主要对各系统管线之间、与结构之间碰撞,综合支吊架荷载深化,以管线综合图纸的节点剖面图为基础。管线的数量、规格型号应该与各专业、设计图纸进行比对,以各专业、设计图纸的内容为准。初步设计完成后各专业分别核对,发现管线数量、规格错误以及管线冲撞的情况,再次对方案进行调整。方案调整过后各专业进行二次审核,确认无误后打印出图。

③数字化预加工

根据优化完成的方案在工厂进行下料,并对每副支吊架的相关部件粘贴包含节点编号等信息的二维码。

④测量放线,锚栓预埋

a. 材料到场后,根据槽钢底座的尺寸以及综合支吊架的间距进行测量放线。在固定位置上标注锚栓孔位。

b. 使用冲击钻钻孔,清理孔内灰尘后埋设锚栓。

⑤组合安装

综合支吊架安装时遵循"先上后下,先两边后中间"的原则。根据到货支吊架相关部件的二维码信息进行现场组装,最后在吊杆底部安装槽钢端盖。

(3)关键技术卡控点

①方案深化前应明确最低净空标高,标高低于最低净空要求的区域进行管线调整;

②综合支吊架管线排布应预留出检修空间,满足人员上下检修的需求;

③方案优化时应先梳理出横穿走廊的风管,评估横穿风管对标高的影响。

(4)质量通病与防治措施

综合支吊架制作与安装质量通病与防治措施见表8-6-1。

综合支吊架制作与安装质量通病与防治措施　　　　表8-6-1

序号	质量通病	原因分析	防治措施
1	最低标高不满足要求	受横穿风管占位影响或管线数量较多	对横穿走廊的风管提前梳理,评估对最低标高的影响,对影响较大的区域提交设计单位进行优化
2	管线无检修操作空间	管线密集	对管线密集处请设计单位进行优化

2)抗震支吊架制作与安装

(1)施工流程

抗震支吊架制作与安装施工流程如图8-6-2所示。

图8-6-2　抗震支吊架制作与安装施工流程图

(2)操作要点

①施工准备

a. 技术准备:核对管线综合图纸与专业图纸,以专业图纸为准,整理出管线综合图纸中遗漏、位置和管线规格错误等问题。

b. 材料准备：抗震支吊架槽钢、底座及其他配件、锚栓、防锈漆等。

c. 工器具准备：冲击钻、钢卷尺、脚手架、锉刀、活口扳手等。

d. 人员准备：施工负责人、技术人员、安全员、作业人员、电工等。

②深化设计

对于DN65以上生活给水、消防管道系统，矩形截面面积不小于$0.38m^2$和圆形直径不小于0.7m的风管系统，防排烟风道、事故通风风道及相关设备，对于内径不小于60mm的电气配管及重力不小于150N/m的电缆梯架、电缆槽盒、母线槽，悬吊管道中重力大于1.8kN的设备，内径不小于25mm的燃气管道等，应进行抗震设计。根据现场勘测，发现管线数量、规格错误以及管线冲撞的情况时，应对支架、形状、位置进行调整。

③数字化预加工

根据优化完成的方案在工厂进行下料，并对每副支吊架的相关部件粘贴包含节点编号等信息的二维码。

④测量放线，锚栓预埋

支吊架到现场后，根据槽钢底座的尺寸以及抗震支吊架的间距进行测量放线；在顶板上标注锚栓孔位；使用冲击钻钻孔，清理孔内灰尘后埋设锚。

⑤组合安装

综合支吊架安装时，遵循先上后下、先两边后中间的原则。根据到货支吊架相关部件的二维码信息进行现场组装，最后在吊杆底部安装槽钢端盖。

(3) 关键技术卡控点

①全螺纹吊杆在现场按需要切割长度，修去毛刺，进行连接组合；

②螺母与全螺纹吊杆以及锚栓连接时，两端的旋入长度达到45%的连接螺母长度；

③斜撑的垂直安装角度应按设计要求进行施工，斜撑的安装不应偏离其中心线；

④管卡内需配惰性橡胶内衬垫，以达到绝缘、减振、降噪的效果。

(4) 质量通病与防治措施

抗震支吊架制作与安装质量通病与防治措施见表8-6-2。

抗震支吊架制作与安装质量通病与防治措施　　　　表8-6-2

序号	质量通病	原因分析	防治措施
1	斜撑安装角度小于30°	管道斜撑附近其他管道较多	抗震支吊架合理排布，斜撑左右灵活安装
2	吊杆所用的螺纹杆和槽钢混用	不同管道吊杆材料不同	熟悉支架大样图

6.1.2　金属风管制作

1）施工流程

金属风管制作施工流程如图8-6-3所示。

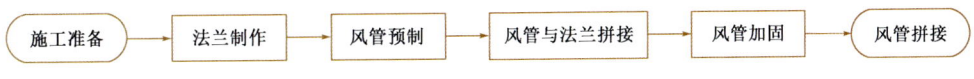

图8-6-3　金属风管制作施工流程图

2）操作要点

（1）施工准备

①技术准备：熟悉风管及部件的布置图和设计要求，了解风管制安工艺，对施工班组进行技术交底。

②材料准备：板材、型钢、铆钉、密封胶、螺栓、垫圈等。

③工器具准备：裁板机、折方机、咬口机、液压铆钉钳、电焊机、活口扳手、铁锤、钢尺、胶枪、记号笔等。

④人员准备：施工负责人、技术人员、安全员、作业人员、电工、焊工等。

（2）法兰制作

①矩形法兰画线下料时，应注意焊接后法兰的内边尺寸比风管的外边尺寸大 2~3mm。角钢切断和打孔严禁使用氧气乙炔烧割，可用砂轮切割机切割。角钢断口要平整，磨掉两端毛刺，并在测量后的平台上焊接。法兰的角度应在点焊后进行测量和调整。

②钻孔时，先按规定的螺栓数量分孔，板冲定点，为使安装方便，用样板或将两个相配的法兰用夹子夹在一起，在台钻上钻孔。

矩形风管的角钢法兰用料及法兰螺栓选用规格见表 8-6-3。

矩形风管的角钢法兰用料及螺栓选用规格　　　　　　表 8-6-3

法兰长边 b(mm)	法兰用角钢规格(mm)	螺 栓 规 格
$b \leqslant 630$	∟25×3	M6
$630 < b \leqslant 1500$	∟30×4	M8
$1500 < b \leqslant 2500$	∟40×4	M8
$2500 < b \leqslant 4000$	∟50×5	M10

（3）风管预制

①结合施工图现场测量、放线，绘制施测草图，计算出直风管的长度，以及三通的角度、弯头的弯曲半径及异径管的长度，而且要求在图纸上编号，按建筑物和系统编号做好标记，防止运输和安装时发生差错。最后还要按设计图纸或实测加工图对风管、管件等部件进行预组合，以便检查其规格和数量是否相符。咬口发现有遗漏或质量不符合要求时，应返工补作。

②风管采用咬口制作，每节风管长度一般不大于1.2m，风管制作咬口要严密，以减少漏风。

③对于不同厚度的板材应用边角料先试验，看所制咬口是否满足要求，插板时送板方向应与咬口压轮组一致，并平稳送板，确保咬口均匀一致。

（4）风管与法兰拼接

①做校样

风管的每副法兰预制都应在钢板平台上组对焊接，钻孔应使用同一样板，以保证其互换性，减少安装中的困难，采用直接对焊。

②控制偏差

风管与法兰连接前，应检查风管的外边长和法兰内边长的偏差是否符合要求。

③风管与法兰铆接

风管与法兰组合成形时，风管与扁钢法兰可用翻边连接；与角钢法兰连接时，风管壁厚小于或等于

1.5mm 可采用翻边铆接,铆钉、铆孔规格见表 8-6-4。

风管铆接法兰的铆钉、铆孔规格(单位:mm)　　表 8-6-4

类　　型	风管尺寸	铆钉孔直径	铆钉规格
矩形法兰(长边)	120~630	4.5	φ4×8
	800~2000	5.5	φ5×10
圆形法兰(直径)	200~500	4.5	φ4×8
	80~2000	5.5	φ5×10

风管与法兰铆接前先进行技术质量复核,合格后将法兰套在风管上,管端留出 10mm 左右翻边量,管折方线与法兰平面应垂直,然后使用液压铆钉钳或手动夹眼钳用铆钉将风管与法兰铆固,并留出四周翻边。翻边应平整,不应遮住螺孔,四角应铲平,不应出现豁口,以免漏风。

④处理风管四角

风管与法兰连接时,采用翻边绑接,用角尺靠在风管的纵向折角边上,使风管中心线与法兰平面保持垂直。风管翻边四角开裂处应涂以密封胶。咬口重叠处,翻边后应将凸出部分铲平。

(5)风管加固

矩形风管边长大于 630mm、保温风管边长大于 800mm,管段长度大于 1250mm 或低压风管单边平面面积大于 1.2m²,中、高压风管大于 1.0m²,均应采取角钢加固、楞筋加固、螺纹杆内支撑、钢管内支撑等多种加固措施。

(6)风管拼接

风管的连接长度,应按风管的壁厚、法兰与风管的连接方法、安装的结构部位和吊装方法等因素决定。为了安装方便,尽量在地面上进行连接,(直线段)一般可接至 10~12m 长。在风管连接时,不允许将可拆卸的接口装设在墙内或楼板内。

3)关键技术卡控点

(1)制作风管所用钢板的厚度、制作法兰所用角钢的规格及螺孔、铆钉孔直径、孔间距严格按要求执行。

(2)对边长≤800mm 的风管采用楞筋加固。对于中压系统的风管采用加固框加固。

(3)镀锌钢板风管采用按扣式咬接形式,风管与法兰连接时采用铆接。风管翻边应平整并紧贴法兰,翻边处裂缝和孔洞应涂密封膏。

(4)风管表面应平整,圆弧均匀,不得有横向拼接缝,并尽量减少纵向拼接缝,纵向接缝应错开。咬口缝应紧密,宽度均匀。

(5)2mm 薄钢板风管采用焊接,法兰与风管连接时应满焊。

风管材料及壁厚见附表 8-6-5。

风管材料及壁厚表(单位:mm)　　表 8-6-5

风管长边 B	矩形通风管壁厚	矩形排烟管壁厚
B≤1000	0.75(镀锌钢板)	1.0(镀锌钢板)
1000＜B≤1500	1.0(镀锌钢板)	1.2(镀锌钢板)
1500＜B≤4000	1.2(镀锌钢板)	1.5(镀锌钢板)

4)质量通病与防治措施

金属风管制作质量通病与防治措施见表 8-6-6。

金属风管制作质量通病与防治措施　　　　表 8-6-6

序号	质量通病	原因分析	防治措施
1	风管咬口制作不平整	裁边机裁边时，边角不平整	板材整平、工作台整平后进行咬口施工
2	矩形风管对角线不相等	成品保护不当，搬运过程中损伤	核查每片长度、宽度及对角线的尺寸，对超过偏差范围的尺寸应以更正，咬口宽度必须保持一致
3	钢板风管表面锈蚀，镀锌表面出现氧化层	焊接风管时，破坏表面氧化层	涂防锈漆前必须对表面的油污、铁锈、氧化皮层进行清除，涂漆材质符合设计要求
4	风管未加固	漏加或是技术交底未明确	风管长边≤800mm 时采用植楞筋，>800mm 时采用螺纹杆做内支撑加固

6.1.3 金属风管安装

1）施工流程

金属风管安装施工流程如图 8-6-4 所示。

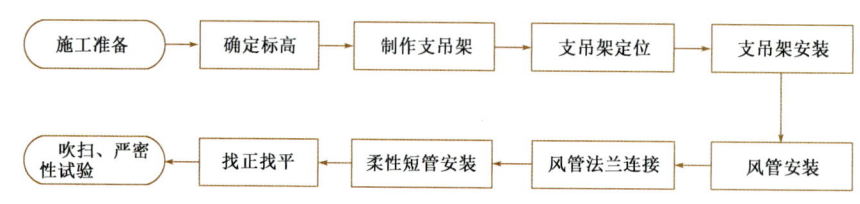

图 8-6-4　金属风管安装施工流程图

2）操作要点

(1) 施工准备

①技术准备：熟悉图纸及相关规范，制订完善的风管安装施工方案，对施工班组进行技术交底。

②材料准备：风管、型钢、螺纹杆、垫片、膨胀锚栓、螺栓、螺母等。

③工器具准备：切割机、升降机、钻孔器、电钻、脚手架、活口扳手等。

④人员准备：施工负责人、技术人员、安全员、作业人员、电工等。

(2) 确定标高

施工前期勘测现场，与各专业核实管线走向，结合现场实际情况与专业施工图纸，确定风管实际标高。

(3) 制作支吊架

施工前期熟悉图纸风管尺寸以及相同尺寸风管长度，按规范确定需加工支架的数量，并制作相应尺寸支吊架，保温风管支架应预留出保温厚度。

(4) 支吊架定位

熟悉图集规范，按照对应尺寸风管确定支架安装距离及数量，在首段安装一副支架用激光水平仪打线定位，确保螺栓孔定位横平竖直。

(5) 支吊架安装

①按照风管的中心线找出吊杆安装位置，然后用电钻打孔，预埋膨胀螺栓，并将螺纹杆和膨胀螺栓对接。对接后的部位应补刷油漆。

②立管管卡安装时，应先把最上面的一个管件固定好，再用线坠在中心处吊线，下面的风管即可进

行固定。

③当风管较长要安装成排支架时,先把两端安好,然后以两端的支架为基准,用拉线法找出中间各支架的标高进行安装。

④风管水平安装,当水平悬吊的主、干风管长度超过20m时,应设置防止摆动的固定点,每个系统不应少于1个。风管垂直安装时,支吊架间距不大于4m;单根直管至少应有2个固定点。

⑤支吊架不得设置在风口、阀门、检查门及自控机构处。

⑥抱箍支架折角应平直,抱箍应紧贴并抱紧风管。安装在支吊架上的圆形风管应设托座和抱箍,其圆弧应均匀,且与风管处外径相一致。

⑦保温风管的支吊架装置应放在保温层外部,保温风管不得与支吊托架直接接触,应垫上坚固的隔热防腐材料,其保温度与保温层相同,防止产生"冷桥"。

(6)风管安装

①安装顺序为先干管后支管。安装方法应根据施工现场的实际情况确定,可以在地面上连成一定的长度然后采用整体吊装的方法就位,也可以把风管一节一节地放在支架上逐节连接。

②风管穿越需要封闭的防火、防爆的墙体或楼板时,应设预埋管或防护套管。风管与防护套管之间,应用不燃且对人体无危害的柔软材料封堵。

(7)风管法兰连接

①法兰密封垫料接头形式采用阶梯形或企口形,接头处应涂密封胶。

②法兰连接时,先按要求垫好垫片,然后把两个法兰先对正,穿上几颗螺栓并戴上螺母,螺母不要拧紧。再用尖冲塞进未穿上螺栓的螺孔中,把两个螺孔撬正,直到所有螺栓都穿上后,拧紧螺母。

③连接法兰的螺栓应均匀拧紧其螺母,其螺母宜在同一法兰侧。立管的螺纹应朝下,防止水泥砂浆堵塞螺纹孔。

(8)柔性短管安装

根据施工图纸确定正确的安装位置。柔性短管安装应松紧适当,不得扭曲。安装在风机进风口的柔性短管可绷紧一些,防止风机启动后软接松垮被风机吸入而减少截面尺寸。

3)关键技术卡控点

(1)风管安装完成后,应检查其支架间距及固定支架数量。

(2)支吊架不宜设置在风口、阀门、检查门及自控机构处。

(3)吊杆应平直,螺纹要完整、光洁。安装后各副支吊架的受力应均匀,无明显变形。

(4)风管支吊架宜按国标图集与规范选用强度和刚度相适应的形式和规格。

(5)风管吊装完成后用拉线、吊线、液体连通器和量尺进行水平度检查。

4)质量通病与防治措施

金属风管安装质量通病与防治措施见表8-6-7。

金属风管安装质量通病与防治措施　　　　表8-6-7

序号	质量通病	原因分析	防治措施
1	风管总管与支管连接质量差	施工过程中,测量误差过大	测量、定位精准,总管与支管保持垂直安装,连接时咬口宽度保持一致
2	无法兰风管连接不严密	密封胶条可能过期,黏度不够;抱箍刚度不够,产生变形	校核风管周长尺寸后下料,保持咬口宽度一致;加大抱箍松紧调整量;密封垫料接头处应为搭接,可按连接短管与风管间隙量加衬垫片或更换连接短管

续上表

序号	质量通病	原因分析	防治措施
3	风管安装不直,漏风	支吊架安装时位置偏差大,对接的法兰孔洞位置偏差大	按规范调整支吊架位置,法兰风管垂直度偏差小时,可加厚法兰垫或控制法兰螺栓松紧度;偏差大时,须对法兰重新找方铆接,铆钉、螺栓间距应均等,间距不得超过150mm
4	机房支吊架过于繁琐,支架混乱	机房风管密集,型号不一,顶部风管支架排布完之后,下层风管支吊架施工困难	机房风管可共用支吊架,顶部风管可用槽钢做支吊架;下层支架可直接固定生根在槽钢底部
5	风管支吊架底部螺纹杆过长	施工过程中风管标高待调整,预留支吊架过长	风管统一安装完成后,可集中进行裁剪,裁剪长度可与横担底部平齐

6.1.4 风阀及部件安装

1）施工流程

风阀及部件安装施工流程如图 8-6-5 所示。

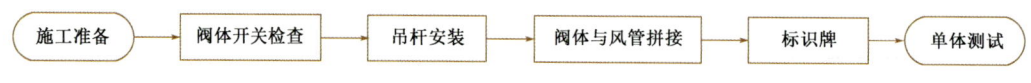

图 8-6-5 风阀及部件安装施工流程图

2）操作要点

（1）施工准备

①技术准备:认真检查风阀的质量,是否存在变形、开裂、孔洞等缺陷,检查阀体结构灵活性;根据设计及规范要求,对施工班组进行技术交底。

②材料准备:阀体、型钢、膨胀锚栓、螺栓、螺纹杆、垫片等。

③工器具准备:切割机、钻孔器、电钻、脚手架、活口扳手等。

④人员准备:施工负责人、技术人员、安全员、作业人员等。

（2）阀体开关检查

安装前认真检查风阀的质量,是否存在变形、开裂、孔洞等缺陷,检查阀体结构的灵活性。

（3）吊杆安装

按照风管施工图找出风阀吊杆安装位置,然后用电钻打孔,预埋膨胀螺栓,并将螺纹杆和膨胀螺栓对接。对接后的部位应补刷油漆。

（4）阀体与风管拼接

①先将风阀的法兰与风管的法兰用夹子夹在一起,画出法兰上需钻孔的位置,必须保证风阀的法兰与风管的法兰螺孔一致,然后在台钻上钻出螺孔。

②法兰连接时,首先按要求垫好垫片,然后把两个法兰对正,固定几颗螺栓并戴上螺母,螺母不要拧紧。再用尖冲塞进未穿上螺栓的螺孔中,把两个螺孔撬正,直到所有螺栓都穿上后,拧紧螺母。紧螺栓时应按十字交叉对称均匀拧紧。

③连接法兰的螺栓应均匀拧紧其螺母,螺母宜在同一法兰侧。

（5）标识牌

①风阀安装完成后,还需再次检查阀体结构的灵活性,防止安装过程中变形;

②在阀体底部或侧部挂设标识牌，为后期接线及维护提供方便。

（6）单体测试

风阀安装完成后，应通电进行单体测试，检测带电是否正常工作。

3）关键技术卡控点

（1）风阀安装前应逐个检查合格证及性能规格参数，各个参数应符合设计要求。阀门安装完成后，在系统通电前必须进行单体通电模拟动作试验。

（2）防火阀安装前应逐个检查合格证。阀门安装前应逐个进行性能试验。阀门安装完成后，在系统通电前必须进行单体通电模拟动作试验。

（3）各类风阀应安装在便于操作及检修的部位，安装后的手动或电动操作装置应灵活、可靠，阀板关闭应保持严密。

（4）防火阀直径或长边尺寸大于或等于630mm时，宜设独立支吊架。排烟阀（排烟口）及手控装置（包括预埋套管）的位置应符合设计要求。预埋套管不得有死弯及瘪陷。

4）质量通病与防治措施

金属风管安装质量通病与防治措施见表8-6-8。

金属风管安装质量通病与防治措施 表8-6-8

序号	质 量 通 病	原 因 分 析	防 治 措 施
1	防火阀动作不灵活	运输、存放、安装过程中操作失误造成阀体变形	阀门禁止暴力运输，存放时不宜堆放过高，安装前先手动试验，确定阀门转动灵活
2	风阀检修空间不足	安装阀门位置处管线过多，距离结构墙或结构柱太近	安装前仔细识图，对管线集中区域重点梳理，发现问题后及时与设计、建设单位沟通，优化解决

6.1.5 风管漏光及漏风量检测

1）检测流程

风管漏光及漏风检测流程如图8-6-6所示。

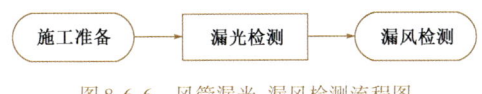

图8-6-6 风管漏光、漏风检测流程图

2）操作要点

（1）施工准备

①技术准备：检查风管是否存在明显的缝隙，以及日光灯的亮度是否足够；根据设计及规范要求，对施工班组进行技术交底。

②材料准备：螺栓、密封胶、垫片等。

③工器具准备：活口扳手、脚手架、100W日光灯（或高强度手持LED光源）、胶枪、风量检测机等。

④人员准备：施工负责人、技术人员、安全员、作业人员、电工监理工程师等。

（2）漏光检测

采用不低于100W带保护罩的低压日光灯作为漏光检测的光源。白天检测时，光源置于风管外侧；晚上检测时，光源置于风管内侧。检测光源沿被检测部位及接缝处缓慢移动，在另一侧进行观察。当发现有光线射出,则说明查到明显漏风部位,并做好记录。系统风管采用分段检测、汇总分析的方法全长检测。

(3)漏风检测

中、高压系统风管采用漏风量测试,漏风量测试装置可采用风管式或风室式。风管式测试装置采用孔板作为计量元件,风室式测试装置采用喷嘴作为计量元件。由于现场条件所限,一般适合采用风管式漏风量测试,测试装置由风机、连接风管、测压仪器、整流栅、节流器和标准孔板等组成。

漏风量测试,分为正压试验和负压试验两类。一般可采用正压条件下的测试来检验。

漏风检测操作方法如图8-6-7、图8-6-8所示。

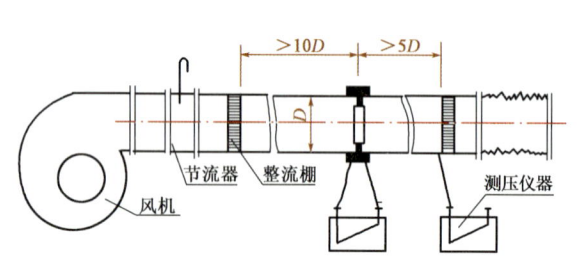
图8-6-7 正压风管式漏风量测试示意图

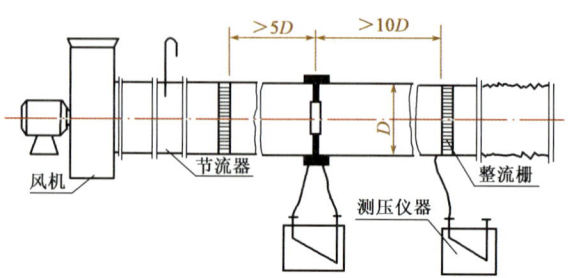
图8-6-8 负压风管式漏风量测试示意图

测试时,被测系统的所有开口均应封闭,不应漏风。被测系统的漏风量超过规范要求时,应查出漏风部位,做好标记;修补完工后,重新测试,直至合格。

3)关键技术卡控点

(1)低压系统风管采用漏光检验,低压系统风管每10m接缝,漏光点不得超过2处,且100m接缝平均不大于16处;对中压风管每10m接缝,漏光点不得超过1处,且100m接缝平均不大于8处为合格。

(2)漏风量值必须在稳压条件下测得。漏风量测试装置的压差测定应采用微压计,其分辨率应为1.0Pa。

(3)漏风量测试的抽检率应符合下列要求:低压系统5%,但不得少于一个系统,可只做透光检漏,如有明漏光,则应做漏风量测试;中压系统20%,但不得少于一个系统,并均做漏风量测试,如抽检部分不合格,则加倍做漏风量测试;高压系统全部做漏风量测试。

4)质量通病与预防措施

风管漏光圈漏风量检测质量通病与预防措施见表8-6-9。

风管漏光圈漏风量检测质量通病与预防措施　　　　表8-6-9

序号	质量通病	原因分析	防治措施
1	法兰边角处漏光,弯头、三通交叉处漏光	风管咬口处未涂密封胶,法兰螺栓未紧固	每节风管拼接处四角位置均涂密封胶,保证其接口不漏缝隙
2	漏光试验光源选择	规范要求不低于100W的日光灯,在使用过程中直接插在220V的电箱中,会有安全隐患	采用36V安全电压手持式LED光源

6.1.6 风口安装

1)施工流程

风口安装施工流程如图8-6-9所示。

图 8-6-9 风口安装施工流程图

2）操作要点

（1）施工准备

①技术准备：安装前认真检查风口的质量，是否存在变形、扭曲等缺陷；检查风口叶片的灵活性；认真阅读设计及规范要求，对施工班组进行技术交底。

②材料准备：风口、垫片、铆钉、密封胶、帆布软接等。

③工器具准备：切割机、钻孔器、电钻、铆钉枪、活口扳手、脚手架等。

④人员准备：施工负责人、技术人员、安全员、作业人员、电工等。

（2）放样

根据施工图纸确认风口的大小和位置，根据开好的风口与吊顶的高度确认帆布风口的大小与长度。

（3）风口安装

①帆布与风管相连接，风口与帆布相连接。

②在开好尺寸、留好位置、固定好帆布、确认无误后，在与风口连接的风管四周钻孔 $\phi 4.2mm$，先将4个角上钻上定位孔，然后将中间的距离进行等分，后用铆钉或自攻螺钉固定即可。

3）关键技术卡控点

（1）风口安装时应与装饰配合，且与灯具、探头、喷头及其他器具综合分布，在装有吊顶的房间内，风口应该均匀分布在一块天花板中间，禁止开在两块以上的面板上，以确保工程的美观，同时应避免风口安装在设备上方。

（2）风口与风管的连接应严密、牢固，与装饰面相紧贴；表面平整、不变形，调节灵活、可靠。条形风口的安装，接缝处应衔接自然，无明显缝隙。同一厅室、房间内的相同风口的安装高度应一致，排列应整齐。

（3）风口安装前应清扫干净，其边框与建筑顶棚或墙面间的接缝处应加设密封垫片或密封胶，不得漏风。

4）质量通病与防治措施

风口安装质量通病与防治措施见表 8-6-10。

风口安装质量通病与防治措施　　　　表 8-6-10

序号	质量通病	原因分析	防治措施
1	风口安装位置不正	装修吊顶之上龙骨密集，风口因尺寸及上方空间影响开孔有偏差	风口安装位置需与装修吊顶专业密切核对，必要时先安装吊顶再进行风口安装；风口必须保持在一块吊顶的正中位置
2	风口调节不灵活	运输及安装过程中未注意保管方式，导致风口变形；风口加固时铆钉卡在调节阀处	轴孔应同心，不同心轴孔须重新钻孔后补焊；控制好叶片铆接的松紧度，加大预留孔洞尺寸

6.1.7 水管道安装

1）施工流程

水管道安装施工流程如图 8-6-10 所示。

```
施工准备 → 管道支架制作安装 → 管道预制 → 管道安装 → 管道卡箍安装
```

图 8-6-10　水管道安装施工流程图

2）操作要点

（1）施工准备

①技术准备：安装前认真检查水管是否存在形变，有裂缝等情况；根据设计及规范要求，对施工班组进行技术交底。

②材料准备：钢管、管件、型钢、螺栓、U形管卡、吊卡、防腐垫木、麻丝等。

③工器具准备：滚槽机、切管机、开孔机、管钳、电钻、活口扳手、套丝机、红外线水平仪、电焊机、铁锤、钢盘尺等。

④人员准备：施工负责人、技术人员、安全员、作业人员、电工等。

（2）管道支架制作安装

①支架下料一般用砂轮切割机进行切割，切割后将氧化皮及毛刺等清洗干净。

②开孔采用电钻加工。

③吊杆、管卡等部件的螺纹使用车床加工。

④组对应按加工详图进行，且应边组对边矩形、边点焊边连接，直至成形。经点焊成形的支吊架应用标准样板进行校核，确认无误方可进行正式焊接。

⑤有保冷要求的管道在支吊架与管道之间垫以防腐木托。

（3）管道预制

①用与测绘相同的钢盘尺量测所需钢管尺寸，实测尺寸要减去管段中管件所占的长度，加上拧进管件内的螺纹尺寸，让出切断刀口值。

②在用机械套丝之前，先用所属管件试拧螺纹。

③管道调直前，先将有关管件安装，再进行调直，调直后将丝扣接头处的麻丝头清除干净。

（4）管道安装

①在安装管道前，必须先把地沟或顶棚内吊卡按坡向顺序依次穿在型钢上，安装管路时先把吊卡按卡距套在管子上，把吊卡抬起将吊卡长度按坡度调整好，再穿上螺栓、螺母，将管安装好。

②托架上安管时，把管先架在托架上，上管前先把第一节管带上U形管卡，然后安装第二节管。各节管段照此依次进行安装。

③管道安装应从进户处或分支点开始，安装前要检查管内有无杂物。在螺纹处抹上铅油缠好麻丝，一人在末端找平管子，一人在接口处把第一节管道相对固定，对准螺纹口，依螺纹自然锥度，慢慢转动入口，至到用手转不动时，再用管钳咬住管件，用另一管手钳拧紧，松紧度适宜，外露2~3个螺牙为好。最后清除麻头。

④焊接连接管道的安装程序与螺纹连接管道相同，从第一节管开始，把管扶正找平，使甩口方向一致，对准管口，调直后即可点焊，然后正式施焊。

⑤管道安装完成后，首先检查坐标、标高、坡度、变径、三通的位置等是否正确。用水平尺核对、复核调整坡度，合格后将管道固定牢固。

⑥装好楼板上钢套管，摆正后使套管上端高出地面，下端与顶棚抹灰相平。

（5）管道卡箍安装

①镀锌钢管预制：用滚槽机滚槽，在需要开孔的部位用开孔机开孔。

②安装密封圈:把密封圈套在管道口一端,然后将另一管道口与该管口对齐,把密封圈移到两管道口密封面处,密封圈两侧不应伸入两管道的凹槽。

③安装接头:把接头两处螺栓松开,分成两块,先后在密封圈上套上两块外壳,插入螺栓,对称拧紧螺母,确保外壳两端进入凹槽直至拧紧。

④安装机械三通、机械四通:先在外壳上去掉一个螺栓,松开另一螺母至与螺栓端头平,将下壳旋离上壳约90°,把上壳出口部分放在管口开口处对中并与孔成一直线,在沿管端旋转下壳使上下两块合拢。

⑤安装法兰:松开两侧螺母,将法兰两块分开,分别将两片法兰的环形键部分装入开槽端凹槽里,在把两侧螺栓插入拧紧,调节两侧间隙相近,安装密封垫片要将C形开口处背对法兰。

3) 关键技术卡控点

(1) 管道、部件、焊接材料型号、规格、质量必须符合设计要求及相关规范的规定;

(2) 焊缝表面及热影响区不得有裂纹,焊缝表面不得有气孔、夹渣等缺陷;

(3) 管道、部件、附件、垫片和填料等的脱脂必须符合设计及相关规范要求;

(4) 焊缝的射线探伤和超声波探伤必须按设计要求和相关规范规定的数量检查;

(5) 管道坡度应符合设计要求和相关规范的规定,强度、严密性试压必须符合设计要求和相关规范规定。

(6) 支吊托架安装位置应正确、平正、牢固,与管子接触紧密。滑动、导向和滚动支架的活动面与支承面接触良好,移动灵活。吊架的吊杆应垂直。螺纹完整,有偏移量的应符合规定。弹性支架的弹簧压缩度应符合设计要求。管道支吊架的间距见表8-6-11。

管道支吊架间距 表8-6-11

管道公称直径(mm)	保温管(m)	非保温管(m)	管道公称直径(mm)	保温管(m)	非保温管(m)
15	1.5	2.5	80	4.0	6.0
20	2	3	100	4.5	6.5
25	2	3.5	125	5	7
32	2.5	4.0	150	6	8
40	3	4.5	200	7	9.5
50	3	5	250	8.0	11
65	4	6	300	8.5	12

4) 质量通病与防治措施

管道支吊架安装质量通病与防治措施见表8-6-12。

管道支吊架安装质量通病与防治措施 表8-6-12

序号	质量通病	原因分析	防治措施
1	管道垂直管段直角处支架未安装	弯角处规范未明确支架制作方法	在弯角处加斜支撑,与弯头相交处用曲面钢材托住弯头,实现加固作用
2	管道接口在电气设备上方	施工图纸的阀门接口在设备上方	更改管道走向或在设备上方增加防护罩
3	管道排布间距不足	受土建因素影响,局部空间不足	严格参照管道支吊架规范进行施工,预留检修空间

6.1.8 水管道阀门及部件安装

1）施工流程

阀门及部件安装施工流程如图 8-6-11 所示。

图 8-6-11 阀门及部件安装流程图

2）操作要点

(1) 施工准备

①技术准备：在安装阀门之前检查阀门手柄是否灵活，有无卡顿现象；认真阅读设计及规范要求，对施工班组进行技术交底。

②材料准备：阀门、型钢、管件、螺栓、膨胀螺栓、螺母、垫片等。

③工器具准备：活口扳手、焊机、电钻、管卡、脚手架等。

④人员准备：施工负责人、技术人员、安全员、作业人员等。

(2) 阀门严密性试验

①阀门的严密性试验压力应为公称压力的 1.5 倍；

②试验持续时间应符合表 8-6-13 的规定。

试验持续时间　　　　　表 8-6-13

公称直径 DN (mm)	最短试验持续时间(s)	
	金属密封	非金属密封
≤50	15	15
65~200	30	15
250~450	60	30
≥500	120	60

③规定介质流通方向的阀门，应按规定的流通方向加压。试验时应逐渐加压至规定的试验压力，然后检查阀门的密封性能。在试验持续时间内无可见泄漏，压力无下降，阀瓣密封面无渗漏为合格。

(3) 支吊架制作与安装

支吊架下料一般用砂轮切割机进行切割。开孔采用电钻加工。吊杆、管卡等部件的螺纹使用车床加工。组对应按加工详图进行，且应边组对边矩形、边点焊边连接，直至成形。经点焊成形的支吊架应用标准样板进行校核，确认无误方可进行正式焊接。制作好的支吊架及时进行除锈防腐处理。

(4) 阀门安装

①安装前，检查阀杆和阀盘是否灵活，有无卡住和歪斜现象。并按有关规定度阀门进行强度试验和严密性试验。

②水平管道上的阀门，阀杆宜垂直向上或向左右偏45°，也可水平安装，但不宜向下安装；垂直管道上的阀门阀杆，必须顺着操作巡回线方向安装。

③阀门安装时应保持关闭状态，并注意阀门的特性及介质的流动方向。

④阀门与管道连接时，不得强行拧紧其法兰上的连接螺栓；对螺纹连接的阀门，其螺纹应完整无缺，拧紧时宜用扳手卡住阀门一端的六角体。

⑤安装螺纹连接阀门时,一般应在阀门的出口端加设一个活接头。

⑥对待操作机构或传动装置的阀门,应在阀门安装好后,再安装操作机构或传动装置。且在安装前先对它们进行清洗,安装完后还应进行调整,使其动作灵活、指示准确。

3)关键技术卡控点

(1)阀门的规格型号和强度、严密性试验,必须符合设计要求和相关规范的规定。需做解体检验的阀门,要按照相关规范进行解体检验。

(2)管道、部件、附件、垫片和填料等的脱脂必须符合设计要求和相关规范的规定。

(3)阀门安装位置、方向应正确。连接牢固、紧密,操作机构灵活、准确;有传动装置的阀门,指示器指示的位置应正确,传动可靠,无卡涩现象;有特殊要求的阀门应符合相关规定。

(4)阀门的安装位置、高度、进出口方向必须符合要求,连接牢固紧密。成排阀门的排列应整齐美观,在同一平面上的允许偏差不大于3mm。

(5)阀门的阀杆应朝向便于开启的位置,但不得朝下。

(6)安装阀门时,要注意阀体上的介质流动方向箭头,不得装反。

(7)对于各种电动阀或电磁阀,要配合电气专业进行安装,安装前应进行阀门单体测试。

(8)水过滤器一般装在水泵和设备吸入管路上,安装时注意水流方向,不得装反。

(9)自动排气阀应安装在管路系统的最高处。在自动排气阀前应装设一闸阀便于检修。

(10)在空调水管最低处设置排水管及排水阀,以方便泄水。

4)质量通病与防治措施

管道阀门及部件安装质量通病与防治措施见表8-6-14。

管道阀门及部件安装质量通病与防治措施　　表8-6-14

序号	质量通病	原因分析	防治措施
1	阀门安装前未进行压力试验	监理人员未提出要求,未按要求试验	严格按照技术交底文件,每批阀门必须通过严密性试验后才能安装
2	阀门操作、检修空间不够	设计图纸位置要求,管线繁杂影响阀门操作	安装前仔细识图,发现阀门检修空间不够时,组织各专业进行管线优化;无法优化时,与设计、建设单位沟通,按要求施工

6.1.9 水管道试压

1)操作流程

水管道试压操作流程如图8-6-12所示。

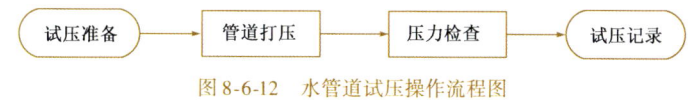

图8-6-12　水管道试压操作流程图

2)操作要点

(1)施工准备

①技术准备:打压之前检查管道接口是否漏水,检查该段管路是否闭合严密;按照设计及规范要求,对施工班组进行技术交底。

②材料准备:阀门、管件、水带、螺栓、垫片等。

③工器具准备:手动加压泵、活口扳手、压力表等。

④人员准备:施工负责人、技术人员、安全员、作业人员、监理工程师等。

(2)管道打压

①检查各类阀门的开、关状态:试压管路的阀门应全部打开,试验段与非试验段连接处的阀门应隔断。

②打开试验管道的给水阀门向区域系统中注水,同时开启区域系统上各高点处的排气阀,排尽试压区域管道内的空气;待水注满后,关闭排气阀和进水阀。

③打开连接加压泵的阀门,用手动加压泵向系统加压,宜分2~3次加压,升压至试验压力,在此过程中,每加至一定压力数值时,应对系统进行全面检查,无异常现象时再继续加压,缓慢升压至设计工作压力,停泵检查;观察各部位无渗漏,压力不降后,再升压至试验压力,停泵稳压,进行全面检查;10min内管道压力不应下降且无渗漏、变形等异常现象,则强度试验合格。

④将试验压力降至严密性试验压力进行试验,在试验压力下对管道进行全面检查,60min内区域管道系统无渗漏,严密性试验为合格。

(3)压力检查

①对管道、节点、接口等外观进行认真检查。

②对管件逐一进行检查,特别是闸阀、排气阀,要检查其完整性、启闭灵活性、有无破损现象并是否处于开启状态。不合格的及时更换,未开启的及时开启。

③对支线管、支墩、后背进行检查:检查有无被其他施工单位施工时破坏或挖断等现象,检查管端堵板的牢固性,检查支墩强度是否达到强度要求、后背是否稳固。

3)关键技术卡控点

(1)管道试压分为单项试压和系统试压。单项试压是在干管敷放完后或隐蔽部位管道安装完毕按设计和规范要求进行水压试验,且应在保温之前;系统试压是在全部干、立管安装完毕,按设计或规范要求进行水压试验。

(2)水压试验的方法和步骤应符合下列规定:

①宜分段进行,压力表安装在试验管段的最低处。

②管网注水点应设在管段的最低处,由低向高将各个用水的管末端封堵,关闭入口总阀门和所有泄水阀门及低处泄水阀门,打开各分路及主管阀门,水压试验时不连接设备;注水时打开系统排气阀,排净空气后将其关闭。

(3)热水、冷却水系统的试验压力:工作压力≤1.0MPa时,为1.5倍工作压力,但最低不小于0.6MPa;工作压力>1.0MPa时,为工作压力加0.5MPa。

(4)据工程特点,应分系统进行试压。压力升至试验压力后,稳压10min,压力不得下降,再将系统压力降至工作压力,在60min内压力不得下降,外观检查无渗漏为合格。合格后及时联系相关人员验收。

(5)对于空调凝结水系统采用充水试验,出口用充气橡胶堵封闭,封闭其余入口,进行灌水,达到不渗漏及水位不下降为合格。

6.1.10 绝热、防火保温

1)施工流程

风管、水管保温施工流程如图8-6-13、图8-6-14所示。

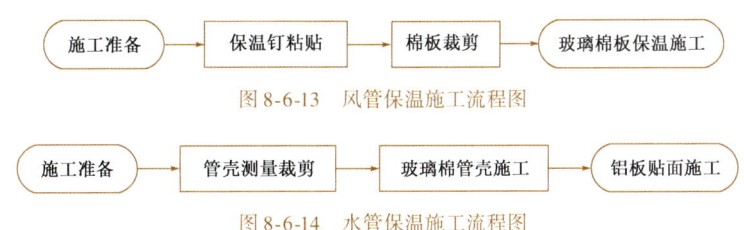

图 8-6-13 风管保温施工流程图

图 8-6-14 水管保温施工流程图

2）操作要点

（1）施工准备

①技术准备：施工前检查保温材料参数是否和设计参数一致；认真阅读设计及规范要求，对施工班组进行技术交底。

②材料准备：保温钉、胶水、保温材料、铝箔胶带、自攻螺钉等。

③工器具准备：脚手架、大剪、刀具、钢尺、脚手架等。

④人员准备：施工负责人、技术人员、安全员、作业人员。

（2）风管保温棉板施工

①黏结保温钉

将 401 胶分别涂抹在风管外壁和保温钉的黏结面上，待其微干后将其粘贴在一起。黏钉 24h 后，轻轻用力拉扯保温钉，不松动脱落时，方可铺覆保温材料。

②裁剪铝箔玻璃棉板

裁板时使用钢锯条，要使保温材料的长边夹住短边，小块的保温材料要尽量使用在风管的上水平面上。

③铺覆铝箔玻璃棉板

将裁好的铝箔玻璃棉板轻轻贴在风管上，稍微用力使保温钉穿出玻璃棉板，经检查准确后，用保温钉压盖将其固定；压盖应松紧适度，均匀压紧；长出压盖的保温钉弯曲过来压平。保温板铺覆时要使纵、横缝错开，板间拼缝要严密平整；对风管的法兰处要单独进行可靠的保温。

④加设打包带

对长边大于 1200mm 的矩形风管，在保温外每隔 500mm 加打包带一道。打包带与风管四角结合处设短铁皮包角。

⑤粘铝箔胶带

玻璃棉板的拼缝要用铝箔胶带封严，胶带宽度平拼缝处为 50mm、风管转角处为 80mm。粘胶带时要用力均匀适度，使胶带牢固地粘贴在铝箔玻璃棉板面上。

（3）水管保温施工

①管壳测量裁剪

裁剪管壳时可以使用壁纸刀，刀片的长度要合适并使其保持锋利；裁割时用力要适度均匀，断面要平整。

②玻璃棉管壳施工

玻璃棉管包围管壁时应紧贴保温，表面无折皱裂缝，搭缝应紧密牢固，所有接缝处必须用铝箔胶带密封，加螺钉固定。

③水管铝板贴面施工

a. 按水管保温后的尺寸裁剪铁皮，注意按搭接方式让出余量；

b. 铁皮要由下向上进行安装,搭接处采用自攻钉固定;

c. 弯头、三通、变径管等保温后要保持原有形状,铁皮安装要圆弧均匀,搭接缝在风管的同侧。

3）关键技术卡控点

（1）风管与部件及空调设备绝热工程施工应在风管系统严密性检验合格后进行。

（2）空调工程的制冷系统管道,包括制冷剂和空调水系统绝热工程的施工,应在管路系统强度与严密性检验合格和防腐处理结束后进行。

（3）风管绝热层采用黏结方法固定时,施工应符合下列规定：

① 黏结剂的性能应符合使用温度和环境卫生的要求,并与绝热材料相匹配;

② 黏结剂宜均匀地涂在风管、部件或设备的外表面上,绝热材料与风管、部件及设备表面应紧密贴合,无空隙;

③ 绝热层纵、横向的接缝应错开;

④ 绝热层粘贴后,如进行包扎或捆扎,包扎的搭接处应均匀、贴紧;捆扎的应松紧适度,不得损坏绝热层。

（4）风管绝热层采用保温钉连接固定时,应符合下列规定：

① 保温钉与风管、部件及设备表面的连接,可采用黏结或焊接,结合应牢固,不得脱落;焊接后应保持风管的平整,并不应影响镀锌钢板的防腐性能。

② 矩形风管或设备保温钉的分布应均匀,其数量底面不应少于 16 个/m^2,侧面不应少于 10 个/m^2,顶面不应少于 8 个/m^2;钉与钉之间不大于 450mm,首行保温钉至风管或保温材料边沿的距离应小于 120mm。

③ 风管法兰部位的绝热层的厚度,不应小于风管绝热层的 80%;

④ 带有防潮隔汽层绝热材料的拼缝处,应用黏胶带封严。黏胶带的宽度不应小于 50mm。黏胶带应牢固地粘贴在防潮面层上,不得有胀裂和脱落。

（5）管道阀门、过滤器及法兰部位的绝热结构应能单独拆卸。

（6）防火材料层应密实,无裂缝、空隙等缺陷。防潮层（包括绝热层的端部）应完整,且封闭良好;其搭接缝应顺水。

（7）管道防火层的施工,应符合下列规定：

① 绝热产品的材质和规格,应符合设计要求,管壳的粘贴应牢固、铺设应平整,绑扎应紧密,无滑动、松弛与断裂现象。

② 硬质或半硬质防火管壳的拼接缝隙,用黏结材料将缝隙填满;纵缝应错开,外层的水平接缝应设在侧下方。当绝热层的厚度大于 100mm 时,应分层铺设,层间应压缝。

③ 硬质或半硬质防火管壳应用金属丝或难腐织带捆扎,其间距为 300~350mm,且每节至少捆扎 2 道。

④ 松散或软质防火材料应按规定的密度压缩其体积,疏密应均匀。毡类材料在管道上包扎时,搭接处不应有空隙。

（8）金属保护壳应紧贴绝热层,不得有脱壳、褶皱、强行接口等现象。接口的搭接应顺水,并有凸筋加强,搭接尺寸为 20~25mm。采用自攻螺钉固定时,螺钉间距应匀称,并不得刺破防潮层。户外金属保护壳的纵、横向接缝,应顺水;其纵向接缝应位于管道的侧面。

4）质量通病与防治措施

保温施工质量通病与防治措施见表 8-6-15。

保温施工质量通病与防治措施　　　　表 8-6-15

序号	质量通病	原因分析	防治措施
1	保温钉密度不够	管线密集，操作空间不够	风管底面 16 个/m^2、侧面 10 个/m^2，顶面 8 个/m^2；钉与钉之间不大于 450mm，首行保温钉距风管边缘不大于 120mm
2	保温棉容易脱落	保温钉粘贴在风管上的时间不够，胶水未完全凝固；粘贴保温棉之前未擦拭风管，风管过脏	保温钉粘贴均匀，避免钉设在对缝上，铝箔玻璃丝布作防潮和保护层时，必须用力均匀拉紧后再粘贴胶带；将纵横缝黏结牢固，防止用力不匀
3	铝板施工完成后易遭破坏	后续施工时不注意成品保护	铝板施工在上方管线完成后开始，并且贴上成品保护标识牌

6.1.11　多联机冷媒管施工

1）施工流程

多联机冷媒管施工流程如图 8-6-15 所示。

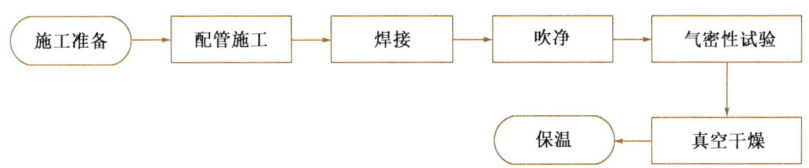

图 8-6-15　多联机冷媒管施工流程图

2）操作要点

（1）施工准备

①技术准备：施工前检查冷媒管是否有缺漏，规格型号是否与图纸一致；认真阅读设计及规范要求，对施工班组进行技术交底。

②材料准备：铜管、保温材料、管件、型钢、膨胀螺栓、螺栓等。

③工器具准备：脚手架、焊机、焊条、乙炔瓶、电钻、扩口器、氮气瓶等。

④人员准备：施工负责人、技术人员、安全员、作业人员、电工等。

（2）配管施工

①冷媒管采用空调用去磷无缝紫铜管，具体规格及材质见表 8-6-16。

冷媒管规格及材质　　　　表 8-6-16

外径（mm）	6.35	9.52	12.70	15.88	19.05	22.23	25.40	28.58	31.75
厚度（mm）	0.7	0.7	0.8	0.8	0.9	0.9	1.0	1.1	1.1
材质	TP2（M）				TP2（Y2）				
	退火				半硬				

②冷媒管应使用保温材料保温，气侧管路和液侧管路的保温，根据管路的规格选择保温材料的厚度。

③扩口连接:冷媒管与室内机连接采用喇叭口连接,其中承口的扩口深度不应小于管径,扩口方向应迎冷媒流向,切管采用切割刀,在扩口和锁紧螺母时要在扩口的内表面上涂少许冷冻油,扩口尺寸和螺母锁紧力矩见表8-6-17。

冷媒管扩口尺寸、螺母锁紧力矩 表8-6-17

公称直径		管外径	铜管扩口直径	锁紧力矩
(mm)	(in)	(mm)	(mm)	(N·m)
8	1/4	6.35	9.1~9.5	14.4~17.6
10	3/8	9.52	12.2~12.8	33.3~40.7
15	1/2	12.70	15.6~16.2	50.4~61.6
18	5/8	15.88	18.8~19.4	53.0~77.0
20	3/4	19.05	23.1~23.7	99.0~121.0

④将以上试验情况记录入相关表格。

(3)焊接:冷媒管钎焊应采用磷铜焊条或银焊条,接头的分支口要保持水平;外径小于19.05mm的铜管一律采用现场煨制;热弯或冷弯须使用专用制弯工具。

(4)吹净:将氮气瓶压力调节阀与室外机的充气口连接好,将所有室内机的接口用盲塞堵好保留;一台室内机接口作为排污口,用手持绝缘材料抵住管口,调节压力阀向管内充气,至手抵不住时快速释放绝缘物;循环进行若干次直至无污物十分排除为止。

(5)气密性试验:应用氮气对冷媒配管内加压,试验压力按设计及规范要求执行;截止阀处于关闭状态,一定不要打开;要对液管、气管的同时进行加压,加压不要一次加到规定压力,要慢慢进行;在持压状态大约放置一天,如果压力没有降低则为合格;试验过程填写气密性试验记录。

(6)真空干燥:氮气试压合格后要对系统进行真空干燥,真空干燥应达到质量要求;真空试验合格后,按计算的冷媒量向管内加注冷媒,并打开阀门。

3)关键技术卡控点

(1)室内侧的连接:辅助配管前端的扩口螺母要用两把扳手来装卸(这时如有氮气漏出的话属正常情况);对正扩口中心,最初用手拧3~4圈,再用两把扳手拧紧。

(2)室外侧的连接:首先卸下液管侧的扩口螺母(小的),对正扩口中心,最初用手拧3~4圈,再用扳手拧紧;在卸下气管侧的扩口螺母(大的)对正扩口中心,最初用手拧3~4圈,再用扳手拧紧。

(3)冷媒管焊接时必须采用氮气保护,焊接时把微压氮气充入正在钎焊的管道内,以有效防止管内氧化皮的产生。

4)质量通病与防治措施

冷媒管施工质量通病与防治措施见表8-6-18。

冷媒管施工质量通病与防治措施 表8-6-18

序号	质量通病	原因分析	防治措施
1	铜管在综合支吊架上未固定	安装时遗漏	加强技术交底,按规范增加固定支吊架;组织技术人员对支架进行专项检查
2	冷媒管道不平直	铜管本身的材料特性	综合支吊架区域提前核对管线路径及间距,用水平仪和激光仪定位、标记管道位置,平直度允许偏差0.3L%（L为管道的有效长度）

6.2 设备安装

6.2.1 风机安装

1）施工流程

风机安装施工流程如图 8-6-16 所示。

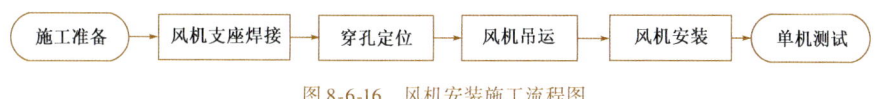

图 8-6-16 风机安装施工流程图

2）操作要点

(1) 施工准备

①技术准备：按照施工图纸、风机布置图和设计要求，了解风机安装工艺，并对施工班组进行技术交底。

②材料准备：型钢、减振垫、螺栓、螺母、防火软连接、铆钉、密封胶、防锈漆等。

③工器具准备：电焊机、手拉葫芦、扳手、钢尺、红外线水平仪、电钻、切割机等。

④人员准备：施工负责人、技术人员、安全员、作业人员、电工、焊工等。

(2) 风机支座焊接

风机支座必须具有足够的强度和刚度，以保证能够承受风机运行时的负荷，采用两道长 0.4m 的 $\llcorner 50\times5$ 等边角钢可靠焊接到墙体最上面一圈横梁上，作为风机的支座，焊接前根据风机的安装孔位置在风机支座钻孔，孔径为 14mm。风机支座焊接前需要搭设移动脚手架，焊接时利用脚手架及安全带进行操作。

(3) 穿孔定位

支座焊接完成后，根据风机的高度进行测量，确定排风口的大小及位置，并用铅笔画圆然后用切割机开口。

(4) 风机吊运

风机吊运时采用绳索捆绑牢固，上下专人配合把风机吊至风机支座上；吊运时不得损伤机件表面，转子、轴颈和轴封处均不应作为捆绑部位，要用专用吊具。

(5) 风机安装

将风机安装孔与支座上的孔洞对齐就位后，用 4 颗 M12 的螺栓拧紧。

(6) 单机测试

将风机通电后，测试其运转是否正常。

3）关键技术卡控点

(1) 通风机的安装应符合下列规定：规格型号应符合设计规定，其出口方向应正确；叶轮旋转应平稳，停转后不应每次停留在同一位置上；固定通风机的螺栓应拧紧，并采取防松措施。

(2) 通风机传动装置的外露部位以及直通大气的进、出口，必须装设防护罩（网）或采取其他安全设施。

（3）安装减振器的地面应平整,各组减振器承受荷载的压缩量应均匀,高度误差应小于2mm。

4）质量通病与防治措施

风机安装质量通病与防治措施见表8-6-19。

风机安装质量通病与防治措施　　　　　　　　　　　　　表8-6-19

序号	质 量 通 病	原 因 分 析	防 治 措 施
1	风机防火软接与风管同心度不符合要求	图纸空间高度不够影响螺栓的安装,安装风管与风机时安装基准线不准确	提前做好风机软接,使用红外线打线测量
2	风机的安装方向错误	厂家配货风机气流方向未标明,或是位置不显眼	仔细检查全部风机,严格按照规范施工

6.2.2　空调器安装

1）施工流程

空调器一般分为组合空调器和柜式空调器,其安装施工流程如图8-6-17所示。

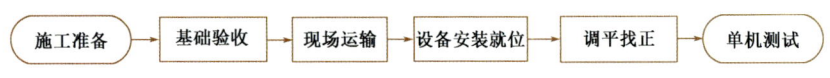

图8-6-17　组合式空调器和柜式空调器安装施工流程图

2）操作要点

(1) 施工准备

①技术准备:安装前检查空调器参数与设计参数是否一致;根据设计图纸要求,了解安装工艺,并对施工班组进行技术交底。

②材料准备:膨胀螺栓、型钢、螺栓、减振垫等。

③工器具准备:活口扳手、脚手架、手拉葫芦等。

④人员准备:施工负责人、技术人员、安全员、作业人员等。

(2) 基础验收

空调机组安装前先按设计图纸的尺寸放纵横安装基准线和基础几何中心线;如安装基准线与基础几何中心线偏差不大,则按基础几何中心线进行设备就位;设备就位后,机组顶高到一定高度(依据减振垫厚度),安装橡胶减振垫;减振垫安装牢固后,用加减薄钢片的方法精调水平度和垂直度。空调机组吊运时,用M10~M16镀锌螺纹杆作吊杆;安装牢固后,调整螺纹杆使机组的安装水平度、垂直度符合规范要求。

(3) 现场运输

空调机组在水平运输和垂直运输之前不要开箱并保留好底座,现场水平运输采用滚杠、跳板组合运输,室外垂直运输采用门式提升架,机房内采用滑轮、倒链进行吊装和运输。

(4) 设备安装就位

整体式空调机组安装就位时,基础须达到安装强度。空调机组加减振装置时,要严格按设计要求的减振器型号、数量和位置进行配置并调平找正。

(5) 调平找正

设备安装完成后,进行调平找正工作。

(6)单机测试

安装完成后,应通水、通电进行单体测试,检测空调器带电是否正常工作。

3)关键技术卡控点

(1)设备安装前,应进行开箱检查,开箱检查人员应由建设、监理、施工单位的代表组成。

(2)设备的混凝土基础必须进行质量交接验收,合格后方可安装。

(3)设备安装的位置、标高和管口方向必须符合设计要求。用膨胀螺栓固定的制冷设备或制冷附属设备,其减振垫的放置位置应正确、接触紧密;螺栓必须拧紧,并采取防松措施。

4)质量通病与防治措施

组合空调安装质量通病与防治措施见表 8-6-20。

组合空调安装质量通病与防治措施　　　　　　表 8-6-20

质量通病	原因分析	防治措施
设备与基础连接处缺少限位装置	图纸设计说明不明确	严格按照技术交底执行,逐个检查机组,调直后,在机组四个角焊接限位槽钢

6.2.3 消声器安装

1)施工流程

壳体消声器安装施工流程如图 8-6-18 所示。

图 8-6-18　壳体消声器安装施工流程图

组合消声器安装施工流程如图 8-6-19 所示。

图 8-6-19　组合消声器安装施工流程图

2)操作要点

(1)壳体消声器安装

①施工准备

a. 技术准备:仔细查阅设计说明,并根据设计及规范要求,对施工班组进行技术交底。

b. 材料准备:型钢、膨胀锚栓、螺栓、螺纹杆、垫片等。

c. 工器具准备:切割机、钻孔器、电钻、脚手架、活口扳手等。

d. 人员准备:施工负责人、技术人员、安全员、作业人员等。

②吊杆安装

按照风管施工图找出壳体消声器吊杆安装位置,然后用电钻打孔,预埋膨胀螺栓,并将螺纹杆和膨胀螺栓对接。对接后的部位应补刷油漆。

③消声器与风管拼接

a. 先将壳体消声器的法兰与风管的法兰用夹子夹在一起,画出法兰上需钻孔的位置,必须保证壳体消声器的法兰与风管的法兰螺孔一致,然后在台钻上钻出螺孔。

b. 法兰连接时,首先按要求垫好垫片,然后把两个法兰先对正,固定几颗螺栓并戴上螺母,螺母不

要拧紧。再用尖冲塞进未穿螺栓的螺孔中,把两个螺孔撬正,直到所有的螺栓都穿上后,再拧紧螺栓。紧固螺栓时应按十字交叉对称均匀拧紧。

c. 连接法兰的螺栓应均匀拧紧,其螺母宜在同一法兰侧。

(2)组合消声器安装

①施工准备

技术准备:安装之前检查设备尺寸是否和现场预留尺寸一致,根据布置图和设计要求,了解安装工艺,并对施工班组进行技术交底。

材料准备:型钢、自攻螺钉、膨胀螺栓、螺栓、垫片等。

工器具准备:螺丝刀、焊机、脚手架、安全带等。

人员准备:施工负责人、技术人员、安全员、作业人员、电工等。

②现场测量

施工单位会同生产厂家及监理工程师,根据通风专业设计施工图纸结合现场尺寸进行测量下单、排产。

③工厂模块化加工

由生产厂家根据现场测量、下单尺寸,按照设计要求进行模块化加工。

④现场组装

a. 先安装好槽钢基础,基础面应平整,高度符合要求;

b. 将下壁板置于消声器的基础上,下壁板底部垫12块厚度8~10mm的硬橡胶块,同时利用薄铁板垫片找平;

c. 拼装左、右侧壁板,同时用两条∟70×7等边角钢在上壁板位置预做拉结,侧壁板亦应设支护;

d. 放置吸声片体,可由一侧逐个向另一侧置放;

e. 拼装上壁板;

f. 组装完毕,检查对角线尺寸差,一般应小于3~5mm;

g. 外表面喷涂最后一遍面漆。

3)关键技术卡控点

(1)消声器安装方向正确,外表面应平整无损坏。

(2)消声器的安装应符合下列规定:

①消声器安装前应保持干净,做到无油污和浮尘。

②消声器安装的位置、方向应正确,与风管的连接应严密,不得有损坏、受潮。两组同类型消声器不宜直接串联。

③现场安装的组合式消声器,消声组件的排列、方向和位置应符合设计要求。单个消声器组件的固定应牢固。

④消声器、消声弯管均应设独立支吊架。

4)质量通病与防治措施

消声器安装质量通病与防治措施见表8-6-21。

消声器安装质量通病与防治措施　　　　表8-6-21

序号	质量通病	原因分析	防治措施
1	消声器隔板与壁板结合处不紧密	厂家在实际测量时会有100mm的预留误差	消声器框架必须牢固,共振腔的隔板尺寸正确,隔板与壁板结合处使用钢板进行封堵,外壳严密不漏
2	消声片片距不均匀	设计图纸部分水管会穿过消声器片	按设计要求,运用激光垂直水平仪和卷尺测量出每组消声片的位置

6.2.4 组合风阀安装

1）施工流程

组合风阀安装施工流程如图 8-6-20 所示。

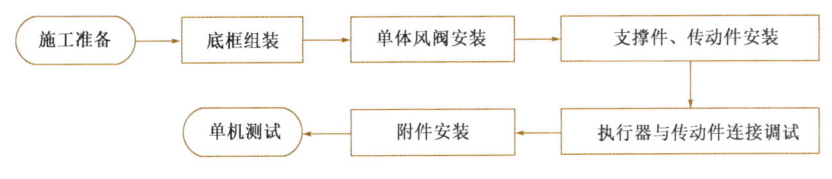

图 8-6-20　组合风阀安装施工流程图

2）操作要点

（1）施工准备

①技术准备：安装之前检查设备参数和设计参数是否一致，以及现场预留孔洞是否与阀门尺寸匹配；了解安装工艺，并对施工班组进行技术交底。

a. 配合设备供应商测量土建所留的洞口尺寸，确认组合风阀的规格尺寸及安装方式与洞口尺寸相符；

b. 仔细阅读设备随箱文件，包括组合风阀装配图、安装示意图、安装指导书，并确定电动执行器的安装方式和安装位置。

②材料准备：型钢、膨胀螺栓等。

③工器具准备：电钻、脚手架、安全带、手拉葫芦等。

④人员准备：施工负责人、技术人员、安全员、作业人员。

组合式风阀的结构主要由单体风阀、底框、传动机构、执行器和就地控制箱等部件组成。

考虑设备尺寸较大，现场吊装运输条件有限，因此要求设备在供应商的工厂组装测试完毕后，解体发运。每台组合风阀解体为一行或几行框架单元、单体风阀、执行器、连接传动件、控制箱等几个部分。

（2）立式安装方式

①在地面将底框整体组装好，相邻四角要对齐，连接好内置的各传动杆，锁紧少量螺栓，待全部组合完毕要检测底框整体对角线，对角线经检测符合要求后锁紧所有固定螺栓。底框组装完成后整体吊装，立在图纸标识的安装位置，用角铁连接件固定在四周混凝土结构柱（或槽钢柱）上，将主拉杆按要求安装在阀体的主摇臂上。

②若现场不具备整体吊装条件，也可采用逐行安装的形式，将单元底框按图纸标识位置逐行安装在四周混凝土结构柱（或槽钢柱）上，相邻四角要对齐，连接好内置的各传动杆，拧紧少量螺栓，待全部组合完毕要检测底框整体对角线，对角线经检测符合要求后拧紧所有固定螺栓。将主拉杆按要求安装在阀体的主摇臂上。

（3）水平安装方式

①将单元底框逐行平摆在洞口上，相邻四角要对齐，连接好内置的各传动杆，拧紧少量螺栓，待全部组合完毕要检测底框整体对角线，对角线经检测符合要求后再拧紧所有螺栓。调平后，固定底框周边的安装角铁，与底框用螺栓安装定位。将主拉杆按要求安装在阀体的主摇臂上。

②立式或水平安装好阀体后，依照安装图纸的要求，安装电动执行器，电动执行器安装之前应将组

合风阀的传动机构进行初调,用手推(或拉)主拉杆检测传动机构的动作方向及开、关位置,确认无误后将主拉杆与电动执行器及摆臂连接完成,电动执行器位置确定后,用膨胀螺栓将其连同执行器支架固定。

③阀体安装调整完毕后,用自攻螺钉安装阀面盖板和阀侧方堵板。在储运、安装过程中设备因碰擦、包装不善等原因造成框架防锈层脱落、锈蚀的地方,设备供应商负责重新刷防锈漆和面漆进行防腐处理。

(4)单机测试

风阀安装完成后,应通电进行单体测试,检测动作是否正常。

3)关键技术卡控点

(1)在结构墙体上安装时,应设支承框架。框架表面应平整、尺寸准确、四角方正、横平竖直、焊缝饱满。框架与预埋件焊接牢固,框架与预埋件焊接牢固,框架与结构墙体间应填实防火密闭填充材料。

(2)组合风阀与框架,风阀与风阀间连接应牢固可靠,不漏风。

(3)组合风阀的执行机构及联动装置动作可靠,阀板门或叶片的开启角度一致,关闭严密,并与输入、输出信号同步。

4)质量通病与防治措施

组合风阀安装质量通病与防治措施见表8-6-22。

组合风阀安装质量通病与防治措施　　　　表8-6-22

序号	质量通病	原因分析	防治措施
1	框架与结构墙体间存在缝隙	结构墙体不平整	框架与结构墙体间的缝隙,应用防火密闭填充材料填实,确保不漏风
2	关闭时部分叶片无法关上	设备传动杆未安装到位	调节传动轴,确保所有叶片的开启角度一致,关闭严密
3	电动执行器底座不稳固	土建基础未夯实	结构良好的地方,用膨胀螺栓固定;结构不良的地方,参照规范预制底座基础

6.2.5　风机盘管安装

1)施工流程

风机盘管安装施工流程如图8-6-21所示。

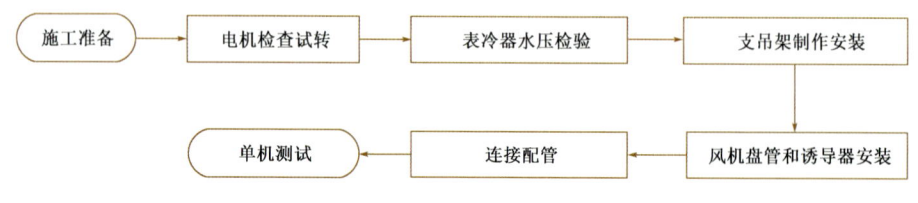

图8-6-21　风机盘管安装施工流程图

2)操作要点

(1)施工准备

技术准备:安装之前检查设备到货参数是否与图纸设计参数一致,然后根据布置图和设计要求,了解安装工艺,并对施工班组进行技术交底。

材料准备:风机盘管、型钢、螺纹杆、膨胀螺栓、垫片等。

工器具准备:电钻、脚手架、安全带、活口扳手等。

人员准备:施工负责人、技术人员、安全员、作业人员等。

(2)电机检查试转

安装前检查每台电机壳体及表面交换器有无损伤、锈蚀等缺陷,并通电检查电机运转是否正常。

(3)表冷器水压检验

风机盘管逐台进行水压试验,试验强度应为工作压力的1.5倍,定压后观察2~3min不渗不漏。

(4)支吊架制作安装

支吊架采用4根$\phi 10mm$的镀锌螺纹杆制作,安装位置及高度根据风机盘管的安装位置及高度定位。

(5)风机盘管、诱导器安装

卧式吊装风机盘管和诱导器,吊架安装应平整牢固,位置正确。吊杆不应自由摆动,吊杆与托盘相连应用双螺母紧固并找平找正。用水平尺检查风机盘管的水平度,调整吊杆螺栓至水平。风机盘管水管应有排水坡度。

(6)连接配管

冷冻水管与风机盘管依各单体设计采用风机盘管专用不锈钢软管(软管长度不大于300mm)及紫铜管(长度不大于1m)连接。凝结水管采用柔性连接,软管长度不大于300mm,材质宜用透明胶管,并用喉箍紧固严禁渗漏,坡度应正确、凝结水应畅通地流到指定位置,水盘应无积水现象;风机盘管与风管需要使用软管连接。

(7)单机测试

风机盘管安装完成后,应通水、通电进行单体测试,检测动作是否正常。

3)关键技术卡控点

(1)风机盘管和诱导器应逐台进行通电试验检查,机械部分不得摩擦,电器部分不得漏电;

(2)风机盘管与冷冻水管,应在管道系统冲洗排污后再连接,以防堵塞热交换器。

4)质量通病与防治措施

风机盘管安装质量通病与防治措施见表8-6-23。

风机盘管安装质量通病与防治措施　　　　表8-6-23

序号	质量通病	原因分析	防治措施
1	风机盘管安装不平	支吊架安装不平齐	用水平仪及钢尺测量、标记出支吊杆位置,确保支吊杆长度一直,设备安装水平,不倾斜
2	整排风机盘管安装不整齐	受其他管线极简装修吊顶的影响	用水平仪及钢尺测量、标记出支吊杆位置,确保单个不倾斜,对单个偏差的设备进行微调,确保整体设备安装整齐

6.2.6 水泵安装

参见本篇第7章7.2.1小节水泵安装相关内容。

6.2.7 冷水机组安装

1）施工流程

冷水机组安装施工流程如图8-6-22所示。

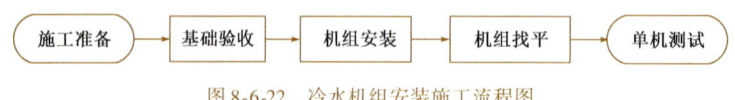

图8-6-22 冷水机组安装施工流程图

2）操作要点

（1）施工准备

①技术准备：设备到货后检查参数是否和图纸设计一致，了解安装工艺，并对施工班组进行技术交底。

②材料准备：型钢、膨胀螺栓、垫片等。

③工器具准备：手拉葫芦、电钻、活口扳手等。

④人员准备：施工负责人、技术人员、安全员、作业人员、电工等。

（2）安装注意事项

①放置设备时，应用衬垫将设备垫妥，防止设备变形及受潮。

②设备应捆扎稳固，主要承力点应高于设备重心，以防倾侧；受力点不得使机组底座产生扭曲和变形。

③注意保护设备附属件，吊装机组的钢丝绳不能使仪表盘、油管、气管、液管及各仪表引压管受力，钢丝绳与设备接触处应垫软木或其他软质材料，以防止钢丝绳擦伤设备表面油漆。

（3）基础验收

冷水机组安装时，对基础进行找平，其纵、横向水平度不应超过0.1‰。

（4）机组安装

①运输前应选好路线，确定锚点位置，安装好卷扬机，铺好道木。

②用千斤顶将机组前端顶起放进滚杠，用卷扬机牵引前进，在前进过程中，随时倒滚杠和道木。道木必须高于机组基础，保障基础不受损坏。

③撤出滚杠使机组就位，撤滚杠时用道木或方木将机组一端垫好，用两台千斤顶将另一端顶起，撤出滚杠落下千斤顶，使机组一端落在基础上，再用千斤顶将机组另一端顶起，撤出剩余的滚杠和方木，落下千斤顶使机组底全部落到基础上。

（5）机组找平

当机组纵向不平时，可用千斤顶将过低的一端顶起，在支架下垫以适当厚度的钢板，使机组的水平度达到要求。

（6）单机测试

安装完成后，应通水、通电进行单体测试，检测是否正常工作。

3）关键技术卡控点

（1）设备安装前，应进行开箱检查，开箱检查人员可由建设、监理、施工单位的代表组成。

（2）设备的混凝土基础必须进行质量交接验收，合格后方可安装。

(3)设备安装的位置、标高和管口方向必须符合设计要求。用膨胀螺栓固定的制冷设备或制冷附属设备,其垫铁的放置位置应正确,与设备要紧密接触;螺栓必须拧紧,并采取防松措施。

4)质量通病与防治措施

冷水机组安装质量通病与防治措施见表 8-6-24。

冷水机组安装质量通病与防治措施　　　　　表 8-6-24

序号	质量通病	原因分析	防治措施
1	设备的平直度	结构基础不平整	按设计图纸尺寸测量出纵向和横向安装基准线,要求误差不超过 1/1000
2	管线与阀门过近,检修空间不够	机房空间有限	优化管线排布空间,确保预留 1m 的设备检修空间

6.2.8　冷却塔安装

1)施工流程

冷却塔安装施工流程如图 8-6-23 所示。

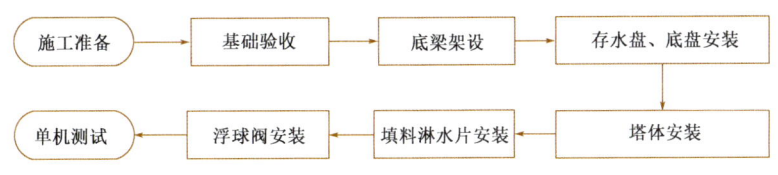

图 8-6-23　冷却塔安装施工流程图

2)操作要点

(1)施工准备

①技术准备:设备到货后检查参数是否和图纸设计一致;了解安装工艺,对施工班组进行技术交底。

②材料准备:型钢、膨胀螺栓、垫圈等。

③工器具准备:电钻、活口扳手等。

④人员准备:施工负责人、技术人员、安全员、作业人员、电工等。

(2)基础验收

基础的每个支墩应与基础图要求的布置相吻合。支墩的高度应符合要求,所有支墩的顶部应在同一水平面上。

(3)底梁架设

底梁架在支墩顶部其四周边线应是直线形状为正矩形。后紧固螺栓,做防护处理。

(4)存水盘、底盘安装

安装主、副底板组装后的周边应与底梁吻合,底板之间用泡沫橡胶垫、螺栓拧紧不渗漏。

(5)塔体安装

先安装竖支撑后上大梁;上单、双框架斜角撑;上包梁、淋水盘、封顶板;装墙板边大梁,调整塔形以保证正矩形体;百叶窗组装;钻孔使风筒与塔顶框架螺栓紧固,固定风机架、电机、减速器;装皮带调整至合格。

(6) 填料淋水片安装

黏结并安装填料淋水片,安装后冷却塔整体校正拉紧拉条。

(7) 浮球阀安装

出水箱就位,安装出水箱浮球阀。

(8) 单机测试

安装完成后,进行通水、通电进行单体测试,检测其动作是否正常。

3) 关键技术卡控点

(1) 安装前应对支腿基础进行检查,冷却塔的支腿基础标高应位于同一水平面。

(2) 塔体立柱腿与基础预埋钢板和地脚螺栓连接时,应找平找正,连接稳定牢固。冷却塔的各部位的连接件应采用热镀锌或不锈钢螺栓。

(3) 收水器安装后片体不得有变形,集水盘的拼接缝处应严密不渗漏。

(4) 冷却塔的出水口及喷嘴的方向和位置应正确。

(5) 风筒组装应保证风筒的圆度,尤其是喉部尺寸。

(6) 风机组装应严格按照风机安装的标准进行,安装后风机的叶片角度应一致,叶片端部与风筒壁的间隙应均匀。

(7) 冷却塔的填料安装应疏密适中、间距均匀,四周要与冷却塔内壁紧贴,块体之间无间隙。

4) 质量通病与防治措施

冷却塔安装质量通病与防治措施见表 8-6-25。

冷却塔安装质量通病与防治措施　　　　表 8-6-25

序号	质量通病	原因分析	防治措施
1	冷却塔进出水管未安装软接头	设计图纸未标明	联系设计单位,增加软接头
2	集水盘拼接不严,易漏水	厂家组装时胶水未刷到位	集水盘拼接应紧密,四周要与冷却塔内壁紧贴,块体之间无间隙,填充防水密封材料,确保无渗漏

6.2.9　多联机室内机安装

1) 施工流程

多联机室内机安装施工流程如图 8-6-24 所示。

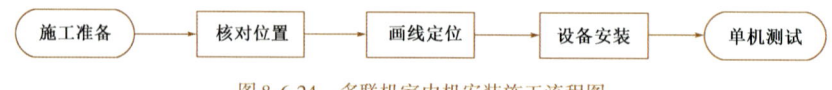

图 8-6-24　多联机室内机安装施工流程图

2) 操作要点

(1) 施工准备

① 技术准备:安装前检查设备参数是否和设计图纸一致;了解安装工艺,对施工班组进行技术交底。

② 材料准备:型钢、膨胀螺栓、螺纹杆等。

③ 工器具准备:电钻、脚手架、活口扳手等。

④ 人员准备:施工负责人、技术人员、安全员、作业人员、电工等。

(2)核对位置

①多联机室内机到位,应按规定核对其机型、厂家,有无损坏说明书和合格证等;

②多联机室内机安装前,空调水施工主管必须熟读和理解技术说明书的内容及施工工艺要点;

③多联机室内机就位前,空调水施工主管要知道机组重量、尺寸,选择吊装位置,编制吊装方案。

(3)画线定位

确定室内机正确的安装高度和位置,避开重要设备位置正上方,室内机安装应牢固。

(4)设备安装

安装室内机要进行防尘处理。安装时,必须检查核对室内机型号,保证留下足够的维修空间。吊装时,受力点不得使机组底座产生扭曲和变形。

(5)单机测试

安装完成后,进行通电单机测试,检测其动作是否正常。

3)关键技术卡控点

(1)设备安装前,应进行开箱检查。开箱检查人员可由建设、监理、施工单位的代表组成。

(2)空调机属于精密设备,应水平搬运;需要倾斜时,倾斜角度应小于45°。否则会引起设备内的润滑油流出而损伤机器。

(3)吊顶式机组安装时应留出500mm×500mm检查孔。

4)质量通病与防治措施

多联机室内机安装质量通病与防治措施见表8-6-26。

多联机室内机安装质量通病与防治措施　　　表8-6-26

质量通病	原因分析	防治措施
安装完成后未做好防护	施工完成后遗漏	施工前进行技术交底,强调其注意事项

6.2.10 多联机室外机安装

1)施工流程

多联机室外机安装施工流程如图8-6-25所示。

图8-6-25　多联机室外机安装施工流程图

2)操作要点

(1)施工准备

①技术准备:安装前检查设备参数是否和设计图纸一致;了解安装工艺,对施工班组进行技术交底。

②材料准备:型钢、膨胀螺栓、减振垫片等。

③工器具准备:电钻、脚手架、活口扳手等。

④人员准备:施工负责人、技术人员、安全员、作业人员、电工等。

(2)核对基础

基础的每个支墩应与基础图要求的布置相吻合;支墩的高度应符合要求,所有支墩的顶部应在同一水平面上。

（3）底梁架设

①底梁架设在支墩顶部,支墩顶部四周边线应是直线、形状为正矩形；

②检查底梁是否在同一水平面上,应无高低不平；

③紧固螺栓,做防护处理。

（4）机组安装

①安装前放置设备,应用衬垫将设备垫妥；

②运输前应选好路线,确定锚点位置,安装好卷扬机；

③机组运到基础上以后,进行摆正,摆在基础正中位置,并对机组调平。

（5）单机测试

安装完成后,应通电进行单机测试,检测其动作是否正常。

3）关键技术卡控点

（1）设备安装前,应进行开箱检查,开箱检查人员可由建设、监理、施工单位的代表组成。

（2）安装位置周围如有强热源和其他设备排气口、蒸气及可燃烧气体时,应与设计单位联系予以调整。

（3）设备的混凝土基础必须进行质量交接验收,合格后方可安装。

（4）室外机与基础之间加设10mm厚的减振垫片。安装水平度、垂直度允许误差为±1mm。

4）质量通病与防治措施

多联机室外机安装质量通病与防治措施见表8-6-27。

多联机室外机安装质量通病与防治措施　　　表8-6-27

质量通病	原因分析	防治措施
缺少减振垫片	厂家安装时遗漏	机组定位后,放置减振10mm厚减振垫片;逐台检查机组4个角,确保每台设备不缺失减振垫片

6.3　安全文明施工与成品保护

6.3.1　安全文明施工

（1）进入施工现场应穿戴好必要的防护用品。工作服应做到三紧（袖口、腰身、裤脚），长发应入帽、不得外露。

（2）加工安装场地通风应良好,涂装场地注意通风防火。

（3）正确使用机械设备,严格遵守安全操作规程,保证安全生产,不得超负荷运行。特别要注意电源和操作机械伤人。

（4）高空作业采取切实的安全措施,防高空坠落。

（5）施工时,事先应检查通道、栏杆、吊筋、楼板等处的牢固程度,并应将孔洞、深坑盖好盖板,以防发生意外。

（6）吊运风机时,应注意周围障碍物,特别要注意不得碰到电线,应加溜绳稳住,防止冲撞吊装设备及被吊装物品。

(7)工具应放在平稳可靠的地方,以免工具滑落,伤及附近施工人员。

(8)不得在未固定好的风管上或架空的铁皮上站立。

(9)作业使用剩余的废料都应及时清理回收,分类集中堆放,定期对废料进行处理,保证场地整洁。

(10)油漆、稀释剂、沥青等对施工作业人员健康有害物资,应存放在通风良好、严禁烟火的专用仓库内。

(11)氧气乙炔瓶等易燃易爆物品应单独存放在危险品仓库,粘贴相应标识,并配备相应的防火设施。

6.3.2 成品保护

(1)要保持镀锌钢板光滑洁净,放在宽敞干燥的隔潮木头垫架上,叠放整齐;下料时,使用不产生划痕的画线工具;操作时使用木槌或有胶皮套的锤子,不得使用铁锤,以免落锤点产生锈斑。

(2)风管成品、半成品、配件应码放在平整、无积水、宽敞的场地,不与其他材料、设备等码放在一起,并采取防雨、雪措施。

(3)风管、设备搬运装卸时应轻拿轻放,防止损坏成品;部件成品应存放在有防雨、雪措施的平整的场地上,并分类码放整齐。

(4)防火阀执行机构应加装保护罩,防止执行机构受损失或丢失;多叶调节阀要注意调整连杆的保护,螺母保持在拧紧状态。

(5)安装完的风管要保证表面光滑洁净;暂停施工的系统风管,应将风管开口处封闭,防止杂物进入。

(6)运输和安装阀件时,应避免由于碰撞而产生刮伤表面现象;安装时,应尽量减少与铁质物品接触,避免由于碰撞使执行机构和叶片变形;露天堆放应采取防雨、雪措施。

(7)保温材料现场堆放一定要有防水措施,尽可能存放于库房中或用防水材料遮盖并与地面架空。

(8)风机盘管安装施工要随运随装,与其他工种交叉作业时要注意成品保护,防止碰坏;冬季施工时,风机盘管水压试验后必须随即将水排放干净,以防冻坏设备。

(9)消声器成品应在平整、无积水的室内场地上码放整齐,下部设有垫托,并采取必要防水措施。

(10)消声器成品应按规格型号进行编号,妥善保管,不得遭受雨雪、泥土、灰尘和潮气的侵蚀。

(11)整体安装的通风机,搬运和吊装时,与机壳边接触的绳索,在棱角处应垫好柔软材料,防止磨损机壳及绳索被切断。

(12)解体安装的通风机,绳索捆绑不能损坏主轴、轴衬的表面和机壳、叶轮等部件。

(13)风机搬动时,不应将叶轮和齿轮轴直接放在地上滚动或拖动。

(14)各类施工器具及材料都应按照施工平面布置图指定地点堆放,摆放要整齐,不得超过规定高度。严禁靠近场地围护栅栏及其他建筑物墙壁堆放,做好成品及半成品的保护工作。

6.4 接口管理

6.4.1 与结构专业的接口管理

通风与空调系统风管道以及水管道在穿越一次建筑结构时,由结构专业预留孔洞及套管,通风与空调专业在进场施工前期可与结构专业沟通核对,并对已预留孔洞进行核查。

6.4.2 与建筑专业的接口管理

通风与空调系统风管道以及水管道在穿越二次建筑结构时,由建筑专业预留孔洞,通风与空调专业在建筑施工前期,提前标注孔洞位置及尺寸。对于有吊顶的房间,其设备及通风口吊装时,建筑专业应及时排布好吊顶板块,确保设备及通风口与吊顶平齐。

6.4.3 与人防专业的接口管理

通风与空调专业提供风管和水管穿越隔断门密闭套管的位置、尺寸,人防专业对套管进行预埋并做好施工后封堵工作。

6.4.4 与动力与照明专业的接口管理

通风与空调专业与动力与照明专业接口时,由动力与照明专业提供动力电源至各控制柜进线接线端子处,其余设备为设备动力接线盒。

6.4.5 与给水与排水专业的接口管理

通风与空调水系统设备需要供水,所以要求给水与排水专业预留接口,并提供接口阀门。

6.4.6 与综合监控专业的接口管理

通风与空调专业提供压力传感器、压差传感器、液位传感器、流量传感器等,综合监控专业完成上述仪器仪表校验及调试,并完成站级控制调试。通风与空调专业负责压力传感器、压差传感器、液位传感器、流量传感器的安装,完成冷水机组及其连锁辅助设备控制调试,配合综合监控专业实现站级控制调试。

通风与空调专业提供风管温、湿度传感器和电动二或三通阀,综合监控专业完成上述仪器仪表的校验及调试,并完成站级控制的调试。通风与空调专业负责风管温湿度传感器、供回水管温度传感器、压力传感器、末端压差传感器、流量计等及电动二或三通阀的安装,完成通风与空调各工况的调试,配合车站综合监控专业实现站级控制的调试。车站公共区、风道、风亭、设备管理用房等的温湿度及CO_2传感器等由综合监控专业提供和安装,通风与空调专业配合。

6.4.7 与火灾自动报警系统的接口管理

通风与空调专业提供防火排烟阀开启、关闭状态反馈信号端子,配合火灾自动报警专业调试;火灾自动报警专业负责其信号端子的接线。

6.4.8 与自动气体灭火专业接口

在自动气体灭火保护区内,通风与空调专业提供防火排烟阀24V电信号关闭接线端子,配合全自动气体灭火专业和火灾自动报警专业调试;全线火灾自动报警专业提供24V、0.5A电源,并负责接线。

6.5 单系统调试

1）前置条件

(1) 水、电源已和将调试的系统接通；

(2) 电气控制系统已进行模拟动作试验；

(3) 设备接地和绝缘已检测合格；

(4) 调试场地清理完毕，特别是风亭、风道及区间隧道已冲洗干净；

(5) 调试现场安全设施已准备就绪，其中防火用品如防烟口罩、应急灯等按要求配备齐全。

2）调试准备

(1) 调试工具：对讲机、电工组合工具、便携式计算机等。

(2) 调试仪器仪表：光电转速计、倾斜式微压计、毕托管、叶轮风速仪、气压计、红外线测温仪、声级计、机械秒表、水银温度计、U形压力计等。

3）调试方法

通风与空调系统调试方法见表8-6-28。

通风与空调系统调试方法　　　　表8-6-28

序号	调 试 步 骤	预 想 结 果
1	检查送风、回/排风管路上所有风口、风阀、防火阀是否已全部打开	调整到最大开度
2	逐台启动送风机、空调器、回/排风机，并检查其启动、运行状态是否正常	达到设备技术文件的规定
3	启动冷冻水泵，再启动冷却塔，检查设备运行是否正常	设备运转正常，水压、水温、流量达到设计要求
4	检查水流开关、压力传感器、温度传感器工作是否正常	反馈信号准确，连锁动作与要求相符
5	系统24h平稳运行	系统运转正常
6	调试完成	调试完成
7	整理检测各项数据并填写调试记录表	—

4）系统调试内容

通风与空调系统调试主要内容包括室外新风的干、湿球温度，送风干、湿球温度，回风干、湿球温度，混合风干、湿球温度，室内各控制点干、湿球温度，室内正压值，冷媒送、回水温度、流量，室内气流组织的测定、调整，送风量的测定，室内噪声测定，自动调节系统的参数整定和联合调试。

第 7 章 给水与排水工程

地铁给水系统主要由生产、生活给水系统和消防给水系统组成,水源采用城市自来水。从市政给水干管上分别接出两路车站总给水引入管,生产、生活给水管从其中一路总引入管的消防水表前接出,并单独设置水表井(内设水表、闸阀、止回阀),由风亭新风井进入车站。车站内生产、生活用水主要包括工作人员生活用水、乘客公共卫生间生活用水、车站冲洗用水、空调冷却循环水补水、冷冻水补水等。

地铁排水系统主要由污水系统和废水系统组成。污水系统为生活污水和厕所冲洗水,污水汇集到设置在车站内的污水泵房,由密闭水箱全自动污水提升系统提升至地面经压力井(消能)排至市政污水管。废水系统包括地下站的结构渗漏水、结构排水、消防废水及车站冲洗水、局部排水(出入口的自动扶梯底部、局部低洼处),废水分别汇入废水泵房及出入口的集水池内,由废水泵提升至地面压力井排至市政污水系统。

7.1 管路施工

7.1.1 给水、消防管道及配件安装

给水、消防管道负责向车站输送生产、生活用水和消防用水,常用管材有内衬塑镀锌钢管、内外热浸镀锌钢管、薄壁不锈钢管、球墨铸铁给水管等。

1)给水管道及配件安装

(1)施工流程

给水管道及配件安装施工流程如图 8-7-1 所示。

图 8-7-1 给水管道及配件安装施工流程图

(2)操作要点

①施工准备

a. 技术准备:熟悉施工图纸及相关技术要求;与当地水务公司对接,确定给水接驳点位置;做好站内施工现场的预留、预埋等接口检查工作。

b. 材料准备:内衬塑镀锌钢管、阀门、金属波纹减振器、金属软管、内衬塑镀锌丝接管件等。

c. 工器具准备：电焊机、切割机、套丝机、折弯机、台钻、手动增压泵等。

d. 人员准备：施工负责人、技术人员、安全员、作业人员、电工、焊工等。

②测量放线

根据图纸中的管道安装位置，用钢卷尺对现场作业面的结构高度，其他专业的管线标高等情况进行实地测量，使用红外线水平仪在墙体或结构上确定管道走向，按照每根钢管长度6m进行排布，使用记号笔在支架的安装位置做出标记，并绘制施工草图。

③管道、支吊架制作与安装

按照测量放线绘制好的草图，对长度不足6m的管道用切管机进行切割，切割完成后用锉刀打磨切口，除去毛刺；然后对内衬塑镀锌钢管管道端头用套丝机进行螺纹加工；最后对切口及螺纹等镀锌层遭破坏的部位用防锈漆及银粉漆进行修补。支吊架一般采用电焊焊接，焊接完成后使用台钻钻孔，严禁使用电焊烧孔，除去焊接部位的焊渣，按设计及规范要求进行防腐处理。支吊架制作完成后按照放线时标记好的位置，使用电锤打孔，埋设螺栓，将支吊架就位安装。

④管道及配件安装

分别将管道架设在安装好的支吊架上，套上U形管卡，不拧紧螺母，应使管道可以轻微地转动。在螺纹接口上缠绕麻丝，均匀涂抹液体生胶带。分别用管钳卡住管道和管件，将管道拧入管件中。管件安装好之后在U形管卡与管道之间放入橡胶垫片，橡胶垫片的接口调整至管道与支吊架的接触面之间，然后将U形管卡的螺母紧固。对风道、出入口、走廊、管理用房吊顶内需做保温的给水管道，在U形管卡与管道之间放置木托。阀门直接套在管道上，用管钳旋转紧固，金属波纹补偿器和金属软管在安装前需在管道上安装法兰。将法兰套在管口，先用手旋转，待法兰咬紧管道，使用管钳将法兰固定到位。法兰装好后将金属波纹补偿器或金属软管的法兰与管道上的法兰对齐，装入螺栓，拧紧螺母。

⑤管道压力试验

详见本章7.6节相关内容。

⑥管道保温

保温施工须在管道压力试验合格后进行。超细离心玻璃棉管壳的规格与保温给水管管径对应。将管壳套在水管上，管壳接口保持平齐，用铝箔胶带封住。将0.5mm铝合金薄板剪裁成与管壳外表面大小一致的块状，然后用折弯机加工，把加工好的铝皮套在管壳外壁，接口用铆钉固定。水管弯头处的保护层需将铝皮切成条状，拼接成弯头的形状。

(3)关键技术卡控点

①钢管水平安装的支吊架间距不应大于表8-7-1要求。

支吊架允许最大间距　　　　表8-7-1

钢管公称直径(mm)		15	20	25	32	40	50	65	80	100	125	150	200
支吊架的最大间距(m)	保温	2	2.5	2.5	2.5	3	3	4	4	4.5	6	7	7
	不保温	2.5	3	3.5	4	4.5	5	6	6	6.5	7	8	9.5

②管道穿过墙壁和楼板，应设置金属或塑料套管。

③螺纹连接管道安装后的管螺纹根部应外露2~3个螺距，多余的麻丝应该清理干净并做防腐处理。

④螺纹连接的管道，螺纹加工后用锉刀将管道端口的毛刺打磨掉，用棉布将管口和螺纹内部的润滑油、金属屑擦拭干净，用铰刀将管道端口的衬塑层按厚度1/2倒角。

⑤所有压力管外壁应标注色环,并应注明管道名称和水流方向。除消防管道使用红色色环外,其他管道色环颜色按照设计说明执行。

⑥管道在安装过程中出现中断时应对敞口做好封闭,在支管安装之前,对主管道的预留接口也做同样处理。

⑦管道的螺纹加工:应按加工管径选用板牙头和板牙,板牙应按顺序放入,作业时应先用润滑油润滑板牙。转动靠模上的手轮,使靠模上的刻线对正所要加工的螺纹规格,开动机器,移动大支吊架,让板牙接触管子表面后稍加用力,入扣后机器自动套丝,这时铰板上的滚轮在靠模斜面上慢慢地滚动张开铰板以形成1/16的锥度,滚轮走完靠模后,在靠模的一端落下,切削完成,铰板张开。转动大手轮,使大支吊架退回原来的位置,拔出限位销,把铰板置于非工作位置,然后撞开前卡盘,再松开后卡盘,取出管子。螺纹加工标准见表8-7-2。

螺纹加工标准　　　　　　　　　　　　　表8-7-2

序号	钢管公称直径		短 螺 纹		长 螺 纹		连接阀门的螺纹长度(mm)
	(mm)	(in)	长度(mm)	螺牙数(扣)	长度(mm)	螺牙数(扣)	
1	DN15	1/2	14	8	50	28	12
2	DN20	3/4	16	9	55	30	13.5
3	DN25	1	18	8	60	26	15
4	DN32	1¼	20	9	65	28	17
5	DN40	1½	22	10	70	30	19
6	DN50	2	24	11	75	33	21
7	DN65	2½	27	12	85	37	23.5
8	DN80	3	30	13	100	44	26

⑧给水引入管与排水排出管的水平净距离不得小于1m。室内给水与排水管道平行敷设时,两管间的最小水平净距离不得小于0.5m;交叉敷设时,垂直净距不得小于0.15m。给水管道应铺在排水管道上面,若给水管必须铺在排水管下面时,给水管应加套管,其长度不得少于排水管管径的3倍。

(4)质量通病与防治措施

给水管道安装质量通病与防治措施见表8-7-3。

给水管道安装质量通病与防治措施　　　　　　　　　　　　　表8-7-3

序号	质量通病	原因分析	防治措施
1	给水系统中排气阀安装不到位	设计遗漏	仔细审图,及时向设计单位提出建议
		未正确选择管道最高点	对管道标高进行实际测量
2	缺少土建预埋穿结构套管	专业设计之间未有效沟通协调	发现图纸遗漏套管及时向设计单位提出
		施工遗漏	结构施工前与土建施工单位对接
3	管道接口位于带电设备上方	专业设计之间未有效沟通协调	发现图纸问题及时向设计单位提出
		受安装路径影响,无规避空间	为带电设备安装挡水顶盖等
4	用水点无检修阀或检修阀不便操作	设计遗漏	仔细审图,及时向设计单位提出建议
		后期装修面封闭检修阀	与后期的装修施工单位进行对接,要求对检修阀做检修门

2)消防管道及配件安装

镀锌钢管表面有热浸镀或电镀锌层的焊接钢管。镀锌可增加钢管的抗腐蚀能力,延长使用寿命。

(1) 施工流程

消防管道及配件安装施工流程如图 8-7-2 所示。

图 8-7-2　消防管道及配件安装施工流程图

(2) 操作要点

① 作业准备

a. 技术准备：熟悉施工图纸，根据图纸设计核查土建预留孔洞及套管是否有遗漏。

b. 材料准备：镀锌钢管、镀锌型钢、喷头、卡箍等。

c. 工器具准备：电焊机、切割机、台钻、套丝机、压槽机、切管机等。

d. 人员准备：施工负责人、技术人员、安全员、作业人员、电工、焊工等。

② 测量放线

依据施工图，结合预留、预埋的情况，进行现场管道的放线；放线前和其他专业人员共同核查图纸设计的合理性，各专业之间是否有位置冲突，如有问题及时向设计单位反馈。吊顶下的喷头要与灯具、风口、感烟火灾探测器等设施统筹考虑，合理布置。放线时，对支吊架的位置要精确定位，特别是消防管道的防晃支吊架设置，要尽可能依托结构柱或结构墙安装防晃支吊架。

③ 管道、支吊架制作与安装

参照本章 7.1.1 小节相关内容。

④ 管网安装

管网安装从干管开始，依次由大管向小管延伸。分根将管道架设在安装好的支吊架上，套上 U 形管卡。干管安装时，先将卡箍内的橡胶圈取下，套在一根钢管的端头上，然后将两根管道的接口对齐。将管道的沟槽清理干净，使橡胶圈与沟槽紧密结合，将卡箍的卡套套在橡胶圈上，拧紧螺栓。支管安装时，在螺纹接口上缠绕麻丝，均匀涂抹液体生胶带。分别用管钳卡住管道和管件，将管道旋入管件中。管件安装好之后在 U 形管卡与管道之间放入橡胶垫片，橡胶垫片的接口调整至管道与支吊架的接触面之间，然后将 U 形管卡的螺母紧固。阀门安装之前同样用麻丝和生胶带缠绕管端螺纹接口，阀门套在管道上，用管钳旋转紧固。

⑤ 管道压力试验

详见本章 7.6 节相关内容。

⑥ 管道保温

管道应按规定进行强度试验或气密性试验，经试验合格后方能进行保温施工，保温材料粘贴应牢固，铺设平整，绑扎紧密，无滑动、松弛、断裂现象，保证保温密实。

(3) 关键技术卡控点

① 管道安装结合现场条件，合理安排安装顺序：先大管、后小管，先主管、后支管。当管道交叉时，应按下列原则避让：小管让大管，有压力管道让无压力管道，一般管道让保温管道，支管道让主管道。

② 室内消防喷淋系统安装时应符合以下要求：

a. 在与室外地下给水管连接前，室外地下管道宜放水冲洗干净。

b. 室内管道安装前，每根管子应检查清理，管内应无杂物泥垢。

c. 管道的沟槽加工：利用电动机械压槽机加工，管道压槽预制时，应根据管道口径大小配置（调正）相应的压槽模具，同时调整好管道滚动托架的高度，保持被加工管道的水平，并与电动机械压槽机中心对直,保证管道加工时旋转平稳,确保沟槽加工质量。沟槽加工标准见表8-7-4。

沟槽加工标准(单位:mm)　　　　　　　　　　　　表8-7-4

公称直径	钢管外径	管端至沟槽边尺寸A (+0.0,-0.5)	沟槽宽度B (+0.5,-0.0)	沟槽深度C	沟槽外径
80	89	14.5	9.5	2.2	84.6
100	114	16			109.6
150	165	16			160.6
200	219	19	13	2.5	214

(4)质量通病与防治措施

消防管道安装质量通病与防治措施见表8-7-5。

消防管道安装质量通病与防治措施　　　　　　　　　表8-7-5

质量通病	原因分析	防治措施
管道支吊架不合格	未按照交底和规范要求制作支吊架	改变支吊架样式

7.1.2 排水管道及配件安装

车站的排水管道用于输送车站的废水、污水和结构渗水等。排水系统可分为压力排水和重力排水两种。两种系统使用的管材并不相同,压力排水管道常用管材为内涂塑镀锌钢管、内外热浸镀锌钢管等,重力排水管常用管材有硬聚氯乙烯(U-PVC)排水管、球墨铸铁排水管等。压力排水管道常用管材为内涂塑镀锌钢管、内外热浸镀锌钢管等。

1)压力排水管及配件安装

(1)施工流程

压力排水管及配件安装施工流程如图8-7-3所示。

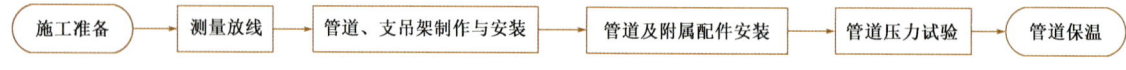

图8-7-3　压力排水管及配件安装施工流程

(2)操作要点

①施工准备

a.技术准备:熟悉施工图纸,根据图纸设计核查土建预留孔洞及套管是否有遗漏。

b.材料准备:内外热浸镀锌钢管、沟槽管件、镀锌管件等。

c.工器具准备:电焊机、切割机、切管机、套丝机、滚槽机等。

d.人员准备:施工负责人、技术人员、安全员、作业人员、电工、焊工等。

②测量放线

根据图纸中的管道安装位置,用钢卷尺对现场作业面的结构高度,其他专业的管线标高等情况进行实地测量,使用红外线水平仪在墙体或结构上打出管道走向,按照每根钢管6m长度进行排布,使用记号笔在支吊架的安装位置做出标记,绘制好施工草图。

③管道、支吊架制作与安装

按照测量放线绘制好的草图,对长度不足6m的管道用切割机或切管机进行切割,分别使用套丝机加工螺纹或者滚槽机压槽。支吊架制作安装步骤参照本章7.1.1小节有关管道、支吊架制作与安装的内容。

④管道及附属配件安装

分段将管道架设在安装好的支吊架上,管道上支吊架后立即用 U 形管卡固定,U 形管卡与管道之间放置橡胶垫片。管道固定完成后安装支管以及阀门、金属波纹补偿器、金属软管等部件。

⑤管道压力试验

详见本章 7.6 节相关内容。

⑥管道保温

出入口及风道的排水管如需进行保温,施工工艺与给水管道相同。

(3)关键技术卡控点

①螺纹连接时,填料采用白厚漆麻丝或生胶带、一次拧紧,外露 2~3 个螺距。

②管道穿过墙壁和楼板,应设置金属套管。

③墙体之间、U 形管卡与管道之间必须加设 5mm 的橡胶垫,防止杂散电流的腐蚀。

④安装在楼板内的套管,其顶部应高出装饰地面;安装在墙壁内的套管其两端与装饰面相平。

⑤管道的接口不得位于套管内。穿过楼板的套管与管道之间缝隙用阻燃密实材料和防水油膏填实。

⑥所有压力管外壁应标注色环,并应注明管道名称和水流方向。

⑦管道出结构处必须安装可曲挠橡胶接头,防止杂散电流对管道的腐蚀。

⑧管道出户后需设置消能井,不可直接排入市政管网。

(4)质量通病与防治措施

压力排水管及配件安装质量通病与防治措施见表 8-7-6。

压力排水管及配件安装质量通病与防治措施　　　　表 8-7-6

序号	质量通病	原因分析	防治措施
1	杂物堵塞逆止阀,导致阀门自闭作用失灵	车站运营保洁将有杂物的清洁污水倒入离壁沟	设备移交时对车站管理人员提出建议,禁止将有杂物的废水倒入离壁沟
2	室外排水管道出室外处漏水	结构墙体土建单位柔性防水套管未按图集要求预埋	给水与排水专业施工前,检查土建单位预留预埋接口,发现质量问题,在接口移交阶段提出,要求整改
3	敞口风亭处雨水管道易遭破坏	因雨水管道位于敞口风亭中,在施工阶段管道受坠物或吊装物撞击	雨水管道施工完成后将敞口做封闭
4	室外重力排水管道形成倒坡	沟槽开挖过程中,管道底部基层未夯实,地质沉降导致管道坡度变化	室外沟槽开挖过程中,严格按照设计要求施工
		管道敷设过程中,未按照设计要求保证坡度	管道敷设安装过程中,严格按照设计要求实施

2)重力排水管及配件安装

(1)施工流程

重力排水管及配件安装施工流程如图 8-7-4 所示。

图 8-7-4　重力排水管及配件安装施工流程图

(2)操作要点

①施工准备

a. 技术准备:熟悉施工图纸,根据图纸设计核查土建预留孔洞及套管是否有遗漏。

b. 材料准备:U-PVC 排水管、U-PVC 管件、镀锌型钢等。

c. 工器具准备:切割机、台钻、开孔器、电钻等。

d. 人员准备:施工负责人、技术人员、安全员、作业人员、电工等。

②测量放线

利用激光水平仪打出管道走向,用记号笔做出标记,然后用钢卷尺沿记号量出长度。按照每根 U-PVC 排水管长 4m 进行排布,在支架安装位置做出标记。

③支吊架、管道预制

根据图纸设计样式制作支吊架,钢材切割使用切割机,支吊架开孔使用台钻,对切面和开孔先刷防锈漆,后刷银粉漆。管材切割使用切割机,切割面与管道轴心垂直,管道切断后使用锉刀打磨切口毛边。

④支吊架安装、管道敷设

在标记好的支吊架安装位置用电锤打孔,植入锚栓,将支吊架固定在结构上。先从顶部开始安装管道。管道用 U 形管卡固定。管道黏结前先做试插,管道插入管件承口的 3/4,试插合格后用棉布将管道和管件结合部位擦拭干净,用毛刷涂抹黏结剂。黏结剂涂抹完成后将管道用力插入管件中,对插口稍作转动,等待 30~60s,将接合处溢出的黏结剂擦拭干净,将 U 形管卡的螺母固定到位。

⑤通球、灌水试验

待所有管道安装完成后进行通球试验,通球球径不小于管道直径的 2/3,通球率要求达到 100%;后进行灌水试验,要求排水顺畅、无积水。

(3)关键技术卡控点

①排水塑料管支吊架间距应符合表 8-7-7 的要求。

排水塑料管支吊架间距   表 8-7-7

公称管径(mm)	50	75	110	125	160
立管间距(m)	1.2	1.5	2.0	2.0	2.0
横管间距(m)	0.5	0.75	1.10	1.30	1.60

②用于室内排水的横向排水管道、横向管道与立管的连接,应采用 45°(斜)三通或四通和 90°斜三通或斜四通。立管与排出管端的连接,应采用 2 个 45°弯头或曲率半径不小于 4 倍管径的 90°弯头。

③在连接 2 个及 2 个以上的大便器或 3 个及 3 个以上卫生器具的污水横管上应设置清扫口。

④在转角小于 135°的污水横管上,应设置检查口或清扫口。

⑤承插排水管道安装时,管道和管件的插口应该与水流方向一致。

(4)质量通病与防治措施

重力排水管及配件安装质量通病与防治措施见表 8-7-8。

重力排水管及配件安装质量通病与防治措施   表 8-7-8

质量通病	原因分析	防治措施
室外重力排水管道形成倒坡	沟槽开挖过程中,管道底部基层未夯实,地质沉降导致管道坡度变化	室外沟槽开挖过程中,严格按照设计要求施工
	管道敷设过程中,未按照设计要求保证坡度	管道敷设安装过程中,严格按照设计要求实施

7.1.3 室内消防喷头安装及消火栓(箱)

1) 消防喷头安装

(1) 施工流程

消防喷淋管道安装施工流程如图 8-7-5 所示。

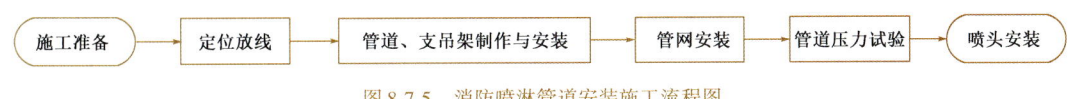

图 8-7-5 消防喷淋管道安装施工流程图

(2) 操作要点

① 施工准备

a. 技术准备:熟悉施工图纸,根据图纸设计核查土建预留孔洞及套管是否有遗漏。

b. 材料准备:镀锌钢管、镀锌型钢、喷头、卡箍、U 形管卡等。

c. 工器具准备:电焊机、切割机、台钻、套丝机、压槽机、切管机等。

d. 人员准备:施工负责人、技术人员、安全员、作业人员、电工、焊工等。

② 定位放线

依据施工图,结合预留、预埋的情况,进行现场管道的放线;放线前和其他专业人员共同核查图纸设计的合理性,各专业之间是否有位置冲突,如有问题及时向设计单位反馈。吊顶下的喷头要与灯具、风口、感烟火灾探测器等设施统筹考虑,合理布置。放线时,对支吊架的位置要精确定位,特别是喷淋管道的防晃支吊架设置,要尽可能依托结构柱或结构墙安装防晃支吊架。

③ 管道、支吊架制作与安装

参照本章 7.1.1 小节有关管道、支吊架制作与安装的内容。

④ 管网安装

管网安装从干管开始,依次由大管向小管延伸。分根将管道架设在安装好的支吊架上,套上 U 形管卡。干管安装时,先将卡箍内的橡胶圈取下,套在一根钢管的端头上,然后将两根管道的接口对齐。将管道的沟槽清理干净,使橡胶圈与沟槽紧密结合,将卡箍的卡套套在橡胶圈上,拧紧螺栓。所有卡箍的朝向需保持一致。支管安装时,在螺纹接口上缠绕麻丝,均匀涂抹液体生胶带。分别用管钳卡住管道和管件,将管道旋入管件中。管件安装好之后在 U 形管卡与管道之间放入橡胶垫片,橡胶垫片的接口调整至管道与支吊架的接触面之间,然后将 U 形管卡的螺母紧固。阀门安装之前同样用麻丝和生胶带缠绕管端螺纹接口,阀门套在管道上,用管钳旋转紧固。

⑤ 管道压力试验

详见本章 7.6 节相关内容。

⑥ 喷头安装

在喷头上缠绕生胶带,用手将喷头旋入预留接口,至咬合紧固,用活口扳手将喷头拧紧。

(3) 关键技术卡控点

① 管道安装结合现场条件,合理安排安装顺序:先大管、后小管,先主管、后支管。当管道交叉时,应按下列原则避让:小管让大管,有压力管道让无压力管道,一般管道让保温管道,支管道让主管道。

② 室内消防喷淋系统安装时应符合以下要求:

a. 在与室外地下给水管连接前,室外地下管道宜放水冲洗干净;

b. 室内管道安装前,每根管子应检查清理,管内应无杂物泥垢;

c. 安装中断时,敞口及时封堵;

d. 喷头的连接支管不小于 DN25,喷淋横支管吊架间距应不大于 3.6m,吊架与喷头距离不小于 300mm,距末端喷头的距离不大于 750mm。

③喷头安装

a. 喷头宜在车站内装修完成后进行安装。

b. 管道安装时应有一定的坡度,系统不应小于 0.2%。管道变径时,应尽量避免用补心而应采用大小头。

c. 自动喷淋系统喷头位置、间距和方向必须符合设计要求和施工规范的规定。检验方法:观察和对照图纸及施工规范检查。

d. 支吊架设在相邻喷头间的管段上,当相邻喷头间距不大于 3.6m 时,可设一个;小于 1.8m 时,允许隔段设置。

e. 管道的沟槽加工:利用电动机械压槽机加工,管道压槽预制时,应根据管道口径大小配置(调正)相应的压槽模具,同时调整好管道滚动托架的高度,保持被加工管道的水平,并与电动机械压槽机中心对直,保证管道加工时旋转平稳,确保沟槽加工质量。沟槽加工标准见表 8-7-4。

（4）质量通病与防治措施

消防喷头安装质量通病与防治措施见表 8-7-9。

消防喷头安装质量通病与防治措施　　　　表 8-7-9

序号	质量通病	原因分析	防治措施
1	喷淋管支吊架无固定点	当喷头为下喷时,喷淋管网处于风管、桥架等管线的最下方,结构顶部没有空间安装吊架	改变支吊架样式
2	喷淋管道泄水点处没有地漏	设计遗漏	就近寻找地漏,将泄水管延伸至地漏
3	喷头喷水范围内有障碍物遮挡	专业设计之间未有效沟通	向设计单位提出更改建议
4	喷头选型不符合要求	设计人员未考虑具体安装区域	向设计单位提出更改建议

2）消火栓(箱)安装

消火栓(箱)的安装形式有暗装与明装两种,一般设备区走廊、公共区以及出入口采用暗装形式,风道与通风与空调机房采用明装形式。本章以暗装消火栓(箱)为例介绍消火栓(箱)的安装工艺。

（1）施工流程

暗装消火栓(箱)安装施工流程如图 8-7-6 所示。

图 8-7-6　暗装消火栓(箱)安装施工流程图

（2）操作要点

①施工准备

a. 技术准备:熟悉施工图纸,根据图纸设计核查土建预留孔洞及套管是否有遗漏。

b. 材料准备:球阀、麻丝、镀锌管件等。

c. 工器具准备:管道开孔器、套丝机、电焊机、台钻等。

d. 人员准备:施工负责人、技术人员、安全员、作业人员、电工、焊工等。

②定位放线,墙洞预留

设备区的暗装消火栓(箱)根据箱体尺寸以及消火栓(箱)的进水方向,在墙体中预留墙洞。

③箱体就位,墙洞封堵

消火栓(箱)使用4颗 M12 不锈钢锚栓固定在墙体上。首先在箱体上标出开孔位置,左右间距对称;然后用手枪钻开孔;再把箱体安置在安装位置上,用记号笔通过已经钻好的开孔在墙体上做出标记,取下箱体,用电锤在墙体上的标记处钻孔,埋入 M12 不锈钢锚栓;之后再把箱体放回安装位置,箱体孔洞对准锚栓,上紧螺母。每个锚栓安装一个 M12 的不锈钢圆头螺母。箱体固定之后,将水管接入消火栓(箱),管道接口缠绕麻丝,均匀涂抹液体生胶带。使用管钳将栓头上紧,栓口距装修完成面 1100mm。

④箱内设备安装

用棉布对箱内进行清理,箱内设备安装自上而下,首先安装自救卷盘,然后放置水枪,再放入水龙带,最后放置灭火器。

⑤箱门安装

所有箱内设备就位后立即安装箱门。箱门上的螺栓孔与箱体上的螺栓孔准确对应,插入螺栓,上紧螺母,箱门与墙体紧密贴合。

(3)关键技术卡控点

①暗装消火栓(箱)、消防器材箱边框应与墙面平齐,不允许箱体凸出或凹陷。

②箱体应避免与装修踢脚线冲突。

③消火栓(箱)安装前应对箱内组件进行检查,保证箱内组件齐全。

④消火栓栓口中心距装修完成面 1100mm。

⑤消火栓(箱)固定后应在锚栓外露部分加装不锈钢材质圆头螺母。

⑥消火栓与箱门锁处在同一方向,即"开门见栓"原则。

⑦所有设施应检查:磷酸铵盐灭火器压力是否充足,水龙带接头是否有抱箍固定,水龙带是否有破损,自救卷盘水管是否有破损,自救卷盘枪头和接头是否有遗失。

(4)质量通病与预防措施

消火栓(箱)安装质量通病与防治措施见表 8-7-10。

消火栓(箱)安装质量通病与防治措施　　　表 8-7-10

序号	质量通病	原因分析	防治措施
1	公共区消火栓(箱)与广告灯箱、导向灯箱冲突	设计原因	及时向设计单位提出问题
2	消火栓(箱)内配件缺失	被盗	箱内设备放置后及时向运营单位移交
3	消火栓(箱)损坏	非专业人士、操作不当	加强成品保护措施
4	结构预留孔洞不满足消火栓(箱)安装要求	设计原因	施工前核查结构预留孔洞
		土建施工原因	施工前复核安装位置,若不满足要求应及时向监理单位反馈

7.2 设备安装

7.2.1 水泵安装

1)施工流程

水泵安装施工流程如图 8-7-7 所示。

图 8-7-7　水泵安装施工流程图

2）操作要点

（1）施工准备

①技术准备：熟悉施工图纸，实地测量消防泵房建筑尺寸，与装修专业对接水泵基础尺寸。

②材料准备：镀锌钢管、阀门、沟槽管件、镀锌管件等。

③工器具准备：切管机、套丝机、电焊机、台钻等。

④人员准备：施工负责人、技术人员、安全员、作业人员、电工、焊工等。

（2）基础验收

按照设计和规范要求对基础混凝土强度进行核验，并结合设计图纸复核基础尺寸及预留地脚螺栓孔或预埋地脚螺栓尺寸。将基础表面清理干净，地脚螺栓孔打毛，水冲洗并清理干净。

（3）立式泵安装

①安装前应核对基础定位尺寸及标高，其允许偏差应符合规范要求。

②水泵型号应与设计相符，动力机械与水泵功率应匹配，产品合格证、说明书及随机配件是否齐全。

③水泵安装前应对其外表及组装件进行一次外观质量检查；如发现有质量问题，不得安装。

④安装后，水泵泵体的底座应水平，且与基座接触严密，定位基准线应符合设计要求，设备的平面位置及允许偏差应符合相关规范的规定。

⑤水泵的管口与管道连接应严密，无渗漏水现象。

⑥电机的绝缘电阻应符合相关规范的规定。

（4）潜污泵安装

①潜污泵安装前应将水池内所有垃圾清理干净，以免造成水泵堵塞。

②潜污泵在池内潜入水中的深度应符合设备技术规定及设计要求。

③自动耦合装置中的两根导轨应垂直安装并保持互相平行。

④自动耦合装置中的螺栓、螺母等所有连接件安装时应紧固牢靠。

⑤水泵自动耦合装置就位前应检查基础的地脚螺栓（或膨胀螺栓）的大小、材质，其垂直度必须满足安装要求，螺母应拧紧，扭力矩均匀，螺母、垫圈及底座间接触紧密。

⑥潜污泵吊装后导向挂件上的两只挂耳应以导管为中心均匀放置，防止偏向某一边而致使水泵倾斜或卡住而破坏密封性能。安装时可以反复提起再吊下，直到使水泵获得正确安装位置。

（5）管道连接

①按照阀门的尺寸以及图纸标注的安装高度，计算出管道的长度，然后对管道进行加工，同时制作出支吊架。

②泵组的总出水管上还应安装压力表和安全泄压阀。压力表安装应加设缓冲装置；压力表和缓冲装置之间还应安装旋塞阀。

③水泵吸水口处安装偏心大小头，采用顶平安装方式；水泵出水口安装同心大小头。

（6）单机调试

安装完成后，应通水、通电进行单体测试，检测动作是否正常。

3）关键技术卡控点

（1）水泵出水管及其附件应用支吊架固定，不得使管道重量承压在水泵设备上。

（2）管道与泵连接后不应在管道上进行二次焊接。如需焊接，则应拆下管路和采取必要的措施，以防焊渣进入泵内和损坏泵的零件。

（3）立式水泵的减振装置应采用橡胶减振垫，不应采用弹簧补偿器。

4）质量通病与防治措施

水泵安装质量通病与防治措施见表 8-7-11。

水泵安装质量通病与防治措施　　　　　　表 8-7-11

序号	质量通病	原因分析	防治措施
1	水泵外壳掉漆	泵房施工人员踩踏	加外罩做成品保护
2	水泵进水管偏心大小头安装错误	大小头焊接法兰螺栓孔与水泵进水口法兰螺栓孔无法对应	安装前对螺栓孔进行孔位检查，无法对应时应更换偏心大小头

7.2.2 污水提升装置安装

1）施工流程

污水提升装置安装施工流程如图 8-7-8 所示。

图 8-7-8　污水提升装置安装施工流程图

2）操作要点

（1）施工准备

①技术准备：在施工前仔细审图，对作业人员进行技术交底，对工艺标准作出要求；同时按照到货清单对安装方案进行交底，避免安装错误。

②材料准备：潜污泵成套设备、镀锌钢管、镀锌管件等。

③工器具准备：套丝机、切管机、电锤等。

④人员准备：施工负责人、技术人员、安全员、作业人员、电工、焊工等。

（2）基坑清理，基础预制

用临时泵抽干基坑积水，清除杂物，检查基坑深度是否符合设计要求。测量定位，预埋水泵安装螺栓，浇筑水泵基础。基础完成后，检查其水平度是否符合要求，基础螺栓是否牢固，尺寸是否满足要求。

（3）水泵就位安装

检查紧固耦合装置连接件。安装水泵耦合器、导轨。两根导轨应垂直安装并保持相互平行。起吊水泵，安装导向挂件，反复起吊水泵 2~3 次，使水泵获得正确的安装位置。

（4）管道阀门连接

安装水泵出水管、蝶阀、止回阀等附件。阀门安装前进行密闭性试验，并且要检查阀门的启闭灵活性。

（5）单机调试

安装完成后，应通水、通电进行单体测试，检测动作是否正常。

3）关键技术卡控点

(1)测量泵座基础位置和标高与出水管道中心线是否一致,是否符合设计要求。

(2)检查出水管道内是否有垃圾,防腐是否符合规范要求。

(3)将潜污泵与出水管道之间的首个弯头固定在泵座基础上,使用水平器把其出口调平对正出水管道管口,必要时使用垫片;同时将两管口的法兰螺栓孔对准;在两法兰之间安装法兰垫片,使用合适的防腐螺栓连接拧紧,以防漏水。

(4)污水提升装置进水口应在进水管的最低点,以保证卫生间的污水顺利流入水箱中。

4）质量通病与防治措施

污水提升装置安装质量通病与防治措施见表 8-7-12。

污水提升装置安装质量通病与防治措施　　　　表 8-7-12

序号	质量通病	原因分析	防治措施
1	水泵控制柜元器件烧毁	站内空气潮湿	加强车站的通风措施,控制柜接线后保持通电状态
2	水泵电机烧毁	其他施工单位施工后未将垃圾清走,被水流带入集水坑堵塞水泵	对集水坑定期巡查
3	水泵自动抽水功能失灵	土建堵漏施工时人为切断液位计,施工结束后不恢复	与土建单位沟通并定期巡检

7.2.3 真空泵安装

1）施工流程

真空泵安装施工流程如图 8-7-9 所示。

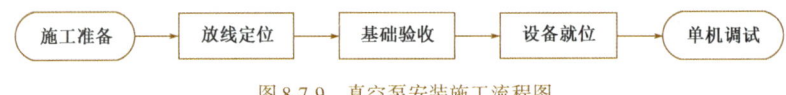

图 8-7-9　真空泵安装施工流程图

2）操作要点

(1)施工准备

①技术准备:在施工前仔细审图,对作业人员进行技术交底,对工艺标准作出要求,同时按照到货清单对安装方案进行交底,避免安装错误。

②材料准备:真空泵成套设备、镀锌钢管、镀锌管件等。

③工器具准备:套丝机、切管机、电锤等。

④人员准备:施工负责人、技术人员、安全员、作业人员、电工、焊工等。

(2)放线定位

根据施工图纸以及真空泵型号的要求,对预留位置尺寸进行复核。

(3)基础验收

按照设计和规范要求对基础混凝土强度进行核验,并结合施工图纸复核基础尺寸及预留地脚螺栓孔或预埋地脚螺栓尺寸。将基础表面清理干净,地脚螺栓孔打毛,用水冲洗并清理干净。

(4)设备就位

水泵安装前应对其外表及组装件进行一次外观质量检查;如发现有质量问题,不得安装。安装后,水泵泵体的底座应水平,且与基座接触严密,定位基准线应符合设计要求,设备的平面位置及允许偏差应符合相关规范的规定。水泵的管口与管道连接应严密,无渗漏水现象。

(5)单机调试

安装完成后,应通水、通电进行单体测试,检测各项动作是否正常。

3)关键技术卡控点

(1)真空泵应安装在地面结实坚固的场所,周围应留有充分的余地,便于检查、维护、保养。

(2)真空泵底座下应保持地基水平,底座四角处用垫减震橡皮或用螺栓浇制安装,确保真空泵运转平稳,振动小。

(3)真空泵与系统的连接管道应密封可靠,对小真空泵可采用金属管路连接密封垫采用耐油橡胶,对小真空泵可采用真空胶管连接,管道管径不得小于真空泵吸气口径,且要求管路短、弯头少。

(4)按电动机标牌规定连接电源,并接地线和安装合适规格的熔断器及热继电器。

(5)真空泵通电试运转时,须取下电机皮带,确认真空泵转向符合规定方向方可投入使用,以防真空泵反转喷油。

(6)当真空泵排出气体影响工作环境时,可在排气口装接管道引离或装接油雾过滤器。

4)质量通病与防治措施

真空泵安装质量通病与防治措施同水泵安装质量通病与防治措施,见表8-7-11。

7.2.4 卫生器具安装

1)施工流程

卫生器具安装施工流程如图8-7-10所示。

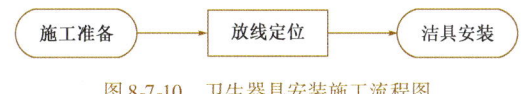

图8-7-10 卫生器具安装施工流程图

2)操作要点

(1)施工准备

①技术准备:熟悉施工图纸,根据施工方案确定的施工方法和技术交底的具体措施做好准备工作。给水排水管预留口的尺寸与位置,须依照卫生洁具进出水口的大小与位置;向操作人员交底,认真熟悉卫生洁具的安装图纸,了解卫生洁具的安装注意事项。

②材料准备:洁具、五金配件、型钢、螺栓、U-PVC管道等。

③工器具准备:切割机、台钻、电锤、钢卷尺、水平仪等。

④人员准备:施工负责人、技术人员、安全员、作业人员、电工、焊工等。

(2)放线定位

根据施工图纸以及洁具型号的要求,对预留管口进行复核,对于不满足施工要求的预留管口予以整修,便于卫生洁具安装时对接管道。

(3)洁具安装

根据不同类别卫生洁具的施工要求,将洁具安装到施工图上的设计位置并平稳固定,洁具的给水排水接口与管道预留的给水排水接口相连接。

3）关键技术卡控点

（1）卫生器具安装

①卫生器具、配件必须具有中文质量合格证明文件、规格型号及性能检测报告以及安装使用说明书，产品应符合国家技术标准或设计要求；

②卫生器具、配件进场时，应对品种、规格、外观等进行验收，包装应完好，表面无划痕及及明显破损；

③主要器具和设备必须有完整的安装使用说明书；

④在运输、保管和施工过程中，应采取有效措施防止损坏或腐蚀。

（2）小便器安装

①房间吊顶以下进水管一般要求暗装，感应器与小便器连接；配管前应在墙面上标出小便器安装中心线，根据设计高度确定位置，画出十字线，按小便器中心线打孔。

②小便器排水接口为承插口时，应用油腻子封闭。

（3）大便器安装

①大便器安装前，应根据施工图纸位置，画出安装十字线。设计上无规定时，蹲式大便器下水口中心距后墙面最小为620mm左右居中。

②座式大便器安装前应用水泥砂浆找平，大便器接口填料应采用油腻子。

③蹲式大便器四周在打混凝土地面前，应抹一圈厚度为3.5mm的麻刀灰，两侧用砖挤牢固。蹲式大便器水封上下口与大便器或管道连接处均应填塞油麻两圈，外部用油腻子或纸盘白灰填实密封。安装完毕后，应做好保护。

（4）洗脸盆（洗涤盆）安装

①根据洗脸盆中心及洗脸盆安装高度画出十字线，使用型钢焊接落地支架，在洗脸盆与支架之间放置橡胶垫，洗脸盆下水口设置存水弯；柱式脸盆直接用木螺钉或膨胀螺栓与墙固定，安装多组洗脸盆时所有洗脸盆应在同一水平线上。

②洗脸盆与排水栓连接处应用浸油石棉橡胶板密封；洗脸盆下有地漏时，排水短管的下端，应距地漏不小于100mm。

4）质量通病与防治措施

卫生器具安装质量通病与防治措施见表8-7-13。

卫生器具安装质量通病与防治措施　　表8-7-13

质 量 通 病	原 因 分 析	防 治 措 施
卫生间防水层遭破坏	其他单位施工人员在卫生间施工导致	门口挂标识牌或封闭卫生间

7.3　室外排水构筑物施工

7.3.1　室外井室施工

地铁站内的雨水、污水不能直接排入市政雨水管网，通常雨水和废水在出户后要设置消能井，卫生间的污水还需经过化粪池的沉淀。因此，消能井、排水检查井以及化粪池等构筑物都是给水与排水施工的重要内容。

1）施工流程

室外井室施工流程如图 8-7-11 所示。

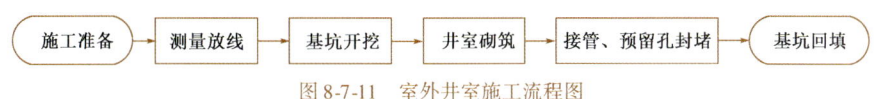

图 8-7-11　室外井室施工流程图

2）操作要点

（1）施工准备

①技术准备：熟悉图纸，与市政管道施工单位对接，确定接驳预留口。与土建、电力、燃气等单位对接，了解地下既有管线的埋深、走向等情况。对探明的既有管线位置处做好标记。

②材料准备：小砖、黄砂、水泥、钢筋、井盖等。

③工器具准备：批灰刀、挖掘机、模板、铁锹等。

④人员准备：施工负责人、技术人员、安全员、作业人员、电工、挖掘机驾驶员、焊工等。

（2）测量放线

根据接驳点位置，结合地下既有管线的情况，确定消能井、检查井以及化粪池的位置，对排水管路走向放线测量，测量接驳点管位，依据接驳点管位和设计要求的管道坡度测算消能井出水口的管位标高。

（3）基坑开挖

在没有地下管线的地方，使用挖掘机破除路面硬化，挖掘管沟及井室的基坑，在有管线的地方采用人工挖掘的方式作业。管沟与基坑开挖成型后对沟底和坑底进行平整处理。

（4）井室砌筑

井室的规格按照图纸设计要求执行。

（5）接管、预留孔封堵

井室施工完成后，将管道接入预留口，管口应与井室的内壁齐平，预留口用混凝土封死。

（6）基坑回填

井室砌筑完成后，先用挖掘机回填基坑下部，之后用人工方式回填至井室表面高度。

3）关键技术卡控点

（1）砌筑井室或是混凝土井室都需制作垫层；

（2）砌筑井室内壁与外壁都需抹灰；

（3）位于路面处的井室应当使用重型井盖，绿化中的井室可以使用轻型井盖；

（4）基坑回填时应该使用不含石块、混凝土块的土壤，井室表部必须由人工回填平整；

（5）混凝土井室一定要在养护期过后才能回填。

4）质量通病与防治措施

室外井室施工质量通病与防治措施见表 8-7-14。

室外井室施工质量通病与防治措施　　　表 8-7-14

序号	质量通病	原因分析	防治措施
1	井壁破裂	路面施工时压路机挤压地层致使井壁受力	对井池位置做出明显标记，并与路面施工单位提前沟通
2	井盖被绿化带覆盖	绿化标高发生变化	施工过程中与绿化施工单位保持沟通
3	井池冒水	排水管坡度过小	管道施工过程中对坡度进行多次测量

7.3.2 室外管网、消火栓及水泵接合器安装

一般地铁站室外接驳分为市政进水接驳和市政排水接驳。每座地铁站有两路市政进水,其中一路主管分支为一路生活水和一路消防水,分别从车站两端进入车站,供应站内的消防用水和生活用水,属于压力管道。排水接驳是指将站内产生的污水、废水以及出入口风亭汇集的雨水排入市政污水管网和雨水管网,属于重力排水的无压管道。

1)室外管网安装

(1)施工流程

室外管网安装施工流程如图 8-7-12 所示。

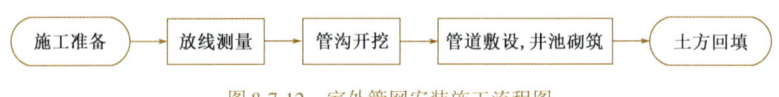

图 8-7-12 室外管网安装施工流程图

(2)操作要点

①施工准备

a. 技术准备:熟悉图纸,与市政单位接驳位置,了解地下管线情况。

b. 材料准备:球墨铸铁给水管、球墨铸铁排水管、橡胶圈、防滑卡、井盖、细砂等。

c. 工器具准备:挖掘机、切割机、电镐、铁锹、锉刀、手拉葫芦等。

d. 人员准备:施工负责人、技术人员、安全员、作业人员、电工、挖掘机驾驶员、焊工等。

②放线测量

自管道出户处至接驳点放线,避开影响管道安装且无法穿越的地下管线及构筑物。

③管沟开挖

在没有地下管线及构筑物的地面使用挖掘机开挖。管沟深度以图纸设计的管道埋深计算。排水管管沟开挖顺从管道水流方向,先浅后深。管沟开挖后对沟底夯实,并按图纸要求做出坡度。

④管道敷设,井室砌筑

沟底平整处理后,在沟底铺垫 200mm 厚的细砂层。砂层夯实并且同样进行平整处理。管道放入管沟后对管口进行清理,然后在承口内放入橡胶圈,上胶圈时,将胶圈弯成心形或花形放在承口槽内就位,并用手压实,确保胶圈紧密贴合在承口内侧。在橡胶圈表面和管道插口表面涂抹润滑剂,在插口线以外的所有部分都要涂抹到位。安装时插口对承口找正,铁链固定在管道上,拉动手拉葫芦,直到插口白线与承口边缘重合。

排水管出户设置压力消能井,排水管合流处、拐弯处应设置检查井,车站卫生间污水需设置化粪池进行沉淀。消能井、检查井、化粪池型号以图纸为准。管道敷设完成后立即进行井室砌筑。

⑤土方回填

回填使用挖掘机,采用分层回填,管道两侧及管顶以上回填 50cm,以小型机具进行夯实,之后每层回填深度不超过 20cm,再次进行夯实。回填至管顶 200mm 时改为人工回填。

(3)关键技术卡控点

①在规划管道的走向时应该避开已有的污水、雨水及电力等井室及地下管线。

②雨水和污水、废水必须对应接入市政雨水井和污水井,不得将废水、污水接入雨水井。

③给水管道在埋地敷设时,应在当地的冰冻线以下,如必须在冰冻线以上敷设时,应做可靠的保温

防潮措施。在无冰冻地区埋地敷设时,管顶的覆土埋深不得小于0.5m,穿越道路部位的埋深不得小于0.7m。

④管沟开挖完成后必须对沟底进行平整,不得有尖锐的石块、钢筋等。

⑤管道管件的插口应与水流方向一致。

⑥管道穿过井壁处,应用砂浆分两次填塞严密、抹平,不得渗漏。

⑦管道接口的法兰、卡扣、卡箍等应安装在检查井或地沟内,不应埋在土壤中。

⑧给水系统各种井室内的管道安装,如设计无要求,则井壁距法兰或承口的距离:管径小于450mm时,不得小于250mm;管径大于450mm时,不得小于350mm。

(4)质量通病与防治措施

室外管网安装质量通病与防治措施见表8-7-15。

室外管网安装质量通病与防治措施　　　　表8-7-15

序号	质量通病	原因分析	防治措施
1	井室破裂	道路单位施工时,压路机碾压路面,土方挤压井室	井室位置尽量设置在绿化带内
2	井室低于路面	道路恢复标高高于设计标高	与道路施工单位加强沟通
3	球墨管损坏	其他单位机械施工撞击	管道敷设完成后及时回填

2)室外消火栓、水泵接合器安装

(1)施工流程

室外消火栓、水泵接合器安装施工流程如图8-7-13所示。

图8-7-13　室外消火栓、水泵接合器安装施工流程图

(2)操作要点

①施工准备

a.技术准备:熟悉施工图纸、安装规范以及验收规范,严格按照设计要求进行产品选型。与道路恢复单位对接,确定人行道边界以及路面和绿化的恢复标高,同时了解地下管线情况。制订施工方案和应急方案。对作业人员进行交底,说明地下管线情况。

b.材料准备:成套室外消火栓、成套水泵接合器、井盖等。

c.工器具准备:挖掘机、切割机、电镐、镐头等。

d.人员准备:施工负责人、技术人员、安全员、作业人员、电工、挖掘机驾驶员、焊工。

②测量放线

根据图纸设计位置、道路恢复边界以及地下管线情况确定消火栓位置。

③基坑开挖,标高复测

在选定好的位置挖掘基坑,需做好防护措施,避免破坏未知的地下管线。基坑挖掘好以后,要根据消火栓与水泵接合器的尺寸以及路面恢复标高对基坑进行测量。

④消火栓(水泵接合器)安装

在消火栓与水泵接合器安装之前应对基坑内部进行夯实,然后将消火栓或水泵接合器与管道连接,放入的消火栓或者接合器采取支撑固定。

⑤基坑回填

应使用细土壤,不能用混凝土块或砖块等建筑垃圾回填,避免撞击消火栓或水泵接合器使其发生倾倒。回填应分层多次回填,逐步夯实,最后由人工清理消火栓与水泵接合器的周边。

(3)关键技术卡控点

①室外消火栓和消防水泵接合器的位置标志应明显,栓口的位置应方便操作。

②室外消火栓和水泵接合器的所有安装尺寸应符合设计要求,栓口安装高度允许偏差为±20mm。

③地下式水泵接合器顶部进水口或地下式消火栓的顶部出水口,与消防井盖地面的净距离不得大于400mm,井内应有足够的操作空间、并设爬梯。寒冷地区井内应采取防冻措施。

④消防水泵接合器的安全阀及止回阀安装位置和方向应正确,阀门启闭应灵活。

(4)质量通病与防治措施

室外消火栓、水泵接合器安装质量通病与防治措施见表8-7-16。

室外消火栓、水泵接合器安装质量通病与防治措施　　　　表8-7-16

序号	质量通病	原因分析	防治措施
1	室外消火栓与水泵接合器侵占人行道	给水与排水施工图纸道路边界与道路施工单位不一致	与道路施工单位进行对接
2	室外消火栓与水泵接合器标高不符合要求	给水与排水施工图纸设计标高与实际标高存在较大误差	实地测量,与道路施工单位进行对接
3	室外消火栓与水泵接合器歪斜	受到其他单位施工车辆的撞击	对消火栓和水泵接合器加装防撞护栏

3)室外 HDPE 波纹管安装

(1)施工流程

室外 HDPE 波纹管安装施工流程如图 8-7-14 所示。

图 8-7-14　室外 HDPE 波纹管安装流程

(2)操作要点

①施工准备

a. 技术准备:熟悉图纸,与市政管道施工单位对接,确定接驳预留口。与土建、电力、燃气等单位对接,了解地下既有管线的埋深、走向等情况。对探明的既有管线位置处做好标记。

b. 材料准备:小砖、黄砂、水泥、钢筋、井盖等。

c. 工器具准备:批灰刀、挖掘机、模板、铁锹等。

d. 人员准备:施工负责人、技术人员、安全员、作业人员、电工、挖掘机驾驶员、焊工等。

②测量放线

根据接驳点位置,结合地下既有管线的情况,确定消能井、检查井以及化粪池的位置,对排水管路走向放线测量,测量接驳点管位,依据接驳点管位和设计要求的管道坡度测算消能井出水口的管位标高。

③接管、预留孔封堵

井室施工完成后,将管道接入预留口,管口应与井室的内壁齐平,预留口用混凝土封死。

④基坑回填

波纹管管完成后,先用挖掘机回填基坑下部,之后用人工方式回填至井室表面高度。

（3）关键技术卡控点

①管道基坑需制作垫层；

②基坑回填时应该使用不含石块、混凝土块的土壤，表面必须由人工回填平整。

（4）质量通病与防治措施

室外 HDPE 波纹管安装质量通病与防治措施见表 8-7-17。

室外 HDPE 波纹管安装质量通病与防治措施　　　表 8-7-17

质　量　通　病	原　因　分　析	防　治　措　施
波纹管外漏	排水管坡度过小	管道施工过程中对坡度进行多次测量

4）室外钢筋混凝土管安装

（1）施工流程

室外钢筋混凝土管安装施工流程如图 8-7-15 所示。

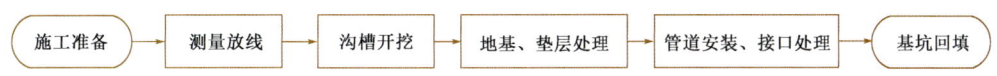

图 8-7-15　室外钢筋混凝土管安装施工流程图

（2）操作要点

①施工准备

a. 技术准备：熟悉图纸，与市政管道施工单位对接，确定接驳预留口。与土建、电力、燃气等单位对接，了解地下既有管线的埋深、走向等情况。对探明的既有管线位置处做好标记。

b. 材料准备：小砖、黄砂、水泥、钢筋、井盖等。

c. 工器具准备：批灰刀、挖掘机、模板、铁锹等。

d. 人员准备：施工负责人、技术人员、安全员、作业人员、电工、挖掘机驾驶员、焊工等。

②测量放线

根据接驳点位置，结合地下既有管线的情况，确定消能井、检查井以及化粪池的位置，对排水管路走向放线测量，测量接驳点管位，依据接驳点管位和设计要求的管道坡度测算消能井出水口的管位标高。

③沟槽开挖

在没有地下管线的地方，使用挖掘机破除路面硬化，挖掘管沟及井室的基坑，在有管线的地方采用人工挖掘的方式作业。管沟与基坑开挖成型后对沟底和坑底进行平整处理。

④地基、垫层处理

地基和垫层要按照图纸设计比例执行。

⑤管道安装、接口处理

将管道接入预留口，管口应与井室的内壁齐平，接口处理。

⑥基坑回填

管道安装完成，做好闭水试验，分层回填，地面恢复。

（3）关键技术卡控点

①沟槽开挖后一定要做好地基和垫层处理；

②垫层处理后要使管道放平；

③基坑回填时应该使用不含石块、混凝土块的土壤，表面必须由人工回填平整；

④接口采用橡胶圈材质，安装前将接口部位清洗干净。

（4）质量通病与防治措施

室外钢筋混凝土管安装质量通病与防治措施见表 8-7-18。

室外钢筋混凝土管安装质量通病与防治措施　　　　表 8-7-18

质　量　通　病	原　因　分　析	防　治　措　施
管道浸泡	闭水试验后未立即清底回填	及时回填

7.4　文明施工与成品保护

7.4.1　安全文明施工

（1）水泵等设备到场后由监理工程师、建设单位、生产厂家共同开箱查验，查验完毕后对暂时不安装的设备再次封箱，并运至专门的设备存放区，整齐存放。

（2）材料到场点验完毕后立即搬运至材料区，各类材料应分类存放。

（3）材料、设备不可与装修专业的建筑原材料存放在同一材料区。

（4）管材应存放在特制的支吊架上，管口部位做覆盖或封堵。

（5）管材运输使用运料小车，严禁在地面拖拽，破坏管道表面镀锌层。管材运输时至少两人一组，在转弯处避免撞到墙体或其他施工人员。

（6）管道切割使用专用工具，在切割机前方设置防护罩，配备灭火器。

（7）支吊架焊接工作必须由持有焊工证的专业焊工操作。

（8）向高处架设管道时搭设脚手架，脚手架上的作业人员按规定系带安全带，脚手架下配备防护人员。

7.4.2　成品保护

（1）敞口风亭的排水管道、雨水管道安装完成后要对敞口风亭做临时封闭，防止外部施工时有坠物落入风亭撞击管道。

（2）集水坑中的雨水泵、废水泵安装完成后要定期对基坑进行检查，有落入的垃圾要及时清走，避免堵塞管道和水泵。

（3）消防泵安装完成后加防护罩，避免水泵受到撞击。

（4）消火栓（箱）的箱体安装后立即用彩条布将箱体包裹起来，悬挂成品保护标识牌。待箱内设备就位后立即安装箱门。

（5）室外消火栓和水泵接合器加装防撞措施，避免因其他单位施工时撞击受损。

7.5　接口管理

7.5.1　与结构专业的接口管理

给水与排水系统管道在穿越一次建筑结构时，由结构专业预留孔洞及套管；给水与排水专业在进场施工前期,可与结构专业沟通核对,并对已预留孔洞进行核查。

7.5.2 与建筑专业的接口管理

给水与排水系统管道在穿越二次建筑结构时,由建筑专业预留套管;设备区暗装消火栓(箱)应由建筑专业预留箱槽,公共区消火栓(箱)、冲洗栓(箱)的安装位置应由建筑专业确定。消火栓(箱)应遵循"开门见栓"的原则布置。

7.5.3 与人防专业的接口管理

给水与排水专业提供水管道穿越人防门密闭套管的位置、尺寸,人防专业对套管进行预埋并做好施工后的封堵工作。

7.5.4 与环境与设备监控专业、火灾自动报警专业的接口管理

给水与排水系统的所有排水设备均由环境与设备监控系统监测其运行状态,紧急状态下可由环境与设备监控系统远程启动。每处室内消火栓应由火灾自动报警专业安装手动报警按钮,同时火灾自动报警系统需对消防系统中的电动蝶阀进行实行监测,并且可以远程操作,火灾自动报警系统还要对消防泵进行监测。给水与排水管道施工时应注意避开对火灾自动报警系统的桥架电缆。

7.5.5 与市政专业的接口管理

市政进水以水务预留接口为分界点,水表井以及附属阀门井在施工单位缴纳费用后由水务公司实施。水表井与附属阀门井应优先放置在绿化带内,不宜放置在机动车道上。车站雨污水的接驳点由结构或道路恢复单位实施,管道出户至接驳点范围内由给水与排水专业实施。给水与排水专业在施工前应与接驳点施工单位进行对接,雨水和废水污水应该分开,严禁将污水、废水接入市政雨水管网中。

7.5.6 与动力与照明专业的接口管理

给水与排水专业与动力与照明专业接口时,由动力与照明专业提供动力电源至各控制柜进线接线端子处,其余设备为设备动力接线盒。

7.6 单系统调试

7.6.1 给水、排水系统调试

1)前置条件

(1)水、电源已和将调试的系统接通;
(2)已检查确认机泵设备的配电容量足够,线路的绝缘电阻符合规范要求;
(3)控制箱经动作试验已满足设备运行要求,并已单机试运正常;

(4)做好设备保护和各方配合,公布通知,知会相关的消防部门,知会各专业公司告知其职工不能启动和接近设备,做好防盗工作。

2)调试准备

(1)调试工具:对讲机、电工组合工具、管钳、便携式计算机等。

(2)调试仪器仪表:气压计、机械秒表、温度测试仪、压力表、专用胶球等。

3)调试方法

给水、排水系统调试方法见表8-7-19。

给水、排水系统调试方法　　　　　　　　　　表8-7-19

序号	调试步骤	预想结果
1	接入临时水及临时增压泵对管道进行压力试验,检测是否存在渗漏点并及时检修	保持工作压力24h后方为合格
2	生活给水管道应采用含量不低于20mg/L氯离子浓度的清洁水浸泡24h	取样化验合格为止
3	使用前进行冲洗试验,冲洗以系统最大设计不小于1.5m/s的流速进行冲洗	管线内清洁整齐,无杂物
4	排水主立管及水平干管管道均应做通球试验	通球率必须达到100%
5	生活污水管、废水管道在隐蔽前必须做灌水试验	液面不下降,管道及接口无渗漏为合格
6	开启给水系统地面水表井总进水阀,给系统内冲水至设计规定压力	配水点全部能够达到额定的流量
7	开启排水泵,观察地面压力检查井内排水管出口的出水流量是否流畅	排水出水量符合要求
8	检测各项数据并填写调试记录表	

4)系统调试内容

给水、排水系统调试主要包含排水管道灌水试验、排水主力管及水平干管通球试验、给水管道水压试验、给水系统通水流量测试等。

7.6.2　消防系统调试

1)前置条件

(1)水、电源已和将调试的系统接通;

(2)已检查确认机泵设备的配电容量足够、线路的绝缘电阻符合规范要求;

(3)控制箱经动作试验已满足设备运行要求,并已单机试运正常;

(4)做好设备保护和各方配合,公布通知,知会相关的消防部门,知会各专业公司告知其职工不能启动和接近设备,做好防盗工作。

2)调试准备

(1)调试工具:对讲机、电工组合工具、管钳、便携式计算机等。

(2)调试仪器仪表:气压计、机械秒表、温度测试仪、压力表、专用胶球等。

3）调试步骤

消防系统调试步骤见表 8-7-20。

消防系统调试步骤 表 8-7-20

序号	调试步骤	预想结果
1	启动消防泵，主泵故障停止运行，备用泵能自动切换运行	主备泵运行均在消防联动控制设备有信号显示
2	模拟设计启动条件启动稳压泵，稳压泵应能立即启动	系统达到设计压力后，稳压泵应能自动停止运行
3	采用人工泄水模拟工况，对照压力显示变化进行检测	低压启动稳压泵或补气设备，高压停泵或补气设备
4	测量消火栓水压	试射水柱高度满足消防要求
5	检测各项数据并填写调试记录表	

4）系统调试内容

消防系统调试主要为水泵调试，包括消防水泵运转情况、稳压水泵运转情况、气压给水设备工作性能、消火栓水柱测试等。

第 8 章 动力与照明工程

地铁车站动力与照明系统是维持地铁设备运行及运营管理的核心系统,正常情况下主要为车站及区间设备运行提供动力和正常照明,应急情况下主要为消防设备及其他联动设备提供动力。动力与照明系统主要由动力系统、照明系统、防雷接地系统等组成。

本章简要介绍了地铁动力与照明系统的构成、功能及原理。从施工的角度介绍线路施工,设备(配电箱柜、开关、插座、灯具、接地端子箱)安装,系统接口管理,系统调试等方面的内容。

8.1 线路施工

8.1.1 电缆桥架安装

1)施工流程

电缆桥架安装施工流程如图 8-8-1 所示。

图 8-8-1 电缆桥架安装施工流程图

2)操作要点

(1)施工准备

①技术准备:熟悉图纸和技术要求,了解电缆桥架规格及走向,进行建筑信息模型(BIM)深化排版,与装修和各系统单位对接并进行技术交底。

②材料准备:镀锌型钢、镀锌螺纹杆、膨胀螺栓、油漆等。

③工器具准备:切割机、台钻、角磨机、电锤、红外水平仪、脚手架、活口扳手、卷尺、毛刷等。

④人员准备:施工负责人、技术人员、安全员、作业人员、电工、焊工等。

(2)测量定位

根据施工样图确定支吊架的安装位置,直线段用红外水平仪做出标记线,用记号笔在标记线上标出支吊架的安装距离及膨胀螺栓的打孔位置。

(3) 支吊架制作与安装

①检查所要安装的支吊架、连接件及附件的外观,钢材有无扭曲变形、防腐类型是否符合设计要求。

②根据电缆桥架安装高度组装移动梯车,备好支吊架安装的工机具及材料。

③桥架宽小于等于400mm的电缆桥架支吊架,底座采用∟40×4热镀锌角钢,长度为200mm;立杆采用M10全螺纹杆;横担采用∟40×4热镀锌角钢;支架底座采用M10的膨胀螺栓进行固定。桥架宽大于400mm的支吊架,底座采用∟50×5热镀锌角钢,长度为200mm;立杆采用∟50×5热镀锌角钢;横担采用∟50×5热镀锌角钢;支架底座采用M12膨胀螺栓进行固定。

双杆吊架悬吊托盘桥架安装示意图如图8-8-2所示。

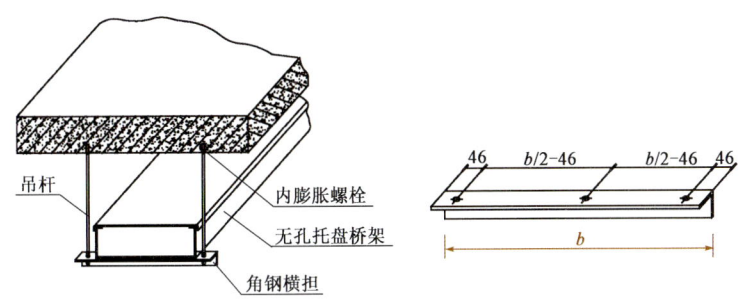

图8-8-2　双杆吊架悬吊托盘桥架安装示意图(尺寸单位:mm)

④用电锤在支吊架位置进行打孔,安装膨胀螺栓。水平安装的支架固定支点间距为1.5~2m,垂直安装的支架固定支点间距不大于2m,在桥架的首段、尾端200mm处以及三通、四通各端头500mm处、伸缩节两端、伸缩缝、沉降缝处均加设支吊架。

⑤吊架与膨胀螺栓固定后,安装横担,并用水平尺和线锤调正。吊架牢固、横平竖直,并与建筑物坡度保持一致。

(4) 电缆桥架安装

先将电缆桥架的一端与连接片用螺栓连接,注意螺栓的螺母在桥架里侧,螺栓头在外侧,然后移至安装好的横担上,再与另一节电缆桥架的一端连接,逐节接续。电缆桥架与横担采用螺栓固定,注意螺栓的螺母在桥架里侧,螺栓头在外侧。

(5) 调整及槽盖安装

利用线坠、水平尺对电缆桥架进行平直调整,调整重点为分支、转弯处的吊架。调整完毕后,进行槽盖试盖安装,每节桥架均用与之相配套的槽盖密封。电缆桥架表面的防火漆有脱落时,则需要在安装完成后补刷防锈漆与防火漆并对桥架表面进行清洁。

3) 关键技术卡控点

(1) 现场实际施工时,要注意桥架路径经过走廊、过梁等或者管线相对密集等区域的标高是否满足设计要求,现场复核土建的结构尺寸、预留孔洞的位置及尺寸是否满足桥架安装要求。

(2) 支吊架所用的钢材要平直、无扭曲,下料后长短偏差保证在5mm范围内,切口处无卷边、毛刺,制作时焊缝均匀平整,不得出现裂纹、咬边、气孔、凹陷、漏焊等缺陷,型钢上螺栓固定孔洞采用台钻等机械钻孔,严禁采用气焊开孔。加工焊接部位应进行防腐处理,镀锌面层光滑、平整。支吊架材料规格见表8-8-1。

支吊架材料规格　　　　　　　　　　　　　表 8-8-1

桥架宽度(mm)	镀锌全螺纹吊杆	底座角钢(mm)	横担角钢(mm)	膨 胀 螺 栓
≤400mm	M10	∟40×4	∟40×4	M10
>400mm	M12	∟50×5	∟50×5	M12

（3）电缆桥架水平安装的支吊架间距为 1.5～2m，垂直安装的支吊架间距不大于 2m。桥架的弯曲半径小于 300mm 时，在距弯曲段和直线段结合处 300～600mm 的直线侧增设一个支吊架；当弯曲半径大于 300mm 时，在弯曲段中部增设一个支吊架，在进出柜及变形缝及丁字接头的三端 500mm 处设支吊架。

（4）潮湿地带沿墙布置的桥架，其支架采用倒三角侧壁式形式，直角短边靠墙打膨胀螺栓固定，直角长边承重。加气砖墙体上采用穿墙穿螺杆方法固定电缆桥架。

（5）对于钢制桥架，在安装前，对桥架的规格型号依据现场测量情况逐一进行核对，桥架进场后，拆装检查，保证桥架的表面光滑均匀、致密。同时核对各种规格型号桥架，检查装箱清单、产品合格证、出厂检验报告。桥架板材厚度要求见表 8-8-2。

桥架板材厚度（单位：mm）　　　　　　　　　表 8-8-2

托盘、梯架宽度	允许最小厚度	托盘、梯架宽度	允许最小厚度
<400	1.5	>800	2.5
400～800	2.0		

（6）电缆桥架安装牢固，保证横平竖直。在有坡度的建筑物上安装时，与建筑物有相同坡度，安装过程中用水平尺、线锤等辅助测量工具调正，保证桥架安装平直度，同一水平面内水平度偏差不超过 5mm/m，直线度偏差不超过 5mm/m。电缆桥架转弯处，一般不采用直角弯制作方式，采用满足电缆敷设弯曲半径要求的弧形弯制作方式。电缆桥架与通风管道、给水排水管道、压缩空气等管线的平行距离不少于 10cm，交叉时的垂直距离不小于 5cm。

（7）电缆桥架过人防门时，在距人防门两端 400mm 处断开，并在桥架断开端头 300mm 处设支吊架，断开处封堵。人防孔洞两端桥架用截面面积不小于 16mm² 铜编织线穿人防孔洞跨接。

桥架过人防门施工工艺如图 8-8-3 所示。

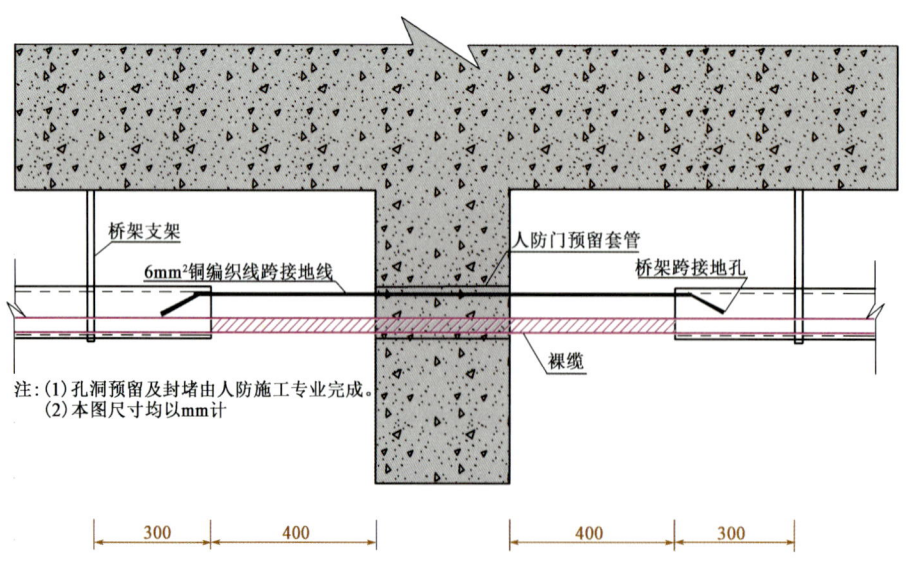

图 8-8-3　桥架过人防门施工工艺图（尺寸单位：mm）

(8)电缆桥架经过建筑物的变形缝(伸缩缝、沉降缝)时,桥架本身断开,槽内用内连接板搭接,一端不需固定。电缆桥架穿过防火墙及防火楼板时,桥架内部用防火包封堵。

(9)电缆桥架全段不少于两处与综合接地体可靠连接,桥架之间跨接地线为截面面积不小于$4mm^2$铜编织线,桥架与支管间跨接地线为截面面积不小于$4mm^2$的黄绿软线;所有跨接地线应安装在桥架同一侧。

4)质量通病与防治措施

电缆桥架安装质量通病与防治措施见表8-8-3。

电缆桥架安装质量通病与防治措施　　　　　　　表8-8-3

序号	质量通病	原因分析	防治措施
1	桥架安装完成后整体高度偏高或偏低	土建基准线定位有偏差	进站前与土建施工和设计单位、机电设计单位就站内1m线进行核实
2	桥架穿结构墙套管缺失	土建施工时未预留套管	机电施工单位进场后及时核查土建预留孔洞,并反馈土建施工单位核查结果
3	综合支吊架与桥架接触面易产生锈蚀	进行桥架固定施工时,综合支吊架镀锌层被破坏	施工过程中注意对桥架防腐层的保护,施工完成后破损部位补刷防锈漆
4	桥架内部杂物刺破电缆皮	桥架施工完成后未对桥架内切割等处毛刺、钝口等缺陷进行处理	缆线敷设前对桥架内毛刺等容易划伤电缆的尖锐、钝口等缺陷进行排查处理

8.1.2　电缆、电线导管安装

1)施工流程

电缆、电线导管安装分为明配管和暗配管两种方式,本节主要阐述暗配线管安装方式。

暗配线管安装施工流程如图8-8-4所示。

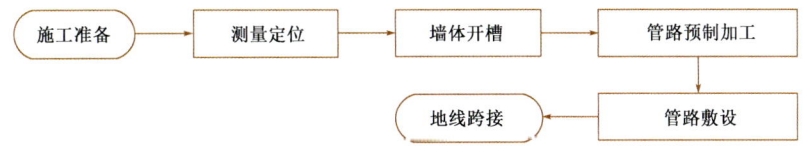

图8-8-4　暗配线管安装施工流程图

2)操作要点

(1)施工准备

①技术准备:熟悉图纸和技术要求,了解线管敷设形式及尺寸,进行技术交底。

②材料准备:线管及配件、金属软管、接线盒、镀锌螺纹杆、管卡、膨胀螺栓、电力度合脂等。

③工器具准备:切割机、套丝板、电锤、角磨机、锉刀、红外水平仪、水平尺、钢卷尺、毛刷等。

④人员准备:施工负责人、技术人员、安全员、作业人员、电工、焊工等。

(2)测量定位

①根据图纸与设计要求确定盒、箱轴线位置,以土建施工单位弹出的水平线为基准,挂线找正,标出盒、箱实际尺寸位置,以确定配管敷设路径。

②暗配管线路定位,配合土建工程同步完成,管路沿最近的路线敷设,用石墨线弹出标记。根据固定点间距尺寸要求,确定管卡的具体位置。钢管中间管卡最大距离见表8-8-4。

钢管中间管卡最大距离　　　　　表8-8-4

敷设方式	导管种类	导管内径(mm)			
		15~20	25~32	40~50	65以上
		管卡间最大距离(m)			
沿墙或沿地暗敷	壁厚>2mm刚性刚导管	1.5	2.0	2.5	3.5
	壁厚≤2mm刚性刚导管	1.0	1.5	2.0	—
	刚性塑料导管	1.0	1.5	2.0	2.0

(3)墙体开槽

根据暗配管线路定位的标记,用电锤沿标记开凿出合适的线槽,线管埋入墙体或混凝土内。

(4)管路预制加工

应急回路的线管按照设计和规范要求刷防火漆(含过线盒)。将需要切断的线管量好尺寸,放在钳口内卡牢固,用割管机或砂轮机进行切管,用套丝板套丝。使用套丝板时,根据管外径选择相应板牙,套丝过程中,要均匀用力;螺牙清洁干净后涂抹防锈电力复合脂。使用手扳煨弯器或液压煨弯器煨弯。

(5)管路敷设

插座回路暗配管敷设时,配合土建工程砌墙立管,放在墙中心,管口向上封好。开关及其他配电回路往上引管至吊顶,管上端煨成90°弯进入吊顶内,由顶板向下引管至终端线盒或设备上口。线管进入箱、盒使用锁紧螺母固定。

(6)地线跨接

暗配管使用截面面积$4mm^2$的黄绿双色铜芯绝缘线作跨接地线。

3)关键技术卡控点

(1)线管过人防门处的做法

①线管在距人防门两端各200mm处断开。线管断开处管口待穿线(缆)完成后用防火泥封堵,两端线管在距离端头400mm处各设置一副全螺纹吊架。

②线管两端另加套管保护,保护套管直径应比线管直径大一型号,长度不小于400mm。

③人防封堵完成后,将保护套管推至人防门处,使导线不裸露。

④线管内裸线穿过人防门孔洞,每一个回路穿一个人防孔洞。

⑤两端线管间采用截面面积不小于$4mm^2$黄绿色多股铜芯软线跨接,跨接地线从人防预留孔洞穿过。

线管过人防门施工工艺示意图如图8-8-5所示。

(2)室内配管的一般要求

①敷设于多尘和潮湿场所的管口、线管连接处做密封处理。

②进入落地式配电箱的线管,排列整齐,管口高出基础面不小于50mm。

③电线管路弯曲半径:暗配时均不小于管外径的6倍;当埋设于地下或混凝土楼板内时,不小于管外径10倍。

④线管进入灯头盒、开关盒、拉线盒、接线盒及配电箱时,管口露出盒(箱)小于5mm。

⑤线管与设备连接时,将线管敷设至设备内。当不能直接进入时,在线管出口处加保护软管引入设

备,管口包扎严密。动力配管金属软管长度不宜大于0.8m,照明配管金属软管长度不宜大于1.2m。

⑥管路超过下列长度,加装接线盒:无弯时45m,有一个弯时30m,有两个弯时20m,有三个弯时12m。

⑦线管穿越变形缝时,变形缝两侧各预埋一个接线盒,两个接线盒用金属软管连接,并跨接4mm²接地软线,其金属软管和跨接地线需保证一定余量。

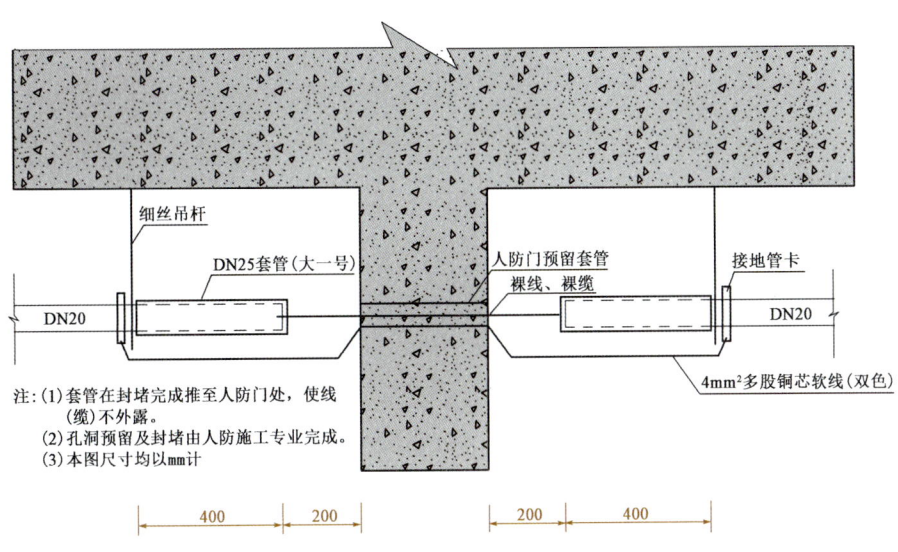

图8-8-5 线管过人防门施工工艺示意图(尺寸单位:mm)

(3)质量通病与防治措施

电缆、电线导管安装质量通病与防治措施见表8-8-5。

电缆、电线导管安装质量通病与防治措施 表8-8-5

序号	质量通病	原因分析	防治措施
1	潮湿环境下金属管线煨弯、焊接处锈蚀严重	金属管线煨弯、焊接后导致镀锌层破损	金属管线煨弯后视情况补刷防锈漆;焊接后,先除焊渣,再刷防锈漆
2	线管与金属软管连接处容易脱落	线管与金属软管处接头规格不对,无紧固措施	线管与金属软管用专用接头、锁紧螺母连接
3	地铁车辆经过时,公共区吊装线管晃动幅度大	直线段长距离用螺纹杆吊装的线管,无防晃动措施	每隔10m打孔埋入膨胀锚栓,安装型钢制作的T形防晃动支架

8.1.3 电线、电缆敷设

1)施工流程

缆线敷设分为线槽内敷设、管内敷设、明敷等方式,本节主要阐述线槽内敷设及管内敷设两种方式。缆线敷设施工流程如图8-8-6所示。

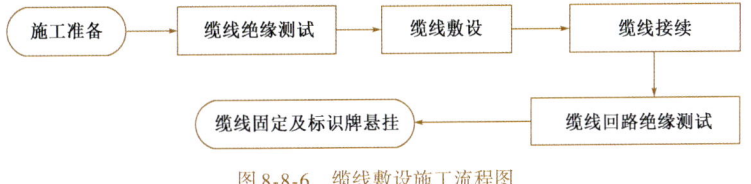

图8-8-6 缆线敷设施工流程图

2）操作要点

（1）施工准备

①线槽内敷设

a. 技术准备：熟悉图纸和技术要求，了解电缆规格及走向，进行技术交底。

b. 材料准备：缆线、绝缘胶布、扎带、标识牌、号码管、接线端子等。

c. 工器具准备：地滑轮、钢卷尺、斜口钳、美工刀、绝缘摇表、钢锯、电烙铁、标牌机、线号机等。

d. 人员准备：施工负责人、技术人员、安全员、作业人员、电工等。

②管内敷设

a. 技术准备：熟悉电缆、电线敷设平面图和设计技术要求，了解电线规格及走向，进行技术交底。

b. 材料准备：钢丝、绝缘胶布、电线、扎带、标识牌、号码管、接线端子等。

c. 工器具准备：尖嘴钳、剥线钳、钢卷尺、斜口钳、美工刀、绝缘摇表、钢锯、电烙铁、标牌机、线号机等。

d. 人员准备：技术人员、施工负责人、作业人员、安全员、电工等。

（2）缆线绝缘测试

①电缆绝缘测试

a. 检查电缆是否存在铠装压扁、电缆绞拧、护层折断等未消除的机械损伤。

b. 绝缘层颜色选择一致，保护线为黄绿相间色，零线为淡蓝色，A 相为黄色，B 相为绿色，C 相为红色。电线绝缘层完整无损，厚度均匀，外护层有明显的标识及制造厂标。

c. 使用摇表对电缆进行绝缘测试，1kV 以下电缆用 1kV 摇表摇测，相间及相对地的绝缘电阻不低于 1.0MΩ。摇测完毕后，将芯线对地放电。放电完毕后，端部用橡皮胶带密封后再用绝缘胶布包好。

②电线绝缘测试

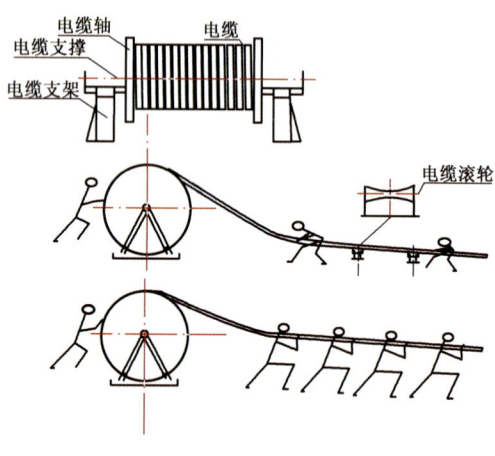

图 8-8-7 电缆人工牵引示意图

检查电线是否有破损等现象。测试时，一人摇表，一人及时读数并如实填写"绝缘电阻测试记录表"。摇动速度保持在 120r/min 左右，读取 1min 后的数字。

（3）缆线敷设

①线槽内敷设

a. 使用人力滚动电缆轴搬运电缆，按电缆轴上箭头指示方向滚动至敷设起点。如无箭头，则按电缆缠绕方向滚动至敷设起点。土地松软处，铺木板或钢板，保证电缆支架架设稳定。

b. 电缆敷设时用人力或机械牵引。根据现场情况和需要，在电缆沟内均匀布置地滑轮，如图 8-8-7 ~ 图 8-8-9 所示。

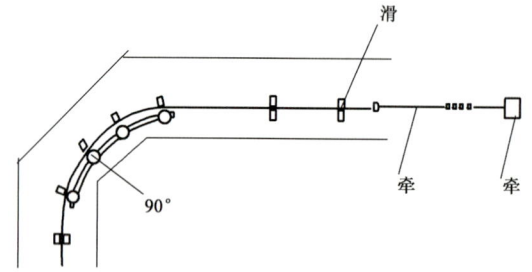

图 8-8-8 90°弯机具展放示意图

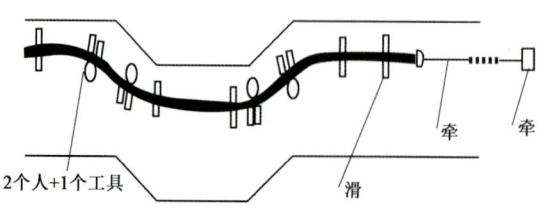

图 8-8-9 S 形转弯段电缆沟机具展放示意图

c. 设备间电缆较短,先测量出所需长度,将该段电缆从盘上拉出截断后,再敷设到电缆所在位置。

d. 沿电缆桥架路径放置人字梯,打开电缆桥架盖板,在电缆桥架转弯处放置地滑轮,并派专人看守,随时保持联络。按电缆的走向及长短合理安排电缆敷设顺序,单层敷设,排列整齐。电缆敷设完毕后,扣好电缆桥架槽盖。

e. 站台夹层、电缆竖井敷设电缆时,与供电系统专业密切配合,在电缆通道内布设地滑轮。将电缆放置在指定的电缆支架托臂上,垂直敷设时,自上而下敷设。

② 管内敷设

a. 缆线敷设前将线管进行清理,将布条的两端牢固地绑扎在带线上,两人来回拉动带线,将管内杂物清净。同时检查接线盒的连接是否完好,并对连接不牢固的接线盒进行加固。

b. 使用 $\phi 2mm$ 的钢丝穿带缆线,先将钢丝的一端弯成不封口的圆圈,再将带线穿入管路内,在管路的两端预留 10~15cm 的余量。当穿带线受阻时,用两根钢丝分别穿入管路的两端,同时搅动,使两根钢丝的端头互相钩绞在一起,然后拉出带线。

c. 先测量出所需缆线长度,截断后,根据缆线根数,用不同方式将缆线与线管内的预留钢丝绑扎。当缆线根数较少时,将缆线前端的绝缘层削去,然后将线芯直接插入钢丝的盘圈内并折回压实,绑扎牢固;当缆线根数较多或缆线截面较大时,将缆线前端的绝缘层削去,然后将线芯斜错排列在钢丝上,用绑线缠绕绑扎牢固,然后用钢丝牵引缆线进入管内,再敷设到缆线所要去的位置。

d. 多人穿线时配合协调,一拉一送。在90°角转弯处,接线盒要安排专人检查缆线外皮是否划伤。缆线在接线盒、灯具及设备处预留一定的长度。

(4) 缆线接续

① 剥外护套、铠装、内护套。确定外护套剥切长度,用电工刀在外护套剥切位置做横向环形切割,然后自横向切口至电缆末端做纵向切割,取下外护套。

② 在距外护套切口15mm处的铠装上用铜扎线做临时绑扎,然后在距临时扎线3~5mm处的铠装上做环形锯割,剥去两层铠装。锯割铠装时,第一层直接锯穿,第二层锯割深度约为钢铠厚度的2/3,剩余1/3用螺丝刀撬断。

③ 保留距铠装切口10mm以内的内护套,其余部分及填充物用电工刀割掉。

④ 电烙铁使用前,检查电源线绝缘是否良好,将电源线置于非燃体上,使用完毕及时切断电源。

⑤ 拆下铠装上临时绑扎线,将钢铠打光出一焊区。将铜编织线裁成一段,把末端排列在铠装上,然后用铜绑扎线将铜编织线绑扎3道,再将铜编织线及铜绑扎线一起焊牢在钢铠上。

⑥ 将电缆头上部套上,与下部对接、套严,进行热缩。

⑦ 从芯线端头量出长度为接线端子的深度,另加长5mm,剥去电缆芯线绝缘,将芯线插入接线端子内,用压线手钳压紧接线端子,压接两道以上,根据不同的相位,使用黄、绿、红、黑四色塑料带分别包缠电缆各芯线至接线端子的压接部位,将做好终端头的电缆进行固定。

(5) 线缆回路绝缘测试

缆线固定及标识牌悬挂电缆头做完后,用绝缘摇表测试绝缘电阻,其阻值不低于$1.0M\Omega$。

(6) 缆线固定及标识牌悬挂

① 电缆敷设首末两端及转弯处、每隔10m处加以固定。车站夹层内电缆每隔5m固定一处,车站竖井内电缆每隔1m处进行电缆固定。电缆在垂直或超过45°倾斜敷设的电缆桥架上敷设,每隔2m处固定。

②电缆敷设完毕后,在电缆终端头、拐弯处、夹层内、隧道及竖井两端、人井、电缆分支处等地方,电缆上装设标识牌,标识牌上注明线路编号。

3)关键技术卡控点

(1)电缆敷设

①垂直敷设或大于 45°倾斜敷设的电缆在每个支架上固定。

②电缆穿过楼板时,装套管,敷设完后将套管与楼板之间缝隙用防火材料封堵。

③当电缆敷设可能受到机械外力损伤、振动、浸水及腐蚀性或污染物等损害时,采取防护措施。

④当电缆穿过零序电流互感器时,保证电缆金属护层和接地线对地绝缘。对穿过零序电流互感器后制作的电缆头,其电缆接地线回穿互感器后接地,对尚未穿过零序电流互感器的电缆接地线在零序电流互感器前直接接地。

⑤电缆的敷设和排列布置符合设计要求,矿物绝缘电缆敷设在温度变化大的场所、振动场所或穿越建筑物变形缝时采取 S 形或 Ω 形弯。

⑥电缆穿墙、楼板或室外穿管敷设时,导管内径不得小于电缆外径的 1.5 倍。

(2)管内穿线

①不同回路的导线,不穿于同一根管子内。但对同类照明的回路,在满足管内足够空间的前提下,导线总数不多于 8 根、不超过 40% 时,允许穿于同一根管内。

②导线穿入钢管后,在导线出口处,设护线套保护导线。

③照明导线不允许在管路中间接头,如管线过长需接头时,接头必须放在过线盒内。

(3)电缆终端头的制作安装应符合规范规定,绝缘电阻合格,电缆终端头固定牢固,芯线与接线端子压接牢固,接线端子与设备螺栓连接紧密,相序正确,绝缘包扎严密。

(4)芯线与电器设备的连接应符合下列规定:

①截面面积在 $10mm^2$ 及以下的单股铜芯线直接与设备、器具的端子连接。

②截面面积在 $2.5mm^2$ 及以下的多股铜芯线拧紧搪锡后与设备、器具的端子连接。

③截面面积大于 $2.5mm^2$ 的多股铜芯线,除设备自带插接式端子外,接续端子后与设备或器具的端子连接。

④每个设备和器具的端子接线不多于 2 根电线。电线、电缆的连接管或端子,规格与芯线的规格适配,且不得采用开口端子。

(5)防火封堵

①电缆桥架穿越后砌墙墙体处,在其周边扩开凿 10cm 孔洞,在电缆桥架内用防火包进行封堵,厚度 300mm,电缆缝隙间必须塞满塞实;桥架周边空隙采用防火堵料(防火泥)进行封堵。

②电缆桥架水平穿越混凝土墙体及楼板时,对于预留孔洞与电缆桥架之间距离较小,而无法开凿时,电缆桥架外部用防火堵料封堵,并与墙体持平。

③电缆桥架垂直穿越楼板且孔洞较大时,先用钢丝网或防火板固定在楼板下部桥架周围,再用防火包及防火堵料进行封堵。

4)质量通病与防治措施

电线、电缆敷设质量通病与防治措施见表 8-8-6。

电线、电缆敷设质量通病与防治措施　　　表8-8-6

序号	质量通病	原因分析	防治措施
1	防火分区隔墙出现"串烟"现象	管线穿越防火分区时封堵不严密	防火分区隔墙区域进行冷烟试验,对于封堵不严密部位采用防火材料封堵严实
2	控制线缆里感应电压过大,造成设备损伤	控制缆、电力缆排列不规范,间距过小	控制缆与电力缆相互净距离不小于100mm
3	电缆头因意外重新制作时,电缆长度不够导致压接困难	电缆敷设时,未预留足够的检修长度	电缆进入箱(柜)前按设计及规范要求预留长度

8.2 设备安装

8.2.1 配电箱(柜)安装

1) 施工流程

配电箱(柜)安装施工流程如图8-8-10所示。

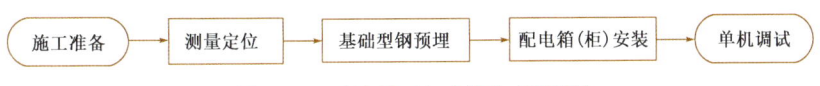

图8-8-10　配电箱(柜)安装施工流程图

2) 操作要点

(1) 施工准备

① 壁挂式配电箱

a. 技术准备:熟悉设备布置图和设计技术要求,了解配电箱规格尺寸及安装位置,进行建筑信息模型(BIM)深化排版,与装修和各系统单位对接并进行技术交底。

b. 材料准备:配电箱、油漆、膨胀螺栓等。

c. 工器具准备:电锤、角磨机、红外水平仪、记号笔、毛刷、卷尺、水平尺、活口扳手、墨斗等。

d. 人员准备:施工负责人、技术人员、安全员、作业人员、电工等。

② 落地式配电柜(应急电源柜、环控电控柜)

a. 技术准备:熟悉设备布置图和设计技术要求,了解配电箱规格大小及排布,并按《技术交底制度》对施工班组进行技术交底。

b. 材料准备:配电柜、镀锌型钢、油漆、膨胀螺栓等。

c. 工器具准备:接地电阻测试仪、台钻、电锤、电焊机、切割机、角磨机、记号笔、毛刷、卷尺、角尺、水平尺、活口扳手、墨斗等。

d. 人员准备:施工负责人、技术人员、安全员、作业人员、电工等。

(2) 测量定位

① 壁挂式配电箱

a. 根据设备布置图和设计技术要求,使用红外水平仪确定配电箱壁挂高度,用石墨线弹出底标高。

b. 用卷尺测量出配电箱长宽数据,按照一定规律排列,并用记号笔在箱体固定点处做标记。箱体之间预留箱门开关空间。

c. 结合配电箱规格大小和弹线位置，找出准确的固定点位置，用电锤在固定点位置钻孔，保证金属膨胀螺栓的膨胀部分埋入墙内，且孔径无歪斜。

②落地式配电柜

a. 先清理出基础型钢安装处的结构层，按照施工图的要求，全面复测结构层的标高，核对标高是否满足型钢安装的要求。根据图纸尺寸在现场利用红外水平仪定位，用石墨线弹出水平垂直边界线，核对边界线与墙体、预留孔洞等既有结构的距离是否满足安装要求。

b. 根据设计要求加工配电柜基础型钢底座，焊接部位须除掉焊渣，打磨并进行防腐处理。基础型钢在装修打垫层前做好接地连接。

c. 根据图纸，将各组基础型钢框架放在结构层的相应位置，用红外水平仪测量各组型钢，找出最低的一组，在最低的一组型钢下加垫楔铁，调整型钢至水平，在型钢的腰上焊接固定角钢。当结构层预留有预埋件时，将型钢直接与预埋件焊接。用膨胀螺栓将固定角钢牢固固定在结构层上，以此组型钢为基准标高，确定其他各组型钢位置，调整水平后牢固固定在结构层上。最终基础型钢顶部一般高于装修完成面 10mm。

(3) 配电箱(柜)安装

①壁挂式配电箱

a. 壁挂式配电箱安装前的准备工作：

建设单位、监理单位、施工单位、供货单位共同进场验收，并做好进场检验记录。

按设备清单、施工图纸及设备技术资料，核对确认设备及内部元件规格型号符合设计图纸要求，检查确认产品合格证、技术资料、设备说明书齐全。

检查配电箱箱体外观无划痕、无变形、油漆完整无损，检查箱体内元器件及接线固定牢固无松动现象等。

b. 配电箱固定于实心墙上时，使用金属膨胀螺栓固定箱体。

c. 配电箱固定于木结构或轻钢龙骨结构墙上及空心砖墙上时，采取加固措施。

②落地式配电柜(应急电源柜、环控电控柜)

a. 落地式配电柜(应急电源柜、环控电控柜)安装前的准备工作：

建设单位、监理单位、施工单位、供货单位共同进场验收，并做好进场检验记录。

按设备清单、施工图纸及设备技术资料，核对确认设备及附件、备件的规格型号符合设计图纸要求；核对确认附件、备件齐全；检查确认产品合格证、技术资料、设备说明书等附件资料齐全。

检查确认配电柜柜体外观无划痕、无变形、油漆完整无损，检查柜体内元器件及接线固定牢固无松动现象等。

检查确认配电柜内部电气装置及元件等规格型号、品牌符合设计要求。

b. 配电柜在站内运输时在地面铺设包装板或专购的纤维板，在墙角、台阶处也使用包装板保护。将手动液压叉车推至包装板或专购的纤维板上，配电柜吊起后放在叉车上。将手动叉车推至室内指定位置，卸下柜体。

c. 按照设计文件规定，将配电柜按顺序搬放到安装位置。成排安装的配电柜，首先把每面柜大致调水平，然后从成列配电柜一端的第一面开始调整；其余的配电柜以第一面为标准逐个调整，使其水平、垂直；然后安装配电柜间及配电柜与基础型钢之间的连接螺栓。

d. 配电柜安装完毕后，将预埋的镀锌扁钢与基础型钢两端焊接，焊接长度不少于扁钢宽度的 2 倍，再将焊接部位做防腐处理。

(4) 单机调试

设备安装完成后,应通电进行单体测试,检测动作是否正常。

3) 关键技术卡控点

(1) 配电箱柜安装位置应便于检修、排布整齐美观,且避免与其他系统设备元器件位置冲突。

(2) 基础型钢安装应符合表 8-8-7 的规定。

基础型钢安装允许偏差　　表 8-8-7

项　目	允　许　偏　差	
	(mm/m)	(mm/全长)
直线度	1	5
水平度	1	5
平行度	—	5

(3) 柜、屏、台、箱、盘安装垂直度允许偏差为 0.15%,相互间接缝不应大于 2mm,成列盘面偏差不应大于 5mm。

(4) 箱(柜)内金属元器件及固定连接用螺栓等需满足地下环境防腐要求。

4) 质量通病与防治措施

配电线(柜)安装质量通病与防治措施,见表 8-8-8。

配电线(柜)安装质量通病与防治措施　　表 8-8-8

序号	质量通病	原因分析	防治措施
1	配电箱(柜)内金属构件锈蚀或电气元器件损坏	生产安装过程中金属构件防腐破损或等级不达标	加强生产安装过程金属构件防腐等级把关
		配电箱(柜)安装后长期未送电导致箱(柜)内金属构件长期处于潮湿环境	对于长期处于潮湿环境的配电箱(柜)采取内置干燥剂、外包防护套等措施
2	车站出入口或公共区部分结构预留孔洞不能满足配电箱安装要求	结构设计人员未与机电设计人员进行有效沟通	通过建设单位或设计总体组织各专业设计之间有效沟通协调
		结构施工误差	相关方加强施工过程质量盯控

8.2.2 开关插座及照明灯具安装

1) 施工流程

开关插座安装施工流程如图 8-8-11 所示,照明灯具安装施工流程如图 8-8-12 所示。

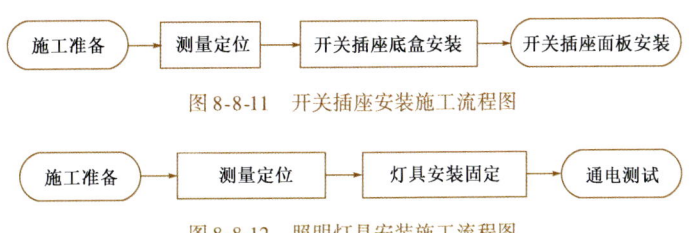

图 8-8-11　开关插座安装施工流程图

图 8-8-12　照明灯具安装施工流程图

2）操作要点

（1）开关插座安装

①施工准备

a. 技术准备：熟悉开关、插座布置图和设计技术要求，了解开关、插座数量及分布，进行BIM深化排版，与装修和各系统单位对接并进行技术交底。

b. 材料准备：开关、插座、接线盒等。

c. 工器具准备：红外水平仪、螺丝刀、记号笔、钢卷尺等。

d. 人员准备：施工负责人、技术人员、安全员、作业人员、电工等。

②测量定位

a. 根据开关、插座布置图和设计标高确定开关插座的具体安装位置，用记号笔在安装位置上做出标记。

b. 设备区插座无特殊要求外均距建筑装修完成面0.3m安装，当插座位置与接地扁铁位置冲突时，插座位置可调整为扁钢以上0.1m；防水插座距建筑装修完成面1.2m；卫生间烘手器插座距地高度为1.5m，变电所、环控电控室、照明配电室等有环形接地带的房间插座距地0.4m。公共区无障碍卫生间求助按钮底边距地高度为0.5m，求助警铃底边距地2.5m，开关距装修完成面高度为1m。

③开关插座底盒安装

在标记处打孔，将底盒埋入墙内，保证并列安装的相同型号的面板距地面高度误差不大于1mm。

④开关插座面板安装

a. 用錾子轻轻地将底盒内残存的水泥、灰块剔掉，用小号油漆刷将接线盒内杂物清理干净，再用湿布将盒内灰尘擦净。

b. 将盒内导线留出维修长度后剪除余线，用剥线钳剥出适宜长度，以超出接线孔的长度1~2mm为宜，再用顶丝将其压紧；对于多联开关需分支连接的应采用压接帽压接分支，并区分相线、零线及保护地线。

c. 开关接线时，同一场所的开关通、断位要一致，且操作灵活、接触可靠。电器、灯具的相线应经开关控制。

d. 插座接线时，单相两孔插座分横装和竖装两种。横装时，面对插座的右极接相线，左极接零线；竖装时，面对插座的上级接相线，下极接零线。单相三孔及三相四孔的接地或接零线均在上方。交、直流或不同电压的插座安装在同一场所时，其插头与插座配套。

e. 按接线要求，将盒内导线与开关、插座的面板连接好后，将面板推入，对正安装孔，用镀锌螺钉固定牢固。固定时使面板端正，与墙面平齐。

（2）照明灯具安装

照明灯具主要分为吸顶式灯具安装、壁装式灯具安装、吊装式灯具安装、嵌入式灯具安装以及安全出口及疏散指示标识安装。

①施工准备

a. 技术准备：熟悉灯具布置图和设计技术要求，了解灯具数量及分布，进行技术交底。

b. 材料准备：灯具、接线盒、金属软管、镀锌螺纹杆、线管、型钢、膨胀螺栓等。

c. 工器具准备：冲击电钻、红外水平仪、脚手架、记号笔、钢卷尺、螺丝刀等。

d. 人员准备：技术人员、施工负责人、作业人员、安全员、电工等。

②测量定位

a. 按灯具设计图纸及规范要求来确定灯具安装位置，不能安装在设备的正上方。如有冲突，则需调整灯具安装位置。

b. 除设计特殊要求外，地铁车站内壁装灯具安装高度距地 2.8m，管吊式灯具距地高度 3.0m，在有吊顶的房间，灯具安装高度和吊顶高度一致，出口标志灯在门的上方安装时底边距门框 0.2m，管吊式出口标志灯距装修完成面不低于 2.0m；设备区疏散标志灯底边距地 0.5m 靠墙安装。

③灯具安装固定

a. 灯具安装前，必须进行导线绝缘电阻测试。各种灯具的规格型号及外观质量必须符合设计要求和国家标准，灯具组装、安装说明书、合格证等附件资料齐全。

b. 特种灯具检查时注意，各种标志灯的指示方向正确无误，应急灯必须灵敏可靠，事故照明灯具应有特殊标志。

c. 吸顶式灯具及壁装式灯具安装。

灯盘固定采用膨胀螺栓，将灯座固定在建筑物结构顶面或墙面上；

将电源线从接线盒中拉出，在进线孔端套上塑料保护套，灯具安装位置确定后，将电源线接到灯具端子板上，理顺导线；

小型的吸顶灯和壁灯可以直接安装于顶棚上和墙壁上，大型的组合吸顶灯要先进行组装，根据灯具的外形和所配定模板和灯箱，把灯具及其附件组装。

d. 吊装式灯具安装。

根据灯具的安装高度，切割吊管长度，采用膨胀三件套吊装灯具；

根据图纸确定灯具的安装位置，测量吊管间距，标记好固定底座安装位置；

将吊管和固定底座组装好后，将电源线穿金属软管引入吊管内；

在结构板上打孔，用膨胀螺栓将底座固定到结构板上；

对应吊管位置在灯箱上打孔，将电源线接入灯具，并将灯具与吊管连接牢固，在进线孔处应套上穿线套管以保护导线；

将电源线与灯具的自带电源线连接，并调整灯具平直度。

e. 嵌入式灯具安装。

施工准备和配合：与土建专业、装修专业配合，落实吊顶棚的结构，吊顶棚与顶层的距离是否满足嵌入式灯具的安装要求；认真核对施工图纸，检查吊顶棚内其他设备设施是否占据了嵌入式灯具的位置，如风管、电气线槽、其他管道是否和嵌入式灯具相干涉；凡有较大型的嵌入式灯具的，吊顶棚内的龙骨必须有结构加强措施，与土建专业、装修专业配合，先预留孔洞后再安装嵌入式灯具。

画线定位：首先认真核对建筑图和安装图，在装修专业制作吊顶天棚前，根据灯具的外形尺寸，确定灯具的固定点，并做好标记。

灯具安装：依据做好的标记，安装预埋件或膨胀螺栓，用以固定灯具。安装吊架时，要在吊杆上加装花篮螺栓，以便调整灯具的水平标高，使吊顶减轻负担。

灯具接线：灯具固定好后，将电源线引入灯箱，与灯具的导线在端子排上连接，调整各个灯口和灯脚的位置，最后调整灯具的边框使其与装修直线平行。

f. 安全出口及疏散指示标识安装。

根据图纸确定灯具安装位置，将灯具预留接线与电源线连接包缠好并做好保护管，将电源线盘好塞入接线盒内。对应灯具安装孔位置在墙上打孔安装塑料胀塞，用螺钉将灯具固定到墙壁上并调整位置，

使灯具紧贴墙面。如门框上沿与吊顶板距离过近无法采用壁装方式时,可采用吊杆安装的形式。将灯具预留接头线与电源线连接包缠好并穿好保护套管。由吊顶上方引下吊杆并与灯具吊环连接牢固,调整灯具平直度。

设备区结构墙体上疏散指示灯根据图纸确定灯具安装位置,将电源线穿保护套管引入灯具内部,压接在灯具接线端子排上,将电源线盘好塞入接线盒内。对应灯具安装孔位置在墙上打孔安装塑料胀塞,用螺钉将灯具固定到墙壁上并调整位置,使灯具紧贴墙面。公共区域及后砌墙体疏散指示灯采用嵌入式安装,根据灯具尺寸,在墙体上标注开孔位置和尺寸,开孔完成后,将灯具预留接线与电源线连接包缠好并穿好保护套管,将电源线盘好塞入接线盒内,最后调整灯具位置使灯具水平、标高一致。

④通电测试

灯具安装完成后,通电进行测试,检查灯具是否可以点亮。

3）关键技术卡控点

(1)吸顶式灯具和壁挂式灯具应紧贴建筑物表面,固定牢靠;导线和接线盒都不应露出灯具,透过灯罩不应明显看见灯盒内线路;成排成行的灯具要横看竖看都在一条直线上,测量偏差不得大于5mm;灯具应清洁无污染,镀层漆层无脱落。

(2)吊装式灯具安装时需要通过吊杆固定在结构顶板上,不允许安装在设备、机柜正上方,当使用钢管做吊杆时,钢管内径不应小于10mm,钢管厚度不应小于1.5mm。如果灯具留有软线接头,则用软线在削出的电源线芯上缠绕5~7圈后,将线芯折回压紧并搪锡,并用塑料带和黑胶布分层包扎紧密。最后将包扎好的接头调顺放回灯头盒,并用长度不小于20mm的木螺钉固定。

(3)嵌入式灯具应固定在吊顶的龙骨上,用以固定重量较重的灯具的龙骨应在结构上做加强处理,并使灯具用吊杆将力传递到混凝土层上。灯具的边缘应与吊顶板材轮廓线吻合,灯具的边框应紧贴吊顶面。对成排成行安装的灯具,其纵横向中心轴线应在一条直线上,偏斜不应大于5mm。吊顶天棚内,灯线留有余量,余线盘在接线盒内,吊顶天棚内不得有灯线裸露情况,所有导线都应封闭在电线管内和接线盒内。吊顶天棚内的电源线,允许用小于1.2m长的金属软管从接线盒到灯具箱内。

(4)安全出口和疏散指示标识的安装方式,和同类型普通照明灯具的安装方式基本相同,安装位置、安装高度都应按设计要求进行,疏散指示灯具的标志指示方向应符合建筑物设计布置的消防疏散方向。

(5)安装开关、插座时,调整面板或修补墙面后再拧紧固定螺钉,使其紧贴建筑表面,以防开关、插座与建筑物表面之间出现缝隙。安装开关、插座时,导线必须严格分色,并校线准确,以防零火、零地线混压。在接线时,仔细分清各路灯具导线,依次进行压接,保证开关方向一致。

(6)插座接线应符合下列规定:

①面对插座右孔与相线连接,左孔与零线连接;

②接地(PE)或接零(N)线在插座间不得串联连接;

③插座、开关安装完毕,应通电逐一检查其接线是否正确;

④安装作业时,要注意墙面的保护,不得污损。

4）质量通病与防治措施

开关插座及照明灯具安装质量通病与防治措施见表8-8-9。

开关插座及照明灯具安装质量通病与防治措施　　　　表 8-8-9

序号	质量通病	原因分析	防治措施
1	同区域灯具安装偏差较大,影响观感质量	结构偏差或管线遮挡	灯具安装前提前规划,避让管线,保证同区域灯具安装平直度
2		施工安装过程偏差	通过改进测量定位工具减少施工误差
3	设备房照度不够	部分灯具被风管、空调挡住	灯具安装时,考虑实际情况。如有其他专业设备遮挡,可适当更改灯具安装方式及位置
4	开关盖板歪斜,间距过大,影响观感质量	开关底盒安装不正,底盒间距无统一标准	底盒安装后利用水平尺调整,底盒间距按技术标准执行,规范施工

8.2.3 接地系统安装

在地铁机电安装施工中,接地部分一般指保护接地与工作接地两部分,接地体部分已由土建专业施工。

1) 施工流程

接地系统安装施工流程如图 8-8-13 所示。

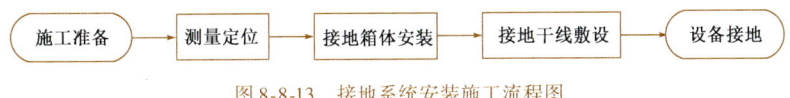

图 8-8-13　接地系统安装施工流程图

2) 操作要点

(1) 施工准备

①技术准备:熟悉接地干线、接地端子箱布置图和设计技术要求,了解接地干线走向、接地端子箱数量及分布,并进行技术交底。

②材料准备:等电位接地箱、膨胀螺栓、接地电缆、接地扁钢、接地软线等。

③工器具准备:切割机、电焊机、角磨机、红外水平仪、冲击电钻、脚手架、记号笔、钢卷尺、扳手、水平尺等。

④人员准备:施工负责人、技术人员、安全员、作业人员、电工等。

(2) 测量定位

①根据设计图纸机房平面布置图结合墙体结构对等电位接地箱的位置、高度以及安装方式进行确定;

②根据箱体、引线槽的大小和深度,在墙面开凿合适尺寸;

③用冲击电钻,在已开凿好的孔洞里钻出 4 个固定点,埋入膨胀锚栓。

(3) 接地箱体安装

①将接地箱箱体放入开凿好的孔洞中用膨胀螺栓进行固定,调好位置,用混凝土进行填缝、抹平。

②等电位接地箱箱体安装完成后将接地铜排通过绝缘子固定在箱体上。

③等电位接地箱箱体及接地铜排安装完成后,将接地母线引入并固定牢靠。将接地连接螺栓安装要求进行统一整理,已连接上接地线的螺栓进行检查紧固。

④用连接螺栓将外罩与箱体连接,外罩安装整洁美观,符合设计要求,外罩与箱体用连接线进行电

气连通。

(4) 接地干线敷设

①将接地扁钢事先调直、打眼、煨弯加工后定位测量,将接地扁钢沿墙敷设,在支持件一端将接地扁钢固定住,接地线过墙时穿过预留套管,钢制套管必须与接地线做电气连通,接地干线在连接处进行焊接。接地干线与建筑结构中预留钢筋连接。

②接地干线经过建筑物的伸缩缝或沉降缝时,如采用焊接固定,将接地干线在过伸缩缝或沉降缝的一段做成弧形,或用 $\phi 12mm$ 圆钢弯出弧形与扁钢焊接,也可以在接地线断开处用 $50mm^2$ 裸铜软绞线连接。

③明敷接地线的表面涂以 15~100mm 宽度相等的绿色和黄色相间的条纹。在每个接地导体的全部长度上或只在每个区间或每个可接触到的部位上宜做出标志。中性线宜涂淡蓝色标志,在接地线引向建筑物的入口处和在检修用临时接地点处,均刷白色底漆并标以黑色接地标志。

(5) 设备接地

①电缆桥架接地:将电缆桥架的接地扁钢放在桥架侧边,用螺栓固定,并与桥架横担可靠连接。接地扁钢就近引接至接地端子,不得采用利用桥架本体串联的接地方式。电缆支架及电缆桥架在全长不少于两处与接地干线相连。

②安全特低压设备外露可导电部分严禁直接接地或通过其他途径与大地连接,安全特低电压回路配电线按照设计要求进行穿管保护。

③保护接地:车站中一般采用 TN-S 系统作为电气接地保护方式。凡正常不带电,而当绝缘破坏有可能呈现电压的一切电气设备金属外壳均可靠接地。

④配电箱金属外壳的接地:将室外配电箱的金属护箱与箱门,配电箱的金属箱体与箱门分别用双色接地软线接到配电箱的 PE 排上,禁止串联后接 PE 排。

⑤水管绝缘连接处需做跨接,跨接用截面积为 $6mm^2$ 接地软线,管道整体跨接完后,需用铜线与接地扁铁连接。

⑥风机、水泵等震动设备外壳的重复接地:金属设备外壳需与接地扁钢连接,引导主结构钢筋,由于部分设备运行时会产生振动,因此此类设备使用铜编织带进行接地以防接地线断裂,铜编织带需与接地扁钢连接,两端压接线端子。

⑦接地线与管道、金属构件连接(等电位连接):接地线和给水管、排水管及其他输送非可燃体或非爆炸气体的金属管道、金属构件连接时,应在靠近建筑物的进口处焊接。若接地线与管道不能直接焊接时,应用卡箍连接,卡箍的内表面应搪锡。应将管道的连接表面刮拭干净,安装完毕后涂沥青。管道上的水表、法兰阀门等处应用裸露铜线将其跨接。接地扁钢和车站非金属构件连接可靠。

⑧车站范围内金属构件,如天花、龙骨、金属扶手、门窗等金属构件的可靠接地,在车站四周或者站厅的装修层中设置环形接地扁钢。接地扁钢与就近的局部等电位端子箱(LEB)可靠连接。

3) 关键技术卡控点

(1) 等电位接地箱的规格型号、安装位置符合设计要求。箱体与外罩之间连接紧密,外罩与墙体表面安装密贴,接地螺栓规格型号符合要求,箱体与外罩电气连接贯通。等电位接地箱安装牢固,线缆连接良好,绑扎整齐美观。接地母线(扁钢)与避雷带需要支架固定。

(2) 室外冷却塔周边防雷接地网水平接地体局部埋置深度不小于 1m,垂直接地体长度不小于 2.5m,其相互之间间距一般不小于 5m。接地体埋设位置距建筑物不宜小于 3m;在垃圾灰渣等土质不好地方埋设接地体时,应换土,并分层夯实。一般使用—40×4 的镀锌扁钢加工制作水平接地体。

(3)为了连接临时接地线,在接地干线上需安装一些临时接地线柱(也称接地端子),临时接地线柱的安装,根据接地干线的敷设形式不同采用不同的安装形式。常采用在接地干线上焊接镀锌蝶形螺栓作临时接地线柱的做法。

(4)接地体(线)的连接采用焊接,焊接处焊缝饱满并有足够的机械强度,不得有夹渣、咬肉、裂纹、虚焊、气孔等缺陷,焊接处的焊渣清理后做防腐处理。采用搭接焊时,其焊接要求如下:

①镀锌扁钢焊接长度不小于其宽度的 2 倍,且至少三面施焊(当扁钢宽度不同时,焊接长度以宽者为准)。敷设前扁钢需调直,煨弯不得过死,直线段上无明显弯曲,并立放。

②镀锌圆钢焊接长度为其直径的 6 倍并双面施焊(当直径不同时,焊接长度以大直径为准)。

③镀锌圆钢与镀锌扁钢连接时,其长度为圆钢直径的 6 倍。

④镀锌扁钢与镀锌钢管焊接时,为了连接可靠,除在其接触部位两侧进行焊接外,还直接将扁钢本身弯成弧形与钢管焊接。

⑤当保护线(PE 线)所用材质与相线相同时,PE 线最小截面符合表 8-8-10 的要求。

PE 线最小截面　　　　表 8-8-10

相线芯线截面面积 $S(mm^2)$	PE 线最小截面面积 $S(mm^2)$	相线芯线截面面积 $S(mm^2)$	PE 线最小截面面积 $S(mm^2)$
$S \leq 16$	S	$S > 35$	$S/2$
$16 \leq S \leq 35$	16		

4)质量通病与防治措施

接地系统安装质量通病与防治措施见表 8-8-11。

接地系统安装质量通病与防治措施　　　　表 8-8-11

序号	质量通病	原因分析	防治措施
1	隧道风机、冷水机组等落地安装的大型设备外壳未单独接地	落地安装的大型设备基础浇筑过程中未预埋接地扁钢	落地安装大型设备基础浇筑前,提前就近凿出地面结构钢筋焊接接地扁钢引至设备底座
2	接地扁钢焊接部位防腐处理不规范	接地线路长,接地线之间、接地线与预埋金属件之间焊接处多,防腐处理点位有遗漏	排查接地体焊接部位,按照先清除焊渣、再刷一道防锈漆和两道防锈面漆的方式进行防腐处理

8.3 安全文明施工与成品保护

8.3.1 安全文明施工

(1)带电作业时,工作人员必须穿绝缘鞋,并且至少两人作业,其中一人操作,另一人监护;

(2)现场临时用电线路的安装和使用,必须按配电规程、安全操作规程和临时用电设计执行;

(3)临时用电配电箱、开关箱,必须装设漏电保护装置;

(4)使用中的电气设备保持完好的工作状态,严禁带故障运行;

(5)施工临时用电设施要设专人管理,严格控制,施工完毕,要及时切断电源;

(6)手持电动工具必须性能良好,电源线无破损漏电现象,三级箱使用必须符合"一机一闸一漏"的配电要求,严禁电源线临时搭设在照明或其他线路上;

（7）工作时使用的工具用完后装入在工具包（袋），防止掉下伤人，上下传递工具要用绳索，严禁抛扔工具或物件；

（8）使用的活动梯子要有专人扶持，防止梯子滑落伤人，施工时禁止上下层同时作业，以防上层物品坠落伤及下层作业人员；

（9）高处作业的脚手架稳固，铺满脚手板，设置围护栏杆，并正确使用安全带等安全防护用品；

（10）现场加工、制作、安装的垃圾及时清理回收，做到工完料清，保证现场文明施工。

8.3.2 成品保护

（1）管路敷设时，线路中接线盒用盖板遮挡，裸露管口进行封堵，防止线管堵塞。

（2）搬运材料及使用高凳机具时，不得碰坏门窗、墙面等。

（3）电气照明器具安装完后，不要再喷浆；必须喷浆时，将电气设备及器具保护好后再喷浆。

（4）电缆电线穿线时要戴护线套或护口，穿线完成后，应将导线的接头盘入接线盒内，并封堵严实，以防污染。

（5）配电箱（盘）安装后，要保持墙面整洁，采取成品保护措施，避免碰坏、污染器件及仪表。

（6）安装开关插座灯具时，不得碰坏墙面，要保持墙面的清洁。

（7）开关、插座、灯具必须在吊顶、油漆、粉刷作业完成后进行安装，如遇特殊情况要再次进行喷浆时，必须对开关、插座、灯具加以遮盖，以防止被污染。

8.4 接口管理

8.4.1 与结构专业的接口管理

动力与照明系统管道在穿越一次建筑结构时，由结构专业预留孔洞及套管；动力与照明专业在进场施工前期，可与建筑专业沟通核对，并对已预留孔洞进行核查。

8.4.2 与建筑专业的接口管理

动力与照明系统管道在穿越二次建筑结构时，由建筑专业预留孔洞；动力与照明专业在建筑施工前期，提前标注孔洞位置及尺寸。对于有吊顶区域，在安装灯具时，建筑专业应及时排布好吊顶板块，确保灯具安装位置。

8.4.3 与人防专业的接口管理

动力与照明专业提供给管道穿越人防门密闭套管的位置、尺寸，人防专业对套管进行预埋并做好施工后的封堵工作。

8.4.4 与通风与空调专业的接口管理

动力与照明专业为车站通风与空调系统的风机、空调机组、多联分体空调、风阀等设备提供电源和控制电缆。通风与空调专业提供设备控制箱（柜），并由动力与照明专业安装、调试。

8.4.5 与给水与排水专业的接口管理

动力与照明专业为车站给水与排水专业水泵、电动水阀等设备提供电源和控制电缆。给水与排水专业提供设备控制箱(柜),并由动力与照明专业安装、调试。

8.4.6 与环境与设备监控专业、综合监控专业的接口管理

动力与照明专业负责双电源切换箱的安装及进线电缆的敷设,为环境与设备监控系统、综合监控系统设备提供电源。动力与照明专业为综合监控系统房间预留接地端子排。各设备至接地端子排的连接由环境与设备监控、综合监控专业负责。

8.4.7 与火灾自动报警专业、气体灭火专业的接口管理

动力与照明专业负责双电源切换箱安装及进线电缆敷设,馈线开关(含)及以上由动力与照明专业负责,馈线开关下口以下由火灾自动报警专业负责。在车控室为其预留接地端子排。各设备至接地端子排的连接由火灾自动报警专业负责。需火灾自动报警系统监控或监视的动力与照明设备,其控制接口界面在各配电箱(柜)或控制箱(柜)的控制接线端子排处。在车控室为气体灭火系统预留电源容量和回路。

8.4.8 与通信、信号专业的接口管理

动力与照明专业负责通信、信号系统双电源切换箱安装及进线电缆敷设。双电源切换箱馈出开关下口至通信设备电缆由通信专业负责。设备集中站为信号双电源箱(不带切换)的馈出端,设备非集中站为双电源切换箱馈出开关下口,进线电缆由动力与照明专业负责。在双电源切换箱或双电源配电箱馈出开关下口,进线电缆及电源切换箱或双电源配电箱为通信、信号专业预留接地端子排,接口位于接地端子排预留接地端子处。各设备至接地端子排的连接由信号、通信专业负责。

8.4.9 与自动售检票专业的接口管理

自动售检票(AFC)系统双电源进线电缆由动力与照明专业负责整合电源系统引入,双电源切换箱由 AFC 专业自带,双电源切换箱以下由 AFC 专业负责;在各座车站 AFC 系统机房、配线间各设置一台动力与照明配电箱,供 AFC 系统闸机加热用,配电箱安装及进线电缆敷设由动力与照明专业负责。

8.4.10 与电扶梯专业的接口管理

动力与照明专业负责电扶梯电源配电箱或双电源配电箱安装、动力配电箱至自带控制箱的电缆敷设。扶梯及垂直电梯井道内照明及检修插座由电扶梯专业负责安装。

8.4.11 与站台门专业的接口管理

动力与照明专业负责双电源切换箱安装及进线电缆敷设并预埋线管至站台门,动力与照明专业为站台门房间预留接地端子排。

8.4.12 与供电专业的接口管理

动力与照明专业与供电专业的分界点位于降压变电所400V开关柜低压馈出断路器下口,供电专业在交流屏预留变电所照明回路下口。变电所夹层及站台板下电缆支架由供电专业提供并施工;变电所0.4kV开关柜馈出开关下口接线端为分界点,馈出开关下口接线端以下馈线电缆及电缆接线端子(含紧固件)由动力与照明专业负责。馈电电缆及低压柜馈出开关的保护校核由供电专业负责。

8.4.13 与不间断电源专业的接口管理

供电专业将通信系统、AFC系统及综合监控系统电源整合,统一设置不间断电源(UPS)。动力与照明专业与整合电源的接口位于UPS双电源转换开关上口及UPS馈出端断路器下口,动力与照明专业负责低压柜至UPS电源柜及UPS电源馈线柜至各专业双电源箱间电缆及电缆敷设。

8.5 单系统调试

1)前置条件

(1)所有设备具备受电条件;
(2)所有设备及线缆已完成挂牌;
(3)需带电工作设备已单机测试完成。

2)调试准备

(1)调试工具:对讲机、电工组合工具、便携式计算机等。
(2)调试仪器仪表:数字万用表、相序表、电压表、钳形电流表、兆欧表、数字电秒表、半导体点温度计、接地电阻测试仪等。

3)调试方法

动力与照明系统调试方法见表8-8-12。

动力与照明系统测试方法 表8-8-12

序号	调试步骤	预想结果
1	检查电缆通断和绝缘性能	电缆性能符合要求
2	对供电回路及控制回路进行逐一检查	接线无误,绝缘良好
3	通电检查启动、停止、切换等操作的相关接触器、继电器、指示灯的动作或指示	控制设备能实现其设计功能
4	系统功能及性能检验	功能完备,性能良好
5	检测各项数据并填写调试记录	—

4)系统调试内容

动力与照明系统站级单系统调试主要包括动力配电箱、照明配电箱的调整与试验,动力回路的检查测试,控制回路的检查测试、电动机试运转,应急照明配电柜调试等。

第 9 章 自动售检票工程

自动售检票（AFC）系统是基于计算机、通信、网络和自动控制等技术，实现轨道交通自动售票、检票、计费、收费、统计、清分和管理等全过程的自动化系统。地铁 AFC 系统通常由清分中心（ACC）系统、线路中央计算机（LCC）系统、车站计算机（SC）系统、车站终端设备（SLE）和车票（Ticket）五层结构组成，各城市根据实际情况可将各层进行融合优化。

ACC 负责制订地铁 AFC 系统的运营模式、票务管理模式、清分处理流程、票卡种类设置和定义、密钥管理、接口界面，完成各线交易数据的采集、分析、处理和运营收益清分，完成与城市公交 IC 卡、城市通卡、金融 IC 卡、手机支付等外部系统的接口和相应清算、对账及分账工作等。LCC 主要完成所辖线路 AFC 的运营管理、票务管理及设备管理，实现系统运作、收益及设备维护集中管理等。SC 主要完成监视和控制车站 SLE 运行状态，收集、统计各类运营数据等。车站现场设备主要包括自动售票机、半自动售票机、自动检票机、便携式验票机等。其中，自动售票机主要完成单程票出售、储值票充值、查询，半自动售票机主要完成车票分析、异常处理、充值、补票及查询，自动检票机主要完成乘客进出站自动检票，便携式验票机主要完成流动式车票验票、检票功能。

本章主要介绍自动售检票系统的钢管安装、线槽安装、线缆敷设、车站终端设备安装、室内机房设备安装、电源及接地设备安装等的施工流程、操作要点、关键技术卡控点和质量通病与防治措施，以及其他施工要求与管理内容。

9.1 管线施工

9.1.1 钢管安装

1）施工流程

钢管安装施工流程如图 8-9-1 所示。

2）操作要点

（1）施工准备

①技术准备：了解相关验收规范及行业标准，明确设计要求；施工作业前，熟悉施工图纸及相应技术

交底文件,确认钢管安装路由,做好开孔预留工作。

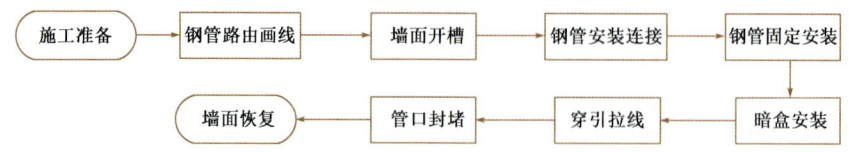

图 8-9-1　钢管安装施工流程图

②材料准备:镀锌钢管及附件、金属软管、铜芯软导线、86 盒及盒接、暗盒挡板、透明胶布、不锈钢钢丝等。

③工器具准备:钢卷尺、螺丝刀、记号笔、墨斗、灭火器、冲击电钻、液压弯管器、切割机、角磨机、手枪钻等。

④人员准备:施工负责人、技术员、安全员、施工人员等。

(2)钢管路由画线

钢管预埋应在车站建筑预埋施工之前进行。在配管前应按施工图纸确定好各车站、控制中心、车辆段钢管安装路由。对路由的垂直和水平位置用墨斗弹线进行定位,根据施工图上的位置,尽量避免与其他专业相互冲突。

(3)墙面开槽

根据施工图纸确定好钢管安装位置,在墙面上用角磨机开出一定宽度的通槽,通槽的宽度为能使钢管固定安装所需的操作宽度,宽度应大于管卡的宽度。通槽的深度满足钢管埋深与建筑物表面的距离不少于 15mm。在暗盒安装位置开 90mm×90mm 的方孔,根据施工图纸的要求及墙面的 1m 线,在有静电地板的室内,暗盒底部安装位置距 1m 线 400mm,在无静电地板的室内,暗盒底部安装位置距 1m 线 700mm。

(4)钢管安装连接

①根据钢管长度及现场钢管预埋已画线区域所需长度,切割出符合现场安装的钢管长度,使用钢管型号配套的直通接头将两根钢管连接,两管管口应合拢,钢管所有的连接处应牢固密封。

②钢管连接后,在两根钢管之间的直通接头前后 50～100mm、钢管与 86 盒盒接处,各安装一个专用接地卡,两接地卡间安装铜芯软导线,导线截面面积不小于 4mm²。

钢管安装示例如图 8-9-2 所示。

图 8-9-2　钢管安装

(5) 钢管固定安装

①钢管安装后使用不锈钢 U 形管卡来固定钢管。不锈钢 U 形管卡在钢管的终端、转弯终点、暗盒边缘固定点的距离为 150～200mm，中间直线段管卡间的最大距离见表 8-9-1。

管卡间最大距离   表 8-9-1

敷设方式	导管种类	导管直径(mm)				
		15～20	25～32	32～40	50～65	65 以上
		管卡间最大距离(m)				
暗配	壁厚>2mm 刚性钢导管	1.5	2.0	2.5	2.5	3.5
	壁厚≤2mm 刚性钢导管	1.0	1.5	2.0	—	—
	刚性绝缘导管	1.0	1.5	1.5	2.0	2.0

②在钢管安装固定管卡打孔时，使用不锈钢螺栓膨胀管固定管卡时，打孔的孔径与膨胀管外径差值不应大于 1mm，孔深不应小于膨胀管长度。

③预埋的钢管引出表面时，管口宜伸出表面 200mm；当从地下引入落地式盘(箱)时，宜高出盘(箱)底内面 50～80mm。

④当金属导管管路较长或有弯时，需加装分向盒。

⑤钢管应排列整齐，固定间距应均匀，安装牢固。

(6) 暗盒安装

①通过 86 盒盒接将暗盒与钢管连接，暗盒安装固定在预先开槽的槽口内，不得松动；

②暗盒安装保持在同一水平线上，其暗埋深度一致，保证暗盒安装的工艺美观度。

(7) 穿引拉线

每根钢管内各预穿一根不锈钢钢丝，钢丝应伸出钢管两端长度不小于 500mm，钢管口绑扎牢固，防止滑落至钢管内，以便后期穿线施工。

(8) 管口封堵

钢管安装完成后用透明胶布将钢管管口封堵，暗盒用配套的暗盒挡板进行封堵并贴上成品保护贴牌加强成品保护，防止浇筑地坪施工时将混凝土灌入钢管、暗盒内，造成钢管、暗盒堵塞。

(9) 墙面恢复

管线固定安装完成后，确认安装正确及安装牢固，管口封堵后，用混凝土将钢管埋于墙面中，最终将开凿的通槽填埋平整。在墙面恢复时，防止将混凝土灌入钢管中，要先将钢管封堵。

3）关键技术卡控点

(1) 金属配管严禁采用对口熔焊连接；镀锌和壁厚小于或等于 2mm 的钢导管，严禁采用套管熔焊连接。

(2) 当金属配管采用螺纹连接时，连接处的两端必须保证可靠接地连通。

(3) 镀锌的钢导管、可挠性导管不得熔焊跨接接地线，以专用接地卡跨接的两卡间连线为铜芯软导线时，截面面积不小于 4mm²。

(4) 预制金属弯管时，弯成的角度不应小于 90°；弯曲半径不应小于管外径的 10 倍，管弯处不应有裂缝和明显的弯曲。

(5) 暗配的金属导管，其填埋深度与建筑物表面的距离不应小于 15mm；在金属导管的终端、弯头中点或柜、台、箱、盘等边缘的距离 150～500mm 范围内应设管卡。

（6）当管道经过建筑物的伸缩缝和沉降缝时,应采取保护措施。

（7）当金属导管管路较长或有弯时,宜加装分向盒。两个分向盒之间的距离应符合下列规定：

①对无弯的管路,不超过30m；

②当两个分向盒之间有1个弯时,不超过20m；

③当两个分向盒之间有2个弯时,不超过15m；

④当两个分向盒之间有3个弯时,不超过8m。

（8）在墙面上开槽时,通槽的宽度为能使钢管固定安装所需的操作宽度,宽度应大于管卡的宽度。通槽的深度满足钢管埋深与建筑物表面的距离不少于15mm。

（9）在暗盒安装位置开90mm×90mm的槽口,在有静电地板的室内,暗盒底部安装位置距1m线400mm,在无静电地板的室内,暗盒底部安装位置距1m线700mm。

（10）钢管连接时,两管管口应合拢,钢管所有的连接处应牢固密封,钢管应排列整齐,固定间距应均匀,安装牢固。

（11）钢管安装完成后应预穿不锈钢钢丝,钢丝应伸出钢管两端长度不小于500mm,钢管口绑扎牢固,防止滑落至钢管内,以便后期穿线施工。

（12）钢管安装完成后用透明胶布将钢管管口封堵,暗盒用配套的暗盒挡板进行封堵,防止浇筑地坪施工时将混凝土灌入钢管、暗盒内,造成钢管、暗盒堵塞。

4）质量通病与防治措施

管道安装质量通病与防治措施见表8-9-2。

管道安装质量通病与防治措施　　　　　　　　表8-9-2

序号	质量通病	原因分析	防治措施
1	预埋钢管有松动	管接连接不牢固	两管管口处使用接头连接牢固
2	预埋钢管整体排列不整齐	钢管未按要求固定	每隔1.5~2m使用不锈钢管卡固定钢管
3	暗盒安装高度不一致	安装暗盒前未画水平线	在安装暗盒前提前将水平线画好,保证暗盒安装高度一致
4	暗盒口、钢管管口堵塞	暗盒、管口未做好防护	暗盒口、钢管口进行封堵

9.1.2　线槽安装

1）施工流程

线槽安装施工流程如图8-9-3所示。

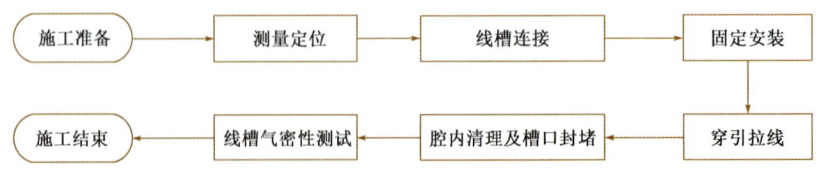

图8-9-3　线槽安装施工流程图

2）操作要点

（1）施工准备

①技术准备：了解相关验收规范及行业标准,明确设计要求；施工作业前,熟悉施工图纸及相应技术

交底文件,确认线槽安装路由,做好开孔预留工作。

②材料准备:不锈钢防水线槽、出线口铸件框、不锈钢拉丝装饰板、弯通、三通、四通、防水连接器、固定支架、线槽堵头、热镀锌膨胀螺栓等。

③工器具准备:钢卷尺、克丝钳、电动螺丝刀、记号笔、墨斗、冲击电钻、双开口扳手、切割机、角磨机、电镐等。

④人员准备:施工负责人、技术员、安全员、施工人员等。

(2)测量定位

首先根据施工设计图线槽位置,扫除线槽径路上地坪的灰渣,再根据施工设计图纸上标注的设备安装位置,确定出线盒中心位置,在线槽径路上按直线段取两端点定位,用画线墨斗在线槽安装中心位置地面上画线,并喷涂上相关字样,按照上述方法标出站厅层全部公共区域预埋线槽的位置。

(3)线槽连接

①线槽出厂时,在分线盒及分向盒(包括弯通、三通、四通)出线口标有站名、编号等信息,且信息应与生产厂家线槽深化图纸上一致,线槽安装必须严格按照深化设计图纸进行施工安装。

②在线槽两端印刷有安装标记线,在安装时,要仔细观察标记线与防水连接器边缘吻合且平行,这样才能保证线槽接口紧密、牢固。如果线槽进行了切割,线槽端头68mm处用色笔重新作一条标记线。

盒体连接示例如图8-9-4所示。

③根据建筑基础面±0.00基准,拉线确定分线盒上平面高度(盒体上口平面应低于大理石上平面2~15mm),打入膨胀螺栓,调节分线盒标准高度,固定分线盒。特别注意分向盒、出线口的上平面不得高于基础面,否则必须降低基础高度才能安装。

④在分线盒接头处放置连接器,然后放置线槽,与盒体相接(注意相接两线槽缝隙不大于2mm),盖上连接器盖板并用电动螺丝刀紧固螺栓(电动螺丝刀力矩拨至15N·m),并确认螺栓紧固度。

防水连接器安装示例如图8-9-5所示。

图8-9-4 盒体连接

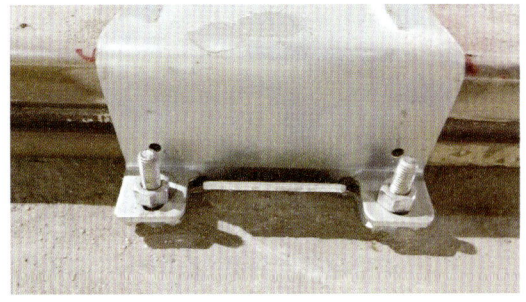
图8-9-5 防水连接器安装

⑤检查线槽两端68mm的那根记号线是否与连接器外边相吻合。如果相吻合,则相接的两根线槽缝隙合格;反之,则重新连接。

⑥防水连接器自带弹性接地装置,并且做好每个连接点接地的连续性,线槽在自动售检票(AFC)设备室内一点接地。

(4)固定安装

分段线槽连接完成后,需对线槽位置进行调整、校正,控制在作业面内,利用水平仪逐一对每个出线盒、分线盒的高度进行测量,并与土建装修提供的水平标高线(完工后地面的标高线)进行比对,使出线口烟筒顶部比完工地面高2~3mm,方向盒、终端盒上口表面比完工地面低5cm。进行紧固然后用内膨胀螺栓在地面上定位紧固,固定支架的间距不超过2m。根据线槽、分线盒位置及卡箍开孔位置确定固定点,间隔2cm左右。

线槽固定支架安装示例如图8-9-6所示。

(5)穿引拉线

每段线槽内各预穿一根不锈钢钢丝,钢丝应放置在盒体防护盖下部,以便后期穿线施工。

(6)腔内清理及槽口封堵

①线槽在安装后应及时进行清理密封,盖上防护盖板,并使用鼓风机对线槽内腔进行清理;

②线槽终端口采用专制线槽堵头进行封堵,以免装修施工时掉进泥浆或塞进异物,堵住线槽通道,并用油漆在槽体喷上"成品保护"字样,加强现场对线槽的保护。

槽口封堵示例如图8-9-7所示。

图8-9-6 固定支架安装

图8-9-7 槽口封堵

(7)线槽气密性测试

AFC暗埋式防水线槽的气密性测试是通过压力表的读数变化来判断,即向AFC线槽腔内充一定压力的气体,采用压力表的读数变化判断AFC暗埋式防水线槽是否有漏。一般压力保持10min,即单位时间内判断压力表上指针的变化,并观察压力下降率判断合格与否。采用这种方法代替往线槽内注水测试效率更高,且测试后不会对线槽造成二次污染。

3)关键技术卡控点

(1)预埋在地面下的金属线槽、接线盒、分向盒及其防护盖板处应采取防水、防尘措施,其机械强度应能承受$20kN/m^2$及以上的压力。

(2)金属线槽、接线盒、分向盒必须电气连接,且必须可靠接地。

(3)线槽槽体在设备安装处、远期预留设备处、线槽转弯处及超过20m的线槽接续处均需设置出线口铸件框,配置出线盖板或密闭盖板。在远期预留设备处、线槽转弯处及超过20m的线槽接续处上方的地坪装饰面需设置可移动的不锈钢拉丝装饰板。

(4)不锈钢金属线槽的制作和安装应满足防腐、防水要求,整体防护等级不低于IPX7,固定线槽的螺栓、螺母及垫圈应经过热镀锌处理。

(5)线槽内壁应光滑,不应有穿孔、裂缝、明显的凸凹不平和锈蚀,槽口应无毛刺和尖锐棱角。

(6)分段线槽组装时,应严格按照线槽上编号进行组装,在安装时,要仔细观察标记线与防水连接器边缘吻合且平行,这样才能保证线槽接口紧密、牢固。如果线槽进行了切割,线槽端头68mm处用色笔重新画一条标记线。

(7)固定支架的间距不超过2m。根据线槽、分线盒位置及卡箍开孔位置确定固定点,间隔2cm左右。

(8) 在线槽安装和地面找平层浇筑期间，线槽出线口铸件框上方应安装密封盖板，防止外部水进入线槽内。在设备安装时，出线口铸件框上方需安装出线盖板，便于线缆出线；在无出线需求的铸件框处需设置密封盖板，同时对应的地坪装饰面需设置不锈钢拉丝装饰板。

(9) 线槽出线盖板的具体制作高度应根据各车站地坪装饰面的实际完成标高来确定，应确保出线盖板顶端高出地坪装修完成面30mm，防止外部水进入线槽内。

(10) 不锈钢金属线槽应设置跨接接地装置，并具有相应标识，确保线槽之间接地的可靠性及连续性。

(11) 为便于电缆敷设和维修，站厅层地坪内敷设的不锈钢金属线槽一般每隔20m设一个检修孔，转弯处设检修孔，自动售票机、半自动售票机、自动检票机下均设出线孔。不锈钢金属线槽在每个出线孔、检修孔位置上的地面装修设有可揭开的AFC盖板，不锈钢金属线槽出线口在设备未安装时需加盖固定的防水盖板。

4）质量通病与防治措施

线槽安装质量通病与防治措施见表8-9-3。

线槽安装质量通病与防治措施　　　　　　　　　表8-9-3

序号	质量通病	原因分析	防治措施
1	线槽安装高度不符合设计要求	土建在浇筑站厅层地面垫层高度不一致	现场测量出防水线槽安装路由实际安装高度，与土建及机电单位取得联系，要求对标高进行复测，对复测后标高存在问题的车站要求抬高1m标高线或要求土建施工单位进行地面开槽处理
2	站厅层地坪面不平整，线槽分段安装不紧密、牢固，影响防水线槽整体的防护等级	线槽安装路径地面不平整	防水线槽安装前需使用激光垂直水平仪测量安装路由的平整度，如有地平面不平整，对地坪进行开槽处理直至安装路由上的水平保持一致
		线槽连接时未对准端头标记线，连接器固定不紧密	分段线槽组装时，应严格按照线槽上编号进行组装；在安装时，要仔细观察标记线与防水连接器边缘吻合且平行，这样才能保证线槽接口紧密、牢固。如果线槽进行了切割，线槽端头68mm处用色笔重新画一条标记线
3	站厅层防水线槽出线口定位不精准，影响终端设备的安装质量	非组合式防水线槽的出线口定位不准确	根据防水线槽深化图纸及终端设备型号，通过采购组合式防水线槽，线槽在终端设备安装中心点处设置出线口，实现防水线槽出线口与设备底部孔位精确对准，确保终端设备的安装质量

9.1.3　线缆敷设

1）施工流程

线缆敷设施工流程如图8-9-8所示。

图8-9-8　线缆敷设施工流程图

2）操作要点

（1）施工准备

①技术准备：了解相关验收规范及行业标准，明确设计要求；施工作业前，熟悉施工图纸及相应技术交底文件，确认线缆敷设起点和终点，所需线缆规格型号、长度等。

②材料准备：线缆、绝缘胶布、电子喷灯、热缩帽、记号笔、扎带等。

③工器具准备：绝缘电阻测试仪、光时域反射仪（OTDR）、穿线器、荆轮电缆剪刀、穿线器、美工刀等。

④人员准备：施工负责人、技术员、安全员、施工人员等。

（2）单盘测试

①光缆的单盘测试内容有光纤衰减和光纤长度两个项目。其中，光纤衰减要分测两个波长（1310nm、1550nm）下两个方向（A→B、B→A）的衰减值；光纤长度只测试1310nm波长下两个方向（A→B、B→A）的衰减值。

②1310nm 波长衰减：$\alpha_0 \leq 0.35$ dB·km；1550nm 波长衰减：$\alpha_0 \leq 0.22$ dB·km。

③光、电缆单盘测试完毕后，应采用热缩帽对光、电缆端口进行密封防水处理。

④做好光（电）缆测试记录，以供配盘、敷设时参考。光（电）缆测试完毕，应用记号笔在光（电）缆盘上标出端别及盘号。

（3）管槽清洁

用压缩空气吹入已敷设的管路中，除去残留的灰土和水分。如无压缩空气，可在钢丝上绑上抹布，来回拉几次，将管、槽内杂物和水分擦净。对于弯头较多或管路较长的管子，为减少线缆与管壁磨擦，应向管内吹入滑石粉，以便穿线。

（4）线缆布放

①不同型号、不同电压电缆应分类布置，电源电缆与网络电缆和数据电缆分管分槽敷设。

②当线缆较少或线缆截面积较小时，将线端头插入引线钢丝端部圈内折回。若线缆数量较多或线缆截面积较大时，为了防止线缆端头在管内被卡住，要把线缆端部剥出线芯，并斜错位排好，与引线钢丝一端缠绕好，然后再拉入管内。

③布放顺序，根据设计图纸，按顺序进行裁剪，先布放主线，再布放支线。剪下的剩余电缆，应在电缆头端用绝缘胶布密封，以防潮气进入。

④穿线时，一人或多人在一端拉钢丝引线，另一个在一端把线缆送入管内，前后人员动作应协调，并注意不使线缆与管口或桥架边处磨损坏绝缘层。当管路较长或管路弯头较多时，应在弯头和管路中间接线盒处增加人员，采取接力方式穿线。

⑤布放于水平线槽内的线缆，每隔50mm进行固定，布放于垂直线槽内的线缆每隔1m进行绑扎固定，以降低线缆自身挤压及自身重量的影响。

（5）线缆预留

线缆穿好后，按要求适当留出余量以便以后接线。线缆在槽道中尽量有一定的预留量。顶棚向导的线缆必须根据终端设备的安装高度，加1m余量；所有线缆引至引入点后，均至少预留3m（房间内的至少预留5m）。

线缆预留示例如图8-9-9所示。

图8-9-9　线缆预留

(6)线缆复测

对线缆的直流指标进行测试,以确认线缆穿放后是否有损伤并核对其长度,主要测试内容有对号、芯线电阻、导线间绝缘电阻、导线对地绝缘电阻及导线对槽道绝缘测试。线缆放完后应进行电气测试,特别是220V交流电源线缆的测试。布放线缆后和成端线缆前均应进行基本电气特性测试,测试内容有芯线对号、环阻、测试电线绝缘电阻、线管间绝缘电阻、光纤衰减。测试完毕,线缆头用绝缘胶带包扎好,在线缆两端及适当位置贴上标签,标签上注明线缆的规格型号、去向等。

(7)线缆标识

①所有需要标识的设施都要有布线标签,每一电缆、光缆、配线设备、端接点、接地装置、敷设管线等组成部分均应给定唯一的标识符。标识符应采用相同数量的字母和数字等标明,按照一定的模式和规则来进行。

②所有标签应保持清晰、完整,并能够经受环境的考验,如潮湿、高温、紫外线等。

3)关键技术卡控点

(1)数据线缆、控制电缆和电源电缆应分管分槽敷设。线缆出入口处,应做密封处理并满足防火要求。管槽内线缆敷设应平直,无扭绞、打圈等现象。线缆在管槽内应无接头。

(2)配线用柜、屏、台、箱或盘间线路的线间和线对地间绝缘电阻值,馈电线路应大于0.5MΩ;二次回路应大于1MΩ。

(3)线槽敷设截面利用率不应大于50%。当3根及以上绝缘导线敷设于同一根防护管时,其总截面面积(含防护层)不宜超过管内截面的40%;2根绝缘导线敷设于同一根管时,管内径不宜小于2根绝缘导线外径之和的1.35倍。

(4)线缆两端及经过分线盒应有标签,标明线缆的起始和终端位置,标签应清晰、准确、牢固。

(5)AFC设备的室内配线高度应一致,与其他管线交叉或穿越墙壁和楼板时,线缆布放完成后应采取防火封堵措施。

(6)布放于水平线槽内的线缆,每隔3~5m进行绑扎固定,布放于垂直线槽内的线缆每隔2m进行绑扎固定,以降低线缆自身的挤压及自身重量的影响。

(7)线缆穿入管槽前,线缆与引线钢丝接好,穿入管槽的线缆不应有接头,绝缘层不能损坏,线缆也不得扭曲。光纤外护套不得有损坏,容许最小弯曲半径不小于护套外径的15倍,接头处密封良好。

(8)各种线缆穿放完成后必须分类绑扎,并做好标记,标记可按照各分区进行划分。布线要求顺直、整齐、美观、无交叉,并考点预留位置。线缆在转弯时,应均匀圆滑,其曲率半径不可过小。

(9)线缆在槽道中尽量有一定的预留量。顶棚向导的线缆必须根据终端设备的安装高度再加长1m余量;所有线缆引至引入点后,均至少预留3m(房间内的至少预留5m)。

(10)所有线缆均带有防潮防腐识别标签,其内容包括线缆编号、规格型号、起止设备编号等。线槽内识别标签应设在始末端、检修孔处,钢管内线缆识别标签应设置在始末端、连接盒处。

4)质量通病与防治措施

线缆敷设质量通病与防治措施见表8-9-4。

线缆敷设质量通病与防治措施 表8-9-4

序号	质量通病	原因分析	防治措施
1	线缆敷设过程中线缆两头受损严重	线缆两头未做保护	使用绝缘胶带缠绕电缆两端

续上表

序号	质量通病	原因分析	防治措施
2	站厅层线缆在不锈钢线槽内敷设,容易刮伤线缆	异物从防水线槽出线口进入槽体,线缆在防水线槽内敷设时造成刮伤;防水线槽出线口未采取保护措施	要求不锈钢防水线槽内部光滑、无毛刺和尖锐棱角,线槽出线口采用密封盖板密封,防止异物进入线槽内腔,同时在线槽出线口出内嵌橡胶圈,防止线缆从线槽出线时刮伤
3	线缆敷设过程中,由于线缆过多,难以区分线缆规格型号	线缆敷设前,未对每根线缆进行标记	每根线缆敷设前做好标记,并于敷设完成后挂上电缆标识牌,其内容包括线缆规格型号、起止设备编号等
4	管槽内线缆敷设容易发生扭绞、打圈等现象	未按要求进行线缆敷设,且敷设速度较快	线缆敷设时,一人或多人在一端拉钢丝引线,另一个在一端把线缆送入管内,前后人员动作应协调,当管路较长或管路弯头较多时,应在弯头和管路中间接线盒处增加人员,采取接力方式穿线
5	线缆引入设备室未封堵	未按设计要求施工	线缆出入设备室处,采用防火泥进行密封处理并满足防火要求

9.2 设备安装

9.2.1 车站终端设备安装

1)施工流程

车站终端设备安装施工流程如图 8-9-10 所示。

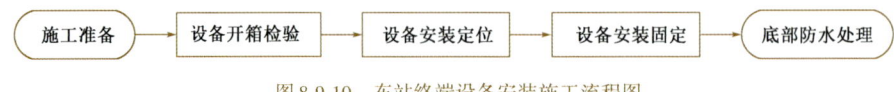

图 8-9-10 车站终端设备安装施工流程图

2)操作要点

(1)施工准备

①技术准备:了解相关验收规范及行业标准,明确设计要求;施工作业前,熟悉施工图纸及相应技术交底文件,确认设备安装的位置、型号,相邻闸机间的间距;充分了解布线路由,熟悉线缆引上孔位置等。

②材料准备:自动售票机、半自动售票机、自动检票机、防水密封胶、热镀锌膨胀螺栓、设备底部模板等。

③工器具准备:钢卷尺、克丝钳、螺丝刀、记号笔、灭火器、激光垂直水平仪、橡皮锤、冲击电钻、切割机、角磨机、双开口扳手等。

④人员准备:施工负责人、技术员、安全员、施工人员等。

(2)设备开箱检验

①设备开箱检查应请建设单位、供应商、监理单位等相关人员共同进行。对照设计文件、合同清单及设备装箱清单核对设备、单元插板及备件是否齐全、一致。

②对发现包装有损坏、设备外观有损伤、数量与装箱清单、合同清单及设计配置不相符等情况都要做检验记录,必要时录制图像记录,并拟开箱检验记录报告呈交工程主管部门(建设单位),以便进行协

调、解决。

(3)设备安装定位

①根据设计图纸,参照已标出的距墙面尺寸位置,运用激光垂直水平仪和卷尺测量出售票机、出入站闸机等设备安装位置;检查相邻闸机间距是否满足技术要求,并在地板上用记号笔画出设备外框线条。

②复核设备安装模板尺寸与售票机、检票闸机等设备底部结构是否一致,确认无误后把模板放在设备安装位置上,核对前后方向,在地面上标出模板孔位位置。确保设备安装的位置与设计要求一致,膨胀螺栓孔洞位置正确。

设备安装定位示例如图 8-9-11 所示。

(4)设备安装固定

①在标出的位置上,用冲击钻钻出符合设计要求的孔洞,一般设备安装固定使用 M10～M12 的化学膨胀螺栓,孔洞直径为 16～18mm,钻孔后清除地板灰尘,在孔洞中轻轻敲入膨胀螺栓并冲紧胀管。

②使用红外线水平垂直仪和水平尺进行校正,拧紧膨胀螺栓,植入的化学锚栓需硬化养护,一般在安装设备的

图 8-9-11　设备安装定位

前一天植入化学锚栓,并在锚栓四周涂好防水密封胶,待化学锚栓全部硬化完毕后方可安装设备。

锚栓植入与设备安装示例如图 8-9-12 所示。

a)　　　　　　　　　　　　　　　　　b)

图 8-9-12　锚栓植入与设备安装

图 8-9-13　设备底部做防水处理

(5)底部防水处理

设备固定完毕后,在设备底部与地板衔接处加补防水密封胶,勾缝处理,并采用防尘罩或者木箱将设备罩起。

设备底部做防水处理示例如图 8-9-13 所示。

3)关键技术卡控点

(1)终端设备接地点和设备接地必须连接可靠。

(2)终端设备构件连接紧密、牢固,安装用的紧固件有防锈层。

(3)设备安装牢固,底部与地面间做防水处理;设

备安装垂直、水平偏差小于 2mm,自动检票机水平间隔偏差小于 5mm。

(4)安装于自动售/检票机上方的出入导向显示设备应安装牢固,安装位置符合设计要求。

(5)对于自动检票机安装,应保证一般通道宽度为 550mm,宽通道宽度为 900mm,公差 ±1mm;对于自动售票机的安装间距,应符合设计相应要求。

(6)设备底部进线口应对齐线槽出线口位置,方便线缆引入设备,同时安装进出站检票机需注意检票机的方向。

4)质量通病与防治措施

车站终端设备安装质量通病与防治措施见表 8-9-5。

车站终端设备安装质量通病与防治措施　　表 8-9-5

序号	质量通病	原因分析	防治措施
1	终端设备安装垂直、水平偏差太大	设备安装前未核对图纸要求位置,安装后未进行调平	根据设计图纸,参照已标出的距墙面尺寸位置,运用激光垂直水平仪和卷尺测量出售票机、出入站闸机等设备安装位置;检查相邻闸机间距是否满足技术要求,并在地板上用记号笔画出设备外框线条
2	设备固定膨胀螺栓孔洞位置不精准	设备安装前未采用安装模板进行画线定位	采用与售票机、检票闸机等设备底部结构尺寸一致的安装模板,核对前后方向,在地面上标出模板孔位位置。确保设备安装的位置与设计要求一致,膨胀螺栓孔洞位置正确
3	水渍从设备底部渗入至设备内导致设备损坏	终端设备底部与地面间未做防水处理	利用螺栓上的螺母上下调节,使设备底部与地面水平,同时在设备底部与地板间涂上防水密封胶

9.2.2 室内机房设备安装

1)施工流程

室内机房设备安装施工流程如图 8-9-14 所示。

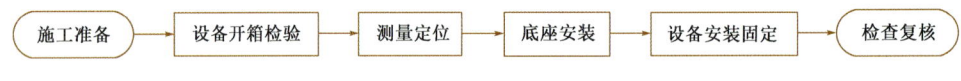

图 8-9-14　室内机房设备安装施工流程图

2)操作要点

(1)施工准备

①技术准备:了解相关验收规范及行业标准,明确设计要求;施工作业前,熟悉施工图纸及相应技术交底文件,确认设备安装的位置尺寸,设备底座高度。

②材料准备:设备底座、热镀锌膨胀螺栓、连接螺栓等。

③工器具准备:钢卷尺、克丝钳、螺丝刀、记号笔、灭火器、墨斗等、线坠、工具、激光垂直水平仪、橡皮锤、冲击电钻、切割机、角磨机、双开口扳手等。

④人员准备:施工负责人、技术员、安全员、施工人员等。

(2)设备开箱检验

①设备开箱检查应请建设、设计、厂商、监理等单位相关人员共同进行。对照设计文件、合同清单及设备装箱清单核对确认设备、单元插板及备件齐全、一致。

②对发现包装有损坏、设备外观有损伤、数量与装箱清单、合同清单乃至设计配置不相符等各种情况都要作详细的检验记录,必要时录制图像记录,并拟开箱检验记录报告呈交工程主管部门(建设单位),以便进行协调、解决。

(3)测量定位

①详细测量设备室内部尺寸,并与施工图纸核对。设备室画线应根据施工图纸的具体要求和标注的各部尺寸(设备间的距离、设备与墙间的距离、走道宽度等),先画出机房的纵横中心线以备参考。

②设备采用单面布置时,以主走道的平行线为基准线,采用双面布置时以机房中心线为基准线。

③先确定第一列的位置,然后依次确定其他各列的位置。测量工作应从机房的一端开始,不可分段测量,以免造成累积误差。

④根据设计图纸确定设备安装方向、位置、安装方式,依据设备室基准线校核并画出机架的位置(室内设备的排列,一般以设备的正面为准对齐)。

在设有防静电地板的设备室内,机柜的边缘位置最好能在防静电地板的接合处,以减少防静电地板的切割与维护。

(4)底座安装

①设备底座用∟60×6角钢进行加工,同类型号的设备,可以加工成一个长底座,根据实际情况钻孔。底座表面必须平整,水平、无扭曲现象。高度根据防静电地板的高度,最好低10mm,以防止地面不平。

②底座的加工必须根据施工图或通用图纸、设备尺寸、眼孔位置、电缆走向进行,如设计图中没有明确规定,根据标准加工。

③角钢除锈要彻底,严禁用腐蚀剂除锈,除锈后表面要光滑。底座加工完毕后,必须保证无尖刺、锤印、锐边等。底座尺寸公差的最大不超过1mm,钻孔直径符合要求,其误差在+1mm内,并且端正。涂上厚薄均匀的防锈底漆,再喷或刷面漆。

④底座与地面之间采用膨胀螺栓进行连接,用水平尺测量,调节水平,安装稳固。底座与防静电地板贴合紧密,表面水平。

⑤用记号笔在地板上标出记号。在画好的安装孔位置的地板上,用冲击电钻打孔,钻孔的深度为100mm,打孔的偏差小于2mm,打孔完成后用吹风机清除孔内的灰尘。在孔内敲入膨胀螺栓,将膨胀螺栓的平垫圈、弹簧垫圈和螺母拆除。

⑥将螺纹杆固定在膨胀螺栓上,拧上2个螺母,将底座安装孔对准到已安装完成的螺纹杆位置,套上膨胀螺栓的平垫圈、弹簧垫圈后带上螺母并用手旋紧螺母。按照设计图纸的位置调整底座。用水平仪检测底座是否水平,如果不平,应调节底座下螺纹杆螺母,使底座的水平误差小于2mm。使用扭矩扳手将底座上的4个螺纹杆的螺母扭紧,扭紧力矩为100N·m。如果底座安装固定孔位置正好遇到楼板钢筋结构,可以用底座上备用安装孔,备用安装孔尺寸与安装固定孔相同。

设备底座安装示例见图8-9-15所示。

(5)设备安装固定

①机柜就位,对准安装孔后,穿入连接螺栓并带上垫圈、螺母。用橡皮锤轻敲设备底部边框使设备

前边达到设计位置。用激光垂直水平仪和线坠检测机柜的水平度和垂直度,在机柜底部加上金属垫片调整,水平度和垂直度符合要求后按照对角方式逐一旋紧固定螺栓,并固定牢固。用同样方法安装第二个机柜,在安装第二个机柜时用线坠和激光垂直水平仪反复检测每个机柜和整列的水平、垂直偏差,并用塞尺检验柜间缝隙尺寸。

②安装完成后每个机柜喷漆应完好无损,每个连接螺栓平垫圈、弹簧垫圈和螺母要齐全。应尽量使用双开口扳手,以免对连接螺栓表面损坏,导致螺栓锈蚀。

③用水平尺、线坠和钢板尺检测单个机柜和整列机柜的水平、垂直偏差。4条边的垂直偏差小于其高度的0.1%,水平偏差不大于2mm,整列机柜前端面在平行直线上偏差小于5mm,整列机柜垂直偏差小于2mm,每个机柜水平偏差小于2mm,柜间缝隙小于1mm。

(6)检查复核

①安装完成后还需仔细检查设备模块是否松动,设备内部连接线是否松动、脱落。收集好设备内部随机资料和机柜钥匙等。

②所有设备机柜安装完成后应使用防尘罩覆盖防止灰尘进入,并锁好机柜门。

机房设备安装示例如图8-9-16所示。

图8-9-15　设备底座安装

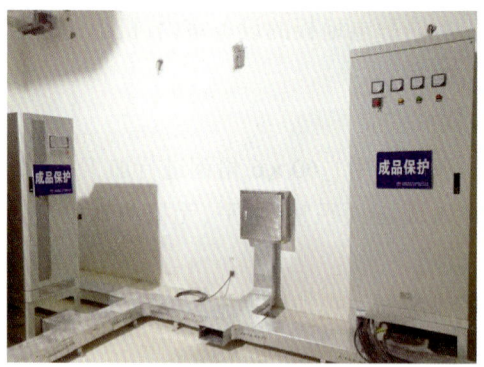
图8-9-16　机房设备安装

3)关键技术卡控点

(1)各种机柜插接件应插接准确、牢固。

(2)机柜的安装质量应符合下列规定:

①机柜固定牢固、垂直、水平,最大允许偏差为2mm;

②同列机柜正面位于同一平面,最大允许偏差为5mm;

③防静电地板下基础底座安装牢固,底座上平面与地板上平面一致。

(3)设备采用单面布置时,以主走道的平行线为基准线,采用双面布置时以机房中心线为基准线。

(4)设备底座用∟60×6角钢进行加工,同类型号的设备,可以加工成一个长底座,根据实际情况钻孔。底座表面必须平整,水平、无扭曲现象。底座高度根据防静电地板的高度确定,最好比地板低10mm,以防止地面不平。

(5)安装完成后还需仔细检查设备模块是否松动,设备内部连接线是否松动、脱落。

4)质量通病与防治措施

室内机房设备安装质量通病与防治措施见表8-9-6。

室内机房设备安装质量通病与防治措施　　　　　表 8-9-6

序号	质 量 通 病	原 因 分 析	防 治 措 施
1	设备底座与防静电地板高度不一致	制作设备底座前未与机电单位核对房间静电地板高度	定制设备底座前先确认房间防静电地板高度,同时防静电地板的高度也可调节,调节范围在 20~30mm
2	机柜安装垂直、水平偏差太大	设备安装完毕后未进行调平	按照设计图纸的位置调整底座。用水平仪检测底座是否水平。如果不平,应调节底座下螺纹杆的螺母,使底座的水平误差小于2mm
3	室内机房设备安装完成后易染上灰尘或其他污渍	成品保护不到位	使用符合机柜尺寸的防尘罩,将机柜罩起,机房内严禁堆放易燃、易爆等危险物品

9.2.3 电源及接地设备安装

1) 施工流程

电源及接地设备安装施工流程如图 8-9-17 所示。

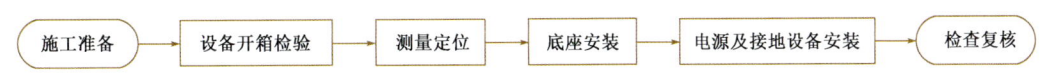

图 8-9-17　电源及接地设备安装施工流程图

2) 操作要点

(1) 施工准备

①技术准备:了解相关验收规范及行业标准,明确设计要求;施工作业前,熟悉施工图纸及相应技术交底文件,确认设备安装的位置尺寸及设备底座高度。

②材料准备:电源及接地设备、设备底座、热镀锌膨胀螺栓、连接螺栓等。

③工器具准备:钢卷尺、克丝钳、螺丝刀、记号笔、灭火器、线坠、激光垂直水平仪、橡皮锤、冲击电钻、切割机、角磨机、双开口扳手、扭矩扳手等。

④人员准备:施工负责人、技术员、安全员、施工人员等。

(2) 设备开箱检验

①设备开箱检查应请建设单位、供应商、监理单位等相关人员共同进行。对照设计文件、合同清单及设备装箱清单核对确认设备、单元插板及备件齐全、一致。

②对发现包装有损坏、设备外观有损伤、数量与装箱清单、合同清单及设计配置不相符等情况都要作检验记录,必要时录制图像记录,并拟开箱检验记录报告呈交工程主管部门(建设单位),以便进行协调、解决。

(3) 测量定位

用卷尺测量底座的前边到参考墙面的距离,反复调整底座使每套底座的前边上的两端点距参考墙面的距离相同。如设备室内参考墙面不是直线时,可用尼龙线拉出一条直线,以该直线为参考,反复调整使各机柜底座摆放到设计位置。用金属垫块调整底座每个底座,用激光垂直水平仪检验是否水平,直至每个底座水平后,用记号笔通过每个地面安装孔处在水泥地面上做记号。

(4) 底座安装

①设备底座用∟60×6角钢进行加工,同类型号的设备,可以加工成一个长底座,根据实际情况钻孔。底座表面必须平整、水平、无扭曲现象。底座高度根据防静电地板的高度确定,最好比地板低10mm,以防止地面不平。

②底座的加工必须根据施工图或通用图纸、设备尺寸、眼孔位置、电缆走向进行,如设计图中没有明确规定,根据标准加工。

③角钢除锈要彻底,严禁用腐蚀剂除锈,除锈后表面光滑。底座加工完毕后,必须保证无尖刺、锤印、锐边等。底座尺寸偏差最大不超过1mm;钻孔直径符合要求,孔径偏差在+1mm内,并且端正。涂上厚度均匀的防锈底漆后,再喷或刷面漆。

④底座与地面之间采用膨胀螺栓进行连接,用水平尺测量,调节水平,安装稳固。底座与防静电地板贴合紧密,表面水平。

⑤用记号笔在地板上标出安装孔位置记号。在地板上标好的安装孔的位置,用冲击电钻打孔,钻孔的深度为100mm,偏差小于2mm,打孔完成后用吹风机清除孔内的灰尘。在孔内敲入膨胀螺栓,将螺栓的平垫圈、弹簧垫圈和螺母拆除。

⑥将螺纹杆固定在膨胀螺栓上,拧上2个螺母,将底座安装孔对准到已安装完成的螺纹杆位置,套上膨胀螺栓的平垫圈、弹簧垫圈后带上螺母并用手旋紧螺母。按照设计图纸的位置调整底座。用水平仪检测底座是否水平,如果不平,应调节底座下螺纹杆的螺母,使底座的水平误差小于2mm。使用扭矩扳手将底座上的4个螺纹杆紧固螺母扭紧,扭紧力矩为100N·m。如果底座安装固定孔位置正好遇到楼板钢筋结构,可以用底座上备用安装孔,备用安装孔尺寸与安装固定孔相同。

(5)电源及接地设备安装

①将连接螺栓加上垫圈后穿入安装孔,再带上垫圈和螺母,用水平尺和线坠检验不间断电源(UPS)机柜和配电池柜的水平偏差和垂直偏差,只要4条边的垂直偏差小于其高度的0.3%,水平偏差不大于2mm即可固定机柜。注意不得漏装平圈和弹簧垫圈,螺母需旋紧,安装牢固。

②配电箱安装于墙面时,安装位置和高度按照设计要求,根据配电箱的尺寸,在墙面上用记号笔画出安装孔位置,在做好标记处用冲击电钻打孔,打孔深度不得低于膨胀螺栓的长度,打孔后敲入金属膨胀螺栓,加上垫圈后穿入安装孔,再带上垫圈和螺母,安装配电盘后调整箱体水平和垂直偏差,满足要求后固定箱体。再从箱体下端安装铝合金线槽到防静电地板下。

③接地箱需安装在防静电地板下时,接地箱必须采用支架固定,距地面5~10cm,并在相关位置墙面做好标记。

④安装完成后需仔细检查设备模块是否松动,设备内部连接线是否松动、脱落。收集好设备内部随机资料和机柜钥匙等。

⑤所有设备机柜安装完成后应使用防尘罩覆盖防止灰尘进入柜内,并锁好机柜门。

电源设备安装示例如图8-9-18所示。

3)关键技术卡控点

(1)电源设备到达现场应对其规格型号及容量进行检查,并应符合设计要求。

(2)配电柜各单元应插接良好,电气接触点应接触可靠、连接紧密;输入电源的相线和零线不得接错,其零线不得虚接或断开。

(3)蓄电池组安装应排列整齐、连接正确、接触良好,蓄电池电极或接线应无腐蚀,充放电情况应良好,不得过放。

(4)UPS输出端的中性线(N极),必须与由接地装置直接引来的接地干线相连接并重复接地。UPS装置的可接近裸露导体应接地可靠,且应有标识。

(5)配电箱体内元器件完好、齐全,配置性能符合设计要求,回路编号齐全、正确,交流配电箱内,零线和保护线在零线和保护地线汇流排上连接,不得铰接,并有编号。

(6)电源设备的安装位置、顺序、方向及进出线方式应符合设计要求。

(7)UPS机柜、电池柜应固定在金属底座上,不应直接放置在防静电地板上,电源柜安装垂直度最大允许偏差为0.15%,电源柜应按设计要求采用防震措施,电源柜安装应牢固、端正,表面应平整,漆面完好,标志齐全。

(8)蓄电池安装应稳固、平正;标志正确、清晰、齐全,无渗漏;电池架(柜)安装稳固、端正,全长水平偏差小于15mm。

(9)配电箱安装时箱体无损坏或明显变形、开孔合适、切口整齐、漆面完好,暗式配电箱箱盖紧贴墙面,配管与箱体连接采用专用锁紧螺母,配电箱安装牢固,箱底边距地面宜为1.5m。

(10)交流配电箱内的零线、保护地线应在汇流排上连接,不得铰接,并应有编号。

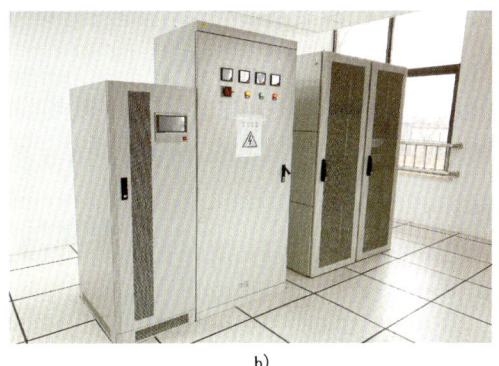

a) b)

图 8-9-18 电源设备安装

4)质量通病与防治措施

电源及接地设备安装质量通病与防治措施见表8-9-7。

电源及接地设备安装质量通病与防治措施　　表8-9-7

序号	质量通病	原因分析	防治措施
1	设备底座与防静电地板高度不一致	制作设备底座前未与机电专业核对房间静电地板高度	定制设备底座前先确认房间防静电地板高度,同时防静电地板的高度也可调节,调节范围为20~30mm
2	电缆引入双电源切换箱时外护套容易受损	底部开孔处有毛刺,且未做防护措施	先使用切割片打磨双电源切换箱底部开孔四周边缘毛刺,并用废旧电缆外皮缠绕
3	室内机房设备安装完成后易染上灰尘或其他污渍	成品保护不到位	锁好机柜门并用防尘罩将机柜罩起,机房内严禁堆放易燃、易爆等危险物品

9.3 安全文明施工与成品保护

9.3.1 安全文明施工

(1)施工工器具严格按照正常的使用方法操作,手持旋转电动工具作业时严禁戴手套。电动工具经绝缘测试合格后方可使用。

(2)现场切割钢管、防水线槽时注意切割机前方不得站人,以防切割片在高速旋转中破裂伤人。

(3)钢管、线槽内壁应光滑,不应有穿孔、裂缝、明显的凸凹不平和锈蚀。槽口、管口应无毛刺和尖锐棱角。钢管在弯制后,不应有裂缝和凹瘪现象。

(4)车站站厅层内开槽地面时,不可破坏结构板钢筋,地面开槽产生的垃圾及时清理出场。

(5)材料设备下站堆放时,应采用彩条布遮盖,并设置标识牌,同时堆放位置处无其他专业施工作业。

(6)终端设备安装区域施工时须做好临边防护,注意现场作业环境中的"四口"(楼梯口、预留洞口、通道口、电梯井口)处是否具备防护措施。

(7)吊装 AFC 终端设备开始前,应对起重运输和吊装设备以及所用索具、卡环、夹具、卡具、锚锭等的规格、技术性能进行检查或试验,发现有损坏或松动现象,应立即调换或修复。起重设备应进行试运转,发现转动不灵活、有磨损的应及时修理;重要构件吊装前应进行试吊,经检查各部位正常后才可进行正式吊装。

(8)现场临时用电必须执行现行《施工现场临时用电安全技术规范》(JGJ 46)和临时用电三项基本原则(三级配电设置、两级漏电保护、执行 TN-S 系统),电动施工机械必须执行"一机一闸一箱一漏一锁"的规定。

(9)电缆接续时的下脚料、废弃物应统一收集,带回驻地统一存放。电缆芯线应当放在指定地点,统一处理,严禁焚烧。

9.3.2 成品保护

1)其他专业的成品保护

(1)预埋钢管应固定牢靠,并挂网用砂浆填实抹平,墙面刮白、刷漆后不得擅自在墙面剔槽;

(2)线槽在地面开槽时,不得影响站厅层地面中板,更不得切割主梁的钢筋;

(3)不得损坏机房的地垄墙、墙面、地面绝缘漆及铜箔;

(4)进入上锁的设备用房时,不得擅自打开门锁,更不允许暴力破坏门锁;

(5)不得破坏其他专业已敷设完毕的线缆。

2)AFC 专业的成品保护

(1)钢管安装完成后用透明胶布或棉纱布将钢管管口封堵,暗盒用配套的暗盒挡板进行封堵并贴上成品保护标识牌,防止浇筑地坪施工时将混凝土灌入钢管、暗盒内,造成钢管、暗盒堵塞;

(2)站厅层公共区防水线槽安装完成后,在槽体上用油漆喷涂上"注意成品保护"字样,防止他人故意踩踏线槽,并在终端处设置防水堵头,防止异物进入线槽腔内;

(3)线缆敷设时注意不得使线缆与管口或桥架边处磨损坏绝缘层,且线缆均带有防潮防腐识别标签,线缆敷设完成后,应在电缆头端用绝缘胶布密封,以防潮气进入;

(4)线缆敷设完毕后,预留的线缆不得随意放置,需按弯曲半径要求盘绕成圈并设置成品保护标识牌;

(5)设备安装完成后,需使用防尘罩将机柜罩起,防止现场施工引起的灰尘污染设备。

设备成品保护示例如图 8-9-19 所示。

(6)车站终端设备安装后,设备上不得放置任何工器具及材料,不得倚靠。

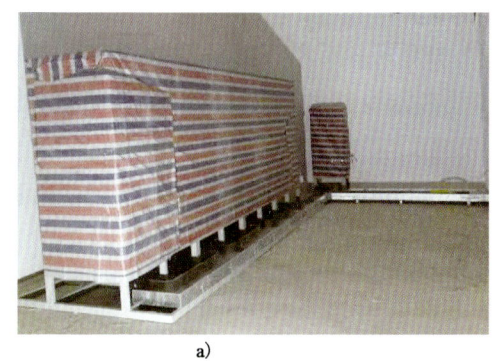

图8-9-19 设备成品保护

9.4 接口管理

9.4.1 与车站建筑专业的接口管理

自动售检票(AFC)专业与车站建筑专业的接口位于车站站厅层设备用房内。AFC专业需过墙预埋管槽、暗盒及线缆敷设。

车站建筑专业为AFC专业提供各站设备用房及各车站设备用房区预埋管、孔洞的预留。

AFC专业负责车站槽盒安装、线缆敷设及孔洞防火封堵。

9.4.2 与车站装修专业的接口管理

AFC专业与车站装修专业的接口位于车站站厅层,其作用:为AFC预埋金属线槽出线孔处大理石开孔,为AFC预留自动售票机及自动检票机安装位置及尺寸,提供AFC专用票亭(客服中心)。

车站装修专业负责提供地坪AFC预埋金属线槽出线孔处大理石开孔,预留自动售票机及自动检票机安装位置及尺寸,提供AFC专用票亭(客服中心),协调现场不锈钢栏杆与AFC设备安装冲突等。

AFC专业负责车站站厅层线缆布放,半自动售票机、自动售票机自动检票机设备安装,客服中心设备安装等。

9.4.3 与综合支吊架专业的接口管理

AFC专业与综合支吊架的接口位于车站站厅公共区、地下车站设备及管理用房区的走廊,其作用是为AFC专业在站厅层提供综合支吊架。

综合支吊架专业提供车站站厅公共区、地下车站设备及管理用房区的走廊各专业综合支吊架的供货及安装。

AFC专业负责站厅层线槽或电缆防护管的供货、安装及电缆敷设,其余未采用综合支吊架的区域,由AFC专业自行负责电缆防护管及线槽的安装。

9.4.4 与动力与照明专业的接口管理

AFC专业与动力与照明专业的接口位于各车站AFC机房,其作用是动力与照明专业在各车站AFC

机房给 AFC 专业提供引入电源及综合接地引入电缆,双方配合调试。

动力与照明专业在正线各车站 AFC 设备室为线路 AFC 系统提供一类负荷电源和双电源自切箱。分界面在双电源自切箱的出线端子处。动力与照明专业在正线各车站为 AFC 系统提供综合接地引入电缆,接地电阻值不大于 1Ω。

AFC 专业负责各车站 AFC 机房接地箱安装,配电柜/箱至双电源自切箱之间电源线的敷设和接线,设备、管槽等至接地箱的接地线的敷设和接线。

9.4.5　与通信专业的接口管理

AFC 专业与通信专业的接口位于各车站。通信专业为 AFC 专业提供以太网传输通道,并双方配合调试。

通信专业在正线各车站为 AFC 系统提供 2 路 100Mbit/s 共享型以太网传输通道(2 个独立通道),供中央计算机系统与车站计算机系统及 AFC 维修系统之间的通信联络。

AFC 专业负责 AFC 系统至通信设备室内综合配线架之间网线的敷设和接线。

9.4.6　与综合监控专业的接口管理

AFC 专业与综合监控专业的接口位于控制中心、各车站综合监控设备室,双方配合调试。

综合监控专业在各车站控制室内的 IBP 上为 AFC 专业提供一个紧急按钮、指示灯和手/自动转换开关,用于车站 AFC 紧急放行模式的手/自动控制和信号指示。

AFC 专业在控制中心为综合监控系统提供 2 路 100Mbit/s 以太网接口,提供 AFC 系统的运行模式、客流统计信息及设备状态等信息;负责 AFC 系统至综合监控设备室网络配线架之间网线的敷设和接线,负责 AFC 系统至 IBP 接线端子之间控制线的敷设和接线。

9.4.7　与火灾自动报警专业的接口管理

AFC 专业与火灾自动报警专业(FAS)的接口位于各车站控制室内,双方配合调试。

FAS 专业在各车站为 AFC 系统提供 1 路 24V 火灾报警控制信号,实现火灾情况下 AFC 系统紧急放行模式的自动控制。FAS 专业负责 FAS 模块箱至 IBP 接线端子之间的线缆敷设和接线。

AFC 专业在各车站为 FAS 系统提供 1 个无源触点,用于对 FAS 火灾报警联动控制的信号反馈。AFC 专业负责 AFC 系统至 IBP 接线端子之间控制线的敷设和接线。

9.5　单系统调试

1）前提条件

(1)具备调试用电;
(2)钢管、线槽及线缆布放完成;
(3)系统网络组建完成;
(4)版本软件已经安装完毕;
(5)机柜、终端设备和柜内设备已经安装完毕;

(6）各交换机、服务器、供电单元等的连线已经连接正常。

2）测试设备及工器具

便携式计算机、电子天平、轴心千分尺、轮廓投影仪、万用表、绝缘电阻测试仪、接地电阻表、测线仪、寻线仪、光时域反射仪（OTDR）、光源光功率测试仪、仿真模拟系统、系统指标测试厂配专用工具、各类测试终端、各类配置线。

3）测试方法

自动售检票系统测试方法见表8-9-8。

自动售检票系统测试方法　　　表8-9-8

序号	调试步骤	预想效果
1	检查机柜、终端设备及柜内设备安装是否正确	各机柜、终端设备及柜内设备安装正确
2	检查机柜、终端设备及柜内设备是否已接地	机柜、终端设备及柜内设备接地良好
3	检查设备配线是否正确	设备配线完成且端接无误
4	设备上电	设备指示正常，无硬件告警
5	调试系统设备	实现系统功能要求
6	系统功能及性能检验	功能完备，性能良好，达到设计及规范要求
7	系统24h测试	设备运转正常
8	系统144h测试	系统运转正常
9	调试完成	调试完成

4）调试内容

（1）车票检测

车票测试内容包括车票质量检测，车票厚度检测，车票宽度、高度、切角半径、直径尺寸检测，车票翘曲程度检测，日常运营中的温湿度条件下的车票尺寸、平坦度，车票的剥离强度，多张车票堆积的粘连或并块现象检测，车票耐化学性检测，车票在高温条件下的外观结构稳定性检测，车票弯曲韧性、动态弯曲应力和动态扭曲应力检测等。

（2）车站终端设备调试

①自动检票机（AGM）调试内容包括AGM启动与关闭检测，AGM时间同步检测，AGM软件更新检测，AGM参数同步检测，AGM车票进站检票检测，AGM车票出站检票检测，AGM车票加锁检测，AGM接受上层系统监控检测，AGM本机监控检测，AGM正常服务模式检测，AGM暂停服务模式检测，AGM限制服务模式检测等。

②半自动售票机（BOM）调试内容包括BOM设备启动与关闭检测，BOM时间同步检测，BOM软件更新检测，BOM参数同步检测，BOM车票分析检测，BOM车票发售检测，BOM车票更新检测，BOM车票充值或充次检测，BOM车票退款检测，BOM车票加锁和解锁检测，BOM接受上层系统监控检测，BOM本机监控检测，BOM正常服务模式检测，BOM限制服务模式检测等。

③自动售票机（TVM）调试内容包括TVM设备启动与关闭检测，TVM时间同步检测，TVM软件更新检测，TVM参数同步检测，TVM车票发售检测，TVM车票补充检测，TVM补充钱币检测，TVM结算检测，TVM票箱与钱箱检测，TVM接受上层系统监控检测，TVM本机监控检测，TVM正常服务模式检测，

TVM 暂停服务模式检测，TVM 限制服务模式检测等。

(3) 车站计算机系统调试

车站计算机系统(SC)调试内容包括 SC 服务端启动与关闭检测，SC 时间同步检测，SC 软件更新检测，SC 参数同步检测，SC 对下层设备监控检测，SC 运营结束程序检测，SC 数据备份与恢复检测，SC 本系统监控检测，SC 接受上层系统监控检测，SC 操作员权限应用检测，SC 离线模式检测，车站紧急按钮检测等。

(4) 线路中央计算机系统调试

线路中央计算机系统(LCC)调试内容包括 LCC 服务端启动与关闭检测，LCC 时间同步检测，LCC 软件更新检测，LCC 参数同步检测，LCC 操作员权限管理检测，LCC 对下层设备监控检测，LCC 运营结束程序检测，LCC 数据备份与恢复检测，LCC 本系统监控检测，LCC 接受上层系统监控检测，LCC 操作员权限应用检测，LCC 离线模式检测等。

(5) 票务清分系统调试

票务清分系统(ACC)调试内容包括 ACC 服务端启动与关闭检测，ACC 时间同步检测，ACC 软件更新检测，ACC 参数同步检测，ACC 操作员权限管理检测，ACC 密钥管理检测，ACC 车票管理检测，ACC 对下层设备和系统监控检测，ACC 运营结束程序检测，ACC 灾备检测，ACC 本地系统监控检测，ACC 操作员权限应用检测等。

第 10 章 联调联试

联调联试是地铁建设阶段向运营阶段转换的重要过程,是实现运营开通目标的重要验证手段。联调联试在各设备系统完成内部调试的基础上,从满足运营开通使用的角度,完整、细致地测试地铁内部各系统在正常及故障等情况下的接口功能及系统性能,以达到检验各系统按设计要求协同运作的目标。

联调联试的目的是全面、系统地检验各系统实际功能是否达到开通运营的策划标准,验证各系统间是否可按设计要求协同运作;充分发现各系统存在的问题,结合运营需要及时对各系统的技术参数进行调整与修改;提高运营人员对线路设备的技术参数、设计标准、操作方法、注意事项的了解与熟悉程度;联调联试是地铁工程建设阶段向运营阶段有序过渡的关键环节,也是设备调试工作的最后一个适应环节。通过联调联试和运营演练,实现相关系统设备运转的最佳匹配,围绕地铁行车安全和运营管理,形成一个有机的地铁设备系统整体,为地铁线路大系统的顺利运转奠定坚实的基础。

10.1 联调联试总时程图

联调联试总时程整体分五个时段:前置条件为调试前的准备阶段,系统调试为各系统内部及系统间测试阶段,联调联试为各级系统间和车地联动功能验证阶段,试运行(行车调度管理一般由运营单位组织进行)为真实评测运营指标阶段,运营评审包括消防验收取证、专家评审、交通厅开通审批等主要内容。联调联试总时程如图 8-10-1 所示。

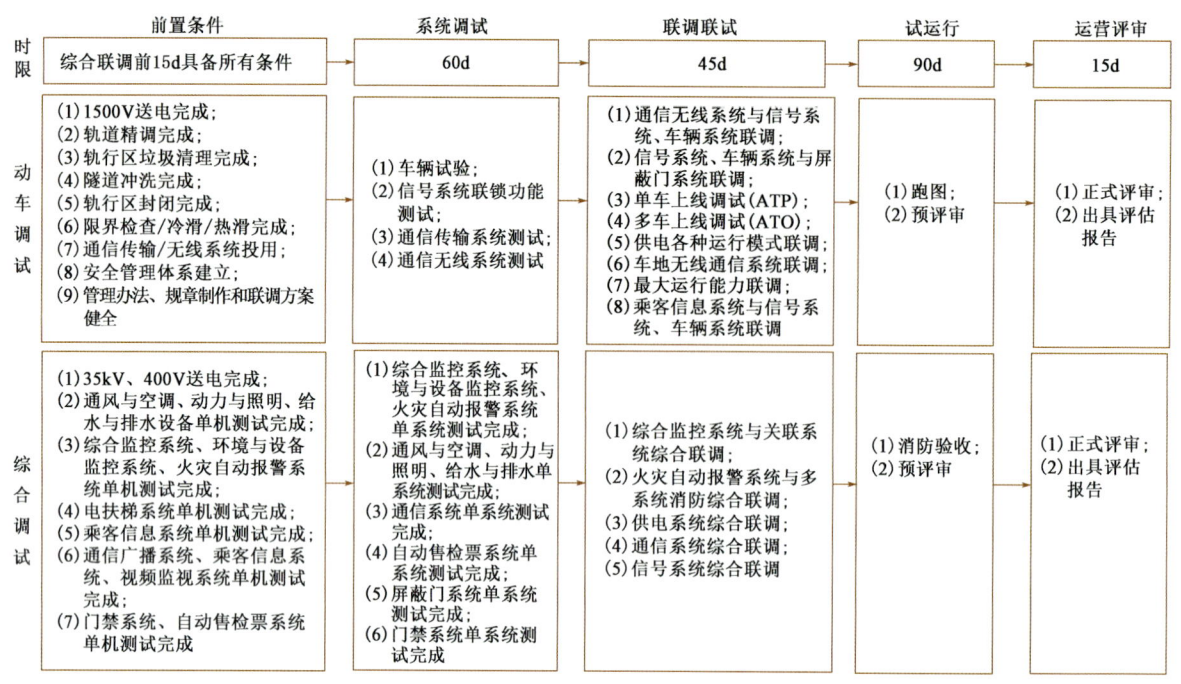

图 8-10-1 联调联试总时程图

10.2 动车调试前置条件

10.2.1 基本条件

动车调试准备条件应满足轨通、电通、网通、传输无线通基本条件,应满足无侵限、无垃圾、隧道干净整洁的列车运行条件,应满足轨行区封闭、安保人员到位、调度体系运行的安全保证条件,应完成限界检查及冷滑、热滑试验等行车条件。

动车调试前置条件见表 8-10-1。

动车调试前置条件　　　　表 8-10-1

序号	专业	项目	应具备的条件
1	土建及附属	疏散平台	安装并完成相关验收
		车控室	门窗、照明设备等安装完成,内装修完成,具备进驻条件,办公桌椅齐全
		高架与地下过渡段、路基段	防护栅栏全部按设计要求完成安装,并通过相关验收
		装饰装修	站内轨行区顶棚装修完成,脚手架全部拆除完成,轨行区电缆夹层进出口封堵完成
		车辆段	检修平台及附属设备安装完成,运用库及检修库具备电客车存放及日常检修保养条件;司机上下车用梯安装完成;防护栅栏全部按设计要求完成安装,并通过相关验收
2	轨道	正线、车辆段	轨道完成精调锁定,具备电客车上道条件,车挡安装完成
		附属设施	线路标志、道岔标志及其他标识安装完成
		道岔	道岔安装调试完成,定反位转换良好,尖轨密贴
3	供电	供电系统	牵引系统具备双边供电条件,能满足电客车全功率运转的能力;400V开关柜能够为信号、通信设备及车控室提供稳定的电源;接触网(轨)施工完成
		停送电组织	供电施工单位建立完善的电调管理体系,接收联调联试调度组下发的调度命令,完成联调联试期间的停送电工作;接触网施工单位在接触网停电后,对每个供电臂进行验电、加挂接地封线,每次送电前须拆除接地封线并向车站值班员汇报

续上表

序号	专业	项目	应具备的条件
4	通信		专用无线通信系统已实现全线覆盖(包含各车站、控制中心、正线、车辆段),车载台能实现运行控制中心(OCC)、车站与列车之间的相互通信;专用无线通信系统能够满足行车调度和电力调度的通信需求;各车站车控室公务电话通话正常
5	站台门		站台门(含端门)安装完成,并完成5000次开关门试验
6	机电	照明	满足车站内车控室办公用电及照明条件
		其他	关键设备机房(信号、通信、供电)具备通风条件
7	信号		室内外设备安装完成,各子系统单体调试完成,联锁试验完成并取得单车上线安全认证证书;控制中心(临时控制中心)具备显示功能;车控室联锁、LATS(车站ATS工作站)控显设备完成安装调试
8	车辆		试验所需电客车完成型式试验和整备工作,并提供试验报告,确保可以安全上线
9		控制中心	控制中心基本实现设计功能,可投入使用,满足动车调试期间调度管理需求
10		垃圾清理	车站站内轨行区、站台门(含端门)外、站台板下等处的清扫工作完成,轨行区道床的清扫、冲洗工作完成,隧道清扫、冲洗工作完成
11		光、电缆	轨行区光、电缆入槽或上架固定
12		接地系统	各系统的接地完成并验收合格

10.2.2 关联设备条件

(1)通信具备全线无线通话条件;
(2)通信具备全线有线通话条件;
(3)提供可以进行动态信号调试列车至少1列;
(4)车站各系统设备单系统调试完成,具备车地联调条件。

10.2.3 参调人员条件

为保证动车调试安全有序开展,需要对运行线路进行管理、调度、指挥,设备运行的操作、检修(保驾)人员须满足要求。

动车调试操作、检修人员岗位配备见表8-10-2。

动车调试操作、检修人员岗位配备 表8-10-2

类别	岗位	配置
现场管理	车站值班员	到岗,三班制配置
	车站安保员	到岗,三班制配置
	随车调度员	到岗,三班制配置
	电客车驾驶员	到岗,三班制配置
	轨道车司机	到岗,满足调试需要
维修保障	线路工	部分到岗培训,配合调试
	通信工、信号工	部分到岗培训,配合调试
	变电检修、接触网(轨)检修、变配电设备管理电工	部分到岗培训,配合调试
	车辆检修工	到岗,满足调试需要
	综合监控系统检修工	部分到岗培训,配合调试
	车辆检修用设备操作工	部分到岗培训,配合调试

续上表

类别	岗位	配置
运行指挥	日常行车管理人员(行车调度、电力调度、计划调度)	到岗,三班制配置
	值班主任	到岗,三班制配置

10.2.4 制度的建立

(1)编制车辆与行车设备系统有关的规章制度,并成文下发;
(2)编制车辆与行车有关设备系统的操作手册、维修手册、故障排除手册(或办法、预案);
(3)编制车站有关设备的操作手册、维修手册、故障排除手册(或办法、预案);
(4)编制相关单位、部门职责范围及岗位职责;
(5)编制行车、设备、人身安全规章制度;
(6)编制动车调试阶段轨行区调试施工、行车调度管理办法。

10.3 动车调试

10.3.1 打点测试

1)调试目的

验证信号系统是否满足设计要求,利用电客车运行正线各交路进行电子地图核对。

2)前提条件

(1)动车区域轨行区杂物及施工遗留材料清理完毕。
(2)限界检查:动车区域全线限界(包括存车线)已经检查完成,满足动车要求。
(3)冷、热滑试验:动车区域(包括存车线)冷、热滑试验完成。
(4)接触网(轨):动车区域(包括存车线)供电满足列车动车调试要求。
(5)无线通信:所有区间上下行站线、辅助线及折返线、信号机房、车控室无线通信系统需确保稳定可用。
(6)照明:所有区间需要提供正式照明。
(7)正式电:动车调试期间提供稳定供电。
(8)联锁安全认证书:独立第三方认证单位出具动车区域内的信号系统联锁安全认证书。

3)所需设备及工器具

调试所需设备及工器具包括便携式计算机、手持台、对讲机、U盘等。

4)调试内容及步骤

(1)调试内容

电客车上线运行,对正线各交路进行电子地图核对。

(2)调试步骤

依照联锁表,单列电客车手动驾驶逐条进路进行电子地图的核对,测试过程中对车载数据进行收集。测试完成后,下载车载数据进行后台分析和校核。

10.3.2 点式功能测试

1）调试目的

验证信号系统是否满足设计要求,电客车实际上线运行验证全线信号点式模式下列车自动保护系统（ATP）、列车自动驾驶（ATO）功能是否正常。

2）前提条件

（1）动车区域轨行区杂物及施工遗留材料清理完毕。

（2）限界检查:动车区域全线限界（包括存车线）已经检查完成,满足动车要求。

（3）冷、热滑试验:动车区域（包括存车线）冷、热滑试验完成。

（4）接触网（轨）:动车区域（包括存车线）供电满足列车动车调试要求。

（5）无线通信:所有区间上下行站线、辅助线及折返线、信号机房、车控室无线通信系统需确保稳定可用。

（6）照明:为确保安全行车,所有区间需要提供正式照明。

（7）正式电:动车调试期间提供稳定供电。

（8）完成动车区域内的打点测试,复核相关数据无误。

3）所需设备及工器具

调试所需设备及工器具包括便携式计算机、手持台、对讲机、U盘等。

4）调试内容及步骤

（1）调试内容

点式电客车手动驾驶级别下动车测试、点式电客车自动驾驶级别下动车测试。

（2）调试步骤

①在点式电客车手动驾驶级别下动车测试。依照联锁表,单列电客车手动驾驶逐条进路验证,电客车在单进路终端信号机前方根据推荐速度手动停车。

②在点式电客车自动驾驶级别下动车测试。依照联锁表,单列电客车自动驾驶逐条进路验证,电客车在进路终端信号机前方自动停车。

10.3.3 基于通信的列车自动控制系统功能测试

1）调试目的

验证信号系统是否满足设计要求,基于通信的列车自动控制系统（CBTC）模式下列车自动保护系统（ATP）、列车自动驾驶（ATO）功能是否正常,信号系统移动闭塞功能是否正常。

2）前提条件

（1）动车区域轨行区杂物及施工遗留材料清理完毕。

（2）限界检查:动车区域全线限界（包括存车线）已经检查完成,满足动车要求。

（3）冷、热滑试验:动车区域（包括存车线）冷、热滑试验完成。

(4)接触网(轨):动车区域(包括存车线)供电满足列车动车调试要求。

(5)无线通信:所有区间上下行站线、辅助线及折返线、信号机房、车控室无线通信系统需确保稳定可用。

(6)照明:为确保安全行车,所有区间需要提供正式照明。

(7)正式电:动车调试期间提供稳定供电。

(8)完成动车区域内的所有点式功能测试。

3)所需设备及工器具

调试所需设备及工器具包括便携式计算机、手持台、对讲机、U盘等。

4)调试内容及步骤

(1)调试内容

CBTC电客车手动驾驶级别下动车测试、CBTC电客车自动驾驶级别下动车测试、按压紧停按钮测试、屏蔽门开门测试、ATO精确停车测试、无人自动折返测试、计轴故障测试、CBTC列车通过计轴受扰区段测试、综合模拟测试。

(2)调试步骤

①在CBTC电客车手动驾驶级别下动车测试。依照联锁表,单列电客车手动驾驶逐条进路验证,电客车在单进路终端信号机前方根据推荐速度手动停车。

②在CBTC电客车自动驾驶级别下动车测试。依照联锁表,单列电客车自动驾驶逐条进路验证,电客车在进路终端信号机前方自动停车。

③按压紧停按钮测试。电客车以CBTC模式运行进入/驶离车站,每站上/下行站台紧停按钮激活,电客车自动停车。站台紧急停车按钮恢复后,电客车自动动车进入/驶离车站。

④屏蔽门开门测试。电客车以CBTC模式运行进入/驶离车站,每站上/下行站台屏蔽门开门,电客车自动停车。屏蔽门关门后,电客车自动动车进入/驶离车站。

⑤ATO精确停车测试。电客车以CBTC模式运行,每站上下站台ATO停车对标并记录数据。ATO停车精度不能超过±30cm,否则电客车无法自动开门。

⑥无人自动折返测试。电客车以基于通信的列车自动控制系统(CBTC)模式运行,在设计有无人自动折返的车站进行无人自动折返测试。

⑦计轴故障测试。计轴故障区段复位后,CBTC模式下电客车正常通过该区段,在列车自动监控系统(ATS)终端上显示轨道区段自动出清。

⑧CBTC列车通过计轴受扰区段测试。CBTC模式下电客车正常通过计轴受扰区段,不影响行车。

⑨综合模拟测试。两列电客车分别以CBTC、点式模式进行动车,能否实现不同模式的混跑。

10.3.4 列车自动监控系统功能测试

1)调试目的

验证信号系统是否满足设计要求,ATS自动触发进路,车次号跟踪等功能,信号系统在CBTC模式下的列车运行能力,验证列车对运行图的执行能力等。

2)前提条件

(1)动车区域轨行区杂物及施工遗留材料清理完毕。

(2) 限界检查：动车区域全线限界(包括存车线)已经检查完成，满足动车要求。

(3) 冷、热滑试验：动车区域(包括存车线)冷、热滑试验完成。

(4) 接触网(轨)：动车区域(包括存车线)供电满足列车动车调试要求。

(5) 无线通信：所有区间上下行站线、辅助线及折返线、信号机房、车控室无线通信系统需确保稳定可用。

(6) 照明：为确保安全行车，所有区间需要提供正式照明。

(7) 正式电：动车调试期间提供稳定供电。

(8) 完成动车区域内的所有点式功能测试和 CBTC 功能测试。

3）所需设备及工器具

调试所需设备及工器具包括便携式计算机、手持台、对讲机、U 盘等。

4）调试内容及步骤

(1) 调试内容

区段设置限速下的测试、ATS 设备在 CBTC 模式下功能、验证 CBTC 模式下列车最大运行能力、折返能力测试、出入段能力测试。

(2) 调试步骤

①区段设置限速下的测试。在 ATS 终端上对计轴区段设置限速后，CBTC 模式的电客车动车，电客车的行驶速度小于手动设置的速度数值。

②ATS 设备在 CBTC 模式下功能。ATS 自动加载时刻表，验证 ATS、ATP、ATO、联锁系统(包括站台门)性能并记录。

③验证 CBTC 模式下列车最大运行能力。ATS 系统加载最小运营间隔时刻表，并记录电客车进出站时间，汇总计算时间间隔是否满足设计要求。

④折返能力测试。加载折返测试时刻表，记录电客车上(下)行进站时间及下(上)行出站时间，汇总计算折返时间间隔是否满足设计要求。

⑤出入段能力测试。加载时刻表，记录两列电客车出/入段线时间是否满足设计要求。

10.4 综合调试前置条件

10.4.1 基本条件

综合调试准备条件应满足调试用电及环境完备的基本需求，应满足调试用通信线路畅通的条件，调试前关联设备厂家技术人员应全部到位。

综合调试前置条件见表 8-10-3。

综合调试前置条件　　　　　　　　表 8-10-3

序号	专业	项目	应具备的条件
1	土建与装修	车站控制室控制中心	门窗、照明设备等安装完成，内装修完成，具备进驻条件；办公桌椅齐全
		车站变电所环控电控室	门窗、照明设备等安装完成，内装修完成，具备进驻条件

续上表

序号	专业	项目	应具备的条件
2	供电	高压电源	高压开关柜受电完成,具备稳定电源
		动力电源	低压开关柜受电完成,具备随时向下馈电条件,具备稳定电源
		牵引电源	直流开关柜受电完成,上网隔离开关测试完成,具备稳定电源
3	动力与照明	关联系统电源 关联设备电源	正式线路施工完成,关联配电箱、柜受电完成,具备稳定电源
4	通信	电话	车站控制室公务电话、市话通话正常
5		接地系统	各系统的接地完成并验收合格

10.4.2 关联系统或设备条件

关联的系统或设备应满足设备安装全部完成基本条件,满足单系统全部调试完成的条件,满足主要设备单体调试全部完成的条件,满足关联末端设备单体调试完成80%以上的条件。

关联系统或设备条件见表8-10-4。

关联系统或设备条件 表8-10-4

序号	专业	项目	应具备的条件
1	供电	硬件需求	环网电缆、所内设备安装完成,设备单体调试完成(含试验)
		功能需求	站内电力监控系统实现基本的遥控和报警功能
2	通信	硬件需求	传输、专用电话、时钟系统设备与线路安装完成,系统组网、上电、单调完成
		功能需求	传输系统启用关联系统传输通道,电话系统启用关联的专用、市话电话,时钟系统启用关联接口对时功能,其他联动物理接口对接完成
3	信号	硬件需求	车辆段、各车站联锁试验完成并提交试验报告
4	综合监控	硬件需求	ISCS设备安装完成,综合后备盘(IBP)、工作台安装完成,系统组网、上电、单调完成
		功能需求	上位机组态完成,ISCS、IBP关联物理接口对接完成
5	环境与设备监控	硬件需求	BAS设备安装完成,系统组网、上电、单调完成
		功能需求	PLC硬件、程序组态完成,关联单项(每类设备)物理接口对接完成
6	火灾自动报警	硬件需求	探测、触发、报警设备安装完成80%以上,模块箱、主机安装完成,系统组网、上电、单调完成
		功能需求	关联物理接口对接完成
7	气体灭火	硬件需求	管网安装完成80%以上,设备安装完成,系统组网上电、单调完成
		功能需求	关联物理接口对接完成(注:联调结束前,启动线路不与启动瓶组连接)
8	通风与空调	硬件需求	空调、风机、风管安装完成,风管清理完成,风阀安装完成80%以上
		功能需求	配合动力与照明专业,已完成设备单调。关联物理接口对接完成
9	给水与排水	硬件需求	管道、设备安装完成,给水与排水、消防水外网接驳完成
		功能需求	配合动力与照明专业,已完成设备单调。关联物理接口对接完成
10	动力与照明	硬件需求	关联设备动力、控制线缆及设备安装完成,灯具安装70%以上
		功能需求	配合各专业完成设备受电,完成通风与空调、给水与排水设备单调;关联物理接口对接完成
11	电扶梯	硬件需求	设备安装完成,设备周边防护设施完备
		功能需求	单调完成,关联物理接口对接完成

续上表

序号	专 业	项 目	应具备的条件
12	站台门	硬件需求	设备安装完成
		功能需求	单调完成,实现就地操作(PSL)开、关控制的功能
13	自动售检票	硬件需求	完成设备安装及系统内部调试,具备正常使用功能,工作状况良好
		功能需求	单调完成,关联物理接口对接完成
14	门禁	硬件需求	完成设备安装及单体调试,具备正常的使用功能
		功能需求	单调完成,关联物理接口对接完成
15	土建	每座车站	按消防验收规范,保证至少两个以上的出入口用于疏散站内人员,保证机房结构无渗漏水情况发生;人防门关联物理接口对接完成
16	控制中心	硬件需求	中心设备安装完成
		功能需求	中心设备单系统调试完成
17	车辆和车辆段设备	硬件需求	提供经调试合格(含车辆、信号及通信调试)的车辆,车辆段各系统设备安装完成,各系统组网、上电、单调完成
		功能需求	关联物理接口对接完成;轨道具备存放调试列车的需求,且能够顺利调车出库

10.4.3 制度的建立

(1)接口调试方案编制完成,并通过审批;
(2)区间调试,严格遵循《轨行区管理制度》及《动调管理制度》;
(3)系统正常、非正常模式的联动逻辑已明确;
(4)制定相关单位、部门职责范围及岗位职责;
(5)制定设备、人身安全规章制度。

10.5 系统联调联试

10.5.1 综合监控系统与电力监控系统联调联试

1)调试目的

通过综合监控系统与电力监控系统调试,验证综合监控系统与电力监控系统之间的接口功能是否与设计相符,并满足运营要求;验证综合监控系统与电力监控系统对供电相关设备的遥控(包含单控、程控)、遥信、遥测、操作权限、对时、保护、事件顺序记录、故障报告及录波、用户画面显示等功能是否与设计相符,并满足运营要求。

2)前提条件

(1)综合监控系统、电力监控系统、供电设备完成设备安装、单体调试且系统功能正常。各系统设备已投入运行,所有功能均按合同各项条款的要求已经完全具备,且工作状况良好。

(2)综合监控系统已完成所有有关电力监控系统的软件点编程,完成车站级及中央级计算机的单机调试,完成综合监控系统与电力监控系统之间的接口调试,且综合监控系统、电力监控系统的工作网络均已投入运行并状态正常。

(3)电力监控系统设备已经完成与供电现场设备的接口功能调试。所有调试功能均按照合同各项条款的要求已经完全具备,且调试结果均正确,满足设计要求。

(4)综合监控系统、电力监控系统设备均已经完成与通信时钟系统的接口调试,可以满足正常运行情况下的时钟事件功能,并有调试记录表格为依据。

(5)综合监控系统与电力监控系统的通信通道满足合同各项条款规定的数据传输要求,且工作状况良好。

3)所需设备及工器具

调试所需设备及工器具包括对讲机、无线手持台、微机继电保护测试仪、电子式万用表、电源线等。

4)调试内容及步骤

(1)调试内容

综合监控系统通过电力监控系统对现场供电设备执行监视控制功能,供电现场设备数据信息均可在协议规定的时间内通过电力监控系统反馈至综合监控系统。

具体调试的核心功能为遥控功能(单控、程控)、遥信功能、遥测功能、保护功能(保护复归、保护远方投退)、事件顺序记录功能、用户画面显示功能、通道冗余。

(2)调试步骤

①遥控功能调试

a. 车站单控功能调试。在综合监控人机界面上打开供电系统图,点击断路器及开关,查看其状态信息,确认是否具备遥控条件并对其进行遥控操作,下发动作执行指令,检查指令是否成功下发;电力监控人员在监控工作站上检查是否收到综合监控指令并查看执行情况;供电人员检查现场设备的动作情况并反馈给综合监控人员,综合监控人员检查人机界面上的动作是否执行成功、设备状态及显示是否正确,并根据点表对可控断路器及开关进行合分操作,直至调试完所有设备并打印报表。

b. 中央单控功能调试。在综合监控人机界面上打开供电系统图,点击断路器及开关,查看其状态信息,确认是否具备遥控条件并对其进行遥控操作,下发动作执行指令,检查指令是否成功下发;电力监控人员在监控工作站上检查是否收到综合监控指令并查看执行情况;供电人员检查现场设备的动作并反馈给综合监控人员,综合监控人员检查界面上动作是否执行成功、设备状态及显示是否正确;调试人员检查复式工作站界面上设备状态及显示是否正确,并根据点表对遥控设备逐个进行开关的合分操作,对可控断路器及开关进行合分操作,直至调试完所有设备并打印报表。

c. 程控功能调试。在综合监控中央操作界面上选择程控模式,根据编辑好的模式来下发执行命令,检查模式是否成功下发;电力监控人员在监控工作站上检查是否收到综合监控指令并查看执行情况;供电人员检查现场设备的动作并反馈给综合监控人员;综合监控人员检查界面上动作是否执行成功、设备状态及显示是否正确,直至调试完成所有的模式并打印报表。

②遥信功能调试。

在综合监控人机界面上打开供电系统图,打开具体设备的设备信息表;供电人员操作具体设备,分别打至"远方"和"就地"对其进行分合闸操作,模拟故障信号、通信中断等情况;电力监控人员检查监控工作站上的显示情况;车站综合监控和中央综合监控人员分别核对人机界面显示情况是否与实际相符,根据点表调试完所有设备并打印报表。

③遥测功能调试

供电人员根据点表发送遥测信息至电力监控系统;电力监控人员确认收到的信息正确后将其发送

给综合监控人员;综合监控人员根据反馈检查车站、复式工作站、中央综合监控人机界面上设备的具体参数是否正确,能否对遥测数据进行统计分析并通过图形来正确反映,根据点表调试完所有设备并打印报表。

④保护功能调试

供电人员模拟开关的过电流保护动作;综合监控人员检查是否产生报警信号、控制是否闭锁,打开设备的界面信息,对其进行保护复归动作及遥控,以检查其控制闭锁是否解除。

⑤双通道冗余功能测试

由电力监控人员将控制信号盘内通信控制器上两路连至综合监控系统光缆中断一路,由综合监控人员确认中央级和车站级电力系统监控界面信息是否显示正常;恢复该光缆,断开另一路光缆,重新观察电力监控系统界面是否显示正常。

10.5.2 综合监控系统与无线通信系统联调联试

1) 调试目的

通过综合监控系统与无线通信系统调试,实现对应列车信息、车体信息以及列车设备信息的显示。

2) 前提条件

(1) 综合监控系统、无线通信系统完成单体调试且功能正常。各系统设备已投入运行,所有功能均按合同各项条款的要求已经完全具备,且工作状况良好。

(2) 通信传输完成调试。

(3) 综合监控系统完成所有对无线通信系统的软件点编程,完成与无线通信系统之间的接口调试。

3) 所需设备及工器具

调试所需设备及工器具包括无线手持台、电子式万用表、便携式计算机等。

4) 调试内容及步骤

(1) 调试内容

通信协议的测试:综合监控系统与无线通信系统接口协议测试包括所有命令和数据的格式、收发机制和例外处理等。

监视功能的测试:列车信息、车体信息以及列车设备信息。

(2) 调试步骤

①信息互通。一人在综合监控对应显示界面,一人在列车对应列车信息、车体信息以及列车设备信息平台,两人通过手持机确认信息内容是否一致。

②冗余测试。综合监控系统与无线通信系统主备接口冗余切换测试对应信息是否存在或丢失。

10.5.3 综合监控系统与闭路电视监控系统联调联试

1) 调试目的

通过综合监控系统与闭路电视监控系统之间的接口测试,验证综合监控系统与闭路电视监视系统设备之间的接口功能是否与设计相符,并满足运营要求;验证综合监控系统对车站摄像机画面和状态的监视功能,并能够对车站内的摄像机进行相应的控制功能。

通过联调联试,对运营操作及维修人员进行培训,提高检修人员技能,确保安全运营。

2)前提条件

(1)综合监控系统、闭路电视监控系统完成单体调试且功能正常。各系统设备已投入运行,所有功能均按合同各项条款的要求已经完全具备,且工作状况良好。

(2)通信传输完成调试。

(3)综合监控系统完成所有对闭路电视监控系统的软件点编程,完成与闭路电视监控系统之间的接口调试。

3)所需设备及工器具

调试所需设备及工器具包括对讲机、无线手持台、电子式万用表、便携式计算机等。

4)调试内容及步骤

(1)调试内容

在中央和车站综合监控人机界面上可查看站内任一摄像机监控画面,并对可控摄像机进行控制;连续PTZ(云台全方位移动及镜头变倍、变焦控制)指令;控制优先权;画面分割;自动循环监察模式;摄像机预设位置;摄像机状态监视。

(2)调试步骤

①界面显示及设备控制

a. 打开综合监控人机界面,登录系统,点击闭路电视,打开闭路电视监控系统控制界面。

b. 选择画面显示方式,点击显示区域,选择车站,选取站内的摄像机,点击确定按钮。

c. 查看界面上的画面显示,与现场核实结果并记录。

d. 根据点表,选择可控的摄像机,设置转动方式、调节变焦、光圈、聚焦,查看画面显示并记录;重复直至测完所有可控摄像机为止。

②连续PTZ指令下发

设置PTZ指令的播放速度,下发PTZ指令至指定摄像机,选择相应动作的摄像机画面显示在界面上,查看界面显示是否与设定一致,调节不同的播放速度,观察画面变化并记录。

③控制优先权

在中心和车站分别对摄像机进行控制,现场查看摄像机是否执行优先级高的控制命令,界面上查看显示的画面是否与预期结果一致,记录测试结果。

④画面分割

a. 打开综合监控人机界面,登录系统,点击闭路电视,打开闭路电视监控系统控制界面。

b. 查看画面显示方式,是否具备单/四画面显示功能,并能正确切换。

c. 选择单画面显示,点击显示区域,选择摄像机,查看是否能正确显示该摄像机所监视的画面;选择下一台摄像机,查看是否及时切换到该摄像机所监视的画面并记录。

d. 选择四画面显示,点击一号显示区域,选择摄像机,查看是否能正确显示该摄像机所监视的画面;依次点击二、三、四号区域,查看显示结果并记录。

⑤自动循环监察模式

a. 打开综合监控人机界面,登录系统,点击闭路电视,打开闭路电视监控系统控制界面;

b. 选择自动循环监察模式,点击新建按钮,打开自动循环监察模式新建页面;

c. 定义模式名称、轮询时间、描述,添加摄像头,点击保存按钮;

d. 选择单画面显示,点击显示区域,在模式选择中选择新建的模式,点击启动按钮;

e. 检查界面显示的画面是否正确并记录;

f. 选择四画面显示,一次选择四个区域,设置轮询模式,查看显示画面是否正确并记录。

⑥摄像机预设位置

a. 打开综合监控人机界面,登录系统,点击闭路电视,打开闭路电视监控系统控制界面;

b. 选择预置位管理,选择已设预置位,点击保存按钮;

c. 重启闭路电视监控系统,查看预设区域内的摄像机位置,反馈给综合监控;

d. 综合监控人员核实摄像机的位置是否正确并记录;

e. 自定义设置某个区域内的摄像机的位置,现场检查执行情况并反馈;

f. 选择恢复该区域摄像机为预设位置,检查现场摄像机是否正确执行并将情况反馈给综合监控人员。

⑦摄像机状态监视

a. 打开综合监控人机界面,登录系统,点击闭路电视,打开闭路电视监控系统控制界面;

b. 打开布局图,选择区域,点击摄像机图标,打开摄像机状态信息,查看信息内摄像机的状态是否与实际情况相符并记录。

10.5.4 综合监控系统与广播系统联调联试

1)调试目的

(1)验证综合监控系统与广播系统之间的接口功能是否与设计相符,并满足运营要求;

(2)通过综合监控系统与广播系统设备的测试,确保在正常及火灾模式下,综合监控系统通过广播系统实现对广播现场设备的监控功能,保证运营工作的顺利进行;

(3)通过联调联试,对运营操作及维修人员进行培训,提高维修人员的工作技能,确保安全运营。

2)前提条件

(1)广播系统设备已投入运行,车站级、中央级设备已完成调试,所有功能均已具备并符合合同各项条款的要求,且工作状况良好;

(2)综合监控系统设备已经具备车辆段级、车站级、中央级对广播系统的联调功能,所有功能均已具备并符合合同各项条款的要求,且工作状况良好;

(3)综合监控系统与广播系统的通信通道满足技术规格书规定的数据传输要求,且工作状况良好;

(4)通信传输完成调试,并完成通信传输系统与广播系统联调。

3)所需设备及工器具

调试所需设备及工器具包括对讲机、无线手持台、电子式万用表、便携式计算机等。

4)调试内容及步骤

(1)调试内容

①监察设备状态:测试在综合监控人机界面上能准确显示广播信息及设备状态。

②单选模式:测试综合监控系统能够对站内的任意区域、多个区域、全部区域进行广播。

③编组模式:测试在控制中心能够实现对任一车站的任一区域、多个区域、全部区域实现广播功能。

④实况广播功能,测试通过话筒在车站内对任一区域进行实况广播。

⑤监听广播信息。

⑥信息广播优先权。

⑦火灾自动报警系统与广播系统的联动:测试在收到火灾报警后,人机界面自动弹出窗口可切换火灾应急广播模式。

⑧预设时间广播。

⑨编制广播信息。

⑩线路广播,预录制信息广播:对预录的语音进行存储和广播,包括一次性广播和周期性广播。

(2)调试步骤

①监察设备状态

a. 车站广播监视功能。在综合监控人机界面上打开广播界面,打开广播设备分布图,广播人员模拟广播区设备故障并反馈给综合监控人员;综合监控人员检查界面是否收到故障报警以及广播区图标显示是否为故障状态,重复执行,直至调试完所有设备。

b. 控制中心广播监视功能。在综合监控人机界面上打开广播界面,打开广播设备分布图,广播人员模拟某个车站内某一广播区设备故障并反馈给综合监控人员;综合监控人员检查界面是否收到故障报警以及广播区图标显示是否为故障状态,重复执行,直至调试完所有车站。

②单选模式

在综合监控人机界面上编制一条广播信息,选择站内任一广播区进行广播,广播人员检查广播信息是否正确并反馈给综合监控人员;选择站内多个广播区进行广播,广播人员检查广播信息是否正确并反馈给综合监控人员;选择站内所有广播区进行广播,广播人员检查广播信息是否正确并反馈给综合监控人员。

在综合监控人机界面上编制一条广播信息,依次选择全线任一车站内的任一区域、多个区域、全部区域进行广播,广播人员检查广播信息是否正确并反馈给综合监控人员。

③编组模式(控制中心)

在综合监控人机界面上打开预设的编组信息,选择其中一条信息进行广播,现场人员核查编组内的车站以及广播区的广播信息是否正确,反馈给综合监控人员。

④实况广播功能

在综合监控人机界面上点击实况广播,选择站内的任一广播区,通过话筒进行广播,广播人员核实听到的广播信息并反馈给综合监控人员。

⑤监听广播信息

在综合监控人机界面上选择一条预录信息进行广播,同时选择监听广播,广播人员检查监听到的广播信息是否与播放广播的信息一致。

⑥信息广播优先权

综合监控人员选取两条优先级不同的广播信息在站内的某个广播区进行广播,广播人员将听到的广播信息反馈给综合监控人员,综合监控人员查看广播系统是否正确播放优先级高的广播信息。

⑦火灾报警系统与广播系统的联动功能

火灾报警人员在车站模拟火灾信号;综合监控人员检查是否收到火灾信息并在界面上弹出切换火灾广播的窗口,点击确认按钮,开始播放火灾广播信息;广播人员将听到的广播信息并反馈给综合监控人员;综合监控人员核实播放的信息是否正确。

⑧预设时间广播

在综合监控人机界面上打开定时广播,设置广播时间、广播信息、广播区域;广播人员检查广播信息并反馈给综合监控人员;综合监控人员核实广播信息是否正确。

⑨编制广播信息

在综合监控人机界面上新建编组信息,任意选择车站以及广播区进行编组,对编组进行描述并保存,选择新保存的编组进行广播;广播人员在编组内车站的广播区将广播信息反馈给综合监控人员;综合监控人员核查播报的信息是否正确。

⑩线路广播

在综合监控人机界面上选择线路广播,任意选择车站以及广播区,选择广播信息进行播放;广播人员检查广播信息并反馈给综合监控人员;综合监控人员核查播报的信息是否正确。

⑪预录制信息广播

在综合监控人机界面上选择预录广播,开始录制一段广播信息,并将其保存;打开预录制的广播,设置播放次数为"一次",点击开始播放。广播人员检查广播信息并反馈给综合监控人员。将播放设置为"重复播放",广播人员检查广播信息并反馈给综合监控人员。

10.5.5 综合监控系统与乘客信息系统联调联试

1）调试目的

(1)通过综合监控系统与乘客信息系统联调,验证综合监控系统与乘客信息系统之间的接口功能是否与设计相符,并满足运营要求;

(2)通过联调联试,对运营操作及维修人员进行培训,提高维修人员的工作技能,确保安全运营。

2）前提条件

(1)乘客信息系统设备完成安装及单体调试且已投入运行,所有功能均具备,工作状况良好;

(2)综合监控系统设备完成安装且具备车站级和中央级对乘客信息系统的联调功能,工作状况良好;

(3)通信传输完成调试。

3）所需设备及工器具

调试所需设备及工器具包括对讲机、无线手持台、电子式万用表、便携式计算机等。

4）调试内容及步骤

(1)调试内容

乘客信息系统能够直接显示接收到的综合监控中央调度员和车站值班员发出的指令及通告,并在车站及列车乘客信息显示终端上显示。

具体测试核心功能为紧急信息发布功能和模式联动。

(2)调试步骤

①中心紧急信息发布

a.在综合监控人机界面上选择需要发布的车站、区域,选取信息模板中预设的紧急信息,设置发布起止时间,确认发布;现场人员检查现场区域内的显示屏上是否能正确显示发布信息以及发布时间。

b. 在综合监控人机界面上选择需要发布的列车(正线、停车场或车辆段;上行、下行或全部),选取需要发布的信息内容,设置发布起止时间,确认发布;现场人员核实车载设备显示的信息是否与发布内容相符。

②车站紧急信息发布

在综合监控人机界面上选择需要发布的区域,选取需要发布的信息内容,设置发布起止时间,确认发布;现场人员检查发布区域内的显示屏上是否能正确显示发布信息以及发布时间。

③紧急信息联动发布

a. 列车隧道火灾。在隧道模拟触发火灾报警,火灾自动报警系统(FAS)将信号反馈至综合监控系统,自动触发紧急模式,发布火灾的信息至相关车站和车载的乘客信息终端上,车站及车载人员检查是否正确显示发布信息;FAS取消火灾信号,紧急模式自动结束,停止火灾信息的发布,现场人员将情况反馈给综合监控人员。

b. 列车阻塞。信号系统模拟列车阻塞信号,将信息反馈至综合监控系统,自动触发紧急模式,发布列车阻塞信息至相关车站和车载的乘客信息终端上,车站及车载人员检查是否正确显示发布信息;取消列车阻塞信号,紧急模式自动结束,停止列车阻塞信息的发布,现场人员将情况反馈给综合监控人员。

c. 车站火灾。在车站模拟火灾信号,FAS将信号反馈至综合监控系统,自动触发紧急模式,发布火灾的信息至车站的乘客信息终端上,车站人员核实发布信息是否正确;FAS取消火灾信号,紧急模式自动结束,停止火灾信息的发布,现场人员将情况反馈给综合监控人员。

10.5.6 综合监控系统与时钟系统联调联试

1)调试目的

通过时钟系统与关联系统联调,检验中心母钟主备切换、中心母钟无法接受全球定位系统(GPS)/北斗时间信号、中心母钟失效、中心母钟正常工作等情况下对相关接口系统(信号、综合监控、电力监控、门禁等系统)造成的影响及系统的应急恢复能力。验证时钟系统与关联系统之间的接口功能是否与设计相符。

通过联调联试,及时将暴露出来的问题与设备生产厂家及安装、施工等相关单位进行协调处理,保证运营工作的顺利进行。

2)前提条件

(1)通信传输完成调试,并完成通信传输系统与时钟系统的联调;

(2)时钟设备已正常运行,所有功能符合技术规格书要求,且工作状况良好;

(3)设置于控制中心本线通信设备室一级母钟设备,其中高稳晶振钟卡采用主备用方式,主、备钟卡能自动和手动切换且可人工调整时间;

(4)沿线各车站、停车场、车辆段设置二级母钟及子钟;

(5)顺序控制综合监控系统、电力监控系统、门禁系统、信号系统与时钟系统的接口调试完毕,可以正常工作。

3)所需设备及工器具

调试所需设备及工器具包括无线手持台、电子式万用表、便携式计算机等。

4）调试内容及步骤

（1）调试内容

①正常工作时相关各系统情况；

②中心主备钟卡切换；

③使用中心一级母钟晶振工作；

④模拟中心一级母钟工作失效。

（2）调试步骤

①正常工作时相关各系统情况

通信时钟系统运行正常，确定相关各系统是否可以正确接收到标准时间信号，并可进行校准。检验方法：手动改变中心主用钟卡时间，观察各系统时间是否可以同步到标准时间。

②中心主、备钟卡切换

a. 在中心主用钟卡工作的情况下，人工切换到备用钟卡工作状态，确定相连的其他各系统是否可以正常接收到标准时间信号，并可进行校准。检验方法：手动改变中心备用钟卡时间，观察各系统时间是否可以同步到标准时间。

b. 各系统确定完毕后，切换到主用钟卡工作状态，再次确定相连的其他各系统是否可以正常接收到标准时间信号，并可进行校准。检验方法：手动改变中心主用钟卡时间，观察各系统时间是否可以同步到标准时间。

③使用中心一级母钟晶振工作

a. 断开中心一级母钟标准时间信号源 GPS/北斗标准时间信号，使用中心一级母钟晶振工作。确定相连的其他各系统是否可以正常接收到时间信号，并可进行校准。检验方法：手动改变中心一级母钟时间信号，观察各系统时间是否可以与一级母钟时钟同步。

b. 各系统确定完毕后，重新接回中心一级母钟标准时间信号源 GPS/北斗标准时间信号，确定相连的其他各系统是否可以正常接收到时间信号，并可进行校准。检验方法：接回中心一级母钟标准时间信号源 GPS/北斗标准时间信号后，观察各系统时间是否可以同步到标准时间。

④模拟中心一级母钟工作失效

人工关闭中心一级母钟电源，模拟中心一级母钟工作失效，无法提供时钟信号源，手动改变各系统时间。5min 后开启中心一级母钟电源，时钟系统恢复正常工作后，检查各相关系统是否能正常接收通信时间信号源，并可进行校准。检验方法：手动改变各系统时间，观察各系统时间是否同步到标准时间。

10.5.7　综合监控系统与集中告警系统联调联试

1）调试目的

（1）通过模拟通信各子系统的故障告警信息，验证综合监控系统与集中告警系统之间的接口功能是否与设计相符，并满足运营要求；

（2）通过综合监控系统与集中告警系统联调，综合监控系统能够直接显示通信各子系统维护管理终端输出的重要告警信息及其级别；

（3）通过联调联试，对运营操作及维修人员进行培训，提高维修人员的工作技能，确保安全运营。

2）前提条件

（1）综合监控系统完成设备安装、单体调试且系统功能正常；集中告警系统设备已投入运行，所有功能均已具备，工作状况良好。

（2）综合监控系统设备已经具备中央级对集中告警系统的联调功能。

（3）综合监控系统与集中告警系统的通信通道满足其数据的传输要求。

（4）通信传输完成调试。

3）所需设备及工器具

调试所需设备及工器具包括无线手持台、便携式计算机等。

4）调试内容及步骤

（1）调试内容

①传输系统报警及其级别；

②电话系统（公务、专用电话）报警及其级别；

③不间断电源（UPS）系统报警及其级别；

④闭路电视监控系统报警及其级别；

⑤乘客信息系统报警及其级别；

⑥广播系统报警及其级别；

⑦无线通信设备系统报警及其级别；

⑧时钟系统报警及其级别。

（2）调试步骤

①传输系统报警及其级别：检查综合监控系统与集中告警系统接口是否正常；打开综合监控人机界面，点击打开集中告警界面，检查界面显示情况；集中告警人员模拟传输系统故障信号，并反馈给综合监控人员；综合监控人员检查报警状态栏是否收到报警信息及其级别。

②电话系统（公务、专用电话）报警及其级别：集中告警人员模拟公务电话故障信号，并反馈给综合监控人员；综合监控人员检查报警状态栏是否收到报警信息及其级别；集中告警人员模拟专用电话故障信号，并反馈给综合监控人员；综合监控人员检查报警状态栏是否收到报警信息及其级别。

③UPS电源系统报警及其级别：集中告警人员模拟不间断电源系统故障信号，并反馈给综合监控人员；综合监控人员检查报警状态栏是否收到报警信息及其级别。

④闭路电视监控系统报警及其级别：集中告警人员模拟闭路电视监控系统故障信号，并反馈给综合监控人员；综合监控人员检查报警状态栏是否收到报警信息及其级别。

⑤乘客信息系统报警及其级别：集中告警人员模拟乘客信息系统故障信号，并反馈给综合监控人员；综合监控人员检查报警状态栏是否收到报警信息及其级别。

⑥广播系统报警及其级别：集中告警人员模拟广播系统故障信号，并反馈给综合监控人员；综合监控检查报警状态栏是否收到报警信息及其级别。

⑦无线通信设备系统报警及其级别：集中告警人员模拟无线通信设备系统故障信号，并反馈给综合监控人员；综合监控人员检查报警状态栏是否收到报警信息及其级别。

⑧时钟系统报警及其级别：集中告警人员模拟时钟系统故障信号，并反馈给综合监控人员；综合监控人员检查报警状态栏是否收到报警信息及其级别。

10.5.8 综合监控系统与信号系统联调联试

1）调试目的

(1) 验证综合监控系统与信号系统之间的接口功能是否与设计相符,并满足运营要求;

(2) 验证综合监控系统与信号系统列车信息、列车轨道占用情况、列车阻塞、供电分区状态等信息交换;

(3) 验证综合监控系统区间灾害模式筛选功能,验证环境与设备监控系统、环控系统对综合监控系统区间灾害模式控制命令的响应情况,验证联动关系的正确性及综合监控收到模式执行反馈的正确性;

(4) 通过联调联试,对调度、运营人员进行培训,提高岗位人员技能,确保安全运营。

2）前提条件

(1) 车站机电设备已投入运行,工作状况良好,综合监控系统、环境与设备监控系统、环控系统单体调试完成。

(2) 综合监控系统、环境与设备监控系统已完成所有点动调试,机电系统设备完成单系统测试;综合监控系统模式编制按环控工艺编制完成;环境与设备监控系统设备投入运行并工作正常。

(3) 综合监控系统完成自身内部完整的模拟信号轨道电路占用所有隧道火灾及阻塞模式的模拟测试。

(4) 信号系统已完成与综合监控系统接口相关信息的内部验证测试工作,已具备 CBTC 功能,列车自动监控系统具备正常监控功能并与综合监控系统正常收发相关信息。

(5) 信号系统能实现时刻表功能,可以实现按时刻表运行。

(6) 综合监控系统与电力监控系统、供电系统调试完成,广播系统与综合监控系统调试完成,自动售检票系统与综合监控系统调试完成。

(7) 提供 6 列以上列车(经过出厂验收)供调试使用。

3）所需设备及工器具

所需设备及工器具包括无线手持台、对讲机、便携式计算机等。

4）调试内容及步骤

(1) 调试内容

①综合监控系统显示信号设备的状态;

②综合监控系统显示列车状态(包含轨道占用信息、列车类型、列车运行状态、车组号信息、服务号信息、列车到站台时间、列车离站台时间、计划时刻表、实际时刻表、终点站当天行车运营时间表、换乘站当天行车运营时间表、非运营列车信息);

③列车阻塞救灾模式;

④提供列车自动监控系统关于供电分区状态信息;

(2) 调试步骤

①综合监控系统显示信号设备的状态

信号人员模拟信号机、转辙机等信号设备故障状态并反馈给综合监控,综合监控人员检查是否收到报警信息、界面显示是否正确;恢复正常,查看报警信息是否取消,状态显示是否正常。

②综合监控系统显示列车状态

行调人员下发行车指令,列车开始运行,信号人员反馈列车运行状态信息(列车类型、运行状态、车组号、服务号等)给综合监控人员,综合监控人员在界面上核查信息是否一致;列车运行至下一站,信号系统人员反馈列车信息(列车运行状态、列车到站台时间、列车离站台时间等)给综合监控人员,综合监控人员在界面上核查信息是否一致。

③列车阻塞救灾模式

环控人员将隧道通风系统设备打至"远程"状态,综合监控人员检查界面显示是否正确;行车调度人员下发列车运行指令,列车开始运行,信号人员反馈列车运行状态信息给综合监控人员,综合监控人员确认显示信息是否一致。

列车运行至区间时,行车调度人员下发列车停车指令,现场人员反馈列车停车位置给综合监控人员,综合监控人员确认位置信息是否正确;综合监控人员开始记录停车时间,当时间达到列车阻塞条件时,信号系统自动发送列车阻塞信号至综合监控系统,综合监控人员查看是否收到列车阻塞信号,核查列车阻塞条件是否满足设计要求;综合监控人员下发列车阻塞执行指令至相应车站,车站列车阻塞模式自动执行,综合监控人员核查模式执行情况;信号人员取消列车阻塞信号,模式停止运行,综合监控人员查看模式是否停止运行。

④提供列车自动监控系统关于供电分区状态信息

根据供电系统分区的划分,分段进行停电,供电系统进行供电分区停电并反馈给电调,信号人员查看信号界面显示供电分区信息是否正确,停电结束后对各分区再恢复供电,信号人员与电力调度人员核对界面显示信息是否一致。

10.5.9 综合监控系统与自动售检票系统联调联试

1)调试目的

(1)验证综合监控系统与自动售检票系统之间的接口功能是否与设计相符,并满足运营要求;

(2)通过综合监控系统与自动售检票系统设备的测试,确保实现综合监控系统对自动售检票系统的监控功能,保证运营工作的顺利进行;

(3)通过联调联试,对运营操作及维修人员进行培训,提高维修人员的工作技能,确保安全运营。

2)前提条件

(1)自动售检票系统设备已投入运行,所有功能均已具备,且工作状况良好。

(2)综合监控系统设备已经具备车站级和中央级对自动售检票系统的联调功能,工作状况良好。双方接口能正常发送/接受客流信息。

(3)综合监控系统与自动售检票系统的通信通道满足其数据的传输要求。

3)所需设备及工器具

所需设备及工器具包括对讲机、便携式计算机等。

4)调试内容及步骤

(1)调试内容

①采集并监视自动售检票全线客流信息;

②采集并监视自动售检票设备状态及提供故障报警;

③监控自动售检票模式控制。

(2)调试步骤

①监视自动售检票全线客流信息

检查各自系统设备及接口状态;打开综合监控人机界面,点击自动售检票,进入自动售检票系统界面;选择客流统计,查看页面显示情况;自动售检票人员组织现场模拟乘客进出站客流信息;综合监控人员检查界面显示的客流信息是否与现场相符。

②监视自动售检票设备状态及提供故障报警

打开设备状态监视页面,查看页面显示情况:

a. 自动售检票人员现场将闸机设置为非正常状态;综合监控人员检查是否收到报警信息,并检查界面显示情况是否与现场相符。

b. 自动售检票人员现场将闸机设置为正常状态;综合监控人员检查报警信息是否消除,并检查界面显示情况是否与现场相符。按照点表依次测试完所有的闸机。

c. 自动售检票人员现场将售票机设置为非正常状态;综合监控人员检查是否收到报警信息,并检查界面显示情况是否与现场相符。

d. 自动售检票人员现场将售票机设置为正常状态;综合监控人员检查报警信息是否消除,并检查界面显示情况是否与现场相符。按照点表依次测试完所有的售票机。

e. 自动售检票人员现场将半自动售票机设置为非正常状态;综合监控人员检查是否收到报警信息,并检查界面显示情况是否与现场相符。

f. 自动售检票人员现场将半自动售票机设置为正常状态;综合监控人员检查报警是否消除,界面显示情况是否与现场相符。按照点表依次测试完所有的半自动售票机。

g. 自动售检票人员现场将自助查询机设置为非正常状态;综合监控人员检查是否收到报警信息,并检查界面显示情况是否与现场相符。

h. 自动售检票人员现场将自助查询机设置为正常状态;综合监控人员检查报警是否消除,界面显示情况是否与现场相符。按照点表依次测试完所有的半自动售票机。

i. 自动售检票人员现场将车站服务器设置为非正常状态;综合监控人员检查是否收到报警信息,并检查界面显示情况是否与现场相符。

j. 自动售检票人员现场将车站服务器设置为正常状态;综合监控人员检查报警是否消除,界面显示情况是否与现场相符。

k. 自动售检票人员现场将车站服务器设置为正常运营状态,综合监控人员检查界面显示服务器状态是否与现场相符。

l. 自动售检票人员现场将车站服务器设置为运营结束状态,综合监控人员检查界面显示服务器状态是否与现场相符。

③监控自动售检票模式控制

a. 打开模式控制页面,点击选择紧急模式,确认下发。自动售检票人员检查系统是否处在紧急模式,闸机是否为自由通过状态;综合监控人员查看设备及系统的状态是否与预期相符。

b. 恢复正常模式。自动售检票人员检查系统是否恢复正常,设备是否为正常状态;综合监控人员查看设备及系统的状态是否与预期相符。

c. 选择关闭模式,确认下发。自动售检票人员检查系统是否处于关闭状态,各设备是否停止运营;

综合监控人员查看设备及系统的状态是否与预期相符。

d.恢复正常模式。自动售检票人员检查系统是否恢复正常,设备是否为正常状态;综合监控人员查看设备及系统的状态是否与预期相符。

10.5.10 综合监控系统与站台门系统联调联试

1）调试目的

(1)验证综合监控系统与站台门系统设备之间的接口功能是否与设计相符,并满足运营要求。

(2)通过综合监控系统与站台门系统设备的测试,验证综合监控系统对站台门系统的监视功能;同时,验证站台门系统对站台门设备的监控功能,确保站台门系统能完全满足设计要求,保证运营工作的顺利进行。

(3)通过联调联试,对运营操作及维修人员进行培训,提高维修人员的工作技能,确保安全运营。

2）前提条件

(1)综合监控系统和站台门系统完成设备安装、单体调试且系统功能正常。各系统设备已投入运行,所有功能均按合同各项条款的要求已经完全具备,且工作状况良好。

(2)综合监控系统已完成所有有关站台门系统的软件点编程,完成车站级及中央级计算机的单机调试,综合监控系统和站台门系统的工作网络均已投入运行并状态正常。

(3)站台门系统已完成设备安装及单体设备调试(具备障碍物探测功能、站台级端头控制盒操作功能及车控室操作指示盘正常监控功能),站台门系统各设备已投入运行并工作正常。

(4)综合监控系统与站台门系统的通信通道满足合同各项条款规定的数据传输要求,且工作状况良好。

3）所需设备及工器具

所需设备及工器具包括对讲机、电子式万用表、便携式计算机等。

4）调试内容及步骤

(1)调试内容

①站台门供电系统、控制电源、驱动电源、中央控制器(PLC)的故障报警状态;

②就地控制盘(PSL)的操作允许、互锁解除、开关控制;

③信号系统开关门控制;

④滑动门开关状态、故障报警、模式状态(自动控制、手动控制、隔离模式);

⑤应急门开关状态、隔离报警;

⑥端门开关状态、状态报警。

(2)调试步骤

①站台门的状态和故障测试

a.站台门专业检查供电系统、驱动电源、控制电源、PLC的状态并反馈给综合监控人员,综合监控人员核实人机界面上的状态是否与现场一致。

b.现场给出供电系统故障,检查站台门系统设备运行状态,在综合监控人机界面上查看是否收到故障报警信息。恢复供电正常,检查站台门系统设备运行状态,在综合监控人机界面上查看故障状态是否解除；依次给出驱动电源、控制电源、中央控制器故障状态，查看站台门和人机界面是否符合预期结果，恢复正常状态。

　　c. 在 PSL 操作盘上，将旋钮设置到允许状态，分别对滑动门进行开、关操作，并反馈给综合监控人员，综合监控人员检查人机界面上的显示是否与现场相符。

　　d. 信号系统模拟列车到站信号，检查主控机（PSC）是否收到列车到站信息并下发开门命令，在综合监控人机界面上查看是否收到信息、门的状态是否与现场情况相符。信号系统下发关门指令，检查 PSC 是否收到命令并执行，在综合监控人机界面上查看收到的信息以及门的状态是否正确。

　　e. 现场模拟滑动门故障，反馈给综合监控人员，综合监控人员检查人机界面是否为故障状态。

　　f. 在就地控制盒（LCB）上设置滑动门为自动状态，综合监控人员检查人机界面显示是否正确；依次设置为隔离、手动状态，检查执行结果是否达到预期效果。

　　g. 操作应急门上的隔离开关，将其打到隔离状态，检查综合监控人机界面显示是否有报警信息产生。恢复正常，检查报警是否消除；对应急门进行开关操作，检查界面显示是否与现场相符。

　　h. 对端门进行开关操作，检查综合监控人机界面状态显示是否正确；现场模拟故障状态，检查是否有报警信号反馈至综合监控界面上。

②对时功能

综合监控人员修改系统时间并下发至站台门系统，站台门查看收到的时间并反馈给综合监控人员，综合监控人员核查时间是否一致。

10.5.11　综合监控系统与防淹门监控系统联调联试

1）调试目的

（1）验证综合监控系统（ISCS）与防淹门监控系统之间的接口功能是否与设计相符，并满足运营要求；

（2）防淹门监控系统相关设备的监控功能并满足运营要求。

2）前提条件

（1）现场场地清理干净，无阻碍调试工作的物件；

（2）综合监控系统、机电设备完成设备安装、单体调试且系统功能正常；

（3）综合监控系统已完成所有软件编程，完成与各机电系统设备之间的接口调试，且设备的模式控制动作工艺与环控工艺动作要求一致；

（4）各系统设备已投入运行，所有功能均按合同各项条款的要求已经完全具备，且工作状况良好。

3）所需设备及工器具

所需设备及工器具包括对讲机、电子式万用表等。

4）调试内容及步骤

（1）调试内容

防淹门的车站控制、现场控制、紧急控制功能。

（2）调试步骤

①水位检测装置判断出需要关闭的闸门，向车控室综合后备盘（IBP）发出报警信号后，由工作人员

在车控室 IBP 上按下关门按钮,防淹门监控系统向 IBP 反馈控制室闸门关闭的状态信号;车站工作人员接收到后开门指令后按下开门按钮,防淹门监控系统向信号系统和 IBP 反馈控制室闸门打开且锁定的状态信号。

②车站值班人员取得开/关门指令授权后,到防淹门控制室操作就地控制柜上的开/关门按钮,打开或关闭防淹门。

③当车站 IBP 接收不到同意关门信号时,可通过人工确认(行车调度用电话通知值班人员同意关门),操作带锁的关门按钮后,完成防淹门的关闭;当车站级控制系统故障使防淹门无法关闭时,由授权的车站值班员到防淹门控制室,通过就地控制柜关闭防淹门。当启闭装置故障或启闭装置失电,由授权的车站工作人员到防淹门机房,通过手动操作机构关闭闸门。

10.5.12 综合监控系统与火灾自动报警系统联调联试

1)调试目的

(1)验证综合监控系统与火灾自动报警系统(FAS)之间的接口功能是否与设计相符,并满足运营要求;

(2)验证 FAS 对各系统相关设备的监控功能并满足运营要求。

2)前提条件

(1)FAS 单系统调试已经完成且设备已满足运行要求,所有功能均按合同各项条款的要求已经完全具备,工作状况良好;

(2)通风与空调、给水与排水、动力与照明、电梯、供电、门禁等相关系统完成单系统调试并与 FAS 完成接口调试,所有功能均按合同各项条款的要求已经完全具备,工作状况良好;

(3)综合监控系统已经具备车站级和中央级对 FAS 的联调功能,工作状况良好。

3)所需设备及工器具

所需设备及工器具包括对讲机、无线手持台、电子式万用表、便携式计算机、感烟感温测试枪等。

4)调试内容及步骤

(1)调试内容

①调试综合监控系统与 FAS 之间的接口功能是否能正常通信;

②调试综合监控系统与 FAS 之间的报警、故障等信号是否正确传递;

③验证综合监控系统与 FAS 之间的联动功能是否能实现;

④调试 FAS 对相关消防设备的监控功能。

(2)调试步骤

①在车站、中心分别调试综合监控系统工作站是否能正常登录;

②模拟 FAS 总故障信号,确认综合监控系统是否能正确显示;

③调试防烟区域报警信号,确认综合监控系统是否能正确显示;

④调试确认综合监控系统是否能正确监视气体自动灭火系统的运行状态;

⑤调试确认综合监控系统是否能正确监视气体控制盘和电源的运行状态;

⑥调试确认综合监控系统是否能正确监视 FAS 与综合监控系统的通信状态和报警信息;

⑦调试确认综合监控系统是否能正确显示感温光纤的报警信息;

⑧调试 FAS 对电动开窗机、电动排烟口、电梯、排烟/加压风机、风阀、消防电源、EPS、疏散照明、切非、消防广播、电动排烟口、防火卷帘、声光/警铃、感温电缆、喷淋泵/消防泵/稳压泵、门禁、电梯、气灭联动、液位计、水流指示器、压力开关、信号阀的监控功能;

⑨验证综合监控系统与 FAS 在火灾状况下是否能实现联动,步骤如下:模拟同一防火分区内两个感烟火灾探测器同时报警/同一防火分区内一个感烟火灾探测器和一个手动报警器同时报警→FAS 确认这个防火分区火灾(联动状态下自动确认火灾)→FAS 把火灾信息传送给综合监控系统→综合监控系统确认这个防火分区火灾(联动状态下自动确认火灾)→综合监控系统启动相应的火灾联动模式。

10.5.13 综合监控与环境与设备监控系统联调联试

1) 调试目的

(1) 验证综合监控系统、环境与设备监控系统(BAS)与机电各系统设备之间的接口功能与设计相符。

(2) 验证综合监控系统与 BAS 对机电各系统设备的监控功能,确保各系统能完全满足设计要求。

2) 前提条件

(1) 综合监控系统、BAS、机电设备完成设备安装、单体调试且系统功能正常。各系统设备已投入运行,所有功能均按合同各项条款的要求已经完全具备,且工作状况良好。

(2) 综合监控系统已完成所有有关 BAS 的软件点编程,且综合监控系统、BAS 的工作网络均已投入运行并状态正常。

(3) BAS 已完成所有软件编程,完成与各机电系统设备之间的接口调试,且设备的模式控制动作工艺与环控工艺动作要求一致。

3) 所需设备及工器具

所需设备及工器具包括对讲机、无线手持台、电子式万用表、便携式计算机等。

4) 调试内容及步骤

(1) 调试内容

①调试综合监控系统与 BAS 是否能正常通信;

②调试综合监控系统与 BAS 冗余功能是否满足要求;

③调试综合监控系统与 BAS 对时功能是否满足要求。

(2) 调试步骤

①检查综合监控系统是否可以正常监控 BAS 的设备信息。

②断开综合监控系统与 BAS 一路通信接口,检测两系统见能否实现通信功能。断开另一路,重复上述试验。

③查看综合监控系统与 BAS 的时间是否一致。

10.5.14 综合监控系统与门禁系统联调联试

1) 调试目的

(1) 验证综合监控系统与门禁系统(ACS)之间的接口功能是否与设计相符,并满足运营要求;

(2)通过综合监控系统与 ACS 之间的联调联试,确保实现综合监控系统对 ACS 设备的监视功能。

2)前提条件

(1)综合监控系统、ACS 完成设备安装、单体调试且系统功能正常。各系统设备已投入运行,所有功能均按合同各项条款的要求已经完全具备,且工作状况良好。

(2)综合监控系统与 ACS 之间接口调试正常,且综合监控系统与 ACS 的通信通道满足合同各项条款规定的数据传输要求,且工作状况良好。

3)所需设备及工器具

所需设备及工器具包括无线手持台、电子式万用表、便携式计算机等。

4)调试内容及步骤

(1)调试内容

实现综合监控系统对门禁系统相关设备运行状态、故障以及报警等信息的监视。

(2)调试步骤

①各专业人员检查设备状态。

②调试人员检查调试的前提条件、人员和工器具的到位情况。

③若条件满足,开始调试:

a. 打开综合监控人机界面,门禁系统人员现场模拟系统设备故障,综合监控人员检查是否收到故障报警信号以及界面显示是否正确,恢复正常;

b. 门禁系统人员任选车站内房间做强行开门、门常开操作,综合监控人员检查是否收到故障报警信号以及界面显示是否正确,恢复正常;

c. 门禁系统人员模拟门禁系统通信失效,综合监控人员检查是否收到故障报警信号以及界面显示是否正确,恢复结束。

10.5.15 综合后备盘与各系统联调联试

1)调试目的

(1)验证综合监控系统 IBP 与各集成或互联系统的接口功能是否符合设计要求,并满足运营要求;

(2)验证综合监控系统 IBP 与各集成或互连系统的联动功能,确保系统能完全满足设计及消防要求,发生突发情况时,能及时准确地报警和控制。

2)前提条件

(1)综合监控系统、IBP 设备安装完成、单体调试且系统功能正常。各系统设备已投入运行,所有功能均按合同各项条款的要求已经完全具备,且工作状况良好。

(2)门禁系统、自动售检票系统、屏蔽门系统、消防水系统、通风系统已完成设备安装及单体、单系统设备调试。

3)所需设备及工器具

所需设备及工器具包括对讲机、无线手持台、电子式万用表、便携式计算机等。

4）调试内容及步骤

（1）调试内容

①火灾情况下，IBP对消防泵、专用排烟风机的直启功能；

②自动售检票闸机紧急释放控制；

③屏蔽门系统的紧急控制；

④门禁系统紧急释放功能；

⑤电扶梯运行状态监测；

⑥车站火灾、区间火灾和区间阻塞模式下的隧道通风、车站通风。

（2）调试步骤

①测试IBP与各接口设备间线路是否通畅，保证信号传输符合设计要求。

②进行IBP灯测试，检测IBP各版块指示灯是否能正常工作。

③测试闸机的自动释放功能；手动按下IBP上闸机的紧急释放按钮，测试车站内各闸机是否全部释放，释放信号是否在盘面指示灯上显示。

④火灾情况下，测试IBP对消防泵、专用排烟风机的直启功能；手动按下IBP上消防水泵或消防风机的启动按钮，测试响应的消防水泵和消防风机是否开启，反馈信号是否在盘面上显示。

⑤测试屏蔽门的紧急控制功能；手动按下IBP上屏蔽门的开门按钮，测试车站内屏蔽门是否全部开启，此时当屏蔽门开门、关门时，盘面上状态指示灯是否正确。

⑥测试门禁的紧急释放功能；手动按下IBP上门禁的开门按钮，测试车站门禁是否全部释放，反馈信号是否在盘面上显示。

⑦测试紧急情况下对通风与空调运行模式及主要设备的后备控制和反馈显示。

⑧测试电梯、垂直电梯运行状态是否正确。

10.5.16　大屏系统与综合监控系统、闭路电视监控系统、信号系统联调联试

1）调试目的

（1）验证大屏幕系统（OPS）与综合监控系统、闭路电视监控系统、信号系统之间的接口功能是否与设计相符，并满足运营要求；

（2）通过OPS与综合监控系统、闭路电视监控系统、信号系统设备之间的调试，确保通过OPS实现对综合监控系统、闭路电视监控系统、信号系统设备的监控功能，实现控制中心OPS能够准确显示综合监控系统、信号系统各种实时显示的工作状态的各种图文信息以及闭路电视监控系统监控画面。

2）前提条件

（1）综合监控系统、闭路电视监控系统、信号系统完成单体调试且功能正常。各系统设备已投入运行，所有功能均按合同各项条款的要求已经完全具备，且工作状况良好。

（2）OPS设备已投入运行，所有功能均按照合同各项条款的要求已经完全具备，且工作状况良好。

（3）OPS设备已经完成与综合监控系统、闭路电视监控系统、信号系统设备的接口通信功能端对端调试，且调试结果均正常，通信通道满足合同各项条款规定的数据传输要求。

（4）OPS、综合监控系统、信号系统设备均已经完成与通信时钟系统的接口调试，可以满足正常运行情况下的时钟同步功能。

(5) 中央级综合监控系统设备已经具备对全线电力、环控系统设备的状态显示信息、报警信息的监控,且工作状况良好。

(6) 中央级信号系统设备已经具备对全线列车运行状态显示信息的监控,且工作状况良好。

3) 所需设备及工器具

所需设备及工器具包括无线手持台、电子式万用表、便携式计算机等。

4) 调试内容及步骤

(1) 调试内容

本次调试要完成的主要项目是实现 OPS 通过规定的接口通信显示信号系统实时提供列车运行状态显示信息和报警信息、闭路电视监控系统的高清视频信号、综合监控系统显示的相关图文信息、报警信息等监视功能,按照协议规定正确显示信号系统、闭路电视监控系统和综合监控系统传输的相关图文状态。

(2) 调试步骤

① 各专业人员检查设备状态。

② 调试人员检查调试的前提条件、人员和工器具的到位情况。

③ 若条件满足,开始调试:

a. 信号列车运行显示功能调试

确认行调工作站上信号系统正常运行、信号与 OPS 的通信网络正常;

通过多屏处理器运行信号系统的客户端软件,向大屏投放列车运行状态显示信息、报警信息;

验证 OPS 显示的列车运行状态是否与行调工作站上信号系统显示的状态一致;

模拟列车信号报警信息,验证 OPS 是否正确显示。

b. 闭路电视监控系统显示功能调试

确认闭路电视监控系统设备正常运行、闭路电视监控系统与 OPS 的通信网络正常;

通过软件的控制实现视频监控图像信号在 OPS 上的显示;

核实 OPS 显示的视频画画是否正确。

c. 综合监控页面显示功能调试

确认电调、环调工作站综合监控系统正常运行,综合监控系统与 OPS 的通信网络正常;

向 OPS 投放电力监控页面和环控隧道通风等页面,调试 OPS 画面显示是否正常;

验证 OPS 显示的电力监控开关状态和环控隧道通风设备状态是否与电调、环调工作站上监控的设备状态显示的状态一致;

模拟综合监控系统监控设备的报警信息,验证 OPS 是否正确显示。

10.5.17 环境与设备监控系统与通风系统联调联试

1) 调试目的

通过环境与设备监控系统(BAS)对车站和区间的环控系统设备的调试,验证 BAS 对车站及区间通风设备的监控功能,确保各系统能完全满足设计要求。

2) 前提条件

(1) BAS、机电设备完成设备安装、单体调试且系统功能正常;

（2）BAS已完成所有软件编程,完成与各机电系统设备之间的接口调试,且设备的模式控制动作工艺与环控工艺动作要求一致；

（3）各系统设备已投入运行,所有功能均按合同各项条款的要求已经完全具备,且工作状况良好。

3）所需设备及工器具

所需设备及工器具包括对讲机、无线手持台、电子式万用表、便携式计算机等。

4）调试内容及步骤

（1）调试内容

①车站通风大系统

a. 调试空调新风机的启停控制、启停状态监视、故障信息监视、车控室/环控/现场切换控制等功能是否实现；

b. 调试回排风机的启停控制、转速控制、启停状态监视、转速状态监视、工频/变频转换、轴承温度监视、故障信息监视、车控室/环控/现场切换功能控制是否实现；

c. 调试温湿度传感器温度、湿度监视等功能是否实现；

d. 调试排烟风机的启停控制、启停状态监视、故障信息监视、车控室/环控/现场切换控制等功能是否实现；

e. 调试电动风量调节阀开度控制、开度监视、故障监视等功能是否实现。

②车站通风小系统

a. 调试送风机的启停控制、启停状态监视、故障信息监视、车控室/环控/现场切换控制等功能是否实现；

b. 调试柜式空气处理机组启停控制、启停状态监视、故障信息监视、车控室/环控/现场切换控制等功能是否实现；

c. 调试回排风机的启停控制、启停状态监视、故障信息监视、车控室/环控/现场切换控制等功能是否实现；

d. 调试电动风量调节阀开度控制、开度监视、故障监视等功能是否实现；

e. 调试温湿度传感器温度、湿度监视等功能是否实现。

③隧道通风系统

a. 调试电动组合式风阀的开控制、关控制、开到位监视、关到位监视、故障信息监视、车控室/环控/现场切换控制等功能是否实现；

b. 调试区间隧道事故风机的启停控制、正反转控制、启停控制状态监视、正反转状态监视、故障信息监视、轴承温度监视、绕组温度监视、车控室/环控/现场切换控制等功能是否实现；

c. 调试区间射流风机的启停控制、正反转控制、启停控制状态监视、正反转状态监视、故障信息监视、车控室/环控/现场切换控制等功能是否实现；

d. 调试区间排热风机的启停控制、转速控制、工频/变频转换控制、启停控制状态监视、转速状态监视、故障信息监视、轴承温度监视、绕组温度监视、车控室/环控/现场切换控制等功能是否实现。

（2）调试步骤

①将环控柜/现场控制箱置于就地位调试相关功能；

②将环控柜/现场控制箱置于环控位调试相关功能；

③将环控柜/现场控制箱置于BAS位调试相关功能；

④在车控室工作站控制电动风量调节阀开关并监视其状态;
⑤在车控室查看温湿度与现场是否一致。

10.5.18 环境与设备监控系统与空调水系统联调联试

1）调试目的

确保各种空调水系统设备能正确地将信息上传至环境与设备监控系统(BAS)控制柜,需要控制的设备能在 BAS 发出指令后正确动作,依据点表对空调水系统进行控制。

2）前提条件

(1)空调水系统设备安装完毕,从 BAS 到空调水系统设备的数据线敷设完成;
(2)空调水系统设备单体调试完成,系统运行正常,空调水系统设备为 BAS 提供接线端子的位置;
(3)空调水系统设备与 BAS 的工厂接口调试已经通过。

3）所需设备及工器具

所需设备及工器具包括对讲机、无线手持台、电子式万用表、便携式计算机等。

4）调试内容及步骤

(1)调试内容
①BAS 专业依据点表监视空调水系统所辖设备的状态和运行参数;
②BAS 对空调水系统进行电动启停控制、空调水系统内所辖设备的控制,联动及连锁均由群控系统完成;
③群控系统根据冷负荷变化,自动调整空调水的开启台数;
④BAS 发出控制指令为非强制性的,空调水系统应在保证自身设备安全的情况下执行,避免强制性启/停造成设备损坏及使用周期的缩短;
⑤调试 VRV(多联机)空调机的启停控制、转速控制、启停状态监视、转速状态监视、过滤网报警、故障信息监视、车控室/环控/现场切换控制等功能是否实现;
⑥调试冷水机组的启停控制、启停状态监视、故障信息监视、车控室/环控/现场切换控制等功能是否实现。

(2)调试步骤
①BAS 与空调水系统接口协议测试包含所有命令和数据的格式、收发的机制和例外处理等;
②设备就地/远方操作权限切换测试;
③调试空调水系统设备状态监视、单控、群控,电动二通阀状态坚持、控制等功能;
④BAS 与空调水系统接口数据传输性能的测试;
⑤BAS 与空调水系统接口故障诊断与恢复功能测试。

10.5.19 环境与设备监控系统与给水与排水系统联调联试

1）调试目的

验证环境与设备监控系统(BAS)工作站与现场污水泵、废水泵、雨水泵设备之间的功能正确。通过 BAS 与给水与排水系统设备联调联试,测试 BAS 对车站、区间给水与排水系统所有污水泵、雨水泵、废水泵监视情况,对所有车站给水与排水系统进行监控,确认上述设备现场与BAS协同运作,确保设备完全满足设计要求。

2)前提条件

(1)给水与排水系统废水泵、污水泵、雨水泵及与个水泵之间相配套的浮球均安装调试完毕;
(2)BAS与废水泵、污水泵设备、雨水泵之间控制电缆安装调试完毕;
(3)BAS车站级设备本体安装调试完毕。

3)所需设备及工器具

所需设备及工器具包括对讲机、无线手持台、电子式万用表、笔记本电脑等。

4)调试内容及步骤

(1)调试内容

BAS与污水泵、雨水泵、废水泵及区间排水泵等设备的监控功能。

(2)调试步骤

①BAS与给水与排水系统接口协议测试包含所有命令和数据的格式、收发的机制和例外处理等;
②设备就地/远方操作权限切换测试;
③水泵状态监视,单控、群控等功能测试;
④BAS与给水与排水系统接口数据传输性能的测试;
⑤BAS与给水与排水系统接口故障诊断与恢复功能的测试。

10.5.20 环境与设备监控系统与电扶梯系统联调联试

1)调试目的

确保环境与设备监控系统(BAS)能正确监视电扶梯运行、故障状态。

2)前提条件

(1)由动力与照明专业提供电源,环境与设备监控专业配备不间断电源。
(2)BAS的车站设备安装完毕,从BAS到电扶梯系统的数据线敷设完成。
(3)电扶梯系统单体调试完成,系统运行正常。电扶梯专业为BAS提供电扶梯设备控制箱及接线端子的位置。
(4)电扶梯系统与BAS的接口工厂调试已经通过。

3)所需设备及工器具

所需设备及工器具包括对讲机、无线手持台、电子式万用表、便携式计算机等。

4)调试内容及步骤

(1)调试内容

①通信过程试验

根据环境与设备监控专业提供的通信协议对收发报文进行观察分析。如整个通信过程正常,则表示通信正常,规约测试通过;如不正常,则需要双方厂家协定修改规约程序最终达到正常通信。

②数据性试验

根据接口信息点表进行测试,检验通信规约对于遥信、遥测、遥控等其他数据的解释是否正确,电扶梯的各种运行信息是否能在调度员的操作界面上显示正常。

(2) 调试步骤

①扶梯上行时,扶梯下端显示通行信号,扶梯上端显示禁行信号;扶梯下行时,扶梯上端显示通行信号,扶梯下端显示禁行信号。

②扶梯处于检修状态下,该扶梯的上端和下端显示禁行信号。

③火灾工况下,BAS 不向扶梯显示输出信号。

10.5.21 环境与设备监控系统与动力与照明系统联调联试

1) 调试目的

(1) 检查电流互感器与电流表变比相匹配与否;

(2) 检查二次回路接线正确性;

(3) 在主回路送电到位情况下测量电压正确与否。

2) 前提条件

(1) 风水电专业的车站设备安装完毕,从 BAS 到风水电专业的数据线敷设线敷设完成;

(2) 风水电专业单体调试完成,系统运行正常,风水电专业为 BAS 提供风水电专业设备控制箱及接线端子的位置;

(3) 风水电专业与 BAS 的接口工厂调试已经通过;

(4) 监测到的照明回路状态和现场实际状态的一致性;

(5) 测试 BAS 对照明回路的遥控功能;

(6) BAS 与动力与照明系统接口协议测试包括所有命令和数据的格式、收发的机制和例外处理等;

(7) 操作权限测试,包括设备就地/远方操作权限切换测试;

(8) 设备监控功能测试,包括照明、应急电源状态坚持、单控、场景控制等功能测试;

(9) 性能测试,包括 BAS 与动力与照明系统接口数据传输性能的测试;

(10) 网络故障恢复测试,包括 BAS 与动力与照明专业接口故障诊断与恢复功能测试。

3) 所需设备及工器具

所需设备及工器具包括对讲机、无线手持台、电子式万用表、便携式计算机等。

4) 调试内容及步骤

(1) 调试内容

BAS 与动力与照明系统、低压开关柜、环控柜、应急电源等设备的监控功能。

(2) 调试步骤

①监视照明回路的开启/断开、就地/远程、故障状态,向照明回路下发控制开关指令。

②低压开关柜:通电试验、机械和电气连锁试验、进线断路器就地电动合闸、相序一致性确认、三级负荷总开关就地合闸、开关回路电/仪表通信、就地/远方操作权限测试、备自投逻辑功能测试、故障逻辑动作测试、上传上位机遥测数据测试、上位机遥控数据测试、触摸屏显示画面、事件记录功能测试。

③环控柜:设备检查、柜间接线、对地测试检查、相间测试检查、通电测试检查、双电源切换测试检

查、事件记录功能测试、大系统模式、小系统模式、隧道通风系统模式。

④应急电源装置:主点输入电压、充电模块电压、直流母线电压、逆变模块电压、电池组电压、电池组温度、主点中断试验、充放点试验系统运行状态、模拟充电模块故障、模拟逆变模块故障、模拟电池组电压欠压、模拟单只电池点压欠压、模拟电池熔断器熔断、模拟馈线开关故障、上位机通信测试。

10.5.22 环境与设备监控系统与导向系统联调联试

1）调试目的

验证环境与设备监控系统(BAS)与导向系统间的接口关系,实现 BAS 对导向系统的监控功能。

2）前提条件

(1) BAS、导向系统完成单体调试且系统功能正常;
(2) BAS 已完成所有软件编程。

3）所需设备及工器具

所需设备及工器具包括对讲机、无线手持台、电子式万用表、便携式计算机等。

4）调试内容及步骤

(1)调试内容

通过 BAS 对导向系统设备进行监视,并进行单控、群控操作。

(2)调试步骤

①监控功能测试,包括导向状态监视、单控、群控等功能测试;
②操作权限测试,设备就地/远方操作权限切换测试。

10.5.23 火灾自动报警系统与通风系统联调联试

1）调试目的

通过火灾自动报警系统(FAS)对车站和区间的环控系统设备的调试,验证 FAS 对车站及区间通风设备的监控功能,确保各系统能完全满足设计要求。

2）前提条件

(1) FAS、机电设备完成设备安装、单体调试且系统功能正常;
(2) FAS 已完成所有软件编程,完成与各机电系统设备之间的接口调试,且设备的模式控制动作工艺与环控工艺动作要求一致;
(3)各系统设备已投入运行,所有功能均按合同各项条款的要求已经完全具备,且工作状况良好。

3）所需设备及工器具

所需设备及工器具包括对讲机、无线手持台、电子式万用表、便携式计算机等。

4）调试内容及步骤

(1)调试内容

①调试消防专用排烟风机直启功能,并验证信号反馈是否正确;

②调试火灾报警主机、现场感烟火灾探测器、常闭排烟口、排烟风机、挡烟垂帘间消防联动与信号反馈是否正确；

③调试手动排烟防火阀、电动排烟防火阀的280℃熔断端子，同时查看FAS接收并显示手动排烟防火阀、电动排烟防火阀关闭后的反馈信息是否正确。

(2) 调试步骤

①确认火灾报警主机处于正常工作状态，且与排烟防火阀、排烟风机、挡烟垂帘之间的输出模块、输入模块、连接线缆等处于正常工作状态，排烟防火阀、排烟风机、挡烟垂帘也处于正常工作状态。

②由车控室内调试人员按下直启盘上消防专用排烟风机直启按钮，排烟风机控制柜收到直启盘上输出的DC24V后，启动排烟风机，并向FAS主机发送启动后的回答信号，查看直启盘及FAS收到的回答信号是否正确。

③由现场模拟常闭排烟口负责区域的感烟火灾探测器进行报警，查看火灾报警主机上报警信号是否正确，火灾报警主机收到火警信号后，输出DC24V，常闭排烟口打开，同时查看FAS系统接收并显示常闭排烟口动作后的反馈信息是否正确。FAS收到常闭排烟口的反馈信号后，输出DC24V，启动排烟风机，同时查看FAS接收并显示排烟风机动作后的反馈信息是否正确。

④模拟280℃熔断手动排烟防火阀、电动排烟防火阀动作，同时查看FAS接收并显示手动排烟防火阀、电动排烟防火阀关闭后的反馈信息是否正确。

⑤由现场模拟站台层公共区内的感烟火灾探测器进行报警，查看火灾报警主机信号显示是否正确，火灾报警主机收到火警信号后，输出DC24V，挡烟垂帘主控制箱收到控制信号后降下挡烟垂帘，同时查看FAS接收并显示挡烟垂帘动作后的反馈信息是否正确。

10.5.24 火灾自动报警系统与动力与照明系统联调联试

1) 调试目的

通过火灾自动报警系统(FAS)对车站和区间的动力与照明系统设备的调试，验证FAS对车站及区间动力与照明设备的监控功能，确保各系统能完全满足设计要求。

2) 前提条件

(1) FAS、机电设备完成设备安装、单体调试且系统功能正常；

(2) FAS已完成所有软件编程，完成与各机电系统设备之间的接口调试，且设备的模式控制动作工艺与环控工艺动作要求一致；

(3) 各系统设备已投入运行，所有功能均按合同各项条款的要求已经完全具备，且工作状况良好。

3) 所需设备及工器具

所需设备及工器具包括对讲机、无线手持台、电子式万用表、便携式计算机等。

4) 调试内容及步骤

(1) 调试内容

①车站、区间照明系统及导向标识在收到火灾信号后是否正常工作；

②400V非消防电源在收到火灾信号后是否正常切除及反馈。

(2) 调试步骤

①由 FAS 向照明系统下发火灾信号。

②通过现场调试人员回复,确认车站与区间的应急照明及导向标识是否正常工作。

③由 FAS 向牵引供电设备系统中 400V 开关柜中非消防电源下发切非信号;400V 开关柜中非消防电源接到切非信号后跳闸,并向 FAS 反馈接受执行信号。

10.5.25 火灾自动报警系统与气体灭火系统联调联试

1) 调试目的

通过火灾自动报警系统(FAS)对车站和区间变电所的气体灭火系统设备的调试,验证 FAS 对气体灭火设备的监控功能,确保各系统能完全满足设计要求。

2) 前提条件

(1) FAS、机电设备完成设备安装、单体调试且系统功能正常;

(2) FAS 已完成所有软件编程,完成与各机电系统设备之间的接口调试,且设备的模式控制动作工艺与环控工艺动作要求一致;

(3) 各系统设备已投入运行,所有功能均按合同各项条款的要求已经完全具备,且工作状况良好。

3) 所需设备及工器具

所需设备及工器具包括对讲机、无线手持台、电子式万用表、便携式计算机等。

4) 调试内容及步骤

(1) 调试内容

通过控制盘监视各个保护区内感烟、感温火灾探测器的工作状态。

(2) 调试步骤

①发生火灾时能及时送出信号给相应保护区的警铃、声光报警器等报警措施。关闭保护区的防火阀,启动钢瓶启动电磁阀及相应保护区的选择阀,同时输出火灾信号给 FAS,完成火灾判断、灭火及信号输出的功能。

②故障时控制盘应输出机械故障信号给 FAS,以满足车控室对其监视功能状态下的监视。

10.5.26 火灾自动报警系统与给水与排水系统联调联试

1) 调试目的

通过火灾自动报警系统(FAS)对车站和区间的给水与排水系统设备的调试,验证 FAS 对车站及区间给水与排水系统设备的监控功能,确保各系统能完全满足设计要求。

2) 前提条件

(1) FAS、机电设备完成设备安装、单体调试且系统功能正常。

(2) FAS 已完成所有软件编程,完成与各机电系统设备之间的接口调试,且设备的模式控制动作工艺与环控工艺动作要求一致。

(3) 各系统设备已投入运行,所有功能均按合同各项条款的要求已经完全具备,且工作状况良好。

3）所需设备及工器具

所需设备及工器具包括对讲机、无线手持台、电子式万用表、便携式计算机等。

4）调试内容及步骤

(1) 调试内容

在各分系统调试结束后,需进行总系统的充水运行试验,以检验总系统的性能(消防水系统的给水能力,排水系统的排水能力,火灾自动报警系统、设备监控系统的监控能力)。

(2) 调试步骤

①屏蔽联动启动消防泵输出模块,现场调试人员按下消火栓按钮进行报警,查看消火栓按钮启动灯是否点亮,火灾报警主机上报警信号是否正确,消防泵启动后查看FAS接收并显示消防泵启动后的反馈信息是否正确,同时输出DC24V点亮消火栓按钮所在回路内的所有消火栓按钮,启动回答灯,并关闭相关电动蝶阀,查看消火栓按钮回答灯是否点亮及控制电动蝶阀的输出模块是否动作。

②由现场调试人员按下消火栓按钮进行报警,查看消火栓按钮启动灯是否点亮,火灾报警主机上报警信号是否正确;火灾报警主机收到火警信号后,输出DC24V,启动消防水泵,关闭相关电动蝶阀,查看消火栓按钮回答灯是否点亮,控制电动蝶阀的输出模块是否动作。FAS接收并显示消防水泵、区间电动蝶阀动作后的反馈信息是否正确。

③根据设计的消防用水量标准,在站内及区间隧道内开启若干消火栓(箱)的消防水龙头,将水排入本站的排水系统,使污水和废水泵连续运行2h以上,检查FAS、BAS的监控信号是否正确。

10.5.27　火灾自动报警系统与消防电梯联调联试

1）调试目的

通过火灾自动报警系统(FAS)对车站消防电梯设备的调试,验证FAS对车站消防电梯设备的监控功能,确保各系统能完全满足设计要求。

2）前提条件

(1) FAS、机电设备完成设备安装、单体调试且系统功能正常;

(2) FAS已完成所有软件编程,完成与各机电系统设备之间的接口调试,且设备的模式控制动作工艺与环控工艺动作要求一致;

(3) 各系统设备已投入运行,所有功能均按合同各项条款的要求已经完全具备,且工作状况良好。

3）所需设备及工器具

所需设备及工器具包括对讲机、电子式万用表、便携式计算机等。

4）调试内容及步骤

(1) 调试内容

具体调试的核心功能为消防电梯归首测试。

(2) 调试步骤

按照电梯归首的条件,在模拟火灾发生的情况下,通过现场调试人员回复,确认消防电梯是否回到首层。

10.5.28　火灾自动报警系统与自动售票系统联调联试

1）调试目的

通过火灾自动报警系统(FAS)对自动售检票系统设备的调试,验证 FAS 对自动售检票系统设备的监控功能,确保各系统能完全满足设计要求。

2）前提条件

(1)FAS、机电设备完成设备安装、单体调试且系统功能正常;

(2)FAS 已完成所有软件编程,完成与各机电系统设备之间的接口调试,且设备的模式控制动作工艺与环控工艺动作要求一致;

(3)各系统设备已投入运行,所有功能均按合同各项条款的要求已经完全具备,且工作状况良好。

3）所需设备及工器具

所需设备及工器具包括对讲机、电子式万用表、便携式计算机等。

4）调试内容及步骤

(1)调试内容

火灾情况下自动检票机紧急释放控制及反馈。

(2)调试步骤

FAS 与自动售检票系统的接口在车控室综合后备盘自动售检票系统检票机手动开闸按钮的接线端子上。FAS 与自动售检票系统的接口为硬线接口。FAS 通过无源输出模块触电与手动开闸按钮并联控制自动售检票系统检票机的开启。FAS 输出模块通过继电器后输出无缘常开干接点信号给自动售检票系统,并通过监视模块接受自动售检票系统无源干接点动作反馈信号。

10.5.29　火灾自动报警系统与环境与设备监控系统联调联试

1）调试目的

通过火灾自动报警系统(FAS)对环境与设备监控系统(BAS)设备的调试,验证 FAS 对 BAS 设备的监控功能,确保各系统能完全满足设计要求。

2）前提条件

(1)FAS、机电设备完成设备安装、单体调试且系统功能正常;

(2)FAS 已完成所有软件编程,完成与各机电系统设备之间的接口调试,且设备的模式控制动作工艺与环控工艺动作要求一致;

(3)各系统设备已投入运行,所有功能均按合同各项条款的要求已经完全具备,且工作状况良好。

3）所需设备及工器具

所需设备及工器具包括对讲机、无线手持台、电子式万用表、便携式计算机等。

4）调试内容及步骤

(1)调试内容

火灾模式下 FAS 能否正确发送相应防烟分区的火灾模式给 BAS;BAS 能否正确执行相应的火灾模

式,以完成车站火灾情况下的防灾救灾功能。

(2)调试步骤

BAS 接收到 FAS 的火灾指令后,对于正常工况和火灾工况兼用的设备,正常工况由 BAS 监控管理,火灾时由 FAS 发出指令,BAS 执行联动控制,由正常工况转入火灾模式运行,火灾工况具备优先权。

10.5.30 火灾自动报警系统与门禁系统联调联试

1)调试目的

通过火灾自动报警系统(FAS)对门禁系统设备的调试,验证 FAS 对门禁系统设备的监控功能,确保各系统能完全满足设计要求。

2)前提条件

(1)FAS、机电设备完成设备安装、单体调试且系统功能正常;

(2)FAS 已完成所有软件编程,完成与各机电系统设备之间的接口调试,且设备的模式控制动作工艺与环控工艺动作要求一致;

(3)各系统设备已投入运行,所有功能均按合同各项条款的要求已经完全具备,且工作状况良好。

3)所需设备及工器具

所需设备及工器具包括对讲机、电子式万用表、便携式计算机等。

4)调试内容及步骤

(1)调试内容

火灾情况下门禁紧急释放控制及反馈。

(2)调试步骤

火灾确认后,FAS 将火灾信息发送给门禁系统,由门禁系统控制相关区域门打开,通过现场调试人员回复,确认门禁系统在发生火灾的情况下能够紧急释放。

10.5.31 火灾自动报警系统与广播系统联调联试

1)调试目的

(1)验证火灾自动报警系统(FAS)与广播系统之间的接口功能是否与设计相符,并满足运营要求;

(2)通过 FAS 与广播系统设备的测试,确保在火灾模式下,FAS 通过广播系统实现对广播现场设备的监控功能,保证运营工作的顺利进行。

2)前提条件

(1)广播系统设备已投入运行,车站级、中央级设备已完成调试,所有功能均按合同各项条款的要求已经完全具备,且工作状况良好;

(2)FAS 设备已经具备就地级、车站级、中央级对广播系统的联调功能,所有功能均按照合同各项条款的要求已经完全具备,且工作状况良好;

(3)FAS 与广播系统的通信通道满足技术规格书规定的数据传输要求,且工作状况良好。

3)所需设备及工器具

所需设备及工器具包括对讲机、电子式万用表、便携式计算机等。

4）调试内容及步骤

（1）调试内容

火灾情况下的消防应急广播功能。

（2）调试步骤

①检查各接口端对端是否恰当地、正确地连接；

②火灾确认后，FAS将火灾信息发送给公共广播（PA）控制柜，由PA控制柜控制扬声器进行消防火灾信息广播。

10.5.32 火灾自动报警系统与防火卷帘联调联试

1）调试目的

通过火灾自动报警系统（FAS）对防火卷帘设备的调试，验证FAS对防火卷帘设备的监控功能，确保各系统能完全满足设计要求。

2）前提条件

（1）FAS、机电设备完成设备安装、单体调试且系统功能正常；

（2）FAS已完成所有软件编程，完成与各机电系统设备之间的接口调试，且设备的模式控制动作工艺与环控工艺动作要求一致；

（3）各系统设备已投入运行，所有功能均按合同各项条款的要求已经完全具备，且工作状况良好。

3）所需设备及工器具

所需设备及工器具包括对讲机、电子式万用表、便携式计算机等。

4）调试内容及步骤

（1）调试内容

火灾情况下防火卷帘归底控制及反馈。

（2）调试步骤

①设置在非疏散通道上的防火卷帘：火灾确认后，FAS将火灾信息发送给防火卷帘的感烟、感温火灾探测器组，通过报警总线上的控制模块控制防火卷帘降至地面，当防火分区内探测器动作后，通过现场调试人员回复，判断防火卷帘在发生火灾的情况下是否能够一次下降到底。

②设置在疏散通道的防火卷帘：模拟防火分区内的任两只感烟火灾探测器或任一只专门用于联动防火卷帘的感烟火灾探测器报警，联动控制防火卷帘下降至距楼板面1.8m处，模拟感温火灾探测器动作，防火卷帘下降到底。

10.5.33 传输系统与综合电源系统联调联试

1）调试目的

（1）传输系统联调通过模拟光纤中断、车站及运行控制中心（OCC）传输节点故障至恢复，来检验传输系统故障、中断再恢复后，对综合电源系统造成的影响及系统的应急恢复能力。

(2)验证传输系统与综合电源系统之间的接口功能是否与设计相符。通过模拟传输系统中断,检测系统在中断到自愈恢复过程中是否存在问题,及时将暴露出来的问题与设备生产厂家、安装施工等相关单位进行协调处理,保证工程运营工作的顺利进行。

2）前提条件

(1)电源、接地、机房环境满足传输系统设备正常运行要求;
(2)完成传输系统、综合电源系统安装调试;
(3)传输系统设备已正常运行,所有功能符合技术规格书要求,且工作状况良好。

3）所需设备及工器具

所需设备及工器具包括无线手持台、电子式万用表、便携式计算机等。

4）调试内容及步骤

(1)调试内容

①模拟光纤断裂引起的传输光纤环路中断;
②模拟车站传输节点故障引起的传输光纤环路中断;
③模拟控制中心传输节点故障引起的传输光纤环路中断。

(2)调试步骤

①各专业人员检查设备状态。
②调试人员检查调试的前提条件、人员和工器具的到位情况。
③若条件满足,开始调试:

a. 模拟光纤断裂引起的传输光纤环路中断。

b. 中断某处尾纤链路,5min 后恢复。传输及综合电源系统人员在各自网管终端注意观察记录各自系统的情况。

c. 模拟车站传输节点故障引起的传输光纤环路中断。

d. 关闭某站传输节点的电源,5min 后开启。传输及综合电源系统相关人员在各自网管终端注意观察各自系统的情况,并记录其间发生的事件。

e. 模拟运营中心传输节点故障引起的传输光纤环路中断。

f. 关闭 OCC 传输节点,5min 后开启。传输及综合电源系统相关人员在各自网管终端注意观察各自系统的情况,并记录其间发生的事件。

10.5.34 传输系统与自动售检票系统联调联试

1）调试目的

(1)传输系统联调通过模拟光纤中断、车站及运行控制中心(OCC)传输节点故障至恢复,来检验传输系统故障、中断再恢复后,对自动售检票系统造成的影响及系统的应急恢复能力。

(2)验证传输系统与自动售检票系统之间的接口功能是否与设计相符。通过模拟传输系统中断,检测系统在中断到自愈恢复过程中是否存在问题,及时将暴露出来的问题与设备生产厂家、安装施工等相关单位进行协调处理,保证工程运营工作的顺利进行。

2）前提条件

（1）电源、接地、机房环境满足传输系统设备正常运行要求；
（2）完成传输系统、自动售检票系统安装调试；
（3）传输系统设备已正常运行，所有功能符合技术规格书要求，且工作状况良好。

3）所需设备及工器具

所需设备及工器具包括无线手持台、便携式计算机等。

4）调试内容及步骤

（1）调试内容
①模拟光纤断裂引起的传输光纤环路中断；
②模拟车站传输节点故障引起的传输光纤环路中断；
③模拟控制中心传输节点故障引起的传输光纤环路中断。
（2）调试步骤
①各专业人员检查设备状态。
②调试人员检查调试的前提条件、人员和工器具的到位情况。
③若条件满足，开始调试：
a. 模拟光纤断裂引起的传输光纤环路中断：中断某处尾纤链路，5min 后恢复，传输及自动售检票系统人员在各自网管终端注意观察记录各自系统的情况。
b. 模拟车站传输节点故障引起的传输光纤环路中断：关闭某站传输节点的电源，5min 后开启。传输及自动售检票系统相关人员在各自网管终端注意观察各自系统的情况，并记录其间发生的事件。
c. 模拟运营中心传输节点故障引起的传输光纤环路中断：关闭 OCC 传输节点，5min 后开启。传输及自动售检票系统相关人员在各自网管终端注意观察各自系统的情况，并记录其间发生的事件。

10.5.35　传输系统与信号系统联调联试

1）调试目的

（1）传输系统联调通过模拟光纤中断、车站及运行控制中心（OCC）节点故障至恢复，来检验传输系统故障、中断再恢复后，对信号系统造成的影响及系统的应急恢复能力。
（2）验证传输系统与信号系统之间的接口功能是否与设计相符。通过模拟传输系统中断，检测系统在中断到自愈恢复过程中是否存在问题，及时将暴露出来的问题与设备生产厂家、安装施工等相关单位进行协调处理，保证工程运营工作的顺利进行。

2）前提条件

（1）电源、接地、机房环境满足传输系统设备正常运行要求；
（2）完成传输系统、信号系统安装调试；
（3）传输系统设备已正常运行，所有功能符合技术规格书要求，且工作状况良好。

3）所需设备及工器具

所需设备及工器具包括无线手持台、便携式计算机等。

4）调试内容及步骤

(1) 调试内容

①模拟光纤断裂引起的传输光纤环路中断；

②模拟车站传输节点故障引起的传输光纤环路中断；

③模拟控制中心传输节点故障引起的传输光纤环路中断。

(2) 调试步骤

①各专业人员检查设备状态。

②调试人员检查调试的前提条件、人员和工器具的到位情况。

③若条件满足，开始调试：

a. 模拟光纤断裂引起的传输光纤环路中断：中断某处尾纤链路，5min 后恢复。传输及信号系统人员在各自网管终端注意观察记录各自系统的情况。

b. 模拟车站传输节点故障引起的传输光纤环路中断：关闭某站传输节点的电源，5min 后开启。传输及信号系统相关人员在各自网管终端注意观察各自系统的情况，并记录其间发生的事件。

c. 模拟运营中心传输节点故障引起的传输光纤环路中断：关闭 OCC 传输节点，5min 后开启。传输及信号系统相关人员在各自网管终端注意观察各自系统的情况，并记录其间发生的事件。

10.5.36　传输系统与门禁系统联调联试

1）调试目的

(1) 传输系统联调通过模拟光纤中断、车站及运行控制中心（OCC）传输节点故障至恢复，来检验传输系统故障、中断再恢复后，对门禁系统造成的影响及系统的应急恢复能力。

(2) 验证传输系统与门禁系统之间的接口功能是否与设计相符。通过模拟传输系统中断，检测系统在中断到自愈恢复过程中是否存在问题，及时将暴露出来的问题与设备生产厂家、安装施工等相关单位进行协调处理，保证工程运营工作的顺利进行。

2）前提条件

(1) 电源、接地、机房环境满足传输系统设备正常运行要求；

(2) 完成传输系统、门禁系统安装调试；

(3) 传输系统设备已正常运行，所有功能符合技术规格书要求，且工作状况良好。

3）所需设备及工器具

所需设备及工器具包括无线手持台、便携式计算机等。

4）调试内容及步骤

(1) 调试内容

①模拟光纤断裂引起的传输光纤环路中断；

②模拟车站传输节点故障引起的传输光纤环路中断；

③模拟控制中心传输节点故障引起的传输光纤环路中断。

(2) 调试步骤

①各专业人员检查设备状态。

②调试人员检查调试的前提条件、人员和工器具的到位情况。

③若条件满足,开始调试:

a. 模拟光纤断裂引起的传输光纤环路中断:中断某处尾纤链路,5min 后恢复。传输及门禁系统人员在各自网管终端注意观察记录各自系统的情况。

b. 模拟车站传输节点故障引起的传输光纤环路中断:关闭某站传输节点的电源,5min 后开启。传输及门禁系统相关人员在各自网管终端注意观察各自系统的情况,并记录其间发生的事件。

c. 模拟运营中心传输节点故障引起的传输光纤环路中断:关闭 OCC 传输节点,5min 后开启。传输及门禁系统相关人员在各自网管终端注意观察各自系统的情况,并记录其间发生的事件。

10.5.37 传输系统与综合监控系统联调联试

1)调试目的

验证传输系统与综合监控系统之间的接口功能是否与设计相符。通过模拟传输系统中断,检测系统在中断到自愈恢复过程中是否存在问题,及时将暴露出来的问题与设备生产厂家、安装施工等相关单位进行协调处理,保证工程运营工作的顺利进行。

2)前提条件

(1)电源、接地、机房环境满足传输系统设备正常运行要求;

(2)完成传输系统、综合监控系统安装调试;

(3)传输系统设备已正常运行,所有功能符合技术规格书要求,且工作状况良好。

3)所需设备及工器具

所需设备及工器具包括无线手持台、便携式计算机等。

4)调试内容及步骤

(1)调试内容

①模拟光纤断裂引起的传输光纤环路中断;

②模拟车站传输节点故障引起的传输光纤环路中断;

③模拟控制中心传输节点故障引起的传输光纤环路中断。

(2)调试步骤

①各专业人员检查设备状态。

②调试人员检查调试的前提条件、人员和工器具的到位情况。

③若条件满足,开始调试:

a. 模拟光纤断裂引起的传输光纤环路中断:中断某处尾纤链路,5min 后恢复。传输及综合监控人员在网管终端注意观察记录系统情况。

b. 模拟车站传输节点故障引起的传输光纤环路中断:关闭某站综合监控传输节点的电源,5min 后开启。传输及综合监控系统相关人员在网管终端注意观察各系统情况,并记录其间发生的事件。

c. 模拟运营中心传输节点故障引起的传输光纤环路中断:关闭综合监控系统运行控制中心(OCC)传输节点,5min 后开启。传输及综合监控系统相关人员在网管终端注意观察系统情况,并记录其间发生的事件。

10.5.38 无线通信系统与车辆运输管理系统联调联试

1）调试目的

（1）检验无线通信系统与车辆运输管理系统（TMS）之间的信息传递功能。

（2）验证无线通信系统与车辆 TMS 之间的接口功能是否与设计相符。通过此次联调，及时将暴露出来的问题与设备生产厂家、安装施工等相关单位进行协调处理。

2）前提条件

（1）无线通信完成单体调试；

（2）车辆 TMS 已安装，并完成单体调试。

3）所需设备及工器具

所需设备及工器具包括无线手持台、便携式计算机等。

4）调试内容及步骤

（1）调试内容

具体调试的核心功能为无线通信系统与车辆 TMS 之间的信息传递功能。

（2）调试步骤

①各专业人员检查设备状态。

②调试人员检查调试的前提条件、人员和工器具的到位情况。

③若条件满足，开始调试：查看车辆 TMS 信息的准确性。

10.5.39 无线通信系统与信号系统联调联试

1）调试目的

（1）检验专用无线通信系统与信号系统自动列车监控子系统（ATS）电客车信息通信是否正常，接收报文消息是否正确、及时，专用无线通信系统接收到正确报文后能否在调度台上正确显示。

（2）验证无线通信系统与信号系统之间的接口功能是否与设计相符。通过此次联调，及时将暴露出来的问题与设备生产厂家、安装施工等相关单位进行协调处理，保证工程运营工作的顺利进行。

2）前提条件

（1）专用无线通信系统完成单体调试，完成中心集群交换系统、基站、直放站、无线调度台、车载台以及手持台的调试，并达到设计要求；

（2）ATS 功能调试完成，能够向专用无线通信系统提供正确、实时、完整的报文信息，并达到设计要求。

3）所需设备及工器具

所需设备及工器具包括无线手持台、便携式计算机等。

4）调试内容及步骤

（1）调试内容

具体调试的核心功能为测试专用无线通信系统与 ATS 之间信息传递的正确性。

(2)调试步骤

①各专业人员检查设备状态。

②调试人员检查调试的前提条件、人员和工器具的到位情况。

③若条件满足,开始调试:

ATS 与专用无线通信系统之间传输和电客车有关的信息,ATS 每隔一段时间向专用无线通信系统发送一次信息包,内容包括电客车车组号、电客车车次号、归属调度、车站。正线沿着上下行线进路行驶时,在每个车站司机使用无线车载台发出呼叫请求后,专用无线通信系统的行车调度台、车辆段调度台及电客车无线车载台上的显示信息与 ATS 的人机界面显示信息比较以下内容:电客车车组号、电客车车次号、归属调度、车站。

具体调试内容如下:

a. 电客车由车辆段进入正线运营:由车辆段进入正线,ATS 向专用无线通信系统发送数据包,电客车的控制权由车辆段调度台转换到行车调度台,专用无线通信系统的电客车车次号、电客车位置信息更改正确。

b. 电客车由正线回到车辆段:由正线进入车辆段,ATS 向专用无线通信系统发送数据包,电客车的控制权由行车调度台转换到车辆段调度台,专用无线通信系统取消电客车车次号;电客车位置信息显示正确。

c. 电客车折返:电客车在运营折返区折返,ATS 向专用无线通信系统发送数据包,专用无线通信系统的电客车位置信息改变。

d. 电客车位置更改:电客车进入每一个车站,ATS 向专用无线通信系统发送数据包,专用无线通信系统的电客车位置信息更改正确。

e. 电客车车次自动变更:当电客车车次号随电客车运行需要自动更改时,ATS 向通信无线系统发送数据包,专用无线通信系统的电客车车次号更改正确,电客车位置信息显示正确。

f. 人工电客车车次号变更(ATS 变更):行车调度员在信号 ATS 设备操作台上更改电客车车次号,信号 ATS 系统向专用无线通信系统发送数据包,通信无线系统的电客车车次号更改正确,电客车位置信息显示正确。

g. 专用无线通信系统或 ATS 故障时:专用无线通信系统故障或 ATS 故障或断开专用无线通信系统与 ATS 之间的通信线路,专用无线通信系统调度台的电客车信息保持不变,直到故障恢复,ATS 向专用无线通信系统发送新的电客车消息后更改。

10.5.40 视频监控系统与车载乘客信息系统联调联试

1)调试目的

(1)检验车载乘客信息系统是否正确、实时传递车辆视频监控资料。

(2)验证乘客信息系统与视频监控系统之间的接口功能是否与设计相符。及时将暴露出来的问题与设备生产厂家、安装施工等相关单位进行协调处理,保证工程运营工作的顺利进行。

2)前提条件

(1)电源、接地、机房环境满足通信系统设备正常运行要求;

(2)完成乘客信息系统、视频监控系统安装调试;

（3）乘客信息系统设备已正常运行，所有功能符合技术规格书要求，且工作状况良好。

3）所需设备及工器具

所需设备及工器具包括无线手持台、便携式计算机等。

4）调试内容及步骤

（1）调试内容

具体调试的核心功能为乘客信息系统将车载视频监控视频传输给控制中心视频监控系统。

（2）调试步骤

①各专业人员检查设备状态。

②调试人员检查调试的前提条件、人员和工器具的到位情况。

③若条件满足，开始调试：在控制中心查看电客车上的实时监控视频资料。

10.5.41　广播系统与信号系统联调联试

1）调试目的

（1）检验广播系统与信号系统自动列车监控子系统（ATS）电客车信息通信是否正常，接收报文消息是否正确、及时，广播系统接收到正确报文后能否正确播报。

（2）验证广播系统与信号系统之间的接口功能是否与设计相符。通过此次联调，及时将暴露出来的问题与设备生产厂家、安装施工等相关单位进行协调处理，保证工程运营工作的顺利进行。

2）前提条件

（1）广播系统完成单体调试，并达到设计要求；

（2）ATS功能调试完成，能够向专用广播系统提供正确、实时、完整的报文信息，并达到设计要求。

3）所需设备及工器具

所需设备及工器具包括无线手持台、便携式计算机等。

4）调试内容及步骤

（1）调试内容

具体调试的核心功能为测试广播系统与ATS之间信息传递的正确性。

（2）调试步骤

①各专业人员检查设备状态。

②调试人员检查调试的前提条件、人员和工器具的到位情况。

③若条件满足，开始调试：

ATS与广播系统之间传输和电客车有关信息，ATS每隔一段时间向广播系统发送一次信息包，内容包括列车接近（广播触发信息）、列车目的地、车次号、列车跳停等。

具体调试内容如下：

a. 电客车由车辆段进入正线运营：由车辆段进入正线，ATS向广播系统发送数据包，广播系统的电客车车次号、电客车位置信息更改正确。

b. 电客车由正线回到车辆段：由正线进入车辆段，ATS向广播系统发送数据包，广播系统取消电客车车次号。

c. 电客车折返:电客车在运营折返区折返,ATS 向广播系统发送数据包,广播系统的电客车位置信息改变。

d. 电客车位置更改:电客车进入每一个车站,ATS 向广播系统发送数据包,广播系统的电客车位置信息更改正确。

e. 电客车车次自动变更:当电客车车次号随电客车运行需要自动更改时,ATS 向广播系统发送数据包,广播系统的电客车车次号更改正确,电客车位置信息显示正确。

f. 人工电客车车次号变更(ATS 变更):行车调度员在 ATS 设备操作台上更改电客车车次号,信号 ATS 系统向广播系统发送数据包,广播系统的电客车车次号更改正确,电客车位置信息显示正确。

g. 广播系统或 ATS 故障时:广播系统故障或 ATS 故障或断开专用广播系统与 ATS 系统之间的通信线路,广播系统的电客车信息保持不变,直到故障恢复,ATS 向广播系统发送新的电客车消息后更改。

10.5.42　自动售检票系统与时钟系统联调联试

1)调试目的

(1)检验中心母钟主备切换、中心母钟无法接受全球定位系统(GPS)时间信号、中心母钟失效、中心母钟正常工作等情况下对自动售检票接口系统造成的影响及系统的应急恢复能力。

(2)验证时钟系统与自动售检票系统之间的接口功能是否与设计相符。通过此次联调联试,及时将暴露出来的问题与设备生产厂家、安装施工等相关单位进行协调处理,保证工程运营工作的顺利进行。

2)前提条件

(1)通信传输完成调试,并完成通信传输系统与时钟系统的联调。

(2)时钟设备已正常运行,所有功能符合技术规格书要求,且工作状况良好。

①设置于控制中心本线通信设备室一级母钟设备,其中高稳晶振钟卡采用主备用方式,主、备钟卡能自动和手动倒换且可人工调整时间;

②沿线各车站、停车场、车辆段设置二级母钟及子钟。

(3)自动售检票电话系统已安装,并完成单体调试。

3)所需设备及工器具

所需设备及工器具包括无线手持台、便携式计算机等。

4)调试内容及步骤

(1)调试内容

①正常工作时相关各系统情况;

②中心主备钟卡切换;

③使用中心一级母钟晶振工作;

④模拟中心一级母钟工作失效。

(2)调试步骤

①各专业人员检查设备状态。

②调试人员检查调试的前提条件、人员和工器具的到位情况。

③若条件满足，开始调试：

a. 正常工作时相关各系统情况

通信时钟系统运行正常，确定自动售检票系统是否可以正确接收到标准时间信号，并可进行校准。检验方法：手动改变中心主用钟卡时间，观察自动售检票系统时间是否可以同步到标准时间。

b. 中心主备钟卡切换

在中心主用钟卡工作的情况下，人工切换到备用钟卡工作状态，确定相连的自动售检票系统是否可以正常接收到标准时间信号，并可进行校准。检验方法：手动改变中心备用钟卡时间，观察自动售检票系统时间是否可以同步到标准时间。

各系统确定完毕后，切换到主用钟卡工作状态，再次确定自动售检票系统是否可以正常接收到标准时间信号，并可进行校准。检验方法：手动改变中心主用钟卡时间，观察自动售检票系统时间是否可以同步到标准时间。

c. 使用中心一级母钟晶振工作

断开中心一级母钟标准时间信号源 GPS/北斗标准时间信号，使用中心一级母钟晶振工作。确定自动售检票系统是否可以正常接收到时间信号，并可进行校准。检验方法：手动改变中心一级母钟时间信号，观察自动售检票系统时间是否可以与一级母钟时钟同步。

自动售检票系统确定完毕后，重新接回中心一级母钟标准时间信号源 GPS/北斗标准时间信号，确定自动售检票系统是否可以正常接收到时间信号，并可进行校准。检验方法：接回中心一级母钟标准时间信号源 GPS/北斗标准时间信号后，观察自动售检票系统时间是否可以同步到标准时间。

d. 模拟中心一级母钟工作失效

人工关闭中心一级母钟电源，模拟中心一级母钟工作失效，无法提供时钟信号源，手动改变自动售检票系统时间；5min 后开启中心一级母钟电源，时钟系统恢复正常工作后，检查自动售检票系统是否能正常接收通信时间信号源，并可进行校准。检验方法：手动改变自动售检票系统时间，观察自动售检票系统时间是否可以同步到标准时间。

10.5.43　信号系统与时钟系统联调联试

1）调试目的

（1）检验中心母钟主备切换、中心母钟无法接受全球定位系统（GPS）/北斗时间信号、中心母钟失效、中心母钟正常工作等情况下对信号接口系统造成的影响及系统的应急恢复能力。

（2）验证时钟系统与信号系统之间的接口功能是否与设计相符。通过此次联调联试，及时将暴露出来的问题与设备生产厂家、安装施工等相关单位进行协调处理，保证工程运营工作的顺利进行。

2）前提条件

（1）通信传输完成调试，并完成通信传输系统与时钟系统的联调。

（2）时钟设备已正常运行，所有功能符合技术规格书要求，且工作状况良好。

①设置于控制中心本线通信设备室一级母钟设备，其中高稳晶振钟卡采用主备用方式，主、备钟卡能自动和手动倒换且可人工调整时间；

②沿线各车站、停车场、车辆段设置二级母钟及子钟。

（3）信号电话系统已安装，并完成单体调试。

3）所需设备及工器具

所需设备及工器具包括无线手持台、便携式计算机等。

4）调试内容及步骤

(1) 调试内容

①正常工作时相关各系统情况；

②中心主备钟卡切换；

③使用中心一级母钟晶振工作；

④模拟中心一级母钟工作失效。

(2) 调试步骤

①各专业人员检查设备状态。

②调试人员检查调试的前提条件、人员和工器具的到位情况。

③若条件满足，开始调试：

a. 正常工作时相关各系统情况

通信时钟系统运行正常，确定信号系统是否可以正确接收到标准时间信号，并可进行校准。检验方法：手动改变中心主用钟卡时间，观察信号系统时间是否可以同步到标准时间。

b. 中心主备钟卡切换

在中心主用钟卡工作的情况下，人工切换到备用钟卡工作状态，确定相连的信号系统是否可以正常接收到标准时间信号，并可进行校准。检验方法：手动改变中心备用钟卡时间，观察信号系统时间是否可以同步到标准时间。

各系统确定完毕后，切换到主用钟卡工作状态，再次确定信号系统是否可以正常接收到标准时间信号，并可进行校准。检验方法：手动改变中心主用钟卡时间，观察信号系统时间是否可以同步到标准时间。

c. 使用中心一级母钟晶振工作

断开中心一级母钟标准时间信号源 GPS/北斗标准时间信号，使用中心一级母钟晶振工作。确定信号系统是否可以正常接收到时间信号，并可进行校准。检验方法：手动改变中心一级母钟时间信号，观察信号系统时间是否可以与一级母钟时钟同步。

信号系统确定完毕后，重新接回中心一级母钟标准时间信号源 GPS/北斗标准时间信号，确定信号系统是否可以正常接收到时间信号，并可进行校准。检验方法：接回中心一级母钟标准时间信号源 GPS/北斗标准时间信号后，观察信号系统时间是否可以同步到标准时间。

d. 模拟中心一级母钟工作失效

人工关闭中心一级母钟电源，模拟中心一级母钟工作失效，无法提供时钟信号源，手动改变信号系统时间；5min 后开启中心一级母钟电源，时钟系统恢复正常工作后，检查信号系统是否能正常接收通信时间信号源，并可进行校准。检验方法：手动改变信号系统时间，观察信号系统时间是否可以同步到标准时间。

10.5.44 门禁系统与时钟系统联调联试

1）调试目的

(1) 检验中心母钟主备切换、中心母钟无法接受全球定位系统（GPS）/北斗时间门禁、中心母钟失效、中心母钟正常工作等情况下对门禁接口系统造成的影响及系统的应急恢复能力。

（2）验证时钟系统与门禁系统之间的接口功能是否与设计相符。通过此次联调联试,及时将暴露出来的问题与设备生产厂家、安装施工等相关单位进行协调处理。

2）前提条件

（1）通信传输完成调试,并完成通信传输系统与时钟系统的联调。

（2）时钟设备已正常运行,所有功能符合技术规格书要求,且工作状况良好。

①设置于控制中心本线通信设备室一级母钟设备,其中高稳晶振钟卡采用主备用方式,主、备钟卡能自动和手动倒换且可人工调整时间;

②沿线各车站、停车场、车辆段设置二级母钟及子钟。

（3）门禁电话系统已安装,并完成单体调试。

3）所需设备及工器具

所需设备及工器具包括无线手持台、便携式计算机等。

4）调试内容及步骤

（1）调试内容

①正常工作时相关各系统情况;

②中心主备钟卡切换;

③使用中心一级母钟晶振工作;

④模拟中心一级母钟工作失效。

（2）调试步骤

①各专业人员检查设备状态。

②调试人员检查调试的前提条件、人员和工器具的到位情况。

③若条件满足,开始调试:

a. 正常工作时相关各系统情况

通信时钟系统运行正常,确定门禁系统是否可以正确接收到标准时间门禁,并可进行校准。检验方法:手动改变中心主用钟卡时间,观察门禁系统时间是否可以同步到标准时间。

b. 中心主备钟卡切换

在中心主用钟卡工作的情况下,人工切换到备用钟卡工作状态,确定相连的门禁系统是否可以正常接收到标准时间门禁,并可进行校准。检验方法:手动改变中心备用钟卡时间,观察门禁系统时间是否可以同步到标准时间。

各系统确定完毕后,切换到主用钟卡工作状态,再次确定门禁系统是否可以正常接收到标准时间门禁,并可进行校准。检验方法:手动改变中心主用钟卡时间,观察门禁系统时间是否可以同步到标准时间。

c. 使用中心一级母钟晶振工作

断开中心一级母钟标准时间门禁源 GPS/北斗标准时间门禁,使用中心一级母钟晶振工作。确定门禁系统是否可以正常接收到时间门禁,并可进行校准。检验方法:手动改变中心一级母钟时间门禁,观察门禁系统时间是否可以与一级母钟时钟同步。

门禁系统确定完毕后,重新接回中心一级母钟标准时间门禁源 GPS/北斗标准时间门禁,确定门禁系统是否可以正常接收到时间门禁,并可进行校准。检验方法:接回中心一级母钟标准时间门禁源

GPS/北斗标准时间门禁后,观察门禁系统时间是否可以同步到标准时间。

d. 模拟中心一级母钟工作失效

人工关闭中心一级母钟电源,模拟中心一级母钟工作失效,无法提供时钟门禁源,手动改变门禁系统时间;5min后开启中心一级母钟电源,时钟系统恢复正常工作后,检查门禁系统是否能正常接收通信时间门禁源,并可进行校准。检验方法:手动改变门禁系统时间,观察门禁系统时间是否可以同步到标准时间。

10.6 系统调试

系统调试是轨道交通在试运行前,在供电、通信、信号、车辆、综合监控、火灾自动报警、设备监控、站台门等主要系统,已完成单系统及接口调试并达到设计要求后,进行的系统全功能验证,是从满足运营开通使用角度对系统在正常、故障、应急及特殊工况下的工作状态、功能实现等开展的非行车设备类系统调试工作,其重点在于对各系统之间的接口进行检验,使整个系统满足试运行、试运营要求的联调联试过程。系统调试结构如图8-10-2所示。

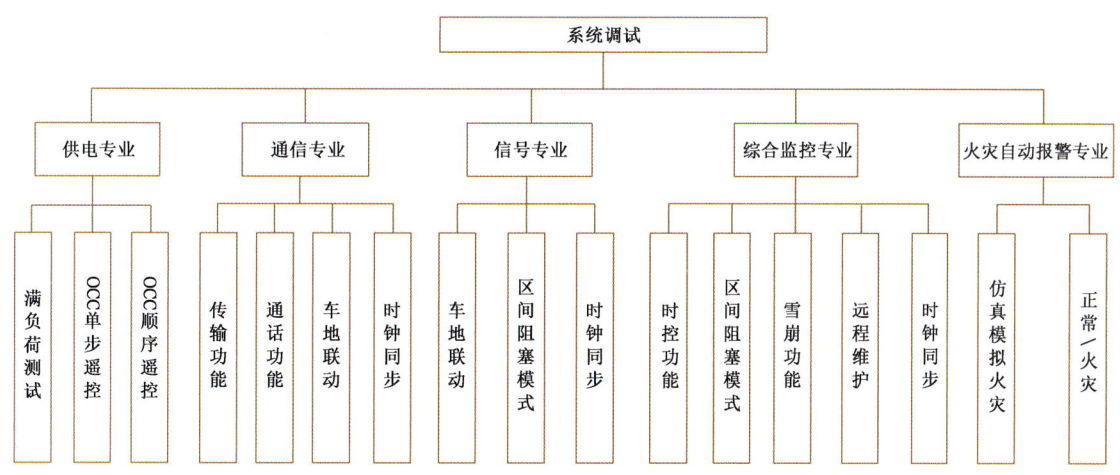

图 8-10-2 系统调试结构图

10.6.1 系统调试的目的

在有限时间内综合利用线路条件,加强协调管理,完成轨道交通全线各专业、各系统间的联调联试,满足轨道交通线运营安全、可靠、可用性的要求,为全线列车试运行奠定基础。通过系统调试主要解决各系统各专业是否满足车辆运行和设计要求及各系统间的接口是否一致、联动是否同步、功能是否满足要求。

10.6.2 前置条件

(1)各系统完成单系统调试及接口功能测试,功能达到设计标准;
(2)轨道完成预验收并提交预验收报告,线路具备动车条件;
(3)限界检测完毕,不存在侵入限界问题;
(4)管理区间完成封闭隔离,车站防火封堵完成;
(5)设备厂家、设计、施工等单位提交正式的各系统的设计说明书、施工图纸、技术规格书、设备操作手册、设备维修手册等相关技术资料给运营公司及系统调试组;

(6)设备供应商已对运营公司各专业人员进行系统的现场培训,能熟练操作设备,同时提供相关技术资料,以满足联调的要求;

(7)完成接触网冷滑及试送电;

(8)根据车站数量配置无线电台;

(9)调度室座机电话可以使用,车站站台安保人员临时电话可用;

(10)消防联动测试过程中,排烟量过大时提前对附近居民公示;

(11)完善各项管理制度形成文件并下发。

10.6.3 系统调试科目设置原则

车站系统调试可安排供电、通信、信号、综合监控、火灾自动报警五个系统为调试主线。其中,供电系统以满负荷测试、运行模式测试为重点,通信系统以全线站级通信、中央级通信、车地通信、传输系统为重点。

综合监控以系统间信息传递、监控功能测试为重点,火灾自动报警以火灾工况下关联设备联动测试为重点,尽早实现车站级系统调试。部分车站级系统调试完成后,逐步展开中央级对车站的功能验证工作。

10.6.4 供电系统调试

供电系统调试主要为了验证电气设备之间,控制、保护、荷载等功能是否满足设计与使用要求。根据地铁供电系统的特点,其调试的重点内容为牵引供电、动力供电的满负荷测试,直流系统的各项运行模式,控制中心对车站的控制等功能验证。供电系统调试重点测试项目见表8-10-5。

供电系统调试重点测试项目　　　　表8-10-5

序号	功能/模式	联调内容
1	满负荷测试	牵引、动力供电/满负荷联调
2	满负荷测试	动力供电/满负荷联调
3	运行模式	直流系统与接触网/供电模式
4	抗干扰测试	供电与弱电/抗干扰测试
5	OCC单步遥控	电力监控系统与全部遥控开关/监控测试
6	OCC顺序遥控	电力监控系统与全部遥控开关/监控测试
7	FAS火灾模式	切除非消防电源/自动联动
8	权限管理	—
9	历史数据查询	—
10	报表打印功能	—

10.6.5 通信系统调试

专用通信为各系统提供传输通道,实现全线各系统与中心的信息互通,各子系统通过互联的方式参与车站、列车的正常模式联动。其调试的重点内容为互联多系统或设备间,通话功能、广播功能、车地联动、时钟同步、FAS火灾模式等正常或异常联动功能验证。通信系统调试重点测试项目见表8-10-6。

通信系统调试重点测试项目 表 8-10-6

序号	功能/模式	联调内容
1	通话功能	全线站、场,有线电话、电台
		全线站、场,无线电话、手台
		车载无线电话、手台
2	音频广播功能	广播系统/车站广播联动
3	车地联动	广播系统与信号系统/车载广播联动
		乘客信息系统与信号系统/自动联动
		信号系统与无线通信系统/信息传递
4	传输功能	综合监控系统、电力监控系统、自动售检票系统、信号系统等/通道测试
5	时钟同步	CLK 与综合监控系统、信号系统、自动售检票系统/自动对时
6	FAS 火灾模式	广播系统、综合监控系统/自动联动
		乘客信息系统、综合监控系统/自动联动
		广播系统、火灾自动报警系统/自动联动
7	权限管理	—
8	历史数据查询	—
9	报表打印功能	—

10.6.6 信号系统调试

信号系统通过互联系统的方式,将列车运行的实时信息共享,互联系统向信号系统传递区段失电、火灾模式等异常信息。其调试重点内容为互联多系统或设备间与行车相关的车地联动、火灾模式、区间阻塞等正常或异常联动功能验证。信号系统调试重点测试项目见表 8-10-7。

信号系统调试重点测试项目 表 8-10-7

序号	功能/模式	联调内容
1	车地联动	信号系统与屏蔽门/自动控制
		信号系统与屏蔽门/站台级手动控制
		综合后备盘与屏蔽门/站台级手动控制
		紧急停车按钮/站台手动控制
		综合后备盘与信号系统/车室手动控制
		信号系统与广播系统/自动控制
		信号系统与乘客信息系统/自动控制
		信号系统与电力监控系统/信息传递
		信号系统与无线通信系统/信息传递
		信号系统与综合监控系统/信息传递
2	区间阻塞模式	信号系统、环境与设备监控系统与区间通风系统/中心确认
3	区间火灾模式	信号系统、环境与设备监控系统与区间通风系统/中心确认
4	时钟同步	各子系统计算机/自动对时
5	权限管理	—
6	历史数据查询	—
7	报表打印功能	—

10.6.7 综合监控系统调试

综合监控系统通过对相关系统的集成和互联,实现信息互通和资源共享,其多系统联动功能主要包括车站正常、FAS 火灾模式,区间阻塞、火灾模式。调试涉及供电系统、通信系统、信号系统、环境与设备监控系统、火灾自动报警系统、就地控制箱、广播系统、自动售检票系统、屏蔽门等关联系统,涉及动力与照明、通风等专业及其他关联设备。综合监控系统调试重点测试项目见表 8-10-8 所示。

综合监控系统调试重点测试项目 表 8-10-8

序号	功能/模式	联调内容
1	时控功能	环境与设备监控系统与通风大系统/自动控制
		环境与设备监控系统与通风小系统/自动控制
		环境与设备监控系统与区间通风系统/自动控制
		公共区照明/自动控制
2	区间阻塞模式	信号系统、环境与设备监控系统与区间通风系统/中心确认
3	区间火灾模式	信号系统、环境与设备监控系统与区间通风系统/中心确认
4	FAS 火灾模式	广播系统/自动联动
		乘客信息系统/自动联动
		就地控制箱/自动联动
		自动售检票系统/自动联动
		屏蔽门/自动联动
		信号系统/自动联动
		环境与设备监控系统与通风与空调大系统/自动联动
		环境与设备监控系统与通风与空调小系统/自动联动
		环境与设备监控系统与区间防排烟系统/自动联动
5	雪崩功能	各子系统/大数据上传
6	远程维护	各子系统计算机/远程维护
7	时钟同步	各子系统计算机/自动对时
8	权限管理	—
9	历史数据查询	—
10	报表打印功能	—

10.6.8 火灾自动报警系统调试

火灾自动报警系统为消防验收的主要项目,需经地方消防局(队)进行验收,是系统调试中的重要环节,其调试内容涉及供电、综合监控、通信等关联系统,涉及动力与照明、给水与排水、通风等专业及其他消防专用设备。火灾自动报警系统调试重点测试项目见表 8-10-9。

火灾自动报警系统调试重点测试项目 表 8-10-9

序号	模式	联调内容
1	仿真模拟火灾	声光报警设备/自动联动
		切除非消防电源/自动联动
		应急电源/自动联动
		直启广播系统/自动联动

续上表

序号	模式	联调内容
1	仿真模拟火灾	乘客信息系统/自动联动
		就地控制箱/自动联动
		自动售检票系统/自动联动
		消防泵/自动联动
		消防专用风机/自动联动
		专用防火阀/自动联动
		防火卷帘门/自动联动
		电动挡烟垂壁/自动联动
		垂直电梯/自动联动
		自动扶梯/自动联动
		环境与设备监控系统与通风与空调大系统/自动联动
		环境与设备监控系统与通风与空调小系统/自动联动
		环境与设备监控系统与区间防排烟系统/自动联动
		气体灭火防护区火灾/自动联动
2	正常/火灾	综合后备盘与就地控制箱/手动联动
		综合后备盘与自动售检票系统/手动联动
		综合后备盘与屏蔽门/手动联动
		综合后备盘与消防泵/手动联动
		综合后备盘与消防专用风机/手动联动
		环境与设备监控系统与通风与空调大系统/手动联动
		环境与设备监控系统与通风与空调小系统/手动联动
		环境与设备监控系统与区间防排烟/手动联动
		消火栓报警按钮与消防泵/手动联动
		气体灭火防护区火灾/手动联动
3	报表打印功能	—

10.7 联调联试评估及报告

10.7.1 联调联试评估标准

联调联试是城市轨道交通工程建设向运营转换的重要阶段,其实施质量直接影响到开通后的运营水平,目前国内还未形成联调联试质量评估的统一标准,结合国内各城市经验,可以从以下几个方面进行控制:

1) 指标体系的建立

行车相关调试项目(车辆、信号、通信、供电、站台门)合格率100%。

车站设备相关调试项目(综合监控、环境与设备监控、火灾自动报警与相关专业)合格率不低于95%。

通信相关调试项目(时钟、传输与相关专业)合格率不低于95%。

供电相关调试项目(电力监控系统、供电运行模式)合格率不低于98%。

消防相关调试项目(消防模式联动)合格率不低于98%。

2)不合格项的处理和消缺

(1)不合格项的分类

按照不合格项的严重程度进行等级划分为 A、B、C 三类。

A 类:严重问题,影响行车、消防、人身、安全的问题;不符合强制性规范。

B 类:重要问题,设备主要功能未实现,不能达到设计功能;不良状态影响其他设备运行;不良状态长期持续将导致本设备运行质量严重恶化;不具备检修条件,无法实施日常检查与维修;设备设施不满足开通需求。

C 类:一般问题,设备状态不良或功能不完善;对运营服务长期有影响或对用户使用有影响的问题;给乘客出行、用户使用或修理维护造成不便,或影响乘客出行及影响用户使用、修理维护等问题。

(2)不合格项的处理

对于调试过程中发现的问题,逐一分析原因,制订整改措施。必要时召开专家会议,研究解决方案。

(3)不合格项的处理时限

A 类问题应立即整改,未完成前相应的设备功能不能投入使用,整改完成后立即组织复测;

B 类问题应制订明确的整改计划,原则上不应超过 7d;

C 类问题可结合后续调试计划进行整改。

所有问题均应该在开通试运营前整改完成。不影响开通的问题,责成责任单位继续整改,并移交运营部门跟踪处理。

10.7.2 联调联试报告编写

联调联试报告是城市轨道交通工程开通资料归档和试运营评审资料的重要组成部分,是对各个系统调试完成后的总结性材料,也是对联调联试的整体评估。联调联试报告主要包括以下几个部分:

1)工程概述

2)系统概况

3)联调联试评估目的

联调联试主要从以下几个方面,验证轨道交通系统各专业设备的匹配与协调。
(1)验证设备系统全功能目标的实现;
(2)验证设备系统接口参数最优匹配;
(3)验证设备系统在正常和非正常情况下的运行状态;
(4)验证设备系统是否达到设计要求的各项性能指标;
(5)验证设备系统整体运行的稳定性、可靠性、可用性。

4)联调联试评估依据

5)联调联试评估范围

首先对整个工程的联调联试情况进行总体评估,明确调试结果是否满足开通运营条件;其次,针对调试项目,分科目进行详细评估,包括但不限于综合监控系统与关联系统联调、通信系统与关联系统联调、信号系统与关联系统联调、大屏幕显示系统与关联系统联调、供电系统各种运行模式联调及弱电设备抗干扰联调等。

6）联调联试实施

(1) 联调联试准备工作

包括组织机构的建立，各工作组岗位职责，前提条件的检查确认等工作。

(2) 各系统联调联试实施

详细描述各联调项目实施过程，包括设备达到的状态，调试发现的问题，问题的整改复测情况等。

7）联调联试总结评估

(1) 总体完成情况

描述联调实施整体过程，介绍各个调试项目的完成情况，简要分析调试完成率。

(2) 问题统计分析

详细描述每个联调项目发现问题情况，对发现的问题进行归纳总结。一般按照问题影响程度、调试项目、车站等进行多角度、多方位的分析总结，并通过建立问题库的形式，对发现问题进行分析，找到重点突出问题，并跟踪整改情况。

(3) 问题整改情况统计分析

问题整改是联调联试过程中重要的一环，通常联调联试单位组织各参调单位共同确认现场问题整改复测情况，并通过问题整改数据统计分析，为线路开通运营提供依据。

(4) 遇到的困难及对策

此部分内容主要描述调试过程中遇到的困难，采取了哪些对策，为后续项目提供经验。

(5) 质量评估结论

按照调试项目分项给出评估结论，并依据各个项目的结论，对工程整体调试情况进行总结性评价，该结论作为试运营评审的重要依据。

8）附件

(1) 各调试项目评估报告；
(2) 问题库；
(3) 评估表。

本篇参考文献

[1] 住房和城乡建设部.城市轨道交通信号工程施工质量验收规范:GB/T 50578—2018[S].北京:中国计划出版社,2018.

[2] 住房和城乡建设部.城市轨道交通通信工程质量验收规范:GB 50382—2016[S].北京:中国计划出版社,2016.

[3] 住房和城乡建设部.通信管道工程施工及验收规范:GB/T 50374—2018[S].北京:中国计划出版社,2018.

[4] 住房和城乡建设部.建筑电气工程施工质量验收规范:GB 50303—2015[S].北京:中国建筑工业出版社,2015.

[5] 住房和城乡建设部.综合布线系统工程验收规范:GB/T 50312—2016[S].北京:中国计划出版社,2016.

[6] 住房和城乡建设部.智能建筑工程质量验收规范:GB 50339—2013[S].北京:中国建筑工业出版社,2013.

[7] 住房和城乡建设部.地下铁道工程施工标准:GB/T 51310—2018[S].北京:中国建筑工业出版社,2018.

[8] 北京市规划委员会.地铁设计规范:GB 50157—2013[S].北京:中国建筑工业出版社,2013.

[9] 住房和城乡建设部.地铁工程施工安全评价标准:GB 50715—2011[S].北京:中国计划出版社,2011.

[10] 住房和城乡建设部.城市轨道交通技术规范:GB 50490—2009[S].北京:中国建筑工业出版社,2009.

[11] 建设部标准定额研究所.城市轨道交通信号系统通用技术条件:GB/T 12758—2004[S].北京:中国标准出版社,2004.

[12] 住房和城乡建设部.电气装置安装工程 高压电器施工及验收规范:GB 50147—2010[S].北京:中国计划出版社,2010.

[13] 住房和城乡建设部.地下铁道工程施工及验收标准:GB 50299—2018[S].北京:中国建筑工业出版社,2018.

[14] 中铁电气化局集团有限公司.电气化铁道接触网零部件技术条件:TB/T 2073—2010[S].北京:中

国铁道出版社,2010.

[15] 建设部标准定额研究所.城市轨道交通直流牵引供电系统:GB/T 10411—2005[S].北京:中国标准出版社,2005.

[16] 中铁电气化局集团有限公司.电气化铁路接触网汇流排:TB/T 3252—2010[S].北京:中国铁道出版社,2011.

[17] 住房和城乡建设部.城市轨道交通钢铝复合导电轨技术要求:CJ/T 414—2012[S].北京:中国标准出版社,2012.

[18] 住房和城乡建设部.城市轨道交通接触轨供电系统技术规范:CJJ/T 198—2013[S].北京:中国建筑工业出版社,2013.

[19] 住房和城乡建设部.通风与空调工程施工质量验收规范:GB 50243—2016[S].北京:中国计划出版社,2016.

[20] 建设部,国家发展和改革委员会.城市轨道交通工程项目建设标准:建标 104—2008[S].北京:中国计划出版社,2008.

[21] 中国建筑科学研究院.民用建筑供暖通风与空气调节设计规范:GB 50736—2012[S].北京:中国建筑工业出版社,2012.

[22] 住房和城乡建设部.多联机空调系统工程技术规程:JGJ 174—2010[S].北京:建筑工业出版社,2010.

[23] 住房和城乡建设部.地下铁道工程施工及验收标准:GB/T 50299—2018[S].北京:中国建筑工业出版社,2018.

[24] 住房和城乡建设部.工业金属管道工程施工规范:GB 50235—2010[S].北京:中国计划出版社,2011.

[25] 中国机械工业企业联合会.制冷设备、空气分离设备安装工程施工及验收规范:GB 50274—2010[S].北京:中国计划出版社,2011.

[26] 中国机械工业企业联合会.压缩机、风机、泵安装工程施工及验收规范:GB 50275—2010[S].北京:中国计划出版社,2011.

[27] 住房和城乡建设部.现场设备、工业管道焊接工程施工规范:GB 50236—2011[S].北京:中国计划出版社,2012.

[28] 住房和城乡建设部.建筑工程施工质量验收统一标准:GB 50300—2013[S].北京:中国建筑工业出版社,2013.

[29] 建设部.建筑给水与排水及采暖工程施工质量验收规范:GB 50242—2002[S].北京:中国建筑工业出版社,2004.

[30] 住房和城乡建设部.消防给水及消火栓系统技术规范:GB 50974—2014[S].北京:中国计划出版社,2014.

[31] 住房和城乡建设部.建筑给水排水设计标准:GB 50015—2019[S].北京:计划工业出版社,2019.

[32] 住房和城乡建设部.给水排水管道工程施工及验收规范:GB 50268—2008[S].北京:中国建筑工业出版社,2008.

[33] 公安部.建筑灭火器配置设计规范:GB 50140—2005[S].北京:中国计划出版社,2005.

[34] 公安部.自动喷水灭火系统施工及验收规范:GB 50261—2017[S].北京:中国计划出版社,2017.

[35] 住房和城乡建设部.城市轨道交通自动售检票系统工程质量验收标准:GB 50381—2018[S].北

京：中国计划出版社，2018.

[36] 住房和城乡建设部.城市轨道交通自动售检票系统检测技术规程：CJJ/T 162—2011[S].北京：中国建筑工业出版社，2011.

[37] 全国信息技术标准化技术委员会.识别卡测试方法 第1部分：一般特性测试：GB/T 17554.1—2006[S].北京：中国标准出版社，2006.

[38] 全国城市客运标准化技术委员会.城市轨道交通试运营基本条件：GB/T 30013—2013[S].北京：中国标准出版社，2014.

[39] 中国机械工业联合会.供配电系统设计规范：GB 50052—2009[S].北京：中国计划出版社，2009.

[40] 中国机械工业联合会.低压配电设计规范：GB 50054—2011[S].北京：中国计划出版社，2012.

[41] 住房和城乡建设部.火灾自动报警系统设计规范：GB 50116—2013[S].北京：中国计划出版社，2014.

[42] 住房和城乡建设部.城市轨道交通综合监控系统工程技术标准：GB/T 50636—2018[S].北京：中国建筑工业出版社，2018.

[43] 全国城市轨道交通标准化技术委员会.城市轨道交通自动售检票系统技术条件：GB/T 20907—2007[S].北京：中国标准出版社，2007.

[44] 国家铁路局.铁路电力牵引供电工程施工质量验收标准：TB 10421—2018[S].北京：中国铁道出版社，2018.

[45] 王顺江.电力自动化通讯规约精解[M].沈阳：东北大学出版社，2014.

[46] 沈卫平，崔学忠，章扬，等.城市轨道交通综合联调组织与实践[M].北京：人民交通出版社股份有限公司，2016.

METRO
CONSTRUCTION
HANDBOOK

第9篇
施工测量

本篇编审委员会

主编单位：中铁第一勘察设计院集团有限公司

主　　编：贺光华

副 主 编：王全胜

参　　编：李金龙　赵铁怀

审　　定：何　山　李亚辉　高　山

秘　　书：郭昌龙

标准规范

本篇使用的主要标准规范如下：
1. 《国家一、二等水准测量规范》（GB/T 12897）
2. 《全球定位系统（GPS）测量规范》（GB/T 18314）
3. 《岩土工程勘察规范》（GB 50021）
4. 《工程测量规范(附条文说明)》（GB 50026）
5. 《地下铁道工程施工质量验收标准》（GB/T 50299）
6. 《城市轨道交通工程测量规范》（GB/T 50308）
7. 《建设工程文件归档规范》（GB/T 50328）
8. 《建筑基坑工程监测技术标准》（GB 50497）
9. 《城市轨道交通工程监测技术规范》（GB 50911）
10. 《建筑与桥梁结构监测技术规范》（GB 50982）
11. 《测绘作业人员安全规范》（CH 1016）
12. 《城市测量规范》（CJJ/T 8）
13. 《城市轨道交通工程档案整理标准》（CJJ/T 180）
14. 《铁路工程测量规范》（TB 10101）
15. 《城市轨道交通工程周边环境调查指南》（建质〔2012〕56号）

METRO CONSTRUCTION HANDBOOK

篇首语

随着我国地铁等城市轨道交通工程建设的不断推进,地铁工程施工测量技术得到了长足的发展。但是,由于地铁等城市轨道交通工程结构物通常是在城市的建筑物稠密地区修建,施工测量内容繁杂、测量精度要求高,因测量问题引起的重大工程事故时有发生,直接影响到施工进度和施工质量;同时,各地尤其是新建地铁的城市普遍面临着专业技术人员和有经验的管理人员不足的情况,亟须提供地铁施工测量的技术要点和参照,以加强一线测量作业人员的技术、管理培训。

本篇针对地铁工程施工测量中的主要技术内容进行了总结,并提供部分工程案例对相关操作要点进行了说明。本篇共分6章,内容涵盖施工测量的基础知识、前期准备工作、施工控制测量、施工过程测量、竣工测量、施工测量质量管理等。

随着科学技术的发展与进步,新兴技术的不断创新与应用,地铁施工测量技术也将得到提升。未来地铁工程施工测量技术发展的趋势主要为:一、传统测量仪器向多传感器集成平台的智能测量机器人发展;二、随着5G技术的应用,影像和图形的数据传输和处理能力进一步增强,定位信息传送和图像显示表达等都会集成到类似手机的智能测量设备上;三、GNSS(Global Navigation Satellite System)技术应用不断深化,定位精度不断提高;四、高速铁路成熟测量技术向地铁工程中不断移植。

第 1 章 概述

地铁工程施工测量是工程测量学的一个分支,是测绘学科与技术在地下工程建设中的实际应用。地铁工程施工测量作为贯穿地铁工程建设的一项重要工作,其在线路优化设计、自身结构安全及周边环境影响评价等多方面的作用和意义非常重大。随着我国城市轨道交通测量技术和理论的丰富以及工程实践中的经验积累,逐步形成了一套完善的地铁工程施工测量理论与方法体系,对实际地铁工程建设提供了有效的指导。

1.1 施工测量主要内容

地铁工程施工测量主要包括施工控制测量、施工过程测量、竣工测量、其他测量。

1) 施工控制测量

(1) 地面控制测量。包括地面平面控制网复测与加密、地面高程控制网复测与加密,其中地面平面控制网按照等级方法又分为卫星定位控制网和精密导线网。

(2) 联系测量。包括明挖工程和暗挖法竖井投点、定向,以及地下车站和隧道的向下传递高程和高架工程的向上传递高程。

(3) 地下控制测量。包括明、暗挖工程地下平面控制测量、高程控制测量、分段贯通测量以及贯通后的贯通测量。

(4) 铺轨控制测量。包括铺轨基标测量或采用自由设站方式进行的控制网测量。

2) 施工过程测量

(1) 地面线路。包括线路中线放样,路基横断面测量和路基填筑、边坡控制、附属工程施工测量。

(2) 暗挖法。包括暗挖车站施工竖井、斜井、线路中线、结构等放样;矿山法隧道线路或结构中线放样等;盾构法隧道反力架和洞门安装放样,盾构机初始姿态和实时姿态测量、纠偏、管片姿态测量等。

(3) 明挖法。包括明挖隧道和车站围护结构定位、基坑开挖边界线和结构定位等施工测量。

(4) 高架法。包括桥梁结构桩基、墩台、柱位的放样,预制梁的拼装架设(混凝土梁浇筑)及其相关的测量作业。

(5) 车辆段。包括线路中线、道路、管线和建(构)筑物结构等的放样。

（6）其他。包括车站主体、区间隧道、出入线等的结构断面测量，以及设备、管网安装工程放样和装饰装修工程放样等。

3）竣工测量

竣工测量主要包括线路轨道竣工测量，区间、车站和附属建筑结构竣工测量，线路沿线设备竣工测量以及地下管线竣工测量等。

4）其他测量

为确保工程本身和施工影响范围内的地上、地下及周围建（构）筑物的安全而进行的变形监测等测量工作。

1.2 施工测量特点

地铁工程施工测量除具备传统工程测量的特点外，还有其独特的特点。

1）作业环境复杂，外界环境影响大

地铁工程多在交通繁忙、建筑物稠密、地下管网密布的城市环境中建设，测量作业受外界环境影响大，作业环境恶劣。

地面测量的作业环境多为建筑物稠密的城市环境。联系测量和地下测量的作业环境差（粉尘污染、能见度差），空间狭小，通视条件差，多余观测条件较少。地面和地下控制测量存在短边情况，沿线地表沉降变形引起测量点位不稳定。上述情况都给测量工作带来了诸多不便，产生很大影响。

2）全线控制测量基准和测量系统必须统一

地铁工程是一个系统性的线状工程，具有建设工期长、工点多、工序（专业）多、参建单位多等特点，对工程测量控制系统的一致性、连贯性要求高。

3）测量精度要求高

为了合理节约工程投资，车站、区间建筑和设备的限界裕量小，为保证全线隧道精准贯通，轨道和设备安装的精准度高，测量精度都在毫米级水平。施工测量必须严格执行"逐步检查"的原则，严格按照规范的要求检查各项观测数据，做到步步有检查、多级复核，以确保各项测量数据质量可靠且精度满足要求。

4）测量精度难控制

盾构施工往往采用单向掘进，点位误差的累积越来越大，当达到一定的长度时，需要进行陀螺经纬仪定向修正方位，或采取其他措施来提高精度。

5）测量工作内容复杂多样

地铁施工测量内容多，与地面既有建筑结合紧密，各测量对象和线路连接密切，除了要进行控制测量、施工放样、贯通测量、安装放样、竣工测量等工作外，还要进行变形监测等工作。

6）测量的自动化、智能化

随着自动化、智能化等新测量技术与设备的普及，地铁工程施工测量除采用传统工程测量方法以外，还将大量引进自动化、智能化的测量技术与设备，以提高测量工作的效率，降低测量工作成本。

1.3 施工测量坐标系统

城市平面坐标系是指某些不适宜采用国家平面坐标系的城市（采用国家平面坐标系将导致地面点的高斯投影变形量超过相关技术标准规定的极限值），根据实际情况采用并经国家测绘管理部门批准的任意带高斯投影平面直角坐标系。城市平面坐标系建立的主要原则是保证城市范围内投影变形小于1.5cm/km。根据现行《城市轨道交通工程测量规范》（GB/T 50308）的要求，地铁工程施工控制网的平面坐标系应与城市平面坐标系一致，地铁高程基准应与城市高程基准一致。

地铁工程施工控制网分级见表9-1-1。

地铁工程施工控制网分级　　　　　　　表9-1-1

控制网	等级	控制区域	测量方法
地面平面控制网	一等	全市轨道交通平面控制网	卫星定位测量方法
地面平面控制网	二等	线路平面控制网	卫星定位测量方法
地面平面控制网	三等	线路加密平面控制网	精密导线方法
地面高程控制网	一等	全市轨道交通高程控制网	水准测量方法
地面高程控制网	二等	线路高程控制网	水准测量方法

地铁工程平面控制网的建立应与地铁线路的实际走向一致，采用城市平面坐标系，特殊情况下可以建立独立平面坐标系，但应与城市平面坐标系进行联测以获取不同坐标系之间的坐标转换参数。地铁工程平面控制网由三个等级组成，其中一、二等为卫星定位控制网，三等为精密导线网。卫星定位控制网在城市一、二等平面控制网的基础上建立，精密导线网在卫星定位控制网的基础上建立。

地铁工程高程控制网由两个等级组成：地铁一等水准网，其与城市二等水准网精度一致；地铁二等水准网，是在地铁一等水准网的基础上加密的水准网。当拟建地铁沿线城市一、二等水准控制点间距小于4km时，无须布设地铁一等水准网，可直接一次性布设地铁二等水准网。

1.4 施工测量技术发展趋势

以测量机器人、电子水准仪、全球导航卫星系统（GNSS）等为代表的先进测量仪器设备已广泛应用于地铁工程施工测量中，极大提高了地铁工程施工测量的效率与精度，但是关联性应用软件开发较少，软件开发与仪器技术水平严重不匹配，往往造成落后的操作方法应用在先进仪器设备上的尴尬现状。另外，随着光电技术、网络及通信技术、计算机信息技术等的发展，地铁工程施工测量技术逐步向智能化、数字化和网络化方向发展。

展望未来，地铁工程施工测量技术的发展将集中在以下几个方面：

（1）传统测量仪器向智能测量机器人发展。智能测量机器人将作为多传感器集成平台在人工智能方面得到进一步发展，其应用范围将进一步扩大；影像、图形和数据处理能力进一步增强；5G网络技术、语言识别、控制处理和专家系统等技术将不断地融入智能测量机器人中，并逐步代替传统测量仪器实施测量工作。

（2）GNSS技术应用不断深化。当前GNSS包括四大系统，即全球定位系统（GPS）、格洛纳斯（GLONASS）卫星导航系统、伽利略（GALILEO）卫星导航系统和北斗卫星导航系统（BDS）。其中GPS应用最为广泛，我国BOS的应用正在逐步推广与深化。基于GNSS的多传感器混合测量系统将得到迅速发展和广泛应用,比如 GPS 接收机与测量机器人的集成,可在大区域范围内进行无控制基础的各种施工测量工作,这是一种将 GPS 的实时动态定位技术与测量机器人灵活的三维坐标测量技术进行结合,以实现无控制网的测量工作模式,是对传统测量工作模式的高效创新。同时,基于连续运行参考站(CORS)系统的网络基站也将在测量效率和精度上进一步得到升级。

(3) 高铁测量技术的移植。目前成熟的高铁测量技术正逐步在地铁工程中得到应用,例如 CPⅢ 测量技术已推广至各城市地铁施工控制测量中。高铁测量技术的移植将进一步提升地铁工程施工控制网的精度,地铁轨道的平顺性将大幅提高,后期的运营维护工作也将变得更加便捷。此外,高铁惯导轨检系统的引入,使地铁轨道动态检测技术迈上了新的台阶。

第 2 章 施工测量前期准备工作

2.1 设计文件资料复核

地铁工程的设计工作涉及范围广泛、内容复杂,总体线路一般由总体设计单位统一提供平纵线路图,而工点设计工作往往划分为若干个设计标段,由多家设计单位共同完成。为确保各标段内及与相邻标段衔接处设计图上坐标、高程、尺寸标注准确无误,各参建单位接到设计图后,应首先对设计图进行复核。复核内容见表 9-2-1。

设计文件资料复核内容 表 9-2-1

复核项目		复核内容	复核方法
设计线路图	设计线路平面图	线路平面图的车站或区间的起终点、百米标断链、联络通道、道岔、五大控制桩等主要点位的里程、坐标及曲线要素	人工计算或查表、计算机程序计算、线路软件计算、绘图软件直接量测等方法
	设计线路纵断面图	线路纵断面图的车站或区间的起终点、百米标断链、变坡点的里程和轨顶高程等数据	
车站设计图	车站总平面图	(1)设计线路在车站部分的起终点及有效站台中心的坐标和里程; (2)车站外轮廓线各拐点的坐标以及车站结构尺寸标注	人工计算或查表、计算机程序计算、线路软件计算、绘图软件直接量测等方法
	车站结构断面图	盾构钢环中心的横向、纵向和垂直偏差是否在设计范围内	复核带有盾构钢环的车站端头断面图时,依据车站结构平面图计算钢环中心的里程;再根据设计的线路平曲线参数计算对应钢环中心里程的设计线路中心坐标。若钢环安装部位在曲线段时,还应根据隧道中心的偏移量计算对应钢环中心里程的隧道中心坐标。最后根据设计的线路竖曲线参数计算对应钢环中心里程的高程,进而复核图上标注的钢环中心高程
	车站限界图	(1)设计路线中线距车站侧墙、站台板等指定位置的水平距离; (2)轨顶风道、中底板、底板高程; (3)车站限界图上的尺寸标注	人工计算或查表、计算机程序计算、线路软件计算、绘图软件直接量测等方法

续上表

复核项目		复核内容	复核方法
车站设计图	车站主体建筑图	(1)建筑控制轴线与结构轴线的对应关系; (2)重要部位桩点是否侵入线路限界; (3)车站主体建筑的平面图、平剖图和横剖图。主要检查平面图上纵向和横向轴线的线间距,平、剖面图里程,横轴线间距,各层地面的装修层厚度以及其他结构尺寸是否正确	人工计算或查表、计算机程序计算、线路软件计算、绘图软件直接量测等方法
区间隧道横断面图	区间隧道标准断面结构图	隧道结构断面图初期支护轮廓线标注,如半径、轨顶相对底板的高度、初期支护厚度等尺寸是否正确	依据设计线路图数据,使用隧道断面测量软件将断面数据转换成断面测量成果
	盾构区间隧道管片拼装图	管片姿态检测。主要检测管片中心位置是否在设计允许偏差范围内	人工计算或查表、计算机程序计算、线路软件计算、绘图软件直接量测等方法
	区间隧道限界图	区间隧道相关限界尺寸的正确性	

2.2 交接桩

地铁工程中的控制网一般由勘测设计单位建立,交桩内容主要是地铁工程平面控制网(卫星定位控制网和精密导线网)和地铁工程高程控制网(地铁二等水准网)。交接桩工作常由建设单位主管部门测量负责人组织实施,第三方测量、监理、施工单位进行现场交接桩和下发控制点成果。对于破坏或不稳定的控制点应在交桩现场提出,由建设单位督促勘测设计单位恢复。交桩完成后填写交桩记录,各方签字确认。第三方测量、监理、施工单位应该详细记录所交控制点的相关成果资料,以便后续按照规范要求定期复测。

2.2.1 现场交接

首先对交接资料的完整性进行检查,各项资料经检查齐全后,对照现场检查。根据交接桩的控制点成果表,应在线路实地逐点踏勘校对以下内容:

(1)资料上的点名与实地控制点标识信息是否一致。
(2)控制点标志中心是否明确、清晰。
(3)实地点位的完好程度、可利用程度。
(4)实地点位密度能否满足施工现场放样需要。
(5)控制点标志是否清晰,要保证标志唯一且与移交清单上的信息一致。对于不清晰的标志,首先根据位置确定是哪个点,然后协商确定处理措施。所有的控制点都要有明确的点位中心标志。
(6)控制点标识要清晰唯一,上面要有点名、点号及相关信息。
(7)控制点标志中心一般是十字刻画中心,标识信息一般是由不易褪色的油漆喷上去或者做点时刻画上的。对于控制点标志中心不明确或者标识信息模糊、不全等要协商补充。

实地勘察校核点位过程中,当发现控制点存在已被破坏、移动或找不到桩位等情况时,应会同第三方测量、监理单位拟订补点方案。对补充的点,要进行与原网同精度、同方法观测及平差,具体要求见本篇第 3 章加密控制点要求。

2.2.2 注意事项

（1）除了对控制点标识和资料进行检查外，接桩后还应对接桩控制网进行复测。地铁线路常常有多个施工标段进行施工，所以做好标段的衔接工作对线路贯通尤为重要。同时，可以在外业检查时初步考虑控制点加密方案，未开放位置的点位应记录联系人、联系方式及开放时间等信息，对于困难点位是否需要配备梯子等辅助工具均需要进行记录，为后期制订观测计划提供依据。

（2）为了保证地铁线路相邻标段的顺利衔接并达到线路平顺性要求，各标段间控制网需要做好衔接工作。一般经相邻标段沟通协商，在标段衔接处附近选择不少于 2 个控制点作为共同点，所选控制点分别参与两个标段内的控制网平差，一般选择 3 个控制点进行衔接，第 3 个控制点可以作为控制点稳定性分析的判断条件。

（3）交接桩以外施工单位自行收集的控制点资料严禁使用。

（4）经第三方测量单位检测后的测量控制点点位不得擅自破坏。如确实因施工等原因必须破坏，须书面报建设单位，并及时引测，被破坏点经第三方测量单位检测后，才能废除原有点位，采用新点。

2.3 施工测量方案编制

2.3.1 编制内容

施工单位一般应在工程开工前根据工程合同、设计文件、规范要求、地方性管理文件等编制本工程的施工测量方案，并经监理单位审查同意后报第三方测量单位审查通过后执行。施工测量方案应结合施工工况进行编制，并应包含以下内容：

（1）工程概况；
（2）编制依据；
（3）技术指标要求；
（4）技术实施方案；
（5）机构及人员设备配置；
（6）质量、安全和进度保证措施。

其中，技术实施方案部分要合理，有针对性、可操作性，土建施工测量方案的重点应放在保证工程的空间位置正确、与相邻工程的正确衔接等方面；同时，方案中应明确人员组织架构及架构内主要人员职称和专业（附复印件）；明确自身的质保措施，三级（项目负责人、技术负责人、公司级技术负责人）复核制度的建立情况；附拟投入使用测量仪器的检定证书复印件。

2.3.2 报审流程

施工测量方案编制完成后应经技术负责人审核签字后上报监理、第三方测量单位审核，并按照监理、第三方测量单位的审核意见进行修改，修改完善后经签字盖章后方可予以实施。

2.3.3 注意事项

(1)方案中编制的作业方法应符合现场实际情况,并具有可操作性。

(2)当报审方案中的作业方法无法实施时,应进行方案变更或编制补充,并经原方案审查单位再次审核通过后方可实施。针对同一道工序的测量工作用一种测量方法无法实现时,建议在方案中将可能用到的方法均进行编制,以减少后期无法实施时造成方案变更。

2.4 人员培训与考核

施工单位的测量队应由测量专业工程师或高级测量工程师、辅助的技术人员(若干)、助理工程师、观测技师、技工(数人)及若干测工组成,主要测量人员相关资质文件一般应报建设单位有关部门备案审批。

由于单位工程的施工周期、项目的复杂程度和性质不同,施工单位测量队的技术力量和技工人数是否满足工程需要,须经建设单位和监理单位批准,并应按其指令加强某一方面的测量力量和仪器设备。为保证测量成果的精度和可靠性,在项目开展前,由项目部组织新进场测量人员进行安全交底和技术培训等工作,经培训考核合格后的持证人员方可上岗。

人员培训考核工作应包含以下内容:

(1)方案培训;

(2)操作方法培训;

(3)数据处理培训;

(4)报告编制培训;

(5)资料上报流程培训等。

2.5 设备选型和检校

2.5.1 仪器选型

地铁工程施工测量工作采用的主要仪器有全站仪、水准仪和GNSS接收机等,针对不同的工作内容和工法,使用仪器的标称精度也不尽相同。仪器的使用可根据工程的具体情况进行选择,常用的仪器选型精度见表9-2-2。

常见仪器选型精度　　　　表9-2-2

工作内容	仪器	精度指标
施工控制测量	GNSS接收机	水平中误差:5mm±2ppm 垂直中误差:10mm±0.5ppm
	全站仪	测角中误差:±1″ 测距中误差:1mm±2ppm
	水准仪	DS1级:每公里往返测高差中数的中误差不超过±1mm

续上表

工作内容	仪器	精度指标
施工过程测量	RTK	水平中误差:10mm±1ppm 垂直中误差:20mm±1ppm
施工过程测量	全站仪	测角中误差:±1″、±2″ 测距中误差:1mm±2ppm
施工过程测量	水准仪	DS1级:每公里往返测高差中数的中误差不超过±1mm
竣工测量	全站仪	测角中误差:±1″ 测距中误差:1mm±2ppm
竣工测量	水准仪	DS1级:每公里往返测高差中数的中误差不超过±1mm
其他测量	三维激光扫描仪	中误差:1mm+1.5ppm
其他测量	陀螺经纬仪	方位角中误差:≤±15″

注:1. 盾构区间施工过程测量使用的全站仪测角精度一般不得低于1″,车站不得低于2″。
　　2. 1ppm=10^{-6}。

2.5.2 仪器检校

在地铁施工测量中,测量仪器作为地铁工程测量工作的执行工具,其稳定性和准确性关系现场各项施工工作的质量,因此必须保证所使用的仪器在检定有效期内。如使用未经检定合格的仪器进行测量工作,其测量成果均视为无效。仪器在进场使用前,要在中国合格评定国家认可委员会(CNAS)认可的检定中心进行检定,只有经检定中心检定合格的仪器才能使用,并且在工程建设期间仪器也要在检定中心进行定期检定,检定周期不超过1年。如遇到仪器使用过程中出现损伤的情况及其他原因引起仪器指标超限且无法恢复时,应立即维修仪器并重新检定合格方能使用。

在日常使用过程中,仪器应根据使用频率进行自检。全站仪自检包含外观及一般功能检查、按键功能检查、水准器气泡检查、对中器检查、2C值和竖盘指标差检查,水准仪自检包含外观及一般功能检查、按键功能检查、水准器气泡检查和i角检核,其他需要检核的仪器及配套设备应按需进行检核。

第 3 章 施工控制测量

施工控制测量包含地面控制测量、联系测量、地下控制测量（地下控制网、施工导线、铺轨基标/CPⅢ）等内容，是地铁工程测量的基础和依据，也是地铁工程全线线路与结构贯通的保障。施工控制网一般具有精度高、使用频繁等特点，需要在一定的周期内对施工控制网进行复测，评价控制网稳定状况和可靠程度，必要时对变化的控制点成果进行更新，确保施工控制网满足工程建设需要。

3.1 施工控制测量流程

地铁工程施工控制测量工作一般分为测量方案编制、控制网测量实施和总结报告编制三项工作。其中，每项工作均需报审，具体测量流程和报审流程分别如图 9-3-1、图 9-3-2 所示。

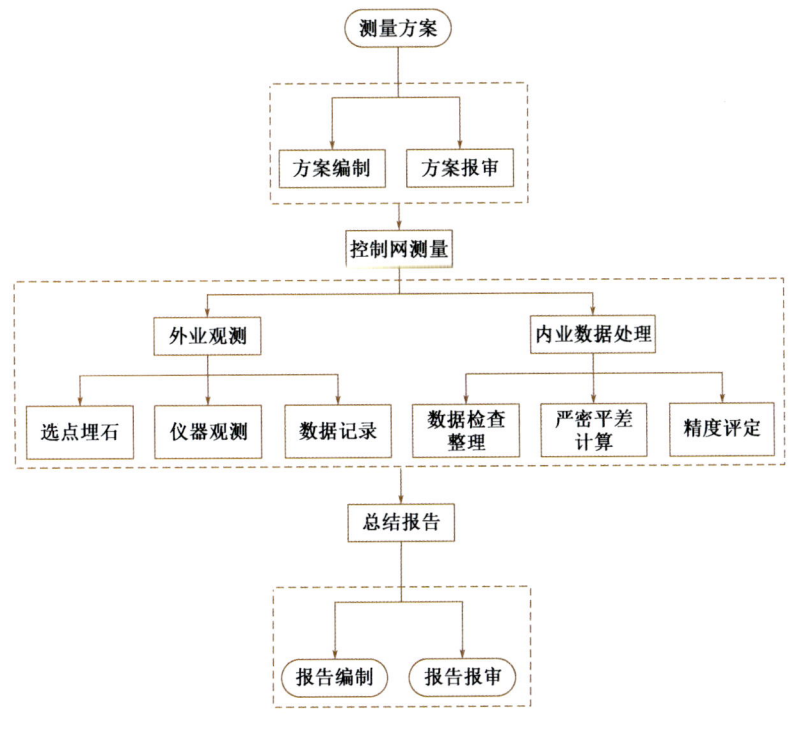

图 9-3-1　施工控制测量流程图

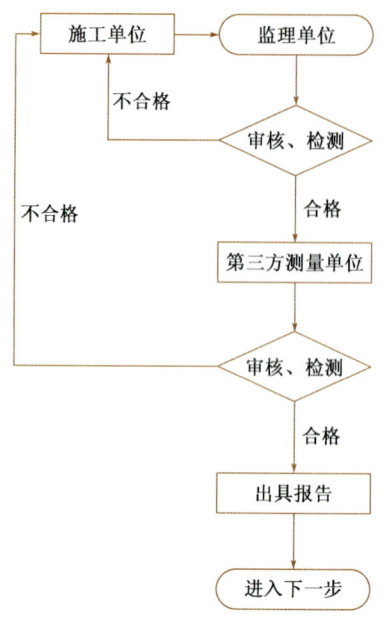

图 9-3-2　施工控制测量报审流程图

3.2　地面平面控制网复测与加密

3.2.1　卫星定位控制网复测

卫星定位控制网是地铁平面施工控制测量的高等级控制网，一般应对二等控制网开展复测确认工作。对控制网进行复测前应制订合理的复测方案，并按照复测方案执行。

1）技术标准

（1）控制网复测技术指标

卫星定位控制网一般由建设单位委托的第三方测量单位复测并负责维护，采用 GPS 静态相对定位测量模式，其主要技术指标依据现行《城市轨道交通工程测量规范》（GB/T 50308）确定，详见表 9-3-1。

卫星定位控制网主要技术指标　　　表 9-3-1

控制网等级	平均边长（m）	固定误差 a（mm）	比例误差 b（mm/km）	相邻点的相对点位中误差（mm）	最弱边相对中误差（mm）
二等	2	≤5	≤5	±10	1/100000

注：平均边长统计不包括已知点与未知点的连接边。

（2）作业技术要求

卫星定位控制测量主要技术要求依据现行《城市轨道交通工程测量规范》（GB/T 50308）确定，详见表 9-3-2。

卫星定位控制测量作业技术要求　　　　　　　　　　　表 9-3-2

项　目	一　等	二　等
接收机类型	双频	双频或单频
仪器标称精度	≤5mm+2ppm	≤5mm+5ppm
观测量	载波相位	载波相位
卫星高度角(°)	≥15	≥15
同步观测接收机台数(台)	≥3	≥3
有效观测卫星数(颗)	≥4	≥4
每站独立设站数(次)	≥2	≥2
观测时段长度(min)	≥120	≥60
数据采样间隔(s)	10~30	10~30
点位几何图形强度因子(PDOP值)	≤6	≤6

2）外业观测

（1）测前准备

卫星定位控制网复测前应根据交接桩过程中调查的控制点信息编制观测计划。观测计划应包括卫星可见性预报表和作业调度表等。其中，卫星可见性预报表应包括可见卫星号、卫星高度角和方位角、最佳观测卫星组、最佳观测时间、点位几何图形强度因子(PDOP值)等，作业调度表中应明确各观测点负责人、每天需要观测的组数、开关机时间、观测时段长度、接送路线规划、工具配备等。

卫星定位控制测量宜选用同型号天线，并在作业前对卫星定位接收机和天线等设备及工具进行常规检查，检查内容包括：

①仪器鉴定结果、电池容量、光学对中器和接收机内存等应满足控制测量作业要求；

②仪器各项设置是否与观测要求一致；

③钢卷尺、观测记录板、观测记录表、签字笔、梯子等辅助工具是否配备齐全；

④对于封闭区域点位应提前与相关人员沟通测量时间，必要时应提前调整观测线路或制定备选观测线路。

如选用不同型号天线进行观测，应考虑不同天线型号之间的相位偏差改正。

（2）仪器观测

①天线架设完成后，检查接收机与电源、接收机与天线间的连接情况，确认无误后，严格按规定的时间开机作业，保证同时同步观测同一组卫星，有天线定向标志的应将标志指向正北，定向误差不得超过±5°。

②对于架设三脚架的控制点，整平对中后，其对中误差应小于2mm。

③每时段观测前、后各量取天线高一次，2次互差小于3mm时，应取2次平均值作为最后结果；2次互差大于3mm时，本时段该点观测数据作废。

④观测开始后及时记录有关数据并随时注意卫星信号，不允许随意关机并重新启动，不允许改动相关观测参数，不允许关闭和删除文件，不应在接收机10m之内使用对讲机、手机等具有信号发射功能的电子产品。

⑤观测时段结束时，经检查记录表、资料等无误后，方可关机迁站或等待下一时段的开机，不同时段的开关机间隙应重新进行整平、对中和仪器高量测操作。

（3）外业记录

测量手簿应现场全面记录测站的相关信息，以便内业计算时使用。手簿中应记录测站名称（测站号）、观测时段号、观测日期、观测者、测站类别（新选点或既有控制点）、观测起止时间、接收机编号、对应天线号以及天线高两次量取值和量取方式等。

(4) 数据传输

每日观测结束后，应及时将存储介质上的数据进行传输、拷贝，并及时将外业观测记录结果输入计算机，并做好原始数据和记录的归档。

3）基线解算

(1) 基线解算流程

一般采用 GPS 接收机自带软件的自动处理模式进行基线解算，对于不合格基线进行单独处理。基线处理主要有下面几种方法：调整高度截止角、历元间隔，根据基线解算残差图屏蔽观测质量差的数据参与基线解算、屏蔽多路径效应严重的数据参与平差。卫星定位基线解算流程如图 9-3-3 所示。

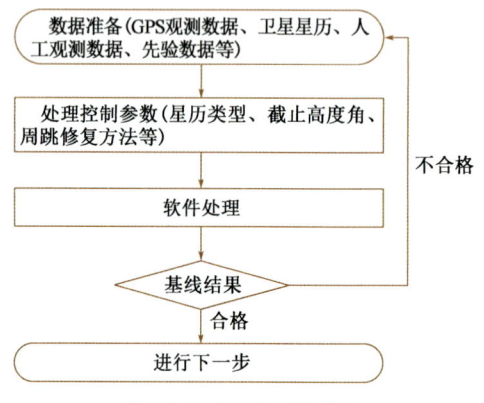

图 9-3-3　基线解算流程图

(2) 基线解算及要求

①常用基线解算软件。LGO（Leica Geo Office）、TGO（Trimble Geomatics Office）是使用广泛的基线解算软件，从便捷角度出发，推荐使用接收机随机软件进行基线解算。如采用非随机软件解算基线，则需要将观测数据转至 RINEX 格式存储后，再导入其他软件进行基线解算。

②原始观测数据的导入。用接收机厂商提供或支持的数据线或直接使用接收机数据存储卡，可以将接收机观测数据转至计算机存储。下载到计算机中的观测数据按 GPS 接收机的专有格式和标准数据格式（RINEX）分别存储。当无法在接收机上直接设定点号和仪器高等信息时，应在基线解算前对观测数据信息进行修正和完善，并注意仪器相位中心的水平、垂直偏差。当采用倾斜方式测量仪器高时，应将仪器高度归算到相位中心的垂直高度，如图 9-3-4 所示。

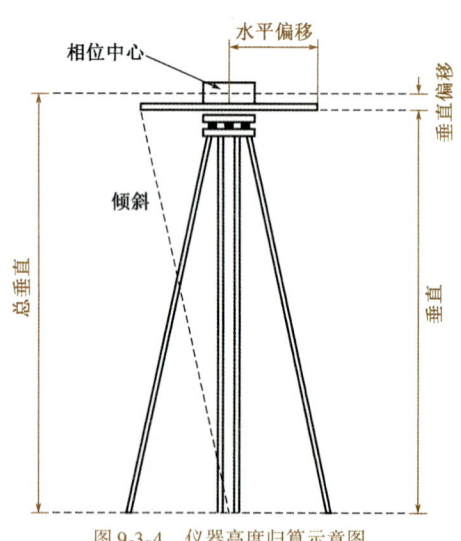

图 9-3-4　仪器高度归算示意图

③控制参数的设定。设定基线解算的控制参数用以确定软件采用何种处理方法来进行基线解算。控制参数设定是基线解算时一个非常重要的环节，通过星历类型、截止高度角、观测历元间隔、对流层和电离层改正模型、载波相位观测值组合类型等控制参数的设定，可以实现基线解算的精化处理。

④基线解算。基线解算的过程一般是自动化进行的，无须过多的人工干预。

⑤基线质量的检验。用以解算基线的同一时段观测值的数据剔除率不得大于10%。基线解算完毕后,基线结果并不能马上用于后续的控制网平差处理,还必须对基线的质量进行检验,只有质量合格的基线才能用于后续的平差处理;不合格时,则需要对基线进行重新解算或外业重新测量。基线的质量检验需要通过单位权中误差(RMS)、相对定位精度因子(RDOP)、整周模糊度检验值(RATIO)、同步环闭合差、异步环闭合差和重复基线较差的环节来进行。

(3)影响基线解算质量的主要因素

①基线解算时所设定的起点坐标不准确(点位误差 > 50m),会导致基线解算出现尺度和方向上的偏差;

②少数卫星的观测时间太短,导致这些卫星的整周模糊度无法准确确定,从而影响解算结果;

③在整个观测时段内的个别时间段中,观测值周跳太多,致使周跳修复不完善;

④因临近大面积水域、太阳能反射板或广告牌等,导致多路径效应比较严重;

⑤对流层或电离层活动异常。

(4)影响基线解算结果因素的判别及应对措施

对于影响基线解算结果的因素,通常是容易判别的,如基线起点坐标不准确、卫星观测时间太短、周跳太多、多路径效应严重、对流层或电离层折射影响过大等。

①基线起点坐标不准确的应对措施。在实际工作中,通常采用接收机单点定位的导航解(精度 ±20m)即可满足基线解算的精度要求,但在能获得起点的更高精度坐标成果的条件下应优先采用该成果。

②卫星观测时间太短的判别及应对措施。关于卫星观测时间太短这类问题的判断比较简单,只要查看观测数据的记录文件中每个卫星的观测数据的数量即可,有些数据处理软件还输出卫星的可见性图,更为直观。若某颗卫星的观测时间太短,则在保证同步观测卫星数量满足规定要求的前提下可以删除该卫星的观测数据,不让它们参与基线解算,从而保证基线解算结果的质量。

③周跳太多的判别及应对措施。对于卫星观测值中周跳太多的情况,可以从基线解算后所获得的观测值残差上来分析。目前,大部分的基线处理软件一般采用双差观测值,当在某测站对某颗卫星的观测值中含有未修复的周跳时,与此相关的所有双差观测值的残差都会出现显著的整数倍相应波长的增大。若多颗卫星在相同的时间段内频繁发生周跳,则可采用删除相应观测时间段的方法,来尝试改善基线解算结果的质量;若只是个别卫星经常发生周跳,则可采用删除相应卫星的部分或全部观测值的方法,来尝试改善基线解算结果的质量;删除周跳严重时间段的数据有可能导致观测数据不足或数据剔除率过高,进而影响基线处理精度和质量,因此可以通过适当调整高度截止角和观测历元间隔的方式来增加观测数据量,但前提条件是相应基线处理所设置的历元间隔和高度截止角相对规范规定的数值存在冗余。总之,处理方法必须满足规定的参数设置要求并确保数据剔除率合格。

④多路径效应严重、对流层或电离层折射影响过大的判别及应对措施。对于多路径效应、对流层或电离层折射影响的判别,也是通过观测值残差来进行的。与周跳不同的是,当多路径效应严重、对流层或电离层折射影响过大时,观测值残差不是像周跳未修复那样出现整倍数相应波长的增大,而是出现非整数倍的增大,但又明显地大于正常的观测值残差。通过剔除残差较大的时间段的观测值可以避免这一影响。同时,删除数据有可能导致观测数据不足或数据剔除率过高,进而影响基线处理的精度和质量。实践中有以下几种方法:

a.提高截止高度角,可以改善多路径效应、对流层或电离层折射的影响,但这种方法具有一定的局限性,因为高度截止角增大将引起参与运算的观测数据的不足,进而影响基线处理的精度与质量;

b.采用并筛选不同的对流层和电离层改正模型,可能减弱对流层或电离层折射的影响;

c. 使用双频观测值的不同组合,可以完全消除对流层或电离层折射的影响,进而提高基线解算的精度与质量。

(5) 利用残差图精化基线的处理

残差图是基线处理过程中的有力工具。基线解算时经常要判断影响基线解算结果质量的因素,或需要确定哪颗卫星或哪段时间的观测值在质量上有问题,残差图对于完成这些工作非常有帮助。

(6) 重测和补测

①当观测数据不能满足基线解算的要求时,可以舍弃不合格基线,但应保证各控制点至少有2条及以上的基线连接其他控制点,基线所构成的异步环边数≤6。否则,应重测该基线或关联的同步环。

②未按施测方案要求,外业缺测、漏测,或数据处理后,观测数据不满足测量作业基本技术要求的,有关成果应及时补测。

③对需要补测或重测的基线,要分析具体原因,在满足要求的情况下尽量安排一起进行同步观测。

4) 控制网平差

控制网平差一般选取3个以上已知点作为起算数据,余下已知点可作为检核条件。由于路线勘测设计到交接桩,间隔时间一般比较长,起算控制点又大部分坐落在建筑物上,这些建筑物可能存在较大的不均匀沉降,进而导致其上的控制点存在较大位置偏移,因此需要对起算点坐标数据进行分析,确保起算点坐标准确。

在充分肯定GPS基线向量无粗差存在的前提下,可以进行约束平差前的起算点坐标稳定性分析。在GPS网三维无约束平差后,如果平差后单位权中误差、基线坐标分量改正数在毫米级或最大在2~3cm以内,一般可认为GPS网无明显粗差。

GPS网起算数据粗差分析有五种常用方法,即实测基线比较法、单位权方差的假设检验法、附合路线坐标闭合差检验法、尺度参数分析法和基线向量改正数比较法。也有文献建议采用稳健估计方法来选择起算数据。由于这几种方法相关文献均有详细介绍,本文不再赘述。

(1) 进行无约束平差时,应根据控制网技术设计方案,将全部独立基线构成由闭合图形组成的控制网,以三维基线向量及其相应方差协方差阵作为观测信息,以一个点的地心三维坐标作为起算数据,进行三维无约束平差,并提供各点在地心坐标系的三维坐标、各基线向量、改正数和精度信息。基线向量改正数的绝对值应满足下列公式要求:

$$V_{\Delta x} \leqslant 3\sigma \qquad (9\text{-}3\text{-}1)$$

$$V_{\Delta y} \leqslant 3\sigma \qquad (9\text{-}3\text{-}2)$$

$$V_{\Delta z} \leqslant 3\sigma \qquad (9\text{-}3\text{-}3)$$

式中:$V_{\Delta x}$——基线向量x方向改正数的绝对值;

$V_{\Delta y}$——基线向量y方向改正数的绝对值;

$V_{\Delta z}$——基线向量z方向改正数的绝对值;

σ——表示基线向量的弦长中误差。

(2) 约束平差应在所使用的城市轨道交通坐标系中进行三维或二维约束平差。平差中,可对已知点坐标、已知距离和已知方位进行强制约束或加权约束。平差结束后应输出相应坐标系中各点的三维或二维坐标、基线向量、改正数、基线边长、方位角、转换参数及其精度信息。约束平差后,基线向量的改正数与同名基线无约束平差改正数的较差绝对值应满足下列公式要求:

$$dV_{\Delta x} \leqslant 2\sigma \qquad (9\text{-}3\text{-}4)$$

$$dV_{\Delta y} \leq 2\sigma \quad (9\text{-}3\text{-}5)$$

$$dV_{\Delta z} \leq 2\sigma \quad (9\text{-}3\text{-}6)$$

式中：$dV_{\Delta x}$——基线向量的改正数与同名基线无约束平差改正数的 x 方向较差绝对值；

$dV_{\Delta y}$——基线向量的改正数与同名基线无约束平差改正数的 y 方向较差绝对值；

$dV_{\Delta z}$——基线向量的改正数与同名基线无约束平差改正数的 z 方向较差绝对值；

σ——基线向量的弦长中误差。

（3）约束平差后，控制点与未作为约束点的同等级现有城市控制点的重合点的点位较差绝对值大于 50mm 时，应对其进行可靠性检验，并对约束控制点和控制方位角进行筛选，重新进行不同约束控制点或不同约束方位角的不同组合的约束平差。

5）成果评价

对 GPS 网进行三维无约束平差和二维约束平差之后，即可将 GPS 网两期测量相应点的坐标进行比较，其中点位较差最大的为最弱点。GPS 网两期测量最大的点位较差按下式计算：

$$\Delta P = \sqrt{(X_2 - X_1)^2 + (Y_2 - Y_1)^2} \quad (9\text{-}3\text{-}7)$$

式中：X_1、Y_1——原测网中最弱点的坐标；

X_2、Y_2——检测网中相应点的坐标。

GPS 网两期测量的点位较差的允许值（限差）取 2 倍点位较差中误差，即：

$$\Delta P_{限} = 2m_{\Delta P} \quad (9\text{-}3\text{-}8)$$

$$m_{\Delta P} = \sqrt{m_{p1}^2 + m_{p2}^2} \quad (9\text{-}3\text{-}9)$$

式中：m_{p1}——GPS 原测网最弱点的点位中误差；

m_{p2}——GPS 检测网最弱点的点位中误差。

GPS 网两期测量控制点的点位较差的限差：

$$\Delta P \leq \Delta P_{限} \quad (9\text{-}3\text{-}10)$$

对于 GPS 网中与城市二等点相重合的点，取 $m_{p1} = 35\text{mm}$，由于是同精度观测，根据网的最弱点精度 $m_p \leq 12\text{mm}$ 的要求，这里取 GPS 点 $m_{p1} = m_{p2} = 12\text{mm}$。并应考虑 $m_{\Delta X} = m_{\Delta Y} = m_{\Delta P}/\sqrt{2}$，则重合点两期较差的限差 $\Delta P_{限} = 74\text{mm}$，$\Delta X_{限} = \Delta Y_{限} = 52.4\text{mm}$，非重合点两期测量较差的限差 $\Delta P_{限} = 2\sqrt{2}m_p = 34\text{mm}$，$\Delta X_{限} = \Delta Y_{限} = 24\text{mm}$。因此，GPS 网两期测量成果较差的处理原则建议为：检测点与原有城市控制点的坐标较差绝对值不大于 50mm，其他非重合 GPS 点坐标较差绝对值不大于 25mm 时原测量成果才能使用。

因各城市地质构造、施工环境等因素均存在不同程度的差异，目前尚无具体规范规定的限差数值要求，可根据设计文件和项目所在地的规定和条文要求执行。

6）成果报告

卫星定位控制测量结束后，应提交技术总结或技术报告，一般应包含下列资料：

（1）控制网布置图；

（2）测量仪器、气象观测设备检校资料；

（3）外业观测手簿及记录；

（4）控制网平差及精度评定表；

（5）控制点成果表。

3.2.2 精密导线网复测

精密导线网是线路卫星定位控制网的加密控制网。精密导线点可直接用于施工测量中,当精密导线点的数量不满足施工要求时,可再次加密。精密导线网的起算数据为卫星定位控制网的控制点,且每次复测时选择的起算点应一致。

1)技术标准

(1)测量技术要求依据现行《城市轨道交通工程测量规范》(GB/T 50308)确定,详见表9-3-3。

精密导线网测量技术要求　　　　　　表9-3-3

控制网等级	闭合环或附合导线平均长度(km)	平均边长(m)	每边测距中误差(mm)	测角中误差(″)	方位角闭合差(″)	全长相对闭合差	相邻点的相对点位中误差(mm)
三等	3	350	±3	±2.5	±5$\sqrt{n}$	1/35000	±8

注:n为导线的角度个数。

(2)观测技术要求依据现行《城市轨道交通工程测量规范》(GB/T 50308)确定,详见表9-3-4。

精密导线观测技术要求　　　　　　表9-3-4

控制网等级	水平角测回数		边长测回数	测距相对中误差
	Ⅰ级全站仪	Ⅱ级全站仪		
三等	4	6	往返测距各2测回	1/80000

2)控制网布设

精密导线网可布设成附合导线、闭合导线或结点导线网。常用的布设形式为附合导线,如图9-3-5所示,导线从某一已知边的已知点B出发,经系列新设未知控制点后,最终附合到另一已知边的已知点C上。由于B、C是高等级控制点且坐标已知,故该布设形式对观测成果有严密的检核作用。

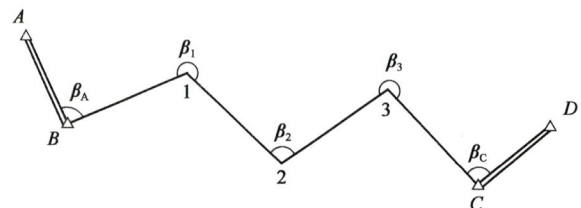

图9-3-5　附合导线示意图

3)外业观测

导线测量所用全站仪的标称精度不低于2″和2mm+2ppm,分别进行水平角测量和距离测量。

(1)水平角测量

①导线(结)点上的观测。

a. 导线点上只有两个方向时,采用左、右角分别进行测回法观测,左右角之和与360°的较差≤4″。

b. 导线点上有三个及以上方向时,采用方向观测法(全圆法)观测水平角。半测回归零差、2C较差、方向值各测回间较差要求依据现行《城市轨道交通工程测量规范》(GB/T 50308)确定,详见表9-3-5。

方向观测法水平角观测技术要求(单位:″)　　　表 9-3-5

全站仪等级	半测回归零差	2C 较差	方向值各测回间较差
Ⅰ级	6	9	6

c. 无论采取何种水平角观测,当需要进行多测回观测时,测回间需要按规定变换水平观测度盘进行水平度盘配置。

d. 前后距离相差较大的测站,宜采用同一方向正、倒镜(盘左、盘右)同时观测的方法,以减小多次调焦对水平角测量成果的影响。

e. 在交通拥挤的地段,为避开干扰,提高测量精度,宜选择在夜间观测。

f. 某一方向观测超限重测时必须联测零方向;下半测回超限时需重测该测回;一测回观测的重测方向数超过总方向数 1/3 时,重测该测回;重测的测回数超过总测回 1/3 时,重测该测站。

②GPS 点上的观测。GPS 点是精密导线的起算点,在附合导线两端 GPS 点上观测时,应联测 2 个通视的 GPS 点以加强检查、检核,其夹角的平均观测值与 GPS 点坐标反算得到的夹角之差应小于 6″。

(2)距离测量

①距离测量要求依据现行《城市轨道交通工程测量规范》(GB/T 50308)确定,详见表 9-3-6。

距离测量限差技术要求(单位:mm)　　　表 9-3-6

全站仪等级	一测回读数间较差	单程各测回间较差	往返测或不同时段结果较差
Ⅰ级	3	4	$2 \times (a + b \times D)$
Ⅱ级	4	6	

注:$(a + b \times D)$ 为仪器标称精度,a 为固定误差,b 为比例误差系数,D 为距离测量值(以 km 计);一测回是照准目标一次读数 4 次。

②测距时应在测前读取温度和气压并输入全站仪内以便自动改正,温度读至 0.2℃,气压读至 0.5hPa。

③采用统一的全站仪和棱镜,确保全站仪加常数和乘常数设置正确,确保棱镜常数设置正确。

4)观测误差分析及控制措施

角度观测的误差源主要有外界观测气象条件、仪器误差、观测误差。

(1)外界观测气象条件的影响

外界观测气象条件主要是指观测时大气的温度、湿度、气压以及太阳照射方位和地形地物等因素。它对测角精度的影响主要表现在观测目标成像的质量、观测视线的折射、脚架的扭转等方面。

①目标成像的稳定性。如果大气层的密度均匀、平衡,目标成像就会稳定;如果大气层密度变化剧烈,目标影像就会跳动。阳光照射地面、建(构)筑物表面,使其逐渐受热,在其表面附近形成局部空气对流,破坏了大气的局部平衡。当视线通过时,将产生不稳定的折射,引起目标影像的抖动。白天在能见度高且温度、湿度、气压等气象条件稳定的情况下,较利于观测工作。夜间,在确定目标照明均匀稳定的前提下,由于大气层一般是平衡的,也利于观测。

②目标成像的清晰度。目标成像是否清晰,主要取决于大气的透明度,即大气中对光线起散射作用的物质(如尘埃、水蒸气等)的多少。一般雨后和下午大气透明度较好,宜选择此时进行测量。

③大气折光的影响。大气层的密度在重力作用下分布不均匀,引起大气折光,如图 9-3-6 所示。光线穿越不同性质的地物、地类会引起旁折光,如图 9-3-7 所示,如光线通过河流上方时,由于河流的影响,越靠近河流,水汽越大,而且温度和空气的温度也不一致,综合影响会使通过上方的光线发生旁折光。其影响是系统性的(严重时可达到 6″~7″),且影响因素复杂。

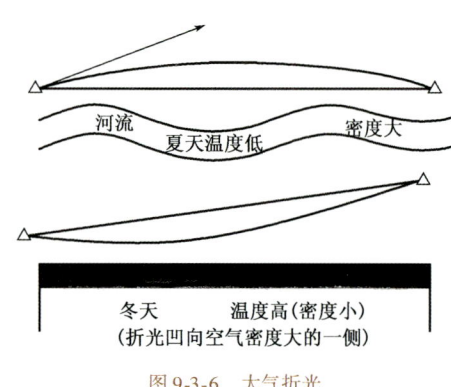

图 9-3-6 大气折光

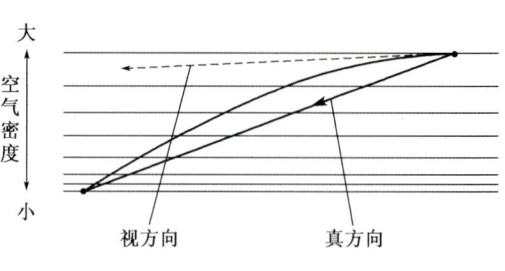

图 9-3-7 旁折光

要减弱大气折光和旁折光的影响,可采取以下措施:

a. 选点时,避开引起旁折光的地类、地物,尤其是避免贴近金属物体;

b. 取白天、夜间不同时间段的观测值的平均值。

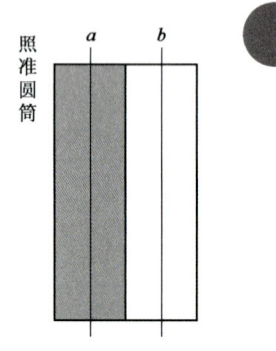

图 9-3-8 照准目标相位差

④照准目标的相位差。当照准目标的背景颜色不一致时,会产生一定的偏差。如图 9-3-8 所示,照准圆筒为黑白两种颜色组成,当背景明亮时,会误以 a 为目标中心;当背景阴暗时,会误以 b 为目标中心。为了减弱其影响,可采取以下措施:上、下午各观测一半的测回数,或采用微相位照准圆筒。

⑤温度变化对视准轴的影响。阳光不均匀地照射望远镜,使镜筒及仪器的各部分发生微小变化,从而使视准轴发生变化,一般反映在 $2C$(视准误差)的系统性变化中。为了减弱其影响,可采取的措施有:

a. 观测时为仪器遮阳,避免阳光直接照射;

b. 采用按时间对称排列的观测程序,即上半测回按顺时针排列观测目标,下半测回按逆时针排列观测目标,观测时尽量快捷、匀速。

⑥仪器稳定性的影响。仪器各轴套之间在温度的影响下受热发生不均匀膨胀,会造成不同程度的扭曲;同时,仪器各轴套在日照后由潮变干,又会发生不均匀变形,造成扭曲。减弱其影响的措施:

a. 木脚架支好后,若变形严重,则待其变形停止后再观测;

b. 扭曲可以看作匀速发生,采用按时间对称排列的观测程序,可使影响在观测结果中予以抵消。

（2）仪器误差的影响

由于使用的是检定合格的仪器,所以仪器误差的影响可以忽略不计,此处不再赘述。

（3）观测误差的影响

观测误差主要包括照准误差和读数误差(全站仪是自动读数),要减弱此部分的误差要求工作人员提高责任心、技术水平和认真程度,选择有利的观测时间,观测时进行两次读数或采用带有自动照准功能的全站仪进行观测等。

此外,目标偏心和测站偏心也是观测误差的主要内容,通过强制对中装置可以解决这一问题。

5）数据处理

精密导线平差按照严密平差方法进行,使用的平差软件必须通过相关国家部委或行业有关部门的鉴定。

6）成果评价

（1）两期导线测量结果较差的限差

两期导线测量结果较差的限差仍用式（9-3-7）～式（9-3-10），这时取 $m_{p1} = m_{p2} = \pm 15$mm，代入公式计算得 $m_{\Delta P} = \pm 21.2$mm，$\Delta P_{限} \leq 42.4$mm。因 $m_{\Delta X} = m_{\Delta Y} = m_{\Delta P}/\sqrt{2}$，则 $m_{\Delta X} = m_{\Delta Y} = \pm 15.0$mm，得 $\Delta X_{限} = \Delta Y_{限} \leq 30$mm。由于城市轨道交通贯通测量要求严格，对导线两期测量较差的处理原则为：两期测量坐标差绝对值不大于 15mm 的，原测成果可以使用；超过 15mm 的，应进行复测，若发现有位移现象，则应使用新测坐标成果。

（2）实例

如图 9-3-9 所示，某城市地铁施工标段使用建设交桩的 4 个平面控制点（GPS3017、GPS6044、GPS6048、GPS2025）作为起算数据，对建设交桩的精密导线网（附合导线）进行复测评定工作。

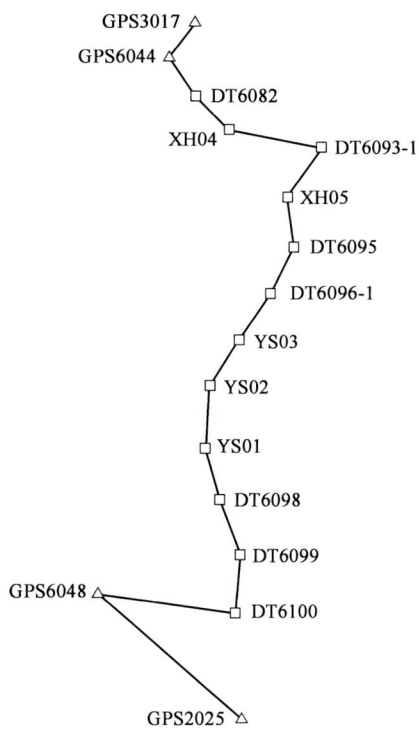

图 9-3-9 平面复测点位示意图

交接的 4 个平面控制点在使用前，要进行边角检核，确定使用的起算数据准确。边长检核情况见表 9-3-7。

边 长 检 核　　表 9-3-7

边 名	坐标反算边长（m）	本次实测边长（m）	较差（mm）	边长比例误差	边长比例误差限差
GPS3017～GPS6044	608.7201	608.725311	5.2	1/117062	1/80000
GPS6048～GPS2025	864.6582	864.660867	2.7	1/320243	1/80000

注：控制点夹角检核限差暂定为 2 倍测角中误差，即 ±5″。

由表 9-3-7 可以看出，满足某城市轨道交通建设工程施工测量管理规定要求的导线边边长互差小于 ±8mm 的限差要求，边长比例误差满足表 9-3-7 的要求。如果起算数据不满足要求，则应找出不满足条件的点，用另外的点代替作为起算数据。对于不满足条件的起算数据，除了不参与观测平差外，还要提交第三方进行检核。复测导线点的起、终点必须是建设、设计单位移交的原导线点。

结论：经检核，本次测量所使用平面控制点点位稳定，坐标成果可用。

在检测网和原测网成果进行精度比对前，还要确保这次复测数据准确可靠。精密导线相邻点的相对点位中误差见表9-3-8。

精密导线相邻点的相对点位中误差统计　　　表9-3-8

序号	相邻两点		相邻点的相对点位中误差(mm)	序号	相邻两点		相邻点的相对点位中误差(mm)
1	GPS6044	DT6082	±2.9	14	DT6096-1	YS03	±1.3
2	GPS6048	DT6100	±2.1	15	YS03	DT6096-1	±1.3
3	DT6082	GPS6044	±2.9	16	YS03	YS02	±1.0
4	DT6082	XH04	±1.3	17	YS02	YS03	±1.0
5	XH04	DT6082	±1.3	18	YS02	YS01	±1.1
6	XH04	DT6093-1	±1.1	19	YS01	YS02	±1.1
7	DT6093-1	XH04	±1.1	20	YS01	DT6098	±1.0
8	DT6093-1	XH05	±1.2	21	DT6098	YS01	±1.0
9	XH05	DT6093-1	±1.2	22	DT6098	DT6099	±2.1
10	XH05	DT6095	±1.7	23	DT6099	DT6098	±2.1
11	DT6095	XH05	±1.7	24	DT6099	DT6100	±2.1
12	DT6095	DT6096-1	±2.2	25	DT6100	DT6099	±2.1
13	DT6096-1	DT6095	±2.2	26	DT6100	GPS6048	±2.1

经过严密平差后，最大点位误差为4.8mm，最大点间误差为0.7mm，相邻点的相对点位中误差绝对值最大为2.9mm，均满足规范要求，可进行下一步坐标较差比对，见表9-3-9。

导线复测坐标与原测坐标比对　　　表9-3-9

点　名	接桩坐标(m)		复测坐标(m)		较差(mm)			备注
	X	Y	X	Y	ΔX	ΔY	ΔP	
DT6082	219757.784	222472.029	219757.7758	222472.0283	−8.2	−0.7	8.2	—
DT6093-1	—	—	219362.7307	222697.0628	—	—	—	新增点
DT6095	218909.833	222733.122	218909.8333	222733.122	0.3	0.0	0.3	
DT6096-1	218608.321	222577.120	218608.3112	222577.1153	−9.9	−4.9	11.0	
DT6098	218013.22	222252.994	218013.2214	222252.9941	1.4	0.1	1.4	
DT6099	217701.315	222085.283	217701.3165	222085.2828	1.5	−0.2	1.5	
DT6100	217372.363	221912.652	217372.3667	221912.6509	3.7	−1.1	3.9	

通过表9-3-9的对比结果可知，某城市轨道交通建设工程施工测量管理规定要求的导线点坐标互差限差±12mm的要求，符合规范要求，建议取原值。

7）成果报告

精密导线测量结束后，应提交技术总结或技术报告，一般应包含下列资料：

(1)导线网示意图；

(2)测量仪器、气象观测设备检校资料；

(3)外业观测记录与内业计算成果；

(4)导线点坐标及其精度评定表；

(5)控制点成果表。

3.2.3 地面平面控制网加密

当交接桩控制点数量及位置无法满足施工需求时,需对控制网进行加密。可通过加密点与三等线路控制网同精度、同级扩展方法进行增设。

1)一般规定

(1)每个车站或区间施工段附近应建立4个以上平面加密控制点。

(2)加密控制点一般应布设成附合导线。

(3)三等线路加密控制网控制点间的附合导线的边数宜少于12条,相邻边的短边与长边比例不宜小于1:2,最短边长不宜小于100m。附合导线路线较长时,宜布设结点导线网,结点间角度个数不应超过8个。

(4)地面导线点应选在施工变形影响区域以外,并应避开地下构筑物、地下管线。

(5)建筑物顶上的导线点应埋设在其主体结构上,并便于与高等级点联测和向下扩展的位置。

(6)相邻导线点间以及导线点与其相连的卫星定位点之间的垂直角不应大于30°,视线离障碍物的距离不应小于1.5m。

(7)在不同的线路交叉及同一线路分期建设的工程衔接处应布设导线点。

(8)加密导线点位编号要醒目、清晰、易识别,并把高程用红漆写在点位旁边。

2)标石埋设

按照现行《城市轨道交通工程测量规范》(GB/T 50308)的要求:

(1)地面点宜按图9-3-10埋设标石;

(2)楼顶点宜按图9-3-11埋设标石;

(3)标石埋设后应绘制点之记。

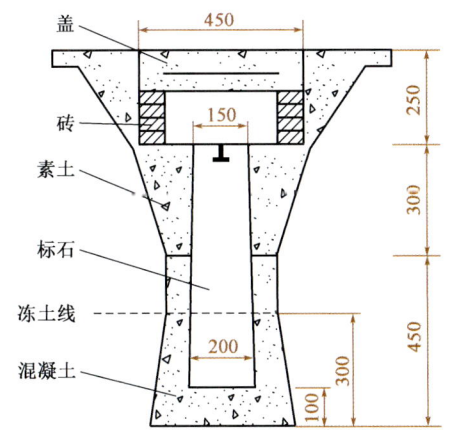

图9-3-10 二等精密导线点标石埋设(尺寸单位:mm)

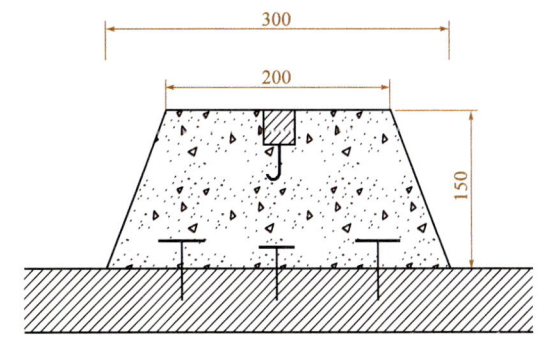

图9-3-11 卫星定位或精密导线楼顶控制点标石埋设(尺寸单位:mm)

3)观测平差

加密导线点是同精度加密的,所以观测也是同精度观测,具体观测平差在本章3.2.2小节已经详细叙述,这里不再赘述。

复测导线点的起、终点必须是采用建设、设计单位移交的原导线点。参与平差的起算点必须使用经第三方测量单位检测合格的点位(由监理工程师监控),导线加密点施测前必须对起算控制点边角进行检测,以保证起算成果可靠,检测方法在3.2.2节有详细介绍,在此不再赘述。

对于加密的控制点成果,必须经过第三方测量单位检测合格后才能使用。

4) 成果报告

一般应包含下列资料:

(1) 加密点导线示意图;

(2) 测量仪器、气象观测设备检校资料;

(3) 外业观测记录与内业计算成果;

(4) 加密导线点点之记;

(5) 控制点成果表;

(6) 总结报告。

3.3 地面高程控制网复测与加密

高程控制网复测需采用与建网相同的精度和相同的路线。水准网复测中,拟订的复测方案至少应包括3个及以上的已知水准点,尽量由闭合环、结点、附合路线构成水准网。对既有水准点标石的完好性、稳定性必须进行实地考察。对位于工程变形区内不稳定的或遭到破坏的水准点应重新选点并补埋标石。

3.3.1 地面高程控制网复测

1) 技术要求

高程控制网应采用水准测量方法施测。水准测量技术要求依据现行《城市轨道交通工程测量规范》(GB/T 50308)确定,详见表9-3-10。

水准测量技术要求 表9-3-10

水准测量等级	每千米高差中数中误差(mm)		环线或附合水准路线最大长度(km)	水准仪等级	水准尺	观测次数		往返较差、附合或环线闭合差(mm)
	偶然中误差 M_Δ	全中误差 M_W				与已知点联测	附合或环线	
一等	±1	±2	400	DS1	因瓦尺或条码尺	往返测各一次	往返测各一次	$±4\sqrt{L}$
二等	±2	±4	40	DS1	因瓦尺或条码尺	往返测各一次	往返测各一次	$±8\sqrt{L}$

注:1. L为往返测段、附合或环线的路线长(单位为km)。
2. 采用数字水准仪测量的技术要求与同等级的光学水准仪测量技术要求相同。

2) 外业观测

(1) 观测技术要求

水准测量观测的视线长度、视距差、视线高度和水准测量测站观测限差要求依据现行《城市轨道交通工程测量规范》(GB/T 50308)确定,详见表9-3-10和表9-3-11。

水准测量观测的视线长度、视距差、视线高度要求（单位：m）　　　　　表 9-3-11

等　级	视线长度		水准仪类型	前后视距差	前后视距累计差	视线高度
	仪器等级	视距				
一等	DS1	≤50	光学水准仪	≤1.0	≤3.0	下丝读数≥0.3
			电子水准仪	≤1.5	≤6.0	≥0.55 且≤2.8
二等	DS1	≤60	光学水准仪	≤2.0	≤4.0	下丝读数≥0.3
			电子水准仪	≤2.0	≤6.0	≥0.55 且≤2.8

注：1. 这里的视线高度是指水准点距离地面高度加上尺子立在水准点的读数，由于距地面越近大气折光差影响越大，所以规范要求视线要离地面有一定的高度；对于设在墙上及其他建（构）筑物上的水准点，视线高度是指墙上水准点距离地面高度加上尺子立在水准点上读数之和。
　　2. 对于 2m 的水准尺，光学水准仪的下丝读数要求不变；对于电子水准仪，中丝视线高度要求≥0.55m 且≤1.8m。

（2）观测方法及注意事项

①水准仪施测前必须进行 i 角检验。水准仪视准轴与水准管轴的夹角称为 i 角，作业开始的第一周内应每天测定一次 i 角，稳定情况下后可每半月测定一次。城市轨道交通一、二等水准测量作业工程中水准仪的 i 角应小于 15″。

②观测前先检查点位的稳定情况，观测时遵循仪器固定、观测人员固定、路线固定的三原则。

③若使用数字水准仪与条码尺，应将有关参数、限差预先输入，并按自动观测模式顺序操作。一、二等水准每一测段的往测和返测，分别在上午、下午进行。交通繁忙、白天通视情况不好的路段，改在夜间观测。

④由往测转向返测时，两根标尺必须互换位置，并应重新整置仪器。

⑤水准测量测站观测限差要求依据现行《城市轨道交通工程测量规范》（GB/T 50308）确定，详见表 9-3-12。

水准测量测站观测限差（单位：mm）　　　　　表 9-3-12

等　级	上下丝读数平均值与中丝读数之差	基、辅分划读数之差	基、辅分划所测高差之差	检测间歇点高差之差
一等	3.0	0.4	0.6	1.0
二等	3.0	0.5	0.7	2.0

注：使用电子水准仪观测时，同一测站两次测量高差较差应满足基、辅分划所测高差较差要求。

⑥往返测高差之差超限重测时，可整段往返重测，也可单程重测，但必须确保最终往返异向观测的高差之差合格。

3）数据处理

水准网的数据处理应进行严密平差，使用的平差软件必须通过相关国家部委或行业有关部门的鉴定。平差后要确保每千米高差中数偶然中误差、高差全中误差、最弱点高程中误差和相邻点间高差中误差符合规定要求。

4）成果评价

（1）两期水准点间高差较差的限差

设两相邻水准点间的原测与检测高差分别为 $h_Ⅰ$ 和 $h_Ⅱ$，测量精度相同，即 $m_{h_Ⅰ} = m_{h_Ⅱ} = m_h$。因为 $\Delta h = h_Ⅱ - h_Ⅰ$，根据误差传播定律可得：

$$m_{\Delta h} = \pm \sqrt{m_Ⅰ^2 + m_Ⅱ^2} \tag{9-3-11}$$

则有
$$m_{\Delta h} = \pm \sqrt{2} m_h \qquad (9\text{-}3\text{-}12)$$

而
$$m_h = \pm M_W \sqrt{K} \qquad (9\text{-}3\text{-}13)$$

故
$$m_{\Delta h} = \pm \sqrt{2} M_W \sqrt{K} \qquad (9\text{-}3\text{-}14)$$

则
$$\Delta h_{限} \leq 2\sqrt{2} M_W \sqrt{K} \qquad (9\text{-}3\text{-}15)$$

式中：m_{h_I}——水准点高差中误差；

$m_{h_{II}}$——检测高差中误差；

K——水准点间水准路线长度(km)；

M_W——水准测量每千米高差中数的全中误差(一等水准测量 2mm，二等水准测量 4mm)。

(2) 两期水准点高程较差的限差

水准网沿城市轨道交通线路布设并附合在城市一、二等水准点上。按照城市二等水准点平均间距 4km 推算，则水准点的最弱点位于中间 2km 处，该点一次测量的高程中误差可表示为：

$$m_{H_i} = \pm \sqrt{m_{H_0}^2 + m_h^2} \qquad (9\text{-}3\text{-}16)$$

而
$$m_h = \pm M_W \sqrt{L} \qquad (9\text{-}3\text{-}17)$$

式中：m_{H_i}——检测点高程中误差(mm)；

m_{H_0}——距检测水准点最近的已知高程点的高程中误差(mm)；

m_h——最近已知点至所测水准点间高差中误差(mm)；

M_W——水准测量每千米高差中数的全中误差；

L——最近已知点至所测水准点间水准路线长度(km)。

当两期水准测量精度相同时，检测与原测水准点高程较差的中误差为：

$$m_{\Delta H} = \pm \sqrt{2} m_{H_i} \qquad (9\text{-}3\text{-}18)$$

式中：$m_{\Delta H}$——检测与原测水准点高程较差(mm)。

两期水准点高程较差的限差：

$$\Delta H_{限} \leq 2\sqrt{2} m_{H_i} \qquad (9\text{-}3\text{-}19)$$

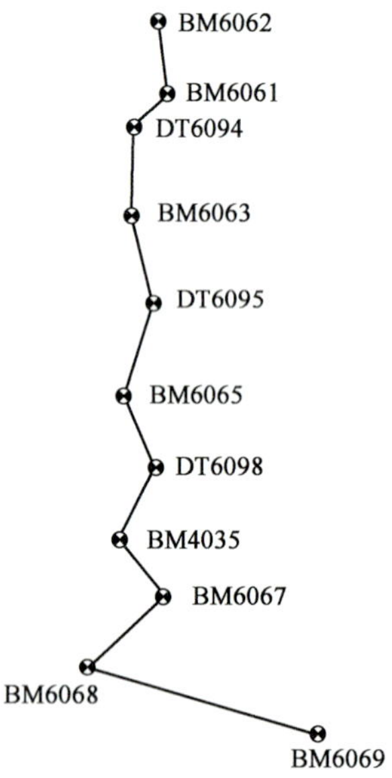

式中：$\Delta H_{限}$——两期水准点高程较差限差(mm)。

根据城市轨道交通工程高程控制布设的实际情况，取 $L = 2\text{km}$，$m_{H_0} = \pm 0.5\text{mm}$，$M_W = \pm 2\text{mm}$，代入式(9-3-16)、式(9-3-17)和式(9-3-19)，得 $m_{H_i} = \pm 2.87\text{mm}$ 和 $\Delta H_{限} \leq 8.12\text{mm}$。

考虑到城市轨道交通贯通的严格要求，一般对原测成果按以下原则处理：检测与原测高程较差绝对值小于 4mm 的可以使用原成果；大于 4mm 的应检查水准点是否有下沉现象，有下沉且尚未稳定的要考虑重新埋点设标，最后依据复测数据，按同级扩展的方式固定下沉点前后水准点的原成果进行平差，获得下沉水准点或其替代水准点的高程成果。

(3) 实例

水准测量采用建设单位交桩的两端两个二等基岩水准点(BM6062、BM6069)作为起算数据。高程控制网复测线路如图 9-3-12 所示。

图 9-3-12 高程控制网复测线路示意图

复测水准点的起、终点必须采用建设、设计单位移交的原水准点。复测完成后首先对起算数据进行检核,起算数据满足要求后才能进行平差。如果起算数据不满足要求,则应延伸观测到相邻标段控制点,直至起算数据满足要求为止。对于不满足条件的起算数据,除了不参与平差外,还要提交第三方检核。高程控制点检核情况见表9-3-13。

高程控制点检核 表9-3-13

线 路 名 称	理论高差(m)	实测高差(m)	高差较差(mm)
BM6062~BM6069	7.7135	7.71295	-0.55

两个起算数据线路距离为4.9214km,满足式(9-3-19)算出的限差要求,可进行下一步工作。

在检测网和原测网成果进行精度比对前,还要确保这次复测数据准确可靠。高程控制网复测往返测高差较差统计见表9-3-14。

高程控制网复测往返测高差较差统计 表9-3-14

序号	测 段		距离(km)	高差(m)	外业高差改正数(mm)	外业高差改正后高差(m)	往返测高差较差(mm)	限差(mm)	备注
1	BM6062	BM6061	0.46	0.17350	-0.05	0.17355	1.51	±2.71	往测
	BM6061	BM6062	0.46	-0.17501	0.05	-0.17496			返测
2	BM6061	DT6094	0.40	-1.29660	0.04	-1.29656	0	±2.53	往测
	DT6094	BM6061	0.40	1.29660	-0.04	1.29656			返测
3	DT6094	BM6063	0.29	-0.46581	0.03	-0.46578	0.005	±2.15	往测
	BM6063	DT6094	0.29	0.46581	-0.03	0.46578			返测
4	BM6063	DT6095	0.13	-0.93691	0.01	-0.93690	0.02	±1.44	往测
	DT6095	BM6063	0.13	0.93689	-0.01	0.93688			返测
5	DT6095	BM6065	0.89	-1.71500	0.1	-1.71490	0.02	±3.77	往测
	BM6065	DT6095	0.89	1.71502	-0.1	1.71492			返测
6	BM6065	DT6098	0.34	-1.09190	0.04	-1.09186	0.01	±2.33	往测
	DT6098	BM6065	0.35	1.09189	-0.04	1.09185			返测
7	DT6098	BM4035	0.04	0.35580	0	0.35580	0.005	±0.80	往测
	BM4035	DT6098	0.04	-0.35580	0	-0.35580			返测
8	BM4035	BM6067	0.74	-0.63030	0.08	-0.63022	0	±3.44	往测
	BM6067	BM4035	0.74	0.63030	-0.08	0.63022			返测
9	BM6067	BM6068	0.79	-0.53471	0.09	-0.53462	0.005	±3.55	往测
	BM6068	BM6067	0.79	0.53470	-0.09	0.53461			返测
10	BM6068	BM6069	0.83	-1.57180	0.09	-1.57171	0.005	±3.64	往测
	BM6069	BM6068	0.83	1.57180	-0.09	1.57171			返测

严密平差后,水准闭合差-0.5491mm,和表9-3-14中往返测高差较差均满足规范要求,可进行下一步工作,复测成果对比见表9-3-15。

由表9-3-15可以看出,相邻高程点高差的互差满足当地测量管理办法要求的不大于3mm,说明原测网的点位稳定,成果可靠,建议使用原测网高程成果。

高程控制网复测成果对比统计　　　　表 9-3-15

序号	点号	接桩成果(m)	复测成果(m)	较差(mm)	备注
1	BM6062	502.51	—	—	起算点
2	BM6069	494.80	—	—	起算点
3	BM6061	502.68	502.68	1.3	—
4	BM6063	500.92	500.92	-1.7	—
5	BM6065	498.27	498.27	-2.3	—
6	BM6067	496.90	496.90	-0.8	—
7	BM6068	496.37	496.37	-2.0	—
8	DTS4035	497.54	497.53	-2.4	—

5）成果报告

一般应包含下列资料：

(1) 水准网示意图；

(2) 测量仪器、气象观测设备检校资料；

(3) 外业观测记录与内业计算成果；

(4) 水准点坐标及其精度评定表；

(5) 控制点成果表。

3.3.2　地面高程控制网加密

对加密点进行与二等水准网同精度、同级扩展方法补设。

1）一般规定

(1) 车站、竖井及车辆基地布设的水准点不应少于 2 个。

(2) 加密水准点一般应布设成附合导线或结点网。

(3) 水准点应选择在受施工变形影响区外,稳固、便于寻找、保存和引测的地方。宜每隔 4km 埋设 1 个深桩或基岩水准点。深桩水准点埋设深度应根据岩土条件和施工降水深度确定,二等水准网水准点平均间距应小于 2km。

(4) 在结构物附近、高填深挖路段、工程量集中及地形复杂路段,宜增设水准点。

(5) 在不同的线路交叉及同一线路分期建设的工程衔接处应布设水准点。

(6) 加密水准点位编号要醒目、清晰、易识别。

(7) 加密水准点的密度应能满足高程放样的需要,宜一站就能放出所需点位高程,测量视距宜控制在 80m 以内。加密水准点间距宜在 160m 以内。

2）标石埋设

按照现行《城市轨道交通工程测量规范》(GB/T 50308)的要求,高程控制点一般分为混凝土水准点、墙上水准点、岩石水准点、深桩水准点四种形式,标石埋设分别如图 9-3-13 ~ 图 9-3-16 所示。

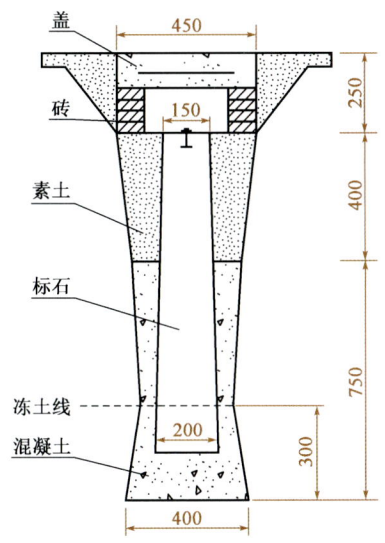

图 9-3-13 混凝土水准点标石埋设(尺寸单位:mm)

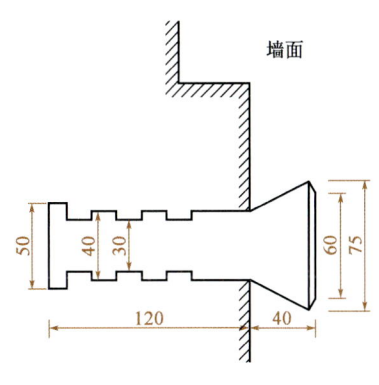

图 9-3-14 墙上水准点标石埋设(尺寸单位:mm)

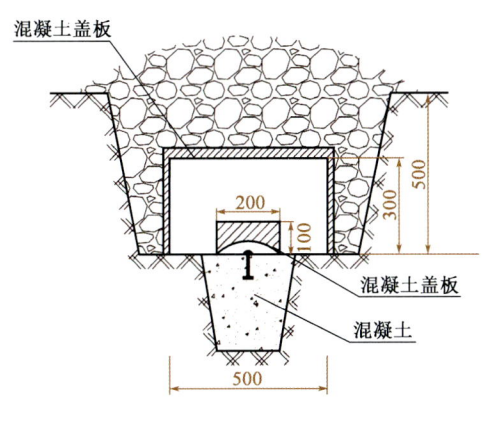

图 9-3-15 岩石水准点标石埋设(尺寸单位:mm)

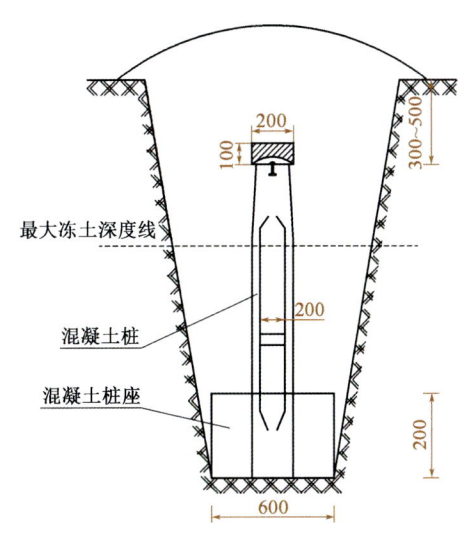

图 9-3-16 深桩水准点标石埋设(尺寸单位:mm)

(1)混凝土水准标石要埋设在冻土线以下 30cm,埋设时需特别注意埋设地点的地质条件,了解地下水位的深度,地下有无空洞和流沙等。

(2)要确保标石埋设在土质坚实稳定的地层。

(3)深桩水准点埋设深度应根据岩土条件和施工降水深度确定,深桩水准标石埋设时应注意以收集的地质资料作为依据,深桩应埋设在稳定的持力层内。

(4)地层为软土的城市或地区,根据其岩土条件设计和埋设适宜水准标石,墙上水准点应选在稳固的永久性建筑上。

3)观测平差

加密水准点是同精度加密的,所以观测也是同精度观测,具体观测平差在本章 3.3.1 小节已经详细叙述,这里不再赘述。

复测水准点的起、终点必须是采用建设、设计单位移交的原水准点。参与平差的起算点必须使用经第三方测量单位检测合格的点位(由监理工程师监控),水准加密点施测前必须对起算控制点进行检

测,以保证起算成果可靠,检测方法在3.3.1节有详细介绍,在此不再赘述。

对于加密的水准点成果,必须经过第三方测量单位检测合格后才能使用。

4)成果报告

一般应包含下列资料:

(1)加密点水准导线示意图;
(2)测量仪器、气象观测设备检校资料;
(3)外业观测记录与内业计算成果;
(4)加密导线点点之记;
(5)控制点成果表;
(6)总结报告。

3.4 联系测量

联系测量就是将地面平面坐标系统和高程系统通过施工竖井等传递到地下,获得地下平面与高程测量的起算数据,使地上、地下的平面坐标与高程系统相一致的测量工作。联系测量包括地面近井导线测量、近井水准测量以及通过竖井、斜井、平洞、钻孔的定向测量和传递高程测量。联系测量的主要任务是确定地下导线起算边的坐标方位角、地下导线起算点的平面坐标 X 和 Y 及地下水准点的高程 H。其中,前两项任务是通过平面联系测量定向来完成的,第三个任务是通过导入高程来完成的。

3.4.1 联系测量基本要求

联系测量的基本要求如下:

(1)每次联系测量独立进行3次,取3次平均值作为定向成果,且地下近井定向边方位角中误差不应超过 ±8″,地下近井高程点高程中误差不应超过 ±5mm。

(2)定向测量的地下近井定向边应大于120m,且不应少于2条,传递高程的地下近井高程点不应少于2个。使用近井定向边和地下近井高程点前,应对地下近井定向边之间和高程点之间的几何关系进行检核,其不符值分别小于12″和2mm。

(3)隧道贯通前的联系测量工作不应少于3次,应在隧道掘进到约100m、300m以及距贯通面100~200m时分别进行一次。各次地下近井定向边方位角较差应小于16″,地下高程点高程较差应小于3mm,符合要求时,可取各次测量成果的平均值作为后续测量的起算数据指导隧道贯通。

(4)当隧道单向贯通距离大于1500m时,应采用高精度联系测量或增加联系测量次数等方法,提高定向测量精度。

3.4.2 近井导线及水准测量

将地面测量坐标系统通过竖井传递到井下,一般应在地面竖井口附近设立近井点,通过近井点进行平面坐标和高程传递。因此要求所设立的近井点使用方便、不受施工影响。为确保起算点正确,进行近井测量前,必须对地面已有控制点进行复核测量。复测时,如果对原起算点的稳定情况有疑问,则应另选择可靠的控制点作为起算点。

测定近井点的平面位置,可采用极坐标法或导线测量法等。

1）极坐标法测定近井点

当竖井附近的卫星定位控制点能够直接测定近井点时,可直接采用双极坐标法测量近井点,即独立进行两次极坐标测量,近井点的点位中误差不应超过±10mm。

2）导线测量法测定近井点

采用导线测量法测定近井点时,应以卫星定位控制点或精密导线点作为起算点,在其间应布设加密近井导线并形成附(闭)合路线,近井点要纳入近井导线中。近井导线测量应按精密导线测量的技术要求施测,最短边长不应小于50m,同样近井点的点位中误差应在±10mm以内。

由于近井点受施工的影响,为确保联系测量的精度,每次进行联系测量时都要重新对近井点进行测量。导线测量布网形式如图9-3-17~图9-3-19所示。

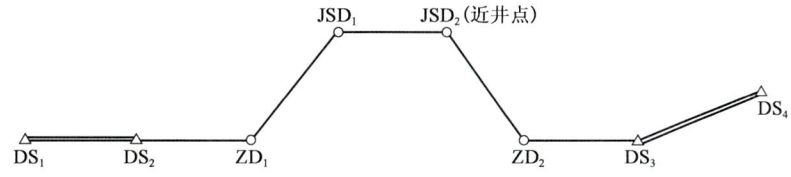

图9-3-17 附合导线布网形式

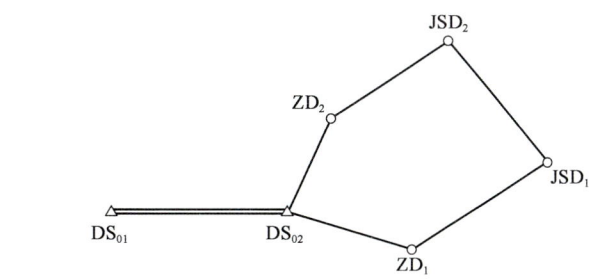

图9-3-18 闭合导线布网形式

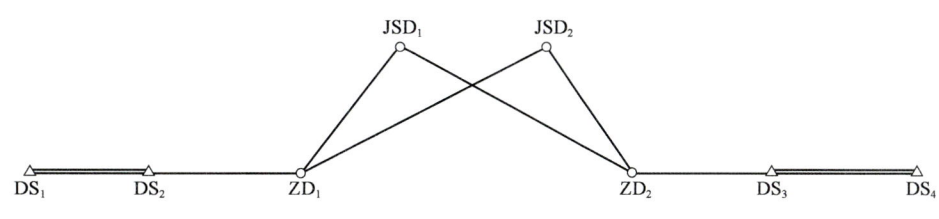

图9-3-19 双导线布网形式

为便于高程联系测量,在竖井口附近设置近井高程点(近井高程控制点和近井平面控制点宜共点)。确定近井点高程采用水准测量方法,利用地面一、二等水准点为起算点对近井高程点施测加密水准路线。加密近井水准路线应构成附合、闭合水准路线,并按二等水准测量技术要求施测。

3.4.3 定向测量

根据现场条件,定向测量的方法有一井定向、两井定向、陀螺经纬仪定向、导线直接传递测量和投点定向等。几种定向测量方法的优缺点及适用性要求依据现行《城市轨道交通工程测量规范》(GB/T 50308)确定,详见表9-3-16。

定向测量方法对比 表 9-3-16

测量方法	优 缺 点	适 用 条 件
一井定向	受车站施工进度影响较小,但精度稳定性较差	仅作为始发时使用或过程中竖井联测使用,一般始发时定向边长度不短于60m
两井定向	精度相对较高,需车站施工完成或有预留孔洞	车站两端均具备悬吊钢丝及埋设控制点条件
陀螺经纬仪定向	陀螺经纬仪测定真北方位角简单迅速且不受时间制约,效率高,能保证较高的定向精度,所以是一种先进的定向仪器。就联系测量而言,它克服了几何定向法要占用井筒而造成停产,耗费大量人力、物力和时间等缺点。其缺点为成本较高,需要专业的人员进行数据处理	隧道长度大于1500m时,每1000m加测一次
导线直接传递测量	操作及计算方法简单但需要具备通视条件,同时导线测站俯仰角不宜过大,受竖井深度限制	基坑深度较浅
投点定向	操作简单但需要提前预留孔洞	隧道埋深不大于50m

1)一井定向

一井定向也称为联系三角形定向测量,是在一个竖井中悬挂两根钢丝,地面近井点与钢丝组成三角形,并测定近井点与钢丝的距离和角度,从而算得两钢丝的坐标以及它们之间的方位角。在井下,井下近井点也与钢丝构成三角形,并测定井下近井点与钢丝的距离和角度。由于钢丝处在自由悬挂状态,可以认为钢丝的坐标和方位角与地面一致,通过计算便可获得地下导线起算点的坐标和方位角,这样就把地上与地下导线联系起来,如图 9-3-20 所示。

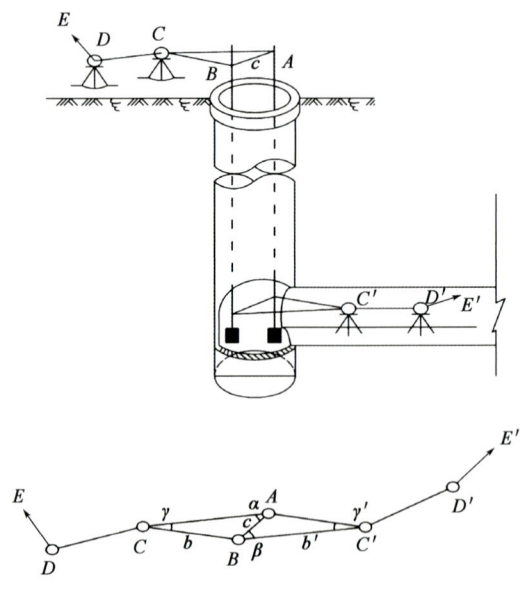

图 9-3-20 一井定向示意图

(1)测量过程

①在竖井悬挂两根钢丝,钢丝间的距离 c 应尽可能长,宜选用直径为 0.3mm 钢丝,下端悬挂 10kg 重锤,重锤应浸没在阻尼液中,在两根钢丝上下适当位置分别贴上反射片。

②架设全站仪于近井点上,该近井点与两根钢丝应形成直伸三角形,联系三角形的连接角 γ 和 α 及 β 和 γ' 均宜小于 $1''$,呈直伸三角形,b'/c 及 b/c 宜小于 1.5,b 和 b' 分别为地面和地下近井点至同一悬挂钢丝的距离。

③用全站仪分别测量两根钢丝的反射片,测量全站仪至两个反射片的平距和水平角。

④在井下使用同样方法,架设全站仪于地下近井点上,与两根钢丝形成直伸三角形,几何关系要求同井上的联系三角形。在井下宜观测两个前视棱镜,以方便检核。

⑤测量时竖井旁机械设备应停止运行,并记录气压、温度、湿度。

⑥有条件时,应采用双联系三角形定向测量方法,该方法在竖井中悬挂三根钢丝组成双联系三角形,以增加复核条件,提高定向精度和可靠性,如图 9-3-21 所示。

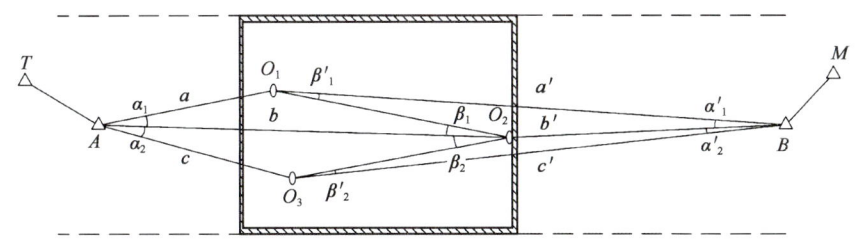

图 9-3-21 悬挂三根钢丝的一井定向

(2)测量技术要求

①联系三角形边长测量可采用电磁波测距或经检定的钢尺丈量,每次应独立测量三测回,每测回三次读数,各测回较差应小于 1mm。地上与地下丈量的钢丝间距较差应小于 1mm。钢尺丈量时应施加钢尺检定时的拉力,并应进行倾斜、温度、尺长改正。

②角度观测应采用不低于 I 级的全站仪,用方向观测法观测测回,测角中误差应在 $\pm 1''$ 之内。

③联系三角形定向推算的地下起始边方位角的较差应小于 $12''$,方位角平均中误差为 $\pm 8''$。

④联系测量尽可能布设成直伸三角形,联系三角形锐角宜小于 $1°$,钢丝间距尽可能大,近井点距最近钢丝的距离与两钢丝的距离比宜小于 1.5。重锤应浸入阻尼液中,锤重 10kg,钢丝 $\phi 0.3mm$。悬挂钢尺时,重锤与钢尺鉴定时的质量相同,计算高差时应进行温度、尺长改正。井深超过 50m 的应进行钢尺自重张力改正。

(3)计算方法及算例

①解算三角形:利用正弦定理求上、下三角形的另两个内角,利用余弦定理求两钢丝之间的距离。

②检核:上、下三角形的内角和应为 $180°$,三角形内角闭合差平均分配在两计算角上,两钢丝间实测距离与计算的距离差值 d,井上不大于 2mm,井下不大于 4mm。

③成果计算:将井上、井下看成一条导线,计算起始点坐标和起始边方位角。导线从地面近井点一已知边 JSD1—JSD2 出发,经 GS1、GS2 钢丝点后,将边角关系传递至地下,最终通过计算求出井下控制点 JXD1、JXD2 的坐标及 JXD1—JXD2 的方位角,其投影关系如图 9-3-22 所示。

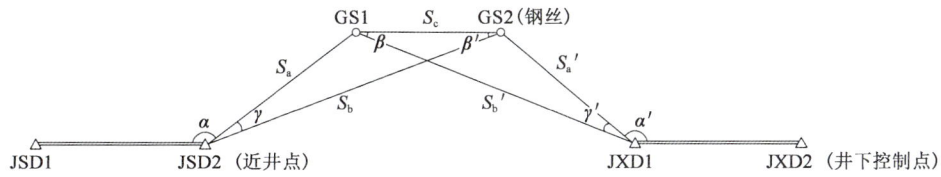

图 9-3-22 一井定向平面投影示意图

某地铁工程联系测量观测网形如图 9-3-23 所示,观测手簿见表 9-3-17 ~ 表 9-3-19,计算过程见表 9-3-20、表 9-3-21,计算成果见表 9-3-22。

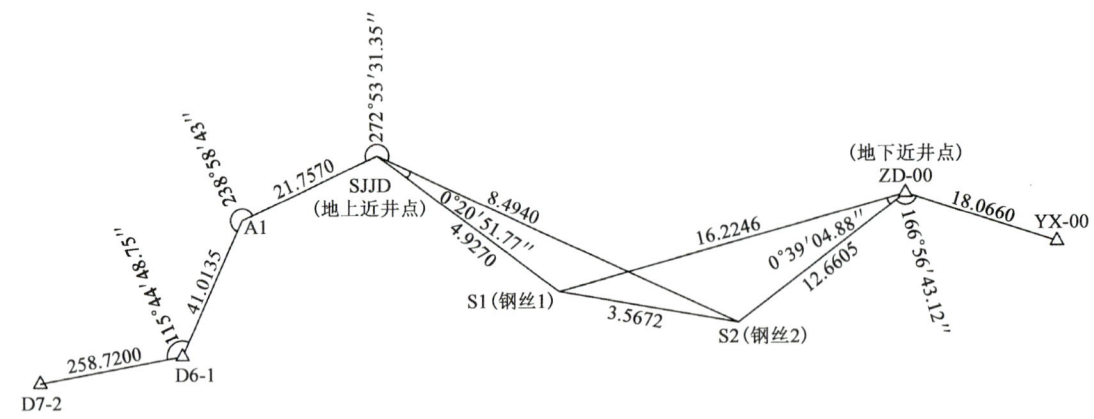

图 9-3-23 联系测量观测网形示意图

2）两井定向

两井定向适用于竖井井口较小,但两端均有井口(或可钻孔)的区域测量。两井定向是在两个施工竖井(或钻孔)中分别悬挂一根钢丝。与一井定向相比,两井定向的主要优点是:钢丝间的距离大大增加,因而减小了投点误差引起的方向误差,有利于提高地下导线的精度;外业测量简单,占用竖井的时间较短。

两井定向,是利用地面上布设的近井点或地面控制点采用导线测量或其他测量方法测定两钢丝的平面坐标值。在地下隧道中,将已布设的地下导线与竖井中的钢丝联测,即可将地面坐标系中的坐标与方向传递到地下去,经计算求得地下导线各点的坐标与导线边的方位角,如图 9-3-24 所示。

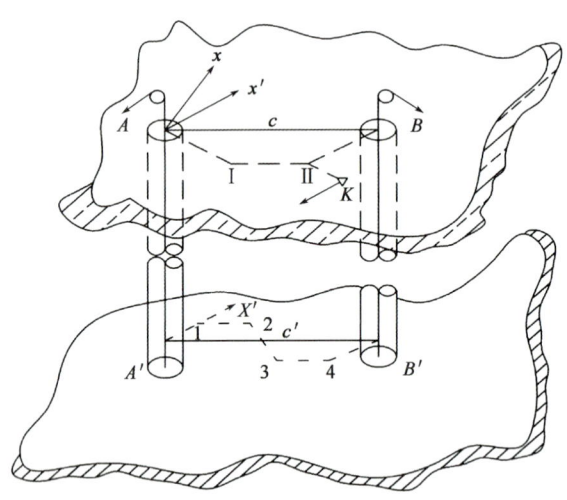

图 9-3-24 两井定向示意图

在地面上采用导线测量的形式测定两根钢丝的坐标,在地下使地下导线的两端点分别与两根钢丝联测,这样就组成一个附合导线。在这个附合导线中,两根钢丝处缺少两个连接角,这样的地下导线是无起始方向角的,故称它为无定向导线。

与一井定向一样,两井定向也可在某一竖井中多悬挂一根钢丝,形成两组无定向导线,增加复核次数以提高精度。

表 9-3-17

观 测 手 簿（1）

仪器：TCA1800　　编号：425484　　晴　　日期：2015.4.26　　结束：　　共 4 页　第 1 页

测站	视准点	望远镜位置Ⅰ 度盘读数 (°)	(′)	(″)	望远镜位置Ⅱ 度盘读数 (°)	(′)	(″)	2C=Ⅰ-Ⅱ (″)	Ⅰ与Ⅱ之中数 (°)	(′)	(″)	方向值 (°)	(′)	(″)	方向值之平均数 (°)	(′)	(″)	平　距	距离中数
D6-1	D7-2	000	00	03.0	180	00	08.0	-5.0	000	00	05.5	000	00	00.0	000	00	00.0	258.720 258.720 258.720	258.7200
	A1	115	44	53.0	295	44	56.0	-3.0	115	44	54.5	115	44	49.0			50.0	41.013 41.013 41.013	41.0130
	A1	359	59	59.0	179	59	58.0	1.0	359	59	58.5	000	00	00.0				41.013 41.013 41.013	
	D7-2	244	15	10.0	064	15	12.0	-2.0	244	15	11.0	244	15	12.5			12.50	258.720 258.720 258.720	
	D7-2	000	00	04.0	180	00	09.0	-5.0	000	00	06.5	000	00	00.0				258.720 258.720 258.720	
	A1	115	44	56.0	295	44	59.0	-3.0	115	44	57.5	115	44	54.0				41.013 41.013 41.013	
	A1	259	59	58.0	180	00	03.0	-5.0	000	00	00.5	000	00	00.0					
	D1-2	244	15	12.0	064	15	14.0	-2.0	244	15	13.0	244	15	12.5					

表 9-3-18

观 测 手 簿（2）

仪器：TCA1800　　编号：425484　　晴　　日期：2015.4.26　　结束：　　共 4 页　第 2 页

测站	视准点	望远镜位置Ⅰ 度盘读数 (°)	(′)	(″)	望远镜位置Ⅱ 度盘读数 (°)	(′)	(″)	2C=Ⅰ-Ⅱ (″)	Ⅰ与Ⅱ之中数 (°)	(′)	(″)	方向值 (°)	(′)	(″)	方向值之平均数 (°)	(′)	(″)	平　距	距离中数
SJD	A1	000	00	00.00	180	00	01.0	00	000	00	01.0	000	00	00.0	000	00	00.00	21.757 21.757 21.757	21.757
	S2	272	53	31.0	092	53	34.0	03.0	272	53	32.5	272	53	31.5			21.50	8.494 8.494 8.494	8.494
	S1	273	14	26.0	093	14	24.0	2.0	273	14	25.0	273	14	24.0			23.25	4.927 4.927 4.927	4.927
	S1	000	00	01.0	180	00	01.0	-1.0	000	00	00.5	000	00	00.0	000	00	00.00	4.928 4.927 4.927	
	A1	086	45	38.0	266	45	37.0	1.0	086	45	37.5	086	45	37.0			37.00	21.757 21.757 21.757	
	S2	359	39	07.0	179	39	12.0	-5.0	359	39	09.5	359	39	09.0			08.25	8.494 8.494 8.494	
	A1	000	00	02.0	180	00	03.0	-1.0	000	00	02.5	000	00	00.0	000	00	00.00	4.927 4.927 4.928	
	S2	272	53	34.0	092	53	34.0	-0.0	272	53	34.0	272	53	31.50			31.50	8.494 8.494 8.494	
	S1	273	14	24.0	093	14	26.0	-5.0	273	14	25.0	273	14	22.50			22.50	4.927 4.927 4.928	
	S1	000	00	01.0	180	00	01.0		000	00	01.0	000	00	00.00			00.00		
	A1	086	45	38.0	266	45	38.0	00	086	45	38.0	086	45	37.0			37.0		
	S2	359	39	09.0	179	39	08.0	1.0	359	39	08.5	359	39	07.5			07.5		

表 9-3-19

观 测 手 簿（3）

仪器：TCA1800　编号：425484　晴　日期：2015.4.26　结束：　共 4 页　第 3 页

测站	视准点	望远镜位置 I 度盘读数 (°)	(′)	(″)	望远镜位置 II 度盘读数 (°)	(′)	(″)	2C11-II (″)	I 与 II 之中数 (°)	(′)	(″)	方向值 (°)	(′)	(″)	方向值之平均数 (°)	(′)	(″)	平 距	距离中数
ZD-00	yx-00	359	59	57.0	180	00	00.0	−3.0	359	59	58.5	000	00	00.0	000	00	00.0	18.066 18.066 18.066 18.066	18.0660
	S2	166	56	42.0	246	56	44.0	−2.0	166	56	43.0	166	56	44.5	166	56	45.25	12.660 12.660 12.661 12.661	12.6605
	S1	167	35	46.0	347	35	3.0	−7.0	167	35	49.5	167	35	51.0	167	35	50.00	16.225 16.225 16.224 16.224	16.2246
	S1	359	59	58.0	180	00	05.0	−7.0	000	00	01.5	000	00	00.0	000	00	00.00	16.224 16.224 16.225 16.225	
	yx-00	192	24	08.0	012	24	14.0	−6.0	192	24	11.0	192	24	09.5	192	24	10.00	18.066 18.066 18.066 18.066	
	S2	359	20	55.0	178	20	59.0	−4.0	359	20	57.0	359	20	55.5	359	20	55.00	12.661 12.661 12.660 12.660	
	yx-00	359	59	58.0	180	00	02.0	−4.0	000	00	00.0	000	00	00.0				18.066 18.066 185.066 18.066	
	S2	166	56	46.0	346	56	46.0	00	166	56	46.0	166	56	46.0				12.661 12.6360 12.661 12.660	
	S1	167	35	47.0	347	35	51.0	−4.0	167	35	49.0	167	35	49.0				16.225 16.225 16.224 16225	
	S1	000	00	03.0	180	00	06.0	−3.0	000	00	04.5	000	00	00.00					
	yx-00	192	24	14.0	012	24	16.0	−2.0	192	24	15.0	192	24	10.5					
	S2	359	20	59.0	179	20	59.0	00	359	20	59.0	359	20	54.50					

计算：

表 9-3-20

地上联系测量计算表

竖井地上联系三角形计算表

三角形示意图		改正数	平差值
边长角度	观测值		
a	4.927	0	
b	8.494	0	
$c_{测}$	3.5672	0	
$c_{算}$	3.5672		
α	0°28′48.95″		
β	179°10′19.20″		
γ	0°20′51.77″		

三角形示意图：SJD 地上近井点, S_1（钢丝1） 4.9270, S_2（钢丝2） 3.5672, 8.4940, 0°20′51.77″

$\angle \gamma, \angle \beta$ 的计算：

$$c_{算}^2 = a^2 + b^2 - 2ab\cos\alpha$$
$$d = c_{算} - c_{测} = 0$$
$$v_c = v_a = -d/3 = 0, \quad v_b = d/3 = 0$$
$$f_\beta = \alpha + \beta_{算} + \gamma_{算} - 180° = 0$$
$$v_a - f_\beta/2 = 0, \quad v_\beta = -f_\beta/2 = 0$$
$$c/\sin\gamma = a/\sin\alpha = b/\sin\beta$$

计算：　复核：

地下联系测量计算

表 9-3-21

竖井地下联系三角形计算表

三角形示意图

ZD-00（地下近井点） — 12.6605，0°39′04.88″ — S2(钢丝2) — 3.5678 — S1(钢丝1)，16.2246

∠γ、∠β 的计算

$c_{算}^2 = a^2 + b^2 - 2ab\cos\alpha$

$d = c_{算} - c_{测} = 0$

$v_c = v_a = -d/3 = 0 \qquad v_b = d/3 = 0$

$f_\beta = \alpha + \beta_{算} + \gamma_{算} - 180° = 0$

$v_a - f_\beta/2 = 0 \qquad v_\beta = -f_\beta/2 = 0$

$c/\sin\gamma = a/\sin\alpha = b/\sin\beta$

边长角度	观测值	改正数	平差值
a	12.6605		
b	16.2248		
$c_{测}$	3.5679		
$c_{算}$	3.5678	0	
α	2°18′42.99″	0	
β	177°02′12.11″	0	
γ	0°39′04.88″	0	

计算： 复核：

计算成果

表 9-3-22

点号	左角	方位角	距离	坐标增量 dx	坐标增量 dy	平差坐标 X	平差坐标 Y
D7-2		98°00′38.45″	258.7200	-36.0547	256.1960	51573.1135	55543.9129
D6-1	115°4′48.75″	33°45′27.2″	41.0135	34.0985	22.7904	51537.0588	55800.1089
A1	238°88′43.00″	92°44′41.5″	21.7570	-1.0386	21.7322	51571.1573	55822.8993
SJJD	272°53′31.35″	185°37′42.99″	8.4940	-8.4530	-0.8330	51570.1187	55844.6315
S2	359°31′11.00″	5°08′52.55″	3.5675	3.5531	0.3201	51561.6657	55843.7985
S1	357°41′17.00″	182°50′09.55″	16.2246	-16.2047	-0.8027	51565.2188	55844.1186
ZD-00	192°24′10.00″	195°14′19.50″	18.0660	-17.4308	-4.7485	51549.0141	55843.3159
YX00						51531.5833	55838.5674

(1)测量技术要求

①两井定向最有利的形状为地面近井点与钢丝呈直伸形,尽量在一条线;地下待定点不宜超过2个,并在两井钢丝之间,布设的导线点尽量在一条线上组成直伸形导线,并与隧道掘进方向平行。

②地下待定点间距应尽量增大,但不宜超出两钢丝之间的范围。

③两钢丝间的距离越大,定向精度越高。

④两井定向其他技术要求参照一井定向。

(2)测量方法

①投点:在两个竖井中各悬挂一根垂球线 A 和 B。投点设备和方法与一井定向相同。

②地面连接测量:从近井点 K 分别向两垂球线 A、B 测设连接导线 K-Ⅱ-Ⅰ-A 及 K-Ⅱ-B,以确定 A、B 的坐标和 AB 的坐标方位角。连接导线敷设时,应使其具有最短的长度并尽可能沿两垂球线连线的方向延伸,因为此时量边误差对连线的方向不产生影响。

③井下连接测量:在井下测设导线 A'-1-2-3-4-B'。

④导线可按照一级或二级导线的精度要求施测。

(3)计算方法

①根据地面连接测量的结果,计算两垂球连线的方位角、长度及两垂线的坐标 x_A、y_A、x_B、y_B,然后计算 AB 的方位角及长度。

$$c = \frac{y_B - y_A}{\sin\alpha_{AB}} = \frac{x_B - x_A}{\cos\alpha_{AB}} = \sqrt{(\Delta x_A^B)^2 + (\Delta y_A^B)^2} \quad (9\text{-}3\text{-}20)$$

②根据假定坐标系统计算井下连接导线。

假设 A' 为坐标原点,A'1 边为 x' 轴方向,即 $x'_A = 0, y'_A = 0, \alpha_{A'1} = 0°00'00''$。

③测量和计算的检验。

用比较井上和井下算得的两垂球线间距离 c 与 c' 进行检查。由于两垂球的向地心性,差值 Δc 为:

$$\Delta c = c - \left(c' + \frac{H}{R}c\right) \quad (9\text{-}3\text{-}21)$$

式中:H——井筒深度;

R——地球的曲率半径;

Δc 应不超过井上、井下连接测量中误差的 2 倍:

$$\Delta c \leq 2\sqrt{\frac{1}{R^2}\sum m_{\beta_i}^2 R_{x_i}^2 + \sum m_{l_i}^2 \cos^2\varphi_i} \quad (9\text{-}3\text{-}22)$$

式中:m_{β_i}——井上、井下连接导线的测角中误差;

R_{x_i}——井上、井下连接导线各点(不包括近井点到结点)到 AB 连线的垂直距离;

m_{l_i}——井上、井下连接导线各边(不包括近井点到结点)的量边误差;

φ_i——井上、井下各导线边与 AB 连线的夹角。

④按地面坐标系统计算井下导线各边的方位角及各点的坐标。

其他边的方位角为:

$$\alpha_{A'1} = \alpha_{AB} - \alpha'_{AB} = \Delta\alpha \quad (9\text{-}3\text{-}23)$$

其他边的坐标方位角为:

$$\alpha_i = \Delta\alpha - \alpha'_i \quad (9\text{-}3\text{-}24)$$

式中:α'_i——该边在假定坐标系中的假定方位角。

根据起算数据 x_A、y_A、$\alpha_{A'1}$ 与地下导线的测量数据重新计算地下连接导线点的坐标。将地面与地下求得的 B 点坐标相比较，如果其相对闭合差符合所采用连接导线的精度，则可将坐标增量闭合差按地下连接导线边长成比例反号加以分配，因地面连接导线精度较高，可以不改正。

3) 陀螺经纬仪定向

陀螺经纬仪是带有陀螺装置，用来测定测线真北方位角的经纬仪。用陀螺经纬仪可以把方位角直接从地面传递到地下去。用陀螺经纬仪进行定向的过程如下：

（1）在地面已知方位角的边上测定仪器常数。

（2）在地下待定边上测定陀螺经纬仪方位角。

如图 9-3-25 所示，在 A 点安置好陀螺经纬仪，照准 B 点读取水平度盘的读数 M，然后测取陀螺转子轴指向真北方向的水平度盘读数 N，则 AB 边的陀螺方位角 m 为：

$$m = M - N \tag{9-3-25}$$

（3）在地面已知边上重新测定仪器常数。

（4）计算测线 AB 的坐标方位角。

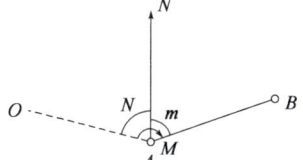

图 9-3-25　陀螺经纬仪测角原理图

4) 导线直接传递测量

当地铁工程施工深度相对较浅时，竖井联系测量可采用导线直接传递测量定向，相对于竖井联系三角形定向法，该方法布设和施测比较简单，受井口施工干扰小，同样可满足工程实际要求，但导线直接定向精度和点位传递精度随竖井深度增加而降低。

（1）路线形式

当井筒直径较大，且竖井中部有站厅平台（车站中板）等可架设测量仪器时，可采用全站仪直接从地面经车站中板，到地下布设导线进行坐标和方向传递测量，其传递方式如图 9-3-26 所示。

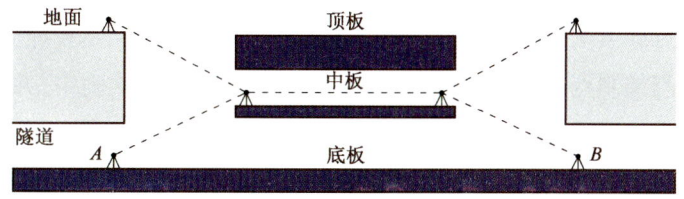

图 9-3-26　导线直接传递示意图

（2）传递计算方法

导线直接传递测量主要是沿竖井的竖直方向布设导线点，通过测定相邻点间的水平角和导线边，根据地面已知边和已知点坐标推算井下待定边的方位角和待定点坐标的一种方法。

（3）测量特点

① 方位角中误差与导线边数和测角中误差有关，导线边数与竖直角大小成反比。

② 全站仪测量精度受俯仰角影响，传递误差较大，受竖井深度限制。

③ 导线直接传递测量是一种比较经济的定向测量方法，只要在测量过程中，注意仪器气泡居中和觇牌的偏心问题，便可获得高精度的方位角传递成果。

5) 投点定向

投点就是将点从一个高程面上垂直投放到另一个高程面上，主要用于高层建筑物几何中心的放样。过底部基准点向上投点一般采用天顶仪或底向垂准仪，如高耸建筑物常根据底层控制点来放样和安装上部各层的结构;过顶部基准点向下投点则采用天顶仪或顶向垂准仪,如矿山和隧道工程要将地面点通过竖井垂直投影到地下。投点测量方法分机械法、光学法和光电法。机械法实质是改进的正、倒垂线法,如垂线遥测仪;光学法采用的测量仪器有光学对点仪、激光铅直仪和激光垂准仪;光电法是在光学法的基础上,采用光电探测系统,实现传感器读数,提高效率和精度。投点精度可通过仪器严格置平、盘左盘右观测或4个位置投点等方法予以提高。

在工程测量中还有与精密定位有关的直线度、曲线度、水平度、平面度、平行度、铅直度、圆度和曲面等测量。

3.4.4 高程传递测量

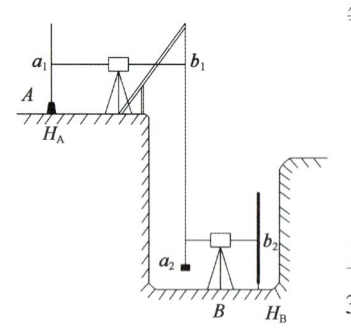

图 9-3-27 悬吊钢尺法

高程传递测量一般采用悬吊钢尺的方法进行,如图 9-3-27 所示。

在井上、井下安置两台水准仪同时进行观测,应至少独立观测 3 次,且 3 次观测均需要变动仪器高,3 次读数计算的高差较差绝对值应小于 3mm。当读数较差满足要求时,应进行温度和尺长改正。当深度超过 50m 时,应进行钢尺自重张力改正。

3.5 地下控制网测量

3.5.1 地下车站和隧道控制网测量

地下控制测量是地下隧道掘进测量、设备安装测量和竣工测量等的基础,包括地下平面控制测量和高程控制测量。地下控制点分为车站平面控制点、车站高程控制点和轨道基础控制点。地下控制测量的基本要求如下:

(1)直接从地面通过联系测量传递到地下的控制点作为地下平面和高程控制测量起算点。

(2)地下平面和高程控制点标志,应根据施工方法和隧道结构形状确定,并宜埋设在隧道底板、顶板或两侧边墙上。

(3)隧道单向贯通距离大于1500m时,应在隧道每掘进1000m处,通过钻孔投测坐标点或加测陀螺方位角等方法提高控制网精度。

(4)每次进行平面、高程控制测量前,应对地下平面和高程起算点进行检测,确保其可靠性。

1)地下平面控制测量

(1)导线布设形式

①车站平面控制点

a.车站平面控制点应布设在侧墙上,左、右线至少各3个,用于隧道内控制点测量、贯通测量、车站断面测量、隧道断面测量及 CPⅢ点测量等,现场应有明显标识。

b.车站平面控制点观测方法及技术要求:车站平面控制点精度等级按照精密导线网精度要求施测,使用全站仪导线测量方法,并配合两井定向或一井定向方法测设,相关技术要求按现行《城市轨道交通工程测量规范》(GB/T 50308)执行。

②隧道平面控制点

地下导线测量的起算数据是通过联系测量或直接测定等方法传递至地下洞内定向边的方位角和定

向点坐标。由于地下结构主要是隧道,因此平面控制测量的形式一般为导线。当施工竖井间隧道未贯通时,以支导线形式布设平面控制点;当施工竖井间隧道贯通后,则应将控制点构成附合导线。如果隧道间有联络通道连接时,应通过联络通道构成附合路线或结点网。

地下导线测量一般分两级布设,在隧道掘进初期,由于距离短,不宜布设地下控制导线,但为了满足指导隧道施工的要求,应布设施工导线;当直线隧道掘进200m或曲线隧道掘进至100m距离后,才按控制导线边长要求,从施工导线中选择适宜的导线点作为地下平面控制点,地下平面控制点也可以脱离施工导线单独布设。两级地下导线布设示意图如图9-3-28所示(图中虚线为施工导线,实线为控制导线)。隧道内控制点间平均边长为150m,曲线隧道控制点间距不应小于60m。

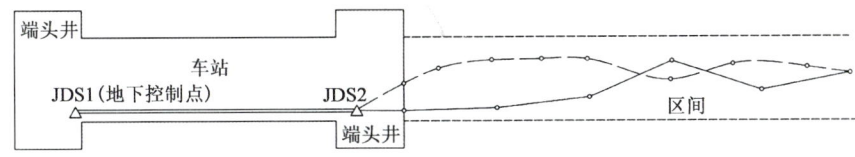

图9-3-28 两级地下导线布设示意图

在贯通距离大于1500m时,为了提高导线测量精度,在导线中部或适当位置,通过加测陀螺方位、投点等方法所施测的高精度点和方位边,均应作为地下平面控制测量的已知数据。

(2)导线点的埋设形式

隧道内导线点的埋设形式有多种,应根据施工方法和隧道结构形状确定。一般导线点可埋设在隧道结构的底板、边墙或拱顶上。导线点的形式一般有以下三种:

①埋设在隧道结构底板的导线点形式。埋设在隧道结构底板上的导线点形式如图9-3-29所示,该点为200m×100m×10mm规格的钢板,其与结构底板的钢筋焊在一起,并用混凝土与隧道结构底板浇筑在一起。在钢板上钻直径2m的小孔,并镶上红或黄铜丝作为导线点标志。这种形式导线点的特点是简单、钢板面积大、便于调线,如直接设置在轴线上对施工更为直观。缺点是容易受到损坏,观测时受施工影响大。

②埋设在隧道结构边墙的导线点形式。埋设在隧道结构边墙的导线点,在隧道边墙设置具有强制仪器归心装置的观测台(图9-3-30)。虽然这种形式的导线点制造和安装较复杂,但观测时不受施工影响、精度高,得到广泛应用。

③埋设在隧道结构拱顶上的导线点形式。埋设在隧道结构拱顶上的导线点形似"吊篮",由搭建在隧道拱顶部互相分离的仪器架设平台和观测人员站立平台组成,如图9-3-31所示。同时,仪器架设平台应有强制仪器归心装置。"吊篮"形式的导线点虽然结构复杂,安装麻烦,但观测时不受施工影响、精度高,在盾构施工中广泛应用。

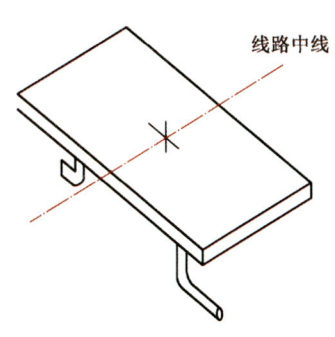
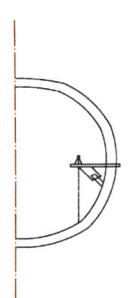
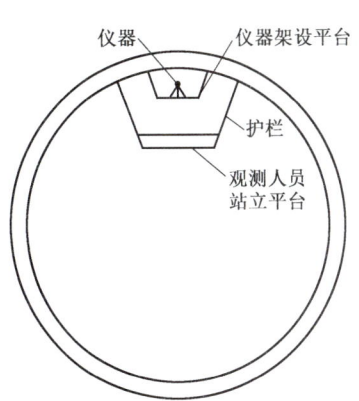

图9-3-29 底板上导线点形式　　图9-3-30 具有强制仪器归心装置的观测台　　图9-3-31 隧道拱顶控制导线"吊篮"示意图

隧道内观测条件较差,但控制点埋设位置应尽量避开比较强的光源、热源、淋水等地方,控制点间视线距隧道壁应大于0.5m,埋设在隧道结构边墙的控制点应分别在隧道两侧布设,以避免或减弱旁折光影响。

(3)测量精度要求

①地铁工程地下平面控制测量,是指导隧道沿着设计给出的轴线掘进,达到贯通的目的,并为满足贯通测量误差在±50mm以内的要求所进行的平面控制测量(导线)工作。影响导线横向误差的主要因素是角度测量误差,而影响导线纵向误差的主要因素是测距误差,故现行《城市轨道交通工程测量规范》(GB/T 50308)规定,平面控制测量应采用导线测量等方法。导线长度小于1500m时,导线测量应使用不低于Ⅱ级的全站仪施测,左右角各观测两测回,左右角平均值之和与360°较差应小于4″,边长往返观测各两测回,往返平均值较差应小于4mm。测角中误差不应超过±2.5″,测距中误差不应超过±3mm。

②控制点点位横向误差,宜符合下式要求:

$$m_u \leq m_\phi \times \left(0.8 \times \frac{d}{D}\right) \quad (9\text{-}3\text{-}26)$$

式中:m_u——导线点横向误差(mm);

m_ϕ——贯通中误差(mm);

d——控制导线长度(m);

D——贯通距离(m)。

③每次延伸控制导线前,应对已有的控制导线点进行检测,并从稳定的控制点进行延伸测量。

④控制导线点在隧道贯通前应至少测量3次,并宜与竖井定向同步进行。重合点重复测量坐标分量的较差应分别小于$30 \times d/D$(mm),其中d为控制导线长度,D为贯通距离,单位均为m。满足要求时,应取其逐次平均值作为控制点的成果,并指导隧道掘进。

(4)测量方法

①地下平面控制测量应采用导线测量方法施测。

②地下平面控制测量的方法和精度,应符合导线测量技术规定。

③平面控制测量应在隧道贯通前进行3次,并应与联系测量同步进行。重复测量的基线方位角较差应小于12″,满足要求时,应取其平均值作为控制点的成果,并指导隧道掘进。

④相邻竖井间或相邻车站间隧道贯通后,地下平面控制点应构成附合导线路线。

⑤可采用自动照准仪器和强制对中装置提高测量精度,也可采用主副导线形式提高精度。

2)地下高程控制测量

地下高程控制测量是以通过竖井传递至地下的水准点为高程起算依据,采用水准测量方法,沿掘进隧道布设水准点,并确定隧道、设备在竖直方向的位置和关系的工作。

(1)地下水准点布设形式

高程控制测量一般采用二等水准测量方法施测,并应起算于地下进井水准点。高程控制点可利用地下导线点,单独埋设时宜每200m埋设一个。

地下水准路线布设可与地下施工导线测量路线相同,在隧道没有贯通前,地下水准路线均为支线,因此需要加强测站检核,并进行往返观测。同样隧道间有联络通道连接或相邻竖井、车站间隧道贯通后,应把支水准路线连接起来,使地下高程控制点构成结点水准网或附合水准路线。

(2)地下水准点的埋设形式

高程控制点的埋设形式有多种,如在盾构施工的隧道可以利用管片上安装连接的底部螺栓作为控制点,亦可在管片底部直接埋设水准点标志,并要做好标识;在矿山法施工的隧道,可直接在隧道边墙或底板埋设水准点。选择水准点的埋设位置时,要注意能使水准尺直立。水准点的埋设位置和形式如图 9-3-32 所示。

(3)测量精度要求

地下高程控制测量精度要求应符合现行《城市轨道交通工程测量规范》(GB/T 50308)中二等水准测量的技术要求。

(4)测量方法

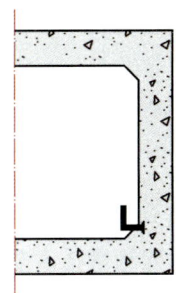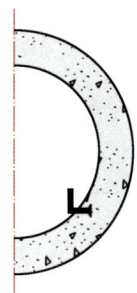

图 9-3-32　水准点的埋设位置和形式示意图

①高程控制测量应采用二等水准测量方法施测。

②高程控制点可利用地下导线点。

③地下高程控制测量的方法和精度,应符合二等水准测量的技术规定。

④水准测量应在隧道贯通前进行 3 次,并应与传递高程测量同步进行。重复测量的高程点间的高程较差应小于 5mm,满足要求时,应取其平均值作为控制点的成果,并指导隧道掘进。

⑤相邻竖井间或相邻车站间隧道贯通后,地下高程控制点应构成附合水准路线。

3.5.2　矿山法隧道施工导线测量

1)矿山法隧道施工导线及施工高程测量的技术要求

(1)施工测量前,应熟悉设计图纸,检核设计数据,并对已有的测量资料进行检核。

(2)暗挖隧道掘进初期,施工测量应以联系测量成果为起算依据,进行地下施工导线和施工高程测量,测量前应对联系测量成果进行检核。

(3)已完成的暗挖隧道长度满足布设地下平面控制网和高程控制网基本要求时,应按本章 3.5.1 小节的技术要求建立地下平面控制网和高程控制网,并应符合下列规定:

①地下平面控制网和高程控制网延伸测量前,应对已建立的既有控制网点进行检测,符合要求后应作为起算数据;

②随着暗挖隧道的延伸,应以建立的地下平面控制点和高程控制点作为依据,进行地下施工导线和施工高程测量。

(4)暗挖隧道施工测量应以地下平面控制点或施工导线点测设线路中线或隧道中线,以地下高程控制点或施工高程点测设施工高程控制线。

(5)隧道掘进距贯通面 150m 时,应对线路中线或隧道中线和高程控制线进行检核。

(6)隧道贯通后,应立即进行平面和高程贯通误差测量。

2)施工导线测量的技术要求

(1)施工导线测量应符合下列规定:

①导线边数不应超过 3 条,总长度不应超过 180m;

②导线点宜设置在线路中线、隧道中线上或隧道边墙上;

③施工导线测量技术要求依据现行《城市轨道交通工程测量规范》(GB/T 50308)确定,详见表 9-3-23。

施工导线测量技术要求　　　　　　　　　表 9-3-23

使用仪器等级（全站仪）	测角中误差（″）	测距中误差（mm）	测 回 数
Ⅰ	±1	$1mm + 2 \times 10^{-6} \times d$	1
Ⅱ	±2	$3mm + 2 \times 10^{-6} \times d$	2

注：d 为距离测量值，单位为 mm。

（2）地下施工高程测量技术要求如下：

①地下施工高程测量应采用水准测量方法，水准点宜每 50m 设置一个；

②施工高程测量可采用不低于 DS3 级水准仪和区格式木制水准尺，并按城市四等水准测量技术要求进行往返观测，其闭合差在 $\pm 20\sqrt{L}$ mm（L 以 km 计）之内。

3.5.3　铺轨基标测量

目前地铁多采用现浇高标准轨道混凝土整体道床。整体道床一旦完成轨道铺设，钢轨位置的调整量非常有限，为了确保地铁轨道铺设位置的精度，铺轨前需要建立高精度铺轨测量控制网，并埋设铺轨基标作为铺轨测量控制点。同时铺轨基标也是运营期间用于轨道维护的测量控制点，因此，精确测设铺轨基标是保证轨道线形质量的关键。

铺轨基标主要供轨道工程施工时铺轨龙门吊走行线安装、基底钢筋绑扎、膨胀螺栓安装、轨排架设及轨排粗调、模板安装使用，铺轨基标测量方法详见附件 9-3-1。

3.5.4　轨道基础控制网测量

1）控制点的布设

轨道基础控制网，又称自由设站控制网（简称"CPⅢ"），应沿线路成对布设，点位布设要求依据现行《城市轨道交通工程测量规范》（GB/T 50308）确定，详见表 9-3-24。

轨道基础控制点布设的技术要求　　　　　　　　　表 9-3-24

名　称	纵向间距	高　度	备　注
轨道基础控制点	30~60m	高于轨面 0.7~1.4m	成对布设在隧道侧墙、中隔墙或站台廊檐上

注：如设计图已设置轨道基础控制点点位，以设计图为准。

（1）地下隧道区间段控制点布设

在地下隧道区间段，轨道基础控制点应埋设在隧道侧墙上。控制点布设时应根据限界图中线路设备的设计位置进行综合比选，选择结构稳定、高度合适、便于控制网测量的位置进行布点。

直线段单圆隧道轨道基础控制点布设位置如图 9-3-33 所示。

曲线段单圆隧道轨道基础控制点布设位置如图 9-3-34 所示。

联络通道地段轨道基础控制点布设位置如图 9-3-35 所示。

区间直线段双线矩形隧道限界图（有中隔墙）轨道基础控制点布设位置如图 9-3-36 所示。

（2）高架段控制点布设

区间直线段双线高架桥轨道基础控制点布设位置如图 9-3-37 所示。

（3）车站控制点布设

直线段岛式站台车站矩形隧道区间轨道基础控制点布设位置如图 9-3-38 所示。

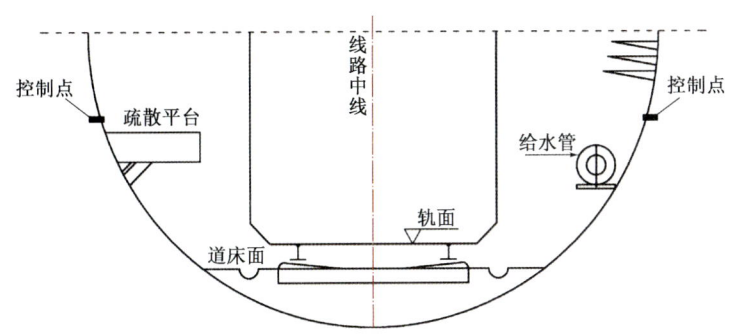

图 9-3-33　直线段单圆隧道轨道基础控制点布设位置图

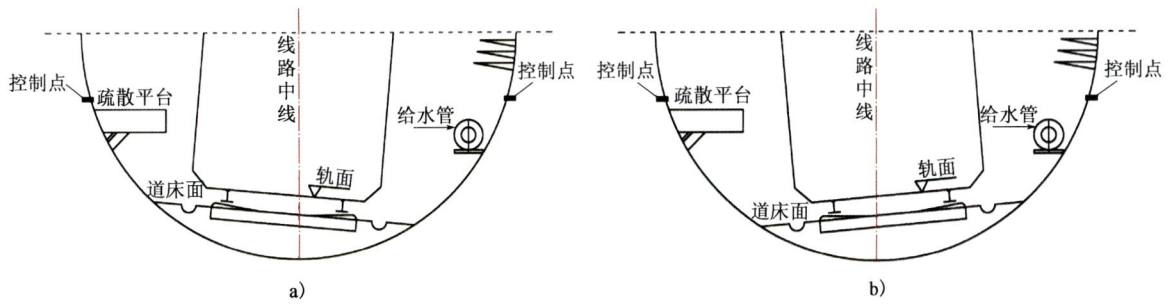

图 9-3-34　曲线段单圆隧道轨道基础控制点布设位置图

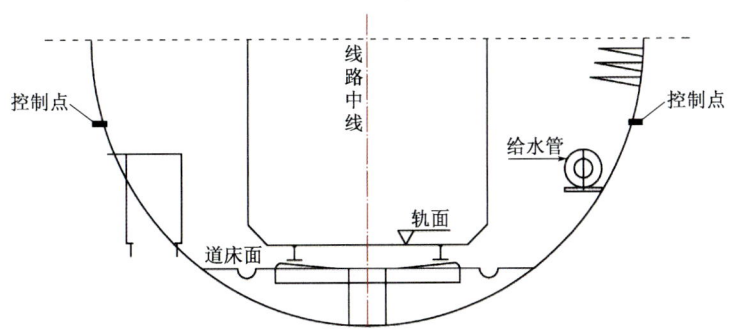

图 9-3-35　联络通道地段轨道基础控制点布设位置图

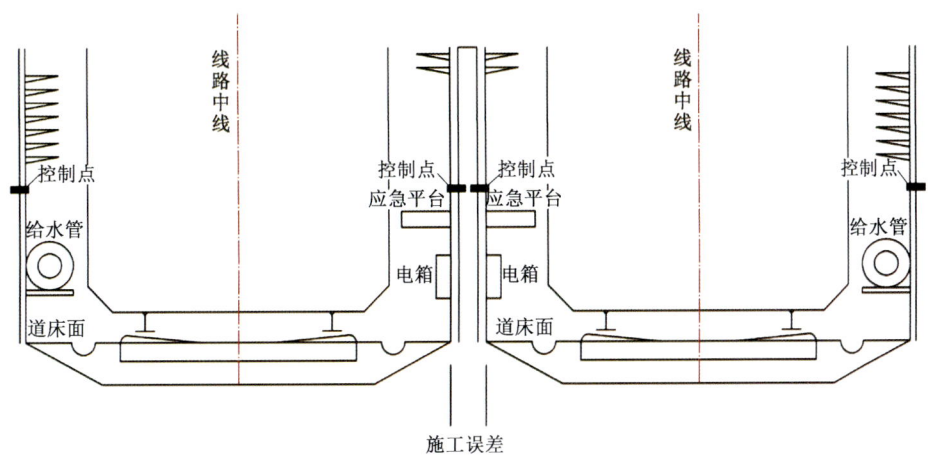

图 9-3-36　区间直线段双线矩形隧道限界图(有中隔墙)轨道基础控制点布设位置图

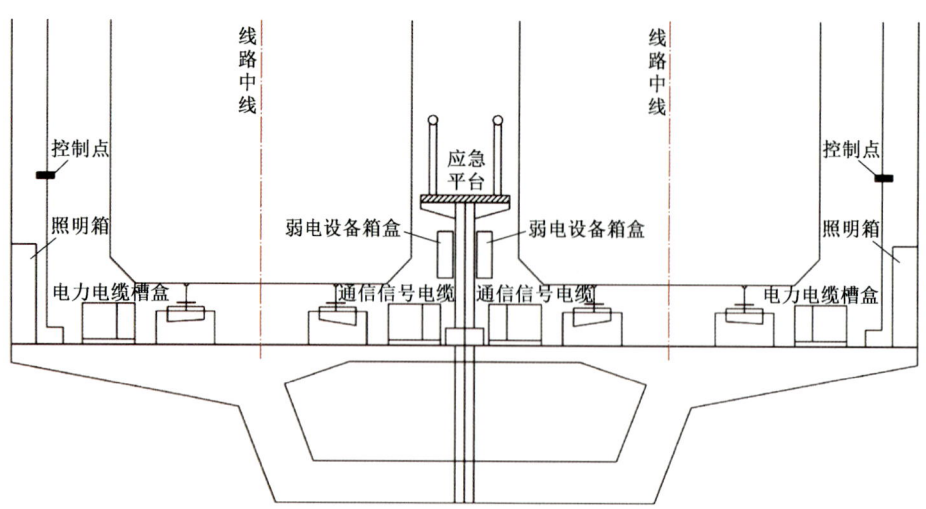

图 9-3-37　区间直线段双线高架桥轨道基础控制点布设位置图

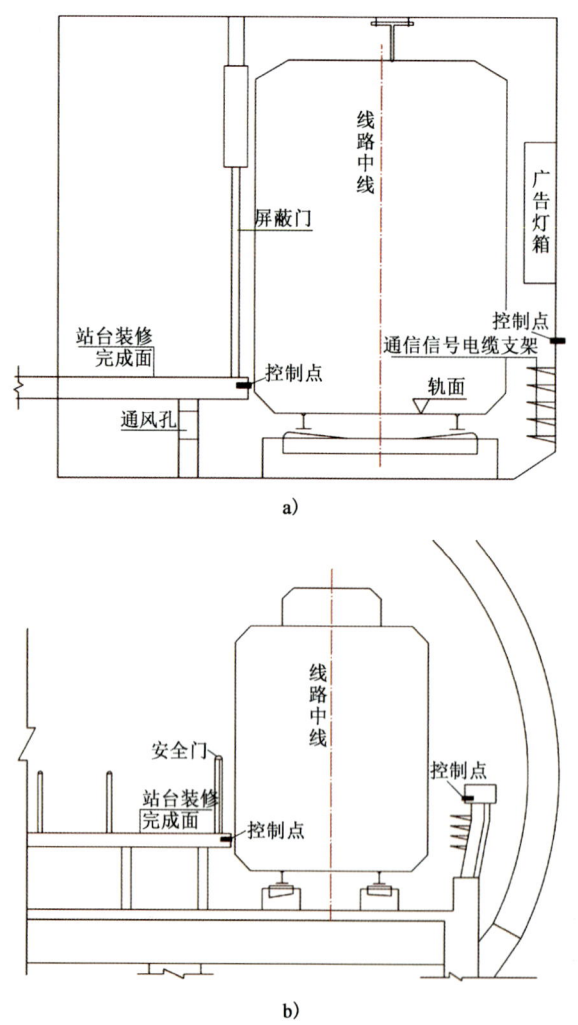

图 9-3-38　直线段岛式站台车站矩形隧道区间轨道基础控制点布设位置图

(4)出入场单线圆隧道段控制点布设

区间直线段双线敞开段轨道基础控制点布设位置如图9-3-39所示。

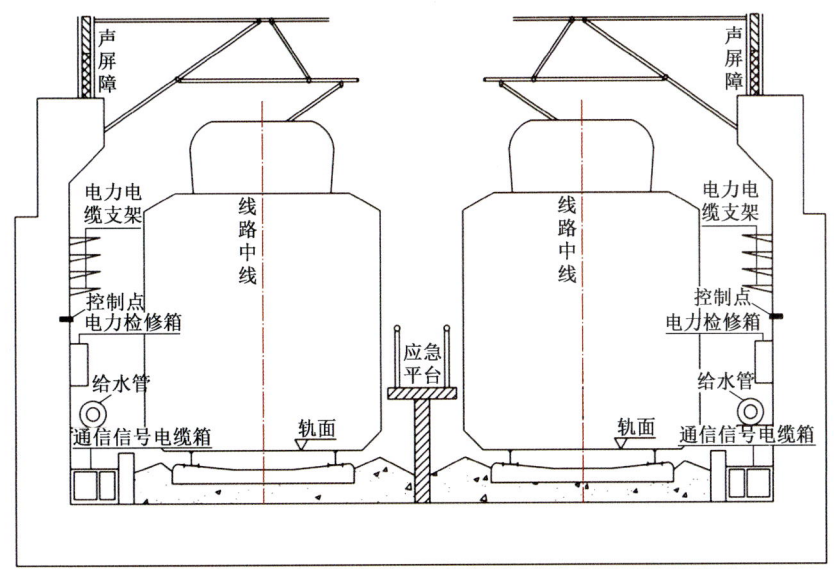

图9-3-39　区间直线段双线敞开段轨道基础控制点布设位置图

(5)控制点的编号

轨道基础控制点按照公里数递增进行编号,其编号反映里程数。位于线路里程增大方向左侧的控制点编号为奇数,位于线路里程增大方向右侧的控制点编号为偶数(在有长短链地段应注意编号不能重复)。控制点编号统一为六位数,具体规则：×(上下行标识S或X)+××(里程整公里数)+G(表示轨道基础控制点)+××(该公里段序号)。例如X26G01,其中"X"代表下行,"26"代表里程数,"G"代表轨道基础控制点,"01"代表1号点。

轨道基础控制点编号应明显、清晰地标在侧墙或车站廊檐上,同一路段点号标志高度应统一。点号标志字号应采用统一规格的字模,应注明工程线名简称、控制点编号、"严禁破坏"等信息,如图9-3-40所示。

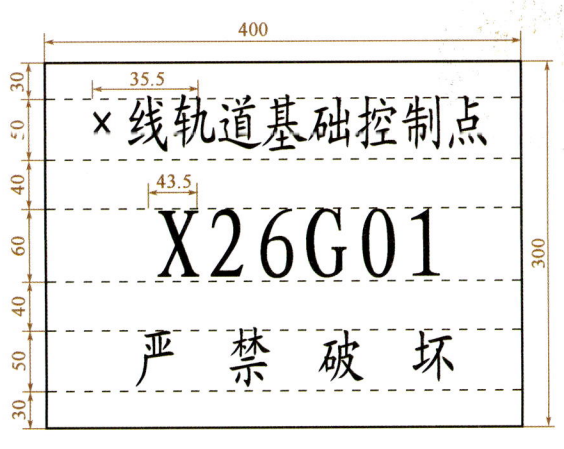

图9-3-40　轨道基础控制点编号标注示意图(尺寸单位：mm)

2)CPⅢ采用的测量组件

轨道基础控制点测量组件采用精加工元器件。轨道基础控制点标志重复安置精度和互换安装精度

X、Y、Z 三维方向分别小于 0.4mm、0.4mm、0.2mm。在测量工作开展前应首先对平面、高程测量连接杆以及棱镜互换性进行检核,当互换性超过限差时应进行更换处理。控制点测量组件由预埋件、平面测量杆、专用平面测量棱镜、水准测量杆四部分组成。

(1) 预埋件

预埋件在 CPⅢ 测量前进行埋设,用于连接平面测量杆或高程测量杆,进行后续平面测量以及水准测量工作,如图 9-3-41 所示。

(2) 平面测量杆

在 CPⅢ 平面测量时,需将平面测量杆安装在预埋件中,用于连接专用平面测量棱镜,如图 9-3-42 所示。

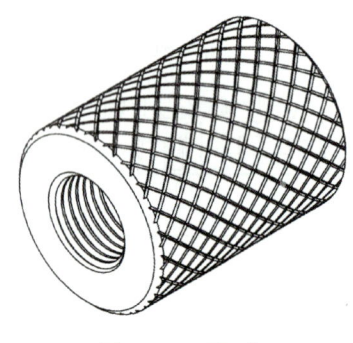

图 9-3-41　预埋件

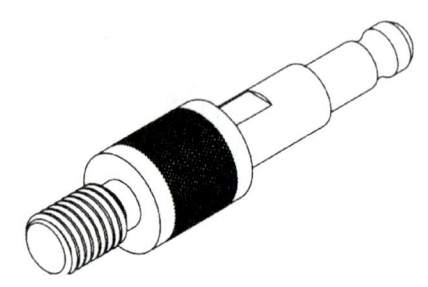

图 9-3-42　平面测量杆

(3) 专用平面测量棱镜

CPⅢ 平面测量采用反射面大、精度高的精密棱镜,该棱镜与平面测量杆连接方便,如图 9-3-43 所示。

(4) 高程测量杆

高程测量杆使用时安装在预埋件中,如图 9-3-44 所示。

图 9-3-43　专用平面测量棱镜

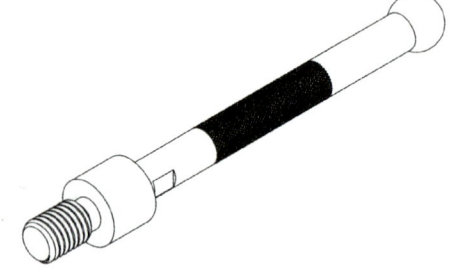

图 9-3-44　高程测量杆

3) 测量采用的设备与软件

CPⅢ 测量使用的全站仪角度测量精度应 ≤ ±1″,距离测量精度应 ≤ ±1mm + 2ppm。全站仪应使用具有自动目标搜索、自动照准(ATR)、自动观测、自动记录功能的智能型全站仪。

CPⅢ 数据采集和数据处理软件必须通过相关部门鉴定合格。

4) CPⅢ 平面测量

(1) 外业测量

CPⅢ 采用自由测站边角交会的方法测量,每个自由测站观测 4 对控制点(长直线段观测 6 对,提高作业效率),测站间重复观测 3 对控制点,每个控制点有 4 个自由测站的方向和距离观测量,具体测量方法如图 9-3-45 所示。

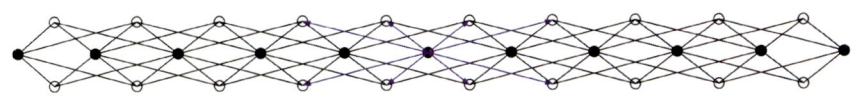

图 9-3-45 CPⅢ 平面测量示意图

平面测量水平方向采用全圆方向观测法进行观测,水平方向观测技术要求依据现行《城市轨道交通工程测量规范》(GB/T 50308)确定,详见表 9-3-25。

平面测量水平方向观测技术要求   表 9-3-25

控制网	仪器等级	测回数	半测回归零差	不同测回同一方向2C互差	同一方向归零后方向值较差	2C 值
CPⅢ	0.5″	2	6″	9″	6″	15″
	1″	3	6″	9″	6″	15″

平面测量距离观测采用多测回距离观测法,应满足表 9-3-26 的规定。边长观测应实时在全站仪中输入温度和气压进行气象元素改正,温度读数精确至 0.2℃,气压读数精确至 0.5hPa。

平面测量距离观测技术要求   表 9-3-26

控制网	测回数	半测回间距离较差	测回间距离较差
CPⅢ	≥2	±1mm	±1mm

(2)与平面起算点的联测

①当沿线布设有施工控制网(或贯通导线)时,CPⅢ平面测量应每隔 300m 左右联测一个施工控制点。

②CPⅢ测量时应联测每个车站布设的地下平面起算点(经联系测量传递的控制点)。

③CPⅢ与线路控制网点和地下平面起算点联测时(图 9-3-46),应至少通过 2 个或 2 个以上自由测站进行联测,在实际观测过程中应尽可能多地增加联测点数,提高控制网精度,同时当改正数超限时可以通过数据剔除,尽量避免外业补测。

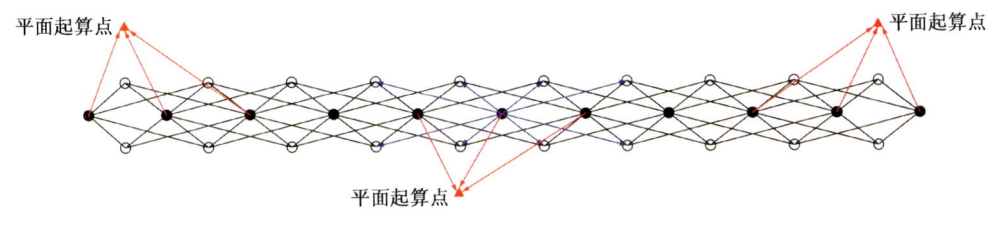

图 9-3-46 与平面起算点联测示意图

(3)数据处理与平差

平面测量后先采用独立自由网平差,再采用合格的平面起算点进行固定约束平差。

平面测量自由网平差时,应按要求依据现行《城市轨道交通工程测量规范》(GB/T 50308)确定,详见表 9-3-27。对各项技术指标进行统计分析,检核控制网自由网平差的精度。

平面测量自由网平差后的主要技术要求　　　　　　　　　　　　　　表 9-3-27

控　制　网	方向改正数	距离改正数
CPⅢ平面测量	±3″	±2 mm

自由网平差满足要求后,应进行平面测量约束平差,并按表 9-3-28 的规定对各项技术指标进行统计分析,检核控制网约束平差的精度。为保证控制网成果质量,约束平差前应对采用的平面起算点进行精度检核,采用检核合格的起算点进行约束平差计算。

平面测量约束网平差后的主要技术要求　　　　　　　　　　　　　　表 9-3-28

控制网	与起算点联测		轨道基础控制点联测		方向观测中误差	距离观测中误差	点位中误差	相邻点相对点位中误差
	方向改正数	距离改正数	方向改正数	距离改正数				
CPⅢ平面测量	±4.0″	±4mm	±3.0″	±2mm	±1.8″	±1mm	3mm	±1mm

区段之间衔接时,前后区段独立平差重叠点坐标差值应≤±3mm。满足该条件后,后一区段 CPⅢ 网平差应采用本区段联测的平面起算点及重叠段前一区段连续的 1~3 对 CPⅢ 点作为约束点进行平差计算。

5) CPⅢ高程测量

(1) 外业测量

CPⅢ高程测量一般按二等水准等级要求施测。在高架段和敞开段,应采用水准测量观测;在地下隧道段,可采用自由测站三角高程测量,与平面测量合并进行。

CPⅢ高程采用水准测量观测时,应采用 DS1 电子水准仪,观测要求依据现行《城市轨道交通工程测量规范》(GB/T 50308)确定,详见表 9-3-29 和表 9-3-30。水准测量应附合于既有的线路水准控制点上,每 1km 左右联测一个线路水准控制点,水准路线附合长度不宜大于 2km。

水准观测的主要技术要求　　　　　　　　　　　　　　表 9-3-29

等　级	水准尺类型	水准仪等级	视距 (m)	前后视距差 (m)	测段的前后视距累积差(m)	视线高度 (m)
二等水准	因瓦尺	DS1 电子水准仪	≥3 且≤60	≤2.0	≤6.0	≥0.3 且≤2.8

水准观测的测站限差(单位:mm)　　　　　　　　　　　　　　表 9-3-30

等　级	两次读数之差	两次读数所测高差之差	检测间歇点高差之差	上下丝读数平均值与中丝读数之差
二等水准	0.5	0.7	2.0	3.0

在高架区间或敞开段,轨道控制点水准测量宜采用如图 9-3-47 所示的水准路线形式。采用水准观测进行高程测量时,第一个闭合环的 4 个高差应该由两个测站完成,以保证高差观测值的相互独立性。其他闭合环的 3 个高差可由一个测站按照后—前—前—后或前—后—后—前的顺序进行单程观测。矩形环单程高程测量所形成的闭合环如图 9-3-48 所示。

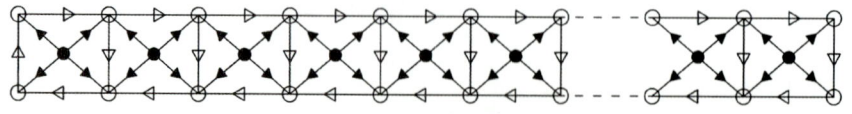

图 9-3-47　矩形环单程高程测量观测示意图

在地下隧道段,由于通视条件无法进行水准测量,采用自由测站三角高程测量方法进行高程测量,与平面测量同时进行。测量完成后应采用不同测站所测得相邻点的高差,单个测站 8 个测点可计算 10

段相邻点间的高差,如图 9-3-49 所示。

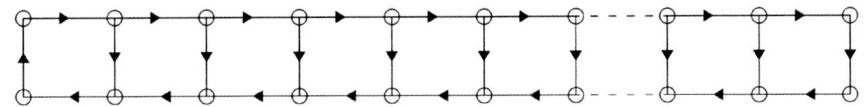

图 9-3-48　矩形环单程高程测量形成的闭合环示意图

多个测站所形成的三角高程网如图 9-3-50 所示。

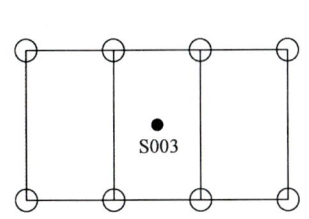
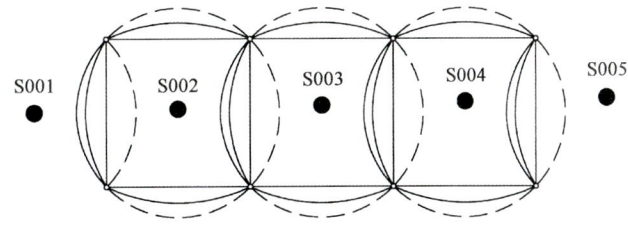

图 9-3-49　单个测站自由测站三角高程网示意图　　　图 9-3-50　多个测站自由测站三角高程网示意图

CPⅢ三角高程测量应符合下列要求:CPⅢ相邻点至少需在 3 个不同的自由测站点进行同时观测,相邻点高差值互差小于 3mm 时,取距离加权平均值作为最后的高差值。

自由测站三角高程进行观测时,除满足平面网的外业观测要求外,还应满足表 9-3-31 的规定。

CPⅢ自由测站三角高程外业观测主要技术要求　　　　表 9-3-31

全站仪标称精度	测 回 数	测回间距离较差	测回间竖盘指标差互差	测回间竖直角互差
≤1″,1mm + 1ppm	≥3	≤1mm	≤10″	≤6″

（2）与高程起算点的联测

CPⅢ高程测量采用水准观测时,应附合于既有线路水准控制点上,每 1km 左右联测一个线路水准控制点,水准路线附合长度不大于 2km。CPⅢ水准网与线路水准基点联测时,应按二等水准测量要求进行往返观测。

CPⅢ高程测量采用自由测站三角高程观测时,应附合于水准基点,每 1km 左右与水准基点进行高程联测。与水准基点的联测采用水准测量时,应按二等水准测量要求进行往返观测;与水准基点的联测采用三角高程测量时,应在水准基点上架设固定高度的棱镜,并在 3 个不同的自由测站对其进行观测。

CPⅢ采用水准观测,进行高程数据处理时,应采用数据处理软件对外业观测数据进行质量检查,合格后进行闭合差计算,精度要求依据现行《城市轨道交通工程测量规范》(GB/T 50308)确定,详见表 9-3-32。然后方可进行平差计算,不符合精度要求时,应分析原因进行返测。

高程测量水准路线的精度要求(单位:mm)　　　　表 9-3-32

水准测量等级	每千米水准测量偶然中误差 M_Δ	每千米水准测量全中误差 M_W	限　差			
			检测已测段高差之差	往返测不符值	附合路线或环线闭合差	左右路线高差不符值
二等水准	≤2.0	≤4.0	$\pm 8\sqrt{L}$	$\pm 8\sqrt{L}$	$\pm 8\sqrt{L}$	—

注:表中 L 为往返测段、附合或环线的水准路线长度,单位为 km。

CPⅢ高程平差后,高程中误差不应大于 ±2mm,相邻点高差中误差不应大于 ±1mm。

CPⅢ采用自由测站三角高程观测,进行数据处理时,应进行环闭合差和附合路线闭合差统计,计算每千米高差偶然中误差和全中误差。并采用水准基点进行固定数据严密平差,平差后的各项精度指标要求依据现行《城市轨道交通工程测量规范》(GB/T 50308)确定,详见表9-3-33。

CPⅢ自由测站三角高程网平差后的精度指标　　　　表9-3-33

高差改正数	高差观测值的中误差	高程中误差	平差后相邻点高差中误差
≤1mm	≤1mm	≤2mm	±1mm

3.6　桥梁施工控制网测量

地铁工程中常见的桥梁一般无须单独布设控制网,当遇到特大桥梁施工时,需要遵循桥梁施工控制网专项技术方案单独建立桥梁施工控制网,控制点布设位置根据桥轴线(桥梁截面几何中心沿纵向的连线)进行对称布设,测量方法详见附件9-3-2。

3.7　贯通测量

为保证地铁工程邻接工程的衔接和地铁线路的平顺性,在进行贯通测量时,通常以不低于"两站一区间"的线路长度为一个测量单元。

贯通测量内容主要为线路平面点的测量与线路水准点的贯通测量,分别采用精密导线测量和几何水准测量的方法。

1)贯通测量技术要求

横向贯通允许误差限值为±100mm,高程贯通允许误差限值为±50mm。

2)线路中线贯通测量

线路中线贯通测量应满足轨道铺设条件的要求。中线设公里桩、百米桩。直线上中桩间距不大于50m,曲线上中桩间距为20m,在曲线起终点、边坡点、竖曲线起点、终点、桥梁墩台中心等处均设置加桩。

3)线路水准基点的贯通测量

线路水准基点的贯通测量按照二等水准测量进行,布设间距宜为2km,重点工程地段根据现场实际情况增设水准点,点位距离线路中线50~300m,水准基点埋设在土质坚实、安全僻静、观测方便和利于长期观测的地方。

3.8　施工控制网恢复

为确保地面控制网的连续、稳定、可靠及现势性,必须对地面控制网进行定期复测,同时应视点位稳定情况适当调整复测周期。

3.8.1　控制点补埋

因地铁工程施工过程中参建单位及人员数量庞杂,除测量人员外,多数人员对控制点没有保护意识,常易造成控制点的破坏。当控制点发生破坏后应及时进行控制点的补埋恢复,其要求如下:

(1)埋设位置:原破坏位置附近的稳定位置。

(2)埋设标准:与原控制点同标准埋设。

(3) 测点保护：要加强对测量控制点的保护，安装或衬砌测点保护装置，并按规定喷涂点号；测点周围用醒目喷漆进行标识，严禁在测量点下面堆放杂物；对于后续施工可能破坏控制点时，要提前及时采取有效措施，避免控制点的破坏。

(4) 点之记记录：对于破坏的控制点要及时补上并做好详细记录，及时更新控制点布网图，对于新补的控制点，应待控制点稳定后和周围控制点联网复测。

(5) 点号命名：在原点号后增加"数字"，数字为 1 时为第一次破坏，数字为 2 时为第二次破坏，以此类推。

3.8.2　控制点补测

(1) 控制点补测时采用的起算点和控制网观测方案宜与原测量一致；

(2) 复测采用的仪器设备、观测方法、观测精度、数据处理和成果精度宜与原测量一致；

(3) 在补测前应对拟用的起算点进行精度检查，选择的控制点精度不得低于恢复控制点的精度要求，一般通过相邻控制点的边长检核确定控制点的稳定性及精度。

本章附件

附件 9-3-1　铺轨基标测量方法
附件 9-3-2　桥梁施工控制网测量方法

第 4 章 施工过程测量

4.1 常用放样方法

4.1.1 平面放样方法

放样点位的常用方法有极坐标法、自由设站法、GNSS RTK(Real Time Kinematic)法、归化法等,几种常见平面放样方法优缺点及适用条件依据现行《城市轨道交通工程测量规范》(GB/T 50308)确定,详见表 9-4-1。

常见平面放样方法优缺点及适用条件　　　　表 9-4-1

方　法	优　缺　点	适　用　条　件
极坐标法	操作方法简便,检核条件过少	相邻已知点具备通视条件时
自由设站法	相对于极坐标法更方便灵活,全站仪可架设在任意位置,提高作业效率	相邻已知点不通视,或已知点上不便安置仪器时
GNSS RTK 法	不需要通视条件,高大建筑物及强磁区域放样精度及稳定性较低	放样区域与已知点不具备通视条件时
归化法	放样精度更高	需要较高放样精度时

1)极坐标法

极坐标法是按极坐标原理进行放样的一种点放样方法,随着全站仪的普遍应用,它和后面的自由设站法成为施工过程测量中的主要放样方法。

如图 9-4-1 所示,A、B 为已知点,P 为待放样点,其坐标为已知。极坐标法的两个放样元素 β 和 S 可由 $A(x_A, y_A)$、$B(x_B, y_B)$、$P(x_P, y_P)$ 三点的坐标反算得到。

$$\beta = \alpha_{AP} - \alpha_{AB} = \arctan\left(\frac{y_P - y_A}{x_P - x_A}\right) - \arctan\left(\frac{y_B - y_A}{x_B - x_A}\right) \tag{9-4-1}$$

式中:α_{AP}——AP 边的坐标方位角;

　　　α_{AB}——AB 边的坐标方位角。

$$S = \sqrt{(x_P - x_A)^2 + (y_P - y_A)^2} \qquad (9\text{-}4\text{-}2)$$

式中：S——A、P 两点平距。

在 A 点架设仪器，以 AB 为起始方向，放样一个角 β，在放样出的方向上标定一个 P' 点，再从 A 出发沿 AP' 方向放样距离 S，即得待定点 P。

2）自由设站法

自由设站法是一种比极坐标法更方便灵活的放样方法。若有两个及以上的已知点，全站仪可以自由架设在一个既方便放样又方便观测已知点的合适地方，首先通过后方边角交会得到自由设站点的坐标，然后根据自由设站点和放样点的坐标，采用极坐标法放样。由于测站位置可自由选取，故称为自由设站法，它特别适用于已知点上不便于安置仪器的情况。下面简述其原理和步骤。

如图 9-4-2 所示，A、B 为控制点，Q 为放样点。在 Q 附近适当位置找一点 P 安置仪器，观测已知点 A、B，利用边角交会法测定 P 点坐标 $(x_P、y_P)$；根据 P、Q 两点坐标按极坐标法计算测设数据 D_{PQ}、θ_Q；利用极坐标法测设 Q 点位置。

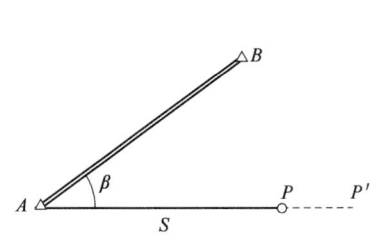

图 9-4-1　极坐标放样　　　　　　图 9-4-2　自由设站法原理

按上述原理可以设计自由设站法的程序。通常在全站仪中有自由设站的机载程序，自由设站法放样也易于通过程序实现。

自由设站法放样可以结合后面的归化法提高放样精度。

3）GNSS RTK 法

GNSS RTK 是一种全天候、全方位的新型测量系统，是目前使用最为广泛的放样方式。该技术是将基准站的相位观测数据及坐标等信息通过数据链方式实时传送给动态用户，动态用户将收到的数据链连同自身采集的相位观测数据进行差分处理，从而获得动态用户的坐标，与放样坐标相比较，进行移动来实现放样。GNSS RTK 又可分为两种：一种通过无线电技术接收单基准站广播改正数的常规 RTK（单基准站 GNSS RTK），另一种是基于 Internet 数据通信链获取虚拟参考站（VRS）技术播发改正数的网络 RTK。下面说明单基站 GNSS RTK 的作业方法和流程。

（1）收集测区的控制点资料

包括控制点的坐标、等级、中央子午线、坐标系等。

（2）安置仪器

RTK 设备分为基准站和流动站两部分。基准站包括三脚架、主机、转换器（放大器）、电源（蓄电池）、天线、连接电缆。流动站包括对中杆、主机、手簿。手簿和主机之间建立有数据链。目前很多 RTK 设备呈现小型化和集成化发展趋势：使用内置电源代替沉重的外置大电瓶，使用内置天线代替外置天线。

RTK基准站可架设在已知点或未知点上。当基准站架设在一个未知点上时,需要使用流动站在测区内4~5个以上的已知点上进行点校正,获取基准站的坐标并求解坐标转换参数。

通常基准站和流动站安置完毕之后,需建立工程或文件,选择坐标系,输入中央子午线经度和y坐标加常数。

(3) 求解坐标转换参数

GNSS RTK测量直接得到的坐标并非施工测量坐标,这需要进行两个坐标系的转换,原则上至少使用3个及以上的已知平面控制点来完成这一项工作。这项工作通常和点校正工作同步开展和完成。已知控制点一般在测区范围内均匀分布,间距不超过5~7km。

常用以下几种方法获取转换参数:

①利用"点校正向导"求解参数,在3个及以上已知控制点上分别做点校正,手簿会自动记录并求得坐标转换参数。

②直接导入坐标转换参数文件。

(4) 点校正

点校正是RTK测量中一项重要工作,通过在已知点上测量其坐标(注意要严格对中整平),然后和点的已知坐标对比来验证RTK测量的精准度。每天测量工作开始之前都应进行点校正。如果已经有坐标转换参数,可以在1~2个控制点上进行点校正工作。基准站位置变化或电源断开时,需要重新进行点校正。

(5) 点放样

预先批量上传放样点的坐标数据文件,或现场逐一编辑输入放样坐标数据。选择RTK手簿中的点位放样功能,并选择待放样点,仪器可计算出RTK流动站的当前位置与目标位置的坐标差值(ΔX、ΔY),并提示流动站的移动方向,按提示方向前进,即可到达目标点。精确放样时,先依据初放样点位设置木桩并用记号笔标注点位,之后将流动站对中杆细致对中、整平,立于桩顶标记上,适当延长观测时间,依据手簿显示的坐标差做进一步调整,钉下小铁钉。

GNSS RTK特别适宜净空条件好的区域放样,并且不会产生误差累积,属于直接坐标法的点放样。但是,在净空观测条件受限的情况下,还必须采用极坐标和自由设站法来完成放样。

4) 归化法

归化法是将放样和测量相结合的一种精密放样方法。先初步放样出一点,再通过多测回观测获取该点的精确位置,与待放样量比较,获得改正量(归化量),通过(归化)改正,得到待放样点。归化法可以同前述任意一种放样方法相结合。

(1) 归化法放样角度

如图9-4-3所示,在A点安置经纬仪或全站仪,先直接放样出β角,定一点P',再盘左盘右多测回地精密测出β',并测出AP'的距离S,按下式计算归化量。

$$PP' = \frac{\beta - \beta'}{\rho''}S \tag{9-4-3}$$

从P'点出发,在AP'的垂直方向上归化PP',即可求得待放样点P。

(2) 归化法放样点位

下面以角度交会归化法为例说明。如图9-4-4所示,A、B为已知点,待放样点P的设计坐标也已知。在放样时,计算放样元素β_a、β_b及辅助量S_a、S_b。如图9-4-4所示,先放样点P',精确测量$\angle P'AB=$

β_a 和 $\angle ABP' = \beta_b'$，并计算角度差值 $\Delta\beta_a = \beta_a - \beta_b'$，$\Delta\beta_b = \beta_b - \beta_b'$。当 $\Delta\beta$ 较小时，可用图解法由 P' 点求 P 点位置。图解法的步骤为：在白纸上刺出 P'，画夹角为 α 的两条直线，用箭头指明盘 $P'A$ 及 $P'B$ 方向，按下式计算位移量 ε_a 及 ε_b。

$$\left. \begin{array}{l} \varepsilon_a = \dfrac{\Delta\beta_a}{\rho} S_a \\ \varepsilon_b = \dfrac{\Delta\beta_b}{\rho} S_b \end{array} \right\} \tag{9-4-4}$$

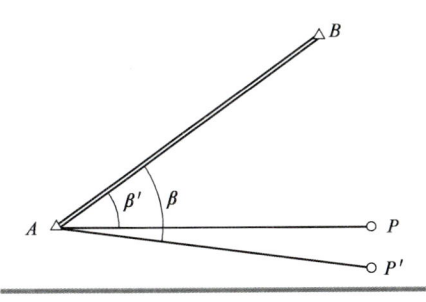

图 9-4-3 归化法放样角度

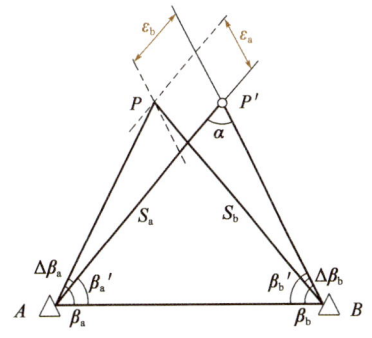

图 9-4-4 角度交会归化法

作 $P'A$、$P'B$ 的平行线，间距为 ε_a 与 ε_b，符号由 $\Delta\beta_a$ 与 $\Delta\beta_b$ 决定，平行线的交点即为 P 点的位置。将图纸上的 P' 点与实地的 P' 点重合，并使图纸上 $P'A$ 方向与实地方向一致，$P'B$ 方向也应与实地方向一致，作为校核，图纸上点 P 的位置就是实地点 P 的位置。距离交会归化法与角度交会归化法相类似，在此从略。

(3) 归化法放样直线

分为测小角归化法和测大角归化法。如图 9-4-5 所示，先初步放样出点 P'，并测定距离 $P'A = S_1$，然后把仪器（全站仪或经纬仪）架在 A 点，精确测量 $\angle BAP' = \Delta\beta$，计算归化值 $\varepsilon = \dfrac{\Delta\beta}{\rho} S_1$，在

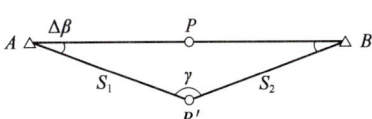

图 9-4-5 测小角归化法

实地归化得到 P 点。设测角误差为 m_β，由此引起的 P 点偏离 AB 线的误差为 m_p，则有

$$m_p = \dfrac{m_\beta}{\rho} S_1 \tag{9-4-5}$$

测大角归化法的仪器不架设在 A 点上测小角，而架在点 P' 上测量大角 $\angle AP'B = \gamma$，设 $\Delta\gamma = 180° - \gamma$，归化值：

$$\varepsilon = \dfrac{S_1 S_2}{S_1 + S_2} \cdot \dfrac{\Delta\gamma}{\rho} \tag{9-4-6}$$

式中：S_1——$P'A$ 的距离；

S_2——$P'B$ 的距离；

ρ——1 rad 的秒值。

在实地归化得到 P 点，由测角误差 m_γ 引起归化值的误差：

$$m_p = \dfrac{S_1 S_2}{S_1 + S_2} \cdot \dfrac{m_\gamma}{\rho} \tag{9-4-7}$$

式中：m_p——放样 P 点偏离 AB 线的中误差；

m_γ——γ 角的测角中误差。

设测角误差相等,比较以上两公式,则有:

$$\frac{m_{p'}}{m_p} = \frac{S_2}{S_1 + S_2} \tag{9-4-8}$$

由上式可见,测大角归化法的精度高于测小角归化法。

(4)构网联测归化法放样

在高精度的施工放样中,控制点通常建在带有强制对中装置的观测域上,通过构网联测,可将一些控制点归算到某一特定方向或几个特定位置,在这些点上架仪器,可直接进行放样点的归化改正;也可以将控制网点与初步放样的点放在一起构网联测,经平差后,可求得这些初步放样点的精确坐标,从而得到归化量,再将点归化到设计的放样位置。

4.1.2 高程放样方法

高程放样的常用方法有水准仪直接测量法、悬吊钢尺法、三角高程法、GNSS RTK 法等,常见高程放样方法的优缺点及适用条件见表 9-4-2。

常见高程放样方法优缺点及适用条件　　　表9-4-2

放样方法	优缺点	适用条件
水准仪直接测量法	水准测量精度高,但受地形起伏的限制,外业工作量大,施测速度较慢	放样精度要求比较高的地方
悬吊钢尺法	可对垂直落差较大的地方进行高程放样传递,具有高精度、高可靠性,受施工环境影响小	垂直落差较大,无法用水准仪直接测量,常用在地下联系测量和深基坑放样
三角高程法	三角高程测量受地形起伏的限制很小,且施测速度较快,但精度较低	放样精度要求不是特别高,附近没有较高的结构物,可以引测临时水准点,用水准仪放样施工高程较麻烦时
GNSS RTK 法	GNSS RTK 法受地形起伏的限制很小,受现场施工和现场已知点通视条件、点数影响较小,但是是几种方法中精度最低的	对放样精度要求不高时可用,施工现场控制点很少甚至没有已知点时,常用于土建工程准备期和前期

1)水准仪直接测量法

(1)水准仪正尺法

如图 9-4-6 所示,已知高程点 A,其高程为 H_A,需要在 B 点标定出已知高程为 H_B 的位置,A、B 点间安置水准仪,精平后读取 A 尺读数为 a。

计算仪器视线高程:

$$H_i = H_A + a \tag{9-4-9}$$

B 点标尺读数:

$$b = H_i - H_B \tag{9-4-10}$$

水准尺紧靠 B 点木桩上下移动,直到尺上读数为 b 时,沿尺底画一横线,此线为设计高程 H_B 的位置。

(2)水准仪倒尺法

如图 9-4-7 所示,当待放样的高程 H_B 高于仪器视线时(如放样地铁隧道顶高程时),可以把零尺端向上,即用"倒尺"法放样,其计算公式为:

$$b = H_B - (H_A + a) \tag{9-4-11}$$

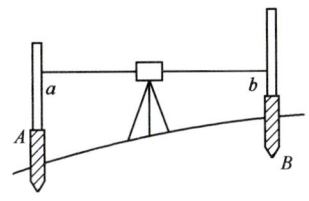

图 9-4-6　水准仪正尺法

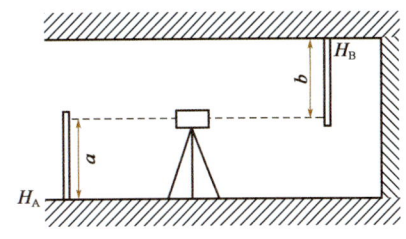

图 9-4-7　水准仪倒尺法

2）悬吊钢尺法

悬吊钢尺法是目前使用比较成熟的高程传递测量方法,能够满足城市二等水准测量的精度要求。当待放样的高程点与已知点高差较大时(如放样地铁基坑底部时),可以采用悬吊钢尺的方法进行测设。如图 9-3-27 所示,H_A 为 A 点已知高程,H_B 为 B 点待测设高程,钢尺悬吊在支架上,零端向下挂重锤,在地面和待测设点位附近安置水准仪,分别读数 a_1、b_1 和 a_2、b_2。

由于
$$H_B = H_A + a_1 - (b_1 - a_2) - b_2 \tag{9-4-12}$$

则
$$b_2 = H_A + a_1 - (b_1 - a_2) - H_B \tag{9-4-13}$$

测设:尺上读数为 b_2 时,在尺底画出设计高程 H_B 标志线。

（1）外业施测

①在竖井出口设置固定金属架,将钢卷尺挂在固定金属架上;钢卷尺下方悬挂重锤,调整钢尺长度至适合位置并固定。

②在井上、井下适合位置架设水准仪。

③为方便水准仪读数,需调整钢尺面,使其对准水准仪;待其稳定后,井上、井下两台仪器必须同时刻观测。

（2）数据预处理

由于钢制卷尺受到周围温度、被施加张力及自身重力影响而存在变形,因此需要对外业观测数据进行改正,改正参数需要采用钢尺检定的额定参数,具体如下:

①温度的误差补正计算方法:
$$\Delta H_m = 实测长度 \times 0.0000115 \times (使用温度 - 20) \tag{9-4-14}$$

②张力的误差补正计算方法:
$$\Delta H_b = (实际测定张力 - 检定张力) \times 实测距离 \div (205800 \times 2.52) \tag{9-4-15}$$

③因尺带重力而引起的误差补正计算方法:
$$\Delta H_c = -0.000194 \times 实测长度 \times 实测距离 \div (24 \times 实测时张力的平方) \tag{9-4-16}$$

则改正后的近井点高差为:
$$\Delta h = \Delta h'' + \Delta H_m + \Delta H_b + \Delta H_c \tag{9-4-17}$$

在 Excel 表格里,输入上面改正公式,然后输入观测数据,就可以得到高差值、改正数和最终的高程差值。

某站点观测数据改正见表 9-4-3。

某站点观测数据改正　　　　　　表9-4-3

水准尺读数 h_1(m)	水准尺读数 h_2(m)	卷尺高差 (a_2-a_1)(m)	温度误差改正		张力误差改正		自重误差改正(mm)	卷尺改正后高差(mm)	改正后近井点高差 Δh(m)
			温度	改正数(mm)	张力(kg)	改正数(mm)			
1.1761	0.5502	18.7722	30.6	2.29	7.74	0.94	-1.80	18.7736	18.1478
1.1598	0.5550	18.7513	30.6	2.29	7.74	0.93	-1.80	18.7527	18.1478
1.1668	0.5554	18.7579	30.6	2.29	7.74	0.94	-1.80	18.7593	18.1480
1.1540	0.5577	18.7427	30.6	2.28	7.74	0.93	-1.79	18.7441	18.1478
1.1855	0.5592	18.7726	30.6	2.29	7.74	0.94	-1.80	18.7740	18.1477
1.1950	0.5554	18.7861	30.6	2.29	7.74	0.94	-1.81	18.7875	18.1479

（3）误差分析及控制措施

在实际作业中,悬吊钢尺法主要误差有受到周围温度、被施加张力及自身重力影响而存在的变形、人眼观测卷尺刻度的观测差。

卷尺的温度尺长改正、张力误差改正及自重误差改正是不能忽略的。以温度误差改正为例,如卷尺测量有效长度为15m,当气温高于20℃,每增加2℃,需要温度误差改正值见表9-4-4。

温度误差改正值　　　　　　表9-4-4

测量长度(m)	测量时环境温度(℃)	温度误差改正值(mm)
15	20	0.00
15	22	0.35
15	24	0.69
15	26	1.04
15	28	1.38
15	30	1.73
15	32	2.07
15	34	2.42
15	36	2.76
15	38	3.11
15	40	3.45

在夏季,地面气温可达到30～40℃,而在盾构施工的井下温度一般在25℃左右。单独以卷尺有效观测长度的某一端测量温度进行改正,存在近2mm的差值。为了减小这种误差,在卷尺与周边环境温度达到一致后,采用在卷尺有效观测长度的两端记录温度,然后取均值进行温度误差改正。

同时,人为观测卷尺也可能存在误差,而这种观测差是不可避免的。为了减小这种误差,可选择增加观测次数的办法,选择固定、熟练的技术人员进行观测。同时,为了减小不同型号电子水准仪和因瓦尺的误差,应采用相同型号的水准仪和水准尺。观测时,尽可能保证仪器到卷尺和水准尺的距离相等,且观测距离不应过远,能清楚观测卷尺刻度。

利用水准仪和钢制卷尺进行高程传递测量具有高精度、高可靠性、受施工环境影响小的优点。但需要注意的是,外业观测时,需将钢制卷尺固定在井上架构上,悬挂重物后钢制卷尺可能会下沉。为消除观测时由于下沉带来的误差,要求井上、井下两台仪器必须同时刻观测。

3)三角高程法

三角高程法分为传统三角高程测量和自由设站三角高程测量。

(1)传统三角高程测量,如图9-4-8所示,H_A为已知A点高程,H_B为B点待测设高程,在A点安置仪器。量取仪器高i及反射镜高l。在放样前,将H_A、H_B(设计值)、仪高i和棱镜高l等输入存储器中。启动放样模式,照准反射镜,并观察显示高差之差;指挥升降反射镜高度,直至所显示高差之差等于0为止。这种方法适用于待放样点平面位置和设计高程已知,需放样出待放样点设计高程所在具体位置的情况。

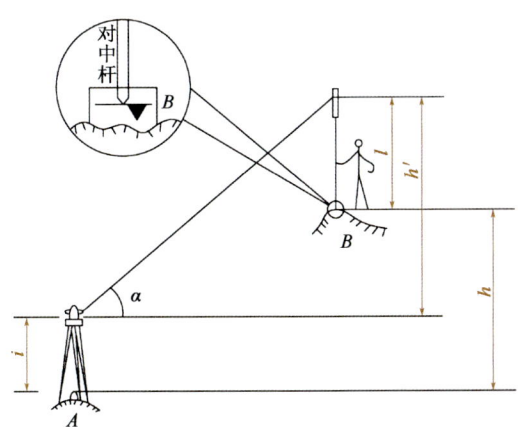

图9-4-8 传统三角高程法

(2)自由设站三角高程测量,如图9-4-9所示,A点为后视水准点,其高程为H_A,B点为前视待测点,设其高程为H_B,分别在A、B两点架设装有棱镜的对中杆,它们的棱镜中心分别为I、J,棱镜高分别为i、j。在自由点C处架设全站仪,设其望远镜旋转轴中心K的高程为H_K,分别测得K到I、J的高差为V_{KI}、V_{KJ},可计算出待测点B的高程:

$$H_B = H_A + (i - V_{KI}) - (j - V_{KJ}) \tag{9-4-18}$$

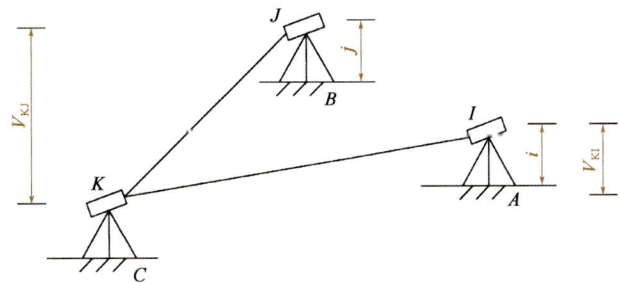

图9-4-9 自由设站三角高程测量

当A、B两点的棱镜高一样即$i=j$时,式(9-4-18)就变成:

$$H_B = H_A - V_{KI} + V_{KJ} \tag{9-4-19}$$

可见自由设站测量三角高程整个过程中可以不用量取仪器高和棱镜高。

4)GNSS RTK 法

GNSS RTK 高程放样的精度有限,一般只能达成四等或等外普通水准的放样精度。其操作方法类似平面坐标放样,不同的是,将平面放样过程中的坐标转换参数求解变成高程异常值参数的求解。

4.1.3 注意事项

1）降低出错概率

（1）当采用极坐标法放样时，在设站后对第三个已知点进行坐标复核对比，实测成果与原成果较差不大于放样点中误差的2倍。

（2）在放样工作过程中，应注意观察全站仪的水准气泡是否出现偏移，当气泡偏移规定范围时应重新设站进行放样。放样工作结束前应再次复核至少一个已知点的坐标成果，如坐标较差超出许可值，则该站全部放样点作废。

（3）当采用自由设站方法进行放样时，同样需要采用已知点进行检核。

（4）当采用 GNSS RTK 法进行放样时，放样工作开展前及工作结束后均应进行已知点校核。

2）提高放样精度

（1）点位误差与定向边的距离成反比，应尽量利用长边进行定向。

（2）点位误差与放样距离成正比，放样的距离不宜过长且不允许放样边的距离大于定向边。

（3）点位误差与放样角 β（在 0～180°之间）成正比，应尽量将放样的角度控制在 0～90°之间，且放样角度越小，精度越高。

（4）使用高精度的对中器或强制对中装置可以减小仪器对中误差。

（5）当采用自由设站法时，增加控制点的数量，设站点的精度会得到提升，且控制点分布在设站点异侧比同侧精度高，一般选择 3～5 个控制点为宜。

（6）当采用 GNSS RTK 法时，增加工地校正时控制点的数量和剔除精度较低的控制点，设站点的精度会得到提升，且控制点分布在放样区域外侧比同侧精度高，一般选择 4 个控制点校正为宜。

（7）根据放样点的精度要求，选择合理的放样点标定方法可以减小标定误差。

（8）仪器使用前必须进行检定，使仪器自身的误差、固定误差满足相应规定要求，并对全站仪进行定期检校，发现误差超限及时进行调整。

4.2 明挖法施工测量

明挖法是目前我国地铁车站采用最多的一种施工方法，对埋深不大、地面无建（构）筑物、地面交通和环境保护无特殊要求的区间隧道通常采用该方法。明挖法施工主要有放坡明挖和在围护结构内的明挖两种方法。明挖车站及隧道测量包括基坑围护结构、基坑开挖和结构施工测量等。

4.2.1 明挖隧道和车站测量的精度要求

围护结构的中线放样中误差为 ±10mm，连续墙竣工后测定实际中心位置与设计中线的偏差应小于 30mm。

墙平面放样中误差为 ±15mm，内墙竣工后允许偏差为 ±10mm。

柱子平面放样中误差：纵向 ±10mm，横向 ±5mm。柱子竣工后，允许偏差为纵向 ±20mm，横向 ±10mm。

板模板高程放样中误差为 ±10mm，底板竣工后，允许偏差为 ±20mm。中板、顶板模板高程放样中误差为 0～±10mm,中板、顶板竣工后,允许偏差为 0～±20mm。

站台板模板距线路中线间距的放样中误差为 0～+5mm,高程放样中误差为±5mm;站台板竣工后,距线路中线间距允许偏差为 0～±10mm,高程允许偏差为±10mm。

4.2.2 基坑围护结构施工测量

在施工测量前,建设单位向施工单位提交地面线路中线桩和地面控制测量及有关设计文件和资料,在建设单位的主持下签订交接桩文件,其内容为 GPS 首级控制点、精密导线点、水准点的名称、标志的类型、埋设深度等,现场交桩并履行签字手续。交桩后施工单位应对这些桩点进行复测并采取措施妥善保护。

施工测量人员必须熟悉线路平面图、剖面图、明挖基坑的断面图、连续墙、支护桩或其他围护结构的设计图纸,并对线路里程、坐标、曲线、坡度、高程等资料以及设计图上标注的有关尺寸等进行复算和核对,发现错误立即会同相关单位协商解决。

1)连续墙施工测量

首先根据围护结构设计图计算出连续墙纵向轴线每个角点的坐标,用全站仪及坐标法放样,定出连续墙的各角点位置,然后按连续墙的宽度确定导槽内外的边线,由于地质条件及施工工艺的影响,向基坑外外放一定距离,以确保围护结构成型后不侵界。

围护结构的第一幅连续墙设计中线两端点、曲线要素的直缓点、缓直点对应的围护结构连续墙设计中线必须多方复核。

连续墙导槽施工中应测量其深度、宽度和铅垂度,控制好钢筋网顶面高程。

连续墙竣工后,应测定其实际中心位置与设计中线的偏差。

冠梁的施工放样:首先计算出冠梁中线角点及中线上任意的坐标,然后用全站仪及坐标法放样。

2)人工挖孔桩和钻孔灌注桩施工测量

人工挖孔桩和钻孔灌注桩施工测量与地下连续墙施工测量类似,测量人员应根据现场实际情况,设计好放样点位和测设路线。放样时以施工加密控制点为基准,首先根据设计图计算出每根桩的中心坐标,并对其进行编号,用全站仪及坐标法放样。

考虑地质条件及施工工艺的影响,通常向基坑外侧外放 10cm,以确保围护桩结构成型后不侵界。

围护结构的第一根桩设计中心、角桩必须多方复核,桩成孔过程中,应测量孔深、孔径及其铅垂度。

采用预制桩施工过程中应监测桩的铅垂度。

冠梁的施工放样需先计算出冠梁中线角点及中线上任意的坐标,再采用全站仪及坐标法放样。

4.2.3 土方开挖施工测量

1)放坡开挖土方施工测量

土方开挖前,测量人员应该认真阅读设计图纸,按设计要素计算出基坑轮廓的坐标,根据施工现场已有的线路中线点或导线点,以极坐标法测设这些基坑轮廓点,以确定开挖范围。

施工测量过程:按照设定的坡度放坡,每挖一层根据高程及坡度计算出所在高程处的宽度,接近基底高程时,要求把高程引测至基坑底,以便控制开挖的高程,高程测设在俯仰角度较小时可采用三角高

程测量,否则采用水准测量方法。

2）支护开挖土方施工测量

有支护基坑的土方开挖,主要是控制每层开挖的深度,随时检查基坑宽度,以便及时对基坑围护结构进行支撑体系的架设。

4.2.4 主体结构施工测量

1）基坑底部地下线路中线点或导线点测量

明挖隧道施工中,开挖至垫层高程,应及时从地面控制点采用导线测量和水准测量方法将平面坐标及高程引至基坑底部,并测设地下线路中线点或导线点。测量的精度要求同加密控制测量,高程传入基坑底部可采用水准测量、全站仪测距三角高程测量方法,两种方法闭合差应小于 $\pm 8\sqrt{L}$。全站仪测距三角高程测量应对向观测,垂直角观测、距离往返测距各两测回,仪器高和觇标高量至 mm。

2）主体结构的放样测量

地铁主体结构,特别是车站,一般均有大量的预留孔洞、预埋管及埋预件等,结构非常复杂。测量前测量人员要认真阅读图纸,找出各预留孔洞、预埋管及预埋件等与线路中线、轴线的关系,并根据这些关系,以地铁线路中线为基准,将其测设在实地。

明挖隧道的施工,因安全、工期等原因,采用分段施工,垫层浇筑完成后,以地下线路中线点或导线点为依据,在垫层上测设线路中线点,并测设轴线。测设完成后还需检核点位的相互关系。进行结构混凝土浇筑时,以地铁线路中线为基准,测设模板位置,距离近的可用钢尺量设,距离远的一般用极坐标方法测设。

3）地下导线和水准测量

施工完第一块底板后的地下导线及水准测量、底板施工至整个区间长度的 1/4 时的地下导线及水准测量、底板施工至整个区间长度的 1/2 时的地下导线及水准测量、底板施工至整个区间长度的 3/4 时的地下导线及水准测量、最后施工的一块底板的地下导线及水准测量,与相邻工点的贯通误差测量和相邻工点的联测应进行复测。

4.2.5 盖挖法施工测量

盖挖逆作法施工测量精度要求：

（1）顶板立模前,应在连续墙或桩墙的顶面,每 5m 测量一个高程点并标定其位置,同时在连续墙或桩墙的侧面标出顶板底面设计高程线,其测量误差为 0 ~ ±10mm。

（2）中板施工前,应对顶板上的线路中线控制点和高程控制点进行复测,并通过顶板上预留孔或预留口将这些控制点的坐标和高程传递到中板的基坑面上,作为支立中板模板和钢筋的依据；在浇筑混凝土前应对标定在模板上的线路中线控制点和高程控制点进行检核,其中线测量允许误差不应超过 ±10mm,高程测量误差为 0 ~ ±10mm。

（3）底板的施工测量方法同中板,其中线测量允许误差不应超过 ±10mm,高程测量误差为 -10 ~ 0mm。

采用盖挖顺作法的隧道、车站及结构施工测量方法和技术要求应符合暗挖隧道、车站结构的施工测量方法和技术要求。

4.2.6 常见问题及其对策

此处结合一些实际案例,简要说明明挖法施工测量中常见的问题及相应的对策和经验。

1)放样工作结束后未对设站进行二次检核

(1)问题描述

某地铁车站部分围护桩出现严重偏差,经核查,出现偏差的围护桩均为同一天进行放样的,且为同一站测量。

(2)原因分析

在此次施工放样工作结束后,对设站未进行二次复核,在设站后仪器出现移动而未被发现,造成该测站的全部测量结果出错。

(3)对策及经验

①设站时应对设站精度进行严格检核,当设站精度超限时应及时查找原因,选择可靠的控制点进行设站;

②在测量放样工作结束时,应再次测量第三个控制点进行坐标比对,当比对结果超限时,应对该站全部放样结果作废处理,并查找原因后进行二次放样;

③测量工作应严格执行换手测量制度,降低出错概率。

2)基坑放样时俯仰角过大

(1)问题描述

某地铁车站基底验槽时发现基底实际开挖尺寸与设计开挖尺寸偏差较大,经核查,该基坑放样工作均采用全站仪直接进行三维坐标放样。

(2)原因分析

在此次事件中,施工单位为了放样工作便利,采用了不合理的放样方法,而未考虑基坑过深产生的俯仰角过大问题,造成测量结果出现偏差。

(3)对策及经验

①应根据基坑深度不同选择适宜的测量方法;

②当深度过大时应采用联系测量的方法,在基坑内增加控制点或采用增设转点、悬吊钢尺等方法,避免出现俯仰角过大问题;

③测量工作应严格执行换手测量制度,降低出错概率。

3)基坑围护结构未进行外放

(1)问题描述

某地铁车站开挖后发现围护结构侵界严重,围护结构放样时均按照设计坐标放样。

(2)原因分析

在此次事件中,施工单位测量人员施工经验不足,对图纸识别不全面,未详细阅读图纸中设计说明部分内容造成围护结构侵界。

(3)对策及经验

①放样工作开始前应详细阅读设计图纸,对图纸中存在问题的部分应与设计人员进行沟通确认;

②围护结构放样前应充分考虑施工工艺、放样精度、地质条件、变形量等因素影响;
③建立测量复核制度,对放样数据应进行多级复核。

4)放样后未对放样点进行保护

(1)问题描述

某地铁车站开挖后发现围护结构侵界严重,经核查,围护结构放样时均按照设计坐标进行一定距离的外放,同时各测站均进行了检核,测站精度均满足规范要求。

(2)原因分析

在此次事件中,施工单位测量人员施工经验不足,未充分考虑施工环境对测量成果的影响,在点位放样完成后未及时对放样点进行保护,造成放样点受施工影响而偏移,同时在施工前未进行二次复测。

(3)对策及经验

①应对放样点位进行保护,防止施工破坏;
②当放样与施工间隔时间过长时,应及时进行二次复测;
③施工前可采用钢尺、测绳等工具对桩间关系进行复核。

5)围护桩高程与设计值偏差较大

(1)问题描述

某地铁车站开挖后发现围护桩高程与设计高程相比偏差较大,经核查,围护结构放样时均按照设计高程进行放样,同时测量过程均进行了检核,且精度均满足规范要求。

(2)原因分析

在此次事件中,施工单位测量人员施工经验不足,未充分考虑施工影响,在混凝土灌注过程中,护筒产生沉降,造成钢筋笼随护筒沉降,在混凝土灌注后未进行再次复核。

(3)对策及经验

①应充分考虑施工过程的各种影响因素,在实际放样中应做到步步有检核;
②建立测量复核制度,对放样数据应进行多级复核。

4.3　盾构法隧道施工测量

盾构掘进施工测量的工作主要分为四个阶段,即盾构始发前的测量工作,主要工作有洞门钢环安装测量、始发托架及反力架安装测量、导向系统安装测量;盾构掘进阶段的测量工作,主要工作有盾构机姿态人工测量和管片安装测量、盾构机导轨安装测量;贯通阶段的测量工作,主要工作有贯通前联系测量、盾构机姿态人工复测、贯通洞门复测;贯通后阶段的测量工作,主要工作有贯通测量、断面测量。

4.3.1　主要工作内容

1)盾构始发验收前

盾构始发验收前的主要测量工作见表9-4-5。

2)盾构法隧道施工阶段

盾构法隧道施工阶段的主要测量工作见表9-4-6。

盾构始发验收前的主要测量工作 表 9-4-5

序号	主要测量工作	向监理单位提供的资料	向第三方测量单位提供的资料
1	接桩	人员资质、仪器设备备案	—
2	编制施工测量方案	测量方案	测量方案
3	接桩控制网复测	控制网复测报告	控制网复测报告
4	地面加密控制点测量	地面加密控制点测量报告	地面加密控制点测量报告
5	盾构机 VMT 数据（管片中心三维坐标设计线数据）验算	盾构机 VMT 数据验算成果	—
6	始发井或吊出井（含中间风井）洞门钢环安装测量	洞门钢环安装测量报告	洞门钢环安装测量报告
7	根据洞口预留长度计算反力架里程及中线三维坐标	—	—
8	盾构始发托架定位测量	始发托架定位测量报告	始发托架定位测量报告
9	盾构机测量标志全部设置		
10	盾构机姿态测量	盾构机姿态测量报告	盾构机姿态测量报告
11	盾构始发基线（地下导线起算边）及地下水准路线测量	盾构始发基线及地下水准联系测量报告	盾构始发基线及地下水准联系测量报告

盾构法隧道施工阶段的主要测量工作 表 9-4-6

序号	主要测量工作	向监理单位提供的资料	向第三方测量单位提供的资料
1	隧道内控制测量	测量进度	测量方案、控制网复测报告
2	每 10 环测量一次管片姿态	管片姿态测量报告	盾构掘进至盾尾距离始发面 30 环处管片姿态报告
3	盾构掘进至 150m 处进行联系测量及地下导线、水准测量	隧道掘进至 150m 处的控制测量报告	隧道掘进至 150m 处的控制测量报告及盾尾后 20 环管片姿态报告
4	盾构掘进至 300～400m 处进行联系测量及地下导线、水准测量	隧道掘进至 300～400m 处的控制测量报告	隧道掘进至 300～400m 处的控制测量报告及盾尾后 20 环管片姿态报告
5	盾构掘进至距离贯通面 150～200m 处进行联系测量及地下导线、水准测量	隧道掘进至距离贯通面 150～200m 处的控制测量报告	隧道掘进至距离贯通面 150～200m 处的控制测量报告及盾尾后 20 环管片姿态报告
6	若单向掘进长度超过 1.5km 时，掘进至 600m 后每 500m 须增加一次包括联系测量在内的地下导线及水准测量，并加测陀螺经纬仪定向，以检核坐标方位	隧道掘进至相应节点处的控制测量报告	隧道掘进至相应节点处的控制测量报告及盾尾后 20 环管片姿态报告

3）盾构法隧道贯通后

盾构法隧道贯通后的主要测量工作见表 9-4-7。

盾构法隧道贯通后的主要测量工作 表 9-4-7

序号	主要测量工作	向监理单位提供的资料	向第三方测量单位提供的资料
1	补埋隧道内的控制点	测量进度表及地下控制点埋设情况说明	—
2	地下控制点联测	地下控制点联测报告	地下控制点联测报告
3	贯通误差测量	贯通误差测量报告	贯通误差测量报告
4	标设断面测量点位	—	—
5	断面测量	断面测量报告	断面测量报告

4.3.2 技术要求及注意事项

盾构法隧道施工测量的主要技术要求和注意事项依据现行《城市轨道交通工程测量规范》(GB/T 50308)确定,详见表9-4-8。

技术要求及注意事项   表9-4-8

序号	内容	技术要求	注意事项
1	线路计划线	始发前,应对输入自动导向系统的线路设计参数进行检查,无误后方可输入。输入后应采用导出输入数据进行复核的方法,对输入数据进行二次复核	长短链、大小里程掘进、特殊减震段、起讫里程外的延伸计算
2	洞门中心（钢环）	洞门钢环的三维坐标测设值与设计值较差,平面≤±20mm,高程≤15mm,洞门中心的放样误差要小于洞门钢环,洞门钢环应分别在浇筑前后进行测量	钢环应对上下左右四个方向进行测量,条件不满足时,注意半径核查
3	反力架及导轨控制点	始发井中,反力架及导轨测量控制点的三维坐标测设值与设计值(曲线段应按照计算书中的计算值对比)较差应小于3mm	曲线段始发时应注意反力架、导轨中线与始发段割线方向一致
4	盾构机始发姿态	盾构机就位始发前,必须采用人工测量方法测定盾构机的初始位置和盾构机姿态,盾构机自身导向系统测得的成果应与人工测量结果一致。当采用人工测量方法进行初始姿态测量和实时姿态测量时应符合下列规定: (1) 盾构测量标志点应牢固设置在盾构机纵向或横向截面上,标志点间距应尽量大,且不应少于3个,标志点可粘贴反射片或安置强制对中棱镜; (2) 盾构测量标志点的三维坐标应与盾构结构几何坐标建立换算关系; (3) 盾构测量标志点的测量宜采用极坐标法,并宜采用双极坐标法进行检核,测量中误差不应超过±3mm	采用分中法测量盾构机壳体,计算盾构机姿态的同时,进行盾构测量标志点(特征点)的极坐标测量;同时应建立特征点与盾构中心的换算关系,以避免盾构掘进过程无法对盾构机姿态进行人工复核
5	盾构机掘进姿态	盾构机姿态测量内容应包括平面偏差、高程偏差、俯仰角、方位角、滚转角及切口里程,掘进中定期对盾构机姿态参数进行人工检核校正	—
6	盾尾间隙	在盾尾内管片拼装成环后应测量盾尾间隙。盾尾间隙不小于40mm	
7	管片测量	衬砌环完成壁后注浆后,宜在管片出车架后进行测量,内容宜包括衬砌环中心坐标、拱底高程、水平收敛、拱顶高程和前端里程,测量误差为±3mm。每次测量完成以后,应及时提供盾构机和衬砌环测量结果,供盾构机姿态调整使用	每次进行管片测量时均应进行搭接,搭接数量一般不少于10环
8	盾构导向系统	采用自动导向系统进行初始姿态测量和实时姿态测量时,应符合下列规定: (1) 自动导向设备可采用激光靶型自动测量系统或棱镜型自动测量系统,系统应包括测量仪器和设备、计算存储设备、数据传输、系统软件等; (2) 系统应能够计算,并以图形、数字方式实时显示盾构机当前姿态和历史姿态信息等; (3) 系统应具有对自身各部件的运行状态进行监控和报警功能; (4) 所有数据应存储在计算机固定的存储位置,并定期在其他存储设备上进行备份	注意账号和密码由专人保管,严禁不相关人员擅自使用
9	盾构迁站	隧道掘进中测量控制点迁站步骤和方法应符合下列规定: (1) 迁站过程中盾构应停止掘进; (2) 迁站前应测量盾构机姿态; (3) 迁站后应对使用的相邻控制点间几何关系进行检核,确认控制点位置正确; (4) 利用迁站后控制点进行盾构机姿态测量; (5) 迁站前、后测定的盾构机姿态测量较差应小于$2\sqrt{2}m$(m为点位测量中误差)	迁站后如盾构机姿态测量较差超限,应进行联系测量或采用较远控制点联测修正隧道内的地下控制点成果,若盾构机姿态超限,则应进行缓慢纠偏,防止管片错台

4.3.3 预留盾构洞门钢环位置测量

预留盾构洞门钢环位置测量可使用全站仪并采用极坐标法进行测设。

(1) 将左右线的隧道设计圆心放样标识在墙面上,并钉上钢钉,用红油漆做两个小半圆进行标识;

(2) 洞门钢环半径宜按设计半径加 0.05m 制作,在放出圆心的基础上,按隧道的走向放出纵轴线(上下两端点到圆心的高差宜为设计半径加 0.05m)及横轴线(左右两端点宜分别偏离隧道中线设计半径加 0.05m);

(3) 在钢环进行初定位后,使用全站仪在钢环外侧内边线上采集上下左右 6 个或 6 个以上点的三维坐标。通过点拟合圆心的方法,可以计算出钢环的圆心三维坐标,或使用计算辅助设计制图软件(AutoCAD)找出圆心;

(4) 将测出的钢环实际圆心三维坐标和设计三维坐标进行对比,可以得出实测圆心和设计圆心的左右偏差和高程偏差,然后对钢环位置进行调整,直至钢环安装精度与设计圆心差值小于 10mm(左右偏差、高程偏差、半径差),并进行加固。

测设完成后应对安装好的工作井预留盾构洞门钢环安装位置和尺寸进行检测,其安装位置和尺寸应满足始发要求,预留盾构钢环尺寸按公式计算:

$$D_s \geqslant H\tan\alpha + \frac{D}{\cos\alpha} + \Delta_e + \Delta_s + \Delta_g \tag{9-4-20}$$

式中:D_s——工作井预留洞门直径(m);

H——洞门井壁厚度(m);

α——隧道轴线与洞门轴线的夹角(平面或纵坡夹角的值);

D——盾构的外径(m);

Δ_e——设计规定的始发或接收工作井预留口直径大于盾构外径的差值(始发工作井取 0.10m,接收工作井取 0.20m),其单位为 m;

Δ_s——测量误差(m),一般为 0.10m;

Δ_g——盾构基座安装高程误差(m),一般为 0.05m。

4.3.4 盾构井(室)和盾构拼装测量

1) 始发托架、反力架安装测量

始发托架的平面定位按照线路设计放样出隧道设计中线来控制,在盾构机始发托架安装前,利用井下控制点精确在地面标定出隧道设计中线及盾构托架支撑导轨的中线,作为盾构托架和反力架的平面位置定位依据。盾构机的始发段分为直线或者曲线,盾构机在直线段始发时可根据洞门环偏差情况确定始发轴线,根据 0 环位置推算出反力架里程,始发轴线宜平行于线路轴线且两轴线较差小于 50mm。盾构机在曲线段始发时宜采用切线或割线始发法(图 9-4-10),应保证盾构机直线进洞后盾头与设计轴线偏差及盾尾在洞门环出与设计轴线偏差相对适宜且满足规范要求,同时应考虑车站内净空等条件是否满足需要。小半径曲线始发段或其他特殊条件下可根据实际情况报监理、建设单位,在基坑施工时对洞门环净空或位置进行适当调整。反力架的安装位置由始发托架确定,反力架的支撑面要与隧道的中心轴线的法线平行,其倾角要与线路坡度保持一致。

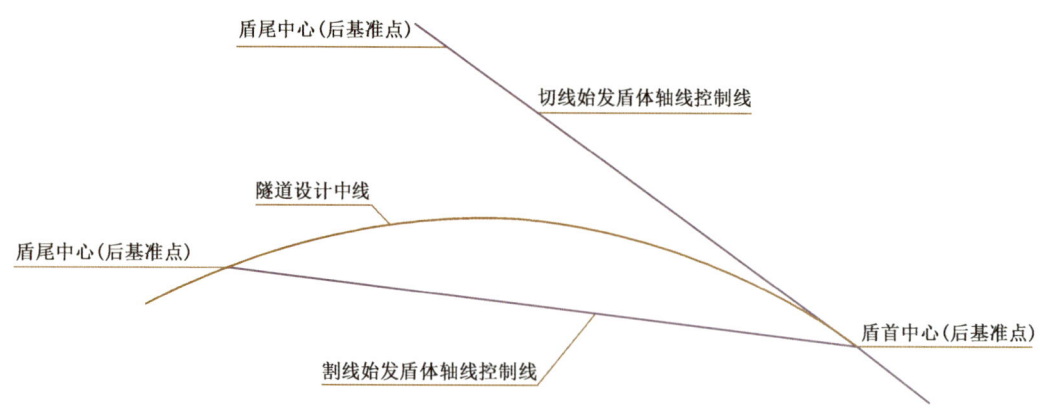

图 9-4-10 切线和割线始发示意图

由于始发托架存在加工误差和多次使用后的变形误差,故始发托架安装前需进行试拼,以对其实际状态进行测量,以实际测量尺寸数据计算其相应的定位数据。反力架安装应保证其空间位置及垂直度均满足相应规范要求。

始发托架安装后,还要对始发托架安装质量进行检测。检测的内容有基座前段、中间和后端里程、高程及基座中线与设计中心轴线的方位角偏差、坡度是否满足施工设计精度要求。反力架安装质量主要检测的内容有:反力架基准环中心和其法平面是否分别与盾构机实际中心轴线一致和垂直、基准环中心高程与盾构机中心轴线高程是否一致、基准环法线面倾角是否与盾构机实际坡度一致。以上检测数据应满足盾构机始发掘进的技术设计精度要求。

2)盾构机初始姿态测量

盾构机初始姿态定位测量是利用安装在车站中板吊篮上的全站仪测出安装在盾首刀盘顶端门式支架上钢丝(图 9-4-11)和盾尾内铝合金标尺(图 9-4-12)的平面坐标,计算得到盾构机首、尾中心平面坐标,然后根据中板上平面控制点,利用全站仪在盾壳上直接放样出盾构机的轴线,再同时测定盾构机首、尾处的绝对高程,通过计算得到盾构机首、尾中心的三维坐标和坡度。

盾构机姿态常用的人工测量方法有水平标尺法、侧边法、测支撑环法、中线法等,几种方法各有优缺点。

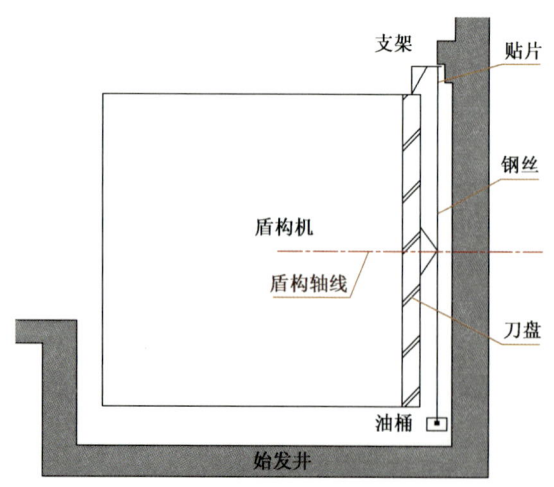

图 9-4-11 刀盘顶端门式支架

(1)水平标尺法

水平标尺法是一种操作简单、计算快速的盾构机姿态的测量方法。其原理是测量水平放置在盾尾内壳的铝合金标尺上贴片的三维坐标,通过铝合金标尺与盾构机首、尾的距离关系来计算盾构机的盾首和盾尾三维坐标。该方法适合用于盾构机的初始定位和掘进过程中的姿态检测工作。测量前先制作一把长约5m的矩形铝合金标尺,并用钢卷尺精确量出铝合金标尺的中心,并在中点左右对称标定 L 和 R 两点,如图9-4-12所示。

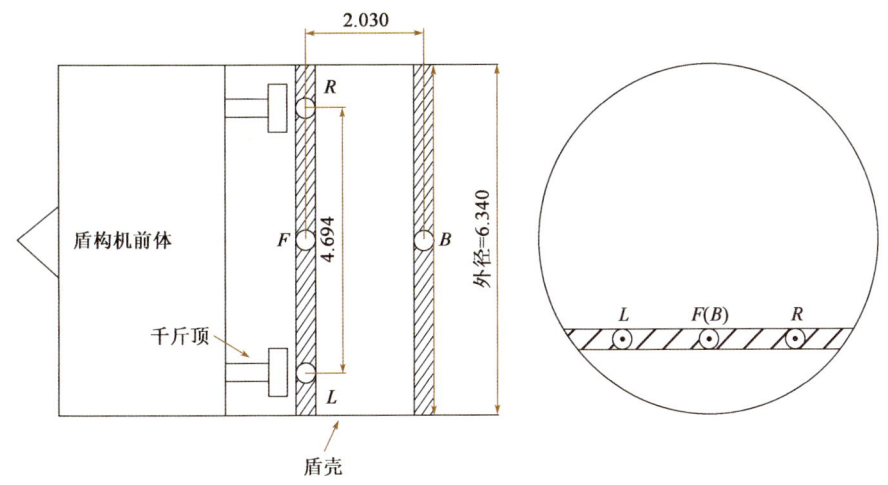

图9-4-12　水平标尺法示意图(尺寸单位:m)

具体的测量步骤如下：

①外业观测。先将标尺水平置于盾构机铰接千斤顶顶面附近,标尺面与铰接面平行等距,并与盾壳内壁光滑接触,测量标尺中心 F 以及 L、R 的三维坐标;再将标尺水平置于盾构机盾尾处,标尺两端到盾尾距离相等,测出此时标尺中点 B 的三维坐标。

②坐标推算。根据 F 和 B 点的高程反算出盾构机的坡度即俯仰角,再根据前尺中心 F 与盾构机盾首、盾尾的距离关系计算出盾构机盾首、盾尾中心的高程。根据 L、R 的坐标反算出前尺的方位角 α ,再根据 F、B 点的坐标反算出后尺中心到前尺中心的方位角 β。由于 L 与 R 两点间距和前后尺间距都比较小,则会出现 $\alpha \neq \beta - 90°$ 的情况。在实际施工中,采用两个方位角的平均值作为计算方位角即盾构机的轴线方位角。根据前尺中心 F 与盾构机盾首、盾尾的距离关系通过坐标正算计算出盾构机盾首、盾尾的坐标。此方法在测量过程中应注意标尺水平放置和定位要准确,可根据盾构机设计图纸在盾壳内壁做标尺永久放置位置的标记,并保证每次检核时标尺放置于同一位置。

(2)侧边法

①平面坐标测量。侧边法的操作原理是在靠近盾首和盾尾处分别悬挂一钢丝,钢丝下面系重物并置于油桶中,通过测量贴在钢丝上的反射片的坐标来计算盾构机首、尾的平面坐标,如图9-4-13所示。

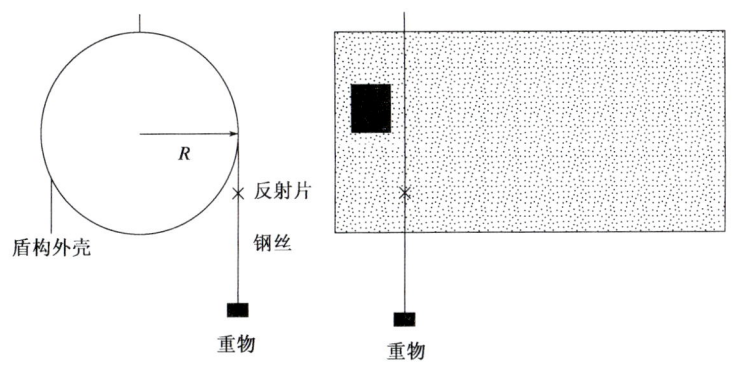

图9-4-13　侧边法操作示意图

侧边法操作时需注意:盾首钢丝悬挂在靠近大刀盘和前体的拼缝处,盾尾钢丝悬挂在靠近盾尾且在注浆管外,钢丝到盾首、盾尾的距离直接用钢尺量出,取多次量取距离的平均值作为最终计算依据。这种方法所得到的盾构机盾首、盾尾的坐标精度比较高,如果条件可行的话,可在盾构机外壳两侧各吊两根钢丝,如图9-4-14所示。选择在尽量靠近盾首和盾尾处的 A、B 两点,两侧钢丝位置宜对称选择。测量贴在钢丝上的反射片的坐标后,在 AutoCAD 中展点计算盾首和盾尾平面坐标。

②高程测量。根据盾首、盾尾的平面坐标,利用全站仪在盾壳上直接放样出盾构机的轴线,然后利用水准仪直接测出盾构首、尾处的高程,通过反算得到盾构首、尾中心的高程。

(3)测支撑环法

测支撑环法的原理是测量支撑环上多个点的三维坐标,通过最小二乘法拟合空间圆。从拟合结果中可以得到支撑环的中心坐标 (x_0,y_0,z_0) 和支撑环面的法向量 (m,n,p),然后根据盾构机的结构图纸计算出支撑环面到盾构机盾首、盾尾的距离,通过坐标正算得到盾构机盾首三维坐标 $(x_{首},y_{首},z_{首})$ 和盾尾三维坐标 $(x_{尾},y_{尾},z_{尾})$,如图9-4-15所示。

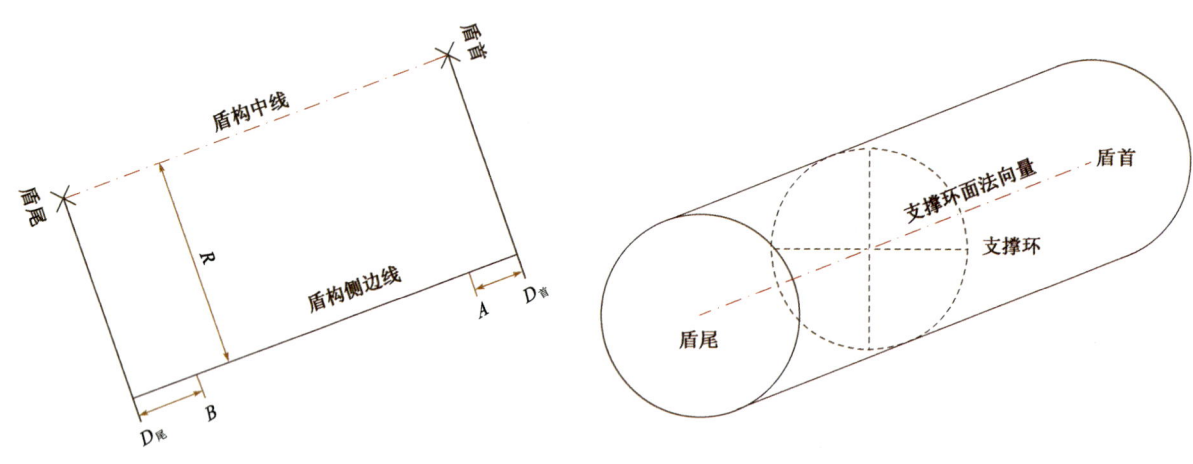

图9-4-14　侧边法平面坐标计算示意图　　　　图9-4-15　测支撑环法示意图

(4)中线法

①准备工作。在盾构机刀盘上焊接一门式支架,安装定位时在支架上悬挂一线锤,使线锤经过刀盘中心的尖形刀放置于油桶中,同时与尖形刀中心贴近且保持一定距离;为保证测量精度,通常这个距离控制在5mm内。测量时在支架上悬挂0.3mm细钢丝,并在钢丝上部粘贴一反射片,下部悬挂重锤放置在油桶中(图9-4-11)。在盾尾机体内部放置一方形铝合金标尺(可根据实际情况选择尺寸,一般长度取5m),使用钢卷尺分中并在中心和两侧各2.4m处粘贴反射片。在车站中板安装一吊篮,使其既能观测到刀盘顶部的门式支架,又能观测到盾尾机体内部的铝合金标尺。实际测量中,宜在盾构机就位后,反力架、皮带机安装前,通视条件良好时立即进行测量(图9-4-16)。

②盾构机姿态测量。在前述吊篮上安置全站仪,直接测量刀盘端部钢丝上贴片的坐标和盾尾机体内部铝合金标尺上3个贴片的坐标。这里需要注意,铝合金标尺要保证水平放置,可通过测量两侧贴片的高差来调整铝合金标尺位置。钢丝与刀盘尖形刀的距离小于5mm,计算时可认为钢丝中心即为盾首中心;铝合金标尺到盾尾的距离可直接用钢尺量出,并取多次量取距离的平均值作为最终计算依据。另外,为提高测量结果的可靠性,可调整铝合金标尺在盾体内的前后位置,得到多组观测数据;计算时以钢丝贴片坐标为起算点,取多组方位角的平均值作为最终盾构机轴线的方位角计算盾尾中心坐标。根据盾首、盾尾的平面坐标,利用全站仪在盾壳上直接放样出盾构机的轴线,然后利用三角高程原理直接测出盾构首、尾处的绝对高程,通过计算得到盾构首、尾中心的绝对高程。

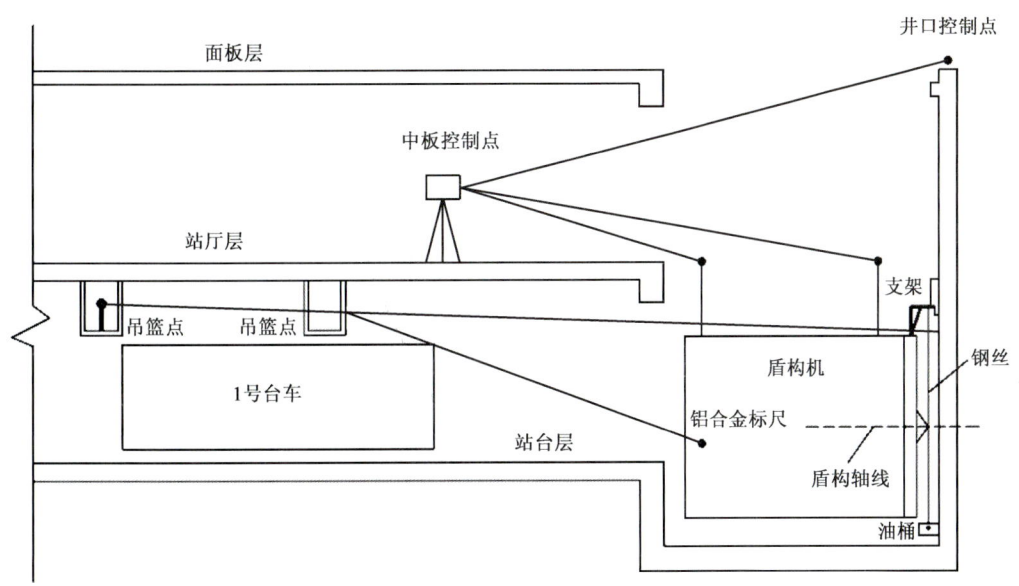

图 9-4-16 测量工作示意图

(5) 几种方法比较

采用不同测量方法时,盾构机初始姿态的测量成果对比见表 9-4-9。

盾构机初始姿态的测量成果对比   表 9-4-9

测量方法	盾首三维坐标(m)			盾尾三维坐标(m)		
	X	Y	Z	X	Y	Z
水平标尺法	80180.423	81469.369	−5.503	80175.969	81477.226	−5.506
侧边法	80180.415	81469.364	−5.501	80175.963	81477.220	−5.504
测支撑环法	80180.428	81469.371	−5.509	80175.946	81477.211	−5.513

通过表 9-4-9 可以看出,采用水平标尺法和侧边法测得的盾构机盾首、盾尾的三维坐标比较接近,和测支撑环法测得的坐标差别较大。但根据实际情况,考虑到盾构机经多次拆装后存在一定的拼装错缝,且局部盾壳有较大变形,一般认为采用侧边法测得的盾构机初始姿态比较可靠。

为了比较中线法和侧边法的精度,某工程现场采用两种方法分别对盾构初始姿态进行定位测量,数据见表 9-4-10。

盾构机初始姿态的测量成果对比   表 9-4-10

测量方法	盾首三维坐标(m)			盾尾三维坐标(m)		
	X	Y	Z	X	Y	Z
中线法	92820.564	69454.310	−8.472	92820.560	69463.573	−8.486
侧边法	92820.559	69454.313	−8.474	92820.559	69463.578	−8.488

通过表 9-4-10 可以看出,采用中线法和侧边法测得的盾首、盾尾中心坐标非常接近,其较差可能是因为盾体多次拆装后存在错缝、变形及测量转站而产生。从盾构机初始姿态测量原理来看,侧边法是测量盾体单侧或两侧来计算盾构机轴线坐标,而中线法是直接测量盾构机轴线,可靠性和准确性更高一些。

中线法测量盾构机初始姿态准备阶段工作复杂,制约因素多,但理论上更接近真值,测量成果精度比侧边法高,在条件允许情况下为保证盾构机姿态定位精度、提高观测棱镜与盾构机体的相对几何位置关系精度,建议采用此法。

4.3.5 导向系统安装

1) 导向系统简介

目前自动导向系统主要分为激光导向系统和多棱镜导向系统。

德国 VMT 自动导向系统主要使用激光导向系统。其工作原理:由全站仪发射出一束可见的红色激光束照射到 ELS 靶面板中心位置,光束相对于 ELS 靶的位置通过 ELS 靶上小棱镜精确测定,水平角由全站仪照射到 ELS 靶的入射角决定,ELS 靶内部安装的双轴传感器来测定 ELS 靶的上下、左右倾角和入射点相对于 ELS 靶的中线旋转角,再通过 ELS 靶中心和盾构机轴线的平面几何关系,可得出盾构机轴线,与输入隧道掘进软件的设计中线比较,即显示出盾构机与隧道设计中线的关系。

演算工房(ROBOTEC)导向系统主要使用多棱镜导向系统。其工作原理为利用全站仪自动搜索盾构机内固定安装的三个反射棱镜,分别测量棱镜位置,然后根据三个棱镜与盾构机中心的相对位置来计算盾构机切口中心和盾尾中心的坐标,以此实现盾构机掘进方向的检测。

2) 线路计划线计算

(1) 资料收集

线路计划线计算前应收集线路平、纵曲线图纸,从图纸中分别提取出平曲线、竖曲线基础数据信息,具体提取信息见表9-4-11。

提取线路计划线信息   表9-4-11

序号	图纸名称	提取信息
1	区间平曲图纸	起点里程、平面坐标和起始方位角,起(终)点坐标及里程、交点坐标、曲线半径、长短链
2	竖曲线图纸	起(终)点里程、变坡点里程、曲线半径
3	隧道中线与线路设计中线位置关系图	偏移量信息(里程和水平偏移量)
4	特殊减震道床图纸(若含)	减震段里程、减震段与普通段隧道中线竖向偏距

(2) 数据计算

目前常用的计算软件有电子表格 Excel、VMT、隧道精灵等,随着地铁建设的不断开展,将会有更多实用的软件得到开发并应用到工程建设中。当采用新型软件进行计算时,软件一般需得到计量认证部门认定,并应与原常用软件进行对比后方可使用。

常用计算软件介绍见附件9-4-1。

3) 数据导入

线路计划线数据导入应在监理单位旁站的情况下进行,输入过程中应整段数据输入并进行数据导出比对,严禁分段分次输入数据。当确定导入数据无误后,严禁在掘进过程中私自进行修改,如在使用过程中确需修改,需上报原因,并经同意后方可进行修正,同时应对线路计划线数据进行再次复核。盾构机系统的账号和密码一般建议由技术负责人予以保管,防止他人私自修改数据而引发事故。

VMT 掘进软件输入的数据参数将直接影响盾构机姿态显示信息的准确性,测量人员应反复核对后予以正确处理。盾构机机体结构参数为固定值且每台盾构机均不同,应根据盾构机图纸予以确定,可与初始数据夹或 VMT 公司备份文件核对。软件中 DTA(隧道设计轴线)编辑器具有设计轴线编辑功能,其数据为盾构掘进提供方向依据,该数据输入错误会致使盾构机按错误的方向掘进,为盾构施工测量质量事故重大风险源,故应执行严格的复核程序,需按公司测量管理办法相关规定报公司测量工程师审核,按建设单位相关规定报监理单位及建设单位工程师审核,以保证其数据准确无误。其数据输入信息如图 9-4-17 所示。

图 9-4-17 数据输入信息

(1) 初始值栏

①里程:隧道设计轴线上起算点里程,小里程至大里程掘进时为正值,反之为负值。

②东向:起算点 Y 坐标。

③北向:起算点 X 坐标。

④标高:起算点高程值(起算点在平面及垂直面中均需为直线段点位)。

⑤水平角:起算直线段平面方位角,单位为 gon,360° = 400gon。

⑥垂直角:起算直线段垂直角,垂直角 = (90° ± 坡度)/360 × 400,水平方向为 90°,单位为 gon,360° = 400gon。

(2) DTA 水平元素栏

为平面数据输入栏,可插入直线、缓和曲线及圆曲线元素。

①长度:线性长度,按图纸数据输入。

②角偏差:用于修正 DTA 主要点间角度转换使用,一般无须考虑。

③偏差:由于曲线段存在外轨超高值,故存在线路轴线与隧道轴线的偏差,地铁正线隧道曲线段应输入其偏差值,其输入格式为起始缓和曲线起点偏差值为 0,圆曲线起点偏差为偏差值,结束缓和曲线起点为偏差值(按掘进方向曲线左转为负值,曲线右转为正值)。

④半径:圆曲线段输入(按掘进方向曲线左转为负值,曲线右转为正值)。

⑤弯曲:缓和曲线段输入(按掘进方向确定其向左、向右)。

(3) DTA 垂直元素栏

为垂直数据输入栏,可插入直线及圆曲线元素,输入方式同 DTA 水平元素,半径输入原则为凸曲线为负值,凹曲线为正值。

曲线信息输入完毕后点击"创建 DTA",可在"经创建的关键点""经创建的中间点"中查询核对计算结果。

演算工房导向系统设计轴线数据可将计算好的轴线坐标用.csv 文件方式通过 enzan 里面的 Senkei.exe 转换为系统默认的 PinDvlp.csv 文件后复制到 Mesu 里面重启即可。由于演算工房导向系统三个测量棱镜固定位置存在被碰撞可能性,应定时对盾构机姿态进行人工测量复核。其人工测量姿态采用平尺法推算,精度受测量条件影响较大,建议人工姿态测量参考 VMT 导向系统固定参考点复核方式。

导向系统安装完成后应将其设计轴线三维坐标及人工姿态测量复核数据上报监理单位及建设单位审核无误后方可使用。

4）导向系统维护与检修

（1）导向系统维护

①ELS 靶

由于 ELS 靶的安装位置附近有注浆管,在注浆的过程中很容易被人碰到,而前面板是玻璃材质,容易被破坏,特别是 ELS 棱镜更容易被工人碰动,会对掘进造成不小影响,可以在 ELS 靶的四周用 4 块木板将其保护起来。ELS 靶前面板保护屏要经常擦干净,防止激光接收靶接收的信号太弱;ELS 靶附近不能有强光,强光会使 VMT 姿态显示不正常。

②电缆

在前期按常规安装好导向系统传输电缆卷后,在盾构机向前推进的过程中,经常会把传输电缆拉断。严重时,甚至拉动激光站托架,拉掉黄盒子(主要为全站仪供电,保证全站仪与计算机之间的通信和数据传输),威胁激光全站仪的安全,极大破坏了导向系统。为了克服这个问题,可以采取下列三种方法：

a. 把在导向系统的传输电缆卷安装在激光站的前面,这样盾构推进时,电缆一直是顺着拉；

b. 在盾构机电缆经过的地方用安全网覆盖,把盾构机上的各凸起物盖住,防止勾断电缆；

c. 加强日常巡视,经常整理传输电缆。

③激光站和黄盒子

a. 在始发时,由于激光站托架是安装在竖井里面,激光全站仪和黄盒子容易被雨水淋湿,一定要加以保护。

b. 在隧道里面,由于工人冲洗管片,激光全站仪和黄盒子容易被水浇湿,需要提醒掘进工人要经常将其擦净、晾干。

（2）导向系统故障处理

①ELS 靶

a. ELS 靶的前面板被注浆的浆液覆盖,接收到的激光信号不够强,导致无法工作。处理办法是将前面板的覆盖物清理干净。

b. ELS 靶的前面板附近有很强的光源,严重干扰了 ELS 靶对激光信号的接收,导致 VMT 显示不正常。处理办法是把光源移开。

c. ELS 靶的温度太高,导致 ELS 靶不工作。处理办法是用湿毛巾冷敷 ELS 靶降温。

d. ELS 靶和激光站之间被人或其他东西遮挡,导致 ELS 靶接收不到激光信号。处理办法是把障碍物移开,如果无法移动,就将激光站向前移到适当位置。

②电缆

电缆被拉断,导致不能传输数据或电流。处理办法是沿着线路一直排查,直到找到断裂处,将电缆接好。

③激光全站仪

a. 激光全站仪被水淋湿,不能正常工作。处理办法是将全站仪卸下,擦干净、晾干。

b. 全站仪的气泡跑偏，VMT 显示姿态偏差变大。处理办法是把全站仪重新整平，进行方位检查；如果检查超限，就需要重新测定激光站的坐标，不要在不测定变动后的激光站坐标的情况下重新定位测量，这样会误导 VMT 导向系统给出错误导向；如果检查未超限，就重新整平仪器，重新定位测量。

c. 全站仪在定位时未关掉全站仪的电源，无法定位。处理办法是关掉全站仪电源，重新启动定位程序。

d. 全站仪找不到 ELS 靶。处理办法是，首先检查全站仪与 ELS 靶之间的空间有没有被障碍物遮挡，如果有，则将其移开；如果没有，则人工测量出激光站至 ELS 靶的方位，手动输入激光全站仪编辑器的方位当前值中。

5）各种导向系统的优缺点

各种导向系统的优缺点见表 9-4-12。

激光靶导向系统和棱镜法导向系统优缺点对比 表 9-4-12

分类及产地型号		优 点	缺 点
激光靶导向系统	德国 VMT SLS-T/Tunis	系统组成简单，测量周期短，系统误差小，系统集成度高，稳定性高，系统寿命长，测量空间要求小	费用较高，由于系统集成度高，系统出现故障后现场一般难以解决
	英国 ZED Global		
	德国 TACS		
	国产力信 RMS-D		
	国产铁建重工		
	国产米度 MTG-T		
棱镜法导向系统	德国 PPS	成本低，系统故障后更换配件方便，系统容易使用掌握	系统组成复杂，连线较多；测量周期长；系统误差较大；系统稳定性一般；系统寿命短；测量空间要求较大；数据跳动较大

4.3.6 管片测量

1）管片测量概述及测量方法

由于在盾构掘进过程中，刚拼装的管片还没有来得及注入双液浆加固，因此还不稳定，经常发生管片位移现象，有时位移量很大，特别是上浮，位移量大常常引起管片限界超限。地铁施工中规定，拼装好的管片允许最大限界值是 ±10cm。为了防止管片侵限，首先可提高控制测量的精度，其次提高导向系统的精度，最后通过每天的管片测量，实测出管片的位移趋势，采取措施尽量减小位移量。同时，管片测量还起到复核导向系统的作用。

管片的内半径是 2.7m，采用铝合金制作一铝合金标尺，尺长 3.8m（可根据实际情况调整长度）。在铝合金标尺正中央贴一个反射贴片。根据铝合金标尺、反射贴片的尺寸，就可以计算出实际管片中心与铝合金标尺上反射贴片中心的高差。

测量时，将铝合金标尺水平放置在每环环缝的接缝处，首先用水平尺把铝合金标尺精确整平，使用全站仪采用极坐标法测量铝合金标尺中心的三维坐标，如图 9-4-18 所示；由此，就可以推算出成环管片中心轴线的实际三维坐标，以及与设计比较后的差值。每次管片测量时，应重叠 5 个已经稳定的管片，以消除测错的可能。内业计算出该点坐标(X,Y,Z)与隧道中线坐标(X,Y,Z)的差值,利用 CAD 绘图的方式计算出隧道中心与设计中心的偏差。ΔX 为正则里程大,反之里程小;ΔY 为正则右偏,反之左偏;ΔZ 为正则高,反之低,如图 9-4-19 所示。

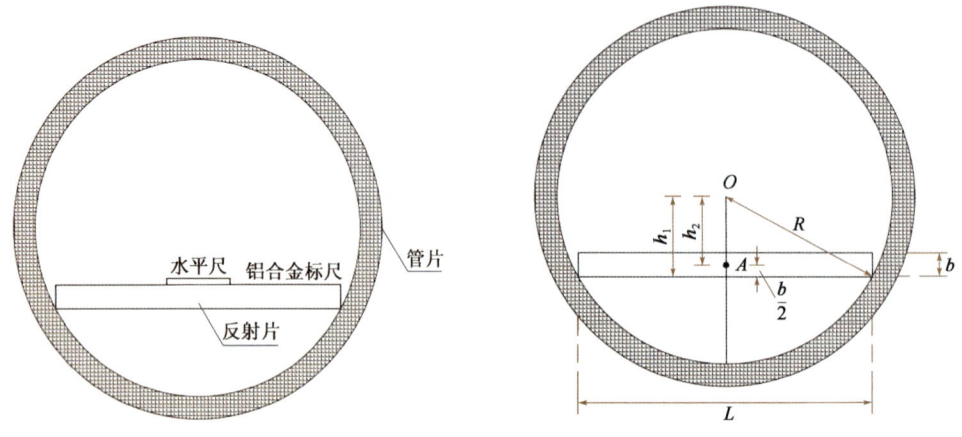

图 9-4-18　成环管片测量示意图　　　图 9-4-19　管片圆心计算示意图

$$H_O = H_A + h_2 \tag{9-4-21}$$

$$h_2 = h_1 - \frac{b}{2} = \sqrt{R^2 - \left(\frac{L}{2}\right)^2} - \frac{b}{2} \tag{9-4-22}$$

式中:H_O——隧道圆心 O 的高程;

　　　H_A——铝水平尺中心点 A 的高程;

　　　h_1——铝水平尺底部距隧道圆心 O 的距离;

　　　h_2——铝水平尺中心点 A 距隧道圆心 O 的距离;

　　　R——隧道环片内环的半径;

　　　L——铝水平尺的长度;

　　　b——铝水平尺的高度。

2)管片姿态计算

将外业测量数据复制到电子表格中,编辑成 AutoCAD 可识别的三维坐标,然后将三维坐标数据复制到记事本程序中保存,文件的后缀名必须是".SCR",如"管片检测外业数据.SCR",把管片检测的外业数据编辑成 AutoCAD 的画点脚本文件。通过 AutoCAD 的脚本功能,可方便快捷地在 AutoCAD 中把点画出来。

打开 AutoCAD,在模型状态下(一定要关闭"对象捕捉"命令),打开菜单栏的"工具(T)"选项,在下拉子菜单中选择"运行脚本(R...)",或者在命令行中输入".SCR",两种方式都是运行脚本,AutoCAD 便可查找脚本文件。找到要调用的脚本文件"管片检测外业数据.SCR"后,直接打开,AutoCAD 便可自动把点画出(图 9-4-20)。

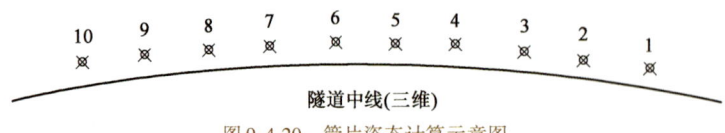

图 9-4-20　管片姿态计算示意图

点位画出来后,便可在 AutoCAD 中通过查询命令直接量出管片的水平姿态和垂直姿态。通过以上管片的测量和计算,可解决管片检测数据量大、计算难、测量时间长的问题,大大提高了管片检测的效率和准确度。

4.3.7 掘进中盾构机姿态测量

在实际盾构机姿态测量中,以导向系统自动测量为主,人工测量定期进行复核。盾构机姿态测量包括三个姿态角[巡航角(方位角)、俯仰角、滚转角]和空间位置[横向(水平)偏差、竖向(垂直)偏差及里程]。盾构机分为前体、铰接和后体,一般通过测量、计算前体的前点圆心(旋切面)和后点圆心的坐标来得出盾构机姿态。

1)盾构机姿态的计算

(1)盾构机姿态的计算原理

盾构机作为一个近似的圆柱体,在开挖掘进过程中不能直接测量其刀盘的中心坐标,只能用间接法来推算出刀盘的中心坐标。

如图 9-4-21 所示 A 点是盾构机刀盘中心,E 是盾构机中体断面的中心点,即 AE 连线为盾构机的中心轴线,由 A、B、C、D 四点构成一个四面体,测量出 B、C、D 三个角点的三维坐标(x,y,z),根据三个点的三维坐标(x,y,z),分别计算出 L_{AB}、L_{AC}、L_{AD}、L_{BC}、L_{BD}、L_{CD}。

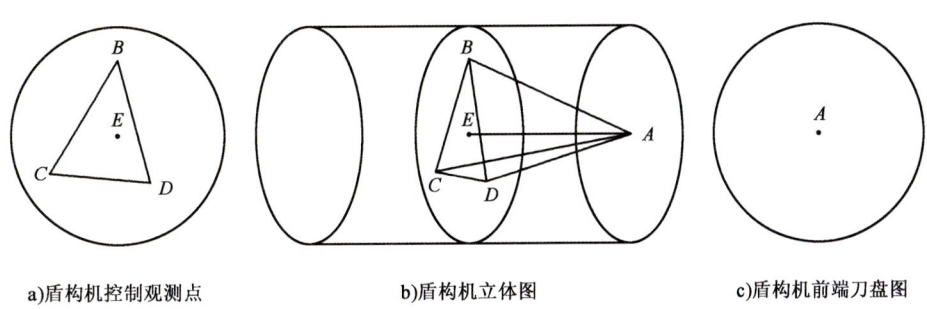

a)盾构机控制观测点　　b)盾构机立体图　　c)盾构机前端刀盘图

图 9-4-21　盾构机姿态计算原理图

四面体中的六条边长作为以后计算的初始值,通过测量 B、C、D 三点的三维坐标来计算 A 点的三维坐标。同理,B、C、D、E 四点也构成一个四面体,相应地可求得 E 点的三维坐标。由 A、E 两点的三维坐标就能计算出盾构机刀盘中心的水平偏航、垂直偏航,由 B、C、D 三点的三维坐标就能确定盾构机的俯仰角和滚动角,从而达到检测盾构机姿态的目的。

(2)通过 AutoCAD 作图求解盾构机姿态

通过几何解算盾构机姿态方法的缺点是,在内业计算时,如果用人工手算,其工作量相当大,且容易出错,因此在进行解算时利用 AutoCAD 进行作图求解,如图 9-4-22 所示。

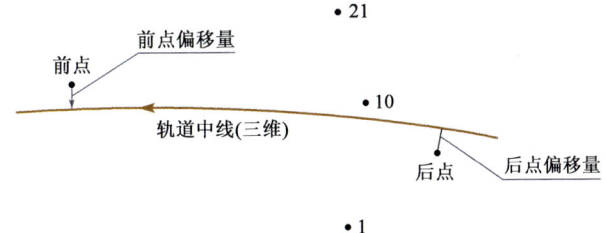

图 9-4-22　盾构机姿态 AutoCAD 计算示意图

首先是把隧道中线三维坐标通过建立 AutoCAD 脚本文件输入到 AutoCAD 中,这个工作一个工地只需要做一次;然后把所测参考点 1、10、21 的三维坐标输入 AutoCAD 中,分别以 1、10、21 为球心,以 1、

10、21 到前点的距离为半径画球,求三个球的交集。用鼠标左键点击交集后的点,就可以找到两个端点,这两个端点到 1、10、21 的距离就分别等于 1、10、21 到前点的距离。然后根据盾构掘进方向,舍去其中一个点。用同样方法在 AutoCAD 中画出后点。由于后点通过求交集的方法求出的两个端点距离很近,通过盾构机的掘进方向很难判断,所以通过前点到后点的距离来判断。

画出前后点的位置后,通过前后点向隧道中线作垂线,通过测量垂线在水平和垂直方向上偏离值来求解盾构机前后点的姿态。盾构机的坡度 = $(Z_前 - Z_后)/L \times 100\%$($L$ 为盾体前后参考点连线长度)。根据测量平差理论可知,实际测量时,需要观测至少 4 个点位以上,观测的参考点越多,多余观测就越多,因此计算的精度就越高。比较 VMT 导向系统测得的盾构机姿态值和人工检测的盾构机姿态值,其精度基本上能达到 ±5mm 之内。

2)盾构机姿态人工复测

在盾构施工过程中,为了保证导向系统的正确性和可靠性,在盾构机掘进一定长度或时间之后,应通过洞内的独立导线独立地检测盾构机的姿态。

(1)人工测量方法

在实际施工中常用的盾构机姿态人工测量方法有平尺法及三点法。两种方法前面有详细叙述,在此不再赘述。

在盾构机组装阶段,在盾构机内的合适部位均匀焊接上螺母,将棱镜(或者反射片)固定于螺母上作为盾构机姿态参考点。在该阶段建立独立控制网,测得参考点与盾构机前后机体中心的几何关系,在施工测量中只需测得参考点中的任意三点坐标,根据已有的几何关系就可以得到盾构机前盾前后圆心中心坐标;为提高测量精度,实际测设中应测量多组点位加以复核。盾构机姿态人工测量应在始发前、贯通前各复核一次,并上报监理单位相关数据资料。在正常情况下,根据设备稳定性及实际情况,在掘进中定期对其检核。

盾构施工用到的坐标系统有三种:全球坐标系统、DTA 坐标系、TBM 坐标系。

(2)盾构机参考点的测量

在进行盾构机组装时,VMT 公司的测量工程师就已经在盾体上布置盾构机姿态测量的参考点(共 21 个),如图 9-4-23 所示,并精确测定了各参考点在 TBM 坐标系中的三维坐标。在进行盾构机姿态的人工检测时,可以直接利用 VMT 公司提供的相关数据来进行计算。其中,盾体前参考点及后参考点是虚拟的,实际并不存在。

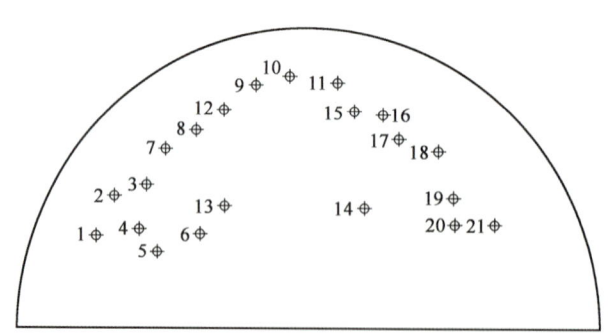

图 9-4-23　盾构机姿态测量参考点的布置

盾构机姿态传统测量法主要依靠坡度板和激光经纬仪读出盾构的纵坡、转角值、前后靶坐标,从而计算出盾构切口与盾尾的高程、举重臂位置的偏差,通过与设计轴线比较,计算出切口与盾尾的高程偏差及管片相对盾构轴线的偏差。

盾构机姿态人工检测的测站位置选在盾构机第一节台车的连接桥上，此处通视条件非常理想，而且方便架设全站仪，只要在连接桥的中部焊上一个全站仪的连接螺栓即可。测量时，应根据现场条件尽量使所选参考点之间连线距离大一些，最好保证左、中、右各测量一两个点，以提高测量计算的精度。例如在选择图9-4-23盾构机参考点时，选择1、10、21三点作为盾构机姿态人工检测的参考点。

4.3.8　盾构法移站

盾构机掘进时的姿态控制是通过全站仪实时测设棱镜的坐标，反算出盾构机盾首、盾尾的实际三维坐标，通过比较实测三维坐标与隧道中心三维坐标，从而得出盾构机姿态参数。随着盾构机向前推进，每隔规定的距离就必须进行激光站的移站。为了避免移站工作对掘进的影响，移站工作应选在管片拼装时进行。

1）移站距离的确定

移站距离的确定主要取决于通视条件及全站仪与主控室计算机之间连接电缆的长度。通视条件主要取决于线路曲线的设计半径及连接电缆的长度，根据激光站设站最佳位置进行计算，选择直线、曲线段的移站距离。

2）激光站人工移站

激光站的支架用三角钢和钢板做成可以安装在管片上的托架，采取强制对中，减少仪器对中误差。托架安装在隧道右侧顶部不受行车影响和破坏的地方。安装时，用水平尺大致调平托架底板后，将其四个支腿用膨胀螺栓固定在管片上，便可安装后视棱镜或仪器。后视棱镜应安装在二次注浆饱满的管片处，减少因管片变形产生托架位移。

一般在后视靶托架即将脱出盾构机最后一节台车后进行移站，这样就可以直接站在盾构机上移站。把棱镜安装在前视托架后，利用激光全站仪后视拖架棱镜中心，采用极坐标的方法直接测量出前视棱镜中心的三维坐标，然后把后视棱镜和全站仪向前一站移动，把激光全站仪安装在激光站托架上整平，固定好黄盒子，给全站仪接上电源，手动全站仪瞄准后视棱镜，瞄准的精度在±10cm左右，然后把全站仪电源关闭。接着在主控室里，启动软件SLS-T，按"编辑器-F2"键进入编辑器窗口，进入激光站编辑窗口，输入激光全站仪中心和后视靶棱镜中心的三维坐标。按"保存"键保存，然后关闭编辑器窗口。再按"定位-F5"键，给激光全站仪定位。定位完成后，再按"方位检查-F5"键，检查激光站和后视棱镜的坐标是否有误。如果超限，将显示差值；如果不超限，那么将不显示。最后再按"推进-F4"键完成激光站的人工移站。

3）激光站自动移站

VMT导向软件SLS-T有激光站自动移站功能，移站的过程除了托架、全站仪及后视棱镜的安装，其他测量工作都可以通过此功能完成。操作流程为：托架安装→程序启动→方位检测→新站点坐标测定→全站仪及后视棱镜的移站。托架底板采用400mm×400mm×10mm钢板，四角上用50mm×50mm角钢焊接，内侧长400mm和托架底板连接在一起，外侧总长750mm，分为两段，起调节托架底板水平的作用，底板中心焊上仪器连接螺栓的桩头，长10mm，采取强制对中，减少仪器对中误差。打孔用膨胀螺栓将其安装在隧道右侧顶部不受行车影响和破坏的地方。安装时，先安装短脚架，后装调节脚架，用水平尺大致调平托架底板后，将其固定好，然后安装前视棱镜或仪器。

程序的启动及后续测量工作在主控室进行。此时软件 SLS-T 处于"管片拼装"状态,按功能键 F3,关闭测量后,通过"激光站移站-F6"键来启动程序。在初始窗口中,按"测量开始-F2"键,启动方位检测程序。方位检测被成功执行后,显示检测结果,在得到理想结果后,按 F2 键确认后方位检测的结果。在测定新激光站点坐标前,先在信息输入窗口中输入如下信息:水平方向与垂直方向上偏移的近似值及新激光站点的大致里程,当前棱镜的高度及仪器的高度,新站点的点位编码。

在信息输入窗口下,按 F2 键启动程序。全站仪自动搜索到前视方向的新激光站点坐标。在测定新激光站点坐标时,为避免获得错误数据,须遮盖住全站仪视场内的其他反射棱镜。新激光站点的坐标测定后,将全站仪和后视棱镜转移到新的位置,之后,主控室按功能键 F2 进行确认,新的信息窗口会显示新激光站点三维坐标,然后将新激光站点上的全站仪手动转向新的后视点即原激光站,按 F2 键,重新调整定位全站仪上的刻度。成功执行上述步骤后,出现一个新的信息窗口。通过按功能键 F2 来完成激光站移站程序。

4)激光站的人工检查

在推进过程中,可能会由于安装托架的管片出现沉降、位移或托架被碰动,使激光站点或后视靶的位置发生变化,导致全站仪测得错误的盾构机姿态信息。

为了保证激光全站仪的准确定位,在软件 SLS-T 的状态为"推进"时,通过功能键 F5 对全站仪的方位进行检查,如果测得的后视靶的值超过在编辑器中设定的限值,需要对激光站进行人工检查。检查方法是利用洞内精密导线点对激光站点及后视靶点位置进行测量,重新确定两点的三维坐标。设站导线点尽量选择在右侧管片侧壁上的强制对中导线点,这样建测站时能够一次建站测算出两个点位的坐标,避免误差的积累。当不满足上述建站条件时,从隧道内主控制导线点引测至后视靶托架上,在托架上建立测站,测定激光站点的三维坐标。

4.3.9 联络通道测量

在联络通道附近布设加密导线点,与地下控制点组成附合导线进行联测,平差后作为联络通道放线的平面控制点。其精度要求同地面控制测量。高程由附近控制高程点按三等水准引至联络通道。洞内联络通道放线由洞内控制点在联络通道口加密后引入方向和高程。

根据联络通道施工图,准确放出联络通道中线和联络通道的拱顶高程和拱下底高程,其放样误差应在 ±5mm 之内。根据联络通道的宽度,以联络通道中线为准,画出联络通道的开挖线。

联络通道集水坑放样:根据联络通道集水坑施工图的相关数据放出集水坑的开挖线,并计算集水坑的开挖深度。

4.3.10 盾构接收测量

盾构接收测量是指盾构到达接收井前,在接收井内应完成的测量工作,主要内容包括预留洞门钢环位置测量、盾构基座位置测量等。盾构基座的高程要略低于设计高程。

盾构接收测量方法和技术要求与盾构始发前的相关测量工作基本相同。

4.3.11 盾构机过站测量

盾构机到站前,先对洞内所有控制点进行一次整体系统的复测,对所有控制点的坐标进行严密平差计算。在盾构机到站前的最后一次 VMT 系统搬站时，以测设的地面导线点和水准点为基准，以二等控制点的测量精度对测站、后视点的坐标和高程进行测量（测量全站仪和后视棱镜的坐标和高程），要求每一测量点的测量不少于 8 个测回。盾构机距接收井前 50m 地段应加强盾构机姿态和隧道线形测量，及时纠正偏差，确保盾构顺利进入车站。盾构机进站时其切口平面偏差允许值：平面≤±20mm、高程≤±50mm，到达时盾构坡度比设计坡度略大 0.2%。到站所有测量数据须报测量监理单位复核验证。

在盾构机贯通的同时，测设刀盘中心与过站小车的关系，从而准确确定过站小车的第一块挡块位置。依据隧道高程和始发架结构尺寸，计算始发架的安装高程。测量底板及洞门的高程，对比判断是否需要凿低底板或垫高始发架。

4.3.12　隧道线路中线调整测量

在隧道洞通后，以车站的施工控制导线点为依据，利用隧道内留有控制点或线路中线点组成附合导线，并进行左右线附合导线测量。一般中线点间距，直线上平均为 150m，曲线上除曲线元素处不应小于 60m。

对中线点组成的导线应采用Ⅱ级全站仪左、右角各测两测回，左、右角平均值之和与 360°较差小于 5″，测距往返各两测回，往返两测回平均值之差小于 7mm。

数据处理采用严密平差，各相邻点间纵横向中误差不应超过下述限值。直线：纵向为±10mm，横向为±5mm。曲线：纵向为±5mm，当曲线段小于 60m 时为±3mm，大于 60m 时为±5mm。平差后的线路中线点应依据设计坐标进行归化改正，归化改正后对线路中线各折角应进行检测，中线直线上其与 180°较差不应大于 8″，曲线折角与相应的设计值较差，中线点间距小于 60m 时不应大于 15″，中线点间距大于 60m，应在 8″~15″之间。线路中线点检测合格后，应钻 $\phi 2mm$、深 5mm 的小孔，并镶入黄铜芯标志点位。

利用车站控制水准点对区间水准点进行附合水准测量，水准测量按二等精密水准测量的方法及 $\pm 8\sqrt{L}$ mm 的精度要求进行施测。

对线路地下控制点进行联测，进行平差，调整隧道内控制点，为后续工作做准备。

4.3.13　隧道结构断面测量

根据隧道不同的结构断面形式，在断面上选择与行车安全限界密切相关的位置设置限界控制点，并测定其与线路中线的距离。

以调整的线路中线点为依据，直线段每 6m，曲线上包括曲线主点，每 5m 测量一个结构横断面。

断面方向必须与线路的法线方向保持一致。

结构断面可采用全站仪、断面仪等进行测量，测量断面里程允许误差为±50mm，断面限界控制点与线路中线法距的测量误差不应超过±10mm，除横断面底板上的线路中线点外，其他限界控制点高程的测量中不应超过±20mm。底板纵断面上线路中线点高程测量中误差不应超过±10mm。

计算断面点与线路中线点的横向距离，编制净空断面测量成果表。

4.3.14　常见问题及其对策

此处结合一些实际案例，简要说明盾构隧道施工测量中常见的问题及相应的对策和经验。

1）单井定向

（1）问题描述

某地铁区间段掘进到一定程度时，发现隧道中线与设计中线偏差较大。经两井定向或陀螺经纬仪定向检核时发现，该隧道掘进全部采用单井定向控制掘进。

（2）原因分析

盾构施工测量中，单井定向控制掘进长度不满足规范要求。

（3）对策及经验

①控制测量应严格按照盾构法施工控制测量规范进行。

②当掘进长度达到一定长度时，应采用多井定向或陀螺经纬仪定向施工测量。

2）洞门钢环测量

（1）问题描述

某地铁区间在洞门钢环安装后进行测量，数据处理后发现拟合洞门中心与设计洞门中心偏差较大，经检核发现测点分布不均匀。

（2）原因分析

在进行样点采取时，钢环测量点位较少、分布不合理、参照物选取不合理。在数据处理时，未将粗差大的数据剔除。

（3）对策及经验

①选取的钢片测量点位应尽量分布均匀，数量合理，且能真实反映钢环的具体位置。

②在处理观测数据时，应先进行粗差剔除（如狄克逊准则、格拉布斯准则），才能进行洞门钢环圆心坐标的拟合，以保证准确性。

3）导向系统

（1）问题描述

某地铁区间隧道盾构掘进过程中，导向系统界面出现异常信息提示。

（2）原因分析

导向系统的软件、硬件系统出现故障。如激光靶连接错误，全站仪异常，未照准，测量失败，系统计算机安装有与系统运行不相关的软件，关键参数设置错误。

（3）对策及经验

①应对导向系统软件、硬件及时维护，导向用全站仪应定期校准激光。

②掘进过程中，需要日常巡查连接线缆，观察电源状况；检查全站仪与目标棱镜之间是否有遮挡物；检查全站仪与激光靶是否通视，或激光斑是否照准激光靶。

③对系统计算机中不必要的软件进行清理，并定期检查参数设置是否准确。

4）隧道内点位布设及保护

（1）问题描述

某隧道区间内进行联系测量观测时发现某站平面测回 $2C$ 值超限，该区间高程闭合差超限。经检核，发现某站测点埋设不稳固，过于靠近轨道，并且无保护装置。

（2）原因分析

控制点被过往的渣车影响导致松动，测量时不易摆放脚架及水准尺，人工清洗管壁或管底时容易触碰。

(3) 对策及经验

①布设点位宜在轨道两侧且保持一定的安全距离，布设点应坚实、稳固可靠。

②控制点位应安装保护装置并制作相应的标识牌（标注点号、里程及警示标志），并将标识牌粘贴在点位附近。

5）隧道内观测

(1) 问题描述

某隧道区间内进行联系测量观测时发现多站平面测回 $2C$ 值、平差超限，该区间高程闭合差超限。经检核，发现该区间内过于潮湿、温度高、气压低、光线暗。

(2) 原因分析

在进行联系测量时，测量员未根据环境变化及时修改仪器参数，在光线昏暗时未对仪器、棱镜、水准尺及时采取相应措施，在潮湿时仪器、棱镜、水准尺表面出现凝结水雾，影响使用。

(3) 对策及经验

①在测量环境变化时，应及时修改仪器参数（如温度值、气压值、湿度值、棱镜值）。

②在光线昏暗时，应及时采取补光措施，以保证光线充足。

③观测一测回应及时对仪器、棱镜、水准尺表面进行擦拭，以保证准确观测。

6）隧道内平面控制网

(1) 问题描述

某隧道区间内进行联系测量观测，观测完后数据处理精度较低，不能满足施工要求。经检核发现，该区间隧道为长隧道且一直采用支导线测量。

(2) 原因分析

长区间隧道中没有换导线布设网型提高观测精度，且控制点位不合理、布设不均匀，导致长边短边突出，掘进方向难以控制。

(3) 对策及经验

①布设平面控制网导线时，导线边长应符合相关规范要求，如直线隧道平均边长宜为150m，曲线隧道平均边长为60m，长短边边长比不应大于3。可以长边控制短边，但不能短边控制长边。

②导线控制点应埋设在隧道结构稳定的地方，控制点间视线距隧道壁及洞内设施应大于0.5m，相邻导线点之间的垂直角不应大于30°。洞内导线起算点应不少于3个，并且由联系测量从地表引至隧道内。

③导线布设应沿着掘进方向，布设成附合或闭合导线形式。如交叉双导线形式，能形成多个闭合环，可以增加检核条件，提高控制网可靠度。

④根据全站仪标称精度确定观测测回数，应采用左、右角观测，同一方向采取正倒镜同时观测法。若观测方向数超过3个，则可以采取全圆观测法。

7）盾构换站

(1) 问题描述

某地铁区间段施工时进行换站测量，测量偏差较大。经检核，测量换站时盾构机及渣车一直在运行且转点数过多。

（2）原因分析

测量过程中，盾构机及渣车未停止运行，扰动了设站仪器、后视棱镜及转点，施工单位为了测量便利，没有及时增设控制点，累计转站次数过多，使得测量偏差过大。

（3）对策及经验

① 施工单位应该按照规范要求及时增设控制点并成网检核，以防累计转点过多。

② 换站过程中，禁止一切机械设备干扰。

8）管片测量

（1）问题描述

某地铁盾构区间在日常管片测量后，数据处理对比发现管片姿态与实际盾构机姿态偏差较大，经检核，发现测量管片的水平尺破损且水平尺高度采用理论高度计算。

（2）原因分析

施工单位为了测量便利未及时更换水准尺，且计算管片方法中采用了水准尺理论高度，未能实际反映管片姿态。

（3）对策及经验

① 管片姿态测量宜采用合理的观测方法，如水平尺法和断面法。

② 定向时，应严格检查仪器的对中、整平状况，量取仪器高度、棱镜高度时量测次数应大于2，互差在2mm内可取均值；并根据温度气压改正计来修改全站仪内的大气参数，以确保定向精度。管片测量完成后也应再次定向，以确保观测质量。

③ 全站仪观测时，应根据测量方法及时选择对应的棱镜模式。

④ 在进行计算时，应采用实际的水平尺高度，以便更真实反映管片姿态。

4.3.15 工程实例

盾构隧道施工测量工程实例详见附件9-4-2。

4.4 矿山法隧道施工测量

地铁隧道矿山法施工测量实质是在隧道控制测量的基础上，依据施工设计给定的隧道开挖方向和高程控制线进行现场测设，即进行隧道中线标定，以指导隧道按设计要求正确开挖。洞内平面控制点控制中线平面控制点（中线平面控制点是洞内衬砌和洞内建筑物施工放样的依据），当中线平面控制点无法满足现掘进方向控制要求时，可增设临时中线平面控制点。洞内高程控制与平面控制类似，临时水准点控制开挖面的高低，中线高程控制点控制洞内衬砌和洞内建筑物的高程位置。

4.4.1 一般规定及主要内容

1）一般规定

根据现行《城市轨道交通工程测量规范》（GB/T 50308）的要求，施工测量应符合下列规定：

（1）安装超前导管、管棚及隧道初期支护中的钢拱架和边墙格栅以及控制喷射混凝土支护的厚度，宜以中线为依据进行放样和控制，其测量允许误差不应超过±20mm。

(2) 隧道二次衬砌结构施工前应进行贯通测量，相邻车站或竖井间的地下控制导线和水准线路应形成附合线路。

(3) 以平差后的地下控制点作为二次衬砌施工测量依据，进行中线和高程控制线测量，其测量允许误差不应超过±10mm。

(4) 用台车浇筑隧道边墙二次衬砌结构时，台车两端的中心点与中线偏离允许误差应在±5mm之内。曲线段台车长度与其相应曲线的矢距不大于5mm时，台车长度可代替曲线长度。台车两端隧道断面中心点的高程，应采用直接水准测设，与其相应里程的设计高程偏差应小于5mm。

(5) 在隧道未贯通前进行二次衬砌施工时，应采取增加控制点测量次数（联系测量和控制点复测）、钻孔投点以及加测陀螺方位等方法，提高现有控制点的精度，并以其调整中线和高程控制线。同时，应预留长度不小于150m的隧道不得进行二次衬砌施工，作为贯通误差调整段。待预留段贯通后，应以平差后的控制点为依据进行二次衬砌施工测量。

(6) 隧道每掘进30~50m应重新标定中线和高程控制线，标定后应进行检查。

(7) 混凝土结构施工中，测设点间形成的弦线与对应的曲线矢距应小于10mm。

2）主要内容

交接桩及控制测量在本篇第2、3章有详细介绍，此处不再赘述，只介绍隧道中线、过程样和初期支护断面测量，主要内容见表9-4-13~表9-4-15。

开工准备阶段 表9-4-13

序号	主要测量工作	向监理单位提供的资料	向第三方测量单位提供的资料
1	接桩	人员资质	测量方案
2	编制施工测量方案	仪器设备备案	控制网复测报告
3	接桩控制网复测	测量方案	地面加密控制点复测报告
4	地面加密控制点测量	控制网复测报告	—
5	施工放线	施工放线记录	—

矿山法隧道施工阶段 表9-4-14

序号	主要测量工作	向监理单位提供的资料	向第三方测量单位提供的资料
1	隧道内控制网测量	测量进度	测量方案及控制网复测报告
2	施工放线	施工放线记录	—
3	按时测量初期支护断面	初期支护断面测量报告	地面加密控制点复测报告
4	隧道（含联络通道）掘进至50m处进行联系测量及地下导线、水准测量	隧道（含联络通道）掘进至50m处的控制测量报告	隧道（含联络通道）掘进至50m处的控制测量报告
5	隧道（含联络通道）掘进至100~150m处进行联系测量及地下导线、水准测量	隧道（含联络通道）掘进至100~150m处的控制测量报告	隧道（含联络通道）掘进至100~150m处的控制测量报告
6	隧道（含联络通道）掘进至150~200m处进行联系测量及地下导线、水准测量	隧道（含联络通道）掘进至150~200m处的控制测量报告	隧道（含联络通道）掘进至150~200m处的控制测量报告
7	若单向开挖长度超过1km时，掘进至150m后每600m须增加一次包括联系测量在内的地下导线及水准测量，并加测陀螺经纬仪定向，以检核坐标方位	关键节点—隧道（含联络通道）掘进相应距离处的控制测量报告	关键节点—隧道（含联络通道）掘进相应距离处的控制测量报告

矿山法隧道贯通后　　　　　　　　　表 9-4-15

序号	主要测量工作	向监理单位提供的资料	向第三方测量单位提供的资料
1	补埋隧道内的控制点	测量进度表	—
2	地下控制点联测	地下控制点埋设情况说明	—
3	贯通误差测量	地下控制点联测报告	地下控制点联测报告
4	标设断面测量点位	贯通误差测量报告	贯通误差测量报告
5	断面测量	断面测量报告	断面测量报告

4.4.2 隧道中线测量

1）一般中线测设

隧道洞内施工，是以中线为依据来进行。当洞内敷设导线之后，导线点不一定恰好在线路中线上，更不可能恰好在隧道的结构中线上（即隧道轴线上）。而隧道衬砌后两个边墙间隔的中心即为隧道中心，在直线部分则与线路中线重合；曲线部分由于隧道衬砌断面的内外侧加宽不同，所以线路中线就不是隧道中线，如图 9-4-24 所示。

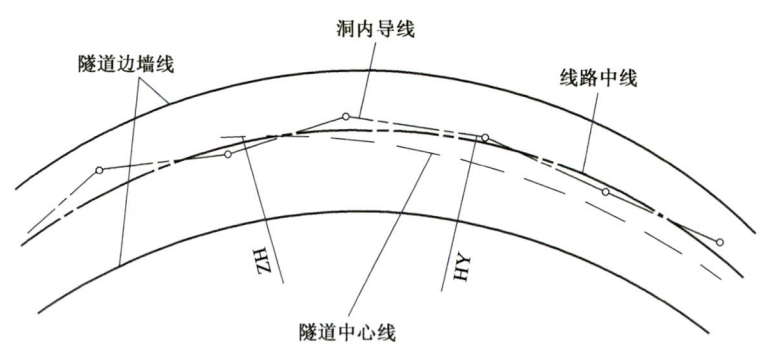

图 9-4-24　洞内导线与线路中线关系示意图

隧道中线的常见测设方法一般有两种。

（1）由导线测设中线

用精密导线进行洞内隧道控制测量时，为便于施工，应根据导线点位的实际坐标和中线点的理论坐标，反算出距离和角度，利用极坐标法，根据导线点测设出中线点，或者用导线点坐标和中线点理论坐标直接放样出中线点。一般直线段 150~200m，曲线段 60~100m，应测设一个永久的中线点。

如图 9-4-25 所示，由导线建立新的中线点之后，还应将经纬仪安置在已测设的中线点上，测出中线点之间的夹角 β，将实测的检查角与理论值相比较。另外，实量 4~5 点的距离，亦可与理论值比较，作为另一种检核，确认无误，即可挖坑埋入带金属标志的混凝土桩。

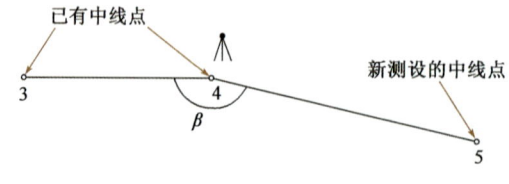

图 9-4-25　导线测设中线

（2）独立中线法

独立中线法是指在直线上采用正倒镜分中法和在曲线上采用弦线偏角法延伸中线的一种方法。永久中线点间距离一般直线段不小于100m,曲线段不小于50m。

2）临时中线测设

为了指导隧道洞内开挖方向,随着向前掘进的深入,平面测量的控制工作和中线测量工作也需紧随其后。当掘进的延伸长度不足一个永久中线点的间距时,应先测设临时中线点,如图9-4-26中的1、2、3、4等。点间距离,一般直线上不大于30m,曲线上不大于20m;临时中线点应采用仪器测设。当延伸长度大于永久中线点的间距时,即可建立一个新的永久中线点,如图9-4-26中的e。永久中线点应根据导线或用独立中线法测设,然后根据新设的永久中线点继续向前测设临时中线点。当掘进长度距最新的导线点B大于一个导线的设计边长时,即可建立一个新的导线点C,然后根据C点继续向前测设中线点(图9-4-26)。当采用全断面法开挖时,导线点和永久中线点都应紧跟临时中线点。这时临时中线点要求的精度也较高。

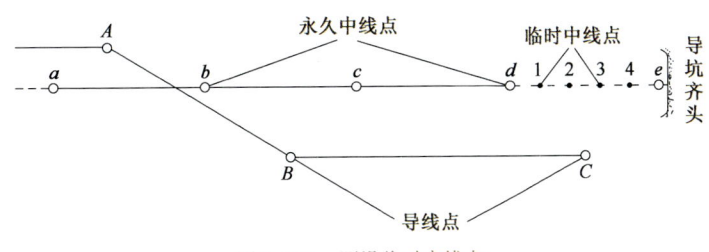

图9-4-26　测设临时中线点

4.4.3　隧道施工测量

为保证隧道开挖方向正确、开挖断面尺寸符合设计要求,施工测量工作必须与现场施工速度同步,同时要保证测量成果的正确性。

1）导坑延伸测量

导坑施工时,当从最前面一个临时中线点继续向前掘进时,在直线上延伸不超过30m,曲线上延伸不超过20m的范围内,可采用"串线法"延伸中线。用串线法延伸中线时,应在临时中线点前或后用仪器再设置两个中线点,如图9-4-27中的$1'$、$2'$,其间距不小于5m。串线时可在这3个点上挂上垂球线,先检验3点是否在一直线上,如正确无误,可用肉眼瞄直,在工作面上给出中线位置,指导掘进方向。当串线延伸长度超过临时中线点的间距时(直线段为30m、曲线段为20m),则应设立一个新的临时中线点。

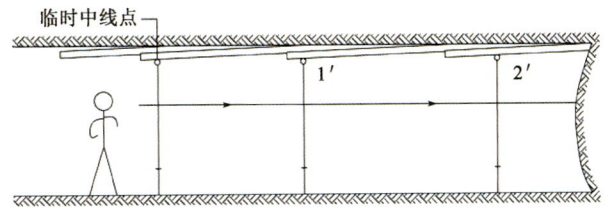

图9-4-27　串线法延伸中线

如果用激光导向仪,将其挂在中线洞顶部来指示开挖方向,可以定出100m以外的中线点,如图9-4-28所示。这种方法对于直线隧道和全断面开挖的定向,既快捷又准确。

在曲线导坑中,常采用弦线偏距法和切线支距法进行中线延伸。弦线偏距法最方便,如图9-4-29所示,A、B为曲线上已定出的两个临时中线点,如要向前定出新的中线点C,要求$BC=AB=s$,则从B沿CB方向量出长度s,同时从A量出偏距d,将两尺拉直使两长度分划相交,即可定出D点,然后在D、B

方向上挂 3 根垂球线,用串线法指导 B、C 间的掘进,掘进长度超过临时中线点间距时,由 B 沿 DB 延伸方向量出距离 s,即可测设出新的临时中线点 C。

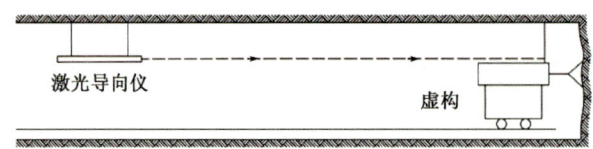

图 9-4-28　激光导向仪

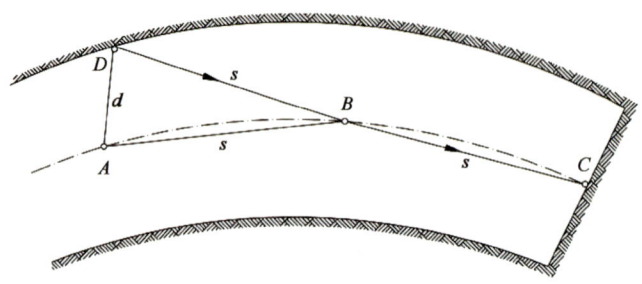

图 9-4-29　弦线偏距法

偏距 d 可按下列近似公式计算：

$$\left.\begin{array}{l}\text{圆曲线部分}\quad d = \dfrac{s^2}{R} \\ \\ \text{缓和曲线部分}\quad d = \dfrac{s^2}{R} \times \dfrac{l_B}{l_0}\end{array}\right\} \qquad (9\text{-}4\text{-}23)$$

式中：s——临时中线点间距；
　　　R——圆曲线半径；
　　　l_0——缓和曲线全长；
　　　l_B——B 点到 ZH(或 HZ)的距离。

2）上、下导坑的联测

采用上、下导坑开挖时,每前进一段距离后,上部的临时中线点和下部的临时中线点应通过漏斗联测一次,用以改正上部的中线点或向上部导坑引点。联测时,一般采用长线垂球、光学垂准器、经纬仪的光学对中器等,将下导坑的中线点引到上导坑的顶板上,如图 9-4-30 所示。移设 3 个点之后,应复核其准确性;测量一段距离之后及筑拱前,应再引至下导坑核对,并尽早与洞口外引入的中线闭合。

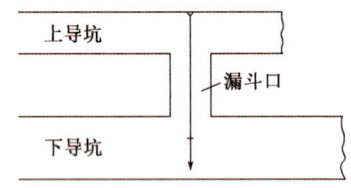

图 9-4-30　上下导坑联测示意图

3）隧道结构物的施工放样

(1)隧道开挖断面测量

在隧道施工中,为使开挖断面能较好地符合设计断面,在每次掘进前,应在开挖断面上,根据中线和轨顶高程,标出设计断面尺寸线。

分部开挖的隧道在拱部和两侧边墙部分开挖后,全断面开挖的隧道在开挖成形后,应采用断面自动测绘仪或断面支距法测绘断面,检查断面是否符合要求;并用来确定超挖和欠挖工程数量。测量时按中线和外拱顶高程,从上至下每 0.5m(拱部和曲墙)和 1.0m(直墙)向左右量测支距。量测支距时,应考虑到曲线隧道中心与线路中心的偏移值和施工预留宽度。

仰拱断面测量,应由设计轨顶高程每隔0.5m(自中线向左右)向下量出开挖深度。

(2)结构物的施工放样

在施工放样之前,应对洞内的中线点和高程点加密。中线点加密的间隔视施工需要而定,一般为5~10m一点,加密中线点可以铁路定测的精度测定。加密中线点的高程,均以五等水准精度测定。

在衬砌之前,还应进行衬砌放样,包括立拱架测量、边墙、避车洞、仰拱的衬砌放样,以及洞门砌筑施工放样等一系列的测量工作。

4)横断面净空测量

为确保隧道断面准确、有效控制超欠挖,以隧道内导线点或中线点为依据,采用激光隧道断面检测仪、全站仪等,按照测量规范要求在直线段每10m、曲线段每5m,进行隧道断面测量,并及时将测量结果反馈到施工中,以便及时、准确了解施工情况,将隧道的超欠挖控制在规范允许的范围内。

5)竣工测量

隧道竣工以后,应在直线段每50m、曲线段每20m或者需要加测断面处,以中线桩为准,测绘隧道的实际净空。测绘内容包括拱顶高程、起拱线宽度、轨顶水平宽度、铺底或仰拱高程,如图9-4-31所示。

当隧道中线统一检测闭合后,在直线上每200~500m、曲线上的主点,均应埋设永久中线桩;洞内每1km应埋设一个水准点。无论中线点或水准点,均应在隧道边墙上画出标志,以便以后养护维修时使用。

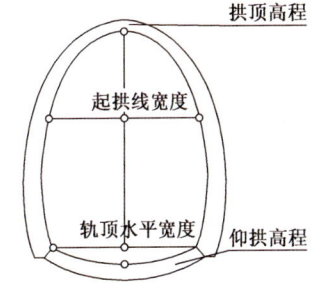

图9-4-31 竣工测量示意图

4.4.4 激光导向仪的应用

激光导向仪是利用激光器产生的光源具有方向性好、单色性、高亮度、发散角小等特性而制造的一种指导隧道掘进开挖方向的仪器,其广泛应用于铁路、公路、建筑、大型设备安装及市政等工程建设中。

(1)激光导向仪的安装要求

利用激光导向仪指导隧道掘进时,应符合下列规定:

①激光导向仪设置的位置和光束方向,应根据中线和高程控制线设定。

②仪器设置应安全牢固,激光导向仪距工作面的距离不应小于30m。

③隧道掘进中,应经常检查激光指向仪位置的正确性,并对光束进行校正。

(2)激光导向仪的安装位置

激光导向仪的安装位置,一般应距掘进工作面不小于70m,以免爆破造成损坏或发生位移。每次爆破结束后,必须仔细观察激光是否照在中线上,如有偏差用微调调至居中。根据仪器的性能,在保证光斑清晰和稳定的前提下,可自行确定仪器至掘进工作面的最大距离。

(3)激光导向仪的安装步骤

①安置激光导向仪时必须根据全站仪和水准仪标定的中线、腰线来确定。所用中线、腰线点一般不少于3个,且相邻两组中线点的间距为30~50m,甚至更远些。

②在安置导向仪中点处,按仪器悬挂装置的孔距尺寸,在顶板上垂直设4个深500mm的锚杆安装孔,然后将4根锚杆打入,并用水泥灌注。锚杆长度根据巷道断面高度而定。再将带有光孔的2根

0.5m长的角钢安装在锚杆上。

③将仪器托板用螺栓和角钢相连,根据悬挂在仪器前后的中线垂球移动仪器,使仪器处于中线方向上,然后把螺栓紧固。

④电源经过防爆开关以后,用直径小于10mm的橡胶电缆通入仪器接线箱内,把电源和接地线可靠接好后,开启电源,聚焦镜筒内射出一束红光。

⑤调整仪器,使光斑中心穿过靠近仪器的一个中线点上所挂的垂球线,然后进一步调整微动螺栓,使光斑中心通过靠近工作面的一个中线点上所挂的垂线。此时激光束所指的方向即巷道的中线。为了调整得准确,可在垂线后遮一张白纸,在白纸上即可清楚看到激光束圆形光斑及垂线影像,以光斑被垂线的影像所平分为准。

⑥调节光束的坡度时,先量出靠近仪器的垂线上光斑中心到腰线标志的距离,然后上下调整光束,直至照射到工作面处垂线上的光斑距腰线标志的距离与此相等,使光束与腰线平行,然后将微动螺栓全部拧紧,此时激光束即与隧道中线和腰线平行。

(4)多台激光导向仪的使用

为了保证隧道开挖质量,使用两台或多台激光导向仪,提供多条光束联合指示隧道掘进方向和坡度。

(5)需要注意的问题

①激光导向仪的安装与光束方向的调整要耐心细致,一般要反复几次才能调准,注意眼睛不要与光束对视。

②激光导向仪的现场管理与使用由施工单位负责。因光束高度一般不与腰线同高,有时激光导向仪也可能没有安装在巷道中线上,因此激光导向仪安装完毕后,测量人员应绘制激光导向仪光束与巷道中腰线的关系图交给施工单位,详细交代光束至巷道顶、底和两帮的距离,以使施工人员掌握巷道的方向,保证施工质量。

③施工人员在每班使用前应检查光束是否偏离中腰线。发现问题后,应及时纠正或通知测量人员进行检查调整。

④巷道每掘进100m,要进行一次检查测量,并根据检查测量结果调整中线、腰线。

⑤安装激光导向仪时,必须注意仪器额定电压应与外接电源电压一致,仪器外壳要接地,外接电源的开关要符合防爆规定。

4.4.5 常见问题及其对策

此处结合一些实际案例,简要说明矿山法隧道施工测量中常见的问题及相应的对策和经验。

1)测量条件过差

(1)问题描述

在某地铁隧道进行导线复测工作。在测量过程中,观测方法正确,仍出现较大测距偏差。

(2)原因分析

①施工单位未考虑周围环境影响,隧道内阴暗、潮湿、狭窄、行人和运输车辆多等困难条件下易造成测量偏差较大;

②观测前未进行温度、湿度、气压测定、边长未改正。

(3)对策及经验

①提前踏勘现场施工条件,根据湿度、温度、气压合理设置仪器常数;

②根据现场施工条件,合理选择测量仪器及方法,尽量选择施工影响较小的时间段进行测量。

2)设站问题

(1)问题描述

某地铁车站施工测量,测量结果偏差较大。

(2)原因分析

施工单位为了测量工作便利,采用不合理的测量方法,未提前增设控制点,导致测量控制边远小于测量边,使得测量偏差较大。

(3)对策及经验

①提前增设场内控制点并满足规范性要求;

②合理选用控制点进行测量。

3)测量人员及设备准备不足

(1)问题描述

某地铁车站人员及机械设备停工等待施工测量,导致工期延误,工程损失较大。

(2)原因分析

施工单位测量人员对施工测量重视度不足、人员资质不足、仪器设备落后及使用不熟练,导致施工测量严重滞后,最终影响工期。

(3)对策及经验

①提前做好人员、仪器培训工作;

②搜集资料,熟悉整个工程施工;

③提前做好施工测量准备工作。

4)控制点布设

(1)问题描述

某地铁车站施工中,由于作业面狭窄,各工种交叉作业多,控制点屡次被破坏或被遮挡。

(2)原因分析

在施工中出现控制点被破坏、被遮挡是因为控制点选点位置不合理,控制点的保护工作没有做到位。

(3)对策及经验

①搜集资料,熟悉整个工程施工;

②提前踏勘现场施工条件,合理布设控制点位;

③对控制点位进行挂牌警示、砌砖保护,以防被破坏。

4.5 高架结构施工测量

4.5.1 一般规定及主要要求

(1)高架结构施工测量应包括高架区间和高架车站的桥梁上部结构及下部结构施工测量。

(2)进行高架桥结构施工测量时,应根据高架桥结构设计图,选择适宜的控制点作为起算点并对起算点进行检核。

（3）当既有控制点不满足放样需要时，应加密控制点。加密控制点的施测应执行精密导线测量和二等水准测量的技术要求。

（4）高架桥施工测量应整体布设，分区、分段进行施工时，相邻区段的控制点和相邻结构应进行联测，对于跨江河湖的大桥要单独建立控制网。

（5）高架桥结构横向贯通测量中误差不应超过±50mm，贯通测量极限误差应小于100mm；高程贯通测量中误差不应超过±25mm，高程贯通测量极限误差应小于50mm。

4.5.2 下部结构施工测量

1）桥梁基础结构

（1）放样内容

桥墩基础施工时，应以施工控制桩为依据，测定基坑边沿线、基础结构混凝土模板位置线，其位置中误差应在±10mm以内；基底高程、基础结构混凝土面或灌注桩桩顶的高程测量中误差应在±10mm以内。

基础承台施工时，应对其中心或轴线位置、模板支立位置、顶面高程进行测量控制，其施工测量中误差分别应在±5mm、±7.5mm、±5mm以内。

（2）放样方法

柱、墩基础施工应利用线路中线控制点或精密导线点进行放样。放样后应对相邻点间的几何关系进行检核，同时应测设基础施工控制桩，施工控制桩中的一条连线应垂直于线路方向，每条线的两侧应至少测设2个控制桩。

（3）放样精度要求

①横向放样中误差不应超过±5mm；

②柱、墩间距的测量中误差不应超过±5mm；

③各跨的纵向累计测量中误差不应超过$±5\sqrt{n}$mm（n为跨数）；

④柱下基础高程测量中误差不应超过±10mm。

（4）施工测量

根据施工设计图计算各钻孔桩中心的放样数据，设计图纸中已给出的也要经过复核方可使用。柱、墩基础应利用线路中线控制点或精密导线点进行放样，首先放出基础中心点及纵、横轴线，放样后应在不同测站进行检核。

①水上钢护筒定位测量。用极坐标法放出钢护筒的纵横轴线，在定位导向架的引导下进行钢护筒的沉放。在两个互相垂直的测站上布设两台经纬仪，控制钢护筒的垂直度，并监控其下沉过程，发现偏差随时校正；高程利用布设在平台上的水准点进行控制。护筒沉放完毕后，用制作的十字架测出护筒的实际中线。

②陆地钢护筒的埋设。用极坐标法放出桩基中心点，进行护筒埋设，不能及时用护筒埋设的要用护桩固定。护筒埋设精度：平面位置偏差±5cm，高程位置偏差±5cm，倾斜度1/150。

③钻孔桩护筒的检查。钻孔桩的护筒埋设好后，应对护筒的中心位置及倾斜度进行检查。用全站仪放样出桩位的中心位置并测量护筒顶面高程，用钢卷尺量出护筒的偏差。由护筒顶面高差及护筒直径可推算出护筒的倾斜度。由于护筒在制作过程中存在误差，因此在护筒埋设前应对护筒的尺寸偏差进行检查，并在计算护筒倾斜度时一并考虑。钻孔桩护筒中心偏差的计算及护筒检查示意图见表9-4-16。

钻孔桩护筒中心偏差的计算及护筒检查示意图　　　　表 9-4-16

护筒中心偏差的计算	钻孔桩护筒检查示意图
横桥向偏差：$\Delta_{横} = (A-B)/2$； 纵桥向偏差：$\Delta_{纵} = (C-D)/2$。 根据现行《建筑工程施工质量验收统一标准》(GB 50300)的要求： $$\Delta = \sqrt{\Delta_{横}^2 + \Delta_{纵}^2} \leq 30\mathrm{mm}$$	

④护筒定位完成后、开钻之前，重新测定护筒顶面高程，编写测量技术交底（内容包括墩台编号或轴线号、桩基编号、护筒顶高程、护筒底高程、桩长、桩径等），交于现场技术员，签字并归档备查。

⑤钻机定位及成孔检测。用全站仪直接测出钻机中心的实际位置，如有偏差，通过调节装置进行调整，直至满足规范要求。然后用水准仪进行钻机抄平，同时测出钻盘高程。桩基成孔后，灌注水下混凝土前，在桩附近要重新测量高程，以便正确掌握桩顶高程。必要时还应检测成孔垂直度及孔径。

⑥待钻孔完成后，再次使用全站仪放样出桩位的中心位置并测量护筒顶面高程，用钢卷尺量出护筒中心与桩位中心放样点的偏差。待下放完钢筋笼后，检查钢筋笼与护筒的距离，调整偏差。

⑦钻孔桩竣工测量及验收标准。当每个墩台的钻孔桩全部施工完毕，承台基坑开挖到位、桩头破除到设计高程后，即可进行钻孔桩竣工测量。用弦线和钢卷尺定出每根桩顶的中心位置，再用全站仪测量出每根桩中心位置的坐标，与设计坐标进行比较，计算出在纵、横两个方向上的坐标差值。

2）桥梁墩、台结构

柱、墩施工前，应在不同测站对完成的柱、墩基础承台中心或轴线位置，模板支立位置及尺寸、垂直度，以及顶部高程进行测量检核，合格后进行柱、墩施工测量。

（1）施工测量

①中心或轴线位置应利用施工控制桩或精密导线点进行测设；

②施工模板位置线应以柱、墩中心和轴线控制，用全站仪或钢卷尺进行标定，并以墨线标记；

③模板支立铅垂度可使用全站仪或吊锤进行测量；

④高程可采用水准测量、用短视线三角高程、钢尺丈量等方法，并应在设计高度标记高程线；

⑤柱、墩施工测量精度不应超过±3mm，垂直度允许偏差应小于0.1％；

⑥浇筑混凝土前，应对模板中心坐标和垂直度等进行复核测量，模板中心坐标测量精度不应超过±3mm，垂直度允许偏差应小于0.1％。

（2）台帽中心坐标及高程测量

①柱、墩施工完成后，应将设计中心坐标和高程引测到柱、墩顶帽上。

②利用施工测量控制点，将柱、墩中心独立两次投测到柱、墩顶帽，两次投测较差应小于3mm；以两次投点连线的中点作为最终投点。中心标志固定后应测量其点位坐标，其实测坐标与设计坐标较差应小于10mm。

（3）利用水准仪和悬吊的钢尺或者自由设站三角高程法测量

将高程传递到每一个柱、墩顶部的高程点上。高程传递按城市四等水准测量精度要求独立测量两次，其较差应小于5mm，并以两次测量高程的均值作为最终高程。

4.5.3 上部结构施工测量

墩柱施工完成后,要进行梁体施工。由于采用跨座式轨道梁技术,列车直接在轨道梁上运行,为确保列车安全、平稳运行,梁体设计复杂,安装精度要求高,特别是盖梁上的支座锚箱、预埋件安装精度要求高。

1）盖梁施工测量

梁分为系梁、盖梁、台帽梁,其中立柱下面的横梁叫作系梁,柱上面的横梁叫作盖梁,桥台支承空心板的横梁叫作台帽梁。几种施工测量内容方法大致相同,因盖梁最常见,本节以盖梁为例介绍施工测量方法。

（1）盖梁结构

盖梁主要由下支架、上支架及锚箱组成,其结构示意如图9-4-32所示,锚箱及其基座板结构示意图如图9-4-33所示。

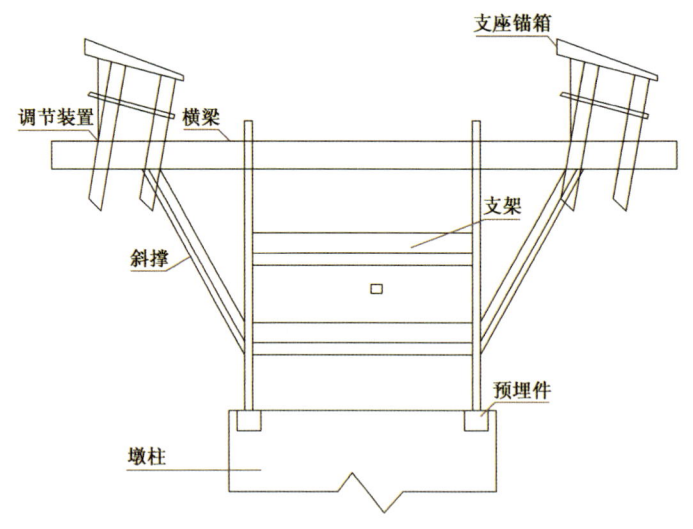

图 9-4-32　盖梁结构示意图

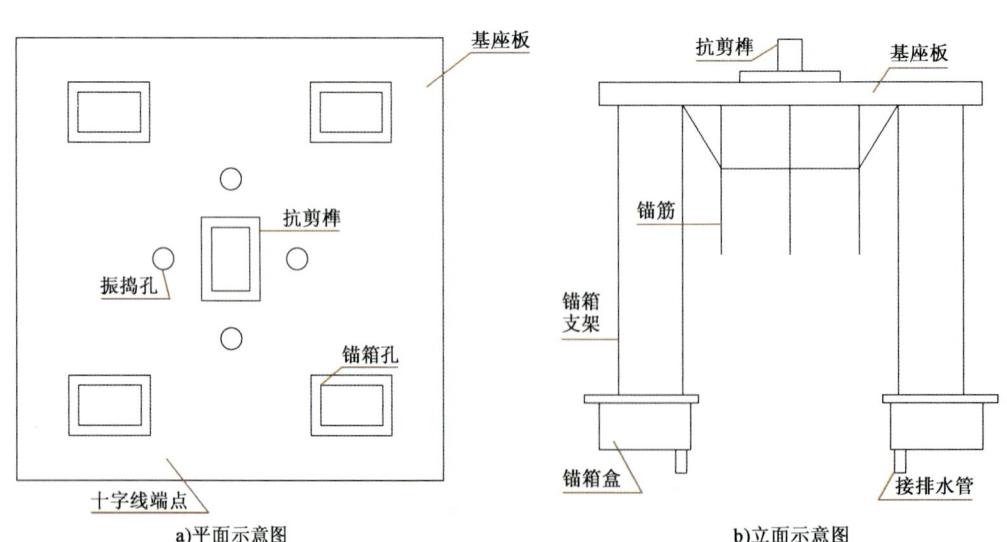

图 9-4-33　锚箱及其基座板结构示意图

(2) 盖梁主要施工方法和流程

盖梁施工主要采用大块钢模满堂式支架施工,施工流程如图 9-4-34 所示。

(3) 盖梁安装测量基本要求

①用全站仪极坐标直接放样出墩台顶面中心位置,并在墩台混凝土表面放样出高程线,作为横梁底部定位依据。待模板安装好后,测量横梁特征点(或者只测量平面坐标,用三角高程测量顶面的高程),与理论轴线中心点三维坐标相比得出其偏差值,通过调整把偏差控制在允许范围内。

②横梁施工前,应对柱(墩)顶部的中心位置、高程及相邻柱距进行检核和位置调整。依据检核后的控制点进行横梁位置的标定。

③横梁现浇前应检测模板支立的位置、断面尺寸、方位和高程,其位置测量误差不应超过 ±5mm,断面尺寸和高程测量误差不应超过 ±1.5mm。

④预制梁安装前应检查其几何尺寸和预埋件位置,检查几何尺寸测量中误差应小于允许偏差值的 1/5。

⑤支座底板中心位置偏差为 ±3mm。

⑥基座板四角的高程精度要求为 -5~0mm。

⑦基座板四角高差偏差为 ±2mm。

⑧锚箱中心位置距离偏差为 ±5mm。

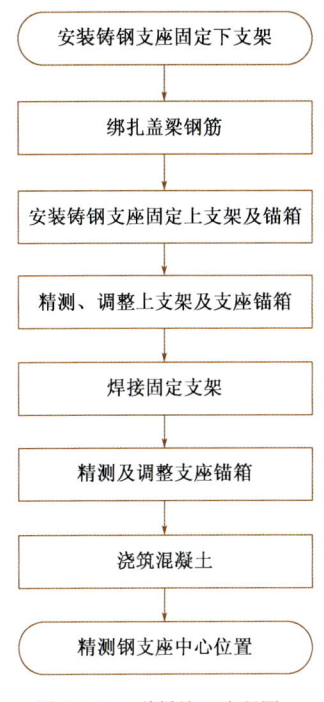

图 9-4-34　盖梁施工流程图

(4) 盖梁施工测量

①盖梁施工测量主要内容包括盖梁中心、法方向及高程控制,基座板中心、法方向及高程测量。在线路曲线上因存在超高,基座板中心与抗剪榫中心不重合,必须根据超高计算抗剪榫的中心坐标,并且宜采用先高程后平面的测量控制方法;在线路直线上,高程和平面可以不分先后次序。

②盖梁施工平面放样主要采用极坐标法,高程测量主要采用水准测量方法,并分为初测、精调和检核测量三个环节,施工测量步骤如下:

a. 根据盖梁支座设计坐标、方位,用极坐标法标定出盖梁的法线和切线,进行盖梁模板放样。

b. 上支架及锚箱安装固定后,用相邻墩柱(或盖梁)上引测的高程,测量基座板四角高程,计算出其与设计的差值,根据差值用锚箱支架上的高程调节螺杆调节基座板四角的高程。由于基座板四角的高程精度要求为 -5~0mm,因此,可将高程调整至 -2.5mm 左右,以便后续工序影响时不至于使高程超限。

c. 根据基座板法方向的两个标记点坐标和基座板中心坐标(线路曲线上,可用计算出抗剪榫的中心坐标)计算出的到盖梁切线和法线的距离,用钢尺量取各控制点到切线和法线的距离,并根据其差值用锚箱支架上的平面调节螺杆反复调整锚箱支座平面位置。

d. 重新检查基座板四角高程,若有变动,重复上述步骤 b、c 进行调整。满足要求后,方可进行混凝土浇筑工作。

e. 混凝土凝固成形后,应再次检查基座板中心、法方向、高程及盖梁中心坐标。

2) 纵梁施工测量

(1) 纵梁架设前应在横梁恢复线路中线点和高程,并应对相邻柱、墩的跨距进行复核。

（2）在横梁上测设纵梁轴线时,应以线路中线点、高程点和复核后的跨距为依据;测设完成后再以轴线为依据安装纵梁,以高程控制点为依据控制纵梁高程。

（3）纵梁采用混凝土预制梁安装时,其中线和高程与线路设计中线和高程的较差应小于5mm。

（4）纵梁采用混凝土现浇梁时,应在现浇梁端模上测设线路中线和高程控制点,其测量精度均应小于±5mm。测放底模和侧模位置时,应以上述控制点为依据,且相对于上述控制点的误差不应超过±5mm。

（5）按施工方案考虑梁的预拱度设置,并注意在立模高程设定前考虑支架的沉降因素。

3）现浇箱梁施工测量

现浇箱梁施工流程如图9-4-35所示。

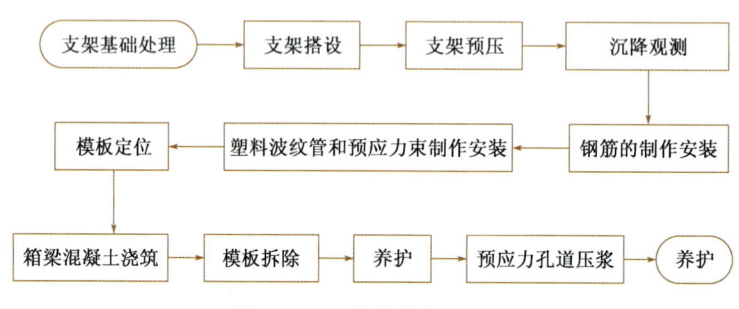

图9-4-35 现浇箱梁施工流程图

（1）垫石放样

①平面控制:用全站仪放样出垫石四个角点、墩轴线、模板轴线,不做临时加密点。

②高程控制:从墩顶量测整尺段距离至墩底附近,做好标记线(每个墩身量测3个点),用水准仪测量标记线高程,然后推算墩顶水准点高程,用于放样垫石顶高程。墩顶高水准点检核:水准仪架于墩顶上,作附合水准,可直接测设各墩顶水准高程,闭合差满足要求后方可使用。

（2）支架预压

支架搭设结束后,按设计要求荷载进行预压,以便消除支架及地基的非弹性变形,检验支架的强度、刚度及稳定性。同时,测出支架和地基的变形量,作为底模高程的调整依据。

采用砂袋堆载预压,按照预压荷载计算出堆载高度进行预压荷载控制。对支架进行逐孔堆载预压。预压前在每孔底模和基础顶面设置固定观测点,沿纵桥向每5m一个断面,横桥向每3m一个断面,预压时分别观测支架基础顶面及支架顶沉降值,并用挂重垂线的方法观测支架侧位移量。分级加载时,每级持荷时间30min,最后一级为1h,加载完成后继续定时观测;当预压3d的累计沉降小于3mm时预压完成,方可逐级卸载,分别测出支架和地基卸载前后的顶面高程,其差值为弹性变形值,作为箱梁底模预留沉降的依据。

（3）沉降观测

①测点布置。每跨支架要设3个观测断面,即跨中、支点附近3个断面。每个断面设6个测点,即基础3个点(底板两侧、梁中心处),支架3个点(与基础点位置相对应)。基础点位用红色油漆标识,支架上的点位采用挂钢丝垂球绑钢尺的办法。

②观测阶段。观测分成5个阶段:预压加载前、25%荷载、75%荷载、100%荷载、卸载后。每个观测阶段要观测2次。堆载结束后,测量观测每天安排一次,持载观察3d;若沉降不明显趋于稳定将卸载,卸载后继续观测1d。沉降结束后,经监理工程师同意后方可卸载。

③观测成果。沉降观测数据要如实填写在沉降观测记录表上。计算出支架弹性压缩量及基础沉降量,支架的弹性压缩结果用于支架起拱设置(底模起拱)。

(4)模板定位

①用全站仪在墩旁支架上放样出桥轴线、墩中线,并用水准仪放样出底模的设计高程,作为箱梁底模铺设的依据。

②底模铺设时的高程应根据理论计算或荷载试验确定适当预抬量,用来抵消施工过程中的沉降等因素引起的结构沉降,以保证底模高程的准确性。

③底模铺设完成后放样出箱梁底板的边线,对底模高程进行测量检查,检查合格后方可进入下道工序施工。

④箱梁侧模安装完成后,对箱梁侧模的平面位置和顶面高程进行检查,对不合格处进行现场调整,直到合格。

⑤箱梁钢筋绑扎完成后放样出箱梁顶面高程,作为混凝土浇筑时的控制依据。顶面高程同样需要顾及预抬量,预抬量与底模相同。

(5)箱梁混凝土浇筑及张拉测量控制

①混凝土浇筑完成后应立即在箱梁两端做好观测标志,进行高程测量并推算底模高程。预应力张拉完成后也要进行观测标志的高程测量,并推算底模高程,为下一块段高程的确定提供依据。

②在预应力张拉全部完成后应对箱梁的轴线偏位、平面尺寸、顶面高程等数据进行测量,竣工验收应按照工程质量检验验收标准进行。

4)预制箱梁安装施工测量

预制箱梁安装施工内容包括预制箱梁平面测量放样及梁模板高程、几何尺寸控制,以及预制梁安装。

在箱梁架设前,对墩顶应进行复测工作,并在墩顶测放支座十字轴线及箱梁端线,作为箱梁安装时的基准线;并且放样临时支座的位置和高程,做好箱梁架设的测量工作。测量工作主要是控制箱梁轴线纵横向与墩顶十字线的偏差,控制支座四角高差,并达到设计高程要求;用水准仪控制高程,避免出现错台现象;接头处平滑连接,达到设计要求。

4.5.4 常见问题及其对策

此处结合一些实际案例,简要说明高架结构施工测量中常见的问题及相应的对策和经验。

1)放样工作结束后未对测站进行二次检核

(1)问题描述

某地铁车站部分围护桩出现严重偏差。经核查,出现偏差的围护桩均为同一天放样,且为同一站所测。

(2)原因分析

在施工放样工作结束后,未对测站进行二次复核。在设站后,测量仪器受到施工机械设备的影响而扰动且未被发现,造成该测站的部分放样测量结果偏差大。

(3)对策及经验

①设站时应对设站精度进行严格检核,选择可靠的控制点进行设站。当设站精度超限时应及时查

找原因。

②在测量放样工作结束时,应再次测量第三个控制点进行坐标比对。当比对结果超限时,应对该站全部放样结果作废处理,并查找原因后,进行二次放样。

③测量工作应严格执行换手测量制度,降低出错概率。

2）放样工作仰俯角过大

（1）问题描述

某地铁高架施工放样支座/垫石,经核查,出现偏差的支座/垫石均为同一人所放样且俯仰角均过大。

（2）原因分析

在此次施工放样中,施工单位为了放样工作便利,采用不合理的放样方法,而未考虑桥梁高度所产生的俯仰角过大问题,造成测量结果出现偏差。

（3）对策及经验

①提前踏勘现场施工条件,根据桥梁高度不同选择适宜的测量方法,做好施工放样准备。

②当桥梁高度过大时,一般采用以下几种方式避免俯仰角过大:

a. 选择合理的设站位置；

b. 增设转点；

c. 悬吊钢尺。

③对施工放样成果应有换人复核制度。

3）测量条件过差

（1）问题描述

某地铁高架施工测量精度较差。经核查,测量受到周边行人多、运输车辆多、气温较高、空气湿度大等影响。

（2）原因分析

施工单位为了测量工作便利,未考虑行人多、运输车辆多、气温较高、空气湿度大等问题,在不适合测量的时间进行测量,造成测量精度不足。

（3）对策及经验

提前踏勘现场施工条件,根据气候、温度、气压合理选择测量时间：

①雨季施工测量时,应避开雨天测量；

②夏季施工测量时,应避开高温测量；

③冬季施工测量时,应在一天中气温适中时进行测量；

④行人及车辆较多时,应避开高峰期进行测量。

4.6 地面线路施工测量

4.6.1 线路中线测量

中线测量前,应根据复核无误的线路施工设计图和相关文件资料,结合外业踏勘,编制中线测量方案。中线测量方案应经审核批准后实施。

1）测量方法

中线测量方法在本质上与坐标放样是一致的,常用方法有极坐标法、自由设站法和 RTK 法,其测量要求见表 9-4-17。

常用线路中线测量方法的测量要求　　　　　表 9-4-17

序号	测量要求
1	中线测量前,应根据复核无误的线路施工设计图和相关文件资料计算中线点的坐标,利用全站仪极坐标法或卫星定位 RTK 法进行中线桩平面位置测量
2	中线测量应对线路中线桩进行测设,线路中线桩包括控制桩和各种加密桩,其常见布设形式如图 9-4-36、图 9-4-37 所示。线路中线控制点一般应选择百米桩及曲线要素点。在条件允许区段内,定测线路控制桩包括起点桩、终点桩、交点桩、曲线要素桩(ZH、HY、QZ、YH、HZ)。根据地形复杂情况,直线段加密桩间距宜为 10~50m,曲线段加密桩间距宜为 10~20m
3	车站定线还需增加车站控制桩定位,车站控制桩包括线路右线与车站中线、车站结构控制桩等。一般情况下,线路双线并行地段定测右线,不并行地段定测双线
4	采用全站仪极坐标法时,应采用Ⅱ级及以上全站仪,测站与中线桩的距离应小于 200m
5	采用卫星定位 RTK 法时,点校正时相邻点距离应大于 100m,边长相对中误差应小于 1/4000,流动站到单基准站间距离应小于 3km,且观测应大于两测回,取其平均值作为测量成果

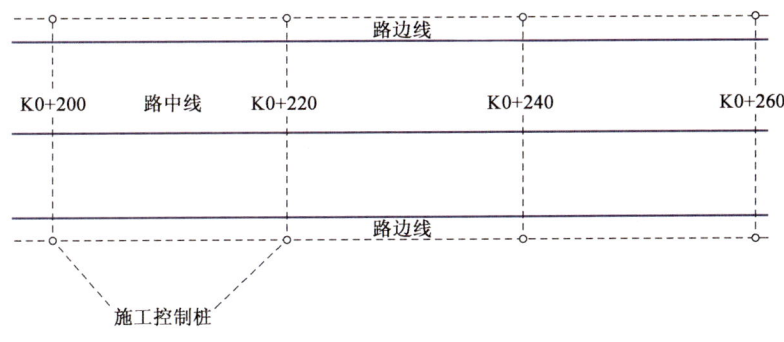

图 9-4-36　平行线法施工控制桩测设

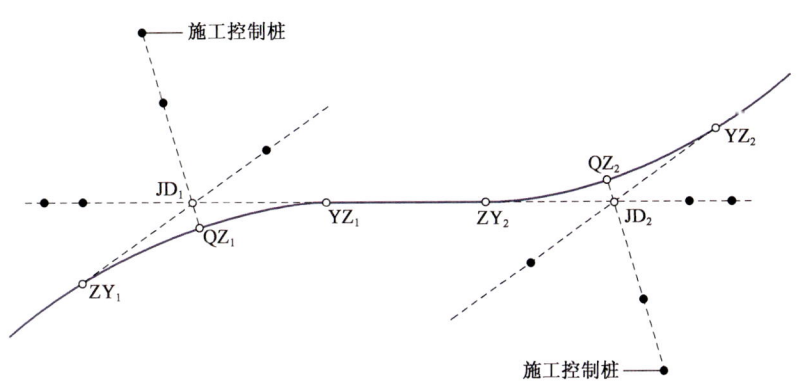

图 9-4-37　延长线法施工控制桩测设

2）中线测量的精度要求

（1）中线桩纵、横向偏差应分别小于 20mm 和 15mm。

（2）中线桩实测坐标与设计坐标较差:控制桩应小于 20mm,加密桩应小于 30mm。

（3）相邻中线桩间实测距离与设计距离较差：控制桩应小于50mm，加密桩应小于70mm。

3）线路平曲线测设

线路平面曲线分为两种类型：一种是圆曲线，如图9-4-38所示；另一种是带有缓和曲线的圆曲线，如图9-4-39所示。

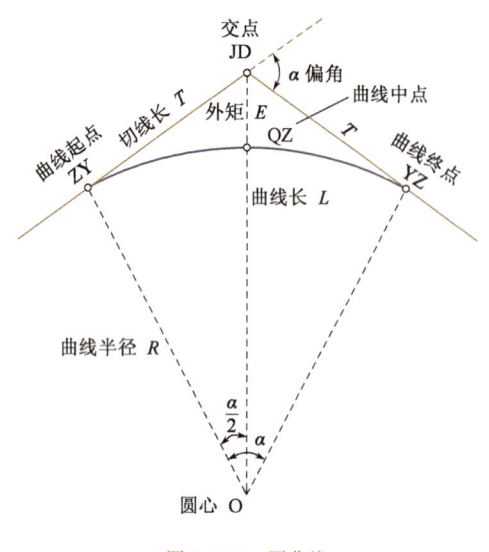

图9-4-38　圆曲线

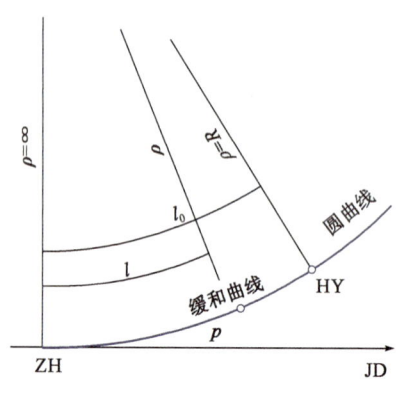

图9-4-39　带有缓和曲线的圆曲线

（1）圆曲线的测设

①圆曲线概述

a. 圆曲线半径R

圆曲线半径R由设计单位根据设计规范要求、线路的等级及现场地形条件等因素选定。

b. 圆曲线的主点

ZY——直圆点，按线路前进方向由直线进入圆曲线的分界点；

QZ——曲中点，为圆曲线的中点；

YZ——圆直点，按线路前进方向由圆曲线进入直线的分界点；

JD——交点，即两直线相交的点；

ZY、QZ、YZ三点称为圆曲线的主点。

c. 圆曲线要素

T——切线长，为交点至直圆点或圆直点的长度；

L——曲线长，即圆曲线的长度（自ZY经QZ至YZ的圆弧长度）；

E——外矢距，为JD至QZ的距离；

q——切曲差，切线长度与曲线长度的差值；

T、L、E称为圆曲线要素；

α——转向角，沿线路前进方向，下一条直线段向左转则为$\alpha_左$，向右转则为$\alpha_右$。

转向角α、半径R为计算曲线要素的必要资料。

②圆曲线测设

圆曲线测设是将设计圆曲线中线放样到实地的测量工作。为满足设计和施工要求，曲线点间距应合理，一般为20m；半径较小时，点间距要小，要准确表示出曲线形态。圆曲线测设应分主点测设和详细测设两部分,圆曲线详细测设常用的方法有偏角法、切线支距法等。一般来用全站仪坐标放样功能或 RTK 来放样,故需要计算放样点的坐标。

(2)带有缓和曲线的圆曲线测设

①缓和曲线概述

缓和曲线是指平面线形中,在直线与圆曲线、圆曲线与圆曲线之间设置的曲率连续变化的曲线。当高速行驶的列车由直线进入圆曲线时,会产生离心力,危及列车运行安全,影响旅客的舒适感。为此要使曲线外轨比内轨高些(称之为超高,如图 9-4-40 所示),使列车产生一个内倾力 F_1,以抵消离心力的影响。为缓和行车方向的突变和离心力的突然产生与消失,需要在直线(超高为 0)与圆曲线(超高为 h)之间插入一段曲率半径由无穷大 ∞ 逐渐变化至圆曲线半径 R 的过渡曲线(使超高由 0 变为 h),此曲线为缓和曲线。

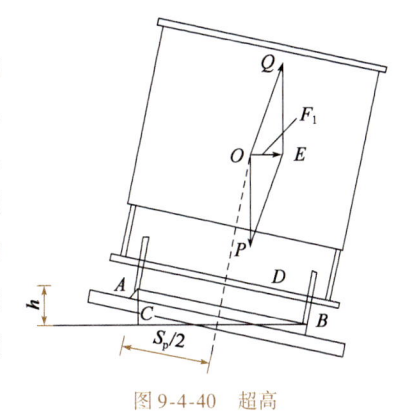

图 9-4-40 超高

a. 缓和曲线性质

缓和曲线上任一点的曲率半径 ρ 与该点到曲线起点的长度 l 成反比。

$$\rho \propto \frac{1}{l} \text{ 或 } \rho l = C \tag{9-4-24}$$

图中及式中：C——常数,称缓和曲线半径变更率;

ZH——直线与缓和曲线的连接点,即起点;

P——缓和曲线上任意一点,P 点到起点的曲线长度为 l,P 点的曲率半径为 ρ;

HY——缓和曲线与圆曲线的连接点,即缓和曲线终点;

HY 点到起点的曲线长即为整个缓和曲线长度 $L_s(L_0)$；

HY 点曲率半径 $\rho = R$,则 $C = \rho l = Rl_0$,C 值的大小决定缓和曲线半径变化的快慢程度。

b. 缓和曲线主点

缓和曲线是在不改变直线段方向和保持圆曲线半径不变的条件下,插入到直线段和圆曲线之间,如图 9-4-41 所示。缓和曲线的一半长度处在原圆曲线范围内,另一半处在原直线段范围内,这样就使圆曲线沿垂直切线方向,向里移动距离 p,圆心由 O 移至 O_1,插入缓和曲线之后,原来的圆曲线长度变短,曲线主点是 ZH 点、HY 点、QZ 点、YH 点、HZ 点。

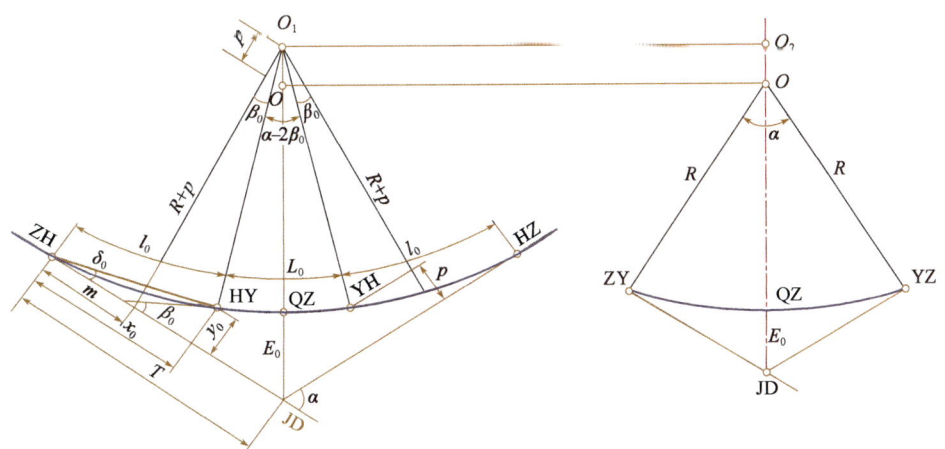

图 9-4-41 缓和曲线插入方法

c. 缓和曲线常数

β_0——缓和曲线的切线角,即 HY(或 YTH)点的切线与 ZH(或 HZ)点切线的交角,亦即圆曲线一端延长部分所对应的圆心角;

δ_0——缓和曲线的总偏角;

m——切垂距,即 ZH(或 HZ)到由圆心 O 向切线所作垂线垂足的距离;

p——圆曲线内移量,为垂线长与圆曲线半径 R 之差;

HY 点(YH 点),坐标 x_0、y_0。

β_0、δ_0、m、p、x_0、y_0 统称为缓和曲线常数。

②缓和曲线的测设

缓和曲线测设分为主点测设和详细测设两部分。缓和曲线详细测设常用偏角法、切线支距法等。现代多用全站仪坐标放样功能或 GPS-RTK 来放样,故需要计算放样点的坐标。坐标计算的方法很多,可采用可编程计算器或软件计算,主要是将线路设计参数输入计算程序,输入的方法主要有交点法和线元法。交点法是输入线路起点坐标与里程,各曲线交点坐标、曲线半径、缓和曲线长和其他参数等即可;线元法(积木法)是输入线路起点坐标与里程,各主点里程、坐标,切线方位角,曲线半径,缓和曲线长等。

4)线路竖曲线测设

线路纵断面是许多不同坡度的坡段连接成的,当相邻不同坡度的坡段相交时,就出现了变坡点。为了保证车辆安全,在两相邻坡度段间设置竖向曲线(竖曲线)。竖曲线可以用圆曲线或二次抛物线,我国一般采用圆曲线形竖曲线。当变坡点在曲线的上方时,称为凸形竖曲线。当变坡点在曲线的下方时,称为凹形竖曲线,如图 9-4-42 所示。计算出曲线要素后,测设方法与平曲线类似,这里不再赘述。

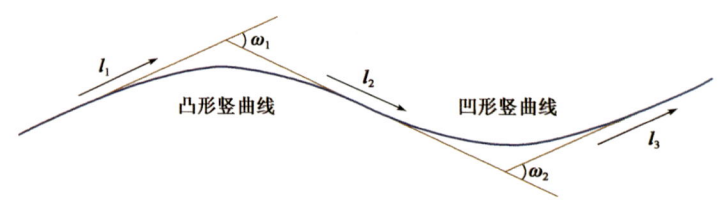

图 9-4-42 竖曲线

5)检测与调整测量

(1)中线测量一般规定

①中线桩纵、横向偏差应分别小于 20mm 和 15mm。

②中线桩实测坐标与设计坐标较差:控制桩应小于 20mm,加密桩应小于 30mm。

③相邻中线桩间实测距离与设计距离较差:控制桩应小于 50mm,加密桩应小于 70mm。

④直线段:实测水平角值与 180° 之差不应大于 8″。

⑤曲线段:实测水平角与设计值之差应根据曲线段线路中线点的间距大小区别对待,当曲线中线点间距小于 60m 时,其角值之差不应大于 20″;当曲线中线点间距大于 60m 时,其角值之差不应大于 8″~15″。

(2)线路中线检测

施工定线测量完成后要对线路中线点进行检测,检测可采用串线测量方法。串线测量时,以线路控制点的精密导线点为起算数据,并与线路中线点组成附合导线,一般条件下,直线段中线点的间距平均宜为120m;曲线段除曲线要素外,中线点的间距不应小于60m。串线测量使用不低于1级全站仪测量,水平角左、右角各观测两测回,左、右角平均值之和与360°较差应小于6″;导线边长测量往返测各两测回,测回间较差应小于5mm,往返测平均值较差应小于4mm。

串线测量后,应将串线测量成果与设计数据的较差编制成表,供线路中线调整测量使用。

(3)线路中线调整测量

①线路中线定线的中线点之间的角度和边长与设计值较差不满足(1)的要求时,应利用检测结果对线路中线控制点进行归化改正,使线路中线几何关系满足设计要求。

②归化改正后的线路中线点检测满足要求后,应做好标志并标识清楚。同时编制线路调整测量成果,如图9-4-43所示。

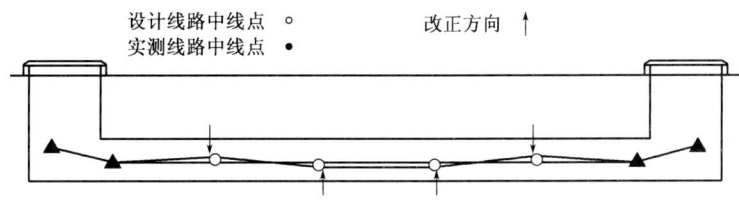

图9-4-43 线路调整测量成果

③为保证线路中线点归化改正的正确性,归化改正后的各中线点还应重新检测,检测方法同(2)。检测的测量数据用严密平差进行处理,平差后各相邻点间纵横向中误差不得超过下述限值:

直线段:纵向限差±10mm,横向限差±5mm。

曲线段:纵向限差±5mm,曲线段小于60m时横向限差±3mm,大于60m时横向限差±5mm。

4.6.2 路基施工测量

1）一般规定

(1)路基填筑规定,见表9-4-18。

路基填筑一般规定　　　　　　表9-4-18

序　号	一　般　规　定
1	路基填筑前,应根据设计断面图,利用线路中线桩放样路基填筑边界桩,并在现场利用白灰画出填筑边界线,控制路基宽度
2	路基填筑过程中,根据路基分层摊铺、分层碾压施工的特点,应分层进行施工放样。每层施工完成,且中桩重新放样抄平后应检查路基填筑宽度和高度,如有偏差应及时进行调整

(2)路基边坡控制测量规定,见表9-4-19。

路基边坡控制测量的一般规定　　　　　　表9-4-19

序　号	一　般　规　定
1	挖方边坡,首先应利用线路中线桩放样开挖边界,然后根据机械施工的特点,施工中控制好开挖边坡坡度。边坡成形后,应使用专用的坡度尺,采用人工拉线修整控制边坡坡度
2	边坡坡度采用从上至下逐级控制的方法时,应在上一级平台放样平台宽度与边坡位置,然后采用相同的方法做好下一级坡度的控制,直至开挖到路基设计高程位置
3	填方路基,应采用设计宽度适当加宽的办法先将路基填筑成形,待路基填筑至设计高程,且自然沉降期达到要求后,放样出路基顶部边坡点,然后利用机械或人工按设计坡度进行刷坡

（3）路基附属工程施工测量规定,见表9-4-20。

路基附属工程施工测量的一般规定 表9-4-20

序 号	一 般 规 定
1	路基附属工程的放样,可利用路基测量控制点采用极坐标法放样或采用线路中线桩放样。采用极坐标法放样时,可利用不同控制点或重复测量放样方法,也可根据放样点间几何关系对放样点进行检核。利用中线桩进行放样时,应进行交底,并移交现场中线控制点
2	路基挡土墙测量时,应以线路中线桩放样挡土墙控制轴线,并钉设挡土墙轴线桩
3	当多级挡土墙或挡土墙与路基高差过大时,宜采用极坐标法测设挡土墙轴线桩,并使用全站仪进行平面和高程放样,且应计算出施工数据
4	路基成形后,进行路基边沟测量时应利用线路中线控制点按路基边沟设计资料,采用极坐标法进行路基边沟放样,一般每50m设置一个路基边沟控制中心桩,并测量其高程
5	进行边仰坡的天沟施工时,边仰坡天沟施工测量应按设计图对天沟控制点进行放样

2）精度要求

（1）路基横断面高差和距离测量极限误差应分别按下列公式计算：

$$h_\mathrm{m} \leqslant \pm \left(\frac{L}{1000} + \frac{h}{100} + 0.2 \right) \tag{9-4-25}$$

$$L_\mathrm{m} \leqslant \frac{L}{100} + 0.1 \tag{9-4-26}$$

式中：h_m——高差测量极限误差(m)；

L_m——距离测量极限误差(m)；

h——测点至中桩的高差(m)；

L——测点至中桩的水平距离(m)。

（2）路基施工测量各项放样测量极限误差不应超过±50mm。

3）路基边桩的测设

路基施工前,应将路基的设计边坡与原地面相交的边线测设出来。具体来说,该点对于设计路堤为坡脚点,对于设计路堑为坡顶点。路基边桩的位置视填土高度和挖土深度、边坡设计坡度及横断面的地形情况而定,测设方法有以下几种。

（1）图解法

路基边桩的位置可用图解法求得,即在横断面设计图上量取中桩至边桩的距离,然后到实地在横断面方向用皮尺量出其位置。

（2）解析法

通过计算求得路基中桩至边桩的距离,在平地和山区,计算和测设的方法不同,详细介绍如下。

①平坦地段路基边桩的测设

填方路基称为路堤,如图9-4-44所示；挖方路基称为路堑,如图9-4-45所示。

路堤边桩至中桩的距离：

$$l_\text{左} = l_\text{右} = \frac{B}{2} + mh \tag{9-4-27}$$

式中：B——路基设计宽度；

m——路基边坡坡度；

h——填土高度或挖土深度。

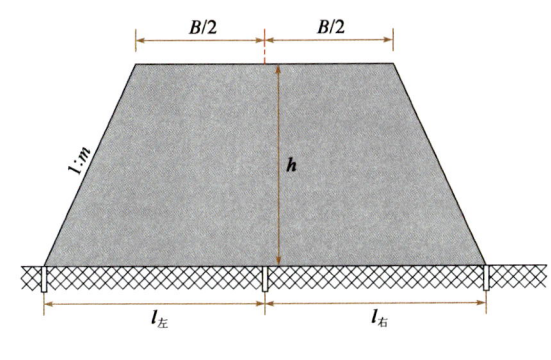

图 9-4-44　路堤

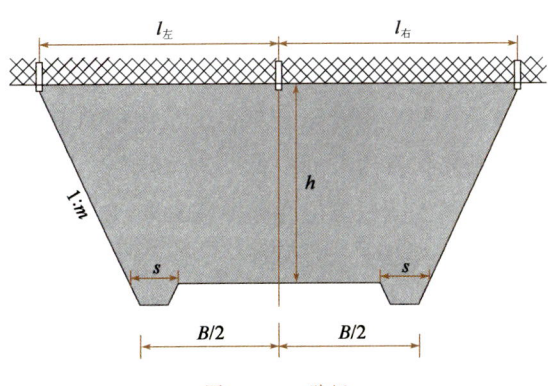

图 9-4-45　路堑

路堑边桩至中桩的距离：

$$l_{左} = l_{右} = \frac{B}{2} + s + mh \tag{9-4-28}$$

根据上式计算的距离，从中桩沿横断面方向量距，测设路基边桩。

②山坡地段路基边桩的测设

如图 9-4-46a)所示，左、右边桩距中桩的距离：

$$l_{左} = \frac{B}{2} + s + mh_{左} \tag{9-4-29}$$

$$l_{右} = \frac{B}{2} + s + mh_{右} \tag{9-4-30}$$

式中的 B、s、m 均由设计确定，显然 $l_{左}$、$l_{右}$ 随 $h_{左}$、$h_{右}$ 而变，而 $h_{左}$、$h_{右}$ 是边桩处地面与设计路基面的高差，由于边桩位置是待定的，故 $h_{左}$、$h_{右}$ 事先未知，实际测设时，可以采用逐渐趋近法来确定。

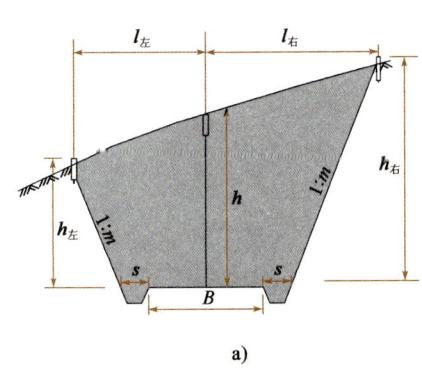

a)

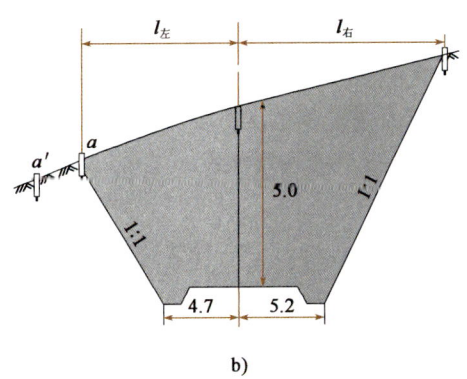

b)

图 9-4-46　山坡地段路基边桩的测设（尺寸单位：m）

在图 9-4-46b)实例中，路基左侧边沟顶宽度为 4.7m，右侧边沟顶宽度为 5.2m，中心桩挖深为 5.0m，边坡坡度为 1∶1，以左侧为例，介绍边桩测设的逐渐趋近法。

a. 大致估计边桩的位置

若地面水平，则左侧边桩的距离应为 $4.7 + 5.0 \times 1 = 9.7$m，图示的情况是左侧地面比中桩处低，估计边桩地面处比中桩处地面低 1m,则 $h_{左}=5-1=4$m,求得左边桩与中柱的近似距离为 $l'_{左}=4.7+4\times1=8.7$m,在实地量 8.7m,得 a' 点。

b. 实测高差

用水准仪定 a' 点与中桩间的高差为 1.3m,则 a 点距中柱的平距应为

$$l''_{左}=4.7+(5.0-1.3)\times1=8.4\text{m} \quad (9\text{-}4\text{-}31)$$

该值比初次估算值 8.7m 小,故边桩的正确位置应在点的内侧。

c. 重新估算边桩的位置

边桩的正确位置应在距中桩 8.4~8.7m 之间,重新估计在距中桩 8.6m 处地面定出 a 点。

d. 重测高差

测 a 点与中桩的高差为 1.2m,则 a 点与中桩的平距应为

$$l_{左}=4.7+(5.0-1.2)\times1=8.5\text{m} \quad (9\text{-}4\text{-}32)$$

该值与估计值相符,故 a 点即为左侧边桩位置。

4.6.3 路基结构完成后的测量

1）一般规定

分区、分段施工的线路路基贯通后,应以线路两侧卫星定位控制点、精密导线点和一、二等水准点为依据,采用附合路线形式对测量控制点进行联测。

（1）各级测量控制点的恢复应符合以下规定：

①需要恢复的测量控制点应包括线路平面、高程控制点和线路中线桩；

②需要恢复的各级测量控制点采用与原网点同精度、同方法进行恢复测量。

（2）完成后的路基结构与设计值较差测量应符合下列规定：

①完成后的路基结构与设计值较差测量应以恢复的各级测量控制点为起算依据；

②对完成后的路基结构应进行路基横断面测量,断面间距直线段宜为 50m,曲线段宜为 20m；

③横断面测量中,路基测量宽度不应小于设计宽度,侧沟或天沟深度和其与路堤护道宽度与设计值之差应分别小于 50mm 和 100mm。

④横断面测量方法和精度不应低于施工测量精度。

（3）地面建筑限界测量应根据车站或区间、直线或曲线段的设计要求,分别进行限界断面测量,并应符合下列规定：

①限界断面测量应以恢复后的各级测量控制点为起算依据。

②区间断面间距直线段宜为 12m,曲线段宜为 10m。断面上限界点位置由设计确定。

③车站站台侧的限界点位置应包括站台面与轨面的高度、站台沿与轨道中线的距离、屏蔽门与站台沿或轨道中线的距离。

④限界点里程测量中误差不应超过 ±50mm,与线路中线法线方向距离的测量中误差不应超过 ±10mm,高程的测量中误差不应超过 ±20mm。

2）主要内容

（1）线路各级测量控制点（线路平面、高程控制点和线路中线点）的恢复；

（2）路基横断面测量；

(3)地面建筑限界测量。

4.7 车辆基地施工测量

4.7.1 车辆基地施工测量的技术要求

(1)车场线、出入线及地面联络线测量包括定线测量、中线调整测量。

(2)定线测量测设的中线点坐标实测值与设计值较差不应大于20mm。中线间距的实测值不应小于设计值。

(3)中线调整测量应依据中线点坐标实测值与设计值较差进行,对超限的中线点应进行归化改正。

(4)车场出入线测量工作宜与线路正线同时进行,当不同步时,应进行衔接中线点的联测及中线调整测量。

4.7.2 车辆基地施工测量

车辆基地施工测量包括施工场地测量、建筑及附属设施测量。

1)施工场地测量

施工场地测量应包括场地平整、施工道路、临时管线敷设、临时建筑以及场地布置等测量工作,并应符合下列规定:

①施工场地测量的精度。施工场地测量允许误差依据现行《城市轨道交通工程测量规范》(GB/T 50308)确定,详见表9-4-21。

施工场地测量允许误差(单位:mm)　　　　表9-4-21

内　　容	平面位置误差	高程误差
场地方格网测量	100	30
场区施工道路	150	50
临时上下水管道	150	50
临时电缆管线	150	50
其他临时管线	150	50
临时建筑	150	50

②对施工场地内需要保留的原有地下建筑、地下管线、古树等应采用双极坐标法进行细部测量,且应符合图根控制点的精度要求。

(1)场地平整测量

①场地平整测量应根据总体设计及施工方案的有关要求进行。采用方格网法时,方格网边长在平坦场区为20m×20m,地形起伏场区宜为10m×10m,RTK及全站仪测量。

②场地土方计算方法:断面法和方格网法。

(2)道路工程测量

①道路中线的放样。对工程现场附近的导线点复测无误后,根据设计给定的道路中线坐标数据以及其他定位条件,用全站仪极坐标法测设中线点,间距为10~20m,整百米桩、施工分界点应明确标出。中线测定后,测量现状地面高程并整理测量成果。

②道路高程测设。高程测设主要分两个阶段,即路基施工阶段和路面施工阶段,其主要工作是把道路的设计坡度、竖曲线、路面的拱度准确测设在现场高程桩上。在施工过程中要不断对高程控制点进行校核,尤其是与有关专业施工单位的协调,统一起始依据,避免造成不必要的错误。

(3)桩基础施工测量

①桩基础测量技术要求

a. 根据设计图纸计算各桩位中心点坐标,采用直角坐标法准确测量桩位中心点,木桩截面尺寸不小于3cm×3cm,在桩顶面钉铁钉作为标志点。

b. 每个中心桩位纵、横轴线方向必须设置4个护桩,便于桩基施工过程中进行检校。

c. 每次桩位放样不宜少于4个桩位,在少于4个桩时,应同时把此处桩位全部放出。桩位放样后,及时检查各桩位间距离及对角线距离,确认准确无误后,以书面技术交底形式交予现场技术员。

②桩位放样

a. 根据设计施工图纸提供的桩位中心坐标,按照后视长、前视短、角度适中的原则,选择合适的放样控制点。桩位放样如图9-4-47所示。

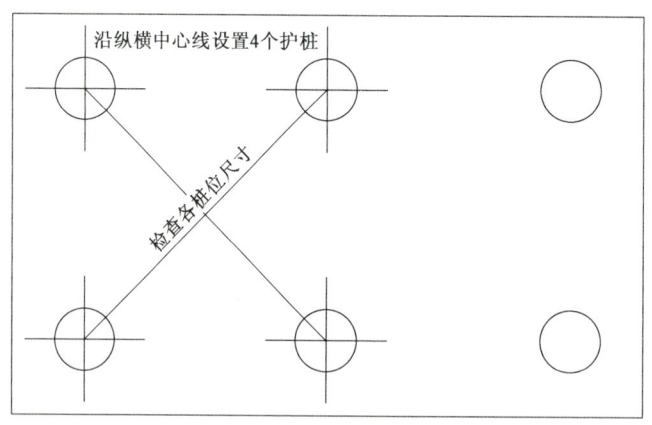

图9-4-47　桩位放样示意图

b. 在控制点安置好全站仪,照准后视方向并进行精确定向,用仪器放样功能测放出桩位中心。放样完成后及时与相关作业部门进行交接桩点的工作,以便下道工序能及时进行。

c. 钢护筒埋设完毕将该桩位的纵横十字线(用坐标放样法)测设至钢护筒(护壁)上,如图9-4-48所示,检查护筒(护壁)平面尺寸,其中心偏差不应大于50mm,否则要进行调整,直到满足要求。然后将护筒上的纵横十字线引测至护桩上,作为钻孔过程中孔位偏差检测标准。按二等水准精度要求,用水准仪测出钢护筒(护壁)纵横轴线方向上红油漆标志处的高程。

d. 钻机定位:在钢护筒上用悬线按纵横轴线方向上的红油漆标志交出桩位中心,钻机就位时用吊垂球的方法,使钻机钻杆(钢丝绳)中心与桩位中心处于同一铅垂线上。

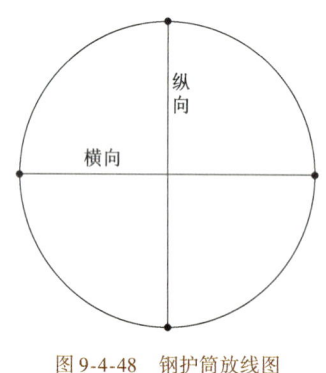

图9-4-48　钢护筒放线图

e. 钻孔过程中的检核:在钻孔过程中,经常检查钻机位置的正确性和钻机底座的平整度情况,确保在钻进过程中钻机的位移和倾斜变化能够被发现并及时做出调整,保证成孔时桩位中心与倾斜度满足规范要求。到位时在终孔前检查钢护筒的平面位置和高程,作为成孔和下放钢筋笼定位的依据。钻孔过程中,经常检查桩孔尺寸、平面位置和竖轴线倾斜情况,如有偏差随时纠正。

f. 桩位竣工检查：成桩后待桩头清理完毕，及时进行桩位的竣工测量，检查桩位的实际中心位置和高程。检查方法：首先用小钢尺找出钢筋笼的实际中心，用红油漆做上标志，再用全站仪测出该桩中心的实际坐标，实测坐标与该桩设计坐标之差（ΔX、ΔY），计算出桩位偏差值。桩中心平面位置允许偏差：单排桩不大于 10mm，群桩不大于 20mm，高程允许偏差为 $-50\sim30$mm。（桩顶平面位置应以桩顶设计高程面为准）

2）场区管线施工测量

场区管线分为临时管线和场地需要保留的原有地下管线。

(1) 临时管线

临时管线利用场区测量控制点，根据施工现场总平面图，采用极坐标方法进行施工放样。

(2) 场区需保留的原有地下管线

对场区需要保留的原有地下管线应采用双极坐标法（采用双极坐标法测量时，每测站可只联测一个已知方向，两组坐标较差不超限时，应取中数）进行细部测量，且应符合图根控制点的精度要求。

利用场区控制点，采用双极坐标法测出管线走向（管线起点、终点、平面折点、竖向折点）、管径大小、管线中心到井位中心的偏距、管内底或管顶距井面的量高。

带着接收的管线资料现场复核全部管线（电力、上水、雨污水、热力、煤气、天然气、不明管线等）的管线条数、管线材质。

3）车辆基地建（构）筑物施工测量

车辆基地建（构）筑物施工测量主要包括建筑施工测量、车库施工测量、承台及框架柱施工测量。

(1) 建筑施工测量技术要求

建筑施工测量应包括建筑轴线施工控制测量、建筑及附属设施细部点放样测量等，并应符合下列规定：

①建筑轴线施工平面控制网宜布设成矩形、十字轴线或平行于建筑外轮廓的多边形，并根据建筑物结构类型，平面控制网分为三个等级，其主要技术要求应符合表 9-4-22 的规定。

建筑施工平面控制网主要技术要求　　　　表 9-4-22

等级	适用范围	测角、测距中误差		测距边长相对中误差
		测角（″）	测距（mm）	
一级	钢结构、超高层等连续性高的建筑	±9	±3	1/24000
二级	框架高层等连续性一般的建筑	±12	±5	1/15000
三级	一般建筑	±24	±10	1/8000

②建筑施工高程控制网，可直接利用车辆基地施工高程控制点，或在其基础上加密高程控制点。加密高程控制点时，应采用水准测量方法，并构成附（闭）合水准路线。建筑施工高程控制测量精度要求，应执行现行《城市轨道交通工程测量规范》（GB/T 50308）二等水准测量的规定。

③建筑轴线和建筑细部放样以及竖向投测误差，应小于建筑施工允许偏差的 1/3～1/2。

④放样后，应进行检核测量。检核测量内容应包括建筑轴线和建筑细部放样点的平面坐标以及 50m 线或 1m 线的高程等放样点平面设计坐标与实测坐标分量较差应分别小于 10mm，50m 线或 1m 线的设计高程与实测高程较差应小于 10mm。

(2)车库施工测量

各种车库是车辆基地的重要建筑物,定位的准确性是施工测量重要的工作目标,放样测量应依据施工控制网和设计图进行。放样测量前应对设计资料及放样数据进行复核和验算,以建筑平面控制网中的纵横向轴线控制桩为准,测设各柱中心及其控制桩,根据轴线定出基础开挖界限。高程放样测量采用水准测量方法,依据现场高程控制点,分别向各施工部位引测至少3个临时控制点,结构施工期间控制点之间要相互校测,以保证整体统一。对高程要求较高的局部小范围水准测量(如吊车梁的安装等),可采用悬挂法进行控制测量。

(3)承台及框架柱施工测量

①承台测量技术要求

a. 桩基施工完成后,在原地面测出高程控制点,以指导基坑开挖。

b. 开挖基坑后,及时进行基坑高程及基坑尺寸检查。

c. 基坑检查无误后,根据设计图纸尺寸采用极坐标法进行承台十字中线或各承台角点控制点放样。

d. 测量完毕后用钢尺检查各点间的距离及对角线距离,确认准确无误后,以书面技术交底交予现场技术员。

e. 承台立模后,及时对承台模板进行检查,根据设计图纸尺寸采用极坐标法测放承台十字中线或各承台角点控制点(图9-4-49),用红油漆做标志点在模板上,根据各点拉线检查模板各部位几何尺寸,确认准确无误后,再以书面技术交底交予现场技术员。

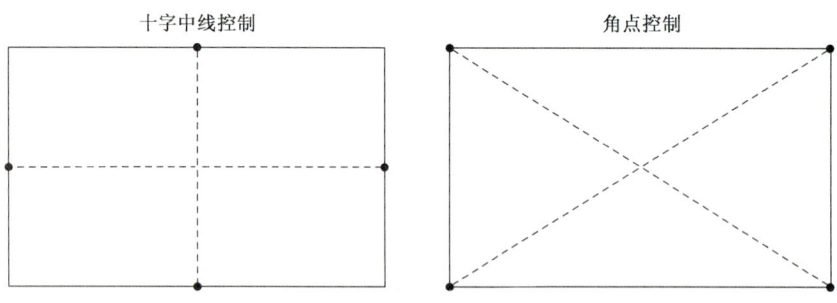

图9-4-49 承台放样示意图

②承台及框架柱施工测量要求

a. 桩基础施工完成后,按施工工艺要求,放样出承台(系梁)纵横轴线,用红油漆做出标志,作为立模的基准。同时用水准仪法按二等水准要求测设承台底高程线,作为立模与绑扎钢筋高度的依据。

b. 立模时,除模板下部的位置与纵横轴线间的相对尺寸应符合要求外,模板顶部的位置也应符合要求。承台模板内部结构尺寸允许偏差±30mm、轴线偏位不大于15mm、模板高程允许偏差±20mm。

c. 待承台混凝土浇筑完毕、模板拆除后及时进行竣工测量,检查承台的平面位置和顶面高程;并用极坐标法多测回测设出框架柱的纵横轴线,按二等水准要求测放高程控制线,作为框架柱施工时的位置与高程控制。

d. 承台施工完成后,依据承台竣工测量所测放的框架柱纵横轴线和高程控制线,调整框架柱模板的底部位置和高程,使其达到设计位置。模板顶部平面位置的调整可用垂球或全站仪进行,按二等水准要求测量框架柱模板顶部高程。模板内部尺寸允许偏差±5mm、轴线偏位不大于5mm、模板高程允许偏差±5mm。

垂球法:先用垂球将承台上的纵横轴线垂直投影至框架柱模板顶面,根据斜率和高度,计算模板顶到纵横十字线的距离,再用小钢尺量出模板顶到纵横轴线的尺寸进行检查。

全站仪法:先在框架柱模板顶部轴线的4个方向上用红油漆做出标记点,直接用全站仪测出4个方向上标记点的坐标,即可得到框架柱的轴线偏位。

e. 待框架柱混凝土浇筑完毕模板拆除后,及时进行框架柱竣工测量。采用前、后方交会结合法测设框架柱中心,然后在中心置镜测放框架柱的纵横轴线。检查框架柱结构尺寸、轴线偏差;按二等水准要求测量框架柱顶面高程,同时布设平面及高程观测点,供形变和沉降观测使用。框架柱尺寸允许偏差 -5~+10mm、顶面高程允许偏差±10mm、轴线偏位不大于8mm。

f. 承台、框架柱施工完毕后,应及时联测相邻承台中心跨距、轴线偏位和高程。

4.7.3 车辆基地线路测量

(1)车辆基地线路应包括出入段线、车场线及地面联络线等,其测量内容应包括定线测量、线路路基施工测量和铺轨测量。

(2)定线测量、线路路基施工测量应符合现行《城市轨道交通工程测量规范》(GB/T 50308)的规定。

(3)铺轨测量应根据车辆基地线路特点进行,并应符合现行《城市轨道交通工程测量规范》(GB/T 50308)的规定。

(4)车辆基地线路与既有正线或地面铁路衔接时,应进行接轨点的坐标、高程和里程测量,还应从接轨点起对既有线路进行不小于100m长度的线路测量。对既有线路测量时,应测量每10m间距的轨顶面高程、线路中线、曲线要素点的位置,并应对曲线半径和路基、上部建筑结构进行资料收集和调查。

4.7.4 车辆基地结构及其他施工测量

结构施工测量主要有混凝土结构施工测量和钢结构施工测量。

把图纸中各部位特征点的设计要素尽量数字化,转化为现场放样坐标,利用极坐标法进行施工放样。

对于钢结构安装阶段的测量主要分为两个阶段:第一阶段为对混凝土柱的定位复测和主结构的定位放线,第二阶段为钢结构安装工作中对构件空间就位的测量和校正。

1)地下部分主体结构测量放线

根据建筑物平面控制网,用校核好的仪器把平面控制线投测到地下工程的每一层工作面,并进行校核。然后根据施工图纸的理论尺寸进行各轴线的量测,确定各轴线位置无误后,再根据轴线放出墙、柱、洞口的边线及200mm控制线,其精度必须保证控制在2mm以内,并申请监理单位验线。同时做好楼层放线资料。

2)地上部分主体结构测量放线

根据施工方案,在建筑物首层平面位置进行转点布置,在首层放线时把平面控制网投测到首层平面上,按图纸每段选出4个内控点作为楼层放线的控制点。在内控点的位置预埋钢板,刻画出内控点的具体位置。首层以上各层施工时做好与首层控制点相对应的4个预留孔洞(150mm×150mm)。待每层放线时,把首层控制点投测到每一施工层,保证从首层到顶层在同一条垂直线上,从投测的控制线用钢尺量至各轴线。同时,在外墙阴阳角两侧布设轴线进行外控,每层将外控与内控进行复核,保证轴线的准

确性。测量放线限差要求见表9-4-23。

测量放线限差要求　　　　　　　　　　　表9-4-23

测量部位	边长	允许偏差
外轮廓主轴线 L	$30m < L < 60m$	±5mm
细部轴线	—	±2mm
墙体、门窗洞口边线	—	±3mm

3）装修工程施工测量

在结构施工测量中，按装修工程要求将装饰施工所需要的控制点、线及时弹在墙板上，作为装饰工程施工的控制依据。

（1）楼地面面层测量

根据结构工程中的控制线，在四周墙体与柱身投测出建筑1m水平线及面层做法的上边线作为楼层施工高程控制线。根据结构每层施工时所弹出的控制线放出二次结构的隔墙线、分户墙线及200mm控制线。

（2）门窗洞口测量

在结构施工中，每层墙体完成之后，用经纬仪投测在外墙面上的洞口两侧各300mm处弹出竖向控制线。窗口横向控制线根据室内建筑1m线抄测。窗口内外分别弹出300mm控制线。室内门、窗洞口竖向控制线由其所在轴线关系弹出，水平控制线分别由建筑1m线向上测出，保证相邻门窗的相对位置准确。

（3）屋面施工测量

屋面测量首先要检查各方向流水实际坡度是否符合设计要求，并实测偏差；在屋面四周女儿墙上弹出水平控制线及各方向流水坡度控制线。

（4）外墙装修测量

外墙装修为外墙外保温，外抹防裂砂浆，面层为外墙涂料。为了保证墙面的垂直度和平整度，在外墙外保温完成后，墙面外装修前用经纬仪在墙面的洞口、大角处投射出300mm控制线，在局部使用大线坠按照控制线进行垂直度控制。

4）涵洞施工测量

（1）原地面复测

涵洞在施工测量时应对涵洞所在里程的原地面高程进行复测，同时注意涵洞的地形地物是否和设计图纸相符，若有出入，应及时上报项目部工程部。

（2）基准线放样

根据涵洞设计图纸及测量成果书，分别计算具体的涵洞基础、墙身及挡土墙等部位的放样数据。

根据设计图纸和实测地面高程计算涵洞轴线点、边线点及开挖轮廓线点的坐标，并实地放样。放样完毕后记录其高程，并将桩位及测量数据对作业层进行书面交底。

（3）模板检查

立模后应全面检查模板平面位置及高程，基础轴线允许偏差15mm，高程允许偏差±20mm，墙轴线允许偏差5mm，高程允许偏差±5mm。若实测偏差超限，则应及时调整。模板调整完成，经建设单位、第三方、监理单位同意后方能进行混凝土浇筑。

(4)竣工测量

混凝土拆模后应对涵洞的轴线及高程进行复测,对复测数据进行详细记录并归档。

5)综合管沟施工测量

(1)基准线放样

根据涵洞设计图纸及测量成果书,分别计算具体的涵洞基础、墙身及挡土墙等部位的放样数据。

根据设计图纸和实测地面高程计算涵洞轴线点、边线点及开挖轮廓线点的坐标,并实地放样。放样完毕后记录其高程,并将桩位及测量数据对作业层进行书面交底。

(2)竣工测量

管节吊装完成后对管节所在轴线及高程进行复测,对复测数据进行详细记录并归档。

6)下穿隧道施工测量

(1)原地面复测

在隧道施工测量时应对隧道所在里程的原地面高程进行复测,同时注意隧道的地形、地物是否和设计图纸相符,若有出入,应及时上报项目部工程部。

(2)基准线放样

根据下穿隧道设计图纸及测量成果书分别计算具体的隧道基础、墙身及挡土墙等部位的放样数据。

根据设计图纸和实测地面高程计算隧道轴线点、边线点及开挖轮廓线点的坐标,并实地放样。放样完毕后记录其高程,并将桩位及测量数据对作业层进行书面交底。

(3)模板检查

立模后应全面检查模板平面位置及高程,基础轴线允许偏差15mm,高程允许偏差±20mm,墙轴线允许偏差5mm,高程允许偏差±5mm。若实测偏差超限,则应及时调整。模板调整完成,经建设单位、第三方、监理单位同意后方能进行混凝土浇筑。

(4)竣工测量

混凝土拆模后应对隧道的轴线及高程进行复测,对复测数据进行详细记录并归档。

7)围墙施工测量

(1)基准线放样

根据围墙设计图纸及测量方案,分别计算具体的围墙垫层、基础及墙身等部位的放样数据。

根据设计图纸和实测地面高程计算围墙轴线点、边线点的坐标,并实地放样。放样完毕后记录其高程,并将桩位及测量数据对作业层进行书面交底。

(2)模板检查

基础立模后应全面检查模板平面位置及高程,基础轴线允许偏差15mm,高程允许偏差±20mm,墙轴线允许偏差5mm,高程允许偏差±5mm。若实测偏差超限,则应及时调整。模板调整完成,经建设单位、第三方、监理单位同意后方能进行混凝土浇筑。

(3)竣工测量

混凝土拆模后应对围墙的轴线及高程进行复测,对复测数据进行详细记录并归档。

8)站场填筑施工测量

在施工现场附近引临时水准点,报监理单位审批,严格控制高程。

在路基上采用方格网控制填料量,方格网纵向桩距不应大于10m,横向应分别在路基两侧及路基中心设方格网桩,在两侧路边缘外设指示桩,在方格网间用白灰点控制自卸车倒土密度,以此控制每层的摊土厚度。

4.8 铺轨施工测量

铺轨施工测量应根据采用的铺轨控制测量方法,选择测设加密基标配合轨道尺方法或使用轨道几何状态检测仪方法,也可采用 CPⅢ 控制点进行轨道粗调、精调的方法。

铺轨基标的设置及测设主要依据现行《地下铁道工程施工质量验收标准》(GB/T 50299)、《城市轨道交通工程测量规范》(GB/T 50308)及轨道设计文件。如图9-4-50所示,平行直线段为轨道,GB_i(其中,$i=1,2,3,4$)为基标。基标在线路直线段宜120m设置一个,曲线段上除在曲线要素点(曲线起终点、缓圆点、圆缓点、曲线中点)上设置控制基标外,曲线要素点间距较大时还宜每60m设置一个;单开道岔控制基标应测设在岔头、岔尾、岔心和曲股位置或一侧;交叉渡线道岔控制基标应测设在长轴和短轴的两端、岔头、岔尾以及与正线相交的岔心位置或一侧。加密基标设置控制在线路直线段每6m,曲线段每5m设置一个。

CPⅢ轨道控制网技术是从高速铁路引入地铁中的轨道测量控制方法。CPⅢ轨道控制网的测设主要依据现行《高速铁路工程测量规范》(TB 10601)。CPⅢ轨道控制网主要为轨道铺设和运营维护提供控制基准。在地铁线路两侧的结构上成对埋设CPⅢ点预埋件,然后进行CPⅢ控制网的建网及测量工作,测量成果满足相关规范要求后,采用全站仪配合轨道几何状态测量仪(轨检小车)进行轨道铺轨的调整,完成整体道床施工;无缝线路施工结束后,利用CPⅢ轨道控制网复测轨道的几何状态为轨道整理提供资料。如图9-4-51所示,平行直线段为轨道,$CPⅢ_i$(其中,$i=1,2,3,4,5,6$)为埋设点位,横跨轨道两侧的为轨检小车。

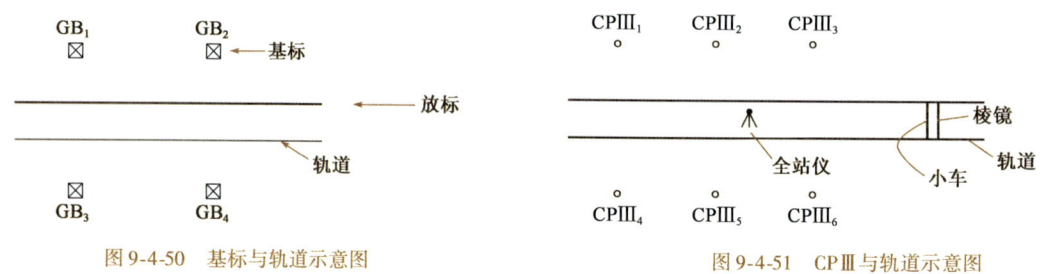

图9-4-50 基标与轨道示意图   图9-4-51 CPⅢ与轨道示意图

4.8.1 铺轨施工测量的技术要求

(1)铺轨施工测量包括轨道安装测量、道岔安装测量和轨道精调测量,铺轨施工测量以铺轨基标或自由设站控制网为基准,施工前应对其进行复测。

(2)轨道施工偏差应依据现行《地下铁道工程施工质量验收标准》(GB/T 50299)确定,详见表9-4-24、表9-4-25。

轨道钢轨主要精度要求 表9-4-24

	项目名称	精度要求
钢轨	轨道中线	距基标中线允许偏差 ±2mm
	轨道方向	直线段用10m弦量,允许偏差 ±1mm; 曲线段用20m弦量,正矢允许偏差见表9-4-25

续上表

项目名称		精度要求
钢轨	轨顶水平及高程	高程允许偏差±1mm,左右股钢轨顶面水平允许偏差±1mm,在延长18m的距离范围内无大于1mm的三角坑
	轨顶高低差	用10m弦量应小于1mm
	轨距	允许偏差-1~+2mm,变化率应小于0.1%
道岔	导曲线及附带曲线	导曲线支距允许偏差±1mm,附带曲线用10m弦量连续正矢允许偏差1mm
	轨顶水平及高程	全长范围内高低差应小于2mm,高程允许偏差为±1mm
	转辙器	尖轨与基本轨间隙不应大于1mm,尖轨的尖端处轨距允许偏差1mm

轨道曲线正矢允许偏差　　　　　　　表9-4-25

曲线半径(m)	缓和曲线(mm)	圆曲线(mm)	圆曲线正矢最大最小值差值(mm)
251~350	3	5	7
351~450	2	4	5
451~650	2	3	4
>650	1	2	3

(3)轨道精调测量应在轨道锁定后,控制基标恢复或自由设站控制网复测完成的条件下进行。

4.8.2 铺轨基标轨道安装测量

1)轨道安装测量方法和步骤

根据现行《城市轨道交通工程测量规范》(GB/T 50308)的要求,轨道安装测量步骤和方法应符合表9-4-26规定。

轨道安装测量步骤和方法的一般规定　　　　　　　表9-4-26

序号	一般规定
1	铺轨施工前,应对控制基标和加密基标进行复测,对使用的道尺及丁字尺进行检校
2	应以控制基标和加密基标为基准,利用道尺及丁字尺架设轨道或铺设轨排
3	轨道或轨排调整时,其测量点应设置在支撑架位置,且间距直线段不大于3m,曲线段不大于2.5m
4	轨道或轨排调整后,轨道的中线偏差和轨顶面高程偏差及轨道的平顺性均应符合现行《地下铁道工程施工质量验收标准》(GB/T 50299)的规定

2)道岔安装测量方法和步骤

根据现行《城市轨道交通工程测量规范》(GB/T 50308)的要求,道岔安装测量方法、步骤和限差应符合表9-4-27规定。

道岔安装测量方法、步骤和限差的一般规定　　　　　　　表9-4-27

序号	一般规定
1	根据道岔基标,应确定并调整岔头、岔尾的位置,并应保证岔头两股钢轨的横截面与钢轨垂直
2	根据道岔外直股外侧基标,应使用丁字尺从岔头到岔尾依次根据限差要求调整道岔外直股的方向和高程
3	在保持道岔外直股不动的前提下,应通过调节钢轨支架上位于内直股处轨卡的水平螺栓及立柱,依次根据限差要求调整道岔内直股的轨距、水平
4	进行曲上股轨距、水平调整时,应按设计图纸,把道尺放在规定的支距点上,在保持外直股不动的前提下,通过依次调节钢轨支撑架上位于曲上股处轨卡的水平螺栓,使曲上股各点支距达到偏差要求

续上表

序 号	一 般 规 定
5	进行曲下股轨距调整时,应在保持曲上股位置不变的前提下,通过调节钢轨支撑架上位于曲下股处的轨卡水平螺栓,调整曲下股各点轨距
6	道岔调整时,应按道岔铺设图、整体道床布置图及铺设基标对道岔各部的几何状态进行调整。施工过程中随时检查道岔和混凝土轨枕的位置,道岔各部的几何状态不符合偏差要求时,应立即调整

3）轨道精调测量方法和步骤

根据现行《城市轨道交通工程测量规范》(GB/T 50308)的要求,轨道精调测量应符合表9-4-28规定。

轨道精调测量的一般规定   表 9-4-28

序 号	一 般 规 定
1	轨道精调应采用道尺、丁字尺和10m长的弦线进行,道尺和丁字尺使用前应进行检校
2	利用控制基标对线路的绝对位置和高程进行测量,偏差超过±10mm时,应结合相对平顺性检测结果进行线路调整
3	对轨距和水平逐个扣件测量,轨道的扭曲、轨向和高低用10m弦线测量,每弦测量不应少于3个点

4.8.3 自由设站控制网轨道安装测量

1）轨道粗调的测量方法和步骤

根据现行《城市轨道交通工程测量规范》(GB/T 50308)的要求,轨道粗调测量方法和步骤应符合表9-4-29规定。

轨道粗调测量方法和步骤的一般规定   表 9-4-29

序 号	一 般 规 定
1	铺轨施工测量前,应将平面、纵断面设计参数和曲线超高值等数据录入轨道几何状态测量仪,并应复核无误
2	使用的全站仪应具有自动目标搜索、自动照准、自动观测、自动记录功能,精度不应低于Ⅰ级全站仪
3	利用自由设站的全站仪和轨道几何状态测量仪进行施测,每一站测量的距离不大于70m
4	全站仪安置于线路中线附近,且位于控制点的中间,测站观测的控制点不少于3对。更换测站后,相邻测站重叠观测的铺轨控制点不应少于1对。测站精度应符合表9-4-30的要求
5	测站设置完成后,应先对周围控制点进行检核测量。检核控制点坐标不符值限差应满足表9-4-31的要求。当控制点坐标X、Y、H不符值限差大于表9-4-31的规定时,该点不应参与平差计算。每一测站参与平差计算的控制点不应少于4个,且应分布在轨道安装范围内
6	更换测站后,应重复测量上一测站的最后5个测点,平面横向偏差之差和高程较差不大于2mm,轨距及超高较差不大于0.3mm
7	轨排调整测量点设置位置以及轨排调整后,轨道中线和轨顶面高程允许偏差、轨道的平顺性均应符合现行《城市轨道交通工程测量规范》(GB/T 50308)第10.4.4条第3款、第4款的规定
8	轨道粗调宜以加密基桩为调整基准点,借助于直角道尺和万能道尺进行,通过钢轨支撑架的支撑杆对轨道几何状态进行粗调。轨道支撑架的安装密度及调整精度应充分满足轨道精调的需求

测站精度要求和控制点坐标不符值限差要求依据现行《城市轨道交通工程测量规范》(GB/T 50308)确定,详见表9-4-30、表9-4-31。

测站精度要求　　　　　　　　　　　　　表 9-4-30

项　目	X	Y	H	方　向
中误差	≤ ±1mm	≤ ±1mm	≤ ±1mm	≤ ±2″

控制点坐标不符值限差要求　　　　　　　　　　表 9-4-31

项　目	X	Y	H
控制点不符值限差	≤2mm	≤2mm	≤2mm

2）轨道精调测量方法和步骤

轨道精调测量方法和步骤见表 9-4-32。

轨道精调测量方法和步骤　　　　　　　　　　表 9-4-32

序　号	测量方法和步骤
1	轨道精调前按照现行《城市轨道交通工程测量规范》（GB/T 50308）第 10.3.15 条和第 10.3.24 条的要求对自由设站控制网进行复测，复测结果在限差以内时采用原测成果，超限时应检查原因，确认原测成果有错时，应采用复测成果
2	轨道精调应采用全站仪自由设站方式配合轨道几何状态测量仪进行，每一测站最大测量距离不应大于 70m，全站仪设站应满足现行《城市轨道交通工程测量规范》（GB/T 50308）第 10.4.7 条的要求。使用轨道几何状态测量仪之前，应对轨道施工图纸进行审核，采用最新的自由设站控制网测量成果，并将线路平面、纵断面设计参数和曲线超高值等录入轨道几何状态测量仪，轨道基础控制点坐标导入到智能型全站仪中，并复核无误，同时应检校轨道几何状态测量仪
3	利用轨道几何状态测量仪对轨道进行精调作业时，首先组装轨道几何状态测量仪，并架设于待检测线路的端头，进行角度零点采集，即对轨道进行几何状态测量传感器进行校准。然后利用自由设站控制网三维坐标成果进行全站仪自由设站（后方交会），观测轨道两边的轨道基础控制点 6~8 个，通过配套的专业计算机及专业软件，自动平差计算，确定全站仪的三维坐标，然后通过全站仪观测轨道几何状态测量仪上的棱镜，轨道几何状态测量仪采用"走—停"测量方法。将轨道几何状态测量仪推动到待检测部位，由计算机专业软件计算当前轨道位置与设计位置的偏差，并将偏差量进行实时显示，施工人员可根据计算机显示屏上显示的临界数据调整轨道的绝对位置及轨道的几何状态参数，对轨道进行精确调整，使轨道铺设质量满足设计与规范要求
4	轨道几何状态测量仪测量步长：无砟轨道宜为 1 个扣件间距，有砟轨道不宜大于 2m
5	轨道精调测量测点应设在轨道支撑架位置，其步长应为每个支撑螺杆的间距。平面调整以高轨为基准轨，高程调整以低轨为基准轨
6	进行下一测站钢轨精调作业时，应重测上一测站不少于 5 个测点的距离，同一点位的横向和高程的相对偏差均不应超过 ±2mm，轨距及超高重复测量偏差不应大于 0.3mm。如果复测超限，应重新设站后再次复测。如果依然超限，应对换站前的所有钢轨支撑点重新进行调整，直至满足要求后方能换站。对于大于 ±2mm 的偏差，应使用线性或函数进行换站搭接平顺修正，顺接长度应遵循 1mm/10m 变化率原则。轨道精调后，轨道的中线和轨顶面高程允许偏差、轨道的平顺性均应满足现行《地下铁道工程施工质量验收标准》（GB 50299）的规定
7	轨道精调完成后，用轨道几何状态测量仪对精调完的轨道逐根进行几何状态精密检测（如有超限，则再进行调整），确定无误后方可浇筑道床混凝土

3）道岔调整测量方法和步骤

道岔调整测量的方法和步骤依据现行《城市轨道交通工程测量规范》（GB/T 50308）确定，详见表 9-4-33。

道岔调整测量的方法和步骤　　　　　　　表 9-4-33

序号	测量方法和步骤
1	道岔两端应预留不小于 100m 的长度作为道岔与区间轨道衔接测量的调整距离
2	道岔粗铺设前，应以自由设站控制点为依据，设置测站安置全站仪，应按现行《城市轨道交通工程测量规范》（GB/T 50308）中对道岔铺轨基标的要求，进行道岔控制基标和加密基标测设。道岔控制基标横向允许偏差不应大于 1mm。相邻道岔控制基标间距和高差允许偏差应分别小于 2mm、1mm
3	道岔调整应遵循"先整体，后局部；先直股，后曲股；先高低，后方向；两端线路顺接"的原则，先进行道岔直股测量，再进行道岔曲股测量。调整测量宜采用自由设站全站仪配合轨道几何状态测量仪进行。道岔平面位置及高程调整偏差均不应大于 ±5mm

4.9 设备安装测量

4.9.1 一般规定

设备安装测量的一般规定依据现行《城市轨道交通工程测量规范》（GB/T 50308）确定，详见表 9-4-34。

设备安装测量的一般规定　　　　　　　表 9-4-34

序号	一般规定
1	设备安装测量应包括接触轨与架空接触网、防洪门与疏散平台、行车信号与线路标志、车站站台与屏蔽门的安装测量
2	安装测量方案应依据设备安装设计图进行编制，并经审批后实施
3	设备安装应以铺轨基标或自由设站控制网点为起算数据，进行各项设备安装测量
4	在隧道边墙上测设设备安装 1m 线时，1m 线上控制点间距应小于 10m，高程中误差不应超过 ±10mm
5	设备安装限差应符合现行《地铁设计规范》（GB 50157）对设备限界的规定
6	设备安装完成后应进行设备限界测量，对侵入限界的设备进行调整后，应重新进行限界测量

4.9.2 接触轨与架空接触网安装测量

接触轨与架空接触网的放样，宜采用极坐标法或自由设站多点后方交会法进行平面位置放样。宜采用水准测量或电磁波测距三角高程方法测定接触轨、架空接触网支架高程。

安装完成后，应按现行《地下铁道工程施工质量验收标准》（GB/T 50299）中的工程验收规定，对接触轨、架空接触网与轨道或线路中线的几何关系进行检查与验收测量。

1）接触轨安装测量

接触轨安装测量包括底座和轨条安装测量。应以相邻走行轨内缘为安装基准，安装方法和允许偏差依据现行《城市轨道交通工程测量规范》（GB/T 50308）确定，详见表 9-4-35。

接触轨安装方法和允许偏差　　　　　　　表 9-4-35

序号	安装方法和允许误差
1	底座安装测量应测设底座位置平面坐标和高程，底座中心与相邻走行轨内缘距离和高程允许偏差不应超过 ±2mm
2	轨条安装应以底座中心为基准，轨条中心至相邻走行轨道内缘的水平距离允许偏差不应超过 ±6mm，轨条顶面与相邻走行轨道顶面高程允许偏差不应超过 ±6mm
3	安装定位测量误差为安装允许偏差的 1/2

2）架空接触网安装测量

架空接触网安装测量内容与测量误差依据现行《城市轨道交通工程测量规范》（GB/T 50308）确定，详见表9-4-36。

架空接触网安装测量内容与测量误差　　　表9-4-36

序　号	测量内容与测量误差
1	隧道外架空接触网安装测量内容应包括支柱、硬横跨钢梁、软横跨钢梁和定位装置的安装定位，安装方法和安装允许误差应符合现行《地下铁道工程施工质量验收标准》（GB/T 50299）的施工技术要求
2	隧道内架空接触网安装测量内容包括支撑结构的底座、定位臂、弹性支撑以及接触悬挂等的安装定位等，安装方法和安装允许误差应符合现行《地下铁道工程施工质量验收标准》（GB/T 50299）中的工程验收技术要求
3	安装定位测量误差应为安装允许偏差的1/2

4.9.3　防洪门与疏散平台安装测量

防洪门与疏散平台安装测量，应在隧道内铺轨控制网测量完成后进行，并根据施工设计图，对防洪门、疏散平台进行放样测量。

1）防洪门安装测量

防洪门安装测量应包括对防洪门导轨支撑基础的平面、高程及防洪门中心的位置、轴线及高程进行放样，放样方法和精度要求依据现行《城市轨道交通工程测量规范》（GB/T 50308）确定，详见表9-4-37。

防洪门安装放样方法和精度要求　　　表9-4-37

序　号	放样方法和精度要求
1	导轨支撑基础的平面位置应采用极坐标法放样，放样位置与设计位置的较差不应大于5mm，平面放样中误差不应超过±2.5mm；高程采用水准测量方法测定，其与设计高程的较差不大于2mm，高程放样中误差不应超过±1mm
2	防洪门门框中心与设计值较差 X 方向不应大于2mm，Y 方向不应大于2mm，与线路中线的横向偏差不超过±2mm，下门框高程与设计值较差不应大于3mm，平面放样中误差不超过±1mm、高程放样中误差不应超过±1.5mm

2）疏散平台安装测量

疏散平台安装测量包括疏散平台支架和平台的安装测量，应符合表9-4-38的规定。

疏散平台安装测量规定　　　表9-4-38

序　号	测量规定
1	疏散平台支架包括悬臂式钢支架结构和 T 形钢支架结构，其结构高度和间距应符合设计要求。支架安装时，应以设备安装1m线为依据，测定支架位置，支架中心间距安装允许误差不应超过±5mm，纵向高度允许误差不应超过±10mm
2	疏散平台铺设后，其边缘与轨道中线的距离允许偏差应为 −10 ~ +30mm
3	测量放样误差应小于允许误差的1/2

4.9.4　行车信号与线路标志安装测量

1）行车信号安装测量

行车信号安装测量包括自动闭塞的信号灯支架和停车线标志的放样，其里程位置允许偏差不超过

±100mm，放样中误差不超过 ±50mm。

2）线路标志安装测量

线路标志安装测量应包括线路的千米标、百米标、坡度标、竖曲线标、曲线元素标志、曲线要素（曲线的半径、缓和曲线、圆曲线）长度标志和道岔警冲标位置的放样。线路标志安装放样位置、允许偏差和放样中误差应符合表9-4-39 的规定。

线路标志安装放样位置、允许偏差和放样中误差一般规定　　表 9-4-39

序　号	一　般　规　定
1	标志放样以设备安装1m线为依据，标定在隧道右侧距轨面1.2m高处边墙上，也可标定在钢轨的轨腰上
2	边墙上标志里程允许偏差不应超过 ±100mm，轨腰上标志里程允许偏差不超过 ±5mm
3	在边墙上、轨腰上的线路标志里程放样中误差分别不应超过 ±50mm、±2.5mm
4	钢轨轨腰上的线路标志，应在整体道床施工和无缝钢轨锁定完毕后进行标定

4.9.5　车站站台与屏蔽门安装测量

1）基本要求

（1）车站站台测量包括站台沿位置和站台大厅高程测量。测量工作根据施工设计图和现行《地下铁道工程施工质量验收标准》（GB/T 50299）中站台施工测量的技术要求进行。

（2）车站站台沿测量采用极坐标法进行放样，其与线路中线距离允许偏差为 0 ~ +3mm。

（3）站台大厅高程采用水准测量方法或电磁波测距三角高程方法测定，其高程允许偏差不应超过 ±3mm。

（4）车站屏蔽门安装根据施工设计图和车站隧道的结构断面进行，采用极坐标法放样屏蔽门在顶、底板的位置，其实测位置与设计较差不应大于10mm。

2）屏蔽门安装测量

（1）直线车站站台的屏蔽门系统

屏蔽门系统作为地铁车站站台的一种辅助设施，其设计和施工一般是在车站地下主体结构的土建工程完工之后进行，此时车站站台上可能同步进行风管安装、线路安装、地砖铺砌等工程任务。通常，各项安装工程都应严格按图纸设计位置要求进行施工，但是受到其他安装设备（例如风管和其他各种管线）影响，屏蔽门系统的上部施工范围非常有限，需要测量相应净空尺寸来设计屏蔽门系统顶部的钢结构件尺寸，如图 9-4-52 所示，此时应测量并记录两侧风管之间的空隙距离及管线位置。

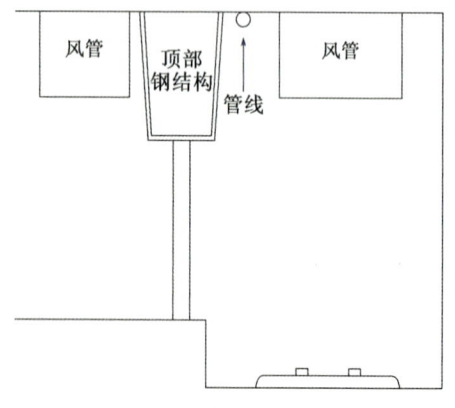

图 9-4-52　屏蔽门系统的顶部结构范围

由于屏蔽门系统的顶部钢结构构件为大型预制件，为方便安装，应先在天花板（顶壁）上相应处标记螺栓连接位置。屏蔽门中线点位置可根据图纸设计尺寸及相邻关系在现场标定，然后按照一定间隔测量站台边缘与内轨轨顶面之间的高差 h_1（图 9-4-53），从而保障屏蔽门安装后其底部与车厢底面平齐，方便旅客进出车厢。为保证屏蔽门系统的整体高度与工作面一致，还应测量天花板上各螺栓连接位置至站台面的高度 h_2。

测量屏蔽门系统的顶部结构范围可采用最小分划为毫米的钢卷尺，此时还应根据现场实际情况，测量并记录天花板上可能出现的各种预留孔、横梁等障碍物的位置和尺寸,提供钢结构构件设计时参考。测量站台边缘与内轨轨顶面之间的高差 h_1 和天花板上各螺栓连接位置至站台面的高度 h_2,可采用经严格检验的精密水准仪和水准尺。

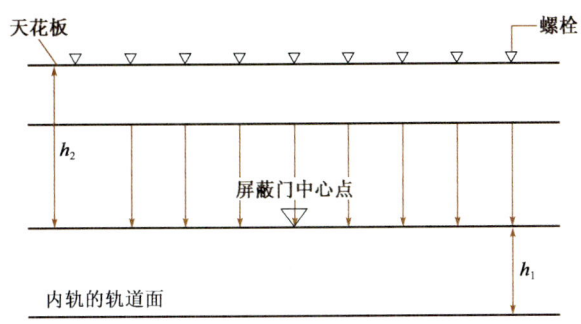

图 9-4-53　测量站台边缘至内轨轨顶面的高差 h_1 和天花板高度 h_2

(2) 圆曲线车站站台的屏蔽门系统

由于圆曲线车站站台的通视情况不如直线车站站台,因此安装屏蔽门系统对于保障乘客候车和上下车安全更显重要。除需要完成与直线站台屏蔽门系统相同的安装测量任务外,还应确定站台边缘至轨道中线的距离 d,为设计顶部钢结构构件时参考,避免列车经过站台时与屏蔽门系统产生接触。这时应首先确定轨道中线,可以在轨道上选择某些适当位置实测轨道间距,用垂球标定出轨道中心点。实测轨道中线应首选屏蔽门区间的两端位置,并且应能彼此通视(图 9-4-54 中 A、B 点)。然后在一端的轨道中心点(如 A 点)安置全站仪,测量至另一端轨道中心点 B 的水平距离 L。

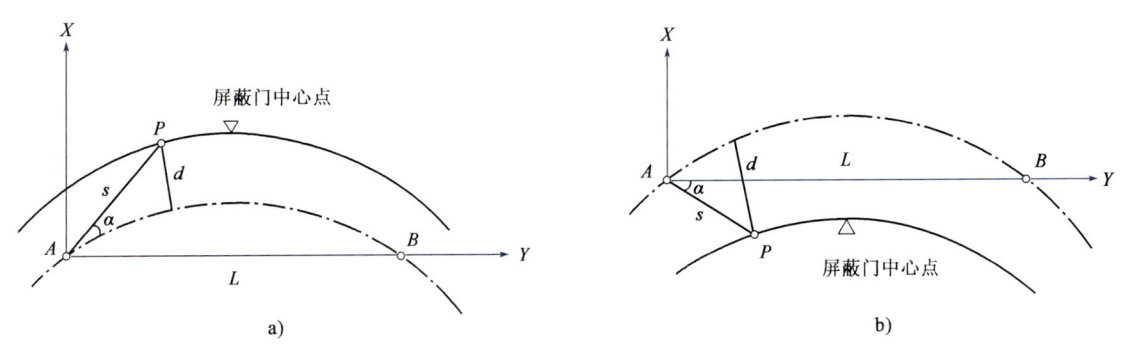

图 9-4-54　测量圆曲线站台边缘至轨道中线的距离 d

(3) 缓和曲线车站站台的屏蔽门系统

通常在进行屏蔽门系统的安装测量之前,轨道施工单位在道床上标记有 2~4 个线路里程点,其中有一些也是曲线线路的主点(ZH 点、HY 点、QZ 点、YH 点、HZ 点等)。对于缓和曲线车站站台,其屏蔽门系统的安装测量内容应与圆曲线车站站台相同,并且更主要是考虑如何计算站台边缘各点相对于轨道中线的距离 d。在进行安装测量时,应首先在轨道中线上找到主点标记,如图 9-4-55 所示的 ZH 点和 HY 点,然后以 ZH 为原点,通过该点的缓和曲线切线为 X 轴,Y 轴与 X 轴垂直并指向缓和曲线的弯曲方向。

同样,在站台边缘从屏蔽门中心点向两端按一定间隔标记若干待测点。在 ZH 点上安置全站仪,观测至任一待测点 P 的距离 s 和偏角 α。

如图 9-4-55 所示为站台相对于轨道中线凸出的情况;如果站台位于轨道中线的另一侧,则站台相对于轨道中线为凹陷。

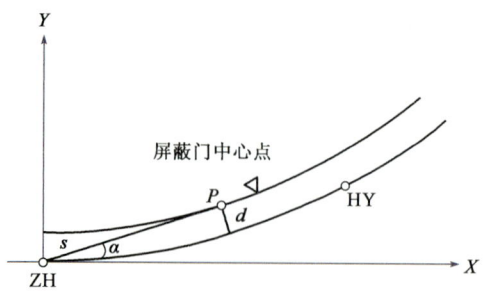

图 9-4-55　测量缓和曲线站台边缘至轨道中线的距离 d

3）屏蔽门安装工程实例

屏蔽门安装工程实例详见附件 9-4-3。

本章附件

附件 9-4-1　常用计算软件介绍
附件 9-4-2　盾构隧道施工测量工程实例
附件 9-4-3　屏蔽门安装工程实例

第 5 章 竣工测量

竣工测量包括控制网检测与控制点恢复测量、轨道竣工测量、线路建筑结构竣工测量、线路设备竣工测量和地下管线竣工测量。竣工测量应采用与原施工测量一致的坐标系统、高程系统和图式等；竣工测量开始前，应收集已有的测量资料并进行实地检测，对符合要求的测量资料应予以利用，对已经变更的测量资料应重新测量。重新测量的方法和精度要求应与原施工测量相同，并应按实测的资料编绘竣工测量成果。竣工测量成果精度及资料应符合我国地铁工程竣工测量与验收的要求。

5.1 控制网检测与控制点恢复测量

控制网检测与控制点恢复测量应满足的主要要求如下：

（1）竣工测量前应对卫星定位控制网、精密导线网、水准网和铺轨控制网进行检测；

（2）当需对已经毁坏、丢失的控制点进行恢复时，应在检测控制网的同时以不低于原测精度进行控制点恢复；

（3）卫星定位控制网、精密导线网、水准网检测与控制点恢复测量应按现行《城市轨道交通工程测量规范》（GB/T 50308）第 3 章、第 4 章规定进行，铺轨控制网检测与控制点恢复测量应符合该规范第 10.2 节或第 10.3 节的规定。

5.2 轨道竣工测量

轨道竣工并锁定后应进行轨道竣工测量，且应满足如下要求：

（1）轨道竣工测量应以检测或恢复后的铺轨控制点为基准，进行轨道几何状态测量。

（2）轨道几何状态测量内容和允许偏差应符合下列规定：

①直线段应每 6m，曲线段应每 5m 测量右股钢轨的平面位置和高程以及两股钢轨间的轨距和水平，曲线段还应加测轨距加宽量和外轨对内轨的超高量。线路中线的允许偏差不应超过 ±2mm，轨道高程允许偏差不应超过 ±1mm，轨距允许偏差应为 −1 ~ +2mm，左、右轨的水平允许偏差不应超过 ±1mm。

②道岔区应按现行《城市轨道交通工程测量规范》(GB/T 50308)第 10.2.11 条第 1 款的要求,分别测量道岔轨道的位置、距离、高程及轨距。道岔岔心里程位置允许偏差不应超过±15mm,轨顶全长范围内高低差应小于2mm,道岔轨道的高程、水平、轨距以及距铺轨基标距离的允许偏差应符合该规范第 14.3.3 条第 1 款技术要求。

③测量中误差为允许偏差的1/2。

(3)铺轨控制网采用铺轨基标时,轨道几何状态测量应符合下列规定:

①竣工测量前,对使用的仪器和道尺、丁字尺和10m长的弦线应进行检校;

②利用控制基标使用仪器和设备对线路进行测量,测站最大测量距离不应大于70m;

③测量内容应包括线路中线和轨道的扭曲、轨向和高低。

(4)铺轨控制网采用自由设站控制网时,轨道几何状态测量应符合下列规定:

①采用全站仪自由设站方式配合轨道几何状态测量仪进行,每一测站最大测量距离不应大于70m。

②轨道几何状态测量仪测量步长:无砟轨道宜为 1 个扣件间距,有砟轨道不宜大于2m。更换测站后,应重复测量上一测站测量的最后 5 个测点,更换测站重复测量精度应满足现行《城市轨道交通工程测量规范》(GB/T 50308)第 10.4.9 条第 3 款的要求。

③测量内容包括线路中线位置、轨面高程、轨距、水平、扭曲、轨向、高低。

(5)测量完成后应按现行《城市轨道交通工程测量规范》(GB/T 50308)第 14.3.4 条和第 14.3.5 条的要求提供轨道几何状态测量成果。

5.3 建筑结构竣工测量

建筑结构竣工测量内容包括区间地面线、隧道、高架桥、车站结构限界竣工测量和其附属建筑竣工测量。

(1)进行建筑结构竣工测量时,应首先对已有实测的测绘资料进行抽检,合格后经编绘与新测的资料一同作为竣工测量成果,并应符合下列规定:

①进行外业抽检测量时,应以检测或恢复后的控制点为依据,抽检比例不应少于30%。

②抽检的结构限界断面测点数量、位置、测量方法和精度,应执行现行《城市轨道交通工程测量规范》(GB/T 50308)第 7~9 章的规定。检测值与原测值较差不应大于25mm。

③区间防淹门结构竣工测量,应按现行《城市轨道交通工程测量规范》(GB/T 50308)附录 K 中图 K.1.1进行隧道瓶颈口 A、B、C、D 四个断面的测量,测量允许误差不应超过±10mm。

④经抽检合格的限界测量资料应作为竣工测量成果,对不合格的限界经处理后重新测量,并按重新实测的资料编绘限界竣工测量成果。

(2)建筑结构竣工测量成果应符合下列规定:

①对地面线应进行路基、轨道和附属设施的平面位置、高程测量。对地下区间隧道和地下车站及附属设施应进行其结构内侧平面位置、高程和结构尺寸的测量,并调查结构厚度。对高架桥、高架车站及其柱(墩)应进行平面位置、高程、结构尺寸以及主要角点距相邻建筑的距离测量。对车站出入口、通道和区间风道结构应进行其平面位置、高程和结构尺寸测量。

②地下区间隧道和地下车站及附属设施的结构厚度,宜根据地下施工测量成果或设计资料确定。

③对符合现行《城市轨道交通工程测量规范》(GB/T 50308)第 14.4.2 条要求的已有实测资料与符合本条要求的新测资料,经整理后一同作为竣工测量成果。

5.4 设备竣工测量

设备竣工测量内容包括接触轨、架空接触网、风机以及行车信号与线路标志设备的竣工测量,竣工测量时应以铺轨控制点为测量基准。

(1)接触轨、架空接触网竣工测量,在直线段每30m,曲线段每10m,按现行《城市轨道交通工程测量规范》(GB/T 50308)附录K中图K.1.2测量接触轨与左轨和架空接触网与右轨的间距和高差,并按该规范附录K中表K.2.1填写竣工测量记录。接触轨和架空接触网平面允许偏差分别不应超过±6mm、±10mm,高程允许偏差应分别不应超过±6mm、±10mm,测量中误差应为允许偏差的1/2。

(2)风机和风管位置竣工测量时,应对其轴线、消音墙以及风管与线路轨道立体相交处的平面位置和高程进行测量。

(3)行车信号与线路标志竣工测量内容包括里程、轨道的水平距离和高差测量。其中岔区的警冲标,应测定其到撤岔中心的距离以及与两侧钢轨的垂距,测量精度应符合现行《城市轨道交通工程测量规范》(GB/T 50308)第13.4节的要求。

(4)对车站站台两侧边墙广告箱等应测定其与轨道之间的水平距离和高差,测量中误差不应超过±10mm。

5.5 地下管线竣工测量

地下管线竣工测量内容包括地铁工程建设所涉及的施工拆迁、改移、复原的现有管线和新建管线。

(1)地下管线竣工测量应符合现行《城市地下管线探测技术规程》(CJJ 61)的相关规定,并应符合下列规定:

①在竣工覆土前,应测定各种管线起点或衔接点、转折点、分支点、交叉点、变坡点的管线(或管沟)中心以及每个检查井中心、小室轮廓角点的坐标和高程,实测其管径、结构尺寸和管底或管外顶的高程。

②对于覆土前未测量的点,应设置临时参考点和参考方向,并应测量管线点与临时参考点的相对关系;覆土后应统一测定临时参考点的位置,并应换算管线的实际坐标和高程。

③测量仪器、测量方法和精度要求应执行现行《城市轨道交通工程测量规范》(GB/T 50308)第6.2节的有关规定。

(2)竣工测量完成后应提交报告书,报告书中应包括下列内容:

①管线测量成果表;
②管线平面综合图;
③管线纵断面图;
④小室大样图等。

5.6 竣工测量提交资料

竣工测量所提交的资料要求如下:
(1)测量资料最终移交项目部的资料员留档存盘。

(2)资料管理人员如发生调整时,要及时办理交接手续,并形成必要的资料移交记录,确保内业资料管理工作的连续性。

(3)所有资料都必须分类建档,按顺序装盒装柜管理,建立资料总台账、卷内目录,卷内目录按《地铁建设项目竣工文件编制移交文件汇编》规定格式填写。

(4)竣工文件的编制移交暂按《地铁建设项目竣工文件编制移交文件汇编》的规定办理,若建设单位或档案馆另有要求时另行通知。

(5)竣工测量完成后应提交竣工测量有关综合性技术文件,其应包括下列成果资料:

①竣工测量成果表。

②竣工测量成果图。

③竣工测量报告。

④竣工测量资料电子文档。

⑤地下管线竣工测量资料:

a. 管线竣工测量(调查)成果表;

b. 管线竣工测量(调查)平面、剖面综合图;

c. 地下管线竣工测量(调查)技术报告。

第 6 章 施工测量质量管理

6.1 施工测量质量管理目标

6.1.1 总体目标

针对工程建设中的施工测量工作特点,在测量项目管理中,必须建立项目管理组织,确定项目目标和工作内容,进行组织结构设计,确定工作岗位与工作职责,配置人员,确定设计工作流程、信息流程以及制定考核标准等。确保全线建(构)筑物、设备、管线安装按设计准确就位,在线路上不发生因施工测量超差而修改线路设计从而降低行车运营标准的情况。

(1)在任何贯通面上,暗、明挖隧道和高架横向贯通中误差为±50mm,高程贯通中误差为±25mm;

(2)隧道衬砌不侵入建筑限界,设备不侵入设备限界;

(3)建(构)筑物,装修和设备、管线的竣工形(体)位(置)误差满足现行《城市轨道交通工程测量规范》(GB/T 50308)、《地下铁道工程施工质量验收标准》(GB/T 50299)和当地所在城市制定的地铁工程施工验收标准规定;

(4)建设单位测量管理部门,负责全线测量工作的管理与协调(下达)任务,制定技术文件,指导专业测量队工作等;

(5)第三方测量单位,在建设单位测量管理部门指导下负责主要测量技术控制(包括全线工程的施工控制测量和控制网的维护,对施工过程的施工控制测量、隧道结构断面、铺轨控制基标等进行检测);

(6)驻地监理单位的测量组,负责所监理工程的全部施工测量作业监管;

(7)施工单位测量组,负责所施工工程的全部施工测量作业。

6.1.2 阶段控制指标

阶段控制指标见表9-6-1。

阶 段 控 制 指 标　　　　　　表 9-6-1

序 号	工 况	测 量 内 容	检 测 限 差
1	明挖车站	地面加密控制点	平面：±12mm 高程：±3mm
		围护桩首桩	纵向：100mm 横向：50mm
		围护桩结构角点、拐角点	纵向：100mm 横向：50mm
		车站边墙角点	±15mm
		车站结构外边线	±15mm
		第一块底板地下导线及水准	导线：±16mm 水准：±5mm
		车站1/2处地下导线及水准	导线：±16mm 水准：±5mm
		底板结构完成地下导线及水准	导线：±16mm 水准：±5mm
		盾构洞门钢环（浇筑前、后）	平面：±20mm 高程：±15mm
		与相邻工点贯通测量	±8mm
		基底验槽	±15mm
		洞门中心放样检测	±30mm
		断面测量	根据设计单位要求
		验收移交控制点	—
2	暗挖车站	地面加密控制网	平面：±12mm 高程：±3mm
		第一块初期支护底板后的地下导线及水准	导线：±16mm 水准：±5mm
		车站1/2处地下导线及水准	导线：±16mm 水准：±5mm
		初期支护底板完成地下导线及水准	导线：±16mm 水准：±5mm
		底板二次衬砌完成后三组点的恢复报验	—
		盾构洞门钢环（浇筑前、后）	平面：±20mm 高程：±15mm
		与相邻工点贯通测量	±8mm
		断面测量	根据设计单位要求
		验收移交控制点	—
3	高架桥梁	地面加密控制网	平面：±12mm 高程：±3mm
		施工中的首桩中心	纵向：100mm 横向：50mm
		其余地段承台中心	±5mm
		完工后的左右线线路中线	±100mm
		贯通误差测量	±12″
		与相邻工点的联测	±5mm
		断面测量	根据设计单位要求
		验收移交控制点	—

续上表

序号	工况	测量内容	检测限差
4	地面线、地面车站	地面加密控制网	平面：±12mm 高程：±3mm
		线路中线端点	纵向：±10mm 横向：±5mm
		线路中线曲线要素的 ZH 点、HZ 点	纵向：±10mm 横向：±5mm
		验收移交控制点	—
5	明挖区间	地面加密控制网	平面：±12mm 高程：±3mm
		围护桩首桩	纵向：±100mm 横向：±50mm
		围护桩曲线要素的 ZH 点、HZ 点对应的围护结构桩设计中心	±30mm
		第一块底板结构外边线	±15mm
		第一块底板地下导线及水准	导线：±16mm 水准：±5mm
		区间长度 1/4 时的地下导线及水准	导线：±16mm 水准：±5mm
		区间长度 1/2 时的地下导线及水准	导线：±16mm 水准：±5mm
		区间长度 3/4 时的地下导线及水准	导线：±16mm 水准：±5mm
		最后一块底板的地下导线及水准	导线：±16mm 水准：±5mm
		与相邻工点的贯通误差测量	±8mm
		与相邻工点的联测	±5mm
		断面测量	根据设计单位要求
		验收移交控制点	—
6	盾构区间	地面加密控制网	平面：±12mm 高程：±3mm
		洞门钢环（浇筑前、后）	平面：±20mm 高程：±15mm
		联系测量	导线点≤±12mm 方位角≤±12″
		盾构机姿态测量	±50mm
		盾构管片姿态	±50mm
		联系测量（掘进至盾尾距离始发面 150～200m）	始发边≤±12″ 洞内≤±16″
		联系测量（掘进至盾尾距离始发面 300～400m）	始发边≤±12″ 洞内≤±16″

续上表

序 号	工 况	测量内容	检测限差
6	盾构区间	联系测量(单向掘进长度900~1500m时,掘进至盾尾距离始发面700m后每300m)	1km后≤±20mm 贯通面≤±25mm
		联系测量(单向掘进长度超过1500m时,掘进至盾尾距离始发面700m后每300m)	1km后≤±20mm 贯通面≤±25mm
		始发测量	≤±12″
		隧道贯通误差测量	平面：±50mm 高程：±25mm
		地下控制点联测	16mm
		断面测量	根据设计单位要求
		联测控制点移交	—
		始发托架检测	30mm
		地面加密控制网	平面：±12mm 高程：±3mm
7	矿山法区间	联系测量(掘进至50m)	12″
		联系测量(掘进至100~150m)	12″
		联系测量(掘进至150~200m)	12″
		联系测量(单向掘进长度超过1km时,掘进至150m后每600m)	12″
		联系测量(距离贯通200m)	12″
		隧道贯通误差测量	平面：±50mm 高程：±25mm
		初期支护完工后地下控制点联测	±16mm
		在二次衬砌施工阶段,恢复的底板控制点成果	±16mm
		二次衬砌完工后地下控制点联测	±16mm
		断面测量	根据设计单位要求
		联测控制点移交	—

6.2 测量复核与风险控制

6.2.1 建立测量复核制

测量工作必须坚持测量复核制。测量复核制就是所有的测量工作,测前资料准备有人复核、现场测量要有检核、后续测量成果的提交前必须有专人复核。发生测量事故的主要原因是测量复核制没有得到切实执行。在地铁工程测量中,测量复核制容易出现问题的原因分析如下：

(1)单位领导不够重视,人员配备不够。智能型测量仪器和测量数据处理软件的普及,使得测量工作变得相对简单,降低了对测量人员技术能力的要求,导致领导认为测量工作容易,减少测量人员的配置。

(2)单位为了降低现场费用,减少测量技术人员的数量,导致测量资料的计算、复核全部由一人负责。

(3) 测量技术人员的责任心不够,测量资料的复核流于形式。

(4) 测量技术人员经验欠缺,未能复核出资料中的错误。由于施工单位测量工作环境差、安全风险大、工作量大、待遇不高,有经验的测量技术人员难于留住。施工单位的测量人员普遍比较年轻,现场经验比较欠缺。

(5) 现场测量技术人员与其他专业人员沟通不够,导致所使用的资料存在不一致的情况。

(6) 项目部技术管理不严谨,出现资料获取和发放混乱的情况。

(7) 测量仪器设备日常保养不够,各项参数很少检查,导致仪器在非正常状态下工作。

(8) 监理单位测量专业工程师的技术能力和责任心不够,测量资料的复核流于形式。

通过对以上原因分析,为确保测量成果的质量,相关单位领导必须重视测量工作,配置足够的、技术能力满足工程需要的测量技术人员;建立健全测量管理制度;加强测量技术人员的技术培训,增强测量技术人员的责任心;测量技术人员要注意对日常测量知识的学习和总结。在测量作业中,坚持步步有检核,把测量复核制落实到每项测量工作的全过程中,降低测量问题发生的概率。

6.2.2 常见风险清单

地铁施工测量风险管控见表9-6-2。

地铁施工测量风险管控　　　　表9-6-2

项　目	风　险　内　容	控　制　措　施
方案编制	不满足设计及规范要求	严格按照设计图纸文件及规范要求进行编制
	不满足管理办法及建设单位要求	编制前了解上级主管部门、建设单位的管理制度或具体要求的管理办法等
	方案现场无法实施	编制前充分了解并结合现场情况进行编制
	方案内出现严重错误	编制后应严格进行审核,并根据审核意见及时完善
	未在施工前完成方案报审	根据施工计划制订方案编制计划,及时了解跟进施工进度,建议开工前1个月完成方案编制
人员投入	人员资质不满足	测量负责人应为测量专业工程师
	人员数量不满足	车站4人,盾构区间单线4人,双线不少于7人
	人员未定期做安全交底	人员安全培训交底1次/月
	人员未组织进场培训	进场人员需培训合格后上岗
设备投入	测量仪器不足	根据规范要求合理配置仪器数量
	仪器精度不足	根据规范要求合理选择仪器型号
	仪器未检核	建立仪器台账,定期检校
接桩控制点	接桩交底不完善	按照交底步骤完善移交
	接桩时未仔细检查现场	保证接桩控制点完好
	接桩时未进行复核	对测量标段控制点复测检验精度
加密控制点	加密控制点布设在开挖基坑附近	远离开挖基坑变形范围
	临时测量点作为加密控制点	按照埋设规范要求布点
	加密点长时间占压	选取空旷地方选点

续上表

项　　目	风　险　内　容	控　制　措　施
明挖法施工测量	首桩放样误差大	多次复核,准确标记点位
	底板加密点未按附合导线测量	附合导线检验测量精度
	底板加密点布完,未及时测量	现场施工原因,测点容易被遮挡,应及时测量
盾构法施工测量	设计线坐标计算错误	根据设计图纸,多次复核设计线坐标
	近井点布设不规范	应埋设在井口附近便于观测和保护的位置并标识清楚,近井点测量时采取附合导线或闭合导线,近井导线总长不宜超过350m,导线边数不宜超过5条
	联系测量时,钢丝布设不规范	应选用0.3mm钢丝,悬挂10kg重锤,重锤应浸没在阻尼液中,同时地上与地下丈量的钢丝间距较差应小于2mm
	始发控制点时常被压占及数量过少	选取空旷地方埋点并加强保护,最少布设3个控制点以便于检核,定向边边长应大于60m
	始发托架偏高或偏低	安装标准±30mm
	管片姿态每完成10环未测量	每10环成型管片进行测量并上报资料
	联系测量时,未按照规范测量	由地面控制网—钢丝传递—始发控制点—洞内加密点依次测量,采取附合线路测量(Ⅰ级全站仪4个测回,Ⅱ级全站仪6个测回)
	断面测量时,画点不清晰、点位偏差大	标点清晰,选点位置准确
高架施工测量	设计资料及放样数据不完善	根据设计施工图纸,用程序计算数据,并手算复核
	控制网及加密控制网不完善	接桩控制网宜每月复测一次,加密控制网需考虑通视条件、稳固状态、放样方便等因素布设加密点
	桥梁结构细部放样不规范	根据设计施工图纸,计算所需放样结构点。放样时每点至少有2个以上控制点做后视,便于校核
地面线、地面车站施工测量	加密控制点布设不规范	加密控制网需考虑通视条件、稳固状态、放样方便等因素布设加密点
	线路中线测量不完善	施工前,计算中线设计数据、中线放样、中线串线及调整
矿山法施工测量	控制网及加密控制网不完善	接桩控制网宜每月复测一次,加密控制网需考虑通视条件、稳固状态、放样方便等因素布设加密点
成果报告	基本格式错误	装订之前,仔细检查文本格式
	出现人员资质、仪器检定虚报	定期进行现场检查
	报告数据造假	报告内必须附带原始测量数据
	成果报告未及时上报	测量完成以后,数据处理完及时上报成果报告
信息反馈	出现管片姿态超限未及时反馈	根据测量管理办法进行处罚
	围护结构侵界未及时反馈	根据设计院意见调整

注:结合当地实际情况制订具体管控措施。

6.3 质量检查与考核

6.3.1 一般规定

地铁工程施工测量的质量检查与考核应满足的一般要求如下。

(1)地铁工程测量成果质量应实行两级检查、一级验收,并应符合下列规定:

①两级检查中的一、二级检查应由项目承担单位的作业部门和质量管理部门分别实施;

②验收宜由项目委托单位组织专家或国家认可的质检机构进行。

(2)地铁工程设计阶段、施工阶段、竣工阶段的测量成果应分期进行检查与验收。

(3)测量成果质量检查与验收应依据下列文件进行:

①相关国家政策法规和技术标准;

②项目委托书或合同书,以及项目委托单位与承担单位达成的其他文件;

③技术设计或施测方案。

④项目承担单位的质量管理文件。

(4)对测量成果,应根据质量检查结果评定其质量等级。质量等级应分为合格和不合格两级。当测量成果出现下列问题之一时,应判为质量不合格:

①控制点和放样点的数量或布设位置严重不符合规范要求;

②各级控制点和放样点的标志类型及埋设严重不符合规范要求;

③所用仪器设备不满足规范规定的精度要求;

④所用仪器设备未经检定或未在检定有效期内使用;

⑤观测成果精度不符合规范要求;

⑥编造数据。

6.3.2 质量检查

测量成果质量的两级检查均应采用内业全数检查、外业针对性检查的方式进行。检查过程应填写记录。记录样式宜符合现行《城市轨道交通工程测量规范》(GB/T 50308)附录 M 的规定。

(1)对阶段测量成果,应检查下列内容:

①各级控制点和放样点的布设位置图;

②标石、标志的构造及埋设照片;

③仪器设备的检定和检验资料;

④外业观测记录和内业计算资料;

⑤测量成果图表;

⑥与项目有关的其他资料。

(2)对最终测量成果的质量检查应符合下列规定:

①按现行《城市轨道交通工程测量规范》(GB/T 50308)第17.2.2 条进行质量检查;

②编写质量检查报告。质量检查报告包括检查工作概况、项目成果概况、检查依据、检查内容及方法、质量问题及处理情况、质量统计及质量等级;

③质量等级应由项目承担单位质量管理部门根据检查结果评定,并符合现行《城市轨道交通工程测量规范》(GB/T 50308)第17.1.4条的规定。

6.3.3 质量考核

建设单位对施工现场测量工作开展情况的质量检查结果将作为质量考核结果的重要依据,通过定期的检查考核,对施工测量工作质量提升和规避减少风险作用明显。质量考核工作可参照施工单位施工测量工作履约检查表执行。

6.4 表格格式

施工测量工作中产生的表格如下,并优先根据当地管理规定执行:
(1)施工单位施工测量工作履约检查表;
(2)测量方案报审表;
(3)施工测量报验单;
(4)施工测量报验单;
(5)测量控制点交接表;
(6)测量控制点汇总表;
(7)(加密)平面控制点测量(复核)记录表;
(8)(加密)高程控制点测量(复核)记录表;
(9)工程控制点放样(复核)记录表;
(10)盾构掘进姿态实测记录表;
(11)隧道圆环轴线位置实测记录表;
(12)(加密)平面控制点监理复核记录表;
(13)(加密)高程控制点监理复核记录表;
(14)工程控制点监理复核记录表;
(15)盾构掘进姿态监理复核记录表;
(16)隧道圆环轴线位置监理复核记录表;
(17)卫星定位外业观测手簿;
(18)卫星定位控制点记录表;
(19)控制基标成果表;
(20)加密基标成果表;
(21)自由设站控制网平面控制测量观测手簿;
(22)暗挖车站复核流程图;
(23)暗挖区间复核流程图;
(24)地面线、地面车站复核流程图;
(25)盾构区间复核流程图;
(26)高架桥复核流程图;
(27)明挖车站复核流程图;

(28)明挖区间复核流程图。

施工测量常用样表详见附件 9-6-1。

本章附件

 附件 9-6-1　施工测量常用样表

本篇参考文献

[1] 住房和城乡建设部.城市轨道交通工程测量规范:GB/T 50308—2017[S].北京:中国建筑工业出版社,2018.

[2] 建设部.工程测量规范(附条文说明):GB 50026—2007[S].北京:中国计划出版社,2008.

[3] 铁道部.高速铁路工程测量规范:TB 10601—2009[S].北京:中国铁道出版社,2009.

[4] 住房和城乡建设部.城市轨道交通工程档案整理标准:CJJ/T 180—2012[S].北京:中国建筑工业出版社,2012.

[5] 住房和城乡建设部.地下铁道工程施工质量验收标准:GB/T 50299—2018[S].北京:中国建筑工业出版社,2018.

[6] 秦长利.地铁工程测量[M].北京:中国建筑工业出版社,2008.

[7] 田桂娥,等.控制测量学[M].湖北:武汉大学出版社,2014.

[8] 董杰,顾斌.地下工程及矿山测量发展与展望[J].科技风,2010(13):150.

[9] 张先锋.地铁工程测量技术指南[M].北京:人民交通出版社,2013.

[10] 张正禄.工程测量学[M].2版.武汉:武汉大学出版社,2013.

[11] 李征航,等.GPS测量[M].武昌:武汉大学出版社,2013.

[12] 王劲松,等.轨道工程测量[M].北京:人民交通出版社,2013.

[13] 马海志.地铁工程勘测常见质量问题及对策[M].北京:中国计划出版社,2015.

[14] 徐学军,等.城市轨道交通工程常见质量问题控制指南[M].北京:中国建筑工业出版社,2015.

[15] 方圆标志认证集团有限公司.质量、环境及职业健康安全三合一管理体系的建立与实施[M].北京:中国质检出版社,中国标准出版社,2012.

第10篇
施工监测

○ **本篇编审委员会**

主编单位：中铁第一勘察设计院集团有限公司

主　　编：贺光华

副 主 编：李金龙

参　　编：王全胜　赵铁怀

审　　定：何　山　李利平　高　山　冷　彪

秘　　书：郭昌龙

标准规范

本篇使用的主要标准规范如下:
1. 《城市轨道交通工程监测技术规范》(GB 50911)
2. 《城市轨道交通工程测量规范》(GB/T 50308)
3. 《工程测量规范(附条文说明)》(GB 50026)
4. 《全球定位系统(GPS)测量规范》(GB/T 18314)
5. 《国家一、二等水准测量规范》(GB/T 12897)
6. 《建筑与桥梁结构监测技术规范》(GB 50982)
7. 《建筑变形测量规范》(JGJ 8)
8. 《混凝土坝安全监测技术规范》(DL/T 5178)
9. 《测绘作业人员安全规范》(CH 1016)
10. 《城市轨道交通工程档案整理标准》(CJJ/T 180)
11. 《城市轨道交通工程周边环境调查指南》(建质〔2012〕56号)
12. 《城市测量规范》(CJJ/T 8)

METRO CONSTRUCTION HANDBOOK

篇首语

施工监测技术作为地铁工程建设期间保障安全生产的不可或缺手段,其重要程度日益提升。由于地铁施工环境复杂,对施工安全和环境控制要求严格,因此地铁工程施工监测技术包含了除传统测量学外的地质学、岩土力学、岩土工程施工等多个专业领域的知识,并且需要监测实施人员具有大量的工程实践经验。本篇针对地铁工程施工监测中的主要技术内容进行了总结,并提供部分工程案例对相关操作要点进行了说明,旨在一定程度上提高读者对地铁工程安全隐患提前发现、提前预防、提前解决的实战能力。

本篇共分为6章。第1章概述,介绍了施工监测的地位和作用、任务和对象、特点和工作流程、自动化监测及其他技术应用等;第2章监测准备工作,介绍了施工监测的前期准备工作,主要包括了周边环境调查踏勘、资料收集、设备准备、人员准备、人工施工监测方案的编制与审核等;第3章施工监测等级与监测项目,主要介绍了工程影响分区及施工监测等级划分、施工监测项目选取、施工监测频率确立与调整等;第4章施工监测方法及要求,主要介绍了位移监测基准点和工作基点、监测点布设、监测方法和设备等;第5章施工监测成果及预警管理,主要介绍了施工监测变形分析及成果反馈、施工监测项目控制值和预警管理等;第6章施工监测管理,主要介绍了组织机构及人员职责、施工质量控制、施工安全管理、施工资料管理、施工监测成本管理、施工监测报表及报告模版等。

随着监测技术的逐步发展和管理水平的不断提升,地铁工程施工监测管理要求将会逐渐严格。并随着工程监测相关管理文件的陆续制定和颁布实施,地铁工程施工监测管理要求将会更加全面、细致。施工监测控制指标的确定也将随着工程实际资料的积累以及不断的科学总结,更有科学性、经济性和实用性。同时,随着5G技术、人工智能等技术的不断应用,施工监测新技术也会得到进一步的应用和发展,更加系统化、远程化、自动化、智能化的监测系统将成为地铁工程施工监测技术发展的主流方向。

第 1 章 概述

地铁工程施工监测是指在地铁施工建设期间通过一定的手段监测支护结构、周围岩土体以及周边环境受施工的影响程度并预测影响的发展趋势,判定其安全风险状态,预防安全事故发生。

目前,地铁工程施工监测主要采用常规测量技术手段,主要监测内容有位移监测、应力监测、水位监测等。对于监测频率高、常规测量方法难以实现的高施工风险项目,通常采用自动化监测技术手段实现自动监测和实时预警等功能。

1.1 施工监测地位和作用

地铁工程施工过程中经常发生支护结构垮塌,周围岩土体坍塌以及建(构)筑物、地下管线等周边环境对象的过大变形或破坏性风险事件。因此,在地下工程施工过程中开展监测工作,对预防和控制安全风险事件的发生具有十分重要的意义。

针对近年来地铁工程建设过程中的安全事故,建设主管部门相继出台了《关于加强地铁建设安全管理工作的紧急通知》(建质电〔2006〕4号)、《关于进一步加强地铁建设安全管理工作的紧急通知》(建质电〔2008〕118号)、《关于印发〈城市轨道交通工程安全质量管理暂行办法〉的通知》(建质〔2010〕5号)等文件,这些文件均明确了工程监测的主要作用是为施工过程中的风险管理提供数据和服务。

地铁工程施工监测的作用主要体现在以下几个方面:

(1)验证工程勘察资料的可靠性。工程勘察为设计和施工提供详细的工程地质资料和技术参数,是工程建设的基础。然而,受到勘察时间、勘察设备精准度、人员操作规范性等因素的影响,工程勘察资料的可靠性需要再次检验。施工监测能够检验工程勘察资料的可靠性,防止因工程勘察失误、勘察资料的不足对结构安全和施工安全产生影响。

(2)防范安全生产事故的发生。通过监测可掌握各施工阶段地层与支护结构的动态变化,以及异常荷载和结构的过载反应,把握施工过程中监测对象的安全状态。如果有潜在工程安全问题,施工监测能及时发现危险征兆,从而采取必要的工程措施来避免工程破坏事故和环境事故的发生。

(3)提高施工管理决策的科学性。施工监测的结果可指导现场施工,对施工方法进行适用性评价,可确定和优化施工方案与参数,提高施工管理决策的科学性,进行信息化施工,并为新施工方法和技术提供资料和科学依据。此外,施工监测可掌握地表下沉和工程周边环境的变化,确保地面道路、地下建(构)筑物、地下管线等的安全使用。

(4)提供类似工程的设计和施工参考资料。施工监测可为快速发展中的地铁工程设计和施工积累大量资料,提高工程建设的信息化水平,为理论研究提供可靠的数据信息,也可为今后类似工程的设计、施工提供对比依据。

(5)提供责任界定和后期纠纷的技术依据。当出现一些不可抗力引起的工程事故或者意外时,可以通过监测数据和勘察资料来界定各方责任。当周围建筑、管线、既有线等出现问题,各方产生纠纷时,监测数据可为责任界定、纠纷处理提供数据支撑。

1.2 施工监测任务和对象

1.2.1 施工监测任务

施工监测的主要任务是按照地铁施工图设计文件、施工方案及规范等要求对工程支护结构、周围岩土体和周边环境等进行监控量测。

施工监测是施工决策与管理的信息源和控制对象,它对于地铁安全施工极为重要。整个监控量测过程均应围绕"安全、经济、快速"这个原则来进行,其状态与质量直接关系着工程的安全与质量。因此,在施工过程中必须建立全面、严密的监测体系,对车站基坑、区间隧道及周边环境进行系统、综合监测,以确保施工安全,并将施工对周围环境的影响降到最低程度,以取得好的经济和社会效益。

1.2.2 施工监测对象

施工监测对象主要包括支护结构、周围岩土体和周边环境。

(1)支护结构监测对象主要为基坑支护桩(墙)、立柱、支撑、锚杆、土钉,矿山法隧道初期支护和临时支护、二次衬砌以及盾构法隧道管片等。

(2)周围岩土体监测对象主要为地铁工程周围的岩体、土体、地下水以及地表。

(3)周边环境监测对象主要为地铁工程周边的建(构)筑物、地下管线、高速公路、城市道路、桥梁、既有地铁线路以及其他城市基础设施等。

1.3 施工监测特点

地铁工程多在地质和环境情况复杂的条件下施工,施工风险大,施工期间监测工作的综合性很强,往往具有以下特点:

(1)施工监测方案的针对性。地铁工程自身结构和周围岩土体的情况复杂多样,施工工法、工艺、工序千差万别。在监测方案编制过程中应尽可能地考虑到各种不利因素,有针对性地设置监测项目和监测方法,以达到近似真实地反映变形情况的目的。

(2)施工监测仪器设备的多样性。应根据监测方案选取适合施工现场的监测仪器设备。各个监测项目的控制标准不同,所选择的监测仪器设备也不尽相同。常见的监测仪器设备有全站仪、水准仪、测斜仪、频率仪、水位计、收敛计、分层沉降仪等。充分了解并掌握每一种监测仪器设备的原理、精度及适用范围,进而选择合理的仪器设备开展监测工作,对确保监测成果质量至关重要。

(3)施工监测工作的持续性。地铁工程的施工监测周期一般从开工条件验收后开始实施,直至竣工验收后结束。在此期间,为保证施工过程中支护结构及周边环境的安全可控,施工监测工作必须持续不间断地进行。

(4)施工监测信息反馈的及时性。及时处理监测数据并进行数据分析,并据此判断监测项目或工程部位是否存在监测结果异常和风险隐患。如存在监测结果异常或者风险隐患,应第一时间将监测分析情况反馈给各参建单位,以便各参建单位及时了解安全风险情况,提早采取应急措施。监测信息反馈的实效性对风险控制作用的意义重大。

1.4 施工监测工作流程

地铁工程施工监测工作流程一般按照工程建设所在地建设单位的要求执行,工作流程如图10-1-1所示。

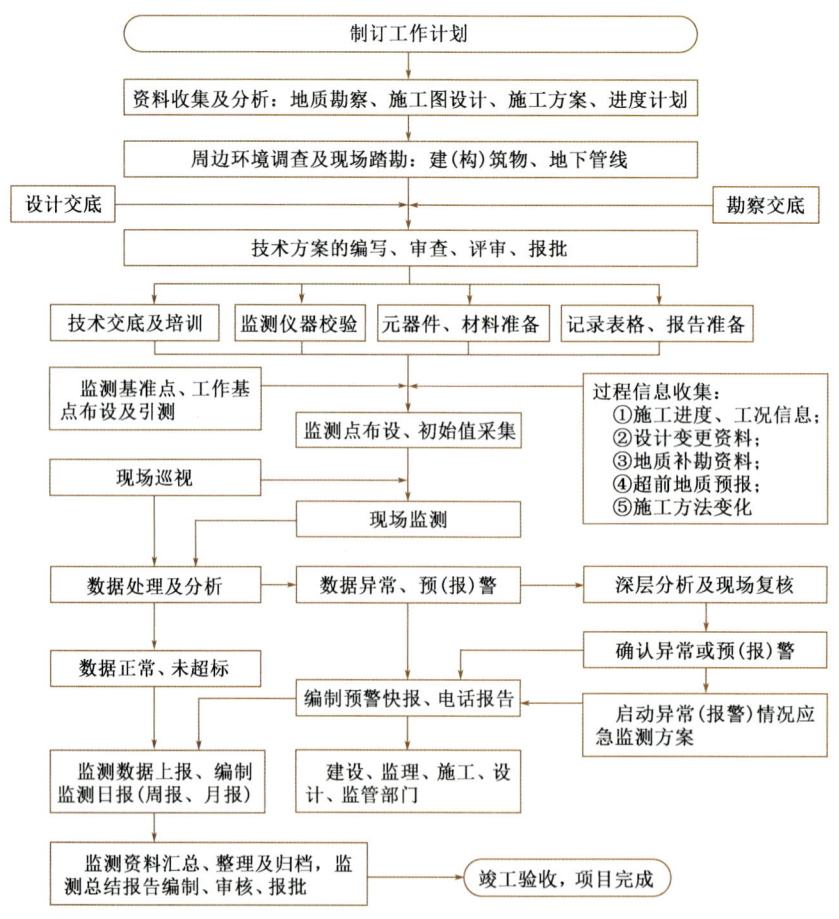

图10-1-1 地铁工程施工监测的工作流程图

1.5 自动化监测简介及其他技术应用

伴随着地铁工程建设规模的扩大和线路密度的提高,建设难度剧增,随之而来的技术挑战和施工风险也越来越大。近年来,地铁建设工程事故多发,2003—2019年,我国地铁建设共发生上百起施工事故,分布在多个重点城市。工程事故发生前一般都有预兆,都有一个从量变到质变的过程。在施工过程中采用自动化监测手段,实施信息化监测,可以更有效地避免事故的发生。

对于复杂的地铁建设项目(建设规模大、施工风险高及改扩建工程),宜建立自动化监测系统。自动化监测系统构建的主要原则如下:

(1)自动化监测系统主要包括监测终端感知与数据采集模块、数据通信模块、数据管理信息系统模块。

(2)自动化监测应根据监测内容要求并结合工程特点、周边环境、施工工艺、场地安装等监测条件来组建自动化监测系统。系统可以是一个专项自动化监测项目,也可以是多个专项自动化监测项目的综合。不同的监测专项应选择合适的自动化监测设备实施,在满足监测功能及精度的前提下,应力求稳定可靠、维护方便,其类型、规格宜统一。

(3)自动化监测系统应具有较强的环境适用能力,能在潮湿、电磁干扰、振动、施工扰动等条件下连续稳定工作,且必须具备掉电保护功能。

(4)自动化监测系统应具备自校或人工检校能力,能定期对自动化监测系统进行校核,保证自动监测设备发生故障时能及时定位并排除故障。

(5)自动化监测系统应有硬件隔离、病毒防护等措施保证数据安全。

(6)监测系统软件应能与硬件相匹配,且具有良好的兼容性、可扩展性、易维护性和用户使用性能。

1.5.1 自动化监测简介

2013年9月6日,住房和城乡建设部批准《城市轨道交通工程监测技术规范》为国家标准,标志着地铁监测行业逐步趋于规范化和标准化,特别是针对施工范围内的重大风险源、突发事件、重点地段和监测数据管理等方面提出了建设性的意见。该规范对穿越既有轨道交通、重要建(构)筑物等安全风险较大的周边环境,明确了适宜采用远程自动化实时监测。监测数据的处理与信息反馈宜利用专门的工程监测数据处理与信息管理系统软件,实现数据采集、处理、分析、查询和管理的一体化以及监测成果的可视化。

上述规范条款其实就是目前地铁监测行业的短板,是需要改进和完善的地方。针对地铁监测行业,集数据采集、数据传输、数据管理、预警服务和实时可视化的远程自动化实时在线监测系统是信息化管理的集大成者,极大地提高了监测效率,不仅能为基坑施工和周边建(构)筑物环境的安全保驾护航,而且还能利用海量监测数据进行系统化的分析、预测,对信息化动态施工具有重要的工程应用价值。

因此,运用基于互联网和物联网的自动化监测系统,得出准确、连续和实时的现场监测数据,可以提供足够的海量数据样本,通过大数据统计分析手段,并利用云平台良好的数据展现和分析能力,有利于施工单位和建设单位等及时掌握有效数据,把控施工现场风险源的状态,对进一步指导施工提供及时、可靠的参考依据。同时,大量数据的积累,对于深入挖掘相同监测项目在相似工况下的变化规律有益。

1)系统架构

自动化监测系统是基于云平台、互联网和物联网技术的远程自动化实时在线监测系统,具有数据采集、数据储存、数据分析、实时响应、实时报警等强大功能。

(1) 逻辑框架

自动化监测系统逻辑框架主要分为基础设施层、数据资源层、应用支撑层和用户层四个方面,如图 10-1-2 所示。

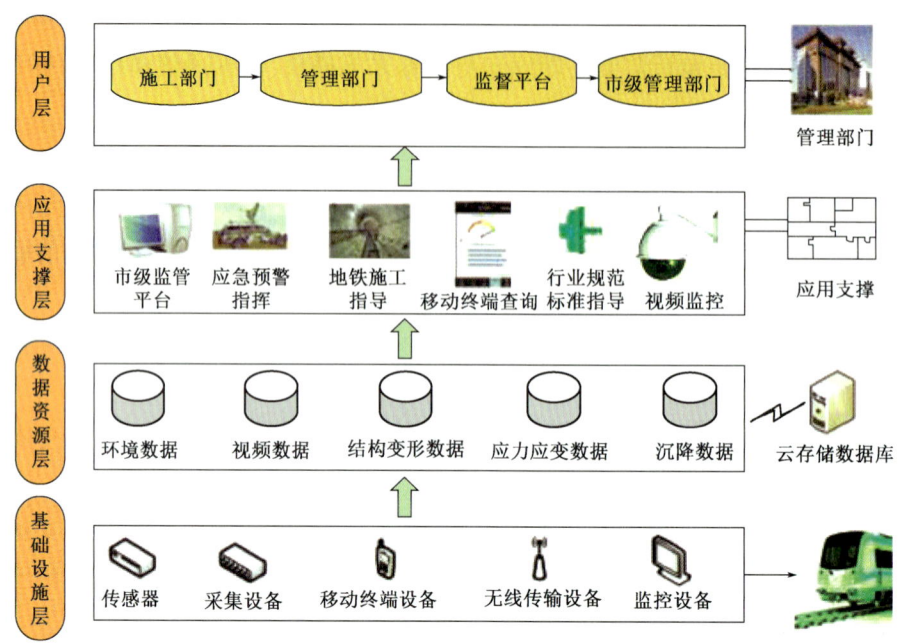

图 10-1-2　自动化监测系统逻辑框架结构图

基础设施层是支撑和实现地铁工程自动化监测系统的各类硬件设备和通信网络。包括传感器、数据采集系统、无线传输系统、终端硬件设施等,主要应用在应力应变、变形、环境、振动等各系统与数据采集系统之间、监控中心与管理部门之间的数据通信。

数据资源层包括监测数据库、应力应变监测数据库、变形监测数据库、振动及结构荷载数据库,以及存储终端云计算数据存储中心。平台涵盖各监测项样本,拥有海量的科学数据,是应用支撑层和用户层的基础。

应用支撑层在整个框架中承担着承上启下的关键作用,处于用户层和数据资源层之间。实现信息共享、应用系统通用功能,为业务协同工作提供技术支撑,是构建平台核心应用系统的基础。

用户层主要包括现场管理单位、技术部门、高层领导管理部门、市级区域管理部门,各级用户平台会分配不同的权限,用户可以直接通过互联网登录,查询权限内的结构安全信息。

(2) 物理框架

根据地铁工程及周边建(构)筑物监测项目、测试手段、测点优化、信号传输等方面因素分析研究,物理框架结构可分三层,如图 10-1-3 所示。

第一层,由各个前端传感系统构成;

第二层,由监测外场数据采集站与通信系统构成;

第三层,是监测平台中心的指挥调度系统。

这种物理架构方式可以将不同参数的采集系统优化组合,以尽量缩短测量元件到采集外场站的距离,提高平台的抗干扰能力,降低平台成本。利用外场数据采集计算机系统对被测物理量量测结果进行预处理(如量测结果的修正换算、主应变计算等),并按规定的格式整理形成数据文件。数据处理功能在中心的结构健康与安全监测计算机系统内完成。

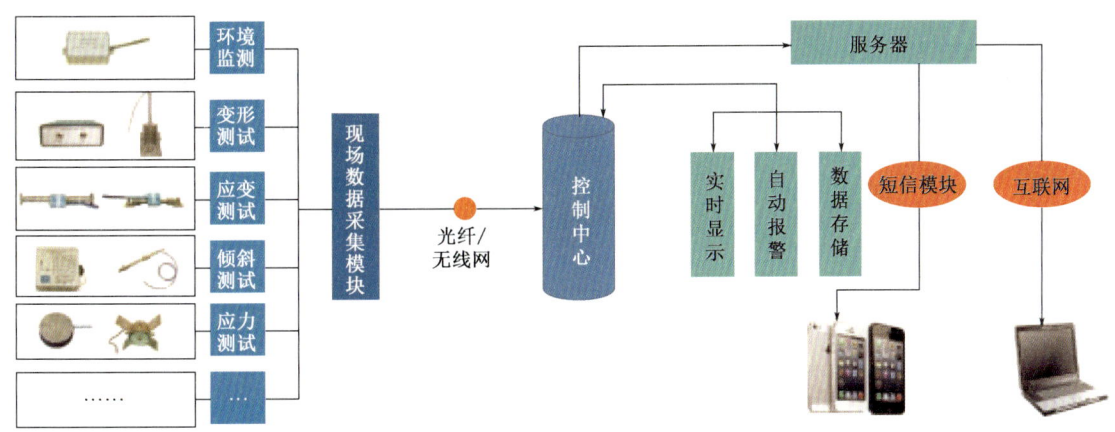

图 10-1-3　物理框架结构图

2）功能分析

自动化监测系统不仅可以兼容传统人工监测的数据采集、分析和整理等功能，还具有自动海量数据采集、数据归档和监测数据可视化等功能，不仅提高了数据的质量，还提高了运用数据的效率。

表 10-1-1 为传统人工监测与自动化监测技术对比表。从中可以看出，自动化监测系统的功能优势包括：

（1）监测数据的采集、处理、分析、查询和管理一体化；

（2）得出实时、连续、准确的监测数据，可分析性强；

（3）可通过任意安装了系统平台软件的计算机终端或移动终端，就能查看并下载实时数据；

（4）每日系统后台自动推送报表，降低了监测人员的安全风险；

（5）多重预警机制，高层管理者、技术人员会收到不同的报警级别，当监测数据超过/低于预警阈值时，系统将第一时间触发报警机制，通过短信、软件界面、声光、邮件等终端进行发布，真正做到为地铁建设保驾护航。

传统人工监测与自动化监测技术对比　　表 10-1-1

技术对比	传统人工监测	远程自动化实时在线监测
连续性	数据连续性及可分析性差	数据连续，有利于分析变化趋势
准确性	存在系统误差和人为误差	仅在可控范围内存在系统误差
时效性	监测数据以日报/周报/月报形式反馈	可实时采集、查看相关监测数据
安全性	紧急情况下，监测人员存在安全隐患	现场采集系统自动采集，无须工作人员操作
实效性	恶劣天气条件下，很难保证数据准确	不受天气影响

3）实践分析

以地铁基坑施工阶段自动化监测系统为例，自动化监测系统包括现场监测及数据采集子系统、数据传输及分析子系统、预警系统和结构评估子系统。本节主要介绍感知层（现场监测及数据采集子系统+数据传输）的设计。

系统拓扑图如图 10-1-4 所示。

从图 10-1-4 中可以看出，地铁自动化监测系统的拓扑结构分三层：第一层由各监测内容所属的各监测项目(参数)的测量系统构成;第二层为监测外场数据采集站与通信系统外场;第三层为监控中心的结构安全系统工作站。项目现场的系统集成主要是指测点点位选取、传感器、采集系统和传输系统等的布设。

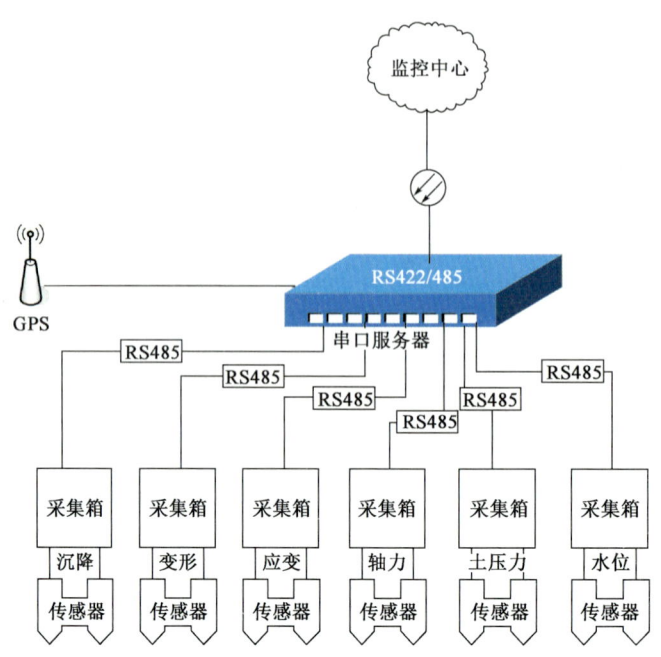

图 10-1-4　地铁基坑施工阶段自动化监测系统拓扑图

由于地铁基坑施工现场工况复杂,现有的有线传输模式无法保证系统的稳定性和监测数据的连续性,因此采用分布式云智能数据采集系统是必然的趋势。

图 10-1-5 为地铁基坑采用分布式云智能数据采集系统采集传输过程示意图。

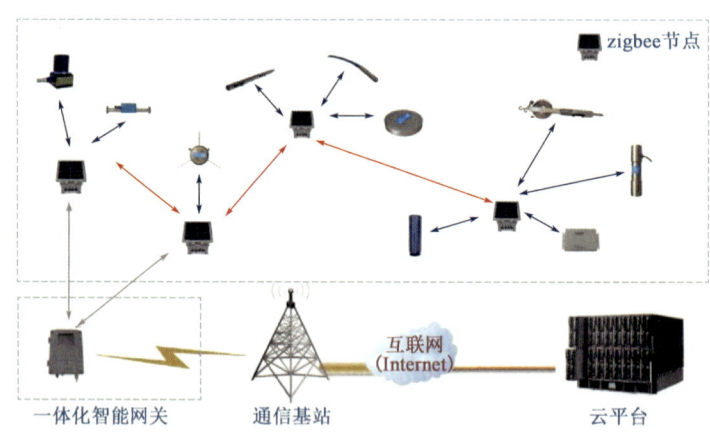

图 10-1-5　分布式云智能数据采集系统采集传输过程示意图

从图 10-1-5 中可以看出自动化监测系统的采集和传输流程为:

(1)云平台发送采集命令给一体化智能网关数据传输系统;

(2)一体化智能网关数据传输系统给无线节点数据采集系统发送采集命令;

(3)无线节点数据采集系统通过传感器采集实时数据,并传输至一体化智能网关数据传输系统;

(4)一体化智能网关数据传输系统把采集到的实时数据通过移动通信基站和互联网传输至云平台存储和分析。

因此，分布式云智能数据采集系统的功能简称无线跳传功能，主要由表 10-1-2 中所列硬件完成现场系统集成，具体现场情况如图 10-1-6 所示。

所需数据采集系统和传输系统表　　　　　　表 10-1-2

名　　称	功　　能
无线节点	通过传感器采集实时监测数据
无线网关	接收云平台的采集命令，并上传采集到的实时数据

 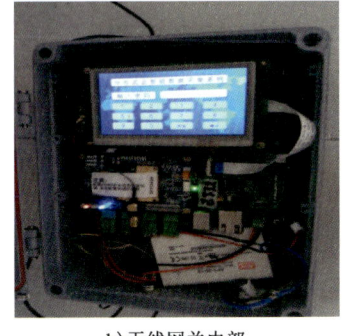 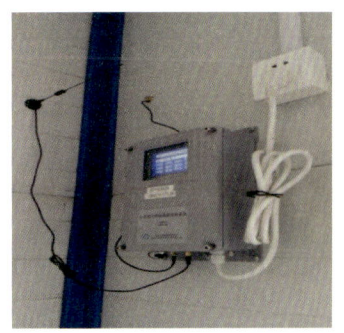

a) 无线节点　　　　　　　　b) 无线网关内部　　　　　　　　c) 无线网关外观

图 10-1-6　分布式云智能数据采集系统现场图

无线节点包括采集节点和中继节点，节点内部集成了针对各种传感器的测量电路以及数字温度传感器的测量电路，并通过开关扩展到多路输出。无线节点内置有锂电池作为节点电源驱动整个模块工作，同时外置太阳能电池板提供长期的续航能力。节点具备电量预警功能，当电量低于设定的预警值时，会提前发出低电量警告，通常预警值设置在 20%～50% 的电量之间。

采集节点内置数据存储器，用于备份采集到的数据（循环存储），当网络故障导致节点不能及时上报数据时，无线网关可以通过记录的某个节点的数据断点时间从节点（中继器）中恢复数据。

中继节点在节点通信中实现数据中继转发功能，中继节点的功耗要小于采集节点。

无线网关是一个内置嵌入式处理器的多功能采集模块，可以将无线节点收集上来的数据发送至系统平台。因为其支持的节点通常众多，故需要市电供电才能保证其能够长期稳定工作。另外，无线网关内置了储备电池，用于在现场掉电后，将故障信息、掉电信息上报给系统平台。

1.5.2　可实现自动化监测的设备及传感器

可实现自动化监测的设备及传感器见表 10-1-3。

自动监测仪器及传感器　　　　　　表 10-1-3

序号	监测项目	自动监测仪器（或传感器）
1	竖向位移	静力水准仪
		全自动全站仪
		电水平尺
		物位计
2	水平位移	全自动全站仪
		GNSS 卫星定位系统
		测缝计
		全向位移计

续上表

序号	监测项目	自动监测仪器(或传感器)
3	深层水平位移	固定测斜仪
		阵列位移计
4	3D变形或位移	全自动全站仪
		阵列位移计
5	支撑轴力(内力)	支撑轴力计(支撑应变计)
6	地下水位	水位传感器
		孔隙水压力计
7	锚索索力	锚索轴力计
		磁通量传感器
8	结构应力	埋入式应变计
		表面应变计
9	净空收敛(椭圆度)	红外激光仪
		全站仪测量机器人
		自动扫描检测设备
		阵列位移计
10	倾斜	倾角仪
		全自动全站仪
11	裂缝宽度	全向位移计
		表面裂缝计
		无损检测(成像设备)
12	爆破震动	爆破测振仪

1.5.3 其他技术应用

本节简单介绍光纤光栅自动化监测技术、光电式双向位移计自动化监测技术、分布式光纤自动化监测技术、三弦轴力计、3D数字摄影测量监测技术、合成孔径雷达非接触自动化监测技术以及三维激光扫描技术在隧道施工监测中的应用,详见附件10-1-1。

1.6 智慧监测

监测系统的实施,通过掌握施工现场各监测方各监测项的数据,对现场风险进行综合评估,保障现场施工的安全状态,已经成为地铁施工风险控制不可或缺的环节。随着地铁施工风险控制信息化水平的不断发展,传统人工监测无法满足日益增长的风险控制需求,能实时反映施工现场风险状态的基于物联网技术的智能化监测监控技术成为地铁项目风险控制的应用方向。

我国监测发展大概分为三个阶段,第一个阶段主要是人工巡视结合简单的仪器观测;第二个阶段是系统地布设监测网络,通过相应的仪器设备进行监测;第三个阶段是通过智能设备自动采集数据,同时借助云平台自动发布监测项目的相关信息。而后将逐步发展成为更加智慧、智能的监测方式,也即本节阐述的"智慧监测"。

智慧监测是一种支持人事物全面感知、施工(结构)状态全面掌控、工作互联互通、信息协同共享、风险智慧预控、决策科学分析的新型信息化监测手段,其系统功能的实现需以"物联网"为系统构架、以"云平台"为服务交互载体,应用"BIM + GIS"等技术实现可视化交互,借助"云计算"、融合"大数据 + 人工智能"实现智慧管控。

1.6.1 融合物联网概念与技术搭建系统构架

融合物联网(The Internet of Things,简称IOT),即通过各种信息传感器、射频识别技术、全球定位系统、红外感应器、激光扫描器等感知装置与技术,实时采集环境信息与结构特征参数,通过不同的传输方式——有线/无线(Zigbee、LORA、WiFi、4G/5G等),按约定的协议将感知设备与互联网相连接,进行信息交换和通信,监测施工环境与周边环境参数,分析结构的安全性、强度、整体性及可靠性,并做到智能化识别、定位、跟踪、监控和管理,实现物理空间和信息空间的融合以及物与物、物与人的泛在连接。

1.6.2 应用"BIM+GIS"技术实现可视化交互

对施工周边环境、施工过程各组件、结构关键部位等在工程信息化模型中进行信息标定,将轻量化的工程BIM模型融合到周边环境的GIS系统中,实现从物理世界到工程/地理信息模型的空间—时间四维对位标定,可实时显示、查询、分析和表示各种与结构工程及周边环境相关联的信息,真正满足整个系统数字智能可视化交互的要求。

1.6.3 借助"云计算"、融合"大数据+人工智能"实现智慧管控

借助云计算技术更加快捷、按需地调配网络资源,可对成百上千的施工项目开展智慧监测服务,同时处理数以千万计甚至亿计的信息。

对大量施工监测数据进行科学管理,通过对数据的深度挖掘,形成不同安全状态的敏感特征因子数据库。采用最新的时间序列预测方法建立预测模型,以决策树、神经网络等机器学习理论为基础构建状态辨识模型,实现施工安全状态的快速预判、安全风险的智慧预警与响应。

通过建立大数据中心,将施工技术、安全管理等信息全面数据化,提升施工安全的宏观把控能力和微观决策水平,制订整体施工安全保障方案,提高安全分析与决策的水平。

1.6.4 构建"云平台"实现智慧监测服务

智慧监测服务云平台集物联网、云计算、人工智能(机器学习算法)和大数据存储管理分析于一体,为用户提供信息化基础设施、监测与管理软件及运行平台等优质的云计算资源,提供异构数据融合、数据异地容灾备份、大数据存储管理分析、结构监测分析与报告、综合安全评估与智能预警、系统托管等服务,可以通过云计算无限动态扩展。

通过可视化的智慧监测系统对施工安全进行"高精度感知—实时监控—智能诊断—动态预警—智慧决策",能够大大提升现场施工安全的决策能力和管理效率,为施工安全提供有力保障。

本章附件

附件10-1-1 新型监测设备和技术应用

第 2 章 施工监测准备工作

地铁工程施工监测的前期准备工作主要有周边环境调查踏勘、资料收集、设备准备、人员准备、方案编制等。这些准备工作对监测方案的合理制订和监测结果的科学分析十分重要,密切关系到整个后续监测工作能否顺利开展。

2.1 周边环境调查踏勘

工程周边环境调查工作一般由建设单位负责组织,建设单位可以委托相关单位开展工程周边环境调查工作,并在工程概算中确定工程周边环境调查费用。勘察、设计、施工单位应对工程周边环境进行核查,工程周边环境实际状况与建设单位提供的资料不一致或工程周边环境调查资料不能满足勘察、设计、施工需要的,建设单位应组织补充完善。

地铁工程周边环境调查踏勘工作的对象一般为施工影响范围内的建(构)筑物、地下管线及市政道路。一般包括周边建(构)筑物年代、结构形式、基础类型、地质条件的调查,建(构)筑物现状的拍照取证,基坑开挖前周边建(构)筑物的裂缝调查及拍照取证,地下管线的功能、材质、工作压力、管径、接口形式、埋置深度、铺设方法、铺设年代,以及市政道路的等级、材质、铺设方法、铺设年代等。

2.1.1 调查范围

工程周边环境的调查范围应根据地铁工程的线路位置、敷设方式、埋置深度、结构形式、施工方法、地质条件及工程周边环境重要性等因素综合确定。主要施工工法的调查范围可参考表 10-2-1 确定。

调查范围参考 表 10-2-1

工法类别	调查范围	备 注
明(盖)挖法工程	不小于基坑结构外边线两侧各 30m(或 3H,取大值)	H——基坑设计开挖深度
矿山法工程	不小于隧道结构外边线两侧各 30m(或 $3H_i$、3B,取最大值)	H_i——隧道设计底板埋深; B——隧道设计开挖宽度
盾构法工程	不小于隧道结构外边线两侧各 30m(或 $3H_i$、3D,取最大值)	H_i——隧道设计底板埋深; D——盾构隧道设计外径
地面线、高架线工程	不小于线路结构外边线两侧各 30m	

注:各地可根据本地区地质条件和工程经验等,适当调整调查范围。

2.1.2 调查内容

(1) 工程周边环境调查的内容一般包括调查对象的名称、类型(或用途)、地理位置,与地铁工程的空间关系,修建年代或竣工日期,产权人或管理单位,原建(构)筑物建设、勘察、设计、施工等单位,使用(或在建)现状,竣工图纸情况,特殊保护要求等。

(2) 地上建(构)筑物需重点调查建筑层数、高度、结构形式、基础形式、基础埋深(标高)、地基变形允许值及沉降观测资料等内容。

采用复合地基、桩基的建(构)筑物还包括地基基础的主要设计参数、施工工艺等内容。

(3) 地下构筑物需重点调查结构形式、外轮廓尺寸、顶(底)板埋深(标高)、原施工开挖范围、围(支)护结构形式、抗浮措施、施工方法等内容。

(4) 地下管线需重点调查管线的类型、功能、材质、规格、坐标位置、走向、埋设方式、埋深(标高)、施工方法等内容。

各类管道还包括管节长度、接口形式、拐折点坐标、管径变化位置、节(阀)门(或检查井)位置、载体特征(压力、流量、流向)、使用情况(正常、废弃、渗漏)等内容。

采用地下综合管道共同沟的,还包括共同沟的结构形式、断面尺寸、顶(底)板埋深(标高)、围(支)护结构形式、变形缝设置情况等内容。

(5) 桥梁需重点调查结构形式、桥宽、桥长、跨度、基础形式及桥梁承载力、桥梁限载、限速、桥面破损情况、桩基参数(桩长、桩径等)、试桩资料、地基变形允许值及沉降观测资料等内容。

(6) 隧道需重点调查隧道的顶(底)板埋深(标高)、断面尺寸、衬砌厚度、施工方法、原施工开挖范围、附属结构(通道、洞门、竖井、小室)、变形缝设置及渗漏情况等内容。

(7) 道路需重点调查道路等级、路面材料、路面宽度、路基填料及填筑厚度、支挡结构及沉降观测资料等内容。

(8) 既有轨道交通设施需重点调查敷设方式、线路形式、道床形式、行车间隔、运行速度、车辆荷载、轨道变形要求等内容。

① 轨道交通设施地下线参照隧道调查内容;
② 轨道交通设施地面线还包括路基形式、填筑厚度等内容;
③ 轨道交通设施高架线参照桥梁调查内容。

(9) 边坡、高切坡需重点调查边坡的支挡结构形式、地基基础形式、设计参数、施工工艺、排水设施、边坡允许变形量及变形观测资料、破损及渗漏情况等内容。

(10) 地表水体需重点调查水体范围、水底淤泥厚度、防洪水位、河床冲刷标高、通航要求、防渗方式、渗漏情况、水工建筑的地基变形允许值和沉降观测资料等内容。

(11) 水井需重点调查井深、井径、井壁材质、出水量、服务范围等内容。

(12) 文物调查除参照地上建(构)筑物或地下构筑物的调查内容外,还需调查文物等级、保护控制范围及要求等内容。

2.1.3 调查报告

主要包括以下内容:
(1) 工程概况;

(2)调查目的和依据；

(3)调查范围和对象；

(4)调查方法和手段；

(5)调查成果及资料说明；

(6)工程周边环境对工程的影响和风险分析；

(7)附图、附表(包含除调查用表外的图纸、影像资料、实测数据及相关资料复印件等,其中工程周边环境调查样表和工程周边环境基本情况调查统计样表参照本篇第6章第6.6节监测报表及报告模版)。

调查报告应当由调查、校核人员签字,经调查单位技术负责人审批后加盖单位公章。调查报告及相关资料应真实、准确、完整,满足城市地铁工程勘察、设计、施工等单位的需要,这些调查工作对监测方案的制定以及监测成果的分析十分必要。

2.2 资料收集

资料收集工作主要包括设计资料、水文地质资料、施工组织设计资料、控制点资料和所在地区监测管理文件。

(1)设计资料。设计资料应重点收集围护结构平面图、剖面图、施工组织图、监测相关的设计图(监测布点平面图、断面图)等资料。

(2)水文地质资料。根据地质勘察钻孔揭露信息,了解监测区域内土层类型、厚度、岩性特征；根据岩土工程勘察报告(详细勘察阶段)确定地下水位埋深及水位高程、地下水的补给、径流及排泄条件。

(3)施工组织设计资料。应及时收集施工单位的施工方案或施工组织设计资料,了解支护结构形式、施工工序、开挖工艺、开挖深度、宽度、起始里程和终点里程等信息。

(4)控制点资料。控制点的资料主要有平面控制资料、高程控制资料等,一般工程都在施工前由建设单位组织有资质的设计勘察单位进行控制网的布设及数据采集,并将控制点资料转交给施工单位。在监测工作开始前,为了方便监测工作,可以在控制网范围内布设监测基准点及工作基点。

(5)所在地区监测管理文件。因所在城市的不同,监测的要求也不尽相同,在监测工作开展前,应第一时间收集所在地的监测管理制度、办法和执行的规范标准等信息。

2.3 设备准备

地铁工程施工监测主要用到的仪器设备有高精度全站仪、水准仪、测斜仪、频率仪、水位计、收敛计、分层沉降仪等,需要的元器件有测斜管、轴力计、钢筋计、孔隙水压力计、锚索测力计、应变计、分层管等。常用的监测设备、元器件适用范围见表10-2-2。

监测设备、元器件适用范围参考　　　　　　表10-2-2

序号	设备名称	适用范围	适用监测项目	精度要求
1	全站仪	明(盖)挖法工程、矿山法工程、盾构法工程、周边环境	水平位移、倾斜、竖向位移等	±1″,1mm+1ppm
2	电子水准仪		地表沉降、管线沉降、建筑物沉降、坑底隆起(回弹)等	±1mm/km
3	钢尺水位计		地下水位监测	≤0.5%F.S

续上表

序号	设备名称	适用范围	适用监测项目	精度要求
4	频率读数仪	明（盖）挖法工程、矿山法工程、盾构法工程、周边环境	支撑轴力、锚索、钢筋应力等	≤0.5%F.S
5	钢钢条码水准尺		地表沉降、管线沉降、建筑物沉降等	刻度误差：≤±0.1mm
6	收敛计		净空收敛监测	≤±2mm
7	测斜仪		桩体水平位移、土体水平位移等	±0.25mm/m
8	游标卡尺		裂缝监测	裂缝：±0.1mm 长度：±1mm
9	分层沉降仪		土体分层竖向位移等	±1.0mm
10	数码相机		监测巡视	
11	多点位移计		土体深层沉降和深层位移监测等	±1.0mm
12	支撑反力计		支撑轴力等监测项目	≤0.05%F.S
13	钢筋应力计		钢管柱内力、管片结构应力、桩（墙）结构应力、土钉拉力、顶板应力等	≤0.25%F.S
14	锚索测力计		锚杆、锚索拉力等	≤0.5%F.S
15	土压力计		围岩压力及支护间接触力、管片衬砌和地层的接触应力等	≤0.5%F.S
16	孔隙水压力计		孔隙水压力	≤0.5%F.S

注：1. 各地可根据本地区地质条件和工程经验等，适当调整仪器设备和元器件的精度指标要求，但不得低于本表要求。
2. F.S指全（满）刻度。

2.3.1 检定要求

（1）凡是有计量检定规程的计量器具，均送国家技术监督部门授权的计量检定机构进行检定。

（2）所有仪器设备按照现行计量检定规程中要求的仪器检定周期，根据使用环境条件和使用频率而定，一般检定周期不允许超过1年。

（3）如使用过程中出现损坏或其他异常情况应及时进行送检维修，维修后应重新进行检定。

2.3.2 日常检查

地铁工程施工监测设备除了要有计量检定单位出具的检定证书外，还应进行定期自检，在使用前必须开展仪器设备的外观、水准气泡等日常检查。

（1）全站仪自检项目包含外观及一般功能检查、基础性调整与校准、水准器轴与竖轴的垂直度、望远镜十字分划板竖丝的铅垂性、照准误差、横轴误差、竖盘指标差、自动目标识别与跟踪功能（ATR）准直差、光学对中器视准轴与竖轴重合度。

（2）水准仪自检包含标尺的检视、标尺上圆水准器的检校、水准仪外观、转动部件、光学部件、补偿性能检视、水准仪上概略水准器检视、气泡水准仪交叉误差测定、水准仪 i 角检校等。

（3）监测中使用到的其他各类元器件应在使用前进行一定比例的合格率抽检，经抽检合格后方可埋设，埋设完成后应立即检测元器件工作是否正常，如有异常应立即更换并重新埋设检测，检测合格后方可投入使用。

2.4 人员准备

地铁工程施工监测项目应根据合同文件配备足够数量的项目人员，包括监测负责人、技术员和监测员等,监测负责人一般应不得低于中级工程师及以上职称,同时应具有地铁工程监测工作经验,至少担任过1项类似工程的项目负责人或监测负责人。如监测项目为独立的项目存在,则需配备监测技术负责人,一般为具有岩土工程及相关专业的高级工程师及以上职称人员,具有多年的地铁工程监测工作经验,至少担任过1项类似工程的技术负责人。

在项目开工前应做好相关技术员和监测员的进场教育及交底工作,经上级公司或项目部组织培训考核通过后方可持证上岗工作,并应明确岗位责任。

2.5 监测方案的编制与审查

地铁工程施工监测方案编制前应充分收集、分析水文气象资料、岩土工程勘察报告、周边环境调查报告、安全风险评估报告、设计文件及施工方案等相关资料,并进行现场踏勘。现场踏勘发现新的或难以实施监测的周边环境对象时,应及时与相关单位沟通。

在收集相关资料和现场踏勘基础上,施工单位应依据上述文件、合同要求并结合工程实际情况编制监测方案。考虑到绝大多数建设单位采用第三方监测的管理模式,第三方监测机构作为独立于施工单位和建设单位的专业监测单位,应当编制独立的监测方案,以作为监测及监测复核的依据。

2.5.1 监测方案内容

监测方案应由技术说明和监测图纸两部分组成。
(1)技术说明
①工程概况,建设场地地质条件、周边环境条件及工程风险特点;
②监测目的和依据;
③监测范围和工程监测等级;
④监测对象及项目;
⑤基准点、监测点的布设方法与保护要求,监测点布置图;
⑥监测方法和精度、监测频率;
⑦监测控制值、预警等级、预警标准及异常情况下的监测措施;
⑧监测信息的采集、分析和处理要求,监测信息反馈制度;
⑨监测仪器设备、元器件及人员的配备;
⑩质量管理、安全管理及其他管理制度。
(2)监测图纸
监测图纸来源于工点设计单位的施工监测设计图纸,主要包括:
①各监测项目测点布置平面图;
②各监测项目测点布置剖面图;
③基点、测点大样图。

2.5.2 专项施工监测方案

对于下列情况,需编制专项施工监测方案:
(1)穿越或邻近既有轨道交通设施;

(2)穿越重要的建(构)筑物、高速公路、桥梁、地下管线、地下构筑物、机场跑道等;
(3)穿越或邻近保护性文物及古建筑;
(4)穿越河流、湖泊等地表水体;
(5)穿越岩溶、断裂带、地裂缝等不良地质条件;
(6)采用新工艺、新工法或有其他特殊要求;
(7)其他对工程安全质量有重要影响需要编制专项监测方案的工程。

2.5.3 施工监测方案的审查

施工单位编制的施工监测方案应经监理单位、第三方监测单位审查后实施。对重大风险工程,施工单位应编制专项施工监测方案,并通过专家论证后方可实施。第三方监测单位编制的施工监测方案应通过建设单位组织的专家论证,并经监测单位主要负责人签字后实施。

施工监测方案的审查包括以下几个方面:
(1)方案的编制依据是否实时、准确、适宜;
(2)方案的内容体系是否符合招标文件及施工监测设计图纸的要求;
(3)方法是否先进、科学、合理;
(4)仪器、仪表精度要求是否满足相关规范要求;
(5)测点的布置位置、范围、监测频率等是否符合技术标准、设计及施工的要求;
(6)数据记录、分析与处理方法是否及时、准确、恰当;
(7)控制指标设置是否符合监测规范、设计文件等要求;
(8)报表上报机制和信息反馈系统是否可靠、顺畅、到位;
(9)应急响应机制是否快速、完备、高效;
(10)监测组织机构是否完善,监测人员的资格是否符合相关要求;
(11)是否具有相应的质量及安全保障措施等。

施工监测方案实例详见附件10-2-1。

本章附件

附件10-2-1 施工监测方案实例

第 3 章 施工监测等级与监测项目

地铁工程施工监测等级应在满足工程支护结构安全和周边环境保护要求的条件下,根据工程的自身风险等级、周边环境的风险等级和地质条件的复杂程度进行划分。监测范围主要包括施工主要影响区、次要影响区和可能影响区,一般采用相对数值(相对基坑开挖深度、隧道埋深等)或地区规定等来确定具体的监测范围,监测范围内的监测对象应统一监测项目、测点布设和监测方法等。施工监测项目的选择应根据监测对象的特点、监测等级、工程影响分区、设计和施工的要求合理确定,并应反映监测对象的变化特征和安全状态。

3.1 工程影响分区及监测等级划分

3.1.1 工程影响分区及监测范围

工程对周边的影响程度受施工工法、地质条件、环境荷载等众多因素的影响,需综合研究不同施工方法下工程对周围岩土体扰动和对周边环境的影响程度,提出适合于城市轨道交通工程周边环境特点的、能反映周边环境对象受影响程度的划分标准。

(1)工程影响区应根据基坑、隧道工程施工对周围岩土体的扰动和周边环境影响的程度及范围划分,可分为主要、次要和可能三个工程影响区。

(2)根据现行《城市轨道交通工程监测技术规范》(GB 50911),基坑工程影响分区宜按表 10-3-1 的规定进行划分,划分范围如图 10-3-1 所示。

基坑工程影响分区 表 10-3-1

基坑工程影响区	范 围
主要影响区(Ⅰ)	基坑周边 $0.7H$ 或 $H \cdot \tan\left(45° - \dfrac{\varphi}{2}\right)$ 范围内
次要影响区(Ⅱ)	基坑周边 $0.7H \sim (2.0 \sim 3.0)H$ 或 $H \cdot \tan\left(45° - \dfrac{\varphi}{2}\right) \sim (2.0 \sim 3.0)H$ 范围内
可能影响区(Ⅲ)	基坑周边 $(2.0 \sim 3.0)H$ 范围外

注:1. H 为基坑设计深度(m),φ 为岩土体内摩擦角(°)。
  2. 基坑开挖范围内存在基岩时,H 可为覆盖土层与基岩强风化层厚度之和。
  3. 工程影响分区的划分界线取表中 $0.7H$ 或 $H \cdot \tan\left(45° - \dfrac{\varphi}{2}\right)$ 的较大值。

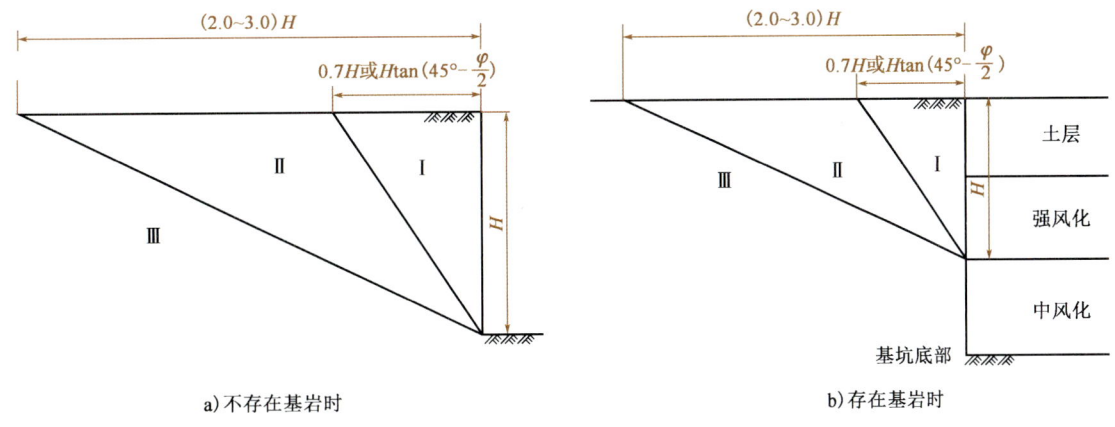

图 10-3-1 基坑工程影响分区

（3）根据现行《城市轨道交通工程监测技术规范》（GB 50911），土质隧道工程影响分区按表 10-3-2 的规定进行划分，划分范围如图 10-3-2 所示。隧道穿越基岩时，应根据覆盖土层特征、岩石坚硬程度、风化程度及岩体结构与构造等地质条件，综合确定工程影响分区界线。

土质隧道工程影响分区　　　　　表 10-3-2

隧道工程影响区	范围
主要影响区（Ⅰ）	隧道正上方至沉降曲线反弯点范围内
次要影响区（Ⅱ）	隧道沉降曲线反弯点至沉降曲线边缘 $2.5i$ 处
可能影响区（Ⅲ）	隧道沉降曲线边缘 $2.5i$ 外

注：i 为隧道地表沉降曲线 Peck 计算公式中的沉降槽宽度系数（m）。

（4）基坑、隧道工程对周围岩土体的扰动是一个复杂的过程，施工方法不同、地质条件不同，工程施工对周围岩土体的影响有明显的不同，特别是工程影响范围和影响程度受工程地质条件的影响更大。因此，工程影响分区的划分界线应根据地质条件、施工方法及措施的特点，结合当地的工程经验进行调整。当遇到下列情况时，应调整工程影响分区界线：

①隧道和基坑周边土体以淤泥、淤泥质土或其他高压缩性土为主时，应增大工程主要影响区和次要影响区；

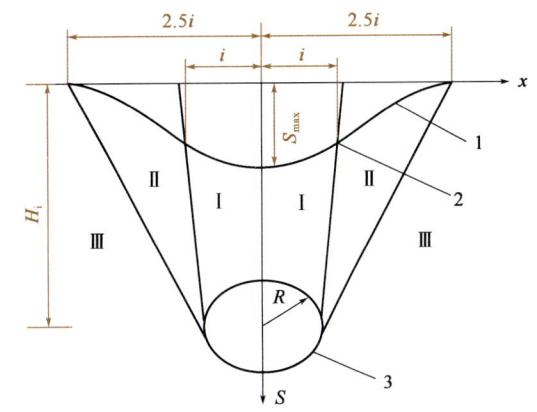

图 10-3-2 浅埋隧道工程影响分区
1-沉降曲线；2-反弯点；3-隧道；H_1-隧道中心埋深；S_{max}-隧道中线上方的地表沉降量

②隧道穿越或基坑处于断裂破碎带、岩溶、土洞、强风化岩、全风化岩或残积土等不良地质体或特殊性岩土发育区域，应根据其分布和对工程的危害程度调整工程影响分区界线；

③采用锚杆支护、注浆加固、高压旋喷等工程措施时，应根据其对岩土体的扰动程度和影响范围调整工程影响分区界线；

④采用施工降水措施时，应根据降水影响范围和预计的地面沉降大小调整工程影响分区界线；

⑤施工期间出现严重的涌砂、涌土或管涌，以及较严重的渗漏水、支护结构过大变形、周边建（构）筑物或地下管线严重变形等异常情况时，宜根据工程实际情况增大工程主要影响区和次要影响区；

⑥监测范围应根据基坑设计深度、隧道埋深和断面尺寸、施工工法、支护结构形式、地质条件、周边

环境条件等综合确定,并应包括主要影响区和次要影响区;

⑦采用爆破法开挖岩土体的地下工程,爆破震动的监测范围应根据工程实际情况通过爆破试验确定。

3.1.2 施工监测等级划分

地铁工程施工监测等级宜根据基坑和隧道工程的自身风险等级、周边环境风险等级和地质条件复杂程度进行划分。

(1)基坑和隧道工程的自身风险等级宜根据支护结构发生变形或破坏、岩土体失稳等的可能性和后果的严重程度,采用工程风险评估的方法确定,也可根据基坑设计深度、隧道埋深和断面尺寸等要求依据现行《城市轨道交通工程监测技术规范》(GB 50911)确定,详见表10-3-3。

基坑、隧道工程的自身风险等级 表10-3-3

工程自身风险等级		等级划分标准
基坑工程	一级	设计深度大于或等于20m的基坑
	二级	设计深度大于或等于10m且小于20m的基坑
	三级	设计深度小于10m的基坑
隧道工程	一级	超浅埋隧道,超大断面隧道
	二级	浅埋隧道,近距离并行或交叠的隧道,盾构始发与接收区间,大断面隧道
	三级	深埋隧道,一般断面隧道

注:1. 超大断面隧道是指断面尺寸大于100m^2的隧道,大断面隧道是指断面尺寸为50～100m^2的隧道,一般断面隧道是指断面尺寸为10～50m^2的隧道。
2. 近距离隧道是指两隧道间距在一倍开挖宽度(或直径)范围以内。
3. 隧道深埋、浅埋和超浅埋的划分根据施工工法、围岩等级、隧道覆土厚度与开挖宽度(或直径),结合当地工程经验综合确定。

(2)周边环境风险等级宜根据周边环境发生变形或破坏的可能性和后果的严重程度,采用工程风险评估的方法确定,也可根据周边环境的类型、重要性、与工程的空间位置关系和对工程的危害性要求依据现行《城市轨道交通工程监测技术规范》(GB 50911)确定,详见表10-3-4。

周边环境风险等级 表10-3-4

周边环境风险等级	等级划分标准
一级	主要影响区内存在既有轨道交通设施、重要建(构)筑物、重要桥梁与隧道、河流或湖泊
二级	主要影响区内存在一般建(构)筑物、一般桥梁与隧道、高速公路或重要地下管线,次要影响区内存在既有轨道交通设施、重要建(构)筑物、重要桥梁与隧道、河流或湖泊,隧道工程上穿既有轨道交通设施
三级	主要影响区内存在城市重要道路、一般地下管线或一般市政设施,次要影响区内存在一般建(构)筑物、一般桥梁与隧道、高速公路或重要地下管线
四级	次要影响区内存在城市重要道路、一般地下管线或一般市政设施

(3)地质条件复杂程度可根据场地地形地貌、工程地质条件和水文地质条件要求依据现行《城市轨道交通工程监测技术规范》(GB 50911)确定,详见表10-3-5。

地质条件复杂程度 表10-3-5

地质条件复杂程度	等级划分标准
复杂	地形地貌复杂;不良地质作用强烈发育,特殊性岩土需要专门处理,地基、围岩和边坡的岩土性质较差,地下水对工程的影响较大,需要进行专门研究和治理
中等	地形地貌较复杂;不良地质作用一般发育;特殊性岩土不需要专门处理,地基、围岩和边坡的岩土性质一般;地下水对工程的影响较小
简单	地形地貌简单,不良地质作用不发育,地基、围岩和边坡的岩土性质较好,地下水对工程无影响

注:符合条件之一即为对应的地质条件复杂程度,从复杂开始,向中等、简单推定,以最先满足的为准。

工程监测等级要求依据现行《城市轨道交通工程监测技术规范》（GB 50911）确定，详见表 10-3-6，并应根据当地经验结合地质条件复杂程度进行调整。

工 程 监 测 等 级　　　　　表 10-3-6

工程自身风险等级	周边环境风险等级			
	一级	二级	三级	四级
一级	一级	一级	一级	一级
二级	一级	二级	二级	二级
三级	一级	二级	三级	三级

变形监测的等级划分、精度要求和适用范围要求依据现行《城市轨道交通工程监测技术规范》（GB 50911）确定，详见表 10-3-7。

变形监测的等级划分、精度要求和适用范围　　　　　表 10-3-7

变形监测等级	垂直位移监测		水平位移监测	适 用 范 围
	变形监测点的高程中误差（mm）	相邻变形监测点高差中误差（mm）	变形监测点的点位中误差（mm）	
Ⅰ	±0.3	±0.1	±1.5	复杂地质条件的运营线路轨道、道床和混凝土结构，隧道或大口径顶管施工穿越的轨道工程、建筑物，受线路施工和运营影响，对变形特别敏感的超高层、高耸建筑、精密工程设施、重要古建筑等，以及有高精度要求的监测对象
Ⅱ	±0.5	±0.3	±3.0	运营线路轨道、道床和混凝土结构；施工中的工程结构，隧道拱顶下沉、结构收敛；受线路施工和运营影响，变形比较敏感的高层建筑、地下管线；穿越的高速公路、管线以及有中等精度要求的监测对象
Ⅲ	±1.0	±0.5	±6.0	受线路施工和运营影响，线路沿线一般为多层建筑；地表及基坑周边与支护结构、运营线路的出入口、联络通道、附属设施等低等精度要求的监测对象

3.2　监测项目选取

施工监测对象应在满足工程支护结构安全和周边环境保护要求的条件下，针对不同的施工方法，根据支护结构设计方案、周围岩土体及周边环境条件进行综合确定。施工监测项目应与监测对象相互配套，满足设计、施工方案的要求，并形成有效、完整的监测体系。

3.2.1　施工监测项目

根据基坑工程设计结构形式、开挖方法和对工程周边环境保护的要求，要对开挖过程中支护结构体系中桩（墙）、边坡、立柱、支撑、锚杆、锚索、土钉、顶板、井壁的稳定情况，基坑内外部地表、深层土体、地下水等的状态及其相互作用关系采集监测数据，保证施工开挖的安全性，发现问题及时分析；监测的对象及监测项目选取必须满足本工程设计和有关规范的要求，应能满足全面监控施工过程中的工程变形、环境变化情况。

1）明（盖）挖法基坑支护结构和周围岩土体的监测项目

明（盖）挖法基坑支护结构和周围岩土体监测项目依据现行《城市轨道交通工程监测技术规范》（GB 50911）确定，详见表 10-3-8。

明(盖)挖法基坑支护结构和周围岩土体监测项目　　　　　表 10-3-8

序号	监测项目	工程监测等级		
		一级	二级	三级
1	支护桩(墙)、边坡顶部水平位移	√	√	√
2	支护桩(墙)、边坡顶部竖向位移	√	√	√
3	支护桩(墙)体水平位移	√	√	○
4	支护桩(墙)结构应力	○	○	○
5	立柱结构竖向位移	√	√	√
6	立柱结构水平位移	√	○	○
7	立柱结构应力	○	○	○
8	支撑轴力	√	√	√
9	顶板应力	○	○	○
10	锚杆(索)拉力	√	√	√
11	土钉拉力	○	○	○
12	地表沉降	√	√	√
13	竖井井壁支护结构净空收敛	√	√	√
14	土体深层水平位移	○	○	○
15	土体分层竖向位移	○	○	○
16	坑底隆起(回弹)	○	○	○
17	支护桩(墙)侧向土压力	○	○	○
18	地下水位	√	√	√
19	孔隙水压力	○	○	○

注：√为应测项目，○为选测项目。

2）盾构法隧道管片结构和周围岩土体监测项目

盾构法隧道管片结构和周围岩土体监测项目依据现行《城市轨道交通工程监测技术规范》（GB 50911）确定，详见表 10-3-9。

盾构法隧道管片结构和周围岩土体监测项目　　　　　表 10-3-9

序号	监测项目	工程监测等级		
		一级	二级	三级
1	管片结构竖向位移	√	√	√
2	管片结构水平位移	√	○	○
3	管片结构净空收敛	√	√	√
4	管片结构应力	○	○	○
5	管片连接螺栓应力	○	○	○
6	地表沉降	√	√	√
7	土体深层水平位移	○	○	○
8	土体分层竖向位移	○	○	○
9	管片围岩压力	○	○	○
10	孔隙水压力	○	○	○

注：√为应测项目，○为选测项目。

3）矿山法隧道支护结构和周围岩土体施工监测项目

矿山法隧道支护结构和周围岩土体施工监测项目依据现行《城市轨道交通工程监测技术规范》（GB 50911）确定，详见表10-3-10。

矿山法隧道支护结构和周围岩土体监测项目　　　　　　　　　　表10-3-10

序号	监测项目	工程监测等级		
		一级	二级	三级
1	初期支护结构拱顶沉降	√	√	√
2	初期支护结构底板竖向位移	√	○	○
3	初期支护结构净空收敛	√	√	√
4	隧道拱脚竖向位移	○	○	○
5	中柱结构竖向位移	√	√	√
6	中柱结构倾斜	○	○	○
7	中柱结构应力	○	○	○
8	初期支护结构、二次衬砌应力	○	○	○
9	地表沉降	√	√	√
10	土体深层水平位移	○	○	○
11	土体分层竖向位移	○	○	○
12	围岩压力	○	○	○
13	地下水位	√	√	√
14	锚杆轴力	○	○	○
15	初期支护和二次衬砌结构间的应力	○	○	○

注：√为应测项目，○为选测项目。

4）高架桥梁施工监测项目

高架桥梁施工监测项目依据现行《建筑与桥梁结构监测技术规范》（GB 50982）确定，详见表10-3-11。

高架桥梁监测项目　　　　　　　　　　表10-3-11

序号	监测项目	现浇结构	装配式结构
1	墩台竖向位移	√	√
2	梁体徐变	√	√
3	梁板应力	○	○
4	墩柱倾斜	○	○

注：√为应测项目，○为选测项目。

5）增加工程周围岩土体施工监测情况

（1）基坑深度较大、基底土质软弱或基底下存在承压水且对工程影响较大时，应进行坑底隆起（回弹）监测；

（2）基坑侧壁、隧道围岩的地质条件复杂，对于岩土体易产生较大变形、空洞、坍塌的部位或区域，应进行土体分层竖向位移或深层水平位移监测；

（3）在软土地区，基坑或隧道邻近对沉降敏感的建（构）筑物等环境时，应进行孔隙水压力、土体分层竖向位移或深层水平位移监测；

(4)工程邻近或穿越岩溶、断裂带等不良地质条件,或施工扰动引起周围岩土体物理力学性质发生较大变化,并对支护结构、周边环境或施工可能造成危害时,应结合工程实际选择岩土体监测项目。

6)周边环境监测项目

当主要影响区存在高层、高耸建(构)筑物时,应进行倾斜监测。既有城市轨道交通高架线和地面线的监测项目可按照桥梁和既有铁路的监测项目选择。周边环境监测项目依据现行《城市轨道交通工程监测技术规范》(GB 50911)确定,详见表10-3-12。

周边环境监测项目   表10-3-12

监测对象	监测项目	工程影响分区	
		主要影响区	次要影响区
建(构)筑物	竖向位移	√	√
	水平位移	○	○
	倾斜	○	○
	裂缝	√	○
地下管线	竖向位移	√	○
	水平位移	○	○
	差异沉降	√	○
高速公路与城市道路	路面路基竖向位移	√	○
	挡墙竖向位移	√	○
	挡墙倾斜	√	○
桥梁	墩台竖向位移	√	√
	墩台差异沉降	√	√
	墩柱倾斜	√	○
	梁板应力	○	○
	裂缝	√	○
既有城市轨道交通	隧道结构竖向位移	√	√
	隧道结构水平位移	√	○
	隧道结构净空收敛	○	○
	隧道结构变形缝差异沉降	√	√
	轨道结构(道床)竖向位移	√	√
	轨道静态几何形位(轨距、轨向、高低、水平)	√	√
	隧道、轨道结构裂缝	√	○
既有铁路(包括城市轨道交通地面线)	路基竖向位移	√	√
	轨道静态几何形位(轨距、轨向、高低、水平)	√	√

注:1. √为应测项目,○为选测项目。
2. 对处在主要影响区内存在风险的建(构)筑物,应进行倾斜监测。

7)其他

(1)当工程周边存在既有轨道交通或对位移有特殊要求的建(构)筑物及设施时,监测项目应与有关管理部门或单位共同确定。

(2)采用钻爆法施工时,应对爆破震动影响范围内的建(构)筑物、桥梁等高风险环境进行振动速度或加速度监测。

3.2.2 现场巡查项目

现场巡视工作一般包含施工现场的自然条件、开挖面地质状况、支护结构体系、施工工艺、周边环境以及监测点情况等。根据支护结构体系和施工工艺的不同,巡视的方法要求也不尽相同,一般现场巡视项目见表10-3-13,现场巡查报表参照本篇第6章6.6节相关内容。

现场巡视项目 表10-3-13

序号	巡视区域部位	现场巡视项目		巡视要点
1	自然环境	天气情况		温度、风力、降雨量
2	施工工况	开挖情况等		开挖长度、宽度等
3	支护结构及周围岩土体	地层超前支护加固		—
4		开挖面地质状况	土层性质及稳定性	土层地质情况与地勘资料是否相符
			地下水控制效果	降水设施运行情况,开挖面有无渗漏水等情况
5		支护结构体系(初期支护)		支护结构有无开裂、掉块等,临时支撑架设情况、有无明显变化等情况
6	周边环境	建(构)筑物、桥梁、既有线路或隧道		有无明显开裂和新增裂缝等情况
7		地下管线		有无漏水、漏气情况等情况
8		道路地面		有无明显裂缝、沉陷、隆起、冒浆等情况
9		水域		水面有无出现漩涡、气泡,堤坡裂缝有无发展趋势等情况
10		周边邻近施工情况		有无开挖、堆载、打桩等可能影响工程安全的其他生产活动等情况
11	监测设施	基准点、测点的完好状况		基准点有无破坏等情况
12		监测原件的完好及保护情况		监测点有无破坏等情况
13		观测工作条件,有无影响观测工作的障碍物		有无影响观测的情况等

3.3 监测频率确立与调整

3.3.1 施工监测频率基本要求

1)明(盖)挖法

(1)明(盖)挖基坑施工中支护结构、周围岩土体和周边环境的施工监测频率要求依据现行《城市轨道交通工程监测技术规范》(GB 50911)确定,详见表10-3-14。

明(盖)挖法基坑工程监测频率 表10-3-14

施工工况		基坑设计深度(m)				
		≤5	5~10	10~15	15~20	>20
基坑开挖深度(m)	≤5	1次/1d	1次/2d	1次/3d	1次/3d	1次/3d
	5~10	—	1次/1d	1次/2d	1次/2d	1次/2d
	10~15	—	—	1次/1d	1次/1d	1次/2d
	15~20	—	—	—	(1~2次)/1d	(1~2次)/1d
	>20	—	—	—	—	2次/1d

注:1. d为天数,下同。
2. 基坑工程开挖前的监测频率应根据工程实际需要确定。
3. 底板浇筑后可根据监测数据变化情况调整监测频率。
4. 支撑结构拆除过程中及拆除完成后3d内监测频率应适当增加。

(2)对于竖井井壁支护结构净空收敛监测频率,在竖井开挖及井壁支护结构施工期间应1次/1d,竖井井壁支护结构整体施工完7d后宜1次/2d,30d后宜1次/7d,经数据分析确认井壁净空收敛达到稳定后可1次/(15~30d)。

(3)坑底隆起(回弹)监测不应少于3次,并应在基坑开挖之前、基坑开挖完成后、浇筑基础混凝土之前各进行1次监测,当基坑开挖完成至基础施工的间隔时间较长时,应增加监测次数。

2)盾构法隧道

根据现行《城市轨道交通工程监测技术规范》(GB 50911)的要求,盾构法隧道工程施工中隧道管片结构、周围岩土体和周边环境的监测频率可按表10-3-15确定。

盾构法隧道工程监测频率　　　　表10-3-15

监测部位	监测对象	开挖面至监测点或监测断面的距离	监测频率
开挖面前方	周围岩土体和周边环境	$5D<L\leq 8D$	1次/(3~5d)
		$3D<L\leq 5D$	1次/2d
开挖面后方	管片结构、周围岩土体和周边环境	$L\leq 3D$	(1~2次)/1d
		$3D<L\leq 8D$	1次/(1~2d)
		$L>8D$	1次/(3~7d)

注:1. D 为盾构法隧道开挖直径(m),L 为开挖面至监测点或监测断面的水平距离(m)。
2. 管片结构位移、净空收敛宜在衬砌环脱出盾尾且能通视时进行监测。
3. 监测数据趋于稳定后,监测频率宜为1次/(15~30d)。

3)矿山法隧道

根据现行《城市轨道交通工程监测技术规范》(GB 50911)的要求,矿山法隧道工程施工中隧道初期支护结构、周围岩土体和周边环境的监测频率可按表10-3-16确定。

矿山法隧道工程监测频率　　　　表10-3-16

监测部位	监测对象	开挖面至监测点或监测断面的距离	监测频率
开挖面前方	周围岩土体和周边环境	$2B<L\leq 5B$	1次/2d
		$L\leq 2B$	1次/1d
开挖面后方	初期支护结构、周围岩土体和周边环境	$L\leq 1B$	(1~2次)/1d
		$1B<L\leq 2B$	1次/1d
		$2B<L\leq 5B$	1次/2d
		$L>5B$	1次/(3~7d)

注:1. B 为矿山法隧道或导洞开挖宽度(m),L 为开挖面至监测点或监测断面的水平距离(m)。
2. 当拆除临时支撑时应增大监测频率。
3. 监测数据趋于稳定后,监测频率宜为1次/(15~30d)。
4. 对于车站中柱竖向位移及结构应力的监测频率,土体开挖时宜为1次/1d,结构施工时宜为(1~2次)/7d。

4)高架桥梁

高架桥梁工程施工中桥梁墩台、梁体的监测频率可参照表10-3-17确定。

高架桥梁工程监测频率　　　　表10-3-17

监测对象	监测阶段	监测频率
承台沉降	混凝土施工完成后	1次
	墩柱施工前	1次(墩柱完成后停止监测)

续上表

监测对象	监测阶段		监测频率
墩柱沉降	混凝土施工完成后		1次
	制梁前		1次/月
	上部结构施工过程中		荷载变化前1次,荷载变化后前3d,1次/d
	梁体完工后	1~3个月	1次/周
		4~6个月	1次/2周
		6月以后	1次/1月
桥梁挠度(梁体竖向变形)、梁板应力	铺轨期间		前后各1次
	预应力张拉期间		前后各1次
	张拉后一周		1次/2d
	张拉后1~3个月		1次/周
	体系转换,新增节段,荷载增加50%或100%		各1次

5)地下水位

地下水位监测频率应根据水文地质条件复杂程度、施工工况、地下水对工程的影响程度以及地下水控制要求等,依据现行《城市轨道交通工程监测技术规范》(GB 50911)确定,监测频率宜为1次/(1~2d)。

6)爆破震动

爆破震动监测频率依据现行《城市轨道交通工程监测技术规范》(GB 50911)确定,钻爆法施工首次爆破时,对所需监测的周边环境对象均应进行爆破震动监测,以后应根据第一次爆破监测结果并结合环境对象特点确定监测频率。重要建(构)筑物、桥梁等高风险环境对象每次爆破均应进行监测。

7)线路结构

因地质条件、结构形式、周边环境及施工方法的不同,各地及不同区段等轨道交通线路结构达到完全稳定的持续时间有很大的差异,沉降速率和最终沉降量也各不相同。因此,线路结构的监测频率可以根据各自的实际情况确定,以能够及时、准确、系统地反映线路结构变形为确定原则。依据现行《城市轨道交通工程监测技术规范》(GB 50911),线路结构监测频率一般要求如下:

(1)线路结构施工和试运行期间的监测频率宜为1~2个月监测1次,当线路结构变形较大或地基承受的荷载发生较大变化时,应增加监测次数。

(2)线路运营初期第一年内的监测频率宜为每3个月监测1次,第二年宜为每6个月监测1次,以后宜每年监测1~2次。

(3)线路结构存在病害或处在软土地基等区段时,应根据实际情况适当提高监测频率。

3.3.2 施工监测频率确立

施工监测频率一般依据现行《城市轨道交通工程监测技术规范》(GB 50911)确定,同时应结合工程实际情况进行适时调整。

(1)施工监测频率应根据施工方法、施工进度、监测对象、监测项目、地质条件等情况和特点,并结合当地工程经验进行确定。

(2)施工监测频率应使监测信息及时、系统地反映施工工况及监测对象的动态变化,并宜采取定时监测。

(3)对穿越既有轨道交通和重要建(构)筑物等周边环境风险等级为一级的工程,在穿越施工过程中,应提高监测频率,并宜对关键监测项目进行实时监测。

(4)施工降水、岩土体注浆加固等工程措施对周边环境产生影响时,应根据环境的重要性和预测的影响程度确定监测频率。

(5)工程施工期间,现场巡查每天不宜少于一次,并应做好巡查记录,在关键工况、特殊天气等情况下应增加巡查次数。

3.3.3 施工监测频率调整

工程施工期间的监测频率一般按照设计文件并结合规范及当地要求进行综合确定。为了更好地控制工程安全风险,常需要针对各种特殊工况、地质条件与勘察资料不相符或者其他异常突发等情况进行监测频率的调整。由于情况复杂多样,监测频率的调整方法也不尽相同。

1)提高监测频率的情况

当遇到表 10-3-18 中的情况时,应提高监测频率。

需提高监测频率的情况　　　　　　　　　表 10-3-18

序　号	情　　况
1	监测数据异常或变化速率较大
2	存在勘察未发现的不良地质条件,且影响工程安全
3	地表、建(构)筑物等周边环境发生较大沉降、不均匀沉降
4	盾构始发、接收以及停机检修或更换刀具期间
5	矿山法隧道断面变化及受力转换部位
6	工程出现异常
7	工程险情或事故后重新组织施工
8	暴雨或长时间连续降雨
9	邻近工程施工、超载、振动等周边环境条件改变较大

2)停止监测的条件

当满足表 10-3-19 中的条件时,可结束相应监测工作。

结束相应监测工作条件　　　　　　　　　表 10-3-19

序　号	条　　件
1	基坑回填完成或矿山法隧道进行二次衬砌施工后,可结束支护结构的监测工作
2	盾构法隧道完成贯通、设备安装施工后,可结束管片结构的监测工作
3	支护结构监测结束后,且周围岩土体和周边环境变形趋于稳定时,可结束监测工作
4	满足设计要求结束监测工作的条件

建(构)筑物变形稳定标准应符合现行《建筑变形测量规范》(JGJ 8)的有关规定,道路、地下管线等其他周边环境的变形稳定标准宜根据地方经验或评估结果确定。

3)停止监测的标准及停止监测的审批流程

(1)停止监测的标准

基坑监测宜延续至地下结构施工完成后不宜少于半年。当半年内结构主体最后 100d 的沉降速率小于 0.025mm/d 时,认为结构主体基本稳定,可停止监测。盾构隧道监测宜延续至隧道结构贯通后不少于半年,当隧道两相邻测点(间隔 5 环)不均匀沉降小于 0.5mm/半年时,认为隧道结构基本稳定,可停止监测。

在结构贯通后不少于 3 个月,影响范围内重要建(构)筑物最后 100d 的沉降速率小于 0.025mm/d 时,认为建(构)筑物基本稳定,可停止监测。半年后周边重要建(构)筑物沉降仍未稳定,应继续监测直至其稳定。

(2)申请停止监测的审批流程

基坑本体、盾构本体、周边重要建(构)筑物工后沉降稳定后,由施工单位提交监测工作停止监测申请单并附监测项目成果报表,经第三方监测单位复核并附第三方监测项目成果复核报表,报监理单位、建设单位审批,审核通过后方可停止监测。

第 4 章 施工监测方法及要求

本章主要详细讲述地铁工程各监测项目的实施方法和技术要求,为现场监测工作的开展提供具体的技术细节与工作流程。施工监测方法大体分为水平位移监测、竖向位移监测、传感器类监测等,监测方法和监测频率应根据工程监测等级、监测对象的特点、场地条件和当地工程经验等综合确定。其中,水平位移类和沉降类监测项目需单独布设监测控制网,监测控制网是地铁工程监控量测工作的控制基准,其精度高低直接影响到监测成果的精度、可靠性及灵敏度。

4.1 位移监测基准点和工作基点

监测控制网一般由基准点和工作基点组成。基准点一般位于施工影响区外的长期稳定区域,是监测控制网的基准,既可采用既有线路控制点或线路加密控制点,也可以采用其他方法布设独立的控制网。当基准点距离所监测工程较远或通视条件不佳时,应设置工作基点。工作基点选设在相对稳定的区域内,采用与基准点相同的坐标系统和精度等级。

4.1.1 埋设要求与标准

1) 埋设要求

基准点一般在施工前不少于 1 个月进行埋设,每个监测工程的水准基准点不少于 3 个,平面基准点不少于 4 个,其中平面基准点建议采用带有强制对中标志的观测墩或对中误差小于 0.5mm 的光学对中装置。

工作基点一般在施工前不少于 15d 进行埋设,每个车站布设一组工作基点(含基准点),每组至少 3 个水准工作基点和 4 个平面工作基点。区间隧道外宜每 300m 左右布设一组水准工作基点(每组不宜少于 3 个),隧道内工作基点布设于沉降稳定的车站底板结构或区间隧道结构上。

2) 埋设标准

平面位移监测控制网基准点可采用人工开挖或钻机钻孔的方式埋设,基准点底部埋设深度应至相对稳定的土层。

垂直位移监测控制网基准点可埋设在变形区外的基岩露头上、密实的砂卵石层或原状土层中,也可埋设在稳固建筑的墙上。受条件限制时，在变形区内也可埋设深层金属管基准点，但金属管底应在变形影响深度以下。

基准点和工作基点在埋设稳定后方可进行测量使用，稳定期应根据观测要求与地质条件确定，一般不宜少于7d。

4.1.2 水平位移监测控制网

1）技术要求

在地铁工程中，水平位移监测控制网采用导线和网的形式布设时，参照现行《城市轨道交通工程监测技术规范》（GB 50911），其主要技术要求见表10-4-1；采取卫星定位（GNSS）控制网的形式布设时，参照现行《城市轨道交通工程监测技术规范》（GB 50911），其主要技术要求见表10-4-2；采用基准线形式布设时，参照现行《混凝土坝安全监测技术规范》（DL/T 5178）和《尾矿库在线安全监测系统工程技术规范》（GB 51108），其主要技术要求见表10-4-3。

水平监测控制网主要技术要求　　　表10-4-1

等级	相邻基准点的点位中误差（mm）	平均边长（m）	测角中误差（"）	最弱边相对中误差	全站仪标称精度	水平角观测测回数	距离观测测回数	
							往测	返测
Ⅰ	±1.5	150	±1.0	≤1/120000	±1"，±(1mm+1×10⁻⁶×D)	9	4	4
Ⅱ	±3.0	150	±1.8	≤1/70000	±2"，±(2mm+2×10⁻⁶×D)	9	3	3
Ⅲ	±6.0	150	±2.5	≤1/40000	±2"，±(2mm+2×10⁻⁶×D)	6	2	2

注：D 为测距边长（km）。现在全站仪精度普遍提高，实际操作过程中建议监测Ⅰ级使用 ±0.5″ 的全站仪，监测Ⅱ、Ⅲ级使用 ±1″ 的全站仪。

卫星定位控制网测量技术要求　　　表10-4-2

控制网等级	平均边长（km）	固定误差 a（mm）	比例误差 b（mm/km）	相邻点的相对点位中误差（mm）	最弱边相对中误差
一等	10	≤5	≤2	±20	1/200000
二等	2	≤5	≤5	±10	1/100000

基准线测量技术要求　　　表10-4-3

方　式	正镜或倒镜两次读数差	两测回观测值之差
活动觇牌法	2.0mm	1.5mm
小角法	4.0″	3.0″

2）布设形式及适用范围

常见的水平位移监测控制基准一般可采用导线（网）、基准线和卫星定位等方法布设，其坐标系统既可以采用线路坐标系统，也可以建立独立的坐标系统，如采用独立坐标系统时，建议将其并入线路坐标系统中，取得坐标系统间的转换参数，方便后期使用维护。常见基准网的布设形式及其适用范围见表10-4-4。

常见基准网布设形式及其适用范围　　　表10-4-4

序号	布网形式	布设示意图	适用范围	注意事项
1	导线（网）	基准点　　　　　工作基点	通视条件较好时	①导线边数宜少于12条；②最短边长不宜小于100m

续上表

序号	布网形式	布设示意图	适用范围	注意事项
2	基准线	检核点　基准线	通视条件无法满足导线布设时,布设基准线辅助监测	基准线上应设立检核点
3	GNSS网	基准点　工作基点	通视条件较差且建筑物稀疏区域	①建筑物密集区不宜适用; ②控制点周围200m不宜有无线电发射装置、50m不宜有高压输电线; ③控制点周围视场内障碍物的高度角不宜大于15°

4.1.3 竖向位移监测控制网

垂直位移监测控制网可采用水准测量、光电三角高程测量、静力水准测量等方法。采用水准测量和光电三角高程测量时,应布设成闭合、附合或结点网。当采用水准测量方法时,应采用高精度的水准仪(DS1级及以上)。垂直位移监测控制网主要技术要求依据现行《城市轨道交通工程监测技术规范》(GB 50911)确定,详见表10-4-5、表10-4-6。

垂直位移监测控制网主要技术要求　　　　　表10-4-5

等级	相邻基准点高差中误差(mm)	测站高差中误差(mm)	往返较差、附合或环线闭合差(mm)	检测已测点高差之较差(mm)
Ⅰ	±0.3	±0.07	±0.15$\sqrt{n}$	0.2$\sqrt{n}$
Ⅱ	±0.5	±0.15	±0.30$\sqrt{n}$	0.4$\sqrt{n}$
Ⅲ	±1.0	±0.30	±0.60$\sqrt{n}$	0.8$\sqrt{n}$

注:n为测站数。

水准观测主要技术要求　　　　　表10-4-6

等级	仪器型号	视线长度(m)	前后视距差(m)	前后视距累计差(m)	视线离地面最低高度(m)	基辅分划读数较差(mm)	基辅分划所测高差较差(mm)
Ⅰ	DS05	≤15	≤0.3	≤1.0	0.5	≤0.3	≤0.4
Ⅱ	DS05	≤30	≤0.5	≤1.5	0.3	≤0.3	≤0.4
Ⅲ	DS1	≤50	≤1.0	≤3.0	0.3	≤0.5	≤0.7

注:数字水准仪同一标尺两次读数差不设限差,两次读数所测高差之差执行基、辅分划所测高差的限差技术标准,其他技术要求应符合表10-4-6的规定。

一般情况下,水准网观测的基准网按现行《工程测量规范(附条文说明)》(GB 50026)二等垂直位移监测网技术要求观测,有特殊要求时可提高观测等级,详见表10-4-7。

垂直位移基准网观测主要技术指标及要求　　　　　表10-4-7

序号	项目	限差
1	相邻基准点高差中误差	0.5mm
2	每站高差中误差	0.15mm
3	往返较差及环线闭合差	±0.3$\sqrt{n}$mm

续上表

序号	项目	限差
4	检测已测高差较差	$\pm 0.4\sqrt{n}$ mm
5	视线长度	30m
6	前后视的距离较差	0.5m
7	任一测站前后视距差累计	1.5m
8	视线离地面最低高度	0.5m

注：n 为测站数。

在桥梁或基坑内布设工作基点时，其高程传递测量可采用悬挂钢尺法、电磁波测距三角高程法、水准测量法和电磁波测距法，其测量精度应符合二等水准测量相关技术要求。

4.1.4 基准点稳定性分析与维护

1）基准点稳定性判断依据

基准点稳定性可依据现行《建筑变形测量规范》(JGJ 8)进行判断。

(1)首期基准点测量以及每期复测后，应依据各期基准点的平面坐标和高程对相邻两期及以上的变形量开展基准点的稳定性检验分析。

(2)高程基准点稳定性检验应符合下列规定：

①基准点网复测后，对所有基准点应分别按两两组合，计算本期平差后的高差数据与上期平差后高差数据之间的差值；

②当计算的所有高差差值均不大于按下列公式计算的限差时，认为所有基准点稳定：

$$\sigma \leqslant 2\sqrt{2}\sigma_h \tag{10-4-1}$$

$$\sigma_h = \sqrt{n}\mu \tag{10-4-2}$$

式中：σ——高差差值限差(mm)；

σ_h——复测控制点高程中误差；

μ——对应精度等级的测站高差中误差(mm)(按表10-4-17取值)；

n——两个基准点之间的观测站站数。

注：高差差值指的是本次复测相邻两点高差与首期相应基准点高差的差值。

(3)平面基准点稳定性检验应符合下列规定：

①基准点网复测后，对所有基准点应分别按两两组合，计算本期平差后的坐标值与上期平差后坐标值之间的差值；

②当计算的所有坐标差值均不大于按下列公式计算的限差时，认为所有基准点稳定：

$$\delta \leqslant 2\delta_1 \tag{10-4-3}$$

$$\delta_1 = \sqrt{n}\mu \tag{10-4-4}$$

式中：δ——坐标差值限差(mm)；

δ_1——复测控制点的点位中误差；

μ——对应精度等级的测站坐标中误差(mm)(按表10-4-15取值)；

n——两个基准点之间的观测站站数。

注：坐标差值指本次复测基准点与首期相应基准点坐标之差。

2）不稳定基准点判断方法

当基准点复测结果不全满足"基准点稳定性判断依据"时,应通过分析判断找出不稳定的点。

现行《建筑变形测量规范》(JGJ 8)规定,变形测量几何分析应对基准点的稳定性进行检验和分析,可采用下列方法进行分析判断:

(1)当基准点单独构网时,每次基准点复测后,均应根据本次复测数据与上次数据之间的差值,通过组合比较的方式对基准点的稳定性进行分析判断。

(2)当基准点与观测点共同构网时,每次变形观测后,均应根据本期基准点观测数据与上次数据之间的差值,通过组合比较的方式对基准点的稳定性进行分析判断。

(3)限差检验法。此法的基本思想是:假定观测网中各个点都是等概率变形点,利用自由网平差方法求得各点坐标,根据两期观测可得各点的坐标差(Δx_i, Δy_i)。如果点位位移值 Δx_i、Δy_i 大于该点点位中误差的 t 倍(即该点的极限误差, t 一般取 2 或 3),则认为该点是不稳定点,否则,就认为该点是稳定点。由于计算公式复杂不再赘述。

(4)平均间隙法。平均间隙法是检验网点整体稳定性的一种方法。由于计算公式复杂不再赘述。

(5)t 检验法。t 检验法是检验控制网中单点稳定性的一种方法。由于计算公式复杂不再赘述。

3）对不稳定基准点的处理规定

不稳定基准点可依据现行《建筑变形测量规范》(JGJ 8)的规定进行处理,并应符合下列规定:

(1)应进行现场勘查分析,若确认其不宜继续作为基准点,应予以舍弃,并应及时补充布设新基准点。

(2)应检查分析与不稳定基准点有关的各期变形测量成果,并应在剔除不稳定基准点的影响后,重新进行数据处理。

(3)处理结果应及时与项目委托方进行沟通,并应在变形测量技术报告中说明。

4）基准点维护

根据现行《建筑变形测量规范》(JGJ 8)的要求,基准点应每期检测、定期复测,并应符合下列规定:

(1)基准点复测周期应视其所在位置的稳定情况确定,在建筑施工过程中宜 1～2 月复测 1 次。

(2)当某期检测发现基准点有可能变动时,应立即进行复测。

(3)当某期变形测量中多数监测点观测成果出现异常,或当测区受到地震、洪水、爆破等外界因素影响时,应立即进行复测。

(4)复测后,应按本节的规定对基准点的稳定性进行分析。

4.2　监测点布设

支护结构和周围岩土体监测点的布设位置和数量应根据施工工法、工程监测等级、地质条件及监测方法的要求等综合确定,并应满足反映监测对象实际状态、位移和内力变化规律,及分析监测对象安全状态的要求。

4.2.1　支护结构和周围岩土体监测点布设

支护结构监测应在支护结构设计计算的位移与内力最大部位、位移与内力变化最大部位及反应工程安全状态的关键部位等布设监测点。监测点布设时应设置监测断面,且监测断面的布设需反映出监测对象的变化规律,以及不同监测对象之间的内在变化规律。监测断面的位置和数量宜根据工程条件及规模进行确定。监测点位置的分布在施工图设计文件中给定,宜考虑相关规范要求、设计文件要求,结合现场情况选布监测点。

支护结构和周围岩土体监测点布设依据现行《城市轨道交通工程监测技术规范》(GB 50911)确定,并应与施工工法相匹配,常见的施工工法有明挖法、盾构法以及矿山法,其对应的监测点布设详见附件10-4-1。

1) 支护桩(墙)、边坡顶水平位移和竖向位移

(1) 监测点布设要求

①监测点应沿基坑周边布设,且监测等级为一级、二级时,布设间距宜为10~20m,监测等级为三级时,布设间距宜为20~30m;

②基坑各边中间部位、阳角部位、深度变化部位、邻近建(构)筑物及地下管线等重要环境部位、地质条件复杂部位等,应布设监测点;

③对于出入口、风井等附属工程的基坑,每侧的监测点不应少于1个;

④水平和竖向位移监测点可为共用点,监测点应布设在支护桩(墙)顶或基坑坡顶上。

(2) 监测点埋设

①支护桩(墙)顶水平位移监测点宜采用在基坑冠梁上设置强制对中的观测标志的形式,如图10-4-1所示,观测装置宜采用连接杆件与冠梁上埋设的固定螺栓连接,连接杆件尺寸与固定螺栓规格可根据采用的测量装置尺寸要求加工;也可采用钻孔方式埋设观测装置。

②基坑边坡顶部水平位移监测点宜采用混凝土标石,如图10-4-2所示,用于观测标志的螺纹钢直径宜为18~22mm,长度宜为200~400mm;混凝土标石上部直径宜为100mm,下部直径宜为200mm,底部埋置深度宜为300~500mm,顶部宜根据现场情况采取有效的保护措施。

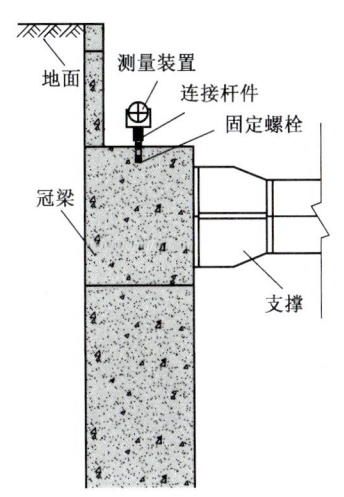

图10-4-1 支护桩墙顶水平位移埋设示意图

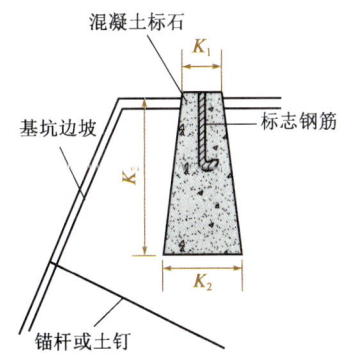

图10-4-2 边坡顶部水平位移埋设示意图
K_1-混凝土标石顶直径;K_2-混凝土标石底直径;K_3-混凝土基石底距硬化地面的高度

(3) 注意事项

埋设时注意观测装置尽量避开障碍物及施工机械区域,以便观测与保护。

2）支护桩（墙）体水平位移

（1）监测点布设要求

①监测点应沿基坑周边的桩（墙）体布设，且监测等级为一级、二级时，布设间距宜为20～40m，监测等级为三级时，布设间距宜为40～50m；

②基坑各边中间部位、阳角部位及其他代表性部位的桩（墙）体应布设监测点；

③监测点的布设位置宜与支护桩（墙）顶部水平位移和竖向位移监测点处于同一监测断面；

④布置在基坑平面上挠曲计算值最大的位置，如悬挂式结构的长边中心，设置水平支撑结构的两道支撑之间。孔间布置间距宜为20m左右，每侧至少布置一个测点；

⑤基坑周围若有诸如建（构）筑物、地下管线等重点监测对象时，可对离监测对象最近的围护段测点适当加密。

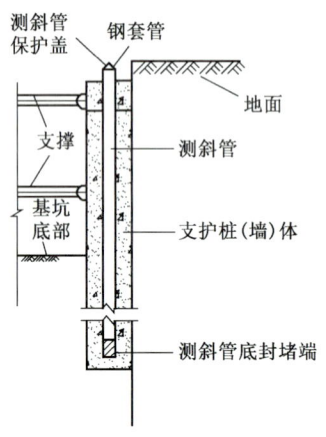

图10-4-3　支护桩（墙）体水平位移示意图

（2）监测点埋设

桩（墙）体水平位移监测点常采用在支护桩（墙）体钢筋笼内预埋测斜管的方式布设，如图10-4-3所示，宜采用与钢筋笼绑扎一同下放的方法。当采用钻孔法埋设时，测斜管与钻孔孔壁之间应回填密实。测斜管宜采用聚氯乙烯（PVC）工程塑料或铝合金管制成，直径宜为45～90mm，管内应有两组相互垂直的纵向导槽，且十字沟槽垂直于基坑。

（3）注意事项

①埋设前应检查测斜管质量，测斜管连接时应保证上、下管段的导槽相互对准、顺畅，各段接头应紧密对接，管底应保证密封；

②测斜管埋设时应保持固定、竖直，防止发生上浮、破裂、断裂、扭转；测斜管一对导槽的方向应与所需测量的位移方向保持一致；

③为防止测斜管在围护桩灌注时因压力过大发生变形或破损等情况，可以在测斜管下放至桩底位置后，在测斜管上方管口位置进行注水，以平衡内外压力；

④在围护桩施工前先确定后期龙门吊轨道摆放的具体位置，可适当变动测斜管位置，使其避开轨道梁，以免后期测斜管压在轨道下面无法进行监测；

⑤钢筋笼吊装时应旁站监护，防止测斜管损坏。

3）结构应力监测

（1）监测点布设要求

应力监测包括支护桩（墙）结构应力、立柱结构应力、支撑轴力、顶板应力、锚杆应力、土钉拉力、盾构管片结构应力、管片连接螺栓应力、矿山初期支护结构应力、二次衬砌应力等，应力监测主要是验证设计支护计算受力的正确性，便于对支护安全状态进行分析。应力监测的分类及布设要求见表10-4-8。

应力监测的分类及布设要求　　　　表10-4-8

监测项目	布 设 要 求
支护桩（墙）结构应力监测	（1）基坑各边中间部位、深度变化部位、桩（墙）体背后水土压力较大部位、地面荷载较大或其他变形较大部位、受力条件复杂部位等，应布设竖向监测断面； （2）监测断面的布设位置与支护桩（墙）体水平位移监测宜共同组成监测断面； （3）监测点的竖向间距应根据桩（墙）体的弯矩大小及土层分布情况确定，且监测点竖向间距不宜大于5m，在弯矩最大处应布设监测点

续上表

监测项目	布点要求
立柱结构应力监测	(1) 竖向位移和水平位移的监测点数量不应少于立柱总数量的5%，且不应少于3根；当基底受承压水影响较大或采用逆作法施工时，应增加监测点数量； (2) 结构应力监测应选择受力较大的立柱，监测点宜布设在各层支撑立柱的中间部位或立柱下部的1/3部位，并宜沿立柱周围均匀布设4个监测点
支撑轴力监测	(1) 支撑轴力监测宜选择基坑中部、阳角部位、深度变化部位、支护结构受力条件复杂部位及在支撑系统中起控制作用的支撑； (2) 支撑轴力监测应沿竖向布设监测断面，每层支撑均应布设监测点； (3) 每层支撑的监测数量不宜少于每层支撑数量的10%，且不应少于3根； (4) 监测断面的布设位置与相近的支护桩(墙)体水平位移监测点宜共同组成监测断面； (5) 采用轴力计监测时，监测点宜布设在支撑的端部；采用钢筋计或应变计监测时，可布设在支撑中部或两支点间1/3部位，当支撑长度较大时也可布设在1/4点处，并应避开节点位置
顶板应力监测	(1) 应选择具有代表性的断面进行顶板应力监测； (2) 监测点宜布设在立柱或边桩与顶板的刚性连接部位和两根立柱或边桩与立柱的跨中部位，每个监测点的纵横两个方向均应进行监测
锚杆拉力监测	(1) 锚杆拉力监测宜选择基坑各边中间部位、阳角部位、深度变化部位、地质条件复杂部位及周边存在高大建(构)筑物部位的锚杆； (2) 锚杆拉力监测应沿竖向布设监测断面，每层锚杆均应布设监测点； (3) 每层锚杆的监测数量不应少于3根； (4) 每根锚杆上的监测点宜设置在锚头附近或受力有代表性的位置； (5) 监测点的布设位置与支护桩(墙)体水平位移监测点宜共同组成监测断面
土钉拉力监测	(1) 土钉拉力监测宜选择基坑各边中间部位、阳角部位、深度变化部位、地质条件复杂部位及周边存在高大建(构)筑物部位的土钉； (2) 土钉拉力监测应沿竖向布设监测断面，每层土钉均应布设监测点； (3) 每根土钉杆体上的监测点应设置在受力有代表性的位置； (4) 监测点的布设位置与土钉墙顶水平位移监测点宜共同组成监测断面
盾构管片结构应力、管片连接螺栓应力	(1) 盾构管片结构应力、管片连接螺栓应力监测应布设垂直于隧道轴线的监测断面，监测断面宜布设在存在地层偏压、围岩软硬不均、地下水位较高等地质或环境条件复杂的地段，并应与管片结构竖向位移和净空收敛监测断面处于同一位置； (2) 每个监测项目在每个监测断面的监测点数量不宜少于5个
矿山法初期支护结构应力、二次衬砌应力	(1) 在地质条件复杂或应力变化较大的部位布设监测断面时，应力监测断面与净空收敛监测断面宜处于同一位置； (2) 监测点宜布设在拱顶、拱脚、墙中、墙脚、仰拱中部等部位，监测断面上每个监测项目不宜少于5个监测点； (3) 需拆除竖向初期支护结构的部位应根据需要布设监测点

(2) 监测点埋设

①钢支撑的轴力监测采用振弦式轴力计(图10-4-4)，安装时将轴力计安装架与钢支撑端头对中并牢固焊接，在拟安装轴力计位置的桩体钢围檩上焊接一块250mm×250mm×25mm的加强垫板，以防止钢支撑受力后轴力计陷入钢围檩。待焊接件冷却后将轴力计推入安装架并用螺钉固定好。

②混凝土支撑一般采用振弦式钢筋应力计进行监测，如图10-4-5所示。在支撑绑扎钢筋时，将主筋截断，钢筋计与支撑主筋焊接。为了能够真实反映支撑杆件的受力状况，钢筋计与主筋宜采用对焊，如果没有对焊条件，也可以用两根短钢筋夹住接头以通长焊缝正反两面焊接(双侧绑焊)。每个断面布

设4个钢筋计,并严格均匀分布钢筋计。

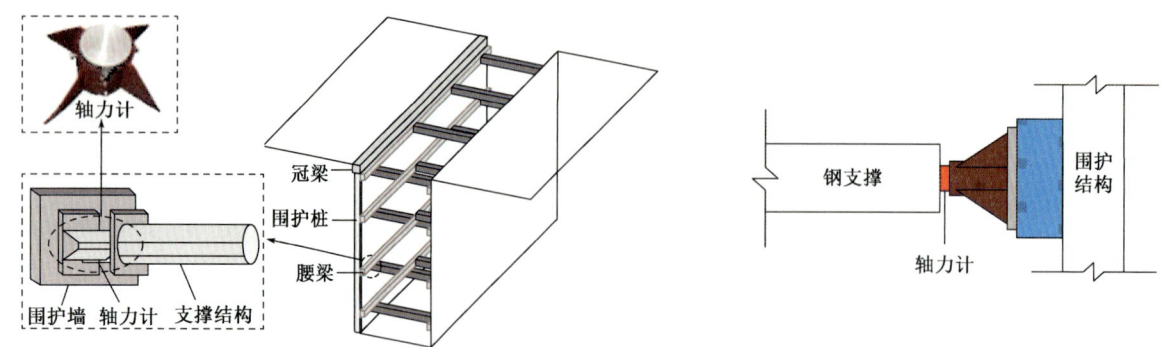

图 10-4-4　钢支撑轴力计埋设大样图

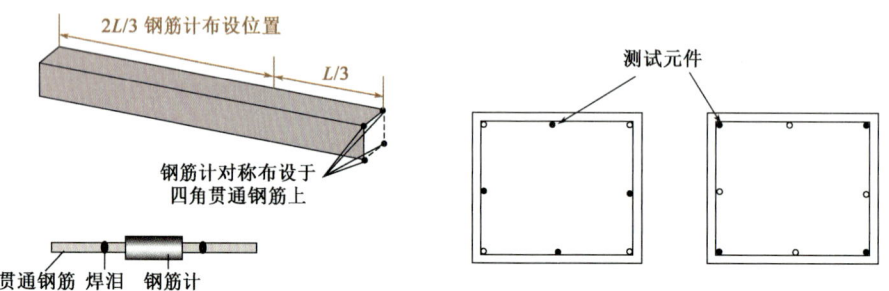

图 10-4-5　振弦式钢筋应力计埋设示意图

③锚索、锚杆、土钉则采用锚索计,如图10-4-6所示。安装时,锚索计受力面应与待测点压向力方向一致,先将锚索计安装锚固(锚板)上,钢绞线或锚索从锚索计中心孔穿过,锚索计置于锚板和工作锚之间,放置平稳。如发现几何偏心过大(仪器分测所得不等值,即为几何偏心),则应予以调整。锚索计安装定位后应及时调零,读取初始值。

④工程结构表面,采用表面应力计。安装前调节调节螺母,使应变计初读数调节到2200～2230με,钢结构表面采用焊接的方式将安装座焊接到钢结构的表面,两个安装座的中心距为128mm(可用专用安装工具定位),混凝土结构膨胀螺钉紧固在混凝土结构表面打上两个φ6mm的孔,孔中心距为130mm(可用专用安装工具定位),装上膨胀螺钉并将孔内间隙用强力黏结胶填满,待胶固化后装上垫片,再将应变计装入膨胀螺钉内,用螺母拧紧,待应变计读数稳定后(至少12h以上),松开调节螺母,松弛3min,开始读取初始值。应力计埋设大样图如图10-4-7所示。

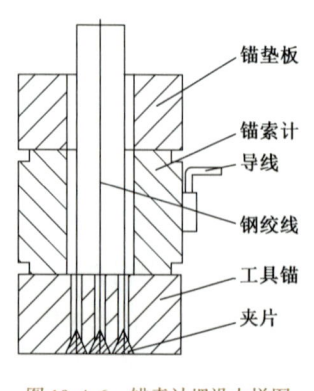

图 10-4-6　锚索计埋设大样图

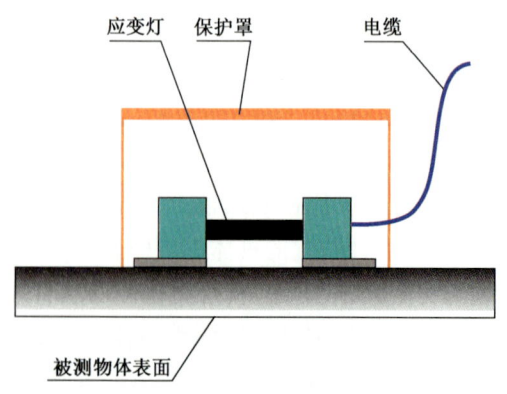

图 10-4-7　应力计埋设大样图

(3) 注意事项

①注意测点处所选择的元器件计量程应与设计值相匹配,量程不宜低于设计值的2倍,精度不宜低于0.25%F.S;

②钢支撑轴力采用轴力计测试时,安装前须确定要预留的尺寸,并及时与有关单位协商以便在支撑制作时予以考虑;

③安装过程要注意轴力计和钢支撑轴线在同一直线上,各接触面平整,确保钢支撑处于轴心受压状态;

④钢筋计和支撑的主筋焊接时应采取包裹湿布或浇水降温等措施,保证钢筋计的温度不高于90°,否则会使钢筋计内部元件失灵,无法工作。焊接完成后,导线要分股标识清楚,并保护起来。

4) 周边地表沉降

(1) 监测点布设要求

根据现行《城市轨道交通工程监测技术规范》(GB 50911),明(盖)挖法、盾构法、矿山法等地表监测布设要求见表10-4-9。

地表沉降监测点布设要求　　　　　　　　　　　　　表10-4-9

监测方法	布设要求
明(盖)挖法	(1) 沿平行基抗边线布设的地表沉降监测点不应少于2排,且排距宜为3~8m,第一排监测点距基坑边缘不宜大于2m,每排监测点间距宜为10~20m;监测点应沿垂直于基坑方向以断面形式布设; (2) 应根据基坑规模和周边环境条件,选择有代表性的部位布设垂直于基坑边线的横向监测断面,每个横向监测断面监测点的数量和布设位置应满足对基坑工程主要影响区和次要影响区的控制,每侧监测点数量不宜少于5个; (3) 监测点及监测断面的布设位置宜与周边环境监测点布设相结合
盾构法	(1) 监测点应沿盾构隧道轴线上方地表布设,且监测等级为一级时,监测点间距宜为5~10m;监测等级为二级、三级时监测点间距宜为10~30m,始发和接收段应适当增加点; (2) 应根据周边环境和地质条件布设垂直于隧道轴线的横向监测断面,且监测等级为一级时,监测断面间距宜为50~100m;监测等级为二级、三级时,间距宜为100~150m; (3) 在始发和接收段、联络通道等部位及地质条件不良易产生开挖面坍塌和地表过大变形的部位,应设有横向监测断面; (4) 横向监测断面的监测点数量宜为7~11个,且主要影响区的监测点间距宜为3~5m,次要影响区的监测点间距宜为5~10m
矿山法	(1) 监测点应沿每个隧道或分部开挖导洞的轴线上方地表布设,且监测等级为一级、二级时,监测点间距宜为5~10m;监测等级为三级时,监测点间距宜为10~15m; (2) 应根据周边环境和地质条件,沿地表布设垂直于隧道轴线的横向监测断面,且监测等级为一级时,监测断面间距宜为10~50m;监测等级为二级、三级时,监测断面间距宜为50~100m; (3) 在车站与区间、车站与附属结构、明暗挖等的分界部位,洞口、隧道断面变化处、联络通道、施工通道等部位及地质条件不良易产生开挖面坍塌和地表过大变形的部位,应有横向监测断面控制; (4) 横向监测断面的监测点数量宜为7~11个,且主要影响区的监测点间距宜为3~5m,次要影响区的监测点间距宜为5~10m

(2) 监测点埋设

通常采用 $\phi120mm$(大于水准尺底部宽度)钻头的钻机或水钻将地面硬化层钻透,为方便保护盖安装,一般可在钻至保护盖等高深度时,更换小钻头进行钻孔,钻孔完成后随即打入作为监测点的钢筋,必要时可在孔内充填细砂使钢筋与土体结为整体,可随土体的变化而变化,如图10-4-8所示。

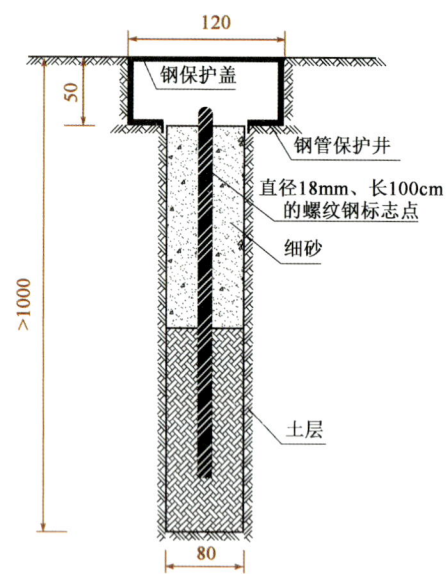

图 10-4-8　地表沉降埋设示意图(尺寸单位:mm)

(3)注意事项

①在监测点布设前应进行管线交底确认工作,防止钻孔过程破坏电缆、光缆、给水、燃气等管线造成不良的社会影响,必要时在钻孔前进行管线探测工作;

②监测点应在基坑开挖前不少于 7d 埋设完成,使其与土体达到稳固状态;

③为了避免车辆对测点的破坏,打入的钢筋要低于路面 2cm 深度,且上面设置钢保护盖,保护测点,同时在测点处填上细砂。

5)净空收敛、拱顶沉降

(1)监测点布设要求

根据现行《城市轨道交通工程监测技术规范》(GB 50911),明(盖)挖法、盾构法、暗挖法等拱顶沉降、净空收敛布设要求见表 10-4-10。

拱顶沉降、净空收敛监测点布设要求　　　　　　　表 10-4-10

监测方法	布 设 要 求
竖井井壁支护结构	(1)竖向每 3~5m 应布设一个监测断面; (2)每个监测断面在竖井结构的长、短边中部应布设监测点,每个监测断面不应少于 2 条测线
盾构法	(1)盾构始发与接收段、联络通道附近、左右线交叠或邻近段、小半径曲线段等区段应布设监测断面; (2)在地层偏压、围岩软硬不均、地下水位较高等地质条件复杂区段应布设监测断面; (3)下穿或邻近重要建(构)筑物、地下管线、河流湖泊等周边环境条件复杂区段应布设监测断面; (4)监测断面宜在拱顶、拱底、两侧、拱腰处布设管片结构净空收敛监测点,拱顶、拱底的净空收敛监测点可兼作竖向位移监测点,两侧拱腰处的净空收敛监测点可兼作水平位移监测点
矿山法	(1)初期支护结构拱顶沉降、净空收敛监测点应布设在垂直于隧道轴线的横向监测断面,车站监测断面间距宜为 5~10m,区间监测断面间距宜为 10~15m; (2)监测点宜布设在隧道拱顶、两侧拱脚处(全断面开挖时)或拱腰处(半断面开挖时),拱顶的沉降监测点可兼作净空收敛监测点,净空收敛测线宜为 1~3 条; (3)分部开挖施工的每个导洞均应布设横向监测断面; (4)测点应在初期支护结构完成后及时布设; (5)监测点宜布设在初期支护结构底板的中部或两侧; (6)监测点的布设位置与拱顶沉降监测点宜对应布设; (7)在隧道周围岩土体存在软弱土层时,应布设隧道拱脚竖向位移监测点; (8)隧道拱脚竖向位移监测点与初期支护结构拱顶沉降监测点宜共同组成监测断面

(2)监测点埋设

安装测点时,在被测结构断面的岩壁或土体上用钻机或冲击钻成孔,孔径宜为 40~80mm,孔深 20mm。在孔中填塞植筋胶后插入收敛预埋件,尽量使两个预埋件的轴线在基线方向上,待孔内植筋胶凝固后即可进行监测,如图 10-4-9 所示。

(3)注意事项

①收敛预埋件挂钩处宜为三角形,避免挂钩时位置偏差,导致所测数据误差增大;

②盾构隧道为防止大量破坏管片,可采用反射片粘贴的方式进行布设;

③监测点应在初期支护结构完成后及时布设;

④暗挖隧道内拱顶下沉及收敛测点不宜焊接在格栅钢架或工字钢上,须埋设在初期喷射混凝土或围岩体内。

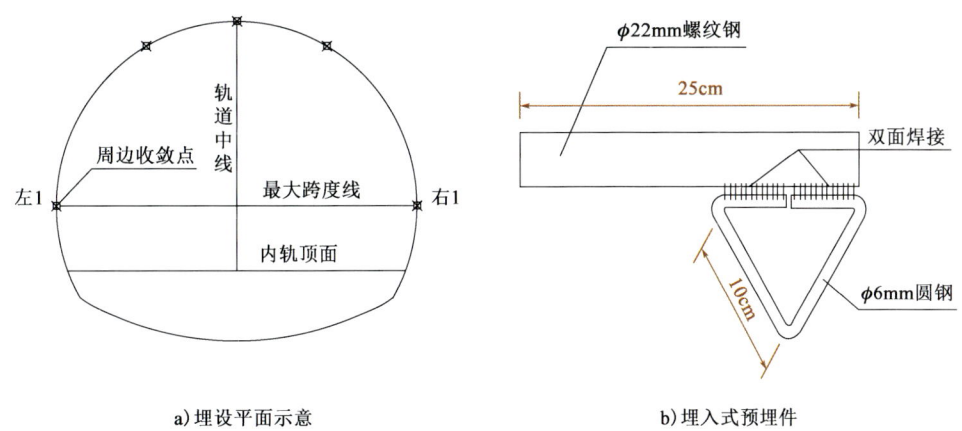

图 10-4-9 净空收敛、拱顶沉降监测点埋设示意图

6)坑底隆起(回弹)

(1)监测点布设要求

①坑底隆起(回弹)监测应根据基坑的平面形状和尺寸布设纵向、横向监测断面。

②监测点宜布设在基坑的中央、距坑底边缘的 1/4 坑底宽度处以及其他能反映变形特征的位置;当基底土质软弱、基底以下存在承压水时,宜适当增加监测点。

③回弹监测标志宜埋入基坑底面以下 20~30cm。

(2)监测点埋设

①钻孔深度应低于沉降标的设计深度 1.0m,钻孔完成后应下放护筒至孔底;

②沉降标顶部为凸球状,带有与钻杆逆向的螺纹,最低端钻杆与沉降标顺时针放进护筒内;

③逐根接长钻杆,将沉降标下放至孔底后,压入设计深度;

④护筒外回填黏土,回填应密实;

⑤管口设置必要的保护装置。

(3)注意事项

①坑底监测点需一定时间才能稳定,故监测点需提前进行布设;

②基坑挖至测点处,易破坏,需加强保护工作。

7)地下水位观测

(1)监测点布设要求

①地下水位观测孔应根据水文地质条件的复杂程度、降水深度、降水的影响范围和周边环境保护要求,在降水区域及影响范围内分别布设地下水位观测孔,观测孔数量应满足掌握降水区域和影响范围内地下水位动态变化的要求。

②当降水深度内存在 2 个及以上含水层时,应分层布设地下水位观测孔。

③降水区靠近地表水体时,应在地表水体附近增设地下水位观测孔,观测和分析地表水对地下水的影响。

④检验降水效果的水位孔布置在降水区内,采用轻型井点管时可布置在总管的两侧,采用深井降水

时应布置在两孔深井之间。潜水水位观测管埋设深度不宜小于基坑开挖深度以下 3m。微承压水和承压水层水位孔的深度应满足设计要求。

⑤观测周围环境的水位孔应围绕围护结构和被保护对象(如建筑物、地下管线等)或在两者之间进行布置,其深度应在允许最低地下水位之下或根据不同水层的位置而定。潜水水位监测点间距宜为 20～50m,微承压水和承压水层水位监测点间距宜为 30～60m,每边布设至少 1 个监测点。

⑥当围护结构不设止水帷幕,采用基坑外降水方式时,也可利用施工降水井进行水位监测。现行《建筑基坑工程监测技术标准》(GB 50497)规定:有条件时可考虑利用降水井进行地下水位监测。现行《城市轨道交通工程监测技术规范》(GB 50911)规定:可利用降水井作部分观测孔。

(2)监测点埋设

水位管选用直径为 50mm 左右的钢管或硬质塑料管,管底加盖密封,防止泥沙进入管中;下部留出 0.5～1m 的沉淀段(不打孔),用来沉积滤水段带入的少量泥沙;中部管壁周围钻出 6～8 列直径为 6mm 左右的滤水孔,纵向孔距为 50～100mm。相邻两列的孔交错排列,呈梅花状布置;管壁外部包扎过滤层,过滤层可选用土工织物或网纱;上部管口段不打孔,以保证封口质量。

水位孔一般用小型钻机成孔,孔径略大于水位管的直径,孔径过小会导致下管困难,孔径过大会使观测产生一定的滞后效应。成孔至设计高程后,放入裹有滤网的水位管,管壁与孔壁之间用净砂回填过滤头,再用黏土进行封填,以防地表水流入。承压水水位管安装前须明确承压水层的深度,水位管放入钻孔后,水位管滤头必须在承压水层内。承压水面层以上一定范围内,管壁与孔壁之间采取特殊措施,隔断承压水与上层潜水的联通,如图 10-4-10 所示。

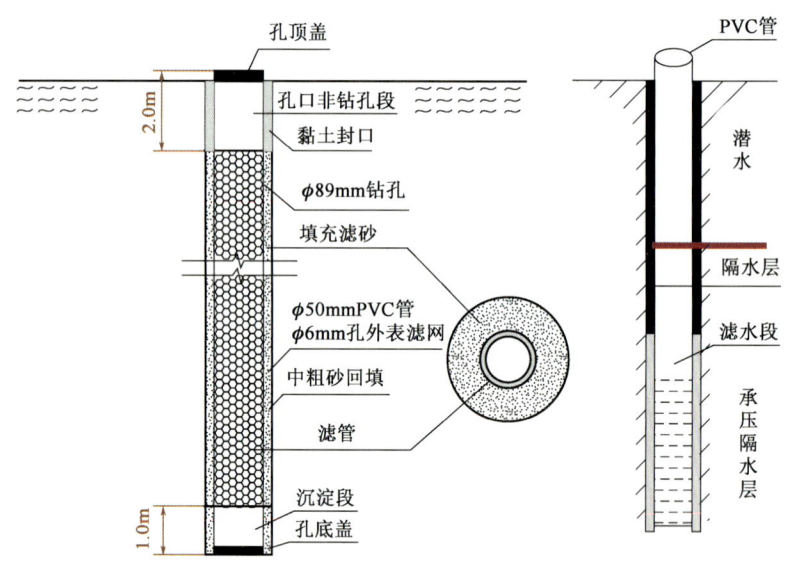

图 10-4-10　地下水位埋设示意图

(3)注意事项

①水位观测管的导管段应顺直,内壁应光滑无阻,接头应采用外箍接头;

②钻孔完成后,若无塌孔或缩孔等现象,立即对钻孔进行清洗,观测孔内水位应与地层水位一致,且连通良好;

③观测孔底宜设置沉淀管;

④埋设完成后需对管口处进行密封处理,防止地面水流入,导致所测值失真;

⑤观测孔孔底高程应低于基坑设计高程约 1.5m。

8）孔隙水压力

（1）监测点布设要求

孔隙水压力监测点宜布置在基坑受力变形较大或有代表性的位置，竖向监测点宜在水压力变化影响深度范围内按土层分布情况布设，监测点竖向间距一般为 2～5m，并不宜少于 3 个。

（2）监测点埋设

孔隙水压力计的埋设可采用钻孔埋设法、压入埋设法、填埋法等。当在同一测孔中埋设多个孔隙水压力计时，宜采用钻孔埋设法；当在黏性土层中埋设单个孔隙水压力计时，宜采用不设反滤料的压入埋设法；在填方工程中宜采用填埋法。

目前，孔隙水压力计有钢弦式、气压式等几种形式，基坑工程中常用的是钢弦式孔隙水压力计，属钢弦式传感器中的一种。孔隙水压力计由两部分组成，第一部分为滤头，由透水石、开孔钢管组成，主要起隔断土压力的作用；第二部分为传感部分，其基本要素同钢筋计。

①安装前的准备。将孔隙水压力计前端的透水石和开孔钢管卸下，放入盛水容器中热泡，以快速排除透水石中的气泡，然后浸泡透水石至饱和，安装前透水石应始终浸泡在水中，严禁与空气接触。

②钻孔埋设。第一种方法为一孔埋设多个孔隙水压力计，孔隙水压力计间距大于 1.0m，以免水压力贯通。此种方法的优点是钻孔数量少，比较适合于监测场地不大的工程，缺点是孔隙水压力计之间封孔难度很大，封孔质量直接影响孔隙水压力计埋设质量，是孔隙水压力计埋设好坏的关键工序，封孔材料一般采用膨润土泥球。埋设顺序为：

a. 钻孔到设计深度；

b. 放入第一个孔隙水压力计，可采用压入法放至要求深度；

c. 回填膨润土泥球至第二个孔隙水压力计位置以上 0.5m；

d. 放入第二个孔隙水压力计，并压入至要求深度；

e. 回填膨润土泥球，以此反复，直到最后一个。

第二种方法为采用单孔法，即一个钻孔埋设一个孔隙水压力计。该方法的优点是埋设质量容易控制，缺点是钻孔数量多，比较适合于能提供监测场地或对监测点平面要求不高的工程。具体步骤为：

a. 钻孔到设计深度以上 0.5～1.0m；

b. 放入孔隙水压力计，采用压入法放至要求深度；

c. 回填 1m 以上膨润土泥球封孔。

（3）注意事项

根据现行《城市轨道交通工程监测技术规范》（GB 50911）要求，孔隙水压力计应在施工前埋设，并应符合下列规定：

①孔隙水压力计应进行稳定性、密封性检验和压力标定，并应确定压力传感器的初始值，检验记录、标定资料应齐全；

②埋设前，传感器和透水石应在清水中浸泡饱和，并排除透水石中的气泡；

③传感器的导线长度应大于设计深度，导线中间不宜有接头，引出地面后应放在集线箱内并编号；

④当孔内埋设多个孔隙水压力计，监测不同含水层的渗透压力时，应做好相邻孔隙水压力计的隔水措施；

⑤埋设后，应记录探头编号、位置并获取初始读数；

⑥孔隙水压力监测点通常采用钻孔法埋设孔隙水压力计,钻孔应圆直、干净,钻孔直径宜为110～130mm,不宜使用泥浆护壁成孔。孔隙水压力计的观测段应回填透水材料,并用干燥膨润土球或注浆封孔。

9）土压力

(1)监测点布设要求

根据现行《城市轨道交通工程监测技术规范》(GB 50911)规定,明(盖)挖法、盾构法、暗挖法等土压力布设要求见表10-4-11。

土压力监测点布设要求 表10-4-11

监测方法	布点要求
明(盖)挖法	(1)监测点应布置在受力、土质条件变化较大或有代表性的部位。 (2)平面布置上基坑每边不宜少于2个测点,在竖向布置上,测点间距宜为2～5m,测点下部宜加密。 (3)当按土层情况布设时,每层应至少布设1个测点,且布置在土层的中部。 (4)土压力盒布置应紧贴支护结构,宜预设在支护结构迎土面一侧。 (5)基坑支护桩(墙)侧向土压力、盾构法及矿山法隧道围岩压力宜采用界面土压力计进行监测。土压力计的测试量程可根据预测的压力变化幅度确定,其上限可取设计压力的2倍,精度不宜低于0.5%F.S,分辨率不宜低于0.2%F.S
盾构法	(1)宜选择在隧道施工穿越区段的重点保护对象旁布设,管理部门或权属单位对隧道周围土压力监测有明确要求时,应按其要求布设土压力监测点; (2)竖向监测点在受施工影响的土层内布设,间距宜为3～5m,宜布设在每层土层的中部
矿山法	(1)在质条件复杂或应力变化较大的部位布设监测断面时,应力监测断面与净空收敛监测断面宜处于同一位置; (2)监测点宜布设在拱顶、拱脚、墙中、墙脚、仰拱中部等部位,监测断面上每个监测项目不宜少于5个监测点; (3)需拆除竖向初期支护结构的部位应根据需要布设监测点

(2)监测点埋设

①钻孔法。钻孔法是通过钻孔和特制的安装架将土压力计埋入土体内,埋设示例如图10-4-11所示。具体步骤如下:

a.先将土压力盒固定在安装架内。

b.钻孔到设计深度以上0.5～1.0m,放入带土压力盒的安装架,逐段连接安装架,土压力盒导线通过安装架引到地面。然后通过安装架将土压力盒送到设计高程。

c.回填封孔。

②挂布法。挂布法用于量测土体与围护结构间的接触压力,埋设示例如图10-4-12所示。具体步骤如下:

a.先用帆布制作一幅挂布,在挂布上缝有安放土压力盒的布袋,布袋位置按设计深度确定;

b.将挂布绑在钢筋笼外侧,并将带有压力囊的土压力盒放入布袋内,压力囊朝外,导线固定在挂布上引至围护结构顶部;

c.放置土压力计的挂布随钢筋笼一起吊入槽(孔)内;

d.混凝土浇筑时,挂布将受到流态混凝土侧向推力而与槽壁土体紧密接触。

(3)注意事项

①埋设前应对土压力计进行稳定性、密封性检验和压力、温度标定,且检验记录、标定资料应齐全。

②压力盒固定在安装架时,压力盒侧向的固定螺栓不能拧得太紧,以免造成压力盒内钢弦松弛,并

应采取土压力膜保护措施。

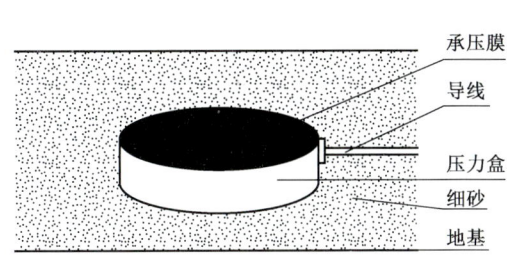

图 10-4-11　土压力盒埋设示例

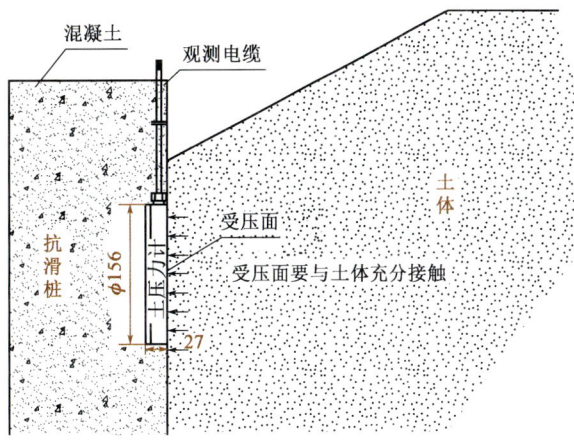

图 10-4-12　挂布法埋设示例(尺寸单位:mm)

③压力盒沉放过程中,始终要跟踪监测土压力盒频率,查看是否正常,如果频率有异常变化,要及时收回,检查导线是否受损。

④压力盒沉放到位施压前,应检查压力盒是否垂直,压力盒面的方向是否与被测土压力的方向垂直并紧贴被监测对象。

⑤采用钻孔法埋设时,回填应均匀密实,且回填材料宜与周围岩土体一致。

⑥采用挂布法安装时,由于土压力盒挂在钢筋笼外侧,因此在钢笼下槽过程中,要格外小心压力囊经过导墙时受挤压、摩擦而破损漏油。挂布要尽可能兜住钢筋笼外侧,防止混凝土浇筑时水泥浆液流到挂布外侧裹住土压力盒。

⑦土压力计导线长度可根据工程监测需要确定,导线中间不应有接头,导线应按一定线路集中于导线箱内。

⑧基坑工程开挖前,应至少经过1周时间的监测并取得稳定初始值;隧道工程压力计埋设后应立即进行检查测试,并读取初始值。

10）土体深层水平位移和分层竖向位移

(1)监测点布设要求

①地层疏松、土洞、溶洞、破碎带等地质条件复杂的地段,软土、膨胀性岩土、湿陷性土等特殊性岩土地段,工程施工对岩土体扰动较大或邻近重要建(构)筑物、地下管线等地段,应布设监测孔及监测点。

②监测孔的位置和深度应根据工程需要确定,并应避免管片背后注浆对监测孔的影响。

③土体分层竖向位移监测点宜布设在各层土的中部或界面上,也可等间距布设。

④土体分层沉降应在盾构始发和到达、穿越河流、穿越建(构)筑物、施工中换刀位置、穿越重要干道交叉路口、穿越公交车站等重要位置埋设监测点,埋设深度为从隧道拱顶以上5m的位置至地面,具体的埋设要求如下:

a.盾构区间:始发和到达离洞门约10m的位置,左右线各布设2个监测点,选点时宜在大管棚加固区和加固区外1m分别布设1个监测点,监测点要求埋设在隧道中线上方土体中;

b.盾构穿越河流:盾构穿越河流两边左右线隧道上方各埋设1个监测点,距河边5m(根据现场情况可适当调整);

c.盾构穿越建(构)筑物:盾构穿越建(构)筑物前后约15m,左右线各布设3个监测点,每5m布设

1个监测点(根据现场情况可适当调整);

　　d. 盾构施工中每次换刀位置布设1个监测点,盾构掘进异常位置布设1个监测点。

(2)埋设方法

土体深层水平位移监测点布设采用钻孔法埋设时,测斜管与钻孔孔壁之间应回填密实。测斜管宜采用聚氯乙烯(PVC)工程塑料或铝合金管制成,直径宜为45~90mm,管内应有两组相互垂直的纵向导槽,且十字沟槽垂直于隧道方向。

土体分层竖向位移监测点一般采用在预定位置钻孔方式布设,在成孔后的土体中通过埋设分层沉降管外加磁环的方法布置。安装磁环时,应先在沉降管上分层沉降标的设计位置套上磁环与定位环,再沿钻孔逐节放入分层沉降管。分层沉降管安置到位后,应使磁环与土层黏结固定,然后采用中细砂进行回填。分层沉降管宜采用聚氯乙烯(PVC)工程塑料管,直径宜为45~90mm。

土体分层竖向位移监测点的埋设方法和沉降管安装分别如图10-4-13和图10-4-14所示,并应符合下列规定:

①土体分层竖向位移监测点宜采用埋设分层沉降管、管外套磁环的形式,分层沉降管内径为59mm,外径宜为71mm,埋置深度应符合设计要求;分层沉降管口部位宜采用钢套管保护,管底应进行封堵;

②保护井壁采用钢质材料,井壁厚度宜为10mm,井底垫圈宽度宜为50mm,井深宜为200~300mm;井盖宜采用钢质材料,井盖直径为150mm,井口标高宜与地面标高相同;

③一般采用磁环式。用钻机在预定孔位上钻孔,成孔后将带磁环的沉降管插入孔内然后将沉降管向上拔起1m,这样可使磁环在上、下各1m范围内移动时不受阻,然后用细砂在导管和孔壁之间填充至管口高程。

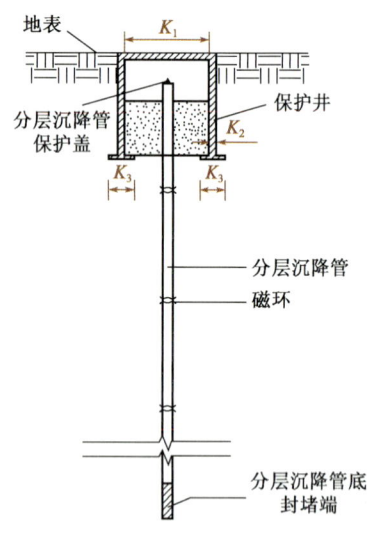

图10-4-13　土体分层竖向位移监测点
K_1-保护井盖直径;K_2-保护井井壁厚度;K_3-井底垫圈宽度

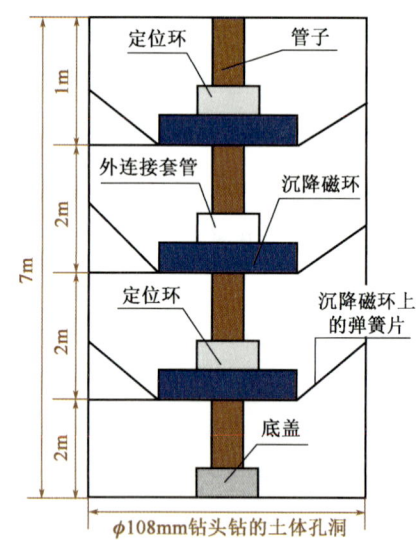

图10-4-14　沉降管、磁环安装示意图

(3)注意事项

①埋设深度:土体分层竖向位移监测点埋设深度应为从隧道拱顶以上3~5m的位置至地面;

②为避免塌孔或缩孔现象,钻头应该预装完成后再拔出,并应立即进行埋设;

③为防止泥浆流入,底部及接头位置需密封处理;

④当浮力较大导致沉降管无法继续安放时,可向管内注入清水增加其自重。

11）立柱沉降

(1) 监测点布设要求

①竖向位移和水平位移监测宜选择基坑中部、多根支撑交汇处、地质条件复杂处的立柱；

②水平位移监测点宜在立柱结构顶部、底部上下对应布设，并可在中部增加监测点。

(2) 监测点埋设

采用棱镜、反射片布设于立柱底部及上部。

(3) 注意事项

竖向位移和水平位移监测点宜布设在便于观测和保护的立柱侧面上。

4.2.2 周边环境监测点布设

周边环境监测点的布设位置和数量应根据环境对象的类型和特征、环境风险等级、所处工程影响分区、监测项目及监测方法的要求等综合确定。

监测点除应满足反映环境对象变化规律和分析环境对象安全状态的要求外，还应布设在反映环境对象变形特征的关键部位以及受施工影响敏感的部位。同时应便于观测，且不应影响或妨碍环境监测对象的结构受力、正常使用和外观。

爆破震动监测点的布设及要求应符合现行《爆破安全规程》(GB 6722)的有关规定。监测建(构)筑物不同高度的振动时，应从基础到顶部的不同高度部位布设监测点。

1）建(构)筑物与桥梁竖向位移监测

(1) 监测点布设要求

根据《城市轨道交通工程监测技术规范》(GB 50911)，建(构)筑物、桥梁竖向位移监测点布设要求见表10-4-12。

竖向位移监测点布设要求　　　　表10-4-12

监测项目	布设要求
建(构)筑物 竖向监测	(1) 监测点布设应反映建(构)筑物的不均匀沉降； (2) 建(构)筑物竖向位移监测点宜布设在外墙或承重柱上，且位于主要影响区时，监测点沿外墙间距宜为10～15m，或每隔2根承重柱布设1个监测点；位于次要影响区时，监测点沿外墙间距宜为15～30m，或每隔2～3根承重柱布设1个监测点；在外墙转角处应有监测点控制； (3) 在高低悬殊或新旧建(构)筑物连接、建(构)筑物变形缝、不同结构分界、不同基础形式和不同基础埋深等部位的两侧应布设监测点； (4) 对烟囱、水塔、高压电塔等高耸构筑物，应在其基础轴线上对称布设监测点，且每栋构筑物监测点不应少于3个； (5) 风险等级较高的建(构)筑物应适当增加监测点数量
桥梁竖向位移监测	(1) 桥梁墩台竖向位移监测点宜布设在墩柱或承台上； (2) 每个墩柱和承台的监测点不应少于1个，群桩承台宜适当增加监测点

(2) 监测点埋设

先在建(构)筑物的基础或墙上钻孔，然后将预埋件放入，孔与测点四周空隙用水泥砂浆填实，并在预埋件上涂上防腐剂。测点基本布设在被测建(构)筑物的角点上，测点的埋设高度应方便观测，同时测点应采取保护措施，做好明显标志并进行编号，避免在施工和使用期间受到破坏，如图10-4-15所示。

(3) 注意事项

①埋设时，应注意确保方便观测，避开有碍立尺的障碍物，一般高于地面0.2～0.5m；

②测点埋设完毕后，应在其端头的立尺部位做防锈处理。

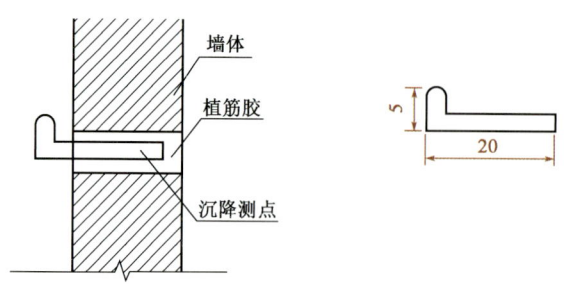

图 10-4-15　建(构)筑物沉降测点示意图(尺寸单位:cm)

2)建(构)筑物与桥梁倾斜监测

(1)监测点布设要求

根据《城市轨道交通工程监测技术规范》(GB 50911),建(构)筑物、桥梁倾斜监测点布设要求见表 10-4-13。

倾斜监测点布设要求　　　　　　　　表 10-4-13

监测项目	布设要求
桥梁	采用全站仪监测桥梁墩柱倾斜时,监测点应沿墩柱顶、底部上下对应按组布设,且每个墩柱的监测点不应少于 1 组,每组的监测点不宜少于 2 个;采用倾斜仪监测时,监测点不应少于 1 个
建(构)筑物	(1)倾斜监测点应沿主体结构顶部、底部上下对应按组布设,且中部可增加监测点; (2)每栋建(构)筑物倾斜监测数量不宜少于 2 组,每组的监测点不应少于 2 个; (3)采用基础的差异沉降推算建(构)筑物倾斜时,监测点的布设应符合本节竖向位移监测点布设要求; (4)当利用建(构)筑物内部竖向通道观测时,可将通道底部中心点作为测站点

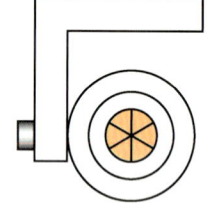 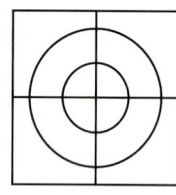

图 10-4-16　倾斜监测点所用标志示意图

(2)监测点埋设

测点标志根据不同的监测对象采用不同的埋设形式,框架、砖混结构对象采用钻孔埋入标志测点,钢结构对象可采用焊接式测点,装修较好或不允许破坏表面的对象可采用贴反光片增加测试的方法。倾斜标志采用圆棱镜或反射片标志,如图 10-4-16 所示。

(3)注意事项

①测定顶部相对于底部的整体倾斜时,应沿同一竖直线分别布设顶部监测点和底部对应点;
②测定局部倾斜时,应沿同一竖直线分别布设所测范围的上部监测点和下部监测点;
③埋设时应避开障碍物,棱镜和反射片应面向基准点并粘贴牢固。

3)建(构)筑物与桥梁裂缝宽度监测

(1)监测点布设要求

①裂缝宽度监测应根据裂缝的分布位置、走向、长度、宽度、错台等参数,分析裂缝的性质、产生的原因及发展趋势,选取应力或应力变化较大部位的裂缝或宽度较大的裂缝进行监测;
②裂缝宽度监测宜在裂缝的最宽处及裂缝首、末端按组布设,每组应布设 2 个监测点,并应分别布设在裂缝两侧,且其连线应垂直于裂缝走向。

(2)监测点埋设

为了观测裂缝的发展情况,要在裂缝处设置观测标志。对设置标志的基本要求是:当裂缝发展时标志能相应地开裂或变化,并能正确地反映建(构)筑物裂缝发展情况,其标志形式一般采用以下三种:

①石膏板标志

用厚10mm、宽50~80mm的石膏板(长度视裂缝大小而定),在裂缝两边固定牢固。监测方法为:在监测裂缝中部的两侧各粘贴一块金属不锈钢板,钢板中心钻一小圆孔,埋设时圆孔连线方向垂直于裂缝,同时在裂缝的两端也各做一个标记,以观测裂缝的开展情况;也可以在裂缝两端设置石膏薄片,使其与裂缝两侧牢固黏结,当裂缝裂开或加大时,石膏片也裂开,监测时可测定其裂缝的大小和变化。观测所用的量具是一种特殊构造的卡尺,尺身长700~800mm,刻度为1mm,尺上附有一个水准管,在尺的一端安有一根钻有孔距为1cm的定位小孔、可以上下游动的测针。测针系用止动螺钉插入小孔圈固定。尺上还附有一个游标,游标带有一根可上下微动的测针。当两测针对准刻度0,同时水泡在水泡管中心时,两测针尖端在同一水平面上。卡尺的垂直和水平最小读数为0.1mm。其结构形式如图10-4-17所示。不锈钢板中心圆孔的形状与卡尺测针的尖端必须完全吻合。

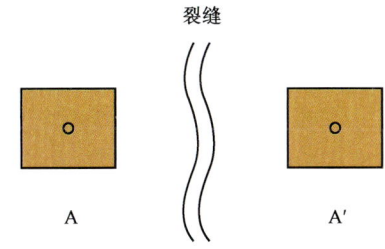

图10-4-17 石膏板标志

②白铁片标志

a. 用两块白铁皮,一片取尺寸为150mm×150mm的正方形,固定在裂缝的一侧,并使其一边和裂缝的边缘对齐。

b. 另一片为尺寸为50mm×200mm的矩形,固定在裂缝的另一侧,使两块白铁皮的边缘相互平行,并使其中的一部分重叠。

c. 当两块白铁片固定好以后,在其表面均匀涂上红色油漆。

d. 如果裂缝继续发展,两白铁片将逐渐拉开,露出正方形白铁上原被覆盖没有涂油漆的部分,其宽度即为裂缝加大的宽度,可用尺子量出。

结构裂缝变化监测点通常埋设在结构开裂明显的位置,其标志设置如图10-4-18所示。

③埋钉法

在建筑物大的裂缝两侧各钉一颗钉子,通过测量两侧两颗钉子之间的距离变化来判断滑坡的变形滑动。其标志设置具体如图10-4-19所示,在裂缝两边凿孔,将长约10cm、直径10mm以上的钢筋头插入,并使其露出墙外2cm左右,用水泥砂浆填灌牢固。在两钢筋头埋设前,应先把钢筋一端锉平,在上面刻十字线或中心点,作为量取其间距的依据。待水泥砂浆凝固后,量出两金属棒之间的距离,并记录下来。以后如裂缝继续发展,则金属棒的间距也会不断加大。定期测量两棒的间距并进行比较,即可掌握裂缝开展情况。

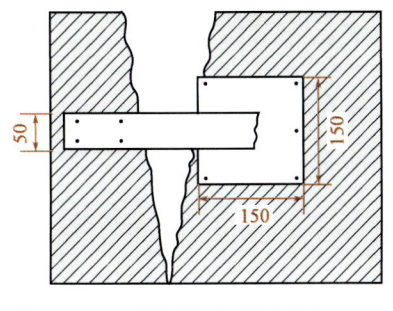

图10-4-18 白铁片标志(尺寸单位:mm)

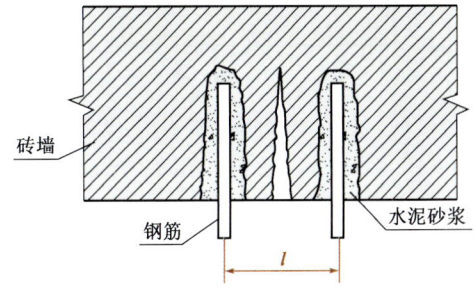

图10-4-19 金属棒标志

(3)注意事项

采用石膏、贴片方式监测时,一定要注意粘贴牢固,防止后期掉落以影响监测成果。

4）地下管线保护监测

（1）监测点布设要求

①地下管线监测点的埋设形式和布设位置，应根据地下管线的重要性、修建年代、类型、材质、管径、接口形式、埋设方式、使用状况以及与工程的空间位置关系等综合确定。

②地下管线位于主要影响区时，竖向位移监测点的间距宜为 5~15m；位于次要影响区时，竖向位移监测点的间距宜为 15~30m。

③竖向位移监测点宜布设在地下管线的节点、转角点、位移变化敏感或预测变形较大的部位。

④地下管线位于主要影响区时，宜采用位移杆法在管体上布设直接竖向位移监测点；地下管线位于次要影响区且无法布设直接竖向位移监测点时，可在地表或土层中布设间接竖向位移监测点。

⑤隧道下穿污水、供水、燃气、热力等地下管线且风险很高时，应布设管线结构直接竖向位移监测点及管侧土体竖向位移监测点。

⑥地下管线密集、种类繁多时，应对重要的、抗变形能力差的、容易渗漏或破坏的管线进行重点监测。

（2）监测点埋设

①有检查井的地下管线应打开井盖直接将测点布设到管线上或管线承载体上；

②无检查井但有开挖条件的管线应开挖暴露管线，将测点直接布设到管线上；

③无检查井也无开挖条件的管线可在对应的地表埋设间接观测点。

在管线上布设监测点时，对于封闭的管线可采用大于 φ120mm 的水钻将地面硬化层钻透，然后用洛阳铲挖孔至管线外护壁，放入钢筋，周围用细沙填实，避免钢筋随土体的变化而变化。为了避免车辆对测点的破坏，放入的钢筋要低于路面 2cm 的深度，上面覆盖盖板保护测点，同时在测点处填上细砂。对于开放式的管线可在管线或管线支墩上做监测点支架。常见管线监测点埋设示意图如图 10-4-20 所示。

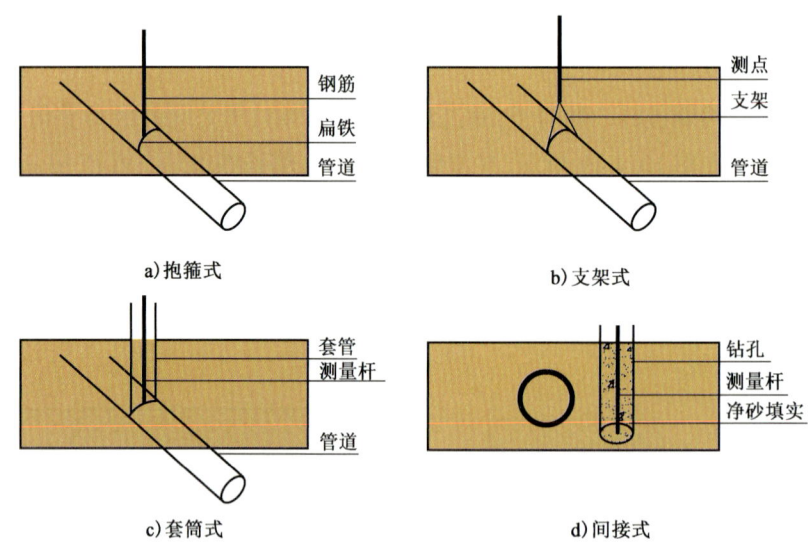

图 10-4-20　常见管线监测点埋设示意图

（3）注意事项

钻孔前期需确定管线埋设位置、深度、材质，避免施工过程中管线破损。

5）高速公路与城市道路的路面和路基竖向位移监测

高速公路与城市道路的路面和路基竖向位移监测点的布设应与路面下方的地下构筑物和地下管线的监测工作相结合，并应做到监测点布设合理、相互协调。

路面竖向位移监测应根据施工工法,并结合路面实际情况布设监测点和监测断面。对高速公路和城市重要道路,应增加监测断面数量。

隧道下穿高速公路、城市重要道路时,应布设路基竖向位移监测点,路肩或绿化带上应有地表监测点控制。

道路挡土墙竖向位移监测点宜沿挡土墙走向布设,挡土墙位于主要影响区时,监测点间距不宜大于 5~10m;位于次要影响区时,监测点间距宜为 10~15m。

道路挡土墙倾斜监测点应根据挡土墙的结构形式选择监测断面布设,每段挡土墙监测断面不应少于 3 个,每个监测断面上、下监测点应布设在同一竖直面上。

6)既有轨道交通结构保护监测

既有轨道交通隧道结构竖向位移、水平位移和净空收敛监测应按监测断面布设,且既有隧道结构位于主要影响区时,监测断面间距不宜大于 5m;位于次要影响区时,监测断面间距不宜大于 10m。每个监测断面宜在隧道结构顶部或底部、结构柱、两边侧墙布设监测点。

既有轨道交通高架桥结构监测点的布设可按桥梁监测的规定布设。

既有轨道交通地面线的路基竖向位移监测应按监测断面布设,每个监测断面中的每条轨道下方的路基及附属设施均应布设监测点。

既有轨道交通整体道床或轨枕的竖向位移监测应按监测断面布设,监测断面与既有隧道结构或路基的竖向位移监测断面宜处于同一里程。

轨道静态几何形位监测点的布设应按城市轨道交通或铁路的工务维修、养护要求等进行确定。

既有轨道交通其他附属结构监测点布设可按建(构)筑物监测的规定布设。

既有轨道交通隧道结构、轨道结构的裂缝监测应按照建筑物裂缝监测的规定布设。

既有轨道交通监测宜采用远程自动化监控系统。

7)施工期线路结构监测

城市轨道交通工程施工期间,应对其线路中的隧道、高架桥梁、路基和轨道结构及重要的附属结构等进行竖向位移监测,并宜对隧道结构进行净空收敛监测,净空收敛监测详见本章4.3.7小节。

隧道结构和路基监测项目主要为竖向位移、差异沉降。应及时发现其过量沉降和过大差异沉降,防止隧道结构不均匀沉降、开裂、渗漏,影响行车安全。隧道、路基的竖向位移监测点主要布设在容易产生竖向位移和差异沉降的位置,一般布设要求应依据现行《城市轨道交通工程监测技术规范》(GB 50911)确定,详见表10-4-14。

施工期线路结构监测项目布设要求   表10-4-14

序号	布 设 要 求
1	在直线地段宜每 100m 布设 1 个监测点
2	曲线地段宜每 50m 布设 1 个监测点,在直缓、缓圆、曲线中点、圆缓、缓直等部位应有监测点控制
3	道岔区宜在道岔理论中心、道岔前端、道岔后端、辙叉理论中心等结构部位各布设 1 个监测点,道岔前后的线路应加密监测点
4	线路结构的沉降缝和变形缝、车站与区间衔接处、区间与联络通道衔接处、附属结构与线路结构衔接处等,应有监测点或监测断面控制
5	隧道、高架桥梁与路基之间的过渡段应有监测点或监测断面控制
6	地基或围岩采用加固措施的轨道交通线路结构或附属结构部位应布设监测点或监测断面
7	线路结构存在病害或处在软土地基等区段时,应根据实际情况布设监测点

续上表

序号	布 设 要 求
8	地下车站主体结构:监测点布设在道床上,每个车站布设3个监测断面,每个断面左、右线各布设一个沉降监测点。 标准长度车站(160~200m):在地下车站站台层纵向的1/4、1/2和3/4处各布设1个监测横断面,每个断面的左、右线上各布设一个监测点,点位布设在道床轨道中间。车站长度大于200m时,按50m间距增设沉降监测点。 对于采取高等减振措施、特殊减振措施(钢弹簧浮置板)的结构区段,由于特殊减振措施自身会发生一定的变形,在道床上布设监测点的同时,应在同一横断面的结构上布设监测点
9	区间隧道主体结构:监测点布设在道床上。 对于铺设一般道床的地段,沉降监测点应布设在整体道床上,并位于线路中心线上的两根轨枕中间。 监测点标志采用$\phi 8mm$膨胀螺栓,按设计位置钻孔埋入。监测点埋设不得影响地铁设施,测点埋设稳固,做好清晰标记,方便保存。 监测点埋设应注意:监测点位于两根轨枕中间,避开道床伸缩缝、隧道结构变形缝,避开管片接缝;监测标志避开道床上层钢筋,不影响管片上其他重要管线的通过。 对于采取高等减振措施、特殊减振措施(钢弹簧浮置板)的地段,除了在道床上布设监测点外,应在同一横断面的行车方向右侧盾构隧道结构上布设监测点,以便更进一步掌握隧道结构的沉降情况
10	车站与隧道交接处:对于运营线路,控制差异沉降尤为重要,因此,在车站结构、明挖矩形隧道与区间盾构隧道交接处、明挖结构和隧道变形缝两侧道床轨道中间,应各布设1个监测点,左、右线各布设1对,对于地下车站每座车站共布设4对
11	联络通道沉降监测点布设:每个联络通道布设2个沉降监测点,且和联络通道中心相交的隧道中心处应布设1个沉降监测点,便于监测联络通道和隧道的差异沉降值

监测点布设可根据监控量测设计图纸、施工方案、规范及项目所在地的地方管理要求综合考虑执行,监测点布设工程实例见附件10-4-2。

4.2.3 监测点保护

测点埋设并完成监测点验收后,日常监测点保护工作由施工监测单位实施,施工单位监测管理人员应重点做好监测点保护协调和管理工作。

(1)工作基点、地表沉降、周边管线变形、建筑物沉降点、隧道衬砌环收敛、沉降等监测点应采用油漆等其他明显标志进行示意保护。

(2)围护墙(桩)深层水平位移监测点安装时,做好管节的固定、孔底和孔口的密封。孔口加盖子或布条塞住管口,防止异物掉入管内。测孔底部沉淀有泥沙时,应使用高压水枪清洗。

(3)围护墙(桩)顶部水平位移、竖向位移监测点埋设时应避开基坑护栏、挡水墙,可在挡水墙或地面上做明显标记,必要时对该点四周加护栏保护。

(4)混凝土支撑内力传感器安装好后,将传感线置于圆管内,圆管连同支撑一起浇筑,使用时将导线牵出,做好分股标记。

(5)钢支撑内力计安装好后将传感线引至基坑护栏,并固定在基坑护栏上,做好分股标记。

(6)地下水位监测管管口应高出地表,加盖保护,防止雨水、地表水和杂物进入管内,水位管处应设警示等醒目标识,避免外因造成破坏。

4.2.4 监测点标识

(1)保护盖顶盖划分为4个90°扇形,每两个对角部分喷绘为同一颜色,颜色分为红色和白色。

(2)采用喷绘的方式时,建议喷在测点旁,字体统一朝向,具体要求如下:

①车站地表喷绘格式为"名称-断面编号-测点编号",如DB-05-06,前2个字母"DB"代表"地表"的意思,中间2个数字"05"代表断面数,最后2个数字"06"代表该断面的测点编号;

②区间地表喷绘格式为"左右线名称-里程-测点编号",如 DBZ(Y)-10100-06,前3个字母"DBZ"代表地表左(右)线,中间5个数字"10100"代表断面里程,最后2个数字"06"代表该断面的测点编号;

③喷绘单字标准为:高 5cm,宽 5cm。

(3)测点标识牌制作要求建议如下:

①标识牌采用塑料板材质,宽 400mm,高 250mm;

②均采用喷绘,不允许手写。

字体及格式示例如图 10-4-21 所示。

图 10-4-21　标识牌示意图(尺寸单位:mm)

监测点保护及标识工作可根据项目所在地的地方管理要求执行,常见的监测点保护及标识实例见附件 10-4-3。

4.3　监测方法及设备

监测方法及设备应根据监测对象和监测项目的特点、工程监测等级、设计要求、精度要求、场地条件和当地工程经验等综合确定,并应合理易行。当采用监测新技术、新方法前,应与传统方法进行验证,且监测精度应符合现行《城市轨道交通工程监测技术规范》(GB 50911)的相关规定。

同一监测项目,现场监测作业应符合下列规定:

(1)采用相同的监测方法和监测路线;

(2)使用同一监测仪器和设备;

(3)固定监测人员;

(4)在基本相同的时段和监测环境条件下工作。

4.3.1　水平位移监测

1)监测方法分类

(1)测定特定方向的水平位移宜采用视准线法、投点法、激光准直法等大地测量方法,采用激光准直法时,应在使用前对激光仪器进行检校;

(2)测定任意方向的水平位移可根据监测点的分布情况,采用交会、导线测量、极坐标等方法;

(3)当监测点与基准点无法通视或距离较远时,可采用全球卫星导航定位系统(GPS/GNSS)测量法或边角测量与基准线法相结合的综合测量方法。

2)一般规定

(1)水平位移监测基准点的埋设应符合现行《城市轨道交通工程监测技术规范》(GB 50911)的有关规定,并宜设置有强制对中的观测墩,或采用精密的光学对中装置,对中误差不宜大于0.5mm;

(2)水平位移监测网可采用假设坐标系统,并进行一次布网。每次监测前,应对水平位移基准点进行稳定性复测,并以稳定点作为起算点;

(3)监测仪器和监测方法应满足水平位移监测点坐标中误差和水平位移控制值的要求,且水平位移监测要求依据现行《城市轨道交通工程监测技术规范》(GB 50911)确定,详见表10-4-15。

水平位移监测精度　　　　　　　　　　　　　　　表10-4-15

	工程监测等级	一级	二级	三级
水平位移控制值	累计变化量 D'(mm)	$D'<30$	$30 \leq D'<40$	$D' \geq 40$
	变化速率 v_d(mm/d)	$v_d<3$	$3 \leq v_d<4$	$v_d \geq 4$
监测点测站坐标中误差(mm)		≤ 0.6	≤ 0.8	≤ 1.2

注:1. 监测点测站坐标中误差是指监测点相对测站点(如工作基点等)的坐标中误差,为点位中误差的$1/\sqrt{2}$。
　　2. 当根据累计变化量和变化速率选择的精度要求不一致时,优先按变化速率的要求确定。

3)观测方法

地铁监测中最常用的是极坐标法,因此本节重点介绍极坐标法,其他方法在地铁中很少用到,在此不再赘述。极坐标法根据现场观测条件和处理方法不同,大概可分为传统极坐标法、自由设站法、极坐标法加差分处理、基于自由设站的CPⅢ控制网的观测方法、改进的极坐标法。极坐标法测量主要技术要求见表10-4-16。

极坐标法测量主要技术要求　　　　　　　　　　　表10-4-16

等级	仪器精度(mm)	测回数	一测回读数较差(mm)	测回差(mm)	气象数据测定的最小读数	
					温度(℃)	气压(Pa)
二等	1	4	1	1.5	0.2	50

(1)传统极坐标法

工作原理是在工作基点或者基准点上设站,后视一个基准点进行定向。然后对各监测点进行观测,可直接测出监测点坐标。

传统极坐标法监测过程简洁,工作量小,效益高。缺点是定向缺乏检核条件,不能确定工作基点或者基准点是否变动,针对基坑工作基点容易变形的特点,其数据成果连续性受限、可靠性相应降低,观测的监测点数据中含有设站误差、环境影响的误差、监测点照准误差等。增加了监测点变形分析的难度。

(2)自由设站法

基坑监测自由设站监测示意图如图10-4-22所示。

工作原理:应用高精度全站仪在基坑附近方便观测的位置自由设站,后视2个及以上的基准点进行测站定向、定位。

精度估算如下:

由于是自由设站,因此不必考虑测站的对中误差,只需考虑测角误差、测距误差、测点棱镜的对中误差,以及测站点的起始误差,即其监测点点位中误差为:

$$m_D = \pm\sqrt{\left(\frac{m_\beta}{\rho}\right)^2 + m_s^2 + m_{镜}^2 + m_p^2} \tag{10-4-5}$$

式中：m_β——全站仪的测角中误差；

m_s——测距中误差；

$m_{镜}$——监测点棱镜对中误差；

m_p——测站点的起始误差；

ρ——常数，$\rho = 180 \times 3600/\pi = 206264.806 \approx 206265$。

根据 TC2003 全站仪标称精度计算，$m_\beta = \pm 0.5''\sqrt{2}$，$m_s = \pm(1\text{mm} + 1 \times 10^{-6})$，如考虑 $m_{镜} = \pm 1\text{mm}$，最大测距边 160m，$m_p = 0.78\text{mm}$，分别代入式（10-4-5）中，可求得 $m_D = \pm 1.8\text{mm}$。

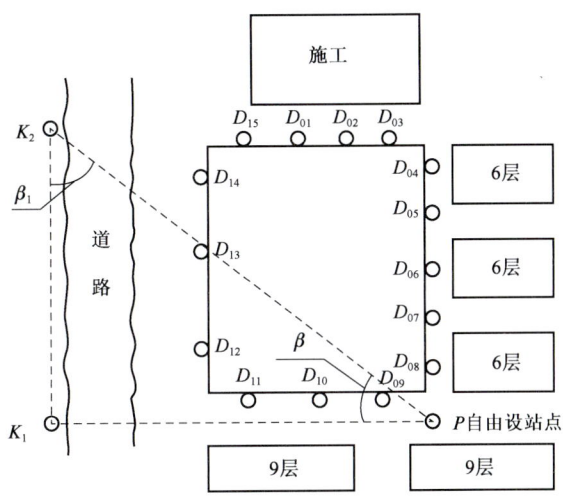

图 10-4-22　基坑监测自由设站监测示意图

对变形观测的精度要求，一般情况下观测中误差取小于其允许变形值的 1/20~1/10。如以工程监测等级为二级的基坑允许值 30mm 进行监控，取其 1/15 允许值为监测中误差，则监测点中误差应小于 2mm。通过上述分析可知，采用自由设站加极坐标法直接测定基坑围护墙顶水平位移，可以满足二级基坑的监测精度要求。如果采取自由设站点，坐标测量采用多测回观测或增加已知方向，位移监测点用强制对中螺杆直接埋设在圈梁上等措施，可进一步提高监测精度。

自由设站法可在场地任意合适位置架设仪器，不受通视条件限制，更适于复杂的监测环境。但自由设站相邻周期数据稳定性差，设站精度随后视点个数、设站点与后视点构成的几何图形形状波动较大。根据现场条件尽可能选择 40°~120° 的交会角进行交会，若有条件，尽可能增测控制点数，增加多余观测，以有效提高自由设站点的点位精度和可靠性。

（3）极坐标法加差分处理

极坐标法在测量机器人自动化监测中应用得较多，在人工监测中也可引入这种方法，减小各种误差影响。

为了减少作业人员的工作量，测距时不进行温度和气压的测定，直接得到变形点的三维坐标。采用极坐标法进行施测，然后对施测结果进行差分处理，直接得到变形点的三维坐标。即：按极坐标的方法测量测站点（基准点）至其他基准点和变形点的斜距、水平角和垂直角，将测站点至具有代表性气象条件的基准点的测量值与其基准值（基准网的测量值）相比，求得差值。由于变形观测采用同样的仪器和作业方法，并且基准点均埋设在稳定地段，因此认为基准点是稳定的，故将这一差值认为是受外界条件影响的结果。每站观测可以在短时间内完成,并且是基准点和监测点同时观测,可以认为外界条件对基准点和监测点的影响是相关的,可把基准点的差异加到变形点的观测值上进行差分处理,计算监测点的三维位移量。

极坐标法加差分处理含有距离的差分改正、球气差的改正、方位角的差分改正,因此实际操作中不用对这些分量进行差分改正,可直接对坐标分量进行差分改正。具体方法是设站后后视一个基准点进行定向,测量附近另一个基准点进行检核,设站定向完成后,可用检核点、能观测到的其他基准点,利用观测的基准点值和初始基准点值做差求取平均值,作为坐标分量差分值。差分时一定要注意正负号。

这种方法除了减小了距离、球气差、方位角等的影响,设站误差在差分中也被去除或者减小了。但是采用这种方法的前提条件是周围有多个通视稳定的基准点。

(4) 基于自由设站的CPⅢ控制网的观测方法

CPⅢ控制网是高铁CPⅢ控制测量时所采用的网形。它是一个边角控制网,但其测量方式较传统边角网测量有很大差异。传统的边角网测量仪器都是架设在控制点上进行观测,但CPⅢ控制网却无须在控制点上架设仪器。

这种方法应用于基坑监测时,对CPⅢ控制网的网形进行了一定的调整(图10-4-23)。监测时自由设站处架设全站仪(设站点与每个控制的点宜在300m以内,设站点与监测点的距离宜在200m以内),采用方向观测法(全圆观测法)多测回观测基准点和基坑监测点,记录自由设站到各基准点及监测点的水平距离和水平方向观测值。通过预先编写的软件解算平台求解各监测点的水平位移量或用成熟软件进行严密平差计算。

基于自由设站的CPⅢ控制网的观测方法施测过程相对固定。点位坐标在严格软件平台下解算,易于发现粗差,数据成果可靠性高。但需要自主研发相应的解算软件,监测时工作量大,工序繁琐,数据并不能实时产生,不适于特殊时期实时的监测任务。

(5) 改进的极坐标法

如图10-4-24所示为改进的极坐标法对比设站示意图,其中,A为设站点,B为定向点,C为检核点,P为监测点。常规的极坐标法中,设站完成后通常仅进行单点校核,校核合格即开始采集数据。但改进的极坐标法需对比设站,定向操作完成之后,需对定向点B、检核点C分别进行点校核。

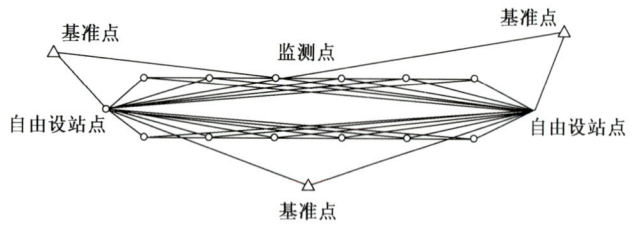

图10-4-23 基坑CPⅢ控制网法网形示意图

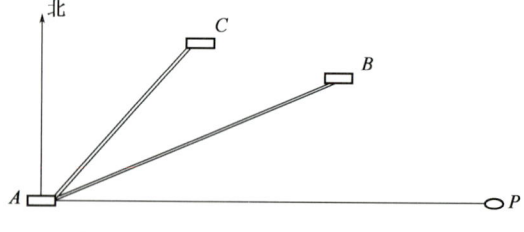

图10-4-24 改进的极坐标法对比设站示意图

多点校核完成后:

①若B点、C点检核误差均在2.4mm(稳定性假设检验求得的临界值)内时,可以认为A、B、C三个工作基点未发生明显位移,可直接获取当前监测数据;

②若B点检核误差超限,C点检核合格时,可判定B点发生变形的可能性最大;

③若B点检核合格,C点检核误差超限时,可判定C点发生变形的可能性最大;

④若B点、C点检核误差均超限时,可以判定A点发生变形的可能性最大。

但以上前提是工作基点未布设在同一变形体上,实际操作中往往也是这样布设的。由此两个工作基点同时发生变形的概率也将大大减小,但并不排除同时变形超限的可能。

若 B 点、C 点中有一个检核误差超限,则拟定工作基点已发生突变(或累计变形超限),当前设站处获取的监测数据不能直接使用。引入数据后处理,具体流程如图10-4-25所示。

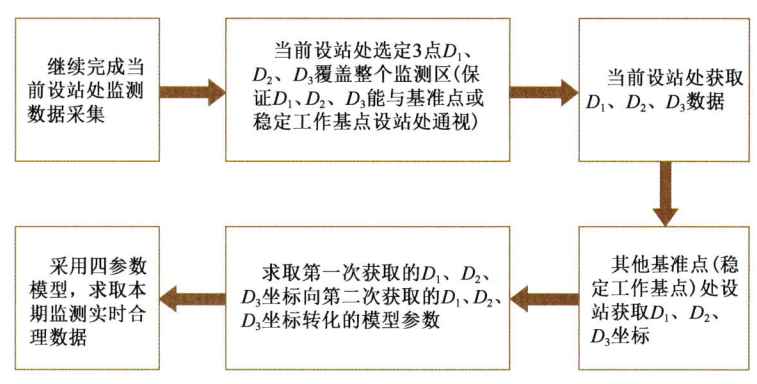

图10-4-25 数据处理流程图

通过上述几种方法的介绍,我们可根据现场实际情况选择监测方法,也可几种方法组合进行监测。

4)数据处理

(1)通过传送数据线及传输软件将全站仪中数据导入数据处理表格,对其进行整理、检查。

(2)计算方法。

①当变形方向垂直基坑时

$$\Delta P = \sqrt{(X_1-X_2)^2+(Y_1-Y_2)^2} \quad (10\text{-}4\text{-}6)$$

式中:ΔP——两点坐标距离,为基坑位移量;
(X_1,Y_1)——初始值坐标;
(X_2,Y_2)——所测坐标。

②当计算任意方向变形量时

$$\Delta S = \Delta P \times \cos\alpha \quad (10\text{-}4\text{-}7)$$

基坑变形量 ΔS 如图10-4-26所示。

(3)日常监测值与初始值的差值为其累计变化量,本次值与前次值的差值为其本次变化量。

(4)"+"值表示向基坑内的位移,"-"值表示向基坑外的位移。

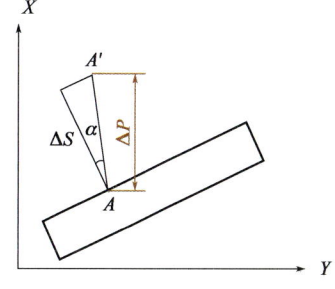

图10-4-26 基坑变形示意图

4.3.2 竖向位移监测

1)监测方法分类

竖向位移监测可采用几何水准测量、电子测距三角高程测量、精力水准测量等方法,监测中常用几何水准测量法。

2)一般规定

(1)监测精度应与相应等级的竖向位移监测网观测相一致,见表10-4-17;

(2)主要监测点应与水准基准点或工作基点组成闭合线路或附合水准线路;

(3)对于采用的水准仪视准轴与水准管轴的夹角(i 角),监测等级为一级时,不应大于10″,监测等级为二级时,不应大15″,监测等级为三级时,不应大于20″,i 角检校应符合现行《国家一、二等水准测量规范》(GB/T 12897)的有关规定；

竖向位移监测精度   表 10-4-17

工程监测等级		一级	二级	三级
竖向位移控制值	累计变化量 S(mm)	$S<25$	$25\leq S<40$	$S\geq 40$
	变化速率 v_s(mm/d)	$v_s<3$	$3\leq v_s<4$	$v_s\geq 4$
监测点测站高差中误差(mm)		≤0.6	≤1.2	≤1.5

注：监测点测站高差中误差是指相应精度与视距的几何水准测量单程一测站的高差中误差。

(4) 采用钻孔等方法埋设坑底隆起(回弹)监测标志时，孔口高程宜用水准测量法测量，高程中误差为 ±1.0mm，沉降标至孔口的垂直距离宜采用经检定的钢尺量测；

(5) 采用静力水准进行竖向位移自动监测时，设备的性能应满足监测精度的要求，并应符合现行《建筑变形测量规范》(JGJ 8)的有关规定；

(6) 采用电子测距三角高程进行竖向位移监测时，宜采用 0.5″～1″级的全站仪和特制觇牌，采用中间设站、不量仪器高的前后视观测方法，并应符合现行《建筑变形测量规范》(JGJ 8)的有关规定；

(7) 竖向位移监测网宜采用城市轨道交通工程高程系统，也可采用假定高程系统；

(8) 采用几何水准测量、三角高程测量时，监测网应布设成闭合、附合线路或结点网，采用闭合线路时，每次应联测 2 个以上的基准点；

(9) 竖向位移监测网的技术要求应符合现行《城市轨道交通工程监测技术规范》(GB 50911)的有关规定。

3) 观测方法

采用水准测量方法，水准路线形式有闭合水准路线、附合水准路线、支水准路线等形式，高程系统采用城市轨道交通工程建设的高程系统，也可采用独立的假定高程系统。基准网一般不设成闭合或附合水准路线形式，将竖向变形监测点纳入其中进行观测。为保证有足够的起算数据检核，纳入基准网或观测网中的基准点与工作基点数量应各不少于 3 个。

考虑监测对象竖向变形监测控制指标及监测作业的经济性，监测精度一般要求达到控制指标的 1/10～1/20。竖向变形监测点相对基准点的精度达到 ±1mm 时，一般可满足大多数的监测要求。对基准网与监测网组网时，可综合考虑使用的仪器精度与基准点、监测点的分布来进行网形设计，以满足监测精度要求。

一般情况下，监测网按现行《工程测量规范(附条文说明)》(GB 50026)三等垂直位移监测网技术要求观测，三等垂直位移网主要技术要求见表 10-4-18，有特殊要求时可提高观测等级。

监测点观测主要技术指标及要求   表 10-4-18

序号	项 目	限 差
1	监测点与相邻基准点高差中误差	1.0mm
2	每站高差中误差	0.30mm
3	往返较差及环线闭合差	$\pm 0.6\sqrt{n}$ mm
4	检测已测高差较差	$\pm 0.8\sqrt{n}$ mm
5	视线长度	50m
6	前后视的距离较差	2.0m
7	任一测站前后视距差累计	3m
8	视线离地面最低高度	0.3m

注：n 为测站数。

4）数据处理

通过传送数据线及传输软件将水准仪中的数据导入数据处理表格,对其进行整理、检查。

4.3.3 深层水平位移监测

1）测斜仪分类及组成

深层水平位移监测分为桩体水平位移监测、土体深层水平位移监测,一般采用测斜仪来进行位移监测。

测斜仪是一种能有效且精确地测量深层水平位移的工程监测仪器。可应用其监测土体、临时或永久性地下结构(如桩、连续墙、沉井)的深层水平位移。测斜仪有固定式和活动式两种。固定式是将测头固定埋设在结构物内部的固定点上;活动式即先埋设带导槽的测斜管,间隔一定时间将测头放入管内沿导槽滑动测定斜度变化,计算水平位移。

活动式测斜仪按测头传感器不同,可细分为滑动电阻式、电阻应变片式、钢弦式及伺服加速度计式4种。目前,使用较多的是电阻应变片式和伺服加速度计式测斜仪,电阻应变片式测斜仪的优点是产品价格便宜,缺点是量程有限,不耐用;伺服加速度计式测斜仪的优点是精度高、量程大和可靠性好等,缺点是抗震性能较差,当测头受到冲击或受到横向振动时,传感器容易损坏。

测斜仪由以下四部分组成:

(1)探头:装有重力式测斜传感器。

(2)测读仪:测读仪是二次仪表,需和测头配套使用,其测量范围、精度和灵敏度根据工程需要而定。

(3)电缆:连接探头和测读仪的电缆起向探头供给电源和向测读仪传递监测信号的作用,同时也起到收放探头和测量探头所在测点与孔口距离的作用。

(4)测斜管:一般由塑料管或铝合金管制成。常用直径为50~75mm,每节长度为2~4m。管口接头有固定式和伸缩式两种,测斜管内有两对相互垂直的纵向导槽。测量时,测头导轮在导槽内可上下自由滑动。

2）一般规定

测斜仪系统精度不宜低于0.25mm/m,分辨率不宜低于0.02mm/500mm,电缆长度应大于测斜孔深度。

3）观测方法

深层水平位移通常采用测斜仪进行监测,监测点的稳定期一般不少于测斜管埋设后7d,确保监测点处于稳定状态后再进行监测工作,其步骤如下:

(1)桩(墙)体深层水平位移监测的初始值应是基坑开挖之前一周连续3次测量无明显差异读数的平均值,或取开挖前最后一次的测量值作为初始值。

(2)使测斜仪测读器处于工作状态,将探头导轮对准与所测位移方向一致的槽口,缓慢地下放至管底,待探头与管内温度基本一致、显示仪读数稳定后开始监测。然后由管底自下而上沿导槽全长每隔0.5m读一次数据,一般以管口作为确定测点位置的基准点,每次测试时管口基准点必须是同一位置,按探头电缆上的刻度分划,均速提升。每隔0.5m读数一次,并做记录。待探头提升至管口处,将仪器旋转180°,再按上述方法测量,以消除测斜仪自身的误差。

注意事项:

(1)测试前采用模拟探头(预通器)检查测斜管导槽,以免测斜仪探头被卡;

(2)匀速下放测斜仪探头,以免探头导轮脱轨;

(3)每一深度的正反两读数的绝对值宜相同,当读数有异常时应及时补测;

(4)测斜仪探头下放到位后,等待一段时间,待探头温度与测斜管内温度一致且读数稳定后再开始测试。

4)数据处理

在实际计算时,因读数仪显示的数值一般是经计算转化而成的水平量,因此只需按仪器使用说明书中告知的计算式计算即可,不同厂家生产的测斜仪其计算公式各不相同。应注意的是,读数仪显示的数值一般取$L_i = 500$mm作为计算长度,其中土体测斜孔从管口起算,墙体测斜孔也从管口起算,并加上地连墙顶的位移值。

深层水平位移计算时,应确定固定起算点,固定起算点可设在测斜管的顶部或底部;当测斜管底部未进入稳定岩土体或已发生位移时,应以管顶为起算点,并应测量管顶的平面坐标进行水平位移修正。

某一区段的变位 Δ_i 计算公式为:

$$\Delta_i = l_i \sin\theta_i \tag{10-4-8}$$

某一深度的水平变位值 δ_i 可通过区段变位 Δ_i 的累计得出,即:

$$\delta_i = \sum \Delta_i = \sum l_i \sin\theta_i \tag{10-4-9}$$

设初次测量的变位结果为 $\delta_i(0)$,则在进行第 j 次测量时,所得的某一深度上相对前一次测量时的位移值 Δx_i 为:

$$\Delta x_i = \delta_i^{(j)} - \delta_i^{(j-1)} \tag{10-4-10}$$

相对初次测量时总的位移值为:

$$\sum \Delta x_i = \delta_i^{(j)} - \delta_i^{(0)} \tag{10-4-11}$$

4.3.4 土体分层竖向位移监测

1)仪器分类及组成

土体分层沉降采用钢尺沉降仪进行监测,钢尺沉降仪结构简单,操作方便,与沉降管、底盖、磁环配套使用。监测设备及监测示意图如图10-4-27所示。

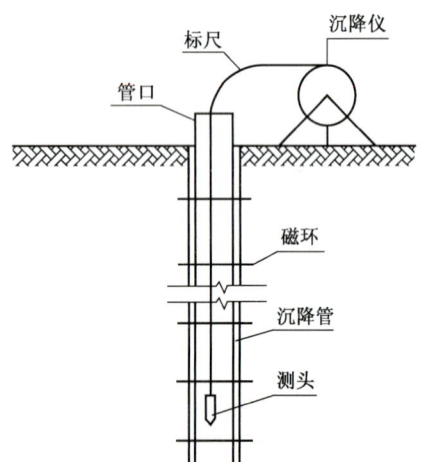

图10-4-27 监测设备及监测示意图

2)一般规定

(1)磁环分层沉降标埋设后应连续观测1周,至磁环位置稳定后,测定孔口高程并计算各磁环的高程。采用分层沉降仪量测时,应以3次测量平均值作为初始值,读数较差不应大于1.5mm;采用分层沉降标结合水准测量时,水准测量精度应符合表10-4-6的规定。

(2)采用磁环分层沉降标监测时,应对磁环距管口的深度采用进程和回程两次观测,并取进、回程读数的平均数;每次监测时均应测定分层沉降管管口高程的变化,然后换算出分层沉降管外各磁环的高程。

(3)每次监测分层沉降仪应进行进程、回程两次测试,两次测试误差值不大于1.0mm,对于同一个工程应固定监测仪器和人员,以保证监测精度。

3)测试方法

测试方法采用孔口高程法,在孔口做一标记,每次测试都应以该标记为基准点,孔口高程采用水准仪测试。

监测时应先用水准仪测出沉降管的管口高程,然后将分层沉降仪的探头缓缓放入沉降管中。当接收仪发生蜂鸣或指针偏转最大时,该位置就是磁环的位置。捕捉接收仪响第一声时测量电缆在管口处的深度尺寸,相邻磁环有两次响声,两次响声间的间距为磁环间实际距离。这样由上而下地测量到孔底,称为进程测读。当从该沉降管内收回测量电缆时,测头再次通过土层中的磁环,接收系统的蜂鸣器会再次发出蜂鸣声。此时,读出测量电缆在管口处的深度尺寸,如此测量至孔口,称为回程测读。磁环距管口深度取进程、回程测读数的平均值。

测读步骤如下:

(1)三脚架支在测孔上方,放平稳,测头挂在钢卷尺端部,用螺钉销紧;

(2)测头慢慢放入管中,同时电缆跟进;

(3)接通滚筒面板上的电源开关;

(4)测头下降到铁环中间时,音响立即发出声音,找准发音的确切位置。将钢卷尺与脚架中的基准尺对齐,即可读出该环所在深度。

4)数据处理

(1)每次观测时用水准仪测出孔口高程,测得铁环深度,即可换算出高程,观测点沉降量等于测点初始高程减去观测时测点的高程。

(2)根据监测数据绘制深度—位移曲线散点图,根据沉降规律判断土层稳定状态和施工措施的有效性。

其计算公式为:

$$S_i = \frac{J_i + H_i}{2} \tag{10-4-12}$$

式中:i——孔中测读的点数,即土层中磁环个数;

S_i——i测点距离管口的实际深度(mm);

J_i——i测点在进程测读时距离管口的深度(mm)。

4.3.5 倾斜监测

1)监测方法分类

倾斜监测根据现场观测条件和要求,一般有激光铅直仪法、垂准法、倾斜仪法、投点法或差异沉降法等观测方法。在铁路建设过程中,常用投点法和差异沉降法对施工影响范围内的建(构)筑物进行倾斜监测,在此将重点介绍投点法和差异沉降法。

2)一般规定

(1)当采用全站仪或经纬仪进行外部观测时,仪器设置位置与监测点的距离宜为上、下点高差的1.5~2.0倍。

(2)倾斜观测精度应符合现行《工程测量规范(附条文说明)》(GB 50026)和《建筑变形测量规范》(JGJ 8)的有关规定。

3)监测方法及其计算

(1)垂准法应在下部测点安装光学垂准仪、激光垂准仪或经纬仪,全站仪加弯管目镜法在顶部测点安置接收靶,在靶上读取或量取水平位移量与位移方向。

(2)倾斜仪法可采用水管式、水平摆、气泡或电子倾斜仪等进行观测,倾斜仪应具备连续读数、自动记录和数字传输功能。

(3)投点法应采用全站仪或经纬仪瞄准上部观测点,在底部观测点安置水平读数尺直接读取偏移量,正、倒镜各观测一次取平均值,并根据上、下观测点高度计算倾斜度。

观测时,在底部倾斜观测点位置处安置水平读数尺等测量设施,在平行于建筑倾斜边的方向,离开测点约1.5倍建筑高度左右处,便于与上、下测点通视的位置架设全站仪,使全站仪与建筑倾斜边尽量位于同一直线。采用正倒镜观测法测出每队上、下观测点标志间的水平位移分量,再按矢量相加法求得水平位移值(倾斜量)和位移方向(倾斜方向),倾斜量除以上、下测点间高差,得到该处的房屋倾斜率。投点法主要适用于中低层建筑物。具体步骤如下:

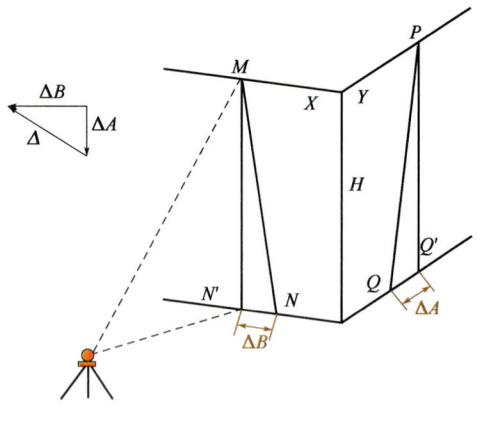

图 10-4-28 投点法倾斜观测示意图

①将全站仪安置在固定测站上,该测站到建筑物的距离为建筑物高度的1.5倍以上。如图10-4-28所示,瞄准建筑物 X 墙面上部的观测点 M,用盘左、盘右分中投点法,定出下部的观测点 N。用同样的方法,在与 X 墙面垂直的 Y 墙面上定出上观测点 P 和下观测点 Q。M、N 和 P、Q 即为所设观测标志。

②隔一段时间后,在原固定测站上,安置全站仪,分别瞄准上观测点 M 和 P,用盘左、盘右分中投点法,得到 N′ 和 Q′。如果 N 与 N′、Q 与 Q′ 不重合,说明建筑物发生了倾斜。

③用尺子量出在 X、Y 墙面的偏移值 ΔA、ΔB,然后用矢量相加的方法计算出该建筑物的总偏移值 ΔD,即 $\Delta D = \sqrt{\Delta A^2 + \Delta B^2}$。

根据总偏移值 ΔD 和建筑物的高度 H 即可计算出其倾斜度 i。

(4)差异沉降法应采用水准方法测量沉降差,与建(构)筑物沉降观测方法相同,经换算求得倾斜度和倾斜方向。

根据建(构)筑物两侧的竖向位移测点的沉降差值计算建(构)筑物基础倾斜,如图10-4-29所示,建(构)筑物基础倾斜的计算公式为:

$$\alpha = \frac{\Delta h}{L} \quad (10\text{-}4\text{-}13)$$

式中:α——建(构)筑物倾斜角(rad);

Δh——相对沉降差(mm)。

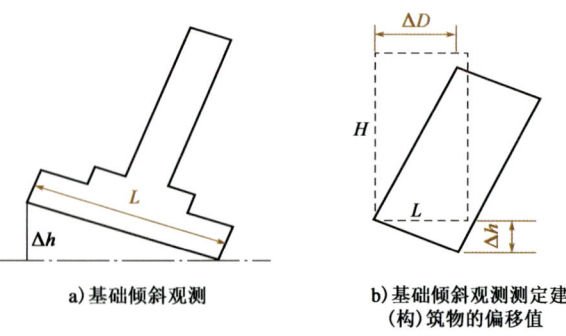

a)基础倾斜观测 b)基础倾斜观测测定建(构)筑物的偏移值

图 10-4-29 差异沉降法倾斜观测示意图

4.3.6 裂缝监测

1）监测方法分类

（1）裂缝宽度监测宜采用裂缝观测仪进行测读，也可在裂缝两侧贴、埋标志，采用千分尺或游标卡尺等直接量测，或采用裂缝计、粘贴安装千分表及摄影量测等方法监测裂缝宽度变化；

（2）裂缝长度监测宜采用直接量测法；

（3）裂缝深度监测宜采用超声波法、凿出法等；

（4）对于大面积且不便于人工量测的众多裂缝宜采用交会测量或近景摄影测量方法。

2）一般规定

（1）建（构）筑物、桥梁、既有隧道结构等的裂缝监测内容应包括裂缝位置、走向、长度、宽度，必要时尚应监测裂缝深度；

（2）裂缝宽度量测精度不宜低于0.1mm，裂缝长度和深度量测精度不宜低于1.0mm，每次观测应绘出裂缝的位置、形态和尺寸，注明日期，并拍摄裂缝照片；

（3）当采用测缝传感器自动测记时，应与人工监测数据比对，且数据的观测、传输、保存应可靠；

（4）工程施工前应记录监测对象已有裂缝的分布位置和数量，并对需要监测的裂缝进行统一编号，记录各裂缝的位置、走向、长度、宽度、深度以及初测日期等；

（5）裂缝监测针对周边地表、支护结构和建（构）筑物中可能存在的裂缝，选取其中宽度较大、有代表性的裂缝进行重点监测；

（6）每条裂缝的监测部位应至少包含裂缝两端及最大宽度位置。

4.3.7 净空收敛监测

1）仪器分类及组成

矿山法初期支护结构和盾构法管片结构的净空收敛可采用收敛计、全站仪或红外激光测距仪进行监测。

2）一般规定

（1）应结合监测精度及现场条件选择合理的监测方法，并根据选择的监测方法设置监测点；

（2）当采用全站仪进行观测时，观测精度参照水平位移监测执行；

（3）当采用收敛计和红外测距仪进行观测时，仪器测距分辨率不得低于0.1mm。

3）监测方法

（1）收敛计法

量测方法是在量测收敛断面上设置两个固定标点，而后把收敛计两端与之相联，然后通过调节钢尺的拉力，即可正确地测出两标点间的距离及其历时的变化。监测原理是用机械的方法传递两测点间的相对位移，将其转换为百分表的两次读数差值。用弹簧秤给钢卷尺以恒定的张力，同时也牵动与钢卷尺相连的滑动管，通过其上的量程杆，推动百分表芯杆，使百分表产生读数，不同时刻所测得的百分表读数差值，即为两点间的相对位移数据。

（2）全站仪法

监测时采用全站仪对边测量，利用全站仪自身具有的内存及计算功能计算出水平距离和高差。

对边测量原理:当测完第一个点时,全站仪屏幕会显示出测站到被测点的斜距、高差、平距;当再按一次测距键测量第二个被测点时,则屏幕显示出第一个被测点至第二个被测点的斜距、高差、平距。

(3)红外激光测距仪法

净空收敛监测点布设时,先使用水平尺竖直靠在管壁上,上下移动水平尺使气泡居中,此时水平尺的中心即为管片的近似水平直径位置。在该位置采用十字刻线的方式将测距仪位置清晰、规范地刻在管壁上,确保管片清洗后仍能找到十字刻线。然后在另一侧做好标记,确保每次收敛的测量均在同一位置,保证测量精度。历次测量采用测距仪直接靠在十字刻线位置,对准另一侧既有标记,测得该位置处的管片直径。隧道运营后,由于隧道的各种线缆、信号箱等施工,可能导致十字刻线处的视线遮挡,无法观测。此时应重新进行收敛测点的布设,测线尽量靠近隧道中心。

(4)无棱镜反射型全站仪隧道全断面扫描收敛监测

无棱镜反射型全站仪隧道净空测量技术的工作原理:操作人员把全站仪设站在所要测量断面的线路中线或隧道中线等特殊点上,也可以在所要测量断面的任意一点上,甚至把全站仪设站在任意点上测量任意断面(对直线隧道,所测断面与设站点的距离不得超过无棱镜反射型全站仪的有效测程),测出某一断面上轮廓点相对设站点的相对坐标或在施工坐标系中的坐标;仪器自动记录所测数据,通过与计算机联机,利用仪器配套软件把仪器内存的断面净空数据下载到计算机里面,再转至 Excel 中进行数据处理;之后生成脚本文件,再通过 AutoCAD 运行脚本文件自动生成断面净空实测图,最后把断面设计图套上去,就可以清楚地获得整个隧道变形的趋势图以及相关变形数据。

(5)三维激光扫描仪

三维激光扫描仪测量方法是将离散点云聚合,构建模型。依据设计数据对模型进行任意间距的剖切(例如 1m),得到一组若干条断面线,间距为 1m,输出断面即可得到该里程下任意高度的线路中线到边墙的距离,以及板顶、板底高程。

隧道净空收敛监测精度要求为:

①断面位置里程误差应不大于 ±50mm;

②断面测量误差应小于 ±10mm;

③断面点高程的测量误差应小于 ±10mm。

4)数据处理

收敛值为两测点在某一时间内的距离的变化量。设 T_1 时的观测值为 L_1,T_2 时的观测值为 L_2,其计算公式为:

$$\Delta L = L_1 - L_2 \tag{10-4-14}$$

式中:ΔL——两点之间的收敛值。

机械式收敛计均有温度误差,因此每次测出的读数还应加上温度修正值,即实际测量值 = 修正后的钢尺长度 + 千分尺的读数,即:

$$L' = L_n [1 - a(T_0 - T_n)] \tag{10-4-15}$$

式中:L'——温度修正后的钢尺实际长度;

L_n——第 n 次观测时钢尺的长度读数;

a——钢尺线膨胀系数,取 $a = 12 \times 10^{-6}$℃;

T_0——首次观测时的环境温度(℃);

T_n——第 n 次观测时的环境温度(℃)。

4.3.8 爆破震动监测

1）仪器设备

爆破震动采用爆破测振仪进行监测，该测振仪有两种触发模式，即内触发和外触发。内触发采用的是电平触发，当信号高于设定的触发电平值时瞬间触发，仪器进入采集；外触发为外接无线模块触发。

使用内触发模式时，用户将触发电平设置好后可撤离，当信号高于触发电平值时仪器工作，开始记录。

2）一般规定

根据现行《城市轨道交通工程监测技术规范》（GB 50911），爆破监测工作宜采用以下方式：

（1）爆破震动监测系统由速度传感器或加速度传感器、数据采集仪及数据分析软件组成，速度传感器或加速度传感器可采用垂直、水平单向传感器或三矢量一体传感器。

（2）爆破震动监测传感器的安装应与被测对象之间刚性黏结，并应使传感器的定位方向与所测量的振动方向一致。

监测工作中可采用以下方法固定传感器：

①被测对象为混凝土或坚硬岩石时，宜采用环氧砂浆、环氧树脂胶、石膏或其他高强度黏合剂将传感器固定在混凝土或坚硬的岩石表面，也可预埋固定螺栓，将传感器底面与预埋螺栓紧固相连；

②被测对象为土体时，可先将表面松土夯实，再将传感器直接埋入夯实的土体中，并使传感器与土体紧密接触。

（3）仪器安装和连接后应进行监测系统的测试，监测期内整个监测系统应处于良好的工作状态。

（4）爆破震动监测仪器量程精度的选择应符合现行《爆破安全规程》（GB 6722）的规定，见表10-4-19。

爆破震动安全允许标准　　　　　　　表10-4-19

序号	保护对象类别	安全允许质点振动速度 v(cm/s)		
		$f \leq 10Hz$	$10Hz < f \leq 50Hz$	$f > 50Hz$
1	土窑洞、土坯房、毛石房屋	0.15~0.45	0.45~0.9	0.9~1.5
2	一般民用建筑物	1.5~2.0	2.0~2.5	2.5~3.0
3	工业和商业建筑物	2.5~3.5	3.5~4.5	4.2~5.0
4	一般古建筑与古迹	0.1~0.2	0.2~0.3	0.3~0.5
5	运行中的水电站及发电厂中心控制室设备	0.5~0.6	0.6~0.7	0.7~0.9
6	水工隧洞	7~8	8~10	10~15
7	交通隧道	10~12	12~15	15~20
8	矿山巷道	15~18	18~25	20~30
9	永久性岩石高边坡	5~9	8~12	10~15
10	新浇大体积混凝土（C20）： 龄期：初凝~3d 龄期：3~7d 龄期：7~28d	1.5~2.0 3.0~4.0 7.0~8.0	2.0~2.5 4.0~5.0 8.0~10.0	2.5~3.0 5.0~7.0 10.0~12
爆破震动监测应同时测定质点振动相互垂直的三个分量				

注：1. 表中质点振动速度为三个分量中的最大值，振动频率为主振频率。
　　2. 频率范围根据现场实测波形确定或按如下数据选取：洞室爆破 f 小于20Hz，露天深孔爆破 f 在10~60Hz之间，露天浅孔爆破 f 在40~100Hz之间；地下深孔爆破 f 在30~100Hz之间，地下浅孔爆破 f 在60~300Hz之间。

3）观测方法

参数设置好以后仪器即可开始采集。选择"数据采集"功能进入"等待触发"界面,当信号幅度大于设置的触发值时,就会被记录(正在采集),操作图如图10-4-30所示。

等待触发	正在采集
当前次数　2	当前次数　2
全部次数　20	全部次数　20
按任意键返回	按任意键返回

图 10-4-30　数据采集操作图

当前次数:本次采集次数。

全部次数:仪器所有采集的次数,即仪器全部存储的数据。

采集完成后按任意键停止采集,返回主界面。

注:采集数据时请不要插拔传感器。

4）数据处理

仪器和电脑通过 USB 连线口接好后,选择"连接主机"功能,仪器屏幕上会显示"连机状态",此时可以将仪器内的数据上传至上位机或通过上位机软件对仪器进参数设置。

4.3.9　孔隙水压力监测

1）仪器分类

(1)差动电阻式孔隙水压力计

差动电阻式孔隙水压力计用以测量岩土体内的渗透水压力,也可以兼测埋设位置的介质温度;配备动态测试仪表,也可用以测量水流的脉动压力或动态水位。

(2)钢弦式孔隙水压力计

钢弦式孔隙水压力计因传输信号为频率,不受电缆电阻、接头电阻及接地漏电等因素影响,允许长电缆数据传输,而且灵敏度高,能在恶劣条件下长期稳定工作,因此,广泛用于监测土坝、混凝土建筑物、岩基、钻孔(井)、基础、管道及压力容器内的孔隙水压力、水位或液体压力。

2）一般规定

(1)孔隙水压力计的量程应满足被测孔隙水压力范围的要求,可取静水压力与超孔隙水压力之和的 2 倍,精度不宜低于 0.5%F.S,分辨率不宜低于 0.2%F.S;

(2)监测孔隙水压力的同时,应测量孔隙水压力计埋设位置的地下水位,孔隙水压力应根据实测数据,按压力计的换算公式进行计算;

(3)孔隙水压力计埋设后应量测孔隙水压力初始值,且连续量测一周,取三次测定稳定值的平均值作为初始值。

3）观测方法及数据处理

孔隙水压力计测试方法相对比较简单,用数显频率仪测读、记录孔隙水压力计的频率即可。

直接读取的是频率,需要内业换算成孔隙水压力,换算公式如下:

$$\mu = k(f_i^2 - f_0^2) \tag{10-4-16}$$

式中：μ——孔隙水压力（kPa）；

k——标定系数（kPa/Hz^2）；

f_i——测试频率（Hz）；

f_0——初始频率（Hz）。

4.3.10 地下水位监测

1）仪器设备

地下水位一般采用钢尺水位计、测线等进行测量。

2）一般规定

地水位观测管埋设稳定后应测定孔口高程并计算水位高程。人工观测地下水位的测量精度不宜低于20mm，仪器观测精度不宜低于0.5%F.S。

3）观测方法及数据处理

采用钢尺水位仪进行监测，仪器精度为最小读数1mm；测量时，让绕线盘自由转动后，按下电源按钮，把测头放入水位管内，手拿钢尺电缆，让测头缓慢地向下移动，当测头的接触点接触到水面时接收系统的音响器会发出连续不断的蜂鸣声。此时读出钢尺电缆在管口处的深度尺寸，即为地下水位离管口的距离（若在噪声比较大的环境中测量时，蜂鸣器听不见，可观测指示灯和电压表）。再通过固定测点的高程及与地面的相对位置换算成从地面算起的水位高程。

换算过程为：通过水准测量测出孔口高程H，将探头沿孔套管缓慢放下，当测头接触水面时，蜂鸣器响，读取测尺读数a_i，则地下水位高程$HW_i = H - a_i$。则两次观测地下水位高程之差$\Delta HW = HW_i - HW_{i-1}$，即水位的升降数值。

4.3.11 压力、应力、拉力监测

1）仪器设备

压力、应力、拉力可采用锚索计、应力计、压力计进行监测，上述测力计均可采用便携式频率仪进行测量。

2）一般规定

测力计、钢筋应力计和应变计的量程宜为设计值的2倍，量测精度不宜低于0.5%F.S，分辨率不宜低于0.2%F.S。

3）观测方法

使用多功能读数仪进行测量，一般情况下轴力计的电缆线分为红色和黑色，先打开读数仪，将仪器模式切换到F模式下，测量时将读数仪的红色鳄鱼夹夹到轴力计红色的电缆线上，黑色的夹子夹到黑色的电缆线上，按频率仪测试按钮，频率仪数显窗口会出现数据（传感器频率），反复测试几次，观测数据是否稳定，如果几次测试的数据变化量在1Hz以内，可以认为测试数据稳定，读取读数仪显示屏上F

值并做好记录,取平均值作为测试值。

注意事项:

(1)温度对混凝土支撑轴力影响很大,在监测时尽量做到每天统一时间进行监测,以减少因温度变化引起的测量误差。结构应力量测时必须考虑尽量减少温度对应力的影响,避免在阳光直接照射支撑结构时进行量测作业,同一批支撑尽量在相同的时间或温度下量测,每次读数均应记录温度测量结果。

(2)结构应力监测应排除温度变化等因素的影响,且钢筋混凝土结构应排除混凝土收缩、徐变以及裂缝的影响。

(3)结构应力监测传感器埋设前应进行标定和编号,埋设后导线应引至适宜监测操作处,导线端部应做好防护措施。

(4)钢筋应力计或应变计的量程宜为设计值的2倍,精度不宜低于0.25% F.S。

(5)由于频率仪在测试时会发出很高的脉冲电流,因此在测试时操作者必须使测试接头保持干燥,并使接头处的两根导线相互分开,不要有任何接触,不然会影响测试结果。

(6)结构应力监测时,为了控制无外荷条件,在混凝土浇筑后 4~7d 内,未进行挖土的条件下,连续测得应力计读数与时间的关系,读得应力计读数基本稳定时的值,作为修正后的应力计值,以此作为初始值进行应力量测。

4)数据处理

(1)土压力计算公式:

$$P = k(f_i^2 - f_0^2) \tag{10-4-17}$$

式中:P——土压力(kPa);

k——标定系数(kPa/Hz²);

f_i——测试频率(Hz);

f_0——初始频率(Hz)。

(2)锚杆轴力监测计算公式:

$$F = K(f^2 - f_0^2) \tag{10-4-18}$$

式中:K——传感器常数;

f_0——初频($F=0$ 时的频率);

f——力为 F 时的输出频率。

(3)钢筋计量测混凝土支撑轴力计算公式:

$$N_c = \sigma_s \left(\frac{E_c}{E_t} A_c + A_t \right) \tag{10-4-19}$$

$$\sigma_t = \frac{1}{n} \sum_{j=1}^{n} \frac{k_j (f_{ji}^2 - f_{j0}^2)}{A_{js}} \tag{10-4-20}$$

$$A_c + A_t = A \tag{10-4-21}$$

式中:N_c——支撑轴力(kN);

E_c、E_t——混凝土和钢筋的弹性模量(kN/mm²);

A_t——混凝土截面积和钢筋截面面积(mm²);

A——支撑截面积(mm²);

σ_t——钢筋计平均应力(kN/mm^2);

k_j——钢弦式钢筋计常数(kN/Hz^2);

f_{ji}——钢筋计测量自振频率(Hz);

f_{j0}——钢筋计初始自振频率(Hz);

A_{js}——第 j 个钢筋计的截面面积(mm^2)。

(4)轴力计量测钢支撑计算公式:

$$N_c = k(f_i^2 - f_0^2) \qquad (10\text{-}4\text{-}22)$$

式中:N_c——支撑轴力(kN);

k——钢弦式钢筋计常数(kN/Hz^2);

f_0——钢筋计测量自振频率(Hz);

f_i——钢筋计初始自振频率(Hz)。

(5)锚索计量测锚索计算公式:

$$N_c = k_j(f_i^2 - f_0^2) \qquad (10\text{-}4\text{-}23)$$

式中:k_j——振弦式锚索计常数(kN/Hz^2);

f_0——振弦式锚索计初始平均频率(Hz);

f_i——振弦式锚索计荷载实时平均频率(Hz)。

4.3.12 现场巡视

现场巡视应以简便、及时为原则,主要以目测为主,可辅以锤、钎、量尺、放大镜等工器具以及摄影、摄像等设备,同时要配合引起监测区段周边环境及建(构)筑物发生变形的相应工况进行现场巡视。

现场巡视的主要对象为工程结构自身及其周边环境。现场巡视范围包括所有的监测对象以及与工程施工有关的其他对象。

本章附件

附件 10-4-1 监测点布设

附件 10-4-2 监测点布设工程实例

附件 10-4-3 监测点保护及标识实例

第 5 章
施工监测成果及预警管理

本章主要讲述施工监测成果分析及信息反馈。监测成果主要包括现场实测资料和室内数据处理成果两大类。通过仪器监测、现场巡查和远程视频监控等手段获得各类现场实测资料后,需及时进行计算、分析和整理工作,将现场实测资料转化为完整、清晰的成果。室内数据处理成果可以采用图表、曲线等直观且易于反映工程安全问题的表现形式,同时对相关图表、曲线也应附必要的文字说明。在某个阶段或整个过程的监测工作完成后,应及时形成监测成果报告,对该阶段或整个监测工作进行总结、分析,提出相关分析结论和建议并及时向各参建单位反馈相关监测信息,服务于地铁施工安全。

5.1 监测变形分析及成果反馈

5.1.1 监测记录整理

1)监测记录清单

监测记录一般包括施工进度记录、现场巡视记录、外业观测数据资料等。

2)施工进度记录

施工进度记录应与工程概况相结合,记录中应描述线路名称、合同段、工点名称、施工工法等工况资料,施工进度应根据工法的不同,分别重点描述基坑开挖支护情况、盾构掘进管片拼装情况、矿山法进尺支护信息等,以使监测成果与实际工程情况更好地结合,便于分析监测对象的安全状态。因此,监测记录表格中应有相应的工况描述。

3)现场巡视记录

现场巡视记录应包括现场巡视记录表和巡视照片、视频等资料,现场巡视工作应填写好巡视记录表格,将实际巡视检查结果言简意赅地进行记录。巡视记录表需现场直接记录在正式的监测记录表格中,内容应填写规范齐全,巡视照片、视频应按照特定的命名方式进行拷贝归档,以方便查找。

4)外业观测数据

外业观测数据资料包括纸质观测记录和电子数据资料,外业观测数据优先采用电子记录的方式进行记录,采用纸质记录时,应在现场将不同监测项目的实测结果记录到规定的表格中,以便于监测数据的清晰记录和后续的计算、对比和分析。全站仪等可以自动记录现场监测数据的监测仪器,应保存相应的电子数据资料,以便于实测数据的复核和比对,防止出现纰漏。

5) 数据检查与复核

现场监测工作受自然环境条件变化(气候、天气等)和人为因素(施工损坏监测点等)的影响,仪器监测成果可能因为监测仪器、设备、元器件和传感器等问题出现偏差,当传感器受施工影响出现故障或损坏时,可能给出错误的监测数据。当发现监测数据波动较大时,应分析是监测对象实际发生变化还是由监测点或监测仪器问题所致。难以确定原因时,应进行复测,防止错误的监测数据影响监测成果的质量。

6) 变形曲线绘制

监测数据的时程曲线可直观形象地反映监测对象的位移或内力的发展变化趋势及过程,依此判断监测对象的安全状态和发展变化情况。对监测数据应及时计算累计变化值、变化速率值,并绘制时程曲线,必要时绘制断面曲线图、等值线图等,并应根据施工工况、地质条件和环境条件分析监测数据的变化原因和变化规律,预测其发展趋势。监测断面曲线图、等值线图等可以反映监测断面或监测区域的整体变化,以及不同监测部位之间的相互联系及内在规律,对整体分析工程安全状态起着很好的作用。

5.1.2 监测变形分析

当监测数据整理完成后,应及时对监测数据进行分析,监测资料分析一般分为成因分析、统计分析、变形预报、安全判断四个阶段,变形分析前应排查基准点的影响,并尽可能排除测量误差的干扰等因素。

(1)成因分析(定性分析):成因分析是对结构本身(内因)与作用在结构物上的荷载(外因)以及观测本身加以分析、考虑,确定变形值变化的原因和规律性。

(2)统计分析(变形规律分析):根据成因分析,对实测数据进行统计分析,从中寻找规律,并导出变形值与引起变形的有关因素之间的函数关系。确定变形体的变形和变形原因之间的关系有两种基本的方法:统计分析法(或回归分析)和确定函数(模型)法。

(3)变形预报:在成因分析和统计分析的基础上,可根据求得的变形值与引起变形因素之间的函数关系,预报未来变形值的范围和判断建(构)筑物的安全程度。从数学观点来说,"拟合""内插"和"预报"是关联的。用一数学函数来表达已有观测值称之为"拟合",由拟合曲线来求得观测值时域或空域内的数值称为"内插",当所求值在观测值的时域或空域外时则称为"预报"。

(4)安全判断:根据变形预报值对变形体是否安全进行判断。安全判断需要知道变形体的变形临界值或变形极限值。

1) 变形几何分析

(1)基准点稳定性分析

实际工作中常用对比分析方法进行判断,也可根据实际情况,采取相应的平差模型进行平差计算,再根据平差结果,利用数理统计方法来分析基准点(包括校核基点和工作基点)的稳定性,具体分析方法详见本篇第4章。

(2)监测点测量误差排除

观测点的变形分析应基于正确、稳定的观测数据,在变形分析前应用合适的方法尽可能排除或减少测量误差的干扰,尽可能地剔除观测误差的影响。

(3)数据变化初步判定

现行《建筑变形测量规范》(JGJ 8)中对监测点变形分析有以下规定:

①对二等和三等及部分一等变形测量,相邻两期监测点的变形分析可通过比较监测点相邻两期的变形量与测量极限误差来进行。当变形量小于测量极限误差时,可认为该监测点在这两期之间没有变形或变形不显著。

②对特等及有特殊要求的一等变形测量,当监测点相邻两期间的变形量满足式(10-5-1)时,可认为该监测点在这两期之间没有变形或变形不显著。

$$\Delta < 2\mu \sqrt{Q} \tag{10-5-1}$$

式中:Δ——两期间的变形量;

μ——单位权中误差,可取两期平差单位权中误差的算术平均值;

Q——监测点变形量的协因数。

③对多期变形观测成果,应综合分析多期的累计变形特征。当监测点相邻两期的变形量小,但多期变形量呈现明显变化趋势时,应认为其有变形。

除了上述规范规定外,还可以通过变形误差椭圆法进行监测点变位检验。

变形误差椭圆是指同一点的两期坐标差的误差椭圆。点位误差椭圆能直观地反映出点位的量测精度,同样,变形误差椭圆能直观地反映量测点位位移的精度。此法常用于观测点的变位检验,而且此法同样适用于基准点的稳定性检验。

变形误差椭圆法就是分别取 $2E$、$2F$(E 为椭圆长半轴,F 为椭圆短半轴)为长、短半轴,在每一点上作一极限变形误差椭圆,然后检查点的位移向量是否落在该极限变形误差椭圆内。若是,则认为该点是稳定点,即无显著性位移;反之,应认为不稳定。

(4)变形规律分析方法

对变形点的变形规律进行分析,即研究变形量与各种影响因素之间的函数关系,并进一步对变形成因做出物理解释。这项工作多采用散点图法(监测曲线形态判断法)、回归分析法、灰色系统法、时间序列分析法、位移时空综合分析法、确定模型法、人工神经网络法等。这项工作的主要目的是对引起变形的原因进行分析和解释,并根据变形规律来预报变形发展趋势,以及对目前和未来的工程安全做出判断。

①散点图法

散点图法即基于监测物理量与时间关系曲线的监测曲线形态判断法。由于地下工程地质条件和施工工序的复杂性以及具体监测环境的不同,施工导致围岩与支护结构的变形并不是单调的增加,因受地质条件和施工工艺的影响,围岩与结构变形随时间的变化在初始阶段呈现波动,然后逐渐趋于稳定。在监测数据整理中,可将监测结果与时间的对应关系绘制成位移—时间曲线的散点图。

位移—时间曲线散点图中纵坐标表示位移量,横坐标表示时间。在图中应注明监测时工作面的施工工序和开挖工作面距监测断面的距离,以及工程的具体条件,如埋深、地质条件、支护参数等,以便分析不同埋深、地质条件、支护参数等情况下,各施工工序、时间、空间与监测数据的关系。

根据不同工程的具体情况,也可将通过计算求得的监测间隔时间、累计监测时间、监测位移值、累计位移值、当日位移速率、平均位移速率等列成表格并绘制成图,根据围岩(支护结构)位移—时间曲线,找出不同时刻围岩(支护结构)的位移值和位移发展趋势,预测围岩与支护结构可能出现的位移最大值,进而判断其安全性和是否侵入净空。同时对位移速率进行分析,判断围岩与支护结构的稳定性和支护结构的可靠性。

一般而言,当某段曲线接近水平时,说明该被监测对象在该段时间内处于稳定或基本稳定状态;如曲线逐渐向上抬起或向下弯曲,则说明该处岩土体有所变化,而且曲线变化越陡说明其变化越激烈。但如果曲线发生突然变化,则有可能是即将发生塌方的重要前兆。显然,大幅度的突变预示着大的变化。这就是根据被监测物理量与时间关系曲线进行监测信息分析和发展趋势预报的曲线形态判断法。该法通常是依靠有经验的工程师们的目测进行判断,但也将借助于曲线各点的斜率(即变化速率)及其变化趋势来进行预测。

②回归分析法

根据现行《建筑变形测量规范》(JGJ 8)的规定,建立变形量与变形因子关系数学模型可采用回归分析方法,并应符合下列规定:

a. 应以不少于 10 期的观测数据为依据,通过分析各期所测的变形量与相应荷载、时间之间的相关性,建立荷载或时间—变形量数学模型;

b. 变形量与变形因子之间的回归模型应简单,包含的变形因子数不宜超过 2 个,回归模型可采用线性回归模型和指数回归模型、多项式回归模型等非线性回归模型;

c. 当只有 1 个变形因子时,可采用一元回归分析方法;

d. 当考虑多个变形因子时,宜采用逐步回归分析方法,确定影响显著的因子。

③灰色系统法

根据现行《建筑变形测量规范》(JGJ 8)的规定,对沉降观测,当观测周期为等时间间隔时,可采用灰色建模方法,建立沉降量与时间之间的灰色模型。

灰色系统理论将随机量看作是一定范围内变化的灰色量,将随机过程看作是在一定幅值、一定时区变化的灰色过程。它的基本思想是把无规则的原始数据序列进行累加生成为有规律的数据序列,然后进行建模预测。

灰色系统的预测主要以灰色模型 $GM(m,n)$ 为基础,这里的 m 为模型微分方程的阶数,n 为预测变量的个数。其预测内容一般包括数列预测、灾变预测、季节灾变预测、拓扑预测等方面。

现在应用较多的是 $GM(1,1)$ 模型。常用的 $GM(1,1)$ 模型一般有以下三种:

a. 老模型:用原始数据建立的模型(即为全数列模型)。

b. 新息模型:即每增加一个最新的信息,便将新信息加入原始数列中,按补充后的信息后所建的模型称为新息模型。

c. 等维新息模型:按同时增加新信息与去掉老信息的方式建模所得到的模型称为等维新息模型(也称新陈代谢模型)。

④时间序列分析法

时间序列分析法是处理动态数据的一种有效工具。它通过对按时间顺序排列的、随时间变化且相互关联的数据序列进行分析,找出反映事物随时间变化的规律,从而对数据变化趋势做出正确的分析和预报。该方法因其能够以较高的精度进行短期预报、表达简洁等优点已经广泛应用于水文、气象、电力等工程领域。在监测数据处理中应用也较广泛。

⑤人工神经网络法

由于人工神经网络(ANN)具有独特的非线性、非凸性、非局域性、非定常性、自适应性和强大的计算与信息处理能力,使得其在系统的辨识、建模、自适应控制等方面特别受到重视。目前,应用人工神经网络已能较好地解决具有不确定性、严重非线性、时变滞后等复杂系统的建模和控制问题。

常见变形规律分析工程实例详见附件 10-5-1。

2）变形的物理分析

除几何分析外,还可以采用物理方法对变形点的变形规律进行分析。物理分析即根据可能产生的变形因素进行综合分析,判定变形情况及发展趋势,并制订相应的处理措施。常见的变形因素及处置措施参照表 10-5-1～表 10-5-3。

明（盖）挖法基坑监测项目变形因素及处置措施　　　　　　表 10-5-1

工程部位	常规监测项目	可能变形因素		常用处置措施
		客观因素	主观因素	
支护结构	支护桩(墙)、坡顶部水平位移	地质条件、墙体刚度、支撑刚度、插入深度、支撑预应力、地下水位	④⑤⑥⑦	③④⑤
	支护桩(墙)、坡顶部竖向位移		②	①②⑤
	支护桩(墙)体水平位移		①⑤⑥⑦	①②③④⑤⑧
	支撑轴力		①⑤⑥⑦	①②③④⑤⑧
	锚杆拉力		⑤⑥⑦	③④⑤⑧
	立柱结构竖向位移		①⑦⑧	①⑤⑥
周边岩土与环境	地表沉降,周边建(构)筑物、管线沉降		⑤⑥⑦⑨	③④⑤⑥⑧⑨
	地下水位		⑨⑩	⑥⑦

基坑变形的主观因素:
①支护桩墙缩颈或断桩等施工质量问题;
②支护桩墙沉渣处理或深度不符合要求等施工质量问题;
③坑底加固深度不足等施工质量问题;
④首道支撑架设滞后;
⑤超挖;
⑥周边堆载超载;
⑦底板施作不及时;
⑧承压水层降水未达到要求;
⑨降水控制不当;
⑩围护结构渗漏

基坑变形的处置措施:
①正常选择成孔工艺,严格控制泥浆比重,防止塌孔,保证桩墙施工质量,嵌入基底深度不得小于设计值;
②严格控制地基加固、桩墙趾注浆施工质量;
③分层分段开挖,严格控制每层开挖深度,及时架设支撑并施加预应力;
④基坑周边严禁堆载;
⑤控制坑底暴露时间,及时施作底板,及时进行结构施工;
⑥有效降低承压水水头,合理进行疏干降水,控制好预降时间及预降效果;
⑦对围护结构渗漏点进行注浆堵漏,埋管引流;
⑧进行基底堆料或回填反压,加强支护体系,减小基坑变形量;
⑨对开挖影响范围内的建筑物或管线周边土体采取注浆等措施进行加固,提高地层的承载能力

盾构法隧道监测项目变形因素及处置措施 表 10-5-2

工程部位	常规监测项目	可能变形因素		常用处置措施
		客观因素	主观因素	
支护结构与周边岩土、周边环境	管片结构竖向位移	盾构的选择、注浆材料本身的体积收缩、盾壳移动对地层的扰动、隧道衬砌的变形、地层岩性、地下水位、工程周边环境条件	(1)盾构严重超挖(欠挖)引起的地表沉降(隆起); (2)推进参数匹配不合理,如推进隧道、正面土压力、注浆压力和总推力等参数的设定不合理; (3)注浆量不足或注浆不及时; (4)推进过程中盾构姿态的纠偏,引起地面扰动; (5)盾构较长时间的停止推进,千斤顶缩回,造成开挖面土体失稳; (6)渗漏	(1)严格控制出土量,正确使用加固后土体松散系数确定合理出土量; (2)严格盾构推进的土压力、注浆压力、刀盘扭矩,减小地层附加应力; (3)根据监测情况调整注浆压力、注浆量、注浆工艺、注浆部位等参数,以主动控制其沉降; (4)严格控制盾构机的姿态,尽可能地减少每次纠偏的幅度,坚持"勤监测、勤纠偏、小纠偏"的原则; (5)优先选择从地面开挖明挖竖井或人工挖孔井(桩)来进行开舱检修和换刀; (6)盾构和管片涌水、涌沙,应迅速采用高性能堵水材料进行封堵
	管片结构净空收敛			
	地表沉降,周边建(构)筑物、管线沉降			

矿山法隧道监测项目变形因素及处置措施 表 10-5-3

工程部位	常规监测项目	可能变形因素		常用处置措施
		客观因素	主观因素	
支护结构与周边岩土、周边环境	初期支护结构拱顶沉降	地质条件、环境条件、覆土厚度、断面尺寸	(1)施工方法选择不合理、支护形式选择不正确; (2)超挖、支护不及时; (3)地层损失; (4)开挖面涌水或衬砌漏水	(1)根据地质条件合理选择施工方法(通常台阶法控制地表沉降的效果比全断面法要好,中隔墙法控制地表沉降的效果比台阶法要好,双侧壁导坑法控制地表沉降的效果优于中隔墙法)和支护形式; (2)严格控制施工步序,保证施工合理开挖,及时架设初期支护,可有效控制工程开挖对围岩的扰动程度,防止过量地层损失和地表沉降的出现; (3)超挖初期支护与地层不密贴,及时进行回填注浆; (4)涌水时立即启动洞内排水系统,迅速排除洞内积水,采取堆土、沙袋格栅钢架等措施进行封堵,并进行注浆回填,必要时应对掌子面附近的初期支护进行加固; (5)地表及建(构)筑物沉降,采取洞内和地表的方式对建(构)筑物进行注浆加固,注浆的同时即时对建(构)筑物进行监测,根据监测情况调整注浆压力、注浆量、注浆工艺、注浆部位等参数,以主动控制其隆沉
	初期支护结构净空收敛			
	中柱结构竖向位移			
	地下水位			
	地表沉降,周边建(构)筑物、管线等沉降			

5.1.3 监测成果反馈

监测信息反馈是指根据工程监测及其数据处理所得到的结果来指导工程设计和施工,以达到优化工程施工过程的目的。监测信息反馈是工程施工信息化的关键步骤,也是工程监测的重要环节,可使施工单位能随时了解到变形情况,以便及时采取有关措施,调控施工步序与节奏,做到信息化施工,确保工程施工顺利进行。

1）反馈内容

在工程施工中,需要进行反馈分析的内容多,信息量大,实际应用时,可根据工程具体要求有选择地进行反馈分析工作。

根据对监测数据和监测结果的分析处理,及时变更施工方案,以加快或减缓工程进度,必要时增加辅助施工措施,采取合理的技术措施,确保工程的安全性和经济性,从而达到施工优化的目的。

2）反馈流程

根据实测数据分析、绘制各种表格及曲线图,监测人员按时向施工监理、设计单位提交监控量测周报和月报,同时对当月的施工情况进行评价并提出施工建议,及时反馈指导信息,调整施工参数,保证施工安全。监测信息反馈是个持续不断的过程,施工过程中的监测信息反馈流程如图10-5-1所示。

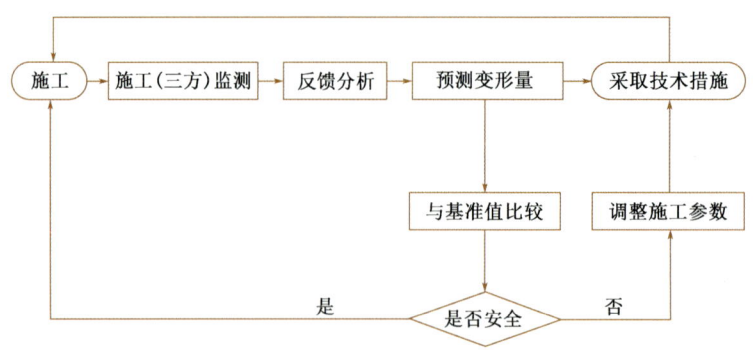

图 10-5-1 监测信息反馈流程图

3）反馈成果

监测单位的监测信息反馈成果包括现场监测资料、计算分析资料、图表、曲线、监测报告等。监测报告应以表格、图形等直观形式表达出监测对象与施工过程相关的监测信息,增强可读性。地铁工程监测报告分为日报、周（月）报、警情快报、阶段性报告和总结报告,见表10-5-4。

地铁工程监测报告　　　　　　　　　　表10-5-4

监测报告	主要内容
日报	工程概况及施工进度；监测巡视信息,包括巡视照片、记录等；各类监测项目日报表,包括仪器型号、监测日期、观测时间、天气情况、累计变化量、变化速率、控制值等；监测数据与巡视信息的分析与说明；监测结论与建议
周（月）报	工程概况及施工进度,监测工作简述,监测成果统计及分析,监测结论与建议,监测数据汇总表,安全巡视汇总表,变形曲线图,监测测点布置图
警情快报	警情发生的时间、地点、情况描述、严重程度、施工工况等；监测数据及巡视信息汇总,包括监测值、累计变化值、变化速率、巡视照片、记录等；警情原因初步分析；处理措施建议等

续上表

监测报告	主 要 内 容
阶段性报告	工程概况及施工进度;监测巡视信息,包括巡视照片、记录等;监测数据汇总,包括监测值、累计变形值、变形速率、变形曲线、时程曲线、必要的断面曲线、等值线图等;监测数据与巡视信息的分析与说明;监测结论与建议
总结报告	工程概况;监测目的、监测项目和技术标准;监测点布设;采用仪器规格型号和元器件标定资料;监测数据采集和观测方法;监测巡视信息,包括巡视照片、记录等;监测数据汇总,包括监测值、累计变形值、变形速率及曲线、时程曲线、必要的断面曲线、等值线图等;监测数据与巡视信息的分析与说明;监测结论与建议

5.2 监测项目控制值和预警管理

5.2.1 监测项目控制值

地铁工程监测应根据工程特点、监测项目控制值、当地施工经验等制定监测预警等级和预警标准。一般地铁工程施工图设计文件应明确监测项目的控制值,并应符合规范相关规定。

1）一般规定

地铁工程施工图设计文件应明确监测项目的控制值,并应符合下列规定：

(1)监测项目控制值应根据不同施工方法特点、周围岩土体特征、周边环境保护要求并结合当地工程经验进行确定,并应满足监测对象的安全状态得到合理、有效控制的要求;

(2)支护结构监测项目控制值应根据工程监测等级、支护结构特点及设计计算结果等进行确定;

(3)周边环境监测项目控制值应根据环境对象的类型与特点、结构形式、变形特征、已有变形、正常使用条件及国家现行有关标准的规定,并结合环境对象的重要性、易损性及相关单位的要求等进行确定;

(4)对重要的、特殊的或风险等级较高的环境对象的监测项目控制值,应在现状调查与检测的基础上,通过分析计算或专项评估进行确定;

(5)周围地表沉降等岩土体变形控制值应根据岩土体的特性,结合支护结构工程自身风险等级和周边环境安全风险等级等进行确定;

(6)监测等级高、工况条件复杂的工程,宜针对不同的工况条件确定监测项目控制值,按工况条件控制监测对象的状态。

监测项目控制值应按监测项目的性质分为变形监测控制值和力学监测控制值。变形监测控制值应包括变形监测数据的累计变化值和变化速率值,力学监测控制值宜包括力学监测数据的最大值和最小值。

地铁工程监测应根据监测预警等级和预警标准建立预警管理制度,预警管理制度应包括不同预警等级的警情报送对象、时间、方式和流程等。地铁工程施工过程中,当监测数据达到预警标准时,必须进行警情报送。

2）支护结构和周围岩土体

(1)明(盖)挖法基坑支护结构和周围岩土体的监测项目控制值应根据工程地质条件、基坑设计参数、工程监测等级及当地工程经验等确定,当无地方经验时,可按表10-5-5和表10-5-6确定。

明(盖)挖法基坑支护结构和周围岩土体监测项目控制值　　　　表 10-5-5

监测项目	支护结构类型、岩土类型	工程监测等级一级 累计值(mm) 绝对值	工程监测等级一级 累计值(mm) 相对基坑深度(H)值	工程监测等级一级 变化速率(mm/d)	工程监测等级二级 累计值(mm) 绝对值	工程监测等级二级 累计值(mm) 相对基坑深度(H)值	工程监测等级二级 变化速率(mm/d)	工程监测等级三级 累计值(mm) 绝对值	工程监测等级三级 累计值(mm) 相对基坑深度(H)值	工程监测等级三级 变化速率(mm/d)
支护桩(墙)顶竖向位移	土钉墙、型钢水泥墙	—	—	—	—	—	—	30~40	0.5%~0.6%	4~5
支护桩(墙)顶竖向位移	灌注桩、地下连续墙	10~25	0.1%~0.15%	2~3	20~30	0.15%~0.3%	3~4	20~30	0.15%~0.3%	3~4
支护桩(墙)顶水平位移	土钉墙、型钢水泥墙	—	—	—	—	—	—	30~60	0.6%~0.8%	5~6
支护桩(墙)顶水平位移	灌注桩、地下连续墙	15~25	0.1%~0.15%	2~3	20~30	0.15%~0.3%	3~4	20~40	0.2%~0.4%	3~4
支护桩(墙)体水平位移	型钢水泥墙 坚硬~中硬土	—	—	—	—	—	—	40~50	0.5%~0.6%	6
支护桩(墙)体水平位移	型钢水泥墙 中软~软弱土	—	—	—	—	—	—	50~70	0.15%~0.3%	6
支护桩(墙)体水平位移	灌注桩、地下连续墙 坚硬~中硬土	20~30	0.15%~0.2%	2~3	30~40	0.2%~0.4%	3~4	30~40	0.2%~0.4%	4~5
支护桩(墙)体水平位移	灌注桩、地下连续墙 中软~软弱土	30~50	0.2%~0.3%	2~4	40~60	0.3%~0.5%	3~5	50~70	0.5%~0.7%	4~6
地表沉降	坚硬~中硬土	20~30	0.15%~0.2%	2~4	25~35	0.2%~0.3%	2~4	30~40	0.2%~0.4%	2~4
地表沉降	中软~软弱土	20~40	0.2%~0.3%	2~4	30~50	0.3%~0.5%	3~5	40~60	0.4%~0.6%	4~6
立柱沉降		10~20	—	2~3	10~20	—	2~3	10~20	—	2~3
支撑墙结构应力		(60%~70%)f			(60%~70%)f			(60%~70%)f		
立柱结构应力		(60%~70%)f			(60%~70%)f			(60%~70%)f		
支撑轴力		最大值(60%~70%)f 最小值(60%~70%)f			最大值(60%~70%)f 最小值(60%~70%)f			最大值(60%~70%)f 最小值(60%~70%)f		
锚杆拉力		最大值(60%~70%)f 最小值(60%~70%)f			最大值(60%~70%)f 最小值(60%~70%)f			最大值(60%~70%)f 最小值(60%~70%)f		

注：1. H 为基坑设计深度，f 为构件的承载能力设计值及支撑、锚杆的预应力设计值。
2. 累计值应按表中绝对值和相对基坑深度(H)值两者中的小值取用。
3. 支护桩(墙)顶隆起控制值宜为 20mm。
4. 嵌岩的灌注桩或地下连续墙控制值可按表中数值的 50% 取用。

竖井井壁支护结构净空收敛监测项目控制值　　　　表 10-5-6

监 测 项 目	累计值(mm)	变化速率(mm/d)
竖井井壁支护结构净空收敛	30	2

(2)盾构法隧道管片结构竖向位移、净空收敛和地表沉降控制值应根据工程地质条件、隧道设计参数、工程监测等级及当地工程经验等确定，当无地方经验时，可按表 10-5-7 和表 10-5-8 确定。

盾构法隧道管片结构竖向位移、净空收敛监测项目控制值　　　　表 10-5-7

监测项目及岩土类型		累计值(mm)	变化速率(mm/d)
管片结构沉降	坚硬~中硬土	10~20	2
管片结构沉降	中软~软弱土	20~30	3
管片结构差异沉降		0.04%L_s	—
管片结构净空收敛		0.2%D	3

注：L_s 为沿隧道轴向两监测点的间距，D 为隧道开挖直径。

盾构法隧道地表沉降监测项目控制值　　　　表 10-5-8

监测项目		工程监测等级					
		一级		二级		三级	
		累计值 （mm）	变化速率 （mm/d）	累计值 （mm）	变化速率 （mm/d）	累计值 （mm）	变化速率 （mm/d）
地表 沉降	坚硬~中硬土	10~20	3	20~30	4	30~40	4
	中软~软弱土	15~25	3	25~35	4	35~45	5
地表隆起		10	3	10	3	10	3

注：本表主要适用于标准断面的盾构法隧道工程。

（3）矿山法隧道支护结构变形、地表沉降控制值应根据工程地质条件、隧道设计参数、工程监测等级及当地工程经验等确定，当无地方经验时，可按表 10-5-9 和表 10-5-10 确定。

矿山法隧道支护结构变形监测项目控制值　　　　表 10-5-9

监测项目及区域		累计值（mm）	变化速率（mm/d）
拱顶沉降	区间	10~20	3
	车站	20~30	
底板竖向位移		10	2
净空收敛		10	
中柱竖向位移		10~20	2

矿山法隧道地表沉降监测项目控制值　　　　表 10-5-10

监测等级及区域		累计值（mm）	变化速率（mm/d）
一级	区间	20~30	3
	车站	40~60	4
二级	区间	30~40	3
	车站	50~70	4
三级	区间	20~40	4

注：1. 表中数值适用于土的类型为中软土、中硬土及坚硬土中的密实砂卵石地层。
2. 大断面区间的地表沉降监测控制值可参照车站执行。

3）周边环境监测控制值

（1）建（构）筑物监测项目控制值的确定应符合下列规定：

①建（构）筑物监测项目控制值应在调查分析建（构）筑物使用功能、建筑规模、修建年代、结构形式、基础类型、地质条件等的基础上，结合其与工程的空间位置关系、已有沉降、差异沉降和倾斜以及当地工程经验进行确定，并应符合现行《建筑基坑工程监测技术标准》（GB 50497）的有关规定；

②对风险等级为一级、二级的建（构）筑物，宜通过结构检测、计算分析和安全性评估等确定建（构）筑物的沉降、差异沉降和倾斜控制值；

③当无地方工程经验时，对于风险等级较低且无特殊要求的建（构）筑物，沉降控制值宜为 10~30mm，变化速率控制值宜为 1~3mm/d，差异沉降控制值宜为 0.001~0.002mm（为相邻基础的中心距离）。

（2）桥梁监测项目控制值的确定应符合下列规定：

①桥梁监测项目控制值应在调查分析桥梁规模、结构形式、基础类型、建筑材料、养护情况等的基础

上,结合其与工程的空间位置关系、已有沉降、差异沉降和倾斜以及当地工程经验进行确定,并应符合现行《建筑与桥梁结构监测技术规范》(GB 50982)的有关规定;

②桥梁的沉降、差异沉降和倾斜控制值宜通过结构检测、计算分析和安全性评估确定。

(3)地下管线监测项目控制值的确定应符合下列规定:

①地下管线监测项目控制值应在调查分析管线功能、材质、工作压力、管径、接口形式、埋置深度、铺设方法、铺设年代等的基础上,结合其与工程的空间位置关系和当地工程经验进行确定;

②风险等级较高的地下管线,宜通过专项调查、计算分析和安全性评估确定其沉降和差异沉降控制值;

③当无地方工程经验时,对风险等级较低且无特殊要求的地下管线沉降及差异沉降控制值要求依据现行《城市轨道交通工程监测技术规范》(GB 50911)确定,详见表10-5-11。

地下管线沉降及差异沉降控制值 表10-5-11

管线类型	沉降		差异沉降(mm)
	累计值(mm)	速率(mm/d)	
燃气管道	10~30	2	0.3%L_g
雨污水管道	10~30	2	0.25%L_g
供水	10~30	2	0.25%L_g

注:1.燃气管道的变形控制值适用于100~400mm的管径。
2.L_g为管节长度。

(4)高速公路与城市道路监测项目控制值的确定应符合下列规定:

①高速公路与城市道路监测项目控制值应在调查分析道路等级、路基路面材料、道路现状情况和养护周期等的基础上,结合其与工程的空间位置关系和当地工程经验等进行确定,并应符合现行《公路沥青路面养护技术规范》(JTG 5142)和《公路水泥混凝土路面养护技术规范(附条文说明)》(JTJ 073.1)的有关规定;

②对风险等级较高或有特殊要求的高速公路与城市道路,宜通过现场探测和安全性评估等确定其沉降控制值;

③无地方工程经验时,对风险等级较低且无特殊要求的高速公路与城市道路,路基沉降控制值可按表10-5-12确定。

路基沉降控制值 表10-5-12

监测项目		累计值(mm)	变化速率(mm/d)
路基沉降	高速公路、城市主干道	10~30	3
	一般城市道路	20~40	3

(5)城市轨道交通既有线监测项目控制值的确定应符合下列规定:

①城市轨道交通既有线监测项目控制值应在调查分析地质条件、线路结构形式、轨道结构形式、线路现状情况等的基础上,结合其与工程的空间位置关系、当地工程经验,进行必要的结构检测、计算分析和安全性评估后确定;

②城市轨道交通既有线路结构及轨道几何形位的监测项目控制值应符合现行《地铁设计规范》(GB 50157)的有关规定,并应满足线路维修的要求;

③当无地方工程经验时,城市轨道交通既有线隧道结构变形控制值要求依据现行《城市轨道交通工程监测技术规范》(GB 50911)确定,详见表10-5-13。

城市轨道交通既有线隧道结构变形控制值　　　表10-5-13

监测项目	累计值(mm)	变化速率(mm/d)
隧道结构沉降	3~10	1
隧道结构上浮	5	1
隧道结构水平位移	3~5	1
隧道差异沉降	0.04%L_s	—
隧道结构变形缝差异沉降	2~4	1

注：L_s为沿隧道轴向两监测点的间距。

(6) 既有铁路监测项目控制值的确定应符合下列规定：

①既有铁路监测项目控制值应符合本节第(5)条第①款的规定,对高速铁路应在专项评估后确定；

②既有铁路线路结构及轨道几何形位的监测项目控制值应符合现行《铁路轨道工程施工质量验收标准》(TB 10413)的有关规定,并应满足线路维修的要求；

③当无地方工程经验时,对风险等级较低且无特殊要求的既有铁路路基沉降控制值可按表10-5-14确定,且路基差异沉降控制值宜小于0.04%L_t(L_t为沿铁路走向两监测点的间距)。

铁路路基沉降控制值　　　表10-5-14

监测项目		累计值(mm)	变化速率(mm/d)
路基沉降	整体道床	10~20	1.5
	碎石道床	20~30	1.5

(7) 爆破震动监测项目控制值包括峰值振动速度值和主振频率值,应符合现行《爆破安全规程》(GB 6722)的有关规定。

5.2.2 预警管理

监测预警管理工作根据所在城市地方标准规定执行,本节以某城市预警管理标准为例,在优化后进行示例性阐述。

1) 预警流程

预警大致分为警情报送、预警发布、预警响应、消警四个步骤。

(1) 警情报送

通常规定施工监测单位和(或)第三方监测单位是监测数据警情报送的第一责任人,施工及监理单位具有连带责任,原则上谁先发现,谁先报送。警情报送单位应第一时间通知相关单位人员,并在24h内送达书面报告,报送单位应跟踪警情响应。

(2) 预警发布

监测数据预警一般由第三方监测单位发布,有些地方项目管理单位、监理单位也可以发布。现场巡查预警可由施工、监理、第三方监测及安全风险咨询单位独立发布。监测综合预警一般由项目管理单位发布。

(3) 预警响应

预警发布后,相关单位应进行预警响应,及时采取相关控制措施对警情进行处置,防止安全风险事故的发生、发展。

(4) 消警

工程实施过程中,通过相关技术措施与管理手段,达到消除工程隐患且具备解除警戒条件的,可进行消警。监测消警一般分为监测数据预警消警、现场巡查预警消警、监测综合预警消警三类。在警情得到妥善控制并稳定后应根据消警程序,由施工单位牵头及时进行消警,并对每次预警的处理完成情况以承包人申报表形式上报建设公司安全质量部备案。

警情报送、处置、解除程序(消警)应完整闭合,施工单位进行消警后,将资料提供给监理单位,第三方监测单位负责书面资料归档。

预警流程如图 10-5-2 所示。

2)预警分类与分级

工程监测预警的分类和分级可由各个城市根据自己的实际情况进行综合确定,以便于预警工作的管理。北京市在工程监测预警方面研究成果较多,可作为一定的参考依据。预警一般分为监测数据预警、现场巡查预警、监测综合预警三类和黄色、橙色、红色三个等级。工程实施中应依据风险工程级别、风险等级与类型不同,实施分层次响应、处置及消警管理。

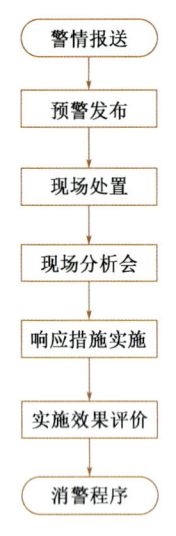

图 10-5-2 预警流程图

(1)监测数据预警

监测数据预警是依据施工过程中监测点的实际监测值与设计单位提出的监测控制值(包括变形量、变化速率"双控"值)进行对比,确定监测对象(工程自身或周边环境)不安全程度的预警。按照实际检测值与监测控制值的接近或超出程度,由小到大分为黄色、橙色和红色三级监测预警。

(2)现场巡查预警

现场巡查预警是施工过程中通过现场巡视、检查和分析,对工程自身或周边环境因存在安全隐患或处于不安全状态而进行的预警。根据其严重程度大小由小到大分为黄色、橙色和红色三级巡查预警。

(3)监测综合预警

监测综合预警是通过进一步分析监测数据预警和现场巡查预警的级别、数量及分布范围等情况,综合判定出风险工程总体不安全状态而进行的预警。按严重程度由小到大分为黄色、橙色和红色三级综合预警。综合预警宜通过现场检查、会商和专家论证等确定。

3)预警标准

由于各地地质构造不同,环境复杂多样。因此开展地铁工程的项目基本都有自己的一套预警标准,本书所列预警标准仅供参考。

(1)监测数据预警

①变形预警标准确定

工程监测预警应在监测项目控制指标确定的基础上,取其数值的百分比进行预警、预报。具体的预警等级可根据工程实际需要确定,某城市监测数据预警分级标准具体规定要求依据现行《城市轨道交通工程监测技术规范》(GB 50911)确定,详见表 10-5-15。

三级预警状态判定 表 10-5-15

黄色监测预警	"双控"指标(变化量、变化速率)均超过监控量测控制值的 70% 时,或双控指标之一超过监控量测控制值的 85% 时
橙色监测预警	"双控"指标均超过监控量测控制值的 85% 时,或双控指标之一超过监控量测控制值时
红色监测预警	"双控"指标均超过监控量测控制值,或实测变化速率出现急剧增长时

②内力预警标准确定

工程支护结构力学的预警标准一般取设计允许内力值的一定百分比作为预警值,也可根据设计允许内力值与实测值的比例大小划分为预警和安全两个状态进行判别。在《基坑工程手册》(第2版)中对于预警状态的标准进行了划分,见表10-5-16,此表仅作为参照,在具体实施过程中应根据设计给定的预警标准执行。

工程支护结构力学控制值预警状态 表10-5-16

监测项目	判别的内容	预警状态			
		判别标准	安全	黄色预警	橙色预警	红色预警
墙体内力	钢筋拉应力	$F_1 = \dfrac{\text{实测(或预测值)拉应力}}{\text{钢筋抗拉强度}}$	$F_1 < 0.7$	$0.7 \leq F_1 < 0.85$	$0.85 \leq F_1 < 1.0$	$F_1 > 1.0$
支撑轴力	允许轴力	$F_3 = \dfrac{\text{实测(或预测值)轴力}}{\text{允许轴力}}$	$F_3 < 0.7$	$0.7 \leq F_3 < 0.05$	$0.85 \leq F_3 < 1.0$	$F_3 > 1.0$

注:支撑允许轴力为其在允许偏心下,极限轴力除以≤1.4的安全系数。

(2)现场巡视预警

人工巡视检查资料是事物的宏观反映,其中蕴含了问题的本质,是预防地铁工程事故非常简便、经济而又有效的方法。为能完全监控整个工程体系的安全,掌握工程建设体系的安全状态和变化规律,除进行仪器监测外,还应由经验丰富的技术人员进行巡视监测工作,以保证工程建设的安全、顺利开展。

现行《城市轨道交通工程监测技术规范》(GB 50911)规定现场巡查过程中出现下列警情之一时,应根据警情紧急程度、发展趋势和造成后果的严重程度按预警管理制度进行警情报送:

①基坑、隧道支护结构出现明显变形、较大裂缝、断裂、较严重渗漏水、隧道底鼓,支撑出现明显变位或脱落,锚杆出现松弛或拔出等;

②基坑、隧道周围岩土体出现涌砂、涌土、管涌,较严重渗漏水、突水、滑移、坍塌,基底较大隆起等;

③周边地表出现突然明显沉降或较严重的突发裂缝、坍塌;

④建(构)筑物、桥梁等周边环境出现危害正常使用功能或结构安全的过大沉降、倾斜、裂缝等;

⑤周边地下管线变形突然明显增大或出现裂缝、泄漏等;

⑥根据当地工程经验判断,出现其他必须进行警情报送的情况。

(3)监测综合预警

监测综合预警应根据工程监测数据预警和现场巡视预警情况,结合工程及其周边环境的重要性、安全度等,按照预警事件发生的紧急程度、发展势态和可能造成的危害程度由大到小分为一级、二级、三级,分别用红色、橙色、黄色表示。

监测综合预警等级应考虑监测数据预警测点的数量、分布、工况工序、监测对象的重要程度等因素,结合现场巡视预警级别,并采用现场核查、综合分析和专家论证等手段进行综合判断确定,并决定是否先期采取险情处置或应急救援措施。

监测综合预警等级的划分标准应由地方政府组织有关部门、建设单位制定,并充分考虑各地地铁工程的特点、建设管理经验、社会经济水平和可接受能力等因素。具体以工程所在地区划分标准为依据,一般分级标准参考表10-5-17。

综合预警分级判定参考 表10-5-17

预警级别	判定条件		
	数据预警	巡查预警	风险状况评价
黄色	橙色或红色	黄色	存在风险隐患
橙色	橙色或红色	橙色	存在风险隐患,且出现危险征兆
红色	橙色或红色	红色	风险不可控或出现严重危险征兆

注:1. 综合预警的判定应同时具备监测预警、巡查预警、风险状况评价三列中的状态。
　2. 监测数据缺失或无巡视预警,但工程出现危险征兆时也应发布综合预警。其预警等级由发布单位依据风险状况及专业经验直接判定。

4)预警发布

现场巡查预警由施工、监理、第三方监测及安全风险咨询单位独立发布。一方发布预警后,在预警期内其他单位不得针对同一工程部位发布同类别、同等级的预警。

监测综合预警由项目管理单位依据风险工程的监测数据、现场巡视信息及风险状况评价,同时参考相关方提出的综合预警建议,经综合判定后发布。

现场巡查预警和监测综合预警均通过信息平台发布,发布时,发布单位应明确发布预警的具体工程部位、现场风险状况、初步原因分析、可能诱发的风险事件、处置建议等,并附相关工程部位的现场照片。

出现风险事件后,不得对发生风险事件的工程部位发布现场巡查预警或监测综合预警,但若风险事件可能引发次生灾害、临近部位可能导致风险状况时,可发布预警。

现场巡查预警、监测综合预警现场确认后应及时以电话方式通知相关单位,并及时经信息平台等途径发布。

5)预警响应

(1)各级风险工程发布预警后应对应进行响应,同时各相关方应将预警、响应及消警信息反馈到当期的日报、周报、月报中,并及时通过信息平台等途径发布。

(2)若预警由安全风险咨询单位发布,安全风险咨询单位应参加现场分析会。现场分析会应核实分析以下内容:核实预警信息;分析预警原因,包含技术因素、环境因素、管理因素等;判断风险工程的安全状态;确定具体的工程处置方案。

(3)对于两次发出预警的同一工程部位,数据在一定时间内未收敛,并有继续增大的趋势时,应将当前预警级别予以升级。

(4)预警会议应先踏勘现场,后召开会议,会议由监理单位主持,施工单位汇报现场情况,施工监测单位汇报当日监测及加测数据情况,各单位共同参与对警情原因进行分析,提出建议和控制措施。会议结束后监理单位负责形成会议纪要,上传至监测监控管理信息平台,各参会单位登录信息平台查看。

(5)发生黄色、橙色、红色级别预警时,监测单位根据预警级别按会议要求加密监测,并及时提交监测成果。

6)消警

各地可根据本地及工程实际情况制订相应的消警流程,本小节简单介绍某地的消警程序,以供参考。

(1)消警流程

监控量测预警后,施工单位根据专题会议要求及时进行处置。未消警期间采取相应的安全处理措施,待监测数据稳定并符合消警条件后,由施工单位提出消警申请(投融资项目需由各投融资单位签署消警意见),报监理、第三方监测及建设公司或各SPV(Special Purpose Vehicle,特殊目的实体)公司等单位审核,经各参建单位同意后消警。消警流程完成后,由监理单位将消警申请表及时上传监控平台,消除平台预警。

①黄色与橙色消警由施工单位提出申请,监理单位初审,第三方监测单位复核并消警,并交于建设单位相关部门存档。

②红色消警由施工单位提出申请,监理单位初审,第三方监测单位复核后,由总监理工程师主持召开现场红色消警会议。施工单位、施工监测单位、监理单位、设计单位、第三方监测单位、建设单位代表、建设单位监测负责人参加,各方同意消警后,方可消警。

红色预警消警流程如图10-5-3所示。

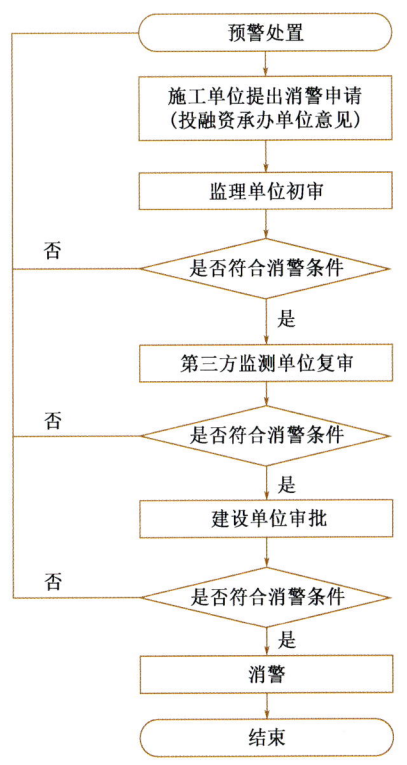

图 10-5-3　红色预警消警流程图

(2)消警条件

消警条件见表10-5-18。

消 警 条 件　　　　　　　　　　表 10-5-18

施工项目	具 体 条 件
明(盖)挖工程	(1)放坡开挖的基坑(含锚索支护结构) 单层结构:主体或附属结构封顶后,地表及建(构)筑物变形趋于稳定,且预警处置完成后地表累计沉降每周不超过2mm,建(构)筑物累计沉降每周不超过1mm,可结合现场实际及周边的环境,综合考虑消警条件后消警。 双层或多层结构:主体或附属结构侧墙完成后,地表及建(构)筑物变形趋于稳定,且预警处置完成后地表累计沉降每周不超过2mm,建(构)筑物累计沉降每周不超过1mm,可结合现场实际及周边的环境,综合考虑消警条件后消警。 (2)围护桩+内支撑结构体系 主体或附属结构完成底板施工并达到设计强度后,地表及建(构)筑物变形趋于稳定,且预警处置完成后地表累计沉降每周不超过2mm,建(构)筑物累计沉降每周不超过1mm,可结合现场实际及周边的环境,综合考虑消警条件后消警
盾构区间	预警处置完成后,盾尾脱出且地表及建(构)筑物变形趋于稳定,地表累计沉降每周不超过2mm,建(构)筑物累计沉降每周不超过1mm,可结合现场实际及周边的环境,综合考虑消警条件后消警

续上表

施工项目	消警条件
暗挖工程	二次衬砌完成,且地表及建(构)筑物变形趋于稳定,可结合现场实际及周边的环境,综合考虑消警条件后消警
高架工程	高架桥满堂支架现浇施工预警主要为支架变形超限。预警后,应立即停止施工。施工方按要求对支架、地基进行加固后,继续对支架变形进行监测。混凝土浇筑完成,并达到设计强度后,若支架变形趋于稳定,结合现场的环境条件进行消警
其他	监控量测完成消警后,施工单位及第三方监测单位仍应按监控量测管理规定及专项监测方案持续监测和巡视,若有异常变形且达到预警条件,将根据监控量测控制标准提高一个等级进行预警

本章附件

附件 10-5-1　变形规律分析工程实例

第 6 章 施工监测管理

优质的地铁工程监测管理是监测工作乃至地铁工程施工安全的重要保障。科学合理的监测技术方案需要高效有序的监测管理来落实。本章分别从组织机构及人员职责、监测质量控制、监测安全管理、监测资料管理以及监测成本管理五个方面予以阐述。

6.1 组织机构及人员职责

6.1.1 组织机构

组织机构的建立和人员的配备是工作开展的基础,直接影响组织的管理水平和工作能力。合理的组织机构和完善的管理制度可以保证项目规范、有效的运行。

施工监测项目的组织机构一般应包含项目负责人、技术负责人、工点监测组长、现场监测组员及其他相关人员。

6.1.2 人员职责

1）项目负责人

(1) 项目负责人是项目安全生产保证和质量控制的主要责任人,负责建立健全安全生产保证体系,建立和实施安全生产责任制,确保各项安全活动的正常开展。负责监控量测现场的全面管理,日常检查、指导和重大问题上报工作,并参与重大问题的处理。

(2) 项目负责人是有效开展工程各项活动的主要负责人,负责组织建立项目的质量管理体系,确立项目质量目标,组织编制实施性施工组织设计。对内组织生产活动,协调、调动相关人力资源,对外处理项目建设、监理、设计等单位的有关活动,负责对工程项目进行资源配置,保证质量体系有效运行,满足人、财、物等资源的需求。

2）技术负责人

(1) 对监测、现场巡视、安全风险管理等专项技术工作负领导责任并直接指导,解决监测过程中的技术疑难问题并对重大问题进行处理。

(2)对实施过程中可能存在的质量通病及时纠正,对预防措施进行审核。

(3)负责主管工点监测组的工作,掌握监控量测工作状态,分析和上报有关监控量测数据,制订处理措施,下达技术交底。及时组织相关人员开展监控量测工作,并对监控量测结果负责,分析监控量测数据和上报监控量测动态。

(4)负责审定各种监测成果。

(5)审核监测日报、周报、月报、风险管理成果等各种成果。

(6)负责本项目主要资料的整理备份、归档等工作。

(7)负责预警事务的报送、处理。

3)工点监测组长

(1)负责本工点监测的整体工作。

(2)宣传贯彻本公司的质量方针、质量目标。

(3)认真组织全组人员完成相关的各项监测任务,做好本组内监测生产计划安排,掌握监测工作进度。

(4)负责向参加监测的人员进行监控量测工作指导和技术交底。

(5)负责监测现场的组织、指挥工作。

(6)做好仪器设备的管理工作,具体负责定期对本组仪器设备进行维护、保养和检查。

(7)负责本组监测数据、信息的收集、分析、处理及反馈工作。

(8)负责本组相关报告的编写、报送及备案归档工作。

4)监测组员

监测组员包括操作人员和资料员。操作人员是现场监控量测的具体实施人,负责现场情况的初始调查,编制实施性监控量测计划,测点的布设和保护,及时取得监控量测数据,现场监测,数据处理,提交监测结果,上报并编写总结报告,仪器保养维修及送检等工作,并及时将监控量测信息反馈监测组长及技术负责人。资料员负责对监控量测资料的收集、整理、签认、汇总和归档等资料管理工作。

6.2 监测质量控制

监测工作应严格按设计要求及规范要求(频率、点位、断面)实施,其质量控制一般通过方案管理、人员仪器管理和必要的过程控制措施予以实现。

6.2.1 总体思路

两个统一(形式统一、断面统一),三个及时(布点及时、观测及时、反馈及时),四个固定(仪器、人员、线路、量测时间基本固定)。

6.2.2 方案管理

1)施工监测方案管理

施工单位编制施工监测方案,报监理单位、第三方监测单位进行审核,审核单位书面反馈意见;施工单位根据初审意见修订完善并报各单位备案。

监测单位应严格按批准方案实施,当工程设计或施工方案有重大变更时,监测单位应及时调整监测方案。

2）第三方监测方案管理

(1) 方案编制

第三方监测单位应当根据勘察设计文件、规范、监测合同及有关资料编制第三方监测实施方案,包括组织机构和人员组成、监测抽检方案、信息汇总分析管理、风险评估、预警建议、例会制度、信息报送与反馈、提交成果等关键性内容。上报单位技术负责人审查,对审查意见修改完善后提交工程处审核,经批准后方可组织专家评审会议。

(2) 方案评审

建设单位负责组织,应邀请5人或5人以上(单数)专家,施工单位、监理单位、设计单位、施工监测单位相关人员参加评审。

(3) 方案报审

第三方监测单位按照专家评审意见修订完善监测方案,按监测方案报审表报送工程处审批备案。

6.2.3 人员、仪器管理

1）人员管理

施工监测和第三方监测人员的专业、数量应当满足监测工作的需要。第三方监测单位项目主要工作人员资历应符合有关法律、法规、规范、合同及相关标准要求,应与投标文件一致,对于确有特殊原因不能按投标文件到位的,应及时申请更换,所更换人员的资历应不低于投标人员资历并报建设单位批准。

第三方监测单位项目负责人必须常驻工地,24h保持通信畅通。监测项目部应严格执行请假制度和节假日值班制度,监测项目主要负责人未经建设单位批准不得擅自离岗,获得批准后应及时告知相关施工及监理单位。

施工单位和第三方监测单位应按有关要求对监测工作人员进行安全教育培训,配备劳动安全防护用品,服从施工现场的安全文明管理,遵守劳动安全生产纪律,确保监测工作安全有序地实施。

现场人员管理是项目负责人的一项重要工作,具体为明确各监测人员的岗位职责、合理分配任务、对一线作业人员进行岗前技术及安全培训。做好这些工作才能保证工作准确、有效的运行。

施工单位、施工监测单位、监理单位监测人员资质要求详见表10-6-1。

人员资质要求 表10-6-1

序号	单位		要求
1	施工单位		土建或结构专业监测管理人员1名(管理监测结构风险)
2		施工监测单位	项目负责人、技术负责人(各1人) 中级及以上职称,具有丰富的数据分析经验
3			技术人员(数量满足项目要求) 具有相应部门颁发的岗位证书,配置数量需满足现场日常工作要求
4	监理单位		土建或结构专业管理人员1名(管理监测结构风险)

2）仪器管理

施工监测单位监测元件必须满足监测精度要求。施工单位监测元件进场后,由监理和第三方监测单位共同检查产品合格证、率定表,并出具检查意见。元器件产品合格证和率定表复印件应交第三方监测单位一份,以便计算需要。各单位应根据合同要求,配合第三方监测工作。

监测仪器是监测人员对工程施控的有力武器。爱护好监测仪器及工具是每一位监测工作者应具备的品德。由于监测工作是在室外进行,受自然条件、气候条件等因素的影响,因此维护好监测仪器非常重要,正确使用及科学保养仪器是保证监测成果质量、提高工作效率、延长仪器使用年限的重要条件,是每个监测工作人员必须掌握的基本技能。否则不但影响监测工作的进展和任务的完成,而且会造成仪器损坏,为此,我们必须正确使用仪器,了解仪器性能、基本构造和操作方法,加强仪器的维护和保养。

现场仪器设备的管理规定如下:

(1)监测仪器应符合计量器具管理规定。

(2)仪器、工具在使用前应到国家法定计量技术检定机构鉴定,认真阅读说明书,从初级到高级,先基本操作后高级操作,反复学习、总结,力求做到"得心应手",最大限度地发挥仪器的作用,不熟悉仪器操作的人员不得盲目使用仪器。

(3)各种监测仪器使用前后必须进行常规检验校正,使用过程做好维护,使用后及时进行养护。

(4)各种光电类、激光类仪器必须定期送到具有资质的部门进行鉴定。鉴定时间不宜超过规定时间,以确保监测的准确和精度。

(5)严禁使用未经检验和鉴定、校正不到出厂精度、超过鉴定周期以及零配件缺损和示值难辩的仪器。

(6)使用全站仪、光电测距仪时,在无滤光片的情况下禁止将望远镜直接对准太阳,以免伤害眼睛和损害测距部分的发光二极管。

(7)在强烈阳光、雨天或潮湿环境下作业,务必在伞的遮掩下工作。

(8)对仪器要小心轻放,避免强烈的冲击振动,安置仪器前应检查三脚架的牢固性,整个作业过程中工作人员不得离开仪器,防止意外发生。

(9)转站时,即使距离很近也应取下仪器装箱。监测工作结束后,先关机卸下电池后装箱,长途运输要提供合适的减振措施,防止仪器受到突然振动。

(10)监测仪器要设置专库存放,环境要求干燥、通风、防振、防雾、防尘、防锈。仪器应保持干燥,遇雨后将其擦干,放在通风处晾干后再装箱。各种仪器均不可受压、受冻、受潮或受高温,仪器箱不要靠近火炉或暖气管。

(11)仪器长途运输时,应切实做好防振、防潮工作。装车时务必使仪器正放,不可倒置。监测人员携带仪器乘汽车时,应将仪器放在防振垫上或腿上抱持,以防振动颠簸损坏仪器。

(12)必须建立健全监测仪器设备台账、精密监测仪器卡、仪器档案等制度,仪器出库、入库调迁项目应办理登记、签认手续。

(13)对贵重的精密监测仪器(如全站仪、电子水准仪)应规定专人保管,专人专用,专人送检,他人不得随意动用,以防损坏仪器或降低仪器的精度。

6.2.4 监测精度保证

监测数据精度直接影响到后面的数据分析工作,如果含有粗差数据而没有发现甚至可能导致错误预警操作,因此现场保证监测数据的精度尤为重要。

①制定数据检核制度。做到一线操作人员自检、监测组长复查、技术负责人抽查的三级检核制度,尽量减小测量误差影响,严禁监测成果数据中含有粗差数据。

②制定数据质量管理制度。为了把好数据关,从制度上对数据准确性进行保障,减少人为数据错误的发生。并建立数据质量反馈和校正机制。

为了提高监测精度,重点从人员操作规定、内业工作技术要求、资料分析过程及质量控制制度三方面入手。

1)监控量测人员操作规定

(1)观测人员

仪器必须架设在稳定的地面上,观测视线不得穿越玻璃或其他可使视线发生跳跃处等;每测站应正确清楚地读数,包括前后视读数及其距离,保证符合技术要求。

(2)记录人员

记录格式应符合规范要求,宜用5H铅笔记录,读错或记错时需划掉原数在第二次读数栏中书写,任何情况下不得伪造数据。原始记录不得涂抹、涂改。

(3)立尺人员

应将尺严格垂直放置,观测点上如有尘土及污物应擦出点头;如遇不能立直的点或可能被碰动的点须通知记录人如实记录;在转站时,尺垫严禁放置于软土、木板、铁板、塑料及其他不稳定的物体上,立尺人员要服从观测人员的指挥,保证视距符合规范要求。正确报出点号,排除观测障碍物,对于不能观测的点报告观测人员填入沉降观测现场工作日志,并说明原因。

(4)测斜人员

将测斜仪正确安装好后,将探头沿测斜管需要测试方向上的一对导槽小心放入孔底,放置5min以上,温度稳定后,待记录人员将记录手簿中的各项其他内容记录完后,开始读数,记录人员开始记录,在记录的同时,复述仪器操作人员的读数,以便复核。

(5)轴力、应力监测人员等

将传感器与测试仪正确连接好后,放置5min以上,直到仪器温度稳定,待记录人员将记录手簿中的各项其他内容记录完后,开始读数,记录人员开始记录,在记录的同时,复述仪器操作人员的读数,以便复核。

每位监测人员必须有极强的责任心,并有义务提醒其他人员时刻注意以上各项要求,以保证观测工作顺利进行。

2)监控量测内业工作技术要求

(1)必须使用工作所需的正版软件。

(2)原始记录数据不得涂改、擦抹、重描,当计算数据修正错误时,应把错误处画一斜杠,在旁边写上正确数据。

(3)记录单初查和校对工作必须由不同人员分别进行。

(4)根据起始高程,采用测站平差方式平差计算;统一书写格式,高程采用0.000格式,改正数用整数。

(5)记录单表头必须填写正确、完整,观测手簿中观测人、计算人、校对人栏必须手写签字方可生效。

(6)观测工作结束后,及时进行相关内业计算分析。

(7)严格技术质量标准,严禁弄虚作假。

3）资料分析过程及质量控制制度

(1) 资料分析前对数据进行检查及初步分析,确保原始监测数据的真实、准确、可靠。
(2) 采用已有软件或自编程序进行分析数据处理分析,尽量实现自动化,减少人为因素影响。
(3) 分析过程中如发现数据异常,应及时与项目审核人、审定人共同协商解决。
(4) 将数据处理结果汇成报告,经过具体承担人自检,现场测试人员校核,各项测试人员互检后方可盖章送出。

6.3 监测安全管理

6.3.1 监测安全基本措施

1）人员安全

(1) 禁止酒后上岗作业,仪器及工具的使用由合格的专业人员进行。
(2) 基坑周边量测必须佩戴安全绳,禁止在钢支撑上行走。
(3) 正确使用个人劳保防护用品,按要求佩戴安全帽、反光标志背心。
(4) 在作业时根据实际情况采取相应的防护措施,在基坑边上作业时,应系好安全带,由专人指挥安全作业,注意人员、仪器与现场起重、运输设备的安全距离;在道路上作业时监测人员必须穿戴黄色有反光标志的安全背心,测站设置安全警示标志,由专人指挥安全,注意来往车辆。

2）仪器安全

(1) 对施工现场所使用的仪器注意安全放置,杜绝由于使用和放置不当造成的事故。
(2) 雨天或阳光强时应遮阳,有水和粉尘时用镜头纸擦拭。
(3) 雨后或从暗挖隧道内出来,要敞开仪器箱通风。
(4) 作业时人员不得离开仪器,在坚硬路面作业时,脚架无法踩入地下,要防止仪器被大风吹倒与行人、车辆碰撞。
(5) 每个月要对全站仪、水准仪、铟钢尺等重要设备至少进行一次检校,并填好测量仪器状况自检表。
(6) 迁站、运输、存放要注意防振、防潮、干燥通风。
(7) 重要仪器由专人负责保管,负责仪器的存放、充电、维护(包括清洁、保养等)。
(8) 外业出工要分工明确。原则上,分工与所带仪器一致,谁带出谁带回。
(9) 对于固定的仪器设备如对讲机、铟钢尺等,按照编号,落实到人,专人专用,如有变动,办理交接手续。
(10) 存放仪器的房间要注意随手关门,防止被盗。

6.3.2 应急监测

(1) 项目部设立监测应急管理小组,项目负责人担任监测应急处置小组组长,项目技术负责人担任监测应急处置小组副组长,各标段岗位人员、技术骨干及专家顾问组成员均为监测应急抢险小组成员。
(2) 监测应急管理小组组长负责制定监测应急抢险处置有关规定,负责统一协调、指挥监测应急抢险工作;负责监测应急方案的制订和决策,研究、决定和部署监测应急处置预案,明确各部门、各班组的应急职责。监测应急抢险小组成员应服从监测应急管理小组组长及相关部门的管理,积极参与监测应急处置工作。

(3)一旦突发紧急事件,监测应急抢险小组应立即组织有关人员及必要的仪器设备,在接到通知后或发现险情后15min内赶赴事件现场,组织监测应急抢险工作。

(4)及时整理、分析监测成果,组织技术专家对相关监测资料进行分析与评判,预测险情发展趋势,评判安全状态,为应急抢险处置、决策提供依据。

6.4 监测资料管理

监测的一个重要作用是积累数据资料,以便将来对同样地质特征的施工区,能够运用类比方法使得地铁设计和施工更为合理,因此对监测资料的管理至关重要。监测资料的管理应采取信息系统模式进行专项管理。现场如果没有明确的资料管理制度,会导致资料不规范、缺失、损毁、凌乱等现象,也会因为数据缺失而无法进行后期工点阶段分析,因此现场资料管理是施工监测一个很重要的环节。

6.4.1 资料管理规定

(1)加强日常测绘资料管理:做好日常工作中的资料备份工作,确保资料安全,防止因计算机硬盘损坏而造成资料丢失。

(2)作业开展后所取得的所有现场数据,均要在电脑里建立专用目录存放,并做好相关备份工作。

(3)对应用系统使用、产生的介质或数据按其重要性进行分类,对存放有重要数据的介质,应备份必要份数,并分别存放在不同的安全地方(防火、防高温、防震、防磁、防静电及防盗),严禁在备份数据介质上进行数据改动,备份介质上重要数据拷贝要进行登记并经项目负责人同意后方可拷贝数据。

(4)对所有重要数据(介质)应定期检查,要考虑介质的安全保存期限,及时更新复制。损坏、废弃或过时的重要数据(介质)应由专人负责消磁处理。

(5)建立登记制度,数据的移交要登记清楚,包括移交资料清单,移交时间,移交地点,接收人、移交人签字。接收人员对资料进行登记备案、备份。

(6)成果资料要有标识和可追溯性:

①防止工程项目成果资料的混淆和误用,采用适宜的标识方法予以控制,实现必要的工程项目成果资料追溯。项目部负责工程项目成果资料实现过程中收集的成果资料、中间成果资料、最终工程项目成果资料以及委托方财产的标识、维护、使用和可追溯性管理,作业组负责职能范围内的工程项目成果资料标识和可追溯性管理。

②工程项目成果资料标识一般采用标志、标记、记录等方式进行,按照规范、图式、标准和相关文件的规定进行相应标识;工程项目成果资料保管采用标记方式,分类存放;检验工程项目成果资料采用记录方式区分。

③工程项目成果资料追溯在有可追溯性要求的场合以及当合同、法规和自身制度有可追溯性要求时,应控制记录工程项目成果资料唯一性的标识。

(7)成果资料的保护:

①在内部处理和交付到预定的地点期间,工程项目成果资料应采取防护措施,包括标识、搬运、包

装、储存和保护,确保工程项目成果资料不损坏、不丢失、不泄密。

②建立适当的防护标识,如包装标识;工程项目成果资料在搬运前应认真清点、登记和实施包装,搬运过程中要有防雨、防晒、防丢失等预防措施。批量大、有密级成果的资料应派专人护送。

③储存和保护。收集的成果资料、中间工程项目成果资料和最终工程项目成果资料在储存期间应提供必要的环境和设施条件,采取有效的管理措施,防止工程项目成果资料损坏、变质或误用。

6.4.2 过程资料整理

施工监测资料包括:单位资质人员及仪器、监测方案及评审资料、原始数据、日常报表、总结报告等。监测资料内容共包括五个类别:来往文件类、提交建设及总包单位材料类、现场日常工作类、对施工方监测的管理类、其他类,要求依据现行《城市轨道交通工程监测技术规范》(GB 50911)确定,详见表10-6-2。

监测档案目录　　　　　　　　　　　表10-6-2

建设及总包单位来往文件	提交建设及总包单位材料	现场日常工作	对施工监测专业分包的管理	其 他
(1)建设及总包单位下发的学习文件; (2)建设及总包单位工程联系单; (3)会议通知; (4)其他	(1)工作周报; (2)工作月报; (3)监测工作简报; (4)其他	(1)TJ××××标材料; (2)TJ××××标工程联系单; (3)测量原始数据; (4)其他	(1)施工监测专业分包单位资质人员及仪器; (2)施工监测方案及方案评审; (3)其他	(1)安全生产; (2)监测资质人员及仪器; (3)监测方案及方案评审; (4)监测考勤; (5)监测合同及进度款支付; (6)会议纪要; (7)监测收发文记录表; (8)项目部发出的工程联系单; (9)其他

6.4.3 资料归档

1)资料要求

(1)监测单位、施工单位、监理单位均需建立各自单位的监测管理档案资料,指定专人负责档案管理工作,包括收集、整理、归档工作。各单位档案资料各子项应单独成盒,标签完整,其中监测数据文件、成果报告、巡视信息等资料应统一编号。

(2)对与工程建设有关的重要活动、记载工程建设主要过程和现状、具有保存价值的各种载体的文件,均应收集齐全,整理立卷后归档。

(3)工程文件的内容及其深度必须符合国家有关工程勘察、设计、施工、监理等单位的技术规范、标准和规程。

(4)归档文件应是原件,工程文件的内容必须真实、准确,与工程实际相符合,能够反映工程建设活动的全过程;归档文件应经过科学分类、整理编目,以满足竣工档案系统性的要求。

(5)工程文件的填写可采用手写或电脑打印,但签名必须本人手写。工程文件的书写要求采用耐久性强的书写材料,如黑色碳素墨水或蓝黑墨水;要求字迹端正,无缺、漏、涂改现象。杜绝使用红色墨水、纯蓝墨水、复写纸、圆珠笔、铅笔等。

(6)工程文件应字迹清楚、图样清晰、图表整洁、签字盖章手续完备。

2)归档资料内容

(1)监测单位:合同、招投标文件、单位人员资质、管理制度、建设单位下发的文件、风险评估、预警消警、施工监测分包进场报验、方案编制与审查（包括现场）、监测仪器设备、测量记录、联合巡视、现场巡视简报、信息反馈、检查验收资料、会议纪要、周报、月报、计量支付、收发文记录等。

（2）施工单位：合同、单位人员资质、管理制度、建设单位下发的文件、方案管理、仪器管理、测点埋设与保护、测量记录、监测数据处理、检查验收资料、会议纪要、日报、周报、收发文记录等。

（3）监理单位：日常巡视记录、监测报表、预警会议纪要、测点旁站记录、测点验收记录、监测分析会记录等。

（4）关于监测档案归档管理，未尽事宜参见现行《建设工程文件归档规范》（GB/T 50328）。

3）资料交接要点

（1）接收单位按有关规定验收移交资料，如果发现存在问题，向移交单位提出书面整改意见，经移交单位最大限度地弥补了存在的缺陷后，办理移交手续。

（2）如果所移交的资料经整改后仍存在不可弥补的缺陷，接收单位将根据遗留的不可弥补的缺陷的种类、数量确定扣罚比例，并编制"接收资料存在不可弥补缺陷情况明细表"。

（3）"资料移交目录"与"接收资料存在不可弥补缺陷情况明细表"必须经双方签字盖章。

6.5 监测成本管理

1）成本控制目标

施工监测项目应按其完成的工作量核算现场人工、材料、设备等主要成本，旨在控制成本支出，提高生产、经济效率。

2）成本控制方法

施工监测项目通常项目规模较小，往往以小组或者分包单位的方式进行生产组织，因此在成本控制的方法上宜采用定额成本法。一般通过监测方案优化、人员合理调配以及设备、材料合理使用，达到成本控制的目的。具体分为成本预算、成本执行、成本检查三个阶段执行。

3）成本预算

在成本预算编制前，应先对监测方案进行优化，在达到同样监测效果的前提下，保证方案实施的经济性最优，依据优化后监测方案进行成本预算编制。其中，成本预算中涉及的人工成本定额、材料成本定额、设备成本定额等，通常以类似工程项目成本分析结果或者经验值为依据进行核定，也可以采用市场调查的方式制定定额基准。

①人工成本定额

按照车站规模、区间长度、周边环境、施工周期、施工地区物价、气候因素等综合考虑，并应根据当年物价和工资因素动态调整。

②材料成本定额

主要材料必须严格按照评审方案的要求采购和使用，超出方案中的使用数量应进行申请核销，材料单价宜采用招投标的方式确定，建议建立优秀合格供方名录。

③设备成本定额

应按照工程规模配备合理的仪器设备数量，既要保证生产需要，又要杜绝资源浪费，同时应注意仪器的定期保养与维护，防止因维修保养不当造成设备损坏，进而增加使用成本。

4）成本执行

成本执行过程应包含成本核算、成本控制和成本责任。在项目运行过程中应定期进行项目成本核算，重点核算是否按照预算执行。根据成本预算严格进行成本控制，遇到未列项应及时进行预算追加或单项申请。同时应明确在成本控制过程中的成本责任，明确执行过程中项目人员的各项责任。

5）成本检查

成本考核作为成本控制的重要手段，应严格落实考核制度。成本检查贯穿整个成本执行过程，应定期对预算执行情况进行检查，当预算出现超出趋势时，应立即开展调查分析，优先采取控制措施，制定改正办法，及时纠偏。在预算执行完成后，应及时进行成本分析，为后续成本预算优化提供依据。

6.6 监测报表及报告模版

地铁工程施工监测工作中常会用到各类报表，因地区差异，各地区报表格式不尽相同，可根据项目所在地区的相关要求参考使用常用报表及报告模版，详见附件10-6-1。

— 本章附件 —

附件10-6-1 监测报表及报告模版

本篇参考文献

[1] 胡伍生,潘庆林,黄腾.土木工程施工测量手册[M].2版.北京:人民交通出版社,2010.

[2] 朱瑶宏,张付林,何山,等.地下工程安全风险智能化监测与管控[M].北京:人民交通出版社股份有限公司,2018.

[3] 田桂娥.控制测量学[M].武汉:武汉大学出版社,2014.

[4] 张正禄.工程测量学[M].2版.武汉:武汉大学出版社,2013.

[5] 刘永勤,高爱林,王思锴.中国轨道交通安全风险管控与隐患排查[M].北京:中国计划出版社,2017.

[6] 张新宇,王富饶.城市轨道交通安全管理[M].北京:人民交通出版社,2012.

[7] 王劲松,李士涛.轨道工程测量[M].北京:人民交通出版社,2013.

[8] 金淮,张健全,吴锋波等.城市轨道交通工程监测理论与技术实践[M].北京:中国建筑工业出版社,2014.

[9] 马海志.城市轨道交通工程勘测常见质量问题及对策[M].北京:中国计划出版社,2015.

[10] 江苏省住房和城乡建设厅,苏州市轨道交通集团有限公司,住房和城乡建设部城市轨道交通工程质量安全专家委员会.城市轨道交通工程常见质量问题控制指南[M].北京:中国建筑工业出版社,2015.

[11] 方圆标志认证集团有限公司.质量、环境及职业健康安全三合一管理体系的建立与实施[M].2版.北京:中国质检出版社,中国标准出版社,2012.

第11篇 施工安全管理

本篇编审委员会

主编单位：中铁十八局集团有限公司

主　　编：代敬辉

副 主 编：黄　欣　魏向阳

参　　编：程保蕊　韩继爽　王俊诗　吴　涛　艾　国　廖建炜
　　　　　黄江帆　曹传文　李庆斌　赵静波　周雁领

审　　定：薛亚东　潘明亮　郭　春

秘　　书：黄江帆

标准规范

本篇使用的主要标准规范如下：
1. 《建筑地基基础设计规范》（GB 50007）
2. 《地铁设计规范》（GB 50157）
3. 《建筑变形测量规范》（JGJ 8）
4. 《建筑基坑工程监测技术标准》（GB 50497）
5. 《工程测量规范（附条文说明）》（GB 50026）
6. 《建筑基桩检测技术规范》（JGJ 106）
7. 《城市轨道交通安全防范系统技术要求》（GB/T 26718）
8. 《城市轨道交通工程安全控制技术规范》（GB/T 50839）
9. 《施工现场临时用电安全技术规范（附条文说明）》（JGJ 46）
10. 《建设工程施工现场供用电安全规范》（GB 50194）
11. 《龙门架及井架物料提升机安全技术规范》（JGJ 88）
12. 《建筑施工门式钢管脚手架安全技术标准》（JGJ/T 128）
13. 《建筑拆除工程安全技术规范》（JGJ 147）
14. 《建筑施工碗扣式钢管脚手架安全技术规范》（JGJ 166）
15. 《建筑施工高处作业安全技术规范》（JGJ 80）
16. 《建筑机械使用安全技术规程》（JGJ 33）
17. 《建筑工程施工现场视频监控技术规范》（JGJ/T 292）
18. 《城市轨道交通地下工程建设风险管理规范》（GB 50652）
19. 《爆破安全规程》（GB 6722）
20. 《工作场所有害因素职业接触限值 第1部分：化学有害因素》（GBZ 2.1）
21. 《铁路轨道工程施工质量验收标准》（TB 10413）
22. 《城市桥梁养护技术规范》（CJJ 99）
23. 《建筑施工安全检查标准》（JGJ 59）
24. 《地铁工程施工安全评价标准》（GB 50715）
25. 《城市轨道交通建设项目管理规范》（GB 50722）
26. 《风险管理原则与实施指南》（GB/T 24353）

篇首语

本篇依据《中华人民共和国国家安全法》《关于深入开展企业安全生产标准化建设的指导意见》《建筑施工安全生产标准化考评暂行办法》，住房和城乡建设部《城市轨道交通工程质量安全检查指南》《城市轨道交通工程建设安全生产标准化管理技术指南》《城市轨道交通工程安全质量管理暂行办法》《关于加强城市轨道交通工程关键节点风险管控的通知》以及现行《城市轨道交通地下工程建设风险管理规范》（GB 50652）和《城市轨道交通建设项目管理规范》（GB 50722）等法律法规、制度规定和标准规范，基于地铁工程施工安全管理经验，介绍了安全管理体系与风险管理，施工风险控制、安全专项方案和应急管理与常见事故案例分析，重点阐述了地铁工程施工安全管理的重点、要点，全面展示了明（盖）挖法、盾构法、矿山法、轨道工程、装饰装修工程以及机电安装工程等各施工阶段的主要安全风险和控制措施，梳理了地铁施工中常见的临时用电、消防安全、施工机械（设备）、脚手架施工、高处作业、管线施工、密闭空间施工、动火作业等一般风险控制措施。根据危险性较大的分部分项工程安全管理规定，归纳了基坑工程、模板工程、起重机吊装及起重机械安装拆卸工程、爆破工程、盾构法工程、矿山法工程以及玻璃幕墙工程等常见工程的安全专项施工方案编制、评审要点和方案范本。同时，结合地铁施工以往安全事故经验教训，总结了常见事故应急处置要点。

第 1 章
概述

"以人为本,安全发展"。地铁工程施工安全涉及施工生产的各个环节,保障地铁项目自身及周边环境的安全,避免安全事故的发生,是地铁工程施工管理的一项重要内容。

地铁工程施工安全管理通过建立完善的安全生产组织管理体系,制定安全生产责任制、安全管理制度、操作规程、应急救援预案等规章制度,对人、机、料、法、环等管理对象进行管控,排除不安全因素,消除不安全状态,达到安全管理的目标。

1.1 施工安全管理特点

地铁工程施工安全管理的特点表现为:

(1)地铁项目施工流动性大,导致施工现场安全管理呈动态变化。需要根据现场生产的变化,及时调整安全管理计划、组织,从而达到安全管理的目标。

(2)施工现场环境复杂、作业空间有限,使得现场不安全因素增多。安全管理办法和安全防护措施必须根据工程类型和进度变化及时调整,以减少不安全因素。

(3)施工技术复杂,导致施工现场危险因素增多,安全管理难度增加。应针对不同施工部位的特点和难点动态制订安全管理措施,以保证其防护措施的灵活性和有效性。

1.2 施工安全管理主要内容

地铁工程施工安全管理与其他工程安全管理类似,管理对象主要包括人员、机械设备、物体、规章制度(安全管理制度、操作规程、专项施工方案、应急救援预案等)、环境等一般管理要素,因地铁施工具有周边环境复杂、施工技术难度大、施工风险高等特点,所以安全管理作为抵御施工风险的关键工作,需要在风险评估的基础上,查隐患、建制度、构体系、守规范、订措施、重落实,杜绝和减少风险事故的发生,以实现项目目标。安全管理的主要内容包括:

1)安全隐患的排查

(1)人的不安全行为;

(2)机械设备、物体的不安全状态;
(3)环境不安全因素;
(4)规章制度的不正常运行。

2)安全风险的管理

(1)安全风险的识别;
(2)安全风险的估计;
(3)安全风险评价及分级;
(4)安全风险的应对措施。

3)安全管理体系的建立

(1)安全管理组织体系;
(2)安全管理制度体系;
(3)安全管理预警体系。

4)安全风险预警预案系统的实施

(1)安全风险监测(工程施工风险动态跟踪与实时监控);
(2)安全风险状态的研判(风险预报、预警);
(3)应急预案的启动(风险处置、风险控制措施的实施与记录)。

第 2 章
安全管理体系与安全风险预警

安全生产管理体系是项目管理体系中的一个子系统,它是根据 PDCA(即计划 Plan、执行 Do、检查 Check、处理 Act)循环模式的运行方式,以逐步提高、持续改进的思想指导企业系统地实现安全管理的既定目标,提高企业安全生产管理水平,为劳动者创造一个安全、健康、舒适的工作环境。同时,地铁施工具有周边环境复杂、建设规模大、工程技术复杂、工程协调量大、控制标准严格等特点,施工安全管理的不确定因素较多。因此,在地铁工程施工安全管理中,充分预测风险,建立与施工风险等级相匹配的安全风险预警预案系统和体系是项目得以顺利进行的重要保证。

2.1 安全管理体系

安全生产管理体系应该是一个与时俱进的安全管理方法的总称,涉及思想、制度、教育、组织、管理,内容包括安全管理组织体系、安全管理制度体系、安全管理预警体系。

2.1.1 安全管理组织体系

1)安全管理组织机构

地铁建设项目的安全管理工作首先要完善安全管理组织机构,明确组织架构及各级岗位职责(见附件 11-2-1),其主要作用是落实国家有关施工安全的法律法规,组织施工参与单位内部各种安全检查活动,负责日常安全检查,及时整改各种事故隐患,监督安全生产责任制的落实等。

2)安全管理责任分配

安全管理责任要结合地铁项目实际情况,按岗位合理量化和细化责任条款并进行责任分配,以激发广大职工的责任意识和参与意识,为现场控制、信息反馈、考核评价奠定基础,严格界定项目各个岗位安全职责(见附件 11-2-2),制定严格的岗位工作标准,促进整体安全管理水平的提高。

2.1.2 安全管理制度体系

1)安全生产规章制度

贯彻落实国家和行业相关安全生产法律法规、规范和标准,建立健全符合地铁项目管理的安全生产规章制度体系。为施工安全管理的各个环节提供制度保障,用制度约束施工人员的行为,保障从业人员的人身安全、财产安全、公共安全,加强安全管理。施工安全生产规章制度体系的组成见表11-2-1。

施工安全生产规章制度体系的组成　　　　　　　　　表11-2-1

序号	制度名称	制度要点	具体内容
1	安全生产责任制制度	单位各级领导、各职能部门、管理人员及各岗位的安全责任、权利和义务等	见附件11-2-3
2	安全生产责任制考核制度	强力推行"一岗双责",对项目各级管理人员安全生产责任制实行定期考核	
3	项目安全评价制度	确定评价依据、原则、内容、标准及分值	
4	项目安全许可制度	将营区、施工作业面、特种设备与机械全面纳入许可范畴,结合项目实际,确定其他许可对象,并列出项目许可对象清单	
5	领导带班制度	项目领导以带班形式进行带班安全生产和带班安全检查	
6	安全行为与一线作业人员收入挂钩制度	一线员工收入与安全行为挂钩,挂钩比例不少于员工收入的20%,并在项目全面实施,按月考核兑现	
7	班组工前隐患排查制度	明确作业层和管理层的安全责任,做到职责明确、权责一致	
8	安全例会制度	明确安全会议内容、形式和会议责任人要求,确保各项安全工作的落实	
9	安全费用投入制度	安全设施的日常维护、管理,安全生产费用保障,采取的安全措施及费用来源等	
10	安全检查制度	明确检查内容、标准、方法和要求,对重点项目、关键部位进行重点检查,对查出的隐患要定人、定时间、定措施进行整改、验收等	
11	重大危险源管理制度	重大危险源登记建档、评估、监控、相应的应急预案管理等	
12	消防安全管理制度	消防安全管理的原则、组织机构、日常管理、现场应急处置原则和程序,消防设施、器材的配置、维护保养、定期试验、定期防火检查、防火演练等	
13	安全用电管理制度	施工现场电缆布置原则及标准,日常电源的检验、维修、标识的管理及记录	
14	隐患排查治理制度	应排查的设备、设施、场所的名称,排查周期,排查人员、排查标准;发现问题的处置程序、跟踪管理等	
15	事故调查报告处理制度	事故标准、报告程序、现场保护、资料收集、相关当事人调查、技术分析、调查报告编制、向上级主管部门报告事故的流程等	
16	应急管理制度	应急管理部门,预案的制订、发布、演练、修订和培训等;总体预案、专项预案、现场处置方案等	
17	安全培训与教育制度	各级管理人员安全管理知识培训、新员工三级教育培训、转岗培训,新材料、新工艺、新设备的使用培训,特种作业人员培训,岗位安全操作规程培训,应急培训等。明确各项培训的对象、内容、时间及考核标准等	
18	安全技术交底制度	安全技术的编制、安全技术交底内容、安全技术交底的审批和执行	
19	防护用品使用保管制度	劳动防护用品的种类、适应范围、领取程序、使用前检查标准和用品寿命周期等	
20	特种作业管理制度	特种作业岗位、人员,作业的一般安全措施、技术措施的制订及执行等	
21	职业健康管理制度	职业禁忌的岗位名称、职业禁忌证、定期健康检查的内容和标准、女工保护,以及按照《中华人民共和国职业病防治法》要求的相关内容等	
22	特种设备安全管理制度	安装单位、出租单位、使用单位的安全管理责任,以及使用单位的岗位责任制、技术档案管理、安全操作、常规检查、维修保养、定期报检和应急措施等	
23	安全操作规程	根据物料工艺流程、设备使用要求而制定的符合安全生产法律法规的操作程序等	
24	安全标志管理制度	现场安全标志的种类、名称、数量、地点和位置,安全标志的定期检查、维护等	
25	安全考核与奖惩制度	安全考核小组,考核内容,考核结果发布,奖惩措施等	

2) 常用安全操作规程

(1) 主要岗位(工种)安全操作规程

地铁施工主要岗位(工种)见表11-2-2,各个岗位(工种)都有相应的安全操作规程。

地铁施工主要岗位(工种)　　　　　表11-2-2

序号	工　种	主要岗位(工种)	备　注
1	一般工种	钢筋工、架子工、混凝土工、木工、测量工、风枪工、巡道工、泥工、石工、油漆涂料工、玻璃安装工	见附件11-2-4
2	特殊工种	电焊工、气焊(割)工、电工、起重工、司索信号工、爆破工	

(2) 主要施工机械(设备)安全操作规程

地铁施工主要机械(设备)见表11-2-3,也均有相应的安全操作规程。

地铁施工主要机械(设备)　　　　　表11-2-3

序号	施工工法	主要施工机械(设备)	备　注
1	盾构法	盾构机、管片拼装机、管片吊机、注浆机、门式起重机、电瓶车、拌合站设备、充电机、通风机	见附件11-2-5
2	明(盖)挖法	塔式起重机、挖掘机、推土机、装载机、履带式起重机、汽车式起重机、轮胎式起重机、压路机、自卸车、各类钻机、地下连续墙成槽机、搅拌桩机、旋喷桩机	
3	矿山法	凿岩机、湿喷机、空压机、潜水泵、泥浆泵、输送泵、电焊机、热熔机	

2.2 安全风险预警系统

施工安全风险预警系统需要借助于风险识别、风险评估、风险评价的结果,对施工所面临的风险进行等级划分,由此来确定安全预警系统的警阈和警级。施工现场通过实时监控、动态预警和风险处置,以保障施工现场的安全。

2.2.1 风险等级划分

按照现行《城市轨道交通地下工程建设风险管理规范》(GB 50652),根据风险发生的可能性和风险损失,工程建设风险等级标准宜分为四级,等级标准见表11-2-4。

城市轨道交通地下工程建设风险等级标准　　　　　表11-2-4

序号	可能性等级	损 失 等 级				
		A	B	C	D	E
		灾难性的	非常严重的	严重的	需考虑的	可忽略的
1	频繁的	Ⅰ级	Ⅰ级	Ⅰ级	Ⅱ级	Ⅲ级
2	可能的	Ⅰ级	Ⅰ级	Ⅱ级	Ⅲ级	Ⅲ级
3	偶尔的	Ⅰ级	Ⅱ级	Ⅲ级	Ⅲ级	Ⅳ级
4	罕见的	Ⅱ级	Ⅲ级	Ⅲ级	Ⅳ级	Ⅳ级
5	不可能的	Ⅲ级	Ⅲ级	Ⅳ级	Ⅳ级	Ⅳ级

1) 工程自身的风险等级

按照现行《城市轨道交通地下工程建设风险管理规范》(GB 50652),城市轨道交通地下工程总体设计风险因素应根据地下工程类型、施工难易程度和邻近区域影响特征,评估地下工程自身的风险等级。

地下工程自身风险是指由地下工程自身建设要求或施工活动所导致的风险,如深大基坑、大断面隧道等。自身的风险等级主要考虑地质条件、工程埋深、结构特性(地下结构层数、跨度、断面形式、覆土厚度、开挖方法)等风险因素。其中,明(盖)挖法可以地质条件、地下结构的层数或基坑深度作为分级参考依据,矿山法可以车站的层数和跨度作为分级参考依据,暗挖区间可以隧道的跨度、断面复杂程度作为分级参考依据,暗挖区间可以隧道的跨度、断面复杂程度作为分级参考依据,盾构法可以隧道相互之间的空间位置关系作为分级参考依据。自身风险等级划分标准详见表11-2-5。

自身风险等级划分标准 表11-2-5

风险等级	施工方法	工程自身风险	级别说明
Ⅰ级	明(盖)挖法	地下四层或深度超过25m(含25m)的深基坑	—
	矿山法	双层暗挖车站或净跨超过15.5m的暗挖单层车站	—
	盾构法	较长范围处于非常接近状态的并行或交叠盾构隧道	—
Ⅱ级	明(盖)挖法	地下三层或深度为15~25m(含15m)的深基坑	(1)见表注; (2)平面复杂的基坑、偏压基坑等,风险等级可以上调一级
	矿山法	断面大于6m的矿山法工程	(1)见表注; (2)断面复杂、存在偏压、受力体系转换的暗挖工程,风险等级可以上调一级
	盾构法	较长范围处于非常接近状态的并行或交叠盾构隧道	见表注
		盾构区间的联络通道	—
		盾构始发、到达区段	—
Ⅲ级	明(盖)挖法	地下两层或一层或深度为5~15m(含5m)的深基坑	(1)见表注; (2)平面复杂的基坑、偏压基坑等,风险等级可以上调一级
	矿山法	一般断面矿山法工程	(1)见表注; (2)断面复杂、存在偏压、受力体系转换的暗挖工程,风险等级可以上调一级
	盾构法	较长范围处于非常接近状态的并行或交叠盾构隧道	见表注
		一般的盾构法区间	—
Ⅳ级	—	基坑深度小于5m,隧道建设无互相影响的工程	—

注:在工程自身的风险等级的基础上,当遇到以下情况时可以进行风险等级调整:
(1)地下水文地质和工程地质条件复杂时,风险等级可上调一级;
(2)当新建城市轨道交通工程采用与工程施工风险有关的新技术、新工艺、新设备、新施工方法时,风险等级可上调或下调一级;
(3)结合新建城市轨道交通工程建设风险因素识别和分析,可根据具体工程条件调整。

2)周边环境影响的风险等级

按照现行《城市轨道交通地下工程建设风险管理规范》(GB 50652),城市轨道交通地下工程总体设计风险因素应根据地下工程周边环境设施的重要性和邻近影响距离的关系,评估周边环境影响的风险等级。

城市轨道交通地下工程环境影响的风险主要指建设活动导致周边区域的建(构)筑物发生影响或破坏,地下工程环境影响的风险等级需要根据城市轨道交通地下结构与工程影响区范围内环境设施的重要性、位置关系、地下结构类型与施工方法等因素划分。

位于城市轨道交通地下工程影响区范围内的环境设施,按其重要性可划分为两类:重要设施和一般设施。环境设施重要性分类见表11-2-6。

环境设施重要性分类 表 11-2-6

环境设施类别	环境设施重要性类别	
	重要设施	一般设施
地面和地下轨道交通	既有城市轨道交通线路和铁路	—
既有地面建(构)筑物	省市级以上保护等级的古建筑,高度超过15层(含)的建筑物,年代久远、基础条件较差的重点保护的建筑物,重要的烟囱、水塔、油库、加油站、气罐、高压线铁塔等	15层以下的一般建筑物,一般厂房、车库等构筑物
既有地下构筑物	地下道路和交通隧道、地下商业街及重要人防工程等	地下人行过街通道等
既有市政桥梁	高架桥、立交桥的主桥等	匝道桥、人行天桥等
既有市政管线	雨污水干管、中压以上的煤气管、直径较大的自来水管、中水管、军用光缆等,其他使用时间较长的铸铁管、承插式接口混凝土管	小直径雨污水管,低压煤气管,电信、通信、电力管(沟)等
既有市政道路	城市主干道、快速路等	城市次干道和支路等
水体(河道、湖泊)	江、河、湖和海洋	一般水塘和小河沟
绿化、植物	受保护的古树	其他树木

考虑轨道交通地下工程与工程影响范围环境设施的相互临近程度及相互位置关系以及不同地下工程施工方法,分析确定的临近距离特征及影响特性关系见表11-2-7。

不同施工方法与周边环境设施的临近关系 表 11-2-7

施工方法	非常接近	接近	较接近	不接近	说明
明(盖)挖法	$<0.7H$	$0.7H \sim 1.0H$	$1.0H \sim 2.0H$	$>2.0H$	H为地下工程开挖深度或埋深
矿山法(包括钻爆法、浅埋暗挖法等)	$<0.7B$	$0.5B \sim 1.5B$	$1.5B \sim 2.5B$	$>2.5B$	B为矿山法隧道毛洞宽度,当隧道采用爆破法施工时,需研究爆破震动的影响
盾构法、顶管法	$<0.3D$	$0.3D \sim 0.7D$	$0.7D \sim 1.0D$	$>1.0D$	D为隧道的外径
沉井法	$<0.5H$	$0.5H \sim 1.5H$	$1.5H \sim 2.5H$	$>2.5H$	H为地下结构埋深

综合环境设施的重要性分类和地下工程不同施工方法对周围环境设施的临近程度,建立城市轨道交通地下工程施工环境影响的风险分级,见表11-2-8。

城市轨道交通地下工程施工环境影响的风险分级 表 11-2-8

风险等级	环境设施分类	相邻位置关系	说明
Ⅰ级	临近重要设施	非常接近	
Ⅱ级	临近重要设施	接近	(1)注意分析地下工程施工方法及穿越临近建(构)筑物的形式; (2)需考虑现场临近设施的保护要求和特点进行具体分析; (3)风险评估可根据施工方法适当进行等级调整
	一般设施	非常接近	
Ⅲ级	临近重要设施	较接近	
	一般设施	接近	
Ⅳ级	临近重要设施	不接近	
	一般设施	较接近	

2.2.2 施工安全风险监控

1)风险监测

施工安全风险监测是地铁施工安全风险控制的重要技术手段之一,施工安全风险监测主要包括监测对象、检测频率和监控控制值,具体要求详见第10篇。

2）风险巡视

现场巡视对象主要为明（盖）挖法基坑，矿山法隧道的开挖工作面、支护结构，盾构法隧道的盾构机工作状况、管片结构以及工程周边环境对象等。巡视频率见附件11-2-6。

（1）明（盖）挖法基坑施工现场巡视内容宜包括开挖面地质状况，地下水控制效果，支护体系施作的及时性、渗漏水情况、变形变化情况、开裂情况、施工质量缺陷以及周边超载情况等（见附件11-2-7）。

（2）盾构法隧道施工现场巡视内容宜包括始发、接收端土体加固情况，掘进位置（环号），停机、开仓等的时间和位置，管片破损、开裂、错台、渗漏水情况以及联络通道开洞口情况等（见附件11-2-8）。

（3）暗挖法隧道施工现场巡视内容宜包括开挖面地质状况，降水效果以及支护体系施作的及时性、渗漏水情况、变形变化情况、开裂情况、施工质量缺陷、拱背回填等（见附件11-2-9）。

（4）周边环境现场巡视内容宜包括周边路面或地表的裂缝、沉陷情况，建（构）筑物、桥梁、既有轨道交通等的裂缝情况，河流湖泊的水位变化情况，以及工程周边开挖、堆载、打桩等可能影响工程安全的其他生产活动等（见附件11-2-10）。

3）视频安全监控系统

视频安全监控系统可以实现对在建地铁施工全方位的视频监控、跟踪、监测、信息上报、预警和事务的管理。目前，在地铁建设领域应用较为普遍的是视频监控、量测监控、盾构监控、线路状态监控、安全风险综合管理，可有效提高安全风险的管理水平与工作效率。

（1）视频监控

在施工现场重要部位（如深基坑、矿山法暗挖隧道、盾构机出渣口、管片拼装等部位）安装高清球形摄像机，通过网络将工作面影像传输至相关监控系统，便于管理人员及时掌握施工现场情况，并可对违规违章行为截图留存。监控中心大屏实时监控画面如图11-2-1所示。

图11-2-1　监控中心实时监控画面

（2）量测监控

施工监测单位、第三方监测单位将数据上传系统，系统将对两方数据进行对比分析，根据监测预警控制标准自行发布监测数据异常信息。通过监测单位及时上传的监测信息，参建各单位可随时查询各站点每个监测点的安全状态、变形曲线、变形数值。

（3）盾构监控

盾构监控系统可自动进行单环、多环数据分析，材料消耗数据对比与统计，实现盾构数据动态管理、自动识别、存储历史数据、信息汇总,可以对所有历史数据进行保存、统计、分析并生成报表输出打印。盾构监控模型及数据如图 11-2-2 所示。

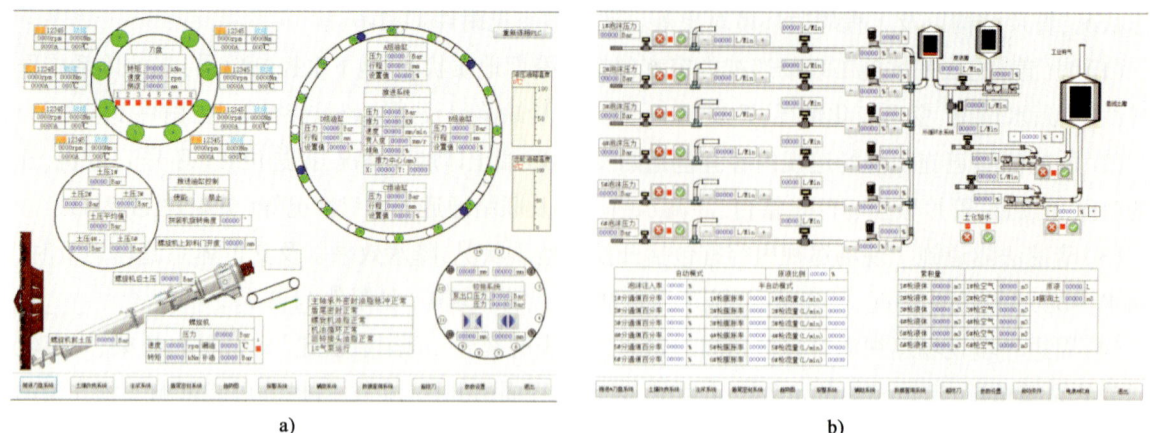

图 11-2-2　盾构监控模型及数据

（4）线路状态监控

街道线路图中可显示线路控制区每条线路在地图中的位置和线路上每个站点的位置。通过底图可以看到施工线路的形态及线路安全状态,通过站点颜色变化(红、橙、黄、绿四色)可以获知此站点的安全状态。

2.2.3　安全风险的实时观察

视频安全监控系统对在建项目进行全方位的跟踪、监测、信息上报、预警和事故管理,以避免人为因素导致安全风险事件的发生,主要功能如下:

①地理地质信息可显示矢量图形信息(包括地形图、工程设计图、监测点、勘察钻孔等),可在工程设计图的基础上,实时动态地叠加、展现地形图、钻孔柱状图、安全风险状态和地质剖面图等信息。

②可查询工点详细信息,了解工点施工进度情况、工程风险和环境风险、监控与巡视情况、预警情况等。

③环境风险管理功能可对各工点的重特大风险源进行统一管理,提供风险工程案例、应急处理预案等查询功能,还可查询各工点各类风险源的初始评估结论,并提供动态风险评估和跟踪功能。

④工程资料功能对施工图纸、地质勘察资料等进行存储和集中管理,对数据进行规范化管理,防止数据丢失,可以快速查阅和下载。

2.2.4　风险预警、处置及消警

地铁工程监测应根据工程特点、监测项目控制值、当地施工经验等,制定监测预警等级、预警标准、预警处置及工程消警。具体内容可参见附件 11-2-11。

2.2.5　施工安全管理的新方法与新技术

随着工程技术、人工智能技术、网络技术、管理理念、软硬件设施的进一步发展完善,施工安全管理正朝着物联、互联、BIM、大数据、云计算等多技术融合,智慧管理和智能化的方向发展。未来工程的安全管理过程将更加强调标准化、智能化和实用性。在科技发展日新月异的 21 世纪,安全管理工作吸收

新理论、新方法、新技术,促进自身变革与进步的趋势将渐趋深入。在此时代背景下,不同领域的互联互通、工程数据的深入挖掘和安全理念的不断提升,必将促进施工安全预警系统功能的不断强大。

更多内容可参见附件11-2-12。

本章附件

附件11-2-1　安全生产管理机构职责
附件11-2-2　安全生产管理人员职责
附件11-2-3　安全生产规章制度
附件11-2-4　主要岗位(工种)安全操作规程
附件11-2-5　主要施工机械(设备)安全操作规程
附件11-2-6　巡视频率
附件11-2-7　明(盖)挖法基坑施工现场主要巡视要点
附件11-2-8　盾构法隧道施工现场主要巡视要点
附件11-2-9　暗挖法隧道施工现场主要巡视要点
附件11-2-10　周边环境现场主要巡视要点
附件11-2-11　风险预警、处置及消警
附件11-2-12　风险管理的新方法与新技术

第 3 章
施工重要风险控制

本章分别结合明(盖)挖、盾构、矿山法等工程特点,介绍其施工重要风险事件,通过分析主要风险因素,进而提出相应风险控制措施。

3.1 明(盖)挖法施工风险控制

明(盖)挖法施工一般可以分为围护结构施工、降排水施工、基坑开挖及支撑体系设置、主体结构施工四个阶段。施工中需要针对各阶段进行风险辨识,并采取有针对性的风险控制措施。

(1)围护结构施工阶段风险辨识及控制措施,见表11-3-1。

围护结构施工阶段风险辨识及控制措施　　表11-3-1

风险事件	地下连续墙槽段壁面不稳定,大面积塌方
主要风险因素	地质条件差;槽壁两侧附加荷载过大;槽段内泥浆不能形成坚实可靠的护壁;单元槽段过长;槽外超载过大,堆载或交通等动荷载过大;槽外施工振动扰动;成槽后搁置时间过长,未及时吊放钢筋笼浇筑混凝土,钢筋笼就位或混凝土灌注时间太长
风险控制措施	(1)在极软弱的易坍方土层和松砂层,对软弱地基进行加固; (2)采用膨润土泥浆护壁,加强泥浆的管理,根据土质情况合理调整配合比,加大泥浆的相对密度、黏度,并提高泥浆水头,使泥浆排出与补给量平衡;防止槽壁渗漏以及施工不慎而造成槽内泥浆面降低; (3)降雨使地下水位急剧上升时,采取合理措施保障槽壁的稳定; (4)选择适当的单元槽段长度,在地面浇混凝土地坪和加强导墙结构; (5)控制槽外荷载,控制槽外施工振动; (6)坍孔较严重时,可用优质黏土回填坍塌处,重新挖槽
风险事件	土钉墙施工时滑坡
主要风险因素	降水不到位;施工单位未做变形监控及土钉抗拔试验,未能及时采取措施;锚杆设置不当;锚杆制作不规范;基坑护壁施工质量差;违反时空效应;基坑周边附加荷载超限
风险控制措施	(1)详加研究勘察报告,制订降水方案,如对邻近建筑产生沉降影响,则应制订回灌井点方案,并对回灌系数进行设计,如深度数量、位置及施工方法等; (2)根据规程计算土钉长度,并按支护内部整体稳定安全系数计算稳定安全系数,且稳定安全系数应符合规程要求; (3)施工前应做土钉与土体的极限摩阻力试验,如与规程标准不符,则要调整设计,施工时要进行监控;

续上表

风险控制措施	(4)锚杆设计应遵循上部长、向下逐渐变短、上部平缓、角度小、向下角度逐渐变大、从上向下间距逐渐变小的原则； (5)对开挖深度深、地质条件差、周边环境苛刻的工程，要确保锚杆制作质量、注浆质量及超前支护，重点保护基坑坡脚处土体，防止其发生剪切破坏； (6)应分段跳挖，及时支护，遵循分层、分块、对称、平衡、限时的时空效应； (7)保持基坑内集水、排水通畅，根据实际情况采取基坑降水措施，重载车辆从基坑旁行驶时，应对该部位做提高附加荷载设计处理
风险事件	止水帷幕施工止水失效
主要风险因素	方案选择不当，施工质量达不到设计要求；桩位产生偏差，桩间距超出规定数值要求；止水帷幕达不到强度即进行降水、开挖
风险控制措施	(1)止水帷幕方案选择必须根据工程地质和水文地质、基坑围护结构类型、基坑开挖深度、基坑降水设计等情况，选择一种或几种组合的帷幕方案； (2)止水帷幕设计厚度、深度应考虑施工偏差，注意和围护结构有效结合； (3)高压旋喷桩帷幕施工应根据设计情况，选择单管、双重管或三管工艺，应通过现场试桩选择合适的浆液配比、旋喷压力、旋喷提升速度、喷嘴直径等施工参数； (4)水泥土搅拌桩帷幕选用深层水泥搅拌桩机施工，严格控制桩机定位、浆液制备、喷浆压力、下沉提升速度及次数等施工参数； (5)基坑降水、开挖前，必须检测止水帷幕的强度和抗渗性，达到设计要求后才允许进入下部工序施工

（2）降排水施工阶段风险辨识及控制措施，见表11-3-2。

降排水施工阶段风险辨识及控制措施　　　　　　表11-3-2

风险事件	地面沉降、建(构)筑物沉降、倾斜
主要风险因素	坑外降水过量、过快；止水帷幕失效；地质条件恶劣
风险控制措施	(1)挖土前，要进行降水以保证坑内的良好施工条件，降水对坑内土体的压密，有利于基坑稳定性； (2)详细调查开挖范围的地质条件； (3)对地层采用合理、有效的降水方法； (4)选择合理、有效的施工工艺，保证止水帷幕的止水效果
风险事件	降水效果差
主要风险因素	成井施工不当；降水井位置、数量、深度不能满足施工需要；井管内沉淀物过多，井孔被淤塞；成井施工与地基加固交叉作业导致滤管被堵塞；滤管未能设置在透水性好的含水层；滤料和滤管材料不合格，泵选型不当，出水能力差；降水井保护不当，导致破坏
风险控制措施	(1)根据现场实际情况合理设计降水井数量、位置、深度；坑内井的井位根据深基坑的支撑图正确定位，不能与设计的支撑相碰，并最终固定在支撑附近； (2)滤管、滤料进场验收质量应满足方案要求；保证清孔效果和洗井效果，配备合适的抽水泵，且抽水泵的安装位置应满足设计要求； (3)成井后要洗井，以保证渗水效果，洗井过程中应观测水位及出水量变化情况； (4)成井施工结束后进行试抽水，以检查成井质量； (5)基坑开挖时注意保护降水井管，以防被碰坏或压坏，坑内井必须保证在挖土时不被破坏； (6)降水运行过程中，除个别水泵因机械原因停用更换水泵外，降水系统电源不能停电，因此，施工现场必须有两路电源，确保降水运行过程中系统电源正常供电； (7)严格按照降水方案实施降水，无论疏干井还是降压井降水时都必须严格遵循"按需降水，分层降水"原则，严禁一次降到底； (8)必须配备足够的降水值班人，随时观测坑内水位变化和降水井运行情况，确保坑内水位保持在开挖面以下

（3）基坑开挖及支撑体系设置阶段风险辨识及控制措施，见表11-3-3。

基坑开挖及支撑体系设置阶段风险辨识及控制措施　　　　表11-3-3

风险事件	钢支撑松弛、失稳
主要风险因素	（1）支撑端头制作的精度不高，如图a)、图b)所示；   a)　　　　　　　　　　b) （2）支撑采用吊挂式存在安全隐患，如图c)所示； （3）轴力计安装偏心，如图d)所示；   c)　　　　　　　　　　d) （4）支撑端头板与承压板间有空隙，如图e)所示； （5）支撑不顺直，如图f)所示；   e)　　　　　　　　　　f) （6）围檩后填充不实，如图g)、图h)所示； 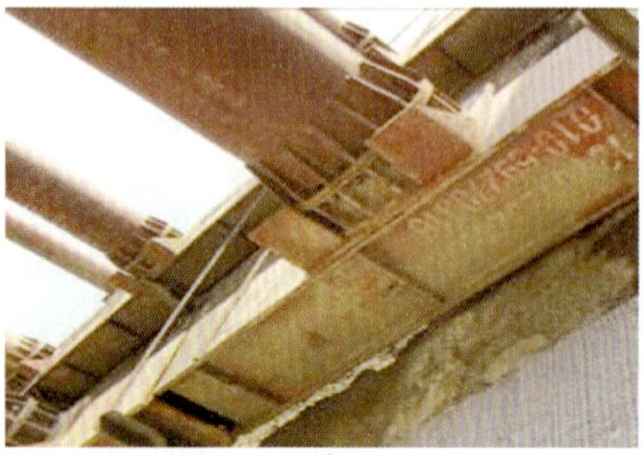  g)　　　　　　　　　　h)

续上表

主要风险因素	(7)基坑施工的支撑上面严重堆物,如图i)、图j)所示
i)　　　　　　　　　　　　　　j)
风险控制措施	(1)钢支撑长细比不宜过大,支撑构件尺寸、形式严格按照设计要求加工,支撑架设时,确保各连接接头连接紧密,并及时复紧; (2)严格按设计要求对钢支撑施加预应力,并按设计要求的频率对钢支撑轴力进行监测; (3)钢支撑安装时端头上挂下托,如图a)、图b)所示,严防钢支撑坠落,施工过程中防止机械碰撞导致钢支撑变形、坠落;
a)钢支撑设置防坠落措施(上挂)　　　　b)围檩支架安装(下托) (4)严格按设计施工程序进行各阶段的钢支撑架设、拆除,严禁钢支撑上堆载,开挖过程中支撑结构可能发生变形,应经常检查,如有松动、变形迹象时,应及时进行加固或更换; (5)基坑跨度较大时支撑跨中底部设置连系梁,如图c)所示,支撑在连系梁部位底部垫实,两侧及顶部设置防滚动抱箍,如图d)所示;
c)格构柱与连系梁　　　　　　d)支撑与连系梁间抱箍 (6)立柱设计要有足够的强度、刚度和入土深度,满足抗压和抗拔的要求,以避免立柱的沉降或隆起对支撑的稳定性有影响; (7)重视局部的设计,如连系杆件、节点以及细部等;加强围护结构的内力、位移监测
风险事件	围护结构渗漏水
主要风险因素	围护结构施工质量差,墙缝、墙体夹泥,垂直度偏差大;地下连续墙变形较大;冷缝及阴阳角处理不到位;未做止水帷幕或止水帷幕止水效果差;地下水位高,水头压力大
风险控制措施	(1)围护结构施工时合理安排施工工序衔接,及时灌注混凝土。 (2)地下连续墙施工应根据土质条件及周边环境要求,选择合适的接头形式,必要时在基坑外接头处增设旋喷桩止水;做好地下连续墙的刷壁清孔工作,槽段接头不允许有夹泥,确保后浇段混凝土与之紧密黏结,减少围护结构接缝处因夹泥形成渗水通道的现象。

续上表

风险控制措施	(3)桩间旋喷止水、连续墙接头止水、搅拌桩止水帷幕、阴角止水加固等要严格控制钻机的垂直度、喷浆位置等,保证垂直度、咬合程度符合要求;在地下连续墙墙体中预埋注浆管,做好墙趾注浆。 (4)如渗水量极小,为轻微滴水,且监测结果也未反映周边环境有险兆,则只在坑底设排水沟,暂不做进一步修补;轻微渗流不具备明显水压力时,可以用聚氨酯进行处理,或对渗漏位置墙身进行适当剔凿,用双快水泥进行抹面封闭,及时处理,避免扩大;如渗水量逐步增大,有一定水压,但无泥沙带出,且周边环境尚无险兆,可采用引流修补的方法。 (5)漏水严重,含泥沙,明显带压,周边无建(构)筑物时,前期以堵为主;漏水后立即启动应急预案,组织险情处置,如不能有效处置,立即回填,同时采用注浆等加固,经验证不再漏水后方可继续开挖;漏水严重,含泥沙,明显带压,周边有建(构)筑物或重要管线时,立即回填,同时采用注浆等加固,经验证不再漏水后方可继续开挖;注浆如图a)~图d)所示。 (6)基坑开挖过程中,因地下连续墙较大孔洞造成的漏水,无论周边有无建(构)筑物,出现漏水险情后第一时间内回填,同时采用注浆等加固,经验证不再漏水后方可继续开挖   a)注浆堵水,先疏后堵　　　　　　　b)注聚氨酯临时性封堵   c)围护结构渗漏点外侧地面注浆孔　　　d)围护结构渗漏点外侧地面注浆
风险事件	基底管涌、涌水、涌砂
主要风险因素	基底暴露时间过长;超挖;降水井不满足要求,降水不到位;承压水力坡度大、压力大造成承压水通过地下连续墙墙趾越流从基底喷涌;坑底不透水层土体强度不足;局部深坑、桩基施工等导致坑底不透水层产生局部缺陷
风险控制措施	(1)详细调查基坑开挖范围的地质条件;准确掌握承压含水层;对地层采用合理、有效的降水方法;采用减压井降低承压水头,减小地下水对开挖面土体的影响。 (2)避免基底土体暴露时间过长,及时施作垫层、防水层、主体结构底板。 (3)避免局部深坑、打桩等造成不透水层削弱或破坏,避免超挖、严格控制挖掘深度。 (4)降水是防治流砂最有效的办法,当出现流砂现象时,在基坑内增加水井点,或加大抽水速度,将坑内地下水位降至坑底下1m;对轻微流砂现象,应立即浇筑混凝土垫层,并将垫层加厚,也可采用压重物这种短时间的缓解措施。 (5)坑底涌水时,开启基坑外降水井,降低坑外地下水位和改变地下水渗流方向,对涌水处进行注浆封堵,采取回填土方压载措施。 (6)管涌严重时可先向坑内灌水压重,减小坑内外水头差,稳定管涌情况,再采用双液注浆或浇筑快干混凝土封堵涌口

续上表

风险事件	基坑边坡纵向失稳滑坡(土体滑移)
主要风险因素	开挖坡度设置不合理,倾角过大;坡顶堆载;边坡周边机械设备振动;雨水冲刷;地下水波动或地表水渗透进土体
风险控制措施	(1)根据土层性能计算放坡倾角,放坡坡度不能过大。 (2)坡顶严禁堆积荷载,坡顶不允许设置便道;对基坑内坡顶土体进行卸载,卸载过程中先清理出支撑安装部位,并及时架设钢支撑;控制机械操作,避免在坡顶附近行走或者振动。 (3)暴雨来临之前所有边坡应铺设塑料膜防止暴雨冲刷,同时在坡脚设置大功率水泵抽水,防止坡脚浸水;坡顶及坡脚设置排水沟,基坑内设置集水坑,及时抽排积水;。 (4)发现基坑边坡纵向失稳滑坡立即停止开挖,将基坑内所有操作人员撤离,撤掉地面所有施工荷载,及时与相关各方沟通,若情况继续恶化,立即采取基坑内回填土方等坑内加载措施
风险事件	基坑失稳坍塌
主要风险因素	开挖过程中超挖严重,支撑不及时,如图a)所示,支撑和围檩、围檩和围护结构间隙不密实,造成围护结构变形过大,甚至破坏;坑外堆载过大,如图b)所示;支撑整体失稳,如图c)所示;基坑围护结构渗漏水;坑外动载过大;暴雨后排水不及时,泡槽严重  a)支撑体系架设不及时  b)坑边堆载 　　　　c)支撑失稳,基坑坍塌
风险控制措施	(1)基坑开挖应遵循"开槽支撑,先撑后挖,分层开挖,严禁超挖"的原则自上而下开挖。严格按设计施工程序进行各阶段的钢支撑架设、拆除、预应力施加等;立柱设计要有足够的强度、刚度和入土深度,满足整体稳定性的要求;主体结构中的底板、中板、顶板浇筑完成并达到强度后才能相应拆除其上的支撑,有换撑时应按设计要求换撑。 (2)控制好围护结构和止水帷幕的施工质量,开挖过程中密切监控,发现渗漏水及时处理。 (3)土方开挖应严格按照对称平衡的原则分区域、分部位、分层次进行;基坑挖深应按设计高程严格控制不得超挖,当基坑较大且深浅不同时,应先进行浅区部分的开挖,待浅区部分达到稳定安全部位后再进行深区部分的开挖;当两个基坑相邻时,应先进行深坑的挖槽作业,待其达到稳定安全部位后,再进行浅基坑的施工。 (4)合理全面考虑荷载情况,合理全面评估周边环境条件;弃土及时运走,如需临时堆土或留作回填土,堆土坡脚至坑边的距离应按挖坑深度、边坡坡度和土的类别确定,在边坡支护设计时应考虑堆土附加的侧应力。 (5)基坑周边材料、机具堆放和机械设备距基坑边的距离应符合安全要求,严禁超载,以防对基坑造成过大压力而出现意外;具有震动性的施工机械必须远离基坑。 (6)基坑开挖时,在坑四周做挡土堤及排水沟,防止地面水流入坑内,做好施工现场防洪排水工作,配备好排水设备,保证施工现场排水通畅不积水,保证基坑开挖面不浸水。 (7)发现围护结构位移过大时,立即停止开挖,并紧贴土面设置临时支撑,然后对已经设置的支撑逐根复加预应力。 (8)重视信息化施工,出现危险象征时,密切注意事态的发展,同时必须准备紧急抢救措施

(4)主体结构施工阶段风险辨识及控制措施,见表11-3-4。

主体结构施工阶段风险辨识及控制措施　　　　表11-3-4

风险事件	模板支架失稳
主要风险因素	施工方案不合理;进场材料强度、刚度不够;基础承载力不足,基础面不平稳;支架步距、横纵距不满足方案要求,未设置扫地杆、剪刀撑等或搭设不规范,顶托、底托伸出过长;浇筑顺序不当;集中堆载过大
风险控制措施	(1)模板支架在施工前应该先进行设计和结构计算;应根据不同的结构类型及模板类型,选配合适的模板、支架系统; (2)模板支架系统应进行必要的验算和复核,确保其可靠、稳固、不变形,不合格架体如图a)、图b)所示;  a)构件锈蚀严重 　　　　b)缺扫地杆,顶托用在立杆下部且与立杆不同轴线 (3)模板支撑系统的结构材料应按要求进行进场验收、抽检和检测,不满足规范要求的材料禁止使用; (4)架体搭设过程中禁止在脚手架上集中堆放材料; (5)检查模架的搭设质量,一般包括立杆的间距、水平系杆的步距、连墙件和剪刀撑的设置以及杆件的连接方式,应满足相关安全技术规范的要求; (6)模板支撑系统搭设完成后,应组织验收,合格后方可进入后续工序的施工,碗扣脚手架搭设示例如图c)所示;  c)碗扣脚手架搭设 (7)对大体积混凝土及厚板梁的浇筑,要提前制定浇筑顺序,分层厚度,并严格执行; (8)模板支架搭设、拆除及混凝土浇筑过程中,应有专业技术人员进行现场指导,设专人对高大模板支撑体系进行观测,发现有松动、变形等情况,立即停止施工并采取应急措施,排除险情后方可继续施工

(5)环境风险辨识及控制措施,见表11-3-5。

环境风险辨识及控制措施　　　　表11-3-5

风险事件	建(构)筑物沉降、开裂、倾斜、倒塌;道路路面沉降、隆起、开裂、冒浆;桥梁桩基沉降、墩台或梁体开裂;管线沉降、开裂、穿孔、破坏;既有地铁、铁路线路隧道沉降、开裂、渗漏水、破坏、影响运营;河流湖泊水面旋涡、气泡、堤坝开裂
主要风险因素	对建(构)筑物、桥梁、管线、既有线等调查不实,保护措施不到位;过量降水或基坑渗漏水引发地层变形;基坑开挖施工控制不到位,超挖,工作面失稳引发地层变形;支护体系变形过大;支撑破坏、基坑坍塌;承受荷载过大;管线防腐措施破坏;振动荷载影响;管线上部荷载过大,内应力增加;监测信息反馈不及时
风险控制措施	(1)对周边建(构)筑物进行详细调查,明确基础形式、埋深及基础与基坑的相对位置关系;对重要建筑及基础条件较差的老旧建筑进行房屋安全评估;确定须监测的建(构)筑物,研究可靠的保护和施工方案,对必要的地面建(构)筑物采取注浆加固或隔离等保护措施。 (2)根据邻近道路现状、地层情况对沉降能力进行评估;根据道路的邻近等级及其现状调查与评估结论,确定地铁施工对邻近道路影响的风险等级;加强施工全过程控制,合理确定道路变形控制标准,加强道路变形监测。

续上表

主要控制措施	（3）收集施工影响范围内的所有管线图纸和管线竣工资料，明确管线的种类、产权单位、管线埋深、管线与基坑的相对位置关系；确定须监测的管线，查清各类管线允许变形量，制订相关应急预案及保护方案，对重要的管线采取有针对性的吊护、补强、外包等保护措施；对管线的保护，应谨慎采用注浆措施，避免因注浆施工导致管线变形、管线抱死或浆液进入管线内部影响管线正常使用。 （4）明挖基坑施工前，应对无法进行保护的管线进行改移，改移后方可进行基坑施工。桩基、土方开挖等作业前，必须先采用人工开挖方式进行管线探测，确认无地下管线后方可采用机械开挖。对于邻近基坑施工的大型有压管（如输配水管）、大型承插式雨污管，该类管线一旦出现事故，管内大量水流溢出会危及基坑安全。因此，当该类管线极其靠近基坑，且变形无法有效控制时，可考虑采取施工期间临时调水或断水措施，确保基坑工程安全。 （5）当施工中遇到未知管线时，应现场进行人工挖槽探测，及时向监理、建设单位汇报，必要时应在建设单位指导下，积极与管线产权单位和管理单位联系，确立管线保护和处理方案。 （6）根据邻近桥梁与基坑的空间位置关系和基础形式，划分出地铁与桥梁邻近等级；根据桥梁邻近等级、重要性、使用年限确定是否对桥梁结构进行评估及评估深度；对邻近桥梁的现状、邻近桥梁抵抗附加沉降和附加荷载的能力进行评估，综合考虑地铁结构跨度与施工方法、工程地质、水文地质条件等因素，确定地铁施工对邻近桥梁影响的风险等级，制订桥梁沉降标准、防护和加固措施。 （7）对既有地铁车站、铁路进行详细调查，与产权单位建立良好畅通的沟通机制，邀请运营单位及设计单位、建设单位共同研究制订保护方案，召开专家论证会，制订切实可行的保护方案；对既有站结构现状进行详细调查，对安全性进行论证，并委托有关部门进行第三方鉴定，以确定其安全状态，制订出变形预测及施工管理标准；对既有轨道、电力系统等进行维护保养，以确定其安全状态。 （8）做好深基坑开挖和降水施工管理，遵循开挖的时空效应，按需降水。 （9）加强监控量测，做到信息化施工；严格控制地面沉降量和围护结构的水平位移；对变形超出规范要求的建（构）筑物采取必要的措施对变形加以控制；当建（构）筑物下沉速率过快，变形量较大超过规范允许值时立即停止施工，查明原因并采取有力措施后方可继续施工。 （10）制订应急预案，应急设备、材料及人员提前到位，一旦发现事故苗头，能够立即采取抢险措施，控制事故的进一步发展
风险事件	台风造成设备受损、人员伤亡，暴雨、洪水基坑浸泡
主要风险因素	防汛物资设备不全；应急措施不到位；气象预测预报不及时
风险控制措施	（1）施工处在汛期时，主动与气象部门及防汛部门取得联系，建立灾害性天气预警及预防机制，收听天气预报，以便采取应对措施。 （2）风力达到6级及以上时，停止地面门式起重机及搅拌站作业，对门式起重机及搅拌站灰罐进行防倾覆加固处理；对现场临时板房及其他临时设施进行加固处理，保证居住人员及临时设施的安全。 （3）台风过程中往往伴随强降雨，做好相应的抗洪防汛措施；台风期间，停止现场施工，将所有施工人员集中在安全的场所进行躲避，台风过后，及时组织人员进行现场安全检查，排除现场安全隐患后再恢复正常施工。 （4）检查排水设备及管网的可靠性，疏通排水通道，根据天气预报的雨量大小，增设临时排水沟槽和抽水设备，现场排水设施经常清理，大雨或暴雨形成的地面积水应迅速排放掉，保证地面水不流入钻孔桩、SMW 工法桩、水泥搅拌桩等孔内，施工过程中对周边排水管道进行定期检查，保证现场道路畅通。 （5）车站基坑四周设置挡水墙，挡水墙顶高程高于降水时地表水最大水位，并备足草袋，以备做临时堰用，防止雨水从基坑外侧直接进入基坑范围内。 （6）采用可靠的手段维护水泥库、变、配电设备等；施工机械设备停放在地势较高、排水顺畅的地方。 （7）基坑大口井内水泵在降雨过程中不停工作，尽快排除基坑内积水，避免基坑长时间受雨水浸泡。 （8）降雨过程中，停止室外作业，设专人巡回检查施工便道、料库、机修和生活区段并及时将水引至边沟或排水管道，必要时用草袋围堰围护受洪水影响较大的区域。 （9）雨季时在观测井四周砌 30cm 高砖墙，上口加盖以防止地表水倒灌至观测井内，影响观测准确性；加大基坑观测频率包括支撑轴力、连续墙变形监测，出现异常及时采取补救措施。 （10）基坑开挖过程中，如降大雨停止开挖，将台阶刷成斜坡，用彩条布对放坡面进行苫盖，防止土体滑坡，并在坡脚设明沟排水。 （11）汛期，施工现场备足防洪防汛物资和设备，一旦发生暴雨或洪水，应立即启动防洪防汛应急预案，组织人员进行抗洪抢险，将洞口四周挡水墙利用砂袋进行加高加固，基坑内增加大功率高扬程抽水设备，将坑内积水快速排至地面

3.2 盾构法施工风险控制

根据盾构施工工艺流程,盾构法施工主要分为盾构始发、盾构掘进、盾构接收三个阶段,针对各个施工阶段进行风险辨识,并采取有针对性的风险控制措施。

(1)盾构始发风险辨识及控制措施,见表11-3-6。

盾构始发风险辨识及控制措施　　　　　　表11-3-6

风险事件	盾构吊装组装过程中起重伤害、机械伤害、触电、设备损坏
主要风险因素	起重吊装操作或指挥失误造成碰撞;起重设备失稳造成碰撞;设备组装过程中机械设备操作不当;设备组装过程中施工用电不规范
风险控制措施	(1)盾构机委托有资质的大件运输公司承担盾构机的进场运输任务,对运输线路进行详细调研,合理确定运输路线; (2)盾构机吊装编制专项安全施工方案,经专家论证,并按专家意见修改后严格按方案实施;选用有专业资质的队伍组织盾构机的吊装,特种作业人员持证上岗,并进行岗前安全教育与培训; (3)盾构吊装前,确认地基承载力、各种吊具满足吊装安全要求; (4)盾构吊装作业,设置警戒区,安排专人进行安全监控,加强现场吊装指挥,吊装司机严格执行起重机吊装安全操作规程; (5)盾构吊装过程中,加强工作井围护结构的变形监测,若超过预警值,立即停止吊装作业,采取可靠措施; (6)盾构设备组装及调试过程中,正确操作设备,防止机械伤害; (7)规范现场施工用电; (8)现场发生起重伤害、机械伤害或触电事故时,及时救治伤员,对现场施工设备及施工用电进行安全检查,排除安全隐患
风险事件	洞门破除过程中起重伤害、物体打击、高处坠落
主要风险因素	洞门破除临时支架平台搭设不牢固,洞门破除方法与顺序不合理,施工人员安全防护措施不到位,起重吊装司机及指挥人员操作失误
风险控制措施	(1)洞门破除所用的支架平台搭设牢固,并与洞门钢环设置可靠连接件; (2)洞门围护人工破除时,严格按从上到下、由表及里,分段、分块、分层破除的原则和顺序进行; (3)支架平台上临边设置刚性安全防护; (4)高处作业人员戴安全帽、穿防滑鞋、系安全带; (5)洞门破除的混凝土渣及时吊出始发井,并加强吊装指挥; (6)施工过程中,对受伤人员及时救治,对施工部位进行安全检查,排除安全隐患
风险事件	始发洞门涌水、涌泥、涌砂、土体坍塌
主要风险因素	土体加固效果不佳,洞门密封装置密封效果差,洞门同步注浆压力过大,洞门二次注浆封闭不及时
风险控制措施	(1)针对洞门处具体地质条件,合理选用土体加固方法,并采取有针对性的土体加固措施。 (2)洞门土体加固长度、宽度及深度严格按设计要求执行,并规范施工过程,按设计及规范要求检测加固效果。 (3)洞门破除前,进行洞门探水试验,如出现渗水、漏水情况,对洞门土体采取补充加固措施,且加固效果需满足土体加固强度及渗透系数的要求。 (4)始发洞门密封装置严格按设计要求进行专业加工和制作,安装牢固,并保证安装精度,在洞门围护结构凿除过程中加强对密封装置的保护,防止施工不当造成洞门密封装置损坏。 (5)盾体全部进入洞门后,及时对洞门密封装置进行密封加固处理,及时进行盾尾同步注浆,且注浆压力尽量减小,尽快填充洞门空隙。 (6)及时对洞门进行二次注浆封闭,确保洞门不渗漏水。 (7)始发过程中发生洞门涌水、涌泥、涌砂时,采用棉纱、快硬水泥对漏点进行封堵,并在涌水集中部位插入引流管,同时启动地面应急降水井进行降水,水面降至洞门底部以下1m,盾体完全进入洞门后,及时进行盾尾同步注浆填充洞门空隙,最后对洞门进行二次注浆封闭。在此期间,严格控制盾构施工参数,加强地面及周围环境监测,根据监测结果优化施工参数

续上表

风险事件	盾构反力架及支撑失稳
主要风险因素	反力架及支撑刚度及稳定性不足,盾构推力过大
风险控制措施	(1)根据盾构始发阶段总推力及盾构发井具体尺寸进行反力架及支撑的专业设计与加工,对反力架及支撑进行强度及稳定性验算,验算结果需满足盾构始发安全要求; (2)反力架及支撑的安装严格按照盾构始发布置平面图的位置进行,对反力架及支撑的安装位置进行测量复核,确保满足始发要求; (3)盾构始发过程中,严格控制盾构总推力,避免盾构推力过大造成反力架及支撑的变形和失稳; (4)盾构始发过程中,加强对反力架及支撑的变形监测,发现变形较大时,应立即停止盾构推进,对反力架及支撑进行加固处理后再恢复推进; (5)当反力架及支撑变形过大导致失稳时,停止盾构推进,重新更换反力架及支撑,并采取加固措施,恢复推进后,严格控制盾构总推力,并加强对反力架及支撑的变形监测
风险事件	盾构出洞轴线偏离设计轴线过大
主要风险因素	洞门实际轴线偏差较大,始发基座安装偏差过大,洞门处采取的导向措施失效
风险控制措施	(1)严格控制洞门钢环安装质量,洞门安装后进行测量复核,保证安装精度; (2)基座的强度及稳定性满足安全验算要求,防止盾构盾体安装后因基座变形造成盾构轴线偏差过大; (3)盾构始发基座底部与始发井底板间的空隙利用厚度合适的钢板填塞密实,防止始发基座压重后变形; (4)盾构始发基座的平面位置及高程位置严格按照盾构始发姿态进行控制,基座安装后进行测量复核,复核无误后对基座进行固定; (5)当盾构在曲线段始发时,始发基座中线应与洞门中心切线方向保持一致; (6)在洞门钢环底部设置盾构导向轨,防止盾构刀盘出洞时栽头; (7)盾构始发推进时,合理控制盾构各编组千斤顶油缸行程,避免各编组千斤顶不均匀受力产生过大的行程差; (8)发现盾构出洞轴线偏离设计轴线过大时,通过调整始发基座导向轨高程,配合进行盾构机姿态的调整,逐步将盾构出洞轴线偏差调整至接近设计轴线位置

(2)盾构掘进风险辨识及控制措施,见表11-3-7。

盾构掘进风险辨识及控制措施　　　　表11-3-7

风险事件	盾构掘进轴线偏离设计轴线过大
主要风险因素	盾构自动导向系统设计轴线坐标数据输入错误;对地质条件认知分析不足,措施不到位;人工测量复核不及时;盾构操作手操作失误;盾构掘进参数设置不合理
风险控制措施	(1)对盾构机自动导向系统输入的隧道设计中心坐标数据进行换手复核,确保数据输入准确无误; (2)在盾构掘进过程中,每一天都要对当天拼装的管片及时进行姿态测量,确保管片姿态满足设计要求; (3)及时对盾构机姿态进行测量复核,盾构机姿态偏差控制在设计和规范允许的范围内; (4)按照城市轨道交通测量规范要求定期对测量控制点进行校核,并及时进行隧道控制测量及隧道贯通测量; (5)盾构掘进过程中,盾构操作手根据盾构机姿态及管片姿态合理进行盾构操作,盾构纠偏做到勤纠、缓纠,避免盾构过大纠偏,将盾构机姿态偏差控制在允许范围内; (6)盾构掘进轴线偏离设计轴线过大时,暂停推进,对地面及隧道内测量控制点进行复核,对盾构机姿态及管片姿态进行人工复核,盾构掘进轴线偏差确认后,及时与设计单位进行沟通,然后进行盾构机姿态的逐步调整,严禁将轴线偏差快速调整至设计轴线,后期根据隧道成型情况进行必要的调线处理
风险事件	盾构机沉陷
主要风险因素	遇到流塑状淤泥质地层、地下暗河或溶洞,长时间停机
风险控制措施	(1)盾构掘进前,根据区间地质详勘报告确定不良地质所处的位置,尤其是流塑状淤泥质富水地层,并进行必要的补充勘察,具体确定盾构穿越淤泥质地层的位置,如无法进行设计改线调整,可对淤泥质富水地层提前进行处理; (2)在盾构掘进过程中,盾构操作手及盾构专业工程师根据区间地质详勘及补勘报告、盾构掘进机械性能变化情况及出渣情况进行盾构前方地层预判,辅助进行地质超前探测,确保能够及时发现不良地层及地下不明障碍物,以便采取有针对性的控制措施; (3)针对出现地下暗河或溶洞的不良地质况,需对暗河或溶洞采取有针对性的技术措施,组织专家进行论证,确保盾构穿越的安全; (4)对盾构机及其后配套设备加强维护保养,保证良好的工作性能,避免盾构机故障长期停机造成盾构机沉陷; (5)合理组织盾构施工,规范施工人员的安全操作,避免人为失误造成盾构机及后配套设备的故障停机; (6)因不良地质发生盾构沉陷时,暂停盾构推进,对不良地质进行超前加固处理,之后快速穿越不良地质地层,避免长时间停机

续上表

风险事件	螺旋输送机喷涌
主要风险因素	地层含水量丰富,有承压水;渣土改良不到位
风险控制措施	(1)针对盾构区间具体地质条件做好盾构选型,土压平衡式盾构螺旋输送机配置防喷涌的安全闸门; (2)在进入富水砂层地质之前,盾构机操作手可提前采用气压平衡模式进行推进,防止喷涌发生; (3)在富含水地层掘进过程中及时进行土仓渣土改良,向土仓内加入高浓度膨润土、泡沫、聚合物等改良剂,使渣土具有良好的可塑性、止水性及流动性,便于螺旋输送机顺利出渣; (4)利用盾构机配套的二次注浆设备及时二次补浆,在管片外周形成连续的封闭环,防止管片周围的地下水串通,避免喷涌; (5)对于易发生喷涌的地层应当谨慎操作,尽量快速掘进通过,避免在已发生喷涌的地段停机或者进行设备检修; (6)发生螺旋输送机喷涌时,封闭防喷涌闸门,向土仓内注入高浓度膨润土、泡沫等改良剂,充分搅拌均匀后,再开启闸门出渣
风险事件	盾尾漏浆
主要风险因素	盾尾密封油脂压力偏小或压注量不足;盾构纠偏过大,造成局部盾尾间隙过大或盾尾刷损坏;盾构掘进过程中发生后退
风险控制措施	(1)盾构掘进过程中,加强盾构千斤顶油缸及油管的维护保养,防止千斤顶油管漏油造成油缸顶力不足,引起盾构后退造成盾尾漏浆。 (2)采用优质的盾尾油脂,要求有足够的密封性能、黏度、流动度及润滑性能;同时,盾尾油脂保证注入压力满足要求,并足量注入,使盾尾油脂填满整个盾尾密封腔内。 (3)采用优质盾尾刷,盾尾刷钢丝需具有足够的耐磨度,避免盾尾刷异常磨损造成盾尾密封失效。 (4)盾构掘进过程中,合理控制盾构机姿态和正确进行管片选型,避免过大纠偏造成局部盾尾间隙过大发生盾尾漏浆,避免掘进过程中因盾尾间隙过小,管片脱出盾尾时造成盾尾刷破坏。 (5)管片拼装过程中,严格执行管片拼装操作规程,严禁同时缩回千斤顶油缸。 (6)盾构掘进过程中,合理控制同步注浆量和注浆压力,避免注浆压力过大造成对盾尾密封的破坏。 (7)及时清理管片拼装区盾尾底部残留的渣土,避免盾尾间隙过小造成推进过程中盾尾刷破坏。 (8)发生盾尾漏浆时,具体分析漏浆原因后,采取相应处理措施
风险事件	盾构掘进面土体失稳
主要风险因素	土仓土压或泥水压力不足,掘进速度与出渣或排泥速度不匹配
风险控制措施	(1)正确计算设定土仓土压或泥水压。土仓理论压力应采用静止水土压力的1.2倍左右,并根据地面沉降监测数据情况进行合理调整。 (2)针对土压平衡式盾构机,盾构掘进过程中,严格控制盾构机姿态,防止盾构过大纠偏造成掘进面土体的扰动,盾构掘进速度与螺旋输送机出土相匹配,防止盾构超挖造成的出土损失。此外,在不良地质下掘进时,向土仓中注入膨润土泥浆或泡沫剂进行渣土改良,使土仓开挖面内形成一定厚度的泥膜,达到维护和平衡土压的目的。 (3)针对泥水平衡式盾构机,盾构掘进过程中,严格控制进入土仓的泥浆性能,泥浆的黏度、相对密度、滤失性、含砂率等指标需满足相关要求,且进泥量与排泥量达到动态平衡。掘进速度应尽量均衡,且开始掘进及掘进结束前的速度不宜过快,以此来保证开挖面水压的稳定与送、排泥管路的流畅。在掘进过程中,如发现排泥不畅,在不降低开挖面水压的前提下,启动逆洗功能,适当提高排泥流量,及时清除排泥管吸口堵塞的泥渣。 (4)盾构掘进面出现土体失稳时,立即调整盾构土仓内土压(泥水压),并加强地面沉降监测,待盾构通过后,及时在对应位置进行隧道内二次注浆加固处理
风险事件	遭遇有害气体
主要风险因素	地质勘察不明,有害气体检测措施不到位,隧道通风措施不到位
风险控制措施	(1)对区间不良地质情况提前进行详细调查,提前采取处理措施; (2)盾构机配置有害气体检测装置,盾构掘进过程中发现有有害气体时能够及时预警,并采取正确的处理措施; (3)隧道外设置大功率、大流量通风机,隧道内接入通风管路,并延伸至盾构机拼装作业区域,通风管路随着盾构的掘进及时进行延伸。盾构施工时,利用隧道通风机,将隧道外新鲜空气实时送入盾构机各施工部位
风险事件	盾构故障停机
主要风险因素	盾构机选型不当,关键设备存在功能性缺陷;盾构机维护保养不到位;盾构操作失误

续上表

风险事件	盾构故障停机
风险控制措施	(1) 针对区间工程地质及水文地质特点、隧道线形及环境风险，充分做好盾构机选型工作，确保盾构机各系统功能适应性和可靠性； (2) 盾构机操作人员进行专业培训，持证上岗，熟练掌握盾构操作规程，操作过程中严格执行盾构设备安全操作规程的相关规定； (3) 全面做好盾构设备维护保养工作，由盾构机电工程师制订盾构设备日常、定期及特殊维护保养计划，盾构设备维护组负责实施，并做好设备维护保养记录； (4) 盾构发生故障时，安排专业的机修人员立即进行维修，确保盾构尽快恢复正常功能
风险事件	盾体尾部对应的地层沉降过大
主要风险因素	注浆浆液初凝时间过长，浆液稠度小；注浆压力不足；注浆量不足
风险控制措施	(1) 同步注浆浆液根据地质条件进行浆液的选择，优化施工配合比，严格按配合比进行拌制，保证浆液的稠度和凝结时间满足要求； (2) 严格控制同步注浆压力和注浆量，保证管片背后空隙填充密实； (3) 盾体尾部对应地层沉降过大时，加大同步注浆量，通过后及时进行二次注浆控制地层后期沉降
风险事件	地层后续沉降量大或隆起
主要风险因素	地层自身不稳定，二次注浆不及时，二次注浆参数不合理
风险控制措施	(1) 对地层变形敏感的地层，应严格控制同步注浆压力和注浆量，使管片背后空隙填充密实； (2) 对地层后续沉降量较大部位，在隧道内进行二次注浆处理，注浆浆液可采用水泥、水玻璃双液浆或水泥浆，少量多次注入，单次注浆压力不得过高，防止注浆压力过大造成地面隆起，注浆配比及压力经现场试验确定； (3) 隧道内二次注浆过程中，对注浆部位管片加强监测，防止管片发生过大错台、开裂，特殊地段采用多孔注浆管片，后期进行深孔注浆处理； (4) 地层后期沉降量大时，在对应位置进行隧道内二次注浆，并严格控制注浆压力，避免注浆造成地面隆起
风险事件	管片上浮
主要风险因素	地层富含水，注浆浆液凝结时间过长，处在下坡段掘进
风险控制措施	(1) 同步注浆浆液在保证能顺利注入的情况下，尽量缩短浆液凝结时间，以便管片尽快安定； (2) 盾构注浆不均匀，防止下部注浆速度过快造成管片上浮； (3) 盾构掘进过程中，纠偏防止过猛、过急，应使盾构沿隧道设计轴线做小量的蛇形运动； (4) 在下坡段或变坡段掘进时，适当减小掘进速度和推力，避免对管片产生过大的向上的反力； (5) 对脱出盾尾一定位置的管片进行必要的二次注浆，促使管片尽快安定，由此达到控制管片上浮的目的
风险事件	管片接缝渗漏
主要风险因素	管片选型不当，拼装质量不合格；管片密封材料破损或失效；管片裂缝
风险控制措施	(1) 管片密封材料及粘贴材料用的胶水质量合格，保证管片密封材料粘贴位置正确，并粘贴牢固； (2) 管片运输、吊装及安装过程中，加强对管片密封材料的保护，避免遭受撞击破坏；提高管片拼装质量，保证管片拼装的整圆度及环面的平整度，严格控制管片错台，拧紧和复紧管片螺栓； (3) 管片封顶块插入前，检查和确认邻接块间的开口角度满足要求，且封顶块缓慢插入，避免强行插入造成封顶块与邻接块间的防水密封条损坏； (4) 加强盾构机姿态及管片姿态的控制，减少管片破损，对破损的管片要及时进行修补； (5) 做好盾尾同步注浆，及时填充管片背后的空隙，必要时采取二次注浆措施，确保管片背后空隙填充密实； (6) 管片出现渗漏水时，及时进行堵漏处理
风险事件	管片安装机械伤害
主要风险因素	管片拼装手安全意识不足，管片安装操作不规范，施工人员自我防护意识不到位
风险控制措施	(1) 对管片拼装手进行岗前培训及安全教育，考核合格后持证上岗； (2) 管片拼装手拼装管片时严格执行管片拼装机操作规程，管片拼装机转动前检查拼装系统性能完好性，同时空载运行拼装机各动作部件，观察各部件动作是否可靠，如有异常，立即通知维修人员维修处理； (3) 在管片拼装机抓举管片运转前操作人员必须确认拼装机已抓紧管片，且提醒并确认作业人员离开管片拼装旋转区域； (4) 在管片拼装机运转过程中，管片拼装操作人员随时注意拼装区域周围情况，并相互提醒各作业人员注意设备旋转，防止管片、设备和施工人员间发生碰撞、挤压造成机械伤害； (5) 管片拼装过程中旋转管片时，严禁管片拼装机急转急停，防止急转急停产生的冲击力造成管片坠落伤人； (6) 管片拼装机使用完毕后，将操作手柄放于干燥的地方，防止操作手柄受潮或进水产生错误信号导致设备意外运转造成人员伤害； (7) 管片拼装完成后，将管片机转转至固定的安全位置，停止管片动力泵，并关闭操作手柄

续上表

风险事件	电瓶运输列车溜车
主要风险因素	电瓶车故障,电瓶车驾驶员违规操作,电瓶车安全防护措施不到位
风险控制措施	(1)电瓶车驾驶员由经过培训和规程教育、考试合格的人员担任,工作时持证上岗。 (2)司机交接班时,仔细检查蓄电池砂箱制动装置、车灯、喇叭等,确认完好后试运行。 (3)盾构水平运输列车安装制动装置,在盾构1号台车前端及盾构最后一节台车尾部分别设置刚性防撞梁,并在刚性防撞梁上增加高压缩性的缓冲装置。 (4)在电瓶机车前端加装可自动控制的防溜车挂钩,电瓶机车在隧道内临时停车或达到停车位置后,在车轮上临时加装防溜铁鞋。 (5)隧道内设专职安全防护员,防护员配备对讲机,对电瓶机车的防溜车措施的执行情况进行安全检查与验收。 (6)严格控制电瓶机车运行速度,电瓶机车严禁搭载施工人员。驾驶电瓶车严禁超速行驶,在隧道内直线段行驶最高速度不宜超过5km/h,在隧道曲线段行驶最高速度不宜超过2km/h,电瓶车行驶至岔道处或工作面前100m时行驶速度应降至2km/h以内。 (7)对电瓶车运输轨道定期进行检查与维护,保证轨枕与轨道固定牢固,轨道间距满足电瓶车行驶安全要求
风险事件	盾构主轴承密封失效
主要风险因素	土砂进入主轴承油脂密封通道的间隙过大,唇形密封安装质量不合格,主轴承驱动齿轮油污染,主轴承密封油脂注入量不足
风险控制措施	(1)加设迷宫密封,可根据盾构工况条件,在第一道唇形密封前设置一道迷宫式密封,并用黏度较高的HBW油脂进行连续"冲洗",对刀盘法兰连接面实施第一道密封和润滑,同时提高密封环件的加工精度等级及配合精度,减少土砂进入油脂密封通道的间隙。 (2)严格控制唇形密封件安装质量,采用硬度较高的带夹布丁腈橡胶或带支撑环的丁腈橡胶进行密封,严格控制安装细节过程,防止唇形密封局部发生翻转。 (3)配置完善的主驱动密封状态监测系统,加强密封状态监测,对油脂注入量、油温、泄漏实时监测,定期进行油样分析,通过分析油质杂质情况来判断主轴承、密封面等关键部位的磨损情况。优化温度传感器的设置位置与数量,使反馈的信息真实可靠。 (4)定期检查或更换润滑、密封油脂。盾构完成调试和试掘进阶段后,要及时更换新的齿轮油,或者加强对齿轮油品的检查,监视齿轮油中的杂质或金属磨粒是否超标,及时更换或添加齿轮油。 (5)合理优化密封结构设计。密封件的尺寸、材质不同,所需的压缩量、配合面的尺寸精度和硬度均有不同要求,压缩量与压紧力太大在提高密封效果的同时,也加大了摩擦力矩和磨损,配合间隙过小将导致密封圈被挤压破坏,过大则导致挤出破坏。需根据设备的设计使用寿命通过模拟仿真、模型试验等方式选择经济合理的最佳配合的密封结构形式

(3)盾构接收风险辨识及控制措施,见表11-3-8。

盾构接收风险辨识及控制措施 表11-3-8

风险事件	盾构吊装、解体过程中起重伤害、机械伤害、触电
主要风险因素	起重吊装操作或指挥失误造成碰撞,起重设备失稳造成碰撞,设备解体过程中机械设备操作不当,设备解体过程中施工用电不规范
风险控制措施	(1)盾构机吊装编制专项安全施工方案,经专家论证,且按专家意见修改后严格按方案实施;选用有专业资质的队伍组织盾构机的吊装,特种作业人员持证上岗,并进行岗前安全教育与培训; (2)盾构吊装前,确认地基承载力、各种吊具满足吊装安全要求; (3)盾构吊装作业,设置警戒区,安排专人进行安全监控,加强现场吊装指挥,吊装司机严格执行起重机吊装安全操作规程; (4)盾构吊装过程中,加强工作井围护结构的变形监测,若超过预测值,立即停止吊装作业,采取可靠措施; (5)盾构设备解体过程中,正确操作设备,防止机械伤害; (6)规范现场施工用电; (7)现场发生起重伤害、机械伤害或触电事故时,及时救治伤员,对现场施工设备及施工用电进行安全检查,排除安全隐患
风险事件	洞门破除过程中起重伤害、物体打击、高处坠落
主要风险因素	洞门破除临时支架平台搭设不牢固,洞门破除方法与顺序不合理,施工人员防护措施不到位,起重吊装司机及指挥人员操作失误
风险控制措施	(1)洞门破除所用的支架平台搭设牢固,并与洞门钢环设置可靠连接件;洞门围护人工破除时,严格按从上到下、由表及里,分段、分块、分层破除的原则和顺序进行; (2)支架平台上临边设置刚性安全防护;高处作业人员戴安全帽、穿防滑鞋、系安全带;洞门破除的混凝土渣及时吊出工作井,并加强吊装指挥; (3)施工过程中,对受伤人员及时救治,对施工部位进行安全检查,排除安全隐患

续上表

风险事件	接收洞门涌水、涌泥、涌砂、土体坍塌
主要风险因素	端头土体加固效果差,洞门密封装置密封效果差,洞门同步注浆压力过大,洞门二次注浆封闭不及时
风险控制措施	(1)针对洞门土体具体地质条件,合理选用土体加固方法,并采取有针对性的土体加固措施; (2)洞门土体加固长度、宽度及深度严格按设计要求执行,并规范施工过程,按设计及规范要求检测加固效果; (3)洞门破除前,进行洞门探水试验,如出现渗漏水情况,对洞门土体采取补充加固措施,加固效果需满足土体加固强度及渗透系数的要求; (4)接收洞门密封装置严格按设计要求进行专业加工和制作,安装牢固,并保证安装精度,在洞门围护结构凿除过程中加强对密封装置的保护,防止施工不当造成洞门密封装置损坏,盾体全部穿过洞门后,及时对洞门密封装置进行密封加固处理; (5)盾构接收完成后,及时对洞门进行二次注浆封闭,确保洞门不渗漏水; (6)接收过程中发生洞门涌水、涌泥、涌砂时,对洞门密封装置进行收紧处理,采用棉纱、快硬水泥对漏点进行封堵,并在涌水集中部位插入引流管,同时启动地面应急降水井进行降水,水面降至洞门底部以下1m时,加强盾尾同步注浆及二次注浆,盾体完全进洞后,对洞门进行二次注浆封闭。在此期间,严格控制盾构施工参数,加强地面及周围环境监测,根据监测结果优化施工参数
风险事件	接收基座变形
主要风险因素	基座整体刚度、稳定性不足,基座受力不均匀,基座连接及固定不牢固
风险控制措施	(1)盾构接收基座进行专业设计与加工,基座强度及稳定性满足盾构接收安全验算的要求; (2)依据接收洞门钢环中心位置,对盾构接收基座进行测量定位,并对基座前端及左、右两侧进行支撑加固,防止盾构接收中基座发生位移; (3)盾构进洞时,控制好盾构机姿态,千斤顶油缸均匀受力,使盾体平稳到达接收基座上; (4)在盾构接收基座导轨上涂抹黄油,减少盾体与基座的摩擦; (5)基座发生变形时,暂停推进,及时对基座进行加固处理后再恢复推进
风险事件	盾构偏离接收
主要风险因素	洞门实际轴线偏差较大,盾构控制测量及盾构机姿态测量不到位,盾构操作失误
风险控制措施	(1)严格控制洞门钢环安装质量,洞门安装后进行测量复核,保证安装精度; (2)盾构机配置可靠的自动测量导向系统,并对自动测量导向系统进行定期复核; (3)盾构机到达洞门前做好隧道控制测量,并保证测量控制点及导线控制点稳定可靠; (4)盾构机到达洞门前,加强盾构机姿态测量复核,确保盾构进洞精度; (5)盾构进入加固区前加强盾构机姿态控制,及时纠偏,避免在加固区纠偏

(4)联络通道施工风险辨识及控制措施,见表11-3-9。

联络通道施工风险辨识及控制措施　　表11-3-9

风险事件	联络通道开挖面土体涌水、涌砂、失稳
主要风险因素	联络通道土体加固质量差,开挖后支护不及时,地下水处理不到位
风险控制措施	(1)根据联络通道具体工程地质及水文地质、周围环境情况,选择合适的加固方法进行联络通道周边土体加固,加固施工采取有效的控制措施,确保土体加固质量,并按规范及设计要求检测加固效果。必要时,可采用降水辅助措施。 (2)联络通道开挖前,对联络通道洞门进行注浆加固,确保拆除洞门安全。 (3)联络通道洞门处安装安全门,作为安全应急措施。 (4)联络通道洞门管片拆除前,在洞门两侧安装环形钢结构预应力支架。 (5)开挖过程中,对掌子面加强安全巡视,并进行临时支护加固。 (6)开挖过程中及时施作初期支护,并保证初期支护施工质量。 (7)开挖过程中,加强联络通道支护及地面沉降监测,根据监测数据情况指导开挖。 (8)联络通道开挖面土体涌水、涌砂时,及时采用棉纱、快硬水泥进行封堵处理,对集中涌水部位进行插管引流,并对开挖面加强临时支护,必要时对开挖面土体喷射混凝土进行封闭,并进行超前小导管注浆,待开挖面稳定后恢复开挖
风险事件	地面过大沉降
主要风险因素	联络通道土体加固质量差;隧道开挖面涌水、涌砂或失稳;初期支护及衬砌背后填充不及时或不到位;联络通道土体采用冻结加固时,融沉注浆不及时或不到位

续上表

风险控制措施	（1）淤泥质软土含水地层保证联络通道周围土体的加固质量，加固土体的强度及渗透性满足施工要求； （2）开挖过程中，对开挖面及时进行支护，并喷射混凝土，开挖面出现渗漏水时及时进行堵水处理； （3）通道内及时施作防水板，保证防水板接头焊接严密； （4）联络通道衬砌混凝土施工时，分段分层浇筑，振捣密实，待衬砌混凝土强度达到设计要求后进行模板支架拆除； （5）初期支护、衬砌结构背后空隙及时进行注浆，填充密实； （6）联络通道周围土体若采取冻结加固时，衬砌结构施工完成后，对联络通道周围土体及时进行融沉注浆，控制地层后期沉降； （7）联络通道开挖或融沉注浆过程中，加强联络通道及地面沉降监测，根据监测数据情况指导施工； （8）地面沉降过大时，对地面进行注浆加固处理

（5）周边建（构）筑物风险辨识及控制措施，见表 11-3-10。

周边建（构）筑物风险辨识及控制措施　　　　表 11-3-10

风险事件	盾构穿越建（构）筑物时建（构）筑物发生沉降、开裂、倾斜
主要风险因素	建（构）筑物基础抗变形能力弱，盾构施工控制不到位，建（构）筑物未采取必要的保护措施
风险控制措施	（1）对下穿建（构）筑物基础进行详细调查，明确基础形式、埋深及基础与隧道的相对位置关系，对重要建筑及基础条件较差的老旧建筑进行房屋安全评估； （2）穿建（构）筑物前 100m 作为试验段，总结施工参数及地面沉降规律，用于指导盾构穿越建（构）筑物施工； （3）对地面建（构）筑物采取必要的注浆加固或隔离等保护措施； （4）合理设定土压力，土压力的设定要考虑建（构）筑物自重的影响，在穿越建（构）筑物过程中，根据建（构）筑物及地面沉降监测情况，对设定的土压力进行合理调整； （5）加强盾构机姿态控制，严格控制出土量，避免过度纠偏和超挖； （6）穿越建（构）筑物期间，盾构掘进速度宜均衡，合理控制掘进速度，减少对土层的扰动，以免对建（构）筑物产生不利影响； （7）穿越建（构）筑物过程中，尽量降低刀盘转速，减小刀盘扭矩，减少刀盘旋转对土体产生的扰动； （8）穿越建（构）筑物期间，盾构操作手密切注意螺旋输送机的转速及油压，根据土压力及时平缓调整螺旋输送机转速，螺旋输送机转速不得发生突变，以免造成土压大幅度波动； （9）穿越建（构）筑物期间，向土仓注入膨润土泥浆或泡沫剂进行渣土改良，增加渣土的和易性； （10）加强同步注浆管理，保证浆液的稠度和凝结时间，保证注浆压力和注浆量，确保管片背后空隙及时填充密实； （11）穿越建（构）筑物期间，加强对建（构）筑物及地表的沉降监测，根据监测情况调整优化盾构施工参数； （12）穿越建（构）筑物后，隧道内对应位置进行二次注浆，通过二次注浆控制地层及建（构）筑物的后续沉降，必要时进行隧道内深孔注浆； （13）加强设备的维护保养，避免设备故障停机； （14）制订应急预案，应急设备、材料及人员提前到位； （15）穿越建（构）筑物出现过大沉降时，对建（构）筑物内人员及时进行疏散与安置，对建（构）筑物基础采取注浆加固措施，对建（构）筑物进行实时监测，根据监测数据优化盾构施工参数，盾构穿越建（构）筑物后，在隧道内对应位置进行二次注浆和深孔注浆控制地层后期沉降
风险事件	盾构穿越桥梁时桥梁发生沉降、开裂
主要风险因素	桥梁基础抗变形能力弱，桥梁基础未采取必要的保护措施，盾构施工控制不到位
风险控制措施	（1）对下穿桥梁基础进行详细调查，明确基础形式、埋深及基础与隧道的相对位置关系； （2）对桥梁基础采取必要的注浆加固或隔离等保护措施； （3）合理设定土压力，在穿越桥梁过程中，根据桥梁及地面沉降监测情况，对设定的土压力进行合理调整； （4）穿越桥梁期间，盾构掘进速度宜均衡，合理控制掘进速度，减少对土层的扰动，以免对桥梁基础产生不利影响； （5）穿越桥梁过程中，尽量降低刀盘转速，减小刀盘扭矩，减少刀盘旋转对土体产生的扰动； （6）穿越桥梁期间，盾构操作手密切注意螺旋输送机的转速及油压，根据土压力及时平缓调整螺旋输送机转速，螺旋输送机转速不得发生突变，以免造成土压大幅度波动； （7）穿越桥梁期间，向土仓注入膨润土泥浆或泡沫剂进行渣土改良，增加渣土的和易性； （8）加强同步注浆管理，保证浆液的稠度和凝结时间，保证注浆压力和注浆量，确保管片背后空隙及时填充密实； （9）穿越桥梁期间，加强对桥梁及地表的沉降监测，根据监测情况调整优化盾构施工参数；

续上表

风险控制措施	(10)穿越桥梁后,在隧道内对应位置及时进行二次注浆,通过二次注浆来有效控制地层及桥梁基础的后续沉降; (11)加强设备的维护保养,避免设备故障停机; (12)保证现场管片及其他施工材料的正常供应,渣土能够及时存储和外运; (13)制订应急预案,应急设备、材料及人员提前到位; (14)桥梁出现沉降时,对桥梁加强监测,及时联系交通管理部门对桥梁的通行采取控制措施,对桥梁基础进行注浆加固,盾构施工参数根据监测数据进行合理调整,盾构穿越桥梁基础后,在隧道内对应位置进行二次注浆加固控制地层后续沉降
风险事件	盾构穿越道路时路面发生沉降、开裂
主要风险因素	盾构土仓压力控制不到位,同步注浆、二次注浆控制不到位
风险控制措施	(1)合理设定土压力,在穿越道路过程中,根据路面沉降监测情况,对设定的土压力进行合理调整; (2)穿越道路期间,盾构掘进速度宜均衡,避免波动过大,减少对土层的扰动; (3)穿越道路过程中,尽量降低刀盘转速,减小刀盘扭矩,减少刀盘旋转对土体产生的扰动; (4)穿越道路期间,盾构操作手密切注意螺旋输送机的转速及油压,根据土压力及时平缓调整螺旋输送机转速,螺旋输送机转速不得发生突变,以免造成土压大幅度波动; (5)穿越道路期间,向土仓注入膨润土泥浆或泡沫剂进行渣土改良,增加渣土的和易性; (6)加强同步注浆管理,保证浆液的稠度和凝结时间,保证注浆压力和注浆量,确保管片背后空隙及时填充密实; (7)穿越道路期间,加强对路面的沉降监测,根据监测情况调整、优化盾构施工参数; (8)穿越道路后,在隧道内对应位置及时进行二次注浆,通过二次注浆有效控制地层及路面的后续沉降; (9)加强设备的维护保养,避免设备故障停机; (10)制订应急预案,应急设备、材料及人员提前到位; (11)路面出现沉降时,对路面沉降开裂位置及时进行处理,并联系交通管理部门对道路的通行采取疏导措施,盾构施工参数根据监测数据进行合理调整,盾构穿越道路后,在隧道内对应位置进行二次注浆加固控制地层后续沉降
风险事件	盾构穿越管线时管线发生沉降、开裂
主要风险因素	管线破旧,对地层沉降敏感;盾构施工控制不到位;管线未采取保护措施
风险控制措施	(1)穿越前对管线进行详细调查,明确管线的种类、产权单位、管线埋深、管线与隧道的相对位置关系; (2)对重要的管线采取有针对性的加固、隔离或悬吊等保护措施; (3)合理设定土压力,在穿越管线过程中,根据路面及管线沉降监测情况,对设定的土压力进行合理调整; (4)穿越管线期间,盾构掘进速度宜均衡,避免波动过大,减少对土层的扰动; (5)穿越管线过程中,尽量降低刀盘转速,减小刀盘扭矩,减少刀盘旋转对土体产生的扰动; (6)穿越管线期间,盾构操作手密切注意螺旋输送机的转速及油压,根据土压力及时平缓调整螺旋输送机转速,螺旋输送机转速不得发生突变,以免造成土压大幅度波动; (7)穿越管线期间,向土仓注入膨润土泥浆或泡沫剂进行渣土改良,增加渣土的和易性; (8)加强同步注浆管理,保证浆液的稠度和凝结时间,保证注浆压力和注浆量,确保管片背后空隙及时填充密实; (9)穿越管线期间,加强对路面及管线的沉降监测,根据监测情况调整优化盾构施工参数; (10)穿越管线后,在隧道内对应位置及时进行二次注浆,通过二次注浆有效控制地层及管线的后续沉降; (11)加强设备的维护保养,避免设备故障停机; (12)制订应急预案,应急设备、材料及人员提前到位; (13)管线出现过大沉降甚至破坏时,及时联系交通管理部门对道路交通进行必要的疏导,联系管线单位维修人员到达现场,对管线进行修复和加固处理,盾构穿越管线后,在对应位置的隧道内进行二次注浆加固处理
风险事件	盾构穿越河流时河堤发生沉降、开裂,河床击穿冒浆,盾构螺旋输送机闸门发生喷涌
主要风险因素	河床未采取必要的保护措施或保护措施不到位,掘进参数设置不合理,盾构同步注浆、二次注浆控制不到位
风险控制措施	(1)在盾构下穿河流前,对河流及其周边环境进行详细调查,特别是河床地质情况及河岸基础情况;办理穿越河流的相关手续,以便接受河道管理部门的监督; (2)盾构穿越河流前后存在覆土突变,需根据覆土变化及监测数据及时调整土压力; (3)推进速度保持均衡、匀速,不宜过快,避免掘进速度过快造成挤压、扰动土体,减少对河床及河岸结构的影响; (4)严格控制盾构机姿态,防止盾构超挖、欠挖,盾构纠偏需勤纠缓纠,单次纠偏量不得超出5mm,以减少对土体的扰动,防止河床土体发生剪切破坏,造成河床漏水危害; (5)下越河流过程中,尽量降低刀盘转速和扭矩,及时平缓调整螺旋输送机转速,减少土压的波动及对土体产生的扰动;

续上表

风险控制措施	(6)下穿河流期间,同步注浆所用的浆液稠度适当减小,并缩短浆液凝结时间,注浆过程中,注浆压力不宜过大,防止注浆压力过大击穿河底覆土层,注浆量要保证管片背后空隙及时填充密实; (7)向土仓内注入高浓度膨润土浆液或泡沫剂,改善渣土和易性,防止螺旋输送机发生喷涌现象; (8)选择质量稳定可靠、密封性能好的盾尾油脂,适当提高注入压力,足量压注盾尾油脂,以免河水贯穿河床通过盾尾进入隧道; (9)在隧道内对应位置及时进行二次注浆,注浆时对注浆压力进行严格控制,通过二次注浆来有效控制地层的后续沉降; (10)穿越河流期间,加强对河岸及河床的沉降监测,根据监测情况调整优化盾构施工参数; (11)加强设备的维护保养,避免设备故障停机; (12)制订应急预案,应急设备、材料及人员提前到位; (13)盾构下穿河流发生地层过大沉降时,加强地层沉降监测,及时调整盾构施工参数,加强盾构同步注浆量,加强盾尾油脂压注,加强土仓内渣土改良,并在隧道内对应位置及时进行二次注浆控制地层后期沉降
风险事件	盾构穿越既有铁路时铁路路基及道床发生沉降、开裂
主要风险因素	铁路未采取必要的保护措施或保护措施不到位,盾构施工控制措施不到位
风险控制措施	(1)对盾构下穿的既有铁路进行详细调查,详细了解穿越部位铁路基础情况,并邀请铁路部门及设计单位、建设单位共同参入研究制订铁路保护方案,召开专家论证会,制订切实可行的保护方案; (2)盾构下穿既有铁路前,做好护轨工作,可采取扣轨加固措施,并按照设计及专项方案要求,对铁路路基范围内土层进行预注浆加固,具体加固参数根据现场试验确定,并预埋袖阀管用于跟踪注浆; (3)盾构下穿既有铁路前150m区段作为模拟推进段,对盾构施工参数进行总结,并摸索地层沉降规律,为盾构下穿铁路合理制订盾构施工参数提供参考依据; (4)盾构下穿既有铁路前,对盾构机及后配套设备进行全面检修,在期间加强设备维护保养工作,避免盾构下穿铁路时发生故障停机; (5)加强盾构机姿态控制,减少盾构纠偏及超挖,盾构机平稳、匀速掘进,尽量降低刀盘转速和扭矩,及时平缓调整螺旋输送机转速,减少土压的波动及对土体产生的扰动; (6)向土仓内注入高浓度膨润土浆液或泡沫剂,改善渣土和易性; (7)严格控制同步注浆,保证注浆浆液稠度及凝结时间,注浆压力和注浆量进行合理控制,使管片背后空隙及时填充密实; (8)盾构下穿既有铁路期间,对轨道沉降、轨道横向差异沉降、轨距变化和道床纵向沉降等进行24h远程实时监测,根据监测结果,及时优化调整掘进施工参数,做到信息化动态施工管理; (9)盾构下穿既有铁路期间,与铁路管理部门加强沟通与配合,对既有铁路的运营安全加强安全培训,确保铁路运营安全; (10)盾构下穿既有铁路期间,根据监测变化情况对铁路地基采取必要的跟踪注浆措施,同时,在隧道内对应位置进行二次注浆补强,控制地层后续沉降; (11)根据铁路部门提供的控制标准,制订盾构下穿铁路应急预案,采用有针对性的应急措施,应急人员、各种应急设备、材料提前在现场准备到位; (12)盾构穿越既有铁路时,铁路路基发生较大沉降时,及时联系铁路运营单位采取应急联动控制措施,对沉降的路基及时采取加固处理措施,对铁路路基进行自动化监测,根据监测数据指导盾构施工,盾构穿越既有铁路后,在隧道内及时进行二次注浆,控制地层后期沉降
风险事件	盾构穿越既有地铁时既有地铁隧道发生沉降、开裂、渗漏
主要风险因素	地铁隧道未采取必要的保护措施或保护措施不到位,盾构施工控制措施不到位
风险控制措施	(1)对盾构下穿的既有地铁隧道进行详细调查,邀请地铁运营单位及设计单位、建设单位共同参入研究制订既有地铁隧道保护方案,召开专家论证会,制订切实可行的保护方案; (2)盾构下穿既有地铁隧道前,对下穿运营地铁隧道段进行全面整修,轨道扣件拧紧,对轨距进行安全检查,并加设绝缘轨距拉杆,在下穿段钢轨内侧安装防脱护轨; (3)盾构下穿既有地铁隧道期间,在地铁隧道内受影响地段设置安全警示标志,提醒列车司机减速慢行,减少地铁列车运营时的振动影响; (4)穿越既有地铁隧道前,工程技术人员进行模拟掘进,总结模拟掘进施工参数,用于指导盾构穿越既有地铁隧道的施工; (5)盾构下穿既有地铁隧道前,对盾构机及后配套设备进行全面检修,其间加强设备的维护保养工作,避免盾构下穿地铁隧道时发生故障停机;

续上表

风险控制措施	(6)加强盾构机姿态控制,减少盾构纠偏及超挖,盾构机平稳、匀速掘进,尽量降低刀盘转速和扭矩,及时平缓调整螺旋输送机转速,减少土压的波动及对土体产生的扰动; (7)向土仓内注入高浓度膨润土浆液或泡沫剂,改善渣土和易性; (8)严格控制同步注浆,保证注浆浆液稠度及凝结时间,注浆压力和注浆量进行合理控制,使管片背后空隙及时填充密实; (9)盾构下穿既有地铁隧道期间,对下穿运营地铁隧道段进行24h远程实时监测,根据监测结果,及时优化调整掘进施工参数,做到信息化动态施工管理; (10)盾构下穿既有地铁隧道期间,与地铁运营管理部门加强沟通与配合,对既有地铁的运营安全加强安全培训,确保铁路运营安全; (11)盾构下穿既有地铁隧道期间及穿越后,根据监测变化情况对地铁隧道采取必要的二次注浆补强,控制地层及地铁隧道后续沉降; (12)根据地铁运营部门提供的地铁隧道沉降控制标准,制订盾构下穿地铁隧道应急预案,采用有针对性的应急措施,应急人员、各种应急设备、材料提前在现场准备到位; (13)盾构穿越既有地铁隧道时,运营隧道发生较大沉降时,及时联系地铁运营单位采取应急联动控制措施,对运营隧道及时采取加固处理措施,对运营隧道进行自动化监测,根据监测数据指导盾构施工,盾构穿越地铁隧道后,在施工隧道内及时进行二次注浆,控制地层后期沉降
风险事件	盾构穿越地下建(构)筑物时地下建(构)筑物结构发生沉降、开裂
主要风险因素	地下建(构)筑物未采取必要的保护措施或保护措施不到位,盾构施工控制措施不到位
风险控制措施	(1)对地下建(构)筑物进行调查,查明地下建(构)筑物与隧道的相对位置关系,明确地下建(构)筑物的沉降控制标准; (2)盾构下穿地下建(构)筑物前,对盾构机及后配套设备进行全面检修,并在下穿期间加强设备的维护保养工作,避免盾构下穿建(构)筑物时发生故障停机; (3)加强盾构机姿态控制,减少盾构纠偏及超挖,盾构平稳、匀速掘进,尽量降低刀盘转速和扭矩,及时平缓调整螺旋输送机转速,减少土压的波动及对土体产生的扰动; (4)向土仓内注入高浓度膨润土浆液或泡沫剂,改善渣土的和易性; (5)严格控制同步注浆,合理控制注浆压力和注浆量,使管片背后空隙及时填充密实; (6)盾构下穿地下建(构)筑物期间,对地下建(构)筑物加强变形监测,根据监测结果,及时优化调整掘进施工参数,做到信息化动态施工管理; (7)盾构下穿地下建(构)筑物后,根据监测变化情况对地下建(构)筑物采取必要的二次注浆补强,控制地层及地下建(构)筑物后续沉降; (8)制订盾构下穿地下建(构)筑物应急预案,采用有针对性的应急措施,应急人员、各种应急设备、材料提前在现场准备到位; (9)地下建(构)筑物发生较大沉降时,加强对地下建(构)筑物的监测,对地下建(构)筑物采取必要的加固措施,根据监测数据指导盾构施工

(6)自然气象风险辨识及控制措施,见表11-3-11。

自然气象风险辨识及控制措施　　　　表11-3-11

风险事件	暴雨、洪水造成隧道浸泡
主要风险因素	防汛物资设备不全,应急措施不到位,气象预测预报不及时
风险控制措施	(1)盾构施工处在汛期时,主动与气象部门及防汛部门取得联系,建立灾害性天气预警及预防机制,收听天气预报,采取应对措施。 (2)盾构施工现场排水系统合理和畅通,汛期加强对地面排水系统的检查,发现排水管路不畅时,及时疏通。 (3)盾构始发井吊装口及出土口四周设置挡水墙,挡水墙的高度不低于30cm,并根据汛期具体情况,挡水墙可利用堆码砂袋的方式临时堆高加固。 (4)在盾构始发井底部设置临时集水池,集水池配套设置大功率高扬程污水泵,以便始发井内积水能够及时抽排至井上排水系统。 (5)汛期,施工现场备足防洪防汛物资和设备,一旦发生暴雨或洪水,应立即启动防洪防汛应急预案,组织人员进行抗洪抢险,将洞口四周挡水墙利用砂袋进行加高加固,始发井内增加大功率高扬程抽水设备,将始发井内积水快速排至地面排水系统

续上表

风险事件	台风导致现场设备、设施损坏
主要风险因素	防范措施不到位,应急措施不到位,气象预测预报不及时
风险控制措施	(1)主动与气象部门取得联系,建立灾害性天气预警及预防机制,及时收听天气预报,根据台风风力大小预报,以便采取应对措施。 (2)风力达到6级及以上时,停止地面门式起重机及搅拌站作业,对门式起重机及搅拌站灰罐进行防倾覆加固处理。门式起重机采用防滑铁靴扣死,门式起重机支腿两侧及搅拌站灰罐支腿两侧均采用缆风绳锚固在混凝土锚锭上,缆风绳锚固时采用倒链拉紧,缆风绳与地面角度约为45°。 (3)台风过程中往往伴随强降雨,做好相应的抗洪防汛措施。 (4)对现场临时板房及其他临时设施进行加固处理,保证居住人员及临时设施的安全。 (5)台风期间,停止现场施工,将所有施工人员集中在安全的场所进行躲避,台风过后,及时组织人员进行现场安全检查,排除现场安全隐患后再恢复正常施工

3.3 矿山法施工风险控制

根据矿山法的施工特点,结合施工内容及过程、不良地质、周边环境及气象、气候条件进行论述。

矿山法施工风险控制主要包括风险事件辨识、风险因素分析、主要风险控制措施。

(1)洞身开挖风险辨识及控制措施,见表11-3-12。

洞身开挖风险辨识及控制措施　　　　表11-3-12

风险事件	土方开挖坍塌(浅埋暗挖法)
主要风险因素	上方或附近有排水管线漏水、水囊或层间滞水等,未制订相应措施;沉降过大,导致上方有(无)压水管漏水或、破裂;地层降水困难,未采取加固措施,带水作业;超前支护效果失效或较差;大断面隧道施工方法不合理;扩大段或仰挖等风险较大位置措施不明确;开挖进尺过大,超出设计及规范要求;核心土留置不符合要求;台阶长度、导洞间距不符合要求;施工工序衔接不紧凑,未及时封闭;地面车辆通行的影响
风险控制措施	(1)施工前应全面掌握工程附近地形、地貌、工程地质和水文情况,并做好超前地质预测、预报工作,同时应查清隧道周边的建(构)筑物和地下管线情况,对需要保护和处理的,制订并落实可行措施。 (2)施工过程中加强监测,尤其对排水、给水及雨水等管线和周围地层的监测,沉降量较大或沉降速率较大时,或洞内掌子面含水量较大或异常时,封闭掌子面,停止开挖,查清原因并采取措施后再继续开挖。 (3)地下水位较高位置时,在隧道开挖前进行提前降水,降水有困难时可采取外部旋喷加固、注浆或洞内水平深孔注浆等预加固措施。 (4)对采用CD法、CRD法、双侧壁导坑法、中洞法、侧洞法等不同工法的大断面隧道施工方法和施工顺序按照设计要求进行施工。 (5)对平面转角位置,加强外部边墙注浆,同时做好格栅间距的设计,格栅间距不可超过最大步距,同时加强测量防止轴线偏移超过规范要求。 (6)小断面进大断面主要是控制外扩角度不可太大,同时适当加密导管,适当加强注浆土体厚度和提高注浆质量。大断面进小断面时,在变断面位置设置封端墙,再破口进入小断面施工。 (7)平顶直墙位置的矿山法施工风险较大,可采取对该位置提前施作大管棚配合小导管进行超前支护,当穿越或其上部地层较差时,可采取预加固措施。 (8)严格控制每榀格栅或钢架的开挖步距,严禁超过设计及规范要求,必要时需要适当减小开挖步距。 (9)土质地层中,核心土留置情况对掌子面的稳定有较大影响,应在预留出施工空间的情况下保证核心土的留置质量,必要时对核心土进行注浆加固。 (10)合理留置台阶长度,考虑到地下开挖的群洞效应,两相邻作业面纵向间距应距离1倍洞跨且前后开挖面距离不小于15m。相邻导洞不可开挖过早;对向暗挖时,两作业面相距不小于2倍洞跨且不小于10m时,应停止一个作业面开挖并喷锚封闭牢固,改为单向掌子面开挖直至贯通。 (11)开挖成型后及时进行初期支护,尽早施作仰拱并及时封闭成环,以改善受力条件,如图a)、图b)所示。

续上表

风险控制措施	a)中导坑开挖过早　　　　　　　　　　　b)导坑开挖支护要及时跟进 （12）超浅埋暗挖施工时，重车通行时振动可导致洞下开挖时坍塌，需在地面的开挖面附近搭设便桥，并采取防振措施
小案例	某地铁区间，工人正准备在地下施工现场喷射混凝土，突然发现施工现场上方掌子面涌水。至上午10点，路面坍塌坑长度达到200多平方米。一段20多米长的排污管已断落坑底。 经分析，在掌子面前上方土体受污水管线长期渗漏形成水囊及饱和淤泥层，开挖后由于土体受力改变导致水囊和淤泥层坍塌，而后污水管断裂，污水造成更大面积坍塌
风险事件	马头门位置变形过大或结构破坏
主要风险因素	马头门位置上部或附近有附加荷载；马头门位置未按设计采取加强支护措施；超前支护效果失效或较差；竖井或横通道施工时对周围土体扰动较大；一次性破除范围太大；施工工序衔接不紧凑，未及时封闭；未进行监测或监测点设置不合理
风险控制措施	（1）在(超)浅埋暗挖位置，尽量避免在马头门附近或上部设置附加荷载； （2）在竖井与横通道交叉洞室、横通道与隧道交叉洞室部位等应力转换或复杂的位置采取强支护，以承受马头门开挖后对马头门的侧压力，在开挖前应在其横通道的初期支护周边施工加固环； （3）在开挖马头门前先进行超前支护（必要时设置水平临时支撑），可根据情况，采用超前管棚或者和通道平行的单层或双层小导管注浆，必要时对土体进行环向注浆或上台阶全断面注浆； （4）按顺序分块破除马头门混凝土，分块开挖的在该块横通道或导洞向前开挖一段距离后，再破除下一部分的混凝土，并向前开挖； （5）快速安装洞门格栅，并同竖井或横通道洞壁格栅形成有效连接，由于该位置土体经过多次扰动，土体松散并受力复杂，可对该位置进行注浆加固，在进洞时三榀格栅联立； （6）开挖过程中加强监测，及时反馈，根据监测数据判断是否采取其他措施
风险事件	石方爆破开挖导致坍塌冒顶
主要风险因素	地质超前预报不到位；加固效果不好；涌水、涌砂、岩爆、岩溶等不良地质；爆破用药量大，爆破质量较差；超挖严重；开挖步距太大，施工工序衔接不紧凑，未及时封闭
风险控制措施	（1）采取适当的超前地质预报方法：超前钻孔探水法是在洞内掌子面进行钻孔，这是最直接有效的探水手段，红外超前探水根据红外异常来确定含水断层、含水溶洞、地下暗河的存在，同时可实现全空间、全方位的探测； （2）根据不同的地层采取合适的预加固的措施，对富水、有突水可能或存在承压水的地段，采用挤压劈裂注浆以防止突水；在破碎围岩地段，采用渗透尤填注浆对围岩进行加固； （3）涌水、涌砂、岩爆、岩溶等不良地质措施详见本节"不良地质"的相关内容； （4）严格按照"分部开挖、短进尺、弱爆破"的原则进行，根据喷锚构筑法的基本要求进行开挖，合理选定开挖方法，同时采用光面爆破和预裂爆破技术，减少对围岩的扰动，同时根据不同地层适当调整爆破参数； （5）含水地段隧道开挖时，采用短台阶环形留核心土开挖，每次注浆根据注浆效果确定是否补注以及开挖长度；根据具体情况合理设置注浆岩盘长度； （6）开挖成型后及时进行初期支护，尽早施作仰拱并及时封闭成环，以改善受力条件； （7）二次衬砌不得严重滞后初期支护，在软弱围岩应紧跟开挖，Ⅲ、Ⅳ级围岩中应根据量测结果确定最佳施作时间； （8）控制爆破震速，重大风险源段应采用非爆破开挖方式以减少对围岩的扰动
小案例	2003年某日，某隧道因爆破后揭穿2号溶洞边缘破碎影响带，掌子面围岩自稳能力较差，岩溶水发育，引发塌方。 原因分析： （1）环境方面：区域内岩溶发育，向溶洞方向围岩的溶蚀程度逐渐加强，裂隙间充填黏土及粉细砂。溶洞洞壁溶蚀严重，高压富水，地下水活动剧烈，溶洞内充填粉细砂夹灰岩块，粉细砂潮湿，较密实，具有较好的成层性，振动易液化。 （2）施工方面：在隧道建设中，施工单位未能严格按照施工方案与施工技术要求进行规范施工。表现在施工单位没有遵循原有的开挖方式进行开挖，超前支护保护不到位，开挖爆破技术不过关等，导致隧道开挖后围岩强度达不到稳定要求，变形不能局限在较小的范围内，从而使围岩在应力重组过程中失稳，引发塌方

续上表

主要风险因素	爆破器材的存放、保管、领取、退还未严格执行相关制度,爆破设计未严格执行相关程序,爆破器材运送炸药和雷管未按要求分装导致爆炸事故,装炸药及雷管不符合规定,爆破防护不规范,通风排烟不够导致人员中毒,爆破后检查不全面
风险控制措施	(1)爆破作业按现行《爆破安全规程》(GB 6722)要求,编制爆破设计方案,制订相应技术措施。方案应经过专家评审和施工单位技术负责人、总监理工程师审批。爆破作业应根据地形、地质和施工地区环境的具体情况,采取相应的防护措施。 (2)需按照有关规范和相关部门的要求设置爆破器材仓库,并应需要有关单位的安全评估;爆破器材应按照性质分库存放,健全领取制度、出入库制度、运输制度、安全保卫制度、监控制度和爆破器材的现场检测制度等。 (3)爆破器材应由装炮负责人按一次需用量提取,随用随取。放炮后的剩余材料,应经专人检查核实后及时交还入库。 (4)装药前,非装药人员应撤离装药地点;装药区禁止烟火;装药完毕,检查并记录装炮个数、地点;不能使用金属器皿装药;起爆药包在现场装药时制作。 (5)起爆前应做好防护工作;起爆应有值班人员监督和统一指挥;洞内爆破时,所有人应撤至安全距离。 (6)爆破后加强通风排烟,检查人员应在施工方案确定的时间后进洞检查。检查的内容主要包括有无瞎炮,有无残余炸药或雷管,顶板及两帮有无松动围岩,支撑有无损坏与变形。 (7)钻孔时,操作人员应佩戴齐安全防护用品,防止安全事故或损害身体健康

(2)洞身衬砌风险辨识及控制措施,见表11-3-13。

洞身衬砌风险辨识及控制措施　　　　　表11-3-13

风险事件	初期支护收敛或沉降位移过大
主要风险因素	浅埋地层上部或周边附加荷载较大,格栅安装间距过大,钢格栅未按照要求加工导致刚度不足,格栅连接板未密贴且处理措施不到位,拱脚虚土未清理或分部安装未垫实,锁脚锚杆未按照设计施作,未及时安设临时支撑
风险控制措施	(1)对于超浅埋暗挖地段,除采取加强对开挖面周边地面荷载的检查、控制重载车、交通疏解等措施,还可在上部对重要建(构)筑物或管线提前采取加固措施。 (2)严格控制开挖步距,防止超挖,同时严格按照设计文件进行钢格栅加工,以保证格栅刚度和强度,加强格栅加工及安装质量,严格控制连接筋间距、搭接长度及焊缝等重要节点,保证整个初期支护结构的整体受力。 (3)加强对于钢格栅加工的过程控制,整体尺寸控制在误差范围内,合理制订格栅安装方法和流程,加强对格栅安装过程和位置的控制,保证在下部侧墙和仰拱格栅安装时连接板可以密贴;对少数不能密贴的连接板采取加强连接措施,并对不能密贴的空隙进行有效填充。 (4)格栅或支撑拱脚应设在稳定岩层或为扩大承压面而设置的垫板上,保证拱脚稳定不下沉,严禁在软土地层超挖拱脚后用松土回填。 (5)严格按规范要求安设岩石隧道初期支护锚杆垫板,岩石隧道初期支护锚杆垫板不安设或安设不规范,如图a)、图b)所示。  a)未安设锚杆垫板　　　　b)锚杆垫板悬空 (6)按照设计位置、角度和长度施工锁角锚杆,与格栅钢架进行有效连接,并对锚杆进行注浆。 (7)与格栅施工一起架设临时钢支撑

续上表

风险事件	隧道初期支护失稳
主要风险因素	分部开挖的隧道施工方法选择不合理;对马头门、受力转换位置等风险较大位置,未按照设计施作或连接质量差;上下台阶开挖时,上台阶格栅未垫实;格栅连接筋间距、搭接长度及焊缝等不符合设计文件要求;临时支撑数量不足;临时支撑的架设和连接不及时或不符合要求;喷射混凝土不及时;背后回填注浆压力过大;监测反馈滞后,未及时进行预警;二次衬砌施工时拆除临时支撑不合理;其他原因导致初期支护承受过大荷载
风险控制措施	(1)严格按照设计要求的开挖顺序进行开挖。相邻或相近的导洞应错一定距离;同一导洞上下台阶应根据地质和开挖断面跨度采取不同台阶进行开挖,在土层和不稳定岩体中的下台阶,应先施工边墙初期支护结构后方可开挖中间土体,并适时施工仰拱。 (2)开挖上台阶时,拱部每榀格栅应垫实,必要时设置临时仰拱,下部格栅开挖时,开挖一榀安装一榀,不可多榀同时开挖和安装。 (3)在方案中明确重要节点的做法和安全质量控制措施,并经过专家论证,实际施工时,加强技术交底,同时安排专人检查,以保证连接质量,同时加强工序衔接,尽量缩短转换时间。 (4)加强格栅加工、安装及连接质量,严格控制连接筋间距、搭接长度及焊缝等重要节点,保证整个初期支护结构整体受力。 (5)对于有临时支撑的初期支护结构,严格控制每步的开挖断面尺寸,及时按照设计数量安装临时支撑,加强连接点的连接质量控制。 (6)及时喷射混凝土,尽早与格栅或钢架共同发挥支护作用。 (7)初期支护背后注浆以充填为主,严格控制注浆压力,防止注浆过程中对初期支护结构产生较大附加应力。 (8)临时支撑拆除时,要编制专项拆除方案或包括临时支撑拆除方案的二次衬砌施工方案,结合力学计算分析制订合理的拆除顺序,结合监测数据确定分段拆除长度及倒撑、二次衬砌施工时机,并制订针对性的安全保障措施和应急预案。 (9)对于超浅埋暗挖地段,加强对开挖面周边地面荷载的检查,尤其对重荷载车辆的控制,地面可采取交通疏解、绕行、铺设便桥等方式进行处理,洞内加强各工序的施工质量和工序衔接,尽量减少悬空位置或围岩的暴露时间。 (10)施工过程中,重视洞内外的监测工作,坚持监测及时指导施工的原则。对变形数值或速率较大的及时采取应对措施。 (11)按照应急方案的要求准备充足的应急物资及设备,及时采取应急措施
小案例	某日,某在建地铁车站东南出入口隧道断面转换作业发生坍塌,土方约1m³,开口导洞西侧顶端上部初期支护开裂,裂缝在开口导洞的中间位置,宽约10mm,长约1.5m。项目单位项目负责人决定对拱顶加固,在加固过程中,拱顶再次塌方,将6名作业人员埋压,造成三级重大安全事故。 原因分析: (1)工程地质条件差,原路面位置以前为水田,同时地下管线复杂,地铁施工难度大; (2)施工方面,工程质量控制不到位,隧道初期支护格栅拱钢筋帮焊长度严重不足,在塌方范围内就有两根钢筋被撑断
风险事件	二次衬砌台车组装倾覆或伤人
主要风险因素	台车组装场地选择不当,吊点、吊具选择不当
风险控制措施	(1)衬砌台车的组装、拆卸应在洞外宽敞、平坦、坚实的场地进行;当条件限制时,必须在洞内组装、拆卸时,应选在围岩条件较好和洞身较宽敞的地段进行。 (2)埋设衬砌台车各类吊点、吊具应牢固可靠;组装、拆卸吊装作业应符合起重作业要求。 (3)衬砌台车组装完毕后,应由专业人员检查台车各部件,确保连接牢固可靠,支撑系统、驱动系统应经调试合格后方可投入使用
风险事件	二次衬砌钢筋倾覆、坍塌导致人员伤亡等风险
主要风险因素	未采取临时支撑措施,临时支撑措施不合理或不到位,拆除临时支撑顺序不正确、拆除时机不正确,钢筋绑扎不规范或绑扎点不足,钢筋骨架独立自稳性差等
风险控制措施	(1)二次衬砌首开段钢筋安装必须设置防倾覆、防垮塌措施,临时支撑应设置合理且稳定; (2)隧道钢筋安装前必须进行保证环向垂直度的测量放样; (3)大跨度二次衬砌钢筋骨架要严格按方案和交底施作、不得减少和弱化连接措施,形成独立稳定的支撑体系; (4)钢筋交叉点要及时绑扎,不得少绑、漏绑; (5)钢筋绑扎过程中未完成或者未能形成稳定体系前不得擅自停工; (6)严禁在钢筋骨架未形成稳定体系时拆除临时支撑; (7)施工过程中加强巡视,及时消除施工隐患

续上表

风险事件	二次衬砌台车变形或位移过大
主要风险因素	台车门架结构设计不合理;定位时,支撑系统未到位;模板连接螺栓连接不紧或检查不到位;模板台车导轨不坚实;浇筑混凝土不对称;浇筑人员无专人负责或无经验
风险控制措施	(1)做好台车设计计算和复核,使门架结构受力合理,强度和刚度满足要求。 (2)台车定位后,应仔细检查台车支撑系统的安全性能,防止在受到外力挤压时往回收,出现跑模或位移过大的情况。 (3)模板间连接采用螺栓连接时,应经常安排人工对连接螺栓进行检查和紧固,并处理错台和缝隙。 (4)台车导轨底部应坚实。 (5)应严格控制浇筑速度,加强对两侧混凝土是否对称的检查,并进行及时调整,防止两侧落差大,对台车造成一定冲击。 (6)在浇筑过程中,应安排二次衬砌经验丰富的人对混凝土浇筑情况进行观察指挥,在灌满的情况下,及时停止泵送混凝土。防止台车顶部模板变形或坍塌失稳。
风险事件	大断面二次衬砌支架模板变形大或失稳
主要风险因素	模板支架设计不合理,地基质量不坚实平整,支架施工不规范,混凝土浇筑不对称,浇筑人员无专人负责或无经验
风险控制措施	(1)编制专项方案并按照相关程序进行审批,必要时进行专家评审,主要承重骨架应采用弧形型钢,模板应采用钢模板。方案中应包含模板及其支撑体系的强度、刚度、稳定性验算,并制订支设、拆除作业的安全技术措施。 (2)模架支设前应对其下部地基进行处理和修整,必要时对地基承载力进行检测,地基承载力不足时需进行相应处理。 (3)模板支架中的每榀型钢骨架应连成整体,整体稳定性满足施工要求,支撑架按照设计及规范设置剪刀撑,钢管顶托或底板伸出长度应严格控制,模板支架设计和安装应考虑地泵的冲击力。 (4)严格控制浇筑速度,加强对两侧混凝土是否对称的检查,并进行及时调整,防止两侧落差太大,对模架造成一定冲击。 (5)在浇筑过程中,应安排二次衬砌经验丰富的人对混凝土浇筑情况进行观察指挥,在灌满的情况下,及时停止泵送混凝土。防止模架模板变形或坍塌失稳
风险事件	二次衬砌结构失效、开裂、破坏
主要风险因素	二次衬砌的施工质量差,地层未稳定即施工二次衬砌或地应力发生变化等,二次衬砌混凝土未达到规定强度即进行拆模
风险控制措施	(1)混凝土至现场后应做坍落度的检查,合格后方可使用,浇筑时应对称、分层浇筑,分层捣固; (2)地质条件及地应力发生变化后及时通知设计等相关单位进行研究,针对复杂地层采取有针对性的措施; (3)根据结构跨度、部位、混凝土强度、内外温差及监测情况等因素确定拆模强度

(3)不良地质风险辨识及控制措施,见表11-3-14。

不良地质风险辨识及控制措施　　　　　表11-3-14

风险事件	断层、破碎带地段坍塌、突泥、突水
主要风险因素	防排水不到位,超前支护不到位,施工工序不紧凑,开挖方法不当,工序转换措施不当
风险控制措施	(1)防排水作业:探明水源,根据水的不同位置采取针对性措施。 (2)施工工序:各工序间距离宜尽量缩短,并应尽快使全断面衬砌封闭;当采用上下导坑、先拱后墙法施工时,宜改用单车道断面。 (3)开挖作业:采用爆破法掘进时,应严格掌握炮眼数量、深度及装药量。采用分部开挖法时,其下部开挖宜左右两侧交替作业。如遇两侧地层软硬不同时,应采用偏槽法开挖,按先软后硬的顺序交错进行。 (4)支护作业:支护宁强勿弱,并应经常检查加固;当采用分部开挖法开挖时,应注意工序转换时的支撑倒换工作,防止因倒拆横、纵梁及反挑顶而引起塌方。 (5)衬砌作业:应紧跟开挖面,衬砌断面应尽早封闭
风险事件	瓦斯地段火灾、爆炸
主要风险因素	瓦斯检查不到位,通风不到位,爆破方法、材料选择不合理,装渣违规操作
风险控制措施	(1)严格执行瓦斯检查制度,并指定专人进行定时和经常检查,测量风流速度和瓦斯含量。 (2)爆破作业中,按设计方案布置炮孔,保证位置偏差及深度误差不大于30mm,钻孔时采用湿式凿岩。 (3)爆破时采用毫秒电雷管和安全炸药,且应采用连续装药方式。 (4)施工中采取机械通风,并应派专人对通风机进行维修和保养。 (5)施工中装渣运输作业使用金属器械和车辆,不得与石渣撞击。同时施工中严禁使用明火,并且应规定易燃物品不得带入洞内

续上表

风险事件	岩溶地段涌泥、突水坍塌、地面下沉开裂等
主要风险因素	地质勘查不清,地表水处理不到位,不同部位处理方法不当,工序衔接不紧凑
风险控制措施	(1)开工前,对地表进行详细勘察;施工中做好溶洞的超前地质预报。 (2)了解地表水及出水地点的情况,并对地表进行必要的处理,以防地表水下渗。 (3)当开挖施工接近或到达溶洞边缘时,各工序紧密衔接,同时设法探明溶洞的形状、范围、大小、充填物及地下水情况,制订施工处理方案及安全措施。 (4)下坡段遇溶洞时,准备足够数量的排水设备。必要时施作泄水隧道引排地下水。 (5)在溶蚀地段,进行爆破作业时应多打眼、打浅眼,并控制装药量。 (6)溶洞充填体中掘进时,若充填物松软,可采用超前支护法施工。若为松散砂砾、块石堆积物或有水,则开挖前应采取预注浆技术加固。 (7)在处理复杂溶洞时,应根据现场具体情况制订安全措施,以确保安全施工
风险事件	岩爆引起人员伤害、设备损坏和掌子面坍塌等
主要风险因素	超前预报不到位,围岩处理措施不到位、支护措施不到位、安全防护不到位
风险控制措施	(1)加强超前预报,重视调查研究,并根据调查结果制订治理方案; (2)采用应力释放、高压水冲洗等措施减小开挖过程中的风险; (3)及时进行初期支护,必要时采用钢纤维喷射混凝土、摩擦型锚杆等加强支护; (4)及时施作二次衬砌; (5)加强洞内防护措施; (6)完善管理制度,加强巡视检查
风险事件	松散砂砾或流砂段坍塌
主要风险因素	前期调查不到位,超前支护不到位,开挖方法不合理,支护措施差,工序衔接不紧凑
风险控制措施	(1)重视调查研究,并根据调查结果制订治理方案。施工中遭遇流砂时,应调查流砂特性、规模及其地质构成、贯入度、相对密度、粒径分布、塑性指数、地层承载力、止水层分布、地下水压力和透水系数等,并根据获得的资料,通过综合分析制订出切实可行的治理方案。 (2)开挖与支护。开挖时,采取自上而下分部进行的施工方法,先护后挖,密闭支撑,边挖边封闭,遇缝必堵,严防沙粒从支撑缝隙中逸出。也可采用超前注浆,改善围岩结构,用水泥浆或水泥水玻璃为主要注浆材料注入;或用化学浆液注浆加固地层,然后开挖。 (3)加强支撑结构,以减少风险。架立支撑时应设置底梁并纵横、上下连接牢固。应加强拱架刚度,架立时对拱架也应设置底梁并垫平楔紧,拱脚下垫铺牢固。支撑背面用木板或槽型钢板遮挡,岩峰流砂从支撑间逸出。在流砂逸出口附近围岩较干燥处,应尽快打入锚杆或施作喷射混凝土加固围岩,防止流砂逸出部位扩大。 (4)尽早衬砌,封闭成环。在流砂段隧道施工中,拱部和边墙衬砌混凝土的灌注应尽量缩短时间,并尽快与仰拱形成封闭环
风险事件	膨胀性围岩地层坍塌,结构开裂
主要风险因素	前期调查不到位,排水方式不当,拱顶部振捣不密实,通风不畅,初期支护、二次衬砌闭合不及时
风险控制措施	(1)开挖时,除在开挖前调查其特性和规模,同时对地下水也应探明其分布情况和对隧道施工的影响程度。 (2)特别注意防排水工作。隧道开挖前,填埋地面低洼地;及时将洞内出露的地下水引排至排水沟;应顺施工排水,并设置防渗漏排水沟槽,严禁挖沟直接排放;反坡施工排水须采用设备完好、系统完善的抽排水设施,严禁水渗流至开挖工作面。 (3)混凝土应灌抵岩壁,对拱顶部位应特别注意振捣密实。 (4)不得向开挖面洒水,以保持围岩干燥,加强通风,以降低洞内湿度和温度。 (5)开挖面周壁应迅速闭合初期支护结构,以约束围岩变形。 (6)隧道二次衬砌应尽早形成封闭结构,使其受力达到最佳状态,当衬砌混凝土强度达到设计强度的100%时,方可拆除模板
风险事件	黄土地层坍塌结构开裂
主要风险因素	开挖方法不当,支护不及时,二次衬砌施工时机不当

续上表

风险控制措施	(1) 在黄土隧道施工中,应对黄土地层中的构造节理的产状与分布状况做好调查。 (2) 施工中应遵循"短开挖、少扰动、强支护、实回填、严治水、勤量测"的原则,紧凑施工工序,精心组织施工。 (3) 认真做好防排水工程。对地表冲沟、陷穴等应采取回填夯实、填土反压、改变地表水径流等措施,将水引导至隧道范围以外。施工时管理好施工用水,不使废水漫流。开挖时地层含水率大时,上台阶掌子面附近宜开挖横向水沟,将水引至隧道中部纵向排水沟排出洞外,以防浸泡拱脚。可采用井点降水等措施将地下水位降至隧道衬砌底部以下,保证施工顺利进行。雨季施工应采取可靠措施确保施工安全。 (4) 发现地下水后,应及时设置环向、纵向盲沟或泄水软管,形成排水通道,将地下水引出洞外。对于地下水量大的地段,可采用周边注浆堵水,先治水,后开挖。 (5) 施工时应特别注意拱脚与墙脚断面,如超挖过大,应用浆砌片石回填。如发现该处土体承载力不够,应立即加设锚杆或采取其他措施对其进行加固。 (6) 在开挖和灌注仰拱时,为防止边墙向内移动,宜加设横撑顶紧。 (7) 若施工中发现不安全因素时,应暂停开挖,加强临时支护,以便适当调整工序安排

(4) 周边环境风险辨识及控制措施,见表11-3-15。

周边环境风险辨识及控制措施　　　　表 11-3-15

风险事件	建(构)筑物的开裂、倒塌,管线开裂、破坏;道路开裂、破坏,铁路(地铁)沉降过大从而影响运营,河流渗水、涌水
主要风险因素	地面保护措施不到位或落实不力,超前支护效果差致掌子面坍塌,降水、止水效果差致流水、流砂,洞内施工措施不当或不到位,监测方案不合理或未及时指导施工
风险控制措施	对上部建(构)筑物、管线、河流、铁路等进行详细调查,了解其基础、结构、建设年代、有无缺陷、控制要求等详细信息,对重要建(构)筑物及基础条件较差的老旧建筑进行房屋安全评估,同时采取适合的超前预探方法对前方地质、含水构造等进行探测。根据地质、水文、埋深、结构特点因素确定是否采取隔离桩、基础加固、桩基托换等方式提前处理,处理效果应满足设计要求。对影响范围内各种不同环境分别采取以下措施: (1) 对有压管线应根据管材、接头等情况采取隔离、悬吊、注浆加固等措施;对排水或雨水排水系统应采取隔离、防渗、抽排、地面注浆加固等方式进行处理,并加强异常情况或季节性影响的应对措施。 (2) 下(侧)穿铁路前,对穿越的既有铁路进行详细调查,详细了解穿越部位铁路的基础情况,并邀请铁路部门及设计单位、建设单位共同参入研究制订铁路保护方案,召开专家论证会,制订切实可行的保护方案。同时对影响范围内的轨道采取扣轨加固措施,并按照设计及专项方案要求,对铁路路基范围内土层进行预注浆加固措施,并预埋袖阀管用于跟踪注浆。下穿时与铁路管理部门加强沟通与配合,加强既有铁路运营安全方面的知识培训,确保铁路运营安全。 (3) 对下穿的既有地铁隧道进行详细调查,邀请地铁运营单位及设计单位、建设单位共同参入研究制订既有地铁隧道保护方案,召开专家论证会,制订切实可行的保护方案。下穿地铁隧道前,拧紧下穿运营地铁隧道段轨道扣件,对轨距进行安全检查,并加设绝缘轨距拉杆,在下穿段钢轨内侧安装防脱护轨。下穿地铁期间,在运营地铁隧道内受影响地段设置安全警示标志,提醒地铁列车司机减速慢行,减少地铁列车运营时的振动影响。 (4) 下穿河流前,对河流及其周边环境进行详细调查,特别是河床地质情况及河岸基础情况。办理穿越河流的相关手续,以便接受河道管理部门的监督,根据穿越地质情况及距河底距离等因素确定是否采取防渗漏、河底硬化、倒流、临时封堵、河底注浆等措施。 (5) 洞内尽量采取降排水措施,使暗挖施工在无水条件下进行。 (6) 根据开挖面的地质、含水量的情况,采取适合的洞内预加固或超前支护方法。 (7) 严格按照暗挖方针进行施工,加强开挖、支护等工序的管理,尽量缩短初期支护结构的封闭时间,降低坍塌风险。 (8) 加强洞内初期支护和二次衬砌的施工工序或质量控制,按照设计要求及时采取防沉降措施,严格控制锚杆长度、注浆质量;加强格栅底部支垫或超挖回填质量控制;加强临时支撑施作、接头质量控制;加强二次衬砌临时支撑拆除、换撑等工序控制,密切对沉降或收敛变形进行监控,防止沉降过大,影响地面建(构)筑物、地铁、铁路的正常使用或导致管线破裂、河水倒灌等对地铁开挖造成极大风险。 (9) 根据具体风险,制订应急预案,并进行应急演练

(5) 自然风险辨识及控制措施,见表 11-3-16。

自然风险辨识及控制措施 表 11-3-16

风险事件	暴雨、洪水造成隧道浸泡、坍塌及财产损失等
主要风险因素	防汛物资设备不全,周边及洞下排水不畅,应急措施不到位
风险控制措施	(1) 汛期时,主动与气象部门及防汛部门取得联系,建立灾害性天气预警及预防机制,及时收听天气预报,以便采取应对措施; (2) 施工现场排水系统合理和畅通,汛期加强对地面排水系统的检查,发现排水管路不畅时,及时疏通; (3) 竖井四周设置挡水墙,挡水墙的高度不低于30cm,并根据汛期具体情况,挡水墙可利用堆码砂袋的方式临时堆高加固; (4) 在井底部设置临时集水池,集水池配套设置大功率高扬程污水泵,以便井内积水能够及时抽排至井上排水系统; (5) 汛期,施工现场备足防洪防汛物资和设备,一旦发生暴雨或洪水,应立即启动防洪防汛应急预案,组织人员进行抗洪抢险,将洞口四周挡水墙利用砂袋进行加高加固,井内增加大功率高扬程抽水设备,将井内积水快速排至地面排水系统
风险事件	台风导致现场设备、设施损坏
主要风险因素	防范措施不到位,应急措施不到位
风险控制措施	(1) 与气象部门取得联系,建立灾害性天气预警及预防机制,及时收听天气预报,根据台风的风力大小预报,以便采取应对措施; (2) 风力达到6级及以上时,停止地面龙门架及搅拌站作业,对门式起重机及搅拌站灰罐进行防倾覆加固处理;龙门架支腿两侧及搅拌站灰罐支腿两侧均采用缆风绳锚固在混凝土锚锭上,缆风绳锚固时采用倒链拉紧,缆风绳与地面角度约为45°。 (3) 对现场临时板房及其他临时设施进行加固处理,保证居住人员及临时设施的安全。 (4) 台风期间,停止现场施工,将所有施工人员集中在安全的场所进行躲避,台风过后,及时组织人员进行现场安全检查,排除现场安全隐患后再恢复正常施工

3.4 轨道工程风险控制

轨道工程主要风险有起重伤害、物体打击、触电伤害、车辆伤害、高处坠落、坍塌、其他伤害风险等,主要风险辨识及控制措施详见表 11-3-17 ~ 表 11-3-21。

起重伤害、物体打击风险辨识及控制措施 表 11-3-17

风险事件	起重伤害、物体打击
主要风险因素	吊装设备有缺陷,未按方案施工,起吊物下作业、起重工作区有无关人员逗留或通过,操作人员违章操作,支腿支撑基础处不夯实
风险控制措施	(1) 编制安装、拆除与施工作业专项方案,做好方案的交底工作; (2) 操作人员持证上岗,严格执行操作规程; (3) 起重设备报检审批; (4) 落实高风险机械设备安全包责任制与安全许可制度; (5) 做好设备的日常维护保养,保证各类保险、防护装置性能良好; (6) 确保门式起重机支腿支撑处夯实稳定

触电伤害风险辨识及控制措施 表 11-3-18

风险事件	触电伤害
主要风险因素	非操作人员动用电器设备,设备设施、工具有缺陷
风险控制措施	(1) 编制临时用电专项管理方案、应急预案; (2) 实行"一机、一闸、一箱、一漏、一锁",专职电工持证上岗进行管理; (3) 落实日常、定期巡查与隐患排查治理制度; (4) 严格执行《施工现场临时用电管理规定》

车辆伤害风险辨识及控制措施 表 11-3-19

风险事件	车 辆 伤 害
主要风险因素	轨道车超速行驶,装载物料超载、超宽;操作人员违章操作、擅离岗位;在大坡度轨道停车后未安放止轮器
风险控制措施	(1)会同建设单位制订轨行区管理办法,并严格执行;定期召开安全例会; (2)与交叉作业单位签订安全协议; (3)严格执行地铁联调阶段"九不准、九必须"规定要求; (4)制订轨行区运输专项方案(大坡度轨道车的存放时的防溜)、应急预案; (5)对作业人员进行培训教育,确保其掌握方案和预案内容,告知作业风险及注意事项; (6)及时对轨道车进行有效的防溜制动; (7)加强轨道车司机和车长的安全教育培训,使其规范操作,严禁违章作业

高处坠落风险辨识及控制措施 表 11-3-20

风险事件	高 处 坠 落
主要风险因素	防护设施损坏,无警示标识,人员违规作业
风险控制措施	(1)及时更换损坏的防护栅栏; (2)安装警示标识,警示风险; (3)高处作业人员规范佩戴安全防护用品; (4)定期开展隐患排除,及时消除隐患

坍塌、其他伤害风险辨识及控制措施 表 11-3-21

风险事件	坍塌、其他伤害
主要风险因素	受洪涝灾害,基地排水系统不顺畅,应急物资储备不足
风险控制措施	(1)项目成立防汛应急小组,并设立专人专职及时了解本地区气候变化,保持信息畅通,及时做出应急反应; (2)编制切实可行的防汛预案,并组织全员进行学习、开展应急演练,提高项目应急水平; (3)储备充足的应急物资,并定期进行检查更新; (4)及时疏通基地的排水系统

3.5 装饰装修工程风险控制

装饰装修工程具有以下几个特点:通常由于工期紧,需要多个施工单位和多个专业在车站、区间等有限空间内交叉或同时施工,轨道车(工程车)运送轨料(设备、材料)、施工安全的综合协调管理非常重要;全线隧道贯通使得所有区间和车站在空间上连成一体,原来相对独立的施工风险就更具相互关联性;安装装修使用较多可燃包装材料和油漆等危险化学品,电焊、切割甚至吸烟等火源较多,火灾危险性较大。轨行区风险辨识及控制措施见表 11-3-22。

轨行区风险辨识及控制措施 表 11-3-22

风险事件	车辆伤害、机械伤害、触电
主要风险因素	未按照轨行区规定施工
风险控制措施	(1)严格按照轨行区作业令批发的时间、区域进行施工,无作业令、无职工带班禁止进入轨行区。 (2)作业完毕后施工负责人、安全员负责检查现场工完料清情况。 (3)轨行区设备安装完成后检查是否侵入行车限界影响行车安全,现场工具、材料清理干净。 (4)配备合格、适用的安全防护用品,施工前检查安全防护用品佩戴情况;无安全帽、荧光衣禁止进入轨行区。 (5)禁止人员私自搬动道岔设备,禁止破坏道岔设备,禁止任何人擅自操作道岔设备,组织人员进行安全培训及交底。 (6)施工垃圾及配齐工机具配件等施工完成后及时清理,禁止将施工垃圾直接扔进轨行区。 (7)轨行区起点、重点必须设置红闪灯等警示装置,轨道车临近轨行区终点时必须减速慢行。 (8)出入轨行区必须办理出入证;一人一证,禁止使用他人证件;进入轨行区按要求做好登记。

续上表

风险控制措施	(9)禁止坐、卧钢轨或在钢轨上休息,禁止吸烟;禁止坐、卧钢轨;禁止在轨行区追逐打闹。 (10)轨行区必须设置照明线路,禁止从照明线路取电,作业人员戴好头灯。 (11)轨行区作业携带工具材料必须在施工计划中注明,未经许可禁止携带易燃易爆物品进入轨行区。 (12)轨行区施工严格执行请销点制度;禁止超时、超范围施工;进入带电区域施工,必须由调度室批准,确认停电后做好隔离警示措施,防止误碰带电设备;如需停电,需报停电作业计划申请。 (13)防护员及施工负责人须配备对讲机等通信设备;防护员及施工负责人每30min联络一次,确保通信畅通;严格执行呼唤应答。 (14)小平板车等轨行工具必须安装制动装置,设备使用前必须检查各项安全装置是否完好,禁止溜放轨行设备。 (15)轨行设备必须在前后安装警示等警示装置。 (16)禁止平板车上搭人,禁止溜车

3.6 机电安装工程风险控制

机电安装工程主要有高处坠落风险、物体打击风险、机械设备(设施)伤害风险、触电风险、火灾风险、起重吊装风险、防汛风险、轨行区安全风险等。其主要风险事件的风险因素及风险控制措施详见表11-3-23、表11-3-24。

触电风险辨识及控制措施　　　　　　　　　　　　　　　　　　　　表11-3-23

风险事件	触 电 风 险
主要风险因素	未按照规定程序进行送电,未按规定进行带电作业
风险控制措施	(1)供电系统安装过程中易发生触电事故,必须在施工前做好安全防护措施,编制相应的安全施工规程。开通送电过程应严格执行有关的安全规则和经批准的开通方案,按照电调命令进行受电和送电操作,时间、地点、操作步骤不得随意变更。 (2)送电前应组织开展条件验收,下发通电通告,现场张贴安全警示,确保每个作业人员知晓。 (3)供电网送电后,工作现场应将所有的电器设施视为带电,各种作业(包括事故抢修)均应办理停电作业手续。各种带电设备均应悬挂"小心有电,禁止靠近"的醒目标识。 (4)供电设备需要安装地线的部位必须验电,验电时,必须有旁人监护,必须戴绝缘手套、绝缘靴、安全帽,并使用合格的与电压等级适应的验电器。 (5)在全部停电或部分停电的电气设备上工作,必须完成下列措施:停电、验电、装设接地线、悬挂标示牌和装设遮拦。在带电作业过程中,如设备突然停电,作业人员仍按设备带电进行操作。工作负责人应尽快与调度联系,调度未与工作负责人取得联系前均不得送电。给带电设备挂设警示牌时,必须采用绝缘杆,穿好绝缘靴。 (6)接触网首次带电后,视为接触网永久带电,进入接触网区域进行作业,须经过调度室批准,做好防护措施后方能作业。作业时间,作业人员(包括所持机具、材料、零部件等)与接触网距离不能小于安全距离,否则作业前接触网需要停电、验电、挂地线

火灾风险辨识及控制措施　　　　　　　　　　　　　　　　　　　　表11-3-24

风险事件	火 灾 风 险
主要风险因素	未及时清理易燃物;消防设备、设施不符合标准规定;未建立消防安全培训,不具备初期灭火能力
风险控制措施	(1)加强施工现场人员消防安全教育,提高消防安全意识; (2)按照要求组建义务消防队或微型消防站,进行专业的消防安全教育和培训,掌握扑救初起火灾的能力; (3)严格执行动火审批手续,必须经项目部有关部门批准后方可作业; (4)现场应配备足量的消防水、消防器材,保证其常备有效; (5)对于易燃易爆物品管理,应设专库专用,配备足量消防器材,严禁将油漆、氧气、乙炔等易燃易爆物品与其他材料混放; (6)临时用电线路要经常性检查,防止因产生电火花引起火灾; (7)临时用房、仓库、配电箱等消防通道要保持畅通,不得随意遮挡、占压消防通道; (8)施工现场严禁吸烟; (9)设备及其他物品的包装、薄膜等易燃材料要及时清理,并采取阻燃措施; (10)供电设备通电前,安装单位要按照国家标准规定的试验项目进行电气试验,避免初次通电时产生的爆炸、燃烧、损坏等风险

第 4 章
施工一般风险控制

地铁隧道施工过程中的一般风险来自于临时用电、消防、脚手架、高处作业、密闭空间、动火作业等。本章针对施工现场一般风险进行分析,给出了风险控制措施以供参考。

4.1 临时用电风险控制

4.1.1 临时用电安全检查制度

(1)日常巡视检查制度:由安全管理人员及电工检查临时用电设施设备的运行情况,及时发现并整改施工现场缺陷及用电作业人员的不安全行为等,雷雨季节应增加巡检次数;

(2)定期检查制度:由持证电工从配电室开始到各级配电箱、开关箱、用电设备等进行全面检查,原则上每周至少开展1次;

(3)定期测试制度:由持证电工对接地电阻、绝缘电阻、漏电保护器等进行测试,每月至少开展1次。

4.1.2 外电架空线路及电气设备防护

(1)在建工程不得在外电架空线路正下方施工(图11-4-1),违规搭设作业棚,建造生活设施或堆放构件、架具、材料及其他杂物。

图11-4-1 外电架空线路下无杂物

(2)在建工程(含脚手架)的周边与外电架空线路的边线之间的最小安全操作距离应符合图11-4-2及表11-4-1的规定。

外电架空线路与在建工程(含脚手架)周边距离　　表11-4-1

外电架空线路电压等级(kV)	<1	1~10	35~110	220	330~500
最小安全操作距离(m)	4	6	8	10	15

(3)施工现场的机动车道与外电架空线路交叉时,架空线路的最低点与路面的最小垂直距离应符合图11-4-3及表11-4-2的规定。

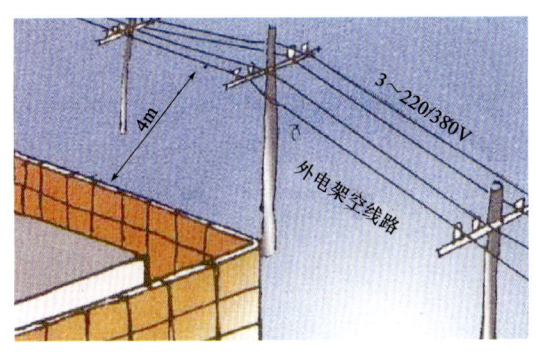

图 11-4-2 外电架空线路与在建工程(含脚手架)周边距离要求

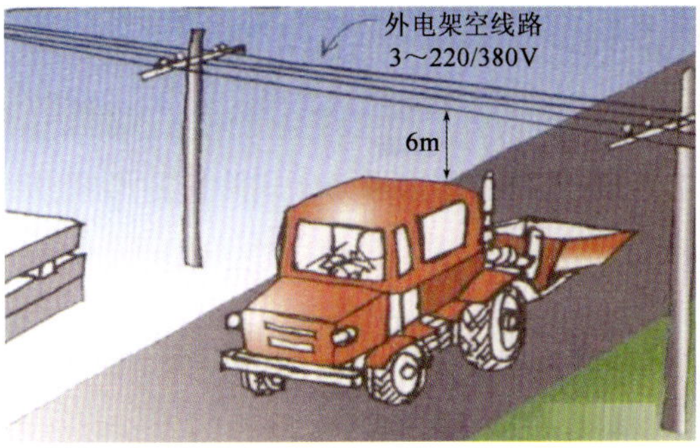

图 11-4-3 外电架空线路与机动车距离要求

外电架空线路与机动车距离　　　　　　　表 11-4-2

外电架空线路电压等级(kV)	<1	1~10	35
最小垂直距离(m)	6	7	7

(4)起重机严禁越过无防护设施的外电架空线路作业。在外电架空线路附近吊装时,起重机的任何部位或被吊物边缘在最大偏斜时与架空线路边线的最小安全距离应符合图 11-4-4 及表 11-4-3 的规定。

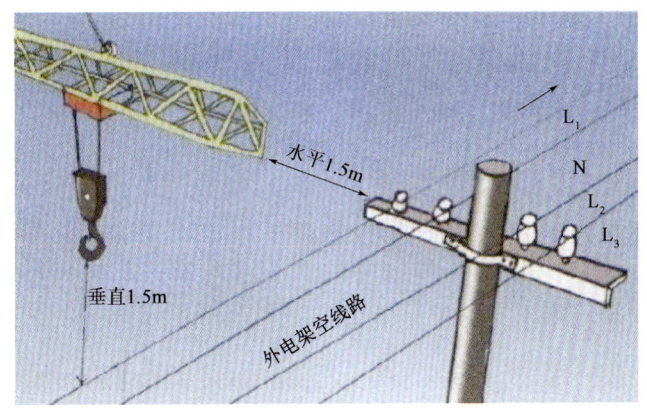

图 11-4-4 外电架空线路与起重机距离要求

外电架空线路与起重机距离　　　　　　　表 11-4-3

外电架空线路电压等级(kV)	<1	10	35	110	220	330	500
最小垂直距离(m)	1.5	3	4	5	6	7	8.5
最小水平距离(m)	1.5	2	3.5	4	6	7	8.5

(5)施工现场开挖沟槽边缘与外电埋地电缆沟槽边缘之间的距离不得小于 0.5m,如图 11-4-5 所示。

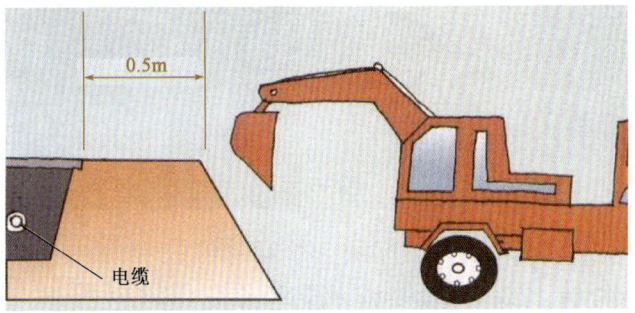

图 11-4-5 开挖沟槽与外电电缆沟槽距离要求

(6)电气设备现场周围不得存放易燃易爆物、污源和腐蚀介质,否则应予以清除或做防护处置,其防护等级必须与环境条件相适应。场所应能避免物体打击和机械损伤,否则应做防护处置。防护设施应坚固、稳定,且对外电架空线路的隔离防护应达到 IP30 级。

(7)变压器防护应采取防砸式防护棚形式,示例如图 11-4-6 所示。防护设施应牢固、封闭、严密。

图 11-4-6　变电器防护

(8)配电箱防护栏杆应坚固、稳定、醒目,示例如图 11-4-7 所示。防护棚满足防雨、防砸和防机械伤害的要求。配电箱防护棚除螺栓外所有铁件须做防腐处理,刷黄色油漆。配电箱防护棚应做可靠接地连接,并符合规范要求。

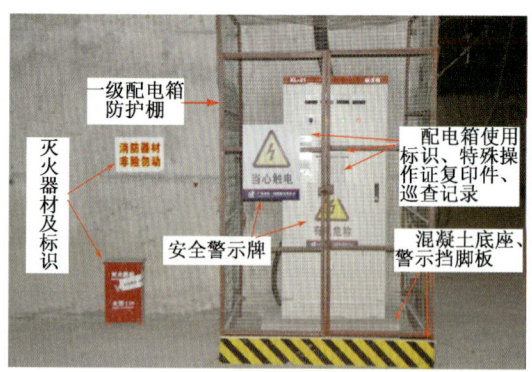

图 11-4-7　配电箱防护

(9)用电设备均应采取防雨、防机械伤害、防触电及防电气火灾措施,保证使用安全,示例如图 11-4-8 所示。用电设备防护应满足标准化、规范化、工具化要求,实现统一制作,规范管理。

图 11-4-8　用电设备防护

(10)用电设备电源的安装、拆除及故障排除,应由专业电工进行。其中,木工机械只可使用单向开关,不得使用倒顺双向开关。

(11)用电设备安全装置必须齐全有效,转动部位必须安装防护罩,各部件连接紧固。

(12)固定式电焊机应设置电焊机棚,对多个电焊机进行集中配电、规范布线、统一标识、集中管理,示例如图 11-4-9 所示。

(13)电焊机棚宽度不小于 2m,高度不小于 2.2m,长度根据实际数量确定。顶部安装彩钢板进行遮阳和避雨。棚内悬挂电焊机操作规程和动火作业制度。

(14)每台电焊机设置一个开关箱,并处于同一高度,配电和布线规划合理,做到"一机一闸一吊勾"。电焊机应有完整的防护外壳,一、二次接线柱处有保护罩;交流电焊机还应设置二次空载降压保护器,并应放在防雨的闸箱内。

(15)电焊机二次线应采用防水橡皮护套铜芯软电缆,长度不应大于 30m,二次线接头不得超过 3 个,二次线应双线到位,不得采用金属构件或结构钢筋代替二次线的地线。

(16)移动式电焊机应制作专用小车并加防护罩,放置灭火器,如图 11-4-10 所示。

图 11-4-9　固定式电焊机防护

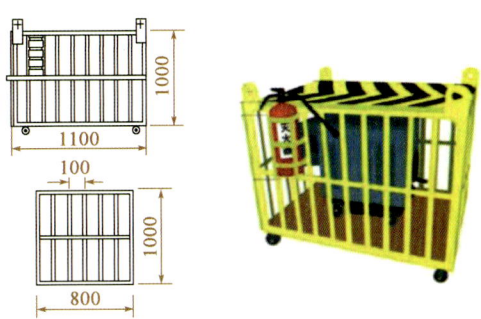
图 11-4-10　移动式电焊机防护(尺寸单位:mm)

4.1.3　接地与防雷

(1)在施工现场专用变压器供电的 TN-S 接零保护系统中(图 11-4-11),电气设备的金属外壳必须与保护零线连接。保护零线应由工作接地线、配电室(总配电箱)电源侧零线或总漏电保护器电源侧零线处引出。

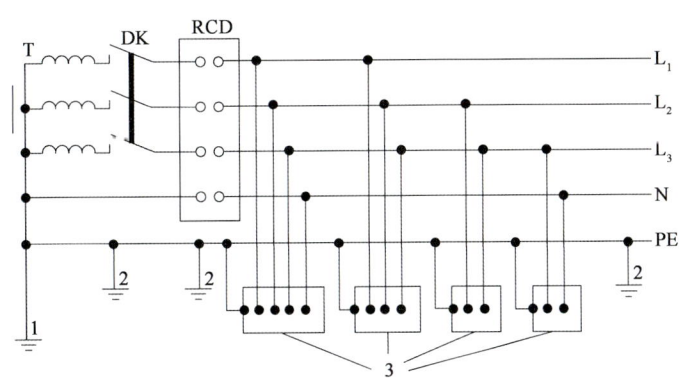
图 11-4-11　专用变压器供电时 TN-S 接零保护系统示意图

(2)当施工现场与外电线路共用同一供电系统时,电气设备的接地、接零保护应与原系统保持一致。不得一部分设备做保护接零,另一部分设备做保护接地。采用 TN 系统做保护接零时,工作零线(N 线)必须通过总漏电保护器,保护零线(PE 线)必须由电源进线零线重复接地处或总漏电保护器电源侧零线处引出,形成局部 TN-S 接零保护系统(图 11-4-12)。

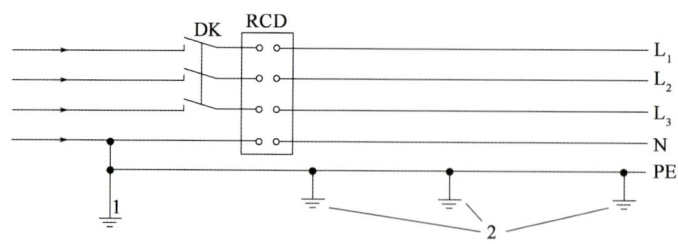

图 11-4-12　三相四线供电时局部 TN-S 接零保护系统保护零线引出示意图

(3) 保护导体(PE)上严禁装设开关或熔断器。严禁利用输送可燃液体、可燃气体或爆炸性气体的金属管道作为电气设备的接地保护导体(PE)。

(4) 在 TN 接零保护系统中，通过总漏电保护器的工作零线与保护零线之间不得再做电气连接，PE 零线应单独敷设。重复接地线必须与 PE 线相连接，严禁与 N 线相连接。

(5) 施工现场的临时用电电力系统严禁利用大地做相线或零线。

(6) PE 线上严禁装设开关或熔断器，严禁通过工作电流，且严禁断线。

(7) 在 TN 系统中，下列电气设备不带电的外露可导电部分应做保护接零：

①电机、变压器、电器、照明器具、手持式电动工具的金属外壳；

②电气设备传动装置的金属部件；

③配电柜与控制柜的金属框架；

④配电装置的金属箱体、框架及靠近带电部分的金属围栏和金属门；

⑤电力线路的金属保护管、敷线的钢索、起重机的底座和轨道、滑升模板金属操作平台等；

⑥安装在电力线路杆(塔)上的开关、电容器等电气装置的金属外壳及支架。

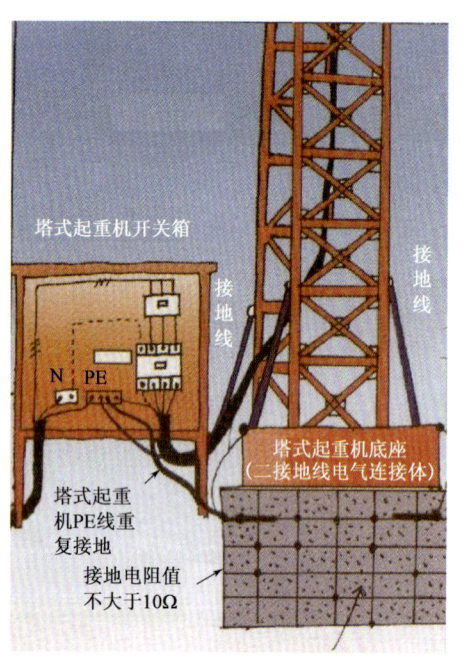

图 11-4-13　TN 系统中的保护零线要求

(8) TN 系统中的保护零线除必须在配电室或总配电箱处做重复接地外，还必须在配电系统的中间处和末端处做重复接地。在 TN 系统中，保护零线每一处重复接地装置的接地电阻值不应大于 10Ω(图 11-4-13)。在工作接地电阻值允许达到 10Ω 的电力系统中，所有重复接地的等效电阻值均不应大于 10Ω。

(9) 在 TN 系统中，严禁将单独敷设的工作零线再做重复接地。

(10) 施工现场内的起重机、井字架、龙门架等机械设备，以及钢脚手架和正在施工的在建工程等的金属结构，当在相邻建(构)筑物等设施防雷装置接闪器的保护范围以外时，应按规定安装防雷装置。当最高机械设备上避雷针(接闪器)的保护范围能覆盖其他设备，且最后退出现场时，其他设备可不设防雷装置。

(11) 做防雷接地机械上的电气设备，所连接的 PE 线必须同时做重复接地，同一台机械电气设备的重复接地和机械的防雷接地可共用同一接地体，但接地电阻应符合重复接地电阻值的要求。

4.1.4　配电室及自备电源

(1) 地面安装的变压器的平台应高出地面 0.5m，其四周应装设高度不小于 1.8m 的围栏。围栏与变压器外廓的距离不得小于1m,并应在其明显部位悬挂警告牌。

如图11-4-14所示为配电柜布置距离实例。

(2)发电机房、变配电室应靠近电源,并应防砸、防雨、防洪、防潮、防灰、防振动、防腐蚀和防易燃易爆,构件的阻燃性能等级应为A级,并应采取防止雨、雪侵入和动物进入的措施,如图11-4-15所示。

图11-4-14　配电柜布置距离

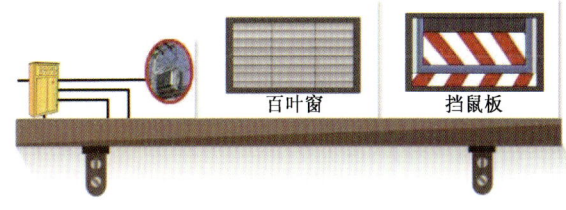
图11-4-15　发电机房、变配电室防雨、雪、动物措施

(3)发电机房、变配电室应配备照度不低于正常工作所需照度90%的临时应急照明。应配置消防沙箱和可用于扑灭电气火灾的灭火器。门应向外开,并配锁,如图11-4-16所示。

图11-4-16　发电机房、变配电室门向外开

(4)配电柜或配电线路停电维修时,应挂接地线,并应悬挂"禁止合闸、有人工作"停电标志牌(图11-4-17)。停送电必须由专人负责。

图11-4-17　停电标志牌

(5)配电柜装设电源隔离开关及短路、过载、漏电保护电器。电源隔离开关分断时有明显可见分

断点。

(6) 采用箱式变电站供电时,其外壳应有可靠的保护接地系统。接地系统应符合产品技术要求;装有仪表和继电器的箱门,必须与壳体可靠连接。

(7) 发电机组电源应与外电线路电源连锁,严禁并列运行。发电机组运行时,必须装设同期装置,并在机组同步运行后再向负载供电。

4.1.5 配电线路

(1) 电缆线路应沿电杆、支架或墙壁架空敷设,并采用绝缘子固定;绑扎线必须采用绝缘线,固定点间距应保证电缆能承受自重带来的荷载;应避免机械损伤和介质腐蚀;严禁在地面明设,严禁沿脚手架敷设,不应挂在金属构件上,特殊情况需挂在龙骨、构造柱钢筋笼及其他金属构筑件时,必须进行绝缘处理。

(2) 架空电缆敷设最大弧垂高度不应低于2.5m,沿墙壁敷设时最大弧垂距地不得小于2.0m,敷设高度低于2m时需要穿绝缘套管保护。架空电缆每隔30m、转弯等处,应悬挂标志牌和警示标志牌(图11-4-18)。

(3) 地下车站内、隧道内必须采用低烟、无卤、阻燃的聚乙烯绝缘电缆,电缆应架空敷设,应沿隧道侧壁采用绝缘子敷设并做刚性固定,最大弧垂距地不得小于2.0m。严禁将电缆敷设在洞内地面或浸泡在水中,电缆及其他临时用电设施设置时,应避开站后工程各专业支架位置,以免影响施工。

(4) 盾构法施工电缆应穿管敷设,在竖井或隧道内敷设要有明显标记,做好保护并悬挂警示标志。

(5) 电缆中必须包含全部工作芯线和用作保护零线或保护线的芯线。需要三相四线制配电的电缆线路必须采用五芯电缆(图11-4-19),单相负载必须选用三芯电缆。总配电箱至分配电箱必须使用五芯电缆,分配电箱至开关箱应与开关箱内漏电保护器的极数相匹配,开关箱至用电设备的电缆相数和线数必须与用电设备保持一致。

图11-4-18 架空电缆警示标志牌

图11-4-19 五芯电缆

(6) 电缆线路应采用埋地或架空敷设,严禁沿地面明设,并应避免机械损伤和介质腐蚀。埋地电缆路径应设方位标志。

(7) 主电缆应沿围挡敷设,电缆放置在线槽内,线槽安装在围挡下方或悬挂在围挡上,如图11-4-20所示。

(8) 移动式临时电缆支架采用普通钢管焊接,支架高1.3m,支架顶端0.8m,支架底座采用三点支撑,如图11-4-21所示。

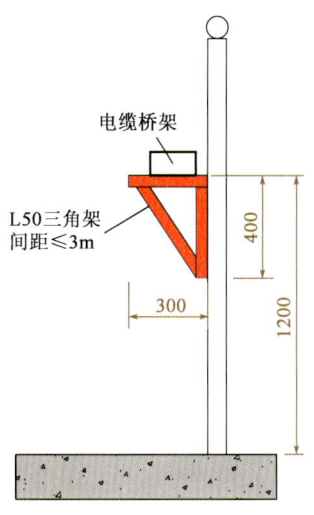
图 11-4-20　电缆线槽布置示意图(尺寸单位:mm)

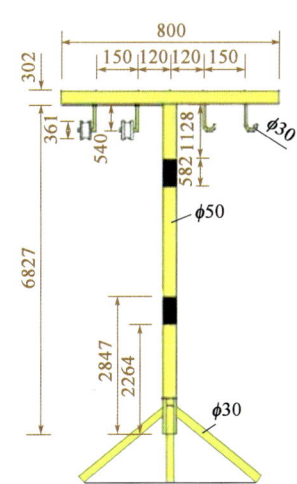
图 11-4-21　移动式临时电缆支架示意图(尺寸单位:mm)

(9)电缆直接埋地敷设的深度不应小于 0.7m,并应在电缆紧邻上、下、左、右侧均匀敷设不小于 50mm 厚的细砂,然后覆盖砖或混凝土板等硬质保护层。

(10)电缆之间,电缆与其他管道、道路、建(构)筑物等之间平行和交叉时的最小净距离,应符合规范要求(表 11-4-4)。若遇特殊情况,则应按有关要求采取措施。电缆与道路交叉时,应敷设于坚固的保护管或隧道内。电缆保护管的两端宜伸出道路路基两边各 2m,伸出排水沟 0.5m。

直埋电力电缆与道路、建(构)筑物之间的安全距离　　　　表 11-4-4

项　目	安全距离(m)	
	平　行	交　叉
与建(构)筑物基础	0.50	—
与道路(平行时与侧石,交叉时与路面)	1.50	1.00
与排水明沟(平行时与沟边,交叉时与沟底)	1.00	0.50

(11)直埋电缆在直线段每隔 20m、电缆接头处、转弯处、进入建(构)筑物等处,应设置明显的标志或标桩。如图 11-4-22 所示为电缆埋地实例。

a)

b)

图 11-4-22　电缆埋地

(12)挖电缆沟时,如遇土中有腐蚀性杂物或尖锐物体时,需要清除换土。

(13)塔式起重机电缆线必须使用绝缘护套五芯电缆。

(14)塔式起重机电缆线沿塔身敷设时禁止直接捆绑在塔身结构上,而必须采用绝缘子固定。

(15)塔式起重机电缆应每隔30m设一个卸荷点,防止电缆因自重而被拉断。塔式起重机电缆敷设如图11-4-23所示。

a)

b)

图11-4-23 塔式起重机电缆敷设

4.1.6 配电箱及开关箱

(1)配电系统应设置配电柜或总配电箱(图11-4-24)、分配电箱(图11-4-25)、开关箱(图11-4-26),实行三级配电(图11-4-27)。必须采用二级漏电保护。除在总配电箱内加装漏电保护器外,还要在末级开关箱中加装一级漏电保护器。

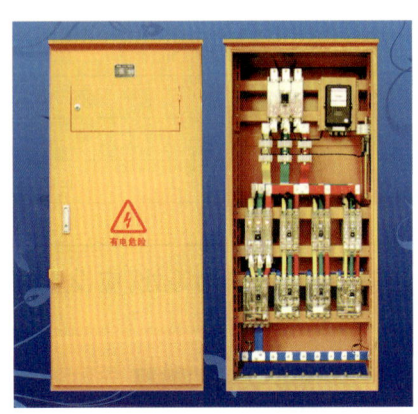

图11-4-24 总配电箱

图11-4-25 分配电箱

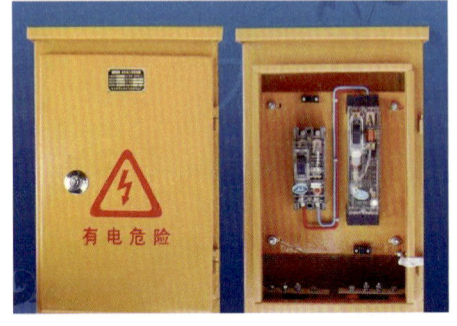

图11-4-26 开关箱

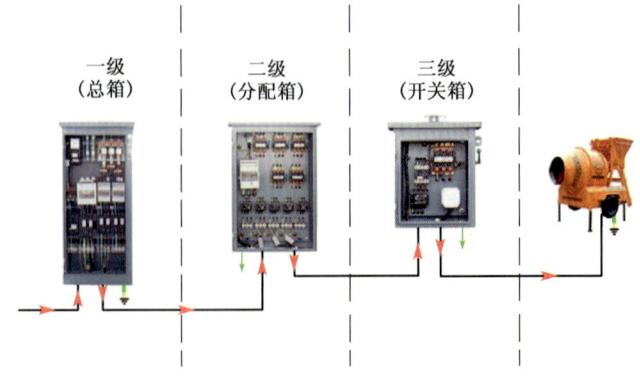

图11-4-27 三级配电

(2)每台用电设备有各自专用的开关箱,严禁同一个开关箱控制2台及2台以上用电设备(含插座),如图11-4-28所示为错误做法。

(3)配电箱、开关箱应装设端正、牢固。固定式配电箱、开关箱的中心点与地面的垂直距离应为1.4~1.6m,如图11-4-29a)所示。移动式配电箱、开关箱应装设在坚固、稳定的支架上,其中心点与地面的垂直距离宜为0.8~1.6m,如图11-4-29b)所示。

图11-4-28 同一开关箱接2台设备(错误做法)

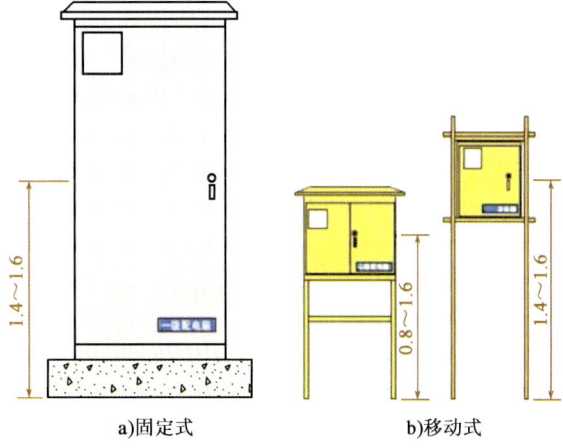

图11-4-29 配电箱、开关箱高度布置示意图(尺寸单位:m)

(4)总配电箱应设在靠近电源的区域,分配电箱应设在用电设备或负荷相对集中的区域。分配电箱与开关箱的距离不得超过30m,开关箱与其控制的固定式用电设备的水平距离不宜超过3m,如图11-4-30所示。

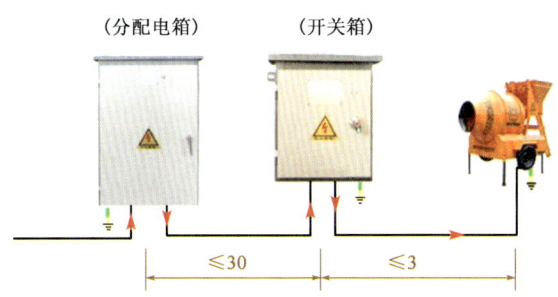

图11-4-30 开关箱与设备距离(尺寸单位:m)

(5)配电箱的电器安装板上必须分设N线端子板和PE线端子板(图11-4-31)。N线端子板必须与金属电器安装板绝缘,PE线端子板必须与金属电器安装板做电气连接。进出线中的N线必须通过N线端子板连接,PE线必须通过PE线端子板连接。接线端子板防护如图11-4-32所示。

图11-4-31 N线、PE线端子板

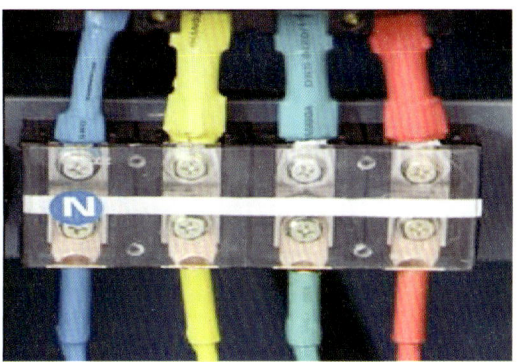

图11-4-32 接线端子板防护

图 11-4-33　开关箱漏电保护器(漏电断路器)

(6)开关箱中漏电保护器(图 11-4-33)的额定漏电动作电流不应大于 30mA,额定漏电动作时间不应大于 0.1s。使用于潮湿或有腐蚀介质场所的漏电保护器应采用防溅型产品,其额定漏电动作电流不应大于 15mA,额定漏电动作时间不应大于 0.1s。

(7)总配电箱中漏电保护器(图 11-4-34)的额定漏电动作电流应大于 30mA,额定漏电动作时间应大于 0.1s,但其额定漏电动作电流与额定漏电动作时间的乘积不应大于 30mA·s。

(8)配电箱、开关箱的电源进线端严禁采用插头和插座做活动连接,如图 11-4-35 所示为错误做法。

图 11-4-34　总配电箱漏电保护器

图 11-4-35　电源进线端活动连接(错误做法)

4.1.7　电动建筑机械和手持式电动工具

(1)塔式起重机、外用电梯、滑升模板的金属操作平台及需要设置避雷装置的物料提升机,除应连接 PE 线外,还应做重复接地(图 11-4-36)。设备的金属结构构件之间应保证电气连接。

(2)轨道式塔式起重机的电缆不得拖地行走(图 11-4-37)。需要夜间工作的塔式起重机,应设置正对工作面的投光灯。

图 11-4-36　塔式起重机重复接地

图 11-4-37　轨道式塔式起重机的电缆盘

(3)潜水电机的负荷线应采用防水橡皮护套铜芯软电缆,长度不应小于 1.5m,且不得承受外力。

(4)夯土机械的负荷线应采用耐气候型橡皮护套铜芯软电缆。使用夯土机械的作业人员必须按规定穿戴绝缘用品,使用过程中应有专人调整电缆,电缆长度不应大于50m。电缆严禁缠绕、扭结和被夯土机械跨越。

(5)交流弧焊机变压器的一次侧电源线长度不应大于5m,其电源进线处必须设置防护罩。发电机式直流电焊机的换向器应经常检查和维护,应消除可能产生的异常电火花。电焊机械的二次线应采用防水橡皮护套铜芯软电缆,电缆长度不应大于30m,不得采用金属构件或结构钢筋代替二次线的地线。

(6)空气湿度小于75%的一般场所可选用Ⅰ类或Ⅱ类手持式电动工具,其金属外壳与PE线的连接点不得少于2处;除塑料外壳Ⅱ类工具外,相关开关箱中漏电保护器的额定漏电动作电流不应大于15mA,额定漏电动作时间不应大于0.1s,其负荷线插头应具备专用的保护触头。所用插座和插头在结构上应保持一致,避免导电触头和保护触头混用。手持式电动工具中的塑料外壳Ⅱ类工具和一般场所手持式电动工具中的Ⅲ类工具可不连接PE线。

4.1.8 照明

(1)夜间施工、地下车站内施工必须保证足够的照明,站后工程各承包单位应保证各自设备管理用房、走廊、站厅站台等公共区足够的施工照度。车站内部施工场地照明用电配置要求为:

①所有房间必须配置满足使用需要的照明灯具;

②设备区走廊、站台层公共区、站厅层公共区均按照间距6~8m配备照明灯具,且站台及站厅公共区临时照明灯具须设置两排;

③如车站内部结构形式为双柱三跨车站或者单层车站等特殊情况时,站台及站厅公共区临时照明灯具须根据现场布置进行增设。

固定照明灯架如图11-4-38所示,移动照明灯架如图11-4-39所示。

图11-4-38 固定照明灯架

图11-4-39 移动照明灯架

(2)临时照明灯具的选用原则:

①正常湿度环境下,选用开启式照明器(一般灯具),不得采用高压钠灯、金卤灯、碘钨灯等大功率照明灯具;

②在潮湿或特别潮湿的场所,选用密闭型防水、防尘照明器或配有防水灯头的开启式照明器;

③对有爆炸和火灾危险的场所,必须采用与危险场所等级相适应的照明器;

④临时照明灯具应选用质量合格的产品,不得使用绝缘老化或者破损的灯具;

⑤照明变压器必须使用双绕组型安全隔离变压器,严禁使用自耦变压器。

(3)施工出入口、车站公共区(含站厅、站台)、设备区走廊必须配备应急照明灯和疏散指示灯。其

图11-4-40　临时照明灯具防护罩

中,应急照明灯间距不得大于10m,疏散指示灯间距不得大于20m。疏散指示灯安装在显眼的位置,任何情况下不得被遮挡。

(4)临时照明灯具宜采用非金属外壳并设置外防护罩(图11-4-40),当灯具采用金属外壳时,其金属外壳必须做保护接地。单相照明回路的临时照明配电箱内必装设漏电保护器,实行左零右火制。

(5)潮湿和易触及带电体场所的照明,电源电压不得大于24V。特别潮湿的场所、导电良好的地面、锅炉或金属容器以及人工挖孔桩内的照明,电源电压不得大于12V。

(6)地面外220V灯具距地不得低于3m,车站内220V灯具距地面不得低于2.5m。普通灯具与易燃物距离不宜小于300mm;聚光灯等高热灯具与易燃物距离不宜小于500mm,且不得直接照射易燃物。达不到规定安全距离时,应采取隔热措施。

(7)加工区及其他有爆炸和火灾危险的场所,应安装防爆型或防碰撞型照明灯具。

(8)严禁额定电压220V的临时灯具作为行灯使用,并严禁将行灯变压器带入金属容器或金属管道内使用。

(9)手持照明灯电源电压不大于36V,灯头与灯体结合牢固,灯头无开关,灯泡外部有金属保护网,金属网、悬吊挂钩等固定在灯具绝缘部位上。

4.1.9　办公区、生活区安全用电管理

(1)办公区、生活区配电系统必须采用三相五线制,三级配电两级保护。

(2)配电箱禁止直接固定在彩板房墙壁上,彩板房内所有电缆线均应穿金属管或阻燃管、线槽敷设,并严禁敷设在易燃、可燃材料结构内。

图11-4-41、图11-4-42分别为生活区电线、配电箱布置实例。

图11-4-41　生活区电线布置

图11-4-42　生活区配电箱布置

(3)生活区工人宿舍宜安装时限开关控制,防止长明灯。禁止在宿舍内使用电饭煲、电炉、电热杯、热水器等电热器具。禁止使用电热毯、电暖气等大功率电器取暖。

(4)生活区要求集中设置工人活动室,配备电视机及其他活动器材,并设专人管理。

(5)照明灯具安装与易燃物之间应保持一定的安全距离。厨房应安装防水防爆灯具;气瓶储存间应安装防爆灯具,电器开关必须设置在室外侧。

(6)每栋金属彩板房应做不少于两处防雷接地,禁止利用彩板房金属框架作为电焊接地线;禁止采用电焊、气焊方式对彩板房进行切割和焊接。

4.2 消防安全风险控制

4.2.1 防火间距

(1)易燃易爆危险品库房与在建工程的防火间距不应小于15m,可燃材料堆场及其加工场、固定动火作业场与在建工程的防火间距不应小于10m,其他临时用房、临时设施与在建工程的防火间距不应小于6m,如图11-4-43所示。

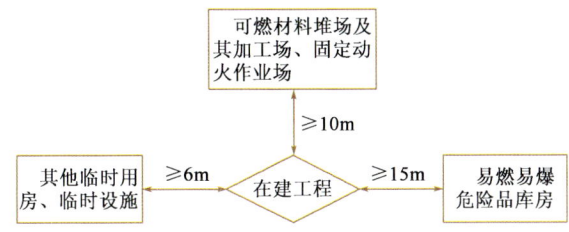

图 11-4-43 在建工程防火间距

(2)施工现场主要临时用房、临时设施的防火间距不应小于表11-4-5的规定。当办公用房、宿舍成组布置时,其防火间距可适当减小,但应符合下列规定:

①每组临时用房的栋数不应超过10栋,组与组之间的防火间距不应小于8m。

②组内临时用房之间的防火间距不应小于3.5m;当构件燃烧性能等级为A级时,其间距可减少到3m。

施工现场主要临时用房、临时设施的防火距离(单位:m)　　表 11-4-5

名　　称	办公用房、宿舍	发电机、变配电房	可燃材料库房	厨房操作间、锅炉房	可燃材料堆场及加工场	固定动火作业场	易燃易爆危险品库房
办公用房、宿舍	4	4	5	5	7	7	10
发电机、变配电房	4	4	5	5	7	7	10
可燃材料库房	5	5	5	5	7	7	10
厨房操作间、锅炉房	5	5	5	5	7	7	10
可燃材料堆场及加工场	7	7	7	7	7	10	10
固定动火作业场	7	7	7	7	10	10	12
易燃易爆危险品库房	10	10	10	10	10	12	12

4.2.2 消防车道

(1)施工现场内应设置临时消防车道,临时消防车道与在建工程、临时用房、可燃材料堆场及其加工场的距离不宜小于5m,且不宜大于40m(图11-4-44);施工现场周边道路满足消防车通行及灭火救援要求时,施工现场内可不设置临时消防车道。

(2)临时消防车道的设置应符合下列规定:

①临时消防车道宜为环形(图11-4-44),设置环形车道确有困难时,应在消防车道尽端设置尺寸不小于12m×12m的回车场(图11-4-45)。

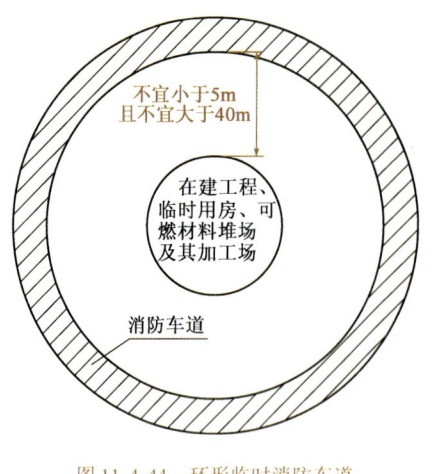

图 11-4-44　环形临时消防车道　　　　　　　图 11-4-45　消防回车场

②临时消防车道的净宽度和净空高度均不应小于 4m（图 11-4-46）。

③临时消防车道的右侧应设置消防车行进路线指示标识（图 11-4-47）。

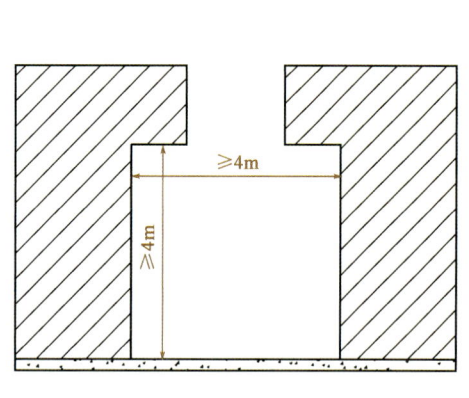

图 11-4-46　临时消防车道净尺寸　　　　　　图 11-4-47　临时消防车道行进路线指示标识

④临时消防车道路基、路面及其下部设施应能承受消防车通行压力及工作荷载。

（3）下列建筑应设置环形临时消防车道，设置环形临时消防车道确有困难时，除应按（2）的规定设置回车场外，尚应按（4）的规定设置临时消防救援场地（图 11-4-48）：

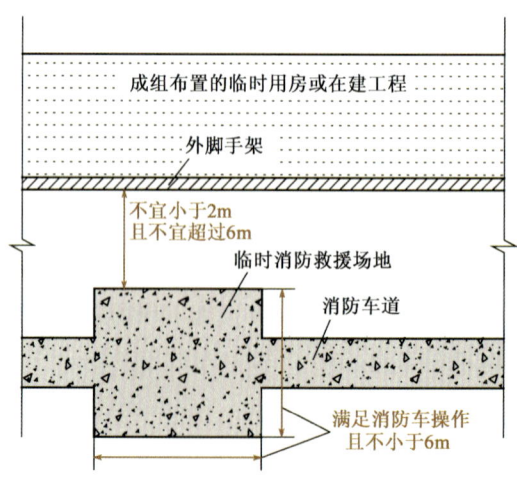

图 11-4-48　临时消防救援场地设置示意图

①建筑高度大于 24m 的在建工程。
②建筑工程单体占地面积大于 3000m² 的在建工程。
③超过 10 栋,且成组布置的临时用房。
(4)临时消防救援场地的设置应符合下列规定:
①临时消防救援场地应在在建工程装饰装修阶段设置。
②临时消防救援场地应设置在成组布置的临时用房场地的长边一侧及在建工程的长边一侧。
③临时消防救援场地的宽度应满足消防车正常操作要求,且不应小于 6m,与在建工程外脚手架的净距不宜小于 2m,且不宜超过 6m。

4.2.3 临时用房防火

(1)宿舍、办公用房的防火设计应符合下列规定:
①建筑构件的燃烧性能等级应为 A 级。当采用金属夹芯板材时,其芯材的燃烧性能等级应为 A 级。
②建筑层数不应超过 3 层,每层建筑面积不应大于 300m²。
③层数为 3 层或每层建筑面积大于 200m² 时,应设置至少 2 部疏散楼梯(图 11-4-49),房间疏散门至疏散楼梯的最大距离不应大于 25m。

图 11-4-49　每层建筑面积大于 200m² 的宿舍应设置 2 部疏散楼梯

④单面布置用房时,疏散走道的净宽度不应小于 1.0m;双面布置用房时,疏散走道的净宽度不应小于 1.5m。
⑤疏散楼梯的净宽度不应小于疏散走道的净宽度。
⑥宿舍房间的建筑面积不应大于 30m²,其他房间的建筑面积不宜大于 100m²。
⑦房间内任一点至最近疏散门的距离不应大于 15m,房门的净宽度不应小于 0.8m;房间建筑面积超过 50m² 时,房门的净宽度不应小于 1.2m。
⑧隔墙应从楼地面基层隔断至顶板基层底面。
⑨民工宿舍用电须使用安全电压或限流器。
⑩民工驻地应提供满足消防要求的专用充电房(小型机具、充电设备)。
(2)发电机房、变配电房、厨房操作间、锅炉房、可燃材料库房及易燃易爆危险品库房的防火设计应符合下列规定:
①建筑构件的燃烧性能等级应为 A 级;
②层数应为 1 层,建筑面积不应大于 200m²;
③可燃材料库房单个房间的建筑面积不应超过 30m²,易燃易爆危险品库房单个房间的建筑面积不应超过 20m²;

④房间内任一点至最近疏散门的距离不应大于10m,房门的净宽度不应小于0.8m,如图11-4-50所示。

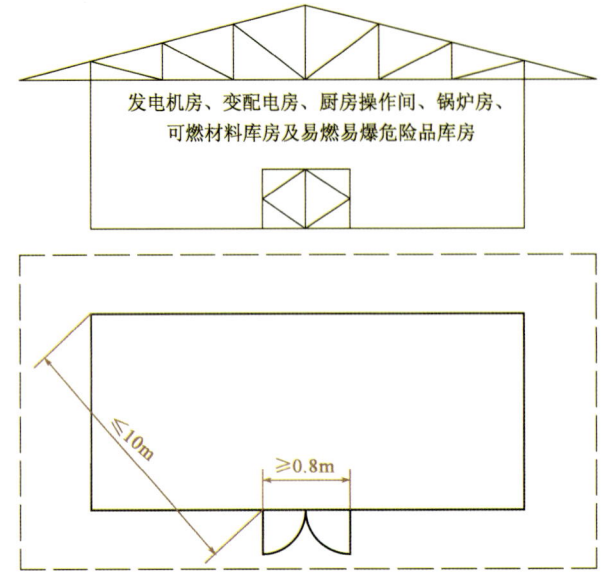

图11-4-50 其他临时用房防火设计示意图

(3)其他防火设计应符合下列规定：
①宿舍、办公用房不应与厨房操作间、锅炉房、变配电房等组合建造；
②会议室、文化娱乐室等人员密集的房间应设置在临时用房的第一层,其疏散门应向疏散方向开启。

4.2.4 在建工程防火

(1)在建工程作业场所的临时疏散通道应采用不燃、难燃材料建造,并应与在建工程结构施工同步设置,也可利用在建工程施工完毕的水平结构、楼梯(图11-4-51)。

图11-4-51 利用在建工程施工完毕的楼梯作为临时疏散通道

(2)在建工程作业场所临时疏散通道的设置应符合下列规定：
①耐火极限不应低于0.5h。
②设置在地面上的临时疏散通道,其净宽度不应小于1.5m;利用在建工程施工完毕的水平结构、楼梯作临时疏散通道时,其净宽度不宜小于1.0m;用于疏散的爬梯及设置在脚手架上的临时疏散通道,其净宽度不应小于0.6m。

③临时疏散通道为坡道,且坡度大于25°时,应修建楼梯或台阶踏步或设置防滑条。

图11-4-52 脚手架、安全防护网、脚手板采用不燃材料

④临时疏散通道不宜采用爬梯,确需采用时,应采取可靠的固定措施。

⑤临时疏散通道的侧面为临空面时,应沿临空面设置高度不小于1.2m的防护栏杆。

⑥临时疏散通道设置在脚手架上时,脚手架应采用不燃材料搭设。

⑦临时疏散通道应设置明显的疏散指示标识。

⑧临时疏散通道应设置照明设施。

(3)下列情况下的安全防护网应采用阻燃型安全防护网:

①高层建筑外脚手架的安全防护网;

②既有建筑外墙改造时,其外脚手架的安全防护网;

③临时疏散通道的安全防护网。

图11-4-52为脚手架、安全防护网、脚手板采用不燃材料情况。

(4)作业场所应设置醒目的疏散指示标志(图11-4-53),其指示方向应指向最近的临时疏散通道入口。

图11-4-53 作业场所设置醒目的疏散指示标志

(5)作业层的醒目位置应设置安全疏散示意图。

4.2.5 灭火器

(1)在建工程及临时用房的下列场所应配置灭火器:

①易燃易爆危险品存放及使用场所;

②动火作业场所;

③可燃材料存放、加工及使用场所;

④厨房操作间、锅炉房、发电机房、变配电房、设备用房、办公用房、宿舍等临时用房;

⑤其他具有火灾危险的场所。

(2)施工现场灭火器配置应符合下列规定:

①灭火器的类型应与配备场所可能发生的火灾类型相匹配;

②灭火器的最低配置标准应符合表11-4-6的规定。

③灭火器的配置数量应按现行《建筑灭火器配置设计规范》(GB 50140)的有关规定经计算确定,且每个场所的灭火器数量不应少于2个,如图11-4-54所示。

灭火器最低配置标准　　　　　　　　　　　表 11-4-6

项　目	固体物质火灾		液体或可熔化固体物质火灾、气体火灾	
	单具灭火器最小灭火级别	单位灭火级别最大保护面积(m²/A)	单具灭火器最小灭火级别	单位灭火级别最大保护面积(m²/A)
易燃易爆危险品存入及使用场所	3A	50	89B	0.5
固定动火作业场	3A	50	89B	0.5
临时动火作业点	2A	50	55B	0.5
可燃材料存放、加工及使用场所	2A	75	55B	1.0
厨房操作间、锅炉房	2A	75	55B	1.0
自备发电机房	2A	75	55B	1.0
变配电房	2A	75	55B	1.0
办公用房、宿舍	1A	100	—	—

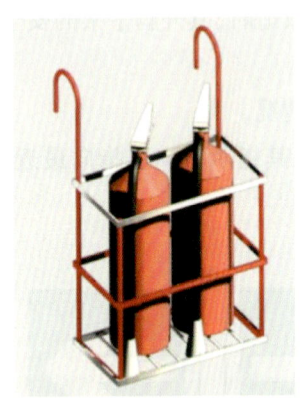

图 11-4-54　每个场所的灭火器不少于 2 个

④灭火器的最大保护距离应符合表 11-4-7 的规定。

灭火器的最大保护距离(单位:m)　　　　　　　　表 11-4-7

灭火器配置场所	固体物质火灾	液体或可熔化固体物质火灾、气体火灾
易燃易爆危险品存入及使用场所	15	9
固定动火作业场	15	9
临时动火作业点	10	6
可燃材料存放、加工及使用场所	20	12
厨房操作间、锅炉房	20	12
发电机房、变配电房	20	12
办公用房、宿舍等	25	—

4.2.6　消防沙

施工现场应设置消防沙箱或消防沙池,主要用于扑灭油制品、易燃化学品之类的火灾。

(1)消防沙池附近还需配置消防桶、消防铲、灭火器以及消防水带等消防设施。

(2)每个消防沙池还需要设置醒目的标识,标识上必须有"消防沙"字样。

(3)消防沙要保持干燥。

(4)消防沙的储备量要充足。

消防沙及临时消防给水系统如图 11-4-55 所示。

图 11-4-55 消防沙及临时消防给水系统

4.2.7 临时消防给水系统

(1)临时用房建筑面积之和大于 1000m² 或在建工程单体体积大于 10000m³ 时,应设置临时室外消防给水系统。当施工现场处于市政消火栓 150m 保护范围内,且市政消火栓的数量满足室外消防用水量要求时,可不设置临时室外消防给水系统。

(2)施工现场或其附近应设置稳定、可靠的水源,并应满足施工现场临时消防用水的需要。消防水源可采用市政给水管网或天然水源。当采用天然水源时,应采取确保冰冻季节、枯水期最低水位时能顺利取水的措施,并应满足临时消防用水量的要求。

(3)施工现场临时室外消防给水系统如图 11-4-56 所示,其设置应符合下列规定:

①给水管网宜布置成环状;

②临时室外消防给水干管的管径,应根据施工现场临时消防用水量和干管内水流计算速度计算确定,且不应小于 DN100;

③室外消火栓应沿在建工程、临时用房和可燃材料堆场及其加工场均匀布置,与在建工程、临时用房和可燃材料堆场及其加工场的外边线的距离不应小于 5m;

④消火栓的间距不应大于 120m;

⑤消火栓的最大保护半径 $R \leqslant 150m$。

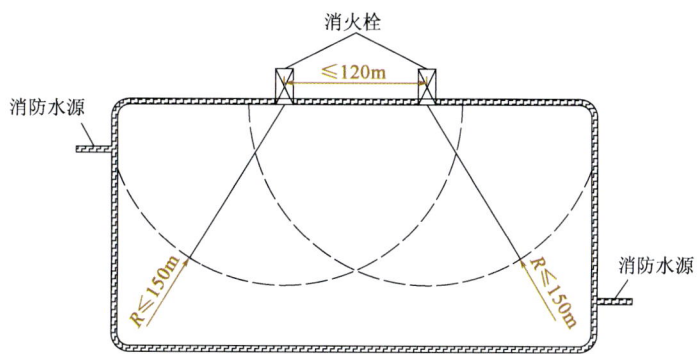

图 11-4-56 临时室外消防给水系统

(4)在建工程的临时室内消防用水量不应小于表 11-4-8 的规定。

在建工程的临时室内消防用水量　　　　表 11-4-8

建筑高度、在建工程体积(单体)	火灾延续时间(h)	消防栓用水量(L/s)	每支水枪最小流量(L/s)
24m＜建筑高度≤50m 或 30000m³＜体积≤50000m³	1	10	5
建筑高度＞50m 或体积＞50000m³	1	15	5

(5)在建工程临时室内消防竖管的设置应符合下列规定：

①消防竖管的设置位置应便于消防人员操作，其数量不应少于 2 根，当结构封顶时，应将消防竖管设置成环状。

②消防竖管的管径应根据在建工程临时消防用水量、竖管内水流计算速度计算确定，且不应小于 DN100，如图 11-4-57 所示。

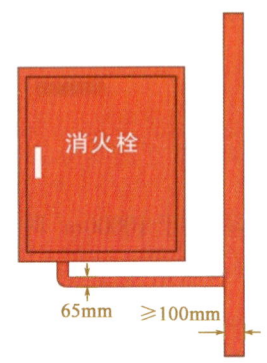

图 11-4-57　室内消火栓及消防竖管

(6)当外部消防水源不能满足施工现场的临时消防用水量要求时，应在施工现场设置临时储水池。临时储水池宜设置在便于消防车取水的部位，其有效容积不应小于施工现场火灾延续时间内一次灭火的全部消防用水量。

4.2.8　应急照明

(1)施工现场的下列场所应配备临时应急照明：

①自备发电机房及变配电房；

②水泵房；

③无天然采光的作业场所及疏散通道；

④发生火灾时仍需坚持工作的其他场所。

(2)作业场所应急照明的照度不应低于正常工作所需照度的 90%，疏散通道的照度值不应小于 0.5lx。

(3)临时消防应急照明灯具宜选用自备电源的应急照明灯具，如图 11-4-58 所示，自备电源的连续供电时间不应小于 60min。

4.2.9　可燃及易燃易爆危险品管理

(1)用于在建工程的保温、防水、装饰及防腐等材料的燃烧性能等级应符合设计要求。

(2)可燃材料及易燃易爆危险品应按计划限量进场。进场后，可燃材料宜存放于库房内(图 11-4-59)，露天存放时，应分类成垛堆放，垛高不应超过 2m，单垛体积不应超过 50m³，垛与垛之间的最小间距不应小于 2m，且应采用不燃或难燃材料覆盖(图 11-4-60)；易燃易爆危险品应分类专库储存，库房内应通风良好，并应设置严禁明火标志。

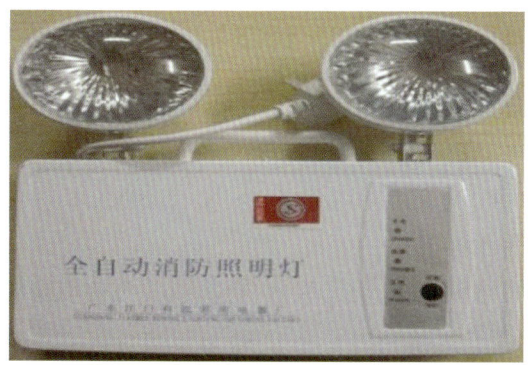

图 11-4-58 应急照明灯具

图 11-4-59 危险品仓库　　　　　图 11-4-60 可燃材料采用不燃或难燃材料覆盖

(3) 室内使用油漆及其有机溶剂、乙二胺、冷底子油等易挥发产生易燃气体的物资作业时,应保持良好通风,作业场所严禁明火,并应避免产生静电。

(4) 施工产生的可燃、易燃建筑垃圾或余料,应及时清理。

4.2.10 用电管理

(1) 电气线路应具有相应的绝缘强度和机械强度,严禁使用绝缘老化或失去绝缘性能的电气线路,严禁在电气线路上悬挂物品。破损、烧焦的插座、插头,应及时更换。

(2) 电气设备与可燃、易燃易爆危险品和腐蚀性物品应保持一定的安全距离。

(3) 有爆炸和火灾危险的场所,应按危险场所等级选用相应的电气设备。

(4) 配电屏上每个电气回路应设置漏电保护器、过载保护器,距配电屏 2m 范围内不应堆放可燃物,5m 范围内不应设置可能产生较多易燃、易爆气体、粉尘的作业区。

(5) 可燃材料库房不应使用高热灯具,易燃易爆危险品库房内应使用防爆灯具,如图 11-4-61 所示。

图 11-4-61 防爆灯具

(6) 普通灯具与易燃物的距离不宜小于 300mm,聚光灯、碘钨灯等高热灯具与易燃物的距离不宜小于 500mm。

(7) 电气设备不应超负荷运行或带故障使用。

(8) 严禁私自改装现场供用电设施。

(9) 应定期对电气设备和线路的运行及维护情况进行检查。

4.2.11 其他防火管理

(1) 施工现场的重点防火部位或区域应设置防火警示标识。

(2) 施工单位应做好施工现场临时消防设施的日常维护工作,对已失效、损坏或丢失的消防设施应及时更换、修复或补充。

(3) 临时消防车道、临时疏散通道、安全出口应保持畅通,不得遮挡、挪动疏散指示标识,不得挪用消防设施。

(4) 施工期间,不应拆除临时消防设施及临时疏散设施。

(5) 施工现场严禁吸烟。

图 11-4-62、图 11-4-63 分别为消防设施和消防柜。

图 11-4-62 消防设施

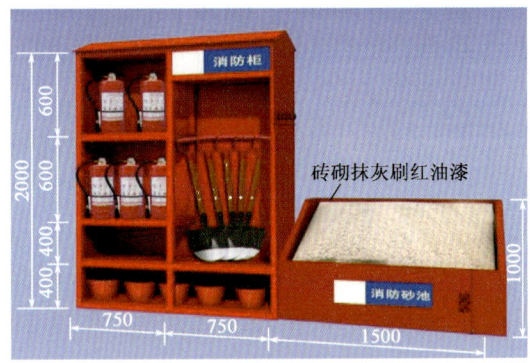

图 11-4-63 消防柜(尺寸单位:mm)

4.3 施工机械(设备)风险控制

4.3.1 常见起重设备事故

(1) 吊物(具)坠落:吊物或吊具从高处砸伤人或物。

可能原因:吊具缺陷,作业人员安全意识差,捆绑不当,超载等违章违规操作。

(2) 挤压碰撞:人被运行中的机具挤压碰撞发生的伤亡事故。

可能原因:人在起重机械和结构物之间作业因机体回转挤压导致事故,吊物(具)在吊运中晃动、挤压碰撞导致事故,吊物(具)在吊运过程中倾倒发生事故。

(3) 触电:人触电导致伤亡。

可能原因:人员带电检修电气部件,机械绝缘下降或漏电保护系统失灵,人员违规操作。

(4) 高处坠落:作业人员从机械上坠落。

可能原因:机械安全设施设置不当或损坏,人员未采取有效安全防护措施,机械设计不合理或安拆方式不当,作业人员与指挥配合有误。

(5) 机体倾倒:起重机械侧翻、倒塌,如图 11-4-64、图 11-4-65 所示。

可能原因：起重机械设计、安装不合理，场地不够坚实、平整。

图 11-4-64　汽车式起重机倾覆

图 11-4-65　履带式起重机倒塌

4.3.2　吊装作业前的要求

（1）设备租赁：施工单位必须与具备资质和一定规模的设备租赁单位签订租赁合同并签订安全协议。进场机械设备，必须严格履行报验手续，并认真核实租赁单位出具的起重机械特种设备制造许可证、产品合格证、制造监督检验证明、备案证明、自检合格证明和安装使用说明书等资料。

（2）设备安拆：起重机械的安装和拆卸，必须委托具有相应资质和安全生产许可证的安装单位，必须与安装单位签订安全协议书，安装、拆卸前需要对安装单位的工程专项施工方案进行审核。禁止在塔式起重机、施工升降机和物料提升机上安装非原制造厂制造的标准节和附着装置。

（3）升降机的每个登机处都必须设有层门（图 11-4-66），任意开启时均不得脱离轨道；层门外表面或层门两侧防护装置外缘与吊笼门外缘间的水平间距不得大于 150mm。层门关闭时，必须能全宽度遮挡登机平台开口，下缘与登机平台地面间隙不得大于 35mm；装载和卸载时，吊笼门与登机平台外缘的水平距离不得大于 50mm。吊笼出入口必须设置翻转式钢板作为出入走道板。

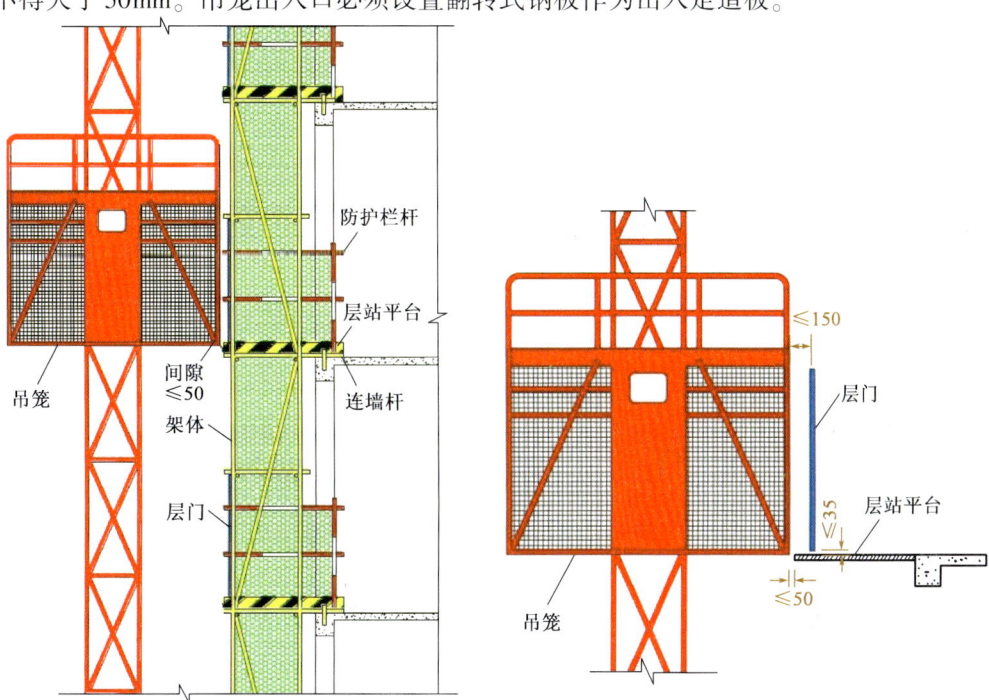
图 11-4-66　升降机层门示意图（尺寸单位：mm）

(4)设备检测:起重机械安装完毕后,施工单位应当委托具有资质的检验检测机构进行验收。自起重机械安装验收合格之日起30日内,施工单位应向工程所在地县级以上地方人民政府建设主管部门办理起重机械使用登记,登记标志置于起重机械的显著位置。

(5)升降机在投入使用前,必须经过坠落试验,并在使用中每隔3个月进行一次坠落试验。试验程序应按说明书规定进行,梯笼坠落试验制动距离不得超过1.2m(图11-4-67),试验后以及正常操作中每发生一次防坠动作,均必须由专门人员进行复位。

(6)设备移交:施工单位将设备借予或移交其他单位使用时,必须和使用单位签订移交安全协议,明确双方的责任和义务,并进行报备。常见起重机如图11-4-68~图11-4-72所示。

图11-4-67 升降梯制动距离

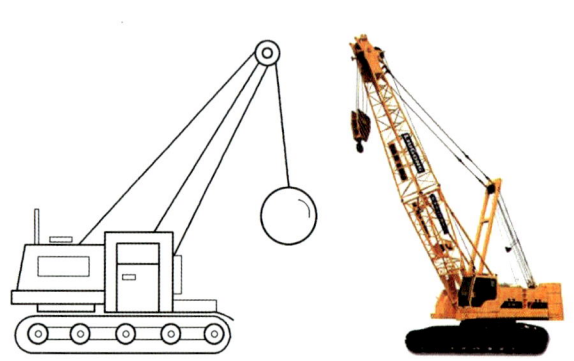

图11-4-68 履带式起重机

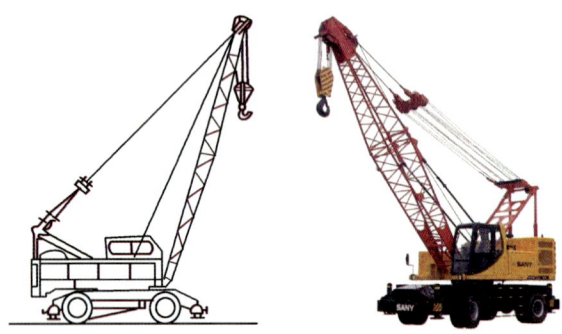

图11-4-69 轮胎式起重机

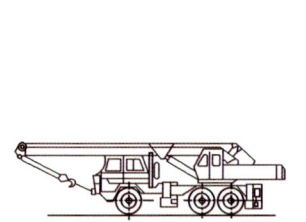

图11-4-70 汽车式起重机

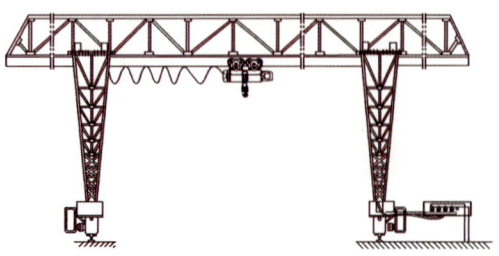

图11-4-71 门式起重机

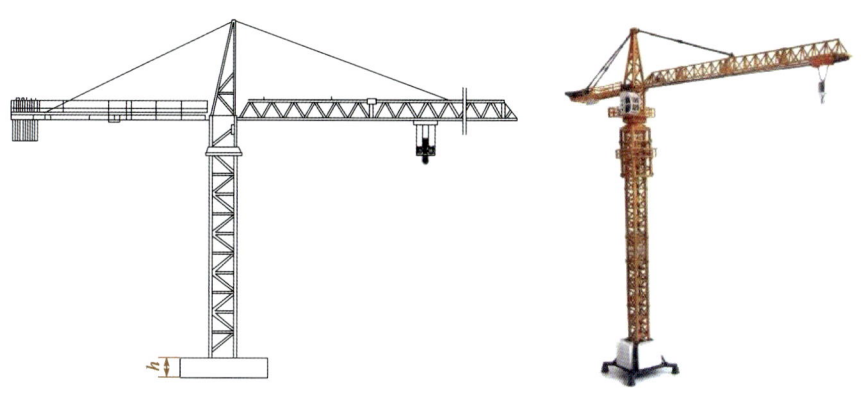

图 11-4-72　塔式起重机

（7）施工前熟悉场地情况，针对半软半硬场地，及时改良（换填）或采取措施（铺钢板等），成槽机、钻机、起重机等移动或就位时设专人指挥，支架应牢固，坐落的地基应稳定坚实，禁止机械在半软半硬场地行走，定位后应采取相应的固定措施。对现场存在的坑洞或探坑、探沟，回填时应严格分层夯实。

（8）轮胎式起重机应支撑在坚实平整的地方，垫板要垫牢，禁止支在松软的地面上，起重机支腿垫板如图11-4-73所示。履速式起重机应在坚实平整的地方起吊。汽车式起重机作业前应将支腿全部伸出，撑脚下设两根枕木，枕木下铺设厚度不小于1cm的钢板。作业时，起重机应保持水平。吊装作业前，指挥人员指挥塔式起重机就位，如图11-4-74所示。

图 11-4-73　起重机支腿垫板

图 11-4-74　指挥塔式起重机就位

（9）位于城市交通主干道、老城区及周边环境复杂的起重作业区域，在靠道路一侧必须设置硬防护设施。因场地限制，起重机械需占道施工时，周围必须设置交通安全防护设施，专职安全管理人员做好交通疏导。

（10）吊装前应检查钢丝绳是否符合要求，滑轮是否破损，紧固件是否松动，吊钩是否有裂纹或其他缺陷等。构件吊装和翻身扶直时的吊点必须符合设计规定，异型构件或无设计规定时，应经计算确定，并保证使构件起吊平稳，吊索夹角不可大于设计要求或计算角度，防止应力过大拉断。

图 11-4-75 为几种常见钢丝绳缺陷示例。

（11）绑扎所用的吊环、卡环、绳扣等的规格应按计算确定；作业前，应检查绑扎绳索、起重机各部件等是否完好，并应符合安全要求。合格的勾头保险示例如图11-4-76所示，勾头保险失效示例如图11-4-77所示。

（12）钢丝绳应根据安全系数确定，提升时钢丝绳偏角不应超过1.5°；提升装置的连接装置，应根据装置类别选用安全系数适当的装置，使用前采用其2倍最大静载荷的拉力进行试验；设专人管理防止超载起吊。图11-4-78为钢丝绳不垂直，斜吊示例；图11-4-79为散件吊装容器装载过满示例。

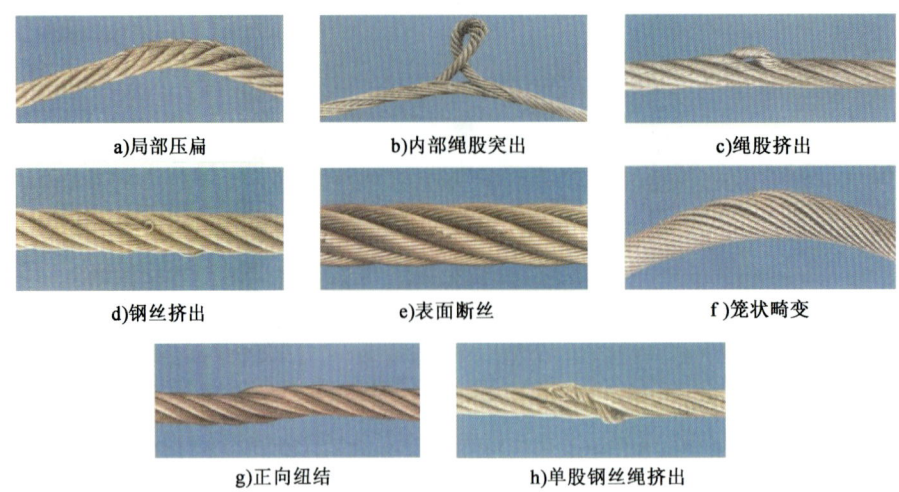

图 11-4-75　常见钢丝绳缺陷

图 11-4-76　合格的勾头保险

图 11-4-77　勾头保险失效

图 11-4-78　钢丝绳不垂直,斜吊

图 11-4-79　散件吊装容器装载过满

(13)通过试吊检查起重机的稳定性、制动装置的可靠性、构件的平衡性和绑扎的牢固性。

4.3.3　吊装作业中的要求

(1)在操作岗位前悬挂安全技术操作规程牌,操作人员需持有特种操作证,并经入场体检、三级教育、体验式安全教育培训合格后上岗作业,要严格按照各类机械设备的安全操作规程操作,并正确穿戴好个人防护用品。

(2)每台塔式起重机、门式起重机、履带式起重机至少配备2名司索信号工,汽车式起重机根据吊装环境确定司索信号工配备人员，但不得少于1人。司索信号工必须穿戴有"司索信号工"标志的反光背心，并与操作司机一同配备对讲机，确保信息畅通。

（3）施工现场每台塔式起重机、门式起重机、汽车式起重机等大型设备作业时必须设置专职设备安全监管人员，及时发现和制止各类违章作业行为。现场专职设备安全监管人员必须穿带有"设备监管员"标志的反光背心、配备对讲机，确保与操作司机、司索信号工信息畅通。

（4）施工升降机额定载人数（包括司机在内）不得超过8人。

（5）太阳、雾、大雨且6级以上大风等恶劣天气应停止吊装作业，雨、雪天气需进行吊装作业时，应及时清理冰雪并应采取防滑和防漏电措施，先试吊，确认制动器灵敏可靠后方可进行作业。夜间不宜作业，当确需夜间作业时，应有足够的照明。

（6）对起吊物进行移动、吊升、停止、安装时的全过程应用旗语或通用手势信号进行指挥（图11-4-80），信号不明不得起动，上、下相互协调联系应采用对讲机。

图11-4-80 起重机指挥标准手势示例

（7）严禁在吊起的构件上行走或站立，不得用起重机载运人员，不得在构件上堆放或悬挂零星物件，严禁在已吊起的构件下面或起重臂下旋转范围内作业或行走。

（8）竖井上、下设置联动电铃和信号灯，吊放吊斗上、下要有统一的信号，竖井中每一主要提升装置配2名司机，1名操作，1名监护，工作中司机不能离开工作岗位和调节制动闸，所有人员应通过扶梯上下，扶梯设防护栏杆。

（9）起重吊装严格按照操作规程进行吊装，落实"十不吊"规定（图11-4-81）。尤其不能吊埋在地下的物体或构件，严禁超重起吊，严禁快速下降吊物并突然制动。

（10）起重机械变幅应缓慢平稳，严禁快速起落，起重臂的最小杆长应满足跨越障碍物进行起吊时的操作要求。

（11）当采用双机抬吊时，宜选用同类型或性能相近的起重机，负载分配应合理，单机载荷不得超过额定起重量的80%，两机应协调工作，起吊的速度应平稳缓慢，如图11-4-82所示。

（12）设备有倒塌的危险时，必须立即将人员和设备撤至安全位置，经技术处理并确认安全后，方可继续作业。

 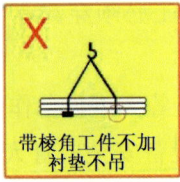   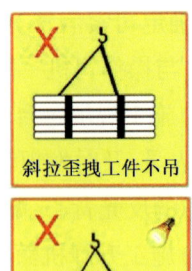

图 11-4-81 十不吊

4.3.4 日常检查与维修保养

（1）施工单位必须严格执行机械设备的日检、周检和月检工作。不得由租赁单位的自检代替施工单位的自检工作，并确保检查到位，检查资料真实有效，严禁以包代管。

（2）施工单位必须做好机械设备的日常维修保养，建立维修保养台账。尤其是钢丝绳、卡扣、吊篮、液压系统、销轴、限位开关等易损件的规格及使用必须符合规范技术标准要求，杜绝设备带病作业。

4.3.5 起重机械使用管理

（1）司机接班时，应对制动器、吊钩、钢丝绳和安全装置（图11-4-83）进行检查。发现性能不正常时，应在操作前排除。

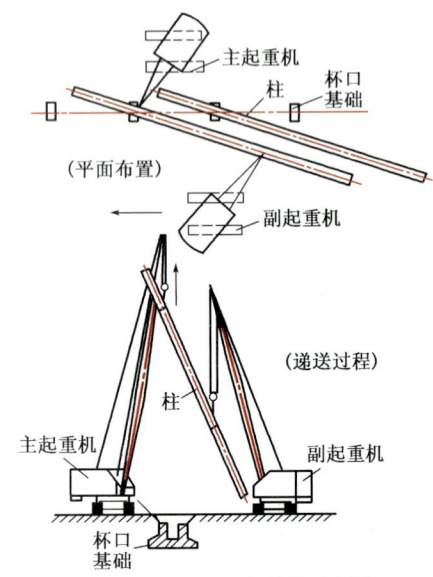

图 11-4-82 双机抬吊示意图

a) 起升高度限位器　　b) 变幅限位器　　c) 回转限位器　　d) 行走限位器

e) 力矩限制器　　f) 起重量限制器　　g) 吊钩防脱绳　　h) 轮滑防脱绳

i) 小车防断绳装置　　j) 小车防断轴装置　　k) 底座防护栏　　l) 附墙架及防护栏

图 11-4-83 安全装置

(2)开车前,必须鸣铃或报警。操作中接近人时,亦应给以断续铃声或报警。

(3)操作应按指挥信号进行。对紧急停车信号,不论何人发出,都应立即执行。

(4)当起重机上或其周围确认无人时,才可以闭合主电源。如电源断路装置上加锁或有标识牌时,应由有关人员除掉后才可闭合主电源。

(5)闭合主电源前,应将所有的控制器手柄扳回零位。

(6)工作中突然断电时,应将所有的控制器手柄扳回零位;在重新工作前,应检查起重机动作是否都正常。

(7)在轨道上露天作业的起重机,当工作结束时,应将起重机锚定住,当风力大于6级时,一般应停止工作,并将起重机锚定住。对于门座起重机等在沿海工作的起重机,当风力大于7级时,应停止工作,并将起重机锚定住。

门式起重机夹轨器如图11-4-84所示,门式起重机铁靴如图11-4-85所示。

图11-4-84 门式起重机夹轨器　　　　图11-4-85 门式起重机铁靴

(8)司机进行维护保养时,应切断主电源并挂上标识牌或加锁。如有未消除的故障,应通知接班司机。

(9)司机操作时,应遵守下述要求:

①不得利用极限位置限制器停车;

②不得在有载荷的情况下调整起升、变幅机构的制动器;

③吊运时,不得从人的上空通过,吊臂下不得有人;

④起重机工作时不得进行检查和维修;

⑤所吊重物接近或达到额定起重能力时,吊运前应检查制动器,并用小高度、短行程试吊后,再平稳地吊运;

⑥无下降极限位置限制器的起重机,吊钩在最低工作位置时,卷筒上的钢丝绳必须保持设计规定的安全圈数;

⑦起重机工作时,臂架、吊具、辅具、钢丝绳、缆风绳及重物等,与输电线的最小距离不应小于规定要求;

⑧流动式起重机,工作前应按说明书的要求平整停机场地,牢固可靠地打好支腿;

⑨对无反接制动性能的起重机,除特殊紧急情况外,不得利用打反车进行制动。

(10)起重一般安全要求:

①指挥信号应明确,并符合规定;

②吊挂时,吊挂绳之间的夹角宜小于120°,以免吊挂绳受力过大;

③绳、链所经过的棱角处应加衬垫;

④指挥物体翻转时,应使其重心平稳变化,不应产生指挥意图之外的动作;
⑤进入悬吊重物下方时,应先与司机联系并设置支承装置;
⑥多人绑挂时,应由一人负责指挥。

4.4 脚手架施工风险控制

4.4.1 脚手架尺寸要求

(1)单排脚手架搭设高度不宜超过24m;
(2)双排脚手架搭设高度不宜超过50m,高度超过50m的双排脚手架,应采用分段搭设等措施;
(3)满堂脚手架搭设高度不宜超过36m,满堂脚手架施工层不得超过1层;
(4)满堂支撑架搭设高度不宜超过30m;
(5)一次悬挑脚手架高度不宜超过20m。

几种脚手架示例如图11-4-86~图11-4-89所示。

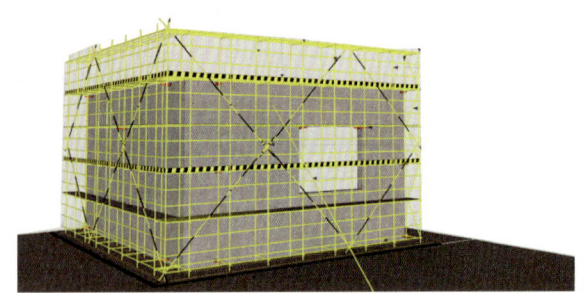

图11-4-86 双排脚手架

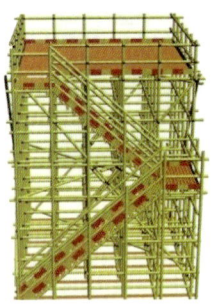

图11-4-87 满堂脚手架

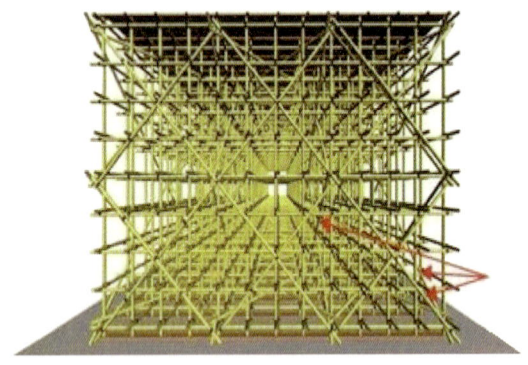

图11-4-88 满堂支撑架

图11-4-89 悬挑脚手架

4.4.2 基础、垫板、底座

(1)搭设架体的基础必须平整坚实,平整度偏差不得大于20mm,要有足够的承载力;搭设场地内不得有积水。

(2)土层地基上应设置底座和混凝土垫层或垫板,垫板宜采用厚度不小于50mm、宽度不小于200mm、长跨不少于两跨的垫板。

(3)脚手架立杆垫板或底座底面高程宜高于自然地坪 50~100mm。

图 11-4-90、图 11-4-91 分别为脚手架基础做法和扣件式脚手架垫板或底座底面做法示意图。

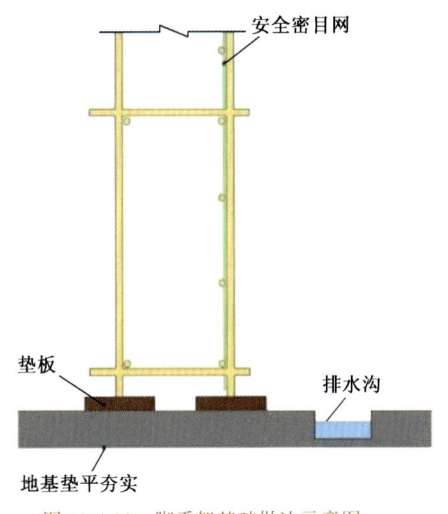

图 11-4-90　脚手架基础做法示意图

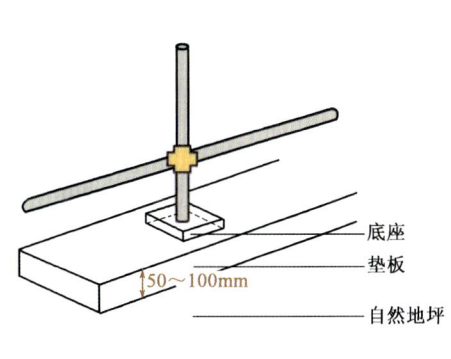

图 11-4-91　扣件式脚手架垫板或底座底面做法示意图

4.4.3　扫地杆及附件

(1)扣件式脚手架纵向扫地杆应采用直角扣件固定在距钢管底端不大于 200mm 处的立杆上,横向扫地杆应采用直角扣件固定在紧靠纵向扫地杆下方的立杆上,如图 11-4-92 所示。

(2)碗扣式、盘扣式脚手架扫地杆距离地面高度不应超过 400mm。

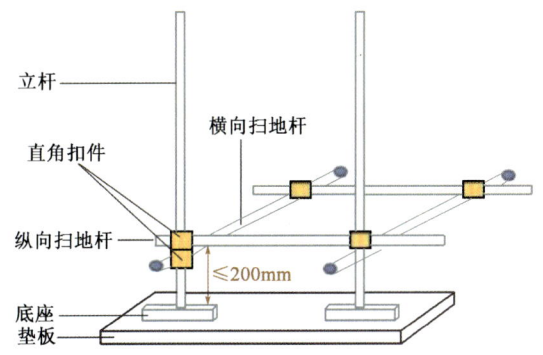

图 11-4-92　扣件式扫地杆固定高度

(3)脚手架立杆不在同一高度,必须将高处纵向扫地杆向低处延长两跨与立杆固定,高差不应超过 1m,立杆距离边坡上方边缘不应大于 500mm,如图 11-4-93 所示。

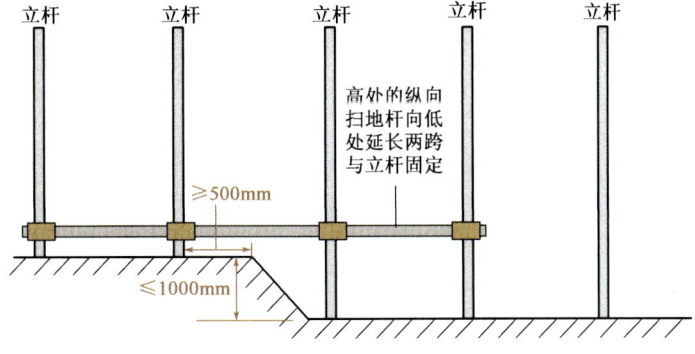

图 11-4-93　脚手架立杆不在同一高度的做法

4.4.4　立杆

(1)钢管应平直光滑,不得有裂纹、锈蚀、弯曲、压瘪、裂缝、孔洞、分层、结疤或毛刺等缺陷(图 11-4-94),立杆不得采用横断面接长的钢管,不同钢管不能混用。

（2）双排脚手架起步立杆应采用不同型号的杆件交错布置，架体相邻立杆接头应错开设置，不应设置在同步内。

（3）当立杆挡采用对接接长时，立杆的对接扣件（图11-4-95）应交错布置，两根相邻立杆的接头不应设置在同步内。

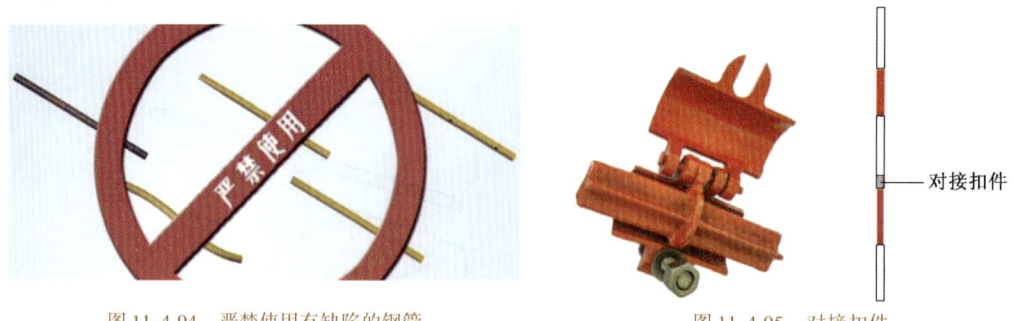

图11-4-94　严禁使用有缺陷的钢管　　　　　　　图11-4-95　对接扣件

（4）同步内隔一根立杆的两个相隔接头在高度方向错开的距离不宜小于500mm，各接头中心至主节点的距离不宜大于步距的1/3（图11-4-96）。

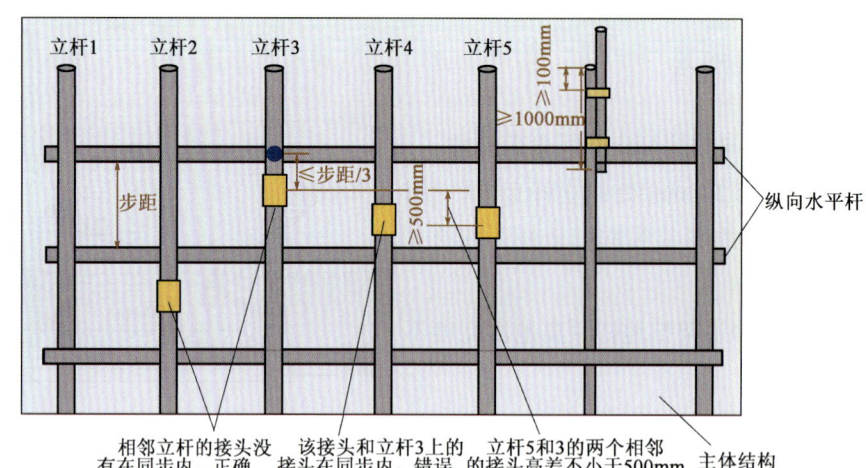

图11-4-96　立杆接头布置（面对主体结构正视图）

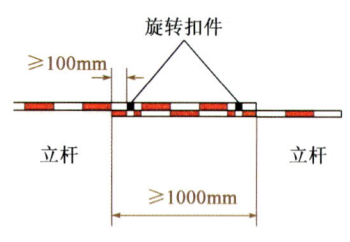

图11-4-97　立杆搭接长度

（5）当立杆采用搭接接长时，搭接长度不应小于1m，并应采用不少于2个旋转扣件固定，如图11-4-97所示，端部扣件盖板的边缘至杆端距离不应小于100mm。

4.4.5　纵向、横向水平杆

（1）纵向水平杆应设置在立杆内侧，单根杆长度不应小于3跨，如图11-4-98所示。

（2）纵向水平杆搭接长度不应小于1m，应等间距设置3个旋转扣件固定，如图11-4-99所示，端部扣件盖板边缘至搭接纵向水平杆杆端的距离不应小于100mm。

（3）纵向水平杆的接头不应设置在同步或同跨内，不同步或不同跨两个相邻接头在水平方向错开的距离不应小于500mm，各接头中心至最近主节点的距离不应大于纵距的1/3，如图11-4-100所示。

（4）横向水平杆位于作业层上非主节点处时，宜根据支承脚手板的需要等间距设置，最大间距不应大于纵距的1/2，如图11-4-101所示，主节点处必须设置一根横向水平杆，用直角扣件扣接且严禁拆除。

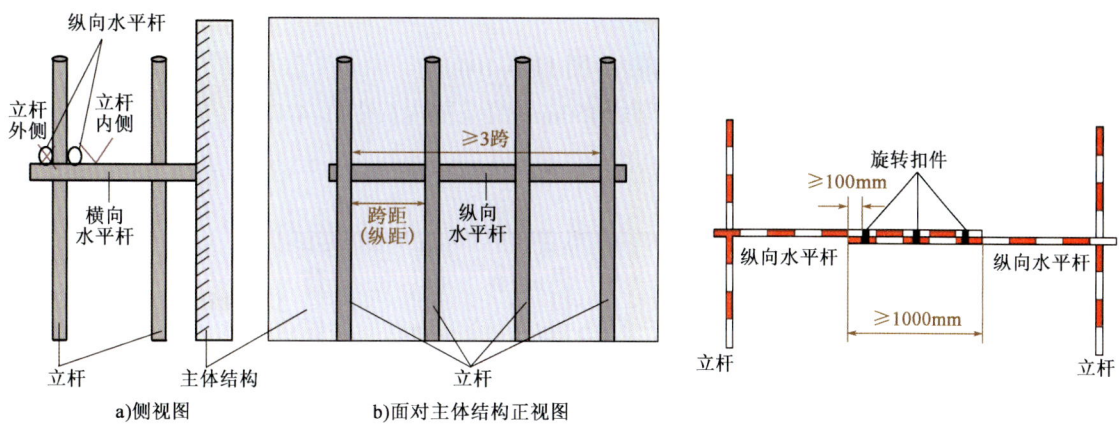

图 11-4-98　纵向水平杆位置、长度要求　　　　　图 11-4-99　纵向水平杆搭接

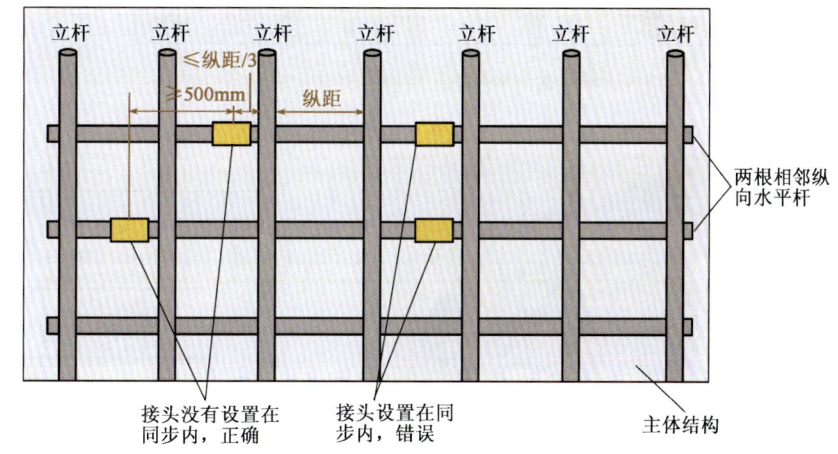

a) 面对主体结构正视图

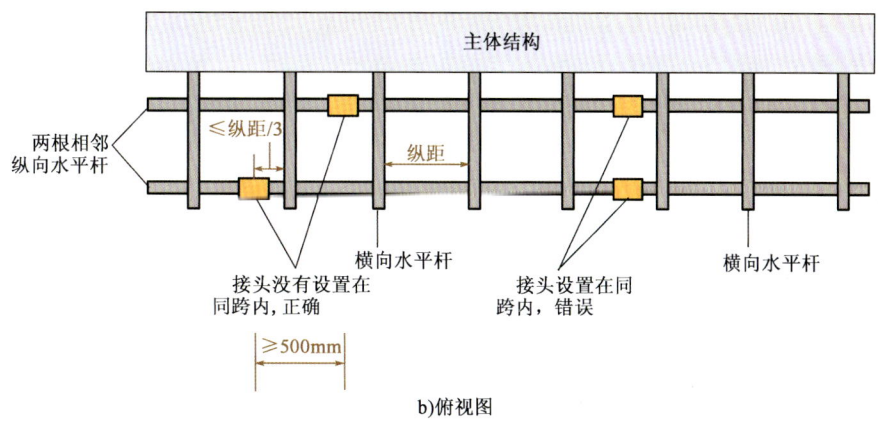

b) 俯视图

图 11-4-100　纵向水平杆接头位置要求

（5）双排脚手架横向水平杆的靠墙一端至墙装饰面的距离不应大于100mm，如图11-4-102所示。

（6）单排脚手架横向水平杆不应设置在以下位置：

①设计上不允许留脚手眼的部位；

②过梁上与过梁两端成60°角的三角形范围内及过梁净跨度1/2的高度范围内；
③宽度小于1m的窗间墙（图11-4-103）；
④梁或梁垫下及其两侧各500mm的范围内（图11-4-104）；
⑤砖砌体的门窗洞口两侧200mm和转角处450mm的范围内（图11-4-105），其他砌体的门窗洞口两侧300mm和转角处600mm的范围内；

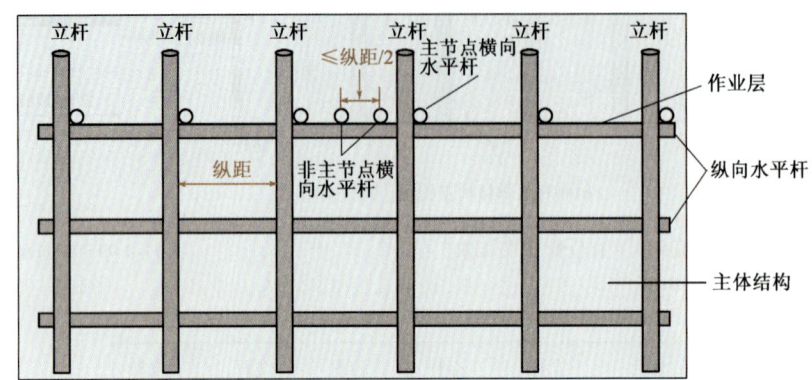

图11-4-101 横向水平杆最大间距（面对主体结构正视图）

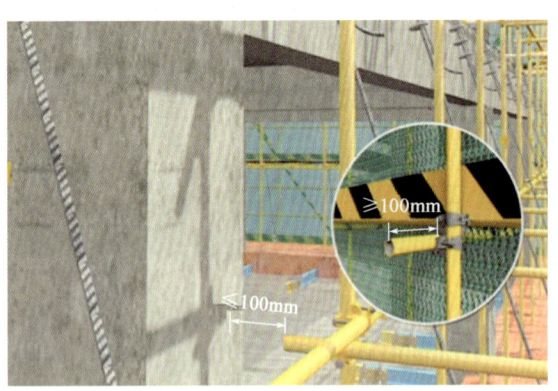

图11-4-102 横向水平杆与墙装饰面距离

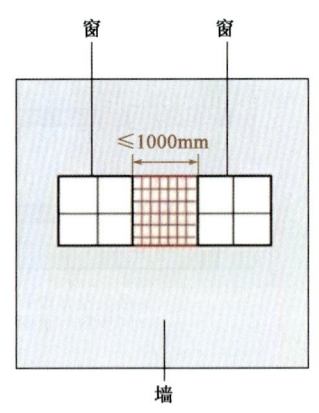

图11-4-103 宽度小于1000mm的窗间墙

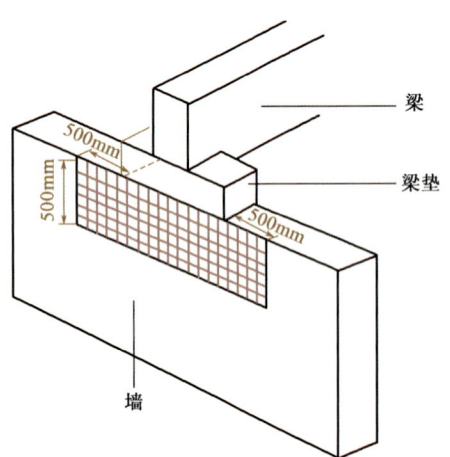

图11-4-104 梁或梁垫下及其两侧各500mm的范围

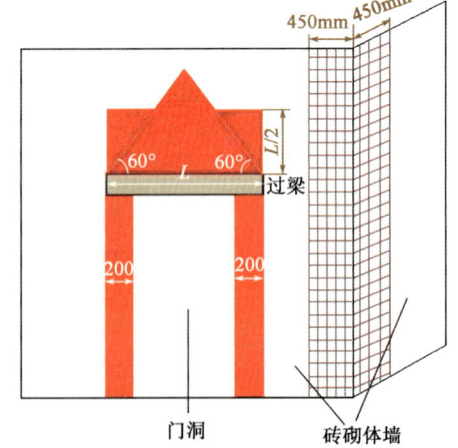

图11-4-105 砖砌体的门窗洞口两侧200mm和转角处450mm的范围（尺寸单位：mm）

⑥墙体厚度小于或等于180mm；

⑦独立或附墙砖柱，空斗砖墙、加气块墙等轻质墙体；

⑧砌筑砂浆强度等级小于或等于M2.5的砖墙。

4.4.6 脚手板

各种常见脚手板如图11-4-106～图11-4-109所示。

图11-4-106 冲压钢脚手板

图11-4-107 木脚手板

图11-4-108 竹串片脚手板

图11-4-109 竹笆脚手板

（1）当使用冲压钢脚手板、木脚手板、竹串片脚手板时，纵向水平杆应作为横向水平杆的支座，用直角扣件固定在立杆上；当使用竹笆脚手板时，纵向水平杆应采用直角扣件固定在横向水平杆上，并应等间距设置，间距不应大于400mm，如图11-4-110所示。

图11-4-110 纵向水平杆间距设置

（2）当使用冲压钢脚手板、木脚手板、竹串片脚手板时，双排脚手架的横向水平杆两端均应采用直角扣件固定在纵向水平杆上；单排脚手架的横向水平杆的一端应用直角扣件固定在纵向水平杆上，另一端应插入墙内，插入长度不应小于180mm；当使用竹笆脚手板时，双排脚手架的横向水平杆的两端，应用直角扣件固定在立杆上；单排脚手架的横向水平杆的一端，应用直角扣件固定在立杆上，另一端插入墙内，插入长度不应小于180mm。

（3）冲压钢脚手板、木脚手板、竹串片脚手板等，应设置在三根横向水平杆上。当脚手板长度小于2m

时,可采用两根横向水平杆支承,但应将脚手板两端与横向水平杆可靠固定,严防倾翻,如图11-4-111所示。

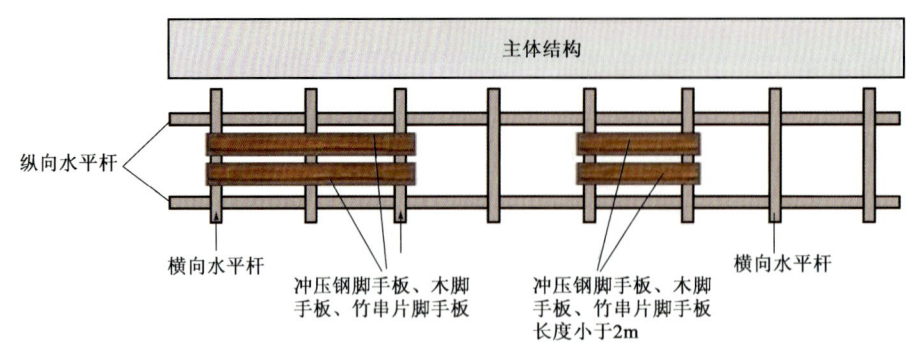

图 11-4-111　脚手板长度小于 2m 的做法(俯视图)

(4)脚手板对接平铺时,接头处应设两根横向水平杆,脚手板外伸长度应取 130~150mm,两块脚手板外伸长度的和不应大于 300mm,如图 11-4-112a)所示;脚手板搭接铺设时,接头应支在横向水平杆上,搭接长度不应小于 200mm,其伸出横向水平杆的长度不应小于 100mm,如图 11-4-112 b)所示。竹笆脚手板应按其主竹筋垂直于纵向水平杆方向铺设,且应对接平铺,四个角应用直径不小于 1.2mm 的镀锌钢丝固定在纵向水平杆上。

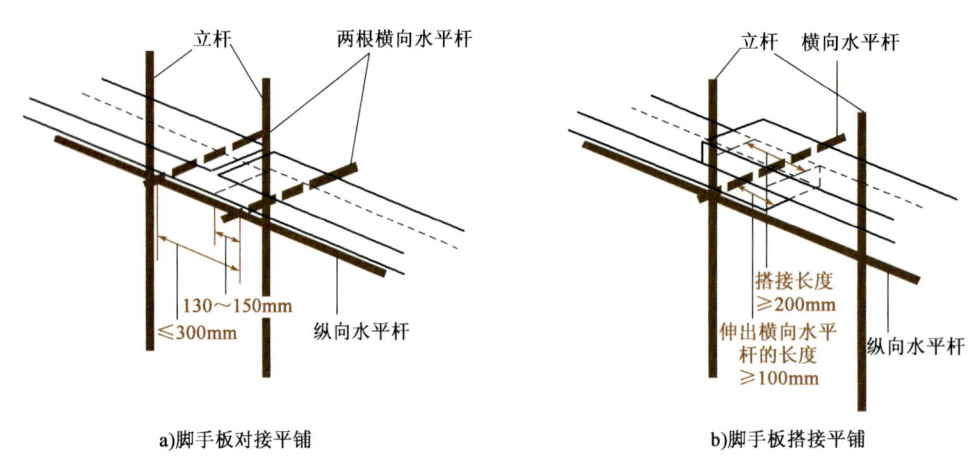

图 11-4-112　脚手板对接与搭接

(5)脚手板应铺设牢靠、严实,并应用安全网双层兜底。施工层以下每隔 10m 应用安全网封闭,如图 11-4-113 所示。

4.4.7　连墙件

(1)连墙件的连墙杆宜呈水平设置,当不能水平时,可以向下斜接(图 11-4-114),但不能向上斜接。

(2)连墙点的水平投影间距不得超过 3 跨,竖向垂直间距不得超过 3 步,连墙点之上架体的悬臂高度不得超过 2 步。

(3)连墙件的竖向垂直间距不应大于建(构)筑物的层高,且不应大于 4m,如图 11-4-115 所示。

(4)连墙件应与立杆连接,连接点距架体主节点距离不应大于 300mm(图 11-4-116),连墙件抱柱应牢固可靠，如图 11-4-117、图 11-4-118 所示。连墙件应采用刚性连接，连接应牢固可靠，如图 11-4-119 所示。洞口连墙对拉构造如图 11-4-120 所示。

（5）连墙件应随架体逐层拆除，严禁先拆除整层或数层连墙件后拆除架体。

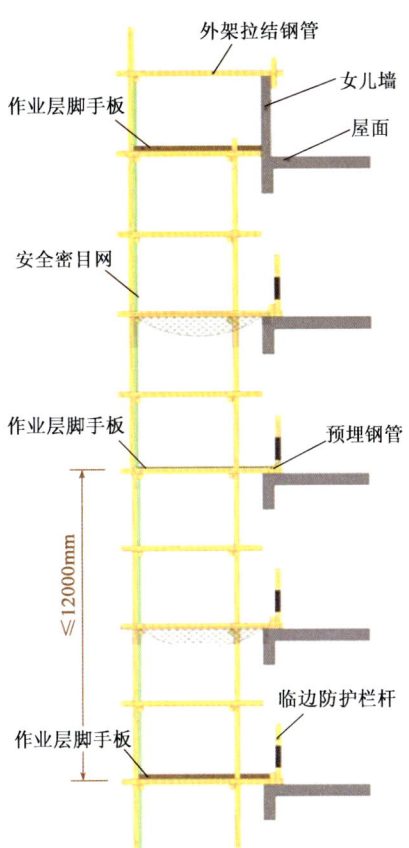

图 11-4-113　安全网设置示意图

图 11-4-114　连墙杆向下斜接

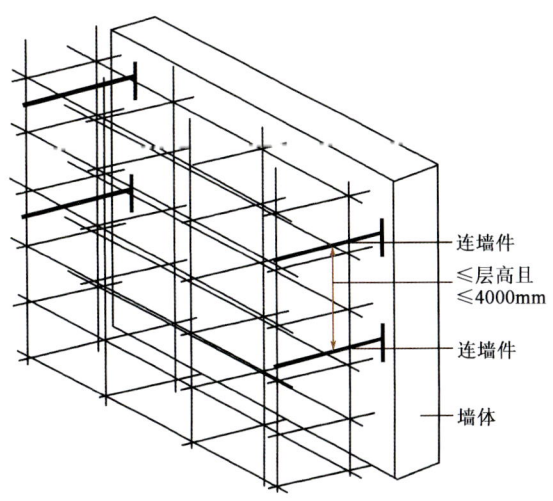

图 11-4-115　连墙件竖向间距

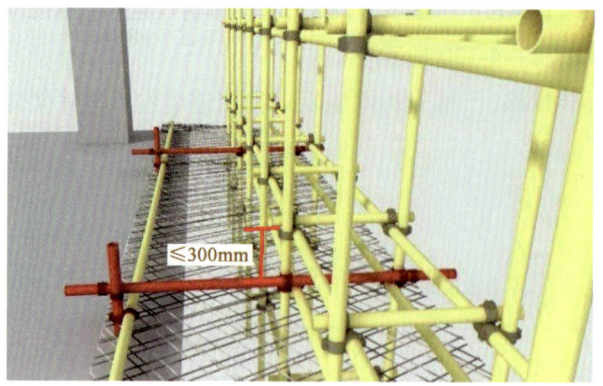

图 11-4-116 连墙件连接点距主节点距离

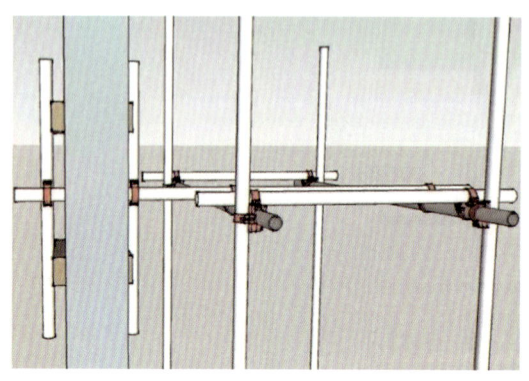
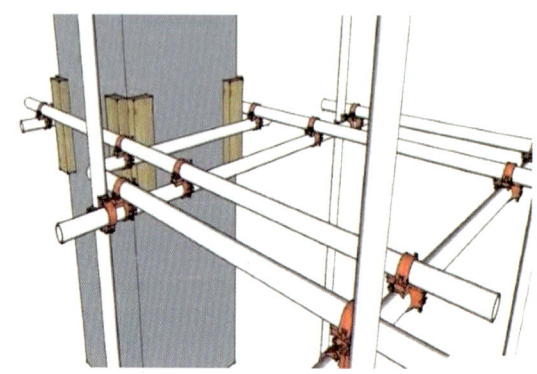

图 11-4-117 连墙件抱柱做法

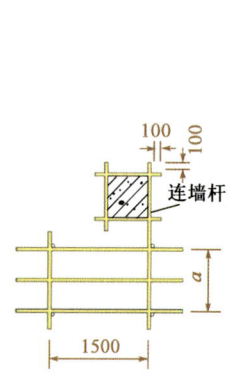

a)柱子拉结平面图

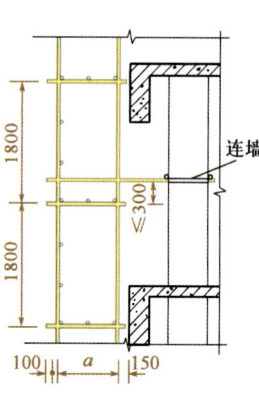

b)柱子拉结剖面图

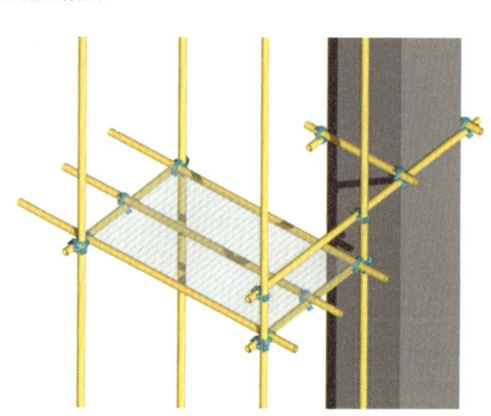

c)柱子拉结三维模型图

图 11-4-118 连墙件抱柱构造(尺寸单位:mm)

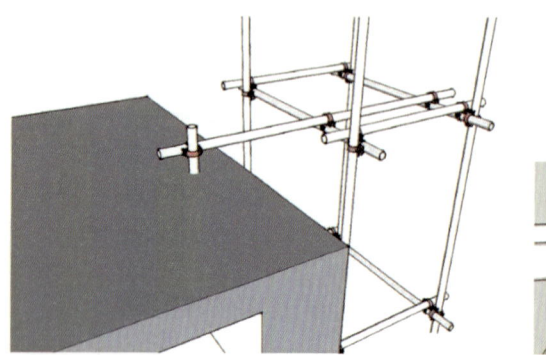
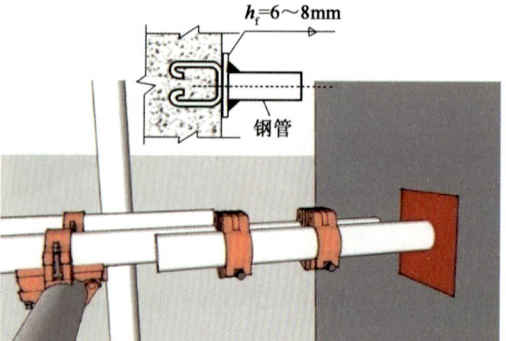

图 11-4-119 连墙件刚性连接

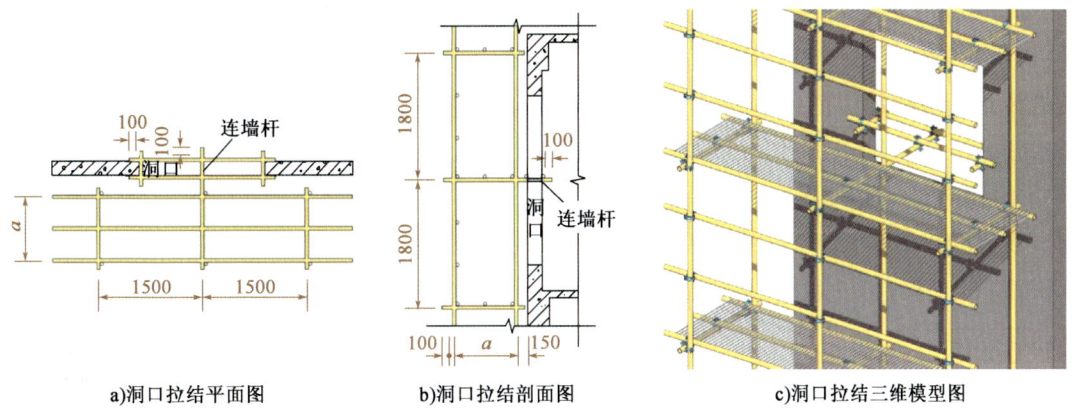

图 11-4-120　洞口连墙对拉构造(尺寸单位:mm)

4.4.8　剪刀撑、斜撑、斜杆

(1)单排脚手架应设置剪刀撑,双排脚手架应设置剪刀撑与横向斜撑。脚手架每道剪刀撑的宽度宜为 6~9m,脚手架斜杆与地面的倾角应在 45°~60°之间,如图 11-4-121 所示。剪刀撑斜杆应用旋转扣件固定在与之相交的横向水平杆的伸出端或立杆上,旋转扣件中线至主节点的距离不应大于 150mm。

(2)剪刀撑应采用搭接,搭接接长应采用不少于 3 个扣件固定,搭接长度不应小于 1m,端部扣件盖板边缘至杆端距离不小于 100mm,如图 11-4-122 所示。

图 11-4-121　剪刀撑与地面倾角

图 11-4-122　剪刀撑搭接图

(3)对于双排脚手架,当高度在 24m 及以上时应在外侧全立面连续设置剪刀撑,如图 11-4-123 所示;对于单、双排脚手架,当高度在 24m 以下时,均必须在外侧两端、转角及中间间隔不超过 15m 的立面上,各设置一道剪刀撑,并应由底至顶连续设置,如图 11-4-124 所示。

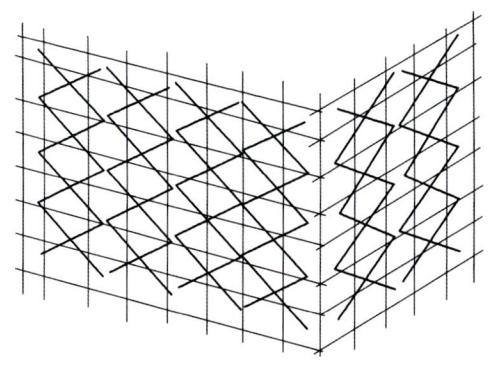

图 11-4-123　高度在 24m 及以上的双排脚手架

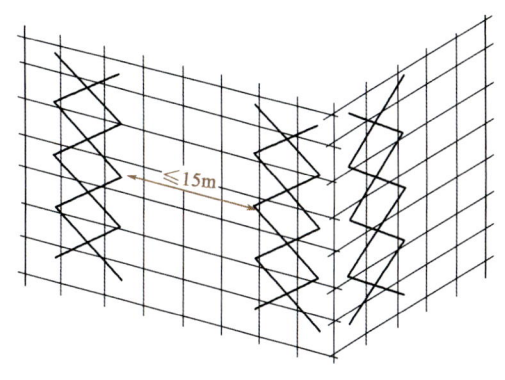

图 11-4-124　高度在 24m 以下的单、双排脚手架

(4)对于碗扣式双排脚手架,当高度在24m及以上时,应每隔不大于3跨设置一道竖向或斜向连续斜撑杆;对于双排脚手架,当高度在24m以下时,应每隔不大于5跨设置一道竖向斜撑杆;竖向斜杆在脚手架的转角处、开口型脚手架端部应由架体底部至顶部连续设置,在双排脚手架外侧相邻立杆间由底部至顶部按步连续设置。

(5)扣件式双排脚手架横向斜撑杆应在同一节间,由底至顶层呈之字形连续布置;高度在24m以下的封闭型双排脚手架可不设横向斜撑杆,高度在24m以上的封闭型脚手架,除拐角应设置横向斜撑杆外,中间每隔6跨距还应设置一道横向斜撑杆,如图11-4-125所示。开口型双排脚手架的两端均必须设置横向斜撑杆。

(6)碗扣式双排脚手架高度在24m以上,顶部24m以下所有连墙件设置层均应设置之字形水平斜撑杆,并设置在纵向水平杆之下,如图11-4-126所示。

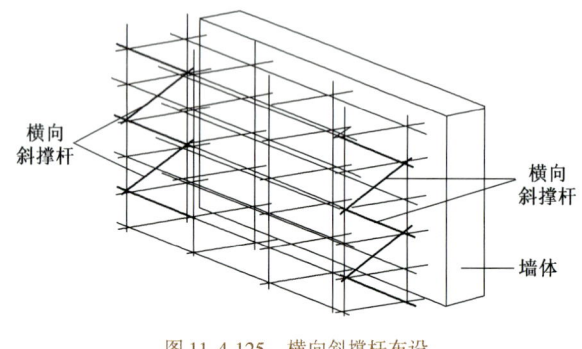

图11-4-125 横向斜撑杆布设　　　　　图11-4-126 水平斜撑杆设置

(7)扣件式满堂脚手架应在架体外侧四周及内部纵、横向每6~8m由底部至顶部设置连续竖向剪刀撑。当架体搭设高度在8m以下时,应在架顶部设置连续水平剪刀撑;当架体搭设高度在8m及以上时,应在架体底部、顶部及竖向间隔不超过8m处分别设置连续水平剪刀撑。水平剪刀撑宜在竖向剪刀撑斜杆相交平面设置。剪刀撑宽度应为6~8m。

4.4.9 悬挑脚手架

(1)一次悬挑脚手架高度不宜超过20m。应在转角处增加一根悬挑工字钢,锚固端预埋φ20mm U形环,如图11-4-127所示。

(2)悬挑钢梁型号及锚固件应按设计确定,钢梁截面高度不应小于160mm。悬挑梁尾端应在两处及以上固定于钢筋混凝土梁板结构上,如图11-4-128所示。锚固型钢悬挑梁的U形钢筋拉环或锚固螺栓直径不宜小于16mm。

　　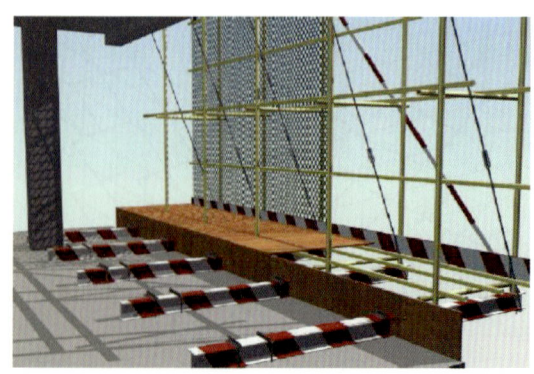

图11-4-127 悬挑脚手架转角做法　　　　　图11-4-128 悬挑梁固定及防护

(3)型钢悬挑梁悬挑端应设置能使脚手架立杆与钢梁可靠固定的定位点,定位点离悬挑梁端部不应小于100mm。

4.4.10 模板支撑架

(1)当满堂支撑架高宽比大于2或2.5时,应在支架的四周和中部与结构柱进行刚性连接,连墙件水平间距应为6~9m,竖向间距应为2~3m。在无结构柱部位应采取预埋钢管等措施与建筑结构进行刚性连接,在有空间部位,满堂支撑架宜超出顶部加载区投影范围向外延伸布置2~3跨。支撑架高宽比不应大于3。

(2)扣件式普通满堂支撑架在架体外侧周边及内部纵、横向每5~8m,应由底部至顶部设置连续竖向剪刀撑,剪刀撑宽度应为5~8m。在竖向剪刀撑顶部交点平面应设置连续水平剪刀撑。当支撑高度超过8m,或施工总荷载大于15kN/m²,或集中线荷载大于20kN/m时,扫地杆的设置层应设置水平剪刀撑。水平剪刀撑至架体底平面距离与水平剪刀撑间距不宜超过8m。

普通型与加强型满堂支撑架剪刀撑布设分别如图11-4-129、图11-4-130所示。

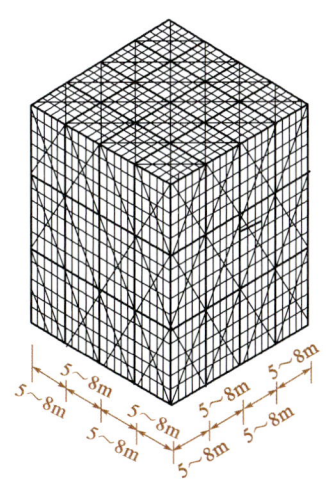

图11-4-129 普通型满堂支撑架剪刀撑布设

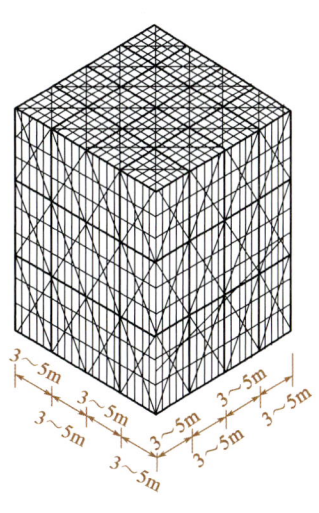

图11-4-130 加强型满堂支撑架剪刀撑布设

(3)扣件式加强满堂支撑架当立杆纵、横间距为0.9m×0.9m~1.2m×1.2m时,在架体外侧周边及内部纵、横向每4跨(且不大于5m),应由底部至顶部设置连续竖向剪刀撑,剪刀撑宽度应为4跨。当立杆纵、横间距为0.6m×0.6m~0.9m×0.9m(含0.6m×0.6m,0.9m×0.9m)时,在架体外侧周边及内部纵、横向每5跨(且不小于3m),应由底部至顶部设置连续竖向剪刀撑,剪刀撑宽度应为5跨。当立杆纵、横间距为0.4m×0.4m~0.6m×0.6m(含0.4m×0.4m)时,在架体外侧周边及内部纵、横向每3~3.2m应由底部至顶部设置连续竖向剪刀撑,剪刀撑宽度应为3~3.2m。在竖向剪刀撑顶部交点平面应设置水平剪刀撑,水平剪刀撑至架体底平面距离与水平剪刀撑间距不宜超过6m,剪刀撑宽度应为3~5m。

(4)扣件式满堂支撑架立杆伸出顶层水平杆的悬臂长度不应超过500mm,如图11-4-131所示,碗扣式支撑架立杆顶端可调托撑伸出顶层水平杆的悬臂长度不应超过650mm。

(5)扣件式、碗扣式支撑架的可调底座、可调托撑螺杆伸出长度不宜超过300mm,如图11-4-132所示,插入立杆内的长度不得小于150mm。盘扣式支撑架可调托撑伸出顶层水平杆或双槽钢托梁的悬臂长度严禁超过650mm,且丝杆外露长度严禁超过400mm,可调托撑插入立杆或双槽钢托梁长度不得小于150mm,如图11-4-133所示。

图 11-4-131 悬臂长度要求

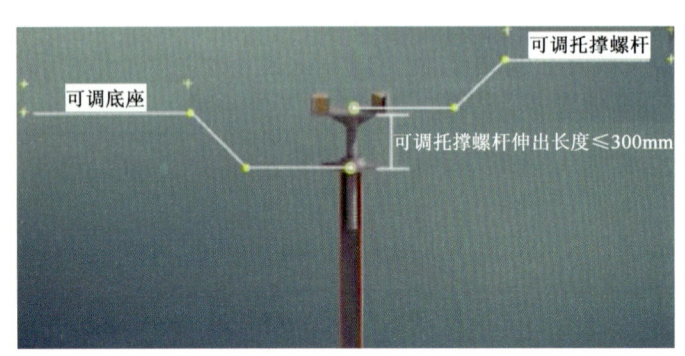

图 11-4-132 可调底座、可调托撑螺杆伸出长度要求

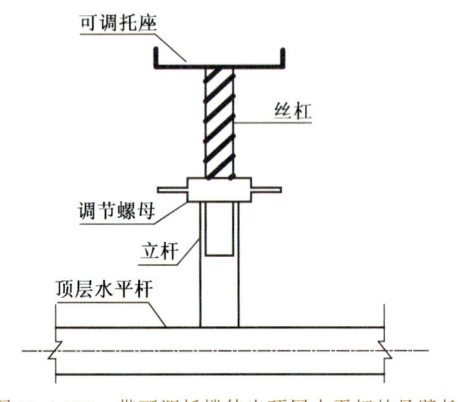

图 11-4-133 带可调托撑伸出顶层水平杆的悬臂长度(尺寸单位:mm)

4.5 高处作业施工风险控制

4.5.1 临边与洞口作业

（1）坠落高度基准面2m及以上进行临边作业时，应在临空一侧设置防护栏杆，并应采用密目式安全立网或工具式栏板封闭。

（2）基坑冠梁上方应设置高度不小于500mm、厚不小于200mm的挡水墙，挡水墙应当采用钢筋混凝土结构。挡水墙高出地面部分涂刷黄黑相间的油漆。施工期间挡水墙不得被挖掘机、车辆等碰撞，以免损坏。

（3）临边作业的防护栏杆应由横杆、立杆及挡脚板组成，并应符合下列规定：

①防护栏杆应为两道横杆，上杆距地面高度应为1.2m，下杆应在上杆和挡脚板中间设置；

②当防护栏杆高度大于1.2m时，应增设横杆，横杆间距不应大于600mm；

③防护栏杆立杆间距不应大于2m；

④挡脚板高度不应小于180mm。

防护栏杆设置实例及规定如图11-4-134所示。

（4）施工场地与便道分界、泥浆池临边、道路周边应设置移动式防护栏。

防护栏长2m、高1.46m，边柱采用尺寸为25mm×25mm×1mm的方管，中柱采用尺寸为20mm×20mm×1mm的方管。

 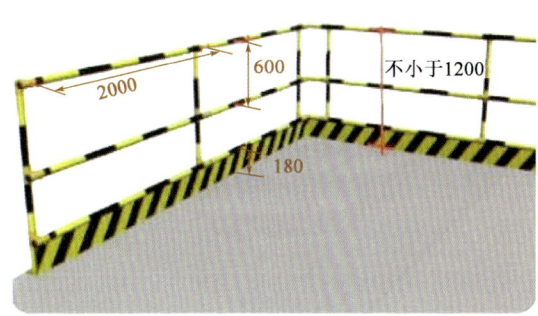

图 11-4-134 防护栏设置实例及规定(尺寸单位:mm)

防护栏上部安装尺寸为 160mm×0.4mm 的彩钢板,喷涂为蓝色;下部安装尺寸为 200mm×0.4mm 的彩钢板,粘贴黄黑相间 3M 反光贴;主框架喷塑黄色。移动式防护栏如图 11-4-134、图 11-4-135 所示。

(5)洞口作业时,应采取防坠落措施,并应符合下列规定:

①当竖向洞口短边边长小于 500mm 时,应采取封堵措施;当垂直洞口短边边长大于或等于 500mm 时,应在临空一侧设置高度不小于 1.2m 的防护栏杆,并应采用密目式安全立网或工具式栏板封闭,设置挡脚板。

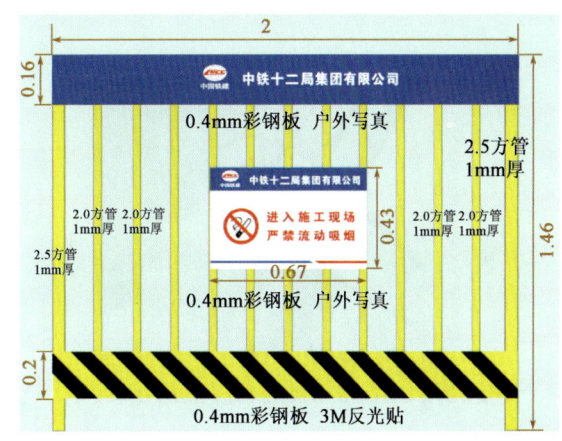

图 11-4-135 移动式防护栏示意图(尺寸单位:m)

②当非竖向洞口短边边长为 250～500mm 时,应采用承载力满足使用要求的盖板覆盖,如图 11-4-136 所示盖板四周搁置应均衡,且应防止盖板移位。

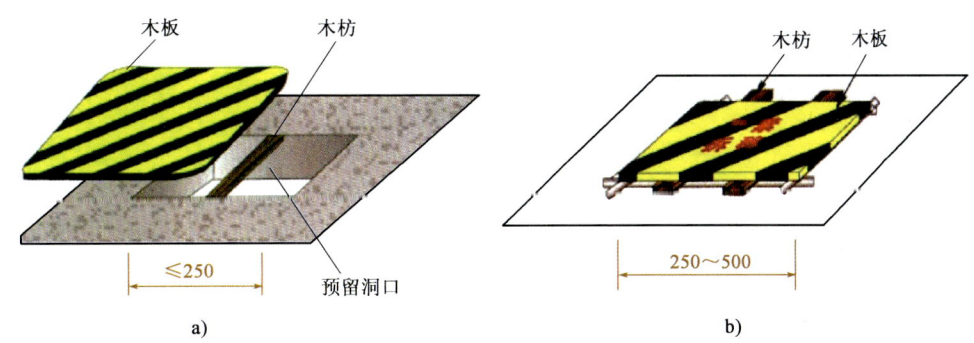

图 11-4-136 短边边长为 25～500mm 的非竖向洞口(尺寸单位:mm)

③当非竖向洞口短边边长为 500～1500mm 时,应采用盖板覆盖或防护栏杆等措施,并应固定牢固,如图 11-4-137 所示。

④当非竖向洞口短边边长大于或等于 1500mm 时,应在洞口作业侧设置高度不小于 1.2m 的防护栏杆,洞口应采用安全平网封闭,如图 11-4-138 所示。

(6)施工的楼梯口、楼梯平台和梯段边,应安装防护栏杆,如图 11-4-139 所示;外设楼梯口、楼梯平台和梯段边还应采用密目式安全立网封闭,如图 11-4-140 所示。

图 11-4-137　短边长度为 500~1500mm 的非竖向洞口

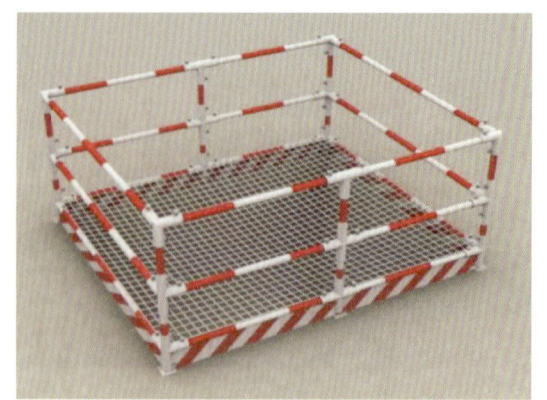
图 11-4-138　边长在 1500mm 以上的非竖向洞口

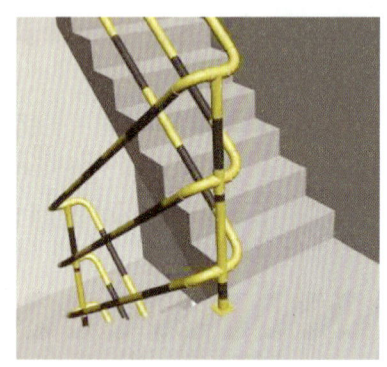
图 11-4-139　楼梯转角

图 11-4-140　楼梯防护栏及安全网

(7) 电梯井口应设置防护门，其高度不应小于 1.5m，防护门底端距地面高度不应大于 50mm，并应设置踢脚板，如图 11-4-141 所示。

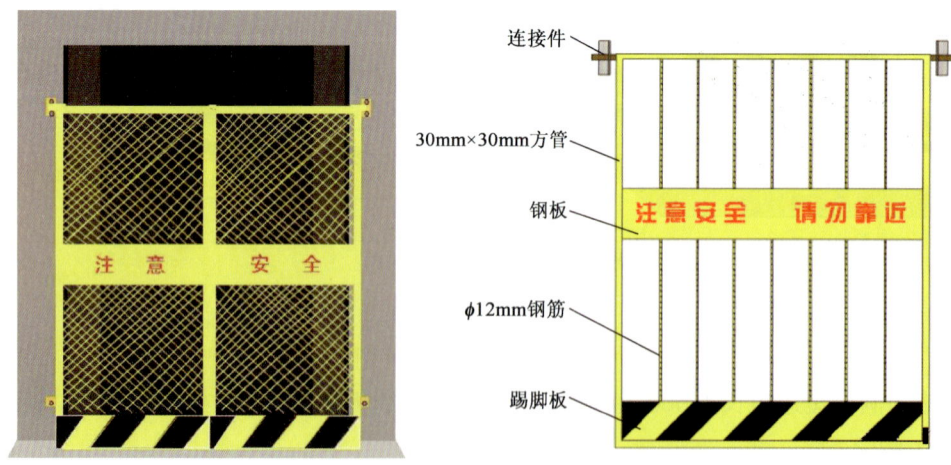
图 11-4-141　电梯井防护门

(8) 在电梯施工前，电梯井道内应每隔 2 层且不大于 10m 加设一道安全平网，如图 11-4-142 所示。电梯井内的施工层上部，应设置隔离防护设施。

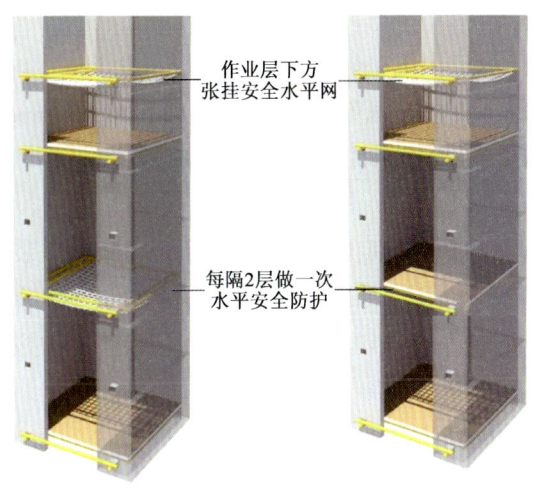

图 11-4-142　电梯井安全网布置

4.5.2　攀登与悬空作业

(1) 梯子

①高度 1.5m 以上的登高作业，禁止使用便携式直梯或折梯。根据施工现场实际情况，高度 1.5m 及以下的登高作业，可使用便携式直梯或折梯，使用时必须严格按相关规定及以下要求执行：

a. 便携式直梯或折梯采用金属材料制作，并符合国家标准。

b. 便携式直梯应采用端部套、绑胶皮等防滑措施，使用时与水平面成 75°夹角。踏步不得缺失，梯格间距宜为 300mm，不得垫高使用，如图 11-4-143 所示。

c. 折梯张开到工作位置的倾角应符合有关规定，并有整体的金属撑杆或可靠的锁定装置。

②采用便携式直梯或折梯作业时，必须做到一人登梯，一人监护。

③固定式直梯应采用金属材料制成，并应符合现行国家标准的规定；梯子净宽应为 400～600mm，固定直梯的支撑应采用不小于∟70×6 的角钢，埋设与焊接应牢固。直梯顶端的踏步应与攀登顶面齐平，并应加设 1.1～1.5m 高的扶手，如图 11-4-144 所示。使用固定式直梯攀登作业，当攀登高度超过 3m 时，宜加设护笼；当攀登高度超过 8m 时，应设置梯间平台。

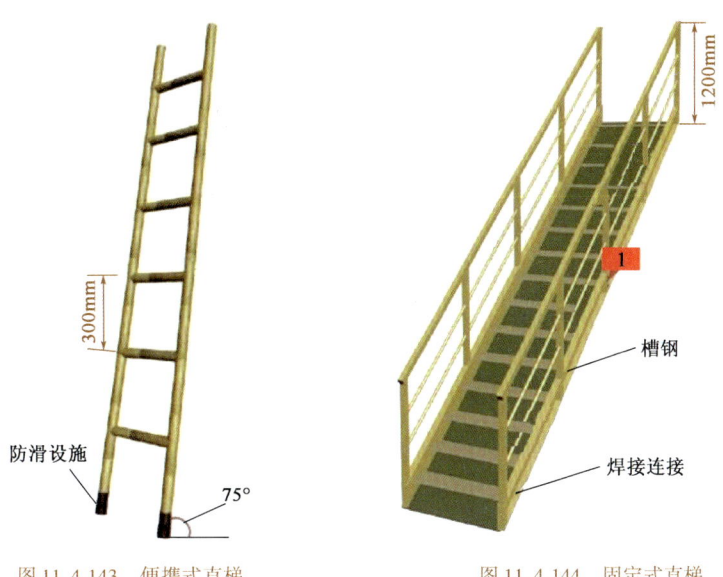

图 11-4-143　便携式直梯　　　　图 11-4-144　固定式直梯

（2）梯笼

①车站基坑、竖井施工上下通道应统一采用安全梯笼，采用标准化构件，根据高度进行调整。

②梯笼每节尺寸为3m×2m×1.2m，框架采用尺寸为140mm×90mm×12mm的角钢，斜撑采用尺寸为80mm×80mm×10mm的角钢；踏板采用3mm厚的花纹板，间距为200mm；扶手采用圆钢制作；梯笼四周焊接钢丝网防护。

③梯笼最上节与最下节设进口门，中间由多个分节从下至上依次拼装组成，相邻两节笼梯通过螺栓紧固连接。

④从地面到梯笼应当安装过渡平台或踏步梯过渡，平台应设置防护栏杆及踢脚板，过道不得堆放任何物品，防止坠物伤人。

⑤梯笼内夜间应配备足够的照明设施。

⑥梯笼应涂刷黄色或红色油漆。

梯笼制作安装图如图11-4-145所示。

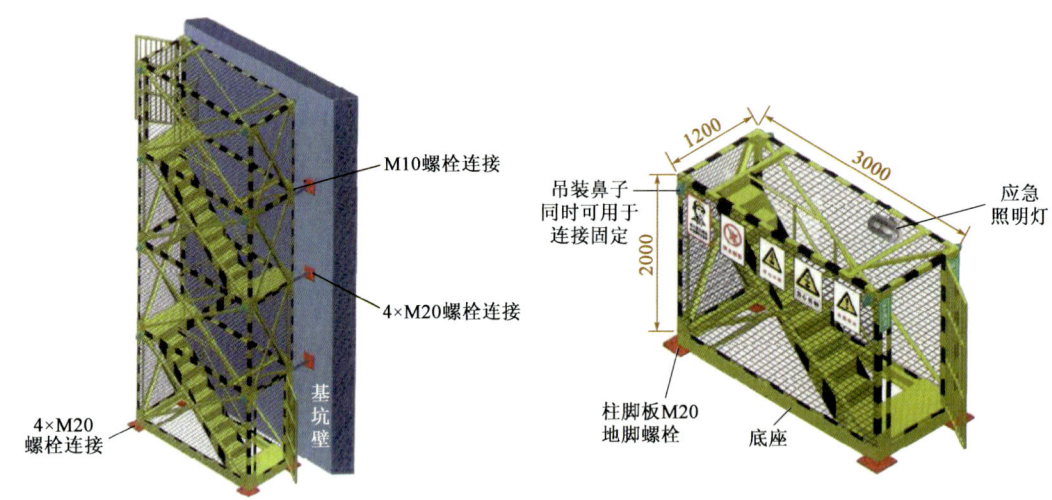

图11-4-145　梯笼制作安装图（尺寸单位：mm）

（3）悬空作业

悬空作业立足处的设置应牢固，并应配置登高和防坠落装置和设施。严禁在未固定、无防护设施的构件及管道上进行作业或通行，高处作业应佩带安全绳，如图11-4-146所示。

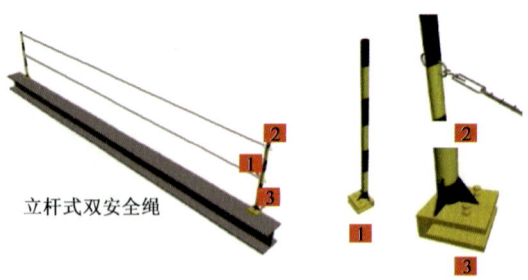

图11-4-146　安全绳

构件吊装和管道安装时的悬空作业应符合下列规定：

①钢结构吊装，构件宜在地面组装，安全设施应一并设置。

②吊装钢筋混凝土屋架、梁、柱等大型构件前，应在构件上预先设置登高通道、操作立足点等安全设施。

③在高空安装大模板、吊装第一块预制构件或单独的大中型预制构件时,应站在作业平台上操作。

④钢结构安装施工宜在施工层搭设水平通道,水平通道两侧应设置防护栏杆;当利用钢梁作为水平通道时,应在钢梁一侧设置连续的安全绳,安全绳宜采用钢丝绳。

⑤钢结构、管道等安装施工的安全防护宜采用工具化、定型化设施。

4.5.3 操作平台

(1)操作平台应通过设计计算,并应编制专项方案,架体构造与材质应满足国家现行相关标准的规定。操作平台的临边应设置防护栏杆,单独设置的操作平台应设置供人上下、踏步间距不大于400mm的扶梯。

(2)移动式操作平台如图11-4-147所示,其设置应符合下列规定:

①移动式操作平台面积不宜大于10m²,高度不宜大于5m,高宽比不应大于2:1,施工荷载不应大于1.5kN/m²。

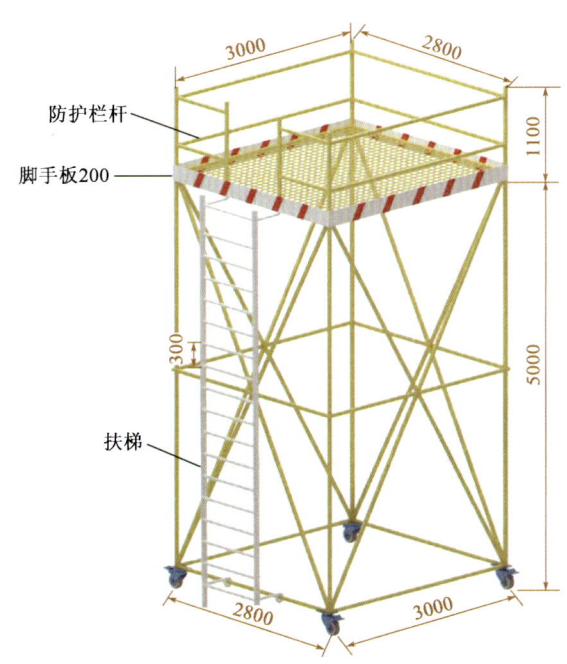

图11-4-147 移动操作平台示意图(尺寸单位:mm)

②移动式操作平台的轮子与平台架体连接应牢固,立柱底端离地面不得大于80mm,行走轮和导向轮应配有制动器或制动闸等制动措施。

③移动式行走轮承载力不应小于5kN,制动力矩不应小于2.5N·m,移动式操作平台架体应保持垂直,不得弯曲变形,制动器除在移动情况外,均应保持制动状态。

④移动式操作平台每拆装一次,均应由监理组织验收,合格后参加验收人员应在登记牌上签字确认方可使用。

⑤移动式操作平台在移动时,平台上不得站人。

(3)悬挑式操作平台如图11-4-148所示,其设置应

图11-4-148 悬挑式操作平台示意图

符合下列规定：

①操作平台的搁置点、拉结点、支撑点应设置在稳定的主体结构上，且应可靠连接。

②严禁将操作平台设置在临时设施上。

③操作平台的结构应稳定、可靠，承载力应符合设计要求。

④悬挑式操作平台的悬挑长度不宜大于5m，均布荷载不应大于$5.5kN/m^2$，集中荷载不应大于15kN，悬挑梁应锚固固定。

⑤悬挑式操作平台应设置4个吊环，吊运时应使用卡环，不得使吊钩直接钩挂吊环。吊环应按通用吊环或起重吊环设计，并应满足强度要求。

⑥悬挑式操作平台安装时，钢丝绳应采用专用的钢丝绳夹连接，钢丝绳夹数量应与钢丝绳直径相匹配，且不得少于4个。建(构)筑物锐角、利口周围系钢丝绳处应加衬软垫物。

(4)落地式操作平台如图11-4-149所示，其架体构造应符合下列规定：

①操作平台高度不应大于15m，高宽比不应大于3:1。

②施工平台的施工荷载不应大于$2.0kN/m^2$；当接料平台的施工荷载大于$2.0kN/m^2$时，应进行专项设计。

③操作平台应与建(构)筑物进行刚性连接或加设防倾措施，不得与脚手架连接。

④用脚手架搭设操作平台时，其立杆间距和步距等结构要求应符合国家现行相关规范的规定。应在立杆下部设置底座或垫板，纵向与横向扫地杆，并应在外立面设置剪刀撑或斜撑。

⑤操作平台应从底层第一步水平杆起逐层设置连墙件，且连墙件间隔不应大于4m，并应设置水平剪刀撑。连墙件应为可承受拉力和压力的构件，并应与建筑结构可靠连接。

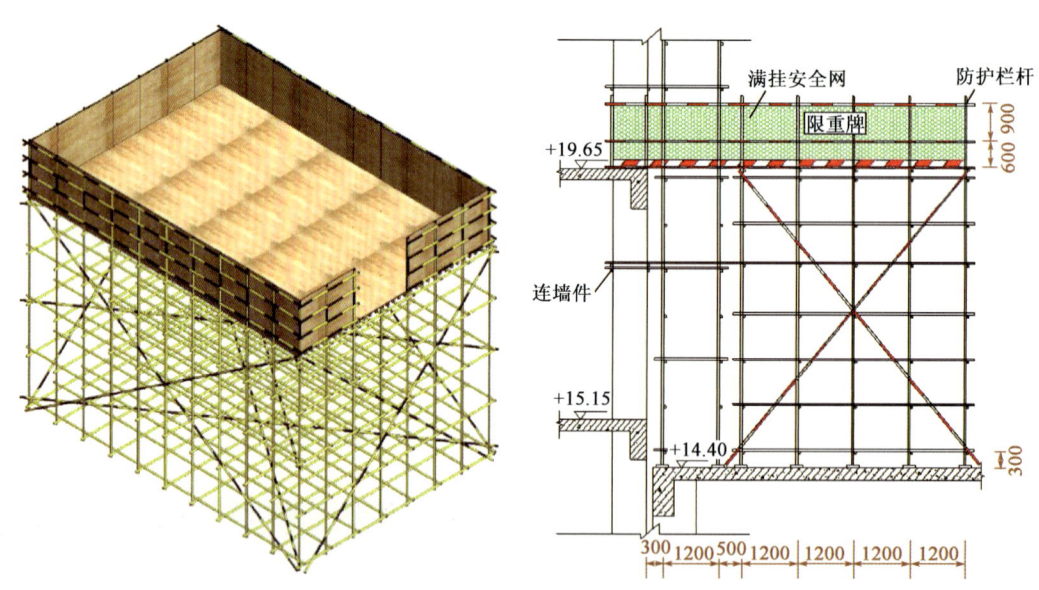

图11-4-149 落地式操作平台示意图(尺寸单位：mm)

(5)建议使用自行式液压升降机、曲臂车，要求选用正规厂家的合格产品，安全防护措施有效，机况良好。投入使用前由监理、施工单位验收合格并签字确认。每日使用前需对设备进行检查，操作人员经过培训并考核合格后方可操作，并应严格按照安全操作规程要求操作。

4.5.4 交叉作业

(1)交叉作业时，下层作业位置应处于上层作业的坠落半径之外，高空作业坠落半径应按表11-4-9确定。安全防护棚和警戒隔离区范围的设置应视上层作业高度确定,并应大于坠落半径(图11-4-150)。

坠落半径与高度对应表　　　　表11-4-9

序号	上层作业高度 h(m)	坠落半径 R(m)	序号	上层作业高度 h(m)	坠落半径 R(m)
1	$2 \leq h \leq 5$	3	3	$15 < h \leq 30$	5
2	$5 < h \leq 15$	4	4	$h > 30$	6

(2)交叉作业时,坠落半径内应设置安全防护棚或安全防护网等安全隔离措施。当尚未设置安全隔离措施时,应设置警戒隔离区,人员严禁进入隔离区。

(3)处于起重机臂架回转范围内的通道,应搭设安全防护棚;施工现场人员进出的通道口,也应搭设安全防护棚,如图11-4-151、图11-4-152所示。

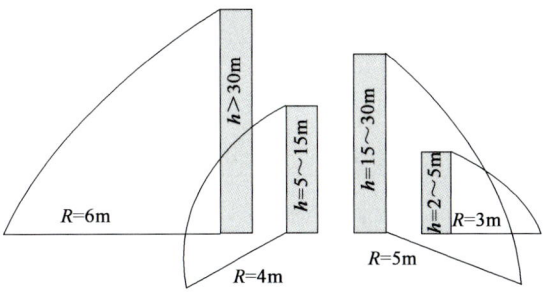

图11-4-150　高空作业坠落半径

图11-4-151　安全通道防护棚

图11-4-152　施工电梯防护棚

安全防护棚搭设应符合下列规定:

①当安全防护棚为非机动车辆通行时,棚底至地面的高度不应小于3m;当安全防护棚为机动车辆通行时,棚底至地面的高度不应小于4m。

②当建(构)筑物高度大于24m并采用木质板搭设时,应搭设双层安全防护棚。两层防护的间距不应小于700mm,安全防护棚的高度不应小于4m。

③当安全防护棚的顶棚采用竹笆或木质板搭设时,应采用双层搭设,间距不应小于700mm;当采用木质板或与其等强度的其他材料搭设时,可采用单层搭设,木板厚度不应小于50mm。防护棚的长度应根据建(构)筑物高度与可能的坠落半径确定。

安全通道防护棚尺寸示意图如图11-4-153所示。

(4)安全防护网:

对不搭设脚手架和设置安全防护棚时的交叉作业,应设置安全防护网,当在多层、高层建筑外立面施工时,应在二层及每隔四层设一道固定的安全防护网,同时设一道随施工高度提升的安全防护网。

安全防护网搭设应符合下列规定:

①安全防护网搭设时,应每隔3m设一根支撑杆,支撑杆水平夹角不宜小于45°;

②当在楼层设支撑杆时,应预埋钢筋环或在结构内外侧各设一道横杆;

③安全防护网应外高里低,网与网之间应拼接严密。

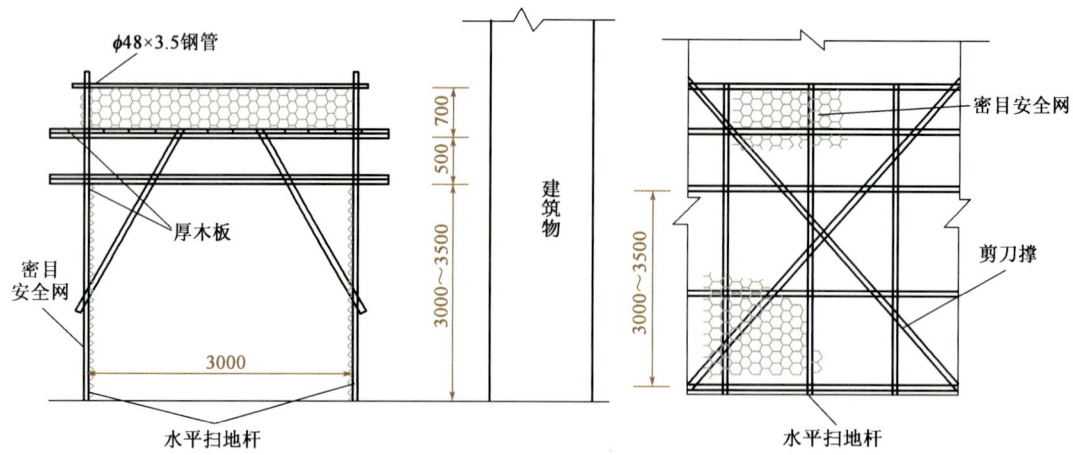

图 11-4-153　安全通道防护棚尺寸示意图(尺寸单位:mm)

4.5.5　高处作业的其他规定

(1) 从事高处作业的人员,必须按规定上岗并定期体检,合格后方可从事高处作业。经医生诊断,凡患高血压、心脏病、贫血、癫痫、精神病以及其他不适合高处作业的人,以及过度疲劳、精神不振、酒后等身体状况不佳者,不得从事高处作业。

(2) 高处作业必须要有人监护,监护人必须认真负责,坚守岗位,不得做与监护无关的事情。

(3) 高处作业人员必须规范佩戴安全帽、安全带,并穿戴方便活动的衣物,禁止穿硬底和带钉易滑的鞋子;佩戴安全帽时,必须紧系下颌带;使用安全带时,必须高挂低用,严禁将钩直接挂在安全绳上。

高处作业个人防护用品如图 11-4-154 所示。

(4) 在雨、霜、雾、雪等天气进行高处作业时,应采取防滑、防冻和防雷措施,并应及时清除作业面上的水、冰、雪、霜。当遇有 6 级及以上强风、浓雾、沙尘暴等恶劣气候时,不得进行露天攀登与悬空高处作业。雨、雪天气后,应对高处作业安全设施进行检查,当发现有松动、变形、损坏或脱落等现象时,应立即修理完善,维修合格后方可使用。

(5) 高处作业所用材料要堆放平稳,工具应随手放入工具袋内,上下传递物件时,禁止抛掷,如图 11-4-155 所示。

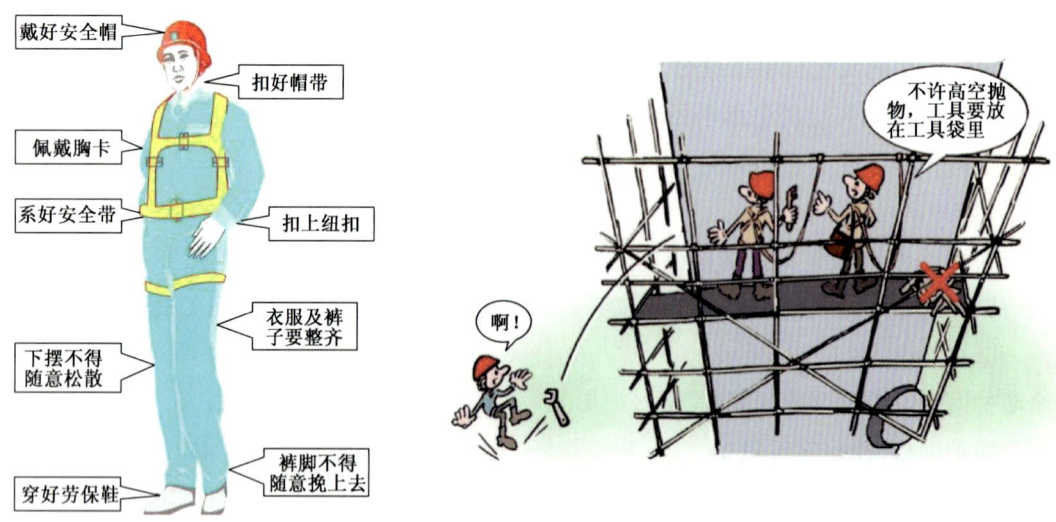

图 11-4-154　高处作业个人防护用品　　　　图 11-4-155　高处作业禁止抛掷

4.6 管线施工风险控制

4.6.1 管线破坏的危害及事故分类

(1)管线保护措施不到位,易造成管线损坏,引起通信、电力、供水、燃气、雨污水管线中断;燃气中断有可能引发火灾,造成机械设备损坏、人员伤亡。

施工中的管线破坏情况如图 11-4-156、图 11-4-157 所示。

图 11-4-156　水管破裂　　　　　　　　　图 11-4-157　电缆挖坏

(2)市政管线保护过程发生的事故、事件,根据人员伤亡、经济损失、造成的影响及危害程度等,分为特别重大事故、重大事故、较大事故、一般事故、险性事件、一般事件、事件苗头等七类,具体分类及处罚标准按照建设单位相关文件执行。

4.6.2 管线保护管理办法

(1)在开挖作业前,坚决实行"先探后挖""双确认"原则,并再次核实相关管线的类型、规格、数量、埋深、走向、运行状况、影响范围及所属产权单位等,编制《管线迁改及保护管理手册》,制订详细的管线保护计划,建立管线保护包保责任制清单,落实具体责任人。施工单位每工点应配备不少于 2 名专职管线安全保护专员(以下简称"管线专员")。

(2)管线保护形式主要有废除、永久迁改、原位保护、悬吊保护、破管悬吊保护(主要针对通信管线、电力等通道的破除、线缆悬吊保护及通道恢复,排水、自来水、燃气等管线换管悬吊保护,各类管线加固等)、管道后期恢复、管线临时迁改及迁改后的保护等形式,如图 11-4-158、图 11-4-159 所示。

图 11-4-158　悬吊保护　　　　　　　　　图 11-4-159　电缆悬吊

图 11-4-160　管线探测仪

(3) 先探后挖：采用管线探测仪（图 11-4-160），同时辅以人工开挖探孔、探槽（沟）方式进行探测。探测范围应以市政管网综合布置图、地铁车站总平面图、围护结构支护图、区间线路平纵断面图等为探测指导依据。地下车站、明挖区间、停车场、出入段线、车辆段等工程中放坡开挖、预应力锚索、土钉墙支护等部位，车站围护桩、车站降水井、联络通道、盾构区间上方管线不明地段、加固区域及其降水井应进行管线探测。

(4) 土方开挖区域破土前需沿开挖边界线人工开挖环形探槽（沟），如图 11-4-161 所示，每个桩及注浆孔破土前需在孔位处采用人工开挖探孔，探孔及探槽（沟）须挖至地面 3m 以下，并对沟槽采取必要的放坡或有效的支护措施，防止沟槽坍塌而危及人身、附近管线及既有建（构）筑物的安全。

图 11-4-161　人工探挖

(5) 人工挖探如发现未标注或标注与实际不符的地下管线，应当立即停止施工，及时向建设单位及管线权属单位报告。待建设单位及管线权属单位确认并补充相关资料后，方可继续施工。

(6) 双确认：是指既要各相关单位现场确认，又要测量放线后各相关单位坐标确认。针对主体、附属、支（防）护结构，施工单位需提前测量放线，标识各结构影响范围，每桩位、注浆孔位探挖前需结合管线单位 GIS 地理信息系统核对管线位置。

(7) 管线标识牌：现场应按标准设立管线信息标识牌，内容包括管线的保护形式（如废除、永久迁改、临时迁改、临时保护、原位保护）、各管线权属单位负责人、施工单位负责人、监理单位负责人、建设单位相关责任人等信息及联系方式，如图 11-4-162 所示。

 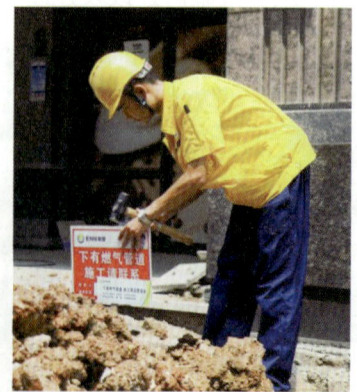

图 11-4-162　管线标识牌

（8）管线保护专项方案：制订管线保护施工专项方案，并经设计、监理、管线权属单位审批，施工作业前，通知建设单位协调相关管线权属单位指派专人到现场监护和指导。严格按照地下管线保护专项施工方案进行施工，严禁未经管线权属单位同意和在情况不明时盲目进行施工。

（9）管线交底：管线保护专项方案审批后，管线施工或临近管线区域在动土作业安全条件确认前每条管线实行两级交底；交底内容须明确管线类型、规格、平面位置、埋深、材质、运行状况、保护措施、影响范围、施工方式等各项参数，交底全过程邀请管线单位相关人员参与，并留存管线单位签字的交底记录。

（10）一级交底由施工单位方案编制人及项目技术负责人向安全员、生产副经理、安全总监、监理单位总监代表、监理人员等管理人员进行管线保护安全技术交底，二级交底由项目管理人员、管线专员向作业班组及作业人员进行管线保护安全交底，交底以管线保护专项方案、管线手册并结合现场管线标识等方式进行，双方共同签字确认。

（11）动土作业前施工安全条件确认：根据管线重大（要）性、影响范围，分级组织动土作业前施工安全条件确认，管线施工前安全条件验收需填写确认单。

（12）严禁在各类管线规定的保护区内施工作业。若确需进入保护区作业，需经管线权属单位认可，可参考执行下列要求：

①悬吊保护的管线采用硬质隔离保护，原位保护的管线需在地表标识出管线区域，在管线区域外沿30cm用彩旗绳设置立体警示隔离带，如图11-4-163所示，隔离带外沿架设铁马架，严禁机械设备违规进入该区域作业。

图11-4-163　管线保护隔离带

②距离管线水平距离50cm、垂直距离100cm范围内禁止机械停放、作业及通行，若特殊情况下机械设备需在管线位置停放、作业及通行，则需在设备着力点下方铺设不小于20mm厚的钢板；大型吊装作业按照经批准的专项方案执行。

③探孔及探槽（沟）开挖时需采取有效的支护措施，防止坍塌危及人身、附近管线及既有建（构）筑物的安全；各探孔需埋设深度不小于3m的钢护筒。

（13）在管线影响区域施工，尤其在地铁车站、区间施工时，施工单位必须对管线迁改后设置的管道堵头（尤其是雨污水管）、沿线管线（管道）的安全可靠性进行核实，采取"双封堵"措施，既封堵断头井位置，又封堵上游临近检查井，避免因管道堵头质量问题造成施工安全隐患。

（14）工序报备：施工单位在每日工序报备内容中，必须明确提出施工内容是否涉及管线，明确管线类型、材质、动土前各手续办理情况，与权属单位核实和交接情况，并落实管线责任人。

（15）工序作业签认：管线作业或邻近管线作业及不同工序转换时，由旁站监理、管线专员对作业班组人员进行交底,旁站监理、管线专员、作业人员共同作业签认后方可施工。

(16)管线施工旁站:施工单位每工点应配备不少于2名专职的管线专员,针对管线迁改及邻近管线作业,监理及管线专员需全程旁站,如图11-4-164所示,并共同填写旁站记录备查。

(17)信息化施工:监测单位应按方案开展管线监测如图11-4-165所示,信息化指导施工。

图11-4-164　管线施工旁站

图11-4-165　管线监测

(18)盾构施工过程中若需进行地表注浆加固、洞内跟踪注浆、盾构联络通道降水井施工等作业,应提前对施工区域周边、盾构区间上方给水、雨污水、电力管线、通信管线及相关设施等进行详细调查。制订有针对性的保护方案,明确钻孔位置、钻孔深度、注浆参数等,杜绝加固地层时损毁地下管线或影响后期正常使用及移交。

(19)应急管理:施工单位应按照市政管网综合布置图并结合现场施工实际情况,编制管线破损、损毁、堵塞等突发事件处置方案,内容应包括应急组织架构、应急预案、应急处理流程、应急联络机制、应急物资的备用与调度等。定期组织各级人员进行培训、教育及技术交底,按规定开展应急演练。施工现场应配齐经管线单位认可的应急物资(包括但不限于管线保护区域内同等材料及型号的水管、燃气管、阀门、接头、作业工具等)。

4.7　密闭空间施工风险控制

4.7.1　密闭空间的定义及分类

1)定义

密闭空间是指与外界相对隔离,进出口受限,具有狭窄、通风不良等特点,只能进行非常规作业的有限空间。

2)分类

(1)地下有限空间:隧道(图11-4-166)、地下管道(图11-4-167)、地下室、暗沟、涵洞、污水井、建筑孔桩(图11-4-168)、电缆隧道、地下电缆沟等。

(2)封闭、半封闭设备:盾构机(图11-4-169)、压力容器、管道、烟道、风道等。

(3)深度大于1.2m且并非为长时间作业而设计的封闭或敞口空间。

(4)其他地下或地下构筑物通风不良的局限区域。

图 11-4-166　隧道

图 11-4-167　地下管道

图 11-4-168　建筑孔桩

图 11-4-169　盾构机

4.7.2　密闭空间危害因素

（1）密闭空间可能存在易燃易爆气体或液体、可燃固体粉尘，造成火灾、爆炸等伤害；
（2）密闭空间由于通风不畅可能存在有毒有害气体造成中毒和窒息；
（3）密闭空间由于照明不良使作业视野受限可能导致机械伤害等危害；
（4）密闭空间由于温度较高、湿度较大，可能造成作业人员高坠危险；
（5）密闭空间可能存在腐蚀性物品、带电设备等，造成化学伤害、触电等危险。

4.7.3　密闭空间安全作业流程

（1）必须严格遵守"先通风、再检测、后作业"的原则。

（2）"通风"是对密闭空间进行通风、清洗或置换来降低有害气体、可燃性气体、粉尘的浓度，确定符合安全要求后，方允许进入。在未准确测定气体浓度前，严禁进入作业场所。

（3）"检测"是指通过特定仪器，如气体检测仪（图 11-4-170），对密闭空间的氧气含量、有毒气体、可燃气体或粉尘的浓度进行测定，要求氧含量一般为 18%～21%，在富氧环境下不大于 23.5%。有毒气体浓度应符合规范标准，爆炸下限大于或等于 4% 的可燃气体浓度应不大于 0.5%，爆炸下限小于 4% 的可燃气体浓度应不大于 0.2%。

（4）"检测"应在作业前与作业中进行，作业前 30min 内进行气体采样检测，作业期间至少每 2h 检测一次，若有变化，应加大检测频率。检测点应具有代表性，需

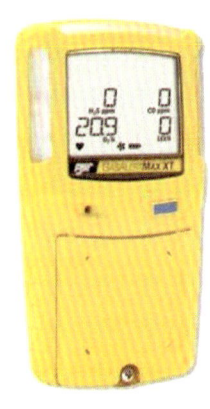
图 11-4-170　气体检测仪

要选取上、中、下各个部位取样。

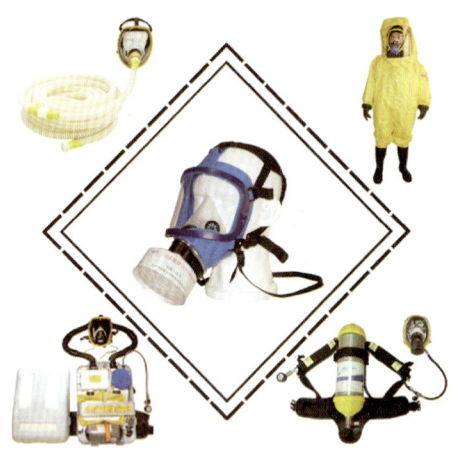

图11-4-171　个体防护

（5）"作业"时应做好个体防护，作业人员应按规定穿戴劳动防护服装、防护器具和使用工具，如图11-4-171所示。当存在坠落危险时，作业人员必须使用安全带，并在适当位置可靠地安装安全绳网设备。在每次作业前，必须仔细检查呼吸器具和安全带，发现异常应立即更换。

（6）"作业"时应安排监护人，监护人应熟悉作业区域的环境、工艺情况，能及时判断和处理异常情况。监护人应对安全措施落实情况进行检查，发现落实不好或安全措施不完善时，有权要求停止作业。

（7）作业人员应熟悉应急预案和应急联络方式，掌握信息沟通工具的使用。应和监护人拟定联络信号，并随时与监护人保持联系。

（8）在密闭空间工作的作业人员和监护人员必须经过健康检查和安全作业培训，且考核合格，特种作业人员，必须持证上岗。

（9）"作业"时所用的一切电气设备，必须符合用电安全技术操作规程。密闭空间作业的照明电压应小于或等于36V，在潮湿或狭小场地作业时，照明电压应小于或等于12V。使用超过安全电压的手持电动工具，必须按规定配备漏电保护器。临时用电的线路应符合标准规定。

（10）进入密闭设备内部作业时，应在设备停止运行后，采用拉开电源开关后上锁、加挂警示牌等方式，确保已有效切断与外界电源的连接。

（11）有可燃气体或可燃性粉尘存在的作业现场，所有的检测仪器、电动工具、照明灯具等，必须使用符合现行《爆炸危险环境电力装置设计规范》（GB 50058）要求的防爆型产品。

（12）在密闭空间进行动火作业，必须严格执行动火审批制度，作业单位应根据动火等级，配备足够的消防器材，必要时可引入临时水消防系统和红外线感烟探头等。对作业人员进行专项安全交底，并办理动火手续，严禁无令动火。

（13）密闭空间作业时，应在醒目处设置警示标志，如图11-4-172所示，严禁无关人员进入。

图11-4-172　密闭空间警示标志示例

(14)作业人员进入密闭空间危险作业场所作业前和离开时,应准确清点人数、清理作业材料和工器具,由作业负责人签字确认。

(15)在进行隧道挖掘等作业时,必须用试钻等方法进行预测调查。一旦发现有硫化氢、二氧化碳或甲烷等有害气体逸出时,应先确定处理方法,调整作业方案,再进行作业,防止作业人员因上述气体逸出造成中毒。

(16)当密闭空间作业发生事故时,监护人应当立即报警,召集具备救援知识与技能的应急人员进行施救,禁止盲目施救。应急人员实施救援时,应当做好自身防护,佩带必要的呼吸器具、救援器材,如图11-4-173所示。

图11-4-173 救援三脚架

4.7.4 盾构开仓换刀

(1)进行盾构机刀具更换时,应对带压进仓作业设备进行全面检查和试运行,并采用两种不同的动力装置不间断供气,确保开挖面和土仓空气新鲜。在气压作业区严禁采用明火,确需使用电焊气割时,须对所用设备加强安全检查,同时加强通风并增加消防设备。

(2)盾构施工单位应预先根据区间地质情况、区间长度、刀具耐磨性等情况制订换刀计划,确定换刀地点与换刀方法。换刀地点选取应尽量避免在建(构)筑物、城市主干道及管线下方。磨损刀具情况如图11-4-174所示。

(3)盾构施工单位应结合不同的地质条件采取针对性的降水和地层加固措施,确保换刀过程的安全。在换刀作业前盾构施工单位必须编制盾构开仓换刀施工方案。

(4)如果地质条件不具备常压开仓换刀条件,必须采用带压换刀方法,如图11-4-175所示,并应遵循以下原则:

①带压换刀方案应通过专家评审;
②应遵守国家压气作业相关规定;
③带压换刀人员必须经过体检与培训后方能进仓作业;
④对带压进仓作业设备进行全面检查和试运行,两套压气调节设备应全部正常;

图11-4-174 磨损的刀具

图11-4-175 盾构加压

⑤除盾构本身电力空压机进行供气之外,还应备用一套柴油空压机,以保证停电时也可以不间断

供气；

⑥压气过程中应有专业压气医师进行压气指导；

⑦压气仓内只允许使用24V 或36V 安全电压电源。

（5）开仓作业前须进行安全评估，换刀地点的降水水位应低于隧道开挖面以下，同时开仓前对于螺旋输送机所出渣土进行易燃、易爆、有毒气体检测，判定无风险后，才允许开仓作业。

（6）开仓前做好准备工作，尽量缩短停机时间。换刀期间刀盘转动控制必须在人闸内进行。换刀过程中尽量减少刀盘转动，力争刀盘转动一周，刀具全部更换完毕。刀具更换宜做到拆一把换一把，并应做好刀具更换记录。完成后应对所有更换刀具进行检查，确认固定牢固，螺栓紧固力矩符合要求，并将土仓内所有工具与杂物清理干净。

（7）开仓期间，每次只允许2人进入仓内（不允许超过2人）进行换刀（图11-4-176）或清仓作业，同时必须有1人在人闸内、1人在盾构主控制室内，以防止突发事件发生时，能及时关闭人闸门、螺旋输送机闸门和对外联络。

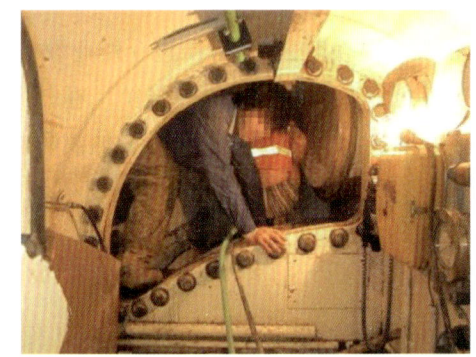

图 11-4-176　盾构开仓换刀

（8）开仓过程中，施工单位专职安全员应进行全程旁站，实时监测刀盘上方和地表情况。只要螺旋输送机或土仓门开启，必须随时有人观察掌子面及土仓情况，如掌子面有坍塌危险，应立即撤离全部作业人员，关闭土仓门。在开仓过程中，对土仓要持续通风，且不断对空气质量进行检测，一旦发现有害气体浓度超标时，应立即通知仓内作业人员撤出工作面。及时上报，经讨论决定是否继续进行施工。

（9）开仓作业前，应对盾尾后管片进行整环注快凝双液浆封堵，如图11-4-177所示，以减少管片后方来水。开仓完成后，应往土仓内注入膨润土或其他细颗粒浆液后再掘进。

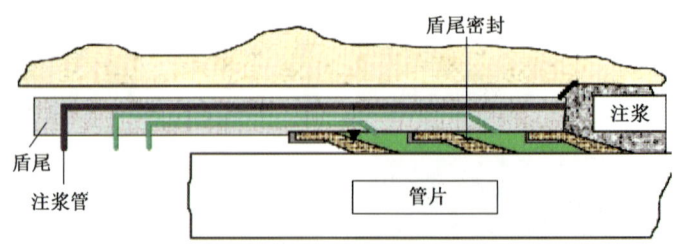

图 11-4-177　注浆封堵

（10）盾构施工单位汇总换刀期间的出渣量，根据出渣量确认后期地面处理措施，防止地表塌陷。开仓完成后恢复掘进前，需用膨润土等材料对土仓进行回填。

（11）详细开仓换刀工艺流程参见第3篇4.2.4小节相关内容。

4.8 动火作业施工风险控制

4.8.1 施工现场动火作业相关规定

(1)动火作业应办理动火许可证;动火许可证的签发人收到动火申请后,应前往现场查验并确认动火作业的防火措施落实后,再签发动火许可证。

(2)动火操作人员应具有相应资格。

(3)焊接、切割、烘烤或加热等动火作业前,应对作业现场的可燃物进行清理;作业现场及其附近无法移走的可燃物应采用不燃材料对其覆盖或隔离。

(4)施工作业安排时,宜将动火作业安排在使用可燃建筑材料的施工作业前进行。确需在使用可燃建筑材料的施工作业之后进行动火作业时,应采取可靠的防火措施。

(5)裸露的可燃材料上严禁直接进行动火作业。

(6)焊接、切割、烘烤或加热等动火作业应配备灭火器材,并应设置动火监护人进行现场监护,每个动火作业点均应设置1个监护人,如图11-4-178所示。

(7)5级(含5级)以上风力时,应停止焊接、切割等室外动火作业;确需动火作业时,应采取可靠的挡风措施。

(8)动火作业后,动火操作人员应对现场进行检查,并应在确认无火灾危险后,再离开。

(9)具有火灾、爆炸危险的场所严禁明火。

(10)施工现场不应采用明火取暖。

图11-4-178 动火作业点设置监护人

4.8.2 气瓶管理

(1)我国对氧气瓶、乙炔瓶、氩气瓶等64种气瓶的漆色作了规定,见表11-4-10。

地铁施工常见气瓶漆色规定　　　　表11-4-10

气瓶名称	外表颜色	字样及颜色
氧气瓶	天蓝色	氧(黑色)
乙炔瓶	白色	乙炔(红色)
氩气瓶	灰色	氩(绿色)

(2)施工现场用气应符合下列规定:

①储装气体的罐瓶及其附件应合格、完好和有效。

②气瓶运输、存放时,应符合下列规定:

a.气瓶应保持直立状态,并采取防倾倒措施,乙炔瓶严禁横躺卧放。

气瓶防倾倒装置如图11-4-179所示,气瓶手推车示例如图11-4-180所示。

a)氧气瓶手推车　　b)乙炔瓶手推车

图 11-4-179　气瓶防倾倒装置　　　　图 11-4-180　气瓶手推车

b.严禁碰撞、敲打、抛掷、滚动气瓶。

c.气瓶应远离火源,与火源的距离不应小于 10m,并应采取避免高温和防止曝晒的措施。

d.燃气储装瓶罐应设置防静电装置。

e.气瓶应分类储存,库房内应通风良好;空瓶和实瓶同库存放时,应分开放置,空瓶和实瓶的间距不应小于 1.5m。

气瓶存放区如图 11-4-181 所示。

③气瓶使用时,应符合下列规定:

a.使用前,应检查气瓶及气瓶附件的完好性,检查连接气路的气密性,并采取避免气体泄漏的措施,严禁使用已老化的橡皮气管。

图 11-4-181　气瓶存放区

b.冬季使用气瓶,气瓶的瓶阀、减压器等发生冻结时,严禁用火烘烤或用铁器敲击瓶阀,严禁猛拧减压器的调节螺丝。

c.气瓶用后应及时归库。

(3)乙炔瓶管理:

①乙炔瓶必须配备防回火装置,如图 11-4-182 所示,以防因回火造成乙炔瓶爆炸。

②乙炔瓶的储存仓库或储存间应有专人管理,并设置"乙炔危险""严禁烟火"的标志,如图 11-4-183 所示。

图 11-4-182　乙炔防回火装置　　　　图 11-4-183　乙炔瓶储存间标志

③乙炔瓶、氧气瓶同时使用时,必须分开放置,两者之间的距离不得小于5m,不允许置于高温环境中或长时间在阳光下曝晒。

④乙炔瓶使用时,与动火点距离不得小于10m,如图11-4-184所示。乙炔瓶的储存区,应避免阳光直射,并应避开放射源,与明火或散发火花地点的距离不得小于15m。

⑤乙炔瓶的储存仓库或储存间应有良好的通风、降温等设施,不得有地沟、暗道和底部通风孔,且严禁任何管线穿过。

⑥严禁与氧气瓶、氯气瓶及易燃物品同室储存。

⑦乙炔瓶不得储存在地下室或半地下室。

(4) 氧气瓶管理:

①氧气瓶特别是瓶嘴及与氧气接触的附件严禁接触沾染油脂,使用、储存操作及管理人员都不得穿戴沾染油污的工作服、手套等接触氧气瓶及附件;

②钢瓶一旦沾染上油脂类物质,应用四氯化碳或清洗剂及时擦净,不能用可燃的有机溶剂擦拭;

③氧气压力调节器用以把气瓶内的高压氧(压力为15MPa)减压到所需工作压力,并保持工作压力的稳定,同时还可以根据压力表了解瓶内的氧气压力和输出的氧气压力,如图11-4-185所示;

④连接氧气压力调节器前,应慢慢拧开瓶嘴放出一些气体,以吹除水分、灰尘或其他污物;

⑤连接时,注意丝扣完好,必须旋转5扣以上,拧紧后,应慢慢打开氧气开关对氧气表进行检查;

⑥连接/检查时,人应站在侧面,禁止面对调节器;

⑦氧气瓶内剩余气体的压力不应小于0.1MPa。

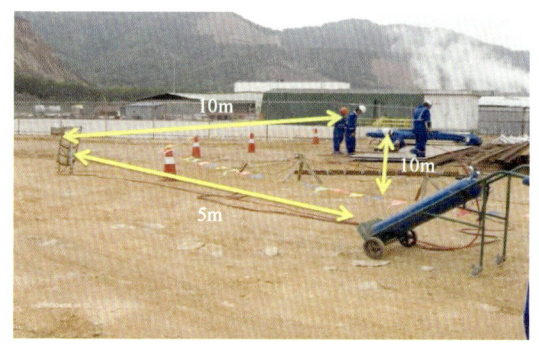

图11-4-184　气瓶使用规定

图11-4-185　氧气压力调节器

(5) 液化气罐管理:

①每次换罐时要注意检查液化气罐的橡胶密封圈,以防老化漏气;

②对胶皮管的接头处应常用浓肥皂水涂抹,检查有无漏气现象,如出现肥皂泡,则说明漏气,应及时到液化气站检修;

③每次换气后安装减压阀一定要拧紧,以免液化气泄漏,且使用过程中不要用力摇晃和倾倒、摔砸。

第 5 章 安全专项施工方案

地铁施工涉及的危险性较大的分部分项工程较多,依照相关规定,施工单位应当在危险性较大的分部分项工程施工前组织工程技术人员编制专项施工方案。为助于方案编制的系统性和全面性,提升方案整体编制水平,本章对地铁施工安全专项施工方案的编制、评审要点及安全专项方案范本进行了介绍。

5.1 安全专项施工方案编制、评审要点

5.1.1 编制要点

(1)工程概况:包括危险性较大的分部分项工程概况和特点、施工平面布置、施工要求和技术保证条件。
(2)编制依据:包括相关法律、法规、规范性文件、标准、规范及施工图设计文件、施工组织设计等。
(3)施工计划:包括施工进度计划、材料与设备计划。
(4)施工工艺技术:包括技术参数、工艺流程、施工方法、操作要求、检查要求等。
(5)施工安全保证措施:包括组织保障措施、技术措施、监测监控措施等。
(6)施工管理及作业人员配备和分工:包括施工管理人员、专职安全生产管理人员、特种作业人员、其他作业人员等。
(7)验收要求:包括验收标准、验收程序、验收内容、验收人员等。
(8)应急处置措施。
(9)计算书及相关施工图纸。

5.1.2 评审要点

1)审查程序

专项施工方案审查程序如图 11-5-1 所示。

2)审查的主要方法

(1)程序性审查:
①专项施工方案签字手续齐全,报审程序应符合规定要求。

②对于超过一定规模的危险性较大的分部分项工程,施工单位应当组织召开专家论证会对专项施工方案进行论证。实行施工总承包的,由施工总承包单位组织召开专家论证会。专家论证前专项施工方案应当通过施工单位审核和总监理工程师审查。专项施工方案经专家论证后结论为"通过"的,施工单位可参考专家意见自行修改完善;结论为"修改后通过"的,专家意见要明确具体修改内容,施工单位应当按照专家意见进行修改,并履行有关审核和审查手续后方可实施,修改情况应及时告知专家。

③专项施工方案经论证不通过的,施工单位修改后应当按照要求重新组织专家论证。

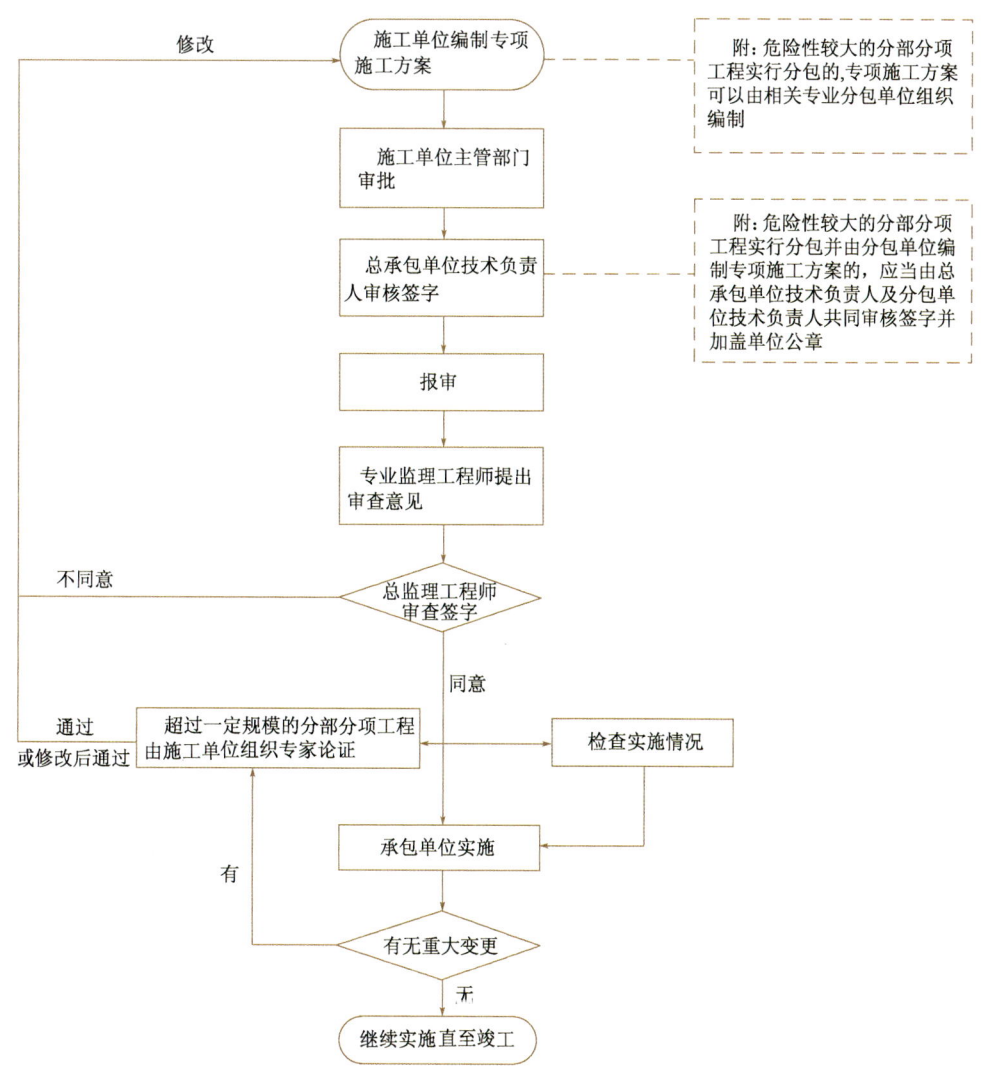

图 11-5-1 专项施工方案审查程序图

（2）符合性审查：

①专项施工方案内容是否完整、可行；

②专项施工方案计算书和验算依据、施工图是否符合有关标准规范；

③专项施工方案是否满足现场实际情况,并能够确保施工安全。

（3）针对性审查：

①施工方案应具有较强的针对性,采取的施工方法、技术措施应符合实际,充分考虑本工程的特点、施工条件、环境条件的影响,当实际情况、环境条件不能满足安全要求时,应采取必要的安全措施；

②施工进度计划中各工序的施工流向、顺序应合理,并充分考虑技术间隙的时间,当不能满足时,应采取相应的技术措施;

③专项施工方案应有必需的施工图,包括平面布置图和立面图、关键部位构造做法、节点大样图,施工图应与计算参数及实际情况一致。

5.2 安全专项方案范本

危险性较大的分部分项工程应根据住房和城乡建设部《危险性较大的分部分项工程安全管理规定》(见附件 11-5-1)的规定与《住房和城乡建设部办公厅关于实施〈危险性较大的分部分项工程安全管理规定〉有关问题的通知》(见附件 11-5-2)的规定,编制安全专项施工方案。

本节罗列了地铁施工中危险性较大的分部分项工程的专项安全施工方案编制要点及方案范本,包括基坑工程(基坑支护、降水工程、土方开挖)、模板工程及支撑体系、起重吊装及起重机械安装拆卸工程(起重吊装工程、塔式起重机安装及拆除工程、门式起重机安装及拆除工程)、爆破工程、盾构法工程(盾构机吊装、始发与接收、穿越风险源、开仓换刀)、矿山法工程、幕墙安装工程等安全专项施工方案范本供参考。

5.2.1 基坑工程安全专项方案

见附件 11-5-3 ~ 附件 11-5-5。

5.2.2 模板工程及支撑体系安全专项方案

见附件 11-5-6。

5.2.3 起重吊装及起重机械安装拆卸工程安全专项方案

见附件 11-5-7 ~ 附件 11-5-9。

5.2.4 爆破工程安全专项方案

见附件 11-5-10。

5.2.5 盾构法工程安全专项施工方案

见附件 11-5-11 ~ 附件 11-5-14。

5.2.6 矿山法工程安全专项施工方案

见附件 11-5-15。

5.2.7 幕墙安装工程安全专项施工方案

见附件 11-5-16。

本章附件

附件 11-5-1　《危险性较大的分部分项工程安全管理规定》
附件 11-5-2　《住房和城乡建设部办公厅关于实施〈危险性较大的分部分项工程安全管理规定〉有关问题的通知》
附件 11-5-3　基坑工程安全专项方案范本(基坑支护)
附件 11-5-4　基坑工程安全专项方案范本(降水)
附件 11-5-5　基坑工程安全专项方案范本(土方开挖)
附件 11-5-6　模板工程及支撑体系安全专项方案
附件 11-5-7　起重吊装及起重机械安装拆卸工程安全专项方案(起重吊装)
附件 11-5-8　起重吊装及起重机械安装拆卸工程安全专项方案(塔式起重机安装拆除)
附件 11-5-9　起重吊装及起重机械安装拆卸工程安全专项方案(门式起重机安装拆除)
附件 11-5-10　爆破工程安全专项方案
附件 11-5-11　盾构法安全专项方案范本(盾构机吊装)
附件 11-5-12　盾构法安全专项方案范本(盾构始发、掘进、接收)
附件 11-5-13　盾构法安全专项方案范本(盾构穿越建构筑物)
附件 11-5-14　盾构法安全专项方案范本(盾构开仓换刀)
附件 11-5-15　矿山法安全专项施工方案
附件 11-5-16　幕墙工程安全专项方案

第 6 章
应急管理与常见事故案例分析

应急管理是对重大事故的全过程管理,贯穿于事故发生前、中、后的各个过程,充分体现了"预防为主,常备不懈"的应急思想。

本章针对地铁施工中一些发生频率较高的事故,指出应急技术要点,施工单位应根据这些要点编制相应的应急预案,以便事故发生时充分发挥施工单位在事故应急处理中的重要作用,将事故造成的损失和影响降至最低程度。

6.1 应急预案管理

根据国家的法律、法规文件,并结合本单位的危险源状况、危险性分析情况和可能发生的事故特点,制订施工现场生产安全事故应急救援预案。

6.1.1 应急预案管理相关要求

应急预案从功能与目标上划分为综合应急预案、专项应急预案和现场处置方案三种类型。

应急预案管理内容见表 11-6-1。

应急预案管理内容 表 11-6-1

序号	名称	内容
1	综合应急预案	包括总则、组织机构及职责、预警和预防机制、应急响应与处置、后期处置、保障措施、附则和附录 8 个方面的内容,其中,组织机构及职责、信息报告与处置、应急响应程序与处置技术等要素属于应急预案的关键要素,是涉及日常应急管理与应急救援的关键环节,应体现在应急预案中。同时,危险源辨识与风险分析、应急资源和能力评估是确保应急预案具有针对性和可操作性的重要的应急策划工作,应体现在预案中且宜放在附件部分
2	专项应急预案	包括应急处置的基本原则、应急组织及职责、预防与预警、应急处置(响应分级、相应程序、处置措施)、应急物资及装备保障(数量、管理及维护、正确使用等)等,突出应急救援的技术措施。其内容要求参照综合应急预案的内容要求
3	现场处置方案	包括应急组织与职责(是基层单位和现场应急、自救组织与人员的职责)、应急处置(事故应急处置程序、现场应急处置措施、报警电话及联系电话)、注意事项(个人防护、抢救器材、救援对策或措施、自救与互救等方面的注意事项)
4	预案评审	(1) 应急预案是否符合有关法律、行政法规等,是否与有关应急预案进行了衔接; (2) 主体内容是否完备,组织体系是否科学合理,责任分工是否合理明确; (3) 风险评估及防范措施是否具有针对性; (4) 响应级别设计是否合理,应对措施是否具体简明、管用可行; (5) 应急保障资源是否完备,应急保障措施是否可行

续上表

序号	名称	内容
5	预案备案	应急预案编制单位应当在综合应急预案印发后20个工作日内,向工程所在地建设主管部门和建设单位备案
6	演练和培训	(1)应急预案编制单位应当建立应急演练制度,根据实际情况采取实战演练、桌面推演等方式,组织开展联动性强、形式多样、节约高效的应急演练; (2)制订应急演练计划,结合实际情况定期组织预案演练,并有针对性地经常组织开展应急演练,每年至少组织一次,视情况可加大演练频次; (3)对应急演练进行评估,并针对演练过程中发现的问题,对预案提出修订意见;应当有书面记录,并及时存档; (4)定期开展应急预案和相关知识的培训,根据工程的事故风险特点,每年至少组织一次综合应急预案演练或者专项应急预案演练,每半年至少组织一次现场处置方案演练,并留存培训记录。培训应覆盖预案所涉及的相关单位和人员
7	评估和修订	应急预案编制单位应当建立定期评估制度,分析评价预案内容的针对性、实用性和可操作性,实现应急预案的动态优化和科学规范管理。当预案出现以下不符合项时,要及时进行修订和完善:依据的法律、法规、规章、标准及上位预案中的有关规定发生重大变化的;应急指挥机构及其职责发生调整的;面临的事故风险发生重大变化的;重要应急物资发生重大变化的;预案中的其他重要信息发生变化的;在应急演练和事故应急救援中发现问题需要修订的

6.1.2 应急预案范本

综合应急预案、专项应急预案和现场处置方案范本详见附件11-6-1～附件11-6-3。

6.2 应急救援管理

6.2.1 应急组织机构

应急组织机构如图11-6-1所示。

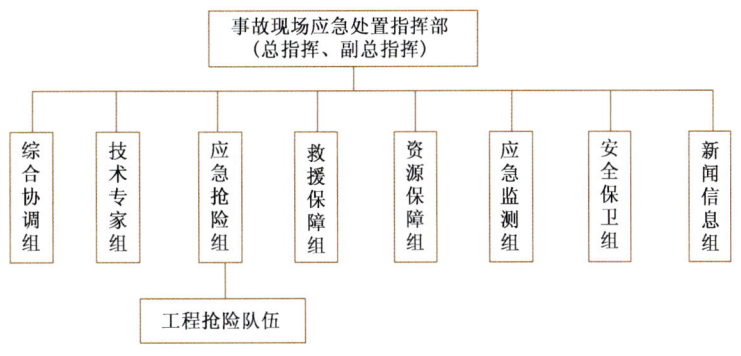

图11-6-1 应急组织机构

6.2.2 机构职责

应急组织机构应清晰表述本单位应急指挥体系,应急指挥部门职责明确,各应急救援小组设置合理,应急工作明确,见附件11-6-4。

6.2.3 应急保障措施

应急保障措施包括通信与信息保障、应急队伍保障、物资装备保障。

(1)通信与信息保障:明确与应急工作相关联的单位或人员通信联系方式和方法,并提供备用方案。建立信息通信系统及维护方案,确保应急期间信息通畅。

(2)应急队伍保障:明确应急响应的人力资源,包括应急专家、专业应急队伍、兼职应急队伍等。

(3)物资装备保障:明确应急救援需要使用的应急物资和装备的类型、数量、性能、存放位置、运输及使用条件、管理责任人及其联系方式等内容。

如社会资源联络表、应急救援指挥中心成员通讯录、应急处置专家组、社会抢险队伍、应急物资及设备,见附件11-6-5。

6.2.4 应急响应

施工安全事故的应急响应程序按过程可分为接警、响应级别确定、报警、应急启动、救援行动、扩大应急、应急恢复和应急结束等过程,如图11-6-2所示。

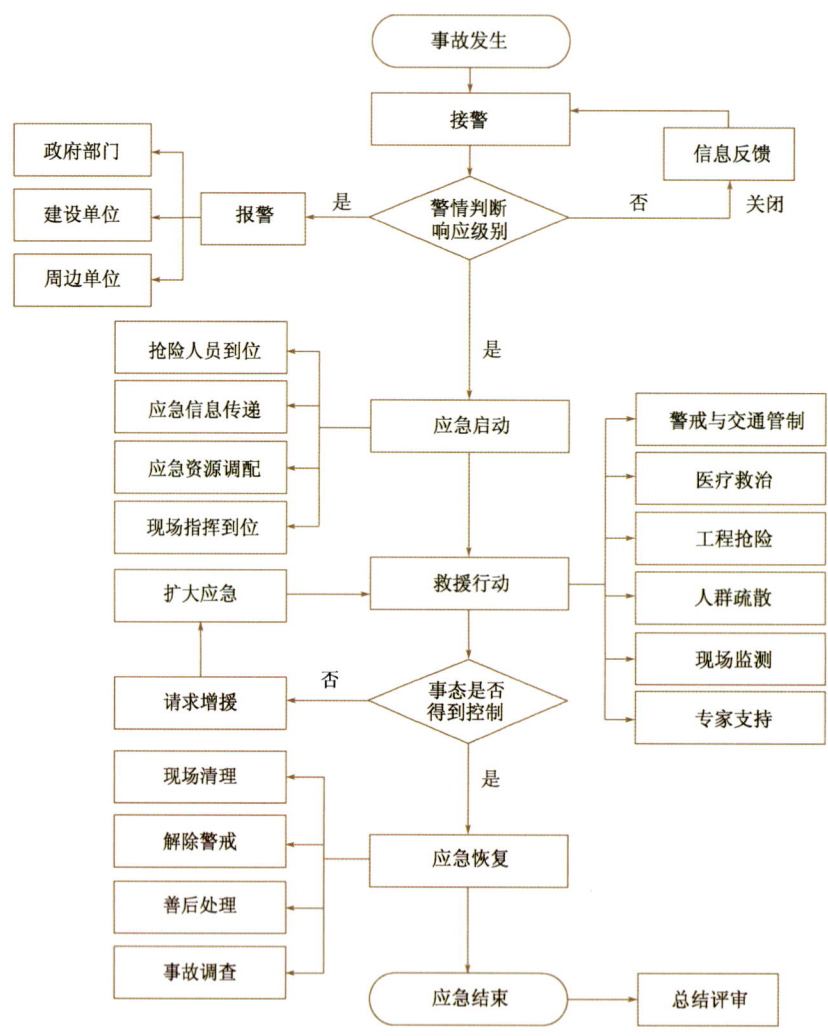

图11-6-2 事故应急响应基本程序图

6.3 常见事故应急处置要点

针对地铁施工中一些发生频率较高的事故,本节给出了应急技术要点,施工单位应根据这些要点编制相应的应急预案,以便事故发生时充分发挥施工单位在事故应急处理中的重要作用,使事故造成的损失和影响降至最低程度。

6.3.1 塌方事故应急处置要点

1)应急处置要点

塌方事故应急处置要点见表 11-6-2。

塌方事故应急处置要点　　　　表 11-6-2

险情形式	应急处置要点
基坑坍塌	(1) 基坑内所有人员立即撤离至安全地带,由施工现场负责人组织事故初期自救工作。 (2) 在事故发生后,所有应急抢险人员、设备和材料迅速投入抢险工作,加大监测频率。 (3) 当遇到支护失稳,详细检查结构和支撑的变形情况,对变形严重超限段采取回填超挖土方(开挖区)、堆土反压或增加支撑等措施。 (4) 召集专家及有关人员参加抢险紧急会议,决定应急处理方案,并据此进行紧急处理。 (5) 当有人员被掩埋或失踪时,必要时借助生命探测仪迅速确认生存状况和位置,开辟救援的工作面和通道,移开或吊运阻碍救援的大、重物件,清除和支顶稳固救援工作面(或通道)上的危险物。采用安全的方法救出遇险和受伤人员,对被救出人员在现场做必要的急救处理后,送往医院救治。 (6) 用高压旋喷桩或钢板桩对附近的道路进行加固,并会同属地公安交通管理部门对影响到的周边道路进行封闭,疏导调整事故段内的交通。 (7) 塌方处理过程中,抢险人员应确保通信畅通,并将处理情况、围岩变化情况、人员及机械设备状况等及时上报,以便领导决策。 (8) 涉及管线、建筑物时,应通知相关单位对事故现场附近管线、建筑物进行排查,发现情况立即处理,避免对周围居民生活造成影响。发现周边建筑物开裂、倾斜等情况时,立即与街道办、社区组织联系,疏散建筑物内居民,并立即对建筑物采取支撑、注浆等加固措施,以确保建筑物的安全,将损失降到最低
隧道内塌方	(1) 发生塌方时,当班工班长、现场值班技术人员应立即向项目经理、总工程师、监理工程师报告,并派人对塌方段上方道路进行交通疏散,严禁车辆、行人从塌方地段上方或紧邻通过。 (2) 项目经理部在接到报告后有关人员应立即赶往现场,并向建设单位及上级管理部门报告,涉及地下管线、建(构)筑物时。应立即向相关产权单位报告。相关产权单位在接到事故报告后,尽快组织专业抢修队伍到达出事现场进行原因分析,共同组织抢修。 (3) 在报告的同时,总工程师组织相关专家进行原因分析。制订并实施处理方案,事故现场组织调配抢险机械设备、抢险物资及人员,以配合专业队伍进行抢险工作。安排专人对现场抢险人员的抢险行为进行安全监控。当险情危及人身安全时,人员应尽快撤离危险区。 (4) 塌方稳定后,如塌方段有渗水,采用 PVC 管等对渗水进行引流处理,防止渗水软化塌方土体,引起连续塌方事故。 (5) 用方木、工字钢等支撑塌方掌子面,及时挂网喷射混凝土,封闭塌方土体,对距离掌子面 10m 范围内的初期支护采用工字钢支撑加固。 (6) 塌方处理完成后加强塌方处的监测,每天观测频率 3 次以上并及时上报监测情况,至地层变形稳定为止。 (7) 当抢救出伤员时,应根据伤者的伤势程度,由医务人员进行必要的现场救治措施(如止血、包扎等)后,按"先重后轻"的原则,立即将伤者送医院进行抢救、治疗。 (8) 对受影响的建(构)筑物、管线架设临时支撑,防止建(构)筑物、管线受到继续破坏,对受影响的燃气、供水、供热等地下管线采取停止运营、导流等措施,防止产生更大灾害

2)案例

(1) 案例 1:某地铁车站风井基坑坍塌事故

①事故简介。某地铁车站风井基坑总长 193m,宽 20.2m,围护结构采用地下连续墙、钢管内支撑体系,明挖顺作法施工。2003 年 3 月 26 日,进行基坑土方开挖施工,于晚上 12 点第四道两根钢支撑的土方开挖完毕,次日凌晨 1 点左右进行安装施工,此时第三道钢支撑的部分钢围檩有变形现象,到 27 日早上 5 点左右围护结构发生响声,同时第三道支撑和钢围檩发生明显位移。现场负责人立即命令基坑内人员马上撤离,之后紧急回填土,当土方回填 20m³ 左右时,基坑支护体系失稳,基坑坍塌。事故没有人

员伤亡,无管线损坏。

②原因分析。该车站基础以下地层中存在暗浜(暗浜是指原有大小河浜、水塘由于各种原因被填埋而形成的一种不良的地质现象),施工前未对暗浜进行详细的地质勘察,未采取相应的处理和加固措施,给工程施工留下了安全隐患;施工期间正好遇上连续降雨天气,雨水渗入边坡土体,增加了边坡的重量并起到软化作用,降低了边坡土体的抗剪强度,导致边坡产生滑动;在上层土体加固强度不足的情况下即进行下层土体开挖,造成超挖失稳。规范规定,上层注浆体及喷射混凝土面层达到设计强度的80%后方可开挖下层土方,而本案例未严格按照规范要求进行施工,是导致事故发生的直接原因。

(2)案例2:某出入口通道处坍塌事故

①事故简介。某日,某在建地铁车站东南出入口通道断面转换作业面发生坍塌,塌方约1m³,开口导洞西侧顶端上部初期支护开裂,裂缝在开口导洞的中间位置,宽约10mm,长约1.5m。施工单位项目负责人指挥作业人员对拱顶进行加固,在进行抢险加固过程中,拱顶再次发生塌方,将6名作业人员埋压,造成三级重大安全事故。塌方面积为20m²,深约11m。地面上的一栋一层会议室也塌了10m²,建筑物内的一些设备和办公用具等都掉进坑中。

②原因分析。原路面位置以前是水田,在修建道路时将原先多沟壑、河道、池塘的软弱地带进行填筑而成。另外,地下管线非常复杂,距场地3~4m处就有一幢住宅楼,增大了地铁施工的难度。在工程质量控制方面,隧道初期支护格栅拱钢筋要求的帮焊长度为22cm,但是本工程中帮焊长度只有5cm,甚至有的仅为2cm,根本没有达到要求,在塌方范围内就有两根钢筋被撑断。

6.3.2 涌水、涌砂应急处置要点

1)应急处置要点

涌水、涌砂应急处置要点见表11-6-3。

涌水、涌砂应急处置要点　　　　表11-6-3

险情形式	应急处置要点
基坑内涌水、涌砂	(1)立即疏散基坑内所有人员撤离至安全地带,施工现场负责人组织应急救援工作,所有人员、设备和材料应迅速投入抢险工作; (2)当基坑渗漏水较小时,以"堵"为主,可以用注聚氨酯进行封堵,或对渗漏点进行剔凿清理,然后用水不漏或快硬水泥封堵; (3)当基坑渗漏水较大时,具有较明显的水压力,可以采用快硬水泥(水不漏等)埋管注水溶性聚氨酯浆封堵; (4)当基坑渗漏水很大时,人工配合挖机修筑围堰(主要用土袋子),接上引流管(视渗漏情况选择引流管大小),利用土袋子或浇筑混凝土反压,在渗漏区域外侧采用地面引孔,压注水泥—水玻璃双液浆,至渗漏停止; (5)在基坑周围砌筑50cm高的防淹挡墙;配备足够数量的砂袋,防止地面水大量流入基坑; (6)加强监测,随时掌握地表隆陷情况、地下水情况等,以便采取措施,控制事故发展
暗挖法施工隧道内涌水、涌砂	(1)停止隧道开挖施工; (2)采用快速水泥迅速将涌水、涌砂口部进行封堵; (3)掌子面迅速用工字钢、方木、钢筋、钢筋网进行加固、封堵,并焊接双层钢筋网; (4)立即采用混凝土喷射机对封闭部位进行喷射混凝土封闭,封闭厚度根据现场情况而定; (5)针对涌水、涌砂部位迅速安装注浆钢管,并对其进行注浆,以改善或加固周围地层; (6)加强隧道周围降水能力,将地下水位降至开挖面以下; (7)将隧道内积水、涌砂清理干净,并加强观测,防止二次涌水、涌砂事故发生

续上表

险情形式	应急处置要点
盾构施工隧道内涌水、涌砂	(1)事故发生后,事故现场负责人必须在第一时间赶赴现场,施工现场的抢险救援小组成员必须接受统一指挥,投入抢险救援工作。 (2)始发、到达渗漏:采用超前注浆不能控制时,首先采取地面注双液浆,在涌泥浆处采用堆积砂袋的办法阻击泥浆的外泄,如还不能达到堵漏引排的效果,立即启动降水井降水,通过降低水位实现盾构机快速始发、到达,并加强对周边建(构)筑物的沉降监测。如仍无法阻止大量突泥、涌水现象,应立模浇筑混凝土封闭洞门,以避免事态进一步扩大。 (3)盾尾渗漏:针对泄漏部分集中压注盾尾油脂,配制初凝时间较短的双液浆进行壁后注浆,压浆位在盾尾后5~10环,利用堵漏材料进行封堵,如上述措施效果不佳时,可采用聚氨酯在盾尾后一定距离处压注堵漏。 (4)螺旋输送机喷涌:进行紧急密封,注入适量的膨润土泥浆或高分子聚合物改善土体的和易性,对管片壁后进行二次注浆,阻断水通道。 (5)管片渗漏:对管片壁后进行二次注浆,阻断汇水通道,利用堵漏材料进行封堵,必要时泄压,或可采用聚氨酯压注封堵。 (6)有可能危及周围居民的安全时,应立即通知政府组织及当地居委会,组织居民安全有序地撤离。专人负责事故现场设立警戒线,对现场通道进行封锁,做好媒体接待,并根据实际情况,及时向周边居民发布安民告示

2)案例

(1)案例1:某地铁车站基坑渗水、涌砂引起地表沉陷事故

①事故简介。某车站标准段基坑开挖深度约为15.5m,基坑等级为二级,围护结构为地下连续墙、钢管内支撑体系,明挖顺作法施工。2004年3月11日,车站基坑围护结构渗水、涌砂,引起地表沉陷、管线开裂漏水,事故发现后,施工现场借助已准备的应急抢险材料对涌砂口进行封堵,经过约5h的紧张施工,封堵基本成功,涌砂得到控制。

②原因分析。地下连续墙成槽过程中周边地层局部存在淤泥质土,与周边地质差异较大,成槽施工过程中已出现塌孔、混凝土超灌等情况,地下连续墙成墙的垂直度控制技术不佳,是造成本次事故的直接原因。

(2)案例2:某区间隧道掌子面涌水、涌砂事故

①事故简介。某日上午某隧道大里程方向在开挖过程中,左线掌子面处突然发生涌水、涌砂现象。险情发生后,施工单位当即采取临时封堵等措施,中午时分,掌子面处涌水、涌砂险情得到有效控制,隧道初期支护稳定。讨论临时支护措施并加紧抢险施工,临时支护措施为五道扇形工字钢支撑+素喷混凝土。本次掌子面处突泥(砂)涌水险情未造成人员伤亡和机械损伤,对隧道结构影响较小。

②原因分析。该隧道大里程方向位于灰岩岩溶发育区域,溶蚀区域分布大小不等的溶洞,部分溶洞内充填有大量软塑或流塑状的黏土、砂,溶洞水和裂隙水同时存在,地下水位较高,隧道掌子面开挖施工中揭穿溶洞,导致突然发生涌水、涌砂。根据现场情况结合地质资料综合分析,上述原因极有可能为本次涌水、涌砂事件的主要原因。

(3)案例3:某区间涌水、涌砂事故

①事故简介。某隧道右线全长705.386m,左线全长708.835m;隧道埋深8.8~18.7m,最大线间距14m,共设4个半径$R=400m$的曲线,最大纵坡为1.579%。2012年10月29日上午,左线隧道内螺旋出土口涌水、涌砂,现场及时组织人员进行抢险,险情得以控制,事故没有人员伤亡,无管线损坏。

②原因分析。盾构左线掘进至DK16+987.2时,发生螺旋出土口涌砂现象,其原因可能为地下水头较高、渣土改良效果差,导致土仓内水和沙涌出。

6.3.3 建筑物开裂、失稳应急处置要点

1）应急处置要点

建筑物开裂、失稳应急处置要点见表11-6-4。

建筑物开裂、失稳应急处置要点　　　　　　　　　　　表11-6-4

险情形式	应急处置要点
明（盖）挖基坑、盾构法施工、暗挖法施工	（1）立即停止施工，上报监理、建设、设计及房屋产权单位； （2）对建筑物进行结构加固，查明原因，防止沉降继续扩大； （3）对建筑物内的人员进行腾迁，紧急向上级部门汇报，紧急联系所有相关部门，并及时撤离建筑物内人员及贵重物品，疏散周边人员； （4）协助相关部门建立安全隔离区，并参与警戒和巡逻工作； （5）会同设计、监理、建设单位及权属单位商讨处理方案； （6）加强对建筑物基础的监测，当沉降继续加大时，根据不同工法，采取相应的技术措施： ①明（盖）挖基坑：立即停止开挖，对开挖影响范围内的建筑物周边土体采取注浆等措施进行加固，提高底层承载力或调整其变形； ②盾构法施工：在盾构洞内采取二次注浆或加设水平临时工字钢支撑，并在建筑基础外围打设注浆小导管，压注水泥浆加固基底； ③暗挖法施工：挂网喷射混凝土封闭掌子面，在隧道内沿建筑全长范围架设水平及竖向临时工字钢支撑；拱部径向打设注浆小导管，压注水泥浆加固地层，防止拱部继续沉降加剧建筑物的不均匀沉降

2）案例

案例：地陷导致居民楼倾斜事故

①事故简介。某日，一幢木桩结构的六层楼房突然发生倾斜，附近的地面也发生沉降，涉及沉降的房屋有三幢。事故原因与地铁施工有关，相关部门对五幢楼的居民进行了疏散及安置。事故没有造成人员伤亡，截至当日中午12点监测到的数据表明，房屋的沉降趋于稳定，暂无倒塌危险。相关部门成立了专家组，对现场情况进行论证，对沉降房屋进行妥善处理。

②原因分析。本次事故发生的原因主要为该路段地质情况复杂，施工单位未采取补勘措施；其次是倾斜的房屋是木桩结构，未提前在地面采用加固措施；最后是地基稳定性较差，盾构推进过程中参数设置不合理。

6.3.4 市政管线破坏应急处置要点

1）应急处置要点

市政管线破坏应急处置要点见表11-6-5。

市政管线破坏应急处置要点　　　　　　　　　　　表11-6-5

险情形式	应急处置要点
明（盖）挖基坑、盾构法施工、暗挖法施工	（1）报告项目部应急领导小组、监理、交通管理部门、项目管理处、所属管线单位； （2）项目部立即组织抢险物资、机械设备和人员配合管线公司抢修专业队伍进行抢修； （3）会同监理、设计、建设、管线权属单位商讨加固补救方案； （4）对维修好的部位应重点加以保护，避免出现二次断裂； （5）管线抢修完成后，需经相关单位检查没有隐患后，施工现场方可复工； （6）根据不同工法，采取相应的技术措施： ①明（盖）挖基坑：小导管局部注浆加固地层，并针对管沟位置注浆加固，必要时高压注浆上抬管沟； ②盾构法施工：洞内针对管沟位置注浆加固； ③暗挖法施工：挂网喷锚封闭掌子面，采取在拱顶打设长3m、间距为300mm的小导管局部注浆加固地层

2）案例

案例：某区间隧道塌方事故

①事故简介。某区间隧道左线开挖至距横通道中线195m、人防扩大段里程 K20+518.3 处（隧道宽9m、高9.6m）时，CRD法开挖的①号导洞上半断面台阶底部左侧拱脚处突然发生涌水，30min 后洞内涌水已达到1m深，1.5h 后地面对应掌子面位置处产生坍塌，导致隧道上方土体流失和附近引桥挡土墙塌陷，塌坑长约18m、宽约14m、深约12m。

②原因分析。该区间涌水坍塌前，掌子面上正在进行喷射混凝土作业，在开挖、安装格栅过程中均无明显渗漏水现象，而是在喷射混凝土作业过程中左侧边墙突然涌水造成掌子面拱部坍塌。地面坍塌现场反映出结构上方一条内径为1650mm 的热力管线断裂向洞内涌水，此热力管线与结构平行，管底距离结构顶面5.57m。综上所述，判断由于掌子面前上方土体受热力管线长期渗漏而形成水囊或饱和水淤泥层，开挖之后，由于土、水的受力改变而造成水囊或淤泥层涌水坍塌，土层坍塌又造成热力管径断裂，从而引发大面积的塌陷。

6.3.5 密闭（有限）空间窒息或中毒事故应急处置要点

1）应急处置要点

密闭（有限）空间窒息或中毒事故应急处置要点见表11-6-6。

密闭（有限）空间窒息或中毒事故应急处置要点　　　表11-6-6

险情形式	应急处置要点
明（盖）挖基坑、盾构法施工、暗挖法施工	（1）现场应急指挥负责人和应急人员首先对事故情况进行初始评估，根据观察到的情况，初步分析事故的范围和扩展的潜在可能性； （2）使用检测仪器对有限空间有毒有害气体的浓度和氧气的含量进行检测，也可采用动物（如白鸽、白鼠、兔子等）试验方法或其他简易快速检测方法做辅助检测； （3）根据测定结果采取加强通风换气等相应的措施，在有限空间的空气质量符合安全要求后方可作业； （4）抢险人员要穿戴好必要的劳动防护用品（如呼吸器、工作服、工作帽、手套、工作鞋、安全绳等），系好安全带，以防抢险救援人员受到伤害； （5）在有限空间内作业用的照明灯应使用12V以下安全行灯，照明电源的导线要使用绝缘性能好的软导线； （6）发现有限空间有受伤人员，用安全带系好被抢救者两腿根部及上体妥善提升，使患者脱离危险区域，避免影响其呼吸或触及其受伤部位； （7）抢险过程中，有限空间内抢险人员与外面监护人员应保持通信联络畅通并确定好联络信号，且监护人员不得离开监护岗位； （8）救出伤员对伤员进行现场急救，一旦发生中毒窒息事故，应立即进行心肺复苏急救，并及时将伤员转送医院，应急救援人员实施救援时，也应做好自身防护，佩戴必要的呼吸器具等； （9）医疗救护组到达现场后，与消防抢险组配合，应立即救护伤员和中毒人员，对中毒人员根据中毒症状及时采取相应的急救措施，对伤员进行急救处置，重伤员及时送往医院抢救； （10）当事故现场状况较为复杂、救援难度较大、超出企业自救能力时，现场有关人员应立即报警，向社会救援力量求救，切忌盲目施救造成事故扩大，给生命财产安全带来无法弥补的损失

2）案例

案例：某盾构区间有害气体爆燃事故

①事故简介。某盾构区间，在盾构机开仓作业时遇不明气体导致人员伤亡事故，现场作业工人全部撤离至地面，受伤人员送医院抢救，2 人死亡，5 人受伤。

②原因分析。事故调查组紧急制订了不明气体检测方案，并委托相关检测中心对盾构隧道事故现场的余气成分及浓度进行检测，检测结果显示，盾构机土仓内甲烷、一氧化碳等有害气体严重超标。据

此初步判断,盾构机土仓内由于聚集了大量的甲烷等有害气体,造成在开仓过程中引起爆燃。

6.4 常见安全事故案例分析

常见安全事故案例分析见附件 11-6-6 ~ 附件 11-6-12。

— 本章附件 —

附件 11-6-1　综合应急预案(模板)
附件 11-6-2　专项应急预案(模板)
附件 11-6-3　现场处置方案(模板)
附件 11-6-4　应急组织机构职责
附件 11-6-5　应急保障措施表格
附件 11-6-6　火灾、机械伤害、高处坠落案例
附件 11-6-7　基坑施工事故案例
附件 11-6-8　盾构法施工事故案例
附件 11-6-9　矿山法施工事故案例
附件 11-6-10　轨道工程施工事故案例
附件 11-6-11　装饰装修工程风险控制案例
附件 11-6-12　机电安装工程施工事故案例

本篇参考文献

[1] 北京交通大学.地铁工程施工安全管理与技术[M].北京:中国建筑工业出版社,2012.
[2] 住房和城乡建设部工程质量安全监管司.城市轨道交通工程安全风险管理体系构建指南[M].北京:中国建筑工业出版社,2015.
[3] 罗富荣,曹伍富.北京轨道交通工程安全风险管理体系[M].北京:中国铁道出版社,2013.
[4] 住房和城乡建设部.城市轨道交通地下工程建设风险管理规范:GB 50652—2011[S].北京:中国建筑工业出版社,2011.
[5] 住房和城乡建设部.城市轨道交通工程监测技术规范:GB 50911—2013[S].北京:中国建筑工业出版社,2013.
[6] 住房和城乡建设部,国家质量监督检验检疫总局.施工企业安全生产管理规范:GB 50656—2011[S].北京:中国计划出版社,2011.
[7] 住房和城乡建设部.地下铁道工程施工质量验收标准:GB/T 50299—2018[S].北京:中国建筑工业出版社,2018.
[8] 国家质量监督检验检疫总局,国家标准化管理委员会.生产经营单位生产安全事故应急预案编制导则:GB/T 29639—2013[S].北京:中国质检出版社,中国标准出版社,2013.
[9] 住房和城乡建设部.建筑施工模板安全技术规范:JGJ 162—2008[S].北京:中国建筑工业出版社,2008.
[10] 住房和城乡建设部.建筑施工碗扣式钢管脚手架安全技术规范:JGJ 166—2016[S].北京:中国建筑工业出版社,2016.
[11] 住房和城乡建设部.建筑施工扣件式钢管脚手架安全技术规范:JGJ 130—2011[S].北京:中国建筑工业出版社,2011.
[12] 住房和城乡建设部.建筑施工承插型盘扣式钢管支架安全技术规程:JGJ 231—2010[S].北京:中国建筑工业出版社,2010.
[13] 住房和城乡建设部.建筑深基坑工程施工安全技术规范:JGJ 311—2013[S].北京:中国建筑工业出版社,2013.
[14] 住房和城乡建设部.地铁工程施工安全评价标准:GB 50715—2011[S].北京:中国计划出版社,2011.

第12篇
施工质量管理

本篇编审委员会

主编单位：中铁二十二局集团有限公司

主　　编：宁士亮

副 主 编：郭建波

参　　编：庞前凤　徐畅畅　唐丽丽　张　利　檀军锋　张　勇　周兵役

审　　定：刘　勇　潘明亮　宁士亮

秘　　书：黄明琦

标准规范

本篇使用的主要标准规范如下：
1. 《混凝土结构设计规范》（GB 50010）
2. 《混凝土质量控制标准》（GB 50164）
3. 《建筑地基基础工程施工质量验收标准》（GB 50202）
4. 《混凝土结构工程施工质量验收规范》（GB 50204）
5. 《钢结构工程施工质量验收标准》（GB 50205）
6. 《建筑工程施工质量验收统一标准》（GB 50300）
7. 《盾构法隧道施工及验收规范》（GB 50446）
8. 《混凝土结构工程施工规范》（GB 50666）
9. 《碳素结构钢》（GB/T 700）
10. 《钢筋混凝土用钢 第1部分：热轧光圆钢筋》（GB/T 1499.1）
11. 《钢筋混凝土用钢 第2部分：热轧带肋钢筋》（GB/T 1499.2）
12. 《低合金高强度结构钢》（GB/T 1591）
13. 《非合金钢及细晶粒钢焊条》（GB/T 5117）
14. 《热强钢焊条》（GB/T 5118）
15. 《气体保护电弧焊用碳钢、低合金钢焊丝》（GB/T 8110）
16. 《技术制图 复制图的折叠方法》（GB/T 10609.3）
17. 《普通混凝土拌合物性能试验方法标准》（GB/T 50080）
18. 《混凝土物理力学性能试验方法标准》（GB/T 50081）
19. 《普通混凝土长期性能和耐久性能试验方法标准》（GB/T 50082）
20. 《混凝土强度检验评定标准》（GB/T 50107）
21. 《地下铁道工程施工质量验收标准》（GB/T 50299）
22. 《建筑结构检测技术标准》（GB/T 50344）
23. 《矿物掺合料应用技术规范》（GB/T 51003）
24. 《无障碍设计规范》（GB 50763）
25. 《钢筋焊接及验收规程》（JGJ 18）
26. 《回弹法检测混凝土抗压强度技术规程》（JGJ/T 23）
27. 《普通混凝土配合比设计规程》（JGJ 55）
28. 《建筑桩基技术规范》（JGJ 94）
29. 《建筑基桩检测技术规范》（JGJ 106）
30. 《建筑基坑支护技术规程》（JGJ 120）
31. 《混凝土中钢筋检测技术标准》（JGJ/T 152）
32. 《钢筋机械连接用套筒》（JG/T 163）
33. 《建设电子档案元数据标准》（CJJ/T 187）
34. 《城市轨道交通工程资料管理规程》（DB11/T 1448）
35. 《危险性较大的分部分项工程安全管理规定》

METRO CONSTRUCTION HANDBOOK

篇首语

百年大计,质量第一。随着我国基础设施工程建设规模的不断扩大和施工技术的不断进步,我国地铁工程质量总体水平也有了较大提高,为改善人民出行和社会进步做出了巨大的贡献。地铁工程项目的质量控制,需要系统有效地应用质量管理和质量控制的基本原理和方法,建立和运行有效的工程项目质量控制体系,落实各单位的质量责任,通过项目实施过程各个环节质量控制活动,有效预防和正确处理可能发生的工程质量事故,实现建设工程项目的质量目标。为此,本篇从地铁施工质量管理的基础理论入手,阐述地铁工程质量管理的基本原理、体系、方法、手段等,融理论和实践于一体,力求做到由浅入深、通俗易懂,为一线施工技术人员提供一套实用的参考资料。

本篇主要从地铁施工质量管理的基础理论、试验与检测、资料管理及质量检查验收等方面阐述了如何进行地铁工程的质量管理,并在第6章集中介绍了地铁施工质量通病与防治措施,以引起重视,防患于未然。

目前,随着地铁的大规模建设,地铁施工质量管理形势严峻,各地也都在传统的质量管理模式下,开展与质量管理相关的信息系统的研究与应用工作,如"盾构隧道信息化施工实时远程管理系统"。随着5G技术的全面应用,信息化必将在质量管理的各个方面,如资料管理、过程管理等,逐步全面推广。

第 1 章 概述

施工质量管理是指在明确的质量方针指导下,通过对地铁施工方案和资源配置的计划、实施、检查和处置,进行施工质量目标的事前控制、事中控制和事后控制的系统过程。通常包括质量方针和质量目标,同时进行质量策划、质量控制、质量保证和质量改进等。施工质量管理的主要内容为质量管理体系的建立、过程控制、试验检测、工程资料管理、工程质量检查五个部分,主要方法为三阶段控制原理和戴明循环方法等。管理的核心是保证工程质量达到建设单位的合同要求和相应的技术标准;依据的是相应的技术规范和标准;效果取决于工程是否达到设计质量要求;目的是提高工程质量,满足建设单位要求。

1.1 施工质量

1)施工质量的概念

施工质量是指地铁工程实施的活动过程及其产品的质量,主要包括两个方面:一是指产品质量,二是指包括形成产品全过程的工序质量和工作质量。

(1)产品质量

产品质量是指通过项目实施形成的,满足相关标准规定或合同约定的特性,一般包括适用性、可靠性、耐久性、美观性、经济性、与环境协调性等几方面。

(2)工序质量

工序质量也称施工过程质量,是指施工过程中人、机械设备、材料、方法与环境综合起作用的过程中所体现的质量。

(3)工作质量

工作质量是指施工和施工管理的各项工作对产品质量是否满足相关标准及用户需要所起到的保证作用的程度,它包括社会工作质量(如社会调查、质量回访和保修服务)和生产过程工作质量(如管理工作质量、技术工作质量和后勤工作质量等)。

(4)三者关系

工作质量决定工序质量,工序质量决定产品质量。保证工作质量是保证工序质量和产品质量的基础。

2）施工质量的影响因素

影响地铁工程施工质量的因素主要有五方面，即人、材料、机械设备、方法、环境，见表12-1-1。

影响地铁工程施工质量的因素　　　　　　　　表12-1-1

影响因素	具体内容	
人	承包者资质	管理者资质
		操作者资质
	分包者资质	
材料	原材料、半成品、构配件、周转材料等	
	建筑设备、器材	
机械设备	生产设备	
	施工机械设备、各类工器具	
方法	施工组织设计	
	施工方案、施工计划	
	施工工艺、操作方法	
环境	作业环境因素（场地、空间、交通运输、照明、水、电等）	
	自然环境因素（地质、水文、气象等）	
	项目管理环境因素	质量管理体系、质量管理制度、质量保证活动
		技术管理体系、制度（图纸资料、开工审查、技术交底、图纸会审等）

1.2 施工质量管理特点

地铁工程施工质量管理主要包括以下六个方面的特点：

(1)控制因素复杂。与一般建筑工程相比，地铁工程具有规模大、风险高、专业复杂、涉及主体多、与工程周边环境相互影响大的特点。地铁施工是一个极为复杂的施工过程，影响其质量的因素很多，如设计、材料、设备、地质、水文、环境、施工工艺、操作方法、管理制度等，均直接或间接地影响地铁施工的质量。

(2)控制过程可变。地铁工程项目中，每个车站、区间隧道等建（构）筑物都是唯一的，其每道工序的作业过程也是唯一的，不可能是工厂内标准化的作业过程，因此很容易产生质量差异。质量控制的目的就是将质量变异减小到最低程度。

(3)控制不可复返。不同于一般的工业产品，地铁工程项目质量必须一次性达到要求，不可能再拆卸或解体以检查内在的质量，或重新更换零部件，也不可能"退货"。因此，要求各项工序在施工过程中要严格把关、监督，保证一次合格。

(4)控制与环境相适应。地铁工程项目施工的人员大多是流动的,作业环境也很复杂,有露天、地下和高处等作业情形,因此,必须研究流动人员作业和不同的作业环境所带来的问题,并针对性地采取适宜的作业技术措施。

(5)控制要求严格。地铁工程项目由于工序交接多、中间产品多、隐蔽工程多,必须进行严格的检查,如交接检、隐检、预检、阶段验收、竣工验收等。否则,事后看表面,容易判断错误。

(6)地铁质量控制受进度、投资制约,必须正确处理质量、投资、进度三者的关系,以达到对立统一。

1.3 施工质量方针和质量目标

1)质量方针

地铁工程施工质量方针是由项目部根据本企业的质量方针结合施工承包合同要求以及企业经营理念而制定的具体质量方针,该方针由项目经理部组织制定,且与本企业的质量方针相一致。凡从事项目工程的一切活动和行为,均需严格按照设计文件、各级规范(标准)、监理程序和施工合同约定的相关条款组织实施,紧紧围绕工程质量这个核心,对全体施工人员进行质量教育,增强质量意识,贯彻质量方针。

(1)××项目质量方针:诚信为本,顾客至上,科学管理,建造精品。

(2)××项目质量方针:科学管理、质量第一、持续改进。

2)质量目标

(1)概念

地铁工程施工质量目标是指在工程质量方面所追求的目标,是工程项目部实现满足合同要求及国家相关标准的具体落实结果,也是评价质量管理体系有效性的重要判定指标。这些质量目标是具体的、可测量的,并且与质量方针相一致。

(2)要求

地铁工程施工质量目标由项目经理负责制订。在制订时,该目标要满足以下四方面要求:

①质量目标应使质量持续改进,满足建设单位要求。项目部确定的质量目标应考虑市场当前和未来的需要,应使项目质量持续改进,并应考虑当前的建设单位的要求。

②质量目标应予以分解和展开。质量目标必须分解到质量管理体系的各有关职能部门及层级(如决策层、执行层、作业层)中,相关职能和层级的员工都应把质量目标转化或展开为各自的工作任务。在展开质量目标时,应注意各部门之间的配合与协调。

③质量目标应是可测量的。质量目标作为质量管理体系有效性的判定指标,应具有可测量性,以增加质量目标的可评审性。作业层的质量目标应该尽可能定量,并与设计值进行比较,以确定实现的程度。

④质量目标与质量方针保持一致。质量目标在质量方针的基础上建立,在质量方针给定的框架内展开,内容应与质量方针保持一致。

(3)内容

地铁工程施工质量目标的内容主要有以下三方面:

①工程项目要求,即体现工程项目的固有特性和工程项目所赋予的特性;
②满足工程项目要求的内容,即满足工程项目要求所需的资源、过程、文件和活动等;
③质量目标应包括对质量持续改进的承诺,体现分阶段实现的原则。

某地铁×号线××地铁车站工程质量目标

1. 总体目标

工程质量达到合同要求"合格"。

2. 阶段性目标

(1)围护结构工程

严把质量关,项目部严格按照程序要求,严格执行"自检、互检、专检"三检制度,加强过程控制,确保施工质量。

(2)主体结构工程

主要抓好底板、侧墙、柱、梁、中板、顶板防水、钢筋和混凝土的施工质量,尤其是防水质量和混凝土的质量,施工前采取有效的预控措施,这是工程需重点抓好的工作。

(3)装饰装修工程

装饰质量好坏直接影响建筑的整体效果,本工程装饰面积大,要认真组织施工,选用具有地铁车站装修经验、技术水平高的施工人员,在施工前首先进行样板墙、样板地等样板工程施工,经建设单位、监理单位确认后方可大面积施工。在施工前要抓好原材料的进货质量,制订消除质量通病的预控措施。质量检查工作要步步紧跟,不符合要求的,彻底返工。

(4)单位工程质量及控制资料

单位工程质量及控制资料验收合格率达到100%;

分部工程及子分部工程必须达到一次性合格;

分项工程、检验批验收合格率达到100%;

分部(子分部)工程、分项工程质量验收达到一次交验合格;

单位工程观感质量检查均应达到"优";

单位工程质量控制资料同步齐全。

1.4 施工质量管理展望

随着地铁工程在我国的快速发展以及第五代移动通信技术(5G技术)和大数据技术的逐步应用,为配合施工质量标准化建设,施工质量管理的信息化建设也会在地铁施工质量管理领域内逐步展开,主要表现为以下三方面:

(1)质量管理信息化是以管理活动流程化、管理流程表单化、流程表单信息化、信息管理集成化为主要手段,实现质量信息的录入、归档、集成、查询、预警等功能。

(2)推广BIM技术在质量管理过程中的应用。通过BIM技术实时显示未施工构件或部位的工艺工法、质量控制点、控制参数,已施工构件或部位的检验状态、质量数据、组织机构及人员等信息,实施覆盖全程全生命周期的质量管理。

(3)推广信息技术的运用。利用二维码等信息技术,实现重要工程材料、设备、半成品工程实体质量自我声明以及质量追溯功能;扫描二维码即可知道结构构件的施工时间、质量控制点以及实测实量数据。在工程项目的质量管理活动中利用数字化终端（如盾构隧道信息化施工实时远程管理系统，基坑钢支撑轴力伺服自动补偿系统等），实现实时在线录入、统计、集成、自动生成档案资料及报告等功能（如材料、工序及分项工程检查验收、甲方监理及上级单位对项目的检查考核等），实现过程质量的实时监控。

第 2 章
施工质量管理的基础理论

地铁工程施工质量管理是为了确保实现合同要求的质量标准,通过采取一系列监控措施、手段和方法,对地铁工程项目的施工情况进行监督、检查和测量,并将实施结果与合同约定的质量标准进行比较,判断其是否符合质量标准,找出存在的偏差,分析偏差形成原因的一系列活动。地铁工程施工质量管理的基础理论主要包括质量管理控制原理及方法、质量保证体系、质量管理组织、质量管理制度及质量事故处理等内容。

2.1 施工质量控制原理

2.1.1 "三阶段"控制原理

根据"三阶段"控制原理,地铁工程施工过程的质量控制可划分为以下三个阶段。

1)施工准备阶段的质量控制(事前控制)

(1)事前控制是指在各工程对象正式施工活动开始前,对各项准备工作及影响质量的各因素进行控制,这是确保施工质量的先决条件。主要包括两方面:一是周密地进行施工质量策划;二是按照质量策划进行质量活动前的准备工作状态的控制。施工准备工作不仅在整个合同工程开工前要做好,而且贯穿于整个施工过程。施工准备工作一般包括技术准备、材料准备、设备准备、组织准备、现场准备几个方面。

(2)事前控制的重点是做好施工准备工作,这是确保施工质量的先决条件。

①要有明确的管理机构和具体的制度。要建立完善的工程项目管理机构,要分工明确,责任到人;要制定相应的制度,以制度约束人、管理人、监督人。

②要有详细的质量计划。要根据项目的具体情况,制订详细的质量计划,以便于进行动态的控制。

(3)要做好施工准备阶段的准备工作。

①根据勘察设计资料、自然条件和技术经济条件限制等资料,从施工现场的实际出发编制施工组织设计,保证施工现场的秩序以及各个部门的协调配合。

②做好技术交底工作,使工程技术人员和施工人员熟悉工程情况,明确任务,了解技术要求和质量

标准,抓住关键性问题以便采取更有效的施工方法,确保工程质量。

③做好施工总平面管理。施工总平面管理可以对施工实现科学合理地组织、保持施工井然有序、提高工程质量。

④参加施工图会审,掌握在建项目的设计意图、使用功能、抗震等级、结构界面、主体结构与围护结构的关系、出入口及风井位置等。

⑤了解主要材料、构配件的性能与技术参数,所采用的新技术、新工艺、新材料、新设备的使用情况以及施工中需特别注意的事项。

⑥核对结构施工图、建筑施工图及其说明是否一致,图中设计尺寸、坐标、标高是否吻合;核对相关配套图之间是否相互矛盾,对特殊部位考虑是否能满足施工条件和结构防水要求等。对施工图纸中存在的问题汇总后提交,由设计单位做出解释或解决相关问题。

2)施工阶段的质量控制(事中控制)

(1)事中控制指对质量活动的控制,即在施工过程中对实际投入的生产要素质量及作业技术活动的实施状态和结果所进行的控制。

(2)事中控制首先是对质量活动行为的约束,即对质量产生过程中各项技术作业活动操作者,在相关制度管理下进行自我行为约束的同时,充分发挥其技术能力去完成预定质量目标的作业任务;其次是对质量活动过程和结果的监督控制,主要是来自企业内部管理者的检查、检验和来自企业外部建设单位、工程监理单位和政府质量监督部门等的监控。

(3)事中控制虽然包含自控和监控两大环节,但其关键还是增强意识,发挥操作者自我约束和自我控制,即坚持质量标准是根本,监控或他人控制是必要补充。因此,在企业组织的质量活动中,通过监督机制和激励机制相结合的管理方法,来发挥操作者更好的自我控制能力,以达到质量控制的效果是非常必要的。事中控制的重点是工序质量、工作质量和质量控制点。

(4)施工阶段的质量控制,是工程项目实施的关键环节,工程质量的优劣,多取决于施工阶段的控制措施。项目实施中严格执行控制程序,对每道工序的施工质量进行过程指导以及巡视检查和验收;对关键工序、部位必须旁站控制;对存在的质量问题及安全隐患,必须及时发现、限时整改,符合要求后方可进入下道工序施工。

(5)分段对质量控制进行总结和讲评,对工作中存在的问题,及时进行完善和纠正,做到不缺项、不漏项、不漏检。

(6)项目部质量工程师要在施工过程中加强主动控制和平行检验力度,做到不等不靠(不等报验、不靠质检员的检验数据),在巡视检查中进行实测实量;如发现问题,及时解决和处理,把质量、安全隐患消灭在萌芽状态。

3)施工后阶段的质量控制(事后控制)

事后控制是指对于通过施工过程所完成的中间产品(分项工程、分部工程)或具有独立功能和使用价值的最终产品(单位工程或整个工程项目)及有关方面(如质量文档)的质量进行控制;事后控制也是对质量活动结果的检查、认定,并对存在的质量偏差或问题进行纠正。

以上三大环节不是孤立和截然分开的,它们之间构成有机的系统过程,实际上也就是计划(Plan)、实施(Do)、检查(Check)和处理(Action)的循环具体化,并在每一次滚动循环中不断提高,以实现质量控制的持续改进。控制的总体程序及各自在控制中的地位、作用如图12-2-1所示。

地铁工程项目三阶段控制详细内容见附件12-2-1。

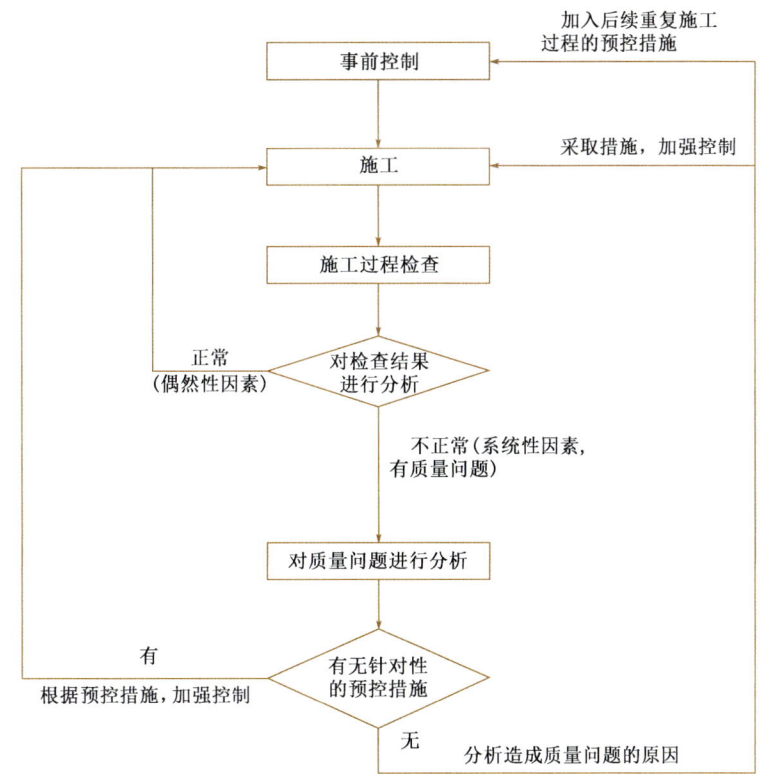

图 12-2-1 地铁工程质量过程控制和纠偏程序框图

2.1.2 "三全"控制原理

"三全"管理来源于全面质量管理(TQC)的思想,同时包含在质量体系标准中,它是指施工生产企业的质量管理实行全员、全过程、全方位的质量管理,俗称"三全质量管理",具体见表12-2-1。

三全质量管理要素   表 12-2-1

三全质量管理	具 体 内 容
全员质量管理	全员质量管理,是指全体员工参加的全面质量管理。任何一个人的工作质量都会不同程度、直接或间接地影响工程项目质量。因此,必须把全体员工的积极性和创造性充分调动起来,抓好全员质量管理教育,实行质量目标责任制,员工积极参加群众性质量管理活动,共同把关,才能提高质量
全过程质量管理	全过程质量管理,是指根据工程质量的形成规律,从源头抓起,全过程推进。按照施工程序,从质量目标计划、施工准备、施工过程控制、竣工验收到交工,要把质量管理贯穿全过程,每个工序、每个环节、每个阶段都要进行预防和把关。其中,每个环节又由诸多相互关联的活动构成相应的具体过程,因此必须掌握识别过程和应用过程方法进行全过程质量控制。全过程质量控制包括事前控制、事中控制和事后控制
全方位质量管理	全方位质量管理,是指建设工程各参与主体的工程质量与工作质量的全面控制。工作质量是工程质量的保证,工作质量直接影响工程质量的形成。质量控制涉及项目所有管理部门直至工班组,任何一方、任何一环节的怠慢疏忽或质量责任不到位都会造成对工程质量的影响。因此,施工项目质量管理是全方位管理
三全质量管理的方法不是单一的、机械的,而是综合运用现代管理技术和科学方法,采取专业技术、管理技术、数理统计和质量教育各种措施,形成多样化的质量管理体系。三全质量管理是建设工程项目推行全面质量管理的出发点和落脚点。实行"三全质量管理"有利于提高质量,降低消耗,增加效益,提高全员整体素质	

2.2 施工质量管理常用方法

2.2.1 质量管理统计分析方法

质量管理常用的统计分析方法有调查表法、分层法、排列图法、直方图法、因果分析法、控制图法、散布图法等,详细内容见附件12-2-2。

2.2.2 戴明循环方法

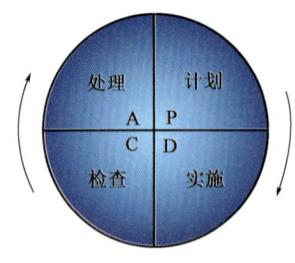

图 12-2-2 PDCA 循环

戴明循环即 PDCA 循环,是指由计划(Plan)、执行(Do)、检查(Check)和处理(Act)四个阶段组成的工作循环,如图12-2-2所示。因为是由美国质量管理专家戴明首先提出并应用的,故称戴明循环或戴明环。

1) 基本原理

PDCA 循环主要由"四阶段、八步骤"组成,其主要原理见表12-2-2。

PDCA 循环原理　　　　　　　　表 12-2-2

阶段	步 骤	具 体 内 容
计划(P)	第一步,分析质量现状,找出存在的质量问题	(1)分析本行业范围内的质量通病; (2)针对工程中技术复杂、难度大、质量要求高的项目以及"四新"项目(即新技术、新产业、新业态、新模式),根据大量的数据和资料,用数理统计方法来分析发现问题; (3)确认质量问题,收集和组织数据,设定目标和量测方法
计划(P)	第二步,分析产生质量问题的原因和影响因素	依据大量的数据,应用数理统计方法,并召开有关人员和对有关问题的分析会议,最后,绘制成因果分析图
计划(P)	第三步,找出影响质量的主要因素	找出影响质量的主要因素,方法有两种:一是利用数理统计方法和图表,二是可根据有关问题分析会的意见来确定
计划(P)	第四步,制订改善质量的措施,提出执行措施计划,并预计效果	反复考虑并明确回答以下"5W1H"问题: (1)要回答采取措施的原因。为什么要采取这些措施?为什么要这样改进?(Why) (2)改进后能达到什么目的?有什么效果?(What) (3)改进措施在何处(哪道工序、哪个环节、哪个过程)执行?(Where) (4)什么时间执行,什么时间完成?(When) (5)由谁负责执行?(Who) (6)用什么方法完成?用哪种方法怎样完成比较好?(How)
实施(D)	第五步,执行措施和计划	首先,做好计划的交底和落实。落实包括组织落实、技术落实和物资材料落实。有关人员还要经过训练、实习并经考核合格再执行。其次,计划的执行,要依靠质量管理体系
检查(C)	第六步,检查效果,发现问题	将实施效果和预期目标进行对比,检查作业是否按计划要求去做了:哪些做对了?哪些还没有达到要求?哪些有效果?哪些还没有效果?
处理(A)	第七步,总结经验,巩固成绩	经过上一步检查后,把确有效果的措施在实施中取得的好经验,通过修订相应的工艺文件、工艺规程、作业标准和各种质量管理的规章制度加以总结,把成绩巩固下来
处理(A)	第八步,提出尚未解决的问题	通过检查,把效果还不显著或还不符合要求的那些措施,作为遗留问题,反映到下一循环中

2）运转特点

（1）周而复始，循环不停。PDCA 循环是一个科学管理循环，每次循环都会把质量管理活动向前推进一步。

（2）步步高。PDCA 循环每一次都在原水平上提高一步，每一次都有一个新的内容和目标，像爬楼梯一样，步步提高，如图 12-2-3 所示。

（3）大环套小环。PDCA 循环由许多大大小小的环嵌套组成，大环就是整个施工企业，小环就是项目部、施工队，各环之间互相协调、互相促进，如图 12-2-4 所示。

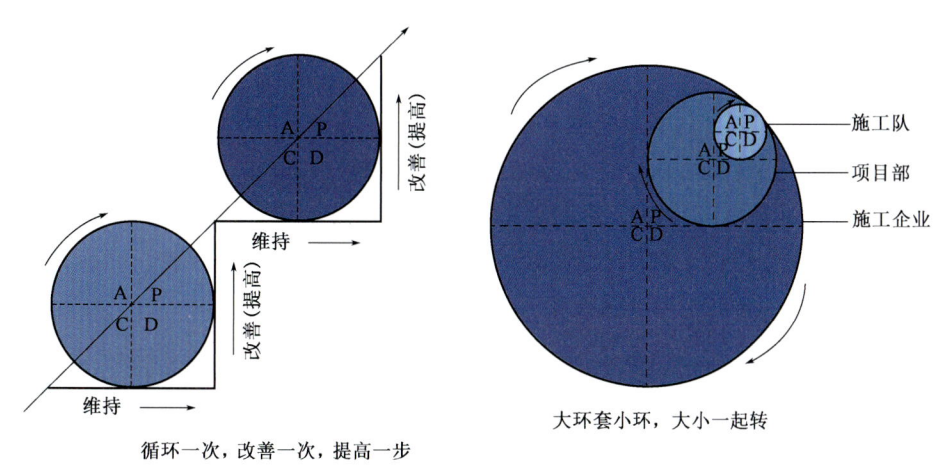

图 12-2-3　PDCA 循环提高过程示意图　　　图 12-2-4　PDCA 循环关系图

2.2.3　质量管理小组

1）质量管理小组概述

质量管理小组，简称"QC 小组"，是在施工生产或工作岗位上从事各种劳动的职工，围绕企业的经营战略、方针目标和现场存在的问题，以改进质量、降低消耗、提高人的素质和经济效益为目的组织起来，运用质量管理的理论和方法开展活动的小组。QC 小组相关介绍见附件 12-2-3，QC 小组成果报告格式见附件 12-2-4。

2）优秀 QC 小组案例

（1）深孔注浆控制砂卵石地层（PBA 暗挖车站）地表变形速率，见附件 12-2-5。

（2）提高车站二次衬砌钢筋滚轧直螺纹连接合格率，见附件 12-2-6。

2.3　施工质量保证体系

地铁工程施工质量保证体系是指施工项目部为保证施工质量满足要求，运用系统的观点和方法，将参与施工和管理的各部门及人员组织起来，将参与施工的各环节及管理活动严密协调组织起来，明确他们在保证工程质量方面的任务、责任、权限、工作程序和方法，从而形成一个有机的质量保证体系，该体系包括质量方针和目标,以及实现目标所建立的组织机构系统、管理制度办法、实施计划方案和必要的物质条件组成的整体。

2.3.1 框图

质量保证体系框图如图 12-2-5 所示。

2.3.2 运行原理

质量保证体系的运行是以质量计划为主线,以过程管理为重心,按 PDCA 循环进行,通过计划(P)—实施(D)—检查(C)—处理(A)的管理循环步骤展开控制,提高保证水平。

2.3.3 内容

工程项目的质量保证体系以控制和保证施工产品质量为目标,包含从施工准备、施工生产到竣工验收的全过程,通过运用系统的概念和方法,在全体人员的参与下,建立一套严密、协调、高效的全方位管理体系,从而实现工程项目质量管理的制度化、标准化。主要包括以下内容:

(1)思想保证体系。思想保证体系是项目施工质量保证体系的基础。该体系运用全面质量管理的思想、观点和方法,使全体人员真正树立"百年大计,质量第一"的观念,牢固增强质量意识。通过编制详细的质量控制标准、制订质量培训计划、加强质检人员的业务培训、对管理层和作业层进行全面的质量教育培训,以达到提高全员质量意识的目的。

(2)组织保证体系。建立健全各级组织,分工负责,做到以预防为主,预防与检查相结合,形成一个有明确任务、职责、权限、互相协调和互相促进的有机整体。组织保证体系主要包括:成立质量管理小组,明确规定各职能部门管理人员和参与施工人员在保证和提高工程质量中所承担的任务、职责和权限,制定各种质量管理制度,建立质量信息管理系统等。

(3)工作保证体系。通过施工准备阶段、施工阶段、施工后阶段进行质量控制。

(4)制度保证体系。为确保项目施工标准化管理,保证质量体系有效运行,依据国家及上级部门有关规定,工程项目部要编制符合项目实际情况的质量管理制度。该制度要阐明项目的标准化管理方针和目标,体现出项目管理制度的标准化,是指导施工现场标准化管理的实施性文件。

(5)信息保证体系。地铁工程项目管理的信息化是指在地铁工程管理的各个环节、层次,全面采用现代信息技术特别是网络技术,通过对信息的采集、加工、共享、传递、开发和深度利用,使项目各种资源、设施得到更有效合理地配置和利用,项目内外部的信息沟通更加方便、流畅和快捷,项目的运作流程更加规范,领导层决策能力和对风险的预见能力进一步提高,进而提高整个工程项目管理的水平。首先,地铁施工项目的信息化管理,是基于信息技术提供的可能性,对管理过程中需要处理的所有信息进行高效地采集、加工、传递和实时共享,减少部门之间对信息处理的重复工作,共享的信息为管理服务和项目决策提供可靠的依据;其次,它使监督检查等控制及信息反馈变得更为及时有效,项目的计划能够依据已有工程的计划经验而变得更为先进合理,项目管理流程的组织更加科学,并正确引导项目管理活动的开展,提高施工管理的自动化水平。

以上五项质量保证体系,其中工作保证体系的详细内容见附件 12-2-1。以下主要介绍组织保证和制度保障的主要内容。

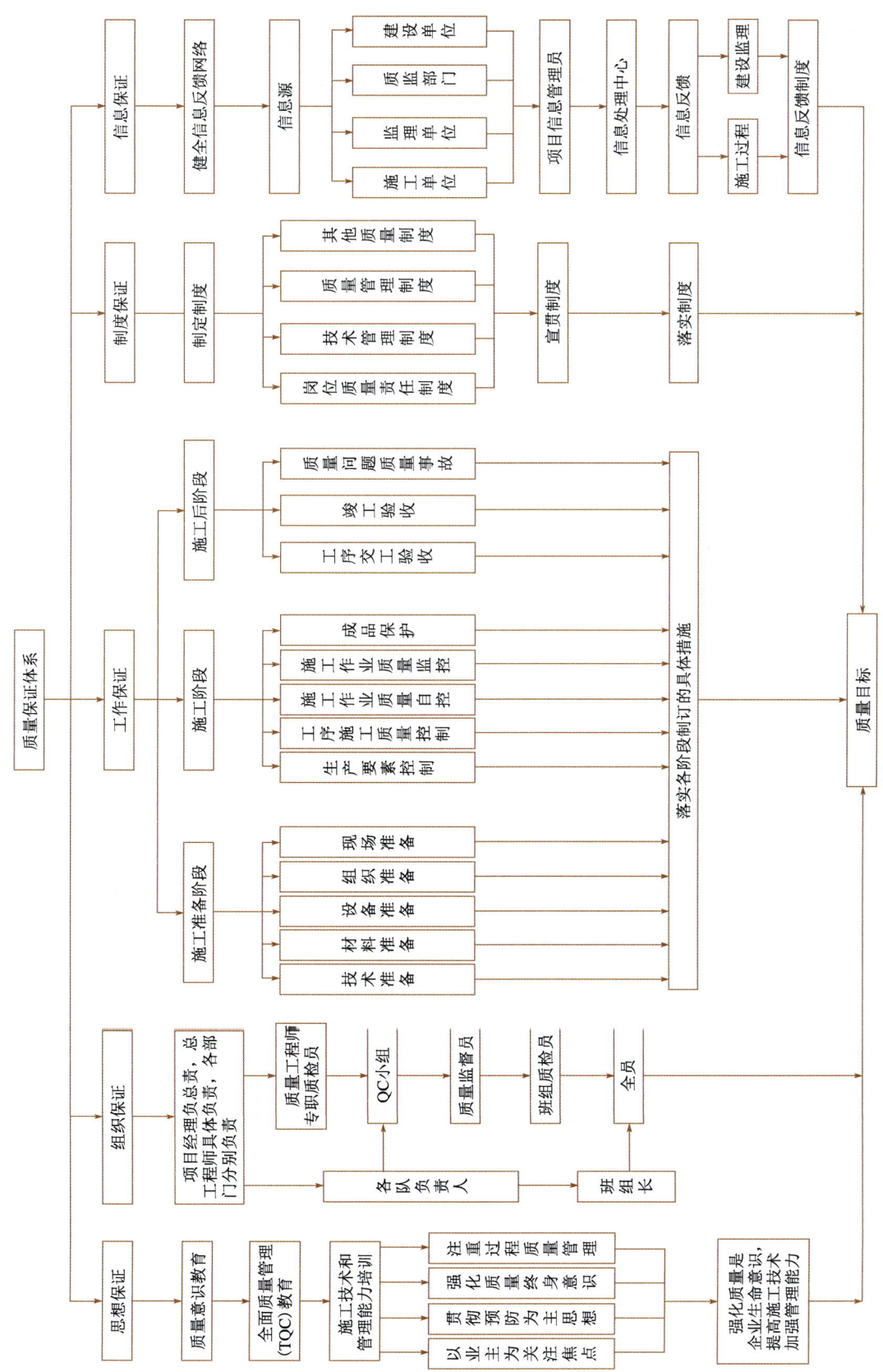

图12-2-5　质量保证体系框图

2.4 施工质量管理组织和职责

2.4.1 人员配备

为加强地铁工程施工质量管理,规范施工现场质量主要管理人员的配备,各城市轨道交通管理部门依据现行法律法规和相关规定,结合合同文件,对地铁施工质量主要管理人员配备提出以下具体要求:

(1)要求施工单位同时配备与工程规模、特点等相适应的质量管理人员,确保质量管理工作有效开展。

(2)施工单位施工现场主要质量管理人员应与工程项目合同相关条款的约定一致,并应保持人员的相对稳定。人员变更时,应遵从合同约定,变更后人员的资格经历原则上不得低于变更前。施工单位项目负责人发生变更的,应依照相关规定办理变更手续。

(3)施工单位应充实、增强项目机构质量管理力量,加强项目机构人员到岗履职情况管理,督促项目机构落实质量管理职责。

(4)地铁工程项目施工单位现场质量管理人员的资格、职称、数量、工作经验,各地略有差异,详见附件12-2-7。

2.4.2 管理组织

地铁工程项目经理部必须建立施工质量管理组织,成立以项目经理为组长,项目总工程师和项目副经理为副组长,各部门负责人、专职质量员、技术员、施工员、施工队长为成员的工程质量领导小组,全面负责项目工程质量控制和管理。

地铁工程项目质量管理组织机构如图12-2-6所示。

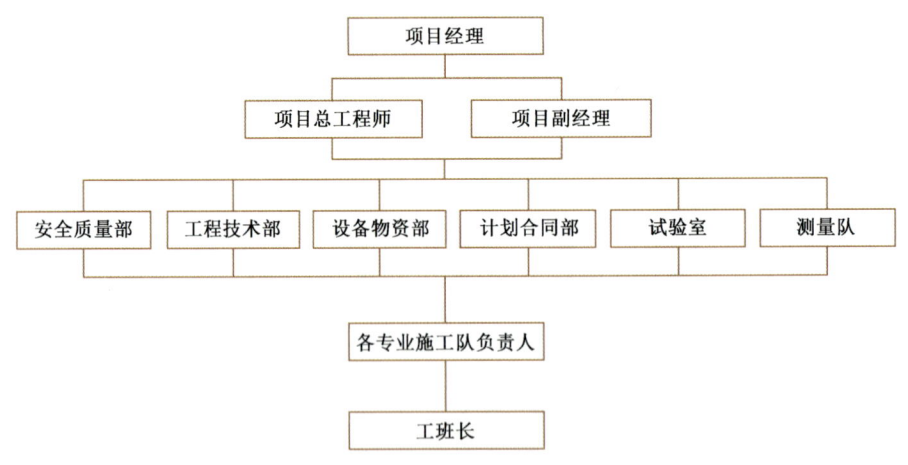

图12-2-6 地铁工程项目质量管理组织机构图

2.4.3 管理职责

为加强地铁工程项目质量管理,规范质量行为,应明确规定各级领导者、职能部门和生产人员在质量管理过程中应负的责任,做到"质量管理,人人有责",使每个职工都认真遵守各项质量管理制度,履行自己的质量职责,杜绝质量事故的发生,努力提高工程质量管理水平,实现创优目标。项目部要根据有关法律、法规、规章、制度,并结合项目实际情况,制订工程项目质量责任制度。

质量责任制度对项目部主要管理人员及施工队施工班组的职责进行了明确规定,具体见附件12-2-8。

2.5 施工质量管理制度

2.5.1 制度种类

地铁工程施工质量管理制度主要有以下几种:
(1) 工程质量责任终身负责制。
(2) 设计文件图纸审查制度。
(3) 技术交底制度。
(4) 开工报告申报审批制度。
(5) 物资管理制度。
(6) 质量检查制度。
① 工序三检制度;
② 工序交换制度;
③ 隐蔽工程检验制度;
④ 质量检查评比制度。
(7) 工程质量旁站制度。
(8) 首件验收制度。
(9) 工程试验检测管理制度。
(10) 工程测量管理制度。
(11) 技术与质量培训制度。
(12) 质量例会制度。
(13) 质量经济奖惩制度。
(14) 质量事故报告和调查处理制度。
(15) 班前讲话制度。
(16) 工程创优制度。
(17) 工程质量数字图文记录制度。
(18) 质量挂牌制度。
(19) 半成品、成品保护制度。

2.5.2 应用案例

应用案例详见附件12-2-9。

2.6 施工质量问题及质量事故的处理方案

2.6.1 概念

根据现行《质量管理体系 基础和术语》(GB/T 19000),凡工程产品质量没有满足某个规定的要求,就称之为质量不合格;而未满足某个与预期或规定用途有关的要求,则称之为质量缺陷。

凡是工程质量不合格,影响使用功能或工程结构安全,造成永久质量缺陷或存在重大质量隐患,甚至直接导致工程倒塌或人身伤亡的,必须进行返修、加固或报废处理,由此造成一定直接经济损失的称为质量问题;直接经济损失在100万元(含100万元)以上的称为工程质量事故。

2.6.2 工程质量事故划分

工程质量事故按住建部《关于做好房屋建筑和市政基础设施工程质量事故报告和调查处理工作的通知》(建质〔2010〕111号),根据工程质量事故造成的人员伤亡或者直接经济损失,可分为以下四个等级,见表12-2-3。

工程质量事故等级划分表　　　表12-2-3

事故种类	死亡人数 A(人)	重伤人数 B(人)	直接经济损失 C(元)	备注
特别重大事故	$A \geqslant 30$	$B \geqslant 100$	$C \geqslant 1$ 亿	死亡人数、重伤人数、直接经济损失其中一个指标成立,即达到该类事故等级
重大事故	$10 \leqslant A < 30$	$50 \leqslant B < 100$	5000万 $\leqslant C < 1$ 亿	
较大事故	$3 \leqslant A < 10$	$10 \leqslant B < 50$	1000万 $\leqslant C < 5000$ 万	
一般事故	$A < 3$	$B < 10$	100万 $\leqslant C < 1000$ 万	

2.6.3 施工质量问题的处理程序

(1)调查取证,编写施工质量调查报告:

①当发生质量问题时,施工单位首先应判断其严重程度。对可以通过返修或返工弥补的质量问题,可由技术负责人组织有关人员编写施工质量问题调查报告,提出处理方案;报监理工程师审核批复后按批复方案进行处理,必要时应经建设单位和设计单位认可,处理结果应重新进行验收。

②对需要加固补强的施工质量问题,或施工质量问题的存在影响下道工序和分项工程的质量时,应停止有质量问题部位和与其有关联部位及下道工序的施工。必要时,应采取防护措施,由技术负责人组织有关人员编写施工质量问题调查报告,由设计单位提出处理方案,并征得建设单位同意,批复施工单位处理。处理结果应重新进行验收。

(2)施工单位尽快进行施工质量问题调查并完成报告编写,向建设(或监理)单位提交调查报告。

(3)由建设(监理)单位组织有关单位进行原因分析,在原因分析的基础上确定施工质量问题处理方案。

(4)由施工单位进行施工质量问题处理。

(5)施工质量问题处理完毕,由建设(监理)单位组织有关人员对处理的结果进行严格检查、鉴定和验收,编写施工质量问题处理报告,报建设单位和监理单位存档。

2.6.4 施工质量事故的处理程序

施工质量事故发生后,一般按质量事故分析处理程序进行处理,如图 12-2-7 所示。

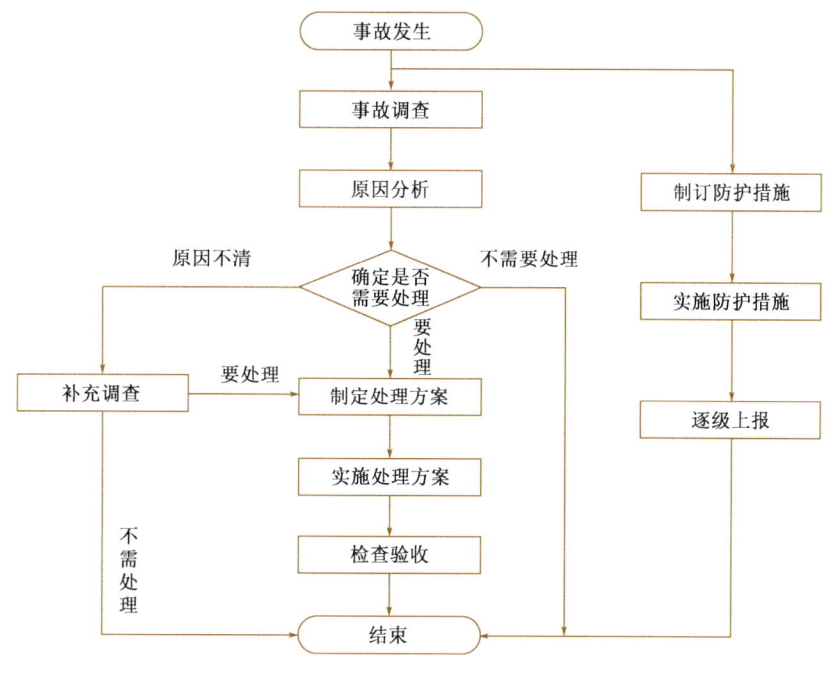

图 12-2-7 质量事故分析处理程序图

2.6.5 施工质量问题及质量事故的处理方案

1) 修补处理

通常当工程的某个检验批、分项或分部的质量虽未达到规定的规范、标准或设计要求,存在一定缺陷,但通过修补或更换器具、设备后还可达到标准的要求,又不影响使用功能和外观要求,在此情况下,可以进行修补处理。如混凝土结构表面的蜂窝麻面,经调查、分析,该部位经修补处理后不会影响其使用及外观;某些结构混凝土发生表面裂缝,根据受力情况,仅做表面封闭保护即可。

2) 加固处理

对于某些质量问题,在不影响使用功能或外观的前提下,可经设计验算采用一定的加固补强措施进行加固处理。

3) 返工处理

当质量未达到规定的标准和要求,存在严重的质量问题,对结构的使用和安全构成重大影响,且又无法通过修补处理时,可对检验批、分项、分部甚至整个工程进行返工处理。

4) 限制使用

当质量缺陷修补方式处理无法保证达到规定的使用要求和安全,而又无法返工处理的情况下,不得已时可以做出结构卸荷、减荷及限制使用的决定。

5) 不做处理

某些施工质量问题虽然不符合规定的要求和标准,构成质量事故,但视其情况不严重,对工程或结

构使用及安全影响不大,经过分析、论证、法定检测单位鉴定和设计等有关单位认可,可以不做专门处理。不做处理的情况有:

(1)不影响结构安全和使用要求的。如有的建筑物出现放线定位偏差,若要纠正,则会造成重大经济损失,若其偏差不大,不影响使用要求,在外观上也无明显影响,经分析论证后,可不做处理;又如某些隐蔽部位的混凝土表面裂缝,经检查分析,属于混凝土表面养护不够的干缩微裂缝,但不影响使用及外观,也可不做处理。

(2)某些轻微的质量缺陷,通过后续工序可以弥补的,由后续工序处理。如混凝土的轻微蜂窝麻面,可通过后续的抹灰、喷涂或刷白等工序弥补,可以不对该缺陷进行专门处理。

(3)经法定检测单位鉴定不能满足设计要求,但经原设计单位核算认可能够满足结构安全和使用功能,可不做处理。如某一结构断面做小了,但复核后仍能满足设计的承载能力,可考虑不做处理。这种做法实际上是挖掘设计潜力或降低设计的安全系数,因此需要慎重处理。

6)报废处理

出现质量事故的工程,通过分析或实践,采取上述处理方法后仍不能满足规定的质量要求或标准的,必须予以报废处理。

2.7 施工质量标准化

2.7.1 概念

地铁工程施工质量标准化主要包括质量行为标准化和工程实体控制质量标准化。

(1)质量行为标准化:按照"体系健全、制度完备、责任明确"的要求,对施工现场主要参建各方应承担的质量责任和义务等方面做出相应规定,主要包括体系建设、制度建设、机构设置、人员管理、技术管理、分包管理、施工管理、资料管理和验收管理等。

(2)工程实体质量控制标准化:按照"施工质量样板化、技术交底可视化、操作过程规范化"的要求,对涉及主体结构实体质量的关键工序做法以及管理要求做出相应规定,主要包括材料设备进场管理、样板示范、施工工序控制、成品保护、质量隐患排查、缺陷整改处理、质量管理信息化等。

2.7.2 质量标准化指南

地铁工程施工质量标准化可参考《城市轨道交通土建工程施工质量标准化管理技术指南》和《城市轨道交通工程质量安全检查指南》进行指导,并结合项目实际情况进行细化完善。

1)《城市轨道交通土建工程施工质量标准化管理技术指南》

《城市轨道交通土建工程施工质量标准化管理技术指南》由住房和城乡建设部组织相关单位进行编制,目的是建立城市轨道交通工程质量管理长效机制,实现质量行为规范化和工程实体质量控制程序化、管理标准化,促进工程质量均衡发展,有效提高工程质量整体水平。该指南以施工现场为中心,以质量行为标准化和工程实体质量控制标准为重点,建立健全施工项目质量管理制度、工程实体质量控制标准、工序质量过程控制等操作规程。

详见附件12-2-10。

2)《城市轨道交通工程质量安全检查指南》

(1)目的:为有效指导城市轨道交通工程质量安全检查工作,科学评价质量安全管理现状,推动建设、勘察、设计、施工、监理以及施工图审查、第三方监测、检测等单位落实质量安全主体责任和相关责任,提升检查工作标准化水平。

(2)适用范围:主要适用于城市轨道交通工程建设、勘察、设计、施工、监理等各方主体以及施工图审查、第三方监测、检测等单位开展质量安全自查工作,也可用于城市轨道交通工程建设单位对各参建单位实施履约管理及评价等工作,以及城市轨道交通工程建设主管部门开展质量安全检查工作。

(3)检查评分表:本指南由建设单位、勘察单位、设计单位、施工单位、监理单位、第三方监测单位、质量检测单位、施工图审查机构等 8 个方面的检查评分表组成。

详见附件 12-2-11。

本章附件

附件 12-2-1　地铁工程项目施工质量控制
附件 12-2-2　质量管理统计分析方法
附件 12-2-3　QC 小组
附件 12-2-4　QC 小组成果报告格式
附件 12-2-5　深孔注浆控制砂卵石地层(PBA 暗挖车站)地表变形速率
附件 12-2-6　提高车站二次衬砌钢筋滚轧直螺纹连接合格率
附件 12-2-7　某地铁工程项目施工单位现场质量管理人员配备
附件 12-2-8　某地铁×号线××标工程质量责任制度
附件 12-2-9　某地铁×号线××标工程质量管理制度
附件 12-2-10　《城市轨道交通土建工程施工质量标准化管理技术指南》
附件 12-2-11　《城市轨道交通工程质量安全检查指南》

第 3 章 试验与检测

试验与检测工作是地铁工程施工技术管理中的一个重要组成部分,它既要给施工过程提供质量控制数据,又要为工程竣工验收提供质量保证数据。地铁工程试验与检测的主要内容包括原材料进场检验、标准试验、施工过程质量的试验与检测、工程实体质量检测、功能性试验。地铁项目施工现场应设置试验站,并根据工程规模,配备相应的试验人员、仪器设备和设施,建立健全现场试验管理制度。试验人员应经培训合格后上岗,现场应设置工作间和标准养护室,其环境条件应满足相应标准规定。单位工程施工前,项目试验负责人应编制工程试验与检测计划。

3.1 试验与检测工作程序及主要内容

3.1.1 见证取样

地铁工程试验实行100%有见证试验。在监理单位见证人的见证下,由施工单位的试验人员按照国家有关技术标准、规范的规定,在施工现场对工程中涉及结构安全的试块、试件和材料进行取样,并送至具备相应检测资质的检测机构进行检测。试样的标识和标志应标明工程名称、取样名称、部位、日期及样品数量,并有取样人和见证人签字,见证人签认见证记录,见证记录应列入施工技术档案。

3.1.2 进场验收、报审

材料、半成品、成品、构配件、器具、设备应进行现场验收,有进场检验记录,并按相关施工质量验收规范及技术规范对进场材料进行复试检验。材料检验合格后填报建筑材料报审表,需项目负责人及工程监理签字认可后方可使用。各种材料进场后至使用前均要挂设过程标识,明确检验状态,表明该批材料是否为待检品、合格品或不合格品,以便选用。

3.1.3 第三方检测机构选择

根据工程试验检测计划中所需检测项目,选取具有相应检测资质的第三方检测机构。选择第三方检测机构时,要对其检测资质、检测能力、检测设备和环境、信用水平、服务质量、营业执照等进行全面考察,并综合考虑检测费用等因素,择优选取,并将其资质证书复印件上报监理和建设单位审批、备案,同时将监理单位见证人员资料在第三方检测机构备案。第三方检测机构对有见证取样送检项目出具的试验报告,应加盖"有见证试验"专用章。

3.1.4 原材料进场检验流程

原材料进场检验流程如图12-3-1所示。

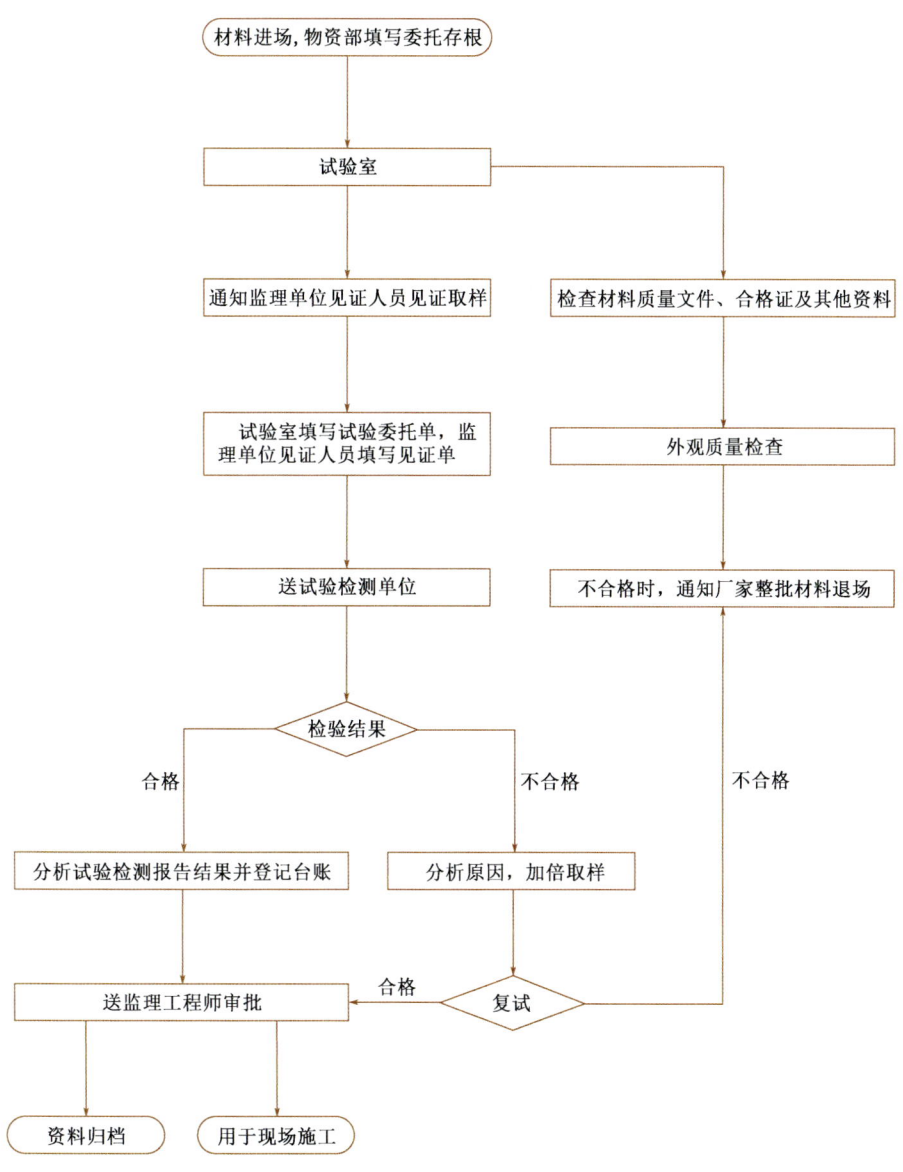

图12-3-1 原材料进场检验流程图

3.1.5 商品混凝土检验流程

商品混凝土检验流程如图12-3-2所示。

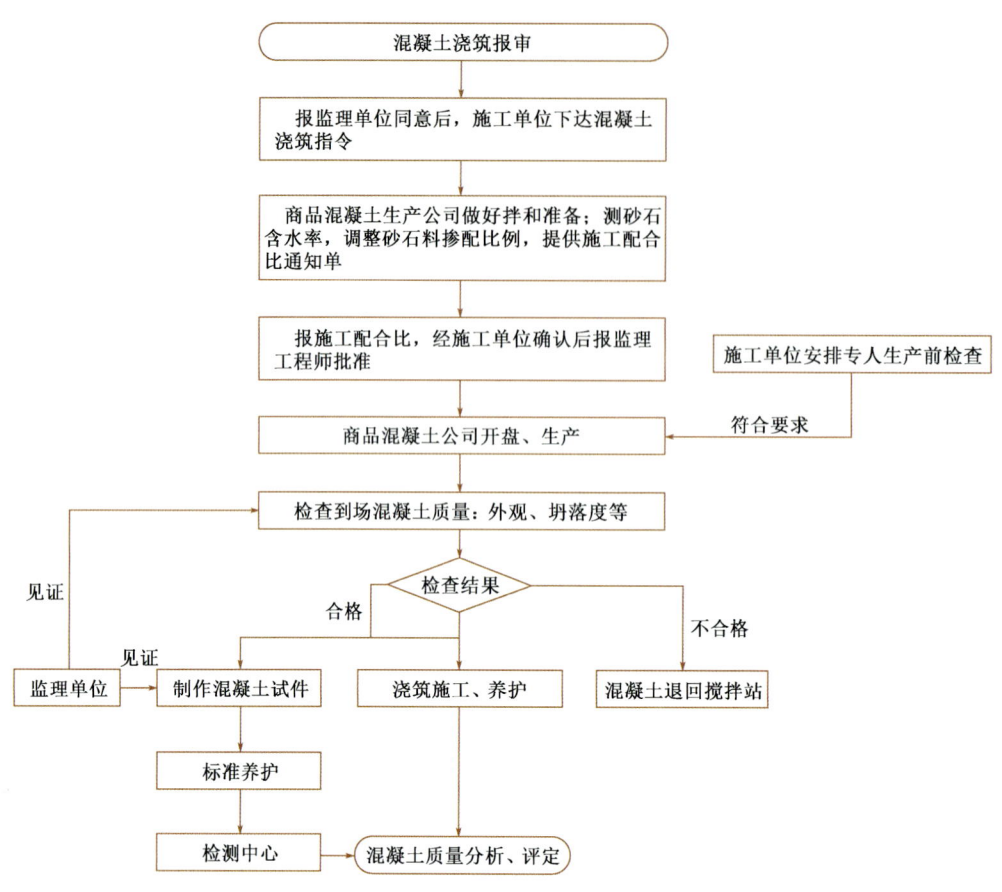

图 12-3-2　商品混凝土检验流程图

3.2　材料试验与检测

铁路工程施工中进行的材料试验项目及取样规定见表 12-3-1。其中,试验项目栏中"必试"为工程管理过程中对材料进行验收时必须试验的项目,"其他"为根据需要进行的试验项目。

材料试验及检测规则　　　　　　　　　　　　　　　　表 12-3-1

序号	材料名称及相关标准、规范代号		试验项目	组批原则及取样规定
1	水泥	(1)通用硅酸盐水泥（GB 175） (2)白色硅酸盐水泥（GB/T 2015） (3)抗硫酸盐硅酸盐水泥（GB/T 748） (4)彩色硅酸盐水泥（JC/T 870） (5)砌筑水泥（GB/T 3183） (6)硫铝酸盐水泥（GB/T 20472）	必试：安定性 凝结时间 强度 其他：细度 比表面积 烧失量 三氧化硫 碱含量 氯离子 不溶物 氧化镁	(1)散装水泥 ①对同一水泥厂生产的同期出厂的同品种、同强度等级、同一出厂编号的水泥为一验收批,但一验收批的总量不得超过500t； ②随机地从不少于3个车罐中各采取等量水泥,经混拌均匀后,再从中称取不少于12kg的水泥作为试样。 (2)袋装水泥 ①对同一水泥厂生产的同期出厂的同品种、同强度等级、同一出厂编号的水泥为一验收批,但一验收批的总量不得超过200t； ②随机地从不少于20袋中各采取等量水泥,经混拌均匀后,再从中称取不少于12kg的水泥作为试样

续上表

序号	材料名称及相关标准、规范代号		试验项目	组批原则及取样规定
2	掺合料	(1)粉煤灰 (GB/T 1596)	必试：细度 烧失量 需水量比 含水率 三氧化硫 游离氧化钙 其他：活性指数	(1)以连续供应相同等级的不超过200t为一验收批，每批取试样一组(不少于1kg)； (2)散装灰取样，从不同部位取15份试样，每份1~3kg，混合拌匀按四分法缩出1kg送试(平均样)； (3)袋装灰取样，从每批任抽10袋，每袋不少于1kg，按上述方法取平均样1kg送试
		(2)硅灰 (GB/T 18736)	必试：含水率 需水量比 活性指数	(1)30t为一个取样单位； (2)随机抽取，样品总量不少于3kg
		(3)矿渣粉 (GB/T 18046)	必试：细度 比表面积 活性指数 流动度比 初凝时间 含水率 三氧化硫 烧失量不溶物 其他：氯离子 玻璃体放射性	(1)按同一厂家、同一级别、同一批号且连续进场的不超过200t为一批； (2)随机抽取20kg，混合均匀后按四分法取出5kg送试
3	外加剂	(1)泵送剂、缓凝剂、早强剂、引气剂 (GB 8076) (GB 50204)	必试：含固量 含水率 密度 细度 减水率 pH值 泌水率比 28d收缩率比 抗压强度比 硫酸钠 总碱含量 氯离子 含气量 凝结时间差	(1)按同一厂家、同一品种、同一性能、同一批号且连续进场的混凝土外加剂，不超过50t为一批，每批抽样数量不应少于1次； (2)每一编号取样量不少于0.2t水泥所需用的外加剂量，约3kg
		(2)膨胀剂 (GB/T 23439) (GB 50204)	必试：细度 凝结时间 水中7d限制膨胀率 抗压强度 含水率 三氧化硫 其他：空气21d限制膨胀率 比表面积	(1)按同一厂家、同一品种、同一性能、同一批号且连续进场的混凝土外加剂，不超过50t为一批，每批抽样数量不应少于1次； (2)每一编号取样量不少于0.2t水泥所需用的外加剂量，约3kg
		(3)防水剂 (JC 474)	必试：安定性 凝结时间 抗压强度比 泌水率比 收缩率比 吸水量比	(1)防水剂生产厂为年产500t以上的每50t为一组批，500t以下的每30t为一批； (2)每一批取样量不少于0.2t水泥所需要的外加剂量，约5kg

续上表

序号	材料名称及相关标准、规范代号		试 验 项 目	组批原则及取样规定
3	外加剂	(4) 聚羧酸高性能减水剂 (JG/T 223) (GB 50204)	必试:固体含量(液) 　　　含水率(固) 　　　细度 　　　pH 值 　　　密度 　　　水泥净浆流动度 　　　砂浆减水率 　　　减水率 　　　总碱量 　　　氯离子 　　　甲醛 其他:泌水率比 　　　含气量 　　　1h 坍落度保留值 　　　凝结时间差 　　　抗压强度比 　　　28d 收缩率比	(1) 按同一厂家、同一品种、同一性能、同一批号且连续进场的混凝土外加剂,不超过 50t 为一批,每批抽样数量不应少于 1 次; (2) 每一编号取样量不少于 0.2t 水泥所需用的外加剂量,约 3kg
		(5) 速凝剂 (JC 477)	必试:细度 　　　密度 　　　含水率(固) 　　　含固量(液) 　　　凝结时间 　　　1d 抗压强度 其他:28d 抗压强度比	(1) 以每 20t 为一批,不足 20t 也按一批计; (2) 每一编号取样量不少于 0.2t 水泥所需用的外加剂量,约 3kg
4	砂 (GB/T 14684) (JGJ 52)		必试:颗粒级配 　　　细度模数 　　　含泥量 　　　泥块含量 其他:密度 　　　有害物质含量 　　　坚固性 　　　碱活性检验	(1) 以同一产地、同一规格每 400m³ 或 600t 为一验收批,不足 400m³ 或 600t 也按一批计。每一验收批取样一组(20kg)。 (2) 取样部位应均匀分部,在料堆上从 8 个不同部位抽取等量试样(每份 11kg)。然后用四分法缩至 30kg,取样前先将取样部位表面铲除
5	碎石或卵石 (GB/T 14685) (JGJ 52)		必试:颗粒级配 　　　表观密度 　　　堆积密度 　　　泥块含量 　　　针片状颗粒含量 　　　压碎指标 其他:有害物质含量 　　　坚固性 　　　碱活性检验	(1) 以同一产地、同一规格每 400m³ 或 600t 为一验收批,不足 400m³ 或 600t 也按一批计。每一验收批取样一组。 (2) 在料堆取样时,先将取样部位表面铲除,然后均匀由各部位抽取大致相等的石子共 15(16)份,组成一组样品,总量至少 50kg
6	混凝土拌合用水 (JGJ 63)		必试:pH 值 　　　不溶物 　　　可溶物 　　　氯化物 　　　硫酸盐 　　　总碱含量	(1) 地表水每 6 个月检验一次;地下水每年检验一次;再生水每 3 个月检验一次,在质量稳定一年后,可每 6 个月检验一次;混凝土企业设备洗刷水每 3 个月检验一次,在质量稳定一年后,可一年检验一次;当发现水受到污染和对混凝土性能有影响时,应立即检验。 (2) 用无污染的容器并用待采集水样冲洗三次再灌装,并密封待用,取样不少于 5L

续上表

序号	材料名称及相关标准、规范代号	试验项目	组批原则及取样规定
7	轻集料	(1)粗轻集料 (GB/T 17431.1) (GB/T 17431.2)	必试：颗粒级配 堆积密度 吸水率 筒压强度 粒型系数 其他：表观密度 泥块含量 含泥量 孔隙率	(1)以同一品种、同一密度等级每200m³为一验收批，不足200m³也按一批计。 (2)试样可以从料堆自上到下不同部位、不同方向任选10点(袋装料应从10袋中抽取)应避免取离析的及面层的材料。 (3)初次抽取的试样量应不少于10份，其总料应多于试验用料量的1倍。拌和均匀后，按四分法缩分到试验所需的用料量；轻粗集料为50L(以必试项目计)，轻细集料为10L(以必试项目计)
		(2)细轻集料 (GB/T 17431.1) (GB/T 17431.2)	必试：颗粒级配 堆积密度	
8	建筑石膏 (GB/T 9776)		必试：细度 凝结时间 其他：抗折强度 标准稠度用水量	(1)以同一生产厂家、同等级的石膏200t为一验收批，不足200t也按一批计； (2)样品经四分法缩分至0.2kg送试
9	墙体材料	(1)蒸压灰砂砖 (GB/T11945)	必试：抗压强度 抗折强度 其他：尺寸偏差 外观质量 颜色 抗冻性	(1)同品种、同规格、同等级的每10万块为一批，不足10万块按一批计； (2)外观质量试验取样50块，强度及其他试验各取10块
		(2)混凝土普通砖 (NY/T 671)	必试：抗压强度 其他：尺寸偏差 外观质量 密度等级 吸水率 抗冻性	(1)同品种、同规格、同等级的每3.5万~15万块为一批，不足3.5万块按一批计； (2)外观质量试验取样50块，强度及其他试验各取15块
		(3)普通混凝土小型空心砌块 (GB 8239)	必试：抗压强度 其他：尺寸偏差 外观质量 相对含水率 空心率	(1)同一原材料配置成的相同密度等级、相同质量等级、相同强度等级和同一工艺生产的1万块为一批，不足1万块者亦为一批； (2)外观试验：实际规格35块，抗压5块，相对含水率及空心率各3块
		(4)轻集料混凝土小型空心砌块 (GB/T 15229)	必试：抗压强度 密度等级 其他：尺寸偏差 外观质量 相对含水率 吸水率	(1)同一品种轻集料和水泥按同一生产工艺制成的相同密度等级和强度等级的300m³砌块为一批，不足300m³者亦按一批计； (2)外观试验：每批抽取32块，强度5块，密度、吸水率及相对含水率各3块
		(5)蒸压加气混凝土砌块 (GB/T 11968)	必试：抗压强度 密度等级 导热系数 其他：尺寸偏差 外观质量	(1)强度、密度及外观尺寸按照同品种、同规格、同等级的每1万块为一批，不足1万块按一批计取样； (2)导热系数检测按照使用面积不超过2000m²检1组，2000~20000m²检3组，超过20000m²检6组(进场复验)取样； (3)强度及密度等级试验取100mm×100mm×100mm立方体试块3组共9块，且分别标明在块体中的上、中、下位置及膨胀方向； (4)导热系数检测取300mm×300mm×30mm板状试件2块，且厚度方向垂直于制品膨胀方向； (5)外观检验：每批随机抽取80块

续上表

序号	材料名称及相关标准、规范代号		试 验 项 目	组批原则及取样规定
10	钢材	(1)钢板 (2)工字钢 (3)槽钢 (4)角钢 (GB/T 700) (GB/T 706) (GB/T 1591)	必试:拉伸试验 伸长率 弯曲试验 其他:冲击试验	(1)同一牌号、等级、品种、尺寸、交货状态组成一批;每批重量不大于60t,不足此数量时,仍按一批计。 (2)钢板取样500mm×350mm,工字钢、槽钢、角钢取样500mm长一段
		(5)钢管 (GB/T 8162) (GB/T 8163)	必试:拉伸试验 伸长率 弯曲试验 压扁试验 冲击试验 其他:化学成分 无损探伤检测	(1)同一牌号、等级、品种、尺寸、交货状态组成一批;每批重量不大于60t,不足此数量时,仍按一批计。 (2)钢管取样1.2m长3根
		(6)钢筋 (GB/T 1499.1) (GB/T 1499.2)	必试:拉伸试验 伸长率 弯曲试验 重量偏差 其他:化学成分	(1)按同一牌号、同规格、同炉罐、同交货状态的每60t钢筋为一验收批,不足60t按60t计。超过60t的部分,每增加40t(或不足40t的余数),增加一个拉伸和一个弯曲试样。 (2)每批任选两钢筋切取5支,长度应在500~550mm,截取的试样需带有钢筋牌号标志,且端部需磨平
		(7)钢丝 (GB/T 5223)	必试:拉伸试验 伸长率 弯曲试验 弹性模量 其他:松弛试验 疲劳试验	(1)同一牌号、等级、品种、尺寸、交货状态组成一批;每批重量不大于60t,不足此数量时,仍按一批计。 (2)钢丝取样1m长3根,松弛试验取样2.4m长一根,疲劳试验取一根长1m
		(8)钢绞线 (GB/T 5224)	必试:整根钢绞线拉伸最大力 规定非比例延伸力 最大力总伸长率 弹性模量 其他:松弛试验 疲劳试验	(1)每批由同一牌号、同一规格、同一生产工艺的钢绞线组成,每批质量不大于60t,不足60t时按60t计; (2)钢绞线取样1m长3根,松弛试验取样2.4m长一根,疲劳试验取一根长1m
		(9)锚具、夹片、连接器 (GB/T 14370)	必试:外观 硬度 其他:锚固性能	(1)每批由同种规格,同一批原料,用同一种工艺投料生产的产品组成,每批数量不超过1000套。 (2)外观检查抽取10%;硬度检查抽取5%,且不少于5套。 (3)静载锚固性能检验(钢绞线拉力合格之后)每组3对(6套锚具对应的夹片),每根钢绞线长4.5m,根数为3×锚具孔数
		(10)高强螺栓连接副 (GB/T 3632) (GB/T 1231)	必试:楔负载 扭矩系数 紧固轴力 实物拉力 硬度 其他:冲击	(1)由同一批螺栓、螺母、垫圈组成的连接副为同批连接副,连接副最大批量为3000套; (2)高强度螺栓取样8套

续上表

序号	材料名称及相关标准、规范代号		试验项目	组批原则及取样规定
11	钢筋连接	(1)钢筋焊接:闪光对焊 (2)钢筋焊接:电弧焊 (3)钢筋焊接:电渣焊 (4)钢筋焊接:气压焊 (JGJ 18)	必试:抗拉强度 弯曲试验 (闪光对焊和气压焊)	班前焊(可焊性能试验)在工程开工前或每批钢筋正式焊接前,应进行现场条件下的焊接性能试验。试验合格后方可正式生产。试件数量及要求如下: (1)接头试件应从工程实体中截取。应以300个同牌号钢筋接头作为一批;在房屋结构中,应在不超过两楼层中300个同牌号钢筋接头作为一批;当不足300个接头时,仍应作为一批。 (2)每批随机切取3个接头进行拉伸试验,长度为500mm。 (3)闪光对焊:从每批接头中随机切取6个试件,其中3条拉伸,3条弯曲(弯曲点应打磨至与母材齐平),长度为500mm。 (4)气压焊:在柱、墙的竖向钢筋连接中,从每批接头中随机切取3个接头做拉伸试验;在梁板的水平钢筋连接中,应另切取3个接头做弯曲试验
		钢筋焊接:焊接网 (GB/T 1499.3)	必试:拉伸试验 剪切试验 弯曲试验	(1)每批应由同一型号、同一原材料来源、同一生产设备并在同一连续时间段内制造的焊接网组成,重量不应大于60t。 (2)每批随机切取7支样品。其中2支用于拉伸试验(长度应≥380mm);2支用于弯曲试验(长度应≥380mm);3支用于抗剪试验,其中粗钢筋作为受拉钢筋,长度应≥300mm,另一支非受拉钢筋长度应为50mm,并在交叉焊点处切断,距粗钢筋端部不大于50mm
		预埋件钢筋T型接头 (GB/T 1499.3)	必试:抗拉强度	(1)应300件同类型预埋件作为一批。一周内连续焊接时,可累计计算。当不足300件时,亦按一批计算。 (2)从每批预埋件中随机切取3个接头做拉伸试验,试件的钢筋长度应≥200mm,钢板长度和宽度均应≥60mm
		钢筋机械连接接头 (JGJ 107)	必试:抗拉强度 其他:型式检验	班前焊(可焊性能试验)在工程开工或每批钢筋正式焊接前,应进行现场条件下的焊接性能试验。试验合格后方可正式生产。试件数量及要求如下: (1)接头试件应从工程实体中截取。同一施工条件下采用同一批材料的同等级、同类型、同规格接头,以500个为一验收批,不足500个也作为一个验收批。 (2)每批随机切取3个试件进行拉伸试验
12	防水材料	(1)高聚物改性沥青防水卷材 (GB 50208)	必试:可溶物含量 拉力 延伸率 低温柔度 热老化后低温柔度 不透水性 其他:剥离强度 钉杆撕裂强度	(1)大于1000卷抽5卷,每500~1000卷抽4卷,100~499卷抽3卷,100以下抽2卷,进行规格尺寸和外观质量检验; (2)在外观质量检验合格的卷材中,任取一卷做物理性能检验,去掉端头至少1m再沿卷材纵向截取2m

续上表

序号	材料名称及相关标准、规范代号	试验项目	组批原则及取样规定
12 防水材料	（2）合成高分子防水卷材（GB 50208）	必试：断裂拉伸强度 断裂伸长率 低温弯折性 不透水性 撕裂强度 其他：空气热老化 剪切状态下的黏合性	（1）大于1000卷抽5卷，500~1000卷抽4卷，100~499卷抽3卷，100以下抽2卷，进行规格尺寸和外观质量检验； （2）在外观质量检验合格的卷材中，任取一卷做物理性能检验，去掉端头至少1m再沿卷材纵向截取2m
	（3）有机防水涂料（GB 50208）	必试：潮湿基面黏结强度 涂膜抗渗性 浸水168h后拉伸强度 浸水168h后断裂伸长率 耐水性 其他：固体含量 表干时间 实干时间 低温柔性	（1）每5t为一批；不足5t，按一批抽样。 （2）将样品搅拌均匀，装入洁净、干燥、密封的容器内；乳液4kg，粉料或水泥4kg
	（4）无机防水涂料（GB 50208）	必试：抗折强度 黏结强度 抗渗性 其他：冻融循环	（1）每10t为一批；不足10t，按一批抽样。 （2）从同一批产品中随机抽取样品。单组分，取1桶或取3kg；双组分，各取1桶或按配合比各取3kg
	（5）膨润土防水材料（GB 50208）	必试：单位面积质量 膨润土膨胀指数 渗透系数 滤失量 其他：耐热性 低温柔度	（1）每100卷为一批，不足100卷，按一批抽样；抽5卷进行尺寸偏差和外观质量检验。在外观质量检验合格的卷材中，任取一卷做物理性能检验。 （2）从同一批产品中随机抽取样品，去掉端头至少1m再沿卷材纵向截取1m
	（6）混凝土建筑接缝用密封胶（GB 50208）	必试：流动性 挤出性 定伸黏结性 其他：下垂度 表干时间 拉伸模量	（1）每2t为一批；不足2t，按一批抽样。 （2）从同一批产品中随机抽取样品。单组分，取1桶或取3kg；双组分，各取1桶或按配比各取3kg
	（7）橡胶止水带（GB 50208）	必试：拉伸强度 拉断伸长率 撕裂强度 其他：热空气老化 橡胶与金属黏结	（1）每月同标记的止水带产量为一批抽样。 （2）从同一批产品中随机抽取样品，去掉端头至少1m再沿卷材纵向截取1m
	（8）腻子型遇水膨胀止水条（GB 50208）	必试：硬度 7d膨胀率 最终膨胀率 耐水性 其他：低温试验 高温流淌性	（1）每5000m为一批，不足5000m，按一批抽样。 （2）从同一批产品中随机抽取样品，去掉端头至少1m再沿卷材纵向截取1m

续上表

序号	材料名称及相关标准、规范代号		试验项目	组批原则及取样规定
12	防水材料	（9）遇水膨胀止水胶 （GB 50208）	必试：表干时间 拉伸强度 体积膨胀倍率	（1）每5t为一批；不足5t，按一批抽样。 （2）从同一批产品中随机抽取样品。单组分，取1桶或取3kg；双组分，各取1桶或按配合比各取3kg
		（10）弹性橡胶密封垫材料 （GB 50208）	必试：硬度 伸长率 拉伸强度 压缩永久变形 其他：热空气老化 耐流体	（1）每月同标记的密封垫材料产量为一批抽样； （2）随机取3个试样
		（11）遇水膨胀橡胶密封垫胶料 （GB 50208）	必试：硬度 拉伸强度 扯断伸长率 体积膨胀率 低温弯折	（1）每月同标记的膨胀橡胶产量为一批抽样。 （2）单组分，取1桶或取3kg；双组分，各取1桶或按配合比各取3kg
		（12）聚合物水泥防水砂浆 （GB 50208）	必试：7d黏结强度 7d抗渗性 耐水性 其他：凝结时间 抗压强度 抗折强度	（1）每10t为一批；不足10t，按一批抽样； （2）在每批产品或生产线中随机抽取不少于6个（组）的样品，总量不低于20kg
13	装饰装修材料	（1）建筑门窗 （GB/T 7106） （GB 50210）	必试：抗风压性能 气密性能 水密性能 其他：门窗保温性能传热系数	按每项工程的品种、规格抽检5%，同一厂家生产的同一品种、同一类型的进场材料应至少抽取一组3樘
		（2）建筑幕墙 （GB/T 15227） （GB/T 18250） （GB 50210）	必试：空气渗透性能 风压变形性能 雨水渗漏性能 其他：平面内变形性能	（1）面积大于200m²的工程需进行三性或四性试验。每个工程按不同的结构单元进行抽取，不少于一个单元。 （2）试件宽度至少包括一个承受设计荷载的垂直承力构件；试件高度最少应包括一个层高，并在垂直方向上要有两处或两处以上和承重结构相连接；试件必须包括典型的垂直接缝、水平接缝和可开启部分
		（3）建筑幕墙驳接爪、头 （JG/T 138） （GB 50210）	必试：驳接爪受压试验 驳接爪受拉试验 驳接爪受弯试验 驳接头受拉试验	（1）由同一生产厂家生产的同品种、同规格、同质量的产品组批； （2）随机取样，每批3个
		（4）人造板 （GB 18580） （GB 50210）	必试：甲醛含量	（1）同一厂家生产的同一品种、同一类型的进场材料应至少抽取一组。 （2）试件尺寸为长$l=(500\pm5)$mm，宽$b=(500\pm5)$mm。试件数为两块，试件表面积为1m²。当试件长、宽小于所需尺寸，允许采用不影响测定结果的方法拼合

续上表

序号	材料名称及相关标准、规范代号	试验项目	组批原则及取样规定
13	（5）陶瓷砖 （GB/T 4100）	必试：吸水率 　　　破坏强度 　　　断裂模数 其他：抗冻性	（1）由同一生产厂生产的同品种同规格同质量的产品组批； （2）吸水率及强度试验各10块
	（6）室内花岗岩 （GB 50325）	必试：放射性 其他：压缩强度 　　　弯曲强度 　　　耐磨性	（1）同一厂家生产的同一品种、同一类型的进场材料应至少抽取一组； （2）随机抽取9件
	（7）合成树脂乳液外墙、内墙涂料 （8）合成树脂乳液砂壁状建筑涂料 （9）溶剂型外墙涂料 （10）无机型外墙涂料 （11）复层建筑涂料 （GB/T 9755） （GB/T 9756） （JG/T 24） （GB/T 9757） （JG/T 26） （GB/T 9779）	必试：容器中状态 　　　施工性 　　　涂膜外观 　　　干燥时间 　　　对比率 其他：耐水性 　　　低温稳定性 　　　耐碱性 　　　耐洗刷性	（1）外墙涂料500~1000m² 为一个检验批； （2）内墙涂料50间为一个检验批； （3）随机抽取3~5kg
	（12）地坪涂料 （HG/T 3829）	必试：容器中状态 　　　固体含量 　　　干燥时间 　　　耐冲击性 　　　柔韧性 　　　附着力 其他：耐盐水性 　　　黏结耐水性强度	（1）15t 为一批；不足15t，按一批取样。 （2）随机抽取5~8kg
	（13）钢结构防火涂料 （GB 14907）	必试：容器中状态 　　　干燥时间 　　　初期干燥抗裂性 　　　耐水性 　　　黏结强度 其他：耐湿热性	（1）15t 为一批；不足15t，按一批取样。 （2）随机抽取5~8kg
	（14）饰面型防火涂料 （GB 12441）	必试：容器中状态 　　　干燥时间 　　　细度 　　　附着力 　　　柔韧性 　　　耐冲击 　　　耐水性 其他：耐湿热性	（1）15t 为一批；不足15t，按一批取样。 （2）随机抽取5~8kg

续上表

序号	材料名称及相关标准、规范代号	试 验 项 目	组批原则及取样规定
14 建筑电气设备	(1)电线、电缆 (GB 50303)	必试:导电性能 绝缘性能 绝缘厚度 机械性能 阻燃耐火性能	(1)同厂家、同批次、同规格型号的,每批至少抽取一个样本; (2)因有异议时,同厂家、同批次、不同规格的,应抽检10%,且不应少于两个规格
	(2)导管:镀锌钢管 (GB 50303)	必试:电气连续性	(1)同厂家、同批次、同规格型号的,每批至少抽取一个样本; (2)因有异议时,同厂家、同批次、不同规格的,应抽检10%,且不应少于两个规格
	(3)导管:阻燃塑料管 (GB 50303)	必试:阻燃性能	(1)同厂家、同批次、同规格型号的,每批至少抽取一个样本; (2)因有异议时,同厂家、同批次、不同规格的,应抽检10%,且不应少于两个规格
	(4)开关 (GB 50303)	必试:标志 防触电保护 电气强度 绝缘电阻 通断能力 耐热 灼热丝 电气间隙 爬电距离 温升	(1)同厂家、同材质、同类型的,应抽检3%,且不应少于1个(套)。 (2)因有异议时,同厂家、同材质、同类型的,数量500个(套)及以下时应抽检2个(套),但应不少于1个(套);500个(套)以上时应抽检3个(套)
	(5)插座 (GB 50303)	必试:标志 防触电保护 电气强度 插头拔出力 分断容量 耐热 灼热丝 电气间隙 爬电距离 温升	(1)同厂家、同材质、同类型的,应抽检3%,且不应少于1个(套)。 (2)因有异议时,同厂家、同材质、同类型的,数量500个(套)及以下时应抽检2个(套),但应不少于1个(套);500个(套)以上时应抽检3个(套)
	(6)断路器 (GB 50303)	必试:标志 动作特性 介电性能 温升 电气间隙和爬电距离	(1)同厂家、同材质、同类型的,应抽检3%,且不应少于1个(套)。 (2)因有异议时,同厂家、同材质、同类型的,数量500个(套)及以下时应抽检2个(套),但应不少于1个(套);500个(套)以上时应抽检3个(套)

续上表

序号	材料名称及相关标准、规范代号	试 验 项 目	组批原则及取样规定
14	建筑电气设备 (7)配电箱（GB 7251）	必试：绝缘电阻 介电性能 电气间隙和爬电距离 防护措施和保护电路的电连续性	(1)按生产日期和规格型号为一批。 (2)随机选取2个
	(8)接地装置（GB/T 21431）	必试：接地电阻值	全数检查

注：本表中所有规范、标准均采用现行版本。

3.3 施工过程质量检测

3.3.1 混凝土性能检测

1）混凝土拌合物

混凝土拌合物取样应具有代表性，一般在同一盘混凝土或同一车混凝土中的1/4～3/4之间取样，取样量应多于试验所需量的1.5倍；且不宜少于20L。通常，在现场测定混凝土坍落度，对于坍落度大于220mm的混凝土，还应测量坍落扩展度。

检测数量：对同一配合比混凝土，取样应符合下列规定。

(1)每拌制100盘且不超过100m³时，取样不得少于一次；
(2)每工作班拌制不足100盘时，取样不得少于一次；
(3)连续浇筑超过1000m³时，每200m³取样不得少于一次；
(4)每一楼层取样不得少于一次。

对混凝土有抗冻要求时，应在施工现场进行混凝土含气量检测，其检测结果应符合国家现行有关标准的规定和设计要求。同一配合比的混凝土，取样不应少于一次。

检测依据：现行《普通混凝土拌合物性能试验方法标准》（GB/T 50080）、《混凝土结构工程施工质量验收规范》（GB 50204）。

2）普通混凝土

混凝土的强度等级必须符合设计要求。用于检测混凝土强度的试件应在浇筑地点随机抽取。

检测数量：对同一配合比混凝土，取样与试件留置应符合下列规定。

(1)每拌制100盘且不超过100m³时，取样不得少于一次；
(2)每工作班拌制不足100盘时，取样不得少于一次；
(3)连续浇筑超过1000m³时，每200m³取样不得少于一次；
(4)每一楼层取样不得少于一次；
(5)每次取样应至少留置一组试件。

检测依据：现行《普通混凝土力学性能试验方法标准》（GB/T 50081）、《混凝土结构工程施工质量验收规范》(GB 50204)。

3)防水混凝土

防水混凝土抗渗性能采用标准条件下养护混凝土抗渗试件的试验结果评定,试件应在混凝土浇筑地点随机取样后制作。

检测数量:对同一配合比混凝土连续浇筑混凝土每 500m³ 应留置一组 6 个抗渗试件,且每项工程不得少于 2 组;采用预拌混凝土的抗渗试件,留置组数应视结构的规模和要求而定。

检测依据:现行《普通混凝土长期性能和耐久性能试验方法标准》(GB/T 50082)、《地下防水工程质量验收规范》(GB 50208)。

4)灌注桩混凝土

检测数量:灌注桩混凝土试件应在混凝土浇筑地点随机取样制作,每浇筑 50m³ 必须有一组试件;小于 50 m³ 的桩,每根桩必须有一组试件。

检测依据:现行《建筑地基基础工程施工质量验收标准》(GB 50202)。

5)喷射混凝土

检测数量:地下铁道工程应按区间或小于区间断面的结构,每 20 延米拱和墙各取抗压试件一组;车站取抗压试件两组。其他工程每喷射 50m³ 同一配合比的混合料或混合料小于 50m³ 的独立工程取抗压试件一组。

检测依据:现行《地下防水工程质量验收规范》(GB 50208)。

3.3.2 土方回填质量检测试验

检测数量:土方回填压实系数应满足设计要求。每单位工程不应少于 3 个点。1000m² 以上工程,每 100m² 不应少于 1 个点;3000m² 以上工程,每 300m² 不应少于 1 个点。每一独立基础下至少应有 1 个点,基槽每 20 延米应有 1 个点。

检测依据:现行《建筑地基基础工程施工质量验收标准》(GB 50202)。

3.3.3 地基与基础质量检测试验

主要检测项目:地基承载力。

检测数量:水泥土搅拌桩复合地基、高压喷射注浆桩复合地基、砂桩地基、振冲桩复合地基、土和灰土挤密桩复合地基、水泥粉煤灰碎石桩复合地基及夯实水泥土桩复合地基,其承载力检测采用单根竖向抗压静载试验时,检测数量不应少于同一条件下桩基分项工程总桩数的 1%,且不应少于 3 根;当总桩数少于 50 根时,检测数量不应少于 2 根。对设计有抗拔或水平力要求的桩基工程,单桩承载力验收检测应采用单桩竖向抗拔或单桩水平静载试验,检测数量同单根竖向抗压静载试验检测数量。预制桩和满足高应变法适用范围的灌注桩,可采用高应变法检测单桩竖向抗压承载力,检测数量不宜少于总桩数的 5%,且不得少于 5 根。

检测依据:现行《建筑基桩检测技术规范》(JGJ 106)、《建筑地基基础工程施工质量验收标准》(GB 50202)。

3.3.4 其他性能检测

1) 钻孔桩泥浆性能检测

浇筑混凝土前,灌注桩清孔后在距孔底 50cm 处取样,泥浆相对密度应小于 1.25,含砂率不得大于 8%,黏度不得大于 28s。黏土或砂性土的泥浆相对密度在 1.15~1.20。

检测依据:现行《建筑桩基技术规范》(JGJ 94)、《建筑地基基础工程施工质量验收标准》(GB 50202)。

2) 盾构管片注浆性能检测

根据注浆要求,应通过试验确定注浆材料和配合比。可按地质条件、隧道条件和工程环境选用单液或双液注浆材料。注浆材料的强度、流动性、可填充性、凝结时间、收缩率和环保等应满足施工要求。拌浆站应配有测定浆液质量的稠度仪,随时测定浆液流动性能。

检测依据:现行《盾构法隧道施工及验收规范》(GB 50446)。

3.4 工程实体质量与使用功能检测

3.4.1 结构实体混凝土同条件养护试件强度检测

检测数量:同条件养护试件的取样和留置应符合下列规定。

(1) 同条件养护试件所对应的结构构件或结构部位,应由施工、监理等各方共同选定,且同条件养护试件的取样宜均匀分布于工程施工周期内。

(2) 同条件养护试件应在混凝土浇筑入模处见证取样。

(3) 同条件养护试件应留置在靠近相应结构构件的适当位置,并应采取相同的养护方法。

(4) 同一强度等级的同条件养护试件不宜少于 10 组,且不应少于 3 组。每连续两层楼取样不应少于 1 组,每 2000m^3 取样不得少于 1 组。

(5) 对同一强度等级的同条件养护试件,其强度值应除以 0.88 后按现行《混凝土强度检验评定标准》(GB/T 50107)的有关规定进行评定,评定结果符合要求时可判结构实体混凝土强度合格。

检测依据:现行《混凝土结构工程施工质量验收规范》(GB 50204)。

3.4.2 结构实体混凝土回弹—取芯法强度检测

检测数量:回弹构件的抽取应符合下列规定。

(1) 同一混凝土强度等级的柱、梁、墙、板,抽取构件最小数量应符合《混凝土结构工程施工质量验收规范》(GB 50204)的规定,并应均匀分布。

(2) 不宜抽取截面高度小于 300mm 的梁和边长小于 300mm 的柱。

(3) 每个构件应选取不少于 5 个测区进行回弹检测及回弹值计算,并应符合现行《回弹法检测混凝土抗压强度技术规程》(JGJ/T 23)对单个构件检测的有关规定。楼板构件的回弹宜在板底进行。

(4) 对同一强度等级的混凝土,应将每个构件 5 个测区中的最小测区平均回弹值进行排序,并在其最小的 3 个测区各钻取 1 个芯样。

验收依据:现行《混凝土结构工程施工质量验收规范》(GB 50204)。

3.4.3 混凝土结构钢筋间距和保护层厚度检验

检验数量:由监督和监理单位确定或根据现行《建筑结构检测技术标准》(GB/T 50344)中建筑结构抽样检测的最小样本容量的规定来确定。结构实体钢筋保护层厚度检验构件的选取应均匀分布,并应符合下列规定:

(1)对非悬挑梁板类构件,应各抽取构件数量的2%且不少于5个构件进行检验。

(2)对悬挑梁,应抽取构件数量的5%且不少于10个构件进行检验;当悬挑梁数量少于10个时,应全数检验。

(3)对悬挑板,应抽取构件数量的10%且不少于20个构件进行检验;当悬挑板数量少于20个时,应全数检验。

检验依据:现行《混凝土中钢筋检测技术规程》(JGJ/T 152)、《混凝土结构工程施工质量验收规范》(GB 50204)。

3.4.4 桩基检测

检测数量:建筑桩基设计等级为甲级,或地质条件复杂、成桩质量可靠性较低的灌注桩工程,检测数量不少于桩总数的30%,且不得少于20根;其他工程,检测数量不得少于桩总数的20%,且不得少于10根;每个柱下承台检测桩数不应少于1根。灌注桩采用低应变法和声波透射法检测桩身完整性。

检测依据:现行《建筑基桩检测技术规范》(JGJ 106)、《建筑地基基础工程施工质量验收标准》(GB 50202)。

3.4.5 地下连续墙检测

检测数量:应采用声波透射法对墙体混凝土质量进行检测,检测墙段数量不宜少于同条件下总墙段数的20%,且不得少于3幅,每个检测墙段的预埋超声波管数不应少于4个,且宜布置在墙身截面的四边中心处。

检测依据:现行《建筑基坑支护技术规程》(JGJ 120)、《建筑地基基础工程施工质量验收标准》(GB 50202)。

3.4.6 暗挖隧道雷达扫描检测

检测数量:地质雷达法适用于检测衬砌厚度衬砌背后的回填密实度和衬砌内部钢架、钢筋等分布。隧道质量检测应以纵向布线为主,横向布线为辅。纵向布线的位置应在隧道拱顶、左右拱腰、左右边墙和隧底各布1条;横向布线可按检测内容和要求布设线距,一般情况线距8~12m;采用点测时每断面不少于6个点(竣工验收时每断面不少于5个点)。

检测依据:现行《铁路隧道衬砌质量无损检测规程》(TB 10223)。

3.4.7 锚杆、土钉抗拔承载力检测

检测数量:锚杆抗拔承载力检测数量不应少于锚杆总数的5%,且同一土层中的锚杆检测数量不应

少于3根;检测试验应该在锚固段注浆固结体强度达到15MPa或达到设计强度的75%后进行。土钉抗拔承载力检测数量不宜少于土钉总数的1%,且同一土层中的土钉数量不应少于3根;检测试验应该在锚固段注浆固结体强度达到10MPa或达到设计强度的70%后进行。试样应采用随机抽样的方法选取。

检测依据:现行《建筑基坑支护技术规程》(JGJ 120)。

3.4.8 土壤氡浓度检测

检测数量:在工程地质勘查范围内布点时,应以间距10m作网格,各网格点即为测试点,当遇较大石块时,可偏离2m,但布点数不应少于16个。布点位置应覆盖基础工程范围。

检测依据:现行《民用建筑工程室内环境污染控制标准》(GB 50325)。

3.4.9 钢结构检测

检测数量:钢结构一级焊缝进行100%超声波探伤检测,二级焊缝进行20%超声波探伤抽检,三级焊缝,无须做探伤检测。钢结构防腐涂层厚度检测按构件数抽查10%,且不少于3件。

检测依据:现行《钢结构工程施工质量验收标准》(GB 50205)。

3.4.10 钢筋混凝土管片检测

检测数量:钢筋混凝土管片生产单位对成品管片混凝土强度采用回弹法进行质量验收,抽检数量不少于同一检验批管片总数的5%;应逐片检查外观质量;每生产15环管片,应抽检一环管片进行几何尺寸和主筋保护层厚度检验;每生产200环管片,应进行水平拼装检验1次;对于渗漏、抗弯性能、抗拔性能,每1000环抽检1块,不足1000环时,按1000环计。

钢筋混凝土管片进场验收应检查混凝土试件的强度和抗渗等性能试验报告、管片结构性能检验报告和出厂合格证;外观质量不应有严重缺陷,存在一般缺陷的管片数量不得大于同期生产总数的10%;对于一般缺陷,应由生产单位按技术要求处理后重新验收;几何尺寸和主筋保护层厚度每200环抽检一环。

检测依据:现行《盾构隧道管片质量检测技术标准》(CJJ/T 164)、《盾构法隧道施工与验收规范》(GB 50446)。

第 4 章 资料管理

地铁工程资料管理是指地铁工程资料的填写、编制、审核、审批、收集、整理、组卷、移交及归档等工作的统称。工程技术资料、工程质量控制资料是反映地铁工程施工过程中，各个环节工程质量状况的基本数据和原始记录，反映工程项目的测试结果和记录。它既是反映工程质量的客观见证和评价工程质量的主要依据，又是工程的"合格证"和技术说明书，应当完整准确并坚持同步收集、整理，不得后补，工程完工后按规定归档保存。

4.1 基本要求

（1）工程建设过程中，应做好工程资料的日常管理。工程资料的形成、收集和整理应采用计算机管理，形成齐全、完整、准确的电子数据，实行既有纸质载体档案又有电子声像档案的双轨制归档方式。

（2）工程资料的验收应与工程竣工验收同步进行，工程资料不符合要求的，不得进行工程竣工验收。

（3）地铁工程资料的形成应符合现行国家相关的法律、法规、施工质量验收标准和规范、工程合同与设计文件等规定。

（4）工程资料应真实反映工程质量的实际情况，并与工程进度同步形成、收集和整理。

（5）应确保各自资料的真实有效、完整齐全，严禁伪造、损毁或故意撤换。

（6）工程资料应字迹清晰并有相关人员及单位的签字盖章。工程各参建单位应及时对工程资料进行确认、签字。

（7）工程资料应使用原件。当为复印件时，应加盖复印件提供单位的公章并注明原件存放单位或存放地。原材料、成品、半成品构配件、设备出厂质量合格证书、检验报告为复印件的，必须加盖供应单位印章方为有效，并注明使用工程名称、规格、数量、进场日期、经办人签名及原件存放地点。提供单位应对资料的真实性负责。

（8）工程资料应实行分级管理，建设过程中工程资料的收集、整理和审核工作应有专人负责。资料管理人员应经过相应的培训并按规定取得相应的岗位资格。

（9）工程参建各单位应对本单位形成的工程资料负责管理，并保证工程资料的可追溯性。由多方共同形成的工程资料,各自承担相应的管理责任。

(10)各参建单位在工程建设过程中,应严格按照现行《建设工程文件归档规范》(GB/T 50328)中声像档案的收集要求,随时收集、整理与工程相关的具有保存价值的声像资料,并按规定编制成工程声像档案,与纸质档案同时向城建档案馆及建设单位移交。

4.2 施工资料管理

地铁工程项目进场应设立档案资料室,档案资料室集中统一管理本工程全过程的技术档案资料,对工程文件材料的形成、积累、收集、归档工作进行监督、检查,并负责工程技术档案资料的接收和移交。为了便于各个管理环节的衔接,档案资料室配备专职档案员;为更好地管理好档案资料,应配置必要的库房、档案装具、档案保护设施和办公设备。工程建设中,各种技术资料交由档案资料室统一管理发放,各有关部门和单位指定专人办理领用手续。

4.2.1 质量要求

(1)归档的工程文件应为原件。

(2)工程文件的内容及其深度必须符合现行国家有关工程的技术规范、标准和规程。

(3)工程文件的内容必须真实、准确,与工程实际相符合。

(4)工程文件应采用耐久性强的碳素墨水、蓝黑墨水书写,不得使用红色墨水、纯蓝墨水、圆珠笔、复写纸、铅笔等易褪色的书写笔墨。计算机输出文字和图件应使用激光打印机,不应使用色带式打印机、水性墨打印机和热敏打印机。

(5)工程文件应字迹清楚,图样清晰,图标整洁,签字齐全有效,盖章手续完备。

(6)工程文件中文字材料幅面尺寸规格统一为 A4 幅面(297mm×210mm),图纸宜采用国家标准图幅。

(7)工程文件的纸张应采用能够长期保存的韧力大、耐久性强的纸,不应选用低于 70g 纸张。图纸一般采用蓝晒图,竣工图宜是新蓝图。计算机出图必须清晰,不得使用计算机出图的复印件。

(8)竣工图应符合下列要求:

①所有竣工图均应加盖竣工图章。竣工图章应使用不易褪色的红印泥,应盖在图标上方空白处。

②竣工图章的基本内容包括"竣工图"字样以及施工单位、编制人(证号)、审核人、技术负责人、编制日期、监理单位、现场监理、总监。

③竣工图章尺寸统一为 50mm×80mm。

④利用施工图改绘竣工图,必须标明变更修改依据;凡施工图结构、工艺、平面布置等有重大改变,或变更部分超过图面 1/3 的,应当重新绘制竣工图,重新绘制的竣工图编号应使用原图编号。

⑤不同幅面的工程图纸应按现行《技术制图复制图的折叠方法》(GB/T 10609.3)统一折叠成 A4 幅面(297mm×210mm),图标栏露在外面。

⑥竣工图的绘制与改绘应符合国家现行有关制图标准的规定。

(9)电子文件应符合下列要求:

①归档的建设工程电子文件应采用表 12-4-1 所列开放式文件格式或通用格式进行存储。专用软件产生的非通用格式的电子文件应转换成通用格式。

工程电子文件存储格式表 表 12-4-1

文件类别	格 式	文件类别	格 式
文本(表格)文件	PDF、XML、TXT	影像文件	MPEG2、MPEG4、AVI
图像文件	JPEG、TIFF	声像文件	MP3、WAV
图形文件	DWG、PDF、SVG		

②归档的建设工程电子文件应包含元数据,保证文件的完整性和有效性。元数据应符合现行行业标准《建设电子档案元数据标准》(CJJ/T 187)的规定。

③归档的建设工程电子文件应采用电子签名等手段,所载内容应真实和可靠。

④归档的建设工程电子文件的内容必须与其纸质档案一致。

⑤离线归档的建设工程电子档案载体,应采用一次性写入光盘,光盘不应有磨损、划伤。

⑥存储移交电子档案的载体应经过检测,无病毒、无数据读写故障,并应确保接收方能通过适当设备读出数据。

4.2.2 资料表格填写要求

1)表头部分

(1)单位(子单位)工程名称

合同名称+空两格+××站(××站—××站区间),例如"麻村站单位工程"应填写为"×××市地铁×号线一期工程土建施工 TJSG-13 标 麻村站"(具体参照建设单位下发的统一文件)。分部(子分部)工程名称,按现行《城市轨道交通工程资料管理规程》(DB11/T 1448)划定的分部(子分部)名称填写。验收部位是指一个分项工程中该检验批的验收范围或抽样范围。

施工单位统一填写施工单位全称:××××集团公司×××市地铁×号线土建施工××标项目经理部(与项目公章名称相一致)。项目经理栏填写合同中指定的项目负责人(或已办理变更手续的项目负责人)。有分包单位时,也应填写分包单位全称,分包单位的项目经理也应是合同中指定的项目负责人。填表时由填表人填写,不要本人签字。

(2)"编号"栏

检验批右上角编号可按四位阿拉伯数字编号,在一个单位工程中按检验项目分类,每一类编号再按检验批形成的时间先后顺序从 0001 开始编制。

(3)"施工执行标准名称及编号"栏

填写本检验批执行的验收标准和规范,按照不低于国家质量验收规范、标准来操作。采用"四新"技术(即新材料、新产品、新技术、新工艺)的检验批,表格应另行制定,该栏填写经批准的"四新"技术质量验收依据。

2)施工单位检查记录

施工单位自行检查合格后,在检验批检查记录中主控项目填写"合格";一般项目填写"符合要求";检查结果填写"主控项目全部合格,一般项目符合设计及规范要求(也可写出具体规范全称),评定合格"。

填写方法分以下几种情况:

(1)对定量项目直接填写检验的数据。超出允许偏差的检验数据,用"○"将其圈住。

(2)对定性项目,应按验收标准(规范)条文所规定的质量要素描述全面。且当符合验收标准(规范)的规定时,填写"合格""符合要求";当不符合验收标准(规范)的规定时,采用打"×"的方式标注。

有试验报告的,应填写试验报告编号。

(3)有混凝土、砂浆强度等的检验批,按规定制取试件后,可先填写试件编号和试件留置日期,待试件试验报告出来后,再对检验批进行判定,并在分项工程验收时进一步进行强度评定及验收。

(4)对既有定性又有定量的项目,应填写验收标准(规范)要求的全部检验数据,并按验收标准(规范)条文所规定的质量要素描述全面。各个子项目质量均符合验收标准(规范)规定时,填写"合格""符合要求";否则,采用打"×"的方式标注。

(5)无此项内容的,采用打"/"的方式标注。

专业工长(施工员)和施工班(组长)栏目由本人签字,以示承担相关责任。专业质量检查员代表企业逐项检查,填写检查结果,签字后,交监理工程师或建设单位项目专业技术负责人验收。

4.3 工程资料的分类与编号

4.3.1 工程资料分类及归档

(1)地铁工程资料按照其特性和形成、收集、整理的单位不同进行分类,一般可分为基建文件、监理资料、施工资料和竣工图,每类工程资料再根据类别的不同分类整理,相应的工程分类可参见附件12-4-1。

(2)工程准备阶段文件可分为决策立项文件、建设用地文件、勘察设计文件、招投标及合同文件、开工文件、商务文件六类。

(3)监理资料可分为监理管理资料、进度控制资料、质量控制资料、造价控制资料、合同管理资料和竣工验收资料六类。

(4)施工资料可分为施工管理资料、施工技术资料、施工物资资料、施工测量及监测资料、施工记录资料、施工试验记录资料、过程验收资料、工程竣工验收资料八类。

(5)工程竣工文件可分为竣工验收文件、竣工决算文件、竣工交档文件、竣工总结文件四类,可参见附件12-4-1。

4.3.2 工程划分及代码

地铁单位(子单位)工程、分部(子分部)工程及分项工程的划分原则参考本篇第5章5.2节。

土木工程及建筑设备安装工程主要包括车站工程、区间工程、车辆段及综合基地、轨道工程等。相应的工程划分及工程代码可参见附件12-4-2表1~表3。

车站工程为一个单位(子单位)工程,包括土建工程和建筑设备安装工程(含下一段区间隧道的机电设备安装工程)。因车站工程施工可能采用多种施工方法、或其不同区段/部位的施工时间不一致等,常将单位(子单位)工程划分为若干个"施工工法或工程类型",其中一个"施工工法或工程类型"包括若干个分部工程。

地下、地上及高架区间土建工程(包括附属工程)均作为一个单位(子单位)工程,若一个区间被分割成多个合同段、或采用了不同的施工方法、或施工时间不一致、或功能不同,则划分为若干个"施工工法或工程类型",一个"施工工法或工程类型"包括若干个分部工程。

车辆段及综合基地为一个单位(子单位)工程。原则上按房建、路基、道路、桥梁、室外环境和室外安装等划分为若干个"施工工法或工程类型",一个"施工工法或工程类型"包括若干个分部工程。

轨道工程划分为正线轨道和车辆段轨道子单位工程。城市轨道交通系统中的轨道工程划分及工程代码可参见附件12-4-2表3。

地铁工程中的声屏障工程按线划分。全线声屏障工程划分为一个单位工程,其分部工程、分项工程的划分及工程代码可参见附件12-4-2表3。

对于专业化程度高、施工工艺复杂、技术先进的子分部工程应分别单独组卷。须单独组卷的子分部名称及代码可参见附件12-4-2表4。

4.3.3 资料编号

为适应地铁工程资料信息化、标准化管理,必须建立统一的施工资料编号规则,每一项施工资料均有一个唯一的编号,以便于识别、分类及组卷。编码必须遵循规范性和唯一性原则。

(1)施工资料编号的组成:

施工资料编号应填入右上角的编号栏。

通常情况下,资料编号应有18位编号,由①单位工程代号(2位),②施工工法与工程类型代号(2位),③分部工程代号(2位),④子分部工程代号(2位),⑤资料类别编号(2位),⑥资料分类编号(4位),⑦用户顺序号(4位)组成,各部分之间无空格。

编号形式如图12-4-1所示。

图12-4-1 编号形式

根据单位(子单位)工程代号、施工工法与工程类型代号、分部工程代号、子分部工程代号、资料类别编号、资料分类编号和形成的先后顺序,计算机软件在右上角的编号栏自动生成施工资料的编号。

非单独组卷的施工资料不填写子分部工程代号,样图如图12-4-2所示。

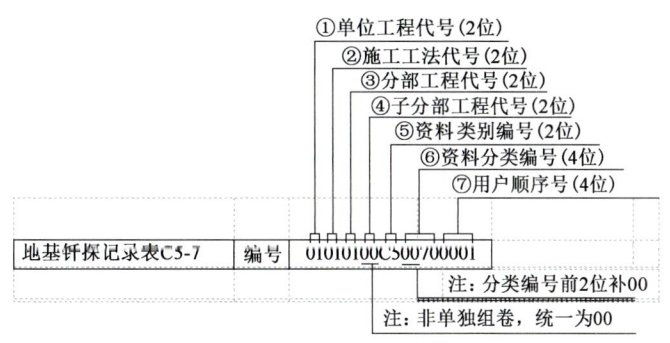

图12-4-2 非单独组卷的资料编号

单独组卷的施工资料样图如图12-4-3所示,资料的扩展位编号样图如图12-4-4所示。

编号的后4位为用户顺序号,应根据相同表格、相同检查项目,按时间自然形成的先后顺序填写,从0001开始标注。

(2)无统一表格或外部提供的施工资料,应根据附件12-4-1的分类,在资料的右上角注明编号,该编号应符合(1)的规定。

(3)监理资料编号:

①监理资料编号应填入右上角的编号栏;

②对于相同的表格或相同的文件材料，应分别按时间自然形成的先后顺序编号；

③监理资料中的施工测量放线报验表（A2）、工程物资进场报验表（A4）应根据报验项目编号，对于相同的报验项目，用户顺序号应分别按时间自然形成的先后顺序从0001开始，连续标注。

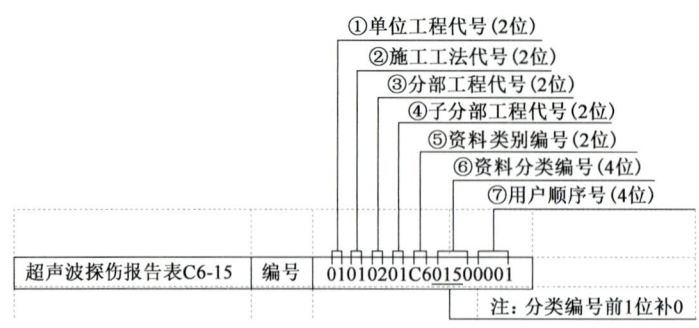

图12-4-3 单独组卷的资料编号

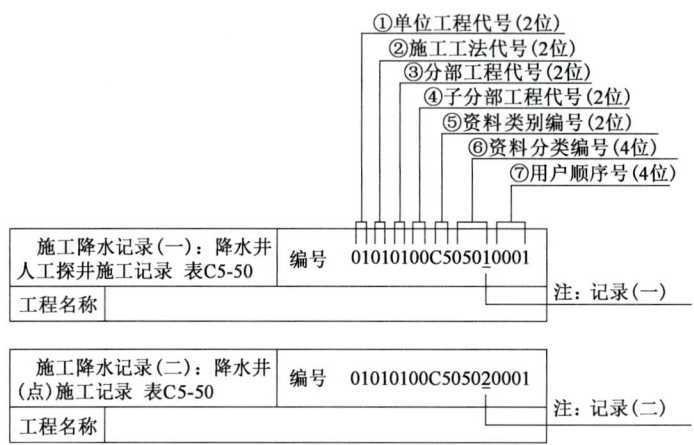

图12-4-4 资料的扩展位编号

(4) 资料管理目录的填写要求：

①工程名称：单位或子单位（单体）工程名称。

②资料类别：资料项目名称，如工程洽商记录、钢筋连接技术交底等。

③序号：按时间形成的先后顺序用阿拉伯数字从1开始依次编写。

④内容摘要：用精练语言提示资料内容。

⑤编制单位：资料形成单位名称。

⑥日期：资料形成的时间。

⑦备注：填写需要说明的其他问题。

4.4 施工资料主要内容

4.4.1 施工管理资料

(1) 施工管理资料是在施工过程中形成的反映施工组织及监理审批等情况资料的统称。主要内容包括施工现场质量管理检查记录、施工过程中报监理审批的各种报验报审表、施工试验计划及施工日志等。

(2)施工现场质量管理检查记录应由施工单位填写,报项目总监理工程师(或建设单位项目负责人)检查,并做出检查结论。

(3)单位工程施工前,施工单位应科学、合理地编制施工试验计划并报送监理单位。施工过程中,应由施工单位取样人员在监理单位见证人员现场见证下进行原材料取样和试件制作,并在见证记录上签字。见证记录应分类收集、汇总整理。

(4)施工日志应以单位工程(子单位)为记载对象,从工程开工起至工程竣工止,按专业指定专人负责逐日记载,其内容应真实。

4.4.2 施工技术资料

(1)施工技术资料是在施工过程中形成的,用以指导正确、规范、科学施工的技术文件及反映工程变更情况的各种资料的总称。主要内容包括施工组织设计及施工方案、技术交底记录、图纸会审记录、设计变更通知单、工程变更洽商记录等。

(2)施工单位应根据合同约定或监理单位要求,在正式施工前填写工程技术文件报审表,报监理单位审批。工程技术文件报审有时限规定,施工和监理单位均应按照施工合同或约定的时限要求完成各自的报送和审批工作。

(3)实施性施工组织设计由施工单位编制完成,经施工企业技术负责人审批并填写工程技术文件报审表,报监理单位批准实施。

(4)施工方案编制内容应齐全有针对性,可根据工程规模大小、技术复杂程度、施工重点部位及施工季节变化等情况分别编制。施工方案应经项目部技术负责人或公司技术部门负责人审批,并填写工程技术文件报审表,报请监理单位批准实施。

(5)实施性施工组织设计应由施工单位的技术负责人组织交底;"四新"技术应用及专项施工方案应由项目技术负责人组织交底;分项工程施工方案应由工程技术人员组织交底。设计交底和技术交底应有文字记录,并有交底双方人员的签字。

(6)图纸会审应由建设单位组织,设计、监理和施工单位项目技术负责人及有关人员参加。设计单位对各专业问题进行交底,施工单位负责将设计交底内容按专业汇总、整理形成图纸会审记录,有关各方签字确认。

(7)设计单位应及时下达设计变更通知单,内容翔实,必要时应附图,并逐条注明应修改图纸的图号。设计变更通知单应由设计专业负责人以及建设(监理)和施工单位的相关负责人签字确认。

4.4.3 施工物资资料

(1)施工物资资料是指反映工程施工所用物资质量和性能是否满足设计和使用要求的各种质量证明文件及相关配套文件的统称。主要内容包括各种质量证明文件、材料及构配件进场检验记录、设备开箱检验记录、设备及管道附件试验记录、设备安装使用说明书、各种材料的进场复试报告、预拌混凝土(砂浆)运输单等。

(2)建筑工程使用的各种主要物资均应有质量证明文件。

(3)产品质量合格证、型式检验报告、性能检测报告、生产许可证、商检证明、中国强制认证(CCC)证书、计量设备检定证书等均属质量证明文件。

(4)涉及消防、电力、卫生、环保等有关物资,须经行政管理部门认可的,应有相应的认可文件。

(5) 进口材料和设备应有中文安装使用说明书及性能检测报告。

(6) 国家规定须经强制认证的产品应有认证标志(CCC),生产厂家应提供认证证书复印件,认证证书应在有效期内。

(7) 预拌混凝土供应单位应向施工单位提供以下资料:预拌混凝土运输单;预拌混凝土出厂合格证(32 天内提供);工程结构有要求时,应提供混凝土氯化物和碱总量计算书和砂石碱活性试验报告。

(8) 施工物资进场后施工单位应对进场物资数量、型号和外观等进行检查,并填写材料及构配件进场检验记录或设备开箱检验记录。

(9) 施工单位应按国家有关规范、标准的规定对进场物资进行复试或试验,没有专用试验表格的可用建设单位资料管理提供的材料通用试验表格;规范、标准要求实行见证时,应按规定进行见证取样和送检。

(10) 施工物资进场后施工单位应报监理单位查验并签字。

(11) 地铁工程施工常用材料进场复验项目可参见附件12-4-3。

4.4.4 施工测量及监测资料

(1) 施工测量记录是指在施工过程中形成的,确保地铁工程定位、线路路由、线路平纵断面、尺寸、标高、位置和沉降量等满足设计要求和规范规定的资料的统称。主要内容包括施工测量放样(复核)、控制点交接桩、线路中线检测、线路中线调整、初期支护净空、车站净空、隧道净空等测量记录,基坑支护、地面沉降、拱顶下沉、建(构)筑物/地下管线变形等监测记录。

(2) 施工测量应符合国家现行相关测量规范、建设管理单位工程测量管理办法的规定。施工测量(以及施工记录、施工试验、过程验收)资料形成的管理流程如图12-4-5所示。

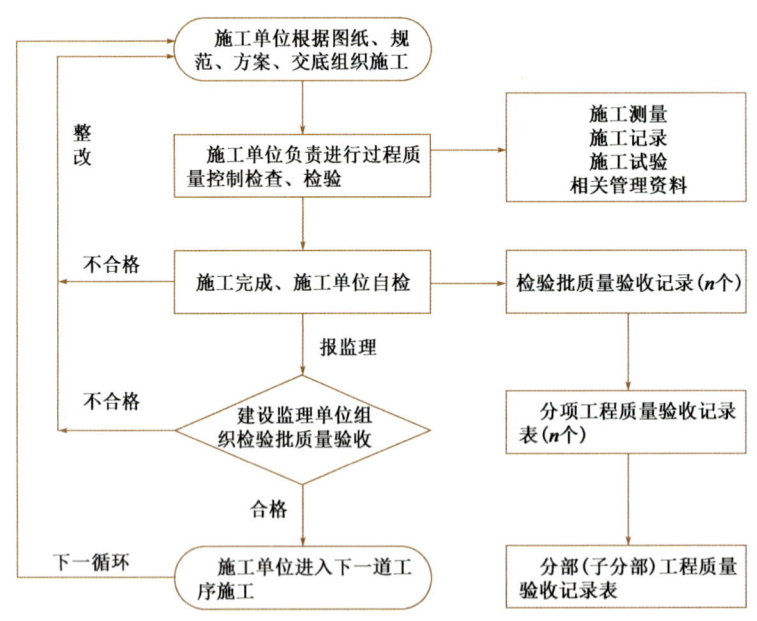

图 12-4-5 施工测量(以及施工记录、施工试验、过程验收)资料形成的管理流程图

(3) 建设单位指定有相应测绘资质等级的测绘部门,依据建设工程规划许可证批准的地铁工程建筑位置及标高、线路路由、线路平纵断面依据,测定出地铁工程建筑的红线桩,提供放线成果。施工单位应依据测绘成果、红线桩及场地控制网(或建筑物控制网),测定建筑物位置、主控轴线及尺寸、建筑物±0.000 标高的绝对高程,填写工程定位测量记录,报监理单位查验并签字。

（4）施工单位在基础垫层未做防水前,应依据主控轴线和基底平面图,对建(构)筑物基底外轮廓线、集水坑、电梯井坑、垫层标高(高程)、基槽断面尺寸和坡度等进行检测并填写施工测量放样(复核)记录,报监理单位查验并签字。

（5）施工单位应做的平面放线内容包括轴线竖向投测控制线、各层墙柱轴线和边线、桥墩轴线和边线、预留洞口位置线、垂直度偏差等,施工单位应在完成平面放线后,填写施工测量放样(复核)记录,报监理单位查验并签字。

（6）施工单位应做的标高抄测内容包括楼层、桥面水平控制线等,施工单位应在完成标高抄测后,填写施工测量放样(复核)记录,报监理单位查验并签字。

（7）施工单位应在初期支护变形稳定后,对其净空进行实测并记录,填写初期支护净空测量记录,报监理单位审核。

（8）施工单位应在车站/隧道结构工程完成和工程竣工时,对其净空进行实测并记录,填写车站/隧道净空测量记录,报监理单位审核。

（9）施工单位应委托有资质的单位进行施工过程中的施工监测工作。施工监测单位应按照设计和规范要求,编制监测方案,及时埋设监测点,绘制监测点平面布置图,按规定频率进行监测,根据工程类型和工法,分别填写巡查记录表,并编制包含监测点变化时程曲线图和监测结论及建议的监测报告。

（10）施工监测记录是在施工过程中形成的,用来确保地铁工程变形变化量等满足设计要求和规范规定的资料的统称。主要内容包括记录表、报审表、审核单、审核意见回复以及支护结构、周围岩土体、周边环境监测项目的监测报告等监测记录。

（11）施工监测应符合现行国家相关监测规范、建设单位地铁工程监测管理办法的规定。施工监测资料形成可按如图12-4-6所示的流程管理。

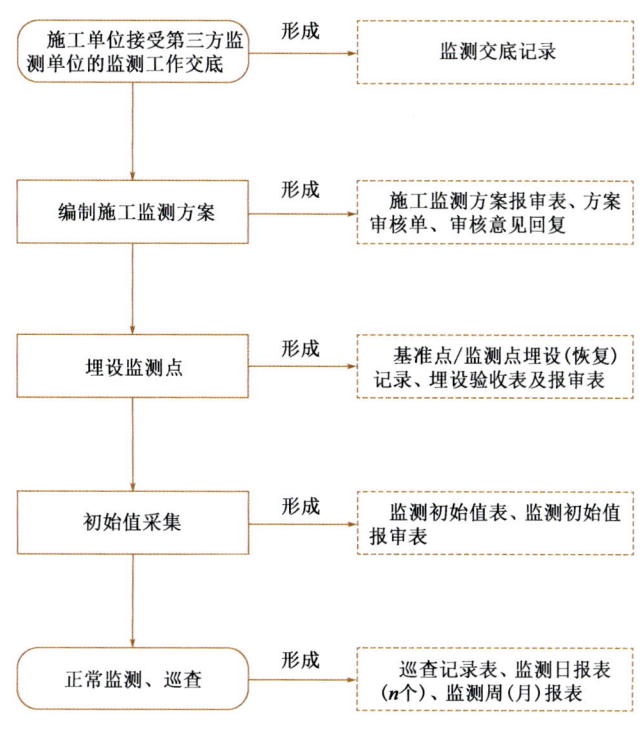

图 12-4-6　施工监测资料的形成

（12）施工单位在工程施工前应接受第三方监测单位的监测工作交底,形成监测工作交底记录。

（13）施工单位在工程施工前应编制完成施工监测方案,报监理单位、第三方监测单位审查后形成施工监测方案报审表、施工监测方案审核单、施工监测方案审核意见回复等记录。

（14）施工单位在工程施工前应完成周围岩土体、周边环境监测点的布设、验收及初始值采集工作,报监理单位审查,形成基准点/监测点埋设(恢复)记录表、埋设验收表及报审表等记录。

（15）施工单位应在外业监测、巡查工作结束后,完成监测报告的编制,形成巡查记录表、监测日报表、监测周(月)报表等记录。

4.4.5 施工记录资料

（1）施工记录是指施工单位在施工过程中形成的,为保证工程质量、安全和进度的各种内部检查记录的统称。主要内容包括隐蔽工程验收记录、预检记录、交接检查记录、地基验槽记录、地基处理记录、桩(地)基施工记录、混凝土浇灌申请书、混凝土养护测温记录、构件吊装记录、材料(设备)电气特性测试记录、地下工程防水效果检查记录、预应力筋张拉记录、钻孔桩钻进记录以及不同工法的车站和区间隧道施工记录等。

（2）隐蔽工程验收记录为通用施工记录,适用于各专业。按规范规定须进行隐验的项目,施工单位应填报隐蔽工程验收记录,监理单位审核。

（3）预检记录是对施工重要工序进行的预先质量控制检查记录,为通用施工记录,适用于各专业。按照现行规范要求应进行施工检查的重要工序,且无相应施工记录表格的,应填写施工检查记录(通用)。

（4）同一单位(子单位)工程,不同专业施工单位之间应进行工程交接检查并填写交接检查记录。移交单位、接收单位共同对移交工程进行验收,并对质量情况、遗留问题、工序要求、注意事项、成品保护等内容进行记录。

（5）单位(子单位)工程的土方开挖分项工程完工后应进行地基验槽,地基验槽应由质检机构、建设、勘察、设计、监理和施工单位共同进行,并填写地基验槽检查记录表。

（6）勘察设计单位要求施工单位对地基进行处理的,施工单位在地基处理完后应填写地基处理记录表,报请勘察、设计、监理单位复查。

（7）勘查设计要求对基槽浅层土质的均匀性和承载力进行钎探的,钎探前应绘制钎探点平面布置图,确定钎探点布置及顺序编号,按照钎探图及有关规定进行钎探并填写地基钎探记录表。

（8）混凝土正式浇筑前,应检查各项准备工作(如钢筋、模板、水电等预埋件,设备材料准备情况等),自检合格填写混凝土浇灌申请书,并报监理单位验收。

（9）采用钢筋机械连接的工程应有钢筋机械连接质量的检查记录。

（10）拆除现浇混凝土结构板、梁、悬臂构件等底模前,应填写混凝土拆模申请单,报监理单位审批,通过后方可拆模。

（11）大体积混凝土施工时应进行测温记录,填写大体积混凝土测温记录表并附温度测点布置图。

（12）地下工程验收时,应对地下工程有无渗漏现象进行检查,填写地下工程防水效果检查记录表,检查内容包括裂缝、渗漏部位、大小、渗漏情况和处理意见等。

4.4.6 施工试验记录资料

（1）施工试验记录是指根据设计要求和规范规定进行试验,记录原始数据和计算结果,并得出试验结论的资料统称。主要内容包括施工试验记录（通用）、土壤压实度试验记录（环刀法）、压实度试验记录（灌砂法）、钢筋连接、基桩性能、埋件（植筋）拉拔、混凝土（砂浆）性能、施工工艺参数、饰面砖拉拔、钢结构焊缝质量检测、给水与排水及采暖试验、通风与空调试验、机电系统运转测试等记录。

（2）采用新技术、新工艺及特殊工艺时，对施工试验方法和试验数据进行记录，应填写施工试验记录（通用）。按照设计要求和规范规定应做施工试验，对无相应施工试验表格的，也应填写施工试验记录（通用）。

（3）明挖法工程施工土方回填工程或路基压实工程应按规范要求测定土的最大干密度、含水率和压实度，并填写土壤压实度试验记录（环刀法）或压实度试验记录（灌砂法）。

（4）钢筋连接应有满足钢筋焊接、机械连接相关技术规程要求的力学性能试验报告。机械连接工程开始前及施工过程中，应对每批进场钢筋，在现场条件下进行工艺检验，检验合格后方可进行机械连接的施工。

（5）砌筑砂浆应有配合比申请单和试验室签发的配合比通知单，并有按规定留置的龄期为28d标准养护试块的抗压强度试验报告。承重结构的砌筑砂浆试块应按规定实行有见证取样和送检。砂浆试块的留置数量及必试项目应符合现行国家、行业、地方相关规范、标准、规程的规定。应有单位工程砌筑砂浆试块抗压强度统计、评定记录。

（6）现场搅拌混凝土应有混凝土配合比申请单和通知单。应有按规定留置龄期为28d标准养护试块和相应数量同条件养护试块的混凝土抗压强度试验报告。抗渗混凝土、特种混凝土除应具备上述资料外应有专项混凝土抗渗试验报告。单位工程应有混凝土试块抗压强度统计、评定记录。统计、评定方法及合格标准应符合现行国家、行业、地方相关规范、标准、规程的规定。

（7）车站、车辆段建筑装饰装修工程施工试验记录：地面回填应有土工击实试验报告和回填土试验报告。装饰装修工程使用的砂浆和混凝土应有配合比通知单和强度试验报告；有抗渗要求的还应有抗渗试验报告。外墙饰面砖粘贴前和施工过程中，应在相同基层上做样板件，并对样板件的饰面砖黏结强度进行检验，有饰面砖黏结强度检验报告，检验方法和结果判定应符合现行国家、行业、地方相关规范、标准、规程的规定。

（8）支护工程施工试验记录：锚杆（索）应按设计要求进行现场抽样试验，有锁定力（抗拔力）试验报告。支护工程使用的混凝土，应有混凝土配合比通知单和混凝土强度试验报告；有抗渗要求的还应有抗渗试验报告。支护工程使用的砂浆，应有砂浆配合比通知单和砂浆强度试验报告。

（9）桩基（地基）工程施工试验记录：地基应按设计要求进行承载力检验，有承载力检验报告。桩基应按照设计要求和相关规范、标准规定进行承载力和桩体质量检测，有相应资质等级检测单位检测报告。桩基（地基）工程使用的混凝土，应有混凝土配合比通知单和混凝土强度试验报告；有抗渗要求的还应有抗渗试验报告。

（10）预应力工程施工试验记录：预应力工程用混凝土应按规范要求留置标养、同条件试块，有相应抗压强度试验报告。后张法有黏结预应力工程灌浆用水泥浆应有性能试验报告。

（11）钢结构工程施工试验记录：高强度螺栓连接应有摩擦面抗滑移系数检验报告及复试报告，并实行有见证取样和送检。施工首次使用的钢材、焊接材料、焊接方法、焊后热处理等应进行焊接工艺评定，有焊接工艺评定报告。设计要求的一、二级焊缝应做缺陷检验，由具有相应资质等级的检测单位出具超声波、射线探伤检验报告或磁粉探伤报告，如《超声波探伤报告》《超声波探伤记录》和《钢构件射线探伤报告》。建筑安全等级为一级、跨度40m及以上的公共建筑钢网架结构，且设计有要求的，应对其焊（螺栓）球节点进行节点承载力试验，并实行有见证取样和送检。钢结构工程所使用的防腐、防火涂

料应做涂层厚度检测,其中防火涂层应由具有相应资质的检测单位出具检测报告。

(12)施工试验记录资料的检测试验表格和检测试验报告格式以建设单位的规定为准。

4.4.7 过程验收资料

(1)过程验收资料是指参与工程建设的有关单位根据相关标准、规范对工程质量是否达到合格做出确认的各种文件的统称。主要内容包括结构实体检验记录、钢筋保护层厚度验收记录、检验批质量验收记录、分项工程质量验收记录、分部(子分部)工程质量验收记录等。

(2)结构实体验收记录:涉及混凝土结构安全的重要部位应进行结构实体检验,结构实体混凝土检验应有同条件混凝土强度验收记录;结构实体重要部位的钢筋应有钢筋保护层厚度验收记录;以及工程合同约定的项目,必要时可检验其他项目。结构实体检验报告应由有相应资质等级的试验(检测)单位提供。

(3)施工单位在完成分项工程检验批施工。自检合格后,应由项目专业质量检查员填报"检验批质量验收记录表"。检验批质量验收应由监理工程师(建设单位项目专业技术负责人)组织项目专业质量检查员等进行验收并签认。

(4)施工单位作为工程施工质量控制的主体,应对工程质量进行全过程控制,工程质量验收是在施工单位自行检查评定的基础上,再由参与建设活动的有关单位根据相关标准共同对检验批、分项、分部(子分部)、施工工法或工程类型、单位(子单位)工程的质量以书面形式对工程质量达到合格与否做出确认。

(5)监理单位应根据工程的进展情况,督促承包商(或施工单位)制订工程的验收计划,审核后及时上报建设单位。

4.5 工程档案编制

4.5.1 竣工图绘制与要求

1)基本要求

(1)竣工图是地铁工程竣工档案的重要组成部分,是工程建设完成后的主要凭证性材料,是工程竣工验收的必备条件,是工程维修、管理、改建、扩建的依据。竣工图必须与工程实际情况一致。各项新建、改建、扩建项目均必须编制竣工图。

(2)竣工图的编(绘)制工作应由施工单位负责。如果行业主管部门规定设计单位编制或施工单位委托设计单位编制竣工图的,应明确规定施工单位和监理单位的审核和签认责任。

(3)竣工图应根据专业、系统,按单位工程进行分类和整理。

(4)凡合同约定中要求监理单位审核的竣工图,应盖监理单位的竣工图章。

2)编(绘)制质量要求

(1)竣工图的图纸(包括用于改绘竣工图的图纸)必须是蓝图或绘图仪绘制的白图,不得使用复印的图纸。

(2)竣工图应使用国家法定计量单位和文字,竣工图中文字应字迹清晰并与施工图大小比例一致。

结论的资料统称。主要内容包括施工试验记录(通用)、土壤压实度试验记录(环刀法)、压实度试验记录(灌砂法)、钢筋连接、基桩性能、埋件(植筋)拉拔、混凝土(砂浆)性能、施工工艺参数、饰面砖拉拔、钢结构焊缝质量检测、给水与排水及采暖试验、通风与空调试验、机电系统运转测试等记录。

(2)采用新技术、新工艺及特殊工艺时,对施工试验方法和试验数据进行记录,应填写施工试验记录(通用)。按照设计要求和规范规定应做施工试验,对无相应施工试验表格的,也应填写施工试验记录(通用)。

(3)明挖法工程施工土方回填工程或路基压实工程应按规范要求测定土的最大干密度、含水率和压实度,并填写土壤压实度试验记录(环刀法)或压实度试验记录(灌砂法)。

(4)钢筋连接应有满足钢筋焊接、机械连接相关技术规程要求的力学性能试验报告。机械连接工程开始前及施工过程中,应对每批进场钢筋,在现场条件下进行工艺检验,检验合格后方可进行机械连接的施工。

(5)砌筑砂浆应有配合比申请单和试验室签发的配合比通知单,并有按规定留置的龄期为28d标准养护试块的抗压强度试验报告。承重结构的砌筑砂浆试块应按规定实行有见证取样和送检。砂浆试块的留置数量及必试项目应符合现行国家、行业、地方相关规范、标准、规程的规定。应有单位工程砌筑砂浆试块抗压强度统计、评定记录。

(6)现场搅拌混凝土应有混凝土配合比申请单和通知单。应有按规定留置龄期为28d标准养护试块和相应数量同条件养护试块的混凝土抗压强度试验报告。抗渗混凝土、特种混凝土除应具备上述资料外应有专项混凝土抗渗试验报告。单位工程应有混凝土试块抗压强度统计、评定记录。统计、评定方法及合格标准应符合现行国家、行业、地方相关规范、标准、规程的规定。

(7)车站、车辆段建筑装饰装修工程施工试验记录:地面回填应有土工击实试验报告和回填土试验报告。装饰装修工程使用的砂浆和混凝土应有配合比通知单和强度试验报告;有抗渗要求的还应有抗渗试验报告。外墙饰面砖粘贴前和施工过程中,应在相同基层上做样板件,并对样板件的饰面砖黏结强度进行检验,有饰面砖黏结强度检验报告,检验方法和结果判定应符合现行国家、行业、地方相关规范、标准、规程的规定。

(8)支护工程施工试验记录:锚杆(索)应按设计要求进行现场抽样试验,有锁定力(抗拔力)试验报告。支护工程使用的混凝土,应有混凝土配合比通知单和混凝土强度试验报告;有抗渗要求的还应有抗渗试验报告。支护工程使用的砂浆,应有砂浆配合比通知单和砂浆强度试验报告。

(9)桩基(地基)工程施工试验记录:地基应按设计要求进行承载力检验,有承载力检验报告。桩基应按照设计要求和相关规范、标准规定进行承载力和桩体质量检测,有相应资质等级检测单位检测报告。桩基(地基)工程使用的混凝土,应有混凝土配合比通知单和混凝土强度试验报告;有抗渗要求的还应有抗渗试验报告。

(10)预应力工程施工试验记录:预应力工程用混凝土应按规范要求留置标样、同条件试块,有相应抗压强度试验报告。后张法有黏结预应力工程灌浆用水泥浆应有性能试验报告。

(11)钢结构工程施工试验记录:高强度螺栓连接应有摩擦面抗滑移系数检验报告及复试报告,并实行有见证取样和送检。施工首次使用的钢材、焊接材料、焊接方法、焊后热处理等应进行焊接工艺评定,有焊接工艺评定报告。设计要求的一、二级焊缝应做缺陷检验,由具有相应资质等级的检测单位出具超声波、射线探伤检验报告或磁粉探伤报告,如《超声波探伤报告》《超声波探伤记录》和《钢构件射线探伤报告》。建筑安全等级为一级、跨度40m及以上的公共建筑钢网架结构,且设计有要求的,应对其焊(螺栓)球节点进行节点承载力试验,并实行有见证取样和送检。钢结构工程所使用的防腐、防火涂料应做涂层厚度检测,其中防火涂层应由具有相应资质的检测单位出具检测报告。

(12)施工试验记录资料的检测试验表格和检测试验报告格式以建设单位的规定为准。

4.4.7 过程验收资料

(1)过程验收资料是指参与工程建设的有关单位根据相关标准、规范对工程质量是否达到合格做出确认的各种文件的统称。主要内容包括结构实体检验记录、钢筋保护层厚度验收记录、检验批质量验收记录、分项工程质量验收记录、分部(子分部)工程质量验收记录等。

(2)结构实体验收记录:涉及混凝土结构安全的重要部位应进行结构实体检验,结构实体混凝土检验应有同条件混凝土强度验收记录;结构实体重要部位的钢筋应有钢筋保护层厚度验收记录;以及工程合同约定的项目,必要时可检验其他项目。结构实体检验报告应由有相应资质等级的试验(检测)单位提供。

(3)施工单位在完成分项工程检验批施工。自检合格后,应由项目专业质量检查员填报"检验批质量验收记录表"。检验批质量验收应由监理工程师(建设单位项目专业技术负责人)组织项目专业质量检查员等进行验收并签认。

(4)施工单位作为工程施工质量控制的主体,应对工程质量进行全过程控制,工程质量验收是在施工单位自行检查评定的基础上,再由参与建设活动的有关单位根据相关标准共同对检验批、分项、分部(子分部)、施工工法或工程类型、单位(子单位)工程的质量以书面形式对工程质量达到合格与否做出确认。

(5)监理单位应根据工程的进展情况,督促承包商(或施工单位)制订工程的验收计划,审核后及时上报建设单位。

4.5 工程档案编制

4.5.1 竣工图绘制与要求

1)基本要求

(1)竣工图是地铁工程竣工档案的重要组成部分,是工程建设完成后的主要凭证性材料,是工程竣工验收的必备条件,是工程维修、管理、改建、扩建的依据。竣工图必须与工程实际情况一致。各项新建、改建、扩建项目均必须编制竣工图。

(2)竣工图的编(绘)制工作应由施工单位负责。如果行业主管部门规定设计单位编制或施工单位委托设计单位编制竣工图的,应明确规定施工单位和监理单位的审核和签认责任。

(3)竣工图应根据专业、系统,按单位工程进行分类和整理。

(4)凡合同约定中要求监理单位审核的竣工图,应盖监理单位的竣工图章。

2)编(绘)制质量要求

(1)竣工图的图纸(包括用于改绘竣工图的图纸)必须是蓝图或绘图仪绘制的白图,不得使用复印的图纸。

(2)竣工图应使用国家法定计量单位和文字,竣工图中文字应字迹清晰并与施工图大小比例一致。

(3)编制竣工图必须编制各专业竣工图的图纸目录,目录所列的图纸数量、图号、图名应与竣工图内容相符;竣工图应有竣工图章或竣工图签,并签字齐全。

(4)竣工图编制单位应按照国家建筑制图规范要求绘制竣工图,使用绘图笔或签字笔及不褪色的绘图墨水。

(5)施工单位按图施工,对于没有设计洽商变更的施工图,由竣工图编制单位在施工图图签附近空白处加盖并签署竣工图章。

(6)设计洽商变更不多且属于一般性图纸变更的,编制单位可根据设计变更依据,在施工图上直接改绘,并在改绘部位注明修改依据,加盖及签署竣工图章。

(7)设计洽商变更较大的(结构形式、工艺、平面布置、项目等重大改变或图面变更超过35%),不宜在原施工图上直接修改和补充的,可在原图修改部位注明修改依据后另绘修改图。修改图应有图名、图号。原图和修改图均应加盖竣工图章,形成竣工图。

(8)竣工图章应使用不易褪色的红印泥,应盖在图标栏上方空白处。

3)竣工图类型及绘制

(1)竣工图的类型

竣工图的类型包括利用施工蓝图改绘的竣工图、在二底图上修改的竣工图、重新绘制的竣工图和用CAD绘制的竣工图。

(2)竣工图绘制要求

①利用施工蓝图改绘的竣工图

在施工蓝图上一般采用杠(划)改法、叉改法、局部修改法。局部修改可以圈出更改部位,在原图空白处绘出更改内容。所有变更处都必须引划索引线并注明更改依据。在施工图上改绘,不得使用涂改液涂抹、刀刮、补贴等方法修改图纸。

②在二底图上修改的竣工图

a.用设计底图或施工图制成二底(硫酸纸)图,在二底图上依据设计变更、工程洽商内容用刮改法进行绘制,即用刀片将需更改的部位刮掉,再用绘图笔绘制修改内容,并在图中空白处做出修改依据备注表,见表12-4-2。

修改依据备注表 表12-4-2

洽商变更编号或时间	简要变更内容

b.修改的部位无法用语言描述清楚时,也可用细实线在图上画出修改范围。

c.以修改后的二底图或蓝图作为竣工图,要在二底图或蓝图上加盖竣工图章。没有改动的二底图转作竣工图时,也要加盖竣工图章。

d.如果二底图修改的次数较多,个别图面出现模糊不清等问题,则必须进行技术处理或重新绘制,以期达到图面整洁、字迹清楚等质量要求。

③重新绘制的竣工图

根据工程竣工现状和洽商记录绘制竣工图,重新绘制竣工图要求与原图比例相同,符合制图规范,有标准的图框和内容齐全的图签,图签中应有明确的"竣工图"字样或加盖竣工图章。

④用 CAD 软件绘制的竣工图

竣工图可在原设计单位提供的施工图电子文件上依据设计变更、工程洽商的内容经修改后制成,修改处应有明显标识。竣工图上应附有修改依据备注表。由施工图电子文件制成的竣工图应有原设计人员的签字;没有原设计人员签字的,须附有原施工图,原施工图和竣工图均应加盖竣工图章。

4)竣工图章

(1)竣工图签或竣工图章应有明显的"竣工图"字样,并应包括编制单位名称、制图人、审核人、技术负责人,监理单位名称、现场监理、总监理工程师和编制日期等内容。编制单位、制图人、审核人、技术负责人要对竣工图负责。监理单位、总监和现场监理应对工程档案的监理工作负责。竣工图章内容、尺寸示例如图 12-4-7 所示。

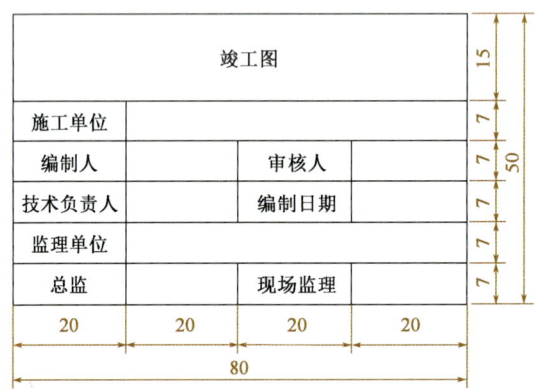

图 12-4-7　竣工图章内容及尺寸(尺寸单位:mm)

(2)所有竣工图应由编制单位逐张加盖、签署竣工图章。竣工图章中签名必须齐全,不得代签。

(3)凡由设计单位编制的竣工图,其设计图签中必须明确竣工阶段,并由绘制人和技术负责人在设计图签中签字。

(4)竣工图章应加盖在图签附近的空白处,图章应清晰。

4.5.2　纸质档案的编制与组卷要求

1)基本要求

(1)工程竣工后,工程建设各参建单位应对工程资料编制组卷。

(2)工程资料应真实反映工程的实际状况,具有永久和长期保存价值的材料必须完整、准确和系统。

(3)工程资料应使用原件,因各种原因不能使用原件的,应在复印件上加盖原件存放单位公章,注明原件存放处,并有经办人签字及时间。

(4)工程资料应保证字迹清晰,签字、盖章手续齐全,签字必须使用档案规定用笔。计算机输出的工程资料应采用内容打印、手工签名的方式。

(5)施工图的变更、洽商返图应符合技术要求。凡采用施工蓝图改绘竣工图的,必须使用反差明显的蓝图,且竣工图图面应整洁。

(6)工程档案的填写、编制和组卷应符合接收档案的城建档案管理部门的要求。

2）组卷基本要求

（1）工程资料组卷

①组卷应遵循工程文件资料的形成规律,保持卷内文件资料的内在联系;

②基建文件和监理资料可按一个项目或一个单位工程进行整理和组卷;

③施工资料应按单位工程进行组卷,可根据工程大小及资料的多少等具体情况,选择按专业或按分部工程、分项工程等进行整理和组卷;

④竣工图应按设计单位提供的施工图专业序列组卷;

⑤专业承包单位的工程资料应单独组卷;

⑥移交城建档案馆保存的工程资料案卷中,施工验收资料部分应单独组卷;

⑦工程资料可根据资料数量多少组成一卷或多卷。

（2）工程资料案卷

①工程资料卷内资料的排列应按资料的内在联系及资料形成时间的先后顺序排列;

②案卷应有案卷封面、卷内目录、内容、备考表及封底;

③卷内既有文字材料又有图样时,文字材料排列在前,图样材料排列在后;

④竣工图应按同专业图号依次排列,新绘制的竣工图附有原施工图时,新绘制的竣工图在前原施工图在后;

⑤案卷不宜过厚,一般不超过 40mm(也可根据案卷本身厚度选择小于 40mm 的案卷);

⑥工程档案应编制案卷目录,案卷目录过程要素应有顺序号、案卷号、案卷题名、卷内页数;

⑦案卷应美观、整齐,案卷内不应有重复资料。

（3）案卷规格与装订

①卷内资料、封面、目录、备考表统一采用 A4 幅(297mm×210mm)尺寸,图纸分别采用 A0(841mm×1189mm)、A1(594mm×841mm)、A2(420mm×594mm)、A3(297mm×420mm)、A4(297mm×210mm)幅面。小于 A4 幅面的资料要用 A4 白纸(297mm×210mm)衬托。

②案卷采用统一规格尺寸的装具。属于工程档案的文字、图纸材料一律采用城建档案馆监制的硬壳卷夹或卷盒,外表尺寸为 310mm(高)×220mm(宽),卷盒厚度尺寸分别为 50mm、30mm 两种,卷夹厚度尺寸为 25mm;具体选用卷盒厚度需根据当地档案馆要求执行。案卷软(内)卷皮尺寸为 297mm(高)×210mm(宽)。

③文字材料必须装订成册,图纸材料可以装订成册,也可以散装在卷盒内存放。装订时要剔除金属物,装订线一侧根据案卷薄厚加垫草板纸。案卷装订时用棉线在左侧三孔装订,棉线装订结打在背面。装订线距左侧 20mm,上下两孔分别距中孔 80mm。装订时,须将封面、目录、备考表、封底与案卷一起装订。图纸散装在卷盒内时,需将案卷封面、目录、备考表用棉线在左上角位置装订在一起。

3）组卷具体要求

（1）基建文件组卷

基建文件可根据类别和数量的多少组成一卷或多卷,如工程决策立项文件卷,征地拆迁文件卷,勘察、测绘及设计文件卷,工程开工文件卷,商务文件卷,工程竣工验收文件卷等。同一类基建文件也可根据数量多少组成一卷或多卷。

基建文件具体组卷内容和顺序可参见附件 12-4-1,向城建档案馆移交基建文件的组卷内容和顺序可参见附件 12-4-5。

（2）监理资料组卷

监理资料可根据资料类别和数量多少组成一卷或多卷，监理资料具体组卷内容和顺序可参见附件12-4-1，向城建档案馆移交监理资料的组卷内容和顺序可参见附件12-4-5。

（3）施工资料组卷

施工资料组卷应按照专业、系统划分，每一专业、系统再按照资料类别从C1~C9进行排列，并根据资料数量多少组成一卷或多卷。施工资料具体组卷内容和顺序可参见附件12-4-4。

对于专业化程度高，施工工艺复杂的工程，通常由专业分包施工的子分部工程应分别单独组卷，如有支护土方、地基（复合）、桩基、预应力、钢结构、变配电室和智能建筑工程的各系统，每一子分部工程按照C1~C9的顺序排列，并根据资料数量的多少组成一卷或多卷。

按规定应由施工单位归档保存的基建文件和监理资料按附件12-4-1的要求组卷。

（4）竣工图组卷

竣工图应按单位工程进行组卷，可分为车站工程卷、区间工程卷、车辆段工程或综合基地卷。地铁线路的每一个车站工程、区间工程、车辆段工程或综合基地工程组一卷。每一车站工程卷又可分为建筑竣工图卷、结构竣工图卷、给水与排水及采暖竣工图卷、建筑电气竣工图卷、通风与空调竣工图卷、BAS竣工图卷、FAS竣工图卷、电梯竣工图卷、室外工程竣工图卷（地上部分），每一卷根据图纸多少可组成一册或多册；每一车辆段工程或综合基地卷又可分为工艺平面布置竣工图卷、建筑竣工图分卷、结构竣工图分卷、给水与排水及采暖竣工图分卷、建筑电气竣工图分卷、通风与空调竣工图分卷、电梯竣工图分卷、室外工程竣工图卷（地上部分），每一分卷根据图纸多少可组成一册或多册。竣工图具体组卷内容和顺序可参见附件12-4-4。

（5）声像资料组卷

工程声像资料内容应真实、准确、清晰和完整，符合声像档案归档质量要求。

（6）案卷页次的编写

①卷内文件资料均按有书写内容的页面编号，每卷单独编号，页号从阿拉伯数字"1"开始依次编写。

②页号编写位置。单面书写的文字材料页号编写在右下角，双面书写的文字材料页号正面编写在右下角，背面编写在左下角。图纸折叠后无论何种形式，页号一律编写在右下角。

③印刷成册的文件资料，自成一卷的原目录可代替卷内目录，不必重新编写页号。

4.5.3　电子文件归档质量与组卷要求

1）归档质量

（1）电子文件必须与纸质文件最终版本一一对应。一张图纸、一个文件对应一个电子文件，不允许将多张图纸、多个文件扫描成一个电子文件。

（2）数码照片应是用数字成像设备直接拍摄形成的原始图像文件，不能对数码照片的内容和可交换图形文件格式（EXIF）信息进行修改和处理。

（3）电子文件扫描前，需对档案进行整理，如拆除装订物、修复破损严重、折皱不平的档案，再进行扫描。扫描后需检查扫描图像的偏斜度、清晰度、失真度等，如发现图像倾斜、模糊、漏扫等情况，应及时进行修改、返工或补扫。

2）电子文件组卷

(1) 电子文件组卷单元

电子文件组卷单元与纸质档案一致，一张光盘为一个案卷。

(2) 电子文件整理

①图纸电子文件命名

a. 图纸图形电子文件名：图纸编号＋文字说明（图纸名称，即卷内目录文件题名）＋后缀名。

例如：01116-J-JZ-02-02 附属工程总平面图.dwg

b. 图纸扫描电子文件名：图纸编号＋文字说明（图纸名称，即卷内目录文件题名）＋后缀名。

例如：01116-J-JZ-02-02 附属工程总平面图.pdf

c. 图纸封面、目录或说明如没有图纸编号，则采用截取图纸编号相同部分＋文字说明＋格式后缀的方式命名。

例如：01116-J-JZ-02 封面（目录或竣工说明）.dwg

d. 一张图纸对应一个电子文件，不允许一个电子文件对应多张图纸。

②其他电子文件命名

卷内目录序号＋卷内目录文件题名＋后缀名。

例如：002 开工报告.pdf

电子文件命名首尾及字符之间不允许有空格。

后缀名为保存相应格式时自动生成，无须手动添加。

3）电子文件夹整理

(1) 项目竣工电子档案应严格按照项目电子档案整理图示要求，设置四级文件夹编制；其他类别电子档案可根据刻录内容调整三、四级文件夹名称。

(2) 电子文件夹组织。一级文件夹用"工程名称＋项目照片或竣工电子档案"命名，二级文件夹分"纸质档案目录、工程名称＋项目档案电子版"三个，三级文件夹有"文字、图纸、卷内目录"三个，四级文件夹命名（"档案号＋卷号"）要与纸质竣工文件"档案号＋卷号"相对应。

4）电子文件刻写

(1) 电子文件须成功挂接档案管理系统并在审核通过后方可刻录。

(2) 电子文件应刻录到不可擦写的 5in（1in＝2.54cm）DVD 光盘上。

(3) 光盘刻录电子文件不宜太满，需留空 50MB。

(4) 刻录的电子文件应是解压文件。如果因特殊原因，允许采用压缩工具将文件进行压缩刻录，须附载压缩解压文件和其他保证完整读出再现文件的工具和软件。

(5) 移交的电子文件不得带有病毒；刻录载体应当无污渍、无划痕，能够正常读出。

4.5.4　声像文件归档质量与组卷要求

1）影片归档质量及组卷

(1) 采用分辨率不低于 1920×1080 高清记录的专业级摄像设备摄像。

(2) 摄像应构思完整、剪辑合理、重点突出、图像清晰。

(3)每次摄像前,空录20个数码。每段影片素材的片头画面、片尾画面应附录日期,其画面带长约10个数码。

(4)每段素材应把地点、场合、主题(如会议横幅)介绍清楚,拍摄时先整体后局部,缓慢摄像一遍。

(5)各施工阶段采取多景别、多角度、多手法的方式拍摄影片,由全景、中景、近景、特写构成的全面反映各项施工过程的视频画面至少一组,每组画面不少于2min。

(6)摄像要尽量展示全貌和细节,不能采用特技或夸张手法进行拍摄,不得改变工程的真实面貌和颜色。

(7)建筑物的拍摄应避免形体变形,拍摄中应注意线条的平行度、垂直度,注意被拍摄物体的透视性和结构关系,同时对建筑物全景拍摄应采用多机位(正、仰、俯拍),以确保建筑物及景观的完整性。

(8)基础拍摄应注意在柱、梁、管道等断面拍摄画面中清楚地反映出其断面上的标尺和参照物。钢筋施工拍摄必须有钢筋的局部绑扎和梁底垫块的记录,在拍摄中有钢筋直径(标尺)的参照物。

(9)工程质量事故的影像应注意拍摄局部细节,力求真实完整。

(10)拍摄应在良好的光线下进行,尽量避免在逆光或光线较暗情况下进行。拍摄时尽量采用三角架,保证影像的稳定和清晰度。

2)照片组卷

(1)照片组卷单元与纸质档案一致,一册照片为一个案卷。

(2)对反映同一内容的若干张照片,应选择其中具有代表性和典型性的照片归档,所选照片应能反映该项活动的全貌,且主题鲜明、影像清晰、完整。反映同一场景的照片一般只归档一张。

(3)照片冲洗尺寸大小为7in。照片不得有划痕、污点、折痕、指纹等对照片有损害的情况。

(4)照片档案应具有系统性、成套性特点。对筛选出来应归档的照片按照主题,结合阶段、专业、拍摄时间进行分类整理。

(5)归档照片的数量根据项目规模或性质确定,但不应少于60张。

4.5.5 验收与移交

1)移交规定

(1)专业承包单位应将完整的工程资料按合同或协议约定的时间、套数移交给总承包单位(或建设单位),并办理相关移交手续;

(2)监理单位、施工总承包单位等有关单位应将完整的工程档案按合同或协议约定的时间、套数移交给建设单位,并办理相关的移交手续;

(3)建设单位应在工程竣工验收合格后3个月内,将城建档案馆预验收合格的工程档案移交城建档案馆,并办理相关手续。

2)归档

(1)工程参建各方应将各自的工程档案归档保存,归档内容见附件12-4-1;

(2)监理单位、施工单位应根据有关规定合理确定工程档案的保存期限;

(3)建设单位工程档案的保存期限应与工程使用年限相同。

3）计算机管理

（1）地铁工程资料应采用计算机管理，使用经地铁公司建设单位审定的计算机软件。

（2）工程资料的现场各种记录、表格、计算、统计、查询等工作应由计算机进行。工程资料的收集、整理和查询，应用工程资料智能管理系统进行计算机管理，实现工程资料的数字化管理。

（3）移交的电子工程档案，其格式和要求按有关规定执行。

4）竣工档案的验收

竣工档案验收与工程竣工验收同步进行，分为分部（子分部）工程档案检查、单位（子单位）工程档案初验、单位（子单位）工程档案验收。

（1）分部（子分部）工程档案检查

由施工单位按照有关要求，将分部（子分部）工程归档文件材料进行汇总整理，分类预立卷，送驻地监理检查、签署整改意见，并填入分部（子分部）工程质量验收检查记录表，提交分部工程验收会，接受档案专项检查。

（2）单位（子单位）工程档案初验

在单位（子单位）工程竣工初验之前，施工单位按照有关要求，将竣工归档文件材料及竣工图进行汇总整理，组成档案预立卷，建立案卷目录、卷内目录，送驻地监理核查、签署档案检查整改意见，填入单位（子单位）工程质量验收检查记录表，并继续完善竣工图编制、原件补缺工作。

监理单位和施工单位的检查重点：归档文件材料要原件，材料齐全，签字、盖章要完备；设计变更内容要正确标注在竣工图上；作废图纸不应归入竣工图内；设计变更单所附变更图号的图纸、资料目录汇总表是否与实物一一对应；案卷目录、卷内目录及目录数据、归档电子文件应正确无误；案卷和卷内文件编排、表格制作、目录各栏目的填写要符合有关规定要求；厂家图纸、资料要立卷编目；照片档案编排、装订入册。

在单位（子单位）工程初验会议上，施工单位须提交工程竣工档案原件及电子版、声像档案各一套用以进行检查。设计单位须提交施工单位归档"施工图汇总表"（最终目录），作为竣工图完整性审查依据。设备供应商须提交施工单位归档"设备厂家图纸、资料目录汇总表"，作为设备厂家图纸、资料完整性审查依据，监理单位须提交一套监理档案预立卷。

工程竣工验收档案检查工作由地铁公司建设单位、技术管理中心档案室、运营单位等使用单位及相应的项目工程师组成档案检查组进行检查，提出验收整改意见。

提交验收会检查的竣工档案、声像档案，要有案卷目录、卷内目录，纸质案卷要加卷皮，暂不装订（不能有金属物以免影响档案存储时间），竣工图要折叠装盒，暂不打印页码。档案要装档案盒。

（3）单位（子单位）工程档案专项验收

在单位（子单位）工程竣工验收前，施工单位应提请地铁公司建设单位、技术管理中心进行工程档案专项验收。取得城建档案馆预验收合格后，方可向地铁公司建设单位申请单位工程竣工验收。单位工程正式竣工验收时由地铁公司技术管理中心档案室配合建设单位，对竣工档案进行质量验收评定，确定竣工档案的质量等级，竣工档案不合格者，不能通过工程竣工验收。

驻地监理、甲供设备供应商应参照上述要求分别整理立卷监理档案和设备采购合同文件档案，并接受验收。

（4）竣工图审查

竣工图移交前，建设单位代表应组织设计、监理等参建各方及运营单位对施工单位编制的竣工图的

真实性进行审核,确保竣工图已按设计变更文件、图纸会审和经设计单位、建设单位、监理单位、施工单位共同确认的工程联系单等更改内容进行修改完善,图物相符、真实准确。

5)竣工档案的移交

(1)工程竣工验收后3个月,应向当地城建档案馆移交一套符合规定的工程档案。施工单位、监理单位、甲供设备供应商必须按合同要求,以合同标段或单位为基本移交单元向地铁公司移交符合规定的建设工程竣工档案。

(2)施工单位的竣工档案大致由以下部分组成:移交书(包括城建档案移交书封面+案卷目录+卷内目录)、施工综合文件、质量保证文件(包括原材料、构配件、设备、配合比文件等)、施工技术文件、竣工图及竣工图电子文件、工程照片和底片及录像等。此外,施工单位需向建设单位提交竣工图(CAD格式)、竣工图(PDF格式)、施工组织设计、施工技术总结、卷内目录和案卷目录的数据光盘。

(3)移交城市建设档案馆的一套档案,须经地铁公司建设单位在移交书上签署意见并登记在册,由建设单位协同施工单位向城建档案馆移交。

(4)移交地铁公司、运营单位的文档资料,由地铁公司技术管理中心档案室接收核对后,按移交手续向运营单位移交。

(5)设计、监理、施工单位及设备供应商自身按规定需要的工程档案,由上述各单位自行考虑。

6)其他

(1)对于设备及设备安装工程,特别是引进的技术和设备,一定要加强图纸和技术文件的收集与整理工作,并按规定及时归档。

(2)工程竣工后不及时办理工程档案移交、或移交的工程档案不合格的施工单位,不予办理工程结算,不得参加地铁其他工程项目的投标。对于工程档案移交后产生的与本工程有关的应归档文件,施工、监理、设备供应商应在办理工程结算时一次性立卷移交建设单位,不得漏归档。

(3)竣工档案资料,尤其是竣工图纸,一定要真实详尽地反映工程建设期间各专业所发生的技术变更、工程变更,并经过监理及各工程管理部门确认与签字认证,以保证建设单位在运营使用过程中能够及时准确地维护和检修。此项要求作为考核施工单位工程质量以及监理单位质量管理工作的重要依据,并作为发生事故时追究事故责任人的法律依据。

本章附件

附件12-4-1　地铁工程资料分类与归档保存表
附件12-4-2　地铁工程划分及工程代码表
附件12-4-3　地铁工程施工常用材料进场复验项目表
附件12-4-4　施工资料、竣工图组卷参考表
附件12-4-5　向城建档案馆移交的工程档案内容与组卷表

第 5 章 质量检查验收

地铁工程项目的质量验收,主要是指地铁工程施工质量的验收。地铁工程施工质量验收应按照施工质量验收统一标准进行。

验收,是指地铁工程在施工单位自行质量检查评定的基础上,参与建设活动的有关单位共同对检验批、分项工程、分部工程和单位工程的质量进行抽样复验,根据相关标准以书面形式对工程质量达到合格与否做出确认。

5.1 基本要求

5.1.1 工程施工质量验收规范及依据

1)质量验收规范

(1)《建筑地基基础工程施工质量验收标准》(GB 50202);
(2)《建筑工程施工质量验收统一标准》(GB 50300);
(3)《钢结构工程施工质量验收标准》(GB 50205);
(4)《地下防水工程质量验收规范》(GB 50208);
(5)《钢管混凝土工程施工质量验收规范》(GB 50628);
(6)《混凝土结构工程施工质量验收规范》(GB 50204);
(7)《建筑地面工程施工质量验收规范》(GB 50209);
(8)《地下铁道工程施工质量验收标准》(GB/T 50299);
(9)《盾构法隧道施工及验收规范》(GB 50446);
(10)《砌体结构工程施工质量验收规范》(GB 50203)。

2)质量验收依据

(1)上级主管部门对该项目批准的各种文件;
(2)可行性研究报告、初步设计文件及批复文件;

(3) 施工图设计文件及设计变更洽商记录；
(4) 国家颁布的各种标准和现行的施工质量验收规范；
(5) 工程承包合同文件；
(6) 技术设备说明书；
(7) 关于工程竣工验收的其他规定；
(8) 从国外引进新技术和成套设备的项目，以及中外合资建设项目，要按照签订的合同和进口国提供的设计文件等进行验收。

5.1.2　工程施工质量验收要求

工程施工质量应按下列要求进行验收：
(1) 工程施工质量应符合现行国家、行业标准和相关专业验收规范的有关规定；
(2) 工程施工质量应符合工程勘察、设计文件的要求；
(3) 工程施工质量的验收均应在施工单位自行检查合格的基础上进行；
(4) 检验批的质量应按主控项目和一般项目进行检验；
(5) 隐蔽工程在隐蔽前应由施工单位通知监理单位进行验收，并应形成验收文件；
(6) 涉及结构安全的试块、试件和现场检验项目，监理单位应按规定进行平行检验或见证取样检测（见证检测）；
(7) 对涉及结构安全和使用功能的重要分部工程应进行抽样检测；
(8) 单位工程的观感质量应由验收人员通过现场检查共同确认；
(9) 承担见证取样检测及有关结构安全检测的单位应具有相应的资质；
(10) 参加工程施工质量验收的各方人员应具备规定的资格。

5.2　工程施工质量验收的划分

5.2.1　工程施工质量验收划分内容

工程施工质量验收划分为单位工程（子单位工程）、分部工程（子分部工程）、分项工程和检验批。

5.2.2　单位工程划分

单位工程应按一个完整工程或一个相当规模的施工范围划分。
(1) 具备独立施工条件并能形成独立使用功能的建筑物及构筑物为一个单位工程。

某地铁×号线单位工程划分

(1) 每个地铁车站建筑工程（含地下、地面车站、半地下车站、高架车站）为一个单位工程。
(2) 每个标段地铁区间工程（一般区间、盾构区间）为一个单位工程。
(3) 每条新线的全线人防工程为一个单位工程。
(4) 每个车辆段（停车场）工程为一个单位工程。

(5) 每个运营控制中心工程为一个单位工程。

(6) 每个供冷中心工程为一个单位工程。

(7) 每条新线的全线轨道工程为一个单位工程。

(8) 每个主变电站为一个单位工程。

(9) 每条新线的全线供电系统工程(牵引变电所、电力监控、环网电缆、接触网、杂散电流)为一个单位工程。

(10) 每条新线的全线通信系统工程为一个单位工程。

(11) 每条新线的全线信号系统工程为一个单位工程。

(12) 每条新线的全线自动售检票系统为一个单位工程。

(13) 每条新线的全线屏蔽门系统为一个单位工程。

(14) 每条新线的全线综合监控系统为一个单位工程。

(15) 每条新线的全线车站广告灯箱工程为一个单位工程。

(2) 建筑规模较大的单位工程,可将其能形成独立使用功能的部分工程划分为一个子单位工程。

某市地铁×号线子单位工程划分

(1) 地下(地面)车站、高架车站、供冷站、运营控制中心的每个单位工程可分为土建工程和机电安装及装修工程两个子单位工程。

(2) 一般区间工程的每个单位工程可分为明挖区间工程、路基段、暗挖区间、高架区间工程四个子单位工程。

(3) 盾构区间工程的每两站之间的区间盾构隧道为一个子单位工程。

(4) 人防工程的每两站之间的区间为一个子单位工程。

(5) 车辆段(停车场)建筑及基地工程、单位工程中每一个独立的建筑物分为房屋建筑土建工程和房屋建筑安装及装修工程两个子单位工程,桥梁工程、站场及道路工程、室外环境建筑安装工程、隧道工程各为一个子单位工程。车辆段工艺设备不列为子单位工程,但在质量验收时应参照子单位工程质量验收程序组织验收。

(6) 轨道工程单位工程中的车辆段(停车场)轨道工程为一个子单位工程,正线中各合同标段的轨道工程各为一个子单位工程。

(7) 供电系统单位工程分为刚性接触网子单位工程、柔性接触网子单位工程、牵引变电所(降压所)子单位工程和杂散电流腐蚀防护系统子单位工程。

(8) 通信系统安装工程分为专用通信系统安装、公安通信系统安装、民用通信系统安装三个子单位工程。

(9) 自动售检票系统工程的各车站自动售检票系统为一个子单位工程。

(10) 屏蔽门系统工程的各车站屏蔽门系统为一个子单位工程。

(11) 综合监控系统工程的每个集成子专业为一个子单位工程。

(12) 信号系统工程分为正线信号工程子单位工程和车辆段(停车场)信号工程子单位工程。

(13) 广告灯箱工程的每个合同段为一个子单位工程。

(14) 其他经地铁公司确定的子单位工程。

5.2.3 分部工程、分项工程、检验批划分

(1) 分部工程应按一个完整部位或主要结构及施工阶段划分。

划分原则：

①按专业性质、建筑物部位确定；

②当分部工程较大或较复杂时，可按材料种类、施工特点、施工程序、专业系统及类别等划分为若干个子分部工程。

(2) 分项工程应按工种、工序、材料、施工工艺等划分。

(3) 检验批可根据施工及质量控制和验收需要按施工段或施工部位等划分。

(4) 地铁各子单位工程的分部工程、分项工程、检验批划分见表12-5-1及附件12-5-1。

明挖车站工程分部工程、分项工程、检验批划分　　　　表12-5-1

分部工程		分项工程	检验批
基坑围护与地基加固		基坑支护混凝土灌注桩	≤20根
		地下连续墙	每施工槽段
		土钉墙	施工段
		旋喷桩	≤7根
		横撑支护	安装段
		锚杆支护	施工段
		桩间网喷混凝土	施工段
		混凝土垫层	浇筑段
土方工程		基坑开挖	每个基坑
		基坑回填	回填段
主体结构	混凝土柱	钢筋	每根柱
		模板及支架	每根柱
		混凝土	每根柱
	钢管柱	钻孔灌注桩基础	每根柱
		钢管柱	每根柱
	其他钢筋混凝土主体结构工程	模板及支架	施工段
		钢筋	施工段
		混凝土	浇筑段
		施工缝、变形缝、后浇带	施工段
		结构防水	施工段
附属工程		见相关单位工程的划分	

5.3 工程施工质量验收

如何正确地进行工程项目质量的检查评定和验收，是施工质量控制的重要环节。施工质量验收主要包括开工前的质量验收、施工过程质量验收、分阶段实体质量验收、单位工程质量验收、工程项目竣工验收和国家验收六个部分，如图12-5-1所示。

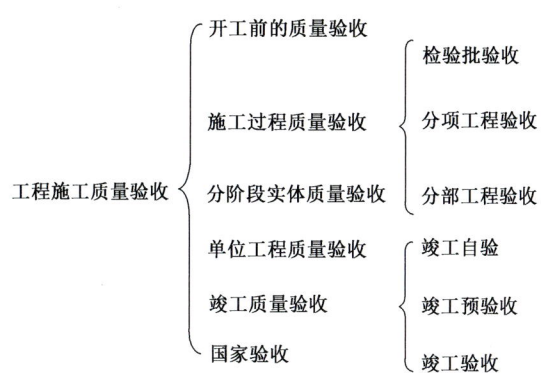

图 12-5-1　工程施工质量验收分类

注：1. 分阶段质量验收是在某些区域要提前移交等情况下才有的阶段，并不是每个工程都有这一阶段。
　　2. 某些情况下（如合同内工程项目只包含一个单位工程时），单位工程质量验收和竣工质量验收可以合并

5.3.1　开工前的质量验收

开工前，施工单位进行施工准备，自检合格后，报监理单位，由总监理工程师进行现场审查，合格后方可开工。填写开工报告，五方责任主体法人签字、盖章完成，表示该工程可以进行下一步施工安排。

1）验收主要项目

(1) 现场质量管理制度；
(2) 质量责任制；
(3) 主要专业工种操作上岗证书；
(4) 分包单位资质与分包单位的管理制度；
(5) 施工图审查情况；
(6) 地质勘察资料；
(7) 施工组织设计、施工方案及审批；
(8) 施工技术标准；
(9) 工程质量检验制度；
(10) 计量设备；
(11) 现场材料、设备存放与管理。

2）验收程序

验收程序如图 12-5-2 所示。

5.3.2　施工过程质量验收

施工过程质量验收是指施工过程中的检验批、分项工程、分部（子分部）工程的质量验收。检验批和分项工程是质量验收的基本单元；分部工程要在所含全部分项工程完成验收的基础上进行验收，在施工过程中随完工随验收，并留下完整的质量验收记录和资料。

1）检验批质量验收

检验批是指按同一生产条件或按规定的方式汇总起来供检验使用的，由一定数量样本组成的检验

体。检验批是工程验收的最小单位,是分项工程及至整个工程质量验收的基础。检验批应由专业监理工程师组织施工单位项目专业质量检查员、专业工长等进行验收。

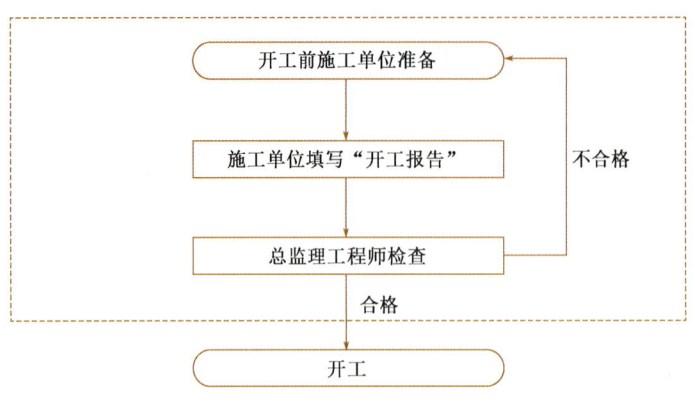

图 12-5-2　开工前质量验收流程图

(1) 质量验收内容

①实物检查,按下列方式进行:

a. 对原材料、构配件和设备等实物的检验,应按进场的批次和产品的抽样检验方案执行;

b. 对混凝土强度等,应按国家现行有关标准规定的抽样检验方案执行;

c. 对采用计数检验的项目,应按抽查总点数的合格点率进行检查。

②资料检查,包括原材料、构配件和设备等实物的质量证明文件(质量合格证、规格型号及性能检测报告等)和检验报告、施工过程中重要工序的自检和交接检验记录、平行检验报告、见证取样检测报告,隐蔽工程验收记录等。

(2) 质量验收合格规定

①主控项目的质量经抽样检验全部合格。

主控项目是对检验批的基本质量起决定性影响的检验项目,是确保工程安全和实现使用功能的重要检验项目,是对安全、卫生、环境保护和公众利益起决定作用的检验项目,是决定检验批主要性能的项目。因此检验批主控项目必须全部符合有关专业工程验收规范的规定。主控项目不允许有不符合要求的检验结果,即主控项目的检查结果具有否决权。所以,对检查中发现检验批主控项目有不合格的点、位、处存在,则必须进行修补、返工重做、更换器具,使其最终达到合格的质量要求。如果检验批主控项目达不到规定的质量指标,降低要求就相当于降低该工程项目的性能指标,就会影响工程的安全性能;如果提高要求就等于提高性能指标,就会增加工程造价。如对混凝土、砂浆的强度等级要求,钢筋力学性能指标要求、地基基础承载力要求等,都直接影响结构安全,降低要求就将降低工程质量,而提高要求必然增加工程造价。

检验批主控项目主要包括:

a. 重要原材料、构配件、成品、半成品、设备性能及附件的材质、技术指标要合格。检查出厂合格证明及进场复验检测报告,确认其技术数据、检测项目参数符合有关技术标准的规定。如检查进场钢筋的出厂合格证、进场复验检测报告,确认其产地、批量、规格型号,确认其屈服强度、极限抗拉强度、伸长率符合要求。

b. 结构的强度、刚度和稳定性等检验数据、工程性能的检测数据及项目要求符合设计要求和验收规范的规定。如混凝土、砂浆的强度,钢结构的焊缝强度,管道的压力试验,风管的系统测定与调整,电气的绝缘、接地测试,电梯的安全保护、试运转结果记录等。检查测试记录或报告,其数据及项目要符合设计要求和验收规范规定。

c. 所有主控项目不允许有不符合要求的检验结果存在。

对一些有龄期要求的检测项目,在其龄期不到不能提供试验数据时,可先对其他评价项目进行评价,并根据施工现场的质量保证和控制情况,暂时验收该项目,待检测数据出来后,再填入数据。如果数据达不到规定数值,以及对一些材料、构配件质量及工程性能的测试数据有疑问时,应进行复试、鉴定及现场检验。

②一般项目的质量经抽样检验合格;有允许偏差的抽查点,除有专门要求外,合格点率应达到80%及以上,且不合格点的最大偏差不得大于规定允许偏差的1.5倍。

一般项目是指除主控项目以外的检验项目。这些检验项目虽不像主控项目那样重要,但对工程安全、使用功能和美观都有较大影响。这些项目在验收时,绝大多数抽查点、位、处,其质量指标都必须达到要求,其余虽可以超过一定指标,但也有限制范围。

一般项目包括的内容主要有:

a. 一般项目中允许有一定偏差的项目,用数据规定的标准,可以有个别偏差范围。具体讲,就是要求80%以上的检查点、位、处的测试结果与设计要求之间的偏差在规范规定的允许偏差范围内,允许有20%以下的检查点的偏差值超出规范允许偏差值,但不得超出允许偏差值的150%。

b. 对不能确定偏差值而又允许出现一定缺陷的项目,则以缺陷的数量来区分。如砖砌体预理拉结筋,其留置间距偏差、钢筋混凝土钢筋的露筋长度、饰面砖空鼓的限制等。

c. 一些无法定量而只能采用定性的项目,如碎拼大理石地面颜色协调,无明显裂缝和坑洼;油漆工程中中级油漆的光亮和光滑要求;卫生洁具给水配件安装项目应接口严密;门窗起闭灵活等。

③具有完整的施工操作依据、质量检查记录。

对检验批的质量保证资料的检查,主要是检查从原材料进场到检验批验收的各施工工序的操作依据、质量检查情况及质量控制的各项管理制度。由于质量保证资料是工程质量的记录,所以对资料完整性的检查,实际是对施工过程质量控制的再确认,是检验批合格的先决条件。

(3)质量验收组织程序

①检验批应由施工单位自检合格后,报监理单位(建设单位),由专业监理工程师(建设单位项目技术负责人)组织施工单位专职质量检查员等进行验收,如图12-5-3所示,检验批质量验收记录见表12-5-2。

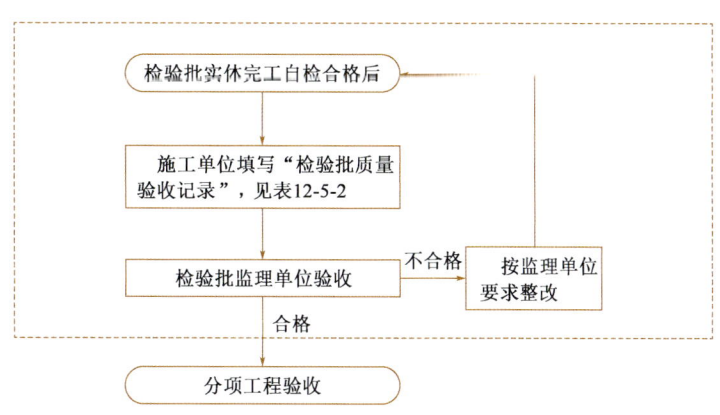

图12-5-3 检验批质量验收流程图

②监理单位(建设单位)应对全部主控项目进行检查;对一般项目的检查验收,验收标准中规定监理单位检验数量的,监理单位必须检查;验收标准中没有规定监理单位检验数量的,可根据具体情况进行抽查,抽查数量根据工程量确定。

检验批质量验收记录 表12-5-2

单位(子单位)工程名称				
分部(子分部)工程名称			验收部位	
施工单位			项目经理	
施工执行标准名称及编号				

	序号	施工质量验收标准的规定	施工单位检查评定记录
主控项目	1		
	2		
	3		
	4		
	5		
	6		
	7		
	8		
	9		
一般项目	1		
	2		
	3		
	4		
施工单位检查结果评定	项目专业质量检查员：　　　　　　　　　　　　　　　　　年　　月　　日			
监理(建设)单位验收结论	监理工程师： 　　　　　　　　(建设单位项目专业技术负责人)　　年　　月　　日			

③政府质量监督机构监督方案规定的验收环节及监督抽查项目应通知政府质量监督机构和建设单位主管部门参加。

④土建工程中地基验槽和地基加固由监理单位总监理工程师组织建设单位、勘察单位、设计单位、施工单位对地基进行验收(当地基需检测单位检测且已经过检测时,检测单位应参加验收),地基验槽和地基加固应通知政府质量监督机构参加。

2）分项工程质量验收

(1)质量验收合格规定

①分项工程所含的检验批均应符合合格质量的规定；

②分项工程所含的检验批的质量验收记录应完整。

(2)质量验收注意事项

检验批和分项工程之间没有本质区别,其性质相同或相近,差别在于批量的大小不同。因此,可将有关的检验批汇集构成分项工程。对分项工程的验收是在检验批验收的基础上进行的,是一个统计过程,没有直接的验收内容,主要是对构成分项工程的检验批的验收资料的完整性进行核查,所以在验收分项工程时应注意两点：

①核对检验批的部位、区段是否全部覆盖分项工程的范围，是否存在漏、缺、差的部位没有被验收；

②检验批验收记录的内容及签字人是否齐全、正确。

（3）质量验收组织程序

分项工程完工且施工单位自检合格后，由专业监理工程师组织施工单位专业质量技术负责人等进行验收，如图12-5-4所示，分项工程质量验收记录见表12-5-3。

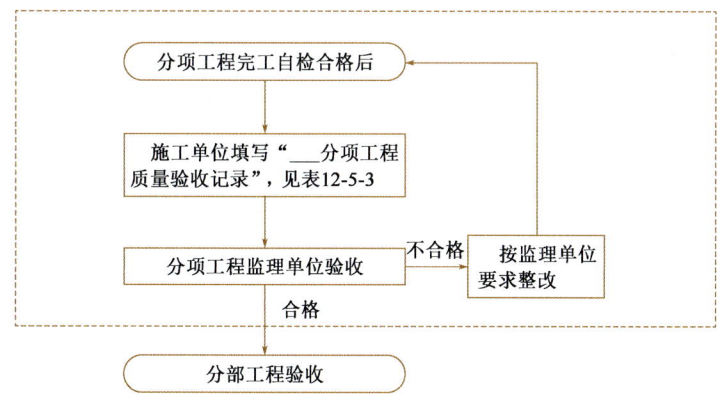

图 12-5-4　分项工程质量验收流程图

____分项工程质量验收记录　　　　　　　　　表 12-5-3

工程名称		结构类型		检验批数	
施工单位		项目经理		项目技术负责人	
分包单位		分包单位负责人		分包项目经理	
序号	检验批部位、区段		施工单位检查评定记录	监理(建设)单位验收结论	
1					
2					
3					
4					
5					
6					
7					
8					
9					
10					
11					
12					
13					
14					
15					
16					
17					
检查结论		项目专业技术负责人： 　　　　　　年　月　日	验收结论		监理工程师： （建设单位项目专业技术负责人）　年　月　日

3）分部工程（子分部）质量验收

分部(子分部)工程的验收内容、程序都是一样的,在一个分部工程中只有一个子分部工程时,子分部就是分部工程。当不是一个子分部工程时,可按一个子分部一个子分部地进行质量验收,然后将各子分部的质量控制资料进行核查;对地基与基础、主体结构和设备安装工程等分部工程中的子分部工程其有关安全及功能的检验和抽样检测结果的资料核查;观感质量评价结果的综合评价,如图12-5-5所示。

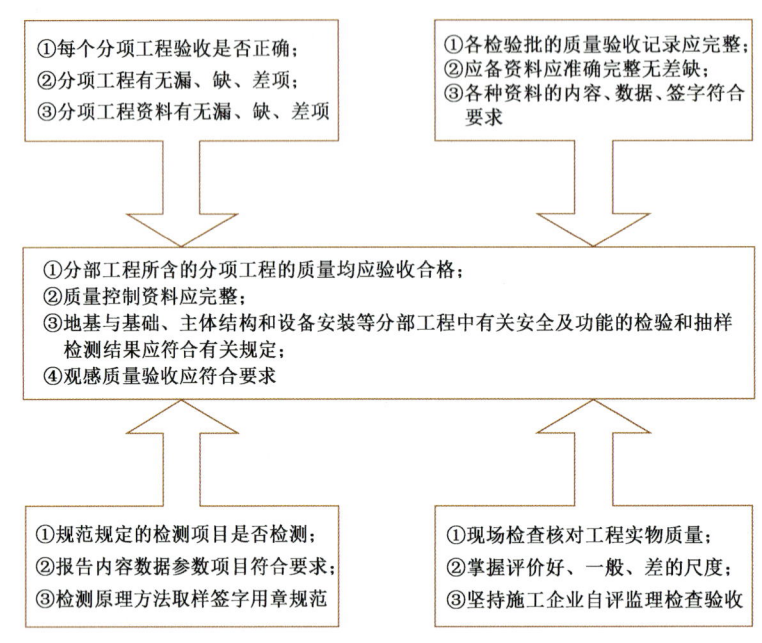

图12-5-5 分部工程施工质量的验收

（1）质量验收合格规定

①分部工程所含的分项工程质量均应验收合格。

a. 检查每个分项工程验收程序是否正确;

b. 检查核对分部工程所包含的分项工程,是否全面覆盖了分部工程的全部内容,是否有遗漏的部分、残缺不全的部分、未被验收的部分存在;

c. 注意检查每个分项工程资料是否完整,每份验收资料的格式、内容、签字是否符合要求,规范要求的检查内容是否全数检查,表格内应有的验收意见是否完整。

②质量控制资料应完整。

a. 检查和核对各检验批的验收记录资料是否完整。

b. 在检验批的验收时,其对应具备的资料应准确完整才能验收。在分部(子分部)工程验收时,主要是检查和归纳各检验批的施工操作依据、质量检查记录,检查其是否配套完整,包括有关施工工艺（企业标准）、原材料、购配件出厂合格证及按规定进行的进场复验检验报告的完整程度。一个分部(子分部)工程能否具有数量和内容完整的质量控制资料,是验收规范指标能否通过验收的关键。但在实际工作中,资料的类别、数量会有欠缺,并非十分完整,这就需要验收人员来正确掌握验收的尺度。

c. 注意核对各种资料的内容、数据及验收人员的签字是否规范等。

③地基与基础、主体结构和设备安装等分部工程有关安全及功能的检验和抽样检测结果应符合有关规定。

对地基与基础、主体结构和设备安装等分部工程有关安全及功能的检验和抽样检测结果应符合有关规定的核查,重点是检查安全及功能两方面的检测资料。要求抽测的与安全和使用功能有关的检测项目在各专业验收规范中已做出明确规定。在验收时应做好以下三个方面的工作:

a. 检查各规范中规定的检测项目是否都进行了检测。

b. 如果规范规定的检测项目都进行了检测,就要进一步检查各项检测报告的格式、内容、程序、方法、参数、数据、结果是否符合相关标准要求。

c. 检查资料的检测程序是否符合要求,要求实行见证取样送检的项目是否按规定取样送检,检测人员、校核人员、审核人员是否签字,检测报告用章是否规范、是否符合要求。

④观感质量验收应符合要求。

分部(子分部)工程观感质量的检查,是由参加分部(子分部)工程施工质量验收的验收人员共同对验收对象工程实体的观感质量做出好、一般、差的评价,在检查评价时应注意以下几点:

a. 对分部(子分部)工程观感质量评价的目的有四个:一是现在的工程量越来越大,越来越复杂,到单位工程全部完工后,再来检查,可能无法看全所有项目,需返修的项目也可能无法实施,只能是既成事实;二是竣工后一并检查,由于工程的专业多,而检查人员又不能太多,专业不全,则不能将专业工程中的问题看出来;三是有些项目完成以后,其工种人员就已撤离,即使检查出问题来,组织返修花费的人力、物力都较多;四是专业承包单位合法承包的工程,完工以后也应该有评价,便于对分包企业的施工质量进行管理,便于责任划分。

b. 对分部工程进行验收检查时,一定要在施工现场对验收的分部工程各个部位全都检查,能操作的应操作,观察其方便性、灵活性或有效性等;能打开观看的应打开观看,不能只看外观,应全面了解分部(子分部)的实物质量。

c. 观感质量作为辅助项目,只列出评价项目内容,未给出具体的评价标准。观感质量项目基本上是各检验批的一般性验收项目,参加分部工程验收的人员宏观掌握,只要不是明显不达标,就可以评为一般;如果某些部位质量较好,细部处理到位,就可评好;如果有的部位达不到要求,或有明显缺陷,但不影响安全或使用功能,则评为差;如果有影响安全和使用功能的项目,则必须修理后再评价。

分部工程观感质量评价仍应坚持施工企业自行检查合格后,由监理单位来验收。参加评价的人员应具备相应资格,由总监理工程师组织,不少于三位监理工程师参加检查,在听取其他参加人员的意见后,共同做出评价,但总监理工程师的意见应为主导意见。在做评价时,可分项目评价,也可分大的方面综合评价,最后对分部做出评价。

(2)质量验收注意事项

由于分部工程所含的各分项工程性质不同,因此它并不是在所含分项验收基础上的简单相加,即所含分项验收合格且质量控制资料完整,只是分部工程质量验收的基本条件,还必须在此基础上对涉及安全、节能、环境保护和主要使用功能的地基基础、主体结构和设备安装等分部工程进行见证取样试验或抽样检测;而且还需要对其观感质量进行验收,并综合给出质量评价,对于评价为"差"的检查点,应通过返修处理等进行补救。

(3)质量验收组织程序

分部(子分部)工程完工且施工单位自检合格后,由总监理工程师组织建设单位(建设单位代表)、施工单位(项目负责人和项目技术负责人)、勘察单位、设计单位等进行验收,如图12-5-6所示,分部(子分部)工程质量验收记录见表12-5-4。

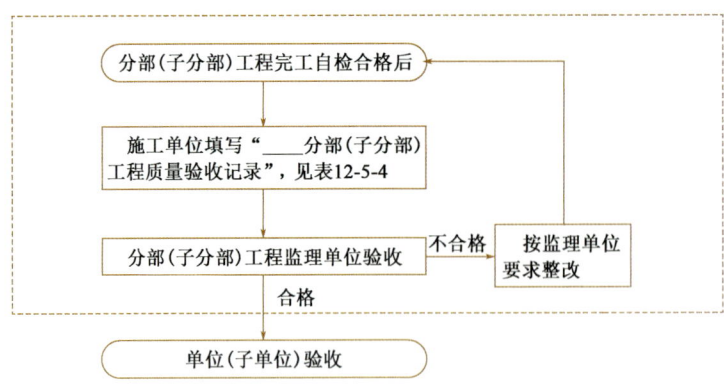

图 12-5-6 分部(子分部)工程质量验收流程图

____分部(子分部)工程质量验收记录　　　　　　　　　表 12-5-4

工程名称		结构类型		层　数	
施工单位		技术部门负责人		质量部门负责人	
分包单位		分包单位负责人		分包技术负责人	
序号	分项工程名称	检验批数	施工单位检查评定记录	验收意见	
1					
2					
3					
4					
5					
6					
质量控制资料					
安全和功能检验(检测)报告					
观感质量验收					
验收单位	分包单位		项目经理　　年　月　日		
	施工单位		项目经理　　年　月　日		
	勘察单位		项目负责人　年　月　日		
	设计单位		项目负责人　年　月　日		
	监理(建设)单位	总监理工程师： 　　　　(建设单位项目专业负责人)　　年　月　日			

运营接管单位可根据实际需求，提前书面通知建设单位需要参加的分部工程验收名录，建设单位需在相关分部工程验收时通知运营接管单位参加。

4）施工过程质量验收不合格的处理

施工过程的质量验收是以检验批的施工质量为基本验收单元。检验批质量不合格可能是由于使用的材料不合格、施工作业质量不合格或质量控制资料不完整等原因所致。当检验批质量不符合要求时，按以下规定进行处理：

(1)经返工重做的或更换构配件、设备的检验批,应重新进行验收;

(2)当检验批的试块、试件强度不能满足要求时,经有资质的法定检测单位检测鉴定,能够达到设计要求的检验批,应予以验收;

(3)通过返修或加固处理仍不能满足安全使用要求的分部工程,严禁验收。

5.3.3 分阶段实体质量验收

分阶段实体质量验收是指当工程某区域或某部位需在单位工程实体质量验收前隐蔽,或需后续专业对工程实体进行接管并继续施工的情况下,针对该区域或部位组织的实体质量验收。

1)验收前提

(1)该区域或部位完成施工图设计和合同中约定的施工内容;

(2)该区域或部位工程资料齐全、完整;

(3)该区域或部位具备外观检查、实体检测及场地移交条件。

2)验收内容

该阶段工程验收范围内所含分项工程完成情况及观感质量,与工程结构有关的安全及功能的检验和检测结果,工程质量控制资料编制情况等。

3)验收组织程序

(1)总包单位应根据工程整体筹划,制订各标段分阶段实体质量验收计划,并提前告知建设单位、监理单位、设计单位、勘察单位。

(2)各施工单位根据验收计划,完成某分阶段实体工程施工,经总包单位和施工单位自查通过后,由监理单位对工程实体和工程技术资料进行检查。检查合格后,提交"____工程分阶段实体质量验收申请表"(见附件12-5-2)。

(3)建设单位下属单位接到验收申请并审核通过后,提报建设单位验收办组织进行验前检查,主要检查内容详见附件12-5-3,并形成"验前检查记录"(见附件12-5-4)。建设单位各下属单位、安全质量监督管理部门、档案管理部门、投融资单位、施工单位、监理单位、勘察单位、设计单位、接管单位均应参加。经参加各方共同检查确定工程质量符合验收标准,存在问题整改完成并回复(见附件12-5-5)后方可组织分阶段实体质量验收。

(4)分阶段实体质量验收应邀请政府质量监督机构参加并进行过程监督,验收申请由施工单位提前5个工作日向政府质量监督机构申报。

(5)分阶段实体质量验收由建设单位验收办主持,参加验前检查的各方应参加分阶段实体质量验收。总包单位授权代表、施工单位项目经理及项目技术负责人、监理单位总监理工程师、勘察设计单位专业负责人必须参加,第三方测量、第三方监测、第三方检测单位按通知要求参加。

(6)施工单位、监理单位在工程验收前还必须准备好报验工程的"工程质量自评报告"和"工程质量评估报告",在验收会议上发放给参验各方。

4)验收流程

(1)施工单位和总包单位做分阶段工程质量自评报告,简单介绍工程概况、工程实体及资料整理完成情况、质量控制及各分项工程的自检、自评情况等,并发表自评意见。

（2）监理单位作分阶段工程质量评估报告，介绍工程监理情况、质量控制及工程质量验收核定情况，发表监理评估意见。

（3）与会人员分组检查（各检查组由主持人指定专人负责）。

①工程实体组：按不同专业分组现场检查，主要对实体结构、预留孔洞、预埋管等进行质量检查，必要时进行现场实测实量。

②资产档案组：由资产与档案管理部牵头对内业资料情况进行检查。

（4）设计单位介绍设计配合情况，指出施工是否满足设计要求，并对该阶段工程提出设计检查意见。

（5）地勘单位介绍工程施工中地质情况，阐明实际地质情况与原地勘报告的差异情况，并对该分阶段工程发表地勘检查意见。

（6）第三方单位发表验收意见。

（7）下属单位发表验收意见。

（8）接管单位对该阶段工程质量发表验收意见。

（9）政府质量监督机构发表监督意见。

（10）主持人综合各检查组意见，对该阶段工程质量作出评价，并发表验收结论，同时明确检查中发现问题的整改要求和完成时间。

（11）分阶段实体质量验收通过后，由建设单位验收办形成会议纪要，对验收中发现的质量缺陷，施工单位应按会议决定进行整改，并形成整改回复报建设单位验收办备案。

5.3.4 单位（子单位）工程验收

单位工程质量验收是现行《建筑工程施工质量验收统一标准》（GB 50300）的两项主要内容之一，如图 12-5-7 所示。在各专业验收规范中没有单位工程验收的有关内容。单位工程质量的验收是单位工程竣工验收，是建筑工程投入使用前的最后一次验收，是工程质量验收的最后一道把关，是对工程质量的总体综合评价，《建筑工程施工质量验收统一标准》（GB 50300）将其规定为强制性条文，列为工程质量管理的一道重要环节。

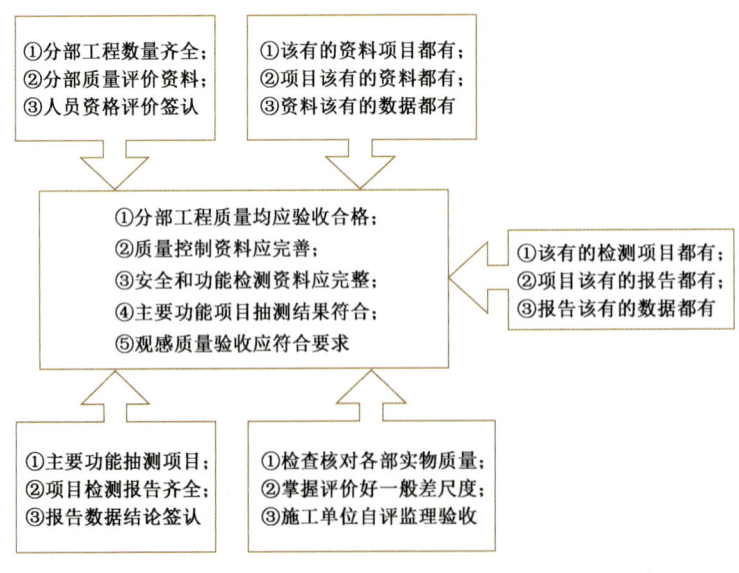

图 12-5-7　单位工程施工质量验收

1) 验收合格条件

对单位工程质量的验收,整体而言是一个统计性的审核和综合性的评价。单位工程质量验收合格应符合以下条件:

(1)单位(子单位)工程所含分部(子分部)工程的质量均应验收合格

一个单位工程质量要合格,它所包含的分部(子分部)工程的质量均应验收合格,这是基本条件。同时也体现了单位工程质量逐步从检验批、分项到分部(子分部)、到单位(子单位)工程的验收的建筑工程施工质量过程控制的原则,突出了工程质量的特点。

总承包单位应在单位工程验收前进行认真准备,将所有分部(子分部)工程质量验收记录表,及时进行收集整理,并列出目次表,按建设工程归档组卷规定要求,依序装订成册。在检查及整理资料时,应注意以下三点:

①检查各分部工程所含的子分部工程是否齐全。

②检查核对各分部(子分部)工程质量验收记录表的质量评价是否完善,完善的质量评价应含有分部(子分部)工程质量的综合评价,有质量控制资料的评价,有地基与基础、主体结构和设备安装分部(子分部)工程规定的有关安全及功能的检测和抽测项目的检测记录,以及分部(子分部)观感质量的评价等。

③检查分部(子分部)工程质量验收记录表的验收人员是否为规定的具有相应资质的技术人员,并进行了评价和签字确认。

(2)质量控制资料应完整

总承包单位应将各分部(子分部)工程应有的质量控制资料进行核查,内容包括图纸会审及变更记录,定位测量放线记录,施工操作依据,原材料、构配件等质量证书,按规定进行检验的检测报告,隐蔽工程验收记录,施工中有关试验测试、检验以及抽样检测项目的检测报告等,由总监理工程师进行核查确认,可按单位工程所包含的分部(子分部)分别核查、也可综合检查。目的是加强对建筑结构、设备性能、使用功能方面主要技术性能的检验。每个检验批规定了"主控项目",并给出了主要技术性能要求,但检查单位工程的质量控制资料,对主要技术性能进行系统的核查。如一个空调系统只有分部(子分部)工程才能综合调试,取得需要的数据。

(3)单位(子单位)工程所含的分部工程有关安全和功能的检测资料应完整

单位(子单位)工程安全和功能的检测资料检查及主要功能抽查项目共6大项涉及26个测试项目(表12-5-5),目的是确保工程安全和使用功能。在分部(子分部)工程中提出的一些检测项目,在该分部(子分部)工程检查和验收时,应进行检测来保证和验证工程的综合质量和最终质量。这种检测由施工单位来实施,检测过程中请监理工程师或建设单位有关负责人参加监督检测工作,达到要求后,形成检测记录签字认可。在单位工程、子单位工程验收时,监理工程师应对各分部(子分部)工程应检测项目进行检查核对,对检测的数量、数据及使用的检测方法标准、检测程序进行核查,以及核查有关人员的签字情况。核查后将核查情况填入表12-5-5中,并做出通过与否的结论。

单位(子单位)工程安全和功能检验资料核查及主要功能抽查记录　　　　表12-5-5

工程名称			施工单位			
序号	项目	资 料 名 称	份数	核查意见	抽查结果	核 查 人
1	建筑与结构	屋面淋水试验记录				
2		地下室防水效果检查记录				
3		有防水要求的地面蓄水记录				

续上表

工程名称			施工单位			
序号	项目	资料名称	份数	核查意见	抽查结果	核查人
4	建筑与结构	建筑物垂直度、标高、全高测量记录				
5		抽气(风)道检查记录				
6		幕墙及外墙抗风压、空气渗透、雨水渗漏、气密性、水密性、耐风性能检测报告				
7		建筑物沉降观测测量记录				
8		节能、保温测试记录				
9		室内环境检测报告				
10						
1	给水与排水与采暖	给水管道通水试验记录				
2		暖气管道、散热器压力试验记录				
3		卫生器具满水试验记录				
4		消防管道、燃气管道压力试验记录				
5		排水干管道通球试验记录				
6						
1	电气	照明全负荷试验记录				
2		大型灯具牢固性试验记录				
3		避雷接地电阻测试记录				
4		线路、插座、开关接地试验记录				
5						
1	通风与空调	通风、空调系统试运行记录				
2		风量、温度测试记录				
3		洁净室洁净度测试记录				
4		制冷机组试运行调试记录				
5						
1	电梯	电梯运行记录				
2		电梯安全装置检测报告				
1	智能建筑	系统试运行记录				
2		系统电源及接地检测报告				
3						

自评意见：	结　论：
施工单位注册建造师(项目经理)： 　　　　　　　　　年　月　日	总监理工程师： (建设单位项目负责人)　　年　月　日

注：抽查项目由验收组协商确定。

(4) 主要功能项目的抽查结果应符合相关专业质量验收的规定

主要功能抽查的目的是综合检验工程质量能否保证工程的功能，是否满足使用要求。抽查检测多数是复查性和验证性。具体抽测项目在各分部(子分部)工程中列出，有的在分部(子分部)工程施工中或完成后进行检测，有的只能在单位工程全部完成后才能进行检测。抽查检测项目应该在单位工程完工后,在施工单位向建设单位提交工程验收报告前全部进行完毕,并将检测报告写好。至于在建设单位组织单位工程验收时,抽测哪些项目,可由验收委员会来确定。

主要功能项目抽测多数情况是施工单位检测时,监理、建设单位都参加。不再重复检测,防止造成不必要的重复浪费和对工程的损害。

通常主要功能抽测项目,应为有关项目最终的综合性使用项目,如室内环境检测、屋面淋水试验、照明全负荷检测、智能建筑系统运行等。只有最终抽测项目效果不佳才必须进行中间过程有关项目的检测,但要与有关单位共同制订检测方案,并要制订成品保护措施后才能进行。总之,主要功能抽测项目的进行不能损坏建筑成品。

主要功能抽测项目,可对照该项目的检测记录逐项检查,重新填写抽测记录表,也可不形成抽测记录,在原检测记录上注明签字确认。

(5)观感质量验收应符合要求

观感质量评价是工程的一项重要评价工作,是全面评价一个分部(子分部)、单位工程的外观及使用功能质量,促进施工过程管理、成品保护、提高社会效益和环境效益的手段。观感质量检查绝不是单纯的外观检查,而是实地对工程所做的一个全面检查,核实质量控制资料,核查分项、分部工程验收的正确性,以及对在分项工程中不能检查的项目进行检查等。如果工程完工,绝大部分的安全可靠性能和使用功能已达到要求,但出现不应出现的裂缝和严重影响使用功能的情况,应该首先弄清原因,然后再评价。地面严重空鼓、起砂,墙面空鼓粗糙,门窗开关不灵等项目的质量缺陷很多,就说明在分项、分部工程验收时,掌握标准不严。分项、分部无法测定和不便测定的项目,在单位工程观感评价中,给予检查。如建筑物的全高垂直度、上下窗口位置偏移及一些线角顺直等项目,只有在单位工程质量最终检查时,才能更确切地了解。

系统地对单位工程检查,可全面地衡量单位工程质量的实际情况,突出对工程整体检验和对用户着想的观点。分项、分部工程的验收,对其本身来讲虽是产品检验,但对单位工程交付使用来讲,是施工过程中的质量控制。只有单位工程的验收,才是最终建筑产品的验收。为此,既加强了对施工过程的质量控制,又严格了对单位工程的最终评价,使建筑工程质量得到了有效保证。

观感质量的验收方法和内容与分部(子分部)工程观感质量验收方法一样,只是范围不同;一些在分部(子分部)通过观感评定的项目,在单位工程观感质量评定中并未体现,单位工程观感质量评价相对更宏观一些。

2)验收组织程序

单位(子单位)工程质量验收流程如图12-5-8所示,单位(子单位)竣工验收记录见表12-5-6。

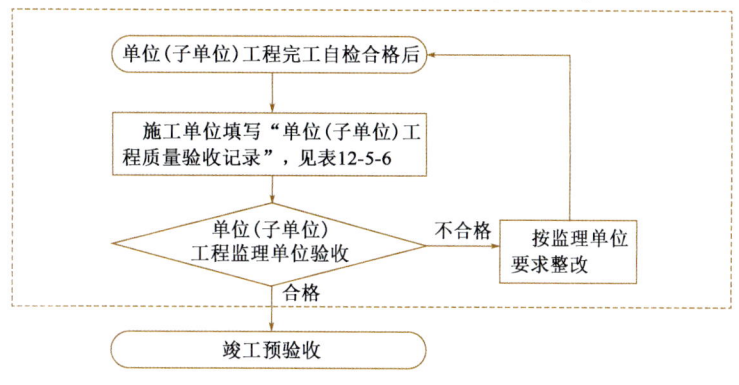

图12-5-8 单位(子单位)工程质量验收流程图

单位(子单位)工程质量竣工验收记录　　　　　　表12-5-6

工程名称		结构类型		结构数量	
施工单位		技术负责人		开工日期	
项目负责人		项目技术负责人		竣工日期	
序号	项目	验收记录			验收结论
1	分部工程验收	共　分部,经查符合设计及标准规定　分部			
2	质量控制资料核查	共　项,经核查符合规定　项			
3	安全和主要使用功能核查及抽查结果	共核查　项,符合规定　项, 共抽查　项,符合规定　项, 经返工处理符合要求　项			
4	观感质量验收	共抽查　项,达到"好"和"一般"的　项, 经返修处理符合要求的　项			
5	综合验收结论				
参加验收单位	建设单位 (公章) 单位(项目)负责人: 　年　月　日	监理单位 (公章) 总监理工程师: 　年　月　日		施工单位 (公章) 单位负责人: 　年　月　日	设计单位 (公章) 单位(项目)负责人: 　年　月　日

（1）单位工程具备实体质量验收条件后,首先由监理单位组织进行工程质量预验收,勘察单位、设计单位、施工单位参加。验收通过后,由监理单位出具书面验收会议纪要。

（2）监理单位组织施工单位填写单位工程验收申请资料,经建设单位主管部门确认后报建设单位验收部门,验收申请资料如下：

①"地铁工程竣工验收申请报告"（见附件12-5-6）；

②"地铁工程竣工验收告知单"（见附件12-5-7）；

③施工单位出具的"工程质量自评报告"；

④监理单位出具的"工程质量评估报告"；

⑤设计单位出具的"设计文件质量检查报告"；

⑥勘察单位出具的"勘察文件质量审查报告"；

⑦第三方单位出具的报告；

⑧各工序验收会议纪要及整改情况；

⑨工程管理部门的分阶段实体验收会议纪要及整改情况；

⑩质量监督整改通知书回复文件。

（3）接到验收申请后,由建设单位验收部门组织开展验前检查,建设单位主管部门和资产与档案管理部、施工单位、监理单位、勘察单位、设计单位、接管单位均应参加,建设单位相关部门视情况进行监督抽查。经参加各方共同检查确定工程质量是否符合验收标准,存在问题是否整改完成并形成"验前检查整改回复记录"（见附件12-5-5）后方可组织单位工程实体质量验收。

（4）单位工程实体质量验收前,施工单位应提前7个工作日向政府质量监督机构提报验收申请资料,并完成监督档案资料审查。完成以上程序后,由建设单位验收部门协调政府质量监督机构确定验收时间,组织完成"地铁工程竣工验收小组成员名单"（见附件12-5-8）,通知各责任主体、政府质量监督机构和政府工程档案管理部门参加验收。

（5）单位工程实体质量验收由建设单位验收部门主持，政府质量监督机构、政府工程档案管理部门、建设单位相关部门（资产与档案管理部、合约管理部、设计管理部）、施工单位、监理单位、勘察单位、设计单位、接管单位应参加，其中参验五方责任主体备案授权人必须参加，第三方测量、第三方监测、第三方检测单位按通知要求参加。建设单位相关部门视情况进行监督抽查。

（6）在工程验收前施工单位应汇总五方责任主体验收汇报材料，在验收会议上发放给参验各方。

3）验收流程

（1）施工单位及总包单位介绍工程概况、实体质量及资料完成情况，分部工程验收后遗留问题的整改情况，并发表工程质量自评意见；

（2）监理单位介绍工程监理情况，主要分部工程中间验收完成情况、过程质量监理情况，并发表监理评估意见；

（3）验收人员分为实体质量、资产档案、合同商务等三个小组对工程进行检查，检查完毕后各方发表检查意见；

（4）设计单位介绍工程实体与设计符合情况，以及设计变更、遗留问题等，并发表设计文件检查意见；

（5）勘察单位介绍工程施工中地质情况，阐明实际地质情况与原地勘报告的差异情况，并发表勘察文件检查意见；

（6）第三方单位发表验收意见；

（7）建设单位主管部门对工程实体检查情况发表验收意见；

（8）设计管理部就工程设计执行情况发表验收意见；

（9）资产与档案管理部根据工程内业资料和资产录入完成情况发表验收意见；

（10）合约管理部就合同执行情况发表验收意见；

（11）运营接管单位对工程质量发表验收意见；

（12）政府工程档案管理部门、政府质量监督机构分别就工程档案和工程质量发表监督意见；

（13）主持人综合参验各方意见对工程是否通过验收发表意见，同时明确检查中发现问题的整改范围和完成时间；

（14）单位工程实体质量验收通过后，由建设单位验收部门形成会议纪要，对验收中发现的质量缺陷，施工单位应按会议决定进行整改，并形成"地铁工程整改完成报告"（见附件12-5-9），经监理单位、建设单位主管部门、接管单位签认后报建设单位验收部门备案。

5.3.5 竣工质量验收

竣工质量验收是施工质量控制的最后一个环节，是对施工过程质量成果的一个全面检验，是从终端把关方面进行控制。单位工程是工程项目竣工质量验收的基本对象。未经验收或验收不合格的工程，不得交付使用。地铁工程项目一般以一个单位工程（如一座车站、一个区间等）为对象组织竣工质量验收工作。

1）竣工验收依据

地铁工程项目竣工质量验收依据如下：

（1）国家相关法律法规和地铁建设主管部门颁布的管理条例与办法；

(2)地铁工程施工质量验收统一标准;

(3)专业工程施工质量验收规范;

(4)批准的设计文件、施工图纸及说明书;

(5)工程施工承包合同;

(6)其他相关文件。

2)竣工质量验收要求

地铁工程施工质量应按下列要求进行验收:

(1)工程质量的验收均应在施工单位自检合格的基础上进行;

(2)参加工程施工质量验收的各方人员应具备相应的资格;

(3)检验批的质量应按主控项目和一般项目组织验收;

(4)涉及结构安全、节能、环境保护和主要使用功能的试块、试件及材料,应在进场时或施工中按规定进行见证检验;

(5)隐蔽工程在隐蔽前应由施工单位通知监理单位进行验收,并应形成验收文件,验收合格后方可继续施工;

(6)对涉及结构安全、节能、环境保护和使用功能的重要分部工程,应在验收前进行抽样检测;

(7)工程的观感质量应由验收人员现场检查,并应共同确认。

3)竣工验收条件

地铁工程竣工验收的条件:

(1)完成合同内施工图设计和合同约定的各项内容,相关缺陷整改完毕,甩项工程有支撑性文件;

(2)施工许可证等建设管理手续齐全;

(3)通过工程实体质量验收并完成工程移交,且工程实体质量验收和工程移交中明确的需整改的问题全部整改完毕;

(4)取得试运营阶段政府专项验收批复文件;

(5)工程设计变更和签证手续齐全,流程完整,工程量清单和竣工结算资料已提交;

(6)工程竣工资料已移交政府工程档案管理部门、建设单位资产与档案管理部及运营接管单位,并办理档案移交手续。

4)竣工验收组织程序

地铁工程项目竣工验收,可分为竣工自验、竣工预验收和正式验收三个环节进行。建设单位收到工程竣工验收申请报告后,由建设单位(项目)负责人组织竣工验收,验收流程如图12-5-9所示,参加验收的有施工、设计、监理、运营单位、政府质量安全监督及城建档案管理等部门。

(1)工程完工并达到竣工验收条件后,由施工单位准备验收申请资料(与单位工程实体质量验收申请资料相同),提报建设单位主管部门及验收部门进行审核。

(2)审核合格后,由施工单位报建设单位相关部门及运营接管单位完成"工程竣工验收前置条件审核"(见附件12-5-10)和"竣工图审查"(见附件12-5-11);相关资料备齐后,由建设单位验收部门协调政府质量监督机构和政府工程档案管理部门确定验收时间,组织填写"地铁工程竣工验收小组成员名单"(见附件12-5-8),通知各方参加验收会。

(3)单位工程竣工验收由建设单位验收部门组织,建设单位验收委员会负责人主持,政府质量监督机构、政府工程档案管理部门、建设单位(主管部门、资产与档案管理部、安全质量部、合约管理部、设计管理部)、运营接管单位、施工单位、监理单位、勘察单位、设计单位参会,其中五方责任主体备案授权人必须参加,第三方测量、第三方监测、第三方检测单位按通知要求参加,地铁公司相关部门视情况进行监督抽查。

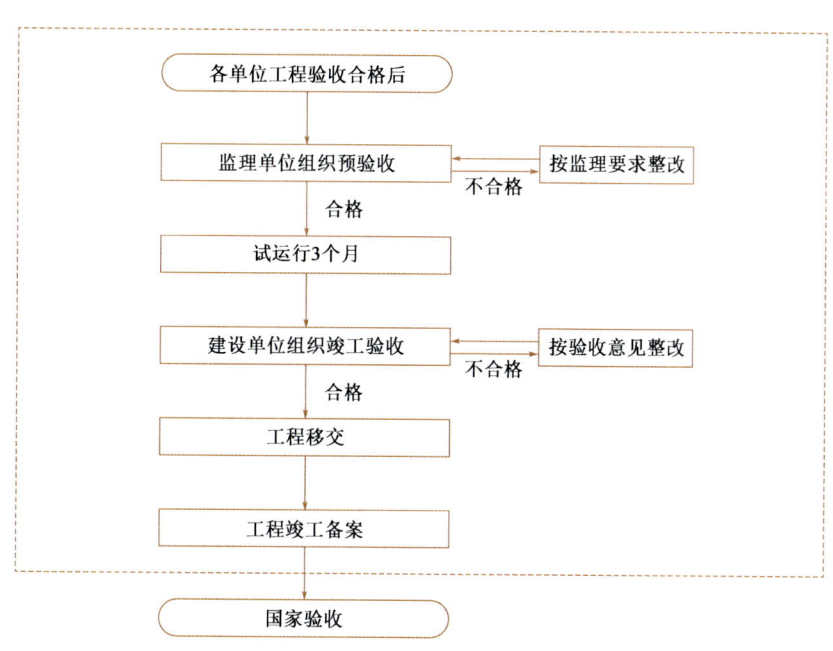

图12-5-9 竣工预验收和竣工验收流程图

5）验收流程

（1）竣工自验

施工单位的竣工自验,包括工程实体的自验和相关工程档案资料的自验,使之达到竣工验收的要求,其中设备及管道安装工程等,应经过试车、试压和系统联动试运行的测试,并有检查记录。实行总分包的项目,承包人应对工程质量全面负责,分包人应按质量验收标准的规定对承包人负责,并将分包工程验收结果及有关资料交承包人。承包人与分包人对分包工程质量承担连带责任。

竣工自验要求主要包括以下几点：

①施工单位自验的标准与正式验收一样,主要包括工程符合国家(或地方政府主管部门)规定的竣工标准和竣工规定；工程完成情况是否符合施工图纸和设计的使用要求；工程质量是否符合国家和地方政府规定的标准和要求；工程是否达到合同规定的要求和标准等。

②参加自验的人员,应由项目经理组织生产、技术、质量、合同、预算以及有关的作业队长(或施工员、工队负责人)等共同参加。

③自验的方式,应分部位和区域由上述人员按照自己主管的内容逐一进行检查,在检查中要做好记录。对不符合要求的部位和项目,确定修补措施和标准,并指定专人负责,定期修理完毕。

④复验。在基层施工单位自验的基础上,且将查出的问题全部修补完毕后,项目经理应提请上级单位进行复验,同时解决复验所发现的问题。

⑤复验合格后,向现场监理机构提交工程竣工预验收申请报告,要求组织工程竣工预验收。

（2）竣工预验收

监理机构收到施工单位的工程竣工预验收报告后,应就施工单位自验情况和验收条件进行检查,并对工程质量进行竣工预验收。对于工程实体质量及档案资料存在的缺陷,应及时提出整改意见,并与施工单位协商整改方案,确定整改要求和完成时间。具备下列条件时,由施工单位向建设单位提交工程竣工验收报告,申请工程竣工验收:

①完成建设工程设计和合同约定的各项内容;
②有完整的技术档案和施工管理资料;
③有工程使用的主要材料、构配件和设备的进场试验报告;
④有工程勘察、设计、施工、工程监理等单位分别签署的质量合格文件;
⑤有施工单位签署的工程保修书。

(3)正式竣工验收

预验收合格后,由运营单位会同建设单位组织试运行,试运行3个月合格后,由施工单位向建设单位提交工程竣工验收申请报告。

①施工单位、监理单位、勘察单位、设计单位、建设单位主管部门分别汇报工程合同履约情况和工程建设各个环节执行法律、法规和工程建设强制性标准的情况。

②参会各方分别对工程各建设环节进行全面评价,发表验收意见。其中,工程实体组负责工程缺陷整改、实体功能、竣工图审查、设备设施及备品备件的移交等情况的评价;资产档案组负责工程竣工档案和资产录入的评价;合同商务组负责工程变更、工程量清单、价款支付和合同履约等情况的评价。

③政府质量监督机构、政府工程档案管理部门分别就工程档案和工程质量发表监督意见。

④主持人汇总各方意见,宣布验收结论,布置后续工作。

⑤工程竣工验收过程中,如各方不能形成一致意见时,应当协商提出解决方案,待意见一致后,重新组织验收。

⑥对验收中发现的问题,施工单位按照会议要求,对质量缺陷进行整改,整改完成后形成"地铁工程整改完成报告"(见附件12-5-9),报建设单位备案。

⑦工程竣工验收合格后,由建设单位验收部门整理形成工程竣工验收会议纪要,并由建设单位主管部门组织各责任主体签发"竣工验收报告"(见附件12-5-12)。

6)其他规定

(1)单位工程有分包单位施工时,分包单位应对所承担的工程项目按验收标准规定的程序进行验收,总包单位应派人参加。分包工程完成后,应将有关工程资料移交总包单位。

(2)当参加验收各方对工程施工质量验收意见不一致时,可申请上级行政主管部门或其委托的质量监督部门协调处理。

5.3.6 国家验收

政府专项验收的具体项目以国家、地方规范及政府部门要求为准,主要包括质量监督及防雷验收、工程消防验收、规划核实验收、公共卫生验收、人防验收、涉水项目验收、林业园林验收、特种设备验收、市政道路设施验收、交通安全设施验收、供电验收、工程档案验收等;如有调整,建设单位应根据上级单位要求承办相应政府专项验收项目。

1)验收程序

(1)负责单位(下属单位或部门)组织参建各方完成专项验收的实施内容后,向相关政府主管部门申请测试、检测和核查。

（2）对相关政府主管部门在测试、检测和核查中发现的问题，由专项验收负责部门牵头组织进行整改。

（3）整改到位后，由专项验收负责部门向相关政府主管部门申请验收。验收由专项验收负责部门组织，政府主管部门主持，单位相关部门及参建各方参加。

（4）专项验收通过后，由专项验收负责部门跟进后续工作，取得专项验收批复文件后，原件交资产与档案管理部存档，复印件交建设单位验收部门，统一提报上级单位。

2）验收流程

竣工验收合格后，试运营一年，试运营合格后，地铁建设行政主管部门组织验收委员会进行国家验收，验收流程如图12-5-10所示。建设、运营等单位参加，验收合格后向交通行政管理部门备案。

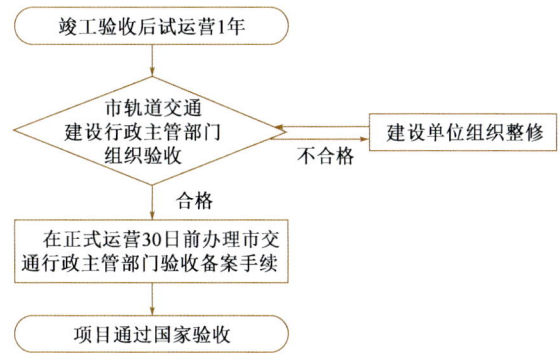

图12-5-10 国家验收流程图

3）政府验收具体要求

政府专项验收的具体项目以国家、地方规范及政府有关部门要求为准，主要包括质量监督及防雷、工程消防、规划核实、公共卫生、人防、涉水项目、林业园林、特种设备、市政道路设施、交通安全设施、供电、工程档案、环保验收等；如有调整，建设单位应根据要求承办相应的政府专项验收项目。

5.3.7 工程施工质量验收项目

工程施工质量验收项目见表12-5-7。

工程施工质量验收项目　　　　　表12-5-7

序号	验收层次	验收时间	验收资料	验收组织形式
1	施工现场质量管理	开工前	"施工现场质量管理检查记录"	总监理工程师检查
2	检验批	检验批完工自检合格后	"检验批质量验收记录"	专业监理工程师组织施工单位专职质量检查员等进行验收
3	分项工程	分项工程完工自检合格后	"分项工程质量验收记录"	专业监理工程师组织施工单位分项工程技术负责人等进行验收
4	分部工程	分部工程完工自检合格后	"分部（子分部）工程质量验收记录"	总监理工程师组织施工单位项目负责人和技术、质量负责人进行验收

续上表

序号	验收层次	验收时间	验收资料	验收组织形式
5	单位工程	单位工程完工自检合格后	"单位(子单位)工程质量竣工验收记录""单位(子单位)工程质量控制资料核查记录""单位(子单位)工程安全和功能检验资料核查及主要功能抽查记录""单位(子单位)工程观感质量检查记录"	总监理工程师、建设单位项目负责人组织监理、施工、设计单位进行验收,建设单位相关部门视情况参加
6	竣工预验收	各单位工程验收合格后	监理单位做"工程质量评估报告";勘察设计单位做"工程质量检查报告"	总监理工程师组织监理、施工、设计单位进行验收,建设、运营等单位参加
7	竣工验收	试运行3个月合格后	"工程竣工验收报告""单位工程质量竣工验收记录""竣工移交证书"及规划、公安、消防、环保等部门出具的认可文件或准许使用文件及市交通管理部门要求的其他文件	建设单位组织,设计、施工、监理、运营、质监、规划、公安、消防、环保、劳动、卫生等单位参加
8	国家验收	试运营1年合格后	"国家验收报告"	市地铁建设行政主管部门组织验收委员会,建设、运营等单位参加

本章附件

附件 12-5-1　分部工程、分项工程、检验批划分
附件 12-5-2　____工程分阶段实体质量验收申请表
附件 12-5-3　单位工程实体质量验收主要检查内容
附件 12-5-4　验前检查记录
附件 12-5-5　验前检查整改回复记录
附件 12-5-6　地铁工程竣工验收申请报告
附件 12-5-7　地铁工程竣工验收告知单
附件 12-5-8　地铁工程竣工验收小组组成人员名单
附件 12-5-9　某地铁工程整改完成报告
附件 12-5-10　工程竣工验收前置条件审核
附件 12-5-11　竣工图审查
附件 12-5-12　竣工验收报告

第 6 章 施工质量通病与防治措施

地铁工程施工质量通病是指地铁工程中经常发生的、普遍存在的一些工程质量问题,这些问题对地铁工程的使用品质和寿命将产生不同程度的影响,甚至严重的后果。对于地铁建设,由于多年来工程质量通病具有极大的危害性和一定的顽固性,因此加强质量通病的研究和预控是一项重要的任务。

本章主要介绍两方面内容:

一是地铁施工阶段容易忽视的质量通病及开通运营前常见的质量通病,本部分也是竣工验收的重点,目的是引起大家的注意,以便引起足够重视,防患于未然,少走弯路。

二是地铁施工中各工法的质量通病,包括明挖法、混凝土结构与防水、盾构法、矿山法、轨道、装饰装修、机电安装七方面内容,主要对施工中的质量通病进行补充或汇总介绍。

特别提醒:为方便阅读、查找,本章部分内容与前述篇章内容略有重复。

6.1 典型施工质量通病与防治措施

6.1.1 土建预埋件与预留孔洞

1)质量通病

在地铁施工中,土建和机电设备间接口的管理一直是一个重点和难点,土建工程施工造成机电设备系统预留的孔洞和预埋件经常会出现"错、碰、漏"现象。

2)预埋件与预留孔洞分类

(1)系统专业要求的预留孔洞和预埋件;

(2)车站内部风、水、电专业要求的预留孔洞和预埋件;

(3)车站内部设备自动扶梯、电梯、屏蔽门安装要求的预留孔洞和预埋件;

(4)盾构始发、接收、过站等要求的预留孔洞和预埋件;

(5)人防门、防淹门安装要求的预留孔洞和预埋件;

(6)区间施工各类设计要求的预埋件。

3) 预留孔洞、预埋件的质量控制要点

（1）严格控制地铁基点、基线测量质量，认真核查细部放样正确性。

由于地铁线路使用的特殊性，车站有效站台中线、线路中线和底板标高基点关系到后续地铁各专业施工使用正确，也是细部测量放样的基准，依此进行的细部测量应闭合并满足规范要求，同时也宜小于地铁专业性测量偏差。

（2）深化车站主体施工图设计管理工作，提高图纸会审质量。

对地铁建设的建筑施工图和结构施工图进行会审。在主体结构施工图会审阶段，需要将预留孔洞和预埋件专册建筑施工图与主体建筑施工图进行会审，并注意以下几点：

①核对主体建筑施工图与主体结构施工图的标高、里程、轴线、车站和线路中线是否一致；
②主体建筑施工图上的预留孔洞、预埋件是否都在主体结构施工图上有体现，两者有无矛盾；
③核实哪些属于建设单位提供，哪些属于施工单位自行加工；
④核对预埋件及预留孔洞材质、安装要求和检测要求。

（3）在施工预留孔洞、预埋件前，施工单位需编制专项施工方案及预留孔洞、预埋件明细表并进行专项技术交底，施工过程中监理实施全程监控。

（4）每完成一个施工段主体结构，都需要对该段预留孔洞、预埋件进行核对，检查是否有遗漏和预留孔洞、预埋件是否符合设计要求，并填写相关表格（表12-6-1）；特别要核实预留孔洞的同心垂直度是否满足使用安装要求。

×××工点预留孔洞、预埋件施工核查表　　　　　表12-6-1

序号	编　码	位置及尺寸	所在图纸	所在的板墙施工分段	现场技术员签认	技术负责人签认
1	001-3-K-KT	站厅层　①、②轴与ⓒ、ⓓ轴间楼板 5000mm×3500mm				
2						

（5）鉴于地铁防水要求，迎水面结构上的预留孔洞及预埋件使用的防水套管、防水材料封堵要高标准施工完成，不要因遗漏而重新开孔破坏地铁车站防水的整体性。

4）各专业预留孔洞、预埋件对土建工程的具体要求

各专业预留孔洞、预埋件对土建工程的具体要求见表12-6-2。

各专业预留孔洞、预埋件对土建工程的具体要求　　　　　表12-6-2

序号	专业名称	具体要求
1	防淹门	（1）每扇防淹门均设置启闭机基础预埋件，预埋件安装在站厅顶板上，预埋的螺栓应伸出结构顶板至少120mm。预埋件需长期承载防淹闸门门体和启闭机的质量(共约13t)。施工单位应严格保证预埋螺栓伸出结构面的长度，以及螺栓与顶板结构面的垂直度。预埋螺栓及钢板在两维方向（垂直于线路及沿线路方向）上的施工误差应小于±20mm。 （2）施工单位在站台层防淹门洞口两侧，沿铅垂方向的门槽上及站厅层防淹门预留孔洞处沿垂直于线路方向预埋锚筋。该预埋锚筋用于防淹门门槽钢构件和门楣的安装定位，锚筋伸出混凝土表面220mm。锚筋的预埋应严格按照土建施工图上的精确位置进行施工。 （3）施工单位在进行中板上的防淹门预留孔洞及结构顶板上的防淹门预埋件施工时，应以线路中线作为预留孔洞及预埋件的控制线，防淹门预留孔洞沿线路方向的中线应与线路中线重合，预埋件应以线路中线对称预埋。 （4）注意预埋件材质应满足设计要求

续上表

序号	专业名称	具体要求
2	屏蔽门	（1）在正确确定有效站台中线后，土建施工时根据施工图纸预留孔洞及预埋件尺寸计算出每个预留孔洞及预埋件到有效站台中线和线路中线的距离，特别注意由中心里程往大小里程放线预埋，防止累计测量误差超限。 （2）由于地铁车站底板结构坡度（一般为0.2%）设置，屏蔽门梁底与站台板的屏蔽门预留孔高差（一般为3150mm）要进行换算（建议换算结果召集设计、监理确认后再进行放线施工）；屏蔽门梁的屏蔽门预埋件的中线与站台板的屏蔽门预留孔洞中心点要对称布置。 （3）由于屏蔽门顶梁的平整度将对屏蔽门上部钢结构的安装有较大影响，施工单位在进行屏蔽门顶梁灌浆施工时，应局部加强预埋件处的模板支撑，杜绝跑模情况的发生，以保证屏蔽门顶梁尺寸以及侧面、底面的平整度；注意对屏蔽门预埋件孔洞的保护（利用棉纱塞堵并贴不干胶），防止混凝土堵塞孔洞。 （4）注意屏蔽门端门结构梁下表面的水平度及平整度，以及垂直于站台面侧面的平整度及与站台面的垂直度。同时应保证端门立柱与站台面的垂直度。 （5）施工单位在进行站台板及顶梁施工时，应督促工点设计单位与设计总体组限界专业核实站台板边缘、屏蔽门顶梁侧面（靠轨道侧的侧面）距离轨道中线的距离。 （6）预埋件标高方向及垂直于线路方向的施工误差应小于±10mm，沿线路方向的误差应符合土建施工图±10mm的要求。站台板上的屏蔽门预留孔洞的三维方向（即标高方向、垂直于线路方向及沿线路方向）尺寸误差应小于±15mm。站台板、顶梁上的预留孔洞、预埋件沿线路方向一侧的累计误差应小于±20mm。 （7）灌注混凝土前，施工单位应会同驻地监理对屏蔽门预留孔洞、预埋件进行校核；灌注混凝土过程中不允许振动棒接触预埋件
3	自动扶梯及电梯	（1）电扶梯对土建工程的主要要求： 在会审施工图纸时，注意结构施工图、建筑施工图与预留孔洞和预埋件专册建筑施工图的核对。在已完成线路的土建施工过程中，如发现土建的结构施工图与建筑施工图有差异，电扶梯设备是否以建筑施工图为准等问题，则需联系设计单位确定。 （2）电扶梯对土建工程的具体要求： ①每层孔洞的定位和尺寸、预埋件（包括预埋钢板和吊钩）、中间支撑的定位和尺寸、上下基坑尺寸和井道壁平整度需满足设计和规范要求； ②扶梯井道水平投影长度的公差要求为 $L_0 + 30$mm（其中，L_0 为扶梯井道水平投影的长、宽）； ③吊钩的外露长度为120mm（指结构面到吊钩内径），其受力须满足扶梯吊装要求，且预埋吊钩（包括预埋方法和方向）应严格按图纸施工，并注意吊钩的材质要求； ④应注意中间混凝土支撑柱的高度按图中标高制作及其定位尺寸等； ⑤应注意上下基坑孔洞边的预埋钢板须按标高制作，且应保证预埋钢板的水平度； ⑥扶梯井道结构壁应平整，防止鼓模或暴模，并应保持井道结构壁的垂直度； ⑦扶梯的踏步面到顶部洞口处的建筑装修完成面（即顶面）的垂直净空高度必须大于2500mm（结构面应更高），并应特别注意施工弧形通道时，二次衬砌弧度需满足设计要求。 （3）机房电梯对土建工程的主要要求： ①机房电梯的井道开孔或井道结构壁的垂直度偏差应≤25mm，各层站门中线偏差应≤20mm； ②底坑和井道壁应按防渗水设计； ③顶部的吊钩和底坑强度应满足受力要求
4	给水与排水	（1）消防水管孔洞、给水管孔洞、地漏等预留孔洞预埋位置准确。由于许多机电孔洞是为装修墙的预留，施工单位应注意纵、横向位置的准确性，避免机电装修砖墙建在孔洞上，导致预留孔洞作废；由于部分机电的立管是直接穿站厅和站台的楼板，为避免站厅板孔洞与站台板孔洞有所偏差，导致立管无法安装，要求施工单位保证站厅板孔洞与站台板孔洞的同轴度。为保证同轴度，除盾构过站的车站外，穿站厅板、轨顶风道的预埋管应采用一根管，中间避免接驳。 （2）孔洞的预留要铅直，保证孔洞的同心度，避免立管安装后歪斜。 （3）管道穿越楼板时应设置钢套管，套管应高出地面50mm，套管的直径应比管径大一个型号。 （4）废水泵房的预留钢管，钢管高出结构面的高度要考虑装修层的高度（站台板装修层高度一般为100mm）。 （5）车站土建施工时应注意车站站厅层和站台层侧墙侧式排水沟的施工质量和防水质量。有条件时，建议与土建结构板一起浇筑，并振捣密实

续上表

序号	专业名称	具体要求
5	通风与空调	(1)施工单位应注意设备基础的预留钢筋,配筋要符合规范、图纸要求; (2)施工单位应注意主体结构侧墙的侧水沟施工,并做好防水; (3)空调冷却水预留套管高出装修面的高度须符合设计规范要求; (4)设计和监理人员应对空调冷却水穿越楼板的预留套管是否按设计规范施工进行核对,并签字确认
6	供电	供电专业(即强电作业)包含接触网、变电、环网、杂散电流等系统,其对土建工程的主要要求如下: (1)在图纸会审时,应确保结构施工图与建筑施工图、预留孔洞和预埋件分册与建筑施工图保持一致,重点审查结构板(墙)上的设备孔洞、电缆孔洞、均回流管,电缆夹层中的接地端子、车站两端的测量端子、排流端子、轨顶风道厚度、限界净空等。 (2)确保涉及强电专业的接地铜板引出底板高度及位置、材质与施工图要求一致,同时注意在浇底板前检查铜排的止水板位置及绝缘,做好对接地铜板的保护。 (3)车站结构各层板及内衬墙内外层的纵、横向钢筋相交处每隔5m进行焊接。 (4)变形缝两侧第一排横向钢筋应与所有纵向钢筋焊接(结构各层板、墙)。 (5)凡涉及地铁车站中板开孔,风道、人行道砸结构开孔的,钢筋焊接应做到: ①围绕孔洞的内外层纵、横向钢筋在交叉点包焊接,围绕孔洞形成钢筋环。在内外层钢筋环的四个角处,通过内外层钢筋环的联络钢筋与内外层钢筋环焊接,将两个钢筋环连接起来。 ②与钢筋环相交的所有纵、横向钢筋均应与钢筋环焊接。 (6)车站与隧道的变形缝处,车站的两端侧墙应设有1个连接端子,连接端子的位置、材质、连接方式应严格执行设计要求。另需注意换乘站变形缝处是否设置连接端子以及连接端子的位置,在施工前召集相关设计单位进行确认
7	人防	(1)人防预埋件(包括角钢、吊钩、门框等)都由人防单位进行施工,施工单位在施工前应加强与人防单位的沟通协调,如得到人防单位委托施工,需形成书面文字记录作为验收依据。 (2)人防门土建部分在预埋管完成后,施工单位应会同土建监理通知车站、系统强/弱电施工监理检查无误后再浇筑混凝土,且在施工过程中需保护预埋孔洞不被封堵

5)预留孔洞、预埋件各个环节的施工管理要求

预埋件及预留孔洞施工质量管理主要从事前、事中、事后三个阶段进行控制。事前控制包括预埋件及预留孔洞的专项审查、预埋件及预留孔洞施工交底表的编写及审批;事中控制包括施工单位内部的三级自检、监理单位的巡视检查以及分项工程验收,建设单位、设计单位参与的隐蔽工程验收;事后控制指移交前的综合检查以及整改。

(1)专项设计交底

针对预埋件及预留孔洞,要求预留孔洞和预埋件专册建筑施工图、车站结构施工图、车站建筑施工图进行专项设计交底。交底内容应包括:

①汇总各专业设计的设计要求;

②明确施工过程中车站结构施工图、车站建筑施工图与预留孔洞和预埋件专册建筑施工图不一致时,以哪册图纸为准;

③明确施工单位在施工过程中需要注意哪些方面;

④明确哪些预留孔洞、预埋件、隔墙、设备基础不属于施工单位施工;

⑤对总体、总体咨询、工点咨询的审查意见的修改情况进行汇报。

专项交底由监理牵头并主持,土建施工单位、设计单位、设计总体、总体咨询、建设单位参加,同时邀请建设单位代表、机电管理部门相关人员参加。

(2)图纸审查

针对预埋件及预留孔洞要求预留孔洞和预埋件专册建筑施工图、车站结构施工图、车站建筑施工图纸同时会审,以解决预留孔洞和预埋件专册建筑施工图、车站结构施工图、车站建筑施工图三者之间有矛盾、孔洞预埋遗漏、尺寸或定位不详、编号错误遗漏、没有标识预埋件(预留孔洞)属于何种专业等问题。

图纸审查由建设单位组织并主持,土建施工单位、设计单位、设计总体、设计咨询、监理单位参加,同时邀请建设单位机电管理部门相关人员参加,以确保图纸预留孔洞和预埋件的准确性。

(3)编写预留孔洞和预埋件施工指导表

施工单位根据预留孔洞和预埋件专册建筑施工图的孔洞以及预埋件汇总表,编制预留孔洞和预埋件施工指导表(表12-6-3)。表中需注明预留孔洞和预埋件编号、位置大小、所在图纸,所在的板墙施工分段号及相对尺寸关系。预留孔洞和预埋件施工指导表由施工单位编制,报驻地监理和设计单位审核签署意见后,进行施工。

×××工点预留孔洞和预埋件施工指导表   表12-6-3

序号	编码	位置及尺寸	所在图纸	所在的板墙施工分段	监理签认	设计签认
1	001-3-K-KT	站厅层 ①、②轴与ⓒ、ⓓ轴间楼板 5000mm×3500mm				
2						

(4)过程检查及验收

过程检查包括施工单位内部的三级自检、监理单位的巡视检查以及分项工程验收。

在施工过程中,监理单位应注意利用平行巡视进行检查,及时指出施工存在的问题。

对于有预留孔洞和预埋件的施工段,监理接到隐蔽工程验收请求后,邀请设计单位参与隐检,设计单位主要是复验是否有设计错漏。验收通过后填写验收表进行确认,然后施工单位方可浇筑混凝土。

(5)编制预留孔洞和预埋件竣工图

车站土建预留孔洞和预埋件施工过程中,应按竣工图纸编制要求及时整理归档到位。

(6)移交前的综合检查及整改

土建完工后,在现场设置已标明车站预留孔洞和预埋件编号的标示牌,由驻地监理组织设计、施工等单位按车站预留孔洞和预埋件施工资料或图纸现场核对,核对后立即汇总问题并提出解决办法,及时明确整改要求。

6.1.2 地铁车站土建结构

1)地铁车站土建结构互相冲突的质量通病与防治措施

地铁车站结构形式多样,涉及专业较多,设计复杂,且建设周期长。因此,施工图设计经常是根据现场进度需要分批提供图纸。客观上,由于设计人员更换、时间长遗忘、考虑不全面等原因,容易产生"结构设计上与实际施工中的冲突",若不能提前发现并解决,施工中将易出现工序冲突、工期拖延等问题,从而造成较大的经济或工期损失。地铁车站土建结构互相冲突的质量通病与防治措施见表12-6-4。

地铁车站土建结构互相冲突的质量通病与防治措施　　　表12-6-4

序号	质量通病	问题描述	预防措施	处理措施
1	钢支撑安装位置与底板、中板水平施工缝预埋钢筋(柱预埋钢筋)在规范要求上有冲突	钢支撑通常以第一道冠梁标高来控制,向下按固定间距5~6m分层布置进行受力检算,并未过多考虑施工因素。实际侧墙浇筑需要分步留置水平施工缝,以底板为例,腋角尺寸900mm×300mm(水平×垂直),水平施工缝留置在腋角以上300mm,按规范要求,钢筋接头同一截面内不超过50%,第一道钢筋接头设在施工缝以上300mm,第二道钢筋接头高于第一层接头35d(d为钢筋直径,以侧墙主筋25mm计算,等于875mm),则钢筋螺纹接头需在底板以上300+300+300+875=1775mm。若钢支撑标高偏低,则会发生钢筋甩与钢围檩冲突,导致不能安装或偏位等问题	(1)工程技术人员要善于总结,积累经验,形成科学、规范的常见问题库,以便为今后工作提供参考,尽早发现问题; (2)各项工作开工之初,充分利用设计交底和图纸会审环节,加强与设计单位的沟通,详细了解设计意图,提出有益建议,协调各专业形成统一意见,尽快解决问题,保证现场施工顺利; (3)设计单位积极推广应用BIM等新技术,通过碰撞分析,尽早发现并在设计阶段消灭结构冲突问题	在钢支撑施工前,施工单位应根据腋角高度、施工缝规划位置、钢筋直径等,计算好每一层钢支撑与结构间的合适层间距,提交设计单位复核,确认内支撑体系受力合格后方可实施。层间距底板建议不少于2000mm,中板建议不少于1700mm
2	钢支撑与顶板上翻梁在标高上冲突	受安装设备、保证净高等影响,顶板往往设置有上翻梁,高出顶板800~1000mm,而第一层支撑通过冠梁传递轴力,与顶板间距通常不大,往往会部分侵入到上翻梁结构,使上翻梁钢筋骨架绑扎困难,梁体不能一次浇筑成形		(1)若能在冠梁施工前,发现钢支撑与顶板上翻梁冲突,则可以建议设计单位调整冠梁标高或单独调整预埋钢板标高,来抬高钢支撑; (2)通常围护结构出图较早,若主体结构出图后发现此问题,因冠梁及预埋钢板已施工完毕,则只能在焊接预埋钢板上的钢支撑托板时尽量靠上,但可调整的余地也不大; (3)由于φ609mm钢支撑在连接法兰处达到φ730mm,因此,还应注意在架设首层钢支撑之前,提前策划预拼,在上翻梁范围内避开接头法兰及其肋板
3	冠梁兼做压顶梁后,在出入口、风亭处与侧墙上翻梁冲突	一般情况下,车站结构设计均有抗浮要求。为此,设计的冠梁向结构一侧伸出400mm兼做压顶梁使用,其与结构顶板间高差,以C35微膨胀素混凝土回填;车站出入口、风亭处侧墙主要为了满足通风设备安装、净空要求,基本都采用了上翻梁,梁高一般为1800mm,高出顶板900mm,与压顶梁冲突300~600mm,不仅影响梁的钢筋骨架绑扎,梁体不能一次浇筑成型,而且造成外包防水卷材较难处理,转折角多易损坏,防水效果差		大部分的出入口、风亭处上翻梁可以通过设计复核,向下降低梁的标高来解决,保证梁体整体浇筑,不仅施工便利而且质量有保证;个别不能降低的上翻梁,需要在结构封顶以后,凿除部分冠梁进行二次浇筑,但这会增加工序,应尽量避免

注:如支撑形式为钢筋混凝土支撑,则可参考表中措施解决。

2)地铁土建施工中容易忽视的质量通病与防治措施

在地铁土建施工中,由于工程技术人员普通比较年轻,施工经验不足及其他原因,往往会对其中一些分部分项工程存在施工遗漏、超限等问题,从而造成一定的经济损失。地铁车站土建结构容易忽视的质量通病与防治措施见表12-6-5。

地铁车站土建结构容易忽视的质量通病与防治措施　　　　表12-6-5

序号	质量通病	问题描述	预防措施	处理措施
1	围护桩侵限	在地铁车站基坑围护桩施工中，由于工程技术人员对地质情况认识不够、施工经验不足、施工机械设备选择不当等原因，经常出现桩基侵限的情况。小的侵限几厘米，大的侵限几十厘米。	(1) 基坑围护桩施工，选择有当地施工经验的、信誉良好的施工队伍是首要条件； (2) 桩基施工过程中认真分析地质条件，制订控制措施，处理好各种技术参数是关键； (3) 对不熟悉的地质情况，一定要到当地类似地质条件的工地进行考查，合理选用桩基位置外放量	(1) 围护桩侵入结构边线内≤7cm的，基坑开挖后，根据主体结构放线情况，人工凿除凸出的部分围护桩； (2) 围护桩侵入结构边线内＞7cm的，需编制围护桩侵限专项处理方案上报监理单位批复后实施，必要时需设计单位经验算后出具专项处理方案；可采取换撑切除原钢筋笼补焊或在基坑外侧补桩的方案进行处理
2	底板上内部结构预埋钢筋漏埋、错埋	由于主体结构与内部结构分册出图，主体结构施工图容易遗漏内部结构预留钢筋，或主体结构施工图预埋钢筋与内部结构施工图不一致。	(1) 建议内部结构施工图、楼梯图与主体结构施工图同时出图； (2) 加强图纸审查，有问题及时反馈给设计单位并予以澄清	编制专项植筋方案经监理单位审批后，按现行《混凝土结构后锚固技术规程》(JGJ 145)进行植筋处理
3	站台板下排水沟施工质量差，导致排水不畅	施工单位在站台板下未找坡及设置有组织排水沟后就施工站台板，导致站台板下排水不畅。在实施排水沟找坡时也无施工操作空间	(1) 认真审核建筑施工图与结构施工图，该排水沟一般是绘制在建筑施工图上的； (2) 调整施工顺序，在站台板下排水施工完毕后再进行站台板的施工，省时、省力、省钱	人工进入站台板下进行排水沟施工，但费时、费力、费钱
4	轨顶风道施工质量差	由于轨顶风道施工图一般滞后于主体结构施工图，大部分轨顶风道在主体结构施工完毕后再进行吊模或搭设临时脚手架施工，施工困难且施工质量差	争取轨顶风道结构施工图与主体结构施工图同时出图；在支架上先施工轨顶风道，再施工主体结构中板	细化施工方案，加强混凝土的振捣，确保轨顶风道施工质量
5	站台板标高超高，边缘侵限	由于施工经验不足，图纸会审不细，放线不准，模板跑模等造成站台板结构标高偏高(有的已侵占装修层)，外边缘侵限	(1) 认真审核站台板建筑施工图与结构施工图，弄清站台板的标高和尺寸； (2) 站台板的外缘线应以线路中线为基准进行精准放样；振捣混凝土时应注意不要振到侧模，防止跑模	(1) 剔除超高的混凝土，如需切割主筋，则需设计单位出方案进行补强； (2) 用绳锯切割掉侵限的混凝土，使其满足设计要求
6	基坑(槽)回填土沉陷	基坑(槽)回填土局部或大片出现沉陷，造成散水坡空鼓、地面下沉甚至形成空洞	(1) 回填前排净槽中积水，将淤泥、松土、杂物清理干净； (2) 回填土按要求进行严格分层回填、夯实； (3) 土料中不得含有直径大于5cm的土块及较多的干土块，严禁用水沉法回填土料	按设计规范要求对塌陷部分进行分层夯实回填处理，恢复原貌

6.1.3 地铁开通运营前验收

在地铁开能运营前进行的预验收和竣工验收的过程中，仍会存在大量的质量通病，其中竣工验收中需重点关注的质量通病与防治措施见表12-6-6~表12-6-8。

地铁开通运营前土建结构质量通病与防治措施　　　　表12-6-6

序号	质量通病	问题描述	防治措施
1	结构渗漏水	地铁线路主要处于地表以下，大部分地区地下水较为丰富，结构养护时间不够、防水层施工不到位、施工缝处理不合理等导致结构渗水随处可见，特别是在变形缝、施工缝、车站与附属结构连接处、地面厅屋面、盾构区间洞门处、站线侧墙、暗挖区间等位置处	预防措施：见第5篇表5-2-81混凝土裂缝常见质量通病与防治措施中有关内容。 处理措施： (1) 结构渗漏水的治理，应制订相应的渗漏水治理方案，并上报监理单位审批后执行； (2) 具体部位的治理工艺见第5篇4.2节相关内容
2	暗挖隧道二次衬砌空洞	暗挖隧道二次衬砌空洞主要出现在隧道顶部，如不及时发现处理，则会出现开裂、漏水甚至混凝土块脱落等严重后果。 该空洞排查和治理是工程验收前的一项重要工作，也是地铁开通运营前运营单位最为关注的一个问题，必须要高度重视	预防措施： (1) 加强质量意识，加大过程控制，责任到人，监控到位； (2) 从源头做起，尽可能控制好开挖质量，控制超挖； (3) 衬砌灌注混凝土施工时，拱顶设置溢浆管，检查拱顶混凝土灌注的饱满度； (4) 衬砌施工时适当增加拱部混凝土灌注口，保证混凝土灌注饱满、密实。 处理措施： (1) 针对暗挖隧道二次衬砌空洞的治理，应制订相应的治理方案，并上报监理单位审批后执行； (2) 在空洞部位设注浆孔进行注浆，充填空洞
3	预留孔洞封堵不到位	(1) 与外部市政管线相通的车站出入口、风亭上的预埋预留孔洞遗漏，封堵质量差易导致雨水倒灌。 (2) 车站与相邻建筑、在建项目等联络通道防汛封堵施工质量差，易导致汛期雨水倒灌入既有站(或既有建筑)	预防措施：加强质量意识，加大过程控制，责任到人，管理到位。 处理措施： (1) 严格按照设计图纸和规范要求进行封堵； (2) 临时工程要当作永久工程对待和重视，把好临时封堵墙的质量关
4	离壁沟施工不当	无离壁沟(离壁沟漏设)，离壁沟地漏位置偏ківь、堵塞、宽度不够、坡度不符合要求、未贯通以及防水层施工不达标等	预防措施：加强质量意识，加大过程控制，责任到人，管理到位。 处理措施： (1) 严格按照设计图纸和规范要求进行离壁沟的施工； (2) 在施工结构中板的同时就要注意离壁沟的施工坡度及相应地漏位置预埋的准确性
5	结构标高不足	(1) 站台板标高超高，造成站厅中板已经剔除到结构钢筋，仍无法敷设AFC线槽或其他线预留管线。 (2) 楼梯踏步结构标高超高，造成其台阶及平台已剔除到结构钢筋，仍无法贴砖	预防措施： (1) 认真审核主体结构建筑施工图与结构施工图，弄清结构中板的标高，不明之处请设计单位给予澄清； (2) 加强测量放样工作，确保结构标高尺寸。 处理措施：请设计单位出具处理方案进行处理
6	回填土沉降	(1) 地铁建设因工期紧、任务重、抢工特征突出。因结构顶部回填土未夯实等情况引发沉降，造成管道断裂、建筑损坏等情况，造成严重安全隐患。 (2) 回填土沉降致使地面开裂、空洞，可能导致车站建筑倾斜、直梯无法使用，路面不平整导致地面行人、车辆安全隐患等	预防措施：加强质量意识，加大过程控制，责任到人，管理到位。 处理措施：严格按设计和规范要求进行施工

地铁开通运营前建筑装饰装修质量通病与防治措施

表 12-6-7

序号	质量通病	问题描述	防治措施
1	干挂板材脱落	既有线墙面干挂板材(陶瓷砖、石材等)多次出现脱落情况,主要集中在: (1)出入口扶梯处侧墙、扶梯下三角房侧墙等部位,因该区域受电扶梯震动影响,且三角房侧墙钢架受力点较少,普遍存在钢架安装不牢或钢架与扶梯焊为一体的情况。 (2)出入口外墙下部干挂板材先行施工,导致后铺地面砖凿除既有混凝土时对干挂板材造成损坏	预防措施: (1)细化装修设计图,优化干挂钢架设计方案,保证钢架不能与扶梯焊为一体; (2)调整施工顺序,先凿除既有混凝土再施工干挂板材,做好成品保护。 处理措施:优化施工方案和施工顺序,确保干挂板材施工质量
2	盲道冲突	地铁内盲道安装存在盲道铺设与人防门盖板盲道未顺接、盲道铺设工艺欠佳、盲道与设备冲突、盲道安装安全距离不够、盲道安装未与市政接驳、盲道设置点位与防淹挡板冲突等问题	预防措施:细化装修设计图,优化设计方案,不明之处请设计单位给予澄清,严禁擅自施工。 处理措施:细化设计方案,加强各专业对接,确保盲道安装满足设计规范及运营要求
3	车站公共区设施冲突	车站公共区各专业配合脱节,互相冲突。如广告灯箱与栏杆冲突、与消火栓冲突、与AFC冲突的情况出现频率均高	预防措施:加强各专业设计对接,将问题提前暴露,及时采取措施,不明之处请设计单位给予澄清,严禁擅自施工。 处理措施:请总体设计单位协调各专业设计出具处理方案进行处理
4	导向标识错误	导向标识漏埋、错埋	预防措施:加强设计图纸会审,提前对施工人员进行技术交底,不明之处请设计单位给予澄清,严禁擅自施工。 处理措施:严格按设计规范进行处理
5	天花吊顶主龙骨安装不当	天花吊顶主龙骨普遍存在变形缝处未断开现象	预防措施:加强技术交底,严格按设计规范进行施工。 处理措施:变形缝处龙骨要断开,严格按设计规范进行处理
6	出入口踏步施工困难	(1)车站出入口口部平台标高过低导致无法施作平台与地面之间的踏步; (2)出入口口部平台标高过高导致平台与地面之间需做多级踏步	预防措施: (1)建议总体单位负责全线核查,实时修改。加强施工配合,保证450cm高度。 (2)设计单位加强对现场实际情况的跟踪,及时进行设计调整。 处理措施:请设计单位出具处理方案进行处理

地铁开通运营前其他专业质量通病与防治措施

表 12-6-8

序号	质量通病	问题描述	防治措施
1	侵限	(1)设备或结构侵限,造成电客车刮伤。 (2)区间消防管道、压力废水管道及其他专业管道过轨占用排水沟槽,区间排水沟槽的排水能力受限,废水无法畅通排入区间泵房集水井内,易导致区间积水甚至淹没轨行区等问题	预防措施:加强各专业协调、配合,加强各专业技术交底,严格按设计规范进行施工。 处理措施:严格按设计方案进行处理
2	站台门绝缘不良	当站台门绝缘失效时,将有电流流经门体;站台门结构对地绝缘薄弱点可能出现"打火"现象,造成设备损坏或者乘客恐慌,更严重的情况极易可能引发设备火灾	预防措施:加强对安装人员的技术交底,严格按设计规范进行施工。 处理措施:采用4mm厚的复合材料绝缘板隔绝立柱碳钢管和不锈钢包边,并采用尼龙螺钉连接

续上表

序号	质量通病	问题描述	防治措施
3	联络通道防火门固定不牢	联络通道防火门因承受较大活塞风荷载,经常发生联络通道防火门倒塌、变形等事故	预防措施: (1)选取联络通道防火门合格生产厂家进行加工采购; (2)严格按设计规范要求验收联络通道防火门。 处理措施: (1)严格按设计规范要求安装联络通道防火门; (2)根据标准图集,应在结构墙体用化学螺栓固定预埋件后再与门框满焊连接

6.2 明挖法施工质量通病与防治措施

6.2.1 地下连续墙

地下连续墙施工质量通病与防治措施见第2篇表2-2-27。

6.2.2 灌注桩

灌注桩质量通病与防治措施见第2篇表2-2-37。

6.2.3 土方回填

土方回填质量通病与防治措施见表12-6-9。

土方回填质量通病与防治措施　　　　表12-6-9

序号	质量通病	原因分析	防治措施
1	弹簧土	(1)填土受夯实(碾压)后,基土发生颤动,受夯击(碾压)处下陷,四周鼓起,形成软塑状态,而体积并没有压缩,人踩上去有一种颤动的感觉。在人工夯土地基内,成片出现这种弹簧土(又称橡皮土),将使地基的承载力降低,变形加大,地基长时间不能得到稳定。 (2)在含水率很高的黏土或粉质黏土、淤泥质土、腐殖土等原状土地基上进行回填,或采用这种土作料进行回填时,由于原状土被扰动,颗粒之间的毛细孔遭破坏,水分不易渗透和散发。当施工时气温较高,对其进行夯击或碾压,表面形成一层硬壳,更加阻止了水分的渗透和散发,因而使土形成软塑状态的橡皮土。这种土埋藏越深,水分散发越慢,长时间不易消失	(1)夯(压)实填土时,应适当控制填土的含水率,土的最优含水率可通过击实试验确定,也可采用$w_p + 2\%$作为土的施工控制含水率(w_p为土的塑限)。工地简易的检验,一般以手握成团,落地开花为宜。 (2)避免在含水率过高的黏土、粉质黏土、淤泥质土、腐殖土等原状土地基上进行回填。 (3)填方区如有地表水,则应设排水沟排走;有地下水应降至地基0.5m以下。 (4)暂停一段时间回填,使橡皮土含水率降低。 (5)用干土、石灰粉、碎砖等吸水材料均匀掺入橡皮土中,吸收土中水分,降低土的含水率。将橡皮土翻松、晾晒、风干至最优含水率范围,再夯(压)实。 (6)将橡皮土挖除,采取换土回填夯(压)实,或填以3:7的灰土、级配砂石夯(压)实

续上表

序号	质量通病	原因分析	防治措施
2	回填土下沉	(1)基坑中的积水、淤泥杂物未清除就回填；或基础两侧用松土回填，未经分层夯实；或槽边松土落入基坑，夯填前未认真进行处理，回填后土受到水的浸泡产生沉陷。 (2)基槽宽度较窄，采用手夯进行夯实，未达到要求的密实度。 (3)回填土料中夹有大量的干土块，受水浸泡产生沉陷；或采用含水率高的黏性土、淤泥质土、碎块草皮作土料，回填质量不符合要求。 (4)回填土采用水沉法沉实，含水率高，密度达不到要求	预防措施： (1)基坑回填前，应将槽中积水排净，淤泥、松土、杂物清理干净，如有地下水或地表滞水，则应有排水措施。 (2)回填土采取严格分层回填、夯实。每层虚铺厚度不得大于500mm。土料和含水率应符合规定。回填土密实度按规定抽样检查，使符合要求。 (3)回填土料中不得含有大于50mm直径的土块，不应有较多的干土块，急需进行下道工序时，宜用2:8或3:7灰土回填夯实。 处理措施： (1)基坑回填土沉陷造成墙角散水面层开裂破坏，应视面积大小或损坏情况，采取局部或全部返工措施。局部处理可用锤、凿将空鼓部位打去，填灰土或黏土、碎石混合物夯实，再做面层。 (2)因回填土沉陷引起结构物下沉时，应会同设计单位针对情况采取加固措施

6.3 混凝土结构与防水工程质量通病与防治措施

6.3.1 模板工程

模板工程施工质量通病与防治措施见第5篇表5-2-35。

6.3.2 钢筋工程

1）钢筋原材料

钢筋原材料质量通病与防治措施见第5篇表5-2-64。

2）钢筋加工

钢筋加工质量通病与防治措施见第5篇表5-2-65。

3）钢筋连接

钢筋连接质量通病与防治措施见第5篇表5-2-66。

4）钢筋安装

钢筋安装质量通病与防治措施见第5篇表5-2-67。

6.3.3 混凝土工程

1）材料缺陷

预拌混凝土质量通病与处治措施见第5篇表5-2-79。

2）外观质量缺陷

(1)混凝土外观质量通病与防治措施见第5篇表5-2-80。

（2）混凝土裂缝常见质量通病与预防措施见第5篇表5-2-81。

3）尺寸偏差

混凝土尺寸偏差常见质量通病与防治措施见第5篇表5-2-82。

6.3.4 防水工程

1）防水卷材

防水卷材质量通病与防治措施见第5篇表5-3-13。

2）防水板

防水板质量通病与防治措施见第5篇表5-3-21。

3）防水涂料

防水涂料质量通病与防治措施见表12-6-10。

防水涂料质量通病与防治措施　　　　表12-6-10

序号	质量通病	问题描述	原因分析	防治措施
1	原材料不合格	原材料质量不符合要求，拉伸性能、不透水性能等指标不符合规范要求	涂料进场后未进行取样检测，就进行施工	涂料进场后进行取样检测，材料合格后方可使用
2	孔洞、开裂	涂料表面出现孔洞，有明显裂纹产生	基层处理不到位	做涂料前应仔细清理基层，不得有浮尘和浮砂
3	剥离翘边	涂料防水面翘边翻起	收头操作不细致，基层不干净	施工前基层应洁净，涂刷收头完整，黏结牢固
4	破损	涂料防水层完成后被破坏	涂料防水层在施工进程中或全部涂料施工完，未等涂料固化就已上人、操作或放置工具材料等，将涂料碰坏、划伤	施工中应保护涂料，确保完整
5	气泡、厚薄不均	涂料防水层表面存在气泡、厚薄不均	（1）阴阳角未按设计要求处理； （2）基面存在蜂窝麻面，未打磨平整，存在明水； （3）涂层未干遇水； （4）涂刷时未按设计规范要求分层涂刷，或前后两次未垂直十字交叉涂刷； （5）涂层在未浇筑细石保护层前，受荷载挤压变形； （6）涂层施工前后温差较大，或气温低于5℃； （7）基面未清理干净，致使涂料防水层表面出现气泡、空鼓	（1）阴阳角按设计要求处理，做成100mm圆弧或50mm×50mm钝角（45°）； （2）基面必须平整光滑，特别是里面模板接缝部位应打磨平整； （3）及时掌握天气变化，雨天不进行施工； （4）涂刷时分层涂刷，前后两次采用垂直十字交叉法涂刷； （5）温差较大或气温低于5℃时不施工； （6）涂料防水施工前应将基面清理干净
6	特殊部位施工不规范	施工缝、阴阳角、穿墙管等部位未按设计要求做加强层	图纸审核不严，技术交底不到位	施工缝、阴阳角、穿墙管等部位按照设计要求做加强层
7	接茬不合格	两个施工段接茬质量不符合要求	接茬处未做好保护，导致搭接质量不符合要求	接茬处预留200mm长，并用硬质材料覆盖保护

4）防水细部构造

防水细部构造质量通病与防治措施见表12-6-11。

防水细部构造质量通病与防治措施　　　　表12-6-11

序号	质量通病	问题描述	原因分析	防治措施
1	施工缝、诱导缝、变形缝渗水	混凝土结构的施工缝、诱导缝、变形缝处的混凝土松散，接槎明显，沿缝隙处渗漏水	（1）施工缝留设位置不当； （2）施工缝、诱导缝、变形缝清理不净，新旧混凝土未能很好结合； （3）钢筋过密，混凝土捣实有困难等； （4）止水带安装不规范	（1）施工缝、诱导缝、变形缝应按规定位置留设。防水薄弱部位及底板上不应留设施工缝。墙板上如必须留设垂直施工缝，则应与变形缝相一致。 （2）施工缝必须充分凿毛和冲洗。混凝土施工时，基面无积水，并铺设同强度等级的防水砂浆，保证新旧混凝土结合密实。 （3）在施工缝、诱导缝、变形缝处设置止水带时： ①止水带的位置和尺寸设置准确，安装牢固。 ②止水带设置时不可翻转、扭曲，接头应采用热接，不得叠接，接缝要平整。当采用中埋式止水带时，其中心应和变形缝中心重合，止水带不得穿孔或用钉固定，如有破损必须立即更换。 ③在混凝土浇筑前应避免止水带被污物或水泥砂浆污损，表面有杂质须清理干净，且接触止水带的混凝土不应出现粗集料集中和漏振现象。 （4）如发现缝渗水，可制订专项方案采用防水堵漏技术进行修补
2	预埋件部位产生渗漏	沿预埋件周边渗漏水，或预埋件附近出现渗漏水	（1）产生渗漏的原因有预埋件过密，预埋件周围混凝土振捣不密实； （2）在混凝土终凝前碰撞预埋件，使预埋件松动； （3）预埋件铁脚过长，穿透混凝土层，又没按规定焊好止水环； （4）预埋管道自身有裂缝、砂眼等病，地下水通过管壁渗漏等	（1）设计时合理布置预埋件，以方便施工，利于保证预埋件周围混凝土的浇筑质量； （2）预埋件应有固定措施，预埋件密集处应有施工技术措施，预埋件铁脚应按规定焊好止水环； （3）施工中，预埋件必须固定牢靠，并加强对预埋件周围混凝土的浇筑质量，加强对预埋件的保护，避免碰撞； （4）穿墙管道一律设置止水套管，管道与套管采用柔性连接； （5）加强预埋件表面的除锈处理

6.4 盾构法施工质量通病与防治措施

6.4.1 盾构进出洞

盾构进洞与出洞质量通病与防治措施见表12-6-12。

盾构进洞与出洞质量通病与防治措施　　　　表12-6-12

序号	质量通病	问题描述	原因分析	防治措施
1	凿除钢筋混凝土封门产生涌土	在拆除洞封门过程中，洞门前方土体从封门间隙内涌入工作井（接收井）内	（1）封门外侧土体加固方案不当或加固效果欠佳，自立性达不到封门拆除所需的施工时间； （2）地下水丰富，土体软弱，自立性极差； （3）封门拆除工艺编制不合理或施工中发生意外，造成封门外土体暴露时间过长	预防措施： （1）根据现场土质状况，制订合理的土体加固方案，并在拆除封门前设置观察孔，检测加固效果，以确保在土体加固效果良好的情况下拆除封门； （2）布置降水井，将地下水位降至能保证安全进洞水位； （3）根据封门的实际尺寸，制订合理的封门拆除工艺，施工安排周详，确保拆除封门时安全、快速。 处理措施：创造条件使盾构尽快进入洞口内，对洞门圈进行注浆封堵，减少土体流失

续上表

序号	质量通病	问题描述	原因分析	防治措施
2	盾构进洞段轴线偏离设计	盾构进洞段的推进轴线上浮,偏离隧道设计轴线较大,待推进一段距离后盾构推进轴线才能控制在隧道轴线的偏差范围内	(1)洞口土体加固强度太高,使盾构推进的推力提高; (2)盾构正面平衡压力设定过高导致盾构正面土体拱起变形,引起盾构轴线上浮; (3)未及时安装上部的后盾支撑,使上半部分的千斤顶无法使用,导致盾构沿着向上的趋势偏离轴线; (4)盾构机械系统故障造成上部千斤顶的顶力不足	预防措施: (1)正确设计进洞口土体加固方案,设计合理的加固方法和加固强度。施工中正确把握加固质量,保证加固土体的强度均匀,防止产生局部的硬块、障碍物等。 (2)施工过程中正确地设定盾构正面平衡土压。 (3)及时安装上部后盾支撑,改变推力的分布状况,有利于对盾构推进轴线的控制,防止盾构上浮现象。 (4)正确操作盾构,按时保养设备,保证机械设备的完好。 处理措施: (1)施工过程中在管片拼装时加贴楔子,调正管片环面与轴线的垂直度,便于盾构推进纠偏控制; (2)在管片拼装时尽量利用盾壳与管片间隙进行隧道轴线纠偏,改善推进后座条件; (3)用注浆的办法对隧道进行少量纠偏,便于盾构推进轴线的纠偏
3	盾构出洞时姿态突变	盾构出洞后,最后几环管片往往与前几环管片存在明显的高差,影响了隧道的有效净尺寸	(1)盾构出洞时,由于接收基座中心夹角轴线与推进轴线不一致,盾构机姿态产生突变,盾尾使在其内的圆环管片位置产生相应的变化; (2)最后两环管片在脱出盾尾后,与周围土体间的空隙因洞口处无法及时填充,而在重力的作用下产生沉降	预防措施: (1)盾构接收基座要设计合理,使盾构下落的距离不超过盾尾与管片的建筑空隙; (2)将出洞段的最后一段管片,在上半圈的部位用槽钢相互连接,增加隧道刚度; (3)在最后几环管片拼装时,注意对管片的拼装螺栓及时复紧,提高抗变形的能力; (4)出洞前调整好盾构机姿态,使盾构机高程略高于接收基座高程。 处理措施:在洞门密封钢板未焊接以前,用整圆装置将下落的管片向上托起,纠正误差
4	盾构进出洞土体大量流失	进出洞时,大量的土体从洞口流入井内,造成洞口外侧地面大量沉降	(1)洞口土体加固质量不好,强度未达到设计或施工要求而产生塌方,或者加固不均匀,隔水效果差,造成漏水、漏泥现象; (2)在凿除洞门混凝土或拔除洞门钢板桩后,盾构未及时靠上土体,使正面土体失去支撑造成塌方; (3)洞门密封装置安装不好,止水橡胶帘带内翻,造成水土流失; (4)洞门密封装置强度不高,经不起较高的土压力,受挤压破坏而失效; (5)盾构外壳上有凸出的注浆管等物体,使密封受到影响; (6)进出洞时未能及时安装好洞圈钢板; (7)出洞时土压力未及时下调,致使洞门装置被顶坏,大量井外土体塌入井内	预防措施: (1)应提高洞口土体加固施工质量,保证加固后的土体强度和均匀性。 (2)洞口封门拆除前应充分做好各项进出洞的准备工作。 (3)洞门密封圈安装要准确,在盾构推进的过程中要注意观察,防止盾构刀盘的周边刀割伤橡胶密封圈。密封圈可涂牛油增加润滑性;洞门的扇形钢板要及时调整,改善密封圈的受力状况。 (4)在设计、使用洞门密封时要预先考虑到盾壳上的凸出物体,在相应位置设计可调节的构造,保证密封的性能。 (5)盾构出洞时要及时调整密封钢板的位置,及时封好洞口。 (6)在盾构刚进入出洞口土体加固区时,要适当降低正面的平衡压力。 处理措施: (1)将受压变形的密封圈重新压回洞口内,恢复密封性能,及时固定弧形板,改善密封橡胶带的工作状态; (2)对洞口进行注浆堵漏,减少土体的流失

6.4.2 盾构掘进

盾构掘进是盾构法隧道施工的主要工序，要保证隧道的实际轴线和设计轴线相吻合，并确保管片圆环拼装质量，使隧道不漏水，地面不产生大的变形。盾构掘进质量通病与防治措施见表12-6-13。

盾构掘进质量通病与防治措施　　　　表 12-6-13

序号	质量通病	问题描述	原因分析	防治措施
1	盾构掘进轴线偏差	盾构掘进过程中，盾构推进轴线过量偏离隧道设计轴线，影响成环管片的轴线	(1) 盾构超挖或欠挖，造成盾构在土体内的姿态不好，导致盾构轴线产生过大的偏移； (2) 盾构测量误差，造成轴线的偏差； (3) 盾构纠偏不及时，或纠偏不到位； (4) 盾构处于不均匀土层中，即处于两种不同土层相交的地带时，两种土的压缩性、抗压强度、抗剪强度等指标不同； (5) 盾构处于非常软弱的土层中时，如推进停止的间歇太长，当正面平衡压力损失时会导致盾构下沉； (6) 拼装管片时，拱底块部位盾壳内未清理干净，有杂质夹杂在相邻两环管片的接缝内，使管片的下部超前，轴线产生向上的趋势，影响盾构推进轴线的控制； (7) 同步注浆不够或浆液质量不好，泌水后引起隧道沉降，影响盾构推进轴线的控制； (8) 浆液不固结使隧道在大的推力作用下引起变形	预防措施： (1) 正确设定平衡压力，使盾构的出土量与理论值接近，减少超挖与欠挖现象，控制好盾构机姿态。 (2) 盾构施工过程中经常校正、复测及复核测量基站。 (3) 发现盾构机姿态出现偏差时应及时纠偏，使盾构正确地沿着隧道设计轴线前进。 (4) 盾构处于不均匀土层中时，适当控制推进速度，多用刀盘切削土体，减少推进时的不均匀阻力。也可以采用向开挖面注入泡沫或膨润土的办法改善土体，使推进更加顺畅。 (5) 当盾构在极其软弱的土层中施工时，应掌握推进速度与进土量的关系，控制正面土体的流失。 (6) 拼装拱底块管片前应清理盾壳底部的垃圾，防止杂质夹杂在管片间，影响隧道轴线。 (7) 施工中按质保量地做好注浆工作，保证浆液的搅拌质量和注入量。 处理措施： (1) 调整盾构的千斤顶编组或调整各区域油压，及时纠正盾构推进轴线； (2) 对开挖面做局部超挖，使盾构沿被超挖的一侧前进； (3) 盾构推进轴线受管片位置的阻碍而不能纠偏时，可采用楔子环管片调整环面与隧道设计轴线的垂直度，改善盾构后座面
2	管片上浮	存在局部或基体上浮现象，表现为管片错台、张开、裂缝、破损或轴线偏位	管片上浮的主要原因是脱出盾尾的管片周围处于无约束的地下水包围状态，故隧道容易受水浮力的影响而上浮（防水性能不好的隧道则下沉）； 实际掘进中，偶尔会由于盾尾间隙过小，造成管片在脱出过程中发生错动，该情况也会让现场人员误以为是管片上浮； 总体来说，管片上浮情况应结合一定环数的管片拼装情况具体分析	预防措施： (1) 掘进过程中，在盾尾后方 3~5 环区域开孔，二次注双液浆或者水玻璃，加速管片壁后浆液的凝固，控制管片上浮； (2) 在地下水丰富区域，每 3~5 环开孔进行放水泄压，然后用双液浆进行填充加固； (3) 掘进时将盾构机姿态下调 3~5cm，以缓解管片最终上浮值； (4) 采用不均匀注浆模式，增大上部注浆量，减小下部注浆量。 处理措施： (1) 调整盾构推进液压缸行程，减少管片上浮量； (2) 选择合适的注浆浆液及方法，确保盾构空隙注入的浆液初凝时间可控，具有一定的早期强度； (3) 控制好盾构机姿态，合理纠偏

续上表

序号	质量通病	问题描述	原因分析	防治措施
3	管片错台	主要表现为相邻环间错台及环内错台	管片出现错台的主要原因包括管片拼装质量不符合要求、地质条件影响、盾构机姿态问题等	预防措施： （1）盾构机姿态控制合理，纠偏时应缓纠，避免过大油压差造成环间错台； （2）盾构纠偏时应有效利用铰接装置，避免过大油压差造成环间错台； （3）管片选型应以液压缸行程差为主，避免间隙过小造成错台； （4）应保持管片轴线走势与隧道轴线和盾构轴线的合理夹角关系，避免夹角过大，液压缸切向力造成错台； （5）勤测管片收敛度，预防椭变； （6）阶段性检查盾体自身圆度。 处理措施：出现管片错台情况后，应立即对管片错台进行登记处理，在后续施工中进行纠偏回调。若错台过大，则可考虑采取一定的措施进行管片修补
4	运输过程中管片受损	在管片垂直运输与水平运输过程中，将管片边角撞坏	（1）行车吊运管片时，管片由于晃动而碰撞行车支腿或其他物件，造成边角损坏； （2）管片翻身时，碰擦边角，引起损坏； （3）管片堆放时，垫木没有放置妥当； （4）用钢丝绳起吊管片时，钢丝绳将管片的棱边勒坏； （5）运输管片的平板车颠簸跳动，造成管片损坏； （6）管片叠放在隧道内时未垫枕木，造成边角损坏； （7）在管片吊放时，放下动作过大，使管片损坏	预防措施： （1）行车操作要平稳，防止过大的晃动。 （2）管片使用翻身架翻身，或用专用吊具翻身，保证管片翻身过程中的平稳。 （3）地面堆放管片时，上下两块管片之间要垫上垫木。 （4）设计吊运管片的专用吊具，使钢丝绳在起吊管片的过程中不碰到管片的边角或采用吊带进行吊装。 （5）采用运输管片的专用平板车，加设避振设施；叠放的管片之间垫好垫木。 （6）工作面储存管片的地方放置枕木将管片垫高，使存放的管片与隧道不产生碰撞。 处理措施：已碰撞损坏的管片应及时修补；损坏较重的管片应运回地面进行整修，或更换新的管片

6.4.3 管片拼装

管片拼装质量通病与防治措施见表 12-6-14。

管片拼装质量通病与防治措施　　　　表 12-6-14

序号	质量通病	问题描述	原因分析	防治措施
1	圆环管片环面不平整	同一环管片在拼装完成后迎千斤顶一侧环面不在同一平面上，不同块之间有凹凸现象存在，给下一环的拼装带来影响，导致环向螺栓穿进困难，并造成管片碎裂等问题	（1）管片制作误差尺寸累积； （2）拼装时前后两环管片间夹有杂物； （3）千斤顶的顶力不均匀，使环缝间的止水条压缩量不相同； （4）纠偏楔子的粘贴部位、厚度不符合要求； （5）止水条粘贴不牢，拼装时翻到槽外，与前一环的环面不密贴，引起该块管片凸出； （6）成环管片的环、纵向螺栓没有及时拧紧及复紧	预防措施： （1）拼装前检测前一环管片的环面情况，决定本环拼装时的纠偏量及纠偏措施； （2）清除环面和盾尾内的各种杂物； （3）控制千斤顶顶力均匀； （4）提高纠偏楔子的粘贴质量； （5）检查止水条的粘贴情况，保证止水条粘贴可靠； （6）盾构推进时骑缝千斤顶应开启，保证环面平整。 处理措施：对于已形成环面不平的管片，在下一环及时加贴楔子纠正环面，使环面平整

续上表

序号	质量通病	问题描述	原因分析	防治措施
2	管片环面与隧道设计轴线不垂直	拼装完成后的管片迎千斤顶的一侧整环环面与盾构推进轴线垂直度偏差超出允许范围,造成下一环管片拼装困难,并影响到盾构推进轴线的控制	(1)拼装时前后两环管片间夹有杂物,使相邻块管片间的环缝张开量不均匀; (2)千斤顶的顶力不均匀,使止水条压缩量不相同,累积后使环面与轴线不垂直; (3)纠偏楔子的粘贴部位、厚度不符合要求; (4)前一环环面与设计轴线不垂直,没有及时用楔子环纠正; (5)盾构推进单向纠偏过多,使管片环缝压密量不均匀而使环面竖直度差	预防措施: (1)拼装时做好清理工作,防止杂物夹杂在管片环缝间; (2)尽量多开启千斤顶,使盾构纠偏的力变化均匀; (3)在施工中经常测量管片环面的垂直度,并与轴线相比较,发现误差,及早安排制作楔子纠环面; (4)提高纠偏楔子的粘贴质量; (5)检查止水条的粘贴情况,保证止水条粘贴可靠。 处理措施: (1)合理地修改管片的排列/顺序,利用增减楔子环(曲线管片)来进行纠偏。 (2)根据需要纠偏的量,在管片上适当的部位加贴厚度渐变的传力衬垫,形成楔子环,对环面进行纠正。一般一次加贴衬垫的厚度最厚不超过6mm。偏差大时,可进行连续多环的纠偏以达到目的。 (3)当垂直度偏差较大,造成管片拼装极为困难,盾壳卡管片严重时,可采用纠偏量较大的刚性楔子
3	纵缝质量不符合要求	纵缝质量差表现在同环相邻的管片相互位置发生变动,致使纵缝出现了前后喇叭、内外张角、内弧面产生错台、纵缝过宽、两块管片相对旋转等质量问题。对隧道的防水、管片的受力都造成严重的危害	(1)拼装时,管片没有放正,盾壳内有杂物,使拱底块管片放不到位或产生上翘、下翻,环面有杂物夹入环缝,也会使纵缝产生前后喇叭; (2)拼装时,管片未能形成正圆,造成内外张角; (3)前一环管片的基准不准,造成新拼装的管片位置也不准; (4)隧道轴线与盾构的实际中线不一致,使管片与盾壳相碰,无法拼成正圆,只能拼成椭圆,纵缝质量也就无法保证	预防措施: (1)拼装前做好盾壳与管片各面的清理工作,防止杂物夹入管片之间; (2)推进时勤纠偏,使盾构轴线与设计轴线的偏差尽量减少,保证管片能够居中拼装,管片周围有足够的建筑空隙使管片能拼装成正圆; (3)及时纠正环面的偏差,使拼装完成的管片中线与设计轴线误差减少,管片始终能够在盾尾内居中拼装; (4)管片正确就位,千斤顶靠拢时要加力均匀,除封顶块外每块管片至少要有两只千斤顶顶住; (5)盾构推进时骑缝的千斤顶应开启,保证环面平整。 处理措施: (1)用整圆器进行整圆,通过整圆来改善纵缝的偏差; (2)管片出盾尾,环向螺栓再进行一次复紧,可改善纵缝的变形。管片被周围土体包裹住以后,椭圆度会相应地减小,纵缝压密程度提高,此时将螺栓进行复紧可取得较好的效果; (3)采用局部加贴楔子的办法,进行纵缝质量的纠正
4	圆环整环旋转	拼装成环的管片与设计要求的拼装位置相比较,旋转了一定的角度,使盾构的后续车架及电机车轨道的铺设不平整,影响设备的运行,也增加了封顶成环的拼装难度	(1)千斤顶编组不合理,使管片受力不均匀,管片产生相对转动; (2)管片环面不正,千斤顶的顶力方向与环面不垂直,盾构推进时就会产生使管片转动的力矩,导致管片旋转; (3)拼装时,管片的位置安放不准确,导致拼装时形成旋转; (4)管片上的螺栓孔和螺栓之间由于拼装需要,一般留有5~8mm的间隙,这样就给两环管片之间相互错动留有了条件,如果在管片就位时随意操作,就会引起旋转偏差; (5)后拼装的管片与已就位的管片发生碰撞,使已拼装的管片发生移位,如果长时间采用相同的顺序拼装管片,则管片向同一方向发生旋转偏差,累积的偏差量就较大	预防措施: (1)控制好盾构推进的姿态,千斤顶编组情况要使推力的变化均匀,调整好管片环面的角度,减少推进过程中产生的转动力矩; (2)拼装管片时管片要放置正确,千斤顶靠拢时要有足够的顶力使管片不发生相对滑动; (3)拼装机操作时要动作平缓,旋转缓慢,这样有利于拼装的准确性; (4)对已成环管片的旋转情况要经常进行测量,并及时纠正; (5)经常变换管片拼装的顺序。 处理措施:利用管片之间可相互错动的余地,在拱底块管片拼装时,管片纵向螺栓穿进后,利用拼装机钳着管片向需要纠正的方向旋转一个角度,然后靠拢千斤顶,并拧紧纵向螺栓。以拱底块管片为基准,正确拼装其余管片,就可使整环管片向相反的方向旋转一个角度。连续数环管片拼装时采用这种方法,可使旋转误差得到纠正

续上表

序号	质量通病	问题描述	原因分析	防治措施
5	连接螺栓拧紧程度没有达到标准要求	螺栓的拧紧力矩未达到要求，有些螺母用手就能拧动。双头螺柱一头超出螺母，另一头缩入螺母，使螺纹的有效连接长度不能保证，严重时个别的螺栓没有穿进	（1）拼装质量不好，导致相邻管片之间错位严重，有的螺栓无法穿进； （2）螺栓加工质量不好，螺纹的尺寸超差，造成螺母松动或无法拧紧； （3）施工过程中只注意进度，忽视了拧紧螺栓的工作，有时甚至出现螺栓上未套螺母的情况； （4）未及时进行复紧，尤其是底部、两肩部位的螺栓，复紧难度大，往往漏拧	预防措施： （1）提高管片的拼装质量，及时纠正环面不平或环面与隧道轴线不垂直度等，使每个螺栓都能正确地穿过螺孔。 （2）严格控制螺栓的加工质量，定期抽查，发现问题及时更换。不符合质量要求的螺栓应退换。 （3）加强施工管理，做好自检、互检、抽检工作，确保螺栓穿进及拧紧的质量。 处理措施： （1）未穿入螺栓的管片，可采用特殊工具对螺栓孔进行扩孔，使螺栓可以穿过； （2）对不能穿过的孔换用小直径、等强度的螺栓； （3）加工专用平台，对隧道的所有连接螺栓进行检查和复紧
6	管片碎裂	拼装完成的管片有缺角掉边和裂缝，使结构强度受到影响，且产生渗漏	（1）管片在脱模、储存、运输过程中发生碰撞，致使管片的边角缺损。 （2）拼装时，管片在盾尾中的偏心量太大，管片与盾尾发生磕碰，并在盾构推进时盾壳卡坏管片。 （3）定位凹凸榫的管片，在拼装时位置不准，凹凸榫没有对齐，在千斤顶靠拢时会由于凸榫对凹榫的径向分力而顶坏管片。 （4）管片拼装时相互位置错动，管片与管片间没有形成面接触，盾构推进时在接触点处产生应力集中而使管片的角碎裂。 （5）前一环管片的环面不平，使后一环管片单边接触，在千斤顶的作用下形同跷跷板，管片受到额外的弯矩而断裂。在封顶块与邻接块接缝处的环面不平，也是导致邻接块容易碎裂的原因。 （6）拼装好的邻接块开口量不够，在插入封顶块时间隙偏小，如强行插入，则导致封顶块或邻接块的管片角崩落。 （7）拼装机转速过大，拼装时管片发生碰撞，边角崩落	预防措施： （1）管片运输过程中，使用弹性的保护衬垫将管片与管片之间隔离开，以免发生碰撞而损坏管片。在起吊过程中要小心轻放，防止磕坏管片的边角。 （2）管片拼装时要小心谨慎，动作平稳，减少管片的撞击。 （3）提高管片拼装的质量，及时纠正环面的不平整度、环面与隧道设计轴线的不垂直度、纵缝偏差等质量问题。 （4）拼装时，将封顶块管片的开口部位留得稍大一些，使封顶块能顺利地插入。 （5）发生管片与盾壳相碰，应在下一环盾构推进时立即进行纠偏。 处理措施： （1）因运输碰损的管片修补后方能使用，并须采用与原管片强度等级相同的材料进行修补。 （2）在井下吊运过程中损坏的管片，如损坏范围大，影响止水条部位的，应予以更换。如损坏范围小，则可在井下修补后使用。 （3）推进过程中被盾壳拉坏的管片，应立即修补，以保证止水效果。 （4）内弧面有缺损的管片修补时，所用的材料应与原管片强度等级相同，以保证强度和减少色差

续上表

序号	质量通病	问题描述	原因分析	防治措施
7	错缝拼装管片碎裂	错缝拼装的管片在拼装和盾构推进过程中产生裂缝,甚至断裂的情况	(1)管片环面不平整,相邻管片迎千斤顶面有交错现象,使后拼上的管片受力不均匀,管片的表面会出现裂缝,盾构的推力较大时,会顶断管片; (2)拼装时,前后两环管片间夹有杂物,使相邻块管片环面不平整,后拼装的管片在推进时就可能被顶断; (3)管片有上翘或下翻,使管片局部受力,造成破碎; (4)封顶块插入时,由于管片开口不够而使管片受挤压而发生碎裂	预防措施: (1)每环管片拼装时都对环面的平整情况进行检查,发现环面不平时,及时加贴衬垫予以纠正,使后拼上的管片受力均匀; (2)及时调整管片环面与轴线的垂直度,使管片在盾尾内能居中拼装; (3)拼装前做好清理工作; (4)对于管片存在上翘或下翻的情况,在局部加贴楔子进行纠正; (5)封顶块拼装前,调整好开口尺寸,使封顶块顺利插入到位。 处理措施: (1)拼装完成即发现环面严重不平的管片,应立即拆下,重新制作楔子后再拼装,提高环面平整度; (2)对产生裂缝的管片进行修补,凿除损伤的混凝土,再用修补管片的混凝土进行管片修补; (3)已经断裂的管片,须根据情况,采取特殊措施或将断裂的管片换掉
8	管片环高差过大	拼装完成的两环管片间内弧面不平,环高差过大	(1)管片拼装的中心与盾尾中心不同心,管片与盾尾相碰,为了将管片拼装在盾尾内,将管片径向内移,造成过大的环高差; (2)管片拼装的椭圆度较大,造成环高差过大; (3)管片的环面与隧道轴线不垂直,如继续上一环的方向拼装将会与盾尾相碰,将管片向相反方向位移,造成过大的环高差; (4)管片在脱出盾尾后建筑空隙没有及时填充,管片在自重的作用下落低,造成环高差过大	预防措施: (1)将管片在盾构内居中拼装,使管片不与盾构相碰; (2)保证管片拼装的整圆度; (3)纠正管片环面与隧道轴线的不垂直度; (4)及时、充足地进行同步注浆,用同步注浆的浆液将管片托住,减少环高差; (5)严格控制盾构推进轴线和盾构机姿态,确保管片能拼于理想的位置上。 处理措施:拼装过程中发现新拼装的管片与前一环管片的环高差过大,可拧松连接螺栓,逐块调整管片的位置
9	管片椭圆度过大	拼装完成的管片的水平直径和垂直直径相差过大,导致椭圆度超过标准	(1)管片的拼装位置中心与盾尾的中心不同心,管片无法在盾尾内拼装成正圆,只能拼装成椭圆形; (2)管片的环面与盾构轴线不垂直,使管片与盾构的中心不同心; (3)单边注浆使管片受力不均匀	预防措施: (1)经常纠正盾构的轴线,使盾构沿着设计轴线前进,管片能居中拼装; (2)经常纠正管片的环面,使环面与盾构轴线垂直,管片始终跟随着盾构的轴线,使管片与盾尾的建筑空隙保持均匀; (3)注浆时注意注浆管的布置位置,使管片均匀受力。 处理措施: (1)采用楔子环管片纠正隧道的轴线,使管片的拼装位置处在盾尾的中心; (2)控制盾构纠偏,使管片能在盾尾内居中拼装; (3)待管片脱出盾尾后,由于四周泥土的挤压力近似相等,使椭圆形管片逐渐恢复圆形,此时对管片的环向螺栓进行复紧,使各块管片的连接可靠

6.4.4 管片防水

管片防水质量通病与防治措施见表12-6-15。

管片防水质量通病与防治措施　　　　表12-6-15

序号	质量通病	问题描述	原因分析	防治措施
1	管片压浆孔渗漏	管片压浆孔处渗漏,压浆孔周围有水渍,压浆孔周围混凝土有钙化斑点	(1)压浆孔的闷头未拧紧; (2)压浆孔的闷头螺纹与预埋螺母的间隙大	预防措施: (1)要用扳手拧紧压浆孔的闷头; (2)在闷头的螺纹口上缠生料带,以起到止水的作用。 处理措施: (1)将闷头拧出,重新按要求拧紧; (2)在压浆孔内注入少量水泥浆堵漏,然后再用闷头闷住
2	管片接缝渗漏	地下水从已拼装完成管片的接缝中渗漏进入隧道	(1)管片拼装的质量不好,接缝中有杂物,管片纵缝有内外张角、前后喇叭等,管片之间的缝隙不均匀,局部缝隙太大,使止水条无法满足密封的要求,周围的地下水就会渗漏进隧道; (2)管片碎裂,破损范围达到粘贴止水条的止水槽时,止水条与管片间不能密贴,水就从破损处渗漏进隧道; (3)纠偏量太大,所贴的楔子垫块厚度超过止水条的有效作用范围; (4)止水条粘贴质量不好,粘贴不牢固,使止水条在拼装时松脱或变形,无法起到止水作用; (5)止水条质量不符合质量标准,强度、硬度、遇水膨胀倍率等参数不符合要求,而使止水能力下降; (6)对已贴好止水条的管片保护不好,使止水条在拼装前已遇水膨胀,管片拼装困难且止水能力下降	预防措施: (1)提高管片的拼装质量,及时纠正环面,拼装时保证管片的整圆度和止水条的正常工况,提高纵缝的拼装质量。 (2)对破损的管片及时进行修补,运输过程中造成的损坏应在贴止水条以前修补好。对于因管片与盾壳相碰而在推进或拼装过程中被挤坏的管片,也应原地进行修补,以对止水条起保护作用。 (3)控制衬垫的厚度,在贴过较厚衬垫处的止水条上按规定加贴一层遇水膨胀橡胶条。 (4)应严格按照粘贴止水条的规程进行操作,清理止水槽,胶水不流淌以后才能粘贴止水条。 (5)采购质量好的止水条产品,在施工过程中定期抽检止水条的质量,产品须检验合格方能使用。 (6)在施工现场加防雨棚等防护设施,加强对管片的保护。根据情况也可对膨胀性止水条涂缓膨胀剂,确保施工的质量。 处理措施: (1)对渗漏部分的管片接缝进行注浆; (2)利用水硬性材料在渗漏点附近进行壁后注浆; (3)对管片的纵缝和环缝进行嵌缝,嵌缝一般采用遇水膨胀材料嵌入管片内侧预留的槽中,外面封以水泥砂浆以达到堵漏的目的

6.5 矿山法施工质量通病与防治措施

地铁矿山法质量通病与防治措施见表 12-6-16。

地铁矿山法质量通病与防治措施　　　　　表 12-6-16

序号	质量通病	问题描述	原因分析	防治措施
1	掌子面超欠挖	施工掌子面超欠挖	(1) 测量放样不精确; (2) 岩石隧道爆破施工未到位或围岩坍落; (3) 挖掘机开挖时直接开挖到设计预留的开挖轮廓边缘; (4) 地质情况较差、土体垂直节理发育、稳定性差、局部出现坍塌; (5) 掌子面开挖后架设拱架前不进行初喷,导致粉质黄土失水松散掉块	(1) 测量放样时要精确标出开挖轮廓线,在开挖过程中控制好开挖断面,做到测量精确; (2) 岩石隧道爆破开挖时要严格按照爆破施工技术交底进行提前准备,精确控制好炮眼间距,并严格按照技术参数装入药量,不能忽多忽少; (3) 在开挖过程中还需根据实际情况确定预留变形量,应考虑施工中可能发生的围岩变化情况(掉块或坍落); (4) 在施作超前小导管时要控制好外插角,防止因外插角过大而造成超挖; (5) 预留开挖轮廓边缘线,在开挖过程中采用人机配合,避免机械开挖造成超欠挖现象; (6) 地质情况较差、局部出现坍塌时,根据实际情况尽快施作初期支护进行封闭处理; (7) 开挖到设计轮廓线位置后立即进行初喷封闭开挖面,再架设型钢拱架
2	钢筋骨架成型	(1) 拱架加工几何尺寸不规范,钢架连接板焊接不牢,架立间距较大; (2) 钢筋接头搭接长度未达到规范规定; (3) 钢筋搭接接头在端部两根连接钢筋轴线不一致; (4) 钢筋焊接质量不符合规范要求,出现氧化膜、夹渣、过烧、未焊透、缩孔、接头区有裂纹等问题; (5) 直螺纹连接不到位,钢筋伸入长度不够,钢筋螺纹长度不符合要求,钢筋螺纹头的螺纹与连接套筒的螺纹不吻合; (6) 钢筋骨架组成中钢筋规格、数量和间距不符合设计要求; (7) 钢筋骨架有变形、松脱等现象; (8) 钢筋骨架中受力钢筋连接接头配置未错开,接头百分率超过50%; (9) 箍筋、支撑筋漏放,设置位置或间距不准确,箍筋未与主筋垂直安放; (10) 钢筋遇预埋件须割断部分未按设计要求采取补强措施	(1) 现场管理人员质量意识较差; (2) 型钢拱架的弯曲设备对两端的弧度控制有偏差; (3) 电焊工技术较差,责任心不强; (4) 施工单位技术管理部门未向钢筋操作人员进行技术交底或交底不详细,在施工中未能达到设计图纸要求; (5) 施工过程中有些工序未按规范要求操作; (6) 施工过程中工序自检及整改不到位	(1) 加强现场管理人员的质量意识,拱架架立间距偏差控制在 ±50mm。 (2) 型钢拱架的每节弯曲时,两端 60cm 范围内的弧度要严格控制,确保整个拱架几何尺寸。 (3) 提高电焊工的业务水平,增强其责任心,确保连接板和拱架之间的焊接质量。 (4) 钢筋骨架成型施工前要按设计图纸的钢筋数量表核对钢筋类型、级别、尺寸,然后进行下料加工、拼装成型。 (5) 结构梁、板、墙体主要受力钢筋连接必须采用焊接或机械连接,采用焊接接头时必须按施工条件进行试焊,合格后方可正式施工。 (6) 钢筋骨架的加工成型应在牢固的工作台上进行,钢筋固定扎牢,铁丝必须扎紧,不得有滑动、折断移位,对重点部位及易变形部位按设计要求施以点焊。 (7) 成型后的钢筋骨架或网片,必须具有足够的刚度和稳定性,保证在结构中安装及浇筑混凝土时不松动、不变形,钢筋层间距不改变。 (8) 钢筋骨架中扎筋或支撑筋应按图纸要求配制,不得遗漏或错位。扎筋、支撑筋应保持与主筋垂直,并牢固连接。 (9) 钢筋骨架在主体结构中配置后,其保护层应符合设计或规范要求,可取迎土面5cm,背土面4cm,内部结构3cm。在钢筋与模板间应设置具有一定强度的垫块,垫块大小与保护层厚度吻合,垫块布置间距纵向1.0m、横向0.8m,呈梅花形设置,钢筋转角处适当加密,并与钢筋扎紧。 (10) 在浇筑混凝土前,应详细核对相应的结构预埋件图,检查预留孔洞、预埋件有否遗漏,已放置的是否与设计图纸相符。对需要割断钢筋处,应按设计要求采取相应的补强措施

续上表

序号	质量通病	问题描述	原因分析	防治措施
3	连接部位出现错位	格栅节点连接不到位,螺栓拧不上	(1)超挖或开挖后未及时进行处理,造成连接板错位出现连接错位; (2)由于人工操作原因出现不吻合的现象,出现连接不到位	(1)首先要在开挖前加强超前小导管施工,防止超欠挖,造成格栅连接不到位; (2)严格控制每榀榀距,使开挖面架设钢格栅时不会出现过大的间隙造成连接不到位
4	锚喷混凝土掉落	初期支护采用的分层喷射技术,出现混凝土掉层脱落	(1)第一次喷射层和钢架表面尘土污染清理不彻底,降低了新旧混凝土的黏结力; (2)喷射混凝土不密实、空鼓,造成初期支护表面渗漏水,钢架表面锈蚀; (3)结合以上两个原因在整个初期支护未稳定前,由收敛和沉降引起,造成钢架外露和混凝土表面掉层	(1)对钢架和第一层喷射混凝土表面进行彻底清理(针对黄土隧道严禁水洗)。 (2)喷射时,喷射手先喷射填塞钢架背后,然后以每层3~5cm厚度分层喷射。对于富水隧道尽量采取引排的措施减少初期支护背后积水对混凝土的长期侵蚀。 (3)短进尺、强支护、早封闭、快成环,减少对原有土层的扰动,减少原深埋土层的暴露时间
5	喷射混凝土拱顶部位空洞	初期支护拱顶部位出现空洞	(1)超挖或开挖后未及时进行支护导致局部的坍落,而施作喷射混凝土前又未按要求用同强度等级混凝土进行回填密实; (2)拱顶喷混凝土由于是垂直作业,在自重作用下喷混凝土混合料易与接触面出现较大空隙,造成空洞; (3)架设的钢拱架及钢筋网也会阻挡喷混凝土与围岩的大面积接触,在其上形成混凝土壳体,因而造成空洞	(1)首先要在开挖前加强超前小导管施工,开挖后尽快封闭掌子面,喷射混凝土前对超挖或坍落部位进行同强度等级混凝土回填,再进行喷混凝土施工; (2)喷混凝土作业时要严格按照施工工艺施作; (3)对在施工后产生的空洞,应进行钻孔压浆处理,用水泥浆回填,以填补空洞,保证施工质量
6	衬砌厚度不足	衬砌的厚度不满足设计要求	(1)施工单位质量意识不严,过程监控不到位; (2)开挖断面偏小或预留沉降量不足,为满足净空减少支护和衬砌的厚度; (3)对欠挖的部分没有进行处理	(1)加强开挖净空检查,严格按照设计和规范预留沉降量; (2)加强初期支护和衬砌过程的旁站监理; (3)对欠挖的部分严格按照规定的要求进行处理,达标后方可进行支护和衬砌; (4)适时开孔检查支护和衬砌的厚度,对衬砌厚度不足部分应开天窗,凿除欠挖部分周围的围岩,用同强度等级混凝土回填或注浆回填

续上表

序号	质量通病	问题描述	原因分析	防治措施
7	衬砌渗漏水	二次衬砌渗漏水	(1)衬砌开裂; (2)防水、排水、引水设施不完善; (3)环向施工缝、变形缝处理存在质量缺陷,止水条、止水带安设不规范; (4)防水板破损、穿孔,焊缝不严密; (5)衬砌捣固不密实,存在孔洞或蜂窝; (6)防水材料不合格; (7)泄水孔数量不够或排水不通	(1)严格按照设计和规范要求对防排水工程实施质量监控。 (2)铺设防水板前应对基面钢筋头、尖锐凸出物进行清理,并用砂浆把基面基本找平,防水板紧贴基面,对有较大坑凹处,应增加固定铆钉数量,确保防水板与基面之间紧贴不留空洞。 (3)根据基面实际情况适当留有松弛度,防止浇筑混凝土时挤裂。 (4)防水板与暗钉圈焊接要牢固,两幅防水板搭接宽度满足设计要求。双焊缝搭接,焊接时温度适合,焊机行走速度均匀,不得焊穿。 (5)铺设及搭接顺序应遵循先拱部后边墙,下部防水板压住上部防水板的原则。 (6)加强防水材料质量控制,确保各项指标符合要求。 (7)严格按施工规范处理施工缝,加强衬砌浇筑过程控制。 (8)加强施工缝、变形缝的防水工程质量控制,确保止水条安装位置在施工缝的中间。 (9)必要时对洞身地层、衬砌背后实施防水注浆处理。 (10)因地制宜采取附加排水措施(暗沟、盲沟),做到环向、纵向盲管通畅,对水量大的地段增设泄水孔的数量,确保水流通畅
8	衬砌开裂	衬砌混凝土开裂	(1)温差和混凝土的干缩; (2)边墙基础下沉; (3)洞身偏压; (4)仰拱和边墙结合部位因应力集中而开裂; (5)拱部混凝土灌注困难或灌注中断而引起的开裂; (6)拆模时间太早,衬砌强度不足以支撑自身自重而开裂	(1)混凝土加入合理的外加剂,选择合适的骨料。 (2)改进混凝土的浇筑工艺,加强振捣和养护。 (3)放慢边墙混凝土的浇筑速度,并分层浇筑,待边墙稳定后再浇筑拱部混凝土。 (4)必要时对围岩实施锚杆、注浆等措施预加固,以阻止围岩徐变过大而使衬砌混凝土开裂。 (5)边墙基础浮渣必须清理干净,使墙底部与衬砌紧密结合。 (6)结构交叉部位应做加强处理,防止因应力集中而引起的开裂。 (7)控制拆模时间,对不受围岩应力作用的衬砌,混凝土的强度达到8MPa;对承受围岩应力作用较大的衬砌,混凝土强度应达到设计强度的100%方可拆模。 (8)对于偏压隧道,应对偏压进行预处理后再实施衬砌

6.6 轨道工程质量通病与防治措施

轨道工程施工质量通病与防治措施见表12-6-17。

轨道工程施工质量通病与防治措施 表12-6-17

序号	质量通病	原因分析	防治措施
1	轨道几何尺寸质量超标	(1)混凝土浇筑前,轨道几何尺寸调整不到位,人员、机械、小平车在已调好的轨道上行走; (2)人工向前方倒运工机具过程中因脚底打滑等造成工机具对轨道支撑的碰撞,从而引起轨道几何尺寸发生变化; (3)混凝土浇筑过程中,混凝土对轨道、支架的冲击,以及振动棒可能碰上轨枕、钢轨、模板等; (4)模板、支架拆除时间过早; (5)行车时间过早	(1)轨道几何尺寸的调整通过"四步"实现。第一步:钢轨架设时按照中桩及标高资料初步调整轨道,初步调整完毕后,挂支承块,安装钢筋,支立模板;第二步:精调,对轨道几何状态通过目视加弦量的方法进行精确调整,精调完毕后通知测量用轨检小车检查、采集数据;第三步:混凝土浇筑过程中,随时检查轨道状态,并进行必要的调整;第四步,混凝土浇筑完毕后,混凝土尚未凝固,安排人员进行微量调整。 (2)对已经调整好的轨道,尽量减少在上面行走,浇筑前严禁负重小平车在轨道上运行。 (3)模板、支架的拆除,必须在道床混凝土强度达到5MPa以后,并尽量减少小平车在上面运输重物。在混凝土强度达到设计强度70%以后,方可通过轨道车
2	道床裂纹	(1)混凝土原材料及拌和不满足规范要求; (2)扣件松卸不及时; (3)模板、支架的强度、刚度、稳定性不够; (4)养护方法不当,养护不及时,养护时间不够; (5)温差变化较大	(1)对混凝土厂家进行严格的审核,确保各种拌合物和外加剂满足施工要求; (2)在混凝土浇筑前、浇筑过程中、浇筑后,对模板进行仔细检查,确保每个模板安装牢固; (3)混凝土初凝前进行混凝土面的提浆、压实、抹光工作,初凝后终凝前应进行3～6次压光,以提高混凝土抗拉强度,减少收缩量,收光后立即对混凝土加以覆盖和浇水,保证正确的养护方法和足够的养护时间; (4)及时进行扣件松卸
3	垫板、轨距块安装错误	部分种类的铁垫板以及轨距块安装时,有安装方向的要求,在轨排组装和焊轨工作完成后,稍不注意便会造成反向安装情况,导致轨距或轨底坡超标	(1)加强技术交底,特别是对上扣件的作业人员应进行现场交底; (2)加强检查力度,在轨排组装时和检查轨道几何尺寸的同时,检查铁垫板和轨距块的安装情况,发现问题后,立即记录,并要求整改; (3)焊轨作业拆除扣件时,轨距块按照原安装位置分边摆放,不得乱丢乱扔
4	道床及轨道设备污染	(1)混凝土浇筑过程中,没有做好轨道设备的防护工作,导致混凝土污染钢轨、扣件等轨道设备; (2)轨道车、焊机等内燃设备加油、维修时,油污污染道床	(1)在混凝土浇筑前,轨道几何尺寸完成精调,并进行报监后,采用彩条布对钢轨进行全面包裹,并用塑料口袋对扣件进行全面包裹。在设有凸台二次浇筑的地段,在二次浇筑前,不得将扣件上的塑料口袋拆除,否则应在二次浇筑前,重新进行包裹。 (2)在对轨道车、焊机等设备进行加油、维修时,应在相应的轨道设备上覆盖土工布或塑料布等,避免漏出的柴油、机油污染道床
5	混凝土道床面不平,道床侧面不平顺	(1)对模板的固定方式不规范,牢固性差,混凝土浇筑过程中出现胀模、跑模现象; (2)混凝土振捣过程中,振动棒触碰模板; (3)模板变形,不能有效地控制道床断面尺寸	(1)在混凝土浇筑前,检查每块模板的加固程度。 (2)在混凝土浇筑过程中,尽量避免振动棒与模板触碰,并且安排专人检查模板的加固情况,杜绝胀模、跑模现象的发生。 (3)拆除模板时,杜绝采用钉锤直接敲击模板,杜绝利用道床边缘作为支点,用撬棍撬模板,在模板的装卸过程中,应当放缓速度,避免模板由于摔、碰发生变形。 (4)对已经变形的模板,应停止使用,并采用适当的方法进行校正;如果不能校正,则应对其进行回收处理,避免上线继续使用

续上表

序号	质量通病	原 因 分 析	防 治 措 施
6	混凝土浇筑后钢轨接头错牙	(1) 接头夹板没有上紧； (2) 曲线部分，由于钢轨韧性导致错牙	(1) 在混凝土浇筑前，对接头夹板进行复紧； (2) 在钢轨接头处增加横向支撑
7	伸缩缝施工不直	伸缩缝加固措施不规范	(1) 采取合理的加固方法，在混凝土浇筑前，仔细检查伸缩缝的加固措施； (2) 在伸缩缝木盒子两端，增加加固点； (3) 在浇筑伸缩缝处的混凝土时，应避免混凝土直接冲击伸缩缝木板，并随时对伸缩缝木板发生的位移进行及时调整
8	钢轨伤损	(1) 道床钢筋焊接时，电焊机引弧不规范，利用钢轨作为接地线，造成钢轨电击伤； (2) 外单位电焊机施工时，利用钢轨作为排架基础，脚手架与钢轨点焊，造成钢轨重伤； (3) 轨道车起步车轮打滑擦伤钢轨	(1) 加强安全培训，强调引弧不规范对钢轨产生的影响，同时在施工中加强检查； (2) 通过与建设单位、沿线各施工单位沟通，加强对沿线各施工单位成品保护意识的宣传，同时留意人防门施工时间，直接与施工单位沟通，加强防护； (3) 列车起步发生打滑现象时，应立即采取在钢轨上撒沙等措施
9	钢轨低接头	(1) 焊前对准不合格； (2) 过度打磨	(1) 按规范对钢轨接头进行焊前对准，焊后检查；若不合格，则应重新焊接。 (2) 打磨与检查相结合，通过适时检查控制打磨精度。 (3) 焊头正火过程中注意外观尺寸的保持，及时进行调直
10	钢轨多孔伤	(1) 现场轨缝较大； (2) 夹板孔与钢轨螺栓孔偏斜； (3) 施工人员质量意识不强，现场技术监控不严	(1) 施工时，按设计要求预留轨缝，不得超过误差要求； (2) 通过质量培训等提高现场施工人员的质量意识，加强现场技术监控，严格把关； (3) 选用新型设备，提高施工精度

6.7 装饰装修工程质量通病与防治措施

6.7.1 地面工程

1）石材地面

石材地面质量通病与防治措施见表 12-6-18。

石材地面质量通病与防治措施　　　　表 12-6-18

序号	质量通病	原 因 分 析	防 治 措 施
1	面层空鼓	(1) 基层清理不干净或浇水湿润不够，水泥素浆结合层涂刷不均匀或涂刷时间过长，致使风干硬结，造成面层和垫层一起空鼓； (2) 垫层砂浆应为干硬性砂浆，如果加水较多或一次铺得太厚，砸不密实，容易造成面层空鼓；	预防措施： (1) 地面基层清理必须认真并充分湿润，以保证垫层与基层结合良好，垫层与基层的纯水泥浆结合层应涂刷均匀，不能用撒干水泥面后再洒水扫浆的做法。 (2) 石板背面的浮土杂物必须清扫干净，并事先用水湿润，等表面稍晾干后进行铺设。 (3) 垫层砂浆应用 1:3 干硬性水泥砂浆，铺设厚度以 3~4cm 为宜，如果遇基层较低或过凹的情况，应事先抹砂浆或细石混凝土找平，铺放板块时比地面线高出 3~4mm 为宜。如果砂浆一次铺得过厚，放上板块后，砂浆底部不易砸实，往往会引起局部空鼓。 (4) 板块铺贴宜两次成活。第一次试铺时，用橡皮锤敲击既要达到铺设高度，也要使垫层砂浆平整密实，根据捶击的空实声，搬起板块增减砂浆，浇一层水灰比为 0.5 左右的素水泥浆，再铺板块，四角平稳落地，捶击时不要砸边角，垫木方捶击时，木方长度不得超过单块板块的长度，也不要搭在另一块已铺设的板块上敲击，以免引起空鼓。

续上表

序号	质量通病	原因分析	防治措施
1	面层空鼓	(3)板块背面浮灰没有刷净和用水湿润,操作质量差,捶击不当	(5)板块铺设24h后,应洒水养护1~2次,以补充水泥砂浆在硬化过程中所需的水分,保证板块与砂浆黏结牢固。 (6)灌缝前应将地面清扫干净,把板块上和缝子内松散砂浆用开刀清除掉。灌缝应分几次进行,用长把刮板往缝内刮浆,务使水泥浆填满缝子和部分边角不实的空隙内。灌缝后粘滴在板块上的砂浆应用软布擦洗干净。灌缝24h后再浇水养护,然后覆盖锯末等保护成品进行养护。养护期间禁止上人走动。 处理措施: (1)对于松动的板块,搬起后,将底板砂浆和基层表面清理干净,用水湿润后再刷浆铺设; (2)对断裂的板块和边角有损坏的板块应进行更换
2	接缝高低不平、缝隙不均匀	(1)板块本身几何尺寸不一,有厚薄、宽窄、窜角、翘曲等缺陷,事先挑选不严,铺设后在接缝处易产生不平和缝子不均现象; (2)各房间水平标高线不统一,使与楼道相接的门口处出现地面高低差; (3)分格弹线马虎,分格线本身存在尺寸误差; (4)铺贴时,黏结层砂浆稠度较大,又未进行试铺,一次成活,造成板块铺贴后走线较大,容易造成接缝不平,缝子不均; (5)地面铺设后,成品保护不好,在养护期间上人过早,板缝也易出现高低差	预防措施: (1)必须由专人负责从楼层标高标准点处引进高线,房间内应四边取中,在地面上弹出十字线(或在地面标高处拉好十字线),分格弹线应正确。铺设时,应先安好十字线交叉处最中间的1块,作为标准块;如以十字线为中缝,则可在十字线交叉点对角安设2块标准块。标准块为整个房间的水平标准和经纬标准,应用90°角尺及水平尺细致校正。 (2)安设标准块后应向两侧和后退方向顺序铺设,黏结层砂浆稠度不应过大,宜采用干硬性水泥。铺贴操作宜两次成活,随时用水平尺和直尺找准,缝子必须通长拉线,不能有偏差。铺设时,分段分块尺寸要事先排好定死,以免产生游缝、缝子不均和最后一块铺不上或缝子过大的现象。 (3)板块本身几何尺寸应符合规范要求,凡有翘曲、拱背、宽窄不方正等缺陷时,应事先套尺检查,挑出不用,或分档次后分别使用。尺寸误差较大的,裁割后可用在边角等适当部位。 (4)地面铺设后,在养护期内禁止上人活动,做好成品保护工作。 处理措施: (1)对明显大小不一的接缝,可在砂浆达到一定强度后,用手提切割机对接缝进行切割处理。切割时,手提切割机应用靠尺顺直,切割动作要轻细,防止动作过程中造成掉角、裂缝和豁口等弊病。切割后,接缝应达到宽窄均匀,平直美观。 (2)根据板块颜色,勾缝材料中可掺入适当颜料,使接缝与板块颜色基本一致
3	爆裂起拱	此种情况为春夏气温较高时铺设的地面。主要是由于地砖与铺设砂浆的线膨胀系数不同所致[砂浆的线膨胀系数为$(10\sim14)\times10^{-6}/℃$,地砖的线膨胀系数为$3\times10^{-6}/℃$,两者相差3~5倍],且铺设时温度越高,铺设砂浆中水泥掺量越多,地砖密实度越大,两者的线膨胀系数相差越大。尤其是夏天铺设的地砖,进入秋冬时节,随着气温降低,铺设砂浆和地砖逐渐收缩,不同步的收缩变形,最终造成地面砖爆裂起拱。当铺设砂浆中水泥掺量越高,地砖拼缝过紧,以及四周与砖墙挤紧时,爆裂起拱现象越严重	预防措施: (1)铺设地砖的水泥砂浆配合比宜为1:2.5~1:3,水泥掺量不宜过大。砂浆中宜掺适量的白灰。 (2)地砖铺设时不宜拼缝过紧,宜留1~2mm缝隙,擦缝不宜用纯水泥浆,水泥砂浆中宜掺适量的白灰。 (3)地砖铺设时,四周与砖墙间宜留2~3mm空隙。 处理措施:砸掉地砖重新铺设

续上表

序号	质量通病	原因分析	防治措施
4	地面石材有色差	(1)厂家切割石材后没有按照图纸编号预排版,材料进场时验收不严格,没有把纹路颠倒的板材、色差较大的板材挑选出来; (2)成品保护不能用易掉色的材料,以免保护材料泡水后污染石材,造成色差; (3)石材防护未干透,便进场铺贴	预防措施: (1)工厂下石材加工单时,应对每一块石材逐一编号,有纹路方向的应标明纹路的方向。对厂家应做预排版保证石材纹路、色泽统一的要求。材料到场后首先对材料进行拆箱预铺验收,按照排版的编号排列,挑出花纹横竖突变不顺直、色泽深浅不均匀的板材。 (2)对于材质较软的石材或孔洞较多的石材,施工后应加强保护,并注意避免泡水,不要用易掉色的地毯、纸板、草帘等做保护材料,以免工地跑水后,浸泡保护材料,污染石材,造成色差。 (3)石材防护剂干透后,才能进场铺贴。 处理措施:对色差不明显的,可进行通风晾干;对色差较大的,应要求厂家重新供货
5	地面有水渍、泛黄	(1)没有选择与石材相匹配的石材防护剂,防护剂涂刷不到位; (2)进行其他工序施工时对防护层破坏后没有及时补刷,致使施工或运营维护阶段水分渗进石材,造成水渍污染	预防措施:选择与石材匹配的石材防护剂,防护剂涂刷一定要到位。 处理措施:进行其他工序施工时要加强对已铺好成品地面的保护,破坏防护层后要及时补刷保护层
6	地面有铁锈及油污污染	未注意成品保护,各种铁器、油渍、油漆污染石材	预防措施:加强对已铺好成品地面的保护,对需要在成品地面上放置铁器、油、油漆等材料的区域,要采取适当的隔离保护措施,避免污染成品地面。 处理措施: (1)石材养护被污染,应马上清理,如果已经染色或是造成黄化可以用中性的石材清洁剂清洁。 (2)如果黄化严重清洗不掉,则可以采用除色剂来清理。如果石材养护的表面已经被侵蚀,失去光泽,则可以使用抛光粉再次抛光。 (3)破坏严重时应请专业养护人员进行磨光处理

2)陶瓷砖地面

陶瓷砖地面质量通病与防治措施见表12-6-19。

陶瓷砖地面质量通病与防治措施　　　　　表12-6-19

序号	质量通病	原因分析	防治措施
1	砖面平整度偏差大,砖缝不均匀	(1)未严格挑选材料,材料进场把控不严; (2)铺贴时,未拉通线控制; (3)铺贴时,没敲平、敲实; (4)过早上人踩踏,养护不当	预防措施: (1)严把材料进场关,不合格材料不许进场; (2)铺贴时,要拉通线控制; (3)铺贴时,要严格按技术要点敲平、敲实; (4)地面砂浆强度未达到设计规范要求的强度前,要加强养护,不允许上人踩踏。

续上表

序号	质量通病	原因分析	防治措施
1	砖面平整度偏差大，砖缝不均匀	(1) 未严格挑选材料，材料进场把控不严； (2) 铺贴时，未拉通线控制； (3) 铺贴时，没敲平、敲实； (4) 过早上人踩踏，养护不当	处理措施： (1) 对明显大小不一的接缝，可在砂浆达到一定强度后，用手提切割机对接缝进行切割处理。切割时，手提切割机应用靠尺顺直，切割动作要轻细，防止动作过程中造成掉角、裂缝和豁口等弊病。切割后，接缝应达到宽窄均匀，平直美观。 (2) 根据板块颜色，勾缝材料中可掺入适当颜料，使接缝与板块颜色基本一致
2	地面砖空鼓	(1) 基层清理不干净，粘贴不牢固； (2) 结合层砂浆配合比不当，结合层砂浆未压实； (3) 基层干燥，水泥浆涂刷不均匀或一次涂刷面积过大； (4) 砂浆中水灰比不合适，未达到规范要求； (5) 板块铺贴后，养护期未到就上人踩踏	预防措施： (1) 将基层清扫并用水冲洗干净，清除积水。 (2) 铺砂浆前先浇水湿润，采用1:1水泥砂浆（中、粗砂）扫浆均匀后，随即铺设结合层。 (3) 采用干硬性水泥砂浆，砂浆应搅拌均匀，不得用稠度不合适的砂浆；结合层的砂浆应拍实，揉平，搓毛。 (4) 严格按照配合比拌制。 (5) 养护期内应进行封闭保护，第二天进行养护。 处理措施： (1) 对于松动的板块，搬起后，将底板砂浆和基层表面清理干净，用水湿润后再进行铺设； (2) 断裂的板块和边角有损坏的板块应进行更换
3	划痕、破损	成品保护不当	预防措施：不得过早上人或堆放材料。 处理措施： (1) 请专业人士用专业的划痕清洁修复剂进行修复； (2) 断裂的板块和边角有损坏的板块应进行更换
4	相邻地砖接缝高低差偏差大	(1) 地板砖对角尺寸偏差大，操作时检查不严，未严格拉线校准； (2) 成品保护差，过早上人踩踏	预防措施： (1) 用"品"字法挑选合格地板砖，挑出不合格品；铺贴时，结合层干硬水泥砂浆稍厚一些，地板砖就位后，用橡皮锤振击调整，直至板面与拉线和周边地板砖齐平为止。 (2) 地板砖镶贴后应及时封闭和采取围护措施以防止过早踩踏。 处理措施：凿除不合格面砖，将底板砂浆和基层表面清理干净，用水湿润后再进行铺设
5	倒泛水	(1) 浴厕间的地面一般比室内地面低2~5cm，但有时因施工疏忽造成地面倒泛水； (2) 施工前，地面标高抄平弹线不准确，施工中未按规定的泛水坡度做标筋、刮平； (3) 浴厕地漏安装过高，以致形成地漏四周积水	预防措施：可在浴厕间门口处做门槛，确保房间内有一定的坡度。 处理措施：对于倒泛水的浴厕间，应将面层全部凿掉，重做找平层

6.7.2 墙、柱饰面工程

1）干挂陶瓷板

干挂陶瓷板墙面质量通病与防治措施见第7篇第7章7.1.5小节"1）干挂陶瓷板"相关内容。

2）干挂石材

干挂石材墙面质量通病与防治措施见表12-6-20。

干挂石材墙面质量通病与防治措施　　　　表12-6-20

序号	质量通病	原 因 分 析	防 治 措 施
1	饰面不平整，接缝不顺直，有高低差	（1）板块质量不好，规格尺寸偏差较大，施工中没有严格选砖，造成分格缝不均匀，墙面不平整； （2）弯曲面或弧形平面板块，在施工现场用手提切割机加工，尺寸偏差失控，常见病有板块厚薄不一、板面凹凸不平、板角不方正、板块尺寸超过允许偏差； （3）施工无准备，对板块来料未做检查、挑选、试拼，施工标线不准确或间隔过大； （4）干缝（或密缝）安装，无法利用板缝宽度适当调整板块加工制作偏差，导致大面积的墙面板缝累积偏差过大； （5）墙面施工时未布置通线、未使用红外线进行照对	（1）面板使用前应进行剔选，其板块外观检查不应超过优等品的允许偏差标准，板块长、宽只允许负偏差；凡外形歪斜、缺角掉棱、翘曲、龟裂和颜色不一致者均应更换。 （2）认真熟悉图纸，明确板块的排列方式、分格和图案，伸缩缝位置，接缝和凹凸部位的构造大样。 （3）做好施工大样图，排好尺寸。 （4）板块安装应先做样板墙，经建设、设计、监理、施工单位共同商定和确认后，再大面积铺贴。 （5）墙面施工时需要挂通线，并用红外线控制砖的位置，使用水平尺严格控制接缝处的高低差
2	石材存在色差、开裂、边角缺损	（1）施工前，未对石材进行严格挑选； （2）板块材质局部风化脆弱，或在加工运输中造成隐伤，安装前未经检查和修补； （3）计划不周或施工无序，在饰面安装后又在墙上开洞，导致饰面出现犬牙和裂缝	（1）板块进场后，首先进行外观检查，对存在色差、开裂、掉角的石材应予更换，不符合要求的不得使用； （2）做好加工运输质量保障工作，安装前再一次检查； （3）合理安排施工顺序，安装板块应在墙面预埋完成后进行
3	板面腐蚀污染	（1）板块出厂（或安装前），石材表面未做专门的防护处理； （2）施工过程中受不文明施工的污染和损害，使用期间受墙壁渗漏、卫生间酸碱液体浸蚀污染； （3）成品保护不良	（1）更新观念，预防为主，石材安装前浸泡或涂抹商品专用防护剂，能有效地防止污渍渗透和腐蚀； （2）板块进场应按规范要求进行外观缺陷检查和物理性能检验； （3）重视成品保护，室内大理石必须定期打蜡
4	龙骨防腐质量差	龙骨焊缝防锈漆、银粉涂刷不匀、漏刷，涂刷遍数不够	加强交底及过程检查验收，焊缝验收后才能涂刷防锈漆，涂刷遍数应该符合设计及规范要求

3）干挂玻璃

干挂玻璃墙面质量通病与防治措施见第7篇第7章7.1.5小节"3）干挂玻璃"相关内容。

4）干挂搪瓷钢板

干挂搪瓷钢板墙面质量通病与防治措施见第7篇第7章7.2.5小节相关内容。

5）室内墙面砖

室内墙面砖铺贴质量通病与防治措施见表12-6-21。

室内墙面砖铺贴质量通病与防治措施　　　　表12-6-21

序号	质量通病	原因分析	防治措施
1	用水房间墙壁泛潮	（1）施工无组织，穿墙管道在防水施工完成后安装，或现划现凿，穿墙管道渗漏； （2）传统的密缝粘贴，形成"瞎缝"，板缝几乎无法塞进砂浆，仅在表面用水泥擦平缝，板缝仍是渗漏通道； （3）传统的勾缝材料为普通水泥净浆，硬化后干缩率大，容易在板缝部位产生裂隙或在净浆与面砖之间产生缝隙； （4）普通贴砖是靠板块背面满刮水泥砂浆（或水泥浆）粘贴上墙的，它靠手工挤压板块，黏结砂浆不易全部挤满，尤其板块的4个周边（特别是4个角）砂浆不易饱满，以致留下渗水空隙和通路	（1）贴砖应在墙面预埋完成并防水施工合格后进行； （2）管道安装不得在墙内设置接头，不宜使用铸铁管、镀锌管，而应使用塑料管； （3）采用离缝法粘贴瓷砖，板缝宽约2mm，可增强板缝的防水能力，阴角部位打卫生间专用防水防霉密封胶； （4）瓷砖与门窗框接缝部位预留约宽5mm的凹槽，填嵌卫生间专用防水防霉密封胶； （5）为保护室内装修，与水紧邻的房间，其墙面找平层和防渗层质量保证同用水房间
2	饰面不平整，缝格不顺直	（1）无预排砖，盲目施工； （2）瓷砖外观尺寸偏差较大； （3）墙体、找平层不平整、不垂直； （4）传统的密缝粘贴方法使砂浆填嵌困难，一部分有砂浆，一部分无砂浆，粘贴面积越大，板缝的积累偏差越大	（1）严格按照操作规程施工，先弹竖线、水平线及表面平整线，然后挂线粘贴； （2）瓷砖进场的外观质量必须符合现行《陶瓷砖》（GB/T 4100）的规定； （3）宜采用离缝法粘贴瓷砖，板缝宽约2mm
3	墙面出现"破活"，细部粗糙	（1）大面积施工前无样板间，盲目施工，发现问题太晚； （2）墙面凸出物、管线穿墙部位用碎砖； （3）瓷砖切割无专用工具，非整砖切割粗糙，边角破损	（1）门窗洞口尽量安排整砖，减少切割； （2）墙面凸出物、管线穿墙部位不得用碎砖粘贴，应用整砖上下左右对准孔洞套划好，套割吻合，凸出墙面边缘的厚度应一致； （3）为防止饰面出现"吊脚"，在墙面粘贴前应确定楼地面线，宜地面板块压墙根板块； （4）配齐工具，避免切割出现"犬牙"破碎或歪斜，切割边宜藏进找平层或被整砖压边

续上表

序号	质量通病	原因分析	防治措施
4	板块开裂、变色,墙面污染	(1)瓷砖运输、保管过程中遇水,受草绳、纸箱等有色液体污染; (2)瓷砖质量不好,材质松软,吸水率大,湿膨胀也大,产生内应力而开裂; (3)瓷砖在运输、操作过程中造成隐伤,有隐伤的瓷砖加上湿膨胀应力作用,出现裂纹; (4)瓷砖材质疏松,施工前瓷砖浸泡不透,粘贴时,砂浆中的浆水或不洁净水从瓷砖背面进入砖坯中,并从透明釉面上反映出来,造成瓷砖变色	(1)鉴于瓷砖开裂、变色、污染的关键在于材料质量,材料进场应严把质量关; (2)瓷砖粘贴前一定要用水浸泡透,将有隐伤的仔细挑出,操作时不要大力敲击瓷砖,防止产生隐伤,并随时将瓷砖面上的砂浆擦拭干净; (3)重视成品保护
5	瓷砖空鼓脱落	(1)基体(基层)、板块底面未清理干净,残存灰尘或脏污物; (2)黏结(或灌浆)砂浆不饱满,或砂浆太稀,强度低、黏结力差、干缩量大,砂浆养护不良。传统的镶贴砂浆为1:2或1:2.5水泥砂浆,用料比较单一,采用体积比,无黏结强度的定量要求和检验,因而黏结力较差; (3)黏结砂浆厚薄不均,砂浆不饱满,操作过程中用力不均,砂浆收水后,对粘贴好的瓷砖进行纠偏移动,造成饰面空鼓	(1)进场瓷砖质量应符合国家标准要求; (2)瓷砖黏结砂浆厚度一般控制在6~10mm(宜为6~7mm),过厚或过薄均易产生空鼓; (3)施工顺序为先墙面后地面,墙面由下往上分层粘贴,分层粘贴时还需回旋式粘贴(即四面墙同时粘贴),这样能使阴阳角紧密牢固,比墙面砖全部贴完后再贴阴阳角要好得多; (4)当采用水泥砂浆黏结层时,粘贴后的瓷砖可用小木铲把轻轻敲击,瓷砖粘贴20min后,切忌挪动或振动; (5)离缝粘贴瓷砖,有助于预防瓷砖空鼓脱落
6	玻化砖空鼓、脱落	(1)教育培训不足,未进行实际操作考核,对施工工艺不熟悉; (2)砖背面附着的污迹未清理到位; (3)墙体浇水湿润不均匀; (4)玻化砖和黏结剂物理性能相差过大,温差应力过大	(1)加强教育培训,进行实际操作考核,熟悉掌握施工工艺; (2)粘贴前,采用硬毛刷和抹布对玻化砖背面进行清理; (3)粘贴前,墙面应湿润均匀,不应有被漏掉的部分; (4)在玻化砖背面刷渗透结晶,待结晶晾干后再进行下一道工序

6.7.3 门窗工程

1)钢制平板门

钢制平板门安装质量通病与防治措施见第7篇第4章4.1.5小节相关内容。

2)防火卷帘、防盗卷帘门

防火卷帘、防盗卷帘门安装质量通病与防治措施见第7篇第4章4.2.5小节相关内容。

3）防火观察窗

防火观察窗安装质量通病与防治措施见第7篇第4章4.3.5小节相关内容。

6.7.4 吊顶工程

1）铝合金吊顶

铝合金吊安装顶质量通病与防治措施见表12-6-22。

铝合金吊顶安装质量通病与防治措施　　表12-6-22

序号	质量通病	原因分析	防治措施
1	吊顶不平	（1）水平标高线控制不好，误差过大； （2）安装板条时，龙骨未调平就进行安装，使板条受力不均而产生波浪形状； （3）在龙骨上直接悬吊重物而发生局部变形； （4）吊杆不牢，引起局部下沉； （5）板条自身变形，未经矫正即安装，导致吊顶不平	（1）对于吊顶四周的标高线，应准确地弹到墙上，其误差不能超过±5mm； （2）安装板条前，应将龙骨调平调直； （3）安装较重的设备，不能直接悬吊在吊顶上，应另设吊杆，直接与结构固定； （4）如采用膨胀螺栓固定吊杆，则应做好隐检工作； （5）安装前要检查板条平、直情况，发现不符合标准的，应进行调整
2	接缝明显	（1）板条切割时，切割角度控制不好； （2）切口部位未经修整	（1）做好下料工作，切割板条时，控制好切割角度； （2）切口部位应用锉刀将其修平，将毛边及不平处修整好； （3）用相同颜色的胶黏剂对接口部位进行修补，使接缝密合，并对切口白边进行遮掩
3	吊顶与设备衔接不妥	（1）设备工种与装饰工种配合欠妥，导致施工安装后衔接不好； （2）确定施工方案时，顺序安排不合理	（1）设备工种与装饰工种应相互配合，采取合理的施工顺序； （2）如果孔洞较大，则其孔洞位置应由设备工种确定，吊顶在其部位断开； （3）对于小面积孔洞，宜在顶部开洞； （4）大开洞处的吊杆、龙骨应做特殊处理，洞周围要进行加固

2）硅钙板吊顶

硅钙板吊顶安装质量通病与防治措施见第7篇第6章6.2.5小节相关内容。

6.7.5 涂饰工程

地铁涂饰工程所用涂料一般为水性涂料（主要包括无机涂料和乳胶漆），其质量通病与防治措施见表12-6-23。

水性涂料工程质量通病与防治措施 表12-6-23

序号	质量通病	原 因 分 析	防 治 措 施
1	涂料流坠	(1)基层过湿或表面太光滑,吸水少; (2)涂料本身黏度过低或兑水过多; (3)一次施涂太厚,流坠的发生与涂膜厚度的3次方成正比; (4)涂料中含有较多密度大的颜、填料; (5)墙面、顶篷等转角部位未采取遮盖措施,致使先后刷的涂料在转角部位叠加过厚而流坠; (6)涂料施工前未搅拌均匀(上层的涂料较稀)	(1)控制涂料含水率不得超过10%; (2)控制好涂料的施工黏度; (3)控制涂料的施涂厚度; (4)转角部位应使用遮盖物,避免两个面的涂料相互叠加; (5)施涂前应将涂料搅拌均匀; (6)提高技术、操作水平,保证施涂质量
2	刷纹或接痕	(1)基层处理不当,基层或腻子材料吸水过快; (2)刷子、辊筒过硬,或刷子陈旧,毛绒短少,涂刷厚薄不均; (3)涂料本身流平性差; (4)涂料的颜色与基料的比例不合适,颜、填料含量过高; (5)基层过于干燥、施工环境温度过高; (6)施涂操作不当,搭接部位接痕明显	(1)基层处理后涂刷与面涂配套的封闭涂料,采用经检验合格的商品腻子,薄而均匀地满批腻子。腻子干燥后要用砂纸磨平,清除浮粉,方可进行涂料施工。 (2)根据所用涂料选用合适的刷子或辊筒,及时清洗更换工具。 (3)使用流平性好的有机增稠剂来改善涂料的流平性。 (4)调整涂料的颜色与基料的比例,增加基料用量。 (5)避免在温度过高的环境下施工。 (6)正确操作: ①涂料施工应连续不断,由于乳胶漆干燥较快,每个涂刷面应尽量一次完成,间断时间不得超过3min,否则易产生接痕; ②在辊涂过程中,向上时要用力,向下时可轻轻回带。
3	饰面不均匀	(1)抹灰面用木抹子抹毛面,致使基层表面粗糙,粗细不均匀; (2)局部修理返工,造成基层补疤明显高低不平; (3)基层各部位干湿不一,基层渗吸不均匀; (4)材料批号、质量不一,计量不准,涂稠度不当; (5)施涂任意甩槎,接槎部位涂层叠加过厚; (6)由于脚手架遮挡,施工操作不便,造成施涂不均匀	(1)抹灰面层用铁抹子压光则人过光滑,木抹子则又过于粗糙,排笔蘸水扫毛会降低面层强度,最好用塑料抹子或木抹加钉海绵收光,使之大面平整,粗细均匀; (2)重视基层成品保护,避免成活后再凿洞或损坏,局部宜用专门的修补腻子; (3)基层干燥一致,砂浆抹灰层的含水率不得大于10%; (4)涂料使用前应搅拌均匀; (5)施工接槎应在分格缝部位; (6)脚手架离墙面不得小于30cm,脚手架妨碍操作部位应特别注意施涂均匀

续上表

序号	质量通病	原因分析	防治措施
4	涂层颜色不均匀	(1)不同厂同批涂料同时使用; (2)使用涂料时未搅拌均匀或任意加水; (3)基层处理差异,光滑程度不一,有明显接槎,致使吸附涂料不均匀,涂刷后由于光影作用,造成墙面颜色深浅不一; (4)由于脚手架遮挡,施工操作不便,造成施涂不均匀; (5)操作不当,反复施涂或未在分格缝部位接槎,任意甩槎又未遮挡; (6)成品保护不好	(1)同一工程选用同一厂家的同批材料。 (2)由于涂料易沉淀分层,使用时必须将涂料搅拌均匀并不应任意加水。一桶乳胶漆宜先倒出2/3,搅拌剩余的1/3,然后倒回原来的2/3,再整桶搅拌。 (3)对于基层表面的麻面、小孔,应事先修补平整。 (4)脚手架离墙面不得小于30cm;对于脚手架妨碍操作的部位,应特别注意施涂均匀。 (5)施涂要连续,不能中断,衔接时间不得超过3min,未遮挡受飞溅沾污部位应及时清除。 (6)涂饰工程应在安装工程完毕之后进行,施涂完毕要加强成品保护
5	起粉、泛碱、脱皮、咬色	(1)基层处理不到位,含水率过高; (2)施工温度未控制好	(1)严格控制内墙基层处理质量,基层施工平整,抹纹顺通一致,涂刷前,将表面油污等清理干净; (2)对存在色差大的基层,适当增加基层满刮腻子的遍数; (3)无抹灰顶棚应根据室内墙面水平控制线测量后统一弹线,用白水泥(有强度等级加环保胶搅拌腻子)统一找平; (4)面层涂刷时,基层含水率不得超过10%; (5)选择质量好的环保型涂料,及时索要合格证,每匹涂料的颜料和各原材料配合比必须一致,应按说明书进行稀释,不得随意加水,使用时应及时搅拌均匀,防止沉淀; (6)控制好施工温度,应在10℃以上
6	变色、褪色	(1)涂膜的变色和褪色与基料和颜料有关; (2)基层太湿,碱性太大,尤其是新近修补的墙面; (3)乳胶漆与相邻的聚氨酯类油漆同时施工(聚氨酯类油漆中含有游离甲苯二异氰酸酯),会导致未干透的乳胶漆泛黄; (4)面涂与底涂不配套,面涂溶解底涂,发生"渗色"; (5)内墙涂料用于外墙; (6)施工现场附近有能与颜料起化学作用的氨、SO_2等发生源	(1)应选择耐候、耐碱的基料和颜料; (2)涂饰基层必须干燥,砂浆基层pH值要小于10,含水率不得大于10%; (3)宜用高品质的聚氨酯或醇酸树脂类油漆,待彻底干燥后再刷乳胶漆; (4)施工时,检查面涂与底涂是否配套,避免发生"渗色"; (5)内墙涂料不能用于外墙; (6)使氨、SO_2等发生源远离施工现场
7	施工沾污	(1)施工管理差,施工场地脏乱差; (2)分色部位未贴分色胶黏纸带,界限不明,致使油漆涂刷到不应刷到的部位; (3)油漆成膜干燥后才清除沾污	(1)提高管理水平,坚持文明施工; (2)分色部位应先贴分色胶黏纸带,并经检查确认平直后再刷漆; (3)及早清擦被沾污部位,并注意成品保护

6.8 机电安装工程质量通病与防治措施

6.8.1 通信、信号工程

1）光（电）缆

光（电）缆安装质量通病与防治措施见表12-6-24。

光（电）缆安装质量通病与防治措施　　　　表12-6-24

序号	质量通病	原因分析	防治措施
1	支架安装位置及倾斜度偏差	（1）测量人员测量操作方法不当； （2）测量工具使用前未校准； （3）安装人员紧固前未调整支架	（1）测量方法交底到位并抽样复测； （2）测量工具使用前先校准； （3）安装人员紧固时采用水平尺调整后再紧固
2	支吊架安装托板不在同一平面上	（1）支吊架加工下料长短偏差过大； （2）有坡度的地方，未与建筑物的坡度保持一致； （3）支吊架安装未进行调整	（1）支吊架加工精准下料，避免出现支吊架两侧不同高的情况； （2）在有坡度的建筑物上安装支吊架，支吊架应与建筑物有相同坡度； （3）支吊架安装时应采用鱼线对齐，调整在同一平面后再紧固
3	光（电）缆绑扎存在扭绞、被扣现象	（1）缆线在支架上未进行排布优化； （2）缆线绑扎时存在两端向中间绑扎的情况； （3）电缆敷设前未提前考虑电缆径路	（1）光（电）缆敷设前应进行排布优化； （2）缆线绑扎时应向一个方向绑扎或者从中间向两端绑扎； （3）在光（电）缆敷设前，应提前考虑电缆径路及布局；电缆敷设完成后，应进行及时绑扎
4	光（电）缆敷设时损坏外护套	（1）敷设过程中人员不足，光（电）缆长距离在地上拖行； （2）敷设过程中在存在尖锐物或穿管道、拐弯等地方未设防护； （3）与其余光（电）缆十字交叉敷设时未设防护	（1）敷设过程中人员充足且间距均匀，尽量减少光缆在地面拖行； （2）在存在尖锐物、管道口、拐弯处等特殊地方应设专人防护； （3）在与其余光（电）缆十字交叉敷设时采取防护措施，将其与其余光（电）缆分离
5	光（电）缆预留长度不够	在拐角、接头处、光（电）缆引入口处未考虑电缆长度	在光（电）缆敷设时，预留光（电）缆长度进行固定

续上表

序号	质量通病	原因分析	防治措施
6	电缆接续质量不合格	(1)电缆芯线分组时,未做好星组标识;电缆接续预留电缆长度不够; (2)电缆没有按照A、B端对接,接续前没有进行接续测试	(1)电缆接续应A、B端相接,相同星组按红绿白蓝顺序分组,相同颜色芯线相接; (2)敷设电缆时,电缆接续处两头预留电缆长度大于5m; (3)电缆接续人员必须持证上岗;加强对现场施工的巡视力度,技术交底工作一定要做到实处,质检人员要深入现场
7	驻波比检测不符合要求	(1)敷设过程中一次允许弯曲半径过小; (2)敷设后部分位置弯曲半径过小; (3)接头处未连接良好; (4)漏缆内进水或者铁屑	(1)漏缆敷设过程应参照规范及产品敷设要求施工,不得过度弯曲漏缆; (2)漏缆、射频电缆固定时其弯曲半径均应满足规范要求; (3)接头应紧固到位; (4)漏缆接头制作时,应该锯掉漏缆端头一截,同时整个制作过程中,避免进入水和铁屑; (5)制作接头时,端面向下,制作接头应分层按一个方向缠绕胶泥及胶带,保证防水性能
8	保护管煨弯弧度、连接不满足要求	(1)保护管弯曲半径未满足规范要求; (2)保护管弯曲角度小于90°; (3)螺纹连接时,螺纹连接长度不够; (4)JDG套管紧定式连接时,紧定螺栓未拧紧	(1)保护管弯曲半径不得小于外径的6倍; (2)保护管弯曲后夹角不得小于90°; (3)螺纹连接时,应保证螺纹长度符合规范要求; (4)JDG套管紧定式连接时,应将紧定螺栓拧紧

2)设备

设备安装质量通病与防治措施见表12-6-25。

设备安装质量通病与防治措施　　　　表12-6-25

序号	质量通病	原因分析	防治措施
1	室内机柜位置及水平都有偏差	(1)机柜安装过程中未逐个调平,导致误差累加。 (2)地面存在一定坡比的坡度,安装机柜底座时未调整所有底座于一个水平面上。 (3)机架螺栓未紧固到位;设备太重,未增设辅助托盘	(1)机柜安装应以列头柜开始逐个安装,并且要求依次调平机柜后再安装另一个,切忌将所有机柜直接搬运至机柜底座上方固定; (2)调整列头柜的机柜底座上表面为水平面,依次调整其余机柜底座上表面与列头柜在同一水平面; (3)所有的机架螺栓均应按照紧固力矩拧紧; (4)对于太重的设备应增设托盘

续上表

序号	质量通病	原因分析	防治措施
2	设备板卡损坏	(1)插拔板卡时,不注意力度和方式; (2)非热拔式板卡带电进行插拔操作; (3)未佩带防静电手腕带操作设备	(1)板卡的插板操作应按照设备操作说明进行,注意方式方法,力度适中,不得暴力插拔,避免损坏; (2)对于不可热拔的设备,必须先断开电源,再进行板卡的插拔操作; (3)部分设备会因人体静电而受到损伤,因此操作时应佩带防静电手腕带,且防静电手腕带的另一端应接至设备防静电专用插孔上
3	设备漏电	(1)设备自身存在漏电问题且设备地线未接; (2)电源接线存在错误,火线、零线接反或者零线、地线接反	(1)设备安装后立即将设备地线连接到地线排上。 (2)电源接线按照规范接线。在无特定说明或标识的情况下,应按照左零右火上接地的规范进行
4	走线架闭合	未加绝缘堵头,安装横担间隔过大	(1)排间应采用绝缘堵头进行绝缘处理; (2)走线架的横担间隔距离严格控制在300~400mm之间
5	室内布线杂乱	(1)线缆类型多,室内布线工艺差; (2)质量意识不强,标识方向不一致; (3)接线端子不够,一孔多线	(1)进行合理规划,尽量做到电源线、数据线分侧布放;拐弯处弧度一致并满足线缆弯曲半径要求。 (2)加强质量教育;配线两端应采用线号管标明来去向;套管长度及穿线方向一致,套管粗细与芯线外径相配套。 (3)使用空端子,修改配线图应一孔一线,严禁一孔插接多根导线
6	视频监视系统画面抖动	(1)设备安装于振动源或风口附近,设备支吊架未紧固。 (2)设备支吊架太长;摄像机画面聚焦太远,设备轻微抖动亦会造成画面巨幅抖动	(1)在不影响照射需求的情况下,避免将设备安装于振动源或者风口附近; (2)摄像机的支吊架必须牢固,并且支吊架固定优先固定于结构顶板上,其次固定于侧面砖砌墙体上; (3)设备支吊架宜短不宜长,如果支吊架不能缩短,则应增加辅助杆固定,增加稳定性; (4)摄像机的照射距离不宜太远,尤其是在抖动频繁的地方,适当调整摄像机的焦距,或反馈设计单位中间增加摄像机,以防止照射距离过远
7	道岔转折设备不平稳、开程不够	(1)可动部分在转换过程中不平稳,有别劲、卡阻现象; (2)工务的道岔安装不到位,测量、打眼有偏差; (3)绝缘管、绝缘垫不齐全	(1)现场施工人员岗前一定要经过相关的业务、技术培训;首件定标工作要坚持进行;质检人员要跟随现场的进度,控制好质量。 (2)安装道岔转辙机前要求工务部门把道岔调整到标准位置,转辙机安装施工选用经验丰富的技术人员,在安装道岔转辙机前进行岗前培训。 (3)加强与工务部门的沟通对接,加强测量、打眼的准确性;绝缘管、绝缘垫安装好后复查
8	无线接入单元场强、布线不达标	(1)一个无线访问接入点配置两个天线时,远端天线的馈缆长度过长,而安装空间有限,造成馈缆布线不美观; (2)预留量长短不齐; (3)防水工艺不达标,馈线弯曲半径过小	(1)特殊馈线根据现场情况订做,对卡具间距做出明确规定,馈缆与卡具间加软皮防护; (2)详细讲解各个设备组件线缆的用途,标明TRE箱各个端口用途,给出典型AP点的布线示意图; (3)结合现场拍摄的照片和影像资料,加强学习; (4)馈线安装时应参照产品敷设要求施工,不得过度弯曲馈线

6.8.2 供电工程

1）变电所

变电所质量通病与防治措施见表 12-6-26。

变电所质量通病与防治措施　　　　　表 12-6-26

序号	质量通病	原因分析	防治措施
1	预埋件位置误差	（1）测量不准、施工精度差； （2）基础预埋件顶部水平不一； （3）焊接处未按标准要求打磨、防腐处理，基础预埋件焊接处容易生锈	（1）基础预埋件安装前先用激光测量仪定位，用墨斗弹一条直线，确保基础预埋件在一条直线上； （2）焊接处要敲掉焊渣，用钢丝刷刷掉锈蚀，刷一层防锈漆后再刷两遍富锌漆处理； （3）根据装修单位提供的装修标高线进行制安，严格按照相应标准进行控制
2	接地工艺不达标	（1）接地干线焊接处容易生锈； （2）接地干线安装后高低不平； （3）焊接处虚焊、漏焊、假焊	（1）焊接处要敲掉焊渣，用钢丝刷刷掉锈蚀，而且必须要先刷一层防锈漆后再刷两遍富锌漆； （2）接地干线安装前先用激光测量仪定位，用墨斗弹一条直线，确保接地干线安装在一条直线上； （3）必须让专业的人进行电焊作业，并在施工前进行技术交底，焊接后派专人进行复查
3	变压器有破损、网栅安装不牢固	（1）野蛮搬运、检查不到位； （2）未按照标准要求施工，固定锚栓安装深度不够，验收不到位、技术交底不到位； （3）焊接处未按标准要求打磨、进行防腐处理	（1）设备安装前，仔细核对规格型号是否与设计一致，检查外观是否有碰撞和破损，无误后再进行安装； （2）先用激光测量仪定位，再用墨斗弹一条直线，确保网栅安装在一条直线上； （3）立柱间距合理，受力均匀，按要求打孔预埋，使锚栓固定牢固； （4）焊接处要敲掉焊渣，用钢丝刷刷掉锈蚀，而且必须要先刷一层防锈漆后再刷两遍富锌漆。
4	盘柜安装位置及设备绝缘值不足	（1）技术交底不到位、检查不到位、施工安装精度不够，导致柜面不在一个平面； （2）后期掉落异物或者屋子潮湿环境导致设备绝缘值很低	（1）安装时注意调整，每安装一台柜子，都要进行测量，对有偏差的柜子随时进行调整； （2）制作电缆头时，铜丝极易掉入设备内，导致设备接地，为避免这种可能，后期可在电缆夹层制作电缆头，并在送电前 2 周，仔细检查设备，确认无异物掉落； （3）在地下段，变所内房间通常很潮湿，湿气大的环境下对设备的绝缘值影响很大，为提高设备干燥度，通常要配备除湿机和烘干机来对设备及房间除湿
5	电缆敷设不整齐	（1）电缆敷设顺序不对、敷设路径不对、技术交底不到位、检查不到位； （2）电缆割剥时损伤电缆线芯绝缘层； （3）电缆芯剥线长度不够，接入型号不统一，导致二次线接触松动、接触不良； （4）电缆桥架安装不平直	（1）电缆敷设前，提前理清电缆放线顺序，设计好电缆路径。电缆敷设应从下层到上层，按操作者方向从内层到外层依次进行，排列位置按设计进行分层摆放。 （2）屏蔽层与 4mm 多股软铜线连接引出接地要牢固可靠，采用焊接时不得烫伤电缆线绝缘层，刀具应轻拉轻划，不得一次性剥到指定深度。 （3）插入式接线线芯割剥不应过长或过短；接线端子与芯线连接时，接线端子规格应与芯线相符，接线端子与线芯表面接触应良好，无裂纹、断线，铜接线端子表面应光滑，导线和接线端子压接应牢固，逐个手拽检查。 （4）施工前，桥架应进行预组合，校正偏差，施工完毕的桥架一般不作脚手架使用，也不能作为其他工艺管道支吊使用，施工中敷设电缆应多人同时作业。电缆只能抬起放入，不得拖拉

续上表

序号	质量通病	原因分析	防治措施
6	电缆穿越结构防火封堵不严	(1) 未按照标准做封堵施工,未进行检查验收; (2) 电缆绝缘测试不合格	(1) 电缆竖井应按设计要求敷设防火卡具,保证电缆间位置符合防火要求。电缆孔洞空隙部应使用设计要求的防火材料堵抹。材料应有合格证,入场后应复检,并有复检报告,施工已堵抹的防火材料表面应具有足够的强度,宜大于3MPa。施工完后,表面工艺应美观。 (2) 电缆到货后及敷设完成后应及时进行绝缘检测,不合格的应通知厂家处理
7	杂散电流参比电极安装不合格	(1) 参比电极浸泡工序费时,一般施工人员会忽略该问题; (2) 安装时,操作不规范造成与结构钢筋接触	预先将要安装的参比电极浸泡水中12h,安装时不得与结构钢筋接触

2）接触网

接触网质量通病与防治措施见表12-6-27。

接触网质量通病与防治措施　　　　　表12-6-27

序号	质量通病	原因分析	防治措施
1	基础及螺栓位置偏移	(1) 基础定位不准,导致基础位置偏移; (2) 基础支模不规范,导致螺栓外露不够; (3) 测量不准确,导致基础面高度偏差; (4) 基础成品保护措施不到位	(1) 基础放样时一次放样,再次复核; (2) 基础浇筑时每一根基础螺栓应及时复核; (3) 根据设计要求,多次复测基础面; (4) 基础养护完成前,做好防护和警示标志
2	钢柱外观质量、斜率不达标	(1) 镀锌不均匀、运输有损伤; (2) 测量不准确	(1) 支柱到厂及时检查,不符合要求的返厂; (2) 每根支柱整正完成后,应进行再次复核,不满足要求的及时整改
3	接地极埋深及电阻不达标	(1) 测量不准确,施工时为节省工作量减少开挖深度; (2) 安装方式不规范,导致安装接地极时接地极形变; (3) 接地极埋入深度不够或土质环境影响,接地电阻不足	(1) 现场多次调查,确定好位置后再进行接地极安装; (2) 过轨管道明挖时,复核深度,满足要求后再进行回填; (3) 锤击接地极时需人工扶正,保证接地垂直打入地下; (4) 进行接地电阻测试时,电阻不足只能进行重新埋设
4	门形架横梁负拱度	(1) 支柱整正测量不准确,导致支柱组立后发生偏斜; (2) 门形架预拱高度不够,导致门形架横梁负拱度; (3) 门形架焊接后,热喷锌的锌层不够	(1) 进行斜率复测,不满足要求的重新整正; (2) 进行预拱时,达到设计要求后方可进行焊接; (3) 焊接完成后进行镀锌层测试,不足的继续热喷锌
5	腕臂抬头或低头	(1) 测量不准确、计算不正确,切割后的腕臂不符合计算值; (2) 安装腕臂后未进行缺陷处理; (3) 切割的腕臂未做防腐处理; (4) 轨面高度测量不准确,导致底座安装不水平	(1) 多次测量,分析数据,得出准确的限界、斜率值。计算时检测公式、数据是否合理,切割时测量准确,切后复查。 (2) 调整套管双耳位置,使平腕臂水平。 (3) 在切口进行喷锌处理。 (4) 根据轨面高度,依据设计图纸安装底座;底座安装完成后用水平尺复测,不满足要求的进行调整
6	拉线安装不标准	(1) 测量不正确,拉线预配不合格; (2) 制作时不标准,拉线安装不符合要求; (3) 拉线回头绑扎不美观	(1) 测量准确,计算出正确的拉线长度,确保误差范围内下料。 (2) 拉线不能有散股、断股现象,否则须更换。NUT螺栓外露符合标准要求。 (3) 统一工艺标准

续上表

序号	质量通病	原因分析	防治措施
7	补偿装置安装不达标	(1)测量不准确,棘轮底座安装高度不符合要求; (2)限制管安装不垂直,坠砣偏磨限制管; (3)下锚平衡轮不正; (4)承力索下锚时棘轮圈数与设计不符	(1)根据设计图纸和现场实际情况测量棘轮底座的安装高度,不满足要求及时更改; (2)安装限制管时应垂直,不符合要求时及时整改; (3)双线张力不相等,扭转三角板,调整平衡轮; (4)根据现场温度、设计图纸调整棘轮下锚时的圈数
8	架空地线弛度不达标	(1)下锚时测量不准确就落锚; (2)现场环境存在冲突,架空地线与周围建筑物距离不够,易偏磨; (3)施工时对线材保护不够,架空地线出现散股现象	(1)根据设计图纸调节弛度,然后落锚; (2)在偏磨点采取保护措施; (3)放线时在易损伤线的位置采取保护措施
9	承导线架设张力不稳定	(1)承力索/接触线双线张力不相等、不等高; (2)施工时对线材保护不够,出现散股现象; (3)承力索放线架张力不稳定; (4)承力索下锚时棘轮圈数与设计不符	(1)放线落锚时调节调整螺栓,使双线张力相同; (2)放线时在易伤线的位置采取保护措施; (3)派专人负责放线张力控制,保证稳定性,并对放线架定期保养; (4)根据现场温度、设计图纸调整棘轮下锚时的圈数
10	中心锚结绳、线夹不达标	(1)测量时不准确,中心锚结线夹间距不符合设计要求; (2)施工时未按设计要求进行安装,锚结绳张力不符合要求; (3)锚结绳回头绑扎不美观	(1)按照设计图纸安装,安装完成后进行复核; (2)预制时测量准确,安装后与图纸对比,不符合要求时及时更改; (3)回头绑扎根据设计要求,统一标准绑扎
11	定位器坡度与线夹力矩误差超标	(1)腕臂预配不准确; (2)定位线夹安装完后未进行力矩紧固	(1)腕臂计算与预配准确,定位器坡度不符合要求时进行调整; (2)定位器安装完后进行力矩检查,不符合要求时重新紧固
12	吊弦长度、线夹力矩不达标	(1)现场测量不准确,计算不准确,吊弦预配不合格; (2)安装完后未进行力矩紧固,吊弦线夹力矩不到位; (3)未按设计要求进行安装,吊索的外露不符合要求	(1)多次测量,对比分析数据,得出准确的测量值,检查计算公式,确保参数与现场吻合; (2)进行力矩检查,不符合要求的重新紧固; (3)统一工艺标准,按设计要求进行安装
13	导高、拉出值不合格	(1)现场测量不准确; (2)吊弦预制不准确,接触线硬点值大; (3)双线张力不相等,接触线双线不等高	(1)多次测量,对比分析数据,得出准确的测量值,根据图纸调整承力索座与定位器的位置,使其满足要求; (2)调整吊弦长度,调整导高; (3)放线落锚时双线调平后下锚,然后再安装吊弦
14	电连接位置及力矩不达标	(1)测量不准确,电连接安装位置不正确; (2)安装时预制长度不够或未按设计要求进行安装; (3)安装完后未进行力矩紧固; (4)横向电连接绑扎不美观	(1)根据设计图纸现场标记,安装时确认无误后再进行安装; (2)根据现场温度和设计图纸,确定电连接安装的弛度; (3)进行力矩检查,不符合要求的重新紧固; (4)回头绑扎根据设计要求,统一标准绑扎,且保证电连接余量满足热胀冷缩要求
15	线岔调整不达标	(1)线岔管受接触线抬升力; (2)线岔位置安装不正确; (3)线岔线夹力矩紧固不到位	(1)调整定位点的导高,使线岔管不受力; (2)线岔的中心为两线交叉点; (3)进行力矩检查,不符合要求时重新紧固

续上表

序号	质量通病	原因分析	防治措施
16	隔离开关安装调试不达标	(1) 机构箱高度不符合要求； (2) 预制传动杆过长，传动杆不垂直； (3) 隔开分合闸不到位； (4) 隔开引线弛度及保护不到位，电缆损伤	(1) 根据设计要求和现场情况，安装机构箱底座； (2) 测量准确，预配合适的限制管； (3) 调整限位装置，调整闸刀工作行程； (4) 隔开引线预留一定热胀冷缩余量，且在易伤线的位置增加保护措施
17	分段绝缘器位置及力矩不达标	(1) 分段绝缘器安装位置不正确； (2) 螺栓紧固不到位； (3) 本体未进行调平处理或分段本身存在缺陷	(1) 根据供电分区和回流图纸确定分段绝缘器安装位置，大多在轨道绝缘节正上方； (2) 进行力矩检查，不符合要求时重新紧固； (3) 调整调节螺栓，使分段本体平稳，若难以调平，则可寻求厂家技术支持；有缺陷的产品应进行退货更换

6.8.3 风水电工程

1）通风与空调工程

通风与空调工程质量通病与防治措施见表12-6-28。

通风空调工程质量通病与防治措施　　　表12-6-28

序号	质量通病	原因分析	防治措施
1	支吊架位置不达标	(1) 受横穿风管占位影响或管线数量较多，最低标高不满足要求； (2) 管线密集，管线无检修操作空间； (3) 抗震支吊架斜撑安装角度小于30°； (4) 吊杆所用的丝杆和槽钢混用	(1) 对横穿走廊的风管进行提前梳理，评估对最低标高的影响，对影响较大的区域提交设计单位处理； (2) 对管线密集处请设计单位进行优化； (3) 抗震支架合理排布，斜撑左右灵活安装； (4) 熟悉支架大样图图纸
2	风管咬口、损伤、锈蚀	(1) 风管咬口制作不平整，裁边机裁边时，边角不平整； (2) 成品保护不当，搬运过程中损伤，矩形风管对角线不相等； (3) 钢板风管表面锈蚀，镀锌表面出现氧化层； (4) 风管未加固	(1) 板材整平、工作台整平后进行咬口施工； (2) 核查每片长度、宽度及对角线的尺寸，对超过偏差范围的尺寸应予以更正，咬口宽度必须保持一致； (3) 涂防锈漆前必须对表面的油污、铁锈、氧化皮层进行清除，涂漆材质符合设计要求； (4) 风管长边长度小于或等于800mm的采用植楞筋，大于800mm的采用丝杆做内支撑加固
3	风阀及部件变形、接口不密封	(1) 运输、存放、安装过程中操作失误造成阀体变形，防火阀动作不灵活； (2) 安装阀门位置处管线过多，距离结构墙或结构柱太近，风阀检修空间不足； (3) 风管咬口处未涂密封胶，法兰螺栓未紧固； (4) 规范要求不低于100W的日光灯，在使用过程中直接插在220V的电箱中，存在安全隐患	(1) 禁止暴力运输，阀门存放时不宜堆放过高，安装前先手动试验阀门是否灵活； (2) 安装前仔细识图，对管线集中区域进行重点梳理，发现问题及时与设计、建设单位沟通，优化解决； (3) 每节风管拼接处四角位置均涂以密封胶，保证其接口不漏缝隙； (4) 采用36V安全电压手持式亮光灯
4	风口安装位置和调节不灵活	(1) 装修吊顶之上龙骨密集，风口因尺寸及上方空间影响开孔有偏差； (2) 运输及安装过程中未注意保管方式，导致风口变形； (3) 风口加固时铆钉卡在调节阀处	(1) 风口安装位置需与装修吊顶专业密切核对，必要时先安装吊顶再进行风口安装；风口必须保持在一块吊顶的正中位置； (2) 轴孔应同心，不同心轴孔须重新钻孔后补焊；控制好叶片铆接的松紧度，加大预留孔洞尺寸

续上表

序号	质量通病	原因分析	防治措施
5	水管道位置及间距不符合要求	(1)管道垂直管段直角处支架未安装; (2)管道接口在电气设备上方; (3)管道排布间距不足	(1)在弯角处加斜支撑,与弯头相交处用曲面钢材托住弯头,实现加固作用; (2)更改管道走向或在设备上方增加防护罩; (3)严格参照管道支吊架规范进行施工,预留检修空间
6	水管道阀门及部件未试验	(1)阀门安装前未进行压力试验; (2)阀门操作、检修空间不够	(1)严格按照技术交底文件,每批阀门通过试压试验后才能安装。 (2)安装前仔细识图,发现阀门检修空间不够时,组织各专业进行管线优化;无法优化时,与设计、建设单位沟通,按要求施工
7	绝热防腐保温不达标	(1)管线密集,操作空间不够,保温钉密度不够。 (2)保温钉黏结在风管上的时间不够,胶水未完全凝固,黏结保温钉之前未擦拭风管,风管过脏。 (3)铝板施工完成后易遭破坏	(1)风管侧面10只/m^2、底面16只/m^2、顶面8只/m^2,钉与钉间距不大于450mm,首行保温钉距风管边缘不大于120mm; (2)保温钉黏结均匀,避免钉设在对缝上,铝箔玻璃丝布作防潮和保护层时,必须用力均匀拉紧后再黏结胶带,将纵横缝炽接牢固,防止用力不匀; (3)铝板施工在上方管线完成后开始,并且贴上成品保护标识牌
8	风机安装位置不达标	(1)风机防火软接螺栓,同心度安装不到位,软连接的松弛度超标; (2)厂家配货风机气流方向未标明,或是位置不显眼	(1)提前做好风机软接,使用红外线打线测量; (2)仔细检查全部风机,严格按照规范施工
9	空调安装缺少限位装置	设备与基础连接处缺少限位装置	严格按照技术交底执行,逐个检查机组,调直后,在机组四角焊接限位槽钢
10	消声片片距不均匀	(1)消声器隔板与壁板结合处不紧密; (2)消声片片距不均匀	(1)消声器框架必须牢固,共振腔的隔板尺寸正确,隔板与壁板结合处使用钢板进行封堵,外壳严密不漏; (2)按设计要求,运用激光垂直水平仪和卷尺测量出每组消声片的位置
11	组合风阀漏风	(1)框架与结构墙体间存在缝隙; (2)关闭时部分叶片无法关上; (3)电动执行器底座不稳固	(1)框架与结构墙体间的缝隙,应用防火密闭填充材料填实,确保不漏风。 (2)调节传动轴,确保所有叶片的开启角度一致,关闭严密。 (3)结构良好的地方,用膨胀螺栓固定;结构不好的地方,可参照规范预制基础
12	风机盘管不平	(1)风机盘管安装不平; (2)整排风机盘管安装不整齐	(1)用水平仪及钢尺测量、标记出吊杆位置,确保吊杆长度一致;设备安装水平,不倾斜。 (2)用水平仪及钢尺测量、标记出吊杆位置,确保单个不倾斜;对单个偏差的设备进行微调,确保整体设备整齐划一
13	冷水机组平直度超标	结构基础不平整,设备的平直度差	(1)按设计图纸尺寸测量出纵向和横向安装基准线,要求误差不超过1/1000; (2)优化管线排布空间,确保预留1m设备检修空间
14	冷却塔渗漏	(1)冷却塔进出水管未安装软接头; (2)集水盘拼接不严,易漏水	(1)联系设计单位确认是否增加软接头; (2)集水盘拼接应紧密,四周要与冷却塔内壁紧贴,块体之间无间隙;填充防水密封材料,确保无渗漏

续上表

序号	质量通病	原因分析	防治措施
15	多联机振动超标	(1)室内多联机安装完成后未做好防护； (2)缺少减振垫片	(1)施工前进行技术交底，强调注意事项。 (2)机组定位后，放置减振10mm厚垫片；逐台检查机组四角，确保每台不缺失减振垫片

2）给水与排水工程

给水与排水工程质量通病与防治措施见表12-6-36。

给水与排水工程质量通病与防治措施　　　　表12-6-29

序号	质量通病	原因分析	防治措施
1	给水管道标高、位置不达标	(1)给水系统中排气阀安装不到位； (2)缺少土建预埋穿结构套管； (3)管道接口位于带电设备上方； (4)用水点无检修阀或检修阀不便操作	(1)仔细审图，及时向设计单位反馈提出的建议，对管道标高进行实际测量； (2)发现图纸遗漏套管，及时向设计单位反馈，结构施工前与土建施工单位对接； (3)发现图纸问题，及时向设计单位反馈，为带电设备安装挡水顶盖等； (4)仔细审图，及时向设计单位提出建议，与后期的装修施工单位进行对接，要求对检修阀做检修门
2	压力排水管道漏水	(1)物体堵塞逆止阀导致阀门自闭作用失灵； (2)室外排水管道出室外处漏水； (3)敞口风亭处雨水管道易遭破坏； (4)室外重力排水管道形成倒坡	(1)设备移交时对车站管理人员提出建议，禁止将有杂物的废水倒入离壁沟。 (2)给水排水专业施工前，检查土建施工单位预留预埋接口，发现质量问题，在接口移交阶段提出，要求整改。 (3)雨水管道施工完成后将敞口做封闭。 (4)室外沟槽开挖过程中，严格按照要求施工；管道敷设安装过程中，严格按照设计要求实施
3	消防喷头未固定	(1)喷淋管支吊架无固定点； (2)喷淋管道泄水点处没有地漏； (3)喷头喷水范围内有障碍物遮挡； (4)未考虑具体安装区域，喷头选型不符合要求	(1)改变支吊架样式； (2)就近寻找地漏，将泄水管延伸至地漏； (3)向设计单位提出更改建议
4	消火栓位置及预留孔洞不满足要求	(1)公共区消火栓(箱)与广告灯箱、导向灯箱冲突； (2)消火栓(箱)内配件缺失； (3)消火栓损坏； (4)结构预留孔洞不满足消火栓(箱)安装要求	(1)及时向设计单位提出问题； (2)箱内设备放置后及时向运营单位移交； (3)加强成品保护； (4)施工前核查结构预留孔洞；施工前复核安装位置，若不满足要求及时向监理单位反馈
5	水泵、真空泵掉漆及偏心接头错误	(1)泵房施工人员踩踏，水泵、真空泵外壳掉漆； (2)水泵、真空泵进水管偏心大小头安装错误	(1)加外罩做成品保护； (2)安装前对螺栓孔进行孔位检查，无法对应则更换偏心大小头
6	污水提升装置电机烧毁	(1)站内空气潮湿，水泵控制柜元器件烧毁； (2)水泵电机烧毁； (3)水泵自动抽水功能失灵	(1)加强车站的通风措施，控制柜接线后保持通电状态； (2)对集水坑定期巡查； (3)与土建单位沟通，约定期巡检

续上表

序号	质量通病	原 因 分 析	防 治 措 施
7	卫生器具破损	施工人员在卫生间施工,卫生间防水层遭破坏	树立标识牌或封闭卫生间
8	室外排水管坡度及结合器歪斜	(1)路面施工时压路机挤压地层致使井壁受力,井壁破裂; (2)排水管坡度过小,井池冒水; (3)其他单位机械施工撞击,球墨管损坏; (4)消火栓与水泵接合器侵占人行道,接合器歪斜	(1)对井池位置做出明显标记,并与路面施工单位提前沟通; (2)管道施工过程中对坡度进行多次测量; (3)管道敷设完成后及时回填; (4)实地测量,与道路施工单位进行对接,对消火栓和水泵接合器加装防撞护栏

3）动力与照明工程

动力与照明工程质量通病与防治措施见表12-6-30。

动力与照明工程质量通病与防治措施　　　　表12-6-30

序号	质量通病	原 因 分 析	防 治 措 施
1	电缆桥架位置及原材料不合格	(1)基准线定位有偏差,桥架安装完成后整体高度偏高或偏低; (2)桥架固定施工时,综合支吊架镀锌层被破坏,易产生锈蚀; (3)桥架内切割等处毛刺、钝口等刺破电缆皮	(1)进站前与土建施工单位、土建设计单位、机电设计单位就站内1m线进行核实; (2)施工过程中注意对桥架防腐层的保护,施工完成后对破损部位补刷防锈漆; (3)缆线敷设前对桥架内毛刺钝口等易划伤电缆的缺陷进行排查处理
2	电线电缆导管锈蚀、晃动	(1)金属管线煨弯、焊接后导致镀锌层破损,产生锈蚀; (2)线管与金属软管处接头规格不对,无紧固措施,容易脱落; (3)地铁车辆经过时,公共区吊装线管晃动幅度大	(1)金属管线煨弯后视情况补刷防锈漆;焊接后,先除焊渣,再刷防锈漆; (2)线管与金属软管用专用接头、锁紧螺母连接。 (3)每隔10m打孔埋入膨胀锚栓,安装型钢制作的T形防晃支架
3	电线电缆穿墙、排列不规范	(1)管线穿越防火分区时封堵不严密,出现"串烟"现象; (2)控制缆、电力缆排列不规范,间距过小,感应电压过大; (3)电缆敷设时,未预留足够的检修长度,导致压接困难	(1)防火分区隔区区域进行冷烟试验,对于封堵不严密部位采用防火材料封堵严实; (2)控制缆与电力缆相互净距离不小于100mm; (3)电缆进入箱柜前按设计及规范要求预留长度
4	配电箱柜金属构件腐蚀	(1)配电箱柜内金属构件锈蚀或电气元器件损坏; (2)车站出入口或公共区部分结构预留孔洞不能满足配电箱安装要求	(1)加强生产安装过程金属构件防腐等级把关; (2)对于长期处于潮湿环境的配电箱柜采取内置干燥剂、外包防护套等措施; (3)通过建设单位或设计总体组织各专业设计之间进行有效的沟通协调; (4)相关方加强施工过程质量盯控
5	开关插座及照明灯具照度不够	(1)结构偏差或管线遮挡,施工安装过程偏差,影响观感质量; (2)部分灯具被风管、空调挡住,设备房照度不够; (3)开关底盒安装不正,底盒间距无统一标准	(1)灯具安装前提前规划,避让管线,保证同区域灯具安装平直度; (2)通过改进测量定位工具减少施工误差; (3)灯具安装时,考虑实际情况,如有其他专业设备遮挡,则可适当更改灯具安装方式及位置; (4)底盒安装后利用水平尺调整,底盒间距按技术标准执行,规范施工

续上表

序号	质量通病	原因分析	防治措施
6	接地系统防腐处理不规范	(1)落地安装大型设备基础浇筑过程中未预埋接地扁钢； (2)接地扁钢焊接部位防腐处理不规范	(1)落地安装大型设备基础浇筑前，提前就近凿出地面结构钢筋，焊接接地扁钢引至设备底座； (2)排查接地体焊接部位，按照先敲除焊渣，再刷一道防锈漆和两道防锈面漆的方式进行防腐处理

本篇参考文献

[1] 郭汉丁,马辉. 工程项目管理[M]. 北京:化学工业出版社,2016.
[2] 冯松山. 建设工程项目管理[M]. 2版. 北京:北京大学出版社,2017.
[3] 张娜. 项目经理一本通[M]. 2版. 北京:中国建材工业出版社,2013.
[4] 王辉,白蕾. 建筑施工项目管理[M]. 2版. 北京:机械工业出版社,2016.
[5] 中国建筑工业出版社. 建筑施工手册:第五册[M]. 4版. 北京:中国建筑工业出版社,2003.
[6] 住房和城乡建设部. 建设工程文件归档整理规范:GB/T 50328—2014[S]. 北京:中国建筑工业出版社,2014.
[7] 住房和城乡建设部. 城市轨道交通工程档案整理标准:CJJ/T 180—2012[S]. 北京:中国建筑工业出版社,2012.
[8] 住房和城乡建设部. 地下铁道工程施工质量验收标准:GB 50299—2018[S]. 北京:中国建筑工业出版社,2018.
[9] 住房和城乡建设部. 城建档案业务管理规范:CJJ/T 158—2011[S]. 北京:中国建筑工业出版社,2011.
[10] 住房和城乡建设部. 建设电子档案元数据标准:CJJ/T 187—2012[S]. 北京:中国建筑工业出版社,2013.
[11] 住房和城乡建设部. 建筑地基基础工程施工质量验收标准:GB 50202—2018[S]. 北京:中国计划出版社,2002.
[12] 住房和城乡建设部. 混凝土结构工程施工质量验收规范:GB 50204—2015[S]. 北京:中国建筑工业出版社,2014.
[13] 住房和城乡建设部. 钢结构工程施工质量验收标准:GB 50205—2020[S]. 北京:中国计划出版社,2020.
[14] 住房和城乡建设部. 地下防水工程质量验收标准:GB 50208—2011[S]. 北京:中国建筑工业出版社,2011.
[15] 住房和城乡建设部. 民用建筑工程室内环境污染控制标准:GB 50325—2020[S]. 北京:中国计划出版社,2020.

[16] 住房和城乡建设部. 盾构法隧道施工及验收规范:GB 50446—2017[S]. 北京:中国建筑工业出版社,2017.

[17] 住房和城乡建设部. 建筑基桩检测技术规范:JGJ 106—2014[S]. 北京:中国建筑工业出版社,2014.

[18] 住房和城乡建设部. 建筑基坑支护技术规程:JGJ 120—2012[S]. 北京:中国建筑工业出版社,2012.

[19] 住房和城乡建设部. 混凝土中钢筋检测技术标准:JGJ/T 152—2019[S]. 北京:中国建筑工业出版社,2019.

[20] 铁道部. 铁路隧道衬砌质量无损检测规程:TB 10223—2004[S]. 北京:中国铁道出版社,2004.

[21] 汤勇茂. 地铁车站土建预埋件及预留孔洞施工质量管理探讨[J]. 城市建设,2010,23:334-335.

[22] 刘汝辉. 地铁车站常见的土建结构冲突问题及解决建议[J]. 建筑工程技术与设计,2018,25:1847.

[23] 刘洋. 地铁车站公共区装修阶段质量通病控制与管理[J]. 工程技术,2017,3:151-153.

[24] 段启楠. 谈地铁轨道施工质量通病及预防措施[J]. 安徽建筑,2017,24(002):100-101,105.

[25] 住房和城乡建设部. 混凝土结构设计规范:GB 50010—2010[S]. 北京:中国建筑工业出版社,2010.

[26] 住房和城乡建设部. 混凝土质量控制标准:GB 50164—2011[S]. 北京:中国建筑工业出版社,2011.

[27] 住房和城乡建设部. 建筑工程施工质量验收统一标准:GB 50300—2013[S]. 北京:中国建筑工业出版社,2013.

[28] 住房和城乡建设部. 混凝土结构工程施工规范:GB 50666—2011[S]. 北京:中国建筑工业出版社,2011.

[29] 国家质量监督检验检疫总局,国家质量监督检验检疫总局. 碳素结构钢:GB/T 700—2006[S]. 北京:中国标准出版社,2006.

[30] 国家质量监督检验检疫总局,国家标准化管理委员会. 钢筋混凝土用钢 第1部分:热轧光圆钢筋:GB/T 1499.1—2017[S]. 北京:中国标准出版社,2017.

[31] 国家质量监督检验检疫总局,国家标准化管理委员会. 钢筋混凝土用钢 第2部分:热轧带肋钢筋:GB/T 1499.2—2018[S]. 北京:中国标准出版社,2018.

[32] 国家市场监督管理总局,国家标准化管理委员会. 低合金高强度结构钢:GB/T 1591—2018[S]. 北京:中国质检出版社,2018.

[33] 国家质量监督检验检疫总局,国家标准化管理委员会. 非合金钢及细晶粒钢焊条:GB/T 5117—2012[S]. 北京:中国标准出版社,2012.

[34] 国家质量监督检验检疫总局,国家标准化管理委员会. 热强钢焊条:GB/T 5118—2012[S]. 北京:中国标准出版社,2012.

[35] 国家标准化管理委员会. 气体保护电弧焊用碳钢、低合金钢焊丝:GB/T 8110—2008[S]. 北京:中国标准出版社,2008.

[36] 国家质量监督检验检疫总局,国家标准化管理委员会. 技术制图 复制图的折叠方法:GB/T 10609.3—2009[S]. 北京:中国标准出版社,2009.

[37] 住房和城乡建设部. 普通混凝土拌合物性能试验方法标准:GB/T 50080—2016[S]. 北京:中国

建筑工业出版社,2016.
[38] 住房和城乡建设部,国家市场监督管理总局. 混凝土物理力学性能试验方法标准:GB/T 50081—2019［S］.北京:中国建筑工业出版社,2019.
[39] 住房和城乡建设部. 普通混凝土长期性能和耐久性能试验方法标准:GB/T 50082—2009［S］.北京:中国建筑工业出版社,2009.
[40] 住房和城乡建设部. 混凝土强度检验评定标准:GB/T 50107—2010［S］.北京:中国建筑工业出版社,2010.
[41] 住房和城乡建设部,国家市场监督管理总局. 建筑结构检测技术标准:GB/T 50344—2019［S］.北京:中国建筑工业出版社,2019.
[42] 住房和城乡建设部. 矿物掺合料应用技术规范:GB/T 51003—2014［S］.北京:中国建筑工业出版社,2019.
[43] 住房和城乡建设部. 无障碍设计规范:GB 50763—2012［S］.北京:中国建筑工业出版社,2012.
[44] 住房和城乡建设部. 钢筋焊接及验收规程:JGJ 18—2012［S］.北京:中国建筑工业出版社,2012.
[45] 住房和城乡建设部. 回弹法检测混凝土抗压强度技术规程:JGJ/T 23—2011［S］.北京:中国建筑工业出版社,2011.
[46] 住房和城乡建设部. 普通混凝土配合比设计规程:JGJ 55—2011［S］.北京:中国建筑工业出版社,2011.
[47] 建设部. 建筑桩基技术规范:JGJ 94—2008［S］.北京:中国建筑工业出版社,2008.
[48] 住房和城乡建设部. 钢筋机械连接用套筒:JG/T 163—2013［S］.北京:中国标准出版社,2013.

第13篇 BIM技术应用

本篇编审委员会

主编单位：中铁建昆仑地铁投资建设管理有限公司

主　　编：赵卫星

副 主 编：尹紫红

参　　编：黄　枢　杨晓龙　李　庆　张巨龙　欧小聪
　　　　　李　强　杜文强　梁四六　雷海英　邱炳胜

审　　定：冷　彪　周　志

秘　　书：张巨龙

标准规范

本篇使用的主要标准规范如下：
1. 《信息分类和编码的基本原则与方法》（GB/T 7027）
2. 《地铁设计规范》（GB 50157）
3. 《建筑信息模型应用统一标准》（GB/T 51212）
4. 《建筑信息模型分类和编码标准》（GB/T 51269）
5. 《建筑信息模型施工应用标准》（GB/T 51235）
6. 《建筑信息模型设计交付标准》（GB/T 51301）
7. 《城市轨道交通设施设备分类与代码》（GB/T 37486）
8. 《城市工程管线综合规划规范》（GB 50289）
9. 《建筑工程设计信息模型制图标准》（JGJ/T 448）
10. 《城市轨道交通工程BIM应用指南》（建办质函〔2018〕274号）
11. 《城市轨道交通工程项目建设标准（附条文说明）》（建标〔2008〕57号）
12. 《城市轨道交通信息模型交付标准》（DG/TJ 08-2203）
13. 《岩土工程信息模型技术标准》（DG/TJ 08-2278）
14. 《建筑装饰装修工程BIM实施标准》（T/CBDA 3）

METRO CONSTRUCTION HANDBOOK

篇首语

地铁施工通常具有以下特点：工程规模大，设计周期紧，建设周期长；参与单位多，工程协调难度大；专业多，系统复杂；管线多，关系复杂；设备安装阶段问题多，管线与设计接口协调难度大。将BIM 技术应用于地铁施工建设，通过虚拟建造、动态施工模拟、碰撞检测、材料分析、不同专业 BIM 集成、信息管理等，可优化各专业设计流程；制定合理的施工方案，优化施工工艺；减少或消除设计矛盾对施工的影响，避免各专业间冲突；提升专业技术人员施工能力，保障施工质量，提升施工水平。

本篇着眼于 BIM 技术在地铁施工中的应用，主要从地铁土建工程施工、机电工程施工、装饰装修工程施工三个方面入手。将 BIM 技术应用于地铁土建工程施工，通过其具备的虚拟建造手段，可实现各工种间科学配合，达到经济、安全、高效施工的目的；将 BIM 技术应用于地铁机电工程，可通过虚拟施工，预测关键碰撞点，大大降低施工风险，提高施工质量与进度；将 BIM 技术应用于地铁装饰装修工程，可通过碰撞检查实现设备的安全使用及管理，通过三维动画模拟预知装饰效果，体现工程建设水平。

我国地铁建设技术正在朝着信息化、智能化建造的方向变革，BIM 技术与各领域的结合，使得其包容性越来越强。如 BIM + GIS 技术，可提高长线工程和大规模区域性工程的施工管理能力，这在地铁项目建设中尤为重要，又如 BIM 与 AI 技术相结合，通过 AI 技术实现机械设备控制，避免人工作业可能存在的危险。BIM 技术在地铁施工中的应用，是智慧建造最直观的体现，可以预见，在未来的地铁项目建设中，BIM 技术将会成为不可或缺的一部分。

第 1 章 概述

BIM 是最初应用于建筑行业、服务于建筑行业建设全生命周期的一项技术。近年来,随着我国轨道交通建设的不断发展,信息化、智能化建设需求的不断增长,BIM 技术在轨道交通行业的应用越来越广泛。地铁施工涉及的专业和内容繁多,合理地应用 BIM 技术能有效提高施工质量,进一步提高地铁施工建设水平。了解 BIM 技术的基本概念、发展历程、在地铁施工过程中的应用点和发展趋势,有助于更好地在地铁施工中应用 BIM 技术。

1.1 BIM 的概念

按照我国《建筑信息模型应用统一标准》(GB/T 51212—2016)定义:建筑信息模型(Building Information Model/Modeling),指在建设工程及设施全生命期内,对其物理特征、功能特性及管理要素进行数字化表达,并依此设计、施工、运营的过程和结果的总称,简称 BIM。地铁建设中,BIM 技术应用示例如图 13-1-1 所示。

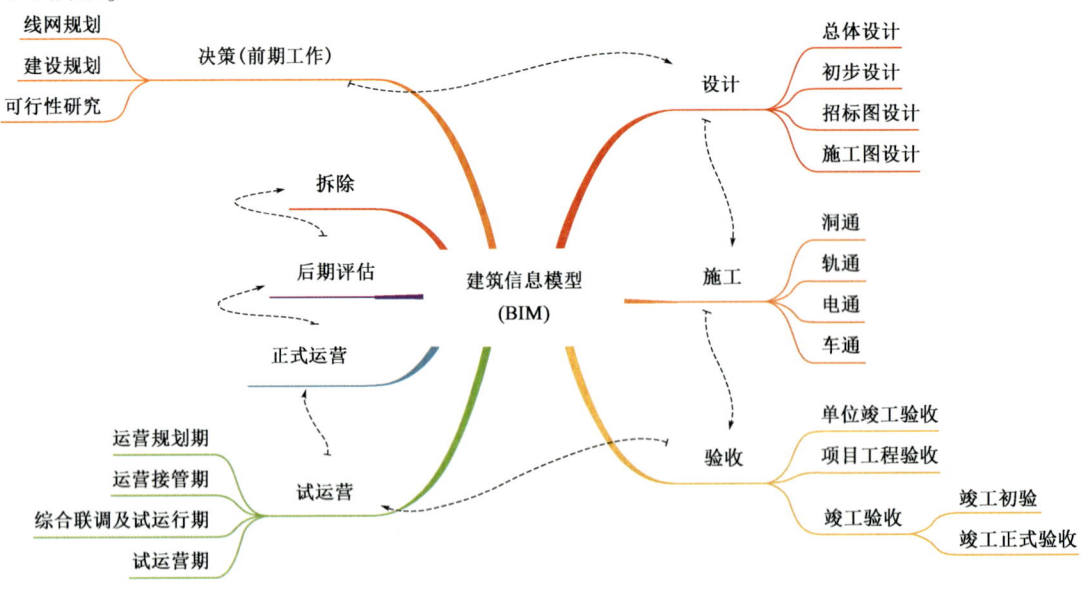

图 13-1-1 某地铁项目 BIM 技术全生命周期应用

B 是 Building，所代表的不仅仅是建筑，而是整个建设领域。它可以是建筑的某一具体部分（如水暖电、土方工程等），可以是单体建筑，也可以是社区，更可以是一个城市，甚至可以扩大到自然界。

I 是 Information，也就是信息。Information 代表了 BIM 的本质：一是信息，即建设领域中所包含的各种信息；二是信息化，即建设领域各要素汇总至数据库，供相关人员使用的方法和手段。

M 是 Modeling，也就是模拟。Model 是模型，Modeling 表现的是一个过程，而不是一个模型。

1.2 BIM 的发展

BIM 技术是一种多维模型信息集成技术。从最原始的手工绘图到二维（2D）、三维（3D）的传统建模，再到四维（4D）、五维（5D）的信息建模，BIM 技术所涉及的维度发生了翻天覆地的变化（表 13-1-1）。

BIM 维度变化　　表 13-1-1

序号	BIM 维度	内　容
1	2D	是由点、线、圆、多边形等组成的平面图，目前使用的各类方案图、初步设计图和施工图都是 2D 的
2	3D	包含了工程项目所有的 3D 模型及其几何、物理、功能和性能信息，在项目的不同阶段都可以使用，用于对建筑物进行各种类型和专业的计算、分析、模拟，这样的 3D 也称为虚拟建筑
3	4D	是在 3D 建筑信息模型的基础上，融入时间进度信息，形成 3D 模型 + 1D 进度的 4D 建筑信息模型，实现进度与施工模拟
4	5D	是在 3D 建筑信息模型的基础上，融入时间进度信息与成本造价信息，形成 3D 模型 + 1D 进度 + 1D 造价的 5D 建筑信息模型，实现以"进度控制、投资费用控制、质量控制、合同管理、资源管理"为目标的数字化三控两管项目总控
5	6D	在 5D 的基础上，进行包含声、光、气、水、热在内的建筑性能模拟分析

BIM 技术在实现多维度发展的同时，其应用范围的延伸也经历了以下三个阶段：

（1）BIM1.0 阶段。主要应用于设计阶段，以模型为主、应用为辅，关注设计形式是否美观，空间运用是否合理，一般通过渲染等技术实现建筑设计效果图的制作，以炫丽的形式呈现出来供赏阅。

（2）BIM2.0 阶段。不再停留在视觉呈现上，而将应用从设计阶段向施工阶段延伸，以 BIM 模型为基础，应用为主，重点关注使用者对数据信息的应用，使用者可以通过虚拟建造过程实现对进度安排、物料采选、施工流程等方面信息的提前了解，同时，模型数据还用于施工单位的造价预算等方面。

（3）BIM3.0 阶段。该阶段是以施工阶段应用为核心，BIM 技术与管理全面融合的拓展应用阶段，BIM 技术得到更深入的应用，体现出更高的价值。该阶段主要呈现出三大特征：从施工技术管理应用向施工全面管理应用拓展，从项目现场管理向施工企业管理经营延伸，从施工阶段应用向建筑全生命期辐射。在此阶段，BIM 技术在施工过程中的应用仍然是全行业中应用深度最大的、价值体现最明显的，并且利用 BIM 技术解决施工过程中的管理问题效果最显著。

1.3 BIM 的应用特性及优势

BIM 的应用特性及优势见表 13-1-2。

BIM 的应用特性及优势　　表 13-1-2

序号	特　性	优　势
1	可视化	（1）"所见即所得"； （2）模型 3D 立体实物图形可视； （3）项目设计、建造、运营等建设过程可视； （4）方便进行更好的沟通、讨论与决策

续上表

序号	特 性	优 势
2	专业协调	(1)解决各专业项目信息出现的"不兼容"现象,如管道与结构冲突,各个房间出现冷热不均,预留的洞口没留或尺寸不对等情况; (2)对各专业进度进行协调与综合,减少不合理的方案变更
3	动态模拟	(1)3D 画面的模拟; (2)紧急疏散、日照、热能传导等的模拟; (3)4D(3D 模型+1D 时间)的模拟; (4)5D(3D 模型+1D 时间+1D 造价)的模拟; (5)对地震人员逃生及消防人员疏散等日常紧急情况处理方式的模拟
4	方案优化	(1)项目方案优化,使建设单位知道哪种项目设计方案更有利于满足自身的需求; (2)特殊项目的设计优化,对施工难度比较大和施工问题比较多的设计施工方案进行优化,可以带来显著的工期和造价改进
5	可出图	(1)复杂节点图; (2)剖/立面图; (3)综合管线图; (4)综合结构留洞图(预埋套管图); (5)碰撞检查侦错报告和建议改进方案
6	参数化	(1)参数保存了图元作为数字化建筑构件的所有信息; (2)通过参数调整生成不同形式的构件
7	一体化	基于 BIM 技术可进行从设计到施工再到运营贯穿工程项目全生命周期的一体化管理
8	信息完整	(1)完整的工程信息描述,如对象名称、结构类型、建筑材料、工程性能等设计信息; (2)施工工序、进度、成本、质量以及人力、机械、材料资源等施工信息; (3)工程安全性能、材料耐久性能等维护信息; (4)对象之间的工程逻辑关系等

1.4 BIM 在地铁工程中的应用现状

BIM 在地铁工程全生命周期应用中涉及决策(前期工作)、设计、施工、验收、试运营、正式运营和后期评估等阶段,目前在地铁工程中对于 BIM 技术的应用主要在设计、施工和运维阶段,具体内容见表 13-1-3。

BIM 在地铁中的主要应用 表 13-1-3

序号	阶 段	主 要 应 用
1	设计阶段	(1)前期规划:利用 BIM 构造城市交通的三维模型,基于模型信息能够进行线网规划、日客运量、日换乘量、轨道线网平均运距等的分析和计算。 (2)可视化设计:建立三维实体模型,能够从全局把握站位周边地上地下的地形、道路、管线、建(构)筑物等情况,快速直观地推敲车站建筑主体和附属体量,还可结合车站一体化开发的范围、造型等,剖析其功能布局。 (3)协同设计:建筑、结构、设备等专业在同一工作平台下工作,设定的项目中心文件集体共享。不同专业人员建立自己专业相关的 BIM 模型,与这个中心文件链接,并在同步之后将新建或修改的信息自动添加到中心文件,实现信息共享。 (4)优化设计:BIM 模型中的所有图元构件都是基于一定的逻辑关系生成的,设计文件中的各个图纸视图和模型构件等都是关联的,任何部分的修改都能够自动进行并反映到其他图纸视图及与模型相关的全部子项,引起关联变更。 (5)自动碰撞检测:三维管线综合是在 BIM 三维建筑设计的基础上,对机电专业的管线与桥架进行走向优化、标高调整及碰撞检查

续上表

序号	阶 段	主 要 应 用
2	施工阶段	(1)可视化技术交底:使用三维信息模型进行交底,使现场工作人员更准确地了解设计意图和施工难点,避免出现施工差错。 (2)工程量计算:BIM技术能够将模型所包含的工程量信息进行准确统计,进行工程量核算,数据与BIM模型保持联动性,模型的更改情况能够及时地反映到对应的工程量明细表中。 (3)施工模拟:BIM模型中可以导入进度计划,动态显示模型进度,提前对施工场地布置、材料堆放、机械进出场路线、复杂节点等进行预演。 (4)成本控制:基于BIM的造价管理,利用其精确计算的工程量,可快速准确地提供成本数据,减少成本管理方面的漏洞,提升项目对成本的控制能力。 (5)沟通协作平台:BIM模型中富含丰富的信息,又有可视化的优点,可以成为项目各施工队伍最佳的沟通协同平台
3	运维阶段	(1)运维管理可视化:运用竣工三维BIM模型可以确定机电、暖通、给水与排水和强弱电等建筑设备在建筑物中的位置。 (2)虚拟现实管理:BIM的信息模型可以供管理者查询、修改和调用,同步更新系统的信息,更好地对设备和建筑进行维护。 (3)资产统计管理:资产管理作业可利用BIM模型中包含的数据,确定项目资产置换或更新对成本方面的影响,在满足建设单位和执行作业者要求的效能下持续地新增、维护、使用、更新、报废等。 (4)空间管理:BIM模型将允许使用者分析现有的空间执行作业和妥善管理客户的变动信息,以及空间的利用最适化,并做有效的调度与管控。 (5)灾害应急模拟:运用BIM技术,可以对监控、通信、通风、照明和电梯等系统存在的隐患进行及时处理,并且能对突发事件进行快速应对和处理,快速准确掌握建筑物的运营情况

1.5 BIM在地铁工程中的应用展望

1.5.1 BIM技术的深度应用及趋势

1)BIM技术与地理信息系统(GIS)

地理信息系统(Geographic Information System),是用于管理地理空间分布数据的计算机信息系统。BIM与GIS集成应用,是通过数据集成、系统集成或应用集成来实现的,可在BIM应用中集成GIS,也可以在GIS应用中集成BIM,或是BIM与GIS深度集成,以发挥各自优势,拓展应用领域。

在地铁应用中,将BIM与GIS集成,可提高地铁工程和大规模区域性工程的管理能力。地铁应用的BIM对象往往是局部地铁车站和区间,利用GIS宏观尺度上的功能,可将地铁BIM应用与其他BIM应用相结合,如道路、水电、港口等工程领域,增强大规模公共设施的管理能力。

2)BIM技术与人工智能(AI)

人工智能(Artificial Intelligence)已应用于诸多领域,但在地铁工程中,由于建造过程对经验要求较高,其应用程度较低。未来在地铁工程中,BIM与AI技术相结合,可在以下方面实现应用:

(1)通过AI对大数据的分析与模拟,对建设工程周边地形、地段进行完整的分析及预测,结合BIM的大数据模型,在很短的时间内提出多套解决方案供建设者选择与决策,以便在建设过程中实现对各项资源的最优配置。

(2)通过AI与其他手段的结合,在隐蔽部位或人工无法到达的地点实现隐患的排查和质量的检查。

(3)在安全隐患大的施工区域通过AI技术实现机械设备控制,避免人工作业可能存在的危险。

(4)在地铁工程监测领域,通过BIM技术建立结构大数据模型,并结合AI技术进行数据分析,实现对结构未来发展趋势的预测,避免或降低突发安全事故。

1.5.2　BIM技术的发展趋势

从技术角度看BIM的发展,模型轻量化技术、基于云的协同技术以及基于BIM与多元数据集成管理的工程建设数字化平台架构的集成技术将是未来地铁工程BIM应用的发展重点。在展示端,BIM从桌面端走向网络(Web)端、客户(App)端的过程中,需要使用三维模型轻量化技术对地铁工程模型进行深度处理,以满足工作协同和展示的要求。模型转化过程中信息的无损处理、图元的合并压缩、模型轻量化引擎的兼容等问题,都需要进一步攻关和突破。

在云端,BIM与云计算、图形处理虚拟化等技术集成应用,利用云计算的优势将BIM应用转化为BIM云服务,充分发挥云的计算和存储优势。多方协作通过广泛存在的云服务及时获取各自所需地铁BIM信息的研究仍在探索之中。另外,基于BIM的地铁工程应用正在向集成化发展。三维打印、倾斜摄影、数字加工、激光扫描、物联网等技术层出不穷,BIM与相关技术深度集成应用,将地铁工程智能建造提升到智慧建造的新高度。开创智慧建造新时代,也将是未来BIM技术发展的重要方向。

第 2 章 地铁BIM应用技术体系

当 BIM 应用于地铁工程时,不同工程规模、等级和关注重点,对 BIM 应用的软硬件配置、平台建设、模型要求等也有所差异,根据应用需求合理地提出 BIM 建设方案,将有利于实现资源的有效配置,提高 BIM 的使用效率,进而提高地铁工程的施工效率。

2.1 BIM 软硬件设置

2.1.1 软件系统

BIM 应用软件是指基于 BIM 技术的应用软件。一般来讲,它应该具备 4 个特征,即面向对象、基于三维几何模型、包含其他信息和支持开放式标准。地铁工程常用 BIM 应用软件见表 13-2-1。

地铁工程常用 BIM 应用软件　　　　表 13-2-1

软件工具			施工阶段			
开发公司	软件	专业功能	施工准备	深化设计	施工管理	竣工交付
欧特克有限公司	Revit	建筑、结构、机电建模	●	●	●	
	Navisworks	模型协调、管理	●	●	●	●
	Civil 3D	地形、场地、道路建模	●	●		
	3Ds Max	建筑、结构、机电建模	●	●	●	
Graphisoft 公司	ArchiCAD	建筑建模	●	●		
广联达科技股份有限公司(简称"广联达")	MagiCAD	机电建模	●	●	●	
	广联达 BIM5D	造价建模及管理	●	●	●	●
Bentley 软件有限公司	AECOsim Building Designer	建筑、结构、机电建模	●	●		
	ProSteel	钢构建模			●	
	Navigator	模型协调、管理	●	●	●	●
	ConstructSim	建造管理	●	●		
Tekla 公司	Tekla Structure	钢构建模	●	●	●	
富朗巴软件科技有限公司(FORUM)	UC-win/Road	仿真	●	●		

续上表

软件工具			施工阶段			
开发公司	软件	专业功能	施工准备	深化设计	施工管理	竣工交付
达索系统公司 (Dassault System)	DELMIA	4D 仿真	●	●	●	
	CATIA	建筑、结构、机电建模	●	●	●	
	ENOVIA	模型协同				●
Solibri 公司	Model Checker	模型检查				
	Model Viewer	模型浏览	●	●	●	●
	IFC Optimizer	IFC 优化	●	●	●	●
	Issue Locator	模型审阅	●	●	●	●
鲁班软件股份有限公司	鲁班 BIM 系统	造价建模及管理	●	●	●	●
RIB 集团	iTWO	进度、造价管理	○	○		○
中国建筑科学研究院	PKPM	结构建模、分析、计算	●	●	●	
北京盈建科软件有限公司	YJK	结构建模、分析、计算	●	●	●	

注:表中"●"为主要或直接应用,"○"为次要应用或需要定制、二次开发。

2.1.2 硬件环境

BIM 硬件环境包括客户端(如台式计算机、便携式计算机等个人计算机及平板电脑等移动终端)、服务器、网络及存储设备等。

1) 客户端配置方案

BIM 应用对于个人计算机的配置需求主要包括数据运算能力、图形显示能力、信息处理数量等。BIM 工作小组可针对选定的 BIM 软件,结合工程人员的工作分工,配备不同的硬件资源,以达到最优性价比。

客户端配置时建议采用阶梯式硬件配置,即基本配置、标准配置、专业配置三种不同等级的配置方案。详细的配置方案见表 13-2-2。

客户端配置建议表 表 13-2-2

项 目	基 本 配 置	标 准 配 置	高 级 配 置
BIM 应用	(1)局部设计建模; (2)模型构件建模; (3)专业内冲突检查	(1)多专业协调; (2)专业间冲突检查; (3)常规建筑性能分析; (4)精细渲染	(1)高端建筑性能分析; (2)超大规模集中渲染
适用范围	适合企业大多数工程人员使用	适合专业骨干人员、分析人员、可视化建模人员使用	适合企业少数高端 BIM 应用人员使用
Autodesk 配置需求 (以 Revit 为核心)	操作系统:Microsoft Windows7© 64 位及以上版本	操作系统:Microsoft Windows7© 64 位及以上版本	操作系统:Microsoft Windows7© 64 位及以上版本
	CPU:单核或多核 Intel Pentium、Xeon 或 i-Series 处理器或性能相当的 AMD SSE2 处理器	CPU:单核或多核 Intel Pentium、Xeon 或 i-Series 处理器或性能相当的 AMD SSE2 处理器	CPU:单核或多核 Intel Pentium、Xeon 或 i-Series 处理器或性能相当的 AMD SSE2 处理器
	内存:4GB RAM	内存:8GB RAM	内存:16GB RAM
	显示器:1280×1024 真彩	显示器:1680×1050 真彩	显示器:1920×1200 真彩或更高
	基本显卡:支持 24 位彩色 高级显卡:支持 Direct×11 及 Shader Model 3 的显卡	显卡:支持 Direct×11 显卡	显卡:支持 Direct×11 显卡

续上表

项　　目	基本配置	标准配置	高级配置
达索配置需求 （以 CATIA 为核心）	操作系统：Microsoft Windows7© 64 位及以上版本	操作系统：Microsoft Windows7© 64 位及以上版本	操作系统：Microsoft Windows7© 64 位及以上版本
	CPU：单核或多核 Intel Pentium、Xeon 或 i-Series 处理器或性能相当的 AMD SSE2 处理器	CPU：单核或多核 Intel Pentium、Xeon 或 i-Series 处理器或性能相当的 AMD SSE2 处理器	CPU：单核或多核 Intel Pentium、Xeon 或 i-Series 处理器或性能相当的 AMD SSE2 处理器
	内存：4GB RAM	内存：8GB RAM	内存：16GB RAM
	显示器：1280×1024 真彩	显示器：1680×1050 真彩	显示器：1920×1200 真彩或更高
	基本显卡：支持 24 位彩色 独立显卡：支持 openGL，显存 512M 以上	专业显卡：如 Quado 或更高配置，显存 2G 以上	专业显卡：如 Quado 或更高配置，显存 2G 以上
Archicad 配置需求	操作系统：Microsoft Windows7© 64 位及以上版本、Mac OS×10.10 Yosemite、Mac OS×10.9 Maverick	操作系统：Microsoft Windows7© 64 位及以上版本、Mac OS×10.10 Yosemite、Mac OS×10.9 Maverick	操作系统：Microsoft Windows7© 64 位及以上版本、Mac OS×10.10 Yosemite、Mac OS×10.9 Maverick
	CPU：双核 64 位处理器 内存：4GB	CPU：4 核或更多核的 64 位处理器 内存：16GB 或更多内存	CPU：4 核或更多核的 64 位处理器 内存：16GB 或更多内存
	显示器：1366×768 真彩或更高	显示器：1440×900 真彩或更高	显示器：1920×1200 真彩或更高
	显卡：兼容 openGL2.0 显卡	显卡：显存为 1024MB 或更大的 openGL2.0 集成显卡	显卡：支持 openGL（3.3 版本以上）显存 2G 以上独立显存

2）服务器方案

企业在选择数据服务器及配套设施时，需要考虑数据存储容量、并发用户数量、使用频率、数据吞吐能力、系统安全性、运行稳定性等配置要求。在明确规划以后，可据此（或借助系统集成商的服务能力）提出具体设备类型、参数指标及实施方案。

集中数据服务器硬件配置见表 13-2-3。

集中数据服务器硬件配置　　　　表 13-2-3

并发用户数量	基本配置	标准配置	高级配置
小于 100 个并发用户 （多个模型并存）	操作系统：Microsoft Windows Server 2012 R2 64 位	操作系统：Microsoft Windows Server 2012 R2 64 位	操作系统：Microsoft Windows Server 2012 R2 64 位
	Web 服务器：Microsoft Internet Information Server 7.0 或更高版本	Web 服务器：Microsoft Internet Information Server 7.0 或更高版本	Web 服务器：Microsoft Internet Information Server 7.0 或更高版本
	CPU：4 核及以上，2.6GHz 及以上	CPU：6 核及以上，2.6GHz 及以上	CPU：4 核及以上，3.0GHz 及以上
	内存：4GB RAM	内存：8GB RAN	内存：16GB RAN
	硬盘：7200 + RPM	硬盘：10000 + RPM	硬盘：15000 + RPM
100 个及以上并发用户 （多个模型并存）	操作系统：Microsoft Windows Server 2012 R2 64 位、Microsoft Windows Server 2012 64 位	操作系统：Microsoft Windows Server 2012 R2 64 位、Microsoft Windows Server 2012 64 位	操作系统：Microsoft Windows Server 2012 R2 64 位、Microsoft Windows Server 2012 64 位
	Web 服务器：Microsoft Internet Information Server 7.0 或更高版本	Web 服务器：Microsoft Internet Information Server 7.0 或更高版本	Web 服务器：Microsoft Internet Information Server 7.0 或更高版本

续上表

并发用户数量	基本配置	标准配置	高级配置
100个及以上并发用户（多个模型并存）	CPU：4 核及以上，2.6GHz 及以上	CPU：6 核及以上，2.6GHz 及以上	CPU：4 核及以上，3.0GHz 及以上
	内存：8GB RAM	内存：16GB RAN	内存：32GB RAN
	硬盘：10000 + RPM	硬盘：15000 + RPM	硬盘：高速 RAID 磁盘阵列

3）云服务方案

云服务是一个整体的信息技术（IT）解决方案，也是 BIM 行业未来 IT 基础架构的发展方向，是指通过网络以按需、易扩展的方式获得所需的服务。简单来说，云服务可以将企业所需的软硬件、资料都放到网络上，在任何时间、地点，使用不同的 IT 设备互相连接，实现数据存取、运算等目的。

云服务有三种主要形式：公有云、私有云和混合云。

（1）公有云

公有云是最基础的服务，成本较低，使用方便，是指多个客户可共享一个服务提供商的系统资源，无须架设任何设备及配备管理人员，便可享有专业的 IT 服务。在地铁工程中，无暇顾及 BIM 基础设施安装和维护管理，或持有资源隐秘性较低的工程单位一般可考虑该种服务方式。

（2）私有云

虽然公有云成本低，但大企业需要顾及行业、客户隐私，不愿将重要数据存放到公共网络上，故倾向于架设私有云端网络。私有云是为一个客户单独使用而构建的，因而能对数据、安全性和服务质量进行有效控制。在地铁工程中，自身拥有云计算基础设施，需要高安全性信息服务，对网络应用要求较高的工程单位可考虑该种服务方式。

（3）混合云

混合云由两个或更多云端系统组成云端基础设施，这些云端系统包含了私有云、社群云、公用云等。这些系统保有独立性，但是借由标准化或封闭式专属技术相互结合，确保资料与应用程式的便携性。希望同时获取两种云服务的优势，并有能力处理更加复杂运维问题的工程单位可考虑该种服务方式。

对于地铁建设项目而言，可将 BIM 与云、大数据、物联网技术充分集成（图 13-2-1），共同发挥各自的价值，服务地铁建设项目。

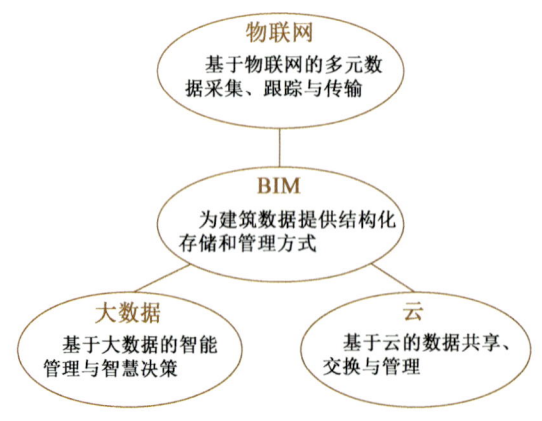

图 13-2-1　BIM 与云、大数据、物联网等技术的相互关系

以 BIM、云、大数据、物联网等技术的相互关系分析为基础,根据各类系统架构设计类文献的叙述,典型集成应用框架如图 13-2-2 所示。这一架构可以满足 BIM 项目中架构大数据的收集、存储、组织、共享、处理、应用等需求。

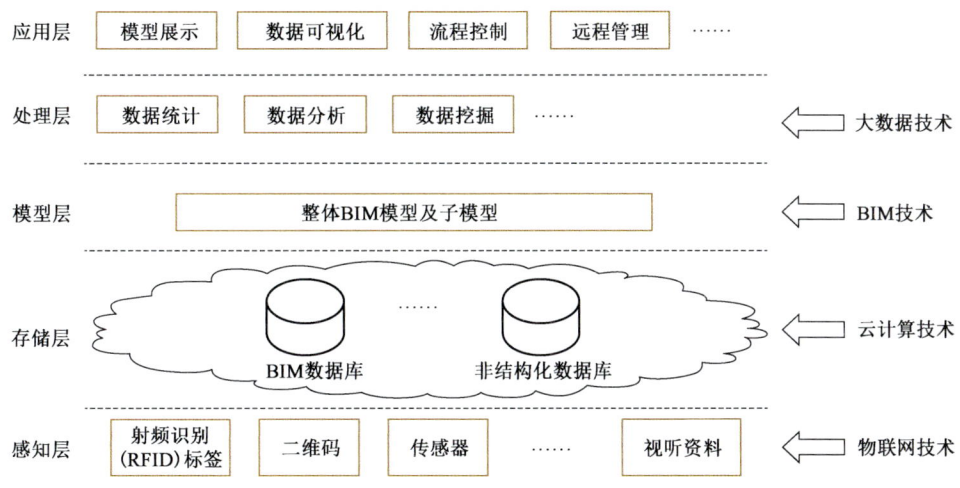

图 13-2-2　BIM 与云、大数据、物联网等技术的集成应用框架

2.2　BIM 平台建设

地铁施工中,现有的 BIM 应用软件功能有限,有时难以满足某些特殊需求,也不利于对地铁施工信息进行综合管理,可通过搭建 BIM 协同工作平台来满足需求,提高施工管理水平。

2.2.1　建设目标

BIM 数据集成与管理平台建设目标包括:
(1)实现工程建设各阶段 BIM 的可视化集成、动态更新和查询展示;
(2)实现工程建设各参与方 BIM 应用过程中的数据传递、共享和协同工作;
(3)满足工程建设各阶段 BIM 应用要求;
(4)与运营管理系统进行对接。

2.2.2　建设原则

BIM 数据集成与管理平台建设原则见表 13-2-4。

BIM 数据集成与管理平台建设原则　　　　表 13-2-4

序号	原则	内容
1	完整性原则	系统建设需考虑功能完整性,应能满足城市轨道交通工程建设各阶段 BIM 应用所需的系统功能和技术条件
2	先进性原则	系统在设计思想、系统架构、关键技术上采用国内外成熟的技术、方法、软件、硬件设备等,确保系统有一定的先进性、前瞻性、扩充性
3	可靠性原则	须对数据的管理和使用设置系统权限,确保系统、数据的安全可靠,充分考虑分级联网及外网衔接中的应用操作与信息访问安全问题,系统设计采取有效的备份措施,能够在遇到灾难性破坏时进行数据恢复
4	扩展性原则	系统建设采用积木式结构、组件化设计,整体架构要考虑系统建设的衔接,为后期功能扩展预留扩充条件,能够根据需要与企业已有、在建或拟建的相关系统进行有效集成

2.2.3 基本功能

BIM 数据集成与管理平台宜具备表 13-2-5 所列的基本功能。

BIM 数据集成与管理平台基本功能表 表 13-2-5

序号	基本功能	内　容
1	权限管理	支持对相关单位进行用户管理和权限管理
2	数据存储	支持互联网云存储,支持文档资料的数字化归档,支持对项目信息、技术标准、公共资源和知识库等的存储和管理
3	数据集成	对于不同软件创建的模型,能够使用开放或兼容格式进行转换,支持与外部管理系统数据对接
4	数据展示	支持对模型数据按照工作分解结构(WBS)展示,支持多种数据集成、大场景展示和在线浏览,支持在线实时剖切、测量、标注,支持模型构件的调用和编辑,支持三维场景中信息批注、保存和调取等
5	数据统计	支持对模型承载信息的分类统计,支持统计分析结果的输出
6	平台访问方式	支持多终端的展示及应用

2.2.4 应用集成

BIM 数据集成与管理平台应支持设计方案的技术经济指标分析和设计工作过程的管理,能够在施工阶段集成视频监控、门禁、施工安全风险监测、隐患排查、工程计量与计价等信息系统和前期工作管理、进度管理、质量管理等管理数据,辅助工程设计和施工管理。

当 BIM 数据集成与管理平台应用于运营阶段时,应能集成运营视频监控、环境与设备监控系统(BAS)、火灾自动报警系统(FAS)、自动售检票系统(AFC)等信息系统和利用物联网、移动互联等技术采集的通风空调与供暖、电扶梯等设施设备的运行状态数据,为运营管理阶段提供资产管理、控制保护区管理、设施设备管理和应急管理等功能。

2.3 BIM 模型要求

2.3.1 BIM 模型分解原则

地铁工程主体可按工程部位、专业、系统等分解模型、创建工作,提高工作效率。可参照下列原则分解模型、创建工作:

(1)地铁车站模型按专业、楼层分解;
(2)地铁区间模型按专业、里程分解;
(3)车辆段和停车场宜按专业、功能分区分解;
(4)控制中心、办公楼等大型单体建筑物宜按专业、楼层分解。

2.3.2 BIM 模型颜色要求

模型颜色应统一规定,并符合下列要求:
(1)地上环境和建(构)筑物模型的颜色应尽量接近实物效果;
(2)地质模型的颜色应体现地质分层和岩土特征;

(3)市政管线模型的颜色应便于区分不同的管道系统,且应与二维(2D)图纸的管线颜色保持一致;
(4)工程各专业模型的颜色应满足模型展示美观和直观区分各专业、系统的需求。

2.3.3 BIM 模型元素信息

模型元素信息应包含下列内容:
(1)几何信息:尺寸、定位、空间拓扑关系等。
(2)非几何信息:名称、规格型号、材料和材质、工程量、生产厂家、权属单位、土地性质、功能与性能技术参数,以及系统类型、资产类别、分部分项工程、施工段、施工方式、工程逻辑关系等。

2.3.4 BIM 模型创建及成果要求

施工阶段模型创建及成果要求见表13-2-6。

模型创建及成果要求 表13-2-6

序号	要求	具体内容
1	模型创建范围	在施工图设计模型基础上,通过增加或细化模型元素等方式深化设计模型和施工过程模型。深化设计模型宜包括土建、机电、装修等子模型;施工过程模型宜包括标准化管理、进度管理、质量管理、成本管理等子模型
2	模型细度	应达到指导施工和辅助施工管理的深度,支持关键复杂节点、大型设备运输路径、工程筹划等分析;施工进度、质量、安全、风险、成本等管理满足施工阶段 BIM 应用需求
3	成果文件	深化设计模型、施工过程模型,BIM 应用产生的孔洞清单、开孔剖面、三维模型视图、运输路径模拟视频、标准化模拟视频、进度分析报告、计量支付报表等

2.4 施工阶段的 BIM 应用内容

2.4.1 施工准备阶段

BIM 应用于地铁施工阶段时,应在施工准备阶段深入理解设计意图、分析工程重难点,结合施工工艺和现场情况,利用模型进行土建深化设计、关键复杂节点工序模拟和工程筹划模拟等方面的应用,全面优化施工组织设计,指导现场施工。

施工准备阶段 BIM 应用主要内容见表13-2-7。

施工准备阶段 BIM 应用内容 表13-2-7

序号	项目	内容
1	土建深化设计	(1)利用深化设计模型,获取穿墙点相关管线与桥架构件的尺寸、位置和高度等信息,截取开孔剖面,以表格形式输出包含孔洞编号、尺寸和高度等信息的孔洞清单,指导施工现场孔洞预留; (2)利用深化设计模型在预埋件布置部位获取类型、规格、位置和高度等信息,截取包含尺寸标注的预留预埋布置图,指导施工现场预埋件布置
2	机电深化设计	(1)利用深化设计模型,根据施工需要和规范要求对各系统的设备空间布置、墙面箱柜协调、支吊架设计及荷载验算等进行深化设计; (2)利用深化设计模型输出管线排布、综合支吊架设计、设备机房布置等三维模型视图,指导构件加工和现场安装

续上表

序号	项目	内容
3	装修深化设计	利用深化设计模型,结合装修方案进行建筑和结构之间的影响分析、管线校核和标高控制,对各类设施的平衡进行检查,优化装修设计效果及空间位置关系,输出建筑关键部位的三维模型视图,辅助论证装修方案、指导现场施工
4	大型设备运输路径检查	利用深化设计模型模拟风机、机柜等大型设备的运输、安装和检修方案,检查运输方案并形成问题报告,说明运输过程的碰撞点位置、碰撞对象,指导运输方案的优化,输出可实施的大型设备运输路径模拟视频,指导施工阶段的设备运输和安装
5	钢结构深化设计	利用BIM技术三维建模,对钢结构构件空间立体布置进行可视化模拟,通过提前碰撞校核,可对方案进行优化
6	混凝土预制构件生产	在分析大量预制构件参数设置的基础上,可规定所有构件参数至少应包括:边界到原点的尺寸参数;相对参照平面的距离参数(基于面的构件必须设置);基本尺寸参数,如长、宽、高、直径等,尺寸参数是否可变;常用材质参数,用于材料统计;其他尺寸参数。按照构件钢筋的规格、型号、数量、形状等进行建模,并可自动生成钢筋表
7	钢结构构件加工	将传统二维图纸变为三维的BIM实体模型,根据实际读取信息发现图纸当中存在的问题和施工期间可能遇到的难题,并以虚拟施工的方式予以解决,使后期实际施工具有流畅性和经济性
8	机电产品加工等其他应用	对预制管件张贴二维码,施工人员通过扫描二维码即可了解管路位置、安装方法、后期运营及维护等详细信息,从而提高安装效率,节省材料费、人工费,缩短工期

2.4.2 施工实施阶段

施工实施阶段可应用BIM创建虚拟现场,利用GIS、物联网、移动互联等技术开展标准化管理、进度管理、安全风险管理、质量管理、重要部位和环节的条件验收、成本管理等方面的应用,实现对工程项目的精细化管理。

施工实施阶段BIM应用主要内容见表13-2-8。

施工实施阶段BIM应用内容　　　　表13-2-8

序号	项目	内容
1	标准化管理	根据法律法规、企业标准化施工管理等办法实现: (1)确定场地布置、工艺流程和质量控制等方面的标准化工作要求; (2)创建包含临建、安全防护设施、施工机械设备、质量控制样板、质量通病等的标准化管理模型; (3)对场地布置方案、施工工艺、施工流程、质量安全事故等进行模拟,开展施工交底、实施、管理及考核等标准化管理活动
2	进度管理	根据施工组织设计和进度计划对深化设计模型进行完善,在模型中关联进度信息,形成满足进度管理需要的进度管理模型,利用BIM数据集成与管理平台进行进度信息上报、分析和预警管理,实现进度管理的可视化、精细化、便捷化
3	质量管理	利用移动互联、物联网等信息技术将质量管理事件录入BIM数据集成与管理平台,建立工程质量信息与模型的关联,实现工程质量问题追溯和统计分析的功能,辅助质量管理决策
4	安全风险管理	以深化设计模型为基础,根据施工安全风险管理体系增加风险监测点模型和风险工程等信息,建立安全风险管理模型,利用BIM数据集成与管理平台建立环境模型与安全风险监测数据的关联,实现对施工安全风险的可视化动态管理

续上表

序号	项目	内 容
5	重要部位及环节条件验收管理	根据轨道交通建设工程重要部位和环节施工前条件验收的具体实施办法和要求,利用BIM数据集成与管理平台查询施工过程模型的重要部位和环节的验收信息,快速获得验收所需准备工作及各项工作的完成情况,提高条件验收工作沟通和实施的效率
6	成本管理	以深化设计模型为基础,根据清单规范和消耗量定额要求来创建成本管理模型;通过计算合同预算成本,结合进度定期进行预算目标成本、实际成本对比、纠偏、成本核算、成本分析工作;根据实际进度和质量验收情况,统计已完工程量信息、推送相关数据、输出报表等辅助工程计量与计价工作
7	验收管理	根据《城市轨道交通建设工程验收管理暂行办法》(建质〔2014〕42号)和其他现行国家标准、地方标准、行业标准的规定,单位工程预验收、单位工程验收、项目工程验收和竣工验收前,在施工过程模型中添加或关联验收所需工程资料;单位工程预验收、单位工程验收、项目工程验收和竣工验收时,利用模型快速查询和提取工程验收所需资料,通过对比工程实测数据来校核工程实体,提高验收工作效率
8	监理控制、监理管理等其他应用	(1)监理通过BIM平台,可以将建设生命周期各阶段中的各相关信息进行高度集成,保证上一阶段的信息能分门别类地传递到以后各个阶段,建设各方自取所需的资料; (2)监理通过BIM平台,有力保证工程投资、质量、进度及各阶段中的相关信息的传递,在施工阶段建设各方能以此做到数据共享、工作协同、碰撞检查、造价管理等,极大程度地减少合同争议,降低索赔

2.4.3 竣工验收模型交付阶段

城市轨道交通工程竣工验收合格后,将各阶段验收形成的专项验收报告、设备系统联合调试数据、试运行数据等验收信息和资料附加或关联到模型中,形成竣工验收模型,分别向政府管理部门和运营单位移交。

竣工验收模型及附加或关联的验收信息、资料和格式等应满足政府管理部门资料归档要求,支持线路运营维护。竣工验收模型创建及成果要求见表13-2-9。

竣工验收模型创建及成果要求 表13-2-9

序号	要求	内 容
1	模型创建范围	在施工过程模型基础上,通过删除、增加、修改或细化模型元素等方式形成竣工验收模型
2	模型细度	应与工程实体和竣工图纸相符合,宜具备工程资料编码、设备编号、资产编码等信息,满足竣工资料归档和资产移交的需求
3	成果文件	竣工验收模型及附加或关联的设施设备清单、施工数据表格、竣工图纸、设备使用说明书等

2.4.4 施工阶段应用流程

BIM在地铁施工阶段应用的总流程如图13-2-3所示。

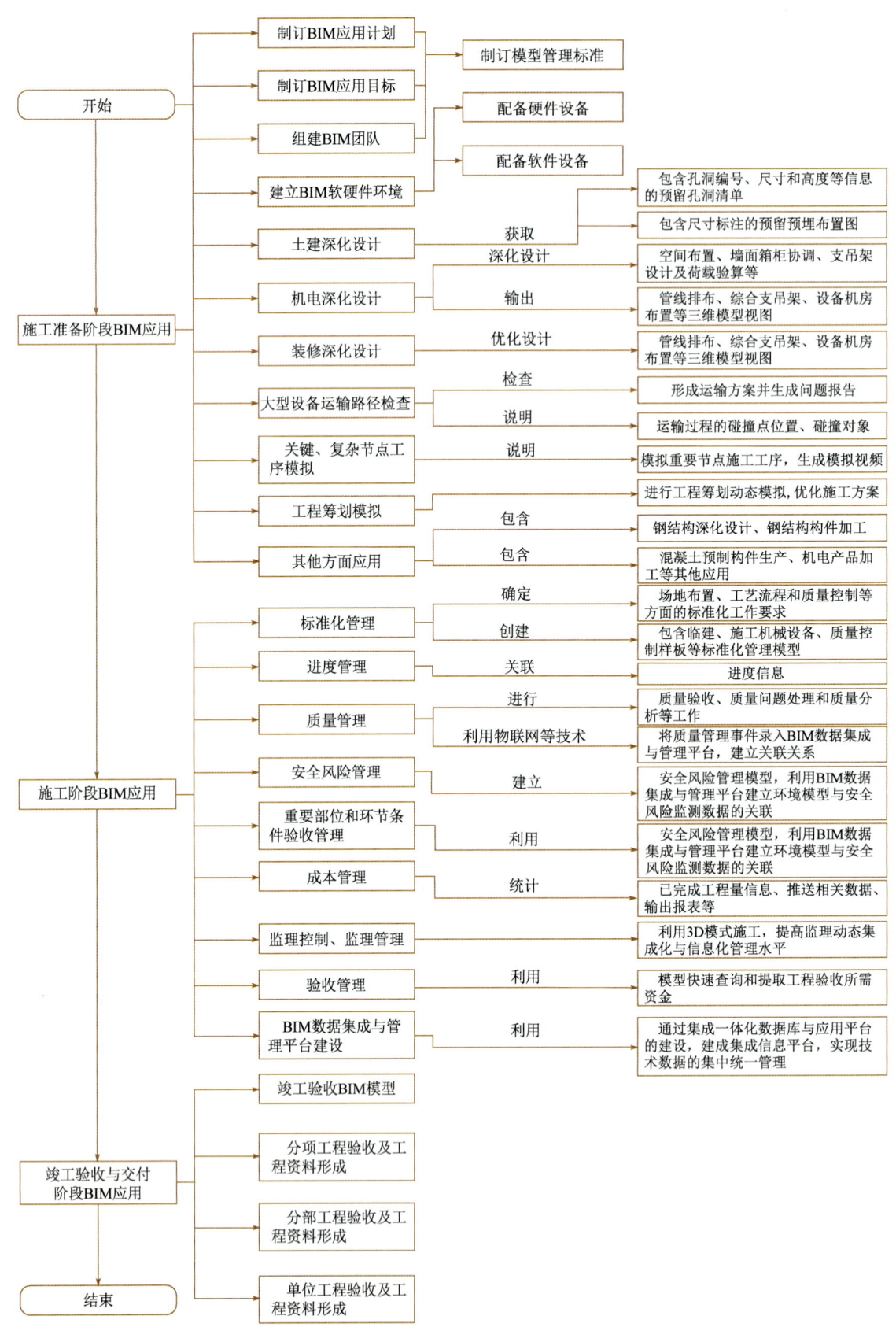

图 13-2-3　BIM 在地铁施工阶段的应用总流程图

2.5 交付成果格式

2.5.1 BIM 成果交付内容

地铁施工阶段最终成果包括 BIM 模型及相应的成果图纸、文档、视频等,具体包括但不限于以下内容:

(1)施工场地布置模拟;

(2)施工进度模拟视频;

(3)施工方案及复杂节点模拟视频;

(4)工程量辅助统计报告、清单;

(5)质量、安全预警报告。

2.5.2 BIM 成果交付格式

BIM 交付成果对应的参考软件及格式见表 13-2-10。

BIM 成果交付格式 表 13-2-10

序号	内容	软件	交付格式
1	模型成果文件	ArchiCAD	*.pln/ *.ifc
		Autodesk Revit	*.rvt/ *.ifc
		Bentley Microstation	*.dgn/ *.ifc
		DP/ Catia	*.cgr/ *.stp/ *CATPart/ *.ifc
		Tekla	*.db1/ *.db2/ *.ifc
2	浏览文件	Navisworks	*.nwd/ *.dwf
		Unreal Engine	*.exe
		Revizto	*.vimproj
		Fuzor	*.exe/ *.fzm
		AutoCAD	*.dwg/ *.dxf
3	视频文件	Audio Video Interactive	*.avi
		Windows Media Video	*.wmv
		Moving Picture Experts Group	*.mepg
4	图片文件	Photoshop/ ACD	*.jpg
			*.png
5	办公文件	Office	*.doc/ *.docx
			*.xls/ *.xlsx
			*.ppt/ *.pptx
		Adobe	*.pdf

注:交付时可能仅交付其中一些文件,不会按照本表全部交付,本表仅提供各类文件格式以供参考。

第 3 章 地铁土建工程施工BIM应用

地铁土建工程施工过程中,施工环境复杂、多专业交叉配合协调、经验不足等情况,可能导致施工工艺及进度安排不合理、施工遗漏及出错、施工安全预估不足、材料用量估算偏差大等问题,应用 BIM 可以在一定程度上解决这些问题。

3.1 场地设计

3.1.1 应用目标

应用 BIM 技术合理分析场地标高、土方挖、填方量、施工道路规划、排水方案等,对项目进行直观分析和优化,根据实际情况制订合理的施工方案,优化施工工艺,以降低成本、缩短工期。

3.1.2 应用流程

以场地平整为例,场地设计 BIM 应用流程如图 13-3-1 所示。

图 13-3-1 场地设计 BIM 应用流程图

其分项内容见表 13-3-1。

场地设计 BIM 应用分项内容表　　　　表 13-3-1

步骤	名 称	内 容	可使用软件
1	提出初步施工方案	项目在进行场地平整时,应充分掌握土质情况、水文情况等信息,并制订初步的施工方案,有利于 BIM 建模和应用的方向	—
2	建立 BIM 模型	根据场地平整初步施工方案创建相应的 BIM 模型,模型应包含场地标高、土石方挖量、施工道路规划、排水方案等信息,且能跟施工方案一一对应	Revit、3Ds Max、Civil 3D 等
3	提取工程量信息	依据模型中的场地信息,确定土石方工程量、临时设施及物资的场地布置,将提取的工程量信息用于施工	Civil 3D、Autodesk Revit 等

续上表

步骤	名 称	内 容	可使用软件
4	编制场地平整进度	按照模型中的地形信息,对场地平整方案进行优化,同时合理安排场地平整进度,结合机械台班及人工,制订有效合理的进度计划	Autodesk Navisworks、鲁班软件等
5	通过BIM数据优化施工方案	通过模型分析施工工艺方案的可实施性,并计算工程方案的工程量,通过工程量计算工期、成本信息,避免方案中出现实施难度大、施工成本高等情况,优化施工方案	Autodesk Revit 等
6	确定最优施工方案	通过施工方案的模拟施工和比选,不断优化施工方案,得出可实施性高、成本低、工期短的最优施工方案	Autodesk Navisworks、鲁班软件等

3.2 基坑工程

3.2.1 应用目标

(1)通过创建基坑的BIM信息模型,打破基坑设计施工和监测之间的传统隔阂,直观体现项目全貌,实现多方无障碍的信息共享。

(2)通过三维可视化沟通,全面评估基坑工程,使管理决策更科学,采取措施更有效,并加强管理团队对成本、进度计划及质量的直观控制,提高工作效率,降低差错率,节约投资。

3.2.2 应用流程

基坑工程BIM应用流程如图13-3-2所示。

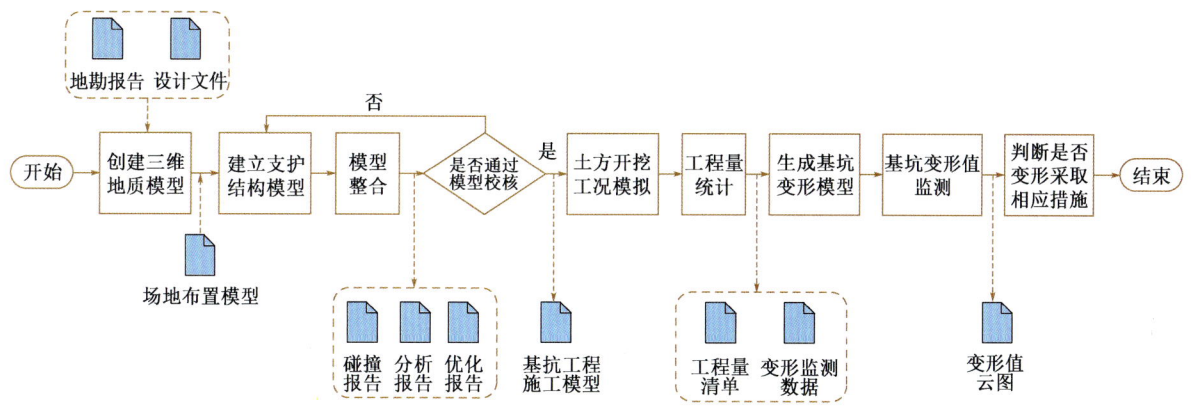

图13-3-2 基坑工程BIM应用流程图

其分项内容见表13-3-2。

基坑工程BIM应用分项内容表　　　　表13-3-2

步骤	名 称	内 容	可使用的软件
1	创建三维地质模型	(1)收集项目相关岩土工程地勘报告和设计资料,获取地形、地质数据,建立三维地质数据模型; (2)获取周边建(构)筑物、道路及地下管线等设施的数据,建立施工场地布置模型	Autodesk Revit、Civil 3D 等
2	建立支护结构模型	(1)利用已建立的地形数据模型及施工场地模型数据,建立基坑工程的支护体系模型; (2)加入模型工程信息描述,如对象名称、支护类型、材料类别、工程物理力学性能等设计信息	

续上表

步骤	名 称	内 容	可使用的软件
3	土方开挖施工方案设计及施工模拟	通过土方开挖施工方案工程仿真,了解桩基变位、支护结构变形、地形变形对周边设施(相邻建筑、管线等设施)的影响情况	ANSYS、ABAQUS 等(数值分析软件)
4	工程量计算	根据土方开挖设计数据及地形数据进行土方算量	Autodesk Revit
5	生成基坑变形模型	导入基坑变形监测数据,该数据存放在 Excel 表格中,通过读取该数据生成基坑变形情况,可以查看临界区域和超限危险点	ANSYS、Flac 3D
6	基坑变形值检测	将某时间点的变形模型与初始模型叠合并进行误差检验	ANSYS、Autodesk Revit 等
7	判断变形并作出相应措施	基坑监测人员及管理人员确定危险点后调取基坑监测报表,确认危险点是否属实并及时启动应急预案,第一时间进行基坑危险点的处置工作	—

3.3 模板与脚手架工程

3.3.1 应用目标

根据模板与脚手架 BIM 模型,结合工程实际情况,自动判断模架体系支设安全性并计算材料用量。

3.3.2 应用流程

模板与脚手架工程 BIM 现阶段应用主要集中在模架的安全验算、模架采用的非实体材料用量,应用流程如图 13-3-3 所示。

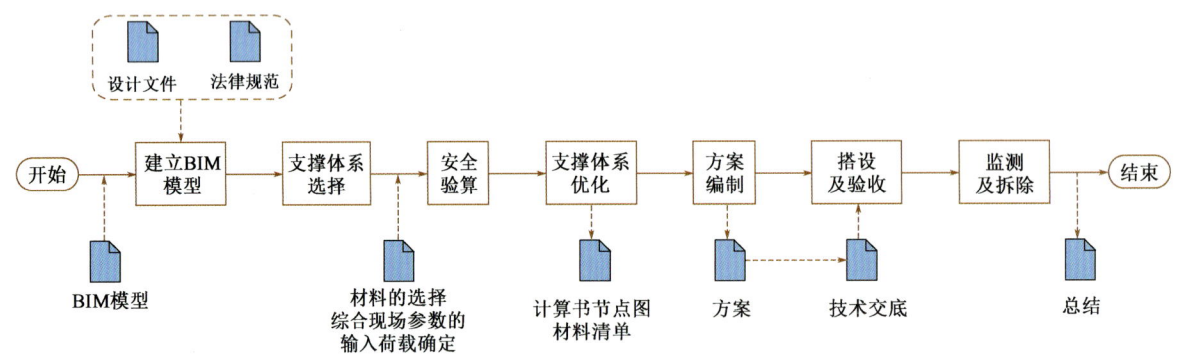

图 13-3-3 模板与脚手架工程 BIM 应用流程图

其分项内容见表 13-3-3。

模板与脚手架工程 BIM 应用分项内容表　　　表 13-3-3

步骤	名 称	内 容	可使用的软件
1	建立 BIM 模型	根据模板与脚手架相关设计图纸,通过 CAD 图纸的拾取、Revit 的输入、GCL 的输入等方式创建结构模型、模板与脚手架模型	Autodesk Revit
2	支撑体系选择	根据工程的实际情况,选定模架体系的材料种类、大小规格,结合工程模架体系的承载情况,确定架体承受荷载大小。然后选择相应的模架支撑体系类型,智能生成相应的模架体系模型	广联达 BIM 模板与脚手架设计软件、品茗模板/脚手架工程设计软件
3	安全验算	模架体系智能生成后,采用模架体系的后置运行程序,对模架体系的强度、刚度和稳定性进行校核	
4	支撑体系优化	架体强度、刚度及稳定性均满足要求后,结合架体的安全性,对模架架体的布局进行优化,并输出最终模架体系的计算书、节点图以及构配件的清单	

续上表

步骤	名称	内容	可使用的软件
5	方案编制	(1)根据标准及规范要求,结合工程现场情况编制模架体系的施工方案,对超过一定规模的危险性较大的模架体系施工方案,进行专家论证,通过专家论证后形成最终的施工方案; (2)方案实施前,对施工技术人员、现场劳务人员进行技术交底和安全交底,并形成交底文件资料	—
6	搭设及验收	现场严格按照技术交底及安全交底的内容,进行架体搭设并组织验收,验收需满足施工方案及脚手架规范要求	—
7	检测及拆除	(1)架体验收完成后,使用过程中增加现场监控点,对架体使用过程中的安全性及变形进行动态检测,确保架体使用过程中的安全; (2)施工完成后,按照"先支的后拆,后支的先拆、先拆非承重、后拆承重"的原则进行架体拆除,拆除步骤满足施工方案及规范要求	—

3.4 钢筋工程

3.4.1 应用目标

(1)利用钢筋工程 BIM 模型及其二次开发技术,结合相关设计文件及规范要求,在三维模型中进行钢筋效率化建模与智能化翻样;

(2)利用钢筋 BIM 云管理平台,对钢筋加工的全过程信息进行管理。

3.4.2 应用流程

钢筋工程 BIM 技术主要应用于钢筋生命周期中的钢筋翻样、钢筋加工及钢筋安装,应用流程如图 13-3-4 所示。

其分项内容见表 13-3-4。

钢筋工程 BIM 应用分项内容表　　　　表 13-3-4

步骤	名称	内容	可使用的软件
1	编制翻样策划	根据建设、监理、设计单位意见,分工、分段情况及工期、标准图集等编制翻样方案,符合要求时,方可进行下一步	—
2	创建钢筋翻样模型	根据钢筋模型、图纸料单建立相应的钢筋翻样模型。模型应包含图纸中各种钢筋的样式、规格、尺寸以及所在位置,且要求精确、合理	Autodesk Revit、Tekla Structures、广联达、鲁班、Bentely ProStructures 等
3	材料、图纸输出	软件自动生成各工位的操作工人对应的任务料单	广联达、鲁班等
4	云管理系统料单数据转换	通过"BIM 云管理系统"将绑扎料单、分拣料单、加工料单发送至各工位的操作工人	Tekla Structures、二次开发管理平台
5	钢筋加工	操作人员可按照加工料单中的信息,结合现场生产进度,使用数控技术对钢筋进行加工,降低劳动强度	—

续上表

步骤	名 称	内 容	可使用的软件
6	半成品储存	对照分拣料单中的信息,使用机器将按要求成型的钢筋,即半成品,分拣打包并储存	—
7	钢筋绑扎与出库	操作人员根据绑扎料单,对运输过来的钢筋进行绑扎,待验收合格后,方可出库、用于施工	—

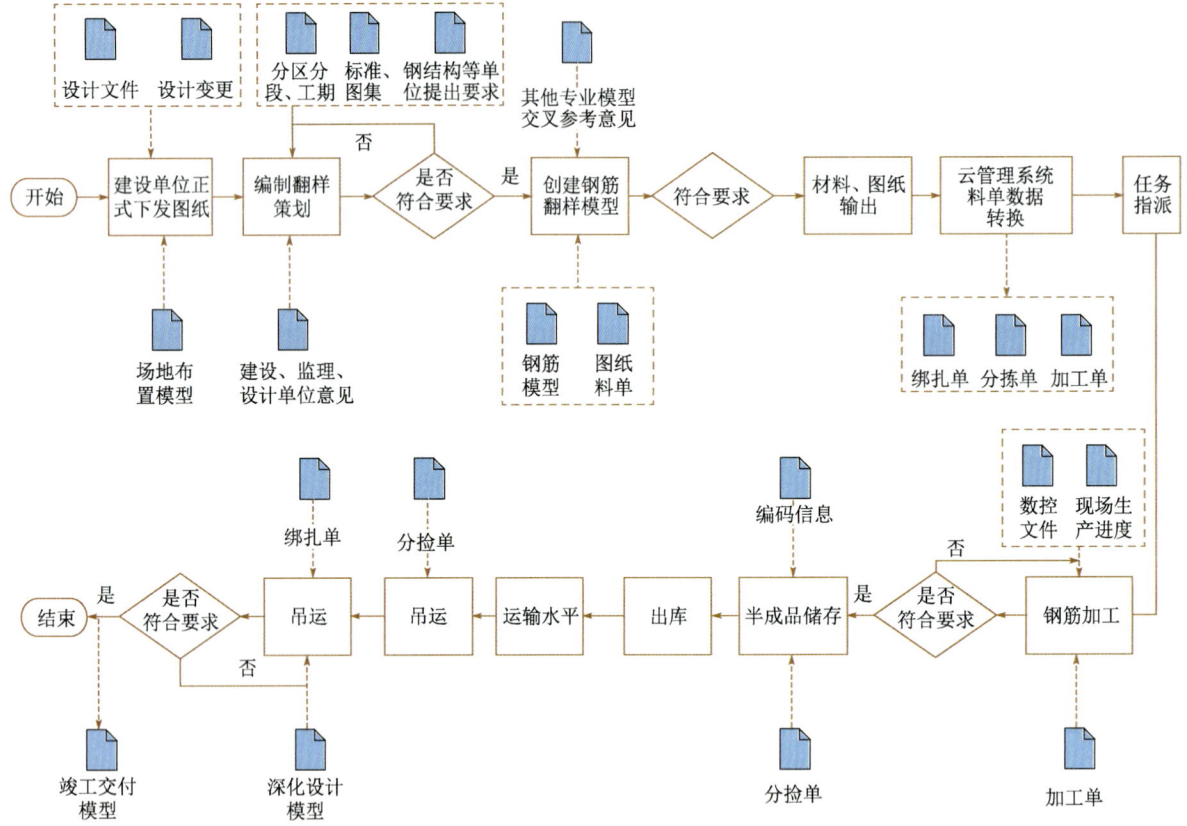

图 13-3-4　钢筋工程 BIM 应用流程图

3.5 砌体工程

3.5.1 应用目标

(1)利用 BIM 技术的多专业协同和可视化功能,对砌体工程的每面墙体进行模型创建和砌块排布,完成构造柱和圈梁等构件的合理布置和机电专业预留孔洞的精准预留。

(2)通过 BIM 技术的统计功能,精确提取每层或每个流水作业段甚至每面墙的砌体材料用量,物资管理人员根据统计表进行砌块的厂内加工与进料,加强材料管理和材料的定点定量运输,避免材料的二次转运。

3.5.2 应用流程

砌体工程 BIM 应用流程如图 13-3-5 所示。

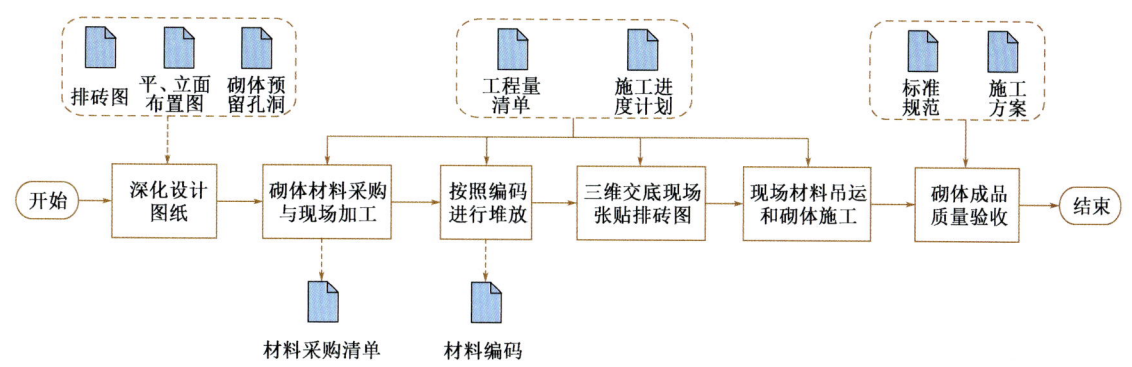

图 13-3-5 砌体工程 BIM 应用流程图

其分项内容见表 13-3-5。

砌体工程 BIM 应用分项内容表　　　　　表 13-3-5

步骤	名称	内容	可使用的软件
1	深化设计图纸	(1) 熟悉设计图纸,明确构造柱、圈梁、过梁定位及尺寸; (2) 根据项目平、立面图及排砖图和砌体预留孔洞图的规定做法,采用 BIM 进行排版设计,创建砌块排版模型	Autodesk Revit、广联达 BIM 5D、鲁班施工软件
2	砌体材料采购与现场加工	(1) 根据材料采购订单对施工所需砌体材料进行采购; (2) 施工现场设置砌块加工场,对于用量较少的砌块在加工场按照材料表进行加工,严禁在施工作业面加工、随意切割	—
3	按照编码进行堆放	(1) 砌块材料堆放按照不同规格和不同的砌筑单元进行编码归类; (2) 砌块材料加工成品运输以流水作业段为单元进行,运至作业面后按照墙体单元进行堆放; (3) 材料进场后,要按品种、规格分别堆放整齐,做好标识,堆放高度不能超过 2m	—
4	三维技术交底及现场张贴排砖图	现场施工时,不仅要进行三维技术交底,还需在现场每面墙体施工部位张贴砌块排布图	AutoCAD、广联达 BIM 5D、鲁班施工软件
5	现场材料吊运和砌体施工	(1) 在运输、装卸砌体材料的过程中,严禁抛掷和倾倒; (2) 在吊运材料时,防止碰撞已砌筑完成的墙体	—
6	砌体成品质量验收	(1) 根据标准规范和施工方案,对砌体成品质量进行验收,并上报监理工程师,合格后方可签字确认; (2) 在施工和验收过程中,要严格按照砌块排布图进行	

3.6 土建工序工艺模拟

3.6.1 应用目标

(1) 通过工序工艺模拟,可发现不合理的施工程序、设备调用程度与冲突、资源的不合理利用、安全隐患、作业空间不充足等问题,也可以及时更新施工方案,解决相关问题。

(2) 施工模拟也可为项目各参建方提供沟通与协作的平台,帮助各方及时、快捷地解决各种问题,提高工作效率,节省大量时间。

3.6.2 应用流程

土建工序工艺模拟 BIM 应用流程如图 13-3-6 所示。

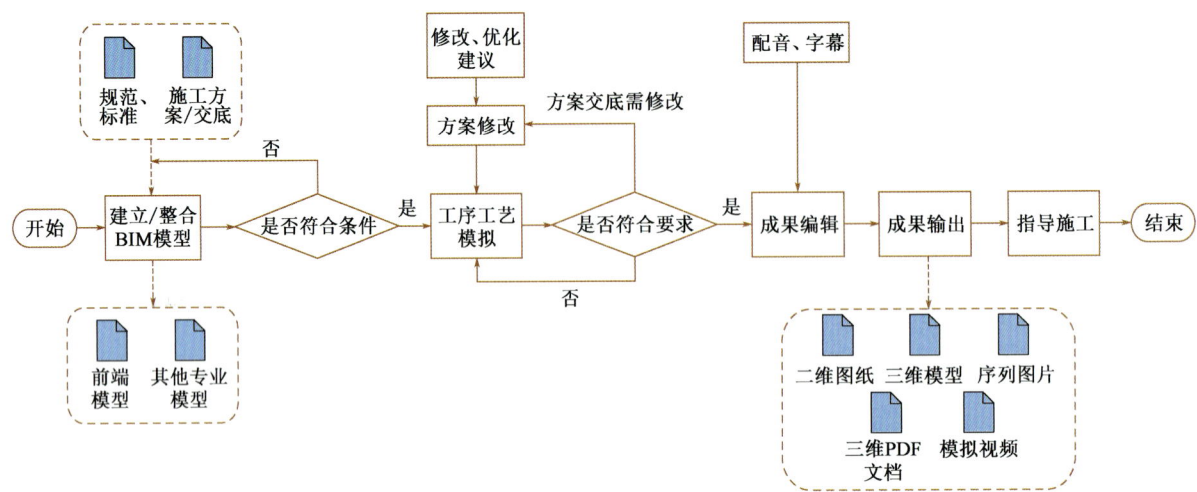

图 13-3-6　土建工序工艺模拟 BIM 应用流程图

其分项内容见表 13-3-6。

土建工序工艺模拟 BIM 应用分项内容表　　　表 13-3-6

步骤	名称	内容	可使用的软件
1	确认规范、标准并进行技术交底	（1）在进行整体的土建工序把控时，首先了解施工方案，进行土建施工技术交底； （2）同时确定相关规范、标准，有利于 BIM 建模的初步建立及整合	Autodesk Revit
2	建立/整合 BIM 模型	（1）基于相关规范、标准及施工方案建立 BIM 土建模型，并应包含前端模型及相关专业模型； （2）对模型进行校核，若符合要求则继续进行下一步工序工艺模拟	Autodesk Revit
3	工序工艺模拟	（1）进行基于 BIM 土建模型的工序工艺模拟之前，应对相关技术人员就施工方案所提的意见及时进行修改与优化，优化后的方案进行 BIM 工序工艺模拟； （2）模拟过程中，应检查是否符合相关要求。若有误，则对模型进行修改直到满足要求	Navisworks Manage
4	成果编辑及输出	工序工艺模拟需要通过动画的形式展现，需对模拟成果进行配音、字幕等操作，以便于理解。最终的工序工艺模拟成果应包含二维图纸（施工方案）、三维模型、序列图片、三维 PDF 文档、模拟视频等文件	3Ds Max

3.7 土建结构施工

3.7.1 应用目标

（1）实现土建工程中围护结构、主体结构、内部结构及土方模型的同步搭建，完成搭建后可进行链接，形成单元结构完整模型；

（2）通过建立精准、完整的 BIM 模型可以实现施工进度模拟、成本控制、材料分析等功能。

3.7.2 应用流程

地铁土建结构施工 BIM 应用流程如图 13-3-7 所示。

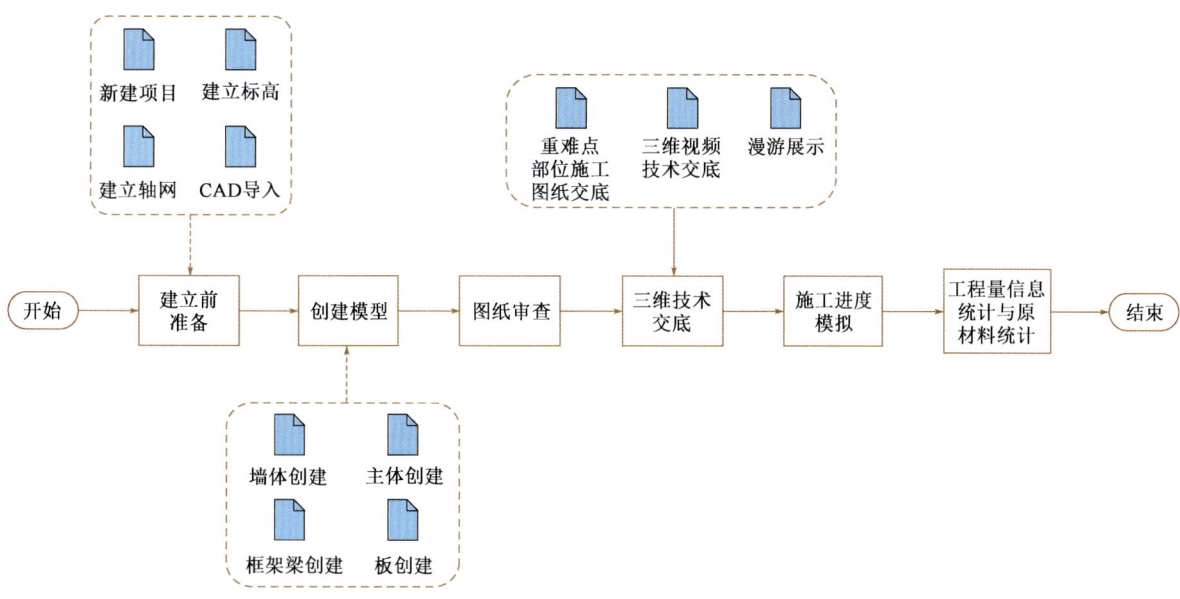

图 13-3-7　地铁土建结构施工 BIM 应用流程图

此处仅选用 Autodesk Revit 作为地铁土建结构施工 BIM 应用软件进行分析，其分项内容见表 13-3-7。

地铁土建结构施工 BIM 应用分项内容表　　　　表 13-3-7

步骤	名　　称	内　　容	可使用的软件
1	建模前准备	（1）在 Autodesk Revit 中绘制结构平面图，可直接将 CAD 图纸中平面图导入项目平面，大大节省建模时间； （2）CAD 图纸导入 Revit 项目中后，确定各层标高并在相应标高上绘制轴网，以供后续使用； （3）建立由标高和建筑轴线组成的轴网，将站厅层平面和站台层平面 CAD 图纸导入项目平面	Autodesk Revit、Autodesk CAD
2	创建模型	（1）地铁车站主体模型创建过程一般应按照墙—柱—框架梁—板的步骤来创建，各结构布置依照步骤 1 中标高轴网放置； （2）框架梁创建中，首先确定框架梁参照平面，确定梁的性质（主梁或次梁）后进行绘制。若图中注明有梁的特殊标高，此时务必注意标高的修改； （3）楼板创建中，面楼板是用于将概念体量模型的楼层面转化为楼板模型图元，该方式只能从体量创建楼板模型时使用，结构楼板是为方便在楼板中布置钢筋、进行受力分析等结构专业应用而设计的，提供了钢筋保护层厚度等参数，结构楼板与建筑楼板的用法没有任何区别，Revit Architecture 还提供了楼板边工具，用于创建基于楼板边缘的放样模型图元	Autodesk Revit
3	图纸审查	（1）为确保建筑工程从设计端到施工端的良好过渡，需对建筑三维模型进行多专业集成后的碰撞检查、规范检查等一系列对设计模型的检查功能； （2）审图工作涉及建设单位、设计单位以及施工单位的多方利益。通过审查，提前预判建筑构件之间的相互碰撞和可视化沟通，提升项目工作人员协作能力	

续上表

步骤	名称	内容	可使用的软件
4	三维技术交底	(1) 重难点部位施工图纸交底:直接使用模型对工程重难点部位,复杂节点部位等进行三维交底,通过对模型查看、旋转、剖切等操作可以快速地让技术人员对工程项目进行整体认识并达到沟通交流的目的; (2) 三维视频技术交底:针对重难点、高风险作业工序采用三维视频技术交底,使施工人员能快速把握重难点,增强风险意识; (3) 漫游展示交底:针对工程重难点、复杂结构部位采用漫游展示进行交底,第一视角查看,形象生动	Autodesk Revit
5	施工进度模拟	施工模拟技术可以在项目建造过程中合理制订施工计划,4D 精确掌握施工进度、优化使用施工资源以及科学地进行场地布置,对整个工程的施工进度、资源和质量进行统一管理和控制,以缩短工期降低成本、提高工程质量	鲁班 BIM
6	工程量信息统计与原材料统计	(1) 明细表字段的种类由实例参数和类型参数来添加字段,为明细表添加参数时需要注意实例参数和类型参数的区别,从而进行正确选择; (2) 利用广联达 BIM 钢筋算量软件可以制作钢筋明细表,自动将各部件钢筋及钢筋接头进行统计计算	广联达

3.8 地铁土建工程施工 BIM 应用案例

3.8.1 工程概况

某地铁土建工程包括一站两区间。一站为 A 站,两区间为 B1 站—B2 站区间和 C1 站—C2 站区间,均位于某市中心繁华老城区地段。

该项目主要将 BIM 技术应用在车站土建结构的施工管理中。A 站为该工程的首个车站,全长 186m,明暗结合四层结构。明挖段基坑长 82m,主基坑宽 39.7m,深 31.48m,外挂段深 16.4m,宽 9.2~11m,其中主基坑 23.3m 为盖挖区域。暗挖段总长 104m,共有 2 个横向联络通道、2 个活塞风道和 2 个活塞风井。车站立面如图 13-3-8 所示。

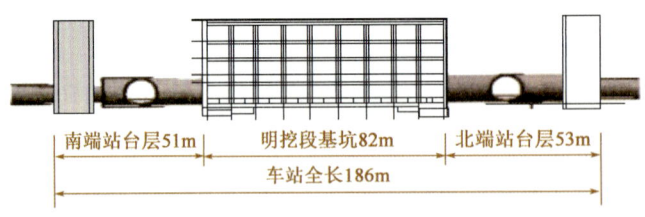

图 13-3-8 案例车站立面示意图

3.8.2 应用目的与内容

1) 应用目的

该工程为半明半盖、明暗挖结合车站,施工工法复杂,且位于广州市老城区的十字路口,施工前期需一次性将给水、排水、燃气、热力、电力电缆五大专业管线迁出基坑外围,施工多次倒边施工,施工场地狭小;施工受到周边环境的制约因素多,施工协调要求高,施工难度大,安全风险高。为加强项目施工精细化管理,提高管理效率,特将BIM信息技术应用到该车站的施工过程管理中(图13-3-9)。

为了更好地应用BIM技术,成立了BIM工作小组,对项目进行BIM技术应用研究,探索出一套适合半明半盖、明暗挖结合车站施工的BIM管理模式,同时为以后将BIM技术应用于类似工程积累经验。

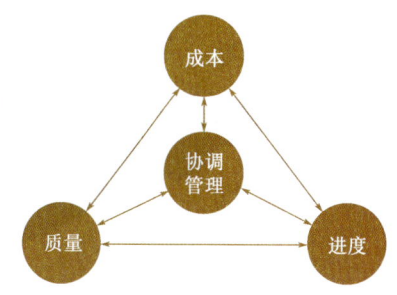

图13-3-9 BIM技术的价值

2)应用内容

(1)BIM模型建立与纠偏

准确的BIM模型是BIM技术应用的关键。BIM工作小组根据施工图设计的二维CAD图纸,在熟悉各专业设计图纸及构件布置原则的基础上,采用Revit软件搭建模型。围护结构、主体结构、内部结构及土方模型同步进行搭建,完成后进行链接,形成单元结构完整模型。模型建立的过程就是图纸复合的过程,通过车站模型的建立,项目共发现图纸存在60余处碰撞问题,通过和设计单位沟通,进行了及时纠偏,有效地杜绝了施工时的返工及浪费。

各类模型搭建如图13-3-10~图13-3-17所示。

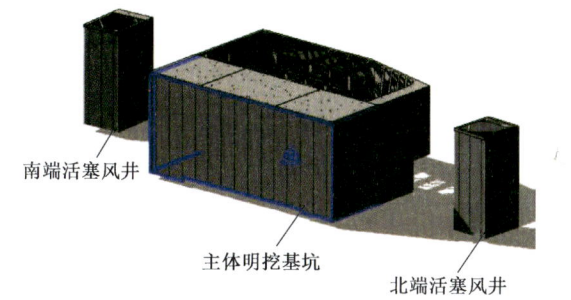

图13-3-10 围护结构模型

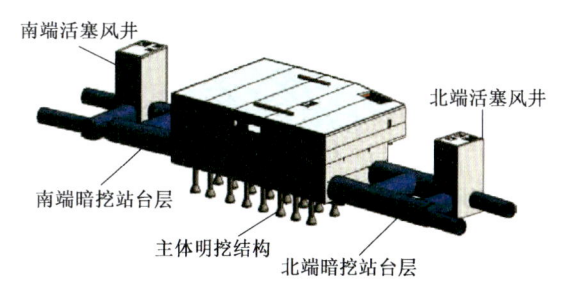

图13-3-11 主体结构模型

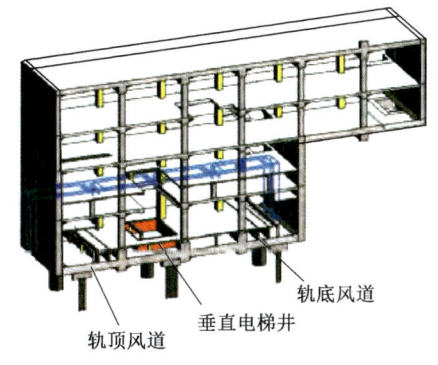

图13-3-12 内部结构模型

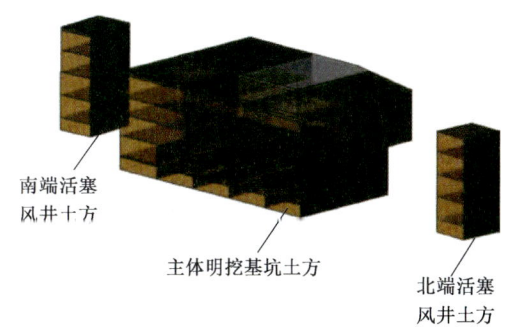

图13-3-13 土方模型

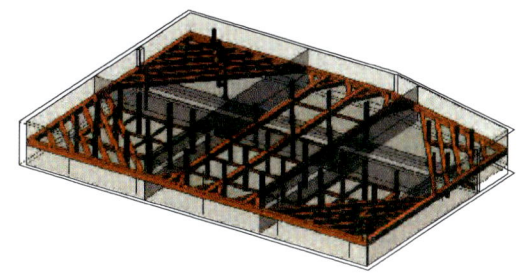

图13-3-14 明挖段支撑腰梁模型

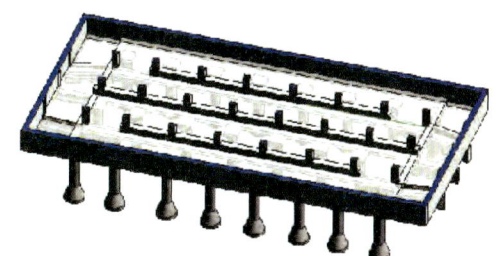

图13-3-15 明挖段站台层模型

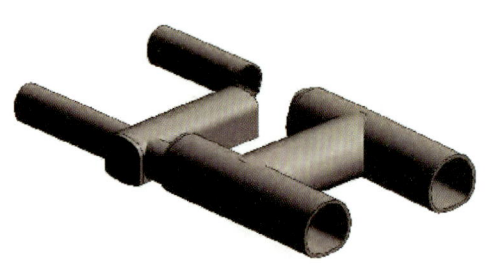
图 13-3-16 明挖站台层及活塞风道模型

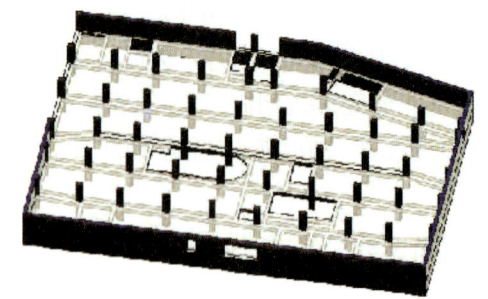
图 13-3-17 明挖段站厅层模型

(2) 图纸审查及技术交底

① 图纸审查

利用 BIM 技术进行可视化图示审查，解决支撑与支撑之间、支撑与主体结构之间、主体结构与内部结构之间的协调性问题。

图纸审查结果如图 13-3-18、图 13-3-19 所示。

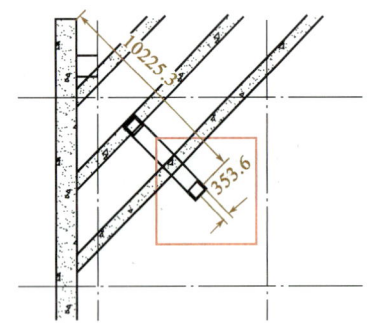
图 13-3-18 中立柱在第一道支撑位置符合要求

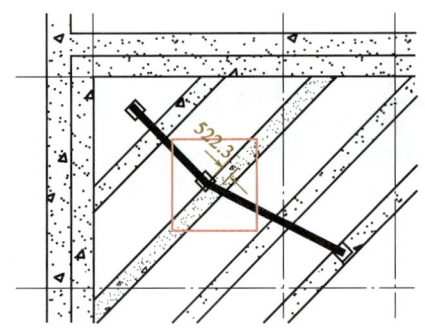
图 13-3-19 中立柱在第五道支撑位置偏移

② 三维图技术交底

直接使用模型对工程重难点部位、复杂节点部位等进行三维交底，通过对模型查看、旋转、剖切等操作让技术人员快速地对工程项目进行整体认识并达到沟通交流的目的。柱顶施工三维图如图 13-3-20 所示，中立柱生成平剖面图如图 13-3-21 所示。

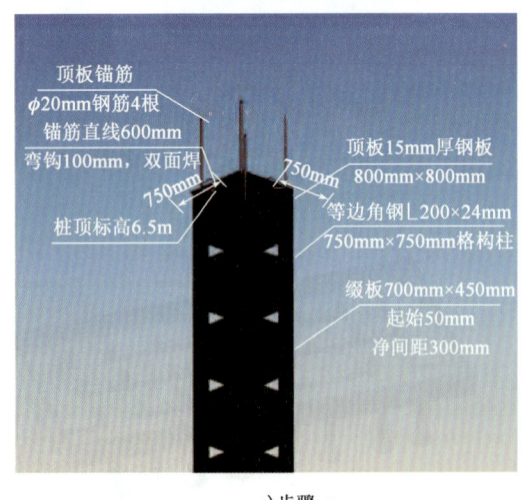
a) 步骤一

b) 步骤二

图 13-3-20 中立柱柱顶施工三维图

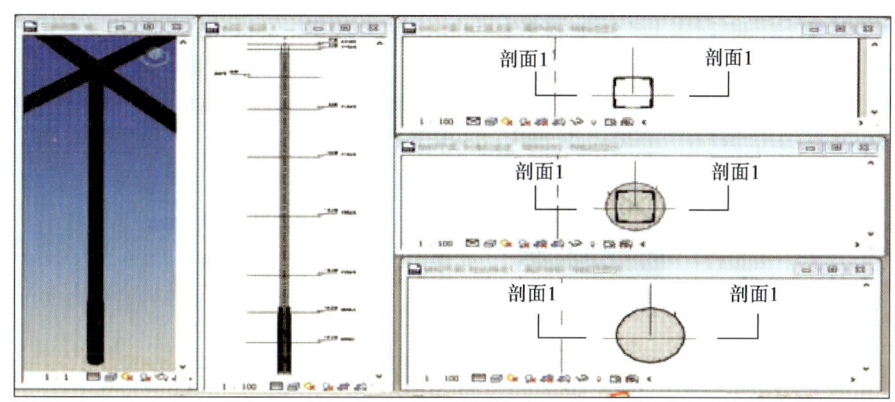

图 13-3-21　中立柱生成平剖面图

③三维视频技术交底

针对重难点,高风险作业工序采用三维视频进行技术交底,使施工人员能够快速地把握重点,增强风险意识。

钢筋笼吊装视频技术交底如图 13-3-22 所示。

a)

b)

图 13-3-22　钢筋笼吊装视频技术交底

④漫游展示技术交底

针对工程重难点,复杂结构部位采用漫游展示进行技术交底,第一视角查看,形象生动,如图 13-3-23、图 13-3-24 所示。

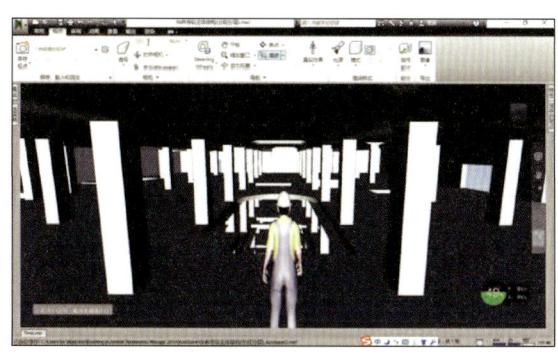

图 13-3-23　漫游查看负一层预留孔洞洞口

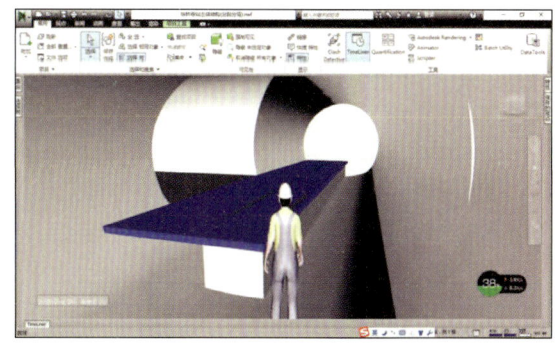

图 13-3-24　漫游查看暗挖段站台板及风道

(3)三维施工形象进度模拟

利用模型图元过滤器,按照构件的属性,筛选已经完成的构件填充替换颜色,未施工的工程实体不替换颜色,工程的实施情况一目了然。三维视图模型中构件均带有设计及施工信息,可以直接选择构件进行查询,也可以直接提取相应的明细表,获取相应的信息(图 13-3-25)。

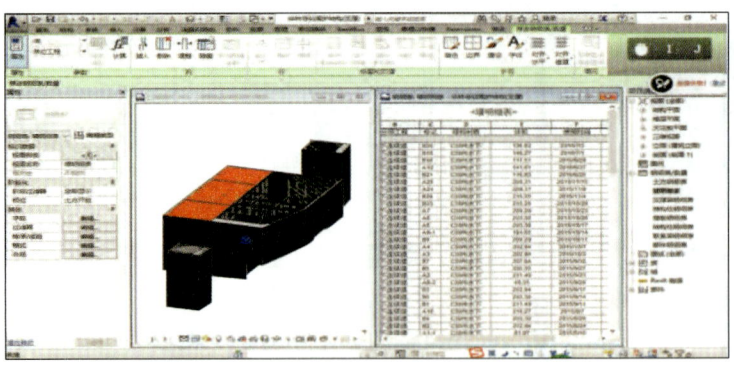

图 13-3-25　构件明细表

(4) 4D 施工进度模拟

通过将 BIM 模型与施工进度计划相链接,将空间信息与时间信息整合在一个可视的 4D(3D+1D 时间)模型中,可以直观、精确地反映整个建筑的施工过程。施工模拟技术可以在项目建造过程中合理制订施工计划、4D 精确掌握施工进度、优化使用施工资源以及科学地进行场地布置,对整个工程的施工进度、资源和质量进行统一管理和控制,达到缩短工期、降低成本、提高质量的目的。

采用 4D 施工进度模拟后,现场管理人员既对工序安排有了整体的认识,同时对现场的实际施工进度与计划进度有了形象的对比,及时理清了影响施工进展的工序安排及资源配置情况。以土方开挖进度为例,模拟视点如图 13-3-26 所示。

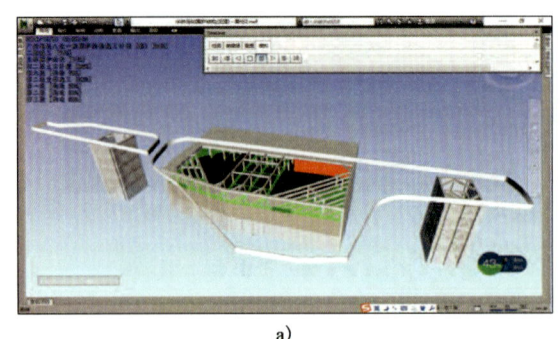
a)
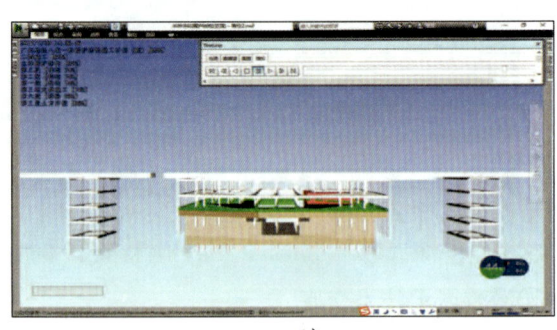
b)

图 13-3-26　土方开挖进度模拟视点

(5) 工程信息量统计与原材料管理

① 工程设计模型完成并审核通过后,按照施工方案进行模型调整,如图 13-3-27 所示。

② 将统一时间施工的梁板柱等构件组成一个部件,如图 13-3-28 所示。

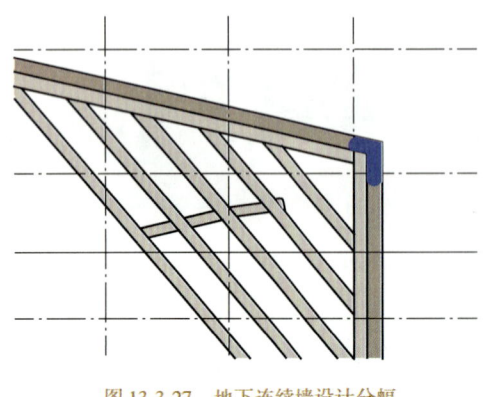

图 13-3-27　地下连续墙设计分幅　　　　图 13-3-28　主体结构顶板第三段结构模型

③ 建立总体明细表,按照原材料管理系统的数据需求增减列项,如图 13-3-29 所示。

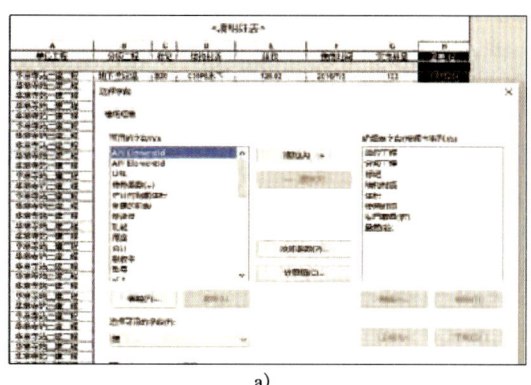 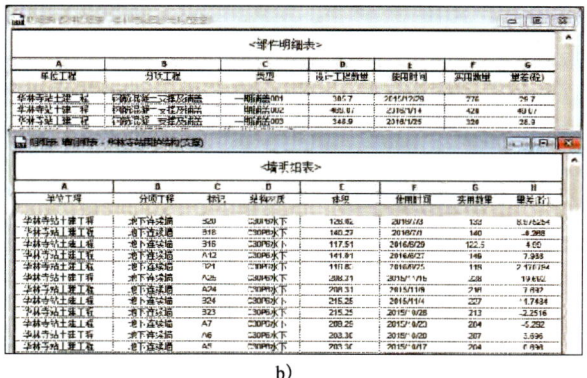

图 13-3-29　总体明细表

④建立总体明细表的同时,建立各个施工部件的明细表(图 13-3-30),以方便施工过程中进行工程量统计。

⑤自主开发 Revit 数据导入小插件,快速实现批量编辑(Revit)。图 13-3-31 为输出明细表。

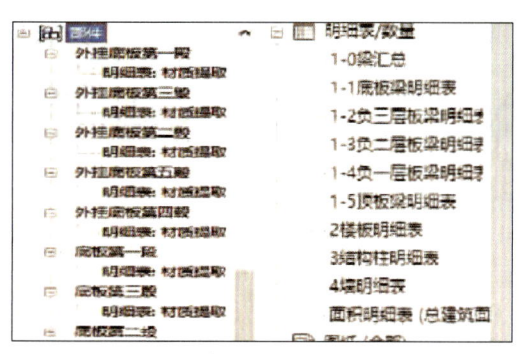

图 13-3-30　建立各个施工部件明细表

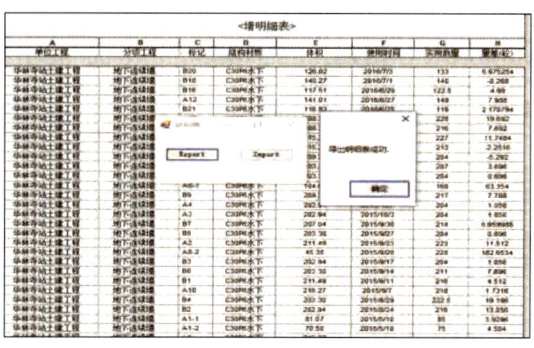

图 13-3-31　输出明细表

在应用过程中,Revit 软件明细表无法批量编辑,所以 BIM 工作小组基于软件本身进行二次开发,编写出一个小插件,使得在 Revit 文件中的明细表可以通过插件转换成 Excel 格式,实现明细表批量编辑、数据导出导入的功能,提高工作效率。

通过广联达 BIM 钢筋算量软件进行主体结构钢筋模型搭建(图 13-3-32)、自动化汇总工程量,解决 Revit 钢筋算量效率低、计算机配置需求高、计算规则不符合国内规范的问题。

⑥搭建 BIM 钢筋模型(广联达)。利用广联达 BIM 钢筋算量软件可以制作钢筋明细表(图 13-3-33),将各构件钢筋按照楼层统计,自动对模型钢筋总量进行统计,自动对钢筋接头进行统计等。

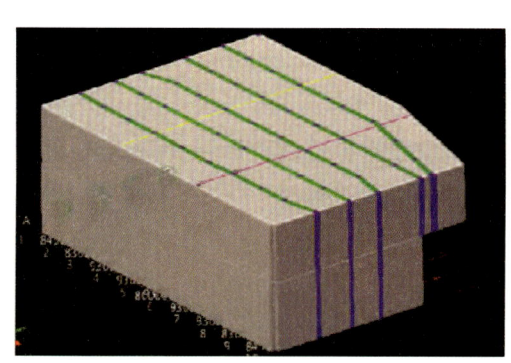

图 13-3-32　钢筋模型　　　　　　　　　　图 13-3-33　钢筋明细表

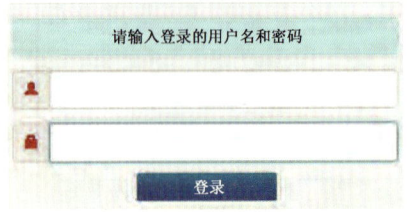

图 13-3-34 项目原材料管理系统

⑦将明细表统计的工程量信息直接导入自己开发的原材料管理系统,如图 13-3-34 所示。

(6) 三维出图

利用 Revit 三维协调性、可视化、可出图等多项特点,对项目临建等临时工程使用 Revit 绘制出图,更直观、更形象,示例如图 13-3-35 所示。

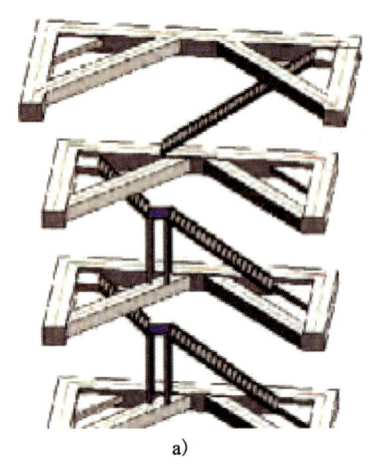
a)
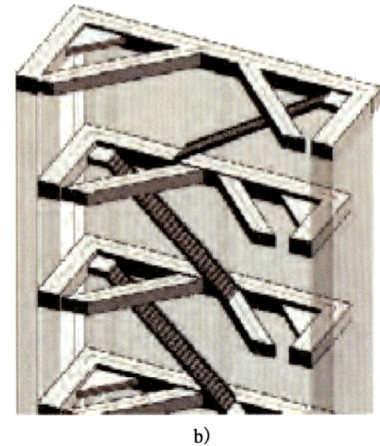
b)
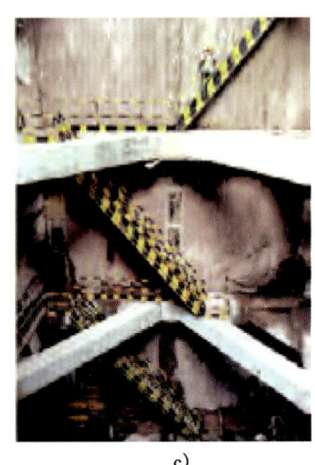
c)

图 13-3-35 风井楼梯优化方案

3.8.3 整体应用

1) 场地设计优化

在施工前期阶段,场地布置的设计规划至关重要,影响着文明施工和施工组织。

该工程在场地布置方案设计时,充分利用 BIM 技术,建立场地布置 BIM 模型,方案在三维可视化下模拟论证,并利用谷歌地球(Google Earth)对周边环境再现,合理利用周边环境,避免不利影响;合理规划施工场地,减少材料二次搬运。合理规划材料进场最优路线,优化施工部署。

2) 基坑工程

(1) 应用流程

①收集项目相关岩土工程地勘报告和设计资料,获取地形、地质数据,建立三维地质数据模型。

②获取周边建(构)筑物、道路及地下管线等设施的数据,建立施工场地布置模型。

③导入地质数据模型及施工场地模型数据,建立基坑工程的支护体系模型。

④土方开挖施工方案设计及施工模拟。

⑤根据土方开挖设计数据及地形数据进行土方算量。

⑥导入基坑变形监测数据。该数据存放在 Excel 中,通过读取数据生成基坑形状,可查看临界区域和超限危险点,还可将某时间点的变形模型与初始模型重叠合并进行误差检验。

⑦基坑监测人员及管理人员确定危险点后调取基坑监测报表,确认危险点是否属实并及时启动应急预案。

(2) 成果展示

①三维可视化 BIM 模型

基坑施工 BIM 模型包括地质结构模型、支护结构模型和施工场地模型。

以地勘报告为初始数据,将二维地勘资料转换成三维地勘模型(图13-3-36),在Revit中与基坑结构模型合并,可实时、任意视角查看地下室结构构件与不同深度土层之间的关系,快速查看土层属性信息,指导设计、施工。

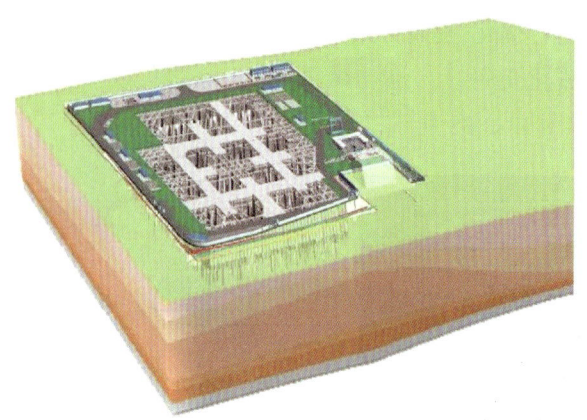

图 13-3-36　基坑工程三维地勘模型

②施工模拟

在输入相关信息后,可直观地看到土方开挖和支护施工过程、周边环境变化、建成后的运营效果等,如图13-3-37所示。同时,可以科学指导方案优化和现场施工,方便建设单位和监理单位及时了解工程进展状况,让更多非专业领域人员参与进来。

图 13-3-37　基坑工程施工 BIM 模型

③工程算量

根据支护结构各构件定义对应的名称、属性,在视图区可自动生成工程量明细表,明细表中可根据需求查看任意构件的工程数量。

④信息化施工

利用 BIM 信息模型,有效地避开地下管线,协同各施工作业人员安全施工。将地勘模型集成到 Revit 中,并赋予土层属性,使监理、设计、施工人员能在集成平台上进行设计、校核工作。

⑤基坑监测

将 BIM 技术引入基坑工程监测工作,解决以往在基坑围护结构变形监测过程中不能直观表现其变形情况和变形趋势的缺点。

通过 BIM 技术建立基坑的形状、围护结构、周边环境以及各类监测点模型,在模型中导入每天的监测数据并采用 4D 技术+变形色谱云图的表现方式,方便相关人员查看基坑围护结构的变形情况。

3）模板与脚手架工程

（1）脚手架搭设方案优化

利用 BIM 技术，通过软件对模板进行受力分析、施工模拟、建立三维模型，根据计算数据，合理优化脚手架的布置，最终对方案进行优化，提高方案的合理性、直观性。同时，可以直接导出计算书和施工方案，方便核对数据和三维可视化交底。

脚手架搭设方案优化如图 13-3-38 所示。

图 13-3-38　脚手架搭设方案优化

（2）高支模方案优化

高大模板部位的支模施工，是施工的重点及难点，对保证施工质量，确保施工安全至关重要。通过 BIM 筛选高大模板区域，建立三维模型并进行受力计算，为专项施工方案的编制和需要专家论证的高支模区域提供依据。

高支模方案优化如图 13-3-39 所示。

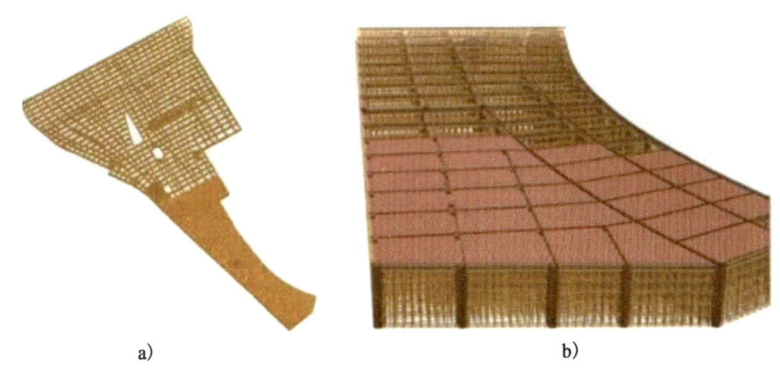

图 13-3-39　高支模方案优化

4）钢筋工程

（1）钢支撑模拟

基坑支护模拟应用，基坑支护深化到混凝土模型，对钢支撑、钢支撑活动端、固定端、连接部位等进行参数化设计，在模型细化的同时，还可以提取相应的钢结构工程量。

钢支撑模拟如图 13-3-40 所示。

（2）复杂钢筋节点辅助下料

根据项目班组提供的钢筋翻样料单，结合 BIM 模型进行审核，对复杂位置出具钢筋排布骨架图，避免因翻样错误而造成钢筋浪费。

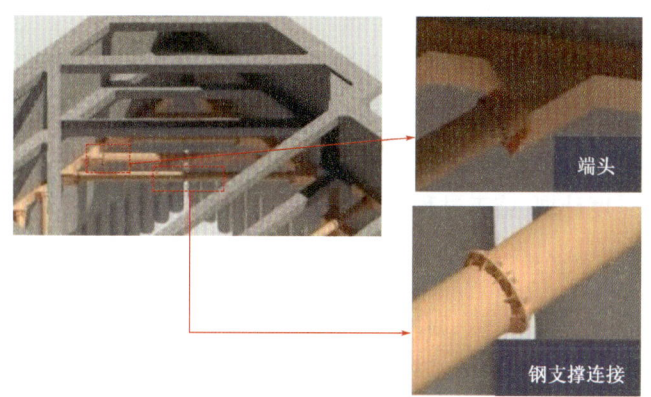

图 13-3-40　钢支撑模拟

该项目钢筋管控优化过程中发现一些因班组经验不足造成的钢筋错下、长度不够等问题。通过运用 BIM 软件对钢筋布置合理优化,避免材料浪费。

复杂钢筋节点辅助下料如图 13-3-41 所示。

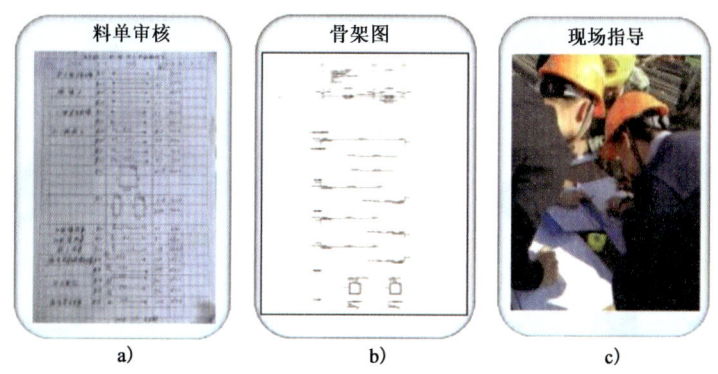

图 13-3-41　复杂钢筋节点辅助下料

5）砌体工程

模拟现场砌体排布,可以精确计算每一道墙的工程量,减少二次搬运;降低人工排布的错误率,提高施工的质量及进度;降低砌体的损耗率,最大限度地节约成本。

砌体排布如图 13-3-42 所示。

图 13-3-42　砌体排布

6）土建工序工艺模拟

(1)工艺模拟

暗挖处置施工是隧道建设的风险高发阶段,也是施工控制的主要难点。通过三维动画进行开挖支护工艺演示,实现了可视化动画施工技术交底,提高了技术交底效果。

(2)工序模拟

利用BIM技术辅助进度管理,通过先模拟后施工,能有效避免因施工图纸设计缺陷、设计变更、进度计划中遗漏工作项、逻辑错误、动态碰撞等问题造成的进度延误。本项目通过模拟土建施工过程中材料进厂、零件安装、竖井及连通道施工、初期支护、二次衬砌、回填等阶段的施工内容,实现了基于BIM模型编制进度计划、实施进度计划、施工过程中动态调整计划的管理。

7)其他应用

(1)结构施工图审核优化

审查并解决了支撑与主体结构、主体结构与内部结构协调性问题,将重难点细化,形成了以优化后模型为基础的施工平面图、剖面图,并可指导现场施工,如图13-3-43、图13-3-44所示。常规的结构施工图纸审查工作,审图人员的专业水平常常决定了审图的质量,审图人员要逐层、逐根梁、逐个洞口反复审核,耗时长,工作强度大。利用BIM技术进行土建BIM在地铁工程中的应用结构综合审查、优化,对审图人员的专业水平要求不高,避免了由于经验不足及考虑不全面等因素而产生的错漏。

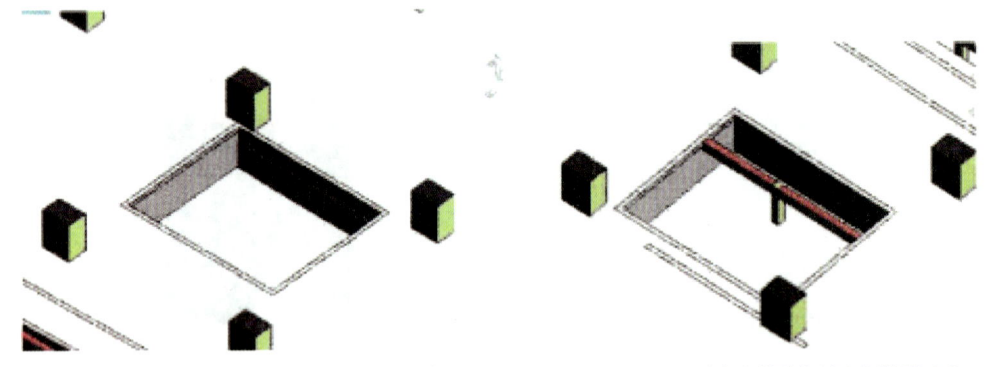

图13-3-43　垂直电梯井位置与底板纵梁冲突　　　　图13-3-44　垂直电梯井与站台板纵梁冲突

通过现场施工校核,采用BIM技术的审图在施工过程中实现了零返工,保证了工程工期,节约了工程成本。

(2)方案优化、预防预控

采用Navisworks在实际建造之前对项目的施工方法及施工过程进行4D进度模拟,有利于施工方案的确定和优化。如盖挖部分的土方开挖,可以考虑土方开挖过程中渣土车、挖机等机械在基坑内的运转情况,对比土方开挖不同的顺序优劣,从而选择更优的方案(图13-3-45、图13-3-46)。施工时,也可随时随地直观快速地比对实际进展与计划进展情况,分析差距和不合理性,从而再次优化,制订最优的方案。施工与模型的可视化对比也使施工单位、监理单位、建设单位都对工程项目中的问题和情况掌握得更加清晰。

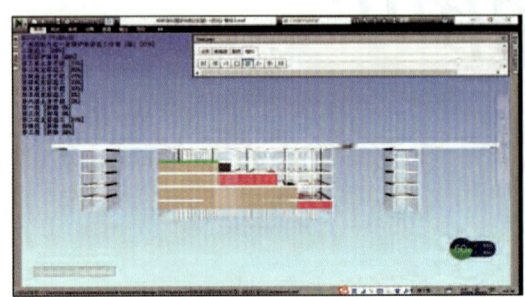 

图13-3-45　土方开挖方案一(由北端向南端开挖)　　　　图13-3-46　土方开挖方案二(由中间向两边开挖)

(3) 直观的技术交底

采用3D模型，施工之前对所有施工人员进行可视化交底，施工人员能够直观地看清楚土建结构的布置情况，包括难点区域精度的把握，有助于施工人员细致作业、优化安排，更易于施工任务的落实、降低项目技术管理的难度，最终加强现场施工落实。

二维、三维技术交底效果对比如图13-3-47所示，钢筋笼吊装风险点交底如图13-3-48所示。

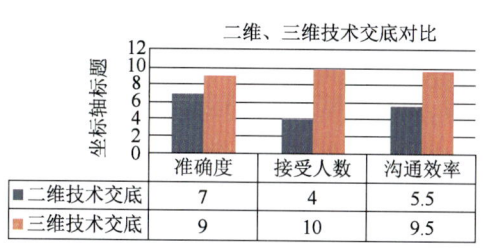

图13-3-47 二维、三维技术交底效果对比

图13-3-48 钢筋笼吊装风险点交底

(4) 直观的现场检查

施工现场需要确定工程细节、测量度数、定位设施区域、确定管道布局等工作。通过建立完备的三位全景模型，可以实现大型施工现场的重要施工步骤模拟、关键区域尺寸检查等工作，从而辅助现场交底工作。

现场交底示例如图13-3-49所示。

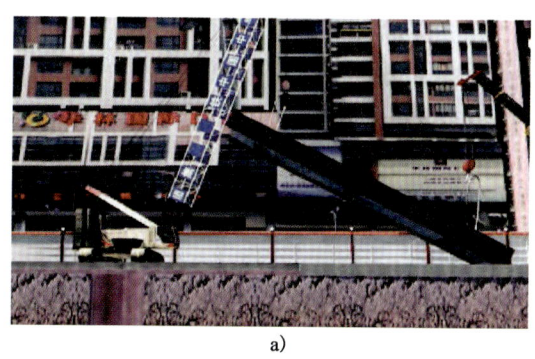
a)

b)

图13-3-49 现场交底

(5) 部门数据协同

搭建好的BIM模型，根据施工阶段分段分区，总体工程量和各个施工阶段工程量都可由BIM生成。BIM生成工程量可以直接使用，也可导入原材料管理系统；能对技术、物资、试验上数据的管理进行自动预警、分析。BIM技术协同了各部门工作，打破了信息孤岛，可减少部门之间协调困难带来的审核风险。

(6) 工程量管理

工程量管理内容示例如图13-3-50所示。

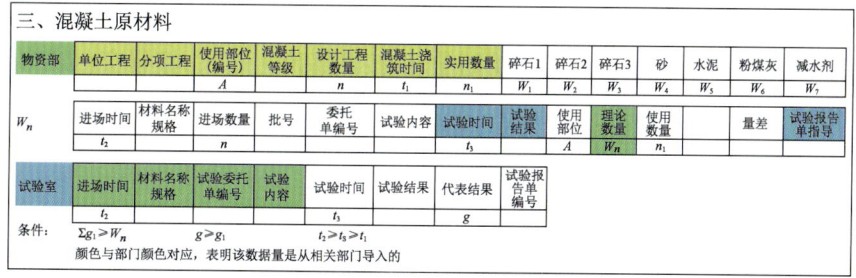

图13-3-50 工程量管理内容

①各部门数据:共享。

②指定数量冲突规则:实用数量 > 设计数量,量差百分比在损耗率范围之内;否则,页面均以红色标识。

③指定减水剂时间冲突规则:浇筑日期晚于试验日期7d;否则,页面均以红色标识。

④指定水泥浇筑时间冲突规则:浇筑日期晚于试验日期4d;否则,页面均以红色标识。

冲突规则示例如图13-3-51所示。

(7)移动工具的运用

搭建好的模型同步到 Autodesk 360 Glue 云服务平台,原材料管理平台运行在项目部组建的云平台上,在IPA等移动工具上可随时随地打开进行三维查看,调用原材料管理系统中的数据,进行施工指导、核查比对、质量检查,实现对施工现场的"走动式管理",示例如图13-3-52所示。

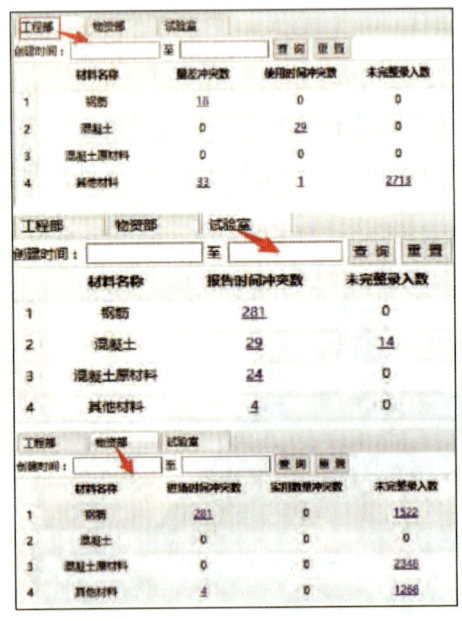

图13-3-51 冲突规则

图13-3-52 移动工具的运用

3.8.4 施工管理应用

1)成本管理

(1)创建基于 BIM 的实际成本数据库

建立成本的5D(3D实体、1D时间、1D工序)关系数据库,让实际成本数据及时进入5D关系数据库,成本汇总、统计、拆分对应瞬间可得。以各工作任务分解(WBS)单位工程量人、材、机单价为主要数据进入到实际成本BIM中。未有合同确定单价的项目,按预算价先进入;待有实际成本数据后,及时用实际数据将其替换。

在创建实际成本数据库时,须做到以下几点:

①施工阶段成本控制理论

施工项目成本管理是一个有机联系并相互制约的系统工作,分为六个环节,分别为成本预测、成本计划、成本控制、成本核算、成本分析、成本考核。详细的施工成本管理流程如图13-3-53所示。

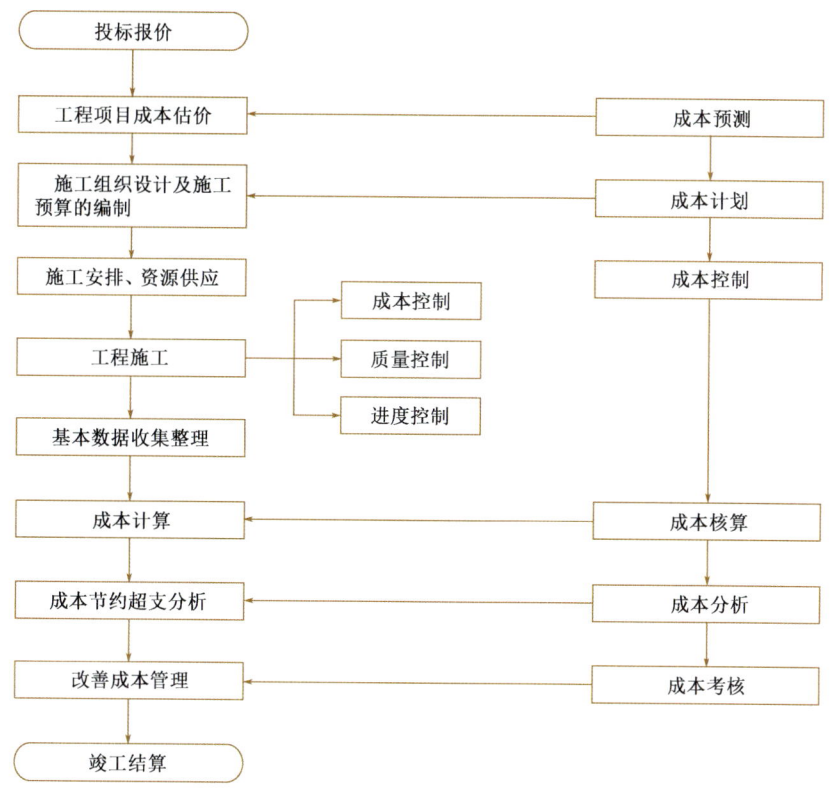

图 13-3-53　施工成本管理流程图

② PDCA 循环原理

建筑工程项目成本管理的具体环节实质上是 PDCA 循环管理过程的一种体现。第一步提出成本管理的目标；第二步按照拟订方案执行，完成拟定的成本管理工作内容；第三步对实际值和计划值进行比较，找出偏差、分析偏差、找出问题；最后提出解决方案。上述步骤是一个周而复始的过程。

③ 基于 BIM 技术的成本控制理论

将项目的 3D 模型系统根据分部分项工程项目特征及属性进行 WBS 分解，并根据分部分项工程项目特征及属性，对其进行项目编码，软件根据系统功能对 WBS 下的结构构件进行划分及归类。对 WBS 分解后的构件，在进度计划、算量、计价软件中对其工作的持续时间、工程量以及产生成本进行定义和计算，最后将进度和成本这两者数据信息与 3D BIM 模型进行关联。

成本与进度之间的关联如图 13-3-54 所示，成本控制逻辑如图 13-3-55 所示。

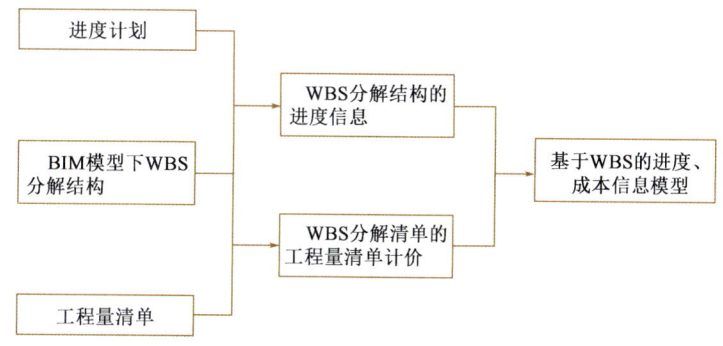

图 13-3-54　成本与进度之间的关联

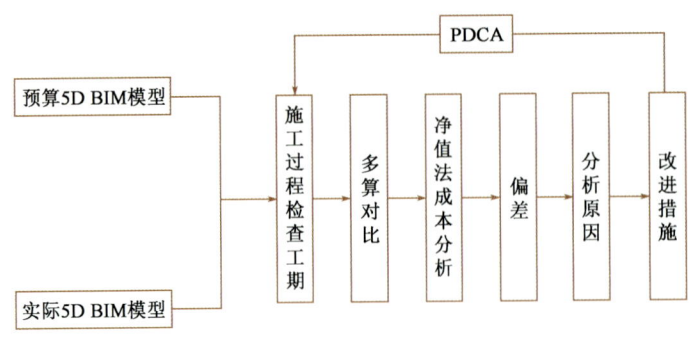

图 13-3-55 成本控制逻辑图

系统采用净值分析法及 PDCA 控制方法,通过实时动态地对项目的成本、进度、工程量、资源消耗量进行监控,查找项目管理过程中出现的缺陷、漏洞原因,做出改进,从而进行成本控制。

④基于 BIM 技术的成本控制体系构建

在工程项目的施工准备阶段和施工阶段,完成基于 BIM 技术的成本控制体系构建,进行成本控制精细化管理工作,如图 13-3-56 所示。

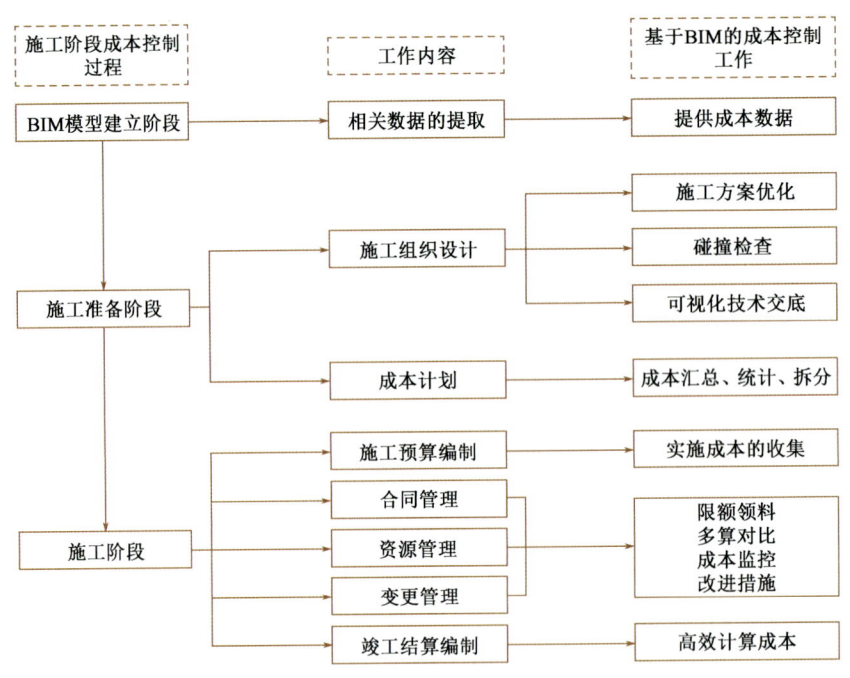

图 13-3-56 基于 BIM 技术的施工阶段成本控制体系

(2)实际成本数据与预算对比分析

基于 5D BIM 系统下的施工管理软件可以将工程图纸描述的构件物理属性以及其他的成本、进度、材料、设备等多维信息输入建筑模型中。利用 BIM 技术,建筑结构的层级分类可以细化为结构构件级别,能够快速汇总、准确分析构件的工程量,通过套取构件物理属性对应的消耗量定额,系统就可以按不同构件、不同时间节点的材料需求计划进行分析、汇总。

在施工准备阶段,利用 5D BIM 技术将 WBS 下的建筑结构构件进行统一编码,并将施工计划中的工序、时间、空间、成本等相关信息与结构构件相关联。在施工阶段,将项目施工实际发生的进度、成本数据输入模型中,管理人员可以即时进行多算对比、分析。高效、精准的多维度多算对比、分析,为管理人员进行成本决策、成本控制提供数据支持,使项目过程中的成本管理兼具有效性和针对性。

(3) 快速实行多维度(时间、空间、WBS)成本分析

工程项目在进行建模的同时,可以通过软件系统的自动套取功能,完成对建筑结构构件清单、定额子目的套取工作。通过算量工程的 TOZ 文件快速建立该项目的预算书,在造价软件中对构件套取定额子目的人、材、机进行分析,可以计算出其材料消耗量,并根据项目实际情况,将与该工程相对应的成本数据在软件中进行输入、修改。

综上,可知 BIM 技术在该工程成本控制中有以下应用:

①快速精确地进行成本核算;

②预算工程量动态查询与统计;

③限额领料与进度款支付管理;

④以施工预算控制人力资源和物质资源的消耗;

⑤优化设计与变更成本管理、对造价信息实施追踪。

2) 进度管理

(1) BIM 技术在工程项目进度管理中的应用思路

在 3D 模型空间上增加时间维度,可形成 4D 模型,以用于项目进度管理。4D 施工进度模拟即通过施工过程模拟,对施工进度、资源配置以及场地布置进行优化,过程模拟和施工优化结果在 4D 的可视化平台上动画显示,用户可以观察动画,通过验证并修改模型,对模拟和优化结果进行比选,选择最优方案。

将 BIM 技术与空间模拟技术结合起来,通过建立基于 BIM 技术的 4D 施工信息模型,将项目包含建(构)筑物信息和施工现场信息的 3D 模型与施工进度关联,实现资源配置、质量检测安全、劳动力、材料、设备和现场布置的 4D 动态集成管理以及施工过程的可视化模拟。

(2) 基于 BIM 技术的进度计划编制

基于 BIM 技术的进度计划编制与传统进度计划编制的流程大致相同,如图 13-3-57 所示。

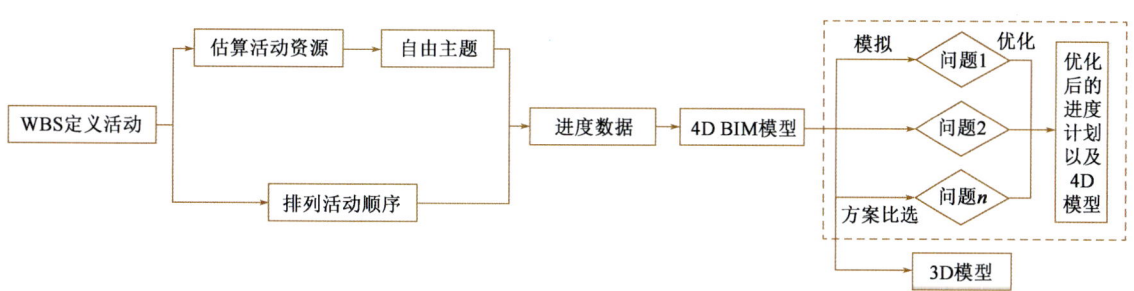

图 13-3-57 基于 BIM 技术的进度计划编制

根据 BIM 周进度管理计划显示的每一施工过程的施工任务,由末位计划系统负责人主抓施工目标的落实情况,材料员负责材料的日常供应,专业班组负责人进行日工作报告,质检员、施工员、监理员进行已完工作的质量验收。对施工过程中出现的问题,通过相关程序进行研究解决,确保周进度计划的有效控制。

(3) BIM 技术在进度管理中的具体运用

BIM 在该项目进度管理中的应用见表 13-3-8。

BIM 在该项目进度管理中的应用 表 13-3-8

序号	应用点	内 容
1	BIM 施工进度模拟	通过将 BIM 与施工进度计划相链接,将空间信息与时间信息整合在一个可视的 4D(3D + 时间维度)模型中,不仅可以直观、精确地反映整个建筑的施工过程,还能够实时追踪当前的进度状态

续上表

序号	应用点	内容
2	BIM 施工安全与冲突分析	(1) 时变结构和支撑体系的安全分析通过模型数据转换机制,自动由 4D 施工信息模型生成结构分析模型,进行施工期间时变结构与支撑体系任意时间点的力学分析计算和安全性能评估; (2) 施工过程进度、资源、成本的冲突分析是通过动态展现各施工段的实际进度与计划的对比关系的,实现进度偏差和冲突分析及预警; (3) 指定任意日期,自动计算所需人力、材料、机械、成本,进行资源对比分析和预警; (4) 根据清单计价和实际进度计算实际费用,动态分析任意时间点的成本及其影响关系
3	BIM 建筑施工优化模拟	建立进度管理软件 P3/P6 数据模型与离散事件优化模型的数据交换,基于施工优化信息模型,实现基于 BIM 和离散事件模拟的施工进度、资源以及场地优化和过程的模拟
4	三维技术交及安装指导	借助三维技术呈现技术方案,使施工重点、难点部位可视化,提前预见问题,确保工程质量,加快工程进度
5	移动终端现场管理	采用无线移动终端、Web 及 RFID 等技术,全过程与 BIM 模型集成,实现数据库化、可视化管理,避免任何一个环节出现问题给施工和进度质量带来影响

3）质量管理

(1) 质量控制

基于 BIM 的质量控制见表 13-3-9。

不同阶段的质量控制要点 表 13-3-9

事前控制	事中控制	事后控制
碰撞检查: (1) 以可视化的 BIM 模型代替传统二维图纸,在施工准备阶段迅速、精确、全面地找出施工图中的错误、遗漏、碰撞、缺失的问题; (2) 可以预先发现各类施工规范中存在的冲突问题; (3) 可以减少建筑材料、水电、机械等所需施工资源的浪费及其产生的环境问题	施工方案模拟与技术交底: (1) 利用 BIM 技术制订施工组织设计、施工方案、质量计划、质量检验计划等指导文件,主要是以 BIM 模型中存储的历史质量信息数据为基础,根据工程项目实际情况,通过施工方案模拟,直观形象地进行施工中质量控制; (2) 通过把 BIM 3D 模型中的各个构件与施工进度计划进行关联形成 4D 模型,便可利用软件操作进行不同方案的施工模拟	基于 BIM 的资料管理: (1) 利用 BIM 技术可以实现工程资料的完整归集,通过 BIM 平台与移动终端的结合可以实现随时记录质量工作信息; (2) 现场管理人员可以随时将质量验收情况、现场质量状态记录到移动终端设备中,自动生成质量验收、不合格品、质量整改、实测实量等记录。项目参与人员可以随时查阅 BIM 模型中的质量控制资料
图纸会审与设计交底: (1) 利用建筑三维模型的先天优势,快、全、准地检查出 BIM 模型中错、漏、碰、缺等各种设计问题; (2) BIM 技术能够使设计单位利用 BIM 模型对施工单位进行可视化的设计交底,使其充分理解设计意图,准确把握建筑设计中的每个细节	基于 BIM 5D 的过程控制: 利用集成的 BIM 5D 模型形象直观、可计算分析的特性及时为施工过程中的质量控制过程提供准确的构件几何位置、工程量、资源量、计划时间等,帮助管理人员进行有效决策和精细管理,减少施工变更,提升工程质量	设备信息维护管理: BIM 技术通过创建共享参数,在项目中通过共享参数添加工程项目参数,把信息添加到每个构件上,以便后期的维护。施工过程中可以修改以及更新参数,保证最后提交的竣工模型信息完整
—	基于 BIM 的材料管控: BIM 技术的三维模型以参数化的方式详细记录了建筑构件各种材料的质量相关信息,为材料的验收提供质量标准	—

(2) 质量责任体系

① 首先要组建项目 BIM 管理团队,明确团队成员职责分工,根据实际情况建立的人员组织结构如图 13-3-58 所示。

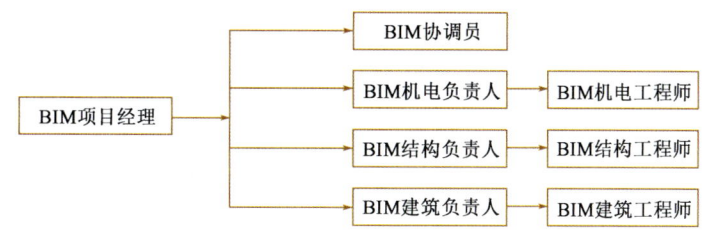

图 13-3-58　BIM 团队组织结构图

②BIM 成员主要职责：

a. BIM 项目经理：制订项目 BIM 工作计划；组建项目 BIM 团队，确定人员的任务分工及工作权限；制定团队间 BIM 工作流程及管理制度；负责完成项目 BIM 软硬件的搭建工作；制定各类 BIM 标准规范；负责工作进度安排及各专业间协调；组织各专业人员进行 BIM 模型搭建及 BIM 应用分析工作。

b. BIM 工程师：负责工程项目中所属专业 BIM 模型的创建工作；配合项目需求，负责 BIM 应用工作，主要包括碰撞检查、虚拟施工、施工方案交底、工程量统计等；要求能熟练操作 BIM 相关软件，具有一定的施工经验。

c. BIM 制图员：协助 BIM 项目经理、BIM 工程师完成模型的绘制工作；能够搭建 BIM 3D 模型，独立完成建筑构件的建模工作；具备土建、安装工程的专业知识及一定的识图能力。

（3）BIM 技术在质量管理中的具体运用

BIM 在该项目质量管理中的应用见表 13-3-10。

BIM 在项目质量管理中的应用　　　　　　表 13-3-10

序号	应用点	内　　容
1	材料与施工质量管理	（1）材料设备质量管理中一般都是先由施工单位在平台上记录好施工材料的全方位信息，如材料的合格证、原厂检查报告、质量保证书、行业规范等信息，并同构件部位进行关联，这样监理单位或建设单位都可以随时使用终端查阅； （2）施工过程质量管理则是将现场采集到的实际施工情况同在 BIM 模型中预设的情况进行校验，要求施工人员能按照正常的施工流程施工，确保施工技术信息的流转不会出现遗漏或理解错误等
2	质量管理的主要实现手段	（1）在施工现场进行检查，如发现质量问题，立刻拍照上传至平台并记录问题，甚至直接使用终端签发整改通知单； （2）如果对现场情况不明了，则可现场使用手机、ipad 或笔记本电脑等终端设备登录云平台，将模块中已经审核通过并记录的相关信息导入移动设备中，进行查阅。如确实现场信息与模型不一致，则可对现场拍摄并标记出问题，然后在模型中保存视点，等待多方协同后处理
3	运用效益分析	在地铁车站施工临时场地或施工现场，监理单位可以通过移动平台等技术对现场材料、资源进行识别，获取协同平台中的关联信息，并对现场材料和资源进行审查，进行电子签章确认，加强现场的质量控制

4）安全管理

（1）安全交底，危险提前预防

①结合 BIM 技术，可以将施工现场中容易发生危险的地方进行标识，告知现场工作人员在此处施工时应该注意的问题，将安全施工方式方法进行展示。

②将危险源在 BIM 模型上进行标记，安全员在现场指导施工时，可以查看模型上对应现场的位置，查看现场施工时应注意的问题，对现场施工人员操作不合理的地方进行调整，避免安全事故的发生。通过把现场图片实时上传到平台服务器中，挂接在模型上和现场对应的位置，让项目管理人员能够不亲临现场就能实时把握施工进度，查看现场的安全措施是否到位。

(2) 完善安全流程，危险实时把控

①引入 BIM 技术后在施工现场建立一个平台，安全员、安全总监以及项目经理都可以依托这个平台对现场进行管控，并且能将流程中产生的表格数据等以文档的形式输出，形成工作记录。

②基于 BIM 平台的现场安全管理实现了操作流程的规范化，每个人各司其职，没有疏漏。既可以依据检查情况对工作人员进行工作考核，又能实现现场的精细化管理，确保工程施工的顺利进行。

(3) 合理场地布置，营造安全施工环境

①使用 BIM 技术后，可以在三维模式下依据施工组织设计和施工工序的要求，对施工现场的物料进行三维布置，从而减少二次搬运。

②通过三维模型模拟出施工现场的场地布置，对需要进行安全防护和安全警示的地方在模型中做好标记，提醒现场施工人员。在模型中标记出安全检查需要重点查看的地方，切实保证施工现场的人员安全。

第 4 章 地铁机电工程施工BIM应用

地铁机电工程不同于传统的建筑工程,它不仅包括建筑工程中的水电、暖通、电气等工程,还包括铁路工程中的通信、信号、轨道等。在机电设备安装过程中,往往存在设备多、系统复杂、设备材料安装工程量大、工艺要求高、管线综合布置难度大、送电调试工期紧等问题,造成多个专业协调难度大,施工困难,整体质量、安全难以保障,BIM 技术的出现为解决这些问题提供了很好的帮助。

4.1 应用范围及价值

4.1.1 应用范围

在机电项目施工过程中,BIM 技术主要应用于以下五个方面:
(1)机电管线综合排布、风水电设备机房深化设计;
(2)墙体孔洞的精确预留、预埋件的精准布设;
(3)水管、风管、桥架、综合支吊架等工厂化预制,消防泵房,环控机房装配式安装;
(4)利用3D扫描技术,通过虚实对比查漏补缺,实现3D扫描技术与BIM模型相结合,保证模型与实体一致;
(5)三维建模,可保证尺寸精确;读施工图直观;减少误差操作;减少后期工程变更及养护成本。

4.1.2 应用价值

(1)技术价值

地铁项目机电工程具有工程量大、工作环境复杂等特点,在以往施工中,经常会遇到材料运输管理困难、多专业交叉施工沟通协调难度大、野蛮施工现象多、质量安全隐患大等一系列问题,运用 BIM 技术进行三维可视化管理,可以最大限度地降低施工管理过程中由一些不确定因素产生的隐患。

①能够对原材料进行统筹管理,通过归集材料消耗量,建立主要材料数据库;
②通过对工程材料的工厂化加工和模块化安装,实现机电项目的标准化施工作业;
③能够精准按照设计要求,对机电工程孔洞、管线布置等进行综合优化,在提升工效的同时降低了

反复拆装造成的材料、人员、时间浪费；

④实现了对工程现场的可视化监控,使工程进度管理更加科学,有效解决了机电项目中多专业交叉施工问题；

⑤能够有效减少中间变更手续,提升施工现场生产水平；

⑥在地铁机电施工领域形成标准化模式,对优化项目资源配置,提升工程质量安全具有重要意义。

（2）经济价值

实施 BIM 技术意味着企业前期要增加投入,包括购买软硬件、聘请专业人才等,但研究发现,在实施 BIM 后期,随着相应生产效率的提高,BIM 技术应用产生的质量、经济效益将逐步显现,并对企业产生长期的有利影响。

（3）安全及社会价值

采用 BIM 技术后,施工材料采用工厂化预制、现场装配式施工,大大降低了现场的噪声及使用加工机具带来的安全隐患,极大改善了现场的施工环境。同时,由于地铁工程为民生工程,投资大、工期紧、社会关注度高,采用 BIM 技术能有效加强各方面管理,对减少工程损耗、节约投资、加快进度及确保施工现场质量、安全、文明均具有重大的意义。

4.2 应用流程

初始模型一般是基于设计图纸建立的,实际工作中往往出现初始模型不能为施工所用的情况,此时,施工单位需要自己深化模型。为了保证 BIM 建模工作的顺利进行,应建立完整的 BIM 建模流程。BIM 建模流程及修改流程分别见表 13-4-1、表 13-4-2。

BIM 建模步骤详细内容 表 13-4-1

序号	步骤	详细内容
1	检查初始模型	BIM 工作小组根据设计院提供的施工图纸检查最初的 BIM 模型是否满足设计深度,是否具备施工深化条件,是否便于施工管理
2	初始模型第一次深化	各专业根据设计要求、施工方案、工艺要求等对初始模型进行第一次深化设计
3	各个专业模型集成	各专业 BIM 模型数据进行集成,建立完整的 BIM 模型
4	碰撞检测、深化模型、修改	利用完成的 BIM 模型进行碰撞检测,深化施工模型,对检测出的设计冲突等及时进行修改
5	三维扫描土建模型调整	对土建单位移交的界面进行三维激光扫描,对照土建专业模型,检查现场实际与模型的偏差,进行土建模型二次调整
6	土建与机电碰撞检测后机电模型调整	根据土建二次调整后的模型,与机电第一次深化模型进行碰撞检测并调整机电模型
7	机电模型调整后与装饰装修碰撞检测	调整后机电模型与装饰装修模型进行碰撞检测并调整
8	二次深化导出下料单、加工生产	机电模型二次深化、软件导出下料清单,工厂化预制加工生产

BIM 建模修改流程详细内容　　表 13-4-2

序号	步　骤	详细内容
1	建设单位或设计单位下发设计变更通知单	建设单位或设计单位下发各专业设计变更或设计修改通知单给施工单位
2	建模人员及时修改模型	收到变更单后,各专业 BIM 建模人员根据变更内容或修改通知单及时修改 BIM 模型
3	汇总各专业的修改信息	对各专业 BIM 模型修改信息进行汇总
4	检测是否存在模型碰撞	检测各专业变更是否会导致施工拆改或各专业是否存在碰撞
5	反馈建设单位及设计单位确认最终修改方案	将检测后信息反馈建设单位及设计单位,确认最终修改方案
6	反馈修改信息到模型并提交建设单位及设计单位确认	修改方案确认后一周内,将修改信息反馈到 BIM 模型,提交建设单位及设计单位确认

4.3　模型创建、使用和管理要求

4.3.1　总体要求

机电系统各专业模型属性需全面反映图纸信息,包括二维设计图纸的基本信息,以及电气、给水与排水、暖通、消防系统图纸和设计说明中所涉及的信息(如几何信息、对象名称、系统信息、型号信息等)。机电建模的各种管材及配件参考技术规格说明书,各系统的建模深度,按以下各系统的描述为准。

(1)净高控制;

(2)按楼层、专业分别建模、分层提交,提交时提供全专业(包括土建精装)链接文件;

(3)机电系统中的一些文件放置要求,见表 13-4-3;

文　件　放　置　要　求　　表 13-4-3

类　别	要　　求
管道设备系统名称 (图纸管道上的标注,如 SA、EA、SE 等)	统一放在(系统类型/System type),桥架系统名称统一放在(标记/Mark)中,在第一次提交模型就需添加完整
管道及附件的材质信息	统一放在(注释/Comments)中,如有管道保温,保温厚度统一放在(保温厚度/Insulation thickness)中
保温类型	统一放在(保温类型/Insulation type)中
设备编号	统一放在(注释/Comments)中,设备所属系统统一放在(标记/Mark)中,在第一次提交模型就需添加完整
设备其他信息	根据要求在竣工前进行添加

(4)根据专业系统设好过滤器,颜色对照见表 13-4-4。

颜　色　对　照　表　　表 13-4-4

序号	系　　统	颜　　色
1	暖通风管(送,排,回)	绿色(0,255,0)
2	空调水管(冷冻水,空调热水,冷却水)	紫色(128,0,128)
3	凝结水管	紫色加细网格阴影区别(128,0,128)

续上表

序号	系　　统	颜　　色
4	防排烟(含空调防排烟兼用)风管	红色(255,0,0)
5	给水与排水	青色(0,255,255)
6	给水与排水重力管(排水,雨水)	青色加细网格阴影区别(0,255,255)
7	消防水管	红色(255,0,0)
8	强电桥架	蓝色(0,0,255)
9	弱电桥架	咖啡绿(128,128,64)

各系统上的设备、阀门及末端(风口、喷淋头)颜色同管线颜色,管线外轮廓为黑色细线。在全专业链接模型里,按照各专业深化图分别建好平面视图。要求将各专业深化图 CAD 链接在各专业视图里,便于对照模型和深化图纸检查。

4.3.2　给水与排水系统

给排水系统,包括各子系统(生活给排水、生活污水、废水、雨水、中水给水、中水回水等)图纸、系统图及设计说明中表述的内容,见表13-4-5。

给水与排水专业内容　　　　表13-4-5

序号	内　　容
1	各种材质、各种规格的管道(含保温材料)
2	与各子系统管道连接且与系统相对应的管件
3	与各子系统管道相连接且与系统相对应的管路附件
4	管道上应有的仪表包括压力表、温度计、水表等
5	管道所属系统的卫浴装置,包括坐便器、蹲便器、小便斗、洗面盆、地漏、盥洗盆、龙头等
6	给水与排水系统中的主要设备包括直饮水处理设备、容积式电热水器、水箱、潜水泵、变频泵、离心泵、气压罐、减振基座减振器、中水处理设备、压力传感器等
7	冷却塔及冷却塔循环水系统放入在空调水系统中

4.3.3　消防水系统

消防水系统,包括各子系统(消火栓、消防喷淋、大空间灭火、高压细水雾灭火、火灾报警等)图纸、系统图及设计说明中表述的内容,见表13-4-6。

消防专业内容　　　　表13-4-6

序号	内　　容
1	涵盖各种材质、各种规格的管道(含保温材料)
2	与各子系统管道连接且与系统相对应的管件(包括弯头、三通、四通、变径头、检查口、管帽、法兰等)
3	与各子系统管道相连接且与系统相对应的管路附件(包括各类阀门、软接头、水流指示器等)
4	消防水系统中的消火栓、喷淋系统的喷头和手提式灭火器等
5	水泵接合器、各类高空水炮灭火装置、水泵、压力表等

4.3.4 暖通系统

暖通系统,包括各子系统(空调通风系统、消防排烟系统、循环冷却水系统、循环水系统、冷凝水系统等)图纸、系统图及设计说明中表述的内容,见表13-4-7。

暖通专业内容　　　　　　　　　　表 13-4-7

序号	内容
1	各种材质、各种规格的风管,且与该系统材质相配的风管管件(含不锈钢板风管、复合玻璃纤维消声风管、镀锌钢板风管、防火钢板风管等),保温材料以平面图和设计说明为准
2	各规格的防火阀、调节阀、排烟阀、止回阀、电动双位风阀、消声器、静压箱等管路附件
3	各规格的风管末端,包括方形散流器、单层格栅风口、条形风口带静压箱、条形回风口、风机盘管散流器、风机盘管回风口、电动常闭多页送风口、排烟风口、双层格栅风口等
4	消防排烟及空调通风系统下的设备含新风机组、空调器、风机盘管、排气扇、VAV BOX、多联机的室内机、热回收器、诱导风机、杀菌除臭循环装置等

4.3.5 空调水系统

空调水系统,包括系统图纸、系统图及设计说明中表述的内容,见表13-4-8。

空调专业内容　　　　　　　　　　表 13-4-8

序号	内容
1	涵盖各种材质、各种规格的管道(含保温材料)
2	与各子系统管道连接且与系统相对应的管件(包括弯头、三通、四通、变径头、检查口、管帽、法兰等)
3	与各子系统管道相连接且与系统相对应的管路附件(包括各类阀门、软接头、Y形过滤器等)

4.3.6 电气系统

电气系统,包括各子系统(电气系统包括低压配电系统、动力配电系统、照明配电系统、应急照明系统、消防报警及广播系统、弱电系统)图纸、系统图及设计说明中表述的内容,见表13-4-9、表13-4-10。

电气专业(强电)内容　　　　　　　　表 13-4-9

序号	内容
1	配电箱、开关箱、配电柜、电表箱等配电箱柜装置
2	图纸及设计说明包含的线槽、桥架等
3	图纸及设计说明包含的各类灯具、开关、插座、按钮等
4	图纸中所包含的发电机组、变压器、自投装置等设备,消声器、油箱、散热器、泵

电气专业(弱电)内容　　　　　　　　表 13-4-10

序号	内容
1	弱电各种设备机柜
2	图纸及设计说明包含的线槽、桥架等
3	图纸及设计说明包含的各类末端设备等

4.3.7 管线综合

机电模型完成后,即进入管线综合阶段。管线综合要求格式见表13-4-11。

管线综合要求格式 表13-4-11

序号	要求格式
1	根据碰撞收集的问题,详细记录碰撞问题所涉及的管线、构件的详细信息及相关图元的ID编号
2	三维模型截图
3	轻量化三维模型,可进行旋转、平移、缩放、剖切和标注
4	对应的二维CAD图纸
5	碰撞报告格式明确

管线综合期间,现场各方应协调配合完成以下工作:

(1)定期提供更新的土建、机电及模型说明(包括土建模型版本、变更号等信息),及时反映到建设单位,由建设单位转发设计和相关单位;

(2)在固定周期中,如有影响较大的变更,需提供土建、机电模型两份,由建设单位转发设计和相关单位;

(3)在规定时间内完成模型审核,发出审核问题报告给设计单位和相关单位;

(4)设计单位收到审核问题报告后,应对核查提出的问题逐一做出判断,回复"深化设计解决"还是"深化设计无法解决",深化设计无法解决的问题在设计例会上提出,问题回复报送设计单位。

4.3.8 模型深化

1)深化目标

应用BIM技术对地铁机电工程进行优化,可以提前查找出各专业机电管线排布问题。这些问题主要集中在图纸标注不全、不符、有误,平面图与详图不一致,不同管道在同一位置、同一标高等。合理运用BIM技术,对于地铁机电安装及装修公司的施工尤为重要。

2)深化内容及流程

模型建模调整完成后,需要导出DWG格式的综合平、剖面图及各专业的平、剖面图。综合平、剖面图需要分专业分系统设置,详细出图细节见表13-4-12。

详细出图细节 表13-4-12

序号	详细出图细节
1	深化设计BIM团队在深化过程中应与图纸深化团队紧密配合,及时发现碰撞、净高不够等问题并及时调整图纸模型。发现无法解决的问题,按照规定的格式要求以书面的形式向设计单位提出
2	按照送审计划,需提前将Revit模型与综合图纸同时提交给建设单位,建设单位审核后提交设计单位
3	送审模型同时提供一份模型说明(文本格式),说明本次送审模型的机电深化图送审版次、土建精装模型版本、建模深度等信息,供BIM审核人员根据已深化内容进行审核

机电深化设计流程如图13-4-1所示。

3)深化原则

(1)机电综合管线BIM深化布置原则

机电综合管线BIM深化布置原则见表13-4-13。

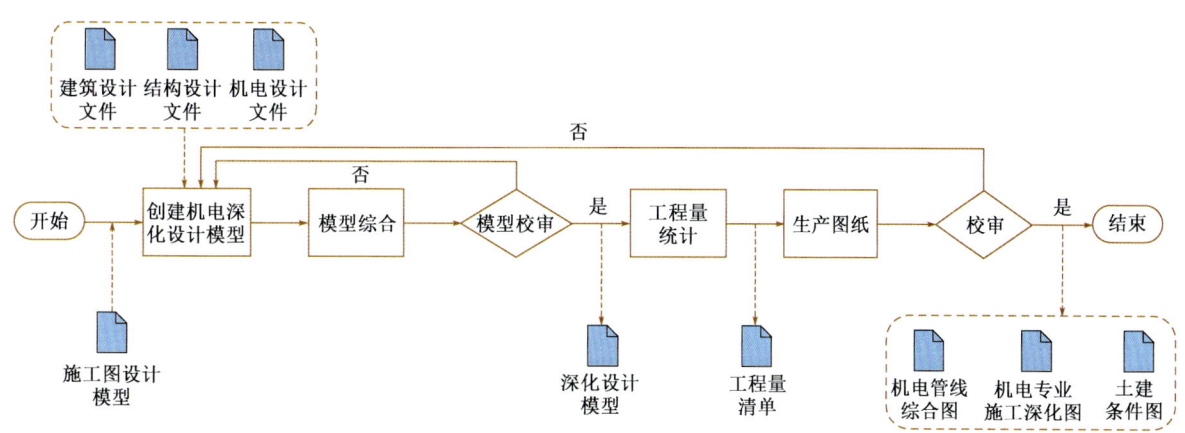

图 13-4-1 机电深化设计流程图

机电综合管线 BIM 深化布置原则　　　　　　　　　　　　　　　表 13-4-13

序号	原则	内容
1	小让大,越大越优先	地铁工程空间狭小,各种管线规格尺寸不尽相同,对于 BIM 深化设计要求较高。排风排烟风管、大管径给水与排水及消防管、大截面强弱电桥架及大直径管线,由于占据的空间较大,若发生局部翻弯,会使施工难度大,施工成本高,所以需要优先布置,尽量减少翻弯
2	有压管道避让无压管道	如污废水排水管、雨水排水管、冷凝水排水管等都是靠重力进行排水,因此,水平管段必须保持一定的坡度,这是排水顺利的充要条件。所以当生活给水管道、消火栓系统给水管道、喷淋管道与以上无压管道交叉时,要采取翻弯、改变走向等方式进行避让
3	上下层布置或交叉时,桥架应布置在上层,水管应布置在下层	如生活给水管、消防给水管、污废水及雨水排水管与桥架上下层布置时,水管尽量不要布置在桥架的上层,以避免管道的凝结水或因接头漏水而造成电气线路的损坏
4	强、弱电桥架保持一定的间距布置	弱电桥架如通信类桥架和综合监控类桥架易受强电线路电磁场的干扰,因此弱电桥架应与强电桥架保持一定的距离
5	考虑管线之间的安装及维护操作空间	(1)如给水及消防部分螺纹连接的管道需要预留安装喉钳操作空间; (2)生活给水管道需要预留保温层的安装空间; (3)强弱电桥架布置需考虑操作人员敷设线缆的操作空间及维修时的检修空间; (4)管道阀门安装位置除按设计及规范安装要求外,还需要考虑阀门操作手柄的操作位置,以及日后运行时操作的方便性,以方便维修单位的使用
6	考虑管线安装顺序的影响	(1)先安装上层管线再安装下层管线; (2)先安装里层管线再安装外层管线; (3)先安装较大的管线后安装较小的管线(风管先装,桥架后装等)
7	考虑符合建筑结构的要求	管线综合布置时,应充分考虑本工程建筑结构的特点,合理设计管线布置位置及空间,尽可能采用综合支吊架(即多管共用支吊架),减少支吊架的数量,减少支吊架和结构的连接点数量,并尽量将支吊架固定点安装在建筑的承重部位
8	符合设计要求并不影响系统使用功能	综合管线的优化排布应不影响原机电系统的设计要求,布置时尽量减少弯头等影响系统运行的阻力因素。进行管线综合布置是使管线布置更加合理而不是修改原设计

(2)通风空调 BIM 深化设计原则

通风空调 BIM 深化设计原则见表 13-4-14。

通风空调 BIM 深化设计原则　　　　　　　　　　　　　　　表 13-4-14

序号	内容
1	风管顶部考虑系统小管线的施工空间,保温完成面距顶板 10cm
2	同一标高风管考虑保温施工、防烟封堵和风阀后期接线及维保要求的空间需求
3	空调机房内风管安装与动力桥架、空调水管、其他管线敷设共用联合支架
4	因设备维修空间要求,改变原设计设备位置时,考虑设备本身接口问题

续上表

序号	内 容
5	尽量考虑冷水机房、风机房设备之间后期维修的空间位置
6	送风口的位置不能布置在设备正上方,送、回风口的间距满足设计要求,送、回风口要满足设备门开启间距要求,便于设备后期维护
7	空调机房小系统排烟风管高于送风管
8	冷水机组、空调机组对应排水系统的阀门考虑使用要求,安装高度尽量考虑不高于1.5m,一个平面安装的水阀及仪表须保证底面平齐,其他设备尺寸严格按照深化设计要点执行
9	公共区风口的位置根据装修效果的要求,在满足功能要求的前提下进行合理布局
10	公共区大系统送回风管交叉的位置,根据装修吊顶标高的要求,对下翻梁位置重新合理规划管线走向,必要时对风管截面尺寸进行等截面调整
11	立式、卧式组合风阀应设置基础,基础采用素混凝土,高度必须满足执行机构的使用条件
12	片式消声器应尽量贴墙面设置。当有管线穿越消声器时尽量将所有管线贴顶布置在结构顶下同一标高处,便于管线与消声器之间空隙的封堵;同时,片式消声器现场测量的时候需要对厂家做详细的交底
13	车站空调冗余系统多联机的中央控制器,统一设置在环控电控室柜体操作面一侧的墙体上,深化设计时保证四周的空间位置;有条件限制的应与设计单位、地铁公司协商确定
14	站厅层的空调冗余系统的冷凝水应就近排放到离壁墙排水沟或卫生间,站台层的根据现场条件就近通过站台板地漏排至轨行区
15	所有的管线不能影响风口使用功能的要求
16	排烟口尽量贴顶安装,保证排烟功能的实现
17	设置气体灭火的房间,排风管完成面距墙(或离壁墙)的间距不能大于8cm,风管支架与接地扁钢有冲突的,在满足规范的要求下移动支架位置
18	冷源系统的阀门及检测末端设备安装高度尽量考虑后期检修的高度要求
19	冷源系统的管道必须敷设在桥架的下方,在设备上方的水平间距不能小于0.3m
20	深化设计过程中确定自动排气阀、结构伸缩缝、管道伸缩补偿器的位置,并在图标注

(3)给水与排水 BIM 深化设计原则

给水与排水 BIM 深化设计原则见表 13-4-15。

给水与排水 BIM 深化设计原则　　　　表 13-4-15

序号	内 容
1	核对消火栓与装饰装修工程暗装预留位置,需留出足够空间安装消火栓(箱)
2	消火栓(箱)周围的设备满足消火栓使用、箱门开启的方向及开启度要求
3	消火栓(箱)位置移动后必须满足间距要求,并请设计单位核定
4	设备区暗装消火栓(箱)位置与装修踢脚线的收口、接口尺寸严格按照深化设计要点执行
5	消防电动蝶阀的安装位置满足后期维修空间,阀门中心高度距地面高度宜为1.0~1.2m
6	湿式报警阀、末端试水装置的安装位置宜靠近地漏,并具备良好的排水条件
7	公共区消火栓位置在满足功能的要求下,以装饰装修工程深化设计的位置为准,并应避免消火栓正对售票机
8	环控机房、冷水机房内应设置清洗水池,给水管距离清洗池1.5m的范围内不做保温处理
9	在环控机房内消火栓(箱)的位置必须要满足与群控柜的距离要求
10	风亭废水泵考虑后期维修的要求,在优化设计时栏杆的位置应设置活动检修门
11	车站内生活水管道必须敷设在桥架的下方,在设备上方的水平间距不能小于0.3m
12	卫生间根据装修要求统一布置

(4) 动力与照明 BIM 深化设计原则

低压动照 BIM 深化设计总体原则：

①保证使用功能的原则；

②主干管线集中布置的原则；

③方便施工的原则；

④方便系统调试、检测、维修的原则；

⑤美观的原则；

⑥结构安全的原则。

动力与照明专业在 BIM 深化中综合上述原则，根据地铁工程动力与照明专业的重点难点部位，具体制定深化设计原则，见表 13-4-16。

动力与照明 BIM 深化设计原则　　　　表 13-4-16

序号	内　　容
1	电缆桥架尽量考虑施工期及运营期的操作空间，电缆敷设及桥架盖板的操作空间，并注意对其他专业管线设备的成品保护
2	关键设备用房配电箱及配电柜尽量集中布置，进线桥架可安排在配电箱(柜)的上方，便于操作，机房内整洁美观。配电箱(柜)正上方禁止安装照明灯具，禁止安装水管。冷冻、冷却水系统设备桥架尽量考虑在设备正上方，方便电缆敷设与压接；机房内的所有管线应总体考虑，采用综合支吊架方式解决管线冲突问题，节约机房空间
3	设备房内接地扁钢与房间门、离壁墙检修门、插座的标高接口等严格按照深化设计要点执行
4	设备区走廊内暗装配电箱与消火栓(箱)、应急疏散指示灯与嵌入式安装防火阀、走廊吊顶与壁装灯的位置、标高接口严格按照深化设计要点执行
5	公共区离壁墙及结构柱上疏散指示灯与插座位置、标高的处理和公共区地面疏散指示灯及插座的处理，要严格按照深化设计要点及装修深化图纸的要求执行
6	公共区离壁墙内配电箱的位置标高及离壁墙的管线、天花灯具位置，要严格按照深化设计要点及装修深化图纸的要求执行
7	在做 BIM 深化设计时，要以相关的施工规范为基础依据，深化过程中要符合相关规范的要求。如：直线段钢制电缆桥架长度超过 30m 应设置伸缩节，跨越结构缝、伸缩缝处设置伸缩节；电缆桥架做好重复接地；弯头及三通处按规范添加支吊架等
8	设备区走廊及楼梯转角照明照度等级适当提高，保证该区域照明照度，满足设计及相关规范规定
9	站台板电缆夹层的低压与高压桥架的位置根据夹层截面尺寸合理布置，保证电缆敷设的空间要求
10	区间道岔上方低压与高压桥架的布置要考虑两个空间的布局
11	车站动力桥架尽量减少弯头数量
12	车控室的插座位置根据综合监控设备的位置进行确定
13	地铁站内，各专业线缆多，综合监控、通信等专业多为弱电线缆，为避免弱电线缆被干扰，弱电线缆与动力照明线缆要分开布置。照明配电室中照明配电箱低压电缆为上进上出，照明配电箱中其他专业线缆为下进下出，且照明配电箱动力照明线缆数量多，应与综合监控专业分设桥架，确保满足各自线缆敷设要求
14	跟随所 0.4kV 房间与 35kV 房间不在同一层时，0.4kV 房间应考虑高压线缆的空间布线位置
15	电缆井内的电缆爬架层数不应小于两层
16	灯具、插座与钢柱网架结构的深化设计，灯具不能直接安装在钢网架的各种杆件上
17	设备房的检修电源箱不能安装在设备维修通道位置，避免影响通道的正常使用
18	深化设计中应综合考虑照明配电室至设备区房间、公共区的照明、插座的排布，避免与其他设备管线交叉
19	环控电控室、应急照明电源装置室内柜体的布置应在满足规范要求的最小屏后维修通道距离情况下，尽可能通过调整布置增大屏后通道宽度，提升屏后检修、操作的空间
20	环控电控室内布置的环控电控柜、冷源系统动力柜及群控柜、BAS 电源柜应统一外观尺寸，确保整体美观

4.3.9 信息交换要求

信息交换要求见表13-4-17。

信息交换要求 表13-4-17

序号	要 求
1	施工模型应满足项目各相关方协同工作的需要,支持各专业和各相关方获取、更新、管理信息
2	对于用不同软件创建的施工模型,宜应用开放或兼容数据交换格式,进行模型数据转换,实现各施工模型的整合或集成
3	共享模型元素应能被唯一识别,可在各专业和各相关方之间交换和应用
4	模型应包括信息所有权的状态、信息的创建者与更新者、创建和更新的时间以及所使用的软件及版本
5	各相关方之间模型信息共享和互用协议应符合有关标准的规定
6	模型信息共享前,应进行正确性、协调性和一致性检查,并应满足下列要求: (1) 模型数据已经过审核、清理; (2) 模型数据是经过确认的最终版本; (3) 模型数据内容和格式符合数据互用协议

4.4 模型质量控制规则

4.4.1 模型建立要求

模型建立要求见表13-4-18。

模型建立要求 表13-4-18

序号	要 求
1	能够按照设计参数进行变化
2	构件命名、信息命名统一
3	构件包含材质、颜色,命名统一
4	构件拆分:初步设计深度满足工程量统计,施工图深度满足施工模拟
5	模型按照建模等级,充分利用前级模型深化,分别建模,分别保存
6	各专业模型在同一平台协同设计,各专业模型协调
7	构件之间如果可以按照设计规则进行关联,尽量关联,以减少修改时的工作量
8	建模应按照先现状环境输入后设计输出、先主体模型后附属模型、先总体后局部的顺序进行

4.4.2 模型质量控制管理

(1) 在每一个项目阶段信息交流之前,BIM 工作小组必须计划每个 BIM 项目模型的内容、详细程度,并且负责更新模型。

(2) 每个 BIM 模型都应安排一个固定负责人来协调工作,且应该参加所有 BIM 团队的活动,负责解决可能出现的问题。

(3) BIM 中心在规划过程中应建立数据质量标准,在每个主要的 BIM 阶段,质量控制必须完成,如设计审查、协调会议等。

(4) 每个项目组应在质量检查前提交其负责的 BIM 模型,BIM 工作小组应对提交的 BIM 报告进行质量检查,确认模型修订后的质量。

4.4.3 模型交付成果

1)模型交付要求

(1)单位和坐标

①建立项目统一轴网、标高的模板,轴网标号与AutoCAD图纸一致;

②项目单位为毫米(mm);

③使用相对标高,±0.000即为坐标原点Z轴坐标点;

④正确建立"正北"和"项目北"之间的关系。

(2)模型建模依据

①设计图纸;

②当地规范和标准。

(3)模型更新依据

①设计院图纸变更和深化设计图纸变更;

②当地规范和标准。

(4)模型拆分标准

暖通专业、电气专业、给水与排水专业及其他设备专业按专业系统、子系统进行拆分。

(5)模型色彩标准

空调系统、排水系统以及机电系统色彩标准,见表13-4-19~表13-4-22。

空调系统色彩标准 表13-4-19

序号	图例	名称	颜色标号	R	G	B
1	SAD	送风管	150	0	127	255
2	RAD	回风管	96	0	127	0
3	EAD	排风管	220	255	0	191
4	SED	消防排烟管	50	255	255	0
5	PAD	处理过的新风管	80	63	255	0
6	MAD	消防补风管	160	0	63	255
7	SPD	加压送风管	174	0	0	127
8	KED	厨房排风管	157	38	57	126
9	KFD	厨房补风管	245	127	63	127
10	CHWS/CHWR	冷冻供/回水管	59	38	38	19
11	CDWS/CDWR	冷却供/回水管	90	0	255	0
12	HWS/HWR	热水采暖供/回水管	222	165	0	124
13	CD	冷凝水管	140	0	191	255
14	P	膨胀水管	54	127	127	0
15	W	补充水管	74	38	76	0
16	D	排水管	231	255	127	191

排水系统色彩标准　　　　表 13-4-20

序号	图例	名称	颜色标号	R	G	B
1	J	市政给水管	100	0	255	63
2	G	高区供水管	100	0	255	63
3	W	生活污水管	200	191	0	255
4	WY	生活压力污水管	200	191	0	255
5	Y	雨水管	50	255	255	0
6	T	通气管	200	191	0	255
7	F	消火栓管	130	0	255	255
8	S	喷淋管	30	255	127	0

机电（强电）系统色彩标准　　　　表 13-4-21

序号	图例	名称	颜色标号	R	G	B
1	E	强电桥架	6	255	0	255
2	E-YJ	应急桥架	72	82	165	0
3	E-DL	动力桥架	6	255	0	255
4	E-ZM	照明桥架	150	0	127	255
5	E-MX	封闭绝缘母线	5	0	0	255

机电（弱电）系统色彩标准　　　　表 13-4-22

序号	图例	名称	颜色标号	R	G	B
1	SPS	安防系统线槽	2	255	255	0
2	PDS	综合布线系统线槽	4	0	255	255
3	ELV	弱电系统线槽	4	0	255	255
4	TVS	电视系统线槽	3	0	255	0
5	POS	POS 系统线槽	3	0	255	0
6	LIFT	升降机线槽	3	0	255	0
7	MOB	移动电话电缆桥架	3	0	255	0

（6）建模管控要点

在满足 LOD 标准要求和模型规划要求的前提下，还需满足以下几点：

①机电各专业建模完成后，保持各专业系统完整性；

②各专业设备、阀门、附件等，均参照设计选型样本几何尺寸建模；

③各专业添加末端设备，并参照设计选型样本几何尺寸建模；

④水管、桥架等材质在模型中体现；

⑤正式提交前需保证机电各专业与建筑结构专业无碰撞，机电各专业之间无碰撞。

（7）BIM 模型精度标准

给水与排水专业、暖通专业、电气专业在深化设计阶段、施工阶段、BIM 交付阶段的 LOD 精度要求及建模精度具体要求，见表 13-4-23 ~ 表 13-4-26。

空调系统色彩标准　　　　　　　　　　　　　　　　　　　　　　　表 13-4-23

序号	图例	名称	颜色标号	R	G	B
1	SAD	送风管	150	0	127	255
2	RAD	回风管	96	0	127	0
3	EAD	排风管	220	255	0	191
4	SED	消防排烟管	50	255	255	0
5	PAD	处理过的新风管	80	63	255	0
6	MAD	消防补风管	160	0	63	255
7	SPD	加压送风管	174	0	0	127
8	KED	厨房排风管	157	38	57	126
9	KFD	厨房补风管	245	127	63	127
10	CHWS/CHWR	冷冻供/回水管	59	38	38	19
11	CDWS/CDWR	冷却供/回水管	90	0	255	0
12	HWS/HWR	热水采暖供/回水管	222	165	0	124
13	CD	冷凝水管	140	0	191	255
14	P	膨胀水管	54	127	127	0
15	W	补充水管	74	38	76	0
16	D	排水管	231	255	127	191

给水与排水系统色彩标准　　　　　　　　　　　　　　　　　　　　表 13-4-24

序号	图例	名称	颜色标号	R	G	B
1	J	市政给水管	100	0	255	63
2	G	高区供水管	100	0	255	63
3	W	生活污水管	200	191	0	255
4	WY	生活压力污水管	200	191	0	255
5	Y	雨水管	50	255	255	0
6	T	通气管	200	191	0	255
7	F	消火栓管	130	0	255	255
8	S	喷淋管	30	255	127	0

机电(强电)系统色彩标准　　　　　　　　　　　　　　　　　　　　表 13-4-25

序号	图例	名称	颜色标号	R	G	B
1	E	强电桥架	6	255	0	255
2	E-YJ	应急桥架	72	82	165	0
3	E-DL	动力桥架	6	255	0	255
4	E-ZM	照明桥架	150	0	127	255
5	E-MX	封闭绝缘母线	5	0	0	255

机电(弱电)系统色彩标准　　　　　　　　　　　　　　　　　　　　表 13-4-26

序号	图例	名称	颜色标号	R	G	B
1	SPS	安防系统线槽	2	255	255	0
2	PDS	综合布线系统线槽	4	0	255	255
3	ELV	弱电系统线槽	4	0	255	255
4	TVS	电视系统线槽	3	0	255	0
5	POS	POS系统线槽	3	0	255	0
6	LIFT	升降机线槽	3	0	255	0
7	MOB	移动电话电缆桥架	3	0	255	0

2）项目实施各阶段交付成果审核

项目实施各阶段前期准备工作、过程中及最终交付成果审核内容见表 13-4-27。

成果审核内容　　　　表 13-4-27

审核项目	前期准备阶段	工作过程阶段	最 终 阶 段
审核节点	项目实施各阶段前期准备工作完成时	项目各阶段实施过程中	各阶段 BIM 实施成果交付后
审核依据	国家 BIM 标准、项目 BIM 实施标准	项目 BIM 实施标准、项目 BIM 实施大纲及方案	国家建设工程相关规范规程、国家 BIM 标准、项目 BIM 实施标准、项目 BIM 实施大纲及方案
审核形式	项目前期准备协调会	项目 BIM 协调周例会	项目 BIM 阶段成果交付审查会
审核人员	甲方各阶段相关负责人、BIM 总协调方负责人、项目参与方 BIM 负责人	BIM 总协调方负责人、项目各参与方 BIM 负责人	建设单位各阶段相关负责人、BIM 总协调方负责人、项目各参与方 BIM 负责人
审核内容	项目建模标准、建模计划、样板文件、基准模型审核	各参与方是否按节点提交过程成果，过程成果的质量审核（提交成果格式及内容是否满足交付要求，模型搭建及更新是否符合项目实施标准）	提交 BIM 模型及成果质量是否满足相关要求；模型精度是否满足 LOD 标准并与实际（设计图纸、施工现场）相符；模型信息是否完整；提交成果是否满足相关要求
审核结论	是否可以启动项目工作	BIM 审核结果反馈，落实下一阶段 BIM 实施计划及要求	BIM 阶段成果深度满足移交下一阶段参与方使用

3）确定质量控制方法

质量控制方法见表 13-4-28。

质 量 控 制 方 法　　　　表 13-4-28

序号	质量控制方法概要	质量控制方法具体内容
1	目视检查	确保没有多余的模型组件，并使用导航软件检查设计意图是否被遵循
2	冲突检查	由冲突检测软件检测两个（或多个）模型之间是否有冲突问题
3	标准检查	确保该模型遵循团队确定的建模标准
4	元素验证	确保数据集没有未定义的元素

4.5　地铁机电工程施工 BIM 应用案例

4.5.1　工程概况

某工程项目为某市地铁工程机电系统某标段。主要施工内容为设备区二次砌筑装修、通风空调系统（车站及区间）、给水与排水系统（车站及区间）、动力照明系统（车站）、设备材料采购（除甲供设备外）、安装、基础制作、调试、验收、移交等。车站模型如图 13-4-2 所示。

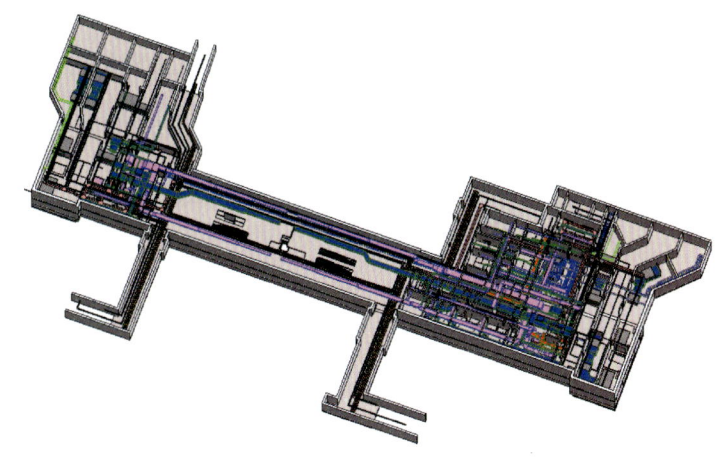

图 13-4-2 车站模型图

4.5.2 应用目的与思路

地铁机电工程安装项目是一项复杂的系统工程,对施工单位的总体素质要求高。

在工程施工中,BIM 技术结合工程管理模式,在施工技术、施工生产、施工进度、施工管理等方面进行应用。主要包括模型一次、二次深化,综合支吊架工程化预制,装配式冷水机房,预装套管,模拟设备进场运输通道。

同时,还涉及了物联网、二次结构砌体排布、移动、决策支持等应用。实现现场施工管理井然有序,劳动力合理安排、安全质量可控、资源优化配置。以有效控制工程成本,提高项目科学决策能力与水平,支持企业可持续发展,取得较好的经济社会效益。

4.5.3 整体应用

1)应用软件

BIM 技术需要多款软件应用组合才能解决工作中的实际问题,组合应用软件包括 BIM 建模软件(如 Revit)、BIM 工具软件(如土建算量)和 BIM 平台软件(如 BIM 5D)等。项目根据实际情况选用了市场上成熟的 BIM 软件,如果市场现有软件也不能满足应用需求,则需要定制开发。

2)一次深化

在机电工程安装项目实际施工中,机电工程建模和深化设计工作通常晚于土建工程施工进度,造成机电工程与土建工程之间的碰撞返工,同时也存在着设备供货不及时造成怠工等现象。

为解决上述问题,不采用 BIM 传统的三维深化方式,而是尝试采用两次深化的方式。第一次深化是用快速建模的办法,仅对与一次结构有关的机电管线进行深化排布,为现场的一次结构预留洞提供有效参考;第二次深化是对机电工程模型进行完善,配合二次结构与机电工程的专业应用,为基于 BIM 5D 的管理应用提供基础模型。这样做既满足了现场一次结构施工进度需要,又不影响机电工程的后续应用和 5D 管理的应用。一、二次深化流程如图 13-4-3 所示。

一次深化的主要工作包括四项内容,分别是一次结构土建工程建模、机电工程主要管线建模、一次管线综合排布、一次结构预留孔洞。其中,一次结构的土建工程建模工作比较特殊。

对于机电专业而言,土建模型主要起到空间参考和配合预留孔洞的作用,同时,机电工程深化 BIM

工程师无权限修改土建工程结构模型。因此,由机电工程单位来搭建土建工程模型,既花费了大量的精力,又耽误了机电工程深化的进度,故要针对性地解决土建和结构建立模型的此类问题,以加快施工进度。一次深化过程的整体思路如图13-4-4所示。

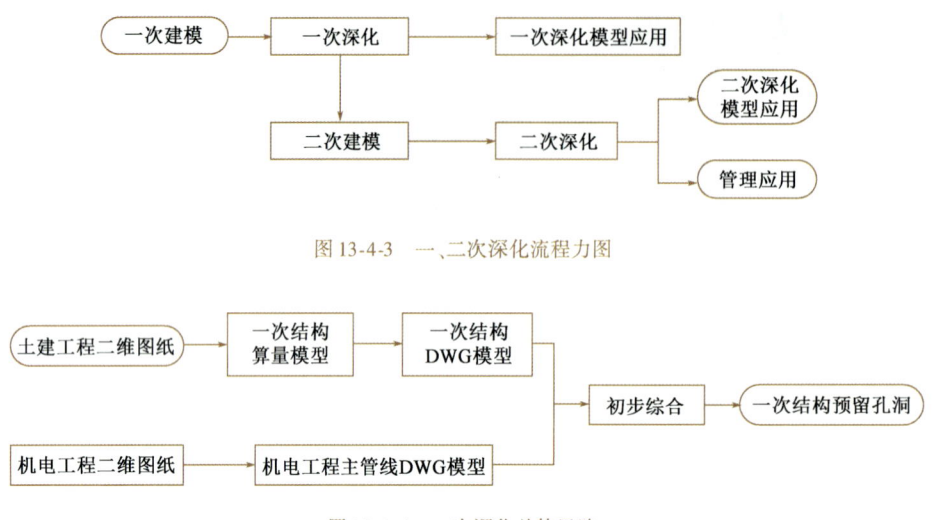

图13-4-3　一、二次深化流程力图

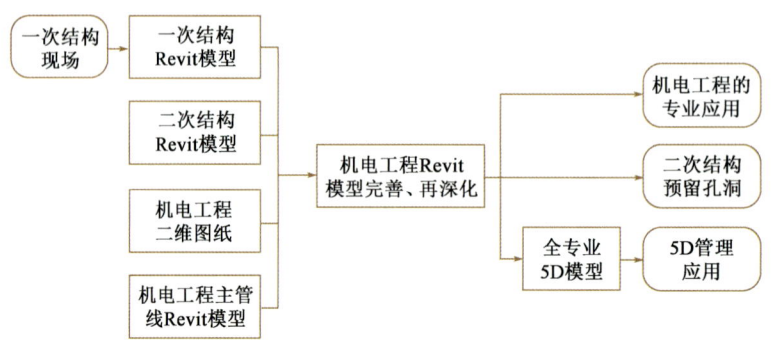

图13-4-4　一次深化总体思路

3)二次深化

在设计方案稳定的情况下,研究进行二次深化的工作。二次深化的主要工作包括四项内容,分别是机电工程模型准备、机电设备选型布置、创建二次结构模型、管线碰撞检查调整。二次深化过程的整体思路如图13-4-5所示。

图13-4-5　二次深化设计整体思路

(1)机电设备模型扩充

项目中的机电设备主要有两种类型,机房大型机组、末端设备及阀门。其中前者是由建设单位指定,后者是由施工单位采购。由于在进行机电工程深化设计时,甲供设备厂家不能将机组的规格标准提供给机电施工单位,所以在这个阶段只能用外形类似的机组模型来替代;而对于末端设备及阀门,软件族库提供了一部分,但机电设备及阀门存在已有模型与实际设备的偏差问题。针对这种情况,可对软件族库产品模型进行编辑扩充。

(2)机电设备选型布置

针对转化后的模型,在软件中进行机电工程设备的选型、布置和连接。由于有一部分内容牵涉与精装修配合,在这个阶段进行机电工程深化设计时,精装方案尚未确定,所以并未布置所有末端设备,只对可能产生影响的机电设备末端管线与设备阀门进行建模。

（3）创建二次结构模型

根据现有一次结构的 BIM 模型，使用软件功能增加二次结构墙体信息时，通过把二维 CAD 图纸和一次结构模型做匹配重叠，根据平、立面图的对应关系开始绘制，该建模方式可较大提高建模效率、增加建模准确度，确保工作的高效性、正确率。

（4）管线碰撞检查调整

将完善后的土建工程模型和机电工程模型导入碰撞检测软件中，进行碰撞检测，并导出碰撞检测报告，如图 13-4-6 所示。

图 13-4-6　碰撞检查报告

利用碰撞检测形成的碰撞报告，进行机电工程管线调整，避免在后期施工过程中出现各类返工引起的工期延误和投资浪费。管线优化调整如图 13-4-7 所示。

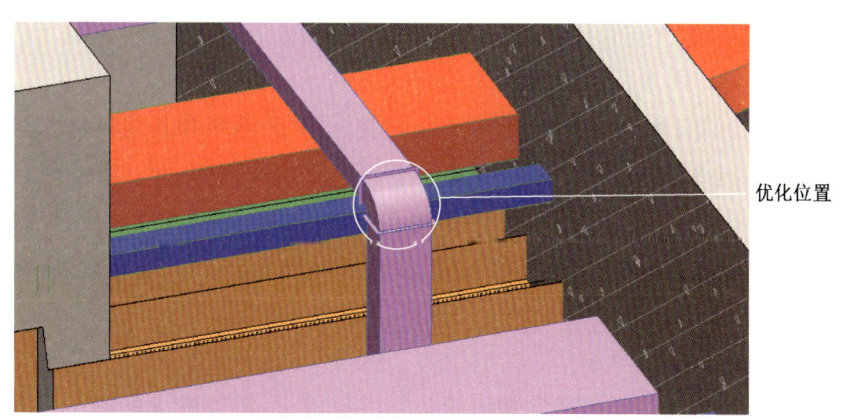

图 13-4-7　管线优化调整

4）构建机电工程安装模型

地铁车站机电工程安装涉及给水与排水、低压配电、通风空调、弱电等多个专业，再加上空间狭小，管线错综复杂，施工过程中容易出现碰撞导致返工、窝工以及材料浪费，管线距离过小导致后期检修不便等问题。

针对这些问题，该项目利用 Revit 建模软件建立综合管线模型，并利用 Revit 的协同整合软件 Navisworks 对综合管线模型进行碰撞检查,形成检查报告,并对产生碰撞的地方进行调整,直至满足设计及规范要求。流程如图 13-4-8 所示。

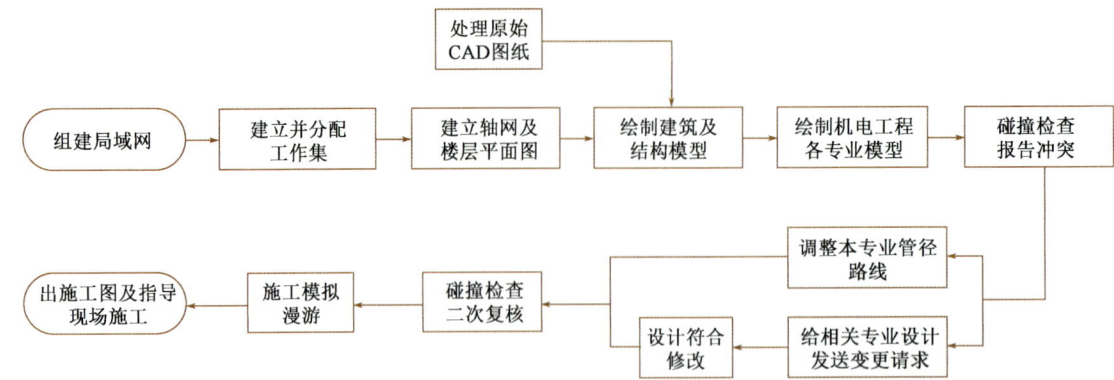

图 13-4-8　管线综合设计流程图

(1)管线综合由项目部组成深化设计小组,会同项目总工程师、生产经理共同制订深化设计、施工工作计划,确保设计、施工的连续性。

(2)管线工程综合设计原则:

①大管优先。因小管道造价低、易安装,且大截面、大直径的管道,如空调通风管道、排水管道、排烟管道等占据的空间较大,应在平面图中先作布置。

②临时管线避让长久管线。

③有压让无压。有压管道避让无压管道。无压管道,如生活污水、粪便污水排水管、雨排水管、冷凝水排水管都是靠重力排水,因此,水平管段必须保持一定的坡度,是顺利排水的充分和必要条件,所以在与有压管道交叉时,有压管道应避让。

④金属管避让非金属管。因为金属管较非金属管容易弯曲、切割和连接。

⑤电气管路避让供热供水管路。在热水管道上方及水管的垂直下方不宜布置电气线路。

⑥消防水管避让冷冻水管(同管径)。因为冷冻水管有保温。

⑦低压管避让高压管。因为高压管造价高。

⑧强弱电分开设置。由于弱电线路如电信、有线电视、计算机网络和其他建筑智能线路易受强电线路电磁场的干扰,因此强电线路与弱电线路不应敷设在同一个电缆槽内,而且需留一定距离。

⑨附件少的管道避让附件多的管道。这样有利于施工、检修、更换管件。各种管线在同一处布置时,还应尽可能做到呈直线、互相平行、不交错,也要考虑预留出施工安装、维修更换的操作距离,以及设置支架、柱、吊架的空间等。

(3)综合管线的排布方法:

①定位风管(大管)。因为各类暖通空调风管的尺寸比较大,需要较大的施工空间,所以先要定位各类风管的位置。有探测器的,风管安装在探测器之下,并保持与探测器的距离不小于 0.5m;没有探测器的,风管尽量贴板底安装,以保证其他专业管线的敷设空间。

②定位桥架。车站电气部分涉及低压配电与照明、自动化系统、火灾报警系统和通信等专业,这几个专业都有桥架,因此需要合理规划各自走向,保证强弱电桥架之间距离不小于 0.3m。

③定位排水管(无压管)。排水管为无压管,不能上下翻转,应保持直线,满足坡度要求。一般应将其起点(最高点)尽量贴梁底使其尽可能提高。沿坡度方向计算其沿程关键点的标高直至接入立管处。

确定了无压管和大管的位置后,余下的就是各类有压水管,此类管道一般可以翻转弯曲,路线布置较灵活。

此外,在各类管道沿墙排列时应注意以下方面:保温管靠里非保温管靠外;金属管道靠里非金属管道靠外;大管靠里小管靠外;支管少、检修少的管道靠里,支管多、检修多的管道靠外。管道并排排列时应注意管道之间的间距。一方面要保证同一高度上尽可能排列更多的管道,以节省层高;另一方面要保证管道之间留有不小于0.3m的检修空间。管道距墙、柱以及管道之间的净间距不应小于100mm。

(4)综合管线实施结果:

①综合管线初步模型,如图13-4-9所示。

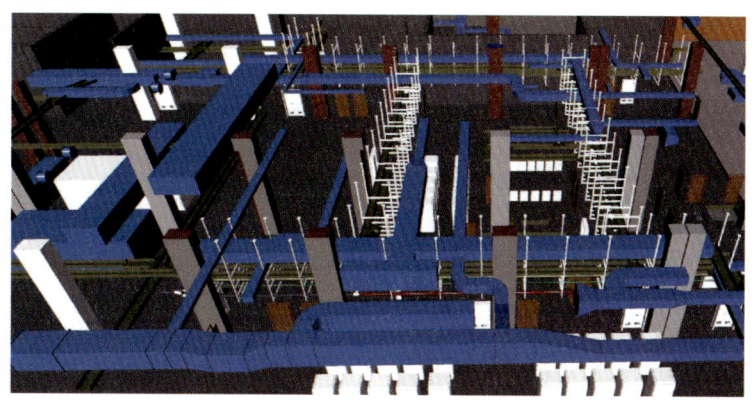

图13-4-9 综合管线模型

②综合管线碰撞检查及优化调整。

首先将各专业管线融合在一个综合管线模型,然后进行综合管线碰撞检查,产生碰撞的地方按照综合管线排布规则做相应调整,完全调整之后即可优化管线密集处的综合支吊架,以实现综合支吊架利用率的最大化,并且尽可能地减少返工。

a. 风管与桥架碰撞检查结果,如图13-4-10所示。

b. 水管与桥架碰撞检查结果,如图13-4-11所示。

c. 风管与水管碰撞检查结果,如图13-4-12所示。

d. 综合支吊架优化结果,如图13-4-13所示。

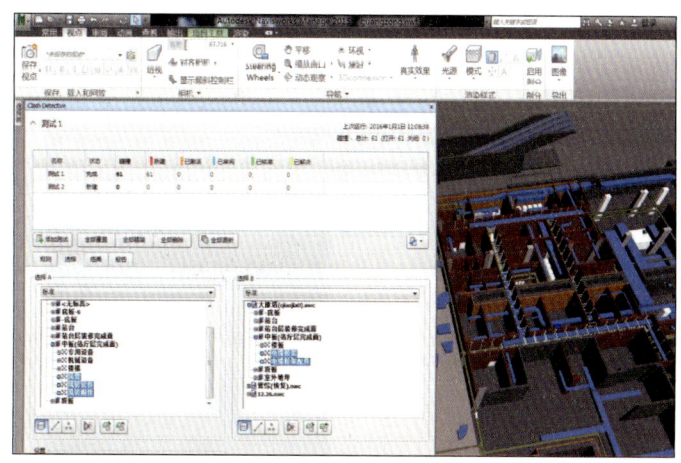

a)

图 13-4-10

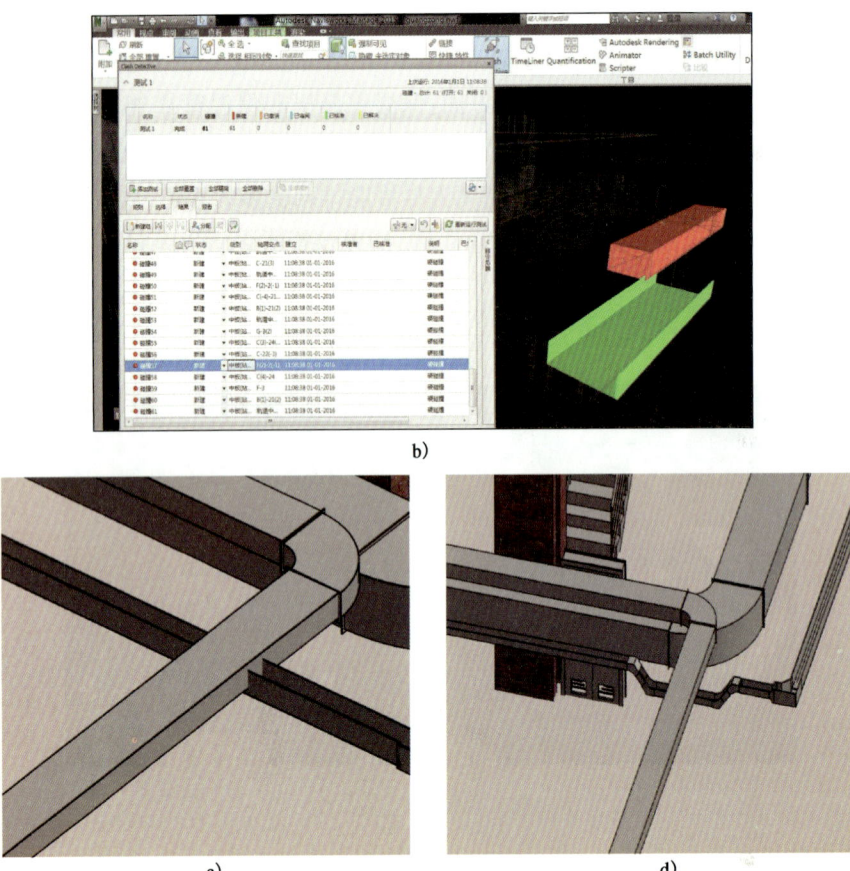

图 13-4-10　风管与桥架碰撞检查

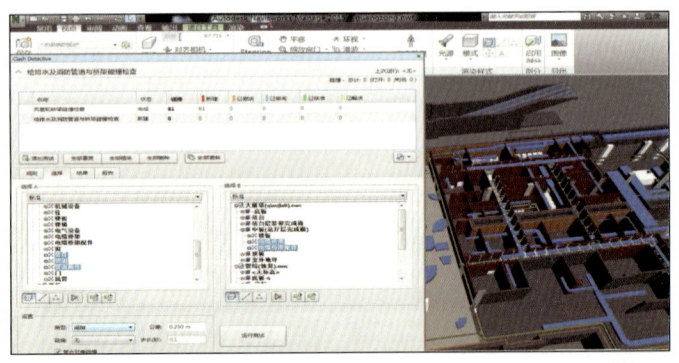

图 13-4-11

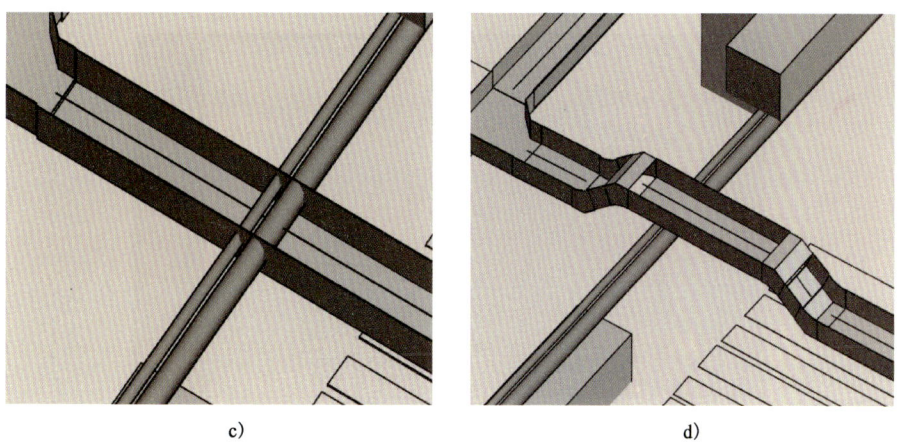

图 13-4-11 水管与桥架碰撞检查

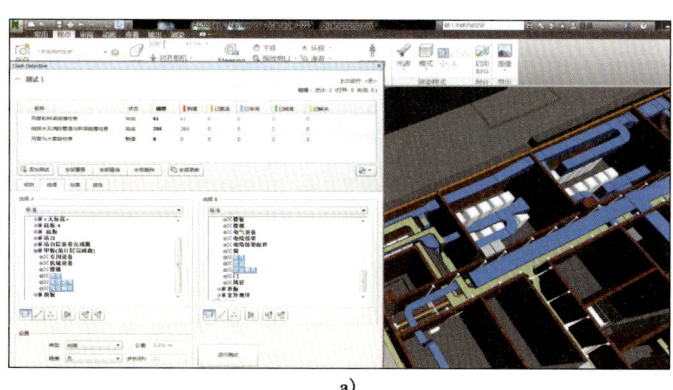

a)

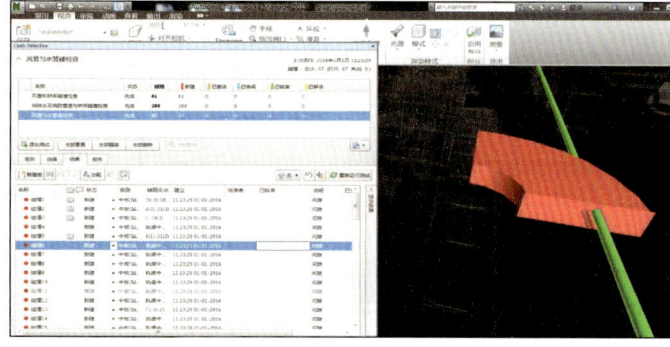

b)

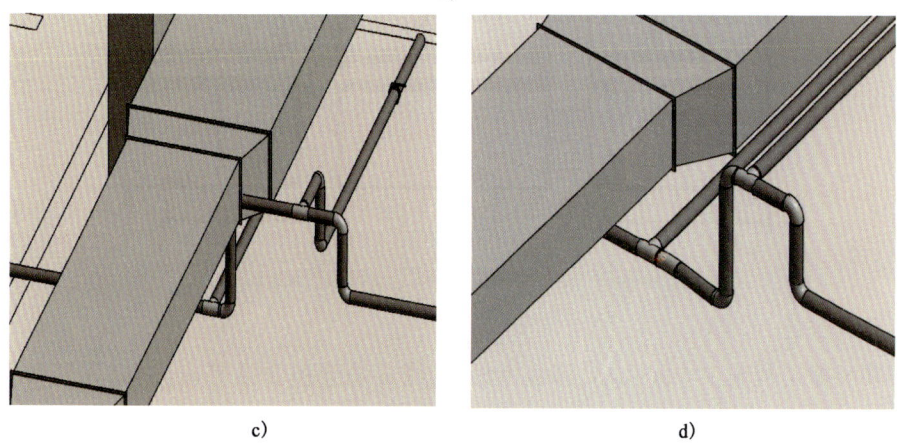

图 13-4-12 风管与水管碰撞检查

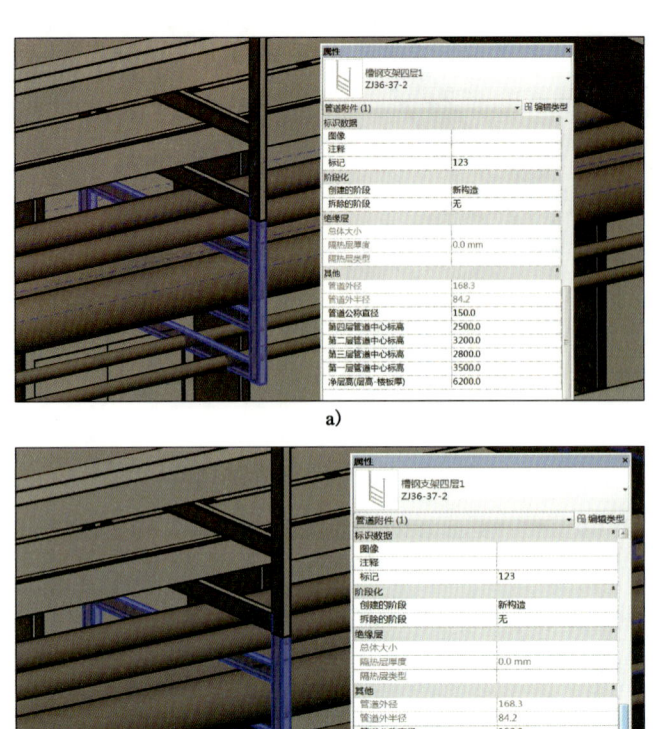

图 13-4-13 综合支吊架优化

e. 根据调整的综合管线模型生成综合支吊架平面及剖面布置,如图 13-4-14、图 13-4-15 所示。

图 13-4-14 站厅层东设备区综合支吊架平面布置图

③预留孔洞的统计。

地铁的安装装修工程施工空间狭小,管线密集,管线穿墙穿板非常普遍,门窗孔洞和管线穿墙孔洞预留一直是施工过程中的重点、难点,常出现漏留、多留或留错的问题,这会对施工过程中的管线敷设和孔洞封堵带来隐患。

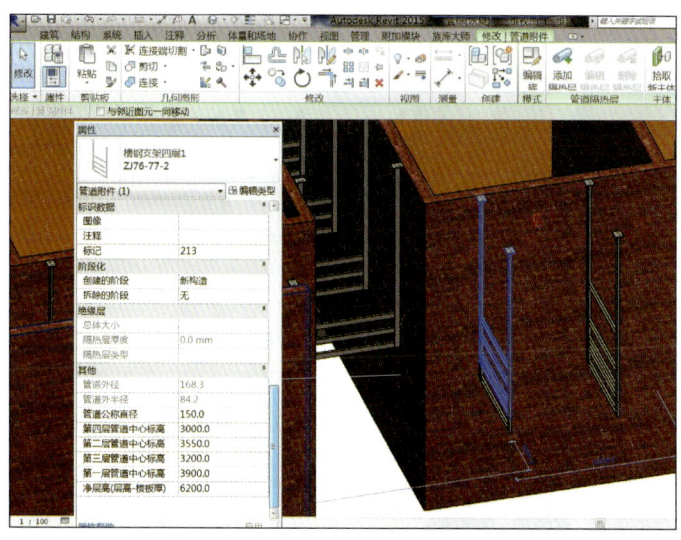

图 13-4-15　站厅层东设备区综合支吊架剖面图

为了克服这一难点,项目部根据建筑模型和综合管线模型生成比较精准的预留孔洞,并对每个孔洞进行标记,形成预留孔洞统计表(图 13-4-16),以确保在前期砌筑的过程中留孔洞准确。

A	B	C	D	E	F
族与类型	标高	标记	底高度	高度	宽度
洞-方形1: 1200 × 2400 mm	中板(站厅层完成面)	东侧设备区	0	2400	1200
洞-方形1: 1200 × 2400 mm	中板(站厅层完成面)	车控室北墙	0	2400	1200
洞-方形1: 1200 × 2400 mm	中板(站厅层完成面)	AFC室北墙	0	2400	1200
洞-方形1: 1200 × 2400 mm	中板(站厅层完成面)	综合监控室南墙	0	2400	1200
洞-方形1: 1200 × 2400 mm	中板(站厅层完成面)	照明配电室南墙	0	2400	1200
洞-方形1: 1200 × 2400 mm	中板(站厅层完成面)	综合监控室南墙	0	2400	1200
洞-方形1: 1200 × 2400 mm	中板(站厅层完成面)	警务室西墙	0	2400	1200
洞-方形1: 风管预留洞	中板(站厅层完成面)	东端机房	0	600	800
洞-方形1: 风管预留洞	中板(站厅层完成面)	东端机房	0	600	800
洞-方形1: 风管预留洞	中板(站厅层完成面)	东端机房	0	600	800
洞-方形1: 风管预留洞	中板(站厅层完成面)	东端机房	4000	600	800
洞-方形1: 风管预留洞	中板(站厅层完成面)	东端机房	4000	600	800
洞-方形1: 风管预留洞	中板(站厅层完成面)	通风空调电控室	4500	600	800
洞-方形1: 风管预留洞 3	中板(站厅层完成面)	西端机房南墙	4600	600	1000
洞-方形1: 风管预留洞 3	中板-S	西端机房	4600	600	1000
洞-方形1: 风管预留洞 3	中板-S	西段机房	4600	600	1000
洞-方形1: 风管预留洞 3	中板-S	民用通信室	4600	600	1000

图 13-4-16　预留孔洞统计表

5)大型设备运输

地铁下面空间狭小,但设备众多,如风机、空调机组、配电柜等,这些设备都是在二次结构快要完成的时候才进场,这样设备的运输就是一大难题。针对这一难题,利用 Navisworks 软件对大型设备运输路线进行动态模拟,优化设备的进场时间和运输路径,并提前做好设备运输孔洞的预留。预留孔洞设置如图 13-4-17 所示。

6)综合支吊架工厂化预制

为保证施工质量,对机电工程的工厂化预制加工内容也进行了 BIM 的应用,主要应用范围是两部分:综合支吊架设计和支吊架预制加工。

(1)综合支吊架设计

机电工程模型完成深化后,利用软件中的支吊架功能,针对关键部位,进行综合支吊架设计,结合支吊架承载管道荷载情况,利用软件的支吊架计算功能,对支吊架型钢选型结果进行校核。支吊架选型校核如图 13-4-18 所示。

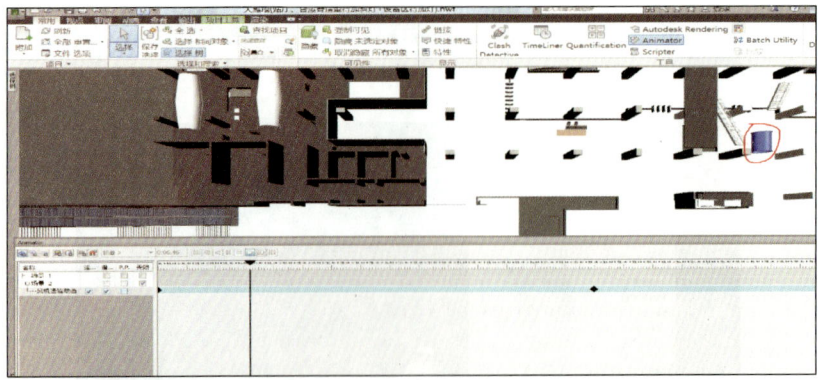

a)

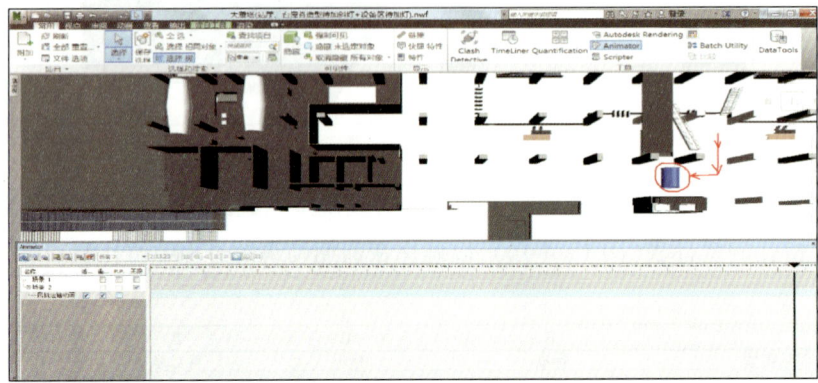

b)

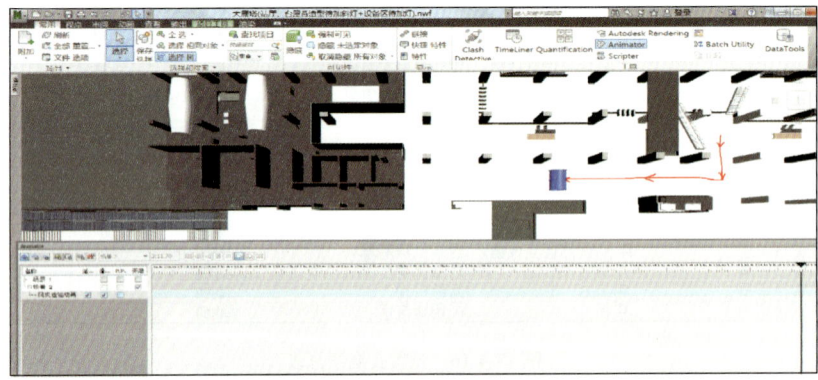

c)

图 13-4-17 预留孔洞设置

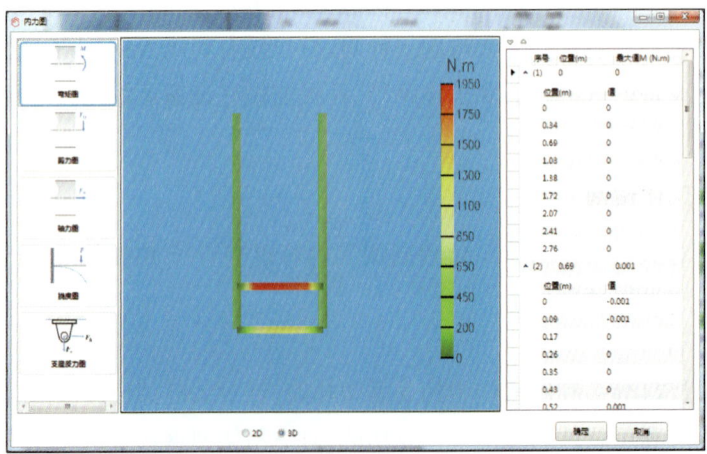

图 13-4-18 支吊架选型校核

通过综合支吊架设计,进一步提高了 BIM 模型对施工现场的指导价值。另外,通过支吊架计算,不但使型钢选型更加可靠,而且还可以凭借计算过程中获得的支座反力,让钢结构工程师对支吊架生根情况进行审查。

(2)支吊架预制加工

①支吊架预制加工现场安装效果,如图 13-4-19 所示。

②根据现场优化的综合支架图纸进行 BIM 翻模、碰撞检测、清单输出和工程量统计。在 BIM 模型建立过程中,按照 LOD400 级别建模标准将施工所需的管道材质、壁厚、规格、保温层厚度等一些参数输入到模型中,再根据现场实际情况对模型进行调整,确认无误后将管道材质、壁厚、规格和长度等信息生成一张完整的预制加工图,之后进入预制化工厂进行管道及支吊架的预制加工,预制材料到达现场后再根据各构件编号或者扫描相关二维码进行组合安装。

图 13-4-19 支吊架工厂化预制加工现场安装效果

BIM 建模、成品支架、支架二维码扫描结果、材料明细、走廊支架组装、设备区支架组装分别如图 13-4-20~图 13-4-25 所示。

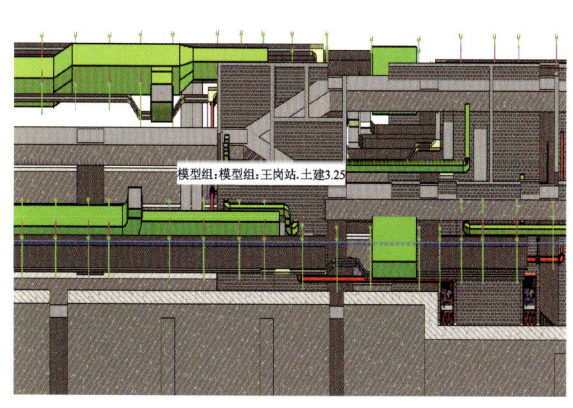

图 13-4-20 BIM 建模

图 13-4-21 成品支架

7)装配式冷水机房

传统施工过程中,机房安装施工可以现场加工、部分项目尝试管线工厂化预制加工,但难以克服管道连接误差,BIM 建模标准达不到 LOD400,不利于安装后功能实现与质量验收。一旦出现质量问题,拆改工作量和浪费材料量都很大。

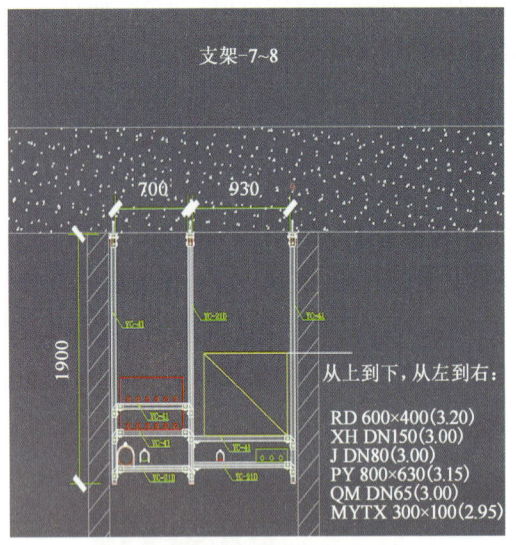

图 13-4-22　支架二维码扫描结果　　　　　图 13-4-23　材料明细

图 13-4-24　走廊支架组装　　　　　　　图 13-4-25　设备区支架组装

根据使用功能与系统连接性,对机房划分区域,对每一个区域进行预制加工,并在加工厂进行预组装,然后再运输到现场进行安装与调试验收,使用沟槽卡箍连接方式突破现场管道焊接连接的方式。这样做一方面可以把焊接的质量验收提前到加工厂阶段,将现场偏差造成的拆改和浪费降到最低;另一方面可以把现场安装工作优化到最简,从而提高工作效率和安装质量。

机房工厂化预制加工流程如图13-4-26所示。

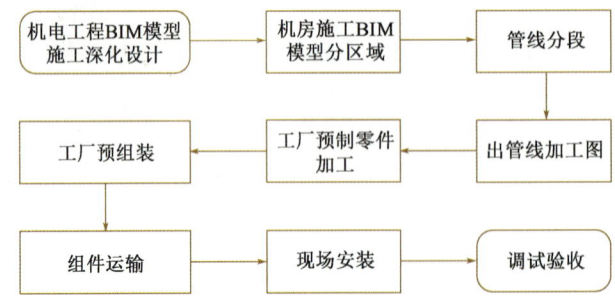

图 13-4-26　机房工厂化预制加工流程图

空调管道优化及预配方法属于地铁冷水机房空调水管安装领域,用3D模型模拟真实冷水机房设备与冷水管道安装,在此基础上科学安排管道安装工艺顺序,解决了现有阀门安装空间不足、返工率大、施工安装工作效率低、整体安装效果不美观、阀门不便于操作等问题。

为了更好地展示管道优化及预配方法的内容,下面结合本案例的实际操作进一步说明。

(1)现场空间实际测量

运用3D激光扫描技术检测土建结构施工的精准度,把BIM模型与现场点云统一坐标系,将BIM模型与现场点云数据做碰撞检测并对关键位置做"真实剖切",得到实际剖面、断面,以此来发现BIM模型与现场不符的位置,调整BIM模型,布置支吊架,指导机电工程管线施工。

(2)建立管件、阀门及设备组库

获取阀门各种管件、阀门的设计外观尺寸及接口方向信息,建立阀门管件族群,建立相关的组库。

(3)基础定位

在软件中按照设备尺寸进行族文件的建立,在机房模型中放置设备,为设备基础定位,模型标注后输出设备基础定位图。该站冷水机房设备基础如图13-4-27所示。

(4)空调水管道及水泵支吊架定位安装

依据管道位置放置支吊架,根据支吊架尺寸现场预制。该站冷水机房支吊架定位如图13-4-28所示。

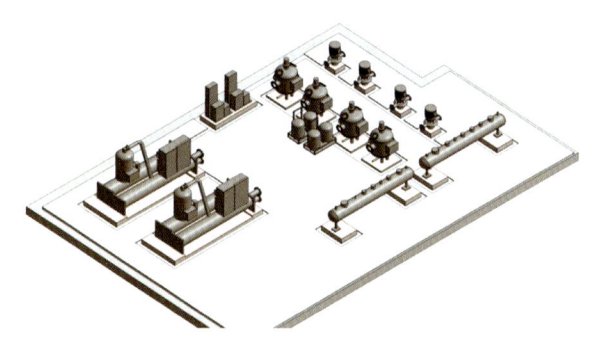
图13-4-27 冷水机房设备基础图

图13-4-28 冷水机房支吊架定位

(5)深度优化翻模

根据优化后的施工图完成模型建立后,对冷水机房空调水管系统进行深度优化,依据施工图翻模发现空调水管路径冲突,施工图交叉重叠处冲突,切实有效地深化冷水机房空调管道标高路径。

在满足设计规范与验收规范的基础上进行管道布置分析,调整管道路径,减少管道转折点,符合设计规范要求后重新排布管线,生成最终3D模型。机房建模效果如图13-4-29所示。

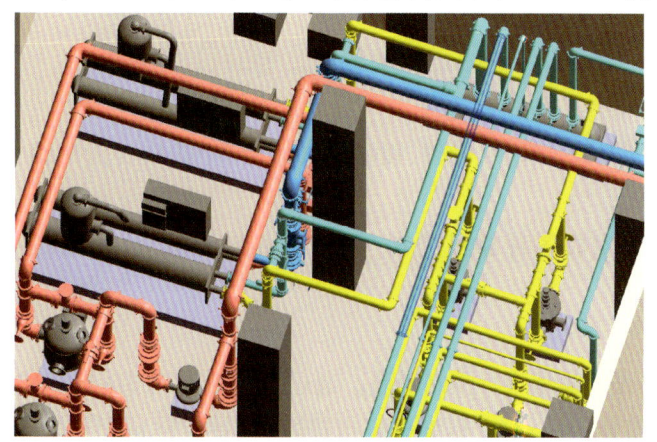
图13-4-29 机房建模效果

(6)空调水管道间距标注及管段排序

根据最终3D空调水管道模型对预配每节管道制作安装顺序进行序号排序,确定管道管件阀门空间坐标,现场进行可视化模型合理安装。该站冷水机房空调水管道制作安装排布分析如图13-4-30所示。

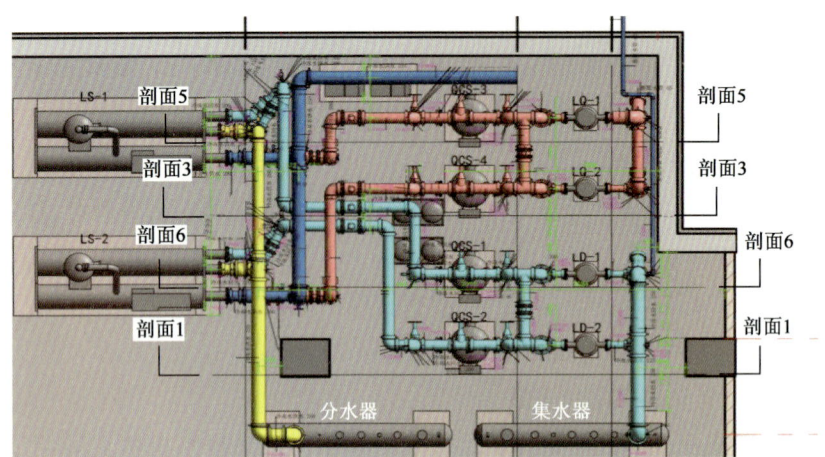

图13-4-30　冷水机房空调水管道制作安装排布

(7)管段预制加工尺寸图

将优化后的冷水机房综合管线按照预制加工的尺寸进行分段及预制模块分组,输出预制加工详图,按照详图进行工厂预制加工。该站冷水机房空调水管管段预制加工如图13-4-31所示,该站冷水机房空调水管管段预制加工立面如图13-4-32所示。

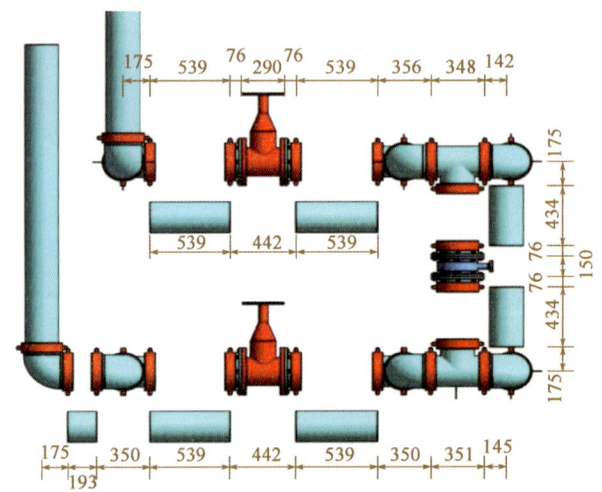

图13-4-31　冷水机房空调水管管段预制加工(尺寸单位:mm)

(8)生成下料清单

依据BIM模型预配图对每个管段、管件、设备添加编号,生成构件清单编号及二维码,指导生产和施工。

依据3D模型预配图生成各种材料类别、数量和下料清单,冷水机房空调管道工程量清单见表13-4-29。

(9)现场制作安装

根据下料清单及3D预配模型进行预制安装。通过BIM技术与3D打印技术相结合,将装配式机房的BIM模型构件打印成实体构件,通过模型拆解与拼装,指导实际预配安装。冷水机房空调管道及设备3D打印模型如图13-4-33所示。

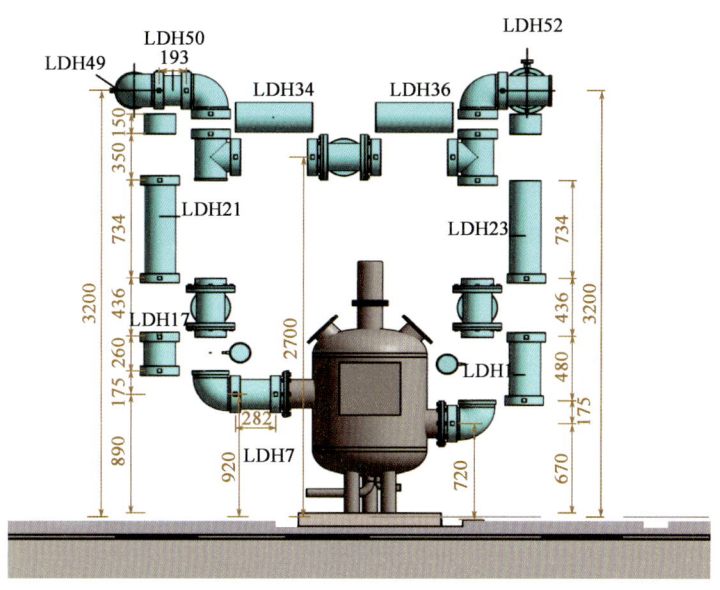

图13-4-32 冷水机房空调水管管段预制加工立面(尺寸单位:mm)

冷水机房空调管道工程量清单　　　　　　　　　　　表13-4-29

类　型	尺寸(mm)	长度(mm)	标记
冷冻水供水	φ200	157	LDG8
冷冻水供水	φ200	171	LDG1
冷冻水供水	φ200	171	LDG2
冷冻水供水	φ200	350	LDG9
冷冻水供水	φ200	574	LDG6
冷冻水供水	φ200	574	LDG5
冷冻水供水	φ200	607	LDG4
冷冻水供水	φ200	607	LDG3
冷冻水供水	φ200	2407	LDG11
冷冻水供水	φ250	289	LDG12
冷冻水供水	φ250	1367	LDG7
冷冻水供水	φ250	3123	LDG10

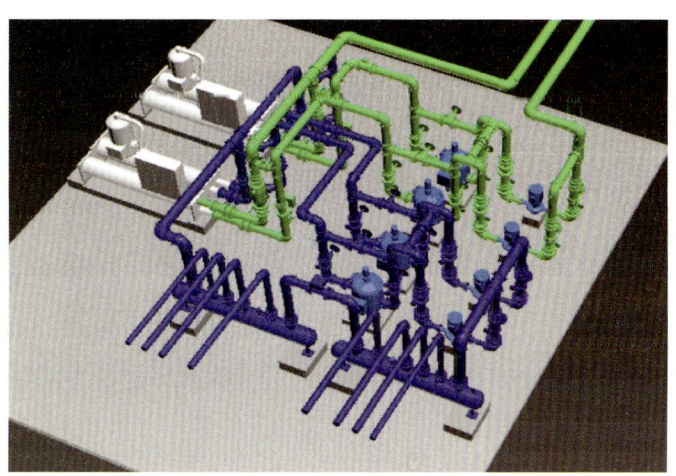

图13-4-33 冷水机房空调管道及设备3D打印模型

(10)预配法与传统安装方法比较

冷水机房体量大,场地狭小,施工难度大,从大型设备冷水机房与管道布置上分析,管道布置呈立体树状或网状分布。传统的制冷机房施工均由人工对照图纸完成,管道由人工下料焊接,质量不稳定,施工过程存在高污染、高能耗、低效率问题。

8)设备进场运输通道

(1)设备区走廊模拟

地铁站厅、站台设备(风机、制冷设备、水泵、控制柜等)水平运输通道需根据大型设备的几何尺寸提前进行隔墙的预留,待大型设备运输完成后再进行砌筑,传统方式施工对通道预留的精度不足,导致施工过程中这些设备与墙体预留孔洞发生冲突,特别是土建结构施工误差导致的结构隔墙偏差,使得拆除墙体的现象经常发生。

BIM模型对部分较大设备的进场规划路线进行模拟,减少了重复预留设备通道的个数与通道的质量,避免施工过程中冲突的发生。首先选择需进场的设备和指定运输路径,以及运输速度等模拟参数,设备尺寸须与现场安装设备尺寸一致(预留外包装尺寸)以保证模拟运输的准确性,在设置完成后即可进行设备进场模拟。模拟过程的直观准确,可以为后续设备运输提供有力的数据支持。

设定路线行走参数如图13-4-34所示,编辑行走路线如图13-4-35所示,路线行走模拟过程如图13-4-36所示。

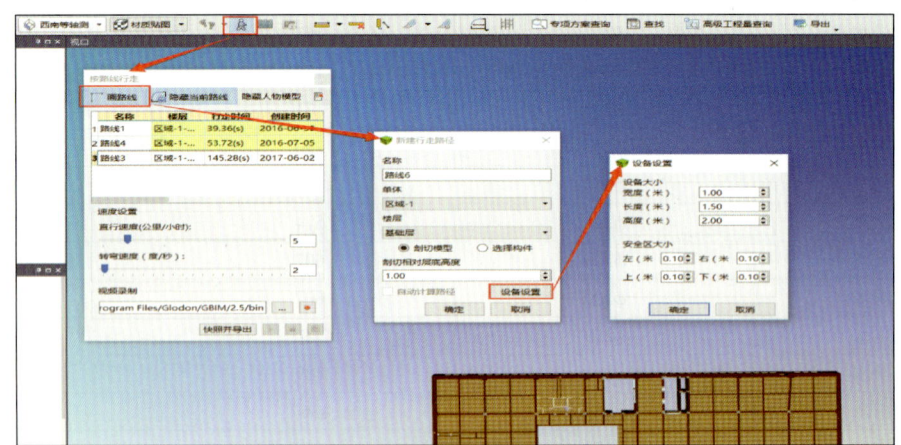

图13-4-34 设定路线行走参数

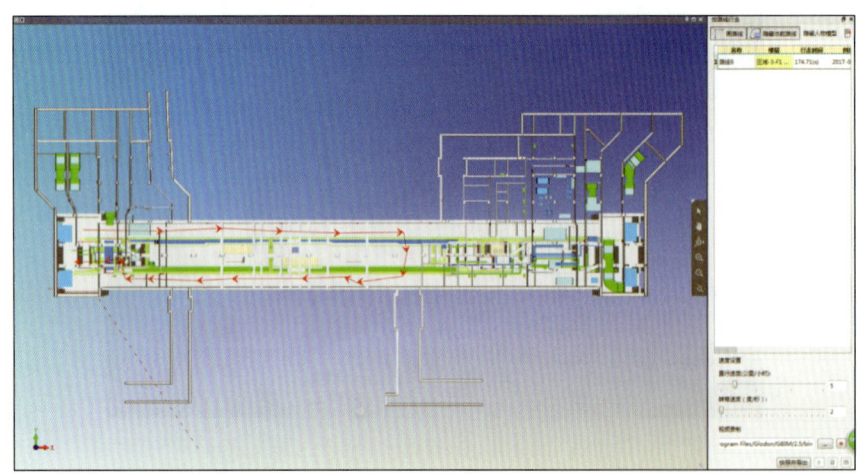

图13-4-35 编辑行走路线

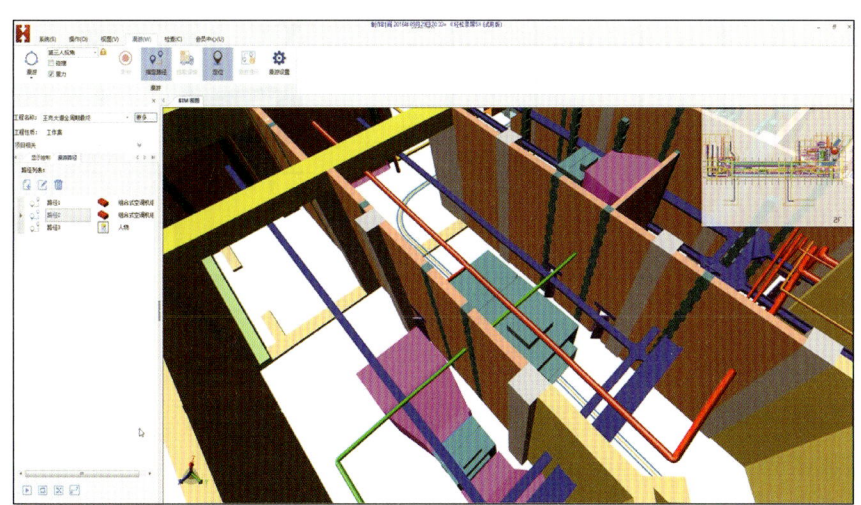

图 13-4-36　路线行走模拟过程

（2）设备区走廊管线优化原则

设备区走廊管线的布置及末端设备的安装直接影响走廊吊顶标高和成品感观效果。根据实际情况对管线在满足功能要求的情况下进行规格尺寸的优化，并对设计图纸中未显示的管线进行补充。设备走廊管线优化要求见表 13-4-30。

设备区走廊管线优化要求　　　　　　　　　　　　表 13-4-30

要　　求	内　　容
系统功能要求	公共区功能要求管线在上，设备房功能要求管线居中，走廊功能要求管线在下
总体优化要求	风上、电中、水下，小管让大管、有压管让无压管、弱电避强电、易弯曲的管线让不易弯曲的管线、不用经常检修的管线让需经常检修的管线
施工难度要求	先施工上部管线，后施工下部管线。在综合管线优化中，若空间位置不能满足要求则从施工顺序上进行优化，最后施工最下层的走廊排烟风管，保证满足桥架电缆敷设的要求

（3）公共区管线优化原则

在公共区管线的优化设计中，所有管线与设备区接口位置应减少转弯，达到整体横平竖直，整体位置安排合理，在优化过程中考虑公共区吊顶龙骨的支架位置。

公共区综合管线中风管上方、靠桥架侧预留 10cm 的管线施工空间，避免电气从风管下方横跨交叉，影响后期公共区整体效果。

9）预装套管

针对机电工程管线穿越二次结构的位置，创建预留孔洞，并进行孔洞关键信息的标注。

孔洞包括大部分风管孔洞及小部分大尺寸桥架孔洞。

机电工程管线墙体预留孔洞预装套管从受力、稳固、便于安装、可循环利用等角度出发，采用预装套管的方法进行施工，对整个机电安装项目成本控制和工期控制有很大帮助。套管设计如图 13-4-37 所示。

BIM 工程师根据现场施工情况绘制套管固定支吊架模型，然后输出装配图，进行技术交底，材料采购和组装成型。套管建模如图 13-4-38 所示。

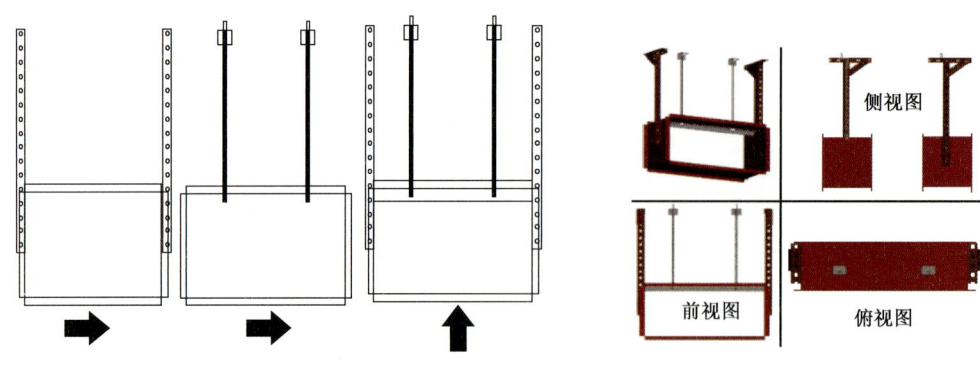

图 13-4-37　套管设计　　　　　　　　　　图 13-4-38　套管建模

BIM 工程师根据管线综合图输出套管安装图,图中标明套管尺寸大小、安装高度和距墙边距等,满足现场安装所需数据。

现场施工人员根据 BIM 工程师输出的套管支吊架装配图,现场组装支吊架。

根据套管安装图纸,使用放线仪、拉尺和油性笔等工具,现场标出套管安装位置。

现场施工人员根据绘制出的定位点,进行支吊架安装和套管固定。现场安装如图 13-4-39 所示。

图 13-4-39　支吊架和套管现场安装

现场施工时,在管道穿过砖墙的位置设置套管,一方面能够对现场管线起到提前定位的作用,使整个机电工程的空间排布有一个全局性的判断;另一方面可以有效防止墙体后开孔,从而提高防火封堵的密闭性。

4.5.4　其他应用

1）激光扫描技术

在传统机电工程深化设计过程中,机电专业模型是与土建设计模型相配合的,但实际项目中,由于施工过程中可能产生误差,土建工程移交现场与土建模型存在不匹配。因此,传统机电工程深化设计过程存在一定风险。

由于施工错综复杂,采用常规的测量方法进行土建工程模型复核费时费力,所以在地铁工程中使用大空间 3D 激光扫描技术进行快速反向建模。通过该技术获取复杂的现场环境及空间目标的 3D 立体信息,快速重构目标的 3D 模型及线、面、体、空间等各种带有三维坐标的数据,客观真实地再现地铁结构形态特性。通过依据点云建立的3D模型和原设计模型进行对比,来检查现场施工情况,并与BIM模型对比,调整BIM模型为正确的可施工数据。

在用3D扫描技术建立的毫米级土建工程模型基础上,构建机电工程中各个专业的模型,利用BIM平台根据实际情况调整管线的走向与长度,可有效地避免返工问题,确保工程的进度和质量。

2)放样机器人技术

放样机器人是一种能够代替人工进行自动搜索、跟踪、辨识和精确照准目标并获取角度、距离、三维坐标以及影像等信息的智能全站仪。

地铁建设项目往往由于空间结构繁复多变、建筑造型特异、机电系统繁多、管线分布密集、施工精度要求高、施工工期短,传统的测量放样面临许多难以解决的问题。为了解决地铁车站上述测量放样问题,保证BIM施工模型的信息精准度,提高施工质量和效率,探索将BIM与放样机器人集成应用技术,即开发BIM的3D激光测量定位系统,为施工测量放样摸索新的方法和工具。它在施工测量放样中的典型应用是通过BIM模型进行放样定位,采集实际建造数据更新BIM模型,采集实际建造数据与BIM模型进行对比分析。

放样机器人BIM应用流程见表13-4-31。

放样机器人BIM应用流程 表13-4-31

流　程	内　　容
准备模型数据	(1)将地铁车站结构模型输出为IFC格式。 (2)将IFC格式的模型导入BIM软件中。 (3)下载点布置和施工布局软件插件,安装在个人计算机端。安装时,在对话框中选择需进行设置点位的软件,如AutoCAD。 (4)将软件模型转化为DWG格式。在此步骤需特别注意,BIM软件、CAD、点布置软件需为同一版本,否则无法对模型进行有效转化。 (5)需要注意控制点是根据现场实际情况进行设置,在模型建立过程中,不可能包含现场控制点数据,需在BIM软件中以族的形式将控制点添加到模型中,不能直接用施工模型进行添加。DWG格式模型必须以英文名称进行保存,不能含有中文汉字
建立坐标系	打开DWG格式模型,点击"New UCS"按钮,点击模型中已知的两个控制点并输入实际三维坐标,选择坐标系单元,发布坐标系并进行命名
创建车站控制点及放样点	(1)创建车站控制点:在CAD软件中打开DWG模型,在点布置软件界面点击"Control Pts"按钮,在模型中找到相应的控制点位进行设置并命名(只需命名第一个即可,后续放样点自动命名)。因为在此前已建立了坐标系,在创建车站控制点时不需要再输入实际三维坐标。 (2)创建放样点:在点布置界面点击"Manual"按钮,在模型中找到相应的需放样点位进行设置并命名(只需命名第一个即可,后续放样点自动命名)。同理,因为在此前已建立了坐标系,在创建放样点位时不需要再输入实际三维坐标。 (3)将车站控制点及放样点数据设置好的模型另存为DWG格式,必须以英文字母进行命名
上传及下载放样数据模型	(1)上传放样数据模型。打开链接BIM云端服务连接,下载BIM云端服务软件并注册账号。 (2)登录BIM云端服务界面,创建新的项目文件。 (3)打开项目文件,点击Upload models,上传模型。 (4)下载放样数据模型。 (5)登录iPad移动端中安装的BIM云端服务软件,对已上传至云端的放样数据模型进行下载
使用BIM模型进行现场放样	(1)搭设放样环境,将智能型全站仪和iPad带到工地现场,按常规程序在施工现场进行智能型全站仪的调平对中工作,并将iPad通过机载内置Wi-Fi直接与智能型全站仪连接。 (2)设置测站方式有两种方式,分别是后方交会的方式和已知点设站的方式。棱镜的现实位置将会显示在iPad BIM云度服务应用程序中3D模型的虚拟位置,棱镜在现实中移动时,3D模型中的虚拟棱镜也会同步移动,实现施工真实现场空间坐标与3D模型空间坐标的映射对应。 (3)施工测量放样,完成智能型全站仪的设站工作后,根据iPad中的BIM模型进行点位放样,选取需进行放样的点位,根据iPad中棱镜与放样点的坐标(x,y,z)差值,移动棱镜直至坐标差值为零,此时棱镜的位置就是需要放样点的位置,做好标记后完成所需位置的放样

3）物联网技术

机电设备安装工程中采用预制加工的管线构件种类繁多，因项目参与方众多，信息分散在不同的参与方手中，在预制、运输、组装过程中极易发生混淆导致返工。在安装的施工过程中各个管线构件的信息难以及时收集、存档，不宜查找，各参与方的信息难以共享及交流，导致整个工程施工进度控制和管理的难度增加。

为解决上述问题，在支吊架设计、加工、现场安装、质量管理中应用物联网技术实现全过程追踪与管理。支吊架物联网技术应用流程如图13-4-40所示。

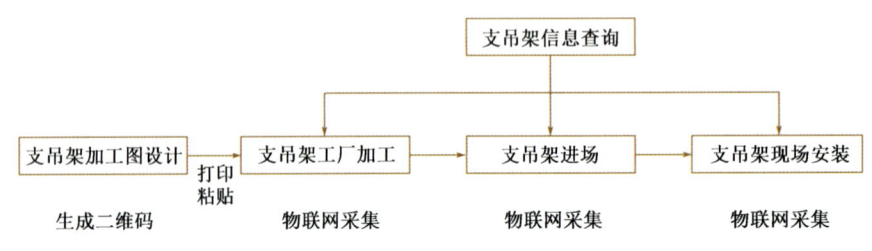

图13-4-40　支吊架物联网技术应用流程

（1）在深化设计阶段，为预制支吊架建立统一的构件编码，为全面、准确地共享构件信息提供唯一凭证。

（2）在生产阶段，打印二维码，粘贴在加工件上，实现对预制支吊架的生产过程跟踪管理和实时数据的采集。当支吊架进场时，通过扫描二维码，可检查货物是否符合订单要求，并可记录进场质量检验记录。

（3）在安装阶段，结合BIM模型，将支吊架的组装过程、安装位置、施工顺序进行可视化交底，指导安装，能够减少施工安装的错误、缩短施工时间。还可在BIM模型中记录安装状态及质量验收信息，可视化展示安装进度，更加精确有效地管理安装过程。通过扫描二维码，可在移动端显示构件模型，并可提供质量和构件历史数据，实现全面的质量管控，为今后运维提供基础数据。

在项目中应用物联网技术，其应用效果主要体现在以下方面：解决了支吊架信息采集工作量大、效率低的问题，提升了工程技术人员对进度的了解程度，提升了管线信息全生命周期追溯能力。

4）二次结构砌体排布

项目在二次结构施工阶段存在大量的砌筑工程，传统的施工方式是根据工程师上报的材料计划进料。同时，我国的建筑工人整体文化程度水平不高，而传统的技术交底往往采用书面形式，对现场工人的交底无法达到预期的效果。有些劳务分包在砌筑时不按规范要求进行砌筑，加之现场进度紧张，二次结构整体砌筑材料浪费多，质量一般。

应用BIM进行砌体排布。首先根据BIM模型的二次砌体墙、暖通、给水与排水和电气等专业的信息模型进行整合，然后根据统一标准把各专业的模型链接在一起，获得完整的三维建筑信息模型，砌体排布应用流程如图13-4-41所示。

通过将BIM三维模型导入BIM软件中，对二次结构墙进行筛选，并根据设计、规范要求设置砌体规格、砌体排布规则、预留机电洞口、调整灰缝厚度等参数，最后生成三维砌体排砖图，辅助现场施工。同时利用BIM软件的第三视角三维可视化交底技术，可以对砌体工程中的复杂节点、预制混凝土砌块、砌体排布、门窗洞口尺寸、管线洞口位置等进行施工指导，更加直观地明确砌体工程施工质量标准与施工工艺流程,减少门窗洞口尺寸的数据偏差,满足各专业对砌体施工标准层的三维虚拟联合验收,进一步减少实际施工中可能存在的错误。砌体排布如图13-4-42所示。

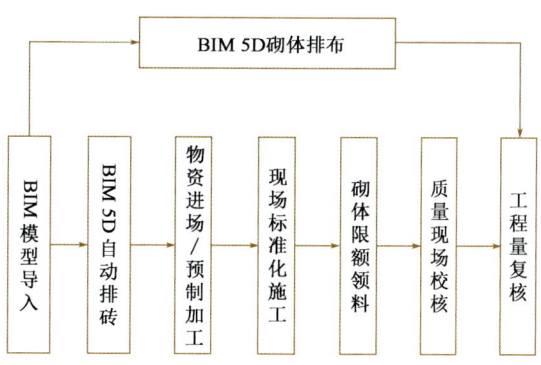

图13-4-41 砌体排布应用流程图

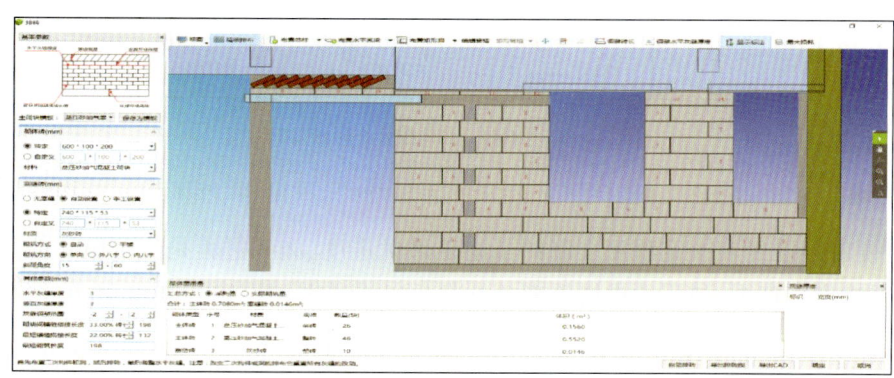

图13-4-42 砌体排布

传统的CAD排砖计算无法进行精确的工程量数据统计,特别是在结构形式复杂及标高变化频繁的楼层中,对砌体工程量的统计更加烦琐、更费时间。而通过BIM软件生成的排砖图可以快速导出材料工程量清单,对不同规格的砌体材料进行分类编码,对混凝土预制构件的工程量进行快速提取,对不同尺寸、不同材质的砌块进行查询,为精准工程量需求计划提供了方便,为结算办理以及材料损耗管理提供了数据支撑,砌体工程量清单如图13-4-43所示。

砌体需用量

汇总方式:○采购量 ◉实际砌筑量

合计:主体砖 0.5948m³;塞缝砖 0.0117m³;

砌体类型	标识	材质	规格型号(长*宽*高)	数量(块)	体积(m³)
主体砖		蒸压砂加气混凝土...	600*100*200	29	0.3480
主体砖	1	蒸压砂加气混凝土...	270*100*200	2	0.0108
主体砖	2	蒸压砂加气混凝土...	400*100*200	6	0.0480
主体砖	3	蒸压砂加气混凝土...	320*100*200	1	0.0064
主体砖	4	蒸压砂加气混凝土...	240*100*200	15	0.0720
主体砖	5	蒸压砂加气混凝土...	600*100*188	2	0.0226
主体砖	6	蒸压砂加气混凝土...	297*100*188	1	0.0056

图13-4-43 砌体工程量清单

此外,通过软件的报表管理,可以多维度设定报表的范围(楼层、流水段、时间等)便于自定义查询。砌体报表查询如图13-4-44所示。

通过BIM软件的二次结构砌体排布应用,不但可以提高工程施工质量,降低砌体材料的损耗率,节约人工及材料成本,还可以提高砌体工程的标准化施工程度,提高精准用量并降低施工过程中的噪声、粉尘、废弃物对现场施工环境的影响,为更好地践行绿色施工提供了帮助。应用价值总结如下:限额领料——减少二次搬运;定点投放——节省砌筑时间;统筹砌筑——减少建筑废料;环形监管——提升砌筑质量;扫二维码——提升信息化管理水平。

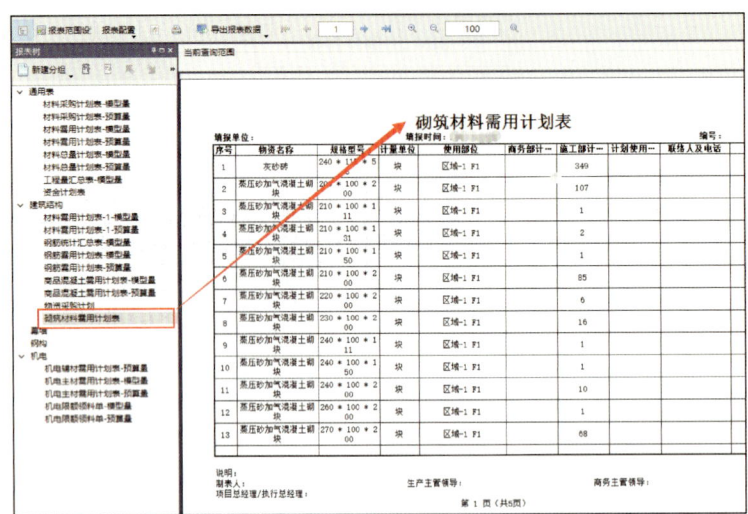

图 13-4-44　砌体报表查询

5）进度管理

传统的进度管理已经在一定程度上制约了施工最优进度,施工过程是决定施工能否按期完工的关键环节,施工进度管理中,使用的进度管理软件都是以横道图和网络计划为主,但都存在着一定的不足:

（1）计划编制完成后根据经验或简单核对即按照此计划进行施工,没有经过精准的工艺工效分析和资源量的统计,因此不能明确地反映出各项工作之间错综复杂的制约关系。

（2）在计划执行过程中,当某些工作的进度由于某种原因提前或拖延时,不便于分析其对其他工作及总工期的影响程度,不利于建设工程进度的动态控制。

（3）不能明确反映影响工期的关键工作和关键线路,也就无法反映出整个工程项目的关键所在,因而不便于进度控制人员抓主要矛盾。

（4）不能反映出工作所具有的机动时间,看不到计划的潜力所在,无法进行最合理的组织和指挥;不能反映工程费用与工期之间的关系,因而不便于缩短工期和降低工程成本。

应用 BIM 技术的进度管理目标在于:打破传统的华而不实的"施工模拟"模式;实现大工况穿插、复杂节点施工模拟;计划与实际对比模拟;预测每个月的资金、材料、劳动力需求等。基于 BIM 技术对施工进度管理,从预控开始到全过程跟踪,从发现问题、记录问题并及时调整记录等,可以有效降低问题的发生。例如,在进度跟踪时,利用移动端记录实际发生的问题,管理层即可同步查看并督促解决、对进度计划进行调整。

BIM 软件可以导入应用比较广泛的 MS Project、梦龙斑马网络计划、P6 编制的计划,5D 系统有处理不同层级计划之间关联性及其他相关管理的功能。计划与模型关联之后,可以查看相关时间点工程的进度,进度在模型上会有直观的呈现,也可以按照时间轴进行进度模拟。

通过结合 Project 编制而成的施工进度计划,可以直观地将 BIM 模型与施工进度计划关联起来,自动生成虚拟建造过程。通过对虚拟建造过程的分析,合理调整施工进度,更好地控制现场的施工与生产。施工模拟分析如图 13-4-45 所示。

进度管理系统能自动根据模型进展情况、进度计划执行情况,设定模拟方式,动态显示进度执行情况,不仅实现了对实体工作任务的实时跟踪,同时能跟踪到和实体任务相关的工序级任务,以及支持实体任务的相关辅助工作如图纸深化、材料进场、方案报批等,并对滞后工作提出预警提示,确保实体任务的按时完成。

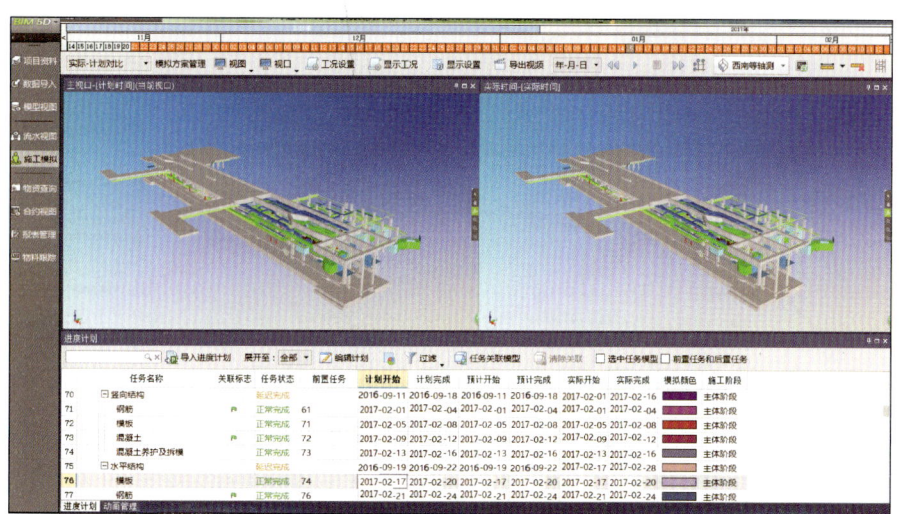

图 13-4-45　施工模拟分析

在计划对比分析方面,进度计划编制完成后,发布到计划平台上,方便项目组每个人查看进度计划,并根据进度计划做出相应的管理工作。在将施工日报的数据同步到进度计划后,可以查看计划进度和实际进度的对比,系统提供表格和折线图两种方式进行查看。除了查看时间对比外,还可以查看实物量对比,资源投入的对比情况等。计划时间和实际时间的对比如图 13-4-46 所示。

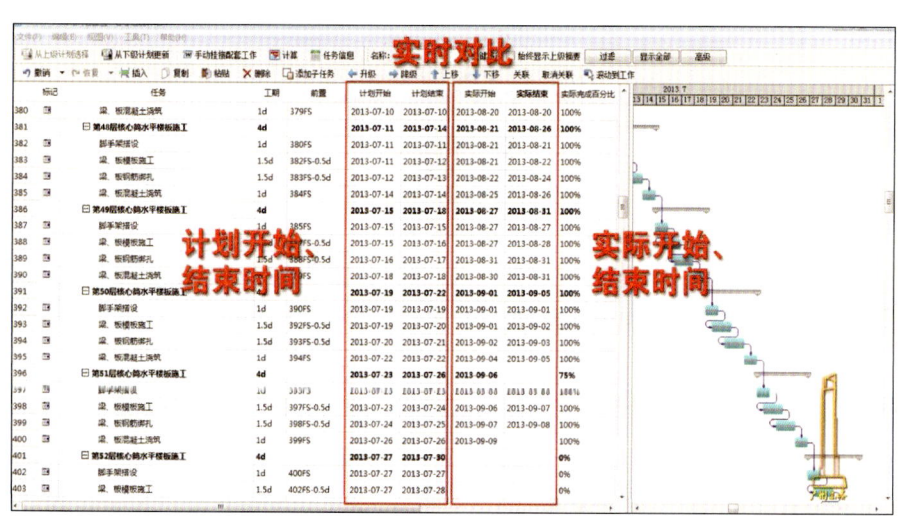

图 13-4-46　计划时间和实际时间的对比

通过施工日报反馈进度计划,在施工全过程进行检查、分析、实时跟踪计划,进度计划与实际进度的实时对比,相关人员可以通过偏差分析功能查看实际进度与计划进度的偏差情况,并可追踪到具体偏差原因,实时掌握实体工作及配套工作实施情况,便于在计划出现异常时及时对计划或现场工作进行调整,保证施工进度和工期节点按时或提前完成。

建筑实体模型和信息技术结合应用到施工进度管理中,能更形象、更直接地指导实操人员的操作,也能让管理者了解项目的进展情况,更好地进行决策。基于进度的综合分析如图 13-4-47 所示。

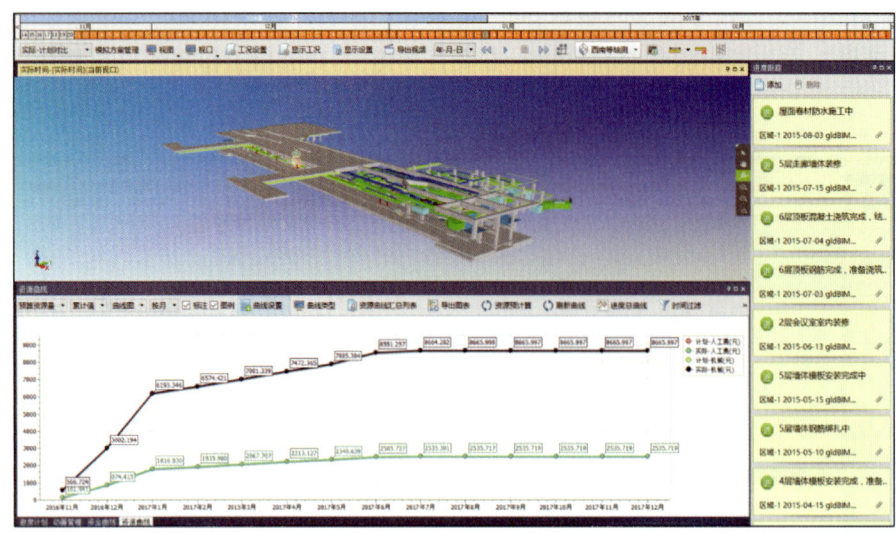

图 13-4-47　基于进度的综合分析

6）移动应用

BIM 系统管理平台采用三"应用端"加一"云"的产品形态,其技术架构如图 13-4-48 所示。"应用端"包括"BIM 5D 桌面端""移动端""WEB 驾驶舱","云"为"BIM 云"。

图 13-4-48　平台技术架构

移动端用于现场质量、安全、进度等问题的采集。可实时同步到 PC 端的模型上显示,同步到 WEB 驾驶舱。

对于施工现场每一个具体构件都赋予了一个唯一的二维码标识,用手机 APP 应用扫描该二维码即可以显示出相应构件的楼层、轴网、材质等关键信息,从而为安装、检修、定位等提供信息支持。进度管理方面则可以通过收集现场的实际进度照片,记录进度状态,为进度分析提供保障数据。

通过 BIM 移动端,实现全部装配式构件线上跟踪,精准掌握每个构件当前状态,使项目实现"零库存",每批构件从加工厂运输到现场后,不经过存放,为直接进行吊装提供有力保障,通过手机端的信息采集,避免传统电话沟通,点对点效率低下的问题,所有数据云端共享协同工作。移动端应用界面如图 13-4-49所示。

7）决策支持应用

BIM 的 WEB 驾驶舱能让项目管理者足不出户即可实时动态了解项目情况,主要内容包括:质量、安全问题分析热力图,形象进度看板,进度照片墙,模型及属性信息浏览,成本分析穿透报表,项目资料云盘。

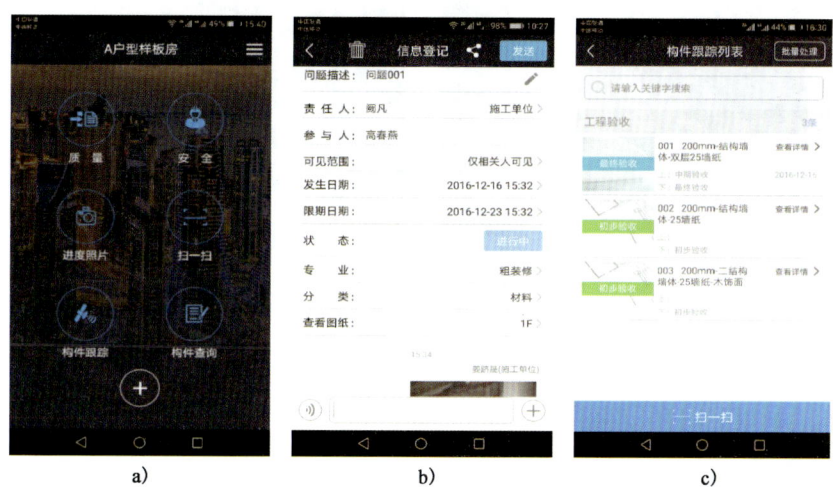

图 13-4-49　移动端界面

通过 BIM 软件以 BIM 集成平台为核心,通过三维模型数据接口集成土建、钢结构、机电、幕墙等多个专业模型,并以 BIM 集成模型为载体,将施工过程中的进度、合同、成本、工艺、质量、安全、图纸、材料、劳动力等信息集成到同一平台,利用 BIM 模型的形象直观、可计算分析的特性,为施工过程中的进度管理、现场协调、合同成本管理、材料管理等关键过程及时提供准确的信息,帮助管理人员进行有效决策和精细管理,减少施工变更,缩短项目工期、控制项目成本、提升工程质量。

8）通信信号线缆排布

BIM 技术对通信、信号机房每根线缆精确定位建立模型,有效地尝试了从传统硬管线设计向软线缆精细设计的跨越。BIM 技术对通信信号线缆施工呈现四大优势:

（1）提前规划线缆路由,合理调整碰撞线缆,避免机房内近千根线缆出现交叉。

（2）便于各参与方共同研讨、优化方案,推进项目进展。

（3）通过三维模型可视化技术,现场施工人员可应用手机 APP 实时查看 BIM 模型,清晰直观地指导施工人员操作,提高线缆敷设的准确率,提升机房的工艺美感。

（4）提高维护质量,移交电子版指导图,便于运营单位日常维护和检修。

通过应用 BIM 技术,可实现的工艺质量内容包括机柜布置及柜与柜间距、柜与墙间距符合要求;走线桥架设在静电地板整块砖下、布线横平竖直、无交叉;室内配线回路清晰可见,布线美观。

模型线缆优化路由、通信线缆排布、通信综合线缆排布、信号接线排布、信号电缆排布、信号设备室模型分别如图 13-4-50～图 13-4-55 所示。

图 13-4-50　模型线缆优化路由

图 13-4-51 通信线缆排布

图 13-4-52 通信综合线缆排布

图 13-4-53 信号接线排布

图 13-4-54 信号电缆排布

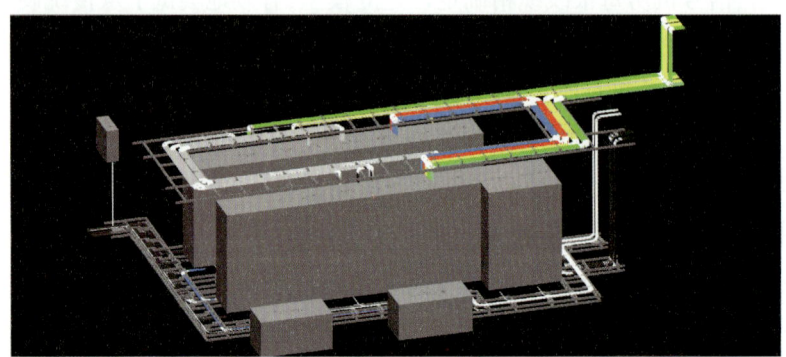
a)

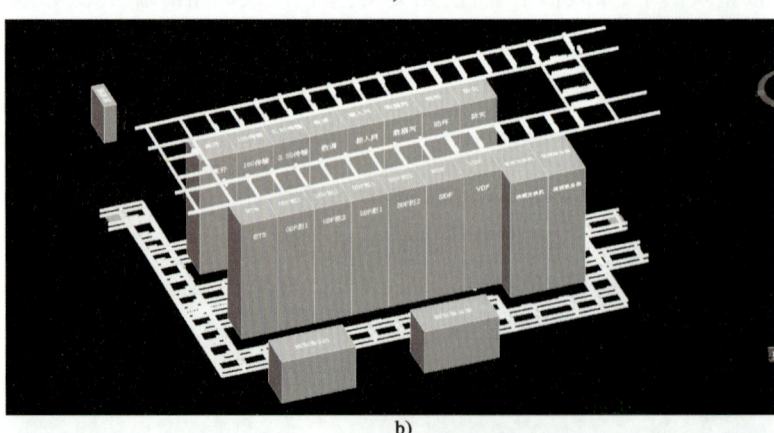
b)

图 13-4-55 信号设备室模型

9）供电设备布置

基于BIM技术能够实现供电系统变电所设备、电缆及桥架施工深化设计。

利用BIM技术，优化电缆敷设，通过在模型中模拟进行电缆敷设，优化电缆沟布置方案，减少电缆交叉，为施工提供便利，提高施工工艺。

通过系统生成的电缆及桥架清理册可为后续桥架的预制加工及电缆精细化采购提供支撑。同时可实现电缆自动寻址、电缆建模、管线在局部断面内的智能化布置、综合支吊架的智能化选型等四项技术的综合应用，为今后地铁运营中电缆及设备的巡检和维修提供精确的模型和数据支撑。

电缆排布、强电井电缆排布、站台板下供电电缆回路优化、变电所配电柜模型、图变电所配电柜线缆优化模型分别如图13-4-56～图13-4-60所示。

图13-4-56　电缆排布　　　　　　　　图13-4-57　强电井电缆排布

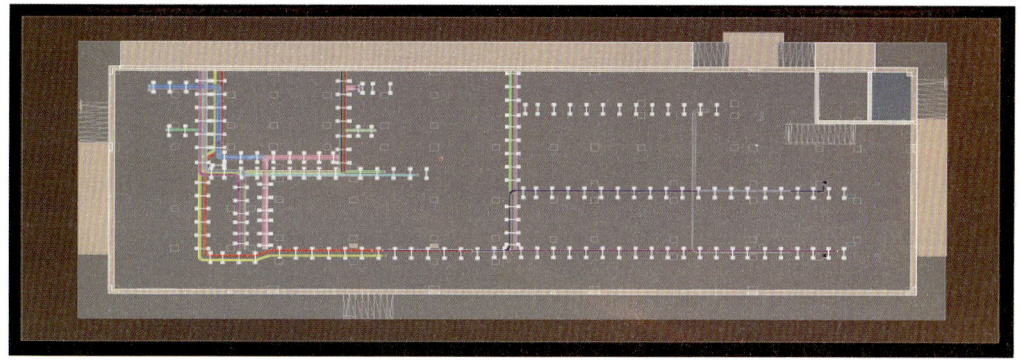

图13-4-58　站台板下供电电缆回路优化

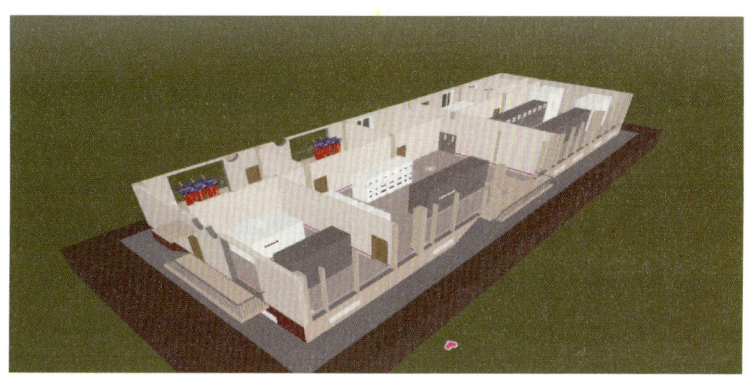

图13-4-59　变电所配电柜模型

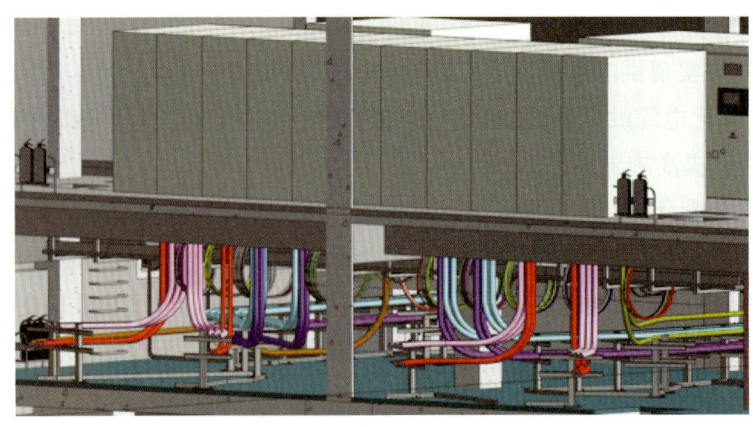

图 13-4-60　变电所配电柜线缆优化模型

10）接触网安装

地铁刚性悬挂基础网系统比柔性悬挂接触网系统的安装精度高，调节范围小，利用 BIM 技术对地铁刚性悬挂接触网系统进行建模，建模精度达到 LOD400 时能够满足安装精度要求，在进行刚性悬挂接触线的安装时，利用 BIM 技术的智能放样机器人技术，从施工安装测量开始到刚性悬挂接触线调整到位，放样机器人能够大大提高放线测量精度、严格控制每一道工序的施工质量、实现一次安装到位。

悬挂及定位装置安装前应对每个悬挂及定位装置的类型进行复核，然后将悬挂及定位装置按设计要求进行安装。根据悬挂点接触线的设计高度，计算出悬吊槽钢底部高度，并将悬吊槽钢调整到与轨面连线平行。刚性接触网如图 13-4-61 所示。

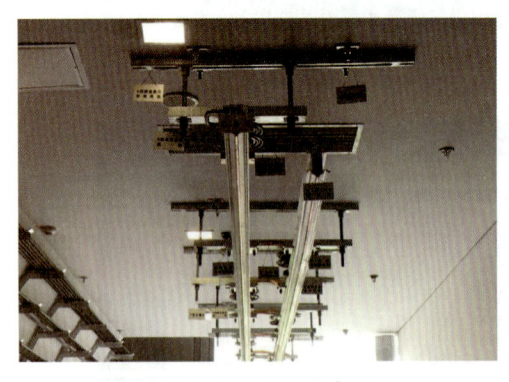

图 13-4-61　刚性接触网

地铁出入段接触网工程具有直观、模型化强的特点，从支柱组立到悬挂装配、架线都可利用 BIM 技术进行可视化设计和施工。BIM 技术可在接触网项目的全生命周期发挥作用，大大提高生产效率。其作用主要体现在通过模型的数据关联实现接触网的精确统计和计算，实现接触网工程投资的精细化管理。

通过应用 BIM 技术，实现施工进度模拟、物料跟踪、施工预制、关键工艺的三维模拟等。

（1）施工进度管理：通过参数化关联施工进度数据，通过模型准确表达施工进度状况。

（2）物料跟踪管理：接触网结构复杂，零部件种类众多，主要有支撑零件、悬吊零件、连接零件、锚固零件、补偿零件、电连接零件等。通过对不同类型的接触网零部件进行编码（类型、规格、厂家等），该编码在施工 BIM 中体现并与施工中实际物资二维码标签相结合，为施工现场的物料配置提供有效信息，方便物资管理和物料跟踪。

（3）施工工艺指导：通过参数化实现精确定位，通过模拟进行施工指导。

接触网的结构复杂，为避免施工人员对施工图的误解，施工人员依托建立的三维模型，根据施工需求对重点设备或者特殊区段的安装施工进行现场模拟，能够直观地指导施工，有助于施工预想、发现方案缺漏、熟悉施工流程、提高施工质量。

（4）施工预制：通过三维 BIM 模型对不同类型接触网、吊弦按照尺寸、规格分别进行拆模预制，将预制完成的构件直接在施工现场进行安装，可进一步提高施工效率，保证项目的按期交付。

第 5 章
地铁装饰装修工程施工BIM应用

地铁装饰装修工程中，可利用装修深化设计模型，结合装修方案进行建筑和结构之间的影响分析、管线校核和标高控制，对各类设施的平衡进行检查，优化装修设计效果及空间位置关系，确保装修方案美观、合理、可行，利用深化设计模型输出建筑关键部位的三维模型视图，辅助补充装修方案、指导现场施工。同时，装饰工程BIM模型应遵循适度性原则，在满足工程项目实际需求的前提下进行适度的应用，并根据项目合同的约定，应用于某些阶段或单一的任务。

5.1 应用目标

在地铁装饰装修工程施工中，可通过BIM应用实现以下目标：

（1）实现地铁车站墙面、地面、吊顶、隔断等的三维模型绘制，进行装饰专业与机电专业或装饰专业与设备专业间的碰撞检查，主动控制质量问题，减少返工，提高工作效率，降低成本；

（2）促进装修施工单位与其他施工单位的交流，加强接口施工的沟通与界定；

（3）促使设计单位准确绘制满足现场要求的装修施工图，避免图纸设计与施工现场不符合或设计过于理想化、或因现场条件限制而无法实现图纸要求等问题，达到高效高标准的总控管理水平；

（4）设计师利用三维模型在任意视角上推敲设计，确定材料材质、饰面颜色、灯光布置、固定设施等，从而对设计进行细致的分析，保证设计质量。

5.2 应用流程及要求

5.2.1 应用思路

（1）BIM技术使用宜覆盖地铁车站饰装修工程的方案设计和施工图设计、深化设计、施工过程等阶段，应采用信息化技术对车站装饰装修工程的数据进行集成和应用，应用中应针对可视化、协同、优化、模拟等进行单项或综合应用；

（2）地铁车站装饰装修工程BIM技术实施前，应对项目各阶段、各专业的工作流程进行优化调整，按照工程项目的实际情况,分阶段、分区域实施。

5.2.2 应用流程

地铁车站装饰装修工程 BIM 技术应用流程如图 13-5-1 所示。

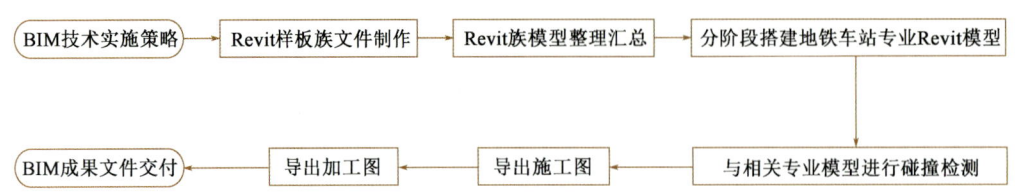

图 13-5-1　地铁车站装饰装修工程 BIM 技术应用流程图

5.2.3 模型精度

地铁出站口、外幕墙、内部装修施工 BIM 模型精度见表 13-5-1。

装修施工 BIM 模型精度表　　　　　表 13-5-1

部位	级别	精度要求		
进出站口外幕墙	LOD300	模型元素		支撑体系、嵌板体系
		元素信息	几何信息	尺寸及定位信息;幕墙系统应按照最大轮廓建模为单一幕墙,不应在标高、房间分隔处等断开;幕墙竖梃和横撑断面建模几何精度应为 5mm
			非几何信息	必要的非几何属性信息如各构造层、规格、材质、物理性能参数等,内嵌的门窗应输入相应的非几何信息
	LOD350	模型元素		支撑体系、嵌板体系、安装构件
		元素信息	几何信息	包括 LOD300 的所有信息,幕墙竖梃和横撑断面建模几何精度应为 3mm
			非几何信息	必要的非几何属性信息如各构造层、规格、材质、物理性能参数等,内嵌的门窗应输入相应的非几何信息
	LOD400	模型元素		支撑体系、嵌板体系、安装构件
		元素信息	几何信息	包括 LOD300 的所有信息,幕墙竖梃和横撑断面建模几何精度应为 3mm
			非几何信息	根据项目需求,包括幕墙构件细节,如面板、支承结构的螺栓、嵌板、竖梃等构件细节以及相关施工细节
站厅站台通道装修	LOD300	模型元素		地板、吊顶、墙饰面、公共设施、设备
		元素信息	几何信息	尺寸及定位信息,建模几何精度宜为 20mm
			非几何信息	可采用供货商提供的成品信息模型,但不应指定供货商;应输入必要的非几何信息
	LOD350	模型元素		室内构造、地板、吊顶、墙饰面、梁柱饰面、天花饰面、楼梯饰面、指示标志、公共设施、设备
		元素信息	几何信息	包括 LOD300 的所有信息;建模并输入几何信息和非几何信息,建模几何精度宜为 10mm
			非几何信息	可采用供货商提供的成品信息模型,但不应指定供货商;应输入必要的非几何信息
	LOD400	模型元素		室内构造、地板、吊顶、墙饰面、梁柱饰面、天花饰面、楼梯饰面、指示标志、公共设施、设备
		元素信息	几何信息	包括 LOD300 的所有信息;建模并输入几何信息和非几何信息,建模几何精度宜为 10mm
			非几何信息	根据项目需求,包括如节点螺栓连接、防水、面层等施工细节及施工方式

续上表

部位	级别		精度要求
站内门窗	LOD300	模型元素	框材、嵌板、填充构造
		几何信息	尺寸及定位信息、门窗建模几何精度应为5mm，门窗可使用细度较高的模型
		元素信息 非几何信息	应输入外门、外窗、内门、内窗、天窗、各级防火门、各级防火窗、百叶门窗等非几何信息
	LOD350	模型元素	框材、嵌板、填充构造、安装构件
		几何信息	包括LOD300的所有信息，门窗建模几何精度应为3mm
		元素信息 非几何信息	应输入外门、外窗、内门、内窗、天窗、各级防火门、各级防火窗、百叶门窗等非几何信息
	LOD400	模型元素	框材、嵌板、填充构造、安装构件
		几何信息	包括LOD300的所有信息，门窗建模几何精度应为3mm
		元素信息 非几何信息	根据项目需求，包括门窗构件细节，如门框、门扇、窗框、窗台、玻璃、防水等构件细节以及相关施工细节

5.2.4 装饰组织管理

BIM装饰装修模型按照位置以及用途进行归纳管理，分为龙骨、门窗、公共设备设施、装饰面层等，在确定了以上大类别，从模型元素类型之后，模型元素及信息两方面做更细致的划分。模型元素信息可分为：几何信息、非几何信息（即规格型号、材料和材质信息、生产厂家、技术参数等）。模型元素包括：

(1) 龙骨：轻钢龙骨、钢龙骨、铝合金龙骨等。
(2) 门窗：防火卷帘、防盗卷帘门、防火门、防火观察窗。
(3) 公共设施：公共座椅、电扶梯、闸机、票亭、站台门、广告灯箱、导向标识等。
(4) 装饰面层：涂料、石膏板、吸音板、玻璃饰面、金属饰面、搪瓷钢板、墙地砖、石材、硅钙板、艺术墙。

5.2.5 文件目录结构

BIM装饰装修工程文件根据地下和地上进行总体划分后再逐项进行分类汇总。最终文件采用链接形式进行管理归纳并应用。文件目录结构见表13-5-2所示。

文件目录结构表　　表13-5-2

×××地铁项目					
地下部分室内装修（含地上室内空间）			地上部分室外装修（地面出入口）		
面层文件	龙骨文件	整合文件	面层文件	龙骨文件	整合文件

5.2.6 命名规则

BIM装修装饰工程中，往往由于模型较大，需要将一个项目拆分成多个模型文件进行Revit链接来完成，因此通常采用的项目文件的文件名格式为：××项目××位置××模型，例如，××地铁××号线会议中心站室内龙骨模型。

上述是对于整体大型项目文件的命名规则，装饰装修BIM模型中，所涉及的族模型类别较多，单独模型命名规则根据各个类别逐一进行划分：

(1) 龙骨类族模型命名格式:长×宽×厚材质龙骨,如 50mm×50mm×5mm 镀锌角钢。
(2) 门窗类族模型命名格式:宽×高材质门,如 900mm×2100mm 钢质防火门。
(3) 公共设备设施类族模型命名格式:导向标识,如疏散导向标识。
(4) 装饰面层族模型命名格式:材质面板,如揭阳白麻花岗岩。
(5) 模型类别颜色规定见表 13-5-3。

模型颜色标注分类 表 13-5-3

类 别	说 明	RGB
轴层	轴线	128,128,128
承重墙体	建筑结构墙体	0,255,255
加建隔墙	轻质隔墙等	255,255,255
装饰面层	石材、木饰面、铝板等	204,0,0
门	各种形式的门	255,255,250
窗	各种形式的窗	127,159,255
标注	文字标注	255,255,0
天花灯饰	各种灯具	255,255,0
家具	各类家具、公共设施等	128,128,128
其他	龙骨、插座、景观小品等	51,51,51

(6) 地铁车站装饰装修工程建立的装修构件库宜符合以下要求:
① 构件库构件按照模型的专业、空间部位、使用功能、构造形式等进行分类;
② 构件存储命名宜按照专业+空间部位+使用功能+构造形式+尺寸规格,依据模型构件层级不同进行命名存储。

5.3 软件应用方案

5.3.1 以 Autodesk Revit 为核心

以 Autodesk Revit 为核心的 BIM 应用方案见表 13-5-4。

以 Autodesk Revit 为核心的 BIM 应用方案   表 13-5-4

功　能	方案阶段	初步设计阶段	施工图阶段
室内功能分析	Eotect	—	
可视化表达		3Ds Max、Lumion	
数据模型		Revit	
施工图纸	—		Revit、AutoCAD
模型集成		Navisworks、Fuzor、Revizto	

装饰设计采用 Revit 建模时，需先整合建筑、结构、机电模型，在此基础上进行装饰设计建模。Revit 与其他 BIM 应用软件的数据交换方案如图 13-5-2 所示，操作说明见表 13-5-5。

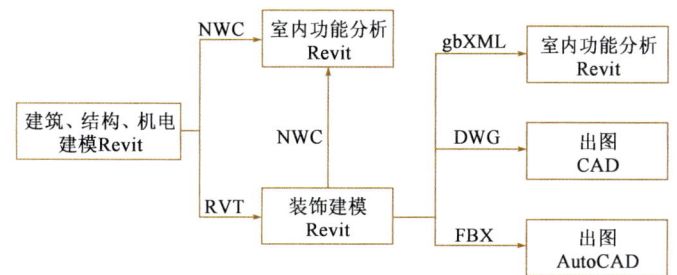

图 13-5-2　Revit 与其他 BIM 应用软件的数据交换方案

以 Autodesk Revit 为核心的 BIM 应用操作说明   表 13-5-5

功　能	内　容
室内功能分析	装饰设计的 Revit 模型可通过 gbXML 格式导入 Ecotect 中进行室内功能分析，如室内自然光及灯光照明分析、声环境分析等
可视化表达	通过 FBX 格式可将 Revit 模型导入 3Ds Max 中进行效果图渲染；通过 Revit To Lumion Bridge，Revit 模型可输出 DAE 文档到 Lumion 中渲染漫游动画
施工图纸	Revit 软件本身已具备一定的二维绘图功能，在 Revit 中的绘图功能无法满足需求的情况下，还可将 Revit 导出 DWG 格式，再通过 AutoCAD 软件进行深化

5.3.2　以 Trimble SketchUp 为核心

以 Trimble SketchUp 为核心的 BIM 应用方案见表 13-5-6。

以 Trimble SketchUp 为核心的 BIM 应用方案   表 13-5-6

功　能	方案阶段	初步设计阶段	施工图阶段
室内功能分析	Eotect	—	
可视化表达		3Ds Max、Lumion	
数据模型		SketchUp	
施工图纸	—		SketchUp LayOut、AutoCAD
模型集成		Navisworks、Fuzor、Revizto	

采用 SketchUp 建模时，建筑、结构、机电模型可通过 DWG 格式整合到 SketchUp 中，在此基础上进行装饰设计建模，SketchUp 与其他 BIM 应用软件的数据交换方案如图 13-5-3 所示，操作说明见表 13-5-7。

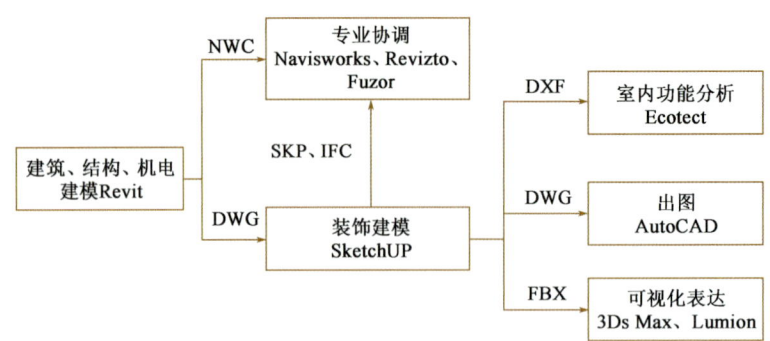

图 13-5-3 SketchUP 与其他 BIM 应用软件的数据交换方案

以 Trimble SketchUp 为核心的 BIM 应用操作说明　　　表 13-5-7

功能	内容
室内功能分析	SketchUp 模型不支持导出 gbXML 数据,但可通过 DXF 格式导入 Ecotect 中进行室内功能分析
可视化表达	通过插件 Vray for SketchUp,可在 SketchUp 中直接渲染效果图,也可通过 FBX 格式将 SketchUp 模型导入 3Ds Max 中进行效果图渲染;SketchUp 模型可输出 DAE 文档到 Lumion 中渲染漫游动画
施工图纸	在 SketchUp 的 Pro 版本中,可通过 LayOut 进行视图排版和施工图绘制,也可将 SketchUp 模型中生成的截面导出 DWG 格式,再通过 AutoCAD 软件进行深化
模型集成	建筑、结构和机电等专业的 Revit 模型可通过 NWC 格式导入 Navisworks,而装饰设计的 SketchUp 模型则通过 SKP 或 IFC 格式导入 Navisworks 中,整合各专业模型在 Navisworks 中检查冲突问题并协调解决,SketchUp 模型可通过插件方式直接传输模型数据到 Revizto 和 Fuzor 软件中,进行多方协同设计工作

5.4　施工深化设计

5.4.1　深化设计步骤

地铁装饰装修工程施工深化设计步骤见表 13-5-8。

地铁装饰装修工程施工深化设计步骤　　　表 13-5-8

序号	步骤	内容
1	资料收集	包含由工点设计单位提供的最新装修施工图、系统设计单位或系统施工单位提供的最终设备末端位置布置
2	平面尺寸定位	明确所有平面上所需装饰部位的尺寸,并对其进行实地测量;不同部位或类型的尺寸需要分类统计;确定的尺寸需在现场进行实地放线,根据样板工程所确定的材料品种、材质、尺寸和布局要求对剩余工程进行测量放线
3	立面装饰定位	在平面尺寸定位的基础上把立面上的装饰如实地反映到墙面上,必须明确墙面上不同材质的部位和大小,以便于施工交底,不易出错,且发现尺寸或比例有问题时可以及时调整
4	节点深化修改	在做好平面尺寸定位和立面装饰定位的基础上,对一些不同材质的收口或有造型的部位进行细化(尤其是一些内部结构),以方便工人施工,避免出错。同时应预先留好收口位置,分析施工的先后顺序,确保施工工艺的合理化
5	深化图纸审查程序	为加快图纸审查进度,在施工单位深化完图纸后,组织相关会议,工点设计和建设单位参加会议并发表意见;对建设单位提出的意见,施工单位和设计单位及时反馈到图纸中,避免建设单位最后审查存有疑问,重新走程序,耗费大量的时间

5.4.2　深化设计要点

1）设备房管线及布局深化设计要点

空调机房深化设计要点见表 13-5-9。

空调机房深化设计要点   表 13-5-9

序号	分项	内容
1	设备整体布局优化	主要考虑设备(风机、空调柜、冷水机组、水泵)位置及风管布置对房间空间的影响。保证功能的前提下,尽量让设备布局整齐,避免影响感观,预留灯具、烟感探头和温感探头的安装空间
2	管线优化	空调机房所有的管线和设备房走廊同理,在风管布置中考虑电气动力桥架、空调水管、环境与设备监控桥架及房间照明配管,统一采用联合支架,支架的连接处采用加强板
3	负荷开关箱及监控就地箱优化	将所有的动力负荷开关箱布置在一起,既保证施工工艺的美观,也为后期的调试创造好条件。在优化中为综合监控就地箱预留相应的位置
4	功能使用要求	机房内冷水机组和空调机组阀门考虑后期运营使用和维修要求,风阀及水阀须考虑检修空间
5	机房排水优化	考虑机房后期维修场地空间,排水沟靠设备房间四周排布,1/2 沟深低于装修完成面,并且地面考虑坡度,避免地面积水。设备基础高出排水沟顶面 100mm,高出完成面不大于 250mm
6	设备接地系统	整体优化,配合设备基础施工,布置在设备基础内,接地扁钢高出设备基础 80mm,与设备的间距不小于 50mm
7	防火封堵	根据整体装修的要求进行优化处理

环控机房及其他房间深化设计要点见表 13-5-10。

环控机房及其他房间深化设计要点   表 13-5-10

序号	内容
1	风管避开变压器、配电柜,布置在柜体两侧,避免后期保温棉维修及冷凝水影响设备的正常的使用。风口位置避开带点设备。灯具安装直线布置,柜体前后满足设备使用的照明要求
2	环控电控室内或没有防静电活动地板房间的应急疏散指示、开关、插座、声光报警、接地扁钢安装位置进行统一要求,接地扁钢距墙面 2.5cm。接地扁钢过防火门及检修门时,根据地砖的模数确定预留预埋位置,并在垫层施工前完成预留预埋工作
3	防静电活动地板房间的安全指示、声光报警、门禁开关、多联机控制开关、开关、插座、接地扁钢安装位置进行统一要求,接地母排安装于静电地板下部,母排安装距离结构地面 0.2m;员工卫生间及备品库的位置要考虑后期使用时与水龙头的间距要求,位置根据墙砖的模数确定,设备不能跨越两块墙砖
4	对称设备对管线进行合理布局,从工艺及规范确保效果
5	风亭集水坑栏杆在施工中为后期运营维护增加检修门
6	消防泵房深化设计

2)设备走廊及设备房装饰效果深化设计要点

设备走廊及设备房装饰效果深化设计要点见表 13-5-11。

设备走廊及设备房装饰效果深化设计要点   表 13-5-11

序号	内容
1	地面地砖、踢脚线铺贴和天花必须进行对缝处理,部分区域采用异性天花处理,设备区走廊与设备房内进行对缝处理,特别是没有门槛的防火门(不能采用过门石进行过渡对缝问题)
2	末端设备的安装必须满足天花或者地砖预留位置(除部分强条功能要求设备,如摄像头)
3	为了提高装饰美观,设备走廊和房间墙面 FAS 设备箱、气灭箱、开关插座等末端必须暗埋,且其底部应在同一水平线。所有箱体底部安装应在同一水平标高(高度距地面完成面 1300mm,底箱侧面突出墙面完成面统一按 5mm 布置)
4	设备区走廊内为保证施工后期防火封堵的要求,自然引风口改为嵌入式带百叶防火阀,完成面与走廊墙面平齐。安装位置由原设计距完成面 2.8m 改为 0.3m,如应急疏散灯位置冲突,将应急疏散灯在满足安装规范要求距离范围内进行水平移位
5	设备区走廊的消火栓(箱)体底面距走廊装修完成面 0.1m,应急疏散指示灯底面距走廊完成面 0.3m,确保地脚线收口处理
6	活动地板的房间与走廊的接口,必须保证门框与接口第一个踏步间距为 0.6m,满足装修收口。防静电地板与地砖梯步砖立板接口部位,采用铝合金压条收口

3）设备区走廊管线深化设计要点

设备区走廊的管线布置及末端设备的安装直接影响走廊吊顶标高和成品美观效果。根据实际情况，管线在满足功能要求的情况下对规格尺寸进行优化以及对设计图纸中未显示的管线进行补充，深化设计要点见表 13-5-12。

设备区走廊管线深化设计要点　　　　　　　　　表 13-5-12

分　项	内　容
系统功能要求	公共区功能要求的管线在上，进设备房管线居中，有走廊功能要求的管线在下
总体优化要求	风上、电中、水下，小管让大管，有压管让无压管，弱电避强电、易弯曲的管线让不易弯曲的管线、不用经常检修的管线让需经常检修的管线
施工难度要求	先施工上部管线，后施工下部管线。在综合管线优化中，若空间位置不能满足要求，从施工顺序上进行优化，对最下层的走廊排烟风管最后施工，保证满足桥架电缆敷设的要求

4）公共区管线及布局深化设计要点

公共区管线及布局深化设计要点见表 13-5-13。

公共区管线及布局深化设计要点　　　　　　　　　表 13-5-13

序号	内　容
1	在公共区的管线优化设计中，按照所有管线与设备区接口位置减少转弯，达到整体横平竖直，整体位置安排合理原则，在优化过程中考虑公共区吊顶龙骨的支架位置
2	公共区综合管线中风管上方、靠桥架侧预留 10cm 系统单位的管线施工空间，避免电气从风管下方横跨交叉，影响后期公共区整体效果

5）公共区装饰装修深化设计要点

公共区装饰装修深化设计要点见表 13-5-14。

公共区域装饰装修深化设计要点　　　　　　　　　表 13-5-14

序号	内　容
1	地面石材伸缩缝调整至柱中或柱边位置
2	地面石材与踢脚线板块模数边缝对缝、墙面设备装饰门体需与墙板模数对缝，减少墙板分缝
3	天花上的设备末端调整：垂片吊顶的设备末端调整至垂片板之间、板块天花的设备末端调整至板中；设备间距符合使用要求，不得相互影响和遮挡
4	柱面设备末端应安在柱中位置

5.4.3　装饰模型建立

地铁车站装饰效果的首要因素就是装饰细节刻画，如在深化设计过程中经常会发生设计立面、剖面图纸不全，无法全面反映立面整体信息。为此，在深化设计过程中对建筑整体立面进行整体效果规划：以 BIM 团队为主导，经过"建模→沟通→改图→建模→开会讨论→建模"这一流程使装饰模型接近建筑设计师真实的想法，然后深化设计人员和厂家设计人员才能对建筑进行进一步的深化设计工作。通过不断沟通及交流解决立面凹凸变化位置、形状、弧弦变化位置间的互相冲突，最终确定复杂建筑整体的立面效果。

1）深化设计要求

深化设计主要分为深化设计基本要求，深化设计控制线两类，具体内容见表 13-5-15。

深化设计要求　　　　　　　　　　　　　　表 13-5-15

深化设计要求	内　　容
深化设计基本要求	深化设计包含： (1) 排版的对缝； (2) 版面尺寸调整； (3) 设备末端的出墙出顶具体位置尺寸； (4) 墙面安装设备的具体位置； (5) 墙面施工的完成面尺寸； (6) 平面布置栏杆隔断的具体安装位置和节点详图； (7) 票亭的节点图； (8) 楼梯踏步制作详图； (9) 墙体阴阳的处理方式； (10) 符合建筑模数
深化设计控制线	深化设计必须根据设计院提供的控制线进行排版，控制线包含： (1) 柱中控制线； (2) 墙边控制线； (3) 门洞控制线； (4) 柱子四周完成面控制线； (5) 吊顶标高完成面控制线

2）建模内容

装饰部分的建模内容见表 13-5-16。

装饰部分建模内容　　　　　　　　　　　　表 13-5-16

项　目	内　　容
天花、吊顶	包括面板、主次龙骨吊杆、检修口、灯槽
墙面	所有的饰面层、面砖、涂料、踢脚线、带龙骨的墙面、超高墙要求有内部精细结构
地面、楼面	所有的饰面及分格，楼面的做法需要与实际施工一致
卫生间、淋浴间	所有设备位置正确，设备管线需连接到主管
门窗	全部按类型划分，防火门窗及其他门窗划分清楚，位置、尺寸正确，且外观均与图纸一致
二次机电末端	开关、插座、灯具等位置正确
卫生间	卫生间所有设备及管线按实际施工精确建模
室内标识标线	站口标识牌、路线指引等

3）建模前准备工作

(1) 在建模前，装饰 BIM 团队要事先对整个项目进行彻底了解，明确项目的目的、工作范围、建模深度以及后续的应用要求等。

例如：先明确总体装饰工作范围，模型深度最终要达到的效果（假设为 LOD500），那么建模过程可以分三步进行：前期进行 LOD200 的天花体量模型建立；后进行 LOD300 的总体装饰模型建立并交付；之后在项目实施工程中逐步完善最终达到 LOD500 深度并作为竣工资料交付。BIM 团队需要根据不同的模型深度以及现场的实际应用情况针对性地进行模型建立。

(2) 收集建模所需要的各种数据信息。BIM 团队可提前收集其他各专业的模型，包括土建、机电、结构等；其次是施工图纸、设计说明以及材料表等信息，通过 1~2d 的图纸熟悉能帮助建模时各种信息录入的准确性，更合理地安排工作流程。

(3) 建模团队应与现场二维深化人员保持协同工作，第一时间将最准确的信息反映在模型中。

4）BIM 模型的建立

以 Autodesk Revit 软件为例。Revit 的参数化功能提供了基本的协调能力和生产率上的优势；任何时间在项目中的任何位置进行任何修改，Revit 都能在整个项目内协调进行。按照装饰的功能将建模工作分为墙面部分、天花部分以及专业设备三大块，具体内容见表 13-5-17。

建模对象及要点 表 13-5-17

建模对象	建模要点
墙面部分	（1）公共区域墙体利用 Revit 系统族中的幕墙功能实现，根据立面图纸的分割进行铝板的排布以及各种嵌板的嵌套； （2）办公区域部分根据设计说明和材料表的描述，将墙体做法录入系统族的墙功能中，按照图纸编号将不同墙体一一罗列便于模型的建立和修改
天花部分	天花分为公共区域、办公区域两个部分，二者模型建立方法相同。可使用与墙体类似的方法，利用天花板系统族进行建立。在地铁车站天花板模型建立过程中，可能会发现天花板面积过大，再利用 Revit 内建族的方式建立模型，将会出现严重的性能下降问题。可利用其他软件先行建模，再转入 Revit（可利用 3Ds Max 软件和 Sketchup 软件进行天花板的建模，之后导出 DWG 格式再转入至 Revit 模型中），从而大大提高了整体建模的效率
装饰构件	（1）闸机、标识牌以及排队栏杆等专业设备，可使用内建族的功能，将单独的设备按照图纸的外轮廓信息进行建立，再录入生产厂家和设备型号等； （2）标识牌类设备中文字需按照特定位置进行更改，为其额外增加了信息参数，方便随时进行调整

5.4.4 样板模型建立

为了更好地控制整个地铁装饰施工质量，在进行大面积施工前，需要依据装饰工程的传统做法，根据事先编制的施工方案，在小范围内选择某一个特定部位或空间先行建模和施工，提前做出装饰效果供建设单位决策，为后续大面积建模和施工做出示范。此种做法称为装饰施工样板制作，一方面能够及时发现问题，另一方面可以让操作人员熟悉工序。

由于 BIM 应用的样板管理要先行建立样板材料库，并利用材料库真实材料的材质来建立样板模型。因此，样板管理必须与深化设计同时进行。通过运用 BIM 技术进行施工样板管理，能够在施工过程中对样板管理、操作工序协调、样板后期应用等工作起到预演和优化作用，为后续大面积施工做铺垫。

应用 BIM 技术进行装饰施工样板制作的步骤见表 13-5-18，封样材料管理流程见表 13-5-19。

样板模型建模步骤 表 13-5-18

步骤	内容
创建样板材料库	根据材料的分类及命名，对所有材料编写目录，按照大类到小项的梯级罗列，便于快速搜索和使用。项目应根据工程样板封样材料的实际内容创建材料样板模型，按照样板库的分类标签进行分类管理，模型名称由"项目名称+使用部位+样品编码+样品名称+供应商信息"组成，以便于模型文件的识别与管理。一般样品的模型深度根据项目的总体深度来定，从 LOD300 至 LOD500 不等，分为几何信息与非几何信息
样板材料封存	对建设单位及设计师指定或得到其认可的重要材料的样品，经过设计人员签字确认填写日期后，都作为样板封样材料，封样材料须详细注明使用部位以及详细的材料信息，样板封样材料管理流程见表 13-5-19
创建样板模型	为了便于项目整体的开展，起到样板先行的作用，需要在每个项目大面积深化设计开展前进行 BIM 样板模型的创建，BIM 样板模型是提前将工程的一部分具有重难点代表性的内容建立模型，经过整合和优化后为整个项目工程做示范

样板封样材料管理流程 表 13-5-19

流程	内容
样品编码	对样品统一实行编码管理，按照样品种类、名称、材料规格进行分类
材料入库	样品入库填写书面登记表，经批准后样品登记入库，入库后由管理员拍照，建立材料的电子信息模型录入至样板材料库中，便于建立样板区域模型和大面积深化设计建模时利用相关材质和材料数据
样品变更	涉及样板材料变更的，变更应在施工前进行，经建设、设计、成本管理等部门会签同意后，进行审批，未经审批同意的材料施工中不应变更；完成变更的材料需及时更新材料库中的信息

5.4.5 施工可行性检测

施工可行性检测及优化的目的是使深化设计模型与现场施工对接,在已建立的深化设计模型的基础上,整合各专业模型,基于现场施工条件和实际工序情况,利用 BIM 碰撞检查,净空分析等手段,优化施工工艺、施工顺序,以提高施工的可行性。

在地铁装饰项目 BIM 技术实施过程中,应将相关专业进行协同,通过将 Revit 模型导入 Navisworks 软件进行碰撞检查,导出碰撞报告后汇总并与相关专业协调解决方案,预先将问题解决于施工前。BIM 模型实施碰撞检查应包含以下内容:

(1)检查主体模型与地铁车站出入口幕墙模型之间的冲突问题;
(2)检查地铁车站外幕墙模型与室内装饰模型的交接冲突问题;
(3)检查地铁车站出入口幕墙、金属屋面与其他附属物模型的冲突问题;
(4)检查二次结构梁、柱与机电管线预留孔洞位置关系;
(5)检查装修专业空间标高及平面位置与机电专业冲突的问题;
(6)检查广告灯箱及其他暗装箱体与装修专业空间厚度冲突问题;
(7)检查导向标识、标牌与监控位置空间协同问题。

施工可行性检测及优化内容见表 13-5-20。

施工可行性检测及优化　　　　表 13-5-20

项目	内容
硬碰撞	协调并优化解决硬碰撞问题,保证车站净空要求,确保装饰面层工作基础上基层做法的空间位置、尺寸及细部构造的合理性。如吊顶内的龙骨、吊杆、支架与机电专业设备的吊杆,支架等;轻质隔墙内龙骨与机电设备管线、机电各专业设备与综合天花;饰面板与基层构件;专用设备与饰面材料等装饰相关的硬碰撞等
软碰撞	对天花、墙面等施工空间进行施工可行性检测,装饰相关机电设备的安装空间检测及装饰设备的安装路径可行性检测,同时考虑装饰施工工艺、施工可行性的软碰撞检查
虚拟漫游	利用 BIM 技术进行漫游展示,可使各参建单位了解深化设计构件的外部构造、材料效果,同时可进行工艺展示,还可直观地发现一些设计问题

5.5 地铁车站装饰装修工程施工 BIM 应用案例

5.5.1 工程概况

某地铁车站为地下二层 16m 双柱岛式站台车站,共设置 4 个出入口,两组风亭。车站总长 213.057m,标准段宽度为 24.8m,总建筑面积 17310.18m^2,其中主体建筑面积 10865.8m^2,设备区面积 6444.38m^2。

车站内涉及的专业有设备安装工程(含通风空调与采暖、给水与排水、气体灭火、动力与照明、火灾自动报警、环境与设备监控、门禁等)、高压供电系统、通信信号、售检票系统、屏蔽门、多联机、自动扶梯、直梯、广告灯箱、车站公共区和设备区建筑装修工程。

该项目的重难点为:

(1)包含项目多、专业全面、接口众多

安装工程主要项目有冷水机组、风机、空调机组、冷却塔、水泵、稳压装置、消火栓(箱)、水泵结合器、控制柜、控制箱、配电箱、报警控制器、模块箱等设备安装,风管风阀风口、消声器安装,水管道及阀门安装,电缆电线敷设,灯具开关插座、传感器、变送器、探测器安装。

装修工程主要项目包括基础、圈梁、构造柱施工,砌墙、防静电地板、扶手栏杆、柱面、铝合金吊顶、门窗、公共区轨行区喷黑、涂料、卫生间洁具配件、风亭、广告灯箱、防火封堵等施工项目。

本标段工程涉及的接口专业有牵引供电、接触网、通信、信号、自动售检票、轨道、电扶梯、综合信息管理等专业。各设备接口及与其他承包商接口问题将作为本工程的重点。施工时根据工期网络、工序计划编制详细的接口实施方案,及时检查接口方案的实施情况。

(2)管线繁多,综合排布难度大

地铁走廊、机房空间狭小,安装工程的各种管线及其支护系统纵横交错纷繁复杂,综合排布极其困难,实际施工过程中常常出现管线布设不规范、相互碰撞,甚至无法安放的情况,直接导致质量返工、材料浪费、观感杂乱等问题出现。

由于传统的管线综合存在先天的局限性,不能完全保证其管线布局的合理性。采用目前较新的 BIM 技术,可以大幅度提高管线综合的效率。将施工的建筑和机电设备管线进行三维建模,并采用 BIM 技术中具有可视化模型及碰撞检测功能,对现有信息模型进行碰撞检查,可直观地发现管线综合中的问题并及时调整,从而减少施工中不必要的返工,提高了工程安装的一次成功率,达到工程对标高及施工质量的高要求。

5.5.2 应用思路和流程

BIM 实施思路和流程见表 13-5-21。

BIM 实施思路和流程　　　　　　　　　　　　表 13-5-21

流　程	内　　容
BIM 工作小组的成立	为了推进 BIM 技术的运用,便于研究如何利用 BIM 模型的信息化来完善、提高机电深化设计及现场施工的质量,项目部成立了由深化设计经验丰富的工程师和精通 BIM 软件操作人员组成的 BIM 团队
BIM 软件的选择	BIM 软件应用中,Revit 和 Navisworks 软件市场占有率较高,故服务及功能相对较为完善,有更强的经济效益,拟采用 Revit 和 Navisworks 软件
设备的配置	BIM 软件对所使用的硬件设备要求较高,根据相应的要求配置专用的计算机等设备
建立族库	根据常用的设备材料,建立材料设备的三维族库,并根据不同项目的需要,不断充实和完善族库
建筑结构和设备建模	运用 BIM 软件,根据二维建筑结构和机电施工图纸,建立三维的建筑、装修和管线模型
现场结构复测	组织人员根据结构图纸进行现场实际复测,根据复测结果修改建筑结构模型
三维碰撞检查	通过 BIM 软件中的碰撞检测功能进行模型的碰撞检测,并出具碰撞检测报告,根据报告逐一检查及排除碰撞点位
指导施工	根据调整后的模型,在施工前进行技术交底
绘制竣工图纸	根据最终的施工现场,局部调整 BIM 模型,完成竣工 BIM 模型

BIM 实施工作流程如图 13-5-4 所示。

5.5.3 整体应用

1)构建结构建筑模型

(1)共享坐标轴网及标高体系建立

该站专业繁多,涉及二次结构、车站装修、暖通、给水与排水、动力与照明、火灾自动报警、环境与设备监控、门禁等,针对多专业协同较为困难问题,工作组建立了能够为多专业共享的坐标轴网及标高体系,以便于各专业的模型能够完美融合在一个 BIM 模型中,为多专业协调整合打下基础,故应先建立车站轴网(图 13-5-5)、车站标高(图 13-5-6)。

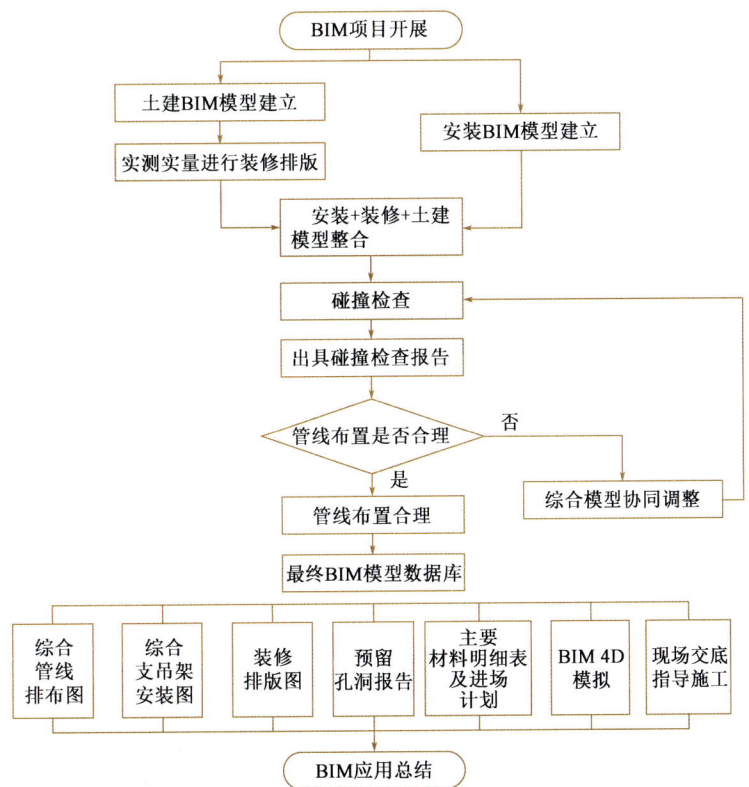

图 13-5-4　BIM 实施工作流程图

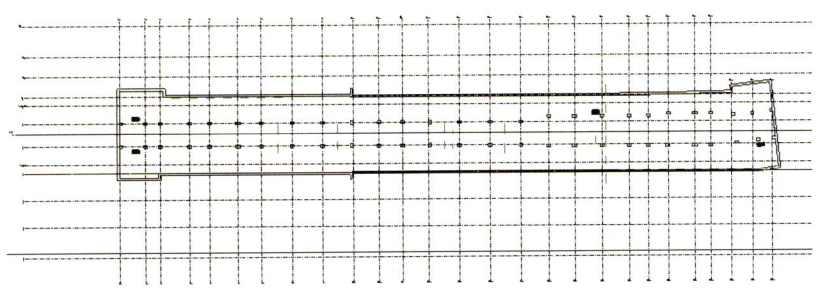

图 13-5-5　车站轴网

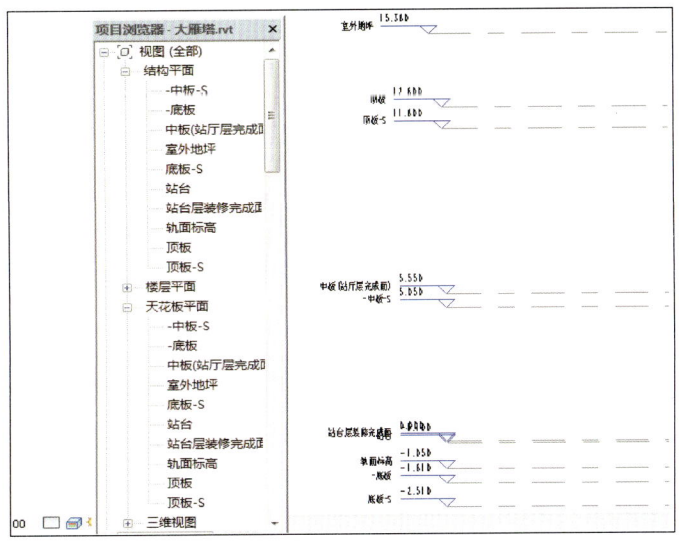

图 13-5-6　车站标高

（2）站台层建筑模型建立

车站站台层建筑模型如图13-5-7所示。

图13-5-7　车站站台层建筑模型

（3）站厅层建筑模型建立

车站站厅层建筑模型如图13-5-8所示，车站整体建筑模型如图13-5-9所示。

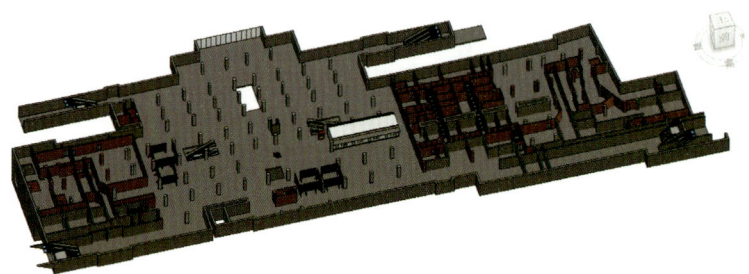

图13-5-8　车站站厅层建筑模型

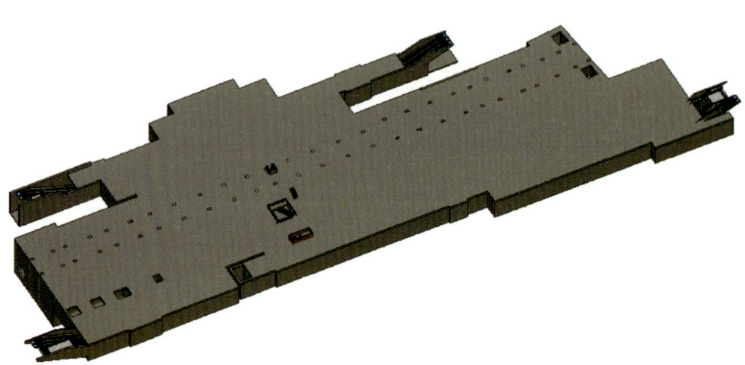

图13-5-9　车站整体建筑模型

（4）场地布置模型建立

场地布置图如图13-5-10所示。

2）构建车站装修模型

地铁车站装修工艺繁杂、造型复杂、风格各异、质量要求高，针对这些困难，在二次结构完成后对施工现场进行实测实量并记录数据，利用这些数据分析结构尺寸的偏差，并据此建立车站地面、墙面、柱面和天花模型，导出装修排版图和细部节点图指导现场施工。

（1）站台层装修模型建立

①站台层装修排版如图13-5-11所示。

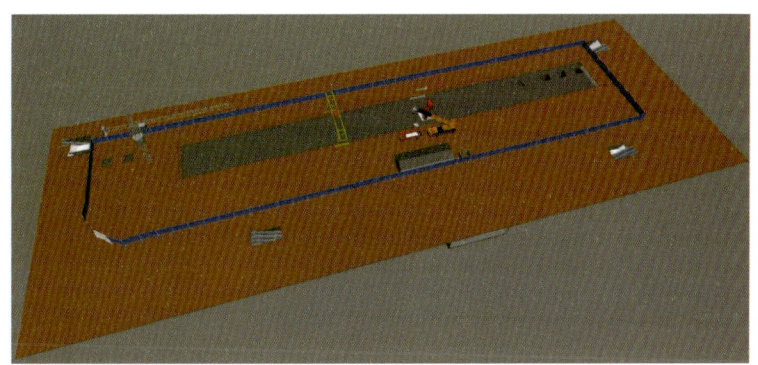

图 13-5-10 场地布置

图 13-5-11 站台层装修排版

②站台层装修模型如图 13-5-12、图 13-5-13 所示。

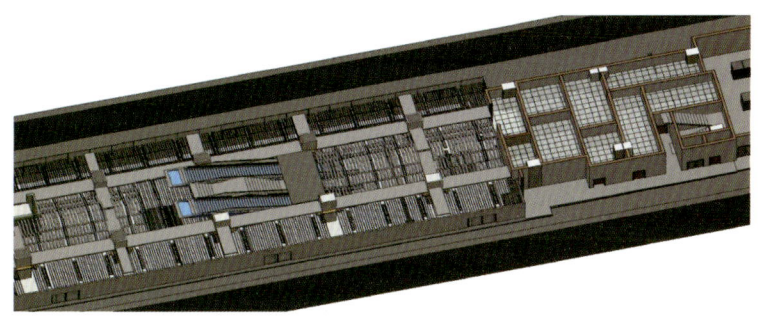

图 13-5-12 站台层装修模型

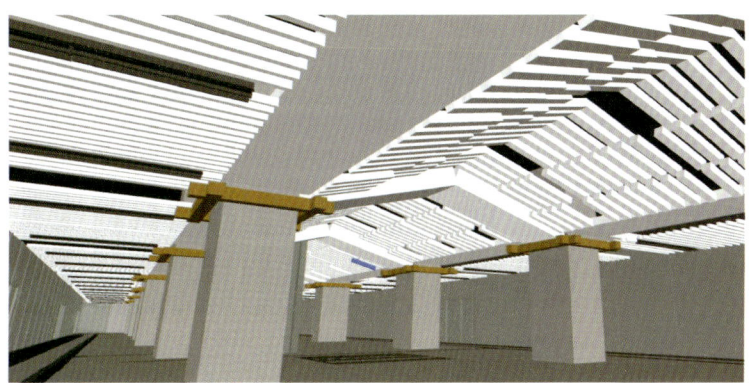

图 13-5-13 站台层装修细部模型

③站台层装修效果如图 13-5-14 所示。

图 13-5-14　站台层装修效果图

（2）站厅层装修模型

①站厅层公共区装修地面排版如图 13-5-15 所示。

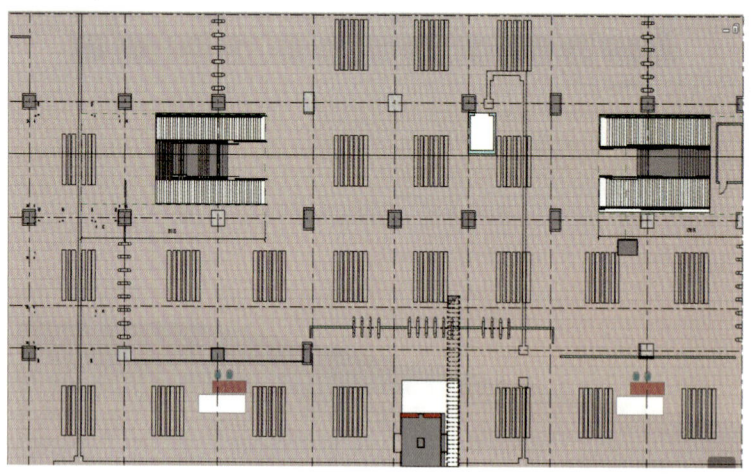

图 13-5-15　站厅层公共区装修地面排版

②站厅层公共区天花排版见图 13-5-16。

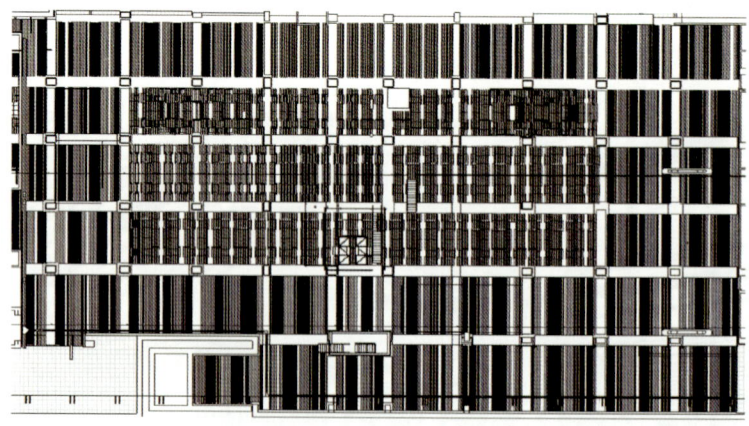

图 13-5-16　站厅层公共区天花排版

③站厅层装修模型、站厅层装修细部模型、站厅层装修全景模型如图 13-5-17～图 13-5-19 所示。

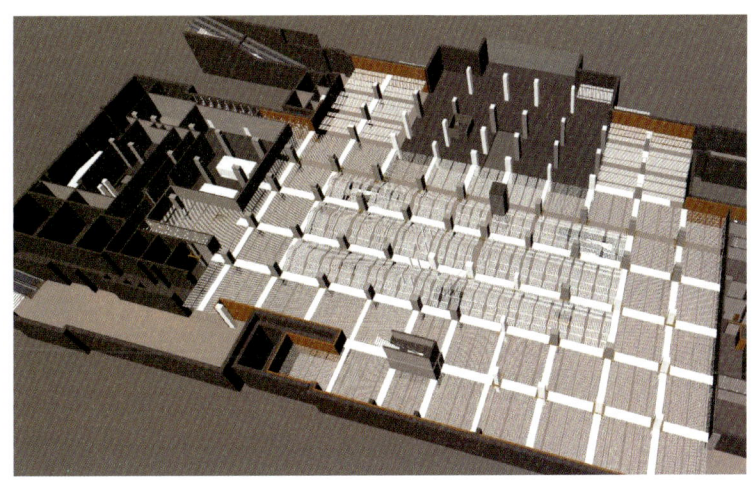

图 13-5-17　站厅层装修模型

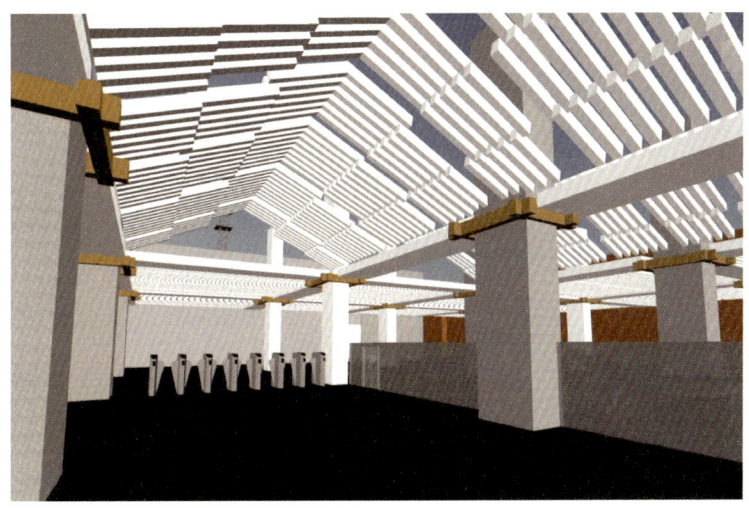

图 13-5-18　站厅层装修细部模型

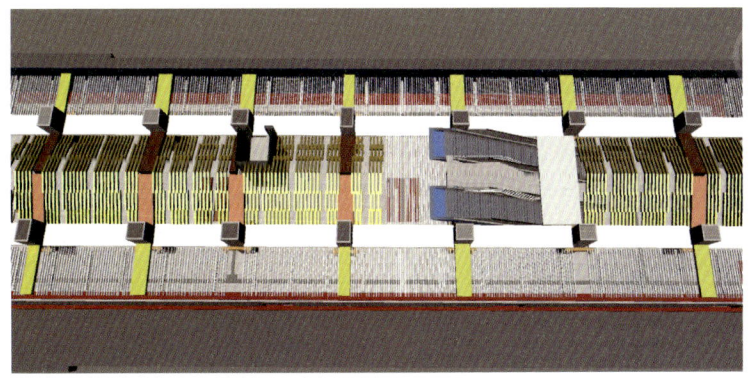

图 13-5-19　站厅层装修全景模型

3）成本管理

建立装修模型前，需要对关键部位进行成本设置，如墙明细、U型挂片明细、楼板材料明细、电缆桥架材料明细、管件材料明细、门材料明细（图 13-5-20～图 13-5-25）。该站安装装修模型建立完成后，根据地铁项目的特点，对模型进行基础数据维护，主要包括主要材料及机械成本、施工区域、主要材料使用部位等，以便对施工过程进行管理和把控。

<墙明细表>

族与类型	壁厚	底部限制条	体积
基本墙:清水墙-烧结空心砖墙	240	站台	38.79
基本墙:清水墙-烧结空心砖墙	240	站台	9.89
基本墙:清水墙-烧结空心砖墙	240	站台	38.08
基本墙:清水墙-烧结空心砖墙	240	站台	9.89
基本墙:清水墙-烧结空心砖墙	240	站台	2.31
基本墙:清水墙-烧结空心砖墙	240	站台	7.58
基本墙:清水墙-烧结空心砖墙	240	站台	2.73
基本墙:清水墙-烧结空心砖墙	240	站台	11.56
基本墙:清水墙-烧结空心砖墙	240	站台	9.89
基本墙:清水墙-烧结空心砖墙	240	站台	6.76
基本墙:清水墙-烧结空心砖墙	240	站台	6.23
基本墙:清水墙-烧结空心砖墙	240	站台	10.38
基本墙:清水墙-烧结空心砖墙	240	站台	0.58
基本墙:清水墙-烧结空心砖墙	240	站台	3.91
基本墙:清水墙-烧结空心砖墙	240	站台	5.59
基本墙:清水墙-烧结空心砖墙	240	站台	3.66
基本墙:清水墙-烧结空心砖墙	240	站台	3.77
基本墙:清水墙-烧结空心砖墙	240	站台	4.12
基本墙:清水墙-烧结空心砖墙	240	站台	3.82
基本墙:清水墙-烧结空心砖墙	240	站台	3.66
基本墙:清水墙-烧结空心砖墙	240	站台	5.61
基本墙:清水墙-烧结空心砖墙	240	站台	2.76
基本墙:清水墙-烧结空心砖墙	240	站台	1.96
基本墙:清水墙-烧结空心砖墙	240	站台	22.41
基本墙:清水墙-烧结空心砖墙	240	站台	2.02
基本墙:清水墙-烧结空心砖墙	240	站台	0.90
基本墙:清水墙-烧结空心砖墙	240	站台	16.08
基本墙:清水墙-烧结空心砖墙	240	站台	4.64
基本墙:清水墙-烧结空心砖墙	240	站台	8.57
基本墙:清水墙-烧结空心砖墙	240	站台	1.47
基本墙:清水墙-烧结空心砖墙	240	站台	1.90
基本墙:清水墙-烧结空心砖墙	240	站台	6.56
基本墙:清水墙-烧结空心砖墙	240	站台	1.91
基本墙:清水墙-烧结空心砖墙	240	站台	8.86
基本墙:清水墙-烧结普通砖墙		中板(站厅)	1.23
基本墙:清水墙-烧结普通砖墙		中板(站厅)	16.00
基本墙:清水墙-烧结普通砖墙		中板(站厅)	26.75
基本墙:清水墙-烧结普通砖墙		中板(站厅)	10.77
基本墙:清水墙-烧结普通砖墙		中板(站厅)	32.17
基本墙:清水墙-烧结普通砖墙		中板(站厅)	30.08
基本墙:清水墙-烧结普通砖墙		中板(站厅)	22.35
基本墙:清水墙-烧结普通砖墙		中板(站厅)	3.64
基本墙:清水墙-烧结普通砖墙		中板(站厅)	16.66
基本墙:清水墙-烧结普通砖墙		中板(站厅)	18.04

图 13-5-20　墙明细

<U型挂片明细表>

族与类型	底部高程	尺寸
50*90U型挂片	2955	50 mm×90 mm
50*90U型挂片	2955	50 mm×90 mm
50*90U型挂片	2955	50 mm×90 mm
50*90U型挂片	2955	50 mm×90 mm
50*90U型挂片	2955	50 mm×90 mm
50*90U型挂片	2955	50 mm×90 mm
50*90U型挂片	2955	50 mm×90 mm
50*90U型挂片	2955	50 mm×90 mm
50*90U型挂片	2955	50 mm×90 mm
50*90U型挂片	2955	50 mm×90 mm
50*90U型挂片	2955	50 mm×90 mm
50*90U型挂片	2955	50 mm×90 mm
50*90U型挂片	2955	50 mm×90 mm
50*90U型挂片	2955	50 mm×90 mm
50*90U型挂片	2955	50 mm×90 mm
50*90U型挂片	2955	50 mm×90 mm
50*90U型挂片	2955	50 mm×90 mm
50*90U型挂片	2955	50 mm×90 mm
50*90U型挂片	2955	50 mm×90 mm
50*90U型挂片	2955	50 mm×90 mm
50*90U型挂片	2955	50 mm×90 mm
50*90U型挂片	2955	50 mm×90 mm
50*90U型挂片	2955	50 mm×90 mm
50*90U型挂片	2955	50 mm×90 mm
50*90U型挂片	2955	50 mm×90 mm
50*90U型挂片	2955	50 mm×90 mm
50*90U型挂片	2955	50 mm×90 mm
50*90U型挂片	2955	50 mm×90 mm
50*90U型挂片	2955	50 mm×90 mm
50*90U型挂片	2955	50 mm×90 mm
50*90U型挂片	2955	50 mm×90 mm
50*90U型挂片	2955	50 mm×90 mm
50*90U型挂片	2955	50 mm×90 mm
50*90U型挂片	2955	50 mm×90 mm
50*90U型挂片	2955	50 mm×90 mm
50*90U型挂片	2955	50 mm×90 mm
50*90U型挂片	2955	50 mm×90 mm
50*90U型挂片	2955	50 mm×90 mm
50*90U型挂片	2955	50 mm×90 mm
50*90U型挂片	2955	50 mm×90 mm
50*90U型挂片	2955	50 mm×90 mm
50*90U型挂片	2955	50 mm×90 mm
50*90U型挂片	2955	50 mm×90 mm
50*90U型挂片	2955	50 mm×90 mm

图 13-5-21　U 型挂片明细

<楼板材料明细表>

族与类型	成本	面积
楼板:标准木材-木质面层	125.00	70.00
楼板:站台层拼花	125.00	36.72
楼板:站台层拼花	125.00	22.08
楼板:站台层灰麻地砖	125.00	1355.61
楼板:盲道砖	125.00	77.61
楼板:楼地17-石材面层	125.00	252.05
楼板:楼地17-石材面层	125.00	235.24
楼板:楼地17-石材面层	125.00	628.99
楼板:楼地17-石材面层	125.00	37.87
楼板:标准木材-木质面层	125.00	38.50
楼板:站厅层拼花	125.00	199.43
楼板:盲道	125.00	77.71
楼板:站厅层灰麻地砖	125.00	5217.09

图 13-5-22　楼板材料明细

<电缆桥架材料明细表>

族与类型	尺寸	底部高程	成本
带配件的电缆桥架:(带配件)金属防火线	200 mm×200 m	5700	120.00
带配件的电缆桥架:(带配件)金属防火线	200 mm×200 m	5700	120.00
带配件的电缆桥架:(带配件)金属防火线	200 mm×200 m	5400	120.00
带配件的电缆桥架:(带配件)金属防火线	400 mm×200 m	5400	120.00
带配件的电缆桥架:(带配件)金属防火线	400 mm×200 m	5400	120.00
带配件的电缆桥架:(带配件)金属防火线	400 mm×200 m	5600	120.00
带配件的电缆桥架:(带配件)金属防火线	400 mm×200 m	5494	120.00
带配件的电缆桥架:(带配件)金属防火线	400 mm×200 m	4600	120.00
带配件的电缆桥架:(带配件)金属防火线	400 mm×200 m	4805	120.00
带配件的电缆桥架:(带配件)金属防火线	200 mm×100 m	5750	120.00
带配件的电缆桥架:(带配件)金属防火线	200 mm×100 m	5750	120.00
带配件的电缆桥架:(带配件)金属防火线	200 mm×100 m	5553	120.00
带配件的电缆桥架:(带配件)金属防火线	200 mm×100 m	5450	120.00
带配件的电缆桥架:(带配件)金属防火线	200 mm×100 m	5553	120.00
带配件的电缆桥架:(带配件)金属防火线	600 mm×200 m	3900	120.00
带配件的电缆桥架:(带配件)金属防火线	600 mm×200 m	3900	120.00
带配件的电缆桥架:(带配件)金属防火线	600 mm×200 m	3900	120.00
带配件的电缆桥架:(带配件)金属防火线	600 mm×200 m	3994	120.00
带配件的电缆桥架:(带配件)金属防火线	600 mm×200 m	4200	120.00
带配件的电缆桥架:(带配件)金属防火线	600 mm×200 m	3994	120.00
带配件的电缆桥架:(带配件)金属防火线	600 mm×200 m	3500	120.00

图 13-5-23　电缆桥架材料明细

图 13-5-24　管件材料明细　　　　　　　　图 13-5-25　门材料明细

4）进度管理

项目开工伊始，项目部根据土建移交节点通车时间，在考虑各因素影响的前提下排出各施工节点的进度计划，接着利用 Navisworks 软件进行动态模拟，通过模拟优化施工工序，进而形成最终的施工倒排计划，并利用 Navisworks 软件对施工进度进行动态管理。施工进度动态模拟如图 13-5-26 所示。

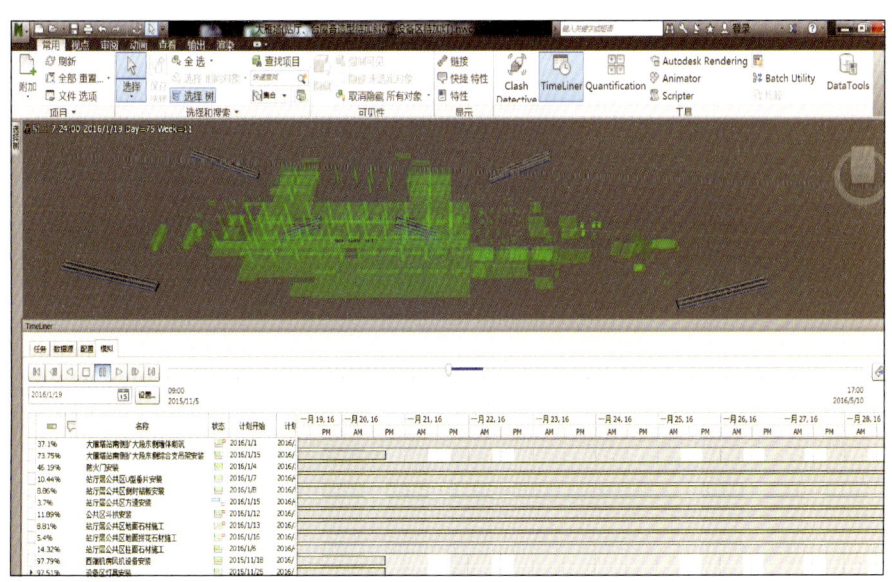

图 13-5-26　施工进度动态模拟

5)安全生产管理

地铁属于地下工程,光线不足、临边洞口较多,为保证临边作业人员的安全,临边洞口防护和日常巡查就显得格外重要。为了便于施工过程中进行安全管理,提高安全管理的有效性,工作组利用 Revit 软件对站台站厅层的临边洞口进行编号,并生成邻边洞口明细表(图 13-5-27),以供安全与质量管理部门对各个临边洞口进行逐一防护(图 13-5-28)。

族与类型	标高	高度	宽度	标记
方形1:电缆井	中板(站厅层完成面)	300	1000	1
方形1:电缆井	站台-V	300	1000	2
方形1:风井洞	-中板-S	3500	3000	3
方形1:电缆井	中板(站厅层完成面)	300	1000	4
方形1:电梯洞	中板(站厅层完成面)	3500	3200	4
方形1:风井洞	中板(站厅层完成面)	3500	3000	5
方形1:电缆井	中板(站厅层完成面)	300	1000	5
方形1:电缆井	站台-V	300	1000	6
方形1:电缆井	中板(站厅层完成面)	300	1000	7
方形1:电缆井	中板(站厅层完成面)	300	1000	8
方形1:电缆井	站台-V	300	1000	9
方形1:电缆井	站台-V	300	1000	10
方形1:电缆井	站台-V	300	1000	11
方形1:电缆井	站台-V	300	1000	12
方形1:电缆井	站台-V	300	1000	13
方形1:电缆井	站台-V	300	1000	14
方形1:电缆井	站台-V	300	1000	15

图 13-5-27 邻边洞口明细表

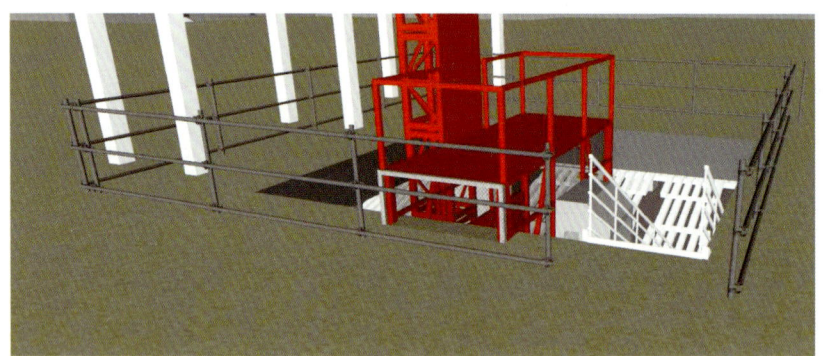

图 13-5-28 洞口防护

本篇参考文献

[1] 国家质量监督检验检疫总局.信息分类和编码的基本原则与方法:GB/T 7027—2002[S].北京:中国标准出版社,2002.

[2] 住房和城乡建设部.地铁设计规范:GB 50157—2013[S].北京:中国建筑工业出版社,2013.

[3] 住房和城乡建设部.建筑信息模型应用统一标准:GB/T 51212—2016[S].北京:中国建筑工业出版社,2016.

[4] 住房和城乡建设部.建筑信息模型分类和编码标准:GB/T 51269—2017[S].北京:中国建筑工业出版社,2017.

[5] 住房和城乡建设部.建筑信息模型施工应用标准:GB/T 51235—2017[S].北京:中国建筑工业出版社,2017.

[6] 住房和城乡建设部.建筑信息模型设计交付标准:GB/T 51301—2018[S].北京:中国建筑工业出版社,2018.

[7] 国家市场监督管理总局,国家标准化管理委员会.城市轨道交通设施设备分类与代码:GB/T 37486—2019[S].北京:中国标准出版社,2019.

[8] 住房和城乡建设部.城市工程管线综合规划规范:GB 50289—2016[S].北京:中国建筑工业出版社,2016.

[9] 中国建筑装饰协会.建筑装饰装修工程BIM实施标准:T/CBDA 3—2016[S].北京:中国建筑工业出版社,2016.

[10] 上海市住房和城乡建设管理委员会.城市轨道交通信息模型交付标准:DG/TJ 08-2203—2016[S].上海:同济大学出版社,2016.

[11] 上海市住房和城乡建设管理委员会.岩土工程信息模型技术标准:DG/TJ 08-2278—2018[S].上海:同济大学出版社,2018.

[12] 住房和城乡建设部.城市轨道交通工程BIM应用指南[M].北京:中国建筑工业出版社,2018.

[13] 住房和城乡建设部.建筑工程设计信息模型制图标准:JGJ/T 448—2018[S].北京:中国建筑工业出版社,2018.

[14] 建设部,国家发展和改革委员会.城市轨道交通工程项目建设标准:JB 104—2008[S].北京:中国

计划出版社,2008.

[15] 陆泽荣,刘占省. BIM 技术概论[M]. 北京:中国建筑工业出版社,2018.

[16] 黄强. 论 BIM[M]. 北京:中国建筑工业出版社,2016.

[17] 《建筑工程施工 BIM 应用指南》编委会,建筑工程施工 BIM 应用指南[M]. 中国建筑工业出版社,2014.

[18] 李云贵. 建筑工程施工 BIM 应用指南[M]. 2 版. 北京:中国建筑工业出版社,2017.

[19] 刘占省,等. 推广 BIM 技术应解决的问题及建议[N]. 建筑时报,2013.11.28.

[20] 中国建设教育协会. 设备工程 BIM 应用[M]. 北京:中国建筑工业出版社,2019.

[21] 罗兰,卢志宏. BIM 装饰专业基础知识[M]. 北京:中国建筑工业出版社,2018.

[22] 天津市建筑设计院 BIM 设计中心. 基于 Revit 的 BIM 设计实务及管理[M]. 北京:中国建筑工业出版社,2017.

[23] 刘辉. BIM 在土建工程中应用案例精选[M]. 北京:人民交通出版社股份有限公司,2019.

POSTSCRIPT
后记

一本好手册，就好比身边有一位好先生。犹记得毕业时，一部铁道兵《施工手册》对于我们初入工作岗位者帮助甚大，以致多少年犹存心中，不能忘。

一本好手册，可以集技术之大成，摒弃碎片化，使知识更加系统化，可为现场工程师释惑、解疑，助一臂之力。

一本在手，现场不愁。2016年夏，因工作转岗从事技术管理工作，遂与科技创新部同志商讨，决定全面启动《地铁施工手册》的编著工作。随后在成都召集全系统有关单位专家会商，请人民交通出版社陈志敏先生协助，提请施振东牵头负责，对手册内容大纲等进行系统讨论，然后逐一分工，开展手册的编撰工作。因技术发展，工法、工艺、工装日新，所涉内容繁多，实乃宏篇。

中国地铁建设如火如荼，打造美好公共交通，创造美好生活，成为共同追求。为了更好地建设城市地铁，故凝数百人之智，聚万千案例，费时三年，终于成册。其间，编者、审稿专家、出版社同志均付出艰辛劳动，无法一一罗列，在此一并致谢！让我们永记：白日依山尽，黄河入海流，欲穷千里目，更上一层楼。

雷升祥

二〇二〇年十月